DICIONÁRIO JURÍDICO

Maria Helena Diniz

Titular de Direito Civil da PUCSP. Professora de Direito Civil Comparado, de Teoria Geral do Direito, de Filosofia do Direito e Coordenadora da Subárea de Direito Civil Comparado nos Cursos de Pós-Graduação em Direito da PUCSP.

DICIONÁRIO JURÍDICO

D – I

3ª edição
revista, atualizada e aumentada

Av. Marquês de São Vicente, 1697 – CEP 01139-904
Barra Funda – São Paulo-SP
Vendas: (11) 3613-3344 (tel.) / (11) 3611-3268 (fax)
SAC: (11) 3613-3210 (Grande SP) / 08000557688 (outras localidades)
E-mail: saraivajur@editorasaraiva.com.br
Acesse: www.saraivajur.com.br

FILIAIS

AMAZONAS/RONDÔNIA/RORAIMA/ACRE
Rua Costa Azevedo, 56 – Centro
Fone: (92) 3633-4227 – Fax: (92) 3633-4782 – Manaus

BAHIA/SERGIPE
Rua Agripino Dórea, 23 – Brotas
Fone: (71) 3381-5854 / 3381-5895
Fax: (71) 3381-0959 – Salvador

BAURU (SÃO PAULO)
Rua Monsenhor Claro, 2-55/2-57 – Centro
Fone: (14) 3234-5643 – Fax: (14) 3234-7401 – Bauru

CEARÁ/PIAUÍ/MARANHÃO
Av. Filomeno Gomes, 670 – Jacarecanga
Fone: (85) 3238-2323 / 3238-1384
Fax: (85) 3238-1331 – Fortaleza

DISTRITO FEDERAL
SIG QD 3 Bl. B - Loja 97 – Setor Industrial Gráfico
Fone: (61) 3344-2920 / 3344-2951
Fax: (61) 3344-1709 – Brasília

GOIÁS/TOCANTINS
Av. Independência, 5330 – Setor Aeroporto
Fone: (62) 3225-2882 / 3212-2806
Fax: (62) 3224-3016 – Goiânia

MATO GROSSO DO SUL/MATO GROSSO
Rua 14 de Julho, 3148 – Centro
Fone: (67) 3382-3682 – Fax: (67) 3382-0112 – Campo Grande

MINAS GERAIS
Rua Além Paraíba, 449 – Lagoinha
Fone: (31) 3429-8300 – Fax: (31) 3429-8310 – Belo Horizonte

PARÁ/AMAPÁ
Travessa Apinagés, 186 – Batista Campos
Fone: (91) 3222-9034 / 3224-9038
Fax: (91) 3241-0499 – Belém

PARANÁ/SANTA CATARINA
Rua Conselheiro Laurindo, 2895 – Prado Velho
Fone/Fax: (41) 3332-4894 – Curitiba

PERNAMBUCO/PARAÍBA/R. G. DO NORTE/ALAGOAS
Rua Corredor do Bispo, 185 – Boa Vista
Fone: (81) 3421-4246 – Fax: (81) 3421-4510 – Recife

RIBEIRÃO PRETO (SÃO PAULO)
Av. Francisco Junqueira, 1255 – Centro
Fone: (16) 3610-5843 – Fax: (16) 3610-8284 – Ribeirão Preto

RIO DE JANEIRO/ESPÍRITO SANTO
Rua Visconde de Santa Isabel, 113 a 119 – Vila Isabel
Fone: (21) 2577-9494 – Fax: (21) 2577-8867 / 2577-9565 – Rio de Janeiro

RIO GRANDE DO SUL
Av. Ceará, 1360 – São Geraldo
Fone: (51) 3343-1467 / 3343-7563
Fax: (51) 3343-2986 / 3343-7469 – Porto Alegre

SÃO PAULO
Av. Marquês de São Vicente, 1697 – Barra Funda
Fone: PABX (11) 3613-3000 – São Paulo

ISBN 978-85-02-07184-1 obra completa
ISBN 978-85-02-06343-3 (D - I)

Dados Internacionais de Catalogação na Publicação (CIP)
(Câmara Brasileira do Livro, SP, Brasil)

Diniz, Maria Helena
  Dicionário jurídico / Maria Helena Diniz. – 3. ed. rev., atual. e aum. – São Paulo : Saraiva, 2008.
  Obra em 4 v.

  1. Direitos - Dicionários I. Título

07-1436   CDU-34(03)

Índice para catálogo sistemático:

1. Dicionário técnico jurídico   34(03)

Diretor editorial Antonio Luiz de Toledo Pinto
Diretor de produção editorial Luiz Roberto Curia
Editora Manuella Santos
Assistente editorial Rosana Simone Silva
Produção editorial Ligia Alves
   Clarissa Boraschi Maria Coura
Preparação de originais Maria Lúcia de Oliveira Godoy
Arte e diagramação Cristina Aparecida Agudo de Freitas
   Gislaine Ribeiro
   Tavares Produção Gráfica
Revisão de provas Rita de Cássia Queiroz Gorgati
   Alzira Muniz Joaquim
   Luciene Ruzzi Brocchi
Serviços editoriais Karla Maria de Almeida Costa
Secretária Fabiana Dias da Rocha
Capa Roney S. Camelo

[DATA DE FECHAMENTO DA EDIÇÃO: 30-9-2007.]

Nenhuma parte desta publicação poderá ser reproduzida por qualquer meio ou forma sem a prévia autorização da Editora Saraiva.
A violação dos direitos autorais é crime estabelecido na Lei n. 9.610/98 e punido pelo artigo 184 do Código Penal.

DAC. *Direito aeronáutico.* Sigla de Departamento de Aviação Civil.

DAÇÃO. *Direito civil.* **1.** Ato de dar ou de dispor de bens. **2.** Ato de entregar alguma coisa. **3.** Transferência de um bem do patrimônio de alguém para o de outrem, constituindo um negócio jurídico. **4.** Entrega de uma coisa em pagamento de outra, que era a devida. **5.** Nomeação de tutor dativo ou de curador dativo.

DAÇÃO DE TUTOR OU CURADOR. *Direito civil.* **1.** Nomeação judicial de tutor ao menor, na falta de tutor testamentário ou legítimo, ou em caso de sua exclusão, escusa ou remoção da tutela. A pessoa nomeada, estranha, idônea e que resida no domicílio do menor é o tutor dativo. Caberá, ainda, a tutela dativa mesmo quando os pais do pupilo estiverem vivos, se ambos decaíram do poder familiar, ou se a penalidade for imposta ao pai e houver impossibilidade de seu exercício pela mãe. **2.** Nomeação judicial de curador para o interdito se não houver cônjuge não separado, pais ou descendente maior. O escolhido pelo magistrado passará a ser o curador dativo.

DAÇÃO EM PAGAMENTO. *Direito civil.* É o acordo liberatório feito entre credor e devedor em que aquele consente na entrega de uma coisa diversa da avençada. Por exemplo, se "A" deve a "B" uma quantia em dinheiro e propõe saldar seu débito mediante a entrega de um terreno, sendo aceita sua proposta pelo credor, configurada estará a dação em pagamento, extinguindo-se a relação obrigacional, por ter a mesma índole do pagamento, sendo, porém, indireto. A dação consiste no *solvere aliud pro alio,* ou seja, no prestar coisa diversa da devida.

DA CAPO. *Locução latina.* Do princípio.

DACNOMANIA. *Medicina legal.* Impulso mórbido que leva o paciente a morder-se ou a morder os que o rodeiam.

DACRIADENITE. *Medicina legal.* Inflamação da glândula lacrimal.

DACRIGELOSE. *Medicina legal.* Distúrbio psíquico que se caracteriza pelo fato de o paciente ter alternativos ataques de choro e de riso.

DACRIOEMORRAGIA. *Medicina legal.* Hemorragia pelo conduto lacrimal.

DACRIOMA. *Medicina legal.* Tumor no conduto lacrimal.

DACTILOGRAMA. *Medicina legal.* **1.** Registro para fins de identificação de impressão digital de cada dedo. **2.** Impressão digital.

DACTILOLOGIA. *Medicina legal.* Técnica de sinais feitos com os dedos para comunicação entre surdos-mudos.

DACTILOSCOPIA. *Medicina legal.* **1.** Estudo e análise de impressões digitais para fins de identificação. **2.** Processo de identificação pessoal que tem por base o estudo das impressões das cristas papilares digitais.

DACTILOSCOPISTA. *Medicina legal.* **1.** Aquele que é especializado em dactiloscopia. **2.** Encarregado de tirar impressões digitais.

DADDY-BOYS. *Medicina legal* e *psicologia forense.* Mulheres que, mediante ingestão de hormônios, passam a ter caracteres masculinos, que lhes dão aparência de homens, e que têm atração sexual por homossexuais masculinos.

DÁDIVA. *Direito civil.* Donativo; o que é dado por doação.

DADO. **1.** *Filosofia do direito.* a) Aquilo que se apresenta imediatamente ao espírito, não sendo por ele inferido; b) ponto de partida em que uma discussão se assenta; c) princípio, antecedente ou base para que se possa chegar ao conhecimento de algo; d) conjunto das realidades normativas e sociais que se apresentam e constituem os princípios básicos da ordem social, impondo direções gerais aos fatos sociais e norteando o comportamento humano (Gèny). **2.** *Direito civil.* a) Gratuito; b) o que é recebido como liberalidade; c) concedido, permitido. **3.** Na *linguagem comum,* é um pequeno cubo usado para jogar, que apresenta em cada uma de suas faces pontos de um a seis. **4.** Em *processamento de dados,* é um conjunto de símbolos que têm algum sentido para determinado programa de computação (Antônio de S. Limongi França).

DADOR. **1.** *Direito civil.* Aquele que dá alguma coisa. **2.** *Direito comercial.* a) Indivíduo que empresta dinheiro a risco; b) quem avaliza título de crédito.

DADOR DE AVAL. *Direito comercial.* Terceiro que avaliza ou afiança o pagamento de uma letra de câmbio ou de qualquer outro título de crédito.

DADOR DE DINHEIRO A RISCO. *Direito comercial.* Aquele que vem a emprestar um capital no contrato de câmbio marítimo ou de dinheiro a risco.

DADOS. **1.** Na *linguagem filosófica,* são as assunções que definem o problema, não podendo ser colocadas em dúvida no decorrer de uma discussão sem gerar um novo problema (Lalande).

2. *Direito de informática.* Informações que identificam ou quantificam coisas.

DADOS CONSTANTES NO REGISTRO DE ARMAS DE FOGO DE MILITARES DAS FORÇAS ARMADAS E AUXILIARES. *Direito militar.* É o caracterizado pela publicação em Boletins Reservados e deverá conter no mínimo os seguintes dados: a) data de aquisição (caso seja desconhecida, utilizar a do registro); b) tipo (revólver, pistola, rifle ou fuzil, espingarda, escopeta etc.); c) marca (IMBEL, Taurus, Rossi, Boito etc.); d) calibre (6.35, .22, .380, .40 etc.); e) modelo (MD 1, PT 111, PT 917-C etc.); f) número da arma; g) comprimento do cano (só para revólver, espingarda e escopeta); h) capacidade ou número de tiros; i) tipo de funcionamento (automática, semi-automática ou de repetição); j) país de fabricação.

DADOS SÍSMICOS. *Direito ambiental.* Conjunto de informações obtidas por meio do método geofísico de reflexão ou refração sísmica, que consiste no registro das ondas elásticas durante um período de tempo decorrido entre o disparo de uma fonte sonora artificial e o retorno da onda sonora gerada, após esta ter sido refletida e refratada nas interfaces de diferentes camadas rochosas em subsuperfície.

DAGANHAS. *História do direito.* Antiga denominação das terras que, por não serem aproveitadas, eram aforadas para fins de cultivo.

DAGGA. *Medicina legal.* Maconha.

DAILY EMPLOYEE. *Locução inglesa.* Diarista.

DAIMIO. *História do direito.* Denominação dada aos príncipes ou senhores feudais japoneses, que perderam seus privilégios na revolução havida em 1868.

DALA. *Direito comercial.* **1.** Esteira usada no embarque mecânico de mercadorias como sacas de café ou cereais. **2.** Calha colocada junto à muralha do navio para permitir o escoamento de água.

DALTONISMO. *Medicina legal.* Anomalia visual congênita caracterizada pela dificuldade de distinguir certas cores como o vermelho e o verde.

DAM. *Termo francês.* Dano.

DAMAGE. *Termo inglês.* **1.** Dano. **2.** Avaria. **3.** Indenização por prejuízos.

DAMAGE FOR DELAY. *Expressão inglesa.* Dano causado pela mora.

DA MIHI FACTUM, DABO TIBI JUS. *Brocardo latino.* Dá-me o fato, dar-te-ei o direito.

DAMNUM DEDISSE VIDETUR, QUI OCCASIONEM DAMNI DAT. *Aforismo jurídico.* Causa dano quem lhe dá ocasião.

DAMNUM EMERGENS. *Locução latina.* Dano emergente.

DAMNUM EMERGENS EST LUCRUM CESSANS. *Direito romano.* Dano emergente é lucro cessante.

DAMNUM EX DELICTO. *Locução latina.* Dano oriundo de crime, com repercussão na seara civil.

DAMNUM FACERE DICITUR, QUIS FACIT QUOD SIBI NON EST PERMISSUM. *Aforismo jurídico.* Diz causar dano quem faz o que não lhe é permitido fazer.

DAMNUM INFECTUM. *Locução latina.* Dano infecto, ou seja, dano possível ainda não ocorrido.

DAMNUM INFECTUM, DAMNUM NONDUM FACTUM SED IMPENDENS, IMMINENS. *Direito romano.* Dano irrealizado, dano ainda não feito, mas a se realizar, iminente.

DAMNUM INFECTUM, NONDUM EST DAMNUM FACTUM QUOD FUTURUM VEREMUR. *Direito romano.* Dano irrealizado ainda não é dano feito, o qual tememos que ocorra.

DAMNUM INJURIA DATUM. *Direito romano.* **1.** Dano produzido pela injúria. **2.** Dano causado a bem alheio, que gera responsabilidade extracontratual.

DAMNUM, QUOD QUIS SUA CULPA SENTIT, SIBI DEBET, NON ALTERI, IMPUTARE. *Aforismo jurídico.* Quem sofre dano por sua culpa deve imputá-lo a si mesmo e não a outrem.

DAMNUM REI AMISSAE. *Expressão latina.* Dano de coisa perdida.

DAMNUM REI AMITTENDAE. *Expressão latina.* Dano de coisa a se perder.

DAMNUM UBI FECERIS, IBI LUCRUM QUAERITO. *Aforismo jurídico.* Onde tiveres prejuízo, procura aí o lucro.

DANÇA DE SÃO GÜIDO. *Medicina legal.* Doença nervosa que provoca contrações musculares involuntárias em diversas partes do corpo.

DANCING. *Direito comercial.* Estabelecimento que tem instalações próprias para dançar.

DANDINAMENTO. *Medicina legal.* Andar parecido com o do pato, próprio de paciente atacado de certas miopatias.

DANIFICAÇÃO. Ato ou efeito de danificar.

DANIFICADO. **1.** Avariado. **2.** Deteriorado. **3.** Aquilo que sofreu dano.

DANIFICAR. **1.** Causar prejuízo ou dano. **2.** Ofender outrem. **3.** Desrespeitar direitos ou bens alheios.

DANIFICÁVEL. Suscetível de sofrer dano.

DANINHO. **1.** O animal que causa dano a outrem. **2.** Aquilo que prejudica.

DANO. **1.** *Direito administrativo.* Prejuízo moral ou patrimonial causado por funcionário público no exercício de suas funções, ensejando responsabilidade do Estado. **2.** *Direito civil.* É um dos pressupostos da responsabilidade civil, contratual ou extracontratual, pois não pode haver ação de indenização sem a existência de um prejuízo. Consiste na lesão (diminuição ou destruição) que, devido a certo evento, sofre uma pessoa, contra sua vontade, em qualquer bem ou interesse jurídico, patrimonial ou moral. Pode dizer respeito à: a) medida que define a intensidade ou severidade da lesão resultante de um acidente ou evento adverso; b) perda humana, material ou ambiental, física ou funcional, que pode resultar, caso seja perdido o controle sobre o risco; c) intensidade das perdas humanas, materiais ou ambientais, induzidas às pessoas, comunidades, instituições, instalações ou ecossistemas, como conseqüência de um desastre. **3.** *Direito penal.* a) Prejuízo à integridade física ou moral de alguém; b) ato punível que vem a destruir, inutilizar ou deteriorar bem alheio. Trata-se do crime de dano consistente: na introdução ou abandono de animais em propriedade alheia; na destruição, inutilização ou deterioração de coisa tombada; na alteração de local especialmente protegido por lei sem licença da autoridade competente etc. **4.** *Direito comercial.* Avaria. **5.** *Direito do consumidor.* a) Defeito que afeta a qualidade de um produto quanto às suas propriedades, cor, consistência ou sabor; b) vício de quantidade. **6.** *Direito da criança e do adolescente.* Prejuízo causado por adolescente, que deverá repará-lo devolvendo o bem ou ressarcindo o dano patrimonial.

DANO ABSTRATO. *Direito civil.* Valor que representa a diferença entre a situação atual do patrimônio do lesado e aquela que haveria se não tivesse ocorrido a lesão (Paulo Matos Peixoto e Ana Prata).

DANO À IMAGEM. **1.** *Direito civil.* Violação ao direito à imagem mediante reprodução pública não autorizada de biografia ou fotografia. **2.** *Direito da criança e do adolescente* e *direito penal.* Ato punível consistente em fotografar ou publicar cena de sexo explícito ou pornográfica envolvendo menor.

DANO AO CORPO. **1.** *Direito penal.* Homicídio e lesão corporal. **2.** *Direito civil.* Violação à tutela jurídica do interesse moral sobre os bens que constituem a vida e a integridade corporal, gerando responsabilidade civil do lesante.

DANO AO NOME DAS PESSOAS. *Direito civil.* Usurpação ou impugnação, dolosa ou culposa, de nome, acarretando prejuízo material ou moral que autoriza o lesado a pleitear sua reparação, mediante supressão do uso impróprio do nome ou indenização pecuniária.

DANO AQUILIANO. *Direito civil.* Violação culposa de direito alheio. Trata-se do prejuízo resultante da prática de ato ilícito, gerando responsabilidade extracontratual. Ou, como prefere Carvalho de Mendonça, é o montante de uma perda aferida ou estimada em decorrência da obrigação extracontratual proveniente de ato ilícito.

DANO À SAÚDE. **1.** *Direito penal.* Crime de estelionato consistente em prejudicar a saúde, lesar o corpo ou agravar a doença para obter indenização ou valor do seguro. **2.** *Direito civil.* Ofensa à saúde de outrem, causando lesão corporal ou deformidade, gerando para o ofensor a obrigação de indenizar despesas com tratamento médico-hospitalar e lucros cessantes. Se da ofensa resultar defeito pelo qual o ofendido não possa exercer o seu ofício ou profissão, ou se lhe diminuir o valor do trabalho, a indenização, além das despesas do tratamento e lucros cessantes até o fim da convalescença, incluirá uma pensão correspondente à importância do trabalho para o qual se inabilitou ou à depreciação que sofreu. Por exemplo, se uma bailarina sofrer mutilação, não mais podendo dançar, fará jus ao pagamento de uma pensão vitalícia que a compense do ocorrido.

DANO ASSOCIADO OU DECORRENTE DE PESQUISA ENVOLVENDO SERES HUMANOS. *Medicina legal.* Agravo imediato ou tardio ao indivíduo ou à coletividade, com nexo causal comprovado, direto ou indireto, decorrente do estudo científico.

DANO A TERCEIRO. *Direito aeronáutico.* Dano causado por aeronave em vôo ou em manobra a pessoas ou a coisas situadas no solo, o qual dá origem à responsabilidade extracontratual.

DANO ATUAL. *Direito civil.* Aquele que está por vir ou para ocorrer; dano previsível.

DANO CAUSADO. *Direito civil.* É o prejuízo que já se efetivou à pessoa ou ao patrimônio alheio.

DANO CAUSADO POR ANIMAL. 1. *Direito civil.* Prejuízo causado por animal ao patrimônio ou à integridade física de alguém, gerando para seu dono ou detentor o dever de ressarcir o lesado, em decorrência de culpa *in vigilando* ou *in custodiendo*, não conseguindo provar culpa da vítima e a ocorrência de caso fortuito ou força maior. Haverá, por exemplo, responsabilidade do dono ou detentor do animal pelo: a) contágio de uma enfermidade transmitida a alguém por animal doente; b) dano causado a terceiro em sua pessoa, em objeto que lhe pertence ou em sua lavoura por animais de pequeno ou grande porte, por não ter o dono ou detentor cercado sua propriedade para detê-los nos seus limites; c) estrago causado a veículo em estradas por gado que lhe pertence, mesmo sendo guiado por peões, pois, como dono do animal, tem o dever de vigilância, devendo, por isso, ter precauções na condução do animal por seus empregados; d) dano ocasionado por picadas de abelhas que lhe pertencem ou por mordida de animais de sua propriedade, pois o ataque demonstra que houve negligência na vigilância dos insetos. **2.** *Direito penal.* a) Prejuízo causado por animal em razão de sua introdução ou abandono em propriedade alheia, configurando crime previsto na lei penal. b) Lesão ao patrimônio ou à pessoa de alguém provocada por animal devido a omissão de cautela na sua guarda ou condução, constituindo contravenção penal.

DANO *CIRCA REM IPSAM*. *Direito civil.* Dano em torno da coisa.

DANO CONCRETO. *Direito civil.* Destruição de um bem e os efeitos patrimoniais que dela advêm para seu dono.

DANO CONTINUADO. *Direito civil.* É o que causa lesões que perduram por um período de tempo, por exemplo, se o lesado vier a perder ou a ter diminuída sua capacidade para o trabalho.

DANO CONTRATUAL. *Direito civil.* **1.** Prejuízo decorrente do inadimplemento de uma obrigação contratual, gerando indenização das perdas e danos, de modo que o lesante terá de compor o dano emergente e o lucro cessante. **2.** Dano de cálculo. **3.** *Vide* DANO ABSTRATO.

DANO DIRETO. *Direito civil.* Prejuízo que é conseqüência imediata de um ato, fato ou violação de um direito. Nele há uma relação imediata entre a causa destacada pelo direito e a perda sofrida pela pessoa, por exemplo, o ferimento causado por um disparo de arma de fogo.

DANO DOLOSO. *Vide* DANO INTENCIONAL.

DANO EFETIVO. *Direito civil.* Diz-se da perda real ou do prejuízo sofrido pelo lesado.

DANO EM COISA DE VALOR ARTÍSTICO, ARQUEOLÓGICO OU HISTÓRICO. *Direito penal.* Destruição de bem tombado, que constitui ato punível previsto na lei penal.

DANO EMERGENTE. *Direito civil.* Déficit real e efetivo no patrimônio do lesado, isto é, concreta diminuição em sua fortuna, seja porque se depreciou o ativo, seja porque aumentou o passivo, suscetível de ser reparado civilmente. Consiste naquilo que o lesado efetivamente perdeu. Trata-se do dano positivo.

DANO ESTÉTICO. *Direito civil.* É qualquer alteração morfológica do indivíduo, abrangendo, além de aleijão, deformidades, marcas e defeitos, ainda que mínimos, que impliquem, sob qualquer aspecto, um afeiamento da vítima ou consistam numa simples lesão desgostante ou num permanente motivo de exposição ao ridículo ou de complexo de inferioridade, exercendo ou não influência sobre sua capacidade laborativa, por exemplo, mutilações, cicatrizes, mesmo que acobertáveis por barba, cabeleira ou maquilagem; perda de cabelos, sobrancelhas, cílios, dentes, voz ou olhos; feridas nauseabundas ou repulsivas etc., ocasionadas em conseqüência do evento lesivo.

DANO EVENTUAL. *Direito civil.* Também designado "dano receado", "dano potencial" ou "dano infecto", consiste num prejuízo futuro, temido e possível, mas não consumado. É o dano irrealizado, que poderá ocorrer, mas que ainda não é iminente, por exemplo, um prédio que ameaça ruir pode desmoronar e causar dano à propriedade vizinha. Não é passível, em regra, de indenização, a não ser que constitua conseqüência necessária, certa, inevitável e previsível da ação.

DANO *EX DELICTO*. *Direito civil* e *direito penal.* Dano causado pelo delito, que, em sentido amplo, pode abranger ilícitos civis e penais.

DANO FUTURO. *Direito civil.* É o prejuízo que ainda não se deu no momento da apreciação da situação do lesado pelo tribunal, mas cuja verificação é previsível. Pode ser tido como dano eventual (Ana Prata).

DANO IMEDIATO. *Vide* DANO DIRETO.

DANO IMINENTE. *Vide* DANO ATUAL.

DANO IMPREVISÍVEL. *Vide* DANO IMPREVISTO.

DANO IMPREVISTO. *Vide* DANO INDIRETO.

DANO INDIRETO. *Direito civil.* Diz-se daquele que, sendo uma conseqüência imediata da perda sofrida pelo lesado, repercute em outros bens que não foram diretamente atingidos pelo fato. Por exemplo, a destruição de um vidro é dano direto, mas os estragos causados pelas chuvas nos objetos que estão no interior da casa, em decorrência da falta de vidro, constituem dano indireto.

DANO INFECTO. *Vide* DANO EVENTUAL.

DANO INTENCIONAL. *Direito civil.* Diz-se daquele em que o lesante provoca o prejuízo por ação ou omissão voluntária, com a intenção de violar direito alheio.

DANO INTRÍNSECO. *Vide* DANO DIRETO.

DANO IRREPARÁVEL. 1. *História do direito.* Era aquele que decorria de uma decisão interlocutória que punha fim ao litígio sem apreciar o mérito. Como o lesado não podia pleitear reparação em instância superior, ante a ausência de previsão legal de qualquer recurso, recorria ao agravo. Atualmente, o "agravo sob fundamento no dano irreparável" não tem mais sentido, pois o recurso cabível para qualquer decisão interlocutória é sempre o agravo. **2.** *Direito penal* e *direito civil.* Perda em que a reparação *in natura* é impossível, como restituir a vida da vítima assassinada.

DANO MATERIAL. *Vide* DANO PATRIMONIAL.

DANO MORAL. *Direito civil.* É a ofensa de interesses não patrimoniais de pessoa física ou jurídica provocada pelo fato lesivo. A reparação do dano moral não é uma indenização por dor, vergonha, humilhação, perda da tranqüilidade ou do prazer de viver, mas uma compensação pelo dano e injustiça sofridos pelo lesado, suscetível de proporcionar-lhe uma vantagem, pois ele poderá, com a soma de dinheiro recebida, procurar atender às satisfações materiais ou ideais que repute convenientes, atenuando, assim, em parte, seu sofrimento.

DANO MORAL AO EMBRIÃO HUMANO. *Direito civil.* É a lesão sofrida pelo embrião humano, mesmo quando ainda não implantado no útero, que deve ser reparada, uma vez que a vítima é ser humano *in fieri*, por ter carga genética, merecendo proteção jurídica. Tal lesão pode advir, por exemplo: a) da possibilidade do emprego de técnicas para lograr embrião geneticamente superior ou com caracteres genéticos predeterminados, tendo-se em vista que toda seleção eugenésica ou não contraria a natureza ética da procriação; b) da comercialização de embriões; c) da reprogramação celular pela engenharia genética para alterar o limite fixado para a vida de uma pessoa por herança dos pais; d) do destino dado aos embriões excedentes, sacrificando-os em holocausto ao progresso técnico-científico ou congelando-os para a criação de novas vidas em laboratórios; e) do uso de embrião congelado etc.

DANO MORAL AO NASCITURO. *Direito civil.* Lesão aos direitos da personalidade do nascituro, protegidos desde a concepção pela norma jurídica. Por isso, além da proibição do aborto, urge protegê-lo na vida intra-uterina, pois poderá sofrer danos morais, como deformações congênitas, traumatismos, intoxicações, toxiinfecções etc., causados por: a) radiações (raios X), que podem acarretar hidrocefalia, mongolismo, defeitos de ossificação etc.; b) fumo, pois, se a grávida for fumante inveterada, a nicotina e o monóxido de carbono podem afetar seus pulmões, ir ao seu sangue e, através da placenta, atingir o feto, dificultando-lhe os movimentos respiratórios, causando-lhe malformações congênitas, acelerando-lhe as palpitações cardíacas, ocasionando seu nascimento prematuro e fazendo com que nasça com pouco peso; c) tóxicos consumidos pelos pais, mesmo para fins terapêuticos, que podem afetar o nascituro não só em seu desenvolvimento psíquico e intelectual como também no físico; d) alcoolismo, pois descendentes de alcoólatras podem nascer retardados, epilépticos ou loucos; e) uso errôneo de hormônios antes da terceira fase do trabalho de parto, o que pode produzir contrações uterinas e asfixiar o nascituro.

DANO MORAL DIRETO. *Direito civil.* Lesão a um interesse que visa a satisfação ou o gozo de um bem jurídico extrapatrimonial contido nos direitos da personalidade (como a vida, a integridade corporal, a liberdade, a honra, o decoro, a intimidade, os sentimentos afetivos e a imagem) ou nos atributos da pessoa (como o nome, a capacidade e o estado de família).

DANO MORAL INDIRETO. *Direito civil.* Lesão a um interesse tendente à satisfação ou ao gozo de bens jurídicos patrimoniais que produz menoscabo de um bem extrapatrimonial, ou melhor, provoca prejuízo a qualquer interesse não patrimonial, devido a uma ofensa a um bem patrimonial da vítima. Deriva, portanto, do fato lesivo a um interesse patrimonial (Zannoni), como a perda de coisa com valor afetivo, por exemplo, de um anel de noivado.

DANO MORAL INDIRETO PELA PERDA DE BENS PATRIMONIAIS COM VALOR AFETIVO. *Direito civil.* Menoscabo de interesse afetivo resultante de interesse de lesão a bem patrimonial, por exemplo, furto de objetos que representam recordações de família, jóias de noivado, troféus etc. Tal furto afeta não só valores patrimoniais, mas também afetivos, juridicamente reconhecidos, enquanto objetos integrantes do âmbito da intimidade. Além da restituição *in natura*, o lesante deverá pagar perdas e danos, salvo se comprovar sua boa-fé, caso em que deverá apenas devolver o bem, acrescido do valor das deteriorações havidas. Se tal restituição for impossível, por exemplo, quando não mais existir a coisa, para pagar o equivalente, estimar-se-á seu valor pelo preço ordinário e pelo de afeição, contando que este não se avantaje àquele.

DANO NEGATIVO. *Direito civil.* Trata-se do lucro cessante ou frustrado alusivo à privação de um ganho pelo lesado, ou seja, ao lucro que ele deixou de auferir, em razão do prejuízo que lhe foi causado.

DANO NUCLEAR. *Direito ambiental, direito civil* e *direito administrativo.* Prejuízo causado ao homem e à natureza por emanações radioativas ou por material nuclear, que deverá ser indenizado pelo explorador dessas atividades, havendo responsabilidade direta do Estado, se este for o explorador, ou subsidiária, se: a quantia indenizatória ultrapassar o limite legal da exploração; forem insuficientes os recursos provenientes do seguro ou de outra garantia; houver insolvência do explorador e o prejuízo for provocado por material nuclear ilicitamente possuído ou utilizado e não relacionado a qualquer operador, pois os prejuízos não serão suportados por ele, mas pela União, observados o limite legal e o direito de regresso contra o causador do dano. A responsabilidade por dano nuclear é objetiva; fundamenta-se no risco e não admite sequer a excludente da força maior ou do caso fortuito, embora se considerem como exoneradores dessa responsabilidade fatos de excepcional gravidade, como guerra civil, conflito armado, cataclisma natural etc. (Carlos Alberto Bittar).

DANO *OB DEFORMITATEM*. *Direito civil.* Dano estético.

DANO OBJETIVO. *Vide* DANO ABSTRATO.

DANO PATRIMONIAL. *Direito civil.* Lesão concreta que afeta um interesse relativo ao patrimônio da vítima consistente na perda ou deterioração, total ou parcial, dos bens materiais que lhe pertencem, sendo suscetível de avaliação pecuniária e de indenização pelo responsável. Constituem danos patrimoniais a privação do uso da coisa, os estragos nela causados, a incapacitação do lesado para o trabalho e a ofensa a sua reputação, quando tiver repercussão na sua vida profissional ou em seus negócios.

DANO PATRIMONIAL DIRETO. *Direito civil.* 1. Dano que causa imediatamente um prejuízo no patrimônio da vítima, por exemplo, a destruição de um carro que lhe pertence. 2. É o causado à própria vítima do fato lesivo. 3. Prejuízo que for conseqüência imediata da lesão.

DANO PATRIMONIAL INDIRETO. *Direito civil.* 1. É o que atinge interesses jurídicos extrapatrimoniais do lesado, como os direitos da personalidade, causando, de forma mediata, perdas patrimoniais; por exemplo, despesas com o tratamento de lesões corporais. É uma conseqüência possível, porém não necessária, do evento que prejudica um interesse extrapatrimonial, constituindo um dano moral que produz reflexos prejudiciais à economia do ofendido. 2. O experimentado por terceiros em razão de um evento danoso. 3. O que resulta da conexão do fato lesivo com um acontecimento distinto.

DANO PAULIANO. *Direito civil.* É o resultante da fraude contra credores.

DANO POR GEADA. *Direito agrário.* Lesão causada em verduras, frutas e legumes pela ação da geada.

DANO POR RICOCHETE. *Direito civil.* Dano sofrido por outra pessoa, que lesa o interesse de alguém. Por exemplo, o causado a um empregador, por acidente provocado por terceiro, que gere incapacidade laborativa de seu empregado, obrigando-o a pagar certos encargos (Sérgio Severo).

DANO POSITIVO. *Vide* DANO EMERGENTE.

DANO POTENCIAL. *Vide* DANO EVENTUAL.

DANO PRESUMIDO. *Vide* DANO REMOTO.

DANO PROCESSUAL. *Direito processual civil.* É o praticado no processo, por pleitear de má-fé, contra a parte contrária ou a administração da justiça. Causa dano processual quem: deduz pretensão ou defesa contra a lei ou fato incontroverso; altera a verdade dos fatos; usa o processo para obter fim ilegal; opõe resistência injustificada ao andamento do processo; procede de maneira temerária em qualquer ato processual; provoca incidentes infundados. O litigante de má-fé não só deverá pagar indenização, não superior a 20% sobre o valor da causa, à parte contrária, correspondente aos prejuízos causados mais os honorários advocatícios e despesas efetuadas, como também uma multa de valor não superior a um por cento sobre o valor da causa. Tal indenização, em regra, é liquidada por arbitramento.

DANO QUALIFICADO. *Direito penal.* Diz-se do ato punível praticado em circunstâncias agravantes: a) com violência ou grave ameaça à pessoa; b) com o emprego de explosivo ou de inflamável; c) contra o patrimônio público; d) por razão egoística; e) com prejuízo considerável para a vítima (Othon Sidou).

DANO REAL. *Vide* DANO PATRIMONIAL.

DANO RECEADO. *Vide* DANO EVENTUAL.

DANO REMOTO. *Direito civil.* 1. É o que decorre do inadimplemento de uma obrigação, podendo determinar a cessação de lucros esperados. 2. Perda futura, pretensa ou incerta. Há uma presunção de perda que, na verdade, não se deu por parte de quem o reclama.

DANO RESSARCÍVEL. *Direito civil.* Perda indenizável ou suscetível de ser reparada pelo lesante.

DANO SIMPLES. *Direito penal.* Ato punível com detenção ou multa em que o agente destrói, inutiliza ou deteriora coisa alheia, sem que haja qualquer circunstância agravante.

DANOSO. *Direito civil.* O que causa dano.

DANO SUBJETIVO. *Vide* DANO CONCRETO.

DAR. *Direito civil.* 1. Doar. 2. Entregar. 3. Pagar. 4. Oferecer. 5. Diz-se da obrigação de prestação de coisa que tem por objeto mediato um bem certo ou determinado. 6. Ceder, temporariamente, uso, fruição ou posse direta de uma coisa. 7. Contribuir. 8. Informar. 9. Franquear; permitir. 10. Emitir; proferir. 11. Executar. 12. Declarar. 13. Conferir; conceder. 14. Alienar.

DAR À EXECUÇÃO. Executar.

DAR ANDAMENTO. *Direito processual.* Fazer com que o processo siga os trâmites legais.

DAR BAIXA AO HOSPITAL. *Medicina legal.* Sofrer internação em hospital em razão de debilidade física.

DAR BALANÇO. *Direito comercial.* 1. Proceder ao balanço. 2. Verificar receitas e despesas.

DAR CONHECIMENTO. Comunicar; participar; informar.

DARDO. *Direito desportivo.* Aparelho de arremesso usado no atletismo consistente numa haste delgada com ponta de ferro.

DARE ALIUD EST, ET ALIUD DARE PROMITTERE. *Aforismo jurídico.* Dar não é prometer dar.

DARE ET REMITTERE, PARIA SUNT. *Aforismo jurídico.* Dar e perdoar são coisas iguais.

DARE IN SOLUTUM. *Expressão latina.* Dar em pagamento.

DARE IN SOLUTUM EST VENDERE. *Brocardo latino.* Dar em pagamento é vender.

DARE MANUS. *Locução latina.* Render-se; confessar.

DAR EM RESULTADO. Produzir; causar.

DARE NEMO POTEST, QUOD NON HABET, NEC PLUS QUAM HABET. *Expressão latina.* Ninguém pode dar o que não tem ou mais do que tem.

DAR ENTRADA. 1. *Direito alfandegário.* Manifestar na alfândega bagagens, mercadorias etc., para serem despachadas. 2. *Direito comercial.* Escriturar mercadorias. 3. *Direito processual* e *direito administrativo.* Registrar entrada de ofício de requerimentos etc. 4. *Direito civil.* Indicar ao ator a deixa ou as últimas palavras da fala de outro e as primeiras que deverá pronunciar, entrando em cena.

DARE SIGNIFICAT DOMINIUM TRANSFERRE. *Aforismo jurídico.* Dar significa transferir domínio.

DARE VEL NON ADIMERE QUI POTEST, PARIA SUNT. *Aforismo jurídico.* Dar ou não tirar quem pode importa o mesmo.

DAR FÉ. *Direito registral.* Conferir caráter de verdade ou de fé pública; certificar pelos notários e por escrito algum fato ou ato; afirmar a autenticidade do conteúdo de algum documento.

DAR FUNDO. *Direito marítimo.* Ancorar embarcação; fundear.

DAR LIBERDADE. 1. *Direito penal.* Soltar preso. 2. *Direito administrativo.* Conceder licença.

DAR PARTE. *Direito processual penal.* Denunciar crime.

DAR PARTO ALHEIO COMO PRÓPRIO. *Direito penal.* Crime contra o estado de filiação.

DAR PROVIMENTO. *Direito processual.* Aceitar, o tribunal, as alegações recursais apresentadas pela parte.

DAR-SE POR SUSPEITO. *Direito processual.* Não querer o juiz emitir sentença por saber que sua decisão não seria imparcial.

DAR-SE POR VENCIDO. Render-se.

DAR TESTEMUNHO. *Direito processual.* Provar; atestar; comprovar; testemunhar.

DARTRO. *Medicina legal.* Herpes.

DAR VISTA DO PROCESSO. *Direito processual.* Entregar processo para ser visto ou examinado ou para nele se lançar um despacho.

DARWINISMO. Nas *linguagens biológica* e *filosófica*, trata-se: a) da teoria transformista, pela qual as espécies saem umas das outras; b) da doutrina que estabelece a origem das espécies pela seleção natural, onde na luta pela sobrevivência as espécies mais fracas desaparecem; c) da doutrina que acata a existência de um encadeamento genético dos seres vivos, por exemplo, o fato de que o homem descende do *pitecantropo ereto.*

DASEIN. *Termo alemão.* **1.** Ser aí. **2.** Existência. **3.** Ser no mundo.

DATA. **1.** *Direito civil.* a) Tempo e local em que um ato se executa ou um documento é passado; b) tempo assinalado para o cumprimento de uma obrigação assumida; c) indicação do ano, mês e dia. **2.** *Direito administrativo.* a) Jazida de ouro ou diamante; b) escritura originária de terreno alodial que a prefeitura municipal concede no perímetro urbano da cidade. Trata-se da "carta de data". **3.** *Direito agrário.* a) Doação de terras; b) medida de área rural com 800 a 880m² usada em Minas, São Paulo e Paraná. **4.** *Direito comercial.* Prazo computado a partir da data da emissão da fatura. **5.** *Direito processual.* a) Termo lavrado pelo escrivão da entrega dos autos, com o despacho do juiz que deve ser cumprido; b) termo pelo qual o escrivão certifica a remessa dos autos à instância superior.

DATABASE. *Direito virtual.* **1.** Informações contidas em cadastros. **2.** Coleção de dados armazenados.

DATAÇÃO. Ato ou efeito de datar.

DATA DA LEI. *Teoria geral do direito.* **1.** Dia da publicação oficial da lei, que a torna obrigatória, se ela assim o determinar, hipótese em que a data da publicação e a entrada em vigor coincidirão. **2.** Dia estipulado na própria norma para sua entrada em vigor, caso em que, com sua publicação, ela não tem imediata obrigatoriedade. O intervalo entre a data de sua publicação e a de sua entrada em vigor chama-se *vacatio legis*, sendo que, antes do decurso desta, a lei nova não tem efetiva força obrigatória nem autoridade imperativa, mesmo que promulgada e publicada, por ainda estar em vigor a antiga lei.

DATADO. **1.** Aquilo que se datou. **2.** Assinalado com data.

DATA MINING. *Locução inglesa.* Mineração de dados.

DATA OPERA. *Locução latina.* Ato praticado com dolo ou dolosamente.

DATA PERMISSA. *Locução latina.* Com a devida permissão.

DATAPREV. *Direito previdenciário.* Sigla de Empresa de Processamento de Dados da Previdência Social.

DATAR. **1.** Colocar dia, mês e ano num documento. **2.** Contar-se desde certo lapso temporal.

DATA RETROATIVA DE COBERTURA. *Direito civil.* Data do início de vigência da primeira de uma série sucessiva e ininterrupta de apólices, à base de reclamações, a partir da qual e até o término de vigência da última apólice encontram-se cobertos os riscos expressamente definidos no contrato de seguro.

DATARIA. *Direito canônico.* Tribunal pontifício presidido por um cardeal que trata de questões atinentes às graças concedidas pela Cúria romana, às concessões de dispensas matrimoniais, aos bens eclesiásticos etc.

DATÁRIO. *Direito canônico.* Cardeal que preside a dataria; encarregado da expedição das graças concedidas pelo Sumo Pontífice.

DATA ROOM. *Direito comercial.* Local que concentra banco de dados, informações, relatórios e acesso a sistemas, em processos de alienação de controle acionário e demais operações societárias (Luiz Fernando Rudge).

DATA VENIA. *Locução latina.* Com a devida permissão.

DATAVISA. Sigla que designa Sistema de Produtos e Serviços sob Vigilância Sanitária.

DATA WAREHOUSE. *Locução inglesa* e *direito virtual.* Armazenamento de dados.

DATÍLIO. *Medicina legal.* Aderência congênita ou acidental dos dedos.

DATILOCAMPSODINIA. *Medicina legal.* Flexão dolorosa de um ou mais dedos.

DATILOFASIA. *Medicina legal.* Comunicação entre surdos-mudos mediante movimentos convencionais dos dedos.

DATILOGRAFIA. Escrita produzida por máquina de escrever.

DATILOGRAMA. *Medicina legal.* Impressão digital de um só dedo da mão.

DATILOGRIPOSE. *Medicina legal.* Flexão permanente dos dedos.

DATILOLOGIA. *Vide* DATILOFASIA.

DATILOMEGALIA. *Medicina legal.* Estado patológico caracterizado pelo fato de serem os dedos das mãos ou dos pés demasiadamente grandes.

DATILOSCOPIA. *Vide* DACTILOSCOPIA.

DATIO AD EXPERIENDUM. *Locução latina.* Entrega de amostra de produto para aprovação e ulterior aquisição.

DATIO IN ADOPTIONEM. *Expressão latina.* Dação em adoção; anuência do representante legal do adotando incapaz para sua adoção.

DATIO IN SOLUTUM. *Locução latina.* Dação em pagamento.

DATIO IN SOLUTUM VICES OBTINET SOLUTIONIS. *Aforismo jurídico.* Dação em pagamento importa solução.

DATIO PIGNORIS. *Locução latina.* Empenhar um bem para garantir débito.

DATIO REI. *Locução latina.* Entrega da coisa.

DATIVO. 1. *Direito processual civil.* Diz-se do tutor ou curador nomeado pelo magistrado ou pelo testador. **2.** *Direito processual penal.* Diz-se do defensor nomeado pelo órgão judicante para defender os interesses do acusado.

DAY-TO-DAY MONEY. *Expressão inglesa.* **1.** Empréstimo por vinte e quatro horas. **2.** *Overnight.*

DAY TRADE. *Direito comercial.* **1.** Compra e venda de opções da mesma série, numa mesma sessão de pregão de Bolsa de mercadoria, feita com o mesmo cliente e pela mesma corretora. Trata-se do contrato de liquidação. **2.** A operação ou a conjugação de operações iniciadas e encerradas em um mesmo dia em Bolsa de Valores, Mercadorias e de Futuros, com o mesmo ativo, em que a quantidade negociada tenha sido liquidada, total ou parcialmente. Rendimento é o resultado positivo apurado no encerramento das operações de *day trade*, sujeitando-se à incidência do imposto de renda na fonte à alíquota de 1%.

DCN INTERNATIONAL. *Direito comercial* e *direito internacional privado.* É a empresa, com sede em 19/21, rue du Colonel Pierre Avia - 75015, Paris, França, autorizada a funcionar no Brasil, por intermédio da filial DCN International, tendo como objeto social a comercialização, compra e venda dos materiais, das técnicas ou do *know-how* utilizáveis no campo naval; o estabelecimento de acordos industriais ou comerciais e o desenvolvimento de ações de cooperação internacional; e a realização de todas as operações que favoreçam o desenvolvimento das indústrias correspondentes, com capital destacado de R$ 300.000,00 (trezentos mil reais), para o desempenho das suas atividades em território nacional, obrigando-se a cumprir integralmente as leis e regulamentos em vigor ou que venham a vigorar sobre o objeto da autorização. Essa empresa tem as seguintes obrigações: a) a empresa DCN International é obrigada a ter permanentemente um representante legal no Brasil, junto à filial DCN International, com plenos e ilimitados poderes para tratar quaisquer questões e resolvê-las definitivamente, podendo ser demandado e receber citação inicial pela sociedade; b) todos os atos que praticar no Brasil ficarão sujeitos às leis e aos tribunais brasileiros, sem que, em tempo algum, possa a referida empresa reclamar qualquer exceção, fundada em seus estatutos; c) a sociedade não poderá realizar no Brasil atividades constantes de seus estatutos vedadas às sociedades estrangeiras e somente poderá exercer as que dependam de aprovação prévia de órgão governamental, sob as condições autorizadas; d) dependerá de aprovação do governo brasileiro qualquer alteração nos estatutos da empresa, que implique a mudança de condições e regras estabelecidas na autorização; e) publicado o ato de autorização, fica a empresa obrigada a providenciar o arquivamento, na Junta Comercial da unidade federativa onde se localizar, das folhas do *Diário Oficial da União* e dos documentos que instruíram o requerimento desta autorização; f) ao encerramento de cada exercício social, deverá apresentar à Junta Comercial da unidade federativa onde estiver localizada, para anotação nos registros, folha do *Diário Oficial da União*, do Estado ou do Distrito Federal, conforme o caso, e do jornal de grande circulação, contendo as publicações obrigatórias por força de lei; g) a infração de qualquer das obrigações, para a qual não esteja cominada pena especial, será punida, considerando-se a gravidade da falta, com cassação da autorização.

DCTF. *Direito tributário.* Sigla de Declarações de Contribuições e Tributos Federais.

DDIV. Abreviatura de Departamento de Defesa e Inspeção Vegetal do Brasil. Organização Nacional de Proteção Fitossanitária brasileira.

DDT. *Medicina legal.* Abreviatura do diclorodifeniltricloroetano, inseticida que, além de ser eficaz para matar moscas e artrópodes, auxilia muito no combate à sarna ou à escabiose.

DE ACORDO. 1. Aceitação ou autorização para a realização de alguma coisa ou para a tomada de providência ou medida. **2.** *Direito administrativo.* Despacho em documento feito pela autoridade competente, indicando sua concordância.

DEAD FREIGHT. *Vide* FRETE MORTO.

DEADO. Aquele que ocupa o cargo de deão.

DEADWEIGHT. *Direito marítimo.* Peso em toneladas métricas suscetível de ser transportado por um navio sem causar dano à sua segurança.

DEALER. *Termo inglês.* **1.** Operador de Bolsa ou de câmbio. **2.** Instituição credenciada que atua nas operações de compra e venda de moeda estrangeira pelo BACEN, no mercado interbancário, junto ao Depin (Departamento de Operações das Reservas Internacionais). O "*dealer*" será selecionado entre as instituições autorizadas a operar no mercado de câmbio, limitado a uma instituição por conglomerado financeiro, mediante avaliação de desempenho realizada com base na apuração de média ponderada dos seguintes itens: a) mercado interbancário, considerando-se o volume de câmbio negociado pelo conglomerado no mercado interbancário, com peso 2,0; b) importação e exportação, computando-se o volume de operações de câmbio vinculadas a importações e exportações negociado pelo conglomerado, com peso 2,5; c) títulos e *swaps* cambiais, computando-se os volumes financeiros de títulos da dívida pública com correção cambial negociados nos mercados primário e secundário, bem como os volumes financeiros relacionados aos "contratos de *swaps* cambiais com ajuste periódico – SCC" assumidos pelo conglomerado através de ofertas públicas do Banco Central do Brasil, com peso 1,0; d) câmbio financeiro, considerando-se o volume de câmbio financeiro negociado pelo conglomerado, com peso 2,5; e e) informações prestadas ao Banco Central do Brasil, com peso 2. O objetivo deste item é avaliar a qualidade das informações prestadas e a forma de atuação de cada instituição no mercado de câmbio. O período de validade de cada credenciamento de "dealer" será de seis meses, abrangendo os meses de junho a novembro e de dezembro a maio, sendo obrigatório o rodízio de, pelo menos, três instituições a cada novo período de credenciamento. **3.** Instituição financeira que compra e vende valores mobiliários para sua carteira própria. **4.** Instituição financeira selecionada pelo Banco Central para participar de leilões informais de câmbio e títulos públicos e regular a liquidez no mercado (Luiz Fernando Rudge).

DEÃO. 1. *Direito civil.* Diretor de uma entidade. **2.** *Direito internacional público.* Membro mais antigo entre aqueles que estão no grau mais elevado de um corpo diplomático estrangeiro e que, por isso, o preside. **3.** *Direito canônico.* a) Decano; b) dignitário eclesiástico escolhido por um mais eminente ou antigo para presidir um cabido; c) cardeal que preside o Sacro Colégio de Cardeais, por ser o mais antigo.

DE AUDITU. *Locução latina.* **1.** De oitiva. **2.** Por ouvir dizer.

DÉBÂCLE. *Direito militar.* Derrota militar.

DEBAIXO DE ARMAS. *Direito militar.* Armado; preparado ou pronto para a guerra.

DEBAIXO DE VARA. *Direito processual civil* e *direito processual penal.* Condução forçada, pelo oficial de justiça ou autoridade policial, de pessoas que, sendo intimadas, não compareçam em juízo voluntariamente.

DEBATE. 1. *Teoria geral do direito.* a) Discussão sobre uma questão, apresentando-se argumentos demonstrativos das afirmações feitas; b) processo dialético de teses e antíteses com o objetivo de obter a demonstração da verdade; c) método dialético e retórico que busca a persuasão; d) diz-se da discussão que busca definir e avaliar um problema e encontrar as alternativas possíveis de sua solução (Sílvio de Macedo). **2.** *Direito processual civil.* a) Discussão oral ou escrita feita pelos litigantes em juízo, que, por meio de seus advogados, fazem sustentações para comprovar seus direitos; b) contestação aos arrazoados do adversário; c) sessão pública em tribunal. **3.** *Ciência política.* Discussão de uma moção diante de uma assembléia legislativa, conforme normas regulamentares.

DEBATEDOR. Aquele que participa de um debate.

DEBATENTE. 1. Aquele que argumenta apresentando provas de suas asserções. **2.** Debatedor.

DEBATE ORAL. *Direito processual civil.* Sustentação oral.

DEBATES. Diálogos que apresentam discussões sobre certos assuntos.

DEBATES EM AUDIÊNCIA. *Direito processual civil.* Discussões que se operam em juízo entre os advogados dos litigantes sobre pontos controvertidos fixados pelo magistrado, finda a instrução, na audiência por ele marcada, antes do julgamento, pelo prazo de vinte minutos cada um, prorrogável por mais dez, a critério do juiz.

DEBATES PARLAMENTARES. *Ciência política.* Discussões que se dão em assembléia de parlamentares sobre projetos de leis ou resoluções a serem tomadas.

DEBATIDIÇO. Tema que se presta a debates.

DEBELAÇÃO. *Direito internacional público.* **1.** Aniquilamento do complexo militar, político ou administrativo de um país vencido numa guerra. **2.** Ocupação territorial pelo Estado beligerante vencedor, que submete o vencido ao seu domínio.

DEBELAR. 1. Combater; extinguir; destruir. **2.** Vencer; subjugar; dominar. **3.** Curar. **4.** Reprimir.

DEBELATÓRIO. O que debela.

DEBELATUM EST. *Locução latina.* Cessou a guerra.

DEBELLATIO. *Termo latino.* Debelação.

DEBEMUR MORTI NOS NOSTRAQUE. *Expressão latina.* Estamos destinados à morte.

DEBENTURAGEM. *Direito comercial.* Ação de estabelecer debêntures.

DEBÊNTURE. *Direito comercial.* Título de crédito mobiliário emitido por uma sociedade anônima ou em comandita por ações, representativo de um fração de um empréstimo ou dívida da empresa, garantido pelos bens do ativo do patrimônio social, sendo que o emissor se obriga ao pagamento de juros preestabelecidos sobre o total da prestação.

DEBÊNTURE CONVERSÍVEL EM AÇÃO. *Direito comercial.* Aquela que autoriza ao portador sua conversão em ação de sociedade anônima, na data do resgate.

DEBÊNTURE ENDOSSÁVEL. *Direito comercial.* Aquela que é suscetível de ser transferida por meio de endosso.

DEBÊNTURES PERPÉTUAS. *Direito empresarial.* São as que possibilitam a organização do poder de controle da sociedade anônima, na medida em que os debenturistas aportam recursos na empresa, mas não titularizam direitos de acionistas (Fábio Ulhoa Coelho).

DEBENTURISTA. *Direito comercial.* Titular de debênture, por deter em seu poder o título emitido por sociedade anônima, representativo do mútuo contraído.

DEBENTURÍSTICO. *Direito comercial.* Relativo à debênture.

DEBIAN FREE SOFTWARE GUIDERLINES (DFSG). *Direito virtual.* Licença inserida em contrato celebrado entre Debian e usuários de *software* livre, contendo critérios para distribuição e exigências de publicação do código-fonte, vedando que se contamine outro *software* (Silmara B. Nogueira).

DEBILIDADE. *Medicina legal.* Estado de débil; fraqueza.

DEBILIDADE MENTAL. *Medicina legal.* **1.** Deficiência psíquica que torna o paciente incapaz para os atos normais da vida e de provê-la de modo favorável, em razão de seu baixo quociente intelectual. **2.** Oligofrenia.

DEBILIDADE PERMANENTE. *Medicina legal* e *direito penal.* Redução do funcionamento de membro, órgão ou sentido, que é um dos caracteres do crime de lesão corporal de natureza grave, por ser insanável ou irreparável.

DEBIT. *Termo inglês.* Debitar.

DÉBIT. *Termo francês.* **1.** Venda de mercadorias. **2.** Consumo. **3.** Débito.

DEBITA ANIMA–ADVERSIONE PUNIENDUM. *História do direito.* "Para que seja punido como merece", fórmula colocada na sentença condenatória pelo Tribunal do Santo Ofício da Inquisição ao entregar o condenado à justiça secular (João Bernardino Gonzaga).

DEBITADO. 1. O que se lançou a débito. **2.** Aquilo que se debitou.

DEBITAR. 1. *Direito comercial.* Lançar a quantia devida na escrituração contábil de uma firma. **2.** *Direito bancário.* Subtrair do depósito do correntista a quantia assinalada em cheque por ele emitido ou o *quantum* correspondente a luz, água, telefone etc. **3.** Na *linguagem jurídica* em geral, significa constituir-se devedor.

DEBIT BALANCE. *Locução inglesa.* Saldo devedor.

DÉBITO. 1. Na *linguagem jurídica* em geral, significa dívida; aquilo que se deve a alguém. **2.** *Direito comercial.* a) Parte de uma conta onde, no lançamento contábil de uma firma, se registram fornecimentos ou pagamentos; b) dívida de alguém escriturada na conta caixa que representa o ativo do estabelecimento comercial. **3.** *Direito administrativo.* Quantidade de água ou gás fornecida por uma corrente ou fonte numa unidade de tempo.

DÉBITO CONJUGAL. *Direito civil.* Dever que têm os cônjuges de coabitação e prática entre si do ato sexual.

DÉBITO FISCAL. *Direito tributário.* Quantia devida pelo contribuinte ao Estado em razão de tributo.

DÉBITO PREVIDENCIÁRIO. *Direito previdenciário.* Dívida relativa às contribuições que não foram recolhidas ao INSS.

DEBITOR ALIUD PRO ALIO, INVITO CREDITORE SOLVERE NON POTEST. *Aforismo jurídico.* O devedor não pode pagar, contra a vontade do credor, uma coisa por outra.

DEBITOR DEBITORIS MEI NON ES DEBITOR MEUS. *Brocardo latino.* Devedor de meu devedor não é meu devedor.

DEBITORE LIBERATO, PER CONSEQUENTIAS FIDEJUSSOR QUOQUE DIMITTITUR. *Brocardo latino.* Liberado o devedor, por conseguinte o fiador também está exonerado.

DEBITOR INTELLIGITUR IS A QUO INVITO PECUNIA EXIGI POTEST. *Direito romano.* É devedor aquele de quem se pode exigir dinheiro contra a vontade.

DEBITOR SPECIEI LIBERATUR INTERITU REI. *Aforismo jurídico.* O devedor de uma coisa determinada ou certa fica exonerado pelo perecimento do bem devido.

DEBITOR SUI IPSIUS ESSE NEMO POTEST. *Aforismo jurídico.* Ninguém pode ser devedor de si mesmo.

DÉBITO SALARIAL. *Direito do trabalho.* Atraso de salário.

DÉBITO TRABALHISTA. *Direito do trabalho.* Dívida de todo empregador que não cumpre suas obrigações para com seu empregado, deixando de pagar salário, férias, aviso prévio, indenização etc.

DEBITUM. *Direito romano.* Objeto da prestação obrigacional.

DEBITUM CONIUGALE. *Expressão latina.* Débito conjugal.

DEBOCHE. Desregramento de costume; libertinagem; devassidão; zombaria.

DE BONA GRATIA. *Locução latina.* De boa vontade.

DÉBOUTÉ. *Termo francês.* Indeferimento judicial.

DEBRAYAGE. *Direito do trabalho.* Greve intermitente.

DEBT SERVICE. *Locução inglesa.* Serviço da dívida.

DEBULHA. *Direito agrário.* Ação de descascar cereais ou de separar dos casulos os grãos de cereais.

DEBULHADORA. *Direito agrário.* Máquina própria para debulhar cereais.

DEBULHO. *Direito agrário.* Resíduo das espigas dos cereais depois de debulhados.

DÉCADA. 1. Na *linguagem jurídica* em geral, pode indicar espaço de dez dias ou período de dez anos. **2.** *Direito autoral.* Diz-se da parte de uma obra composta de dez livros ou capítulos.

DÉCADA BRASILEIRA DA ÁGUA. *Direito ambiental.* Iniciada em 22 de março de 2005, tem como objetivos promover e intensificar a formulação e implementação de políticas, programas e projetos relativos ao gerenciamento e uso sustentável da água, em todos os níveis, assim como assegurar a ampla participação e cooperação das comunidades voltadas ao alcance dos objetivos contemplados na Política Nacional de Recursos Hídricos ou estabelecidos em convenções, acordos e resoluções, a que o Brasil tenha aderido.

DECADÁTILO. *Medicina legal.* Que tem dez dedos.

DECADÊNCIA. 1. *Direito processual civil.* Extinção do direito potestativo pela inação de seu titular que deixa escoar o prazo legal ou voluntariamente fixado para seu exercício. Seu efeito direto é a extinção do direito em decorrência de inércia do titular para o seu exercício. Extingue indiretamente a ação correspondente, se ela nasceu juntamente com o direito, representando o modo de seu exercício, e impede seu nascimento, se ela não se originou do mesmo fato gerador do direito, mas deveria protegê-lo, no futuro, depois de definitivamente efetiva-do, sobrevindo algum obstáculo ao seu livre exercício. A decadência não se suspende nem se impede ou interrompe, exceto se houver disposição legal em contrário, e só é impedi-da pelo efetivo exercício do direito, dentro do lapso de tempo estabelecido. **2.** *Sociologia jurídica.* Resultado do processo de decomposição social; declínio social; época em que algo decaiu ou veio a corromper-se. **3.** Na *linguagem jurídica* em geral, pode indicar corrupção ou humilhação.

DECADÊNCIA NA CONCESSÃO. *Direito administrativo.* Sanção a que está sujeito o concessionário de serviço público faltoso consistente na cadu-cidade ou rescisão do contrato por decisão da Administração Pública.

DECADÊNCIA NA DESAPROPRIAÇÃO. *Direito adminis-trativo.* Perda do direito de expropriar por ina-ção do Poder Público, que deixa escoar o prazo para tornar efetivo o decreto expropriatório, que, então, caducará.

DECADENTE. 1. O que se corrompe. **2.** O que de-caiu de seu direito. **3.** Caduco.

DECAÍDA. 1. *Direito penal.* Prostituta. **2.** Na *lingua-gem jurídica* em geral, pode indicar ação ou efei-to de decair.

DECAÍDO. *Vide* DECADENTE.

DECAIR. 1. Incorrer em decadência. **2.** Caducar. **3.** Ter direito extinto por não o exercer dentro do prazo preestabelecido. **4.** Ir-se arruinando. **5.** Ficar vencido numa demanda. **6.** Perder as forças. **7.** Perder a posição.

DECÁLOGO. 1. *Teoria geral do direito.* a) Conjunto de dez preceitos que regulam alguma atividade; b) complexo de dez princípios norteadores de uma doutrina. **2.** *Direito canônico.* Dez manda-mentos da lei de Deus.

DECÁLOGO DE SEGURANÇA DO NAVIO. *Direito marí-timo.* Relação dos dez deveres do comandante: **1.** Vigiar o navio e a carga, pois é dever de todo comandante zelar pela carga e adotar as medi-das de precaução para a completa segurança do navio, bem como das atividades nele desen-volvidas, exercidas pela tripulação ou outras pessoas a bordo, sob pena de infração legal. Toda a tripulação deverá cooperar na vigilân-cia, em seu próprio interesse, comunicando ao oficial de quarto qualquer atividade suspeita. **2.** Iluminar o navio e seu costado. Deve-se manter o navio iluminado, principalmente o costado do lado do mar e convés em toda a ex-

tensão, usando refletores de grande potência. A má visibilidade dificulta a ação de fiscaliza-ção, constituindo-se em fator favorável às ati-vidades ilícitas. **3.** Estabelecer comunicações para apoio externo, instalando, sempre que possível, uma linha telefônica que seja de fá-cil acesso ao vigia ou tripulante de serviço. As autoridades do porto mantêm um serviço per-manente de combate à criminalidade; deve-se pedir auxílio pelo telefone. As estações que es-tão em escuta permanente em VHF – canal 16 – poderão encaminhar o pedido de auxílio às autoridades competentes. **4.** Controlar os aces-sos à carga e aos compartimentos habitáveis. A Câmara do Comandante é um dos principais objetivos dos assaltantes que buscam dinheiro e a chave-mestra dos demais compartimentos habitáveis, para realizar saques de objetos de valor do uso pessoal da tripulação e equipa-mentos náuticos existentes na ponte. Os ca-marotes e demais compartimentos habitáveis devem ser mantidos trancados à chave, sempre que seus ocupantes encontrarem-se ausentes. A carga só será, normalmente, objeto de roubo ou furto se os marginais tiverem conhecimen-to prévio do seu conteúdo, através de infor-mações colhidas por pessoas inescrupulosas que têm acesso ao conhecimento de embarque, ou mesmo por contatos prévios da prostituição com os tripulantes. Deve-se procurar estivar os *containers* com cargas valiosas de forma a obstruir os seus tampões de acesso e isolar os meios de acesso ao navio, e também os acessos às suas áreas internas, criando uma única via de entrada e saída pelo portaló, garantindo seu controle através do vigia ali postado. **5.** Man-ter as vigias fechadas. Vigias abertas podem constituir-se em fácil acesso a malfeitores e, portanto, devem estar fechadas com os gram-pos passados sempre que se ausentar. Procurar manter, também, os acessos às áreas internas trancados, garantindo o controle de entrada e saída por meio do vigia de portaló. **6.** Não deixar objetos de valor expostos, reduzindo as oportunidades de roubo, removendo todos os equipamentos portáteis que não estejam em uso para seus locais de guarda. Objetos de va-lor expostos estimulam a prática de furto por "oportunidade"; devem ser guardados em local trancado e seguro. **7.** Manter as escadas reco-lhidas. Procurar dificultar, nos fundeadouros e no porto, acesso, mantendo içadas as escadas de portaló e de quebra-peito. No porto, somente deixar arriada a escada de portaló pelo bordo do cais. **8.** Em caso de assalto: a) não hesitar em soar o sinal de alarme geral do navio em caso de ameaça de assalto; b) procurar manter iluminação adequada para ofuscar permanentemente os oponentes, no caso de tentativa de subida de estranhos pelo costado; c) dar o alarme, através de contato rádio VHF – canal 16, para os navios das proximidades e para o sistema de escuta permanente das autoridades de terra (citar a estrutura existente no porto). A eficácia de socorro pela Polícia Federal depende do alarme antecipado; d) usar alarmes sonoros com apitos intermitentes e visuais como holofotes e sinalizadores náuticos; e) se adequado, para proteger as vidas de bordo, e sob inteira responsabilidade do comandante, usar medidas para repelir a abordagem, como holofotes de grande potência para ofuscamento dos agressores ou mesmo guarnecendo jatos d'água ou sinalizadores náuticos contra áreas de abordagem; e f) não realizar atos de heroísmo. **9.** Manter os vigias contratados sob controle do oficial de quarto. Exigir um bom serviço de vigias, com o pedido de identificação de todo o pessoal que entra e sai do navio. Recomendar que a tripulação colabore com o controle e não permitir que o vigia se ausente do portaló, salvo se substituído por outro vigia ou tripulante. **10.** Comunicar à Polícia Federal qualquer ocorrência relativa a furto, roubo ou assalto. As ocorrências envolvendo roubo ou assalto, tanto de carga quanto dos valores e objetos do navio ou tripulantes, devem ser comunicadas à Polícia Federal para as providências legais pertinentes. Essas informações possibilitarão, ainda, o estudo das medidas a serem adotadas para prevenção e combate a esses crimes, contribuindo para a garantia da segurança da tripulação e do navio.

DECALQUE. Reprodução de desenho ou assinatura por meio do emprego de papel fino ou de papel-carbono, sendo que a assinatura assim obtida é considerada falsa (De Plácido e Silva).

DECALVAÇÃO. *Direito penitenciário* e *história do direito.* Ato de rapar o cabelo do condenado para submetê-lo à execração ou infâmia pública, como ocorreu, por exemplo, na 2ª Guerra Mundial, nos campos de concentração nazistas. Tal pena era muito aplicada pelos visigodos.

DECALVANTE. *Medicina legal.* Substância medicamentosa, tratamento ou doença que faz o cabelo do paciente cair.

DECAMPAMENTO. *Direito militar.* Levantar acampamento; retirar-se do acampamento militar.

DECANADO. 1. *Direito canônico.* a) Dignidade do deão; b) qualidade do que preside um cabido por ser o mais antigo; c) diz-se da dignidade do cardeal que preside o Sacro Colégio dos Cardeais por ser o mais antigo. **2.** *Direito internacional público.* Condição daquele que preside um corpo diplomático por ser o mais antigo dentre os membros que estão no grau mais elevado. **3.** *Direito civil.* Qualidade de decano.

DECANAL. Relativo a deão, decano ou a decanado.

DECANATO. *Vide* DECANADO.

DECANIA. 1. Grupo de dez pessoas. **2.** Corporação que está sob a presidência de um decano.

DECANO. 1. *Direito internacional público.* a) Núncio apostólico que representa a Santa Sé; b) presidente de um corpo diplomático por ser o mais antigo. **2.** *Direito canônico.* a) Diretor do cabido, escolhido por ser o mais antigo; b) cardeal que, em razão de sua antigüidade, preside o Sacro Colégio dos Cardeais, embora nenhuma jurisdição tenha sobre eles. **3.** *Direito civil.* Membro mais antigo de uma comunidade.

DECAPITAÇÃO. 1. *História do direito.* Forma de execução da pena de morte através de guilhotina, machado, cutelo ou espada. **2.** *Direito penal.* Crime de homicídio em que o agente degola a vítima.

DECAPITADO. *Direito penal.* Degolado; aquele que sofreu decapitação; pessoa cuja cabeça foi separada do tronco.

DECATLETA. *Direito desportivo.* Atleta que pratica o decatlo.

DECATLO. *Direito desportivo.* Competição atlética que abrange dez provas: corridas de 100 m, 110 m sobre barreiras, 400 e 1.500 m; saltos em extensão, em altura e com vara; e arremessos de peso, de disco e de dardo.

DECEDENT. *Termo inglês.* **1.** *De cujus.* **2.** Falecido.

DECEMESTRE. Espaço de dez meses.

DECÊNDIO. Espaço de dez dias.

DECÊNIO. Período de dez anos.

DECENVIRAL. *História do direito.* Relativo aos decênviros.

DECENVIRATO. *História do direito.* **1.** Magistratura dos decênviros. **2.** Dignidade ou governo dos decênviros, ou seja, dos dez magistrados que, na República Romana, tinham as funções de codificar as leis e governar em substituição aos cônsules.

DECÊNVIRO. *História do direito.* **1.** Cada um dos dez magistrados da República Romana encarregados de codificar e redigir a Lei das XII Tábuas e de substituir os cônsules no governo. **2.** Cada um dos dez cidadãos que eram escolhidos entre os centúviros para, juntamente com o pretor, constituir a magistratura judicial em Roma.

DECEPADO. *Medicina legal.* Que se decepou, amputou ou mutilou.

DECEPAGEM. *Direito agrário.* Corte de árvores.

DECEPAR. 1. *Medicina legal.* Mutilar; amputar. **2.** *Direito agrário.* Abater; cortar árvores.

DECEPTÓGRAFO. *Medicina legal.* Detetor de mentiras que, se ligado ao acusado do crime, revela suas reações emocionais, alterações na pressão arterial, na pulsação, na respiração etc., podendo apontar a veracidade ou não de suas alegações.

DECESSO. 1. *Direito civil.* Morte; falecimento; óbito. **2.** *Direito administrativo.* Rebaixamento a cargo inferior ao ocupado.

DECESSOR. Antecessor; pessoa que precede outra na posse do bem ou no exercício de um cargo ou função.

DECEX. *Direito internacional privado.* Sigla de Departamento de Operações de Comércio Exterior.

DECIARE. Medida de superfície igual à décima parte do are.

DECIDIBILIDADE. *Teoria geral do direito.* Problema central da ciência do direito para que seus enunciados possam possibilitar, na opinião de Tércio Sampaio Ferraz Jr., decisões legislativas, judiciais, administrativas e contratuais, facilitando, assim, a tarefa da aplicação do direito; daí ser o pensamento científico, jurídico e tecnológico. A doutrina jurídica é um verdadeiro sistema tecnológico que constitui base para uma certa racionalização da ação. O jurista deve colocar problemas, propondo uma solução possível e viável. A função social da dogmática jurídica está no dever de limitar as possibilidades de variação na aplicação do direito e de controlar a consistência das decisões, tendo por base outras anteriores. Só a partir de um estudo científico-jurídico é que se pode dizer o que é juridicamente possível. O ideal dos juristas é descobrir o que está implícito no ordenamento jurídico, reformulando-o, apresentando-o como um todo coerente e adequando-o às valorações sociais vigentes.

DECIDIBILIDADE DE CONFLITOS. *Teoria geral do direito.* Objeto da ciência jurídica como teoria da decisão, ao assumir, como ensina Tércio Sampaio Ferraz Jr., o modelo teórico empírico, visto ser o pensamento jurídico um sistema explicativo do comportamento humano regulado normativamente. Consiste numa investigação dos instrumentos jurídicos de controle da conduta. Nesse sentido, a ciência jurídica é uma teoria que visa obter decisões, indicando como se deve fazer para exercer aquele controle. Decidir é um ato que busca tornar incompatibilidades indecidíveis em alternativas decidíveis, que, num momento seguinte, podem criar novas situações até mais complexas que as anteriores. Logo, se o conflito é condição de possibilidade da decisão, esta não o elimina, mas tão-somente o transforma. É por isso que se diz, como vimos, que uma decisão jurídica (lei, costume, sentença judicial etc.) não finda o conflito através de uma solução, mas põe fim a ele, impedindo que seja retomado ou levado adiante num plano institucional. A ciência jurídica, como teoria da decisão, procura captar a decidibilidade dos conflitos sociais como uma intervenção contínua do direito na convivência humana, vista como um sistema de conflitos intermitentes. A ciência jurídica preocupa-se com a exegese das normas apenas como um instrumento capaz de obter enunciados tecnológicos para a solução de conflitos possíveis, pois sua finalidade é dar uma orientação para o modo como devem ocorrer os comportamentos procedimentais que visam uma decisão de questões conflitivas.

DECIDIDO. 1. O que se decidiu. **2.** Determinado. **3.** Resoluto. **4.** Deliberado.

DECIDIR. 1. *Direito processual civil* e *direito processual penal.* Sentenciar; prolatar sentença; proferir decisão; resolver um litígio ou pendência. **2.** *Ciência política.* Deliberar.

DECÍDUA. *Medicina legal.* Parte da superfície interna do útero que é eliminada após o parto (Croce e Croce Jr.).

DECIDUAÇÃO. *Medicina legal.* Expulsão da decídua menstrual durante a menstruação.

DECIDUALITE. *Medicina legal.* Doença bacterial da decídua; infecção da decídua.

DECÍDUA MENSTRUAL. *Medicina legal.* Mucosa hiperêmica inchada do útero, durante o período da menstruação.

DECÍDUO. Caduco; aquilo que foi extinto pelo não-exercício no tempo previsto.

DECIDUOMA. *Medicina legal.* Tumor intra-uterino.

DÉCIMA. 1. *História do direito.* a) Antigo nome que se dava, em 1934, no Brasil, ao imposto predial; b) dízimo que incidia na décima parte de produtos colhidos ou fabricados; c) tributo equivalente à décima parte de um rendimento em dinheiro auferido. **2.** Na *linguagem jurídica* em geral, pode designar dezena; cada uma das dez partes iguais em que uma coisa é dividida.

DÉCIMA CEDULAR. *História do direito.* Tributo, instituído em 1641 no Brasil, que recaía sobre todos os interesses e rendas.

DÉCIMA DE HERANÇA. *História do direito.* Antiga denominação do imposto de transmissão *causa mortis.*

DÉCIMA ECLESIÁSTICA. *História do direito.* Tributo que incidia nos bens monásticos, na base de um décimo das riquezas produzidas.

DÉCIMA SECULAR. *História do direito.* Imposto cobrado na base de um décimo dos rendimentos auferidos com bens temporais.

DÉCIMA URBANA. *História do direito.* Antigo nome do atual imposto predial urbano.

DÉCIMO. 1. A décima parte. **2.** Medida de garimpeiros correspondente à subdivisão do grão.

DÉCIMOS INCORPORADOS. *Direito previdenciário* e *direito administrativo.* Retribuição devida ao servidor público federal efetivo investido em função de direção, chefia ou assessoramento, cargo de provimento em comissão ou de natureza especial, que deve ser incorporada à sua remuneração e que integra o provento de aposentadoria, na proporção de um décimo por ano de exercício nas funções e cargos de confiança, a partir do quinto ano e até o limite de dez décimos. Se se tratar de exercício de função ou cargo de nível mais elevado, por período de um ano, após a incorporação da fração de dez décimos, poderá haver a atualização progressiva das parcelas já incorporadas.

DÉCIMO TERCEIRO SALÁRIO. *Direito do trabalho.* Pagamento anual obrigatório que o empregador deve efetuar ao empregado até o dia 20 de dezembro. Consiste numa modalidade de abono ou gratificação natalina que tem por base a remuneração devida nesse mês, de acordo com o tempo de serviço do empregado no ano em curso. É a gratificação natalina paga pelo empregador ao segurado empregado, inclusive o doméstico, e pelo tomador dos serviços ao trabalhador avulso. A gratificação corresponde a um doze avos da remuneração devida em dezembro, por mês de serviço no ano correspondente ou fração igual ou superior a quinze dias de trabalho. O décimo-terceiro salário corresponde aos dias em que o segurado recebeu o benefício de auxílio-doença, auxílio-acidente ou auxílio-reclusão, no ano, é pago pelo INSS diretamente ao segurado juntamente com a última parcela do benefício. O décimo-terceiro salário correspondente ao período de licença-maternidade é pago pela empresa diretamente à segurada empregada. Deve ser ajustado até 10 de janeiro para o empregado que percebe remuneração variável, sendo neste caso calculado na base de 1/11 da soma das importâncias variáveis devidas nos meses trabalhados até novembro de cada ano. Até o dia 1º de janeiro, computada a parcela do mês de dezembro, o cálculo da gratificação será revisto para 1/12 do total devido no ano anterior, processando-se a correção do valor da respectiva gratificação com o pagamento ou compensação das possíveis diferenças.

DECIPIMUR SPECIE RECTI. *Expressão latina.* Engana-se pela aparência do bem.

DECISÃO. 1. *Direito processual civil* e *direito processual penal.* Sentença; solução dada a uma controvérsia jurídica; ato judicial solucionando questão incidente ou pondo termo a um litígio, com ou sem resolução do mérito. **2.** *Ciência política.* Deliberação. **3.** *Direito administrativo.* Ato pelo qual a autoridade administrativa resolve uma questão submetida à sua apreciação ou julgamento. **4.** *Direito civil.* Tomar uma resolução.

DECISÃO ADMINISTRATIVA. 1. *Direito administrativo.* a) Ato emanado de autoridade administrativa decidindo matéria de sua competência; b) ato administrativo. **2.** *Ciência política.* Ato pelo qual o presidente da mesa ou os membros da mesa resolvem assuntos de natureza administrativa, como homologação de concursos para cargos administrativos, concessão de férias ou licença etc. **3.** *Direito processual.* Medida judicial de ordem administrativa, como, por exemplo, aplicação de pena disciplinar a funcionário, concessão de licença ou de férias a juízes etc.

4. *Direito penal.* Objeto do crime contra a organização do trabalho consistente no exercício de atividade de que se está impedido por decisão administrativa.

DECISÃO ARBITRAL. *Direito internacional privado* e *direito processual civil.* Sentença arbitral; solução dada a um litígio por árbitros escolhidos pelas partes.

DECISÃO DAS ORGANIZAÇÕES INTERNACIONAIS. *Direito internacional público.* Declaração ou resolução que vincula a todos os Estados-Membros de uma organização internacional, por apresentar similitude com o tratado. É ato normativo obrigatório, editado pela organização, de cujos estatutos promana sua legitimidade (J. F. Rezek).

DECISÃO DEFINITIVA. *Direito processual civil.* É aquela que decide, no todo ou em parte, o mérito da causa.

DECISÃO DE PLANO. Solução dada *ex officio* ou de modo imediato.

DECISÃO DE SEGUNDA INSTÂNCIA. *Direito processual.* Decisão prolatada por um colegiado. Trata-se do acórdão.

DECISÃO EXECUTÓRIA. *Direito administrativo.* Ato unilateral editado pela Administração Pública alterando normas e estabelecendo deveres e direitos a terceiros sem a anuência destes. Trata-se da prerrogativa de ação de ofício (Vedel).

DECISÃO FINAL. *Direito processual civil.* Trata-se da decisão terminativa, ou seja, daquela que põe termo ao processo sem julgamento do mérito da causa.

DECISÃO FINAL NA DESAPROPRIAÇÃO. *Direito administrativo.* Aquela que ordena a imissão na posse, no processo expropriatório, após o pagamento ter sido efetuado (José Cretella Jr.).

DECISÃO INTERLOCUTÓRIA. *Direito processual civil.* Ato pelo qual o órgão judicante resolve, no curso do processo, questão incidente, do qual cabe agravo. "Da decisão interlocutória caberá agravo, no prazo de 10 (dez) dias, na forma retida, salvo quando se tratar de decisão suscetível de causar à parte lesão grave e de difícil reparação, bem como nos casos de inadmissão da apelação e nos relativos aos efeitos em que a apelação é recebida, quando será admitida a sua interposição por instrumento. Da decisão interlocutória proferida na audiência de instrução e julgamento caberá agravo na forma retida, devendo ser interposto oral e imedia-

tamente, bem como constar do respectivo termo, nele expostas sucintamente as razões do agravante."

DECISÃO INTERLOCUTÓRIA MISTA. *Direito processual civil.* É a que resolve questão processual formal sem, contudo, pôr termo ao processo, por exemplo, acolhendo ou repelindo exceções, indeferindo pedido de produção de prova etc.

DECISÃO INTERLOCUTÓRIA SIMPLES. *Direito processual civil.* Mero despacho, como, por exemplo, o que ordena abertura de vista dos autos ou a citação do réu.

DECISÃO JUDICIAL. *Direito processual civil* e *direito processual penal.* **1.** Em acepção estrita, é a solução do litígio, da controvérsia. **2.** Em sentido amplo, abrange qualquer ato do órgão judicante, seja ele despacho, sentença, decisão interlocutória etc.

DECISÃO NA AÇÃO DIRETA DE INCONSTITUCIONALIDADE E NA AÇÃO DECLARATÓRIA DE CONSTITUCIONALIDADE. *Direito processual.* É a tomada se presentes na sessão pelo menos oito ministros. Efetuado o julgamento, proclamar-se-á a constitucionalidade ou a inconstitucionalidade da disposição ou da norma impugnada se num ou noutro sentido se tiverem manifestado pelo menos seis ministros, quer se trate de ação direta de inconstitucionalidade ou de ação declaratória de constitucionalidade. Se não for alcançada a maioria necessária à declaração de constitucionalidade ou inconstitucionalidade, estando ausentes ministros em número que possa influir no julgamento, este será suspenso a fim de aguardar-se o comparecimento dos ministros ausentes, até que se atinja o número necessário para prolação da decisão num ou noutro sentido. Proclamada a constitucionalidade, julgar-se-á improcedente a ação direta ou procedente eventual ação declaratória; e, proclamada a inconstitucionalidade, julgar-se-á procedente a ação direta ou improcedente eventual ação declaratória. Julgada a ação, far-se-á a comunicação à autoridade ou ao órgão responsável pela expedição do ato. A decisão que declara a constitucionalidade ou a inconstitucionalidade da lei ou do ato normativo em ação direta ou em ação declaratória é irrecorrível, ressalvada a interposição de embargos declaratórios, não podendo, igualmente, ser objeto de ação rescisória. Ao declarar a inconstitucionalidade de lei ou ato normativo, e tendo em vista razões de segurança jurídica ou de excepcional interesse social, poderá o Supremo Tribunal Federal, por maioria de dois terços de seus membros, restringir os efeitos daquela declaração ou decidir que ela só tenha eficácia a partir de seu trânsito em julgado ou de outro momento que venha a ser fixado. Dentro do prazo de dez dias após o trânsito em julgado da decisão, o Supremo Tribunal Federal fará publicar em seção especial do *Diário da Justiça* e do *Diário Oficial da União* a parte dispositiva do acórdão. A declaração de constitucionalidade ou inconstitucionalidade, inclusive a interpretação conforme a Constituição e a declaração parcial de inconstitucionalidade sem redução de texto, têm eficácia contra todos e efeito vinculante em relação aos órgãos do Poder Judiciário e à Administração Pública federal, estadual e municipal.

DECISÃO NO PROCESSO ADMINISTRATIVO. *Direito administrativo.* Pronunciamento final pelo qual a autoridade administrativa competente declara se houve, ou não, alguma irregularidade, impondo pena ao funcionário faltoso ou absolvendo o indiciado.

DECISÃO OU ORDEM ANTECIPADA. *Medicina legal.* Medida admissível nos EUA que visa aumentar a participação do paciente no seu próprio processo de pessoa doente, respeitando-se suas convicções e opções morais. O doente terminal em estado de lucidez pode, com essa medida, manifestar-se, decidindo sobre si e sobre a doença que ameaça sua vida (Clotet).

DECISÃO OU ORDEM ANTECIPADA PARA O CUIDADO MÉDICO. *Medicina legal.* Medida permitida nos EUA, pela qual o paciente, depois de consultar seu médico e familiares, decide o tipo de atendimento ou cuidado que quer receber em um futuro estado de doente terminal, podendo ainda indicar responsável legal ou curador para que este possa ajudar na interpretação e aplicação de decisões já tomadas ou na resolução de novos problemas que vierem a surgir. Tais determinações devem ficar consignadas no prontuário do paciente (Clotet).

DECISÃO POR CONSENSO. *Direito internacional público.* Método pelo qual se adotam medidas sem objeção formal, evitando-se confronto direto da votação, por permitir um prévio entendimento entre os Estados-Membros de uma organização (Leroy Bennett).

DECISÃO POR EQÜIDADE. *Direito processual civil.* Ato judiciário pelo qual o juiz revela o direito latente, tendo por base as valorações positivas do ordenamento jurídico, relacionando os subsistemas normativos, valorativos e fáticos, ao adaptar e complementar a lei a ser aplicada ao caso *sub judice*. A eqüidade é, portanto, uma autorização de apreciar, segundo a lógica do razoável, interesses e fatos não determinados *a priori* pela lei, estabelecendo uma norma individual para o caso concreto, preferindo, para tanto, entre várias soluções possíveis, a mais humana, por ser a que melhor atende à justiça.

DECISÃO POR UNANIMIDADE. *Direito internacional público.* Aceitação de todos os Estados-Membros por meio de votação, da decisão ou medida tomada pela organização internacional a que pertencem.

DECISÃO SUMÁRIA. *Direito processual civil* e *direito processual penal.* Sentença dada pelo magistrado no procedimento sumário ou em alguns procedimentos especiais.

DECISÃO TERMINATIVA. *Vide* DECISÃO FINAL.

DECISIO LITIS. *Expressão latina.* Para a decisão da causa.

DECISION. *Termo inglês.* **1.** Sentença. **2.** Juízo. **3.** Acordo.

DECISIONISMO. *Filosofia do direito.* Teoria que define a política como campo das relações entre amigo e inimigo e a Constituição como decisão sobre modo e forma da unidade política (Carl Schmitt).

DECISIUM. *Direito processual.* Parte final da sentença em que se põe fim ao processo, julgando, ou não, o mérito da causa.

DECISIVENESS. *Termo inglês.* Poder decisivo.

DECISIVO. 1. Ato que decide uma controvérsia. **2.** Voto preponderante para solucionar uma questão jurídica. **3.** O que termina uma guerra, uma disputa.

DECISORIAE LITIS. *Direito internacional privado.* Formas processuais decisórias que fixam a relação jurídica existente entre as partes, obedecendo à lei que rege a relação, objeto do litígio.

DECISÓRIO. 1. *Lógica jurídica.* Ato do espírito que põe uma definição, proposição, uma regra que não se impõe necessariamente, mas que é razoável admitir-se por uma decisão do espírito com vistas ao trabalho ulterior do pensamento (Lalande). **2.** *Direito processual.* a) Que tem o poder de decidir uma demanda; b) diz-se do ato judicial que soluciona qualquer questão incidente

DECISORIUM LITIS

no curso do processo ou põe termo a este, com ou sem julgamento do mérito, ou, ainda, que sana alguma irregularidade.

DECISORIUM LITIS. *Locução latina.* Julgamento do mérito da causa.

DECISSECULAR. O que tem dez séculos.

DECISUM. *Termo latino.* Decisão; conclusão da sentença definitiva.

DECK-PARKING. *Locução inglesa.* Estacionamento.

DECLARAÇÃO. 1. *Direito internacional público.* a) Ato pelo qual os Estados proclamam certos princípios de direito internacional, dispensando ratificação, por não ter coercitividade. Por exemplo, a Declaração de Paris, de 1856, a Declaração Universal dos Direitos do Homem, de 1948 etc. Representa a interpretação de um ato internacional anterior; b) ato diplomático pelo qual duas ou mais nações firmam acordo sobre certo assunto. **2.** *Direito tributário.* Documento informativo de rendas ou objetos sujeitos a impostos. **3.** *Direito processual.* Ato pelo qual o órgão judicante esclarece dúvidas, omissões etc., em razão de interposição de embargos de declaração pelo interessado. **4.** Na *linguagem jurídica* em geral, pode significar: a) ação ou efeito de declarar; b) depoimento; c) documento onde se declara algo; d) o que se declara ou uma afirmação da existência ou inexistência de uma situação jurídica; e) nunciação; f) ato de anunciar algo; g) informação de determinado fato, direito ou estado a órgão público.

DECLARAÇÃO AMERICANA. *História do direito.* Trata-se da *Declaration of rights* ou *Bill of rights*, em que as colônias inglesas da América, ao proclamar sua independência, arrolaram os direitos humanos.

DECLARAÇÃO ANUAL DAS OPERAÇÕES (DAV). *Direito previdenciário.* A DAV é documento de apresentação obrigatória ao INSS, pelo produtor rural pessoa física, para comprovação da comercialização de sua produção rural, na forma a ser definida em ato próprio. Trata-se de requisito indispensável para a renovação anual da Carteira de Identificação e Contribuição (CIC), que será expedida pela linha do Seguro Social. Deverá, também, ser apresentada ao INSS pelo produtor rural pessoa jurídica, com informações sobre a sua produção e respectiva comercialização. A DAV, devidamente preenchida, deverá, dentro do prazo legal determinado para apresentação, ser entregue no Posto de Arrecadação (PA) localizado mais próximo do produtor rural. O campo "participantes do regime de economia familiar" será obrigatoriamente preenchido pelo segurado especial e dependerá de homologação da linha do Seguro Social. É condição preliminar para o recebimento da DAV estar o produtor rural pessoa física cadastrado no INSS com a matrícula CEI e Número de Identificação do Trabalhador (NIT), observadas as disposições normativas e dos atos próprios que disciplinam a matrícula e a inscrição de segurados. Será obrigatória a apresentação de DAV distinta para cada matrícula CEI do segurado produtor rural.

DECLARAÇÃO CARTULAR. *Direito comercial.* É o teor em que se formula o título de crédito, apontando as obrigações cartulares e as extracartulares.

DECLARAÇÃO DA SENTENÇA. *Direito processual.* **1.** Publicação da sentença. **2.** Adendo à sentença, pelo qual o magistrado, de ofício ou a requerimento do interessado, corrige alguma inexatidão material.

DECLARAÇÃO DE APTIDÃO AO PRONAF (DAP). *Direito agrário.* É o instrumento que identifica os agricultores familiares aptos a realizarem operações de crédito rural ao amparo do Programa Nacional de Fortalecimento da Agricultura Familiar (PRONAF) em atendimento ao estabelecido no Manual de Crédito Rural (MCR), do Banco Central do Brasil.

DECLARAÇÃO DE AUSÊNCIA. *Direito civil* e *direito processual civil.* Sentença declaratória em que o magistrado reconhece alguém como ausente, por desaparecer de seu domicílio sem dar notícias de seu paradeiro e sem deixar representante ou procurador que queira ou possa reger seus bens, instituindo a sua curatela, uma vez que é tido pela lei como absolutamente incapaz. Tal sentença deve ser registrada no cartório do domicílio anterior do ausente.

DECLARAÇÃO DE BENS. 1. *Ciência política.* Rol dos bens e valores patrimoniais que os parlamentares e os que irão ocupar cargos no Executivo devem apresentar antes de sua posse, apesar de já o terem oferecido à Justiça Eleitoral, por ocasião do registro de sua candidatura ao cargo eletivo. **2.** *Direito tributário.* Relação de imóveis, móveis ou renda de pessoa física ou jurídica para fins de tributação.

DECLARAÇÃO DE CIÊNCIA. Afirmação de um fato.

DECLARAÇÃO DE CRÉDITO. *Direito processual civil.* Ato escrito com que o credor civil ou comercial se apresenta à autoridade judicial competente, na execução por quantia certa contra devedor insolvente ou falido para afirmar e demonstrar, exibindo títulos ou documentos, não só seu crédito, seja em razão de concurso de credores, recuperação (judicial ou extrajudicial) ou falência, como também as garantias que foram dadas, e, ainda, pedir a classificação que lhe compete, havendo preferência ou privilégio relativamente aos bens do devedor.

DECLARAÇÃO DE DIREITO. *Direito processual civil.* **1.** Diz-se da sentença que declara a existência de um direito ou a autenticidade ou falsidade de algum documento. **2.** Ação judicial que tem por fim obter a afirmação ou negação da existência de um direito pleiteado.

DECLARAÇÃO DE DIREITOS HUMANOS. 1. *Direito constitucional.* Parte da Carta Magna onde estão consignados os direitos e as garantias fundamentais do homem. **2.** *Direito internacional público.* a) Declaração universal dos direitos humanos; b) complexo de documentos que, em vários países e em diferentes épocas, reconheceram os direitos fundamentais do ser humano.

DECLARAÇÃO DE ENDEREÇO. Ação de afirmar o endereço ou local onde se está domiciliado, para que, por exemplo, possam ser enviadas intimações em carta registrada.

DECLARAÇÃO DE EXTINÇÃO DO PROCESSO. *Direito processual civil.* Decisão que considera extinto um processo sem julgamento do mérito, possibilitando ao autor mover nova ação, desde que pague ou deposite em cartório as despesas e os honorários advocatícios em que foi condenado.

DECLARAÇÃO DE FALÊNCIA. *Direito processual* e *direito falimentar.* Ato judicial que, na forma da lei, reconhece o estado jurídico da falência do devedor insolvente, possibilitando sua execução coletiva pelos credores. A sentença declaratória da falência é, portanto, o título que permite a instauração do concurso creditório. *Vide* DECRETAÇÃO DA FALÊNCIA.

DECLARAÇÃO DE FAMÍLIA. *Direito administrativo.* Formulário preenchido pelo funcionário, no qual indica e qualifica seus ascendentes, descendentes e cônjuge, apontando os que são seus dependentes, para que possa perceber, por exemplo, a quantia atinente ao salário-família.

DECLARAÇÃO DE GUERRA. *Direito internacional público.* Ato em que uma nação, por via diplomática, declara a outro Estado a ruptura de suas relações e sua intenção de instituir entre eles um estado de beligerância, advertindo que dará começo a hostilidades, iniciando uma luta armada, por exemplo.

DECLARAÇÃO DE IMPORTAÇÃO (DI). *Direito internacional privado.* Documento eletrônico exigido pelo Sistema Integrado de Comércio Exterior (SISCOMEX) para dar início ao despacho aduaneiro. Compreende o conjunto de informações gerais correspondentes a uma determinada operação de importação, incluindo também informações sobre as condições de pagamento.

DECLARAÇÃO DE INCONSTITUCIONALIDADE. *Direito constitucional.* Ato de o Poder Judiciário exercer o controle da constitucionalidade das leis, sentenças e atos normativos e administrativos do Poder Público, a fim de garantir a supremacia da Lei Maior sobre quaisquer atos legislativos, judiciais, governamentais ou administrativos, limitando, assim, os Poderes, que não podem subtrair-se aos comandos constitucionais.

DECLARAÇÃO DE INFORMAÇÕES SOBRE ATIVIDADES IMOBILIÁRIAS (DIMOB). *Direito civil* e *direito comercial.* É de apresentação obrigatória para as pessoas jurídicas e equiparadas: a) que comercializarem imóveis que houverem construído, loteado ou incorporado para esse fim; b) que intermediarem aquisição, alienação ou aluguel de imóveis; ou c) constituídas para a construção, administração, locação ou alienação do patrimônio de seus condôminos ou sócios.

DECLARAÇÃO DE INIDONEIDADE. *Direito administrativo.* Sanção aplicável pela autoridade administrativa a fornecedores ou executantes de obras ou serviços pelo inadimplemento culposo do contrato efetuado com a Administração Pública, consistente em anunciar publicamente que o contratante não apresenta as condições requeridas para a realização da obra ou a prestação do serviço a que se comprometera.

DECLARAÇÃO DE INTERDIÇÃO. *Direito processual civil.* Ato judicial que põe a pessoa e os bens do interditado sob a direção de curador, ou seja, de uma pessoa idônea que vele por ele, exercendo seus encargos pessoalmente. Essa sentença, prolatada em processo de interdição, pode concluir por incapacidade absoluta ou relativa, deferindo, no primeiro caso, a curatela plena e, no segundo, a limitada. A decisão que decreta

DECLARAÇÃO DE INTERESSE SOCIAL

a interdição produz efeitos desde logo, embora sujeita a recurso, que tem efeito apenas devolutivo. Após sua prolação, nulos ou anuláveis serão os atos praticados pelo interdito, conforme a gradação da interdição, sendo que os atos anteriores à sentença declaratória serão apenas anuláveis se se comprovar, em juízo, que sua incapacidade já existia no momento da realização do negócio. Estamos nos referindo a uma classificação dos civilistas atinente ao reconhecimento judicial de uma situação fática, ou seja, da alienação ou moléstia mental, ou, ainda, deficiência físico-psíquica, não mencionando a questão processual alusiva ao momento da eficácia da sentença de interdição, ou seja, ao seu efeito *ex nunc*. Deveras, o efeito da sentença de interdição é, em regra, *ex nunc*, por isso há quem a considere constitutiva. Geralmente, seus efeitos começam a atuar a partir da sentença, antes mesmo do trânsito em julgado. Assim pensam, por exemplo, Rogério Lauria Tucci e Humberto Theodoro Jr. Mas, como nem sempre tal ocorre, alguns autores chegam a afirmar que essa sentença é, concomitantemente, declaratória e constitutiva. Em regra, só depois de decretada a interdição é que se recusa a capacidade de exercício, sendo nulo ou anulável qualquer ato praticado pelo doente mental, conforme seja considerado absoluta ou relativamente incapaz, embora seja possível invalidar ato praticado por ele, mesmo antes da decretação judicial de sua interdição, desde que se comprove, judicialmente, a existência de sua insanidade por ocasião da efetivação do ato negocial.

DECLARAÇÃO DE INTERESSE SOCIAL. *Direito administrativo.* Ato expropriatório pelo qual a Administração Pública declara que certo bem será desapropriado para atender a interesses sociais, tais como: aproveitamento de todo bem improdutivo ou explorado sem correspondência com as necessidades de habitação, trabalho e consumo dos centros de população a que deve servir ou possa suprir por seu destino econômico; instalação ou intensificação das culturas nas áreas em cuja exploração não se obedeça ao plano de zoneamento agrícola; estabelecimento e manutenção de colônias ou cooperativas de povoamento e trabalho agrícola; construção de casas populares; proteção do solo e dos cursos e mananciais de água e de reservas florestais etc.

DECLARAÇÃO DE NASCIMENTO. *Direito civil.* Ato pelo qual se declara perante o oficial do Registro Civil das Pessoas Naturais o nascimento de uma criança para que ele providencie seu registro, mesmo que tenha nascido morta ou morrido durante o parto. Se for natimorta, o assento será feito no livro "C Auxiliar"; se tiver falecido por ocasião do parto, tendo respirado, serão feitos dois registros: o do nascimento e o de óbito. Esse registro de nascimento visa identificar o cidadão, garantindo o exercício de seus direitos.

DECLARAÇÃO DE ÓBITO. *Direito civil.* **1.** Ato pelo qual o oficial do Registro Civil das Pessoas Naturais faz o assento do falecimento de uma pessoa física, mediante a apresentação do atestado de óbito, fornecido pelo médico, que indica a *causa mortis* para que se possa efetuar legal e regularmente seu sepultamento. **2.** Afirmação pela qual o médico visa a comprovação da morte de uma pessoa natural, necessária para que se faça o registro de seu falecimento, possibilitando a retirada de documentos para seu sepultamento, cremação, sucessão, dissolução de vínculo matrimonial etc. (Oswaldo Pataro).

DECLARAÇÃO DE RENDA. *Direito tributário.* Relação de bens imóveis, móveis ou dos rendimentos auferidos durante o ano-base, que as pessoas físicas e jurídicas devem declarar em formulários fornecidos pelo Ministério da Fazenda, para fins de imposto de renda.

DECLARAÇÃO DE RENDIMENTO DE ESPÓLIO. *Direito tributário.* É a relativa a contribuinte que faleceu no curso do ano-calendário a que se refere a declaração ou em anos-calendário anteriores, sendo apresentada, em nome do espólio, para efeito de tributação. E, se houver bens a partilhar, é obrigatória a apresentação da declaração final do espólio, mesmo que não existam rendimentos.

DECLARAÇÃO DE RENDIMENTOS EM CASO DE SAÍDA DEFINITIVA DO PAÍS. *Direito tributário.* É aquela: a) do exercício anterior, feita, se obrigatória, por residentes e domiciliados no Brasil que, definitivamente, venham a se retirar do território nacional, no curso do ano-calendário; b) relativa ao período de 1º de janeiro até a data em que for requerida a Certidão de Quitação de Tributos e Contribuições Federais.

DECLARAÇÃO DE SAÚDE DO VIAJANTE (DSV). *Direito internacional privado.* É o instrumento declaratório e de coleta de dados para identificação do viajante, sintomatologia clínica, contato, procedência, destino e meios de transportes utilizados, com vistas ao acompanhamento e controle epidemiológico e sanitário. A DSV deverá ser preenchida, por todo viajante, residente ou não no País, procedente do exterior, qualquer que seja o meio de transporte, conforme legislação vigente. O viajante deverá preencher a DSV a bordo do meio de transporte, entregar imediatamente à autoridade sanitária em exercício no local de desembarque, destacar o comprovante e mantê-lo sob posse para verificação e controle sanitário. Excetuam-se: a) o viajante residente em municípios fronteiriços que não se destine a outras localidades do território nacional; b) o tripulante das companhias aéreas em viagem de serviço, ficando sob responsabilidade da empresa de transporte aéreo a obrigatoriedade de sua identificação e localização, quando julgado necessário pela autoridade sanitária. A ocorrência de informações falsas, prestadas pelo viajante, quando do preenchimento da DSV, constitui infração de natureza sanitária, sujeitando o infrator às penalidades previstas em dispositivos legais. Aos responsáveis diretos por embarcação, veículos terrestres e aeronaves, e responsáveis ou representantes legais de empresas que operem transporte internacional de viajantes, caberá a responsabilidade da distribuição, em viagem, da DSV.

DECLARAÇÃO DE TRÂNSITO ADUANEIRO (DTA). *Direito alfandegário.* Ampara os trânsitos aduaneiros: a) de entrada ou de passagem, comum, cuja correspondente carga sujeita-se à emissão de fatura comercial; ou b) de entrada ou de passagem, especial, para cuja correspondente carga não é exigida a emissão de fatura comercial, tais como: bens mencionados em norma, quando acobertados por conhecimento de transporte internacional, urna funerária, mala diplomática, bagagem desacompanhada e semelhantes.

DECLARAÇÃO DE TRÂNSITO DE CONTÊINER (DTC). *Direito alfandegário.* Ampara as operações de transferência de contêineres, contendo carga, descarregados do navio no pátio do porto e destinados a armazenamento em recinto alfandegado jurisdicionado à mesma unidade da SRF.

DECLARAÇÃO DE TRÂNSITO DE TRANSFERÊNCIA (DTT). *Direito alfandegário.* Ampara as operações

de trânsito aduaneiro que envolvam as transferências, não acobertadas por conhecimento de transporte internacional, de: a) materiais de companhia aérea, ou de consumo de bordo, entre Depósitos Afiançados (DAF) da mesma companhia; b) mercadorias entre lojas francas ou seus depósitos; c) mercadorias vendidas pelas lojas francas a empresas de navegação aérea ou marítima e destinadas a consumo de bordo ou a venda a passageiros, desde que procedentes diretamente da loja franca para o veículo em viagem internacional ou para DAF; d) mercadorias já admitidas em regime de entreposto aduaneiro, entre recintos alfandegados; e) bens mencionados normativamente; f) mercadorias armazenadas em estação aduaneira interior (porto seco) e destinadas a feiras em recintos alfandegados por tempo determinado, com posterior retorno ao mesmo porto seco; g) carga nacional com locais de origem e destino em unidades aduaneiras nacionais, com passagem por território estrangeiro; h) bagagem acompanhada extraviada; i) bagagem acompanhada de tripulante ou passageiro com origem e destino no exterior, em passagem pelo território nacional; j) mercadoria admitida no regime de Depósito Alfandegado Certificado (DAC) com destino ao local de embarque ou transposição de fronteira.

DECLARAÇÃO DE UTILIDADE PÚBLICA. *Direito administrativo.* Ato administrativo que determina a desapropriação de certo bem particular, mediante prévia e justa indenização, para atender a utilidade pública, em razão de um dos seguintes motivos: segurança nacional; defesa do Estado ou socorro público em caso de calamidade; salubridade pública; aproveitamento industrial de minas e jazidas, de águas e energia hidráulica; assistência pública, obras de higiene e decoração e construção de casas de saúde; abertura, conservação e melhoramento de vias ou logradouros públicos; funcionamento dos meios de transporte coletivo; preservação e conservação dos monumentos históricos e artísticos; construção de edifícios públicos, monumentos ou cemitérios; criação de estádios, aeródromos ou campos de pouso para aeronaves; reedição ou divulgação de obras ou inventos de natureza científica, artística ou literária etc.

DECLARAÇÃO DE VONTADE. *Direito civil.* Anuência válida para a realização de um negócio jurídico, sendo um de seus elementos básicos.

DECLARAÇÃO DE VONTADE NÃO RECEPTÍCIA. *Direito civil.* Simples emissão da vontade pelo agente para efetivação do negócio jurídico, sem que haja necessidade de qualquer manifestação volitiva da outra parte, por exemplo, testamento, promessa de recompensa, aceitação de letra de câmbio etc.

DECLARAÇÃO DE VONTADE RECEPTÍCIA. *Direito civil.* Manifestação volitiva dirigida a uma determinada pessoa com o escopo de levar ao seu conhecimento a intenção do agente, ajustando-se a uma outra emissão da vontade para que surja o negócio jurídico, por exemplo, proposta de contrato, revogação de mandato etc.

DECLARAÇÃO DE VOTO. *Ciência política.* Manifestação da vontade do votante encaminhada à mesa que dirigiu os trabalhos assembleares.

DECLARAÇÃO DE YALTA. *Vide* YALTA.

DECLARAÇÃO ELETRÔNICA DE PORTE DE VALORES (E-DPV). *Direito internacional privado.* Documento cuja apresentação é obrigatória pelo viajante que deixe o País ou nele ingresse portando valores em espécie, cheques ou cheques de viagem acima de dez mil reais ou o equivalente, quando em moeda estrangeira. A e-DPV deverá ser apresentada por meio da internet, no endereço eletrônico www.receita.fazenda.gov.br/dpv.: I – na saída do País: a) antes da entrada do viajante nas áreas de circulação restrita nos aeroportos e portos internacionais; ou b) antes da saída do território nacional, nas hipóteses de passagem por fronteira terrestre, lacustre ou fluvial, alfandegada; II – na chegada ao País, até a realização do controle da bagagem.

DECLARAÇÃO EXPROPRIATÓRIA. *Direito administrativo.* Ato unilateral pelo qual o Poder Público competente anuncia que certo bem imóvel ou móvel, por ser considerado de necessidade ou utilidade pública ou interesse social, será desapropriado, mediante indenização prévia e justa.

DECLARAÇÃO FALSA. **1.** *Direito processual civil* e *direito processual penal.* Afirmação inverídica, por não corresponder à realidade dos fatos, por aludir a uma circunstância fática inexistente ou por distorcer ou alterar o fato ocorrido. **2.** *Direito penal.* Objeto de crime contra a administração da justiça consistente em fazer afirmação não verdadeira ou negar ou calar a verdade, sendo testemunha, perito, tradutor ou intérprete em processo judicial, policial, administrativo ou em juízo arbitral.

DECLARAÇÃO FISCAL. *Direito tributário.* É a feita pelo contribuinte para fins de pagamento de imposto.

DECLARAÇÃO IHLEN. *Direito internacional público.* Afirmação feita verbalmente pelo ministro das Relações Exteriores da Noruega ao embaixador dinamarquês, pela qual aquela se comprometeu a não criar qualquer dificuldade ao plano dinamarquês de solução do caso da Groenlândia, que acabou vinculando juridicamente ambos os países, em 1933, por força da decisão da Corte Permanente de Justiça Internacional (Paul de Visscher e J. F. Rezek).

DECLARAÇÃO INCIDENTE. *Direito processual civil.* Sentença judicial na qual o juiz se manifesta, a requerimento de qualquer das partes, sobre a existência ou não de uma relação jurídica que, no curso do processo, se tornou litigiosa ou de uma questão prejudicial relativa a um bem jurídico diferente do objetivado na ação principal.

DECLARAÇÃO JUDICIAL DE INSOLVÊNCIA. *Direito processual civil.* Sentença judicial que declara o estado de insolvência de um devedor, trazendo como conseqüência a nomeação de administrador, a suspensão dos pagamentos e a convocação dos credores.

DECLARAÇÃO MARÍTIMA DE SAÚDE. *Direito marítimo.* Documento emitido pelo comandante da embarcação contendo informações relativas à saúde dos viajantes, ao estado sanitário das equipagens de bordo.

DECLARAÇÃO NEGOCIAL. *Direito civil.* Manifestação expressa ou tácita, juridicamente relevante, da vontade de duas ou mais pessoas, suscetível de dar origem a um negócio jurídico.

DECLARAÇÃO UNILATERAL DA VONTADE. *Direito civil.* É uma das fontes das obrigações resultantes da vontade de uma só pessoa, formando-se a partir do instante em que o agente se manifesta com intenção de se obrigar, independentemente da existência ou não de uma relação creditória, que poderá surgir posteriormente. Não haverá liberdade para se estabelecerem obrigações, que só se constituirão nos casos preordenados em lei: títulos ao portador e promessa de recompensa, gestão de negócios e pagamento indevido. Logo, as obrigações nascem da declaração unilateral da vontade manifestada em circunstâncias tidas pela lei como idôneas para determinar sua imediata constituição e exigibilidade, desde que o declarante a emita com intenção de obrigar-se, que chegue ao conhecimento da pessoa a quem se dirige e seja determinada ou pelo menos determinável.

DECLARAÇÃO UNIVERSAL DOS DIREITOS DA CRIANÇA. *Direito internacional público.* Foi estabelecida em 20-11-1959 pela UNICEF, entendendo que a criança tem direito: a) à igualdade; b) à proteção para seu desenvolvimento físico, mental e social; c) a um nome e a uma nacionalidade; d) à alimentação, moradia e assistência médica adequadas; e) à educação e a cuidados especiais se for deficiente física ou mental; f) ao amor e à compreensão dos pais e da sociedade; g) ao lazer infantil; h) a ser socorrida em primeiro lugar, em caso de catástrofe; i) a ser protegida contra abandono e exploração no trabalho; j) de crescer dentro de um espírito de solidariedade, compreensão, amizade e justiça.

DECLARAÇÃO UNIVERSAL DOS DIREITOS DO HOMEM E DO CIDADÃO. *História do direito, direito internacional público* e *ciência política.* Manifestação votada em 1789 pela Assembléia Nacional francesa que, além de enumerar os direitos fundamentais do homem, enunciou os princípios da soberania nacional, da separação de Poderes e do consenso popular para a instituição de impostos. Tal declaração encabeçou a Constituição francesa de 1791 e influenciou todas as Constituições do mundo.

DECLARAÇÃO UNIVERSAL DOS DIREITOS HUMANOS. *Direito internacional público.* Proclamação feita pela Assembléia Geral das Nações Unidas de 1948 que refletiu em todos os Estados signatários, ao estabelecer os direitos civis e políticos da pessoa humana, sem olvidar os econômicos, sociais e culturais, enaltecendo os direitos humanos e vedando qualquer tipo de discriminação.

DECLARAÇÕES. *Direito processual.* Conjunto de afirmações feitas, em juízo, atinentes a um fato.

DECLARAÇÕES COMUNS. *Direito internacional público.* Trata-se de uma variante do *gentlemen's agreement*, por serem comunicados comuns feitos por dois ou mais chefes de governo ou de Estado, em visitas oficiais ou em qualquer outro acontecimento, contendo um compromisso moral que deve ser observado enquanto aqueles países estiverem sob o período de governo dos estadistas que fizeram a declaração conjunta (J. F. Rezek).

DECLARAÇÕES FINAIS. *Direito processual civil.* São as prestadas pelo inventariante para emendar, aditar ou completar as primeiras declarações que fez, uma vez aceito o laudo de avaliação e resolvidas as impugnações suscitadas a seu respeito, com o escopo de supri-las, incluindo bens que omitiu ou que foram descobertos posteriormente, declarando não só os frutos e rendimentos que percebeu desde a abertura da sucessão como também as despesas de funeral, a importância das dívidas ativas e passivas processadas no inventário, a conta das despesas judiciais com este até as declarações finais, a importância em dinheiro pertencente à herança, assim como o valor total dos bens avaliados e colacionados e dos títulos da dívida pública pela cotação oficial. O inventariante só poderá ser argüido de sonegação depois de encerrada a descrição dos bens, com a declaração por ele feita de não existirem outros por inventariar.

DECLARAÇÕES PRELIMINARES. *Direito processual civil.* São as primeiras declarações feitas em juízo pelo inventariante, após sua nomeação e prestação de compromisso. Constituem a base do processo de divisão da herança, devendo ser reduzidas a termo e conter: qualificação do *de cujus*, dia e local de sua morte, especificação do testamento deixado, prova relativa ao seu nome, casamento, filiação e herdeiros; qualificação dos herdeiros e, havendo cônjuge supérstite, indicação do regime de bens do casamento; qualidade dos herdeiros e o grau de parentesco com o inventariado; relação completa e individuada de todos os bens do espólio que estavam no domínio e posse do *auctor successionis* ao tempo de seu óbito, situados no Brasil ou no estrangeiro, e dos alheios que forem encontrados, designando seus proprietários, se conhecidos (tais bens, apesar de mencionados, estão excluídos do inventário), descrevendo-se: a) os imóveis, com as suas especificações, nomeadamente local em que se encontram, extensão da área, limites, confrontações, benfeitorias, origem dos títulos, números dos assentos aquisitivos e ônus que os gravam; b) os móveis, com os sinais característicos; c) os semoventes, seu número, espécies, marcas e sinais distintivos; d) o dinheiro, as jóias, os objetos de ouro e prata e as pedras preciosas, declarando-se-lhes especificamente a qualidade, o peso e a importância; e) os títulos de dívida pública, bem como as ações, cotas e títulos de sociedades, mencionando-se-lhes o número, o valor e a data; f) as dívidas ativas e passivas, indicando-se-lhes as datas, títulos, origem da obrigação, bem como os nomes dos credores e dos devedores; g) direitos e ações; e h) o valor corrente de cada um dos bens do espólio.

DECLARADO. 1. Aquilo que alguém manifestou através de sua vontade; conteúdo da manifestação volitiva. **2.** Confessado. **3.** Claro; evidente. **4.** Manifesto. **5.** Comunicado.

DECLARANTE. 1. *Direito civil.* Aquele que declara algo ou manifesta sua vontade. **2.** *Direito processual.* a) Pessoa que presta declarações em juízo; b) depoente. **3.** *Direito registrário.* Aquele que informa algo ao oficial público.

DECLARAR. 1. Fazer alguma declaração. **2.** Anunciar uma medida. **3.** Afirmar ou negar algum fato, opinião ou decisão. **4.** Esclarecer ou retificar dúvida ou contradição numa sentença ou acórdão. **5.** Publicar sentença revelando seu conteúdo. **6.** Pronunciar-se a favor ou contra. **7.** Considerar publicamente. **8.** Fazer referência a alguma coisa. **9.** Expressar ou manifestar vontade. **10.** Explicar. **11.** Confessar. **12.** Nomear; designar.

DECLARARE VOLUNTATEM VERBIS, VEL FACTIS, PARIA SUNT. *Aforismo jurídico.* Declarar vontade por palavras ou por fatos importa o mesmo.

DECLARATÁRIO. *Direito civil.* Aquele enganado pelo declarante, que, na reserva mental, emite uma intencional declaração não querida em seu conteúdo, tampouco em seu resultado.

DECLARATIVO. Aquilo que visa declarar algo ou o que encerra em seu bojo uma declaração.

DECLARATÓRIA. *Direito processual civil.* **1.** Ação movida pelo autor para obter, em juízo, a afirmação da existência ou não de uma relação jurídica ou da autenticidade ou falsidade de um documento. **2.** Sentença judicial que contém um pronunciamento sobre a existência ou não de uma relação jurídica ou sobre a autenticidade ou falsidade documental (Moacyr Amaral Santos).

DECLARATÓRIO. 1. *Direito administrativo.* Diz-se do ato administrativo em que o Poder Público competente atesta um fato ocorrido. **2.** *Direito processual civil.* Diz-se do ato judicial que afirma a existência ou não de uma relação jurídica ou que reconhece a autenticidade ou falsidade de um documento. **3.** *Direito civil.* a) Título que confere certo direito a alguém; b) ato que reafirma um direito preexistente, reconhecendo-o.

DECLARÁVEL. Tudo aquilo que pode ser declarado.

DECLINAR. 1. *Direito civil.* a) Rejeitar, recusar; b) não aceitar encargo. **2.** *Direito processual civil.* a) Não admitir por incompetência a jurisdição de certo juiz ou tribunal sobre determinada causa; b) desviar o conhecimento do litígio para outro juízo competente; c) apresentar exceção *declinatoria fori.*

DÉCLINATOIRE. *Termo francês.* **1.** Declinatória. **2.** Exceção de incompetência de um tribunal.

DECLINATÓRIA DE FORO. *Direito processual civil.* Exceção instrumental de incompetência relativa pela qual o réu recusa a jurisdição do juízo a que foi chamado para apresentar a defesa da ação que contra ele foi movida, indicando o juízo para o qual declina.

DECLINATÓRIA DO JUÍZO. *Direito processual penal.* Exceção de incompetência do juízo, que abrange a de foro, podendo ser oposta verbalmente ou por escrito, no prazo de defesa, e processada em autos apartados, não suspendendo o andamento da ação penal.

DECLINATÓRIO. *Direito processual.* Próprio ou adequado para declinar jurisdição, demonstrando incompetência de foro ou de juízo.

DECLINÁVEL. 1. *Direito civil.* Diz-se do encargo ou benefício suscetível de ser recusado. **2.** *Direito processual.* Qualidade de foro, juízo ou competência que podem ser declinados ou recusados mediante exceção de incompetência.

DECLIVE. 1. Inclinação de terreno. **2.** Quociente da diferença de nível entre dois pontos da superfície de águas correntes ou de rios, dividida pela distância desses dois pontos, tomada no eixo das referidas águas (M. I. Carvalho de Mendonça).

DECLIVIDADE. *Vide* DECLIVE.

DECOCTUS PERDIT ADMINISTRATIONEM SUORUM SONORUM. *Expressão latina.* O falido perde a administração de seus bens.

DECOCTUS SEMPER CULPOSUS PRAESUMITUR, DONEC CONTRARIUM PROBETUR. *Expressão latina.* Presume-se a culpa do falido, até prova em contrário.

DECODIFICAÇÃO. Ato de decifrar uma mensagem que foi transmitida em código (Othon Sidou).

DECODIZAÇÃO. *Vide* DECODIFICAÇÃO.

DECOLAGEM. *Direito aeronáutico.* Ação de decolar, ou seja, de despregar a aeronave do solo ou do mar, fazendo com que levante vôo.

DE COMMODO ET INCOMMODO. *Expressão latina.* Da vantagem e da desvantagem.

DECOMPOSIÇÃO DE CADÁVER. *Medicina legal.* Putrefação.

DECON. *Direito administrativo* e *direito do consumidor.* É o Departamento Estadual de Polícia do Consumidor, órgão da Secretaria da Segurança Pública, que contém três divisões: a) crimes contra a economia popular, que fiscaliza loteamento clandestinos, fraudes, preços de cesta básica, pesos e medidas; b) crimes contra a saúde pública e o meio ambiente, que trata dos alimentos, lixo e água contaminados, das farmácias, laboratórios médicos, crueldades contra animais; e c) crimes funcionais e fazendários, agindo em casos de crimes praticados por quem age usando o nome de uma instituição pública, como os falsos fiscais e os escândalos causados por funcionários públicos. Tendo poder de polícia, o Decon autua em flagrante ou indicia em inquérito com base no Código Penal.

DECONFITURE. *Termo francês.* Quebra de pessoa jurídica civil.

DE CONTADO. *Direito civil.* Diz-se do dinheiro ou do pagamento à vista.

DECORAÇÃO. *Direito civil.* **1.** Benfeitoria voluptuária que visa embelezar algo. **2.** Cenário feito para uma peça teatral a ser representada.

DECORADOR. Profissional especializado na decoração de imóveis, palcos ou vitrinas de lojas.

DE COR-À-L'ÂNE. *Expressão francesa.* Discurso sem nexo.

DECORO. **1.** Na *linguagem jurídica* em geral, quer dizer: a) honradez, dignidade ou moral; b) decência; c) respeito a si mesmo e aos outros. **2.** *Direito penal.* a) Objeto do crime de injúria, que constitui ofensa à dignidade ou ao decoro; b) objeto do crime de ultraje público ao pudor, que consiste na prática de ato obsceno em local público.

DECORO PARLAMENTAR. *Ciência política.* Decência que devem ter os deputados e senadores, conduzindo-se de modo não abusivo com relação às prerrogativas que lhes foram outorgadas e sem obter quaisquer vantagens indevidas, sob pena de perderem o mandato parlamentar.

DECORRÊNCIA. **1.** Conseqüência; corolário. **2.** Decurso.

DECORRENTE. **1.** Conseqüente. **2.** O que decorre. **3.** Que sucede. **4.** Discorrimento.

DECORRER. **1.** Escoar um prazo. **2.** Provir de algum fato. **3.** Suceder. **4.** Percorrer; discorrer.

DECORRIDO. **1.** Vencido. **2.** Findo. **3.** O que decorreu.

DECORTICAR. *Direito agrário.* Separar as fibras de parte lenhosa de planta que fornece fibras têxteis.

DECORUM EST PRO PATRIA MORI. *Expressão latina.* É uma honra morrer pela pátria.

DECOTAR. *Direito agrário* e *direito civil.* Aparar ramos de árvore ou arbusto.

DECREE. *Termo inglês.* Decreto.

DECREET. *Termo inglês.* Sentença.

DECREPITUDE. *Medicina legal.* Extrema velhice; debilidade pela idade avançada.

DECRÉSCIMO DE PESO. *Medicina legal.* Perda de peso que se dá após o óbito, provocada pela evaporação de água nos tecidos orgânicos (Croce e Croce Jr.).

DECRETAÇÃO. **1.** *Ciência política, teoria geral do direito* e *direito constitucional.* a) Ato de decretar, de ordenar por decreto ou de estabelecer algo por decreto ou resolução. **2.** *Direito processual.* Decisão judicial.

DECRETAÇÃO DA QUEBRA DE SIGILO BANCÁRIO. *Direito bancário.* Ato deliberativo da quebra de sigilo bancário quando for necessário apurar ocorrência de qualquer ilícito, em crimes de: terrorismo; tráfico de armas ou drogas; contrabando de armas ou munições; extorsão mediante seqüestro; contra o sistema financeiro nacional; contra a administração pública; contra a ordem tributária e a previdência social; lavagem de dinheiro ou ocultação de bens, direitos e valores praticada por organização criminosa.

DECRETAÇÃO DA FALÊNCIA. *Direito falimentar.* Será decretada a falência do devedor que: 1 – sem relevante razão de direito, não paga, no vencimento, obrigação líquida materializada em título ou títulos executivos protestados cuja soma ultrapasse o equivalente a 40 (quarenta) salários-mínimos na data do pedido de falência; 2 – executado por qualquer quantia líquida, não paga, não deposita e não nomeia à penhora bens suficientes dentro do prazo legal; 3 – pratica qualquer dos seguintes atos, exceto se fizer parte de plano de recuperação judicial: a) procede à liquidação precipitada de seus ativos ou lança mão de meio ruinoso ou fraudulento para realizar pagamentos; b) realizou, por atos inequívocos, tenta realizar, com o objetivo de retardar pagamentos ou fraudar credores, negócio simulado ou alienação de parte ou da totalidade de seu ativo a terceiro, credor ou não; c) transfere estabelecimento a terceiro, credor ou não, sem o consentimento de todos os credores e sem ficar com bens suficientes para solver seu passivo; d) simula a transferência de seu principal estabelecimento com o objetivo de burlar a legislação ou a fiscalização ou para prejudicar credor; e) dá ou reforça garantia a credor por dívida contraída anteriormente sem ficar com bens livres e desembaraçados suficientes para saldar seu passivo; f) ausenta-se sem deixar representante habilitado e com recursos suficientes para pagar os credores, abandona estabelecimento ou tenta ocultar-se de seu domicílio, do local de sua sede ou de seu principal estabelecimento; g) deixa de cumprir, no prazo estabelecido, obrigação assumida no plano de recuperação judicial. A decretação da falência determina o vencimento antecipado das dívidas do devedor e dos sócios ilimitada e solidariamente responsáveis, com o abatimento proporcional dos juros, e converte todos os créditos em moeda estrangeira para a moeda do País, pelo câmbio do dia da decisão judicial.

DECRETAÇÃO DE DESERÇÃO. *Direito processual civil.* Pronunciamento pelo qual o órgão judicante declara a impossibilidade do andamento de um recurso, em razão de inação do recorrente que deveria ter cumprido alguma exigência ou formalidade processual, mas não o fez.

DECRETADO. 1. Aquilo que se decretou. **2.** Estabelecido por decreto.

DECRETAL. *Direito canônico.* Carta ou constituição pontifícia que era dada em resposta a consulta feita por bispos ou doutores da Igreja, relativa a questão cuja resolução era da competência do Sumo Pontífice. Tal resolução papal tinha força de lei e denominava-se rescrito, ou melhor, decisão pontifícia.

DECRETALISTA. *Direito canônico.* **1.** Pessoa versada em decretais. **2.** Doutor em Direito canônico.

DECRETAR. *Teoria geral do direito.* **1.** Promulgar um decreto. **2.** Ordenar por meio de decreto. **3.** Prescrever.

DECRETATÓRIO. Relativo a decreto.

DECRETO. 1. *Direito constitucional* e *teoria geral do direito.* a) Ato expedido pelo chefe do Poder Executivo, no exercício de suas funções, contendo um comando ou determinação; b) decisão, ordem ou resolução tomada por pessoa competente; c) ato pelo qual o Poder Executivo impõe normas de caráter administrativo e confere direitos e deveres a entidades; d) ato do presidente da República para estabelecer e aprovar o regulamento de lei, facilitando sua execução. **2.** *Direito canônico.* a) Ato de autoridade eclesiástica; b) decisão dos concílios.

DECRETO EXECUTIVO. *Direito administrativo.* Ato expedido pelo Poder Executivo para executar leis ou tomar providências administrativas.

DECRETO GERAL. *Direito administrativo.* **1.** Aquele que tem a mesma normatividade da lei, porém o Executivo, ao promulgá-lo, não pode exceder à competência regulamentar que lhe foi outorgada. Pode ser independente ou regulamentar. **2.** *Vide* DECRETO INDEPENDENTE e DECRETO REGULAMENTAR.

DECRETO INDEPENDENTE. *Direito administrativo.* Modalidade de decreto executivo que determina preceitos não regulados legalmente. Trata-se de um provimento *praeter legem* que visa suprir as omissões da lei, sem, contudo, substituí-la, ficando superado com sua edição (Pinto Ferreira).

DECRETO INDIVIDUAL. *Direito administrativo.* É aquele que prevê situações particulares de um ou alguns interessados, sem estabelecer qualquer norma geral, como o de desapropriação, nomeação ou demissão (Hely Lopes Meirelles).

DECRETO JUDICIAL. *Direito processual.* Decisão judiciária ou sentença judicial que deve ser acatada pelos litigantes e respeitada por todos.

DECRETO LEGISLATIVO. *Direito constitucional.* Norma aprovada por maioria simples pelo Congresso sobre matéria de sua exclusiva competência, como ratificação de tratados, convenções internacionais e convênios interestaduais, julgamentos de contas do presidente da República etc. Todavia, tal ato, embora se situe no nível da lei ordinária, não é remetido ao presidente da República para ser sancionado, sendo, portanto, promulgado pelo presidente do Senado Federal, que o manda publicar.

DECRETO-LEI. *História do direito.* Norma baixada pelo presidente da República que se restringia a certas matérias, como segurança nacional, finanças públicas, criação de cargos e fixação de vencimentos, e estava sujeita ao controle do Congresso. Legislar por decreto-lei era uma medida excepcional, um instrumento do Poder Executivo, especificamente do presidente da República, inserido no processo legislativo com o objetivo de atender a casos de urgência e a situações graves que exigissem do governo prontas decisões (Tércio Sampaio Ferraz Jr.). Sua natureza era mista, visto que, como diz Machado Neto, era material ou substancialmente ato legislativo e formalmente ato administrativo, porque emanava do Executivo. Além disso, não era correta a afirmação de que o decreto-lei fosse uma lei do Executivo, porque o Congresso Nacional tinha o poder de aprová-lo ou rejeitá-lo dentro de sessenta dias, a partir de sua vigência. Logo, apenas com a ratificação do Legislativo o decreto-lei tornava-se lei.

DECRETO REGULAMENTAR. *Direito administrativo.* Norma jurídica geral, abstrata e impessoal, estabelecida pelo Poder Executivo da União, dos Estados ou Municípios, para desenvolver uma lei, minudenciando suas disposições e facilitando sua execução ou aplicação. Logo, não pode ampliar ou reduzir o conteúdo do comando legal que regulamenta, pois lhe é vedado inovar a ordem jurídica, ou seja, criar novos direitos e obrigações.

DECRETÓRIO. **1.** Na *linguagem jurídica* em geral, significa: a) decisivo; b) que resolve; c) definitivo. **2.** *Medicina legal.* Diz-se daquele dia em que uma moléstia se define, manifestando claramente seus sinais. **3.** *Direito processual.* Diz-se da decisão judicial como ordem que deve ser seguida pelas partes litigantes.

DECÚBITO. *Medicina legal.* Posição do paciente que está deitado.

DECÚBITO ABDOMINAL. *Vide* DECÚBITO VENTRAL.

DECÚBITO DORSAL. *Medicina legal.* Posição de quem se encontra deitado de costas.

DECÚBITO INDIFERENTE. *Medicina legal.* Posição na cama que o paciente deve assumir por ser a mais adequada à doença de que é portador.

DECÚBITO SUPINO. *Vide* DECÚBITO DORSAL.

DECÚBITO VENTRAL. *Medicina legal.* Também designado "decúbito abdominal", é a posição em que o paciente fica deitado sobre o ventre.

DE CUJUS. *Locução latina.* Autor da herança, aquele cuja sucessão se encontra aberta, em razão de seu óbito; testador.

DE CUJUS SUCCESSIONE AGITUR. *Expressão latina.* De cuja sucessão se trata.

DECÚMANO. *Direito romano.* **1.** Cobrador romano de dízimos. **2.** Soldado romano da décima legião.

DECUPAGEM. *Direito autoral.* **1.** Ato de o diretor cinematográfico ou de programa de televisão escolher a imagem mais apropriada a cada palavra ou frase do *script*. **2.** Resultado final desse trabalho.

DÉCUPLO. **1.** Quantidade décupla. **2.** O que contém dez vezes uma quantidade. **3.** Aquilo que vale dez vezes mais.

DECÚRIA. **1.** *Direito romano.* a) Corpo militar entre os romanos comandado por um decurião; b) agrupamento corporativo de subalternos que havia em Roma. **2.** *História do direito.* Letra "x" que se utilizava outrora, por influência dos visigodos, para assinalar os marcos das divisas dos terrenos, onde eram colocados em número de três.

DECURSO. **1.** *Medicina legal.* Declínio numa moléstia. **2.** *Teoria geral do direito.* a) Tempo de duração, fluência de prazo, espaço de tempo já decorrido; b) sucessão; c) ato de decorrer; d) prazo esgotado.

DECURSO DE PRAZO. Escoamento do prazo fixado legal ou contratualmente.

DE DATA. *Locução latina.* Utilizada em letras de câmbio, notas promissórias ou duplicatas para indicar seu vencimento e sua exigibilidade, que é contada da data em que se criou, data essa que, obrigatoriamente, deve constar como um dos elementos de seu conteúdo (declaração cartular) para que se diferencie da expressão "de vista", que compreende o prazo contado da data do aceite ou reconhecimento do título (De Plácido e Silva).

DEDICAÇÃO EXCLUSIVA. *Direito administrativo.* Atividade funcional exercida em tempo integral por funcionário público, que, então, fica proibido de cumulá-la com outro cargo ou função particular ou pública.

DEDICATÓRIA. *Direito autoral.* Palavras utilizadas numa produção literária, artística ou científica para dedicá-la a alguém.

DE DIE AD DIEM. *Expressão latina.* Do dia-a-dia. Refere-se ao prazo que deve ser contado por dia.

DE DIREITO. *Teoria geral do direito.* Expressão usada para indicar: a) o que está regular, legal; b) aquilo que está de conformidade com a lei; c) o que se funda em norma jurídica; d) o que é legítimo.

DE DIREITO ESTRITO. *Teoria geral do direito.* Diz-se das normas jurídicas que não comportam em sua aplicação mais de uma interpretação ou que devem ser interpretadas restritivamente.

DEDITÍCIO. *Direito romano.* O que se rendia incondicionalmente.

DÉDOMMAGEMENT. *Termo francês.* Indenização.

DEDUÇÃO. **1.** *Lógica jurídica.* a) Argumentação concluída por intermédio de um elemento total ou modo de raciocínio que parte do geral para o particular; b) demonstração de uma legitimidade da pretensão (Kant); c) método dedutivo; d) conjunto de proposições ligadas dedutivamente (Lalande); e) operação pela qual se retira uma conclusão necessária de uma ou várias proposições tomadas como premissas. **2.** *Direito processual.* a) Ato ou efeito de deduzir; b) exposição ordenada de fatos em que se baseia um pedido ou uma impugnação.

DEDUÇÃO NATURAL. *Lógica jurídica.* Inferência natural.

DEDUÇÃO TRANSCENDENTAL. *Lógica jurídica.* **1.** Justificação jurídica. **2.** Prova legal (*quid juris*) em contraste com a questão de fato (*quid facti*).

DEDUCIONAL. *Lógica jurídica.* Feito por dedução.

DEDUCTIO MULIERIS IN DOMUM MARITI. *Expressão latina.* Condução da mulher recém-casada à casa do marido.

DEDUTÍVEL. *Lógica jurídica* e *direito processual.* O que é suscetível de ser deduzido.

DEDUTIVO. *Lógica jurídica.* **1.** Diz-se do método que se utiliza da dedução, que pode ser categórico-dedutivo, se partir de proposições tidas como verdadeiras, ou hipotético-dedutivo, se aquelas proposições são supostas provisoriamente. **2.** Raciocínio que procede por dedução, apresenta rigorismo e chega a uma conclusão necessária. **3.** Processo ou método discursivo para, partindo do geral, chegar à individuação.

DEDUZIR. **1.** *Lógica jurídica.* a) Tirar dedução; b) inferir, tirar como consequência; c) partir de generalidades para chegar a uma proposição singular; d) raciocinar partindo do geral para o particular. **2.** *Direito processual.* Fazer dedução, enumerando ou expondo minuciosamente fatos

até chegar a uma conclusão ou decisão. **3.** *Direito civil* e *direito comercial.* Descontar, diminuir.

DEDUZÍVEL. *Lógica jurídica.* Derivável, por via do raciocínio, como consequência lógica.

DE FACTO. *Locução latina.* De fato, em oposição a matéria de direito.

DEFASAGEM. **1.** *Direito econômico.* Discrepância. **2.** *Ciência política.* Mudança na numeração de artigos de um projeto de lei, ante a hipótese de ter havido algum cancelamento em razão de falta de aprovação. **3.** Na *linguagem física,* pode indicar a diferença de fase entre dois fenômenos periódicos e alternados da uma mesma frequência. **4.** Em *estatística,* é o fenômeno consistente no fato de duas séries cronológicas apresentarem ciclos não sincrônicos.

DEFASAGEM CAMBIAL. *Direito cambiário.* Situação de desvalorização de uma moeda nacional relativamente às moedas fortes, que pode desestimular as exportações (Luiz Fernando Rudge).

DEFAUNAR. **1.** *Direito ambiental.* Destruir ou remover a fauna. **2.** *Medicina legal.* Remover ou destruir parasitas, como anciióstomos ou piolhos.

DEFECADOR. *Direito agrário.* Aparelho apropriado para separar substâncias albuminóides do caldo da cana-de-açúcar.

DEFECÇÃO. **1.** *Direito militar.* Deserção. **2.** *Ciência política.* a) Rebelião; b) ato de abandonar partido político.

DEFECTIVO. **1.** Imperfeito. **2.** Ausência de alguma coisa. **3.** Ato ao qual falta algum requisito de validade.

DEFECTUS POTESTATIS. *Locução latina.* Falta de poder; falta de capacidade jurídica.

DEFEITO. **1.** *Teoria geral do direito.* a) Ausência daquilo que é desejado ou esperado; b) imperfeição de ato, coisa ou pessoa, isto é, ponto sobre o qual uma coisa não é como deveria ser; c) diferença para menos de uma quantidade em relação a uma outra que servia de referência (Lalande). **2.** *Direito civil.* a) Vício oculto que diminui a utilidade ou o valor da coisa; vício redibitório; b) vício de consentimento que pode anular um ato jurídico, como erro, dolo, lesão, estado de perigo e coação; c) vício social que torna anulável o negócio jurídico como fraude, ou que pode torná-lo nulo, como simulação. **3.** Na *linguagem jurídica* em geral, é a omissão ou a não-observância de formalidade ou prescrição imposta por lei para a eficácia de um ato jurídico. **4.** *Direito do consumidor.* Vício aparente ou oculto de uma coisa. **5.** *Direito militar.* Vício do ato de incorporação, que não tem o condão de excluir a punibilidade de um crime se for alegado ou reconhecido após sua prática. **6.** *Medicina legal.* Deficiência.

DEFEITO DA OBRA. *Direito civil.* Vício que uma obra apresenta e que deve ser corrigido pelo empreiteiro, pois o comitente não é obrigado a recebê-la defeituosa, podendo resolver o contrato de empreitada enjeitando a obra ou recebendo-a com abatimento proporcional no preço.

DEFEITO DE IDADE. *Direito civil.* Falta de idade nupcial que não invalida o matrimônio se houver gravidez.

DEFEITO DO ATO ADMINISTRATIVO. *Direito administrativo.* **1.** Falha no processo de formação do ato administrativo. **2.** Vício estrutural do ato administrativo relativo à capacidade do agente, ao objeto, à forma, ao motivo, ao mérito ou à finalidade.

DEFEITO DO NEGÓCIO JURÍDICO. *Direito civil.* Imperfeição apresentada pelo ato jurídico em razão de algum vício de consentimento do agente (erro, dolo, lesão, estado de perigo ou coação) ou de algum vício social (simulação e fraude).

DEFEITO FÍSICO. *Direito civil, direito penal* e *medicina legal.* Deformidade física ou deficiência somática que torna anormal a pessoa que a apresenta.

DEFEITO FÍSICO IRREMEDIÁVEL. *Direito civil* e *medicina legal.* Anomalia sexual ou deformidade genital que torne inatingível a satisfação sexual, que é uma finalidade do matrimônio, ensejando sua anulação. Por exemplo, impotência *coeundi,* hermafroditismo, vaginismo, ausência vaginal congênita etc.

DEFEITO GENÉTICO. *Direito civil, direito penal* e *medicina legal.* Anomalia física ou mental causada por fatores hereditários.

DEFEITO IMUNOLÓGICO. *Medicina legal.* Alteração no comportamento imunológico, como: diminuição da reatividade tardia nos portadores de linfomas e sarcoidose; maior suscetibilidade dos pacientes atópicos ao vírus da vacínia, do herpes simples etc. (Carlos da Silva Lacaz).

DEFEITO JURÍDICO. *Direito civil.* Falha quanto à formalidade legal que diminui ou retira a eficácia do ato jurídico.

DEFEITO OCULTO. *Vide* VÍCIO REDIBITÓRIO.

DEFEITUOSO. **1.** Imperfeito. **2.** O que apresenta vício ou falha.

DEFENDANT. *Termo inglês.* **1.** Indiciado. **2.** Réu.

DEFENDENDO. *Direito processual.* Diz-se daquele que outorga procuração para advogado, conferindo-lhe poderes para defender seus interesses em juízo.

DEFENDENTE. *Direito processual.* Aquele que defende a parte litigante em juízo.

DEFENDER. **1.** *Direito processual.* a) Patrocinar uma causa em juízo; b) defender alguém, na qualidade de advogado, numa demanda. **2.** *Direito penal.* Repelir ataque ou agressão física. **3.** Na *linguagem jurídica* em geral, pode significar: a) interceder por; b) justificar; c) proteger; d) sustentar argumentos a favor de algo; e) resguardar, preservar; f) proibir.

DEFENDIDO. Protegido.

DEFENDÍVEL. Aquilo que pode ser defendido; defensável.

DEFENESTRAÇÃO. *Direito penal* e *medicina legal.* Arremesso e projeção homicida, em regra pela janela, do corpo humano. *Vide* PRECIPITAÇÃO, item 1.

DEFENSA. *Direito marítimo.* Cada uma das peças que são colocadas fora do costado do navio para evitar que seja roçado, em caso de atracação, ou para defendê-lo de possíveis choques.

DEFENSÁVEL. *Vide* DEFENDÍVEL.

DEFENSE ATTORNEY. *Locução inglesa.* Advogado de defesa.

DEFENSIO CAUSAE. *Locução latina.* Defesa da causa.

DEFENSIVA. **1.** *Direito militar.* Operação militar que se limita a defesa. **2.** Na *linguagem jurídica* em geral, é a posição assumida por aquele que se defende.

DEFENSIVO. *Direito processual.* O que serve para a defesa dos interesses do constituinte.

DEFENSOR. **1.** *Direito processual penal.* Advogado que presta assistência técnica e profissional na defesa do réu durante o processo e julgamento da acusação contra ele articulada (José Frederico Marques). **2.** *Direito processual civil.* Aquele que patrocina uma causa. **3.** Na *linguagem jurídica* em geral, é: a) todo aquele que protege ou defende outrem; b) o que sustenta uma tese ou doutrina.

DEFENSOR DATIVO. *Direito processual.* Advogado nomeado pelo magistrado para representar ou defender em juízo aquele que, apesar de citado, não comparece para a defesa de seus direitos.

DEFENSOR DO VÍNCULO. 1. *História do direito.* Curador do vínculo que devia atuar nas ações de nulidade ou anulabilidade matrimonial, defendendo o casamento. **2.** *Direito canônico.* Padre legitimamente constituído para defender a validade do casamento e da ordenação, assim como os encargos desta.

DEFENSOR *EX OFFICIO*. 1. *Direito processual penal.* Defensor nomeado *ex officio* pelo juiz ao réu que não o tiver. **2.** *Direito constitucional* e *direito processual.* Defensor público que atua nos processos de justiça gratuita, atendendo àqueles que não têm recursos para contratar advogado.

DEFENSORIA DATIVA. *Direito processual.* É a exercida pelo defensor dativo, que é o nomeado pelo órgão judicante para suprir a ausência de advogado, sem que se levem em conta as condições econômicas do réu, pois, se este não for pobre, deverá pagar os honorários daquele, estipulados pelo juiz.

DEFENSORIA PÚBLICA. *Direito constitucional* e *direito processual.* Instituição jurídico-nacional de grande importância para a manutenção do regime democrático, assegurando a igualdade substancial entre todos os cidadãos, e sobretudo a função jurisdicional no exercício da prestação de assistência jurídica, judicial e extrajudicial, integral e gratuita, aos necessitados, defendendo, na forma da lei, seus direitos e interesses individuais e coletivos; constitui, assim, um liame entre sociedade e Estado. Ao prestar assistência jurídica integral, com independência funcional e autonomia, relativamente, aos demais órgãos estatais, aos hipossuficientes e carentes, não raras vezes, contra qualquer pessoa jurídica de direito público e até mesmo contra a própria União, vem a desafogar o Poder Judiciário, pois além da representação em juízo, da defesa judicial, seus membros, agentes políticos do Estado, exercem atividades extrajudiciais, dando consultas ou informações, intervindo em acordos firmados, após esclarecerem às partes de seus direitos e obrigações, auxiliando em atos notariais etc., e evitando a propositura de várias ações judiciais. Dentre as inúmeras funções institucionais da defensoria pública, podemos ressaltar, exemplificativamente, a de: 1) promover, extrajudicialmente, a conciliação entre as partes em conflito de interesses, mediante conselhos jurídicos esclarecedores de direitos e deveres, caso em que o defensor jurídico atuaria como árbitro, buscando a solução amigável e a composição dos conflitos; 2) defender vínculo matrimonial em hipótese de anulação do casamento; 3) patrocinar: a) ação penal privada e subsidiária da pública, propondo a competente queixa-crime; b) ação civil, representando não só pessoa física carente, mas também associações ou pessoa jurídica de direito privado em péssima situação financeira; c) ação civil pública em defesa de interesses difusos, como os do consumidor lesado ou os de alguma associação, atinentes ao meio ambiente; d) defesa em ação penal e em ação civil, contestando, excepcionando ou reconvindo. Urge salientar que relativamente à atuação da defensoria pública na defesa de acusado em processo criminal, não se limita ela aos hipossuficientes, pois se algum réu bem situado economicamente for revel ou não tiver indicado advogado, ou se seu advogado vier a renunciar, no curso da ação, e não houver indicação de outro dentro do prazo fixado judicialmente, ante a garantia constitucional de ampla defesa, poderá haver sua intervenção, mas nesse caso o juízo criminal deverá arbitrar honorários que serão recolhidos ao erário ou destinados ao Centro de Estudos Jurídicos da defensoria pública; e) direitos e interesses do consumidor; 4) atuar como curador especial nos casos determinados pela lei; 5) defender a criança e o adolescente; propor, representando associações, ações civis tutelando os interesses difusos do menor; participar, ativamente, de Conselhos Estaduais e Municipais de Defesa da Criança e do Adolescente, exercendo fiscalização das instituições de internação de menores, zelando pelos seus direitos; atuar, com o auxílio da Coordenadoria de Defesa dos Direitos da Criança e do Adolescente, junto aos Juizados da Infância e da Juventude; 6) atuar junto às delegacias e presídios, com o escopo de assegurar, ao detento ou condenado, o pleno exercício de seus direitos e garantias individuais; 7) zelar pelos direitos dos condenados arrolados na Lei de Execução Penal; 8) assegurar aos seus assistidos, em processo judicial ou administrativo, e aos acusados, o contraditório e a ampla defesa; 9) atuar junto aos Juizados Especiais Cíveis e Criminais na representação judicial dos que não têm advogado, e no aconselhamento jurídico ao tentar a composição amigável das partes. À Defensoria Pública

Estadual é assegurada autonomia funcional e administrativa e a iniciativa de sua proposta orçamentária dentro dos limites estabelecidos na lei de diretrizes orçamentárias. Como se vê, grande é o papel da defensoria pública como instituição democrática que, além de assegurar a igualdade substancial entre todos os cidadãos, é guardiã da lei e dos direitos e interesses da pessoa física ou jurídica, zelando pelos princípios e garantias constitucionais da ampla defesa e do contraditório.

DEFENSORIA PÚBLICA DA UNIÃO. *Direito constitucional* e *direito processual.* Órgão que tem por finalidade prestar assistência jurídica, judicial e extrajudicial, integral e gratuita, aos necessitados, assim considerados na forma da lei, exercendo, dentre outras, as seguintes funções: a) promover, extrajudicialmente, a conciliação entre as partes em conflito de interesses; b) patrocinar: ação penal privada e a subsidiária da pública; ação civil; defesa em ação penal; e em ação civil e reconvir; c) atuar como Curador Especial, nos casos previstos em lei; d) exercer a defesa da criança e do adolescente; e) atuar junto aos estabelecimentos policiais e penitenciários, visando assegurar à pessoa, sob quaisquer circunstâncias, o exercício dos direitos e garantias individuais; f) assegurar aos seus assistidos, em processo judicial ou administrativo, e aos acusados em geral, o contraditório e a ampla defesa, com recursos e meios a ela inerentes; g) atuar junto aos Juizados Especiais; h) patrocinar os interesses do consumidor lesado. As funções institucionais da Defensoria Pública serão exercidas inclusive contra pessoas jurídicas de Direito Público.

DEFENSÓRIO. 1. O que serve para defender. **2.** Relativo à defesa.

DEFENSOR PÚBLICO. *Vide* DEFENSOR *EX OFFICIO.*

DEFENSOR PÚBLICO-GERAL. *Direito constitucional* e *direito processual.* É aquele incumbido de: a) dirigir a Defensoria Pública da União, superintender e coordenar suas atividades e orientar-lhe a atuação; b) representar a Defensoria Pública da União judicial e extrajudicialmente; c) velar o cumprimento das finalidades da Instituição; d) integrar, como membro nato, e presidir o Conselho Superior da Defensoria Pública da União; e) baixar o regimento interno da Defensoria Pública da União; f) autorizar os afastamentos dos membros da Defensoria

Pública da União; g) estabelecer a lotação e a distribuição dos membros e dos servidores da Defensoria Pública da União; h) dirimir conflitos de atribuições entre membros da Defensoria Pública da União, com recurso para seu Conselho Superior; i) proferir decisões nas sindicâncias e processos administrativos disciplinares promovidos pela Corregedoria-Geral da Defensoria Pública da União; j) instaurar processo disciplinar contra membros e servidores da Defensoria Pública da União, por recomendação de seu Conselho Superior; k) abrir concursos públicos para ingresso na carreira de Defensor Público da União; l) determinar correições extraordinárias; m) praticar atos de gestão administrativa, financeira e de pessoal; n) convocar o Conselho Superior da Defensoria Pública da União; o) designar membro da Defensoria Pública da União para o exercício de suas atribuições em órgãos de atuação diversos do de sua lotação, em caráter excepcional, perante Juízos, Tribunais ou Ofícios diferentes dos estabelecidos para cada categoria; p) requisitar de qualquer autoridade pública e de seus agentes certidões, exames, perícias, vistorias, diligências, processos, documentos, informações, esclarecimentos e demais providências necessárias à atuação da Defensoria Pública da União; q) aplicar a pena da remoção compulsória, aprovada pelo voto de dois terços do Conselho Superior da Defensoria Pública da União, assegurada ampla defesa; e r) delegar atribuições à autoridade que lhe seja subordinada, na forma da lei.

DEFENSOR TÉCNICO. *Direito processual penal.* Aquele que está investido nas funções de representante processual do acusado, atuando, no processo penal, na defensiva.

DEFERÊNCIA. 1. Condescendência. **2.** Respeito; consideração. **3.** Acatamento.

DEFERENTE. 1. Condescendente. **2.** Que defere. **3.** Que acata.

DEFERIDO. 1. *Direito processual.* a) O que foi acolhido pelo órgão judicante; b) despachado favoravelmente. **2.** *Direito civil.* Diz-se do direito futuro quando sua aquisição depende somente do arbítrio do sujeito, por exemplo, herdeiro, desde a abertura da sucessão até a aceitação da herança, tem direito futuro deferido, porque depende apenas de sua vontade torná-lo atual. **3.** Na *linguagem jurídica* em geral, quer dizer concedido ou atendido.

DEFERIMENTO. 1. *Direito processual.* Despacho pelo qual o magistrado concede o que lhe foi requerido pela parte interessada. **2.** Na *linguagem jurídica* em geral: a) ação de deferir; b) ato de conceder o que se pediu ou requereu; c) acolhimento a um pedido ou requerimento.

DEFERIR. 1. *Direito penal.* Denunciar; delatar; acusar. **2.** *Direito civil.* a) Dar, conceder ou outorgar; b) adquirir direito futuro, tornando-o atual pela simples manifestação da vontade; c) vender; d) declarar; e) destruir; f) concordar; g) condescender. **3.** *Direito processual.* Despachar favoravelmente; conceder ou atender ao pedido solicitado em juízo.

DEFERITÓRIO. 1. *Direito processual.* Diz-se do despacho favorável concedido pelo juiz. **2.** *Direito administrativo.* Ato pelo qual a autoridade administrativa acata um pedido ou requerimento que lhe fora apresentado.

DEFERÍVEL. Diz-se do pedido ou requerimento endereçado ao juiz ou à autoridade competente que pode ser deferido por estar correto e fundamentado juridicamente.

DEFERRE NOMEN ALICUJUS DE AMBITU. *Expressão latina.* Denunciar alguém como culpado de suborno.

DEFERRE REUM CRIMINIS. *Expressão latina.* Acusar alguém em juízo.

DEFERVESCÊNCIA. *Medicina legal.* Cessação da febre.

DEFESA. 1. *Direito processual civil.* a) Conjunto de alegações, escritas ou orais, e de elementos probatórios apresentado pelo advogado do réu para defendê-lo da pretensão do autor; b) contestação. **2.** *Direito processual penal.* a) Ato pelo qual se refuta a acusação feita ao réu em processo criminal; b) advogado do acusado. **3.** *Direito do trabalho.* Argumentos expendidos perante o juízo trabalhista para comprovar a improcedência da reclamação feita. **4.** *Direito penal.* Justa reação contra uma agressão injusta, atual e iminente. **5.** *Direito militar.* a) Local fortificado ou armado para opor resistência a ataque inimigo; b) conjunto de medidas militares para a garantia da integridade territorial da nação. **6.** *Direito desportivo.* Sexteto defensivo de um quadro de futebol.

DEFESA ADMINISTRATIVA. *Direito tributário.* Plano de defesa ou recurso administrativo efetuado entre o Fisco e o contribuinte (Eduardo M. Ferreira Jardim).

DEFESA AGROPECUÁRIA. *Direito agrário.* É a que tem por fim assegurar: a) a sanidade das populações vegetais; b) a saúde dos rebanhos animais; c) a idoneidade dos insumos e dos serviços utilizados na agropecuária; d) a identidade e a segurança higiênico-sanitária e tecnológica dos produtos agropecuários finais destinados aos consumidores.

DEFESA ARMADA. É o ato de defender-se com um pedaço de pau ou com armas de diferentes espécies.

DEFESA CIVIL. *Direito militar.* **1.** Ação militar do Estado visando proteger a sociedade civil em caso de guerra ou de ataques inimigos. **2.** O conjunto de ações preventivas, de socorro, assistenciais e recuperativas destinadas a evitar ou minimizar os desastres, preservar o moral da população e restabelecer a normalidade social.

DEFESA DA PÁTRIA. 1. *Direito comparado.* Ato praticado por militar ou civil lesivo ao patrimônio ou à pessoa de alguém com o escopo de defender a pátria, sendo guiado por motivo de relevante valor social. **2.** *Direito constitucional.* Execução que compete à União de serviços organizados, visando resguardar o território do País e a garantia dos Poderes constituídos.

DEFESA DA POSSE. *Direito processual civil.* Direito do possuidor de invocar os interditos possessórios, ou seja, de propor ações possessórias quando for ameaçado, molestado ou esbulhado em sua posse, para mantê-la e repelir tais agressões. Para Ihering tais interditos fundam-se na: a) proteção da posse, por ser ela a exteriorização do domínio; b) proteção da posse por meio de ações especiais para facilitar a defesa da propriedade, dispensando o proprietário de ter de provar seu direito em cada caso; c) proteção da posse concedida desse modo, que favorece o não proprietário, pois, apesar de tratar-se de um inconveniente inevitável, dele não se pode abrir mão ante as muitas vantagens resultantes da instituição e por ser essa situação excepcional, pois o normal é estar a posse a serviço do legítimo proprietário. Logo, protege-se a posse e, por via oblíqua, a propriedade. O direito pátrio admite as seguintes ações para a defesa da relação possessória: ação de manutenção de posse; ação de reintegração de posse; interdito proibitório; nunciação de obra nova; ação de dano infecto; ação de imissão de posse e embargos de terceiro senhor e possuidor.

DEFESA DE FATO. *Direito civil* e *direito penal.* Ação de defender a si próprio ou a um bem, colocando grades, portas, cercas etc. ou reagindo pessoalmente a uma agressão iminente e injusta.

DEFESA DE MÉRITO. *Direito processual civil.* Conjunto das razões ou das provas de fato ou de direito apresentadas pelo advogado do réu, contrárias às do autor.

DEFESA DE PARTES CONTRÁRIAS. *Direito processual.* Ato do qual um advogado tem o dever de abster-se, pois lhe é vedado não só patrocinar causa contrária a ato em que tenha colaborado como também aconselhar ou aceitar mandato do adversário de seu constituinte.

DEFESA DE TERCEIRO. *Direito penal* e *direito civil.* Legítima defesa de terceiro que se dá quando alguém, com uso moderado de meios necessários, vem a repelir injusta agressão, atual ou iminente, a direito de terceiro.

DEFESA DE TESE. *Direito educacional.* Sessão pública onde um candidato a título de doutor, livre-docente ou professor titular submete-se a uma argüição pública de sua tese perante uma banca examinadora, no prazo e nas condições previstas em normas regulamentares.

DEFESA DO CONSUMIDOR. *Direito do consumidor.* Conjunto de normas, técnicas jurídicas e ações cabíveis para garantir os interesses e os direitos do consumidor. Tal defesa pode ser exercida em juízo individualmente ou a título coletivo.

DEFESA DO DIREITO. 1. *Direito processual.* Patrocínio, por advogado em juízo, de uma causa, tutelando direito próprio ou alheio. **2.** *Direito civil* e *direito penal.* Atuação extrajudicial para repelir injusta agressão, atual ou iminente, a direito próprio ou de terceiro, mediante emprego moderado de meios necessários. **3.** *Direito civil.* a) Repulsa à turbação ou ao esbulho possessório. Trata-se, em caso de turbação, de legítima defesa da posse, em que o possuidor molestado, seja ele direto ou indireto, pode reagir, pessoalmente ou por sua própria força, contra o turbador, desde que tal reação seja incontinente ou sem demora e dirija-se contra ato turbativo real e atual, mediante emprego de meios estritamente necessários para manter-se na posse. Se houver esbulho, o esbulhado pode restituir-se, por sua própria força, à posse do bem, por meio de desforço imediato; b) *Vide* DESFORÇO IMEDIATO.

DEFESA DO DIREITO SUBJETIVO. *Direito processual.* Ação judicial, em caso de ameaça ou violação por ato omissivo ou comissivo, a um direito subjetivo, pela qual o seu titular pode pleitear do Estado uma prestação jurisdicional para assegurá-lo.

DEFESA DO RÉU. *Direito processual.* Resposta do réu.

DEFESA ECONÔMICA. *Direito econômico* e *direito penal.* Repressão a abusos do poder econômico.

DEFESA INDIRETA DE MÉRITO. *Direito processual civil.* Aquela em que o réu apresenta fatos novos que podem decidir a demanda a seu favor.

DEFESA JURÍDICA. *Direito processual* e *direito administrativo.* É a realizada mediante alegações orais ou escritas perante uma autoridade judiciária ou administrativa.

DEFESA NACIONAL. *Direito constitucional.* Complexo de serviços que competem à União para assegurar a integridade territorial da nação.

DEFESA NO PROCESSO ADMINISTRATIVO. *Direito administrativo.* Conjunto de alegações ou provas que o indiciado apresenta após a instrução e antes do relatório da comissão processante.

DEFESA PRELIMINAR. *Direito processual civil.* Aquela que não entra no mérito da causa por não contestar as razões fáticas ou jurídicas da pretensão do autor, limitando-se tão-somente a apreciar as preliminares de incompetência, nulidade ou carência.

DEFESA PRELIMINAR DILATÓRIA. *Direito processual civil.* Aquela que não aprecia o mérito nem extingue o processo.

DEFESA PRELIMINAR PEREMPTÓRIA. *Direito processual civil.* Aquela que, apesar de não entrar no mérito da causa, vem a extinguir o processo.

DEFESA PRÉVIA. *Direito processual penal.* Ônus do réu consistente em apresentar, nos três dias posteriores ao seu interrogatório, alegações escritas para provar a ausência de sua culpa, justificar a ação criminosa, excluindo ou atenuando a pena, e apresentar o rol das testemunhas que deverão ser intimadas a depor em seu favor em audiência marcada pelo órgão judicante.

DEFESA PRIVADA. *Direito civil.* **1.** Autodefesa; ato pelo qual o lesado ou ofendido na sua pessoa ou em seus bens vem a reagir para defendê-los ou para manter ou recuperar a posse da coisa turbada ou esbulhada. **2.** Proteção a interesse de um indivíduo, de sua família ou de uma determinada comunidade.

DEFESA PROBATÓRIA. *Direito processual.* É a apresentação de fatos ou provas em oposição às alegações da parte contrária.

DEFESA PROCESSUAL DILATÓRIA. *Direito processual civil.* Aquela que visa dilatar o curso do procedimento, sem extinguir o processo.

DEFESA PRÓPRIA. *Direito civil* e *direito penal.* Legítima defesa de si mesmo pela qual, mediante o emprego moderado de meios necessários, alguém pode reagir contra injusta agressão, atual ou iminente, a um direito seu.

DEFESA PÚBLICA. *Direito administrativo.* Ato assecuratório do interesse estatal no combate à criminalidade e na tutela de seu patrimônio.

DEFESA SANITÁRIA ANIMAL E VEGETAL. *Direito agrário.* Conjunto de normas que fixam critérios técnico-jurídicos com o objetivo de evitar e combater pragas e doenças no setor animal e vegetal da produção agropecuária, buscando o controle da qualidade de produtos de origem animal e vegetal, a fiscalização dos insumos utilizados nas atividades agropecuárias e a supervisão dos laboratórios voltados às ações de defesa e controle de doenças e pragas que tenham interesse na exploração agropecuária (Fernando Pereira Sodero).

DEFESAS MECÂNICAS PREDISPOSTAS. *Direito civil.* Ofendículas; meios usados para a defesa da propriedade, como grade com pontas de lanças, muros com vidros quebrados na parte superior, cercas com fios eletrizados etc.

DEFESA SOCIAL. *Direito penal.* **1.** Proteção da sociedade contra os crimes. **2.** Adoção de medidas de segurança para evitar a reincidência do criminoso, tendo por base o critério de periculosidade. **3.** Adoção de medidas de proteção tutelar para impedir a prática de crimes e a reincidência mediante reabilitação do criminoso em favor da sociedade (Henry Goulart, Dorado Montero e Roeder), buscando o aperfeiçoamento das instituições penais.

DEFESO. *Teoria geral do direito.* Vedado; proibido; interdito; não permitido.

DEFICIÊNCIA. *Direito constitucional* e *medicina legal.* **1.** Insuficiência física ou mental que impossibilita a integração social do doente. **2.** Excesso de inteligência ou de habilidade conducente a dificuldades de relacionamento social. **3.** Perda ou anormalidade de uma estrutura ou função psicológica, fisiológica ou anatômica que gere incapacidade para o desempenho de atividade, dentro do padrão considerado normal para o ser humano. **4.** Restrição física, mental ou sensorial, de natureza permanente ou transitória, que limita a capacidade de exercer uma ou mais atividades essenciais da vida diária, causada ou agravada pelo ambiente econômico e social.

DEFICIÊNCIA AUDITIVA. *Medicina legal.* Perda parcial ou total das possibilidades auditivas sonoras, variando de graus e níveis na forma seguinte: a) de 25 a 40 decibéis (db) – surdez leve; b) de 41 a 55 db – surdez moderada; c) de 56 a 70 db – surdez acentuada; d) de 71 a 90 db – surdez severa; e) acima de 91 db – surdez profunda; e f) anacusia.

DEFICIÊNCIA DE ABASTECIMENTO. *Direito marítimo.* Falta de suprimento de aguada, víveres, combustível, óleo lubrificante, água de caldeira ou outros materiais, não atendendo técnicas ou exigências regulamentares.

DEFICIÊNCIA FÍSICA. *Direito constitucional* e *medicina legal.* **1.** Insuficiência física decorrente de locomoção, visão, audição, dicção ou certas doenças (como AIDS, mal de Parkinson, esclerose múltipla, anemia falsiforme) que pode, conforme sua gradação, causar dificuldades de integração social. **2.** Alteração completa ou parcial de um ou mais segmentos do corpo humano, acarretando o comprometimento da função física, apresentando-se sob a forma de paraplegia, paraparesia, monoplegia, monoparesia, tetraplegia, tetraparesia, triplegia, triparesia, hemiplegia, hemiparesia, amputação ou ausência de membro, paralisia cerebral, membros com deformidade congênita ou adquirida, exceto as deformidades estéticas e as que não produzam dificuldades para o desempenho de funções.

DEFICIÊNCIA MENTAL. *Direito constitucional* e *medicina legal.* **1.** Desenvolvimento mental insuficiente que impossibilita ao seu portador uma adaptação social independente e autônoma, conforme o grau que apresente. **2.** Coeficiente de inteligência acima da média que pode, em alguns casos, trazer problemas na integração social. **3.** Funcionamento intelectual significativamente inferior à média, com limitações associadas a duas ou mais áreas de habilidades adaptativas, tais como: a) comunicação; b) cuidado pessoal; c) habilidades sociais; d) utilização da comunidade; e) saúde e segurança; f) habilidades acadêmicas; g) lazer; h) trabalho.

DEFICIÊNCIA NA AMARRAÇÃO OU FUNDEIO. *Direito marítimo.* É a deficiência na quantidade ou posição de viradores ou espias empregadas para segurar a embarcação ao cais, bóia ou outra embarcação ou construção, como também a deficiência de filame, amarra ou ferros utilizados para fundear a embarcação.

DEFICIÊNCIA PERMANENTE. *Medicina legal.* Aquela que ocorreu ou se estabilizou durante um período de tempo suficiente para não permitir recuperação ou ter probabilidade de que se altere, apesar de novos tratamentos.

DEFICIÊNCIA VISUAL. *Medicina legal.* **1.** Acuidade visual igual ou menor que 20/200 no melhor olho, após a melhor correção, ou campo visual inferior a 20° (tabela de Snellen), ou ocorrência simultânea de ambas as situações. **2.** Cegueira, na qual a acuidade visual é igual ou menor que 0,05° no melhor olho, com a melhor correção óptica; a baixa visão, que significa acuidade visual entre 0,3° e 0,05° no melhor olho, com a melhor correção óptica; os casos nos quais o somatório da medida do campo visual em ambos os olhos for igual ou menor que 60 graus; ou a ocorrência simultânea de quaisquer das condições anteriores.

DEFICIENTE. *Direito constitucional* e *medicina legal.* Aquele que tem dificuldade de relacionar-se e integrar-se na sociedade. Como salienta Luiz Alberto David Araújo, o que define a pessoa portadora de deficiência não é a falta de um membro, nem a visão, audição ou inteligência reduzidas, mas sim o grau de dificuldade de integração social. Este é que define quem é ou não portador de deficiência. Compete à União, aos Estados, ao Distrito Federal e aos Municípios cuidar da saúde, assistência, proteção e garantia dos direitos dos deficientes físicos e mentais. Estes têm direito reservado ao ingresso no serviço público, à assistência social, ao salário mínimo de benefício mensal, se não puderem prover à sua subsistência nem forem mantidos pela família, à facilitação ao acesso aos bens e serviços coletivos, à tutela jurisdicional de seus interesses coletivos ou difusos etc.

DÉFICIT. 1. Na *linguagem jurídica* em geral, é o saldo negativo entre a receita e a despesa de um orçamento público ou particular ou o excesso de despesa em relação à receita apresentada numa conta ou orçamento. **2.** *Direito comercial.* a) É o que ocorre quando o ativo de um empresário, ou de sociedade empresária, é insuficiente

para cobrir suas obrigações passivas; b) desfalque; falta injustificada de dinheiro em caixa. **3.** *Direito tributário.* Redução imprevista numa arrecadação.

DEFICITÁRIO. 1. Na *linguagem jurídica* em geral, é o que apresenta déficit. **2.** *Medicina legal.* O que tem deficiência mental ou física em grau acentuado.

DEFIDENTE. Que tem pouca fé ou confiança.

DEFINHAMENTO. 1. *Medicina legal.* Emagrecimento. **2.** Na *linguagem jurídica* em geral, pode indicar declínio.

DEFINIBILIDADE. Qualidade de definível.

DEFINIÇÃO. 1. *Lógica jurídica.* a) Operação que visa determinar a compreensão de um conceito (Hamilton); b) conjunto de termos conhecidos determinantes do conceito definido, representado por um termo único (Lalande e Pascal); c) proposição que expõe os caracteres genéricos e diferenciais de uma coisa; d) oração imperfeita que revela o que uma coisa é ou o sentido de uma palavra (Goffredo Telles Jr. e Van Acker); e) conceito complexo que expõe o que é uma coisa ou uma palavra (Maritain); f) explicação de uma coisa ou de um termo (Sinibaldi); g) operação de revelar o que um objeto é pela enunciação de seus aspectos inteligíveis; h) delimitação de uma coisa para distingui-la das demais ou determinação de um conceito (Puigarnau). **2.** *Direito canônico.* Decisão. **3.** *Retórica jurídica.* Exposição dos diversos lados pelos quais se pode tratar de uma temática ou assunto.

DEFINIÇÃO ACIDENTAL. *Lógica jurídica.* É a que revela um elemento acidental, próprio do definido, mas contingente (Goffredo Telles Jr.). Pode ser simples ou descritiva.

DEFINIÇÃO CAUSAL. *Lógica jurídica.* A que define algo baseando-se em suas causas produtoras.

DEFINIÇÃO CONTEXTUAL. *Lógica jurídica.* Aquela em que o sentido da palavra ou expressão é parcial ou totalmente determinado pela definição do significado de uma expressão maior que contém a definida.

DEFINIÇÃO DESCRITIVA. *Lógica jurídica.* É aquela que, à falta dos caracteres essenciais, enumera os elementos exteriores mais marcantes da coisa, para distingui-la das demais.

DEFINIÇÃO EFICIENTE. *Lógica jurídica.* É a que revela a causa eficiente do definido.

DEFINIÇÃO EMPÍRICA. *Lógica jurídica.* É a que define algo com base em dados fornecidos pela experiência.

DEFINIÇÃO ESSENCIAL. *Lógica jurídica.* É a que desvenda a essência da coisa pelos seus elementos constitutivos, ou seja, pelo gênero próximo e pela diferença específica, sendo o primeiro a idéia imediatamente superior quanto à extensão e à idéia do que se quer definir, e a segunda, a diferença específica, a qualidade que, acrescentada a um gênero, constitui uma espécie distinta como tal de todas as outras do mesmo gênero (Régis Jolivet Puigarnau e Husserl). Pode ser uma definição física (material) ou metafísica (formal) (Goffredo Telles Jr.).

DEFINIÇÃO ETIMOLÓGICA. *Lógica jurídica.* É a definição nominal que procura revelar a significação da coisa pela origem dos elementos componentes da palavra que a exprime.

DEFINIÇÃO EXPLÍCITA. *Lógica jurídica.* É a que dá um equivalente exato do termo definido.

DEFINIÇÃO EXTRÍNSECA. *Lógica jurídica.* É a que revela os elementos externos próprios do definido (Goffredo Telles Jr.). É uma definição acidental, por indicar uma relação própria do definido pela causa eficiente ou final. Logo, pode ser uma definição real extrínseca eficiente ou real extrínseca final (Van Acker).

DEFINIÇÃO FALSA. *Lógica jurídica.* Aquela em que a proposição recíproca não é verdadeira.

DEFINIÇÃO FINAL. *Lógica jurídica.* Aquela que desvenda a causa final do definido (Goffredo Telles Jr.).

DEFINIÇÃO FÍSICA. *Lógica jurídica.* É uma definição que busca os elementos essenciais físicos do definido, próprios de sua natureza, que constituem sua causa material. É também denominada "definição material" (Goffredo Telles Jr. e Van Acker).

DEFINIÇÃO FORMAL. *Vide* DEFINIÇÃO METAFÍSICA.

DEFINIÇÃO INTRÍNSECA. *Lógica jurídica.* É a que revela os elementos internos próprios do definido, buscando suas causas material e formal.

DEFINIÇÃO LEGAL. *Semiótica jurídica, lógica jurídica* e *teoria geral do direito.* **1.** É a contida no texto da lei. Trata-se da linguagem legal não normativa, que consiste na definição de expressões que compõem as proposições normativas. Embora os termos definidos pertençam a uma linguagem objeto, as proposições definitórias (as que incorporam aqueles termos) pertencem à metalinguagem. A definição legal é, portanto, "a metalinguagem dessa linguagem normativa contida na linguagem legal" (Juan-Ramon Capella). **2.** É a feita pelo jurista ao interpretar a lei, descrevendo-a. O discurso normativo (a lei) objeto da reflexão científico-jurídica é constituído pela linguagem objeto, e a proposição descritiva enunciada pelo jurista é metalinguagem, por resultar da análise e da descrição da proposição prescritiva (linguagem legal normativa) (Wróblewski e Juan-Ramon Capella).

DEFINIÇÃO MATERIAL. *Vide* DEFINIÇÃO FÍSICA.

DEFINIÇÃO METAFÍSICA. *Lógica jurídica.* É a definição essencial que desvenda os elementos lógicos do definido constitutivos da sua causa formal.

DEFINIÇÃO NEGATIVA. *Lógica jurídica.* Aquela que define a coisa com a explicação da noção contrária a ela.

DEFINIÇÃO NOMINAL. *Lógica jurídica.* É a que procura definir palavras, explicando os vocábulos e clarificando seu sentido pelo uso de expressões mais conhecidas (Goffredo Telles Jr. e Van Acker). Pode ser, portanto, etimológica e semântica. Prepara a definição real, sendo útil para desvendar termos equívocos, análogos, ambíguos ou vagos.

DEFINIÇÃO NOMINAL ETIMOLÓGICA. *Vide* DEFINIÇÃO ETIMOLÓGICA.

DEFINIÇÃO NOMINAL POR EXPLICAÇÃO. *Lógica jurídica.* É aquela que explica as palavras procurando esclarecê-las, desvendando o conceito do que se pretende definir.

DEFINIÇÃO NOMINAL POR TRADUÇÃO. *Lógica jurídica.* É a que transpõe o texto de uma língua para outra através de vocábulos correspondentes ou de sinônimos do outro idioma, buscando o mesmo objeto representado pela língua (Tércio Sampaio Ferraz Jr., Flusser e Van Acker).

DEFINIÇÃO NOMINAL SEMÂNTICA. *Lógica jurídica.* É aquela que interpreta os termos pelo sentido em que são empregados (Goffredo Telles Jr. e Van Acker), tendo por base o objeto por eles denotados.

DEFINIÇÃO OBSCURA. *Lógica jurídica.* É aquela que, ao tentar revelar o significado de um dado objeto, emprega termos ambíguos.

DEFINIÇÃO ORATÓRIA. *Retórica jurídica.* É a figura da escolha em que se utiliza a estrutura da definição, sem o escopo de definir, mas com o de destacar aspectos de uma realidade que correm o risco de ficar no último plano da consciência (Perelman e Olbrechts-Tyteca).

DEFINIÇÃO REAL. *Lógica jurídica.* É aquela que consiste em dizer o que uma coisa ou uma realidade são, distinguindo-as das demais. Pode ser descritiva, extrínseca, intrínseca ou essencial.

DEFINIÇÃO REAL DESCRITIVA. *Vide* DEFINIÇÃO DESCRITIVA.

DEFINIÇÃO REAL ESSENCIAL. *Vide* DEFINIÇÃO ESSENCIAL.

DEFINIÇÃO REAL EXTRÍNSECA. *Vide* DEFINIÇÃO EXTRÍNSECA.

DEFINIÇÃO REAL GENÉTICA. *Vide* DEFINIÇÃO EXTRÍNSECA.

DEFINIÇÃO REAL INTRÍNSECA. *Vide* DEFINIÇÃO INTRÍNSECA.

DEFINIÇÃO SEMÂNTICA. *Vide* DEFINIÇÃO NOMINAL SEMÂNTICA.

DEFINIÇÃO SIMPLES. *Lógica jurídica.* É a definição acidental que revela apenas um dos elementos acidentais, ou contingentes, próprios do definido (Goffredo Telles Jr.).

DEFINIÇÃO TAUTOLÓGICA. *Lógica jurídica.* Aquela que contém termos que estão por definir.

DEFINIDO. *Lógica jurídica.* **1.** Aquilo que foi determinado por uma definição. **2.** Exato; preciso; claro. **3.** O que se definiu.

DEFINIDOR. **1.** *Direito canônico.* a) Superior de um convento; b) conselheiro geral de determinadas ordens religiosas. **2.** *Direito processual.* Aquele que soluciona uma causa, definindo-a por meio de uma decisão; aquele que define o objeto da decisão. **3.** *Lógica jurídica.* Aquele que define ou determina o sentido do termo.

DEFINIR. **1.** *Lógica jurídica.* a) Revelar o que um objeto é por meio da enunciação de seus aspectos inteligíveis (Goffredo Telles Jr.); b) dar a definição de alguma coisa; c) desvendar o que uma coisa é em sua essência; d) determinar; e) dar os elementos distintivos do objeto; f) demarcar. **2.** *Teoria geral do direito.* a) Interpretar; b) expor algo com precisão. **3.** *Direito processual.* Decidir a demanda.

DEFINITIO EST INITIUM OMNI DISPUTATIONI. *Aforismo jurídico.* A definição é o princípio para toda disputa.

DEFINITIO NE SIT ABUNDANS. *Lógica jurídica.* A definição deve ser breve (Puigarnau).

DEFINITIO NON SIT NEGATIVA. *Lógica jurídica.* A definição deve ser, de preferência, positiva (Gredt).

DEFINITIO OMNI ET SOLI ET SEMPER DEFINITIO CONVENIAT. *Lógica jurídica.* A definição deve compreender todo, só e sempre, o definido (Puigarnau).

DEFINITIO SIT BREVES. *Lógica jurídica.* A definição deve ser breve (Gredt).

DEFINITIO SIT CLARIOR SUO DEFINITO. *Lógica jurídica.* A definição deve ser mais clara do que o definido (Gredt).

DEFINITIO SIT CONVERTIBILIS CUM DEFINITO. *Lógica jurídica.* A definição deve ser convertível no definido (Gredt).

DEFINITIVA SENTENTIA. *Expressão latina.* Sentença definitiva, ou seja, aquela em que se deu o julgamento do mérito da causa, havendo acolhida ou rejeição da pretensão do autor pelo magistrado.

DEFINITIVA SENTENTIA VELUTI QUAE LITEM PRINCIPALEM DECIDIT ET CONTROVERSIAE FINEM IMPONIT PER CONDEMNATIONEM VEL ABSOLUTIONEM. *Direito romano.* Sentença definitiva é a que decide a lide principal e põe fim à controvérsia pela condenação ou absolvição.

DEFINITIVO. **1.** *Direito processual.* Diz-se do ato que decidiu uma questão, pondo fim a uma demanda judicial. **2.** Na *linguagem jurídica* em geral, pode, ainda, ter o sentido de ultimado, decisivo, terminante, final ou peremptório. **3.** *Direito civil* e *direito comercial.* Diz-se do ato negocial perfeito e acabado.

DEFINITÓRIO. *Direito canônico.* **1.** Assembléia dos definidores de uma ordem religiosa, juntamente com o geral e o provincial. **2.** Sala onde se dá essa reunião assemblear.

DEFINITUM NON DEBET INGREDI DEFINITIONEM. *Lógica jurídica.* O definido não entra na definição (Gredt).

DEFINÍVEL. *Lógica jurídica.* Que se pode definir.

DEFLAÇÃO. *Ciência política, economia política* e *direito econômico.* **1.** Ato governamental que retira de circulação o excesso de moeda, diminuindo o crédito, baixando o preço dos produtos, aumentando os juros, restringindo o prazo nas vendas a crédito e impondo restrições às atividades econômicas com o propósito de impedir a inflação. **2.** Revalorização da unidade monetária.

DEFLACIONÁRIO. *Ciência política* e *direito econômico.* Relativo a deflação; aquilo que produz a deflação.

DEFLACIONISMO. *Direito econômico* e *ciência política.* Sistema que adota a deflação, procurando retirar do mercado o excesso de papel-moeda.

DEFLACIONISTA. *Ciência política* e *direito econômico.* Partidário da deflação monetária.

DEFLAGRAÇÃO. Nas *linguagens comum* e *jurídica,* significa: a) ato ou efeito de deflagrar ou de irromper repentinamente, como, por exemplo, um incêndio; b) combustão violenta com chama e explosão.

DEFLAGRAÇÃO PERIGOSA. *Direito penal.* Contravenção penal relativa à incolumidade pública consistente em queimar fogos de artifício ou soltar balão aceso em local habitado ou em suas adjacências, em via pública ou em direção a ela, sem licença da autoridade competente, punível com prisão simples ou multa.

DEFLAGRAR. 1. *Direito penal.* a) Causar ou iniciar deflagração; b) inflamar algo com explosão; c) provocar incêndio. **2.** *Medicina legal.* Disparar projétil de arma de fogo pela violenta expansão dos gases gerados pela combustão da pólvora no interior da cápsula (Croce e Croce Jr.).

DEFLORAÇÃO. 1. *Medicina legal.* Desvirginamento, primeira relação sexual da mulher, com ou sem ruptura do hímen. **2.** *História do direito.* a) Crime que ocorria, pela posse sexual de mulher virgem menor de dezoito e maior de quatorze anos, mediante fraude ou sedução. b) Causa de anulação do casamento por erro essencial sobre a pessoa do cônjuge se o desvirginamento da mulher foi anterior ao casamento e era desconhecido do marido. Este podia mover tal ação dentro de dez dias, contados da celebração do matrimônio.

DEFLORADOR. *Medicina legal* e *história do direito.* Aquele que deflora; autor do crime de sedução.

DEFLORAMENTO. *Vide* DEFLORAÇÃO.

DEFLORAMENTO DA MULHER IGNORADO PELO MARIDO. *História do direito.* No Código Civil de 1916, era causa de anulabilidade de casamento por caracterizar erro essencial indicativo de desonestidade e falta de recato da mulher, por trazer a presunção de ter ela um procedimento leviano. O novo Código Civil, em decorrência da grande liberdade de costumes e da igualdade entre os sexos, a retirou do rol das causas de anulação do casamento.

DEFLORAR. *Medicina legal* e *direito penal.* Desvirginar; tirar a virgindade de uma mulher.

DE FOND EN COMBLE. *Expressão francesa.* Inteiramente.

DEFORMAÇÃO. *Medicina legal.* **1.** Ação de deformar. **2.** Deformidade.

DEFORMADO. *Medicina legal.* Disforme; o que se deformou.

DEFORMAR. *Direito autoral.* Reproduzir algo com inexatidão; deturpar pensamento do autor.

DEFORMIDADE. 1. *Medicina legal.* a) Malformação congênita ou decorrente de lesão corporal; b) defeito físico ou sexual; c) dano estético; d) aleijão. **2.** *Direito civil.* a) Defeito do ato negocial; b) irregularidade de forma; c) desvio morfológico suscetível de gerar responsabilidade civil do lesante; d) defeito físico irremediável que pode gerar a anulação do casamento, por impossibilitar o débito conjugal. **3.** *Direito penal.* Causa de punição penal desde que seja grave, permanente e ocasionada por uma lesão corporal culposa ou dolosa.

DEFORMIDADE FÍSICA. *Direito civil, direito penal* e *medicina legal.* Qualquer defeito físico que uma pessoa venha a apresentar suscetível de produzir conseqüências jurídicas, como, por exemplo, aleijão, mutilação etc.

DEFORMIDADE PERMANENTE. *Direito penal.* Alteração irreparável que causa dano estético grave e visível e constitui agravante da pena do crime de lesão corporal.

DEFORMIDADE SEXUAL. *Direito civil.* Defeito físico irremediável relativo aos órgãos sexuais. Constitui causa de anulação do matrimônio por impossibilitar a prática do ato sexual, que é um dos deveres conjugais, sendo considerado erro essencial sobre a pessoa do cônjuge portador, desde que o outro consorte o ignorasse antes de convolar núpcias. Como exemplo de malformação genital de incapacidade genésica que se apresenta no homem podemos citar: hérnia volumosa que impossibilite o coito; elefantíase do escroto; sexo dúbio; ausência de ambos os testículos; permanência de testículos atrofiados no abdômen; membro viril de dimensão muito pequena ou grande, impossibilitando a cópula etc. Na mulher pode ocorrer: coitofobia; hermafroditismo; vaginismo; ausência de vagina; prolapsos do útero; tumores dos grandes e pequenos lábios ou da vagina; ulcerações etc.

DEFRAUDAÇÃO. 1. Ato ou efeito de defraudar. **2.** Espoliação ou usurpação mediante fraude. **3.** Ato ilícito em que houve má-fé ou fraude.

DEFRAUDAÇÃO À HERANÇA. *Direito civil* e *direito processual civil.* Sonegação de bens, ocorrida no inventário, lesando herdeiros.

DEFRAUDAÇÃO DE PENHOR. *Direito penal.* Crime que ocorre quando o devedor que tem a posse de uma coisa dada em penhor agrícola, pecuária ou industrial aliena, sem anuência do credor, a garantia pignoratícia, sujeitando-se, assim, a uma pena de reclusão e multa.

DEFRAUDAÇÃO DE RENDAS. *Direito tributário* e *direito penal.* Sonegação de impostos, desfalcando, criminosamente, a renda pública.

DEFRAUDAÇÃO DE SUBSTÂNCIA, QUALIDADE OU QUANTIDADE. *Direito penal.* É a fraude na entrega de uma coisa. Pode incidir na sua substância (por exemplo, de aço inoxidável em lugar de prata), qualidade (por exemplo, entrega de café de segunda no lugar do de primeira) ou quantidade (peso falso), configurando crime punido pela lei penal com reclusão e multa.

DEFRAUDAR. 1. Espoliar por meio de fraude. **2.** Reter ou usurpar bem alheio, fazendo afirmações falsas ou deturpando a verdade. **3.** Contrariar uma norma usando de subterfúgios ou astúcia; fraudar a lei. **4.** Prejudicar fraudulentamente alguém. **5.** Privar dolosamente. **6.** Sonegar bens.

DEFRONTAÇÃO. Indica a posição de estar situado em frente de.

DEFUNÇÃO. *Direito civil* e *direito penal.* Falecimento; morte; óbito.

DEFUNCTUS. *Termo latino.* Aquele que desempenhou algo ou cumpriu alguma coisa.

DEFUNTO. 1. *Direito civil.* Aquele que faleceu. **2.** *Medicina legal.* Cadáver.

DEGAULLISMO. *Ciência política.* Conjunto de idéias doutrinárias relativas ao estadista francês Charles de Gaulle.

DEGENERAÇÃO. 1. *Medicina legal.* a) Alteração mórbida num órgão ou tecido; b) perda das qualidades que possuía o paciente causada por anomalias funcionais ou anatômicas. **2.** Na *linguagem jurídica* em geral, significa, ainda: a) depravação; b) corrupção.

DEGENERADO. 1. Que degenerou. **2.** Corrompido. **3.** Depravado. **4.** Aquele que perdeu suas qualidades primitivas.

DEGENERAR. 1. Perder qualidades. **2.** Estragar; deteriorar. **3.** Corromper; depravar. **4.** Deturpar; alterar.

DEGENERARE FAMAM. *Locução latina.* Difamar.

DEGENERATIVO. É o que revela degeneração.

DEGENERESCÊNCIA. *Vide* DEGENERAÇÃO.

DEGOLAÇÃO. *Medicina legal.* Decapitação; lesão ou ferida incisa na nuca de alguém, causada por instrumento cortante, conducente à morte.

DEGOLADO. *Medicina legal.* Decapitado.

DEGOLADOR. *História do direito.* Oficial incumbido de matar animais que seriam consumidos pelos judeus.

DEGOLAMENTO. *Vide* DEGOLAÇÃO.

DEGRADAÇÃO. 1. *História do direito.* Pena que consistia em destituir o militar de sua graduação hierárquica e de todos os direitos oriundos daquele posto. **2.** *Direito penal.* Pena que visa destituir uma pessoa de cargo, função, título ou dignidade; corrupção gradual; depravação. **3.** *Direito civil.* Deterioração.

DEGRADAÇÃO DA QUALIDADE AMBIENTAL. *Direito ambiental.* Alteração adversa das características do meio ambiente.

DEGRADAÇÃO DO ECOSSISTEMA. *Direito ambiental.* Alteração na sua diversidade e constituição física, de tal forma que afete a sua funcionalidade ecológica, impeça a sua auto-regeneração, deixe de servir ao desenvolvimento de atividades e usos das comunidades humanas ou de fornecer os produtos que as sustentam.

DÉGRADATION. *Termo francês.* Deterioração.

DEGRAU. *Teoria geral do direito.* Escalão hierárquico.

DEGREDADO. 1. O que sofreu a pena de degredo. **2.** Que sofreu degradação. **3.** Banido; desterrado. **4.** O que foi expulso de sua terra.

DEGREDAR. 1. Rebaixar graduação, categoria ou dignidade. **2.** Desterrar; banir. **3.** Tornar vil. **4.** Impor pena de degredo.

DEGREDO. 1. Banimento; desterro; expulsão de uma pessoa da terra onde reside. **2.** Local onde se cumpre essa pena. **3.** Estado ou condição do degredado.

DEGREE OF KIN. *Locução inglesa.* Grau de parentesco.

DE GRISTIBUS ET COLORIBUS NON EST DISPUTANDUM. *Expressão latina.* Cada um tem suas preferências.

DEGUSTAÇÃO. 1. *Direito civil* e *direito comercial.* Ato de avaliar pelo paladar o sabor de alguma bebida ou alimento. Constitui condição da compra e venda a contento. **2.** *Direito comercial.* Ato de experimentar certos produtos para determinar sua classificação comercial.

DEGUSTADOR. *Direito comercial. Expert* que classifica, para fins mercantis, determinados produtos pelo aroma e sabor.

DEGUSTAR. *Direito comercial.* Avaliar e classificar alimentos e bebidas pelo aroma e sabor.

DE HIS QUI SUI VEL ALIENI JURIS SUNT. *Expressão latina.* Daqueles que são capazes ou incapazes.

DEICIDA. *Direito canônico.* Cada um dos que cooperaram na morte de Cristo.

DEINF. *Direito bancário.* Abreviatura de Departamento de Informática.

DE IN JUS VOCANDO. *Expressão latina.* Chamamento em juízo, citação.

DE INTERNIS NON CURAT PRAETOR. *Expressão latina.* Das coisas internas o magistrado não cuida.

DEISCÊNCIA DE SUTURA. *Medicina legal.* Abertura espontânea de sutura de ferida operatória, em regra abdominal, com evisceração (Croce e Croce Jr.).

DEÍSMO. Na *linguagem filosófica,* é o sistema que se limita a crer em Deus sem acatar os dogmas e as práticas da religião.

DEIXA. 1. *Direito civil.* a) Legado ou herança; b) álveo antigo do rio; c) espaço alagado que o rio forma quando retorna ao leito anterior após uma enchente. **2.** *Direito autoral.* Última palavra, numa representação teatral, dita por um ator, que equivale a um sinal para a entrada em cena de outro.

DEIXAR. 1. Abandonar. **2.** Permitir. **3.** Omitir. **4.** Renunciar; desistir. **5.** Produzir. **6.** Legar. **7.** Cessar.

DEJEÇÃO. *Medicina legal.* **1.** Evacuação de material fecal. **2.** Fezes.

DE JUDICIIS. *Direito romano.* Parte do Digesto de Justiniano onde está exposta a teoria geral das ações.

DE JURE. *Locução latina.* De direito.

DE JURE ABSOLUTO. *Expressão latina.* De direito absoluto.

DE JURE BELLI AC PACIS. Título da obra de Hugo Grotius onde estão reunidos os usos e costumes internacionais que, durante muito tempo, tiveram força de lei.

DE JURE CONDENDO. *Expressão latina.* Do direito a ser constituído ou estabelecido.

DE JURE CONDITO. *Expressão latina.* Do direito constituído ou estabelecido.

DE JURE CONSTITUENDO. *Vide DE JURE CONDENDO.*

DE JURE CONSTITUTO. *Vide DE JURE CONDITO.*

DE JURE ET DE FACTO. *Expressão latina.* De direito e de fato.

DE JURE FERENDO. *Vide DE JURE CONDENDO.*

DE JURE PATRIO ET CONNUBIO. *Expressão latina.* Do direito paterno e do conúbio.

DE JURE PRAEDIORUM. *Expressão latina.* Do direito dos prédios.

DE JURE PRAETORIO. *Expressão latina.* **1.** Direito estabelecido pelos pretores romanos no edito. **2.** Direito jurisprudencial.

DE JURE PUBLICO. *Expressão latina.* Do direito público.

DE JURE RELATO. *Expressão latina.* Do direito relativo.

DE JURE SACRO. *Expressão latina.* Do direito sagrado.

DEJÚRIO. *Direito comparado.* Juramento solene usado como meio probatório em certos países.

DELAÇÃO. 1. *Direito civil.* a) Oferecimento ao sucessor da possibilidade imediata de adquirir herança, pondo-a à sua disposição, com a abertura da sucessão, para que a aceite; b) indicação do herdeiro que pode suceder herança. **2.** *Direito processual penal.* Ato de denunciar crime.

DELAÇÃO ATUAL. *Direito civil.* Indicação de herdeiro em razão de morte do autor da herança.

DELAÇÃO DA HERANÇA. *Direito civil.* Deferimento da herança aos sucessores, colocando-a à sua disposição, com a abertura da sucessão, aguardando sua manifestação da vontade de aceitá-la.

DELAÇÃO EFETIVA. O mesmo que DELAÇÃO ATUAL.

DELAÇÃO EVENTUAL. O mesmo que DELAÇÃO POTENCIAL.

DELAÇÃO POSTULATÓRIA. *Direito processual penal.* Manifestação volitiva dirigida à autoridade competente para desencadear a persecução penal.

DELAÇÃO POTENCIAL. *Direito civil.* Designação do sucessível que constitui mera expectativa de direito, por se encontrar o herdeiro em situação jurídica imperfeita, já que a sucessão ainda não se operou concretamente pela ausência do evento morte (Roberto Senise Lisboa).

DELAÇÃO PREMIADA. *Direito penal.* Instituto que visa premiar delator (com redução da pena ou perdão judicial) que, como autor ou co-autor, tenha colaborado voluntariamente com autoridade policial ou judiciária, na coleta de provas que conduzam, eficazmente, à apuração do crime e de sua autoria.

DELAÇÃO REAL. O mesmo que DELAÇÃO ATUAL OU EFETIVA.

DELAÇÃO SUCESSIVA. *Direito civil.* **1.** Novo deferimento da herança, em caso de renúncia do sucessor, a outro herdeiro da mesma classe que tenha direito de acrescer, por exemplo. O sucessor subseqüente adquire a herança do *de cujus*, mas a partir do instante da renúncia do seu herdeiro. **2.** Novo deferimento da herança ao fideicomissário pela ocorrência da condição resolutiva do direito do fiduciário, sem que se abra novamente a sucessão.

DELAÇÃO VIRTUAL. O mesmo que DELAÇÃO EVENTUAL.

DELACIÓN. *Direito comparado.* Na Argentina, é o instituto pelo qual o herdeiro ou seus sucessores têm o direito de optar entre a aceitação e renúncia dentro do prazo de vinte anos da abertura da sucessão, após o que será tido como aceitante, por já ser o proprietário no instante da abertura da sucessão, desde que nenhum dos outros herdeiros aceite ou renuncie à herança. Se a herança for aceita pelos demais, o escoamento do prazo sem que um dos herdeiros faça a opção faz com que perca o direito de aceitá-la. Esse longo prazo traz incerteza nas relações jurídicas, por isso terceiro interessado poderá fazer com que o herdeiro aceite ou renuncie à herança em prazo não superior a trinta dias, exigindo por meio de ação tal pronunciamento somente depois de nove dias do óbito.

DE LANA CAPRINA. *Expressão latina.* Discussão ociosa.

DELATA HEREDITAS INTELLIGITUR, QUAM QUIS ADEUNDO CONSEQUI. *Direito romano.* Por herança deferida entende-se aquela que é adquirida por alguém que a aceite.

DELATAR. *Direito processual penal.* Acusar; denunciar; apontar alguém como autor de um crime.

DELATÁVEL. *Direito processual penal.* Que pode ser delatado.

DELATIO. *Termo latino.* Acusação; delação.

DELATIO NOMINIS. *Locução latina.* Indicação no libelo acusatório do crime e da lei.

DELATOR. *Direito processual penal.* Denunciante; acusador; aquele que acusa, denuncia ou delata.

DELATOR CRIMINIS. *Locução latina.* Denunciante de um delito público.

DELATÓRIO. *Direito processual penal.* **1.** Acusatório. **2.** Relativo a delação.

DELAYED INTEREST. *Locução inglesa.* Juros moratórios.

DEL CREDERE. *Locução latina.* Comissão; prêmio pago por um comerciante (comitente) a seu representante (comissário) pelo fato de ter o dever de responder pela solvabilidade da pessoa com quem efetuou negócios de interesse do comitente.

DELEATUR. **1.** *Termo latino.* Inutilize-se. **2.** *Direito autoral.* Sinal gráfico que, representado pela letra grega delta minúscula, indica na revisão que uma letra, palavra ou trecho assinalado deve ser suprimido (Othon Sidou).

DELEÇÃO. *Medicina legal.* Perda de parte de um cromossomo.

DELEGAÇÃO. **1.** *Direito civil.* a) Cessão de débito; b) modalidade de novação subjetiva em que o devedor originário consente em sua substituição e indica uma terceira pessoa para resgatar seu débito, com a anuência do credor. Extingue-se a obrigação, que dará, então, lugar a uma outra com o mesmo credor e objeto, mantendo sua individualidade, não obstante a mudança de devedor; c) sucessão singular no débito, em que não se opera a extinção da obrigação do delegante; d) aceitação pelo destinatário da obrigação do delegado, sem renunciar aos seus direitos contra o delegante. O delegatário, então, passará a ter dois devedores em lugar de um. **2.** *Direito internacional público.* Conjunto de representantes diplomáticos enviados pelo Estado para participar de uma conferência, conclave internacional ou congresso. **3.** *Direito constitucional.* Transferência de atribuições de um Poder a outro. **4.** Na *linguagem jurídica* em geral, pode significar: a) ato ou efeito de transferir a outrem o desempenho de uma função ou de uma obrigação; b) ato de proceder no lugar ou em nome de outra pessoa; c) ação de investir alguém para efetivar algo atribuído a outrem; d) comissão dada a alguém para representar quem a concede; e) ação de delegar; f) transmissão de poder; g) substituição de uma pessoa na execução de determinados atos; h) grupo de pessoas que integram uma comissão encarregada de desempenhar atos no interesse de uma instituição ou de resolver certos assuntos; i) ação ou efeito de transferir a alguém o uso de uma faculdade.

DELEGAÇÃO ADMINISTRATIVA. *Direito administrativo.* **1.** Transferência temporária e excepcional de funções ou atribuições de um órgão administrativo a outro para assegurar, em alguns casos, a continuidade do serviço público, desde que haja permissão normativa para isso (Ugo Forti). **2.** Forma de transferência da competência administrativa feita por ato formal e escrito para permitir soluções rápidas à realidade fática que deve ser atendida pela Administração (Régis Fernandes de Oliveira).

DELEGAÇÃO DE ADMINISTRAÇÃO E EXPLORAÇÃO DE RODOVIAS E PORTOS FEDERAIS. *Direito administrativo.* Ato de a União delegar, pelo prazo de até vinte e cinco anos, prorrogáveis por até mais vinte e cinco, aos Municípios, Estados da Federação ou ao Distrito Federal, ou a consórcio entre eles, a administração de rodovias e exploração de trechos de rodovias, ou obras rodoviárias federais. A União pode delegar a exploração de portos sob sua responsabilidade ou sob a responsabilidade das empresas por ela direta ou indiretamente controladas. A delegação será formalizada mediante convênio, de cujo instrumento constará cláusula prevendo a possibilidade de aplicação da legislação do Município, do Estado ou do Distrito Federal na cobrança de pedágio ou de tarifa portuária, ou de outra forma de cobrança cabível, no que não contrariar a legislação federal. A receita auferida é aplicada em obras complementares, no melhoramento, na ampliação de capacidade, na conservação e na sinalização da rodovia em que for cobrada e nos trechos rodoviários que lhe dão acesso ou nos portos que lhe derem origem. Pode o Município, o Estado ou o Distrito Federal explorar a via ou o porto diretamente ou através de concessão, conforme a lei que rege as concessões. A União pode destinar recursos financeiros à construção, conservação, melhoramento e operação das rodovias ou trechos de rodovias e obras rodoviárias federais ou aos portos, objeto de delegação, desde que tais obras e serviços não sejam de responsabilidade do concessionário.

DELEGAÇÃO DE COMPETÊNCIA. *Direito constitucional.* Ato pelo qual uma entidade transfere a outra seus poderes ou funções. Por exemplo, o Poder Legislativo pode transmitir ao presidente da República sua competência para elaborar determinada lei, que é a lei delegada.

DELEGAÇÃO DO DEVEDOR. *Direito civil.* **1.** Modo extintivo de uma obrigação, denominado "novação subjetiva passiva", que se dá quando um novo devedor sucede ao antigo, desde que este consinta nisso, ficando quite com o credor e fazendo surgir uma nova obrigação, que se distingue da anterior apenas pela mudança do devedor. **2.** Intervenção de novo devedor sem que haja extinção da obrigação do delegante.

DELEGAÇÃO *EXTERNA CORPORIS.* *Direito constitucional.* Transferência do poder de legislar por meio de resolução do Congresso Nacional ao presidente da República ou à comissão especial do Congresso, o que dará origem à lei delegada.

DELEGAÇÃO IMPERFEITA. *Direito civil.* É aquela em que a intervenção do novo devedor não tem efeito novatório, cumprindo-se sem extinção da obrigação do delegante e fazendo com que o delegatário tenha dois devedores em lugar de um.

DELEGAÇÃO *INTERNA CORPORIS.* *Direito constitucional.* Permissão do Poder Legislativo para elaboração de lei delegada por comissão de qualquer das Casas do Congresso Nacional. O poder de editar normas não sai do âmbito legislativo, pois a decisão apenas se desloca do todo para uma parte. Tal delegação à comissão de uma das Casas do Congresso decorre de decisão expressa dessa Câmara, sendo matéria de sua disciplina interna.

DELEGAÇÃO LEGISLATIVA. *Ciência política.* Ato pelo qual o presidente da República pede que o Congresso Nacional providencie uma resolução, delegando-lhe o poder de editar lei (Othon Sidou).

DELEGAÇÃO NACIONAL. *Direito internacional público.* Conjunto de representantes diplomáticos de um Estado que, participando de uma convenção, exerce importante papel na fase negocial da elaboração de um tratado internacional, mediante apresentação da carta de plenos poderes ao governo co-pactuante.

DELEGAÇÃO PARTICULAR. *Direito civil* e *direito comercial.* É a transferência de certos poderes a uma pessoa realizada por uma sociedade simples ou empresária ou pela lei para que venha a praticar atos de seus interesses.

DELEGAÇÃO PASSIVA. *Direito civil.* Transmissão da obrigação de um devedor a outro.

DELEGAÇÃO PERFEITA. *Direito civil.* Encargo cometido pelo devedor a um terceiro, a fim de por ele pagar ao credor aquilo que lhe é devido, fato esse que resulta sua liberação em face daquele e a extinção da obrigação anterior, que é substituída pela nova, onde se altera tão-somente o sujeito passivo. Tem, portanto, efeitos novatórios. A delegação perfeita implica uma novação desde que, por exemplo, um terceiro (delegado) consinta em se tornar devedor perante o delegatário (credor), e este o aceite, constituindo-se, assim, uma nova obrigação entre ambos e extinguindo-se não só a existente entre o delegante e o delegatário (devedor e credor), como também aquela entre o delegante e o delegado (devedor e terceiro). Tal ocorre no caso de o delegante ser devedor do delegatário e credor do delegado, tendo sido combinadas a extinção das duas dívidas e a substituição delas por uma nova, agora entre delegatário e delegado.

DELEGAÇÃO PRIVATIVA. *Direito civil.* Cessão de débito em que o devedor (delegante) transfere a terceiro (delegado), com anuência do credor (delegatário), o débito com este contraído, exonerando-se o delegante, de modo que o delegado assumirá toda a responsabilidade pelo débito, sem responder pela insolvência deste. É uma delegação imperfeita, pois não opera a extinção do débito.

DELEGAÇÃO PÚBLICA. *Direito constitucional* e *direito administrativo.* Aquela em que há transferência de poderes ou funções de um Poder Público a outro ou de um Poder a uma autoridade, desde que haja permissão legal.

DELEGAÇÃO SIMPLES. *Direito civil.* Transferência ou cessão do débito pelo devedor (delegante) a terceiro (delegado), com o consenso do credor (delegatário), pela qual o novo devedor entra na relação obrigacional unindo-se ao devedor primitivo, que continuará vinculado. Não poderá, contudo, ser compelido a pagar senão quando o novo devedor deixar de cumprir a obrigação que assumiu, não havendo, portanto, entre eles nenhum vínculo de solidariedade. É uma delegação imperfeita, uma vez que não ocorre a extinção da dívida cedida.

DELEGACIA. *Direito penal* e *direito administrativo.* **1.** Cargo ou jurisdição de delegado. **2.** Repartição pública onde o delegado exerce suas funções. **3.** Repartição regional, filiada a uma central, chefiada pelo delegado desta.

DELEGACIA FISCAL. *Direito administrativo.* Repartição pública federal subordinada ao Ministério da Fazenda que dirige todos os serviços relativos à receita, às despesas públicas e às atividades de arrecadação das rendas públicas e pagamento das despesas autorizadas.

DELEGACIA POLICIAL. *Direito penal.* Repartição chefiada por um delegado de polícia que tem jurisdição para atender aos problemas ocorridos em certo distrito.

DELEGACIAS DE POLÍCIA RODOVIÁRIA FEDERAL. *Direito de trânsito.* Órgão com competência para: a) executar e controlar as atividades de segurança, fiscalização, policiamento, investigação e levantamento de locais de acidentes, socorro e salvamento de vítimas; b) emitir notificações e aplicar penalidades, controlar as condições do trânsito nas rodovias, bem como outros trabalhos necessários à consecução dos objetivos da Delegacia; c) zelar pela segurança do trânsito e dos usuários, por meio de patrulhamento ostensivo ao longo das rodovias sob sua circunscrição, bem como realizar comandos especiais e de rotinas; d) adotar as medidas adequadas para assegurar a livre circulação na rodovia, notadamente em casos de acidentes; e) zelar pela observância das disposições legais e regulamentares quanto ao alinhamento, recuo e gabarito das construções às margens das rodovias ou de obras e instalações que possam interferir na segurança do trânsito; f) adotar medidas de prevenção e repressão de crimes contra a pessoa, a vida, o patrimônio público e de particulares, a ecologia e o meio ambiente, do trânsito, do contrabando, do descaminho e demais crimes, nas estradas e rodovias federais; e g) controlar e executar os serviços referentes às áreas administrativas, de pessoal, de protocolo e arquivo, zeladoria, material e patrimônio.

DELEGACIAS FEDERAIS DE AGRICULTURA. *Direito administrativo* e *direito agrário.* São unidades descentralizadas, diretamente subordinadas ao ministro de Estado da Agricultura, Pecuária e Abastecimento, a quem compete, consoante orientações técnicas dos órgãos específicos, a execução: a) das atividades e programas de defesa agropecuária e desenvolvimento rural;

DELEGACIAS REGIONAIS DO TRABALHO. *Direito administrativo* e *direito do trabalho.* Unidades descentralizadas, subordinadas, diretamente, ao ministro de Estado, com competência para coordenar, orientar e controlar, na área de sua jurisdição, a execução das atividades relacionadas com a fiscalização do trabalho, a inspeção das condições ambientais de trabalho, a orientação ao trabalhador, o fornecimento de carteira de trabalho e previdência social, a orientação e o apoio ao trabalhador desempregado, a mediação e a arbitragem em negociação coletiva, a conciliação de conflitos trabalhistas, a assistência na rescisão do contrato de trabalho, em conformidade com as orientações e normas emanadas do Ministério do Trabalho e Emprego.

DELEGACIAS REGIONAIS DO TRABALHO NOS ESTADOS DE MINAS GERAIS, RIO DE JANEIRO, RIO GRANDE DO SUL E SÃO PAULO. *Direito do trabalho.* Unidades descentralizadas, subordinadas diretamente ao ministro de Estado, com competência para coordenar, orientar e controlar, na área de sua jurisdição, a execução das atividades relacionadas com a fiscalização do trabalho, a inspeção das condições ambientais de trabalho, a aplicação de sanções previstas em normas legais ou coletivas, a orientação ao trabalhador, o fornecimento de Carteira de Trabalho e Previdência Social, a orientação e o apoio ao trabalhador desempregado, a mediação e a arbitragem em negociação coletiva, a conciliação de conflitos trabalhistas, a assistência na rescisão do contrato de trabalho, em conformidade com a orientação e normas emanadas do Ministério do Trabalho e Emprego.

DELEGADO. 1. *Direito civil.* Terceiro a quem o devedor, com anuência do credor, cede ou transfere a responsabilidade de pagar um débito, com ou sem efeito novatório. **2.** *Direito internacional público.* Membro de uma delegação nacional que representa o País junto a uma convenção internacional. **3.** *Direito administrativo.* a) Aquele a quem se atribui função de exercer serviço público sujeito a autoridade superior; b) chefe ou diretor de uma delegacia fiscal. **4.** Na *linguagem jurídica* em geral: a) aquele que desempenha algum cargo ou obrigação em razão de delegação; b) mandatário ou a pessoa investida por alguém na qualidade de seu substituto, agindo em seu nome; c) comissário ou aquele que possui autorização para representar outrem.

DELEGADO APOSTÓLICO. *Direito canônico.* Aquele que representa o Sumo Pontífice nos países em que a Santa Sé não mantém nunciatura.

DELEGADO REGIONAL DO TRABALHO. *Direito do trabalho.* É o que tem incumbência de: a) coordenar, dirigir e avaliar a execução das atividades da Delegacia; b) assessorar os dirigentes do Ministério do Trabalho e Emprego na formulação de diretrizes e na definição de prioridades para a Delegacia; c) articular-se com autoridades estaduais e municipais, visando ao intercâmbio de informações nas áreas de atuação do Ministério; d) decidir, em primeira instância, os processos de infração; e) conceder registro profissional; f) designar e dispensar os ocupantes de funções gratificadas; g) assinar portarias, instruções e ordens de serviço; h) designar a Comissão Permanente de Licitação; i) atuar como interveniente em convênios celebrados entre o Ministério do Trabalho e Emprego e o Governo do Estado; j) ratificar os processos de dispensa e inexigibilidade de licitação, observando a legislação em vigor; k) autorizar o desfazimento de bens patrimoniais do acervo da Delegacia; l) designar comissão de sindicância e instaurar processo administrativo disciplinar; m) praticar os demais atos necessários à consecução dos objetivos da Delegacia.

DELEGANTE. 1. Na *linguagem jurídica* em geral: a) pessoa física ou jurídica que confere delegação, investindo outra no poder de substituí-la, representá-la ou agir em seu nome; b) mandante; c) outorgante; d) comitente; e) quem delega. **2.** *Direito civil.* a) Devedor que, na hipótese de novação subjetiva passiva, apresenta terceiro ao credor, tendo este de consentir na transferência de responsabilidade do débito; b) devedor que cede seu débito a terceiro com o consentimento do credor, sem que haja extinção da dívida.

DELEGAR. 1. Transferir a outrem o desempenho de uma função pública. **2.** Investir alguém no poder de agir em nome de outrem. **3.** Cometer. **4.** Fazer delegação. **5.** Transmitir poderes por delegação.

DELEGATÁRIO. 1. Na *linguagem jurídica* em geral, designa: a) a pessoa em favor de quem se faz uma delegação; b) aquele a quem se referem os efeitos da delegação. **2.** *Direito civil.* Credor que consente ao seu devedor (delegante) a transferência da dívida a terceiro (delegado), com ou sem efeito novatório.

DELEGATIO. *Termo latino.* Delegação; transferência de obrigação.

DELEGATIO ACTIVA. *Locução latina.* Transferência do crédito a um novo credor por ordem do primitivo.

DELEGATIO PASSIVA. *Locução latina.* Transmissão da obrigação de um devedor a outro.

DELEGATÓRIO. Aquilo em que há delegação.

DELEGÁVEL. O que se pode delegar.

DE LEGE CONDENDA. *Expressão latina.* Lei a ser criada ou estabelecida.

DE LEGE CONDITA. *Expressão latina.* **1.** Lei vigente. **2.** *Vide DE JURE CONDITO.*

DE LEGE FERENDA. *Expressão latina.* **1.** Lei ainda não elaborada; da lei a ser criada. **2.** *Vide DE JURE CONDENDO* e *DE LEGE CONDENDA.*

DE LEGE LATA. *Expressão latina.* **1.** Da lei criada, existente, ou estabelecida. **2.** *Vide DE LEGE CONDITA.*

DELEITAMENTO. *Vide* DELEITE.

DELEITE. *Direito civil.* Diz-se da benfeitoria, voluptuária, que é feita não por ser necessária à coisa ou aumentar-lhe a utilidade, mas para proporcionar prazer e recreio, contribuindo apenas para seu aformoseamento.

DELETÉRIO. **1.** Nocivo à saúde. **2.** Aquilo que destrói ou corrompe. **3.** Desmoralizador. **4.** Danoso.

DELFIM. *História do direito.* **1.** Título do príncipe herdeiro presuntivo da coroa na antiga monarquia francesa. **2.** Senador do Delfinado, na França.

DELFINADO. *História do direito.* Território pertencente ao delfim da França.

DELIBAÇÃO. **1.** *Direito processual civil* e *direito internacional privado.* Homologação de sentença estrangeira; sistema de controle limitado de revisão parcial pelo qual o julgado alienígena deve, para produzir efeito no Brasil, sujeitar-se a prévia análise de certos requisitos externos e internos e da inocorrência de ofensa à ordem pública aos bons costumes e à soberania nacional. O juízo de deliberação é uma modalidade de *exequatur* em que o tribunal em cuja jurisdição a sentença proferida *aliunde* deve ser executada certifica que ela atende a certos requisitos legais, imprimindo valor formal de ato de soberania estatal ao conteúdo do ato jurisdicional estrangeiro. **2.** *Direito comercial.* Ato do comprador, indispensável na compra e venda a contento, de provar alimentos e bebidas para averiguar se atendem às especificações contratuais.

DELIBERAÇÃO. **1.** Na *linguagem jurídica* em geral: a) decisão precedida por uma discussão ou exame da matéria; b) pronunciamento assemblear; c) ação ou efeito de deliberar; d) resolução tomada após uma reflexão; e) resultado de um debate oral. **2.** *Direito constitucional.* Um dos trâmites do processo legislativo que consiste na votação em que o plenário se manifesta contra ou a favor de um projeto de lei. A aprovação deverá ser por maioria simples, se se tratar de lei ordinária, ou absoluta, em se tratando de lei complementar. **3.** *Direito administrativo.* Ato administrativo coletivo de conteúdo normativo (geral) ou discricionário (individual) (José Cretella Jr.). **4.** *Direito marítimo.* Decisão tomada pelo capitão e pelos oficiais do navio relativamente a empréstimos a risco, alijamentos etc. **5.** *Direito civil.* Solução coletiva dada em reunião assemblear pelos condôminos a respeito de questões concernentes à coisa comum.

DELIBERAÇÃO DA PARTILHA. *Direito processual civil.* **1.** Despacho pelo qual o magistrado resolve, ao deliberar a partilha, os pedidos das partes, designando os bens que devam constituir o quinhão de cada herdeiro e legatário. **2.** Despacho pelo qual o juiz delibera a partilha de um imóvel comum, após ouvir, na ação divisória, as partes sobre o cálculo e o plano de divisão apresentado pelos peritos.

DELIBERADO. Decidido; resolvido.

DELIBERANDUM EST QUICQUID STATUENDUM EST SEMEL. *Expressão latina.* É preciso refletir sobre o que se deve decidir de uma vez por todas.

DELIBERANTE. Aquele que delibera.

DELIBERAR. **1.** Decidir após a realização de um exame ou debate sobre um assunto submetido a apreciação ou julgamento. **2.** Resolver. **3.** Tomar alguma decisão.

DELIBERATIVO. **1.** *Retórica jurídica.* Diz-se do gênero de eloqüência em que o orador procura persuadir ou dissuadir o ouvinte. **2.** Na *linguagem jurídica* em geral, indica: a) aquilo que é relativo a deliberação; b) o que envolve uma deliberação; c) o órgão que tem poder para tomar decisões sobre questões trazidas ao seu conhecimento.

DELIBERATÓRIO. 1. *Vide* DELIBERATIVO. **2.** Em que há deliberação.

DELICTA CARNIS. *Locução latina.* Delitos da carne.

DELICTA FACTI PERMANENTIS. *Expressão latina.* Diz-se do crime que deixa vestígios de sua perpetração.

DELICTA FACTI TRANSEUNTIS. *Expressão latina.* Diz-se do crime que, ao ser consumado, não deixa qualquer vestígio material suscetível de verificação.

DELICTA JURIS GENTIUM. *Expressão latina.* Delitos internacionais.

DELICTA OMISSIONES. *Locução latina.* Delitos por omissão.

DELICTA PARIA MUTUA COMPENSATIONE TOLLUNTUR. *Aforismo jurídico.* Crimes idênticos dissolvem-se por mútua compensação.

DELICTUM EXCEPTUM. *Locução latina.* Delito privilegiado.

DELICTUM ITERATUM GRAVIUS EST. *Expressão latina.* O delito reiterado agrava-se.

DELICTUM NON PRAESUMITUR IN DUBIO. *Aforismo jurídico.* Em caso de dúvida, o delito não se presume.

DELICTUM PERSONAE NON DEBET IN DETRIMENTUM ECCLESIAE REDUNDARE. *Expressão latina.* O delito da pessoa que for membro da Igreja não deve recair sobre esta.

DELIMITAÇÃO. *Direito civil* e *direito processual civil.* **1.** Ato de demarcar ou fixar limites. **2.** Demarcação.

DELIMITAÇÃO DA SENTENÇA. *Direito processual.* Limitação do decisório judicial ao conteúdo do libelo ou da petição inicial.

DELIMITAÇÃO DE PODERES. 1. *Direito administrativo.* Fixação dos poderes conferidos a uma pessoa para o exercício de função pública. **2.** *Direito civil.* Determinação por mandato dos poderes que o man pode exercer em nome do mandante.

DELIMITAÇÃO DE PRÉDIOS. *Direito civil* e *direito processual civil.* Fixação das linhas divisórias entre dois prédios contíguos.

DELIMITAÇÃO TERRITORIAL. *Direito internacional público.* Fixação das linhas fronteiriças entre os territórios de dois ou mais países por meio de tratados ou decisões arbitrais ou judiciais (J. F. Rezek).

DELINEAÇÃO. *Vide* DEMARCAÇÃO.

DELINQÜÊNCIA. *Direito penal.* **1.** Estado ou qualidade do delinqüente. **2.** Criminalidade. **3.** Em *sentido estrito,* é o ato anti-social, ou melhor, a infração à lei penal cometida por menor de idade.

DELINQÜÊNCIA APARENTE. *Direito processual penal.* Também designada "delinqüência registrada", por ser aquele delito que chega até a delegacia de polícia, a vara criminal ou a juizado de menores (Alyrio Cavallieri).

DELINQÜÊNCIA CÍCLICA. *Direito penal.* Reincidência contumaz.

DELINQÜÊNCIA ECOLÓGICA. 1. *Direito ambiental.* a) Atividade predatória que causa poluição atmosférica, aquática etc., seja ou não movida pelo desejo de obter lucro; b) degradação do ar, das águas, do solo e do ambiente em geral, lesiva à saúde, bem-estar e segurança do homem e prejudicial à flora e à fauna (Antônio Chaves); c) contaminação ambiental. **2.** *Direito penal.* a) Ação provocadora de poluição que requer proteção penal do meio ambiente; b) crime ecológico.

DELINQÜÊNCIA ECONÔMICA. *Direito econômico.* Ação que causa lesão ou perigo à ordem econômica estatal, violando interesses de toda a comunidade. Por exemplo, violação de normas de intercâmbio comercial estrangeiro, infração perpetrada por meio de computador, descumprimento da lei de mercado e preços e efetivação de balanços falsos (Tiedemann).

DELINQÜÊNCIA ESSENCIAL. *Psicologia forense.* É a motivada por sentimento de inferioridade ou de rejeição, que é compensado pela prática do crime.

DELINQÜÊNCIA JUVENIL. *Direito penal.* Prática de crime ou contravenção penal por menor, ou melhor, adolescente.

DELINQÜÊNCIA NEURÓTICA. *Psicologia forense.* É a decorrente de conflitos edipianos, fundando-se no sentimento de culpa, expressando-se por paralisias histéricas, fobias conducentes ao delito.

DELINQÜÊNCIA REAL. *Direito processual penal.* Fato criminoso que ocorreu mas que não foi registrado, uma vez que não chegou ao conhecimento da autoridade competente (Alyrio Cavallieri).

DELINQÜÊNCIA REGISTRADA. *Vide* DELINQÜÊNCIA APARENTE.

DELINQÜENTE. *Direito penal.* **1.** Aquele que delinqüiu. **2.** Autor ou cúmplice de um delito. **3.** Sujeito ativo do crime.

DELINQÜENTE HABITUAL. *Direito penal.* Diz-se daquele que tem o hábito de cometer infrações penais ou já sofreu alguma condenação criminal.

DELINQÜENTE NATO. *Direito penal.* Diz-se daquele que tem tendência ao crime, em razão da constituição de sua personalidade.

DELINQÜENTE PRIMÁRIO. *Direito penal.* **1.** Aquele que pratica pela primeira vez um delito, não tendo nenhuma condenação penal anterior. **2.** O que não é reincidente.

DELINQÜENTE REINCIDENTE. *Vide* DELINQÜENTE HABITUAL.

DELINQÜIR. *Direito penal.* Cometer infração penal.

DELÍQUIO. *Medicina legal.* Desmaio.

DELIRAR. *Medicina legal.* Estar fora de si; estar em delírio.

DELÍRIO. *Medicina legal.* Grave perturbação mental temporária manifestada pela insônia, inconsciência, incoerência dos atos e da fala, inquietação e excitação nervosa intensas e alucinação, podendo levar o paciente a atos violentos.

DELÍRIO ALCOÓLICO. *Vide DELIRIUM TREMENS.*

DELÍRIO ALUCINATÓRIO. *Medicina legal.* Alucinose.

DELÍRIO DE AUTO-ACUSAÇÃO. *Medicina legal.* Perturbação mental, muito comum em casos de melancolia, intoxicação alcoólica ou uso de entorpecentes, que leva o paciente a acusar-se da prática de atos delituosos imaginários.

DELÍRIO DE CIÚME. *Medicina legal.* Alucinação oriunda do alcoolismo.

DELÍRIO DE CONTATO. *Medicina legal.* Estado psicológico em que a pessoa evita tocar coisas ou indivíduos por medo de ser contaminada por alguma doença.

DELÍRIO DE CULPA. *Medicina legal.* Perturbação mental que leva o paciente a julgar-se culpado por crimes que não cometeu, embora não se auto-acuse.

DELÍRIO DE GRANDEZA. *Medicina legal.* Estado mental que produz no paciente a convicção ilusória de sua própria importância, poder, riqueza etc.; megalomania.

DELÍRIO DE INTERPRETAÇÃO. *Medicina legal.* Distúrbio mental em que a pessoa passa a ter uma percepção deturpada ou a fazer julgamentos errôneos da realidade, com a ilusão de que está sendo perseguida ou escarnecida publicamente.

DELÍRIO DE NEGAÇÃO. *Medicina legal.* Ilusão que uma pessoa tem de que lhe falta uma parte do corpo ou de que o mundo acabou.

DELÍRIO DE REIVINDICAÇÃO. *Medicina legal.* Estado mental em que o paciente julga-se ofendido ou injustiçado.

DELÍRIO FEBRIL. *Medicina legal.* Perturbação mental provocada pela febre que atinge a consciência e a percepção.

DELÍRIO FURIOSO. *Medicina legal.* Excitação violenta provocada por determinadas moléstias mentais.

DELÍRIO MANÍACO. *Vide* DELÍRIO FURIOSO.

DELIRIOSO. *Medicina legal.* **1.** Proveniente de delírio. **2.** Que delira. **3.** Em que há delírio.

DELÍRIO TRAUMÁTICO. *Medicina legal.* Estado mental causado por traumatismo cranioencefálico que leva à perda da consciência e da percepção.

DELÍRIO TRÊMULO. *Vide DELIRIUM TREMENS.*

DELIRIUM TREMENS. *Medicina legal.* Psicose aguda e grave provocada pelo alcoolismo crônico que se caracteriza por alucinações visuais e auditivas, tremores musculares, febre, turvação da consciência e, conforme o caso, conduz o paciente à morte.

DELITESCÊNCIA. *Medicina legal.* **1.** Período em que o agente mórbido fica latente no organismo humano. **2.** Súbito desaparecimento de um tumor ou de uma doença eruptiva.

DELITO. 1. *Direito penal.* a) Crime; b) ato ofensivo à lei que pode abranger tanto o crime como a contravenção. **2.** *Teoria geral do direito.* Em *sentido amplo,* é toda infração à lei. Nessa acepção, pode apresentar-se, conforme o tipo de norma violada, como delito civil, penal, fiscal, funcional etc.

DELITO ABERRANTE. *Vide ABERRATIO ICTUS* OU *ABERRATIO DELICTI.*

DELITO ACESSÓRIO. *Vide* CRIME ACESSÓRIO.

DELITO A DISTÂNCIA. *Direito penal.* **1.** Diz-se daquele em que a ação se dá num local e o resultado pretendido em outro. **2.** *Vide* CRIME A DISTÂNCIA.

DELITO BILATERAL. *Direito penal.* Crime que só pode ser praticado por duas pessoas, como, por exemplo, a bigamia.

DELITO CIVIL. *Vide* ATO ILÍCITO.

DELITO COLETIVO. *Vide* CRIME COLETIVO.

DELITO COMISSIVO. *Vide* CRIME COMISSIVO.

DELITO COMISSIVO POR OMISSÃO. *Direito penal.* É o que viola um preceito positivo por meio de abstenção. Por exemplo, provocar morte de alguém deixando de dar-lhe alimentos ou medicamentos.

DELITO COM RESULTADO CORTADO. *Direito penal.* Crime que se consuma apenas com a execução da ação do agente, pouco importando que se dê o resultado pretendido.

DELITO COMUM. *Direito penal.* **1.** Aquele cuja descrição se dá em norma penal comum. **2.** Aquele que causa dano a bens jurídicos do cidadão, de sua família ou da sociedade. **3.** Aquele que pode ser perpetrado por qualquer pessoa.

DELITO CONDICIONADO. *Direito penal.* **1.** Aquele em que a punibilidade subordina-se a um fato exterior e posterior à sua consumação. **2.** *Vide* CRIME CONDICIONADO.

DELITO CONEXO. *Vide* CRIME CONEXO.

DELITO CONSUMADO. *Vide* CRIME CONSUMADO.

DELITO CONTINUADO. *Vide* CRIME CONTINUADO.

DELITO CONTRAVENCIONAL. *Direito penal.* Ação ou omissão qualificada pela lei como contravenção penal.

DELITO CORRECIONAL. *Direito penal.* Diz-se da violação à lei que gera tão-somente aplicação de pena correcional.

DELITO CULPOSO. *Vide* CRIME CULPOSO.

DELITO DE AÇÃO MÚLTIPLA. *Vide* CRIME DE AÇÃO MÚLTIPLA.

DELITO DE AÇÃO PENAL PRIVADA. *Vide* AÇÃO PENAL PRIVADA E CRIME DE AÇÃO PRIVADA.

DELITO DE AÇÃO PENAL PÚBLICA. *Vide* AÇÃO PENAL PÚBLICA E CRIME DE AÇÃO PÚBLICA.

DELITO DE ATUAÇÃO PESSOAL. *Vide* DELITO DE MÃO PRÓPRIA.

DELITO DE AVENTURA. *Direito penal* e *psicologia forense.* Aquele pelo qual o agente procura livrar-se de sua angústia interior, mesmo que tenha de vencer grandes perigos.

DELITO DE CONCURSO EVENTUAL. *Direito penal.* Aquele que pode ser obra da conduta de um ou mais agentes.

DELITO DE CONCURSO NECESSÁRIO. *Vide* CRIME DE CONCURSO NECESSÁRIO.

DELITO DE CONSUMAÇÃO ANTECIPADA. *Vide* CRIME DE CONSUMAÇÃO ANTECIPADA.

DELITO DE CONTEÚDO VARIADO. *Vide* CRIME DE AÇÃO MÚLTIPLA E CRIME DE CONTEÚDO VARIADO.

DELITO DE DANO. *Vide* CRIME DE DANO.

DELITO DE DUPLA SUBJETIVIDADE PASSIVA. *Direito penal.* Aquele que possui dois sujeitos passivos, como, por exemplo, o crime de violação de correspondência, em que tanto o remetente como o destinatário são vítimas.

DELITO DE FLAGRANTE ESPERADO. *Direito penal.* **1.** Dá-se quando alguém, sabendo que vai ser vítima de um crime, avisa a polícia, que vem a prender o agente no instante em que perpetra o delito. **2.** *Vide* CRIME DE FLAGRANTE ESPERADO.

DELITO DE FORMA LIVRE. *Vide* CRIME DE FORMA LIVRE.

DELITO DE FORMA VINCULADA. *Vide* CRIME DE FORMA VINCULADA.

DELITO DE ÍMPETO. *Vide* CRIME DE ÍMPETO.

DELITO DE IMPRENSA. *Vide* CRIME DE IMPRENSA.

DELITO DE IMPRESSÃO. *Direito penal.* É aquele que provoca na vítima certo estado anímico. Pode configurar: a) delito de inteligência, se realizado com o engano, como o estelionato; b) delito de sentimento, se incidir sobre a emoção, como a injúria; c) delito de vontade, se recair sobre a violação como o constrangimento ilegal (Folchi).

DELITO DE LINGUAGEM. *Direito penal.* Ofensa verbal ou escrita injuriando alguém.

DELITO DE MÃO PRÓPRIA. *Direito penal.* É aquele que requer ação realizada diretamente pelo próprio agente, como, por exemplo, auto-acusação falsa, incesto, falso testemunho etc.

DELITO DE MERA CONDUTA. *Direito penal.* **1.** É aquele que não pressupõe um resultado exterior, não exigindo, portanto, para sua consumação que o resultado pretendido pelo agente se realize. **2.** O mesmo que DELITO FORMAL.

DELITO DE MERA SUSPEITA. *Vide* CRIME DE MERA SUSPEITA.

DELITO DE OPINIÃO. *Direito penal.* Abuso de liberdade de pensamento.

DELITO DE PERIGO. *Direito penal.* É o que se consuma apenas com a possibilidade do dano. Por exemplo, o crime de perigo de contágio venéreo.

DELITO DE PERIGO CONCRETO. *Direito penal.* É aquele que requer prova do perigo.

DELITO DE PERIGO INDIVIDUAL. *Direito penal.* É o que expõe ao risco de dano o interesse de um ou de um certo número de indivíduos, por exemplo, o crime de perigo de contágio venéreo.

DELITO DE REFERÊNCIA. *Direito penal.* Diz-se do fato de alguém não denunciar um crime conhecido quando iminente ou em grau de realização, mas ainda não concluído (Maurach).

DELITO DE SIMPLES ATIVIDADE. *Vide* DELITO DE MERA CONDUTA.

DELITO DE SIMPLES DESOBEDIÊNCIA. *Direito penal.* Trata-se do "crime de perigo presumido", que é aquele que, ante a presunção *juris et de jure*, não precisa ser provado, por resultar da ação ou omissão do agente. Por exemplo, deixar de prestar assistência a um enfermo ou ferido, que configura crime de omissão de socorro.

DELITO DE TENDÊNCIA. *Direito penal.* Aquele que condiciona sua existência à intenção do sujeito (Damásio E. de Jesus).

DELITO DO LIQUIDANTE. *Direito penal.* Aquele em que o liquidante atinge o patrimônio da sociedade e dos acionistas, constituindo fraude ou abuso na administração da sociedade por ações.

DELITO DOLOSO. *Vide* CRIME DOLOSO.

DELITO DO REPRESENTANTE DE SOCIEDADE ESTRANGEIRA. *Direito penal.* É o crime cometido pelo representante de uma sociedade anônima estrangeira autorizada a funcionar no Brasil, com o escopo de, mediante fraude ou abuso na administração, lesar o patrimônio da sociedade e dos acionistas, prestando a seu respeito informações falsas ao governo (Damásio E. de Jesus).

DELITO DO SONO. *Direito penal militar.* Consiste no fato de o militar em serviço de sentinela vir a dormir, pouco importando se houve ou não dano, pois basta a probabilidade de ocorrência de qualquer gravame.

DELITO ESPECIAL. *Vide* CRIME ESPECIAL.

DELITO EXAURIDO. *Vide* CRIME EXAURIDO.

DELITO FALHO. *Vide* CRIME FALHO.

DELITO FALIMENTAR. *Vide* CRIME FALIMENTAR.

DELITO FORMAL. *Vide* CRIME FORMAL.

DELITO FUNCIONAL. *Vide* CRIME FUNCIONAL.

DELITO HABITUAL. *Vide* CRIME HABITUAL.

DELITO IMPOSSÍVEL. *Vide* CRIME IMPOSSÍVEL.

DELITO INCONDICIONADO. *Direito penal.* Aquele em que a punibilidade não está subordinada a fato exterior e posterior à sua consumação (Damásio E. de Jesus).

DELITO INSTANTÂNEO. *Direito penal.* É o que se completa num só momento, por exemplo, o homicídio.

DELITO INSTANTÂNEO DE EFEITOS PERMANENTES. *Direito penal.* *Vide* CRIME INSTANTÂNEO DE EFEITOS PERMANENTES.

DELITO INTENCIONAL. *Vide* CRIME INTENCIONAL.

DELITO INTERNACIONAL. *Direito penal* e *direito internacional.* **1.** Ato punível que foi preparado, facilitado, consumado ou que produziu efeitos em vários países. **2.** *Vide DELICTA JURIS GENTIUM.* **3.** Violação, por um país, dos interesses de outro assegurados pelo direito internacional, capaz de causar-lhe dano.

DELITO MATERIAL. *Vide* CRIME MATERIAL.

DELITO MULTITUDINÁRIO. *Vide* CRIME MULTITUDINÁRIO.

DELITO OMISSIVO. *Vide* CRIME OMISSIVO.

DELITO PERMANENTE. *Vide* CRIME PERMANENTE.

DELITO PLURISSUBJETIVO. *Direito penal.* Aquele que só pode ser perpetrado por mais de uma pessoa, como a rixa, por exemplo.

DELITO PLURISSUBSISTENTE. *Vide* CRIME PLURISSUBSISTENTE.

DELITO POLÍTICO. *Direito penal.* Aquele que atinge a segurança interna ou externa do país, podendo ser: próprio, se ofender a organização político-estatal; impróprio, se atingir um interesse político do cidadão; puro, se tiver natureza exclusivamente política; relativo, se compreender uma ofensa simultânea à ordem político-social e a um interesse particular ou privado etc. (Damásio E. de Jesus).

DELITO POR OMISSÃO. *Vide* CRIME OMISSIVO.

DELITO PRETERDOLOSO. *Vide* CRIME PRETERDOLOSO.

DELITO PRETERINTENCIONAL. *Vide* CRIME PRETERINTENCIONAL.

DELITO PRINCIPAL. *Vide* CRIME PRINCIPAL.

DELITO PRIVILEGIADO. *Vide* CRIME PRIVILEGIADO.

DELITO PROFILÁTICO. *Direito penal* e *psicologia forense.* É o perpetrado para evitar mal maior, fazendo com que o agente não tenha remorso. Por exemplo, a eutanásia, a falsa denúncia.

DELITO PROFISSIONAL. *Vide* CRIME PROFISSIONAL.

DELITO PROGRESSIVO. *Vide* CRIME PROGRESSIVO.

DELITO PRÓPRIO. *Vide* CRIME PRÓPRIO.

DELITO PUTATIVO. *Vide* CRIME PUTATIVO.

DELITO PUTATIVO POR ERRO DE PROIBIÇÃO. *Direito penal.* Dá-se quando o agente pensa estar violando uma norma penal que, na verdade, não existe, sendo sua conduta, portanto, atípica.

DELITO PUTATIVO POR ERRO DE TIPO. *Direito penal.* Ocorre quando o agente crê estar violando uma norma existente, mas à sua conduta falta algum elemento indispensável para a configuração do delito. Por exemplo, uma mulher, supondo-se grávida, ingere droga abortiva.

DELITO PUTATIVO POR OBRA DE AGENTE PROVOCADOR. *Direito penal.* Dá-se quando uma pessoa, insidiosamente, provoca a prática delituosa, mas, concomitantemente, toma medidas preventivas para que não haja sua consumação. Por exemplo, se alguém, ao desconfiar que um empregado seu pretende cometer furto, facilita sua ação, mas avisa a polícia, que ficará então, de prontidão, surpreendendo o agente no ato do crime.

DELITO QUALIFICADO. *Vide* CRIME QUALIFICADO.

DELITO REIVINDICADOR. *Direito penal* e *psicologia forense.* Aquele praticado pelo agente por dever social, por julgar-se paladino de uma situação que, pessoalmente, não o atinge (A. Almeida Jr. e J. B. de O. e Costa Jr.).

DELITO SEM AÇÃO. *Vide* CRIME DE MERA SUSPEITA.

DELITO SEM EVENTO. *Vide* DELITO DE MERA CONDUTA.

DELITO SEM RESULTADO. *Vide* DELITO DE MERA CONDUTA.

DELITO SIMBÓLICO. *Direito penal* e *psicologia forense.* Aquele em que o objeto da ação delituosa representa algo que o agente procura ferir. Por exemplo, a agressão a um professor seria para o delinqüente um atentado contra seu próprio pai (A. Almeida Jr. e J. B. de O. e Costa Jr.).

DELITO SIMPLES. *Vide* CRIME SIMPLES.

DELITOS IMPROPRIAMENTE MILITARES. *Direito militar.* Violações ao direito comum que, por serem cometidas em determinadas condições legais, passam a ser consideradas delitos militares.

DELITOS PROPRIAMENTE MILITARES. *Direito militar.* Atos delituosos que só podem ser praticados por militares, como, por exemplo, deserções.

DELITOS PURAMENTE MILITARES. *Vide* DELITOS PROPRIAMENTE MILITARES.

DELITO SUBSIDIÁRIO. *Direito penal.* É o que ocorre quando uma norma principal exclui, explícita ou implicitamente, a aplicação de uma secundária. Haverá subsidiariedade explícita se a lei, após a descrição do crime, prescrever que só terá aplicação se o fato não configurar delito mais grave. Será implícita se a aplicação de uma norma não advier da comparação abstrata com outra, mas do juízo valorativo sobre o fato concreto em face delas. Por exemplo, a norma alusiva ao crime de perigo individual é subsidiária em relação a que descreve o crime contra a vida (Damásio E. de Jesus).

DELITO TENTADO. *Vide* CRIME TENTADO.

DELITO UNILATERAL. *Vide* CRIME UNILATERAL.

DELITO UNISSUBSISTENTE. *Vide* CRIME UNISSUBSISTENTE.

DELITO VAGO. *Vide* CRIME VAGO.

DELITUOSO. *Direito penal.* **1.** Diz-se do comportamento que viola a norma penal. **2.** Em que há delito.

DELIVERED AT FRONTIER (DAF). *Direito internacional privado.* Cláusula pela qual o vendedor cumpre seu dever de entrega quando a mercadoria for colocada à disposição do comprador, em caso de transporte terrestre rodoviário ou ferroviário, livre e desembaraçada para exportação, no local da fronteira indicado, em um ponto antes da divisa aduaneira de outra nação. A partir do ponto antes da fronteira alfandegária com o país limítrofe, a responsabilidade por despesas e perdas e danos é do comprador.

DELIVERED DUTY PAID (DDP). *Direito internacional privado.* Por tal cláusula o vendedor deverá colocar a mercadoria à disponibilidade do comprador no local indicado, no país de importação, respondendo pelas despesas de transporte, seguro e desembaraço para exportação e importação e pelos riscos no caso de dano ou perda das mercadorias, durante o trajeto desde seu estabelecimento até o local de destino determinado pelo comprador.

DELIVERED DUTY UNPAID (DDU). *Direito internacional privado.* Cláusula pela qual o vendedor arca com os encargos de transporte de mercadoria até certo local no país de importação, sendo que ao comprador competirá o pagamento dos tributos e o desembaraço aduaneiro. Consiste na entrega de mercadorias descarregadas dentro do país do comprador; os riscos e despesas até sua entrega ficam a cargo do vendedor, salvo as decorrentes do pagamento de impostos e encargos de importação.

DELIVERED EX QUAY (DEQ). *Direito internacional privado.* Cláusula, usual no transporte marítimo e fluvial, pela qual o vendedor entrega a mercadoria desembaraçada ao comprador no cais do porto de destino e assume a responsabilidade pelas despesas, riscos e perdas até tal entrega.

DELIVERED EX SHIP (DES). *Direito internacional privado.* Cláusula inserida em contrato de transporte marítimo ou fluvial de mercadoria, pela qual o vendedor coloca a mercadoria, não desembaraçada, a bordo do navio, no porto de destino, à disposição do comprador; até a chegada da mercadoria ao local de destino, o vendedor responde por perdas e danos e pelo pagamento de todas as despesas (custos de transporte, armazenagem, desembaraço aduaneiro para exportação, embarque das mercadorias). O comprador só fica responsável pelas despesas necessárias ao desembarque, desembaraço aduaneiro e transporte das mercadorias até o seu estabelecimento no país de destino.

DELIVERY ORDER. *Expressão inglesa* e *direito marítimo.* **1.** *Vide* BÔNUS DE LIVRAMENTO. **2.** Ordem de entrega. **3.** Título à ordem emitido com o escopo de fracionar o conhecimento de embarque, ordenando ao comandante do navio a entrega de uma parte das mercadorias nele consignadas. É dever do remetente expedir a *delivery order.* Assim, por exemplo, se as mercadorias forem embarcadas com um único conhecimento, e o seu proprietário, após a partida do navio, pretender que sejam entregues a vários destinatários, deverá expedir uma ordem de entrega (*delivery order*), para que o comandante possa cumprir o determinado, fracionando o conhecimento. O portador do conhecimento dirigirá uma carta ao comandante do navio, convidando-o a entregar à ordem de uma pessoa designada parte da mercadoria a que se refere o conhecimento. Outras vezes, o criador das *delivery orders* dirigir-se-á ao agente ou consignatário do navio, avisando que a carga deverá ser repartida entre as pessoas indicadas.

DELIVRAMENTO. *Medicina legal.* Expulsão das secundinas após o parto; dequitação da placenta.

DÉLIVRANCE. *Vide* DELIVRAMENTO.

DÉLIVRANCE ABDOMINAL. *Medicina legal.* Passagem do feto, durante o parto, para a cavidade do abdome, em razão de ruptura do útero (Croce e Croce Jr.).

DELONGA. 1. Embaraço para demorar a execução de um certo ato. **2.** Demora. **3.** Delação; adiamento. **4.** Obstáculo para evitar que se faça algo ou para permitir a prática de um ato.

DELTA. 1. *Medicina legal.* Pequeno ângulo encontrado na impressão digital, formado ora pela bifurcação de uma crista, ora pela súbita separação de duas cristas que caminhavam paralelas (A. Almeida Jr. e J. B. de O. e Costa Jr.). É o sinal triangular das linhas de uma impressão digital perto das bases. **2.** Na *linguagem comum,* é a embocadura ramificada em forma de leque de um rio, com terra aluvial entre os braços deste.

DELTACISMO. *Medicina legal.* Vício de pronúncia consistente em trocar o "t" pelo "d".

DE LUCRO CAPTANDO. *Expressão latina.* Com objetivo de lucro.

DELUSÃO. 1. *Medicina legal.* Delírio incipiente. **2.** *História do direito.* Burla; engano.

DEMAGE. *Termo inglês.* **1.** Lesão. **2.** Dano. **3.** Prejuízo.

DEMAGOGIA. *Ciência política.* **1.** Estado corrupto da democracia que se realiza pela força do número, não representando nem traduzindo uma consciência cívica ou o pensamento do governo, mas as paixões da multidão (Arturo Orgaz). **2.** Domínio governamental de facções populares. **3.** Processo político que ilude as paixões das massas, prometendo sem poder cumprir. **4.** Excitação das paixões populares, mediante promessas falsas ou irrealizáveis, para tirar proveito político, conquistando a preferência popular. **5.** Emprego de artifícios ou meios suscetíveis de atrair o povo.

DEMAGÓGICO. *Ciência política.* Relativo a demagogia.

DEMAGOGISMO. *Ciência política.* Sistema ou processo de demagogia.

DEMAGOGO. 1. *Ciência política.* a) Aquele que faz demagogia; b) partidário da demagogia; c) o que excita a paixão das massas, apresentando-se como um político capaz de resolver todos os seus problemas, fazendo falsas promessas para tirar proveito pessoal nas eleições. **2.** *História do direito.* Chefe das facções populares na Grécia antiga.

DEMAND. *Termo inglês.* Demanda.

DEMANDA. 1. *Direito processual civil.* a) Ação de demanda; b) ação judicial para fazer valer uma pretensão contra terceiro; c) litígio; lide; d) disputa; discussão; e) ajuizamento da ação. **2.** *Direito econômico.* a) *Quantum* de certo produto ou serviço que uma coletividade precisa e procura ou que, por previsão, se avalia que necessitará e procurará em determinada data; b) maior ou menor procura de produto ou serviço colocado no mercado. **3.** *Direito comercial.* a) Movimento de passageiros, entre pares de localidades, em um período de tempo determinado; b) soma de ativos, títulos ou valores mobiliários que um conjunto de investidores está disposto a comprar, a determinado preço ou cotação (Luiz Fernando Rudge).

DEMANDADO. *Direito processual civil.* **1.** Aquele que deve comparecer em juízo para apresentar sua defesa no processo iniciado pelo autor; réu; suplicado; pessoa contra quem se move uma ação. **2.** Substituto processual que, em seu nome, defende direito alheio.

DEMANDANTE. *Direito processual civil.* Aquele que demanda ou propõe uma ação judicial para fazer valer um direito seu; autor; suplicante.

DEMANDANTE DE DÍVIDA VINCENDA. *Direito civil* e *direito processual civil.* Credor que vier a demandar o devedor antes do vencimento do débito, fora dos casos admitidos por lei, ficará obrigado a esperar o tempo que faltava para o vencimento, a descontar os juros correspondentes, embora estipulados, e a pagar as custas em dobro.

DEMANDANTE POR DÍVIDA JÁ PAGA (OU POR QUANTIA SUPERIOR À DEVIDA). *Direito civil* e *direito processual civil.* É aquele que vem a demandar por dívida já paga, no todo ou em parte, sem ressalvar as quantias recebidas ou pedir mais do que for devido, ficando obrigado a pagar o devedor, no primeiro caso, o dobro do que cobrou e, no segundo, o equivalente do que dele exigir, exceto se houver prescrição.

DEMANDAR. *Direito processual civil.* Intentar ação judicial.

DEMANDA RECONVENCIONAL. *Direito processual civil.* Reconvenção, isto é, instituto pelo qual o réu assume a posição de autor, formulando um contra-ataque, que representa uma verdadeira ação, conexa à do autor, no mesmo processo por ele iniciado.

DEMAND CLAUSE. *Locução inglesa.* Cláusula de pagamento antecipado.

DEMAND DEPOSIT. *Locução inglesa.* Depósito em conta corrente.

DEMAND DRAFT. *Locução inglesa.* Ordem de pagamento a vista.

DEMANDISTA. *Direito processual civil.* **1.** *Vide* DEMANDANTE. **2.** Aquele que tem o hábito de intentar demandas.

DEMAND LOAN. *Locução inglesa.* Empréstimo sem vencimento.

DEMAND NOTE. *Locução inglesa.* Letra a vista.

DEMARCAÇÃO. 1. *Direito processual civil.* a) Ação proposta pelo proprietário para obrigar o seu confinante a estremar os respectivos prédios, fixando novos limites entre eles ou aviventando os já apagados; b) operação que tem por finalidade fixar, por meio de marcos ou cercas, as linhas divisórias entre prédios contíguos, aviventar rumos apagados e renovar os marcos destruídos ou arruinados. **2.** *Direito civil.* Delimitação predial por meio de marcos.

DEMARCAÇÃO DE TERRENOS DA UNIÃO PARA REGULARIZAÇÃO FUNDIÁRIA DE INTERESSE SOCIAL E SEU REGISTRO. *Direito administrativo* e *direito registrário.* A União poderá lavrar auto de demarcação nos seus imóveis, nos casos de regularização fundiária de interesse social, com base no levantamento da situação da área a ser regularizada. Essa regularização fundiária de interesse social é aquela destinada a atender a famílias com renda familiar não superior a cinco salários mínimos. O auto de demarcação assinado pelo Secretário do Patrimônio da União deverá ser instruído com: a) planta e memorial descritivo da área a ser regularizada, dos quais constem a sua descrição, com suas medidas perimetrais, área total, localização, confrontantes, coordenadas preferencialmente georreferenciadas dos vértices definidores de seus limites, bem como seu número de matrícula ou transcrição e o nome do pretenso proprietário, quando houver; b) planta de sobreposição da área demarcada com a sua situação constante do registro de imóveis e, quando houver, transcrição ou matrícula respectiva; c) certidão da matrícula ou transcrição relativa à área a ser regularizada, emitida pelo registro de imóveis competente e das circunscrições imobiliárias anteriormente competentes, quando houver; d) certidão da Secretaria do Patrimônio da União, indicando o Registro Imobiliário Patrimonial (RIP) e o responsável pelo imóvel (o titular de direito outorgado pela União, devidamente identificado no RIP), quando for o caso; e) planta de demarcação da Linha Preamar Média (LPM), quando se tratar de terrenos de marinha ou acrescidos; e f) planta de demarcação da Linha Média das Enchentes Ordinárias (LMEO), quando se tratar de terrenos marginais de rios federais. Prenotado e autuado o pedido de registro da demarcação no registro de imóveis, o oficial, no prazo de trinta dias, procederá às buscas para identificação de matrículas ou transcrições correspondentes à área e ser regularizada e examinará os documentos apresentados, comunicando ao apresentante, de uma única vez, a existência de eventuais exigências para a efetivação do registro. Não havendo matrícula ou transcrição anterior e estando a documentação em ordem, ou atendidas as exigências legais, o oficial do registro de imóveis deve abrir matrícula do imóvel em nome da União e registrar o auto de demarcação. Se houver registro anterior, o oficial do registro de imóveis deve notificar pessoalmente o titular de domínio, no imóvel, no endereço que constar do registro imobiliário ou no endereço fornecido pela União, e, por meio de edital, os confrontantes, ocupantes e terceiros interessados. Não sendo encontrado o titular de domínio, tal fato será certificado pelo oficial encarregado da diligência, que promoverá sua notificação mediante o edital, que conterá resumo do pedido de registro da demarcação, com a descrição que permita a identificação da área demarcada, e deverá ser publicado por duas vezes, dentro do prazo de trinta dias, em um jornal de grande circulação local. No prazo de quinze dias, contados da última publicação, poderá ser apresentada impugnação do pedido de registro do auto de demarcação perante o registro de imóveis, sendo que se presumirá a anuência dos notificados que deixarem de apresentar, tempestivamente, tal impugnação. Decorrido o prazo quinzenal, sem impugnação, o oficial do registro de imóveis deve abrir matrícula do imóvel em nome da União e registrar o auto de demarcação, procedendo às averbações necessárias nas matrículas ou transcrições anteriores, quando for o caso. Havendo registro de direito real sobre a área demarcada ou parte dela, o oficial deverá proceder ao cancelamento de seu registro

em decorrência da abertura da nova matrícula em nome da União. Ocorrendo a impugnação, o oficial do registro de imóveis dará ciência de seus termos à União. Não havendo acordo entre impugnante e a União, a questão deve ser encaminhada ao Juízo competente, dando-se continuidade ao procedimento de registro relativo ao remanescente incontroverso. Julgada improcedente a impugnação, os autos devem ser encaminhados ao registro de imóveis para que o oficial abra matrícula e registre auto de demarcação, efetuando a averbação. Sendo julgada procedente a impugnação, os autos devem ser restituídos ao registro de imóveis para as anotações necessárias e posterior devolução ao Poder Público. A prenotação do requerimento de registro da demarcação ficará prorrogada até o cumprimento da decisão proferida pelo Juiz ou até seu cancelamento a requerimento da União, não se aplicando às regularizações o cancelamento por decurso de prazo.

DEMARCADOR. O que demarca.

DEMARCATIVO. *Direito processual civil.* Que serve para demarcação.

DEMARCATÓRIA QUALIFICADA. *Direito processual civil.* Ação judicial que cumula o pedido de fixação de rumos e aviventação dos que já existem com o de restituição de glebas indevidamente ocupadas pelo dono do prédio confinante, se o interessado não quiser, antes de mover essa ação, recorrer diretamente aos interditos possessórios.

DEMARCATÓRIA SIMPLES. *Direito processual civil.* Ação judicial proposta com o escopo de obter a sinalização de limites, ou seja, a fixação, o restabelecimento ou a aviventação dos marcos da linha divisória de dois prédios contíguos.

DEMARCATÓRIO. *Direito civil.* Em que há demarcação.

DEMARCÁVEL. *Direito processual civil.* O que pode ser demarcado.

DEMARCHE. *Termo francês.* Diligência que se emprega para obter a solução de uma questão ou a realização de um ato.

DÉMÉNAGEMENT. *Termo francês.* Mudança de habitação.

DEMÊNCIA. 1. *Medicina legal.* a) Forma de loucura, congênita ou adquirida, que desequilibra as faculdades sensoriais e volitivas do paciente, levando à incoerência de idéias e ações e causando um estado patológico, em razão, por exemplo, de arteriosclerose, alcoolismo, senilidade, sífilis cerebral etc.; b) alienação mental. **2.** *Direito civil.* Causa que implica a incapacidade para os atos da vida civil, pela ausência de discernimento, provocada pela deterioração das faculdades mentais acompanhada de perda da inteligência, impossibilitando ao seu portador a direção de sua pessoa e de seus bens. **3.** *Direito penal.* Enfraquecimento mental incidente na inteligência, emoção, sentidos e atividade psicomotora que faz com que o seu portador seja considerado inimputável criminalmente, por ser irresponsável pelos atos delituosos que praticar.

DEMÊNCIA ALCOÓLICA. *Medicina legal.* Estado provocado por uma crônica intoxicação alcoólica e conducente não só a uma perda gradativa da inteligência e da consciência moral, mas também ao *delirium tremens.*

DEMÊNCIA ARTERIOSCLERÓTICA. *Medicina legal.* Arteriosclerose cerebral.

DEMENCIAL. *Medicina legal.* Relativo a demência.

DEMÊNCIA NOTÓRIA. *Medicina legal.* Alteração das faculdades mentais perceptível visivelmente.

DEMÊNCIA PARALÍTICA. *Medicina legal.* Meningencefalite sifilítico-crônica, que provoca, além de uma progressiva perda das faculdades mentais, uma paralisia generalizada suscetível de levar à morte.

DEMÊNCIA PRECOCE. *Medicina legal.* Doença mental que se caracteriza pela perda de sensibilidade e afetividade, apatia e associação extravagante de idéias. Trata-se da esquizofrenia.

DEMÊNCIA PRÉ-SENIL. *Medicina legal.* Deterioração da inteligência que se inicia na meia-idade devido a uma arteriosclerose cerebral.

DEMÊNCIA SENIL. *Medicina legal.* Perda das faculdades mentais e da memória de fatos recentes em razão de envelhecimento do cérebro.

DEMENTAR. *Medicina legal.* Tornar-se demente.

DEMENTE. **1.** *Medicina legal.* a) Aquele que sofre das faculdades mentais; b) louco; c) imbecil. **2.** *Direito civil.* Absoluta ou relativamente incapaz, conforme o grau de demência, para praticar atos na vida civil, por não ter discernimento para reger sua pessoa e bens. **3.** *Direito penal.* Inimputável criminalmente, por ser, em decorrência de loucura ou imbecilidade, irresponsável pelos atos delituosos que vier a perpetrar.

DE MEO. *Locução latina.* Por minha conta.

DEMERARA. *Direito agrário.* Variedade de cana-de-açúcar.

DE MERITIS. *Locução latina.* Do mérito; merecimento.

DEMÉRITO. **1.** Falta de mérito. **2.** Desmerecimento. **3.** Diz-se daquele que não tem merecimento.

DEMERITÓRIO. Tudo aquilo que se refere a demérito.

DEMI-GROS. *Locução francesa.* Intermediário entre o atacadista e o retalhista.

DE MINIMIS NON CURAT LEX. *Expressão latina.* A lei não cuida de pequenas coisas.

DE MINIMIS NON CURAT PRAETOR. *Aforismo jurídico.* O pretor não se ocupa com questões insignificantes.

DEMINUTIO CAPITIS. *Locução latina.* Indicava, no direito romano, mudança ou perda da liberdade, da cidadania romana etc. Havia: *capitis deminutio maxima,* se houvesse perda da liberdade; *capitis deminutio media,* se houvesse perda da cidadania romana em razão de banimento; e *capitis deminutio minima,* se o indivíduo trocasse de família por adoção, emancipação ou casamento *cum manu.* Tratava-se, portanto, da diminuição da capacidade.

DEMINUTIO TRIBUS MODIS ACCIPITUR: MAXIMA, MEDIA, MINIMA. *Direito romano.* Concebem-se três modos de diminuição da capacidade: máxima, média e mínima.

DEMISSÃO. **1.** *Direito administrativo.* a) Exoneração; destituição; b) ato ou efeito de se demitir; c) afastamento ou desligamento temporário ou definitivo do funcionário, por ato do Poder Público, em razão da prática de ilícito ou de descumprimento de dever funcional. **2.** *Direito do trabalho.* Despedida de empregado.

DEMISSÃO A BEM DO SERVIÇO PÚBLICO. *Direito administrativo.* Pena consistente em excluir o funcionário público do quadro administrativo pela prática de crime contra a Administração, os cofres públicos e o Estado por constituir falta de muita gravidade (Brandão Cavalcanti).

DEMISSÃO AD NUTUM. *Direito administrativo* e *direito do trabalho.* Desligamento do serviço público ou do emprego pela simples manifestação volitiva do titular do poder de admissão, sem menção de qualquer justificativa.

DEMISSÃO DE BENEFÍCIOS. Renúncia das vantagens a que uma pessoa teria direito.

DEMISSÃO DE BENS. *Direito civil.* **1.** Doação. **2.** Disposição de bens *inter vivos* em favor de herdeiros presuntivos.

DEMISSÃO DE FUNCIONÁRIO PÚBLICO. *Direito administrativo.* Ato administrativo pelo qual se dá o desligamento ou o afastamento do funcionário dos quadros da Administração Pública.

DEMISSÃO DE HERANÇA. *Direito civil.* Renúncia expressa da herança pelo herdeiro por escritura pública ou termo nos autos do inventário.

DEMISSÃO DE MEMBRO DE INSTITUTO RELIGIOSO. *Direito canônico.* Saída de membro do instituto, demitido por: a) ter abandonado a fé católica; b) ter contraído ou tentado matrimônio; c) ter cometido delito contra a vida e a liberdade do homem; d) viver em concubinato.

DEMISSÃO DE POSSE. *Direito administrativo.* Transferência do funcionário público de uma função para outra.

DEMISSÃO *EX OFFICIO* DE OFICIAL DA ATIVA. *Direito militar.* Ato pelo qual se demite e transfere para a reserva não remunerada o oficial da ativa que passe a exercer cargo ou emprego público permanente alheio à sua carreira.

DEMISSÃO VOLUNTÁRIA. *Direito administrativo* e *direito do trabalho.* Desligamento do quadro do funcionalismo público ou do emprego a pedido do próprio funcionário ou empregado.

DEMISSIBILIDADE. *Direito administrativo* e *direito do trabalho.* Qualidade do que é demissível.

DEMISSIONÁRIO. Aquele que pediu demissão; demitente.

DEMISSÍVEL. O que pode ser demitido.

DEMISSO. Demitido.

DEMISSOR. O que demite.

DEMISSÓRIO. Relativo a demissão.

DEMITENTE. *Vide* DEMISSIONÁRIO.

DEMITIDO. Aquele que recebeu demissão.

DEMITIR. 1. *Direito civil.* Renunciar. **2.** *Direito administrativo* e *direito do trabalho.* a) Desligar-se de um cargo público ou de um emprego; b) destituir; c) exonerar.

DEMO. *Direito comparado.* Cada um dos burgos que constituem determinadas tribos africanas.

DEMÓBORO. *Ciência política.* Antidemocrático.

DEMOCRACIA. *Ciência política.* **1.** Forma de governo em que há participação dos cidadãos. **2.** Influência popular no governo através da livre escolha de governantes pelo voto direto. **3.** Doutrina democrática. **4.** Povo. **5.** Sistema que procura igualar as liberdades públicas e implantar o regime de representação política popular. **6.** Estado político em que a soberania pertence à totalidade dos cidadãos.

DEMOCRACIA CLÁSSICA. *Vide* DEMOCRACIA DIRETA.

DEMOCRACIA DEMOLIBERAL. *Ciência política.* Própria do Estado de direito liberal, é a que preconiza a liberdade do indivíduo, a igualdade dos homens, a vontade geral, o sufrágio direto e universal e a soberania nacional.

DEMOCRACIA DIRETA. *História do direito* e *direito comparado.* Aquela em que os membros da coletividade deliberam diretamente sobre todos os assuntos politicamente importantes, sem qualquer intermediação de representantes, como ocorre em alguns cantões da Suíça e ocorria na Grécia antiga.

DEMOCRACIA INDIRETA. *Vide* DEMOCRACIA REPRESENTATIVA.

DEMOCRACIA INDIVIDUALISTA LIBERAL. *Vide* DEMOCRACIA DEMOLIBERAL.

DEMOCRACIA INDUSTRIAL. *Direito comercial.* Aquela em que os operários participam das decisões da empresa (Geraldo Magela Alves).

DEMOCRACIA LIBERAL. *Ciência política.* Ausência de intervenção do Estado na ordem econômico-social.

DEMOCRACIA MISTA. *Vide* DEMOCRACIA SEMIDIRETA.

DEMOCRACIA MUNICIPALISTA CORPORATIVA. *História do direito.* Era a vigorante na era medieval, antes da fundação do Estado Moderno, sob a égide da poliarquia feudal e assentada no desenvolvimento do comércio e da indústria, que estava nas mãos da burguesia, dentro do sistema de corporações de artes e ofícios.

DEMOCRACIA ORGÂNICO-CORPORATIVA. *Ciência política.* Aquela que, com o Estado de direito social, se assenta na idéia de corporação como núcleo e base da sociedade e do Estado. O indivíduo é substituído por um grupo orgânico intermediário entre ele e o Estado, constituindo um órgão dotado de autonomia que elege os representantes do povo mediante sufrágio representativo e universal.

DEMOCRACIA ORGÂNICO-ESTAMENTAL. *História do direito.* Aquela que surgiu com a decomposição do feudalismo, por ocasião do aparecimento das monarquias com poder centralizado, agrupando indivíduos nas suas ordens ou estamentos.

DEMOCRACIA PARTICIPATIVA. *Vide* DEMOCRA-CIA REPRESENTATIVA.

DEMOCRACIA PLURALISTA. *Ciência política.* Aquela que busca institucionalizar o dissenso, dando liberdade aos representantes dos vários centros de poder (sindicato, Igreja etc.) de promoverem a causa de seus interesses, utilizando-se de meios democráticos para influenciar o poder central, desempenhando, assim, funções relevantes na organização política. Com isso fortalece-se a sociedade e enfraquece-se o Estado.

DEMOCRACIA POPULAR. *Ciência política.* Aquela que visa uma sociedade sem classes, com intervencionismo do Estado em todas as esferas da vida social e substituição da vontade geral pela de um partido único que exprima a vontade da totalidade do povo. O mesmo que DEMOCRACIA TOTALITÁRIA ou DE MASSA.

DEMOCRACIA POSSÍVEL. *Ciência política.* Aquela em que o governo deve ser exercido por uma minoria de caráter democrático, ou seja, por uma elite dirigente que prepondera nas decisões políticas voltadas para o bem comum. Tal elite é composta por estadistas, técnicos que os assessoram e administradores que executam suas ordens (Gaetano Mosca e Manoel Gonçalves Ferreira Filho).

DEMOCRACIA REPRESENTATIVA. *Ciência política.* Aquela em que o povo delega o poder de governar a seus representantes, eleitos por voto direto e universal. Trata-se da democracia participativa.

DEMOCRACIA SEMIDIRETA. *Ciência política.* Aquela em que, além da representação do povo por aqueles que por ele foram eleitos, há uma intervenção direta dos governados em determinadas decisões político-governamentais, mediante *recall*, plebiscito, referendo, iniciativa popular e veto popular. É também chamada de "democracia mista".

DEMOCRACIA SOCIAL. *Ciência política.* Aquela que visa a redistribuição da renda nacional. É uma forma de democracia onde prevalece a igualdade de oportunidades, fazendo com que o Estado intervenha no domínio econômico.

DEMOCRACIA TOTALITÁRIA OU DE MASSA. *Vide* DEMOCRACIA POPULAR.

DEMOCRATA. *Ciência política.* Partidário da democracia.

DEMOCRÁTICO. *Ciência política.* Relativo a democracia.

DEMOCRATISMO. *Ciência política.* **1.** *Vide* DEMOCRACIA. **2.** Aplicação exagerada da democracia, caracterizada pelo excesso de direitos individuais e políticos conferido a uma parcela da população (Othon Sidou).

DEMOCRATIZAÇÃO. *Ciência política.* Ato ou efeito de democratizar.

DEMOCRATIZAÇÃO DO CAPITAL. *Direito comercial* e *direito empresarial.* Dá-se quando uma sociedade de capital fechado coloca seus títulos para negociação em Bolsa, transformando-se assim em sociedade de capital aberto (Geraldo Magela Alves).

DEMOCRATIZANTE. *Ciência política.* Que democratiza.

DEMOCRATIZAR. *Ciência política.* Dar feição democrática.

DEMOFILIA. *Ciência política.* Simpatia pelo povo.

DEMÓFILO. *Ciência política.* O que é amigo do povo.

DEMOFOBIA. *Medicina legal.* Aversão ao povo; medo mórbido de multidão.

DEMOGENIA. Povoamento do solo.

DEMOGRAFIA. *Sociologia jurídica.* Estudo estatístico da população, no que atina a nascimentos, óbitos, emigrações etc.

DEMOGRÁFICO. *Sociologia jurídica.* Relativo a demografia.

DEMÓLATRA. Aquele que confere ao povo qualidades superiores.

DEMOLIÇÃO. 1. *Direito administrativo.* Ato de derrubar edificação mediante licença da Prefeitura. **2.** *Direito processual civil.* a) Desfazimento de prédio ordenado pelo órgão judicante em medida cautelar ou ação de dano infecto para resguardar a saúde ou a segurança alheia; b) ato de derrubar prédio em vias de construção, que prejudica a posse ou a propriedade do nunciante, em razão de decisão judicial em ação de nunciação de obra nova. **3.** *Direito civil.* a) Destruição de algum bem; b) ação ou efeito de demolir alguma coisa. **4.** *Direito marítimo.* Fracionamento de um casco ou bem soçobrado em partes menores, de modo a se evitar riscos para a navegação.

DEMOLIDOR. Aquele que efetua demolição.

DEMOLIR. Derrubar; desfazer; destruir; aniquilar.

DEMOLITÓRIO. *Direito administrativo* e *direito processual civil.* O que contém licença ou ordem de demolição.

DE MOMENTO AD MOMENTUM. *Expressão latina.* De momento a momento. É usada para indicar cômputo de prazo feito ininterruptamente.

DEMONETIZAÇÃO. *Economia política.* **1.** Ação ou efeito de demonetizar. **2.** Depreciação ou perda do valor legal da moeda.

DEMONETIZAR. *Economia política.* **1.** Tirar o valor legal e corrente de uma moeda. **2.** Desmoedar.

DEMÔNIMO. *Direito autoral.* Pseudônimo que exprime um grupo de pessoas.

DEMONIOMANIA. *Medicina legal.* Estado mórbido que leva o paciente a crer que está sob o poder e a influência do demônio.

DEMONIOPATIA. *Medicina legal.* Medo mórbido de demônios.

DEMONSTRABILIDADE. Qualidade do que é demonstrável.

DEMONSTRAÇÃO. 1. *Lógica jurídica.* a) Persuasão; b) raciocínio que procura provar a verdade da conclusão baseada em premissas admitidas como verdadeiras. **2.** *Direito processual.* Prova. **3.** *Direito comercial.* Prova feita ao freguês do funcionamento da mercadoria vendida. **4.** *Direito militar.* Manobra para esconder do inimigo o verdadeiro plano. **5.** *Direito internacional público.* Exibição de forças para intimidar outro país.

DEMONSTRAÇÃO *AD HOMINEM. Lógica jurídica.* Proposição que procura demonstrar ao adversário que deve acatar a proposição por ele rejeitada, mesmo que não possa ser concluída, por ser evidente o princípio da contradição ou de identidade (Van Acker).

DEMONSTRAÇÃO *A POSTERIORI. Lógica jurídica.* **1.** Demonstração pelo efeito. **2.** Aquela que se baseia na conformidade de uma proposição enunciada com outras conhecidas.

DEMONSTRAÇÃO *A PRIORI. Lógica jurídica.* **1.** Demonstração pela causa. **2.** Raciocínio baseado na natureza das coisas ou no estudo direto do objeto.

DEMONSTRAÇÃO CONTÁBIL. *Direito comercial.* Relatório do balanço, dos lucros e das perdas e da verificação do fluxo de fundos.

DEMONSTRAÇÃO DE DIREITO. 1. *Teoria geral do direito* e *lógica jurídica.* Persuasão motivada em função de norma jurídica. **2.** *Direito processual civil.* Fundamento legal.

DEMONSTRAÇÃO DE LUCROS E PERDAS. *Direito comercial.* Relatório que contém o somatório ou o resultado das operações mercantis em certo período, abrangendo a receita, a despesa e a diferença entre elas.

DEMONSTRAÇÃO DIRETA. *Lógica jurídica.* Aquela em que a conclusão é a imediata seqüência de um raciocínio que se baseia em premissas pre-estabelecidas.

DEMONSTRAÇÃO DO FATO. *Direito processual civil* e *direito processual penal.* Prova da ocorrência de um ato ou negócio; apresentação de elementos probatórios do fato.

DEMONSTRAÇÃO DO FLUXO DE FUNDOS. *Direito comercial.* Relatório das aplicações de fundos indicadas por aumentos no ativo e decréscimos no passivo, feito mediante comparação entre o balanço anterior ao exercício e o elaborado ao seu final, apurando-se as modificações de todas as contas deles constantes (Robert Anthony e Richard T. Cherry).

DEMONSTRAÇÃO DO INTERESSE. *Direito processual civil.* Evidência do interesse de agir, ou seja, do poder de agir em juízo para defender um direito ofendido ou ameaçado.

DEMONSTRAÇÃO DO OBJETO. *Direito civil.* Especificação da coisa, enumerando seus elementos e indicando sua natureza, seus caracteres, localização etc., para identificá-la perfeitamente e individuá-la.

DEMONSTRAÇÃO FALSA. 1. A que é feita em contrário da verdade ou erroneamente. **2.** Aquela que contém falhas ou deficiências. **3.** A que está incompleta.

DEMONSTRAÇÃO INDIRETA. *Lógica jurídica.* Demonstração por absurdo, que é o raciocínio que tem por base o absurdo das conseqüências a que conduziria a negação da proposição enunciada. Trata-se da demonstração negativa.

DEMONSTRAÇÃO JURÍDICA. *Vide* DEMONSTRAÇÃO DE DIREITO.

DEMONSTRAÇÃO NEGATIVA. *Vide* DEMONSTRAÇÃO INDIRETA.

DEMONSTRAÇÃO POR ABSURDO. *Vide* DEMONSTRAÇÃO INDIRETA.

DEMONSTRAÇÃO POSITIVA. *Vide* DEMONSTRAÇÃO DIRETA.

DEMONSTRADOR. *Direito comercial.* Encarregado em estabelecimento empresarial de mostrar à clientela o funcionamento de um artigo.

DEMONSTRANTE. *Lógica jurídica.* Que demonstra.

DEMONSTRAR. 1. *Lógica jurídica.* Raciocinar de modo convincente. **2.** *Direito processual.* Provar. **3.** *Direito civil.* Descrever bens móveis ou imóveis.

DEMONSTRATIO PROPTER QUID. *Expressão latina.* Demonstração pela causa ou *a priori.*

DEMONSTRATIO QUIA. *Locução latina.* Demonstração pelo efeito ou *a posteriori.*

DEMONSTRATIO VERI. *Locução latina.* Demonstração da verdade.

DEMONSTRATIVO DE MOVIMENTAÇÃO DO ESTOQUE (DME). *Direito comercial.* É o documento utilizado no registro do estoque de mercadoria e do seu movimento em determinada data. O DME deverá conter as seguintes informações: a) denominação "Demonstrativo de Movimentação de Estoque"; b) razão social da empresa; c) identificação do estabelecimento; d) data de referência; e) código e descrição da mercadoria; f) quantidade inicial, entradas, ajustes e saídas; g) quantidade e valor de vendas no mês e no ano em dólares dos Estados Unidos; h) quantidade e valor do estoque final em dólares americanos; i) data e assinatura do responsável.

DEMONSTRÁVEL. Que se pode demonstrar; o que é suscetível de demonstração.

DEMOPEDIA. *Ciência política.* Arte de instruir o povo.

DEMOPSICOLOGIA. Na *linguagem psicológica,* é o estudo da psicologia dos povos através da arte, religião, literatura e ciência de cada um.

DEMORA. 1. *Direito civil.* a) Impontualidade no pagamento de uma prestação; b) elemento objetivo da mora, ou seja, não-cumprimento da obrigação no tempo, local e forma convencionados. **2.** Na *linguagem jurídica* em geral, pode significar: a) tardança na execução de um ato; b) dilação ou alargamento do prazo para pagar ou restituir algo. **3.** *Direito marítimo.* Estadia ou tempo regulamentar em que um navio deve permanecer no porto.

DE MORE. *Locução latina.* Segundo os costumes; conforme o costume do lugar.

DE MORE UXORIO. *Expressão latina.* **1.** Conforme casado. **2.** União de fato.

DE MORTE. Mortalmente.

DEMOS. *História do direito.* Totalidade de cidadãos gregos reunidos numa unidade territorial, com governo próprio, que constituía a *polis.*

DE MOTU PROPRIO. *Expressão latina.* De vontade própria.

DEMOVER. 1. Deslocar. **2.** Fazer renunciar a uma opinião. **3.** Renunciar a uma pretensão.

DEMURRAGE. *Direito comercial.* **1.** Sobreestadia, ou seja, indenização convencionada para o caso de atraso no cumprimento da obrigação de carregar e descarregar as mercadorias no tempo pactuado no contrato de transporte internacional. **2.** Termo usado para identificar o tempo pelo qual uma embarcação permanece retida após o escoamento do prazo regular de estadia contratado.

DEMURRAGE CHARGE. *Vide CONTROSTALLIA.*

DEMURRER. *Termo inglês.* Chicanista em processo.

DENARC. Sigla de Departamento de Investigações sobre Narcóticos. Órgão da Polícia Civil de São Paulo que executa serviços de prevenção e repressão aos crimes de tráfico ilícito e uso indevido de substâncias entorpecentes.

DENATRAN. *Direito de trânsito.* Abreviatura de Departamento Nacional de Trânsito.

DENDEZAL. *Direito agrário.* Plantação da palmeira dendê.

DENDROCLASTA. *Direito ambiental.* Que ou quem destrói árvores.

DENDROTOMIA. *Direito agrário.* Corte de árvores.

DENEGAÇÃO. 1. *Direito administrativo* e *direito processual.* a) Indeferimento de pedido ou de requerimento; b) despacho negativo. **2.** Na *linguagem jurídica* em geral, pode, ainda, significar: a) recusa de consentimento; b) não-reconhecimento de firma ou assinatura; c) declaração pela qual se afirma a falsidade de um fato.

DENEGAÇÃO DE JUSTIÇA. 1. *Teoria geral do direito* e *direito processual.* Recusa do órgão judicante competente de prolatar uma decisão, alegando obscuridade ou lacuna da lei, ato esse proibido normativamente, ou de retardar, sem razão plausível ou justa, providência que deva ordenar *ex officio* ou a requerimento da parte. Deveras, há a proibição do *non liquet,* pois é inadmissível, legalmente, que o juiz se exima de sentenciar ou de despachar alegando silêncio ou obscuridade da lei. Ele está obrigado a decidir todo e qualquer litígio jurídico. No julgamento da lide cabe-lhe aplicar a lei, e, não havendo esta, deve recorrer à analogia, aos costumes e aos princípios gerais do direito. **2.** *Direito internacional público* e *direito internacional pri-*

vado. Dá-se quando: a) o juiz, sem fundamento legal, repele petição daquele que recorre à justiça do País para defender um direito; b) o órgão judicante impede, postergando fórmulas processuais, a prova do direito ou a sua defesa; c) a sentença contraria princípios universais de direito ou despreza normas incontroversas de direito internacional, como, por exemplo, as que consagram a imunidade diplomática e a inviolabilidade dos locais diplomáticos (Clóvis Beviláqua e J. F. Rezek).

DENEGANTE. Quem denega.

DENEGAR. 1. Indeferir. **2.** Negar. **3.** Não admitir. **4.** Recusar. **5.** Desmentir.

DENEGATIO ACTIONES. *Direito romano.* Decisão terminativa do pretor negando a ação ao demandante.

DENEGATÓRIO. 1. O que serve para denegar. **2.** O que contém denegação. **3.** Que indefere.

DENEGRIR. *Direito civil* e *direito penal.* Infamar; macular reputação.

DENGUE. *Medicina legal.* Doença infecciosa causada por um vírus filtrável, transmitido por duas espécies de mosquitos, o *aedes aegiptii* e o *aedes albopictus*, que provoca febre, fortes dores na cabeça e nos músculos, erupções cutâneas etc.

DENGUIM. *Direito comparado.* Pequena embarcação usada para transportar passageiros e mercadorias nas costas da Índia.

DE NIHILO, NIHIL. *Locução latina.* De nada, nada.

DE NIHILO, NIHIL; IN NIHILUM NIHIL POSSE REVERTI. *Expressão latina.* Nenhuma coisa pode vir do nada, nem voltar ao nada, isto é, nada pode ser criado, nem destruído.

DE NIHILO NIHILUM. *Expressão latina.* Nada nasce do nada.

DENOMINAÇÃO. 1. Nome ou título que se dá a alguma coisa para individuá-la de outra. **2.** Ação de denominar.

DENOMINAÇÃO COMERCIAL. *Direito comercial.* **1.** Título que distingue um estabelecimento comercial ou industrial. **2.** Firma que distingue uma sociedade. **3.** Nome utilizado pela sociedade anônima e cooperativa e, em caráter opcional, pela sociedade limitada e em comandita por ações.

DENOMINAÇÃO COMUM BRASILEIRA (DCB). Denominação do fármaco ou princípio farmacologicamente ativo aprovada pelo órgão federal responsável pela vigilância sanitária.

DENOMINAÇÃO COMUM INTERNACIONAL (DCI). Denominação do fármaco ou princípio farmacologicamente ativo recomendada pela Organização Mundial da Saúde.

DENOMINAÇÃO DA AÇÃO. *Direito processual civil.* Designação técnica da ação pela qual o autor visa obter uma pretensão.

DENOMINAÇÃO DE ORIGEM. *Direito internacional privado.* Nome geográfico de país, cidade, região ou localidade de seu território, que designe produto ou serviço cujas qualidades ou características se devam exclusiva ou essencialmente ao meio geográfico, incluídos fatores naturais e humanos.

DENOMINAÇÃO DE PRÉDIO. *Direito civil* e *direito cartorário.* Nome dado a edifícios de vários pavimentos, cuja alteração deve ser averbada no Registro de Imóveis.

DE NON MOLESTANDO IN POSSESSIONE. *Expressão latina.* Preceito de não perturbar a posse.

DENOTAÇÃO. 1. *Lógica jurídica.* O que corresponde à extensão de um conceito (Mill). **2.** Na *linguagem jurídica* em geral, pode ser: indicação ou sinal; ação de denotar.

DE NOVA DATA. Recentemente.

DENSIDADE. *Sociologia jurídica.* Concentração de população.

DENSIDADE DEMOGRÁFICA. *Sociologia jurídica.* Número médio de habitantes por quilômetro quadrado; população relativa.

DENSIDADE DE TRÁFEGO. *Direito de trânsito.* Quantidade de tráfego de certa via de transporte, numa determinada unidade de tempo, comumente representada pelo quociente da divisão da totalidade de toneladas-quilômetro ou passageiros-quilômetro pelo comprimento da via.

DENSIDADE DINÂMICA. *Sociologia jurídica.* Grau de concentração da vida coletiva medida pela intensidade de trocas econômicas e culturais.

DENSIDADE ESTÁTICA. *Sociologia jurídica.* Número de habitantes em certa área.

DENSIDADE POPULACIONAL. *Sociologia jurídica.* Número médio de habitantes por unidade de superfície de um país.

DENSIFICAÇÃO DE NORMA CONSTITUCIONAL. *Teoria geral do direito* e *direito constitucional.* Preencher o espaço normativo de um preceito constitucional, tornando possível sua concretização e aplicação a um caso concreto (Canotilho).

DENTADA. 1. *Medicina legal.* a) Ferimento provocado pelos dentes; b) ferida cortocontusa feita com os dentes. **2.** Na *gíria*, é o mesmo que FACADA ou PEDIDO DE DINHEIRO.

DENTE LUPUS, CORNU TAURUS PETIT. *Expressão latina.* O lobo ataca com os dentes e o touro com os chifres, significando que cada um se defende com as armas que possui.

DENTE POR DENTE. *História do direito.* Pena de Talião; vingança igual à ofensa sofrida.

DENTIBUS ALBIS. *Locução latina.* **1.** Com dentes brancos. **2.** Criticar sem ofender o criticado.

DENTILHÃO. *Direito civil.* Pedra em forma de dente que sobressai pela lateral de um muro ou parede indicando continuação da construção (Afonso Celso F. de Rezende).

DENTISTA. Profissional que, além de tratar das moléstias dentárias, extrai, restaura ou substitui dentes danificados ou destruídos.

DENÚNCIA. 1. *Direito penal* e *direito processual penal.* a) Ação de denunciar; b) informação que se presta à autoridade competente sobre a prática de um ato delituoso; c) ato de levar ao conhecimento da autoridade a ocorrência de um crime; d) peça com que o representante do Ministério Público intenta uma ação criminal contra o infrator da lei penal, pedindo ao juiz a aplicação das penas previstas em Lei; e) delação; acusação secreta que se faz de alguém por crime por ele cometido; f) indício ou sinal. **2.** *Direito civil.* Notificação que uma das partes contratantes faz à outra para dar como findo um contrato entre elas firmado. **3.** *Direito canônico.* Publicação de banhos ou de proclamas do casamento religioso. **4.** *Direito internacional público.* Ato pelo qual o governo faz saber à nação com que efetivou um tratado ou convenção que não pretende continuar o acordo, após a expiração do prazo avençado, dando por finda a vigência daquele tratado. **5.** *Direito previdenciário.* É o instrumento utilizado por qualquer pessoa física ou jurídica para noticiar, perante a Secretaria de Previdência Complementar, a existência de suspeita de infração às disposições legais ou disciplinadoras das entidades fechadas de previdência complementar.

DENÚNCIA À AUTORIA. *Direito processual civil.* Nomeação ou chamamento à autoria. Ato pelo qual o possuidor da coisa demandada indica ao autor o seu proprietário, para afastar de si as conseqüências da demanda.

DENÚNCIA ALTERNATIVA. *Direito processual penal.* Descrição do fato criminoso de forma alternativa, que pode causar prejuízo ao direito de defesa do acusado, por obrigá-lo a produzir muitas provas para afastar cada imputação, não se sabendo ao certo qual das condutas teria realmente praticado, visto que traz incerteza à acusação. Mas, em certas situações, pode ampliar aquela defesa e trazer maior segurança na apuração do fato criminoso, aumentando assim a probabilidade de acerto na decisão final do processo. A eventual admissibilidade da denúncia alternativa deve ser precedida do absoluto esgotamento de todas as diligências possíveis, fazendo da alternatividade a última via para a busca da verdade real (Roberto Victor Anelli Bodini).

DENUNCIAÇÃO. *Vide* DENÚNCIA.

DENUNCIAÇÃO CALUNIOSA. *Direito penal.* Crime contra a administração da justiça consistente em instaurar uma investigação policial ou um processo criminal contra uma pessoa, imputando-lhe uma prática delituosa, sabendo que é inocente.

DENUNCIAÇÃO CRIMINOSA. *Vide* DENUNCIAÇÃO CALUNIOSA.

DENUNCIAÇÃO DA LIDE. *Direito processual civil.* Uma das formas de intervenção coacta de terceiro no processo, pela qual o autor ou o réu chama-o a juízo para garantir seu direito, resguardando-o caso seja vencido na demanda (Moacyr Amaral Santos). Esse terceiro pode ser, então, responsabilizado por ação regressiva ou de ressarcimento. Por exemplo, o adquirente, para poder exercitar o direito que da evicção lhe resulta, deverá notificar do litígio o alienante, quando e como lhe determinarem as leis processuais. O adquirente, proposta por terceiro a ação para evencer bem transmitido, deverá denunciar a lide ao alienante para que intervenha no processo, defendendo a coisa que alienou. Se o adquirente não fizer isso, perderá os direitos decorrentes da evicção, não mais dispondo de ação direta para exercitá-los. Exige-se esse requisito porque o alienante precisa conhecer a pretensão do terceiro reivindicante, uma vez que irá suportar as conseqüências da decisão judicial e os riscos da evicção. Todavia, se o alienante for também citado como parte no litígio, desnecessária será a denunciação da lide. É preciso esclarecer que somente depois que o evictor ganhar a demanda é que o adquirente poderá acionar diretamente o alienante, para obrigá-lo a responder pela evicção, declarando a sentença, conforme o caso, o direito do evicto ou a responsabilidade por perdas e danos, valendo como título executivo.

DENUNCIAÇÃO DE OBRA NOVA. *Vide* AÇÃO DE NUNCIAÇÃO DE OBRA NOVA.

DENÚNCIA CHEIA. *Direito processual civil.* Direito do locador de promover o despejo nos casos legais, justificando seu pedido. É a resilição unilateral por iniciativa do locador que se consuma em execução de sentença proferida na ação de despejo que proporá, desde que seu interesse tenha respaldo em lei.

DENÚNCIA CONDICIONADA. *Direito processual civil.* Direito do locador de retomar prédio urbano locado sem qualquer notificação e justificativa, desde que a locação seja escrita, por tempo de duração igual ou superior a trinta meses e o locatário, findo o prazo locatício avençado, deixe de restituir o imóvel. Logo, o prazo da locação escrita e a não-devolução do imóvel pelo inquilino após o término do contrato são condições legais para que se tenha a denúncia condicionada.

DENUNCIADA. **1.** Ato de denunciar. **2.** Denúncia.

DENUNCIADO. **1.** *Direito processual penal.* Aquele a quem se atribui, no processo-crime, a prática delituosa. **2.** *Direito processual civil.* Terceiro a quem se denuncia a lide ou se nomeia à autoria.

DENUNCIADOR. Denunciante; aquele que apresenta ou faz a denúncia.

DENÚNCIA DO TRATADO. *Direito internacional público.* Ato unilateral pelo qual um dos Estados signatários comunica aos outros a sua intenção de pôr fim ao tratado ou de se desligar dele.

DENÚNCIA ESPONTÂNEA. *Direito tributário.* Aquela feita, antes de qualquer procedimento fiscal, pelo contribuinte, que denuncia sua infração. É acompanhada do pagamento do tributo devidamente corrigido e dos juros moratórios, ficando o contribuinte livre de qualquer penalidade (Eduardo M. Ferreira Jardim).

DENÚNCIA MOTIVADA. *Vide* DENÚNCIA CHEIA.

DENUNCIANTE. *Vide* DENUNCIADOR.

DENUNCIAR. **1.** *Direito processual penal.* a) Acusar ou oferecer denúncia, formulando acusação contra o autor do crime; b) dar notícia de um crime à autoridade competente; c) delatar. **2.**

Direito processual civil. a) Dar a conhecer por meio de citação; b) promover despejo de inquilino. **3.** *Direito internacional público.* Avisar outro Estado signatário do término da vigência do tratado, findo o prazo avençado, por não haver intenção de prorrogá-lo.

DENUNCIATIVO. **1.** O que denuncia. **2.** Qualidade dada ao ato ou fato que revela ou indica algo. **3.** Diz-se do instrumento que contém a denúncia.

DENUNCIATÓRIO. Relativo a denúncia.

DENÚNCIA VAZIA. *Direito processual civil.* Prerrogativa concedida ao senhorio de propor o despejo sem qualquer justificativa.

DENUNCIÁVEL. Tudo o que pode ser denunciado.

DE OFÍCIO. Expressão usada para designar ato levado a efeito, pelo juiz ou por uma autoridade administrativa, por dever, em razão de cargo ou função, independente de requerimento ou pedido do interessado.

DEO JUVANTE. *Locução latina.* Se Deus quiser.

DE OMNI RE SCIBILI ET QUIBUSDAM ALIIS. *Expressão latina.* De tudo o que se pode saber e mais alguma coisa.

DEONTOLOGIA. *Filosofia do direito.* **1.** Teoria dos deveres. **2.** Parte da filosofia que trata dos princípios ou fundamentos das ciências éticas. **3.** Estudo dos deveres profissionais; diceologia.

DEONTOLOGIA JURÍDICA. *Filosofia do direito.* **1.** Estudo dos fundamentos do direito; teoria da justiça e dos valores jurídicos (Miguel Reale). **2.** Conjunto de princípios éticos que norteiam a atuação do advogado (Geraldo Magela Alves); ética profissional.

DEONTOLOGIA MÉDICA. *Medicina legal.* Conjunto de normas do Código de Ética Médica relativas aos deveres do médico.

DEONTOLOGIA PERICIAL. *Medicina legal.* Normas norteadoras da conduta dos peritos médico-legais.

DEONTOLÓGICO. Na *linguagem filosófico-jurídica,* é o relativo a deontologia.

DEONTOLOGISTA. *Filosofia do direito.* Filósofo especializado em deontologia.

DE ORE TUO TE JUDICO. *Expressão latina.* Pelas suas palavras, posso julgá-lo.

DE OUTIVA. *Direito processual.* De ouvir dizer. Expressão usada para qualificar a testemunha auricular que ouviu outra pessoa contar certo fato.

DE OUVIDA ALHEIA. *Vide* DE OUTIVA.

DE PANE LUCRANDO. *Expressão latina.* Feito com fins lucrativos.

DE PARCERIA. Em sociedade com; em combinação com.

DÉPARTAGER. *Termo francês.* Desempatar, em uma eleição.

DEPARTAMENTAL. Tudo o que diz respeito a departamento.

DEPARTAMENTO. 1. *Direito comparado.* Divisão administrativa do território francês e de outros países. **2.** *Direito marítimo.* Circunscrição marítima dividida em capitanias de portos. **3.** *Direito administrativo.* Repartição pública. **4.** *Direito civil* e *direito comercial.* Divisão de uma entidade ou seção de uma empresa.

DEPARTAMENTO DE ANÁLISE E DE ELABORAÇÃO LEGISLATIVA. *Direito parlamentar.* Órgão a quem compete: a) elaborar e sistematizar os anteprojetos de lei e respectivas exposições de motivos de interesse ministerial; b) elaborar e examinar, em conjunto com a Consultoria Jurídica, a constitucionalidade, a juridicidade e a técnica legislativa de decretos e de outros atos legais; e c) apoiar as comissões e os grupos especiais de trabalho que têm por finalidade a elaboração de proposições legislativas.

DEPARTAMENTO DE AVALIAÇÃO ECONÔMICA E QUALIDADE. *Direito administrativo.* Órgão da Secretaria de Desenvolvimento do Ministério dos Transportes que tem a função de: a) desenvolver estudos tarifários na área de transportes; b) estabelecer normas de apropriação de custos e efetuar análises contábeis; c) desenvolver critérios de análise e julgamento de concessões; d) estabelecer indicadores de desempenho econômico e de qualidade em transportes; e) apoiar tecnicamente as entidades vinculadas em seus programas de qualidade; f) implementar programas de qualidade em transportes; g) identificar, priorizar, qualificar e desenvolver produtos e serviços.

DEPARTAMENTO DE AVIAÇÃO CIVIL (DAC). *Direito aeronáutico.* É a Organização do Comando da Aeronáutica que tem por fim a consecução dos objetivos da Política Aeroespacial Nacional no Setor de Aviação Civil. Tem por atribuições: a) o estudo, a orientação, o planejamento, a coordenação, o controle, o incentivo e o apoio às atividades da Aviação Civil, pública e privada; e b) o relacionamento com órgãos estranhos ao Comando da Aeronáutica, no trato dos assuntos de sua competência.

DEPARTAMENTO DE DESENVOLVIMENTO DA ASSISTÊNCIA SOCIAL. *Direito administrativo.* Órgão específico do Ministério da Previdência Social ao qual compete coordenar e controlar os programas e projetos relativos à Política Nacional de Assistência Social, em conjunto com os Estados, o Distrito Federal, os Municípios e as entidades privadas.

DEPARTAMENTO DE DESENVOLVIMENTO INSTITUCIONAL E TECNOLÓGICO. *Direito administrativo.* Órgão da Secretaria de Desenvolvimento do Ministério dos Transportes que tem a incumbência de: a) promover o aperfeiçoamento institucional para a produção e gestão de infra-estrutura e serviços de transportes; b) apoiar os programas de descentralização de infra-estrutura e exploração de serviços de transportes; c) estimular agentes produtores, centros de pesquisa e de desenvolvimento do setor a promoverem a evolução tecnológica; d) integrar, no âmbito público e privado, a formulação de diretrizes para os transportes urbanos e a adoção de medidas destinadas ao seu desenvolvimento; e) formular, apoiar e promover a implementação de diretrizes ambientais no setor de transporte; f) apoiar o desenvolvimento de estudos com vistas ao aumento da eficiência energética nos transportes; g) formular e articular programas destinados ao aumento de segurança nos transportes.

DEPARTAMENTO DE ESTRANGEIRO. *Direito internacional privado.* É o que tem competência para: a) processar, opinar e encaminhar os assuntos relacionados com a nacionalidade, a naturalização e o regime jurídico dos estrangeiros; b) processar, opinar e encaminhar os assuntos relacionados com as medidas compulsórias de expulsão, extradição e deportação; c) instruir os processos relativos à transferência de presos para cumprimento de pena no país de origem, a partir de acordos dos quais o Brasil seja parte; d) instruir processos de reconhecimento da condição de refugiado e de asilo político; e e) fornecer apoio administrativo ao Comitê Nacional para os Refugiados (CONARE).

DEPARTAMENTO DE ESTUDOS E ACOMPANHAMENTO LEGISLATIVO. *Direito parlamentar.* Órgão incumbido de: a) examinar os projetos de lei em tramitação na Câmara dos Deputados e no Senado Federal; b) elaborar pareceres, em conjunto com a Consultoria Jurídica, a respeito da constitucionalidade e da juridicidade dos projetos de lei em fase de sanção; e c) manter documentação destinada ao acompanhamento do processo legislativo e das alterações do ordenamento jurídico.

DEPARTAMENTO DE EXECUÇÃO E AVALIAÇÃO DO PLANO NACIONAL DE SEGURANÇA PÚBLICA. *Direito administrativo* e *direito penal.* Órgão competente para: a) acompanhar a implementação técnica e financeira dos programas estratégicos do Governo Federal nos Estados, Municípios e Distrito Federal, tendo por base o Plano Nacional de Segurança Pública e os fundos federais de segurança pública destinados a tal fim; b) promover a articulação de operações policiais planejadas dirigidas à diminuição da violência e criminalidade em áreas estratégicas e de interesse governamental; c) elaborar propostas de padronização e normatização dos procedimentos operacionais policiais, dos sistemas e infra-estrutura física (edificações, arquitetura e construção) e dos equipamentos utilizados pelas organizações policiais; d) incentivar a implementação de novas tecnologias de forma a estimular e promover o aperfeiçoamento das atividades policiais, principalmente nas ações de polícia judiciária e operacionalidade policial ostensiva; e e) integrar as atividades de inteligência de segurança pública, em âmbito nacional, em consonância com os órgãos de inteligência federais e estaduais, que compõem o Subsistema de Inteligência de Segurança Pública (SISP).

DEPARTAMENTO DE GESTÃO DO FUNDO NACIONAL DE ASSISTÊNCIA SOCIAL. *Direito previdenciário.* Órgão específico do Ministério de Previdência Social que tem competência para planejar, coordenar, executar e controlar a utilização dos recursos que compõem o Fundo Nacional de Assistência Social.

DEPARTAMENTO DE HIDROVIAS INTERIORES. *Direito administrativo.* Órgão com competência para: a) assistir o secretário de Transportes Aquaviários no trato de assuntos que envolvam hidrovias interiores; b) promover análises para subsidiar a elaboração de políticas e diretrizes para o setor de hidrovias interiores; c) promover análises e opinar sobre propostas e solicitações de concessões, permissões e autorizações de investimentos e destinação de recursos públicos, de mudanças institucionais e operacionais e de alterações na legislação, que afetem o setor de hidrovias interiores; d) promover a elaboração de planos, projetos e programas para o setor de hidrovias interiores; e) elaborar, propor à decisão superior e implantar normas para concessões, permissões, autorizações, exploração e fiscalização de serviços e para a contratação e fiscalização de obras, fornecimentos e serviços que envolvam recursos públicos em sua área de competência; f) acompanhar e analisar o desempenho operacional das entidades vinculadas, na sua área de competência.

DEPARTAMENTO DE INFORMAÇÃO E INFORMÁTICA (DINFOR). *Direito administrativo.* Órgão que tem competência para: a) analisar as demandas por normas e orientações técnicas voltadas para o uso racional dos recursos de informação e informática, no âmbito da Administração Pública federal; b) identificar, junto aos organismos nacionais e internacionais de normalização, a existência de normas aplicáveis às necessidades da Administração Pública federal e propor sua adoção à Comissão de Coordenação do SISP; c) propor a adoção de normas, padrões e orientações técnicas à Comissão de Coordenação do SISP, relativas à aquisição e uso de recursos de informação e informática, visando sua aprovação e adoção pela Administração Pública federal.

DEPARTAMENTO DE INFORMÁTICA (DEINF). *Direito bancário.* Unidade organizacional do Banco Central responsável pela administração do Sistema de Informações do Banco Central (SISBACEN). Compete ao DEINF: a) estabelecer os critérios a serem observados nos processos informatizados de coleta, validação, tratamento, armazenamento e consulta às informações requeridas pelo Banco Central às instituições objeto da sua ação controladora, normatizadora e/ou fiscalizadora; b) divulgar as orientações necessárias no que se refere ao credenciamento e uso do SISBACEN; c) adotar as providências necessárias ao cumprimento das disposições constantes de regulamento; d) administrar o subsistema de segurança e executar a gerência geral de segurança do SISBACEN.

DEPARTAMENTO DE JUSTIÇA, CLASSIFICAÇÃO, TÍTULOS E QUALIFICAÇÃO. *Direito administrativo* e *direito processual.* Órgão com competência para: 1) instruir e opinar sobre assuntos relacionados a: a) cartas rogatórias, processos de provimento e vacância de cargos de magistrados de competência da Presidência da República; b) processos de declaração de utilidade pública de imóveis para fins de desapropriação para utilização dos órgãos de Poder Judiciário da União; 2) registrar as entidades que executam serviços de microfilmagem; 3) instruir e analisar pedidos relacionados à classificação indicativa de diversões públicas, programas de rádio e televisão, filmes para cinema, vídeo e DVD, jogos eletrônicos, RPG (jogos de interpretação), videoclipes musicais, espetáculos cênicos e musicais; 4) monitorar programas de televisão e recomendar as faixas etárias e os horários de veiculação dos referidos programas; 5) organizar e fiscalizar, mediante inspeção ordinária, as entidades declaradas de utilidade pública federal, as que executam serviços de microfilmagem e as de diversões públicas; e 6) instruir e qualificar as pessoas jurídicas de direito privado sem fins lucrativos como Organizações da Sociedade Civil de Interesse Público.

DEPARTAMENTO DE LOGÍSTICA DE TRANSPORTES. *Direito administrativo.* Órgão que tem competência para: a) propor e acompanhar medidas que promovam maior eficiência do setor de transportes; b) supervisionar e analisar a operação dos corredores de transporte; c) identificar e analisar restrições tanto operacionais como de infra-estrutura e propor intervenções nos corredores de transporte; d) propor medidas para o desenvolvimento da intermodalidade na utilização da infra-estrutura do sistema de transporte; e) propor e acompanhar medidas para aumentar a participação das modalidades ferroviária e aquaviária na matriz de produção de transportes nacionais; f) propor o desenvolvimento da infra-estrutura de transportes; g) promover e coordenar articulações com entidades públicas ou privadas operadoras, reguladoras ou produtoras.

DEPARTAMENTO DE MARINHA MERCANTE. *Direito comercial marítimo* e *direito administrativo.* Órgão que tem a incumbência de: a) fiscalizar, permanentemente, a prestação do serviço; b) aplicar as penalidades regulamentares; c) cancelar a autorização; d) fazer cumprir as disposições regulamentares do serviço; e) zelar pela boa qualidade do serviço, apurar e solucionar queixas e reclamações dos usuários; f) estimular o aumento da qualidade e da produtividade, a

preservação do meio ambiente e a conservação dos bens e equipamentos utilizados no serviço. Tem ainda de proceder ao controle permanente da qualidade dos serviços, inclusive valendo-se da realização de auditorias, especialmente para avaliação da boa qualidade dos serviços prestados e da capacidade técnico-operacional da empresa de navegação. Tem, ainda, a atribuição de: a) assistir o secretário de transportes aquaviários no trato de assuntos que envolvam a Marinha Mercante; b) promover análises para subsidiar a elaboração de políticas e diretrizes para o setor de Marinha Mercante; c) promover análises e opinar sobre propostas e solicitações de concessões, permissões e autorizações de investimentos e destinação de recursos públicos, de mudanças institucionais e operacionais e de alterações na legislação, que afetem o setor de Marinha Mercante; d) promover a elaboração de planos, projetos e programas para o setor de Marinha Mercante; e) elaborar, propor à decisão superior e implantar normas para concessões, permissões, autorizações, exploração e fiscalização de serviços e para contratação e fiscalização de obras, fornecimentos e serviços que envolvam recursos públicos em sua área de competência; f) promover e controlar a arrecadação do Adicional ao Frete para Renovação da Marinha Mercante (AFRMM); g) acompanhar e analisar o desempenho do setor de Marinha Mercante.

DEPARTAMENTO DE MODERNIZAÇÃO DA ADMINISTRAÇÃO DA JUSTIÇA. Órgão incumbido de: a) coordenar e desenvolver as atividades concernentes à relação do Ministério com o Poder Judiciário, especialmente no acompanhamento de projetos de interesse do Ministério relacionados com a modernização da administração da Justiça brasileira; e b) assistir ao ministro de Estado na supervisão e coordenação das atividades de fomento à modernização da administração da Justiça.

DEPARTAMENTO DE PESQUISA, ANÁLISE DE INFORMAÇÃO E DESENVOLVIMENTO DE RECURSOS HUMANOS EM SEGURANÇA PÚBLICA. É o incumbido de: a) identificar, documentar e disseminar pesquisas voltadas à segurança pública; b) identificar o apoio de organismos internacionais e nacionais, de caráter público ou privado; c) identificar áreas de fomento para investimento da pesquisa em segurança pública; d) criar e propor mecanismos com vistas a avaliar o impacto dos investimentos internacionais, federais, estaduais e municipais na melhoria do serviço policial; e) identificar, documentar e disseminar experiências inovadoras no campo da segurança pública; f) propor critérios para a padronização e consolidação de estatísticas nacionais de crimes e indicadores de desempenho da área de segurança pública e sistema de justiça criminal; g) planejar, coordenar e avaliar as atividades de sistematização de informações, estatística e acompanhamento de dados criminais; h) coordenar e supervisionar as atividades de ensino gerencial, técnico e operacional para os profissionais da área de segurança do cidadão nos Estados, Municípios e Distrito Federal; e i) identificar e propor novas metodologias e técnicas de ensino voltado ao aprimoramento da atividade policial.

DEPARTAMENTO DE PLANEJAMENTO E NORMAS. *Direito administrativo.* Órgão específico que tem a função de realizar estudos e pesquisas necessários ao processo de planejamento e à normatização de Política Nacional de Assistência Social.

DEPARTAMENTO DE POLÍCIA FEDERAL (DPF). *Direito administrativo.* É o órgão permanente instituído por lei, estruturado em carreira, diretamente subordinado ao Ministério de Estado da Justiça, que tem por finalidade executar, em todo o território nacional, a competência prevista na Constituição Federal e em leis que a complementam, exercendo, com exclusividade, as funções de polícia judiciária da União, garantindo inclusive a incolumidade do presidente da República, dos diplomatas e visitantes oficiais estrangeiros. Tem as seguintes atribuições: a) apurar infrações penais contra a ordem política e social ou em detrimento de bens, serviços e interesses da União ou de suas entidades autárquicas e empresas públicas, assim como outras infrações cuja prática tenha repercussão interestadual ou internacional e exija repressão uniforme, segundo se dispuser em lei; b) prevenir e reprimir o tráfico ilícito de entorpecentes e drogas afins, o contrabando e o descaminho de bens e valores, sem prejuízo da ação fazendária e de outros órgãos públicos nas respectivas áreas de competência; c) exercer as funções de polícia marítima, aeroportuária e de fronteiras; d) exercer, com exclusividade, as funções de polícia judiciária da União; e) coibir a turbação e o esbulho possessório dos bens e dos próprios da União e das entidades integrantes da Administração Pública Federal,

sem prejuízo da manutenção da ordem pública pelas Polícias Militares dos Estados; f) acompanhar e instaurar inquéritos relacionados aos conflitos agrários ou fundiários e os deles decorrentes, quando se tratar de crime de competência federal, bem como prevenir e reprimir esses crimes.

DEPARTAMENTO DE POLÍCIA RODOVIÁRIA FEDERAL (DPRF). *Direito de trânsito.* Órgão específico singular, integrante da Estrutura Regimental do Ministério da Justiça, que tem por finalidade exercer as competências estabelecidas em lei, e especificamente: 1 – preservar a ordem, a segurança pública, a incolumidade das pessoas, o patrimônio da União e o de terceiros, planejar e coordenar o policiamento rodoviário e executar operações relacionadas com os serviços de segurança pública, por meio do policiamento ostensivo das rodovias e estradas federais; 2 – exercer os poderes de autoridade de trânsito, dentre os quais: a) autuar infratores, adotar as medidas administrativas e aplicar as penalidades; b) cobrar e arrecadar multas, taxas e valores, em razão da prestação dos serviços de apreensão, remoção e estadia de veículos, objetos e animais, que se encontrem irregularmente nas faixas de domínio das rodovias federais, podendo providenciar a alienação daqueles não reclamados, na forma da legislação em vigor; c) realizar a escolta de veículos de cargas superdimensionadas, indivisíveis ou perigosas, podendo recolher os valores provenientes deste serviço; e d) realizar, diretamente ou por meio de terceiros, serviços de guincho; 3 – executar o policiamento, a fiscalização e a inspeção do trânsito e do transporte de pessoas e bens; 4 – planejar e executar os serviços de prevenção de acidentes e atendimento a vítimas nas rodovias e estradas federais; 5 – realizar levantamentos de locais de acidentes, boletins de ocorrências, análise de disco diagrama, investigações, testes de dosagem alcoólica e outros procedimentos estabelecidos em lei ou regulamentos, imprescindíveis à completa elucidação dos acidentes de trânsito ocorridos nas rodovias e estradas federais; 6 – assegurar a livre circulação das vias, notadamente em casos de acidentes de trânsito e manifestações sociais e calamidades públicas; 7 – elaborar o termo circunstanciado de ocorrências; 8 – manter articulação com os órgãos do Sistema Nacional de Trânsito, de Transporte e de Segurança Pública, promovendo o intercâmbio de informações, objetivando o combate à violência no trânsito e a implementação de ações integradas de segurança pública; 9 – executar, promover e participar das atividades de orientação e educação para a segurança do trânsito, bem como desenvolver trabalho contínuo e permanente de prevenção de acidentes de trânsito; 10 – informar ao órgão responsável pela manutenção, conservação e sinalização das vias, sobre as condições de tráfego que possam comprometer a segurança do trânsito, solicitando e adotando medidas emergenciais à sua proteção; 11 – promover processos de recrutamento, seleção e atividade de capacitação de recursos humanos, bem como demais atividades de ensino, na área de competência do Departamento; 12 – credenciar, fiscalizar e adotar medidas de segurança relativas aos serviços de guinchos e remoção de veículos, de escolta de transporte de cargas superdimensionadas, indivisíveis, e de produtos perigosos; 13 – assegurar a livre circulação nas rodovias e estradas federais, podendo solicitar ao órgão rodoviário competente a adoção de medidas emergenciais, bem como zelar pelo cumprimento das normas legais relativas ao direito de vizinhança; 14 – planejar e executar medidas de segurança para a escolta dos deslocamentos do Presidente da República, Ministros de Estados, Chefes de Estado, Diplomatas estrangeiros e outras autoridades, nas vias federais, quando solicitado pela autoridade competente.

DEPARTAMENTO DE POLÍTICAS, PROGRAMAS E PROJETOS. Tem competência para: a) subsidiar a definição das políticas de Governo, no campo da segurança pública; b) identificar, propor e promover a articulação e o intercâmbio entre os órgãos governamentais que possam contribuir para a otimização das políticas de segurança pública; c) manter, em conjunto com o Departamento de Polícia Federal, cadastro de empresas e servidores de segurança privada de todo o País; d) estimular e fomentar a utilização de métodos de desenvolvimento organizacional e funcional que aumentem a eficiência e a eficácia do sistema de segurança pública; e) promover a implementação da coordenação da política nacional de controle de armas, respeitadas as competências da Polícia Federal e as do Ministério da Defesa; f) analisar e manifestar-se sobre desenvolvimento e experiências no campo da segurança pública; g) estimular a gestão policial voltada ao atendimento do cidadão; h) estimular a participação da comunidade em ações proativas e preventivas, em parceria com as organizações de segurança pública; e i) elaborar e propor instrumentos com vistas à modernização das corregedorias das polícias estaduais.

DEPARTAMENTO DE PORTOS. *Direito administrativo* e *direito marítimo.* Órgão ao qual compete: a) assistir o secretário de transportes aquaviários no trato de assuntos que envolvam portos; b) promover análises para subsidiar a elaboração de políticas e diretrizes para o setor de portos; c) promover análises e opinar sobre propostas e solicitações de concessões, permissões e autorizações de investimentos e destinação de recursos públicos, de mudanças institucionais e operacionais e de alterações na legislação, que afetem o setor de portos; d) promover a elaboração de planos, projetos e programas para o setor de portos; e) elaborar, propor à decisão superior e implantar normas para concessões, permissões, autorizações, exploração e fiscalização de serviços e para a contratação e fiscalização de obras, fornecimentos e serviços que envolvam recursos públicos em sua área de competência; f) promover e controlar a arrecadação do Adicional de Tarifa Portuária (ATP); g) acompanhar e analisar o desempenho operacional das entidades vinculadas, na sua área de competência; h) supervisionar a gestão dos contratos de concessão e autorização, promovendo os atos necessários ao cumprimento de suas cláusulas.

DEPARTAMENTO DE PROTEÇÃO E DEFESA DO CONSUMIDOR (DPDC). *Direito do consumidor.* Órgão integrante do Sistema Nacional de Defesa do Consumidor que tem a incumbência de: a) planejar, elaborar, propor, coordenar e executar a política nacional de proteção e defesa do consumidor; b) receber, analisar, avaliar e apurar consultas e denúncias apresentadas por entidades representativas ou pessoas jurídicas de direito público ou privado ou por consumidores individuais; c) prestar aos consumidores orientação permanente sobre seus direitos e garantias; d) informar, conscientizar e motivar o consumidor, por intermédio dos diferentes meios de comunicação; e) solicitar à polícia judiciária a instauração de inquérito para apuração de delito contra o consumidor, nos termos da legislação vigente; f) representar ao Ministério Público competente, para fins de adoção de medidas processuais, penais e civis, no âmbito de suas atribuições; g) levar ao conhecimento dos órgãos competentes as infrações de ordem administrativa que violarem os interesses difusos, coletivos ou individuais dos consumidores; h) solicitar o concurso de órgãos e entidades da União, dos Estados, do Distrito Federal e dos Municípios, bem como auxiliar na fiscalização de preços, abastecimento, quantidade e segurança de produtos e serviços; i) incentivar, inclusive com recursos financeiros e outros programas especiais, a criação de órgãos públicos estaduais e municipais de defesa do consumidor e a formação, pelos cidadãos, de entidades com esse mesmo objetivo; j) fiscalizar e aplicar as sanções administrativas previstas em lei pertinente à defesa do consumidor; k) solicitar o concurso de órgãos e entidades de notória especialização técnico-científica para a consecução de seus objetivos; l) provocar a Secretaria de Direito Econômico para celebrar convênios e termos de ajustamento de conduta; m) elaborar e divulgar o cadastro nacional de reclamações fundamentadas contra fornecedores de produtos e serviços; n) desenvolver outras atividades compatíveis com suas finalidades.

DEPARTAMENTO DE SANEAMENTO (DESAN). Órgão singular da Fundação Nacional de Saúde (FNS) diretamente subordinado ao Presidente, com a finalidade de planejar, coordenar e fomentar políticas e ações de saneamento e de engenharia, desenvolver programas de cooperação técnica aos Estados e Municípios e de execução de ações, em caráter supletivo e de interesse epidemiológico, visando a organização, estruturação, execução, operação e manutenção dos serviços de saneamento.

DEPARTAMENTO DE TRANSPORTES FERROVIÁRIOS. *Direito administrativo.* Órgão que tem a função de: a) assistir o secretário de Transportes Terrestres no trato de assuntos que envolvam o transporte ferroviário; b) promover análises para subsidiar a elaboração de políticas e diretrizes para o setor ferroviário; c) promover análises e opinar sobre propostas e solicitações de concessões, permissões e autorizações de investimentos e destinação de recursos públicos, de mudanças institucionais e operacionais e de alteração na legislação que afetem os transportes ferroviários; d) promover a elaboração de planos, programas e projetos

para o setor ferroviário; e) elaborar, propor à decisão superior e implantar normas para concessões, permissões, autorizações, exploração e fiscalização de serviços e para contratação e fiscalização de obras, fornecimentos e serviços que envolvam recursos públicos, em sua área de competência; f) acompanhar e analisar o desempenho operacional das entidades vinculadas, na sua área de competência.

DEPARTAMENTO DE TRANSPORTES RODOVIÁRIOS. *Direito administrativo.* Órgão com atribuição de: a) dar assistência no trato de assuntos que envolvam o transporte rodoviário; b) promover análises para subsidiar a elaboração de políticas e diretrizes para o setor rodoviário; c) promover análises e opinar sobre propostas e solicitações de concessões, permissões e autorizações de investimentos e destinação de recursos públicos, de mudanças institucionais e operacionais e de alterações na legislação que afetem os transportes rodoviários; d) promover a elaboração de planos, programas e projetos para o setor rodoviário; e) elaborar, propor à decisão superior e implantar normas para concessões, permissões, autorizações, exploração e fiscalização de obras, fornecimentos e serviços que envolvam recursos públicos, em sua área de competência; f) acompanhar e analisar o desempenho operacional das entidades vinculadas, na sua área de competência.

DEPARTAMENTO DO REGIME GERAL DE PREVIDÊNCIA SOCIAL. *Direito previdenciário.* Órgão federal competente para: a) coordenar, acompanhar, avaliar e supervisionar as ações do Regime Geral de Previdência Social nas áreas de benefícios e de arrecadação; b) coordenar, acompanhar e supervisionar a atualização e a revisão dos planos de custeio e benefícios do Regime Geral de Previdência Social; c) desenvolver projetos de racionalização e simplificação do ordenamento normativo e institucional da previdência social; d) realizar projeções e simulações das receitas e despesas do Regime Geral de Previdência Social; e) coletar e sistematizar informações previdenciárias; f) realizar estudos visando ao aprimoramento do Regime Geral de Previdência Social; e g) emitir pareceres técnicos sobre matéria de sua competência.

DEPARTAMENTO DOS REGIMES DE PREVIDÊNCIA NO SERVIÇO PÚBLICO. *Direito previdenciário.* Órgão incumbido de: a) orientar, acompanhar e supervisionar os regimes próprios de previdência social dos servidores públicos e dos militares da União, dos Estados, do Distrito Federal e dos Municípios; b) realizar estudos técnicos necessários ao aprimoramento dos Regimes de Previdência no Serviço Público; c) realizar e assessorar a realização de projeções e simulações das receitas e despesas dos regimes próprios de previdência da União, dos Estados, do Distrito Federal e dos Municípios; d) prestar assistência técnica com vistas ao aprimoramento das bases de dados previdenciárias, a realização de diagnósticos e a elaboração de propostas de reformas dos sistemas previdenciários no serviço público; e) emitir pareceres para acompanhamento dos resultados apresentados pela União, pelos Estados, pelo Distrito Federal e pelos Municípios na organização dos seus regimes de previdência; f) fomentar a articulação institucional entre as esferas de governo em matéria de sua competência; g) coletar e sistematizar informações dos regimes de previdência no serviço público.

DEPARTAMENTO NACIONAL DE DEFESA DO CONSUMIDOR. *História do direito.* Denominação que, outrora, era dada ao Departamento de Proteção e Defesa do Consumidor.

DEPARTAMENTO NACIONAL DE ESTRADAS DE RODAGEM (DNER). *Direito administrativo.* Autarquia federal, sediada em Brasília e com jurisdição em todo o território nacional, que tem por escopo executar a Política Nacional de Transporte Rodoviário.

DEPARTAMENTO NACIONAL DE INFRA–ESTRUTURA DE TRANSPORTES (DNIT). *Direito administrativo.* Autarquia federal, vinculada ao Ministério dos Transportes, com personalidade jurídica de direito público e autonomia administrativa, patrimonial e financeira, com sede e foro na cidade de Brasília, Distrito Federal, é órgão gestor e executor, em sua esfera de atuação, da infra-estrutura de transporte terrestre e aquaviário integrante do Sistema Federal de Viação, e tem por finalidade: a) implementar, em sua esfera de atuação, a política estabelecida para a administração da infra-estrutura do Sistema Federal de Viação, sob jurisdição do Ministério dos Transportes, que compreende a operação, manutenção, restauração ou reposição, adequação de capacidade e ampliação mediante construção de novas vias e terminais, de acordo com os princípios e as diretrizes estabelecidas; b) promover pesquisas e estu-

dos experimentais nas áreas de engenharia de infra-estrutura de transportes, considerando, inclusive, os aspectos relativos ao meio ambiente; c) estabelecer padrões, normas e especificações técnicas para os programas de segurança operacional, sinalização, manutenção, restauração de vias, terminais e instalações, bem como para a elaboração de projetos e execução de obras viárias; d) fornecer ao Ministério dos Transportes informações e dados para subsidiar a formulação dos planos gerais de outorga dos segmentos da infra-estrutura viária; e) administrar, diretamente ou por meio de convênios de delegação ou cooperação, os programas de operação, manutenção, conservação, restauração e reposição de rodovias, ferrovias, vias navegáveis, terminais e instalações portuárias; f) gerenciar, diretamente ou por meio de convênios de delegação ou cooperação, projetos e obras de construção, recuperação, manutenção e ampliação de rodovias, ferrovias, vias navegáveis, terminais e instalações portuárias, decorrentes de investimentos programados pelo Ministério dos Transportes e autorizados pelo Orçamento Geral da União; g) participar de negociações de empréstimos com entidades públicas e privadas, nacionais e internacionais, para financiamento de programas, projetos e obras de sua competência, sob a coordenação do Ministério dos Transportes; h) realizar programas de pesquisa e de desenvolvimento tecnológico, promovendo a cooperação técnica com entidades públicas e privadas; i) manter intercâmbio com organizações de pesquisa e instituições de ensino, nacionais ou estrangeiras; j) promover ações de prevenção e programas de segurança operacional de trânsito, visando a redução de acidentes, em articulação com órgãos e entidades setoriais; k) elaborar o relatório anual de atividades e desempenho, destacando o cumprimento das políticas do setor, enviando-o ao Ministério dos Transportes; l) elaborar o seu orçamento e proceder à execução financeira; m) adquirir e alienar bens, adotando os procedimentos legais adequados para efetuar sua incorporação e desincorporação; n) administrar pessoal, patrimônio, material e serviços gerais; o) contribuir para a preservação do patrimônio histórico e cultural do setor de transportes; p) solicitar o licenciamento ambiental das obras e atividades executadas em sua esfera de competência;

q) organizar, manter atualizadas e divulgar as informações estatísticas relativas às atividades portuária, aquaviária, rodoviária e ferroviária sob sua administração; r) estabelecer padrões, normas e especificações técnicas para os programas referentes às vias navegáveis, terminais e instalações portuárias; s) declarar a utilidade pública de bens e propriedades a serem desapropriados para a implantação do Sistema Federal de Viação; t) autorizar e fiscalizar a execução de projetos e programas de investimentos, no âmbito dos convênios de delegação ou de cooperação; u) propor ao Ministro de Estado dos Transportes a definição da área física dos portos que lhe são afetos; v) estabelecer não só critérios para elaboração de planos de desenvolvimento e zoneamento dos portos que lhe são afetos, mas também padrões, normas e especificações técnicas para a elaboração de projetos e execução de obras viárias, relativas às estradas de ferro do Sistema Federal de Viação; x) submeter anualmente ao Ministério dos Transportes a sua proposta orçamentária, nos termos da legislação em vigor, bem como as alterações orçamentárias que se fizerem necessárias no decorrer do exercício; y) desenvolver estudos sobre transporte ferroviário ou multimodal envolvendo estradas de ferro; w) projetar, acompanhar e executar, direta ou indiretamente, obras relativas a transporte ferroviário ou multimodal, envolvendo estradas de ferro do Sistema Federal de Viação, excetuadas aquelas relacionadas com os arrendamentos já existentes; e z) aprovar projetos de engenharia cuja execução modifique a estrutura do Sistema Federal de Viação.

DEPARTAMENTO NACIONAL DE OBRAS CONTRA AS SECAS (DNOCS). *Direito administrativo.* Autarquia federal, vinculada ao Ministério da Integração Nacional, com sede e foro na cidade de Fortaleza-CE, tem como competências: a) contribuir para a implementação dos objetivos da Política Nacional de Recursos Hídricos; b) contribuir para a elaboração do Plano Regional de Recursos Hídricos, em ação conjunta com a Agência de Desenvolvimento do Nordeste (ADENE) e os governos estaduais em sua área de atuação; c) elaborar projetos de engenharia e executar obras públicas de captação, acumulação, condução, distribuição, proteção e utilização de recursos hídricos, em conformidade com a Política e o Sistema Nacional de Gerenciamento de Recursos Hídricos; d) contribuir para a implementação e operação, sob sua responsabilidade ou conjuntamente com outros órgãos, com vistas à melhor distribuição das disponibilidades hídricas regionais; e) implantar e apoiar a execução dos planos e projetos de irrigação e, em geral, de valorização de áreas, inclusive áreas agricultáveis não-irrigáveis, que tenham por finalidade contribuir para a sustentabilidade do semi-árido; f) colaborar na realização de estudos de avaliação permanente da oferta hídrica e da estocagem nos seus reservatórios, visando procedimentos operacionais e emergenciais de controle de cheias e preservação da qualidade da água; g) colaborar na preparação dos planos regionais de operação, manutenção e segurança de obras hidráulicas, incluindo atividades de manutenção preventiva e corretiva, análise e avaliação de riscos e planos de ação emergencial em casos de acidentes; h) promover ações no sentido da regeneração de ecossistemas hídricos e de áreas degradadas, com vistas à correção dos impactos ambientais decorrentes da implantação de suas obras, podendo celebrar convênios e contratos para a realização dessas ações; i) desenvolver e apoiar as atividades voltadas para a organização e capacitação administrativa das comunidades usuárias dos projetos de irrigação, visando sua emancipação; j) promover, na forma da legislação em vigor, a desapropriação de terras destinadas à implantação de projetos e proceder à concessão ou à alienação das glebas em que forem divididas; k) cooperar com outros órgãos públicos, Estados, Municípios e instituições oficiais de crédito, em projetos e obras que envolvam desenvolvimento e aproveitamento de recursos hídricos; l) colaborar na concepção, instalação, manutenção e operação da rede de estações hidrológicas e na promoção do estudo sistemático das bacias hidrográficas, de modo a integrar o Sistema Nacional de Informações sobre Recursos Hídricos; m) promover estudos, pesquisas e difusão de tecnologias destinados ao desenvolvimento sustentável da aqüicultura e atividades afins; n) cooperar com outros organismos públicos no planejamento e na execução de programas permanentes e temporários, com vistas a prevenir e atenuar os efeitos das adversidades climáticas; o) celebrar convênios e contratos com entidades públicas e privadas; p) realizar operações de crédito e financiamento, internas e externas na forma da lei; q) cooperar com os órgãos públicos especializados na colonização de áreas que possam absorver os excedentes demográficos, inclusive em terras situadas nas bacias dos açudes públicos; e r) transferir, mediante convênio, conhecimentos tecnológicos nas áreas de recursos hídricos e aqüicultura para as instituições de ensino situadas em sua área de atuação.

DEPARTAMENTO NACIONAL DE PRODUÇÃO MINERAL (DNPM). *Direito administrativo.* Autarquia federal, vinculada ao Ministério das Minas e Energia, que tem por fim promover o planejamento e o fomento da exploração e do aproveitamento dos recursos minerais e superintender as pesquisas geológicas minerais e de tecnologia mineral, bem como assegurar, controlar e fiscalizar o exercício das atividades de mineração em todo o território nacional, na forma do que dispõe o Código de Mineração, o Código de Águas Minerais e a legislação que os complementa, competindo-lhe, em especial: a) promover a outorga, ou propô-la à autoridade competente, quando for o caso, dos títulos minerários relativos à exploração e ao aproveitamento dos recursos minerais e expedir os demais atos referentes à execução da legislação minerária; b) coordenar, sistematizar e integrar os dados geológicos dos depósitos minerais, promovendo a elaboração de textos, cartas e mapas geológicos para divulgação; c) acompanhar, analisar e divulgar o desempenho da economia mineral brasileira e internacional, mantendo serviços de estatística da produção e do comércio de bens minerais; d) formular e propor diretrizes para a orientação da política mineral; e) fomentar a produção mineral e estimular o uso racional e eficiente dos recursos minerais; f) fiscalizar a pesquisa, a lavra, o beneficiamento e a comercialização dos bens minerais, podendo realizar vistorias, autuar infratores e impor as sanções cabíveis, na conformidade do disposto na legislação minerária; g) baixar normas, em caráter complementar, e exercer a fiscalização sobre o controle ambiental, a higiene e a segurança das atividades de mineração, atuando em articulação com os demais órgãos responsáveis pelo meio ambiente e pela higiene, segurança e saúde ocupacional dos trabalhadores; h) implantar e gerenciar bancos de dados, para subsidiar as ações de política mineral necessárias ao planejamento governamental; i) baixar normas e exercer fiscalização sobre a arrecadação da Compensação Financeira pela Exploração de Recursos Minerais; j) fomentar a pequena empresa de mineração; k) estabelecer as áreas e as condições para o exercício da garimpagem em forma individual ou associativa.

DEPARTAMENTO NACIONAL DE REGISTRO DO COMÉRCIO (DNRC). *Direito administrativo* e *direito comercial.* Órgão integrante do Ministério de Desenvolvimento, da Indústria e do Comércio Exterior que tem por escopo: a) supervisionar e coordenar, no plano técnico, os órgãos incumbidos da execução dos serviços de Registro Público de Empresas Mercantis; b) estabelecer e consolidar, com exclusividade, as normas e diretrizes gerais do Registro Público de Empresas Mercantis e Atividades Afins; c) solucionar dúvidas ocorrentes na interpretação das leis, regulamentos e demais normas relacionadas com o registro de empresas mercantis, baixando instruções para esse fim; d) prestar orientação às Juntas Comerciais, com vistas à solução de consultas e à observância das normas legais e regulamentares do Registro Público de Empresas Mercantis; e) exercer ampla fiscalização jurídica sobre os órgãos incumbidos do Registro Público de Empresas Mercantis, representando para os devidos fins as autoridades administrativas contra abusos e infrações das respectivas normas e requerendo tudo o que se afigurar necessário ao cumprimento dessas normas; f) estabelecer normas procedimentais de arquivamento de atos de firmas mercantis individuais, ou melhor, de empresários e sociedades empresárias de qualquer natureza; g) promover ou providenciar, supletivamente, as medidas tendentes a suprir ou corrigir as ausências, falhas ou deficiências dos serviços de Registro Público de Empresas Mercantis; h) prestar colaboração técnica e financeira às Juntas Comerciais para a melhoria dos serviços pertinentes ao Registro Público de Empresas Mercantis; i) organizar e manter atualizado o cadastro nacional das empresas mercantis em funcionamento no País, com a cooperação das Juntas Comerciais; j) instruir, examinar e encaminhar os processos e recursos a serem decididos pelo Ministro de Estado do Desenvolvimento, Indústria e do Comércio Exterior, inclusive os pedidos de autorização para nacionalização ou instalação de filial, agência, sucursal ou estabelecimento no País, por sociedade estrangeira, sem prejuízo da competência de outros órgãos federais; k) promover estudos, reuniões e publicações sobre assuntos pertinentes ao Registro Público de Empresas Mercantis.

DEPARTAMENTO NACIONAL DE TRÂNSITO (DENATRAN). *Direito administrativo* e *direito de trânsito.* Órgão subordinado ao Ministério da Justiça com o dever de: organizar e manter atualizado o Registro Nacional de Veículos Automotores e de Carteiras de Habilitação; cooperar no estudo e solução dos problemas de trânsito; organizar cursos de treinamento de pessoal encarregado de fiscalizar o trânsito etc.

DEPARTAMENTO PENITENCIÁRIO NACIONAL (DEPEN). *Direito penal* e *direito penitenciário.* A Lei de Execução Penal (LEP) o define como órgão executivo da Política Penitenciária Nacional e de apoio administrativo e financeiro ao Conselho Nacional de Política Criminal e Penitenciária (CNPCP). O DEPEN é o órgão superior de controle, integrante da estrutura regimental do Ministério da Justiça, destinado a acompanhar a aplicação da Lei de Execução Penal e das diretrizes da política penitenciária, emanadas do Conselho Nacional de Política Criminal e Penitenciária cuja finalidade é viabilizar condições para a implantação de ordenamento administrativo e técnico voltado ao desenvolvimento da política penitenciária. Destaca-se, ainda, como órgão de apoio à gestão do Fundo Penitenciário Nacional (FUNPEN). Entre as principais atribuições, estabelecidas na LEP, sobressaem estas: a) acompanhar a fiel aplicação das normas de execução penal em todo o território nacional; b) inspecionar e fiscalizar periodicamente os estabelecimentos e serviços penais; c) assistir tecnicamente às unidades federativas na implementação dos princípios e regras da execução penal; d) colaborar com as unidades federativas, mediante convênios, na implantação de estabelecimentos e serviços penais; e) colaborar com as unidades federativas na realização de cursos de formação de pessoal penitenciário e de ensino profissionalizante do condenado e do internado; f) coordenar e supervisionar os estabelecimentos penais e de internamento federais; g) processar, estudar e encaminhar, na forma prevista em lei, os pedidos de indultos individuais; h) gerir os recursos do Fundo Penitenciário Nacional (FUNPEN); i) apoiar administrativa e financeiramente o Conselho Nacional de Política Criminal e Penitenciária.

DEPARTIMENTO. Ato ou efeito de repartir, distribuir, separar.

DEPASCENTE. *Medicina legal.* O que alastra ou corrói.

DEPAUPERAÇÃO. Empobrecimento; debilitação.

DÉPEÇAGE. *Direito internacional privado.* Método analítico dos elementos de conexão existentes no contrato internacional, largamente usado pelos americanos e limitadamente pelos europeus. Compete aos contratantes a análise do contrato, sendo, excepcionalmente, usado pelo juiz, que partirá do pressuposto de que os interessados se subordinaram unicamente à *proper law of the contract. Dépeçage (morcellement, dissection, scission* ou *coupure*) é o despedaçamento do contrato para sua interpretação *a priori*, devido à setorização dos contratos internacionais, visto que há a praxe de despedaçá-los para sua interpretação *a posteriori.* A doutrina pretende a unidade contratual, evitando-se o seu despedaçamento para fins interpretativos, mas, no direito internacional privado, havendo omissão, imperfeição ou dúvida na manifestação das partes contratantes, utiliza-se o *dépeçage.* Para delinear a lei da autonomia, despedaçam, decompõem ou dissecam o contrato em seus vários elementos, desde a capacidade das partes até a execução e a liquidação das obrigações contratuais, desvendando sua forma e fundo. O *dépeçage* é um modo de solucionar conflitos de leis no espaço utilizado pelos contratantes, e, na hipótese de silêncio destes, pelo julgador, tendo como único escopo adequar a vontade das partes e respeitar a autoridade das leis vigentes em diversos Estados, que, por serem normas de ordem pública, não podem deixar de ser aplicadas.

DEPENDÊNCIA. 1. *Direito internacional público.* Possessão; domínio; colônia. **2.** *Direito civil.* a) Cômodo ou compartimento de um imóvel; cada uma das divisões de uma casa; b) relação existente entre o bem acessório e o principal; c) estado de dependente; subordinação; sujeição; d) pertença. **3.** *Direito processual civil.* Distribuição de um feito ao mesmo juízo competente para decidir outro já ajuizado, desde que haja entre eles relação de conexidade; conexão de ações; ligação entre causas conexas. **4.** *Direito bancário.* Agência ou escritório de representação de instituição financeira.

DEPENDÊNCIA DO IDOSO. Condição do indivíduo que requer o auxílio de pessoas ou de equipamentos especiais para realização de atividades da vida diária.

DEPENDÊNCIA ECONÔMICA. *Direito civil, direito previdenciário* e *direito tributário.* Condição de quem vive a expensas ou à custa de outrem, dele dependendo para sobreviver e atender às suas necessidades de alimentação, habitação, vestuário, educação etc.

DEPENDÊNCIA FÍSICA. *Medicina legal.* Vício causado pelo uso prolongado de certos remédios ou substâncias entorpecentes.

DEPENDÊNCIA PSÍQUICA. *Medicina legal* e *direito penal.* Estado produzido pelo consumo de drogas ou psicotrópicos que leva o paciente a aumentar habitualmente as doses, pela sensação de bem-estar e alheamento que proporcionam.

DEPENDÊNCIA TOXICOLÓGICA. *Medicina legal.* Estado provocado pelo uso de substâncias alucinógenas comprometendo a capacidade de autodeterminação.

DEPENDENTE. 1. *Direito previdenciário.* a) Beneficiário do segurado da previdência social; b) aquele que para subsistir vive a expensas de outrem, que provê suas necessidades primárias. **2.** *Direito civil.* a) Aquele que está subordinado a outro em razão de vínculo contratual; b) alimentando. **3.** *Direito do trabalho.* Empregado. **4.** *Direito processual civil.* O que tem conexão.

DÉPENS. *Termo francês.* **1.** Despesas. **2.** Custas processuais.

DEPENSUS. *Direito romano.* Garantidor do demandado na *actio.*

DE PERSONA AD PERSONAM. *Expressão latina.* Indica a transferência da propriedade e da posse da herança aos herdeiros no instante da morte do *de cujus.*

DE PLANO. De modo imediato; imediatamente; sem qualquer formalidade.

DEPLEÇÃO. *Medicina legal.* **1.** Redução ou perda de sangue ou de outros humores armazenados pelo corpo. **2.** Estado de debilitação provocado pela perda dos humores.

DE PLENO DIREITO. Aquilo que é decorrente de lei, sem que haja qualquer manifestação volitiva, notificação, interpelação judicial ou extrajudicial ou realização de qualquer formalidade; aquilo que produz efeito *pleno jure* por força de lei.

DEPOENTE. *Direito processual civil* e *direito processual penal.* Aquele que depõe em juízo como testemunha ou como litigante.

DEPOENTE ESPECIAL. *Direito processual penal.* É o réu detido ou preso, aguardando julgamento, indiciado ou acusado sob prisão cautelar em qualquer de suas modalidades, que testemunhe em inquérito ou processo judicial, dispondo-se a colaborar efetiva e voluntariamente com a investigação e o processo criminal, desde que dessa colaboração possa resultar a identificação de autores, co-autores ou partícipes da ação criminosa, a localização da vítima com sua integridade física preservada ou a recuperação do produto do crime; e a pessoa que corra risco pessoal e colabore na produção da prova.

DEPOIMENTO. *Direito processual civil* e *direito processual penal.* **1.** Ação ou efeito de depor em juízo. **2.** O que a testemunha ou a parte interessada afirma verbalmente perante o juiz; conteúdo do testemunho ou da declaração. **3.** Auto ou escrito onde consta a prova testemunhal. **4.** Meio probatório.

DEPOIMENTO *AD PERPETUAM MEMORIAM.* *Vide* DEPOIMENTO DE FUTURA MEMÓRIA.

DEPOIMENTO ANTECIPADO. *Direito processual penal.* Tomada de declaração de testemunha que tiver de ausentar-se em razão de enfermidade, por temor de que não mais esteja viva ao tempo da instrução criminal.

DEPOIMENTO DE FUTURA MEMÓRIA. *Direito processual.* Aquele que é requerido e feito extrajudicialmente como medida cautelar, para que se fixe a declaração testemunhal ou da parte litigante para futura memória, com o escopo de ser apresentada por ocasião da comprovação do fato a que se refere. Tal depoimento preventivo ou preparatório é tomado, por exemplo, ante o receio de que a testemunha ou a parte interessada possa se ausentar ou não comparecer em juízo, em razão de doença, no momento de depor.

DEPOIMENTO ORAL. *Direito processual penal.* Esclarecimento verbal prestado pelo perito, no júri ou na audiência de instrução e julgamento, sobre o laudo que apresentou.

DEPOIMENTO PESSOAL. *Direito processual civil.* Declaração feita pelo próprio litigante, ao ser interrogado em juízo sobre os fatos controvertidos do litígio, que constitui meio de prova

DEP 76 · DEPOIMENTOS DIVERGENTES

destinado a esclarecê-los e a provocar sua confissão. Se o litigante não comparecer em juízo ou se recusar a depor, será tido como confesso, presumindo-se verdadeiros os fatos contra ele alegados.

DEPOIMENTOS DIVERGENTES. *Direito processual civil.* Acareação de duas ou mais testemunhas ou de uma delas com a parte, quando houver divergência em suas declarações sobre certo fato.

DEPOIMENTO TESTEMUNHAL. *Direito processual.* Declaração feita por pessoa estranha ao litígio e conhecedora do fato controvertido, servindo como meio de prova.

DEPONENTE. *Vide* DEPOENTE.

DEPOPULAÇÃO. Ação ou efeito de despovoar.

DEPOR. 1. Destituir de cargo; demitir. **2.** Depositar. **3.** Fazer declaração em juízo. **4.** Fornecer provas. **5.** Testemunhar. **6.** Despojar. **7.** Renunciar. **8.** Entregar.

DÉPORT. 1. *Direito comercial.* a) Operação da Bolsa de Valores pela qual o vendedor, jogando na baixa, compra títulos à vista, a fim de revendê-los a termo para a mesma pessoa de quem os adquiriu, para liquidação posterior; b) diferença existente, nas operações de Bolsa, entre os preços a prazo e à vista, se aquele for inferior a este. **2.** *Direito processual civil.* Recusa de um árbitro ou juiz.

DEPORTAÇÃO. 1. *Direito internacional privado.* Exclusão do território brasileiro, de estrangeiro em situação irregular. **2.** *Direito penal.* Pena aplicada a estrangeiro, obrigando-o a sair do País, por ser sua permanência inconveniente à ordem pública interna, proibindo o seu retorno enquanto aquela pena durar.

DEPORTAÇÃO OU TRANSFERÊNCIA À FORÇA DE UMA POPULAÇÃO. *Direito internacional público.* Entende-se o deslocamento forçado de pessoas, através da expulsão ou outro ato coercivo, da zona em que se encontram legalmente, sem qualquer motivo reconhecido no direito internacional.

DEPORTE. *Vide DÉPORT.*

DEPOSIÇÃO. 1. *Direito canônico.* Ato de despojar um eclesiástico de seu cargo e de suas funções em razão de alguma falta grave por ele cometida. **2.** *Direito processual.* Depoimento. **3.** *Direito administrativo.* a) Ato de obrigar alguém a deixar o cargo que ocupa; destituição; b) abdicação; renúncia voluntária de cargo. **4.** *Direito civil.* Re-

núncia de alguma coisa. **5.** *Direito ambiental.* Técnica que consiste em jogar lixo a céu aberto, em espaços ambientais, apresentando risco ao meio ambiente.

DEPOSITADO. O que se depositou.

DEPOSITANTE. *Direito civil.* Pessoa que faz um depósito, entregando uma coisa ou valor à guarda ou aos cuidados de outrem; aquele que deposita ou entrega uma coisa em depósito.

DEPOSITAR. 1. *Direito civil.* a) Entregar objeto em depósito para que outrem o guarde; b) dar como garantia de pagamento de um débito; c) confiar. **2.** *Direito bancário.* Pôr em depósito num banco. **3.** *Direito processual civil.* Consignar em juízo para efeito de pagamento; entregar ao Judiciário bens ou valores por ordem judicial; entregar coisas ou valores ao órgão judiciário competente como prestação em execução dependente de contraprestação.

DEPOSITÁRIO. *Direito civil.* Pessoa física ou instituição que recebe bens ou valores para guardá-los, com diligência, e restituí-los, oportunamente, quando forem reclamados, sob pena de prisão por ato de infidelidade.

DEPOSITÁRIO DO TRATADO. *Direito internacional público.* Aquele que recebe o original do tratado, seu instrumento de ratificação ou de adesão e a notificação de denúncia, transmitindo a notícia, a todos os interessados. Tal depositário pode ser o Estado, organismo internacional ou o principal funcionário administrativo desse órgão.

DEPOSITÁRIO INFIEL. *Direito constitucional, direito civil* e *direito processual civil.* Aquele que se nega a devolver, ante mandado judicial, coisa ou valor que lhe foi confiado, sujeitando-se, assim, à prisão não excedente a um ano e ao ressarcimento dos danos decorrentes do seu inadimplemento.

DEPOSITÁRIO JUDICIAL. *Direito processual civil.* Serventuário da justiça que tem o dever de guardar bens ou valores depositados em juízo, em razão de depósito judicial, consignação em pagamento, penhora ou arrecadação (De Plácido e Silva).

DEPOSITÁRIO NECESSÁRIO. *Direito civil.* Aquele que tem, por força de prescrição legal ou ante a ocorrência de uma calamidade provocada por força maior ou caso fortuito, obrigação de manter sob sua custódia bens ou valores alheios.

DEPOSITÁRIO PARTICULAR. *Direito civil* e *direito processual civil.* **1.** Aquele que recebe, por convenção, bens ou valores do outro contratante para guarda e conservação. **2.** Terceiro incumbido, em razão de penhora, seqüestro ou arrecadação, de guardar bens e valores, na falta de depositário judicial.

DEPOSITÁRIO PÚBLICO. *Vide* DEPOSITÁRIO JUDICIAL.

DEPOSITIO IN DOMO. *Locução latina.* Depósito do bem na casa do adquirente.

DEPÓSITO. 1. *Direito civil.* a) Contrato pelo qual um dos contratantes (depositário) recebe do outro (depositante) um bem móvel, obrigando-se a guardá-lo, temporária e gratuitamente, para restituí-lo quando lhe for exigido; b) diz-se da coisa entregue à guarda de outrem; aquilo que se depositou; c) local onde se guardam os bens dados em depósito. **2.** *Direito comercial.* a) Contrato de natureza mercantil em que o depositário recebe a custódia de bens ou valores em poder ou por conta de empresário, por causa proveniente do comércio; b) guarda de mercadorias em armazéns-gerais; c) estabelecimento empresarial destinado a guardar provisoriamente bens concernentes a seus negócios, para fins de comercialização. Trata-se de uma pessoa jurídica ou unidade da empresa que coloca os produtos junto ao consumidor, pelo sistema da revenda; d) armazém-geral. **3.** *Direito bancário.* Importância creditada em conta corrente de banco ou instituição financeira. **4.** *Direito processual civil.* a) Ato processual pelo qual o Estado assume a custódia dos bens do executado enquanto não se der sua arrematação ou adjudicação (Gabriel Resende Filho). É ato executório ou assecuratório de bens litigiosos (José de Moura Rocha); b) relação de direito processual que subordina bens penhorados à guarda e responsabilidade de órgão auxiliar do juízo – o depositário público – ou de alguém que a tanto se comprometa e subordine (Celso Neves). **5.** *Direito internacional público.* Ato formal com que um país conclui, juntamente com outro Estado ou organismo internacional depositário, a ratificação, aceitação ou adesão a um tratado plurilateral (Othon Sidou). **6.** *Direito financeiro.* Entrada de Títulos no ambiente Tesouro Direto, mediante crédito destes Títulos na Conta da CBLC no SELIC e conseqüente registro em Conta de Custódia.

DEPÓSITO ABANDONADO. *Direito civil.* É o depósito de bens que, tendo decorrido o prazo legal de vinte e cinco anos para sua existência, não foi reclamado pelo interessado nem por seus herdeiros, operando-se sua extinção. Os bens depositados serão, então, recolhidos ao Tesouro Nacional e, devidamente relacionados em nome de seus proprietários, aí permanecerão, se não forem reclamados no prazo de cinco anos, findo o qual se incorporarão ao patrimônio nacional.

DEPÓSITO ADMINISTRATIVO. *Direito tributário.* É o feito, pelo contribuinte, no valor objeto da controvérsia administrativa, constante de auto de infração ou notificação de lançamento, para garantir a inalterabilidade do importe em discussão, já que o *quantum* depositado rende juros na mesma proporção que os acréscimos incidentes sobre o crédito tributário (Eduardo M. Ferreira Jardim).

DEPÓSITO ADUANEIRO DE DISTRIBUIÇÃO. *Direito alfandegário.* É o regime aduaneiro especial de uso privativo que permite o entreposto de mercadorias estrangeiras importadas sem cobertura cambial e destinadas à exportação, à reexportação para terceiros países e a despacho para consumo, beneficiando empresas estabelecidas no País que preencham as condições estabelecidas pelo secretário da Receita Federal. O regime será autorizado, a título precário, por ato do secretário da Receita Federal, que alfandegará o recinto destinado ao seu funcionamento e contemplará um único estabelecimento de cada empresa beneficiária no País.

DEPÓSITO AFIANÇADO. *Direito internacional privado.* Regime aduaneiro especial que permite a estocagem, com suspensão do pagamento de impostos, de materiais importados sem cobertura cambial, destinados à manutenção e reparo de embarcação ou de aeronave pertencentes à empresa autorizada a operar no transporte internacional, e utilizadas nessa atividade. É extensivo a empresas estrangeiras operem no transporte rodoviário (Antonio Carlos Rodrigues do Amaral).

DEPÓSITO ALFANDEGADO CERTIFICADO (DAC). *Direito alfandegário.* É o regime que admite a permanência, em local alfandegado do território nacional, de mercadoria já comercializada com o exterior e considerada exportada para todos os efeitos fiscais, creditícios e cambiais, devendo, portanto, a operação ser previamente registrada no SISCOMEX. Tal regime permite considerar exportada, para todos os efeitos fiscais, creditícios e cambiais, a mercadoria nacional depositada em recinto alfandegado, vendida a pessoa sediada no exterior, mediante contrato de entrega no território nacional e à ordem do adquirente. Para tanto emitir-se-á o documento denominado *conhecimento de depósito alfandegado* (Antonio Carlos Rodrigues do Amaral).

DEPÓSITO ANTIGO. *Direito civil.* Tesouro.

DEPÓSITO BANCÁRIO. *Direito bancário.* Operação bancária em que uma pessoa física ou jurídica entrega determinada importância em dinheiro, com curso legal no país, a um banco, que se obriga a guardá-la e a restituí-la quando for exigida, no prazo e nas condições ajustadas.

DEPÓSITO BANCÁRIO A PRAZO FIXO. *Direito bancário.* Dá-se quando o depositante não pode efetuar a retirada senão a termo certo (três meses, seis meses, um ano), antes do qual o banco poderá recusar-lhe o saque. A conta, durante certo prazo, não poderá ser movimentada.

DEPÓSITO BANCÁRIO A VISTA. *Direito bancário.* Aquele que o depositante pode levantar, total ou parcialmente, a seu bel-prazer. Pode ser levantado a qualquer tempo, salvo se estiver penhorado ou bloqueado para certo fim. O depósito a vista, também chamado "em conta de movimento", permite, portanto, ao depositante fazer as retiradas que quiser, sem qualquer restrição, dentro dos saldos disponíveis, atendendo às normas peculiares ao estabelecimento bancário depositário. Facilita o movimento dos fundos disponíveis, por meio de cheques ou ordens de pagamento, respondendo o depositário por qualquer risco que advier a partir do instante do depósito.

DEPÓSITO BANCÁRIO DE AVISO PRÉVIO. *Direito bancário.* Aquele que o depositante pode reclamar, desde que o pedido esteja subordinado a uma prévia comunicação do saque. Nesse caso, as retiradas sujeitar-se-ão a aviso prévio, de modo que o depositante só poderá retirar as importâncias se der esse aviso.

DEPÓSITO BANCÁRIO EM CONTA CONJUNTA. *Direito bancário.* É o efetuado em nome de dois ou mais titulares, com a cláusula de que poderá ser levantado por qualquer deles, no todo ou em parte, independentemente, se prevista a solidariedade. Haverá uma solidariedade ativa entre os titulares, onde cada um poderá efetuar retiradas, cujos montantes serão lançados a débito da mesma conta, sendo, portanto,

oponíveis aos demais titulares. Nada impede, todavia, que se convencione a movimentação conjunta da conta, caso em que o cheque deverá ser assinado por todos os titulares. O depósito conjunto poderá ser levantado, total ou parcialmente, por qualquer dos titulares da conta, salvo disposição diversa.

DEPÓSITO BANCÁRIO LIMITADO. *Direito bancário.* Aquele que está sujeito a um limite maior do que os primeiros, porém contido sob um teto.

DEPÓSITO BANCÁRIO POPULAR. *Direito bancário.* É o que se destina a estimular a poupança, possuindo juro abonado mais alto.

DEPÓSITO BANCÁRIO REGULAR DE TÍTULOS DE DÍVIDA PÚBLICA OU DE AÇÕES. *Direito bancário.* É aquele que se liga a atividades específicas, constituindo: a) depósito em administração, se o banco se obrigar a uma prestação de serviço de recebimento de juros ou dividendos, resgate de títulos sorteados etc.; b) depósito fechado, se se entregar pacote cerrado, obrigando-se o banco a custodiá-lo, sem devassar-lhe o conteúdo; c) depósito em garantia da solução de débitos.

DEPÓSITO BANCÁRIO SEM LIMITE. *Direito bancário.* Aquele que tem caráter ilimitado, não estando sujeito a quaisquer restrições.

DEPÓSITO BANCÁRIO VINCULADO. *Direito bancário.* Aquele em que sua movimentação está condicionada a determinados fatos, servindo, com isso, de garantia a outras operações a serem realizadas pelo banco.

DEPÓSITO BLOQUEADO. *Direito bancário* e *direito processual civil.* Importância de conta corrente ou de processo que não pode ser movimentada, salvo se houver liberação de autoridade competente.

DEPÓSITO CAUCIONADO. *Direito civil* e *direito bancário.* Aquele que serve de garantia ao adimplemento contratual ou ao cumprimento de um dever legal, muito comum em caso de financiamento com repasse de capital emprestado no exterior. Assim, se houver inadimplemento, a execução recairá sobre o valor ou coisa depositada.

DEPÓSITO CIVIL. *Direito civil.* Contrato unilateral, gratuito, real e *intuitu personae* em que o depositante entrega ao depositário coisa móvel corpórea, para que este a tenha sob sua custódia, assumindo a obrigação de restituí-la na ocasião ajustada ou quando reclamada *ad nutum* pelo depositante, sob pena de ser compelido a fazê-lo mediante prisão, não excedente a um ano, e a ressarcir os prejuízos.

DEPÓSITO COMERCIAL. *Direito comercial.* Contrato em que o depositário recebe bens ou valores para guarda, em decorrência de negócio relativo ao comércio, quando o depositário for empresário ou for feito por conta de empresário. O depositário terá direito a uma comissão estipulada no contrato ou conforme o uso da praça.

DEPÓSITO COMPULSÓRIO. 1. *Economia política.* a) Obrigação *ex lege* em benefício de pessoa pública, restituível a tempo certo; b) ato-condição que instrumenta a atuação do setor público quanto ao consumo de determinado bem ou serviço (Eros Roberto Grau). **2.** *Direito tributário.* Empréstimo compulsório.

DEPÓSITO CONTRATUAL. *Direito civil* e *direito comercial.* Aquele que se efetiva pelo acordo volitivo entre depositante e depositário.

DEPÓSITO CONVENCIONAL. *Direito civil.* **1.** *Vide* DEPÓSITO CONTRATUAL. **2.** É o que advém de livre convenção dos contratantes, visto que o depositante escolhe espontaneamente o depositário, confiando à sua guarda coisa móvel corpórea, para ser restituída quando reclamada, sem sofrer quaisquer pressões de circunstâncias externas. Somente se prova por escrito, podendo ser feito por instrumento particular ou público. Trata-se do "depósito voluntário".

DEPÓSITO DAS RATIFICAÇÕES. *Direito internacional público.* Ato que dá vigor a tratado multilateral ou coletivo. É o processo pelo qual se enviam as ratificações ao governo de um Estado previamente designado, que, em regra, é aquele onde o tratado foi assinado. O governo do Estado indicado recebe e guarda nos seus arquivos os instrumentos, comunicando aos demais o depósito.

DEPÓSITO DE BENS. *Direito civil* e *direito processual civil.* Consignação de bens em juízo, considerada como pagamento, extinguindo a obrigação, desde que haja: recusa injustificada do credor de receber o pagamento ou de dar quitação na devida forma; falta de iniciativa do credor para o recebimento, sendo a dívida quesível, não tomando qualquer providência para receber a coisa no lugar, tempo e condições devidas; dúvida sobre quem deva receber a prestação; desconhecimento ou ausência declarada do credor ou se este residir em local incerto ou de acesso perigoso ou difícil, pois nesses casos o devedor, sendo a dívida *portable*, só poderá libertar-se da obrigação e receber a quitação por meio da consignação em pagamento; litígio entre credor e terceiro quanto ao objeto do pagamento.

DEPÓSITO DE BENS PENHORADOS. *Direito processual civil.* Os bens penhorados serão preferencialmente depositados: a) no Banco do Brasil, na Caixa Econômica Federal, ou em um banco, de que o Estado-Membro da União possua mais de metade do capital social integralizado; ou, em falta de tais estabelecimentos de crédito, ou agências suas no lugar, em qualquer estabelecimento de crédito, designado pelo juiz, as quantias em dinheiro, as pedras e os metais preciosos, bem como os papéis de crédito; b) em poder do depositário judicial, os móveis e os imóveis urbanos; c) em mãos de depositário particular, os demais bens. Com a expressa anuência do exeqüente ou nos casos de difícil remoção, os bens poderão ser depositados em poder do executado. As jóias, pedras e objetos preciosos deverão ser depositados com registro do valor estimado de resgate.

DEPÓSITO DE CIRCULAÇÃO. *Direito bancário.* É o depósito bancário em conta corrente, de importância destinada à movimentação, mediante a emissão de cheques ou de ordem de pagamento.

DEPÓSITO DE EXPLOSIVOS. *Direito do trabalho* e *direito ambiental.* Local em que um material explosivo é guardado, devendo atender aos requisitos e às medidas especiais de proteção, exigidos pela lei trabalhista para a segurança dos empregados. Esse material deve, por exemplo, conter no rótulo sua composição, recomendação de socorro imediato e o símbolo de perigo correspondente, segundo a padronização internacional. Além disso, o estabelecimento deve conter avisos ou cartazes com advertências quanto a esse material ou substância perigosa.

DEPÓSITO DE INFLAMÁVEL. *Vide* DEPÓSITO DE EXPLOSIVOS.

DEPÓSITO DE MENOR. *Direito da criança e do adolescente* e *direito processual civil.* Ato judicial que confere, nos casos legais, a custódia de um menor a pessoa ou instituição idôneas.

DEPÓSITO DE MERCADORIAS. *Direito comercial.* **1.** Entrega de mercadorias para serem guardadas em armazém-geral até que seu proprietário as retire, apresentando conhecimento de depósito e *warrant* representativos daquelas mercadorias. **2.** Armazém-geral.

DEPÓSITO DE PREÇO. *Direito civil* e *direito processual civil.* Consignação em juízo do valor estipulado como preço do bem vendido, feita pelo comprador para exigir a sua entrega pelo vendedor.

DEPÓSITO DE TÍTULOS, VALORES MOBILIÁRIOS OU OUTROS ATIVOS FINANCEIROS. *Direito bancário.* Processo que envolve a guarda e o registro de títulos, valores mobiliários ou outros ativos financeiros.

DEPÓSITO DO HOTELEIRO. *Direito civil.* É o da bagagem dos viajantes, hóspedes ou fregueses, nas hospedarias, estalagens ou casas de pensão onde estiverem, abrangendo, ainda, internatos, colégios, hospitais etc. e lugares onde se recebem pessoas para estadia a troco de dinheiro. O hospedeiro responde pela bagagem não só como depositário, mas também pelos furtos e roubos que perpetrarem as pessoas empregadas ou admitidas em sua casa, dispensando-se prova por escrito, seja qual for o valor. Tal responsabilidade objetiva é tida como um risco de negócio, embora não haja tradição real, mas ficta, bastando que a bagagem do hóspede seja introduzida em seu estabelecimento. Essa responsabilidade só diz respeito aos bens que habitualmente costumam levar consigo os que viajam, como roupas e objetos de uso pessoal, não alcançando quantias vultosas ou jóias, salvo se o hospedeiro procedeu culposamente ou se o hóspede fizer depósito voluntário com a administração da hospedaria. O hospedeiro poderá excluir-se de tal responsabilidade se: celebrar convenção com o hóspede nesse sentido; provar que o dano não poderia ter sido evitado; ocorrer força maior ou caso fortuito; houver culpa do hóspede.

DEPÓSITO DO PEDIDO DE PATENTE, REGISTRO DE DESENHO INDUSTRIAL OU MARCA. *Direito de propriedade industrial.* Ato de apresentar o pedido de patente e registro de desenho industrial ou marca, nas condições estabelecidas pelo INPI. Tal pedido deve conter, para ser protocolizado e registrado, após ser submetido a um exame formal: requerimento, relatório descritivo, reivindicações, desenhos, resumo, campo de aplicação do objeto e comprovante do pagamento da retribuição relativa ao depósito.

DEPÓSITO ELISIVO. *Vide* DEPÓSITO LIBERATÓRIO.

DEPÓSITO EM ADMINISTRAÇÃO. *Direito bancário.* Depósito bancário regular pelo qual o banco se obriga a uma prestação de serviço de recebimento de juros ou dividendos, resgate de títulos sorteados etc.

DEPÓSITO EM CONTA DE MOVIMENTO. *Vide* DEPÓSITO BANCÁRIO A VISTA.

DEPÓSITO EM GARANTIA. 1. *Vide* CAUÇÃO EM DINHEIRO. **2.** *Direito bancário.* Depósito regular para a solução de débitos.

DEPÓSITO EM PAGAMENTO. *Direito processual civil.* Consignação judicial ou extrajudicial do bem ou do valor devido para fins de pagamento e extinção da relação obrigacional.

DEPÓSITO ESPECIAL. *Direito internacional privado.* Estocagem de partes, peças, componentes e materiais de reposição ou manutenção, com suspensão do pagamento de impostos, para veículos, máquinas, equipamentos, aparelhos e instrumentos estrangeiros, nacionalizados ou não, definidos pela fiscalização (Antonio Carlos Rodrigues do Amaral).

DEPÓSITO EXCLUSIVO. *Direito comercial.* Estabelecimento situado ou não na sede da empresa ou fábrica da qual é o único vendedor ou comprador dos seus produtos.

DEPÓSITO EXTRACONTRATUAL. *Direito civil.* Aquele que se dá por determinação legal ou judicial, sem que haja qualquer acordo de vontades entre depositário e depositante.

DEPÓSITO EXTRAJUDICIAL. *Direito civil.* Trata-se do depósito contratual ou legal que se efetiva fora do juízo, ou em estabelecimento bancário.

DEPÓSITO FECHADO. *Direito bancário.* Depósito bancário regular de títulos de dívida pública ou de ações entregues em pacote cerrado ao banco, que se obriga a guardá-lo sem devassar o seu conteúdo.

DEPÓSITO FRANCO. *Direito alfandegário.* É o recinto alfandegário instalado em porto brasileiro para atender ao fluxo comercial de países limítrofes com outros onde são armazenadas mercadorias estrangeiras, para atender ao fluxo comercial de países limítrofes com terceiros países. Só é admitida a instalação de depósito franco quando autorizada em acordo ou convênio internacional firmado pelo Brasil.

DEPÓSITO IMPRÓPRIO. *Vide* DEPÓSITO IRREGULAR.

DEPÓSITO IRREGULAR. *Direito civil.* Entrega de coisa fungível ou consumível à custódia do depositante, de modo que o dever de restituir não tem por objeto a mesma coisa depositada, mas outra do mesmo gênero, qualidade e quantidade, regendo-se pelas normas acerca do mútuo.

DEPÓSITO JUDICIAL. *Direito processual civil.* **1.** Trata-se do seqüestro. É o determinado por mandado do juiz, que entrega a terceiro coisa litigiosa (móvel ou imóvel), com o intuito de preservar a sua incolumidade, até que se decida a causa principal, para que não haja prejuízo aos direitos dos interessados. Esse depósito é remunerado e confere poderes de administração necessários à conservação do bem. 2. É o solicitado pelo depositário que não possa guardar a coisa, e o depositante não a queira receber, para que se a guarde em juízo.

DEPÓSITO LEGAL. *Direito civil.* É uma modalidade de depósito necessário. A entrega da coisa é feita em desempenho de obrigação legal, por exemplo, o depósito que é obrigado a fazer o inventor da coisa perdida; o feito pelo administrador dos bens do depositário que se tenha tornado incapaz etc.

DEPÓSITO LIBERATÓRIO. 1. *Direito civil.* Consignação em pagamento com o escopo de extinguir a obrigação e exonerar o devedor. **2.** *Direito comercial.* Entrega do *quantum* do crédito executado ou reclamado para liberação do devedor dos efeitos da falência, elidindo-a. Trata-se do "depósito elisivo".

DEPÓSITO MERCANTIL. *Vide* DEPÓSITO COMERCIAL.

DEPÓSITO MISERÁVEL. *Direito civil.* Tipo de depósito necessário que se efetua por ocasião de alguma calamidade, como incêndio, inundação, naufrágio ou saque, quando o depositante, ante tal circunstância especial, é obrigado a socorrerse da primeira pessoa que aceitar depositar os bens que conseguiu salvar.

DEPÓSITO NECESSÁRIO. *Direito civil.* É aquele que independe da vontade das partes, por resultar de fatos imprevistos que levam o depositante a efetuá-lo, entregando a guarda de um objeto a pessoa que desconhece, a fim de subtraí-lo de uma ruína imediata, não lhe sendo permitido escolher livremente o depositário, ante a urgência da situação. É um contrato consensual, podendo ser provado por qualquer meio admissível em direito, ainda que seu valor seja superior à taxa legal, em decorrência da urgente necessidade de sua efetivação. E, além disso, não se presume gratuito, pois se o depositário não for livremente escolhido, recebendo uma remuneração, será mais cuidadoso e atento. Subdivide-se em depósito legal, depósito miserável e depósito do hoteleiro.

DEPÓSITO OBRIGATÓRIO. *Vide* DEPÓSITO LEGAL E DEPÓSITO NECESSÁRIO.

DEPÓSITO ORDINÁRIO. *Vide* DEPÓSITO REGULAR.

DEPÓSITO PARA RECURSO. *Direito tributário* e *direito do trabalho.* É aquele que se efetua, em razão de lei trabalhista ou tributária, como garantia de instância, antes da interposição do recurso. Por exemplo, sendo, na área trabalhista, a condenação de valor até dez vezes o valor de referência regional, nos dissídios individuais só será admitido o recurso, inclusive o extraordinário, mediante prévio depósito da respectiva importância. Transitada em julgado a decisão recorrida, ordenar-se-á o levantamento imediato da importância do depósito, em favor da parte vencedora, por simples despacho do juiz. Mas, se se tratar de condenação de valor indeterminado, o depósito corresponderá, para efeito de custas, ao que for arbitrado pela junta ou juízo de direito até o limite de dez vezes o salário de referência, limitando-se ao valor acima se o arbitrado o exceder. Já pela lei tributária, o depósito do montante integral do crédito tributário suspende sua exigibilidade.

DEPÓSITO PARTICULAR. *Direito civil* e *direito processual civil.* É a entrega da coisa litigiosa ou penhorada a terceiro, mediante mútuo acordo entre as partes.

DEPÓSITO PECUNIÁRIO. *Vide* DEPÓSITO BANCÁRIO.

DEPÓSITO PREPARATÓRIO DE AÇÃO. *Direito processual civil.* Medida cautelar requerida ao órgão judicante, deixando-se o bem litigioso sob a custódia do juízo. Por exemplo, depósito da coisa vendida, se houver recusa injustificada do comprador em recebê-la, para que o vendedor possa haver o preço e os juros moratórios.

DEPÓSITO PRÓPRIO. *Vide* DEPÓSITO REGULAR.

DEPÓSITO PÚBLICO. *Direito processual civil.* Aquele que é feito perante uma entidade pública, por estar ligado a questões litigiosas. Por exemplo, depósito de bens de herança jacente.

DEPÓSITO REGULAR. *Direito civil.* É aquele pelo qual se entrega à custódia do depositário coisa individuada, infungível e inconsumível, que deve ser restituída *in natura*, isto é, o depositário deve devolver exatamente a própria coisa depositada. Por exemplo, o contrato de custódia de ações ou valores mobiliários inclui-se entre os de depósito regular, se identificáveis por número e se não houver estipulação de que o depositário pode consumi-los.

DEPÓSITO SALARIADO. *Direito civil.* Aquele que contém, no contrato, cláusula de gratificação ao depositário.

DEPÓSITOS DE INSTITUIÇÕES FINANCEIRAS. *Direito bancário.* Os depósitos de instituições financeiras no Banco Central são integrados, principalmente, pelos recolhimentos compulsórios, um dos instrumentos de política monetária, que têm a função de limitar a capacidade de empréstimo por parte dessas instituições. Tais depósitos podem ser exigidos em espécie ou em títulos públicos federais, caso em que é gerado o registro em conta retificadora, uma vez que os títulos permanecem registrados no Sistema Especial de Liquidação e Custódia (SELIC) em nome da instituição depositante, porém vinculados ao cumprimento das exigibilidades. Os principais depósitos exigidos atualmente são: a) sobre recursos à vista – em espécie e não possui remuneração; b) sobre depósitos de poupança – em espécie e remunerados com base na TR + 6,17% ao ano, para as modalidades de poupança livre, pecúlio e rural, e na TR + 3% ao ano, para a modalidade de poupança vinculada; c) sobre recursos a prazo – em títulos públicos registrados no SELIC; d) sobre depósitos judiciais – em títulos públicos registrados no SELIC.

DEPÓSITO SIMPLES. *Direito civil.* É o depósito voluntário.

DEPÓSITO SONEGADO. *Direito civil* e *direito processual civil.* É o omitido pelo herdeiro na colação de bens ou na descrição destes no inventário, o que acarretará a perda do direito que sobre eles lhe cabia. Se o herdeiro sonegador for o inventariante, perderá também sua função.

DEPÓSITOS VINCULADOS EM GARANTIA DE OPERAÇÕES. *Direito bancário.* Referem-se a recursos de instituições financeiras em liquidação extrajudicial, originários do recebimento de garantias de operações anteriores à decretação do regime de liquidação. Esses recursos permanecem depositados no Banco Central e são aplicados em títulos públicos para resguardar a manutenção de seu valor, o que leva ao registro em conta retificadora.

DEPÓSITO VOLUNTÁRIO. *Vide* DEPÓSITO CONVENCIONAL.

DEPOSITUM EST QUIDQUID AD CUSTODIENDUM DATUM EST. *Direito romano.* Depósito é tudo aquilo que foi dado para se guardar.

DEPOSTO. *Direito administrativo.* Destituído do cargo.

DÉPOTOIR. *Termo francês.* Depósito.

DEPRAVAÇÃO. 1. *Medicina legal.* Alteração mórbida das funções intelectuais e corporais conducente à prática de atos de libidinagem ou ofensivos à moral e aos bons costumes. **2.** *Direito penal.* a) Corrupção; b) perversão sexual.

DEPRAVADO. *Direito penal.* **1.** Aquele que pratica atos imorais; pervertido sexual. **2.** Corrupto.

DEPRECAÇÃO. *Direito processual civil.* Ato de expedir carta executória, rogatória ou precatória, de um juízo a outro, para a execução, em outra jurisdição, de medidas imprescindíveis à causa.

DEPRECADA. *Direito processual civil.* Carta expedida por um magistrado a outro para que este ordene alguma diligência judicial.

DEPRECADO. *Direito processual civil.* Diz-se do juízo, juiz ou tribunal de outra comarca a quem se expediu carta solene, com o objetivo de realizar as diligências necessárias ao processo.

DEPRECANTE. *Direito processual civil.* Juízo que expede uma carta rogatória, precatória ou executória solicitando ao juiz de outra jurisdição a efetivação de algum ato processual.

DEPRECAR. *Direito processual civil.* Enviar deprecada; requisitar ato processual ao juiz deprecado.

DEPRECATA. *Vide* DEPRECADA.

DEPRECATIVO. *Direito processual civil.* Em que há deprecação.

DEPRECATÓRIO. *Direito processual civil.* Relativo a deprecação.

DEPRECIAÇÃO. 1. Na *linguagem comum,* é o juízo negativo que se faz de uma coisa ou pessoa. **2.** *Direito penal.* Injúria. **3.** *Direito comercial.* a) Diminuição ou perda de valor de uma coisa em razão de desvalorização econômica, uso ou decurso do tempo; b) baixa de preço ou de valor; desvalorização; c) dedução anual de certa percentagem do valor de compra escriturado de móveis, máquinas, instalações etc. correspondente à desvalorização anual por desgaste; d) amortização. **4.** *Direito tributário.* Redução do valor de bens do ativo imobilizado feita anualmente para apurar o *quantum* devido pela empresa a título de imposto de renda.

DEPRECIAÇÃO DO REMANESCENTE. *Direito administrativo.* Área que se torna inútil, inaproveitável ou que vem a se desvalorizar em razão de desapropriação parcial, gerando ao proprietário o direito de exigir que, na transferência do imóvel parcialmente desapropriado, inclua-se a fração que restou, incorporando-a ao patrimônio do expropriante. Trata-se do direito de extensão do ato expropriatório à totalidade da área afetada pela desapropriação devido à inaproveitabilidade da área contígua remanescente.

DEPRECIADO. É o que sofre depreciação.

DEPRECIADOR. Aquele que deprecia.

DEPRECIAR. 1. Desestimar. **2.** Injuriar. **3.** Desvalorizar. **4.** Rebaixar o valor.

DEPRECIATIVO. Aquilo que serve para depreciar.

DEPRECIÁVEL. O que é suscetível de depreciação.

DEPREDAÇÃO. 1. *Direito penal.* a) Ação de depredar; b) ato de invadir propriedade alheia para praticar roubo ou causar grave dano material; c) destruição, inutilização ou deterioração de bem alheio, configurando crime de dano, que será qualificado em caso de: violência ou grave ameaça a pessoa, emprego de explosivo ou inflamável, considerável prejuízo à vítima ou dano ao patrimônio do Poder Público. **2.** *Direito civil.* Má administração de negócios alheios.

DEPREDADOR. *Direito penal.* Aquele que pratica depredação.

DEPREDAR. *Direito penal.* **1.** Roubar. **2.** Causar dano material a coisa alheia.

DEPREDATIO CESSANTE BELLO PUBLICO ET JUSTA CAUSA INTERDICITUR. *Direito romano.* Proíbe-se a depredação cessando a guerra pública e a causa justa.

DEPREDATÓRIO. *Direito penal.* **1.** O que causa dano ou espoliação a propriedade alheia. **2.** Que tem por fim depredar. **3.** Em que há depredação.

DEPREENDER. *Teoria geral do direito* e *lógica jurídica.* **1.** Compreender. **2.** Deduzir; inferir.

DEPREENSÃO. *Teoria geral do direito.* Ação ou efeito de depreender.

DEPRESSÃO. 1. *Medicina legal.* Enfraquecimento ou abatimento físico ou moral caracterizado pela inércia, desinteresse, melancolia involuntária, sendo causado por forte abalo emocional, intoxicação crônica, moléstia infecciosa de duração prolongada etc. **2.** *Direito econômico* e *economia política.* Período de baixa atividade econômica provocado por desemprego, deflação, uso decrescente de recursos e baixo nível de investimentos.

DEPRESSÃO ECONÔMICA. *Economia política.* Crise na economia que se dá pela inflação, restrição ao crédito, elevação do custo de vida, desequilíbrio entre a oferta e a procura etc.

DEPRESSÃO MENTAL. *Medicina legal.* Estado de prostração emocional e melancolia acompanhado de diminuição de atividade, descuido da aparência pessoal, taquicardia, diarréia, constipação etc.

DEPRESSÃO NERVOSA. *Medicina legal.* Qualquer distúrbio mental ou emocional desde o mais leve estado de ansiedade até uma grave alteração nas faculdades mentais.

DEPRESSÃO ÓSSEA. *Medicina legal.* Achatamento não muito profundo no osso.

DEPRESSÍVEL. *Medicina legal.* Diz-se do pulso que quase desaparece sob o contato do dedo.

DEPRESSIVO. *Medicina legal.* **1.** Remédio que reduz certas atividades funcionais, produzindo relaxamento muscular. **2.** Que causa depressão. **3.** Que revela depressão.

DEPRIMENTE. Aviltante.

DEPRIMIDO. *Medicina legal.* **1.** Debilitado. **2.** Que apresenta depressão.

DEPRIMIDOR. *Medicina legal.* Que deprime.

DEPRIMIR. 1. *Medicina legal.* a) Debilitar; b) causar depressão; c) sofrer depressão. **2.** Na *linguagem jurídica* em geral, pode, ainda, significar: a) aviltar; b) menosprezar.

DEPURAÇÃO. 1. *Medicina legal.* Ato pelo qual o organismo humano se liberta de substâncias inúteis ou prejudiciais. **2.** *Ciência política.* Eliminação, em regime de força, dos opositores. **3.** *Direito penal* e *direito internacional público.* Delito de genocídio, pelo qual se procura purificar a raça humana, matando pessoas não pertencentes aos padrões desejados, como ocorreu na 2ª Guerra Mundial. Tal crime está universalmente condenado não só por leis internas como também pela Convenção de Paris de 1948. **4.** *Direito civil.* Eliminação de irregularidades, sendo que, em caso de vício redibitório e evicção, haverá indenização aos lesados.

DEPURATIVO. *Medicina legal.* Medicamento que tem a propriedade de limpar humores ou o sangue.

DEPUTAÇÃO. *Ciência política.* **1.** Corpo de deputados. **2.** Função de deputado. **3.** Delegação de poderes; mandato político. **4.** Grupo de pessoas escolhidas em uma assembléia com comissão especial.

DEPUTADO. 1. *Ciência política.* Representante eleito pelo povo para compor a Câmara dos Deputados ou a Assembléia Legislativa nos Estados.

2. Na *linguagem jurídica* em geral, pode significar ainda: a) vogal nomeado de certas corporações; b) delegado ou aquele que cuida, em comissão, de negócios alheios. **3.** *Direito comercial.* Comerciante ou empresário escolhido entre seus pares para representá-los na Junta Comercial.

DEPUTADO DISTRITAL. *Ciência política.* Diz-se daquele que integra a Câmara Legislativa do Distrito Federal.

DE QUARENTENA. Em observação.

DE QUEM DE DIREITO. 1. Titular de um direito a quem não se quer especificar ou não conhecido. **2.** Autoridade competente para certa ação ou para efetivar determinado ato.

DEQUITAÇÃO. *Medicina legal.* Queda da placenta que se dá durante o parto.

DEQUITADURA. *Vide* DEQUITAÇÃO.

DE RATO. *Locução latina.* De modo certo; de modo válido.

DÉRÈGLEMENT. *Termo francês.* Desregramento.

DEREÍSTICO. Na *linguagem filosófica,* diz-se do pensamento autístico, separado do real (Pieron e Bleuler).

DERELIÇÃO. *Direito civil.* **1.** O mesmo que DERRELIÇÃO. **2.** Abandono da coisa pelo proprietário ou possuidor com a intenção de não mais a ter para si. Ato unilateral pelo qual o proprietário ou possuidor despoja-se de seu direito sobre o bem com o propósito de não o ter mais em seu patrimônio ou de não mais exercer sobre ele quaisquer atos possessórios.

DERELITO. *Direito civil.* Diz-se do bem sem dono ou do abandonado por ele ou pelo possuidor.

DERENCÉFALO. *Medicina legal.* Ser fetal microcéfalo que apresenta a massa encefálica envolvida por vértebras do pescoço.

DE RICOCHETE. 1. Indiretamente. **2.** De retrocesso, após ter atingido o alvo a que se dirigia.

DERIVA. 1. *Direito marítimo.* a) Desvio de um navio de seu rumo; b) flutuação do navio ao sabor das ondas ou do vento. **2.** *Direito aeronáutico.* Deslocação lateral de um avião em vôo devido a correntes de ar. **3.** *Direito militar.* Desvio lateral de um projétil do plano vertical de tiro provocado por fatores alheios, como, por exemplo, ação do vento.

DERIVAÇÃO. 1. *Direito marítimo* e *direito aeronáutico.* Movimento pelo qual um navio ou aeronave se afasta de sua direção normal. **2.** *Medicina legal.*

a) Cada um dos registros feitos pelo eletrocardiógrafo, que variam com a parte da qual a corrente é derivada; b) desvio de uma irritação ou inflamação para um ponto menos perigoso. **3.** *Direito militar.* Distância variável que separa o centro de gravidade de um projétil do plano do tiro. **4.** *Teoria geral do direito.* Pseudo-raciocínio que pode levar a uma ideologia superficial, que dissimula a verdadeira razão de uma doutrina (Pareto).

DERIVAÇÃO DE ÁGUA. *Direito civil* e *direito administrativo.* Condução, por meio de canais, de águas públicas ou particulares para serem usadas na indústria, na agricultura, no abastecimento da população etc.

DERIVADA. *Direito autoral.* Diz-se da obra intelectual que se liga a uma anterior, à qual dá uma nova expressão, como a tradução, o arranjo musical, a transformação de um livro em texto de novela etc.

DERIVADO. *Direito marítimo* e *direito aeronáutico.* Desviado do seu rumo, curso ou direção.

DERIVADO DE OGM. *Direito ambiental.* Produto obtido de OGM e que não possua capacidade autônoma de replicação ou que não contenha forma viável de OGM.

DERIVADOS BÁSICOS. Principais derivados de petróleo, a serem classificados pela Agência Nacional do Petróleo.

DERIVADOS DE PETRÓLEO. Produtos decorrentes da transformação do petróleo.

DERIVAR. 1. *Direito marítimo* e *direito aeronáutico.* Desviar navio ou aeronave de sua rota. **2.** *Medicina legal.* Desviar uma inflamação para outro local.

DERIVATIVO. 1. *Medicina legal.* Medicamento revulsivo que provoca a derivação. **2.** Na *linguagem psicológica,* diz-se da ocupação que distrai o espírito, afastando problemas desagradáveis. **3.** *Direito financeiro.* a) Ativo financeiro ou valor mobiliário cujo *quantum* e características de negociação derivam do ativo, que lhe serve de referência; b) operação do mercado financeiro em que o valor das transações decorre do comportamento futuro de outros mercados, como o de ações, câmbio ou juros; c) *swap*, opção e futuros constituem modalidades de derivativo (Luiz Fernando Rudge).

DERIVÔMETRO. *Direito marítimo* e *direito aeronáutico.* Instrumento usado para medir a deriva.

DER JEWEILIGE STAND DER WISSENSCHAFT UND TECHNIK. *Expressão alemã.* Estado da ciência e da técnica em um dado momento.

DERMA. *Medicina legal.* Tecido que forma a pele que fica subjacente à epiderme; camada mais profunda da pele.

DERMANAPLASTIA. *Medicina legal.* Enxerto cutâneo.

DERMATANEURIA. *Medicina legal.* Paralisia da pele.

DERMATITE. *Medicina legal.* Inflamação da pele que se caracteriza por vermelhidão, supuração, escamação etc.

DERMATITE CERCÁRIA. *Medicina legal.* Inflamação acompanhada de inchaço e supuração adquirida em águas infestadas de cercárias.

DERMATITE DE CONTATO. *Medicina legal.* Inflamação da pele causada por sensibilidade a certa substância alergênica que com ela entrar em contato. Tal enfermidade é muito freqüente em operários expostos a determinados produtos químicos.

DERMATITE ESFOLIATIVA. *Medicina legal.* Doença da pele que se caracteriza pela perda de pêlos, descamação e rubor anormais.

DERMATITE ESFOLIATIVA DO RECÉM-NASCIDO. *Medicina legal.* Inflamação que provoca escamação, também chamada de "doença de Ritter".

DERMATITE HERPETIFORME. *Medicina legal.* Lesão vesicular e pustulada com ardência e prurido.

DERMATOCELIDOSE. *Medicina legal.* Pele manchada.

DERMATOETEROPLASTIA. *Medicina legal.* Enxerto cutâneo feito com a pele de outra pessoa.

DERMATOFOBIA. *Medicina legal.* Pavor de sofrer lesão cutânea.

DERMATOMA. *Medicina legal.* Tumor cutâneo.

DERMATONEUROSE. *Medicina legal.* Doença da pele oriunda de uma lesão do sistema nervoso central, ganglionar e periférico.

DERMATOPLASTIA. *Medicina legal.* Cirurgia plástica da pele.

DERMATORRAGIA. *Medicina legal.* Hemorragia na pele.

DERMATORRÉIA. *Medicina legal.* Secreção em demasia das glândulas sudoríparas.

DERMOCIMA. *Medicina legal.* Anormalidade em que um feto se inclui em outro.

DERMOSTOSE. *Medicina legal.* Ossificação da pele.

DEROTOMIA. *Medicina legal.* Degolamento.

DERRADEIRAS. *Medicina legal.* Anexos do feto, como, por exemplo, placenta, cordão umbilical etc.

DERRAMA. 1. *História do direito.* Tributo arrecadado na era colonial. Tratava-se da cobrança dos quintos de ouro. Era, portanto, a determinação da Coroa, que exigia a complementação, pelo povo mineiro, da diferença entre o que fora arrecadado e a cota anual de 100 arrobas sobre a produção de ouro. **2.** *Direito tributário.* Diz-se do tributo que é repartido entre todos os habitantes de um território. **3.** *Direito comercial* e *direito aduaneiro.* Esvaimento do líquido de um vasilhame, que pode levar ao abatimento nos direitos de importação relativo à perda sofrida.

DERRAMAMENTO. 1. *Direito penal.* Fabricação e introdução de moeda falsa em circulação, configurando crime. **2.** Na *linguagem jurídica* em geral, pode significar divulgação, propagação ou difusão. **3.** *Direito econômico.* Emissão e colocação de cédulas em circulação. **4.** *Direito ambiental.* Qualquer forma de liberação de óleo para o ambiente, incluindo o despejo, escape, vazamento e transbordamento, entre outros.

DERRAME. 1. *Vide* DERRAMAMENTO. **2.** *Medicina legal.* a) Secreção em excesso de líquidos ou gases numa cavidade; b) acidente hemorrágico cerebral.

DERRANCAMENTO. Alteração sofrida nos produtos alimentícios expostos ao ar.

DERRAPAGEM. *Direito de trânsito* e *direito administrativo.* Escorregamento de um veículo que desvia de seu rumo em razão de força maior, excesso de velocidade, inabilidade do motorista, má conservação da estrada etc.

DERRAPAMENTO. *Vide* DERRAPAGEM.

DERREGAR. *Direito agrário.* Abrir regos na terra para que as águas pluviais escoem.

DERRELIÇÃO. *Vide* DERELIÇÃO.

DERRELITO. *Vide* DERELITO.

DERRIBAMENTO. Desabamento.

DERRISÃO. Escárnio.

DERRISCA. 1. *Direito processual civil.* Cancelamento de expressões injuriosas que houver em peças processuais determinado pelo órgão judicante *ex officio* ou a requerimento do ofendido. **2.** *Direito civil.* Ato pelo qual se risca ou inutiliza algo constante de documento, anulando alguma afirmação. Essa anulação só pode ser feita por quem possa cancelar o escrito com a devida ressalva. **3.** *Direito comercial.* a) Cancelamento de endosso de título; b) rasura, que não é admitida juridicamente, em escrituração mercantil.

DERROCADA. 1. *Direito militar.* Derrota. **2.** Nas *linguagens jurídica e comum,* pode significar destruição, desabamento ou *ruína.*

DERROGA. *Vide* DERROGAÇÃO.

DERROGAÇÃO. *Teoria geral do direito.* Revogação parcial de uma lei, tornando sem efeito uma parte dela. A norma derrogada não perde sua vigência, pois somente os dispositivos atingidos é que não têm mais obrigatoriedade.

DERROGAÇÃO EXPRESSA. *Teoria geral do direito.* Revogação parcial de uma lei por menção explícita de nova norma.

DERROGAÇÃO TÁCITA. *Teoria geral do direito.* Revogação parcial de uma norma em razão de incompatibilidade que apresenta com a lei nova.

DERROGADO. *Teoria geral do direito.* Revogado parcialmente.

DERROGADOR. *Teoria geral do direito.* O que derroga.

DERROGAMENTO. *Vide* DERROGAÇÃO.

DERROGANTE. *Teoria geral do direito.* Que derroga; derrogador.

DERROGAR. *Teoria geral do direito.* Revogar parte de uma norma.

DERROGATÓRIO. 1. *Teoria geral do direito.* a) Aquilo que tem força para revogar parcialmente uma lei ou norma; b) relativo a derrogação; c) o que envolve derrogação. **2.** *Direito administrativo.* Diz-se do regime jurídico administrativo que, pela sua autonomia, vem a abolir o direito comum (Cretella Jr., Rivero e Vedel).

DERROTA. 1. *Direito marítimo* e *direito aeronáutico.* a) Itinerário ou rumo seguido pelo navio ou aeronave por determinação do capitão ou do comandante ou por previsão no contrato de fretamento; b) relatório de viagem; c) viagem. **2.** *Direito militar.* a) Condição de vencido num combate; b) destroço de um exército. **3.** Na *linguagem jurídica* em geral, designa também perda ou insucesso.

DERROTA COM ESCALA. *Direito marítimo* e *direito aeronáutico.* Itinerário de um navio ou avião em que há interrupção, devendo dar entrada em outros portos ou aeroportos, além do de destino.

DERROTADO. 1. *Direito militar.* Vencido. **2.** *Direito marítimo* e *direito aeronáutico.* Navio ou avião que se afastou da rota.

DERROTADOR. Aquele que derrota.

DERROTAMENTO. *Direito militar* e *direito internacional público.* Desvio de rota de uma embarcação neutra provocado por navio de guerra de uma nação beligerante, com o intuito de inspecionar sua carga ou de apresá-lo.

DERROTAR. 1. *Direito marítimo* e *direito aeronáutico:* a) desviar do rumo; b) afastar da rota. **2.** *Direito militar.* Vencer.

DERROTA SEM ESCALA. *Direito marítimo* e *direito aeronáutico.* Trajeto de uma embarcação ou aeronave feito sem qualquer interrupção até o local de destino.

DERROTE. *Direito agrário.* Destruição de grande parte de uma plantação.

DERRUBADA. 1. *Direito agrário.* Ato ou efeito de derrubar árvores, preparando a terra para a plantação. **2.** *Direito administrativo* e *direito do trabalho.* Demissão em massa de funcionários públicos ou de empregados.

DESABADO. Aquilo que desabou.

DESABALROAMENTO. *Direito marítimo.* Ato de desabalroar.

DESABALROAR. *Direito marítimo.* Desatracar.

DESABAMENTO. 1. *Direito civil.* a) Ato ou efeito de desabar; b) desmoronamento; c) queda de construção, tapumes divisórios etc. **2.** *Direito penal.* Destruição de prédio expondo a perigo a vida, a integridade física ou o patrimônio de outrem, o que configura crime contra a incolumidade pública.

DESABILIDADE. *Direito civil.* Falta de habilidade que pode acarretar responsabilidade civil.

DESABILITAR. Tornar inábil ou inapto.

DESABITADO. Que não é habitado; despovoado.

DESABITUAR. Fazer perder o costume ou o hábito.

DESABONADO. Sem abono.

DÉSABONNEMENT. *Termo francês.* Suspensão de assinatura de jornal.

DESABORDAMENTO. *Direito marítimo.* Ação de separar um navio de um outro a que estava abordado.

DESACAMPAR. *Direito militar.* Deixar o acampamento.

DESACATADO. Desrespeitado; tratado sem acatamento ou com irreverência.

DESACATAMENTO. *Vide* DESACATO.

DESACATO. 1. *Direito administrativo.* Ato de irreverência dirigido a uma autoridade administrativa. **2.** *Direito penal.* Ofensa ao prestígio, à dignidade ou ao decoro de uma função pública, atingindo o funcionário que a exerce, punida com detenção ou multa. **3.** *Direito militar.* a) Ofensa à autoridade judiciária militar no exercício da função; b) desrespeito a superior investido de autoridade ou a militar, atingindo sua dignidade ou decoro.

DESACAUDILHADO. *Ciência política* e *história do direito.* **1.** Aquele que não tem chefe ou caudilho. **2.** O que foi abandonado pelo caudilho.

DESACAUTELAR. *Direito civil.* Não ter cautela ou cuidado.

DESACEITAR. Não aceitar; rejeitar; recusar.

DESACERTADO. Inoportuno; inconveniente; errôneo.

DESACERTAR. 1. Fazer ou usar inoportuna ou inconvenientemente. **2.** Errar.

DESACERTO. 1. Erro por ignorância. **2.** Falta de advertência.

DESACOIMAR. Restabelecer o crédito.

DESACOLHER. *Direito administrativo* e *direito processual civil.* Indeferir; negar provimento.

DESACORDAR. 1. *Direito civil.* Discordar; não anuir. **2.** *Medicina legal.* Perder os sentidos.

DESACORDE. Discordante.

DESACORDO. 1. *Medicina legal.* Desmaio. **2.** *Direito civil.* Falta de acordo.

DESACOSTUMAR. Fazer perder um costume.

DESACOUTAR. Fazer sair do refúgio; tirar do abrigo.

DESACREDITADO. Aquele que perdeu a reputação ou o crédito.

DESADMINISTRAÇÃO. *Direito civil, direito comercial* e *direito administrativo.* Má administração.

DESADMINISTRAR. *Direito civil, direito comercial* e *direito administrativo.* Administrar mal.

DESAFAMAR. *Direito civil* e *direito penal.* Difamar.

DESAFEIÇÃO. 1. Hostilidade. **2.** Desafeto. **3.** Inimizade.

DESAFETAÇÃO. *Direito administrativo.* Ato pelo qual o Poder Público desclassifica a qualidade de coisa pública, retirando sua destinação do uso comum ou especial, convertendo-a em bem dominical (Celso Antônio Bandeira de Mello).

DESAFETO. Inimigo; adversário.

DESAFIO. 1. Provocação. **2.** Competição. **3.** Incitamento à luta. **4.** Excitação da coragem de um homem.

DESAFIO KELSENIANO. *Teoria geral do direito.* Impossibilidade de se fundar a teoria dogmática ou científica da interpretação, pois a ela compete apenas descrever normas nos seus devidos limites, mostrando tão-somente a plurivocidade do seu conteúdo e o leque de possibilidades de sua aplicação pelo órgão aplicador, que é o autêntico intérprete do direito (Kelsen e Tércio Sampaio Ferraz Jr.).

DESAFIO PARA DUELO. *História do direito.* Chamamento à luta armada a dois para desagravar a honra ofendida.

DESAFOGADO. Desembaraçado; aliviado.

DESAFOGAR. 1. *Direito administrativo.* Minorar ou diminuir a carga de serviço de um órgão público, através da descentralização. **2.** Na *linguagem jurídica* em geral, pode significar: a) libertar do que oprime; b) alijar carga; c) desembaraçar.

DESAFOGO. 1. Independência. **2.** Desembaraço. **3.** Alívio.

DESAFORADO. 1. *Direito civil.* Isento de pagamento de foro. **2.** *Direito processual penal.* Diz-se do processo que é transferido de um foro para outro.

DESAFORAMENTO. 1. *Direito civil.* a) Ato pelo qual o enfiteuta se libera do pagamento do foro; b) comisso ou perda do aforamento pelo não-pagamento das pensões por três anos consecutivos. **2.** *Direito processual civil.* Renúncia ao privilégio de foro do domicílio. **3.** *Direito processual penal.* Ato processual pelo qual se opera o afastamento da competência de um juízo para outro, fazendo-se com que o julgamento se dê em foro diverso daquele do crime. Esse deslocamento ou remessa do processo de um foro para ser conhecido em outro pode ocorrer: por ordem do Tribunal de Justiça, a requerimento do Ministério Público ou de qualquer das partes; por representação do juiz, em caso de dúvida sobre a imparcialidade do júri ou a segurança pessoal do réu; ou, ainda, se o julgamento não se der no período de um ano, contado do recebimento do libelo, desde que para a demora não haja concorrido a defesa ou o réu. Ato excepcional da Instância Superior, modificador da regra de competência territorial e com restrita aplicação no procedimento do Júri (Hermínio Alberto Marques Porto). É uma exceção à regra de que o crime deve ser julgado na comarca em que foi perpetrado.

DESAFORAR. **1.** *Direito civil.* a) Eximir-se o enfi-teuta do pagamento do foro; b) deixar de pagar pensões enfitêuticas por três anos consecuti-vos. **2.** *Direito processual civil.* Renunciar ao pri-vilégio do foro do domicílio. **3.** *Direito processual penal.* Deslocar o julgamento criminal de um juízo para outro.

DESAFREGUESAMENTO. *Direito comercial.* Ato de desviar fregueses de um estabelecimento mer-cantil.

DESAFRONTA. **1.** *Direito civil.* a) Desagravo para reparar uma ofensa injuriosa; b) satisfação que se tira de uma afronta à posse mediante des-forço imediato ou legítima defesa da posse. **2.** *Direito penal.* Legítima defesa, exercício normal de um direito e estado de necessidade.

DESÁGIO. **1.** *Economia política.* a) Diferença para menos, entre o valor nominal e o preço da com-pra e venda de um título de crédito; b) diferen-ça existente entre o valor nominal e o real de uma coisa; c) perda de ágio; d) desvalorização ou depreciação monetária. **2.** *Direito internacional privado.* Juro cobrado do exportador em razão de antecipação de recurso em moeda nacional, por conta de moeda estrangeira consignada no contrato de câmbio (Hilário de Oliveira).

DESAGRAVAR. **1.** *Direito civil.* Reparar ofensa. **2.** *Direito penal.* Retratar-se no crime contra a hon-ra em tempo hábil para eximir-se de pena. **3.** *Direito processual civil.* a) Emendar agravo feito; b) obter provimento em agravo.

DESAGRAVO. **1.** *Direito civil* e *direito penal.* a) Ato ou efeito de desagravar; b) reparação de ofensa, injúria ou dano moral. **2.** *Direito processual civil.* Provimento dado ao recurso de agravo.

DESAGREGAÇÃO. Desunião ou separação de par-tes agregadas.

DESAGREGAÇÃO PSICOLÓGICA. *Psicologia jurídica.* Estado conducente à amnésia e à histeria (Pier-re Janet).

DESAGRILHOAR. Libertar.

DESAGUADOURO. *Direito civil.* Vala para escoa-mento de águas.

DESAJUSTADO. **1.** *Sociologia jurídica.* Aquele que não se ajusta a um dado meio social. **2.** *Direito civil.* Distratado; rescindido.

DESAJUSTAMENTO. **1.** *Sociologia jurídica.* Inadapta-ção do indivíduo ou de um grupo à comuni-dade de que participa. **2.** *Direito penal.* a) Uma das causas da delinqüência; b) característica de alguns delinqüentes. **3.** *Direito civil.* Desfazimento do contrato avençado.

DESAJUSTAR. **1.** *Direito civil.* a) Romper ajuste fei-to ou desfazer contrato; b) distratar. **2.** *Sociologia jurídica.* Inadaptar-se a um grupo social.

DESAJUSTE. **1.** *Direito civil.* Rompimento de um contrato. **2.** *Sociologia jurídica.* Falta de integração social; ausência de adequação do comporta-mento a um meio social por insuficiência físi-ca, econômica, psicológica etc.

DESALEALDAR. *Direito aduaneiro* e *direito penal.* a) Desviar mercadorias com o objetivo de não pagar impostos aduaneiros; b) facilitar a práti-ca de contrabando ou descaminho; c) realizar contrabando ou descaminho.

DESALGEMAR. *Direito penal.* Tirar as algemas.

DESALIAR. *Direito internacional público.* Romper aliança.

DESALIJAR. *Direito marítimo.* Aliviar a carga; lan-çar ao mar toda a carga ou parte dela para tor-nar a embarcação mais leve.

DESALISTAR. *Direito militar.* Dar baixa.

DESALOJAMENTO. **1.** Ação ou efeito de desalo-jar. **2.** Ação de sair do local ocupado ou onde se encontrava.

DESALUGAR. *Direito civil.* **1.** Fazer cessar o alu-guel. **2.** Desocupar imóvel alugado. **3.** Deixar de alugar um bem.

DESAMORTIZAÇÃO. Ação de sujeitar ao direito comum.

DESAMOTINAR. *Direito penitenciário.* Fazer cessar um motim de presos.

DESAMPARADO. *Direito civil.* Diz-se daquele que está abandonado ou privado de alimentos.

DESAMPARAR. *Direito civil.* **1.** Faltar com auxílio. **2.** Deixar de prestar alimentos. **3.** Deixar de cuidar e de sustentar.

DESAMPARO. *Direito civil.* **1.** Falta de auxílio ou proteção. **2.** Abandono, privando alguém de alimentos.

DESANALFABETIZAÇÃO. *Direito educacional.* Alfabe-tização.

DESANCORAR. *Direito marítimo.* Levantar âncora.

DESANEXAÇÃO. **1.** *Direito processual.* Desentranha-mento de documentos dos autos. **2.** *Direito cons-titucional* e *direito administrativo.* Desmembramento territorial ou administrativo.

DESANULAR. *Teoria geral do direito.* Revalidar.

DESAPARECIDO. *Direito civil.* **1.** Diz-se daquele cuja morte é considerada certa, apesar de não se ter ainda encontrado seu cadáver, em virtude de ter sido vítima de um desastre. **2.** Estado de alguém declarado ausente, havendo apenas presunção de sua morte. **3.** Diz-se do dever obrigacional extinto por pagamento direto ou indireto. **4.** Bem subtraído, destruído ou perdido.

DESAPARECIMENTO. *Direito civil.* **1.** Subtração, destruição ou perda de uma coisa. **2.** Ausência. **3.** Morte. **4.** Extinção da obrigação. **5.** Perecimento do direito.

DESAPARECIMENTO DA QUALIDADE SUPERIOR. *Direito militar.* Perda da qualidade de superior por ação de subordinado praticada em repulsa a agressão ou a ato não condigno. É o despojamento da qualidade de superior em decorrência de ato incompatível com a posição ocupada.

DESAPARECIMENTO FORÇADO DE PESSOAS. *Direito penal.* Entende-se a detenção, a prisão ou o seqüestro de pessoas por um Estado ou uma organização política, com a autorização, o apoio ou a concordância destes, seguidos de recusa a reconhecer tal estado de privação de liberdade ou a prestar qualquer informação sobre a situação ou localização dessas pessoas, com o propósito de lhes negar a proteção da lei por um prolongado período de tempo.

DESAPENSAÇÃO. *Direito processual.* É a separação física de processos apensados.

DESAPOSENTAR. *Direito previdenciário.* Tirar a aposentadoria.

DESAPOSSADO. *Direito civil.* **1.** Esbulhado; privado da posse. **2.** Turbado.

DESAPOSSAMENTO. *Direito civil.* **1.** Esbulho; perda ou privação da posse; ato pelo qual se retira a posse de alguém. **2.** Turbação.

DESAPOSSAR. *Direito civil.* **1.** Retirar a posse de alguém; privar da posse de alguma coisa; despojar; esbulhar. **2.** Renunciar à posse.

DESAPROPRIAÇÃO. *Direito administrativo, direito constitucional* e *direito civil.* Como ensina Celso Antônio Bandeira de Mello, a desapropriação pode ser conceituada sob os prismas teórico e jurídico. Teoricamente é o procedimento administrativo através do qual o Poder Público, compulsoriamente, despoja alguém de uma propriedade e a adquire para si, mediante indenização, fundado em um interesse público. À luz do direito positivo brasileiro, a desapropriação define-se como o procedimento pelo qual o Poder Público, compulsoriamente, por ato unilateral, despoja alguém de um certo bem, fundado em necessidade e utilidade públicas ou em interesse social, adquirindo-o mediante indenização prévia e justa, pagável em dinheiro ou, se o sujeito passivo concordar, em títulos de dívida pública com cláusula de exata atualização monetária, ressalvado à União o direito de desapropriar imóvel rural que não esteja cumprindo sua função social, quando objetivar a realização da justiça social através da reforma agrária.

DESAPROPRIAÇÃO AMIGÁVEL. *Direito administrativo.* Aquela que se processa administrativamente entre a entidade pública e o proprietário do bem desapropriando, havendo aceitação da oferta do expropriante em relação ao preço.

DESAPROPRIAÇÃO COMO SANÇÃO POR CRIME. *Direito administrativo* e *direito constitucional.* Confisco de glebas onde existe cultura ilegal de plantas psicotrópicas, sem qualquer indenização, com o fim de assentamento de colonos (Lúcia Valle Figueiredo).

DESAPROPRIAÇÃO COM PAGAMENTO EM TÍTULOS DE DÍVIDA PÚBLICA. *Direito administrativo.* É a que se dará pelo Município se decorridos cinco anos de cobrança do IPTU progressivo sem que o proprietário tenha cumprido a obrigação de parcelamento, edificação ou utilização. Os títulos da dívida pública a serem pagos terão prévia aprovação pelo Senado Federal e serão resgatados no prazo de até dez anos, em prestações anuais, iguais e sucessivas, assegurados o valor real da indenização e os juros de 6%. O valor real da indenização: **1.** Refletirá o valor da base de cálculo do IPTU, descontado o montante incorporado em função de obras realizadas pelo Poder Público na área onde este se localiza após a notificação; **2.** não computará expectativas de ganhos, lucros cessantes e juros compensatórios. Tais títulos não terão poder liberatório para pagamento de tributos. O Município procederá ao adequado aproveitamento do imóvel no prazo máximo de cinco anos, contado a partir da sua incorporação ao patrimônio público. O aproveitamento do imóvel poderá ser efetivado diretamente pelo Poder Público ou por meio de alienação ou concessão a terceiros, observando-se, nesses casos, o devido procedimento licitatório. Ficam mantidas para o adquirente de imóvel as mesmas obrigações de parcelamento, edificação ou utilização.

DESAPROPRIAÇÃO DE AÇÕES. *Direito administrativo.* Exercício do poder de polícia pelo qual o Estado, mediante intervenção na ordem econômica privada, expropria ações de sociedades empresárias (Caio Tácito, José Cretella Jr. e A. Gonçalves de Oliveira).

DESAPROPRIAÇÃO DE OBRA PUBLICADA. *Direito administrativo.* Ato pelo qual a União ou os Estados expropriam por utilidade pública obra literária, científica ou artística, em razão de recusa injustificada do autor em reeditá-la, para proteger e preservar o patrimônio cultural brasileiro.

DESAPROPRIAÇÃO DIRETA. *Direito administrativo.* Aquisição da propriedade privada pelo Estado, observando-se todos os requisitos legais exigidos para a desapropriação.

DESAPROPRIAÇÃO EM ZONA RURAL COM FINALIDADE DE URBANIZAÇÃO. *Direito administrativo* e *direito urbanístico.* Desapropriação de imóvel rural situado em área municipal, declarado de utilidade pública para projeto de implantação de distrito industrial (Lúcia Valle Figueiredo).

DESAPROPRIAÇÃO INDIRETA. *Direito administrativo.* Abusivo e irregular apossamento do imóvel particular pelo Poder Público, com sua conseqüente integração no patrimônio público, sem observância às formalidades legais exigidas para o procedimento expropriatório (Celso Antônio Bandeira de Mello).

DESAPROPRIAÇÃO JUDICIAL. Ato pelo qual o juiz, mediante requerimento de considerável número de pessoas que exerceram a posse-trabalho em extensa área por mais de cinco anos e atenderam aos requisitos legais, fixa na sentença a justa indenização a ser paga por eles ao proprietário reivindicante (Nelson Nery e Rosa Andrade Nery). Tal sentença valerá como título para registro da propriedade do imóvel em nome dos possuidores de boa-fé, que realizaram, em conjunto ou separadamente, obras e serviços considerados pelo juiz de interesse social e econômico relevante.

DESAPROPRIAÇÃO ORDINÁRIA. *Vide* DESAPROPRIAÇÃO DIRETA.

DESAPROPRIAÇÃO PARA FINS DE REFORMA AGRÁRIA. *Direito administrativo.* Ato expropriatório da União de imóvel rural que não esteja cumprindo sua função social, tendo em vista o interesse social, mediante prévia e justa indenização em títulos de dívida agrária com cláusula de preservação do valor real, resgatáveis no prazo de até vinte anos, a partir do segundo ano de sua emissão. As benfeitorias úteis e necessárias, porém, deverão ser indenizadas em dinheiro, e não em títulos. São insuscetíveis de desapropriação para fins de reforma agrária a pequena e média propriedade rural, desde que seu dono não possua outras terras, e a propriedade rural produtiva.

DESAPROPRIAÇÃO PARA FINS DE REFORMA URBANA. *Direito administrativo.* Sanção imposta por não-cumprimento da função social da propriedade urbana não edificada, caso em que esta passa para o domínio do Poder Público para fins urbanísticos, com o pagamento de títulos de dívida pública de emissão previamente aprovada pelo Senado Federal, com o prazo de resgate de até dez anos, em parcelas anuais, iguais e sucessivas, assegurados o valor real da indenização e os juros legais.

DESAPROPRIAÇÃO POR INTERESSE SOCIAL. *Direito administrativo.* Aquisição de propriedade privada pela entidade pública fundada nos seguintes objetivos: aproveitamento de bem improdutivo ou explorado sem correspondência com as necessidades de habitação, trabalho e consumo dos centros de população a que deve servir ou possa suprir por seu destino econômico; instalação ou intensificação das culturas nas áreas em cuja exploração não se obedeça ao plano de zoneamento agrícola; estabelecimento e manutenção de colônias ou cooperativas de povoamento e trabalho agrícola; construção de casas populares; proteção do solo e dos cursos e mananciais de água e de reservas florestais etc.

DESAPROPRIAÇÃO POR UTILIDADE PÚBLICA. *Direito administrativo.* Aquisição de propriedade pelo Estado fundada nas seguintes hipóteses: segurança nacional; defesa do Estado; socorro público em caso de calamidade; salubridade pública; aproveitamento industrial de minas e jazidas, das águas e da energia hidráulica; assistência pública, obras de higiene e decoração, casas de saúde; abertura, conservação e melhoramento de vias ou logradouros públicos; funcionamento dos meios de transporte coletivo; preservação e conservação dos monumentos históricos e artísticos; construção de edifícios públicos, monumentos e cemitérios; criação de estádios, aeródromos ou campos de pouso para aeronaves; reedição ou divulgação de obras ou inventos de natureza científica, artística ou literária etc.

DESAPROPRIAÇÃO POR ZONA. *Direito administrativo.* É a expropriação de uma área maior do que a necessária à realização de uma obra ou serviço público, por abranger a zona contígua a ele, tendo em vista ou reservá-la para ulterior desenvolvimento da obra, ou revendê-la, a fim de absorver a valorização extraordinária que receberá em decorrência da própria execução do projeto (Celso Antônio Bandeira de Mello).

DESAPROPRIADO. *Direito administrativo.* O que foi objeto de desapropriação.

DESAPROPRIANDO. *Direito administrativo.* Diz-se do bem que deve ser desapropriado, durante a tramitação da expropriação.

DESAPROPRIANTE. *Direito administrativo.* Entidade pública que tem o direito de desapropriar.

DESAPROPRIAR. *Direito administrativo.* Transferir compulsoriamente bem de particular para o patrimônio público, mediante prévia e justa indenização, por meio de ato fundado em interesse social, necessidade ou utilidade públicas ou para fins de reforma agrária.

DESAPROVAÇÃO. 1. *Direito civil.* a) Ato pelo qual alguém não autoriza a prática de um ato; desautorização; b) impugnação a um ato já praticado. **2.** *Direito processual civil.* Falta de autorização, que pode ser suprida judicialmente. **3.** *Ciência política.* Manifestação da vontade para não aprovar um projeto de lei; rejeição de projeto.

DESAPROVEITADO. *Direito civil.* Abandonado; não aproveitado.

DESAQUARTELAR. *Direito militar.* Retirar do quartel.

DESAQUINHOAR. *Direito civil.* **1.** Privar herdeiro ou legatário do quinhão cabível na partilha em inventário ou arrolamento. **2.** Não contemplar em testamento. **3.** Privar alguém da cota-parte a que teria direito sobre alguma coisa.

DESARBORIZAÇÃO. Ação ou efeito de arrancar ou cortar árvores.

DESARMADO. 1. *Direito militar.* a) Não preparado para a guerra; b) sem armamento. **2.** *Direito marítimo.* Diz-se do navio desprovido de aparelho e armamento.

DESARMAMENTO. 1. *Direito militar.* Licenciamento ou redução de tropas do exército ao efetivo de paz. **2.** *Direito internacional público.* a) Limitação das Forças Armadas, em tempo de paz, para evitar corrida armamentista; b) ato de desarmar potência beligerante subjugada, privando-

a da utilização de tropas militares e armas; c) medida para a efetivação da paz mundial consistente em desguarnecer as nações de armamento, procurando uma moderação deste.

DESARMAR. 1. *Direito internacional público.* a) Depor armas; b) deixar de permanecer em guerra; c) licenciar tropas militares reduzindo-as ao efetivo de paz; d) confiscar armas, tirar os meios de ataque e defesa de uma potência; e) privar do uso de armas. **2.** *Direito militar.* a) Deixar as armas; b) desativar uma bomba; c) desmontar; d) tirar munição de arma. **3.** *Direito desportivo.* Descobrir-se, na prática de esgrima, expondo-se aos golpes do adversário. **4.** *Direito marítimo.* Tirar artilharia e aparelhos do navio. **5.** *Direito penal.* Retirar arma do poder do criminoso.

DESARRAZOADO. *Direito processual.* Conjunto de documentos probatórios mal preparados.

DESARRESTAR. *Direito processual civil.* Proceder ao levantamento do arresto, se este vier a cessar em razão de: pagamento, novação ou transação; não-propositura de ação no prazo de trinta dias; não-execução dentro de trinta dias; ou extinção do processo principal com ou sem julgamento do mérito.

DESARRIMO. *Direito civil.* Abandono.

DESARRISCAR. Desobrigar, anotando-se em livro o cumprimento da obrigação.

DESARTICULADA. *Direito processual civil.* Diz-se da peça processual desconjuntada, não articulada, que contém uma desordenada exposição das idéias, suscetível, por tal motivo, de ser tida como inepta.

DESARTICULADO. *Vide* DESARTICULADA.

DESARVORADO. *Direito marítimo.* **1.** Diz-se do navio sem rumo, desnorteado. **2.** Navio sem mastros.

DESARVORAMENTO. *Direito marítimo.* Estado de uma embarcação desgovernada ou desmastreada.

DESASSAZONADO. 1. Intempestivo. **2.** Inoportuno. **3.** Fora de tempo.

DESASSEAR. Sujar.

DESASSEIO. Falta de asseio.

DESASSENHOREAR. *Direito civil.* Tirar a propriedade de alguém.

DESASSENTIMENTO. *Vide* DESAPROVAÇÃO.

DESASSINALAR. Tirar um sinal ou indício.

DESASSISTIR. *Direito civil.* Retirar auxílio; deixar de dar assistência.

DESASSOCIAR. *Direito civil* e *direito comercial.* Desligar-se da sociedade da qual era sócio.

DESASSOLVAR. *Direito militar.* Tirar pólvora úmida.

DESASSOREAR. *Direito marítimo.* Tornar livre para passagem de embarcações.

DESASSOSSEGO. *Medicina legal.* **1.** Inquietação; ansiedade. **2.** Receio.

DESASTRADO. 1. O que resultou de desastre. **2.** Que redundou em desastre.

DESASTRAR. Causar desastre a alguém.

DESASTRE. 1. Nas *linguagens comum e jurídica,* tem o sentido de: a) sinistro; b) acidente infausto; c) resultado de eventos adversos, naturais ou provocados pelo homem, sobre um ecossistema vulnerável, causando danos humanos, materiais e ambientais e conseqüentes prejuízos econômicos e sociais. A intensidade de um desastre depende da interação entre a magnitude do evento adverso e a vulnerabilidade do sistema, e é quantificada em função de danos e prejuízos. **2.** *Direito penal.* Ato punível atentatório da segurança de qualquer meio de transporte suscetível de causar dano a pessoas ou coisas.

DESASTRE AÉREO. 1. *Direito civil.* Sinistro ocorrido em aeronave suscetível de gerar responsabilidade civil do transportador. **2.** *Direito penal.* Ato de expor a perigo aeronave própria ou alheia ou de impedir ou dificultar a navegação aérea, punido pela lei penal com reclusão.

DESASTRE DE MASSA. *Direito civil.* Acidente coletivo provocado por inundação, naufrágio, queda de aeronave, terremoto, erupção vulcânica, desabamento, incêndio, irradiação ionizante etc., que apresenta grande número de vítimas.

DESASTRE FERROVIÁRIO. 1. *Direito civil.* Acidente em ferrovia suscetível de provocar danos a pessoas ou coisas, que devem ser reparadas civilmente. **2.** *Direito penal.* a) Crime de perigo de desastre ferroviário consistente em impedir ou perturbar serviço de estrada de ferro: destruindo, danificando ou desarranjando, total ou parcialmente, linha férrea, material rodante ou de tração, obra-de-arte ou instalação; colocando obstáculo na linha; transmitindo falso aviso acerca do movimento dos veículos; interrompendo ou embaraçando o funcionamento de telégrafo, telefone ou radiotelegrafia; ou, ainda, praticando qualquer outro ato que possa resultar sinistro; b) sinistro provocado dolosa ou culposamente em estrada de ferro.

DESASTRE FLUVIAL. 1. *Direito civil* e *direito comercial.* Abalroação, naufrágio, submersão ou encalhe de embarcação fluvial suscetível de reparação civil pelos danos causados. **2.** *Direito penal.* a) Crime de atentado contra a segurança dos transportes fluviais consistente em expor a perigo uma embarcação, dificultando ou impedindo sua navegação; b) naufrágio, submersão ou encalhe; c) qualquer prática contra a navegação fluvial com o intuito de obter vantagem econômica.

DESASTRE MARÍTIMO. 1. *Direito civil* e *direito comercial marítimo.* Abalroação ou qualquer sinistro que cause dano a uma pessoa, à carga ou ao navio, reparável civilmente. **2.** *Direito penal.* a) Atentado contra a segurança dos transportes marítimos punido com reclusão; b) sinistro em transporte marítimo; c) prática lesiva à navegação marítima com fim de lucro.

DESATERRAR. 1. Desfazer um aterro. **2.** Escavar. **3.** Aplanar terreno. **4.** Ato de uma embarcação de largar de terra.

DESATIVAÇÃO DE INSTALAÇÕES. *Direito administrativo* e *direito ambiental.* É o ato de tirar de serviço ou de atividade, reverter, alienar ou remover qualquer instalação construída em uma área de concessão, que teve como propósito original servir à exploração de petróleo ou gás natural, bem como recuperar as áreas ocupadas por essa instalação.

DESATIVAR. *Direito militar.* Privar dos meios de explosão.

DESATRACAR. *Direito marítimo.* Levantar âncora.

DESATRELAR. *Direito agrário.* Desprender animal (cavalo) de um carro.

DESAUTORAÇÃO. 1. Desacato. **2.** Ato de privar alguém, como medida punitiva, de um cargo em que está investido ou de uma dignidade. **3.** Desprestígio. **4.** Degradação.

DESAUTORADO. Destituído do cargo; aquele a quem foi negada uma dignidade; que sofreu pena de desautoração.

DESAUTORAR. 1. Degradar. **2.** Desprestigiar. **3.** Privar alguém de seu cargo ou dignidade. **4.** Desacatar. **5.** Desautorizar.

DESAUTORIZAÇÃO. 1. Ato de tirar uma autorização. **2.** Perda da autoridade.

DESAUXILIAR. Privar alguém de auxílio ou ajuda; desamparar.

DESAVANTAJAR. Ter desvantagem.

DESAVENÇA. 1. Contenda. **2.** Discórdia.

DESAVERBAR. *Direito cartorário.* Cancelar averbação.

DESAVINDO. 1. Não conforme. **2.** Que está em desavença.

DESAVINHO. *Direito agrário.* **1.** Abortamento das flores da videira. **2.** Abortamento parcial do cacho, fazendo com que os bagos de uva desenvolvam-se de modo desigual, deixando alguns de amadurecer.

DESAVIR. Discordar; pôr-se em desavença ou desacordo.

DESAVISADO. *Teoria geral do direito.* Falta de prudência.

DESAVISAR. *Teoria geral do direito.* a) Revogar um aviso; b) dar contra-aviso; c) tornar imprudente.

DESAVISO. *Teoria geral do direito.* **1.** Contra-aviso. **2.** Imprudência.

DESBARATADO. 1. *Direito civil* e *direito comercial.* O que foi vendido a preço vil ou abaixo do custo. **2.** *Direito militar.* Derrotado; vencido; destruído.

DESBARATAMENTO. 1. *Direito civil* e *direito comercial.* a) Ato de vender por preço vil ou abaixo do custo; b) dissipação. **2.** *Direito militar.* Derrota.

DESBARATAR. 1. *Direito civil* e *direito comercial.* a) Dissipar; b) vender algo por preço vil ou abaixo do custo, tendo grande prejuízo. **2.** *Direito militar.* Destroçar em batalha; vencer; derrotar.

DESBARATO. *Vide* DESBARATAMENTO.

DESBARBADOR. *Direito agrário.* Instrumento com que se desbarba o trigo, cortando a ponta de seus grãos.

DESBARRANCAR. Escavar um terreno; desaterrar.

DESBASTE. *Direito agrário.* Operação consistente em cortar plantas ou arrancar árvores para que outras possam ter um melhor desenvolvimento.

DESBLOQUEAR. Levantar o bloqueio.

DESBOLINAR. *Direito marítimo.* Endireitar a vela largando a bolina.

DESBRAVAR. *Direito agrário.* **1.** Pôr um terreno em estado de ser cultivado. **2.** Domar cavalo.

DESBRAVEJAR. *Direito agrário.* Limpar o matagal de um terreno.

DESBRITANIZAR. Fugir à influência britânica.

DESBUROCRATIZAÇÃO. *Direito administrativo.* Desregulamentação; esforço estatal para reduzir serviços públicos, em prol da economia e de maior agilidade, eliminando exigências burocráticas consideradas inúteis (Othon Sidou).

DESCABIDO. 1. O que não tem cabimento. **2.** Inconveniente. **3.** Inoportuno. **4.** O que não reúne pressupostos necessários para a produção de efeitos.

DESCABIMENTO. 1. Na *linguagem jurídica* em geral: a) falta de propósito; b) o que é descabido. **2.** *Direito processual.* a) Inadmissibilidade de recurso; b) não-acolhimento de recurso.

DESCAIMENTO. 1. *Direito marítimo.* Deriva; desvio de rumo. **2.** *Medicina legal.* Prostração; abatimento.

DESCALABRO. 1. Ruína. **2.** Perda. **3.** Derrota.

DESCALÇO. 1. *Direito canônico.* Diz-se de quem pertence a certas ordens religiosas, cujos membros usam apenas sandálias nos pés. **2.** *Direito administrativo.* Diz-se do caminho que não está asfaltado ou empedrado.

DESCAMINHO. 1. *Direito penal.* Contrabando ou introdução clandestina de mercadorias no País, causando ofensa ao prestígio e ao patrimônio da Administração Pública. **2.** *Direito tributário.* Modalidade de fraude fiscal consistente em iludir, no todo ou em parte, o pagamento de direito ou imposto devido pela entrada, saída ou consumo de mercadorias. **3.** *Direito aduaneiro.* Desvio ou extravio clandestino de mercadorias com o escopo de escapar dos direitos alfandegários.

DESCAMISADO. 1. *Ciência política.* Partidário do peronismo. **2.** Na *linguagem comum,* diz-se daquele que possui poucos recursos.

DESCANCELAR. Tirar a cancela.

DESCANSAR. 1. *Direito do trabalho.* Repousar diária, semanal ou anualmente. **2.** Na *linguagem comum,* falecer. **3.** *Direito militar.* Voz de comando para que o soldado, avançando o pé esquerdo, descanse sobre o direito.

DESCANSAR ARMAS. *Direito militar.* Ordem de comando que se executa apoiando no chão o coice da arma, ficando o cano para cima.

DESCANSO. *Direito do trabalho.* **1.** Direito concedido ao trabalhador, tal como o intervalo entre duas jornadas de trabalho, para que repouse e recupere forças para retornar à sua produtividade normal. Trata-se do descanso diário. **2.** Intervalo de folga semanal remunerado. **3.** Férias anuais remuneradas.

DESCAPITALIZAÇÃO. *Economia política.* Redução do valor nominal do capital líquido (Geraldo Magela Alves).

DESCAPITALIZAR. *Economia política.* Pôr em circulação valores capitalizados.

DESCARBONATAÇÃO. *Medicina legal.* Remoção de carbono do sangue nos pulmões, substituindo-se o bióxido de carbono por oxigênio.

DESCARGA. 1. *Direito comercial.* Ato de retirar a carga de bordo; desembarque de mercadorias. **2.** *Direito civil.* Desoneração do devedor de uma obrigação que se extinguiu por pagamento direto ou indireto. **3.** *Direito processual civil.* Ato pelo qual o advogado devolve ao cartório os autos processuais retirados mediante carga. **4.** *Direito militar.* a) Tiro de arma de fogo; b) disparo simultâneo ou consecutivo de várias armas. **5.** *Medicina legal.* Evacuação de humores.

DESCARGO. 1. Exoneração de cargo. **2.** Cumprimento de encargo ou obrigação. **3.** Justificação de uma coisa imputada.

DESCAROÇADORA. *Direito agrário.* Máquina própria para descaroçar frutos ou fibras de algodão.

DESCARREGAR. 1. *Direito marítimo* e *direito comercial.* Proceder à descarga. **2.** *Direito militar.* Disparar arma de fogo.

DESCARRETO. *Direito comercial.* Local do rio onde, ante a dificuldade de navegação, a embarcação deve ser aliviada de sua carga.

DESCARRILAMENTO. *Direito comercial.* Ato de sair dos trilhos.

DESCARRILHAMENTO. *Vide* DESCARRILAMENTO.

DESCARTES. *Direito ambiental.* Parte da captura (organismos marinhos ou partes destes), que por ter pouco ou nenhum valor econômico, e/ou por restrições legais quanto à sua captura, é devolvida ao mar durante as operações de pesca.

DESCASADO. *Direito civil.* Divorciado; separado judicialmente.

DESCASAMENTO. *Direito civil.* Ação de descasar mediante separação judicial ou divórcio.

DESCASAR. *Direito civil.* Desfazer casamento.

DESCASCADEIRA. *Direito agrário.* Máquina agrícola que descasca cereais.

DESCATIVAR. Livrar do cativeiro.

DESCATIVEIRO. Resgate do cativeiro; volta à liberdade; livramento.

DESCATOLIZAÇÃO. *Direito canônico.* Apostasia; perda da fé católica.

DESCAUTELA. Falta de cautela.

DESCENDÊNCIA. *Direito civil.* Série de pessoas que procedem de um tronco comum.

DESCENDENTE. 1. *Direito civil.* Diz-se do parente que provém diretamente de um mesmo tronco, em linha reta, sucedendo o que lhe antecede. Por exemplo, filho, neto, bisneto, trineto, tetraneto etc. **2.** *Direito comercial.* O que está do lado oposto da origem da linha férrea. **3.** *Direito penal.* a) Circunstância agravante, pois em crime contra ele acometido ter-se-á aumento de pena; b) isenção de pena se o crime foi cometido para favorecê-lo. **4.** *Direito processual.* a) Aquele que, em razão de parentesco próximo com alguma das partes, está impedido de depor, exceto se o exigir o interesse público ou se se tratar de causa relativa ao estado da pessoa; b) aquele que está autorizado a reunir os bens do devedor, seu ascendente, que foram penhorados ou arrecadados no processo de insolvência, depositando o preço por que foram alienados ou adjudicados.

DESCENDER. *Direito civil.* Provir em linha reta de um progenitor comum.

DESCENDIMENTO. 1. *Direito canônico.* Cerimônia paralitúrgica da sexta-feira santa que consiste na descida da imagem de Cristo da cruz, antes da procissão do enterro. **2.** Na *linguagem comum,* significa descida.

DESCENTRALISMO. *Ciência política.* Regime político consistente na descentralização dos poderes da Administração Pública, transferindo-os a outros órgãos, segundo os critérios funcional, territorial, hierárquico, social ou por delegação.

DESCENTRALISTA. *Ciência política.* Relativo a descentralismo.

DESCENTRALIZAÇÃO. *Direito administrativo.* Transferência de poderes, funções ou serviços públicos do poder central a outros órgãos locais da Administração Pública, sem que haja qualquer vínculo hierárquico entre eles, embora a Administração central tenha o poder de controle sobre as pessoas descentralizadas. O Estado atua indiretamente, ou seja, por meio de outras entidades jurídicas que integram a Administração Pública.

DESCENTRALIZAÇÃO ADMINISTRATIVA. *Direito administrativo.* Transferência de poderes, muito comum nas Federações, que se opera na linha vertical entre a União, os Estados e os Municípios e na linha horizontal entre suas autarquias, entes paraestatais ou órgãos de personalidade privada.

DESCENTRALIZAÇÃO BUROCRÁTICA. *Direito administrativo.* Desconcentração, ou seja, processo pelo qual a Administração distribui suas funções a vários órgãos (R. Reis Friede).

DESCENTRALIZAÇÃO DA ASSISTÊNCIA SOCIAL. *Direito previdenciário.* É a que se caracteriza por uma gestão intergovernamental democrática e transparente na aplicação dos recursos públicos, partilhada e de co-responsabilidade das três esferas de governo no tocante às questões de financiamento, em cumprimento da legislação em vigor. Permite o exercício da cidadania participativa no planejamento, acesso e controle no que se refere aos benefícios, serviços, programas e projetos preconizados na Lei Orgânica da Assistência Social que são prestados pela rede de assistência social constituída pelas organizações governamentais e não governamentais de assistência social.

DESCENTRALIZAÇÃO DA MERENDA ESCOLAR. *Direito administrativo.* Repasse aos Estados, Distrito Federal e Municípios, em parcelas mensais, dos recursos consignados no orçamento da União destinados a programas de alimentação escolar em estabelecimentos de educação pré-escolar e de ensino fundamental. O montante desses recursos será proporcional ao número de matrículas nos sistemas de ensino por eles mantidos. Os recursos destinados a programas de alimentação escolar em estabelecimentos mantidos pela União poderão ser administrados pelos Municípios em que esses estabelecimentos se encontram localizados. Os recursos só serão repassados aos Estados, ao Distrito Federal e aos Municípios que tenham, em funcionamento, Conselhos de Alimentação Escolar, constituídos por representantes do órgão de administração da educação pública, dos professores, dos pais e alunos e dos trabalhadores, podendo também incluir representantes de outros segmentos da sociedade local. Cabem ao Conselho de Alimentação Escolar, entre outras, a fiscalização e o controle da aplicação dos recursos destinados à merenda escolar e a elaboração de seu Regimento Interno. A elaboração dos cardápios dos programas de alimentação escolar, sob a responsabilidade dos Estados e Municípios, através de nutricionista capacitado, será desenvolvida em acordo com o Conselho de Alimentação Escolar, e respeitará os hábitos alimentares de cada localidade, sua vocação agrícola e a preferência pelos produtos *in natura*. Na aquisição de insumos, serão priorizados os produtos de cada região, visando a redução dos custos. A União e os Estados prestarão assistência técnica aos Municípios, em especial na área da pesquisa em alimentação e nutrição, elaboração de cardápios e na execução de programas relativos à aplicação dos referidos recursos.

DESCENTRALIZAÇÃO FUNCIONAL. *Vide* DESCENTRALIZAÇÃO POR COLABORAÇÃO.

DESCENTRALIZAÇÃO INSTITUCIONAL. 1. *Direito administrativo.* Criação de entidades que integram a Administração Pública indireta (R. Reis Friede). **2.** *Vide* DESCENTRALIZAÇÃO POR COLABORAÇÃO.

DESCENTRALIZAÇÃO INTERGOVERNAMENTAL. *Direito administrativo.* **1.** Efetivação da atuação político-administrativa mediante a distribuição de competências nas três esferas de poder, a federal, a estadual e a municipal, que têm autodireção e autonomia para que haja um ordenado desenvolvimento das regiões que as integram. **2.** *Vide* DESCENTRALIZAÇÃO POLÍTICA.

DESCENTRALIZAÇÃO ORGÂNICA. *Direito administrativo.* É a utilizada para descongestionar os órgãos centrais, distribuindo funções e transferindo operações administrativo-decisórias aos órgãos locais.

DESCENTRALIZAÇÃO POLÍTICA. *Direito administrativo.* Transferência de atribuições do Governo do poder central (União) para o dos Estados e Municípios.

DESCENTRALIZAÇÃO POR COLABORAÇÃO. *Direito administrativo.* Também designada "descentralização funcional" ou "descentralização institucional", é a transferência de atribuições especiais do Estado a pessoas físicas ou jurídicas de direito público ou privado para desafogar a Administração Pública, possibilitando a consecução de serviços públicos. Tal transferência dá-se não só por meio de delegação ou concessão de serviços públicos, mas também por meio de autarquias ou entidades paraestatais.

DESCENTRALIZAÇÃO POR COOPERAÇÃO. *Direito administrativo.* Aquela que, segundo Sergio de Andrea Ferreira, permite que se criem entes paraadministrativos ou de cooperação, como serviço social autônomo, comitês olímpicos, sindicatos, associação de moradores etc.

DESCENTRALIZADA. *Direito administrativo.* Diz-se da atividade administrativa exercida por pessoas diversas do Estado.

DESCENTRALIZADO. *Direito administrativo.* Que se descentralizou.

DESCENTRALIZADOR. *Direito administrativo.* O que descentraliza.

DESCENTRALIZAR. *Direito administrativo.* Distribuir ou transferir funções ou poderes de um governo ou administração central a outros órgãos.

DESCENTRALIZÁVEL. *Direito administrativo.* Que se pode descentralizar.

DESCER. 1. *Direito comercial.* a) Baixar o preço; b) desembarcar. **2.** Na *linguagem jurídica* em geral, indica, ainda: a) degradar-se; b) dirigir-se a um local mais baixo; c) decair; d) passar de um posto superior para um inferior.

DESCER DO TRONO. *Direito comparado.* **1.** Abdicar. **2.** Perder o poder real.

DESCIDA. 1. *Direito processual.* Baixa; retorno dos autos da instância superior à inferior, para que se cumpra a decisão, por já terem sido julgados. **2.** *Direito econômico.* Desvalorização.

DESCIMENTO. *História do direito.* Expedição para a busca de índios no interior do Brasil com o objetivo de escravizá-los.

DESCLASSIFICAÇÃO. 1. *Teoria geral do direito.* Ação de desclassificar. **2.** *Direito desportivo.* Eliminação de atleta de prova esportiva. **3.** *Direito administrativo.* Não-atribuição de qualificação a candidato de concurso público que não foi bem-sucedido nas provas. **4.** *Direito processual penal.* Ato judicial de enquadrar o crime descrito na denúncia em outra figura penal, em regra menos gravosa para o réu.

DESCLASSIFICAÇÃO DE CRIME. *Direito processual penal.* Conclusão a que chega o órgão judicante de ter sido outro o delito perpetrado pelo acusado e não o indicado na denúncia. Por exemplo, desclassificação do homicídio doloso para homicídio culposo.

DESCLASSIFICAÇÃO DE DOCUMENTO SIGILOSO. Atividade pela qual a autoridade responsável pela classificação dos documentos sigilosos os torna ostensivos e acessíveis à consulta pública.

DESCLASSIFICAÇÃO IMPRÓPRIA. *Direito processual penal.* Fato de os jurados desclassificarem in-

fração de competência do Júri para outra de competência do juiz singular, especificando o seu título. Por exemplo, desclassificação de homicídio doloso para culposo (Hermínio Alberto Marques Porto).

DESCLASSIFICAÇÃO PRÓPRIA. *Direito processual penal.* Ato pelo qual os jurados desclassificam crime de competência do Júri para outra infração da competência do juiz singular, sem especificação de seu *nomen juris* (Hermínio Alberto Marques Porto).

DESCLASSIFICADO. 1. Na *linguagem jurídica* em geral, aquele que não obteve classificação num certame desportivo ou num concurso público. **2.** Na *linguagem comum,* diz-se do indivíduo desprezível ou indigno.

DESCOBERTA. 1. Invento. **2.** Ato de ter conhecimento de alguma coisa cuja existência era desconhecida. **3.** Ato de encontrar coisa alheia perdida.

DESCOBERTA COMERCIAL. Descoberta de petróleo ou gás natural em condições que, a preços de mercado, tornem possível o retorno dos investimentos no desenvolvimento e na produção.

DESCOBERTO. 1. *Direito autoral.* Inventado. **2.** *Direito civil.* a) Conhecido, revelado; b) diz-se de um tesouro ou de um objeto alheio encontrado. **3.** *Direito processual penal.* Denunciado. **4.** *Direito militar.* Exposto a ataques. **5.** *Direito constitucional* e *direito civil.* Local onde se descobrem jazidas ou recursos minerais e se estabelecem serviços de mineração para pesquisa e lavra. **6.** *Direito desportivo.* Diz-se do esgrimista exposto aos golpes do adversário por desguarnecer de defesa uma parte do corpo. **7.** *Direito bancário.* Permissão dada pelo banco ao cliente para sacar dinheiro contra seu estabelecimento, sem adiantamento de fundos ou sem qualquer garantia imediata. **8.** *Direito comercial.* Condição de quem opera a crédito na Bolsa vendendo mercadorias ou títulos de que não é proprietário e comprando efeitos cujo pagamento não se dá de imediato.

DESCOBRIDOR. *Direito civil.* **1.** Inventor. **2.** Aquele que acha um tesouro. **3.** Quem encontra coisa alheia perdida.

DESCODIFICAR. 1. Decifrar código. **2.** Converter em linguagem comum mensagem redigida em código.

DESCOIVARAR. *Direito agrário.* Limpar a terra da coivara resultante da queimada.

DESCOLETIVIZAÇÃO. O mesmo que DESSINDICALIZAÇÃO.

DESCOLOCADO. *Direito do trabalho.* Desempregado.

DESCOLONIZAR. *Direito agrário.* Perder colonos.

DESCOMETER. 1. Livrar de algum encargo. 2. Desobrigar.

DESCOMPASSADO. *Direito agrário.* Diz-se do espaço de coveamento sem medida intercalar certa ou estabelecida.

DESCOMPENSAÇÃO. *Medicina legal.* Falta de capacidade do coração de manter adequada a circulação, que se caracteriza por dispnéia, edema, cianose etc.

DESCONCEITUADO. Aquele que perdeu a reputação.

DESCONCENTRAÇÃO. *Direito administrativo.* Distribuição interna de competências agrupadas em unidades individualizadas. Tal desconcentração é feita não só em razão da matéria ou do grau hierárquico, mas também com base no critério territorial. Há uma distribuição de competência dentro da mesma pessoa, cujos órgãos e agentes a ela estão subordinados (Celso Antônio Bandeira de Mello). Portanto, toda a Administração fica nas mãos do poder central e de seus agentes e órgãos, sendo que estes estão vinculados àquele, de tal sorte que todos os atos que realizam é por ordem daquele centro.

DESCONCORDÂNCIA. Divergência.

DESCONCORDAR. Não concordar; divergir; discordar.

DESCONCORDE. Divergente; discordante.

DESCONCÓRDIA. Falta de concórdia.

DESCONEXÃO. *Teoria geral do direito.* Incoerência.

DESCONFIANÇA. 1. Temor de ser enganado. 2. Falta de confiança. 3. Suspeita de alguém ou de alguma coisa. 4. Suposição. 5. Conjectura.

DESCONFORME. *Teoria geral do direito.* 1. Contrário. 2. O que não se conforma.

DESCONFORMIDADE. *Teoria geral do direito.* 1. Desarmonia. 2. Divergência. 3. Falta de conformidade. 4. Discordância.

DESCONGELAR. *Economia política.* Liberar preços ou salários que estavam congelados.

DESCONGESTIONAMENTO. *Direito de trânsito.* Ação de tornar fluente o trânsito congestionado por grande número de veículos.

DESCONHECER. *Teoria geral do direito.* 1. Ignorar. 2. Não aceitar. 3. Não conhecer.

DESCONHECIDO. *Direito civil* e *teoria geral do direito.* 1. Diz-se daquele cuja identidade não se conhece. 2. Ignorado. 3. Não conhecido. 4. Ingrato.

DESCONHECIMENTO. *Teoria geral do direito.* 1. Ignorância. 2. Ingratidão.

DESCONHECIMENTO DA LEI. *Teoria geral do direito.* 1. Ignorância da lei. 2. Erro no conhecimento da lei. 3. Falsa interpretação. 4. Não-conhecimento de lei publicada, fato este que não pode ser alegado por alguém que queira escusar-se de seus efeitos. A publicação da lei repele a *exceptio ignorantiae juris*. A lei, ao ser publicada, neutraliza o desconhecimento em relação a ela, tornando-o irrelevante.

DESCONJUNTADO. *Medicina legal.* Desarticulado.

DESCONSENTIR. 1. Discordar. 2. Não anuir; não consentir.

DESCONSIDERAÇÃO DA PERSONALIDADE JURÍDICA. *Direito civil, direito comercial* e *direito do consumidor.* Ato pelo qual o magistrado, num dado caso concreto, não considera os efeitos da personificação ou da autonomia jurídica da sociedade, para atingir e vincular a responsabilidade dos sócios, com o intuito de impedir a consumação de fraudes e abusos de direito cometidos por meio da personalidade jurídica que causem prejuízos ou danos a terceiros.

DESCONSTITUCIONALIZAÇÃO. *Direito constitucional.* Recepção pelo novo texto constitucional, como leis ordinárias, dos antigos preceitos constitucionais que não são objeto da nova Carta.

DESCONTADOR. *Direito comercial* e *direito cambiário.* Aquele que toma o título de crédito, adiantando seu valor em dinheiro ao descontário.

DESCONTAMINAÇÃO. *Direito ambiental.* É o processo de eliminação total ou parcial da carga microbiana de artigos e superfícies, tornando-os aptos para o manuseio seguro.

DESCONTAMINAR. *Direito administrativo* e *direito ambiental.* Tornar inócuo certo local, protegendo seus habitantes, pela remoção, destruição ou neutralização de agentes contaminantes, como gases oriundos de material radioativo, de combustão, de guerra química ou biológica etc.

DESCONTAR. 1. *Direito cambiário.* a) Fazer operação de desconto, pagando ou recebendo, antes do vencimento, um título de crédito endossado; b) abater do valor nominal quantia igual à depreciação dos títulos descontados. 2. *Direito comercial.* Descontar; tirar de uma conta; deduzir preço.

DESCONTÁRIO. *Direito cambiário.* Portador legítimo de um título cambial que, ao endossá-lo ao descontador, submete-o a desconto. É, portanto, aquele que endossa o título descontado.

DESCONTAR UM CHEQUE. *Direito bancário.* Receber num banco o valor contido no cheque.

DESCONTATÁRIO. *Vide* DESCONTÁRIO.

DESCONTÁVEL. *Direito comercial* e *direito cambiário.* O que pode ser descontado.

DESCONTINUIDADE. *Direito civil.* 1. Qualidade do que é descontínuo. 2. Falta de continuidade. 3. Interrupção. 4. Suspensão.

DESCONTÍNUO. 1. *Direito civil.* a) Não contínuo; b) interrupto ou interrompido; c) o que sofre suspensão. 2. Na *linguagem filosófica,* diz-se daquilo que se compõe de elementos dados e por intermédio dos quais é construído no pensamento.

DESCONTO. 1. *Direito cambiário.* Prêmio ou juro devido pelo pagamento antecipado de um título de crédito ainda não vencido. Essa importância corresponde à diferença entre o valor nominal do título e o líquido da operação. É o adiantamento de uma soma convencionada contra a entrega de um documento cambiário ou cambiariforme não vencido. O descontante cobrará juros sobre a soma estipulada, propiciando com isso a interrupção do investimento do credor e assegurando ao devedor a fruição do crédito concedido anteriormente. 2. *Direito comercial.* a) Abatimento feito no total de uma soma pecuniária ou no valor de uma obrigação; b) dedução feita numa conta ou fatura; c) redução do preço de uma mercadoria comprada à vista; d) bonificação feita ao devedor pelo pagamento antecipado do débito. 3. *Direito bancário.* Operação bancária pela qual o banco antecipa o pagamento de um título a favor do seu endossante, deduzindo, a uma taxa convencionada, os juros de seu valor nominal correspondentes ao tempo que faltar para o seu vencimento. É, portanto, o pagamento feito pelo banco do título ainda não vencido, mas endossado pelo portador, com dedução da taxa usual. 4. *Direito agrário.* Quebra que o gado sofre no peso durante as viagens. 5. *Direito administrativo.* Abatimento feito sobre provento.

DESCONTO A FORFAIT. *Direito bancário.* Operação em que o descontante renuncia ao direito de regresso contra o descontário. Trata-se de uma aquisição onerosa de crédito ou compra e venda de título de crédito (Fábio Konder Comparato). É, portanto, uma transferência de crédito a um banco, que assume os riscos oriundos da eventual insolvência do sacado ou do emitente, não tendo o cedente qualquer responsabilidade (Molle).

DESCONTO A TANTUM. *Vide* DESCONTO A FORFAIT.

DESCONTO BANCÁRIO. *Direito bancário.* Contrato pelo qual uma pessoa recebe do banco determinada importância (juros), transferindo-lhe um título de crédito ainda não vencido, de emissão própria ou de terceiro, responsabilizando-se pela sua solvabilidade.

DESCONTO COMERCIAL. *Vide* DESCONTO POR FORA.

DESCONTO DE DUPLICATA. *Direito cambiário.* Operação de crédito mediante adiantamento do valor da duplicata, com dedução de juros, despesas e tributos incidentes (Luiz Fernando Rudge).

DESCONTO DE LETRAS. *Direito bancário.* Adiantamento de verba referente a um título de crédito ao seu beneficiário original em troca da sua transferência para a instituição financeira, já descontados os juros que constituem o lucro desta. Trata-se do endosso simples, que transfere a propriedade sobre o título (Mauro Grinberg).

DESCONTO DE TÍTULOS. *Vide* DESCONTO DE LETRAS.

DESCONTO EM FOLHA DE PAGAMENTO. *Direito administrativo, direito do trabalho* e *direito processual civil.* Ordem de pagamento dada espontaneamente pelo funcionário público ou empregado de uma empresa ou em cumprimento de sentença judicial, para que parte de seus vencimentos ou salários seja entregue a determinada pessoa, a título de pensão alimentícia, de pagamento de empréstimo ou de indenização por ato ilícito.

DESCONTO NA FONTE. *Direito tributário.* Modalidade de arrecadação tributária pela qual a pessoa jurídica, investida da função arrecadadora, retém, a título de imposto de renda, ao efetuar pagamento a pessoa física, quantia tributada, que será repassada ao órgão fazendário (Othon Sidou).

DESCONTO NOS SALÁRIOS. *Direito do trabalho.* Subtração feita pelo empregador no salário do empregado, imposta por lei, como a decorrente de falta injustificada, contribuição previdenciária, imposto de renda, pensão alimentícia, falta de aviso prévio, danos dolosos, custas judiciais etc., ou por convenção, como a de cotas de cooperativas, prêmios de seguro, aluguel, prestação de casa própria etc. (Amauri Mascaro Nascimento).

DESCONTO POR DENTRO. *Direito bancário.* Trata-se do "desconto racional", que consiste no cálculo dos juros devidos, segundo o valor atual do título, sob determinada taxa, tendo-se em vista o tempo que falta para seu vencimento ou sua exigibilidade. O desconto equivale ao juro adicionado ao valor atual do título, formando a soma total exigida no seu vencimento (De Plácido e Silva).

DESCONTO POR FORA. *Direito comercial* e *direito bancário.* Aquele em que o cômputo dos juros é feito sobre o valor nominal do título, conforme a taxa estipulada e o tempo que falta para seu vencimento. Denomina-se também "desconto comercial".

DESCONTO RACIONAL. *Vide* DESCONTO POR DENTRO.

DESCONTRATAR. *Direito civil.* Desfazer, resilir, resolver ou rescindir um contrato.

DESCONTROLE. Falta de controle; desgoverno.

DESCONVENCER. *Teoria geral do direito.* Despersuadir; fazer mudar de opinião.

DESCONVENIÊNCIA. *Direito administrativo.* Inconveniência.

DESCONVIR. **1.** Não ter conveniência. **2.** Não convir.

DESCONVIZINHANÇA. *Direito civil.* Falta de vizinhança.

DESCOORDENAÇÃO. **1.** Falta de coordenação. **2.** Desorganização.

DESCORNADOR. *Direito agrário.* Torquês para extrair os cornos nascentes do gado.

DESCORTICAR. *Direito agrário.* Retirar qualquer invólucro de planta, semente ou raiz.

DESCOSTUME. *Teoria geral do direito.* Desuso.

DESCRAVAR. *Direito civil.* Desencravar.

DESCRAVIZAR. *História do direito.* Livrar da escravidão.

DESCRÉDITO. Perda de crédito.

DESCREVER. *Direito civil* e *direito processual civil.* Relatar minuciosamente bens ou fatos.

DESCRIÇÃO. **1.** *Direito civil* e *direito processual civil.* a) Enumeração das qualidades ou caracteres de uma coisa; b) narração ou relato circunstanciado de fatos ocorridos; c) ação ou efeito de descrever bens, pessoas ou fatos; d) identificação física, econômica e fiscal de prédios; e) relação de bens. **2.** *Lógica jurídica.* Definição de algo pelos seus elementos acidentais que são em si mesmos bastantes para dar uma idéia do definido, distinguindo-o das outras coisas (Port-Royal).

DESCRIÇÃO DE BENS. *Direito civil* e *direito processual civil.* **1.** Relação detalhada para individualizar bens em inventário ou arrolamento. **2.** Individuação de bens.

DESCRIÇÃO DE LIMITES. *Direito civil* e *direito processual civil.* Indicação das linhas de confinação e do contorno topográfico de um imóvel demarcando ou dividendo para possibilitar sua delimitação.

DESCRIMINAÇÃO. *Direito processual penal.* **1.** Ação ou efeito de absolver um réu do crime que lhe foi imputado, inocentando-o. **2.** Impronúncia.

DESCRIMINALIZAÇÃO. *Direito penal.* Ato legislativo ou judicial que extingue o caráter delituoso de um fato definido pela lei como crime (Hulsman e Cornil).

DESCRIMINANTE. *Direito penal.* Circunstância excludente da antijuridicidade, eximindo o agente de responsabilidade criminal, como legítima defesa, estado de necessidade, estrito cumprimento de dever legal ou exercício regular de um direito.

DESCRIMINANTES PUTATIVAS. *Direito penal.* Causas que isentam de pena aquele que, pensando estar agindo legitimamente, vem a praticar um crime. Deveras, é possível que alguém julgue, por erro plenamente justificado pelas circunstâncias, estar diante de estado de necessidade, legítima defesa, estrito cumprimento de dever legal ou exercício regular de direito, quando, na verdade, não estava, fato esse que excluirá sua culpabilidade.

DESCRIMINAR. *Direito processual penal.* **1.** Inocentar o acusado. **2.** Absolver o réu de um crime. **3.** Tirar a culpa.

DESCRIMINÁVEL. *Direito penal.* O que se pode descriminar.

DESCRITERIOSO. *Teoria geral do direito.* O que não tem critério.

DESCRITÍVEL. *Direito civil* e *direito processual civil.* O que se pode descrever.

DESCRITIVISMO. *Retórica jurídica.* Exposição minuciosa de um assunto.

DESCRITIVO. *Direito civil* e *direito processual civil.* **1.** Que descreve. **2.** Relativo a descrição. **3.** O que contém uma descrição. **4.** Que serve para descrever.

DESCRITO. *Direito civil* e *direito processual civil.* O que foi relatado, exposto ou identificado minuciosamente.

DESCUIDAR. *Direito civil.* **1.** Tratar sem cuidado. **2.** Não cuidar de coisa alheia como se fosse sua. **3.** Descurar. **4.** Negligenciar.

DESCUIDO. 1. *Direito civil.* Negligência; incúria. **2.** Na *gíria,* diz-se do furto que se dá por falta de vigilância da vítima.

DESCULATRAR. *Direito militar* e *medicina legal.* Romper-se, acidentalmente, a culatra ao disparo.

DESCULTIVAR. *Direito agrário.* **1.** Não cultivar. **2.** Deixar de cultivar.

DESCUMPRIDOR. *Direito civil.* **1.** Inadimplente. **2.** Aquele que não cumpre um dever legal ou contratual.

DESCUMPRIMENTO. *Direito civil.* **1.** Inadimplemento. **2.** Falta de cumprimento de uma obrigação.

DESCUMPRIMENTO DE MISSÃO. *Direito militar.* Ato do militar que deixa dolosamente de desempenhar a missão que lhe foi confiada pelo seu superior hierárquico.

DESCUMPRIR. *Direito civil.* Deixar de cumprir.

DESCUPINIZAÇÃO POR ATMOSFERA GASOSA. *Direito ambiental.* Método que elimina cupins sem provocar dano ao meio ambiente e ao homem, ao criar uma bolha no local infestado, contendo de 45% a 65% de gás carbônico e menos de 8% de oxigênio, fazendo com que os insetos morram por asfixia.

DESCURAMENTO. *Direito civil.* Ação de descurar, ou seja, de não cuidar de algo, negligenciando deveres.

DESDENTIÇÃO. *Medicina legal.* Queda de dentes.

DESDITA. Infortúnio.

DESDITO. Contradito; que se desdisse; retratação.

DESDIZER. Contradizer o afirmado; retratar-se; negar alguma afirmação anteriormente feita; estar em contradição.

DESDOBRADEIRA. *Direito agrário.* Máquina apropriada para desdobrar toras de madeira.

DESDOBRAMENTO. 1. *Direito militar.* a) Formação de novas unidades com a utilização dos elementos das já existentes; b) ato de fazer passar da ordem em coluna à ordem em batalha. **2.** *Direito civil.* Parcelamento de um débito. **3.** Na *linguagem jurídica* em geral, é: a) qualquer ato ou efeito de desdobrar; b) a transformação de uma unidade em outras, dividindo-a; c) a divisão sem fracionamento.

DESDOBRO. *Direito agrário.* Corte de toras formando tábuas ou vigas.

DESECONÔMICO. *Economia política.* Que não é econômico.

DESEDIFICAR. *Direito canônico.* Desviar da crença religiosa.

DESEJO SEXUAL. *Medicina legal.* Concupiscência; libido; apetite sexual ou carnal.

DESEMBALAGEM. *Direito comercial.* Ato de tirar da embalagem.

DESEMBALAR. *Direito comercial.* Tirar mercadoria da embalagem.

DESEMBARAÇAR. *Direito alfandegário* e *direito marítimo.* Cumprir todas as formalidades legais, fiscais e alfandegárias para que o navio e sua carga possam deixar o porto.

DESEMBARAÇO. 1. *Direito alfandegário* e *direito marítimo.* a) Despacho do navio e de sua carga após o cumprimento de todas as formalidades regulamentares e fiscais; b) despacho de amostra ou de mercadoria isenta de imposto de importação. **2.** Na *linguagem jurídica* em geral, indica qualquer processo pelo qual a repartição cumpre diligências exigidas por lei para liberar coisas ou conceder medidas.

DESEMBARAÇO ADUANEIRO. *Direito alfandegário.* **1.** Ato pelo qual se permite a livre saída de mercadorias importadas pela observância dos requisitos exigidos pela alfândega e pela lei. **2.** Liberação da coisa exportada, que dependia de despacho da autoridade. **3.** Ato pelo qual é registrada a conferência aduaneira na importação e na exportação.

DESEMBARAÇO ADUANEIRO NA EXPORTAÇÃO. *Direito alfandegário.* Concluída a verificação da mercadoria sem exigência fiscal ou de outra natureza, dar-se-á o desembaraço aduaneiro e a conseqüente autorização para o seu trânsito, embarque ou transposição de fronteira. Constatada divergência ou infração não impeditiva do embarque ou da transposição da fronteira da mercadoria, o desembaraço será realizado, sem prejuízo da formalização de exigências e de outras medidas legais cabíveis. O despacho de exportação, quando processado de forma sumária, será registrado no Siscomex, ficando os bens a ele referentes considerados automaticamente desembaraçados no momento desse registro. Não será

DESEMBARAÇO ADUANEIRO NO DESPACHO DE IMPORTAÇÃO

desembaraçada a mercadoria que, devendo ser re-exportada, esteja sujeita ao pagamento de multa, enquanto não for efetuado o pagamento desta.

DESEMBARAÇO ADUANEIRO NO DESPACHO DE IMPORTAÇÃO. *Direito alfandegário.* **1.** É o ato privativo do auditor fiscal do Tesouro Nacional, mediante o qual fica autorizada a entrega da mercadoria submetida a despacho ao importador. **2.** Ato final do despacho aduaneiro.

DESEMBARCADOURO. *Direito marítimo.* Cais; local onde se desembarca.

DESEMBARCAR. *Direito comercial.* **1.** Descarregar mercadoria do veículo que a transportou. **2.** Sair ou descer de embarcação, vagão ou aeronave.

DESEMBARGADO. **1.** *Direito processual civil.* Diz-se do bem que, deixando de ser objeto de embargo, o foi de despacho ou decisão. **2.** Na *linguagem jurídica* em geral, significa desimpedido, desembaraçado ou livre.

DESEMBARGADOR. *Direito processual.* **1.** Magistrado que integra os Tribunais de Justiça dos Estados. A competência para julgar crime comum ou de responsabilidade perpetrado por desembargador é do Superior Tribunal de Justiça. **2.** Magistrado dos Tribunais Regionais Federais.

DESEMBARGAR. *Direito processual civil.* Despachar; tirar o embargo.

DESEMBARGATÓRIA. *Direito processual civil* e *direito processual penal.* Dignidade de desembargador.

DESEMBARGATÓRIO. *Direito processual civil* e *direito processual penal.* Relativo ou próprio de desembargador.

DESEMBARGO. *Direito processual civil.* **1.** Despacho. **2.** Levantamento ou suspensão de embargo ou arresto. **3.** Decisão proferida pelos desembargadores; acórdão.

DESEMBARGO DO PAÇO. *História do direito.* Antiga magistratura com função de homologação e registro.

DESEMBARQUE. *Direito comercial.* Ato de desembarcar passageiros transportados por navio ou avião.

DESEMBOLSAR. Gastar dinheiro.

DESEMBOLSO. *Direito civil.* **1.** Quantia que se gastou. **2.** Aquilo que se pagou como adiantamento para a satisfação de despesas feitas com negócios ou como empréstimo a alguém, tendo o direito de reaver o equivalente. **3.** Não-recebimento da quantia entregue a outrem; perda de dinheiro.

DESEMPACOTAR. *Direito comercial.* Desembrulhar mercadorias.

DESEMPASTAR. *Direito agrário.* Tirar animais do pasto.

DESEMPATADOR. *Direito processual civil.* Árbitro que profere o voto de desempate para decidir a demanda e o impasse, pondo fim à divergência.

DESEMPATAR. **1.** *Direito processual civil.* Tirar o empate; decidir o que estava empatado, proferindo um voto a favor de uma das partes. **2.** *Direito comercial.* Transformar efeitos do ativo em dinheiro por meio de sua venda. **3.** *História do direito.* Resolver o presidente da Junta a divergência entre os votos dos antigos juízes classistas, proferindo decisão que melhor atenda ao cumprimento da lei, ao justo equilíbrio entre os votos divergentes e ao interesse social.

DESEMPATAR CABEDAIS. *Economia política.* Pôr dinheiro em circulação para obter lucro ou reembolso futuro.

DESEMPATE. **1.** *Direito processual civil.* Decisão do árbitro desempatador, pondo fim a uma questão sobre a qual havia igual número de votos divergentes. **2.** Na *linguagem jurídica* significa decisão daquilo que, numa eleição por meio de voto a descoberto, fora objeto de empate (Othon Sidou).

DESEMPENHAR. **1.** *Direito civil.* a) Pagar dívida; b) resgatar bem empenhado; c) cumprir uma obrigação. **2.** *Direito autoral.* Representar um papel em cena. **3.** *Direito administrativo.* Exercer cargo ou função pública.

DESEMPENHO. **1.** *Direito civil.* a) Resgate de penhor; b) cumprimento de obrigação; c) pagamento de débito. **2.** *Direito autoral.* Qualidade da representação cênica de um artista. **3.** *Direito comercial.* Atuação de um veículo. **4.** *Direito administrativo.* Execução de uma função pública.

DESEMPENHO OPERACIONAL DE NAVIO-SONDA. *Direito marítimo.* É o que se caracteriza por três situações de trabalho: a) navio-sonda em viagem para área de pesquisa ou exploração – situação normal de viagem entre um porto de determinado ponto de pesquisa ou exploração – entre uma área de pesquisa ou exploração e uma outra área de estrutura geológica diferente; b) navio-sonda em movimentação entre locações da mesma área – situação em que a embarcação se desloca geralmente em viagem de curta duração, numa área entre regiões da mesma estrutura geológica; c) navio-sonda em estacionamento, posicionado sob ferros, em operação de pesquisa ou exploração – situação em que a embarcação permanece geralmente por longos períodos em operação de pesquisa ou exploração de petróleo. Para efeito destas normas, a tripulação de segurança dos navios-sonda será móvel e constituída de uma parte fixa e de outra complementar, empregadas de acordo com as referidas situações de trabalho, com o propósito de estabelecer um sistema que permita a todos os tripulantes (inclusive comandante e chefe de máquinas) folgas periódicas em terra, durante os estacionamentos das embarcações em operatividade, ou quando em deslocamento entre áreas de curta distância. A fim de que os comandantes e chefes de máquinas gozem da faculdade estabelecida no subitem anterior, é necessário, obrigatoriamente, que os imediatos e subchefes de máquinas sejam respectivamente da mesma categoria daqueles (oficiais de náutica do nível 9 e oficiais de máquinas do nível 8).

DESEMPOSSAR. *Direito civil.* Desapossar; esbulhar; despojar alguém da posse de uma coisa.

DESEMPREGADO. *Direito do trabalho.* Aquele que está sem emprego; desocupado.

DESEMPREGADO DISFARÇADO. *Direito do trabalho.* Aquele que assumiria um contrato trabalhista, se houvesse uma demanda apropriada à sua força de trabalho (Claus Offe).

DESEMPREGADO REGISTRADO. *Direito do trabalho.* Aquele que busca uma relação de trabalho contratual, por estar disponível para trabalhar (Claus Offe).

DESEMPREGAR. *Direito do trabalho.* **1.** Demitir ou despedir empregado. **2.** Perder o emprego.

DESEMPREGO. *Direito do trabalho.* **1.** Estado do desempregado. **2.** Situação daquele que está sem emprego. **3.** Ação de desempregar.

DESENCABEÇAR. 1. *Direito civil.* a) Renunciar ou perder o cargo de cabecel; b) perder um privilégio. **2.** *Direito penal.* a) Perverter alguém, desencaminhando-o; b) seduzir menores.

DESENCADEAR. 1. Suprimir obstáculo que impede uma força de produzir seu efeito. **2.** Determinar a produção de um fenômeno.

DESENCAIXAR. *Direito comercial.* Investir dinheiro que estava em caixa.

DESENCAIXE. *Direito comercial.* Aplicação de dinheiro guardado em caixa.

DESENCAIXOTAR. *Direito comercial.* Tirar mercadoria de caixotes, caixas ou malas.

DESENCALHAR. *Direito marítimo.* Tirar uma embarcação do encalhe.

DESENCAMINHADO. *Direito penal.* Corrompido; pervertido.

DESENCAMPAR. 1. Na *linguagem jurídica* em geral, significa fazer restituir. **2.** *Direito administrativo.* Desfazer encampação.

DESENCARECER. *Direito comercial.* Baixar o preço.

DESENCRAVAR. *Direito processual.* Retirar documento de processo.

DESENCURRALAR. *Direito agrário.* Fazer sair o gado do curral.

DESENFREAMENTO. Desregramento; dissolução de costumes; libertinagem.

DESENGAÇADOR. *Direito agrário.* Utensílio próprio para tirar cachos de uva do engaço.

DESENGAÇO. *Direito agrário.* Tirar cachos de uva do engaço.

DESENGANADO. *Medicina legal.* Diz-se do paciente a quem o médico prognosticou a morte.

DESENGATE. *Direito comercial.* Ponto de estrada de ferro onde se desengata o comboio da locomotiva.

DESENHISTA DE AERONÁUTICA. *Direito autoral* e *direito de propriedade industrial.* Ocupação do que efetua planos e desenhos técnicos para a construção de aeronaves.

DESENHISTA DE ARQUITETURA. *Direito autoral* e *direito civil.* O que faz plantas para a construção de edifícios.

DESENHISTA DE MECÂNICA. *Direito autoral* e *direito de propriedade industrial.* O que efetua planos e desenhos técnicos para a fabricação de máquinas ou motores.

DESENHISTA INDUSTRIAL. *Direito autoral* e *direito de propriedade industrial.* Ocupação qualificada daquele que efetua desenhos industriais.

DESENHISTA MODELISTA DE PRODUTOS INDUSTRIAIS OU COMERCIAIS. *Direito autoral* e *direito de propriedade industrial.* Aquele que cria modelos de produtos comerciais e industriais.

DESENHO. *Direito autoral, direito civil* e *direito de propriedade industrial.* **1.** Arte de representar objetos tendo por escopo fins artísticos, técnicos, científicos ou industriais. **2.** Planta de construção. **3.** Representação gráfica de um terreno.

DESENHO INDUSTRIAL. *Direito autoral* e *direito de propriedade industrial.* Conjunto de linhas e cores aplicáveis à ornamentação ou à criação de produtos industriais. É a forma plástica ornamental de um objeto ou o conjunto ornamental de linhas e cores que possa ser aplicado a um produto, proporcionando resultado visual novo e original na sua configuração externa e que possa servir de tipo de fabricação industrial.

DESENHO PAPILAR. *Medicina legal.* Impressão digital; conjunto de arabescos que as cristas papilares formam, cujos vestígios podem ser vistos nas superfícies dos objetos, constituindo valiosa prova da identificação do criminoso.

DESENHO UNIVERSAL. *Direito urbanístico.* Concepção de espaços, artefatos e produtos que visam atender simultaneamente todas as pessoas, com diferentes características antropométricas e sensoriais, de forma autônoma, segura e confortável, constituindo-se nos elementos ou soluções que compõem a acessibilidade.

DESENLACE. 1. Solução. **2.** Óbito. **3.** Desfecho.

DESENOBRECER. *Direito comparado.* Privar do título de nobreza; perder a nobreza.

DESENTENDIMENTO. Desacordo; falta de entendimento.

DESENTRANHAMENTO. *Direito processual.* **1.** Ato ou efeito de retirar peça processual ou documento do corpo dos autos, substituindo-o por certidão ou reprodução autenticada. **2.** Retirada de peças de um processo, por interesse da Administração ou a pedido do interessado.

DESENTRANHAR. *Direito processual.* Tirar elemento integrante ou documento dos autos do processo.

DESENVENENAR. *Medicina legal.* **1.** Administrar antídoto. **2.** Destruir os efeitos do veneno. **3.** Fazer o paciente expelir o veneno tomado.

DESENVOLVEDOR. Aquele que cria o título multimídia.

DESENVOLVIMENTO. 1. *Ciência política.* a) Progresso econômico, social e político de um país; b) passagem gradual de um estádio inferior a um mais aperfeiçoado; c) grau de civilização. **2.** *Criminologia.* Evolução da personalidade de um criminoso. **3.** *Direito civil.* a) Execução de um serviço; b) discernimento da pessoa física. **4.** *Psicologia forense.* Grau de evolução da intelectualidade. **5.** *Direito processual.* Andamento do processo. **6.** *Direito administrativo.* Conjunto de operações e investimentos destinados a viabilizar as atividades de produção de um campo de petróleo ou gás.

DESENVOLVIMENTO ABERTO DO DIREITO. *Teoria geral do direito.* Preenchimento de uma lacuna normativa, axiológica ou ontológica pelo magistrado, que não pode furtar-se a uma decisão, chegando à solução adequada. É nesse desenvolvimento aberto do direito dirigido metodicamente que o aplicador adquire consciência da modificação que as normas experimentam, continuamente, ao serem aplicadas às mais diversas relações sociais, chegando a se apresentar, no sistema normativo, omissões concernentes a uma nova exigência da vida. Essa permissão de desenvolver o direito compete aos aplicadores sempre que se apresentar uma lacuna, devendo, para tanto, manter-se dentro dos limites jurídicos, de maneira que o desenvolvimento aberto do direito só se poderá dar dentro dos marcos jurídicos (Larenz).

DESENVOLVIMENTO ECONÔMICO. 1. *Direito constitucional* e *economia política.* a) Processo conducente ao crescimento da disponibilidade de bens e serviços por uma comunidade superior à taxa de desenvolvimento demográfico, procurando, gradualmente, eliminar a baixa produtividade da mão-de-obra, a repartição desigual da renda, o desemprego, a precariedade da infra-estrutura socioeconômica, o baixo grau de urbanização e industrialização, mediante a exaltação da valorização do trabalho, da função social da propriedade e do contrato, da livre concorrência, do livre exercício de qualquer atividade econômica, da repressão ao abuso do poder econômico, da propriedade privada, da defesa do consumidor e do meio ambiente, da redução das desigualdades regionais e sociais, da busca do pleno emprego e do tratamento favorecido para as empresas brasileiras de capital nacional de pequeno porte; b) aumento quantitativo da renda nacional a longo prazo. **2.** *Direito do trabalho.* Processo tendente a assegurar o mais alto nível de renda *per capita*, na busca de uma sociedade homogênea, onde Estado, empresa e sindicato aceitem-se mutuamente para a consecução de objetivos comuns (Octavio Bueno Magano).

DESENVOLVIMENTO FLORESTAL. *Direito ambiental.* Política que tem por escopo a preservação de florestas naturais ou artificiais, a proteção da fauna, a racionalização da exploração florestal e a regulação de parcerias agroindustriais, visando a atividade agrária florestal e a previsão de incentivos fiscais para estimular o plantio e o replantio de árvores.

DESENVOLVIMENTO RURAL. *Direito agrário.* Complexo de providências político-rurais para amparar a propriedade da terra, aumentando sua produtividade e racionalizando as atividades agropecuárias.

DESENVOLVIMENTO SUSTENTADO. *Direito internacional público* e *direito ambiental.* Segundo a Comissão Mundial sobre Meio Ambiente e Desenvolvimento, é aquele que visa atender às necessidades do presente, sem que se comprometa a capacidade da futura geração de satisfazer as próprias necessidades.

DESEQUILÍBRIO. 1. Ausência de condições normais essenciais a qualquer órgão financeiro, político ou social. **2.** Instabilidade.

DESEQUILÍBRIO ORÇAMENTÁRIO. *Direito administrativo.* Desproporção entre as receitas e as despesas públicas, que causa inflação por levar o Estado a emitir moeda para cobrir o déficit.

DESEQUIPAR. Desprover algo de seus equipamentos.

DESERÇÃO. 1. *Direito militar.* a) Ausência não autorizada ou abandono clandestino e voluntário de um militar do corpo ou da unidade a que pertence, com o firme propósito de não mais retornar. Se retornar, sua volta será forçada; b) ato de deixar o militar de apresentar-se no momento da partida do navio ou aeronave, de que é tripulante, ou do deslocamento da unidade ou força em que serve, punido com até três meses de detenção se, após a partida ou deslocamento, se apresentar, dentro de vinte e quatro horas, à autoridade militar do lugar, ou, na falta desta, à autoridade policial, para ser comunicada a apresentação ao comando militar competente. Trata-se da deserção especial. **2.** *Direito processual civil.* a) Desistência tácita ou presumida de um recurso pelo recorrente; b) abandono do recurso intentado por falta de diligência hábil para ativá-lo em sua regularidade procedimental; c) sanção que se aplica à parte por ter abandonado um recurso, em razão de falta de preparo no prazo legal, deixando de pagar as custas devidas ou de praticar algum ato. **3.** *Direito do trabalho.* Pena aplicável ao empregado vencido que não efetua o depósito legal para recorrer. **4.** *Ciência política.* Mudança de partido político. **5.** *Direito processual penal.* Extinção dos efeitos do recurso pela fuga do condenado ou pelo não-pagamento das custas.

DESERÇÃO APÓS CUMPRIMENTO DE PENA. *Direito militar.* Ato de o militar deixar de apresentar-se à unidade a que pertence oito dias depois de ter sido libertado por cumprimento de pena.

DESERÇÃO APÓS EVASÃO. *Direito militar.* Ato de o militar evadir-se do poder de escolta ou do recinto de detenção ou de fugir em seguida à prática de um crime para evitar prisão, ficando ausente por mais de oito dias.

DESERÇÃO CONTINUADA. *Direito militar.* Abandono voluntário, ilegal e prolongado da tropa a que pertence. É também denominada "defecção".

DESERÇÃO IMPRÓPRIA. *Direito militar.* Consiste no ato de o militar: a) deixar de apresentar-se à autoridade competente oito dias após sua cassação ou o término da sua licença ou agregação, a declaração de estado de sítio ou de guerra e a data em que foi colocado em liberdade por cumprimento de pena; b) conseguir exclusão do serviço ativo, criando ou simulando incapacidade; c) permanecer ausente durante oito dias depois de sua evasão da prisão ou escolta ou em seguida à prática de um crime.

DESERÇÃO INSTANTÂNEA. *Direito militar.* Ato de o militar não se apresentar no momento da partida ou do deslocamento do corpo ou da unidade em que serve.

DESERÇÃO PROPRIAMENTE DITA. *Direito militar.* Ato do militar que se ausenta, sem licença, por mais de oito dias, da unidade em que serve ou do local em que deve permanecer.

DESERDAÇÃO. *Direito civil.* **1.** Ação ou efeito de deserdar. **2.** Ato pelo qual o *de cujus* exclui da sucessão, mediante testamento, com expressa declaração da causa, um herdeiro necessário, privando-o de sua legítima, por ter praticado qualquer ato taxativamente enumerado no Código Civil. **3.** Estado de quem foi deserdado.

DESERDADO. *Direito civil.* Herdeiro necessário que foi privado por testamento da herança do *de cujus.*

DESERDAMENTO. *Vide* DESERDAÇÃO.

DESERDAR. *Direito civil.* Privar herdeiro necessário, por via testamentária, do direito a uma herança.

DESERTAR. 1. *Direito militar.* Praticar ato previsto na lei penal militar como crime de deserção. **2.** *Direito processual civil.* a) Incorrer em deserção;

DESERTÍCOLA. Aquele que vive nos desertos.

DESERTO. 1. *Direito processual civil.* Diz-se do recurso abandonado pelo recorrente que não o prepara para seguir seu andamento. **2.** Na *linguagem comum*, é uma região árida e despovoada, com vegetação pobre e escassez de água.

DESERTOR. *Direito militar.* Militar que perpetrou crime de deserção ao abandonar, injustificadamente, seus deveres na unidade ou corpo a que pertencia ou afastando-se do serviço militar sem a devida autorização.

DESERTOR DE NAVIO. *Direito marítimo.* Marinheiro ou oficial que deixa seu navio, não mais retornando após uma licença ou não se apresentando no momento da partida.

DESESTAGNAR. *Direito civil.* Fazer correr águas estagnadas.

DESESTATIZAÇÃO. *Direito administrativo.* **1.** Medida governamental para privatizar empresas públicas. **2.** Ato pelo qual o Estado se demite da exploração de certas atividades econômicas para estas serem desenvolvidas por empresas particulares. Podem ser objeto de desestatização: a) empresas e instituições financeiras, controladas direta ou indiretamente pela União, instituídas por lei ou ato do Poder Executivo; b) empresas criadas pelo setor privado e que, por qualquer motivo, passaram ao controle direto ou indireto da União; c) serviços públicos objeto de concessão, permissão ou autorização; d) instituições financeiras públicas e estaduais que tenham tido as ações de seu capital social desapropriadas. As desestatizações serão executadas mediante as seguintes modalidades operacionais: a) alienação de participação societária, inclusive de controle acionário, preferencialmente mediante a pulverização de ações; b) abertura de capital; c) aumento de capital, com renúncia ou cessão, total ou parcial, de direitos de subscrição; d) alienação, arrendamento, locação, comodato ou cessão de bens e instalações; e) dissolução de sociedades ou desativação parcial de seus empreendimentos, com a conseqüente alienação de seus ativos; f) concessão, permissão ou autorização de serviços públicos. **3.** Transferência, para a iniciativa privada, da execução de serviços públicos explorados pela União, diretamente ou através de entidades controladas, bem como daqueles de sua responsabilidade. **4.** Alienação, pela União, de direitos que lhe assegurem, diretamente ou através de outras empresas controladoras, preponderância nas deliberações sociais e o poder de eleger a maioria dos administradores da sociedade.

DESEXCOMUNGAR. *Direito canônico.* Levantar a excomunhão, fazendo com que um antigo excomungado retorne ao seio da Igreja Católica.

DESFALCADO. O que sofreu desfalque.

DESFALCAMENTO. *Vide* DESFALQUE.

DESFALECIMENTO. *Medicina legal.* Desmaio.

DESFALQUE. *Direito penal.* **1.** Apropriação fraudulenta de dinheiro alheio confiado em razão de função ou cargo; desvio culposo ou doloso de verbas praticado por aquele a quem sua guarda ou administração foi confiada. **2.** Peculato.

DESFAVORÁVEL. 1. Contrário; não favorável. **2.** Prejudicial.

DESFAZER. 1. *Direito processual civil.* Anular ou declarar sem efeito um ato negocial. **2.** *Direito civil.* Alienar bens.

DESFAZIMENTO. 1. *Direito civil.* a) Ato de desfazer; b) desconstituição de um negócio jurídico; c) eliminação de efeitos de um ato negocial nulo ou anulável. **2.** *Teoria geral do direito.* Revogação de lei.

DESFAZIMENTO DE ATO ADMINISTRATIVO. *Direito administrativo.* Retirada do ato administrativo por meio de revogação, em razão de falta de conveniência ou inoportunidade, ou invalidação, por motivo de ilegalidade.

DESFAZIMENTO DE ATO COMPLETO. *Direito administrativo.* Supressão do ato administrativo da órbita em que atua, pelo mesmo órgão que o emitiu, de acordo com o princípio jurídico do paralelismo das formas (José Cretella Jr.).

DESFAZÍVEL. 1. O que pode ser objeto de desfazimento. **2.** Revogável.

DESFECHAR. 1. *Direito militar* e *direito penal.* Disparar arma de fogo; vibrar golpes. **2.** Na *linguagem jurídica* em geral, pode ainda ter o sentido de: a) tirar o selo; b) concluir.

DESFECHO. 1. Conclusão; resultado final. **2.** Solução.

DESFEITA. *Direito civil* e *direito penal.* **1.** Ofensa à honra. **2.** Injúria; calúnia; difamação. **3.** Desacato. **4.** Insulto.

DESFEITO. 1. Anulado. **2.** Declarado nulo. **3.** Destruído. **4.** Dissolvido. **5.** Inutilizado.

DESFEMINIZAÇÃO. *Medicina legal.* Perda dos caracteres femininos; masculinização.

DESFIBRADORA. *Direito agrário.* Máquina para desfibrar plantas.

DESFIGURAÇÃO. 1. *Direito civil.* Lesão que configura dano estético, gerando responsabilidade civil. **2.** *Direito penal.* Deformidade permanente causada por ato punível pela lei penal. **3.** Na *linguagem jurídica* em geral, é, ainda, qualquer mudança de figura jurídica de um ato ou de uma infração.

DESFLORAMENTO. *Vide* DEFLORAMENTO.

DESFLORESTAMENTO. *Direito ambiental.* Ação de destruir florestas.

DESFORÇAMENTO. *Vide* DESFORÇO IMEDIATO.

DESFORÇAR. 1. *Direito civil.* Ato de defender-se pelas próprias forças do esbulho possessório. **2.** *Direito penal.* a) Praticar vias de fato contra alguém, configurando uma contravenção penal punível com prisão simples ou multa; b) fazer justiça pelas próprias mãos para satisfazer uma pretensão legítima, praticando crime contra a administração da justiça, salvo quando a lei a permite. Tal crime é punido com detenção ou multa.

DESFORÇO IMEDIATO. *Direito civil.* Direito do esbulhado de restituir-se por sua própria força na posse do bem. Ao exercer tal direito, o possuidor deve agir pessoalmente, assumindo toda a responsabilidade, embora possa ser auxiliado por amigos e serviçais, empregando todos os meios necessários, inclusive armas, até conseguir recuperar sua posse, reação esta que deverá ser imediata ou assim que lhe for possível agir.

DESFORRA. 1. Vingança. **2.** Desforço. **3.** Recuperação do que se perdeu.

DESFRADAR. *Direito canônico.* Secularizar; tirar de alguém sua qualidade de frade.

DESFRANQUEAR. Tirar a franquia.

DESFRUTADOR. *Direito civil.* Usufrutuário; aquele que desfruta vantagens de algum direito.

DESFRUTAR. *Direito civil.* **1.** Usufruir. **2.** Colher frutos ou rendas. **3.** Gozar benefícios, utilidades e vantagens de um direito.

DESFRUTE. *Direito agrário.* Proporção de aproveitamento, em bezerros ou carne, de certo rebanho.

DESGARANTIA. *Direito civil.* Falta de garantia.

DESGARRAR. 1. *Direito marítimo.* Desviar do rumo. **2.** *Direito agrário.* Afastar-se do rebanho.

DESGERMINADOR. *Direito agrário.* Máquina que quebra grãos de cereais ou amêndoas de cacau para tirar-lhes o germe.

DESGOVERNAR. 1. *Ciência política.* Fazer mau governo ou má administração. **2.** *Direito marítimo.* Navegar sem governo.

DESGRAÇA PARTICULAR DO OFENDIDO. *Direito penal.* Circunstância agravante da pena que se dá quando o crime é perpetrado em momento de infortúnio pessoal do ofendido.

DESGRAVAR. *Direito civil.* **1.** Levantar a inalienabilidade, a incomunicabilidade e a impenhorabilidade que gravavam certo bem. **2.** Transferir ou sub-rogar o gravame de uma coisa para outra.

DESGRAVIDAÇÃO. *Medicina legal.* Parto.

DESGUAMPAR. *Direito agrário.* Atrofiar os cornos ou descornar a rês para favorecer seu desenvolvimento e evitar que danifique com chifradas o couro de outras.

DÉSHÉRENCE. *Termo francês.* Ausência de herdeiro.

DÉSHERITÉ. *Termo francês.* Deserdado.

DESIDERANDO. *Direito processual.* O que se pretende; propósito; objetivo.

DESIDERANDUM. *Vide* DESIDERANDO.

DESIDERATO. *Vide* DESIDERANDO.

DESÍDIA. 1. *Direito do trabalho.* Negligência, desatenção ou desleixo habitual ou ocasional do empregado na execução do serviço para o qual foi contratado. **2.** *Direito processual civil.* Inércia do autor deixando escoar prazo prescricional e decadencial.

DESIDIOSO. Em que há desídia.

DESIDRATAÇÃO. *Medicina legal.* Perda de líquidos por disenteria.

DESIDREMIA. *Medicina legal.* Deficiência de elemento aquoso no sangue.

DESIGN. *Termo inglês.* **1.** Desenho industrial. **2.** Projeto. **3.** Modelo.

DESIGNAÇÃO. 1. *Direito administrativo.* Indicação especial de funcionário para ocupar certo cargo ou exercer determinada função. **2.** *Direito processual civil.* a) Nomeação judicial de perito; b) indicação de assistentes técnicos ou de testemunhas pelas partes litigantes. **3.** *Direito civil.* a) Determinação de uma coisa; b) concessão de poderes feita pelo mandante ao mandatário.

DESIGNAÇÃO DE PODERES. *Direito civil.* Determinação dos poderes do mandatário.

DESIGNAR. **1.** *Direito administrativo.* Nomear funcionário para o exercício de certa função pública. **2.** *Direito processual civil.* Indicar peritos, assistentes técnicos ou testemunhas. **3.** *Direito civil.* a) Indicar poderes que o mandatário pode exercer em nome do mandante; b) determinar uma coisa.

DESIGNATÁRIO. *Direito comercial, direito cambiário* e *direito bancário.* Diz-se do banco indicado num cheque cruzado como o credenciado a receber o seu valor.

DESIGNATIVO. O que designa.

DESÍGNIO. *Vide* DESIDERANDO.

DESÍGNIO CRIMINOSO. *Direito penal.* Propósito ou intenção de perpetrar um crime para atingir certo resultado.

DESIGUALDADE. *Teoria geral do direito.* Qualidade do que é desigual ou diferente.

DESIMPEDIDO. Aquilo que não tem impedimento; o que está franqueado, desembaraçado ou livre.

DESINCOMPATIBILIZAÇÃO. **1.** Ação ou efeito de desincompatibilizar. **2.** Desfazimento de uma incompatibilidade.

DESINCORPORAÇÃO. **1.** *Direito militar.* Retirada do convocado de um corpo militar após a prestação do serviço militar. **2.** *Direito civil.* a) Desfazimento de incorporação imobiliária; b) ação ou efeito da retirada de alguém de uma corporação.

DESINCUMBIR. **1.** Tirar a incumbência dada a alguém. **2.** Cumprir uma incumbência.

DESINDEXAÇÃO. *Economia política.* Exclusão de certo componente do índice no qual era considerado.

DESINDICIAÇÃO. *Direito processual penal.* Ato de desindiciar.

DESINDICIAR. *Direito processual penal.* **1.** Declarar que uma pessoa não deve ser processada criminalmente. **2.** Declarar a não-imputabilidade de um crime ao indiciado.

DESINFAMAR. *Direito civil* e *direito penal.* Reabilitar moralmente a pessoa a quem se ofendeu; limpar da infâmia; desagravar.

DESINFECÇÃO. *Medicina legal* e *direito ambiental.* **1.** Ação ou efeito de desinfetar ferimentos. **2.** É a redução, por meio de agentes químicos ou métodos físicos adequados, do número de microrganismos no prédio, instalações, maquinários e utensílios, a um nível que não origine contaminação dos produtos que serão elaborados. **3.** É um processo de destruição de microorganismos patogênicos, na forma vegetativa, presente em superfícies inertes, mediante aplicação de agentes físicos e químicos. **4.** Operação de redução, por método físico e/ou agente químico, do número de microorganismos em nível que não comprometa a qualidade higiênico-sanitário da água mineral natural e da água natural.

DESINFESTAÇÃO. *Direito ambiental.* É qualquer processo físico ou químico por meio do qual se destroem ou eliminam animais sinantrópicos, causadores de doenças, que se encontram no corpo de uma pessoa, na roupa, no ambiente ou em animais domésticos.

DESINFESTANTE DOMISSANITÁRIO. *Direito ambiental.* Produto destinado à aplicação em domicílios e suas áreas comuns, no interior de instalações, em edifícios públicos ou coletivos e ambientes afins, para o controle de insetos, roedores e de outros animais incômodos ou nocivos à saúde.

DESINFETANTES. *Direito ambiental.* São formulações que têm na sua composição substâncias microbicidas e apresentam efeito letal para microorganismos não esporulados. Os de uso geral são para indústria alimentícia, para piscinas, para lactários e hospitais.

DESINFLAÇÃO. *Economia política.* **1.** Política econômica que tem por fim conter a inflação, fortificando a moeda nacional, reduzindo o déficit orçamentário e as despesas públicas, diminuindo os meios de pagamento etc. **2.** Retirada de circulação do papel-moeda lançado acima do lastro correspondente (Othon Sidou).

DESINFORMAÇÃO. Estado daquele que está mal informado a respeito de pessoas, coisas ou fatos.

DESINSETIZAÇÃO. *Direito ambiental.* É a operação praticada para controlar ou eliminar insetos em todas as suas formas evolutivas.

DESINTERMEDIAÇÃO FINANCEIRA. *Direito financeiro.* Migração de recursos de investimento para operações não intermediadas por instituições financeiras. P. ex., crédito direto ao consumidor fornecido por uma loja de departamentos (Luiz Fernando Rudge).

DESINTERNACIONALIZAR. *Direito internacional privado* e *direito internacional público.* Tirar o caráter internacional.

DESINVESTIR. 1. Renunciar a um cargo, direito ou autoridade. **2.** Tirar a investidura. **3.** Destituir; exonerar. **4.** Liquidar posições de investimentos em títulos e valores mobiliários para finalidades diversas do investimento, p. ex., sacar poupança para efetuar viagem de turismo (Luiz Fernando Rudge).

DESIPOTECAR. *Direito civil.* Tirar o ônus da hipoteca que recai sobre um imóvel, liberando-o mediante o pagamento da dívida garantida.

DESISTÊNCIA. 1. *Direito civil.* a) Remissão da dívida pelo credor; b) renúncia a um direito; c) transação; d) abandono. **2.** *Direito processual civil.* Intenção do autor de não prosseguir com a ação por ele proposta ou com o recurso interposto. **3.** *Direito processual penal.* Reconciliação do querelante e do querelado na audiência inaugural do processo e julgamento dos crimes de calúnia e injúria, arquivando-se a queixa.

DESISTÊNCIA DA AÇÃO. *Direito processual civil.* Ato pelo qual o autor renuncia à demanda, manifestando sua vontade de que a ação proposta não tenha prosseguimento. Tal desistência poderá ser unilateral, desde que o réu ainda não tenha apresentado a contestação, após o que será necessário o consenso do demandado. Essa desistência da ação apenas produzirá efeitos após sua homologação por sentença judicial, não obstando, porém, o prosseguimento da reconvenção e o seguimento da ação declaratória incidental.

DESISTÊNCIA DA HERANÇA. *Direito civil.* Renúncia da herança pelo herdeiro.

DESISTÊNCIA DE DIREITO. *Direito civil.* **1.** Renúncia ao direito de que se é titular. **2.** Abandono.

DESISTÊNCIA DE RECURSO. *Direito processual civil.* Ato unilateral do recorrente de manifestar sua vontade ao órgão judicante de que não seja julgado o recurso por ele interposto, extinguindo-se o procedimento recursal com a homologação judicial.

DESISTÊNCIA DO TRATAMENTO. *Medicina legal.* É a saída do paciente do hospital sem autorização médica, comunicando-a ao setor em que estava internado. Tal saída é motivada pela decisão do paciente ou de seu responsável de encerrar a modalidade de assistência que vinha sendo prestada ao paciente.

DESISTÊNCIA VOLUNTÁRIA DA PRÁTICA DO DELITO. *Direito penal.* Vontade livre e espontânea do agente de não prosseguir na execução do cri-

me, excluindo a tipicidade. Mas, se o evento danoso não se der, por exemplo, porque houve intervenção de terceiro ou reação da vítima impedindo-o, o agente responderá pela tentativa ou pelos atos já praticados.

DESISTENTE. Aquele que desistiu de alguma coisa, ato ou direito.

DESISTIR. 1. *Direito civil.* a) Renunciar; b) abandonar. **2.** *Direito processual civil.* Deixar de prosseguir numa ação ou recurso. **3.** *Direito penal.* Cessar a execução de ato conducente ao resultado criminoso.

DESITIVA. *Lógica jurídica.* Diz-se da proposição que indica coisa ou estado que deixou de ser.

DESJUNGIR. *Direito agrário.* **1.** Desatrelar animais. **2.** Soltar os bois da canga.

DESLANAR. *Direito agrário.* Tosquiar a lã.

DESLASTRE. *Direito marítimo.* Ato pelo qual se retira de um navio seu lastro, nele colocado como contrapeso, dando equilíbrio à sua flutuação.

DESLAVRA. *Direito agrário.* Ato de tornar a lavrar um terreno ou de fazer sulcos perpendiculares aos da primeira lavra.

DESLEAL. Qualquer conduta que não é leal ou fiel.

DESLEALDADE. Traição, perfídia ou infidelidade.

DESLEGITIMAR. *Direito civil.* Retirar a legitimidade de um ato.

DESLEIXO. *Direito civil.* **1.** Negligência. **2.** Ato de descurar do que se deve fiscalizar ou guardar.

DESLIGAMENTO. 1. *Ciência política.* Exclusão ou retirada de um partido. **2.** *Direito administrativo.* a) Exoneração ou demissão de funcionário, que deixa então de pertencer ao quadro do funcionalismo público; b) afastamento de serventuário de cargo ocupado por remoção, transferência ou dispensa. **3.** *Direito civil.* a) Liberação de obrigação; b) expulsão de uma agremiação ou corporação. **4.** *Direito canônico.* Absolvição da censura eclesiástica.

DESLINDAR. *Direito processual civil* e *direito civil.* Demarcar.

DESLIZAMENTO. *Direito espacial.* Movimento de um foguete ou míssil após a cessação do funcionamento de seus motores.

DESLOCAÇÃO. *Medicina legal.* **1.** Luxação. **2.** Desarticulação provocada por golpes, quedas ou outros acidentes.

DESLOCAMENTO. *Direito marítimo.* É o peso total da embarcação em determinada condição de

DESLOCAMENTO CARREGADO

carregamento, que equivale à massa do volume de água deslocado pela embarcação quando flutuando na condição de carregamento considerada. Os deslocamentos normalmente são expressos em toneladas (t). Existem dois deslocamentos característicos das embarcações, o deslocamento leve e o deslocamento carregado.

DESLOCAMENTO CARREGADO. *Direito marítimo.* É designado deslocamento máximo ou deslocamento à plena carga. É o deslocamento que tem a embarcação quando está flutuando na sua condição de maior imersão, ou seja, completamente carregada, e está associado ao calado moldado da embarcação.

DESLOCAMENTO DA AGRESSÃO. *Psicologia forense.* Dá-se quando o sentimento de hostilidade dirige-se contra inocentes.

DESLOCAMENTO DAS MEMBRANAS DO OVO. *Medicina legal.* Técnica abortiva direta que visa deslocar a membrana de ovo por meio de sondas, de injeções intra-uterinas etc., com o firme propósito de interromper a gravidez.

DESLOCAMENTO LEVE. *Direito marítimo.* É o deslocamento que a embarcação, com todos os seus equipamentos e máquinas prontos para funcionar, apresenta quando está completamente descarregada, isto é, sem carga nos porões ou nos demais compartimentos a ela destinados, sem passageiros, tripulantes ou seus pertences, sem provisões, sem água doce, potável ou de lastro e sem combustíveis ou lubrificantes. O deslocamento leve deve incluir os seguintes itens: a) lastro fixo; b) água de resfriamento ou alimentação e óleo combustível ou lubrificante existentes no interior dos motores principais, grupos geradores, caldeiras ou quaisquer outros equipamentos ou máquinas existentes a bordo, no nível normal de operação, e na canalização correspondente (mas não os contidos no interior dos tanques); c) água existente nas redes de água doce e incêndio (mas não a contida no interior dos tanques); d) óleo existente nas redes de acionamento hidráulico (mas não o contido no interior dos tanques).

DESMADEIRAMENTO. *Direito ambiental.* Corte de madeira de lei de uma zona florestal.

DESMAIO. *Medicina legal.* Perda passageira da consciência causada por depressão da atividade cardíaca, fome, choque mental derivado de uma sensação de dor ou espanto etc., caracterizando-se pela interrupção do fluxo sangüíneo para o cérebro e por prováveis sintomas de enjôo, embaralhamento visual, zumbido nos ouvidos, palidez e atitude cambaleante que culmina com a queda do paciente.

DESMANAR. *Direito agrário.* Tresmalhar-se ou separar-se da manada.

DESMANCHAR. *Direito agrário.* Reduzir a mandioca a farinha.

DESMANDO. **1.** Ato indisciplinar. **2.** Infração de ordens; desobediência a uma ordem dada.

DESMARCAR. **1.** *Direito desportivo.* Escapar o jogador do adversário que o marca. **2.** *Direito civil.* Tirar os marcos.

DESMAREAR. *Direito marítimo.* **1.** Perder o navio o governo ou o rumo, à falta de mareação. **2.** Desviar de uma rota estabelecida.

DESMASTRAR. *Direito marítimo.* Tirar os mastros de uma embarcação.

DESMASTREAMENTO. *Direito marítimo.* Estado de um navio sem governo ou do qual tiraram os mastros.

DESMASTREAR. *Vide* DESMASTRAR.

DESMEDIDO. O que excede as medidas; excessivo.

DESMEMBRAÇÃO. **1.** *Direito administrativo.* Separação das partes distintas de um órgão administrativo, caso possam ter funções isoladas. **2.** *Direito agrário.* Parcelamento do imóvel rural, desde que não seja em área inferior ao módulo calculado. O módulo rural ou a fração mínima de parcelamento, além de ser a área da propriedade familiar, é uma unidade agrária familiar para cada região do País e para cada tipo de exploração (Fernando Pereira Sodero). O imóvel rural pode ser desmembrado para: formação de outros imóveis rurais ou de lotes em projetos de colonização agrícola; formação de lotes para fins urbanos, industriais ou de lazer; execução de partilhas amigáveis ou judiciais. **3.** *Direito civil.* Loteamento. **4.** *Direito processual.* É a separação de parte da documentação de um ou mais processos para formação de novo processo, e dependerá de autorização e instruções específicas do órgão interessado.

DESMEMBRAMENTO. *Vide* DESMEMBRAÇÃO.

DESMEMBRAMENTO DA PROPRIEDADE. *Direito civil.* Constituição de direitos reais de uso e gozo sobre coisa alheia, como superfície, usufruto, uso, habitação e servidão predial. O proprietário do bem restringe temporariamente seu direito, autorizando a terceiro o seu uso e frui-

DES 110 DESMEMBRAMENTO DE CARTÓRIO

ção. Com isso passará a sofrer uma restrição em seus poderes, uma vez que o terceiro irá, temporariamente, gozar e usar da coisa que lhe pertence, sem, contudo, poder dela dispor.

DESMEMBRAMENTO DE CARTÓRIO. *Direito registrário.* Ato de, ante a impossibilidade de um cartório abranger todo o serviço burocrático, diante da grande concentração proprietária de imóveis, desmembrá-lo. Mas enquanto não for instalado o novo, os registros continuarão sendo feitos no cartório que sofreu o desmembramento. Quando se instalar o novo ponto registral, terá a sua própria circunscrição imobiliária em separado da que lhe originou, dando, normalmente, início aos registros, averbações e aberturas de matrículas. Esse segundo cartório, à vista de título já registrado na primeira circunscrição, não precisará proceder a um novo registro, mas apenas à abertura de matrícula com os dados constantes do título apresentado, exigindo do apresentante a certidão atualizada do primeiro cartório, arquivando-a (Afonso Celso F. de Rezende).

DESMEMBRAMENTO DE ESTADOS. *Direito internacional público.* Divisão de um país dando origem a dois ou mais Estados. Por exemplo, em 1838, a Federação Centro-Americana dividiu-se nos seguintes países: Costa Rica, Guatemala, El Salvador, Nicarágua e Honduras.

DESMEMBRAMENTO DE SOLO URBANO. *Direito civil.* 1. Loteamento do solo urbano. 2. Subdivisão de solo urbano em lotes destinados à edificação.

DESMENTIR. *Direito processual.* Declarar a falsidade das afirmações feitas por outrem.

DESMERECIMENTO. 1. Falta de merecimento. 2. Perda de crédito.

DESMOBILIADO. *Direito civil.* Diz-se de um imóvel sem mobília.

DESMOBILIZAÇÃO. *Direito militar.* Ato de fazer cessar a mobilização do exército.

DESMOGENEIDADE. Falta de homogeneidade.

DESMOITAR. *Direito agrário.* Arrancar mato de um terreno para cultivá-lo.

DESMONETIZAÇÃO. *Economia política.* 1. Retirada de moedas de circulação por ordem político-governamental. 2. Abolição da moeda metálica. 3. Sistema em que a moeda circulante é constituída por cédulas não conversíveis. 4. Ato de tirar o valor da moeda. 5. Reconhecimento oficial da falência da moeda, partindo-se para novas bases.

DESMONOPOLIZAR. Libertar algo de monopólio.

DESMOPATIA. *Medicina legal.* Doença dos ligamentos.

DESMOPEXIA. *Medicina legal.* Fixação de ligamentos redondos à parede abdominal ou vaginal para a correção de deslocamento uterino.

DESMORALIZAÇÃO. 1. Estado daquele que está desmoralizado. 2. Ausência de moralidade. 3. Corrupção. 4. Perversão.

DESMORONAMENTO. *Vide* DESABAMENTO.

DESMORREXIA. *Medicina legal.* Ruptura de ligamento.

DESMOTIVADO. *Direito processual civil.* 1. Sem justificação. 2. Diz-se de ato processual infundado. 3. Sem motivo.

DESNACIONALIDADE. *Direito constitucional.* Falta de nacionalidade.

DESNACIONALIZAÇÃO. 1. *Direito constitucional* e *direito internacional privado.* a) Perda de direitos decorrentes da atribuição da nacionalidade; b) perda pela pessoa física ou jurídica da nacionalidade originária ou adquirida. 2. *Direito econômico.* Participação de capital estrangeiro na empresa de um país, exercendo sobre ela certo domínio econômico.

DESNATURADO. Diz-se daquele que é desumano ou cruel.

DESNATURALIZAÇÃO. *Direito constitucional.* 1. Renúncia ou perda dos direitos de cidadão de um Estado adquirido por naturalização. 2. Privação da nacionalidade; expatriação. 3. Ato pelo qual o naturalizado em nação estrangeira vem a readquirir, voluntariamente, sua primitiva nacionalidade. 4. Cancelamento de naturalização pedido por sentença judicial.

DESNAVEGÁVEL. *Direito marítimo.* 1. Inavegável. 2. O que não tem condições de ser navegado ou em que não se pode navegar. 3. O que não pode navegar.

DESNAZIFICAÇÃO. *Ciência política* e *direito internacional público.* Ato, efeito ou processo de se livrar do nazismo ou de sua influência.

DESNECESSÁRIO. Inútil; supérfluo; dispensável.

DESNECESSIDADE. Inutilidade; falta de necessidade.

DESNEGOCIAR. *Direito civil.* Desfazer um ato negocial.

DESNEUTRALIZAR. *Direito internacional público.* Deixar de ser neutro.

DESNIVELAMENTO. Ação ou efeito de desigualar ou distinguir.

DESNOIVAR. *Direito civil.* Desfazer noivado.

DESOBEDECER. 1. Violar norma; infringir. **2.** Não obedecer; não cumprir ordem de superior hierárquico.

DESOBEDECIDO. Diz-se daquele que não foi obedecido.

DESOBEDIÊNCIA. 1. *Direito administrativo.* a) Falta de cumprimento de deveres pelo funcionário público; b) não-cumprimento de ordem emanada de superior hierárquico pelo funcionário público subalterno. **2.** *Teoria geral do direito.* a) Desrespeito a comando legal; b) não-acatamento de um dever legal. **3.** *Direito civil.* a) Não-cumprimento de cláusula contratual ou de obrigação assumida; b) falta de obediência dos filhos menores aos pais. **4.** *Direito penal.* a) Crime contra a administração em geral consistente em não obedecer ordem dada por funcionário no exercício de suas funções públicas; b) crime de desobediência a decisão judicial sobre perda ou suspensão de direito, exercendo-se atividade de que se foi privado ou suspenso por sentença. **5.** *Direito militar.* Crime de não obedecer ordem de autoridade militar.

DESOBEDIÊNCIA A DECISÃO JUDICIAL. 1. *Direito militar.* a) Ato de deixar, sem justa causa, de cumprir decisão da justiça militar; b) retardamento ou fraude no cumprimento de decisão da justiça militar proferida por qualquer de seus órgãos. **2.** *Direito processual.* a) Descumprimento de determinação do Judiciário; b) exercício de direito ou atividade de que se está impedido ou suspenso, temporária ou definitivamente, por sentença judicial.

DESOBEDIÊNCIA A ORDEM LEGAL DE FUNCIONÁRIO PÚBLICO. *Direito penal.* Descumprimento de determinação de um funcionário público no exercício de suas funções, configurando crime contra a administração pública punível pela lei penal.

DESOBEDIÊNCIA CIVIL. *Ciência política* e *direito constitucional.* **1.** Possibilidade de um grupo social, ou de um cidadão, agindo conforme sua consciência e protegido pela Constituição, opor-se a um princípio constitucional. **2.** Exercício de direito de resistência passiva por parte de certo grupo social resultante do descumprimento de lei ou de ato governamental contrário à ordem jurídica ou à moral pública (Othon Sidou).

DESOBRIGAÇÃO. *Direito civil.* **1.** Liberação do devedor de uma obrigação assumida, em virtude de tê-la cumprido ou de ter sido dispensado de seu adimplemento. **2.** Desoneração da coisa, do ônus ou do encargo a que se estava sujeito.

DESOBRIGADO. *Direito civil.* **1.** Diz-se do devedor que, por cumprir sua obrigação ou por ter sido dispensado de seu cumprimento, dela está exonerado. **2.** Aquele que se desobrigou ou está desonerado. **3.** Diz-se do bem livre e desembaraçado. **4.** O que nada deve.

DESOBRIGAR. 1. *Direito civil.* a) Desonerar ou liberar de uma obrigação; b) executar ou cumprir uma obrigação, eximindo-se dela; c) não se responsabilizar pelo cumprimento de uma obrigação. **2.** *Direito processual civil.* Isentar alguém de um dever que deveria cumprir, por exemplo, dispensar depoimento de testemunha, em juízo, mediante requerimento por ela apresentado. **3.** *Direito canônico.* Cumprir o preceito da confissão anual durante a quaresma.

DESOBRIGATÓRIO. *Direito civil* e *direito processual civil.* Que isenta de obrigação.

DESOCUPAÇÃO. 1. Falta de ocupação; desemprego. **2.** Ato de deixar vago ou desocupado; vacância. **3.** Estado do que não está ocupado. **4.** Vadiagem; ociosidade.

DESOCUPADO. 1. *Direito civil.* a) Vago; b) sem ocupação; c) desabitado; d) devoluto. **2.** *Direito penal.* Diz-se daquele que vive na ociosidade, praticando contravenção penal tipificada como vadiagem.

DESOCUPAR. *Direito civil.* Cessar ocupação de imóvel.

DESOFICIALIZAÇÃO. Ação ou efeito de tirar o caráter oficial de algum documento, ato etc.

DESOLIGARQUIZAÇÃO. *Ciência política.* Ação ou efeito de desfazer uma oligarquia.

DE SON CHEF. *Expressão francesa.* De sua própria autoridade.

DESONERAÇÃO. *Direito civil.* **1.** Dispensa do cumprimento de uma obrigação. **2.** Isenção de ônus. **3.** Liberação do devedor. **4.** Ato ou efeito de desonerar uma coisa do encargo a que estava sujeita ou de retirar ônus ou gravame. **5.** Cumprimento de uma obrigação, exonerando-se dela.

DESONESTAR. Desonrar.

DESONESTIDADE. 1. Falta de honestidade. **2.** Ação ofensiva à moral. **3.** Obscenidade. **4.** Falta de probidade. **5.** Prevaricação.

DESONRA. *Direito civil* e *direito penal.* **1.** Perda da honra. **2.** Falta de honra.

DESONRADO. *Direito civil* e *direito penal.* Diz-se daquilo que não é pago no dia do vencimento.

DESONRAR. *Direito civil* e *direito penal.* **1.** Desvirginar; deflorar. **2.** Infamar; ofender a honra. **3.** Perder a honra. **4.** Ofender o pudor.

DESOPÇÃO. Ato pelo qual se desiste de alguma escolha feita.

DESOPRESSÃO. Ato ou efeito de desoprimir ou de dar liberdade.

DESORDEIRO. *Direito penal.* Diz-se daquele que costuma promover desordens ou gosta de arruaças.

DESORDEM. 1. *Direito penal.* a) Rixa, motim, tumulto ou briga; b) prática de atos que perturbam o sossego alheio, tida como contravenção penal. **2.** *Ciência política.* Perturbação da ordem pública. **3.** *Medicina legal.* Estado mórbido, físico ou mental. **4.** *Teoria geral do direito.* Falta de ordem.

DESORDENS MENTAIS. *Psicologia forense.* Distúrbios mentais que, segundo a Associação Americana de Psiquiatria, podem ser: *desordens de origem psicogênica*: a) transitórias, como o pânico oriundo de *stress* agudo; b) neuroses; c) psicoses funcionais caracterizadas por desorganização comportamental e perda de contato adequado com o ambiente, acarretando hostilização; d) desordens mentais da personalidade, incluindo alcoolismo, desvios sexuais, comportamentos criminosos e toxicomanias; e) desordens psicofisiológicas, como úlceras; f) desordens da meninice e adolescência, incluindo ansiedade, isolamento social, agressividade e delinqüência; *desordens associadas a processos cerebrais patológicos*: a) distúrbios temporários nas funções cerebrais por deficiência de vitaminas, intoxicação etc.; b) desordens crônicas resultantes de tumores, arteriosclerose etc.; e *retardamento mental por causas hereditárias* (Croce e Croce Jr.).

DESORGANIZAÇÃO. Falta de organização; desordem.

DESPACHADO. 1. *Direito do trabalho.* Despedido do emprego. **2.** *Direito comercial.* Qualidade do bem que foi expedido ou recebido. **3.** *Direito processual civil.* a) O que obteve despacho; b) deferido; c) encaminhado. **4.** *Direito administrativo.* Diz-se do processo administrativo cuja pretensão já foi decidida, seja favoravelmente ou não.

DESPACHANTE. 1. *Direito comercial.* Agente auxiliar do comércio que desembaraça negócios, despacha cargas ou mercadorias, paga fretes etc. **2.** *Direito tributário.* Aquele que trata de interesses do comitente, promovendo o expediente de documentos junto às repartições públicas, principalmente nas fiscais e arrecadadoras, mediante remuneração previamente ajustada. **3.** *Direito alfandegário.* Aquele que tem o ofício de requerer, encaminhar e promover o expediente de papéis junto à alfândega. É o intermediário de importadores e exportadores que promove, nas alfândegas, o desembaraço e a expedição das mercadorias.

DESPACHANTE ADUANEIRO. *Direito alfandegário.* Intermediário entre os interessados e a repartição aduaneira nos assuntos atinentes a importação, exportação, baldeação e reembarque de mercadorias, preparo das guias de trânsito, baldeação e exportação de cabotagem, promovendo os despachos. É o agente auxiliar do comércio, com função regulamentada em lei, que cuida dos interesses dos comitentes junto às repartições alfandegárias.

DESPACHAR. 1. *Direito administrativo.* a) Resolver a autoridade administrativa os assuntos relativos às suas funções; b) prover alguém em um cargo ou função pública. **2.** *Direito processual civil.* Ato do juiz de lavrar um despacho para prover o andamento do processo ou de se pronunciar sobre certas questões incidentes ou pedidos surgidos no curso da demanda. **3.** *Direito comercial.* a) Desembaraçar mercadoria junto à alfândega; b) expedir carga, procedendo aos atos exigidos pela lei fiscal ou pelo regulamento aduaneiro; c) expedir ou receber mercadoria mediante pagamento das taxas exigidas pelos regulamentos alfandegários.

DESPACHO. 1. *Direito administrativo.* a) Decisão proferida pela autoridade administrativa sobre questão de sua competência e submetida à sua apreciação, seja ela favorável ou não à pretensão do administrado; b) ofício ou carta relativa a negócio público enviada por um ministro a outro; c) provimento de cargo público; d) deferimento ou indeferimento pela autoridade administrativa de petição a ela dirigida; e) ato pelo qual um ministro de Estado delibera junto com o presidente da República sobre assuntos relativos à sua pasta; f) documento da ANTAQ contendo uma decisão definitiva ou interlocutória, inclusive para habilitação ao tráfego marítimo internacional de portos e terminais privativos no âmbito da Superintendência de Portos, e, no âmbito da Superintendência de Navegação, sobre afretamento de embarcação, liberação de embarcação e liberação de carga prescrita, e ainda para aplicação de penalidades, pelas autoridades competentes, em processo administrativo de instrução do ANTAQ; **2.** *Direito processual civil.* a) Ato praticado pelo juiz no processo, de ofício ou a requerimento da parte, a cujo respeito a lei não estabelece outra forma; independem de despacho os atos meramente ordinatórios, como juntada e vista obrigatória, devendo ser praticados de ofício pelo servidor e revistos pelo juiz quando necessário. b) Manifestação judicial ordenando o prosseguimento do processo, por exemplo, ao determinar a citação do réu, ou resolvendo questão incidencial. Do despacho não cabe recurso. **3.** *Direito marítimo.* Passe que a repartição fiscal concede, habilitando o navio à navegação. **4.** *Direito alfandegário.* Processo pelo qual se desembaraça mercadoria importada; cumprimento de formalidades e operações necessárias para a retirada de mercadorias da alfândega.

DESPACHO ADUANEIRO. *Direito alfandegário.* **1.** É o conjunto de procedimentos adotados pelas autoridades fiscais com vistas ao desembaraço de mercadorias importadas ou a serem exportadas, conforme se trate de despacho aduaneiro de importação ou de exportação. Para efeito de emissão do Comprovante de Exportação pelo SISCOMEX, são efetuados, pelo Sistema, procedimentos alfandegários: o registro da declaração para despacho, o exame documental, a verificação da mercadoria, o desembaraço e a averbação do embarque, nos quais estão envolvidos o exportador ou seus representantes legais, o transportador, o depositário e a repartição aduaneira. **2.** *Vide* DESPACHO DE MERCADORIAS.

DESPACHO ADUANEIRO DE BAGAGEM. *Direito alfandegário.* O despacho aduaneiro de bagagem de viajante procedente do exterior será processado: a) quando se tratar de bagagem acompanhada, mediante sua apresentação à autoridade aduaneira do local de desembarque do viajante ou onde se encontre o ponto de fronteira habilitado para passagem, sem formalidade, sendo conferida e desembaraçada; b) quando se tratar de bagagem desacompanhada, mediante declaração por escrito do viajante ou de seu representante legal, instruída com os seguintes documentos: conhecimento de carga; relação

de bens visada pela autoridade consular brasileira do país de procedência do viajante, nos casos especificados na legislação pertinente. No despacho aduaneiro de bagagem acompanhada poderá ser adotado o critério de auto-seleção de viajantes procedentes do exterior, estabelecendo-se duas vias distintas para declaração de bagagem, denominadas canal verde e canal vermelho. O canal verde somente poderá ser utilizado pelo viajante cuja bagagem contenha apenas bens dentro do limite de isenção pelo ministro da Fazenda. O canal vermelho será obrigatoriamente utilizado pelo viajante cuja bagagem contenha bens que devam ser declarados para fins de tributação. O viajante que usar o canal vermelho terá sua bagagem submetida a exame físico, e aquele que optar pelo canal verde terá sua bagagem automaticamente desembaraçada, salvo se selecionada por processo eletrônico de amostragem, hipótese em que se procederá ao exame físico. A bagagem desacompanhada será conferida e desembaraçada na unidade da Secretaria da Receita Federal em cuja jurisdição se dê a descarga dos volumes, na zona primária ou na qual se encontre o local alfandegado, de onde ou para onde for autorizado o trânsito aduaneiro. O pagamento de tributos, se devidos, precederá o desembaraço aduaneiro da bagagem.

DESPACHO ADUANEIRO DE EXPORTAÇÃO. *Direito alfandegário.* É o procedimento fiscal mediante o qual se processa o desembaraço aduaneiro de produto nacional ou nacionalizado, destinado ao exterior, seja ele exportado a título definitivo ou não. Sujeita-se, ainda, a despacho de exportação o produto que, importado a título não definitivo, deva ser objeto de reexportação. O despacho de exportação será processado através do SISCOMEX. O registro de exportação, no SISCOMEX, é requisito essencial para o despacho aduaneiro de exportação de mercadorias nacionais ou nacionalizadas e de reexportação de produtos importados a título não definitivo. O despacho somente poderá ter início após o registro mencionado e dentro do prazo de validade desse registro. Cada registro de exportação somente poderá ser utilizado em um único despacho aduaneiro. Será cancelado, automaticamente, o saldo do registro de exportação não utilizado no respectivo despacho. Serão objeto de despacho de exportação, com processamento sumário, dispensado o registro da exportação, os bens: que constituam bagagem desacompanhada de viajante que se destine ao exterior; de missões diplomáticas e repartições consulares permanentes, e de seus integrantes; de representações de organismos internacionais permanentes, de que o Brasil seja membro, e de seus integrantes; de técnicos ou peritos que tenham ingressado no território nacional para desempenho de atividade transitória ou eventual, nos termos de atos internacionais firmados pelo Brasil. Serão, ainda, objeto de despacho com processamento sumário: a) urnas contendo restos mortais; b) donativos e pequenas encomendas enviadas ao exterior por pessoa física, nos termos e condições fixados pelo Secretário da Receita Federal. O despacho de exportação terá por base declaração formulada pelo exportador ou seu representante legal, a qual será apresentada à unidade da Secretaria da Receita Federal com jurisdição sobre: o estabelecimento do exportador, o local por ele indicado ou o recinto alfandegado onde se encontrara a mercadoria; o porto, o aeroporto ou ponto de fronteira alfandegado, por onde a mercadoria deixará o País; a unidade da Empresa Brasileira de Correios e Telégrafos de postagem da remessa internacional, denominada centralizador alfandegário. O despacho de exportação poderá ser realizado: em recinto alfandegado de zona primária; em recinto alfandegado de zona secundária; em qualquer outro local não alfandegado de zona secundária, inclusive no estabelecimento do exportador. A realização do despacho em local não alfandegado de zona secundária fica condicionada ao atendimento dos requisitos estabelecidos em ato normativo. Quando o despacho de exportação for realizado nos locais acima indicados, a mercadoria desembaraçada seguirá até a unidade da Secretaria da Receita Federal que jurisdiciona o local de saída do País, ou o local onde ocorrerá transbordo ou baldeação, em regime de trânsito aduaneiro sob o procedimento especial. O despacho de exportação tem início na data em que a declaração formulada pelo exportador receber numeração específica no SISCOMEX. Fica dispensada de despacho aduaneiro a saída, do País, de mala diplomática, que deverá: conter sinais exteriores visíveis que indiquem o seu caráter; ser entregue ao veículo transportador por pessoa formalmente credenciada pela missão diplomática. O Secretário da Receita Federal disporá sobre a dispensa de registro de despachos no SISCOMEX, os quais serão efetivados à vista de nota fiscal ou de documento específico

para o caso. O despacho aduaneiro de exportação será interrompido: em caráter definitivo, quando se tratar de tentativa de exportação de mercadoria cuja saída do País esteja proibida ou suspensa, nos termos da legislação vigente; até o cumprimento das exigências legais, quando as divergências apuradas caracterizarem, de forma inequívoca, fraude relativa a preço, peso, medida, classificação e qualidade da mercadoria.

DESPACHO ADUANEIRO DE IMPORTAÇÃO. *Direito alfandegário* e *direito internacional privado.* É o procedimento fiscal mediante o qual se processa o desembaraço aduaneiro de mercadoria procedente do exterior, seja ela importada a título definitivo ou não. É, portanto, o procedimento fiscal mediante o qual é verificada a exatidão dos dados declarados pelo importador em relação à mercadoria importada, aos documentos apresentados e à legislação vigente, com vistas ao seu desembaraço aduaneiro. O desembaraço aduaneiro constitui o ato final do despacho aduaneiro em virtude do qual é autorizada a entrega da mercadoria ao importador. Tal despacho é processado com base em declaração formulada pelo importador ou seu representante legal e apresentada à unidade da Secretaria da Receita Federal sob cujo controle estiver a mercadoria, na zona primária ou em outros locais admitidos pela autoridade aduaneira.

DESPACHO ANTECIPADO. *Direito alfandegário.* É a modalidade de despacho aduaneiro de mercadorias em que o registro da declaração de importação (DI) pode ser feito, na unidade de despacho, antes da chegada das mercadorias.

DESPACHO COMO ESPERADO. *Direito marítimo.* Documento contendo permissão para saída do porto de embarcação mercante, após sua entrada, liberando-a. A embarcação despachada terá dois dias úteis para a saída. Não se concretizando essa saída o "despacho" deverá ser atualizado através da "revalidação do despacho". A embarcação para ter "despacho como esperado" deverá possuir as seguintes condições: a) não possuir exigências a serem cumpridas no porto onde está sendo dado o "despacho como esperado"; b) não necessitar de ações administrativas do OD (órgão de despacho), tais como vistoria de carga perigosa e/ou qualquer outro tipo de vistoria e emissão de certificado; c) não ser classificada quanto ao serviço como de transporte de passageiros e cargas e

DESPACHO DA EMBARCAÇÃO

passageiros; d) não ter recebido o "despacho como esperado" no porto anterior; e para as embarcações que operam nos terminais considerados afastados e em todos os terminais oceânicos, serão autorizados, no máximo, até dois despachos consecutivos como esperado; e) não possuir qualquer documento constante da declaração geral/*general declaration*, com o prazo de validade vencido durante a singradura anterior, vencendo no porto onde está sendo esperada; f) cumprir os procedimentos legalmente exigidos nos casos de necessidade de embarque e desembarque, respectivamente (vedado para as embarcações que se destinam a portos estrangeiros). A substituição do tripulante deverá ser feita no porto onde ocorrer o evento, sem alteração do quantitativo e da categoria prevista no cartão de tripulação de segurança. O embarque e/ou desembarque será homologado no próximo porto. As movimentações de tripulantes ocorridas no porto em que a embarcação despachou como esperada deverão ser registradas pelo representante da embarcação e ratificadas pelo OD do próximo porto, como se fosse o OD do porto de despacho como esperado. A substituição do desembarcado poderá ser feita no próximo porto. A fim de reduzir ao mínimo o número de despachos como esperado, os OD deverão manter em serviço em dias de rotina de domingo e após o expediente normal pessoal habilitado a despachar as embarcações, de maneira tal que sempre ocorra o despacho.

DESPACHO DA EMBARCAÇÃO. *Direito marítimo.* Procedimentos de controle de entrada e saída das embarcações nos portos, descritos nas Normas da Autoridade Marítima para Tráfego e Permanência de Embarcações em Águas Jurisdicionais Brasileiras.

DESPACHO DE DELIBERAÇÃO DE PARTILHA. *Direito processual civil.* Ato judicial pelo qual, no inventário, se solucionam os pedidos dos interessados e se designam os bens da herança que devem constituir o quinhão de cada herdeiro e legatário.

DESPACHO DE EXPEDIENTE. *Vide* DESPACHO DE MERO EXPEDIENTE.

DESPACHO DE EXPORTAÇÃO. *Direito alfandegário.* É o procedimento mediante o qual é verificada a exatidão dos dados declarados pelo exportador em relação à mercadoria, aos documentos apresentados e à legislação específica, com

vistas a seu desembaraço aduaneiro e a sua saída para o exterior.

DESPACHO DEFINITIVO. 1. *Direito processual civil.* a) Ato pelo qual o magistrado põe fim ao processo, decidindo ou não o mérito da causa. Trata-se do despacho final ou da sentença; b) deliberação que define uma questão incidental, solucionando-a, apesar de não haver paralisação da ação. Trata-se do despacho interlocutório. **2.** *Direito administrativo.* Ato pelo qual a autoridade administrativa decide sobre um pedido que lhe foi apresentado, encerrando a instância administrativa, por não ser cabível qualquer recurso desse despacho.

DESPACHO DE IMPORTAÇÃO. *Direito alfandegário.* É o procedimento mediante o qual é verificada a exatidão dos dados declarados pelo importador em relação à mercadoria importada, aos documentos apresentados e à legislação específica, com vistas ao seu desembaraço aduaneiro. Toda mercadoria procedente do exterior, importada a título definitivo ou não, sujeita ou não ao pagamento do imposto de importação, deverá ser submetida a despacho de importação, que será realizado com base em declaração apresentada à unidade aduaneira sob cujo controle estiver a mercadoria.

DESPACHO DE MERCADORIAS. *Direito alfandegário.* Também denominado "despacho aduaneiro", é o desembaraço ou a expedição das mercadorias que satisfizeram todas as exigências regulamentares, tendo sido pagos os direitos aduaneiros.

DESPACHO DE MERO EXPEDIENTE. *Direito processual civil.* Também designado "despacho de expediente" ou "despacho ordinatório da marcha do procedimento", é aquele que o juiz utiliza para dar andamento normal ao processo, independentemente de pedido de qualquer das partes. Há possibilidade de despacho ordinatório do processo pelo serventuário da Justiça.

DESPACHO DE NAVIO. *Direito marítimo.* Conjunto de providências administrativas exercidas pela Capitania dos Portos, após o exame dos documentos necessários à saída do navio, atendo-se às leis fiscais, sanitárias, comerciais e trabalhistas. É ato administrativo emanado do poder de polícia conferido à Capitania dos Portos para controlar e fiscalizar a entrada, a permanência e a saída de um navio das águas territoriais brasileiras (Elcir Castello Branco). Em suma, é o documento autêntico pelo qual o navio obtém licença para sair do porto.

DESPACHO FINAL. *Direito processual civil.* Sentença que soluciona uma controvérsia, considerando resolvidas todas as medidas e diligências processuais.

DESPACHO INICIAL. *Direito processual civil.* Primeira intervenção do juiz no processo: a) recebendo a petição inicial, ordenando a citação do réu ou determinando que o autor a emende, se aquela não preencher os requisitos; ou b) indeferindo a exordial, se for inepta, se a parte for ilegítima ou se o autor não tiver interesse processual (Othon Sidou).

DESPACHO *INITIO LITIS*. *Vide* DESPACHO INICIAL.

DESPACHO INTERLOCUTÓRIO. *Direito processual civil.* Ato judicial que soluciona, no curso do processo, questão incidente. Trata-se de uma decisão interlocutória ou de um despacho definitivo por definir uma questão, no meio do processo, determinando diligências e esclarecendo controvérsia.

DESPACHO IRRECORRÍVEL. *Direito processual civil.* Aquele ao qual não cabe qualquer recurso a tribunal superior.

DESPACHO JUDICIAL. *Direito processual civil.* Ato judicial praticado *ex officio* ou a requerimento da parte, com exceção da decisão interlocutória e da sentença, por ter por escopo tão-somente dar andamento ao processo.

DESPACHO LIMINAR. *Direito processual civil.* Ato pelo qual o magistrado decide ordenar ou não a citação do réu.

DESPACHO ORDINATÓRIO DA MARCHA DO PROCEDIMENTO. *Vide* DESPACHO DE MERO EXPEDIENTE.

DESPACHO SANEADOR. 1. *Direito processual civil.* Ato judicial pelo qual o juiz se pronuncia, antes da sentença final, sobre a regularidade do processo, a legitimidade das partes e sua representação, a existência das condições da ação, os pressupostos processuais, a validade dos atos na fase postulatória etc. **2.** *Direito processual penal.* Ato judicial para ordenar diligência ou nova oitiva do réu ou testemunha, sanar alguma irregularidade ou suprir falta lesiva ao esclarecimento da verdade (Othon Sidou).

DESPACHO TELEGRÁFICO. Notícia transmitida por telégrafo.

DESPACHO TERMINATIVO DO FEITO. *Direito processual civil.* Aquele que põe termo ao processo,

solucionando a questão principal. Trata-se do "despacho final".

DESPALHA. *Direito agrário.* Ação de separar a palha dos grãos de cereais, da cana-de-açúcar etc.

DESPARTIR. Repartir.

DESPASTAR. *Direito agrário.* Termo usado no Ceará para indicar a ação de tirar a boiada de um local de pastagem.

DESPATCH MONEY. *Locução inglesa.* Resgate de estadia. Expressão usada no direito marítimo para designar o prêmio que se paga em dinheiro ao afretador pelo breve desembaraço do navio, recompensando-o pelo tempo na demora do carregamento e descarregamento do navio.

DESPATCHS. *Termo inglês.* Correspondência diplomática oficial.

DESPATRIADO. *Ciência política* e *direito internacional privado.* **1.** Apátrida. **2.** Exilado; expulso da pátria.

DESPATRIOTISMO. *Ciência política.* Falta de patriotismo.

DESPAUTÉRIO. 1. Equívoco. **2.** Tolice.

DESPAUTÉRIO JURÍDICO. *Teoria geral do direito.* Opinião absurda sobre certo assunto jurídico.

DESPECUNIAR. 1. Privar de recursos pecuniários. **2.** Obrigar a dispêndios muito excessivos.

DESPEDIDA. 1. *Direito do trabalho.* Ato unilateral pelo qual o empregador rescinde o contrato de trabalho firmado com o empregado, dispensando-o. Trata-se da "dispensa". **2.** *Direito marítimo.* a) Ato pelo qual o caixa ou o armador-gerente vem a dispensar os serviços do comandante do navio; b) ato unilateral pelo qual o armador rompe, por justa causa, o contrato de ajuste celebrado com um tripulante da embarcação; c) desligamento de contrato a pedido do próprio oficial ou do tripulante antes do início da viagem, alegando os motivos especificados pelo Código Comercial. **3.** *Direito comercial.* Retirada de sócio de uma sociedade empresária, sem que tenha havido sua dissolução. **4.** *Direito administrativo.* Demissão de funcionário público.

DESPEDIDA ARBITRÁRIA. *Direito do trabalho.* **Vide** DESPEDIDA SEM JUSTA CAUSA.

DESPEDIDA DIRETA. *Direito do trabalho.* Aquela em que o empregador, ao rescindir um contrato de trabalho, declara expressamente o motivo dessa rescisão, seja ela justa ou injusta.

DESPEDIDA INDIRETA. *Direito do trabalho.* Aquela em que, além de não haver rescisão expressa, o empregador força o empregado a pedir a rescisão do contrato individual de trabalho, criando-lhe situações insuportáveis. Por exemplo, o empregado poderá pleitear aquela rescisão contratual e a devida indenização se o empregador exigir serviços superiores às suas forças, vier a tratá-lo com excessivo rigor, não cumprir as obrigações do contrato, ofender sua honra etc.

DESPEDIDA OBSTATIVA. *História do direito* e *direito do trabalho.* Rescisão contratual que visava impedir que o empregado adquirisse estabilidade ou que completasse o decênio de serviços assecuratórios da estabilidade. Deveras, o empregado que contasse mais de dez anos de serviço na mesma empresa não poderia ser despedido senão por motivo de falta grave ou circunstância de força maior, devidamente comprovadas.

DESPEDIDA POR JUSTA CAUSA. *Direito do trabalho.* Rescisão unilateral do contrato individual de trabalho por ato do empregador por ter o empregado: cometido ato de indisciplina ou de improbidade; mau procedimento; negociado por conta própria ou alheia sem permissão do empregador, fazendo concorrência à empresa para a qual trabalha; violado segredo da empresa; apresentado desídia no desempenho de suas funções; ofendido a honra ou a boa fama do empregador; hábito de embriaguez etc.

DESPEDIDA SEM JUSTA CAUSA. *Direito do trabalho.* Ato unilateral do empregador de rescindir o contrato de trabalho sem que o empregado tenha dado qualquer motivo para isso. O empregado despedido que não der motivo para a cessação das relações de trabalho terá direito de haver do empregador uma indenização, paga na base da maior remuneração que tenha percebido na mesma empresa.

DESPEJADO. *Direito processual civil.* Diz-se do inquilino que sofreu ação de despejo ou que teve de desocupar, forçadamente, o imóvel locado.

DESPEJAR. *Direito processual civil.* **1.** Mover ação de despejo contra inquilino. **2.** Fazer alguém desocupar um imóvel alugado, por ordem judicial. **3.** Desocupar compulsoriamente um imóvel alugado.

DESPEJO. 1. *Direito processual civil.* a) Ação movida pelo locador para reaver do locatário imóvel locado, fundada, por exemplo: no descumprimento do mútuo acordo onde se ajustou o prazo mínimo de seis meses para desocupação; na rescisão de contrato de trabalho, se a ocupação do imóvel pelo inquilino estiver relacionada com seu emprego; no término da vigência de locação para temporada, desde que a ação tenha sido proposta até trinta dias após o vencimento daquele contrato; na morte do locatário sem deixar sucessor legítimo na locação; na permanência do sublocatário no imóvel, já estando extinta a locação celebrada com o inquilino; na realização de obras ou reformas; na necessidade do prédio para uso próprio do locador, de seu cônjuge ou companheiro ou para moradia de ascendente ou descendente; na denúncia, concedendo-se trinta dias para desocupação, para pôr fim ao contrato de locação residencial feito por prazo igual ou superior a trinta meses que foi prorrogado por prazo indeterminado pelo simples fato de o locatário continuar na posse do imóvel locado, findo aquele prazo de duração avençado, sem oposição do locador; na inexecução voluntária do contrato, em decorrência de prática de infração contratual, da falta de pagamento do aluguel e demais encargos locatícios; na infração de um dever legal preexistente etc.; b) ato judicial que promove a desocupação forçada de um imóvel locado pelo inquilino que injustificadamente se recusa a restituí-lo ao locador; c) desocupação compulsória do imóvel locado. **2.** *Direito administrativo* e *direito ambiental.* Diz-se do lixo ou dos objetos sem qualquer serventia ou utilidade que são coletados pela municipalidade, que os incinera ou os deposita em local apropriado.

DESPELAR. *Direito agrário.* Tirar cortiça das árvores.

DESPENDER. Fazer dispêndios; gastar; efetuar despesas; empregar dinheiro para obtenção de alguma coisa.

DESPENSA. Local onde os comestíveis são guardados.

DESPENSEIRO. Pessoa encarregada da despensa, que deve administrá-la, suprir os gêneros alimentícios e regular ou controlar o seu consumo.

DESPERATA PECUNIA. *Locução latina.* Dinheiro perdido ou irrecuperável.

DESPERDÍCIO. 1. Nas *linguagens jurídica* e *comum,* quer dizer: a) desaproveitamento; b) esbanjamento; c) aquilo que não se aproveita; refugo; resíduo. **2.** *Direito administrativo.* Terra extraída na construção de estradas que não pode ser aproveitada nos aterros correspondentes.

DESPERDÍCIOS. *Direito empresarial.* Fios que não servem para a tecelagem, sendo empregados na limpeza das máquinas.

DESPERSONALIZAÇÃO. *Medicina legal.* **1.** Perda do senso de identidade pessoal por perturbação mental ou descontrole das partes do próprio corpo. **2.** Desdobramento da personalidade consistente em perceber as próprias palavras e atos como se perceberia qualquer coisa de anormal e de estranho (Lalande, Cuvillier, Dugas e Bernard-Leroy).

DESPERSONALIZAÇÃO DA PESSOA JURÍDICA. *Vide* DESCONSIDERAÇÃO DA PERSONALIDADE JURÍDICA.

DESPERSONALIZANTE. *Medicina legal.* Diz-se da substância que pode provocar reações similares às psicoses ou aos distúrbios de percepção, afetando de modo negativo a personalidade.

DESPERSUADIR. *Teoria geral do direito.* Fazer mudar de opinião; dissuadir.

DESPESA. 1. *Direito civil.* a) Dispêndio de dinheiro ou gasto de necessidade, utilidade ou voluptuosidade; b) aquilo que se despende. **2.** *Direito comercial.* a) Custo relativo à obtenção de receita. Para determinar-se o lucro ou a perda de certo período, soma-se o custo dos produtos vendidos à conta dos lucros e perdas. O custo dos produtos não vendidos é colocado, no balanço, na conta de estoque do estabelecimento empresarial; b) emprego de dinheiro para o custeio de um estabelecimento, efetuado para pagamento de impostos, aquisição de mercadorias etc.

DESPESA AUTORIZADA. *Ciência política, direito financeiro* e *direito administrativo.* É a prevista no orçamento.

DESPESA ORÇAMENTÁRIA. *Direito financeiro.* Parte do orçamento público que discrimina os gastos, classificados como despesas correntes e despesas de capital (Othon Sidou).

DESPESA PÚBLICA. *Direito financeiro.* a) Gasto ou dispêndio da Administração Pública para a execução de obras e serviços, aquisição de bens, remuneração de funcionários etc. Emprego de receitas para custear os diferentes setores da Administração, permitindo o desempenho dos serviços públicos para satisfazer às necessidades públicas e atender aos encargos públicos; b) aplicação da renda pública para assegurar o bem-estar da coletividade; c) aplicação de dinheiro feita pelo agente público competente dentro de uma autorização legislativa para a execução de um fim a cargo do governo (Celso Bastos).

DESPESA PÚBLICA DE EXERCÍCIO. *Direito financeiro.* Custeio e manutenção de serviços mantidos pelo Estado.

DESPESA PÚBLICA EXTRAORDINÁRIA. *Direito financeiro.* Gasto estatal não constante do orçamento que constitui crédito suplementar e especial, devidamente autorizado para atender a uma necessidade surgida.

DESPESA PÚBLICA ORDINÁRIA. *Direito financeiro.* É a prevista no orçamento.

DESPESA PÚBLICA REAL. *Direito financeiro.* Gasto estatal que visa manter as instituições necessárias à realização das funções do Estado e à segurança de sua existência.

DESPESAS ADMINISTRATIVAS. 1. *Direito financeiro.* Gastos alusivos ao serviço público e à remuneração dos servidores públicos. **2.** *Direito comercial.* Dispêndios alusivos aos departamentos administrativos de uma empresa, como a presidência, a contabilidade, a tesouraria, o departamento pessoal etc., para pagamento de aluguel, salários, contas, serviço de limpeza, viagens etc.

DESPESAS COMERCIAIS. *Direito comercial.* São aquelas que, incluindo as despesas administrativas e as de distribuição, ligadas ao departamento de vendas e somadas ao custo de produção, constituem o custo operacional das mercadorias que foram vendidas num dado período.

DESPESAS COMPLEMENTARES DE UMA CONSTRUÇÃO. *Direito urbanístico.* São as que compreendem: custos de projetos de arquitetura, estrutura e instalações (elétrica, hidráulica, águas pluviais, esgoto etc.), licenças, seguros, despachantes, instalações provisórias, equipamentos mecânicos (elevadores, compactadores, exaustores etc.), administração local e outras.

DESPESAS COM SINISTROS. *Direito civil* e *direito processual civil.* Valor das despesas comprovadas com sinistros. Por exemplo, honorários advocatícios, laudos de vistorias em imóveis, despesas com ações judiciais, custas cartorárias, perícias médicas e estudos técnicos relacionados com a regulação de sinistros, excluídas as despesas com sinistros em financiamentos vinculados às apólices privadas do SFH.

DESPESAS CONSTITUCIONAIS. *Direito financeiro.* Gastos com a manutenção do Poder Legislativo e com o pagamento da dívida pública.

DESPESAS CORRENTES. *Direito financeiro.* Despesas do orçamento público, constituídas pelas de custeio e transferências correntes.

DESPESAS DE CUSTEIO. *Direito financeiro.* Dotações para manter serviços criados anteriormente, inclusive os destinados a atender às obras de conservação e adaptação de bens móveis (Othon Sidou).

DESPESAS DE DEFESA. *Direito financeiro.* Gastos destinados a manter as Forças Armadas e a adquirir aparelhagens necessárias.

DESPESAS DE JUSTIÇA. *Direito financeiro.* Dispêndios em dinheiro para custear o Poder Judiciário.

DESPESAS DE PESSOAL DO INSS. *Direito previdenciário.* Gastos feitos para atender à remuneração dos servidores do INSS.

DESPESAS DESNECESSÁRIAS. *Vide* DESPESAS INÚTEIS.

DESPESAS DE VIAGEM. 1. *Direito processual civil.* Dispêndios incluídos entre as despesas judiciais para pagamento de transporte, hospedagem e alimentação. **2.** *Direito do trabalho.* Gastos com transporte, estada e alimentação de empregado que ficam por conta do empregador.

DESPESAS DO FUNERAL. *Direito civil.* Gastos que se têm antes de sepultar o corpo, conforme os usos do local e as condições do falecido, com preparação e transporte do cadáver, ritos funerários, obtenção de terreno para inumação, enterro, trasladação, publicação, participação, agradecimentos e edificação do túmulo. Tais dívidas póstumas devem ser pagas em primeiro lugar, porém, serão computadas para o cálculo da metade disponível da herança, uma vez que seus credores serão pagos pelo monte desta, exista ou não herdeiro legítimo. As despesas de sufrágios por alma do morto só obrigarão a herança quando forem ordenadas em testamento ou codicilo.

DESPESAS DOMÉSTICAS. *Direito civil.* Encargos da vida familiar que competem primordialmente a ambos os cônjuges, qualquer que seja o regime de bens, contribuindo cada um com o rendimento de seus bens, na proporção de seu valor. Com isso tornar-se-ão os cônjuges coobrigados, se o regime matrimonial for o da separação de bens, salvo estipulação em contrário feita no pacto antenupcial, determinando a quota de cada um para as despesas. Com isso, tornar-se-á cada cônjuge coobrigado, qualquer que seja o regime de bens, na mantença da família, desde que possua rendimentos próprios, abrangendo estes os frutos do trabalho, e os bens comuns sejam insuficientes para atender às despesas da família. A lei dispensa a autorização de um cônjuge a outro para: a) comprar, ainda que a crédito, coisas necessárias à economia doméstica, uma vez que compete a qualquer deles dirigir internamente a casa, podendo praticar atos indispensáveis à vida doméstica, livremente, de acordo com a situação social e econômica da família. Lícita é a aquisição de gêneros alimentícios ou utilidades domésticas a crédito, assinando títulos correspondentes, desde que não exceda as necessidades do lar, sendo, portanto, proporcional aos recursos do casal; b) obter, por empréstimo, as quantias que a aquisição dessas coisas possa exigir.

DESPESAS GERAIS. *Direito comercial.* Título da conta da escrituração mercantil que contém o registro de todos os dispêndios feitos com a manutenção do estabelecimento empresarial e não lançados em título especial.

DESPESAS INÚTEIS. Gastos feitos para a prática de atos ou execução de serviços sem qualquer utilidade. Trata-se de despesas supérfluas que nenhuma vantagem ou melhoria trazem a uma coisa.

DESPESAS JUDICIAIS. *Direito processual civil.* Gastos feitos com uma causa, abrangendo pagamento de peritos, emolumentos, taxas, comissões, conduções, honorários advocatícios, custas etc.

DESPESAS MÉDICAS. *Direito civil.* Gastos com o pagamento de honorários médicos e com o tratamento de alguém.

DESPESAS NECESSÁRIAS. *Direito civil.* Gastos inadiáveis e impostos pelas circunstâncias, venham ou não trazer benfeitorias à coisa. Por exemplo, pagamento de imposto feito pelo administrador do imóvel; dispêndio com reforço das fundações de um prédio ou com desinfecção de um pomar atacado de praga etc.

DESPESAS PROCESSUAIS. *Vide* DESPESAS JUDICIAIS.

DESPESAS RESSARCÍVEIS. 1. *Direito civil.* Gastos que devem ser reembolsados a quem os efetuou. Por exemplo, quem fizer benfeitorias necessárias e úteis em imóvel alheio terá direito a uma indenização. **2.** *Direito processual civil.* Dispêndios necessários e úteis feitos durante o andamento do processo e que devem ser reembolsados à pessoa que os fez.

DESPESAS ÚTEIS. *Direito civil.* Gastos que aumentam ou facilitam o uso da coisa ou que são proveitosos ao negócio ou à pessoa, trazendo, algumas vezes, um enriquecimento patrimonial. Neles incluem-se os feitos com benfeitorias úteis, como, por exemplo, com a instalação de aparelhos hidráulicos modernos.

DESPESAS VOLUPTUÁRIAS. *Direito civil.* Gastos que não aumentam o uso habitual da coisa nem se mostram necessários ou úteis à pessoa, por serem de mero deleite. Tais dispêndios não são indenizáveis nem ressarcíveis, exceto se foram autorizados pela pessoa a quem possam interessar. Por exemplo, despesas feitas com a construção de uma quadra de tênis numa casa particular.

DESPISTAMENTO. Emprego de artifício para iludir alguém, desfazendo alguma suspeita.

DESPISTAR. 1. Iludir, desfazendo suspeitas. **2.** Fazer perder a pista. **3.** Apagar rasto.

DESPLANTAR. *Direito agrário.* Arrancar uma planta do solo para plantá-la em outro local.

DESPOJADO. *Direito civil.* Desapossado; esbulhado; espoliado.

DESPOJAMENTO. *Direito civil.* Ação ou efeito de despojar alguém; esbulho; desapossamento; privação da posse.

DESPOJAR. 1. *Direito civil.* a) Desapossar ou esbulhar; b) privar uma coisa do que a adornava. **2.** *Direito penal.* a) Roubar; b) saquear.

DESPOJO. 1. *Direito civil.* a) Ação ou efeito de despojar; b) aquilo que foi retirado do poder de seu possuidor; c) aquilo que, servindo de adorno a uma coisa, foi-lhe arrancado; d) espólio. **2.** *Direito militar.* Presa de guerra; tudo o que se toma do inimigo.

DESPOJOS. Resíduos; restos.

DESPOJOS MORTAIS. Cadáver humano.

DESPOLIAR. *Direito civil.* Esbulhar; despojar alguém de sua posse mediante violência, abuso de confiança ou clandestinidade.

DESPOLPAR. *Direito agrário.* Separar a polpa do fruto.

DESPOPULARIZAÇÃO. Perda da popularidade; impopularidade.

DESPORTISTA. *Direito do desporto.* Atleta; pessoa que pratica atividades esportivas.

DESPORTO. *Direito do desporto.* Atividade física ou intelectual com finalidade competitiva, exercida com método e segundo normas preestabelecidas.

DESPORTO DE PARTICIPAÇÃO. *Direito desportivo.* É o levado a efeito voluntariamente, abrangendo as modalidades desportivas praticadas com a finalidade de contribuir para a integração dos praticantes na plenitude da vida social, na promoção da saúde e educação e na preservação do meio ambiente.

DESPORTO DE RENDIMENTO. *Direito desportivo.* É o praticado, segundo normas nacionais e internacionais, com o escopo de obter resultados e integrar pessoas e comunidades do País entre si e com as outras nações. Pode ser: a) profissional, havendo remuneração pactuada em contrato formal de trabalho entre o atleta e a entidade de prática desportiva; b) não profissional, compreendendo o desporto: *semiprofissional*, expresso em contrato próprio e específico de estágio, com atletas entre quatorze e dezoito anos de idade e pela existência de incentivos materiais e de patrocínios, que não caracterizem remuneração derivada de contrato de trabalho; e *amador*, identificado pela liberdade de prática e pela inexistência de qualquer forma de remuneração ou de incentivos materiais para atletas de qualquer idade.

DESPORTO EDUCACIONAL. *Direito desportivo.* É o praticado nos sistemas de ensino e em formas assistemáticas de educação, evitando-se a seletividade, a hipercompetitividade de seus praticantes, com a finalidade de alcançar o desenvolvimento integral do indivíduo e a sua formação para o exercício da cidadania e a prática do lazer.

DESPOSADO. *Direito civil.* **1.** Aquele que foi prometido em casamento; noivo; que contraiu esponsais. **2.** Casado.

DESPOSAR. *Direito civil.* **1.** Contrair esponsais. **2.** Receber alguém como cônjuge. **3.** Contrair matrimônio; casar.

DESPOSÓRIO. *Direito civil.* **1.** Esponsais; promessa de casamento; noivado. **2.** Casamento.

DESPOSSESSÃO. *Direito civil.* Esbulho da posse; perda da posse.

DÉSPOTA. *Ciência política.* **1.** Tirano; ditador. **2.** Aquele que governa exercendo sobre seus súditos uma autoridade arbitrária e absoluta. **3.** Governante que abusa de seu poder.

DÉSPOTAS ESCLARECIDOS. *História do direito.* Monarcas do século XVIII, como Carlos III, de Nápoles, Frederico, o grande, da Prússia, Catarina II, da Rússia, José II, da Áustria etc.; que promoveram um governo baseado nas idéias dos iluministas.

DESPÓTICO. *Ciência política.* **1.** Próprio de déspota. **2.** Relativo a déspota. **3.** Que usa despotismo.

DESPOTISMO. *Ciência política.* **1.** Tirania. **2.** Forma de absolutismo. **3.** Poder político que se caracteriza por ser irrestrito, arbitrário e absoluto e ao qual não se opõe nenhuma lei ou freios. **4.** Sistema autoritário de governo que não obedece às leis. **5.** Ato próprio do déspota.

DESPOTIZAR. *Ciência política.* Governar com despotismo.

DESPRECAUÇÃO. Descuido; falta de precaução.

DESPRENDIMENTO DA POSSE. *Direito civil.* Constituto possessório.

DESPRESTÍGIO. **1.** Ato ou efeito de desprestigiar ou de tirar o prestígio. **2.** Perda ou falta de prestígio.

DESPRETENSÃO. Falta de pretensão.

DESPREZAR EMBARGOS. *Direito processual civil.* Rejeitar embargos interpostos pelo sucumbente, negando sua admissibilidade ou seu conhecimento.

DESPROCEDER. *Direito processual civil.* Improceder.

DESPRODUTIVO. *Direito agrário.* Improdutivo.

DESPROLETARIZAÇÃO. *Sociologia jurídica.* Processo de ascensão social de membros do proletariado para a burguesia, por terem obtido recursos econômicos.

DESPRONÚNCIA. *Direito processual penal.* **1.** Decisão judicial proferida no juízo formador da culpa ou no juízo superior que julga improcedente a queixa ou denúncia formulada contra o acusado, declarando insuficiência de prova e extinguindo o processo sem resolução do mérito. O acusado é absolvido da instância, mas o processo pode ser repetido, se houver novas provas, enquanto o crime não prescrever (Edgard de Moura Bittencourt e Bento de Faria). **2.** Impronúncia feita por tribunal.

DESPRONUNCIAR. *Direito processual penal.* Anular ou julgar improcedente uma denúncia ou queixa.

DESPROPORÇÃO. Desigualdade.

DESPROTEÇÃO. **1.** Falta de proteção. **2.** Desamparo. **3.** Abandono.

DESPROVER. **1.** *Direito civil.* Privar alguém das provisões necessárias. **2.** *Direito processual.* a) Negar provimento a um recurso; b) não aceitar no mérito a pretensão recursal.

DESPROVIMENTO. **1.** *Direito civil.* Privação de provisões necessárias; falta de víveres. **2.** *Direito processual.* a) Negação de provimento a um recurso interposto; b) rejeição da pretensão do recorrente no *meritum causae.*

DESQUALIFICAÇÃO. **1.** *Direito processual penal.* a) Ato pelo qual o juiz, ao receber uma queixa ou denúncia, não acata a tipificação do crime nela consignada, modificando-a; b) *Vide* DESCLASSIFICAÇÃO DE CRIME. **2.** *Direito desportivo.* Desclassificação num torneio. **3.** *Direito administrativo.* Desclassificação num concurso público por falta de habilidade.

DESQUALIFICAR. **1.** *Direito processual penal.* Desclassificar o delito. **2.** *Direito desportivo.* Excluir atleta ou equipe do certame. **3.** *Direito administrativo.* Desclassificar candidato em concurso público por não ter demonstrado habilidade ou aptidão para ocupar o cargo.

DESQUITE. *História do direito.* Dissolução da sociedade conjugal, sem atingir o vínculo matrimonial, que corresponde, hodiernamente, à separação judicial.

DESRAMAÇÃO. *Direito agrário.* Poda; corte de ramos de plantas.

DESRATIZAÇÃO. *Direito ambiental.* É o conjunto de medidas empregadas para eliminar roedores, por métodos mecânicos, biológicos ou químicos.

DESREALIZAÇÃO. Na *linguagem filosófica,* é a tendência de despojar o mundo usual de sua pretensa realidade e, conseqüentemente, de situar a realidade autêntica além deste mundo (Cuvillier).

DESREGRAMENTO. **1.** Libertinagem; devassidão. **2.** Anarquia. **3.** Falta de método; irregularidade.

DESREGULAMENTAÇÃO. *Vide* DESBUROCRATIZAÇÃO.

DESREPUBLICANIZAR. *Ciência política.* Perder o caráter republicano.

DESRESPEITO. **1.** Na *linguagem jurídica* em geral, indica desacato, irreverência ou falta de respeito. **2.** *Direito militar.* Falta de acatamento ou de consideração de um subordinado para com seu superior hierárquico, na presença de outro militar.

DESRESPONSABILIZAR. Tirar a responsabilidade.

DESRETRATAR. *Direito civil.* Voltar a uma afirmação feita anteriormente à retratação.

DESSAISISSEMENT. *Termo francês.* Renúncia.

DESSAZONADO. *Direito agrário.* Diz-se do fruto mal amadurecido.

DESSEGREDAR. Divulgar; tornar público.

DESSEGREGAÇÃO. *Direito constitucional.* Abolição de segregação racial.

DESSENSIBILIZAÇÃO. 1. *Medicina legal.* a) Estado em que o organismo não reage a um antígeno; b) processo que provoca insensibilização no paciente; c) remoção de anticorpos de células sensibilizados para evitar anafilaxia ou alergia. **2.** *Psicologia forense.* Desaparecimento de um complexo.

DESSEPULTAR. *Medicina legal.* Exumar cadáver.

DESSEXUAR. 1. *Direito agrário.* Castrar animal. **2.** *Medicina legal.* Mudar de sexo.

DESSINALADO. Não assinalado.

DESSINDICALIZAÇÃO. *Direito do trabalho.* Fenômeno da queda das taxas de filiação sindical e do poder sindical. Implica o enfraquecimento dos sindicatos e de qualquer forma de organização e atuação coletiva dos trabalhadores. Trata-se da descoletivização, como prefere Walküre Lopes Ribeiro da Silva.

DESSUETUDE. *Teoria geral do direito.* Desuso.

DESSUMIR. *Lógica jurídica.* Deduzir.

DESTACADO. 1. O que foi designado para algum serviço especial. **2.** Desligado ou separado de alguma coisa. **3.** O que se sobressai ou o que está em evidência.

DESTACAMENTO. *Direito militar.* **1.** Grupo de navios de guerra que são separados da esquadra para executar um determinado serviço especial. **2.** Porção da tropa que se separa de sua unidade para vigiar certa zona ou desempenhar alguma missão específica.

DESTALAR. *Direito agrário.* Arrancar o talo das folhas de tabaco para aproveitamento industrial.

DESTAQUE. 1. Nas *linguagens comum* e *jurídica*, é a qualidade de quem se sobressai. **2.** *Direito desportivo.* Golpe executado na esgrima consistente em passar o florete por baixo do antagonista. **3.** *Ciência política.* Pedido feito por parlamentar para que uma emenda ou um dispositivo de projeto de lei seja votado em separado (Othon Sidou).

DESTATUAGEM. *Medicina legal.* Desaparecimento de uma tatuagem de modo natural ou artificial. A tatuagem vermelha desaparece com a ação do tempo, já a azul ou a preta, feita com pólvora, só sai pela aplicação de oxalato de potássio ou de raio *laser.*

DESTEMPO. O que está fora de tempo; fora de prazo.

DESTERNEIRAR. *Direito agrário.* No Rio Grande do Sul, significa separar as vacas de suas crias.

DESTERRADO. 1. Exilado; o que foi expulso de sua pátria. **2.** Emigrante; o que vive, por vontade própria, em local distante de sua pátria.

DESTERRO. 1. Banimento; degredo; pena que obriga o réu a ficar fora de sua pátria. **2.** Local onde se cumpre essa pena. **3.** Expulsão de alguém do seu domicílio. **4.** Emigração; afastamento voluntário da pátria, para residir no exterior; exílio voluntário.

DESTETIA. *Medicina legal.* Dificuldade na amamentação.

DESTILARIA. Fábrica onde se pratica destilação.

DESTINAÇÃO. 1. *Direito administrativo.* Afetação de bem público. **2.** Na *linguagem jurídica* em geral, trata-se da escolha da finalidade dada a um bem; aplicação da coisa a um certo fim.

DESTINAÇÃO DE MERCADORIAS APREENDIDAS E ABANDONADAS. *Direito alfandegário.* As mercadorias apreendidas, objeto da pena de perdimento e as declaradas abandonadas, salvo determinação em contrário, em cada caso, de autoridade judiciária, serão destinadas a: a) venda mediante licitação pública; b) incorporação ao patrimônio de pessoa jurídica de direito público; c) incorporação ao patrimônio de entidades filantrópicas, científicas ou educacionais, sem fins lucrativos. Compete ao ministro da Fazenda autorizar a destinação das mercadorias objeto de pena de perdimento. A Secretaria da Receita Federal administrará e efetuará a destinação das mercadorias apreendidas. O produto da alienação das mercadorias objeto de pena de perdimento terá a seguinte destinação: a) 60% ao Fundo Especial de Desenvolvimento e Aperfeiçoamento das Atividades de Fiscalização; b) 40% ao Programa Nacional do Voluntariado, da Fundação Legião Brasileira de Assistência. As mercadorias de importação proibida poderão ser destinadas independentemente do curso de processo criminal. A Secretaria da Receita Federal poderá ainda promover a inutilização ou destruição das mercadorias apreendidas, quando assim o recomendar o interesse da administração. As mercadorias objeto da pena de perdimento aplicada em decisão final administrativa poderão ser alienadas, ainda que o litígio esteja pendente de ação judicial. Quando se tratar de semoventes ou mercadorias que exijam condições especiais de armazenagem, a destinação será imediata. Na hipótese de destinação imediata, em que sobrevenha decisão administrativa ou judicial definitiva, favorável à parte interessada, o prejudicado será indenizado com base no valor da venda das mercadorias ou, se incorporadas, no valor arbitrado constante do processo administrativo. A indenização terá seu valor calculado de acordo com os critérios utilizados para atualização dos débitos fiscais. A arrematação, mesmo depois de concluída, não se consumará quando se verificar divergência entre a coisa arrematada e a anunciada e apregoada. Ficarão excluídos da licitação para pessoas físicas os servidores com exercício na Secretaria da Receita Federal, os interessados no processo ou nele responsabilizados pela infração, os despachantes aduaneiros e corretores de navios, bem como os seus ajudantes e prepostos. A mercadoria abandonada, enquanto não consumada a destinação, poderá ser objeto de despacho aduaneiro, desde que indenizada previamente a Fazenda Nacional pelas despesas realizadas.

DESTINATÁRIO. 1. *Direito civil.* Aquele a quem se expede uma carta ou se destina algo. **2.** *Direito comercial.* a) Consignatário a quem o transportador deve entregar a mercadoria; quem recebe a mercadoria enviada; credor da entrega do bem remetido, que tem o direito de recebê-lo no local, tempo e modo avençados no contrato de transporte; b) a pessoa física ou jurídica, indicada no conhecimento individual de carga, emitido pela empresa de transporte expresso internacional, a quem a remessa expressa esteja endereçada.

DESTINATÁRIO DA NORMA JURÍDICA. *Teoria geral do direito.* Todo aquele que deve aplicá-la.

DESTINO. 1. Na *linguagem filosófica,* é a sorte do ser, ou melhor, sua predestinação. **2.** *Direito civil.* a) Finalidade ou objetivo reservado pelo proprietário a um bem; b) disposição dada a uma coisa pelo seu dono. **3.** *Direito comercial.* Local para onde se transportam pessoas ou mercadorias.

DESTINO ALTERNATIVO. *Direito comercial marítimo.* Designação dada ao porto intermediário, ou seja, ao que se dirige o navio, para aguardar instruções ou ordens e seguir ao porto de destino, onde carregará e descarregará as mercadorias.

DESTINO DA COISA. *Direito civil.* Uso lícito do bem pelo seu proprietário, atendendo aos ditames legais ou a disposições contratuais.

DESTINO DO IMÓVEL. *Direito civil.* Destinação dada ao imóvel pelo seu proprietário ou locador, atendendo a fins residenciais, industriais ou comerciais, desde que não contrarie a ordem pública, os bons costumes e os direitos alheios.

DESTIRANIZAR. *Ciência política.* **1.** Deixar de exercer tirania. **2.** Libertar o povo da tirania do seu governante.

DESTITUIÇÃO. 1. *Direito administrativo.* Demissão do cargo; privação das funções que o funcionário público vinha exercendo, a título de pena disciplinar, em razão de falta de exação no cumprimento do dever funcional. **2.** *Direito processual civil.* Afastamento judicial de tutor, curador, inventariante, administrador judicial ou testamenteiro da função a que havia sido nomeado por ordem de juiz, por motivo justo ou legal. **3.** *Direito civil.* a) Revogação dos poderes outorgados a mandatário; b) perda do poder familiar.

DESTITUIÇÃO DE ADMINISTRADOR JUDICIAL. *Direito falimentar.* Ato judicial em que o administrador judicial é destituído, de ofício ou a requerimento fundamentado de qualquer interessado, quando verificar desobediência aos preceitos da Lei de Falências, descumprimento de deveres, omissão, negligência ou prática de ato lesivo às atividades do devedor ou a terceiros.

DESTITUIÇÃO DE CORRETOR. *Direito comercial.* Privação de um corretor da função de corretagem por ter violado norma, praticando atos que lhe eram vedados; perda do ofício de corretor.

DESTITUIÇÃO DE PODER FAMILIAR. *Direito civil* e *direito processual civil.* É a perda do poder familiar, que constitui uma sanção mais grave do que a suspensão, operando-se por sentença judicial se o juiz se convencer de que houve uma das causas que a justificam, abrangendo, por ser medida imperativa, toda a prole e não somente um filho ou alguns filhos. Será destituído do poder familiar, por ato judicial, o pai ou a mãe que castigar imoderadamente o filho; deixá-lo em abandono ou praticar atos contrários à moral e aos bons costumes. Aplicada a sanção de perda do poder familiar ao pai, o exercício passará à mãe; se esta estiver morta ou for incapaz de o exercer, o juiz nomeará um tutor ao menor.

DESTITUIR. Privar ou afastar alguém, como medida punitiva, de seu cargo, função ou autoridade, em razão de falha no cumprimento do seu dever.

DESTITUÍVEL. O que se pode destituir.

DESTOCAMENTO. *Direito agrário.* Ato de arrancar tocos de árvores de um terreno que será cultivado.

DESTRAMAR. Tornar sem efeito uma conspiração.

DESTRATAR. 1. *Direito civil* e *direito penal.* Insultar. **2.** *Direito civil.* Desfazer um negócio.

DESTREZA. *Direito penal.* Habilidade manual ou intelectual na subtração de coisa alheia móvel, sem que a vítima a perceba, tipificando furto qualificado, punido com reclusão e multa. O emprego de destreza na perpetração de um furto constitui circunstância qualificadora.

DESTRIBALIZAR. Ato de fazer com que um indígena deixe de receber influência de sua tribo, dando-lhe uma educação artificiosa que o obrigue a uma ausência prolongada.

DESTRIMANISMO. *Medicina legal.* Uso preferencial da mão direita.

DESTRINÇA. *Direito civil.* Distribuição de encargos ou de foros entre os enfiteutas para que a contribuição relativa ao todo seja repartida entre eles na proporção do quinhão de cada um.

DESTRIPULAR. *Direito marítimo.* Tirar a tripulação de um navio.

DESTROCA. *Direito civil.* Desfazimento de uma permuta ou troca.

DESTROÇAR. 1. Na *linguagem jurídica* em geral, pode ter o sentido de: a) esbanjar; b) arruinar; c) desbaratar; d) dispersar. **2.** *Direito militar.* Dispersar-se o soldado, saindo da forma.

DESTROÇO. 1. *Direito civil.* a) Objeto advindo de naufrágio; b) destruição. **2.** *Direito agrário.* Colheita da colméia. **3.** *Direito militar.* Derrota.

DESTRÓIER. *Direito militar.* Contratorpedeiro moderno e muito rápido.

DESTRONAR. *Ciência política* e *direito comparado.* a) Destituir soberano; b) perder o trono; c) desapossar o rei do seu poder.

DESTRUERE TESTEM. *Locução latina.* Destruição de prova testemunhal.

DESTRUIÇÃO. 1. *Direito civil.* a) Ato ou efeito de destruir; b) demolição; c) ato de desfazer; d) ruína; e) perecimento de uma coisa. **2.** *Direito*

processual civil. a) Anulação de uma prova; b) refutação; c) contradição.

DESTRUIÇÃO DE CADÁVER. *Direito penal.* Crime contra o respeito aos mortos, punido com reclusão e multa, consistente em destruir um cadáver ou parte dele. Há permissão legal de se dispor gratuitamente, *post mortem* de partes do corpo para fins terapêuticos e científicos, desde que após a retirada dos órgãos doados seja o cadáver recomposto e entregue ao responsável, para ser sepultado, sob pena de reclusão e multa.

DESTRUIÇÃO DE COISA. *Direito penal militar.* **1.** Crime consistente em inutilizar coisa sob a administração militar, punido com detenção mesmo que seja bem público. Porém, se houver uso de violência a pessoa ou grave ameaça, emprego de explosivos ou se praticado por motivos egoísticos ou com prejuízo considerável, a pena será de reclusão, além da correspondente à violência empregada. **2.** Dano a material ou aparelhamento de guerra ou de utilidade militar punido com reclusão. **3.** Ato de destruir algo beneficiando inimigo ou comprometendo as operações militares, punido com reclusão, se doloso, ou com detenção, se culposo.

DESTRUIÇÃO DE CORRESPONDÊNCIA. *Direito penal.* Crime contra a inviolabilidade de correspondência que consiste no ato de alguém apossar-se indevidamente de correspondência alheia e destruí-la total ou parcialmente, punido com detenção ou multa.

DESTRUIÇÃO DE DOCUMENTO. *Direito militar.* Ato punível consistente em danificar documento em proveito próprio ou de terceiro, causando prejuízo alheio e atentando contra a administração militar.

DESTRUIÇÃO DE PROVA. *Direito processual civil* e *direito processual penal.* Refutação de prova testemunhal, anulando-a pela demonstração de outra de maior valor.

DESTRUIR. 1. Arruinar. **2.** Demolir. **3.** Derrotar; vencer; desbaratar. **4.** Causar destruição em alguma coisa; exterminar; danificar. **5.** Perecer. **6.** Fazer desaparecer.

DESTUTELADO. *Direito civil.* Que não está mais sob tutela.

DESUETUDINE. *Termo italiano.* Desuso ou *DESUETUDO.*

DESUETUDO. *Teoria geral do direito.* Norma consuetudinária que, apesar de dispor de modo diverso da norma, é aplicada pela convicção de sua necessidade jurídica. Trata-se do desuso ou do costume ab-rogatório.

DESUMANIDADE. Falta de humanidade.

DESUNIÃO. 1. Separação. **2.** Desavença. **3.** Rixa.

DESURBANIZAR. *Direito urbanístico.* **1.** Tornar desurbano. **2.** Afastar das cidades.

DESUSADO. *Teoria geral do direito.* O que está em desuso.

DESUSO. *Teoria geral do direito.* **1.** Para alguns autores, o mesmo que *DESUETUDO.* **2.** Não-aplicação ou desobediência a uma norma, sem que haja criação de outra que se lhe oponha (Tércio Sampaio Ferraz Jr.).

DESUTILIDADE. *Economia política.* Impedimento eventual e temporário a que se aplique parte do capital ou de outros fatores da produção.

DESVALER. 1. Deixar de proteger ou de socorrer alguém. **2.** Perder o valor.

DESVALIAÇÃO. *Economia política, direito comercial* e *direito civil.* Depreciação.

DESVALIAR. *Direito comercial, economia política* e *direito civil.* Avaliar por preço baixo.

DESVALOR. Falta de valor.

DESVALORIZAÇÃO. *Economia política.* **1.** Baixa do valor da moeda de um país relativamente ao ouro. **2.** Redução de peso do metal fino que define a unidade monetária. **3.** Depreciação. **4.** Perda de valor.

DESVANTAGEM. 1. Dano ou prejuízo. **2.** Falta de vantagem. **3.** Inconveniência.

DESVARAR. *Direito marítimo.* Desencalhar.

DESVARIO. *Medicina legal.* **1.** Loucura. **2.** Delírio.

DESVASSALAR. *Direito internacional público.* Tirar a qualidade de vassalo.

DESVELEJAR. *Direito marítimo.* Tomar outro rumo.

DESVELO. *Direito civil.* **1.** Cuidado. **2.** Vigilância.

DESVETO. *Ciência política* e *direito comparado.* **1.** Posição do Executivo, retirando o veto. **2.** Teoria que permite ao Executivo modificar sua opinião, após ter vetado um projeto de lei, vindo a alterar o veto dado.

DESVIAÇÃO. *Direito marítimo.* Mudança da rota ou escala habitual de um navio.

DESVIACIONISMO. *Ciência política.* Posição inconciliável com a linha política seguida pelo comunismo (Togliatti).

DESVIAR. 1. *Direito marítimo.* Mudar uma escala ou uma rota. **2.** *Direito penal.* a) Extraviar ou subtrair algo ilicitamente. Por exemplo, o desvio de águas alheias é crime de usurpação de águas, punido com detenção e multa; b) extraviar o funcionário público em proveito próprio ou alheio o que recebeu indevidamente para recolher aos cofres públicos, perpetrando crime de concussão ou excesso de exação, apenado com reclusão e multa; c) corromper, perverter etc.

DESVINCULAÇÃO. *Direito civil.* **1.** Ato de dissolver o vínculo matrimonial com divórcio ou anulação do casamento. **2.** Ato de desobrigar-se de uma relação jurídica que vincula uma coisa ou pessoa a outra.

DESVIO. 1. *Direito marítimo.* Ação ou efeito de desviar forçada ou voluntariamente a rota usual de um navio. **2.** *Direito comercial.* a) Linha secundária, na estrada de ferro, ligada à linha geral para abrigar veículo; b) destinação errada. **3.** *Direito penal.* a) Descaminho; b) peculato; c) sonegação; d) desfalque; e) apropriação indébita; f) subtração fraudulenta de uma coisa. **4.** *Medicina legal.* a) Colocação viciosa de órgão; b) afastamento dos eixos visuais do alinhamento causado por desequilíbrio muscular.

DESVIO DE ÁGUAS ALHEIAS. *Direito penal.* Crime de usurpação de águas consistente em desviar águas correntes, estagnadas e subterrâneas, públicas ou particulares, em proveito próprio ou de outrem.

DESVIO DE BENS. 1. *Direito civil* e *direito processual civil.* Ocultação de bens no inventário. **2.** *Direito tributário* e *direito penal.* Sonegação; ocultação de bens para escapar de imposição legal.

DESVIO DE CLIENTELA. 1. *Direito comercial.* Ato de fazer com que os clientes de um estabelecimento empresarial não mais o freqüentem, visando obter vantagens para si ou para terceiro. **2.** *Direito penal.* Crime de concorrência desleal, desde que, por meios fraudulentos, venha-se a retirar clientes de um estabelecimento, em proveito próprio ou alheio, apenado com detenção ou multa.

DESVIO DE FINALIDADE. *Vide* DESVIO DE PODER.

DESVIO DE FUNÇÃO. 1. *Direito administrativo.* Desempenho pelo funcionário público de serviços não inerentes ao cargo por ele ocupado. **2.** *Direito do trabalho.* Alteração das condições vigentes do contrato de trabalho, sem mútuo consenso, que venha a resultar dano ao empregado (Othon Sidou).

DESVIO DE MENOR. *Direito penal.* Corrupção de menor para fins libidinosos.

DESVIO DE MERCADORIAS. 1. *Direito comercial.* Desvio de ativo, ocultando ou sonegando bens. **2.** *Direito tributário.* Ocultação fraudulenta de mercadorias para sonegar imposto ou burlar lei fiscal.

DESVIO DE PODER. *Direito administrativo.* **1.** Ato administrativo praticado pelo agente público para atender a uma finalidade alheia à natureza daquele ato (Celso Antônio Bandeira de Mello). **2.** Uso indevido da competência pelo funcionário público, na esfera discricionária, para atingir fim diverso do conferido pela lei. **3.** Desvio de finalidade que ora aparece como excesso de poder, ora como abuso de poder, sendo um vício do ato administrativo suscetível de invalidá-lo.

DESVIO DE QUALIDADE. *Direito do consumidor.* Afastamento dos parâmetros de qualidade estabelecidos para um produto ou processo.

DESVIO DE QUANTIA RECEBIDA INDEVIDAMENTE. *Vide* DESVIO DE VALORES.

DESVIO DE RENDA. *Direito tributário.* Sonegação de imposto de renda, ocultando rendimentos auferidos.

DESVIO DE RIO. *Direito civil.* Alteração no curso natural do rio, que abandona seu álveo.

DESVIO DE ROTA. *Direito marítimo.* Dá-se quando é realizada a supressão ou inclusão voluntária de porto na escala, que não constava no despacho da embarcação, para atendimento de interesses comerciais ou particulares do armador, do comandante ou da tripulação, sem que tenha havido a ocorrência de caso fortuito ou força maior.

DESVIO DE USO PARCIAL. *Direito civil* e *direito comercial.* Desvio parcial da destinação de origem, que se mantém, acrescendo-se de outra, e alterando ou não a coisa locada. Se ocorrer alteração no imóvel alugado, pode haver despejo e indenização de perdas e danos, ou, então, majoração no valor locativo. Se não houver tal alteração, apenas será exigível a modificação contratual, no sentido de equilibrar as partes contratantes.

DESVIO DE USO TOTAL. *Direito civil* e *direito comercial.* É o desvio total da destinação do prédio locado, dando-lhe fim diverso do estipulado no contrato de locação. Por exemplo, fazer com que de residencial passe a ser comercial, ensejando o despejo e a indenização por perdas e danos.

DESVIO DE VALORES. *Direito penal.* Crime contra a Administração Pública perpetuado por funcionário que desvia, em proveito próprio ou de terceiro, o que indevidamente recebeu para recolher aos cofres públicos, apenado com reclusão e multa.

DESVIO DE VERBA E RENDA PÚBLICA. *Direito penal.* Crime contra a Administração Pública, punível com reclusão e multa, que consiste no ato de o funcionário público desviar, em proveito próprio ou de terceiro, verba ou renda pública de que tem a posse em razão do cargo ocupado.

DESVIO SEXUAL. *Medicina legal.* Desequilíbrio na sexualidade, como: frigidez, exibicionismo, travestismo, ninfomania, voyeurismo, autoerotismo, anafrodisia, cronoinversão, cromoinversão etc.

DESVIRGINAMENTO. *Medicina legal* e *direito penal.* Defloramento; rompimento do hímen pela introdução do membro viril na vagina ou por manobra masturbatória.

DESVIRILIDADE. *Medicina legal.* Falta de virilidade.

DESVIRTUAÇÃO. 1. Deturpação, má interpretação ou modificação do verdadeiro ou real significado de alguma coisa. **2.** Depreciação. **3.** Privação de alguma coisa.

DESVIZINHANÇA. *Direito civil.* Estado de não-vizinhança.

DESZELAR. *Direito civil.* Descurar de alguma coisa de que se tem a guarda.

DÉTALER. *Termo francês.* Recolher mercadorias expostas.

DETALHE. 1. Na *linguagem jurídica* em geral, é empregado no sentido de: a) pormenor, minúcia ou particularidade; b) exposição circunstanciada do fato. **2.** *Direito militar.* Distribuição do serviço.

DÉTAXE. *Termo francês.* Diminuição ou supressão da taxa.

DETECÇÃO. Determinação, descoberta ou revelação de alguma coisa.

DETECTOR DE MENTIRAS. *Medicina legal.* Polígrafo ou aparelho apropriado para apurar se o interrogado está mentindo ou não, através do registro de alterações na pressão sangüínea, da intensidade das pulsações ou dos movimentos respiratórios.

DETENÇA. Demora.

DETENÇÃO. 1. *Direito penal.* a) Pena de prisão sem isolamento diurno e noturno no início de seu cumprimento; b) prisão preventiva. **2.** *Direito civil* e *direito comercial.* a) Ação pela qual se detém justa ou injustamente uma coisa; b) em sentido técnico, é a posse natural, ou seja, o exercício de posse sobre uma coisa que não é própria, mas de outrem, que é o possuidor, em obediência a uma ordem sua, em razão de um vínculo de subordinação; c) posse a título precário.

DETENÇÃO DE COISA. *Direito civil.* Posse natural ou de um bem em nome alheio.

DETENÇÃO ILEGAL. *Direito penal.* Prisão ilegal.

DETENCIONÁRIO. *Direito penal.* **1.** Aquele que cumpre pena de detenção. **2.** Detento. **3.** Preso provisório. **4.** O que está cumprindo pena em casa de detenção.

DETENTION CHARGE. *Direito comercial.* Taxa de retenção cobrada pela demora com excesso de prazo de estadia no local de recebimento ou de entrega dos *containers* do transportador, após o tempo de graça e retenção (*free time and detention*), pois antes do embarque (*prior to shipment*) são concedidos cinco dias úteis de graça para a retirada do *container* do depósito ou terminal do transportador, estufagem e sua devolução ao local de recebimento declarado pelo transportador. Se ao término desse período de graça o *container* não tiver sido restituído ao transportador, as despesas diárias de retenção, baseadas no tipo do *container*, incluindo sábados, domingos e feriados, serão cobradas do usuário.

DETENTO. *Vide* DETENCIONÁRIO.

DETENTOR. 1. *Direito civil.* a) Aquele que, em virtude de uma relação de subordinação, exerce a posse de determinada coisa em nome de seu possuidor, em cumprimento de ordens. Trata-se do fâmulo da posse; b) diz-se daquele que tem posse precária, como o locatário, o arrendatário, o comodatário etc. **2.** *Direito cambiário.* O que conserva em seu poder um título cambial, estando ou não legitimado para tanto.

DETER. 1. *Direito civil.* Reter ou conservar em poder coisa alheia. **2.** *Direito penal.* Prender alguém.

DETERIORAÇÃO. *Direito civil.* **1.** Desgaste natural de uma coisa provocado pelo seu uso ou pela ação do tempo. **2.** Ato ou efeito de deteriorar. **3.** Dano, ruína. **4.** Estrago por culpa do devedor.

DETERIORADO. *Direito civil.* **1.** O que se deteriorou. **2.** Danificado; estragado; arruinado. **3.** Desgastado.

DETERIORAR. *Direito civil.* **1.** Desgastar naturalmente pelo uso ou pela ação do tempo. **2.** Danificar; estragar.

DETERIORÁVEL. *Direito civil.* Aquilo que é suscetível de sofrer deterioração.

DETERMINABILIDADE. Suscetível de determinação.

DETERMINAÇÃO. 1. *Direito processual civil* e *direito civil.* a) Demarcação, delimitação ou assinalamento do ponto de partida na divisão e demarcação de limites; b) decisão ou resolução; c) ordem superior. **2.** *Teoria geral do direito.* a) Prescrição legal ou contratual; b) definição, indicação ou explicação de algo; c) ato de determinar o sentido.

DETERMINAÇÃO ACESSÓRIA. *Direito civil.* Auto-limitação da vontade; manifestação volitiva que impõe cláusulas modificadoras dos efeitos normais do negócio jurídico, restringindo-o no tempo ou retardando o seu nascimento ou exigibilidade. As determinações acessórias que modificam os efeitos jurídicos do negócio são condição, termo, encargo ou modo.

DETERMINAÇÃO DO TEMPO DA GRAVIDEZ. *Medicina legal.* Cálculo provável baseado na data da fecundação e da última menstruação, na altura do fundo do útero, no início dos movimentos do feto, na radiografia fetal ou na ultra-sonografia obstétrica (Croce e Croce Jr.).

DETERMINANTE. 1. Na *linguagem jurídica* em geral, designa: a) o que determina; b) causa ou motivo. **2.** *Medicina legal.* Conjunto de partículas mínimas de substância viva responsável pela hereditariedade de um caráter.

DETERMINANTE ANTIGÊNICO. *Medicina legal.* Parte da molécula do antígeno que produz anticorpos.

DETERMINAR. 1. Demarcar; delimitar. **2.** Decidir; resolver. **3.** Ordenar; prescrever. **4.** Dar motivo; causar. **5.** Definir; fixar o sentido.

DETERMINISMO. Na *linguagem filosófica,* o termo é empregado para designar: a) complexo de condições imprescindíveis para determinar um dado fenômeno; b) teoria que considera os fatos como conseqüências necessárias de condições antecedentes; c) característica de uma ordem de fatos na qual cada elemento é dependente de outros, de tal sorte que pode ser previsto conforme se conheçam ou se produzam estes últimos.

DETERMINISMO CULTURAL. *Sociologia jurídica.* Teoria pela qual a conduta do homem modela-se conforme o tipo de sociedade em que vive.

DETERSÃO. *Medicina legal.* Limpeza de feridas.

DETESTABILE FALSI TESTIS CRIMEN EST; DEO, JUDICI ET HOMINIBUS OBNOXIUS EST, TRIPLICEMQUE FACIT DE FORMITATEM; PERJURII NEMPE, INJUSTITIAE ET MENDACII. *Brocardo latino.* É detestável o crime de falso testemunho; é sujeito a Deus, ao juiz e aos homens; faz uma tríplice deformidade, a saber: de perjúrio, de injustiça e de mentira.

DETETIVE. 1. Agente investigador de crimes. 2. Aquele que faz investigações secretas de qualquer natureza.

DETIDO. 1. *Direito penal.* Aquele que está preso em caráter provisório, por ordem de autoridade competente. 2. *Direito militar.* Diz-se do militar que sofreu pena disciplinar de detenção.

DETONAÇÃO. Explosão de grande violência.

DETONADOR. *Direito militar.* Artifício que provoca a detonação de cargas nas peças de artilharia.

DETOURNEMENT. *Termo inglês.* Abuso de confiança.

DETRAÇÃO. 1. *Direito penal* e *direito civil.* a) Difamação; b) depreciação; c) menosprezo; d) ato de computar pena. 2. *Economia política.* Ato de rebaixar preço.

DETRAÇÃO PENAL. *Direito penal.* Cômputo do tempo de pena de prisão que o condenado já cumpriu provisória ou administrativamente, inclusive o de sua internação em hospital psiquiátrico.

DETRACTION. *Termo inglês.* Infâmia.

DETRAIR. *Direito civil* e *direito penal.* Difamar; infamar alguém; atingir a reputação de uma pessoa; denegrir.

DETRATAR. *Vide* DETRAIR.

DETRATIVO. *Direito civil* e *direito penal.* Difamatório.

DETRATOR. *Direito civil* e *direito penal.* Difamador; aquele que difama ou deprecia reputação alheia.

DETRIMENTO. 1. Perda. 2. Dano; prejuízo. 3. Lesão. 4. Quebra.

DETRITO. 1. Resíduo. 2. Produto de qualquer objeto em desintegração.

DETURPAÇÃO. 1. Ato ou efeito de deturpar. 2. Alteração ou modificação do sentido de alguma coisa. 3. Corrupção.

DEUTERANOPIA. *Medicina legal.* Daltonismo para a cor verde.

DEUTERGIA. *Medicina legal.* Conjunto dos efeitos secundários de um medicamento ministrado ao paciente.

DEUTERIA. *Medicina legal.* Qualquer acidente provocado pela retenção da placenta.

DEUTEROCANÔNICO. *Direito canônico.* Diz-se dos livros do Velho Testamento, declarados canônicos pelo Concílio de Trento.

DEUTEROGAMIA. *Direito civil* e *direito penal.* Estado daquele que se casa pela segunda vez, desde que esteja dissolvido o primeiro matrimônio.

DEUTERÓGAMO. *Direito penal* e *direito civil.* Aquele que se casa pela segunda vez, desde que tenha havido dissolução do primeiro casamento, sob pena de bigamia e de nulidade do segundo matrimônio, por impedimento, em razão de existência de vínculo matrimonial anterior.

DEUTEROLOGIA. 1. *Medicina legal.* Tratado sobre as secundinas. 2. *História do direito.* Discurso pronunciado, nos tribunais de Atenas, pelo defensor oficioso, após o discurso do acusador.

DEUTERONÔMIO. *Direito canônico.* Quinto livro do Velho Testamento, onde estão fundados os princípios da boa administração da justiça.

DEUTEROPATIA. *Medicina legal.* Doença secundária que se desenvolve por influência de uma outra.

DEUTEROSCOPIA. *Medicina legal.* 1. Estado mórbido que leva o paciente a ter visões sobre o futuro. 2. Clarividência.

DEVALUATION. *Termo inglês.* Desvalorização.

DÉVALUATION. *Termo francês.* Baixa legal do valor de uma moeda.

DEVASSA. 1. *História do direito.* Coleta de elementos probatórios para apurar um ilícito que equivale hoje ao sumário. 2. *Direito processual civil.* a) Sindicância para apurar violação de lei, regulamento ou contrato; b) autos processuais onde estão contidas as provas sobre o fato irregular; c) reunião de provas.

DEVASSADO. 1. *Direito processual civil.* a) Processado; b) investigado. 2. *Direito civil.* Diz-se do imóvel cujo interior é franqueado à vista de todos.

DEVASSAMENTO. *Direito processual civil.* Ato ou efeito de devassar.

DEVASSAR. *Direito processual civil.* **1.** Proceder uma sindicância para apurar um ilícito. **2.** Fazer inquirição. **3.** Examinar documentos para apurar irregularidades.

DEVASSÁVEL. *Direito processual civil.* Aquilo que se pode devassar; o que é suscetível de devassa.

DEVASSIDÃO. 1. Libertinagem. **2.** Corrupção. **3.** Depravação. **4.** Torpeza. **5.** Licenciosidade.

DEVASSO. 1. *História do direito.* a) Terreno abandonado; b) pena imposta àquele que, em conluio com terceiro, evitava pagar as contribuições relativas às suas terras, ato que fazia com que elas voltassem ao domínio público, abolindo os privilégios e as isenções concedidas. **2.** Na *linguagem jurídica* em geral, significa: a) depravado; pessoa de hábitos atentatórios à moral e aos bons costumes; pervertido; b) franqueado à vista ou à entrada; devassado.

DEVASTAÇÃO. Ruína.

DEVASTAR. 1. Arruinar; destruir. **2.** Despovoar. **3.** Provocar mortandades.

DEVE. *Direito comercial.* **1.** Débito ou despesa de um estabelecimento comercial devidamente contabilizada na escrituração mercantil. **2.** Coluna da escrituração mercantil onde são lançadas as contas devedoras, ou melhor, as importâncias recebidas pelo titular.

DEVEDOR. 1. *Direito civil.* a) Sujeito passivo de uma obrigação; aquele que deve algo; b) obrigado a uma prestação de dar, fazer ou não fazer. **2.** *Direito tributário.* O que não recolhe aos cofres da Fazenda Pública os tributos em tempo hábil ou certo. **3.** *Direito comercial.* a) Aquele que está sujeito a uma obrigação; b) título em que se deve debitar a importância assinalada na partida mercantil.

DEVEDOR DE SOCORRO. *Direito penal.* Aquele que deve prestar assistência a quem se encontra em situação de perigo de vida.

DEVEDOR INSOLVENTE. *Direito civil.* Aquele que não pode saldar seu débito por falta de recursos ou por não ter em seu patrimônio bens suficientes para assegurá-lo.

DEVEDOR PRINCIPAL. *Direito civil.* Aquele que deve responder pelo cumprimento da obrigação em primeiro lugar, de tal sorte que apenas quando não puder executá-la é que, subsidiariamente, outro co-devedor intervirá como fiador, respondendo pelo seu pagamento.

DEVEDOR REMISSO. *Direito tributário.* Diz-se do contribuinte que deixou de recolher aos cofres da Fazenda Pública o *quantum* devido em razão de tributação ou de infração fiscal reconhecida em decisão administrativa.

DEVEDOR SOLIDÁRIO. *Direito civil.* Aquele que, conjuntamente com outros co-devedores, é responsável pelo débito todo, podendo o credor exigir e receber, por inteiro, de qualquer deles a dívida comum.

DEVEDOR SOLVENTE. *Direito civil.* Aquele que possui bens suficientes para quitar suas dívidas.

DEVE-HAVER. *Direito comercial.* **1.** O deve e o haver. **2.** Contabilidade.

DEVELOPMENT. *Termo inglês.* Desenvolvimento.

DEVER. 1. *Direito civil.* a) Dívida; b) situação jurídica em que se exige a observância de certa conduta; c) conduta devida; d) estar obrigado a dar, restituir, fazer ou não fazer alguma coisa. **2.** Na *linguagem jurídica* em geral, é qualquer obrigação imposta por lei ou por contrato.

DEVER ACESSÓRIO. *Direito civil.* Aquele que se destina a assegurar a integral realização ou execução da prestação principal.

DE VERBO AD VERBUM. *Expressão latina.* Palavra por palavra; textualmente.

DEVER CÍVICO. *Ciência política* e *direito constitucional.* O que decorre da cidadania.

DEVER DE ABSTENÇÃO. *Direito civil.* Obrigação de não fazer (*non facere*) ou de tolerar ou suportar uma atuação alheia (*pati*).

DEVER DE COABITAÇÃO. *Direito civil.* Trata-se de um direito-dever de ambos os cônjuges consistente na vida em comum e na prestação do débito conjugal, entendido este como o direito-dever do marido e de sua mulher de realizarem entre si o ato sexual.

DEVER DE CONSCIÊNCIA. É o decorrente da noção que o homem deve ter do que é justo e bom.

DEVER DE DENÚNCIA. *Direito civil.* Obrigação jurídica de revelar segredo profissional para atender ao bem comum.

DEVER DE HONRA. *Direito civil.* Obrigação resultante de leis e convenções estabelecidas pela sociedade ou dos preceitos de honra.

DEVER DE NÃO-INTERVENÇÃO. *Direito internacional público.* Princípio pelo qual um Estado não pode interferir em assuntos particulares, internos ou externos, de outro, sob pena de atentar contra a soberania deste e de violar as normas de costume internacional.

DEVER DE OBEDIÊNCIA. *Direito civil.* Obrigação que têm os menores não emancipados de acatar ordens de seus pais ou tutores em tudo que não for contra a lei, a ordem pública, a moral e os bons costumes.

DEVER DE VERACIDADE. 1. *Direito processual civil.* a) Ônus de verdade, ou seja, de não alterar, intencionalmente, a verdade dos fatos; b) obrigação de expor os fatos em juízo de conformidade com a verdade, procedendo com lealdade e boa-fé, sob pena de responsabilidade por dano processual mais conseqüências jurídicas prejudiciais, como a de se reputar como verdadeiro fato afirmado pelo autor se o réu não contestar a ação. É o dever jurídico de exprimir a verdade no juízo civil (Couture). **2.** *Direito penal.* Tutela da verdade mediante punição da calúnia, que, além de ofender a honra da vítima, constitui uma violência contra a verdade. **3.** *Direito civil.* a) Princípio da boa-fé, objetiva e subjetiva, e veracidade que deve reger os contratos; b) requisito para a validade do negócio jurídico, uma vez que este é suscetível de invalidação quando há erro, dolo, lesão, estado de perigo, coação, simulação ou fraude, por serem vícios de consentimento ou sociais que têm fundamento no falso.

DEVER DE VIGILÂNCIA. *Direito civil.* Obrigação legal ou contratual de vigiar um incapaz, uma coisa ou um animal que esteja sob sua guarda, sob pena de responsabilidade civil pelos danos que ele vier a causar a terceiros.

DEVER DO ESTADO COM EDUCAÇÃO ESCOLAR PÚBLICA. *Direito educacional.* É o que se efetiva mediante a garantia de: a) ensino fundamental, obrigatório e gratuito, inclusive para os que a ele não tiveram acesso na idade própria; b) progressiva extensão da obrigatoriedade e gratuidade ao ensino médio; c) atendimento educacional especializado gratuito aos educandos com necessidades especiais, preferencialmente na rede regular de ensino; d) atendimento gratuito em creches e pré-escolas às criança de zero a seis anos de idade; e) acesso aos níveis mais elevados do ensino, da pesquisa e da criação artística, segundo a capacidade de cada um; f) oferta de ensino noturno regular, adequado às condições do educando; g) oferta de educação escolar regular para jovens e adultos, com características e modalidades adequadas às suas necessidades e disponibilidades, garantindo-se aos que forem trabalhadores as condições de acesso e permanência na escola; h) atendimento ao educando, no ensino fundamental público, por meio de programas suplementares de material didático-escolar, transporte, alimentação e assistência à saúde; i) padrões mínimos de qualidade de ensino, definidos como a variedade e quantidade mínimas, por aluno, de insumos indispensáveis ao desenvolvimento do processo de ensino-aprendizagem.

DEVER DO FUNCIONÁRIO PÚBLICO. *Direito administrativo.* Lealdade que o agente público deve ter para com o Estado. Tal dever inclui os de obediência, dedicação, boa conduta, urbanidade para com o público, sigilo profissional, assiduidade, pontualidade etc.

DEVERES DAS ENTIDADES MANTENEDORAS DE INSTITUIÇÕES DE ENSINO SUPERIOR, COM FINALIDADE LUCRATIVA. *Direito educacional.* São as obrigações seguintes: a) elaborar e publicar, em cada exercício social, demonstrações financeiras certificadas por auditores independentes, com o parecer do conselho fiscal, ou órgão equivalente; b) submeter-se, a qualquer tempo, a auditoria pelo Poder Público.

DEVERES DAS ENTIDADES MANTENEDORAS DE INSTITUIÇÕES DE ENSINO SUPERIOR, SEM FINALIDADE LUCRATIVA. *Direito educacional.* São suas as obrigações de: a) elaborar e publicar, em cada exercício social, demonstrações financeiras certificadas por auditores independentes, com o parecer do conselho fiscal, ou órgão similar; b) manter escrituração completa e regular de todos os livros fiscais, na forma da legislação pertinente, bem como de quaisquer outros atos ou operações que venham a modificar sua situação patrimonial, em livros revestidos de formalidades que assegurem a respectiva exatidão; c) conservar em boa ordem, pelo prazo de cinco anos, contados da data de emissão, os documentos que comprovem a origem de suas receitas e a efetivação de suas despesas, bem como a realização de quaisquer outros atos ou operações que venham a modificar sua situação patrimonial; d) submeter-se, a qualquer tempo, a auditoria pelo Poder Público; e) destinar seu patrimônio a outra instituição congênere ou ao Poder Público, no caso de encerramento de suas atividades, promovendo, se necessário, a alteração estatutária correspondente; f) comprovar, sempre que solicitada, além da aplicação dos seus excedentes financeiros para os fins da instituição de ensino superior mantida, e da não-remuneração ou concessão de vantagens ou benefícios, por qualquer forma ou título, a seus instituidores, dirigentes, sócios, conselheiros ou equivalentes, mas também a destinação, para as despesas com pessoal docente e técnico-administrativo, incluídos os encargos e benefícios sociais, de pelo menos sessenta por cento da receita das mensalidades escolares proveniente da instituição de ensino superior mantida, deduzidas as reduções, os descontos ou bolsas de estudo concedidas e excetuando-se, ainda, os gastos com pessoal, encargos e benefícios sociais dos hospitais universitários.

DEVERES DO ADVOGADO. São os de: **1.** Preservar, em sua conduta, a honra, a nobreza e a dignidade da profissão, zelando pelo seu caráter de essencialidade e indispensabilidade. **2.** Atuar com destemor, independência, honestidade, decoro, veracidade, lealdade, dignidade e boa-fé. **3.** Velar por sua reputação pessoal e profissional. **4.** Empenhar-se, permanentemente, em seu aperfeiçoamento pessoal e profissional. **5.** Contribuir para o aprimoramento das instituições, do direito e das leis. **6.** Estimular a conciliação entre os litigantes, prevenindo, sempre que possível, a instauração de litígios. **7.** Aconselhar o cliente a não ingressar em aventura judicial. **8.** Abster-se de: a) utilizar de influência indevida, em seu benefício ou do cliente; b) patrocinar interesses ligados a outras atividades estranhas à advocacia, em que também atue; c) vincular o seu nome a empreendimentos de cunho manifestamente duvidoso; d) emprestar concurso aos que atentem contra a ética, a moral, a honestidade e a dignidade da pessoa humana; e) entender-se diretamente com a parte adversa que tenha patrono constituído, sem o assentimento deste. **9.** Pugnar pela solução dos problemas da cidadania e pela efetivação dos seus direitos individuais, coletivos e difusos, no âmbito da comunidade.

DEVERES DO AGENTE PÚBLICO DO MINISTÉRIO DA JUSTIÇA. *Direito administrativo.* São: a) conhecer e aplicar as normas de conduta ética; b) exercer juízo profissional independente, mantendo imparcialidade no tratamento com o público e com os demais agentes; c) ter conduta equilibrada e isenta, não participando de transa-

ções e atividades que possam comprometer a sua dignidade profissional ou desabonar a sua imagem pública, bem como a da Instituição; d) ser honesto, reto, leal e justo, seguindo, sempre, ao tomar uma decisão, a opção mais vantajosa para o interesse público; e) zelar pela utilização adequada dos recursos de tecnologia da informação, nos termos da Política de Segurança da Informação e demais normas aplicáveis; f) manter sigilo quanto às informações sobre ato, fato ou decisão não divulgáveis ao público, ressalvados os casos cuja divulgação seja exigida em norma; g) manter-se atualizado quanto às instruções, as normas de serviço, e à legislação pertinente às suas atividades, zelando pelo seu fiel cumprimento; h) facilitar, por todos os meios disponíveis, a fiscalização e o acompanhamento de suas tarefas pelos superiores hierárquicos, bem como por todos aqueles que, por atribuição legal, devam fazê-lo; i) compartilhar informações e documentos pertinentes às suas tarefas com os demais membros da unidade, observando o nível de sigilo; j) assumir a responsabilidade pela execução do seu trabalho; k) obter autorização prévia e expressa do titular da Unidade Administrativa ou do órgão veiculado ao qual esteja subordinado, para veicular estudos, pareceres, pesquisas e demais trabalhos de sua autoria, desenvolvidos no âmbito de suas atribuições, assegurando-se de que sua divulgação não envolverá conteúdo sigiloso, tampouco poderá comprometer a imagem do Ministério; l) reconhecer, quando no exercício de cargo de chefia, o mérito de cada agente e propiciar igualdade de oportunidades para o desenvolvimento profissional; m) exercer sua função, poder, autoridade ou prerrogativa exclusivamente para atender ao interesse público; n) fazer-se acompanhar de, no mínimo, outro agente público do órgão, ao participar de encontros profissionais com pessoas ou instituições públicas ou privadas que tenham algum interesse junto à Pasta, devendo registrar os assuntos tratados em ata ou em outro documento equivalente; o) consultar a Comissão de Ética sempre que se deparar com situação prevista normativamente, ou não, que possa ensejar dúvidas quanto ao correto procedimento; p) atuar e encorajar outros agentes públicos a agir de forma ética e de modo a assegurar a credibilidade da Instituição; e q) comunicar, imediatamente, à Comissão de Ética quaisquer situações contrárias à ética, irregulares ou de regularidade duvidosa de que tenha conhecimento.

DEVERES DO COMANDANTE DE HELICÓPTERO. *Direito aeronáutico.* São da responsabilidade do comandante do helicóptero: a) aprovar o carregamento da aeronave, fazendo seu balanceamento; b) assegurar-se de que os passageiros estejam cientes dos procedimentos normais e de emergências; c) não aceitar embarque de pessoas alcoolizadas ou drogadas; d) manter contato bilateral com os órgãos de proteção ao vôo, plataforma ou navio mercante; e) comunicar-se através de qualquer meio disponível com o navio mercante ou com a plataforma de destino, no mínimo, 30 minutos antes da hora prevista para o pouso ou, se o tempo de vôo for inferior, logo após a decolagem; f) observar as normas de segurança para transporte de carga externa e artigos restritos; g) cumprir a regulamentação (jornada, intervalo para refeições, hora de vôo etc.); e h) reportar à sua empresa as irregularidades encontradas.

DEVERES DO EMPREGADO DA CAIXA ECONÔMICA FEDERAL. *Direito bancário.* São as suas obrigações: a) ter assiduidade e pontualidade ao trabalho; b) apresentar-se ao serviço convenientemente trajado; c) tratar com urbanidade os clientes e colegas da CEF; d) dedicar-se ao serviço; e) cooperar com os companheiros de trabalho e atuar com produtividade nas atividades sob sua responsabilidade; f) respeitar os superiores hierárquicos e cumprir suas ordens; g) manter, dentro da empresa, rigorosa compostura e disciplina; h) levar ao conhecimento da autoridade imediatamente superior à que estiver subordinado irregularidade de que tiver ciência em razão do cargo ou da função; i) guardar sigilo funcional; j) zelar pela economia e conservação do material; k) comunicar à unidade de pessoal as mudanças de residência e alterações de sua família; l) comunicar ao chefe imediato a impossibilidade de comparecer ao serviço. São deveres do empregado, quando no exercício de chefia: a) manter a disciplina; b) promover a manutenção de relações harmônicas entre os empregados e de franca cooperação e produtividade; c) orientar os empregados para melhor execução dos serviços a seu cargo; d) auxiliar os empregados nas suas justas pretensões; e) incentivar o autodesenvolvimento como de responsabilidade de cada empregado, através de processos de educação contínua, em

todos os segmentos da Empresa; f) dar imediato conhecimento aos seus subordinados dos atos divulgados pela Administração.

DEVERES DO EMPREGADO DA CASA DA MOEDA DO BRASIL. São suas as obrigações de: a) exercer com zelo, dedicação e diligência, suas atribuições funcionais e contratuais; b) observar e cumprir as normas legais e regulamentares, especialmente as editadas pela CMB; c) cumprir as ordens de seus superiores hierárquicos, exceto quando manifestamente ilegais, devendo, nesse caso, dar conhecimento da situação ao seu superior imediato, ou caso tenha sido ele o autor da ordem ilegal, ao superior deste; d) ser assíduo, pontual e dedicar-se exclusivamente ao trabalho, durante o expediente; e) apresentar-se convenientemente trajado ou, quando for o caso, uniformizado; f) tratar com urbanidade os colegas de trabalho, os clientes e os fornecedores da CMB; g) examinar, zelar, economizar e manter sob sua guarda os documentos, materiais e valores que lhe forem confiados, com exatidão e presteza; h) manter-se com rigorosa compostura e disciplina nas dependências da CMB; i) comunicar ao órgão de pessoal, sempre que solicitado, as alterações ocorridas em sua vida, de interesse funcional para a Empresa, inclusive quanto ao seu tempo de serviço anterior, bem como à mudança de residência e ao número de seus dependentes; j) representar ao Chefe imediato quando tiver conhecimento de qualquer irregularidade no serviço, ou à autoridade superior quando aquele não tomar conhecimento da representação, ou for objeto da representação; k) contribuir para o aumento dos níveis de qualidade, lucratividade e produtividade da CMB; l) conferir e comunicar qualquer irregularidade relacionada aos pagamentos que lhe forem efetuados; m) comunicar ao Chefe imediato a impossibilidade de comparecimento ao serviço, justificando, quando for o caso, a ausência. São deveres do empregado no desempenho da função de chefia: a) tratar seus subordinados com urbanidade, eqüidade e imparcialidade, sem distinções relacionadas a preferências pessoais; b) manter relações funcionais amistosas e harmoniosas entre seus chefiados para subsistência de cooperação e permanente produtividade do serviço; c) manter e zelar pela disciplina de seus subordinados, dando-lhes o necessário apoio para o desempenho de seus encargos; d) dirigir e orientar seus subordinados na execução dos

DEVERES DO FALIDO

trabalhos que lhe são afetos; e) dar imediato conhecimento, aos seus chefiados, do teor de atos, diretrizes e orientações emanadas de suas chefias, bem como de outros órgãos da Empresa ou da Diretoria, quando de interesse geral da CMB.

DEVERES DO FALIDO. *Direito falimentar.* A decretação da falência impõe ao falido os seguintes deveres: **1.** Assinar nos autos, desde que intimado da decisão, termo de comparecimento, com a indicação do nome, nacionalidade, estado civil, endereço completo do domicílio, devendo ainda declarar, para constar do dito termo: a) as causas determinantes da sua falência, quando requerida pelos credores; b) tratando-se de sociedade, os nomes e endereços de todos os sócios, acionistas controladores, diretores ou administradores, apresentando o contrato ou estatuto social e a prova do respectivo registro, bem como suas alterações; c) o nome do contador encarregado da escrituração dos livros obrigatórios; d) os mandatos que porventura tenha outorgado, indicando seu objeto, nome e endereço do mandatário; e) seus bens imóveis e os móveis que não se encontram no estabelecimento; f) se faz parte de outras sociedades, exibindo respectivo contrato; g) suas contas bancárias, aplicações, títulos em cobrança e processos em andamento em que for autor ou réu. **2.** Depositar em cartório, no ato de assinatura do termo de comparecimento, os seus livros obrigatórios, a fim de serem entregues ao administrador judicial, depois de encerrados por termos assinados pelo juiz. **3.** Não se ausentar do lugar onde se processa a falência sem motivo justo e comunicação expressa ao juiz, e sem deixar procurador bastante, sob as penas cominadas na lei. **4.** Comparecer a todos os atos da falência, podendo ser representado por procurador, quando não for indispensável sua presença. **5.** Entregar, sem demora, todos os bens, livros, papéis e documentos ao administrador judicial, indicando-lhe, para serem arrecadados, os bens que porventura tenha em poder de terceiros. **6.** Prestar as informações reclamadas pelo juiz, administrador judicial, credor ou Ministério Público sobre circunstâncias e fatos que interessem à falência. **7.** Auxiliar o administrador judicial com zelo e presteza. **8.** Examinar as habilitações de crédito apresentadas. **9.** Assistir ao levantamento, à verificação do balanço e ao exame dos livros. **10.** Manifestar-se sempre que for determinado pelo juiz.

11. Apresentar, no prazo fixado pelo juiz, a relação de seus credores. **12.** Examinar e dar parecer sobre as contas do administrador judicial. Faltando ao cumprimento de quaisquer desses deveres, após intimado pelo juiz a fazê-lo, responderá o falido por crime de desobediência.

DEVERES DO FORNECEDOR DE PRODUTOS OU SERVIÇOS. *Direito do consumidor.* Obrigações impostas pelo Código de Defesa do Consumidor, como as de (dentre outras): a) não praticar os atos arrolados em lei como atentatórios ao consumidor; b) entregar ao consumidor orçamento prévio minudente e respeitar os limites oficiais, no caso de fornecimento de produtos ou de serviços sujeitos ao regime de controle ou de tabelamento de preços; c) responsabilizar-se pelos danos patrimoniais e morais causados ao consumidor, ressarcindo-os etc.

DEVERES MATRIMONIAIS. *Direito civil.* Deveres dos consortes para consigo mesmos e para com a prole. Abrangem os: a) deveres de ambos os cônjuges de fidelidade mútua, vida em comum no domicílio conjugal e mútua assistência, respeito e consideração mútuos; b) obrigações patrimoniais dos cônjuges, decorrentes do regime de bens, prescritas em lei; c) deveres dos pais para com os filhos de sustentá-los, guardá-los e educá-los, preparando-os para a vida de acordo com suas possibilidades econômicas.

DEVER IMPERFEITO. *Vide* DEVER MORAL.

DEVER JURÍDICO. 1. *Direito civil.* a) Vínculo jurídico resultante de lei ou contrato; b) obrigação jurídica de uma pessoa de praticar ou não certo ato, dar coisa certa ou incerta ou de restituir algo; c) imposto por lei ou por contrato, exigível pelo credor e suscetível de sanção. **2.** *Teoria geral do direito* e *filosofia do direito.* a) Obrigação que pode ser objeto de constrangimento e de legislação exteriores, correlativa que é de um direito alheio (Kant); b) aquele que está acompanhado de uma promessa de dano, caso não seja cumprido (Kirchmann); c) é o que confere a outrem o direito de reclamar compulsoriamente certo comportamento (Radbruch); d) é a própria norma jurídica (Kelsen); e) aquele que advém de uma interferência intersubjetiva de condutas (Cossio).

DEVER LEGAL. *Direito civil.* É o que advém de imposição de lei, como, por exemplo, o de prestar alimentos a certos parentes ou ao ex-cônjuge ou ex-companheiro, desde que não tenham recursos ou não possam prover, pelo trabalho, a própria manutenção.

DEVER MORAL. É o decorrente das relações estabelecidas pelo convívio social, livremente assumido por alguém, sem que haja norma ou pessoa que possa obrigá-lo ao seu cumprimento. Seu adimplemento espontâneo decorre de ditames da consciência ou da moral.

DEVER PERFEITO. *Vide* DEVER JURÍDICO.

DEVER-PODER. *Direito administrativo.* Prerrogativa de Administração vista como a sujeição do poder a uma finalidade pública, ante o princípio da supremacia do interesse público sobre o privado, na seara administrativa. Assim é porque a Administração não dispõe de poderes, mas sim de deveres-poderes, porque sua atividade é o desempenho de função, e somente se tem função quando se está sujeito ao dever de buscar no interesse da coletividade a consecução de certa finalidade (Celso Antônio Bandeira de Mello).

DEVER PROCESSUAL. *Direito processual civil.* É o que abrange os deveres de veracidade e lealdade e o de evitar artifícios fraudulentos das partes litigantes e de seus procuradores *ad judicia*, sob pena de responder por dano processual.

DEVER SECUNDÁRIO. *Direito civil* e *direito comercial.* Aquele que deve ser desempenhado em função do dever primário, como, por exemplo, o de conservar, embalar adequadamente e transportar ao local de destino a coisa a ser entregue.

DEVER SER. 1. *Filosofia do direito.* a) Categoria originária ou a *priori* do conhecimento. Forma mental primária e básica que corresponde ao domínio das normas, no plano lógico-transcendental; b) valor que, sob o prisma ontológico, não é um *ente in se* nem um objeto, mas uma qualidade deste. A norma jurídica, então, não é um valor nem um "dever ser", mas um "ser". Aqui o termo "dever ser" tem o sentido de algo que vale e não de algo que existe em oposição ao "ser". A norma é um "ser" cultural a que corresponde um "dever ser", que é, portanto, um ser devido, que se situa no mundo "ser-dever ser", da integração do valor no fato. **2.** *Lógica jurídica.* Cópula lógica que remete necessariamente a um postulado da liberdade. Essa liberdade postulada pelo "dever ser" é, para Kant, o fundamento do direito. Realmente, como diz Kelsen, não se imputa algo ao homem porque ele é livre, mas, ao contrário, o homem é livre porque se lhe imputa algo. Kelsen, ao consagrar o princípio metódico da imputação, construiu a Lógica do Dever Ser, contrapondo-a à Lógica do Ser, que é a da Natureza, que tem como pressuposto a Constância causal e como cópula de seus juízos o verbo "ser". O "dever ser", como cópula lógica, não exprime nenhum juízo de valor moral ou político; tem função imputativa, significa apenas que a condição jurídica e a conseqüência jurídica correspondem-se na proposição jurídica que descreve a norma. A representação de estrutura lógica da proposição jurídica enquanto juízo hipotético condicional, segundo Kelsen, é esta: "Se A é, deve ser B".

DEVESA. Local cercado de árvores e de entrada proibida.

DE VESPERI ALICUJUS CENARE. *Expressão latina.* Viver à custa de outrem; depender de alguém.

DEVIAÇÃO. *Direito comercial marítimo.* Mudança voluntária do rumo ou da escala que o navio deveria seguir durante a viagem; desviação da rota habitual.

DEVIAT A SOLITIS REGULA CUNCTA VIIS. *Expressão latina.* Não há regra sem exceção.

DEVIATION DOCTRINE. *Locução inglesa.* Teoria jurídica que permite alteração nas disposições de última vontade para tornar possível o atendimento legal ao que foi instituído pelo testador.

DEVIDO. Tudo aquilo que se deve cumprir ou pagar.

DEVIDO PROCESSO LEGAL. *Direito constitucional.* Princípio constitucional que assegura ao indivíduo o direito de ser processado nos termos legais, garantindo o contraditório, a ampla defesa e um julgamento imparcial.

DEVIL-MAY-CARE. *Expressão inglesa.* Negligente.

DEVIR. Na *linguagem filosófica,* significa: a) conjunto de mudanças concretas pelas quais passa um ser; b) mudança enquanto passagem de um estado a outro.

DEVIS. *Termo francês.* Orçamento do custo de uma obra.

DEVISAR. Planejar.

DE VISU. *Locução latina.* De vista. Diz-se da testemunha que presenciou o fato, ou seja, da testemunha ocular.

DE VISU ET AUDITU. *Expressão latina.* De vista e de ouvida. Diz-se da testemunha que viu e ouviu o fato, ou melhor, da testemunha ocular e auricular.

DE VITA ET MORIBUS. *Expressão latina.* De vida e costumes. Tal expressão é usada para indicar o comportamento exemplar da pessoa em sua vida pregressa.

DEVOÇÃO. *Direito canônico.* **1.** Sentimento religioso. **2.** Culto especial a um santo.

DEVOLUÇÃO. 1. *Direito civil.* a) Restituição ou reposição da coisa ao seu estado anterior; b) transmissão da herança, de conformidade com as prescrições legais, ao parente de grau imediato, na falta de sucessor mais próximo, segundo a ordem de vocação hereditária, ou ao Estado, não havendo consorte sobrevivente ou quaisquer parentes do *de cujus*; c) transferência de uma coisa ou pessoa de um local a outro; d) transferência de propriedade ou de direito de uma pessoa a outra. **2.** *Direito processual civil.* a) Subida de recurso ao juiz *ad quem* para exame integral da controvérsia; b) efeito devolutivo da apelação, fazendo com que seja devolvido ao tribunal *ad quem* o conhecimento de toda matéria impugnada pelo apelante nas suas razões de recursos (Nelson Nery Jr. e Rosa Maria de Andrade Nery). **3.** *Direito cambiário.* Restituição do título cambial. **4.** *Direito internacional privado.* Reenvio que consiste na operação ou mecanismo utilizado por juiz ou tribunal de alguns países para facilitar a aplicação de sua própria lei ou para atender a certos interesses, voltando ao seu próprio direito ou indo a um terceiro, conforme indicação da norma de direito internacional privado consultada, por ordem do direito internacional privado de seu país. No Brasil, há proibição legal expressa e categórica de retorno ou devolução.

DEVOLUÇÃO DA HERANÇA. *Direito civil.* Chamamento do herdeiro indicado à sucessão do *auctor successionis*.

DEVOLUTA. *Direito administrativo.* Diz-se da terra que, não sendo própria nem adequada ao uso público, não foi incorporada ao domínio privado.

DEVOLUTION. *Termo inglês.* **1.** Transmissão de propriedade. **2.** Entrega.

DEVOLUTIVO. *Direito processual civil.* Diz-se do efeito do recurso que enseja desde o início o cumprimento da sentença, transladando-se, para o juízo *ad quem*, o conhecimento de toda a matéria decidida no juízo *a quo*, qualquer que seja ela. O recurso que produz efeito devolutivo apenas devolve à instância superior o conhecimento de uma causa já decidida. A sentença terá seu curso normal, independentemente da solução que o tribunal der às pendências. É, portanto, o efeito do recurso cuja pendência não interrompe o andamento do processo.

DEVOLUTO. *Direito civil.* **1.** Desocupado. **2.** Adquirido por devolução. **3.** Desabitado. **4.** Vazio; vago.

DEVOLVER. 1. *Direito civil.* a) Restituir o que foi emprestado ou alugado; b) entregar a herança ao herdeiro que a ela tiver direito segundo a ordem de vocação hereditária; c) repor a coisa ao seu estado anterior; d) transferir uma obrigação ou direito; e) recusar ou rejeitar. **2.** *Direito processual civil.* Retomar o exame da matéria discutida no juízo *a quo* para novo julgamento; interpor recurso de efeito devolutivo.

DEVORISMO. *Direito penal.* Dissipação da Fazenda Pública em proveito próprio ou alheio.

DEXIOCARDIA. *Medicina legal.* Deslocamento do coração para o lado direito do tórax em razão de incidente mórbido, como, por exemplo, tumor intratorácico.

DEXTRÍMANO. *Medicina legal.* Aquele que usa preferencialmente a mão direita.

DEXTROCARDIA. *Vide* DEXIOCARDIA.

DEXTROSE. *Medicina legal.* **1.** Açúcar produzido no organismo pela digestão dos amidos. **2.** Glicose usada para proporcionar energia a pacientes que não podem alimentar-se oralmente.

DEXTROSSINISTRO. *Medicina legal.* Canhoto que é treinado para usar a mão direita.

DHAMAN. *Termo sânscrito.* Lei.

DIA. 1. Nas *linguagens jurídica* e *comum,* é o espaço de vinte e quatro horas. **2.** *Direito penal.* Tempo que decorre do nascer ao pôr-do-sol. No âmbito penal, é bastante relevante a distinção "dia-noite", pois, se um crime for cometido durante o repouso noturno, a pena poderá ser aumentada. **3.** *Direito do trabalho.* Corresponde ao número de horas que o empregado deve trabalhar para ganhar o seu salário.

DIA A DIA. Prazo contínuo, ou seja, aquele em que os dias são contados sucessivamente, sem qualquer interrupção. Trata-se da sucessão dos dias.

DIA AD QUEM. *Direito civil.* Aquele em que se finda um prazo; dia do vencimento; termo final ou resolutivo; o último dia do prazo.

DIA A QUO. *Direito civil.* Aquele a partir do qual se começa a computar um prazo, não sendo,

DIA 136

porém, incluído na contagem processual. O dia *a quo* é, portanto, o primeiro dia do prazo. É o termo inicial ou suspensivo.

DIABETE. *Medicina legal.* Doença que se caracteriza pelo aumento no sangue da taxa de açúcar e pela eliminação deste na urina.

DIABÉTIDE. *Medicina legal.* Manifestação cutânea do diabete.

DIABROSE. *Medicina legal.* Ulceração perfurante.

DIACAUSE. *Medicina legal.* Temperatura alta do paciente, dando a impressão de queimar a quem o toca.

DIA CERTO. *Direito civil.* Data certa, fixada em certo mês de determinado ano.

DIA CIVIL. *Direito civil.* Período de vinte e quatro horas que se conta a partir de meia-noite.

DIÁCLASE. *Medicina legal.* Fratura praticada para atender a fins cirúrgicos.

DIA COMERCIAL. *Direito comercial.* Período diário em que um estabelecimento empresarial efetua as operações permitidas por lei.

DIACONATO. *Direito canônico.* Grau, na hierarquia eclesiástica da Igreja Católica, da pessoa que tem a função de auxiliar o bispo na ministração de sacramentos e na assistência aos pobres.

DIÁCONO. *Direito canônico.* Aquele que tem o ofício do diaconato.

DIA CONTÍNUO. Dia contado sem que haja solução de continuidade.

DIÁCRISE. *Medicina legal.* Crise que possibilita distinguir uma moléstia de outra, estabelecendo um diagnóstico.

DIACROMATOPSIA. *Medicina legal.* Aberração visual que leva o paciente a enxergar cores inexistentes.

DIA DEFESO. *Direito do trabalho.* Qualquer dia em que o trabalho é vedado por lei, como o domingo e o feriado, e, ainda, o dia santificado.

DIADEXIA. *Medicina legal.* Aquisição de uma doença pela cura de outra diversa e em outro órgão.

DIÁDICO. *Lógica jurídica.* O que se relaciona com uma dualidade e é utilizado nas relações lógicas entre dois termos.

DIA DO CALENDÁRIO. É o constante do calendário; o mesmo que DIA CIVIL.

DIA DO COMEÇO. *Vide* DIA *A QUO.*

DIA DO VENCIMENTO. *Vide* DIA *AD QUEM.*

DIA ENFORCADO. Aquele que fica entre dois feriados.

DIA FERIADO. *Direito de trabalho.* Aquele em que todas as atividades laborativas ficam suspensas por determinação legal.

DIA FINAL. *Vide* DIA *AD QUEM.*

DIAFORESE. *Medicina legal.* Transpiração da pele; suor em abundância.

DIAFRAGMA. *Medicina legal.* Músculo que separa a cavidade torácica da abdominal.

DIAGNOSE DO DIREITO. *Teoria geral do direito.* Busca ou pesquisa feita pelo intérprete para averiguar a existência de norma relativa ao caso *sub examine.*

DIAGNOSE GENÉTICA PRÉ-NATAL. *Medicina legal.* Visa a detecção de enfermidades geradas por alterações hereditárias, mediante o emprego de técnicas que incidem sobre a pessoa no seu estágio fetal, com o escopo de salvar sua vida, instaurando uma terapia gênica e procurando eliminar ou diminuir os efeitos do gene anormal de que é portadora.

DIAGNOSE SOCIAL. *Psiquiatria social.* Análise da personalidade do indivíduo como membro do grupo social, considerado no ângulo familiar.

DIAGNÓSTICO. *Medicina legal.* Qualificação dada por um médico a uma enfermidade.

DIAGNÓSTICO CITOLÓGICO. *Medicina legal.* É o que se faz para averiguar existência ou não de câncer.

DIAGNÓSTICO DA GRAVIDEZ. *Medicina legal.* Exame de sinais de probabilidade, como amenorréia, ânsia e vômito, alteração da mama, colostro, aumento do volume do ventre, cloasma gravídico etc. E de sinais de certeza, como movimento fetal, batimento cardíaco do feto, ultrasonografia pelviana etc. (Croce e Croce Jr.).

DIAGRAMAÇÃO. Organização e distribuição de elementos em um campo visual.

DIAGRAMADOR. *Direito do trabalho.* Jornalista a quem compete o planejamento e a execução da distribuição gráfica de matérias e fatos para fins de publicação.

DIA HÁBIL. *Direito civil, direito processual, direito administrativo* e *direito bancário.* Qualquer dia da semana que não seja domingo ou feriado, sendo que, em nosso País, o sábado também deixou de ser dia hábil, pois nele não se praticam atos judiciais nem se vencem os prazos e as obrigações, que ficam prorrogados para o primeiro dia útil subseqüente, uma vez que bancos e repartições públicas não funcionam.

DIA HOSPITALAR. É o período de vinte e quatro horas compreendido entre dois censos hospitalares consecutivos, em geral das sete da manhã até as sete horas da manhã do dia seguinte. Em um hospital específico, o horário de fechamento do censo deve ser o mesmo todos os dias e em todas as unidades do hospital, embora o horário de fechamento do censo possa variar de hospital para hospital. Para garantir maior confiabilidade do censo, os hospitais devem fechar o censo hospitalar diário no horário que for mais adequado para as rotinas do hospital, desde que respeitando rigorosamente o mesmo horário de fechamento todos os dias para aquele hospital.

DIA INCERTO. *Direito civil.* Dia indeterminado em que deve ocorrer algum evento futuro e certo; termo final não determinado para que se dê o adimplemento de uma obrigação assumida.

DIA INICIAL. *Vide* DIA *A QUO.*

DIA INTERCALAR. É o que se insere de quatro em quatro anos para formar o ano bissexto.

DIA JUDICIAL. *Direito processual.* Espaço de tempo entre seis e vinte horas usado para a realização de atos judiciais em dias úteis.

DIA LEGAL. *Vide* DIA JUDICIAL.

DIALELO. *Teoria geral do direito.* Círculo vicioso, isto é, todos os conhecimentos se provam uns pelos outros (Agripa), repousando num círculo vicioso.

DIALÉTICA. Na *linguagem filosófica,* pode significar: a) a arte do diálogo ou da discussão por perguntas e respostas; b) argumentação dialogada; c) teoria pela qual tudo no universo é movimento e transformação, sendo que a da idéia determina a da matéria (Hegel); d) arte de demonstrar uma tese, de dividir as coisas em gêneros e espécies ou de classificar conceitos para poder discuti-los; e) aquilo que tem por objeto raciocínios que assentam sobre opiniões prováveis (Aristóteles); f) lógica da aparência (Kant), abrangendo, por exemplo, o sofisma da petição de princípios; g) sucessão de etapas percorridas pelo espírito (Gourd); h) lógica formal, para os estudiosos da era medieval; i) processo de discussão exata do real.

DIALÉTICA JURÍDICA. *Lógica jurídica.* Lógica jurídica decisional ou investigação dialético-jurídica que dá o sentido do desenvolvimento jurídico. É necessária uma compreensão dialética do direito, pois a realidade jurídica, segundo Miguel Reale, é temporal, mutável, tridimensional e, mais ainda, uma composição necessária de estabilidade e movimento. A dialética da complementaridade desdobra-se em várias perspectivas, tais como as que correlacionam termos opostos, numa relação de implicação ou de funcionalidade entre contrários, entre meios e fins, entre forma e conteúdo ou entre as partes e o todo. As normas positivadas não são esquemas inertes, mas realidades que se inserem no ordenamento jurídico, modificando significações e recebendo impacto de novos fatos e valores; além disso, nenhuma norma pode valer como tal se separada dos fatos e valores componentes da estrutura social de cada época e lugar. Tal compreensão dialética vem a legitimar os processos da lógica persuasiva. Deveras, ante a complexidade do direito, o jurista não deve apenas ater-se às normas, mas também fazer referência a fatos e valores jurídicos. Assim sendo, a lógica jurídica decisional, ou dialética jurídica, procura verificar quais as condições de validade dos raciocínios do jurista na tarefa hermenêutica e na busca da decidibilidade, indicando soluções viáveis a eventuais conflitos.

DIALÉTICO. Na *linguagem filosófica,* pode designar: a) propriedade essencial do objeto cultural, como o é o direito (Miguel Reale); b) movimento em evolução ou progressivo (Marx); c) o que é próprio da dialética; d) diz-se do momento em que se dá a passagem de um termo a outro que lhe é antitético e o impulso produzido pelo espírito para superar tal contradição (Hegel); e) diz-se do silogismo em que as premissas são apenas prováveis (Aristóteles).

DIA LETIVO. *Direito educacional.* Aquele em que há aula.

DIALETO. Na *linguagem sociológica,* é a modalidade regional de uma língua com caracteres fonéticos ou léxicos próprios.

DIÁLISE PERITONEAL. *Medicina legal.* Tratamento para insuficiência renal que visa filtrar as impurezas do sangue.

DIALOGISMO. *Retórica jurídica.* Figura consistente na apresentação de idéias sob a forma de diálogo.

DIA MARÍTIMO. *Direito marítimo.* Período que vai do meio-dia ao meio-dia do dia seguinte, assinalando-se as horas depois da meia-noite de *ante meridien* (a.m.) e as que se seguirem ao meio-dia de *post meridien* (p.m.).

DIAMBA. *Direito penal.* Maconha ou *Cannabis sativa L.*

DIAMETRALMENTE OPOSTAS. *Lógica jurídica.* Diz-se de duas proposições contraditórias.

DIA MÓVEL. 1. Período de vinte e quatro horas contado a partir de determinado momento. **2.** Dia determinado que todo ano sofre variações no calendário, como, por exemplo, o feriado de *Corpus Christi*, que há todo ano, mas sua data é variável.

DIA-MULTA. 1. *Direito processual civil.* Pena pecuniária por dia de atraso no cumprimento de uma obrigação de fazer ou de não fazer. Trata-se da *astreinte*, que é a multa destinada a forçar o devedor indiretamente a fazer o que deve e não a reparar o dano decorrente de inadimplemento. **2.** *Direito penal.* Unidade de cálculo, fixada pelo magistrado, na sentença.

DIA NATURAL. 1. Espaço de vinte e quatro horas que o sol leva para voltar ao meridiano de onde saíra. **2.** O tempo que a luz solar ilumina a Terra, que vai do nascer ao pôr-do-sol.

DIA NÁUTICO. *Vide* DIA MARÍTIMO.

DIANTEIRO. 1. *Direito desportivo.* a) Futebolista da linha de ataque; b) linha formada pelos cinco futebolistas que têm por missão principal efetuar gol. **2.** *Direito agrário.* Nome dado às peças da paleta, no corte de rês abatida. **3.** Na *linguagem comum,* o que está em primeiro lugar.

DIAPORESE. *Retórica jurídica.* Figura pela qual o próprio orador vem a se interromper.

DIA PRÓXIMO. *Direito processual.* **1.** Dia que se segue. **2.** Dia disponível que não está preenchido para a prática de atos processuais, no qual prossegue a execução do ato que não pôde ser terminado no dia anterior.

DIÁRIA. 1. *Direito do trabalho.* a) Salário que se paga por cada dia de trabalho do diarista; b) quantia pecuniária que o empregador dá ao empregado viajante para fazer frente às despesas com transporte, estada etc. **2.** *Direito administrativo.* Auxílio pecuniário concedido ao funcionário público que tenha de viajar para desempenhar suas funções, a título de indenização das despesas com alimentação, transporte e hospedagem. **3.** *Direito comercial* e *direito civil.* Preço que se paga por dia em um hotel ou pensão pelo quarto ou pelos serviços de hotelaria.

DIÁRIA PARA VIAGEM. *Direito do trabalho.* Quantia em dinheiro paga pelo empregador ao empregado que efetua viagens na execução de seu trabalho, para cobrir suas despesas com passagens, transporte de mostruário, estada, alimentação, telegramas, cartas etc. Tal diária pode ser: a) própria, se ressarcir de modo exato todas as despesas feitas pelo empregado; e b) imprópria, se cobrir também o excesso.

DIÁRIO. 1. *Direito comercial* e *direito bancário.* a) Livro de contabilidade em que empresários, sociedades empresárias e banqueiros lançam o débito e o crédito de seus negócios cotidianos; b) livro obrigatório onde são lançadas, diariamente, por escrita direta ou reprodução, em ordem cronológica de sua ocorrência, todas as operações relativas ao exercício da empresa, consignando-se os principais caracteres dos documentos. Nele também serão lançados o balanço patrimonial e o de resultado econômico, subscritos pelo contabilista, ou técnico em ciências contábeis, legalmente habilitado e pelo empresário ou representante da sociedade empresária. **2.** *Direito autoral.* a) Jornal que circula todos os dias; b) livro de apontamentos onde se anotam impressões diárias que pode vir a constituir a autobiografia de uma pessoa.

DIÁRIO CLÍNICO. *Medicina legal.* Relação pormenorizada feita a cada dia da marcha de uma moléstia e do tratamento do paciente.

DIÁRIO DE BORDO. *Vide* DIÁRIO DE NAVEGAÇÃO.

DIÁRIO DE CLASSE. *Direito educacional.* Na *técnica da legislação escolar,* é o livro usado em estabelecimentos de ensino, contendo registro da matéria lecionada, freqüência e notas do alunado.

DIÁRIO DE ENTRADA. *Direito comercial.* Livro de escrituração do leiloeiro onde devem ser registrados, sem rasuras e cronologicamente, todos os objetos recebidos, com a indicação de sua quantidade e caracteres e do nome das pessoas que os entregaram, incluindo, ainda, por conta de quem serão vendidos.

DIÁRIO DE JUSTIÇA ELETRÔNICO. *Vide* COMUNICAÇÃO ELETRÔNICA DOS ATOS PROCESSUAIS.

DIÁRIO DE LEILÕES. *Direito comercial.* Livro obrigatório onde o leiloeiro efetua, sem emendas ou rasuras, o registro dos leilões realizados, indicando as datas, o nome das pessoas que adquiriram mercadorias leiloadas e o das que autorizaram sua venda, o preço da venda dos lotes e a soma integral ou total do produto do leilão.

DIÁRIO DE MÁQUINAS. *Direito marítimo.* É o que contém informações relevantes sobre a operacionalidade das máquinas principais, auxiliares, de emergência, dos equipamentos elétricos, hidráulicos e pneumáticos, incluindo os controles do sistema de automação das máquinas e equipamentos em geral e pressão e temperatura dos diversos fluidos (quando aplicável) utilizados nos sistemas, bem como dos vasos de pressão, de modo a permitir o endosso ou renovação dos certificados ou outro(s) documento(s) pertinentes, previstos nas normas especiais ou nas Convenções Internacionais ratificadas pelo Brasil. O Diário deverá conter, também, os registros de todas as manobras efetuadas, ou em execução, e qualquer anormalidade encontrada e/ou ocorrida nos equipamentos e/ou manobras efetuadas durante o quarto de serviço.

DIÁRIO DE NAVEGAÇÃO. *Direito marítimo.* É o livro onde o comandante registra dia a dia as informações e dados relativos à navegação, inclusive derrotas, passagem de comando, acontecimentos extraordinários e danos ou acidentes ocorridos a bordo com a embarcação, seus equipamentos, pertences, cargas, tripulantes ou passageiros. Deve ser escriturado nas embarcações classificadas como de longo curso, grande e pequena cabotagem, apoio marítimo e alto-mar, com exceção, neste último caso, daquelas destinadas às atividades de pesca ou esporte e recreio. E se o navio estiver no porto, nele deverão ser lançados todos os trabalhos que tiverem lugar a bordo e os reparos feitos na embarcação.

DIÁRIO DE SAÍDA. *Direito comercial.* Livro de escrituração do agente de leilões onde se registram, dia a dia, as mercadorias efetivamente leiloadas ou saídas do armazém, com a menção da data do leilão, nomes dos vendedores e compradores, preços alcançados por lotes, condições de pagamento etc.

DIÁRIO DO SERVIÇO DE COMUNICAÇÕES. *Direito marítimo.* É o livro destinado ao registro de todas as informações, ocorrências e dados relativos ao serviço de rádio a bordo de uma embarcação mercante, para resguardo da vida humana no mar, conforme prevê a Convenção Internacional para Salvaguarda da Vida Humana no mar (SOLAS). Deve ser escriturado nas embarcações classificadas como de longo curso, grande e pequena cabotagem, apoio marítimo

e alto-mar, com exceção, neste último caso, daquelas destinadas à atividade de pesca ou esporte e recreio.

DIÁRIO OFICIAL. *Direito administrativo.* Jornal do governo federal, estadual e às vezes municipal, que visa dar publicidade aos atos levados a efeito pelo Poder Público (José Cretella Jr.).

DIARISMO. *Direito autoral.* Jornalismo.

DIARISTA. 1. *Direito do trabalho.* Trabalhador que recebe uma remuneração diária, ou melhor, por dia de trabalho; seu salário é calculado por dia. Em regra, é aquele que exerce atividade de limpeza geral a terceiro mediante pagamento diário, sendo considerado por parte da jurisprudência como autônomo, por não haver subordinação, imprescindível na relação empregatícia. Há, porém, uma corrente que entende que existe tal subordinação jurídica e trabalho no interesse do empregador. **2.** *Direito administrativo.* Servidor extranumerário que é admitido pelo diretor da repartição pública, por meio de portaria, para desempenhar funções auxiliares, mediante pagamento de um salário por dia de trabalho efetivamente executado. **3.** *Direito autoral.* Aquele que se dedica ao jornalismo.

DIARQUIA. *Ciência política.* Governo simultâneo de dois reis.

DIARRÉIA. *Medicina legal.* Evacuação freqüente e liquefeita dos resíduos da digestão, acompanhada ou não de catarro, sangue ou dores abdominais.

DIARRÉIA DE VERÃO. *Medicina legal.* Desidratação.

DIARRÉIA TROPICAL. *Medicina legal.* Moléstia crônica de deficiência que se caracteriza por boca e língua chagadas, catarro gastrintestinal e diarréias periódicas com evacuações espumosas, gordurosas e fétidas, levando o paciente a perder peso.

DIARTICULAR. *Medicina legal.* O que afeta duas articulações.

DIA SANTIFICADO. *Direito canônico.* Aquele que é consagrado ao culto e no qual está proibido o trabalho.

DIASCEVASTA. *Direito autoral.* Crítico que revê e corrige obra de outrem.

DIAS CORRENTES. Dias consecutivos, contados sem interrupção.

DIAS DECRETÓRIOS. *Medicina legal.* Dias em que os sintomas das moléstias se exacerbam ou se atenuam, facilitando o diagnóstico médico.

DIAS DE DATA. *Direito comercial* e *direito cambiário.* Prazo computado dia a dia desde a data da emissão de uma letra de câmbio.

DIAS DE GRAÇA. *História do direito.* Prazo de tolerância que era concedido pelo credor em relação aos dias que excediam à data avençada para o vencimento de uma obrigação. Trata-se das indúcias, ou seja, de um mero prazo de favor, hoje vedado pelas leis cambiárias internacionais.

DIAS DE PERDÃO. *Vide* DIAS DE GRAÇA.

DIAS DE PRANCHA. *Direito marítimo.* Estadia ou dias concedidos para carga ou descarga de mercadorias dos navios.

DIAS DE VISITA. 1. *Direito civil.* Dias fixados em juízo para que o separado judicialmente ou o divorciado que perdeu a guarda dos filhos possa visitá-los e tê-los em sua companhia. **2.** *Direito penitenciário.* Dias em que os presos podem receber visitas.

DIAS DE VISTA. *Direito comercial* e *direito cambiário.* Diz-se do prazo computado a partir da data do aceite, ou seja, da data da apresentação da letra de câmbio ao sacado.

DIÁSPORA. *Ciência política.* Dispersão do povo por razões políticas ou religiosas.

DIÁSTASE. *Medicina legal.* Separação acidental de dois ossos articulados.

DIÁTESE. *Medicina legal.* Disposição do organismo para ser atingido por certas moléstias locais.

DIA ÚTIL. 1. *Direito civil.* Qualquer dia da semana consagrado ao trabalho, retirando-se os sábados, domingos, feriados e dias santificados. **2.** *Direito financeiro.* É o assim considerado, pelo Conselho Monetário Nacional, para fins de operações praticadas no mercado financeiro.

DIAZORREAÇÃO. *Medicina legal.* Reação provocada na urina para diagnosticar febre tifóide.

DICASTÉRIO. *Direito canônico.* Organismos da Cúria Romana.

DICAT TESTATOR ET LEX ERIT. *Brocardo latino.* Diga o testador, e será lei.

DICÇÃO. *Retórica jurídica.* Modo de articulação das palavras considerado quanto à conveniência dos temas, disposição gramatical e pronúncia.

DICEFALIA. *Medicina legal.* Existência de duas cabeças num feto.

DICEOLOGIA JURÍDICA. 1. *Teoria geral do direito.* Estudo dos direitos profissionais. **2.** *Direito processual*

penal. Defesa apresentada pelo réu admitindo a prática de um ato delituoso, justificando-o como legal ou pleiteando a aplicação de alguma circunstância atenuante.

DICEOLOGIA MÉDICA. *Medicina legal.* Conjunto das normas regulamentadoras dos direitos dos médicos contidos no Código de Ética Médica.

DICEOLÓGICO. Relativo a diceologia.

DICEÓSINA. *Filosofia do direito.* Parte da filosofia que se ocupa da justiça.

DICIONÁRIO. *Direito autoral.* **1.** Glossário. **2.** Coleção de vocábulos ou de expressões em ordem alfabética, explicando seus diferentes sentidos ou significados. Essa obra é protegida como obra intelectual.

DICIONÁRIO ANALÓGICO. *Direito autoral.* É o que procura reunir palavras por campo semântico ou por analogia a uma idéia.

DICIONÁRIO BILÍNGÜE OU PLURILÍNGÜE. *Direito autoral.* Aquele que explica o significado de termos alienígenas.

DICIONÁRIO DE ABREVIATURAS. *Direito autoral.* Aquele que indica o significado de siglas ou abreviaturas.

DICIONÁRIO ETIMOLÓGICO. *Direito autoral.* Aquele que busca a origem dos vocábulos, sua formação e evolução.

DICIONÁRIO TEMÁTICO. *Direito autoral.* Aquele que contém verbetes próprios de uma ciência ou arte.

DICIONÁRIO VIVO. Diz-se daquele que se sobressai por sua grande cultura, erudição e memória.

DICIONARISTA. *Direito autoral.* Autor de dicionário.

DICIONARIZAÇÃO. *Direito autoral.* Ato de escrever ou organizar um dicionário.

DICISSIGNO. *Vide* SIGNO DICENTE.

DICLIDITE. *Medicina legal.* Inflamação de válvula cardíaca.

DICLIDOSTEOSE. *Vide* DICLIDITE.

DICOR. Sigla de Divisão de Credenciamento de Organismos.

DICOTOMIA. 1. *Lógica jurídica.* Divisão lógica de um conceito em outros dois, em regra contrários, de modo que estes venham a esgotar a extensão do primeiro. **2.** *Teoria geral do direito.* a) Método de classificação em que cada uma das divisões ou subdivisões não pode conter mais de dois termos. Só se pode dividir cada coisa

DICROTISMO

em duas, subdividindo-se cada uma delas em duas, e assim por diante; b) divisão em dois ramos. **3.** *Direito civil.* Divisão de honorários entre o médico-especialista e o assistente por ele chamado. **4.** *Direito canônico.* Princípio pelo qual se afirma a existência única, no ser humano, de corpo e alma.

DICROTISMO. *Medicina legal.* Ocorrência de pulsação dupla para cada sístole cardíaca.

DICTIOSCOPIA. *Medicina legal.* Doença da vista que leva o paciente a enxergar sombras similares a uma rede fina.

DICTUM. *Lógica jurídica.* Proposição cujo modo afirma que o seu enunciado é possível ou impossível, contingente ou essencial.

DICTUM SAPIENTI SAT EST. *Expressão latina.* Ao sábio basta uma só palavra.

DICTUM UNIUS, DICTUM NULLIUS. *Brocardo latino.* Dito de um, dito de nenhum.

DIDACHÉ. *Direito canônico.* Primeiro manual de catequese, liturgia e organização da Igreja Católica, o qual serviu de base a vários documentos litúrgico-jurídicos, inclusive à didascália dos apóstolos.

DIDASCÁLIA. 1. *Direito canônico.* Documento eclesiástico que contém o ensinamento dos doze apóstolos e dos discípulos de Cristo. **2.** *História do direito.* a) Anotação crítica de peça teatral entre os latinos; b) instrução dada aos atores gregos pelos poetas.

DIDÁTICA. *Direito educacional.* Parte da pedagogia que visa o ensino e o aprendizado.

DIENSTVERTRAG. *Termo alemão.* Locação de serviços.

DIENSTWERTE. *Termo alemão.* Valores-meios.

DIES. *Termo latino.* O dia.

DIES AD DIEM. *Vide* DIA *A QUO.*

DIES AD QUEM. *Vide* DIA *AD QUEM.*

DIES AD QUEM COMPUTATOR IN TERMINO. *Brocardo latino.* Conta-se no prazo o dia em que este termina.

DIES A QUO. *Vide* DIA *A QUO.*

DIES A QUO NON COMPUTATOR IN TERMINO. *Brocardo latino.* O dia de início não se computa no termo.

DIES CEDIT. *Locução latina.* Dia inicial.

DIES CERTUS. *Locução latina.* Dia certo; termo prefixado; data certa.

DIES CERTUS AN CERTUS QUANDO. *Expressão latina.* Termo certo.

DIES CERTUS AN INCERTUS QUANDO. *Expressão latina.* Termo incerto.

DIES CERTUS ET LOCUS SPECIFICUS SUNT DE SUBSTANTIA LITTERARUM CAMBII. *Brocardo latino.* O dia certo e o lugar específico são da substância das letras de câmbio.

DIES CIVILIS A MEDIA NOCTE INCIPIT ET SEQUENTIS NOCTIS MEDIA PARTE FINITUR. *Direito romano.* O dia civil inicia à meia-noite e termina na meia parte da noite seguinte.

DIES COEPTUS PRO COMPLETO HABETUR. *Aforismo jurídico.* Em direito o dia começado é computado por inteiro.

DIES DOMENICUS NON EST JURIDICUS. *Aforismo jurídico.* O domingo não é contado no foro.

DIES INCERTUS. *Locução latina.* Dia incerto; termo indeterminado.

DIES INCERTUS AN INCERTUS QUANDO. *Expressão latina.* Condição; evento futuro e incerto.

DIES INTERPELLAT PRO HOMINE. *Brocardo latino.* O termo interpela pelo homem, isto é, sendo avençado prazo certo, o seu vencimento dispensa o credor de qualquer providência para constituir seu devedor em mora.

DIES NEFASTUS. *Direito romano.* **1.** Dia em que atividades seculares estavam vedadas. **2.** Dia em que o tribunal fechava, tornando ilegal qualquer ato público despachado pelo pretor nesse dia.

DIES NUPTIARUM. *Locução latina.* Dia das núpcias.

DIES NUPTIARUM EST DIES CONCEPTIONIS ET NATIVITATIS LEGITIMAE. *Direito romano.* O dia das núpcias é o dia da concepção e da natividade legítimas.

DIES TERMINI. *Vide* DIES AD DIEM.

DIES TERMINI COMPUTATUR IN TERMINO. *Brocardo latino.* O dia final computa-se no termo.

DIES VENIT. *Locução latina.* Vencimento; termo final.

DIETA. 1. *Ciência política* e *direito comparado.* Assembléia política ou legislativa de alguns países. **2.** *Direito canônico.* Assembléia dos capítulos de determinados conventos ou ordens religiosas. **3.** *Medicina legal.* Regime alimentar que deve ser seguido por doentes e convalescentes ou por aqueles que querem emagrecer.

DIETILAMIDA DO ÁCIDO LISÉRGICO (LSD 25). *Medicina legal* e *direito penal.* Droga psicodisléptica,

DIFAMAÇÃO

despersonalizante, que acarreta perda do autocontrole, alterações emocionais, alucinações etc.

DIFAMAÇÃO. *Direito penal.* Ato de imputar a alguém fato ofensivo à sua honra ou reputação, embora não seja criminoso. É, portanto, um crime contra a honra, apenado com detenção e multa. Todavia, é preciso lembrar que não constituem difamação punível: ofensa irrogada em juízo, na discussão da causa, pela parte ou por seu procurador; opinião desfavorável da crítica literária, artística ou científica, salvo se houver intenção deliberada de difamar; ou conceito desfavorável emitido por funcionário público em apreciação ou informação que preste no cumprimento do dever de ofício.

DIFAMADO. *Direito penal.* Sujeito passivo do crime de difamação; aquele que foi atacado em sua reputação e boa fama.

DIFAMADOR. *Direito penal.* Sujeito ativo do crime de difamação; aquele que ofende a reputação alheia, provocando o menosprezo público.

DIFAMANTE. *Vide* DIFAMADOR.

DIFAMAR. *Direito penal.* Imputar a alguém fato não criminoso, mas ofensivo à sua reputação, atingindo sua boa fama ou seu crédito.

DIFAMATÓRIO. *Direito penal.* **1.** Em que há difamação. **2.** O que se faz ou fala com a intenção de atacar a reputação alheia.

DIFARREATIO. *Termo latino.* **1.** Exclusão da mulher do culto da família do marido, extinguindo-se o poder marital (*manus*) adquirido pela *Confarreatio*, que era a cerimônia religiosa que formalizava a entrada da mulher no culto da família de seu cônjuge. **2.** Dissolução solene do casamento.

DIFARREATIO GENUS ERAT SACRIFICII QUO INTER VIRUM ET MULIEREM FIEBAT DISSOLUTIO. *Direito romano.* A difarreação era o gênero de sacrifício pelo qual se fazia a separação entre marido e mulher.

DIFERENÇA. **1.** Na *linguagem filosófica,* pode significar: a) relação de alteridade entre coisas idênticas sob outro aspecto (Aristóteles); b) qualidade que, acrescentada ao gênero, constitui uma espécie, distinta como tal de todas as espécies do mesmo gênero (Aristóteles). Trata-se da diferença específica, um dos elementos eidéticos revelados pela definição real essencial dos fenômenos; c) característica que distingue um conceito de outro ou uma coisa de

outra (Lalande); desigualdade. **2.** *Direito comercial* e *direito empresarial.* Alteração havida no registro da empresa por erro de escrituração contábil, desequilibrando suas contas.

DIFERENCIAÇÃO. Na *linguagem filosófica,* é a transformação de elementos similares em elementos diferentes ou, como prefere Spencer, a passagem do homogêneo ao heterogêneo.

DIFERENCIAL. **1.** *Direito aduaneiro.* Diz-se da taxa tarifária mais favorável que deve ser aplicada à nação mais favorecida. Tal taxa aduaneira sofre variação conforme a origem das mercadorias. **2.** *Filosofia do direito.* O que estabelece a distinção entre pessoas, coisas, fenômenos etc.

DIFERENCIAR. *Filosofia do direito.* Tornar distinto o que era similar.

DIFERIMENTO. **1.** Adiamento; procrastinação. **2.** Ato de tornar diverso, em sentido amplo.

DIFERIR. **1.** Adiar; prorrogar; procrastinar; dilatar; retardar. **2.** Distinguir. **3.** Discordar; divergir.

DIFFÉREND. *Termo francês.* **1.** Litígio. **2.** Contestação.

DIFFERT LEX HUMANA A LEGE NATURALI SICUT PARS A TOTO, RIVUS A FONTE, GENITUM A FUNDAMENTO, QUARE NON AB HOMINUM OPINIONE SED A NATURAE DECRETO PROFLUIT. *Brocardo latino.* A lei humana difere da natural como a parte do todo, o rio da fonte, o gerado do gerador, a fundação do fundamento, porque emanou não da opinião dos homens, mas do decreto da natureza.

DIFFICILE EST SINE DOMICILIO QUEM-QUAM ESSE. *Brocardo latino.* É difícil que haja alguém sem domicílio.

DIFFICILES NUGAE. *Locução latina.* **1.** Ninharias difíceis. **2.** Diz-se de quem se ocupa com coisas insignificantes.

DIFICULDADE. **1.** Impedimento. **2.** Obstáculo. **3.** Dúvida. **4.** Situação crítica ou difícil.

DIFTERIA. *Medicina legal.* Doença epidêmica e infectocontagiosa causada pelo bacilo de Loeffler que se localiza, em regra, nas mucosas da boca e da garganta.

DIFUNDIR. Divulgar; propagar.

DIFUSÃO. **1.** Na *linguagem jurídica* em geral, tem o sentido de divulgação, propagação. **2.** *Medicina legal.* Distribuição de uma substância por todo o corpo por meio da circulação sangüínea.

DIFUSÃO DE DOENÇA OU DE PRAGA. *Direito penal.* Ato punível consistente em espalhar doença ou praga que danifique as matas, as plantações ou os animais.

DIFUSIONISMO. *Etnologia.* Teoria que sustenta a tese de que o desenvolvimento cultural é resultante de um processo de difusão de elementos culturais que se comunicam de um a outro povo ou se expandem do centro de determinadas áreas.

DIFUSO. 1. Nas *linguagens jurídica* e *comum,* tem o significado de: a) prolixo; b) divulgado; c) espalhado; d) disseminado. **2.** *Medicina legal.* Não circunscrito.

DIGAMIA. *Direito civil.* Segundo casamento legal após a dissolução do primeiro por divórcio ou morte do cônjuge; deuterogamia.

DÍGAMO. 1. *Medicina legal.* Hermafrodita; o que participa dos dois sexos. **2.** *Direito civil.* Aquele que se casa pela segunda vez.

DIGESTÃO. *Medicina legal.* Processo químico e fisiológico pelo qual os alimentos adquirem formas solúveis para serem absorvidos pelas células e tecidos do corpo humano.

DIGESTO. *Direito romano.* Compilação de leis romanas organizada por ordem do Imperador Justiniano que constitui uma das quatro partes do *Corpus Juris Civilis,* contendo as *responsa prudentium,* ou seja, respostas dadas pelos jurisconsultos às questões que eram submetidas à sua apreciação. Denomina-se também *pandectas.*

DIGITAL. *Medicina legal.* Diz-se da impressão deixada pelos dedos de uma pessoa numa superfície, possibilitando sua identificação.

DIGITALINA. *Medicina legal.* Droga obtida das folhas secas da planta *digitalis purpurea,* com poderes de estimular o coração e ativar o fluxo urinário.

DIGITALIZAÇÃO DA VOZ. *Direito virtual.* Procedimento que transforma eletronicamente a imagem e a voz no código de zeros e uns entendido pelos computadores. Por esse sistema é possível a tradução simultânea entre pessoas que falem línguas diversas.

DIGITALIZAR. *Direito virtual.* Processo de captura de imagem, empregando *scanner.*

DIGITOPLASTIA. *Medicina legal.* Reconstituição plástica dos dedos.

DIGNIDADE. 1. Na *linguagem jurídica* em geral, quer dizer: a) qualidade moral que infunde respeito;

b) honraria; c) título ou cargo de elevada graduação; d) respeitabilidade; e) nobreza ou qualidade do que é nobre. **2.** *Direito canônico.* Prerrogativa que decorria do fato de um eclesiástico exercer elevadas funções ou de possuir título relevante em um cabido.

DIGNIDADE HUMANA. Na *linguagem filosófica,* é o princípio moral de que o ser humano deve ser tratado como um fim e nunca como um meio.

DIGNITÁRIO. Aquele que ocupa alto cargo ou goza de um título honorífico.

DIGNUS DICTOR. *Locução latina.* Digno prolator.

DIGO. Afirmativa escrita antes de uma emenda em substituição ao que se pretende corrigir, evitando-se rasuras em documentos públicos ou particulares.

DIGOGRAMA. *Direito marítimo.* Representação gráfica da direção da força magnética que orienta as agulhas de bordo.

DIGRESSÃO. 1. Ação de ir para longe do local onde se estava; viagem; excursão turística. **2.** *Retórica jurídica.* Desvio do discurso para um assunto diferente do que era tratado.

DIGRESSIVO. *Retórica jurídica.* Em que há desvio de assunto.

DIKHÉ. *Termo sânscrito.* Direito tribal.

DILAÇÃO. *Direito processual civil.* **1.** Prazo que se concede a alguém para a prática de algum ato judicial ou de uma diligência. **2.** Adiamento; retardamento.

DILAÇÃO PROBATÓRIA. *Direito processual civil.* Prazo concedido igualmente a ambos os litigantes para a produção de provas ou a execução de diligências necessárias à prova do pedido e da contestação.

DILAPIDAÇÃO. *Direito civil.* Gasto desmedido; esbanjamento de bens ou dinheiro pelo pródigo, que é declarado, após processo de interdição, como relativamente incapaz.

DILAPIDAÇÃO DO PATRIMÔNIO NACIONAL. Ação de extraviar ou dissipar bens pertencentes ao domínio privado da União.

DILAPIDADO. 1. Arruinado; danificado. **2.** Dissipado; esbanjado.

DILAPIDADOR. *Direito civil.* Perdulário; pródigo.

DILAPIDAR. 1. Gastar desordenadamente; esbanjar. **2.** Extraviar. **3.** Danificar; arruinar.

DILATAÇÃO. *Medicina legal.* **1.** Fase do trabalho de parto em que o canal cervical vem a se dilatar, permitindo a saída do feto. **2.** Aumento normal de que é suscetível um órgão. **3.** Separação dos bordos de uma ferida, quando for necessário retardar sua cicatrização. **4.** Alargamento de canal por meio apropriado. **5.** Método operatório contra os apertos orgânicos da uretra através da introdução de calibres adequados.

DILATAÇÃO DO COLO UTERINO. *Medicina legal.* Técnica abortiva direta que, com o uso de luminárias, balões, esponjas ou dilatadores metálicos, provoca a dilatação do útero e a expulsão do feto, antes do termo da gravidez.

DILATÓRIO. *Direito processual civil.* Diz-se do ato ou medida que retarda o andamento processual ou pelo qual se dá a prorrogação de um prazo judicial.

DILEMA. *Lógica jurídica.* **1.** Raciocínio em que uma premissa contém uma alternativa com dois termos e cujas outras premissas demonstram que eles levam a um mesmo resultado (Lalande). **2.** Silogismo baseado numa proposição disjuntiva tal que, posto qualquer um dos membros, é necessário pôr exclusivamente a mesma conclusão (Van Acker). **3.** Conjunto de proposições das quais a primeira é uma disjuntiva tal que, aceito um de seus membros na segunda proposição, infere-se, necessária e exclusivamente, em virtude de uma asserção estabelecida anteriormente, a mesma conclusão que se inferiria se fosse aceito o outro membro (Goffredo Telles Jr.). **4.** Sistema de duas proposições contraditórias entre as quais se é colocado na obrigação de escolher (Lalande).

DILEMA PRÁTICO. Situação embaraçosa em que se tem de optar por uma de duas soluções difíceis e penosas. Impõe, portanto, uma alternativa de males.

DILEMÁTICO. Nas *linguagens lógica* e *comum*, é tudo o que encerra um dilema; relativo a dilema.

DILETANTISMO. 1. *Sociologia jurídica.* Filosofia de vida que coloca em primeiro plano o prazer e o capricho pessoal como condição prévia da ação. **2.** *Direito autoral.* Qualidade de diletante, ou seja, daquele que se decidiu às belas-artes por gosto e não por ofício.

DILIGÊNCIA. 1. *Direito processual civil.* a) Execução de serviços judiciais ou prática de atos processuais fora da sede do juízo feita pelo serventuário de justiça por ordem do juiz de ofício ou a requerimento dos litigantes e, às vezes, pelo magistrado, tais como seqüestro, penho-

ra, busca e apreensão, intimação, citação; b) meio de pesquisa ou sindicância determinada pelo órgão judicante para esclarecer a questão, como vistoria, exame, inquirição; c) qualquer ato indispensável para instruir o processo em direção à sentença de mérito; d) cumprimento de uma determinação judicial, realizada por um auxiliar da justiça (Cesar Montenegro); e) é o ato pelo qual um processo que, tendo deixado de atender às formalidades indispensáveis ou de cumprir alguma disposição legal, é devolvido ao órgão que assim procedeu, a fim de corrigir ou sanar as falhas apontadas. **2.** *Direito processual penal.* Pesquisa ou investigação feita pela autoridade policial ou seus agentes, fora de sua sede distrital, para desvendar crimes e contravenções penais levadas ao seu conhecimento ou para capturar e prender o criminoso. **3.** *Direito civil.* Cuidado ou zelo que se deve ter na guarda de uma coisa ou na execução de um ato negocial. **4.** *Direito administrativo.* Devida atenção que o funcionário público deve ter no desempenho de suas funções. **5.** *História do direito.* Carruagem que transportava passageiros entre duas ou mais localidades. **6.** *Direito militar.* a) Serviço urgente e extraordinário executado fora do quartel; b) tropa encarregada de executar esse serviço.

DILIGÊNCIA FISCAL. *Direito previdenciário.* É o procedimento fiscal externo destinado a coletar e a analisar informações de interesse da administração previdenciária, inclusive para atender à exigência de instrução processual, podendo resultar em lavratura de Auto de Infração, em Termo de Arrolamento de Bens e Direitos ou em apreensão de documentos de qualquer espécie, inclusive os armazenados em meio magnético ou em qualquer outro tipo de mídia, materiais, livros ou assemelhados.

DILIGÊNCIA MÉDICO-LEGAL. *Medicina legal.* Perícia médico-legal para esclarecer a justiça.

DILIGÊNCIA PROBATÓRIA. *Direito processual.* Ato ou conjunto de atos processuais dirigidos à realização da prova de algum fato alegado em juízo. É essencial à instrução do processo, daí falar-se em converter o julgamento em diligência, sustando-o, para a obtenção de novos dados esclarecedores, a fim de que o órgão judicante possa decidir.

DILIGENS PRAESUMITUR, QUILIBET NON NEGLI-GENS. *Brocardo latino.* Presume-se diligente quem não for negligente.

DILIGENTE. *Direito civil.* **1.** Quem tem cuidado ou zelo. **2.** Vigilante; atento.

DILIGENTIA QUAM IN SUIS REBUS. *Expressão latina.* Grau de diligência que o devedor deve ter habitualmente com seus negócios.

DILOGIA. *Teoria geral do direito.* Ambigüidade, ou seja, o que tem duplo sentido.

DIMENSÃO. *Direito civil* e *direito processual civil.* Medida ou extensão de um imóvel. Termo muito usado nos contratos imobiliários e nas ações de divisão de terras ou de retificação de área.

DIMIDIUM FACTI, QUI BENE COEPIT HABET. *Expressão latina.* Andou meio caminho quem começou bem.

DIMINUIÇÃO. 1. Redução. **2.** Abatimento.

DIMINUIÇÃO DA PENA. *Direito penal.* Redução da pena cominada para certo crime ante a presença de circunstâncias atenuantes.

DIMINUTO. *Direito tributário.* Diz-se do valor comercial insignificante ou muito pequeno de uma amostra de mercadoria, a qual, por essa razão, não sofre incidência de imposto de consumo. Trata-se da pequena amostra sem qualquer valor comercial.

DIMISSÓRIA. *Direito canônico.* Carta pela qual um bispo recomenda um diocesano a outro bispo, para que lhe sejam conferidas ordens sacras.

DINÂMICA JURÍDICA. *Filosofia do direito.* Estudo do direito em movimento, enquanto aplicado e criado. A dinâmica do direito é dupla, podendo ser: a) exterior, que o transforma, melhorando-o, apesar de seu atraso, através da elaboração de novas normas pelo legislador; e b) interior, em que o juiz aceita as normas em discordância com os fatos, sujeitando-as à valoração objetiva, ou seja, adaptando-as às valorações existentes na comunidade e preenchendo suas possíveis lacunas, sejam elas normativas, axiológicas ou ontológicas.

DINÂMICA SOCIAL. *Sociologia jurídica.* Progresso das sociedades (Comte e Spencer).

DINÂMICO. *Filosofia do direito.* **1.** O que implica um dever ou uma transformação (Comte). **2.** Relativo a movimento.

DINAMISMO. *Filosofia do direito.* **1.** Estado dinâmico. **2.** Sistema filosófico que admite nos corpos e nos elementos materiais uma combinação de forças, das quais derivam suas propriedades (Leibnez, Kelvin e Bergson). **3.** Expansão de forças; movimento; grande atividade.

DINAMISMO DA INFRAÇÃO PENAL. *Direito penal.* Desenvolvimento da ação delituosa desde a sua cogitação até sua consumação.

DINAMITAÇÃO. Demolição com dinamite.

DINAMIZAÇÃO. *Direito do consumidor.* Processo de diluições seguidas de sucussões e/ou triturações sucessivas de insumo ativo, em insumo inerte adequado, com a finalidade de desenvolvimento do poder medicamentoso.

DINAR. 1. *História do direito.* Moeda de ouro que era emitida em Damasco e que durante muitos séculos foi a unidade monetária básica nos territórios subjugados pelos muçulmanos. **2.** *Direito comparado.* Unidade monetária de alguns países, como Iraque, Jordânia etc.

DINASTA. 1. *História do direito.* Antigo título de príncipes soberanos. **2.** *Direito comparado.* Partidário de uma dinastia.

DINASTIA. 1. *Direito comparado.* Sucessão de soberanos pertencentes a uma mesma família. **2.** *Ciência política.* Série de pessoas aliadas que exercem sucessivamente o poder.

DINÁSTICO. Referente a dinastia.

DINGA. *Direito comparado.* Barco a remo ou a vela que transporta cargas ou passageiros na Índia.

DING AN SICH. *Expressão alemã.* Coisa em si.

DINHEIRO. 1. *Economia política.* a) Moeda corrente ou papel-moeda; b) valor representativo de qualquer quantia; c) numerário; d) *quantum* pecuniário. **2.** *Direito comercial.* a) Qualquer valor comercial, como cheque, letras etc.; b) medida de valor circulante no comércio que serve para trocar coisas recebidas em seu lugar. **3.** *Direito civil.* Meio de cumprir um julgamento; medida de valor e meio de troca indispensável para liquidar débitos, cumprir obrigações e pagar serviços e bens. **4.** *Direito romano.* Pequena moeda de prata equivalente a dez asses de bronze.

DINHEIRO A JURO. *Direito civil* e *direito bancário.* Dinheiro aplicado ou concedido a título de empréstimo mediante uma taxa de juros.

DINHEIRO A PRÊMIO. *Vide* DINHEIRO A JURO.

DINHEIRO APURADO. *Direito comercial.* Féria; soma pecuniária recebida pelas vendas que se deram no espaço de um dia num estabelecimento mercantil.

DINHEIRO A RISCO. *Vide* CÂMBIO MARÍTIMO E CONTRATO DE DINHEIRO A RISCO.

DINHEIRO A VISTA. *Direito civil* e *direito comercial.* Pagamento em moeda corrente feito no ato em que se realiza a operação negocial.

DINHEIRO CORRENTE. *Economia política.* É o que circula oficialmente em cada país e é aceito nos negócios ordinários.

DINHEIRO DE CONTADO. *Direito civil* e *direito comercial.* Aquele que é pago em moeda corrente, a vista, por ocasião da efetivação do ato negocial.

DINHEIRO DE SÃO PEDRO. *Direito canônico.* Tributo pago voluntariamente por alguns católicos ao Sumo Pontífice.

DINHEIRO DIGITAL. *Direito virtual.* Meio de pagamento universal, de baixo custo administrativo a ser usado na superinfovia para superar as limitações físicas do cheque e papel-moeda, a falta de segurança das ordens de pagamento e o alto custo do cartão de crédito.

DINHEIRO EFETIVO. *Economia política.* Aquele que se encontra em circulação.

DINHEIRO EM ESPÉCIE. *Economia política.* Moeda, moeda-papel ou papel-moeda com poder liberatório.

DINHEIRO EMPATADO. *Direito comercial.* **1.** É o empregado na aquisição de mercadorias ou valores para obtenção de lucro com sua revenda. **2.** Capital empregado em produtos de revenda difícil ou demorada. **3.** Quantia empregada na compra de imóvel ou de máquina insuscetível de venda sem prejuízo do negócio.

DINHEIRO MORTO. É o que está entesourado ou guardado, sem emprego útil.

DINHEIRO PÚBLICO. *Direito administrativo.* Valor monetário de propriedade das entidades de direito público.

DINOFOBIA. *Medicina legal.* Medo exagerado a vertigem.

DIOCESANO. *Direito canônico.* Aquele que pertence a uma diocese.

DIOCESE. 1. *História do direito.* a) Antiga circunscrição administrativa de determinadas províncias romanas; b) administração doméstica ou gestão financeira que era confiada, no direito romano, a magistrados prepostos. **2.** *Direito canônico.* a) Circunscrição territorial de limites geográficos estabelecidos por ato papal e sujeita à administração eclesiástica de um bispo ou arcebispo; b) porção do povo de Deus confiada ao pastoreio do bispo com a cooperação do presbitério, de modo tal que, unindo-se ela a seu pastor e, pelo Evangelho e pela Eucaristia, reunida por ele no Espírito Santo, constitua uma Igreja particular, na qual está verdadeiramente presente e operante a Igreja de Cristo una, santa, católica e apostólica.

DIOECESIS URBICA. *Direito romano.* Distrito jurisdicional do pretor urbano, estendido à cidade e ao território que a envolvia, num raio de até cem milhas.

DIOSTOSE. *Medicina legal.* Deslocamento de um osso.

DIÓXIDO DE CARBONO. *Medicina legal.* Gás incolor e inodoro que, numa proporção de 25%, pode tornar-se letal.

DIPI. *Medicina legal.* Técnica de reprodução assistida que consiste na inseminação de espermatozóides na cavidade peritoneal (Roger Abdelmassih).

DIPLOFONIA. *Medicina legal.* Perturbação vocal que se caracteriza pela formação simultânea de dois sons na laringe.

DIPLOMA. 1. Documento oficial com que se confere um cargo ou uma dignidade à pessoa que o recebe. **2.** Título de contrato comprobatório de uma obrigação ou assecuratório de um direito. **3.** Certificado de conclusão de um curso, com ou sem atribuição de grau acadêmico, conferindo ao seu portador uma habilitação. **4.** Ato normativo como lei, decreto, estatuto etc.

DIPLOMAÇÃO. Ação de conferir diploma.

DIPLOMACIA. 1. *Direito internacional público.* a) Ramo da Administração Pública do país incumbido de dirigir os seus negócios internacionais; b) ciência e arte de manter relações oficiais entre Estados, por meio de agentes credenciados pelos respectivos governos, segundo normas de direito internacional e tratados existentes, atendendo aos interesses político-econômicos daqueles países; c) relações internacionais por meio de legações ou embaixadas; d) arte de manter o direito e de promover os interesses da nação perante governos estrangeiros; e) profissão de diplomata; arte do diplomata; f) corpo de diplomatas; g) procedimento diplomático; h) carreira diplomática; i) conjunto de órgãos e representantes do governo de um Estado junto ao de outro; j) ato de o embaixador conduzir as relações internacionais por meio de negociações. **2.** *História do direito.* Certo documento medieval manuscrito.

DIPLOMACIA ABERTA. *Direito internacional público.* Método criado por Wilson em 1918 pelo qual os acordos internacionais, apesar de sigilosos nas negociações, devem ser concluídos abertamente (Othon Sidou).

DIPLOMACIA DE CÚPULA. *Direito internacional público.* É a desenvolvida de modo direto pelos chefes de Estado, que se sub-rogam nas atribuições outorgadas à representação estatal permanente.

DIPLOMACIA NEGRA. *Direito internacional público.* É aquela que se desenvolve por meio de espionagem, suborno ou atos inescrupulosos (Othon Sidou).

DIPLOMACIA PARLAMENTAR. *Direito internacional público.* Método usado na ONU e em órgãos internacionais similares, pelo qual as decisões são tomadas por maioria de votos, com a participação de todos os Estados-Membros (Othon Sidou).

DIPLOMACIAR. *Direito internacional público.* Praticar a diplomacia.

DIPLOMA DE CURSO SUPERIOR. *Direito educacional.* Certificado conferido por escolas de curso superior em nível de graduação ou de pós-graduação.

DIPLOMADO. *Direito educacional.* Aquele que possui um diploma que o habilita profissionalmente.

DIPLOMA LEGAL. *Teoria geral do direito.* Texto normativo, como lei, decreto, regulamento etc.

DIPLOMANDO. *Direito educacional.* Aquele que está em via de receber seu diploma de conclusão de curso.

DIPLOMAR. *Direito educacional.* **1.** Graduar-se em estabelecimento de ensino. **2.** Conferir diploma.

DIPLOMATA. *Direito internacional público.* **1.** Aquele que integra o corpo diplomático de um país. **2.** Funcionário que representa o governo de seu Estado junto ao governo de outra nação, podendo ser ministro plenipotenciário, embaixador, enviado extraordinário ou legado. **3.** Agente diplomático. **4.** Pessoa que se ocupa da diplomacia.

DIPLOMATA DE CARREIRA. *Direito internacional público.* Aquele que teve acesso à diplomacia por concurso e por ascensão no escalonamento hierárquico-diplomático.

DIPLOMATECA. Acervo de diplomas.

DIPLOMÁTICA. *História do direito.* Arte de conhecer com exatidão antigos diplomas, distinguindo os verdadeiros dos falsos. Ou melhor, é a ciência que estuda cartas medievais, averiguando sua autenticidade e seu valor como documento histórico.

DIPLOMÁTICO. **1.** Na *linguagem jurídica* em geral, tudo que é relativo a diploma. **2.** *Direito internacional público.* Referente a diplomacia.

DIPLON. *História do direito.* Credencial constante de duas folhas dobradas que continha instruções do negociador grego em sua missão junto ao governo estrangeiro (Othon Sidou).

DIPLOPIA. *Medicina legal.* Doença dos olhos que produz dupla imagem visual de um objeto.

DIPLOSSOMIA. *Medicina legal.* Anomalia em que dois corpos completos e igualmente desenvolvidos estão ligados entre si por uma ou mais partes.

DIPSOFOBIA. *Medicina legal.* Aversão mórbida ao ato de beber.

DIPSOMANIA. *Medicina legal.* Impulso mórbido para bebidas alcoólicas.

DIPSORREXIA. *Medicina legal.* Estado inicial do alcoolismo, sem que haja qualquer lesão orgânica.

DIQUE. **1.** Represa ou construção que visa represar águas correntes. **2.** Construção erguida ao longo do rio ou à beira do mar para impedir alagamento. **3.** Doca; reservatório provido de recursos para regular a altura do nível de água e destinado à entrada e saída de embarcações a serem consertadas.

DIQUE DE AR. *Direito espacial.* Câmara interposta entre o espaço exterior ou uma parte a vácuo da astronave e a cabina pressurizada dos tripulantes, com a qual se comunica mediante portas estanques. Visa possibilitar o trânsito de tripulantes sem que haja perda da atmosfera da cabina.

DIQUE FLUTUANTE. *Direito marítimo.* Também denominado "doca flutuante", é aquele que flutua na água, podendo submergir parcialmente para permitir a entrada de um navio e depois boiar para levantar essa embarcação, servindo de dique seco.

DIQUE SECO. *Direito marítimo.* É o que pode ser esvaziado e mantido seco, para uso na construção ou repartição de navios. Trata-se da chamada "doca seca".

DIREÇÃO. **1.** Conjunto de pessoas incumbidas de dirigir uma associação, sociedade etc., órgão colegiado da administração de uma pessoa jurídica de direito privado. **2.** Diretoria. **3.** Cargo de diretor. **4.** Endereço subscrito em carta.

DIREÇÃO PERIGOSA DE VEÍCULO. *Direito penal.* Ato de dirigir veículo na via pública ou embarcação em águas públicas expondo a perigo a segurança alheia, o que constitui contravenção penal punida com prisão simples ou multa.

DIRECT FLIGHT. *Locução inglesa.* Vôo direto.

DIRECTORIUM INQUISITORIUM. *História do direito.* Manual de orientação dos inquisidores espanhóis.

DIRECTORS AND OFFICERS (D & O). *Locução inglesa.* Seguro que protege pessoalmente os executivos de empresas contra ações judiciais resultantes da sua atividade, tutelando-os das conseqüências jurídicas dos atos praticados no exercício de suas funções. As apólices não cobrem indenização, se se comprovar ato doloso, fraude ou crime do executivo da empresa (Luiz Fernando Rudge).

DIRECTORY PROVISIONS. *Locução inglesa.* Prescrições diretórias, que são as normas constitucionais que têm conteúdo regulamentar, permitindo ao legislador dispor diferentemente.

DIREITA. **1.** *Ciência política.* a) Diz-se do partido político com tendências capitalistas; b) grupo de parlamentares conservadores. **2.** *Direito desportivo.* Golpe, no boxe, de punho direito.

DIREITA VOLVER. *Direito militar.* Voz de comando que ordena o soldado a girar um quarto de circunferência para a direita.

DIREITISTA. *Ciência política.* **1.** Partidário da direita parlamentar. **2.** O que se refere à direita parlamentar.

DIREITO. *Teoria geral do direito.* Com base em Miguel Reale, pode-se dizer que direito é uma ordenação heterônoma das relações sociais baseada numa integração normativa de fatos e valores. Mas é preciso esclarecer que é um termo análogo, que comporta significados diversos, suscitando numa visão poliédrica várias definições.

DIREITO A ALIMENTOS. *Direito civil.* Direito personalíssimo de ascendente, descendente, irmão, ex-companheiro, ou ex-cônjuge de exigir a satisfação de suas necessidades vitais se não puder provê-las por si (Orlando Gomes).

DIREITO À ASSISTÊNCIA JUDICIÁRIA. *Direito constitucional.* Direito a um advogado para a defesa das garantias constitucionais e o atendimento profissional na hipótese de crimes ou ilícitos (Sérgio Ferraz).

DIREITO ABSOLUTO. **1.** *Teoria geral do direito.* Conjunto de normas de imperatividade absoluta ou impositiva, chamadas absolutamente cogentes ou de ordem pública, por ordenarem ou proibirem algo de modo absoluto, determinando a ação, a abstenção ou o estado das pessoas sem admitir qualquer alternativa, e vinculando o destinatário a um único esquema de conduta. **2.** *Direito civil.* Diz-se daquele oponível a todos ou *erga omnes*. É o que se opõe a quem quer que seja, havendo uma relação jurídica entre o titular e toda a humanidade, obrigada passivamente a respeitar o direito do sujeito ativo. Por exemplo, o direito de propriedade.

DIREITO ABSTRATO. *Teoria geral do direito.* **1.** Direito de agir sem relação com qualquer titularidade do direito material. **2.** Direito potencial.

DIREITO À CONVIVÊNCIA FAMILIAR E COMUNITÁRIA. *Direito constitucional.* Direito de participar da vida familiar e comunitária saudável (Sérgio Ferraz).

DIREITO À DIGNIDADE. *Direito civil* e *direito constitucional.* Direito que leva ao respeito à pessoa, significando a ausência de tratamento desumano, violento, constrangedor ou vexatório (Sérgio Ferraz).

DIREITO À DISPUTA. *Direito administrativo.* Direito subjetivo que tem cada licitante de participar do procedimento licitatório, apresentando sua proposta.

DIREITO ADJETIVO. *Direito processual.* Complexo de normas que regulam os atos judiciários ou o modo pelo qual se pode fazer valer um direito, disciplinando, ainda, o funcionamento dos órgãos do Poder Judiciário. Por exemplo, Código de Processo Penal, Código de Processo Civil, leis de organização judiciária etc. É, portanto, o conjunto de normas relativas à aplicação das normas substantivas ou aos meios para o exercício dos direitos objetivos.

DIREITO ADJUDICATIVO. *Direito processual civil.* Direito conferido a determinadas pessoas para pedir adjudicação de bens.

DIREITO ADMINISTRATIVO. Conjunto de normas concernentes: à ação governamental; à organização e realização de serviços públicos destinados a satisfazer um interesse estatal; à instituição dos órgãos que os executam; à capacidade das pessoas administrativas; à competência no exercício das funções públicas; às relações da Administração com os administrados; e à proteção recursal das garantias outorgadas aos cidadãos para a defesa de seus direitos. É, nas palavras de Oswaldo Aranha Bandeira de Mello, o ordenamento jurídico dos modos, meios e formas da ação do Estado, como Poder Público, ou de quem faça as suas vezes, na criação da utilidade pública, de maneira direta e imediata.

DIREITO ADQUIRIDO. *Direito constitucional* e *teoria geral do direito.* É o que já se incorporou definitivamente ao patrimônio e à personalidade de seu titular, de modo que nem a lei nem um fato posterior pode alterar tal situação jurídica, pois há direito concreto, ou seja, subjetivo, e não direito potencial ou abstrato. Consiste, portanto, na possibilidade de se extraírem efeitos de um ato contrário aos previstos pela lei atualmente vigente, ou seja, é aquele que continua a gozar dos efeitos de uma norma pretérita mesmo depois de já ter sido ela revogada.

DIREITO ADUANEIRO. *Direito alfandegário.* 1. Complexo de normas tributárias relativas à alfândega ou ao controle da importação e exportação de mercadorias. 2. Legislação aduaneira que significa: quaisquer disposições legais e administrativas aplicáveis ou executáveis por parte das administrações aduaneiras relativamente à importação e exportação, ambas as atividades compreendendo regimes especiais, transbordo, tráfego, armazenamento e circulação de mercadorias, inclusive as disposições legais e administrativas relacionadas com medidas de proibição, restrição e controle. Infração aduaneira seria qualquer violação da legislação aduaneira, ou qualquer tentativa de inobservância desta. 3. Qualquer montante de impostos incidentes na importação ou exportação, assim como quaisquer incrementos, sobretaxas, pagamentos vencidos, juros e encargos inerentes aos referidos impostos, cuja cobrança não possa ser levada a cabo em uma das Partes Contratantes da Convenção entre Brasil e Reino dos Países Baixos sobre assistência administrativa mútua para aplicação de legislação aduaneira, prevenção, investigação e combate às infrações aduaneiras.

DIREITO *AD VALOREM.* *Direito aduaneiro.* Direito alfandegário concernente à mercadoria importada.

DIREITO À ELIMINAÇÃO DE BARREIRAS ARQUITETÔNICAS. *Direito constitucional* e *direito administrativo.* Direito a que faz jus o portador de deficiência física, no sentido de que a prefeitura municipal não deve autorizar a construção de obras públicas sem rampas de acesso, com degraus, impossibilitando a entrada de cadeiras de rodas etc. (Luiz Alberto David Araújo).

DIREITO AÉREO. *Direito aeronáutico.* Conjunto de normas que regem a navegação aérea interna e internacional, civil ou comercial, as escalas, as atividades aeronáuticas e as relações comerciais decorrentes do transporte aéreo.

DIREITO AEROESPACIAL. *Vide* DIREITO ESPACIAL.

DIREITO AERONÁUTICO. *Vide* DIREITO AÉREO.

DIREITO ÁGRAFO. *Teoria geral do direito.* Direito consuetudinário.

DIREITO AGRÁRIO. Conjunto de normas reguladoras da atividade agrícola e pecuária, para fomentar a produção e a distribuição da terra, a criação de animais e a exploração extrativa e agroindustrial.

DIREITO AGROALIMENTAR. *Direito agrário.* Conjunto de normas que regem a atividade pública e privada atinente à agricultura, à alimentação, à conservação da natureza e à melhoria das condições do ambiente rural (Alberto Ballarin Marcial).

DIREITO À HONRA. *Direito civil* e *direito penal.* Direito de personalidade relativo à dignidade pessoal, ao decoro, à boa fama ou à reputação social, tutelado civil e penalmente.

DIREITO À IDENTIDADE GENÉTICA. *Direito civil.* É o de saber a história da saúde de parentes consangüíneos para fins de prevenção de moléstia física ou psíquica ou para evitar incesto.

DIREITO À IDENTIDADE PESSOAL. *Direito civil.* É aquele que tem a pessoa de ser conhecida como ela é, e de não ser confundida com outrem (Rubens Limongi França).

DIREITO À IMAGEM. *Direito civil.* Direito da personalidade de autorizar a exposição ou a reprodução pública da imagem. A utilização desta é admitida apenas com autorização do retratado ou de seus sucessores, salvo se tal publicação se relacionar com fins científicos, didáticos ou com eventos de interesse público. É, portanto, o direito de dispor da própria imagem, que é um bem jurídico essencial.

DIREITO À IMAGEM DO NASCITURO. *Direito civil.* Aquele que tem o nascituro de ter sua imagem reproduzida por meio de modernas técnicas, como a do ultra-som, apenas se houver consenso de seu representante legal.

DIREITO AIMARÁ-TIWANACOTA. *História do direito.* Direito constitucional designado Mandamento do Rei Sol, que vigorou na Bolívia, em uma cidade de pedra chamada Tiwanaku. Punia com pena de morte os delitos de sedução, furto, roubo, estupro e vadiagem. Aconselhava a justiça, a verdade, a boa conduta, a sabedoria. Proibia a gula, a ebriedade, a apropriação egoísta da terra. Ordenava aos magistrados que, semanalmente, instruíssem a comunidade em relação aos deveres sociais e às vantagens da cooperação mútua (Acquaviva).

DIREITO À INDENIZAÇÃO. *Direito civil* e *direito processual civil.* Direito do lesado direto (vítima) ou indireto (herdeiro, cônjuge, parentes ou companheiro da vítima) a uma indenização por dano moral e/ou patrimonial sofrido, direito de crédito esse que só se concretiza através de uma decisão judicial. De fato, apesar de no momento da consumação do fato lesivo surgir ao lesado a pretensão de indenização, enquanto a sentença judicial não foi prolatada, o prejudicado será apenas credor potencial. Todavia, estará autorizado, embora não seja credor efetivo, a movimentar a máquina judiciária desde o instante em que experimentar o dano. A ação ressarcitória só poderá ser exercida pelo lesado direto ou indireto, ou por seus representantes, se absoluta ou relativamente incapaz, não podendo ser efetivada à sua revelia por intervenção espontânea do Ministério Público ou de ofício pelo juiz.

DIREITO À INDIVIDUALIDADE. *Direito civil.* Direito ao nome.

DIREITO À INSTRUÇÃO. *Direito constitucional.* É o consagrado na Carta Magna, assegurando a todos instrução gratuita, pelo menos nos graus elementares, em caráter obrigatório, instrução técnico-profissional acessível e instrução superior baseada no mérito (Othon Sidou).

DIREITO À INTEGRIDADE CORPORAL. *Direito civil* e *direito penal.* Conjunto de normas que tutelam o interesse moral sobre o bem que constitui a integridade corporal. Na reparação civil por lesão corporal (física ou psíquica) deve-se entender que houve um menoscabo moral, que não se confunde com as perdas patrimoniais sofridas pelos lesados, que constituem dano patrimonial indireto em razão de lesão a bem moral da vítima e dos lesados. A ofensa à integridade física constitui também crime de lesão corporal.

DIREITO À INTIMIDADE. *Direito civil* e *direito constitucional.* É a zona espiritual reservada da pessoa. Diz respeito ao direito de estar só, ao segredo íntimo, cuja mínima publicidade constrange, à vida amorosa, às próprias convicções, à situação indevassável de pudor pessoal, à dor pela perda de entes queridos, à enfermidade. Constituem ofensas ao direito à intimidade, por ex.: o uso de meios eletrônicos ou de drogas para obrigar alguém a revelar segredo profissional ou fatos de sua vida particular; interceptação de conversa telefônica; emprego de binóculo para espiar a pessoa no interior de sua casa; instalação de microfones, gravadores ou filmadoras para captar subrepticiamente conversas, imagens ou para copiar documentos; ato de seguir a pessoa continuamente etc. É a esfera confidencial (*specie*) do *direito à privacidade* (*genus*). Trata-se do direito da personalidade de garantir a privacidade, de tal sorte que o seu titular pode impedir intromissões, vedando qualquer invasão em sua esfera privada. Constituem ofensas ao direito à privacidade, por exemplo, a violação: de domicílio alheio ou de correspondência; da liberdade de locomoção, de associação e do exercício do trabalho; de acesso ao banco de dados etc. A vida privada envolve forma exclusiva de convivência. Trata-se de situação em que terceiro é excluído, por ser livre não só a escolha de amigos e de convidados, como também o relacionamento civil e empresarial e a freqüência a certos locais etc. Em todos esses casos haverá dano suscetível de reparação.

DIREITO ALHEIO. *Direito civil.* É o pertencente a outrem, que é seu titular legítimo.

DIREITO À LIBERDADE. *Direito constitucional.* Direito que abrange o direito de ir, vir e estar nos logradouros públicos e espaços comunitários, ressalvadas as restrições legais, de opinião e expressão, de crença e culto religioso, de praticar esportes e diversões, de participar na vida política, na vida familiar e comunitária, de buscar refúgio, auxílio e orientação etc.

DIREITO À LIBERDADE PESSOAL. *Direito constitucional.* É o assegurado pela Lei Maior a todos de fazer o que não é proibido por lei.

DIREITO ALODIAL. *Direito civil.* Aquele que está livre de quaisquer ônus ou encargos.

DIREITO ALTERNATIVO. *Teoria geral do direito.* **1.** Teoria crítica do direito que privilegia o valor e considera como jurídicos certos comportamentos praticados ao arrepio da lei, principalmente se esta é contrária aos interesses sociais. **2.** Direito que, baseado no pluralismo jurídico, valora como jurídicas emanações normativas reconhecidas e praticadas, consciente ou inconscientemente, pelas comunidades, mesmo contra o direito oficial, quando exclui interesses de grupos sociais dominados (Paulo Luiz Netto Lôbo). **3.** Movimento jurídico originário da escola francesa *Critique du Droit* e do "Uso alternativo do direito", da Itália, voltado à luta pelos direitos humanos, e que busca ressaltar o aspecto valorativo da norma, tomando uma posição em prol dos oprimidos. Para tanto concede maior liberdade no ato de julgar. **4.** Movimento voltado à busca de um instrumental prático-teórico a ser utilizado pelos aplicadores do direito, que visam colocar seu saber ou sua atuação sob a perspectiva de uma sociedade democrática, libertando-a da dominação injusta (Amilton Bueno de Carvalho).

DIREITO ALTERNATIVO EM SENTIDO ESTRITO. *Teoria geral do direito.* Direito paralelo, emergente, insurgente, não-oficial, coexistente com o direito estatal. Trata-se do direito vivo, atuante, que se encontra em permanente formação e transformação (Amilton B. de Carvalho).

DIREITO AMBIENTAL. *Direito constitucional.* **1.** Conjunto de normas que reconhecem e tornam efetivo ao ser humano o direito a um meio ambiente são, tutelando-o na medida de seus interesses, sem prejudicar a defesa dos interesses gerais pelas entidades públicas e associações particulares. Visam: assegurar não só a efetividade do direito a um meio ambiente ecologicamente equilibrado, preservando-o e defendendo-o, vedando práticas contra sua degradação e obrigando a recuperação do ambiente degradado, conforme soluções técnicas exigidas por órgão público competente, mas também o patrimônio genético, estabelecendo, ainda, diretrizes e punições às condutas lesivas ao meio ambiente; fixar os limites máximos de poluição; limitar administrativamente o uso da propriedade privada, impedindo dano causado pela poluição ambiental etc. É o conjunto de normas que têm por fim impedir a destruição da natureza, controlar a poluição, preservar os recursos naturais e restaurar os elementos naturais destruídos (Acquaviva). **2.** Conjunto de normas preventivas e repressivas, alusivas a qualquer lesão ou ameaça ao patrimônio ambiental, ecológica e culturalmente equilibrado (Helita Barreira Custódio). **3.** É a ciência que estuda os problemas ambientais e suas interligações com o homem, visando a proteção do meio ambiente para a melhoria das condições de vida como um todo (Antonio Silveira Ribeiro dos Santos).

DIREITO À MEAÇÃO. *Direito civil.* Direito de qualquer dos cônjuges casados sob o regime de comunhão à metade dos bens comuns do casal, uma vez dissolvido o casamento.

DIREITO ANACIONAL. *Direito internacional privado.* Aquele que não pertence a qualquer ordenamento jurídico estatal, sendo um direito corporativo autônomo decorrente do comércio internacional. Constitui, tão-somente, um conjunto de normas originárias de operações de comércio internacional, ou melhor, de relações econômicas internacionais, que não se submetem a nenhum direito estatal.

DIREITO À NACIONALIDADE. *Direito constitucional.* É o conferido a todos de terem a nacionalidade do Estado onde nasceram, da qual não podem ser privados de modo arbitrário, dando-se-lhes, porém, o direito de mudá-la.

DIREITO À NOMEAÇÃO. *Direito administrativo.* É o direito que tem o aprovado em concurso público a não ser preterido, isto é, a que não sejam nomeados outros que não os aprovados para as vagas existentes (Celso Antônio Bandeira de Mello). É, portanto, o direito que tem o candidato a ser nomeado, quando o cargo for preenchido sem observância da classificação. É o direito do preterido a ser nomeado.

DIREITO ANTERIOR. *Teoria geral do direito.* O já revogado.

DIREITO *ANTIDUMPING*. *Direito alfandegário* e *direito tributário.* É o montante em dinheiro igual ou inferior à margem de *dumping* apurada, calculado e aplicado com o fim exclusivo de neutralizar os efeitos danosos das importações objeto de *dumping*. O direito *antidumping* é calculado mediante a aplicação de alíquotas *ad valorem* ou específicas, fixas ou variáveis, ou pela conjugação de ambas. A alíquota *ad valorem* é aplicada sobre o valor aduaneiro da mercadoria, em base CIF, apurado nos termos da legislação pertinente. A alíquota específica é fixada em dólares dos Estados Unidos da América e convertida em moeda nacional, nos termos da legislação pertinente. Os direitos *antidumping*, aplicados às importações originárias dos exportadores ou produtores conhecidos, que não tenham sido incluídos na seleção, mas que tenham fornecido as informações solicitadas, não podem exceder a média ponderada da margem de *dumping* estabelecida para o grupo selecionado de exportadores ou produtores. Não são levados em conta margens zero ou *de minimis*. As autoridades aplicarão direitos calculados individualmente às importações originárias de qualquer exportador ou produtor não incluído na seleção, que tenha fornecido as informações solicitadas durante a investigação. Os direitos *antidumping* são devidos apenas sobre os produtos em causa destinados ao consumo final naquele mercado que tenha sido considerado indústria doméstica distinta, para fins da investigação. Quando um direito *antidumping* for aplicado sobre um produto, este é cobrado, independentemente de quaisquer obrigações de natureza tributária relativas à sua importação, nos valores adequados a cada caso, sem discriminação, sobre todas as importações do produto que tenham sido consideradas como efetuadas a preços de *dumping* e danosas à indústria doméstica, qualquer que seja sua procedência. Não serão cobrados direitos sobre aquelas importações procedentes de exportadores com os quais tenham sido acordados compromissos de preços. Direitos *antidumping* definitivos poderão ser cobrados sobre produtos importados, objeto de *dumping*, que tenham sido despachados para consumo, até noventa dias antes da data de aplicação das medidas *antidumping* provisórias, sempre que se determine, com relação ao produto em questão, que: a) há antecedentes de *dumping* causador de dano, ou que o importador estava ou deveria estar ciente de que o produtor ou exportador pratica *dumping* e de que este causaria dano; e b) o dano é causado por volumosas importações de um produto a preços de *dumping* em período relativamente curto, o que, levando em conta o período em que foram efetuadas e o volume das importações objeto de *dumping* e também

o rápido crescimento dos estoques do produto importado, levará provavelmente a prejudicar seriamente o efeito corretivo dos direitos *antidumping* definitivos aplicáveis, desde que tenha sido dada aos importadores envolvidos a oportunidade de se manifestar sobre a medida. Não são cobrados direitos sobre produtos que tenham sido despachados para consumo antes da data de abertura da investigação. Direitos *antidumping* e compromissos de preços somente permanecerão em vigor enquanto perdurar a necessidade de neutralizar o *dumping* causador de dano. Todo direito *antidumping* definitivo é extinto no máximo em cinco anos após a sua aplicação, ou cinco anos a contar da data da conclusão da mais recente revisão, que tenha abrangido *dumping* e dano dele decorrente. O prazo de aplicação poderá ser prorrogado mediante requerimento, devidamente fundamentado, formulado pela indústria doméstica ou em seu nome, por iniciativa de órgãos ou entidades da Administração Pública federal, ou da SECEX, desde que demonstrado que a extinção dos direitos levaria muito provavelmente à continuação ou retomada do *dumping* e do dano dele decorrente. São, portanto, taxas cobradas em moeda corrente do País correspondentes ao percentual da margem de *dumping*, independentemente de qualquer obrigação de natureza tributária relativa à importação dos produtos afetados. O cumprimento das obrigações resultantes da aplicação dos direitos *antidumping* é condição para a introdução no comércio do País de produtos objeto de *dumping*. O ato de imposição de direitos *antidumping* deve indicar o prazo de vigência, o produto atingido, o valor da obrigação, o país de origem ou de exportação, o nome do exportador e as razões pelas quais a decisão foi tomada. A Secretaria da Receita Federal (SRF) do Ministério da Fazenda tem competência para a cobrança dos direitos *antidumping* sobre bens despachados para consumo a partir da data da publicação do ato que os estabeleceu.

DIREITO ANTIGO. 1. *Teoria geral do direito.* Conjunto de normas revogadas. **2.** *História do direito.* Conjunto de normas vigorantes em épocas passadas que regiam os povos da antigüidade, como as do direito romano e as dos egípcios.

DIREITO AO ACESSO. *Direito administrativo.* É aquele que tem o funcionário público de ser promovido a uma classe mais elevada. Trata-se do direito à promoção.

DIREITO AO AGNOME. *Direito civil.* É aquele que tem a pessoa ao sinal distintivo que se acrescenta ao nome completo, como filho, júnior, neto, sobrinho, para diferenciá-la de parentes que tenham o mesmo nome. O agnome é indicativo da espécie de parentesco para identificar os homônimos.

DIREITO AO CADÁVER. *Direito civil.* É o de dispor do próprio cadáver para fins humanitários ou científicos.

DIREITO AO DESENVOLVIMENTO. *Teoria geral do direito* e *direito internacional público.* Direito humano inalienável, pelo qual todos têm reconhecida a sua participação no desenvolvimento econômico, social, cultural e político, e pelo qual se admite ao povo a autodeterminação e a soberania plena sobre todas as riquezas e recursos naturais.

DIREITO AO EPITÁFIO. *Direito civil.* Direito à mensagem recomendada e a ser gravada pelos herdeiros no túmulo do *de cujus* para perpetuar a sua memória e testemunhar os seus méritos (Pierre Ferran), revelando sua convicção filosófica ou temperamento. É um direito integrante do *jus sepulchri*, que será exercido pelos herdeiros do falecido em atenção à sua última vontade.

DIREITO AO ESQUECIMENTO. *Direito constitucional.* Espécie de direito à intimidade que resguarda a vida passada da pessoa de especulações publicitárias (Othon Sidou). Direito que têm certas pessoas (p. ex., menores que alcançam a notoriedade em razão de fatos graves) de ficar no anonimato, vedando-se não só informações sobre seus paradeiros, novas identidades, como também publicação de fotografias, desenhos ou dados sobre suas imagens, para que possam retomar suas atividades, sem prejuízo à sua personalidade (Regina Sahm).

DIREITO AO MEIO AMBIENTE. *Direito ambiental* e *direito constitucional.* Direito consagrado, constitucionalmente, a todos, a um meio ambiente ecologicamente equilibrado, essencial a uma qualidade de vida sadia; por isso a coletividade e o Poder Público têm o dever de defendê-lo e preservá-lo para as presentes e futuras gerações.

DIREITO AO NOME CIVIL. *Direito civil.* Direito essencial, pois o nome integra a personalidade, por ser o sinal exterior pelo qual se designa, individualiza e reconhece a pessoa no seio da família e da sociedade. É um direito à identidade pessoal.

DIREITO AO NOME EMPRESARIAL. *Direito comercial.* Direito ao uso do nome sob o qual o empresário ou sociedade empresária exerce a sua atividade econômica organizada para a produção de bens ou de serviços; da denominação do estabelecimento; do nome dos produtos e dos lugares de produção; e de quaisquer outros elementos ligados ao complexo do estabelecimento que distingam ou individualizem o empresário ou as suas atividades (João da Gama Cerqueira).

DIREITO AO NOME VOCATÓRIO. *Direito civil.* Direito da pessoa de ser chamada pelo nome por que é mais conhecida, como se deu, por exemplo, com Olavo Bilac, cujo nome completo era Olavo Braz Martins dos Guimarães Bilac. O nome vocatório pode ser escolhido por terceiros, no trato habitual, ou pelo próprio titular.

DIREITO AO PSEUDÔNIMO. 1. *Direito autoral.* Direito moral do autor de ter o seu pseudônimo ou sinal convencional indicado ou anunciado na utilização de sua obra. Há proteção jurídica ao pseudônimo de literatos e artistas, dada a sua importância para identificá-los no mundo das letras e das artes. Por exemplo, Gabriela Mistral é o pseudônimo de Lucila Godoy Alacayaga; Di Cavalcanti, o de Emiliano de Albuquerque Melo. O pseudônimo pode, como nos exemplos dados, ser constituído de um nome diverso do próprio; por um anagrama, que constitui uma combinação das letras do mesmo, como fez o poeta alemão do século XVII Kaspar Stieler, que, com as letras do nome civil, passou a ser Peil-Karas três; por um criptônimo, que é composto das primeiras letras do nome do titular, como, por exemplo, fez o escritor Léo Vaz, cujo nome era Leonardo Vaz (R. Limongi França). **2.** *Direito canônico.* Direito que têm os religiosos ao nome claustral ou monacal. **3.** *Direito comercial.* Direito do empresário de adotar, para denominação geral de sua atividade, para nome-reclamo da atividade empresarial, a marca do produto. Por exemplo, como há o direito de, no exercício da atividade comercial ou industrial, o empresário, ao organizar sua empresa, escolher um nome para o seu ponto comercial (insígnia), outro para seus produtos (marca), e outro, ainda, o patronímico, para assinatura de seus compromissos comerciais (J. Pinto Antunes). Assim, a firma "João Alves", proprietária da "Casa Coimbra" (título de estabelecimento), vendedora dos produtos alimentícios marca "Flor de Portugal", poderá vir a ser conhecida pela clientela pelo nome do produto, que passará então a ser o pseudônimo comercial adotado pelo comerciante como marca e nome-reclamo, para evitar dispersão da freguesia. O pseudônimo empresarial está vedado no nome-firma.

DIREITO AO RECATO. *Vide* DIREITO À INTIMIDADE.

DIREITO AO REEMBOLSO. *Direito civil.* Direito que se tem de receber de volta o que se despendeu ou o que se emprestou ou adiantou.

DIREITO AO REPOUSO. *Direito constitucional* e *direito do trabalho.* É o que garante a todos descanso e lazer, limitando horas de trabalho e impondo férias anuais remuneradas.

DIREITO AO RESGUARDO. *Direito constitucional.* É o de manter a inviolabilidade da vida íntima.

DIREITO AO RESPEITO. *Direito constitucional.* **1.** É o de ter assegurada a integridade física, psíquica e moral. **2.** Direito que compreende o direito da propriedade; o da preservação da identidade, da imagem, da autonomia, dos espaços, dos objetos pessoais e dos valores, idéias e crenças; e o da inviolabilidade da integridade física, psíquica e moral (Sérgio Ferraz).

DIREITO AO RESPEITO À VIDA. *Direito civil.* Direito que todos têm a ter sua vida respeitada. A vida humana é um bem anterior ao direito, que a ordem jurídica deve respeitar. Tal direito não é um direito à vida. Esta não é uma concessão jurídico-estatal, tampouco um direito de uma pessoa sobre si mesma. Savigny não admite, com razão, a existência de um direito sobre si próprio; isso seria legitimar o suicídio. A vida não é o domínio da vontade livre; ela exige que o próprio titular do direito a respeite (Diogo Leite de Campos). O direito ao respeito à vida é um direito *excludendi alios*, ou seja, um direito de exigir um comportamento negativo dos outros.

DIREITO AO SILÊNCIO. *Direito constitucional* e *direito processual penal.* Direito que tem o preso de permanecer calado no instante em que for preso, ou por ocasião de seu interrogatório (Ada Pellegrini Grinover e Edgard Silveira Bueno Filho).

DIREITO AO SOSSEGO. *Direito constitucional.* É o de viver com tranqüilidade no lar, principalmente nas horas de repouso.

DIREITO AOS QUALIFICATIVOS DE DIGNIDADE OFICIAL. *Direito civil.* Direito que têm os titulares de qualificativos de dignidade oficial, como os de presidente, desembargador, deputado, embaixador etc., de exigir o seu uso no exercício do cargo, enquanto praticarem atos onde a indicação da função seja obrigatória (R. Limongi França e Perreau).

DIREITO AO TÍTULO ACADÊMICO E CIENTÍFICO. *Direito civil.* Direito que têm os portadores de títulos acadêmicos e científicos, como bacharel, doutor, professor, ao seu uso no exercício das suas funções.

DIREITO AO TRABALHO. *Direito constitucional.* É o assegurado a todos de livremente escolher um emprego remunerado.

DIREITO APARENTE. *Direito civil.* Diz-se do fato que aos olhos de todos parece ser direito, quando, na verdade, não o é. É uma situação fática que se exterioriza como um direito não verdadeiro. Por exemplo, o caso do credor aparente ou putativo ou do herdeiro aparente que se apresenta como o sucessor do *de cujus*, quando, na realidade, não o é, por ser nulo o testamento que o contempla.

DIREITO À PARTÍCULA DO NOME CIVIL. *Direito civil.* Parte integrante do nome que pode ligar dois prenomes ou dois patronímicos ou o prenome ao patronímico, indicando ou não procedência nobre do seu portador.

DIREITO À PENSÃO POR MORTE. *Direito previdenciário.* É o concedido a: a) menor sob guarda, caso o óbito do segurado tenha ocorrido até 13 de outubro de 1996, desde que atendidos os requisitos da legislação em vigor à época; b) pessoa designada como dependente do segurado, desde que atendidas as condições legais. A pensão por morte, havendo mais de um pensionista, será rateada entre todos, em partes iguais, sendo revertido em favor dos demais dependentes a parte daquele cujo direito à pensão cessar, atentando-se que o pagamento da cota individual da pensão por morte cessará: a) pela morte do pensionista; b) para o pensionista menor de idade, ao completar 21 (vinte e um) anos, salvo se for inválido, ou pela emancipação, ainda que inválido, exceto, neste caso, se a emancipação for decorrente de colação de grau científico em curso de ensino superior; c) para o pensionista inválido, pela cessação da invalidez, verificada em exame médico-pericial a cargo da Previdência Social; ou d) pela adoção, para o filho adotado que receba pensão por morte dos pais biológicos, exceto quando o cônjuge ou o companheiro(a) adota o filho do outro.

DIREITO À PRIVACIDADE. *Vide* DIREITO À INTIMIDADE.

DIREITO À PROMOÇÃO. *Vide* DIREITO AO ACESSO.

DIREITO À PROPRIEDADE. *Direito constitucional.* É o de não ser privado do que lhe pertence.

DIREITO À QUITAÇÃO. *Direito civil.* É o assegurado ao devedor que efetuar um pagamento de exigir o respectivo recibo.

DIREITO ARCAICO. *História do direito.* Direito antigo, conhecido mediante pesquisas arqueológicas.

DIREITO À REPUTAÇÃO. *Direito constitucional.* É o que tem a pessoa de resguardar sua fama.

DIREITO ÀS HORAS *IN ITINERE*. *Direito do trabalho.* Direito que tem o empregado ao pagamento das horas despendidas para chegar ao local do trabalho, por ser de difícil acesso e por não haver transporte público regular ou por existir incompatibilidade de horários entre o transporte coletivo público e aqueles do início e fim de jornada do empregado.

DIREITO ASSISTENCIAL. 1. *Direito previdenciário.* Conjunto de normas que amparam o trabalhador, garantindo-lhe benefícios da previdência e assistência social. Modernamente, é designado "direito previdenciário". **2.** *Direito civil.* Complexo de normas alusivas a guarda, tutela, curatela, ausência e medidas protetivas da criança e do adolescente.

DIREITO ATUAL. *Teoria geral do direito.* **1.** É o adquirido; aquele que já está em condições de ser exercido, por se incorporar imediatamente ao patrimônio do adquirente. **2.** Conjunto de normas vigentes.

DIREITO AUTÓCTONE. *História do direito.* É o direito primitivo próprio de um povo, como o dos incas, por exemplo.

DIREITO AUTORAL. *Direito civil.* Conjunto de prerrogativas de ordem não patrimonial (moral) e pecuniária que a lei reconhece a todo criador de obras literárias, artísticas e científicas de alguma originalidade, no que diz respeito à sua paternidade e ao seu ulterior aproveitamento, por qualquer meio, durante toda a sua vida, ou aos seus sucessores, ou pelo prazo que ela fixar (Antônio Chaves).

DIREITO AVIATÓRIO. Direito de aviação.

DIREITO À VIDA. *Direito civil* e *direito penal.* Direito inato e essencial do ser humano protegido civil e criminalmente e cuja violação impõe reparação civil e pena por homicídio culposo ou doloso ou por aborto.

DIREITO À VISITA. *Direito civil.* Direito personalíssimo do menor de ser visitado pelo genitor, que não tem mais a guarda, por seus avós, parentes, amigos ou por qualquer pessoa a quem tenha afeição.

DIREITO BANAL. *História do direito.* Privilégio do suserano, no feudalismo, ou do donatário, no regime das donatarias, que incidia sobre aqueles que habitavam suas terras.

DIREITO BANCÁRIO. Conjunto de normas que disciplinam as relações entre os próprios estabelecimentos bancários, entre o banco e o particular e as operações bancárias realizadas pelos bancos ou por instituições financeiras.

DIREITO CAMBIAL. *Vide* DIREITO CAMBIÁRIO.

DIREITO CAMBIÁRIO. *Direito comercial.* Ramo do direito comercial que disciplina os títulos de crédito ou cambiais, as operações a eles concernentes e as relações jurídicas que geram. É também denominado "direito cartular", por estar contido na declaração cartular, podendo ser exigido pelo portador do título cambial.

DIREITO CANÔNICO. 1. Complexo de preceitos ou cânones estabelecidos pela Igreja Católica Apostólica Romana para reger a sociedade eclesiástica e as relações dos fiéis, estabelecendo uma ordem jurídica que governa os católicos; direito eclesiástico católico. **2.** *Vide* DIREITO ECLESIÁSTICO.

DIREITO CARTULAR. *Vide* DIREITO CAMBIÁRIO.

DIREITO CASTRENSE. *Vide* DIREITO MILITAR.

DIREITO CERTO. É o direito de uma pessoa que não admite qualquer contestação, dúvida ou oposição, por ter existência certa independente de prova ou demonstração.

DIREITO CIENTÍFICO. *Teoria geral do direito.* Doutrina decorrente de atividade científico-jurídica como fonte de direito costumeiro. Trata-se da doutrina como forma de expressão do direito consuetudinário, resultante da prática reiterada de juristas contemporâneos sobre certo assunto. É, portanto, o produto da doutrina jurídica (Miguel Reale).

DIREITO CÍVICO. *Ciência política.* Conjunto de direitos e deveres relativos à cidadania, abrangendo o direito de votar e de ser votado, de se filiar a partidos políticos, de exprimir opinião, de professar uma ideologia política etc.

DIREITO CIVIL. Ramo do direito privado destinado a reger relações familiares, patrimoniais e obrigacionais que se formam entre indivíduos encarados como tais, ou seja, enquanto membros da sociedade.

DIREITO CIVILIZADO. É o dos povos cultos.

DIREITO CLÁSSICO. *História do direito.* Período áureo do direito dos povos da antigüidade, revelado pela elaboração de textos legislativos importantes ou pela opinião de jurisconsultos.

DIREITO COLETIVO DO TRABALHO. *Vide* DIREITO SINDICAL.

DIREITO COMERCIAL. Conjunto de normas disciplinadoras da atividade econômica negocial e organizada de empresário e de qualquer pessoa, física ou jurídica, destinada a fins de natureza econômica, desde que habitual e dirigida à produção e circulação de bens ou serviços conducentes a resultados patrimoniais ou lucrativos.

DIREITO COMERCIAL INTERNACIONAL. *Direito comercial.* Conjunto de normas disciplinadoras das relações de comércio entre pessoas pertencentes a diferentes países.

DIREITO COMERCIAL MARÍTIMO. *Direito comercial.* Conjunto de normas que regulam as relações jurídicas mercantis e os atos negociais alusivos a transporte ou expedições sobre águas navegáveis marítimas, fluviais ou lacustres.

DIREITO COMPARADO. *Teoria geral do direito.* É a ciência comparada do direito, ou ciência do direito comparado, que tem por escopo estudar, simultânea e comparativamente, não só o direito positivo contemporâneo ou não, de diferentes países, mas também os motivos pelos quais o direito se desenvolveu de modo diverso, nos vários países, com o intuito de uniformizá-lo e orientar, em certos casos, a reforma legislativa no direito nacional.

DIREITO COMPENSATÓRIO. *Direito internacional privado.* Aquele aplicado com o escopo de compensar subsídio concedido, direta ou indiretamente, no País exportador, à fabricação, à produção, à exportação ou ao transporte de qualquer produto, cuja exportação ao Brasil cause dano à indústria doméstica. É, portanto, a quantia em dinheiro igual ou inferior ao montante de subsídio acionável calculado por unidade do produto subsidiado exportado para o Brasil, com base no benefício usufruído durante o período de investigação de existência de subsídios acionáveis. Os direitos compensatórios somente permanecerão em vigor enquanto perdurar a necessidade de neutralizar o subsídio acionável causador de dano e serão extintos no máximo em cinco anos, após a sua aplicação ou após a conclusão da mais recente revisão, que tenha abrangido o subsídio acionável e o dano dele decorrente.

DIREITO COMPORTAMENTAL. *Teoria geral do direito.* Direito consuetudinário.

DIREITO COMUM. 1. *Direito civil.* Denominação dada ao direito civil por ser ele o direito comum a todas as pessoas e por disciplinar o seu modo de ser e de agir, sem quaisquer referências às condições sociais ou culturais. Os indivíduos exercem as mais diferentes profissões (comerciantes, industriais, funcionários etc.) e, segundo a natureza especial de suas funções, submetem-se a um regime legal peculiar. Todavia, embora empresários, agricultores, operários, médicos, funcionários, advogados etc., todos são iguais e têm certos interesses comuns. Essas situações idênticas a todos, como casamento, nascimento, morte etc., regem-se pelas normas de direito civil, que são relativas às pessoas, na sua constituição geral e comum, como diz Clóvis Beviláqua. O direito comum disciplina as relações jurídicas das pessoas enquanto pessoas, e não na condição especial de médicos, advogados, operários etc. Excepcionalmente, o novel Código Civil rege capacidade de empresários, traça caracteres das sociedades personificadas e não personificadas, dispõe sobre estabelecimento, registro, nome empresarial, prepostos e escrituração. Rege, em regra, as relações mais simples da vida cotidiana, atendo-se aos indivíduos garantidamente situados com direitos e deveres, na sua qualidade de marido e mulher, ou de companheiros, pai ou filho, credor ou devedor, alienante ou adquirente, proprietário ou possuidor, condômino ou vizinho, testador ou herdeiro. **2.** *Teoria geral do direito.* a) Conjunto de normas normalmente aplicáveis em contraposição às leis especiais, ou seja, aplicáveis em caráter geral a uma série de relações jurídicas, por não haver qualquer avocação de lei especial que deva ser aplicada a elas (De Plácido e Silva). Ou, como prefere Capitant, é o complexo de normas gerais aplicadas a uma certa categoria de relações de direito sempre que a lei ou as partes interessadas não lhes façam derrogação particular. Por exemplo, o direito penal é um direito comum aplicável a qualquer pessoa que venha a perpetrar o delito de homicídio, mas, se um militar, no exercício de suas funções, contra a ordem de seu superior, matar uma pessoa, aplicar-se-lhe-á o direito penal militar e não o direito penal comum; b) o mesmo que *COMMON LAW*, que é o direito dos países anglo-saxônicos.

DIREITO CONATO. *Direito inato.*

DIREITO CONDICIONADO. 1. *Direito civil.* Diz-se do direito cuja aquisição depende de condição suspensiva ou cuja ineficácia está subordinada a uma condição resolutiva. **2.** *Direito administrativo.* Diz-se do direito subjetivo que está submetido à prevalência do interesse público.

DIREITO CONDICIONAL. *Direito civil.* Diz-se do direito cujo efeito, total ou parcial, depende de um evento futuro e incerto. É, portanto, aquele que só se perfaz pelo advento de um acontecimento futuro e incerto, de modo que o seu titular só o adquirirá se sobrevier a condição. Por exemplo, um advogado oferece sociedade a seu estagiário se ele se formar em direito, ficando este com a possibilidade de adquiri-la se conseguir colar grau. Pode-se considerar, segundo observa Porchat, como adquirido o direito condicional porque a condição torna-o apenas esperado, mas ainda não realizado. Com o implemento da condição, supõe-se ter ele existido desde o instante da ocorrência do fato que o criou. O direito condicional, embora dependente de um evento futuro e incerto, já é um bem jurídico, tendo valor econômico e social e constituindo elemento do patrimônio de seu titular. Justamente pelo fato de ter o direito adquirido condicional um valor econômico e constituir um bem jurídico é que ele se diferencia da expectativa de direito, que, não tendo significação patrimonial, pode, sem lesão, ser abolida em qualquer tempo pela lei.

DIREITO CONDOMINIAL. *Direito civil.* Conjunto de normas disciplinadoras do condomínio.

DIREITO CONGÊNITO. *Direito constitucional* e *direito civil.* Diz-se do direito individual fundamental ou essencial ao ser humano, como o direito da personalidade, por exemplo.

DIREITO CONSENSUAL. É o que advém de atos da vontade.

DIREITO CONSTITUCIONAL. Conjunto de normas jurídicas atinentes à organização político-estatal nos seus elementos essenciais, definindo o regime político e a forma de Estado e estabelecendo os órgãos estatais substanciais, suas funções e relações com os cidadãos, ao limitar suas ações mediante o reconhecimento e a garantia de direitos fundamentais dos indivíduos

de per si considerados ou agrupados, formando comunidades. Portanto, o direito constitucional contém normas alusivas à organização básica do Estado que, além de estipular a forma da Federação brasileira, discriminando o que compete de maneira privativa ou concorrente à União, aos Estados e Municípios, e de distribuir as esferas de competência do exercício do poder político, estabelecendo as condições do regime presidencial, determinando os campos de atuação dos Poderes Executivo, Legislativo e Judiciário, assegura os direitos fundamentais dos indivíduos para com o Estado, ou como membros da comunidade política, não só nesta seara, mas também no plano jurídico, social e econômico-financeiro.

DIREITO CONSUETUDINÁRIO. *Teoria geral do direito.* Conjunto de normas oriundas dos usos e costumes.

DIREITO CONSULAR. *Direito internacional público.* Complexo de normas relativas aos cônsules, à sua missão de zelar pelos interesses dos nacionais do país que representam, às suas atividades notariais e às funções que devem exercer.

DIREITO CONSUMADO. *Teoria geral do direito.* É aquele já aperfeiçoado, perfeito e acabado.

DIREITO CONTEMPORÂNEO. *História do direito.* É o relativo à era da Revolução Francesa até os dias de hoje.

DIREITO CONTINENTAL. *Teoria geral do direito* e *direito comparado.* **1.** É o da Europa continental, que abrange o romano e o germânico, contrapondo-se ao anglo-americano. **2.** Direito baseado no direito romano que vigora nos países do continente europeu (Othon Sidou).

DIREITO CONTRATUAL. *Direito civil* e *direito comercial.* É o resultante de contrato.

DIREITO CORPORATIVO. *Direito do trabalho.* Complexo de normas que disciplinam as relações coletivas econômicas e trabalhistas através de corporações e sindicatos, regulando, portanto, classes de empregadores e empregados organizadas em corporações e colocadas sob a tutela estatal.

DIREITO COSMOPOLÍTICO. *Teoria geral do direito.* Direito visto, por Emmanuel Kant, como a união possível de todos os povos, em relação a certas leis universais de seu comércio possível. A idéia racional de uma comunidade pacífica de todos os povos, estabelecendo relações entre eles, é um princípio do direito.

DIREITO COSTUMEIRO. *Vide* DIREITO CONSUE-TUDINÁRIO.

DIREITO COSTUMEIRO NAS RELAÇÕES INTERNA-CIONAIS. *Direito internacional público.* É o conjunto de usos e costumes internacionais e de normas emitidas por organismos internacionais não-estatais (André Franco Montoro).

DIREITO CREDITÓRIO. *Direito civil.* É o que advém de um crédito.

DIREITO CRIMINAL. *Direito penal.* Trata-se do conjunto de normas atinentes aos crimes e às penas correspondentes, regulando a atividade repressiva do Estado para preservar a sociedade do delito. O direito penal, também designado direito criminal, ocupa-se dos atos puníveis, isto é, dos crimes e das contravenções no plano normativo, vendo-os como entidades abstratas, ou seja, como condutas que não devem ser praticadas por serem punidas por lei. Ao definir as condutas delituosas, relaciona-as a uma sanção, pena (de natureza repressiva) ou medida de segurança (de finalidade preventiva), por ele previamente prevista e que deve ser aplicada pelo juiz aos delinqüentes.

DIREITO CRISTÃO. *Teoria geral do direito.* Conjunto de princípios teológicos informadores das leis e dos cânones e determinantes da unidade de ação entre o Estado e a Igreja, caracterizando-se pela humanidade.

DIREITO DA AVIAÇÃO. *Vide* DIREITO AÉREO.

DIREITO DA EDUCAÇÃO. 1. Conjunto de normas relativas à formação e informação dos indivíduos à política educacional, à organização, à administração e ao currículo escolares e à didática. **2.** Estuda a Educação e o Ensino, tendo por finalidade o pleno desenvolvimento da pessoa, seu preparo para o exercício da cidadania e sua qualificação para o trabalho, conforme os ditames da Constituição (Maria Garcia).

DIREITO DA ELETRICIDADE. *Economia política.* Conjunto de normas disciplinadoras da conversão da energia e de sua utilização como corrente elétrica, com repercussão econômica (W. T. Álvares).

DIREITO DA EMPRESA. *Vide* DIREITO EMPRESARIAL.

DIREITO DA GUERRA. *Direito internacional público.* Conjunto de normas específicas, fundadas em tratados e convenções internacionais, que regulam o conflito armado, a limitação do uso de determinadas armas, a proibição do emprego de armas bacteriológicas ou químicas, a prote-

ção de feridos, militares ou civis, o tratamento devido aos prisioneiros de guerra, as medidas protetivas de obras de arte, monumentos históricos, prédios tombados etc.

DIREITO DA PERSONALIDADE. *Direito civil.* É o direito da pessoa de defender o que lhe é próprio, ou seja, a sua integridade física (vida, alimentos, o próprio corpo vivo ou morto, o corpo alheio vivo ou morto, partes separadas do corpo vivo ou morto), a sua integridade intelectual (liberdade de pensamento, autoria científica, artística e literária) e a sua integridade moral (honra, recato, segredo pessoal, profissional e doméstico, imagem, identidade pessoal, familiar e social) (Goffredo Telles Jr. e R. Limongi França). É o direito comum da existência, porque é simples permissão dada pela norma jurídica, a cada pessoa, de defender um bem que a natureza lhe deu, de maneira primordial e direta (Goffredo Telles Jr.).

DIREITO DAS COISAS. *Direito civil.* Conjunto de normas que regem as relações jurídicas concernentes aos bens materiais e imateriais suscetíveis de apropriação pelo homem. Infere-se desse conceito que o direito das coisas visa regulamentar as relações entre os homens e as coisas, traçando normas tanto para aquisição, exercício, conservação e perda de poder dos homens sobre esses bens como para os meios de sua utilização econômica.

DIREITO DAS GENTES. *Direito internacional público.* **1.** Antiga denominação do direito internacional público por influência do direito romano, para qual o *jus gentium* constituía o direito comum entre Roma e os povos cultos da época, sendo aplicável aos estrangeiros não submetidos ao *Direito romano*. É um conjunto de normas que regulamentam as relações jurídicas entre os diferentes países e as organizações internacionais. **2.** *Vide* DIREITO INTERNACIONAL PÚBLICO.

DIREITO DAS HERANÇAS. *Direito civil.* **1.** Complexo de normas alusivas à transferência dos bens do *de cujus* aos seus herdeiros. **2.** *Vide* DIREITO DAS SUCESSÕES.

DIREITO DAS MINORIAS. *Ciência política.* É o que se assegura à minoria não só de participar na composição do corpo representativo, mas também de fiscalizar e apresentar críticas.

DIREITO DAS NAÇÕES. *Vide* DIREITO DAS GENTES.

DIREITO DAS OBRIGAÇÕES. *Direito civil.* Conjunto de normas que regem relações jurídicas de ordem

DIREITO DAS PANDECTAS   159   **DIR**

patrimonial que têm por objeto prestações de um sujeito em proveito de outro. Visa, portanto, regular os vínculos jurídicos em que ao poder conferido a alguém de exigir uma prestação corresponde o dever de prestar imposto a outrem, como, por exemplo, o direito que tem o vendedor de exigir do comprador o preço convencionado. Infere-se daí que esse ramo do direito civil trata dos vínculos entre credor e devedor, excluindo de sua órbita relações de uma pessoa com uma coisa. O direito obrigacional ou de crédito contempla as relações jurídicas de natureza pessoal, visto que seu conteúdo é a prestação patrimonial, ou seja, a ação ou omissão da parte vinculada (devedor), tendo em vista o interesse do credor, que, por sua vez, tem o direito de exigir aquela ação ou omissão, de tal modo que, se ela não for cumprida espontaneamente, poderá movimentar a máquina judiciária para obter do patrimônio do devedor a quantia necessária à composição do dano.

DIREITO DAS PANDECTAS. *História do direito.* Direito justinianeu.

DIREITO DAS SUCESSÕES. *Direito civil.* Conjunto de normas que disciplinam a transferência do patrimônio de alguém, após sua morte, ao herdeiro, em virtude de lei ou testamento. É, portanto, o complexo de disposições jurídicas que regem a transmissão de bens, valores e dívidas do falecido, ou seja, a transmissão do ativo e do passivo do *de cujus* ao herdeiro.

DIREITO DA TRONCALIDADE. *História do direito.* No direito lusitano medieval, é aquele em que a vocação hereditária se funda na norma *paterna paternis, materna maternis*, segundo a qual os bens do marido se adjudicavam aos parentes masculinos e os da mulher, aos femininos.

DIREITO DE AÇÃO. 1. *Direito processual civil.* a) Poder de reclamar a prestação da atividade jurisdicional (J. J. Calmon de Passos). É o assegurado a um titular de direito de recorrer ao Poder Judiciário, formulando uma pretensão para fazer valer seu direito, pleitear sua declaração ou restabelecimento com a obtenção de uma decisão judicial que lhe seja favorável. Ou, como prefere Acquaviva, é o direito subjetivo público de pleitear, perante o Estado, a satisfação de um interesse reconhecido por lei; b) diz-se do direito daquele que tem legítimo interesse para agir em juízo de propor ou de contestar uma ação. **2.** *Direito civil.* Poder de exercer um direito subjetivo.

DIREITO DE ACESSO. É, na *linguagem jurídica,* o privilégio associado a um cargo, pessoa ou processo para ter acesso a um ativo.

DIREITO DE ACRESCER. 1. *Direito civil.* a) *Vide* ACRESCER; b) direito do co-herdeiro ou do co-legatário de receber o quinhão originário de outro co-herdeiro ou co-legatário que não quis ou não pôde recebê-lo, desde que sejam, pela mesma disposição testamentária, conjuntamente chamados a receber a herança ou o legado em cotas não determinadas. **2.** *Direito canônico.* Direito que têm os presentes de uma paróquia de receber a renda distribuída entre várias confrarias ou ordens que seria cabível aos ausentes, salvo disposição em contrário na constituição da mencionada renda.

DIREITO DE ADVOGADO A PRISÃO ESPECIAL. *Direito penal.* Direito do advogado privado da liberdade de ser recolhido não em cela especial de delegacia de polícia ou de estabelecimento prisional comum, mas em sala de Estado-Maior, ou, inexistindo, que seja imposta prisão domiciliar.

DIREITO DE AGIR EM JUÍZO. *Vide* DIREITO DE AÇÃO.

DIREITO DE AGRAVAR. *Direito processual civil.* Direito de interpor agravo.

DIREITO DE ÁGUAS. *Direito civil* e *direito constitucional.* Conjunto de normas disciplinadoras da propriedade, utilização, aproveitamento, preservação e defesa de recursos hídricos (Cid Tomanik Pompeu).

DIREITO DE ALIENAÇÃO. *Direito civil.* Direito do proprietário de um bem de dispor dele como lhe aprouver, desde que não atente contra a ordem pública ou o interesse social. O *jus disponendi* equivale ao direito de dispor da coisa ou de aliená-la a título oneroso (venda) ou gratuito (doação), abrangendo o poder de consumi-la, gravá-la de ônus (penhor, hipoteca, servidão etc.) ou submetê-la ao serviço de outrem.

DIREITO DE ANGÁRIA. *Ciência política.* É o direito, em forma de empréstimo, que o Estado se reserva de usar navios ou outro meio de transporte para atender a alguma necessidade.

DIREITO DE ANTENA. 1. Direito a criação de empresas destinadas a difundir mensagens (Espanha e Alemanha). **2.** Direito de resposta e de réplica política (Portugal). **3.** Direito de captação ou transmissão da comunicação por meio de ondas (Celso A. P. Fiorillo e Marcelo A. Rodrigues).

DIREITO DE APELAR. *Direito processual.* Direito da parte vencida ou do terceiro prejudicado de recorrer da sentença proferida, interpondo recurso de apelação, para que, devolvida a apreciação da controvérsia ao tribunal superior, seja reformada a decisão impugnada.

DIREITO DE APROPRIAÇÃO. *Direito civil.* **1.** Direito de assenhorear-se de coisa sem dono (*res nullius*) ou abandonada (*res derelictae*) com a intenção de torná-la própria. **2.** Direito de adquirir, por título legítimo, tudo o que é necessário à vida (Cunha Gonçalves).

DIREITO DE ARENA. *Direito constitucional* e *direito desportivo.* Direito do atleta profissional de usufruir, se participante de espetáculo desportivo, de parte do *quantum* recebido pela associação desportiva não só para autorizar a fixação, transmissão ou retransmissão por quaisquer meios, obedecidas as convenções e contratos firmados, como também para comercializar imagens. A autorização da entidade a que se filia o atleta também é necessária para a transmissão ou a retransmissão, por qualquer meio, de espetáculo desportivo público com entrada paga.

DIREITO DE ARREPENDIMENTO. **1.** *Direito civil.* a) Direito consignado em cláusula contratual que preveja a possibilidade de desistência de qualquer das partes dos direitos e obrigações do contrato. O direito de arrependimento pode estar, portanto, previsto no próprio contrato, quando os contratantes estipulam que o ajuste será rescindido, mediante declaração unilateral de vontade, se qualquer deles se arrepender de o ter celebrado, sob pena de pagar multa penitencial, devida como uma compensação pecuniária a ser recebida pelo lesado com o arrependimento; b) direito de desistir do contrato em razão de lei, pois esta permite, por exemplo, que, quando o instrumento público for exigido como prova do contrato, qualquer das partes poderá arrepender-se, antes de o assinar, ressarcindo à outra as perdas e danos resultantes do arrependimento; c) direito que têm as partes de desistir do contrato antes de sua efetivação. **2.** *Direito autoral.* Direito do autor de retirar a obra do comércio, indenizando o editor pelas perdas e danos.

DIREITO DE ASILO DIPLOMÁTICO. *Direito internacional público.* Direito do embaixador ou do comandante de aeronave ou de navio de guerra de proteger, ou não, dando amparo e guarida a acusado de crime político em suas legações, navio de guerra ou avião militar.

DIREITO DE ASILO POLÍTICO. *Vide* DIREITO DE ASILO DIPLOMÁTICO.

DIREITO DE ASILO TERRITORIAL. *Direito internacional público.* Direito que tem o Estado de refugiar, ou não, em seu território algum fugitivo acusado de crime político.

DIREITO DE ASSOCIAÇÃO. *Direito constitucional.* Direito das pessoas de se reunirem e se organizarem em agremiações ou sociedades, desde que não tenham fins ilícitos nem atentatórios da ordem pública.

DIREITO DE AUTOR. *Vide* DIREITO AUTORAL.

DIREITO DE CAÇA. *Direito civil.* Conjunto de normas que regem o exercício da caça amadorística ou profissional.

DIREITO DE CANCELAR A SERVIDÃO. *Direito civil.* Direito do dono do prédio serviente de cancelar a servidão, apresentando prova de extinção da servidão por confusão, supressão de obras e desuso.

DIREITO DECENVIRAL. *Direito romano.* Lei das XII Tábuas, que foi estabelecida por uma comissão de dez cidadãos romanos denominados "decênviros".

DIREITO DE CIDADANIA. *Direito constitucional* e *ciência política.* Complexo de direitos e deveres decorrentes da qualidade de cidadão.

DIREITO DE CIDADE. *Direito romano.* *Jus civitatis,* que abrangia os direitos de cidadania e os direitos patrimoniais privativos dos cidadãos romanos.

DIREITO DE CIRCULAÇÃO. *Direito constitucional.* Direito de locomoção.

DIREITO DE CONSTRUIR. *Direito civil.* Prerrogativa inerente da propriedade, pela qual o seu titular pode construir em seu terreno o que lhe aprouver, desde que não fira o direito dos vizinhos e os regulamentos administrativos. O exercício do direito de construir está limitado nestes e nas disposições contidas no Código Civil, em razão dos interesses da coletividade e do mútuo respeito que deve haver em relação às obrigações oriundas da vizinhança. O proprietário que erguer qualquer construção com infringência dos regulamentos administrativos e dos direitos de vizinhança estabelecidos no Código Civil, causando dano a alguém, terá inteira responsabilidade pelo fato, sendo obrigado a reparar o prejuízo.

DIREITO DE CONSUMO. *Direito do consumidor.* Conjunto das normas que regem o consumidor de bens e serviços, protegendo-o.

DIREITO DE COORDENAÇÃO. *Direito internacional privado.* Diz-se do direito da pessoa física ou jurídica decorrente de convenções ou tratados internacionais.

DIREITO DE CRÉDITO. *Direito civil.* Diz-se do direito que tem o credor, que é o titular da obrigação, de exigir do devedor a prestação de dar, de fazer ou de não fazer a que se comprometera.

DIREITO DE DEFESA. *Direito constitucional, direito processual civil* e *direito processual penal.* Direito garantido constitucionalmente a qualquer pessoa de utilizar dos meios legais para defender sua pessoa e seus bens contra qualquer ameaça ou ataque sofridos, pois ninguém pode ser condenado sem antes ser ouvido, e, além disso, nenhuma ameaça ou lesão a direito subjetivo pode ser excluída da apreciação do Poder Judiciário. É, como ensina J. J. Calmon de Passos, o direito público subjetivo de haver a prestação da atividade jurisdicional por parte daquele que foi chamado a juízo em virtude de contra ele se pretender a prestação de tutela jurisdicional.

DIREITO DE DEMANDAR. *Vide* DIREITO DE AÇÃO.

DIREITO DE DEMARCAÇÃO. *Direito civil.* Direito que tem todo proprietário de obrigar o seu confinante a proceder com ele ao levantamento de uma linha divisória entre os dois prédios, à aviventação dos rumos apagados e à renovação dos marcos destruídos ou arruinados, repartindo-se proporcionalmente as despesas.

DIREITO DE DISPOR. *Vide* DIREITO DE ALIENAÇÃO.

DIREITO DE ESCOLHA. *Direito civil.* É o do herdeiro de optar quando o legado consistir em coisa determinada pelo gênero ou quando for alternativo (Othon Sidou).

DIREITO DE ESTAR SÓ. *Direito civil.* Direito à intimidade.

DIREITO DE ESTRANGEIRO. *Direito constitucional, direito internacional privado* e *direito internacional público.* Complexo de normas disciplinadoras da entrada, permanência e saída de estrangeiros no território nacional, arrolando seus direitos e deveres, apesar de haver restrições ao exercício de certos direitos, como o de explorar minas e quedas-d'água, exercer função de corretor de Bolsa e leiloeiro público, adquirir propriedade de empresa jornalística e de embarcações, votar e ser votado, que é reservado apenas a brasileiros natos ou naturalizados etc. Contu-

do, tais limitações não implicam desigualdade jurídica entre nacional e estrangeiro, mesmo porque a lei não faz distinção entre eles quanto à aquisição e ao gozo dos direitos civis.

DIREITO DE ETAPAS. *Direito internacional público.* É o assegurado, através de acordo, às tropas de um país para atravessarem o território de outro (Othon Sidou).

DIREITO DE EXCEÇÃO. *Teoria geral do direito.* Lei especial ou norma que rege uma dada situação especial.

DIREITO DE EXCLUSÃO. *Direito civil.* Direito do proprietário de uma coisa de servir-se dela, com exclusividade, e de defendê-la contra terceiros, utilizando-se, para tanto, de todos os meios admitidos em lei.

DIREITO DE EXECUÇÃO PENAL. *Direito processual penal.* **1.** O mesmo que DIREITO PENITENCIÁRIO, para alguns autores. **2.** Conjunto de normas que têm por finalidade disciplinar a execução das penas.

DIREITO DE EXPLORAÇÃO DE SATÉLITE BRASILEIRO PARA TRANSPORTE DE SINAIS DE TELECOMUNICAÇÕES. *Direito das comunicações.* É o que assegura a ocupação da órbita e o uso das radiofreqüências destinadas ao controle e monitoração do satélite e à telecomunicação via satélite.

DIREITO DE EXPLORAÇÃO DE SATÉLITE ESTRANGEIRO PARA TRANSPORTE DE SINAIS DE TELECOMUNICAÇÕES. *Direito das comunicações.* É o que permite o provimento de capacidade de satélite estrangeiro no Brasil e o uso das radiofreqüências destinadas à telecomunicação via satélite e, se for o caso, ao controle e monitoração.

DIREITO DE EXPULSÃO. *Direito internacional privado.* Direito do Poder Público de expulsar estrangeiro do território nacional que nele esteja em situação irregular ou que tenha procedimento nocivo ao interesse social.

DIREITO DE FALÊNCIA. *Vide* DIREITO FALIMENTAR.

DIREITO DE FAMÍLIA. *Direito civil.* É o complexo de normas que regulam a celebração do casamento, sua validade e os efeitos que dele resultam, as relações pessoais e econômicas da sociedade conjugal, a dissolução desta, as relações entre pais e filhos, o vínculo de parentesco e os institutos complementares da tutela, curatela e ausência (Clóvis Bevilácqua). É, portanto, o ramo do direito civil concernente às relações entre pessoas unidas pelo matrimônio, pela união estável ou pelo parentesco e aos institutos complementares de direito protetivo ou assistencial, pois, embora a ausência, a tutela e a curatela não advenham de relações familiares, têm, devido a sua finalidade, conexão com o direito de família.

DIREITO DEFERIDO. *Vide* DIREITO FUTURO DEFERIDO.

DIREITO DE FRUIÇÃO. *Direito civil.* O *jus fruendi* exterioriza-se na percepção dos frutos e na utilização dos produtos da coisa pelo possuidor ou proprietário. É, portanto, o direito de gozar da coisa ou de explorá-la economicamente.

DIREITO DE FUNDO. *Vide* DIREITO MATERIAL.

DIREITO DE GENEBRA. *Direito internacional público.* Direito humanitário.

DIREITO DE GRAVAR. *Direito civil.* Direito de dar um bem como garantia do cumprimento da obrigação contraída.

DIREITO DE GREVE. *Direito constitucional* e *direito do trabalho.* Direito reconhecido aos trabalhadores de promover a suspensão coletiva e temporária do trabalho, paralisando total ou parcialmente suas atividades laborativas, com o intuito de obter o atendimento, por parte do empregador, de uma reivindicação ou a celebração de algum acordo com ele referente à relação empregatícia, no sentido de conseguir melhores condições socioeconômicas ou a satisfação de qualquer interesse profissional.

DIREITO DE HABITAÇÃO. *Direito civil.* É o direito real temporário de ocupar gratuitamente casa alheia, para morada do titular e de sua família.

DIREITO DE HAIA. *Direito internacional público.* Direito da guerra propriamente dito expresso nas Convenções de Haia, cujas normas agrupam-se em três princípios: a) o dos limites *ratione personae*, pelo qual os não-combatentes são poupados de qualquer ataque ou dano intencional; b) o dos limites *ratione loci*, pelo qual os locais atacáveis são apenas os que configuram objetivos militares, cuja destruição total ou parcial representa para o autor do ataque uma vantagem militar; c) o dos limites *ratione conditionis*, que proíbe o uso de armas e de método de guerra suscetíveis de causar grande e excessivo sofrimento aos inimigos (Rezek).

DIREITO DE HERANÇA. *Direito civil.* É o assegurado ao sucessor de aceitar ou repudiar uma herança.

DIREITO DE HONORIFICÊNCIA. Direito à reputação.

DIREITO DE IMAGEM INDÍGENA. *Direito civil.* Direito de imagem indígena constitui direitos morais e patrimoniais do indivíduo ou da coletividade retratados em fotos, filmes, estampas, pinturas, desenhos, esculturas e outras formas de reprodução de imagens que retratam aspectos e peculiaridades culturais indígenas. O direito de imagem é um direito personalíssimo, inalienável e intransferível. O direito sobre as imagens baseadas em manifestações culturais e sociais coletivas dos índios brasileiros pertence à coletividade, grupo ou etnia indígena representada. Quando o uso da imagem de pessoas afetar a moral, os costumes, a ordem social ou a ordem econômica da coletividade, extrapolando a esfera individual, tratar-se-á de direito de imagem coletivo. A captação, uso e reprodução de imagem indígenas dependem de autorização expressa dos titulares do direito de imagens indígenas. As imagens indígenas poderão ser utilizadas para difusão cultural; nas atividades com fins comerciais; para informação pública; e em pesquisa. Qualquer contrato que regule a relação entre indígenas titulares do direito de imagem e demais interessados deve conter: a) expressa anuência dos titulares individuais e coletivos do direito sobre a imagem retratada; b) vontade dos titulares do direito quanto aos limites e às condições de autorização ou cessão do direito à imagem; c) garantia do princípio da repartição justa e eqüitativa dos benefícios econômicos advindos da exploração da imagem. Atividades de difusão cultural são as que visam a circulação e divulgação da cultura associada à imagem indígena, podendo ter finalidade comercial. Atividades com fins comerciais são as que utilizam a imagem indígena, individual ou coletiva, para agregar valor a um determinado produto, serviço, marca ou pessoa jurídica. A Fundação Nacional do Índio – FUNAI participará das negociações de contratos e autorizações de captação, uso e reprodução de imagens indígenas, no âmbito de sua competência e atendendo aos interesses indígenas.

DIREITO DE IMPÉRIO. *Direito administrativo.* Poder do Estado de agir na defesa de seus interesses internos ou externos.

DIREITO DE INÉDITO. *Direito autoral.* É o que tem o autor de não divulgar sua obra, retirá-la de circulação ou suspender sua utilização.

DIREITO DE INFORMAÇÃO. *Direito constitucional.* É o garantido a qualquer pessoa de manifestar livremente seu pensamento e de ser informada por qualquer meio de comunicação.

DIREITO DE INFORMÁTICA. *Direito autoral* e *direito virtual.* **1.** Conjunto de normas que regem o processamento de dados, sua transmissão eletrônica e a computação e que tutelam o *software* e o *hardware* no âmbito interno e internacional. **2.** Trata-se do direito virtual ou do espaço virtual. **3.** É o que versa sobre contratos informáticos e telemáticos.

DIREITO DE INSURREIÇÃO. *Ciência política.* É o decorrente do exercício do direito de resistência contra a ilegalidade do poder, pelo qual o povo exige a devolução da soberania que delegou, por pretender mudar o governo.

DIREITO DE JUSTIÇA. *Teoria geral do direito.* É o de receber aquilo que é devido por justiça.

DIREITO DE LACTÂNCIA. *Direito constitucional* e *direito penitenciário.* É o que garante à presidiária condições para que permaneça em companhia de seu filho durante o período de amamentação.

DIREITO DE LEGAÇÃO. *Direito internacional público.* Direito do Estado soberano de se fazer representar junto aos governos estrangeiros por meio de seus agentes diplomáticos.

DIREITO DE LOCOMOÇÃO. *Direito constitucional.* Direito de ir e vir.

DIREITO DE MARCA. *Direito de propriedade industrial.* Privilégio conferido ao comerciante ou industrial de usar, com exclusividade, marca de indústria, comércio ou serviço, devidamente registrada, estabelecendo perante o consumidor ou usuário uma identificação de sua mercadoria, produto ou serviço.

DIREITO DE MINAS. *Direito constitucional.* Conjunto de normas que consideram as jazidas, minas e demais recursos minerais como propriedade distinta do solo para efeito de exploração ou aproveitamento, conferindo seu domínio à União e garantindo ao concessionário a propriedade de produto da lavra. Logo, o dono do solo não o é do subsolo, no que atina a jazidas e recursos minerais, que pertencem à União, mas tem direito a uma participação nos resultados da lavra.

DIREITO DE MINERAÇÃO. *Vide* DIREITO DE MINAS.

DIREITO DE NAVEGAÇÃO. *Direito internacional privado, direito comercial* e *direito aeronáutico.* Conjunto de normas internas, de usos e costumes internacionais relativos às operações para utilização ou exploração comercial de aeronaves e navios, que são instrumentos na navegação aérea ou marítima com destinação econômica.

DIREITO DE NOMEAÇÃO. *Direito processual civil.* É o que assiste ao devedor executado de indicar, no seu patrimônio, um ou mais bens que sejam suficientes para pagar o débito.

DIREITO DE OCUPAÇÃO. *História do direito.* É o de adquirir a propriedade dos bens advindos de naufrágio que vierem à praia.

DIREITO DE OPÇÃO. *Direito civil.* Preferência contratual ou *ex vi legis* conferida a alguém para escolher, entre duas coisas que serão vendidas ou entregues, a de seu agrado, ou, ainda, entre duas obrigações, a que será cumprida.

DIREITO DE OPINIÃO. *Direito constitucional.* É o assegurado à pessoa de difundir suas idéias.

DIREITO DE PARTICIPAÇÃO. *Teoria geral do direito.* É o que todos têm de participar, ativamente, no processo de desenvolvimento da sociedade, através de grupos e movimentos sociais (André Franco Montoro).

DIREITO DE PARTICIPAR NO DESENVOLVIMENTO. *Teoria geral do direito.* Direito social que tem cada ser humano de ter participação ativa, direta ou indireta, no desenvolvimento, esforçando-se para sua realização (A. Franco Montoro).

DIREITO DE PASSAGEM. 1. *Direito administrativo.* É a operação em que uma concessionária, mediante remuneração ou compensação financeira, permite a outra trafegar na sua malha para dar prosseguimento, complementar ou encerrar uma prestação de serviço público de transporte ferroviário, utilizando a sua via permanente e o seu respectivo sistema de licenciamento de trens. **2.** *Direito civil:* a) Servidão predial consistente em usar uma passagem em propriedade alheia, para comunicação de um prédio com outro. b) Servidão de trânsito.

DIREITO DE PASSAGEM INOCENTE. *Direito marítimo.* É o reconhecido, às embarcações de qualquer nacionalidade, no mar territorial brasileiro. A passagem inocente deverá ser contínua e rápida, não podendo ser prejudicial à paz, à boa ordem ou à segurança do Brasil. Compreende o parar e fundear, desde que constituam incidentes comuns da navegação ou sejam impostos por motivos de força maior ou prestação de auxílio às pessoas ou embarcações em perigo no mar. Não compreende o acesso às águas interiores ou quando para elas se dirigirem.

DIREITO DE PERSEGUIÇÃO. *Direito internacional público.* É o direito reconhecido ao Estado de perseguir, em suas águas territoriais, navio estrangeiro que tenha violado suas leis.

DIREITO DE PESCA. *Direito civil.* Complexo de normas que protegem e estimulam a pesca e regem empresas pesqueiras e a capacidade física dos pescadores.

DIREITO DE PETIÇÃO. 1. *Direito processual civil.* Direito de recorrer à justiça para fazer valer uma pretensão. **2.** *Direito administrativo.* Direito que qualquer administrado tem de requerer algo ao Poder Público para defender seus interesses ou os da coletividade.

DIREITO DE PÔR O NOME. *Direito civil.* É o dever legal de quem faz a declaração do nascimento de uma criança de dar-lhe um nome. Portanto, o titular do direito de pôr o nome no recém-nascido é o pai; na sua falta ou impedimento, a mãe; no impedimento de ambos, o parente mais próximo; na falta deste, o administrador do hospital, médico ou parteira que assistiu o parto, a pessoa idônea da casa onde se der o nascimento ou, ainda, o encarregado da guarda do menor. Casos há em que o oficial do registro civil deve colocar o nome, como, por exemplo, o do menor abandonado, quando não houver entidade encarregada de sua guarda, pois, se ele estiver sob a custódia de alguma instituição de caridade, à administração desta caberá o direito de pôr o nome. O mesmo se dá com relação à autoridade ou particular, se a criança estiver sob seus cuidados. Às vezes, o próprio titular do direito ao nome pode colocá-lo, se, ao atingir a maioridade, pretender alterá-lo ou vier a requerer o registro tardio de seu nascimento ou a incluir o nome do cônjuge ou do adotante etc. (R. Limongi França).

DIREITO DE PORTO. *Direito marítimo.* Diz-se das taxas que os navios devem pagar no porto por ancoragem, serviço de faróis, toneladas de sua carga etc.

DIREITO DE POSSE. *Direito civil.* **1.** Direito protegido por lei de usar economicamente um bem, pois a posse apresenta-se como uma relação exterior intencional entre a pessoa e a coisa, tendo em vista a função econômica desta. **2.** *Vide* POSSE.

DIREITO DE POSSUIR. *Direito civil.* Direito de exercer a posse.

DIREITO DE POSTULAR. *Direito processual civil.* Poder do advogado, mediante procuração *ad judicia*, de praticar atos processuais em nome e no interesse dos litigantes, dirigindo-se diretamente ao órgão judicante (Calamandrei).

DIREITO DE PREEMPÇÃO. 1. *Direito civil.* Pacto adjeto à compra e venda em que o comprador de coisa móvel ou imóvel fica com a obrigação de oferecê-la a quem lhe vendeu, para que este use do seu direito de prelação em igualdade de condições, no caso de pretender vendê-la ou dá-la em pagamento (Caio Mário da Silva Pereira). É um pacto estipulado em favor do alienante, visto que impõe ao comprador o dever de dar ciência a ele de seu intuito de vender ou de dar o bem em pagamento, para que aquele possa usar seu direito de preferência, readquirindo a coisa vendida em igualdade de condições com terceiros, tanto no que concerne à cifra numérica do preço como no que atina às vantagens oferecidas. Eis por que Larenz nele vislumbra dupla condição: a recompra da coisa pelo vendedor depende de o comprador querer vendê-la e de aquele desejar comprá-la, exercendo direito de preferência. **2.** *Direito agrário.* Preferência dada ao arrendatário, no caso de alienação do imóvel rural arrendado, para adquiri-lo em igualdade de condições. **3.** *Direito comercial.* Direito conferido ao acionista, na sociedade anônima, não só de ser preferido a qualquer outra pessoa para a subscrição de determinada percentagem de ações, no caso de aumento de capital pela emissão de novas ações ou pela conversão de debêntures ou partes beneficiárias em ações, como também de ceder a preferência a título oneroso a outros, se não dispuser de recursos para subscrever os novos títulos. **4.** *Direito administrativo.* É o que confere ao Poder Público municipal preferência para aquisição de imóvel, urbano, objeto de alienação onerosa entre particulares. Esse direito é assegurado durante prazo de vigência não superior a cinco anos, renovável a partir de um ano após o decurso do prazo inicial de vigência, independentemente do número de alienações referentes ao mesmo imóvel. Esse direito será exercido se o Poder Público necessitar de área para: regularização fundiária, execução de programas habitacionais, constituição de reserva fundiária, expansão urbana, implantação de equipamentos urbanos comunitários, criação de espaços públicos de lazer ou áreas

DIREITO DE PREFERÊNCIA

verdes ou de interesse ambiental e proteção de áreas de interesse cultural.

DIREITO DE PREFERÊNCIA. *Vide* DIREITO DE PREEMPÇÃO.

DIREITO DE PREFERÊNCIA DO CONDÔMINO EM COISA INDIVISÍVEL. *Direito civil.* Direito reconhecido aos demais condôminos se um deles alhear a respectiva parte indivisa, pois não pode um condômino em coisa indivisível vender a sua parte a estranho, se outro consorte a quiser, tanto por tanto. O condômino a quem não se der conhecimento da venda poderá, depositando o preço, haver para si a parte vendida a estranho. Sendo muitos os condôminos, será preferido o que tiver benfeitorias de maior valor; na falta destas, o de quinhão maior; se, porém, os quinhões forem iguais, realizar-se-á a licitação entre estranhos e, antes de adjudicada a coisa àquele que ofereceu o maior lanço, proceder-se-á à licitação entre os condôminos, a fim de que a coisa seja adjudicada a quem afinal oferecer melhor lanço, preferindo, em condições iguais, o condômino ao estranho. Se, contudo, for divisível a coisa comum, pode o consorte alheá-la sem qualquer preferência para os demais comproprietários.

DIREITO DE PREFERÊNCIA DO LOCATÁRIO. *Direito civil.* Direito do locatário de, no caso de alienação do imóvel locado, ter preferência para a sua aquisição, salvo se tratar de venda judicial, permuta, doação, integralização de capital, cisão, fusão e incorporação, caducando esse direito se não o exercer nos trinta dias subseqüentes à notificação. E nos contratos firmados a partir de 1º de outubro de 2001, o direito de preferência não alcançará também os casos de constituição da propriedade fiduciária e de perda da propriedade ou venda por quaisquer formas de realização de garantia, inclusive mediante leilão extrajudicial, devendo essa condição constar expressamente em cláusula contratual específica, destacando-se das demais por sua apresentação gráfica. O locatário preterido na preferência poderá reclamar perdas e danos, desde que o contrato de locação esteja assentado no registro imobiliário. Além disso, o locatário a quem não se notificar a venda poderá, depositando o preço e demais despesas do ato de transferência, haver para si o imóvel locado, se o requerer no prazo de seis meses, a contar da transcrição no Cartório de Registro de Imóveis, desde que o contrato de locação esteja devidamente registrado na circunscrição

imobiliária competente pelo menos trinta dias antes da venda. Se não exercer o seu direito de preferência, o bem será vendido a terceiro, que não responderá pelas benfeitorias feitas pelo locatário, salvo estipulação contratual averbada no registro de imóveis.

DIREITO DE PRELAÇÃO. *Vide* DIREITO DE PREEMPÇÃO.

DIREITO DE PRIMOGENITURA. *História do direito.* Era o que se conferia ao primeiro filho de suceder a totalidade dos bens do pai.

DIREITO DE PRIORIDADE. 1. *Direito registrário.* É um dos efeitos do registro imobiliário, decorrente da ordem de prenotação do título. A prenotação consiste no prévio assentamento do título, que garante a prioridade, e esta, a preferência do direito real sobre o imóvel. Se houver conflito de registro de imóvel baseado em títulos dominiais diversos, prevalecerá o que foi prenotado anteriormente. **2.** *Direito de propriedade industrial* e *direito internacional público.* É a derrogação do princípio legal relativo à novidade da invenção, exigida pelas leis como uma das condições de concessão de patente. O efeito desse direito é impedir que a divulgação do invento, após o primeiro pedido de patente, prejudique a sua novidade, de acordo com a lei interna de cada país. Por outras palavras, a Convenção de Paris estabeleceu, para a proteção da propriedade industrial, um prazo de imunidade, dentro do qual a novidade da proteção não é prejudicada pelos fatos previstos na legislação do país onde a proteção é reclamada (João da Gama Cerqueira). Em suma, com o depósito do pedido de registro de patente ou de privilégio num dos países signatários de Convenção de Paris, o requerente pode solicitar aos demais idêntica proteção, reivindicando a prioridade de ser apresentado no Brasil no prazo estipulado. Durante esse prazo a prioridade não será invalidada por pedido idêntico.

DIREITO DE PRIVACIDADE. *Direito constitucional.* **Vide** DIREITO À INTIMIDADE.

DIREITO DE PROPRIEDADE. *Direito civil.* É o direito que a pessoa física ou jurídica tem, dentro dos limites normativos, de usar, gozar e dispor de um bem corpóreo ou incorpóreo, bem como de reivindicá-lo de quem injustamente o detenha.

DIREITO DE PROPRIEDADE INDUSTRIAL. Conjunto de normas contidas no Código de Propriedade Industrial que disciplinam obras utilitárias, protegendo seus criadores e estimulando a tecnologia, por estabelecerem melhores condições de negociação e de utilização de patentes, marcas e desenhos industriais.

DIREITO DE PROPRIEDADE INTELECTUAL. *Direito autoral.* Direito de propriedade que tem por objeto bens incorpóreos, como obras literárias, artísticas ou científicas, protegendo o direito do seu autor, conferindo-lhe poderes de senhoria, de ordem pessoal e patrimonial, sobre um bem intelectual. Esse direito de propriedade intelectual é pessoal-patrimonial. O direito autoral é uma propriedade imaterial, uma vez que a espiritualidade da obra materializa-se na sua exploração econômica, o que justifica sua permanência no direito das coisas. Sob o aspecto pessoal, é o direito em virtude do qual se reconhece ao autor a paternidade da obra. Esse direito denomina-se direito moral do autor. Sob o prisma patrimonial, apresenta-se como o direito de utilizar economicamente a obra, publicando-a, difundindo-a, traduzindo-a etc.

DIREITO DE PROTEÇÃO DE CULTIVARES. *Direito agrário* e *direito de propriedade intelectual.* É o conjunto de normas que visa a proteção dos direitos relativos à propriedade intelectual referente a cultivar, pelo prazo de quinze anos, mediante a concessão de Certificado de Proteção de Cultivar, considerado bem móvel para todos os efeitos legais e única forma de proteção de cultivares e de direito que poderá obstar a livre utilização de plantas ou de suas partes de reprodução ou de multiplicação vegetativa, no País. Essa proteção recai sobre o material de reprodução ou de multiplicação vegetativa da planta inteira e visa assegurar ao seu titular o direito à reprodução comercial no Brasil, e dando a terceiros a produção com fins comerciais, o oferecimento à venda ou a comercialização do material de propagação de cultivar sem sua autorização. Após o prazo de quinze anos a cultivar cai em domínio público.

DIREITO DE PUNIR. *Direito penal. Jus puniendi*, ou seja, direito subjetivo público do Estado de cominar penas para cada modalidade de crime, aplicá-las ao criminoso e executar a sentença condenatória transitada em julgado. O direito de punir, que abrange três fases – cominação, aplicação e execução da pena –, é de competência exclusiva do Estado.

DIREITO DE QUEIXA. *Direito processual penal.* É o direito concedido ao ofendido, ou a quem tenha o direito de representá-lo, de comunicar à autoridade competente o crime de que foi vítima, pedindo sua repressão e dando início à ação penal privada.

DIREITO DE REAÇÃO. 1. *Direito civil.* a) Direito de reagir, sem se exceder nos meios empregados, contra lesão a um bem, por motivo legítimo estabelecido em lei, sem que isso acarrete o dever de indenizar o dano moral ou patrimonial causado por essa reação, porque a própria norma jurídica retira-lhe a qualificação de ilícito. Trata-se da legítima defesa, do exercício regular de um direito e do estado de necessidade; b) direito que tem o possuidor turbado de reagir, por sua própria força, em legítima defesa da posse, contra o turbador, desde que tal reação seja incontinenti ou sem demora e se dirija contra ato turbativo real e atual, mediante emprego de meios estritamente necessários para manter-se na posse; c) direito do possuidor esbulhado de restituir-se, por sua própria força, da posse do bem por meio de desforço imediato. **2.** *Direito penal.* a) Direito de reagir contra uma agressão, sem que haja crime, desde que se pratique ato prejudicial a alguém em estado de necessidade, em legítima defesa, em estrito cumprimento de dever legal ou no exercício regular de direito; b) direito de opor-se à execução de ato ilegal de funcionário público, não havendo qualquer antijuridicidade nessa resistência, ainda que feita mediante violência ou ameaça; c) direito de desobedecer a ordem ilegal de funcionário público, pois não haverá crime de desobediência ante a ilegalidade da ordem dada. **3.** *Ciência política.* a) Direito dos cidadãos de reagir contra a opressão; b) *Vide* DIREITO DE RESISTÊNCIA.

DIREITO DE RECESSO. *Direito comercial.* Direito de retirada de acionista, mediante o reembolso do valor de suas ações ou do sócio-cotista dissidente, desde que faça jus ao *quantum* correspondente às suas cotas apurado em função de um balanço especialmente levantado para esse fim.

DIREITO DE RECOBRO. *Direito civil.* É aquele que, mediante cláusula, tem o vendedor de recobrar o imóvel vendido, restituindo o preço e as despesas feitas pelo comprador.

DIREITO DE RECORRER. *Direito processual.* Direito conferido à parte vencida de recorrer a um tribunal superior, interpondo recurso, para fazer com que a demanda seja reapreciada.

DIREITO DE RECORRER À JUSTIÇA. *Direito processual* e *direito constitucional.* Direito que qualquer pessoa, nacional ou estrangeira, tem de acesso aos tribunais mediante o devido processo legal, para tutelar seus direitos violados, pois não se pode excluir do Judiciário a apreciação de qualquer lesão a direito individual.

DIREITO DE REGRESSO. 1. *Direito comercial* e *direito cambiário.* Direito do portador do título cambial de exigir dos sacadores, aceitantes, endossantes ou respectivos avalistas o seu pagamento quando não satisfeito pelo sacado. **2.** *Direito civil.* a) Direito de haver do devedor principal o reembolso do que se pagou em seu favor ao credor; b) direito do co-devedor solidário que satisfez o credor pagando integralmente a dívida de receber dos demais a parte que a cada um deles competia. **3.** *Direito administrativo* e *direito constitucional.* Direito subjetivo público do Estado contra funcionário público que culposamente causou dano a um particular, exigindo-lhe o ressarcimento do que tiver pago àquele particular pelo dano causado. Assim é porque nas relações entre o Estado e o administrado há responsabilidade objetiva da pessoa jurídica de direito público, por comportamento comissivo danoso de seu funcionário, fundada na teoria do risco, segundo a qual basta, para que o Estado responda civilmente, que haja dano, nexo causal com o ato do funcionário e que este se ache em serviço no momento do evento prejudicial ao direito particular, não sendo necessária a averiguação de dolo ou culpa do agente público, mas apenas suficiente que, nessa qualidade, tenha causado dano a terceiro. O Estado responderá objetivamente; todavia, se condenado a ressarcir dano causado a terceiro por ato lesivo de funcionário que agiu dolosa ou culposamente, terá direito a ação regressiva contra ele. Logo, nas relações entre Estado e funcionário, a responsabilidade é subjetiva, visto que o direito de regresso da entidade pública contra o agente faltoso baseia-se na culpa deste.

DIREITO DE REIVINDICAR. *Direito civil.* Poder que tem o proprietário de mover ação reivindicatória para obter um bem de quem injustamente o detenha, em virtude de seu direito de seqüela, que é uma das características do direito real. Para tanto o proprietário deverá provar seu domínio e individualizar a coisa, demonstrando que se encontra na posse do réu, pouco importando que essa posse seja de boa ou má-fé, em nome próprio ou de outrem. O efeito da ação reivindicatória é fazer com que o possuidor restitua o bem com todos os seus acessórios. Se impossível essa devolução por ter perecido a coisa, o proprietário terá direito de receber seu valor se o possuidor estiver de má-fé.

DIREITO DE RELAÇÃO. *Vide* DIREITO SUBJETIVO.

DIREITO DE REMIÇÃO. *Direito civil.* Direito de resgate, ou seja, aquele que assiste ao proprietário do bem empenhado ou hipotecado, ao credor em segunda hipoteca ou ao adquirente do imóvel hipotecado de liberá-lo do ônus, pagando integralmente o credor. É, portanto, o direito de liberar uma coisa gravada.

DIREITO DE REPETIÇÃO. *Direito civil.* É o direito de reclamar a devolução do que se pagou indevidamente, fundado no princípio do enriquecimento sem causa. Todavia, é preciso não olvidar que o pagamento indevido não acarreta direito à restituição quando: a) aquele que o recebeu o fez por conta de um débito verdadeiro e inutilizou o título, deixou prescrever a ação ou abriu mão das garantias que asseguravam seu direito; b) o pagamento destinava-se a solver obrigação natural, ou melhor, judicialmente inexigível; c) o pagamento visava obter fim ilícito ou imoral, caso em que o que se deu reverterá em favor de estabelecimento local de beneficência, a critério do juiz.

DIREITO DE REPRESENTAÇÃO. 1. *Direito civil.* a) Consiste na convocação legal de parente mais próximo do finado para suceder em lugar de outro herdeiro pré-morto, ausente ou incapaz de herdar no instante em que se abre a sucessão (Washington de Barros Monteiro). O direito de representação visa corrigir a injustiça da rigorosa aplicação do princípio básico da sucessão legítima de que os mais próximos excluem os mais remotos, no caso de pré-morte, ausência ou indignidade de um descendente ou irmão, favorecendo os descendentes daqueles que não puderam herdar por haverem falecido antes do autor da herança, por serem declarados ausentes ou indignos. Como se vê, o direito de representação só se pode dar na linha reta descendente, nunca na ascendente, e, excepcionalmente, na linha colateral, porque dá-se unicamente em favor dos filhos, nunca dos netos, de irmãos falecidos, quando com os outros irmãos concorrerem; b) direito dos pais de representar o filho menor de dezesseis anos

nos atos da vida civil, o qual se aplica também ao tutor e curador em relação ao tutelado e ao curatelado, desde que absolutamente incapazes; c) direito do administrador da sociedade ou do diretor da associação de representá-la em juízo e fora dele. **2.** *Direito comercial.* Direito do administrador ou gerente de uma sociedade empresária de representá-la nas atividades econômicas organizadas para a produção ou a circulação de bens ou de serviços. **3.** *Direito processual penal.* Direito do representante legal do ofendido de apresentar queixa relativa a crimes de ação privada. **4.** *Direito processual civil.* Direito de representar em juízo uma outra pessoa.

DIREITO DE RESGATE. *Vide* DIREITO DE REMIÇÃO.

DIREITO DE RESIDÊNCIA. *Direito constitucional.* É o garantido a todos de estabelecer sua morada dentro do território do País.

DIREITO DE RESISTÊNCIA. *Ciência política.* Direito reconhecido aos cidadãos, em certas condições, de recusa à obediência e de oposição às normas injustas, à opressão e à revolução. Tal direito concretiza-se pela repulsa a preceitos constitucionais discordantes da noção popular de justiça; à violação do governante da idéia de direito de que procede o poder cujas prerrogativas exerce; e pela vontade de estabelecer uma nova ordem jurídica, ante a falta de eco da ordem vigente na consciência jurídica dos membros da coletividade. A resistência é legítima desde que a ordem que o poder pretende impor seja falsa, divorciada do conceito ou idéia de direito imperante na comunidade. O direito de resistência não é um ataque à autoridade, mas sim uma proteção à ordem jurídica que se fundamenta na idéia de um bem a realizar. Se o poder desprezar a idéia de direito, será legítima a resistência, porém é preciso que a opressão seja manifesta, intolerável e irremediável.

DIREITO DE RESPOSTA. *Direito civil.* É o concedido àquele contra quem foi publicado algo inverídico, em periódico, jornal ou em transmissão de radiodifusão, de dar, no mesmo veículo e gratuitamente, a resposta devida, retificando a informação, rebatendo as críticas ou as falsas notícias.

DIREITO DE RETENÇÃO. *Direito civil.* Permissão concedida pela norma, ao credor, de conservar em seu poder coisa alheia que já detém legitimamente além do momento em que a deveria restituir, se o seu crédito não existisse, e, nor-

malmente, até a extinção deste (Arnaldo Medeiros da Fonseca). Esse direito funda-se num princípio de eqüidade que se manifesta sempre que o crédito do possuidor é conexo com a obrigação de restituição. Está assegurado, por exemplo, ao credor pignoratício, ao depositário, ao man, a todo possuidor de boa-fé que tenha direito à indenização das benfeitorias necessárias ou úteis, podendo, pelo valor delas, exercer o direito de retenção etc. Para que se configure tal direito é preciso que haja: detenção de coisa alheia originada por uma causa normal e lícita; conservação dessa detenção; crédito líquido, certo e exigível do retentor em relação de conexidade com a coisa retida, pois o crédito constitui a justa causa do direito de retenção; e inexistência de exclusão legal ou convencional do direito de retenção.

DIREITO DE RETIFICAÇÃO. *Direito registrário.* Permissão legal dada ao titular do direito real de retificar o registro imobiliário, corrigindo-o e escoimando-o da inexatidão, imperfeição ou irregularidade que porventura contenha.

DIREITO DE RETIFICAÇÃO COMPULSÓRIA. É o direito do ofendido em sua reputação por publicação de fato inverídico ou errôneo, feita em periódico ou jornal de exigir que, gratuitamente e pelo mesmo veículo, seja feita a devida correção.

DIREITO DE RETIRADA. *Vide* DIREITO DE RECESSO.

DIREITO DE RETORNO. *Vide* DIREITO DE REGRESSO.

DIREITO DE RETRATO. *Vide* CLÁUSULA DE RETROVENDA.

DIREITO DE RETROCESSO. *Direito administrativo* e *direito civil.* Consiste no direito de preferência do ex-proprietário de um bem desapropriado de adquiri-lo pelo mesmo preço da desapropriação, caso ele não tivesse o destino previsto no decreto expropriatório e o desapropriante viesse a vendê-lo. Antes, do novel Código Civil, a jurisprudência vinha dando à retrocessão outro sentido, nela vislumbrando apenas o direito pessoal do ex-proprietário de exigir perdas e danos e não o de reaver o bem, na hipótese de o expropriante não lho oferecer pelo mesmo preço da desapropriação, quando desistir de aplicá-la a um fim público.

DIREITO DE REUNIÃO. *Direito constitucional.* Direito assegurado constitucionalmente às pessoas de se reunirem para fins lícitos, em praça pública ou em qualquer outro local, pacificamente, devendo a autoridade tão-somente garantir a ordem pública.

DIREITO DE SANGUE. 1. *Direito internacional privado* e *direito constitucional. Jus sanguinis* como critério para fixação da cidadania. Firma-se em oposição ao *jus soli*, na descendência da pessoa. **2.** *Direito civil.* Diz-se do que decorre de laços de parentesco por consangüinidade.

DIREITO DE SEQÜELA. 1. *Direito civil.* É a prerrogativa concedida ao titular de pôr em movimento o exercício de seu direito real sobre a coisa a ele vinculada contra todo aquele que a possua injustamente ou seja seu detentor (Serpa Lopes). **2.** *Direito autoral.* É o concedido ao autor de obra artística de participar da *plus valia* obtida pelo proprietário de *corpus mechanicum* nas alienações posteriores. Por exemplo, um pintor tem direito a um percentual incidente no sobrepreço obtido em cada venda da obra no mercado (Carlos Alberto Bittar). Trata-se do direito de seqüência sobre obra intelectual.

DIREITO DE SEQÜÊNCIA SOBRE OBRAS INTELEC-TUAIS. *Vide* DIREITO DE SEQÜELA, n. 2.

DIREITO DE SERVIDÃO. *Direito civil.* Direito real de fruição de coisa alheia imóvel através da imposição de um encargo ao prédio serviente em proveito do dominante, desde que pertencentes a proprietários diversos.

DIREITO DESPORTIVO. Conjunto de normas reguladoras de jogos e competições desportivas.

DIREITO DE SUBSCRIÇÃO. *Direito comercial.* É o outorgado aos acionistas de subscrever as novas ações emitidas pela companhia para aumentar seu capital social, integralizando seu valor nominal ao capital da sociedade (Geraldo Magela Alves).

DIREITO DE SUBSTITUIÇÃO. *Direito civil.* Nos contratos a favor de terceiro, é a prerrogativa que se dá ao estipulante de substituir aquele sem o seu consenso e o do outro contratante.

DIREITO DE SUFRÁGIO. *Ciência política.* É o garantido ao cidadão de escolher livremente, pelo voto, o seu candidato, dentre os que concorrem a uma eleição para ocupar funções públicas.

DIREITO DE SUPERFÍCIE. *Direito urbanístico* e *direito civil.* Direito real relativo à concessão onerosa ou gratuita, por tempo certo ou indeterminado, do uso de superfície de terrenos públicos ou particulares, para fins de urbanização, industrialização, edificação, cultivo de terra ou outra utilização de interesse social. É o direito real de fruição de coisa alheia pelo qual o proprietário (fundieiro) concede a outrem, por tempo determinado ou não, gratuita ou onerosamente, o direito de construir ou plantar em seu terreno, mediante escritura pública devidamente assentada no registro imobiliário. O direito de superfície abrange o direito de utilizar o solo, o subsolo ou espaço aéreo relativo ao terreno, na forma estabelecida no contrato respectivo, atendida a legislação urbanística. O superficiário responderá integralmente pelos encargos e tributos que incidirem sobre a propriedade superficiária, arcando, ainda, proporcionalmente à sua parcela de ocupação efetiva, com os encargos e tributos sobre a área objeto da concessão do direito de superfície, salvo disposição em contrário do contrato respectivo. Pode haver transferência da superfície a terceiro, bem como sua transmissão aos herdeiros do superficiário, com seu falecimento, não se permitindo, porém, estipulação de pagamento de qualquer quantia por ela. Se ocorrer alienação do imóvel ou da superfície, o superficiário ou o proprietário terá direito de preferência. Extingue-se o direito de superfície: a) pelo advento do termo; b) pelo descumprimento das obrigações contratuais assumidos pelo superficiário. A superfície poderá extinguir-se antes do advento do termo se o superficiário der ao terreno destinação diversa daquela para a qual lhe foi concedida. Com a extinção da superfície, averbada no cartório de Registro de Imóveis, o proprietário passará a ter o domínio pleno sobre o terreno, construção ou plantação, independentemente de indenização, se as partes não houverem estipulado o contrário.

DIREITO DE SUSERANIA. *História do direito.* Era o que tinha o senhor feudal de exigir dos vassalos a prestação de serviços em troca de sua proteção.

DIREITO DE TAPAGEM. *Direito civil.* Direito do proprietário de cercar, murar, valar ou tapar de qualquer modo o seu prédio urbano ou rural, para que possa proteger, dentro de seus limites, a exclusividade de seu domínio, desde que observe as disposições regulamentares e não cause dano ao vizinho.

DIREITO DE TRANSFORMAÇÃO. *Direito civil.* Direito do proprietário de destruir, modificar ou alterar, no todo ou em parte, o que lhe pertence, tanto na matéria como na forma.

DIREITO DE TRÂNSITO. 1. *Direito civil.* Direito que tem o proprietário de um prédio rústico ou urbano que se encontre encravado em outro, sem saída para a via pública, fonte ou porto, de reclamar do vizinho que lhe deixe passagem, fixando-se a esta judicialmente o rumo quando necessário. Trata-se da passagem forçada. **2. DIREITO DE TRÂNSITO.** Conjunto de normas que regem o tráfego de veículos automotores.

DIREITO DE TRANSPORTE. *Direito comercial.* Conjunto de normas que regem o transporte de coisas e pessoas.

DIREITO DE USAR DA COISA. *Direito civil.* É o de tirar de um bem todos os serviços que ele pode prestar, sem que haja modificação ou alteração em sua substância. O titular do *jus utendi* pode empregá-lo em seu proveito ou no de terceiro, bem como deixar de utilizá-lo, guardando-o ou mantendo-o inerte. Usar da coisa não é apenas retirar vantagens, mas também tê-la em condições de servir, como diz Caio Mário da Silva Pereira. O *jus utendi* é o direito de usar da coisa dentro das restrições legais, a fim de se evitar o abuso do direito, limitando-o, portanto, ao bem-estar da coletividade.

DIREITO DE USO. *Direito civil.* Direito real de fruição que, a título gratuito ou oneroso, autoriza uma pessoa a retirar, temporariamente, de uma coisa alheia todas as utilidades para atender às suas próprias necessidades e às de sua família.

DIREITO DE USO ESPECIAL PARA FINS DE MORADIA. *Vide* CONCESSÃO DE USO ESPECIAL PARA FINS DE MORADIA.

DIREITO DE USUFRUTO. *Direito civil.* Direito real conferido a alguém de retirar, temporariamente, de uma coisa alheia os frutos e utilidades que ela produz, sem alterar-lhe a substância.

DIREITO-DEVER. *Teoria geral do direito.* Diz-se de todo direito que contém em seu bojo uma obrigação, como o direito de voto, o poder familiar etc. É o direito conferido a alguém pela lei para atender a interesse de outrem e que deve ser exercido em conformidade com a função para a qual foi conferido (Ana Prata).

DIREITO DE VISITA. 1. *Direito civil.* Direito subjetivo do genitor que não tem a guarda e companhia da prole de visitá-la, desde que não se tenha enquadrado numa das hipóteses de perda de poder familiar. Na separação judicial consensual, na separação extrajudicial, no divórcio extrajudicial, e no divórcio direto consensual, os próprios cônjuges deliberam as condições em que tal direito poderá ser exercido, enquanto na separação judicial litigiosa o juiz as determina, no interesse dos filhos, tendo em vista a comodidade e a possibilidade do interessado, os dias, o local e a duração da visita. Todavia, esse direito poderá ser suprimido se a presença do genitor constituir um perigo para a prole, exercendo nociva influência em seu espírito. São sujeitos ao direito de visita não só os menores, mas também os maiores incapazes, doentes ou impossibilitados. Têm também direito de visitar seus netos os avós do modo que os pais decidirem ou autorizarem. Enfim, é o direito reconhecido aos ascendentes de visitarem seus descendentes (filhos ou netos) confiados à guarda de um dos pais ou de um terceiro. **2.** *Direito internacional público.* Direito pelo qual um Estado verifica, por meio de seu navio de guerra, desde que haja fundada suspeita, a equipagem, os passageiros e a carga de um navio mercante alienígena, para impedir um transporte de mercadoria vedado pelas convenções internacionais e para reprimir crimes internacionais, como transmissões clandestinas, tráfico de pessoas ou escravos, pirataria ou o uso de pavilhão que não represente sua real ou verdadeira nacionalidade.

DIREITO DE VIZINHANÇA. *Direito civil.* É a limitação imposta por normas jurídicas a propriedades individuais, com o escopo de conciliar interesses de proprietários vizinhos, reduzindo os poderes inerentes ao domínio, de modo a regular a convivência social (Daibert). Pode apresentar-se como: restrição do direito de propriedade quanto à intensidade de seu exercício, regulando seu uso nocivo; limitação legal ao domínio similar à servidão, tratando de questões sobre árvores limítrofes, passagem forçada e águas; e restrição oriunda de relações de contiguidade entre dois imóveis, versando sobre os limites entre prédios, direito de tapagem e direito de construir.

DIREITO DEVOLUTO. *Direito civil.* Diz-se daquele que, por qualquer razão como nulidade de aquisição, é restituído ao seu antigo titular. Por exemplo, o possuidor esbulhado, ao ser devolvida a posse, recebe-a como direito devoluto.

DIREITO DE VOTO. *Vide* DIREITO DE SUFRÁGIO.

DIREITO DIFERENCIAL. *Direito alfandegário.* Taxa aduaneira de importação que sofre variação conforme a procedência da mercadoria.

DIREITO DIFERIDO. *Direito civil.* Aquele que se subordina a uma condição suspensiva ou a um termo inicial.

DIREITO DINÂMICO. 1. *Teoria geral do direito.* a) Diz-se daquele que está em movimento; b) *Vide* DINÂMICA JURÍDICA. **2.** *Direito processual.* Diz-se daquele que vem a transformar-se por meio de ação judicial, sendo aplicado pelo poder competente, que, então cria uma norma individual para reger o caso *sub judice.*

DIREITO DIPLOMÁTICO. *Direito internacional público.* Conjunto de normas relativas à representação exterior; aos serviços compostos por agentes diplomáticos que os países mantêm entre si para tratar de suas relações políticas e de seus interesses econômicos; aos assuntos de imunidade e proteção de diplomatas e seus auxiliares; à celebração de tratados e convenções internacionais; e à questão da extraterritorialidade das legações e embaixadas.

DIREITO DISCIPLINAR. *Direito administrativo.* Complexo de normas alusivas às relações hierárquicas existentes entre subordinados e subordinantes e ao processo disciplinar, ou seja, às formalidades a que são submetidos pela Administração os funcionários públicos faltosos ao cumprimento de seus deveres, para apuração da gravidade de sua falta e aplicação da sanção cabível, mantendo, assim, a ordem no serviço público e a restrita observância dos deveres prescritos em lei.

DIREITO DISPONÍVEL. *Vide* DIREITO DISPOSITIVO.

DIREITO DISPOSITIVO. *Teoria geral do direito.* Conjunto de normas que não ordenam nem proíbem de modo absoluto, mas apenas permitem uma ação ou abstenção ou suprem uma declaração de vontade das partes não existente.

DIREITO DIVINO. *Direito canônico.* Normas de conduta reveladas por Deus ao homem contidas na Sagrada Escritura.

DIREITO DO CIDADÃO. *Direito constitucional* e *ciência política.* **1.** Em *sentido amplo,* é o direito fundamental do homem considerado individualmente ou no seio de comunidade. **2.** Em *sentido estrito,* é o conjunto de normas que regem qualquer nacional que esteja no gozo e exercício de seus direitos políticos, ou seja, direitos de votar e de ser votado, pelos quais intervém direta ou indiretamente no governo do País.

DIREITO DO CONCUBINATO PURO. *Direito civil.* Conjunto de normas legais e jurisprudenciais relativas à união estável, que é a concubinária pura, no sentido de possibilitar que produza alguns efeitos jurídicos, como: permitir que a companheira tenha direito de usar o nome do companheiro, se a vida em comum perdurar por mais de cinco anos e se houver filhos comuns dos conviventes; autorizar o reconhecimento de filhos havidos fora do casamento; tornar a companheira beneficiária dos favores da legislação social e previdenciária; autorizar a companheira a continuar a locação, havendo morte do outro; remunerar a companheira pelos serviços rurais e domésticos por ela prestados durante o tempo em que viveu com outrem, a fim de que este não se locuplete; conceder à companheira participação, por ocasião da dissolução da união estável, no patrimônio conseguido pelo esforço comum; permitir que conviventes adotem menores, desde que um deles tenha dezoito anos e haja comprovação da estabilidade familiar; considerar a companheira do servidor aposentado falecido como legítima ocupante de imóvel funcional, desde que nele permaneça residindo; legitimar processualmente a companheira para os embargos de terceiro para excluir a penhora de imóvel residencial do casal; conceder à convivente, sendo a relação concubinária pura, o direito a alimentos e à participação na sucessão do companheiro. Tais direitos também cabem ao companheiro, com caráter de plena reciprocidade. A Constituição reconhece para efeito de proteção estatal a união estável entre o homem e a mulher como entidade familiar, dispondo que a lei deve facilitar sua conversão em casamento.

DIREITO DO CONSUMIDOR. 1. Conjunto de normas que regem as relações de consumo existentes entre consumidor e fornecedor. **2.** Conjunto de normas que visam proteger e defender o consumidor, prevendo seus direitos, as obrigações e as responsabilidades do fornecedor do produto ou do serviço, assim como as medidas que previnem riscos e garantem os meios para o efetivo exercício de seus interesses.

DIREITO DO CREDOR. *Direito civil.* Poder de exigir do devedor o adimplemento da obrigação no seu vencimento.

DIREITO DO DESENVOLVIMENTO. *Ciência política.* Complexo de normas inspiradas nos princípios de justiça distributiva e comutativa que procuram a obtenção de finalidades sociais e humanas e de uma melhoria de vida, garantindo a dignidade humana pela valorização do homem e pela organização de uma nova sociedade e impregnada de humanismo social. Enfim, o direito do desenvolvimento, ao estruturar os processos jurídicos da planificação, estabelecendo condições socioculturais e econômicas que permitam ao Estado e ao indivíduo a concretização de suas aspirações, garante o respeito à dignidade humana.

DIREITO DO ESPAÇO EXTERIOR. *Direito espacial.* É o direito interplanetário, astronáutico, cósmico ou, simplesmente, espacial. É o que contém normas convencionais sobre a navegação no espaço exterior e a regulamentação do próprio espaço situado imediatamente acima do espaço aéreo (Meira Mattos e Marcelo V. Von Adamek).

DIREITO DO ESPAÇO VIRTUAL. *Vide* DIREITO DE INFORMÁTICA.

DIREITO DO IDOSO A EDUCAÇÃO, CULTURA, ESPORTE E LAZER. *Direito civil* e *direito constitucional.* O idoso tem direito à educação, à cultura, ao esporte, ao lazer, a diversões, a espetáculos, produtos e serviços que respeitem sua peculiar condição de idade. O Poder Público criará oportunidades de acesso do idoso à educação, adequando currículos, metodologias e material didático aos programas educacionais a ele destinados. Os cursos especiais para idosos incluirão conteúdo relativo às técnicas de comunicação, computação e demais avanços tecnológicos, para sua integração à vida moderna. Os idosos participarão das comemorações de caráter cívico ou cultural, para transmissão de conhecimentos e vivências às demais gerações, no sentido da preservação da memória e da identidade culturais. Nos currículos mínimos de diversos níveis de ensino formal serão inseridos conteúdos voltados ao processo de envelhecimento, ao respeito e à valorização do idoso, de forma a eliminar o preconceito e a produzir conhecimentos sobre a matéria. A participação dos idosos em atividades culturais e de lazer será proporcionada mediante descontos de pelo menos cinqüenta por cento nos ingressos para eventos artísticos, culturais, esportivos e de lazer, bem como o acesso preferencial aos respectivos locais. Os meios de comunicação manterão espaços ou horários especiais voltados aos idosos, com finalidade informativa, educativa, artística e cultural, e ao público sobre o processo de envelhecimento. O Poder Público apoiará a criação de universidade aberta para as pessoas idosas e incentivará a publicação de livros e periódicos, de conteúdo e padrão editorial adquados ao idoso, que facilitem a leitura, considerada a natural redução da capacidade visual.

DIREITO DO IDOSO À HABITAÇÃO. *Direito constitucional* e *direito civil.* O idoso tem direito à moradia digna, no seio da família natural ou substituta, ou desacompanhado de seus familiares, quando assim o desejar, ou, ainda, em instituição pública ou privada. A assistência integral na modalidade de entidade de longa permanência será prestada quando verificada inexistência de grupo familiar, casa-lar, abandono ou carência de recursos financeiros próprios ou da família. Toda instituição dedicada ao atendimento ao idoso fica obrigada a manter identificação externa visível, sob pena de interdição, além de atender toda a legislação pertinente. As instituições que abrigarem idosos são obrigadas a manter padrões de habitação compatíveis com as necessidades deles, bem como provê-los com alimentação regular e higiene indispensáveis às normas sanitárias e com estas condizentes, sob as penas da lei. Nos programas habitacionais, públicos ou subsidiados com recursos públicos, o idoso goza de prioridade na aquisição de imóvel para moradia própria, observado o seguinte: a) reserva de três por cento das unidades residenciais para atendimento aos idosos; b) implantação de equipamentos urbanos comunitários voltados ao idoso; c) eliminação de barreiras arquitetônicas e urbanísticas, para garantia de acessibilidade ao idoso; d) critérios de financiamento compatíveis com os rendimentos de aposentadoria e pensão.

DIREITO DO IDOSO AO TRANSPORTE. *Direito constitucional, direito administrativo* e *direito civil.* Aos maiores de sessenta e cinco anos fica assegurada a gratuidade dos transportes coletivos públicos urbanos e semi-urbanos, exceto nos serviços seletivos e especiais, quando prestados paralelamente aos serviços regulares. Para ter acesso à gratuidade, basta que o idoso apresente qualquer documento pessoal que faça prova de sua idade. Nos veículos de transporte coletivo, serão reservados dez por cento dos assentos para os idosos, devidamente identificados com a placa de reservado preferencialmente para idosos. No caso das pessoas compreendidas na faixa etária entre sessenta e sessenta e cinco anos, ficará a critério da legislação local dispor sobre as condições para exercício da gratuidade nos meios de transporte. No sistema de transporte coletivo interestadual observar-se-á, nos termos da legislação específica: a) a reserva de duas vagas gratuitas por veículo para idosos com renda igual ou inferior a dois salários mínimos; b) desconto de cinqüenta por cento, no mínimo, no valor das passagens, para os idosos que excederem as vagas gratuitas, com renda igual ou inferior a dois salários mínimos. Caberá aos órgãos competentes definir os mecanismos e os critérios para o exercício desses direitos. É garantida a reserva, para os idosos, nos termos da lei local, de cinco por cento das vagas nos estacionamentos públicos e privados, as quais deverão ser posicionadas de forma a garantir a melhor comodidade ao idoso. É assegurada a prioridade do idoso no embarque no sistema de transporte coletivo.

DIREITO DO IDOSO À PROFISSIONALIZAÇÃO E AO TRABALHO. *Direito do trabalho* e *direito constitucional.* O idoso tem direito ao exercício de atividade profissional, respeitadas suas condições físicas, intelectuais e psíquicas. Na admissão do idoso em qualquer trabalho ou emprego, é vedada a discriminação e a fixação de limite máximo de idade, inclusive para concursos, ressalvados os casos em que a natureza do cargo o exigir. O primeiro critério de desempate em concurso público será a idade, dando-se preferência ao de idade mais elevada. O Poder Público criará e estimulará programas de: a) profissionalização especializada para os idosos, aproveitando seus potenciais e habilidades para atividades regulares e remuneradas; b) preparação dos trabalhadores para a aposentadoria, com antecedência mínima de um ano, por meio de estímulo a novos projetos socias, conforme seus interesses, e de esclarecimento sobre os direitos sociais e de cidadania; c) estímulo às empresas privadas para admissão de idosos ao trabalho.

DIREITO DO MAR. *Direito internacional público.* Conjunto de normas codificadas sob o patrocínio das Nações Unidas, com as disposições da convenção sobre o mar territorial e a zona contígua da Convenção sobre o alto-mar, da Convenção sobre pesca e conservação dos recursos vivos do alto-mar e da Convenção sobre a plataforma continental, formando a convenção das Nações Unidas sobre o direito do mar, concluída em 1982, que trata não só da navegação marítima e de pesca como também de fatores de ordem econômica (Rezek), da exploração dos recursos naturais da plataforma continental e dos fundos oceânicos.

DIREITO DO MENOR. *Direito do menor.* Conjunto de normas alusivas ao menor (criança e adolescente) e à condição jurídica do menor abandonado ou não amparado.

DIREITO DO SOLO. *Direito internacional privado.* **Jus** *soli* como critério para a fixação da cidadania, valorizando a territorialização, ou melhor, o local do nascimento.

DIREITO DOS TRATADOS. *Direito internacional público.* Complexo de diretrizes que devem ser seguidas na elaboração, adesão, vigência e denúncia dos tratados internacionais.

DIREITO DO TRABALHO. Conjunto de normas disciplinadoras das relações entre empregador e empregado caracterizadas pela sua natureza hierárquica e permanente, abrangendo instituições e princípios relativos à organização do trabalho e da produção e à condição social de trabalhador assalariado. Apresenta o direito do trabalho traços característicos: proteção aos interesses da classe trabalhadora assalariada; valorização do trabalho, ao considerar, como ensina Amauri Mascaro Nascimento, a liberdade de trabalho, o dever de trabalhar como ônus de todo indivíduo para com a comunidade, o direito ao trabalho, as garantias trabalhistas, a igualdade no trabalho, a justiça salarial, a segurança no trabalho e a padronização do contrato de trabalho, de modo que suas cláusulas sejam legais e inoperantes os ajustes que se desviem do modelo legal. O direito do trabalho rege, portanto, as relações individuais e coletivas de trabalho e a condição social do assalariado.

DIREITO ECLESIÁSTICO. *Direito canônico.* Conjunto de normas que, além de governarem espiritualmente os fiéis, interpretam os preceitos revelados por Deus, contidos na Sagrada Escritura. Enfim, tem o mesmo sentido de "direito canônico".

DIREITO ECOLÓGICO. **1.** Conjunto de técnicas, normas e instrumentos jurídicos organicamente estruturados para assegurar um comportamento que não atente contra a sanidade mínima do meio ambiente (Sérgio Ferraz). **2.** *Vide* DIREITO AMBIENTAL.

DIREITO ECONÔMICO. *Economia política.* Complexo de normas que, ao reger os instrumentos político-econômicos do Estado, têm por escopo atingir fins econômicos, aumentando e disciplinando a produção nacional, a circulação, a distribuição e o consumo das riquezas, dando a expansão tão necessária à economia do País.

DIREITO EDILÍCIO. *Direito romano.* Conjunto de preceitos editados pelo pretor.

DIREITO EDUCACIONAL. *Vide* DIREITO DA EDUCAÇÃO.

DIREITO EFETIVO. *Vide* DIREITO ADQUIRIDO.

DIREITO ELEITORAL. *Ciência política.* Conjunto de normas que regulamentam os partidos políticos, o alistamento, a filiação partidária, as eleições, a apuração de votos, a posse dos eleitos, as pendências eleitorais, a imposição de penas aos infratores de conduta eleitoral e a Justiça Eleitoral, disciplinando a participação do povo na formação do governo e os direitos políticos.

DIREITO EM EXPECTATIVA. *Teoria geral do direito.* Aquele que surge e se adquire com a verificação de um ato ou a ocorrência de um fato capaz de produzi-lo, por ser a mera possibilidade ou esperança de adquirir um direito, como é o caso, por exemplo, do herdeiro testamentário, que aguarda a abertura da sucessão, não gozando de qualquer proteção jurídica. Trata-se da expectativa de direito.

DIREITO EMPRESARIAL. *Vide* DIREITO COMERCIAL.

DIREITO EM TESE. *Teoria geral do direito.* É a lei considerada em si mesma e não no caso em que se deu sua incidência.

DIREITO EPI-ATMOSFÉRICO. *Direito espacial.* Designação proposta em 1963 por Hésio Fernandes Pinheiro para o conjunto de normas alusivas à exploração do espaço extra-atmosférico terrestre.

DIREITO ESCRITO. *Teoria geral do direito.* **1.** É, para alguns autores, o conjunto de normas legais ou consuetudinárias que se apresentam em forma escrita. Assim é porque, hodiernamente, o costume não se opõe ao direito escrito, mas ao legislado, por ser formulado por escrito em repertórios, por exemplo, nos assentamentos de usos e costumes da praça do Estado de São Paulo feitos na Junta Comercial com o objetivo de fixá-los e prová-los. **2.** Para outros autores, é o direito originado do Poder Legislativo, contido na lei em oposição ao direito consuetudinário.

DIREITO ESPACIAL. 1. Conjunto de normas, tratados ou convenções aplicáveis à nave que deva fazer escala em ponto não situado na superfície da terra, às atividades aeroespaciais, à exploração do espaço sideral, à responsabilidade pelos danos causados por satélites para fins de comunicação, pelo lançamento de foguetes além da estratosfera e pelas quedas de objetos espaciais, à utilização pacífica do espaço cósmico etc. **2.** Conjunto de normas relativas à conquista humana do espaço exterior e de certos corpos que gravitam no cosmos, impondo a liberdade de todas as nações para explorar e usar daquele espaço, sem dele se apropriar (A. Machado Paupério).

DIREITO ESPECIAL. *Teoria geral do direito.* Diz-se da norma aplicável apenas a pessoas, por ter um âmbito de aplicação delimitado em função da matéria normada. Uma norma é especial se possui em sua definição legal todos os elementos típicos da norma geral e mais alguns de natureza objetiva ou subjetiva, denominados especializantes. A norma especial acresce um elemento próprio à descrição legal do tipo previsto na norma geral, tendo prevalência sobre esta, afastando-se, assim, o *bis in idem*, pois o comportamento só se enquadrará na norma especial, embora esteja também previsto na geral.

DIREITO ESPECÍFICO. *Direito aduaneiro.* Diz-se do imposto alfandegário cobrado de conformidade com a natureza da mercadoria importada.

DIREITO ESPORTIVO. Aquele conjunto de normas disciplinadoras da atividade desportiva. O mesmo que DIREITO DESPORTIVO.

DIREITO ESTADUAL. Conjunto de normas baixadas pelo Estado-Membro para terem vigência em seu território.

DIREITO ESTATAL. *Ciência política.* **1.** Conjunto de normas que regem o Estado. **2.** Direito Público.

DIREITO ESTATÁRIO. Designação dada por Kant ao Direito internacional público.

DIREITO ESTATUCIONAL. *Vide* DIREITO ESTATUTÁRIO.

DIREITO ESTATUTÁRIO. 1. *História do direito.* Complexo de normas adotadas pelas cidades ou reinos na era medieval. **2.** *Teoria geral do direito.* É o direito das pessoas jurídicas consignado em seus estatutos, regulamentos, instruções, regimentos etc.

DIREITO ESTRANGEIRO. *Direito internacional privado.* Complexo de normas vigentes em outro país que, invocadas pela norma de direito internacional privado, podem ser aplicadas por um juiz brasileiro *ex officio* mesmo que os litigantes não queiram, desde que não firam a ordem pública e a soberania nacional. Como o direito estrangeiro é *res facti*, o órgão judicante, apesar de ter, em razão de *lex fori*, a obrigação de aplicá-las, poderá reclamar a sua prova. Os meios de prova do direito estrangeiro serão indicados pelo *jus fori*.

DIREITO ESTRITO. *Teoria geral do direito.* **1.** Diz-se do ato interpretativo do órgão judicante que vem a aplicar a norma conforme o sentido literal de suas palavras. **2.** O que está rigorosamente de conformidade com o texto legal.

DIREITO EVENTUAL. *Teoria geral do direito.* Diz-se daquele em que há um interesse incompleto em razão da falta de um elemento básico protegido pela norma jurídica. Por exemplo, penhor de um crédito futuro, promessa de venda, hipoteca sobre bens futuros, pacto de preferência, direito à sucessão legítima, que só se consolida com a morte do autor da herança etc.

DIREITO EXCEPCIONAL. *Teoria geral do direito.* Aquele que abre exceção a uma norma geral, impondo ônus, criando privilégios etc.

DIREITO EXPECTATIVO. *Teoria geral do direito.* Diz-se do direito subjetivo em estado de formação.

DIREITO EXPRESSO. *Vide* DIREITO ESCRITO.

DIREITO EXTERNO. *Teoria geral do direito.* Ramo do direito público que constitui o direito internacional, que pode ser público, se se constituir de normas disciplinadoras das relações entre Estados, ou privado, se reger as relações do Estado com cidadãos pertencentes a países diversos. Já alguns autores entendem que o direito internacional privado é um ramo do direito público interno, pois cada Estado tem liberdade para definir, conforme sua ordem jurídica, as normas que disciplinam as relações entre nacionais e estrangeiros, sem qualquer vinculação a uma ordem internacional.

DIREITO EXTRADICIONAL. *Direito comparado* e *direito internacional privado.* Conjunto de normas sobre extradição.

DIREITO FALENCIAL. *Vide* DIREITO FALIMENTAR.

DIREITO FALIMENTAR. *Direito comercial.* Conjunto de normas substantivas e adjetivas que regem não só a recuperação (judicial ou extrajudicial) e a falência do empresário ou de sociedade empresária, apontando seus deveres e responsabilidades, sem olvidar dos direitos de seus credores, como também o processo falimentar.

DIREITO FAZENDÁRIO. *Direito financeiro.* Normas atinentes às finanças do Estado que cuidam da composição do orçamento da arrecadação, gestão, fiscalização, controle, distribuição e aplicação do dinheiro público e das atividades financeiras do Estado asseguratórias dos recursos necessários à Administração para a mantença dos serviços públicos e a consecução de suas finalidades.

DIREITO FEDERAL. *Direito constitucional.* Complexo de preceitos normativos editados pela União, dentro dos limites de sua competência.

DIREITO FEUDAL. *História do direito.* Conjunto de normas aplicadas na Idade Média para reger a relação de dependência entre vassalos e suseranos.

DIREITO FINANCEIRO. *Vide* DIREITO FAZENDÁRIO.

DIREITO FISCAL. **1.** *Direito financeiro.* Conjunto de normas relativas ao Fisco; legislação fiscal concernente às relações entre o Fisco e o contribuinte, à aplicação de tributos, à regulamentação das receitas públicas auferidas compulsoriamente pelo Estado e à atividade tributária relativa à arrecadação e à administração de tributos. Trata-se de *Direito tributário.* **2.** *Direito administrativo.* a) Complexo de normas alusivas à Administração Pública, ao poder de polícia ou à tipificação de contravenções profissionais (Dávio A. Prazo Zarzana); b) é o conjunto de normas que trata da organização, poderes e funções do Fisco, ou seja, do órgão arrecadador (Rubens Gomes de Sousa).

DIREITO FLORESTAL. *Direito agrário* e *direito ambiental.* Conjunto de normas protetivas das florestas nativas ou artificiais e demais formas de vegetação natural, impedindo sua devastação, exigindo o replantio de certas árvores, regulando sua exploração extrativa, impondo medidas para prevenir ou erradicar pragas que afetem a vegetação, limitando ou proibindo o corte de vegetais em via de extinção, estabelecendo sanções aos infratores de seus comandos etc.

DIREITO FLUVIAL. *Direito internacional público.* Conjunto de normas que regem o uso dos rios que percorrem mais de um Estado soberano.

DIREITO FORÂNEO. *Vide* DIREITO ESTRANGEIRO.

DIREITO FORMAL. *Teoria geral do direito.* **1.** *Vide* DIREITO ADJETIVO. **2.** Direito substantivo que prescreve a forma dos atos jurídicos.

DIREITO FUNDACIONAL. *Direito civil* e *direito administrativo.* Conjunto de normas que regem as fundações particulares e públicas, disciplinando-as.

DIREITO FUNDAMENTAL. *Vide* DIREITO CONSTITUCIONAL.

DIREITO FUTURO. *Teoria geral do direito* e *direito civil.* É aquele cuja aquisição, por ocasião da realização do negócio, não se operou, dado que sua efetivação depende de uma condição ou de um prazo. Trata-se de um direito não formado que requer a complementação dos fatos determinantes de sua aquisição. Por exemplo, quando se compra uma casa a prestações mensais, a transferência da propriedade só se efetua com o pagamento da última parcela, ocasião em que se exige a escritura pública para ser levada a assento no registro imobiliário, sendo, portanto, o direito futuro e eventual, uma vez que sua aquisição pode ocorrer ou não.

DIREITO FUTURO DEFERIDO. *Teoria geral do direito* e *direito civil.* Dá-se quando sua aquisição depende somente do arbítrio do sujeito, por exemplo, o herdeiro, desde a abertura da sucessão até a aceitação de herança, tem direito futuro deferido, porque depende apenas de sua vontade torná-lo atual.

DIREITO FUTURO NÃO DEFERIDO. *Teoria geral do direito* e *direito civil.* É aquele que se subordina a fatos ou condições falíveis. Por exemplo, se alguém fizer doação de uma casa sob a condição de o doador se casar, o direito deste sobre o imóvel dependerá da realização de seu casamento, que poderá ocorrer ou não; se um recém-casado falecer deixando mulher grávida e mãe viva, esta apenas herdará seus bens, em concorrência com a viúva, se o nascituro nascer morto; se o direito resultar de promessa de recompensa, esta só será devida se o credor incerto realizar as condições da promessa etc.

DIREITO GERAL. *Teoria geral do direito.* Conjunto de normas aplicáveis a relações jurídicas de mesma natureza (Cunha Gonçalves).

DIREITO HEREDITÁRIO. *Vide* DIREITO DAS HERANÇAS.

DIREITO HIPOTECÁRIO. *Direito civil.* Complexo de normas relativas a hipoteca, determinando o modo de sua constituição, os seus efeitos jurídicos e sua extinção.

DIREITO HUMANITÁRIO. *Direito militar* e *direito internacional público.* Conjunto de normas aplicáveis a conflitos armados internacionais ou nacionais, alusivas ao tratamento na guerra de combatentes e não-combatentes, aos limites de atuação dos Estados beligerantes, à regulamentação da violência e ao respeito aos direitos fundamentais do homem (Buergenthal, Celso Lafer e Flávia Piovesan).

DIREITO HUMANO. *Teoria geral do direito.* Diz-se do direito posto pelos homens em oposição ao revelado por Deus.

DIREITO IDEAL. *Teoria geral do direito.* Diz-se daquele a que se aspira por se aproximar da perfeição, obtido pela aplicação eqüitativa das normas e pelo desenvolvimento aberto do direito, com o qual o órgão preenche lacunas normativas, axiológicas e ontológicas.

DIREITO IMATERIAL. *Direito autoral* e *direito de propriedade industrial.* Conjunto de normas que regem a propriedade literária, científica e artística, o direito autoral e a propriedade industrial que recai sobre marcas, invenções, modelos de utilidade e modelos e desenhos industriais.

DIREITO IMOBILIÁRIO. *Direito civil.* Complexo de normas disciplinadoras da propriedade imóvel ou de qualquer direito real sobre bem imóvel. O mesmo que DIREITO PREDIAL.

DIREITO IMPERATIVO. *Teoria geral do direito.* Diz-se de todas as normas jurídicas, pois estas prescrevem como deve ser a conduta de cada um. Todas as normas jurídicas são imperativas, todavia, essa imperatividade não se manifesta sempre com a mesma intensidade. Existem graus de imperatividade. Deveras, há normas de imperatividade absoluta que ordenam ou proíbem uma conduta, sem admitir qualquer alternativa, por haver certas relações ou estados da vida social que não podem ser deixados ao arbítrio individual, o que acarretaria graves prejuízos para a ordem social. Existem determinadas relações humanas que, pela sua grande importância, são reguladas, taxativamente, em normas jurídicas, a fim de evitar que a vontade dos particulares perturbe a vida social. Essas normas de imperatividade absoluta ou impositivas tutelam interesses fundamentais diretamente ligados ao bem comum, por isso é que são também chamadas de "ordem pública". Há, ainda, casos menos claros em que os imperativos descansam implicitamente nas normas, que são as de imperatividade relativa ou dispositivas, que permitem ação ou abstenção, ou que suprem a ausência de declaração de vontade das partes (Goffredo Telles Jr.).

DIREITO IMPERFEITO. *Teoria geral do direito.* Diz-se da norma cuja violação não acarreta qualquer conseqüência jurídica, como ocorre, por exemplo, com a obrigação decorrente da dívida de jogo.

DIREITO INATO. *Teoria geral do direito.* Direito natural.

DIREITO INCESSÍVEL. *Direito civil.* Aquele insuscetível de transferência ou cessão, como o direito personalíssimo, o direito de uso etc.

DIREITO INCORPÓREO. *Direito civil.* Aquele que tem por objeto bem incorpóreo, por não ter existência tangível, uma vez que recai sobre produtos do intelecto, ou por ser relativo a direito de valor econômico que uma pessoa física ou jurídica tem contra outra, tal como o direito autoral, real, obrigacional, de crédito etc.

DIREITO INDISPONÍVEL. *Direito civil.* Aquele que é insuscetível de ser objeto de atos de disposição por parte de seu titular. Por exemplo, o direito da personalidade, o referente ao estado e capacidade da pessoa etc.

DIREITO INDIVIDUAL. *Direito constitucional.* É o garantido constitucionalmente a todos os homens, abrangendo o direito à vida, à liberdade, à igualdade perante a lei, à propriedade, à inviolabilidade domiciliar, à honra, à manifestação de pensamento, à segurança etc.

DIREITO INDUSTRIAL. *Direito de propriedade industrial.* Complexo de normas relativas à atividade industrial, às marcas de indústria e comércio, aos privilégios de invenção, ao nome comercial, aos direitos autorais, aos fatores de produção industrial etc.

DIREITO IN FIERI. *Teoria geral do direito.* Direito em potencial.

DIREITO INFORTUNÍSTICO. *Direito previdenciário e direito civil.* Conjunto de normas alusivas à responsabilidade civil por acidente de trabalho.

DIREITO INJUSTO. *Teoria geral do direito.* É o que não corresponde ao ideal de justiça ou à valoração vigente na sociedade atual. Trata-se de uma *contradictio in adjeto*, por ser a justiça uma das finalidades do direito.

DIREITO INSTINTIVO. *Teoria geral do direito.* Denominação dada por Picard ao direito consuetudinário.

DIREITO INSTRUMENTAL. *Vide* DIREITO ADJETIVO.

DIREITO INTANGÍVEL. *Direito civil* e *direito comercial.* Aquele do qual o destinatário não pode ser privado em razão de contrato (Othon Sidou).

DIREITO INTELECTUAL. *Direito autoral* e *direito de propriedade industrial.* Conjunto de normas relativas aos produtos da inteligência humana, como modelos industriais, invenções, desenhos industriais, obras literárias, artísticas ou científicas etc. São considerados como direitos intelectuais o do autor, o do inventor etc.

DIREITO INTERESPACIAL. **1.** *Vide* DIREITO ESPACIAL. **2.** O mesmo que DIREITO INTERNACIONAL, que é um direito interespacial por assegurar a continuidade jurídica de fatos ou situações que giram no espaço em torno de leis diversas.

DIREITO INTERINDIVIDUAL. *Sociologia jurídica.* É um direito intergrupal ou de delimitação que fixa os interesses de cada parte, como, por exemplo, ocorre nos tratados internacionais e nos contratos (Gurvitch).

DIREITO INTERNACIONAL. Diz-se do conjunto de normas alusivas aos interesses superiores da sociedade, na interdependência dos Estados soberanos, e disciplinadoras das relações transnacionais e das existentes entre órgãos internacionais e entre pessoas físicas ou jurídicas dos diferentes países.

DIREITO INTERNACIONAL ADMINISTRATIVO. *Direito internacional público.* Complexo de preceitos que regem os interesses comuns dos povos civilizados e são transferidos pelos Estados a órgãos internacionais.

DIREITO INTERNACIONAL DOS DIREITOS HUMANOS. *Direito internacional público.* **1.** Aquele que surgiu após a Segunda Guerra Mundial como resposta às atrocidades cometidas pelos nazistas, procurando reconstruir o valor dos direitos humanos, protegendo-os internacionalmente (Flávia Piovesan). **2.** É o que visa proteger pessoas e grupos contra a violação, por parte do governo a que pertencem, de seus direitos internacionalmente assegurados (Buergenthal).

DIREITO INTERNACIONAL DO TRABALHO. *Direito internacional público.* Conjunto de normas que traçam os princípios norteadores das leis trabalhistas internas.

DIREITO INTERNACIONAL PENAL. **1.** Conjunto de normas penais contidas em tratados e convenções que têm por finalidade proteger os interesses comuns aos países signatários, defendendo-os de ação criminosa de estrutura internacional, tais como seqüestro aéreo, terrorismo, atentado contra chefe de Estado, tráfico de drogas, genocídio etc. **2.** Complexo normativo que regula crimes cometidos pelos Estados como a guerra, e as penas que lhes são aplicadas (Vespaziano Pella).

DIREITO INTERNACIONAL POSITIVO. Aquele que está vigente e contido em tratados, convenções, usos ou costumes internacionais, sendo aplicável às relações entre nações soberanas e às existentes entre elas e os organismos internacionais.

DIREITO INTERNACIONAL PRIVADO. É o que regulamenta as relações do Estado com cidadãos pertencentes a outros países, dando soluções aos conflitos de leis no espaço ou aos de jurisdição. O direito internacional privado coordena relações de direito no território de um Estado estrangeiro; é ele que fixa em cada ordenamento jurídico nacional os limites entre esse direito e o estrangeiro e a aplicação extranacional do primeiro e a do direito estrangeiro no território nacional. É preciso esclarecer que o direito internacional privado não disciplina as relações supranacionais, mas tão-somente determina quais normas deste ou de outro ordenamento jurídico são aplicáveis no caso de haver conflito de leis no espaço. O direito internacional privado é o conjunto de normas especiais ditadas por um ou mais Estados (em razão de tratado), nos limites de sua competência legislativa, para resolver conflito interespacial de leis, determinando a aplicável à relação jurídica que contiver um ou alguns elementos estrangeiros.

DIREITO INTERNACIONAL PÚBLICO. 1. É o conjunto de normas consuetudinárias e convencionais que regem as relações diretas ou indiretas entre Estados e organismos internacionais, que as consideram obrigatórias. Regulam, portanto, relações de coordenação e não de subordinação porque os Estados são igualmente soberanos. O direito internacional público tem por objeto a organização jurídica da solidariedade entre as nações, atendendo ao interesse público e visando a manutenção da ordem social que deve haver na comunidade internacional. Suas normas dizem respeito aos órgãos destinados às relações internacionais (ministérios do exterior, embaixadas, consulados, ONU, UNESCO, FAO etc.); à diplomacia e aos agentes diplomáticos; à solução pacífica das pendências; ao direito de guerra, regulando-lhe a humanização, o regime dos prisioneiros e a intervenção pacificadora dos neutros; à marinha e aviação internacionais etc. **2.** *Vide* DIREITO DAS GENTES.

DIREITO INTERNACIONAL PÚBLICO ECONÔMICO. Conjunto de normas disciplinadoras da economia internacional, do processo de transferência de recursos na ordem internacional e da institucionalização da colaboração econômica visada pelos organismos internacionais (GATT, FMI, OCDE, Comecon, Unctad etc.), com o escopo de estimular e favorecer o comércio e de criar um sistema monetário. O direito internacional público econômico trata, segundo Schwarzenberger: da propriedade da exploração de recursos naturais; da produção e distribuição de bens; das transações internacionais de caráter econômico e financeiro; de moeda e finanças; e do *status* e da organização dos que se dedicam a este conjunto de atividades.

DIREITO INTERNO. *Teoria geral do direito.* Direito nacional ou objetivo vigente e aplicado internamente num dado país, podendo ser público ou privado.

DIREITO INTERPLANETÁRIO. *Vide* DIREITO ESPACIAL.

DIREITO INTERSISTEMÁTICO. Designação dada por alguns autores ao direito internacional privado.

DIREITO INTERTEMPORAL. *Direito constitucional* e *teoria geral do direito.* Diz respeito à solução da sucessão de normas jurídicas disciplinadoras de um dado fato de modo contraditório e dos conflitos entre uma lei nova e as relações jurídicas que foram definidas sob a vigência da norma anterior. Os problemas referentes à aplicação da lei nova ou da antiga já revogada e aos efeitos decorrentes de relação jurídica pretérita, enfim, as questões oriundas do conflito de leis no tempo pertencentes ao mesmo ordenamento jurídico constituem objeto do direito intertemporal. Neste há três princípios relativos à aplicação da lei no tempo: o da obrigatoriedade, que abrange as questões da vigência e eficácia da lei; o da continuidade, por conter a presunção de que a lei, com sua entrada em vigor, produz seus efeitos até que seja revogada expressa ou tacitamente por outra; e o da irretroatividade, ante a impossibilidade de se deixar de correlacionar a obrigatoriedade normativa com sua incidência no mundo fático. Conseqüentemente, o efeito imediato da lei nova deverá ser considerado como regra, logo, deverá ser ela aplicada imediatamente após a data estabelecida para sua entrada em vigor, respeitados o ato jurídico perfeito, o direito adquirido e a coisa julgada, podendo, portanto, incidir sobre os *facta pendentia.* Como se vê, o direito intertemporal soluciona o conflito de leis no tempo, apontando critérios para essas questões, disciplinando fatos em transição temporal, passando da égide de uma lei a outra, ou que se desenvolvem entre normas temporalmente diversas.

DIREITO INTERTEMPORAL DA INCAPACIDADE HE-REDITÁRIA. *Direito civil.* É o que determina que a capacidade para suceder é a do tempo da abertura da sucessão, que se rege pela lei então vigente (R. Limongi França).

DIREITO INTRANSMISSÍVEL. *Direito civil.* O que não pode ser transferido da esfera jurídica de seu titular para a de outro, em razão de lei ou convenção que imponha sua inalienabilidade.

DIREITO IRRENUNCIÁVEL. *Direito civil.* Diz-se daquele de que seu titular não pode abrir mão por vontade própria, como, por exemplo, o poder familiar, o direito a alimentos etc.

DIREITO ÍRRITO. *Teoria geral do direito.* Aquele que ficou sem efeito por ter sido declarado nulo.

DIREITO JUDICIÁRIO. *Vide* DIREITO PROCESSUAL.

DIREITO JURISPRUDENCIAL. *Teoria geral do direito.* Conjunto de normas consuetudinárias advindas de pronunciamentos uniformes e reiterados do Poder Judiciário num determinado sentido, sobre certo assunto, com a convicção de sua necessidade jurídica.

DIREITO JUSTINIANEU. *Direito romano.* Compilação de normas feita por Justiniano, designada *Corpus Iuris Civilis*, que se compõe de quatro livros: *Institutas, Digesto* ou *Pandectas, Codex repetitae praelectionis* e *Novellae leges*.

DIREITO JUSTO. *Teoria geral do direito.* É considerado o direito natural com conteúdo progressivo e interpretável, a despeito do direito legal (Othon Sidou).

DIREITO LABORISTA. *Vide* DIREITO DO TRABALHO.

DIREITO LAICO. *Vide* DIREITO SECULAR.

DIREITO LEGAL. *Teoria geral do direito.* Aquele contido em lei.

DIREITO LEGISLADO. *Teoria geral do direito.* Diz-se do advindo do Poder Legislativo. É, segundo Nelson Saldanha, aquele que surge e vige em forma de conjunto de leis, quer dadas por um autocrata, quer promulgadas dentro de um regime constitucional onde exista um órgão legislativo.

DIREITO LÍQUIDO E CERTO. *Direito constitucional* e *direito processual civil.* Aquele que não precisa ser apurado, em virtude de estar perfeitamente determinado, podendo ser exercido imediatamente, por ser incontestável e por não estar sujeito a quaisquer controvérsias. Para protegê-lo, é cabível mandado de segurança.

DIREITO LITIGIOSO. *Direito processual civil.* Diz-se daquele cuja existência ou efeitos estão sendo disputados em juízo, tornando-se objeto de uma demanda por haver controvérsia.

DIREITO LIVRE. *Teoria geral do direito.* Para Hermann Kantorowicz, é o constituído pelas convicções predominantes que regem o comportamento, em um certo lugar e tempo, atendendo o que é justo.

DIREITO LOCAL. *Direito internacional privado.* O que se aplica num dado território, ou melhor, num certo espaço geográfico do País.

DIREITO MARÍTIMO. Complexo de normas concernentes à navegação marítima, fluvial e lacustre, ao comércio interno ou internacional sobre águas navegáveis, ao transporte, à tripulação, à guerra por mar, à administração da marinha mercante ou militar, à responsabilidade por acidentes de navegação, aos créditos e privilégios marítimos, inclusive à hipoteca naval, do regime dos navios mercantes e de guerra, à embarcação, ao policiamento dos portos, à organização e funcionamento dos tribunais marítimos, às relações entre o armador, o capitão e a tripulação, ao mar e à plataforma submarina etc.

DIREITO MATERIAL. *Teoria geral do direito.* Trata-se do direito substantivo, que é um complexo de normas que regem as relações jurídicas, definindo a sua matéria. Por exemplo, direito civil, direito penal, direito comercial etc.

DIREITO MATRIMONIAL. *Direito civil.* Conjunto de normas relativas às condições necessárias à existência, validade e regularidade do matrimônio, à capacidade para o casamento, aos impedimentos matrimoniais, às causas suspensivas do matrimônio, à celebração do casamento, ao regime de bens, aos deveres e direitos dos cônjuges, à filiação, à educação da prole, ao poder familiar, às relações econômicas entre pais e filhos, à administração da sociedade conjugal, à preservação do patrimônio familiar e à dissolução da sociedade e do vínculo conjugal.

DIREITO MEDIEVAL. *História do direito.* Era o aplicado aos povos europeus na Idade Média.

DIREITO MERCANTIL. *Vide* DIREITO COMERCIAL.

DIREITO MILITAR. Conjunto de normas e ordenanças reguladoras da organização e funcionamento das Forças Armadas do País, das relações entre comandantes e comandados, dos direitos e deveres dos membros da corporação, dos crimes militares, das penas disciplinares, das funções militares em tempo de guerra ou de paz etc.

DIREITO MINERÁRIO. *Direito constitucional* e *direito administrativo.* Autorização ou concessão para pesquisa e lavra de recursos minerais (Othon Sidou).

DIREITO MOBILIÁRIO. *Direito civil.* Complexo normativo atinente à propriedade e aos direitos reais que recaem sobre bens móveis.

DIREITO MODELO. *História do direito.* Conjunto das doutrinas que, na Idade Média, serviram de subsídio ao legislador.

DIREITO MODERNO. *História do direito.* Foi o que surgiu no século XVI, por ocasião do Renascentismo, vigorando até a Revolução Francesa, e que se caracterizou por ter restaurado o direito romano, considerando-o como uma fonte jurídica subsidiária que vinha logo após a lei e o costume.

DIREITO MONETÁRIO. *Economia política.* Conjunto de normas alusivas à emissão e circulação de moedas e à execução da cunhagem de papel-moeda.

DIREITO MONETÁRIO INTERNACIONAL. *Direito internacional privado.* Conjunto de normas sobre a fixação e a manutenção dos valores par das moedas e de disposições do FMI relativas ao ouro.

DIREITO MORAL. 1. *Direito civil.* a) Diz-se do relativo a um interesse insuscetível de aferição econômica ou patrimonial; direito extrapatrimonial; b) aquele que incide sobre um bem incorpóreo, como o direito autoral, por exemplo. **2.** *Teoria geral do direito.* É o direito natural (Dabin).

DIREITO MORAL DO AUTOR. *Direito autoral.* Conjunto de prerrogativas de caráter pessoal do autor (Silvio Rodrigues), como as de: reivindicar, a qualquer tempo, a paternidade da obra; ter seu nome, pseudônimo ou sinal convencional indicado ou anunciado, como sendo o do autor, na utilização de sua obra; conservá-la inédita; assegurar-lhe a integridade, opondo-se a quaisquer modificações ou à prática de atos que possam prejudicá-la ou atingi-lo, como autor, em sua reputação ou honra; modificá-la, antes ou depois de utilizada; retirá-la de circulação ou suspender-lhe qualquer forma de utilização já autorizada; ter acesso a exemplar único e raro da obra, quando se encontre legitimamente em poder de outrem, para o fim de, por meio de processo fotográfico ou assemelhado, ou audiovisual, preservar sua memória, de forma que cause o menor inconveniente possível a seu detentor, que, em todo caso, será indenizado de qualquer dano ou prejuízo que lhe seja causado. Tais direitos morais do autor são absolutos, inalienáveis, irrenunciáveis e perpétuos e consistem: na segurança da paternidade da obra; na defesa do inédito, pois só o autor pode decidir se deve ou não publicar a obra, se ela está ou não terminada; no direito de se arrepender, ou seja, de retirá-la de circulação; no direito de correção, que é exclusivamente do autor; no direito à intangibilidade da obra; e na impenhorabilidade do direito autoral.

DIREITO MUNICIPAL. *Direito administrativo.* Conjunto de normas alusivas ao Município e aos interesses peculiares da Administração Pública Municipal.

DIREITO NACIONAL. *Teoria geral do direito.* Direito positivo vigente no território do País. Trata-se do "direito interno".

DIREITO NÃO DEFERIDO. *Vide* DIREITO FUTURO NÃO DEFERIDO.

DIREITO NÃO ESCRITO. *Teoria geral do direito.* Diz-se do conjunto de normas consuetudinárias ainda não formuladas por escrito em repertórios das Juntas Comerciais.

DIREITO NÃO SUBSTANCIAL. *Vide* DIREITO ADJETIVO.

DIREITO NATURAL. *Teoria geral do direito* e *filosofia do direito.* **1.** Conjunto de normas ou de primeiros princípios morais imutáveis de "dever ser", consagrados ou não na legislação de sociedade, visto que resultam da natureza das coisas, especialmente da humana, sendo por isso apreendidos imediatamente pela inteligência como verdadeiros (concepção do direito natural, objetivo e material de Santo Tomás de Aquino). **2.** É aquele que se funda na identidade da razão humana, concebendo a natureza do ser humano: a) como genuinamente social (Grotius, Pufendorf e Locke); ou b) como originariamente associal ou "individualista" (Hobbes, Spinoza e Rousseau). Trata-se da concepção do direito natural, subjetivo e formal. **3.** Diz-se daquele cuja obrigatoriedade é cognoscível pela razão pura, independente de lei externa ou de direito positivo (Kant). **4.** É a idéia de direito justo como um critério do qual todo direito positivo se aproxima sem esgotá-lo, transformando-se o direito em tentativa de direito justo (Rudolf Stammler). **5.** É o que considera não só as justas pretensões da pessoa, mas também as suas obrigações racionais para com outrem. O direito natural representa o reconhecimento das propriedades e exigências essenciais da pessoa humana (Del Vecchio). **6.** Conjunto de normas jurídicas oficializadas pela inteligência governante de conformidade com o sistema ético de referência da coletividade em que vigora. O direito natural é o direito legítimo que nasce no seio do povo, sendo designado direito quântico (Goffredo Telles Jr.).

DIREITO NORMATIVO. *Teoria geral do direito.* Direito positivo, ou seja, o vigente numa dada sociedade, seja ele escrito ou não.

DIREITO NOTARIAL. Complexo de normas que regem a função notarial.

DIREITO NOVO. *Teoria geral do direito.* Diz-se daquele que entrou em vigor em data recente.

DIREITO NUCLEAR. *Direito constitucional, direito internacional público* e *direito ambiental.* **1.** Conjunto de princípios e normas reguladoras de atividades relacionadas à utilização de energia nuclear com fins pacíficos (Guido Soares). **2.** Complexo de normas que regulam o uso de armas atômicas (A. Machado Paupério).

DIREITO OBJETIVO. *Teoria geral do direito.* Complexo de normas jurídicas que regem o comportamento humano, prescrevendo uma sanção no caso de sua violação. É sempre um conjunto de normas impostas ao comportamento humano, autorizando o indivíduo a fazer ou não fazer algo. Indica o caminho a ser seguido, prescrevendo medidas repressivas em caso de violação de normas.

DIREITO OBREIRO. *Vide* DIREITO OPERÁRIO.

DIREITO OBRIGACIONAL. *Vide* DIREITO DAS OBRIGAÇÕES.

DIREITO OPERÁRIO. *Direito do trabalho.* **1.** Diz-se daquele que se ocupa dos direitos e deveres do operário ou trabalhador da indústria e do comércio, de forma unilateral, sem se ater à relação de emprego. **2.** *Vide* DIREITO DO TRABALHO.

DIREITO ORFANOLÓGICO. *Direito civil.* Conjunto das normas relativas aos órfãos e à tutela.

DIREITO ORIGINÁRIO. *Vide* DIREITO DA PERSONALIDADE.

DIREITO PARENTAL. *Direito civil.* Conjunto de normas jurídicas relativas ao parentesco consan-

güíneo, socioafetivo ou por afinidade, à filiação, ao reconhecimento de filho, à adoção, ao poder familiar e aos alimentos.

DIREITO PARLAMENTAR. *Ciência política* e *direito constitucional.* Conjunto de normas que regem as atribuições, os deveres e as prerrogativas dos integrantes do Poder Legislativo, o regime da apresentação de projetos ou emendas de lei, dos debates, das votações e das relações com os outros Poderes, contidas nos Regimentos Internos da própria Câmara, do Senado ou do Congresso Nacional.

DIREITO PARTICULAR. *Teoria geral do direito.* Trata-se do *jus singular*, ou seja, do direito concedido especialmente a uma pessoa ou a um grupo, por exemplo, pelos relevantes serviços prestados.

DIREITO PARTIDÁRIO. *Ciência política.* É o relacionado à criação, fusão, incorporação e extinção dos partidos políticos (Othon Sidou).

DIREITO PATRIMONIAL. *Direito civil.* Aquele que tem por objeto bens suscetíveis de avaliação econômica, sendo, em regra, transmissível ou transferível.

DIREITO PATRIMONIAL DO AUTOR. *Direito autoral.* Diz-se do direito patrimonial de que é titular o autor de uma obra intelectual dela usar, gozar e dispor e de autorizar sua utilização ou fruição, no todo ou em parte, por terceiros. Depende de autorização prévia e expressa do autor a utilização da obra, por quaisquer modalidades, tais como: a) a reprodução parcial ou integral; b) a edição; c) a adaptação, o arranjo musical e quaisquer outras transformações; d) a tradução para qualquer idioma; e) a inclusão em fonograma ou produção audiovisual; f) a distribuição, quando não intrínseca ao contrato firmado pelo autor com terceiros para uso ou exploração da obra; g) a distribuição para oferta de obras ou produções mediante cabo, fibra ótica, satélite, ondas ou qualquer outro sistema que permita ao usuário realizar a seleção da obra ou produção para percebê-la em um tempo e lugar previamente determinados por quem formula a demanda, e nos casos em que o acesso às obras ou produções se faça por qualquer sistema que importe em pagamento pelo usuário; h) a utilização, direta ou indireta, da obra literária, artística ou científica, mediante representação, recitação ou declamação; execução musical; emprego de alto-falante ou de sistemas análogos; radiodifusão sonora ou televisiva; captação de transmissão de radiodifusão em locais de freqüência coletiva;

sonorização ambiental; a exibição audiovisual, cinematográfica ou por processo assemelhado; emprego de satélites artificiais; emprego de sistemas óticos, fios telefônicos ou não, cabos de qualquer tipo e meios de comunicação similares que venham a ser adotados; exposição de obras de artes plásticas e figurativas; i) a inclusão em base de dados, o armazenamento em computador, a microfilmagem e as demais formas de arquivamento do gênero; j) quaisquer outras modalidades de utilização existentes ou que venham a ser inventadas. Tais direitos patrimoniais do autor estão sujeitos, para o seu exercício, a uma limitação do tempo. Essa temporariedade só atinge o direito autoral no seu aspecto patrimonial, pois no pessoal ou intelectual ela é perpétua. A duração do direito autoral é o tempo de vida do autor da obra intelectual. Com o seu falecimento, seus herdeiros e sucessores terão o direito de reproduzir sua obra, durante setenta anos, a contar de 1º de janeiro do ano subseqüente à sua morte. Após esse termo legal, a obra cairá no domínio público, passando a fazer parte do patrimônio da coletividade.

DIREITO PENAL. *Vide* DIREITO CRIMINAL.

DIREITO PENAL ADMINISTRATIVO. *Direito administrativo.* Conjunto de normas referentes às infrações administrativas ou disciplinares, cominando pena ao infrator.

DIREITO PENAL AGRÁRIO. *Direito agrário.* Conjunto de normas protetivas do trabalhador do campo e dos bens móveis e imóveis rurais.

DIREITO PENAL AMBIENTAL. Também chamado de direito penal ecológico. É o conjunto de leis especiais que tutelam determinados bens ambientais, punindo delitos ecológicos, incriminando atividades perigosas, como por exemplo as nucleares, em caso de ofensa à coletividade. A responsabilidade penal nos crimes ecológicos só recai sobre pessoas físicas, visto que as sanções constituem privação da liberdade. Logo, os ilícitos praticados por empresas ou pessoas jurídicas de direito público serão de natureza administrativa, ficando reservadas as sanções penais para seus representantes legais, se puderem ser responsabilizados pelo ato lesivo ou perigoso, segundo sua culpabilidade na produção do ato ilícito, embora a multa e as restrições de direitos sejam aplicáveis tanto às pessoas físicas quanto às jurídicas, se forem pena única, ou seja, se não forem cumulativas com a de privação de liberdade (Ivette Senise Ferreira).

DIREITO PENAL AUTORITÁRIO. *História do direito* e *direito comparado.* Diz-se daquele que não adota o princípio do *nullum crimen nulla poena sine lege*, admitindo amplamente o emprego da analogia, como, por exemplo, o do nazismo na 2ª Guerra Mundial e o do socialismo.

DIREITO PENAL COMERCIAL. *Direito comercial.* Conjunto de normas pertinentes aos crimes falimentares, punidos penalmente, à fraude mercantil, à comissão e circulação de duplicatas ou de cheques sem fundos, às especulações abusivas ou fraudulentas de sócios ou diretores de sociedades anônimas que causem abalo ao crédito mercantil etc.

DIREITO PENAL ECOLÓGICO. *Vide* DIREITO PENAL AMBIENTAL.

DIREITO PENAL ECONÔMICO. *Vide* DIREITO PENAL FINANCEIRO.

DIREITO PENAL FINANCEIRO. *Economia política.* Complexo normativo alusivo aos crimes econômicos e contra a disciplina e utilização dos meios de troca, estabelecendo as respectivas sanções (Geraldo Vidigal), resguardando a execução da política financeira do Estado e o bom funcionamento da economia de mercado, punindo as práticas que anulam o livre jogo da concorrência.

DIREITO PENAL FISCAL. *Direito tributário.* Conjunto de normas repressivas de atos lesivos à atividade dos entes públicos relativa à imposição e coleta de tributos, impondo sanções ao lesante e responsabilidade por infração da lei tributária.

DIREITO PENAL INTERNACIONAL. *Direito internacional privado.* Conjunto de normas que regulam: a aplicação internacional das leis penais, o conflito destas e a condição do estrangeiro perante elas; a aplicabilidade direta da lei penal estrangeira; a eficácia da pena cumprida no exterior e da sentença penal alienígena; a extradição; a punição da pirataria, do seqüestro de aeronaves etc. *Vide* DIREITO INTERNACIONAL PENAL.

DIREITO PENAL LIBERAL. *Direito penal.* Aquele que consagra o princípio *nullum crimen nulla poena sine lege*, resguardando os direitos humanos e a liberdade individual na luta contra o crime.

DIREITO PENAL MILITAR. *Direito militar.* Complexo de normas que definem e punem os crimes militares, impondo sanções públicas ou disciplinares.

DIREITO PENAL OBJETIVO. *Direito penal.* Diz-se do conjunto de normas que definem os crimes para preveni-los ou reprimi-los, impondo-lhes penas.

DIREITO PENAL SUBJETIVO. *Direito penal.* Direito de punir privativo do Estado.

DIREITO PENAL TRIBUTÁRIO. *Vide* DIREITO PENAL FISCAL.

DIREITO PENAL VALORATIVO. *Direito penal.* Designação utilizada para indicar a qualidade do direito penal de definir delitos e penas para proteger bens jurídicos tidos como fundamentais pelo seu valor social, como a vida, a honra, a integridade física, o patrimônio etc.

DIREITO PENITENCIÁRIO. Conjunto de normas disciplinadoras das relações entre o Estado e os prisioneiros, desde a sentença condenatória transitada em julgado até o final da execução da pena. Trata, portanto, da execução penal.

DIREITO PEREGRINAL. Denominação proposta por Vareilles-Sommière para designar o direito internacional privado, dando ênfase ao estrangeiro.

DIREITO PERFEITO. *Teoria geral do direito.* Diz-se daquele que já está consumado, podendo ser exercido de imediato.

DIREITO PERSONALÍSSIMO. *Direito civil.* É aquele cujo exercício compete exclusivamente a seu titular, sendo, portanto, indisponível ou intransferível. Por exemplo, o direito à honra, à liberdade e à integridade física.

DIREITO PESSOAL. *Direito civil.* É uma relação entre pessoas, abrangendo tanto o sujeito ativo como o passivo e uma prestação de dar, de fazer ou de não fazer que ao primeiro deve o segundo. O objeto de direito pessoal é sempre uma prestação do devedor, por isso, quando violado, o seu titular (credor) tem ação apenas contra o indivíduo que figura na relação jurídica como sujeito passivo.

DIREITO POLÍTICO. *Ciência política.* **1.** *Vide* DIREITO CÍVICO. **2.** Direito de participação direta ou indireta no governo estatal e na vida pública. **3.** Direito de participar da organização e do funcionamento do Estado (Pontes de Miranda). **4.** Direito de ser convocado para ocupar cargos políticos. **5.** Conjunto de normas que regulam a organização política do País e o funcionamento de seus órgãos. **6.** Conjunto de direitos outorgados ao cidadão que lhe permitem, por meio do voto, do exercício de cargos públicos ou da utilização de outros instrumentos legais e constitucionais, ter participação efetiva e influência nas atividades governamentais (Zavascki). **7.** Situação subjetiva, expressa ou implicitamente, contida em preceitos e princípios constitucionais, reconhecendo aos brasileiros o poder de participar dos negócios públicos: a) votando; b) sendo votado, inclusive investindo-se em cargos públicos; c) fiscalizando os atos do Poder Público, visando ao controle da legalidade e da moralidade administrativa (Antônio Carlos Mendes).

DIREITO PÓS-CLÁSSICO. *Direito romano.* Era o aplicado no período de decadência do Império Romano, que se estendeu dos séculos III a V.

DIREITO POSITIVO. *Teoria geral do direito.* Conjunto de normas vigentes estabelecidas pelo poder político que se impõem e regulam a vida social de um dado povo em determinada época.

DIREITO POSSESSÓRIO. *Direito civil.* É o referente a posse.

DIREITO POTESTATIVO. *Direito civil.* **1.** Conjunto de funções e deveres outorgados pela lei a alguém para reger os bens e a pessoa absoluta ou relativamente incapaz ou que foi declarada ausente. São direitos potestativos os do poder familiar, tutela e curatela. **2.** Diz-se daquele em que seu titular tem poder de influir unilateralmente na situação jurídica de outrem, sem que este possa fazer algo, tendo de se sujeitar à sua vontade (Chiovenda). Por exemplo, o poder de revogar procuração ou de pedir divisão de coisa comum. É o poder que tem alguém por manifestação unilateral da vontade de criar, modificar ou extinguir relações jurídicas em que outros são interessados (Orlando Gomes). Ou, como prefere De Plácido e Silva, é o poder de adquirir ou alienar direitos, ou de exercer sobre seus direitos toda ação de uso, gozo, disposição ou proteção que a lei lhe assegura. Enfim, é o que se caracteriza pelo fato de seu titular poder exercer livremente sua vontade, produzindo efeitos na esfera jurídica de terceiro, sem que este possa impedi-lo.

DIREITO PREDIAL. *Vide* DIREITO IMOBILIÁRIO.

DIREITO PREMIAL. Conjunto de normas que estimulam a obtenção de benefícios, com o escopo de acelerar e implementar o processo de desenvolvimento, mediante a outorga de prêmios àqueles que contribuírem, espontaneamente, para o desenvolvimento (Álvaro Melo Filho).

DIREITO PRESENTE. *Direito civil.* **1.** Diz-se daquele que já se realizou por completo, está consumado e pode ser exercido pelo seu titular, uma vez que está integrado em seu patrimônio. **2.** *Vide* DIREITO ATUAL.

DIREITO PRETORIANO. *Direito romano.* Conjunto de editos ou normas jurisdicionais criadas pelos pretores, com vigência de um ano, para complementar o direito civil, dentro dos limites da jurisdição da pretura, que era uma magistratura patrícia.

DIREITO PRETÓRIO. *Vide* DIREITO PRETORIANO.

DIREITO PREVIDENCIÁRIO. *Vide* DIREITO ASSISTENCIAL, N. 1.

DIREITO PRIMITIVO. *História do direito.* Era o decorrente da mera e difusa pressão do grupo social sobre seus membros (Durkheim), que variava conforme o grau de civilização.

DIREITO PRIORÍSTICO. *Vide* DIREITO DE PRIORIDADE E DIREITO NATURAL.

DIREITO PRIORITÁRIO. *Vide* DIREITO DE PRIORIDADE.

DIREITO PRIVADO. *Teoria geral do direito.* É o que disciplina as relações entre particulares, nas quais predominam, de modo imediato, interesses de ordem particular, como compra e venda, doação, usufruto, casamento, testamento etc. O direito privado abrange: a) o direito civil, que regulamenta os direitos e deveres de todos os indivíduos enquanto tais, contendo normas sobre o estado e a capacidade das pessoas e sobre as relações atinentes à família, às coisas, às obrigações e sucessões; b) o direito comercial, que disciplina a atividade negocial do empresário e a de qualquer pessoa física ou jurídica destinada a fins de natureza econômica, desde que habitual e dirigida à produção e à circulação de bens e serviços, visando resultados patrimoniais; c) o direito do trabalho, que rege as relações entre empregador e empregado, compreendendo normas sobre organização do trabalho e da produção; d) o direito do consumidor, que disciplina relações de consumo existentes entre fornecedor e consumidor. Entretanto, há, nos dias atuais, uma tendência à publicização do direito privado, em virtude da interferência do direito público nas relações jurídicas privadas, como ocorre com a lei do inquilinato e as normas de direito de família. Existe ainda a questão da unificação das obrigações privadas,

suprimindo a dicotomia entre obrigação civil e comercial, que até hoje é controvertida. Há os que defendem a unificação total, preconizando a eliminação do direito comercial, e os que pretendem a unificação parcial, no que concerne ao direito obrigacional. A unificação das obrigações realizar-se-ia na seara do direito civil; não obstante isso continuariam a existir, lado a lado, o direito civil e o comercial. Apesar desse movimento para tornar uno o direito privado, parece-nos que a tese da dualidade prevalecerá, pelo menos no que diz respeito ao campo da circulação da riqueza. O direito comercial, ou melhor, o direito de empresa, não deve desaparecer, mesmo que suas normas basilares integrem o novo Código Civil.

DIREITO PROBATÓRIO. *Direito processual.* Conjunto de normas que regem a produção de provas em juízo e sua admissibilidade, indicando os meios que podem ser utilizados.

DIREITO PROCESSUAL. Ramo do direito público interno que rege a organização e as funções do Poder Judiciário e o processo judicial, isto é, a operação por meio da qual se obtém a composição da lide. É um instrumento do direito substantivo ou material, pois todos os seus institutos básicos (jurisdição, ação, execução, processo) justificam-se no quadro das instituições estatais, ante a necessidade de se garantir a autoridade do ordenamento jurídico-positivo, tornando-o efetivo. É, portanto, um direito adjetivo ou formal que regula a aplicação do direito substantivo ou material aos casos concretos, ou seja, disciplina a criação de normas jurídicas individuais (sentenças), pela aplicação de uma norma geral, e estabelece as normas procedimentais indicativas dos atos sucessivos e das normas que deve cumprir o juiz para aplicar o direito. Disciplina a atividade dos juízes, dos tribunais ou órgãos encarregados da distribuição da justiça, determinando como devem agir para fazer cumprir a lei que foi violada. O direito processual rege não só a atividade jurisdicional do Estado para a aplicação das normas jurídicas gerais ao caso *sub judice*, mas também a organização do Poder Judiciário, a determinação da competência dos funcionários que o integram e a atuação do órgão judiciante e das partes na substanciação do processo ou do juízo.

DIREITO PROCESSUAL CIVIL. Conjunto de normas que disciplinam o modo de solucionar lides, litígios ou conflitos de interesses surgidos nas atividades mercantis, civis, administrativas etc.

DIREITO PROCESSUAL CONSTITUCIONAL. Denominação proposta por Kelsen para designar o conjunto de normas que dão eficácia aos direitos e garantias fundamentais, apontando os remédios processuais para tanto.

DIREITO PROCESSUAL DO TRABALHO. Conjunto de normas alusivas à organização competente para solucionar conflitos trabalhistas.

DIREITO PROCESSUAL INTERNACIONAL. Conjunto de normas que regem as relações processuais na seara internacional.

DIREITO PROCESSUAL PENAL. Complexo de normas que regem a maneira pela qual o Estado soluciona as lides oriundas de infração da lei penal.

DIREITO PROCESSUAL PENAL MILITAR. Conjunto de normas que regulam a atividade jurisdicional da justiça militar.

DIREITO PROCESSUAL SOCIAL. *Vide* DIREITO PROCESSUAL DO TRABALHO.

DIREITO PROCESSUAL SUPRANACIONAL. *Direito internacional público.* Conjunto de normas que visa conferir proteção jurídica nos casos litigiosos, permitindo a consecução do direito comunitário europeu. Com isso a Comunidade Européia assegura sua autoridade (Sidnei Agostinho Beneti).

DIREITO PÚBLICO. *Teoria geral do direito.* É aquele que regula as relações em que o Estado é parte, ou seja, rege a organização e a atividade do Estado considerado em si mesmo (direito constitucional) em relação com outro Estado (direito internacional) e em suas relações com os particulares, quando procede em razão de seu poder soberano e atua na tutela do bem coletivo (direitos administrativo, tributário e processual).

DIREITO PÚBLICO EXTERNO. *Teoria geral do direito.* É aquele que abrange o direito internacional, que pode ser público, se se constituir de normas disciplinadoras das relações entre Estados, ou privado, se reger as relações do Estado com cidadãos pertencentes a países diversos. Todavia, é preciso lembrar que, sob um outro prisma, pode-se considerar o direito internacional privado como um direito público interno, no sentido de que contém normas de direito interno de cada país que autorizam o órgão judicante nacional a aplicar ao fato interjurisdicional a mais adequada a ele, mesmo que ALIENÍGENA.

DIREITO PÚBLICO INTERNO. *Teoria geral do direito.* É aquele que abrange normas de: a) direito constitucional, que visa regulamentar a estrutura básica do Estado, disciplinando a sua organização ao tratar da divisão dos Poderes, das funções e limites de seus órgãos e das relações entre governantes e governados; b) direito administrativo, que é o conjunto de normas que regem a atividade estatal, exceto no que se refere aos atos jurisdicionais e legislativos, objetivando a consecução de fins sociais e políticos ao regulamentar a atuação governamental, a administração dos bens públicos etc.; c) direito tributário, tendo por escopo regular as despesas e as receitas do Estado; d) direito processual, que disciplina a atividade do Poder Judiciário e a dos que a ele requerem ou perante ele litigam, correspondendo, portanto, à função estatal de distribuir a justiça; e) direito penal, que é o complexo de regras que definem crimes e contravenções, estabelecendo as penas com as quais o Estado mantém a integridade da ordem jurídica, mediante sua função preventiva e repressiva; f) o direito internacional privado, apenas no sentido de o Estado definir, conforme sua ordem jurídica, as normas que disciplinam as relações entre nacionais e estrangeiros, sem qualquer vinculação a uma ordem internacional; e g) o direito previdenciário, relativo à contribuição para o seguro social e aos benefícios dele oriundos (pensão, auxílios, aposentadoria etc.).

DIREITO QUÂNTICO. *Teoria geral do direito* e *filosofia do direito.* É a denominação dada por Goffredo Telles Jr. ao direito natural ou legítimo, por ser o resultante do processo de organização do humano, atendendo às inclinações genéticas de um povo ou de um grupo social, exprimindo o seu sentimento ou estado de consciência e refletindo sua índole. O direito quântico é o direito do "eu" histórico. O direito legítimo é quântico porque delimita e quantifica a movimentação humana, segundo o sistema ético de referência que espelha disposições genéticas da coletividade. O direito quântico não é arbitrário. É quântico porque é feito sob medida, e é a medida da liberdade humana. É quântico porque relaciona o "dever ser" com o "ser" de um sistema social de referência. A ciência do direito, portanto, na lição de Goffredo Telles Jr., nunca enuncia que um homem ou um grupo de homens agirá deste ou daquele modo, mas que não sabe como procederá, embora tenha mais probabilidade de se comportar da maneira "x" do que da "y", porque a "x" é a mais conforme ao sistema ético de referência da comunidade a que pertence. A norma promulgada pelo governo legítimo é o único dogma da ciência jurídica; é o ponto de partida e o fundamento de toda ação do jurista.

DIREITO QUIRITÁRIO. *Direito romano.* Direito civil dos romanos.

DIREITO RACIONAL. *Teoria geral do direito* e *filosofia do direito.* Concepção do direito natural que busca seu fundamento de validade na identidade da razão humana. Trata-se do direito natural de tipo subjetivo e formal enquanto radicado na regulação do sujeito humano individualmente considerado, cuja vontade cada vez mais assume o sentido de vontade subjetiva e absolutamente autônoma. Nesta concepção jusnaturalista a natureza do homem é uma realidade imutável e abstrata, por ser-lhe a forma inata, independente das variações materiais da conduta. Nítida é a feição dedutiva desse jusnaturalismo, desenvolvido a partir do século XVII, que é levado a propor normas de conduta pelo método dedutivo, por influência do racionalismo matematicista, tão em voga na época; assim, a partir de uma hipótese lógica sobre o estado natural do homem, deduzem-se racionalmente todas as conseqüências (Grotius, Pufendorf, Locke, Hobbes, Spinoza, Rousseau e Kant). Essa concepção jusnaturalista trouxe duas contribuições de grande valia: o método sistemático conforme o rigor lógico da dedução e o sentido crítico-avaliativo do direito posto em nome de padrões éticos contidos nos princípios reconhecidos pela razão (Tércio Sampaio Ferraz Jr.).

DIREITO REAL. *Direito civil.* Trata-se do *jus in re*, ou seja, do poder imediato sobre a coisa. É uma relação entre o homem e a coisa corpórea ou incorpórea que contém um sujeito ativo, uma coisa e a inflexão imediata daquele sobre esta. É oponível *erga omnes*, isto é, a quem quer que seja, havendo uma relação jurídica entre o titular e toda a humanidade, que fica obrigada passivamente a respeitar o direito do sujeito ativo. Com isso seu titular tem ação real e direito de seqüela contra quem injusta ou indistintamente detiver a coisa. Portanto, o direito real é o direito subjetivo de ter como seus objetos materiais ou coisas corpóreas ou incorpóreas (Goffredo Telles Jr.).

DIREITO REAL DE AQUISIÇÃO. *Direito civil.* Aquele que confere ao seu titular a possibilidade de adquirir coisa alheia. É o direito real sobre coisa alheia, como o compromisso irretratável de compra e venda, que envolve um pouco do direito real de gozo e um pouco do direito real de garantia, reduzindo-se a uma mera limitação do poder de disposição do proprietário que o constitui, que, com o seu registro, fica impedido de alienar a coisa, e, se o fizer, o compromissário comprador poderá reivindicar a propriedade do imóvel ou executar o contrato de compromisso, exigindo o adimplemento da obrigação contraída pelo promitente vendedor. Com o registro na Circunscrição Imobiliária competente, a promessa de compra e venda de imóvel equivale a um direito real limitado, direito de aquisição, assecuratório do *contrahere* futuro, não só em relação às partes contratantes, como *erga omnes*.

DIREITO REAL DE GARANTIA. *Direito civil.* É o direito real sobre coisa alheia que vincula diretamente ao poder do credor determinada coisa do devedor, assegurando a satisfação do crédito daquele se inadimplente este (Daibert). Por exemplo, penhor, anticrese, hipoteca e alienação fiduciária em garantia.

DIREITO REAL DE GOZO. *Direito civil.* É aquele em que o titular tem a autorização de usar e gozar ou tão-somente usar de coisa alheia, abrangendo: enfiteuse, servidão predial, usufruto, uso, habitação, concessão de uso especial para fins de moradia, concessão de direito real de uso e superfície.

DIREITO REAL DE HABITAÇÃO. *Vide* DIREITO DE HABITAÇÃO.

DIREITO REAL DE USO DE TERRAS PÚBLICAS E PARTICULARES. *Vide* CONCESSÃO DE DIREITO REAL DE USO DE TERRAS PÚBLICAS E PARTICULARES.

DIREITO REAL SOBRE COISA ALHEIA. *Direito civil.* É aquele pelo qual se adquire, por meio de norma jurídica, permissão do proprietário da coisa para usá-la ou tê-la como se fosse sua, em determinadas circunstâncias, ou sob condição, de acordo com a lei e com o que foi estabelecido em contrato válido (Goffredo Telles Jr.). O direito real referente a coisa alheia é o direito subjetivo concernente a coisa incorpórea, como o direito do usufrutuário, do enfiteuta, do credor anticrético ou hipotecário. O direito real sobre coisa alheia está dividido em três espécies: direito real limitado de gozo ou fruição (enfiteuse, servidão predial, usufruto, uso, habitação, concessão de uso especial para fins de moradia, concessão de direito real de uso e superfície); direito real de garantia (penhor, anticrese, hipoteca e alienação fiduciária em garantia); e direito real de aquisição (compromisso irretratável de compra e venda).

DIREITO REGIMENTAL. Conjunto de normas que regem atos relativos à organização, funcionamento, correição, estrutura, competência dos órgãos jurisdicionais e administrativos, organizando secretarias e serviços auxiliares e os juízos, vinculados aos tribunais que compõem o Poder Judiciário segundo normas elaboradas por seus órgãos diretivos (José Rodrigues de Carvalho Netto e Carlos Renato de Azevedo Ferreira).

DIREITO REGISTRAL. *Direito civil.* Conjunto de normas relativas ao registro de documentos e imóveis.

DIREITO REGISTRÁRIO. *Vide* DIREITO REGISTRAL.

DIREITO REGRESSIVO. 1. *Direito civil* e *direito processual civil.* a) Ação cabível àquele que pagou obrigação em relação à qual era devedor parcial de cobrar do outro co-devedor ou do devedor originário o *quantum* desembolsado; b) direito que tem aquele que respondeu civilmente por ato culposo de outrem de reaver o que despendeu. **2.** *Direito cambiário.* Direito do endossatário contra qualquer coobrigado ou endossante que o antecedeu na obrigação ou contra o sacado ou aceitante, para recobrar o desembolso que teve.

DIREITO REGULAR. *Direito processual civil.* Diz-se da pretensão ou da defesa deduzida em juízo devidamente fundamentada.

DIREITO REINÍCOLA. *História do direito.* Era o que se aplicava no Brasil no período colonial.

DIREITO REINOL. *Vide* DIREITO REINÍCOLA.

DIREITO RELATIVO. *Direito civil.* É o oponível a certa pessoa, por ter eficácia limitada, por exemplo, no direito de crédito, o credor só pode acionar o seu devedor, que deve responder pelo cumprimento da obrigação por ele assumida. É, portanto, aquele que produz efeito jurídico *inter partes.*

DIREITO RELIGIOSO. *Vide* DIREITO CANÔNICO.

DIREITO RENUNCIÁVEL. *Direito civil.* Diz-se daquele suscetível de renúncia do seu titular.

DIREITO RODOVIÁRIO. *Direito comercial* e *direito de trânsito.* Complexo de normas disciplinadoras do uso de rodovias.

DIREITO ROMANO. Conjunto de normas jurídicas que disciplinaram na antigüidade o povo romano até a era de Justiniano, não só em suas relações entre si como também nas com os outros povos, exercendo enorme influência no direito das nações civilizadas da atualidade, principalmente na seara jus-civilística.

DIREITO RURAL. *Direito agrário.* **1.** Conjunto de normas que regem a propriedade rural e a atividade agropecuária. **2.** *Vide* DIREITO AGRÁRIO.

DIREITOS ABSOLUTOS. *Direito civil.* Aqueles que alcançam toda a coletividade, como se dá com os direitos reais, que são *erga omnes.*

DIREITOS *ANTIDUMPING* E DIREITOS COMPENSATÓRIOS. *Direito aduaneiro* e *direito internacional privado.* São os aplicados sobre bens despachados para consumo mediante a cobrança de importância, em moeda corrente do país, que corresponderá a percentual da margem de *dumping* ou do montante de subsídios, apurados em processo administrativo, suficientes para sanar dano ou ameaça de dano à indústria doméstica, ou seja, a empresa produtora de bens agrícolas, minerais ou industriais. Os direitos *antidumping* e direitos compensatórios serão cobrados independentemente de quaisquer obrigações de natureza tributária relativas à importação dos produtos afetados. Será competente a SRF do Ministério da Fazenda para cobrar os direitos *antidumping* e compensatórios, provisórios ou definitivos, quando se tratar de valor em dinheiro.

DIREITOS AUTORAIS INDÍGENAS. *Direito civil* e *direito autoral.* Direitos autorais dos povos indígenas são os direitos morais e patrimoniais sobre as manifestações, reproduções e criações estéticas, artísticas, literárias e científicas; e sobre as interpretações, grafismos e fonogramas de caráter coletivo ou individual, material e imaterial indígenas. O autor da obra, no caso de direito individual indígena, ou a coletividade, no caso de direito coletivo, detêm a titularidade do direito autoral e decidem sobre a utilização de sua obra, de protegê-la contra abusos de terceiros, e de ser sempre reconhecido como criador. Os direitos patrimoniais sobre as criações artísticas referem-se ao uso econômico das mesmas, podendo ser cedidos ou autorizados gratuitamente, ou mediante remuneração. Os direitos morais sobre as criações artísticas são inalienáveis, irrenunciáveis e subsistem independentemente dos direitos patrimoniais. As criações indígenas poderão ser utilizadas, mediante anuência dos titulares do direito autoral, para difusão cultural e outras atividades, inclusive as de fins comerciais verificados: a) o respeito à vontade dos titulares do direito quanto à autorização, veto, ou limites para a utilização de suas obras; b) as justas contrapartidas pelo uso de obra indígena, especialmente aquelas desenvolvidas com finalidades comerciais; c) a celebração de contrato civil entre o titular ou representante dos titulares do direito autoral coletivo e os demais interessados. No caso da produção criativa individual, o contrato deverá ser celebrado com o titular da obra. A Fundação Nacional do Índio participará das negociações de contratos e autorizações de uso e cessão de direito autoral indígena, no âmbito de sua competência e atendendo aos interesses indígenas, sempre que solicitada. O registro do patrimônio material e imaterial indígena no órgão nacional competente é recomendável, previamente à autorização e cessão do uso de criações indígenas por outros interessados, mas não impede o gozo dos direitos de autor a qualquer tempo. Cópia ou exemplar do material coletado nas atividades acompanhadas pela Fundação Nacional do Índio – FUNAI, desde que consentidos pelos titulares do direito, ficarão à disposição da Coordenação Geral de Documentação da Fundação Nacional do Índio – FUNAI para fins de registro e acompanhamento.

DIREITOS BANAIS. *História do direito.* Restrições à liberdade dos foreiros em benefício do senhorio, como, por exemplo, a obrigação de dar certos dias de serviços e a limitação sobre venda de seus produtos.

DIREITOS CIVIS. *Teoria geral do direito.* Aqueles que protegem a pessoa individualmente considerada contra os eventuais excessos de Poder Público. Tais direitos estão consignados na Declaração Universal dos Direitos do Homem.

DIREITOS COLETIVOS. *Direito constitucional.* **1.** São os relativos aos interesses da sociedade simples, de partidos políticos, sindicatos ou entidades associativas ou de classe, que podem defender seus filiados ou membros, movendo ação em juízo, sem que haja litisconsórcio, como, por exemplo, mandado de segurança coletivo, havendo direito líquido e certo. **2.** São interesses comuns a uma coletividade e pessoas e a elas somente, quando exista um vínculo jurídico entre os componentes do grupo (a sociedade empresária, a família, os entes profissionais, o sindicato). São interesses comuns, nascidos em função de uma relação base que une os membros das respectivas comunidades e que, não se confundindo com interesses estritamente individuais de cada sujeito, merece sua identificação (Ada Pellegrini Grinover).

DIREITOS COMPENSATÓRIOS DEFINITIVOS. *Direito aduaneiro* e *direito internacional privado.* Têm vigência temporária, permanecendo em vigor durante o tempo e na medida necessária para eliminar ou neutralizar as práticas de *dumping* e a concessão de subsídios que estejam causando dano. Não podem vigorar por mais de cinco anos, salvo quando, no caso de revisão, se mostre necessário manter a medida para impedir a continuação ou repetição do dano causado pelas importações objeto de *dumping* ou subsídios.

DIREITOS COMPENSATÓRIOS PROVISÓRIOS. *Direito aduaneiro* e *direito internacional privado.* São os aplicados durante a investigação, quando da análise preliminar verificar-se a existência de indícios ou prática de *dumping* ou de concessão de subsídios, e que tais práticas causam dano, ou ameaça de dano, à indústria doméstica, e se julgue necessário impedi-las no curso da investigação. A exigibilidade desses direitos poderá ficar suspensa, até a decisão final do processo, desde que o importador ofereça garantia equivalente ao valor integral da obrigação e demais encargos legais, que consistirá em depósito em dinheiro ou fiança bancária.

DIREITOS CONEXOS. **1.** *Direito autoral.* a) São os direitos paraautorais que vêm a auxiliar a criação, a produção e a divulgação de obras intelectuais; b) direitos dos artistas intérpretes ou executantes, dos produtores fonográficos e das empresas de radiodifusão, que não afetam as garantias asseguradas aos autores de obras literárias, artísticas ou científicas. É de setenta anos o prazo de proteção aos direitos conexos, contados a partir de 1º de janeiro do ano subseqüente à fixação, para os fonogramas; à transmissão, para as emissões das empresas de radiodifusão; e à execução e representação pública, para os demais casos. **2.** *Direito civil.* Diz-se de direitos da personalidade autônomos, mas intimamente ligados, sem que um seja parte integrante do outro. Por exemplo, entre o direito à imagem e o direito à honra, há uma íntima ligação, pois a divulgação da imagem, em certos casos, pode provocar ofensa à honra, por estar em desacordo com a personalidade do titular, causando gravame à sua reputação ou decoro.

DIREITOS CULTURAIS. *Direito constitucional.* Conjunto de normas que reconhecem a todos o acesso à cultura, que deve ser incentivado pelo Estado.

DIREITOS DA AÇÃO. *Direito comercial.* Conjunto de prerrogativas outorgadas ao titular de uma ação de sociedade anônima, como a de votar, de perceber dividendos, a de se eleger para ocupação de certo cargo em determinado órgão da sociedade etc.

DIREITOS DA CRIANÇA E DO ADOLESCENTE. *Direito do menor.* Complexo de normas para proteção integral da criança até doze anos, do adolescente entre doze e dezoito e, excepcionalmente, do menor entre dezoito e vinte e um anos, assegurando-lhes todos os direitos fundamentais inerentes à pessoa humana, que deverão ser respeitados, prioritariamente, não só pela família e pela sociedade como também pelo Estado, sob pena de responderem pelos danos causados, e estabelecendo, ainda, as diretrizes da política de atendimento aos direitos do menor por meio de um conjunto articulado de ações governamentais e não governamentais não remuneradas da União, dos Estados, do Distrito Federal e dos Municípios, apresentando, conforme as dotações orçamentárias, programas de: a) assistência socioeducativa destinadas a crianças e adolescentes em regime de orientação e apoio sociofamiliar ou socioeducativo em meio aberto, colocação familiar, abrigo, liberdade assistida, semiliberdade e internação; b) serviços de identificação e localização de menores, pais ou responsáveis desaparecidos; e c) prevenção e atendimento médico e psicossocial às vítimas de negligência, maus-tratos e opressão.

DIREITOS DA MULHER. *Direito civil* e *direito constitucional.* Conjunto de normas que visam a igualdade entre homens e mulheres no exercício dos direitos.

DIREITOS DA PERSONALIDADE. *Vide* DIREITO DA PERSONALIDADE.

DIREITOS DA PERSONALIDADE INTERNACIONAL. Designação proposta por Heilborn para os direitos fundamentais internacionais.

DIREITOS DAS EMPRESAS DE RADIODIFUSÃO. *Direito autoral.* São os direitos exclusivos de autorizar ou proibir a retransmissão, fixação e reprodução de suas emissões, bem como a comunicação ao público, pela televisão, em locais de freqüência coletiva, sem prejuízo dos direitos dos titulares de bens intelectuais incluídos na programação.

DIREITOS DIFUSOS. *Direito constitucional* e *direito ambiental.* **1.** Diz-se daqueles que, sendo indivisíveis e indisponíveis, podem ser usufruídos por um número indeterminável de pessoas, por recaírem sobre bens de toda a coletividade, como o meio ambiente, o patrimônio cultural etc. **2.** São os que, não se fundando em vínculo jurídico, baseiam-se sobre dados de fatos genéricos e contingentes, acidentais e mutáveis: como habitar na mesma região; consumir iguais produtos; viver em determinadas circunstâncias socioeconômicas, submeter-se a particulares empreendimentos (Ada Pellegrini Grinover).

DIREITOS DISPONÍVEIS. *Direito civil.* Diz-se daqueles dos quais os titulares têm plena disposição.

DIREITOS DO FUNCIONÁRIO PÚBLICO. *Direito administrativo.* Conjunto de prerrogativas que os agentes públicos podem reclamar do Estado como titulares de uma função pública. Dentre tais direitos podem-se enumerar: direito ao montepio, ao cargo, ao repouso etc.

DIREITOS DO HÓSPEDE CONSUMIDOR. São os incluídos nos impressos distribuídos ou nos meios de divulgação utilizados pela empresa hoteleira, especialmente em relação a: a) serviços incluídos no preço da diária, especialmente se estão incluídos o café da manhã e alguma outra refeição; b) importâncias ou percentagens que possam ser debitadas à conta do hóspede, inclusive, quando aplicável, o adicional de serviço para distribuição aos empregados; c) locais e documentos onde estão relacionados os preços dos serviços não incluídos na diária, tais como estacionamento, lavanderia, telefonia, serviços de quarto e outros; d) possibilidade da formulação de reclamações para a Embratur, para o órgão estadual de turismo e para o órgão local de defesa do consumidor, cujos telefones devem ser divulgados. Os regulamentos internos dos estabelecimentos deverão observar, fielmente, as disposições legais.

DIREITOS DO PRESO. *Direito constitucional, direito penitenciário* e *direito penal.* Conjunto de normas que visam proteger a integridade físico-mental do condenado.

DIREITOS DOS ARTISTAS INTÉRPRETES OU EXECUTANTES. *Direito autoral.* Tem o artista intérprete ou executante o direito exclusivo de, a título oneroso ou gratuito, autorizar ou proibir: 1) a fixação de suas interpretações ou execuções; 2) a reprodução, a execução pública e a locação das suas interpretações ou execuções fixadas;

3) a radiodifusão das suas interpretações ou execuções, fixadas ou não; 4) a colocação à disposição do público de suas interpretações ou execuções, de maneira que qualquer pessoa a elas possa ter acesso, no tempo e no lugar que individualmente escolherem; 5) qualquer outra modalidade de utilização de suas interpretações ou execuções. Quando na interpretação ou na execução participarem vários artistas, seus direitos serão exercidos pelo diretor do conjunto. A proteção aos artistas intérpretes ou executantes estende-se à reprodução da voz e imagem, quando associadas às suas atuações. As empresas de radiodifusão poderão realizar fixações de interpretação ou execução de artistas que as tenham permitido para utilização em determinado número de emissões, facultada sua conservação em arquivo público. A reutilização subseqüente da fixação, no País ou no exterior, somente será lícita mediante autorização escrita dos titulares de bens intelectuais incluídos no programa, devida uma remuneração adicional aos titulares para cada nova utilização. Aos intérpretes cabem os direitos morais de integridade e paternidade de suas interpretações, inclusive depois da cessão dos direitos patrimoniais, sem prejuízo da redução, compactação, edição ou dublagem da obra de que tenham participado, sob a responsabilidade do produtor, que não poderá desfigurar a interpretação do artista. O falecimento de qualquer participante de obra audiovisual, concluída ou não, não obsta sua exibição e aproveitamento econômico, nem exige autorização adicional, sendo a remuneração prevista para o falecido, nos termos do contrato e da lei, efetuada a favor do espólio ou dos sucessores.

DIREITOS DO SEGURADO APOSENTADO QUE PERMANECE EM ATIVIDADE. *Direito previdenciário.* Conjunto de prestações previdenciárias a que tem direito como: a) salário-família; b) reabilitação profissional; c) auxílio-acidente, quando tiver a condição de empregado.

DIREITOS DOS PRODUTORES FONOGRÁFICOS. *Direito autoral.* São aqueles que, a título oneroso ou gratuito, cumpre-lhes autorizar ou proibir: a) a reprodução direta ou indireta, total ou parcial; b) a distribuição por meio da venda ou locação de exemplares da reprodução; c) a comunicação ao público por meio da execução pública, inclusive pela radiodifusão; d) quaisquer outras modalidades de utilização, existentes ou que venham a ser inventadas. Cumpre também aos produtores perceber dos usuários os proventos pecuniários resultantes da execução pública dos fonogramas e reparti-los com os artistas, na forma convencionada entre eles ou suas associações.

DIREITOS DOS TRABALHADORES. *Direito do trabalho, direito agrário* e *direito constitucional.* Conjunto de normas que visam a proteção de trabalhadores rurais e urbanos, buscando seu bem-estar e o atendimento das suas necessidades.

DIREITO SECULAR. *Teoria geral do direito.* Diz-se daquele que provém do poder civil ou temporal ou do Estado, distinguindo-se do direito canônico, que promana da autoridade eclesiástica. É o "direito laico".

DIREITO SECURITÁRIO. *Direito civil.* Complexo de normas disciplinadoras das várias modalidades de seguro.

DIREITOS E DEVERES DO EMPRESÁRIO LOTÉRICO. São os seguintes: 1) receber orientação, treinamento e instruções necessárias ao início das atividades lotéricas, bem como na implementação de inovações operacionais; 2) receber informações de futuros lançamentos de produtos e serviços, publicidade e promoções a serem realizados; 3) ter assegurado o fornecimento dos produtos lotéricos exclusivos da Caixa, desde que não haja atrasos de pagamentos e outros fatos impeditivos por parte do empresário lotérico; 4) receber informações e instruções sobre procedimentos preventivos, visando reduzir o índice de sinistralidade na Rede de Casas Lotéricas; 5) receber as orientações e especificações necessárias à padronização visual da rede de distribuição de loterias, de acordo com a sua categoria de permissão; 6) receber consultoria para a condução de suas atividades lotéricas, de forma a propiciar o desenvolvimento do negócio; 7) ser ouvido como participante ativo do sistema, nas críticas e sugestões elaboradas; 8) comercializar todos os produtos lotéricos federais e atuar na prestação dos serviços à comunidade em nome da Caixa, de acordo com a sua categoria de permissão; 9) atuar na função de correspondente da Caixa, mediante autorização do Banco Central do Brasil e na forma da regulamentação em vigor; 10) não vender, nem intermediar, distribuir e divulgar qualquer outra modalidade de sorteio ou loteria, ou quaisquer jogos de azar, ainda que legalmente permitidos, salvo autorização por escrito da Caixa; 11) não prestar serviços de qualquer natureza, exceto os autorizados pela Caixa; 12) cumprir rigorosamente as normas, diretrizes e procedimentos definidos nos manuais, circulares, instruções e outros documentos expedidos pela Caixa; 13) manter a estrita confidencialidade do negócio, objeto da permissão, no que diz respeito a todos os métodos, processos, técnicas de produção ou comercialização desenvolvidos pela Caixa e transmitidos ao empresário lotérico por qualquer meio ou forma; 14) permitir a visitação de representantes da Caixa, de modo a verificar se as operações conduzidas no estabelecimento lotérico obedecem às normas e padrões estabelecidos pela Caixa; 15) acatar prontamente as modificações introduzidas pela Caixa visando o aperfeiçoamento dos produtos, da prestação de serviços e da Rede de Casas Lotéricas; 16) efetuar os pagamentos de prêmios das loterias federais até o valor estipulado pela Caixa; 17) estar adimplente na sua relação bancária com a Caixa; 18) abster-se da prática de qualquer ato que possa comprometer a imagem da Rede de Casas Lotéricas, das loterias federais e da Caixa; 19) não fazer qualquer alteração, reforma ou modificação na unidade lotérica, inclusive quanto à identidade visual interna e externa, sem a prévia autorização da Caixa, salvo pequenas obras, reparos ou substituições que se façam necessárias em decorrência de danos de uso; 20) operar a Casa Lotérica nos dias e horários estabelecidos pela Caixa e, no mínimo, durante o horário comercial observado no local; 21) efetuar as prestações de contas, sejam elas financeiras ou operacionais, nos dias estabelecidos pela Caixa; 22) efetuar os depósitos dos valores referentes à comercialização dos produtos e à prestação dos serviços; 23) manter conta corrente em agência da Caixa para efetuar os depósitos dos valores referentes à comercialização dos produtos lotéricos federais, assemelhados e da prestação de serviços; 24) manter o seu pessoal dimensionado de acordo com orientação da Caixa, devidamente treinado em suas respectivas funções, de modo a operar o estabelecimento lotérico com o máximo de capacidade e eficiência, fazendo com que todos os seus empregados, enquanto estiverem trabalhando, atuem dentro dos padrões estabelecidos pela Caixa; 25) preservar os manuais e demais documentos fornecidos pela Caixa, transmitindo a seus empregados e prepostos as informações necessárias ao desempenho de suas tarefas; 26) efetuar a garantia exigida pela Caixa, contratando seguro convencional de valores, por sua conta, ou mantendo depósito sob caução na Caixa, de forma a assegurar que, na hipótese de ocorrência de sinistro, a unidade lotérica disponha dos recursos necessários ao seu pleno funcionamento; 27) responsabilizar-se direta e exclusivamente por todos e quaisquer ônus, riscos ou custos das atividades decorrentes da operação da unidade lotérica, arcando, em conseqüência, com todos os encargos trabalhistas, fiscais, previdenciários e indenizações de qualquer espécie reivindicados por seus empregados ou terceiros prejudicados; 28) promover reformas no estabelecimento lotérico, sempre que exigidos pela Caixa, em decorrência das necessidades mercadológicas de atualização de identidade visual, assumindo todas as despesas delas decorrentes; 29) manter em estoque todos os itens de materiais e produtos em condições que lhe permitam evitar falhas no atendimento aos clientes; 30) atender a convocações para convenções, cursos, treinamentos e reciclagem para a administração da unidade lotérica, aprimoramento das técnicas de venda, lançamento de novos produtos e serviços inerentes à permissão lotérica; 31) pagar as tarifas devidas por força desse contrato, conforme estabelecido no manual operacional e demais documentos emitidos pela Caixa, bem como participar da composição da Conta de Promoção das Loterias; 32) apresentar, sempre que solicitado pela Caixa, informações cadastrais e/ou certidões negativas que comprovem a regularidade de sua situação econômica, contábil, fiscal e sindical, no que diz respeito à contribuição obrigatória; 33) submeter à prévia autorização da Caixa qualquer publicidade e propaganda que pretenda veicular nos meios de comunicação, por sua conta, utilizando a marca e o nome das loterias e da Caixa; 34) comunicar, por escrito, à Caixa, assim que tiver conhecimento do uso indevido, por terceiros, de qualquer das marcas das loterias federais, a fim de que sejam tomadas as medidas judiciais e extrajudiciais cabíveis; 35) prestar informações detalhadas e com a maior clareza sobre o desempenho do estabelecimento lotérico, sempre que lhe for solicitado pela Caixa; 36) solicitar a prévia autorização da Caixa para efetuar a transferência de permissão e/ou alteração contratual no estabelecimento lotérico; 37) comunicar por escrito qualquer alteração de endereço e telefone residenciais, inclusive de seus sócios; 38) receber os bilhetes de cotas não retiradas e pagas à Caixa, bem como os prêmios desses bilhetes que venham a ser contemplados em sorteio; 39) abster-se de qualquer pronunciamento em nome da Caixa, por meio dos veículos de comunicação, salvo se previamente autorizado por esta a fazê-lo por escrito e por quem tenha competência; 40) praticar os preços fixados pela Caixa para a venda dos produtos lotéricos federais e de outros produtos autorizados; 41) não cobrar quaisquer tarifas do cliente para a prestação de serviços delegados pela Caixa, salvo os serviços extras efetuados diretamente pelo empresário lotérico com o objetivo de proporcionar um atendimento diferenciado ao seu cliente; 42) zelar pela manutenção e conservação dos equipamentos e/ou terminais disponibilizados; 43) permitir a retirada dos equipamentos e/ou terminais do estabelecimento lotérico quando determinado pela Caixa; 44) não utilizar os equipamentos e/ou terminais que permitam a captação de apostas e a prestação de serviços para finalidades estranhas às previstas na outorga da permissão; 45) não promover nem permitir que terceiros desautorizados realizem qualquer alteração, substituição de peça, modificações ou qualquer outra intervenção técnica nos equipamentos e/ou terminais disponibilizados; 46) utilizar na unidade lotérica somente as máquinas de jogos autorizadas pela Caixa; 47) cumprir integralmente as decisões da Caixa referentes à gestão da Rede de Casas Lotéricas.

DIREITOS ESPECIAIS DE SAQUE (DES). *Economia política* e *direito internacional*. **1.** Unidade monetária que o Fundo Monetário Internacional (FMI) considera, tendo por base o valor médio de certas moedas estáveis, com o escopo de suprir a disparidade do valor do ouro ou do dólar norte-americano (Othon Sidou). **2.** Indenização que, havendo morte ou lesão corporal em transporte aéreo, conforme normas internacionais, corresponderá a 8.300 Direitos Especiais de Saque (Décio Antonio Erpen).

DIREITOS ESSENCIAIS. *Teoria geral do direito.* **1.** Os que não podem faltar à personalidade, tendo preponderância sobre os demais direitos da pessoa (De Cupis). **2.** Abrangem a maioria dos bens jurídicos não só da personalidade física e moral humana (p. ex., a vida, a honra, a ima-

gem, a privacidade, a liberdade etc.) (Capelo de Sousa), como também os da pessoa jurídica (p. ex., a honra objetiva, a imagem-atributo, ao segredo tecnológico etc.).

DIREITOS ÉTICO-SOCIAIS. Direitos de liberdade individual em atenção ao círculo social a que se pertence (Stier-Somlo).

DIREITOS EXTINGUÍVEIS. *Direito civil.* São os que estão subordinados ao fator tempo.

DIREITOS EXTRAPATRIMONIAIS. *Vide* DIREITO DA PERSONALIDADE.

DIREITOS FUNDAMENTAIS. *Vide* DIREITOS HUMANOS.

DIREITOS FUNDAMENTAIS E UNIVERSAIS DO CONSUMIDOR. *Direito do consumidor* e *direito internacional privado.* São os definidos pela *International Organization of Consumers Union* (IOCU) como: a) direito à segurança, tendo garantia contra produtos ou serviços nocivos à sua saúde ou vida; b) direito à escolha, optando entre vários produtos e serviços com qualidade satisfatória e preços competitivos; c) direito sobre a informação, no que concerne ao conhecimento dos dados indispensáveis sobre produtos ou serviços para uma decisão consciente; d) direito a ser ouvido, pois os interesses do consumidor devem ser considerados pelo governo no planejamento e execução das políticas econômicas; e) direito à indenização pelos danos causados por produtos ou serviços; f) direito à educação para o consumo, proporcionando meios para o cidadão exercer sua função no mercado; g) direito a um meio ambiente saudável, defendendo seu equilíbrio ecológico e melhorando a sua qualidade de vida (André Franco Montoro).

DIREITOS HUMANOS. *Direito internacional público.* **1.** Conjunto de normas substantivas contidas na Declaração Universal dos Direitos do Homem e não nas normas constitucionais, arrolando os direitos elementares à dignidade humana, sejam eles civis, políticos, econômicos, sociais ou culturais, aplicáveis aos homens individualmente ou como membros da sociedade. Tais normas constitucionais restringem o poder estatal por constituírem uma limitação ao Legislativo, Executivo e Judiciário, que devem respeitar os direitos humanos. **2.** Conjunto de normas e instituições voltadas ao resguardo da dignidade, liberdade e igualdade humana, que constituem o fundamento do Estado democrático (Henkin, Nilliers e Pérez Iuno).

DIREITO SIMBÓLICO. *Filosofia do direito.* Direito concebido como modo de referir-se às instituições governamentais em termos ideais, e não de maneira realístico-objetiva (Arnold).

DIREITOS IMPRESCRITÍVEIS. *Direito civil.* Aqueles que não são colhidos pela prescrição.

DIREITO SINDICAL. *Direito do trabalho* e *direito constitucional.* **1.** *Vide* DIREITO CORPORATIVO. **2.** Complexo normativo que regulamenta a organização e o funcionamento dos sindicatos, que defendem os interesses econômicos ou profissionais de seus filiados.

DIREITOS INDÍGENAS. *Direito civil* e *direito constitucional.* Conjunto de normas que regem a organização social, a propriedade e os costumes dos índios.

DIREITOS INDISPONÍVEIS. *Direito civil.* São os personalíssimos e dos quais seu titular não pode dispor.

DIREITOS INDIVIDUAIS. *Vide* DIREITOS HUMANOS.

DIREITO SINGULAR. *Teoria geral do direito.* Diz-se de qualquer lei de exceção ou especial que venha a atender interesse de uma determinada classe de pessoas.

DIREITO SOBRE DIREITO. 1. *Direito civil.* Dá-se quando o bem que é objeto do direito é ele mesmo, como, por exemplo, o penhor de direitos de crédito, em que o direito à prestação do devedor é submetido à relação pignoratícia por seu valor nominal. **2.** *Teoria geral do direito.* Conjunto de normas sobre normas, isto é, um direito coordenador do direito. Por exemplo, a Lei de Introdução ao Código Civil é direito sobre direito, pois não rege relações da vida, mas sim normas, uma vez que indica como interpretá-las ou aplicá-las, determinando-lhes vigência e eficácia, suas dimensões espácio-temporais e assinalando suas projeções nas situações conflitivas de ordenamentos jurídicos nacionais e alienígenas, evidenciando os respectivos elementos de conexão. O mesmo se diga das normas do direito internacional privado, que não se aplicam ao caso de modo direto, mas agem indiretamente sobre ele, já que procuram a qualificação direta e mediata da situação, ante a possibilidade do conflito de qualificações, pela decorrência eventual de inconsistência de normas substanciais determinando a lei competente a ser aplicada. Como se vê, por essa razão o direito internacional privado pertence à categoria do *ius supra iura*, ou direito sobre direito, auxiliando a apreciação de uma relação jurídica anormal e apontando o critério para solucioná-la.

DIREITO SOCIAL COMUM. *Sociologia jurídica.* Ordenamento jurídico, elaborado pelo grupo social, que impõe comportamentos a toda coletividade organizada, sob pena de sanção aos que o violarem. Constitui os estatutos e os regimentos que disciplinam a vida interna das associações, fundações e sociedades, e outorgam poderes disciplinares a determinados órgãos.

DIREITO SOCIAL DA ESCOLA. *Sociologia jurídica.* Conjunto de normas contidas em regimento ou estatuto de instituições de ensino elaboradas pelos seus conselhos, disciplinando o corpo docente, o corpo discente e os órgãos dirigentes, e prescrevendo seus direitos e deveres.

DIREITO SOCIAL DA FAMÍLIA. *Sociologia jurídica.* Complexo de normas que regem a vida em família, controlando sua disciplina interna. Trata-se do direito disciplinar familiar (Franco Montoro, Boistel e Brethe de la Gressaye).

DIREITO SOCIAL DA IGREJA. *Sociologia jurídica.* Direito interno elaborado pela Igreja composto de normas de conduta aplicáveis aos seus órgãos dirigentes, individuais ou coletivos, sacerdotes, religiosos e fiéis, para reger suas atribuições e zelar pelo seu cumprimento, impondo sanções às suas transgressões.

DIREITO SOCIAL DO TRABALHO. 1. *Direito do trabalho.* Ramo jurídico que, considerando os trabalhadores coletivamente ou organizados em entidades sindicais, visa protegê-los, regulando suas relações com o empregador e assegurando-lhes assistência. **2.** *Vide* DIREITO DO TRABALHO. **3.** *Sociologia jurídica.* Direito extra-estatal decorrente da própria massa trabalhadora, como a convenção coletiva de trabalho, fonte de normas obrigatórias para toda a categoria profissional, que se forma autonomamente na empresa, como os regulamentos desta, que limitam o poder do empregador e asseguram uma certa participação do empregado, ou, ainda, que advém dos conselhos econômicos ou de órgãos representativos da sociedade econômica, que dão direção à economia nacional por meios próprios (Gurvitch e Franco Montoro).

DIREITO SOCIAL ESPORTIVO. 1. *Sociologia jurídica.* Conjunto de normas criadas e aplicadas por entidades desportivas para reger os desportos. **2.** *Direito desportivo.* Complexo normativo editado pelo poder estatal para disciplinar a atividade esportiva, criando uma política desportiva democrática, planejando fundos e orçamentos a ela destinados e impondo meios para aprimorar o talento esportivo e desenvolver a personalidade humana (Cazorla Prieto).

DIREITO SOCIAL GENÉRICO. *Teoria geral do direito.* **1.** Conjunto de normas que têm por fim considerar os homens em sua personalidade e como membros de diferentes grupos sociais, atendendo às suas diferenças econômicas. Neste sentido amplo abrange o aspecto social de todos os ramos do direito. **2.** Consideração do homem concreto e socializado.

DIREITO SOCIAL INTERNACIONAL. *Sociologia jurídica.* Aquele que é criado espontaneamente pela comunidade internacional, impondo-se aos Estados (Verdross, Delos, Kosters e Le Fur), tendo órgãos internacionais incumbidos da aplicação dessas normas e das respectivas sanções em caso de sua violação.

DIREITO SOCIAL RESTRITO. *Teoria geral do direito.* Complexo de normas que têm por finalidade atingir o bem comum, auxiliando as pessoas físicas, que dependem do produto de seu trabalho para garantir a subsistência própria e de sua família, a satisfazerem convenientemente suas necessidades vitais e a terem acesso à propriedade privada (Cesarino Jr.).

DIREITOS SOCIAIS. 1. *Teoria geral do direito.* A. Conjunto de normas que disciplinam o organismo social com o escopo de obter o equilíbrio da vida em sociedade. B. Os que brotam de modo espontâneo no grupo social, como as normas consuetudinárias. C. Aqueles que regem as relações trabalhistas, resolvendo a questão social ao procurar restabelecer o equilíbrio social através da proteção do trabalhador e de seus dependentes (Cesarino Jr.). D. Aqueles que visam a exteriorização jurídica de corpos sociais autônomos, como os sindicatos. E. São os que abrangem: a) os direitos do trabalho, que incluem: o direito ao trabalho; o direito a uma remuneração justa; o direito de sindicalização; o direito ao repouso e lazer; b) o direito ao bem-estar e à previdência social, que se desdobra em: direito à seguridade social; direitos especiais da infância e maternidade; c) o direito à educação e cultura, que abarca: o direito à instrução; o direito ao desenvolvimento da personalidade e o direito à vida cultural; d) os direitos relativos à família, como: direitos

à proteção do Estado; direito ao casamento; direito de orientar a educação dos filhos; e) os direitos em relação ao Estado, como: direito de participar no governo; direito de acesso ao serviço público e direito de voto (A. Franco Montoro). **2.** *Direito constitucional.* São os direitos à educação, à saúde, ao trabalho, à moradia, ao lazer, à segurança, à previdência social, à proteção à maternidade e à infância, e à assistência aos desamparados.

DIREITO SUBJETIVO. *Teoria geral do direito.* É, na lição de Goffredo Telles Jr., a permissão dada a alguém por meio de norma jurídica válida para fazer ou não alguma coisa, para ter ou não algo, ou, ainda, a autorização para exigir por meio dos órgãos competentes do Poder Público ou dos processos legais, em caso de prejuízo causado por violação da lei, o cumprimento da norma infringida ou a reparação do mal sofrido. Infere-se daí que duas são as espécies de direito subjetivo: a) o comum da existência, que é a permissão de fazer ou não fazer e de ter ou não alguma coisa, sem violação de preceito normativo, por exemplo, o direito de ter um nome, um domicílio, de ir e vir, de casar, de trabalhar, de alienar bens etc.; b) o de defender direitos ou de proteger o direito comum da existência, ou seja, a autorização de assegurar o uso do direito subjetivo, de modo que o lesado pela violação da norma está autorizado por ela a resistir contra a ilegalidade, a fazer cessar o ato ilícito, a reclamar reparação pelo dano e a processar criminosos, impondo-lhes pena (Goffredo Telles Jr.). É comum dizer que o direito subjetivo é *facultas agendi*. Porém, as faculdades humanas não são direitos, mas qualidades próprias do ser humano que independem de norma jurídica para sua existência. Compete a esta ordenar tais faculdades humanas; logo, o uso delas será lícito ou ilícito, conforme for permitido ou proibido. Portanto, o direito subjetivo é a permissão para o uso das faculdades humanas. Como se vê, a chamada *facultas agendi* é anterior ao direito subjetivo; primeiro a faculdade de agir, e, depois, a permissão de usar essa aptidão. Ante essa concepção, não podem ser aceitas as três teorias sobre a natureza do direito subjetivo consagradas pela doutrina tradicional, que são: a) a da vontade (Savigny e Windscheid), que entende que o direito subjetivo é o poder da vontade reconhecido pela ordem jurídica; b) a do interesse (Ihering), para o qual o direito subjetivo é o interesse juridicamente protegido por meio de uma ação judicial; e c) a mista (Jellinek), que define o direito subjetivo como o poder da vontade reconhecido e protegido pela ordem jurídica, tendo por objeto um bem ou interesse.

DIREITO SUBJETIVO PROCESSUAL. *Direito processual.* Conjunto de normas relativas ao direito de ação e de defesa e conducentes à prática obrigatória de atos jurisdicionais para a composição do litígio.

DIREITO SUBJETIVO PÚBLICO DO ESTADO. *Direito administrativo.* É o direito da Administração Pública de exigir do administrado o cumprimento de certas prestações, sob pena de aplicação das sanções prescritas legalmente (José Cretella Jr.).

DIREITO SUBJETIVO PÚBLICO DO PARTICULAR. *Direito administrativo.* Direito que o administrado, funcionário público ou não, tem de reclamar, jurisdicionalmente, da Administração o adimplemento de certos deveres garantidos por lei (José Cretella Jr.).

DIREITO SUBORDINADO. *Direito civil.* Diz-se daquele que vem a garantir um outro, do qual é acessório. Por exemplo, a hipoteca está subordinada a um direito de crédito.

DIREITO SUBSIDIÁRIO. *Teoria geral do direito.* Diz-se daquele que vem a suprir uma omissão ou lacuna do direito a ser aplicado ao caso *sub judice*. São normas subsidiárias o costume, a doutrina, a jurisprudência, os princípios gerais de direito etc.

DIREITO SUBSTANCIAL. *Vide* DIREITO MATERIAL.

DIREITO SUBSTANTIVO. *Vide* DIREITO MATERIAL.

DIREITO SUCESSÓRIO. *Vide* DIREITO DAS SUCESSÕES.

DIREITO SUMULADO. *Vide* DIREITO SUMULAR.

DIREITO SUMULAR. *Teoria geral do direito.* **1.** Diz-se do contido nas súmulas dos Tribunais Superiores (STF, STJ, TST e STM), as quais, por serem normas consuetudinárias, constituem fontes de direito. **2.** É a elevação da jurisprudência esparsa, através do amalgamento dos julgados, do patamar de ramo jurídico (Ivan Lira de Carvalho).

DIREITO SUPERVENIENTE. 1. *Direito processual civil.* Diz-se daquele que se funda em fato ocorrido após o prazo marcado para a contestação. **2.** *Teoria geral do direito.* É aquele que se dá posteriormente a um fato ou ato.

DIREITO SUPRANACIONAL. *Direito internacional público.* Conjunto de normas elaboradas pelos órgãos legisladores das organizações de integração econômica regional.

DIREITO TABULÁRIO. *Direito romano.* Direito civil do povo romano que advinha da Lei das XII Tábuas.

DIREITO TRABALHISTA. *Vide* DIREITO DO TRABALHO.

DIREITO TRADICIONÁRIO. *Vide* DIREITO CONSUETUDINÁRIO.

DIREITO TRANSINDIVIDUAL. Aquele cujo titular é uma pessoa indeterminada ligada a um grupo ou classe.

DIREITO TRANSITÓRIO. *Teoria geral do direito.* **1.** Conjunto de normas determinantes da exigência da lei nova e da velha norma revogada. Constitui as disposições transitórias elaboradas pelo legislador no próprio texto normativo para conciliar a nova norma com as relações já definidas pela anterior. Abrange disposições que têm vigência temporária com o objetivo de resolver e evitar conflitos ou lesões que emergem da nova lei em confronto com a antiga. **2.** Aquele que não tem existência permanente por estar contido em norma que pode ser revogada a qualquer momento. **3.** Aquele que tem vigência temporária pelo simples fato de já ter fixado o tempo de sua duração, contendo um limite para sua eficácia.

DIREITO TRANSMISSÍVEL. *Direito civil.* Aquele que pode ser transmitido de um patrimônio jurídico a outro por ato *inter vivos* ou *causa mortis*.

DIREITO TRIBUTÁRIO. Conjunto de normas que aludem, direta ou indiretamente, à instituição, arrecadação e fiscalização de tributos (impostos, taxas e contribuições) devidos pelos cidadãos ao governo (Paulo de Barros Carvalho). Refere-se às relações entre fisco e os contribuintes, tendo por escopo regular as receitas de caráter compulsório. Abrange normas disciplinadoras das atividades financeiras do Estado, regulando sua receita e despesa. Disciplina, segundo Jarach, a soberania estatal no setor da atividade financeira. O direito tributário é, portanto, a ordenação jurídica da atividade desenvolvida pelo governo para obter e aplicar os meios econômicos indispensáveis à consecução de seus fins.

DIREITO TRIBUTÁRIO ADMINISTRATIVO. *Vide* DIREITO TRIBUTÁRIO FORMAL.

DIREITO TRIBUTÁRIO FORMAL. 1. Conjunto de normas que regem a atividade dos sujeitos passivos e da Administração tributária para que as obrigações tributárias nasçam, se desenvolvam e se extingam (Hensel, Blumenstein e García-Quintana). **2.** É o que se ocupa do procedimento de atuação do tributo, ou melhor, dos procedimentos necessários à determinação, tutela jurídica e cobrança do tributo (Estevão Horvath).

DIREITO TRIBUTÁRIO MATERIAL. 1. Conjunto de normas que disciplinam a obrigação tributária em seus elementos essenciais – fato imponível, base imponível e dívida tributária –, de conformidade com o princípio da legalidade (García-Quintana, Hensel e Blumenstein). **2.** É o que rege a existência orgânica do tributo, isto é, os direitos e deveres que emergem da relação jurídica tributária, com relação ao seu objeto, aos seus titulares – sujeitos ativos e passivos – e à sua configuração estrutural (Estevão Horvath).

DIREITO TRIBUTÁRIO OBJETIVO. É o conjunto de normas jurídicas que rege a tributação, que é a ação estatal de exigir tributos (Geraldo Ataliba).

DIREITO TRIBUTÁRIO SUBSTANTIVO. *Vide* DIREITO TRIBUTÁRIO MATERIAL.

DIREITO TURÍSTICO. Conjunto de normas que regulamentam o turismo.

DIREITO UNIVERSAL. 1. *Direito civil.* É o relativo a bens agregados considerados uma universalidade, como a herança, o patrimônio, a massa falida etc. (Othon Sidou). **2.** *Ciência política.* Conjunto de normas que condicionam a soberania dos vários Estados aos princípios da ordem jurídica internacional (Othon Sidou).

DIREITO URBANÍSTICO. 1. Conjunto de normas relativas à atividade pública de ordenar espaços habitáveis, efetuando planejamentos urbanos, disciplinando o uso e a ocupação do solo e procurando melhorar as condições de vida nos núcleos populacionais da cidade ou do campo (Hely Lopes Meirelles). **2.** Conjunto de normas que regem a atividade urbanística, dando ao Poder Público os meios necessários para intervir no meio social, atendendo ao interesse da coletividade (Raul Malta Moreira). **3.** Conjunto de normas que visam organizar os espaços habitáveis, de modo a propiciar melhores condições de vida ao homem na comunidade (José Afonso da Silva).

DIREITO USUAL. Designação dada por Ihering ao direito consuetudinário.

DIREITO VIRTUAL. *Vide* DIREITO DE INFORMÁTICA.

DIREITO VIVO. *Teoria geral do direito.* É o que evolui sem tomar conhecimento do direito estatal, que, por estar sempre em atraso, submete-se a ele. Com isso, as ordenações estatais são categorias subalternas, devendo assentar-se sobre as ordenações internas das sociedades ou associações. O juiz, havendo lacuna no direito estatal, deve sujeitar-se ao direito vivo, alcançando assim a plenitude de ordenação jurídica (Eugen Ehrlich).

DIREITO ZOOTÉCNICO. Conjunto de normas relativas à fecundação artificial na pecuária, à política veterinária, à produção e ao comércio da ração dos animais etc. (Carrazza).

DIREITURA. *História do direito.* Pensão menor, posteriormente denominada miunça ou foragem, que era paga pelo enfiteuta ao senhorio direto. Corresponde, atualmente, ao foro anual.

DIRETIVA. *Teoria geral do direito.* **1.** Diretriz. **2.** Norma de conduta.

DIRETO. 1. *Direito civil.* a) Diz-se do parentesco em linha ascendente ou descendente; b) evidente ou absoluto, por exemplo, um meio probatório é direto se evidencia o fato demonstrado; c) imediato ou próprio, por exemplo, o senhorio direto, na enfiteuse, é aquele que tem o domínio próprio do bem; o possuidor direto é o que tem posse imediata. **2.** *Direito comercial.* Diz-se do transporte de coisa ou de carga em que o navio ou a aeronave não faz escala em nenhum porto ou aeroporto intermediário, indo diretamente ao local de destino. **3.** *Direito desportivo.* Golpe dado, no boxe, pela distensão violenta do antebraço para a frente.

DIRETOR. 1. *Direito administrativo.* O que dirige uma repartição pública ou departamentos dos ministérios e secretarias de Estado. **2.** *Direito comercial.* a) Aquele que é sócio-gerente; b) administrador de um estabelecimento empresarial, que o representa em juízo ou fora dele, praticando atos jurídicos que lhe são próprios. **3.** *Direito civil.* O que preside ou dirige determinadas sociedades simples, associações ou corporações, representando-as ativa ou passivamente. **4.** *Direito autoral.* Aquele que, na representação teatral, analisa o texto, orienta os atores quanto à interpretação dos papéis e determina os recursos cênicos a serem utilizados. É o diretor

DIRETORADO

de teatro. **5.** *Direito penitenciário.* Funcionário encarregado de administrar o local onde o criminoso cumpre a pena imposta.

DIRETORADO. Termo usado para designar: a) as funções de diretor; b) o tempo de duração dessas funções.

DIRETORIA. 1. Órgão de administração e deliberação das associações e sociedades civis e comerciais. **2.** Diz-se dos membros encarregados de uma direção. **3.** Cargo ou ofício de diretor. **4.** Órgão diretor. **5.** Local onde o diretor exerce suas funções. **6.** Direção ou administração de uma seção ou departamento público.

DIRETORIA DE ADMINISTRAÇÃO DO PESSOAL (DI-RAP). *Direito administrativo* e *direito aeronáutico.* É a organização que tem por finalidade o trato dos assuntos relativos à administração do pessoal militar e civil do Comando da Aeronáutica, inclusive os relativos ao Serviço Militar. A DIRAP é diretamente subordinada ao comandante-geral do pessoal (COMGEP) e tem sede na cidade do Rio de Janeiro, Estado do Rio de Janeiro. A DIRAP tem por atribuições: a) o processamento das movimentações de militares da Aeronáutica, de acordo com a legislação em vigor; b) o processamento das promoções de militares da Aeronáutica, de acordo com a legislação em vigor; c) o trato dos processos de inatividade de militares da Aeronáutica, de acordo com a legislação em vigor; d) o planejamento, a direção, a coordenação e o controle das atividades relativas ao Serviço Militar no âmbito da Aeronáutica; e) o registro geral das ocorrências profissionais e legais do pessoal militar da Aeronáutica; f) o processamento e o controle das atividades relativas ao pessoal militar da reserva e reformado da Aeronáutica; g) o processamento da admissão, da demissão, da exoneração, da readaptação, da movimentação, da promoção e da aposentadoria dos servidores públicos civis do Comando da Aeronáutica; h) a identificação do pessoal militar e civil do Comando da Aeronáutica e de seus dependentes e de outros que lhe sejam atribuídos; e i) a ligação com outros órgãos, constitutivos ou estranhos ao Comando da Aeronáutica, para o trato de assuntos relativos à sua área de competência.

DIRETORIA DE ELETRÔNICA E PROTEÇÃO AO VÔO (DEPV). *Direito administrativo* e *direito aeronáutico.* É a organização que tem por finalidade superintender, coordenar e controlar as atividades de proteção ao vôo e as de telecomunicações do Comando da Aeronáutica. A DEPV é diretamente subordinada ao comandante-geral de apoio, tem sede na cidade do Rio de Janeiro, Estado do Rio de Janeiro e tem por atribuições: a) a direção, o planejamento, a coordenação e o controle do apoio logístico às atividades de telecomunicações e de proteção ao vôo; b) a ligação com órgãos estranhos ao Comando da Aeronáutica, nos assuntos relativos à sua esfera de atribuições; c) a elaboração de normas, critérios, princípios e programas pertinentes à sua esfera de atribuições; d) o planejamento, a programação, o projeto e a execução de obras civis necessárias e específicas para as atividades de proteção ao vôo e de telecomunicações; e) a proposição das necessidades de pesquisa e desenvolvimento, visando à racionalização do material necessário às suas atividades; f) a procura, a seleção e o cadastramento de fontes logísticas, com vista à mobilização, na sua área de atuação; g) a investigação e análise das infrações das regras de tráfego aéreo cometidas por agente civil ou militar; h) a elaboração de planos e programas, administrativos e logísticos em sua área de atuação; i) a homologação de empresas para execução e/ou prestação de serviços relativos às atividades da sua área de atuação; e j) o gerenciamento do Sistema de Controle do Espaço Aéreo Brasileiro, que abrange os Sistemas de Proteção ao Vôo, de Telecomunicações, de Defesa Aérea e Controle de Tráfego Aéreo e do Controle Aerotático.

DIRETORIA DE POLÍCIA JUDICIÁRIA. Órgão competente para: a) planejar, coordenar, dirigir, controlar e avaliar as atividades-fim do Departamento; b) planejar, coordenar, dirigir e executar operações policiais relacionadas a crimes cuja prática tenha repercussão interestadual ou internacional e exija repressão uniforme, segundo se dispuser em lei; c) aprovar normas gerais de ação relativas às atividades de prevenção e repressão de crimes de competência do Departamento; d) propor ao Diretor-Geral inspeções periódicas junto às unidades descentralizadas do Departamento, no âmbito de sua competência; e e) elaborar diretrizes específicas de planejamento operacional.

DIRETORIA DE SISTEMAS E INFORMAÇÃO. Unidade setorial da Corregedoria-Geral da União que tem por finalidade: a) planejar, coordenar e controlar as atividades de modelagem de dados, desenvolvimento, implantação, treinamento de usuários, avaliação e manutenção de sistemas de informação e recursos de informática; b) apoiar e participar na aplicação da metodologia de estratégia e análise de dados e disponibilizar informações de apoio ao processo de tomada de decisões estratégicas; c) promover, em articulação com outros órgãos da Administração Pública Federal, a integração de sistemas de informação de interesse da Corregedoria-Geral da União; d) desenvolver, implantar e prover manutenção aos sistemas informatizados de controle dos planos e programas da Corregedoria-Geral da União; e) planejar, coordenar e controlar os convênios e contratos, referentes ao uso dos sistemas de informação, firmados com órgãos e entidades da Administração Pública, entidades privadas e organismos internacionais; e f) planejar, coordenar e controlar a atividade de prospecção de novas tecnologias voltadas para a área de informação.

DIRETORIA DO PATRIMÔNIO HISTÓRICO CULTURAL DA MARINHA (DPHCM). *Direito marítimo.* Órgão que tem semi-autonomia administrativa e é apoiado pelo Serviço de Documentação da Marinha, que proverá parcela dos recursos de pessoal e todos os recursos materiais e financeiros necessários à execução de suas tarefas, com sede na cidade do Rio de Janeiro, Estado do Rio de Janeiro, com o propósito de contribuir para o desenvolvimento das atividades relacionadas com a história e cultura marítima brasileira, sob a direção de Oficial-General. A DPHCM sucede, por desmembramento, o Serviço de Documentação da Marinha nas atribuições que dizem respeito à orientação normativa para preservação da História da Marinha.

DIRETÓRIO. 1. *Direito civil.* a) Órgão de representação estudantil para atender ou pleitear os interesses da classe; b) conselho que dirige alguma associação; c) administração diretora de partido político; d) comissão diretora; e) livro ou papel que contém instruções para um certo negócio. **2.** *Direito administrativo.* Conselho incumbido da administração de negócios públicos. **3.** *Direito canônico.* Calendário eclesiástico que indica ofícios, missas ou ritos a serem seguidos. **4.** *História do direito.* Governo que, na França, imperou de 1795 a 1799, quando foi deposto por Napoleão.

DIRETÓRIO ANUAL. *Direito virtual.* É o que contém os documentos nos quais se trabalha.

DIRETOR NACIONAL DE PROJETO. Servidor público ativo, ocupante de cargo efetivo ou em comissão, representante formal da instituição executora nacional do projeto perante a ABC/MRE, o organismo internacional e os órgãos de controle, responsabilizando-se pelas atividades desenvolvidas no âmbito do projeto.

DIRETRIZES. 1. Conjunto de instruções para a efetivação de um negócio. **2.** Normas que regem uma ação.

DIRETRIZES BÁSICAS E CONCEITOS DOS SERVIÇOS DE ASSESSORIA TÉCNICA, SOCIAL E AMBIENTAL À REFORMA AGRÁRIA (ATES). *Direito agrário.* São as que visam: a) assegurar, com exclusividade às famílias assentadas em Projetos de Reforma Agrária e Projetos de Assentamento reconhecidos pelo INCRA, o acesso aos serviços de Assessoria Técnica, Social e Ambiental à Reforma Agrária (ATES), pública, gratuita, de qualidade e em quantidade suficiente, visando o desenvolvimento dessas áreas, no contexto compreendido pela agricultura campesina-familiar; b) contribuir para a promoção do desenvolvimento sustentável, louvando-se das tradições, costumes e conhecimentos endógenos, de que são dotadas as famílias beneficiárias das ações de Reforma Agrária e de seus programas complementares; c) promover a viabilidade econômica, a segurança alimentar e a sustentabilidade ambiental das áreas de assentamento, tendo em vista a efetivação dos direitos fundamentais do trabalhador rural, na perspectiva do desenvolvimento territorial integrado, mediante a adequação das ações de Reforma Agrária às especificidades de cada região e bioma; d) em respeito ao caráter multidisciplinar e intersetorial das Políticas Públicas, voltadas para o desenvolvimento rural sustentável, promover a adoção de novos enfoques metodológicos e participativos e de paradigmas baseados nos princípios da Agroecologia; e) estabelecer mecanismos e modelos de gestão capazes de monitorar, avaliar e promover as devidas correções das ações no tempo real, mediante participação dos diferentes atores sociais, como forma de democratizar as decisões, contribuindo para a construção da cidadania e do processo de controle social das diferentes Políticas Públicas; f) desenvolver processos educativos permanentes e continuados, a partir de um enfoque dialético, humanista e construtivista, visando a formação de competências, mudanças de atitudes e procedimentos dos atores sociais, que potencializem os objetivos de melhoria da qualidade de vida e de promoção do desenvolvimento rural sustentável; g) desenvolver um Programa de capacitação participativo, conciliando os saberes adquiridos na escola e os obtidos pelas comunidades assentadas, visando a preservação e integração das diversas manifestações, quer em termos técnicos, culturais e de vivências múltiplas.

DIRETRIZES DA ORGANIZAÇÃO DA ASSISTÊNCIA SOCIAL. *Direito previdenciário.* São três, ou seja: a) descentralização político-administrativa para os Estados, o Distrito Federal e os Municípios, e comando único das ações em cada esfera de governo; b) participação da população, por meio de organizações representativas, na formulação das políticas e no controle das ações em todos os níveis; e c) primazia da responsabilidade do Estado na condução da política de assistência social em cada esfera de governo.

DIRETRIZES E BASES DA EDUCAÇÃO NACIONAL. *Direito educacional.* Lei que disciplina a educação escolar, desenvolvida por meio do ensino, em instituições próprias, baseada nos seguintes princípios: a) igualdade de condições para o acesso e permanência na escola; b) liberdade de aprender, ensinar, pesquisar e divulgar a cultura, o pensamento, a arte e o saber; c) pluralismo de idéias e de concepções pedagógicas; d) respeito à liberdade e apreço à tolerância; e) coexistência de instituições públicas e privadas de ensino; f) gratuidade do ensino público em estabelecimentos oficiais; g) valorização do profissional da educação escolar; h) gestão democrática do ensino público, na forma da Lei e da legislação dos sistemas de ensino; i) garantia de padrão de qualidade; j) valorização da experiência extra-escolar; k) vinculação entre a educação escolar, o trabalho e as práticas sociais.

DIRETRIZES E NORMAS DO PROGRAMA DE ERRADICAÇÃO DO TRABALHO INFANTIL (PETI). *Direito do trabalho.* Visam erradicar, em parceria com os diversos setores governamentais e da sociedade civil, o trabalho infantil nas atividades perigosas, insalubres, penosas ou degradantes nas zonas urbana e rural. Têm por objetivos específicos: a) possibilitar o acesso, a permanência e o bom desempenho de crianças e adolescentes na escola; b) implantar atividades complementares à escola – Jornada Ampliada; c) conceder uma complementação mensal de renda – Bolsa Criança Cidadã – às famílias;

d) proporcionar apoio e orientação às famílias beneficiadas; e) promover programas e projetos de qualificação profissional e de geração de trabalho e renda junto às famílias. O Programa é destinado, prioritariamente, às famílias com renda *per capita* de até ½ salário mínimo, com crianças e adolescentes de sete a quatorze anos trabalhando em atividades consideradas perigosas, insalubres, penosas ou degradantes. O Programa poderá ainda atender os casos de adolescentes de quinze anos de idade vítimas de exploração de sua mão-de-obra, em situação de extremo risco. Este atendimento dar-se-á através das estratégias operadas pelos Programas Agente Jovem de Desenvolvimento Social e Humano e Sentinela. O Programa poderá também atender os casos de crianças e adolescentes de sete a quinze anos, oriundos de famílias com renda *per capita* de até ½ salário mínimo, vitimadas pela exploração sexual comercial, decorrentes de encaminhamento do Programa Sentinela, com anuência expressa dos Conselhos Tutelares.

DIRETRIZES ORÇAMENTÁRIAS. *Direito constitucional.* Metas da Administração Pública Federal alusivas às despesas para o exercício financeiro subseqüente.

DIRETRIZES PARA DESENVOLVIMENTO DA PESCA E DA AQÜICULTURA NACIONAIS. *Direito agrário* e *direito ambiental.* Conjunto de deveres a serem observados pelo Grupo Executivo do Setor Pesqueiro (GESPE), tais como: a) sistematizar as ações do Estado, visando aprimorar suas estruturas de planejamento, coordenação e execução do setor pesqueiro; b) assegurar o uso sustentável dos recursos, a economicidade dos empreendimentos pesqueiros, o equilíbrio do ecossistema onde ocorrem e a preservação do banco genético, de conformidade com os dispositivos da Convenção das Nações Unidas sobre o Direito do Mar (CNUDM), e os princípios da Agenda 21 estabelecida pela Conferência das Nações Unidas do Meio Ambiente e Desenvolvimento; c) aperfeiçoar as estruturas de mercado do setor pesqueiro, possibilitando o acesso da população de baixa renda e da população carente, assistida pelo poder público, ao consumo do pescado nacional através de políticas de governo; d) apoiar institucionalmente as atividades pesqueiras (artesanal, industrial e aqüícola), promovendo condições favoráveis à elevação do nível de investimentos, da qualidade do emprego e da competitividade do setor; e) estimular a pesquisa científica, a geração de tecnologia, a capacitação tecnológica e a educação ambiental; f) promover a pesquisa científica nacional com o objetivo de determinar a situação dos estoques pesqueiros e sua capacidade de captura sustentável, nas águas jurisdicionais brasileiras; g) aprimorar a infra-estrutura de desembarque, armazenamento, transporte e comercialização do pescado e seus derivados; h) estimular as ações dos sistemas de fiscalização da atividade pesqueira, inspeção e controle da qualidade de modo a evitar perdas de matérias-primas e produtos; i) estimular a aqüicultura para o aproveitamento racional do potencial brasileiro, inclusive como atividade de recomposição dos ambientes aquáticos; j) estimular a formação de mão-de-obra qualificada em todos os níveis; k) estimular a ampliação do mercado interno e a competitividade no mercado externo; l) estruturar a pesca amadora como fonte geradora de receita e instrumento do desenvolvimento econômico e social; m) regular a participação estrangeira no setor.

DIRETRIZ PARA ELABORAÇÃO DOS PLANOS DE EMERGÊNCIA RELATIVOS À UNIDADE Nº 1 DA CENTRAL NUCLEAR ALMIRANTE ÁLVARO ALBERTO. *Direito administrativo* e *direito ambiental.* Conjunto de normas para assegurar o planejamento integrado, coordenar a ação conjunta e a execução continuada das providências que atendam às necessidades da segurança das atividades e das instalações da unidade nº 1 da Central Nuclear Almirante Álvaro Alberto (CNAAA-1), particularmente do pessoal nela empregado, da população e do meio ambiente com ela relacionados. Isso é necessário porque apesar de a unidade nº 1 da Central Nuclear Almirante Álvaro Alberto (CNAAA-1) ter sido construída dentro de rigorosos padrões internacionais de segurança e com técnicas incorporadas ao seu projeto de construção que tornam a possibilidade de um vazamento de radiação muito baixa para o meio ambiente o funcionamento de uma usina nuclear é sempre uma atividade complexa e, como tal, exige a execução rotineira de várias medidas que garantam um elevado padrão de segurança. Dessa maneira, procedimentos rigorosos de acompanhamento, verificação e controle, além de testes dos mais diversos tipos, são permanentemente executados para manter uma elevada garantia contra acidentes. Mesmo assim, de modo a prover melhores condições de segurança às atividades desenvolvidas na usina, às próprias instalações, ao pessoal nela empregado, à população local e ao meio ambiente, é necessário o planejamento adicional de medidas a serem adotadas na eventualidade de uma situação de emergência. Dessa forma, o funcionamento da CNAAA-1 requer a elaboração, pelos órgãos componentes do Sistema de Proteção ao Programa Nuclear Brasileiro (SIPRON), de planos que contemplem os procedimentos a serem adotados em caso de emergência nuclear, o que requer a referida diretriz.

DIRF. Sigla de Declaração de Imposto de Renda Retido na Fonte.

DIRIGENTE. Diz-se daquele que dirige; diretor.

DIRIGIR. 1. Governar. **2.** Administrar; gerir. **3.** Endereçar. **4.** Superintender.

DIRIGISMO. *Economia política.* Sistema de planejamento e controle da economia nacional pelo Estado através de técnicas de intervencionismo econômico.

DIRIGISMO CONTRATUAL. *Direito civil.* Intervenção estatal na economia do negócio jurídico contratual, impondo restrições ao princípio da autonomia da vontade, por entender-se que, se se deixasse o contratante estipular livremente o contrato, ajustando qualquer cláusula sem que o magistrado pudesse interferir, mesmo quando uma das partes ficasse em completa ruína, a ordem jurídica não estaria assegurando a igualdade econômica. A expressão "dirigismo contratual" é aplicável às medidas restritivas estatais que invocam a supremacia dos interesses coletivos sobre os meros interesses individuais dos contraentes, com o escopo de dar execução à política do Estado de coordenar os vários setores da vida econômica. O Estado intervém no contrato não só mediante a aplicação de normas de ordem pública, mas também com a adoção de revisão judicial dos contratos, alterando-os, estabelecendo-lhes condições de execução ou mesmo exonerando a parte lesada, conforme as circunstâncias, com fundamento nos princípios da boa-fé objetiva e da função social dos contratos ou da supremacia do interesse coletivo, no amparo do fraco contra o forte, hipótese em que a vontade estatal substitui a dos contratantes, valendo a sentença como se fosse uma declaração volitiva do interessado.

DIRIMENTE. **1.** *História do direito.* Dizia-se do impedimento matrimonial absoluto, que acarretava a nulidade do casamento, baseado no interesse público, envolvendo causas atinentes à instituição da família e à estabilidade social. Corresponde, hoje, ao impedimento matrimonial resultante de parentesco, de vínculo e de crime. **2.** *Direito penal.* Diz-se das causas de exclusão de ilicitude, se o crime se deu em estado de necessidade, legítima defesa, exercício regular de direito ou estrito cumprimento de dever legal, ou das de inimputabilidade penal, como doença mental, desenvolvimento incompleto ou retardado, ou menoridade. **3.** *Direito canônico.* Diz-se das causas de impedimento matrimonial, como idade inferior a dezesseis anos no homem e quatorze na mulher, impotência, vínculo a outro casamento, voto religioso solene, adultério, conjucídio, consangüinidade, afinidade, parentesco espiritual etc.

DIRIMIR. **1.** Anular; invalidar. **2.** Impedir absoluta ou relativamente o casamento. **3.** Decidir. **4.** Extinguir.

DIRITTO ALLA RISERVATEZZA. *Expressão italiana.* Direito à intimidade.

DIRTY MONEY. *Locução inglesa.* Dinheiro de origem duvidosa.

DIRTY CHEAP. *Locução inglesa.* **1.** Preço de banana. **2.** Investimento cujo preço está muito barato (Luiz Fernando Rudge).

DIS. *Direito previdenciário.* Abreviação de Documento de Informações Sociais.

DISABILITY COMPENSATION. *Locução inglesa.* Auxílio-doença.

DISACUSIA. *Medicina legal.* Estado mórbido em que determinados sons acarretam mal-estar ao paciente.

DISAFIA. *Medicina legal.* Perturbação no tato.

DISAPONOTOCIA. *Medicina legal.* Parto difícil, mas que não causa dor nem fadiga.

DISARTRIA. *Medicina legal.* Dificuldade de pronunciar ou articular palavras.

DISBARMENT. *Termo inglês.* Suspensão de advogado.

DISCARTROSE. *Medicina legal.* Artrose nos discos vertebrais.

DISCENTE. *Direito educacional.* **1.** Aquele que aprende; aluno. **2.** Relativo a aluno.

DISCERATOSE. *Medicina legal.* Desenvolvimento anormal da epiderme.

DISCERNIMENTO. **1.** *Psicologia forense.* a) Percepção de uma nova relação no discurso da experiência, distinguindo-a; b) faculdade de entender algo de modo sensato e claro. **2.** *Direito civil.* Prudência: capacidade de avaliar fatos ou atos de modo sensato, tendo, por isso, aptidão para praticar atos da vida civil. **3.** *Direito penal.* Qualidade para distinguir o lícito do ilícito, o bem do mal praticado, que acarreta para o agente a responsabilidade penal.

DISCERNIR. **1.** Avaliar. **2.** Dintinguir. **3.** Apreciar com prudência. **4.** Entender.

DISCHARGE IN BANKRUPTCY. *Locução inglesa.* Reabilitação de empresário falido.

DISCINESIA. *Medicina legal.* Perturbação do movimento muscular involuntário ou voluntário.

DISCIPLINA. **1.** Conjunto de conhecimentos transmitidos em cada matéria de um estabelecimento de ensino; matéria ministrada por um professor. **2.** Qualquer ramo de conhecimento. **3.** Conjunto de normas prescritivas da maneira de agir dos membros de uma instituição, cuja violação acarreta pena disciplinar. **4.** Ato de uma autoridade competente aplicar punição a quem desobedecer os regulamentos de uma entidade a que pertence. **5.** Submissão do aluno ao professor; observância ou acatamento de ordem escolar. **6.** Acatamento estrito dos regulamentos de uma organização civil ou estatal. **7.** Obediência a uma autoridade.

DISCIPLINAÇÃO. **1.** Ato ou efeito de disciplinar. **2.** Sujeição a disciplina.

DISCIPLINA CORRETIVA. *Direito penitenciário.* Treinamento com o escopo de alcançar a reeducação de condenados, reintegrando-os à vida social.

DISCIPLINADO. **1.** O que tem disciplina. **2.** O que está ordenado ou sujeito a normas.

DISCIPLINA MILITAR. *Direito militar.* Conjunto de normas regulamentares que devem ser observadas pelos componentes das Forças Armadas ou de corporação militar.

DISCIPLINA, PAUPERIBUS DIVITIAE, DIVITIBUS ORNAMENTUM, SENIBUS OBLECTAMENTUM. *Expressão latina.* O ensino é fortuna para os pobres, adorno para os ricos e distração para os velhos.

DISCIPLINA PESSOAL. Hábito de observar os regulamentos e as ordens das autoridades a que se deve obediência.

DISCIPLINAR. **1.** Relativo a disciplina. **2.** Sujeitar-se a uma disciplina. **3.** Fazer obedecer. **4.** Estabelecer normas.

DISCIPLINAS. *Direito canônico.* Correias com que religiosos penitentes se flagelam.

DISCIPLINAS JURÍDICAS. *Direito educacional.* Conjunto de matérias básicas e auxiliares ao conhecimento do direito, ministradas em faculdades e universidades.

DISCÍPULO. 1. Aluno; o que recebe instruções de um professor. **2.** Sectário de uma teoria ensinada por outrem.

DISCLOSURE. *Termo inglês. Vide* DIVULGAÇÃO DE INFORMAÇÕES.

DISCO. 1. *Direito desportivo.* Chapa redonda e pesada, um pouco menor que um prato, usada para arremesso. **2.** *Direito autoral.* Placa circular de plástico onde estão gravadas obras musicais.

DISCOGRAFIA. *Direito autoral.* Lista de discos de um compositor ou de um artista.

DISCO INTERVERTEBRAL. *Medicina legal.* Placa circular cartilaginosa existente entre as vértebras da coluna dorsal.

DISCOLIA. *Medicina legal.* Perturbação da secreção biliar.

DISCONDROPLASIA. *Medicina legal.* Desordem hereditária no esqueleto que se caracteriza pelo anormal crescimento de cartilagens.

DISCO ÓPTICO. Unidade de armazenamento de informações através de radiação eletromagnética.

DISCORDÂNCIA. *Teoria geral do direito.* **1.** Incompatibilidade. **2.** Discrepância; divergência. **3.** Desarmonia. **4.** Discórdia.

DISCORDANTE. 1. *Teoria geral do direito.* a) O que se manifesta de modo diverso da maioria; b) que discorda ou que não está de acordo. **2.** *Direito processual civil.* Diz-se do voto divergente de um magistrado que não concorda com o conteúdo dos votos dos demais julgadores, sendo, por isso, vencido quanto à tese por ele defendida.

DISCORDAR. 1. Divergir. **2.** Não concordar; estar em desacordo. **3.** Ter opinião diferente da de outrem. **4.** Ser incompatível.

DISCORDE. 1. Incompatível. **2.** Contrário. **3.** Desarmônico. **4.** Dissidente; divergente.

DISCÓRDIA. 1. Contradição. **2.** Desavença. **3.** Discussão. **4.** Luta. **5.** Discordância.

DISCORDIA CONCORS. *Locução latina.* Discórdia concorde.

DISCORIA. *Medicina legal.* Deformidade que se apresenta na pupila.

DISCO RÍGIDO. *Direito virtual.* **1.** O mesmo que HD, *HARD DRIVE* e *WINCHESTER*. **2.** Dispositivo do computador onde se gravam as informações (Amaro Moraes e Silva Neto).

DISCORRER. 1. Discutir; tratar de um assunto. **2.** Raciocinar. **3.** Analisar. **4.** Expor um tema de forma escrita ou oral. **5.** Discursar.

DISCOTECA. *Direito autoral.* **1.** Conjunto de toda produção de discos de um autor ou de uma empresa. **2.** Coleção de discos fonográficos. **3.** Local onde se guardam discos fonográficos.

DISCOVERY. *Termo inglês.* Exibição.

DISCO VOADOR. *Direito espacial.* Objeto aéreo não identificado.

DISCRASIA. *Medicina legal.* **1.** Empobrecimento do sangue. **2.** Má nutrição. **3.** Alteração de humores.

DISCREPÂNCIA. *Teoria geral do direito.* **1.** Divergência. **2.** Disparidade; diferença. **3.** Discordância.

DISCREPANTE. *Teoria geral do direito.* Divergente; diverso.

DISCREPAR. *Teoria geral do direito.* **1.** Divergir. **2.** Discordar; dissentir.

DISCRETION OF THE COURT. *Expressão inglesa.* Prudência judicial.

DISCRETIVA. *Lógica jurídica.* Diz-se da proposição composta cujas partes diferentes são, concomitantemente, afirmadas e opostas entre si pelo espírito.

DISCRETO. 1. *Direito canônico.* Religioso eleito delegado de uma ordem para representá-la no capítulo geral. **2.** *Medicina legal.* Diz-se do mal que se manifesta por sinais externos, como tumores ou pústulas, que se apresentam de forma separada e distinta uns dos outros. **3.** Nas *linguagens jurídica* e *comum,* quer dizer: a) recatado; b) reservado; c) prudente.

DISCRETÓRIO. *Direito canônico.* **1.** Reunião de discretos sob a presidência de seu superior para tratar de questões internas de interesse da comunidade religiosa. **2.** Local onde se dá tal reunião.

DISCRIÇÃO. 1. *Direito administrativo.* a) Dever que tem o funcionário público de ser discreto, não revelando segredo que conhece em razão do cargo; b) poder concedido ao agente público de agir ou não agir dentro de limites estabelecidos normativamente. **2.** Na *linguagem jurídica* em geral é o dever de não revelar segredo profissional.

DISCRICIONARIEDADE. Qualidade do que é discricionário ou a limitada liberdade de escolha e de decisão na edição de atos próprios de cada função (Zanobini).

DISCRICIONARIEDADE ADMINISTRATIVA. *Direito administrativo.* Poder do agente público de agir ou não agir, de avaliar ou de decidir atos de sua competência, dentro dos limites legais, segundo critérios de oportunidade em conveniência para a consecução do interesse público. É, na lição de Celso Antônio Bandeira de Mello, a margem de liberdade conferida pela lei ao administrador para que este cumpra o dever de integrar com sua vontade ou juízo a norma jurídica, diante do caso concreto, segundo critérios subjetivos próprios, a fim de dar satisfação aos objetivos consagrados no sistema legal.

DISCRICIONARIEDADE JUDICIAL. *Teoria geral do direito.* Poder de decidir dentro da moldura legal, mediante uma valoração objetiva, adequando o direito ao caso *sub judice*, quando houver omissão normativa ou quando sua eficácia apresentar sintomas de inadaptabilidade em relação à realidade fático-social e aos valores positivos.

DISCRICIONARIEDADE TÉCNICA. *Direito administrativo.* Valoração do interesse público que leva o agente a optar pelo emprego de um procedimento técnico numa ação administrativa concreta (José Cretella Jr.).

DISCRICIONÁRIO. *Direito administrativo.* Diz-se do ato que a Administração Pública pratica com certa margem de liberdade de avaliação ou decisão, segundo critérios de conveniência e oportunidade formulados por ela mesma, ainda que adstrita à lei reguladora da sua expedição (Celso Antônio Bandeira de Mello).

DISCRIME. 1. *Direito civil* e *Direito processual civil.* Linha divisória; limite entre dois prédios contíguos; linha demarcanda. **2.** *Direito militar.* Fadiga da guerra.

DISCRIMEN EXTREMUM. *Locução latina.* Situação desesperada.

DISCRIMINAÇÃO. 1. *Psicologia forense.* Processo pelo qual dois estímulos diferentes num dado aspecto produzem reações diversas. **2.** *Direito tributário.* Classificação das receitas e despesas conforme sua origem e os serviços a que se destinam. **3.** *Direito agrário.* a) Inventário de atos públicos em consórcio com atos particulares, visando a separação, por mútuo consenso, das terras públicas das privadas, confundidas na estrutura fundiária do País (Lima Stefanini); b) apartação judicial de terras públicas das particulares. **4.** *Direito alfandegário.* Distinção feita nas mercadorias, particularizando-as, mediante emprego de nomenclatura própria constante da fatura comercial, segundo o uso ou a praxe mercantil, para obter a classificação tarifária, o lançamento dos impostos devidos e a estipulação dos direitos aduaneiros nelas incidentes. **5.** Na *linguagem jurídica* em geral, indica: a) ato de separar uma coisa que está unida a outra; b) separação entre coisas, cargos, serviços, funções ou encargos iguais, similares ou diferentes; c) definição; d) limitação decorrente da individuação da coisa; e) classificação de algo, fazendo as devidas especificações; f) tratamento preferencial de alguém, prejudicando outrem; g) situação subjetiva de tratamento diferenciado em relação a uma qualidade da pessoa, como sexo, raça, idade etc., lesiva a um interesse econômico, social, moral, profissional etc. (Alice Monteiro de Barros); h) qualquer distinção, exclusão ou preferência que anule ou destrua a igualdade. Por exemplo, ato de impedir alguém de exercer o direito ao trabalho por motivos arbitrários, racistas etc., não podendo usufruir das mesmas oportunidades e do mesmo tratamento de que gozam outras pessoas (Hédio Silva Júnior); i) conduta que nega à pessoa tratamento compatível com o padrão jurídico assentado para a situação concreta por ela vivenciada (M. G. Delgado). **6.** *Teoria geral do direito.* Ato de distinguir dois objetos do pensamento.

DISCRIMINAÇÃO COLETIVA. O mesmo que DISCRIMINAÇÃO GRUPAL.

DISCRIMINAÇÃO COMISSIVA. Cria desigualdade de tratamento a uma pessoa ou grupo social por meio de ação humana.

DISCRIMINAÇÃO CONTRA AS PESSOAS PORTADORAS DE DEFICIÊNCIA. Significa toda diferenciação, exclusão ou restrição baseada em deficiência, antecedente de deficiência, conseqüência de deficiência anterior ou percepção de deficiência presente ou passada, que tenha o efeito ou propósito de impedir ou anular o reconhecimento, gozo ou exercício por parte das pessoas portadoras de deficiência de seus direitos humanos e suas liberdades fundamentais. Não constitui discriminação a diferenciação ou preferência adotada pelo País para promover a integração social ou o desenvolvimento pessoal dos portadores de deficiência, desde que a diferenciação ou preferência não limite em si mesma o direito à igualdade dessas pessoas e que elas não sejam obrigadas a aceitar tal diferenciação ou preferência. Nos casos em que a legislação interna preveja a declaração de interdição, quando for necessária e apropriada para o seu bem-estar, esta não constituirá discriminação.

DISCRIMINAÇÃO DE COMPETÊNCIAS TRIBUTÁRIAS. *Direito constitucional* e *direito tributário*. Divisão feita por norma constitucional da aptidão de emitir lei, criando tributo, que constitui competência inerente, privativa e indelegável, da União, dos Estados, do Distrito Federal e dos Municípios. Segundo a Constituição Federal, compete: a) à União instituir: imposto sobre importação e exportação de produtos; imposto sobre produtos industrializados; imposto sobre a renda; imposto sobre operações de crédito, câmbio e seguro, ou relativo a títulos ou valores mobiliários; imposto sobre propriedade territorial rural; imposto sobre grandes fortunas; imposto extraordinário de guerra; impostos estaduais em Território Federal; impostos municipais em território não dividido em Municípios; empréstimo compulsório para atender a despesas extraordinárias, calamidade pública e guerra; empréstimo compulsório destinado a investimento público urgente e de relevante interesse social; contribuições parafiscais; taxas e contribuições de melhoria; b) aos Estados e Distrito Federal, instituir: imposto de transmissão *causa mortis* ou doação de quaisquer bens ou direitos; imposto sobre operações relativas à circulação de mercadorias e sobre prestações de serviços de transporte interestadual e intermunicipal e de comunicações, ainda que iniciadas no exterior; imposto sobre a propriedade de veículo automotor; adicional do imposto sobre a renda (declarado inconstitucional pelo STF); taxas e contribuições de melhoria; contribuição de seus servidores para custeio do sistema de previdência social; c) aos Municípios, instituir: imposto sobre propriedade predial e territorial urbana; imposto de transmissão *inter vivos* a qualquer título, por ato oneroso, de bens imóveis, por natureza ou acessão física, e de direitos reais sobre imóveis, exceto os de garantia, bem como cessão de direitos à sua aquisição; imposto sobre serviços de qualquer natureza; taxa e contribuição de melhoria; contribuição de seus servidores para custeio do sistema de previdência social (Eduardo M. Ferreira Jardim).

DISCRIMINAÇÃO DELIBERADA. Intenção de praticar ato que venha a causar um desfavor a alguém, contrariando a lei (Basileu Garcia).

DISCRIMINAÇÃO DE RENDAS. *Direito tributário* e *direito constitucional.* Divisão do produto resultante da arrecadação dos tributos prevista em norma constitucional. O produto arrecadado: a) das taxas e contribuições de melhoria pertence a quem tem competência para instituí-las; b) dos empréstimos compulsórios, das contribuições parafiscais, dos impostos extraordinários de guerra, dos impostos de comércio exterior e do IOF pertence à União; c) do imposto sobre transmissão *causa mortis* compete aos Estados e Distrito Federal; do IPTU e ISS, é do Município; d) do imposto sobre a renda, cabe ao Município, ao Estado, ao Distrito Federal e às autarquias e fundações municipais, estaduais ou distritais a totalidade das retenções decorrentes dos pagamentos por eles efetuados; e) do IPTR, 50% pertence à União e 50% ao Município onde está localizado o imóvel objeto desse imposto; f) do IPVA, 50% compete ao Estado e 50% ao Município onde o veículo for licenciado; g) do ICMS, 100% cabe ao Distrito Federal, 75% aos Estados e 25% aos Municípios, observado o mínimo de 3/4 com relação ao valor oriundo da cobrança efetivada no território municipal, sendo que 1/4 deve ser distribuído conforme disposto em lei estadual; h) do imposto residual, 80% é da União e 20% dos Estados; i) do imposto sobre a renda e do IPI, competem 22,5% aos Municípios; 21,5% aos Estados e Distrito Federal; 3% a programas de financiamento na Região Norte, Nordeste e Centro-Oeste; e 53% à União (Eduardo M. Ferreira Jardim).

DISCRIMINAÇÃO DIRETA. Tratamento injusto dispensado a uma pessoa, desfavorecendo-a, tendo por base o critério que define o seu tipo. P. ex., o de vedar a pessoas altas e de peso elevado a freqüência a certa praia (Maria Angeles Barrère Unzueta).

DISCRIMINAÇÃO ESTÉTICA. *Direito do trabalho.* Ato discriminatório por fatores estéticos, como peso, altura, marcas, aparência física, que não devem ser levados em conta no processo seletivo de candidatos a um emprego (Aldacy R. Coutinho).

DISCRIMINAÇÃO GRUPAL. Diz respeito a pessoas que, por pertencerem a um grupo, são desfavorecidas, em relação a outro, por serem portadoras de uma deficiência, pertencentes a uma raça ou a uma religião (Young, Maria Angeles Barrère Unzueta, Vitorino Ângelo Filipin).

DISCRIMINAÇÃO INCONSCIENTE. Ato culposo de desfavorecer alguém.

DISCRIMINAÇÃO INDIRETA. Dá-se quando se utiliza de um critério não explícito para desfavorecer alguém ou um grupo de pessoas. P. ex., nenhuma pessoa que ingira mais de quatro mil calorias diárias poderá ter acesso a tal lugar. Com isso haverá proibição que indiretamente atinja pessoas com excesso de peso (Maria Angeles Barrère Unzueta).

DISCRIMINAÇÃO INDIVIDUAL. É a relativa a uma pessoa considerada em si mesma, diante de atributos que a distinguem das demais, tornando-a alvo de rejeição (Vitorino Ângelo Filipin).

DISCRIMINAÇÃO INJUSTA. Negação de certos valores fundamentais da pessoa humana, como igualdade, liberdade, identidade, seja na relação com o Estado, seja na relação com particulares.

DISCRIMINAÇÃO INTENCIONAL. O mesmo que DISCRIMINAÇÃO DELIBERADA.

DISCRIMINAÇÃO INVERSA. O mesmo que DISCRIMINAÇÃO POSITIVA.

DISCRIMINAÇÃO OMISSIVA. Estado interior da pessoa que implica uma omissão ou abstenção conducente a desfavorecer alguém com base em critérios como sexo, raça, religião etc. P. ex., ato de não contratar pessoas da raça negra (Hédio Silva Junior).

DISCRIMINAÇÃO POSITIVA. Atuação político-normativa que, temporariamente, combate, p. ex., tratamento diferenciado a pessoas pertencentes a determinada raça, admitindo igualdade de acesso ao emprego e à educação.

DISCRIMINAÇÃO RACIAL. *Direito constitucional* e *direito penal*. Restrição vedada por lei ao gozo e exercício de direitos e liberdades fundamentais a determinadas pessoas em razão de sua raça.

DISCRIMINANTE. 1. O que discrimina, diferencia, distingue, separa ou classifica especificando. 2. O que trata preferencialmente alguém, lesando outrem.

DISCRIMINATIVO. Relativo a discriminação.

DISCRIMINATÓRIA. *Vide* AÇÃO DISCRIMINATÓRIA.

DISCRIMINÁVEL. Tudo aquilo que se pode discriminar ou que é suscetível de discriminação.

DISCROMATOPSIA. *Medicina legal.* Perturbação visual que leva o paciente a não discriminar determinadas cores.

DISCROMIA. *Medicina legal.* Perturbação na pigmentação da pele.

DISCROMODERMIA. *Medicina legal.* Alterações na cor da pele.

DISCURSADOR. Orador.

DISCURSAR. *Lógica jurídica.* Raciocinar; expor metodicamente.

DISCURSIVO. *Lógica jurídica.* 1. O que procede do raciocínio. 2. Diz-se do método em que o espírito marcha por etapas mediante um procedimento escalonado de verificações e inferências mediatas ou indiretas (por exemplo, o dedutivo e o indutivo).

DISCURSO. 1. *Teoria geral do direito.* a) Desenvolvimento metódico do pensamento ou de uma idéia por uma sucessão de proposições (Lalande); b) operação intelectual efetuada por uma sucessão de operações parciais (Leibniz). 2. *Pragmática jurídica.* a) Lingüística do diálogo, que tem por base a intersubjetividade comunicativa, em que o ato de falar apresenta-se como uma relação entre emissor e receptor; b) conjunto de signos lingüísticos que constituem o essencial da comunicação humana; c) ação lingüística dirigida a alguém.

DISCURSO DA CIÊNCIA DO DIREITO. *Pragmática jurídica.* Ação lingüística do jurista que, na "discussão-com", está dominada pelo escopo de conquistar a adesão da outra parte, buscando convencê-la, tendo em vista a verdade (Tércio Sampaio Ferraz Jr.).

DISCURSO DA COROA. *Direito comparado.* Fala proferida em público pelo soberano e dirigida aos representantes da nação por ocasião da abertura do Parlamento.

DISCURSO DO DIREITO. *Filosofia do direito* e *semiótica jurídica.* Prescrição que ameaça com a violência, reconhecida como produzida por autoridade competente, e autorizada pelo ordenamento normativo eficaz (Jeammaud).

DISCURSO DO TRONO. *Vide* DISCURSO DA COROA.

DISCURSO EUCARÍSTICO. *Direito canônico.* Discurso em ação de graças.

DISCURSO JURÍDICO. *Filosofia do direito* e *semiótica jurídica.* Metadiscurso sobre o texto legal ou discurso prescritivo ou descritivo que acompanha o direito no próprio texto. Abrange o fundamento de apreciações de juristas, de cidadãos, de funcionários e as definições que não ameaçam com violência, mas que têm efetividade por estarem contidas na norma (Jeammaud).

DISCURSO NORMATIVO. *Pragmática jurídica.* Aquele que, diante de um conjunto de alternativas, tem por objeto a decisão a ser tomada, contendo um relato, que é a informação transmitida, e o cometimento, que diz como tal informação deve ser entendida. A norma jurídica é um discurso interativo, em que alguém dá a entender a outrem alguma coisa, estabelecendo, ao mesmo tempo, o tipo de relação existente entre quem fala (orador) e quem ouve (ouvinte), e um discurso decisório, em que o editor controla as reações do endereçado, ao garantir expectativas sobre as expectativas de reação, determinando as relações entre comunicadores (Tércio Sampaio Ferraz Jr.).

DISCURSO TECNOLÓGICO. *Pragmática jurídica.* É um tipo de "discussão-com" que tematiza a decidibilidade, sendo que a regra determinante da reflexividade do seu objeto é a refutabilidade prática. Para Tércio Sampaio Ferraz Jr., baseado em Viehweg, a "discussão-com" jurídica possui caráter tecnológico, pois as teorias jurídicas têm função social e são de natureza criptonormativa, decorrendo delas conseqüências programáticas de decisão que prevêem que uma problemática social determinada é solucionável. No discurso tecnológico, que é um modo discursivo intermediário entre a "discussão-com" científica e a "discussão-contra", a reflexividade de seu objeto tem caracteres peculiares. É um *dubium* que se abre num leque de possibilidades de sua realização prática. Como o discurso da ciência do direito não pode prescindir dessas pesquisas feitas pelo questionamento tecnológico nem se desligar do problema da decisão, assume uma forma tecnológica de "discussão-com" (Tércio Sampaio Ferraz Jr.).

DISCUSSÃO. 1. *Direito processual.* Sustentação oral ou escrita das razões pelos litigantes, em juízo, para a demonstração dos fatos alegados. **2.** *Direito civil.* Execução; excussão. **3.** *Teoria geral do direito.* Exame de certo assunto por meio de argumentação. **4.** Na *linguagem jurídica* em geral, pode significar, ainda: a) debate; b) contenda; controvérsia. **5.** *Medicina legal.* Parte do laudo pericial onde os fatos são analisados, procurando-se afastar dúvidas.

DISCUSSÃO-COM. *Pragmática jurídica.* Homologia ou modo pragmático do discurso em que orador ou ouvinte têm qualidades para discutir um com o outro e para verificar interpessoalmente o que é enunciado, devido à mútua confiança e respeito que conduzem à cooperação, que se funda na competência comunicativa das partes. A relação é simétrica porque se refere ao ato de falar e não às partes. Combina-se a responsabilidade pessoal do orador com certa imunização contra a crítica pessoal do ouvinte, passando para uma estrutura monológica. Quanto à fundamentação, o discurso homológico atende a uma estratégia de convencimento, tendo em vista a verdade (Tércio Sampaio Ferraz Jr.).

DISCUSSÃO-CONTRA. *Pragmática jurídica.* Heterologia ou modo pragmático do discurso em que orador e ouvinte discutem um com o outro, tendo em vista a persuasão, que é um sentimento que se funda no interesse e se liga a procedimentos de controle de opinião. A ação e a reação do orador e ouvinte são partidárias, porque ambos defendem suas opiniões. O objeto do discurso apresenta-se como um conflito, que é uma questão em que a relação entre as partes é não simétrica, constituída de alternativas incompatíveis que pedem uma decisão, embora não sejam excludentes. A decisão soluciona uma questão sem eliminá-la, tornando-a decidível. Daí a fundamentação desse discurso heterológico visar a justificação das decisões (Tércio Sampaio Ferraz Jr.).

DISCUSSÃO DA CAUSA. *Direito processual.* **1.** Contenda; controvérsia; demanda. **2.** Ação das partes litigantes de apresentar argumentos escritos ou orais para esclarecer fatos e comprovar alegações feitas em juízo.

DISCUSSÃO E VOTAÇÃO DE PROJETO DE LEI. *Direito constitucional* e *direito parlamentar.* Fases do processo legislativo que ocorrem após a iniciativa ou apresentação do projeto de lei. Este será examinado pelo corpo legislativo, na forma regimental, sujeitando-se ao pronunciamento de comissões especializadas na matéria sobre a qual versa, podendo receber emendas em sua substância ou redação, desde que não resultem em aumento da despesa nele prevista. Após essas emendas, modificativas ou substitutivas, o projeto será objeto de discussão e aprovação. A deliberação ou votação ocorrerá conforme o processo de aprovação ou rejeição por parte de cada assembléia. O plenário poderá manifestar-se contra ou a favor do projeto, sendo que a aprovação deverá ser por maioria simples, se se tratar de lei ordinária, ou absoluta, em se tratando de lei

DISCUSSÃO ORAL

complementar. Aprovado pelo Legislativo, o projeto será remetido à sanção ou veto do Executivo.

DISCUSSÃO ORAL. *Direito processual.* Sustentação oral feita pelos advogados.

DISCUTIDOR. Aquele que discute.

DISDACRIA. *Medicina legal.* Obstrução dos canais lacrimais.

DISDIPSIA. *Medicina legal.* Estado em que o paciente tem dificuldade na deglutição de líquidos.

DISECTASIA. *Medicina legal.* Retenção de urina.

DISEMBRIOPLASIA. *Medicina legal.* Malformação que se dá na vida intra-uterina na fase embrionária.

DISEMIA. *Medicina legal.* Alteração no sangue.

DISENTERIA. *Medicina legal.* Infecção bacilar ou amebiana dos intestinos que provoca dor e intensa diarréia, com presença de muco e sangue.

DISERGASIA. *Medicina legal.* Estado patológico de origem cerebral em que o paciente passa a delirar, a ter alucinações e a ficar angustiado.

DISERGIA. *Medicina legal.* Falta de coordenação motora provocada por perturbação de origem nervosa.

DISFASIA. *Medicina legal.* Perturbação no falar devido a uma lesão do sistema nervoso central.

DISFEMIA. *Medicina legal.* Gagueira.

DISFONIA. *Medicina legal.* Perturbação vocal caracterizada por uma rouquidão causada, por exemplo, por problemas orgânicos, funcionais ou psíquicos.

DISFORIA DE GÊNERO. *Vide* TRANSEXUALISMO.

DISFRENIA. *Medicina legal.* Fraqueza psíquica.

DISFUNÇÃO. *Medicina legal.* Perturbação do funcionamento de um órgão.

DISGENESIA. *Medicina legal.* 1. Diminuição da potência reprodutora. 2. Perturbação da função de reprodução.

DISGENITALISMO. *Medicina legal.* Complexo de conseqüências de anormalidade no desenvolvimento genital.

DISGERMINOMA. *Medicina legal.* Tumor duro maligno do ovário ou dos testículos.

DISGEUSIA. *Medicina legal.* Perturbação que se apresenta no paladar.

DISGRAFIA. *Medicina legal.* Dificuldade de exprimir idéias por escrito.

DISJUNÇÃO. 1. *Lógica jurídica.* Proposição disjuntiva; juízo disjuntivo. 2. *Direito processual penal.* Separação de processos que, por não serem conexos, devem ser apreciados em separado pelo mesmo magistrado ou por juízes diversos. 3. *Direito civil.* Ação de separar, desunir ou dividir coisas ou negócios que estejam unidos, para serem apreciados separadamente.

DISJUNTIVO. 1. *Lógica jurídica.* a) Diz-se do silogismo em que uma das premissas é disjuntiva; b) dilema, que é um raciocínio disjuntivo, onde dois termos de uma alternativa levam a uma mesma conseqüência; c) diz-se do juízo em que a verificação da hipótese é a única alternativa necessária, oposta ao que é afirmado ou negado (Goffredo Telles Jr.). 2. Na *linguagem jurídica* em geral, indica: a) aquilo que separa; b) próprio para desunir.

DISJUNTO. 1. *Lógica jurídica.* Verdade inerente a uma das proposições contraditórias. 2. Na *linguagem jurídica* em geral, tem o sentido de separado ou desunido.

DISLALIA. *Medicina legal.* Dificuldade de articulação de palavras em razão de lesão dos órgãos fonéticos.

DISLEXIA. *Medicina legal.* Dificuldade de leitura e de compreensão da escrita.

DISLOGIA. *Medicina legal.* Perturbação da linguagem que se dá por defeito da inteligência, fazendo com que o paciente, subitamente, venha a parar de falar no meio de uma frase.

DISLOQUIA. *Medicina legal.* Qualquer perturbação havida em seguida ao parto, com o escorrimento dos lóquios.

DISMEGALOPSIA. *Medicina legal.* Estado patológico que leva o paciente a enxergar os objetos bem maiores do que na verdade são.

DISMENORRÉIA. *Medicina legal.* Menstruação difícil e dolorosa provocada por desequilíbrio hormonal ou malformação anatômica, como, por exemplo, útero pouco desenvolvido.

DISMETRIA. *Medicina legal.* Mau funcionamento do útero.

DISMIMIA. *Medicina legal.* Dificuldade de exprimir o pensamento por meio de gestos.

DISMNÉSIA. *Medicina legal.* Enfraquecimento da memória.

DISNEURIA. *Medicina legal.* Perturbação na função nervosa.

DISOREXIA. *Medicina legal.* Falta de apetite.

DISOSMIA. *Medicina legal.* Falta de apetite. Enfraquecimento do olfato.

DISOSTOSE. *Medicina legal.* Ossificação incompleta, apresentando deformação.

DISOVARISMO. *Medicina legal.* Problema na secreção interna do ovário.

DISPACHE. *Termo francês.* Arbitragem em assunto relativo a seguro marítimo.

DÍSPAR. *Filosofia do direito.* **1.** Diz-se de dois conceitos que não estão nem na relação de gênero a espécie, nem na relação de uma espécie a uma outra espécie do mesmo gênero (Lalande e Leibniz). **2.** Diz-se do termo diverso de outro, sem contudo ser-lhe contrário (Boécio).

DISPARAR. 1. *Direito militar.* Fazer fogo com arma apropriada para tanto. **2.** *Direito penal.* Atirar com arma de fogo em local habitado ou em via pública, praticando contravenção penal punível com prisão simples ou multa.

DISPAREUNIA. *Medicina legal.* Cópula difícil e dolorosa para a mulher.

DISPARIDADE. Desigualdade.

DISPARO. 1. *Medicina legal.* a) Tiro de arma de fogo; b) estampido de tiro. **2.** *Direito astronáutico.* Início de combustão para liberação de astronave.

DISPARO DE ARMA DE FOGO. *Direito penal.* Contravenção penal que consiste em atirar com arma de fogo em via pública ou local habitado, punível com prisão simples ou multa.

DISPARO ESTÁTICO. *Direito astronáutico.* Disparo de motor de foguete, em prova de ensaio, para medição do empuxo e realização de outros testes.

DISPARO NEGADO. *Direito astronáutico.* Tentativa vã de dar partida ao motor da astronave.

DISPATCH MONEY. *Direito comercial.* Resgate de estadias que se dá quando o carregamento e o descarregamento de mercadorias em transporte internacional forem concluídos antes do tempo previsto contratualmente.

DISPÊNDIO. 1. Despesa; gasto. **2.** Prejuízo; perda; dano.

DISPENDIOSO. O que é muito caro ou exige grande despesa.

DISPENSA. 1. *Direito do trabalho.* Despedida de empregado. **2.** Na *linguagem jurídica* em geral, pode ter o sentido de: a) licença para a prática de certo ato a que se estava obrigado; b) isenção de encargo ou da obrigação de efetuar determinado ato; c) documento ou ato em que se concede uma licença. **3.** *Direito administrativo.* Ato administrativo discricionário que exonera o administrado, funcionário público ou não, do cumprimento de um dever legal, por exemplo, serviço de jurado, assinatura de ponto etc. (Oswaldo A. Bandeira de Mello, Hely Lopes Meirelles e José Cretella Jr.). **4.** *Direito civil.* Liberação do herdeiro, inserida em doação ou testamento, de colacionar os bens recebidos.

DISPENSA DA COLAÇÃO. *Direito civil.* Ato do doador de liberar o herdeiro de colacionar doação que saia de sua meação disponível, desde que não a exceda. Essa dispensa só pode ser feita expressamente no testamento ou no título constitutivo da liberalidade; logo, não terá validade se efetivada em outro documento ou se feita oralmente. Não estão sujeitos à conferência os gastos ordinários do ascendente com o descendente, enquanto menor, na sua educação, estudos, sustento, vestuário, tratamento de enfermidades, enxoval e despesas de casamento e defesa em processo-crime de que tenha sido absolvido. Assim é porque esses dispêndios não constituem liberalidade, mas mero cumprimento de uma obrigação. Também não estão adstritas à colação as doações remuneratórias de serviços feitos ao ascendente, por serem retribuição de serviço prestado ao doador. Igualmente não está sujeito à conferência seguro instituído em favor do descendente, por constituir estipulação em favor de terceiro contratada com o segurador. E, como o valor do seguro não saiu do patrimônio do *de cujus*, não deverá ser considerada rompida a igualdade das legítimas.

DISPENSA DAS OBRIGAÇÕES TRABALHISTAS. *Direito comercial* e *direito do trabalho.* As microempresas e as empresas de pequeno porte são dispensadas: a) da afixação de Quadro de Trabalho em suas dependências; b) da anotação das férias dos empregados nos respectivos livros ou fichas de registro; c) de empregar e matricular seus aprendizes nos cursos dos Serviços Nacionais de Aprendizagem; d) da posse do livro intitulado "Inspeção do Trabalho", e e) de comunicar ao Ministério do Trabalho e Emprego a concessão de férias coletivas. Mas não se dispensa as microempresas e as empresas de pequeno porte dos seguintes procedimentos: a) anotações na Carteira de Trabalho e Previdência Social (CTPS); b) arquivamento dos documentos comprobatórios de cumprimento das obrigações trabalhistas e previdenciárias, enquanto não prescreverem essas obrigações; c) apresentação da Guia de Recolhimento do Fundo de Garantia do Tempo de Serviço e Informações à Previdência Social (GFIP); d) apresentação das Relações Anuais de Empregados e da Relação Anual de Informações Sociais (RAIS) e do Cadastro Geral de Empregados e Desempregados (CAGED).

DISPENSA DE EMPREGADO. *Direito do trabalho.* Ato do empregador de despedir seu empregado, rescindindo unilateralmente o vínculo empregatício.

DISPENSADO. **1.** Despedido. **2.** Desobrigado; isento.

DISPENSA OBSTATIVA. *História do direito* e *direito do trabalho.* Rescisão do contrato de trabalho pelo empregador, com a dispensa sem causa aparente do empregado, objetivando impedir que este venha a adquirir estabilidade.

DISPENSÁRIO. Estabelecimento beneficente destinado a distribuir remédios e a prestar, gratuitamente, assistência médico-odontológica a pessoas carentes.

DISPENSATIVO. Suscetível de dispensa.

DISPENSÁVEL. *Vide* DISPENSATIVO.

DISPEPSIA. *Medicina legal.* Distúrbio na digestão.

DISPERMATISMO. *Medicina legal.* Formação ou emissão lenta ou difícil do líquido seminal.

DISPERSÃO. **1.** *Direito militar.* Ato de espalhar bombas em condições aparentemente idênticas. **2.** *Sociologia jurídica.* Distribuição no espaço de qualquer organismo fora de seu local de origem, não só por migração, mas também por fixação, através de competição com os antigos ocupantes do novo hábitat (Donald Pierson).

DISPERSÃO DA LIBERAÇÃO. *Direito espacial.* Desvio, a esmo, da trajetória pretendida para o vôo que um míssil guiado realiza durante a fase de liberação.

DISPERSAR. *Direito militar.* Distribuir tropas ou aviões por uma grande área para impedir que sejam um alvo concentrado para o inimigo.

DISPERSIVIDADE. *Psicologia forense.* Comportamento desorganizado, caracterizado por idéias e atos que perdem objetividade, anulando-se em seus efeitos.

DISPLASIA. *Medicina legal.* Desenvolvimento anormal de órgãos que provoca eunuquismo, infantilismo, cretinismo etc.

DISPLAY. *Direito comercial* e *direito do consumidor.* **1.** Mostruário feito para atrair o público consumidor. **2.** Propaganda montada em pequeno cartaz.

DISPNÉIA. *Medicina legal.* Dificuldade na respiração.

DISPONENTE. *Direito civil.* Pessoa que gratuitamente dispõe de seus bens em benefício de alguém; aquele que faz uma liberalidade por ato *inter vivos* ou *causa mortis*; doador ou testador.

DISPONIBILIDADE. **1.** *Direito administrativo.* a) Garantia de que os usuários autorizados obtenham acesso à informação e aos ativos correspondentes sempre que necessário; b) desligamento de funcionário público do exercício de seu cargo em decorrência de extinção deste, de fato que impeça sua permanência nele ou por conveniência do serviço público, conservando, porém, o gozo de certos privilégios e garantias daquele cargo que ocupava. **2.** *Direito civil.* a) Estado dos bens que podem ser alienados pelo seu proprietário por não estarem sujeitos a quaisquer ônus, encargo ou cláusula de inalienabilidade; b) permissão do titular de um direito de exercê-lo ou não; c) qualidade do bem de ser alienável; d) soma de bens de que se pode dispor. **3.** *Direito comercial.* a) Estado dos feitos do ativo de um empresário, que podem ser transformados em numerário; b) fundo disponível próprio para resgatar ações de sociedade anônima; c) conjunto de valores reais e efetivos de uma empresa tal como aparecem no ativo do balanço. **4.** *Direito bancário.* Depósito em banco. **5.** *Direito do trabalho.* Estado de desempregado.

DISPONIBILIDADE DE CAIXA. *Economia política.* Dinheiro ou ordem de pagamento em poder daquele que os detém.

DISPONÍVEL. **1.** *Direito comercial.* Diz-se da mercadoria que pode ser entregue imediatamente ao comprador. **2.** *Direito civil.* a) Diz-se do bem cujo titular pode dele livremente dispor; b) livre de ônus ou de encargo; c) soma de bens que o testador pode livremente dispor sem lesar seus herdeiros necessários. **3.** *Filosofia do direito.* Estado de espírito no qual a ação ou juízo não estão restringidos por nenhum compromisso anterior (Lalande). **4.** *Economia política* e *direito bancário.* Dinheiro em espécie ou título que pode ser exigido de imediato.

DISPOR. 1. Alienar bens. **2.** Ter. **3.** Regular ou prescrever em norma. **4.** Utilizar; empregar.

DISPOR DA MÃO DE. *Direito civil.* Dar em casamento.

DISPOR POR CLASSES. *Teoria geral do direito.* Classificar.

DISPOSIÇÃO. 1. *Teoria geral do direito.* Preceito legal. **2.** *Medicina legal.* a) Estado físico ou psíquico; b) tendência para contrair determinada moléstia. **3.** *Direito civil.* a) Alienação gratuita ou onerosa de bens; b) cláusula testamentária ou contratual. **4.** *Retórica jurídica.* Distribuição ordenada das partes maiores ou menores do discurso. **5.** *Direito processual.* Fecho de uma decisão judicial.

DISPOSIÇÃO ABSOLUTA. 1. *Teoria geral do direito.* Norma jurídica absolutamente cogente ou de ordem pública que não pode ser alterada por vontade das partes, uma vez que ordena ou proíbe algo de modo absoluto. **2.** *Direito civil.* Diz-se da norma que estabelece forma para determinado ato jurídico, não podendo ser alterada, sob pena de nulidade.

DISPOSIÇÃO CADUCA. *Direito civil.* Diz-se daquela que perdeu sua eficácia em razão da superveniência de fatos que tornaram impraticável sua execução.

DISPOSIÇÃO CAPTATÓRIA. *Direito civil.* Cláusula testamentária, proibida pelo Código Civil, para obtenção de reciprocidade de vantagens, em que o testador contempla alguém com a condição de ser também beneficiado no testamento deste. Tal disposição é nula.

DISPOSIÇÃO *CAUSA MORTIS*. *Direito civil.* Disposição testamentária pela qual o testador distribui seus bens a herdeiros ou legatários ou institui substituições e fideicomissos.

DISPOSIÇÃO COMINATÓRIA. *Direito civil.* **1.** Cláusula penal que impõe sanção em caso de descumprimento de uma obrigação assumida. **2.** Ato pelo qual se impõe a execução de um dever dentro de certo prazo, sob pena de perder validade.

DISPOSIÇÃO CONDICIONAL. *Direito civil.* Cláusula que se insere num ato, subordinando sua eficácia a acontecimento futuro e incerto.

DISPOSIÇÃO CONJUNTA. *Direito civil.* Cláusula testamentária que contém determinação de que os herdeiros e legatários sejam chamados conjunta ou coletivamente para recolher o que lhes cabe por herança.

DISPOSIÇÃO CONTRATUAL. *Direito civil.* Cláusula inserida num dado contrato por acordo de vontade dos contratantes.

DISPOSIÇÃO CUMULATIVA. *Teoria geral do direito.* Preceito legal que trata de assunto já previsto em outro.

DISPOSIÇÃO DE COISA ALHEIA COMO PRÓPRIA. *Direito penal.* Crime que consiste em vender, permutar, alugar, dar em pagamento ou em garantia bem alheio como próprio, punido com reclusão e multa.

DISPOSIÇÃO DE ÚLTIMA VONTADE. *Direito civil.* Disposição *causa mortis* ou testamentária, pela qual o testador dispõe, licitamente, por testamento, de todo ou de parte de seu patrimônio.

DISPOSIÇÃO DO CORPO HUMANO VIVO. *Direito civil.* Ato de qualquer pessoa capaz, nos termos da lei civil, dispor de tecidos, órgãos e partes de seu corpo para serem retirados, em vida, para fins de transplantes ou terapêuticos. Tal doação só será permitida quando se tratar de órgãos duplos ou partes de órgãos, tecidos ou partes cuja retirada não cause ao doador comprometimento de suas funções vitais e aptidões físicas ou mentais nem lhe provoque mutilação ou deformação. Essa retirada apenas será possível se corresponder a uma necessidade terapêutica, comprovadamente indispensável e inadiável, da pessoa receptora. Exige-se, ainda, para a retirada de rins, a comprovação de pelo menos quatro compatibilidades em relação aos antígenos leucocitários humanos (HLA), salvo entre cônjuges e consangüíneos, na linha reta ou colateral, até o terceiro grau inclusive. O doador deve especificar, em documento escrito, firmado também por duas testemunhas, qual tecido, órgão ou parte do seu corpo está doando para transplante ou enxerto em pessoa que identificará, todos devidamente qualificados, inclusive quanto à indicação de endereço. Tal documento deve ser expedido em duas vias, uma das quais será destinada ao órgão do Ministério Público em atuação no lugar de domicílio do doador, com protocolo de recebimento na outra, como condição para concretizar a doação. Esta poderá ser revogada pelo doador a qualquer momento antes de iniciado o procedimento de retirada do tecido, órgão ou parte por ele especificado. A extração de parte da medula óssea de pessoa juridicamente incapaz poderá dar-se sem autorização judicial, com o consentimento dos pais ou responsáveis legais, se o ato não oferecer risco para a sua saúde. É vedado à gestante dispor de tecidos, órgãos ou partes de seu corpo vivo, exceto quando se tratar de doação de tecido para ser utilizado em transplante de medula óssea e o ato não oferecer risco à sua saúde ou ao feto.

DISPOSIÇÃO EM CONTRÁRIO. *Teoria geral do direito.* Locução inserida no texto de lei nova para indicar que revoga todo preceito normativo anterior e contraditório a ela.

DISPOSIÇÃO ESPECIAL. *Teoria geral do direito.* Preceito normativo que rege um dado caso particular ou um instituto. A disposição especial não revoga a geral, ou vice-versa, salvo quando a ela se refere, alterando-a explícita ou implicitamente. Pode haver coexistência de lei nova geral com uma antiga especial, desde que não haja incompatibilidade.

DISPOSIÇÃO FINAL DO RESÍDUO. *Direito ambiental.* Conjunto de unidades, processos e procedimentos que visam ao lançamento de resíduos no solo, garantindo-se a proteção da saúde pública e a qualidade do meio ambiente.

DISPOSIÇÃO GERAL. *Teoria geral do direito.* É a que rege todos os casos idênticos ou os institutos da mesma natureza.

DISPOSIÇÃO GRATUITA. *Direito civil.* Ato de liberalidade *inter vivos* ou *causa mortis* pelo qual se transferem bens, sem que haja qualquer pagamento por parte do beneficiado.

DISPOSIÇÃO IMPERATIVA. *Teoria geral do direito.* Disposição de lei; preceito normativo.

DISPOSIÇÃO LEGAL. *Teoria geral do direito.* Lei.

DISPOSIÇÃO MODAL. *Direito civil.* Cláusula acessória aderente a ato de liberalidade *inter vivos* ou *causa mortis*, embora possa aparecer em promessa de recompensa ou em outra declaração unilateral de vontade, que impõe um ônus ou encargo à pessoa natural ou jurídica contemplada pelo referido ato.

DISPOSIÇÃO ONEROSA. *Direito civil.* **1.** Ato de liberalidade que impõe um ônus ou encargo ao beneficiário, sendo equivalente à disposição modal. **2.** Ato de disposição integrante de negócio oneroso, por haver contraprestação.

DISPOSIÇÃO PATRIMONIAL. *Direito civil.* Ato em que há perda do direito do titular ou alteração de seu conteúdo por vontade do seu titular (Manuel Andrade), por exemplo, mediante renúncia, abandono, destruição do objeto do direito etc.

DISPOSIÇÃO *POST MORTEM* DE TECIDOS, ÓRGÃOS E PARTES DO CORPO HUMANO. *Direito civil.* Ato de retirada de tecidos, órgãos e partes, após a morte. Só pode ser efetuado com o consentimento expresso de parente em linha reta ou colateral até o 2º grau, ou do cônjuge sobrevivente se, em vida, o falecido a isso não tiver manifestado sua objeção, firmado em documento subscrito por duas testemunhas presentes à verificação da morte por dois médicos, não pertencentes à equipe de transplante.

DISPOSIÇÃO TESTAMENTÁRIA. *Direito civil.* Disposição de última vontade, que pode ser de caráter patrimonial ou pessoal, traduzindo-se não só na instituição de herdeiro ou legatário, mas também no título ou fundamento, pelo qual são estes chamados a recolher, total ou parcialmente, a massa hereditária.

DISPOSIÇÃO TRANSITÓRIA. *Teoria geral do direito.* Norma de direito intertemporal elaborada pelo legislador, no próprio texto normativo, e inserida em regra no final, para conciliar a nova norma com as relações já definidas pela anterior. Tal disposição tem vigência temporária, e objetiva resolver e evitar os conflitos ou lesões que emergem da nova lei em confronto com a antiga. Sua vigência está condicionada à permanência dos motivos que a originaram.

DISPOSIÇÃO UNILATERAL. *Direito civil.* Diz-se da manifestada pela vontade de uma só pessoa, como, por exemplo, no testamento.

DISPOSIÇÕES FINAIS. **1.** *Teoria geral do direito.* São as inseridas no fim de um texto legal, estabelecendo, por exemplo, o prazo de sua vigência ou a revogação expressa de determinadas normas. **2.** *Direito ambiental.* São processos e procedimentos que visam o lançamento final dos resíduos, sem causar potencial contaminação do meio ambiente e provável dano à saúde pública.

DISPOSIÇÕES FINAIS E TRANSITÓRIAS. *Teoria geral do direito.* **1.** Normas de vigência temporária colocadas no final de uma lei, determinando a revogação de certas normas, a data do início de sua vigência, a disciplina de situações pendentes etc. **2.** Normas de direito transitório inseridas no final de leis para reger conflito de leis no tempo.

DISPOSIÇÕES GERAIS. *Teoria geral do direito.* Conjunto de normas agrupadas na parte final de um texto legal, aplicáveis a várias partes da lei.

DISPOSIÇÕES GERAIS E TRANSITÓRIAS. *Teoria geral do direito.* Normas reunidas numa só parte do texto legal, podendo ser gerais, isto é, aplicáveis a diversas partes daquele, ou transitórias, ou seja, de vigência temporária.

DISPOSIÇÕES PRELIMINARES. *Teoria geral do direito.* Preceitos que contêm orientações e são colocados no início de um diploma legal ou de uma de suas partes.

DISPOSITIVE FACT. *Locução inglesa.* Fato jurídico.

DISPOSITIVO. 1. *Direito processual civil.* Elemento estrutural da sentença de mérito, por se tratar da decisão ou do julgamento prolatado pelo magistrado. **2.** *Teoria geral do direito.* Disposição legal; preceito legal; artigo de lei.

DISPOSITIVO ANTIFURTO. *Direito comercial.* Todos os veículos novos, saídos de fábrica, produzidos no País ou importados, somente poderão ser registrados, licenciados e comercializados quando equipados com dispositivo antifurto, dotado de sistema que possibilite o bloqueio e rastreamento do veículo. O equipamento antifurto e o sistema de rastreamento deverão ser, previamente, homologados pela ANATEL, órgão responsável pela regulamentação do espectro de transmissão de dados, e pelo DENATRAN. Caberá ao proprietário do veículo decidir sobre a habilitação do equipamento junto aos prestadores de serviço de rastreamento e localização, definindo o tipo e a abrangência do mesmo. As informações sigilosas obtidas através do rastreamento do veículo deverão ser preservadas nos termos da Constituição Federal e das leis que regulamentam a matéria e serão disponibilizadas para o órgão gestor do Sistema Nacional de Prevenção, Fiscalização e Repressão ao Furto e Roubo de Veículos e Cargas.

DISPOSITIVO DA SENTENÇA. *Direito processual civil.* Parte final da sentença que constitui a decisão.

DISPOSITIVO DE SEGURANÇA. *Direito de trânsito.* Qualquer elemento que tenha a função específica de proporcionar maior segurança ao usuário da via, alertando-o sobre situações de perigo que possam colocar em risco sua integridade física e dos demais usuários da via, ou danificar seriamente o veículo.

DISPOSITIVO DE SINALIZAÇÃO REFLETORA DE EMERGÊNCIA. *Direito de trânsito.* É o triângulo eqüilátero vermelho, inscrito em um suporte auto-sustentado, com cores, dimensões, estabilidade, visibilidade etc. O dispositivo de sinalização refletora de emergência terá alcance mínimo de visibilidade noturna de 150 metros, visibilidade diurna de 120 metros e estabilidade ao vento, admitindo-se um deslocamento máximo de 5 centímetros, com giro de 10 graus em torno de um eixo horizontal ou um eixo vertical, em relação à sua posição original, quando submetido a uma corrente de ar de 60 quilômetros por hora, no período de 3 minutos. O dispositivo de sinalização de emergência deve funcionar independente do circuito elétrico do veículo e ser acompanhado de invólucro protetor ou ficar abrigado de forma segura quando estiver fora de uso. O material empregado na fabricação do dispositivo de sinalização refletora de emergência não pode sofrer deterioração pela ação de intempéries. O dispositivo de sinalização refletora de emergência deve ser submetido a ensaio por órgão oficial, que emitirá laudo técnico de sua visibilidade diurna e noturna, de estabilidade ao vento no tocante a deslocamento e giro e de resistência às intempéries, por solicitação das empresas fabricantes ou importadoras. O triângulo de emergência deve ser vazado no centro e possuir área refletiva na face frontal, sendo o conjunto suportado a uma certa altura da superfície do solo em que estiver sendo utilizado. A abertura central e a área refletiva são delimitadas por contornos triangulares eqüilaterais concêntricos. O triângulo de emergência deve ser construído de modo que, em uso normal ou quando transportado no veículo, sejam mantidas as características prescritas, e seu funcionamento satisfatório continue assegurado, não podendo o material ser sujeito à deterioração pela ação de intempéries. As unidades ópticas de reflexão do triângulo de emergência não devem ser desmontáveis. As várias partes que o compõem devem permitir boa estabilidade em uso normal e não devem ser desmontáveis; se necessitar ser articulado para acondicionamento em seu invólucro protetor, as partes móveis, incluindo seu suporte, não devem ser destacáveis. A face frontal do triângulo de emergência deve ser de fácil limpeza. De modo geral ela não deve ser rugosa. Porém, as protuberâncias que porventura ela possa apresentar não devem impedir tal limpeza. O triângulo de emergência e seu suporte não devem apresentar arestas cortantes ou cantos vivos. Os dispositivos retrorrefletivos devem ser de material de cor vermelha. O comprimento e a largura dos lados do triângulo de emergência devem ser de 500 mais ou menos 50 milímetros de 60 mais ou menos 1 milímetro, respectivamente. As unidades ópticas de reflexão devem ser dispostas ao longo da face frontal, em superfície de largura constante, que deve ser de 50 mais ou menos 1 milímetro, distribuída de maneira contínua, ocupando todo o comprimento do triângulo de emergência. O suporte deve ter dimensão cuja distância entre a superfície de apoio e a base do triângulo de emergência não exceda a 300 milímetros.

DISPOSITIVO DIRETO. *Direito processual civil.* Diz-se daquele em que o magistrado decide direta e expressamente. Por exemplo, "... condeno o réu a pagar ao autor a quantia 'x' pedida na inicial, com os juros moratórios, contados a partir da citação, as custas processuais e os honorários advocatícios 'y' ".

DISPOSITIVO DIRETÓRIO. *Teoria geral do direito.* Disposição legal que contém previsão de um direito, só podendo, porém, produzir efeito se houver uma regulamentação ulterior.

DISPOSITIVO FACULTATIVO. *Vide* DISPOSITIVO DIRETÓRIO.

DISPOSITIVO INDIRETO. *Direito processual civil.* Dá-se quando o órgão judicante se reporta ao pedido contido na inicial, rejeitando-o ou acolhendo-o. Por exemplo: "... ante o exposto, tenho a ação como procedente, na forma do pedido...".

DISPOSITIVO INTRA-UTERINO. *Vide* DIU.

DISPOSITIVO MANDATÓRIO. *Teoria geral do direito.* Preceito legal que tem aplicação imediata.

DISPOSTO. *Teoria geral do direito.* **1.** Ordenado; prescrito. **2.** Determinado por lei.

DISPRAXIA. *Medicina legal.* Dificuldade de executar movimentos coordenados.

DISPUTA. **1.** *Direito desportivo.* Certame; competição esportiva. **2.** *Direito civil.* a) Concurso ou competição literária, artística ou científica, mediante promessa de recompensa; b) concurso de credores onde há disputa da preferência creditória ou dos bens do devedor, com fundamento nas preferências e privilégios. **3.** *Direito processual civil.* Litígio. **4.** *Direito administrativo.* Concurso público, onde vários candidatos inscritos concorrem, mediante títulos e provas, ao preenchimento de cargos públicos.

DISQUISIÇÃO. **1.** Investigação. **2.** Inquérito.

DISREGARD DOCTRINE. *Vide* DESCONSIDERAÇÃO DA PERSONALIDADE JURÍDICA.

DISREGARD OF THE LEGAL ENTITY. *Vide* DESCONSIDERAÇÃO DA PERSONALIDADE JURÍDICA.

DISRITMIA CEREBRAL. *Medicina legal.* Perturbação no ritmo das ondas cerebrais, revelada por eletrencefalograma.

DISSEMINADO. Difundido; propagado.

DISSENSÃO. Discórdia; desavença; divergência; desacordo; falta de consenso ou de acordo.

DISSENSO. *Vide* DISSENSÃO.

DISSENTÂNEO. O que discrepa ou diverge.

DISSENTIMENTO. *Vide* DISSENSÃO.

DISSENTIR. Discordar; não concordar; divergir.

DISSERTAÇÃO. *Direito educacional.* **1.** Exposição escrita ou oral de um tema doutrinário. **2.** Monografia apresentada para obtenção de título de mestre, defendida perante uma banca examinadora. **3.** Monografia final exigida para a obtenção do grau de bacharel em direito.

DISSIDÊNCIA. **1.** *Vide* DISSENSÃO. **2.** Divergência de opiniões entre os membros de um mesmo partido político. **3.** Cisão entre membros de uma corporação. **4.** Dissídio coletivo.

DISSIDENTE. **1.** *Ciência política.* Membro do partido político que não concorda com a opinião geral. **2.** *Direito do trabalho.* Cada uma das partes no dissídio coletivo. **3.** Na *linguagem jurídica* em geral: a) diz-se daquele que diverge da opinião geral ou de deliberação da maioria tomada em assembléia ou numa sociedade; b) separado.

DISSÍDIO. **1.** *Vide* DISSENSÃO. **2.** *Direito processual trabalhista.* Controvérsia coletiva ou individual, nas relações trabalhistas, sujeita à apreciação da Justiça do Trabalho.

DISSÍDIO COLETIVO. *Direito do trabalho.* **1.** *Vide* AÇÃO COLETIVA TRABALHISTA. **2.** É forma de solução judicial do conflito coletivo de trabalho. A denominação *dissídio coletivo* é utilizada pelo legislador constitucional, quando cuida da arbitragem, ao dizer que, havendo recusa à negociação ou à arbitragem, os sindicatos podem ajuizar dissídio coletivo, podendo a Justiça do Trabalho estabelecer normas e condições, respeitadas as disposições convencionais e legais mínimas de proteção ao trabalho. O texto constitucional, desde logo, deixa clara a distinção entre arbitragem e solução judicial, isto é, as partes podem estabelecer normas coletivas por meio de negociação direta, da arbitragem, ou mediante dissídio coletivo (Pedro Paulo Teixeira Manus).

DISSÍDIO INDIVIDUAL. *Direito do trabalho.* Dá-se quando o litígio ocorre entre empregador e empregado individualmente considerado. Trata-se da reclamação trabalhista.

DISSÍDIO INDIVIDUAL PLÚRIMO. *Direito do trabalho.* Ocorre quando vários empregados (reclamantes) propõem, conjuntamente, uma reclamação contra empregador comum, postulando o atendimento de direitos pessoais ou procurando resolver controvérsias advindas da relação empregatícia. Trata-se de um litisconsórcio ativo no procedimento trabalhista. Apesar de raro, nada impede, todavia, haja litisconsórcio passivo, ou seja, uma ação ajuizada pelo empregador contra um grupo de empregados seus.

DISSÍDIO INDIVIDUAL SINGULAR. *Direito do trabalho.* Dá-se quando um só reclamante move ação trabalhista contra apenas um reclamado.

DISSÍDIO JURISPRUDENCIAL. *Teoria geral do direito.* 1. Divergência entre acórdãos do tribunal. 2. Falta de uniformidade sobre a interpretação dada a uma norma no mesmo ou nos diferentes graus de jurisdição.

DISSIMILAÇÃO. Diferenciação.

DISSIMULAÇÃO. 1. *Direito civil.* Simulação. 2. *Direito tributário.* Ocultação de rendimentos pelo contribuinte com a intenção de sonegar. 3. *Direito penal.* Circunstância agravante da pena consistente em impossibilitar a defesa da vítima, podendo tipificar uma das espécies de homicídio qualificado.

DISSIMULAÇÃO DA GRAVIDEZ. *Medicina legal.* Ato de a gestante ocultar sua gravidez, usando roupas largas ou fingindo estar menstruada, para esconder seu adultério ou se defender em caso de eventual aborto ou infanticídio (Croce e Croce Jr.).

DISSIMULAÇÃO DA LOUCURA. *Medicina legal.* Hipótese em que um louco finge estar mentalmente são, com o propósito de vingar-se de alguém, de impedir ou suspender sua interdição etc. (Croce e Croce Jr.).

DISSIMULADO. 1. Na *linguagem jurídica* em geral, quer dizer: a) fingido; b) oculto, disfarçado ou encoberto. 2. *Direito civil.* Diz-se do ato verdadeiro que se constitui sob a aparência de um outro que é falso.

DISSIMULADOR. O que dissimula ou engana usando de artifícios ou da ocultação para tirar proveito desonesto.

DISSIMULATÓRIO. Diz-se do que é próprio para dissimular.

DISSIPAÇÃO. 1. *Direito penal.* Libertinagem; devassidão. 2. *Direito civil.* Prodigalidade; desbarato de bens; gasto desordenado.

DISSIPADO. *Direito civil.* Diz-se do patrimônio esbanjado ou cuja perda se deu por malbarateamento; o que se dissipou.

DISSIPADOR. *Direito civil.* 1. Pródigo. 2. Perdulário; aquele que esbanja desordenadamente seu patrimônio, sendo, por isso, relativamente incapaz, se houver sua interdição; aquele que gasta desregradamente seus bens.

DISSISTOLIA. *Medicina legal.* Sistolia cardíaca anormal; hipossistolia.

DISSOCIABILIDADE. Qualidade do que se pode dissociar.

DISSOCIAÇÃO. 1. *Psicologia forense.* Defeito de integração mental em que um ou mais grupos de processos mentais separam-se da consciência normal, fazendo com que o paciente não ligue fatos ou idéias conexos, isolando-os (W. James). 2. Na *linguagem jurídica* em geral, tem o sentido de separação ou desagregação; ação de dissociar ou desunir.

DISSOCIADO. Desunido; separado; desagregado.

DISSOLUBILIDADE. Qualidade do que é dissolúvel ou do que pode ser desfeito por ato unilateral.

DISSOLUÇÃO. 1. *Direito penal.* a) Libertinagem; depravação de costumes; devassidão; b) corrupção. 2. *Direito civil.* a) Extinção de contrato ou de sociedade simples ou associação; b) desfazimento de um vínculo jurídico; c) separação; d) cessação da sociedade ou do vínculo conjugal. 3. *Direito comercial.* Ato de dissolver uma sociedade empresária.

DISSOLUÇÃO AMIGÁVEL. 1. *Direito civil.* a) Distrato; b) separação judicial ou divórcio por mútuo consenso dos cônjuges. 2. Na *linguagem jurídica* em geral, qualquer forma de desfazimento voluntário de ato jurídico, sem que haja intervenção de terceiro ou de juiz, salvo para efeito homologatório.

DISSOLUÇÃO CONTENCIOSA. *Direito processual civil.* É a promovida em juízo em razão de imposição de lei ou ante o fato de haver divergência entre contratantes, sócios etc.

DISSOLUÇÃO DA COMPROPRIEDADE

DISSOLUÇÃO DA COMPROPRIEDADE. *Direito civil.* Cessação do condomínio pela divisão da coisa comum.

DISSOLUÇÃO DA COMUNHÃO. *Direito civil.* **1.** Extinção do regime matrimonial de comunhão universal ou parcial de bens pela anulação do casamento, separação judicial, divórcio ou morte de um dos cônjuges. **2.** Divisão de um bem que estava em condomínio, recebendo cada condômino seu quinhão.

DISSOLUÇÃO DA PESSOA JURÍDICA DE DIREITO PRIVADO. *Direito civil.* Término da pessoa jurídica de direito privado em decorrência de: decurso do prazo de sua duração; deliberação unânime de seus membros; determinação legal; ato governamental; dissolução judicial. Mas, se houver bens de seu patrimônio e dívidas a resgatar, a pessoa jurídica continuará em fase de liquidação, durante a qual subsistirá para a realização do ativo e pagamento de débitos, cessando sua existência, de uma vez, quando se der ao acervo econômico o destino próprio.

DISSOLUÇÃO DA SOCIEDADE CONJUGAL E DO CASAMENTO. *Direito civil.* O término da sociedade conjugal dá-se pela morte de um dos cônjuges, pela nulidade ou anulação do casamento, pela separação (judicial ou extrajudicial) ou pelo divórcio. O casamento válido somente se dissolve pela morte real ou presumida de um dos cônjuges ou pelo divórcio. O casamento é um instituto mais amplo que a sociedade conjugal, por regular a vida dos consortes, suas relações e suas obrigações recíprocas, tanto as morais como as materiais, e seus deveres para com a família e a prole. A sociedade conjugal, embora contida no matrimônio, é um instituto jurídico menor que este, regendo apenas o regime matrimonial de bens dos cônjuges, os frutos civis do trabalho ou indústria de ambos os consortes ou de cada um deles. A morte de um dos consortes não dissolve apenas a sociedade conjugal, mas também o vínculo matrimonial, de modo que o sobrevivente poderá convolar novas núpcias. A nulidade do casamento, por torná-lo írrito desde o momento de sua celebração, não é modo de dissolução da sociedade conjugal, pois declara que tal sociedade nunca existiu. A anulabilidade do matrimônio não pode ser tecnicamente considerada como modo de dissolução do vínculo conjugal, uma vez que a sentença de anulação não apaga todos os efeitos produzidos. Sem embargo desse entendimento, pode-se dizer que a decisão judicial que decreta a nulidade e a anulabilidade

do matrimônio põe fim à sociedade conjugal e ao vínculo matrimonial, de modo que os ex-consortes poderão contrair novo casamento. A separação judicial ou a extrajudicial dissolve a sociedade conjugal, mas conserva íntegro o vínculo, impedindo os consortes de convolar novas núpcias, pois o vínculo matrimonial, se válido, só termina com a morte de um deles ou com o divórcio. O divórcio, em razão de fatos supervenientes ao casamento válido, dissolve tanto a sociedade conjugal como o vínculo matrimonial, autorizando os consortes a se casar novamente. Percebe-se que pode haver a dissolução da sociedade conjugal sem a do vínculo matrimonial, mas toda dissolução do vínculo acarreta, obrigatoriamente, a da sociedade conjugal.

DISSOLUÇÃO DA SOCIEDADE EMPRESÁRIA. *Direito comercial.* Momento em que se extingue o vínculo obrigacional dos sócios por: manifestação da vontade destes; disposição legal; sentença do juiz; morte de um dos sócios, embora o pacto social possa prever que a sociedade continue com os sobreviventes ou com os herdeiros do finado sócio etc.

DISSOLUÇÃO DE FATO DA SOCIEDADE EMPRESÁRIA. *Direito comercial.* Dá-se quando os sócios, sem a observância das normas alusivas à extinção da sociedade, passam a vender o acervo social, encerrando irregular e precipitadamente suas atividades mercantis, podendo com esse procedimento desencadear a decretação da falência da sociedade e gerar para si responsabilidade civil pelas obrigações pendentes (Fábio Ulhoa Coelho).

DISSOLUÇÃO DE PLENO DIREITO. *Teoria geral do direito.* Diz-se daquela que se opera em razão de disposição de lei, de tal maneira que o órgão judicante apenas se pronuncia no sentido de verificar se a causa legal extintiva se operou.

DISSOLUÇÃO DO CONGRESSO. *Ciência política.* Dá-se por ato do Poder Executivo, fazendo com que haja cessação do mandato eletivo dos parlamentares.

DISSOLUÇÃO DO CONTRATO. *Direito civil.* Causa extintiva da relação contratual que pode ser: a) normal, ou seja, com o adimplemento da prestação e a sua quitação; b) anterior ou contemporânea à formação do contrato, como declaração da nulidade absoluta ou relativa, implemento de condição resolutiva ou exercício do direito de arrependimento previsto no contrato; c) superveniente à formação do vínculo contratual, impedindo sua execução, tal como a resolução por inexecução voluntária ou involuntária do contrato, a resolução por onerosidade excessiva, a resilição bilateral ou o distrato, a resilição unilateral ou a morte de um dos contratantes.

DISSOLUÇÃO DO PARLAMENTO. *Vide* DISSOLUÇÃO DO CONGRESSO.

DISSOLUÇÃO DO VÍNCULO MATRIMONIAL RELIGIOSO. *Direito canônico.* Ato de dissolver vínculo conjugal se: a) o matrimônio não foi consumado entre batizados, ou entre batizado e não batizado, por haver justa causa, a pedido de ambas as partes ou de uma delas; b) o matrimônio foi celebrado entre dois não batizados, pelo privilégio paulino em favor daquele que veio a receber o batismo, sendo que o outro, por isso, não quer mais coabitar com ele, abandonando-o.

DISSOLUÇÃO EXTRAJUDICIAL. 1. *Direito comercial.* Extinção da sociedade empresária pelo distrato ou alteração do contrato social. **2.** *Direito civil.* Diz-se da dissolução da sociedade conjugal ou do vínculo matrimonial, que se operou em cartório, por meio de separação ou de divórcio extrajudiciais.

DISSOLUÇÃO JUDICIAL. 1. *Direito comercial.* Aquela em que o ato dissolutório da sociedade empresária advém do Poder Judiciário em razão de imposição de lei ou de falta de acordo entre os sócios. **2.** *Direito civil.* Diz-se da dissolução da sociedade conjugal ou do vínculo matrimonial em que os cônjuges não conseguem chegar à separação judicial ou ao divórcio por mútuo consenso ou amigavelmente.

DISSOLUÇÃO PARCIAL DA SOCIEDADE. *Direito comercial.* Rompimento do vínculo contratual que prende um sócio à sociedade, em caso de sua retirada, morte, incapacidade ou insolvência, sem que haja dissolução da sociedade, que continua com os sócios remanescentes, devendo promover um balanço especial para a determinação e a liquidação do seu cabedal. A dissolução parcial da sociedade funda-se no princípio conservativo da *societas* e no instituto da liquidação da cota do sócio em relação ao qual se rompeu o vínculo societário, promovida pelo órgão social para apuração só e exclusivamente dos haveres daquele, fazendo-se o pagamento pela forma estabelecida no contrato social. A dissolução parcial consiste na mera cessação do liame societário, limitadamente ao

sócio que dela saiu. Assim sendo, com o rompimento do laço social não haverá nenhuma cota societária a ser entregue ao sócio ou a quem de direito, que apenas será credor do valor correspondente a ela.

DISSOLUÇÃO TOTAL DA SOCIEDADE. *Direito comercial.* Ocorre quando se dissolvem todos os vínculos societários, fazendo com que a sociedade deixe de existir. Para tanto será preciso: a) vontade unânime dos sócios; b) decurso do prazo estipulado para a duração da sociedade; c) falência; d) impossibilidade de realizar o objeto social; e) unipessoalidade, salvo no caso de sociedade subsidiária integral e na hipótese de unipessoalidade incidental e temporária de sociedade por ações; ou f) alguma causa extintiva prevista no contrato social (Fábio Ulhoa Coelho).

DISSOLUCIONISTA. *Ciência política.* Partidário da dissolução do Parlamento.

DISSOLUTO. 1. *Direito penal.* Corrupto; libertino; pervertido; devasso. **2.** *Direito civil* e *direito comercial.* Dissolvido; desfeito.

DISSOLÚVEL. *Direito civil* e *direito comercial.* O que pode ser dissolvido, distratado ou rompido.

DISSOLVÊNCIA. 1. *Vide* DISSOLUÇÃO. **2.** Ato de dissolução.

DISSOLVER. *Ciência política.* Anular decisão ou extinguir órgão legislativo.

DISSOLVIDO. Rompido; desfeito; dissolvido; distratado.

DISSUADIR. Fazer alguém mudar de opinião; desaconselhar.

DISSUASÃO. *Ciência política* e *direito internacional público.* Ação organizada de uma potência política para coibir ou desencorajar a de outras.

DISTANÁSIA. *Medicina legal.* **1.** É a obstinação terapêutica, comportamento médico consistente em usar processos terapêuticos cujo efeito é mais nocivo do que o do mal a ser curado, por serem inúteis uma vez que a cura é impossível e o benefício esperado é menor que os inconvenientes previsíveis (Jean-Robert Debray; M. Cuyas). **2.** Prolongamento artificial e obstinado da vida de um paciente terminal. **3.** Futilidade médica por empregar tratamento inútil. **4.** Agonia lenta que leva o paciente a ter uma morte muito penosa ou dolorosa. **5.** Prolongamento doloroso e/ou com grande sofrimento psicológico do processo de morte por meios artificiais. Conduta considerada ilegal e antiética em todo o mundo.

DISTÂNCIA

DISTÂNCIA. 1. *Direito civil.* a) Designa a relação entre o herdeiro mais próximo e o mais remoto; b) elemento de discriminação imobiliária, pelo qual se diz que um certo imóvel fica tantos metros distante de um determinado ponto. **2.** *Direito internacional público.* Medição de mar territorial. **3.** *Direito militar.* Espaço existente entre tropas em fileiras, ou em unidades de veículos, que é medido da frente para trás.

DISTÂNCIA DE PERCURSO. *Direito administrativo.* Extensão do itinerário fixado para a linha de serviço de transporte rodoviário interestadual e internacional de passageiros.

DISTÂNCIA SOCIAL. *Sociologia jurídica.* É a resultante da diversidade de posição social existente entre os indivíduos ou grupos sociais.

DISTANTIA LOCI. *Locução latina.* **1.** Distância de lugar. **2.** *Direito cambiário.* Diz-se da letra de câmbio sacada em praça diversa da de sua emissão.

DISTAXIA. *Medicina legal.* Dificuldade de controlar os movimentos voluntários.

DISTELEOLOGIA. 1. Ciência que estuda os fatos biológicos contraditórios com a concepção de um fim inteligente na formação dos organismos, por exemplo, indivíduos abortados, atrofiados etc. (Haeckel). **2.** Diz-se de tudo o que é imperfeito em sua finalidade (Lalande).

DISTENSÃO. 1. *Medicina legal.* Torção dos ligamentos de uma articulação. **2.** *Direito internacional público.* Processo que teve início em 1952, fazendo com que EUA e União Soviética, duas superpotências vencedoras da Segunda Guerra Mundial, atenuassem suas atitudes de recíproca desconfiança e hostilidade, comuns na guerra fria, para acatar normas de coexistência pacífica (Ostellino).

DISTIMIA. *Medicina legal.* **1.** Depressão mental ou ansiedade mórbida. **2.** Estado patológico provocado por perturbação da secreção do timo na infância. **3.** Anomalia intelectual de qualquer espécie.

DISTINÇÃO. 1. Prêmio dado a quem se distingue numa dada circunstância ou situação. **2.** Qualidade que diferencia uma pessoa ou coisa de outra; percepção da diferença entre pessoas e coisas; sinal exterior destinado a evitar que se confundam objetos ou pessoas. **3.** Ato de separar o que se admite e o que não se admite. **4.** Propriedade que têm dois ou mais objetos do pensamento de serem distintos (Lalande). **5.** Urbanidade. **6.** Classificação de distinto num exame ou concurso. **7.** Conjunto de qualidades sociais superiores; superioridade.

DISTINÇÃO DE PODERES. *Direito constitucional.* Separação de Poderes.

DISTINGUIR. 1. *Teoria geral do direito.* a) Reconhecer que uma coisa é diferente de outra; b) pensar de um modo distinto; c) tornar algo distinto de outro; d) constituir os caracteres que permitem diferenciar e reconhecer um objeto do pensamento; e) assinalar; separar. **2.** *Direito administrativo.* a) Condecorar; b) diferenciar hierarquias de cargos públicos, em certos casos, pelo uso de distintivos.

DISTINTIVO PÚBLICO. *Direito penal.* Emblema, insígnia, marco ou sinal representativo de função ou cargo público, cujo uso ilegítimo é considerado como contravenção penal relativa à fé pública e cuja reprodução ou imitação indevida é crime.

DISTIREOIDIA. *Medicina legal.* Distúrbio na glândula tireóide.

DISTOCIA. *Medicina legal.* Parto difícil.

DISTONIA. *Medicina legal.* É o termo utilizado para descrever um grupo de doenças caracterizadas por espasmos musculares involuntários, que produzem movimentos e posturas anormais freqüentemente dolorosos. Quando a causa da distonia não pode ser identificada, tem-se *distonia idiopática.* Se a causa dos espasmos e posturas distônicas for identificada ou se ocorrer em associação com outra doença neurológica, como a doença de Huntington ou Wilson, é chamada de *distonia secundária ou sintomática.* Distonia é uma doença neurológica mais comum do que outras bem conhecidas, tais como doença do neurônio motor, miastenia *gravis,* ou doença de Huntington. Sua incidência é estimada em dois casos por milhão de habitantes por ano para as distonias generalizadas e vinte e quatro casos por milhão de habitantes por ano para as distonias focais, resultando em uma prevalência de 3,4 por 100 mil para distonias generalizadas e 29,5 por 100 mil para os focais. De forma geral as distonias não são corretamente diagnosticadas, razão pela qual, portanto, a real incidência e prevalência dessa doença provavelmente sejam muito superiores. As distonias são classificadas quanto à distribuição de acometimento corporal em focal, segmentar, generalizada, multifocal e hemidistonia. As *distonias focais* acometem uma região limitada do corpo, e seus tipos mais comuns recebem denominação específica de acordo com a parte do corpo afetada e incluem blefarospasmo, distonia oromandibular, torcicolo espasmódico, distonia espasmódica e cãibra do escrivão. *Distonias segmentares* referem-se aos casos em que vários grupos musculares situados em regiões vizinhas são acometidos. O exemplo mais comum é a distonia cranial, que é uma combinação do blefarospasmo e distonia oromandibular. Pode haver comprometimento da língua, faringe, laringe, cordas vocais e músculos do pescoço. Outros tipos de distonias segmentares incluem a distonia branquial (um ou ambos os braços), crural (membros inferiores) e axial (tronco e/ou pescoço). As *distonias generalizadas* referem-se aos casos com envolvimento de uma perna e o tronco ou ambas as pernas e qualquer outro segmento do corpo. São formas mais raras de distonias. Os primeiros sintomas ocorrem na infância ou na adolescência, geralmente na forma de contrações distônicas em um ou ambos os pés, inicialmente durante o andar e, progressivamente, também durante o repouso. A evolução é lenta, e progressivamente várias outras partes do corpo vão sendo envolvidas causando intensa dificuldade motora. Nos casos mais avançados, há dificuldade para andar, e os pacientes necessitam de ajuda para a maioria das atividades diárias. As *distonias generalizadas* podem ser esporádicas (quando não há outros membros afetados na família) ou hereditárias (quando ocorrem outros casos na mesma família). As *hemidistonias* podem ter início em qualquer idade e acometem os músculos de um mesmo lado do corpo. As partes mais acometidas são os membros de um mesmo lado do corpo. São mais raras do que as formas focais ou segmentares e costumam estar associadas a lesões estruturais nos núcleos da base do lado oposto ao do lado afetado do corpo.

DISTONIA CERVICAL. *Medicina legal.* É a causa mais comum de distonia focal e é caracterizada por espasmos dos músculos da região cervical. Dessa forma, a cabeça e o pescoço podem apresentar diversas alterações da postura (rotação, desvio lateral, para frente, para trás ou uma combinação desses movimentos). Além disso, é comum a ocorrência de variações na intensidade dos sintomas que costumam piorar durante períodos de estresse e de cansaço e me-

lhorar com o repouso ou quando em decúbito. Dor é uma manifestação comum das distonias cervicais, estando presente em cerca de 2/3 dos pacientes.

DISTONIA DE MEMBRO. *Medicina legal.* É caracterizada por contrações involuntárias da musculatura de um membro, resultando em movimentos repetitivos ou posturas anormais em uma extremidade. Essa forma de distonia pode afetar um braço ou uma perna e pode ser focal, como na cãibra do escrivão, ou segmentar, quando envolve o braço e a região cervical (distonia braquial) ou a perna e o tronco (distonia crural). Essa forma de distonia está sempre presente nas distonias generalizadas ou hemidistonias. Distonias idiopáticas dos membros superiores são freqüentemente distonias de ação, desencadeadas por movimentos voluntários. Ou seja, os espasmos musculares ocorrem apenas durante um tipo específico de movimento, como, por exemplo, escrever, digitar ou tocar um instrumento musical. Essas formas de distonias são conhecidas como cãibras ocupacionais. A mais comum é a cãibra do escrivão, que ocorre apenas durante o ato de escrever e permanece restrita ao membro que está sendo utilizado. Entretanto, com o tempo, os espasmos podem ocorrer durante a realização de outros movimentos ou mesmo durante o repouso. Não se conhece a relação entre a utilização continuada de um grupo muscular e o aparecimento de distonia, porém alguma disfunção nos núcleos da base parece ser decisiva para o desenvolvimento dos sintomas.

DISTONIA LARÍNGEA. *Medicina legal.* É uma forma de distonia focal com comprometimento dos músculos envolvidos no processo de vocalização. A alteração da voz é causada por espasmos involuntários das pregas vocais, laringe e faringe. Freqüentemente encontra-se associada à distonia de outros músculos faciais. Existem duas formas de distonia laríngea: distonia adutora, causada por adução exagerada e irregular das cordas vocais, e distonia abdutora, caracterizada por contração dos músculos crioaritenóideos posteriores durante a fala, resultando em inapropriada abdução das cordas vocais. Pacientes com distonia adutora exibem um padrão de voz cansado, com timbre metálico, áspero, tenso-estrangulado do tipo sufocado, com início e término abrupto da voz, resultante de quebras curtas na fonação (entrecortada).

Ocorre uma redução da maciez da fala e esta se torna menos compreensível. Cantando é usualmente menos afetado do que falando, exceto nos casos severos. Distonia abdutora é muito menos freqüente. Pacientes exibem uma voz assoprada ou sussurrada e de esforço, resultando em segmentos afônicos. A voz fica reduzida em altura e a fala é difícil de entender.

DISTONIA OROMANDIBULAR. *Medicina legal.* Caracteriza-se por movimentos involuntários anormais ou espasmos nos músculos inferiores da face, tais como lábios, boca, língua e mandíbulas. Dificuldade para abrir e/ou fechar a boca, mastigar, deglutir alimentos e articular as palavras são os sintomas mais freqüentes e contribuem para o embaraço social de muitos pacientes. Envolvimento dos músculos mastigatórios freqüentemente produz espasmos de fechamento ou abertura da boca e desvio lateral da mandíbula ou uma combinação desses movimentos anormais. Espasmos de fechamento da boca por contrações involuntárias dos músculos temporais e masseteres podem estar associados com trismo ou bruxismo. Contrações dos músculos faciais inferiores podem estar associadas com contrações involuntárias do platisma. Distonia lingual é manifestada por desvio lateral ou superior da língua, bem como sua protrusão.

DISTOPIA. *Medicina legal.* Situação anormal de um órgão.

DISTORÇÃO. 1. *Psicologia forense.* Percepção deformada de objetos que se apresenta em certas psicopatias (A. Cuvillier). **2.** *Medicina legal.* a) Deslocamento de uma parte do corpo; b) estrabismo.

DISTRAÇÃO. Nas *linguagens comum* e *filosófica,* pode significar: a) ausência de percepção do que normalmente seria notado, por falta de adaptação às circunstâncias presentes, ante o fato de a atenção concentrar-se num dado ponto; b) divisão do pensamento entre vários objetos diversos, de modo que não se fica atento a nenhum deles (Lalande).

DISTRACTUS EJUS EST NATURAE CUJUS CONTRACTUS, ET AEQUIPARATUR. *Aforismo jurídico.* O distrato é da mesma natureza do contrato, ao qual se equipara.

DISTRATAR. *Direito civil.* Desfazer um contrato por mútuo acordo.

DISTRATE. *Vide* DISTRATO.

DISTRATO. *Direito civil.* Dissolução do vínculo contratual deliberada por ambos os contratantes. A resilição bilateral ou distrato é um negócio jurídico que rompe o vínculo contratual mediante a declaração de vontade de ambos os contratantes de pôr fim ao contrato que firmaram. É um contrato que extingue outro, que ainda não foi executado, isto é, cujos efeitos não se exauriram e cujo prazo de vigência não expirou. O distrato submete-se às normas e formas relativas aos contratos. Desse modo, se aquele que se pretende resolver foi constituído, por exigência legal, através de escritura pública, o distrato, para ter plena validade, deverá respeitar essa forma. Assim, só por escritura pública se haverá de distratar. Se a lei exigir que certo contrato seja feito por instrumento particular, o distrato não poderá ser verbal, devendo realizar-se por instrumento particular. Se o negócio não depender de forma solene, poderá ser distratado por qualquer outro meio, como, por exemplo, por instrumento particular. O distrato, em regra, produz efeitos *ex nunc*, ou seja, a ruptura do vínculo contratual só produz efeitos a partir do instante de sua celebração, não atingindo as conseqüências pretéritas nem os direitos adquiridos por terceiros, que serão respeitados.

DISTRATO DE CASAMENTO. *Direito civil.* Rompimento de noivado suscetível de acarretar responsabilidade extracontratual, dando lugar a uma ação de indenização por dano moral ou patrimonial causado pela ruptura injustificada de um dos noivos.

DISTRATO SOCIAL. *Direito comercial* e *direito civil.* Acordo liberatório pelo qual os sócios de uma sociedade empresária ou simples convencionam extingui-la. O instrumento de tal distrato deve ser assentado no Registro Público de Empresas Mercantis ou no Registro Civil de Pessoas Jurídicas.

DISTRESSED DEBTS. *Locução inglesa.* Títulos de dívida emitidos por empresas com alto risco de crédito, cujos pagamentos são de difícil recebimento (Luiz Fernando Rudge).

DISTRIBUIÇÃO. 1. *Direito processual.* Ato administrativo pelo qual se registram e repartem, entre os juízes, processos apresentados em cada juízo ou tribunal, obedecendo aos princípios de publicidade, alternatividade e sorteio. Útil à celeridade processual é a distribuição imediata de processo em todos os graus de jurisdição. **2.**

Na *linguagem jurídica* em geral, pode ter o sentido de: a) ato ou efeito de distribuir; b) repartição; c) classificação; d) serviço postal de entrega domiciliar de correspondência; e) divisão de papéis de peça teatral ou de filme entre os artistas; f) repartição de bens ou encargos entre pessoas; g) maneira pela qual uma coisa é repartida ou dividida por diferentes lugares. **3.** *Direito autoral.* É a colocação à disposição do público do original ou cópia de obras literárias, artísticas ou científicas, interpretações ou execuções fixadas e fonogramas, mediante a venda, locação ou qualquer outra forma de transferência de propriedade ou posse. **4.** *Direito comercial.* a) É a atividade de comercialização por atacado com a rede varejista ou com grandes consumidores de combustíveis, lubrificantes, asfaltos e gás liquefeito envasado, exercida por empresas especializadas, na forma das leis e regulamentos aplicáveis; b) segmento da logística empresarial correspondente ao conjunto das operações associadas à transferência de bens, desde o local de sua produção até o destino, e ao fluxo de informações associado. A distribuição deve garantir que os bens cheguem oportunamente ao destino em boas condições comerciais e a preços competitivos (James G. Heim); c) é o acordo em que o produtor, oferecendo vantagens especiais, compromete-se a vender, continuadamente, seus produtos, ao distribuidor, para revenda em determinada área geográfica ou zona; d) situação mercadológica em que se evidencia o esforço dos detentores de grandes posições em ações para vendê-las e que geralmente antecede um movimento agressivo contrário à tendência principal de alta (Luiz Fernando Rudge).

DISTRIBUIÇÃO ALTERNADA. *Direito processual civil.* Aquela que é feita em atenção à rigorosa igualdade entre juízes e escrivães (Othon Sidou).

DISTRIBUIÇÃO DE DIVIDENDOS. *Direito comercial.* Pagamento aos acionistas de sociedade anônima dos dividendos a que têm direito.

DISTRIBUIÇÃO DE GÁS CANALIZADO. Diz-se dos serviços locais de comercialização de gás canalizado, junto aos usuários finais, explorados com exclusividade pelos Estados, diretamente ou mediante concessão.

DISTRIBUIÇÃO DE LUCROS E DIVIDENDOS FICTÍCIOS. *Direito penal.* Fraude ou abuso na administração de sociedade por ações punível com reclusão e multa, consistente no ato de seu diretor ou gerente, na falta de balanço, em desacordo com este ou mediante um falso, distribuir dolosamente lucros ou dividendos fictícios ou irreais, lesando o patrimônio da sociedade e dos sócios.

DISTRIBUIÇÃO DE LUCROS E PERDAS. *Direito civil* e *direito comercial.* Repartição entre os sócios de sociedade simples ou empresária dos lucros e perdas advindos da atividade social.

DISTRIBUIÇÃO DE PRÊMIOS. *Direito civil.* Solenidade onde se entregam prêmios, a título de recompensa, aos concorrentes de maior mérito ou classificados num concurso.

DISTRIBUIÇÃO DE PROCESSOS. *Direito processual.* Ato administrativo pelo qual o cartório distribuidor reparte entre juízes e tribunais os processos apresentados, após seu registro, para que procedam ao seu julgamento.

DISTRIBUIÇÃO POR DEPENDÊNCIA. 1. *Direito processual civil.* É, em regra, aplicada às ações propostas, vinculando-as a outra por conexão. Distribuir-se-ão por dependência as causas de qualquer natureza quando: a) se relacionarem, por conexão ou continência, com outra já ajuizada; b) tendo sido extinto o processo, sem resolução de mérito, for reiterado o pedido, ainda que em litisconsórcio com outros autores ou que sejam parcialmente alterados os réus da demanda; c) houver ajuizamento de ações idênticas ao juízo prevento. **2.** *Direito processual penal.* É a subordinada à de outro processo em razão de matéria penal, de fiança ou de decretação de prisão preventiva (Othon Sidou).

DISTRIBUÍDO. O que foi repartido ou o que se distribuiu.

DISTRIBUIDOR. 1. *Direito processual.* Diz-se do cartório ou serventuário encarregado de registrar as petições iniciais e de encaminhá-las às varas ou câmaras. **2.** *Direito agrário.* Aparelho que distribui uniformemente fertilizantes ou outros produtos. **3.** *Direito civil* e *direito comercial.* a) Locador de filmes cinematográficos; b) pessoa jurídica que opera no ramo de compra e venda de livros por atacado; c) é o que compra mercadoria para revendê-la em certa zona; d) pessoa física, pessoa jurídica ou qualquer outra entidade no setor público ou privado envolvida, direta ou indiretamente, na comercialização ou importação, por atacado ou no varejo, de um produto. **4.** *Direito administrativo.* a) Empregado telégrafo-postal ou carteiro, que tem a incumbência de efetuar entrega domiciliar de correspondência; b) é a pessoa jurídica contratada via licitação pública para a prestação de serviços de distribuição e venda de bilhetes das loterias administradas pela Caixa. O distribuidor garantirá o suprimento das loterias de bilhetes à rede de distribuição de sua região, previamente definida pela Caixa. Essa categoria está autorizada a distribuir as loterias de bilhetes em pontos-de-venda alternativos, responsabilizando-se por toda e qualquer comercialização efetuada pelos pontos-de-venda não credenciados diretamente pela Caixa.

DISTRIBUIDORA DE VALORES. *Direito comercial.* É a que exerce atividade na Bolsa de Valores. Distribuidor de combustíveis líquidos. Pessoa jurídica autorizada pela anp para o exercício da atividade de distribuição de combustíveis líquidos derivados de petróleo, álcool combustível, biodiesel, mistura óleo diesel/biodiesel especificada ou autorizada pela anp e outros combustíveis automotivos.

DISTRIBUIDOR DE COMBUSTÍVEIS LÍQUIDOS. *Direito administrativo.* Pessoa jurídica autorizada pela ANP para o exercício da atividade de distribuição de combustíveis líquidos derivados de petróleo, álcool combustível, biodiesel, mistura óleo diesel/biodiesel especificada ou autorizada pela ANP e outros combustíveis automotivos.

DISTRIBUIR. **1.** *Direito processual.* Encaminhar processos apresentados e registrados às varas, juízes ou câmaras. **2.** *Direito administrativo.* Entregar correspondência postal no domicílio de seus destinatários. **3.** Na *linguagem jurídica* em geral, pode ter o sentido de: a) classificar; b) repartir coisas; dividir; c) administrar a justiça; d) classificar.

DISTRIBUÍVEL. O que pode ser distribuído.

DISTRIBUTISMO. *Sociologia jurídica* e *direito agrário.* Teoria que prega a distribuição da terra entre os lavradores, dando-se a cada família um pedaço de área para efetuar o plantio e colher frutos para sua sobrevivência.

DISTRIBUTIVA. *Filosofia do direito.* Diz-se da justiça particular, cujo objeto é o bem do particular e na qual a sociedade dá a cada um o bem que lhe é devido segundo uma igualdade proporcional ou relativa. O grupo social (Estado, sociedade internacional, empresa, família etc.) reparte aos particulares aquilo que pertence a todos, assegurando-lhes uma eqüitativa participação no bem comum, conforme a necessidade, o mérito e a importância de cada indivíduo.

Infere-se daí que o sujeito passivo (devedor) da relação jurídica é a comunidade, e o ativo (credor), um de seus membros.

DISTRIBUTIVIDADE. Qualidade do que é distributivo.

DISTRIBUTIVISMO. *Economia política.* Doutrina pela qual a justiça social está baseada na prioridade que se deve dar à eqüitativa distribuição de direitos e oportunidades.

DISTRIBUTIVO. **1.** *Filosofia do direito.* Diz-se do que se distribui eqüitativamente. **2.** *Lógica jurídica.* a) O que atua sobre o todo, agindo sobre cada parte; b) diz-se do termo geral que designa individualmente cada um dos objetos de sua extensão (Lalande).

DISTRIPSIA. *Medicina legal.* Perturbação na digestão por falta de tripsina.

DISTRITAL. Tudo o que é relativo a distrito.

DISTRITO. **1.** *Direito constitucional.* Cada uma das partes em que um Município está dividido, tendo este competência para sua criação, organização e suspensão. **2.** *Direito processual.* Competência; área territorial onde uma autoridade judicial exerce sua jurisdição. **3.** *Direito administrativo* e *direito tributário.* Área territorial em que uma autoridade administrativa ou fiscal exerce o governo ou a inspeção. **4.** *Direito penal.* Zona onde a autoridade policial exerce sua jurisdição. **5.** *Direito comparado.* Divisão administrativa de determinados países.

DISTRITO CONSULAR. *Direito internacional público.* Circunscrição onde uma autoridade consular tem competência para exercer sua jurisdição.

DISTRITO DA CULPA. *Direito processual penal.* Foro do delito, que é o do local onde o crime foi perpetrado ou, na hipótese de tentativa, onde se praticou o último ato de execução.

DISTRITO DE COLONIZAÇÃO. *Direito agrário.* Unidade constituída por três ou mais núcleos de estabelecimentos de agricultores, contíguos ou interligados por vias públicas, subordinados a uma única chefia e integrados por serviços administrativos, técnicos e comunitários.

DISTRITO ESPECIAL INDÍGENA (DSEI). *Biodireito.* É uma unidade organizacional da FUNASA, entendido como uma base territorial e populacional sob responsabilidade sanitária definida, englobando um conjunto de ações de saúde necessárias à atenção básica, articulando com a rede do Sistema Único de Saúde – SUS, para referência e contra-referência. O DSEI está organizado sob a forma de uma rede de serviços de saúde, constituída de estabelecimentos localizados em pontos estratégicos. São cinco os tipos de estabelecimentos para compor a infra-estrutura física da rede: a) posto de saúde indígena tipo I; b) posto de saúde indígena tipo II; c) pólo-base tipo I; d) pólo-base tipo II; e e) Casa do Índio. A construção dessa rede deverá levar em conta a estrutura de serviços de saúde já existente nas terras indígenas e ter como base a organização desses serviços nas aldeias, que contará com a atuação de um Agente Indígena de Saúde – AIS, que terá suas atividades vinculadas a um posto de saúde.

DISTRITO FEDERAL. *Direito constitucional.* Pessoa jurídica de direito público interno da Administração direta, regida por lei orgânica federal e dotada de autonomia político-administrativa e órgãos Judiciário, Executivo e Legislativo próprios. Constitui a capital da União e a sede do governo central numa república federativa, possui as mesmas competências legislativas reservadas aos Estados e Municípios, e seus deputados distritais, governador e vice-governador têm mandato de duração idêntica ao dos representantes das outras unidades federativas.

DISTRITO FISCAL. *Direito administrativo* e *direito tributário.* Divisão territorial em que a superintendência dos assuntos fiscais fica a cargo do funcionário público denominado "fiscal-chefe".

DISTRITO INDUSTRIAL. *Direito administrativo.* Espaço territorial destinado às fábricas, geralmente distante da área residencial (Afonso Celso F. de Rezende).

DISTRITO MARÍTIMO. *Direito militar* e *direito administrativo.* Área territorial das costas marítimas que constitui uma unidade administrativa para fins de recrutamento da Armada.

DISTROFIA. *Medicina legal.* 1. Nutrição deficiente. 2. Perturbação neuromuscular provocada por má nutrição.

DISTROFIA ADIPOSOGENITAL. *Medicina legal.* Também denominada "síndrome de Fröhlich", é a doença que se caracteriza pelo mau funcionamento do sistema glandular, em que os órgãos sexuais ficam em estado infantil, podendo provocar, ainda, obesidade e alteração nos caracteres sexuais secundários.

DISTROFONEUROSE. *Medicina legal.* Perturbação nervosa oriunda de má nutrição.

DISTROMBASIA. *Medicina legal.* Problemas de coagulação sangüínea por deficiência de fibrofermentação.

DISURIA. *Medicina legal.* Dificuldade de urinar.

DISVULNERABILIDADE. *Medicina legal.* Invulnerabilidade; qualidade de certas pessoas que, se feridas, têm uma recuperação mais rápida do que outras. Tem sido considerada, por alguns teóricos, como um dos caracteres fisiológicos do criminoso nato.

DITADOR. 1. *Direito romano.* Antigo magistrado que, em situação crítica, era investido pelo Senado, com poder absoluto para dirigir o Estado. 2. *Ciência política.* Diz-se do governante que reúne em si os Poderes Públicos, exercendo arbitrária e absolutamente o Executivo e o Legislativo, e, excepcionalmente, o Judiciário.

DITADOS. Contratos compulsórios ou cogentes celebrados entre o Poder Público e os particulares, ou apenas entre estes, por força de lei, à qual as partes não podem furtar-se, suprimindo-se a autonomia da vontade, por constituírem uma obrigação de dar ou de fazer *ex vi legis.* Por exemplo, contrato de empréstimo compulsório; contrato de venda compulsória de cambiais de exportação; contrato compulsório de seguro de acidente de trabalho; contrato de aprendizagem etc. (Clóvis Veríssimo do Couto e Silva e José Amado Nascimento).

DITADURA. 1. *Ciência política.* a) Governo de um ditador baseado na força; b) exercício temporário e anormal do Poder Legislativo pelo Executivo para solucionar um problema público. 2. *Direito romano.* Governo do magistrado que, ante circunstâncias anormais e graves, era investido pelo Senado de poder absoluto para reger os negócios públicos.

DITADURA CONSTITUCIONAL. *Direito constitucional.* Emprego de medidas de urgência para solucionar questões críticas de ordem político-social, como, por exemplo, estado de sítio.

DITADURA DO PROLETARIADO. *Ciência política.* É aquela em que, na doutrina marxista, o proletariado toma a direção da libertação da classe trabalhadora, dominada pela burguesia, exercendo um poder ditatorial até que a sociedade comunista surja, com o conseqüente desaparecimento do Estado e do poder político, que se opera com a submissão da burguesia ao proletariado.

DITADURA IDEOLÓGICA. *Ciência política.* Aquela em que o ditador procura uma ideologia político-social para legitimar seu poder, por não se satisfazer com a idéia de que sua autoridade é mantida somente pela força. É, portanto, aquela em que o chefe de Estado, que é um ditador, além de impor seu poder, deve desenvolver uma ideologia político-social (Burdeau).

DITADURA PROLETÁRIA. *Ciência política.* **1.** Aquela em que o ditador busca apoio na camada social menos favorecida, fazendo uso da demagogia, para dirigi-la a seu bel-prazer. **2.** Aquela em que o ditador apóia-se na camada social menos favorecida, não tendo qualquer inspiração na ideologia marxista (Burdeau).

DITAME. *Teoria geral do direito.* **1.** Preceito normativo. **2.** Doutrina. **3.** Regra.

DITATORIAL. *Ciência política.* Relativo a ditadura ou a ditador.

DITATORIALISMO. *Ciência política.* Sistema de governo ditatorial.

DIU. *Medicina legal.* Dispositivo intra-uterino de plástico, recoberto de cobre, introduzido na cavidade uterina como instrumento abortivo, visto que evita a fixação no útero do óvulo já fecundado, não tendo o condão de impedir a ovulação nem o acesso dos espermatozóides ao óvulo. Constitui meio abortivo e não método anticoncepcional.

DIURESE. *Medicina legal.* Secreção normal ou abundante da urina que pode ser natural ou provocada por remédios diuréticos.

DIURIA. *Medicina legal.* Aumento anormal do número de micções.

DIURNO. **1.** *Direito do trabalho.* Período da jornada de trabalho que vai das 5h às 22h. **2.** *Direito processual civil.* Período em que se opera a realização de atos processuais, que vai das 6 às 20h.

DIUTURNA CONSUETUDO PRO JURE ET LEGE IN HIS, QUAE NOM EX SCRIPTO, DESCENDUNT, OBSERVARE SOLET. *Direito romano.* O costume constante, na falta de leis escritas, tem força de direito e de lei.

DIUTURNA QUIES VITIIS ALIMENTA MINISTRAT. *Expressão latina.* Ócio habitual e prolongado alimenta os vícios.

DIUTURNIDADE. *Teoria geral do direito.* Diz-se do fato de longa duração ou prática que, por isso, se generaliza, tornando-se conhecido por todos.

DIUTURNO. *Teoria geral do direito.* Diz-se do ato que dura há muito tempo.

DIVÃ. *Direito comparado.* **1.** Conselho de Estado na Turquia. **2.** Local onde esse conselho se reúne. **3.** Governo turco.

DIVERGÊNCIA. Desacordo; discordância; oposição; dissidência; ato ou efeito de divergir; desigualdade de opiniões.

DIVERGÊNCIA ENTRE PERITOS. *Medicina legal.* Dá-se quando os laudos periciais são divergentes ou discordantes, hipótese em que a autoridade competente deverá nomear um novo perito para examiná-los; se, porém, este não concordar com nenhum daqueles laudos, dever-se-á determinar nova perícia. Caso as divergências continuem, o órgão judicante deverá decidir a seu modo.

DIVERGENTE. **1.** Nas *linguagens comum* e *jurídica,* diz-se do que não está conforme ou do que é discordante. **2.** *Direito processual civil.* a) Voto prolatado por magistrado que compõe órgão colegiado, discordando dos demais e ensejando, assim, embargos infringentes; b) diz-se do depoimento testemunhal discordante que pode dar ensejo à acareação de testemunhas.

DIVERGIR. Desaprovar; discordar; não concordar; ter opinião contrária.

DIVERSÃO. **1.** Na *linguagem jurídica* em geral, diz-se do estabelecimento de lazer ou entretenimento, como cinema, circo, teatro etc. **2.** *Direito militar.* Manobra que tem por finalidade desviar a atenção do inimigo do ponto em que se pretende ocupar. **3.** Na *linguagem psicológica,* é o desvio da atenção para coisas diversas da que causa preocupação ao espírito.

DIVERSIDADE BIOLÓGICA. *Direito ambiental.* **1.** É a variabilidade de organismos vivos de todas as origens e os complexos ecológicos de que fazem parte, compreendendo ainda a diversidade dentro de espécies, entre espécies e de ecossistema. Ou melhor, é a variedade de indivíduos, comunidades, populações, espécies e ecossistemas existentes em determinada região. **2.** Biodiversidade.

DIVERSIDADE GENÉTICA. *Direito ambiental.* Variabilidade de genes e genótipos entre as espécies e dentro delas; a parte ou o todo da informação genética contida nos recursos biológicos.

DIVERSIFICAÇÃO DA CARTEIRA. *Direito financeiro.* Administração do risco pela distribuição dos recursos financeiros por diferentes modalidades de investimentos, buscando reduzir os riscos inerentes a uma concentração de recursos (Luiz Fernando Rudge).

DIVERSIONISMO. *Ciência política.* Manobra utilizada por um ou alguns dos membros do Legisla-

DIV 224 *DIVERSITAS RATIONIS, DIVERSITATEM JURIS INDUCIT*

tivo para tentar desviar a atenção dos demais para um tema diverso do que está sendo tratado, com o objetivo de adiar ou impedir sua aprovação.

DIVERSITAS RATIONIS, DIVERSITATEM JURIS INDU-CIT. *Direito romano.* A diversidade na razão induz a diversidade no direito.

DIVERSO. *Teoria geral do direito.* Diz-se daquilo que contém alguma diferença intrínseca e qualitativa, não sendo, portanto, idêntico a nenhuma outra coisa (Aristóteles, Leibniz e Lalande).

DIVERSÕES PÚBLICAS. Estabelecimentos ou casas que oferecem várias formas de recreação, espetáculos, entretenimentos ou divertimentos ao público.

DIVERTICULITE. *Medicina legal.* Inflamação dos divertículos, ou seja, das bolsas que se formam nas paredes do intestino grosso dos adultos.

DIVERTICULOSE. *Medicina legal.* Presença de divertículos intestinais.

DIVERTIMENTO. Recreação; entretenimento.

DIVERTIR. 1. Distrair; entreter; alegrar. **2.** Desviar atenção ou bens. **3.** Fazer mudar de opinião ou de finalidade; dissuadir. **4.** Interromper.

DIVESTITURE. *Termo inglês.* Esbulho.

DÍVIDA. 1. *Direito civil.* Obrigação de dar, de fazer ou de não fazer assumida pelo devedor. **2.** Na *linguagem jurídica* em geral, pode ter o sentido de: a) obrigação de pagar uma quantia em dinheiro a alguém; b) quantia pecuniária devida; c) tudo aquilo que se deve; d) prestação que o devedor deve cumprir em razão de obrigação assumida.

DÍVIDA AFIANÇADA. *Direito civil.* É a garantida por fiança, na qual o credor pode exigir a prestação do fiador se o devedor não a cumprir.

DÍVIDA AGRÁRIA. *Direito constitucional* e *direito administrativo.* Diz-se dos títulos com cláusula de preservação do valor real que devem ser pagos como indenização prévia e justa a quem teve seu imóvel rural desapropriado para fins de reforma agrária.

DÍVIDA AJUIZADA. *Direito processual civil.* Aquela em que o credor ajuizou ação para a sua cobrança judicial.

DÍVIDA ALIMENTAR. *Direito civil.* Obrigação de pagar pensão alimentícia para satisfazer, em razão do princípio de solidariedade familiar, as necessidades vitais de ascendentes, descen-

dentes, irmãos germanos ou unilaterais ou de ex-cônjuge ou de ex-companheiro que não as possam prover por si próprios.

DÍVIDA AMORTIZÁVEL. 1. *Direito civil.* Aquela que o devedor pode pagar em parcelas, juntamente com os juros. **2.** *Direito administrativo.* Modalidade de dívida pública que resulta de empréstimo feito pelo Estado, devendo este restituí-lo na data avençada e segundo as condições estipuladas no contrato.

DÍVIDA ANTIGA. 1. *Direito civil.* Aquela que se extinguiu, por exemplo, pela novação objetiva ou real, em que o devedor vem a contrair com o credor um novo débito, que substitui e extingue o anterior. **2.** Na *linguagem jurídica* em geral, é a dívida anterior, ou melhor, a que precede outras.

DÍVIDA A TERMO. *Direito civil* e *direito comercial.* É a que deve ser cumprida dentro do prazo estipulado para seu vencimento.

DÍVIDA ATIVA. Prestação que o credor pode exigir do devedor; aquela cujo valor pode ser exigido pelo credor; trata-se do crédito.

DÍVIDA ATIVA DA FAZENDA PÚBLICA. *Direito tributário* e *direito civil.* Crédito público exigível pela Fazenda Pública relativo ao pagamento de tributos, multas fiscais, foros, laudêmios, aluguéis etc.

DÍVIDA ATIVA TRIBUTÁRIA. *Direito tributário.* É a que decorre de crédito tributário inserido na Procuradoria da Fazenda após o vencimento do prazo para seu pagamento.

DÍVIDA À VISTA. *Direito civil* e *direito comercial.* Diz-se daquela que deve ser paga assim que for exigida, por não haver estipulação de qualquer prazo para seu vencimento.

DÍVIDA BUSCÁVEL. *Direito civil.* Dívida quesível.

DÍVIDA CADUCA. *Direito civil.* Aquela que não pode ser exigida pelo credor, nem mesmo judicialmente, por se tratar de uma obrigação natural ou moral.

DÍVIDA CERTA. *Direito civil.* Aquela que tem existência e exatidão comprovadas, por estarem estas fundadas documentalmente.

DÍVIDA CIVIL. *Direito civil.* É a que decorre de obrigação de natureza civil e é regida por normas de *Direito civil.*

DÍVIDA COBERTA. *Direito civil.* Diz-se da que está garantida por bens do patrimônio do devedor.

DÍVIDA COMERCIAL. *Direito comercial.* É a proveniente do exercício de atividade econômica organizada para produção e circulação de bens ou serviços.

DÍVIDA COMPENSÁVEL. *Direito civil.* É a suscetível de ser amortizada por meio de compensação, por serem o credor e o devedor reciprocamente obrigados ao pagamento de certa quantia. A compensação é, portanto, meio extintivo de débitos, até onde se equivalerem, entre pessoas que são, ao mesmo tempo, credoras e devedoras uma das outras. Constitui o desconto de um débito a outro, ou a operação de mútua quitação entre credores recíprocos.

DÍVIDA COMUM. *Direito civil.* Obrigação solidária passiva, que pode ser exigida pelo credor, por inteiro, de qualquer co-devedor.

DÍVIDA COMUM DOS CÔNJUGES. 1. Trata-se, no regime de comunhão parcial, do débito subseqüente ao casamento, pelo qual respondem os bens comuns e, depois de esgotados estes, os particulares do marido ou da mulher, na proporção do proveito que cada um houver lucrado. **2.** Dívida posterior ao matrimônio, oriunda de despesas com seus aprestos ou que reverteu em proveito comum, sendo o regime de comunhão universal. **3.** Débito contraído para as despesas do casal, no regime de separação de bens, que deve ser pago por ambos os cônjuges na proporção dos rendimentos de seu trabalho e de seus bens, salvo estipulação em contrário em pacto antenupcial. **4.** Dívida posterior ao casamento contraída, sendo o regime o de participação final dos aqüestos, por um dos cônjuges, que deverá ser paga apenas por este, salvo prova de ter revertido, parcial ou totalmente, em benefício do outro. *Vide* DÍVIDA COMUNICÁVEL.

DÍVIDA COMUNICÁVEL. *Direito civil.* **1.** Dívida comum dos cônjuges, isto é, da responsabilidade de ambos. **2.** *Vide* DÍVIDA COMUM DOS CÔNJUGES.

DÍVIDA CONDICIONAL. *Direito civil.* Aquela cujo cumprimento depende de acontecimento futuro e incerto, sendo exigível após o implemento da condição.

DÍVIDA CONFUNDIDA. *Direito civil.* Aquela que se extinguiu pela confusão, ou melhor, pela aglutinação, em uma única pessoa e numa mesma relação jurídica, das qualidades de credor e devedor, por ato *inter vivos* ou *causa mortis*.

DÍVIDA CONSOLIDADA. *Direito administrativo.* Dívida pública externa ou interna assumida pelo Estado, em razão de empréstimos temporários a médio e longo prazos, constituída por títulos de crédito negociáveis do governo, de valor inexigível e de renda perpétua de juros, e garantida por determinados bens. É a transformada em renda perpétua em benefício dos credores, que somente poderão reclamar os juros e nunca o capital.

DÍVIDA CONTESTADA. *Vide* DÍVIDA LITIGIOSA.

DÍVIDA DA FALÊNCIA. *Direito comercial.* Débitos da massa falida.

DÍVIDA DA MASSA. *Vide* DÍVIDA DA FALÊNCIA.

DÍVIDA DA SOCIEDADE. *Direito comercial* e *direito civil.* Diz-se da contraída pelo sócio detentor do mandato social ou por todos os membros de uma sociedade, em benefício dela.

DÍVIDA DA UNIÃO. *Direito administrativo.* Débito contraído pela União federal.

DÍVIDA DE APOSTA OU DE JOGO. *Direito civil.* Aquela que não obriga o devedor ao pagamento, mas, se ele o fizer, não poderá pedir sua devolução.

DÍVIDA DE HONRA. *Direito civil.* É a garantida tão-somente com a probidade do devedor.

DÍVIDA DE SANGUE. *Ciência política* e *direito militar.* Obrigação de prestar serviço militar.

DÍVIDA DE VALOR. *Direito civil.* **1.** Aquela que não tem por objeto o dinheiro. Visa o pagamento de soma de dinheiro que não é, por seu valor nominal, o objeto da prestação, mas sim o meio de medi-lo ou valorá-lo. Seu objeto não é o dinheiro, mas uma prestação de outra natureza, sendo aquele apenas um meio necessário para a liquidação da prestação em certo momento. A dívida de valor somente objetiva certa estimação, sendo cumprida com a quantia idônea para representar o valor esperado. É aquela em que o devedor deve fornecer uma quantia que possibilite ao credor adquirir certos bens. É o caso, por exemplo, do direito a alimentos, que garante ao credor os meios necessários à sua subsistência, dentro das possibilidades atuais do devedor; do direito à indenização oriundo de ato ilícito; ou de inadimplemento contratual. **2.** *Vide* DÍVIDA EM DINHEIRO.

DÍVIDA DO CASAL. *Vide* DÍVIDA COMUM DOS CÔNJUGES.

DÍVIDA DUVIDOSA. *Direito civil.* Débito ilíquido, logo, de difícil cobrança.

DÍVIDA EM DINHEIRO. *Direito civil.* Dívida que tem por objeto uma quantia fixa em dinheiro, subordinando-se ao princípio nominalístico. Deve ser satisfeita com o número de unidades monetárias estipulado no contrato, ainda que tenha sido alterado o seu poder aquisitivo (Washington de Barros Monteiro). É, portanto, a obrigação de valor nominal, não se admitindo que seja contraída pelo valor intrínseco (valor da qualidade e quantidade), ou pelo valor aquisitivo da moeda, traduzido pela quantidade de bens ou de serviços que podem ser adquiridos com a unidade monetária. Na dívida pecuniária a prestação não é de coisas, uma vez que é relativa ao valor nominal da moeda, que é o referido a unidades monetárias do sistema pelo qual a nota ou moeda é colocada em circulação, ou seja, o valor legal outorgado pelo Estado, no ato da emissão ou da cunhagem. Logo, esse valor é o que se encontra impresso na cédula ou peça. Tal fato justifica ser a dívida em dinheiro uma obrigação de soma de valor (Karl Larenz e Hedemann). Trata-se da dívida de valor.

DÍVIDA EXIGÍVEL. 1. *Direito civil.* É a dívida pura e simples que já está vencida ou a condicional cujo implemento da condição já se operou, podendo ser executada pelo credor. **2.** *Direito processual civil.* Aquela que, por ser líquida e certa, pode ser exigida em juízo, inclusive em processo de execução.

DÍVIDA EXTERNA. *Direito administrativo* e *direito constitucional.* É a contraída pelo Estado, no exterior, com outra nação ou entidade estrangeira, para atender a fins de interesse público.

DÍVIDA FISCAL. *Direito tributário.* **1.** Aquela em que a Fazenda Pública é credora ou devedora da obrigação. Logo, pode ser dívida ativa ou passiva, mas não compensada. **2.** *Vide* DÍVIDA ATIVA DA FAZENDA PÚBLICA.

DÍVIDA FLUTUANTE. *Direito administrativo, direito constitucional* e *direito tributário.* Dívida da Fazenda Pública que não é consolidada nem representada por títulos com vencimento fixo, logo, não há certeza quanto à quantia devida e à duração. É o empréstimo público contraído por um pequeno período de tempo para atender a certas necessidades ou despesas extraordinárias e para solver encargos decorrentes da administração de bens alheios. Ela pode advir, por exemplo, de depósito judicial, como o dos cofres dos órfãos; de depósito da Caixa Econômica e dos valores confiados à sua administração; de despesas não previstas etc.

DÍVIDA FUNDADA. *Vide* DÍVIDA CONSOLIDADA.

DÍVIDA FUNDIÁRIA. *Vide* DÍVIDA AGRÁRIA.

DÍVIDA FUTURA. *Direito civil.* Aquela que, apesar de já ter sido contraída, não pode ser exigida, como, por exemplo, a dívida condicional, antes do implemento da condição, ou a dívida a termo, antes de seu vencimento.

DÍVIDA GARANTIDA. *Direito civil.* Aquela que possui garantia fidejussória (fiança) ou real (penhor, hipoteca ou anticrese), que constitui uma obrigação acessória.

DÍVIDA HEREDITÁRIA. *Direito civil.* Débito do *de cujus* que deve ser pago pelos seus herdeiros, antes da partilha, até o limite das forças da herança de cada um.

DÍVIDA HIPOTECÁRIA. *Direito civil.* É a que tem, como garantia de seu pagamento, uma hipoteca devidamente inscrita no registro imobiliário competente, que é o do lugar do imóvel hipotecado.

DÍVIDA ILÍQUIDA. *Direito civil.* Aquela que não é líquida nem certa, sendo exigível somente quando houver apuração do *quantum debeatur*, por meio de prévia liquidação, estipulando-se a soma pecuniária que deve ser paga pelo devedor ao credor.

DÍVIDA IMOBILIÁRIA. *Direito civil.* É a oriunda de uma obrigação que recai sobre o uso de imóvel alheio, como, por exemplo, o pagamento de laudêmios, foros, aluguéis de imóvel etc. que deve ser feito ao credor.

DÍVIDA INCOMUNICÁVEL. *Direito civil.* É a própria ou de responsabilidade apenas do cônjuge que a contraiu. Por exemplo, se o regime for de comunhão parcial, não se comunicam ao outro consorte os débitos anteriores ao matrimônio e os provenientes de atos ilícitos.

DÍVIDA INSCRITA. *Direito tributário.* Aquela que foi escriturada em livro próprio para sua cobrança, ou seja, no Livro da Dívida Ativa, constituindo um título executivo extrajudicial que, se vencido, é suscetível de legitimar o ingresso da Administração em juízo por meio da execução fiscal (Zelmo Denari). Trata-se da dívida tributária inscrita.

DÍVIDA INTERNA. *Direito administrativo* e *direito constitucional.* Dívida pública consolidada contraída

DÍVIDA LEGAL

pelo Estado, a título de empréstimo, dentro do seu território, com credores nacionais ou domiciliados no País.

DÍVIDA LEGAL. *Direito civil.* **1.** Diz-se daquela que está conforme à lei. **2.** Obrigação *ex lege*, isto é, instituída pela lei, independentemente de qualquer negócio jurídico, como, por exemplo, a de prestar alimentos.

DÍVIDA LEGÍTIMA. *Direito civil.* É a fundada em causa legal, conseqüentemente, o seu credor está amparado por lei, dispondo de todos os meios admissíveis juridicamente para cobrá-la.

DÍVIDA LÍQUIDA E CERTA. *Direito civil* e *direito processual civil.* Aquela que é certa quanto à sua existência e determinada em relação ao seu objeto, ou melhor, ao seu valor pecuniário, não oferecendo quaisquer dúvidas quanto à sua exatidão.

DÍVIDA LITIGIOSA. *Direito processual civil.* É a dívida contestada, sujeita a apuração e cobrança por via judicial, pelo fato de o devedor resistir, na contestação, à pretensão do autor, alegando sua ilegalidade, ilegitimidade ou inexistência.

DÍVIDA MAIS ONEROSA. *Direito civil.* É aquela de maior vulto, contendo ônus, encargos, juros, maior cláusula penal etc.

DÍVIDA MERCANTIL. *Direito comercial.* É a oriunda de operação empresarial ou da prática de atividades econômicas organizadas para a produção ou circulação de bens ou de serviços.

DÍVIDA NACIONAL. *Direito administrativo* e *direito internacional público.* Dívida interna ou externa contraída pelo governo.

DÍVIDA ORDINÁRIA. *Direito administrativo.* É a decorrente de contrato celebrado pela Administração Pública com particulares, relativo a serviço público.

DÍVIDA PARTICULAR. *Direito civil* e *direito comercial.* É o débito contraído pelo devedor, independentemente de qualquer dívida assumida pela sociedade a que pertence. Logo, tal débito particular é exigido pessoalmente de seu devedor, não constituindo, portanto, dívida social, já que não se estende à sociedade da qual participa o devedor nem ao outro cônjuge, sendo o casamento sob regime de comunhão.

DÍVIDA PASSIVA. 1. *Direito administrativo.* Encargo do exercício seguinte. **2.** *Direito civil.* O mesmo que DÉBITO. É aquela que o devedor deve pagar ao credor. **3.** *Direito comercial.* Obrigação a cumprir contabilizada no passivo do comerciante.

DÍVIDA PECUNIÁRIA. *Vide* DÍVIDA EM DINHEIRO.

DÍVIDA PERDIDA. *Direito civil.* Aquela de cobrança impossível, ante a insolvência do devedor.

DÍVIDA PESSOAL. 1. *Direito civil* e *direito comercial.* O mesmo que DÍVIDA PARTICULAR. **2.** *Direito processual civil.* Aquela que gera ação pessoal contra o devedor.

DÍVIDA *PORTABLE.* *Direito civil.* Dívida portável, que é contraída com a cláusula de que deve ser paga pelo devedor, no seu vencimento, no domicílio do credor.

DÍVIDA PORTÁVEL. *Vide* DÍVIDA *PORTABLE.*

DÍVIDA POSITIVA. *Direito civil.* Aquela em que o devedor assume uma obrigação de dar ou de fazer.

DÍVIDA PRESCRITA. *Direito processual civil* e *direito civil.* Aquela que o credor não pode mais cobrar em juízo, ante o fato de a ação para sua cobrança não ser mais possível, pelo seu não-exercício durante o lapso temporal fixado legalmente.

DÍVIDA PRIVILEGIADA. *Direito civil.* É aquela que, pela sua natureza, confere ao credor o direito de ser preferido aos demais credores de seu devedor, por ter privilégio especial ou geral. Como o *privilégio especial* compreende bens sujeitos, por disposição legal, ao pagamento do crédito que visa favorecer, assim o têm, por exemplo: sobre a coisa arrecadada e liquidada, o credor de custas e despesas judiciais feitas com a arrecadação e liquidação; sobre a coisa salvada, o credor por despesas de salvamento; sobre a coisa beneficiada, o credor por benfeitorias úteis ou necessárias; sobre os frutos agrícolas, o credor por sementes, instrumentos e serviços à cultura ou à colheita; sobre os prédios rústicos ou urbanos, fábricas, oficinas ou quaisquer outras construções, o credor de materiais, dinheiro ou serviços para a sua edificação, reconstrução, ou melhoramento; sobre as alfaias e utensílios de uso doméstico, nos prédios rústicos e urbanos, o credor de aluguéis, quanto às prestações do ano corrente e do anterior; sobre os exemplares da obra existente na massa do editor, o autor dela, ou seus legítimos representantes, pelo crédito fundado contra aquele no contrato de edição; sobre o produto da colheita, para qual houver concorrido com o seu trabalho, e precipuamente a quaisquer outros créditos, ainda que reais, o trabalhador agrícola, quanto à dívida dos seus salários. Como o *privilégio geral* abrange todos os bens não sujeitos a crédito real ou privilégio especial, o têm, na ordem seguinte, sobre os bens do devedor: o crédito por despesas do seu funeral; o crédito por custas judiciais ou por despesas com a arrecadação e liquidação da massa; o crédito por despesas com o luto do cônjuge sobrevivente e dos filhos do devedor falecido, se forem moderadas; o crédito por despesas com a doença de que faleceu o devedor, no semestre anterior à sua morte; o crédito pelos gastos necessários à mantença do devedor falecido e de sua família, no trimestre anterior ao falecimento; o crédito pelos impostos devidos à Fazenda Pública, no exercício corrente e no anterior, mas, pelo Código Tributário Nacional, o crédito tributário terá preferência sobre qualquer outro; o crédito pelo salário dos empregados e demais pessoas de serviço doméstico do devedor, nos seus derradeiros seis meses de vida.

DÍVIDA PRÓPRIA. *Direito civil.* **1.** Aquela que está sob a responsabilidade de um dos cônjuges. **2.** O mesmo que DÍVIDA PARTICULAR.

DÍVIDA PÚBLICA. *Direito administrativo* e *direito constitucional.* Obrigação contraída pela União, Estados, Municípios ou empresas paraestatais em razão de empréstimos feitos, interna ou externamente, para atender a déficit orçamentário ou a despesas extraordinárias e urgentes. Pode ser dívida consolidada ou fundada, que se apresenta como dívida pública interna ou externa, e dívida flutuante.

DÍVIDA PÚBLICA CONSOLIDADA. *Vide* DÍVIDA CONSOLIDADA.

DÍVIDA PÚBLICA EXTERNA. *Vide* DÍVIDA EXTERNA.

DÍVIDA PÚBLICA FLUTUANTE. *Vide* DÍVIDA FLUTUANTE.

DÍVIDA PÚBLICA INTERNA. *Vide* DÍVIDA INTERNA.

DÍVIDA PURA E SIMPLES. *Direito civil.* É a que obriga imediatamente o devedor, por não estar adstrita ao implemento de condição ou advento do termo, podendo ser exigida pelo credor desde logo.

DÍVIDA QUÉRABLE. *Direito civil.* Aquela que deve ser paga no domicílio do devedor ou no local por ele determinado, competindo ao credor apresentar-se no lugar designado para efetuar a cobrança, no dia de seu vencimento, ficando a hora a seu critério. Trata-se da dívida buscável ou quesível.

DÍVIDA QUESÍVEL. *Vide* DÍVIDA *QUÉRABLE.*

DÍVIDA QUIROGRAFÁRIA. *Direito civil* e *direito comercial.* Diz-se daquela que não está garantida por nenhum direito real ou privilégio, não tendo nenhum direito de preferência.

DÍVIDA REAL. *Direito civil.* É a garantida por um direito real.

DÍVIDA RECLAMÁVEL. 1. *Vide* DÍVIDA *QUÉRABLE.* **2.** *Direito processual civil.* É a suscetível de cobrança judicial, mesmo se ilíquida, desde que haja apuração, por via de liquidação, do *quantum debeatur.*

DÍVIDA RECONHECIDA. *Direito civil, direito comercial* e *direito processual civil.* Aquela que o devedor confessa ou reconhece, judicial ou extrajudicialmente, sua existência e legitimidade.

DÍVIDAS ATUAIS DO INVENTÁRIO. *Direito processual civil* e *direito civil.* Aquelas que o espólio, na qualidade de titular ativo, pode reclamar de seus devedores.

DÍVIDA SIMULADA. *Direito civil.* É a que decorre de simulação, com o intuito de prejudicar terceiro, sendo falsa por aparentar transferir direitos a pessoa diversa daquela a quem realmente deveriam ser transmitidos, por conter declaração não verdadeira ou por inserir-se em instrumentos pós-datados ou antedatados.

DÍVIDA SOCIAL. *Direito civil* e *direito comercial.* É a contraída pela sociedade simples ou empresária, que responde com o patrimônio social sem atingir o de cada sócio, salvo se solidário com a pessoa jurídica de direito privado.

DÍVIDA SOLIDÁRIA. *Direito civil.* É a assumida por dois ou mais co-devedores, em razão de haver entre eles solidariedade resultante de lei ou da vontade das partes, hipótese em que o credor poderá exigir seu total cumprimento de qualquer deles ou de todos em conjunto, ficando estes liberados se apenas um dos devedores efetuar o pagamento do débito.

DÍVIDAS PASSIVAS DO INVENTÁRIO. *Direito civil* e *direito processual civil.* São as que abrangem as obrigações assumidas pelo *auctor successionis* e os encargos ou responsabilidades que pesam sobre o espólio.

DÍVIDA TRIBUTÁRIA. *Direito tributário.* É a decorrente de tributos (impostos, taxas e contribuições de melhoria).

DÍVIDA TRIBUTÁRIA INSCRITA. *Vide* DÍVIDA INSCRITA.

DÍVIDA VENCIDA. *Direito civil.* É a dívida a termo, quando este se venceu, ou a condicional, se houve implemento da condição, podendo, por isso, ser exigida pelo seu credor.

DÍVIDA VINCENDA. *Direito civil.* Diz-se daquela que está para vencer ou da que está subordinada ao implemento de uma condição.

DÍVIDA VITALÍCIA. *Direito administrativo.* Conjunto de pensões ou encargos a que o Estado está obrigado, durante a vida dos beneficiários, em virtude de sentença judicial, decisão administrativa ou disposição legal.

DIVIDE ET IMPERA. *Expressão latina.* Divide para governar.

DIVIDEND. *Termo inglês.* Dividendo.

DIVIDEND YIELD. *Locução inglesa.* Relação entre dividendos pagos pela empresa e a cotação atual da ação (Luiz Fernando Rudge).

DIVIDENDO. 1. *Direito comercial.* a) Percentagem dos rendimentos ou lucros líquidos cabíveis aos sócios ou acionistas de uma sociedade, proporcionais ao capital que nela tiverem ou ao valor de suas ações ou cotas, distribuídos a cada exercício social. b) Cota-parte que cabe a cada credor no rateio da massa falida. **2.** *Direito processual civil.* Diz-se do imóvel que está sendo dividido em decorrência de ação divisória.

DIVIDENDO CUMULATIVO. *Direito comercial.* É o dividendo pago às ações preferenciais da sociedade anônima, havendo, então, uma duplicidade de rendas auferidas pela aplicação do capital. Dá-se quando o dividendo não pago em certo exercício é acumulado e somado aos dividendos do exercício posterior.

DIVIDENDO FICTÍCIO. *Direito comercial.* É o que não existe, isto é, não corresponde ao lucro real. É distribuído ilegalmente, o que implica a responsabilidade solidária dos diretores da sociedade anônima, que deverão repor à caixa social a importância distribuída de maneira ilegal, pois os acionistas de boa-fé não têm o dever de restituir o dividendo recebido.

DIVIDENDO FIXO. *Direito comercial.* Trata-se do dividendo invariável, que tem taxa prefixada como conseqüência de ações preferenciais. Tal dividendo fixo poderá ser: a) cumulativo, ou seja, se não for pago num exercício, será acrescido ao seguinte; ou b) simples, concernente à soma que por ele é atribuída às ações acima mencionadas.

DIVIDENDO OBRIGATÓRIO. *Direito comercial.* É a parcela dos lucros fixados no estatuto da sociedade anônima que devem ser obrigatoriamente distribuídos em cada exercício. Se o estatuto for omisso a respeito, equivalerá a distribuição a 50% do lucro líquido do exercício diminuído ou acrescido dos seguintes valores: cota destinada à reserva legal; valor destinado à formação de reservas para contingências e reversão das constituídas em exercícios anteriores; lucros a realizar transferidos para a reserva e lucros antes nesta registrados realizados no exercício. Se houver omissão estatutária, e a Assembléia resolver alterar o estatuto para introduzir norma a respeito, o dividendo obrigatório deverá ser equivalente a, no mínimo, 25% do lucro líquido apurado.

DIVIDENDO PRO RATA. *Direito comercial.* Dividendo distribuído às ações emitidas dentro do exercício social, proporcionalmente ao tempo transcorrido até o seu encerramento (Luiz Fernando Rudge).

DIVIDENDO REAL. *Direito comercial* e *direito civil.* Parcela de lucros ou rendimentos dividida entre os sócios ou acionistas de uma sociedade.

DIVIDENDOS INTERCALARES. *Direito comercial.* São os distribuídos por conta de balanços levantados num exercício, ainda que pagos no seguinte, antes porém da aprovação das demonstrações financeiras pela assembléia geral (Modesto Carvalhosa).

DIVIDENDOS INTERMEDIÁRIOS. *Direito comercial.* São aqueles pagos num exercício por conta de lucros acumulados no anterior, referindo-se aos balanços levantados e aprovados pela assembléia geral ordinária (Modesto Carvalhosa). Na regulamentação dos dividendos intermediários que são distribuídos por períodos menores, há permissão legal para que sejam pagos sobre os lucros acumulados ou os do balanço semestral ou sobre as reservas de lucros existentes no último balanço anual ou semestral de acordo com o estatuto.

DIVIDIDO. 1. Partilhado. **2.** Separado em classes ou grupos distintos. **3.** Repartido; distribuído. **4.** Desavindo; desacorde.

DIVIDIDOR. *Direito processual civil.* O que faz partilhas ou demarcações de prédios ou terras.

DIVIDIR. 1. Separar algo em partes; repartir. **2.** Efetuar uma divisão. **3.** Demarcar; limitar. **4.** Sulcar. **5.** Dissentir; discordar. **6.** Classificar. **7.** Compartilhar.

DIVÍDUA. Correspondente a divisão.

DIVIDUNDO. *Vide* DIVÍDUO.

DIVÍDUO. 1. *Direito comercial.* Divisível; dividundo. **2.** *Direito civil.* Prédio que, numa ação divisória, é objeto de divisão.

DIVISA. 1. *Direito internacional público.* a) Disponibilidade de cambiais possuídas por uma nação em praças estrangeiras; recurso de que dispõe um país no mercado internacional; b) linha divisória entre dois países; fronteira. **2.** *Direito administrativo.* a) Emblema ou insígnia; b) linha divisória entre zonas administrativas. **3.** *Direito civil.* Linha limítrofe entre propriedades contíguas ou confinantes. **4.** *Direito militar.* Distintivo de pano, colocado no braço, que indica a posição hierárquica das praças. **5.** *Direito agrário.* Marca a fogo usada pelos criadores. **6.** *Direito cambiário.* Saque de câmbio que pode ser emitido contra qualquer praça estrangeira, constituindo reserva que autorize pagamento do que ali se vier a adquirir.

DIVISÃO. 1. *Direito civil* e *direito processual civil.* a) *Vide* AÇÃO DE DIVISÃO; b) repartição de bens; c) partilha; distribuição; d) meio utilizado para dividir coisa comum, pondo fim ao condomínio, à compropriedade ou à comunhão de bens; e) benefício concedido a cada fiador, que só responderá pela parte que, em proporção, lhe couber no pagamento. Tal ocorrerá apenas se, em caso de pluralidade de fiadores, houver estipulação contratual do benefício de divisão; f) discórdia; dissensão; g) área de certa jurisdição. **2.** *Direito militar.* a) Parte de um exército formada por duas ou mais brigadas; b) parte de uma esquadra composta de alguns navios. **3.** *Direito desportivo.* Corpo de clubes filiados a uma associação desportiva, composto de duas esquadras, disputando cada uma a taça do campeonato e o título de campeã. **4.** *Medicina legal.* Conjunto de impressões digitais dos dedos indicador, médio, anular e mínimo da mão direita, escrito acima do traço de fração, ou seja, no numerador, numa individual dactiloscópica (Croce e Croce Jr.). **5.** *Lógica jurídica.* a) Operação pela qual se divide a extensão de um conceito em várias classes (Lalande); b) oração imperfeita distribuindo um todo em suas partes, ou uma palavra em suas significações (Goffredo Telles Jr.); c) decomposição de um todo em seus elementos ou partes (Sinibaldi).

DIVISÃO ACIDENTAL. *Lógica jurídica.* É a que se funda em qualquer coisa distinta do dividendo, que lhe é acessória ou contingente (Van Acker).

DIVISÃO ADMINISTRATIVA. *Direito administrativo.* É a feita pelo Poder Público, atribuindo funções administrativas dentro das zonas que foram limitadas, que constituem os Municípios, circunscrições, distritos etc.

DIVISÃO ANALÓGICA. *Lógica jurídica.* Divisão essencial em que se distinguem os inferiores de um todo lógico analógico (Goffredo Telles Jr.).

DIVISÃO CÔMODA. *Direito civil* e *direito processual civil.* Partilha de bem divisível feita de modo a não prejudicar a sua integridade. É a divisão que fraciona uma coisa divisível em partes homogêneas e distintas, sem alterar as qualidades essenciais do todo. Cada parte terá a mesma espécie e qualidade do todo dividido, prestando as mesmas utilidades e serviços deste. Por exemplo, se se repartir uma saca de arroz pelo meio, cada metade conservará as qualidades do produto.

DIVISÃO DA COISA COMUM. *Direito civil* e *direito processual civil.* Partilha amigável ou judicial de coisa que está em condomínio. A amigável faz-se por escritura pública, onde intervêm todos os consortes, desde que maiores e capazes. A judicial dá-se quando não há acordo entre os condôminos ou quando um deles é incapaz, cabendo, então, ao Judiciário decidir as questões e as dúvidas levantadas pelos interessados. Tanto a divisão amigável como a judicial têm efeito declaratório e não constitutivo, pois tão-somente declaram a porção real de propriedade correspondente à fração ideal de cada comproprietário, substituindo-se o estado de compropriedade pelo de propriedade. Nítido é o caráter declaratório da divisão, pois com ela não se atribui propriedade aos condôminos; seus direitos já estão estabelecidos no título e remontam à data deste, produzindo, portanto, efeitos *ex tunc*, havendo apenas a concretização da cota ideal de cada condômino, que de abstrata passa a ser concreta, certa ou individuada. Antes da divisão cada comproprietário é dono da totalidade da coisa, tendo uma cota ideal sobre ela; depois da partilha esse seu direito de propriedade fixa-se, concretamente, no quinhão que se lhe adjudica.

DIVISÃO DE BERKOW. *Medicina legal.* Quadro de percentagens que cada região do corpo humano representa relativamente ao total da superfície corporal, muito utilizado para determinar o percentual da área atingida por queimadura (Croce e Croce Jr.).

DIVISÃO DE GESTÃO E INFRA-ESTRUTURA ADUANEIRA (DIGIN). *Direito alfandegário.* À Digin compete: a) acompanhar e coordenar a execução do programa de ações, incluindo as previstas em acordos internacionais; b) coordenar a execução dos projetos de reforma de instalações e aquisição de equipamentos e sistemas relacionados ao Plano Nacional de Segurança Aduaneira; c) planejar e avaliar a infra-estrutura de recintos aduaneiros, e a distribuição dos recursos humanos em materiais da unidade; e d) executar as atividades de assessoria direta ao Gabinete do Inspetor.

DIVISÃO DE JORNAIS OFICIAIS. *Direito administrativo.* Unidade organizacional da Imprensa Nacional que deve supervisionar e controlar a edição dos jornais oficiais, elaborar e propor normas e padrões técnicos destinados à sua publicação.

DIVISÃO DE PODERES. *Direito constitucional.* Expediente técnico-jurídico para limitar os Poderes Judiciário, Legislativo e Executivo e garantir as liberdades políticas. A divisão de Poderes, por ser condição imprescindível para o estabelecimento de um governo constitucional, está intimamente ligada ao exercício do poder e ao seu controle pelo povo. Há uma distinção entre os três Poderes; cada um possui uma função específica, exercendo fiscalização mútua entre si, dentro de sua esfera de atuação, apesar de serem harmônicos e independentes.

DIVISÃO DE TERRAS. *Direito processual civil.* Procedimento judicial pelo qual se obrigam os condôminos a partilhar o imóvel rural de propriedade comum.

DIVISÃO DO TRABALHO. 1. *Sociologia jurídica.* Diferenciação e distribuição de atividades entre pessoas ou grupos de uma mesma sociedade. **2.** *Economia política* e *direito do trabalho.* Organização econômica em que se separa ou se reparte o trabalho, ou uma tarefa, distribuindo-o entre vários indivíduos, grupos ou máquinas, para que haja maior produtividade, uma vez que cada um se especializa numa habilidade, aumentando a eficiência.

DIVISÃO DO TRABALHO PSICOLÓGICO. *Psicologia forense.* Diz-se da especialização das funções entre os diferentes órgãos de um corpo vivo (Lalande).

DIVISÃO ESSENCIAL. *Lógica jurídica.* Dá-se quando a essência do dividendo constitui o fundamento da divisão (Goffredo Telles Jr.). É a que se funda na própria essência do dividendo.

DIVISÃO GEODÉSICA. *Vide* DIVISÃO GEODÉTICA.

DIVISÃO GEODÉTICA. *Direito civil.* É a feita amigavelmente, com base na carta onde está configurado o imóvel, segundo a arte geodética, dividindo-o entre os proprietários de terras partilhadas em inventário, desde que todos sejam maiores, seguindo-se a demarcação dos quinhões partilhados (De Plácido e Silva).

DIVISÃO INTELECTUAL. *Direito civil.* Divisão de uma coisa indivisível em partes ideais.

DIVISÃO JUDICIÁRIA. *Direito constitucional* e *direito administrativo.* Divisão de um território em circunscrições judiciárias, fixando-lhes os limites territoriais.

DIVISÃO MARÍTIMA. *Direito marítimo.* Repartição no território nacional relativa aos negócios alusivos à Marinha.

DIVISÃO NÃO NOMINAL. *Lógica jurídica.* É a divisão de um todo lógico (termo mental, conceito ou objeto intelectual) ou de um todo real (objeto sensível, perceptível pelos órgãos sensórios) (Goffredo Telles Jr.).

DIVISÃO NOMINAL. *Lógica jurídica.* É a divisão de uma palavra em suas significações (Goffredo Telles Jr.).

DIVISÃO REAL. *Direito civil* e *direito processual civil.* É a divisão cômoda de um bem divisível.

DIVISÃO UNÍVOCA. *Lógica jurídica.* Divisão essencial em que se distinguem as partes essenciais metafísicas (os elementos lógicos, não reais ou não físicos) do único inferior de um todo lógico unívoco (Goffredo Telles Jr.).

DIVISAS. *Direito internacional público.* Recursos disponíveis de um país em praças estrangeiras.

DIVISEIRO. *História do direito.* **1.** Aquele que fazia demarcações. **2.** O que tinha parte nos bens da divisa.

DIVISIBILIDADE. *Direito civil.* Qualidade daquilo que é suscetível de divisão cômoda, sem que haja alteração de sua substância.

DIVISIO FACTA CUM INAEQUALITATE VEL SINE AEQUITATE NULLA EST ET PRO INFECTO HABETUR. *Direito romano.* A divisão feita com desigualdade ou sem eqüidade é nula e considerada inexistente.

DIVISIONAL. *Direito civil.* Relativo a divisão.

DIVISIONÁRIO. 1. *Direito econômico.* Dinheiro ou moeda destinados a trocos. **2.** *Direito militar.* Relativo a uma divisão militar.

DIVISIO PARENTUM INTER LIBEROS. *Expressão latina.* Partilha, doação.

DIVISÍVEL. *Direito civil.* Diz-se do bem que pode ser fracionado em partes, constituindo cada uma um todo perfeito, permanecendo inalterada sua substância.

DIVISO. *Direito civil.* Dividido; partilhado; repartido.

DIVISOR. Elemento que divide.

DIVISOR DAS ÁGUAS. Montanha, colina ou acidente geográfico que separa naturalmente uma bacia hidrográfica, fazendo com que tome rumos diversos.

DIVISÓRIA. 1. *Direito civil.* a) Linha lindeira que separa propriedades contíguas; b) parede que divide uma casa ou compartimento. **2.** *Direito processual civil.* Ação de divisão.

DIVISÓRIO. *Direito civil.* **1.** Diz-se do tapume, marco ou muro que serve de limite entre dois prédios confinantes, separando-os um do outro. **2.** Relativo a divisão, partilha ou demarcação.

DIVORCIADO. *Direito civil* e *direito processual civil.* Estado civil daquele que se divorciou.

DIVORCIAR. *Direito civil* e *direito processual civil.* **1.** Dissolver vínculo matrimonial válido. **2.** Separar-se por sentença de divórcio.

DIVÓRCIO. *Direito civil* e *direito processual civil.* **1.** *Vide* AÇÃO DE DIVÓRCIO. **2.** Dissolução de casamento válido, extinguindo o vínculo matrimonial, que se dá por meio de sentença judicial ou escritura pública, preenchidos os requisitos legais, habilitando os ex-consortes a contrair novas núpcias.

DIVÓRCIO A VÍNCULO. *Direito civil.* Dissolução do vínculo conjugal, dando direito aos ex-consortes de convolarem novas núpcias com terceiros.

DIVÓRCIO CANÔNICO. *Direito canônico.* Separação de leito, mesa e habitação, desde que ocorram os motivos legais, sem que se dê a quebra do vínculo matrimonial.

DIVÓRCIO CONSENSUAL DIRETO. *Direito civil e direito processual civil.* Decorre do mútuo consentimento dos cônjuges que se encontram separados de fato há mais de dois anos, convertendo, em juízo, a separação de fato comprovada em divórcio.

DIVÓRCIO CONSENSUAL EXTRAJUDICIAL. *Direito civil.* Ruptura do vínculo conjugal por meio de escritura pública, desde que, observados os prazos legais, não haja filho menor ou incapaz. Tal escritura deverá conter disposições sobre partilha de bens comuns, pensão alimentícia, retomada do nome de solteiro ou manutenção do nome adotado por um dos cônjuges.

DIVÓRCIO CONSENSUAL INDIRETO. *Direito civil* e *direito processual civil.* Conversão da prévia separação judicial consensual ou litigiosa, obtida há mais de um ano, em divórcio, feita por qualquer um dos cônjuges, com o consenso do outro.

DIVÓRCIO DIRETO. *Direito civil* e *direito processual civil.* É o que resulta de um estado de fato e autoriza a conversão direta da separação de fato por mais de dois anos, desde que comprovada, em divórcio, sem que haja prévia separação judicial, em virtude de norma constitucional.

DIVÓRCIO LITIGIOSO DIRETO. *Direito civil.* É o que se apresenta quando um dos consortes separados de fato há mais de dois anos pede a conversão daquela separação em divórcio.

DIVÓRCIO LITIGIOSO INDIRETO. *Direito civil* e *direito processual civil.* É o obtido mediante uma sentença judicial proferida em processo de jurisdição contenciosa, onde um dos consortes, judicialmente separado há mais de um ano, havendo dissenso ou recusa do outro em admitir o divórcio, pede ao órgão judicante que converta a separação judicial (consensual ou litigiosa) em divórcio, pondo fim ao vínculo conjugal.

DIVÓRCIO ROMANO. *Direito romano.* Divórcio a vínculo.

DIVORCISTA. *Direito civil.* **1.** Advogado especializado em ações de divórcio. **2.** Partidário do divórcio. **3.** Relativo a divórcio.

DIVORTIUM AQUARIUM. *Direito internacional público.* Critério para estabelecer as divisas entre países que consiste em se optar pela linha onde se repartem as águas da chuva, escorrendo por uma ou outra vertente da cordilheira, como se dá, por exemplo, com as divisas montanhosas do Brasil com a Venezuela, Colômbia e Peru ou nas fronteiras dos Andes entre Argentina e Chile (Rezek).

DIVULGAÇÃO. 1. Na *linguagem jurídica* em geral, é o ato de tornar público algum fato. Por exemplo, divulgação de obra literária, divulgação de segredo etc. **2.** *Direito penal.* Crime contra a inviolabilidade de segredo que consiste em contar o teor de algum documento particular ou de correspondência confidencial ou divulgar segredo de que se tem conhecimento em razão de função, ministério ou profissão, cuja revelação possa prejudicar alguém.

DIVULGAÇÃO DE INFORMAÇÕES. *Direito comercial.* **1.** Medida impositiva dos órgãos oficiais reguladores dos mercados de capitais que obriga a companhia à divulgação de todas as informações relevantes, que possam influenciar uma decisão de investimento naquela companhia. **2.** Transparência na política empresarial, focada em informar todos os fatos relevantes da companhia. **3.** O mesmo que DISCLOSURE (Luiz Fernando Rudge).

DIVULGAÇÃO DE OBRA. *Direito autoral.* Publicação de obra literária, científica ou artística com a devida autorização do seu autor.

DIVULGAÇÃO DE SEGREDO. *Direito penal.* Crime que consiste em revelar dolosamente o conteúdo de um documento particular ou confidencial, divulgar segredo profissional ou violar segredo de fábrica ou negócio ou, ainda, de sigilo de proposta de concorrência.

DIVULGADOR. *Direito autoral* e *direito penal.* Aquele que divulga.

DIVULGAR. 1. Tornar público. **2.** Publicar. **3.** Propagar.

DIZER. 1. Afirmar. **2.** Alegar. **3.** Proferir. **4.** Enunciar por escrito ou verbalmente. **5.** Revelar. **6.** Ter opinião. **7.** Inscrição; legenda.

DIZER DE DIREITO. *Direito processual.* Arrazoar a causa, invocando as normas aplicáveis ao caso *sub judice.*

DIZER DE FATO. *Direito processual.* Fazer alegações pertinentes à matéria de fato.

DIZIGÓTICOS. *Medicina legal.* Diz-se de gêmeos que têm genótipos diferentes, por se originarem de dois óvulos fecundados.

DÍZIMA. *História do direito.* Contribuição ou imposto que equivalia à décima parte de um rendimento.

DIZIMAÇÃO. *Direito militar.* **1.** Ato de destruir grande número de pessoas. **2.** Ato de matar um em cada grupo de dez, indicado por sorteio.

DÍZIMA DE MERCADORIAS. *História do direito.* Direito aduaneiro ou imposto alfandegário que correspondia à décima parte da mercadoria e era pago com produtos *in natura.*

DIZIMARIA. *História do direito.* Local onde era depositado o imposto da dízima.

DIZIMEIRO. *História do direito.* Cobrador da dízima.

DÍZIMO. 1. *História do direito.* a) Modalidade de tributo que era pago pelos hebreus e pelos primeiros cristãos e correspondia a um décimo dos lucros obtidos em negócios ou em colheitas; b) imposto de importação e exportação do Brasil colônia. **2.** *Direito canônico.* Contribuição paga voluntariamente pelos paroquianos em favor da Igreja, dentro dos limites de suas posses ou de suas disponibilidades.

DÍZIMO ECLESIÁSTICO. *Direito canônico.* Contribuição espontânea dos fiéis paroquianos à Igreja.

DÍZIMO ENFEUDADO. *História do direito.* Também denominado dízimo patrimonial, era o devido ao feudo.

DÍZIMO FORAL. *Direito civil.* O que recai sobre a terra e seus frutos.

DÍZIMO GROSSO. *História do direito.* Era o que incidia sobre os principais frutos da terra, como trigo, centeio etc.

DÍZIMO INSÓLITO. *História do direito.* Era o extraordinário, em oposição ao comum.

DÍZIMO PATRIMONIAL. *Vide* DÍZIMO ENFEUDADO.

DÍZIMO PESSOAL. *História do direito.* Era o que incidia sobre os lucros obtidos nas atividades industriais.

DÍZIMO PREDIAL. *Vide* DÍZIMO FORAL.

DÍZIMO PRIMÍCIO. *História do direito.* O que recaía sobre as primeiras crias dos animais.

DÍZIMO SECULAR. *Vide* DÍZIMO ENFEUDADO.

DMT. *Medicina legal.* Substância que produz alucinações auditivas e visuais e tem alto grau de toxicidade (Croce e Croce Jr.).

DNA FINGERPRINT. *Medicina legal.* Impressão digital do DNA de cada indivíduo. O ácido desoxirribonucléico (DNA) é o componente mais íntimo da bagagem genética que um indivíduo recebe dos seus genitores, conservado por toda a vida e presente em todas as células do organismo, sendo por isso o exame de sangue mais eficaz para apurar a paternidade, identificar natimortos, crianças trocadas em maternidades ou seqüestradas, fetos cuja gestação foi interrompida por práticas abortivas etc.

DNER. *Direito de trânsito.* Sigla de Departamento Nacional de Estradas de Rodagem.

DNPM. *Direito administrativo.* Abreviação de Departamento Nacional de Produção Mineral, que é órgão da administração direta da União.

DNRC. Sigla de Departamento Nacional de Registro do Comércio.

DOAÇÃO. *Direito civil.* Contrato através do qual uma pessoa transfere, por liberalidade, bens ou vantagens de seu patrimônio para o de outra, que os aceita.

DOAÇÃO ANTENUPCIAL. *Direito civil.* É a estabelecida no pacto antenupcial, feita por um nubente a outro, ou mesmo por terceiro, mediante escritura pública, desde que não exceda à parte disponível dos bens do doador, com exceção dos casos legais de separação obrigatória de bens.

DOAÇÃO ANULÁVEL. *Direito civil.* Diz-se da suscetível de anulação, como a feita pelo adúltero ao seu cúmplice.

DOAÇÃO A TERMO. *Direito civil.* Dá-se quando a liberalidade tem termo final ou inicial, por exemplo, a doação de um imóvel a duas pessoas, dando-se a uma delas o direito de usá-lo durante dez anos e, à outra, a partir dessa época.

DOAÇÃO ATÍPICA. *Direito civil.* Aquela que contém encargo ou condição.

DOAÇÃO A TÍTULO SINGULAR. *Direito civil.* É a que recai sobre coisas específicas ou determinadas.

DOAÇÃO A TÍTULO UNIVERSAL. *Direito civil.* É a que incide sobre bens indiscriminados e indeterminados.

DOAÇÃO *CAUSA MORTIS.* *Direito civil.* Sucessão contratual não admitida em nosso direito, pois a sucessão só pode advir de lei ou testamento, uma vez que não pode ser objeto de contrato herança de pessoa viva. Apesar disso alguns autores apontam duas exceções, pois a estipulada no contrato antenupcial, para depois da morte do doador, que aproveitava aos filhos do donatário, ainda que este falecesse antes daquele, não mais é admitida. Logo, só se admite: a) o contrato antenupcial em que os nubentes podem dispor a respeito da recíproca e futura sucessão; b) a partilha de bens entre descendentes feita pelos pais por ato *inter vivos.* A nosso ver, só essa partilha pode ser tida como verdadeira exceção, por consistir em adiantamento da legítima.

DOAÇÃO COM CLÁUSULA DE REVERSÃO. *Direito civil.* Ocorre quando o doador estipula expressamente que os bens doados devem voltar ao seu patrimônio caso sobreviva ao donatário. Tal cláusula opera como uma condição resolutiva, de cujo implemento resultará a restituição do bem doado, sendo que os frutos pertencerão ao donatário.

DOAÇÃO COM ENCARGO. *Direito civil.* Aquela em que o doador impõe ao donatário uma incumbência em seu benefício, em proveito de terceiro ou de interesse geral. Por exemplo, doação de um terreno com imposição ao donatário da obrigação de nele construir uma escola.

DOAÇÃO CONDICIONAL. *Direito civil.* É a que surte efeitos somente a partir de um certo momento, ou seja, é a que depende de acontecimento futuro e incerto. Por exemplo, doação de imóvel feita em contemplação de casamento futuro, que se subordina à realização do matrimônio, isto é, a uma *condição suspensiva*, pois o contrato de doação só produzirá efeito se o ato nupcial se realizar. Se a condição for resolutiva, a doação estará perfeita desde o momento em que as partes dêem seu assentimento à condição de que, se ocorrer determinado evento, futuro e incerto, o contrato será desfeito, retornando as partes à situação em que estavam antes de contratar. É o que ocorre, por exemplo, com a doação em forma de subvenção periódica ao beneficiado que se extinguirá com a morte do doador, salvo se este outra coisa houver disposto, e com a doação com cláusula de reversão, em que o doador estipula, expressamente, que os bens doados voltem ao seu patrimônio se sobreviver ao donatário, encerrando uma *condição resolutiva*. Percebe-se que na doação condicional o donatário só adquirirá ou perderá o direito à coisa doada se se verificar a condição.

DOAÇÃO CONJUNTIVA. *Direito civil.* É a feita em comum a mais de uma pessoa, sendo distribuída por igual entre os diversos donatários, exceto se o contrato estipulou o contrário. E, se os donatários, em tal caso, forem marido e mulher, subsistirá na totalidade a doação para o cônjuge supérstite.

DOAÇÃO CONTEMPLATIVA. *Direito civil.* Aquela que é feita tendo em vista o merecimento do donatário, reconhecendo o doador seus méritos. É uma doação pura e simples em que este manifesta claramente o porquê de sua liberalidade, por exemplo, doação de um objeto a alguém por ser um grande jurista.

DOAÇÃO CONTINUADA. *Vide* DOAÇÃO EM FORMA DE SUBVENÇÃO PERIÓDICA.

DOAÇÃO DE BENS ALHEIOS. *Direito civil.* É inadmissível juridicamente por ter ela por objeto coisas não pertencentes ao doador. No entanto, será suscetível de ratificação se o próprio doador vier a adquirir posteriormente o domínio do bem doado.

DOAÇÃO DE CÔNJUGE ADÚLTERO AO SEU CÚMPLICE. *Direito civil.* Trata-se da doação feita pelo adúltero a sua concubina, que poderá ser anulada pelo outro consorte, que foi enganado, na constância do matrimônio, ou por seus herdeiros necessários, até dois anos após a dissolução da sociedade conjugal.

DOAÇÃO DE ÓRGÃOS. *Direito civil.* **1.** Ato pelo qual alguém dispõe gratuitamente de seus órgãos para que sejam transplantados em vida, mediante instrumento público ou particular. Para tanto, o doador precisa ser maior e capaz e especificar o órgão ou a parte a ser retirada, desde que não lhe traga grave prejuízo ou mutilação e corresponda a uma necessidade terapêutica, comprovadamente indispensável para o receptor. Se for incapaz, com compatibilidade imunológica comprovada, pode doar em caso de transplante de medula óssea, desde que haja consenso de seus pais ou representante legal e o ato não oferecer risco para sua saúde. Se o ato for realizado *post mortem*, com o consenso escrito de familiares, precedido de diagnóstico de morte encefálica e subscrito por duas testemunhas. É vedada a remoção *post mortem* de tecidos e órgãos de pessoa não identificada. A retirada de órgãos e tecidos de incapaz falecido requer autorização de representante legal. O ato *inter vivos* baseia-se na doação, que será pactuada entre o disponente (doador) e o receptor (donatário), ou na estipulação em favor de terceiro, tendo-se como estipulante o disponente, como promitente o médico ou a instituição encarregada do transplante, e o terceiro como receptor. **2.** *Vide* DISPOSIÇÃO DO CORPO HUMANO VIVO, DISPOSIÇÃO *POST MORTEM* DE TECIDOS, ÓRGÃOS E PARTES DO CORPO HUMANO e DOAÇÃO PRESUMIDA DE ÓRGÃOS E TECIDOS.

DOAÇÃO DE PAI A FILHO. *Vide* ADIANTAMENTO DA LEGÍTIMA.

DOAÇÃO DE PARTES DO CORPO HUMANO VIVO OU MORTO. *Vide* DOAÇÃO DE ÓRGÃOS.

DOAÇÃO DE TODOS OS BENS DO DOADOR. *Direito civil.* É admissível desde que o doador não tenha herdeiro necessário e desde que faça reserva de usufruto para assegurar-lhe os meios de subsistência, sob pena de nulidade.

DOAÇÃO DIRETA. *Direito civil.* Doação pura e simples.

DOAÇÃO EM COMUM. *Direito civil.* Liberalidade que contempla mais de um donatário, sendo distribuída igualmente entre eles.

DOAÇÃO EM FORMA DE SUBVENÇÃO PERIÓDICA. *Direito civil.* Trata-se de uma constituição de renda a título gratuito que estabelece os períodos em que devam as partes da liberalidade ser entregues ao donatário. Extingue-se com a morte do doador, salvo se o contrário estiver disposto. A subvenção constitui, portanto, um favor pessoal, que termina com o falecimento do doador, não se transferindo a obrigação para seus herdeiros.

DOAÇÃO EM FRAUDE. *Direito civil.* **1.** Doação feita pelo devedor em estado de insolvência atual ou iminente para lesar, intencionalmente, seus credores, podendo ser anulada. **2.** Doação feita pelo devedor quando contra ele corra demanda suscetível de reduzi-lo a insolvência.

DOAÇÃO ENTRE VIVOS. *Direito civil.* É a que produz efeitos em vida do doador, transferindo, de imediato, o bem doado ao patrimônio do donatário.

DOAÇÃO ESPONSALÍCIA. *Vide* DOAÇÃO ANTENUPCIAL.

DOAÇÃO FEITA EM CONTEMPLAÇÃO DE CASAMENTO FUTURO COM CERTA PESSOA. *Direito civil.* Liberalidade exercida pelos nubentes, ou por terceiro, a um deles ou a ambos ou aos filhos que porventura tiverem um do outro. Tal ato não pode ser impugnado por falta de aceitação e somente ficará sem efeito se o casamento não se efetivar.

DOAÇÃO GRAVADA. *Vide* DOAÇÃO COM ENCARGO.

DOAÇÃO IMPRÓPRIA. *Direito civil.* É aquela que impõe ao donatário uma condição, um encargo ou um termo.

DOAÇÃO INDIRETA. *Direito civil.* Liberalidade feita de modo indireto, por exemplo, quando o credor renuncia ao direito de receber seu crédito.

DOAÇÃO INOFICIOSA. *Direito civil.* Trata-se da doação da parte excedente do que poderia dispor o doador em testamento, no momento em que doa, pois, havendo herdeiro necessário, o testador só poderá dispor de metade da herança, preservando, assim, a legítima dos herdeiros. Daí a nulidade dessa doação inoficiosa quanto à porção excedente à legítima de seus herdeiros.

DOAÇÃO INSINUADA. *História do direito.* Era aquela que devia ser confirmada pelo doador, após ter feito a liberalidade, o qual, ao ser inquirido, tinha que comprovar que a fez espontaneamente, sem estar coagido, sem erro, artifício ou fraude. Essa insinuação, ou seja, o ato de inquirir o doador, foi abolida.

DOAÇÃO *INTER VIVOS*. *Vide* DOAÇÃO ENTRE VIVOS.

DOAÇÃO MISTA. *Direito civil.* É a que se consubstancia numa compra e venda, realizando a função própria do ato de liberalidade, pois o preço da coisa vendida é vil, ou seja, sensivelmente inferior ao valor mercadológico.

DOAÇÃO MODAL. *Vide* DOAÇÃO COM ENCARGO.

DOAÇÃO MÚTUA. *Direito civil.* É a feita, recíproca e concomitantemente, por ambas as partes, de modo que cada doador se torna também donatário.

DOAÇÃO NULA. *Direito civil.* Aquela em que o doador excede à parte de que poderia dispor, ferindo a legítima de seus herdeiros necessários. Trata-se da doação inoficiosa.

DOAÇÃO ONERADA. *Vide* DOAÇÃO COM ENCARGO.

DOAÇÃO ONEROSA. *Vide* DOAÇÃO COM ENCARGO.

DOAÇÃO PARA CASAMENTO. *Vide* DOAÇÃO *PROPTER NUPTIAS.*

DOAÇÃO PARTICULAR. *Vide* ADIANTAMENTO DA LEGÍTIMA.

DOAÇÃO-PARTILHA. *Vide* ADIANTAMENTO DA LEGÍTIMA.

DOAÇÃO PERIÓDICA. *Direito civil.* Liberalidade feita em forma de subvenção periódica.

DOAÇÃO POR ANTECIPAÇÃO DA LEGÍTIMA. *Vide* ADIANTAMENTO DA LEGÍTIMA.

DOAÇÃO PRESUMIDA DE ÓRGÃOS E TECIDOS. *História do direito.* Aquela em que, em virtude de lei, todo brasileiro, maior e capaz, que não se manifestasse em contrário, gravando na Carteira de Identidade Civil, ou Carteira Nacional de Habilitação, a expressão "não doador de órgãos", pelo consenso presumido, permitia a retirada *post mortem* de seus órgãos, tecidos ou partes de seu corpo para fins terapêuticos ou de transplante, assim que houvesse diagnóstico de morte encefálica feito por dois médicos não participantes das equipes de remoção e transplante.

DOAÇÃO *PROPTER NUPTIAS.* *Direito civil.* **1.** Liberalidade feita pelos pais aos filhos por ocasião de seu casamento, para facilitar-lhes os encargos decorrentes do matrimônio. **2.** *Vide* DOAÇÃO ANTENUPCIAL.

DOAÇÃO PURA E SIMPLES. *Direito civil.* É a feita por mera liberalidade, sem condição presente ou futura, encargo, termo ou quaisquer restrições ou modificações para sua constituição ou execução. Trata-se da doação em estado de perfeita e plena liberalidade, sem que haja imposição de limites ao donatário.

DOAÇÃO RELATIVA. *Vide* DOAÇÃO COM ENCARGO.

DOAÇÃO REMUNERATÓRIA. *Direito civil.* É aquela em que, sob a aparência de mera liberalidade, há firme propósito do doador de pagar serviços prestados pelo donatário ou alguma outra vantagem que haja recebido dele. É feita pelo doador não tanto pelo espírito de liberalidade, mas pela necessidade moral de compensar serviços que lhe foram prestados. É o caso, por exemplo, da doação de um objeto a um médico que tratou do doador sem cobrar nada. A doação remuneratória não perde o caráter de liberalidade no excedente ao valor dos serviços remunerados; logo, a parte que corresponde à retribuição do serviço prestado é pagamento, sendo doação somente quanto à parte que excede o valor desse serviço.

DOAÇÃO REVERSÍVEL. *Vide* DOAÇÃO COM CLÁUSULA DE REVERSÃO.

DOAÇÃO REVOGÁVEL. *Direito civil.* A doação constitui um ato de liberalidade por parte do doador, de modo que este não pode revogá-la unilateralmente, no todo ou em parte, se já houve aceitação pelo donatário, salvo por: a) ingratidão do donatário, se a doação for pura e simples. Porém, não se revogam por ingratidão as doações: modal, remuneratória, exceto na parte em que exceder o valor do serviço prestado pelo donatário ao doador, e a feita por cumprimento de obrigação natural ou em contemplação de casamento futuro; b) descumprimento do encargo, desde que o donatário incorra em mora.

DOAÇÃO *SUB MODO.* *Direito civil.* Doação modal ou com encargo.

DOAÇÃO TEMPORÁRIA DO ÚTERO. *Direito civil.* Contrato gratuito de gestação admissível apenas no âmbito familiar, num parentesco até colateral de 2º grau.

DOAÇÃO TÍPICA. *Vide* DOAÇÃO PURA E SIMPLES.

DOAÇÃO UNIVERSAL. *Direito civil.* Liberalidade com que o doador, reservando a si o usufruto, passa todos os seus bens ao donatário.

DOAÇÃO VERBAL. *Direito civil.* Doação de bens móveis de valor módico que se perfaz com a simples tradição.

DOAÇÃO VOLUNTÁRIA DE SANGUE. *Direito civil.* Ato de liberalidade relativo a uma parte separada do corpo humano, que é o sangue, que deve ser incentivado pelo Poder Público, protegendo tanto o doador como o receptor da transfusão,

DOADO 237 **DOA**

mediante os serviços de hemoterapia, quanto à preparação e imunização do sangue.

DOADO. *Direito civil.* O que se doou; objeto transferido do patrimônio do doador para o do donatário.

DOADOR. *Direito civil.* **1.** Aquele que faz uma liberalidade ou uma doação. **2.** O que doa parte de seu material biológico, fornecendo órgãos para transplante em vida ou *post mortem*.

DOADOR UNIVERSAL PERIGOSO. *Medicina legal.* Doador do grupo sangüíneo "O" que possui isoaglutininas anti-A ou anti-B com caracteres imunes. Se o sangue desse doador for transfundido a receptor do grupo sangüíneo "A", "B" ou "AB", suas isoaglutininas podem, reagindo com as hemácias do receptor, ser causa de reação hemolítica transfusional muitas vezes grave (Carlos da Silva Lacaz).

DOAR. *Direito civil.* Fazer doação; ato de liberalidade entre vivos; transferir algo do patrimônio próprio para o do donatário.

DOÁRIO. *História do direito.* Doação que era feita pelo marido à mulher, por ocasião das núpcias, com o objetivo de assegurar-lhe sua subsistência em caso de viuvez.

DOBRA. **1.** *Direito do trabalho.* Serviço extraordinário realizado pelo trabalhador após o término de sua jornada regular de trabalho, dando-lhe direito a um pagamento majorado, conforme sua categoria. **2.** *História do direito.* Antiga moeda de ouro de Portugal, no valor de 12.800 réis, que foi emitida por D. João V, no século XVIII.

DOBRAÇÃO. *Direito agrário.* Percurso feito, na Ilha de Marajó, pelo vaqueiro em volta da fazenda para reunir o gado na malhada.

DOBRADO. *Direito militar.* Marcha militar.

DOBRÃO. *História do direito.* **1.** Antiga moeda de Portugal. **2.** Moeda de cobre no valor de 40 réis.

DOC. *Direito bancário.* Abreviação de Documento de Operação de Crédito.

DOCA. *Direito marítimo.* Cais, ou parte do porto ladeada por muros, onde a embarcação descarrega ou carrega cargas.

DOCAS. *Direito marítimo.* Conjunto de armazéns gerais localizados no cais onde são depositadas, guardadas e conservadas as mercadorias importadas e as que vão ser exportadas.

DOCÊNCIA. *Direito educacional.* Qualidade de docente.

DOCENDO DISCITUR. *Locução latina.* Aprende-se ensinando.

DOCENTE. *Direito educacional.* Professor.

DOCETISMO. *Direito canônico.* Heresia dos séculos II e III que consistia em pregar que Cristo não teve um corpo verdadeiro, por ter só na aparência nascido, vivido e sofrido.

DOCIMASIA. **1.** *História do direito.* Inquérito que era outrora feito em Atenas sobre a vida particular e a aptidão moral dos candidatos a cargos públicos. **2.** *Medicina legal.* Provas ou exames a que são submetidos os órgãos de um cadáver para verificar a causa do óbito, se uma criança nasceu viva ou morta etc.

DOCIMASIA AURICULAR. *Medicina legal.* Exame da caixa timpânica do cadáver de um recém-nascido para averiguar se há presença de ar. Se não houver, entende-se que se trata de um natimorto; caso contrário, indica que nasceu com vida, pois o ar só penetra no tímpano se ele tiver respirado.

DOCIMASIA DA RETRAÇÃO PULMONAR DE ICARD. *Medicina legal.* Imersão do pulmão do cadáver do recém-nascido em água quente. Se não houve respiração, aquele apresenta uma cor vermelha ou rosada, exibindo-se retraído ou deixando descoberta a área cardíaca, sendo liso em sua superfície e homogêneo em seu aspecto. Se houve respiração, sua cor é rósea-clara e sua superfície vesiculada (Oswaldo Pataro).

DOCIMASIA DIAFRAGMÁTICA DE PLOCQUET. *Medicina legal.* Consiste, como ensinam Croce e Croce Jr., na observação, a céu aberto, das hemicúpulas diafragmáticas, que se mostram horizontalizadas, nos casos em que o feto chegou a respirar, e de convexidade exagerada, quando a respiração autônoma não existiu.

DOCIMASIA GASTRINTESTINAL DE BRESLAU. *Medicina legal.* É o exame indicado para os casos em que se tem apenas o abdome do recém-nascido. Consiste na retirada do tubo digestivo, do esôfago até o reto, com duplas ligaduras prévias ao nível do piloro e da porção terminal do íleo, e na sua imersão em água, observando-se se flutua, o que caracteriza prova positiva de que a criança estava viva (Croce e Croce Jr.).

DOCIMASIA HEMATO-ARTERIOVENOSA DE FRANÇA. *Medicina legal.* Dissecação de veias e artérias, se se tiver apenas um membro do cadáver, colhendo-se o sangue, em duas amostras separadas, para examinar a taxa de oxiemoglobina. Se esta for mais alta no sangue arterial, conclui-se que houve hematose e respiração; se ambas as taxas forem iguais, comprovada está a ausência de respiração (Croce e Croce Jr.).

DOCIMASIA HEPÁTICA. *Medicina legal.* Análise para averiguar se houve morte súbita ou agônica. Se forem detectados depósitos de glicogênio e glicose na glândula jecoral, admite-se a hipótese de morte súbita.

DOCIMASIA HIDROSTÁTICA PULMONAR DE GALENO. *Medicina legal.* Prova pericial que só tem valia até vinte e quatro horas após o óbito do infante. Consiste na averiguação da existência ou não de respiração pela secção do timo, coração, pulmões, laringe e língua e sua imersão em água. Se flutuarem, a prova é positiva; caso contrário, colocam-se os pulmões num recipiente com água. Se sobrenadarem, houve respiração; se afundarem, devem ser cortados em pequenos fragmentos, os quais, se flutuarem, denotam que o pulmão respirou. Se não sobrenadarem, devem ser comprimidos contra a parede do recipiente. Caso apareçam bolhas de ar com sangue, houve respiração; se nada ocorrer, conclui-se que o pulmão não respirou (Croce e Croce Jr.).

DOCIMASIA HISTOLÓGICA DE BALTHAZARD. *Medicina legal.* Estudo microscópico do tecido pulmonar do cadáver do recém-nascido para verificar se houve respiração. Se o pulmão tiver estrutura tissular igual à do pulmão de um adulto, é sinal de que respirou; se tiver alvéolos colabados, não houve respiração.

DOCIMASIA ÓPTICA DE BOUCHUT. *Medicina legal.* Inspeção, a olho nu com o auxílio de uma lente, do pulmão, que se mostra em mosaico alveolar gris, se o infante respirou, e hepatizado, se não o fez, indicando que se trata de natimorto (Croce e Croce Jr.).

DOCIMASIA PULMONAR. *Medicina legal.* Análise feita no pulmão para averiguar se houve respiração ou não de uma criança recém-nascida, tendo grande importância jurídica para esclarecer crime de infanticídio e para saber se a criança nasceu viva, sendo titular de direitos.

DOCIMASIA RESPIRATÓRIA DIRETA. *Vide* DOCIMASIA PULMONAR.

DOCIMASIA RESPIRATÓRIA INDIRETA. *Medicina legal.* Método pericial para averiguar se o recém-nascido respirou, examinando outros órgãos e não os pulmões, como, por exemplo, se faz na docimasia auricular ou na gastrintestinal.

DOCIMASIA SUPRA-RENAL. *Medicina legal.* Análise feita para verificar se uma morte foi súbita ou agônica. No primeiro caso, encontrar-se-á na glândula supra-renal maior quantidade de adrenalina e pigmento feocrônico.

DOCIMASISTA. *Medicina legal.* Perito que efetua experiências de docimasia.

DOCIMÁSTICO. *Medicina legal.* Relativo a docimasia.

DOCK. *Termo inglês.* Banco dos réus.

DOCK WARRANTS. *Direito cambiário. Warrant* emitido por companhia de docas garantindo que as mercadorias nele descritas se encontravam lançadas em seus livros e seriam entregues à pessoa nele designada ou indicada sobre sua assinatura no dorso (Waldírio Bulgarelli).

DOCTOR'S APPOINTMENT. *Locução inglesa.* Consulta médica.

DOCUMENTAÇÃO. *Direito processual civil.* **1.** Conjunto de documentos apresentados em juízo para comprovar as alegações feitas e esclarecer fatos ou direitos do litigante. **2.** Ato ou efeito de documentar.

DOCUMENTAÇÃO SANITÁRIA. *Direito marítimo.* Abrange os seguintes documentos certificadores de saúde: a) Certificado Internacional de Desratização e Certificado Internacional de Isenção de Desratização e suas instruções de preenchimento; b) Declaração Marítima de Saúde (DMS) e respectiva Planilha; c) Certificado de Livre Prática e as Instruções de Preenchimento; d) Solicitação de Livre Prática, o Termo de Responsabilidade e a Manifestação Prévia sobre o tipo de Certificado de Livre Prática a ser concedido; e) Guia de Desembarque de Viajante e as Instruções de Preenchimento; f) Planilha de Controle de Abastecimento de Água Potável, Planilha de Controle de Limpeza e Desinfecção do Sistema de Oferta de Água Potável e quadro referente aos níveis residuais mínimos de cloro ativo para água potável, de acordo com os respectivos pontos de oferta; g) Boletim de Inspeção Sanitária de Embarcação (BIS-E) e as respectivas Instruções de Preenchimento, a serem observadas pelos servidores no exercício da vigilância sanitária; h) Formulário para Informações de Água de Lastro, a ser preenchido pelo comandante da embarcação sempre que ocorrerem operações relacionadas ao abastecimento e ao esgotamento de água de lastro de embarcação solicitante de Livre Prática; i) Declaração de Sepultamento em Alto-Mar, a ser preenchida pelo comandante da embarcação em caso de ocorrência de óbito de viajante, durante a viagem, conduzido a sepultamento no mar; j) Plano de Limpeza e Desinfecção (PLD), a ser cumprido no tocante à descontaminação de superfícies potencialmente contaminadas por agentes etiológicos de doenças transmissíveis; k) Equipamentos de Proteção Individual (EPI), a serem utilizados por profissionais ocupacionalmente expostos a produtos de limpeza e desinfecção, resíduos sólidos e efluentes sanitários; l) conjunto de medicamentos, produtos para saúde, produtos saneantes domissanitários e publicações de atendimento médico e primeiros socorros, a serem disponibilizados em embarcações de bandeira brasileira; m) informações referentes à importação de produtos, sob regime de vigilância sanitária, destinados ao abastecimento da enfermaria de bordo de embarcações estrangeiras; n) Termo de Referência para apresentação do Plano de Gerenciamento de Resíduos Sólidos de um Porto Organizado ou Terminal Aquaviário.

DOCUMENTADO. *Direito processual civil.* Provado com documentos.

DOCUMENTAL. *Direito civil* e *direito processual civil.* **1.** Relativo a documento. **2.** Fundado em documento. **3.** Constante de documento.

DOCUMENTALISTA. *Direito administrativo* e *direito do trabalho.* Diz-se do funcionário público ou do empregado incumbido de prover, estudar, organizar e conservar documentos.

DOCUMENTAR. *Direito processual civil.* **1.** Provar por meio de documentos. **2.** Juntar documentos ao processo.

DOCUMENTÁRIO. **1.** Filme de atualidades e fins instrutivos exibido nos programas de cinema. **2.** Exposição de fatos com base em documentos. **3.** Dossier. **4.** Que tem valor de documento. **5.** Relativo a documento. **6.** Coleção de documentos arquivados em local apropriado, para serem consultados quando for preciso.

DOCUMENTATIVO. Tudo o que serve para documentar algo.

DOCUMENTÁVEL. Diz-se do que se pode documentar.

DOCUMENTO. **1.** *Direito civil.* a) Escrito oficial que identifica uma pessoa; b) instrumento escrito que, juridicamente, faz fé daquilo que atesta, tal como contrato, escritura pública, certificado, atestado, recibo, título etc.; c) instrumento

público ou particular. **2.** *Direito processual civil* e *direito processual penal.* a) Qualquer escrito oferecido em juízo que forneça prova da alegação do litigante; b) qualquer fato que possa comprovar ou testemunhar algo; c) prova documental; d) qualquer escrito que tenha relevância jurídica. **3.** *Direito comercial.* Fatura. **4.** *Direito virtual.* Trabalho criado em um processador de texto e gravado num arquivo. **5.** *Direito alfandegário.* Qualquer mensagem, texto, informação ou dado de natureza comercial, bancária, jurídica, de imprensa, de seguro ou semelhante, sem valor comercial para fins de imposição dos tributos aduaneiros, registrado em papéis ou em meio físico magnético, eletromagnético ou ótico, exceto *software.*

DOCUMENTO ADMINISTRATIVO. *Direito administrativo.* Instrumento passado por funcionário público, como portaria, título de nomeação, certidão etc.

DOCUMENTO APÓCRIFO. *Direito canônico.* **1.** Aquele cuja autenticidade não está comprovada, não podendo, por isso, ser incluído no cânon da Sagrada Escritura. **2.** *Direito registrário.* a) Aquele em que o cunho de veracidade ou identidade não está comprovado pela autoridade competente; b) documento duvidoso por apresentar rasuras ou emendas sem ressalvas.

DOCUMENTO AUTENTICADO. *Direito civil.* Diz-se do documento particular confirmado pelas partes perante um notário.

DOCUMENTO AUTÊNTICO. *Direito civil.* É o exarado, segundo as formalidades exigidas por lei, pela autoridade pública ou notário, dentro dos limites de sua competência, fazendo, por isso, prova plena.

DOCUMENTO AUTÓGRAFO. *Direito civil.* Diz-se daquele em que o autor do fato e do documento é a mesma pessoa.

DOCUMENTO CAUSAL. *Direito civil.* Diz-se daquele que ocasionalmente serve para a comprovação de um ato ou negócio jurídico.

DOCUMENTO CIVIL. *Vide* DOCUMENTO EXTRAJUDICIAL.

DOCUMENTO CONSTITUTIVO. *Direito civil.* É o que contém uma manifestação volitiva que visa constituir, modificar ou extinguir uma relação jurídica.

DOCUMENTO DE OPERAÇÃO DE CRÉDITO (DOC). *Direito bancário.* **1.** É uma ordem de transferência de fundos interbancária por conta ou a favor de pessoas físicas ou jurídicas clientes de instituições financeiras, e somente pode ser remetido e recebido pelos bancos comerciais, bancos múltiplos com carteira comercial e Caixa Econômica Federal, participantes de sistema de compensação e de liquidação aprovado pelo Banco Central do Brasil, por meio do qual referido documento é processado. **2.** Documento de Operação de Crédito, que realiza o crédito bancário na conta do favorecido na abertura do expediente bancário do dia seguinte ao da emissão pelo pagador (Luiz Fernando Rudge).

DOCUMENTO DE INFORMAÇÃO E APURAÇÃO DO ITR (DIAT). *Direito tributário.* Aquele que deve ser entregue pelo contribuinte que, em relação ao imóvel rural a ser declarado, seja: a) proprietário, mesmo que parte do imóvel a título de posse; b) titular do domínio útil; c) possuidor por usufruto; d) possuidor a qualquer título. Está obrigado a entregar o DIAT em disquete o contribuinte que possua imóvel rural com área igual ou superior a: a) 1.000 ha, se localizado em Município compreendido na Amazônia Ocidental ou no Pantanal Mato-grossense e Sul-mato-grossense; b) 500 ha, se localizado em Município compreendido no Polígono das Secas ou na Amazônia Oriental; c) 200 ha, se localizado em qualquer outro Município. Os demais contribuintes poderão entregar o DIAT em disquete ou em formulário. Somente os contribuintes obrigados a entregar o DIAT em disquete deverão fornecer dados adicionais sobre a atividade pecuária e extrativa, conforme instruções contidas no disquete-programa. Fica dispensada a juntada de quaisquer documentos ao DIAT, os quais, todavia, deverão ser mantidos em boa guarda à disposição da Secretaria da Receita Federal durante o prazo decadencial. O DIAT, em formulário, deverá ser entregue em duas vias. A segunda via, após aposto o carimbo pela recepção, será devolvida ao contribuinte como recibo de entrega. O disquete, contendo o DIAT preenchido, deverá ser entregue acompanhado do recibo, em duas vias, gerado pelo sistema eletrônico. A segunda via, após aposto o carimbo pela recepção, será devolvida ao contribuinte como recibo de entrega.

DOCUMENTO DE ORIGEM FLORESTAL (DOF). *Direito ambiental.* Constitui-se licença obrigatória para o controle do transporte e armazenamento de produtos e subprodutos florestais de origem nativa, inclusive o carvão vegetal nativo, contendo as informações sobre a procedência desses produtos e subprodutos, gerado pelo sistema eletrônico denominado Sistema DOF, disponibilizado no endereço eletrônico do Ibama, na Rede Mundial de Computadores — *Internet.*

DOCUMENTO DE PROJETO (PRODOC). Instrumento de planejamento das atividades a serem implementadas pelas instituições parceiras nacionais e internacionais, contendo objetivo, justificativa, metas, plano de trabalho e orçamento.

DOCUMENTO ELETRÔNICO. *Direito virtual.* **1.** É qualquer objeto capaz de propiciar a outro objeto (o suporte representativo) condições de obter a representação de um fato presente ou passado (Andréa Graziosi). **2.** É, segundo Renato Muller da Silva Opice Blum e Sérgio Ricardo Marques Gonçalves, uma seqüência de *bits* que, traduzida por meio de um determinado programa de computador, seja representativa de um fato. **3.** É todo documento, público ou particular, originado por processamento eletrônico de dados e armazenado em meio magnético, optomagnético, eletrônico ou similar. **4.** Aquele cujas informações estão armazenadas exclusivamente em meios eletrônicos.

DOCUMENTO ESCRITO. *Direito civil.* Aquele que é apresentado por meio de palavras escritas, num instrumento público ou particular.

DOCUMENTO ESTAMPADO. *Direito civil.* É o reproduzido por fotografia, cinematografia ou fonografia.

DOCUMENTO EXTRAJUDICIAL. *Direito civil.* É o documento civil relativo a contratos ou declarações de vontade formados na presença de um notário, como escritura pública, cópia autêntica ou certidão extraída pelo oficial público de livro de notas, que serve de prova como se fosse documento original.

DOCUMENTO FALSO. Aquele cujo conteúdo não corresponde, total ou parcialmente, à realidade dos fatos.

DOCUMENTO GRÁFICO. *Direito civil.* Aquele que é apresentado por meio de gráficos, como, por exemplo, a planta de um imóvel.

DOCUMENTO HETERÓGRAFO. *Direito civil.* Diz-se do que foi feito por pessoa diversa da que produziu o fato documentado (Othon Sidou).

DOCUMENTO HOLÓGRAFO. *Direito civil.* É o redigido pelo próprio emissor.

DOCUMENTO JUDICIAL. *Direito processual civil.* Diz-se do ato processado em juízo, como petição, sentença, mandado, certidão passada por serventuário da justiça ou auto de penhora, que serve de prova como documento original.

DOCUMENTOLOGIA. *Direito processual penal.* Perícia criminalística que tem por escopo averiguar a falsidade documental, sendo também denominada documentoscopia, perícia gráfica, grafotecnia, grafoscopia etc.

DOCUMENTO NARRATIVO. *Direito civil.* Aquele que contém a narração de um fato ou a declaração de uma verdade.

DOCUMENTO NOVO. *Direito processual civil.* Prova instrumental para efeito de ação rescisória, cuja existência o autor, na ação anterior, ignorava ou de que não pôde fazer uso, idônea, por si só, para lhe assegurar pronunciamento favorável. Tal documento, portanto, deve existir à época da prolação do acórdão rescindendo.

DOCUMENTO ORIGINAL. *Direito civil* e *direito processual civil.* É o que contém o ato escrito pela primeira vez pelo seu autor, sua cópia autêntica, escritura pública ou contrato lavrado por oficial público em livro de notas, bem como a primeira certidão por inteiro teor ou traslado. Também têm o mesmo valor probante do original a certidão textual de qualquer peça dos autos, a reprodução de documento público autenticada pelo oficial público, a certidão extraída pelo notário de instrumentos lançados em suas notas, a reprodução de documento público autenticada por oficial público, a cópia reprográfica de peças do próprio processo judicial declarada autêntica pelo próprio advogado sob sua responsabilidade pessoal, se não lhes for impugnada a autenticidade, o extrato digital de bancos de dados públicos e privados, desde que atestado pelo emitente que as informações conferem com o que consta na origem e as reproduções digitalizadas de qualquer documento público ou particular, quando juntado aos autos pelo Ministério Público, pelas Procuradorias, repartições públicas e por advogados. É, portanto, aquele em que o ato é extraído do seu original.

DOCUMENTO OSTENSIVO. Documento cujo acesso é irrestrito.

DOCUMENTO OU CONHECIMENTO DE TRANSPORTE MULTIMODAL. *Direito comercial.* É o documento que comprova a celebração de um contrato de transporte multimodal e que comprova que o operador de transporte multimodal recebeu as mercadorias sob sua custódia, comprometendo-se a entregá-las conforme as cláusulas desse contrato.

DOCUMENTO PARTICULAR. *Direito civil, direito comercial* e *direito processual civil.* É o feito e subscrito pelo seu autor ou por particular sem a intervenção notarial. Pode consistir em: cédula, como a representativa de testamento, apólice e ação de sociedade anônima; síngrafo, instrumento contratual assinado pelas partes; quirógrafo, instrumento particular de dívida feito e subscrito apenas pelo devedor; conta, representando as parcelas de crédito ou débito; recibo, declarando o recebimento da prestação devida; carta, consubstanciando a declaração dirigida; telegrama a um ausente; livro, instrumento de escrituração de operações mercantis ou de registro de fatos (Moacyr Amaral Santos). A esses documentos particulares podem ser acrescentados: radiograma, fotografia, cinematografia, fonografia, aviso bancário e registro paroquial.

DOCUMENTO PRECONSTITUÍDO. *Direito civil* e *direito processual civil.* É o efetuado com a finalidade de servir, no futuro, de prova de certo fato.

DOCUMENTO PRIVADO. *Vide* DOCUMENTO PARTICULAR.

DOCUMENTO PROBATÓRIO. *Direito civil.* O que serve para a prova de um ato jurídico, não sendo necessário à sua validade.

DOCUMENTO PÚBLICO. *Direito civil* e *direito processual civil.* É o que goza de presunção *juris tantum* de autenticidade, serve como prova de sua formação e do fato que o notário declara que ocorreu em sua presença e consta de livros e notas oficiais. É o elaborado por autoridade pública no exercício de suas funções, por exemplo: guia de imposto, ato notarial, registro civil do serviço consular brasileiro, laudo de repartição pública, avisos de ministros, mensagem do presidente da República, certidão e traslado que o oficial público extrai dos instrumentos lançados em suas notas e certidão passada pelo escrivão judicial dos atos processuais.

DOCUMENTOS COMPLEMENTARES DA EXPORTAÇÃO. *Direito internacional privado.* Constituem documentos complementares da exportação: a) *Licença de Exportação – Têxteis para a UE* – documento preenchido pelo exportador e emitido por agências do Banco do Brasil S. A. credenciadas pela Secretaria de Comércio

Exterior, no caso das exportações de produtos têxteis sujeitos à cota (contingenciados) pela União Européia (UE). b) *Licença de Exportação – Têxteis para o Canadá* – documento preenchido pelo exportador e emitido por agências do Banco do Brasil S.A. credenciadas pela Secretaria de Comércio Exterior, no caso das exportações de produtos têxteis contigenciados pelo Canadá. c) *Certificado de Origem – têxteis para a UE* – documento preenchido pelo exportador e emitido por agências do Banco do Brasil S.A. credenciadas pela Secretaria de Comércio Exterior, para amparar o embarque das exportações de produtos têxteis contigenciados pela UE. d) *Certificado de Autenticidade do Tabaco* – documento preenchido pelo exportador e emitido por entidades credenciadas pela Secretaria de Comércio Exterior, no caso de exportações de fumo para a UE. e) *Certificado de Origem (ALADI)* – documento preenchido pelo exportador e emitido pelas Confederações Nacionais de Agricultura, Indústria e Comércio ou por entidades por elas credenciadas, para amparar a exportação de produtos que gozam de tratamento preferencial, outorgado pelos países-membros da Associação Latino-Americana de Integração – ALADI. f) *Certificado de Origem (MERCOSUL).* Documento preenchido pelo exportador e emitido por Federações de Indústrias, do Comércio, da Agricultura, por Associações Comerciais, Centros e Câmaras de Comércio, relacionados em Portaria Interministerial MEFP/MRE, para amparar a exportação de produtos que gozam de tratamento preferencial outorgado pelos países-membros do Mercado Comum do Sul – MERCOSUL. g) *Certificado de Utilização de Quota (CUQ) – PEC* – documento preenchido pelo exportador e emitido pela SECEX, mediante apresentação de fatura "pro forma", para amparar a exportação de produtos contingenciados constantes do Protocolo de Expansão Comercial Brasil-Uruguai. h) *Certificado de Origem – SGP (Formulário A)* – documento preenchido pelo exportador e emitido pelas agências do Banco do Brasil S.A. habilitadas, quando da exportação de produtos amparados pelo Sistema Geral de Preferências – SGP. Opcionalmente, para exportações destinadas aos Estados Unidos da América, Porto Rico e Nova Zelândia, os documentos poderão ser preenchidos e emitidos pelo próprio exportador. i) *Certificado de Sanidade* – documento oficial, emitido por órgão competente, por exi-

gência do importador, no qual é atestado que produtos de origem vegetal ou animal estão isentos de quaisquer doenças parasitárias ou infectológicas e foram manipulados em condições higiênicas, sob o controle de autoridades sanitárias federais. j) *Certificado de Registro Genealógico* – documento emitido pelas associações de Criadores, por delegação do órgão público competente, para atender à exigência do importador. Nele, constam dados do animal (bovinos, eqüinos, caprinos e outros) e se for o caso a linhagem até o 3º grau de ascendência. k) *Certificado de Origem – (SGPC)* – documento preenchido pelo exportador e emitido pela Confederação Nacional das Indústrias ou por entidades a ela filiadas quando da exportação de produtos amparados pelo Sistema Global de Preferências Comerciais entre Países em Desenvolvimento – SGPC. l) *Fatura "pro forma"* – documento preenchido pelo exportador e visado pelas agências do Banco do Brasil S.A. credenciadas pela SECEX, no caso de exportação de produtos têxteis contigenciados pelos EUA e Porto Rico. m) *Certificado de Classificação para Fins de Fiscalização da Exportação* – documento preenchido pelo exportador e autenticado por classificador registrado na SECEX, apresentado por ocasião do despacho aduaneiro à repartição da Receita Federal. n) *Fatura e Visto Consulares* – alguns países, notadamente os dos continentes americano e africano, exigem a apresentação de fatura ou visto consulares para fins de desembaraço aduaneiro no país, importador; as representações diplomáticas dos países, que fazem a exigência emitem a fatura consular ou apõem o visto consular nos documentos que se destinam ao importador.

DOCUMENTOSCOPIA. *Vide* DOCUMENTOLOGIA.

DOCUMENTOS DE IDENTIDADE PROFISSIONAL DO ADVOGADO. São a carteira e o cartão emitidos pela OAB, de uso obrigatório pelos advogados e estagiários inscritos, para o exercício da suas atividades.

DOCUMENTOS DE VIAGEM. *Direito civil* e *direito internacional privado.* Aqueles que devem ser apresentados pelos passageiros antes ou durante a viagem, tais como: a) passaporte; b) *laissez-passer*; c) autorização de retorno ao Brasil; d) salvo-conduto; e) cédula de identidade civil, que substitui o passaporte comum em casos previstos em acordos internacionais; f) certificado de membro de tripulação de transporte aéreo; g) carteira de marítimo; e h) carteira de matrícula consular, que substitui o passaporte para efeito de desembarque e embarque no território nacional, nos casos específicos de acordos internacionais. Esses documentos pertencem à União; seus titulares têm a posse direta e o uso regular. Podem ser apreendidos em caso de fraude ou uso indevido. Os titulares, em caso de perda, extravio, furto, roubo, adulteração, destruição ou inutilização do documento de viagem, devem comunicar o fato à autoridade expedidora no Brasil ou ao consulado brasileiro no exterior.

DOCUMENTO SIGILOSO. Aquele que, por conter assunto classificado como sigiloso, requer medidas especiais de acesso.

DOCUMENTO SIGILOSO CONTROLADO (DSC). É aquele que requer medidas adicionais de controle: a) lavratura anual de termo de inventário, pelo órgão ou entidade expedidora e pelo órgão ou entidade receptora; b) lavratura de termo de transferência sempre que se proceder à transferência de sua guarda. O documento ultra-secreto é, por natureza, considerado documento sigiloso controlado. Os documentos secretos, os confidenciais e os reservados poderão, a critério da autoridade classificadora, ser considerados documentos sigilosos controlados. O documento sigiloso controlado terá registrada na capa, se houver, em todas as suas páginas, a expressão "documento sigiloso controlado" e o número de controle.

DOCUMENTOS INDISPENSÁVEIS À PROPOSITURA DA AÇÃO. *Direito processual civil.* São os exigidos por lei para que a ação possa ser proposta e os que demonstram a veracidade das alegações feitas pelo autor.

DOCUMENTOS MÉDICO-JUDICIÁRIOS. *Medicina legal.* Exposições escritas ou verbais feitas por médicos-legistas com o escopo de prestar esclarecimentos à justiça, como relatórios médico-legais, depoimentos orais, atestados, pareceres, notificações compulsórias etc.

DOCUMENTOS PÚBLICOS SIGILOSOS CONFIDENCIAIS. São aqueles cujo conhecimento e divulgação possam ser prejudiciais ao interesse do País. Em tais documentos passíveis de classificação como confidenciais o sigilo deve ser mantido por interesse do governo e das partes e cuja divulgação prévia possa vir a frustrar seus objetivos ou ponha em risco a segurança da sociedade e do Estado.

DOCUMENTOS PÚBLICOS SIGILOSOS RESERVADOS. Aqueles que não devem, imediatamente, ser do conhecimento do público em geral, ante o fato de que sua divulgação, quando ainda em trâmite, compromete as operações ou os objetivos neles previstos.

DOCUMENTOS PÚBLICOS SIGILOSOS SECRETOS. São os alusivos a planos ou detalhes de operações militares, a informações que indiquem instalações estratégicas e aos assuntos diplomáticos que requeiram rigorosas medidas de segurança, cuja divulgação ponha em risco a segurança da sociedade e do Estado. Tais documentos requerem rigorosas medidas de segurança e cujo teor ou característica possam ser do conhecimento de agentes públicos que, embora sem ligação íntima com seu estudo ou manuseio, sejam autorizados a deles tomar conhecimento em razão de sua responsabilidade funcional.

DOCUMENTOS PÚBLICOS SIGILOSOS ULTRA-SECRETOS. São os referentes à soberania e integridade territorial nacionais, planos de guerra e relações internacionais do país, cuja divulgação ponha em risco a segurança da sociedade e do Estado. Requerem excepcionais medidas de segurança cujo teor só deve ser do conhecimento de agentes públicos ligados ao seu estudo e manuseio.

DOCUMENTO SUBSTANCIAL. *Direito civil.* Diz-se daquele que é imprescindível para a validade do ato jurídico.

DODECARQUIA. *História do direito.* Tipo de governo que existiu no Egito, por volta do ano de 680 a.C., em que um conselho de doze membros exercia o poder.

DO DICO ADDICO. *Expressão latina.* Abreviatura das três prerrogativas do pretor romano: *dou* a ação, *digo* qual é o direito e *adjudico* o bem a alguém.

DOENÇA. *Medicina legal.* **1.** Enfermidade. **2.** Perturbação física ou mental. **3.** Estado mórbido que pode afetar total ou parcialmente o corpo humano. **4.** Desvio do estado normal.

DOENÇA AGUDA. *Medicina legal.* A que tem uma rápida evolução, atingindo logo a sua crise, mas de duração limitada.

DOENÇA ALÉRGICA. *Medicina legal.* É a causada por alguma alergia.

DOENÇA ALERGIZANTE. *Medicina legal.* Afecção de etiologia não alérgica, mas suscetível de induzir alergia, como tuberculose, micose, lepra etc.

DOENÇA AMIOTRÓPICA. *Medicina legal.* É a que causa degeneração muscular.

DOENÇA AUTO-IMUNE. *Medicina legal.* Aquela em que a alteração funcional é produzida pela ação de anticorpos ou de células imunologicamente competentes contra constituintes normais do próprio organismo.

DOENÇA AZUL. *Medicina legal.* Cianose.

DOENÇA CARENCIAL. *Medicina legal.* É a que decorre de deficiência metabólica por falta de vitaminas, aminoácidos, minerais etc., como, por exemplo, raquitismo, escorbuto, cegueira noturna e pelagra.

DOENÇA CELÍACA. *Medicina legal.* Moléstia que atinge crianças com menos de cinco anos provocando diarréias e dores estomacais e tornando-as frágeis, desnutridas e anêmicas. Para seu tratamento, devem-se prescrever doses do complexo vitamínico B, alimentação que exclua gorduras, açúcar e grãos de trigo ou arroz.

DOENÇA COMUNICÁVEL. *Medicina legal.* Doença infecciosa transmissível de pessoa a pessoa, de pessoa a animal, de animal a animal e de animal a pessoa.

DOENÇA CONSUNTIVA. *Medicina legal.* Caquexia; doença de evolução lenta que conduz o paciente ao emagrecimento.

DOENÇA CONTAGIOSA. *Medicina legal.* Moléstia transmissível por contato com a pessoa afetada, pelo material excretado por ela ou pelo uso de seus objetos pessoais.

DOENÇA CRÔNICA. *Medicina legal.* Moléstia de longa duração, evolução lenta e nunca curada de todo, como a artrite e a bronquite crônicas.

DOENÇA DE ADDISON. *Medicina legal.* Aquela que se caracteriza pela pigmentação brônzea da pele, prostração, anemia progressiva, hipopressão sangüínea e distúrbios gastrintestinais, sendo causada pela hipofunção das glândulas ad-renais.

DOENÇA DE AUTO-AGRESSÃO. *Vide* DOENÇA AUTO-IMUNE.

DOENÇA DE BANTI. *Medicina legal.* É a que se caracteriza por congestão e aumento de volume do baço, acompanhada de anemia, leucopenia e cirrose do fígado.

DOENÇA DE BOURNEVILLE. *Medicina legal.* Idiotia hereditária em que o seu portador apresenta ataque epiléptico e angiofibroma facial de cor rósea (A. Almeida Jr. e J. B. de O. e Costa Jr.).

DOENÇA DE CHAGAS. *Medicina legal.* É a causada por um tripanossomo (*Schizotrypanum Cruzi*) transmitida por vários insetos, vulgarmente chamados de "barbeiros". Caracteriza-se por febre alta, aumento do tamanho do baço, edema, nódulos linfáticos, miocardite chagásica etc.

DOENÇA DECORRENTE DE ATIVIDADE PROFISSIO-NAL. *Direito do trabalho, direito previdenciário* e *medicina do trabalho.* É a que abrange: a) a doença profissional, que é a produzida ou desencadeada pelo exercício do trabalho peculiar a determinada atividade e constante da relação elaborada pelo Ministério do Trabalho e Emprego; e b) a doença do trabalho que é a adquirida ou desencadeada em função de condições especiais em que o trabalho é realizado e com ele se relacione diretamente, desde que constante da relação acima citada. Não serão consideradas como doença do trabalho: a) a doença degenerativa; b) a inerente a grupo etário; c) a que não produz incapacidade laborativa; d) a doença endêmica adquirida por segurados habitantes de região em que ela se desenvolva, salvo comprovação de que resultou de exposição ou contato direto determinado pela natureza do trabalho. Em caso excepcional, constatando-se que a doença, não incluída na referida relação, resultou de condições especiais em que o trabalho é executado e com ele se relaciona diretamente, a previdência social deve equipará-la a acidente do trabalho. Podemos destacar outras causas, como a provocada por acidentes do trabalho, afecções ou intoxicações por material usado durante o trabalho ou por agentes patogênicos, como: monóxido de carbono, na fabricação de gás combustível; sulfeto de carbono, na fabricação de seda artificial; arsênico, na fabricação e aplicação de inseticidas à base de composto de arsênico; cádmio, na fundição de ligas metálicas; chumbo, na extração de seus minérios, na sua metalurgia e refinação e na fabricação de artefatos, tintas e vernizes à base de seus compostos; mercúrio, na fabricação de barômetros, termômetros, ampolas de raios X e interruptores; sílica, no trabalho em pedreiras, na construção de túneis, na moagem e manipulação de sílica na indústria de vidros e porcelanas; radiação ionizante, na extração de materiais radioativos, na operação com reatores nucleares, na fabricação de produtos químicos e farmacêuticos radioativos etc.

DOENÇA DE CUSHING. *Medicina legal.* Moléstia associada à disfunção do córtex ad-renal ou do lobo anterior da hipófise e caracterizada por adiposidade do rosto, pescoço e tronco, cifose, amenorréia e hipertricose nas mulheres, impotência nos homens, estrias acastanhadas no abdome, hipertensão e fraqueza muscular.

DOENÇA DE FOX E FORDYCE. *Medicina legal.* Erupção papular pruriginosa nas axilas e no púbis provocada por uma inflamação crônica das glândulas sudoríparas apócrinas.

DOENÇA DEGENERATIVA. *Medicina legal.* É a que se caracteriza por alterações degenerativas progressivas nos tecidos, como, por exemplo, artrite degenerativa e arteriosclerose. Em regra é produzida por distúrbio ou deterioração no sistema nervoso, coração ou rins.

DOENÇA DE HASHIMOTO. *Medicina legal.* Moléstia que se caracteriza pelo aumento de volume e insuficiência da tireóide.

DOENÇA DE HEINE–MEDIN. *Medicina legal.* Paralisia infantil.

DOENÇA DE LAWRENCE-MOON-BIEDL-BARDOT. *Medicina legal.* Deficiência mental congênita, em que o paciente apresenta lesões degenerativas no nervo acústico e ótico (A. Almeida Jr. e J. B. de O. e Costa Jr.).

DOENÇA DE NEWCASTLE. *Direito agrário.* Infecção de aves causada por qualquer estirpe aviária do paramixorvírus I, com índice de patogenicidade intracerebral em pintos de um dia (IPIC) superior a 0,7. O aparecimento dessa moléstia provoca certas medidas de controle e erradicação nas explorações destinadas a reprodução e produção de carnes ou ovos e nos criatórios avícolas de subsistência e demais aves em cativeiro, tais como: vacinação; desocupação das instalações da granja durante certo tempo após o surto; sacrifício ou abate das aves infectadas e das suspeitas de contaminação; desinfecção; fiscalização das aves suscetíveis; destruição da carne das aves abatidas no período de incubação da doença; destruição de ovos produzidos durante o período de incubação da moléstia etc. Tal doença pode atingir o homem.

DOENÇA DE NICOLAS–FAVRE. *Medicina legal.* Linfogranuloma venéreo.

DOENÇA DE NOTIFICAÇÃO COMPULSÓRIA. É aquela cuja comunicação é obrigatória à autoridade sanitária, definida em ato legal pelo Ministério da Saúde.

DOENÇA DE PARKINSON. *Medicina legal.* **1.** Paralisia agitante que se caracteriza por involuntários tremores rítmicos dos membros, resultante de lesão dos gânglios basais. **2.** É um quadro mórbido de etiologia ainda não estabelecida, resultante do comprometimento do sistema nervoso extrapiramidal e caracterizado pelo seguintes sinais: a) tremor: hipercinésia, predominantemente postural, rítmica e não intencional, que diminui com a execução de movimentos voluntários e pode cessar com o relaxamento total; b) rigidez muscular: sinal característico e eventualmente dominante, acompanha-se do exagero dos reflexos tônicos de postura e determina o aparecimento de movimentos em sucessão fracionária, conhecidos como "sinal da roda dentada" (Negro); e c) oligocenésia: diminuição da atividade motora espontânea e conseqüente lentidão de movimentos.

DOENÇA DESMIELIZANTE. *Medicina legal.* Moléstia que apresenta alterações similares às produzidas por imunização com tecido nervoso, como, por exemplo: encefalomielite pós-infecciosa, leucoencefalopatia hemorrágica necrotizante aguda, esclerose múltipla aguda e crônica recidivante, neuromielite crônica e polineurite (Carlos da Silva Lacaz).

DOENÇA DO AR. *Medicina legal.* Apoplexia; congestão cerebral.

DOENÇA DO BAÇO. *Medicina legal.* É a causada por lesões no baço decorrentes de queda, acidente, ferimento traumático, afecções em que ocorre seu aumento de volume, sua hipertrofia ou o aparecimento de baços acessórios etc.

DOENÇA DO COLÁGENO. *Medicina legal.* É a enfermidade do tecido conjuntivo, ou colagenose, como a poliarterite nodosa causada por medicação sulfonamídica; artrite reumatóide e eritematodes disseminado provocados pelo emprego de cloridrato de hidralazina; esclerodermia; lúpus eritematoso; dermatomiosite etc.

DOENÇA DO CORAÇÃO. *Medicina legal.* Cardiopatia; condição orgânica anormal do coração e da circulação.

DOENÇA DO PEITO. *Medicina legal.* Tuberculose pulmonar.

DOENÇA DO RIM TRANSPLANTADO. *Medicina legal.* Afecção que consiste no aparecimento de glomerulonefrite crônica do rim transplantado.

DOENÇA DO SONO. *Medicina legal.* Moléstia causada por um tripanossomo que se desenvolve no líquido céfalo-raquidiano, produzindo sono mortal; encefalite; captinose.

DOENÇA DO SORO. *Medicina legal.* Moléstia que pode ocorrer em quem está submetido a soro heterólogo, caracterizando-se por febre, edema angioneurótico, dores articulares, erupção urticariforme e enfartamento ganglionar.

DOENÇA DO TRABALHO. *Direito do trabalho* e *direito previdenciário.* É a produzida em decorrência das condições especiais de realização do trabalho, guardando com ele relação direta.

DOENÇA DO XAROPE DE BORDO. *Medicina legal.* Erro inato do metabolismo dos aminoácidos que causa aumento dos níveis plasmáticos de determinadas substâncias, caracterizando-se por graves manifestações neurológicas e pelo cheiro de xarope de bordo (açúcar queimado) da urina (Luiz Alberto David Araújo).

DOENÇA EMERGENTE. *Medicina legal.* É aquela que ou aparece e/ou se diagnostica pela primeira vez ou cuja incidência tenha aumentado nos últimos dois decênios e tende a incrementar-se no futuro.

DOENÇA ENDÊMICA. *Medicina legal.* Aquela que, sendo peculiar a uma região, atinge grande número de pessoas. Por exemplo: a malária, em regiões pantanosas; o amarelão, em zonas rurais etc. (A. Almeida Jr. e J. B. de O. e Costa Jr.).

DOENÇA E PRAGA NÃO CONTROLÁVEIS. *Direito agrário.* São aquelas para as quais não existe método de controle ou de profilaxia conhecidos, definidos por entidades devidamente autorizadas pelo Ministério da Agricultura, Pecuária e Abastecimento.

DOENÇA ESPOLIATIVA. *Medicina legal.* Aquela que provoca hemorragias repetidas e contínuas (Croce e Croce Jr.).

DOENÇA ESPONTÂNEA. *Medicina legal.* **1.** Diz-se daquela que não apresenta uma causa aparente. **2.** A que tem por origem um trauma ou uma causa interna.

DOENÇA ESPORÁDICA. *Medicina legal.* Estado mórbido que tem caráter endêmico ou epidêmico, atacando isolada ou acidentalmente uma ou outra pessoa.

DOENÇA ESSENCIAL. *Medicina legal.* É a existente por si mesma, não dependendo da coexistência de outras.

DOENÇA ESTACIONÁRIA. *Medicina legal.* Moléstia que permanece durante um ou mais anos.

DOENÇA ESTIVAL. *Medicina legal.* A que surge durante o estio.

DOENÇA EXÓTICA. *Medicina legal.* É a proveniente de outros países.

DOENÇA GRAVE. *Medicina legal.* Enfermidade que altera a saúde do paciente ou provoca um desarranjo no seu organismo.

DOENÇA HEMOLÍTICA DO RECÉM-NASCIDO. *Medicina legal.* Estado mórbido que se manifesta logo em seguida ao nascimento, caracterizado pela excessiva destruição de glóbulos vermelhos e pela intensa hiperplasia do tecido eritropoético, provocadas pela passagem transplacentária de anticorpos antieritrocitários. Tal se dá quando a mãe é Rh negativo e o feto Rh positivo, mal que pode ser corrigido com uma transfusão sangüínea (Carlos da Silva Lacaz).

DOENÇA HEREDITÁRIA. *Medicina legal.* É a transmitida dos pais aos filhos.

DOENÇA IATROGÊNICA. *Medicina legal.* É a causada pelo emprego inadequado de medicamentos, contrastes radiológicos, anestésicos, radiações, imprudência médica no ato cirúrgico ou impacto emocional. É provocada por medida terapêutica abusiva ou não apropriada. Por exemplo, a fibrose pulmonar intersticial causada pelo uso prolongado do hexametônio e da hidralazina; encefalopatias pós-vacínicas; hepatite por soro homólogo; perfuração gastrintestinal; reação por anestésico e medicação hipotermiantes; embolia provocada por medicamento ou ato cirúrgico; malformação por radiação; pericardite hemorrágica com ruptura do miocárdio causada pelo uso de anticoagulante etc.

DOENÇA IMUNOLÓGICA. *Medicina legal.* Moléstia com substrato imunológico, tratada pela imunopatologia. Por exemplo, doença auto-imune, síndrome de deficiência de formação de anticorpos, resistência à insulina etc. (Carlos da Silva Lacaz).

DOENÇA INFECCIOSA. *Medicina legal.* É a que resulta de uma infecção provocada por vírus (varíola, febre amarela, hepatite infecciosa), bactérias (tuberculose, difteria, tétano, cólera, escarlatina, sífilis), protozoários (malária, disenteria amebiana, doença de chagas), vermes (solitária), fungos (frieira) etc.

DOENÇA INTERNA. *Medicina legal.* É a sediada num órgão interior.

DOENÇA LATENTE. *Medicina legal.* Diz-se daquela cujo diagnóstico é difícil por não se apresentarem sintomas definidos.

DOENÇA MENTAL. *Medicina legal.* Perturbação psíquica oriunda de processo patológico instalado no mecanismo cerebral, como se dá com a arteriosclerose, psicose traumática, sífilis cerebral etc., ou causada por veneno *ab externo*, como álcool, morfina, cocaína etc., toxina metabólica produzida por infecções agudas ou, ainda, por desvios da conduta normal psíquica, como paranóia, histeria, psicose maníaco-depressiva, esquizofrenia, oligofrenia, loucura etc. O portador de moléstia mental não está habilitado para praticar atos na vida civil nem responde criminalmente.

DOENÇA NEGRA. *Direito agrário.* Tabardilho da videira.

DOENÇA NERVOSA. *Medicina legal.* Moléstia que afeta o sistema nervoso.

DOENÇA POR RADIAÇÃO. *Medicina legal.* É a provocada por explosão de bomba atômica ou radiação, como, por exemplo, através de: ingestão de isótopos radioativos; acidente por contraste radiológico; malformação por radiações ou radioterapia; radiações ionizantes em razão de extração de minerais radioativos; operação com reatores nucleares ou com fontes de nêutrons ou de outras radiações corpusculares; trabalho executado com exposições a raios X ou rádio; manipulação de produtos químicos e farmacêuticos radioativos, como urânio, césio 137, radônio, mesotório etc. Os sintomas por afecção por radiação são náuseas, fadiga, diarréia, hemorragia interna ou subcutânea, destruição gradual dos glóbulos brancos, perda de apetite, diminuição do peso, esterilidade etc.

DOENÇA POR RICKETTSIAS. *Medicina legal.* É a causada por microrganismo transmissível por piolho, pulga ou carrapato. Por exemplo, tifo exantemático clássico, febre das Montanhas Rochosas, febre maculosa e febre Q.

DOENÇA PROFISSIONAL. *Direito do trabalho, direito previdenciário* e *medicina do trabalho.* É a moléstia desencadeada pelo exercício do trabalho, peculiar a determinada atividade.

DOENÇA PSICOGÊNICA. *Medicina legal.* Neurose causada por imprudência médica, como, por exemplo, a interpretação exagerada de exames, criando doenças inexistentes.

DOENÇA RESPIRATÓRIA. *Medicina legal.* Distúrbio que ataca os pulmões, afetando a respiração.

DOENÇA REUMÁTICA. *Medicina legal.* Afecção não supurativa causada por estreptococo do grupo A em pessoa com hiper-reatividade imunológica, atingindo, em regra, o coração (Carlos da Silva Lacaz).

DOENÇA REUMATÓIDE. *Medicina legal.* Afecção não supurativa, subaguda ou crônica, que atinge as articulações.

DOENÇA SIMÓTICA. *Medicina legal.* Moléstia geral que apresenta fenômenos comparáveis à fermentação.

DOENÇA SIMULADA. *Medicina legal.* É a alegada falsamente para escapar de alguma obrigação.

DOENÇA SINTOMÁTICA. *Medicina legal.* É a moléstia dependente de outra, da qual é de alguma maneira o sintoma.

DOENÇA SOPOROSA. *Medicina legal.* É a que se caracteriza por sonolência profunda e estado comatoso.

DOENÇA TRANSMISSÍVEL. *Medicina legal.* Moléstia contraída pela transmissão de um agente infeccioso específico ou de suas toxinas, de uma pessoa ou animal infectado ou por meio de um hospedeiro intermediário etc. (Carlos da Silva Lacaz).

DOENÇA TRANSMISSÍVEL DE INTERESSE DE SAÚDE PÚBLICA. *Medicina legal.* É a doença, objeto de regulamentação sanitária e definida pela Organização Mundial da Saúde, causada por um agente infeccioso específico, ou pela toxina por ele produzida, por meio da transmissão desse agente, ou, ainda, de seu produto tóxico, a partir de uma pessoa ou animal infectado, ou, ainda, de um reservatório para um hospedeiro suscetível, seja direta ou indiretamente intermediada por um vetor ou ambiente.

DOENÇA TROPICAL. *Medicina legal.* Diz-se daquela que aparece em regiões quentes, como, por exemplo, malária, febre amarela, beribéri etc.

DOENÇA VENÉREA. *Medicina legal.* É a contraída durante a prática de atos libidinosos ou de relação sexual. Por exemplo, sífilis, cancro mole, gonorréia, granuloma inguinal, linfogranuloma venéreo, blenorragia etc.

DOENTE. *Medicina legal.* **1.** Portador de alguma moléstia. **2.** Aquele que sofre de doença física ou psíquica.

DOENTE IMAGINÁRIO. *Medicina legal.* Diz-se daquele que, por ser hipocondríaco ou apresentar perturbação nervosa, julga-se doente sem o estar na realidade.

DOENTE MENTAL. *Medicina legal.* **1.** Portador de psicose. **2.** Aquele que apresenta um estado mórbido que vem a comprometer, total ou parcialmente, suas funções psíquicas.

DOENTIO. *Medicina legal.* **1.** O que adoece com facilidade. **2.** Nocivo à saúde. **3.** Insalubre. **4.** Débil. **5.** O que causa doença.

DOESTO. *Direito civil* e *direito penal.* **1.** Injúria; vitupério. **2.** Insulto. **3.** Ação desonrosa de que se acusa alguém. **4.** Ofensa física ou moral.

DOGE. *História do direito.* Supremo magistrado que existia em Veneza e Gênova.

DOGMA. 1. *Direito canônico.* Doutrina reconhecida pela autoridade da Igreja e à qual todos os seus membros devem aderir. **2.** *Filosofia geral* e *filosofia do direito.* a) Opinião filosófica aceita por uma doutrina como seu fundamento; b) princípio basilar de uma ciência; c) ponto incontestável e indiscutível de uma doutrina filosófica.

DOGMA DA PLENITUDE HERMÉTICA DO ORDENAMENTO JURÍDICO. *Filosofia do direito.* É o que se fundamenta ora na força da expansão lógica do direito positivo, ora na existência de uma norma tácita ou de um princípio complementar que fecha o sistema jurídico, que passa a abranger os casos não previstos, de maneira que, se faltar tal norma, a matéria não regulada é tida como não jurídica. Tal princípio assim se enuncia: "tudo o que não está proibido está permitido". Porém, na verdade, parece-nos que ele não constitui uma norma jurídica ditada pelo Poder competente, posto que não confere direitos nem impõe deveres, mas um enunciado lógico, obtido por inferência lógica do sistema de normas. É uma proposição metanormativa ou metassistemática que se apresenta como um enunciado sobre o sistema normativo.

DOGMÁTICA. 1. *Direito canônico.* Conjunto de dogmas da religião católica. **2.** *Filosofia geral* e *filosofia do direito.* a) Parte de uma ciência que tem por objeto seus fundamentos; b) argumentação tópica em que o *dubium* está em função da norma, relevando-se o aspecto "resposta" e fazendo com que certos *topoi* sejam colocados, pelo menos temporariamente, fora de dúvida e considerados como absolutos.

DOGMÁTICA JURÍDICA. *Teoria geral do direito.* **1.** Estudo das condições do que é juridicamente possível, considerando-se um direito dado. É a parte da ciência do direito que cria condições de decidibilidade de conflitos (Tércio Sampaio Ferraz Jr.). **2.** Estudo sistemático de normas, ordenando-as segundo princípios, tendo em vista a sua aplicação. É a ciência positiva do direito positivo (Miguel Reale). **3.** O mesmo que CIÊNCIA DO DIREITO (Kelsen).

DOGMÁTICA JURÍDICO-PENAL. *Direito penal.* Estudo sistemático das normas penais vigentes.

DOGMÁTICO. *Filosofia geral* e *filosofia do direito.* **1.** Relativo a dogma. **2.** O que se apresenta com o caráter de certeza absoluta. **3.** Conforme a um dogma. **4.** Diz-se do filósofo que é sectário do dogmatismo. **5.** Decisivo.

DOGMATISMO. Na *linguagem filosófica,* designa: a) a corrente filosófica que afirma certas verdades, opondo-se ao ceticismo (Diógenes Laércio e Wolff); b) a corrente que se opõe ao criticismo (Kant); c) o ato de afirmar a autoridade de uma doutrina; d) o conjunto de proposições que são consideradas como princípios inegáveis num sistema; e) a atitude sistemática de afirmar ou negar algo categoricamente; f) afirmação de uma verdade indiscutível.

DOGMATISMO CRÍTICO. *Filosofia geral.* Concepção que admite a possibilidade do conhecimento da verdade de modo sistemático e objetivo.

DOGMATISMO GNOSEOLÓGICO. *Filosofia geral.* Teoria que aceita a possibilidade do conhecimento da realidade. É também denominado racionalismo (Jolivet).

DOGMATISMO INGÊNUO. *Filosofia geral.* Corrente filosófica segundo a qual a veracidade do conhecer independe de demonstração, porque não há dúvida da apreensão do objeto pelo sujeito cognoscente.

DOGMATISMO JURÍDICO. *Filosofia do direito.* Parte da filosofia jurídica que visa estabelecer as condições e os princípios fundamentais do direito expressos peremptoriamente, por serem tidos como postulados irrefutáveis e certos.

DOGMATISMO MORAL. Na *linguagem filosófica,* é a filosofia que explica e legitima a certeza pela ação.

DOGMATISTA. *Filosofia do direito.* Diz-se da pessoa sectária do dogmatismo.

DOGMATIZAÇÃO. *Filosofia do direito.* Ato ou efeito de dogmatizar ou estabelecer dogmas.

DOGMATIZADOR. Quem dogmatiza.

DOGMATIZANTE. Que dogmatiza.

DOGMATIZAR. Considerar algo como dogma.

DOIDO. *Medicina legal.* Aquele que perdeu o uso da razão; louco.

DÓLAR. *Economia política.* Unidade monetária dos Estados Unidos da América do Norte, Canadá etc.

DÓLAR CABO. *Economia política.* 1. Dólar paralelo, em que o valor é transferido eletronicamente para uma conta corrente no exterior. 2. O valor em reais do dólar nessa operação (Luiz Fernando Rudge).

DÓLAR COMERCIAL. *Economia política.* 1. Dólar utilizado nas operações comerciais do país, no pagamento do serviço da dívida externa e nas remessas de dividendos das empresas com sede no exterior. 2. O valor em reais do dólar nessa operação (Luiz Fernando Rudge).

DÓLAR FLUTUANTE. *Economia política.* 1. Dólar utilizado nas operações financeiras e na conversão de dólares de residentes. 2. O valor em reais do dólar nessa operação. 3. O mesmo que DÓLAR TURISMO (Luiz Fernando Rudge).

DÓLAR FUTURO. *Economia política.* Cotação esperada pelo mercado financeiro do valor do dólar, no mercado futuro (Luiz Fernando Rudge).

DÓLAR PARALELO. *Economia política.* 1. Dólar utilizado nas operações no mercado paralelo. 2. O valor em reais do dólar nessa operação (Luiz Fernando Rudge).

DÓLAR TURISMO. *Economia política.* 1. Dólar utilizado nas operações financeiras e na conversão de dólares de residentes. 2. O valor em reais do dólar nessa operação. 3. O mesmo que DÓLAR FLUTUANTE (Luiz Fernando Rudge).

DOLARIZAÇÃO. *Economia política.* 1. Substituição total das moedas de um país pelo dólar americano. 2. Medida radical em que a moeda nacional perde totalmente a credibilidade da população, e é substituída pelo dólar (Luiz Fernando Rudge).

DOLEIRO. Operador de compra e venda de moeda estrangeira no mercado paralelo (Luiz Fernando Rudge).

DOLICOCÉFALO. *Medicina legal.* Diz-se daquele que possui crânio de diâmetro anteroposterior um quarto maior do que o longitudinal ou transversal, com índice cefálico de 75,9 ou menos.

DOLICOCÓLON. *Medicina legal.* Extensão anormal do cólon.

DOLO. 1. *Direito penal.* Intenção deliberada de praticar um ato criminoso, omissivo ou comis-

sivo, com a disposição de produzir o resultado ou assumindo o risco de produzi-lo. 2. *Direito civil.* Emprego de um artifício ou expediente astucioso para induzir alguém à prática de um ato que o prejudica e aproveita ao autor do dolo ou a terceiro (Clóvis Bevilárqua). 3. *História do direito.* Espécie de punhal que era usado na Península Ibérica. 4. *Direito administrativo.* Vício de vontade que pode anular um ato administrativo.

DOLO ABERTO. *Direito penal.* Intenção do agente de, com o ato delituoso, obter o resultado ou de assumir o risco de causá-lo, manifestada inequivocamente, sem qualquer disfarce.

DOLO ACESSÓRIO. *Direito penal.* É aquele que, acrescentado ao principal, visa garantir o resultado do crime ou a sua ocultação, por exemplo, esquartejamento do cadáver do assassinado.

DOLO ACIDENTAL. *Direito civil.* É o que leva a vítima a realizar o negócio, porém em condições mais onerosas ou menos vantajosas, sem afetar sua declaração de vontade, embora provoque desvios, e sem constituir vício de consentimento, uma vez que não influi diretamente na realização do ato, que teria sido praticado independentemente do emprego de artifícios astuciosos. Não acarreta anulação do negócio jurídico, obrigando apenas à satisfação de perdas e danos ou a uma redução da prestação acordada. Por exemplo, uma pessoa avaliza um documento cambial para seu tio, por julgar que a quantia se destinava a ampliar determinado negócio, segundo informação do avalizado. A verdade, porém, é que a importância visava encobrir certo valor indevidamente apropriado. Mesmo assim, ele não poderá alegar dolo, porque, ao avalizar, sabia que estava assumindo uma responsabilidade cambiária.

DOLO ALTERNATIVO. *Direito penal.* Aquele em que o agente prevê resultados de dano diferentes, que se excluem entre si, mas com a intenção de obter, através de sua conduta delituosa, qualquer um deles.

DOLO BILATERAL. *Vide* DOLO ENANTIOMÓRFICO.

DOLO COMERCIAL. *Direito comercial.* Artifício utilizado por empresário para impingir o seu produto ou mercadoria ao comprador ou para justificar-lhe o preço cobrado.

DOLO COM INTENÇÃO ULTERIOR. *Direito penal.* Dolo específico dirigido a um fim especial ou determinado, havendo uma intenção qualificada do agente. É o dolo próprio das qualificadoras de certos crimes. Por exemplo: usurpação de águas alheias em proveito próprio ou de terceiro; fraude para recebimento de indenização ou valor de seguro; ultraje a culto e impedimento ou perturbação de cerimônia religiosa.

DOLO COMISSIVO. *Vide* DOLO POSITIVO.

DOLO COMPENSADO. *Direito civil.* Dá-se quando ambas as partes procedem dolosamente, logo, nenhuma delas pode pleitear a anulação do ato jurídico ou reclamar qualquer indenização, porque houve neutralização do ato ou compensação entre dois ilícitos.

DOLO CONSEQÜENTE. *Direito penal.* É a intenção deliberada de praticar um delito que sobrevém ao agente após ter dado início a sua ação sem dolo. Por exemplo, alguém age em legítima defesa e depois resolve matar seu agressor já subjugado.

DOLO DA TENTATIVA. *Direito penal.* Ocorre quando o agente quer praticar o crime, mas este não se consuma por fatores alheios à sua vontade.

DOLO DE AMBAS AS PARTES. *Vide* DOLO COMPENSADO.

DOLO DE APROVEITAMENTO. *Direito penal.* Intenção de obter resultado danoso prevalecendo-se da situação econômico-financeira da vítima, o que configura crime contra a economia popular ou contra o patrimônio.

DOLO DE CONSEQÜÊNCIAS NECESSÁRIAS. *Direito penal.* É o dolo determinado, direto, intencional ou incondicionado, que se caracteriza pela intenção deliberada do agente de obter o resultado danoso, praticando para tanto o ato adequado para alcançá-lo.

DOLO DE DANO. *Direito penal.* Intenção do agente de provocar um resultado lesivo, e não apenas um perigo, ao bem juridicamente tutelado.

DOLO DE ÍMPETO. *Direito penal.* É o que surge repentinamente, logo em seguida a uma violenta emoção.

DOLO DE LESÃO. *Vide* DOLO DE DANO.

DOLO DELIBERADO. *Direito penal.* Intenção premeditada do agente de praticar o crime que se dá entre a cogitação e a execução.

DOLO DE PERIGO. *Direito penal.* Intenção do agente de colocar em perigo o bem juridicamente protegido, sem causar-lhe um dano efetivo.

DOLO DE PREMEDITAÇÃO. *Vide* DOLO DELIBERADO.

DOLO DE PROPÓSITO. *Vide* DOLO DELIBERADO.

DOLO DE TERCEIRO. *Direito civil.* Aquele que só acarreta anulabilidade do negócio jurídico se uma das partes dele tiver conhecimento. Não sendo ele conhecido pelo beneficiado, dará lugar a uma indenização, por parte do terceiro autor do engano intencional, a favor da vítima. Assim, se não se provar, nos negócios jurídicos bilaterais, que uma das partes conhecia o dolo de terceiro, não poderá o negócio ser anulado, ainda que haja presunção desse conhecimento.

DOLO DETERMINADO. *Vide* DOLO DE CONSEQÜÊNCIAS NECESSÁRIAS.

DOLO DIRETO. *Vide* DOLO DE CONSEQÜÊNCIAS NECESSÁRIAS.

DOLO DO EMPREGADO. *Direito do trabalho.* Ato astucioso que constitui justa causa de rescisão do contrato de trabalho e de desconto no salário do empregado da quantia relativa ao dano causado dolosamente por: ato de improbidade; incontinência de conduta ou mau procedimento; desídia no desempenho das respectivas funções; violação de segredo da empresa; ato de indisciplina ou de insubordinação; abandono de emprego; ato lesivo da honra ou da boa fama praticado no serviço contra qualquer pessoa, empregador ou superior hierárquico ou ofensas físicas, nas mesmas condições, salvo em caso de legítima defesa própria ou de outrem; prática constante de jogos de azar; negociação habitual por conta própria ou alheia sem permissão do empregador e quando constituir ato de concorrência à empresa para a qual trabalha ou for prejudicial ao serviço; condenação criminal do empregado passada em julgado, caso não tenha havido suspensão da execução da pena; prática comprovada em inquérito administrativo de atos atentatórios da segurança nacional.

DOLO DO OFENDIDO. *Direito penal.* Intenção da vítima de alcançar vantagem ilícita, propiciando a ação do agente para a consumação da finalidade fraudulenta.

DOLO DO REPRESENTANTE LEGAL OU CONVENCIONAL. *Direito civil.* Artifício astucioso daquele que age em nome do representado, sujeitando-o à responsabilidade civil até a importância do proveito que tirou do negócio, em caso de representação legal, se convencional for, o representado deverá responder solidariamente com o representante por perdas e danos, com ação regressiva contra o representante pela quantia que desembolsou para reparar o dano causado, exceto se com este estava mancomunado. Silvio Rodrigues afirma que, se o dolo do representante for causa determinante da celebração do ato, tem a vítima direito à ação de anulação do negócio realizado, por se tratar de dolo principal, ensejando, ainda, reparação pelo prejuízo causado. Não tendo sido o dolo do representante a causa determinante do negócio, caracterizando-se por dolo acidental, a ação será de perdas e danos, e o representado será responsável apenas pelos limites do proveito que obteve, embora tenha ação regressiva contra o seu representante. Logo, em se tratando de ação de perdas e danos, a vítima do dolo só poderá cobrar do representado o que tiver lucrado, sendo o remanescente cobrado do representante, a fim de que seja coberto o prejuízo efetivo; assim, não se permite que o representado responda solidariamente pelo total do prejuízo acarretado pelo ato do seu representante. Há juristas, porém, como De Page, que entendem que o representado deveria sofrer as conseqüências do dolo de seu representante convencional por culpa *in eligendo* e *in vigilando*.

DOLO EMPRESARIAL. *Vide* DOLO COMERCIAL.

DOLO ENANTIOMÓRFICO. *Direito civil.* Dolo de ambas as partes, de modo que nenhuma poderá alegá-lo para anular ato ou reclamar indenização.

DOLO ESPECÍFICO. *Vide* DOLO COM INTENÇÃO ULTERIOR.

DOLO ESSENCIAL. *Direito civil.* Diz-se daquele que dá causa ao negócio jurídico, sem o qual este não se teria concluído, acarretando, então, sua anulabilidade. Trata-se do dolo principal ou *dolus causam*.

DOLO EVENTUAL. *Direito penal.* Aquele em que o agente quer praticar a ação criminosa assumindo o risco de qualquer resultado, pouco se importando se ele ocorrerá ou não.

DOLO FACIT, QUI PETIT QUID RESTITUERE OPORTET EUMDEM. *Expressão latina.* É dolo exigir o que somos obrigados a restituir.

DOLO GENÉRICO. *Direito penal.* Consciência da ilicitude contada na descrição típica sem qualquer exigência de um motivo específico para a ação delituosa. É, portanto, o dolo alheio a qualquer objetivo particular.

DOLO GERAL. *Direito penal.* Intenção criminosa que se verifica quando o agente, crendo ter alcançado o resultado de dano, vem a praticar outra ação com propósito diferente e só então é que ocorre, efetivamente, o resultado lesivo pretendido. Por exemplo, se o agente, após golpear a vítima, supondo que está morta, joga-a num rio, comprovando-se, posteriormente, pela autopsia, que a morte, na verdade, se deu por afogamento (Nélson Hungria).

DOLO IMPLÍCITO. *Vide* DOLO EVENTUAL.

DOLO INCIDENTE. *Vide* DOLO ACIDENTAL.

DOLO INCONDICIONADO. *Vide* DOLO DE CONSEQÜÊNCIAS NECESSÁRIAS.

DOLO INDETERMINADO. *Vide* DOLO EVENTUAL.

DOLO INDIRETO. *Vide* DOLO EVENTUAL.

DOLO INICIAL. *Direito penal.* Aquele do qual o agente vem a se arrepender, no curso do *iter criminis*, sem, porém, poder evitar a consumação do resultado lesivo.

DOLO IN RE IPSA. *Direito penal.* Repelido pelo direito penal, é o dolo presumido pela conduta do agente, sendo dispensada sua comprovação. É o deduzido das circunstâncias dos fatos, sem que haja qualquer intenção de lesar outrem.

DOLO NEGATIVO. *Direito civil.* Manobra astuciosa que constitui uma omissão dolosa ou reticente. Dá-se quando uma das partes oculta alguma coisa que o outro co-contratante deveria saber, sendo que, se soubesse, não teria realizado o negócio. Por exemplo, quando alguém faz um seguro de vida, omite moléstia grave e vem a falecer poucos meses depois, trata-se de manobra maliciosa por omissão, pois houve intenção de prejudicar a seguradora e beneficiar os sucessores.

DOLO OBJETIVO. *Vide* DOLO *IN RE IPSA*.

DOLO OMISSIVO. *Vide* DOLO NEGATIVO.

DOLO PASSIONAL. *Vide* DOLO DE ÍMPETO.

DOLO PASSIVO. *Vide* DOLO NEGATIVO.

DOLO POR COMISSÃO. *Vide* DOLO POSITIVO.

DOLO POSITIVO. *Direito civil.* Artifício astucioso que consta de ação dolosa, ou seja, é o dolo por comissão em que a outra parte é levada a contratar por força de artifícios positivos, isto é, afirmações falsas sobre a qualidade da coisa.

DOLO PRECEDENTE. *Vide* DOLO INICIAL.

DOLO PREMEDITADO. *Vide* DOLO DELIBERADO.

DOLO PREORDENADO. *Vide* DOLO INICIAL.

DOLO PRESUMIDO. *Vide* DOLO *IN RE IPSA*.

DOLO PRINCIPAL. *Vide* DOLO ESSENCIAL.

DOLO REAL. *Vide* DOLO COMPROVADO.

DOLO RECÍPROCO. *Vide* DOLO COMPENSADO.

DOLO REPENTINO. *Vide* DOLO DE ÍMPETO.

DOLO *RES IPSA*. *Vide* DOLO *IN RE IPSA*.

DOLORIMETRIA. *Medicina legal.* Método para medir os graus de intensidade de percepção da dor.

DOLORISMO. Na *linguagem filosófica*, é, segundo Teppe, a doutrina que atribui um alto valor moral, estético e sobretudo intelectual à dor, não só porque torna o homem sensível aos sofrimentos alheios, mas porque suspende os impulsos da vida animal, permitindo ao espírito adquirir uma hegemonia particularmente eficaz para a criação artística e literária.

DOLOSO. **1.** *Direito civil.* a) Diz-se do negócio jurídico que contém vício de consentimento, que é o dolo; b) comportamento que deu origem ao vício; c) em que há dolo; d) causado por dolo; e) que procede com dolo; f) que usa de dolo, agindo de má-fé. **2.** *Direito penal.* Comportamento punível por haver intenção de causar o resultado lesivo.

DOLO SUBESPECÍFICO. *Vide* DOLO COM INTENÇÃO ULTERIOR.

DOLO SUBSEQÜENTE. *Vide* DOLO CONSEQÜENTE.

DOLO SUCESSIVO. *Vide* DOLO CONSEQÜENTE.

DOLO SUPERVENIENTE. *Direito penal.* Intenção delituosa que se manifesta após a prática da ação criminosa, não constituindo, portanto, sua causa determinante.

DOLO TÁCITO. *Vide* DOLO EVENTUAL.

DOLO TÍPICO. *Vide* DOLO COM INTENÇÃO ULTERIOR.

DOLO ÚNICO. *Direito penal.* Dá-se quando na descrição legal só é mencionada uma modalidade de dolo, seja ele genérico ou específico.

DOLO UNIDO A CASO. *Direito penal.* Intenção delituosa que concorre com o fortuito.

DOLO VELADO. *Direito penal.* Aquele que se caracteriza pela conduta insidiosa do agente, reveladora de sua perversidade.

DOLUS A FRAUDE DIFFERT VELUT GENUS AUSPECIE. *Expressão latina.* O dolo difere da fraude, como o gênero da espécie.

DOLUS APERTUS. *Vide* DOLO ABERTO.

DOLUS BONUS. **1.** *Direito penal.* Motivo determinante da ação delituosa que, por seu relevante valor moral ou social, atua como atenuante ou causa de configuração do crime como privilegiado. **2.** *Direito civil* e *direito comercial.* Artifício que não tem a finalidade de prejudicar. Não induz à anulabilidade do negócio, por ser comportamento lícito e tolerado, consistente em reticências, dissimulações de defeitos ou exagero nas boas qualidades, por exemplo, quando o comerciante exagera um pouco na descrição da qualidade de seus produtos, desde que não venha a enganar o consumidor mediante propaganda abusiva.

DOLUS CAUSAM. *Vide* DOLO ESSENCIAL.

DOLUS DETERMINATUS. *Vide* DOLO DE CONSEQÜÊNCIAS NECESSÁRIAS.

DOLUS ET FRAUS, PRAESUMI NON DEBET. *Aforismo jurídico.* O dolo e a fraude não devem ser presumidos.

DOLUS GENERALIS. *Vide* DOLO GERAL.

DOLUS INCIDENS. *Vide* DOLO ACIDENTAL.

DOLUS INDETERMINATUS. *Vide* DOLO EVENTUAL.

DOLUS MALUS. **1.** *Direito civil.* Emprego de manobras astuciosas com o objetivo de prejudicar alguém, constituindo vício do negócio jurídico passível de provocar sua anulabilidade, dado que tal artifício consegue ludibriar pessoas sensatas e atentas. **2.** *Direito penal.* Intenção de praticar uma ação criminosa que pode constituir agravante ou qualificadora.

DOLUS NON PRAESUMITUR NISI PROBETUR. *Expressão latina.* O dolo não se presume sem prova.

DOLUS PRAESUMITUR IN EO, QUI FACIT, QUOD TENETUR NON FACERE. *Aforismo jurídico.* Presume-se dolo em quem faz o que tinha obrigação de não fazer.

DOLUS REPENTINUS. *Vide* DOLO DE ÍMPETO.

DOLUS RES IPSA. *Locução latina.* Dolo presumido.

DOLUS UBI NON ADEST, NON EST DELICTUM POENA DIGNUM. *Aforismo jurídico.* Onde não há dolo, não há delito merecedor de pena.

DOLUS UNIUS ALTERUM NOCERE NON DEBET. *Expressão latina.* O dolo de um não deve prejudicar outro.

DOLUS VELATUS — 253 — **DOL**

DOLUS VELATUS. *Vide* DOLO VELADO.

DOM. 1. *Direito canônico.* a) Título honorífico que se atribui a bispos e cardeais; b) bem espiritual proporcionado por Deus. **2.** *Direito penal.* Droga idônea para determinar dependência física ou psíquica. O DOM é 2-amino-1-(2,5-dimetoxi-4-metil) fenil-propano; psicotrópico. **3.** *História do direito.* Título nobiliárquico que precedia os nomes próprios masculinos. **4.** Na *linguagem comum,* quer dizer: vocação; talento; aptidão.

DOMAIN NAME. *Direito virtual* e *direito de propriedade intelectual.* **1.** Local onde as atividades na *Web* se desenvolvem. **2.** Nome de domínio. **3.** É relativo a um endereço de um *site* em ambiente de internet, identificando-o, com fins de localização (Pedro A. de Miguel Asencio). **4.** Nome indicativo do lugar na internet onde um *website* pode ser acedido; uma combinação única de letras ou nomes perceptíveis à linguagem humana, números ou travessões e códigos que encaminham informações entre usuários do sistema. Compõe-se de um nome escolhido pelo interessado (subdomínio) e de um sufixo (domínio) exigido pelo órgão técnico de registro, destinando-se a permitir o encaminhamento adequado da comunicação na rede eletrônica (Joel Timóteo R. Pereira).

DOMAIN NAME SYSTEM. *Direito virtual.* Sistema que, na internet, é usado para traduzir os nomes do domínio em endereços numéricos (Amaro Moraes e Silva Neto).

DOMENICA POTESTAS. *Direito romano.* Poder exercido pelo senhor sobre o escravo.

DOMÉSTICA. *Direito do trabalho.* Empregada que faz trabalhos caseiros. Por exemplo, arrumadeira, cozinheira, lavadeira, babá etc.

DOMESTICA COMMODA. *Locução latina.* Interesse particular.

DOMESTICADO. *Direito civil.* Diz-se do animal bravio ou selvagem amansado empregado em atividades de proveito do homem.

DOMESTICIDADE. 1. *Direito civil.* a) Qualidade do animal de ser domesticado, sujeitando-se ao homem; b) convivência na mesma casa; coabitação. **2.** *Direito do trabalho.* Condição da pessoa que vive em casa alheia prestando serviços mediante retribuição ou salário.

DOMÉSTICO. *Direito do trabalho.* Empregado que presta serviços em casa de família, recebendo uma remuneração. Por exemplo, faxineiro, motorista particular, caseiro etc.

DOMICILIAÇÃO. *Direito civil.* Ato ou efeito de domiciliar.

DOMICILIADO. *Direito civil.* **1.** Aquele que se domiciliou, possuindo uma sede para seus negócios ou atividades. **2.** Local de caráter definitivo onde a pessoa física ou jurídica tem a sede de seus negócios.

DOMICILIAR. *Direito civil.* Estabelecer domicílio.

DOMICILIÁRIO. *Direito civil.* **1.** Relativo a domicílio. **2.** Feito no domicílio.

DOMICILIATÁRIO. *Direito cambiário.* Indivíduo em cujo domicílio deve ser paga uma nota promissória ou letra de câmbio, por indicação do sacador, emitente ou aceitante contida no título. Tal ocorre por estar domiciliado em outro local.

DOMICÍLIO. 1. *Direito civil.* Sede jurídica da pessoa, onde se presume ela presente para efeitos de direito e onde exerce ou pratica, habitualmente e com ânimo definitivo, seus atos e negócios jurídicos. **2.** *Direito internacional privado.* Critério de conexão que mais atende à conveniência nacional, uma vez que o Brasil, por ser um país de imigração, tem o interesse de sujeitar o estrangeiro aqui domiciliado à sua lei, integrando-o à vida nacional, independentemente de sua subordinação política. O critério do domicílio é político, geográfico e jurídico, visto que a pessoa, fazendo parte da população, passa a ser o elemento de conexão para determinar a lei aplicável. A qualificação do domicílio é dada pela *lex fori,* e o juiz brasileiro deve qualificar o domicílio segundo o direito nacional, e não de conformidade com o direito estrangeiro, estabelecendo a ligação entre a pessoa e o país onde está domiciliada, para aplicar as normas de direito cabíveis. Existindo o dado "domicílio", opera-se a conexão para o efeito da aplicabilidade da norma do Estado em que a pessoa tem domicílio. Eis por que, no dizer de Haroldo Valladão, domicílio, no direito internacional privado, é o vínculo que liga uma pessoa a um *territorium legis,* ou seja, a uma ordem jurídica vigente em certo território. Como o domicílio é a sede jurídica da pessoa, o centro de seus negócios e de suas atividades, é natural que a *lex domicilii* discipline a sua vida na ordem privada, e, além disso, a exteriorização do domicílio facilita e beneficia terceiros interessados em manter relações jurídicas com ela.

DOMICÍLIO AD LITEM. *Direito processual civil.* Aquele pelo qual o autor pode optar se o litígio não versar sobre direitos reais.

DOMICÍLIO ADQUIRIDO. *Direito civil.* É aquele que a pessoa adquire por um ato volitivo, por exemplo, quando transfere seu domicílio para outro local, quando um menor atinge maioridade e escolhe seu domicílio etc.

DOMICÍLIO APARENTE. *Direito civil.* É o que se presume real quando há dificuldade de se saber qual é o verdadeiro domicílio de uma pessoa, pelo fato de ela ser vista muitas vezes num determinado local. Trata-se de uma sanção àquele que não tem domicílio certo.

DOMICÍLIO CIVIL. *Direito civil.* Local onde a pessoa estabelece, com ânimo definitivo, sua residência e responde por suas atividades sociais e negócios jurídicos.

DOMICÍLIO COMERCIAL. *Direito comercial.* Lugar onde o empresário responde pelas atividades econômicas organizadas para a produção e circulação de bens e serviços, por constituir a sede da administração central ou por ter sido eleito nos estatutos da pessoa jurídica.

DOMICÍLIO CONJUGAL. *Direito civil.* Local onde se fixa a sede da sociedade conjugal, ou seja, é o domicílio comum dos cônjuges. A escolha cabe a ambos os cônjuges, porém um deles poderá escolher o próprio se tiver, p. ex., de atender a reclamos de sua vida profissional e a interesses particulares importantes.

DOMICÍLIO DA PESSOA JURÍDICA. *Direito civil, direito comercial* e *direito administrativo.* Sede jurídica onde os credores podem demandar o cumprimento das obrigações. É o local de suas atividades habituais, de seu governo, administração ou direção ou, ainda, o determinado no ato constitutivo. As pessoas jurídicas de direito público interno têm por domicílio a sede de seu governo. Assim, a União afora as causas na capital do Estado ou território em que tem domicílio a outra parte e é demandada, à escolha do autor, no Distrito Federal ou na capital do Estado em que ocorreu o ato que deu origem à demanda ou no qual se situe o bem. Os Estados e Territórios têm por sede jurídica as suas capitais, e os Municípios, o lugar da Administração municipal. Às autarquias, como são entes descentralizados criados por lei, aplicam-se as normas sobre o domicílio da pessoa jurídica de direito público interno de que são desmembramento. As pessoas jurídicas de direito privado têm por domicílio o lugar onde funcionarem sua diretoria e administração ou onde elegerem domicílio especial nos seus estatutos ou atos constitutivos devidamente registrados. Admite-se a pluralidade do domicílio dessas pessoas jurídicas desde que tenham diversos estabelecimentos, por exemplo, agências, escritórios de representação, departamentos ou filiais situados em comarcas diferentes, caso em que poderão ser demandadas no foro em que tiverem praticado o ato. Dessa forma, o local de cada estabelecimento dotado de autonomia será considerado domicílio para os atos ou negócios nele efetivados, com o intuito de beneficiar os indivíduos que contratarem com a pessoa jurídica. Se a sede da administração for no estrangeiro, ter-se-ão por domicílio os estabelecimentos situados no Brasil onde as obrigações foram contraídas pelos respectivos agentes. Portanto, as pessoas jurídicas estrangeiras têm por domicílio, no que concerne às obrigações contraídas por suas filiais, o lugar em que elas estiverem, protegendo-se assim as pessoas que com elas contratam, evitando-se que tenham de acioná-las no estrangeiro, onde se encontra sua administração.

DOMICÍLIO DA PESSOA NATURAL. *Direito civil.* Sede jurídica da pessoa natural, onde ela se encontra presente para efeitos de direito e onde estabelece sua residência com ânimo definitivo e exerce ou pratica, habitualmente, seus atos e negócios jurídicos. Entretanto, convém distingui-lo da habitação e da residência. Na habitação ou moradia tem-se uma mera relação de fato, ou seja, é o local em que a pessoa permanece, acidentalmente, sem o ânimo de ficar (p. ex., quando alguém aluga uma casa de praia para passar o verão). A residência é o lugar em que habita, com intenção de permanecer, mesmo que dele se ausente temporariamente. O domicílio, que é um conceito jurídico, consiste no local onde a pessoa responde, permanentemente, por seus negócios e atos jurídicos, sendo importantíssimo para a determinação do lugar onde se devem celebrar tais atos, exercer direitos, propor ação judicial ou responder pelas obrigações. O domicílio civil é o local onde a pessoa natural estabelece sua residência com ânimo definitivo, tendo, portanto, por critério a residência. Importa na fixação espacial permanente da pessoa. Se houver pluralidade domiciliar, isto é, várias residências onde alternadamente viva a pessoa natural, e se esta exercer profissão em localidades diversas, qualquer delas será considerada seu domicílio; logo, poderá ser acionada em qualquer desses lugares. Quando a pessoa natural não tiver domicílio fixo ou certo, por não ter residência habitual ou por empregar a vida em viagens, sem ponto central de negócios, terá por domicílio o lugar onde for encontrada.

DOMICÍLIO DE DIREITO. *Direito civil.* É o imposto por lei em razão da condição ou situação de certas pessoas. É também denominado "domicílio legal" ou "domicílio necessário". Por exemplo: o recém-nascido adquire o domicílio de seus pais, ao nascer; o incapaz, o de seus representantes; o servidor público, o do lugar onde exerce sua função permanente; o militar em serviço ativo, o do local onde servir, sendo da Marinha ou da Aeronáutica, o da sede de comando a que se encontrar imediatamente subordinado; os oficiais e tripulantes (marítimos) da marinha mercante, o do lugar onde estiver matriculado o navio; o preso, o do lugar onde cumpre a sentença; o agente diplomático do Brasil que, citado no estrangeiro, alegar extraterritorialidade, sem indicar seu domicílio no país, poderá ser demandado no Distrito Federal ou no último ponto do território nacional onde o teve etc.

DOMICÍLIO DE ESCOLHA. *Direito civil.* Também chamado "domicílio voluntário", é o escolhido livremente, podendo ser geral, se fixado pela própria vontade do indivíduo, quando capaz, ou especial, se estabelecido conforme os interesses das partes em um contrato, a fim de fixar a sede jurídica onde as obrigações contratuais deverão ser cumpridas ou exigidas.

DOMICÍLIO DE FATO. *Direito civil.* Diz-se do decorrente da residência ou daquele em que, eventual ou casualmente, a pessoa possa ser encontrada.

DOMICÍLIO DE ORIGEM. *Direito civil.* Diz-se do domicílio dos pais, no dia do nascimento do filho, ou do local do nascimento, se a criança não tiver pais conhecidos.

DOMICÍLIO DO AUSENTE. *Direito civil.* É aquele onde a pessoa residia ou tinha a sede de seus negócios, no instante de seu desaparecimento, ou o lugar onde desapareceu. Trata-se do local de seu último domicílio.

DOMICÍLIO DO AUTOR. *Direito processual civil.* Foro do domicílio do autor, que é o da ação, determinante da competência do juiz, desde que o réu não tenha sido encontrado, por ser incerto ou desconhecido seu domicílio.

DOMICÍLIO DO *DE CUJUS*. *Direito civil* e *direito processual civil.* É o último domicílio do falecido, que determina o local da abertura da sucessão, porque presume-se que aí esteja a sede principal dos interesses e negócios do *de cujus*, embora o passamento se tenha dado em local diverso ou os seus bens estejam situados em outro local. O foro do domicílio do autor da herança, no Brasil, é o competente para o inventário, a partilha, a arrecadação, o cumprimento de disposições de última vontade e todas as ações em que o espólio for réu, ainda que o óbito tenha ocorrido no estrangeiro. É competente o foro: a) da situação dos bens, se o autor da herança não possuía domicílio certo; b) do lugar em que ocorreu o óbito, se o autor da herança não tinha domicílio certo e possuía bens em lugares diferentes. Se o autor da herança tinha mais de um domicílio, processar-se-á o inventário em qualquer deles, por exemplo, no que for mais conveniente aos interesses dos herdeiros ou do consorte supérstite ou naquele em que se deu o óbito. Se, porventura, forem requeridos vários inventários em cada um desses inúmeros domicílios, tornar-se-á, por prevenção, competente o juízo que primeiro tomou conhecimento do inventário.

DOMICÍLIO DO RÉU. *Direito processual.* Local onde pode ser proposta a ação fundada em direito pessoal ou real sobre móveis ou instaurado o processo, se desconhecido o local do crime ou se se tratar dos casos de ação privada.

DOMICÍLIO ELEITORAL. *Direito eleitoral.* Zona ou circunscrição onde o indivíduo está registrado como eleitor.

DOMICÍLIO ELETIVO. *Direito civil.* Foro de eleição estabelecido pelas partes, que indicam um local, diverso do domicílio geral, atribuindo uma competência judicial para a execução e exigibilidade de certas obrigações ou para o exercício de determinados direitos.

DOMICÍLIO ESPECIAL. *Vide* DOMICÍLIO ELETIVO.

DOMICÍLIO EVENTUAL. *Direito civil.* Diz-se do local onde se encontra aquele que não tem residência habitual ou ponto central de negócios.

DOMICÍLIO FISCAL. *Direito tributário.* É o fixado para fins de tributação de pessoas físicas ou jurídicas e regido por normas tributárias, as quais permitem ao contribuinte ou responsável eleger seu domicílio tributário para responder pelas obrigações fiscais, desde que tal eleição não venha a dificultar a arrecadação ou fiscalização do tributo.

DOMICÍLIO FORÇADO. *Vide* DOMICÍLIO DE DIREITO.

DOMICÍLIO GERAL. *Direito civil.* Domicílio voluntário fixado pela própria vontade do indivíduo, quando capaz.

DOMICÍLIO LEGAL. *Vide* DOMICÍLIO DE DIREITO.

DOMICÍLIO NECESSÁRIO. *Vide* DOMICÍLIO DE DIREITO.

DOMICÍLIO ORDINÁRIO. *Vide* DOMICÍLIO CIVIL.

DOMICÍLIO PARTICULAR. *Vide* DOMICÍLIO ELETIVO.

DOMICÍLIO POLÍTICO. *Ciência política* e *direito eleitoral.* É aquele onde a pessoa exerce seus direitos políticos e cumpre os seus deveres cívicos, como o de votar e ser votado.

DOMICÍLIO REAL. *Direito civil.* Local onde a pessoa efetivamente fixa sua residência com ânimo definitivo, podendo, ainda, abranger o domicílio legal ou necessário, que é imposto em razão de disposição de lei.

DOMICÍLIO TRIBUTÁRIO. *Vide* DOMICÍLIO FISCAL.

DOMICÍLIO VOLUNTÁRIO. *Vide* DOMICÍLIO DE ESCOLHA.

DOMICILITÁRIO. *Vide* DOMICILIATÁRIO.

DOMINAÇÃO. 1. *Direito internacional público.* Poder absoluto sobre o território nacional; soberania. **2.** *Direito civil.* Domínio.

DOMINAÇÃO DE MERCADOS. *Direito penal.* Abuso de poder econômico consistente em eliminar, parcial ou totalmente, a concorrência.

DOMINAÇÕES. *Direito canônico.* Uma das nove categorias de anjos admitidas pela teologia.

DOMINADO. *Direito internacional público* e *direito militar.* Vencido; subjugado.

DOMINADOR. 1. O que domina ou governa. **2.** Conquistador.

DOMINANTE. 1. *Direito civil.* Diz-se do prédio que é beneficiário de uma servidão predial. **2.** *Direito internacional público.* a) Estado que se contrapõe ao satélite; b) o que governa.

DOMINAR. *Direito internacional privado.* Ter autoridade ou poder.

DOMINATO. *História do direito.* Fase da administração romana que se instaurou na era de Dio-

cleciano e estendeu-se até Justiniano, caracterizando-se pelo poder absoluto. Período do advento ao poder de Diocleciano, ou época que vai de Constantino até a queda do Império Romano do Ocidente (Mazzarino, Bonini e De Martino).

DOMINGO. 1. *Direito do trabalho.* Dia de descanso semanal de vinte e quatro horas consecutivas concedido aos empregados. Nos serviços em que for necessário o trabalho aos domingos, será estabelecida uma escala de revezamento, subordinada à permissão prévia da autoridade competente. **2.** *Direito processual civil.* Dia da semana em que não há prática de nenhum ato processual, embora, excepcionalmente, a citação e a penhora possam realizar-se em domingos e feriados se houver autorização judicial expressa para tanto. **3.** *Direito civil.* Dia em que não há vencimento de título de crédito, ou seja, se o prazo nele cair, será prorrogado até o seguinte dia útil.

DOMINIAL. *Direito administrativo.* Bem de domínio público regido por normas de direito público.

DOMINIA RERUM TRADITIONIBUS TRANSFERUNTUR. *Aforismo jurídico.* O domínio das coisas transfere-se pela tradição.

DOMINICAL. *Direito civil* e *direito administrativo.* Conjunto de bens que compõem o patrimônio privado da União, dos Estados ou dos Municípios como objeto do direito pessoal ou real dessas pessoas de direito público interno. Abrangem bens móveis ou imóveis, como: títulos de dívida pública, estradas de ferro, telégrafos, oficinas e fazendas do Estado, ilhas formadas em mares territoriais ou rios navegáveis, terras devolutas, terrenos da marinha e acrescidos, mar territorial, terras ocupadas pelos índios, sítios arqueológicos e pré-históricos, bens vagos, bens perdidos pelos criminosos condenados por sentença proferida em processo judiciário federal, quedas-d'água, jazidas e minérios, arsenais com todo material da Marinha, Exército e Aeronáutica, bens que foram do domínio da Coroa etc.

DOMINICANA. *Direito canônico.* Freira da ordem de São Domingos.

DOMINICANO. *Direito canônico.* **1.** Relativo a São Domingos ou à ordem por ele fundada. **2.** Frade pertencente à ordem de São Domingos.

DOMÍNIO. 1. *Direito internacional público.* a) Possessão; b) território pertencente a um Estado sobe-

DOMÍNIO AÉREO 257 **DOM**

rano. **2.** *Direito civil.* a) Propriedade; b) qualidade de proprietário; c) poder de dispor de algo como seu proprietário; d) direito real em que o titular de uma coisa tem seu uso, gozo e disposição, podendo reivindicá-la de quem injustamente a detenha, em razão do seu direito de seqüela; e) poder jurídico direto, absoluto e imediato que o proprietário tem sobre a coisa que lhe pertence. **3.** *Direito constitucional* e *direito administrativo.* Poder de regulamentação exercido pelo Estado sobre os bens de seu patrimônio, sobre os bens particulares de interesse público ou sobre as coisas inapropriáveis individualmente, mas de fruição geral da coletividade (Hely Lopes Meirelles). **4.** *Psicologia forense.* Conjunto de ações dependentes da vontade (Paulhan). **5.** *Lógica jurídica.* a) Parte do discurso à qual é aplicável uma relação, idéia ou função; b) ao se falar de uma relação lógica binária aRb, chama-se domínio desta ao conjunto dos termos antecedentes a^1, a^2, a^3 ... e domínio converso ou co-domínio ao conjunto dos termos conseqüentes b^1, b^2, b^3 ... (Lalande).

DOMÍNIO AÉREO. *Direito aeronáutico.* Espaço aéreo que cobre a superfície do território nacional e suas águas adjacentes e sobre o qual o Estado exerce sua soberania.

DOMÍNIO ALODIAL. *Direito civil.* Domínio pleno e livre que não está vinculado pela enfiteuse.

DOMÍNIO ARTIFICIAL. *Direito civil.* É o que se compõe de bens devidos à ação humana, com o domínio monumental, cultural e artístico, o domínio militar etc. (Marcelo Caetano).

DOMÍNIO COMUM. 1. *Direito civil.* Condomínio; compropriedade em que cada condômino possui uma cota ideal do bem. **2.** *Direito autoral.* Direito de propriedade patrimonial que recai em qualquer pessoa, sem qualquer exclusividade, com o falecimento do autor da obra, não havendo herdeiros ou sucessores, ou se estes já dela usufruíram durante setenta anos, caso em que a obra cairá no domínio público, passando a fazer parte do patrimônio da coletividade.

DOMÍNIO DA UNIÃO. *Direito administrativo.* Complexo de bens públicos ou particulares pertencentes à União Federal, excluídos os dos particulares, dos Estados federados e dos Municípios.

DOMÍNIO DESMEMBRADO. *Vide* DOMÍNIO LIMITADO.

DOMÍNIO DIRETO. *Direito civil.* Diz-se, na enfiteuse, do que pertence ao senhorio direto, que é o único e verdadeiro titular da propriedade do

bem aforado, tanto que tem direito ao foro, bem como de exigir a conservação da substância da coisa aforada, de invocar a ação de reivindicação etc.

DOMÍNIO DO ESTADO FEDERADO. *Direito administrativo.* Conjunto de bens que pertencem ao Estado federado, que tem sobre eles direito dominical, podendo utilizá-los e explorá-los para atender ao interesse público.

DOMÍNIO ECONÔMICO. *Economia política.* Poder de direção de certos setores da economia exercido por uma pessoa de um grupo ou do Estado, restringindo a livre iniciativa.

DOMÍNIO EMINENTE. *Teoria geral do Estado, direito constitucional* e *direito administrativo.* **1.** Poder do Estado sobre seu território e propriedade privada, podendo restringir esta última, desapropriando-a ou requisitando-a para atender aos reclamos do interesse público, em razão do princípio constitucional da função social da propriedade. **2.** Poder de polícia exercido pelo Estado.

DOMÍNIO ENFITÊUTICO. *Direito civil.* Domínio direto exercido pelo enfiteuta.

DOMÍNIO EQUÓREO. *Direito internacional público.* Soberania exercida pelo Estado sobre toda a parte líquida que o banha interna ou externamente até o mar territorial.

DOMÍNIO ESTADUAL. *Vide* DOMÍNIO DO ESTADO FEDERADO.

DOMÍNIO EXCLUSIVO. *Direito civil.* É o poder inerente ao direito de propriedade que dá ao seu titular uma exclusividade, em razão do princípio de que uma mesma coisa não pode pertencer exclusiva e simultaneamente a duas ou mais pessoas. O direito de uma sobre determinado bem exclui o de outra sobre ele. Convém lembrar que no caso de condomínio não desaparece essa exclusividade, porque os condôminos são, conjuntamente, titulares do direito. O condomínio implica uma divisão abstrata da propriedade, pois cada condômino possui uma cota ideal do bem. Em razão de sua natureza de direito real, exclusivo é o domínio, porque o direito de seu titular é exercido sem concorrência de outrem, podendo excluir terceiros da utilização da coisa, manifestando-se, assim, a oponibilidade *erga omnes* como atributo de exclusividade.

DOMÍNIO FATEUSIM. *Vide* DOMÍNIO ENFITÊUTICO.

DOMÍNIO FIDUCIÁRIO. *Vide* PROPRIEDADE FIDUCIÁRIA.

DOMÍNIO FISCAL. *Direito tributário.* Complexo de bens móveis ou imóveis, incluindo os aforados e os industriais, que compõem o patrimônio produtivo do Estado e destinam-se a formar sua renda patrimonial e industrial. Abrangem estabelecimentos bancários, correios e telégrafos, estradas de ferro, serviços de água e esgoto etc.

DOMÍNIO FLUTUANTE. *Direito internacional público.* Diz-se do poder que o Estado exerce sobre navios de guerra e aeronaves militares onde quer que estejam, por serem tidos como território ficto e parte da nação, ante o princípio da territorialidade.

DOMÍNIO FOREIRO. *Direito civil.* Trata-se do domínio útil pertencente ao enfiteuta ou foreiro, conferindo-lhe o direito de fruir de todas as qualidades da coisa enfitêutica, sem destruir a sua substância, mediante a obrigação de pagar ao proprietário (senhorio direto) uma pensão anual invariável (foro) (R. Limongi França). É, portanto, o direito conferido ao enfiteuta de usar do bem, podendo aliená-lo, mas, como quer o novo Código Civil, sem pagamento de laudêmio ao senhorio direto, e transmiti-lo aos seus herdeiros.

DOMÍNIO GRAVADO. *Direito civil.* Diz-se daquele sobre o qual recai um direito real de gozo ou garantia sobre coisa alheia, vinculando-se ao direito do proprietário do bem gravado ou onerado e sujeitando-se às restrições legais impostas ao seu exercício.

DOMÍNIO ILIMITADO. *Direito civil.* É o que não contém qualquer limitação. Seu titular tem todos os direitos e poderes inerentes à propriedade, logo, pode usar, gozar e dispor do bem de modo absoluto e exclusivo, bem como reivindicá-lo de quem injustamente o detenha, sofrendo apenas as restrições impostas por lei, em razão de relações de vizinhança ou de ação estatal, como a cobrança de determinados impostos etc.

DOMÍNIO IMINENTE. *Direito administrativo.* Diz-se do direito do Estado sobre seu território e sobre a propriedade particular, a qual pode requisitar ou desapropriar por necessidade e utilidade públicas ou por interesse social, e do seu poder de polícia e vigilância. Trata-se do domínio pendente que se sobrepõe a todos os domínios (De Plácido e Silva).

DOMÍNIO LACUSTRE. É o exercido sobre os lagos.

DOMÍNIO LIMITADO. *Direito civil.* É aquele em que se desmembra um ou alguns poderes, que passam a ser de outrem, caso em que se constitui o direito real sobre coisa alheia. Assim, no usufruto, limitada é a propriedade do nu-proprietário, porque o usufrutuário tem sobre a coisa o uso e gozo. Limitado é o domínio gravado com cláusula de inalienabilidade, já que o proprietário está privado do direito de dispor do seu bem (Silvio Rodrigues).

DOMÍNIO LIVRE. *Vide* DOMÍNIO ALODIAL.

DOMÍNIO MARÍTIMO. *Direito internacional público.* Poder de soberania e jurisdição que tem cada nação sobre suas águas territoriais, mar territorial, zona contígua e plataforma continental.

DOMÍNIO MUNICIPAL. *Direito administrativo.* Poder exercido pelo Município sobre os bens dominicais ou de uso público de sua propriedade.

DOMÍNIO NACIONAL. *Vide* DOMÍNIO DA UNIÃO e DOMÍNIO PÚBLICO.

DOMÍNIO ONERADO. *Vide* DOMÍNIO GRAVADO.

DOMÍNIO PARTICULAR. *Direito civil.* Poder de usar, gozar, dispor e reivindicar que a pessoa física ou jurídica de direito privado tem sobre determinados bens que lhe pertencem.

DOMÍNIO PENDENTE. *Vide* DOMÍNIO IMINENTE.

DOMÍNIO PERPÉTUO. *Direito civil.* Diz-se daquele que tem duração ilimitada.

DOMÍNIO PLENO. *Vide* DOMÍNIO ILIMITADO.

DOMÍNIO PRIVADO. *Direito civil.* **1.** *Vide* DOMÍNIO PARTICULAR. **2.** Complexo de bens que constituem o patrimônio do Estado, mas estão sujeitos às normas de direito privado.

DOMÍNIO PÚBLICO. 1. *Direito civil.* Conjunto de bens do domínio nacional pertencentes à União, aos Estados ou aos Municípios, podendo ser de uso comum do povo, de uso especial e dominicais. **2.** *Direito autoral.* Diz-se da obra intelectual cujo direito patrimonial passou ao patrimônio da coletividade, depois de cessado o prazo de exclusividade de sua utilização econômica, outorgado por lei aos sucessores do autor falecido. Pertencem ao domínio público, além das obras em relação às quais decorreu o prazo de setenta anos de proteção aos direitos patrimoniais, as de autores falecidos que não tenham deixado sucessores e as de autor

DOMÍNIO RESOLÚVEL

DOM

desconhecido, ressalvada a proteção legal aos conhecimentos étnicos e tradicionais.

DOMÍNIO RESOLÚVEL. *Direito civil.* É o que possui, em seu próprio título constitutivo, uma razão para sua extinção, ou seja, as próprias partes estabelecem uma condição resolutiva. É o que ocorre no fideicomisso com a propriedade do fiduciário e na retrovenda com o domínio do comprador.

DOMÍNIO REVOGÁVEL. *Vide* DOMÍNIO RESOLÚVEL.

DOMÍNIO TERRESTRE. *Direito internacional público.* Poder exercido por um Estado soberano sobre o solo e o subsolo do território que lhe pertence.

DOMÍNIO TERRITORIAL. *Direito internacional público.* Poder de soberania que a nação exerce sobre todo o seu território: terrestre, fluvial, marítimo e espaço aéreo.

DOMÍNIO ÚTIL. *Vide* DOMÍNIO FOREIRO.

DOMÍNIO VINCULADO. *Vide* DOMÍNIO LIMITADO.

DOMINIUM. *Termo latino.* Domínio.

DOMINIUM EST JUS UTENDI, FRUENDI ET ABUTENDI RE SUA QUATENUS JURIS RATIO PATITUR. *Direito romano.* O domínio é o direito de usar, fruir e abusar do que é seu, enquanto o permite a razão do direito.

DOMINUS. *Termo latino.* **1.** Senhor a quem se confiava a família. **2.** Proprietário. **3.** Titular de um poder principal.

DOMINUS FUNDI. *Locução latina.* Proprietário do solo ou da terra. Também denominado *dominus soli.*

DOMINUS LITIS. *Locução latina.* Autor; aquele que ajuizou a ação.

DOMINUS NEGOTII. *Locução latina.* Dono ou titular do negócio por conta e no interesse de quem age o gestor de negócios.

DOMINUS SOLI. *Vide DOMINUS FUNDI.*

DOMMAGE. *Termo francês.* Prejuízo.

DOMUS. *Termo latino.* Família, no sentido de conjunto patrimonial, pertencente ao *pater familias.*

DONA. *Direito civil.* **1.** Proprietária de algum bem. **2.** Tratamento honorífico que se dá às senhoras.

DONÁRIO. Local onde jóias e presentes são guardados.

DONATARIA. *História do direito.* **1.** Capitania hereditária, na época do Brasil colônia. **2.** Jurisdição do senhor de uma capitania.

DONATÁRIO. 1. *Direito civil.* Aquele que recebeu e aceitou uma doação. **2.** *História do direito.* Senhor de uma donataria ou capitania hereditária.

DONATIO MORTIS CAUSA. *Expressão latina.* Doação por motivo de morte.

DONATIO OMNIUM BONORUM, RESERVATO SIBI USUFRUCTO, VALIDA EST. *Expressão latina.* É válida a doação de todos os bens, reservando para si o usufruto.

DONATIO SUB MODO. *Locução latina.* Doação modal.

DONATIVO. 1. *Direito civil.* a) Contribuição dada, gratuitamente, por alguém a uma pessoa ou instituição, com objetivo beneficente ou como auxílio financeiro; b) dádiva ou presente que se dá em aniversário, casamento, Natal etc.; c) prenda para quermesse. **2.** *Direito administrativo* e *direito tributário.* Contribuição feita, voluntariamente, pelo particular ao Estado, para dar-lhe meios para executar uma obra governamental ou de interesse público, como hospital, asilo, creche, abrigo etc.

DONNER LA PIÈCE. *Expressão francesa.* Dar gorjeta.

DONO. *Direito civil.* **1.** Proprietário. **2.** Titular de um direito real.

DONO DA OBRA. *Direito civil.* Comitente, no contrato de empreitada, que contrata empreiteiro para realizar, pessoalmente ou por meio de terceiro, certa obra, com material próprio ou por ele fornecido, mediante remuneração determinada ou proporcional ao trabalho executado.

DONO DE BARCO. *Direito marítimo.* Diz-se do proprietário de navio, ou de embarcação, que não o arma e equipa.

DONO DO NEGÓCIO. *Vide DOMINUS NEGOTII.*

DONZELA. *Direito civil* e *direito penal.* Mulher virgem.

DOOR TO DOOR. *Direito comercial* e *direito internacional privado.* Contrato "porta a porta" de transporte de equipamentos e materiais destinados à instalação de indústrias, vinculando o fornecedor ao comprador, por intermédio do transitário, que comanda todas as etapas do transporte e assume a responsabilidade desde a fabricação dos equipamentos até a entrega no local da obra a ser realizada. Quando se responsabiliza até o funcionamento da obra, incluindo a montagem dos equipamentos, temos o contrato de *Turn Key*, que consiste no contrato de transporte *door to door* mais a montagem dos equipamentos (Florisa V. D. da Fonseca).

DOPADO. Aquele que se dopou.

DOPAGEM. *Direito desportivo.* **1.** Ação ou efeito de dopar. **2.** É a administração ao atleta, ou o uso por parte deste, de substância, agente ou método capaz de alterar o desempenho do atleta, prejudicar a sua saúde ou comprometer o espírito do jogo, por ocasião de competição desportiva ou fora dela. **3.** É a utilização de substância, método ou qualquer outro meio proibido, com o objetivo de obter modificação artificial de rendimento mental ou físico de um atleta, que agrida à saúde ou o espírito de jogo, por si mesmo ou por intermédio de outra pessoa, devidamente configurado mediante processo regular de análise, observadas as normas nacionais e internacionais. Configurado o resultado anormal na análise antidopagem, o Presidente da entidade de administração do desporto ou quem o represente, em 24 (vinte e quatro) horas, remeterá o laudo correspondente, acompanhado do laudo da contraprova, ao Presidente do órgão judicante (STJD ou TJD), que decretará, também em 24 (vinte e quatro) horas, o afastamento preventivo do atleta, pelo prazo máximo de 30 (trinta) dias.

DOPAR. **1.** *Direito desportivo.* Administrar, ilicitamente, uma droga estimulante para melhorar a atuação do atleta. **2.** *Medicina legal.* Ministrar droga estupefaciente para realizar uma cirurgia em que não é possível ou não se quer tomar anestesia geral.

DOPE. *Termo inglês.* Dopagem.

DOPING. *Direito desportivo.* **1.** Ingestão de medicamento pelo atleta para aumentar artificialmente sua *performance*, o que o sujeitará a suspensão provisória ou eliminação, se reincidir, e pena de multa à entidade a que servir. **2.** É a substância, agente ou método capaz de alterar o desempenho do atleta, a sua saúde ou espírito do jogo, por ocasião de competição desportiva ou fora dela.

DOPING EM CAVALO DE CORRIDA. Administrar em cavalo, ilicitamente, uma droga estimulante ou estupefaciente para aumentar ou diminuir sua velocidade, melhorando ou piorando sua atuação.

DOPPELGANG. *Vide* ALUCINAÇÃO AUTOSCÓPICA.

DOR. 1. *Medicina legal.* a) Estado psíquico que depende de condições fisiológicas ou mentais; b) desgosto; c) sensação desagradável produzida numa parte do corpo em decorrência de lesão física ou estado anômalo de um órgão. **2.** *Direito penal.* a) Diz-se do sofrimento físico ou da sensação penosa provocada por uma lesão corporal, que é punida criminalmente; b) impressão moral penosa, sofrimento moral ou emoção violenta que pode ser tida como atenuante da pena, se levar o agente por ela perturbado a praticar uma ação criminosa.

DORAFOBIA. *Medicina legal.* Medo mórbido do contato da pele ou pêlo de animal.

DÓRI. *Direito marítimo.* Pequeno barco de pesca utilizado nos mares do norte como auxiliar de embarcação maior.

DORMENTE. 1. Na *linguagem ferroviária,* é cada uma das travessas de madeira em que se assentam os trilhos ou carris de estrada de ferro. **2.** *Direito marítimo.* Cada um dos paus que formam a coberta e que se fecham nas buçardas da proa. **3.** *Direito civil.* Diz-se da água estagnada ou parada, sem curso ou movimento.

DORMIDA. 1. *História do direito.* Imposto que se pagava para dormir em local proibido. **2.** *Direito civil.* Pousada; hospedaria.

DORMIENTIBUS NON SUCCURRIT JUS. *Aforismo jurídico.* O direito não aproveita aos que dormem, ou seja, àqueles que, por negligência ou inércia, não exercem os meios legais para defender seus direitos ou interesses. Esse é o princípio em que se assentaram a decadência e a prescrição.

DORMIR À SOMBRA DOS LOUROS. Cair na ociosidade após alcançar a fama.

DORMITÓRIO. 1. *Direito agrário.* Local onde animais ou aves dormem. **2.** *Direito canônico.* Parte do convento ou seminário constituída por um corredor ladeado de celas onde dormem os religiosos. **3.** *Direito civil.* a) Quarto de dormir; b) mobília para esse quarto; c) sala enorme contendo camas ou leitos, em colégios ou asilos. **4.** *Direito penal.* Casa, no sentido de qualquer compartimento ocupado, para os efeitos de caracterização do crime de violação de domicílio. **5.** *Direito militar.* Dependência do quartel destinada ao repouso dos militares.

DOR MORAL. 1. *Direito penal.* Violenta emoção que conduz alguém a praticar um crime, constituindo atenuante da pena. **2.** *Direito civil.* Dano moral do ofendido conducente à responsabilidade civil do ofensor.

DORSET. *Direito agrário.* Raça inglesa de ovinos, cujas fêmeas têm chifres como os machos.

DORSO. 1. *Medicina legal.* Costas; parte posterior do corpo humano localizada entre os ombros e os rins, ao longo da qual corre a coluna vertebral. **2.** *Direito cambiário.* Verso do título cambial onde o endossante e o avalista colocam suas assinaturas.

DORT. *Medicina do trabalho.* Sigla de Distúrbios Osteomusculares Relacionados ao Trabalho, comuns em digitadores. Exemplos: tendinites, lombalgias, bursites, cervicalgias etc.

DOSADOR. Equipamento que tem por finalidade realizar a dosagem de produto a ser aplicado, sem que haja contato do produto na fase líquida com a atmosfera. O equipamento deve possuir medidores eletrônicos ou visores graduados, capazes de determinar com precisão a quantidade a ser aplicada. Caso o volume a ser empregado for superior à capacidade do dosador, será necessário dividir em volumes menores e repetir as medições até chegar à quantidade necessária. Esse equipamento deverá ser sempre utilizado quando da retirada do gás liquefeito do cilindro para ser conduzido ao volatilizador e posterior aplicação. Deve-se observar o uso das conexões entre dosador e volatilizador.

DOSAGEM. *Medicina legal.* Medição em doses.

DOSAR. *Medicina legal.* Determinar a quantidade de medicamento que deve ser tomada de uma só vez.

DOSE. *Medicina legal.* **1.** Quantidade de medicamento que se deve tomar de uma só vez. **2.** Quantidade de raios X ou de radiação administrada.

DOSE DE TOLERÂNCIA. *Medicina legal.* Carga máxima de raios X que alguém pode receber sem sofrer qualquer dano ou lesão.

DOSE LETAL. *Medicina legal.* Quantidade de uma substância que pode provocar a morte.

DOSE LIMITE. *Medicina legal.* A maior dose que pode ser administrada ao paciente com segurança.

DOSE MÁXIMA. *Vide* DOSE LIMITE.

DOSSIER. *Termo francês.* Coleção de documentos ou um pequeno arquivo que contém papéis relativos a determinado assunto, processo, negócio, fato ou pessoa.

DOTAÇÃO. 1. *Direito civil.* Renda, em regra vitalícia, destinada à manutenção de uma pessoa ou instituição. **2.** *História do direito.* Dote. **3.** *Direito tributário.* Verba destinada em orçamento para a realização de serviços públicos.

DOTAÇÃO COM CLÁUSULA DE REVERSÃO. *História do direito.* Dote feito por terceiro a nubentes, no pacto antenupcial, contendo cláusula de que os bens dotais deviam ser devolvidos ao dotador em caso de dissolução da sociedade conjugal por morte de um dos cônjuges, separação judicial, anulação de casamento ou divórcio.

DOTAÇÃO ORÇAMENTÁRIA. *Direito tributário.* Verba consignada no orçamento, inscrita na coluna "despesas públicas", para atender à execução de certos serviços públicos, programas especiais ou atividades governamentais.

DOTADO. 1. *História do direito.* Aquele que recebia dote. **2.** *Direito tributário.* Diz-se do serviço público, órgão, atividade ou programa em favor do qual foi prevista uma verba, na lei orçamentária, para seu custeio. **3.** Na *linguagem comum,* é aquele que possui dons ou qualidades especiais.

DOTADOR. *História do direito.* Aquele que dotava ou que instituía o dote.

DOTAL. *História do direito.* Relativo a dote; dotalício.

DOTALÍCIO. *Vide* DOTAL.

DOTALIDADE. *História do direito.* Qualidade dos bens que podiam ser objeto de dote.

DOTALIZAÇÃO. *História do direito.* Ato ou efeito de instituir o dote ou de sujeitar bens ao regime dotal, devendo, para tanto, descrevê-los, avaliá-los e declarar que estavam sob esse regime.

DOTALIZAR. *História do direito.* **1.** Tornar dotal um bem; submeter uma coisa ao regime dotal. **2.** Converter em dote.

DOTAL MISTO. *Direito civil.* Designa planos de seguro que, sempre estruturados na modalidade de benefício definido e no regime financeiro de capitalização, garantam aos segurados, durante o período de diferimento, remuneração por meio da contratação de índice de atualização de valores, taxa de juros e, opcionalmente, tábua biométrica, sem reversão de resultados financeiros, sendo o capital segurado pago em função da sobrevivência do segurado ao período de diferimento ou de sua morte ocorrida durante aquele período.

DOTAL MISTO COM *PERFORMANCE*. *Direito civil.* Designa planos de seguro que, sempre estruturados na modalidade de benefício definido e no regime financeiro de capitalização, garantam aos segurados, durante o período de diferimento, remuneração por meio da contratação de índice de atualização de valores, taxa de juros e, opcionalmente, tábua biométrica, com reversão, parcial ou total, de resultados financeiros, sendo o capital segurado pago em função da sobrevivência do segurado ao período de diferimento ou de sua morte ocorrida durante aquele período.

DOTAL PURO. *Direito civil.* Designa planos de seguro que, sempre estruturados na modalidade de benefício definido e no regime financeiro de capitalização, garantam aos segurados, durante o período de diferimento, remuneração por meio da contratação de índice de atualização de valores, taxa de juros e, opcionalmente, tábua biométrica, sem reversão de resultados financeiros, sendo o capital segurado pago ao segurado sobrevivente ao término do período de diferimento.

DOTAMENTO. *História do direito.* Ato ou efeito de dotar.

DOTANTE. *História do direito.* Dotador; aquele que instituía um dote ou uma dotação em benefício de outrem.

DOTAR. *História do direito.* **1.** Instituir ou estabelecer uma renda. **2.** Fazer dotação. **3.** Dar em dote; sujeitar um bem ao regime dotal.

DOTCOM BUSINESS. *Locução inglesa.* Empresas Ponto.Com.

DOTE. *História do direito.* **1.** *Vide* BEM DOTAL. **2.** Conjunto dos bens transferidos pela mulher, ou por alguém em seu lugar, ao marido, para que este, dos frutos e rendimentos desse patrimônio, retirasse o que fosse necessário para fazer frente aos encargos da vida conjugal, sob a condição de devolvê-los com o término da sociedade conjugal.

DOTE ADVENTÍCIO. *História do direito.* É o constituído pela própria mulher ou por terceiro que não fosse seu ascendente.

DOTE DE CAPITAIS OU RENDAS. *História do direito.* Aquele que era integrado por títulos de créditos ou rendas, como ações de companhia, apólices de dívida pública etc., para mera percepção dos frutos civis durante a vigência do casamento, como auxílio na manutenção da família, devendo, finda a sociedade conjugal, ser restituído.

DOTE ESTIMADO. *História do direito.* Aquele que era constituído por uma quantia pecuniária ou por bens cujo valor era previamente fixado.

DOTE INESTIMADO. *História do direito.* Era o constituído por bens sem valor determinado ou prefixado.

DOTE INOFENSIVO. *História do direito.* Dizia-se daquele que vinha a exceder à metade disponível do dotador.

DOTE INOFICIOSO. *História do direito.* O que excedia à legítima.

DOTE PROFECTÍCIO. *História do direito.* Era o constituído por qualquer um dos ascendentes da mulher.

DOTE RECEPTÍCIO. *História do direito.* Aquele em que o dotador inseria cláusula determinando que os bens dotais deveriam, em caso de dissolução da sociedade conjugal, voltar ao seu patrimônio. Se não houvesse tal cláusula de reversão, o marido deveria restituí-los à ex-mulher, ou aos seus herdeiros, dentro de um mês após a dissolução da sociedade conjugal, desde que não pudesse fazê-lo de imediato.

DOTE *VENDITIONIS CAUSA*. *História do direito.* Dote em que na convenção antenupcial estava consignado o direito de alheação, ou seja, a entrega dos bens dotais ao marido para que deles pudesse livremente dispor, empregando o produto da venda em aplicações financeiras ou mercantis, sob a condição de ter de pagar seu preço por ocasião do término da sociedade conjugal ou no termo preestabelecido.

DOTIENENTERIA. *Medicina legal.* Febre tifóide.

DOU. Sigla de *Diário Oficial da União*.

DOUANE. *Termo francês.* Alfândega.

DOUBLE JEOPARDY. *Direito processual.* Princípio pelo qual não é possível propor duas ações civis ou duas ações penais sobre o mesmo fato, afastando o perigo de dupla ameaça de julgamento (Antonio Rulli Júnior).

DOULA. *Termo grego.* **1.** Mulher que auxilia outra. **2.** Profissional que acompanha uma gestante, antes, durante e depois do parto dando-lhe assistência física e emocional. Ensina-a a suportar as inconveniências da gravidez, a se preparar para o parto, a cuidar do bebê; enfim, esclarece-lhe as dúvidas (Daniela Tófoli).

DOURADILHO. *Direito agrário.* Trata-se da denominação dada no sul do País ao cavalo castanho-avermelhado ou de cor amarela com reflexos dourados.

DOURAR A PÍLULA. Diminuir o amargor ou os efeitos desagradáveis de alguma coisa.

DO UT DES. *Locução latina.* Dou para que dês.

DO UT DES. FACIO UT FACIAS. *Expressão latina.* Dou para que dês. Faço para que faças.

DO UT FACIAS. *Expressão latina.* Dou para que faças.

DO UT FACIAS. FACIO UT DES. *Expressão latina.* Dou para que faças. Faço para que dês.

DOUTO. Erudito; muito instruído; que revela erudição.

DOUTOR. 1. Tratamento honorífico que se dá a juiz, promotor, delegado, advogado, médico, dentista etc. 2. Aquele que recebeu o grau de doutor, após defesa de tese de doutorado numa universidade.

DOUTORA. 1. Diz-se da mulher que defendeu tese de doutorado numa universidade. 2. Título honorífico que se dá a advogada, juíza, promotora, delegada, médica etc.

DOUTORADO. *Direito educacional.* 1. Curso de pós-graduação que, em regra, segue ao de mestrado. 2. O que recebeu o grau de doutor; graduação de doutor.

DOUTORAL. Relativo a doutor.

DOUTORAMENTO. *Direito educacional.* Ato ou efeito de receber o grau de doutor.

DOUTORANDO. *Direito educacional.* 1. É o que se prepara para receber o grau de doutor. 2. O que está fazendo o curso de doutorado.

DOUTORAR. *Direito educacional.* 1. Conferir o grau de doutor a alguém. 2. Receber o grau de doutor, após ser aprovado na tese apresentada.

DOUTOR DA IGREJA. *Direito canônico.* Teólogo cujos escritos são considerados como fontes da doutrina cristã.

DOUTOR *HONORIS CAUSA.* *Direito educacional.* Título honorífico ou distinção universitária conferida a pessoa nacional ou estrangeira de notável saber, para que tenha as mesmas honras dos docentes da instituição.

DOUTORISMO. Predomínio dos doutores.

DOUTRINA. 1. *Teoria geral do direito.* Estudo de caráter científico que os juristas realizam a respeito do direito, seja com objetivo meramente especulativo de conhecimento e sistematização, seja com o escopo prático de interpretar as normas jurídicas para sua exata aplicação (García Máynez). Trata-se de uma fonte de direito costumeiro, resultante da prática reiterada de juristas contemporâneos sobre certo assunto, com a convicção de sua necessidade jurídica. Constitui um importante recurso para a produção de normas jurídicas individuais e para o preenchimento de determinadas lacunas e uma valiosa fonte de cognição. 2. Na *linguagem jurídica* em geral, quer dizer: a) ensino ministrado sobre qualquer assunto científico-jurídico; b) conjunto de princípios em que se baseia um sistema político, jurídico ou jusfilosófico; c) tese sustentada por um renomado jurista sobre algum tema controvertido; d) opinião de doutores. 3. *Direito canônico.* Complexo de princípios em que um sistema religioso se baseia, expostos em catecismos.

DOUTRINAÇÃO. Ato ou efeito de doutrinar.

DOUTRINADO. Aquele que foi ensinado.

DOUTRINADOR. Aquele ou o que doutrina.

DOUTRINA DRAGO. *Direito internacional público.* Doutrina criada por Luís Maria Drago reconhecendo que as dívidas externas e os danos causados pela guerra devem ser pagos pelo país devedor, sem que haja qualquer emprego de força pelo Estado credor.

DOUTRINAL. Tudo o que é relativo a doutrina.

DOUTRINA MARSHALL. *Direito internacional público.* Doutrina que propugnou a ajuda econômico-financeira aos países vencidos na 2ª Guerra Mundial para recuperá-los.

DOUTRINA MONROE. *Direito internacional público.* Doutrina não intervencionista contida numa mensagem que o Presidente James Monroe enviou ao Congresso norte-americano em 1823, propondo três princípios políticos: a) o da não-colonização do continente americano por qualquer potência da Europa; b) o da não-intervenção de nações européias nos negócios internos ou externos de qualquer país americano; c) o isolacionista, pelo qual os Estados Unidos da América do Norte não podem intervir em negócios europeus.

DOUTRINAR. 1. Nas *linguagens comum* e *jurídica,* significa instruir com base numa doutrina. 2. *Direito canônico.* Transmitir a doutrina cristã.

DOUTRINÁRIO. 1. Nas *linguagens comum* e *jurídica,* é o mesmo que doutrinal. **2.** *Ciência política.* Diz-se do político muito teórico e pouco prático. **3.** *Direito comparado.* Sectário, na França, de uma política moderada ou de meio-termo entre a democracia pura e a tradição monárquica.

DOUTRINARISMO. 1. *Teoria geral do direito.* Sistema doutrinário. **2.** *Direito comparado.* Sistema francês que prega a política moderada.

DOUTRINA SOCIAL DA IGREJA. *Direito canônico.* É a que traça os fundamentos de uma ordem social justa, enaltecendo a defesa da propriedade e da família e a necessidade de uma união do capital e do trabalho, da fraternidade cristã entre patrão e empregado, da divisão do trabalho conforme a idade e o sexo, da fixação de um salário que assegure a subsistência do operário e da participação do empregado nos lucros e na gestão da empresa (R. Limongi França).

DOWNLOAD. *Termo inglês* e *direito virtual.* **1.** Processo pelo qual na internet se dá a transferência de um arquivo localizado em computador remoto para outro por meio da rede. **2.** Método para receber no computador cópia de arquivo existente em outro. **3.** Ato de carregar um programa ou uma seção de dados de um computador remoto via uma linha telefônica ou transferir dados de um computador de grande porte para um computador pequeno (Jorge José Lawand).

DOWN PAYMENT. *Locução inglesa* e *direito militar.* Pagamento antecipado de parcela do valor de um contrato, até o limite de vinte por cento mediante autorização solicitada pela Comissão do Exército brasileiro em Washington ao comandante do Exército e com a devida garantia bancária oferecida pelo contratado, no mesmo valor.

DOWNSIZING. *Termo inglês.* Redução de níveis hierárquicos, para diminuir o número de cargos na empresa, agilizando a tomada de decisões.

DOWS. *Medicina legal.* Barbitúrico para combater insônia; droga tranqüilizante.

DOXOGRAFIA. *Filosofia do direito.* Compilação de escritos filosóficos da antigüidade.

DOXOLOGIA. 1. *Direito canônico.* Prece ou hino em que se glorifica a Deus. **2.** Na *linguagem filosófica,* é o modo de falar aplicável à opinião ou à prática (Leibniz).

DOXOMETRIA. *Direito eleitoral.* É a medida das opiniões públicas por meio de estatísticas, para averiguar, por exemplo, a percentagem de eleitores favoráveis a um certo candidato.

DPN. *Medicina legal.* Abreviatura de Diagnóstico Pré-Natal de anomalia fetal.

DRACAR. *História do direito.* Embarcação usada pelos vikings e pelos piratas normandos, entre os séculos VIII a X, que tinha na proa uma figura de dragão.

DRACMA. *Direito comparado.* Moeda da Grécia e de alguns países contemporâneos.

DRACONIANO. 1. *História do direito.* Diz-se do conjunto de leis promulgadas na Grécia por Drácon que se caracterizaram pela excessiva severidade. **2.** *Teoria geral do direito.* Diz-se de dispositivo normativo muito rigoroso ou severo.

DRAGA. 1. Nas *linguagens comum* e *jurídica,* é a máquina montada numa barcaça, contendo caçambas ou tubo de sucção para limpar o fundo das águas. **2.** *Direito marítimo.* a) Cada uma das escoras firmadas no costado do navio para sustê-lo quando estiver situado em local seco; b) equipamento especializado acoplado à embarcação ou à plataforma fixa, móvel ou flutuante, utilizado para execução de obras ou serviços de dragagem.

DRAGA DE BOMBA. Máquina que descarrega material escavado por uma tubulação, muito usada na construção de diques.

DRAGAGEM. 1. Ato de dragar. **2.** Obra ou serviço de engenharia que consiste na limpeza, desobstrução, remoção, derrocamento ou escavação de material do fundo de rios, lagos, mares, baías e canais.

DRAGAGEM POR RESULTADO. Compreende a contratação de obras de engenharia destinadas ao aprofundamento, alargamento ou expansão de áreas portuárias e de hidrovias, inclusive canais de navegação, bacias de evolução e de fundeio, e berços de atracação, bem assim os serviços de natureza contínua com o objetivo de manter, pelo prazo fixado no edital, as condições de profundidade estabelecidas no projeto implantado.

DRAG ALONG. *Direito virtual.* Mecanismo de saída utilizado nas empresas Ponto.Com, pelo qual se o acionista controlador tiver proposta de compra de controle, condicionada à venda das ações dos minoritários, estes terão o dever de vendê-las ao proponente, pelo preço ofertado ao controlador (Fábio Ulhoa Coelho).

DRAGA-MINAS. *Direito militar.* Navio usado para rocegar minas que foram colocadas pelo inimigo no mar para estorvar a navegação.

DRAGÃO. *História do direito.* Soldado de cavalaria que também combatia a pé.

DRAGAR. 1. Nas *linguagens jurídica* e *comum,* tem o sentido de: a) limpar com draga; b) extrair por meio de draga. **2.** Na *gíria policial,* diz-se do ato da polícia de passar em certo local, levando, indiscriminadamente, quem lá se encontre.

DRAGA SECA. Máquina usada em desaterro ou escavação de canais e na extração de areias ou pedras.

DRAG QUEEN. *Medicina legal* e *psicologia forense.* Aquele que, apenas com o intuito de se divertir sem se prostituir e sem pretender se fazer passar por mulher, usa grosseira e exageradamente, à noite, em clubes, roupa de mulher.

DRAMA. *Direito autoral.* **1.** Peça de teatro. **2.** Peça literária para ser representada.

DRAMA LÍRICO. *Direito autoral.* Ópera.

DRAMA MUSICAL. *Direito autoral.* Ópera onde se fundem a música, o diálogo e a representação cênica.

DRAMÁTICO. *Direito autoral.* Gênero literário concernente ao teatro.

DRAMATURGIA. *Direito autoral.* Arte de compor peças teatrais.

DRAMATURGO. *Direito autoral.* Autor de obras dramáticas.

DRAPETOMANIA. *Medicina legal.* Desejo mórbido de fugir, para ficar andando sem destino; dromomania.

DRÁSTICO. *Economia política.* Diz-se de um meio enérgico em relação à economia.

DRAWBACK. *Termo inglês.* **1.** *Vide* ADMISSÃO TEMPORÁRIA. **2.** Parte restituível sobre a quantia tributária incidente na importação e exportação de mercadorias ou devolução de imposto de importação de matéria-prima ou de componentes de produtos aqui industrializados que se destinem à exportação, tendo em vista estimular a indústria. O benefício do *drawback* poderá ser concedido, a título de incentivo: 1) à exportação, nas seguintes modalidades: a) suspensão do pagamento dos tributos exigíveis na importação de mercadoria a ser exportada após beneficiamento ou destinada à fabricação, complementação ou acondicionamento de outra a ser exportada; b) isenção dos tributos exigíveis na importação de mercadoria, em quantidade e qualidade equivalente à utilizada no beneficiamento, fabricação, complementação ou acondicionamento de produto exportado; c) restituição, total ou parcial, dos tributos que hajam sido pagos na importação de mercadoria exportada após beneficiamento, ou utilizada na fabricação, complementação ou acondicionamento de outra exportada; 2) à mercadoria importada para beneficiamento no País e posterior exportação; 3) à matéria-prima, produto semi-elaborado ou acabado, utilizado na fabricação de mercadoria exportada ou a exportar; 4) à peça, parte, aparelho e máquina complementar de aparelho, máquina, veículo ou equipamento exportado ou a exportar; 5) à mercadoria destinada a embalagem, acondicionamento ou apresentação de produto exportado ou a exportar, desde que propicie comprovadamente uma agregação de valor ao produto final; 6) aos animais destinados ao abate e posterior exportação; 7) à matéria-prima e outros produtos que, embora não integrando o produto exportado, sejam utilizados na sua fabricação em condições que justifiquem a concessão; 8) em caráter especial, na modalidade de isenção dos tributos exigíveis na importação, a setores definidos pela Secretaria de Comércio Exterior, a fim de ser reposta a matéria-prima nacional ou utilizada na exportação, de sorte a beneficiar a indústria exportadora ou o fornecedor nacional e para atender a peculiaridades de mercado; 9) às importações efetuadas por empresa industrial ou comercial exportadora; 10) às matérias-primas e outros produtos utilizados no cultivo de produtos agrícolas ou na criação de animais a serem exportados, definidos pela Câmara de Comércio Exterior (CAMEX); 11) à mercadoria utilizada em processo de industrialização de embarcação, destinada ao mercado interno; 12) às matérias-primas, produtos intermediários e componentes destinados à fabricação, no País, de máquinas e equipamentos a serem fornecidos, no mercado interno, em decorrência de licitação internacional, contra pagamento em moeda conversível proveniente de financiamento concedido por instituição financeira internacional, da qual o Brasil participe, ou por entidade governamental estrangeira ou ainda, pelo BNDES, com recursos captados no exterior. Na hipótese de concessão do regime a empresa comercial exportadora, a mercadoria deverá ser industrializada em estabelecimento industrial sob encomenda, por conta e ordem daquela. O benefício do *drawback* poderá ser utilizado por mais de uma empresa, hipótese em que todas as participantes deverão responsabilizar-se solidariamente pelas obrigações fiscais dele decorrentes. Não poderá ser concedido o Regime *Drawback* para: a) importação de mercadoria utilizada na industrialização de produto destinado ao consumo na Zona Franca de Manaus e em áreas de livre comércio localizadas em território nacional; b) exportação ou importação de mercadoria suspensa ou proibida; c) exportação contra pagamento em moeda nacional; d) exportações conduzidas em moedas não conversíveis, inclusive moeda-convênio contra importações cursadas em moeda de livre conversibilidade; e e) importação de petróleo e seus derivados, exceto coque calcinado de petróleo. A concessão do regime não assegura a obtenção de cota de importação ou de exportação para produtos sujeitos a contingenciamento, bem como não exime a importação e a exportação da anuência prévia de outros órgãos ou entidades, quando exigível. As operações vinculadas ao Regime de *Drawback* estão sujeitas, no que couber, às normas gerais de importação e exportação. Não será também concedido o benefício quando, em cada pedido, o valor do imposto sobre a importação for inferior ao correspondente ao limite fixado normativamente. Para atender a esse limite, várias exportações da mesma mercadoria poderão ser reunidas em um só pedido, mas nada impede que a Secretaria de Comércio Exterior altere o limite fixado acima. A importação está subordinada às normas gerais de importação, salvo quanto ao exame de similaridade e à obrigatoriedade de transporte em navio de bandeira brasileira. A Secretaria da Receita Federal poderá conceder o benefício do *drawback*, na modalidade de restituição, total ou parcial, dos tributos que hajam sido pagos na importação de mercadoria exportada após beneficiamento, ou utilizada na fabricação, complementação ou acondicionamento de outra exportada, cabendo à repartição fiscal que jurisdiciona o estabelecimento produtor reconhecer o direito creditório, observando-se, supletivamente, o disposto na modalidade de isenção de tributos. A restituição do valor correspondente aos tributos poderá ser feita mediante crédito fiscal a ser utilizado em qualquer importação posterior. O crédito será consignado em certificado de crédito fiscal à importação, a ser expedido pela repartição que conceder o benefício.

Na utilização total ou parcial do crédito, por ocasião de qualquer importação posterior, o interessado deverá demonstrar na declaração de importação o valor que lhe foi reconhecido, cabendo à repartição expedidora do certificado fiscalizar a utilização do crédito por ela estabelecido. A aplicação dos créditos restringir-se-á aos tributos recolhidos através de declaração de importação e somente será permitida sua utilização para pagamento de tributo da mesma espécie. **3.** Regime que poderá ser concedido a operação que se caracterize como: *transformação* – a que, exercida sobre matéria-prima ou produto intermediário, importe na obtenção de espécie nova; *beneficiamento* – a que importe em modificar, aperfeiçoar ou, de qualquer forma, alterar o funcionamento, a utilização, o acabamento ou a aparência do produto; *montagem* – a que consista na reunião de produto, peças ou partes e de que resulte um novo produto ou unidade autônoma, ainda que sob a mesma classificação fiscal; *renovação* ou *recondicionamento* – a que, exercida sobre produto usado ou parte remanescente de produto deteriorado ou inutilizado, renove ou restaure o produto para utilização; *acondicionamento* ou *reacondicionamento* – a que importe em alterar a apresentação do produto, pela colocação de embalagem, ainda que em substituição da original, salvo quando a embalagem colocada se destine apenas ao transporte de produto. Entende-se como "embalagem para transporte" a que se destinar exclusivamente a tal fim e for feito em caixas, caixotes, engradados, sacaria, barricas, latas, tambores, embrulhos e semelhantes, sem acabamento ou rotulagem de função promocional e que não objetive valorizar o produto em razão da qualidade do material nele empregado, da perfeição do seu acabamento ou da sua utilidade adicional.

DRAWBACK GENÉRICO. *Direito internacional privado.* É a operação especial concedida na modalidade de suspensão, caracterizando-se pela discriminação genérica da mercadoria a importar e o seu respectivo valor.

DRAWBACK INTERMEDIÁRIO. *Direito internacional privado.* Outorgado na modalidade suspensão e isenção. Caracteriza-se pela importação de mercadoria, por empresas denominadas fabricantes-intermediários, destinada a processo de industrialização de produto intermediário a ser fornecido a empresas industriais-exportadoras, para emprego na industrialização de produto final destinado à exportação.

DRAWBACK PARA EMBARCAÇÃO. *Direito internacional privado.* É o concedido na modalidade suspensão e isenção, caracterizando-se pela importação de mercadoria utilizada em processo de industrialização de embarcação, destinada ao mercado interno.

DRAWBACK PARA FORNECIMENTO NO MERCADO INTERNO. *Direito internacional privado.* Operação especial concedida para importação de matérias-primas, produtos intermediários e componentes destinados à fabricação, no País, de máquinas e equipamentos a serem fornecidos, no mercado interno, em decorrência de licitação internacional, contra pagamento em moeda conversível proveniente de financiamento concedido por instituição financeira internacional, da qual o Brasil participe, ou por entidade governamental estrangeira, ou ainda, pelo Banco Nacional de Desenvolvimento Econômico e Social (BNDES), com recursos captados no exterior.

DRAWBACK PARA PRODUTOS AGRÍCOLAS OU CRIAÇÃO DE ANIMAIS. *Direito internacional privado.* Operação especial concedida, exclusivamente na modalidade suspensão, para importação de matéria-prima e outros produtos utilizados no cultivo dos produtos agrícolas ou na criação dos animais a seguir definidos, cuja destinação é a exportação: frutas, suco e polpa de frutas; algodão não cardado nem penteado; camarões; carnes e miudezas, comestíveis, de frango; e carnes e miudezas, comestíveis, de suínos.

DRAWBACK SEM COBERTURA CAMBIAL. *Direito internacional privado.* É a operação especial concedida exclusivamente na modalidade suspensão. Caracteriza-se pela não cobertura cambial, parcial ou total, da importação. O efetivo ingresso de divisas, referente à exportação, corresponderá à diferença entre o valor total da exportação e o valor da parcela sem cobertura cambial da importação. O ganho cambial da operação será calculado mediante a comparação do efetivo ingresso de divisas com o valor total da importação.

DRAWBACK SOLIDÁRIO. *Direito internacional privado.* É o concedido apenas na modalidade suspensão, caracterizando-se pela participação solidária de duas ou mais empresas industriais, vinculadas a um único contrato de exportação.

DRAWEE. *Termo inglês.* Sacado.

DRAWER. *Termo inglês.* Sacador.

DRENAR. 1. *Direito civil.* Fazer escoar águas de um terreno encharcado por meio de valas, para recuperá-lo e aproveitá-lo. **2.** *Medicina legal.* Colocar gaze ou tubo de borracha numa ferida para facilitar a saída de secreção ou pus.

DRENO. 1. *Direito civil.* Vala, tubo ou fosso para escoamento de água em terreno alagadiço. **2.** *Medicina legal.* Tubo de borracha ou gaze colocado numa ferida para garantir a drenagem.

DREPANOCITEMIA. *Medicina legal.* Moléstia hereditária que aparece em pessoas da raça negra, caracterizada por anemia, úlceras e formação de glóbulos vermelhos falciformes, tendo a forma de células similares a foices.

DREPANOCITOSE. *Vide* DREPANOCITEMIA.

DRIBLAR. *Direito desportivo.* Enganar o adversário com a bola ou com o corpo, principalmente no futebol.

DRIÇA. *Direito marítimo.* Cabo ou corda usada para içar um pavilhão ou vergas do navio.

DRIVE–IN. *Termo inglês.* Estabelecimento mercantil em que se pode entrar com o automóvel, permanecendo nele sentado, para assistir a filmes ou ser atendido por garçom.

DROGA. *Medicina legal.* **1.** Qualquer substância tóxica empregada em indústrias. **2.** Substância que tem fins medicamentosos ou sanitários. **3.** Entorpecente; tóxico; psicotrópico. **4.** Remédio que, após um uso prolongado, pode causar dependência psíquica ou física.

DROGA PSICODÉLICA. *Medicina legal.* Droga que provoca no seu usuário percepções distorcidas e alterações da consciência, como a maconha, o LSD etc. Trata-se da droga alucinógena.

DROGA PSICOLÉPTICA. *Medicina legal.* Droga depressiva.

DROGA PSICOTRÓPICA. *Medicina legal.* É a que provoca inibição ou alteração de comportamento ou das respostas emocionais.

DROGARIA. *Direito comercial.* **1.** Estabelecimento onde se vendem drogas, medicamentos, insumos farmacêuticos etc. **2.** Farmácia.

DROGA SINTÉTICA. *Medicina legal.* Substância sintetizada pela química farmacêutica para alcançar objetivos sanitários ou medicamentosos.

DROGA TIMOLÉPTICA. *Medicina legal.* Droga antidepressiva que age como estimulante psíquico.

DROGA VEGETAL. *Medicina legal.* É a derivada de matéria-prima advinda do reino vegetal.

DROGOMANO. *Direito comparado.* Intérprete nos países do Levante, inclusive aquele que está servindo consulados e legações da Europa.

DROIT DE SUITE. *Direito autoral.* Direito de seqüela que se confere ao autor de obra intelectual de participar, percentualmente, na mais-valia obtida pelo proprietário do *corpus mechanicum* da sua obra, nas sucessivas alienações feitas.

DROITIER. *Termo francês.* Membro do direito em uma assembléia legislativa.

DROMO. *Direito comparado.* Campo de jogos esportivos existente na Grécia.

DROMOMANIA. *Medicina legal* e *psicologia forense.* Mania de vaguear sem rumo ou sem destino, tendo uma vida errante; impulso mórbido para fuga; desejo incontrolável de abandonar o lar; drapetomania.

DROMOTERAPIA. *Medicina legal.* Tratamento que levava o paciente a marchar ou a correr para ativar a circulação e a respiração.

DROMUNDA. *História do direito.* Antigo navio de guerra que veio a suceder às naus trirremes.

DROP SHIPMENT FACTORING. *Direito comercial.* Modalidade de *factoring* muito utilizada no setor da moda pelo seu criador, que, apesar de ser o fabricante, não dispõe de verba para a implementação de seus produtos, firmando com o *factor* um contrato pelo qual este último se obriga a garantir-lhe, sob certa condição, o pagamento das mercadorias vendidas e liberadas ao signatário do contrato e os pedidos previamente aprovados pelo *factor*, acrescentando, ainda, que esta fórmula, que consiste numa utilização particular do saldo credor da conta do fornecedor sobre os livros do *factor*, está sujeita a numerosas variações (Newton de Lucca).

DROWNING. *Termo inglês.* Afogamento.

DRUIDA. *História do direito.* Antigo sacerdote da Bretanha e da Gália.

DSB. *Direito internacional público.* Abreviatura de *Dispute Settlement Body.*

DT. *Medicina legal.* Abreviação de *delirium tremens.*

DUALA. *Direito comparado.* Língua banto dos dualas utilizada no comércio e no ensino da República Federal dos Camarões.

DUALIDADE. **1.** *Direito constitucional, direito processual* e *teoria geral do direito.* a) Qualidade do que possui dois graus de jurisdição, dois estágios; b) o que é duplo. **2.** *Lógica jurídica.* Diz-se da lei pela qual: a) o princípio da não-contradição enuncia que nada pode ser e não ser ao mesmo tempo (Boole); b) o princípio de que, para as proposições primárias que contêm uma cópula lógica, pode-se passar de uma fórmula relativa à multiplicação para a alusiva à adição (Couturat); c) as fórmulas logísticas são suscetíveis de dupla interpretação: a conceptual e a proposicional (Lalande).

DUALIDADE DE JUSTIÇA. *Direito processual.* **1.** Duplo grau de jurisdição, no qual uma causa decidida na instância inferior pode ser julgada, por via recursal, pela instância superior. **2.** Dualidade de órgãos de administração da justiça.

DUALISMO. **1.** *Direito constitucional.* Bicameralismo; divisão do Poder Legislativo em dois órgãos: a Câmara dos Deputados e o Senado. **2.** *Filosofia do direito.* a) Teoria de que tudo está baseado em dois princípios opostos ou antagônicos; b) doutrina que admite dois princípios primeiros irredutíveis da coisa, como a idéia ou a matéria (Platão); c) relação de dois termos correspondentes entre si; oposição radical que apresentam as ciências do raciocínio e as da observação, o direito e o fato, o ideal e o real (Goblot); d) doutrina que numa determinada questão vem a admitir dois princípios essenciais e autônomos irredutíveis, por exemplo, o dualismo da paixão e da liberdade (Lalande).

DUALISTA. Relativo a dualismo.

DUARQUIA. *Ciência política.* Governo exercido por duas pessoas, que detêm poderes idênticos.

DUBIA IN MELIOREM PARTEM INTERPRETARI DEBENT. *Expressão latina.* As coisas duvidosas devem ser interpretadas em sua melhor parte.

DUBIA POSSESSIO. *Locução latina.* Posse duvidosa.

DUBIEDADE. **1.** Dúvida; incerteza. **2.** Qualidade do que é dúbio. **3.** Ambigüidade.

DÚBIO. **1.** Indefinível; de difícil definição. **2.** Indeciso. **3.** Duvidoso. **4.** Contraditório. **5.** Insustentável. **6.** Hesitante.

DUBITABILIDADE. Qualidade do que é dubitável.

DUBITAÇÃO. **1.** *Retórica jurídica.* Figura pela qual o orador finge duvidar do que vai afirmar para prevenir-se de eventuais objeções. **2.** Na *linguagem jurídica* em geral, tem o significado de dúvida.

DUBITANDO AD VERITATEM PERVENIMUS. *Expressão latina.* Duvidando, chegamos à verdade.

DUBITATIONEM OMNEM TOLLERE. *Expressão latina.* Afastar toda dúvida.

DUBITATIVO. Aquilo em que há dúvida.

DUBITÁVEL. Aquilo que é suscetível de dúvida.

DUBIUM CONFLITIVO. *Filosofia do direito.* Alternativa incompatível que pede uma decisão, por permitir mais de uma resposta. A decisão do órgão competente soluciona o *dubium* conflitivo, sem eliminá-lo, pois a alternativa incompatível perdura na seletividade de novo objeto de decisão. Não elimina a alternativa indecidível, apenas a torna decidível (Tércio Sampaio Ferraz Jr.).

DUBIUM SAPIENTIAE INITIUM. *Expressão latina.* A dúvida é o começo do conhecimento.

DUBLAGEM. *Direito autoral.* **1.** Substituição do ator principal por um secundário em cenas perigosas. **2.** Execução da parte falada por um ator diverso do que está representando. **3.** Substituição, em um filme ou desenho animado, dos diálogos originais por uma língua diferente.

DUCADO. **1.** *Direito comparado.* a) Território sob o jugo de um duque; b) Estado cujo soberano tem o título de duque; c) título de duque. **2.** *História do direito.* Moeda de ouro que antigamente era usada em vários países da Europa.

DUCADO DE GUIA. *História do direito.* Antiga moeda de ouro da Rússia.

DUCADO IMPERIAL. *História do direito.* Moeda de ouro do império austro-húngaro.

DUCAL. *Direito comparado.* Relativo a duque.

DUCATÃO. *História do direito.* **1.** Moeda de prata que teve largo uso na Holanda e em Veneza. **2.** Moeda de ouro utilizada outrora na Espanha e em Portugal.

DUCE. **1.** *Direito comparado.* Chefe; líder. **2.** *História do direito.* Título dado a Mussolini, ditador da Itália.

DUCHA VAGINAL. *Medicina legal.* Jato de água quente para limpar a vagina.

DUE DILIGENCE. *Direito marítimo* e *direito internacional privado.* Diligência do armador médio que, na Convenção de Bruxelas e, principalmente, no direito francês, é conhecido como o do *bon père de famille armateur.*

DUELO. *História do direito.* Combate entre dois indivíduos com armas iguais, perante duas testemunhas, para desagravo físico ou moral de um deles, vencendo o mais hábil, sendo que cada um ia resolvido a matar ou morrer.

DUELO À AMERICANA. *História do direito.* Duelo em que vencia o que tivesse mais sorte, visto que apenas uma das armas sorteadas estava carregada.

DUELO JUDICIÁRIO. *História do direito.* Meio probatório em matéria criminal ou civil, como a ordália, que consistia em provar-se a justiça de uma causa com base na força física ou na sorte, invocando-se a Divindade, que protegia a parte inocente.

DUE PROCESS OF LAW. *Expressão inglesa.* Devido processo legal. Princípio pelo qual todos devem ser julgados conforme o procedimento previsto em lei.

DULCE ET DECORUM EST PRO PATRIA MORI. *Expressão latina.* Morrer pela pátria é doce e honroso.

DULIA. *Direito canônico.* Culto aos anjos e santos.

DULOCRACIA. *História do direito.* Preponderância dos escravos.

DUMA. *História do direito.* Parlamento russo que existia antes do bolchevismo.

DUMMY CORPORATION. *Direito comercial.* **1.** Modalidade de *leasing* que se liga ao *trust* e à sociedade de palha, inserindo-se num grupo societário entre investidores e arrens, que emite debêntures para obter numerário para a aquisição de bens, que serão arrendados aos arrens. Os investidores serão representados por um *trustee*, que dirigirá a sociedade e receberá os aluguéis sobre o bem arrendado. **2.** Empresa fantasma.

DUMPING. *Direito internacional privado.* Venda de produtos no mercado externo a preço inferior ao do mercado produtor ou interno, com o escopo de anular a concorrência e conquistar o mercado. Não é, portanto, necessário para sua configuração que a comercialização do produto ocorra por preço abaixo do seu real custo produtivo.

DUMPING PRICES. *Direito penal.* Meios artificiosos e abusivos para provocar oscilação de preços em detrimento de empresas concorrentes, com o escopo de impedir concorrência e promover distorções no mercado.

DUMPING SOCIAL. *Direito internacional privado.* Introdução de cláusulas nas normas do GATT que visam proteger os países ricos da importação de produtos dos países do terceiro mundo, cujo preço baixo decorre da existência de exíguos salários, ante o problema de desemprego na Europa, devido ao excesso de remuneração dos assalariados.

DUMTAXAT. *Termo latino.* Somente.

DUMTAXAT IN ID QUOD DEBITOR FACERE POSSUNT. *Expressão latina.* O demandado não pode ser condenado a pagar mais do que pode ou do que deve.

DUNAS MÓVEIS. *Direito ambiental.* Corpos de areia acumulados naturalmente pelo vento e que, devido a inexistência ou escassez de vegetação, migram continuamente; também conhecidas por dunas livres, dunas ativas ou dunas transgressivas.

DUNDUM. *Medicina legal.* Bala explosiva de invólucro modificado que produz ferimentos muito graves.

DUNETA. *Direito marítimo.* Ponto mais alto da popa do navio.

DUODENO. *Medicina legal.* Primeira porção do intestino delgado que se liga ao estômago.

DUODENOCOLANGITE. *Medicina legal.* Inflamação do duodeno e do canal biliar comum.

DUOPÓLIO. *Economia política.* Dois vendedores que, ofertando suas mercadorias a vários compradores, disputam a clientela (Cournot, Stackelberg e Bowley).

DUPLA IMPOSIÇÃO DE IMPOSTO. *Direito tributário.* Duplo lançamento de imposto sobre o mesmo objeto e pelo mesmo agente tributário.

DUPLA INCIDÊNCIA TRIBUTÁRIA. *Vide* DUPLA IMPOSIÇÃO DE IMPOSTO.

DUPLA NACIONALIDADE. *Direito internacional privado.* Binacionalidade do indivíduo decorrente da outorga da segunda nacionalidade pelo critério do *jus sanguinis*, adquirido por linha hereditária de seus antepassados, enquanto já tem a nacionalidade pelo *jus soli*, relativo ao local geográfico de seu nascimento. É a situação jurídica daquele que tem duas nacionalidades diferentes.

DUPLICADO. Reprodução de um documento sem qualquer modificação quanto ao seu texto original, assinado pelos interessados e com a mesma valia que o primitivo, por ser idêntico a ele. Trata-se da segunda via de um ato jurídico.

DUPLICATA. 1. *Direito comercial* e *direito cambiário.* Título de crédito causal, negociável e no qual o comprador se compromete a pagar a importância da fatura dentro do prazo avençado. **2.** *Direito civil.* Cópia; traslado.

DUPLICATA COM DEDUÇÕES. *Direito cambiário.* Aquela que consigna abatimentos feitos em decorrência do fato de existirem créditos anteriores do comprador (De Plácido e Silva).

DUPLICATA DA LETRA DE CÂMBIO. *Direito cambiário.* Reprodução da letra de câmbio tal como se encontra no instante de sua emissão.

DUPLICATA DE CAMBIAL. *Direito cambiário.* Letra de câmbio ou nota promissória emitida em várias vias como cautela para evitar seu extravio, sendo que o pagamento, em face de uma de suas cópias, libera as demais (Othon Sidou).

DUPLICATA DE FATURA. *Direito cambiário.* É a que se origina de uma fatura. Trata-se da duplicata mercantil.

DUPLICATA DE PRESTAÇÃO DE SERVIÇO. *Direito cambiário.* Título emitido por profissionais, sociedades simples, fundações ou empresas individuais ou coletivas para a cobrança dos serviços efetivamente contratados e prestados, desde que emitido juntamente com a fatura e observadas as formalidades exigidas por lei.

DUPLICATA DE PROMISSÓRIAS. *Direito cambiário.* Reprodução de uma nota promissória assinada pelo seu emissor, que, então, se obrigará tantas vezes quantas forem as vias que assinar, respondendo por cada uma delas como se fossem obrigações dotadas de autonomia.

DUPLICATA DE SERVIÇO. *Direito cambiário.* Título que corresponde à fatura oriunda de prestação de serviço.

DUPLICATA FISCAL. *Direito tributário.* Título emitido pelo vendedor, contribuinte do imposto sobre produtos industrializados, desde que o pagamento da venda seja a prazo superior a trinta dias, com valor equivalente ao imposto, e vencimento máximo de quarenta e cinco dias.

DUPLICATA MERCANTIL. *Direito comercial.* Trata-se da conta assinada. É o título de crédito causal, negociável e circulável por endosso que nasce juntamente com a fatura, da qual é reprodução, é assinado pelo vendedor e pelo comprador e serve de meio probatório da compra e venda mercantil a prazo e da promessa de pagamento do preço constante na fatura das mercadorias vendidas.

DUPLICATA PARA AS CONSIGNAÇÕES. *Direito comercial.* Dá-se quando a venda é feita pelo consignatário em nome do consignante.

DUPLICATA RURAL. *Direito agrário.* Título de crédito emitido pelo produtor rural por ocasião

DUPLICATA SIMULADA

da venda de bens agrícolas, assinado por ele e pelo comprador, servindo como promessa de pagamento do preço.

DUPLICATA SIMULADA. *Direito penal.* Título que não corresponde, juntamente com a respectiva fatura, a uma venda efetiva de bens ou a uma real prestação de serviços, por não ter respaldo em qualquer uma dessas operações. A expedição pelo vendedor e a aceitação pelo comprador de títulos dessa natureza configura ação delituosa punida com detenção e multa.

DUPLICATA VIRTUAL. *Direito cambiário.* Duplicata que não exige apresentação, com aceite presumido a vista do comprovante de entrega da mercadoria (Luiz Fernando Rudge).

DUPLO BINÁRIO. *Direito penal.* Diz-se do sistema que admite aplicar, cumulativa e sucessivamente, a pena e a medida de segurança. O Código Penal vigente, porém, passou a admitir o sistema unitário ou vicariante, que recomenda a aplicação da pena ou da medida de segurança para os semi-imputáveis e somente da pena para os imputáveis, sendo que aos inimputáveis pode-se aplicar a medida de segurança preventiva e assistencial (Júlio F. Mirabete).

DUPLO GRAU DE JURISDIÇÃO. *Direito processual civil, direito processual penal* e *direito do trabalho.* Princípio de administração da justiça que estabelece a existência de duas instâncias, a inferior e a superior, para que as causas decididas no juízo *a quo* venham, em grau de recurso, a ser reapreciadas e julgadas no juízo *ad quem.*

DUQUE. *Direito comparado.* **1.** Título de nobreza imediatamente superior ao de marquês e inferior ao de príncipe. Em alguns países, contudo, é um título outorgado apenas a príncipe real. **2.** Chefe de um ducado.

DUQUESA. *Direito comparado.* **1.** Mulher de um duque. **2.** Título nobiliárquico acima do de marquesa. **3.** Soberana de um ducado.

DURABILIDADE. Qualidade do que é durável.

DURAÇÃO. 1. Nas *linguagens comum* e *jurídica:* a) a parte finita do tempo considerada em seu conjunto (Lalande); b) o tempo em que uma pessoa, coisa, instituição ou fato tem existência; c) qualidade ou estado daquilo que dura certo período de tempo. **2.** *Direito civil.* a) Prazo do contrato social; b) prazo contratual determinado ou indeterminado. **3.** *Teoria geral do direito.* Tempo de vigência de uma norma. **4.** *Direito internacional público.* Tempo de vigência de um tratado ou convenção internacional. **5.** *Direito de propriedade industrial.* Prazo de validade de uma patente.

DURAÇÃO DA GRAVIDEZ. *Medicina legal.* Em regra, o período de gestação dura 280 dias, mas o Código Civil considera como termo mínimo o de 180 e como prazo máximo o de 300 dias.

DURAÇÃO DO DIREITO DO AUTOR. *Direito autoral.* Temporariedade que só atinge o direito do autor no seu aspecto patrimonial, ou seja, na expressão externa da idéia, quando ela se materializa, pois ele é perpétuo no aspecto pessoal. A duração do direito autoral é o tempo de vida do autor da obra intelectual. Com o seu óbito, seus herdeiros e sucessores terão direito de reproduzir sua obra, durante setenta anos, salvo seus filhos, pais ou cônjuge, que gozarão de modo vitalício dos direitos patrimoniais do autor que lhes forem transmitidos por sucessão *mortis causa.* Após esse termo legal, a obra cairá no domínio público.

DURAÇÃO DOS TRATADOS. *Direito internacional público.* Diz-se do tempo neles determinado para sua vigência, durante o qual não podem ser denunciados por uma das partes. Se não houver estipulação do prazo, os tratados terão vigência por tempo indeterminado, ressalvando-se ao conjunto das partes a sua ab-rogação, e a cada uma delas a perspectiva da denúncia. Todavia, os tratados concernentes à fixação de limites ou à compra e venda de território têm vigência perpétua (Rezek).

DURAÇÃO DO TRABALHO. *Direito do trabalho.* **1.** Período em que, diariamente, o empregado presta serviços ao empregador. Trata-se da jornada de trabalho, que, em regra, é de oito horas diárias, desde que não se tenha estabelecido outro limite temporal. **2.** Tempo que se gasta na execução de um certo serviço.

DURA LEX, SED LEX. *Aforismo jurídico.* A lei é dura, mas é lei.

DURA-MÁTER CRANIANA. *Medicina legal.* Membrana fibrosa que envolve o sistema nervoso central e a massa encefálica; paquimeninge.

DURASNAL. *Direito agrário.* Diz-se, no Rio Grande do Sul, da plantação de pessegueiros abandonada.

DURCHGRIFF. *Termo alemão.* Desconsideração da pessoa jurídica.

DURCH KONNOSSMENT. *Locução alemã.* Conhecimento direto ou conhecimento único.

DURING GOOD BEHAVIOUR. *Expressão inglesa.* Vitaliciedade.

DURITE. *Medicina legal.* Inflamação da dura-máter craniana ou paquimeningite.

DUROARACNITE. *Medicina legal.* Inflamação da dura-máter e da aracnóide.

DURUM HOC EST SED ITA SCRIPTA EST. *Expressão latina.* É duro, mas assim está escrito na lei.

DUTO. Conjunto de tubulações e acessórios utilizados para o transporte de óleo entre duas ou mais instalações.

DUTY-FREE. *Locução inglesa.* **1.** Loja livre de impostos. **2.** Isenção de imposto aduaneiro.

DUTY OF CARE. *Locução inglesa.* Dever de diligência.

DUTY OF DISCLOSURE. *Locução inglesa.* Dever de informar.

DUTY OF LOYALTY. *Locução inglesa.* Dever de lealdade.

DUUNVIRAL. *Ciência política.* Relativo a duúnviro.

DUUNVIRATO. *Ciência política.* **1.** Governo de dois homens. **2.** Duração do cargo de duúnviro. **3.** Cargo e atribuição de duúnviro.

DUÚNVIRO. *História do direito.* Cada um dos dois magistrados que, na Roma Antiga, exerciam o duunvirato.

DÚVIDA. **1.** Nas *linguagens filosófica* e *jurídica,* é: a) qualquer perturbação mental que conduz a uma dificuldade de chegar a decisões firmes ou a certas asserções (Lalande); b) procura indefinida do porquê das coisas; c) incerteza a respeito da realidade de um fato ou de uma coisa ou da verdade de uma afirmação, procurando-se afastá-la por meio de provas ou presunções; d) cepticismo; e) objeção; f) método da filosofia cartesiana que consiste em colocar em dúvida tudo o que foi anteriormente admitido, aceitando como verdadeiro apenas o evidente, a fim de fundamentar o conhecimento em bases certas (A. Cuvillier). **2.** *Direito penal.* Incerteza de fato criminoso ou da autoria do crime, que leva a uma decisão em favor do réu, ante o princípio *in dubio pro reo.*

DÚVIDA METÓDICA. *Filosofia geral.* Princípio pelo qual não se pode aceitar como verdadeiro um conhecimento sem antes submetê-lo a uma análise racional.

DUVIDAR. **1.** Ter dúvida. **2.** Questionar. **3.** Hesitar. **4.** Ter alguma suspeita. **5.** Não admitir.

DUVIDOSO. **1.** Incerto. **2.** O que está sujeito a dúvida. **3.** Hesitante. **4.** O que não merece inteira confiança. **5.** Pouco seguro; aquilo que não pode ser afirmado com segurança, por não se saber se é verdadeiro ou se constitui a realidade. **6.** Conhecimento que não é científico. **7.** Suspeito. **8.** Ambíguo. **9.** Equívoco. **10.** Problemático. **11.** Indeterminado. **12.** O que não merece inteira confiança. **13.** Arriscado.

DVOR. *Direito comparado.* Comunidade familiar existente no *kolkhoz* do direito soviético que se liga a um tronco comum (Georgette N. Nazo).

DZÔ. *Direito agrário.* Animal advindo do cruzamento do iaque com o zebu, cuja lã é empregada na fabricação de veludos.

E. *Lógica jurídica.* **1.** Símbolo da proposição universal negativa. **2.** Símbolo da proposição modal em que o modo é afirmado e o *dictum* negado (Lalande). **3.** Conjunção aditiva usada para unir duas proposições.

EADEM CAUSA. *Locução latina.* Mesma causa.

EADEM CAUSA PETENDI. *Expressão latina.* A mesma causa de pedir.

EADEM PER EADEM. *Expressão latina.* Pagar na mesma moeda.

EADEM PERSONAE. *Locução latina.* Identidade de pessoas na causa.

EADEM QUAESTIO. *Locução latina.* Mesma pretensão que motiva uma ação proposta em juízo, por haver identidade dos pressupostos fáticos e jurídicos.

EADEM RATIONE. *Locução latina.* Pela mesma razão.

EADEM REM. *Locução latina.* **1.** Mesma coisa. **2.** Objeto de pedido idêntico.

EADEM RES. *Locução latina.* Identidade de objeto.

EA DE RE. *Locução latina.* Por esta razão.

EAM POPULAREM ACTIONEM DICIMUS, QUAE SUUM JUS POPULI. *Expressão latina.* Chama-se ação popular a que tutela o próprio direito do povo.

EA NATURA EST OMNIS CONFESSIONIS UT DEMENS ESSE VIDEATUR QUI CONFITEBUR DE SE. *Brocardo latino.* A confissão é de tal natureza que parece ser demente quem confessa contra si.

EAPC. Sigla de Entidade Aberta de Previdência Complementar ou sociedade seguradora autorizada a operar planos de previdência complementar aberta.

EAPP. Sigla que abrange as Entidades Abertas de Previdência Privada, com ou sem fins lucrativos, e as sociedades seguradoras autorizadas a operar com previdência privada aberta.

EA, QUAE FIUNT A JUDICE, SI AD EJUS NON SPECTANT OFFICIUM, NON SUBSISTUNT. *Aforismo jurídico.* É nulo o que o juiz faz além de sua alçada.

EARMARK. *Termo inglês.* Marca colocada na orelha do animal para identificá-lo.

EARN. *Termo inglês.* Ganhar.

EARNED INCOME CREDIT. *Expressão inglesa.* Devolução de imposto de renda que foi cobrado sobre os rendimentos do trabalho do assalariado.

EARNED INTEREST. *Locução inglesa.* Juros que estão vencidos.

EARNED SURPLUS. *Locução inglesa.* Lucro que foi acumulado.

EARNER. *Termo inglês.* Aquilo que decorre de trabalho ou de produção.

EARNEST. *Termo inglês.* **1.** Arras ou sinal. **2.** Princípio do pagamento.

EARNING CAPACITY. *Locução inglesa.* Capacidade de renda.

EARNING POWER. *Locução inglesa.* Rentabilidade.

EARNING REPORT. *Locução inglesa.* Aquilo que demonstra os lucros e as perdas havidos.

EARNINGS. *Termo inglês.* Rendimento advindo de produção ou de trabalho assalariado.

EA SOLA UTILIA SUNT JUSTA. *Expressão latina.* Só as coisas úteis são justas.

EASTERN PENITENCIARY. *Direito comparado.* Sistema penitenciário da Pensilvânia (Filadélfia) que mantém, com rigor e severidade, o regime celular.

EAVES-DRIP. *Locução inglesa.* Servidão de águas pluviais.

EAVES-DROPPING. *Termo inglês.* **1.** Escuta clandestina. **2.** Ato de grampear telefone.

E. B. *Direito marítimo.* Abreviatura de estibordo; indica o lado direito da embarcação, visto da popa para a proa.

E BELLO ENIM PAX FIRMATUR. *Expressão latina.* A boa guerra faz a boa paz.

EBERTITE. *Medicina legal.* Septicemia causada pelo bacilo do tifo, descoberto pelo bacteriologista alemão Eberth.

EBIONISMO. *História do direito.* Doutrina herética do século II que negava a divindade de Jesus Cristo, acatando, por isso, apenas o Velho Testamento.

EBRIEDADE. *Medicina legal.* Embriaguez; estado de intoxicação alcoólica.

EBRIETAS CAEDIS MATER, PARENS LITIUM, FURORIS GENETRIX. *Expressão latina.* A embriaguez é a causadora de assassinatos, promotora de brigas e geradora de muitas loucuras.

EBRIEZ. *Medicina legal.* Embriaguez.

ÉBRIO. *Medicina legal, direito civil* e *direito penal.* Embriagado; o que teve diminuição do controle de suas faculdades ou que perdeu as inibições por efeito de bebida alcoólica; praticando nesse estado algum ato ilícito ou crime, terá responsabilidade civil e criminal.

ÉBRIO HABITUAL. 1. *Direito penal.* Aquele que vive em constante estado de embriaguez. Se o contraventor estiver sempre em habitual embriaguez, poderá ser internado em casa de custódia e tratamento. **2.** *Direito civil.* Dependente de álcool que sofre diminuição de seu discernimento, considerado como relativamente incapaz para exercer atos da vida civil sem a assistência de seu representante legal.

EBÚRICO. *História do direito.* Povo belga que habitava as margens do Reno e do Maas; foi aniquilado em 53 a.C. por César.

EBURNAÇÃO. *Medicina legal.* **1.** Osteosclerose; transformação sofrida por um osso que, apresentando-se mais duro e compacto, passa a ter uma superfície brilhante como a do marfim. **2.** Ossificação das cartilagens.

E-CARD. *Direito virtual.* Cartão virtual, usado em compras na Internet, mediante informação do número do cartão.

E-CASH. *Termo inglês. Eletronic cash*, ou seja, dinheiro eletrônico que se constitui como modalidade de pagamento, fazendo uso dos serviços bancários para efetuar transferências eletrônicas de fundos ou prescindindo da intervenção dos bancos, porque os valores ficam armazenados nos computadores das próprias partes (Walter Douglas Stuber, Ana Cristina de Paiva Franco).

ECBASE. *Retórica jurídica.* Digressão no discurso.

ECBÓLICO. *Medicina legal.* **1.** Abortivo que provoca contrações uterinas. **2.** O que causa contração do útero para facilitar o parto.

ECCEIDADE. Na *linguagem filosófica* é: a) individualidade; aquilo que faz com que a pessoa seja ela mesma, distinguindo-se das demais (Duns Scot). Também denominada *haecceidade* ou *ipseitas*; b) aquilo que faz com que a essência se individualize e esteja presente no mundo (A. Cuvillier).

ECDÊMICO. *Medicina legal.* Diz-se do mal não epidêmico, nem endêmico, que, apesar disso, ataca o povo em massa, resultante de causas estranhas ao local em que se manifesta.

ECDÓTICA. *Direito autoral.* Ciência e técnica da edição.

ECESE. *Direito agrário.* Adaptação de uma espécie vegetal ou animal em novo hábitat, envolvendo os critérios crescimento, sobrevivência e reprodução.

ECFIADITE. *Medicina legal.* Apendicite.

ECFILAXIA. *Medicina legal.* Inoperância dos agentes de defesa ou anticorpos do sangue.

ECFISIA. *Medicina legal.* Expulsão de gases que estão acumulados numa cavidade do corpo humano.

ECG. *Medicina legal.* Sigla do eletrocardiograma.

ÉCHANGE. *Termo francês.* Câmbio.

ECHELON. *Direito virtual.* Sistema de espionagem que viola a privacidade (Amaro Moraes e Silva Neto).

ÉCHEVINS. *História do direito.* Eram juízes locais que, na França, entre os séculos XIII a XV, apesar de incultos, resolviam contendas aplicando normas consuetudinárias.

ECIESE. *Medicina legal.* Gravidez extra-uterina.

ECIJ. *Direito internacional público.* Abreviatura de Estatuto da Corte Internacional de Justiça.

ECLÁBIO. *Medicina legal.* Eversão de lábio.

ECLAMPSIA. *Medicina legal.* Grave afecção convulsiva que, eventualmente, afeta mulheres parturientes ou, ainda, recém-nascidos, provocando estado de inconsciência, com elevação brusca da pressão arterial.

ECLAMPSISMO. *Medicina legal.* Forma de auto-intoxicação puérpera, ordinariamente não acompanhada de convulsões.

ECLÉSIA. 1. *Direito canônico.* Igreja. **2.** *História do direito.* Assembléia política de cidadãos dos Estados da Grécia antiga.

ECLESIARQUISMO. *Direito canônico.* Opinião que restringe a infabilidade da Igreja às decisões do Concílio.

ECLESIÁSTICO. *Direito canônico.* **1.** Relativo à Igreja ou ao clero. **2.** Sacerdote. **3.** Um dos livros deuterocanônicos do Antigo Testamento.

ECLESIOFOBIA. *Medicina legal.* Medo mórbido de igrejas.

ECLESIOLOGIA. *Direito canônico.* Estudo da história ou da doutrina da Igreja.

ECLESIÓLOGO. *Direito canônico.* Especialista em eclesiologia.

ECLETICISMO. *Vide* ECLETISMO.

ECLÉTICO. *Filosofia do direito* e *teoria geral do direito.* **1.** O que seleciona e aproveita os pontos principais ou tidos como melhores em correntes doutrinárias e métodos. **2.** O que se compõe de elementos advindos de diversas fontes. **3.** Relativo a ecletismo.

ECLETISMO. *Filosofia do direito* e *teoria geral do direito.* **1.** Método filosófico ou científico-jurídico que reúne elementos de diferentes doutrinas conciliáveis, prescindido dos que forem incompatíveis. **2.** Hábito de selecionar os dados mais importantes em teses filosófico-jurídicas ou doutrinárias.

ECLIPSE MENTAL. *Medicina legal.* Diz-se do brusco e breve obscurecimento da consciência.

ECLUSA. 1. *Direito marítimo.* Represa feita em canal ou via fluvial, para facilitar a navegação; contém portas ou aberturas em cada uma de suas extremidades, com o escopo de elevar ou descer as embarcações de um nível de água a outro, possibilitando-lhes o acesso a determinados locais. **2.** *Direito agrário.* Repartimento com portas herméticas feito num rio para permitir a entrada ou a saída de uma embarcação, possibilitando o transporte de produtos agrícolas aos mercados, ou de insumos para serem usados no imóvel rural, ou, ainda, para reter as águas com a intenção de conduzi-las ao ponto em que serão utilizadas em atividades agropecuárias.

ECMNÉSIA. *Medicina legal.* Perturbação de memória que leva o paciente a relembrar fatos ocorridos no passado e a esquecer os havidos em data mais recente.

ECMOFOBIA. *Medicina legal.* Medo mórbido de objetos que possam picar, como alfinetes, agulhas etc.

ECOÁREA. *Direito ambiental.* Uma área com fauna, flora e clima semelhantes e, portanto, de interesse com respeito à introdução de ACBs (agentes de controle biológico).

ECOCINESIA. *Medicina legal.* Impulsão mórbida e involuntária que conduz paciente, em regra, histérico ou epiléptico, a reproduzir gestos efetuados por outra pessoa.

ECOCLIMA. *Direito ambiental* e *direito agrário.* **1.** Clima como fator ecológico. **2.** Conjunto de fatores de ordem meteorológica ocorridos num hábitat.

ECO-ÉTICA. *Biodireito.* Parte da bioética que se ocupa do ambiente onde nascem, vivem e morrem as formas de vida, na medida em que, sem preservação do ambiente natural, todas as formas de vida estão ameaçadas de extinção. Logo, a bioética visa a defesa do ecossistema (Fortes, Zoboli e Cybele Oliveira).

ECOFRASIA. *Vide* ECOLALIA.

ECOGÊNESE. *Direito agrário.* Influência do meio ambiente na formação de novas espécies animais ou vegetais.

ECOGRAFIA. *Medicina legal.* Perturbação que leva o paciente a copiar idéias alheias, sem conseguir exprimir, por escrito, suas próprias idéias.

ECOLALIA. *Medicina legal.* Moléstia mental de origem nervosa que faz o doente repetir, involuntariamente, "como um eco", as suas próprias palavras e as que outras pessoas lhe dirigirem.

ECOLOGIA. 1. *Direito ambiental.* a) Ciência do hábitat que estuda as relações dos seres vivos num dado meio e a sua adaptação ao ambiente, ou seja, ao clima, solo etc. Tal ciência auxilia muito as atividades do pecuarista, agricultor e agroindustrial na produção econômica da terra; b) estudo científico da interligação dos seres vivos com o seu meio ambiente (Antonio Silveira Ribeiro Santos). **2.** *Direito penal.* Visa a proteção penal do meio ambiente, evitando e incriminando atentados contra ele, como a poluição do solo, do ar, da água e agressões à fauna e à flora. **3.** Ciência que se ocupa com a estrutura e o desenvolvimento das comunidades humanas em suas relações com o meio ambiente e sua conseqüente adaptação a ele, assim como novos aspectos que os processos tecnológicos ou sistemas de organização social possam acarretar para as condições de vida do homem (Aurélio Buarque de Holanda Ferreira).

ECOLOGIA DAS MOLÉSTIAS HUMANAS. Ciência alusiva às relações entre a doença e o local onde ela se dá.

ECOLOGIA DE EMPRESAS. *Direito empresarial* e *direito ambiental.* Conjunto de medidas adotadas por empresas que operam numa certa economia, considerando-a um ecossistema, procurando relacionar-se com o meio ambiente, a ele se adaptando.

ECOLOGIA HUMANA. *Sociologia jurídica.* Estudo que visa distribuir homens no espaço, cuidando das diversas formas de sua interação com o meio ambiente.

ECOLÓGICO. *Direito ambiental.* O que é relativo à ecologia.

ECOLOGISTA. *Vide* ECÓLOGO.

ECÓLOGO. *Direito ambiental.* Aquele que se ocupa da ecologia; ecologista; técnico em ecologia.

ECOMANIA. *Medicina legal.* **1.** Perturbação mental que leva o paciente a ser demasiadamente autoritário com seus familiares. **2.** Mania de permanecer em casa.

ECOMATISMO. *Medicina legal.* Moléstia mental que se caracteriza pelo fato de o seu portador ficar involuntariamente repetindo vozes e gestos alheios.

ECOMIMIA. *Vide* ECOCINESIA.

E-COMMERCE. *Direito virtual.* **1.** Produção, publicidade, venda e distribuição de produtos por via de sistemas de telecomunicação (Jorge José Lawand). **2.** Comércio eletrônico. **3.** Comércio realizado na internet. **4.** Comércio eletrônico.

E COMPANHIA (& CIA.). *Direito comercial.* Locução que completa a razão social de firma em nome coletivo, indicando que existem outros sócios não mencionados. O acréscimo da abreviação "Ltda." indica tratar-se de sociedade limitada.

ECONDROMA. *Medicina legal.* Tumor cartilaginoso que se forma no exterior de uma cartilagem ou de seu osso.

ECONOMATO. **1.** *Direito comercial* e *direito empresarial.* Estabelecimento ou armazém de fornecimento de produtos alimentícios ou mercadorias para uso doméstico de empregados de firmas ou empresas, mediante apresentação de vales expedidos pela administração. **2.** *Direito canônico.* a) Cargo de ecônomo que administra os bens temporais da Igreja ou de ordem ou congregação religiosa, sob a direção de seu superior; b) repartição do ecônomo.

ECONOMETRIA. *Economia política.* **1.** Estudo de fatores econômicos com a aplicação de técnicas estatísticas, averiguando em que medida as doutrinas dos ciclos econômicos encontram apoio na realidade concreta. **2.** Método analítico, estruturado por Tinbergen, que prevê o comportamento da macro ou microeconomia.

ECONOMIA. **1.** *Filosofia do direito.* Realização de um fim pelos meios mais simples. **2.** *Economia política.* a) Poupança; dinheiro economizado ou acumulado por particular ou por qualquer administração privada ou pública; b) ciência que trata do estudo das leis que regem a produção, distribuição e consumo de bens; c) boa administração de bens pelo estabelecimento público ou particular, em razão de perfeita execução de atos relativos ao patrimônio, a negócios ou serviços, que alcancem os objetivos colimados, possibilitando uma reserva de riquezas.

ECONOMIA AGRÁRIA. *Direito agrário.* Ciência técnica voltada ao estudo dos fenômenos econômicos da atividade do produtor rural.

ECONOMIA CLÁSSICA. *Vide* MICROECONOMIA.

ECONOMIA DE CONSUMO. *História do direito* e *Economia política.* Sistema econômico medieval para o qual o valor de uso é o essencial ao trabalho, logo a produção de bens visa a atender apenas às necessidades do consumo.

ECONOMIA DE ESCALA. *Direito comercial.* Diz-se do lucro obtido em certo produto, em razão de aumento da produção decorrente de investimento industrial.

ECONOMIA DE GUERRA. *Ciência política* e *direito internacional público.* Interferência estatal na economia, em decorrência do conflito armado, para defender a nação fazendo racionamento da oferta e da procura, tabelando e congelando preços e exigindo trabalho extraordinário (Othon Sidou).

ECONOMIA DE MERCADO. *Economia política* e *direito comercial.* Diz-se daquela em que os meios de produção são, no regime capitalista, privados, sem que sofram qualquer interferência estatal na condução da atividade negocial e na oscilação do preço.

ECONOMIA DE TRIBUTO. *Direito tributário.* **1.** Dá-se quando o contribuinte, legalmente, vem a escolher situação menos onerosa ou a fazer um planejamento fiscal, evitando excessos de operações tributadas para diminuir a ocorrência de fatos geradores (Ruy Barbosa Nogueira). **2.** Organização dada pelo contribuinte a seus negócios com o escopo de pagar menos tributos (Geraldo Ataliba).

ECONOMIA DIRIGIDA. *Economia política.* Diz-se do regime ou da política financeira em que há intervenção estatal no domínio econômico; economia sujeita a um plano organizado e orientado pelo Estado. Tal ocorre porque o Estado pretende, além de solucionar crises, obter maior poderio ou rendimento na ordem econômica. Contrapõe-se, portanto, à política que tem por base a liberdade de mercado.

ECONOMIA DIVINA DA SALVAÇÃO. *Direito canônico.* Conjunto de iniciativas relativas ao mistério da Redenção.

ECONOMIA DOMÉSTICA. *Direito civil.* Administração de um lar.

ECONOMIA DOS COLETORES. *Sociologia geral.* Fase em que o ser humano, nos primórdios da civilização, saiu da caverna em busca de subsistência, abandonando o hábito de coletar o que encontrasse nas proximidades da caverna.

ECONOMIA DOS VALORES JURÍDICOS. *Direito administrativo.* Princípio pelo qual a administração pública convalesce ou convalida ato administrativo defeituoso, sanando-o, com base no princípio da conservação eficacial do ato jurídico, eximindo-se da edição de um novo ato.

ECONOMIA FINANCEIRA. *Economia política* e *direito comercial.* É, sob o prisma macroeconômico, o estudo de mercados onde se dá a oferta e a procura de recursos monetários; do ponto de vista microeconômico, trata-se da finança das empresas (Fábio Nusdeo).

ECONOMIA FISCAL. *Vide* ECONOMIA DE TRIBUTO.

ECONOMIA INVISÍVEL. A que escapa do controle fiscal, ocasionando várias distorções na economia como um todo (Geraldo Magela Alves).

ECONOMIA LIVRE. *Economia política.* Trata-se da economia de mercado livre, sem qualquer ingerência do Estado, que se liga apenas à iniciativa particular. *Vide* ECONOMIA DE MERCADO.

ECONOMIA MISTA. **1.** *Economia política.* Diz-se do regime econômico em que há intervenção ou atuação estatal por participação, sem qualquer eliminação da função de orientação exercida pelo mercado, já que participa tão-somente do capital de unidades econômicas detentoras dos meios de produção (Eros Roberto Grau, Ricardo Cibotti e Enrique Sierra). **2.** *Direito administrativo* e *direito civil.* Entidade dotada de personalidade jurídica de direito privado criada por lei para a exploração de atividade econômica, sob a forma de sociedade anônima, cujas ações com direito a voto pertencem em sua maioria à União ou à entidade da administração indireta. É uma sociedade regida pelo direito privado, ou seja, por normas comerciais e trabalhistas, e também por normas administrativas e tributárias, mas com a cautela do direito público, ante o fato de estar submetida a determinados princípios juspublicistas, como, por exemplo, a licitação, porque lida com recursos ou capitais públicos. Trata-se de uma sociedade de economia mista, em que os processos de produção decorrem da conjugação de capital particular com o do governo.

ECONOMIA MONETÁRIA. *Economia política.* Estudo de fenômenos condizentes à moeda, enquanto unidade e padrão de troca, averiguando as variações no seu valor e o poder aquisitivo representados pela inflação, deflação ou reflação (Fábio Nusdeo).

ECONOMIA NATURAL. *Economia política* e *história do direito.* Sistema econômico, comum na era medieval, baseado na troca de mercadorias.

ECONOMIA PLANIFICADA. *Economia política.* Regime socialista em que os bens de produção e a liberdade contratual ligam-se, na economia de mercado, a um planejamento do Estado, fazendo com que se tenha um mercado organizado com base no dirigismo contratual e na função social da propriedade. A idéia de lucro individual é substituída pela de produtividade social, pois o equilíbrio econômico é conhecido antecipadamente por um órgão planificador racional e autoritário, que efetua os planos, decidindo tudo sobre as trocas e as partes cabíveis a cada um.

ECONOMIA POLÍTICA. *Economia política.* **1.** Ciência alusiva à produção, distribuição e consumo da riqueza nacional, para dela obter melhor aproveitamento, aos princípios básicos da economia e à aplicação desses princípios na política, no setor agrário, comercial, industrial etc. **2.** Arte de bem gerir as finanças do Estado (Antoine de Montchrétien).

ECONOMIA POPULAR. **1.** *Direito penal.* Bem coletivo estimado não só pelo que representa para um indivíduo, mas também por ser expressão de iguais necessidades relacionadas com todos os componentes de um dado grupo social (Manoel Pedro Pimentel), punindo-se, por isso, qualquer ato atentatório a ele, que configura crime contra a economia popular. **2.** *Direito constitucional.* Conjunto de interesses econômicos, gêneros e produtos de consumo imprescindíveis ao povo, juridicamente protegidos pelo Poder Público; logo, o Estado responsabiliza-se por qualquer exploração de atividade econômica que contrarie a economia popular, devendo haver lei complementar que crie fundo ou seguro que a proteja.

ECONOMIA PRIVADA. **1.** *Vide* ECONOMIA DOMÉSTICA. **2.** *Direito econômico.* Ciência que visa a análise das atividades econômicas de pessoas físicas e jurídicas de direito privado.

ECONOMIA PROCESSUAL. *Direito processual civil.* Princípio pelo qual deve-se evitar, no andamento dos processos, qualquer tipo de dilação ou atividades desnecessárias que possam torná-los mais onerosos.

ECONOMIA PRÓPRIA. *Direito civil* e *direito previdenciário.* **1.** Diz-se do fato de alguém poder prover meios para sua subsistência, não estando na dependência econômica de outrem. **2.** Poupança decorrente do próprio esforço pessoal, sem que haja qualquer apoio de terceiros ou de familiares.

ECONOMIA PÚBLICA. *Economia política.* **1.** Administração de patrimônio público ou de finanças públicas. **2.** Conjunto de elementos mercadológicos que influenciam os fins econômico-estatais.

ECONOMIA PURA. *Economia política.* Estudo teórico-analítico das relações existentes entre fenômenos econômicos, inseridas na realidade político-concreta e aplicáveis a várias questões, sejam elas educacionais, eleitorais, governamentais etc.

ECONOMIA RURAL. *Direito agrário.* Ciência que estuda os meios apropriados para o aproveitamento do solo.

ECONOMIAS. *Economia política.* Acúmulo de bens obtidos pela economia.

ECONOMIA SOCIAL. *Economia política.* Ciência que estuda as leis que regem as relações estabelecidas na sociedade, em razão de seus interesses econômicos, voltados à escassez de bens, à melhoria das condições de vida das classes de menor poder aquisitivo, à distribuição da riqueza, à reconstrução de um sistema econômico que corresponda ao estado do bem-estar (*welfare state*) (Ludwig Erhard e Fábio Nusdeo).

ECONOMIA SOLIDÁRIA. *Direito do trabalho.* É o conjunto de atividades econômicas – de produção, distribuição, consumo, poupança e crédito – organizadas e realizadas solidariamente por trabalhadores e trabalhadoras sob a forma coletiva e autogestionária.

ECONOMICIDADE. *Economia política.* Condição ou qualidade do que é econômico.

ECONÔMICO. *Economia política.* **1.** Relativo à economia. **2.** Aquilo que está consentâneo aos preceitos da economia. **3.** Aquele que poupa ou economiza. **4.** O que diz respeito à administração de uma entidade privada ou pública. **5.** Diz-se do ano concernente à gerência administrativa. **6.** O que tem emprego industrial ou prático.

ECONOMISMO. *Economia política.* Ciência ou sistema dos economistas.

ECONOMISMO HISTÓRICO. *Sociologia jurídica.* **1.** Conjunto de teorias que tomam um dos pretensos fatores econômicos como variável independente, tentando encontrar os seus efeitos sobre outros fenômenos sociais ou as correlações existentes entre eles (Pitirim A. Sorokin). **2.** Materialismo histórico-marxista (Marx e Engels).

ECONOMISTA. **1.** Bacharel em Ciências Econômicas. **2.** Que se ocupa de questões econômicas e sociais. **3.** Profissional cuja atividade está regida por normas regulamentares do Conselho Federal de Economia (COFECON), tendo por deveres fundamentais: a) preservar e dignificar, em sua conduta, o conceito da categoria; b) velar pela sua reputação pessoal e profissional; c) zelar pelo bem público, especialmente quando estiver no exercício de cargo ou função pública; d) pugnar por solução técnica que assegure a preservação do meio ambiente ou do equilíbrio ecológico; e) orientar o cliente, de preferência documentado, com dados, informações e elementos objetivos, que facilitem a tomada de uma decisão consciente; f) informar seus superiores, empregadores ou clientes de qualquer impedimento que julgue relacionado com assunto de trabalho que lhe venha a ser exposto ou solicitado; g) combater o exercício ilegal da profissão; h) denunciar, por lesivo ao interesse profissional, todo ato de investidura em cargos ou funções dos que não estejam legalmente habilitados ao exercício da profissão de economista, bem como a expedição de títulos, diplomas, licenças, atestados de idoneidade profissional e outros aos que não se encontrem igualmente nas mesmas condições; i) defender os preceitos legais e/ou os princípios morais, negando sua colaboração ou participação em qualquer serviço ou empreendimento que julgue ferir tais normas; j) guardar sigilo sobre as informações técnico-econômicas a que tiver acesso; k) zelar pela fidelidade das informações e dos documentos de natureza econômico-financeira; l) colaborar com as entidades de fiscalização e representação profissional; m) exercer fiscalização sobre atividades e dirigentes de entidades de fiscalização e de representação dos economistas, fazendo com que se cumpram as normas legais e regimentais e as resoluções do Conselho Federal de Economia. São direitos do profissional de Economia: a) exercer livremente a profissão, sob a proteção da lei e das entidades da categoria, sem ser discriminado por questões de religião, raça, sexo, nacionalidade, cor, opinião política, filosófica ou de qualquer outra natureza; b) apontar falhas nos regulamentos e nas normas das instituições, quando as julgar inadequadas ao exercício profissional ou prejudiciais ao cliente, devendo, nesse caso, dirigir-se às instâncias competentes, em particular ao Tribunal de Ética e ao Conselho Regional; c) exigir das entidades da categoria a defesa de uma justa remuneração por seu trabalho profissional; d) denunciar às entidades de fiscalização e de representação profissional e, se for o caso, às autoridades públicas competentes situação na qual as condições de trabalho sejam degradantes à pessoa do profissional e à própria profissão de economista; e) participar de eventos promovidos pelas entidades de classe; f) votar e ser votado para qualquer cargo ou função em entidades da categoria, respeitando o expresso nos editais de convocação; g) representar, quando indicado, o Conselho Regional de Economia e as instituições públicas ou privadas em eventos nacionais e internacionais de interesse da categoria; h) defender-se e ser defendido pelo Sistema COFECON/CORECONs, se ofendido em sua dignidade profissional; i) ter acesso a informações, estudos, pesquisas e documentos similares, de natureza econômica, produzidos por órgãos públicos, de interesse da sociedade; j) ser publicamente desagravado pelas entidades de fiscalização e de representação dos economistas, quando ofendido no exercício da profissão ou em razão dela; k) usufruir de todos os demais direitos específicos e/ou correlatos, nos termos da legislação que regula a profissão de economista.

ECONOMIZAR. Gastar ou administrar com parcimônia.

ECÔNOMO. **1.** *Direito canônico.* Eclesiástico que tem a função de governar ou administrar as finanças ou rendas da Igreja ou de ordens monásticas ou religiosas. Clérigo ou leigo, nomeado por um qüinqüênio, que seja probo e perito em economia, para administrar os bens da diocese sob a autoridade do bispo e fazer as despesas, com as receitas da diocese, ordenadas pelo bispo, prestando contas das receitas e despesas ao conselho econômico. **2.** *Direito civil.* Diz-se do que cuida da administração de uma casa; mordomo. **3.** *Direito comercial* ou *direito empresarial.* Administrador de armazém que fornece, mediante apresentação de vales expedidos pela empresa, produtos aos seus empregados. **4.** *História do direito.* Antiga denominação que se

dava ao tutor ou curador que administrava os bens e a pessoa de incapazes. **5.** *Direito marítimo.* Comissário de bordo.

ECOPATIA. *Medicina legal.* Psicose, sendo um dos principais sintomas a ecolalia.

ECOPRAXIA. *Vide* ECOCINESIA.

ECOSFERA. *Direito espacial.* Faixa atmosférica do sistema estelar onde não há seres vivos por falta de condições favoráveis à vida.

ECOSOC. *Direito internacional público.* Sigla de Comitê Econômico e Social das Nações Unidas.

ECOSSISTEMA. *Direito ambiental.* **1.** Conjunto de fatores naturais mais ou menos uniformes em relação a um meio ambiente (Othon Sidou). **2.** Complexo de organismos e seu ambiente, interagindo como uma unidade ecológica definida (natural ou modificada pela atividade humana. Exemplo: agroecossistema), sem considerar fronteiras políticas. **3.** Conjunto interligado dos organismos vivos em um ambiente determinado, formando um mosaico de caracteres aparentemente uniformes (Antonio Silveira Ribeiro dos Santos). **4.** Sistema ecológico que, incluindo as comunidades bióticas e as condições abióticas, constitui o conjunto de plantas, animais e microorganismos em permanente interação, recíproca e com seu ambiente, de tal modo a perpetuar o agrupamento (Antonio Herman V. Benjamin). **5.** Complexo dinâmico de comunidades vegetais, animais e de microorganismos e o seu meio que se integram como uma unidade funcional. **6.** Relação estabelecida entre fatores bióticos e abióticos.

ECO-TAX. *Direito comparado.* Taxação da poluição, impondo encargos ao poluidor, por meio do: a) imposto *ex post*, que consiste no pagamento de prestações antes, durante ou depois da ação lesiva ao meio ambiente; ou b) imposto *ex ante*, que é pago à vista (Werner Z. Hisrch).

ECPIEMA. *Medicina legal.* **1.** Supuração. **2.** Abscesso.

ECPIESMA. *Medicina legal.* Fratura craniana com compressão da meninge.

ECPLEXIA. *Medicina legal.* Delírio provocado por um susto brusco e repentino.

ECSC. *Direito internacional público.* Abreviatura de *European Coal and Steel Community.*

ECSTROFIA. *Medicina legal.* Vício congênito de conformação ou de colocação de um órgão.

ECTASIA. *Medicina legal.* Moléstia que causa dilatação num órgão oco ou tubular.

ÉCTIMA CONTAGIOSO. *Direito agrário.* Doença virulenta e contagiosa que ataca carneiros e cabras. Também designada "éctima ovino".

ÉCTIMA OVINO. *Vide* ÉCTIMA CONTAGIOSO.

ECTIREOSE. *Medicina legal.* Perda da função da glândula tireóide.

ECTOCARDIA. *Medicina legal.* Anomalia na posição do coração.

ECTOGÊNESE. 1. *Medicina legal* e *direito civil.* Fertilização *in vitro* que se concretiza pelo método ZIFT (*Zibot Intra Fallopian Transfer*), que consiste na retirada de óvulo da mulher para fecundá-lo na proveta com sêmen do marido (companheiro) ou de outro homem, para depois introduzir o embrião no seu útero ou no de outra. Com a ectogênese podem surgir certas situações inusitadas, como, por exemplo: a) fecundação do óvulo da esposa com esperma do marido, transferindo-se o embrião para o útero de outra mulher; b) fertilização *in vitro* com sêmen e óvulo de estranhos, por encomenda de um casal estéril, implantando-se o embrião no útero da mulher ou no de outra; c) fecundação, com sêmen do marido, de óvulo não pertencente à mulher, mas implantado no seu útero; d) fertilização, com esperma de terceiro, de óvulo não pertencente à esposa, com imissão do embrião no útero dela; e) fecundação na proveta de óvulo da esposa com material fertilizante do marido, colocando-se o embrião no útero da própria esposa; f) fertilização, com esperma de terceiro, de óvulo da esposa, implantado em útero de outra mulher; g) fecundação *in vitro* de óvulo da esposa com sêmen do marido, congelando-se o embrião para que depois do falecimento daquela seja inserido no útero de outra, ou para que, após a morte do marido, seja implantado no útero da mulher ou no de outra. Essa nova técnica para "criação de ser humano" em laboratório, mediante a manipulação de componentes genéticos da fecundação, com o escopo de satisfazer o desejo de procriar de determinados casais estéreis, constitui um grande desafio para o Direito e para a Ciência Jurídica pelos graves problemas que gera, sendo imprescindível não só impor limitações às clínicas médicas que se ocupam da reprodução humana assistida mas também admitir responsabilidade civil por dano moral e patrimonial, que venha a causar.

2. *Direito penal.* A manipulação genética de células germinais humanas está vedada e a intervenção em material genético humano *in vivo* e *in vitro*, está proibida, salvo para tratamento de defeito genético, constitui crime punido com detenção; mas se resultar em: incapacidade para o trabalho, permanente ou não, perigo de vida, deformidade permanente, debilidade ou perda de membro, sentido ou função, aceleração de parto e aborto será punido com reclusão, sendo que a produção, armazenamento ou manipulação de embriões humanos destinados a servirem como material biológico disponível é ação criminosa punida com reclusão. Pesquisas em células-tronco embrionárias, havendo consenso dos genitores, poderão servir de base para tratamento de moléstia grave, desde que extraídas de embrião inviável ou congelado há três anos.

ECTOPIA. *Medicina legal.* Localização anômala de um órgão.

ECTOPIA TESTICULAR. *Medicina legal.* Diz-se dos testículos retidos que não estão situados nas bolsas escrotais. *Vide* CRIPTORQUIDIA.

ECTOPOCISTE. *Medicina legal.* Deslocamento da bexiga urinária.

ECTRODACTILIA. *Medicina legal.* Malformação congênita em que há um número menor dos dedos de uma ou de ambas as mãos ou pés, influenciando muito na identificação dactiloscópica.

ECTROGENIA. *Medicina legal.* Ausência ou desenvolvimento incompleto congênitos de um órgão.

ECTROMA. *Vide* ABORTO.

ECTROMELIA. *Medicina legal.* Ausência congênita, total ou parcial, dos membros pélvicos ou torácicos.

ECTROSE. *Medicina legal.* **1.** Tratamento abortivo de doença, evitando que se desenvolva. **2.** Aborto.

ECUMÊNICO. *Direito canônico.* **1.** Diz-se do concílio em que se reúnem todos os prelados católicos convocados pelo Papa, que o preside, cujas decisões eclesiásticas são reconhecidas universalmente pela Igreja. **2.** Culto que abrange vários ritos, inclusive o católico.

ECZEMA. *Medicina legal.* Dermatose inflamatória que produz prurido ou lesão.

EDÁFICO. *Direito agrário.* Relativo ou pertencente ao solo.

EDAFOBIOLOGIA. *Direito agrário.* Estudo biológico do solo.

ÉDAFON. *Direito agrário.* Vida animal ou vegetal existente no solo.

E DÁ OUTRAS PROVIDÊNCIAS. *Ciência política.* Locução usual na ementa de leis complexas que, também, pode figurar em norma com um só artigo.

EDEMA. *Medicina legal.* Acúmulo de líquido intersticial ou infiltração serosa do tecido conjuntivo da pele ou de outro órgão, sem que haja dor ou vermelhidão, que vem a desaparecer se se fizer no local uma demorada ou longa pressão com os dedos.

EDEMA ANGIONEURÓTICO. *Medicina legal.* Tumefação, em regra de natureza neurótica ou alérgica, que aparece repentinamente na pele, nas mãos, nos dedos, nas pálpebras, lábios, narinas, pênis, escroto etc.

EDEOBLENORRÉIA. *Medicina legal.* Corrimento purulento dos órgãos sexuais.

EDEODINIA. *Medicina legal.* Dor nos órgãos sexuais.

EDEOMANIA. *Medicina legal.* Preocupação mórbida com assuntos de ordem sexual que pode levar a aberrações sexuais ou degeneração moral.

EDIÇÃO. *Direito autoral.* É um contrato pelo qual o autor de obra literária, científica ou artística, ou o titular desse direito de autor, compromete-se a transferi-lo a um editor, que se obriga a reproduzi-la num número determinado de exemplares e a difundi-la entre o público, tudo à sua custa (Pierre-Alain Tâche). Tem tal contrato por objetivos: a) a reprodução da obra intelectual, imprimindo-a por qualquer processo técnico; b) a sua difusão ou divulgação perante o público; e c) a sua comercialização, devendo, por isso, indicar a exclusividade da transferência do direito de sua utilização econômica, ficando os riscos a cargo do editor, embora o autor conserve um direito moral inalienável e irrenunciável sobre a obra, fazendo jus ao pagamento de seus direitos autorais. Nele há, portanto, uma cessão do direito de reproduzir e de publicar a obra criada, celebrada *intuitu personae*, por não poderem os contratantes transferi-lo a terceiros sem autorização da outra parte, sob pena de rescisão contratual. O autor, ao conceder ao editor o direito exclusivo de reprodução e de divulgação de sua obra por meio de contrato de edição, está lançando mão do instrumento mais adequado e seguro para regular a exploração econômica da obra literária, artística ou científica. *Vide* CONTRATO DE EDIÇÃO.

EDIÇÃO PRÍNCIPE. *Direito autoral.* Diz-se da primeira edição de uma obra literária.

EDIÇÃO VULGAR. *Direito autoral.* Edição de texto legal por órgão não oficial.

EDICTUM. *Termo latino.* Edito.

EDICTUM REPENTINUM. *Expressão latina.* Usada para indicar o programa de ação do pretor urbano ou peregrino para atender a circunstâncias imprevistas ou emergentes, por ele apresentado durante o ano de seu mandato.

EDÍCULA. 1. *Direito civil.* Acessório de uma construção destinado a atender às necessidades do proprietário, como garagem, quarto de empregada etc. **2.** *Direito canônico.* a) Nicho para imagens sacras; b) capela; c) oratório.

EDIFICAÇÃO. *Direito civil.* **1.** Prédio, edifício. **2.** Construção; ato de construir. **3.** Obra destinada a moradia, trabalho, culto, ensino ou lazer (Hely Lopes Meirelles).

EDIFICAÇÕES DE USO COLETIVO. *Direito urbanístico.* Aquelas destinadas às atividades de natureza comercial, hoteleira, cultural, esportiva, financeira, turística, recreativa, social, religiosa, educacional, industrial e de saúde, inclusive as edificações de prestação de serviços de atividades da mesma natureza.

EDIFICAÇÕES DE USO PRIVADO. *Direito urbanístico.* Aquelas destinadas à habitação, que podem ser classificadas como unifamiliar ou multifamiliar.

EDIFICAÇÕES DE USO PÚBLICO. *Direito urbanístico.* Aquelas administradas por entidades da administração pública, direta e indireta, ou por empresas prestadoras de serviços públicos e destinadas ao público em geral.

EDIFICAÇÕES SECUNDÁRIAS. *Direito civil.* Tipos de edificação secundária existentes em um prédio, como piscina, garagem, casa de caseiro, oficina, depósitos, quadras de esporte etc., levando-se em conta os possíveis custos diferenciados de construção.

EDIFICADOR. *Direito civil.* Aquele que efetua construções; empreiteiro; construtor.

EDIFICANTE. *Vide* EDIFICADOR.

EDIFÍCIO. *Direito civil.* Construção de grande porte incorporada ao solo, constituindo bem imóvel destinado a fins residenciais, recreativos, hospitalares, educacionais, comerciais, industriais, públicos etc.

EDIFÍCIO-GARAGEM. *Direito civil.* Prédio cuja destinação é proporcionar o estacionamento de veículos.

EDIFÍCIO PÚBLICO. *Direito administrativo* e *direito civil.* Bem de uso especial, utilizado pelo próprio poder público, constituindo-se por imóvel aplicado ao serviço ou estabelecimento federal, estadual ou municipal, como prédio onde funciona repartição pública, escola pública, quartel, secretaria, ministério, tribunal etc.

EDIL. 1. *Direito romano.* Era cada um dos dois magistrados administrativos da antiga Roma, que tinham a incumbência de auxiliar os tribunos da plebe, abastecer mercados, organizar diversão nas festas religiosas, supervisionar a polícia e a manutenção dos serviços públicos. **2.** *Ciência política.* Vereador que atua como membro da Câmara Municipal com a função de emitir leis municipais.

EDILÍCIA. *Direito administrativo.* Diz-se da polícia de construções responsável pela higiene dos edifícios (José Cretella Jr., Themístocles Brandão Cavalcanti).

EDILÍCIO. 1. *Ciência política.* Relativo a vereador ou a edil. **2.** *Direito civil.* a) Diz-se do condomínio em edifícios de apartamentos; b) referente a edifício.

EDILIDADE. 1. *Ciência política.* Conjunto de vereadores municipais. **2.** *Direito romano.* Cargo de edil ou de uma corporação de magistrados administrativos que eram encarregados de realizar determinados serviços públicos.

EDIPISMO. *Medicina legal.* **1.** Tendência ao incesto que ocorre nas personalidades psicopáticas amorais; pode levar a uma traumatização dos olhos ou cegueira provocada pelo próprio paciente. **2.** Edema dos pés.

E-DISTRIBUITION. *Direito eletrônico.* Operação *business to business* pela qual empresas efetuam vendas na Internet.

EDITAL. 1. *Direito administrativo.* a) Procedimento licitatório que consiste em: convocação genérica de um número indeterminado de pessoas, cuja idoneidade verificar-se-á no curso da licitude (concorrência); convocação genérica de um grupo determinado de pessoas cuja idoneidade já foi devidamente comprovada (tomada de preços); convocação específica de pessoas determinadas, cuja idoneidade é presumida (convite); b) fase da licitação que constitui sua abertura, mediante chamamento público de particulares para que apresentem ofertas; c) peça fundamental ou básica da licitação que garante a publicidade do ato administrativo e traça diretrizes aos concorrentes; d) ato administrativo que torna público um certo fato ou ordem oficial, por meio da imprensa ou de sua afixação em locais públicos. **2.** *Direito romano.* Relativo a éditos. **3.** *Direito processual civil.* Ato oficial contendo aviso, citação, determinação etc., que a autoridade competente ordena seja publicada em imprensa oficial ou não, ou afixada em lugar público ou na sede do juízo para conhecimento geral ou do interessado. Édito.

EDITAL DE CASAMENTO. *Direito civil.* Ato pelo qual o oficial do Registro Civil, após verificar se toda a documentação apresentada pelos nubentes está em ordem, lavra os proclamas do casamento, afixando-os, durante quinze dias, em local ostensivo do edifício onde se celebram os casamentos, e os publica, pela imprensa oficial ou em jornal de grande circulação, na comarca em que residem os nubentes, a fim de anunciar ao público a sua intenção de casamento, pois com essa publicação possibilita-se a oposição aos impedimentos matrimoniais. Trata-se, portanto, de uma convocação para que qualquer do povo aponte fato idôneo, de que tiver ciência, a impedir o projetado matrimônio. Tal publicação dos proclamas por meio de edital é essencial para que se formalize a habilitação matrimonial.

EDITAL DE CITAÇÃO. *Direito processual civil.* Modalidade de citação ficta que é feita: quando desconhecido ou incerto o réu; quando ignorado, incerto ou inacessível o local em que se encontrar e nos casos expressos em lei. O edital de citação tem por requisitos: a) a afirmação do autor ou a certidão do oficial, se desconhecido o réu ou ignorado ou inacessível o local em que se encontra; b) a afixação do edital, na sede do juízo, certificada pelo escrivão; c) a publicação do edital no prazo máximo de quinze dias, uma vez no órgão oficial, e pelo menos duas vezes em jornal local, onde houver; d) a determinação judicial do prazo, que variará entre vinte e sessenta dias, correndo da data da primeira publicação; e) a advertência de que, não havendo contestação, serão presumidos como verdadeiros os fatos articulados pelo autor, se o litígio versar sobre direitos disponíveis.

EDITAL DE PRAÇA. *Direito processual civil.* Aviso de venda em hasta pública, ou seja, de arrematação, leilão, indicando não só dia, hora e local, como também a descrição dos bens e sua avaliação.

EDITAR. *Direito de informática.* Alterar documento, modificando o texto ou a formatação.

EDITIO PRINCEPS. *Locução latina.* Primeira edição de uma obra.

EDITO. 1. *Ciência política* e *direito comparado*. Norma editada pela autoridade máxima, como rei, imperador, presidente. Exemplo: decreto. **2.** *Direito romano.* a) Norma baixada pelo magistrado administrativo, que continha prescrições legais a serem observadas durante seu mandato; b) decisão dos pretores que tinha força de lei.

ÉDITO. *Direito processual civil.* Ordem judicial, mandado de autoridade ou citação contidos num edital, divulgados pela imprensa ou afixados em local público.

EDITO PERPÉTUO. *Direito romano.* Consolidação de normas jurisprudenciais pretórias, feita por Salvio Juliano no ano 134 d.C., por ordem de Adriano.

EDITOR. *Direito autoral.* É a pessoa física ou jurídica à qual se atribui o direito exclusivo de reprodução da obra e o dever de divulgá-la, nos limites previstos no contrato de edição. O que exerce profissionalmente a função de reproduzir obras mecanicamente em escala industrial, sendo idôneo, como empresário, para obrigar-se pela sua reprodução e divulgação. Tem direito à paternidade do livro, ou seja, do meio de difusão da obra intelectual.

EDITORA. *Direito autoral.* Estabelecimento especializado em edições de livros.

EDITORIA. *Direito autoral.* Atividade editorial que consiste no planejamento e execução de livros, preparando textos, ilustrações, diagramação etc.

EDITORIAL. *Direito autoral.* **1.** Relativo a editor ou ao ato de editar livros. **2.** Artigo principal e inicial de um periódico. **3.** Artigo de fundo escrito pelo redator-chefe do jornal. **4.** Texto de revista, periódico ou jornal, em regra não assinado, que contém a opinião de uma equipe sobre determinado tema.

EDITORIALISTA. *Direito autoral.* Pessoa encarregada de preparar material a ser divulgado.

E-DOC. *Direito virtual* e *direito processual trabalhista.* Sistema Integrado de Protocolização e Fluxo de Documentos Eletrônicos criado pelo TST. Com isso, os advogados, peritos e partes já podem utilizar a internet para a prática de atos processuais dependentes de petição escrita, com a garantia de validade jurídica, desde que façam o trâmite utilizando a certificação digital. O e-DOC expede um recibo ao remetente no momento do recebimento da petição e este recibo serve como comprovante de entrega. O sistema traz importantes benefícios, como a redução de custos, tempo e papel, pois dispensa a apresentação posterior dos originais ou de fotocópias autenticadas, além de permitir que o usuário consulte, por meio da internet, as petições que enviou e os respectivos recibos a qualquer momento.

EDUCAÇÃO. 1. *Direito constitucional* e *sociologia geral.* a) Ação ou efeito de desenvolver, gradualmente, as faculdades intelectuais, espirituais, físicas e morais do ser humano, garantido constitucionalmente como um direito social; b) complexo de dotes intelectuais e de qualidades morais desenvolvidos por uma pessoa através do estudo e da prática de civilidade, polidez e cortesia. **2.** *Direito agrário.* a) Arte de cultivar plantas para delas obter bom resultado; b) arte de adestrar animais para realização de certos serviços. **3.** *Direito educacional.* É dever da família e do Estado, inspirado nos princípios de liberdade e nos ideais de solidariedade humana. Tem por finalidade o pleno desenvolvimento do educando, seu preparo para o exercício da cidadania e sua qualificação para o trabalho. A educação abrange os processos formativos que se desenvolvem na vida familiar, na convivência humana, no trabalho, nas instituições de ensino e pesquisa, nos movimentos sociais e organizações da sociedade civil e nas manifestações culturais. O dever do Estado com a educação escolar pública será efetivado mediante a garantia de: a) ensino fundamental, obrigatório e gratuito, inclusive para os que a ele não tiveram acesso na idade própria; b) progressiva extensão da obrigatoriedade e gratuidade ao ensino médio; c) atendimento educacional especializado gratuito aos educandos com necessidades especiais, preferencialmente na rede regular de ensino; d) atendimento gratuito em creches e pré-escolas às crianças de zero a seis anos de idade; e) acesso aos níveis mais elevados do ensino, da pesquisa e da criação artística, segundo a capacidade de cada um; f) oferta de ensino noturno regular, adequado às condições do educando; g) oferta de educação escolar regular para jovens e adultos, com características e modalidades adequadas às suas necessidades e disponibilidades, garantindo-se aos que forem trabalhadores as condições de acesso e permanência na escola; h) atendimento ao educando, no ensino fundamental público, por meio de programas suplementares de material didático-escolar, transporte, alimentação e assistência à saúde; i) padrões mínimos de qualidade de ensino, definidos como a variedade e quantidade mínimas, por aluno, de insumos indispensáveis ao desenvolvimento do processo de ensino-aprendizagem. **4.** *Filosofia geral.* a) Processo consistente no desenvolvimento gradual de funções através do exercício, resultante da ação de outrem ou da ação do próprio ser que a adquire; neste último caso tem-se a autoeducação (*self-education*); b) processo pelo qual as percepções construídas pelas sensações se transformam, se completam e se organizam com o resto dos fenômenos psíquicos (Lalande).

EDUCAÇÃO A DISTÂNCIA. *Direito educacional.* **1.** É uma forma de ensino que possibilita a autoaprendizagem, com a mediação de recursos didáticos sistematicamente organizados, apresentados em diferentes suportes de informação, utilizados isoladamente ou combinados, e veiculados pelos diversos meios de comunicação. **2.** Modalidade educacional na qual a mediação didático-pedagógica nos processos de ensino e aprendizagem ocorre com a utilização de meios e tecnologias de informação e comunicação, com estudantes e professores desenvolvendo atividades educativas em lugares ou tempos diversos. A educação a distância organiza-se segundo metodologia, gestão e avaliação peculiares, para as quais deverá estar prevista a obrigatoriedade de momentos presenciais para: a) avaliações de estudantes; b) estágios obrigatórios, quando previstos na legislação pertinente; c) defesa de trabalhos de conclusão de curso, quando previstos na legislação pertinente; e d) atividades relacionadas a laboratórios de ensino, quando for o caso.

EDUCAÇÃO AMBIENTAL. *Direito ambiental* e *direito educacional.* **1.** Conjunto de processos por meio dos quais o indivíduo e a coletividade constroem valores sociais, conhecimentos, habilidades, atitudes e competências voltadas para a conservação do meio ambiente, bem de uso comum do povo, essencial à sadia qualidade de vida e sua sustentabilidade. A educação ambiental é um componente essencial e permanente da educação nacional, devendo estar presente, de forma articulada, em todos os níveis e modalidades do processo educativo, em caráter formal e não formal. Como parte do processo educativo mais amplo, todos têm direito à educação ambiental, incumbindo: a)

ao Poder Público, definir políticas públicas que incorporem a dimensão ambiental, promover a educação ambiental em todos os níveis de ensino e o engajamento da sociedade na conservação, recuperação e melhoria do meio ambiente; b) às instituições educativas, promover a educação ambiental de maneira integrada aos programas educacionais que desenvolvem; c) aos órgãos integrantes do Sistema Nacional de Meio Ambiente (SISNAMA), promover ações de educação ambiental integradas aos programas de conservação, recuperação e melhoria do meio ambiente; d) aos meios de comunicação de massa, colaborar de maneira ativa e permanente na disseminação de informações e práticas educativas sobre meio ambiente e incorporar a dimensão ambiental em sua programação; e) às empresas, entidades de classe, instituições públicas e privadas, promover programas destinados à capacitação dos trabalhadores, visando à melhoria e ao controle efetivo sobre o ambiente de trabalho, bem como sobre as repercussões do processo produtivo no meio ambiente; f) à sociedade como um todo, manter atenção permanente à formação de valores, atitudes e habilidades que propiciem a atuação individual e coletiva voltada para a prevenção, a identificação e a solução de problemas ambientais. São objetivos fundamentais da educação ambiental: a) o desenvolvimento de uma compreensão integrada do meio ambiente em suas múltiplas e complexas relações, envolvendo aspectos ecológicos, psicológicos, legais, políticos, sociais, econômicos, científicos, culturais e éticos; b) a garantia de democratização das informações ambientais; c) o estímulo e o fortalecimento de uma consciência crítica sobre a problemática ambiental e social; d) o incentivo à participação individual e coletiva, permanente e responsável, na preservação do equilíbrio do meio ambiente, entendendo-se a defesa da qualidade ambiental como um valor inseparável do exercício da cidadania; e) o estímulo à cooperação entre as diversas regiões do País, em níveis micro e macrorregionais, com vistas à construção de uma sociedade ambientalmente equilibrada, fundada nos princípios da liberdade, igualdade, solidariedade, democracia, justiça social, responsabilidade e sustentabilidade; f) o fomento e o fortalecimento da integração com a ciência e a tecnologia; g) o fortalecimento da cidadania, autodeterminação dos povos e solidariedade como fundamentos para o futuro da humanidade. **2.**

EDUCAÇÃO AMBIENTAL NÃO FORMAL

Processo educacional de estudos e aprendizagem dos problemas ambientais e suas interligações com o homem, na busca de soluções que visem a preservação do ambiente como um todo (Antônio Silveira Ribeiro dos Santos).

EDUCAÇÃO AMBIENTAL NÃO FORMAL. *Direito ambiental* e *direito educacional.* Consiste em ações e práticas educativas voltadas à sensibilização da coletividade sobre as questões ambientais e à sua organização e participação na defesa da qualidade do meio ambiente. O Poder Público, em níveis federal, estadual e municipal, incentivará: a) a difusão, por intermédio dos meios de comunicação de massa, em espaços nobres, de programas e campanhas educativas, e de informações acerca de temas relacionados ao meio ambiente; b) a ampla participação da escola, da universidade e de organizações não-governamentais na formulação e execução de programas e atividades vinculadas à educação ambiental não formal; c) a participação de empresas públicas e privadas no desenvolvimento de programas de educação ambiental em parceria com a escola, a universidade e as organizações não-governamentais; d) a sensibilização da sociedade para a importância das unidades de conservação; e) a sensibilização ambiental das populações tradicionais ligadas às unidades de conservação; f) a sensibilização ambiental dos agricultores; g) o ecoturismo.

EDUCAÇÃO AMBIENTAL NO ENSINO FORMAL. *Direito ambiental* e *direito educacional.* É a desenvolvida no âmbito dos currículos das instituições de ensino públicas e privadas, englobando: **1.** educação básica: a) educação infantil; b) ensino fundamental; e c) ensino médio; **2.** educação superior; **3.** educação especial; **4.** educação profissional; **5.** educação de jovens e adultos. A educação ambiental será desenvolvida como uma prática educativa integrada, contínua e permanente em todos os níveis e modalidades do ensino formal. A educação ambiental não deve ser implantada como disciplina específica no currículo de ensino. Nos cursos de pósgraduação, extensão e nas áreas voltadas ao aspecto metodológico da educação ambiental, quando se fizer necessário, é facultada a criação de disciplina específica. Nos cursos de formação e especialização técnico-profissional, em todos os níveis, deve ser incorporado conteúdo que trate da ética ambiental das atividades profissionais a serem desenvolvidas. A dimensão ambiental deve constar dos currículos de formação de professores, em todos os níveis e em todas as disciplinas. Os professores em atividade devem receber formação complementar em suas áreas de atuação, com o propósito de atender adequadamente ao cumprimento dos princípios e objetivos da Política Nacional de Educação Ambiental.

EDUCAÇÃO ARTÍSTICA. *Direito educacional.* Matéria obrigatória nos estabelecimentos de ensino de 1° e 2° grau, que oferece aos alunos a oportunidade de se expressarem por meio da música e das artes manuais, desenvolvendo seus potenciais.

EDUCAÇÃO ASSISTEMÁTICA. Aquela decorrente de influências e estímulos advindos de várias fontes, que será boa ou não conforme a personalidade da pessoa, o seu relacionamento social e/ou familiar, a sua religiosidade etc.

EDUCAÇÃO BÁSICA. *Direito educacional.* É a que tem por finalidades desenvolver o educando, assegurar-lhe a formação comum indispensável para o exercício da cidadania e fornecer-lhe meios para progredir no trabalho e em estudos posteriores. A educação básica poderá organizar-se em séries anuais, períodos semestrais, ciclos, alternância regular de períodos de estudos, grupos não seriados, com base na idade, na competência e em outros critérios, ou por forma diversa de organização, sempre que o interesse do processo de aprendizagem assim o recomendar.

EDUCAÇÃO DE EXCEPCIONAIS. *Direito constitucional* e *direito educacional.* Ação ou efeito de ensinar ou educar alunos deficientes, físicos ou mentais, superdotados, ou com problemas emocionais ou sociais, que não podem seguir o programa de educação comum, por não atender às suas necessidades.

EDUCAÇÃO DE FILHO. 1. *Direito civil.* Um dos deveres dos pais, preparando filho menor e não emancipado para a vida, de acordo com suas possibilidades. A violação desse dever acarreta suspensão ou destituição do poder familiar, remediando-se o mal pela ação de alimentos, em que o inadimplente será condenado a pagar uma pensão alimentícia. **2.** *Direito penal.* Obrigação dos pais de dar instrução a filho em idade escolar, que se não for cumprida, injustificadamente, configurará crime de abandono intelectual.

EDUCAÇÃO DE GRAU PRIMÁRIO. *Direito educacional.* É aquela concernente à primeira etapa de escolarização, abrangendo o maternal, o pré-primário, o primário e o ginásio. Trata-se do atual ensino de primeiro grau.

EDUCAÇÃO DE JOVENS E ADULTOS. *Direito educacional.* É a destinada àqueles que não tiveram acesso ou continuidade de estudos no ensino fundamental e médio na idade própria. Os sistemas de ensino devem assegurar gratuitamente aos jovens e aos adultos, que não puderem efetuar os estudos na idade regular, oportunidades educacionais apropriadas, consideradas as características do alunado, seus interesses, condições de vida e de trabalho, mediante cursos e exames. O Poder Público deve viabilizar e estimular o acesso e a permanência do trabalhador na escola, mediante ações integradas e complementares entre si. Os sistemas de ensino devem manter cursos e exames supletivos, que compreendam a base nacional comum do currículo, habilitando ao prosseguimento de estudos em caráter regular. Os exames realizam-se: a) no nível de conclusão do ensino fundamental, para os maiores de quinze anos; b) no nível de conclusão do ensino médio, para os maiores de dezoito anos. Os conhecimentos e habilidades adquiridos pelos educandos por meios informais serão aferidos e reconhecidos mediante exames.

EDUCAÇÃO DE SEGUNDO GRAU. *Vide* ENSINO DE SEGUNDO GRAU.

EDUCAÇÃO DO DELINQÜENTE. *Direito penitenciário* e *direito penal.* Ato de educar para reabilitar ou ressocializar condenado ou delinqüente, através da tentativa de uma reforma penitenciária, buscando dar formação humanista aos administradores das penitenciárias e habilitação para o estudo da personalidade do criminoso e os dados de maior ou menor gravidade do crime e da pena, para que possam dar um tratamento penal diferenciado aos criminosos por tendência ou habituais etc.

EDUCAÇÃO ESPECIAL. *Direito constitucional* e *direito educacional.* **1.** *Vide* EDUCAÇÃO DE EXCEPCIONAIS. **2.** Diz-se das matérias ministradas presentes no programa de ensino de segundo grau. **3.** É a modalidade de educação escolar, oferecida preferencialmente na rede regular de ensino, para educandos portadores de necessidades especiais. Há, quando necessário, serviços de apoio especializado, na escola regular, para atender às peculiaridades da clientela de educação especial. O atendimento educacional é feito em classes, escolas ou serviços especializados, sempre que, em função das condições específicas dos alunos, não for possível a sua integração nas classes comuns de ensino regular. A oferta de educação especial, dever constitucional do Estado, tem início na faixa etária de zero a seis anos, durante a educação infantil. Os sistemas de ensino assegurarão aos educandos com necessidades especiais: a) currículos, métodos, técnicas, recursos educativos e organização específicos, para atender às suas necessidades; b) terminalidade específica para aqueles que não podem atingir o nível exigido para a conclusão do ensino fundamental, em virtude de suas deficiências, e aceleração para concluir em menor tempo o programa escolar para os superdotados; c) professores com especialização adequada em nível médio ou superior, para atendimento especializado, bem como professores do ensino regular capacitados para a integração desses educandos nas classes comuns; d) educação especial para o trabalho, visando a sua efetiva integração na vida em sociedade, inclusive condições adequadas para os que não revelarem capacidade de inserção no trabalho competitivo, mediante articulação com os órgãos oficiais afins, bem como para aqueles que apresentam uma habilidade superior nas áreas artística, intelectual ou psicomotora; e) acesso igualitário aos benefícios dos programas sociais suplementares disponíveis para o respectivo nível do ensino regular.

EDUCAÇÃO ESPECIAL NA EDUCAÇÃO BÁSICA. *Direito educacional.* Trata-se de um processo educacional definido por uma proposta pedagógica que assegure recursos e serviços educacionais especiais, organizados institucionalmente para apoiar, complementar, suplementar e, em alguns casos, substituir os serviços educacionais comuns, de modo a garantir a educação escolar e promover o desenvolvimento das potencialidades dos educandos, que apresentam necessidades educacionais especiais, em todas as etapas e modalidades da educação básica. Os sistemas de ensino devem constituir e fazer funcionar um setor responsável pela educação especial, dotado de recursos humanos, materiais e financeiros que viabilizem e dêem sustentação ao processo de construção da educação inclusiva. Como modalidade da Educação Básica, a educação especial considerará as situações singulares, os perfis dos estudantes, as características biopsicossociais dos alunos e suas faixas etárias e se pautará em princípios éticos, políticos e estéticos de modo a assegurar: 1) a dignidade humana e a observância do direito de cada aluno de realizar seus projetos de estudo, de trabalho e de inserção na vida social; 2) a busca da identidade própria de cada educando, o reconhecimento e a valorização das suas diferenças e potencialidades, bem como de suas necessidades educacionais especiais no processo de ensino e aprendizagem, como base para a constituição e ampliação de valores, atitudes, conhecimentos, habilidades e competências; 3) o desenvolvimento para o exercício da cidadania, da capacidade de participação social, política e econômica e sua ampliação, mediante o cumprimento de seus deveres e o usufruto de seus direitos. Consideram-se educandos com necessidades educacionais especiais os que, durante o processo educacional, apresentarem: 1) dificuldades acentuadas de aprendizagem ou limitações no processo de desenvolvimento que dificultem o acompanhamento das atividades curriculares, compreendidas em dois grupos: a) aquelas não vinculadas a uma causa orgânica específica; b) aquelas relacionadas a condições, disfunções, limitações ou deficiências; 2) dificuldades de comunicação e sinalização diferenciadas dos demais alunos, demandando a utilização de linguagens e códigos aplicáveis; 3) altas habilidades/superdotação, grande facilidade de aprendizagem que os leve a dominar rapidamente conceitos, procedimentos e atitudes. Para a identificação das necessidades educacionais especiais dos alunos e a tomada de decisões quanto ao atendimento necessário, a escola deve realizar, com assessoramento técnico, avaliação do aluno no processo de ensino e aprendizagem, contando, para tal, com: 1) a experiência de seu corpo docente, seus diretores, coordenadores, orientadores e supervisores educacionais; 2) o setor responsável pela educação especial do respectivo sistema; 3) a colaboração da família e a cooperação dos serviços de Saúde, Assistência Social, Trabalho, Justiça e Esporte, bem como do Ministério Público, quando necessário. O atendimento aos alunos com necessidades educacionais especiais deve ser realizado em classes comuns do ensino regular, em qualquer etapa ou modalidade da Educação Básica. As escolas da rede regular de

ensino devem prever e prover na organização de suas classes comuns: 1) professores das classes comuns e da educação especial capacitados e especializados, respectivamente, para o atendimento às necessidades educacionais dos alunos; 2) distribuição dos alunos com necessidades educacionais especiais pelas várias classes do ano escolar em que forem classificados, de modo que essas classes comuns se beneficiem das diferenças e ampliem positivamente as experiências de todos os alunos, dentro do princípio de educar para a diversidade; 3) flexibilizações e adaptações curriculares que considerem o significado prático e instrumental dos conteúdos básicos, metodologias de ensino e recursos didáticos diferenciados e processos de avaliação adequados ao desenvolvimento dos alunos que apresentam necessidades educacionais especiais, em consonância com o projeto pedagógico da escola, respeitada a freqüência obrigatória; 4) serviços de apoio pedagógico especializado, realizado, nas classes comuns, mediante: a) atuação colaborativa de professor especializado em educação especial; b) atuação de professores-intérpretes das linguagens e códigos aplicáveis; c) atuação de professores e outros profissionais itinerantes intra e interinstitucionalmente; d) disponibilização de outros apoios necessários à aprendizagem, à locomoção e à comunicação; 5) serviços de apoio pedagógico especializado em salas de recursos, nas quais o professor especializado em educação especial realize a complementação ou suplementação curricular, utilizando procedimentos, equipamentos e materiais específicos; 6) condições para reflexão e elaboração teórica da educação inclusiva, com protagonismo dos professores, articulando experiência e conhecimento com as necessidades/possibilidades surgidas na relação pedagógica, inclusive por meio de colaboração com instituições de ensino superior e de pesquisa; 7) sustentabilidade do processo inclusivo, mediante aprendizagem cooperativa em sala de aula, trabalho de equipe na escola e constituição de redes de apoio, com a participação da família no processo educativo, bem como de outros agentes e recursos da comunidade; 8) temporalidade flexível do ano letivo, para atender às necessidades educacionais especiais de alunos com deficiência mental ou com graves deficiências múltiplas, de forma que possam concluir em tempo maior o currículo previsto para a série/etapa escolar, principalmente nos anos finais do ensino fundamental, conforme estabelecido por normas dos sistemas de ensino, procurando-se evitar grande defasagem idade/série; 9) atividades que favoreçam, ao aluno que apresente altas habilidades/superdotação, o aprofundamento e enriquecimento de aspectos curriculares, mediante desafios suplementares nas classes comuns, em sala de recursos ou em outros espaços definidos pelos sistemas de ensino, inclusive para conclusão, em menor tempo, da série ou etapa escolar. As escolas podem criar, extraordinariamente, classes especiais, cuja organização fundamente-se nas diretrizes curriculares nacionais para a Educação Básica, bem como nos referenciais e parâmetros curriculares nacionais, para atendimento, em caráter transitório, a alunos que apresentem dificuldades acentuadas de aprendizagem ou condições de comunicação e sinalização diferenciadas dos demais alunos e demandem ajuda e apoio intensos e contínuos. Nas classes especiais, o professor deve desenvolver o currículo, mediante adaptações, e, quando necessário, atividades da vida autônoma e social no turno inverso. A partir do desenvolvimento apresentado pelo aluno e das condições para o atendimento inclusivo, a equipe pedagógica da escola e a família devem decidir conjuntamente, com base em avaliação pedagógica, quanto ao seu retorno à classe comum.

EDUCAÇÃO FÍSICA. *Direito constitucional* e *direito educacional.* É a que procura formar hábitos que promovam o desenvolvimento harmonioso do corpo humano, mediante prática de esportes, jogos e exercícios de toda ordem.

EDUCAÇÃO GERAL. *Direito constitucional* e *direito educacional.* Diz-se daquela que contém uma programação ou currículo suscetível de fornecer ao alunado os conhecimentos indispensáveis à sua formação educacional, principalmente nos anos iniciais de escolarização, que vai até o final do ensino de 1º grau.

EDUCAÇÃO INFANTIL. *Direito educacional.* É a primeira etapa da educação básica e tem como finalidade o desenvolvimento integral da criança até seis anos de idade, em seus aspectos físico, psicológico, intelectual e social, complementando a ação da família e da comunidade. A educação infantil será oferecida em: a) creches, ou entidades equivalentes, para crianças de até três anos de idade; b) pré-escolas, para as crianças de quatro a seis anos de idade.

EDUCAÇÃO MORAL E CÍVICA. *Direito constitucional* e *direito educacional.* Matéria que tem por escopo criar e desenvolver as atitudes próprias de cidadão.

EDUCAÇÃO PARTICULAR. *Direito civil* e *direito constitucional.* Diz-se daquela em que o ensino é de livre iniciativa particular.

EDUCAÇÃO PROFISSIONAL. *Direito educacional.* É a integrada às diferentes formas de educação, ao trabalho, à ciência e à tecnologia e conduz ao permanente desenvolvimento de aptidões para a vida produtiva. O aluno matriculado ou egresso do ensino fundamental, médio e superior, bem como o trabalhador em geral, jovem ou adulto, conta com a possibilidade de acesso à educação profissional. A educação profissional é desenvolvida em articulação com o ensino regular ou por diferentes estratégias de educação continuada, em instituições especializadas ou no ambiente de trabalho. O conhecimento adquirido na educação profissional, inclusive no trabalho, pode ser objeto de avaliação, reconhecimento e certificação para prosseguimento ou conclusão de estudos. Os diplomas de cursos de educação profissional de nível médio, quando registrados, têm validade nacional. As escolas técnicas e profissionais, além dos seus cursos regulares, devem oferecer cursos especiais, abertos à comunidade, condicionada a matrícula à capacidade de aproveitamento e não necessariamente ao nível de escolaridade.

EDUCAÇÃO PROFISSIONAL CONTINUADA. *Direito educacional.* É a atividade programada, formal e reconhecida que o contador, na função de Auditor Independente, com registro em Conselho Regional de Contabilidade, inscrito no Cadastro Nacional de Auditores Independentes (CNAI), e aquele com cadastro na Comissão de Valores Mobiliários (CVM), aqui denominado Auditor Independente, e os demais contadores que compõem o seu quadro funcional técnico devem cumprir, com o objetivo de manter, atualizar e expandir seus conhecimentos para o exercício profissional.

EDUCAÇÃO SANITÁRIA EM DEFESA AGROPECUÁRIA. *Direito ambiental* e *direito agrário.* É o processo ativo e contínuo de utilização de meios, métodos e técnicas capazes de educar e desenvolver consciência crítica no público-alvo, que passa a atuar como agente de transformação, resultando em comportamento favorável à saúde animal, sanidade vegetal e à segurança e qualidade dos produtos, subprodutos e insumos agropecuários, influenciando na saúde pública e no meio ambiente. A Educação Sanitária em Defesa Agropecuária deverá promover o comprometimento dos integrantes das cadeias produtivas e da sociedade em geral, proporcionando: a) o entendimento da sociedade acerca de temas relacionados à saúde animal, sanidade vegetal, segurança e qualidade dos produtos insumos agropecuários; b) a compreensão e adoção das normas sanitárias vigentes pelos integrantes das cadeias produtivas; c) o controle social, visando à participação da sociedade organizada na gestão da defesa agropecuária; d) a exigência, por parte da sociedade, de qualidade e segurança higiênico-sanitária na produção e industrialização dos produtos agropecuários; e) o fortalecimento da relação entre os profissionais da defesa agropecuária e a sociedade.

EDUCAÇÃO SEXUAL. *Direito da criança e do adolescente* e *direito educacional.* Disciplina escolar que visa possibilitar à criança e ao adolescente o conhecimento teórico da prática sexual, bem como das possíveis conseqüências dela advindas, tais como: gravidez, transmissão de doenças venéreas etc.

EDUCAÇÃO SISTEMÁTICA. *Direito constitucional* e *direito educacional.* Diz-se da planejada e organizada intencionalmente nos estabelecimentos de ensino público ou particular e no lar, visando neutralizar influências ou estímulos nefastos.

EDUCAÇÃO SUPERIOR. *Direito educacional.* É a que tem por finalidade: a) estimular a criação cultural e o desenvolvimento do espírito científico e do pensamento reflexivo; b) formar diplomados nas diferentes áreas de conhecimento, aptos para a inserção em setores profissionais e para a participação no desenvolvimento da sociedade brasileira, e colaborar na sua formação contínua; c) incentivar o trabalho de pesquisa e investigação científica, visando o desenvolvimento da ciência e da tecnologia e da criação e difusão da cultura, e, desse modo, desenvolver o entendimento do homem e do meio em que vive; d) promover a divulgação de conhecimentos culturais, científicos e técnicos que constituem patrimônio da humanidade e comunicar o saber através do ensino, de publicações ou de outras formas de comunicação; e) suscitar o desejo permanente de aperfeiço-

amento cultural e profissional e possibilitar a correspondente concretização, integrando os conhecimentos que vão sendo adquiridos numa estrutura intelectual sistematizadora do conhecimento de cada geração; f) estimular o conhecimento dos problemas do mundo presente, em particular os nacionais e regionais, prestar serviços especializados à comunidade e estabelecer com esta uma relação de reciprocidade; g) promover a extensão, aberta à participação da população, visando à difusão das conquistas e benefícios resultantes da criação cultural e da pesquisa científica e tecnológica geradas na instituição.

EDUCACIONAL. *Direito constitucional.* Relativo à educação.

EDUCACIONISMO. *Direito educacional.* Doutrina que confere à educação o poder de modelar o quanto quiser a nova geração.

EDUCACIONISTA. Pedagogo ou educador.

EDUCADO. 1. Aquele que recebeu educação; que se educou. **2.** Polido, cortês etc.

EDUCADOR. Pedagogo, instrutor, professor.

EDUCANDÁRIO. Estabelecimento de educação de ensino de 1º e 2º grau.

EDUCANDO. Aquele que está recebendo instrução ou educação; aluno.

EDUCATIVO. O concernente à educação; instrutivo.

EDUCÇÃO. 1. *Lógica jurídica.* a) Inferência imediata (Lalande); b) ato de deduzir; dedução. **2.** *Filosofia do direito.* Diz-se da ação pela qual uma causa eficiente atua sobre a matéria, para que surja uma forma determinada (Leibniz).

EEG. *Medicina legal.* Sigla de eletroencefalograma.

EFÉBIA. *História do direito.* Colégio que havia em Atenas para preparar efebos ou adolescentes à aquisição do título de cidadão.

EFEBO. *História do direito.* Era o rapaz entre dezoito e vinte anos que, outrora, em Atenas, recebia treinamento ginástico e militar, preparando-se para a cidadania plena.

EFEITO. 1. *Direito civil.* a) Conseqüência jurídica decorrente de atos, negócios ou fatos jurídicos; b) dano moral ou patrimonial resultante da prática de ato ilícito. **2.** *Direito desportivo.* a) Modo especial com que um esportista impele uma bola (nos jogos de futebol, tênis etc.), fazendo com que ela tenha uma trajetória irregular, desorientando, assim, seu adversário; b) movimento rotatório para trás, dado a uma bola no golfe ou no bilhar, fazendo-a, ao tocar o solo ou a mesa, ressaltar, parar ou rolar para diante apenas numa distância pequena. **3.** *Filosofia do direito* e *teoria geral do direito.* a) Eficácia; b) aquilo que advém de uma causa eficiente ou final. **4.** *Direito marítimo.* Carga. **5.** *Direito comercial.* Valor negociável.

EFEITO A PAGAR. *Direito comercial.* **1.** Obrigação a pagar ou pagamento a cumprir. **2.** Título a pagar.

EFEITO A RECEBER. *Direito comercial.* Título que constitui o débito ativo ou o crédito do empresário.

EFEITO ATIVO DO AGRAVO DE INSTRUMENTO. *Direito processual civil.* Concessão de antecipação de tutela dada pelo relator do agravo de instrumento, ao suspender a eficácia da decisão do juízo *a quo* que indeferiu seu pedido, ante a existência de risco de lesão grave e de difícil reparação (João Batista Lopes).

EFEITO BANCÁRIO. *Direito comercial* e *direito bancário.* Título de crédito ou valor comerciável passível de ser objeto de operação bancária.

EFEITO BANCÁVEL. *Direito comercial* e *direito bancário.* **1.** Ação de sociedade anônima negociável. **2.** Título de crédito, líquido e certo, suscetível de negociação.

EFEITO COLATERAL. *Medicina legal.* Diz-se do que pode resultar paralelamente do efeito principal de determinado remédio.

EFEITO COMERCIAL. *Direito comercial.* Título de crédito que se apresenta como valor exigível que pode, no seu vencimento, ser negociado ou transferido por endosso, substituindo pagamento em espécie, tais como: nota promissória, conhecimento de transporte, *warrant,* bilhete de depósito, cheque, duplicata, letra de câmbio etc. Distingue-se em efeito a pagar e efeito a receber.

EFEITO CONDENATÓRIO. *Direito processual civil.* Diz-se da dupla função da sentença condenatória: declaração do direito e especificação da sanção.

EFEITO CONSTITUTIVO. *Direito processual civil.* É o que decorre da sentença constitutiva; consiste, portanto, na criação, modificação ou extinção de relação jurídica.

EFEITO DA ARREMATAÇÃO. *Direito processual civil.* Transferência coativa do bem penhorado a terceiro licitante, em razão de ter sido sua oferta aceita.

EFEITO DA COISA JULGADA. *Direito processual* e *direito constitucional.* Imutabilidade e indiscutibilidade de sentença, cuja validade não poderá ser abolida por uma norma derrogante nem por outra decisão judicial, visto que está ao abrigo de recursos, cedendo lugar somente ao ataque de sentença anulável, nos casos previstos taxativamente em lei, que dão azo à propositura da ação rescisória, para que se opere um julgamento do julgamento, pois tem por objeto sentença ou acórdão rescindendo, com o escopo de converter sua invalidade em rescindibilidade, restabelecendo a lei violada pela decisão.

EFEITO DA CONDENAÇÃO. 1. *Vide* EFEITO CONDENATÓRIO. **2.** *Direito processual penal.* a) Imposição da pena ao condenado; b) ato de tornar certo o dever de reparar o dano proveniente de ação criminosa e de responder pelo crime praticado com a perda da liberdade; c) perda dos instrumentos ou do produto do crime ou, ainda, do proveito auferido com sua prática em favor da união; d) perda de cargo, função pública ou mandato eletivo, em caso de crime praticado com abuso de poder ou violação de dever contra a Administração Pública, desde que a pena aplicada seja superior a quatro anos; e) incapacidade para o exercício do poder familiar, tutela ou curatela nos crimes dolosos, sujeitos à pena de reclusão, praticados contra filho, pupilo ou curatelado; f) inabilitação para dirigir veículo, se utilizado como instrumento ou meio para a perpetração de crime doloso.

EFEITO DA FALÊNCIA. *Direito comercial.* **1.** Inibição do falido para a administração de seus bens e o exercício de atividades empresariais. **2.** Ineficácia de atos praticados pelo empresário falido relativamente à massa falida etc.

EFEITO DA MORA *ACCIPIENDI.* *Direito civil.* Decorrência da mora do credor, como: liberação do devedor, isento de dolo, da responsabilidade pela conservação da coisa; obrigação do credor moroso de ressarcir ao devedor as despesas efetuadas com a conservação da coisa recusada; obrigação do credor de receber a coisa pela sua mais alta estimação, se o valor oscilar entre o tempo do contrato e o do pagamento, isto é, do recebimento efetivo da execução; possibilidade da consignação judicial da *res debita* pelo devedor.

EFEITO DA MORA *SOLVENDI.* *Direito civil.* Resultado advindo da mora do devedor, como: responsabilidade do devedor pelos prejuízos causados

EFEITO DECLARATIVO

pela mora ao credor; possibilidade e o credor exigir a satisfação das perdas e danos, rejeitando a prestação, se por causa da mora ela se tornou inútil ou perdeu seu valor; responsabilidade do devedor moroso pela impossibilidade da prestação, mesmo decorrente de caso fortuito ou força maior, se estes ocorrerem durante o atraso, salvo se provado isenção de culpa ou que o dano sobreviria, ainda que a obrigação fosse oportunamente desempenhada.

EFEITO DECLARATIVO. *Direito processual civil.* Decorrente de uma sentença declaratória que fixa a relação jurídica dos litigantes, dando-lhe certeza ao declará-la ou reconhecê-la.

EFEITO DECLARATÓRIO. *Vide* EFEITO DECLARATIVO.

EFEITO DE COMPLACÊNCIA. *Direito comercial.* Título ou efeito de comércio que se baseia num negócio simulado, sem que haja qualquer operação que lhe forneça suporte jurídico, uma vez que inexiste qualquer negócio efetivo.

EFEITO DE REVENDA. *Direito econômico.* Aquele em que a demanda vem a oferecer uma função que resulta do preço; assim sendo, se este surgir numa ordem crescente, as quantidades demandadas seguem a ordem decrescente (Silvio de Macedo). Também denominado "efeito de Hicks".

EFEITO DEVOLUTIVO. 1. *Direito processual civil.* Diz-se do efeito de recurso que enseja de imediato o cumprimento da sentença, o que não impedirá a concretização da decisão recorrida. Com isso evita-se procrastinações de decisões finais, oriundas da demora ou do julgamento do recurso pelo tribunal superior. O recurso com efeito devolutivo apenas devolve à instância superior o conhecimento de uma causa já decidida. A sentença recorrida terá seu curso normal independentemente da solução que o juízo *ad quem* der à pendência. **2.** *Direito processual penal.* Efeito do recurso que leva o conhecimento da causa à instância superior, sem que haja suspensão de seu objeto. É o que ocorre, por exemplo, com a apelação de sentença absolutória (Othon Sidou).

EFEITO DIFERIDO DA LEI. *Teoria geral do direito.* Diz-se do princípio que admite a aplicabilidade de uma lei já revogada a certos casos (Acquaviva).

EFEITO ESTUFA. *Direito ambiental.* Isolamento térmico da Terra, devido a uma grande quantidade de gases tóxicos provocados pela queima de combustíveis (Celso A. P. Fiorillo e Marcelo A. Rodrigues).

EFEITO *EX NUNC*. 1. *Teoria geral do direito* e *direito civil.* É o decorrente da declaração de anulabilidade de um negócio, pelo qual respeitam-se todos os efeitos negociais até o momento da anulação do ato negocial. **2.** *Direito processual civil.* Diz-se do efeito constitutivo de uma sentença que se projeta para o futuro apenas com a coisa julgada material, ou seja, a partir da data do trânsito em julgado daquela sentença.

EFEITO *EX TUNC*. 1. *Teoria geral do direito* e *direito civil.* É o resultante da declaração da nulidade de um negócio jurídico, alcançando a declaração de vontade no momento de sua emissão, salvo no caso de casamento putativo, em atenção à boa-fé de uma ou ambas as partes. **2.** *Direito processual civil.* Diz-se do efeito condenatório de sentença condenatória ou do declaratório de sentença declaratória, pois retroage à data em que se deu a citação válida, à da constituição do devedor em mora ou ao momento em que se operou a formação da relação jurídica declarada.

EFEITO GERAL. *Teoria geral do direito.* É o que se opõe a todos, como o de um direito de propriedade, o da lei etc.

EFEITO IMEDIATO DA LEI. *Teoria geral do direito.* Eficácia imediata da lei, que só incidirá em situações futuras ou pendentes, não podendo abarcar as consolidadas em época pretérita ou os processos em andamento ou pendentes; no que disser respeito às normas substantivas e às normas adjetivas não poderão alcançar tais processos em atos neles já realizados e acabados sob o império da lei nova, atingindo-os no ponto em que estiverem, de modo que apenas os atos processuais posteriores à sua vigência é que se regerão pelos seus preceitos. Isto é assim por não poder vulnerar o ato jurídico perfeito, o direito adquirido e a coisa julgada.

EFEITO *JOULE*. *Medicina legal.* Aquecimento de um condutor percorrido por corrente elétrica, que pode provocar queimaduras no corpo humano. As queimaduras se caracterizam pela forma de escara enegrecida, apergaminhada, de bordas nítidas, não chegando a sangrar (José Lopes Zarzuela).

EFEITO JURÍDICO. *Vide* EFICÁCIA JURÍDICA.

EFEITO NÃO BANCÁVEL. *Direito comercial* e *direito bancário.* É também denominado *papier deplacé*, uma vez que traz garantia suficiente para o resgate ou amortização, ou se constitui a prazo que conduza a uma imobilização fora da regulamentação bancária (De Plácido e Silva).

EFEITO NO CÍVEL DE DECISÃO CRIMINAL. *Direito civil* e *direito processual penal.* É o da decisão prolatada no crime que faz coisa julgada no cível, em caso de o ilícito praticado pelo agente ser considerado infração penal, não mais admitindo qualquer discussão a respeito da existência do fato, ou de quem seja o seu autor, porque o órgão judicante, ao fazer a condenação criminal, já reconheceu a existência do fato e de sua autoria. Logo, se: a) a sentença criminal negar a existência do fato ou a sua autoria, a justiça civil não mais poderá voltar ao assunto numa ação de reparação de dano; b) a sentença penal reconhecer ter sido o ato praticado em estado de necessidade, em legítima defesa, em estrito cumprimento de dever legal ou no exercício regular de um direito, faz coisa julgada no cível; c) o réu for absolvido no crime, porque a sua culpa não foi reconhecida, nada obsta que, no cível, seja condenado a reparar o dano, porque sua culpa, apesar de levíssima, induzirá responsabilidade civil; d) houver sentença de pronúncia, impronúncia ou despronúncia, proferida no juízo criminal, isso não impede que se discuta a responsabilidade civil, devido a sua provisoriedade; o mesmo ocorre com o despacho que arquive inquérito policial e com o decreto que conceda anistia ou perdão judicial; e) a decisão julgar extinta a punibilidade ou decidir que o fato imputado não constitui crime, não impede a propositura da ação civil; f) houver decisão proferida no cível atinente às questões de estado ou dominiais, faz coisa julgada para o crime.

EFEITO REPRISTINATÓRIO DA LEI. *Teoria geral do direito.* Convalescimento de norma revogada, por ter deixado de existir a norma revogadora, desde que haja declaração expressa de lei nova que a restabeleça, restaurando-a *ex nunc*, sendo, por isso, denominada "repristinatória".

EFEITO RETROATIVO. *Teoria geral do direito.* Dá-se quando lei nova atinge atos do passado, desde que não viole ato jurídico perfeito, direito adquirido e coisa julgada.

EFEITOS DA SEPARAÇÃO JUDICIAL. *Direito civil.* São os que decorrem da separação judicial, consensual ou litigiosa. Tais efeitos podem ser: 1. *pessoais em relação aos consortes*, como os de: a) pôr termo aos deveres recíprocos do casamento; b) impedir o culpado pela separação de usar o sobrenome do outro, desde que expressamente requerido pelo inocente e se a alteração não lhe acarretar qualquer dano; ao passo que na consensual tem ele opção de usar ou não o nome de casado; c) impossibilitar a realização de novo casamento; d) autorizar a conversão em divórcio, cumprido um ano de vigência de separação judicial; 2. *patrimoniais relativamente aos cônjuges*: a) pôr fim ao regime matrimonial de bens; b) substituir o dever de sustento pela obrigação alimentar; c) dar origem, se litigiosa a separação, à indenização por perdas e danos, ante prejuízos morais ou patrimoniais sofridos pelo cônjuge inocente; d) suprimir direito sucessório entre os consortes, em concorrência ou na falta de descendente e ascendente; 3. *relativos à prole*: a) não alterar o vínculo de filiação; b) passar os filhos à guarda e companhia de um dos cônjuges ou, se houver motivos graves, de terceiro; c) assegurar o direito de visita ao genitor que não tiver a guarda dos filhos, ou de tê-los temporariamente em sua companhia nas férias e dias festivos, e de fiscalizar sua manutenção e educação; d) garantir aos filhos menores e maiores inválidos pensão alimentícia.

EFEITOS DAS OBRIGAÇÕES. *Direito civil.* São aqueles que, ante o vínculo obrigatório que as relações obrigacionais implicam, por ter o credor o direito de exigir a prestação, e o devedor o dever de cumpri-la, abrangem as questões: 1) dos modos extintivos das obrigações, isto é, dos atos que exoneram o devedor da relação creditória, libertando-o do poder jurídico do credor, de maneira que desapareça o direito deste contra aquele. Tais modos são: a) o pagamento direto; b) o pagamento indireto, que abrange o pagamento por consignação, o pagamento com sub-rogação, a imputação do pagamento, a dação em pagamento, a novação, a compensação, a transação, o compromisso, a confusão, a remissão de dívidas; c) a prescrição; d) o caso fortuito e força maior; e) o advento de condição resolutiva ou de termo extintivo; 2) das conseqüências do inadimplemento das obrigações, ou seja, dos meios pelos quais o credor poderá obter o que lhe é devido, compelindo o devedor a liberar-se da obrigação por ele contraída, tais como a mora, as perdas e danos e a cláusula penal.

EFEITOS DO CONCUBINATO PURO OU DA UNIÃO ESTÁVEL. *Direito civil.* Conseqüências jurídicas oriundas da relação concubinária pura admitida pelo novo Código Civil, por leis extravagantes e pela jurisprudência. Dentre elas citamos, por exemplo: a) permissão para que a convivente tenha direito de usar o nome do companheiro, se a vida em comum perdura há mais de cinco anos e se houver filhos comuns dos concubinos; b) autorização para reconhecimento de filhos havidos fora do matrimônio; c) permissão para tornar o companheiro beneficiário dos favores da legislação social e previdenciária; d) autorização para o companheiro continuar a locação, ocorrendo a morte do outro; e) remuneração pelos serviços rurais ou domésticos prestados durante o tempo de convivência, para que não haja locupletamento ilícito; f) participação do companheiro, por ocasião da dissolução da união estável, no patrimônio conseguido pelo esforço comum; g) permissão aos conviventes para adotar menores, desde que um dos adotantes tenha dezoito anos ou mais e haja comprovação da estabilidade familiar; h) legitimação processual do companheiro para os embargos de terceiro a fim de excluir a penhora de imóvel residencial do caso; i) concessão, ao que vive em relação concubinária pura, do direito a alimentos e à participação na sucessão do companheiro falecido.

EFEITOS DOCUMENTÁRIOS. *Direito bancário.* Documentos que servem de base a uma operação bancária, contendo o dever de efetuar pagamento ou de aceitar um título, e que são entregues, por exemplo, se se trata de conhecimentos de transporte, ao comprador mediante aceite ou resgate do título alusivo à compra efetuada. Em regra, os efeitos documentários aliam-se aos do comércio para completar sua característica de valor exigível suscetível de negociação.

EFEITOS DO DIVÓRCIO. *Direito civil.* Conseqüências jurídicas resultantes do divórcio, tais como: a) dissolução do vínculo conjugal civil e dos efeitos civis do casamento religioso inscrito no Registro Público; b) cessação dos deveres recíprocos dos cônjuges; c) extinção do regime matrimonial de bens, procedendo-se à partilha conforme o regime; d) cessação do direito sucessório dos cônjuges, que deixam de ser herdeiros um do outro, na falta de descendente e ascendente; e) possibilidade de novo casamento aos divorciados; f) inadmissibilidade de reconciliação entre os divorciados, de modo que se quiserem restabelecer a união conjugal só poderão fazê-lo mediante novo casamento; g) possibilidade de pedido de divórcio sem limitação numérica; h) término da separação de fato, se se tratar de divórcio direto; i) substi-

tuição da separação judicial pelo divórcio, se indireto, alterando o estado civil das partes, que de separados passam a ser divorciados; j) inalterabilidade dos direitos e deveres dos pais em relação aos filhos, embora possam modificar as condições do exercício do poder familiar e guarda dos filhos; k) continuação do dever de assistência por parte do cônjuge que moveu ação de divórcio, por ruptura da vida em comum há mais de um ano e por grave doença mental; l) extinção da obrigação alimentar do ex-cônjuge devedor se o ex-cônjuge credor contrair novo casamento; m) possibilidade de manter o direito ao uso do nome do outro, salvo se o contrário estiver disposto em sentença de separação judicial ou em escritura pública, se o divórcio for consensual extrajudicial.

EFEITOS DO REGISTRO IMOBILIÁRIO. *Direito registrário* e *direito civil.* Conseqüências jurídicas oriundas do registro de imóveis, tais como: a) constituição do direito real sobre coisa alheia e do direito de propriedade imobiliária, decorrentes de ato *inter vivos*; b) publicidade, conferida pelo Estado por meio de seu órgão competente, das mutações da propriedade imobiliária e da instituição de ônus reais sobre o bem de raiz, dando segurança às operações realizadas com o imóvel; c) legalidade ou legitimidade do decreto do proprietário ou do titular do direito real, uma vez que o oficial só efetua o registro do imóvel quando não encontra quaisquer irregularidades nos documentos apresentados, não dando acesso aos títulos que não preencherem os requisitos exigidos legalmente; d) força probante, que se funda na fé pública do registro, levado a efeito por serventuário provido de autoridade legal, gerando a presunção *juris tantum* de que o direito real pertence à pessoa em cujo nome se registrou; e) continuidade, já que o registro constitui um dos modos derivados de aquisição de domínio de coisa imóvel, prende-se ele ao anterior; se o imóvel não estiver registrado no nome do alienante, não se poderá fazer seu assento em nome do adquirente; f) obrigatoriedade, por ser o registro indispensável à aquisição da propriedade imobiliária *inter vivos*, devendo ser efetivado no cartório da situação do imóvel; g) retificação, porque o registro não é imutável; se não exprimir a realidade jurídica ou a verdade dos fatos, poderá ser modificado ante pedido do prejudicado e com audiência da parte interessada; h) prioridade decorrente da ordem de prenotação do título, e não propriamente do registro; i) especialidade, que consiste no fato de assentar uma perfeita e minuciosa identificação do imóvel registrando, com o escopo de impedir que sua transmissão seja feita irregularmente; j) disponibilidade, pois possibilita verificar se o imóvel está em condições físicas e jurídicas de ser alienado ou onerado, obedecendo ao princípio geral de direito de que "ninguém pode transferir mais direitos do que tem"; k) instância, visto que o serventuário dependerá, para efetivar o registro imobiliário, de provocação do titular do direito, não podendo fazer o assentamento por iniciativa própria; l) tipicidade, uma vez que apenas são registrados os imóveis se os títulos a eles concernentes disserem respeito aos direitos reais previstos legalmente.

EFEITOS DO TRATADO. *Direito internacional público.* Conseqüências jurídicas que resultam do tratado internacional, tais como: a) a vinculação das partes contratantes, sendo *res inter alios acta* para os Estados não signatários, embora excepcionalmente possa atingir terceiros por acarretar efeitos prejudiciais aos seus direitos, por conter estipulação que lhes conceda privilégios ou por aqueles terceiros o acatarem; b) a garantia da execução do tratado que reside na palavra empenhada pelos países signatários, em certas sanções de ordem econômica.

EFEITOS LEGAIS. *Direito civil.* Diz-se daqueles decorrentes do negócio jurídico, sem que seja necessário qualquer menção expressa, pois a norma jurídica já os prevê. *Vide* ELEMENTOS NATURAIS DO NEGÓCIO JURÍDICO. Por exemplo, na compra e venda, é efeito natural o dever do vendedor de responder pelos riscos da evicção e pelos vícios redibitórios. Todavia, há quem ache, como Antônio Junqueira de Azevedo, que mesmo sendo os elementos naturais do negócio designados de efeitos legais, a eles não se equiparam. Os efeitos legais resultam de lei, sendo o negócio considerado como mera ocasião para a produção dos efeitos. Os elementos naturais são efeitos do negócio, mesmo que não sejam principais. *Vide* EFICÁCIA DO NEGÓCIO JURÍDICO.

EFEITOS MÓVEIS. *Direito comercial.* Valores móveis negociáveis, como rendas, ações de sociedades etc., incorporados num título que os representam.

EFEITOS NEGOCIÁVEIS. *Direito comercial* e *direito bancário.* Títulos de crédito suscetíveis de serem objetos em operações de Bolsa ou bancárias.

EFEITOS PARTICULARES. *Direito civil* e *direito comercial.* Títulos de crédito emitidos por pessoa natural ou pessoa jurídica de direito privado, constituindo os efeitos comerciais.

EFEITOS PÚBLICOS. 1. *Direito agrário.* Títulos de dívida pública, na hipótese de haver dívida agrária. **2.** *Direito administrativo.* Títulos emitidos pelo governo, como apólices de dívida pública, bônus etc.

EFEITOS SOBRE O ESTRANGEIRO. *Direito cambiário.* Valores negociáveis em praças de outras nações.

EFEITO SUSPENSIVO. *Direito processual civil* e *direito processual penal.* Diz-se do recurso interposto que susta o andamento normal da ação, suspendendo a execução da sentença do juízo *a quo* enquanto não for julgado pelo tribunal *ad quem.*

EFEITO VINCULANTE. *Teoria geral do direito.* Diz-se de súmula aplicável a todos os casos futuros, se os fatos forem os mesmos.

EFÉLIDE. *Medicina legal.* Mancha que surge na pele em razão de exposição demorada à luz solar; sarda.

EFEMÉRIDE. 1. Nas *linguagens comum* e *jurídica,* quer dizer: a) Comemoração de um fato auspicioso; b) agenda onde se mencionam fatos de cada dia. **2.** *Direito autoral.* a) Livro que relata acontecimentos ocorridos no mesmo dia do ano, em diferentes épocas; b) título outorgado a obras que, outrora, narravam o dia-a-dia de uma personagem.

EFÊMERO. Transitório; passageiro.

EFEMINADO. *Medicina legal.* Diz-se daquele que apresenta qualidades mais peculiares ao sexo feminino do que ao sexo masculino.

EFÊNDI. *Direito comparado.* Designação dada, na Turquia, ao sultão, aos altos signatários ou aos ministros de culto.

ÉFETA. *História do direito.* Denominação dada ao magistrado criminal na antiga Atenas.

EFETIVAÇÃO. 1. Na *linguagem jurídica* em geral, é o ato de tornar algo efetivo; ato de levar a efeito ou de realizar. **2.** *Direito administrativo.* Promoção pela qual uma declaração do Poder Público vem a ser realizada na prática.

EFETIVAÇÃO EXPROPRIATÓRIA. *Direito administrativo.* Conjunto de atos fundamentados na declaração de desapropriação que, na prática, vêm a efetuar aquela declaração, interferindo na propriedade particular, passando seu domínio para o poder público.

EFETIVIDADE. *Direito administrativo.* Qualidade da nomeação do funcionário público, vinculada ao cargo de provimento efetivo.

EFETIVIDADE DO SERVIÇO. 1. Na *linguagem jurídica* em geral, é o tempo durante o qual se exerce um serviço. **2.** *Direito militar.* Tempo em que um militar presta serviço no respectivo quadro.

EFETIVO. 1. *Teoria geral do direito.* a) O que existe, na verdade, em oposição ao que é possível; b) real; c) permanente. **2.** *Direito empresarial.* Ativo líquido do empresário ou de uma sociedade empresária. **3.** *Direito administrativo.* a) Diz-se do funcionário ou servidor público que está no exercício de um cargo ou função em caráter permanente; b) indica o funcionário que integra o quadro permanente, não podendo ser demitido *ad nutum.* **4.** *Direito militar.* Número de militares de diversos graus que compõem uma formação terrestre, naval ou aérea.

EFETIVO EXERCÍCIO DA ADVOCACIA. É a participação anual mínima do advogado inscrito na OAB em cinco atos privativos.

EFFECTUS COGNOSCI SOLET PER SUAS CAUSAS. *Aforismo jurídico.* Pelas causas se conhece o efeito.

EFFECTUS DURAT, DURANTE CAUSA. *Aforismo jurídico.* O efeito dura, durando a causa.

EFFECTUS IN OMNIBUS CONSIDERATUR. *Aforismo jurídico.* Em tudo se deve considerar o efeito.

EFFECTUS SCELERIS. *Locução latina.* Usada para indicar o objetivo do delito, ou melhor, o resultado do crime.

EFFICIENT CONSUMER RESPONSE (ECR). *Expressão inglesa.* a) Resposta eficiente ao consumidor; b) modelo estratégico de negócios, no qual fornecedores e varejistas trabalham de forma integrada, para melhorar a eficiência da cadeia logística, visando entregar mercadorias de maior valor ao consumidor final (James G. Heim).

EFICÁCIA. *Teoria geral do direito* e *filosofia do direito.* **1.** É a qualidade da norma vigente de produzir, no seio da coletividade, efeitos jurídicos concretos, considerando, portanto, não só a questão de sua condição técnica de aplicação, observância, ou não, pelas pessoas a quem se dirige, mas também a de sua adequação em face da realidade social, por ela disciplinada, e dos valores vigentes na sociedade, o que conduziria ao seu sucesso. A eficácia diz respeito, portanto, ao fato de se saber se os destinatários da norma ajustam, ou não, seu comportamento, em maior ou menor grau, às prescrições normativas, ou seja, se cumprem, ou não, os comandos jurídicos, e se os aplicam ou não. Trata-se da eficácia jurídica. **2.** Qualidade do que é eficaz.

EFICÁCIA CONSTITUCIONAL. *Direito constitucional, filosofia do direito* e *teoria geral do direito.* É a relação entre a ocorrência (concreta) dos fatos normativos, sociais e valorativos estabelecidos no texto constitucional, que condicionam a produção do efeito jurídico visado e a possibilidade de produzi-lo.

EFICÁCIA CONSTRUTIVA. *Teoria geral do direito* e *direito constitucional.* Incidência das novas normas constitucionais sobre as da ordenação anterior compatíveis com elas, que, em nome do princípio da continuidade da ordem jurídica, são como que recriadas pela nova Carta Magna (José Afonso da Silva). Trata-se do fenômeno da recepção da ordem normativa vigente, sob a égide de antiga Carta, e compatível com a nova.

EFICÁCIA DA LEI NO ESPAÇO. *Direito internacional privado.* Aplicação da norma, para que possa produzir efeitos no espaço. Rege-se, no Brasil, pelo princípio da territorialidade moderada, através do qual: a) pela territorialidade, a norma aplica-se no território do Estado que a emitiu, inclusive ficto, como embaixadas, consulados e navios de guerra onde quer que se encontrem, navios mercantes em águas territoriais ou em alto-mar; navios estrangeiros, exceto os de guerra, em águas territoriais; aeronaves no espaço aéreo do Estado, assemelhando-se a posição das aeronaves de guerra à dos barcos de guerra. O princípio da territorialidade regula, ainda, o regime de bens e obrigações. Já que se aplica a *lex rei sitae* para qualificar bens e reger as relações a eles concernentes, apesar de haver aplicação da *lex domicilii* do proprietário quanto aos bens móveis que ele trouxe consigo, ou se se destinarem a transporte para outros locais, a norma *locus regit actum* regula as obrigações que se sujeitam às normas do país em que se constituírem, bem como a prova de fatos ocorridos em país estrangeiro; b) pela extraterritorialidade, aplica-se a norma em território de outro Estado, segundo princípios e convenções internacionais. Classicamente, denomina-se "estatuto pessoal" a situação jurídica que rege o estrangeiro pela lei de seu país de origem.

Trata-se da hipótese em que a norma de um Estado acompanha um cidadão no estrangeiro para regular seus direitos. Esse estatuto pessoal baseia-se na lei da nacionalidade ou na lei do domicílio. No Brasil funda-se na lei domiciliar. Regem-se por esse princípio as questões referentes ao começo e fim da personalidade, ao nome, à capacidade das pessoas, ao direito de família e sucessões, à competência da autoridade judiciária. Há, apesar disso, um limite à extraterritorialidade da lei, pois atos, sentenças e lei de países alienígenas não serão aceitos no Brasil quando ofenderem a soberania nacional, a ordem pública e os bons costumes.

EFICÁCIA DA LEI NO TEMPO. *Teoria geral do direito* e *direito intertemporal.* Efeito imediato e geral da nova lei, que será aplicada imediatamente, a partir da data estabelecida para sua entrada em vigor, respeitados o ato jurídico perfeito, o direito adquirido e a coisa julgada, podendo, portanto, incidir sobre os *facta pendentia.* Como se vê, não há como confundir a imediatidade dos efeitos de uma lei com a sua retroatividade. Há limitação da eficácia da nova norma em conflito com a anterior, pois, apesar de ter eficácia imediata, só poderá alcançar situações futuras, não podendo abarcar as consolidadas em épocas pretéritas.

EFICÁCIA DA LEI PENAL NO TEMPO. *Direito penal* e *teoria geral do direito.* Efeito imediato e irretroativo da nova lei penal mais severa, e retroativo daquela mais branda, que vem a favorecer o réu. Na seara penal, há a aplicabilidade do princípio da retroatividade benéfica.

EFICÁCIA DA NORMA INCONSTITUCIONAL. *Direito constitucional* e *teoria geral do direito.* Efeito produzido pela norma contrária à Constituição, declarada como tal pelo Judiciário, até que o Senado Federal suspenda sua executoriedade. Logo, se houver declaração de inconstitucionalidade de uma norma pelo Supremo Tribunal Federal, ela não terá efeito revogador, hipótese em que continuará a pertencer ao ordenamento jurídico até que sua eficácia seja suspensa, no todo ou em parte, pelo Senado, visto que só o Legislativo, na hierarquia da organização constitucional, poderá desfazê-la. Nem o Executivo, nem o Judiciário terão o poder de revogar a lei inconstitucional. O Judiciário apenas negar-lhe-á a aplicabilidade se inconstitucional, declarando-a ineficaz em cada caso concreto *sub judice.* Logo, enquanto tal não se der, o sistema recepcionará a norma inconstitucional, não só com o escopo de evitar que o seu destinatário a desobedeça, alegando vício formal ou material, como também para manter a sua unidade e coerência lógica, ante a impossibilidade do emprego daqueles mecanismos de controle para sanar essa irregularidade. O sistema absorverá a norma inconstitucional dando a impressão de que a invalidade subsistiria tão-somente por tolerância sua, prestigiando assim a autoridade jurídica, até que se processe a declaração oficial de sua inconstitucionalidade, mantendo dessa forma sua unidade e coerência lógica. Daí conter, lógica e implicitamente, as regras de regulagem: a) não se pode deixar de obedecer, ou cumprir, comando do Poder Público, alegando sua invalidade, inferida dedutivamente do princípio da presunção *juris tantum* da veracidade e legitimidade dos atos do Poder Público; b) deve-se respeitar o caso julgado. Com isso prestigia-se o órgão judicante que prolatou a decisão judicial definitiva, garantindo-se a impossibilidade de sua reforma e a sua executoriedade, pois terá força vinculante para as partes, devido a presunção absoluta (*jure et de jure*) de veracidade e licitude, absolvendo, portanto, a possível inconstitucionalidade que, porventura, tiver.

EFICÁCIA DA SENTENÇA ESTRANGEIRA. *Direito internacional privado.* Força executória de uma sentença estrangeira, de mérito, em outro Estado, desde que homologada pelo órgão judiciário do país onde deva ser executada. Para tanto o Superior Tribunal de Justiça, no juízo de delibação, reconhece a eficácia da sentença estrangeira para ser executada no território nacional ou para atender aos direitos adquiridos dela decorrentes, submetendo-a a processo e julgamento limitados ao exame de requisitos extrínsecos, ou seja, da competência, da regularidade da citação e do respeito da ordem pública nacional, não havendo, portanto, qualquer exame do mérito. A delibação não passa de uma modalidade mais aceitável de *exequatur*, por constituir um prévio juízo que, sem apreciar o mérito, apenas toma conhecimento da sentença alienígena, verificando seus requisitos extrínsecos e se foi prolatada pela autoridade competente, antes de ordenar sua execução.

EFICÁCIA DECLARATÓRIA DE SENTENÇA DE PARTILHA. *Direito civil* e *direito processual civil.* Efeito declaratório da partilha, uma vez que não constitui propriedade alguma, pois não consiste ela em ato de transferência do domínio, visto que os herdeiros e o meeiro, se houver, já o receberam no momento da morte do *auctor sucessionis*. A partilha é a transformação do estado de indivisão; com ela os participantes do processo de inventário passam a ser proprietários exclusivos dos objetos que compõem o seu quinhão. A sentença homologatória da partilha tem efeito retrooperante, fazendo retroagir a discriminação dos bens à data do óbito.

EFICÁCIA DO ATO ADMINISTRATIVO. *Direito administrativo.* Produção de efeitos jurídicos pelo ato administrativo.

EFICÁCIA DO NEGÓCIO JURÍDICO. *Direito civil.* Efeito jurídico pretendido pelo negócio; tal efeito refere-se aos seus elementos naturais. Diz respeito à criação, extinção ou modificação de deveres, direitos e *status* (Antônio Junqueira de Azevedo). *Vide* EFEITOS LEGAIS.

EFICÁCIA IMPOSSÍVEL. *Filosofia do direito.* Teoria fundada no princípio de que nem lei nem decisão judicial podem impor execução inviável (Othon Sidou).

EFICÁCIA IRRETROATIVA DA LEI. *Teoria geral do direito.* Diz-se da não aplicação da lei nova a qualquer situação anteriormente constituída, por haver ato jurídico perfeito, direito adquirido ou coisa julgada.

EFICÁCIA JURÍDICA. *Semiótica jurídica* e *teoria geral do direito.* É também denominada eficácia sintática, por ser efeito atinente à relação sintática entre uma norma (signo) e outras normas (signos) do ordenamento. Assim, a eficácia jurídica é a aptidão técnica da norma para produzir efeitos jurídicos (Tércio Sampaio Ferraz Jr.), ligando-se às condições de atuação da norma ou de sua dependência de outras normas para tanto, prescindindo da relação para os comportamentos de fato ocorridos, não havendo nenhuma influência entre a sua obediência efetiva e a real possibilidade de produção de efeitos. A eficácia jurídica indica, tão-somente, a mera possibilidade da aplicação da norma. Do ponto de vista semiológico, a norma será sintaticamente eficaz se apresentar condições técnicas de sua atuação, ou de aplicabilidade, por estarem presentes os elementos normativos idôneos nela contidos ou em outra norma, para adequá-la à produção de efeitos jurídicos concretos, sem qualquer relação de dependência de sua observância, ou não, pelos seus destinatários.

EFICÁCIA PÓS-OPERANTE DA NORMA CONSTITUCIONAL. *Direito constitucional* e *teoria geral do direito.* Efeito da norma constitucional de dispor para o futuro, não alcançando fatos pretéritos com ela conflitantes. Isso é assim porque a Constituição Federal pode, como norma suprema, determinar, com relação às demais normas anteriores, o que quiser; logo, o poder constituinte não encontra quaisquer restrições à sua vontade, podendo dispor livremente sobre qualquer situação jurídica, mantendo-a, modificando-a, ou não, não estando vinculado a direito adquirido, quer em favor de pessoa física, quer em prol de pessoa jurídica de direito privado ou público. Assim sendo a nova Constituição está desvinculada de qualquer liame normativo anterior; se assim não fosse, sua vinculação seria a negação da nova ordem constitucional.

EFICÁCIA PRAGMÁTICA. *Semiótica jurídica* e *teoria geral do direito.* Produção de efeitos jurídicos decorrente da incidência da norma sobre seu elaborador e destinatários, por estarem estas pessoas envolvidas em certas situações fáticas a que se refere. Essa modalidade eficacial só se completa integrando o significado de eficácia social (semântica), vinculando-se a um ato de aplicação ou de observância da norma pelos seus destinatários, que podem conduzir-se, ou não, de acordo com ela, e de eficácia jurídica (sintática), tendo condições de aplicabilidade, podendo, então, produzir os seus efeitos. Isso é assim porque nada impede que uma norma válida, e em vigor, tenha sua eficácia sintática suspensa, não produzindo efeitos em face da realidade concreta ou não tenha eficácia semântica, hipótese em que se aplica o princípio de que "ninguém é obrigado a coisas impossíveis". Norma pragmaticamente eficaz, abarcando o ângulo sintático e semântico, seria o conceito relativo ao seu sucesso. Nesta acepção a eficácia seria, então, fundamentalmente, um instrumento ou técnica de controle. O sucesso da norma diz respeito à possibilidade da consecução dos objetivos pretendidos com sua edição, que podem estar, exemplificativamente, numa concreção efetiva (obediência) ou na postergação ou transposição de seus efeitos para momentos oportunos (instrumentalidade do direito). É a lição de Tércio Sampaio Ferraz Jr.

EFICÁCIA RESIDUAL. *Teoria geral do direito.* Produção de efeitos por uma norma revogada, não mais vigente, por ter vigor para os casos anteriores à sua revogação, ante o fato de que se devem respeitar o ato jurídico perfeito, o direito adquirido e a coisa julgada. Como se vê a norma pode ser eficaz, mesmo já revogada.

EFICÁCIA RETROATIVA DA LEI. *Teoria geral do direito.* Produção de efeitos da nova lei, que tem aplicação imediata, atingindo não só atos jurídicos praticados sob o império da norma revogada – desde que não estejam consumados, não haja direitos adquiridos nem casos julgados – como também os que futuramente surgirem.

EFICÁCIA RETROOPERANTE DA NORMA CONSTITU-CIONAL. *Direito constitucional* e *teoria geral do direito.* Retroeficácia da nova norma constitucional, que rege o passado, alcançando situações constituídas sob a égide da norma constitucional anterior, desde que não contrariem os seus dispositivos.

EFICÁCIA SEMÂNTICA. *Semiótica jurídica* e *teoria geral do direito.* Eficácia social que diz respeito à relação semântica da norma (signo) não só com a realidade social a que se refere, mas também com os valores positivos (objetos denotados). Sob o prisma semântico, a norma eficaz seria a cumprida e aplicada concretamente, por haver uma relação de adequação entre ela e o que sucede na realidade social e nos valores positivos. O sentido semântico liga, diretamente, a eficácia à obediência de fato, não prevendo os casos de desobediência de normas eficazes (no sentido técnico). A adequação semântica conduz à verificação sociológica das razões pelas quais a norma é cumprida, uma vez que só importa o fato de sua obediência regular. Logo, será eficaz, semanticamente, a norma que tiver condições fáticas de atuar, por ser adequada à realidade social e aos valores positivos, sendo por isso obedecida. Como ensina Tércio Sampaio Ferraz Jr., pela eficácia sociológica ou social considerar-se-á eficaz a norma que encontrar na realidade social e nos valores positivos as condições de sua obediência, ou seja, a que tiver seus preceitos observados pelos destinatários.

EFICÁCIA SINTÁTICA. *Vide* EFICÁCIA JURÍDICA.

EFICÁCIA SOCIAL. *Vide* EFICÁCIA SEMÂNTICA.

EFICAZ. *Teoria geral do direito.* Que produz o efeito concreto pretendido.

EFICIÊNCIA. 1. *Direito administrativo.* Requisito exigido no período de estágio probatório de funcionário público, averiguando sua produtividade ou rendimento no desempenho de sua função. **2.** *Teoria geral do direito.* Característica do que é eficiente ou eficaz.

EFICIENTE. *Teoria geral do direito* e *filosofia do direito.* **1.** Diz-se da causa que produz, efetivamente, seu efeito. **2.** Eficaz.

EFIDROSE. *Medicina legal.* Transpiração excessiva na parte superior do corpo ou em crise de uma moléstia.

EFIGIAR. *História do direito.* Execução simulada de um condenado ausente, que era executado em efígie, isto é, utilizando-se de uma imagem que representava sua pessoa.

EFLORESCÊNCIA. *Medicina legal.* Erupção que se apresenta pouco elevada acima do nível da pele.

EFLUENTE. *Direito ambiental.* Diz-se da água residuária, tratada ou não, de origem urbana, agrícola ou industrial, que requer controle de sua poluição.

EFLUENTE SANITÁRIO. *Direito ambiental.* É o líquido resultante de águas servidas e dejetos oriundos de aeronaves e de terminal de passageiros, submetidos a tratamento primário, e que apresenta certa turbidez, odor característico do meio séptico e certo grau de contaminação, sendo necessário monitoramento para o seu lançamento no meio ambiente.

EFLUXÃO. *Medicina legal.* Saída do produto da concepção nos primeiros sete dias da gravidez.

EFODIOFOBIA. *Medicina legal.* Pavor mórbido de preparativos de viagem.

EFORADO. *História do direito.* Cargo de éforo.

ÉFORO. *História do direito.* Cada um dos cinco magistrados que eram eleitos, em Esparta, anualmente, para evitar exclusividade do poder do rei e do senado.

EFPCU. Sigla de Estatuto dos Funcionários Públicos Civis da União.

EFRAÇÃO. 1. *Medicina legal.* a) Contusão aberta; b) ruptura; c) pancada no crânio. **2.** *Direito penal.* Roubo por arrombamento.

EFRAÇÃO EXTERIOR. *Direito penal.* Arrombamento de portas, janelas ou fechaduras para furto, que, então, se torna qualificado.

EFRAÇÃO INTERIOR. *Direito penal.* Furto qualificado pelo arrombamento de cofres, gavetas, armários etc., para subtração de objetos alheios.

EFTA. *Direito internacional público.* Sigla de Associação Européia de Livre Comércio.

ÉGAREMENT. *Termo francês.* Descaminho.

ÉGIDE. 1. Amparo; proteção. **2.** Escudo. **3.** Patrocínio.

EGILOPE. *Medicina legal.* Úlcera no canto do olho, bem próximo ao saco lacrimal.

EGIPTOLOGIA. Estudo da antigüidade egípcia, abrangendo a análise de seus monumentos históricos e da literatura antiga.

EGO. **1.** *Termo latino.* Elemento psíquico que é o "eu", voltado para o mundo exterior e dominado pela realidade (Othon Sidou). **2.** *Psicologia forense.* Complexo que constitui o centro da consciência, ligado à formação da identidade (Lídia Reis de Almeida Prado).

EGOCENTRISMO. *Psicologia forense.* Estado do doente mental cujas idéias se centralizam em si mesmo. Tal estado pode ocorrer em crianças com menos de 7 anos (PIAGET).

EGOÍSMO. **1.** *Psicologia forense.* Qualidade de egoísta, ou seja, daquele que tem amor exclusivo por sua pessoa e por seus interesses. **2.** *Ética.* Teoria pela qual o interesse individual é o princípio diretor do comportamento e explicativo dos preceitos morais.

EGOÍSMO METAFÍSICO. Na *linguagem filosófica,* significa: solipsismo ou teoria que considera a existência dos outros seres uma ilusão.

EGOLATRIA. *Psicologia forense.* Culto de si próprio.

EGOLOGISMO EXISTENCIAL DE CARLOS COSSIO. *Filosofia do direito* e *teoria geral do direito.* Teoria pela qual a ciência jurídica deve estudar o direito – objeto cultural egológico por ter por substrato a conduta humana compartida sobre a qual incidem valores, que é o seu sentido – mediante o método empírico-dialético, passando da materialidade do substrato à vivência do sentido e vice-versa, até alcançar o exato conhecimento do direito. O ato gnoseológico com o qual se constitui tal método é o da compreensão. O jurista não tem a função de estimar positiva ou negativamente a conduta compartida, mas de relacioná-la a valores positivos e não ideais. A teoria egológica entrevê na ciência jurídica três perspectivas: dogmática jurídica, lógica prática e estimativa jurídica. A dogmática se atém a um empirismo científico, logrando o conhecimento ao estabelecer a equivalência existente entre o dado normativo e um fato da experiência. A lógica prática determina a legalidade do pensamento do jurista, inclinando-se pela lógica do dever-ser, que constitui a forma com que a experiência jurídica se apresenta no conhecimento científico-jurídico. A estimativa jurídica procura compreender o sentido da conduta, fundada em valorações positivas da comunidade e limitada à materialidade do substrato. A norma jurídica não é objeto da ciência jurídica, constituindo, no plano gnoseológico da lógica transcendental, conceito que pensa a conduta em sua liberdade e, no plano da lógica formal, um juízo hipotético disjuntivo, que diz algo a respeito da conduta, sendo por isso verdadeira ou falsa, válida ou inválida. A ciência jurídica, para a egologia, é normativa porque conhece condutas em interferência intersubjetivas por meio de normas. Trata-se de teoria egológica do direito muito em voga na Argentina.

EGOMANIA. *Medicina legal.* Egoísmo mórbido.

EGOMISMO. Na *linguagem filosófica,* significa: idealismo absoluto que admite tão-somente a existência do "eu".

EGOTISMO. **1.** Na *linguagem psicológica,* seria: a) o hábito exagerado de falar ou escrever sobre si mesmo; b) preocupação exclusiva com a cultura pessoal. **2.** *Direito autoral.* Estudo pormenorizado feito por um escritor sobre sua individualidade físico-mental (Stendhal).

EGOTISMO JUVENIL. *Psicologia forense.* Referência feita, constantemente, pelo adolescente no seu círculo de amizade, no amor, nas relações com o ambiente, na percepção dos valores e na dialética (Debesse).

EGRÉGIO. *Direito processual.* Tratamento que se dá ao tribunal como instituição, significando respeitável, insigne, notável, eminente.

EGRESSO. *Direito penal.* É, pela lei de execução penal, o condenado que durante o período de prova está em liberdade condicional, ou que, pelo prazo de um ano contado da saída da penitenciária, se encontra definitivamente em liberdade por ter cumprido a pena.

EIA. *Direito ambiental.* Sigla de Estudo Prévio de Impacto Ambiental, que possibilita a aferição das conseqüências nocivas ao meio ambiente.

EIA/RIMA. *Direito ambiental.* Etapa do procedimento administrativo de licenciamento ambiental. Em regra não obrigatório, servindo como elemento e motivo para tirar a concessão, ou não, da licença ambiental e de sua renovação. Trata-se de um instrumento não jurisdicional de caráter preventivo (Celso A. P. Fiorillo e Marcelo A. Rodrigues).

EIDÉTICA. *Psicologia forense.* Termo empregado pela primeira vez por Erich Jaensch para indicar uma disposição (*eidetische Anlage*) peculiar a crianças entre dez e quinze anos e, excepcionalmente, a adultos, de ver, em recordações recentes, coisas imaginárias. Essas imagens especiais ou intuitivas (*Anschauungsbilder*) projetam-se no exterior, tratando-se de pós-imagens sensoriais que se traduzem em "imagens eidéticas".

EIDÉTICA JURÍDICA. *Filosofia do direito.* **1.** Técnica científica que focaliza a essência do dado e não a sua existência ou presença, levando a um conhecimento completo do *eidos* do direito, da norma jurídica etc., isto é, daquilo que faz com que sejam o que são. Com isso a essência pertence à categoria dos objetos ideais por ser atemporal, não estar no espaço, ser irreal e ser *a priori*, porque não depende desta ou daquela experiência; a ela não chegamos através dos sentidos, mas da intuição intelectual; é neutra ao valor. A redução eidética é, para Husserl, a substituição da consideração da experiência pela da essência. É a doutrina da essência geral e abstrata dos fenômenos jurídicos. **2.** Diz-se da intuição existencial que abrange tanto a intuição sensível, que capta o substrato, como a intelectual, que apreende o sentido (Carlos Cossio).

EIDÉTICO. 1. *Filosofia do direito.* a) Relativo à eidética; b) diz-se do elemento essencial do fenômeno jurídico, resultante da intuição eidética que despreza o puramente fático e particular, eliminando tudo o que resulte do espírito como sendo contingente, acidental ou acessório, em uma seleção gradual, que tenha em vista tão-somente destacar cada uma das notas ou elementos essenciais ou eidéticos do direito, relacionados entre si por fundamentação necessária; c) aquilo que tem os caracteres da essência. **2.** *Psicologia forense.* Relativo à imagem eidética ou à imagem visual produzida voluntariamente.

EIDOGRAFIA. *Medicina legal.* Transporte de impressões dígito-papilares latentes por meio de películas (Luiz Dubois), para serem estudadas e confrontadas.

EIDOS. *Filosofia geral* e *filosofia do direito.* Termo grego utilizado para indicar a essência ideal ou pura do objeto, captada pela intuição intelectual que desconecta o secundário ou o contingente, colocando-o entre parênteses.

EI INCUMBIT PROBATIO QUI DICIT, NON QUI NEGAT. *Expressão latina.* O ônus da prova compete a quem afirma e não a quem nega.

EINGETRAGENEN GENOSSENSCHAFTEN. *Locução alemã.* Cooperativas.

E-INPI. *Direito virtual.* É um sistema eletrônico a ser utilizado pelo usuário do INPI para demandar serviços e praticar atos processuais, por meio de formulários eletrônicos próprios, fazendo uso da Internet.

EINSPRUCH. *Termo alemão.* Protesto.

EIRA. *Direito agrário.* **1.** Local onde se guardam as canas-de-açúcar antes de serem utilizadas. **2.** Terreno ou laje onde são colocados os cereais e legumes para secarem, debulharem ou serem limpos.

EIRADA. *Direito agrário.* Porção de cereais que são debulhados de uma vez na eira.

EIRÁDIGA. *História do direito.* Pensão que, outrora, era paga pelo enfiteuta ao senhorio, variando conforme as cláusulas contratuais do aforamento.

EIRADO. 1. *Direito civil.* Terraço. **2.** *Direito agrário.* Diz-se do porco na idade da engorda.

EIRANTE. *Direito agrário.* Aquele que trabalha na eira.

EIREL. *História do direito.* Herdeiro.

EISFORA. *História do direito.* Imposto que, na Grécia antiga, recaía sobre o capital latifundiário.

EITEIRO. *Direito agrário.* Trabalhador rural canavieiro, em Paraíba e Pernambuco.

EITO. *História do direito.* Roça onde trabalhavam os escravos.

EIVA. *Direito agrário.* **1.** Moléstia de gado ovino. **2.** Mancha de apodrecimento de frutas. **3.** Estado da terra lavrada quando sua camada superior está molhada, ficando recoberta pela terra seca levantada pela charrua, trator ou enxada.

EIVADO. Diz-se de qualquer ato que esteja viciado.

EIVAR. *Direito agrário.* **1.** Adquirir terra. **2.** Começar a apodrecer.

EIXE. *Direito agrário.* Exclamação usada pelo boiadeiro para fazer com que os bois andem.

EIXO. *História do direito.* Aliança feita entre Itália, Alemanha e Japão que terminou em 1945, com a sua derrota pelos aliados.

EJACULAÇÃO. *Medicina legal.* Emissão do líquido seminal em razão de masturbação ou de cópula.

EJACULAÇÃO PRECOCE. *Medicina legal.* Impotência constitucional ou sexual, em regra, de origem psíquica, em que o homem não consegue ter, nem manter orgasmo pelo tempo de 30 a 60 segundos depois da penetração, causando insatisfação à mulher.

EJECTO. *Filosofia do direito.* Objeto de conhecimento projetado para fora do eu, constituindo uma essência imaterial, possível de ser descrito em termos de consciência (Clifford, Baldwin, Morselli, Romanes).

EJUS EST VETARE, CUJUS EST PERMITTERE. *Expressão latina.* Quem pode proibir pode permitir.

EKKLESIA. *História do direito.* Órgão governamental do qual, na antigüidade ateniense, participavam quase quarenta mil cidadãos. Tal órgão, mediante *quorum* de seis mil, era competente para declarar a guerra ou a paz, efetuar condenações, votar leis e eleger magistrados.

ELABORAÇÃO. 1. *Filosofia do direito.* Conjunto de operações para transformação dos dados imediatos que constituem a matéria do conhecimento. Tais operações são: juízo, raciocínio, associação de idéias, atenção etc. **2.** *Teoria geral do direito.* Ato ou efeito de compor, preparar, organizar metodicamente, colocar em ordem. **3.** *Direito autoral.* Ato de produzir obra intelectual.

ELABORAÇÃO DA LEI. *Direito constitucional.* Fase da formação da lei, constitucionalmente estabelecida, pela qual o projeto de lei é discutido, votado e aprovado pelo Legislativo, remetido à sanção ou veto do Executivo e, por meio da sanção, transformado em lei, que é promulgada para atestar sua existência, ordenar sua aplicação, seu cumprimento e sua publicação.

ELABORAÇÃO ORÇAMENTÁRIA. *Direito constitucional* e *direito financeiro.* Fase da feitura do orçamento em que se apresenta o projeto ao Legislativo para ser discutido, emendado e aprovado, antes de sua promulgação e publicação.

ELABORADOR. 1. Na *linguagem jurídica* em geral, é o que elabora, prepara ou organiza alguma coisa. **2.** *Direito agrário.* Trabalhador rural encarregado do corte de árvores; lenhador; madeireiro.

ELAR. *Direito agrário.* Segurar ramos com as gavinhas de videiras e plantas rasteiras.

ELAU. *História do direito.* Antigo foral que significa multa, dano que a falsa testemunha devia pagar.

E-LEARNING. *Locução inglesa* e *direito virtual.* **1.** Forma de gerenciamento de treinamento virtual pelas companhias. Com recursos completos de mídia e gerenciamento de conhecimento, o *software* oferece uma série de ferramentas que possibilitam a interação entre alunos e instrutores, a qualquer hora e lugar, pela internet. **2.** Gerenciamento de treinamento e de conhecimento pela rede mundial de computadores. **3.** Ensino virtual. **4.** Educação a distância, especialmente pela Internet. Para tanto, existe portal que disponibiliza ao usuário serviços como palestras e artigos de especialistas de várias áreas, enriquecendo-lhe o conhecimento.

ELECTA UNA VIA NON DATUR REGRESSUS AD ALTERAM. *Brocardo latino.* Escolhida uma via, não se pode recorrer a outra.

ELECTIO AMICI. *Locução latina.* Pessoa a nomear.

ELECTION AGENT. *Locução inglesa.* Na Inglaterra, é o empresário político.

ELECTIONEER. *Termo inglês.* Fazer campanha eleitoral.

ELECTROBALÍSTICA. *Medicina legal.* Ciência que determina a velocidade do projétil, utilizando instrumentos elétricos.

ELECTROCARDIOGRAMA. *Medicina legal.* Gráfico feito por eletrocardiógrafo, para averiguar as anormalidades existentes na ação do músculo cardíaco.

ELECTROCAUTERIZAÇÃO. *Medicina legal.* Cauterização de tecido mediante eletrocautério.

ELECTROCOAGULAÇÃO. *Medicina legal.* Uso de corrente elétrica para coagular albumina no tratamento de pequenos tumores de processo inflamatório no colo do útero, neoplasma da pele etc.

ELECTROENCEFALOGRAFIA. *Medicina legal.* Registro de oscilações elétricas associadas à atividade do encéfalo e, principalmente, do córtice cerebral.

ELECTROENCEFALOGRAMA. *Medicina legal.* Gráfico no qual se registram ondas cerebrais por meio de eletroencefalógrafo.

ELECTROLEPSIA. *Medicina legal.* Convulsão produzida pela eletricidade.

ELECTRONIC DATA INTERCHANGE (EDI). *Termo inglês* e *direito virtual.* **1.** Intercâmbio eletrônico de dados, que é a troca de documentos padronizados entre parceiros de uma cadeia de abastecimento ou entre unidades fisicamente separadas de uma mesma empresa (James G. Heim). **2.** Troca eletrônica de dados que consiste numa modalidade de comunicação através de computador, onde se incluem documentos, possibilitando ampliar a realização de operações contratuais (Miriam Junqueira). Serve como ferramenta de troca de informação entre empresas, baseando-se no intercâmbio de transmissão e recepção de dados (Jorge José Lawand). Com esse sistema, como lembra Miriam Junqueira, foi possível "a eliminação de papéis, a diminuição do tempo das operações, a minimização dos erros nas operações ao evitar a redigitação de faturas, a agilidade no atendimento dos pedidos, a ampliação de mercado e negócios e outras práticas".

ELECTRONIC MAIL. *Vide E-MAIL.*

ELEFANTE. Na *gíria aduaneira* significa contrabando.

ELEFANTÍASE. *Medicina legal.* **1.** Doença crônica que se caracteriza pela inflamação dos vasos linfáticos, afetando mais comumente as pernas, os braços e o escroto. **2.** Doença cutânea em que o paciente apresenta tubérculos irregulares na pele.

ELEGANTIA IURIS. *Locução latina.* Clareza e correção na linguagem jurídica.

ELEGER. *Ciência política.* **1.** Escolher por meio de votação candidatos a cargos políticos. **2.** Diz-se do poder do eleitor de escolher, direta ou indiretamente, os representantes do povo, por ter capacidade eleitoral ativa, participando assim na atividade política.

ELEGIBILIDADE. *Ciência política* e *direito constitucional.* **1.** Capacidade para ser eleito, ou para se candidatar. **2.** Qualidade daquele que é elegível, por apresentar as seguintes condições: nacionalidade brasileira, pleno exercício de direitos políticos, idade legal, alistamento eleitoral, domicílio eleitoral na circunscrição e filiação partidária.

ELEGÍVEL. *Ciência política.* O que pode ser eleito.

ELEIÇÃO. **1.** *Ciência política* e *direito eleitoral.* a) Ato de eleger; b) escolha de alguém, mediante voto, para um cargo; c) ato de conferir mandato público ou político àquele que se elegeu. **2.** *Direito civil* e *direito comercial.* Ato de selecionar ou escolher dirigente de associação, sociedade simples ou empresária, baseado na vontade da maioria de seus membros.

ELEIÇÃO DE CABECEL. *Direito civil.* Ato pelo qual, havendo co-enfiteuse, os co-enfiteutas elegem, dentro de seis meses, para representá-los, por maioria absoluta de votos, um cabecel, sob pena de o próprio senhorio direto escolhê-lo, que irá responder perante o senhorio direto por todas as obrigações, inclusive a de pagar o foro. As ações do senhorio direto contra os foreiros deverão ser propostas contra o cabecel, que terá direito regressivo contra os demais pelas respectivas quotas.

ELEIÇÃO DE DOMICÍLIO. *Direito civil.* Ato de a pessoa escolher o local onde se presume presente para efeitos de direito e onde exerce ou pratica, habitualmente, seus atos e negócios jurídicos. Será voluntário quando a escolha se der livremente, caso em que pode ser "geral", se fixado pela própria vontade do indivíduo quando capaz, e "especial", se estabelecido conforme os interesses das partes em um contrato, a fim de fixar a sede jurídica onde as obrigações contratuais deverão ser cumpridas ou exigidas.

ELEIÇÃO DE FORO. *Direito processual civil.* Designação do local, feita em contrato, onde os atos judiciais deverão ser notificados ou onde as controvérsias surgidas entre os contratantes deverão ser apreciadas e julgadas, com exclusão de qualquer outro foro, por mais privilegiado que seja.

ELEIÇÃO DE HERDEIRO. *Direito civil.* Ato do testador de escolher, por via testamentária, aquele que será seu herdeiro, respeitando, se houver herdeiro necessário (descendente, ascendente ou cônjuge), a quota legitimária, dispondo apenas de sua parte disponível.

ELEIÇÃO DIRETA. *Ciência política.* Diz-se daquela em que o eleitor escolhe seu representante, por meio de sufrágio universal, para ocupar, por prazo certo, determinado cargo, sem que haja qualquer intermediário.

ELEIÇÃO INDIRETA. *Ciência política.* É aquela em que o povo escolhe delegados, para que estes, em seu nome, venham a designar seus representantes. Conseqüentemente, os eleitos não são escolhidos diretamente pelo povo, mas por intermediários, que são os colégios eleitorais, compostos por delegados por ele designados, que têm poder de selecionar aqueles que vão exercer mandato político.

ELEIÇÃO PAPAL. *Direito canônico.* É a feita em conclave do qual participam cerca de cento e vinte cardeais com menos de oitenta anos, que formam o Sacro Colégio, os quais, em recinto fechado por dentro e por fora, designam o novo papa. Com a eleição do novo papa, a porta do

ELEIÇÃO PARA CARGO PÚBLICO

conclave será aberta, anunciando-se a ocorrência por meio de uma fumaça branca que sai da chaminé da Capela Sistina.

ELEIÇÃO PARA CARGO PÚBLICO. *Direito administrativo.* Ato de designar um cidadão para ocupar quadro da administração, mediante voto direto ou indireto.

ELEIÇÃO SINDICAL. *Direito do trabalho.* Ato pelo qual os associados de sindicatos, mediante voto obrigatório, escolhem os ocupantes dos cargos de administração e representação profissional ou econômica.

ELEITO. *Ciência política* e *direito eleitoral.* **1.** Aquele que foi vitorioso numa eleição. **2.** O que foi eleito, ou escolhido, por meio de voto para ocupar cargo público ou político, ou para exercer uma função, tendo sido proclamado como tal pela justiça eleitoral.

ELEITOR. 1. *Ciência política* e *direito eleitoral.* Cidadão que pode votar, elegendo representantes para ocupar cargos eletivos, públicos ou para exercer uma função pública. **2.** *História do direito.* Designação de cada um dos príncipes alemães que escolhiam o imperador.

ELEITORADO. 1. *Ciência política* e *direito eleitoral.* a) Dignidade de eleitor; b) aptidão jurídica para, na qualidade de membro do Colégio Eleitoral, participar de uma eleição; c) conjunto de eleitores; totalidade de cidadãos que, numa certa comunidade política, têm o poder de votar, por estarem regularmente inscritos. **2.** *História do direito.* a) Qualidade dos príncipes alemães que tinham a incumbência de indicar o imperador; b) território, jurisdição ou dignidade de um eleitor no Sacro Império Romano.

ELEITORAL. 1. *Ciência política.* Relativo ao direito de eleger ou à eleição. **2.** *História do direito.* Na Alemanha, referia-se à posição de cada um dos príncipes eleitores, que designavam o imperador.

ELEITOREIRO. *Ciência política.* Diz-se, em sentido pejorativo, do ato de buscar tão-somente votos, descurando do real e verdadeiro interesse da comunidade.

ELEMENTAR. *Teoria geral do direito.* **1.** Relativo a elemento. **2.** O que tem a natureza de elemento.

ELEMENTO. 1. *História do direito.* Cada uma das substâncias básicas de que, no entender dos antigos filósofos gregos, se compunha o universo físico. Tais elementos, na lição aristotélica, eram o fogo, o ar, a terra e a água. **2.** *Direito ambiental* e *direito agrário.* Meio ambiente em que

vive um animal ou planta. **3.** *Filosofia geral, filosofia do direito* e *teoria geral do direito.* a) Noção fundamental ou que compõe uma doutrina, como, por exemplo, a doutrina dos elementos da razão pura de Kant; b) princípio de uma ciência; c) expressão de uma realidade na qual se encontra um conceito, como, por exemplo, o conceito do elemento negativo de Hegel; d) tudo que entra na formação de um ato, de um fato ou coisa; cada uma das partes mais simples do todo composto, que pode ser identificado em qualquer ramo ou instituto do direito material ou do direito formal; daí falar-se em elementos do direito, elemento do negócio jurídico etc.; e) no *sentido epistemológico*, é o conceito e o juízo, ou seja, o elemento do conhecimento, o princípio ou as primeiras proposições de uma ciência (Lalande). **4.** *Antropologia cultural.* Traço cultural (Kroeber); elemento formador da cultura (Tylor). **5.** *Lógica jurídica.* Diz-se de cada indivíduo pertencente a uma classe. Trata-se do elemento de uma classe (Peano e Padoa).

ELEMENTO ACIDENTAL. 1. *Direito penal.* Causa atenuante ou agravante de pena. **2.** *Direito civil.* Cláusula que modifica uma ou algumas das conseqüências do negócio, p. ex.: a condição, o termo ou o encargo.

ELEMENTO DA URBANIZAÇÃO. *Direito urbanístico.* Qualquer componente das obras de urbanização, tais como os referentes a pavimentação, saneamento, encanamentos para esgotos, distribuição de energia elétrica, iluminação pública, abastecimento e distribuição de água, paisagismo e os que materializam as indicações do planejamento urbanístico.

ELEMENTO ESTRUTURAL DA AUTARQUIA. *Direito administrativo.* Constituição interna de uma autarquia.

ELEMENTO FÍSICO. 1. *Teoria geral do direito.* É o elemento objetivo ou material de um ato ou instituto jurídico. **2.** *Direito penal.* Relação estabelecida entre o agente e o resultado da ação ou omissão criminosa. É a materialidade do delito ou o fato típico descrito na lei penal como crime.

ELEMENTO HISTÓRICO. *Teoria geral do direito.* Dado histórico antecedente da norma que visa auxiliar a interpretação ou o entendimento do teor do seu texto, como: histórico do processo legislativo, *occasio legis* etc.

ELEMENTO LITERAL. *Teoria geral do direito.* Letra da lei ou cada termo do texto normativo que deve ser examinado, isolada ou sintaticamente, pelo jurista, numa interpretação literal ou gramatical.

ELEMENTO LÓGICO. *Teoria geral do direito.* Qualquer aspecto que deve ser levado em conta para a determinação do sentido e do alcance da lei, combinando os períodos da norma entre si, através de raciocínio lógico.

ELEMENTO MATERIAL. *Vide* ELEMENTO FÍSICO.

ELEMENTO OBJETIVO. *Vide* ELEMENTO FÍSICO.

ELEMENTO PSÍQUICO. 1. *Teoria geral do direito.* Elemento subjetivo alusivo ao dolo ou à culpa do agente. **2.** *Direito penal.* a) Aquele que, juntamente com a omissão ou ação criminosa, confere estrutura formal ao delito, por ser a culpabilidade essencial à sua caracterização. No crime compreende o dolo e a culpa e na contravenção penal, a voluntariedade de comportamento, teima ou capricho; b) elemento subjetivo do tipo ou da descrição legal de um fato proibido que se prende à tipicidade; é o indiciário da antijuridicidade (Magalhães Noronha).

ELEMENTOS ACIDENTAIS DO NEGÓCIO JURÍDICO. *Direito civil.* São cláusulas inseridas num negócio jurídico com o objetivo de modificar uma ou algumas de suas conseqüências naturais. Nada mais são do que categorias modificadoras dos efeitos normais do negócio jurídico, restringindo-os no tempo ou retardando seu nascimento ou exigibilidade. São elementos acidentais porque o ato negocial se perfaz sem eles, subsistindo mesmo que não haja sua estipulação. As determinações acessórias da vontade, incorporadas a outra, que é principal, suscetíveis de modificar os efeitos jurídicos do negócio, são: condição, termo e encargo ou modo.

ELEMENTOS BIOLÓGICOS DA EMOÇÃO VIOLENTA. *Medicina legal.* Dados imprescindíveis para a configuração da emoção violenta, que constitui um transtorno mental, parcial e transitório, como: a) personalidade emotiva preexistente, patológica ou não, congênita ou adquirida; b) intensa reação emocional, primitiva ou secundária, a um desenvolvimento psicopático; c) estado crepuscular afetivo (José Lopes Zarzuela).

ELEMENTOS COMPONENTES DO NAVIO. *Direito marítimo.* Aqueles que compõem a estrutura física do navio, como: a) o casco (*membro navis*), que compreende os costados, a quilha e o leme; b) os acessórios (*instrumenta navis*), abrangendo mastros, velas, âncoras, maquinismo, bússola, escaleres, combustíveis, munições, lanchas etc.

ELEMENTOS DE CONEXÃO. *Direito internacional privado.* **1.** São expressões legais de conteúdo variável, de efeito indicativo capazes de permitir a determinação do direito que deve tutelar a relação jurídica em questão (Irineu Strenger). **2.** Critérios de conexão tidos como convenientes em razão de política jurídica, determinantes da lei substantiva a ser aplicada ao caso *sub judice*, ante a hipótese de conflito de leis no espaço. Constitui, portanto, o elemento de conexão, meio técnico, fático ou jurídico, prefixado pela lei interna de cada país, ou melhor, pela norma de direito internacional privado, que será basilar na ação solucionadora do conflito, que, quanto a: a) à pessoa, será a nacionalidade, o domicílio, a residência habitual, a permanência em um território, o local da constituição da pessoa jurídica; b) à coisa móvel ou imóvel, será a lei da situação, do local de registro ou matrícula, se se tratar de navio ou avião; do lugar do destino, se coisas em trânsito etc.; c) ao ato, será a lei do delito, da celebração, cumprimento ou execução do contrato, da efetiva prestação de serviço para o contrato de trabalho; d) à ação, será a lei do tribunal onde corre o feito. Serão circunstâncias de conexão jurídicas a nacionalidade e o domicílio, ao passo que as demais serão fáticas.

ELEMENTOS DE VIZINHANÇA. *Medicina legal.* São os que, relativamente à distância do disparo, podem ser, ou não, encontrados ao redor do orifício de entrada do projétil da arma de fogo, tais como: orla de contusão e de enxugo, zona de tatuagem, de esfumaçamento e de chamuscamento. Nos tiros próximos, são encontradas tanto as orlas como as zonas de contorno.

ELEMENTOS DO ATO ADMINISTRATIVO. *Direito administrativo.* **1.** Conjunto de dados exigidos por lei para que o ato administrativo seja válido juridicamente. Para alguns autores, tais elementos abrangem os requisitos ou pressupostos do ato administrativo. **2.** Elementos componentes do ato administrativo que constituem seu conteúdo e sua forma. O conteúdo é o que o ato decide, enuncia, certifica, alterando a ordem jurídica. A forma é seu revestimento exterior, ou seja, o modo pelo qual revela sua existência ou meio de sua exteriorização (Celso Antônio Bandeira de Mello).

ELEMENTOS DO ESTADO. *Teoria geral do Estado* e *direito constitucional.* São elementos fundamentais: soberania ou poder político, povo e território.

ELEMENTOS ESSENCIAIS DO NEGÓCIO JURÍDI-CO. *Direito civil.* São aqueles imprescindíveis à existência do ato negocial, pois formam sua substância; podem ser "gerais", se comuns à generalidade dos negócios jurídicos, dizendo respeito à capacidade do agente, objeto lícito e possível e ao consentimento dos interessados, e "particulares", peculiares a determinadas espécies por serem concernentes à sua forma.

ELEMENTO SINTÁTICO. *Semiótica jurídica.* Termo ou signo que constitui a base da oração.

ELEMENTO SISTEMÁTICO. *Teoria geral do direito.* Aquele relativo ao sistema jurídico ou à análise da norma, no texto jurídico, relacionando-se às demais.

ELEMENTOS NATURAIS DO NEGÓCIO JURÍDICO. *Vide* EFEITOS LEGAIS.

ELEMENTO SOCIOLÓGICO. *Vide* ELEMENTO TELEOLÓGICO.

ELEMENTO SUBJETIVO. *Vide* ELEMENTO PSÍQUICO.

ELEMENTO TÉCNICO DINÂMICO. *Direito penal.* É o referente à norma penal declarativa, que define os conceitos contidos na lei, e à norma interpretativa, que serve como critério interpretativo de outra norma.

ELEMENTO TÉCNICO ESTÁTICO. *Direito penal.* É o alusivo à classificação da lei penal em: a) completa ou perfeita, em que a conduta proibida está prevista no mesmo dispositivo legal, juntamente com a sanção; b) incompleta ou imperfeita, caso em que surge a norma penal em branco, como a alusiva à falta de notificação, pelo médico, à autoridade sanitária de doença cuja notificação é compulsória (Francisco Xavier Pinheiro).

ELEMENTO TELEOLÓGICO. *Teoria geral do direito.* Aquele que justifica socialmente uma norma, procurando adaptar sua finalidade às novas exigências sociais, sendo, por isso, também designado "elemento sociológico". Tais elementos são o fim social e o bem comum.

ELEMENTO TERRITORIAL. 1. *Teoria geral do direito.* Âmbito de abrangência normativa, como o federal, o estadual e o municipal. **2.** *Direito penal.* Diz-se do critério classificador da norma penal em geral, vigente em todo o País, e regional, circunscrita a uma determinada região.

ELENCO. 1. *Direito autoral.* Conjunto de artistas que atuam numa peça no cinema, no teatro, no rádio, na televisão etc. **2.** *Teoria geral do direito.* Rol, catálogo, lista etc.

ELENCUS. *Lógica jurídica.* Assunto de uma argumentação. Lalande, a esse respeito, observa que o sofisma *ignoratio elenchi* consiste em demonstrar ou refutar coisa diversa da que se questiona.

ELETIVIDADE. 1. *Ciência política* e *direito eleitoral.* a) Método apropriado para investidura de cargo que depende da escolha ou aprovação dos votantes; b) qualidade do que é feito por eleição; c) obrigação de prover eletivamente. **2.** *Medicina legal.* Fato de um medicamento agir num órgão, ficando os demais apáticos.

ELETIVO. 1. *Ciência política.* a) Relativo à eleição; b) diz-se do cargo preenchido por eleição. **2.** *Psicologia forense.* Diz-se do ato (amor ou amizade) que leva alguém a ter inclinação eletiva por objeto ou um indivíduo em particular.

ELETRICIDADE. Conjunto de fenômenos elétricos ou que envolvem cargas elétricas.

ELETRICIDADE CÓSMICA. *Medicina legal.* É a advinda de raio formado por descarga elétrica de nuvens, que pode fulminar uma pessoa ou causar-lhe lesões corporais.

ELETRICIDADE INDUSTRIAL. *Medicina legal.* É a produzida e controlada por usinas, para uso doméstico ou industrial, que pode causar dano, lesão corporal ou morte por eletroplessão.

ELETRICIDADE METEÓRICA. *Vide* ELETRICIDADE CÓSMICA.

ELETRICISMO. Complexo de fenômenos provocados pela eletricidade.

ELETRIFICAÇÃO. Ato ou efeito de prover instalação elétrica em casas, motores etc.

ELETRIFICAÇÃO RURAL. *Direito agrário.* Execução de serviços de transmissão e distribuição de energia elétrica destinada ao uso de consumidores situados na zona rural, os quais exploram a agricultura e a pecuária.

ELETROCARDIOGRAMA. *Vide* ELECTROCARDIOGRAMA.

ELETROCUÇÃO JUDICIAL. *Direito comparado.* Pena de morte a ser executada em cadeira elétrica, onde o condenado é amarrado com correias; um electródio bem umedecido em solução salina e com a forma de capacete é fixado sobre a sua cabeça; outro é posto sobre a barriga da perna, previamente raspada. Começa-se por uma corrente alternada de 1.700 volts e 7 ampères atuando durante um minuto, que determinará a perda da consciência; desce-se para uma corrente de

500 volts durante outro minuto, devendo haver fibrilação cardíaca; repete-se a passagem das duas correntes, na mesma ordem e por igual tempo; e, em seguida, faz-se a autópsia (A. Almeida Jr. e J. B. de O. e Costa Jr.).

ELETROCULTURA. *Direito agrário.* Cultura de vegetais na qual se utiliza a eletricidade para estimular a sua germinação e o seu desenvolvimento.

ELETROCUSSÃO. 1. *Medicina legal.* Morte provocada pela eletricidade industrial; já a causada pela eletricidade meteórica é conhecida com o nome de fulminação. **2.** *Direito comparado.* Execução judicial de condenado à pena de morte na cadeira elétrica, mediante aplicação de carga eletrostática.

ELETROCUTAR. *Direito comparado.* Executar condenado na cadeira elétrica.

ELETROCUTOR. 1. *Medicina legal.* O que causa a morte por eletrocussão. **2.** *Direito comparado.* Encarregado da eletrocussão.

ELETROEJACULAÇÃO. *Medicina legal.* Técnica especial que possibilita a coleta de espermatozóide de paciente que não ejacula, por ser, por exemplo, tetraplégico. Trata-se de ejaculação eletricamente induzida (Roger Abdelmassih).

ELETROENCEFALOGRAMA. *Vide* ELECTROENCEFALOGRAMA.

ELETROGRAVITAÇÃO. *Direito espacial.* Denominação dada para o campo de pesquisa sobre a possibilidade de controle direto da gravidade.

ELETROPLESSÃO. *Medicina legal.* Ação da corrente elétrica industrial sobre o corpo humano, causando-lhe lesões, que podem, ou não, provocar a morte, sendo muito comum em acidentes de trabalho e em acidentes domésticos, por defeitos de instalação elétrica. Se a lesão corporal for causada por eletricidade cósmica ou por raio, ter-se-á a fulguração.

ELEÚRIA. *Medicina legal.* Urina que apresenta um aspecto oleaginoso.

ELEUTEROMANIA. *Medicina legal.* Paixão mórbida pela liberdade.

ELEVAÇÃO. 1. *Direito canônico.* Parte da santa missa em que o sacerdote, após a consagração, eleva a hóstia e o cálice. **2.** *Direito administrativo.* Promoção. **3.** *Sociologia jurídica.* Alta posição social. **4.** *Direito comercial.* Aumento do valor ou do preço das mercadorias; alta de preço.

ELEVAÇÃO DE CUSTOS. *Direito econômico.* Majoração de preços em épocas inflacionárias.

ELEVADO. 1. *Direito comercial.* a) Diz-se do preço excessivo; b) o que tem elevação. **2.** *Direito administrativo.* a) Via urbana que se constrói sobre estrutura de concreto; b) via férrea construída sobre uma estrutura de aço elevada.

ELEVADOR. 1. *Direito civil.* Ascensor, máquina ou cabine que transporta verticalmente pessoas ou coisas entre os vários andares de um edifício de apartamentos, cujas despesas com seu funcionamento e manutenção devem ser pagas por todos os condôminos, que as rateiam entre si, proporcionalmente ao valor da parte ideal de cada um. **2.** *Direito comercial.* a) Monta-cargas para transporte de carrinhos e mercadorias; b) escada rolante. **3.** *Medicina legal.* Músculo que levanta certas partes do corpo humano. **4.** *Direito administrativo.* Obra pública em certas cidades, como a de Salvador, em que há elevador para passageiros, cargas ou veículos, para ligar a parte alta à mais baixa e vice-versa.

ELGINISMO. *Direito penal.* Vandalismo consistente em despojar monumento de sua ornamentação, como o fez Lord Elgin, na Grécia, para beneficiar o Museu Britânico.

ELIDIR. Eliminar; fazer elisão; suprimir; expungir; destruir; frustrar.

ELIDÍVEL. Que pode ser elidido.

ELIMINAÇÃO. 1. *Lógica jurídica.* Processo de investigação que consiste em chegar à verdade mediante negação das hipóteses não admitidas pelo raciocínio (Bacon, Mill e Taine). **2.** *Medicina legal.* Excreção. **3.** *Direito desportivo.* Ato de excluir de um certame esportivo os que perderam ou não obtiveram vitória em qualquer uma das provas seletivas dos melhores concorrentes. **4.** Na *linguagem jurídica* em geral, tem o sentido de: a) ato ou efeito de eliminar ou de excluir; b) exclusão de uma pessoa de um círculo social por falta de adaptação; c) destruição de documentos que, na avaliação, foram considerados sem valor para guarda permanente. **5.** *Direito penal.* Ato de matar. **6.** *Direito civil.* Invalidação de ato jurídico nulo ou anulável.

ELIMINAÇÃO DE PESSOAL OCIOSO. *Direito administrativo.* Exoneração *ex officio* ou por demissão de pessoal que, no funcionalismo público, não atende às condições exigidas.

ELIMINATÓRIA. Seleção, em disputa desportiva ou em concurso, dos melhores concorrentes que participarão da prova final.

ELIMINATÓRIO. Que se destina ou tem por efeito selecionar, eliminar, suprimir ou excluir.

ELIPSE DE TRANSFERÊNCIA. *Direito espacial.* Trajetória intermediária contornante, destinada, na liberação de satélite, a colocá-lo na posição de vôo para levá-lo de uma órbita a outra.

ELISÃO. Ato de elidir.

ELISÃO FISCAL. *Direito tributário.* **1.** Procedimento lícito que se realiza antes da ocorrência do fato gerador do tributo, visando à economia fiscal; é um negócio jurídico indireto, em que os sujeitos da relação jurídica pretendem obter finalidade diversa da do negócio efetivado. Por exemplo, a hipótese de um prestador de serviço que, com base em lei, elege sede social em município cuja alíquota de ISS é pequena, embora sua atividade se exerça em outro município, onde a alíquota é bem maior. **2.** Economia tributária lícita. **3.** Planejamento tributário que fica entre a economia lícita de tributos e a evasão fiscal (Leonardo Siade Manzan).

ELISIVO. Aquilo que exclui, elimina ou suprime algo.

ELITÁRIO. *Sociologia jurídica.* **1.** Elitista. **2.** Relativo a elite.

ELITE. *Sociologia jurídica.* Nata de uma sociedade, grupo ou classe; escol.

ELITIZAR. *Sociologia jurídica.* Tornar algo privativo da elite; elevar ao nível da elite.

ELITROBLENORRÉIA. *Medicina legal.* Blenorragia vaginal.

ELITROCELE. *Medicina legal.* Hérnia vaginal.

ELITROCLASIA. *Medicina legal.* Ruptura da vagina.

ELITROPLASTIA. *Medicina legal.* Colpoplastia; cirurgia plástica da vagina para reparar defeitos.

ELITRORRAGIA. *Medicina legal.* Hemorragia vaginal.

ELITRORRÉIA. *Medicina legal.* Corrimento purulento da vagina.

ELITROSTENOSE. *Medicina legal.* Estreitamento da vagina.

ELMO. *Medicina legal.* Crosta negra que se forma na cabeça da criança por falta de asseio.

ELO. *Direito marítimo.* Cada uma das argolas que compõem a amarra de ferro.

ELOCUÇÃO. *Retórica jurídica.* Modo de exprimir o pensamento com termos próprios, elegância e arte.

ELOGIO. Louvor, encômio.

ELOQÜÊNCIA. *Retórica jurídica.* Arte de falar ou escrever bem, impondo-se ao ouvinte ou ao leitor, persuadindo-o.

ELOQÜÊNCIA DA TRIBUNA. *Ciência política.* É a própria dos discursos feitos nas assembléias legislativas ou nos parlamentos.

ELOQÜÊNCIA DE FORO. *Direito processual.* É a praticada nos tribunais.

ELOQÜÊNCIA POPULAR. *Ciência política.* É a usada para impressionar a multidão.

ELOQÜENTE. *Retórica jurídica.* **1.** Persuasivo; convincente. **2.** O que tem eloqüência.

ELÓQUIO. *Retórica jurídica.* Discurso.

ELOS DO SISTEMA DE GUERRA ELETRÔNICA DO COMANDO DA AERONÁUTICA. *Direito aeronáutico.* Elos que estão localizados na estrutura do Comando da Aeronáutica de acordo com as necessidades de realização da atividade-meio correspondente e que têm suas constituições e atribuições gerais estabelecidas nos regulamentos e regimentos internos próprios, ou nos regulamentos e regimentos internos das organizações a que pertencerem. Os elos do SIGEA têm por atribuições: a) o cumprimento das normas elaboradas pelo Órgão Central do SIGEA; b) o encaminhamento ao Órgão Central das necessidades e sugestões para elaboração ou aperfeiçoamento das normas, bem como para o planejamento e a elaboração de projetos e atividades de interesse do Sistema de Guerra Eletrônica do Comando da Aeronáutica; c) a permanente atualização da coletânea das normas elaboradas pelo Órgão Central do SIGEA e dos textos legais pertinentes às atividades do referido Sistema.

ELPÍSTICOS. *História do direito.* Dizia-se dos antigos filósofos que entendiam ser a esperança o único sustentáculo da vida.

EL-REI. *História do direito* e *direito comparado.* **1.** O rei em assinatura própria. **2.** Referência ao rei.

ELUCIDAÇÃO. *Teoria geral do direito.* Explicação, esclarecimento, ato de tornar claro ou de fazer conhecer; ato de comentar.

ELUCIDAÇÃO DO CRIME. *Direito penal.* Descoberta de fatos atinentes ao crime e de seu autor.

ELUCIDÁRIO. *Direito autoral.* Livro que esclarece assunto pouco inteligível ou obscuro.

ELUCIDATIVO. Aquilo que explica, comenta ou esclarece algo.

ELUCUBRAÇÃO. 1. Estudo prolongado, minucioso e cuidadoso. **2.** Trabalho realizado à força de vigílias.

ELUSÃO FISCAL. O mesmo que ELISÃO FISCAL.

ELZEVIR. *História do direito.* Edição que usava caracteres tipográficos dos Elzevires, família de impressores, editores e livreiros holandeses dos séculos XVI e XVII.

E-MAIL. *Direito virtual.* **1.** Correio eletrônico que permite troca de mensagens escritas, por meio de computador. **2.** Meio usado para troca de informações particulares. **3.** Modo de identificação do usuário da Internet.

E-MAILING LIST. *Direito virtual.* Listas que contêm endereços de correio eletrônico (Amaro Moraes e Silva Neto).

EMANAÇÃO. 1. *Teoria geral do direito.* a) Procedência; derivação; proveniência; origem; b) exalação; desprendimento. **2.** Na *linguagem filosófica,* significa: a) processo pelo qual os múltiplos seres, que constituem o universo, dimanam de um ser único, que é o seu princípio. Tal processo é característico de algumas doutrinas panteístas, como, por exemplo, o bramanismo e o neoplatonismo; b) produção sucessiva dos seres no mundo, sem que haja descontinuidade neste desenvolvimento (Migrel, Eckhart, Leibniz e Boheme); c) processo mediante o qual o superior produz o inferior por sua própria superabundância, sem que o primeiro nada perca em tal processo (José Ferrater Mora).

EMANACIONISMO. Na *linguagem filosófica,* significa: doutrina da emanação, pela qual os seres do universo emanam da substância divina única, com a qual são consubstanciais. É uma forma de panteísmo filosófico.

EMANATISMO. *Vide* EMANACIONISMO.

EMANCIPAÇÃO. 1. *Direito civil.* Aquisição da capacidade civil antes da idade legal (Clóvis Beviláqua), para a realização dos atos civis sem a assistência de seu representante legal. Tal emancipação se dá: a) por concessão dos pais ou de um deles, na falta do outro, mediante escritura pública inscrita no Registro Civil competente, ou por sentença judicial, ouvido o tutor; em ambas as hipóteses o menor deverá ter dezesseis anos completos; b) pelo casamento; c) pelo exercício de emprego público efetivo; d) pela colação de grau em ensino superior; e) pelo estabelecimento civil ou comercial ou pela existência de relação de emprego, desde que em função deles o menor com dezesseis anos completos tenha economia própria. **2.** *Direito administrativo.* Independência adquirida por Estado ou Município que se liberta do domínio de outro.

EMANCIPAÇÃO DA MULHER. *Direito civil.* Movimento feminista que prega a equiparação da mulher ao homem.

EMANCIPAÇÃO DOS NEGROS. *História do direito.* Alforria ou libertação de escravos negros do cativeiro.

EMANCIPAÇÃO LEGAL. *Direito civil.* É a decorrente de lei que arrola os casos de sua admissibilidade, como: casamento, exercício de emprego público efetivo, colação de grau em curso de ensino superior, estabelecimento do menor, civil ou comercialmente, com economia própria.

EMANCIPAÇÃO POR CONCESSÃO. *Direito civil.* É a alcançada pelo menor de dezesseis anos completos por concessão de ambos os pais ou por outorga paterna ou materna, na falta de um deles; ou por sentença judicial, ouvido o tutor.

EMANCIPACIONISMO. *História do direito.* Movimento que promoveu a emancipação dos escravos.

EMANCIPACIONISTA. *História do direito.* Partidário do emancipacionismo.

EMANCIPADO. 1. *Direito civil.* a) Aquele que adquiriu a emancipação; b) menor que recebeu a capacidade jurídica para praticar atos na vida civil por outorga paterna ou materna, por decisão judicial ou por ocorrência de fatos legais que lhe conferem tal efeito. **2.** *Direito administrativo.* Diz-se de Estado ou Município que se desprendeu do domínio de outro.

EMANCIPADOR. *Direito civil.* Que ou o que emancipa.

EMANCIPAR. *Direito civil.* **1.** Tornar-se livre do poder familiar ou da tutoria. **2.** Dar emancipação.

EMANCIPATÓRIO. *Direito civil.* Que emancipa.

EMANCIPÁVEL. *Direito civil.* Que se pode emancipar.

EMANSÃO. *Direito militar.* **1.** Ato de o militar sair, sem a devida licença, do quartel ou do acampamento, retornando espontaneamente. **2.** Ausência de militar sem que retorne, após o término da licença, ao seu posto, ou sem que haja decorrido o prazo em que possa ser tido como desertor.

E-MARKETPLACES. *Direito virtual.* **1.** Operação feita por empresas (*business to business*), na qual se

EMASCULAÇÃO

tem portais independentes entre fornecedores e compradores. **2.** Sítio que reúne fornecedores, comumente do mesmo segmento ou da mesma cadeia produtiva para oferta e compra de produtos e serviços em grandes volumes ou desova de encalhes (Paulo Roberto Gaiger Ferreira).

EMASCULAÇÃO. 1. *Direito agrário.* Ato de castrar animal macho. **2.** *Medicina legal.* Castração; ato de tirar a virilidade.

EMASCULADO. *Direito agrário.* Animal castrado.

EMASCULADOR. *Direito agrário.* **1.** Ferramenta apropriada para castrar animais. **2.** Trabalhador rural que executa a castração.

EMBAIXADA. *Direito internacional público.* **1.** Cargo ou missão, permanente ou temporário, de embaixador que representa o governo de um país perante o de outro. **2.** Edifício-sede da missão diplomática, onde o embaixador reside e exerce suas funções; chancelaria. **3.** Deputação ou delegação extraordinária, com fim especial, enviada por uma nação a outra. **4.** Séquito do embaixador; conjunto formado pelo embaixador e sua comitiva, que abrange os funcionários diplomáticos, administrativos ou técnicos, seus familiares e seus empregados domésticos. **5.** É a que tem competência para assegurar a manutenção das relações do Brasil com os governos dos Estados junto aos quais estão acreditadas, cabendo-lhes, entre outras, as funções de representação, negociação, informação e proteção dos interesses brasileiros. Às embaixadas pode ser atribuída também a representação junto a organismos internacionais. **6.** É a representação diplomática de um país em território estrangeiro, tendo por finalidade precípua assegurar a manutenção das relações do país de origem junto aos Estados com os quais está acreditado, cabendo-lhe, entre outras, as funções de representação política, negociação diplomática, informação e proteção de seus interesses.

EMBAIXADA CONTÍNUA. *Direito internacional público.* Legação permanente de um governo junto a outro, exercida por um enviado residente (Othon Sidou).

EMBAIXADOR. *Direito internacional público.* **1.** Agente ou representante diplomático de grau mais elevado na hierarquia protocolar, que tem a missão política de agir junto a governo estrangeiro. **2.** Ministro plenipotenciário. **3.** Delegado.

EMBAIXADORA. *Direito internacional público.* Mulher que exerce as funções de embaixador.

EMBAIXADOR EXTRAORDINÁRIO. *Direito internacional público.* Enviado especial encarregado de uma determinada missão junto a um governo estrangeiro. Representante eventual que só pode tratar da incumbência especial e temporária que lhe foi pedida.

EMBAIXADOR ORDINÁRIO. *Direito internacional público.* Agente diplomático de grau mais elevado na hierarquia, encarregado da missão permanente de representar o governo de um país junto ao de outro, residindo no Estado a que está acreditado.

EMBAIXATRIZ. *Direito internacional público.* Esposa do embaixador.

EMBAIXATURA. *Vide* EMBAIXADA.

EMBALADOR. *Direito empresarial* e *direito do trabalho.* Operário que coloca nas embalagens os produtos destinados ao comércio.

EMBALADOR DE COLHEITAS AGRÍCOLAS. *Direito agrário.* Trabalhador rural que seleciona e acondiciona devidamente os produtos da agricultura de acordo com seu tipo, tamanho e grau de maturação, armazenando-os até serem transportados para sua comercialização.

EMBALADOR DE MUDAS. *Direito agrário.* Trabalhador rural que embala mudas em viveiros, acondicionando-as e armazenando-as adequadamente em local arejado até o instante de seu transporte, para fins hortigranjeiros, de cultura permanente, de plantações ornamentais para jardins, de comercialização ou de fornecimento a serviço público.

EMBALAGEM. 1. *Direito comercial.* a) Invólucro da mercadoria; b) ato ou efeito de acondicionar devidamente as mercadorias ou os produtos industriais, protegendo-os externamente, para serem comercializados; c) recipiente, pacote de envoltório, destinado a garantir a conservação e facilitar o transporte e o manuseio dos produtos; d) é o invólucro, o recipiente ou qualquer forma de acondicionamento, removível ou não, que se destina a cobrir, empacotar, envasar, proteger ou manter, especificamente ou não, as mercadorias importadas; e) artigo que está em contato direto com a água mineral natural ou com a água natural destinado a contê-las, desde a sua fabricação até a sua entrega ao consumidor, com a finalidade de protegê-las de agentes externos, de alterações e de contaminações, assim como de adulterações. **2.** *Direito de propriedade industrial* e *direito autoral.* Acondicionamento de mercadorias protegido não só no campo de patentes, marcas e sinal de propaganda, como também no do direito do autor e no da concorrência desleal, em razão de sua originalidade, novidade do modelo; emprego de processo industrial contendo inovação técnica no sistema de fechamento, na maior capacidade de conservação; modelo de utilidade ou modelo industrial; patente do desenho industrial; pintura ou desenhos artísticos, escultura etc. **3.** *Direito espacial.* a) Conjunto das partes de um foguete, considerando o ambiente, a manutenção, a anulação de calor e o manuseio; b) complexo ordenado dos aparelhos num míssil; c) preparação para o embarque. **4.** *Direito desportivo.* Velocidade adquirida pelo carro durante a corrida.

EMBALAGEM EXTERNA. *Direito comercial.* É aquela utilizada exclusivamente para a proteção de mercadoria nas operações de movimentação e armazenagem.

EMBALAGEM PRIMÁRIA. *Direito comercial.* É o acondicionamento que está em contato direto com o produto e que pode se constituir em recipiente, envoltório ou qualquer outra forma de proteção, removível ou não, que se destina a envasar ou manter, cobrir ou empacotar matérias-primas, produtos semi-elaborados ou produtos acabados.

EMBALAGENS DE PRODUTOS DE TABACO. *Direito do consumidor.* Invólucros de produtos de tabaco que devem conter advertência sobre os malefícios do fumo, exceto se destinados à exportação. As cláusulas de advertência devem ser legíveis e ostensivamente destacadas, em uma das laterais dos maços ou pacotes que sejam habitualmente comercializados diretamente ao consumidor.

EMBALAR. **1.** *Direito comercial.* a) Acondicionar produtos para serem comercializados; b) empacotar. **2.** *Direito militar.* Carregar arma de fogo com balas.

EMBALETE. *Direito marítimo.* Alavanca de uma bomba para esgotar a água a bordo do navio.

EMBALSAMAÇÃO. *Vide* EMBALSAMAMENTO.

EMBALSAMADO. Designa o cadáver humano submetido a processo de conservação.

EMBALSAMADOR. Aquele que embalsama.

EMBALSAMAMENTO. *Medicina legal.* Ato ou efeito de preparar cadáver para conservá-lo, preservando-o de putrefação. Trata-se da técnica de conservação do cadáver humano, mediante processos apropriados e impeditivos da ação da microfauna e da fauna entomológica; só pode ser utilizada mediante diagnóstico da realidade da morte, autorização dos familiares do falecido e das autoridades competentes.

EMBANDEIRADO. **1.** Na *linguagem popular* diz-se daquele que, inesperada e repentinamente, fica em excelente posição social. **2.** Na *linguagem jurídica* é o adornado com bandeira. **3.** Na *gíria* significa: embriagado; ébrio.

EMBANDEIRADOR. *Direito agrário.* Trabalhador rural encarregado da colheita do fumo e de colocar as folhas desse produto vegetal umas sobre as outras, formando maços, em bandeiras, de quinze a vinte folhas, colocados para secar.

EMBANDEIRAMENTO. **1.** *Direito agrário.* Ato de colocar maços de fumo em bandeiras para secagem. **2.** Nas *linguagens jurídica,* em geral, e *comum,* quer dizer: ação ou efeito de ornar com bandeira.

EMBARAÇO. **1.** *Direito processual civil.* Impedimento acidental que surge no curso do processo, prejudicando seu andamento. **2.** *Direito civil.* Obstáculo ou impedimento ao exercício de um direito ou à execução de um ato jurídico.

EMBARAÇO À FISCALIZAÇÃO. *Direito tributário.* Ato do contribuinte que resiste à atividade de fiscalização tributária.

EMBARAÇO DO JUÍZO. *Direito processual civil.* **1.** Aquilo que impede o andamento do processo, em virtude de ato do juiz, do escrivão, dos litigantes ou de terceiro. **2.** Circunstância ocorrente que priva o órgão judicante de praticar, transitoriamente, determinados atos funcionais (Pedro Orlando).

EMBARAÇO JUDICIAL. *Vide* EMBARAÇO DO JUÍZO.

EMBARCAÇÃO. **1.** *Direito marítimo.* a) É qualquer construção, inclusive as plataformas flutuantes e, quando rebocadas, as fixas, sujeita a inscrição na autoridade marítima e suscetível de se locomover na água, por meios próprios ou não, transportando pessoas ou cargas; b) construção destinada a navegar ou a se locomover em água navegável: navio, barco, draga, lancha etc.; c) construção sujeita à inscrição no órgão de autorização marítima e suscetível ou não de se locomover na água, por meios próprios ou não, transportando ou abrigando pessoas ou cargas. São tipos de embarcação: balsa, barcaça, bote, cábrea, carga geral, carga resfriada, chata, cisterna, dique flutuante, draga, escuna, *ferryboat*, flutuante, gases liquefeitos, graneleiros, graneleiro (*ore-oil*), graneleiro autodescarregável, *overcraft*, lancha, lancha do prático, passageiro/carga geral, passageiro/*roll-on-roll-off*, passageiro pesqueiro, pesquisa, porta-contentor, quebra-gelos, químicos, rebocador/empurrador, *roll-on-roll-off* saveiro, sonda, supridores de plataformas (*suply*), traineira e veleiro. Serão consideradas como embarcação as plataformas constituídas de instalação ou estrutura, fixa ou móvel, localizadas em águas sob jurisdição nacional, destinadas à atividade direta ou indireta com a pesquisa e a lavra de recursos minerais oriundos do leito das águas interiores ou de seu subsolo, ou do mar, da plataforma continental ou de seu subsolo. **2.** *Direito comercial.* Ato de colocar passageiros ou mercadorias num veículo para serem transportados de um local a outro.

EMBARCAÇÃO ARRIBADA. *Direito marítimo.* Embarcação que entra, deliberadamente, num porto ou lugar não previsto ao empreender a viagem, isto é, que não seja o porto de escala nem o de destino. Considera-se arribada a embarcação que regressa ao porto de partida sem concluir a viagem iniciada.

EMBARCAÇÃO ASSISTENTE. *Direito marítimo.* É a embarcação que acompanha a embarcação sísmica com a finalidade de evitar possíveis interferências com outras embarcações que estejam operando na região.

EMBARCAÇÃO BRASILEIRA. *Direito marítimo.* É a que tem o direito de usar a bandeira brasileira, por estar inserida no Registro de Propriedade Marítima, sendo seu dono domiciliado no Brasil e seu comandante, chefe de máquina e 2/3 de sua tripulação, brasileiros.

EMBARCAÇÃO COM CAPACIDADE DE MANOBRA RESTRITA. *Direito marítimo.* É aquela que, devido à natureza de seus serviços, encontra-se restrita em sua capacidade de manobrar e, portanto, está incapacitada de se manter fora da rota de outra embarcação. O termo "embarcação com capacidade de manobra restrita" compreende, mas não se limita, aos seguintes casos: a) as embarcações engajadas em serviços de colocação, manutenção ou retirada de sinais de navegação, cabos ou tubulações submarinas; b) as embarcações engajadas em serviços de dragagem, levantamentos hidrográficos ou oceanográficos ou trabalhos submarinos; c) as embarcações engajadas em reabastecimento ou transferência de pessoas, provisões ou carga em viagem; d) as embarcações engajadas em lançamentos ou recolhimento de aeronaves; e) as embarcações engajadas em operações de remoção de minas; f) as embarcações restritas ao seu comprimento ou boca; g) as embarcações transportando, rebocando ou empurrando carga explosiva ou inflamável; h) as embarcações engajadas em operações de reboque que, por natureza, dificilmente permitem ao rebocador e a seu reboque desviarem-se do seu rumo.

EMBARCAÇÃO DE APOIO MARÍTIMO. *Direito marítimo.* É toda aquela que apóia logisticamente as unidades marítimas de prospecção e produção de petróleo no mar, realizando transporte de granéis sólidos e líquidos, carga de convés e pessoal industrial dos terminais e portos para essas unidades, ou executa operações especiais, tais como: manuseio de âncoras, reboque, lançamento de dutos e linhas flexíveis.

EMBARCAÇÃO DE NAVEGAÇÃO INTERIOR. *Direito aquaviário.* É aquela classificada na classe de navegação interior fluvial e lacustre.

EMBARCAÇÃO DE PESCA. *Direito aquaviário.* a) É a autorizada a explorar, permanente e exclusivamente, os seres vivos (animais ou vegetais) que tenham a água como seu *habitat*; b) é a destinada exclusiva e permanentemente à captura, transformação ou pesquisa dos seres animais e vegetais que tenham nas águas seu meio natural ou mais freqüente de vida; c) é a devidamente inscrita no Registro Geral da Pesca.

EMBARCAÇÃO DE PRATICAGEM. *Direito marítimo.* É a engajada em serviço de praticagem que deve exibir: a) duas luzes circulares dispostas em linha vertical, a superior branca e a inferior encarnada, situada no/ou próximo do tope do mastro; b) quando em movimento, adicionalmente, luzes de bordos e uma luz de alcançado; e c) quando fundeada as luzes ou a marca prescritas para embarcações fundeadas. Quando não engajada em serviços de praticagem, uma embarcação de praticagem deve exibir as luzes prescritas para uma embarcação semelhante de seu comprimento.

EMBARCAÇÃO DE PROPULSÃO MECÂNICA. *Direito marítimo.* Aquela que se movimenta por meio de máquina ou motores.

EMBARCAÇÃO DE SALVAMENTO. *Direito marítimo.* É aquela concebida para resgatar pessoas em perigo dentro d'água, assim como reunir e rebocar embarcações de sobrevivência. É também chamada "bote de resgate".

EMBARCAÇÃO DE SOBREVIVÊNCIA. *Direito marítimo.* É o meio coletivo de abandono de embarcação ou plataforma marítima em perigo, capaz de preservar a vida de pessoas durante um certo período, enquanto não chegar socorro. São exemplos de embarcações de sobrevivência, empregadas na navegação interior, o bote orgânico de abandono e o aparelho flutuante, ambos rígidos ou infláveis.

EMBARCAÇÃO DE TRANSPORTE MÉDICO. *Direito marítimo.* Veículo motorizado aquaviário, destinado ao transporte por via marítima ou fluvial. Deve possuir os equipamentos médicos necessários ao atendimento de pacientes conforme sua gravidade.

EMBARCAÇÃO EM CONDIÇÕES HIGIÊNICO-SANITÁRIAS INSATISFATÓRIAS. *Direito marítimo.* Aquela na qual, ao término de uma análise das condições operacionais e higiênico-sanitárias do meio de transporte e do estado sanitário de seus viajantes e cargas transportadas, prestadas pelo comandante ou responsável direto pela embarcação, ou ao término de uma inspeção sanitária a bordo, tenha sido verificado fator de risco que possa produzir agravo à saúde individual ou coletiva e ao meio ambiente.

EMBARCAÇÃO EM CONDIÇÕES HIGIÊNICO-SANITÁRIAS SATISFATÓRIAS. *Direito marítimo.* Aquela na qual, ao término de uma análise das condições operacionais e higiênico-sanitárias do meio de transporte e do estado sanitário de seus viajantes e cargas transportadas, prestadas pelo comandante ou responsável direto pela embarcação, ou ao término de uma inspeção sanitária a bordo, não tenha sido verificado fator de risco que possa produzir agravo à saúde individual ou coletiva e ao meio ambiente.

EMBARCAÇÃO EM CONSTRUÇÃO. *Direito marítimo.* Embarcação cuja construção esteja amparada por contrato em eficácia, desde que estejam cumpridos os marcos iniciais dos cronogramas físico e financeiro estipulados no contrato e que não tenha sido entregue pelo estaleiro.

EMBARCAÇÃO ENGAJADA NA PESCA. *Direito marítimo.* Aquela que, pescando com redes, linhas e redes de arrasto, restringe sua manobrabilidade.

EMBARCAÇÃO ESTRANGEIRA DE PESCA. *Direito internacional privado.* Barco devidamente registrado junto às autoridades marítima e pesqueira de seu país de origem e que se dedica exclusivamente à captura, ao processamento ou ao beneficiamento do pescado, com finalidade comercial.

EMBARCAÇÃO EXISTENTE. *Direito internacional* e *direito marítimo.* É a que já existia por ocasião da entrada em vigor de uma dada convenção internacional ou emenda Solas, ficando assim dispensada de adotá-la em um dado prazo.

EMBARCAÇÃO FLUTUANTE. *Direito marítimo.* É a sem propulsão que opera em local fixo e determinado.

EMBARCAÇÃO NOVA. *Direito marítimo* e *direito internacional.* É a embarcação construída após determinada data, a partir da qual tornou-se obrigatório cumprir determinada emenda *Solas*.

EMBARCAÇÃO RESTRITA DEVIDO A SEU CALADO. *Direito marítimo.* Embarcação de propulsão mecânica que, devido a seu calado em relação à profundidade e largura de água navegável disponível, está com severas restrições quanto à sua capacidade de se desviar do rumo que está seguindo.

EMBARCAÇÃO SALVA-VIDAS. *Direito marítimo.* É, normalmente, do tipo baleeira, isto é, tem proa e popa afiladas. É rígida, tem propulsão própria e é normalmente arriada por turcos ou lançada por queda livre. A embarcação salva-vidas não poderá possuir lotação superior a cento e cinqüenta pessoas e pode ser: a) embarcação salva-vidas totalmente fechada: é dotada de propulsão a motor, é auto-aprumante, podendo ser de três modelos, conforme a aplicação: totalmente fechada, totalmente fechada munida de um sistema autônomo de abastecimento de ar e à prova de fogo; b) embarcação salva-vidas parcialmente fechada: é dotada de propulsão a motor, podendo ser auto-aprumante; c) embarcação salva-vidas aberta: pode ser com propulsão a motor, a remo, a vela ou outro meio mecânico e sem características de auto-aprumação.

EMBARCAÇÃO SEM GOVERNO. *Direito marítimo.* É aquela que, por alguma circunstância excepcional, se encontra incapaz de manobrar.

EMBARCAÇÃO SÍSMICA. *Direito marítimo.* Embarcação equiparada com fonte sísmica, unidade de registro, cabos sismográficos e equipamentos acessórios, utilizada especificamente para as atividades de aquisição de dados sísmicos.

EMBARCAÇÕES DE APOIO. *Direito marítimo.* Embarcações empregadas no transporte de pessoal e

EMBARCAÇÕES DE NAVEGAÇÃO MARÍTIMA

de material, em apoio à operação da embarcação sísmica no mar.

EMBARCAÇÕES DE NAVEGAÇÃO MARÍTIMA. *Direito marítimo.* São as classificadas nas classes de navegação: alto-mar, costeira e interior de porto.

EMBARCAÇÕES *SOLAS*. *Direito marítimo* e *direito internacional.* São todas as embarcações mercantes empregadas em viagens marítimas internacionais ou empregadas no tráfego marítimo mercantil entre portos brasileiros, ilhas oceânicas, terminais e plataformas marítimas com exceção de: a) navios de carga com arqueação bruta inferior a 500 toneladas; b) navios de passageiros com arqueação bruta inferior a 500 toneladas (não aplicável para navios que efetuam viagens internacionais); c) navios sem meios de propulsão mecânica; d) navios de madeira, de construção primitiva; e e) navios de pesca.

EMBARCADIÇO. *Direito marítimo.* **1.** Marinheiro ou membro da tripulação de navio mercante. **2.** O que, habitualmente, anda embarcado.

EMBARCADO. **1.** *Direito comercial.* O que embarcou para ser transportado. **2.** *Direito marítimo.* Aquele que está a bordo em serviço.

EMBARCADOR. *Direito comercial.* **1.** Responsável pelo embarque das mercadorias a serem transportadas. **2.** Aquele que embarca mercadorias ou valores.

EMBARCADOURO. *Direito comercial.* Local de embarque e desembarque de pessoas e de carga e descarga de mercadorias; cais; porto; trapiche; gare.

EMBARCAR. *Direito comercial.* Colocar num veículo pessoas, bagagens, mercadorias ou cargas para serem transportadas.

EMBARGADO. *Direito processual civil.* **1.** Aquilo a que um embargo foi interposto; o que sofreu embargo. **2.** Diz-se do litigante contra o qual foram postos embargos.

EMBARGADOR. *Vide* EMBARGANTE.

EMBARGANTE. *Direito processual civil.* Aquele litigante que opõe embargos à demanda proposta pelo outro. Parte ativa nos embargos.

EMBARGAR. **1.** *Direito processual civil.* a) Apreender bens do patrimônio do devedor, como medida cautelar, até que a causa seja decidida; b) impedir que se prossiga construção de obra nova que não atenda às exigências legais ou que seja prejudicial à coisa comum e a outro prédio; c) interpor recurso de embargos. **2.** *Direito interna-*

cional público. Ordenar, a título de represália, o seqüestro, em tempo de paz, de navio mercante estrangeiro, ancorado em porto nacional ou em água territorial.

EMBARGO. **1.** Na *linguagem jurídica* em geral, quer dizer: impedimento, obstáculo, estorvo, embaraço etc., que venha a dificultar ou a evitar a execução de um ato ou o exercício de um direito; medida de oposição a algum ato. **2.** *Direito processual civil.* a) Medida cautelar que consiste em reter judicialmente certos bens do devedor para garantir sua futura execução; b) interposição do recurso de embargos; c) nunciação de obra nova; d) meio judicial para obstar cumprimento de sentença ou despacho, por ser prejudicial aos interesses da parte. **3.** *Direito internacional público.* a) Seqüestro de navio mercante estrangeiro em água territorial ou no porto nacional, como represália ordenada pelo Estado; b) proibição governamental de saída, ou entrada, de navios mercantes nos portos sob sua jurisdição.

EMBARGO CIVIL. *Direito marítimo* e *direito internacional.* Proibição da saída de um navio do porto por motivos administrativos, judiciais, policiais ou sanitários. É também designado "embargo de príncipe".

EMBARGO DE CONSTRUÇÃO. *Vide* AÇÃO DE NUNCIAÇÃO DE OBRA NOVA.

EMBARGO DE ESTABELECIMENTO. *Direito ambiental.* Sempre que se verificar a inadequação total ou parcial de estabelecimento aos seus fins e que importe em risco iminente à saúde pública ou ao meio ambiente ou ainda, nos casos, inequívocos, da prática de fraude ou falsificação em que a apreensão dos produtos não seja suficiente para impedir sua continuidade, o agente fiscal poderá determinar o embargo do estabelecimento ou seção, com a lavratura do respectivo termo de embargo e de auto de infração.

EMBARGO DE OBRA NOVA. *Vide* AÇÃO DE NUNCIAÇÃO DE OBRA NOVA.

EMBARGO DE PRÍNCIPE. *Vide* EMBARGO CIVIL.

EMBARGO-REPRESÁLIA. *Direito internacional público.* Retenção, feita por Estado agredido, de navios ou cargas, do país agressor, que estejam em suas águas.

EMBARGOS. **1.** *Direito processual civil.* a) Recurso judicial para oposição de efeitos de despacho, ou de sentença prolatada, que causa dano a direitos ou a interesses de um dos litigantes. b) processo acessório para que terceiro prejudicado por ato judicial venha a defender sua posse turbada ou esbulhada. **2.** *Direito processual trabalhista.* Recurso cabível, no Tribunal Superior do Trabalho, no prazo de 8 dias: a) de decisão não unânime de julgamento que conciliar, julgar ou homologar conciliação em dissídios coletivos que excedam a competência territorial dos Tribunais Regionais do Trabalho e estender ou rever as sentenças normativas do Tribunal Superior do Trabalho, nos casos previstos em lei; e b) das decisões das Turmas que divergirem entre si, ou das decisões proferidas pela Seção de Dissídios Individuais, salvo se a decisão recorrida estiver em consonância com súmula ou orientação jurisprudencial do Tribunal Superior do Trabalho ou do Supremo Tribunal Federal.

EMBARGOS À ADJUDICAÇÃO. *Direito processual civil.* Meio judicial que se investe, dentro dos cinco dias seguintes à publicação da sentença de adjudicação, contra a adjudicação, para impedir o desfecho regular da execução por quantia certa contra o devedor solvente. Tal modalidade de embargos do devedor funda-se na nulidade de execução, de pagamento direto ou indireto ou na prescrição, tendo por escopo evitar que, após a praça, a coisa penhorada se transfira ao patrimônio do adquirente.

EMBARGOS À ARREMATAÇÃO. *Direito processual civil.* Meio judicial que se opõe à arrematação, forma mais usual de alienação judicial, oferecido dentro dos cinco dias seguintes à assinatura do auto da arrematação. Tais embargos fundam-se em nulidade da execução, pagamento, novação, transação ou prescrição, desde que supervenientes à penhora. Se procedentes, o executado terá direito a haver do exeqüente o valor por este recebido como produto da arrematação; caso inferior ao valor do bem, haverá do exeqüente também a diferença.

EMBARGOS À CONCORDATA. *História do direito.* Oposição, não recursal, oferecida pelos credores à pretensão concordatária, preventiva ou suspensiva, nos próprios autos da concordata. O órgão judicante apenas concedia tal concordata se entendesse improcedentes aqueles embargos ou após a decorrência do prazo para sua interposição (Nelson Abrão).

EMBARGOS À EXECUÇÃO. *Direito processual civil.* Oposição do executado, independentemente de penhora, depósito ou caução, à execução, apresentada no prazo de 15 dias, contado da data da juntada aos autos do mandado de citação. Nos embargos, poderá o executado alegar: a) nulidade da execução, por não ser executivo o título apresentado; b) penhora incorreta ou avaliação errônea; c) excesso de execução ou cumulação indevida de execuções; d) retenção por benfeitorias necessárias ou úteis, nos casos de título para entrega de coisa certa; e e) qualquer matéria que lhe seria lícito deduzir como defesa em processo de conhecimento. Tais embargos não terão efeito suspensivo. Mas, o juiz poderá, a requerimento do embargante, atribuir efeito suspensivo aos embargos quando, sendo relevantes seus fundamentos, o prosseguimento da execução manifestamente possa causar ao executado grave dano de difícil ou incerta reparação, e desde que a execução já esteja garantida por penhora, depósito ou caução suficientes. A decisão relativa aos efeitos dos embargos poderá, a requerimento da parte, ser modificada ou revogada a qualquer tempo, em decisão fundamentada, cessando as circunstâncias que a motivaram. Quando o efeito suspensivo atribuído aos embargos disser respeito apenas a parte do objeto da execução, esta prosseguirá quanto à parte restante. A concessão de efeito suspensivo aos embargos oferecidos por um dos executados não suspenderá a execução contra os que não embargaram, quando o respectivo fundamento disser respeito exclusivamente ao embargante. Quando o excesso de execução for fundamento dos embargos, o embargante deverá declarar na petição inicial o valor que entende correto, apresentando memória do cálculo, sob pena de rejeição liminar dos embargos ou de não-conhecimento desse fundamento. A concessão de efeito suspensivo não impedirá a efetivação dos atos de penhora e de avaliação dos bens.

EMBARGOS À EXECUÇÃO CONTRA A FAZENDA PÚBLICA. *Direito processual civil.* Na execução contra a Fazenda Pública, os embargos do devedor só poderão versar sobre: falta ou nulidade da citação, se o processo correu à revelia; inexigibilidade do título, ilegitimidade das partes, cumulação indevida de execuções; excesso de execução; qualquer causa impeditiva, modificativa ou extintiva da obrigação, como pagamento, novação, compensação, transação ou prescrição, desde que superveniente à sentença; incompetência do juízo da execução, bem como suspeição ou impedimento do juiz.

EMBARGOS À EXECUÇÃO FISCAL

EMBARGOS À EXECUÇÃO FISCAL. *Direito processual civil.* Constituem um meio para que o executado possa impedir a execução coativa tributária, fundada na certidão da dívida ativa (título executivo extrajudicial), assim que receber a intimação da penhora.

EMBARGOS À EXECUÇÃO FUNDADA EM TÍTULO EXTRAJUDICIAL. *Direito processual civil.* Trata-se dos embargos do executado para cumprimento de título executivo extrajudicial. Na execução para entrega de coisa é lícito ao devedor deduzir embargos de retenção por benfeitorias. Nos embargos especificará o devedor, sob pena de não serem recebidos: as benfeitorias necessárias, úteis ou voluptuárias; o estado anterior e atual da coisa; o custo das benfeitorias e o seu valor atual; a valorização da coisa, decorrente das benfeitorias. Na impugnação aos embargos o credor poderá oferecer artigos de liquidação de frutos ou de danos, a fim de se compensarem com as benfeitorias. O credor poderá, a qualquer tempo, ser emitido na posse da coisa, prestando caução ou depositando: preço das benfeitorias; a diferença entre o preço das benfeitorias e o valor dos frutos ou dos danos, que já tiverem sido liquidados. Quando a execução se fundar em título extrajudicial, o devedor poderá alegar, em embargos, além da falta ou nulidade da citação, se o processo correu à revelia, inexigibilidade do título, ilegitimidade das partes, cumulação indevida da execução, excesso de execução, qualquer causa impeditiva, modificativa ou extintiva da obrigação, incompetência do juízo da execução, suspeição ou impedimento do juiz, qualquer outra que lhe seria lícito deduzir como defesa no processo de conhecimento.

EMBARGOS À EXECUÇÃO FUNDADA EM TÍTULO JUDICIAL. 1. *História do direito.* Eram os oferecidos, na execução fundada em título judicial, em caso de: falta ou nulidade de citação no processo de conhecimento, se a ação lhe correu à revelia; inexigibilidade do título, ilegitimidade das partes; cumulação indevida de execuções; excesso da execução ou nulidade desta até a penhora; qualquer causa impeditiva, modificativa ou extintiva da obrigação, tais como pagamento, novação, compensação com execução aparelhada, transação ou prescrição, desde que supervenientes à sentença, incompetência do juízo da execução, bem como suspeição ou impedimento do juiz. **2.** *Direito processual ci-*

vil. Hoje, como nova modalidade de oposição ao cumprimento de sentença, tratando-se de obrigação por quantia certa, como não há mais lugar para embargos do devedor, temos o incidente de impugnação. *Vide* IMPUGNAÇÃO e EMBARGOS DO DEVEDOR.

EMBARGOS À EXECUÇÃO POR CARTA. *Vide* EMBARGOS À PRECATÓRIA.

EMBARGOS À FALÊNCIA. *Direito comercial* e *direito falimentar.* Oposição do requerido à sentença que decreta a falência, visando sua reforma; é, por isso, um recurso interposto com o escopo de conceder uma oportunidade para produção de provas omitidas por imperícia ou negligência, apesar de não suspender o andamento da falência.

EMBARGOS AO ACÓRDÃO. *Direito processual.* Aqueles que constituem uma oposição a acórdão. Podem ser: embargos de declaração, embargos infringentes, embargos de nulidade e embargos de divergência.

EMBARGOS À PENHORA. *Direito processual civil.* São aqueles em que o executado se opõe à penhora de seus bens processada na execução de sentença. Feita a penhora, intimar-se-á o devedor, e também seu cônjuge, se recair sobre imóvel, para embargá-la dentro do prazo de dez dias, contados da juntada aos autos da prova da intimação da penhora.

EMBARGOS À PRECATÓRIA. *Direito processual civil.* São meios para opor-se à execução efetuada por precatória, oferecidos no juízo deprecante ou no juízo deprecado; porém, a competência para julgá-los é do juízo deprecante, salvo se versarem unicamente a vícios ou defeitos da penhora, avaliação ou alienação de bens.

EMBARGOS À PRIMEIRA. *História do direito.* Denominação que era dada ao atual interdito proibitório.

EMBARGOS À REMIÇÃO. *Direito processual civil.* Argüição de nulidade feita pelo interessado que foi preterido, na remição, pelo exeqüente ou arrematante. Trata-se da oposição à remição irregular (Elcir Castello Branco).

EMBARGOS À SENTENÇA. *Direito processual civil.* Consistem no pedido ao magistrado para que venha a alterar sua decisão. Para tanto o litigante deverá interpor embargos de declaração.

EMBARGOS DE ALÇADA. *Direito processual civil.* Recurso cabível das sentenças prolatadas por juízes federais em causas de pequeno valor que envolvam interesses da União, autarquias e empresas públicas federais.

EMBARGOS DE DECLARAÇÃO. 1. *Direito processual civil.* Recurso interposto, dentro do prazo de cinco dias, para pedir ao juiz ou tribunal que emitiu sentença ou acórdão, o esclarecimento ou correção de alguma obscuridade, contradição contida naquela decisão, ou, ainda, para reclamar o seu pronunciamento sobre a omissão relativa, ponto sobre o qual deveria ter-se pronunciado e não o fez. O juiz julgará os embargos em cinco dias e o relator, no tribunal, deverá apresentar os embargos em mesa na sessão subseqüente, proferindo voto. Tais embargos interrompem o prazo para a interposição de outros recursos por qualquer dos litigantes. Quando os embargos forem manifestamente protelatórios, o juiz ou o tribunal condenará o embargante a pagar ao embargado uma multa não excedente a 1% sobre o valor da causa. Se houver reiteração de embargos protelatórios, aquela multa elevar-se-á para até 10%, ficando condicionada a interposição de qualquer outro recurso ao depósito do respectivo valor. *Vide* EMBARGOS PROTELATÓRIOS. **2.** *Direito processual penal.* Recurso oponível a acórdão proferido pelo Tribunal, dentro do prazo de dois dias da sua publicação, na hipótese de nele haver ambigüidade, obscuridade ou omissão. Tais embargos serão apresentados pelo relator e julgados independentemente de revisão na primeira sessão.

EMBARGOS DE DIVERGÊNCIA. 1. *História do direito.* Correspondiam ao antigo recurso de revista, ou ao embargo, ao STF, de decisão da turma que, em recurso extraordinário ou agravo de instrumento, divergia do julgamento de outra turma ou do plenário. **2.** *Direito processual civil.* São cabíveis em recurso especial e em recurso extraordinário, devendo ser interpostos perante o presidente ou o vice-presidente do tribunal recorrido e respondidos dentro do prazo de quinze dias. Como constituem oposição a dissídio jurisprudencial, devem fazer prova da divergência mediante certidão, cópia autenticada ou citação do repositório oficial de jurisprudência em que foi publicada a decisão divergente, mencionando os fatos que venham a identificar ou a assemelhar os casos confrontados.

EMBARGOS DE NULIDADE. *Vide* EMBARGOS INFRINGENTES E DE NULIDADE.

EMBARGOS DE OBRA NOVA. 1. *Vide* AÇÃO DE NUNCIAÇÃO DE OBRA NOVA, se a palavra "embargo" estiver sendo usada no singular. **2.** *Direito administrativo.* Tal expressão, estando a palavra "embargo" no plural ou no singular, indica o ato administrativo coercitivo que contém uma sanção administrativa acauteladora, sustando uma obra, em razão de ser contrária às determinações regulamentares ou de violação de intimação da autoridade pública para proceder à regularização de uma obra dentro do prazo estipulado. Resulta tanto de ato administrativo determinante da cassação de licença para construção, como do resultado de fiscalização administrativa em caso de obra clandestina. Tal sanção administrativa baseia-se no poder de polícia das construções, inerente à Administração Pública, com o escopo de garantir a segurança, a estética e a salubridade das edificações (Hely Lopes Meirelles; Helita Barreira Custódio).

EMBARGOS DE RETENÇÃO POR BENFEITORIAS. 1. *História do direito civil.* Constituíam um meio concedido ao devedor, na execução de sentença proferida em ação fundada em direito real ou em direito pessoal sobre a coisa, para obter a retenção do bem, onde fez benfeitorias com a finalidade de conseguir do exeqüente a devida indenização. Não mais existem embargos de retenção por benfeitoria necessária ou útil em processo de execução de título judicial para entrega de coisa certa. No processo de conhecimento, o direito de retenção deverá ser deduzido na contestação e examinado na sentença, sob pena de preclusão. **2.** *Direito processual civil.* Embargos de devedor à execução para a entrega de coisa, ou seja, retenção por benfeitorias necessárias ou úteis, fundada em título extrajudicial, pois o executado não terá tido oportunidade de alegar seu crédito, decorrente das benfeitorias. Portanto, não querendo opor-se ao título exeqüendo, provocará a suspensão da execução mediante embargos de retenção para discutir a indenização que lhe é devida pelas benfeitorias (Dagma P. Reis e Renato S. Carvalho Filho). Em tais embargos deverá o devedor especificar o tipo de benfeitoria, o estado anterior e atual da coisa, o custo das benfeitorias e o seu valor atual, a valorização do bem decorrente das benfeitorias que fez. Nos embargos de retenção por benfeitorias, poderá o exeqüente requerer a compensação de seu

EMBARGOS DE TERCEIRO

valor com o dos frutos ou danos considerados devidos pelo executado, cumprindo ao juiz, para a apuração dos respectivos valores, nomear perito, fixando-lhe breve prazo para entrega do laudo. O exeqüente poderá, a qualquer tempo, ser imitido na posse da coisa, prestando caução ou depositando o valor devido pelas benfeitorias ou resultante da compensação. É uma modalidade de embargos do devedor.

EMBARGOS DE TERCEIRO. *Direito processual civil.* Processo acessório, conexo a uma ação principal, que tem por fim defender o bem daquele que, não sendo parte numa demanda, sofre turbação ou esbulho em sua posse, ou direito, por efeito de penhora, depósito, arresto, seqüestro, venda judicial, arrecadação, arrolamento, inventário, partilha ou outro ato de apreensão judicial. Tais embargos são admitidos: a) para a defesa da posse, quando nas ações de divisão ou demarcação foi o imóvel sujeito a atos materiais, preparatórios ou definitivos, da partilha ou da fixação de rumos; b) para o credor, como garantia real obstar alienação judicial do objeto da hipoteca, penhor ou anticrese. Podem lançar mão desse remédio processual tanto o proprietário como o possuidor, a qualquer tempo antes da sentença final, do processo principal, ou na execução, até cinco dias depois da arrematação, adjudicação ou remição, porém antes da assinatura da respectiva carta. Provada, em juízo, a procedência dos embargos, expedir-se-á, por ordem do juiz, mandado de manutenção ou reintegração de posse.

EMBARGOS DO ADQUIRENTE. *Direito processual civil.* Meio concedido ao adquirente para impedir a entrega do bem que adquiriu, quando for exigido pelo vendedor executivo. Tais embargos somente poderão ser deduzidos após o depósito judicial do referido bem.

EMBARGOS DO CREDOR. *Direito processual civil.* Embargos de terceiro propostos pelo credor com garantia real para impedir alienação judicial de objeto de hipoteca, penhor ou anticrese.

EMBARGOS DO DEVEDOR. *Direito processual civil.* São, atualmente, a impugnação a título extrajudicial. Consistem em uma ação de cognição incidental, com curso procedimental à parte, mas conexa à executiva intentada pelo devedor embargante (executado), em sua defesa, dentro do prazo legal, com o escopo de desconstituir a força executiva do título extrajudicial em que se baseou o credor exeqüente, fulminando-o,

opondo-se à execução, à penhora, à arrematação, à adjudicação ou à remição. Procedimento especial para a defesa do devedor executado, que consiste em ação constitutiva negativa do título exeqüendo. O devedor poderá, independentemente de penhora, depósito ou caução, opor-se, portanto, à execução, por meio de embargos. A impugnação substitui, hoje, os embargos do devedor quando se trata de título executivo judicial na fase de cumprimento da sentença. Tal impugnação terá efeito suspensivo se a decisão judicial reconhecer a relevância de seus fundamentos e se o prosseguimento da execução for suscetível de causar ao executado grave dano de difícil ou incerta reparação. *Vide* IMPUGNAÇÃO.

EMBARGOS DO EXECUTADO. *Direito processual civil.* **1.** Meio para cumprir título executivo extrajudicial. **2.** Diz-se daqueles que podem ser intentados pelo executado para defender-se contra certos atos, tais como: à impugnação, à arrematação, à adjudicação, à penhora e à remição. Tais embargos não terão, em regra, efeito suspensivo. *Vide* EMBARGOS À EXECUÇÃO.

EMBARGOS INFRINGENTES. *Direito processual civil.* Recurso cabível para impugnar acórdão, que reformou sentença de mérito, quando não houver unanimidade no julgamento proferido em apelação e em ação rescisória quanto à sua procedência. Logo, para sua interposição bastará que pelo menos um dos julgadores divirja dos demais, pois a decisão deverá ter sido tomada por maioria de votos. A apreciação da admissibilidade destes embargos competirá ao relator do acórdão embargado. Da decisão que não admitir tais embargos caberá agravo, em cinco dias, para o órgão competente julgar do recurso. Se forem admitidos, sortear-se-á o novo relator, que, quando possível, não deverá ter participado do julgamento ou da ação rescisória. Sorteado o relator e independentemente de despacho, a secretaria abrirá vista ao embargado para a impugnação. Impugnados os embargos, serão os autos conclusos ao relator e ao revisor pelo prazo de quinze dias para cada um, seguindo-se o julgamento.

EMBARGOS INFRINGENTES E DE NULIDADE. *Direito processual penal.* Recurso admissível para impugnar a decisão de segunda instância, não-unânime, desfavorável ao réu, que pode ser interposto dentro de dez dias contados da publicação do acórdão, dirigindo-se ao relator do julgado recorrido, que terá o dever de verificar, liminarmente, sua admissibilidade e de ordenar seu processamento.

EMBARGOS PARA O TRIBUNAL SUPERIOR DO TRABALHO. *Direito processual trabalhista.* Recurso em revista cabível para o Pleno do TST, opondo-se à decisão de turma desse tribunal, desde que não prolatada em agravo regimental.

EMBARGOS POR BENFEITORIAS. *Vide* EMBARGOS DE RETENÇÃO POR BENFEITORIAS.

EMBARGOS PROTELATÓRIOS. *Direito processual civil.* Diz-se daqueles interpostos com a finalidade de procrastinar ou retardar o feito. Se tais embargos forem os de declaração, o juiz ou o tribunal, admitindo-os protelatórios, condenará o embargante a pagar ao embargado multa não excedente de 1% sobre o valor da causa. Na reiteração de embargos protelatórios, a multa é elevada a até 10%, ficando condicionada a interposição de qualquer outro recurso ao depósito do valor respectivo. *Vide* EMBARGOS DE DECLARAÇÃO.

EMBARGOS RELEVANTES. *Direito processual civil.* Diz-se daqueles suscetíveis de serem recebidos e levados a discussão e a julgamento, por estarem conformes à lei.

EMBARQUE. 1. *Direito marítimo.* Ato de incorporar ou engajar marinheiros à equipagem. **2.** *Direito comercial.* a) Ato pelo qual pessoas, bagagens, mercadorias ou cargas dão entrada em veículos que as transportarão de um local a outro; b) diz-se do documento ou do título negociável que certifica a entrega e a propriedade da mercadoria embarcada; c) local onde se embarca.

EMBARQUE CLANDESTINO. *Direito comercial* e *direito internacional privado.* Entrada de pessoas ou de carga feita, sorrateiramente, em qualquer modalidade de veículo para o transporte de um local a outro, sem apresentar passagem ou passaporte, ou sem observar os requisitos exigidos por lei.

EMBARQUE IMEDIATO. *Direito comercial.* Condição que o comprador impõe ao vendedor, para providenciar que a mercadoria adquirida seja embarcada no primeiro meio de transporte que venha a partir do local onde está domiciliado o vendedor, para que chegue logo ao seu destino.

EMBARRICAMENTO. 1. *Direito comercial.* Ato ou efeito de acondicionar mercadorias em barricas. **2.** *Direito militar.* Ato de fechar-se em barricadas para defesa contra ataques do inimigo.

EMBARRILAGEM. *Direito comercial.* Acondicionamento de mercadoria em barril.

EMBARULHAR. *Direito agrário.* Misturar grupo de animais em aparte.

EMBASAMENTO. 1. *Teoria geral do direito.* Fundamento; base. **2.** *Direito civil.* Parte inferior de uma construção que serve de apoio ao prédio.

EMBASSY. *Termo inglês.* Embaixada.

EMBATE. 1. Colisão; encontro violento e recíproco de dois corpos; choque. **2.** Adversidade; acontecimento danoso.

EMBATERIA. 1. Catálogo. **2.** Lista de nomes de pessoas de uma comunidade.

EMBEBEDAMENTO. *Medicina legal.* Ação de embebedar-se com bebida alcoólica.

EMBEZZLEMENT. *Termo inglês.* **1.** Desfalque. **2.** Apropriação indébita.

EMBICADURA. *Direito marítimo.* Aproximação do navio ou da embarcação para a amarra que se encontra a pique.

EMBLEMA. 1. *Direito de propriedade industrial.* Figura simbólica, rapidamente apreendida pelo público, mesmo inculto ou estrangeiro (Allart). Trata-se de marca emblemática suscetível de registro como marca de indústria e comércio, e como tal protegida juridicamente, por distinguir o estabelecimento comercial, industrial ou agrícola e a qualidade de seus produtos, atraindo a atenção do consumidor, vedando-se, por isso, a utilização de emblemas alheios como marca. **2.** Na *linguagem jurídica* em geral, pode significar, ainda: insígnia, símbolo, figura simbólica, divisa.

EMBLEMÁTICO. Relativo a tudo que for representado por emblema.

EMBOCAR. *Direito agrário.* Pôr o freio em cavalo.

EMBOLEMIA. *Medicina legal.* Presença de êmbolos nas veias.

EMBOLIA. *Medicina legal.* Obliteração repentina de veia por êmbolo, que entra na corrente sangüínea, formado de gordura, coágulo, fragmento de tumor, bolha de ar etc.

EMBOLSAR. 1. Colocar algo no bolso ou na bolsa. **2.** Receber quantia em dinheiro. **3.** Pagar dívida, embolsando o credor.

EMBOLSO. 1. Pagamento. **2.** Recebimento.

EMBONAR. *Direito marítimo.* Reforçar o costado do navio exteriormente.

EMBONECAMENTO. *Direito agrário.* Fato do milho já estar espigado.

EMBONOS. *Direito marítimo.* **1.** Ato de colocar vigas de madeira no costado da embarcação para tornar mais fácil a descarga de mercadorias. **2.** Madeiras usadas para embonar o navio.

EMBORCAMENTO. *Direito marítimo.* É a virada total da embarcação que se põe a flutuar com o fundo fora da água, por perda de estabilidade inicial ou adernamento.

EMBORNAL. 1. *Direito agrário.* Cevadeira ou saco com ração que se prende à boca de animais domésticos para lhes dar de comer. **2.** *Direito marítimo.* Cada um dos buracos existentes nos trincanizes para escoamento das águas do convés.

EMBORNALAR. *Direito agrário.* Colocar o embornal na boca dos cabritos para ordenhar as cabras.

EMBORQUILHAR. *Direito agrário.* Termo usual do Rio Grande do Sul, tendo o sentido de virar a terra com arado, enxada ou pá.

EMBOSCADA. *Direito penal.* Ato pelo qual o agente se oculta, ficando de tocaia para atacar a vítima, surpreendendo-a e dificultando sua defesa a fim de assaltá-la ou assassiná-la a traição. Constitui circunstância agravante da pena e qualificadora do crime.

EMBRAPA. Sigla da Empresa Brasileira de Pesquisa Agropecuária.

EMBRATUR. 1. *Direito administrativo.* Sigla de Empresa Brasileira de Turismo que é uma autarquia vinculada ao Ministério do Turismo. Tem por finalidade formular, coordenar, executar e fazer executar a política nacional de turismo, como fator de desenvolvimento social e econômico, cabendo-lhe, ainda, executar as ações relativas: a) à promoção, *marketing* e apoio à comercialização dos destinos, produtos e serviços turísticos do Brasil nos mercados nacional e internacional; b) ao incremento do fluxo de turistas nacionais e internacionais; c) às avaliações de critérios, parâmetros e métodos para o controle e a consolidação da base de dados gerenciais e estatísticos do turismo nacional; e d) ao implemento, controle e supervisão de ações para o incremento da qualidade e competitividade do turismo nacional. À EMBRATUR cabe exercer as seguintes competências: a) propor ao Governo Federal normas e medidas necessárias à execução da Política Nacional de Turismo e executar as decisões que, para esse fim, lhe sejam recomendadas; b) estimular as iniciativas públicas e privadas, tendentes a desenvolver o turismo interno e o do exterior para o Brasil; c) promover e divulgar o turismo nacional, no País e no Exterior, de modo a ampliar o ingresso e a circulação de fluxos turísticos, no território brasileiro; d) analisar o mercado turístico e planejar o seu desenvolvimento, definindo as áreas, os empreendimentos e as ações prioritárias a serem estimulados e incentivados; e) fomentar e financiar, direta ou indiretamente, as iniciativas, os planos, os programas e os projetos que visem ao desenvolvimento da indústria de turismo, controlando e coordenando a execução de projetos considerados como de interesse para a indústria do turismo; f) estimular e fomentar a ampliação, diversificação, reforma e melhoria da qualidade da infra-estrutura turística nacional; g) definir critérios, analisar, aprovar e acompanhar os projetos de empreendimentos turísticos que sejam financiados ou incentivados pelo Estado; h) inventariar, hierarquizar e ordenar o uso e a ocupação de áreas e locais de interesse turístico e estimular o aproveitamento turístico dos recursos naturais e culturais que integram o patrimônio turístico, com vistas à sua preservação; i) estimular as iniciativas destinadas a preservar o ambiente natural e a fisionomia social e cultural dos locais turísticos e das populações afetadas pelo seu desenvolvimento, em articulação com os demais órgãos e entidades competentes; j) cadastrar as empresas, classificar os empreendimentos dedicados às atividades turísticas e exercer função fiscalizadora, nos termos da legislação vigente; k) promover, junto às autoridades competentes, os atos e medidas necessários ao desenvolvimento das atividades turísticas, à melhoria ou ao aperfeiçoamento dos serviços oferecidos aos turistas e à facilitação do deslocamento de pessoas no território nacional, com finalidade turística; l) celebrar contratos, convênios, acordos e ajustes com organizações e entidades públicas ou privadas nacionais, estrangeiras e internacionais, para a realização dos seus objetivos; m) realizar serviços de consultoria e de promoção destinados ao fomento da atividade turística; patrocinar eventos turísticos; conceder prêmios e outros incentivos ao turismo; participar de entidades nacionais e internacionais de turismo. **2.** *História do direito.* Magistrado romano que tinha funções militares juntamente com outro (Scherillo, Gaetano e Aldo Dell'Oro).

EMBRETAMENTO. *Direito agrário.* Ação de colocar gado de grande e médio porte no brete fechado, para corte, tosa, castração, marcagem, banho carrapaticida etc.

EMBRIAGADO. *Medicina legal.* Bêbedo; ébrio; aquele que está sob o efeito de bebida alcoólica, tendo por isso seus sentidos, percepção e discernimento afetados.

EMBRIAGUEZ. *Medicina legal.* Perturbação psíquico-somática passageira, em razão de intoxicação aguda e transitória, provocada por excessiva ingestão de bebidas alcoólicas, podendo liberar impulsos agressivos, estimular a libido e levar o indivíduo a causar acidentes ou a praticar ações delituosas.

EMBRIAGUEZ ACIDENTAL. *Medicina legal.* **1.** É a ocorrida em pessoa abstêmia que, ao ingerir dose considerada pequena para a maioria das pessoas, pode ficar ébria, o que pode excluir sua responsabilidade criminal, desde que o agente não esteja em condições de entender o ato punível por ele praticado. **2.** É a que se dá por caso fortuito ou força maior; hipótese em que se tem a embriaguez fortuita e a forçosa.

EMBRIAGUEZ COMATOSA. *Vide* EMBRIAGUEZ COMPLETA.

EMBRIAGUEZ COMPLETA. *Medicina legal.* Aquela que aniquila o embriagado, levando-o ao estado de letargia, similar à coma, atingindo seu psiquismo e sua coordenação motora. Se proveniente de caso fortuito, caso em que foi obrigado a ingerir álcool, isenta-se o agente, que, nessas condições, veio a perpetrar crime, da pena cabível, por ser inteiramente incapaz de entender o caráter criminoso de sua ação, uma vez que perdeu totalmente a consciência.

EMBRIAGUEZ CONFIRMADA. *Medicina legal.* Loucura transitória causada pela ingestão de álcool, provocando intoxicação. É também designada "embriaguez furiosa".

EMBRIAGUEZ CULPOSA. *Medicina legal.* Diz-se daquela em que o agente quis apenas beber substância alcoólica, não tendo nenhuma intenção de embriagar-se, mas vem a perder o discernimento, já que, por imprudência, não houve moderação na bebida.

EMBRIAGUEZ DE EXCITAÇÃO. *Medicina legal.* Aquela em que o bêbedo apenas se torna demasiadamente alegre, barulhento e muito falador.

EMBRIAGUEZ DELIBERADA. *Medicina legal* e *direito penal.* Estado em que o agente vem a perder o discernimento porque teve a intenção de embriagar-se, apesar de não ter querido praticar a ação ou omissão criminosa. Tal embriaguez não tem o condão de excluir a sua responsabilidade penal.

EMBRIAGUEZ DOLOSA. *Vide* EMBRIAGUEZ PREORDENADA.

EMBRIAGUEZ FISIOLÓGICA. *Medicina legal.* É a perda da consciência resultante de exagerada ingestão de álcool por pessoa normal, podendo ser: culposa, fortuita, preordenada e voluntária.

EMBRIAGUEZ FORÇOSA. *Medicina legal.* Aquela em que a pessoa é forçada a ingerir bebida alcoólica, contra sua vontade, em razão de força maior.

EMBRIAGUEZ FORTUITA. *Medicina legal.* Embriaguez acidental ou ocasional, em que o indivíduo vem a perder a capacidade de discernimento por imoderação na ingestão de substância alcoólica, sem qualquer deliberação sua, mas devido às suas condições físicas ou à substituição de bebida feita maliciosamente por terceiro.

EMBRIAGUEZ FURIOSA. *Vide* EMBRIAGUEZ CONFIRMADA.

EMBRIAGUEZ HABITUAL. **1.** *Medicina legal.* Uso cotidiano de doses alcoólicas em quantidades que podem levar a pessoa a um estado levemente acentuado de perda do discernimento. **2.** *Direito civil.* Causa de incapacidade relativa para praticar pessoalmente certos atos da vida civil.

EMBRIAGUEZ INCIPIENTE. *Medicina legal.* Diz-se daquela em que a pessoa se encontra na fase inicial da embriaguez, que é a de excitação, apresentando loquacidade, vivacidade motora, alegria, pupilas dilatadas, respiração e pulso acelerados, pele úmida etc. Seu senso crítico ainda não é afetado.

EMBRIAGUEZ INCOMPLETA. *Medicina legal.* Perturbação mental não muito acentuada, provocada pelo uso de bebida alcoólica, em que a crítica e a autodeterminação foram parcialmente atingidas, impedindo que a pessoa possa ter plena capacidade de compreensão do que a rodeia, sem contudo produzir um completo embotamento da consciência.

EMBRIAGUEZ INVETERADA. *Vide* EMBRIAGUEZ HABITUAL.

EMBRIAGUEZ LETÁRGICA. *Vide* EMBRIAGUEZ COMPLETA.

EMBRIAGUEZ OCASIONAL. *Vide* EMBRIAGUEZ ACIDENTAL.

EMBRIAGUEZ PATOLÓGICA. *Medicina legal.* Efeito mórbido da ingestão de substância alcoólica, mesmo em pequena dose, por pessoas suscetíveis, anormalmente, ao álcool ou por doentes, como epiléticos, histéricos, imbecis etc.

EMBRIAGUEZ PLENA. *Vide* EMBRIAGUEZ COMPLETA.

EMBRIAGUEZ PREORDENADA. *Direito penal* e *medicina legal.* Perda da capacidade de discernimento causada pela proposital ingestão de álcool, com o escopo de facilitar a perpetração de um crime ou de criar uma escusa ao delito.

EMBRIAGUEZ PROCURADA. *Vide* EMBRIAGUEZ DELIBERADA.

EMBRIAGUEZ PROVOCADA. *Vide* EMBRIAGUEZ DELIBERADA.

EMBRIAGUEZ SEMIPLENA. *Vide* EMBRIAGUEZ DELIBERADA.

EMBRIAGUEZ SIMPLES. *Vide* EMBRIAGUEZ FISIOLÓGICA.

EMBRIAGUEZ VOLUNTÁRIA. *Vide* EMBRIAGUEZ DELIBERADA.

EMBRIÃO. *Medicina legal* e *direito penal.* Produto da fecundação do óvulo pelo espermatozóide; estado até o terceiro mês de gestação, que não pode ser manipulado geneticamente, nem produzido, nem armazenado para servir como material biológico disponível, sob pena de prisão.

EMBRIOCARDIA. *Medicina legal.* Contração mórbida do coração, que passa a ter o ritmo similar ao do feto.

EMBRIOCTONIA. *Medicina legal.* Ato de destruir embrião ou feto no útero.

EMBRIÕES CONGELADOS DISPONÍVEIS. *Biodireito.* Aqueles congelados até o dia 28 de março de 2005, depois de completados três anos contados a partir da data do seu congelamento.

EMBRIÕES EXCEDENTES. *Medicina legal* e *direito penal.* São aqueles que, na fertilização *in vitro*, não foram implantados no útero. Antes da fertilização na proveta, a mulher faz um tratamento hormonal para ter uma superovulação; com isso vários óvulos são fecundados *in vitro*, mas apenas quatro são implantados. Proibidos estão, nas atividades relacionadas a organismo geneticamente modificado (OGM), não só a produção, o armazenamento ou a manipulação de embriões humanos destinados a servir como material biológico disponível, como também a

intervenção em material genético humano *in vivo*, salvo para tratamento de defeitos genéticos, respeitando-se princípios éticos, tais como o da autonomia e da beneficência, e com a prévia autorização da Comissão Técnica Nacional de Biossegurança, sob pena de prisão.

EMBRIÕES INVIÁVEIS. *Biodireito.* Aqueles com alterações genéticas comprovadas por diagnóstico pré-implantacional, conforme normas específicas estabelecidas pelo Ministério da Saúde, que tiveram seu desenvolvimento interrompido por ausência espontânea de clivagem após período superior a vinte e quatro horas a partir da fertilização *in vitro*, ou com alterações morfológicas que comprometam o seu pleno desenvolvimento.

EMBRIOGENIA. *Medicina legal.* Formação e desenvolvimento do embrião.

EMBRIOGENIA JURÍDICA. *Filosofia do direito.* Estudo da evolução histórica do direito ou de um instituto jurídico, apontando sua fases.

EMBRIÓIDE. *Medicina legal.* Cisto dermóide que se apresenta no testículo e, às vezes, no ovário.

EMBRIOPATIA RUBEÓLICA. *Medicina legal.* Malformação cardíaca, catarata bilateral, microcefalia, lesão da íris e insuficiência intelectual causada a filhos de mães que tiveram rubéola nos primeiros três meses de gravidez (A. Almeida Jr. e J. B. de O. e Costa Jr.).

EMBRIOPERITONIA. *Medicina legal.* Gravidez extra-uterina que ocorre no peritônio.

EMBRIOTOCIA. *Medicina legal.* Aborto; parto de um prematuro; parto de embrião.

EMBRIULCIA. *Medicina legal.* Extração do feto pelo uso de instrumentos.

EMBRULHO. 1. *Direito comercial.* Embalagem exterior da mercadoria para sua remessa ao comprador. **2.** Na *linguagem jurídica* em geral, quer dizer: a) confusão feita, propositadamente, numa negociação para abusar da confiança ou inexperiência de outrem; b) intriga, briga; c) embaraço, complicação.

EMBUSTE. *Direito civil* e *direito penal.* **1.** Dolo. **2.** Artifício empregado, mediante atos ou palavras, para enganar alguém; logro. **3.** Ardil. **4.** Mentira artificiosa. **5.** Simulação. **6.** Patranha.

EMBUSTEIRICE. *Vide* EMBUSTE.

EMBUSTEIRO. 1. *Direito penal.* Estelionatário. **2.** *Direito civil.* a) O que usa de embuste; ardiloso; b) em que há embuste.

EM CURSO. *Direito processual civil.* Termo usado para indicar processo que está em andamento.

EMEDADOR. *Direito agrário.* Trabalhador rural que cuida da colheita de arroz e da feitura de medas, isto é, de montes de hastes de arroz dispostos em forma cônica.

EMENDA. 1. *Direito marítimo.* O madeiro que fica ao centro dos três que formam a roda da proa. **2.** *Direito constitucional.* a) Alteração, total ou parcial, de projeto de lei que está sendo discutido no Legislativo; b) proposta de modificação de projeto de lei; c) mudança do texto constitucional. **3.** *Direito autoral.* Erro assinalado em prova; retificação de prova. **4.** *Direito penal* e *direito penitenciário.* Função específica da pena de corrigir o condenado, evitando-se, assim, a reincidência, e procurando reintegrá-lo ao convívio social. **5.** *Direito civil, direito comercial* e *direito empresarial.* Correção feita em ato jurídico.

EMENDA AO TRATADO. *Direito internacional público.* Alteração no tratado, dentro da Comunidade Européia, com o consenso unânime dos signatários e que poderá ser proposta por cada um deles. Mas casos há em que o próprio tratado prevê sua emenda pelo voto de dois terços dos Estados signatários, hipótese em que os vencidos permanecem obrigados a ele, criando-se, então, a duplicidade de regime jurídico, salvo disposição contrária de que eles automaticamente deixam de integrar o tratado (Rezek).

EMENDABILIDADE. *Direito penal.* Qualidade do condenado que tende a regenerar-se.

EMENDA CONSTITUCIONAL. *Direito constitucional.* Substituição, acréscimo ou eliminação de algum texto constitucional, mediante meio previsto pela própria Constituição Federal. É, portanto, uma mudança da Constituição, que pode ser proposta ao Congresso Nacional: a) por um terço, no mínimo, dos membros da Câmara dos Deputados ou do Senado Federal; b) pelo presidente da República; c) por mais da metade das Assembléias Legislativas das Unidades da Federação, pela manifestação da maioria relativa de seus membros. Tal proposta será discutida e votada, em dois turnos, em cada casa do Congresso Nacional, considerando-se aprovada se obtiver, em ambos, o *quorum* de 3/5 dos votos de seus membros. Proibida está a apresentação de proposta de emenda tendente a abolir a forma federativa de Estado; o voto direto, secreto, universal e periódico; a separação de poderes e os direitos e garantias individuais. O poder de emendar não revoga a Constituição; procura inová-la, quer modificando-a, quer editando novos preceitos para atender às novas relações emergentes que brotam no meio social. Se se emendar a Constituição, conforme dispositivo constitucional que autorize isso, surge uma nova norma: a emenda constitucional.

EMENDA DA MORA. *Direito civil.* Ato espontâneo do contratante moroso, que visa remediar a situação a que deu causa evitando os efeitos dela decorrentes e reconduzindo a obrigação à normalidade.

EMENDA DA MORA LOCATÍCIA. *Direito processual civil.* Direito do réu-locatário, na ação de despejo por falta de pagamento, para evitar rescisão da locação, de requerer, no prazo da contestação, autorização para pagar o débito atualizado, independentemente de cálculo e mediante depósito judicial, incluindo não só os aluguéis e acessórios locatícios que se vencerem até a efetivação do pagamento, as multas contratuais que forem exigíveis, os juros moratórios, mas também as custas processuais e honorários do advogado do locador, fixados em 10% sobre o montante devido, se o contrato não contiver disposição em contrário. O locatário assumirá o risco do cálculo que fizer e poderá vir a completar o depósito do valor locativo atualizado, se o senhorio reputá-lo insuficiente. Se o depósito judicial for feito, ante a autorização da emenda da mora, até quinze dias após a intimação do deferimento, embora não tenha sido integral, o locatário, justificando a diferença, poderá completá-lo dentro do prazo de dez dias, contado do momento em que tomou ciência da alegação feita pelo locador de que aquele depósito não era integral. Com a complementação do depósito, satisfeito o locador com a diferença, ter-se-á a extinção do processo. Constitui-se, então, tal purgação da mora uma exceção à regra geral de Código Civil, porque neste exige-se que o credor requeira a emenda da mora *a priori* da ação do credor, oferecendo-se para pagar o seu débito e os danos causados. Para elidir a possibilidade de o locatário purgar a mora, serão precisos dois requisitos concomitantes: a existência de relação *ex locato* por um prazo de doze meses já fluídos e a utilização, dentro desse lapso temporal, por duas vezes da *emendatio morae.*

EMENDA DA PARTILHA. *Direito processual civil* e *direito civil.* **1.** Alteração feita no esboço da partilha ou a qualquer tempo *ex officio*, ou a requerimento do interessado, para sanar omissão, ou corrigir inexatidão material ou erro, independentemente de acordo de todos os interessados. **2.** Alteração da partilha, mesmo após o trânsito em julgado da sentença, nos mesmos autos do inventário, com o consenso de todos os interessados, quando houver erro de fato na descrição dos bens.

EMENDADO. Aquilo que foi alterado, corrigido ou modificado.

EMENDADOR. Aquele que emenda.

EMENDATIO BELLI. *Locução latina.* Corrigenda do libelo.

EMENTA. 1. *Direito processual civil* e *penal.* Sinopse ou resumo de uma decisão judicial, principalmente dos acórdãos dos tribunais. **2.** *Teoria geral do direito.* Síntese de textos normativos.

EMENTÁRIO. *Direito processual.* Coletânea ou rol de ementas de acórdãos.

EMERGÊNCIA. 1. Urgência; necessidade imediata. **2.** Situação crítica ou perigosa. **3.** Incidente. **4.** Nascente de água. **5.** Iminência de perturbação da ordem social interna. **6.** Ameaça de guerra.

EMERGENCY SURGERY. *Locução inglesa.* Cirurgia de emergência.

EMERGENTE. 1. *Direito civil.* Diz-se do dano consistente num déficit real e efetivo no patrimônio do lesado, isto é, numa concreta diminuição em sua fortuna, seja porque se depreciou o ativo, seja porque aumentou o passivo, sendo, pois, imprescindível que a vítima tenha efetivamente experimentado um real prejuízo, visto que não é passível de indenização dano eventual ou potencial, a não ser que seja conseqüência necessária, certa, inevitável e previsível da ação. É o dano positivo resultante da falta de adimplemento de uma obrigação. **2.** Na *linguagem jurídica* em geral, seria renda ou lucro que advém de uma obrigação ou contrato.

EMÉRITO. 1. Insigne. **2.** Versado numa arte, ciência ou profissão. **3.** Aquele que se aposenta, no ensino superior, com esse título; jubilado. **4.** Aquele que tem as honras de um cargo sem, contudo, exercê-lo.

ÊMESE. *Medicina legal.* Ato de vomitar; vômito.

EM ESPÉCIE. *Economia política.* Diz-se do pagamento em dinheiro.

EMFA. *Direito militar.* Sigla de Estado-Maior das Forças Armadas.

EM FÉ DE. *Direito registrário.* Locução muito usada por tabeliães e escrivães com o significado de "em testemunho da verdade de".

EMICTÓSICO. *Medicina legal.* Diurético.

EMIGRABILIDADE. *Direito internacional privado.* **1.** Possibilidade que um povo tem de emigrar. **2.** Estatística da emigração.

EMIGRAÇÃO. *Direito internacional privado.* Ato de um cidadão, voluntariamente, deixar seu país de origem para estabelecer-se em outro, evitando alguma perseguição política, tentando uma nova vida melhor ou procurando meios de fazer fortuna com seu trabalho; expatriação.

EMIGRADO. *Direito internacional privado.* Emigrante ou emigrador; aquele que, voluntariamente, saiu de sua pátria para tentar a vida em outra nação, onde fixará residência e exercerá uma atividade profissional. É, portanto, aquele que emigrou.

EMIGRADOR. *Vide* EMIGRADO.

EMIGRANTE. *Vide* EMIGRADO.

EMIGRAR. *Direito internacional privado.* Sair de um país para ir estabelecer-se em outro.

EMIGRATÓRIO. *Direito internacional privado.* Relativo à emigração.

EMIGRÁVEL. *Direito internacional privado.* Diz-se do cidadão que pode emigrar, por preencher condições legais para tanto.

EMINÊNCIA. 1. *Direito canônico.* a) Título honorífico dos cardeais; b) tratamento respeitoso que se dá ao cardeal e ao bispo. **2.** Nas *linguagens comum* e *jurídica,* pode significar: a) proeminência; b) supremacia, superioridade; c) colina ou elevação de terreno.

EMINENCIAL. Na *linguagem filosófica,* significa: faculdade ou causa que produz ou abrange um efeito com excelência.

EMINENCIALMENTE. Na *linguagem filosófica,* indica: o que está em grau mais alto ou acima de tudo que pertence à mesma categoria.

EMINÊNCIA PARDA. Aquele que exerce poder não oficial.

EMINENTE. 1. No *sentido etimológico* indica o que é superior, excelente, elevado. **2.** *Teoria geral do Estado* e *direito constitucional.* Diz-se do direito de propriedade geral e superior que tem o Estado sobre os bens particulares dos cidadãos, a ele negado constitucionalmente, conferindo-lhe tão-somente o direito de desapropriar aqueles bens desde que haja necessidade e utilidade pública ou, ainda, interesse social, mediante uma justa e prévia indenização. **3.** *Lógica jurídica.* Diz-se da compreensão que consiste em um grupo de características pertencentes ao conceito de tal modo que ele deve necessariamente possuir um deles (Lalande).

EMIR. *Direito comparado.* **1.** Título dos chefes de determinadas tribos muçulmanas. **2.** Caudilho ou príncipe árabe. **3.** Descendente de Maomé.

EMIRADO. *Direito comparado.* **1.** Dignidade do emir. **2.** Território árabe governado por um emir.

EMISSÃO. 1. *Economia política.* a) Ato de colocar em circulação títulos de valor, como ações, papéis de crédito etc.; lançamento de valores no mercado; b) ato de pôr em circulação determinada quantidade de moedas. **2.** *Direito civil* e *direito comercial.* Ato de expedir títulos de crédito, como duplicatas, cheques, letras de câmbio, notas promissórias. **3.** *Medicina legal.* Depleção; ato de expelir algo. **4.** *Direito ambiental.* Lançamento na atmosfera de qualquer forma de matéria sólida, líquida ou gasosa.

EMISSÃO DE CHEQUE SEM FUNDO. *Direito penal.* Crime de fraude em pagamento com cheque sem suficiente provisão de fundos em poder do sacado, punível com reclusão e multa.

EMISSÃO DE EFLUENTE. *Direito civil.* Lançamento de água ou líquido que flua de sistema de coleta, transporte, tratamento ou destino final em áreas territoriais ou nas águas (Cid Tomanik Pompeu).

EMISSÃO DE LETRA DE CÂMBIO. *Direito cambiário.* Ato de fazer letra de câmbio entrar em circulação, entregando-a ao tomador.

EMISSÃO DE MOEDA. *Economia política.* Lançamento legal da moeda ou papel-moeda para ter circulação no mercado.

EMISSÃO DE MOEDA FALSA. *Direito penal.* Crime contra a fé pública que consiste em colocar moeda falsa em circulação, punível com reclusão e multa.

EMISSÃO DE PARECER TÉCNICO-JURÍDICO. *Teoria geral do direito.* Opinião escrita ou verbal de um jurista ou jurisconsulto, especializado num determinado assunto, a respeito de quesitos alusivos a um caso concreto.

EMISSÃO DE TÍTULO AO PORTADOR SEM PERMISSÃO LEGAL. *Direito penal.* Crime contra a fé pública que consiste em emitir, sem permissão

legal, nota, bilhete, ficha, vale ou título que contenha promessa de pagamento em dinheiro ao portador, ou a que falte indicação do nome da pessoa a quem deva ser pago, punível com detenção ou multa.

EMISSÃO DE TÍTULOS. *Direito comercial.* Lançamento de títulos de crédito, como letras de câmbio, duplicatas, notas promissórias, apólices, debêntures etc.

EMISSÃO DE TÍTULOS DE AÇÕES. *Direito comercial.* Ato em que a sociedade por ações expede aos acionistas, cumpridas todas as necessárias formalidades legais, certificados ou títulos de ações, com ou sem valor nominal, alusivos à sua participação acionária.

EMISSÃO DE VOTO. 1. *Direito canônico.* Profissão de fé feita por aquele que passa a pertencer a uma ordem religiosa. **2.** *Direito processual civil.* Ato pelo qual o magistrado de tribunal profere seu juízo ou voto, juntamente com outros de sua Câmara ou Turma, sobre o caso *sub judice*, seja vencido ou vencedor. **3.** *Direito eleitoral.* Declaração de voto feita por uma pessoa.

EMISSÃO DIRETA. *Direito das comunicações.* Transmissão radiofônica em que o circuito da antena está diretamente ligado ao do oscilador.

EMISSÃO FIDUCIÁRIA. *Direito financeiro.* Emissão de papel-moeda e moeda metálica divisionária sem lastro em reserva de metal precioso, mas baseada na confiança no país emissor (Luiz Fernando Rudge).

EMISSÃO FUGITIVA. *Direito ambiental.* Lançamento difuso na atmosfera de qualquer forma de matéria sólida, líquida ou gasosa, efetuado por uma fonte desprovida de dispositivo projetado para dirigir ou controlar seu fluxo.

EMISSÃO ILEGAL DE TÍTULO. *Vide* EMISSÃO DE TÍTULO AO PORTADOR SEM PERMISSÃO LEGAL.

EMISSÃO IRREGULAR DE CONHECIMENTO DE DEPÓSITO OU *WARRANT*. *Direito comercial* e *direito penal.* Ato de empresa de armazém geral que consiste em emitir conhecimento de depósito, que é um título de propriedade da mercadoria gravada do ônus real do penhor ou *warrant*, em desconformidade com preceito legal quando, por exemplo: aquela empresa não estiver regularmente constituída; inexistir mercadoria ou gênero nele especificado; substituir a mercadoria recebida, colocando outra em seu lugar; inexistir autorização do governo federal para a emissão; houver emissão de mais de um título para a mesma mercadoria especificada no título; o título não apresentar as exigências legais. Essa conduta do emitente ou depositário da mercadoria é punível com reclusão e multa.

EMISSÃO IRREGULAR DE MOEDA. *Direito penal.* Crime contra a fé pública, punível com reclusão e multa, que consiste em ato de funcionário público, diretor, gerente ou fiscal de banco que autoriza a circulação de moeda com título ou peso inferior ao determinado em lei, ou de papel-moeda em quantidade superior à autorizada.

EMISSÃO PONTUAL. *Direito ambiental.* Lançamento na atmosfera de qualquer forma de matéria sólida, líquida ou gasosa, efetuado por uma fonte provida de dispositivo para dirigir ou controlar seu fluxo, como dutos e chaminés.

EMISSÁRIO. 1. Núncio; portador de notícia; mensageiro. É o núncio ou mensageiro que transmite a vontade daquele que tiver interesse na comunicação de uma declaração já feita (Nelson Nery Jr. e Rosa Maria A. Nery). **2.** Aquele enviado para cumprir uma missão; mandatário a quem foi dada uma incumbência. **3.** Espião; agente secreto que deve sondar algo. **4.** Canal condutor de água ou óleo numa rede distribuidora. **5.** Aqueduto para escoar um lago.

EMISSIONISMO. 1. Regime de emissão de papel-moeda. **2.** Política da emissão abusiva de papel-moeda.

EMISSIONISTA. 1. Partidário do emissionismo. **2.** Relativo ao emissionismo.

EMISSOR. 1. Banco ou estabelecimento de crédito que emite papel-moeda. **2.** Aquele que coloca em circulação títulos de crédito; sacador. **3.** Responsável pelo pagamento do título emitido. **4.** O que envia alguma coisa a alguém. **5.** Subscritor. **6.** Radiotransmissor; aparelho que produz ou envia, através do espaço, ondas hertzianas na estação radiodifusora de origem.

EMISSOR DE CUPOM FISCAL. *Direito financeiro* e *direito tributário.* É o equipamento de automação comercial com capacidade para emitir documentos fiscais e realizar controles de natureza fiscal, referentes às operações de circulação de mercadorias ou a prestações de serviços.

EMITENTE. 1. Na *linguagem jurídica* em geral, é o mesmo que EMISSOR. **2.** *Direito comercial.* Aquele que emite ou saca título de crédito a favor de outra pessoa, criando uma obrigação de pagamento.

EMITIR. 1. Expedir. **2.** Colocar em circulação pública moedas, títulos de valor ou títulos de crédito. **3.** Enunciar uma opinião ou parecer. **4.** Transmitir.

EM LIQUIDAÇÃO. *Direito comercial.* Locução acrescentada, obrigatoriamente, pelas sociedades empresárias à sua denominação, durante a fase de dissolução.

EM MÃO PRÓPRIA. Tem tal expressão o sentido de: diretamente à pessoa a quem se destina.

EMMENDATIO PROPINQUORUM. *Locução latina* e *história do direito.* **1.** Castigo que era, na Idade Média, aplicado pela família ou preceptores de uma pessoa para repreendê-la de algum ato por ela praticado. **2.** Uso de palmatória pelo mestre-escola para corrigir aluno indisciplinado.

EM NOME DA LEI. Tal expressão tem o sentido de: "com fundamento legal"; "em razão de lei"; "com autorização ou permissão da lei"; "por força de lei"; "em atenção à lei"; "em obediência à lei".

EM NOVO. Tem tal expressão o sentido de: "em primeira mão".

EMOÇÃO. *Psicologia forense* e *medicina legal.* **1.** Abalo físico ou moral; comoção. **2.** Intensa excitação mental que altera a sensibilidade e a consciência humanas ante a ocorrência de um fato agradável ou desagradável. **3.** Perturbação forte e transitória da afetividade, de intensidade variável, provocada por um estímulo exterior; sensação afetiva. **4.** Reação, ou resposta, breve e intensa do organismo ante uma circunstância inesperada, acompanhada de um estado afetivo, manifestando-se sob a forma de paixão, alegria, cólera ou ódio, medo etc. **5.** Estado psíquico crônico que atua na pulsação cardíaca, nos movimentos respiratórios, nas funções psíquicas, nos músculos, nas secreções, podendo causar tremor, dilatação das pupilas, palidez, rubor etc.

EMOÇÃO-CHOQUE. *Medicina legal* e *direito penal.* Perturbação mental violenta, oriunda de injusta provocação da vítima, que leva o agente a perpetrar crime de ímpeto (Croce e Croce Jr.).

EMOÇÃO-ESTADO. *Direito penal* e *medicina legal.* Violenta perturbação psíquica, causada por ato injusto da vítima, que faz com que o agente venha a cometer um crime contra ela. Tal emoção é circunstância atenuante da pena.

EMOÇÃO PATOLÓGICA. *Medicina legal.* Excitação psíquica que provoca inconsciência pela perda da memória, muito comum em hiperemotivos, epilépticos, esquizofrênicos, esquizotímicos, hiperestésicos etc. (Croce e Croce Jr.).

EMOÇÃO VIOLENTA. *Medicina legal* e *direito penal.* Alto grau de exacerbação do sentimento, que impulsiona a pessoa a cometer uma ação criminosa, não excluindo a sua responsabilidade criminal, apesar de ter o condão de reduzir a pena, desde que tenha havido ato injusto da vítima.

EMOCIONAL. *Direito penal.* **1.** Relativo à emoção. **2.** Que produz ou causa emoção. **3.** Diz-se daquele propenso a emoções.

EMOLUMENTO. 1. Taxa. **2.** Contribuição paga pelo que se favorece de um serviço prestado por repartição pública. **3.** Retribuição paga a serventuários públicos pelo exercício de seu cargo, além do vencimento normal que recebe, ante o fato de ter executado atos judiciais ou extrajudiciais, cartorários etc. **4.** Gratificação. **5.** Lucro eventual de dinheiro.

EMOLUMENTOS RELATIVOS AOS ATOS PRATICADOS PELOS SERVIÇOS NOTARIAIS E DE REGISTRO. *Direito registrário.* São os fixados pelo Estado e Distrito Federal, conforme o seu efetivo custo e a adequada e suficiente remuneração dos serviços prestados, levando-se em conta a natureza pública e o caráter social dos serviços notariais e de registro.

EMOTIVIDADE. Qualidade ou estado de emotivo.

EMOTIVO. Propenso a emoção.

EMPA. *Direito agrário.* **1.** Ação de sustentar videiras com estacas. **2.** Estaca à qual se prende a parreira.

EMPACAVIRAR. *Direito agrário.* Envolver o fumo em rolo com folhas da pacavira para sua conservação.

EMPACHAMENTO. *Direito administrativo.* Ocupação de local público com a intenção de utilizá-lo para outro fim, em razão de interesse da coletividade.

EMPACOTADORA. *Direito agrário.* Máquina ou instrumento agrícola para empacotar fibras vegetais, feno, palha etc.

EMPACOTAMENTO. *Vide* EMBALAGEM.

EMPADROAR. 1. *Direito tributário.* Classificar oficialmente ou registrar contribuintes conforme os tributos que contra eles forem lançados. **2.** *Direito civil* e *direito registrário.* Passar escritura pública autêntica de acordo com o padrão oficial.

EMPALAÇÃO. 1. *História do direito.* Pena que consistia em espetar a pessoa condenada, pelo ânus ou pela vagina, numa estaca aguda que lhe atravessava as entranhas, levando-a à morte. **2.** *Medicina legal.* Ferimento que causa ruptura himenal ou lesões no períneo.

EMPALAMENTO. *Vide* EMPALAÇÃO.

EMPALHAR. *Direito agrário.* Recolher num depósito a palha necessária para sustentar o gado.

EMPALHEIRAR. *Vide* EMPALHAR.

EMPALMAÇÃO. *Direito penal.* Furto com destreza; furto industrioso.

EMPANADA. *Direito comercial.* Vocábulo utilizado no nordeste do Brasil para indicar toldo de estabelecimentos comerciais.

EMPANEIRAR. *Direito agrário.* Colocar cereais num cesto forrado de folhas.

EMPARCEIRAMENTO. *Direito desportivo.* Ato de escolher parceiros para uma competição esportiva.

EMPARCELAMENTO. *Direito agrário.* Divisão de terra rural em lotes, para serem aproveitados em colonização particular ou oficial, ou destinados à reforma agrária.

EMPARREIRAR. *Direito agrário.* **1.** Cobrir uma área com videiras. **2.** Suspender algo com estacas, em forma de parreira.

EMPASTELAR. 1. Misturar caracteres tipográficos diferentes. **2.** Inutilizar ou destruir oficina de publicações periódicas, como jornais, revistas, por razões políticas.

EMPATADO. 1. *Direito comercial.* Diz-se do capital investido improdutivamente. **2.** Nas *linguagens comum* e *jurídica*, significa: o que resultou em empate.

EMPATADOR. 1. *Direito comercial.* Atravessador de negócio; aquele que atrapalha negócios alheios, desviando-os. **2.** Nas *linguagens comum* e *jurídica*, é quem empata.

EMPATAR. 1. *Direito desportivo.* Chegar ao final de uma competição esportiva sem que haja um vencedor. **2.** *Direito comercial.* Empregar capital sem obter lucro imediato. **3.** Na *linguagem jurídica* em geral, significa: igualar em votos a favor e contra. **4.** *Direito eleitoral.* Igual votação obtida por candidatos opostos.

EMPATE. 1. *Direito comercial.* Imobilização de capital em operação demorada, empregando-o em mercadorias que não têm saída, fazendo com que não haja lucros imediatos. **2.** Na *linguagem jurídica* em geral, quer dizer: igualdade em votações opostas (Aurélio Buarque de Holanda Ferreira), sobre matéria que é, por exemplo, objeto de deliberação, julgamento ou eleição. **3.** *Direito desportivo.* Conclusão de competição esportiva ou de jogo sem que haja vencedor. **4.** *História do direito.* Movimento político de seringueiros que ocuparam área destinada a pasto, para impedir seu desmatamento por empresa agropastoril.

EMPATIA. 1. Ligação. **2.** Identificação.

EMPAUPICAR. *Direito agrário.* Construir, na área rural, casa de pau-a-pique.

EMPECILHO. Obstáculo.

EMPEÇONHAR. *Medicina legal.* Envenenar.

EMPENDOAR. *Direito agrário.* Desabrochar o pendão de milho.

EMPENHADO. *Direito civil.* Diz-se do bem móvel dado em penhor como garantia de uma dívida.

EMPENHADOR. *Direito civil.* Aquele que empenha uma coisa, para garantir seu débito; devedor pignoratício; quem dá em penhor.

EMPENHAMENTO. *Direito civil.* Ato de dar um bem em penhor.

EMPENHANTE. *Vide* EMPENHADOR.

EMPENHAR. *Direito civil.* **1.** Constituir penhor. **2.** Dar em penhor.

EMPENHO. 1. *Direito civil.* Ato de dar ou receber em penhor. **2.** *Direito administrativo.* a) Decisão de autoridade administrativa para controlar orçamento; b) ato que traz como conseqüência o Estado devedor; ato emanado da administração, em decorrência de contrato firmado pelo Executivo com terceiro, criando a obrigação de efetuar o pagamento por parte do Tesouro; c) abandamento de verba para contingenciar certa despesa previamente orçamentada (Othon Sidou). **3.** *Ciência política* e *direito constitucional.* Ato legislativo que vincula Estado a terceiro, estabelecendo o dever de pagar certo *quantum* subordinado à verba orçamentária de despesa pública. **4.** *Direito tributário.* Ato pelo qual se autoriza uma despesa, averiguando se há, para sua efetivação, dotação orçamentária e verba necessária. **5.** *Direito processual civil.* Ato judicial que impõe ao Estado o dever de pagar indenização e custas judiciais. **6.** Nas *linguagens comum* e *jurídica,* pode ter o significado de: a) interesse; b) recomendação; c) intervenção em favor de alguém; d) diligência.

EMPENHORAMENTO. *Direito civil.* Ação ou efeito de empenhar ou dar um bem em penhor, como garantia de pagamento de uma dívida.

EMPFINDUNG. *Termo alemão.* Sensação.

EMPICAR. *Direito agrário.* Vocábulo empregado no norte do Brasil para designar: a) abrir picada; b) derrubar árvore.

EMPICOTAMENTO. *História do direito.* Pena em que se expunha, publicamente, alguém preso às argolas do pelourinho.

EMPIEMA. *Medicina legal.* Presença de pus, em regra, numa cavidade pleural, ou, ainda, na vesícula biliar e no pericárdio.

EMPIESE. *Medicina legal.* Abcesso no olho.

EMPIÈTEMENT. *Termo francês.* **1.** Usurpação. **2.** Invasão.

EMPIOCELE. *Medicina legal.* **1.** Hérnia purulenta. **2.** Presença de pus no testículo ou na túnica da vagina.

EMPIREMA. *Filosofia do direito.* Predominância do empírico.

EMPIRIA. *Filosofia do direito.* Doutrina baseada na experiência.

EMPÍRICO. *Filosofia do direito.* **1.** O que resultar, imediatamente, da experiência. **2.** O que requer o concurso atual da experiência. **3.** Relativo ao empirismo. **4.** Diz-se do filósofo que faz derivar suas idéias da experiência.

EMPIRISMO. 1. *Filosofia do direito.* Doutrina filosófica que baseia a origem do conhecimento válido na experiência, admitindo fora dela apenas hipóteses arbitrárias. Todo conhecimento é baseado na experiência ou em dados empíricos (Alf Ross, Herbert Hart, Karl Llewellyn, Jerome Frank, Bertrand Russell, Bingham, Oliver Wendell Holmes, John Chipman Gray). **2.** *Filosofia geral.* Teoria pela qual a origem do conhecimento está na experiência sensível. **3.** *Medicina legal.* Prática da medicina por aquele que, sem ter qualquer estudo teórico-científico, se guia pela observação e experiência; charlatanismo.

EMPIRISMO EXEGÉTICO. *Filosofia do direito.* Concepção legalista da interpretação e da aplicação do direito representada: a) pela escola da exegese, seguida por Proudhon, Melville, Blondeau, Bugnet, Delvincourt, Huc, Aubry e Rau, Laurent, Marcadé, Demolombe, Troplong, Pothier, Baudry-Lacantinerie, Duranton etc., que identificava a totalidade do direito positivo com a lei escrita, entendendo que a função específica do jurista e do juiz era ater-se com rigor absoluto ao texto legal e revelar seu sentido, empregando mecanicamente a lógica dedutiva; b) pelo pandectismo, da Alemanha, pelo qual Windscheid, Brinz, Glück e outros passaram a ter uma atitude rigorosamente exegética em relação aos textos do *Corpus Iuris*, ao cultivar a interpretação dos textos da compilação de Justiniano, com o escopo de aplicá-los como fonte direta do direito alemão. Os pandectistas desembocaram num sistema rígido de fetichismo legal, apregoando o uso do método dedutivo, exigindo a aplicação das leis de acordo com um processo silogístico; c) pela escola analítica dos países de *common law*, cujos prosélitos, como Austin e Salmond, vieram a admitir o fetichismo dos textos legais e a função mecânica da atividade judicial, recomendando a adoção de processos lógico-analíticos na interpretação e aplicação do direito costumeiro e do direito derivado das decisões da corte da Chancelaria.

EMPIRISTA. *Filosofia do direito.* Partidário do empirismo.

EMPLACAMENTO. 1. *Direito de trânsito.* Termo empregado no sentido de colocação de placas ou chapas em automóveis, para licenciamento. **2.** *Direito comercial.* Ato de colocar placas em estabelecimentos empresariais, a fim de expor sua razão social, ou em imóveis, anunciando a sua oferta para venda ou locação.

EMPLOI. *Termo francês.* **1.** Emprego. **2.** Ocupação. **3.** Cargo.

EMPOBRECIMENTO. 1. *Direito agrário.* Ato ou efeito de a terra perder sua fertilidade ou capacidade produtiva. **2.** *Direito civil.* a) Diminuição do patrimônio; b) perda de bens.

EMPOÇAR. *Direito bancário.* Diz-se do risco da concentração de dinheiro em bancos mais sólidos, diminuindo a liquidez do sistema financeiro, comprometendo as reservas de bancos de pequeno porte e encarecendo as operações de crédito (Luiz Fernando Rudge).

EMPOLHAR. *Direito agrário.* Incubar ovos.

EMPOPAR. *Direito marítimo.* Ter a popa do navio mais calado do que a proa, em razão de ter sido a sua carga distribuída de modo desigual.

EMPÓRIO. 1. *Direito comercial.* a) Praça de grande importância onde grande número de empresários e de pessoas faz negócios; b) loja de secos e molhados; c) bazar ou estabelecimento que vende objetos de várias espécies; d) mercado; e) armazém; f) centro comercial; g) grande loja. **2.** *Direito internacional privado.* Centro de comércio internacional.

EMPORTER LA PIÈCE. *Expressão francesa.* **1.** Censurar. **2.** Criticar.

EMPOSSADO. 1. Aquele que está investido na posse. **2.** O que se encontra na posse de algum bem.

EMPOSSAMENTO. *Direito administrativo.* Ato de investir alguém num cargo público.

EMPOSSAR. 1. *Direito civil.* Tomar posse de um cargo particular. **2.** *Direito administrativo.* Ser investido na posse de um cargo ou função pública. **3.** *Ciência política.* Dar posse de mandato público a agente político.

EMPOSSAR-SE. *Direito civil.* Assenhorear-se; apoderar-se.

EM POTENCIAL. *Teoria geral do direito.* **1.** Diz-se do direito ainda não vigente. **2.** O que está em oposição ao atual, por ser virtual. **3.** O que tem capacidade.

EMPOWERMENT. *Termo inglês.* **1.** Atribuição de poder. **2.** Ato de apoderar.

EMPRAZADO. 1. *Direito civil.* Aforado; diz-se do imóvel cedido em enfiteuse ou cujo domínio útil passou ao enfiteuta. **2.** *Direito processual civil.* Diz-se do ato pelo qual alguém foi notificado ou intimado para comparecer, dentro de certo prazo, a juízo.

EMPRAZADOR. *Direito civil.* Aforador; que deu imóvel em aforamento.

EMPRAZAMENTO. 1. *Direito civil.* Ato de quem fez contrato de enfiteuse ou deu um imóvel em aforamento. **2.** *Direito processual civil.* Citação, notificação ou intimação para comparecer em juízo, designando dia, hora e local. **3.** *História do direito.* Contrato escrito em linguagem antiga.

EMPRAZAR. 1. *Direito civil.* a) Marcar prazo; b) fazer contrato de enfiteuse; aforar. **2.** *Direito processual civil.* Intimar, notificar ou citar alguém para que compareça, em determinada data, perante a autoridade judiciária.

EMPREENDEDOR. *Direito empresarial.* Aquele que toma a seu cargo uma empresa.

EMPREENDER. 1. Pôr em execução. **2.** Realizar coisa difícil ou laboriosa.

EMPREENDIMENTO-PROBLEMA. *Direito urbanístico.* Conjuntos habitacionais com problemas de comercialização e/ou que apresentem elevados índices de inadimplência, comprovadamente relacionados com a ausência ou insuficiência de infra-estrutura interna. Serão considerados conjuntos habitacionais com problemas de co-

EMPREENDIMENTO RURAL

mercialização aqueles que dependam da viabilização das obras de infra-estrutura para assegurar a comercialização das unidades. Serão considerados elevados os índices de inadimplência superiores ao índice médio, na forma que vier a ser definida pelo agente operador.

EMPREENDIMENTO RURAL. *Direito agrário.* É a atividade com fins econômicos desenvolvida em estabelecimento rural devidamente cadastrado no INCRA, destinada à produção vegetal, animal, aqüícola ou extrativista.

EMPREENDIMENTOS DE LONGO PRAZO. Contratos de construção que, por sua natureza, têm suas atividades, usualmente viciando-se e completando-se em diferentes exercícios, normalmente com prazo superior a doze meses.

EMPREGADA. *Direito do trabalho.* Diz-se daquela que presta serviços mediante contrato de trabalho.

EMPREGADA GESTANTE. *Direito constitucional* e *direito do trabalho.* Aquela que, em virtude da gestação, recebe proteção jurídica especial, como: licença de cento e vinte dias sem prejuízo do emprego e do salário; proibição de restrições ao direito ao seu emprego por motivo de gravidez; aumento de mais duas semanas em cada período de repouso, antes e depois do parto, mediante atestado médico; mudança de função, durante a gestação, desde que haja necessidade comprovada por atestado médico; repouso remunerado de duas semanas, em caso de aborto não criminoso, comprovado por atestado médico oficial, ficando-lhe assegurado o direito de retornar à sua função; aumento de sua estabilidade, pois não poderá ser demitida da comunicação da gravidez até cinco meses após o parto.

EMPREGADO. *Direito do trabalho.* Todo aquele que presta serviço não eventual a empregador, sob a dependência deste e mediante salário.

EMPREGADO A DOMICÍLIO. *Direito do trabalho.* Aquele que presta serviços em sua casa ou em oficina de família, em relação de subordinação ao empregador que o remunera.

EMPREGADO DA CASA DA MOEDA DO BRASIL (CMB). Toda pessoa física previamente habilitada e regularmente admitida por concurso público de provas ou de provas e títulos, para prestar serviço de natureza não eventual, no exercício efetivo de emprego público, sob a sua subordinação jurídica e mediante salário, nos termos estabelecidos pela Constituição Federal e Consolidação das Leis do Trabalho, asseguradas e ressalvadas, na forma da lei, as admissões dos empregados integrantes do quadro funcional da Empresa, na data de publicação do Regulamento que dela trata.

EMPREGADO DA JUSTIÇA. *Direito processual.* Serventuário que não se enquadra no funcionalismo público, integrando-se no serviço judicial como empregado dos titulares dos cartórios (Osiris Rocha).

EMPREGADO DOMÉSTICO. *Direito do trabalho.* Aquele que presta serviço de natureza contínua, ou seja, não eventual na residência daquele que o contratou, em atividades sem fins lucrativos, mediante pagamento de salário, atendendo à sua pessoa ou à sua família. Tem direito a 30 dias "corridos" de férias. É facultada a inclusão do empregado doméstico no Fundo de Garantia do Tempo de Serviço (FGTS), mediante requerimento do empregador. Ao empregado doméstico inscrito no FGTS será concedido o benefício do seguro-desemprego, se dispensado sem justa causa, no valor de um salário mínimo, por um período máximo de três meses. O benefício será concedido ao empregado inscrito no FGTS que tiver trabalhado como doméstico por um período mínimo de quinze meses nos últimos vinte e quatro meses contados da dispensa sem justa causa. O seguro-desemprego deverá ser requerido de sete a noventa dias contados da data da dispensa. Novo seguro-desemprego só poderá ser requerido a cada período de dezesseis meses decorridos da dispensa que originou o benefício anterior. As despesas decorrentes do pagamento do seguro-desemprego serão atendidas à conta dos recursos do Fundo de Amparo ao Trabalhador (FAT). Para se habilitar ao seguro-desemprego, o trabalhador deverá apresentar ao órgão competente do Ministério do Trabalho e Emprego: a) Carteira de Trabalho e Previdência Social, na qual deverão constar a anotação do contrato de trabalho doméstico e a data da dispensa; b) declaração do empregador atestando a dispensa sem justa causa; c) vínculo empregatício durante pelo menos quinze meses nos últimos vinte e quatro meses; d) comprovantes do recolhimento da contribuição previdenciária e do depósito do FGTS, durante o vínculo empregatício; e) comprovante de inscrição nas ações de emprego, onde houver posto de atendimento do Sistema Nacional de Emprego (SINE); f) declaração de que não está em gozo de nenhum benefício de prestação continuada da Previdência Social, exceto auxílio-acidente e pensão por morte; e g) declaração de que não possui renda própria de qualquer natureza suficiente à sua manutenção e de sua família.

EMPREGADO ESTRANGEIRO. *Direito do trabalho* e *direito internacional privado.* Aquele que, não sendo brasileiro, ao obter visto de permanência passa a exercer no Brasil atividade remunerada.

EMPREGADO NÃO OPTANTE. *Direito do trabalho.* Diz-se daquele que não optou pelo regime trabalhista do FGTS (Geraldo Magela Alves).

EMPREGADO OPTANTE. *Direito do trabalho.* Aquele que optou pelo regime trabalhista do FGTS (Geraldo Magela Alves).

EMPREGADO PÚBLICO. *Direito administrativo.* **1.** Em *sentido amplo,* é o funcionário ou servidor público de qualquer categoria que presta serviços em repartições públicas no exercício de um cargo público, preenchido, legitimamente, mediante aprovação em concurso. **2.** Em *sentido restrito,* é aquele admitido para ocupar e desempenhar cargos técnicos ou serviços de categoria inferior, sem que tenha se submetido a uma prova pública (De Plácido e Silva).

EMPREGADOR. *Direito do trabalho.* Empresa individual ou coletiva que, assumindo os riscos da atividade econômica, admite, assalaria e dirige a prestação pessoal de serviço. É, também, empregador, para efeito de relação empregatícia, o profissional liberal, instituição de beneficência, associação recreativa ou qualquer outra sem fins lucrativos, que admite trabalhadores como empregados. É, portanto, o patrão.

EMPREGADOR DOMÉSTICO. *Direito do trabalho.* **1.** É aquele que contrata alguém para prestar serviços residenciais não eventuais sem finalidade lucrativa, em sua própria casa, para atendê-lo pessoalmente ou atender seus familiares. **2.** É a pessoa, a família ou a entidade familiar que admite empregado doméstico a seu serviço, mediante remuneração e sem finalidade lucrativa e poderá abater no imposto sobre a renda o recolhimento ao INSS, sem contudo ter a possibilidade de descontar gastos com alimentação, higiene e alojamento de empregado.

EMPREGADOR RURAL. *Direito agrário.* Pessoa física ou jurídica, proprietária ou não, que explora atividade agroeconômica, em caráter temporário ou permanente, diretamente ou por meio de prepostos, contratando para tanto empregados para auxiliá-lo no campo, prestando serviços de natureza agrária.

EMPREGADO RURAL. *Direito do trabalho* e *direito agrário.* Aquele que presta serviço no campo ou em propriedade rural, de natureza não eventual, a empregador rural, sob sua subordinação e mediante pagamento de salário.

EMPREGADO RURAL VOLANTE. *Direito agrário.* Bóia-fria ou trabalhador rural, residente em zona urbana, que presta serviço no campo, sendo diariamente transportado por caminhão pelo empregador, pelo seu preposto, ou por alguém por ele contratado, para o local de trabalho.

EMPREGADOS AUTÔNOMOS. *Direito previdenciário.* Aqueles que prestam serviços profissionais por conta própria sem qualquer vínculo de subordinação, tendo, desde que segurados, direito aos benefícios da previdência social, que têm como fato gerador o implemento do tempo de serviço.

EMPREGADOS DE EMBAIXADAS E CONSULADOS. *Direito internacional privado.* **1.** Trabalhadores que prestam serviços particulares ou domésticos à pessoa do embaixador ou do cônsul, estando sujeitos ao sistema de previdência social do Estado acreditado, salvo se não for nacional nem domiciliado no Estado acreditado ou se estiver protegido pelo sistema previdenciário do Estado acreditado ou de terceiro Estado, hipóteses em que o agente diplomático deverá respeitar as leis previdenciárias locais. **2.** Empregados administrativos, técnicos ou domésticos do Estado acreditante a serviço de consulados e de missões diplomáticas; contribuem para o sistema de previdência social do Estado ao qual prestam serviços (acreditante) ou podem, se quiserem, contribuir, com o consenso do Estado acreditado, para a previdência social local, seja qual for sua nacionalidade ou domicílio.

EMPREGADO VENDEDOR. *Direito do trabalho.* Diz-se daquele que exerce atividade em certa zona de trabalho, como o pracista, ou em locais diversos, como o viajante, tendo direito a uma comissão sobre as vendas efetuadas (Othon Sidou).

EMPREGAR. 1. Dar emprego a alguém. **2.** Aplicar dinheiro em negócios. **3.** Admitir pessoa como empregada para prestar serviços em estabelecimentos públicos. **4.** Utilizar; fazer uso de.

EMPREGO. 1. Cargo ou função. **2.** Utilização ou uso. **3.** Aplicação de recursos. **4.** Ocupação em serviço. **5.** Ação de empregar ou de dar trabalho. **6.** Exercício regular de uma atividade. **7.** Local onde se trabalha.

EMPREGO DE CAPITAL. *Economia política, direito comercial* e *direito bancário.* Aplicação de dinheiro para renda.

EMPREGO DE PROCESSO PROIBIDO OU DE SUBSTÂNCIA NÃO PERMITIDA. *Direito penal.* Crime contra a saúde pública que consiste em empregar, no fabrico de produto destinado a consumo, revestimento, gaseificação artificial, matéria corante, ou substância aromática, anti-séptica, conservante ou qualquer outra não expressamente permitida pelas leis sanitárias, punível com detenção e multa.

EMPREGO DO COMÉRCIO. *Direito comercial* e *direito do trabalho.* É o que se exerce num estabelecimento comercial ou industrial.

EMPREGO IRREGULAR DE VERBAS OU RENDAS PÚBLICAS. *Direito penal.* Crime de desvio de verbas, praticado contra a Administração Pública por funcionário público que, tendo a disposição de rendas públicas, aplica-as de modo diverso do determinado ou não autorizado legalmente; punido com detenção ou multa.

EMPREGOMANIA. Mania de obter empregos públicos, preferindo-os a qualquer outra modalidade de trabalho.

EMPREGOMANÍACO. 1. Relativo a empregomania. **2.** Aquele que tem empregomania.

EMPREGO PRIVADO. *Direito do trabalho.* Diz-se daquele em que a relação empregatícia é estabelecida com pessoa física ou jurídica de direito privado.

EMPREGO PÚBLICO. *Direito do trabalho.* Ocorre quando o empregador é pessoa jurídica de direito público.

EMPREGO ÚTIL. *Direito comparado.* Dá-se quando alguém, sem ser gestor de negócio ou mandatário, efetua despesas úteis para terceiro, podendo demandá-lo, então, para reaver o que despendeu.

EMPREGUISMO. *Ciência política.* Tendência para dar; em razão de interesses políticos, empregos públicos em grande escala.

EMPREGUISTA. *Ciência política.* Diz-se da pessoa que é partidária do empreguismo.

EMPREITADA. *Direito civil.* Também chamada locação de obra, consiste no contrato pelo qual um dos contraentes (empreiteiro) se obriga, sem subordinação ou dependência, a realizar, pessoalmente ou por meio de terceiro, certa obra para o outro (dono da obra ou comitente), com material próprio ou por este fornecido, mediante remuneração determinada ou proporcional ao trabalho executado.

EMPREITADA AD MENSURAM. *Vide* EMPREITADA POR MEDIDA.

EMPREITADA ADMINISTRATIVA. *Vide* CONTRATO DE OBRA PÚBLICA.

EMPREITADA AGRÍCOLA. *Direito agrário.* Contrato pelo qual alguém, por sua conta e risco, assume a obrigação de realizar, com seus próprios empregados, obras de natureza agrária em propriedade rural, como preparação da terra para o plantio, bateção de pasto, conserto de cercas etc., mediante preço global determinado.

EMPREITADA A PREÇO FIXO. *Direito civil.* É aquela locação de obra em que a retribuição é estipulada para a obra inteira, sem considerar o fracionamento da atividade.

EMPREITADA A PREÇO FIXO ABSOLUTO. *Direito civil.* Aquela em que o preço da obra será fixado de antemão, em quantia certa e invariável, não admitindo, portanto, qualquer alteração na remuneração, seja qual for o custo de mão-de-obra ou dos materiais.

EMPREITADA A PREÇO FIXO RELATIVO. *Direito civil.* Locação de obra em que se convenciona preço total, permitindo variação em decorrência do preço de algum dos componentes da obra, ou de alterações que já estejam programadas por influência de fatos previsíveis ainda não constatados.

EMPREITADA DE LAVOR. *Direito civil.* Ocorre quando o empreiteiro assume apenas a obrigação de prestar o trabalho necessário para a confecção, a produção, a construção ou a execução da obra.

EMPREITADA DE MATERIAIS. *Direito civil.* É aquela em que o empreiteiro, ao se obrigar à realização de uma obra, se compromete a fornecer não só os materiais necessários à sua execução como também a mão-de-obra, contraindo, concomitantemente, uma obrigação de fazer e de dar. Trata-se da empreitada mista.

EMPREITADA DE VALOR REAJUSTÁVEL. *Direito civil.* Locação de obra que contém cláusula permissiva de variação do preço, em conseqüência de aumento ou diminuição valorativa da mão-de-obra e dos materiais. Permite, ainda, que o preço da obra varie segundo índices oficiais, procedendo-se à revisão periódica em datas preestabelecidas.

EMPREITADA MARCHÉ À FORFAIT. *Vide* EMPREITADA A PREÇO FIXO.

EMPREITADA MARCHÉ SUR DÉVIS. *Vide* EMPREITADA POR MEDIDA.

EMPREITADA MISTA. *Vide* EMPREITADA DE MATERIAIS.

EMPREITADA NOS CONTRATOS DO ESTADO. *Direito administrativo* e *direito civil.* Contrato em que o Poder Público e o empreiteiro (alheio à Administração Pública) estipulam a efetivação de uma obra pública, mediante retribuição relativa à execução total do trabalho realizado. Tal contrato rege-se pelas normas de direito civil.

EMPREITADA PARCIAL. *Direito civil.* Contrato celebrado com empresa construtora para a realização de parte de obra, com ou sem fornecimento de material.

EMPREITADA POR MEDIDA. *Direito civil.* É aquela em que na fixação do preço se procura atender ao fracionamento da obra, considerando-se as partes em que ela se divide ou a medida. Estipula-se o pagamento a tanto por unidade ou por parte concluída. Há invariabilidade do preço, só que esta é relativa ao preço de cada unidade da medida ou de cada espécie de trabalho e não atinente ao preço da obra toda. Também chamada "empreitada *ad mensuram*" ou "empreitada *marché sur dévis*".

EMPREITADA POR PREÇO DE CUSTO. *Direito civil.* Diz-se daquela em que o empreiteiro se obriga a realizar a obra, ficando sob sua responsabilidade o fornecimento dos materiais e o pagamento da mão-de-obra, mediante o reembolso do que foi gasto, acrescido do lucro assegurado.

EMPREITADA POR PREÇO MÁXIMO. *Direito civil.* Aquela em que se estabelece um limite de valor que não poderá ser ultrapassado pelo empreiteiro. O empreiteiro receberá, antecipadamente, uma lista atinente à qualidade e quantidade dos materiais e mão-de-obra necessários, juntamente com os preços dos materiais e salários dos operários.

EMPREITADA TOTAL. *Direito civil.* Contrato celebrado exclusivamente com empresa construtora, que assume a responsabilidade direta da execução total da obra, com ou sem fornecimento de material.

EMPREITAR. *Direito civil.* **1.** Ajustar contrato de empreitada. **2.** Realizar obra por empreitada.

EMPREITEIRA. *Direito civil.* Empresa que executa obra de construção civil, no todo ou em parte, mediante contrato de empreitada celebrado com proprietário, dono da obra, incorporador ou condômino.

EMPREITEIRO. *Direito civil.* Aquele que realiza uma obra mediante remuneração convencionada, contribuindo apenas com seu trabalho ou com o fornecimento de mão-de-obra e materiais.

EMPREITEIRO DE TANQUE. *Direito agrário.* Expressão usada em Sergipe para designar o trabalhador rural do setor pecuário.

EMPRESA. 1. *Direito comercial.* a) Sociedade organizada que explora indústria ou comércio; b) organização do capital e do trabalho empenhada em exercer atividade econômica; c) estabelecimento mercantil ou industrial; d) organização que tem por objeto prover a produção, a troca e a circulação de bens ou serviços (Ripert e Truchy); e) organização técnico-econômica que se propõe a produzir, mediante a combinação dos diversos elementos (natureza, trabalho e capital), bens ou serviços destinados à troca (venda) com esperança de realizar lucros, correndo os riscos por conta do empresário (Carvalho de Mendonça); f) organização da produção na qual se combinam os preços dos diversos fatores de produção, trazidos por agentes distintos do proprietário da empresa, visando a vender um bem ou serviços no mercado, para obter, por diferença entre os dois preços (preço de custo e preço de venda), o maior proveito monetário possível (F. Perroux). Trata-se de uma unidade econômica; g) atividade econômica de produção ou circulação de bens ou serviços (Fábio Ulhoa Coelho); h) é a firma individual ou a sociedade que assume o risco de atividade econômica urbana ou rural, com fins lucrativos ou não, bem como os órgãos e entidades da Administração Pública direta, indireta ou fundacional; i) organização econômica de fatores de produção, ou melhor, é a atividade organizada dirigida à criação de riqueza, pela produção e circulação de bens ou de serviços, desenvolvida por uma pessoa natural (empresário) ou jurídica (sociedade empresária), por meio de um estabelecimento. **2.** *Direito civil.* Organização civil que explora um ramo negocial. **3.** *Direito econômico.* Agente da atividade econômica, ou melhor, instrumento

EMPRESA AGRÁRIA

de execução da política econômica (Albino de Souza). **4.** *Direito tributário.* No *sentido subjetivo,* a empresa, na condição de sociedade ou de firma individual, é contribuinte, devendo pagar tributos, ou beneficiária da política de estímulos financeiros, proporcionados pelos mecanismos de arrecadação. No *sentido objetivo,* a empresa surge como fato gerador de tributos relativamente à produção, circulação, importação e exportação de bens (Ana Maria F. Augusto). **5.** *Direito do trabalho.* Organização do trabalho alheio, sob regime de subordinação hierárquica, que busca obter lucros correspondentes à remuneração do empregador (Evaristo de Moraes Filho). O empregador é equiparado à empresa. **6.** *Direito agrário.* Empreendimento voltado à exploração da terra, como fator de produção e recurso natural (Cottely). **7.** Na *linguagem jurídica* em geral, pode, ainda, ter o sentido de negócio, empreendimento ou cometimento. **8.** *Direito previdenciário.* Para fins previdenciários, é: a) a firma individual ou sociedade que assume o risco de atividade econômica urbana, ou rural, com fins lucrativos ou não, bem como os órgãos e entidades da Administração Pública direta, indireta ou fundacional; b) o autônomo equiparado em relação a segurado que lhe presta serviço, bem como a cooperativa, a associação ou entidade de qualquer natureza ou finalidade, a missão diplomática e a repartição consular de carreira estrangeiras.

EMPRESA AGRÁRIA. *Direito agrário.* Conjunção da terra, do investimento nela realizado e destinado à produção, da organização do trabalho desenvolvido no bem imóvel, e dos bens móveis e semoventes nela existentes, que são os elementos integrados que determinam a destinação à produção de bens com intuito lucrativo (Scaff e Fábio Maria De Mattia).

EMPRESA AGRÍCOLA. *Direito agrário.* Organização econômica que exerce a agricultura, constituindo e dirigindo a exploração agrícola.

EMPRESA AGROINDUSTRIAL. *Direito agrário.* Organização destinada à produção de produtos agropecuários para transformá-los pela industrialização. É, portanto, a que industrializa sua própria produção.

EMPRESA AGROPECUÁRIA. *Vide* EMPRESA RURAL.

EMPRESA BINACIONAL BRASILEIRO-ARGENTINA. *Direito internacional privado.* É aquela em que, para efeitos de Mercosul, participam brasileiros e argentinos. Conforme o Estatuto das Empresas Binacionais, firmado pelo Mercosul, aos investidores nacionais do Brasil e da Argentina devem pertencer pelo menos 80% do capital e dos votos, para que tenham o controle total da empresa. Mas abre uma entrada, nos 20% restantes, para sócios ou investidores estrangeiros.

EMPRESA BRASILEIRA DE CAPITAL NACIONAL. *Direito constitucional.* Aquela cujo controle efetivo está, em caráter permanente, sob a titularidade direta ou indireta de pessoas físicas domiciliadas e residentes no País ou de entidades de direito público interno, entendendo-se por controle efetivo da empresa a titularidade da maioria de seu capital votante e o exercício, de fato e de direito, do poder decisório para gerir suas atividades. A lei poderá não só conceder a tal empresa proteção e benefícios especiais temporários para o desenvolvimento de atividades estratégicas para a defesa nacional, ou necessárias ao desenvolvimento do País, como também estabelecer que seu controle se estenda às suas atividades tecnológicas e fixar percentuais de participação, no capital, de pessoas físicas domiciliadas no País ou de entidades de direito público interno.

EMPRESA BRASILEIRA DE CORREIOS E TELÉGRAFOS (ECT). *Direito administrativo.* Empresa pública que presta serviços postais e contribui para o desenvolvimento de projetos e programas de exportação, colocando à disposição do exportador nacional a maior rede de logística mundial, bem como a necessária segurança na postagem.

EMPRESA BRASILEIRA DE HEMODERIVADOS E BIOTECNOLOGIA (HEMOBRÁS). *Direito administrativo.* Empresa pública vinculada ao Ministério da Saúde, com a função social de garantir aos pacientes do SUS (Sistema Único de Saúde) o fornecimento de medicamentos hemoderivados ou produzidos por biotecnologia. A HEMOBRÁS tem por finalidade explorar diretamente atividade econômica, consistente na produção industrial de hemoderivados prioritariamente para tratamento de pacientes do SUS a partir do fracionamento de plasma obtido no Brasil, vedada a comercialização somente dos produtos resultantes, podendo ser ressarcida pelos serviços de fracionamento. Observada a prioridade, a HEMOBRÁS poderá fracionar plasma ou produtos intermediários obtidos no exterior para atender às necessidades internas do País ou para prestação de serviços a outros países, mediante contrato. A HEMOBRÁS sujeitar-se-á ao regime jurídico próprio das empresas privadas, inclusive quanto aos direitos e obrigações civis, comerciais, trabalhistas e tributários. Para a realização de suas finalidades, compete à HEMOBRÁS, em conformidade com as diretrizes do Ministério da Saúde: a) captar, armazenar e transportar plasma para fins de fracionamento; b) avaliar a qualidade do serviço e do plasma a ser fracionado por ela; c) fracionar o plasma ou produtos intermediários (pastas) para produzir hemoderivados; d) distribuir hemoderivados; e) desenvolver programas de intercâmbio com órgãos ou entidades nacionais e estrangeiras; f) desenvolver programas de pesquisa e desenvolvimento na área de hemoderivados e de produtos obtidos por biotecnologia, incluindo reagentes, na área de hemoterapia; g) criar e manter estrutura de garantia da qualidade das matérias-primas, processos, serviços e produtos; h) fabricar produtos biológicos e reagentes obtidos por engenharia genética ou por processos biotecnológicos na área de hemoterapia; i) celebrar contratos e convênios com órgãos nacionais da administração direta ou indireta, empresas privadas e com órgãos internacionais para prestação de serviços técnicos especializados; j) formar, treinar e aperfeiçoar pessoal necessário às suas atividades; e k) exercer outras atividades inerentes às suas finalidades.

EMPRESA BRASILEIRA DE NAVEGAÇÃO. *Direito marítimo.* Pessoa jurídica constituída segundo as leis brasileiras, com sede no País, que tenha por objeto o transporte aquaviário e esteja autorizada a operar pelo órgão competente, que é a ANTAQ.

EMPRESA BRASILEIRA DE NAVEGAÇÃO INTERIOR. *Direito marítimo.* Pessoa jurídica, constituída segundo as leis brasileiras, com sede no País, que tenha por objeto o transporte aquaviário, autorizada pela ANTAQ a explorar o serviço de transporte exclusivamente de carga na navegação interior de percurso longitudinal.

EMPRESA BRASILEIRA DE PESQUISA AGROPECUÁRIA (EMBRAPA). *Direito agrário.* Empresa pública, vinculada ao Ministério da Agricultura e do Abastecimento, dotada de personalidade jurídica de direito privado, com patrimônio próprio, autonomia administrativa e financeira. Tem por objetivo: a) planejar, supervisionar, orientar, controlar e executar ou promover a execução de atividades de pesquisa agropecuária, com o objetivo de produzir conhecimentos tecnológicos a serem empregados no desenvolvimento da agricultura nacional; b) apoiar, técnica e administrativamente, os órgãos e entidades do Poder Executivo, ou organismos a ele vinculados, com atribuições de formulação, orientação e coordenação da política agrícola e da política de ciência e tecnologia relativa ao setor agrícola; c) estimular e promover a descentralização operativa, referente às atividades de pesquisa agropecuária de interesse regional, estadual e municipal, mediante integração com organismos de objetivos afins atuantes naquelas áreas, em relação aos quais exercerá ação de cooperação técnico-científica; d) exercer a coordenação do Sistema Nacional de Pesquisa Agropecuária (SNPA), mediante convênio com os Estados, o Distrito Federal e os Municípios. As pesquisas de que trata o item *a* abrangem as áreas de ciências agronômicas, veterinárias, da sociologia e da economia rural, além daquelas relacionadas com a agroindústria, podendo, ainda, estender-se às ciências florestais e do meio ambiente e, em cooperação com as entidades próprias, a assuntos de pesca, de meteorologia e outros compreendidos nas áreas de atuação do Ministério da Agricultura e do Abastecimento. Para consecução de suas finalidades, deverá a EMBRAPA, especialmente: a) interagir com entidades públicas, federais, estaduais ou municipais, que se dediquem à pesquisa agropecuária, visando à harmonização de programas; b) articular-se com entidades de direito privado, notadamente as que congreguem produtores rurais e outros agentes do setor produtivo, para execução de trabalhos de pesquisa agropecuária; c) manter estreita articulação com as entidades de assistência técnica e extensão rural, públicas ou privadas, para efeitos de difusão de tecnologia e de obtenção de apoio às atividades de pesquisa; d) evitar duplicação de investimentos na execução de atividades de pesquisa, mediante a sistemática mobilização da capacidade já instalada em outras áreas, especialmente nas universidades e em organismos governamentais federais, estaduais ou municipais; e) promover e apoiar a formação e o aperfeiçoamento de pessoal especializado nos vários tipos de pesquisa a que deve dedicar-se, bem como realizar o treinamento sistemático de seu pessoal técnico e administrativo; f) conceder apoio financeiro para atividades de pesquisa de seu interesse, a serem executadas por outras entidades, repassando os recursos financeiros, mediante convênio ou contrato de projetos de pesquisa específicos; g) manter relacionamento com entidades internacionais e estrangeiras, com vistas à sua permanente atualização tecnológica e científica e estabelecimento de parcerias na execução de projetos específicos de pesquisa e desenvolvimento.

EMPRESA BRASILEIRA DE TELECOMUNICAÇÕES (EMBRATEL). *Direito administrativo* e *direito das comunicações.* Organização integrante do Ministério das Comunicações, à qual compete, segundo as conveniências técnico-econômicas, explorar troncos interurbanos.

EMPRESA COLETIVA. *Direito civil* e *direito comercial.* Organização que tem como titular pessoa jurídica de direito privado seja ela simples ou empresária.

EMPRESA COLETIVA AGRÁRIA. *Direito agrário.* Empresa cuja titularidade pertence a vários sujeitos, em nome e por conta dos quais são exercidas as atividades agrárias. Pode-se apresentar, por exemplo, conforme nos ensina Casadei, como: a) a que contém vários proprietários, usufrutuários, arrendatários ou parceiros outorgados, que, conjuntamente, exploram a terra, sob uma gestão comum, dividindo as rendas na proporção de suas cotas; b) aquela em que várias pessoas se associam, para, com o seu capital, adquirir terra; c) associação de grupos de trabalhadores que, juntamente com o empresário, dirigem a empresa, dividindo os proveitos e os riscos; d) empresa coletiva de cultivo, organizada por meio de associação de capital e trabalho; e) empresa coletiva para criação de animais, resultante da associação com um capitalista que é trabalhador rural, ou de uma associação com participação, sendo o parceiro outorgante o titular da empresa; f) empresa coletiva de cultivo, formada por uma família; g) aquela que procura a satisfação de fins determinados ou de exigências especiais de gerência; h) aquela constituída por agricultores para adquirir produtos, mercadorias, instrumentos rurais ou máquinas, ou para transformar e vender produtos.

EMPRESA COMERCIAL. *Direito comercial.* **1.** A que se dedica apenas à mercancia. **2.** Organização que tem por escopo prover a produção, a troca e a circulação de bens e serviços (Ripert e Truchy).

EMPRESA CONCESSIONÁRIA. 1. *Direito administrativo.* Aquela que contrata com a Administração Pública, mediante remuneração, a execução de serviço ou de obra pública ou o uso de bem público, para explorá-los dentro do prazo avençado e sob as condições contratualmente estabelecidas. **2.** *Direito comercial.* Empresa que, ao comprar em grosso os produtos de uma indústria, revende-os a retalho, sob controle técnico e vigilância daquela empresa industrial que, descentralizando sua atividade, deferiu-lhe a distribuição e colocação de seus produtos no mercado consumidor, mediante contrato comercial de concessão de venda.

EMPRESA CONTROLADA. *Direito comercial* e *direito administrativo.* Sociedade cuja maioria do capital social com direito a voto pertença, direta ou indiretamente, a ente da federação.

EMPRESA COOPERATIVA. *Direito civil.* Associação, sob forma de sociedade, sem *animus lucrandi*, que tem por finalidade estimular a poupança, a aquisição e a economia de seus membros, mediante o exercício de uma atividade econômica comum. É, portanto, uma organização de atividade econômica, tendo por objetivo a produção agrícola ou industrial ou, ainda, a circulação de bens ou de serviços.

EMPRESA DE ADMINISTRAÇÃO DE BENS. *Direito civil.* Aquela que tem a função de administrar bens alheios, sejam eles imóveis ou valores mobiliários. Se prestar serviço de gestão imobiliária, encarrega-se, por exemplo, da locação do imóvel ou da administração dos serviços de edifícios em condomínio. Se administrar valores mobiliários, submeter-se-á à fiscalização e prévia autorização da Comissão de Valores Mobiliários (CVM).

EMPRESA DE BASE TECNOLÓGICA EM TECNOLOGIAS DA INFORMAÇÃO. É entendida como uma empresa com aptidão para desenvolver produtos, processos ou serviços inovadores nos quais as tecnologias da informação representam alto valor agregado. *Vide* INCUBADORA DE EMPRESAS DE BASE TECNOLÓGICA.

EMPRESA DE *COURIER.* *Direito internacional privado.* Empresa que tem como atividade preponderante a prestação de serviços de transporte internacional expresso, porta a porta, em pelo menos três continentes distintos, de remessa expressa (documento, encomenda) destinada a terceiros, em fluxo regular e contínuo, tanto na importação como na exportação.

EMPRESA DE DRAGAGEM. Pessoa jurídica que tenha por objeto a realização de obra ou serviço de dragagem com a utilização ou não de embarcação.

EMPRESA DE *FACTORING*. *Direito comercial.* Sociedade mercantil, integrante do Sistema ANFAC-FEBRAFAC, legalmente constituída, que tem por objetivo investir em equipamentos e recursos humanos, e celebrar contrato de fomento mercantil com sua clientela, em regra pequenas e médias empresas (Luiz Lemos Leite).

EMPRESA DE MERGULHO. *Direito marítimo.* É toda empresa que empregue mergulhadores em atividades subaquáticas, com finalidade comercial. Será tratado, também, como empresa de mergulho, cooperativa ou qualquer outra entidade com finalidade comercial que realize esse tipo de atividade.

EMPRESA DE MINERAÇÃO. *Direito constitucional.* Organização dedicada à exploração de jazidas minerais.

EMPRESA DE NAVEGAÇÃO. *Direito marítimo.* Organização incumbida de: prestar serviço adequado, conforme as normas legais e regulamentares aplicáveis; manter em dia o inventário e o registro dos bens utilizados na prestação do serviço; prestar contas da gestão do serviço, conforme for definido em ato do Diretor do Departamento de Marinha Mercante; cumprir e fazer cumprir as normas legais e regulamentares do serviço; permitir aos encarregados da fiscalização livre acesso, em qualquer época, às obras, aos equipamentos e às instalações integrantes do serviço, bem como a seus registros contábeis; zelar pela manutenção dos bens utilizados na prestação do serviço. A autorização para funcionamento de empresa brasileira de navegação mediante afretamento poderá ser outorgada à pessoa jurídica que não disponha de navio próprio e que se enquadre em uma das seguintes condições alternativas: a) possua contrato de afretamento de navio de bandeira brasileira; b) possua contrato de afretamento de navio estrangeiro, a casco nu, pelo prazo mínimo de cinco anos; c) possua contrato de financiamento em eficácia para construção de embarcação; d) tenha obtido prioridade da Comissão Diretora do Fundo de Marinha Mercante para construção de embarcação. A empresa brasileira de navegação deverá manter em tráfego, em caráter permanente, pelo menos uma embarcação própria de registro brasileiro.

EMPRESA DE PEQUENO PORTE. *Direito comercial.* Empresa que tem receita bruta anual entre R$ 240.000,00 a 2.400.000,00

EMPRESA DE PESQUISA ENERGÉTICA (EPE). *Direito administrativo.* Empresa pública, dotada de personalidade jurídica de direito privado, vinculada ao Ministério de Minas e Energia, que tem por finalidade prestar serviços na área de estudos e pesquisas destinadas a subsidiar o planejamento do setor energético, tais como energia elétrica, petróleo e gás natural e seus derivados, carvão mineral, fontes energéticas renováveis e eficiência energética. Compete à EPE: a) realizar estudos e projeções da matriz energética brasileira; b) elaborar e publicar o balanço energético nacional; c) identificar e quantificar os potenciais de recursos energéticos; d) dar suporte e participar das articulações relativas ao aproveitamento energético de rios compartilhados com países limítrofes; e) realizar estudos para a determinação dos aproveitamentos ótimos dos potenciais hidráulicos; f) obter a licença prévia ambiental e a declaração de disponibilidade hídrica necessárias às licitações envolvendo empreendimentos de geração hidrelétrica e de transmissão de energia elétrica, selecionados pela EPE; g) elaborar estudos necessários para o desenvolvimento dos planos de expansão da geração e transmissão de energia elétrica de curto, médio e longo prazos; h) promover estudos para dar suporte ao gerenciamento da relação reserva e produção de hidrocarbonetos no Brasil, visando à autossuficiência sustentável; i) promover estudos de mercado visando definir cenários de demanda e oferta de petróleo, seus derivados e produtos petroquímicos; j) desenvolver estudos de impacto social, viabilidade técnico-econômica e socioambiental para os empreendimentos de energia elétrica e de fontes renováveis; k) efetuar o acompanhamento da execução de projetos e estudos de viabilidade realizados por agentes interessados e devidamente autorizados; l) elaborar estudos relativos ao plano-diretor para o desenvolvimento da indústria de gás natural do Brasil; m) desenvolver estudos para avaliar e incrementar a utilização dos combustíveis renováveis; n) dar suporte e participar nas articulações visando a integração energética com outros países; o) promover estudos e produzir informações para subsidiar planos e programas de desenvolvimento energético ambientalmente sustentável, inclusive, de eficiência energética; p) promover planos

EMPRESA DE PORTOS DO BRASIL

de metas voltadas para a utilização racional e conservação de energia, podendo estabelecer parcerias de cooperação para este fim; q) promover estudos voltados para programas de apoio para a modernização e capacitação da indústria nacional, visando maximizar a participação desta no esforço de fornecimento dos bens e equipamentos necessários para a expansão do setor energético; r) desenvolver estudos para incrementar a utilização de carvão mineral nacional. Os estudos e pesquisas desenvolvidos pela EPE subsidiarão a formulação, o planejamento e a implementação de ações do Ministério de Minas e Energia, no âmbito da política energética nacional.

EMPRESA DE PORTOS DO BRASIL. *Direito marítimo.* Empresa pública que por escopo constrói, administra e explora os portos.

EMPRESA DE PRESTAÇÃO DE SERVIÇOS A TERCEIROS. *Direito do trabalho.* É a pessoa jurídica de direito privado, de natureza empresarial, legalmente constituída, que se destina a realizar determinado e específico serviço a outra empresa fora do âmbito das atividades-fim e normais para que se constituiu esta última.

EMPRESA DE PROCESSAMENTO DE DADOS DA PREVIDÊNCIA SOCIAL (DATAPREV). *Direito previdenciário.* É empresa pública vinculada ao Ministério da Previdência Social, que tem por objetivo estudar e viabilizar tecnologias de informática na área da previdência e assistência social, compreendendo sistemas operacionais e equipamentos de computação, a prestação de serviços de processamento e tratamento de informações bem assim o desempenho de outras atividades correlatas.

EMPRESA DE RADIODIFUSÃO. *Direito constitucional.* Organização privativa de brasileiros natos, ou naturalizados há mais de dez anos, responsáveis pela sua administração, tendo por fim emitir e transmitir notícias e programas culturais, educativos, esportivos e recreativos por meio de radiofonia, uma vez que é uma indústria de comunicação sujeita às leis de economia de mercado. Proibida está a participação de pessoa jurídica no capital social de empresa de radiodifusão, salvo a de partido político e de sociedade cujo capital pertença exclusiva e nominalmente a brasileiros.

EMPRESA DE SEGURO. *Direito civil.* Organização que, pela contratação de seguros, tem por objetivo não só a distribuição e pulverização de riscos futuros, como também a formação de recurso ou de reserva por meio dos prêmios pagos pelo segurado e de seus próprios investimentos, para garantir o pagamento das indenizações a que fazem jus aqueles atingidos pelos sinistros previstos na apólice.

EMPRESA DE TRABALHO TEMPORÁRIO. *Direito do trabalho.* É a pessoa física ou jurídica urbana, cuja atividade consiste em colocar à disposição de outras empresas, temporariamente, trabalhadores devidamente qualificados, por ela remunerados e assistidos, ficando obrigada ao registro da condição de temporário na Carteira de Trabalho e Previdência Social do trabalhador. Considera-se trabalho temporário aquele prestado por pessoa física a uma empresa tomadora ou cliente, para atender a necessidade transitória de substituição de seu pessoal regular e permanente ou a acréscimo extraordinário de serviços. Empresa tomadora ou cliente é a pessoa física ou jurídica urbana de direito público ou privado e a que celebrar contrato com empresa de trabalho temporário objetivando atender a necessidade transitória de substituição de seu pessoal, regular e permanente ou a demanda extraordinária de serviços.

EMPRESA DE TRANSPORTE DE VALORES AÉREO, FLUVIAL OU OUTROS MEIOS. *Direito comercial.* É a empresa de transporte de valores e de serviços orgânicos de transporte de valores, que, para efetuar a atividade por via aérea, fluvial ou outros meios, deve: a) adotar as medidas de segurança necessárias, por ocasião do embarque e desembarque dos valores, junto às aeronaves, embarcações ou outros veículos; b) dotar a aeronave, embarcação ou outro veículo de, pelo menos, dois vigilantes para acompanhamento, obedecidas as normas da Aviação Civil ou da Capitania dos Portos; c) comprovar que possui convênio ou contrato com outra empresa, quando não possuir filial na localidade para onde estejam sendo transportados os valores. Os funcionários da empresa que acompanharem os valores transportados via aérea, fluvial ou outros meios ficam obrigados ao uso do uniforme aprovado pela Comissão de Vistoria. A empresa que transportar valores pelo modo intermodal, isto é, por mais de uma modalidade de veículos, onde um desses seja embarcação ou aeronave de carreira, deverá: a) adotar as medidas de segurança necessárias por ocasião do suprimento e recolhimento no estabelecimento financeiro e junto aos transportadores; b) dotar o veículo utilizado de pelo menos um

EMPRESA DE TRANSPORTE EXPRESSO INTERNACIONAL

funcionário da empresa para acompanhar o valor transportado, seguindo as normas da Aviação Civil ou da Capitania dos Portos, viajando como passageiro. O funcionário da empresa fica dispensado do uso de uniforme aprovado pela Comissão de Vistoria do DPF, sem prejuízo do uso do crachá de identificação.

EMPRESA DE TRANSPORTE EXPRESSO INTERNACIONAL. *Direito comercial* e *direito internacional privado.* Aquela que tenha como atividade preponderante a prestação de serviços de transporte expresso internacional aéreo, porta a porta, em pelo menos três continentes distintos, de remessa destinada a terceiros, em fluxo regular e contínuo, tanto na importação como na exportação.

EMPRESA DE TRANSPORTES. *Direito comercial.* Organização comercial que, profissionalmente, quer em nome individual, quer em sociedade, tem por finalidade a oferta e produção de serviços de transportes de pessoas ou de mercadorias, mediante celebração de contrato com o usuário.

EMPRESA ESPECIALIZADA EM TRATAMENTO FITOSSANITÁRIO OU QUARENTENÁRIO. *Direito agrário.* Entendem-se por empresas especializadas em tratamento fitossanitário ou quarentenário as empresas fumigadoras, habilitadas e credenciadas pelo Ministério da Agricultura, Pecuária e Abastecimento (MAPA), especializadas na manipulação e aplicação de agrotóxicos, para o controle de pragas quarentenárias e tratamento fitossanitário, ou de animais nocivos à saúde, que estejam com sua habilitação regularizada e tendo um responsável técnico legalmente habilitado. As empresas deverão estar devidamente habilitadas e credenciadas, conforme a IN/SDA/MAPA que regulamenta o assunto.

EMPRESA ESTATAL. *Direito administrativo.* Empresa pública, sociedade de economia mista, suas subsidiárias e controladas ou outra empresa em que a União, direta ou indiretamente, detém a maioria do capital social com direito a voto.

EMPRESA ESTATAL DEPENDENTE. *Direito empresarial* e *direito administrativo.* Empresa controlada que recebe do ente controlador recursos financeiros para pagamento de despesas com pessoal ou de custeio em geral ou de capital, excluídos, no último caso, aqueles provenientes de aumento de participação acionária.

EMPRESA ESTRANGEIRA. *Direito internacional privado.* Aquela que não é brasileira.

EMPRESA FABRICANTE DE VEÍCULO. *Direito empresarial.* É a que fabrica veículos a partir de componentes processados por ela própria e de componentes procedentes de fabricantes do setor automotivo.

EMPRESA FAMILIAR. *Direito comercial.* Organização de produção de bens ou de serviços que está sob a propriedade ou o controle de uma família, ou de um grupo de famílias, que nela trabalham ou que apenas a dirigem.

EMPRESA GESTORA DE ATIVOS (EMGEA). *Direito administrativo.* Empresa pública federal, de natureza não financeira, vinculada ao Ministério da Fazenda, que tem como objetivo adquirir bens e direitos da União e das demais entidades integrantes da Administração Pública Federal, podendo assumir obrigações destas, regendo-se pelo seu Estatuto Social e pelas normas legais que lhe forem aplicáveis.

EMPRESA HOTELEIRA. *Direito civil* e *direito comercial.* Pessoa jurídica que explora ou administra meio de hospedagem, tendo em seus objetivos sociais o exercício de atividade hoteleira.

EMPRESA INDIVIDUAL. *Direito civil* e *direito comercial.* Organização econômica que, visando a produção, circulação de bens ou serviços, tem por titular um empresário que assume os riscos negociais, assalaria e dirige a prestação pessoal dos serviços.

EMPRESA INDUSTRIAL. *Direito comercial.* Estabelecimento que manufatura produtos finais ou insumos, exercendo com eles a mercancia (Othon Sidou).

EMPRESA JORNALÍSTICA. *Direito constitucional.* Organização informativa que tem por fim a veiculação de notícias, cuja propriedade é privativa de brasileiros natos ou naturalizados há mais de dez anos, a quem cabe a responsabilidade por sua administração e orientação intelectual.

EMPRESA MERCANTIL. *Vide* EMPRESA COMERCIAL.

EMPRESA MISTA. *Direito mercantil* e *direito administrativo.* **1.** Sociedade de economia mista, que é pessoa jurídica de direito privado, criada por lei para exploração de atividade econômica, sob a forma de sociedade anônima, cujas ações com direito a voto pertencem, em sua maioria, à União ou à entidade da Administração indireta. Rege-se não só pelo direito privado, ou seja, por normas de direito comercial e trabalhista, como também pelas tributárias com a cautela do direito público, ante o fato de estar sujeita a certos princípios juspublicistas, como, por exemplo, a licitação, porque lida com recursos ou capitais públicos. **2.** Em *sentido amplo*, é a organização que exerce atividade econômica em que o Poder Público pode ser acionista majoritário ou minoritário. Para que se configure uma empresa mista basta que haja qualquer participação estatal no capital social.

EMPRESA MULTINACIONAL. *Economia política, direito comercial* e *direito internacional privado.* **1.** Organização econômica de produção e distribuição de riquezas, com tecnologia avançada e sediada num país, apesar de operar no exterior por meio de suas subsidiárias que, ao se integrarem com as atividades da matriz, transformam-na numa entidade operacional global, destinada a servir o mercado mundial (Berhman). **2.** Grande empresa que atua em vários países por meio de filiais ou participando no capital de empresas locais.

EMPRESA MUNICIPAL DE URBANIZAÇÃO (EMURB). *Direito administrativo* e *direito urbanístico.* É uma empresa pública municipal, sob a forma de sociedade simples, de fins econômicos. A EMURB é dotada de personalidade jurídica de direito privado com patrimônio próprio e autonomia administrativa. A EMURB terá como objetivo fundamental a execução de programas e obras de desenvolvimento urbano, obedecendo planos elaborados de acordo com os órgãos próprios da Prefeitura e aprovados previamente pela Câmara Municipal, compreendendo: a) a reurbanização de áreas em processo de transformação, ou em vias de deterioração; b) a urbanização de áreas não ocupadas; c) a recuperação e reciclagem de edifícios em processo de deterioração, ou inadequação de uso, do ponto de vista urbano. Para consecução de seus fins, a EMURB poderá desenvolver toda e qualquer atividade econômica a tal efeito necessária, inclusive adquirir, alienar e promover a desapropriação de imóveis, obedecida a legislação pertinente, em função da estrita execução dos programas e planos de melhoramentos específicos aprovados pelo Legislativo Municipal; realizar financiamento e outras operações de crédito, observada a legislação pertinente; e celebrar convênios com entidades públicas ou particulares, com a autorização legislativa. A EMURB terá, ainda, como objetivos: a) promover a implantação e exploração econômica, inclusive publicitária, de equipamentos urbanos e atividades complementares, na forma e em locais definidos por decreto do Executivo, de modo a elevar a qualidade da vida urbana; b) prestar serviços ou execução de obras mediante contrato celebrado com entidade pública da Administração Centralizada ou Descentralizada, bem como com as entidades em que o Poder Público seja detentor da maioria do capital social, estipulando-se no contrato a remuneração a ser paga à EMURB.

EMPRESA OPERADORA DE HELICÓPTERO. *Direito aéreo.* É aquela que, através de pessoal habilitado, deve comunicar ao Departamento de Aviação Civil (DAC) e ao armador as irregularidades encontradas nos helipontos e reportadas pelos comandantes dos helicópteros. Também deverá informar ao armador da plataforma marítima o envelope de pouso e decolagem (limites de vento para partida e parada dos motores) e limites de balanço e caturro para pouso e decolagem, no caso de plataformas móveis.

EMPRESA PARA FINS PREVIDENCIÁRIOS. *Direito previdenciário.* É a firma individual ou a sociedade que assume o risco de atividade econômica urbana ou rural, com fins lucrativos ou não, bem como os órgãos e as entidades da Administração Pública direta, indireta ou fundacional. Equipara-se à empresa para fins de cumprimento de obrigações previdenciárias: a) o contribuinte individual, em relação ao segurado que lhe preste serviço; b) a cooperativa, a associação ou entidade de qualquer natureza ou finalidade; c) a missão diplomática ou a repartição consular de carreira estrangeira.

EMPRESA PARTICULAR. *Vide* EMPRESA PRIVADA.

EMPRESA PARTICULAR DE COLONIZAÇÃO. *Direito agrário.* Pessoa física ou jurídica de direito privado que tem por fim promover o acesso à propriedade da terra e o seu desenvolvimento econômico, mediante sistema cooperativo ou divisão em propriedades apropriadas à região considerada.

EMPRESA PESQUEIRA. *Direito agrário.* Aquela que se dedica à captura, transformação e industrialização de animais e vegetais que têm a água por hábitat.

EMPRESA PRIVADA. *Direito civil* e *direito comercial.* Aquela cuja propriedade pertence a pessoa física ou jurídica de direito privado.

EMPRESA PRIVADA COLETIVA. *Direito civil* e *direito comercial.* É a pertencente a uma sociedade que a organiza e dirige.

EMPRESA PRIVADA SINGULAR. *Direito civil* e *direito comercial.* Aquela cuja propriedade é de uma pessoa física (empresário) que a explora. *Vide* EMPRESA INDIVIDUAL.

EMPRESA PÚBLICA. *Direito comercial* e *direito administrativo.* Entidade dotada de personalidade jurídica de direito privado, com patrimônio próprio e capital exclusivo da União; criada por lei para a exploração de atividade econômica que o governo seja levado a exercer por força de contingência ou de conveniência administrativa, podendo revestir-se de qualquer das formas admitidas em direito. É regida por normas comerciais, trabalhistas e tributárias, e princípios administrativos.

EMPRESA REPROCESSADORA. *Medicina legal.* Estabelecimento que presta serviços de reprocessamento de produtos médicos.

EMPRESARIALIDADE. *Direito comercial.* Atividade empresarial em movimento constante e sucessivo, pouco importando se exercida pela sociedade simples ou empresária, ou pelo empresário individual e o inter-relacionamento desta com os fornecedores, mercado consumidor ou de valores mobiliários, agentes econômicos diversificados, trabalhadores, meio ambiente e, finalmente, com relação aos próprios sócios e acionistas, gerando uma sinergia completa, que culmina em vivificar a empresa e agregar valor. A boa empresarialidade é a que reflete padrões éticos na busca de seu fim social, contribuindo para um mundo melhor e para uma redução de exclusões sociais (Adalberto Simão Filho).

EMPRESÁRIO. *Direito comercial.* **1.** Sujeito de direito responsável pela criação e direção de uma empresa, assumindo os riscos inerentes à execução da atividade econômico-empresarial que tem por fim a produção, a circulação, ou troca de bens ou serviços, desde que devidamente inscrito no Registro Público de Empresas Mercantis. **2.** Aquele que, visando lucro, investe capital na organização e realização de espetáculos artísticos, de certames esportivos etc. **3.** Aquele que, ante o fato de o exercício da profissão constituir elemento de empresa, pratica atos profissionais intelectuais, de natureza artística, literária ou científica, mesmo com o concurso de auxiliares ou colaboradores.

EMPRESÁRIO DE TRANSPORTE DE NAVEGAÇÃO INTERIOR. *Direito marítimo.* Pessoa física que exerce profissionalmente a atividade econômica organizada de exploração do serviço de transporte de carga na navegação interior de percurso longitudinal, inscrito no Registro Público de Empresas Mercantis da respectiva sede, autorizado pela ANTAQ a explorar o serviço de transporte exclusivamente de carga na navegação interior de percurso longitudinal.

EMPRESÁRIO DE TRANSPORTES. *Direito comercial.* Aquele que organiza e dirige o trabalho de seus subordinados no serviço de transporte terrestre, aeroviário ou marítimo, deslocando pessoas e mercadorias de um lugar a outro.

EMPRESÁRIO POLÍTICO. *Ciência política.* Profissional político que atua nos bastidores do mercado eleitoral, combinando os fatores da produção de poder, votos, recursos, organização, usando favores como mercancia de troca de votos, procurando meios financeiros (Belligni).

EMPRESÁRIO RURAL. *Direito agrário.* Pessoa física ou jurídica que exerce atividade agrária, seja ela agrícola, pecuária, agroindustrial ou extrativa, que constitui sua principal profissão, procurando conjugar, de forma racional e econômica, segundo os padrões fixados pública e previamente pelo governo, os fatores terra, trabalho e capital.

EMPRESA RURAL. *Direito agrário.* Empreendimento de pessoa física ou jurídica, pública ou privada, que visa a exploração econômica de imóvel rural, dentro de condição de rendimento econômico da região em que se situa, e que explora área mínima agricultável do imóvel, de conformidade com os padrões estabelecidos pelo Poder Executivo.

EMPRESAS DE COMERCIALIZAÇÃO DE ARTIGOS ORTOPÉDICOS. *Direito comercial.* Estabelecimentos que efetuam a revenda de produtos ortopédicos pré-fabricados, aparelhagem de auxílio e artigos relacionados ao seu ramo de negócio.

EMPRESAS DE CONFECÇÃO DE CALÇADOS ORTOPÉDICOS. *Direito comercial.* Estabelecimentos que em suas instalações promovem a retirada de medidas e/ou moldes gessados e executam a confecção de palmilhas e calçados ortopédicos em oficina própria. Esses estabelecimentos poderão comercializar outros artigos relacionados ao seu ramo de negócio.

EMPRESAS DE ORTOPEDIA TÉCNICA. *Direito comercial.* Estabelecimentos que em suas instalações promovem a retirada de medidas e/ou moldes gessados e executam a confecção, sob medida,

EMPRESA SEGURADORA DE SEGURO DE CRÉDITO À EXPORTAÇÃO

das órteses e próteses, podendo ainda executar a confecção de palmilhas e calçados ortopédicos em oficina própria, efetuando as provas, as adaptações, devendo a entrega se efetuar no Centro de Reabilitação/Clínica, na presença do médico que a prescreveu, ou substituto igualmente habilitado. Esses estabelecimentos poderão também comercializar produtos ortopédicos pré-fabricados, aparelhagem de auxílio e artigos relacionados ao seu ramo de negócio.

EMPRESA SEGURADORA DE SEGURO DE CRÉDITO À EXPORTAÇÃO. *Direito comercial* e *direito internacional privado.* É a constituída sob a forma de sociedade anônima, não podendo explorar qualquer outra atividade de comércio, indústria ou prestação de serviços e atuando no Seguro de Crédito à Exportação (SCE), vedando-se-lhe operar em qualquer outro ramo de seguros. A autorização para funcionamento de empresa seguradora de Seguro de Crédito à Exportação (SCE) é concedida pelo ministro de Estado da Fazenda, mediante requerimento dos incorporadores apresentado à Superintendência de Seguros Privados (SUSEP). Concedida tal autorização, a seguradora deve comprovar perante a SUSEP, em até noventa dias, haver cumprido todas as formalidades legais, além das exigências feitas no ato da autorização. Os casos de incorporação, fusão, encampação ou cessão de operações, transferência de controle acionário, alterações de estatutos e abertura de filiais ou sucursais no exterior devem ser submetidos à aprovação da SUSEP. A aplicação das reservas técnicas é definida pelo Conselho Monetário Nacional e metade do capital social da seguradora constitui permanente garantia suplementar das reservas técnicas e sua aplicação será idêntica à dessas reservas. Os bens garantidores da metade do capital social, reservas técnicas e fundos não podem ser alienados ou gravados de qualquer forma, sem prévia autorização da SUSEP, na qual serão inscritos. Quando a garantia recair em bem imóvel, será obrigatoriamente inscrita no competente cartório de registro geral de imóveis, mediante requerimento firmado pela sociedade seguradora e pela SUSEP, na forma da legislação em vigor.

EMPRESAS ESTATAIS FEDERAIS. *Direito administrativo* e *direito civil.* As empresas públicas, sociedades de economia mista, suas subsidiárias e controladas e demais empresas em que a União, direta ou indiretamente, detenha a maioria do capital social com direito a voto.

EMPRESAS INCUBADAS. *Direito comercial.* São empresas que fazem parte de um programa formal de incubação e usufruem dos serviços especializados de gestão empresarial, gestão da inovação tecnológica e comercialização prestados pela incubadora, no prazo máximo de três anos. *Vide* INCUBADORA DE EMPRESAS DE BASE TECNOLÓGICA.

EMPRESAS PONTO.COM. *Direito virtual.* Empresas com estabelecimento físico que se valem da internet para ampliar vendas de mercadorias ou serviços e as tipicamente internetenáuticas (Fábio Ulhoa Coelho).

EMPRESAS PÓS-INCUBADAS. *Direito comercial.* São empresas que fazem parte de um programa formal de pós-incubação e graduaram-se de incubadora há até um ano. *Vide* INCUBADORA DE EMPRESAS DE BASE TECNOLÓGICA.

EMPRESAS POSSUIDORAS DE SERVIÇOS ORGÂNICOS DE SEGURANÇA. *Direito comercial.* São empresas não especializadas, autorizadas a constituir um setor próprio de vigilância patrimonial ou de transporte de valores.

EMPRESAS PRÉ-INCUBADAS. *Direito comercial.* São empresas ou projetos de futuras empresas que fazem parte de um programa formal de pré-incubação e usufruem dos serviços especializados de gestão empresarial e tecnológica prestados pela incubadora para preparação de seu Plano de Negócios, com o objetivo de se candidatarem à incubação no prazo máximo de um ano. *Vide* INCUBADORA DE EMPRESAS DE BASE TECNOLÓGICA.

EMPRESAS PRODUTORAS DE MEDICAMENTOS. *Direito comercial.* Estabelecimentos industriais que, operando sobre matéria-prima ou produto intermediário, modificam-lhes a natureza, o acabamento, a apresentação ou a finalidade do produto, gerando, por meio desse processo, medicamentos. Equiparam-se às empresas produtoras de medicamentos os estabelecimentos importadores de medicamentos de procedência estrangeira que têm registros dos respectivos produtos importados junto à Agência Nacional de Vigilância Sanitária (Anvisa).

EMPRESAS VINCULADAS. *Direito comercial.* São entendidas como aquelas que fazem parte de um programa formal de pré-incubação, incubação ou pós-incubação, com faturamento bruto anual de até R$ 300 mil no último exercício. *Vide* INCUBADORA DE EMPRESAS DE BASE TECNOLÓGICA.

EMPRESA TRANSFORMADORA DE VEÍCULO. *Direito empresarial.* É a que transforma todo e qualquer veículo que por qualquer processo tenha sofrido alterações de modo a descaracterizá-lo da condição original.

EMPRESA TRANSITÁRIA. *Direito comercial.* *Vide* FORWARDING AGENT.

EMPRESA TRANSNACIONAL. *Direito comercial* e *direito internacional privado.* Diz-se daquela que possui negócios envolvendo interesses de vários países, tendo, por isso, estabelecimento em cada um deles.

EMPRESTADIO. *Direito civil.* O que se pode emprestar.

EMPRESTADO. *Direito civil.* Aquilo que se deu ou recebeu a título de empréstimo.

EMPRESTADOR. *Direito civil.* 1. Aquele que entrega coisa a título de mútuo ou comodato. 2. Mutuante. 3. Comodante. 4. O que empresta coisa.

EMPRESTAR. *Direito civil.* Entregar alguma coisa a alguém a título de empréstimo, para ser restituída dentro de determinado tempo.

EMPRESTATÁRIO. *Direito civil.* Mutuário ou comodatário, ou seja, aquele que toma emprestado alguma coisa. Trata-se do tomador que recebe a coisa por empréstimo.

EMPRÉSTIMO. *Direito civil.* Contrato pelo qual uma pessoa entrega a outra, gratuitamente, uma coisa, para que dela se sirva, com a obrigação de restituir (Coelho da Rocha). Duas são as espécies de empréstimo: a) o comodato, que constitui o empréstimo de uso, em que o bem emprestado deverá ser restituído em espécie, isto é, em sua individualidade, razão pela qual não poderá ser fungível ou consumível; b) o mútuo, que é o empréstimo de consumo, pois a coisa emprestada, sendo fungível ou consumível, não poderá ser devolvida, de modo que a restituição se fará no seu equivalente, ou seja, por outra coisa do mesmo gênero, quantidade e qualidade.

EMPRÉSTIMO ALEATÓRIO. *Vide* CONTRATO DE CÂMBIO MARÍTIMO.

EMPRÉSTIMO A RISCO MARÍTIMO. *Vide* CONTRATO DE CÂMBIO MARÍTIMO.

EMPRÉSTIMO BANCÁRIO. *Direito bancário.* Operação pela qual o banco entrega a terceiro uma certa soma de dinheiro para lhe ser devolvida dentro de determinado prazo, cobrando, para tanto, juros. Tal empréstimo é concedido mediante emissão de título de crédito do mutuário, em regra nota promissória, que servirá de garantia e meio de prova da operação (Fran Martins).

EMPRÉSTIMO COMPULSÓRIO. *Direito tributário* e *direito constitucional.* É aquele tributo instituído pela União, mediante lei complementar, não só para atender a despesas extraordinárias decorrentes de calamidade pública, de guerra externa ou sua iminência, como também nos casos de investimento público de caráter urgente e de relevante interesse nacional. A aplicação dos recursos provenientes de empréstimo compulsório será vinculada à despesa que fundamentou sua instituição. Esse tributo imposto ao contribuinte deverá ser devolvido, obrigatoriamente, pelo Estado, dentro do prazo por ele fixado. É um empréstimo público forçado.

EMPRÉSTIMO CONSORCIADO. *Direito bancário.* Empréstimo em que o banco coordenador forma um consórcio, dividindo o risco com outros bancos. O mesmo que EMPRÉSTIMO SINDICALIZADO (Luiz Fernando Rudge).

EMPRÉSTIMO DE AÇÕES NEGOCIÁVEIS EM BOLSA. *Direito comercial.* Operação no mercado de capitais que consiste na transferência de ações da carteira de um investidor para atender, temporariamente, as necessidades de um tomador, mediante prestação de uma garantia em valor equivalente ao preço total das ações emprestadas, acrescido de um adicional para compensação da variação de tal preço nos pregões da Bolsa. Com isso, há maior flexibilidade e estabilidade de preços no mercado de capitais (Renato Ochman e Gyedre Palma Carneiro).

EMPRÉSTIMO DE CONSUMO. *Vide* MÚTUO.

EMPRÉSTIMO DE FIRMA. *Direito bancário.* Modalidade de empréstimo bancário, pela qual o banco empresta sua responsabilidade para reforçar o crédito do cliente junto a uma empresa, constituindo fiança, aval ou carta de garantia. Ocorre a fiança, em regra, para desembaraço, na alfândega, de mercadoria importada, pois o Fisco, mediante assinatura de termo de responsabilidade, com garantia idônea de banco, de pagamento do imposto devido, liberará sem demora a mercadoria, para garantia do cumprimento, pelo afiançado, de execução de obra pública, uma vez que a Administração Pública, em certos casos, exige fiança idônea para aceitar o prestador de serviços ou o fornecedor em concorrência para a realização de obra pública.

EMPRÉSTIMO DE GUERRA

Assim sendo, recorre ao banco: a) para que este preste fiança em favor do órgão estatal, garantindo o pagamento da obra que o prestador se comprometeu a realizar e da multa correspondente, em caso de inadimplemento; b) para garantir a instância de jurisdição administrativa; c) para assegurar o ressarcimento de danos que o requerido possa ter, se houver concessão de medida cautelar; d) para garantia, em juízo, do pagamento das custas e honorários advocatícios da outra parte, se o autor da demanda residir fora do País ou dele se ausentar no curso do processo. O aval será concedido, comumente, nas operações de comércio exterior. A carta de garantia, por sua vez, é o documento emitido pelo banco para possibilitar o ingresso de seus clientes em certames internacionais ou para garantir a execução de serviços ou o fornecimento de material vendido ao estrangeiro (Sérgio Carlos Covello).

EMPRÉSTIMO DE GUERRA. *Direito constitucional* e *direito tributário.* Contribuição compulsória, instituída pela União por lei complementar, para custear despesas extraordinárias decorrentes de guerra externa (Othon Sidou).

EMPRÉSTIMO DE IMÓVEL LOCADO. *Direito civil.* Empréstimo, parcial ou total, do imóvel locado, que envolve a figura do comodato, ante a infungibilidade do bem emprestado, o qual deverá ser usado temporariamente e depois restituído. Tal empréstimo seria uma cessão, a título provisório e gratuito, pelo locatário, de parte ou da totalidade do prédio, com o dever de restituí-lo em breve tempo (Antônio Chaves). O locatário só poderá emprestar o bem alugado se obtiver anuência prévia e por escrito do locador. Havendo empréstimo do imóvel locado, o locatário continuará responsável perante o locador.

EMPRÉSTIMO DE TÍTULOS-VALORES. *Direito bancário.* Espécie de empréstimo bancário que ocorre quando o cliente solicita ao banco títulos-valores para aplicá-los em seus negócios, entregando-os como garantia em negociações feitas em benefício de sua empresa (indústria ou comércio). Para esta operação bancária há três hipóteses: a) se o título for emprestado com a condição de ser devolvido no mesmo gênero, quantidade e qualidade, configurar-se-á mútuo; b) se o título tiver de ser restituído *in corpora* mediante remuneração, ter-se-á arrendamento ou locação de título; e c) se o título for

emprestado para ser restituído *in corpora*, mas sem que haja qualquer remuneração, dar-se-á comodato bancário (Sérgio Carlos Covello).

EMPRÉSTIMO DE USO. *Vide* COMODATO.

EMPRÉSTIMO EM DINHEIRO. *Direito bancário.* Modalidade de empréstimo bancário pela qual o banco entrega certa soma pecuniária ao cliente, que deverá restituí-la, no prazo avençado, no mesmo gênero, quantidade e qualidade, acrescida de juros e comissões pactuados, salvo a exceção da liquidação antecipada com redução proporcional de juros prevista no Código de Defesa do Consumidor.

EMPRÉSTIMO ESPECIAL. *Direito bancário.* Empréstimo feito pelo Banco Central às instituições financeiras com problemas de descasamento entre as origens e as aplicações de recursos, mas que apresentam condições de solvabilidade (Luiz Fernando Rudge).

EMPRÉSTIMO EXTERNO. *Direito internacional público.* Empréstimo de governo a governo. Aquele feito pelo Estado a governo estrangeiro, por intermédio de bancos ou de organizações internacionais, como o FMI (Fundo Monetário Internacional), com o escopo de angariar fundos para suprir suas necessidades, em troca de apoio político nas relações internacionais.

EMPRÉSTIMO FORÇOSO. *Vide* EMPRÉSTIMO COMPULSÓRIO.

EMPRÉSTIMO INTERNO. *Direito financeiro.* Operação financeira realizada entre Estado e entidades privadas nacionais.

EMPRÉSTIMO MERCANTIL. *Direito comercial.* Mútuo em que o objeto emprestado se destina ao uso comercial ou ao mutuário, quando é empresário.

EMPRÉSTIMO PARTICULAR. *Direito civil* e *direito comercial.* 1. Aquele em que o emprestatário (mutuário ou comodatário) é pessoa física ou jurídica de direito privado. 2. Aquele efetuado dentro do âmbito cível ou mercantil.

EMPRÉSTIMO PÚBLICO. *Direito financeiro.* Operação financeira pela qual o Estado obtém recursos ou meios econômicos para fazer frente a uma necessidade pública. Tal empréstimo pode ser interno, se contraído dentro do país, ou externo, se efetivado no estrangeiro. Trata-se do crédito público, ou seja, da capacidade estatal de contrair obrigação mediante mútuo de dinheiro.

EMPROSTÓTONO. *Medicina legal.* Espasmo tetânico que provoca o exagerado encurvamento do corpo do paciente para frente.

EMPTIO CONSENSU PERAGITUR. *Expressão latina.* A compra se perfaz com o consenso.

EMPTIO REI SPERATAE. *Direito civil.* Modalidade de venda aleatória alusiva a coisa futura, que ocorre se a álea versar sobre quantidade maior ou menor da coisa esperada. O adquirente assume o risco concernente à maior ou menor quantidade da coisa, sendo devido o preço ao alienante, desde que este não tenha culpa, mesmo que o objeto venha a existir em quantidade irrisória.

EMPTIO SPEI. *Direito civil.* Venda aleatória em que um dos contratantes, na alienação de coisa futura, toma para si o risco relativo à existência da coisa, ajustando um preço que será devido, integralmente, mesmo que nada se produza, desde que não haja culpa do alienante. Vende-se, portanto, a esperança ou a probabilidade de a coisa vir a existir.

EMPTIO TOLLIT LOCATIO. *Expressão latina.* Rompimento da locação pela alienação do prédio locado.

EMPTOR CURIOSUS DEBET ESSE. *Expressão latina.* Comprador deve ser curioso.

EMPTOREM NON TENERI. *Expressão latina.* Isento de restituir.

EM PÚBLICO. Em presença de grande número de pessoas.

EM PÚBLICO E RASO. Na *linguagem jurídica* de outrora, significava: lançar o tabelião, na escritura, o sinal público, assinando seu nome por extenso, na presença de testemunhas.

EMPUNIDOURO. *Direito marítimo.* Cada garruncho de cabo que fica na testa das gáveas.

EMPUNIDURA. *Direito marítimo.* Cabo que sustém a vela, quando de sua introdução nos rizes.

EM PURA PERDA. Inexistência de qualquer vantagem que possa compensar um prejuízo ou perda.

EM SEDE DE. Na condição de.

EM SER. **1.** Na *linguagem jurídica* em geral, é tal locução usada para indicar o destino que se dará a alguma coisa. **2.** *Direito comercial.* Designa a mercadoria existente em depósito ou que está disponível no mercado.

EM SI. *Filosofia do direito.* Locução empregada para designar o que uma coisa é em sua própria natureza.

EM TELA. O que está sendo objeto de estudo, de discussão ou de apreciação judicial.

EM TEMPO. Locução usualmente empregada quando se pretende fazer aditamento, introduzindo palavra ou texto num instrumento particular, escritura pública ou ato judicial, que deixou de constar no local apropriado. Quer dizer: a tempo, em aditamento, oportunamente, a constar.

EM TERMOS. *Direito processual civil.* Locução que significa: "devidamente informado", "em condições de". É muito usada pelos magistrados em despachos que deferem petições, para indicar que tais deferimentos estão acondicionados à inexistência de qualquer impedimento, cuja verificação compete ao escrivão.

EM TESE. Na generalidade; em geral; teoricamente.

EM TESTEMUNHO DE. *Direito processual.* Locução usual no foro, empregada no sentido de "em testemunho da verdade", "em fé de".

EM TROPA. *Direito militar.* Em formação militar; por companhias, batalhões.

EMULAÇÃO. **1.** *Direito processual civil.* a) Abuso do direito de ação, consistente na rivalidade que leva alguém a ingressar em juízo sem que haja qualquer fundamento jurídico, com a intenção deliberada de prejudicar outrem; b) ato de promover medidas judiciais que retardam o curso do processo, sendo este procedimento irregular e abusivo. **2.** *Direito desportivo.* Rivalidade sadia decorrente de espírito esportivo, típica de competições. **3.** *Direito penal* e *direito comercial.* Sentimento que leva alguém a querer imitar ou a exceder outrem, na seara comercial ou profissional, em busca de lucro ou de prestígio, praticando atos de concorrência ou competição desleal puníveis criminalmente, por prejudicar interesses alheios. **4.** *Direito civil.* Exercício normal de um direito, em regra o de propriedade, com a firme intenção de causar dano a outrem, e não com a de satisfazer uma necessidade do seu titular, caindo, então, na órbita do abuso de direito.

EMULATIVO. *Direito civil.* Diz-se de qualquer ato praticado dolosamente pelo agente, no exercício normal de um direito, com o único propósito de prejudicar alguém. Por exemplo, uso abusivo da propriedade, lesando a segurança, o sossego ou a saúde do vizinho. Consiste, portanto, no exercício irregular ou abusivo de direito subjetivo. É tudo que produz uma emulação. *Vide* ATO EMULATIVO.

ÊMULO. **1.** Na *linguagem jurídica* em geral, é aquele que tem emulação ou quem exerce abusivamente seu direito com a intenção de causar dano a terceiro. **2.** *Direito penal.* Concorrente desleal. **3.** *Direito desportivo.* Competidor, adversário esportivo.

EM ÚLTIMA ANÁLISE. Em resumo; por conclusão.

EM ÚLTIMA INSTÂNCIA. **1.** *Direito processual civil* e *direito processual penal.* Em último recurso; como último remédio. **2.** Na *linguagem comum,* pode ter o sentido de: "em último lugar"; "em último caso"; "por fim".

EMURB. *Direito urbanístico* e *direito administrativo.* Sigla de Empresa Municipal de Urbanização.

ENADELFIA. *Medicina legal.* Existência de feto que, anormalmente, se desenvolveu dentro de outro.

ENANTESE. *Medicina legal.* Erupção cutânea provocada por uma moléstia interna.

ENCABEÇADO. **1.** *Direito agrário.* a) Diz-se do cereal desenvolvido com boa espiga; b) aquele que lavra por sua conta e risco, mantendo-se com o fruto de sua atividade. **2.** *História do direito.* Era o indivíduo inscrito no rol dos contribuintes de impostos devidos à cabeça de comarca, os quais deviam ser pagos pelos foreiros ou arrendatários de terras para a cultura e pelos fazendeiros. **3.** *Direito civil.* Cabecel. **4.** Na *linguagem jurídica* em geral, pode indicar, ainda: a) o que dirige alguma coisa sob ordem de alguém; b) o que participa de iniciativa, tomada por outrem, de qualquer empreendimento, reivindicação ou movimento; c) o que está sob a direção ou autoridade de outrem; d) chefiado, dirigido.

ENCABEÇADOR. **1.** Aquele que encabeça alguma coisa, servindo de orientador. **2.** Cabeça de uma iniciativa.

ENCABEÇAMENTO. **1.** *Direito civil.* a) Eleição e empossamento do cabecel em caso de co-enfiteuse; b) ato de deferir herança; c) cota que se deve pagar; d) ato de dar posse de um imóvel a alguém ou de investi-lo no domínio útil. **2.** *Direito tributário.* Distribuição de tributos pelos contribuintes. **3.** *História do direito.* Modalidade de contrato entre Estado e povo para que este pagasse sisas proporcionais à venda dos frutos e produtos de suas fazendas às câmaras municipais, que, por sua vez, entregavam ao erário público uma parcela da arrecadação (De Plácido e Silva).

ENCABEÇO. *Direito marítimo.* Pano com que se encabeçam as velas.

ENCABRESTAR. *Direito agrário.* Conduzir touros com o auxílio de bois mansos.

ENCAIXAMENTO. *Direito comercial.* Entrada de numerário em caixa.

ENCAIXAR. *Direito comercial.* Lançar numerário em conta de caixa.

ENCAIXE. **1.** *Direito comercial.* Saldo em caixa de que se pode imediatamente dispor. **2.** *Direito bancário.* a) Soma disponível existente no cofre do banco; b) dinheiro depositado em banco à disposição de quem o depositou (De Plácido e Silva).

ENCAIXE METÁLICO. *Vide* ENCAIXE-OURO.

ENCAIXE-OURO. *Direito bancário.* Total da reserva de ouro ou de outro metal suscetível de conversão em moeda que sirva de garantia da circulação fiduciária dos bancos emissores.

ENCAIXOTADO. *Direito comercial.* Guardado em caixa ou caixote.

ENCAIXOTADOR. *Direito comercial.* Aquele que encaixota mercadorias.

ENCAIXOTAMENTO. *Direito comercial.* **1.** Segundo De Plácido e Silva, é a embalagem de mercadorias feita em caixas. **2.** Ato ou efeito de arrumar, ou colocar, mercadorias ou produtos em caixotes.

ENCALAMENTO. *Direito marítimo.* Peça de madeira que atravessa os braços de navio, ou embarcação, para reforçar sua estrutura.

ENCALAR. **1.** *Direito civil.* Encanar. **2.** *Direito agrário.* Fazer calagem da terra, acrescentando-lhe cal para melhorar seu índice de acidez, a fim de prepará-la ao plantio.

ENCALÇO. *Direito penal.* Ato de perseguir criminoso, seguindo sua pista.

ENCALHADO. **1.** *Direito marítimo.* Diz-se do navio cuja quilha está enterrada na areia, impossibilitando sua movimentação. **2.** *Direito comercial.* Diz-se do produto industrial ou da mercadoria que não tem saída.

ENCALHE. **1.** *Direito marítimo.* a) Imobilização da embarcação cuja quilha está presa em lodo, bancos de areia, recifes, baixios etc.; b) impedimento da continuação da navegação que ocorre quando a embarcação der em seco. **2.** *Direito autoral.* Conjunto de livros não vendidos e restituídos ao editor. **3.** *Direito comercial.* Complexo de mercadorias que não encontraram comprador.

ENCALHE COM FRATURA. *Direito marítimo.* Quase-naufrágio, causado pelo ato de soltar a embarcação, provocando avaria em seu casco.

ENCALHE SIMPLES. *Direito marítimo.* Diz-se daquele em que o navio pode soltar-se sem sofrer qualquer dano, salvo as despesas feitas com seu desencalhe.

ENCALHO. *Direito marítimo.* Local onde o navio encalha.

ENCAMBOAR. *Direito agrário.* Amarrar cavalos ou bois, juntos pelo pescoço, ao cambão.

ENCAMINHAR. *Direito processual.* Praticar atos que dêem andamento ao processo.

ENCAMPAÇÃO. 1. *Direito administrativo.* Ato administrativo discricionário pelo qual o Estado, por utilidade pública, antes do término do contrato de concessão de serviço público, sem que haja qualquer ato culposo do concessionário, põe fim ao contrato, mediante pagamento de um resgate, avocando a si o serviço público e ressarcindo o concessionário mediante uma indenização. **2.** *Direito civil.* Restituição do domínio útil ao senhorio direto, havendo rescisão da enfiteuse. **3.** *Direito agrário.* Devolução do prédio rural arrendado ao seu proprietário, pela extinção do contrato de arrendamento, antes de cumprido o prazo avençado. **4.** *Direito comercial.* Ato de passar uma empresa ou negócio para outra organização, mediante pagamento a que faz jus, responsabilizando-se, de um lado, por todo o passivo da sociedade encampada e ficando, de outro lado, com todo seu ativo (De Plácido e Silva).

ENCAMPADOR. Aquele que encampa ou efetua a encampação.

ENCAMPAR. 1. Na *linguagem jurídica* em geral, tem o sentido de restituir, devolver. **2.** *Direito agrário.* Rescindir arrendamento rural, devolvendo ao dono a coisa arrendada. **3.** *Direito administrativo.* Retomar serviço público, em razão de interesse ou utilidade pública, pagando uma indenização ao concessionário pela rescisão do contrato de concessão de serviço público antes de seu término.

ENCAN. *Termo francês.* Leilão.

ENCANAMENTO. *Direito civil.* Canalização de água; aqueduto.

ENCANTEIRADO. *Direito agrário.* Dividido em canteiros.

ENCARCERADO. *Direito penal.* **1.** Diz-se daquele que está encerrado em prisão pública. **2.** Recluso. **3.** Detento. **4.** Preso.

ENCARCERAMENTO. *Direito penal.* **1.** Reclusão. **2.** Detenção. **3.** Ação ou efeito de encarcerar um condenado, recolhendo-o a uma prisão. **4.** Tempo de duração do recolhimento do preso. **5.** Crime de cárcere privado, que consiste em recolher, ilegal e injustamente, uma pessoa, privando-a de sua liberdade, punido com reclusão.

ENCARCERAR. *Direito penal.* **1.** Prender; deter; encerrar condenado em prisão para cumprimento de pena. **2.** Privar, ilegalmente, alguém de sua liberdade, encerrando-o em cárcere privado.

ENCARECER. *Direito comercial.* Subir ou aumentar o preço da mercadoria.

ENCARECIMENTO. *Direito comercial.* **1.** Alta ou aumento de preço do produto ou da mercadoria. **2.** Ação ou efeito de tornar mais cara a mercadoria.

ENCARGAR. *Direito comercial.* Pôr carga em veículo transportador.

ENCARGO. 1. *Direito civil.* a) Cláusula acessória, em regra, aderente a atos de liberalidade *inter vivos* (doação) ou *mortis causa* (testamento, legado), embora possa aparecer em promessas de recompensa ou em outras declarações unilaterais de vontade, que impõe um ônus ou uma obrigação à pessoa natural ou jurídica contemplada pelos referidos atos. Pode consistir numa prestação em favor de quem o institui ou de terceiros, ou mesmo numa prestação sem interesse particular para determinada pessoa. Por exemplo, doação de um terreno para que nele se edifique um asilo; legado com o encargo de construir um túmulo para o testador; b) ônus ou gravame que restringe um direito; c) dever decorrente de lei; obrigação legal; d) atribuição ou incumbência confiada a quem ocupa um cargo. **2.** *Direito tributário.* Tributo.

ENCARGO DA DOAÇÃO. *Direito civil.* Incumbência imposta pelo doador ao donatário em benefício daquele, de terceiro ou do interesse geral. Por exemplo, doação de uma casa, em que se impõe ao donatário o dever de pagar as dívidas do doador; doação de um bem feita pelo doador ao donatário, com a obrigação de este continuar a viver em companhia de pessoa doente; doação de um imóvel para nele ser instalado um hospital.

ENCARGO DA HERANÇA. *Direito civil.* Obrigação ou despesa do *de cujus*, que deve ser cumprida ou paga pelo herdeiro desde que não seja superior às forças da herança recebida.

ENCARGO DA TESTAMENTARIA. *Direito civil.* Conjunto de funções do testamenteiro a serem cumpridas na execução da vontade do testador. É, portanto, um encargo imposto pelo testador a quem confia, para que este fiscalize o cumprimento de seu testamento quando vier a falecer, constituindo um múnus de ordem privada.

ENCARGO DA TRADIÇÃO. *Direito civil.* Despesa com a transferência de propriedade do bem móvel vendido e que fica, salvo disposição em contrário, a cargo do vendedor. Portanto, corre por conta do alienante a despesa necessária à efetivação da entrega da coisa alienada ao adquirente.

ENCARGO DE FAMÍLIA. *Direito civil.* Direção material e moral da família, de que estão incumbidos o marido e a mulher.

ENCARGO DO CONDOMÍNIO. *Direito civil.* Despesa condominial que deve ser paga por cada condômino proporcionalmente a sua quota.

ENCARGO EDUCACIONAL. *Direito educacional.* Conjunto de obrigações financeiras do poder público e da empresa privada para com a educação, abrangendo: administração, manutenção do estabelecimento de ensino, assistência ao corpo discente, serviço médico, pagamento de salários do corpo docente e dos empregados etc.

ENCARGO FISCAL. *Direito tributário.* Tributo a ser pago pelo contribuinte, seja ele pessoa natural ou jurídica.

ENCARGO IMPOSSÍVEL. *Direito civil.* Ônus, física ou juridicamente impossível de ser cumprido, imposto ao beneficiário de uma liberalidade.

ENCARGO PESSOAL. Complexo de deveres a serem cumpridos por uma pessoa em razão de contrato, de lei ou de cargo por ela ocupado.

ENCARGO PÚBLICO. 1. Múnus público. **2.** Dever derivado da cidadania. **3.** Obrigação de prestar, gratuitamente, serviços correspondentes a direitos de ordem política ao Estado, como, por exemplo, a obrigação de exercer função de jurado, de mesário ou de apurar votos em período eleitoral, ou a obrigação de prestar serviço militar.

ENCARGO REAL. *Direito civil.* Ônus real, que é a obrigação que limita a fruição e a disposição da propriedade, por representar direito sobre coisa alheia que prevalece *erga omnes*.

ENCARGOS SOCIAIS. *Direito do trabalho.* Conjunto de deveres impostos, compulsoriamente, pela lei a uma empresa, para constituir fundos públicos paraestatais.

ENCARNIÇAMENTO TERAPÊUTICO. *Vide* DISTANÁSIA.

ENCAROÇADA. *Direito agrário.* Qualidade de terra roxa que se caracteriza pela abundância de pequenos conglomerados.

ENCAROCHAR. *História do direito.* Era o ato de colocar mitra de papel em condenado pela Inquisição.

ENCARQUEJADO. *Direito agrário.* Terreno arenoso invadido pela carqueja.

ENCARREGADO. 1. *Direito comercial.* a) Empregado do empresário que deve cumprir seus afazeres; b) aquele incumbido de efetivar negócio mercantil em nome do mandante. **2.** *Direito civil.* a) Mandatário; b) o que substitui o empreiteiro, devendo vigiar os operários em uma obra. **3.** *Direito administrativo.* Aquele que, em função do cargo ocupado, deve cumprir certas atribuições.

ENCARREGADO DE ÁGUA. *Direito agrário.* Canaleiro, ou melhor, trabalhador rural que executa tarefas alusivas à irrigação de culturas agrícolas, como as de acionar comportas; de fazer funcionar motobomba, ligando o sifão; de conservar em bom estado os condutos de irrigação; de abrir e fechar os drenos etc.

ENCARREGADO DE ARRAÇÃO. *Direito agrário.* Trabalhador rural que chefia o estábulo, executando serviços concernentes à criação de gado leiteiro, informando o capataz das condições sanitárias do rebanho, fazendo dosagem de banhos carrapaticidas, ministrando vacinas, determinando execução de inseminação e castração, determinando confinamento do gado etc.

ENCARREGADO DE EXPLORAÇÃO FLORESTAL. *Direito agrário.* Trabalhador rural que executa serviços alusivos ao controle, fiscalização e supervisão de atividades de exploração florestal, tais como os de comunicar ao administrador do extrativismo florestal a localização de área passível de ser explorada; de orientar e supervisionar todas as fases de exploração; de receber o produto, pesá-lo e atribuir-lhe preço; de pagar os trabalhadores etc.

ENCARREGADO DE GADO. *Direito agrário.* Capataz de pecuária que coordena e supervisiona todas as atividades relativas à pecuária. Trata-se do administrador de exploração de pecuária.

ENCARREGADO DE IRRIGAÇÃO. *Vide* ENCARREGADO DE ÁGUA.

ENCARREGADO DE NEGÓCIOS. *Direito internacional público.* **1.** Agente diplomático que substitui o embaixador, passando a responder pela Embaixada, ou o ministro plenipotenciário, ficando como responsável pela Legação, em caso de ausência ou impedimento dos mesmos. **2.** Agente diplomático que chefia uma missão diplomática.

ENCARREGADO DE REPARTIÇÃO PÚBLICA. *Direito administrativo.* Chefe dos funcionários de determinada repartição pública.

ENCARTAR. 1. Na *linguagem jurídica* em geral, pode ter o significado de: a) conceder um título; b) dar carta, diploma ou licença para exercício de certo emprego ou ofício; c) nomear alguém para exercer determinada função; d) tirar carta ou diploma de emprego, pagando os respectivos direitos. **2.** *História do direito.* Era o ato de desterrar.

ENCAUMA. *Medicina legal.* **1.** Úlcera da córnea. **2.** Cicatriz de queimadura.

ENCEFALALGIA. *Medicina legal.* Dor do encéfalo.

ENCEFALASTENIA. *Medicina legal.* Debilidade mental; astenia do encéfalo.

ENCEFALITE. *Medicina legal.* Inflamação do encéfalo.

ENCEFALITE LETÁRGICA. *Medicina legal.* Encefalite, causada por um vírus, que provoca no paciente apatia e sonolência, ocasionando letargia. Doença do sono.

ENCÉFALO. *Medicina legal.* Massa de tecido nervoso, contida no crânio e unida à medula espinhal, que compreende o cérebro, o cerebelo e o bulbo raquidiano.

ENCEFALOCELE. *Medicina legal.* Hérnia do cérebro ou do cerebelo em razão de abertura congênita ou traumática do crânio.

ENCEFALOFTARSIA. *Medicina legal.* Lesão orgânica do cérebro.

ENCEFALOMA. *Medicina legal.* **1.** Tumor do encéfalo. **2.** Câncer cefalóide.

ENCEFALOMALACIA. *Medicina legal.* Amolecimento do cérebro provocado por alterações degenerativas no tecido nervoso.

ENCEFALOMENINGITE. *Medicina legal.* Inflamação do encéfalo e das meninges.

ENCEFALOPATIA ESPONGIFORME BOVINA (EEB). *Direito agrário* e *direito internacional privado.* Doença de grande impacto na exploração pecuária e no comércio de animais, de seus produtos, subprodutos e de resíduos de valor econômico, com possíveis reflexos na saúde pública. Seu principal mecanismo de transmissão é a alimentação de bovinos com ração elaborada com tecidos contaminados de ruminantes. Os testes realizados no leite de animais infectados pela EEB e outros dados disponíveis indicam que o leite não transmite esta doença. Ante a importância da pecuária para a economia nacional, resolveu-se proibir: a) em todo o território nacional, o uso de qualquer fonte de proteína de ruminantes na alimentação de ruminantes, visto que tal vedação não se aplica às proteínas lácteas e às farinhas de ossos obtidas por calcinação; b) a importação de produtos destinados à alimentação de ruminantes contendo proteína cujo uso é vedado. Essa proibição aplica-se igualmente aos produtos destinados à alimentação de outras espécies animais, quando originários ou procedentes de países onde tenha sido registrada a EEB. As embalagens dos produtos destinados à alimentação animal, que contenham fontes de proteína de uso proibido na alimentação de ruminantes, devem conter em destaque a seguinte expressão: "uso proibido na alimentação de ruminantes".

ENCEFALORRAGIA. *Medicina legal.* Hemorragia cerebral.

ENCELAR. *Direito penal.* Colocar o condenado numa cela.

ENCELEIRADOR. *Direito agrário.* Trabalhador rural que executa o serviço de depositar no celeiro os cereais, alfafa, feno etc., para serem armazenados e, posteriormente, usados na alimentação do gado ou comercializados.

ENCELITE. *Medicina legal.* Inflamação intestinal.

ENCENAÇÃO. *Direito civil* e *direito autoral.* Ato de preparar o ambiente para uma representação teatral ou cinematográfica.

ENCÊNIA. *História do direito.* Comemoração feita pelos antigos gregos para inaugurar a conclusão de um edifício importante ou para festejar a iniciativa de uma grande empresa ou empreendimento.

ENCEPAR. *Direito marítimo.* Colocar o cepo de uma âncora perpendicularmente à haste, se for desmontável.

ENCERRA. *Direito agrário.* **1.** Curral de gado. **2.** Ato de recolher o gado no curral.

ENCERRAMENTO. 1. *Direito processual.* Ato judicial de dar um fim ao processo, pela forma legal ou regulamentar. **2.** *Direito canônico.* Reposição do Santíssimo Sacramento no sacrário. **3.** *Direito civil.* a) Conclusão de negócio ou de obra; b) término de uma reunião de associação ou sociedade simples; c) ato de fechar uma assembléia condominial; d) término ou vencimento de prazo para pagamento. **4.** *Direito comercial.* Diz-se da declaração escrita, colocada na última página de um livro comercial, para afirmação das folhas nele contidas, da rubrica feita para sua autenticação e do fim pretendido. Trata-se, portanto, do "termo de encerramento".

ENCERRAMENTO DA FALÊNCIA. *Direito falimentar.* Paralisação do processo de falência, mediante sentença de encerramento, por ter alcançado sua finalidade, sem provocar, contudo, a extinção da falência, uma vez que seus efeitos permanecem até que cessem as obrigações ou deveres do falido.

ENCERRAMENTO DA SESSÃO LEGISLATIVA. *Ciência política.* Término de uma sessão, porque nada mais há a discutir, deliberar ou resolver, ou porque tenha sido suspensa.

ENCERRAMENTO DE CONTA CORRENTE. *Direito bancário.* Verificação do saldo, mediante o balanço das parcelas de crédito e de débito. Tal encerramento só será definitivo se coincidir com a extinção do contrato. Mas poderá haver balanço para a verificação do saldo que passará a integrar nova fase da conta com a primeira partida, substituindo todas as outras anteriormente feitas. O balanço periódico apenas tem por fim fazer com que os correntistas verifiquem o estado da conta, para que façam as reclamações, se houver, sobre a anotação das partidas. Esse encerramento não definitivo, mediante balanços periódicos ou parciais que não extinguem o contrato, costuma ser estipulado pelas partes (Fran Martins).

ENCERRAMENTO DE CONTAS. *Direito comercial.* Término das contas pelo seu acerto e sua liquidação pelo devedor.

ENCERRAMENTO DE ESCRITA. *Direito comercial.* Lançamento final feito no Diário para levantar o balanço geral anual.

ENCERRAMENTO DE ESCRITURA PÚBLICA. *Direito notarial.* Parte da escritura pública que contém as ressalvas necessárias à declaração de que se deu a leitura às partes e testemunhas; a qualificação de terceira pessoa ou de testemunha chamada para assinar a rogo de qualquer das partes que não possa fazê-lo, explicando-se o fato no instrumento; e a assinatura do escrevente, do notário ou do oficial público responsável pela lavratura do negócio, dos participantes e das testemunhas.

ENCERRAMENTO DO NEGÓCIO. *Direito comercial.* Fechamento do expediente do dia, para abertura no dia seguinte (De Plácido e Silva).

ENCERRAR. 1. *Direito civil.* a) Exarar termo de aprovação em testamento cerrado; b) concluir negócio; c) terminar prazo. **2.** *Direito processual civil.* a) Dar por terminado um processo, diligência ou audiência. **3.** *Direito notarial.* Concluir escritura pública. **4.** *Direito comercial.* a) Paralisar processo falimentar; b) efetuar termo de encerramento em livro empresarial. **5.** *Direito bancário.* Verificar saldo de conta corrente mediante balanço das parcelas de crédito e de débito. **6.** *Direito militar.* Cercar inimigo. **7.** *Direito agrário.* Prender gado no curral. **8.** *Direito penal.* Colocar condenado na prisão.

ENCERRO. 1. *Direito penal.* a) Ato ou efeito de encerrar, ilegalmente, alguém num cárcere privado; b) local em que se encerra uma pessoa; c) ato de prender um criminoso, colocando-o numa cela; d) prisão. **2.** *Medicina legal.* É o ponto peculiar a cada desenho papilar, o qual é formado por duas papilas unidas nas extremidades, e que possibilita distinguir duas impressões digitais.

ENCESTAMENTO. *Direito desportivo.* Ato de encestar, ou de fazer com que a bola, no jogo de basquete, passe pela cesta de malha.

ENCHENTE. Inundação; superabundância de água num rio, fazendo-o transbordar.

ENCHENTE DO MAR. *Direito marítimo.* Período entre a baixa-mar e a preamar.

ENCHÈRE. *Termo francês.* Oferta em um leilão; lanço.

ENCHIQUEIRADOR. *Direito agrário.* **1.** Trabalhador rural que tem a função de recolher porcos ao chiqueiro. **2.** Aquele que introduz peixes no seu viveiro.

ENCHIQUEIRAR. *Direito agrário.* **1.** Recolher porcos no chiqueiro. **2.** Introduzir peixe no curral de peixes, viveiro ou chiqueiro.

ENCHIRIDION. *Termo latino.* Manual ou livro portátil, na antigüidade romana.

ENCÍCLICA. *Direito canônico.* Carta circular pontifícia dirigida aos fiéis e a todo o episcopado, seja teológica, ou doutrinária, seja disciplinar. É um documento expedido pelo Papa relativo a princípios da Igreja Católica.

ENCICLOPÉDIA. **1.** Conjunto de conhecimentos científicos e artísticos. **2.** Obra que trata de todos os ramos do conhecimento humano, trazendo, de modo sistemático, informações gerais sobre todas as ciências e artes.

ENCICLOPÉDIA JURÍDICA. *Teoria geral do direito.* **1.** Disciplina ministrada nas faculdades de direito com o título de "Introdução ao estudo do direito", ou, como preferimos pelo rigor técnico, "Introdução à ciência do direito", cujo escopo é fornecer uma noção global ou panorâmica da ciência que trata do fenômeno jurídico, propiciando uma compreensão de conceitos jurídicos comuns a todas as disciplinas do currículo do curso de direito e introduzindo o estudante na terminologia técnico-jurídica. É uma enciclopédia por conter, além dos conhecimentos filosóficos, os conhecimentos de ordem científica, sem, contudo, resumir os diversos ramos do direito, e por abranger não só os aspectos jurídicos, mas também os sociológicos e históricos. Trata-se de uma disciplina essencialmente preparatória ou propedêutica ao ensino dos vários ramos jurídicos, devido às noções básicas e gerais que visa transmitir, constituindo uma ponte entre o curso médio e o superior. **2.** Livro que abrange, sistematicamente, noções fundamentais relativas a todos os ramos do saber jurídico.

ENCICLOPEDISMO. **1.** Nas *linguagens jurídica* e *comum,* é o sistema pedagógico dos enciclopedistas que tem por escopo dar o maior número possível de informações sobre ciências e artes. **2.** *História do direito.* Doutrinas francesas da enciclopédia de D'Alembert e Diderot, surgidas no século XVIII, que na seara político-social vieram a contribuir para a Revolução Francesa.

ENCICLOPEDISTA. **1.** *Direito autoral.* Autor ou colaborador de obra enciclopédica. **2.** *História do direito.* Era o partidário das doutrinas professadas pelos enciclopedistas franceses no século XVIII.

ENCILHADA. *Direito agrário.* Ato de selar e montar um animal.

ENCILHADOR. *Direito agrário.* Aquele que encilha ou sela um animal.

ENCILHAMENTO. **1.** *História do direito.* Denominação dada pelo povo à política financeira feita no Brasil, no final do século XIX, após a proclamação da República, a qual substituiu o ouro, lastro das emissões bancárias, pelos títulos da dívida federal, originando o aparecimento de bancos de investimento e uma inflação que comprometeu o crédito do País no exterior. **2.** *Direito comercial.* Manobra feita na Bolsa de Valores para obter lucros excessivos. **3.** *Direito agrário.* Colocação de arreios no animal; ato de encilhar, ou seja, de apertar o animal com cilha; ato de arreá-lo, pondo-o em condições de ser montado.

ENCLAUSTRAMENTO. *Direito canônico.* Ato de recolher-se em claustro ou convento.

ENCLAUSURADO. **1.** *Direito penal.* a) Diz-se do condenado submetido ao estado de prisão ou isolamento; b) preso. **2.** *Direito canônico.* Recolhido ao convento.

ENCLAUSURAR. **1.** *Direito penal.* Afastar o condenado do convívio social, confinando-o numa prisão pública. **2.** *Direito canônico.* Pôr-se em clausura, recolhendo-se num convento.

ENCLAVE. *Direito internacional público.* Território com jurisdição própria que se encontra encravado em outro.

ENCLITOFILIA. *Medicina legal.* Amor sexual de uma pessoa histérica dirigido a um marginal ou delinqüente, causado pela fama do criminoso, pela vaidade de regenerá-lo moralmente ou pela atração mórbida pelo perigo (Locard).

ENCOIVARAMENTO. *Direito agrário.* Ato de fazer coivaras, ou seja, pequenos montes de galhos ou restos de hastes de arroz, pés de milho etc., ajuntando-os para serem incinerados. Essa técnica é empregada, por exemplo, no preparo da terra para a cultura de juta.

ENCOLPISMO. *Medicina legal.* Medicação feita mediante uso de supositórios ou injeções vaginais.

ENCOMENDA. **1.** *Vide* CONTRATO DE ENCOMENDA DE OBRA INTELECTUAL. **2.** *Direito comercial.* a) Ato de encomendar; b) incumbência de enviar a mercadoria pedida; c) produto ou mercadoria encomendada; d) pacote, volume; e) expedição de objetos, por qualquer meio de transporte, pelo comerciante, enviando-os a quem os pediu. **3.** *Direito civil.* Obra que se manda um empreiteiro fazer ou executar conforme as instruções dadas.

ENCOMENDA AÉREA INTERNACIONAL. *Direito comercial.* É a mercadoria sujeita ao controle sanitário na forma de encomenda transportada por empresas aéreas.

ENCOMENDAÇÃO. 1. *Direito canônico.* a) Oração fúnebre recitada pelo padre, antes da inumação, junto ao falecido; b) administração de uma paróquia conferida a um sacerdote. **2.** *Direito civil* e *direito comercial.* Ação ou efeito de encomendar algo.

ENCOMENDA POSTAL. Remessa de objetos pelo serviço do correio. Se a encomenda for enviada do exterior é denominada *colis-posteaux*, isto é, fardo postal.

ENCOMENDEIRO. 1. Nas *linguagens comum* e *jurídica,* é aquele a quem se faz uma encomenda. **2.** *Direito marítimo.* Comissário de navio mercante.

ENCOMIASTA. Autor de escritos laudatórios ou que contêm elogios a alguém.

ENCOMIÁSTICA. *Retórica jurídica.* Texto em que se elogia uma personalidade.

ENCÔMIO. Elogio, louvor.

ENCOMUNHAS. *História do direito.* Foros ou rendas devidos, outrora, em razão de aforamentos ou arrendamentos.

ENCONDROMA. *Medicina legal.* Tumor cartilaginoso.

ENCONTRO. 1. Colisão. **2.** Jogo oficial entre duas equipes esportivas. **3.** Reunião de pessoas em data, local e hora determinados. **4.** Confluência de rios. **5.** Junção das águas do rio com as do mar. **6.** Ato de encontrar. **7.** Briga. **8.** Comparação das marcas de gado que os vaqueiros riscam para saber dos animais sumidos. **9.** Compensação de contas. **10.** Impugnação. **11.** Apalpo para reconhecer o estado de gordura de uma rês. **12.** Ponto central do peito dos animais. **13.** Parte do casco do cavalo entre os talões e a pinça. **14.** Parte da ferradura que se assenta naquele ponto do casco do cavalo acima mencionado.

ENCONTRO DE CONTAS. *Direito civil* e *direito comercial.* Compensação de dívidas; acerto de contas para apurar algum saldo, que torne possível sua compensação.

ENCORDOAR. 1. *Direito marítimo.* Prover o navio de cordas. **2.** *Direito agrário.* Alinhar o gado na marcha, formando filas.

ENCORPORAÇÃO. *Direito comercial.* Ato ou efeito de reunir várias sociedades empresárias numa só. *Vide* INCORPORAÇÃO.

ENCOSTADO. 1. *Direito agrário.* Diz-se do animal não utilizado por estar velho ou por ser rebelde. **2.** *Direito do trabalho.* Empregado *pro forma* em serviço inferior ou sem importância, avulso e esporádico. **3.** *Direito administrativo.* Diz-se daquele que não pertence ao quadro do estabelecimento público, mas que está auxiliando, temporariamente, algum funcionário, até sua situação se regularizar ou existir vaga em algum cargo. **4.** Na *linguagem comum,* diz-se da pessoa que vive à custa de outrem.

ENCOSTAR. 1. *Direito agrário.* Aproximar a fêmea do reprodutor para que seja coberta. **2.** Na *linguagem jurídica* em geral, pode significar: a) poupar; b) procurar proteção ou opinião de alguém; c) obter empréstimo de dinheiro.

ENCOSTO. *Direito do trabalho.* Avulso; emprego eventual; biscate.

ENCOSTO DO GADO. *Direito agrário.* Trecho do campo aproveitado como pasto do gado, durante certa estação do ano.

ENCOUTO. 1. *História do direito.* a) Pena pecuniária imposta àquele que usasse coisas proibidas por lei; b) multa aplicada aos proprietários de animais soltos em vias públicas, ou àqueles que caçassem ou pescassem em terras privilegiadas pelo couto (De Plácido e Silva). **2.** *Direito processual.* Incomunicabilidade de testemunha para impedi-la de falar com aquele que a nomeou.

ENCRAVAÇÃO. *Vide* ENCRAVAMENTO.

ENCRAVADO. *Direito civil.* Diz-se do prédio sem possibilidade de acesso à via pública, nascente ou porto.

ENCRAVADURA. *Direito agrário.* Conjunto de cravos que segura a ferradura nos cavalos.

ENCRAVAMENTO. *Direito civil.* Situação de um imóvel, urbano ou rústico, naturalmente encravado em outro, de tal modo que não tem saída para via pública, nascente ou porto, o que confere ao seu proprietário direito de reclamar do vizinho que este lhe deixe, mediante uma indenização cabal, passagem, fixando-se a esta, judicialmente, o rumo, quando necessário.

ENCRAVE. 1. *Direito agrário.* Ferimento causado pelo cravo da ferradura. **2.** *Vide* ENCRAVAMENTO.

ENCRAVE VOLUNTÁRIO. *Direito civil.* É o provocado, injustificadamente, pelo proprietário do prédio dominante, mediante pagamento de indenização ao dono do prédio serviente.

ENCUMBRANCE. *Termo inglês.* **1.** Ônus. **2.** Gravame.

ENCUNHAMENTO. *Medicina legal.* Situação do feto que está com a cabeça presa na bacia.

ENCURRALAMENTO. *Direito agrário.* Ato de recolher o gado no curral.

ENCURRALAR. 1. *Direito agrário.* Colocar o gado no curral, onde ficará fechado. **2.** *Direito militar.* Cercar o inimigo. **3.** *Retórica jurídica.* Tirar a ação do outro em uma argumentação.

ENCURTAMENTO DE DÍVIDA PÚBLICA. *Direito administrativo* e *direito financeiro.* Forma de administração do estoque de título de dívida pública, que emite novos títulos com prazos mais curtos (Luiz Fernando Rudge).

ENDAORTITE. *Medicina legal.* Inflamação da membrana que reveste internamente a aorta.

ENDARTERITE. *Medicina legal.* Inflamação da túnica de revestimento interno de uma artéria.

ENDEMIA. *Medicina legal.* **1.** Doença não contagiosa peculiar em certas regiões, provocada por fatores nelas existentes que favorecem seu aparecimento, atacando uma ou outra pessoa. **2.** Presença contínua de uma enfermidade ou de um agente infeccioso em uma zona geográfica determinada. **3.** Prevalência usual de uma doença particular em uma zona geográfica.

ENDENTERITE. *Medicina legal.* Inflamação da mucosa dos intestinos.

ENDEREÇAR. 1. Escrever, em uma carta, o nome e o local de residência do destinatário. **2.** Pôr endereço numa correspondência ou encomenda a ser entregue. **3.** Enviar algo ao seu destinatário.

ENDEREÇO. 1. Ato ou efeito de endereçar. **2.** Indicação do nome e residência de pessoa natural ou jurídica, ou do local onde se encontra. **3.** Subscrição, em uma carta ou um pacote, do nome e residência (mencionando-se rua, número, bairro, cidade, Estado e país) do destinatário.

ENDEREÇO DECLARADO. *Direito processual civil.* É o indicado pelo advogado ou pelos litigantes, como aquele para onde devem ser enviadas as citações, notificações ou intimações judiciais alusivas ao processo em curso.

ENDEREÇO EVENTUAL. *Direito civil.* É aquele em que a pessoa se encontra em dado momento, mas não é o de sua residência ou domicílio habitual.

ENDEREÇOS DE MEMÓRIA. Números de cada *byte.*

ENDESOFAGITE. *Medicina legal.* Inflamação da mucosa do esôfago.

ENDISPUTE. *Termo inglês.* Técnica processual norte-americana que confia a pessoas físicas ou jurídicas, na qualidade de juízes privados, a possibilidade de operarem por arbitramento ou conciliação dos litigantes, os quais, apenas excepcionalmente, recorrem à justiça comum (Othon Sidou).

ENDIVIDADO. Devedor ou aquele que contraiu dívidas e ainda não as pagou.

END LOADING. *Direito comercial.* Forma de *container* que apresenta abertura nas extremidades.

ENDOAPENDICITE. *Medicina legal.* Inflamação da mucosa que reveste internamente o apêndice.

ENDOBRONQUITE. *Medicina legal.* Inflamação do revestimento epitelial interno dos brônquios.

ENDOCARDITE. *Medicina legal.* Inflamação do endocárdio.

ENDOCERVICITE. *Medicina legal.* Inflamação da mucosa do colo uterino.

ENDOCOLITE. *Medicina legal.* Inflamação da membrana mucosa do cólon.

ENDOCOLPITE. *Medicina legal.* Inflamação da membrana mucosa da vagina.

ENDOCRANITE. *Medicina legal.* Inflamação do endocrânio.

ENDÓCRINO. *Medicina legal.* Relativo às glândulas de secreção interna, lançada diretamente por elas na corrente sangüínea. As glândulas endócrinas (hipófise, hipotálamo, tireóide, ovário, testículo etc.) são importantíssimas para o desenvolvimento do organismo humano, podendo interferir na intensidade das reações de ordem psíquica.

ENDOCRINOLOGIA. *Medicina legal.* Ciência que estuda a secreção interna, a função hormonal e as glândulas endócrinas.

ENDOCRINOLOGIA CRIMINAL. *Direito penal* e *medicina legal.* Ciência que se ocupa do estudo das glândulas de secreção interna para estabelecer não só a influência de seus hormônios na gênese do crime e na personalidade do criminoso, como também a relação existente entre as anomalias endócrinas e a conduta criminal, e entre as disfunções neuroendócrinas e o crime.

ENDOFASIA. Nas *linguagens comum e filosófica,* vem a ser a sucessão de imagens que acompanham o exercício espontâneo do pensamento (Egger e Saint-Paul).

ENDOGAMIA. *História do direito.* Regime matrimonial dos povos primitivos, de famílias reais e de certos grupos sociais e religiosos, que proibia casamento fora do próprio clã, fosse ele patrilinear ou matrilinear.

ENDÓGAMO. *História do direito.* Quem se casava com membro da própria tribo, para conservar raça ou linhagem.

ENDOMARKETING. *Direito comercial.* **1.** *Marketing* interno que tem a finalidade de manter os funcionários da empresa bem informados sobre a política empresarial, metas e objetivos da empresa, integrando-os mediante um bom programa de relações humanas, assistindo-os em suas necessidades, empregando esforços para que sintam orgulho em ser parte integrante da empresa e tomem consciência da organização empresarial. **2.** *Marketing* interno na formação, informação e orientação das diretrizes da empresa (Paulo Otto Romanoschi). **3.** *Marketing* voltado para dentro da própria empresa (Hilário de Oliveira).

ENDOMÉTRIO. *Medicina legal.* Revestimento interno do útero, onde o embrião é implantado.

ENDOMETRIOSE. *Medicina legal.* Aderência de tecido do endométrio (mucosa que, internamente, reveste o útero) fora da cavidade uterina que traz dificuldade para engravidar, causa dores durante a relação sexual e provoca alteração intestinal e urinária durante a menstruação.

ENDOMETRITE. *Medicina legal.* Inflamação do endométrio, acompanhada de febre e corrimento.

ENDOMIOCARDITE. *Medicina legal.* Inflamação do endocárdio e do miocárdio.

ENDONORMA. *Filosofia do direito* e *lógica jurídica.* Parte integrante da norma, enquanto juízo hipotético disjuntivo, de Carlos Cossio. A endonorma que contém o enunciado da prestação ou dever jurídico, tendo a seguinte estrutura: dado fato jurídico (Ft) deve ser prestação de alguém (P) como alguém obrigado (AO — sujeito passivo) ante alguém titular (AT — sujeito ativo).

ENDORRINITE. *Medicina legal.* Inflamação da mucosa nasal.

ENDORSEMENT. *Termo inglês.* Endosso.

ENDOSSABILIDADE. *Direito cambiário.* Qualidade do que é endossável.

ENDOSSADO. *Direito cambiário.* **1.** O que foi objeto de endosso; aquilo que se transferiu por endosso. **2.** Endossatário; tomador; pessoa a quem é cedido o título.

ENDOSSADOR. *Direito cambiário.* Endossante.

ENDOSSAMENTO. *Vide* ENDOSSO.

ENDOSSANTE. *Direito cambiário.* Aquele que endossa título de crédito, letra de câmbio, ordem ou efeito comercial de sua propriedade, transferindo-o mediante simples aposição, no verso do documento, de assinatura sua ou de seu representante. Apesar do endosso, o endossante continuará vinculado cambialmente, figurando como coobrigado do título; conseqüentemente, se o principal responsável não pagar, ele deverá efetuar o pagamento. O endossante, portanto, é garante tanto da aceitação como do pagamento do título endossado, salvo disposição em contrário.

ENDOSSAR. *Direito cambiário.* **1.** Pôr endosso. **2.** Transferir o seu direito sobre um título de crédito ou documento à ordem, mediante simples aposição de assinatura sua ou de seu representante no verso do tal título. **3.** Assinar e transferir por endosso.

ENDOSSAR EM BRANCO. *Direito cambiário.* Subscrever, o endossante, seu nome no verso do título de crédito sem, contudo, especificar o endossado ou seu modo de pagamento.

ENDOSSATÁRIO. *Direito cambiário.* **1.** Endossado. **2.** A pessoa em benefício da qual se fez o endosso do título cambial ou de outro documento à ordem. **3.** Aquele a quem se transfere a propriedade do título de crédito.

ENDOSSÁVEL. *Direito cambiário.* O que se pode transferir por endosso.

ENDOSSE. *Vide* ENDOSSO.

ENDOSSO. **1.** *Direito cambiário.* a) Ato de endossar; b) endossamento; c) ato pelo qual o proprietário (endossante) de um título de crédito ou documento à ordem transfere sua propriedade a terceiro (endossatário), mediante simples aposição de sua assinatura, ou da de seu representante ou mandatário especial, no verso do referido título, sem, contudo, se desvincular do cumprimento da obrigação nele exarada, uma vez que permanece na relação como coobrigado. **2.** Na *linguagem comum*, significa aprovação; apoio.

ENDOSSO À ORDEM. *Direito cambiário.* Aquele que confere ao seu portador, entre outros direitos, o de transferi-lo mediante novo endosso.

ENDOSSO-CAUÇÃO. *Vide* ENDOSSO PIGNORATÍCIO.

ENDOSSO-CESSÃO. *Direito cambiário.* **1.** Diz-se daquele feito posteriormente ao vencimento do título cambial, passando a ter os mesmos efeitos da cessão civil. **2.** Aquele traslativo da propriedade do título de crédito, transferindo ao endossatário a totalidade dos direitos e obrigações do endossante. Trata-se do "endosso traslativo", por haver uma completa transferência do título.

ENDOSSO COMPLETO. *Vide* ENDOSSO EM PRETO.

ENDOSSO DE APÓLICE. *Direito civil.* É o aposto em apólice de seguro, passada à ordem e transformada em título de crédito, possibilitando sua transmissibilidade e exeqüibilidade. É inadmissível na apólice de seguro de vida (Othon Sidou).

ENDOSSO DE FAVOR. *Direito cambiário.* Trata-se do "endosso de garantia", dado para reforçar a garantia que o título, anteriormente, oferecia, contendo a cláusula "em garantia de débito". Logo, o endossado não é o proprietário do título, apenas mero detentor precário.

ENDOSSO DE GARANTIA. *Vide* ENDOSSO DE FAVOR.

ENDOSSO–DELEGAÇÃO. *Direito cambiário.* Transferência dos poderes de procurador ao endossatário-mandatário, realizada com a cláusula "por procuração". Tal cláusula outorga ao mandatário nomeado no próprio título o exercício de todos os direitos emergentes da letra, cujo endosso só poderá fazer na qualidade de mandatário especial. Trata-se de um endosso da posse da letra ao procurador, para que ele promova a cobrança do título ou exerça os direitos que competem ao endossante-mandante. Dá, portanto, ao endossatário todos os poderes cambiários decorrentes do título, menos o de propriedade.

ENDOSSO DO CONHECIMENTO. *Direito cambiário.* É o aposto no conhecimento de carga à ordem, para possibilitar sua transmissão.

ENDOSSO EM BRANCO. *Direito cambiário.* Transferência de título cambial por meio de simples aposição de assinatura do seu proprietário ou de seu mandatário especial no dorso do mencionado título, sem designar o endossatário, sem declarar a negociação e sem data. Com isso, o título se transforma em título ao portador, e quem o detiver será considerado seu real e legítimo proprietário, salvo a hipótese comprovada de furto, fraude etc.

ENDOSSO EM BRANCO DE CONHECIMENTO. *Direito cambiário.* Diz-se daquele que não contém qualquer declaração sobre o destinatário da mercadoria.

ENDOSSO EM CONHECIMENTO. *Direito cambiário.* Aquele que se opera em favor da mercadoria ou carga a ser transportada de um local a outro.

ENDOSSO EM PRETO. *Direito cambiário.* Aquele em que o endossante, ao endossar o título cambial, menciona, expressamente, o nome do endossatário, ou seja, da pessoa em favor da qual se opera a transferência da propriedade do citado título, e a data em que se dá tal ato translativo. É também denominado endosso completo, pleno ou nominativo.

ENDOSSO EM PRETO DE CONHECIMENTO. *Direito cambiário.* Diz-se daquele em que o endossante designa o destinatário da mercadoria a ser transportada.

ENDOSSO MANDATÍCIO. *Vide* ENDOSSO-DELEGAÇÃO.

ENDOSSO–MANDATO. *Direito cambiário.* **1.** É o que transfere a posse e não a propriedade do título cambial. **2.** *Vide* ENDOSSO-DELEGAÇÃO.

ENDOSSO NOMINATIVO. *Vide* ENDOSSO EM PRETO.

ENDOSSO OCULTO PARA GIRO. *Direito comparado.* Espécie de endosso-mandato pelo qual o endossatário se vale das exceções em caso de ação regressiva contra ele movida, em virtude de contrato existente entre ele e o real possuidor do título (Othon Sidou).

ENDOSSO PARA COBRANÇA. *Direito cambiário.* Diz-se daquele em que o endossante dá ao endossatário poderes para, tão-somente, receber o valor do título.

ENDOSSO PARCIAL. *Direito cambiário.* Aquele proibido legalmente, por transferir apenas uma parcela do valor do título de crédito, uma vez que este é indivisível.

ENDOSSO PIGNORATÍCIO. *Direito cambiário.* Diz-se daquele que contém a cláusula "valor em penhor" ou "valor em caução", e por meio do qual o endossante transfere tão-somente a posse do título cambial ao endossatário, que assume o dever de não deixar perecer o direito nele contido. Tal transferência é feita apenas para garantia de uma outra obrigação do endossante para com o endossatário, obrigação que, se não for cumprida, operará, então, a transformação da posse daquele título de crédito endossado em propriedade (Mauro Grinberg).

ENDOSSO PLENO. *Vide* ENDOSSO EM PRETO.

ENDOSSO POR PROCURAÇÃO. *Vide* ENDOSSO-DELEGAÇÃO.

ENDOSSO PÓSTUMO. 1. *Direito penal.* Medida fraudulenta praticada com o escopo de obter uma vantagem ilícita, lesando terceiro, e que consiste em crime de estelionato. Por exemplo, se alguém vier a pagar a outrem com títulos cambiais emitidos por pessoas inidôneas, moral ou financeiramente, com seu endosso póstumo, livrando-se, assim, dos deveres impostos pelo direito cambiário (Ruy Cardoso de Mello Tucunduva). **2.** *Direito cambiário.* É aquele endosso-cessão que se realiza após o vencimento ou protesto do título de crédito, tendo o efeito de uma simples cessão civil.

ENDOSSO-PROCURAÇÃO. *Vide* ENDOSSO-DE-LEGAÇÃO.

ENDOSSO PROCURATÓRIO. *Vide* ENDOSSO-DE-LEGAÇÃO.

ENDOSSO PURO. *Direito cambiário.* É o que opera a transferência da propriedade do título cambial, dando poderes ao endossatário para exercer todos os direitos dele emergentes, inclusive o de dispor do referido título.

ENDOSSO RISCADO. *Direito cambiário.* Diz-se daquele que, depois de efetuado, é cancelado mediante traços passados sobre ele. Todavia, se tal cancelamento se operou em razão de má-fé, devidamente comprovada, possível será restabelecê-lo por ação própria.

ENDOSSO-SAQUE. *Direito cambiário.* É aquele feito pelo próprio sacador (endossante), que, então, passa a ter a posição de tomador.

ENDOSSO SEM GARANTIA. *Direito cambiário.* É o que possibilita ao endossante não se responsabilizar pelo cheque, eximindo-o do pagamento do título e permitindo seu ingresso na relação cambial tão-somente para assegurar a sucessão de endossos (Othon Sidou).

ENDOSSO SIMPLES. *Vide* ENDOSSO PURO.

ENDOSSO TRASLATIVO. *Direito cambiário.* Aquele em que se opera uma completa transferência do título de crédito ou do documento à ordem ao endossatário.

ENDOVASCULITE. *Medicina legal.* Inflamação de vaso sangüíneo.

ENDOWMENT. *Termo inglês.* Fundação.

ENDVERBRAUCHER. *Termo alemão.* **1.** Destinatário final. **2.** Consumidor final que retira o bem do mercado ao adquirir ou simplesmente ao utilizá-lo (destinatário final fático), aquele que coloca um fim na cadeia de produção (destinatário final econômico) e não aquele que utiliza o bem para continuar a produzir, pois ele não é o consumidor final, ele está transformando o bem, utilizando o bem para oferecê-lo, por sua vez, ao cliente, seu consumidor (Cláudia Lima Marques).

ENERGÉTICA. Na *linguagem filosófica,* pode significar: a) dinamismo puro; b) sistema que entende ser a energia, e não a matéria, a essência de todos os fenômenos (Ostwald); c) sistema que elimina dos princípios a noção de força, substituindo-a pela de energia (Lalande e Helmholtz).

ENERGETISMO. Na *linguagem filosófica,* é a teoria que propugna a idéia de ser a energia a origem e o termo de todas as coisas.

ENERGIA. 1. Eficácia. **2.** Firmeza que se demonstra na resolução tomada em atos da vida particular ou pública. **3.** Capacidade de trabalho. **4.** Força física ou moral. **5.** Atividade nervosa. **6.** Vigor. **7.** Atividade diligente. **8.** Força em ação. **9.** Bem móvel por determinação legal, por ser força que tem valor econômico como a energia elétrica, térmica, eólia, radiante, sonora, hidrodinâmica, nuclear, solar etc.

ENERGIA ATÔMICA. *Direito nuclear.* Energia liberada por alterações no núcleo de um átomo, especialmente pela fissão e pela fusão nuclear, com perda de parte da massa. É também chamada "energia nuclear".

ENERGIA ATÔMICA EM MEDICINA. *Medicina legal.* Uso de isótopos radioativos em prol da saúde. Por exemplo, a injeção de sódio radioativo no sangue permite determinar a velocidade da circulação em vários pontos do corpo e verificar se os vasos sangüíneos encontram-se livres ou obstruídos por coágulos; o iodo radioativo pode medir a capacidade de trabalho da glândula tireóide e tratar o câncer dessa glândula; o fósforo diminui o número de glóbulos vermelhos na policitemia, beneficiando casos crônicos de leucemia; o ouro radioativo, o "césio 137" e o "cobalto 60" são eficazes no tratamento de certas formas de câncer.

ENERGIA CINÉTICA. Energia mecânica de um corpo em movimento.

ENERGIA DE CHOQUE. Nas *linguagens física, comum* e *jurídica,* é a energia cinética de um projétil no momento do impacto.

ENERGIA DE ESCAPE. *Direito espacial.* Energia por unidade-massa que deve ser comunicada ao projétil a fim de lhe ser dada a velocidade de escape.

ENERGIA DE ORDEM BIOQUÍMICA. *Medicina legal.* Aquela em que a matéria viva reage, inicialmente, de modo irritativo, fazendo com que essa energia possa ser negativa ou deficitária (displasia) e positiva ou ativa (toxi-infecção). É, portanto, aquela que se manifesta, química e biologicamente, por ação combinada, a qual danifica a saúde ou a vida se atuar por meio carencial ou infeccioso, ou por condições individuais. Exemplos desse tipo de energia são as perturbações alimentares, auto-intoxicações e infecções. É a energia que também causa o choque (Croce e Croce Jr.).

ENERGIA DE ORDEM FÍSICA. *Medicina legal.* Trata-se daquela suscetível de alterar o estado físico do corpo, como a temperatura, a pressão atmosférica, a luz, o som, a eletricidade etc., causando ofensa corporal ou morte (Croce e Croce Jr.).

ENERGIA DE ORDEM FÍSICO-QUÍMICA. *Medicina legal.* Aquela que provoca asfixia, como monóxido de carbono, afogamento, esganadura, enforcamento, sufocação direta ou indireta, soterramento etc., que pode levar a pessoa à morte.

ENERGIA DE ORDEM MECÂNICA. *Medicina legal.* Aquela que altera o estado de repouso ou de movimento do corpo ao atuar sobre ele por pressão, explosão, percussão, compressão, torção, podendo provocar-lhe lesões perfurantes, cortantes, perfurocortantes, contundentes, perfurocontundentes e cortocontundentes (Croce e Croce Jr.).

ENERGIA DE ORDEM MISTA. *Medicina legal.* Aquela que se apresenta sob a forma de sevícias, fadiga e algumas doenças parasitárias.

ENERGIA DE ORDEM QUÍMICA. *Medicina legal.* Substância que, por sua química (como, por exemplo, veneno cáustico), causa reação no tecido humano, por ingestão ou contato, podendo danificar a saúde e até mesmo levar à morte (Croce e Croce Jr.).

ENERGIA DE VALOR ECONÔMICO. *Direito penal* e *direito civil.* Aquela que, por ser suscetível de aferição econômica, é considerada coisa móvel por determinação legal; logo, se for subtraída de seu dono, constitui objeto do crime de furto, punido com reclusão e multa.

ENERGIA ELÉTRICA. 1. Nas *linguagens comum* e *jurídica,* é a força produzida pela eletricidade. **2.**

Direito penal. Aquela que, por ser, pela lei penal, considerada coisa móvel, pode ser objeto do crime de furto. **3.** *Direito tributário.* Mercadoria sobre a qual incide o ICMS.

ENERGIA EÓLICA. É a derivada do vento.

ENERGIA ESPECÍFICA DOS SENTIDOS. *Psicologia forense.* Sensação que transmite à consciência o estado dos nervos provocado por uma causa exterior (Johann Müller).

ENERGIA HIDRÁULICA. *Direito constitucional.* Energia mecânica de uma massa de água que se transforma em energia elétrica (Cid Tomanik Pompeu), constituindo esta propriedade distinta da do solo para fins de exploração e aproveitamento, e pertencendo, portanto, à União. Conseqüentemente, seu aproveitamento apenas poderá se dar, mediante autorização ou concessão da União, por brasileiros ou por empresa brasileira de capital nacional. É também denominada "energia hidrelétrica".

ENERGIA NÃO VINCULADA À POTÊNCIA CONTRATADA DE ITAIPU. Montante de energia suprida ao Brasil por Itaipu que excede ao montante de energia vinculada à potência contratada.

ENERGIA NUCLEAR. *Vide* ENERGIA ATÔMICA.

ENERGIA RADIANTE. *Medicina legal.* Aquela que se propaga por ondas eletromagnéticas como as dos raios X, ultravioletas ou infravermelhos, rádio etc.

ENERGIA SECUNDÁRIA DO SISTEMA. Parcela do total da energia produzida pelos geradores, membros do Mecanismo de Realocação de Energia (MRE), que exceder o montante de energia assegurada do sistema, rateável entre os referidos geradores.

ENERGIA SOLAR. Calor ou eletricidade que se pode obter pela conversão da luz do sol.

ENERGIA VINCULADA À POTÊNCIA CONTRATADA DE ITAIPU. Montante de energia que cada entidade contratante pode utilizar em função da potência contratada, definido para cada mês-calendário, conforme Carta Compromisso ou instrumento contratual firmado entre Itaipu e a Eletrobrás e equivalente à energia assegurada da usina.

ENERGISMO. Na *linguagem filosófica,* é a doutrina pela qual o bem supremo consiste numa existência voltada para a ação.

ENERGIZANTE. *Medicina legal.* Estimulante que, por aumentar a energia, pode estar ligado a

ENERVAÇÃO

certas alterações do comportamento, levando o seu usuário à criminalidade, uma vez que provoca agressividade e excitação psíquica e motora.

ENERVAÇÃO. *Medicina legal.* **1.** Esgotamento nervoso. **2.** Supressão da ação de um nervo que pode causar alguma moléstia.

ENERVAR. 1. *Direito agrário.* Abater reses pela seção da medula espinal. **2.** *Medicina legal.* a) Suprimir ação de um nervo; perder um nervo; b) enfraquecer; perder o vigor.

ENFARDADEIRA. *Direito agrário.* Máquina agrícola apropriada para empacotar algodão, sisal, palha, feno etc.

ENFARDADOR. *Direito agrário.* Trabalhador rural especializado em enfardar algodão, feno etc., pelo manejo da enfardadeira.

ENFARDAMENTO. 1. *Direito agrário.* Ação de enfardar palha, feno, sisal, algodão etc. **2.** *Direito comercial.* Modo de empacotamento de mercadorias que consiste em comprimi-las em fardo por máquinas que as prendem com costados de tábuas ou com cintos metálicos laminados.

ENFARTE. *Medicina legal.* Necrose de coagulação, circunscrita, de um órgão, em regra do coração, devido à obliteração de uma artéria.

ENFARTE DO MIOCÁRDIO. *Medicina legal.* Trombose coronária que provoca necrose do músculo do coração, por privá-lo, subitamente, de sangue oxigenado.

ENFARTO. *Vide* ENFARTE.

ENFERMAGEM. *Medicina legal.* **1.** Função de dar assistência a doentes. **2.** Conjunto de enfermeiros. **3.** Tratamento de enfermos. **4.** Serviço de enfermaria.

ENFERMARIA. *Medicina legal.* Local, num hospital, onde são colocados vários doentes para serem tratados.

ENFERMEIRO. *Direito do trabalho* e *medicina legal.* **1.** Aquele que, por ter recebido instrução adequada, tem habilitação para cuidar de enfermos sob a supervisão de um médico. **2.** Aquele que trata de doentes em hospitais ou em domicílio. **3.** Profissional de nível superior titular do diploma de enfermeiro, devidamente registrado no Conselho Regional de Enfermagem de sua jurisdição, habilitado para ações de enfermagem no Atendimento Pré-Hospitalar Móvel, devendo, além das ações assistenciais, prestar serviços administrativos e operacionais em

sistemas de atendimento pré-hospitalar. Deve preencher os seguintes requisitos gerais: disposição pessoal para a atividade; equilíbrio emocional e autocontrole; capacidade física e mental para a atividade; disposição para cumprir ações orientadas; experiência profissional prévia em serviço de saúde voltado ao atendimento de urgências e emergências; iniciativa e facilidade de comunicação; condicionamento físico para trabalhar em unidades móveis; capacidade de trabalhar em equipe. Tem por atribuições: supervisionar e avaliar as ações de enfermagem da equipe no Atendimento Pré-Hospitalar Móvel; executar prescrições médicas por telemedicina; prestar cuidados de enfermagem de maior complexidade técnica a pacientes graves e com risco de vida, que exijam conhecimentos científicos adequados e capacidade de tomar decisões imediatas; prestar assistência de enfermagem à gestante, à parturiente e ao recém-nato; realizar partos sem distocia; participar nos programas de treinamento e aprimoramento de pessoal de saúde em urgências, particularmente nos programas de educação continuada; fazer controle de qualidade do serviço nos aspectos inerentes à sua profissão; subsidiar os responsáveis pelo desenvolvimento de recursos humanos para as necessidades de educação continuada da equipe; obedecer à Lei do Exercício Profissional e ao Código de Ética de Enfermagem; conhecer equipamentos e realizar manobras de extração manual de vítimas.

ENFERMIDADE. *Medicina legal.* **1.** Doença; moléstia. **2.** Alteração, mais ou menos grave, da saúde. **3.** Perturbação do estado físico ou psicológico. **4.** Falta de uma ou mais funções, quer por ausência congênita, quer por alteração ou abolição definitiva das mesmas, incompatível com um relativo bom estado de saúde (Egídio Souza Aranha).

ENFERMIDADE AGUDA. *Medicina legal.* Aquela que se inicia com uma febre, tendo curso rápido.

ENFERMIDADE CONTAGIOSA. *Medicina legal.* Doença contagiosa.

ENFERMIDADE CRÔNICA. *Medicina legal.* Doença crônica.

ENFERMIDADE DA INFÂNCIA. *Medicina legal.* Doença, em regra infecciosa, que atinge crianças, como, por exemplo, sarampo, coqueluche, escarlatina etc.

ENFERMIDADE FUNCIONAL. *Medicina legal.* Aquela em que há uma alteração da função.

ENFERMIDADE INCURÁVEL. *Medicina legal.* Alteração permanente da saúde causada por lesões corporais ou adquirida congenitamente.

ENFERMIDADE MENTAL. *Medicina legal.* Moléstia psíquica; moléstia que causa desajustamento pela perda da comunicação social.

ENFERMIDADE PROFISSIONAL. *Medicina legal* e *direito previdenciário.* **1.** É a doença contraída durante a execução do trabalho, causada por ação nociva a ele inerente, dando direito à indenização por acidente de trabalho. **2.** *Vide* DOENÇA DO TRABALHO e DOENÇA PROFISSIONAL.

ENFERMIDADE TROPICAL. *Medicina legal.* É a própria de certas regiões tropicais, como a febre amarela, a doença de Chagas, o delírio dos trópicos etc.

ENFERMIDADE VENÉREA. *Medicina legal.* Aquela contraída por contágio sexual.

ENFERMO. *Medicina legal.* **1.** Doente. **2.** Débil mental. **3.** Portador de moléstia.

ENFERRUJAR. *Direito agrário.* Ser atacado, o vegetal ou cereal, de alforra, uma ferrugem ou doença desenvolvida em razão da umidade da planta e que a vai enegrecendo.

ENFESTAÇÃO. *Direito civil* e *direito desportivo.* Ato ilícito que consiste em marcar mais pontos do que o realmente obtido durante o jogo.

ENFESTAR. **1.** *Direito desportivo* e *direito civil.* Roubar no jogo, marcando número maior do que o devido. **2.** *Direito processual.* Inserir, fraudulenta ou irregularmente, um documento no processo após a fase própria para fazê-lo. **3.** *Direito comercial.* Aumentar uma conta.

ENFEUDAR. *História do direito.* Era o ato de constituir em feudo.

ENFISEMA. *Medicina legal.* Tumefação de órgão causada pela presença anormal, no seu tecido, de ar ou de gás, nele formado acidentalmente.

ENFISEMA AQUOSO-PULMONAR. *Medicina legal.* Dilatação causada nos alvéolos pulmonares pela penetração de água, constituindo fortíssimo sinal de morte por afogamento.

ENFISEMA CUTÂNEO. *Medicina legal.* Estado mórbido provocado pela entrada de ar ou gás no tecido celular subcutâneo.

ENFISEMA PULMONAR. *Medicina legal.* Dilatação anormal dos alvéolos ou das cavidades aéreas dos pulmões, com acompanhamento de sua dis-

tensão, perda da elasticidade e ruptura, provocada, por exemplo, pela asma, bronquite crônica etc. É acompanhada também de tosse, respiração penosa e imperfeição da atividade cardíaca.

ENFITEUSE. *Vide* AFORAMENTO.

ENFITEUTA. *Direito civil.* Foreiro, ou seja, o titular do direito real sobre coisa alheia, limitado de gozo ou fruição, que, em virtude de enfiteuse, possui o bem aforado de modo direto, tendo sobre ele uso, gozo e disposição, desde que não afete sua substância, por ter em suas mãos o domínio útil.

ENFITEUTICAÇÃO. *Direito civil.* Ato ou efeito de enfiteuticar.

ENFITEUTICADO. *Direito civil.* Diz-se do imóvel que foi aforado ou dado em enfiteuse.

ENFITEUTICAR. *Direito civil.* Aforar; ceder imóvel em enfiteuse; transferir o domínio útil do bem aforado ao enfiteuta ou foreiro.

ENFITEUTICÁRIO. *Vide* ENFITÊUTICO.

ENFITÊUTICO. *Direito civil.* Relativo a enfiteuse; enfiteuticário.

ENFORCADO. **1.** *Medicina legal.* Morto por enforcamento. **2.** Na *gíria*, tem o sentido de: a) aquele que está em má situação financeira; b) diz-se do dia útil suspenso por estar entre domingo e feriado.

ENFORCADO AZUL. *Medicina legal.* Aquele asfixiado mecanicamente, que, pelo acúmulo de sangue no rosto, apresenta face cianosada, com tonalidade azul.

ENFORCADO BRANCO. *Medicina legal.* Diz-se daquele que tem face lívida ou pálida, por ter havido completo impedimento da passagem do sangue ante a obliteração das artérias (Croce e Croce Jr.).

ENFORCADO COM SUSPENSÃO COMPLETA. *Medicina legal.* Aquele em que o corpo permanece inteiramente suspenso no ar pelo laço.

ENFORCADO COM SUSPENSÃO INCOMPLETA. *Medicina legal.* Diz-se daquele em que uma parte maior ou menor do corpo vem a tocar num ponto de apoio ou até mesmo no solo, ante o fato de a tração sobre o laço suspenso corresponder apenas a uma parte do corpo.

ENFORCAMENTO. **1.** *Medicina legal.* Asfixia mecânica violenta causada pela constrição do pescoço, feita por um laço preso a um ponto de suspensão fixo e sobre o qual exerce tração o próprio peso do corpo, que pode se dar

ENFORCEMENT

por acidente, homicídio ou suicídio (Oswaldo Pataro). **2.** *História do direito.* Pena que consiste em submeter o condenado ao suplício da forca, levando-o à morte. **3.** Na *gíria,* significa: a) falta à aula ou ao trabalho em dia útil que fica entre dois feriados ou entre um feriado e um domingo; b) suspensão de atividades mercantis ou administrativas em dia útil que se encontra no meio de feriados.

ENFORCEMENT. *Termo inglês.* **1.** Coação. **2.** Reforço. **3.** Execução de uma lei. **4.** Homologação. **5.** Reconhecimento.

ENFRANCHISEMENT. *Termo inglês.* Emancipação.

ENFRAQUECIMENTO. 1. *Direito comercial.* a) Diminuição do valor de uma garantia, que precisará, então, ser reforçada; b) depreciação do valor negocial; c) perda de crédito de um estabelecimento que pode levá-lo à recuperação (judicial ou extrajudicial) ou falência; d) desfalque negocial; e) debilidade econômica. **2.** *Medicina legal.* Debilidade; ato ou efeito de enfraquecer; diminuição de forças.

ENFRUTECER. *Direito agrário.* Dar frutos.

ENFRUTECIMENTO. *Direito agrário.* Ação ou efeito de enfrutecer.

ENFURECER. *Medicina legal.* Tornar-se furioso.

ENGABELAÇÃO. *Direito penal.* Ato ou efeito de engabelar, enganar, aplicar o conto do vigário, iludir, fraudar, trapacear, lograr, ou de praticar qualquer ato por meio ardiloso, com o objetivo de conseguir vantagem ilícita, para si ou para outrem, em prejuízo alheio. Trata-se, numa só palavra, do estelionato, punido com reclusão e multa.

ENGAÇO. *Direito agrário.* **1.** Bagaço; remanescente de frutas ou de cachos de uvas espremidos. **2.** Pedicelo de um cacho de uvas. **3.** Ancinho.

ENGAIAR. *Direito marítimo.* Forrar cordões de um cabo com fio mais ou menos grosso, para tornar sua superfície mais lisa.

ENGAJADO. *Direito comercial marítimo.* Aquele que foi contratado como tripulante de um navio mercante.

ENGAJAMENTO. 1. *Vide* AJUSTE, CONTRATO DE AJUSTE A PROVENTO EVENTUAL, CONTRATO DE AJUSTE A SALÁRIO FIXO E CONTRATO DE ENGAJAMENTO. **2.** *Direito militar.* Prestação voluntária de serviço ativo remunerado no Exército, na Armada ou na Polícia Militar, por certo tempo, depois de satisfeitas as exigências regulamentares; alistamento.

ENGAJAR. 1. *Direito comercial marítimo.* a) Alistar marinheiro; b) contratar tripulante para marinha mercante. **2.** *Direito militar.* Alistar-se nas Forças Armadas. **3.** *Direito penal.* Aliciar para fim de emigração, praticando crime contra a organização do trabalho.

ENGALPONADO. *Direito agrário.* Diz-se do que está em galpão.

ENGALPONAR. *Direito agrário.* Pôr animal em galpão, para abrigá-lo momentaneamente ou manejá-lo, em regime de costeio, amansando-o a fim de que possa permanecer no curral.

ENGANADO. *Direito penal.* **1.** Iludido, ludibriado. **2.** Seduzido, traído.

ENGANAR. *Direito penal.* Atraiçoar, seduzir, engabelar, burlar, lograr, trapacear alguém, a fim de obter vantagem ilícita, para si ou para terceiro, em prejuízo de outrem, cometendo estelionato ou praticando fraude no comércio.

ENGANO. 1. *Direito civil.* Erro suscetível de anular negócio jurídico. **2.** *Direito penal.* Adulteração da verdade com o objetivo de iludir a boa-fé de alguém, causando-lhe prejuízos, para obter proveito pessoal ou para terceiro, fato que constitui ação criminosa, punível pela lei penal, a qual pode ser configurada como estelionato, fraude no comércio, fraude, duplicata simulada, induzimento à especulação etc.

ENGANOSO. 1. Ardiloso. **2.** Doloso. **3.** Fraudulento. **4.** Astucioso. **5.** Falso. **6.** Artificioso.

ENGENHARIA. 1. Na *linguagem jurídica* em geral, é: a) arte de aplicar conhecimentos à invenção, ao aperfeiçoamento ou à utilização da técnica industrial; b) classe dos engenheiros; c) ciência das construções civis, militares e navais; d) corporação que dirige e executa trabalhos relativos a certa especialidade da engenharia. **2.** *Direito militar.* Corpo do exército que compreende engenheiros e sapadores.

ENGENHARIA AGRÍCOLA. *Direito agrário.* É a que tem por função projetar máquinas agrícolas; planejar as construções agrícolas; efetuar drenagem de terras de cultura; administrar o solo e controlar a erosão; cuidar não só do suprimento de água e da irrigação, como também da eletrificação rural e do processamento de produtos agrícolas.

ENGENHARIA CIVIL. *Direito civil* e *direito administrativo.* Ramo especializado em agrimensura, projeção, organização e inspeção de trabalhos concernentes a construções particulares ou públicas, e a instalação, funcionamento e conservação de redes de distribuição de águas e esgotos.

ENGENHARIA DE MINAS. *Direito administrativo.* É a que se ocupa da localização e avaliação dos depósitos de minérios, da supervisão de áreas de mineração, do planejamento e equipamento de minas, e da supervisão das operações de mineração.

ENGENHARIA ELÉTRICA. É a incumbida da geração e aplicação da eletricidade, bem como da projeção, superintendência de construção e funcionamento de usinas elétricas e equipamentos elétricos de redes de distribuição e de telecomunicação.

ENGENHARIA ESTATÍSTICA. É a especializada na aplicação de inferência estatística a experiências de engenharia.

ENGENHARIA GENÉTICA. *Medicina legal* e *biodireito.* 1. Atividade de produção e manipulação de moléculas de ácido desoxirribonucléico (ADN) e de ácido ribonucléico (ARN) recombinante. 2. *Vide* ÁCIDO DESOXIRRIBONUCLÉICO (ADN) E ÁCIDO RIBONUCLÉICO (ARN). 3. Técnica que possibilita ao cientista a identificação, o isolamento e a multiplicação de genes de diversos organismos. Trata-se da tecnologia do DNA recombinante, pois permite extrair DNA de um organismo ou de pequena amostra de osso ou sangue para submetê-lo a exames e estudos (Celso Antonio Pacheco Fiorillo e Marcelo Abelha Rodrigues).

ENGENHARIA GEOFÍSICA. *Direito administrativo.* A que tem a função de localizar e estudar depósitos subterrâneos de minérios, petróleo, gás ou água.

ENGENHARIA HIDRÁULICA. *Direito administrativo.* É aquela encarregada do uso e do controle de águas correntes.

ENGENHARIA INDUSTRIAL. *Direito empresarial.* Ramo da engenharia especializado na obtenção e manutenção de alto nível de produtividade a um custo ótimo, garantindo eficiência da mão-de-obra, das máquinas e das instalações.

ENGENHARIA MECÂNICA. *Direito industrial* e *direito empresarial.* É a que cuida da geração, transmissão e utilização de calor e força mecânica, e da produção de motores, máquinas e ferramentas para tal finalidade.

ENGENHARIA MILITAR. *Direito militar.* Ciência da construção de obras militares defensivas ou ofensivas e de linhas de transporte militar.

ENGENHARIA QUÍMICA. *Direito industrial.* Trata da aplicação industrial da química.

ENGENHEIRO. 1. Nas *linguagens comum* e *jurídica,* é o diplomado em engenharia, estando habilitado para o seu exercício profissional. **2.** *Direito administrativo.* O que traça e dirige obras públicas, exploração de minas etc. **3.** *Direito agrário.* Proprietário de engenho de açúcar; senhor de engenho. **4.** *Direito civil.* a) Construtor ou arquiteto; b) aquele que dirige uma construção ou obra.

ENGENHEIRO DE CONHECIMENTO. Profissional que faz projetos e programas com base em informações recebidas de um especialista em uma certa matéria.

ENGENHEIRO DE LAMAS. *Direito administrativo.* É aquele encarregado da análise da argila e da lama que circula no poço de óleo ou de gás durante sua perfuração, determinando suas propriedades químicas e físicas, e aperfeiçoando fórmulas para seu tratamento químico.

ENGENHEIRO DE PERFURAÇÃO E PRODUÇÃO DE PETRÓLEO. *Direito administrativo.* É o que dirige todas as atividades relativas à produção e transmissão de gás natural, óleo cru e gasolina, bem como elabora projetos, cuidando da construção das torres de perfuração, da tubulação, da estação compressora, do sistema de comunicação, e de outras instalações e estruturas de campo de óleo ou gás. É, portanto, o incumbido de efetuar serviços de engenharia alusivos à exploração de poços e à produção de óleo e gás; de dirigir as pesquisas geológicas; de analisar as amostras de terra; e de determinar os tipos de torre e de equipamentos de perfuração.

ENGENHEIRO DE PETRÓLEO. *Vide* ENGENHEIRO DE PERFURAÇÃO E PRODUÇÃO DE PETRÓLEO.

ENGENHEIRO DE SEGURANÇA INDUSTRIAL. *Direito empresarial.* Aquele que tem a função de inspecionar a indústria para averiguar os riscos existentes, recomendando o modo de prevenir ou de reduzir acidentes de trabalho e enfermidades profissionais.

ENGENHEIRO MECÂNICO AERONÁUTICO. *Direito aeronáutico.* Aquele encarregado de projetar aviões e material aeronáutico, preparar e verificar sua construção, assim como experimentá-los e fiscalizá-los.

ENGENHEIRO METALÚRGICO. *Direito industrial.* Aquele que não só aplica métodos de extração

ENGENHO

de metais dos minérios, com o fim de determinar os processos adequados para obter maior quantidade possível de metais de qualidade superior, como também estuda as propriedades dos metais e seu tratamento, e inspeciona, ainda, a produção de metais puros e ligas.

ENGENHO. 1. Na *linguagem jurídica* em geral, pode ter o sentido de: a) artifício engenhoso; b) máquina; c) aptidão natural, talento. **2.** *Direito agrário.* a) Estabelecimento onde se beneficiam produtos agrícolas (café, erva-mate, arroz, milho etc.), exercendo-se atividade agroindustrial; b) conjunto de máquinas para preparar ou fabricar álcool e açúcar; c) propriedade agrícola que, além de cultivar cana-de-açúcar, a industrializa; d) máquina de tirar água. **3.** *Direito de propriedade industrial.* Invenção.

ENGENHOCA. *Direito agrário.* Pequeno engenho que fabrica rapadura e aguardente.

ENGENHO DE ARROZ. *Direito agrário.* Estabelecimento que beneficia o arroz, tirando sua casca e o polindo (De Plácido e Silva).

ENGENHO DE BANGÜÊ. *História do direito.* Antigo engenho de açúcar destinado à plantação de canaviais em propriedade rural.

ENGENHO DE CANA. *Direito agrário.* Máquina para moer a cana-de-açúcar, extraindo-lhe o caldo.

ENGENHO DE ERVA-MATE. *Direito agrário.* Estabelecimento que cuida da preparação do mate para o chá ou chimarrão.

ENGENHO DE SERRA. *Direito agrário.* Estabelecimento que tem por finalidade a serragem ou desdobramento mecânico das toras de madeiras (De Plácido e Silva).

ENGENHO PERIGOSO. *Direito administrativo.* Máquina, instrumento ou arma, pertencente à Administração Pública, suscetível de causar dano ao administrado, gerando responsabilidade civil do Estado.

ENGENHOSO. Inventivo, ou o que revela engenho.

ENGESSADURA. *Medicina legal.* Ato de cobrir membro fraturado com tiras de gaze embebidas em gesso.

ENGINEERING. *Direito comercial* e *direito empresarial.* Contrato pelo qual um dos contratantes (empresa de engenharia) se obriga não só a apresentar projeto para a instalação de indústria, mas também a dirigir a construção dessa indústria e pô-la em funcionamento, entregan-

do-a ao outro (pessoa ou sociedade interessada), que, por sua vez, se compromete a colocar todos os materiais e máquinas à disposição da empresa de engenharia e a lhe pagar os honorários convencionados, reembolsando, ainda, as despesas feitas. A empresa de engenharia deverá prestar caução, responsabilizando-se pelo atraso na entrega da obra e pelo mau funcionamento da indústria.

ENGODADO. Vítima de engodo.

ENGODAMENTO. *Vide* ENGODO.

ENGODO. 1. *Direito agrário.* a) A melhor substância arrastada da terra cultivada pela aluvião; b) isca para pescar; c) ceva para apanhar peixes e aves. **2.** *Direito penal.* Ato criminoso de atrair alguém com promessa falsa ou de enganar ardilosamente uma pessoa, cometendo estelionato, por exemplo. **3.** *Direito civil.* Ato ilícito que consiste em efetuar manobras astuciosas lesivas a outrem, gerando responsabilidade civil de reparar o dano causado.

ENGORDA. *Direito agrário.* **1.** Invernada, pastagem onde cevam o gado. **2.** Ação ou efeito de engordar gado porcino ou vacum para o abate e o corte. **3.** Ceva.

ENGORDADOR. *Direito agrário.* Trabalhador rural que administra a invernada ou a engorda do gado.

ENGRADADO. *Direito comercial.* Armação de ripas de madeira ou cercado de grades para transporte de animais de pequeno porte.

ENGRAMA. *Psicologia forense.* Traço latente de memória, ou qualquer alteração no sistema nervoso oriunda da fixação de uma recordação (Semon).

ENGRAVIDAMENTO. *Medicina legal.* Condição de estar grávida.

ENHERITANCE. *Termo inglês.* Herança.

ENÍCOLA. *Direito agrário.* Aquele que produz e faz comércio de vinho; viticultor.

ENJEIRAR. *História do direito.* Técnica de divisão que consistia em ajeirar ou dividir a terra em jeiras, medida correspondente a 28.800 pés quadrados (24 hectares e 97 ares).

ENJEITADO. 1. *Direito penal.* Diz-se da criança, recém-nascida ou em tenra idade, abandonada em via pública ou na porta de alguém, constituindo objeto do crime de exposição ou abandono de recém-nascido, crime este punido pela lei penal. **2.** *Direito civil.* Filho menor aban-

ENJEITAMENTO

donado pelos pais, fato que lhes causa a perda do poder familiar. **3.** *Direito agrário.* a) Touro que não possui a marca do fazendeiro nem se sabe a que manada é pertencente; b) animal rebelde, que ninguém quer montar; c) ninho abandonado pela ave antes de pôr os ovos e de criar os filhotes.

ENJEITAMENTO. 1. *Direito civil* e *direito penal.* Abandono de menor. **2.** *Direito civil.* a) Recusa do objeto, pelo comprador, por apresentar vício redibitório; b) rejeição da obra, pelo seu dono, porque o empreiteiro não cumpriu o ajuste e as regras técnicas da arte.

ENJEITAMENTO DA MERCADORIA. *Direito comercial.* Rejeição da mercadoria pelo comprador por não estar conforme o ajustado.

ENJEITAMENTO DA PRESTAÇÃO. *Direito civil.* Recusa do credor em receber a prestação, a qual, ante a mora do devedor, veio a tornar-se inútil.

ENJÔO. *Medicina legal.* **1.** Náusea. **2.** Mal-estar provocado em algumas pessoas pelo movimento de barco, avião, automóvel, trem, elevador etc.

ENLAÇAR. *Direito civil.* Unir-se por vínculo matrimonial.

ENLACE. *Direito civil.* Casamento, matrimônio.

ENLACE MATRIMONIAL. *Vide* ENLACE.

ENLACRAR. 1. Fechar com lacre, lacrar. **2.** Dar cor de lacre a alguma coisa.

ENLATADO. 1. Nas *linguagens comum* e *jurídica,* é o material importado pronto para veiculação em rádio, televisão e cinema. **2.** *Direito empresarial.* Diz-se do produto comestível embalado em latas.

ENLATAR. *Direito industrial.* **1.** Pôr algo para conservar em latas. **2.** Embalar produtos em latas, a fim de serem comercializados.

ENLEIVAMENTO. *Direito agrário.* Ato de formar leivas, leiras ou sulcos pelo arado, em trabalhos agrícolas ou em terraceamentos.

ENLEVO. 1. *Direito canônico.* Estado superior ao êxtase apresentado por alguns santos. **2.** Na *linguagem psicológica,* é o estado de prazer que traz ao espírito uma completa satisfação.

ENLIÇADOR. Velhaco, aquele que engana outrem.

ENLIÇAR. Enganar, burlar.

ENLOUQUECER. *Medicina legal.* Tornar-se louco; perder o uso da razão.

ENLOUQUECIMENTO. *Medicina legal.* Loucura.

ENLUTADO. O que está de luto; o que sofre com o óbito de um ente querido.

ENODOAR. Difamar, desonrar; macular a honra de alguém.

ENOELETROTECNIA. *Direito agrário.* Tratamento de vinhos pela eletricidade.

ENOEMA. Na *linguagem filosófica,* é o produto da concepção; aquilo que é formado no espírito.

ENOEMÁTICO. Na *linguagem filosófica,* é tudo o que for relativo a enoema.

ENOFILIA. *Direito comercial.* Comércio de vinho e anexos.

ENÓFILO. *Direito comercial.* Aquele que se dedica ao comércio vinícola.

ENOFOBIA. *Medicina legal.* Aversão mórbida a vinho.

ENOFTALMIA. *Medicina legal.* Afundamento do olho na órbita.

ENÓGAMO. Aquele mal casado ou infeliz no casamento.

ENOJO. *Direito civil* e *direito administrativo.* Luto.

ENOLISMO. *Medicina legal.* Alcoolismo peculiar àqueles que bebem muito vinho; intoxicação alcoólica causada pela ingestão de vinho.

ENOLOGIA. *Direito agrário.* Ciência e arte do cultivo da videira e da preparação do vinho.

ENOLOGISTA. *Direito agrário.* Aquele que entende de enologia.

ENÓLOGO OU TÉCNICO EM ENOLOGIA. *Direito agrário.* É o que tem por atribuição: a) analisar as características físicas, químicas, botânicas, organolépticas e sanitárias da uva; b) executar as diferentes etapas e os procedimentos do cultivo da videira; c) manipular os equipamentos e materiais empregados nos procedimentos vitivinícolas; d) analisar os processos físicos, químicos, bioquímicos e microbiológicos inerentes à moderna tecnologia de vinificação; e) aplicar a legislação vigente das atividades e dos produtos vitivinícolas; f) decidir e formular recomendações para o desdobramento satisfatório de todas as atividades técnicas na área de vitivinicultura; g) planejar e racionalizar operações agrícolas e industriais correspondentes na área vitivinícola; h) prestar assistência técnica e promover atividades de extensão na área vitivinícola; i) executar a determinação analítica dos produtos vitivinícolas; j) organizar e assessorar estabelecimentos vitivinícolas; k) organizar, dirigir e assessorar departamentos de controle de qualidade, de pesquisa e de fiscalização na área da vitivinicultura; l) identificar, avaliar e qualificar uvas, vinhos e derivados da uva e do vinho; m) orientar e desenvolver projetos de produção e comercialização de produtos enológicos; n) exercer atividades na área mercadológica da vitivinicultura; o) desenvolver e coordenar projetos, pesquisas e experimentações vitivinícolas; p) desenvolver as empresas vitivinícolas, contribuindo para a modernização das técnicas de elaboração de vinhos; q) atuar nas cantinas de vinificação, órgãos de pesquisa enológica e indústrias de bebidas, no controle e na fiscalização de vinhos e derivados da uva e do vinho; r) orientar os viticultores quanto aos aspectos técnicos para formar vinhedos de melhor produtividade e qualidade; s) prestar assistência técnica na utilização e na comercialização de produtos e equipamentos técnicos enológicos; t) orientar os vitivinicultores quanto ao aproveitamento das variedades de uvas para elaboração de vinhos de melhor qualidade; u) controlar e avaliar as características organolépticas da produção vinícola; v) exercer magistério em curso superior na área de enologia e viticultura. São atribuições exclusivas do enólogo: a) exercer a responsabilidade técnica pela empresa vinícola, seus produtos e pelos laboratórios de análise enológica; b) executar perícias exigidas em processos judiciais a título de prova e contraprova. As denominações *Enólogo* e *Técnico em Enologia* são reservadas exclusivamente aos profissionais que têm as referidas atribuições, ficando também nelas incluídos os portadores de diplomas de Tecnólogo em Viticultura e Enologia, Técnico em Viticultura e Enologia e Técnico em Enologia.

ENOMANIA. *Medicina legal.* **1.** Impulso mórbido ou maníaco por vinho. **2.** Moléstia provocada pelo abuso do vinho, podendo chegar ao *delirium tremens.*

ENORA. *Direito marítimo.* **1.** Abertura, no convés e nas cobertas, que dá passagem aos mastros do navio, para que se assentem nas carlingas. **2.** Peça de madeira com que se atocha o mastro. **3.** Abertura circular no convés, à ré, por onde a cabeça da madre do leme é enfiada.

ENORME. 1. Muito grave. **2.** Tamanho fora do normal. **3.** Extraordinária grandeza.

ENOSTOSE. *Medicina legal.* Tumor ósseo desenvolvido dentro da cavidade do osso.

ENOTECNIA. *Direito agrário.* Arte de fabricar vinhos.

ENQUADRAMENTO. 1. Na *linguagem jurídica* em geral, é o ato ou efeito de incluir pessoa ou coisa no seu respectivo quadro ou categoria. **2.** *Direito administrativo.* Ato ou efeito de colocar o agente no quadro do funcionalismo público. **3.** *Direito penal.* a) Ato ou efeito de incluir crime na lei que o prevê, enquadrando-o nas penas por ela determinadas; b) ação ou efeito de incorrer no crime previsto pela lei. **4.** *Direito ambiental.* É o estabelecimento de classe em que se encontra as atividades em relação ao licenciamento ambiental, com base na Ficha da Caracterização das Atividades – FCA.

ENQUADRAMENTO SINDICAL. *Direito do trabalho.* Vinculação de um sindicato a uma categoria específica, de acordo com a discriminação do quadro de atividades profissionais (Othon Sidou).

ENQUADRAMENTO SOCIAL. *Direito administrativo.* É o procedimento adotado pelo Ministério do Desenvolvimento Agrário para atestar projetos de biodiesel que contemplem os critérios do selo combustível social visando acessar linhas especiais de financiamento junto ao Banco Nacional de Desenvolvimento Econômico e Social – BNDES e suas Instituições Financeiras Credenciadas, o Banco da Amazônia S/A – BASA, o Banco do Nordeste do Brasil – BNB, o Banco do Brasil S/A ou outras instituições financeiras que possuam condições especiais de financiamento para projetos com selo combustível social.

ENQUADRILHAR. *Direito agrário.* Reunir cavalos em tropa.

ENQUANTO BEM SERVIR. *Direito administrativo.* Locução usada para indicar que o funcionário público só pode ser demitido pela Administração Pública quando exercer mal suas funções; logo, será mantido no cargo público enquanto bem servir. A mantença do funcionário público está condicionada à exação no cumprimento do dever funcional. Portanto, sua demissão *ad nutum* preceder-se-á da prova da falta de exação.

ENQUEIJAR. *Direito agrário.* **1.** Coalhar o leite, preparando-o para convertê-lo em queijo. **2.** Pôr em forma de queijo.

ENQUÊTE. *Termo francês.* **1.** Instrução processual para recolher testemunhos indicados na contestação. **2.** Coleta de opiniões sobre certo assunto, para efeito de publicação na imprensa (Othon Sidou).

ENQUÊTE PAR TURBE. *História do direito.* Recurso usado pelos juízes locais, nos séculos XIII a XV, na França, para preencher lacunas no costume privado, através da *inquisitio* de testemunhas, com o escopo de se certificar da existência, ou não, de uma norma consuetudinária alegada pela parte para reger certa questão.

ENQUIMOSE. *Medicina legal.* Afluxo súbito de sangue aos vasos cutâneos provocado por uma forte emoção, como o rubor da vergonha, ou comoção violenta.

ENREDO. *Direito autoral.* Encadeamento dos incidentes na literatura de ficção.

ENREGISTREMENT. *Termo francês.* **1.** Registro. **2.** Repartição de registros.

ENRELHAR. *Direito agrário.* Amarrar uma rês nova, com uma corda pelo pescoço, numa estaca. Termo muito usado na Ilha de Marajó.

ENREPOLHAR. *Direito agrário.* Formar canteiro de repolhos.

ENRIQUECIMENTO. Ato ou efeito de tornar-se rico, aumentando seu patrimônio. *Vide* LOCUPLETAMENTO.

ENRIQUECIMENTO ECOLÓGICO. *Direito ambiental.* Atividade técnica e cientificamente fundamentada que vise à recuperação da diversidade biológica em áreas de vegetação nativa, por meio da reintrodução de espécies nativas.

ENRIQUECIMENTO ILÍCITO. *Direito civil.* Ganho não proveniente de causa justa. Aumento do patrimônio de alguém sem justa causa, ou sem qualquer fundamento jurídico, em detrimento do de outrem. É aquele que gera o locupletamento à custa alheia, justificando a ação de *in rem verso.*

ENRIQUECIMENTO INDÉBITO. *Vide* ENRIQUECIMENTO ILÍCITO.

ENRIQUECIMENTO INJUSTO. *Vide* ENRIQUECIMENTO ILÍCITO.

ENRIQUECIMENTO SEM CAUSA. *Vide* ENRIQUECIMENTO ILÍCITO.

ENROLADA. *Direito agrário.* Diz-se, na Amazônia, da estrada de seringal sem rumo definido.

ENROLADOR. *Direito agrário.* Instrumento apropriado para o enrolamento de folhas de chá.

ENROLADOR DE FUMO. *Direito agrário.* Trabalhador rural encarregado da produção e elaboração do fumo de corda; fumicultor de fumo de rolo.

ENROLAMENTO. *Direito agrário.* **1.** Operação a que são submetidas as folhas de chá-da-índia para libertação da enzima. **2.** Forma especial que as folhas tomam quando atacadas por determinadas moléstias de vírus.

ENRÔLEMENT. *Termo francês.* Alistamento.

ENROLLED BILL. *Locução inglesa.* Projeto de lei aprovado.

ENROUQUECIMENTO. *Medicina legal.* Rouquidão.

ENRUBESCIMENTO. *Medicina legal.* Ruborização.

ENSABANADO. *Direito agrário.* Diz-se do touro que tem o pêlo todo branco.

ENSACADEIRA. *Direito agrário.* Máquina apropriada para ensacar cereais, café etc.

ENSACADO. *Direito agrário.* Diz-se do produto agrícola que está acondicionado em saco.

ENSACADOR. **1.** *Direito agrário.* Trabalhador rural encarregado do ensacamento dos produtos agrícolas. **2.** *Direito comercial.* Proprietário de armazém para depósito de café; armazenário.

ENSACAGEM. *Direito agrário.* Ato de proteger, de pássaros, cada fruto da árvore com um saco de papel.

ENSACAMENTO. *Direito agrário.* Ato de colocar produtos agrícolas em sacos.

ENSAIADO. 1. Aquilo que foi provado, analisado ou experimentado. **2.** Adestrado, industriado. **3.** Estudado ou repetido antes da apresentação pública.

ENSAIADOR. 1. Aquele que faz análises, provas ou experimentações. **2.** O que dirige os ensaios de espetáculos públicos teatrais, musicais ou coreográficos, antes de sua apresentação. **3.** Degustador; aquele que experimenta produtos para averiguar sua qualidade.

ENSAIADOR DE OURO E PRATA. Aquele que analisa as ligas de ouro e de prata para conhecer o quilate ou toque; avaliador de metais preciosos.

ENSAIAR. 1. Estudar e repetir peça teatral, música ou composição coreográfica antes de apresentá-la ao público. **2.** Analisar, apreciar, experimentar. **3.** Examinar peso, quilate e valor de metais preciosos. **4.** Aprimorar-se. **5.** Tentar. **6.** Pôr à prova. **7.** Praticar um ato várias vezes até obter a perfeição.

ENSAIO. 1. Análise, prova, experimentação, exame. **2.** Adestramento. **3.** Ato de ensaiar peça teatral, ou composição musical ou coreográfica

ENSAIO DE CHOQUE

antes de sua representação ou execução públicas. **4.** Avaliação do ouro e da prata. **5.** Apresentação sintética e crítica de um tema filosófico, histórico, literário ou científico. **6.** *Direito autoral.* Texto onde o autor, além de emitir sua opinião pessoal, vem a adotar uma posição crítica.

ENSAIO DE CHOQUE. *Direito industrial.* Prova de choque, ou seja, experiência feita para averiguar a resistência de um material a choques.

ENSAIO DE POTÊNCIA. *Direito industrial.* Verificação da capacidade de força de um motor.

ENSAIO DE VÔO. *Direito aeronáutico.* Prova ou experiência de vôo para averiguar a *performance* de um avião.

ENSAIOS ECOTOXICOLÓGICOS. *Direito ambiental.* Ensaios realizados para determinar o efeito deletério de agentes físicos ou químicos de diversos organismos aquáticos.

ENSAIS. *Direito marítimo.* Peças pregadas na quilha do navio.

ENSAÍSMO. *Direito autoral.* Gênero literário cuja expressão é o ensaio.

ENSAÍSTA. *Direito autoral.* Aquele que escreve ensaios; autor de ensaios.

ENSANDECER. *Medicina legal.* Endoidecer alguém.

ENSANGÜENTADO. *Medicina legal.* Coberto ou manchado de sangue.

ENSANGÜENTAR. **1.** *Direito militar.* Ferir-se em combate. **2.** *Medicina legal.* Cobrir ou manchar de sangue.

ENSEADA. **1.** *Direito agrário.* Diz-se, na Ilha de Marajó, da área de campo situada em uma volta de rio ou entre dois igarapés. **2.** *Direito marítimo.* a) Pequena baía ou recôncavo da costa marítima; b) pequeno porto onde as embarcações podem ficar abrigadas.

ENSECADEIRA. *Direito marítimo.* Estrutura estanque apropriada para efetuar consertos em navio abaixo da linha de água.

ENSENHOREAR. *Direito civil.* Assenhorear.

ENSILADO. *Direito agrário.* Diz-se do cereal ou da folhagem, destinados à alimentação dos animais, conservados em silo, isto é, tulha alta e cilíndrica, de cimento, ou cova hermeticamente fechada (Fernando Pereira Sodero).

ENSILAGEM. *Direito agrário.* Processo ou sistema de conservação de cereais e forragens em silos.

ENSILAMENTO. *Vide* ENSILAGEM.

ENSILVAR. *Direito agrário.* Fazer tapumes com silva ou arbusto espinhoso e rosáceo para proteger imóvel rural e separá-lo da propriedade vizinha.

ENSINAMENTO. *Direito educacional.* **1.** Ato ou efeito de ensinar, de lecionar, de dar ensino ao alunado, de educar. **2.** Doutrina; preceito a ser seguido. **3.** Ato de fornecer indicações precisas para se reconhecer pessoas ou lugares. **4.** Oferecimento de condições para que alguém aprenda.

ENSINANÇA. *Vide* ENSINO.

ENSINO. *Direito educacional.* Ato de transmitir conhecimentos, empregando-se diferentes técnicas metodológicas.

ENSINO AGRÍCOLA. *Direito educacional.* Modalidade de curso técnico que procura dar habilitação profissional, orientando sobre atividades do setor agrário, como pecuária, agricultura, agropecuária, pesca, classificação de produtos agrícolas, análise de solos, defesa sanitária, adubação etc.

ENSINO ATIVO. *Direito educacional.* O que se efetiva por meio da participação contínua e dinâmica do alunado.

ENSINO CÍVICO. *Vide* EDUCAÇÃO MORAL E CÍVICA.

ENSINO COMERCIAL. *Direito educacional.* Curso técnico de segundo grau que prepara para obter habilitação profissional em contabilidade, secretariado, mercadologia etc.

ENSINO CONFESSIONAL. *Vide* ENSINO RELIGIOSO.

ENSINO DE EXCEPCIONAIS. *Vide* EDUCAÇÃO DE EXCEPCIONAIS.

ENSINO DE GRADUAÇÃO. *Direito educacional.* O que qualifica profissionalmente alguém, habilitando-o a exercer a profissão, ao lhe conferir o grau universitário.

ENSINO DE PÓS-GRADUAÇÃO. *Direito educacional.* O ministrado àqueles que já possuem grau universitário, para fins de aperfeiçoamento, especialização, mestrado ou doutorado.

ENSINO DE PRIMEIRO GRAU. *Vide* EDUCAÇÃO DE GRAU PRIMÁRIO.

ENSINO DE SEGUNDO GRAU. *Direito educacional.* O que fica entre o de primeiro grau e o superior, tendo por fim fornecer formação geral e profissional de ensino médio.

ENSINO ELEMENTAR. *Vide* EDUCAÇÃO DE GRAU PRIMÁRIO.

ENSINO FORMAL. *Direito educacional.* Aquele que emprega recursos específicos e no qual, num estabelecimento de ensino, o professor expõe, regularmente, seus conhecimentos, procurando transmiti-los aos alunos e cumprindo um programa.

ENSINO FUNDAMENTAL. *Direito educacional.* É o que tem duração mínima de oito anos, obrigatório e gratuito na escola pública, a partir dos seis anos de idade e tem por objetivo a formação básica do cidadão, mediante: a) o desenvolvimento da capacidade de aprender, tendo como meios básicos o pleno domínio da leitura, da escrita e do cálculo; b) a compreensão do ambiente natural e social, do sistema político, da tecnologia, das artes e dos valores em que se fundamenta a sociedade; c) o desenvolvimento da capacidade de aprendizagem, tendo em vista a aquisição de conhecimentos e habilidades e a formação de atitudes e valores; d) o fortalecimento dos vínculos de família, dos laços de solidariedade humana e de tolerância recíproca em que se assenta a vida social. O currículo do *ensino fundamental* incluirá, obrigatoriamente, conteúdo que trate dos direitos das crianças e dos adolescentes, tendo como diretriz o Estatuto da Criança e do Adolescente, observada a produção e distribuição de material didático adequado. A matrícula de todos os educandos, a partir dos seis anos de idade, no ensino fundamental, deve atender as seguintes condições no âmbito de cada sistema de ensino: a) plena observância das condições de oferta fixadas legalmente, no caso de todas as redes escolares; b) atingimento de taxa líquida de escolarização de pelo menos 95% (noventa e cinco por cento) da faixa etária de sete e catorze anos, no caso das redes escolares públicas; e c) não redução média de recursos por aluno do ensino fundamental na respectiva rede pública, resultante da incorporação dos alunos de seis anos de idade.

ENSINO INFORMAL. *Direito educacional.* Aquele no qual, sem que haja qualquer local predeterminado, o aprendizado se dá pela vivência, pelas múltiplas experiências provocadas pelas circunstâncias inusitadas que a vida fornece.

ENSINO JURÍDICO. *Direito educacional.* Aquele que, ministrado em faculdades de direito, procura transmitir conhecimentos teórico-práticos especializados das ciências jurídico-sociais, abrangendo todos os ramos do direito, e contendo disciplinas básicas e profissionais, sem olvidar da prática forense, com o objetivo de formar e habilitar os futuros bacharéis.

ENSINO LIVRE. *Direito educacional.* Aquele oferecido por escolas não registradas nos órgãos oficiais e por professores não enquadrados (João G. de Carvalho Meneses).

ENSINO MÉDIO. *Direito educacional.* **1.** Etapa final da educação básica, com duração mínima de três anos, que tem por finalidade: a) a consolidação e o aprofundamento dos conhecimentos adquiridos no ensino fundamental, possibilitando o prosseguimento dos estudos; b) a preparação básica para o trabalho e a cidadania do educando, para continuar aprendendo, de modo a ser capaz de se adaptar com flexibilidade a novas condições de ocupação ou aperfeiçoamento posteriores; c) o aprimoramento do educando como pessoa humana, incluindo a formação ética e o desenvolvimento da autonomia intelectual e do pensamento crítico; d) a compreensão dos fundamentos científico-tecnológicos dos processos produtivos, relacionando a teoria com a prática, no ensino de cada disciplina. **2.** *Vide* ENSINO DE SEGUNDO GRAU.

ENSINO PARA AQUAVIÁRIO. *Direito marítimo.* Conjunto de cursos para aquaviários que conferem certificado ou registro de habilitação profissional para o exercício das funções a bordo das embarcações nacionais. Têm seus currículos consoantes com os requisitos técnicos estabelecidos nos códigos associados às convenções ratificadas pelo governo brasileiro, que tratam da formação, treinamento e certificação de marítimos.

ENSINO PARTICULAR. *Direito civil* e *direito constitucional.* Aquele ministrado por instituições particulares confessionais ou leigas. *Vide* EDUCAÇÃO PARTICULAR.

ENSINO PRÉ-VOCACIONAL. *Direito educacional.* Aquele que tem por fim descobrir a vocação e a aptidão da pessoa antes que ela venha a atingir a maioridade.

ENSINO PROFISSIONALIZANTE. *Direito educacional.* Modalidade de ensino formal de vários níveis que prepara e habilita seus alunos ao exercício de uma profissão, na prática de serviços úteis diferenciados.

ENSINO PÚBLICO. *Direito constitucional, direito administrativo* e *direito educacional.* Aquele provido por entidades governamentais.

ENSINO RELIGIOSO. Aquele que visa dar instrução sobre crença religiosa que se professa.

ENSINO SUPERIOR. *Direito constitucional* e *direito educacional.* Terceiro e último grau de ensino, que tem por escopo a pesquisa, o desenvolvimento das ciências, das letras e das artes, e a formação e habilitação de profissionais de nível universitário. É ministrado em universidade ou em faculdades isoladas.

ENSINO SUPLETIVO. *Direito educacional.* Aquele criado para suprir a escolarização regular de adolescentes e adultos que não a tenham seguido ou concluído em idade própria.

ENSINO UNIVERSITÁRIO. *Vide* ENSINO SUPERIOR.

ENSINO VERBAL. O que se transmite por meio de exposições orais.

ENSOLVAR. *Direito militar.* Impedir o disparo de uma peça de artilharia, umedecendo a pólvora ou arrochando a bala, deixando-a, assim, sem condições de poder disparar.

ENS PER SE. *Expressão latina.* Ser por si.

ENTABULAR. 1. *Direito civil, direito comercial* e *direito empresarial.* Empreender, encetar um negócio. **2.** *Direito agrário.* Acostumar o garanhão a determinado número de éguas para obter a formação de uma manada.

ENTAIPADO. *Direito agrário.* Diz-se do que foi cercado com taipa.

ENTAIPADOR. *Direito agrário.* Trabalhador rural que cerca com taipas, isto é, muros de barro, ou de cal e areia, socados entre armações de tábuas, ou que fabrica taipas para construções (Fernando P. Sodero).

ENTAIPAMENTO. *Direito agrário.* Ação ou efeito de entaipar.

ENTALHE. *Direito autoral.* Obra de escultura, de gravura, de cinzeladura ou lavor em madeira. Escultura em madeira.

ENTALHES ANATÔMICOS CONGÊNITOS. *Medicina legal.* Reentrâncias simétricas e congênitas existentes na borda livre do hímen, e que quase se aproximam da borda de inserção. Não se confundem com rupturas (Croce e Croce Jr.).

ENTALHO. *Vide* ENTALHE.

ENTANIÇAR. *Direito agrário.* Enrolar folhas de fumo secas em taniça, uma espécie de cipó.

ÊNTASE. *Medicina legal.* Ação muscular espasmódica.

ENTE. *Filosofia do direito.* **1.** Ser. **2.** Objeto. **3.** O que existe.

ENTEADO. *Direito civil.* Parente por afinidade em linha reta, cuja mãe ou pai se casou novamente, em relação ao seu padrasto ou madrasta.

ENTE AUTÁRQUICO. *Vide* AUTARQUIA.

ENTE AUTÔNOMO. *Direito administrativo.* Pessoa jurídica de direito público que tem o poder de auto-legislar, podendo editar suas próprias normas.

ENTE DE RAZÃO. 1. *Filosofia do direito.* a) Objeto sem existência em si, criado pelo pensamento para atender as necessidades do discurso. Trata-se da idéia geral e abstrata; b) ente governado pela razão (Renouvier). **2.** *Lógica jurídica.* Raciocínio.

ENTEÍSMO. Na *linguagem filosófica,* é a doutrina segundo a qual Deus tem apenas a existência que o pensamento humano lhe dá.

ENTELÉQUIA. Na *linguagem filosófica,* é o ato plenamente realizado, em oposição ao potencial. A perfeição é uma resultante da completude do ato, e a razão é a determinante da atualização de uma potência (Aristóteles). Trata-se de toda substância simples ou criada, pois tem em si certa perfeição (Leibniz).

ENTENDER. *Teoria geral do direito.* **1.** Interpretar. **2.** Captar sentido e alcance. **3.** Compreender. **4.** Julgar. **5.** Perceber. **6.** Concertar-se. **7.** Tomar conhecimento como autoridade competente. **8.** Ter uso da razão. **9.** Ter opinião. **10.** Concluir. **11.** Conhecer. **12.** Tratar de um assunto. **13.** Dizer respeito a.

ENTENDIDO. 1. Compreendido, interpretado; o que se entendeu. **2.** Acertado. **3.** Aquele que entende do assunto; conhecedor.

ENTENDIMENTO. 1. *Teoria geral do direito.* a) Faculdade de compreender; intelecção; poder de conhecer objetos; b) função do espírito de ligar as sensações em sistemas coerentes por intermédio de categorias (Kant). **2.** *Lógica jurídica.* Faculdade de relacionar entre si as representações intuitivas conforme o princípio da razão, ou seja, de formar conceitos, combinando-os em juízos e raciocínios (Schopenhauer).

ENTENDIMENTO DIRETO. *Direito internacional público.* Meio diplomático para a solução pacífica de conflitos internacionais utilizado pelos próprios contendores, ao realizarem entre si negociações sem qualquer intervenção de terceiros, fazendo concessões recíprocas ou reconhecendo, um deles, a validade das alegações do outro.

ENTENDUDO. *História do direito.* Letrado.

ENTENTE. *Direito internacional público.* Pacto ou aliança utilizada na seara do direito internacional público para indicar a colaboração política entre dois ou mais Estados. É também designado "tratado de inteligência".

ENTENTE CORDIALE. *Termo francês* e *direito internacional público.* Aliança entre França e Inglaterra para opor-se à expansão alemã desde a segunda metade do século XIX.

ENTENTES ENTRE PRODUTORES. *Direito empresarial.* Trustes, ou associações de empresas, que constituem acordos feitos entre os produtores para evitar o envilecimento do preço, controlando-o, de modo a interferir, assim, no mercado econômico nacional e internacional, fixando o valor das mercadorias e pretendendo uma economia trustificada. Ter-se-á uma associação de empresas que em nada afetará a autonomia de cada uma delas, para que, com a cooperação econômica, haja monopolização do mercado, dessa forma eliminando-se concorrência e impondo-se preços.

ENTERADENITE. *Medicina legal.* Inflamação da glândula intestinal.

ENTERALGIA. *Medicina legal.* Dor neurálgica do intestino.

ENTERANGIENFRAXIA. *Medicina legal.* Obstrução dos vasos sangüíneos do intestino.

ENTE REAL. *Filosofia do direito.* Ser que tem existência real.

ENTERELCOSE. *Medicina legal.* Ulceração intestinal.

ENTEREMORRAGIA. *Medicina legal.* Hemorragia intestinal.

ENTEREPATITE. *Medicina legal.* Inflamação conjunta do intestino e do fígado.

ENTERITE. *Medicina legal.* Inflamação aguda ou crônica do intestino delgado, provocando fortes dores e diarréia.

ENTEROCELE. *Medicina legal.* Hérnia intestinal.

ENTEROGASTROCELE. *Medicina legal.* Hérnia do intestino e do estômago.

ENTEROPLASTIA. *Medicina legal.* Cirurgia plástica do intestino.

ENTEROSQUEOCELE. *Medicina legal.* Hérnia intestinal no escroto.

ENTERPRISE. *Termo inglês.* Empreendimento.

ENTERPRISE RESOURCE PLANNING. *Direito virtual.* Programas de computador destinados à gestão empresarial.

ENTERRAR. 1. *Direito civil.* a) Inumar; sepultar; b) esconder algo debaixo da terra, como um tesouro, por exemplo. **2.** Na *linguagem comum,* pode, ainda, ter o sentido de: a) acompanhar enterro; b) retirar-se do mundo; isolar-se; c) fazer cair em descrédito; d) extinguir; acabar; e) causar a morte de; f) cair em desuso; g) ocultar algo.

ENTERRAR O TIME. Em *gíria desportiva,* significa ter mau desempenho no jogo.

ENTERREIRAR. *Direito agrário.* Aplanar uma terra, transformando-a em terreiro para secagem e limpeza de cereais.

ENTERRO. *Direito civil.* **1.** Ato ou efeito de enterrar. **2.** Inumação; enterramento. **3.** Cortejo fúnebre que acompanha o falecido até a sepultura. **4.** Funeral. **5.** Tesouro, no Rio Grande do Sul, ou seja, qualquer coisa de valor enterrada.

ENTESOURAMENTO. *Economia política.* Acúmulo de riqueza sem aplicá-la, prejudicando, assim, a coletividade.

ENTESOURAR. Guardar valores em depósito.

ENTIA NON SUNT MULTIPLICANDA PRAETER NECESSITATEM. *Expressão latina.* Não devem as entidades ser multiplicadas ou aumentadas mais do que o necessário.

ENTIDADE. 1. *Direito civil.* Pessoa natural ou jurídica de direito privado ou de direito público. **2.** *Filosofia do direito.* a) Aquilo que constitui a essência de uma coisa; b) ente existente; c) individualidade; d) objeto concreto; e) objeto do pensamento; f) ser.

ENTIDADE AMBIENTALISTA. *Direito ambiental.* Entidade civil sem fins lucrativos, com personalidade jurídica própria, criada com o objetivo de desenvolver atividades de educação ambiental, proteção, preservação e conservação dos recursos naturais.

ENTIDADE ASSOCIATIVA. *Vide* ASSOCIAÇÃO.

ENTIDADE AUTÁRQUICA. *Vide* AUTARQUIA.

ENTIDADE DE ADMINISTRAÇÃO DIRETA. *Direito administrativo.* Pessoa jurídica de direito público interno de administração direta, como a União, cada um dos Estados-Membros e Municípios, Territórios e o Distrito Federal.

ENTIDADE DE ADMINISTRAÇÃO INDIRETA. *Direito administrativo.* Pessoa jurídica de direito públi-

ENTIDADE DE AUDITORIA

co interno de administração indireta, que é o órgão descentralizado, criado por lei, com personalidade jurídica própria para o exercício de atividade de interesse público, como, por exemplo, a autarquia, a fundação pública e a agência reguladora.

ENTIDADE DE AUDITORIA. É a instituição vista no seu conjunto, ou seja, o auditor independente de pessoa física ou jurídica, inclusive pessoas jurídicas sob a mesma administração, tais como as de consultoria e/ou assessoria e, em sendo o caso, as demais entidades de auditoria por rede, atuando no Brasil ou no exterior.

ENTIDADE DE AUDITORIA POR REDE. É aquela sob controle, administração, razão social ou nome fantasia comuns, inclusive por associação.

ENTIDADE DE BALCÃO ORGANIZADO. Pessoa jurídica que administra sistema eletrônico de negociação e de registro de operações com valores mobiliários.

ENTIDADE DE DIREITO PRIVADO. *Direito civil* e *direito comercial.* Pessoa jurídica de direito privado, instituída por iniciativa de particulares, como, por exemplo, a fundação particular, a associação, a organização religiosa, a sociedade simples ou empresária e o partido político.

ENTIDADE DE DIREITO PÚBLICO. *Direito administrativo* e *direito civil.* **1.** Pessoa jurídica de direito público interno de administração direta e de administração indireta. **2.** Pessoa jurídica de direito público externo, regulamentada pelo direito internacional, compreendendo cada um dos países estrangeiros e organismos internacionais, e a Santa Sé.

ENTIDADE DE NATUREZA ESPORTIVA. *Direito desportivo.* Pessoa jurídica de direito público, ou de direito privado com fins não econômicos, cujo ato constitutivo disponha expressamente sobre sua finalidade esportiva.

ENTIDADE DESPORTIVA NÁUTICA. *Direito desportivo.* Entidade promotora e organizadora de eventos esportivos náuticos que envolvam embarcações devidamente regularizadas junto às autoridades competentes e cadastradas nas capitanias, delegacias e agências.

ENTIDADE ESPECIALIZADA. É a empresa autorizada pelo poder público para efetuar serviços com a utilização de produtos devidamente registrados no Ministério da Saúde, observadas as restrições de uso e segurança, durante a sua aplicação.

ENTIDADE FAMILIAR. *Direito civil.* **1.** União estável. **2.** Família monoparental.

ENTIDADE FECHADA. *Direito previdenciário.* Instituto atuante na seara da previdência privada e patrocinado por autarquia, fundação pública, sociedade de economia mista ou empresa pública.

ENTIDADE FILANTRÓPICA. *Vide* ASSOCIAÇÃO PIA.

ENTIDADE PARAESTATAL. *Direito administrativo.* Autarquia, para alguns juristas, mas, para outros, a pessoa jurídica de direito privado que auxilia o Estado, no exercício de suas funções, a obter a consecução de suas finalidades públicas, como a sociedade de economia mista e a empresa pública.

ENTIDADE PATROCINADORA. *Direito desportivo.* Aquela que destina recursos à associação desportiva que mantém equipe de futebol profissional a título de patrocínio, licenciamento de uso de marcas e símbolos, publicidade, propaganda e transmissão de espetáculos desportivos.

ENTIDADE PROMOTORA. *Direito desportivo.* A federação, a confederação ou a liga responsável pela organização do evento, assim entendido o jogo ou a partida, isoladamente considerado.

ENTIDADE RELACIONADA. *Direito comercial.* É aquela relacionada com a entidade auditada como: a) entidade que tem controle direto ou indireto sobre a entidade auditada, desde que a entidade auditada seja relevante para essa entidade; b) entidade com interesse financeiro direto na entidade auditada, desde que tal entidade tenha influência significativa sobre a entidade auditada e o interesse na entidade auditada seja relevante para essa entidade; c) entidade sobre a qual a entidade auditada tenha controle direto ou indireto; d) entidade na qual a entidade auditada, ou uma entidade a esta relacionada, tenha um interesse financeiro direto que lhe proporcione influência significativa, ou seja, preponderância nas deliberações sociais, sobre essa entidade e o interesse seja relevante para a entidade auditada e sua entidade relacionada; e e) entidade sob controle comum ao da entidade auditada desde que essa entidade e a entidade auditada sejam, ambas, relevantes para a entidade controladora.

ENTIDADES ABERTAS DE PREVIDÊNCIA COMPLEMENTAR (EAPC). *Direito previdenciário.* São as constituídas unicamente sob a forma de sociedades anônimas e têm por objetivo instituir e operar planos de benefícios de caráter previdenciário concedidos em forma de renda continuada ou pagamento único, acessíveis a quaisquer pessoas físicas. Dependerão de prévia e expressa aprovação do órgão fiscalizador: a) a constituição e o funcionamento das entidades abertas, bem como as disposições de seus estatutos e as respectivas alterações; b) a comercialização dos planos de benefícios; c) os atos relativos à eleição e conseqüente posse de administradores e membros de conselhos estatutários; e d) as operações relativas à transferência do controle acionário, fusão, cisão, incorporação ou qualquer outra forma de reorganização societária. O órgão regulador disciplinará o tratamento administrativo a ser emprestado ao exame dos assuntos aqui relacionados. As entidades abertas deverão comunicar ao órgão fiscalizador, no prazo e na forma estabelecidos: a) os atos relativos às alterações estatutárias e à eleição de administradores e membros de conselhos estatutários; e b) o responsável pela aplicação dos recursos das reservas técnicas, provisões e fundos, escolhido dentre os membros da diretoria executiva. As entidades abertas deverão levantar no último dia útil de cada mês e semestre, respectivamente, balancetes mensais e balanços gerais, com observância das regras e dos critérios estabelecidos pelo órgão regulador.

ENTIDADES AFINS. Entidades civis sem fins lucrativos, com personalidade jurídica própria que, embora criada sem finalidade especificamente ambiental, pode, eventualmente, desenvolver atividades de educação ambiental, proteção, preservação e conservação dos recursos naturais, mesmo que estas atividades não constem no estatuto ou no regimento interno da entidade.

ENTIDADES AUDITADAS. *Direito comercial.* **1.** Companhias abertas e demais emissores de valores mobiliários sujeitos à regulação da CVM (Comissão de Valores Mobiliários). **2.** Aquelas nas quais uma entidade de auditoria realiza trabalho de auditoria das Demonstrações Contábeis com o objetivo de emissão de parecer ou formação de juízo sobre estas. Quando a entidade auditada é emissora de ações negociadas em bolsa de valores, a entidade auditada inclui sempre suas entidades relacionadas.

ENTIDADES DE ATENDIMENTO AO IDOSO. *Direito civil e direito administrativo.* As entidades de atendimento são responsáveis pela manutenção das próprias unidades, observadas as normas de planejamento e execução emanadas do órgão competente da Política Nacional do Idoso. As entidades governamentais e não-governamentais de assistência ao idoso ficam sujeitas à inscrição de seus programas, junto ao órgão competente da Vigilância Sanitária e Conselho Municipal da Pessoa Idosa e, em sua falta, junto ao Conselho Estadual ou Nacional da Pessoa Idosa, especificando os regimes de atendimento, observados os seguintes *requisitos*: a) oferecer instalações físicas em condições adequadas de habitabilidade, higiene, salubridade e segurança; b) apresentar objetivos estatutários e plano de trabalho compatíveis com os princípios legais; c) estar regularmente constituída; d) demonstrar a idoneidade de seus dirigentes. As entidades que desenvolvam programas de institucionalização de longa permanência adotarão os seguintes *princípios*: a) preservação dos vínculos familiares; b) atendimento personalizado e em pequenos grupos; c) manutenção do idoso na mesma instituição, salvo em caso de força maior; d) participação do idoso nas atividades comunitárias, de caráter interno e externo; e) observância dos direitos e garantias dos idosos; f) preservação da identidade do idoso e oferecimento de ambiente de respeito e dignidade. O dirigente de instituição prestadora de atendimento ao idoso responderá civil e criminalmente pelos atos que praticar em detrimento do idoso, sem prejuízo das sanções administrativas. Constituem *obrigações* das entidades de atendimento: a) celebrar contrato escrito de prestação de serviço com o idoso, especificando o tipo de atendimento, as obrigações da entidade e prestações decorrentes do contrato, com os respectivos preços, se for o caso; b) observar os direitos e as garantias de que são titulares os idosos; c) fornecer vestuário adequado, se for pública, e alimentação suficiente; d) oferecer instalações físicas em condições adequadas de habitabilidade; e) oferecer atendimento personalizado; f) diligenciar no sentido da preservação dos vínculos familiares; g) oferecer acomodações apropriadas para recebimento de visitas; h) proporcionar cuidados à saúde, conforme a necessidade do idoso; i) promover atividades educacionais, esportivas, culturais e de lazer; j) propiciar assistência religiosa àqueles que desejarem, de acordo com suas crenças; k) proceder a estudo social e pessoal de cada caso; l) comunicar à autoridade competente de saúde toda ocorrência de idoso portador de doenças infecto-contagiosas; m) providenciar ou solicitar que o Ministério Público requisite os documentos necessários ao exercício da cidadania àqueles que não os tiverem, na forma da lei; n) fornecer comprovante de depósito dos bens móveis que receberem dos idosos; o) manter arquivo de anotações onde constem data e circunstâncias do atendimento, nome do idoso, responsável, parentes, endereços, cidade, relação de seus pertences, bem como o valor de contribuições, e suas alterações, se houver, e demais dados que possibilitem sua identificação e a individualização do atendimento; p) comunicar ao Ministério Público, para as providências cabíveis, a situação de abandono moral ou material por parte dos familiares; q) manter no quadro de pessoal profissionais com formação específica. As instituições filantrópicas ou sem fins lucrativos prestadoras de serviço ao idoso terão direito à assistência judiciária gratuita.

ENTIDADES DE ATENDIMENTO DE CRIANÇAS E ADOLESCENTES. *Direito da criança e do adolescente.* São as que visam planejar e executar programas socioeducativos e de proteção ao menor até dezoito anos.

ENTIDADES DESPORTIVAS. *Direito desportivo.* São as entidades de prática desportiva envolvidas em competições de atletas profissionais, as ligas em que se organizam e as entidades de administração de desporto profissional.

ENTIDADES FECHADAS DE PREVIDÊNCIA COMPLEMENTAR. *Direito previdenciário.* São aquelas acessíveis, na forma regulamentada pelo órgão regulador e fiscalizador, exclusivamente: a) aos empregados de uma empresa ou grupo de empresas e aos servidores da União, dos Estados, do Distrito Federal e dos Municípios, entes denominados patrocinadores; e b) aos associados ou membros de pessoas jurídicas de caráter profissional, classista ou setorial, denominadas instituidores. As entidades fechadas constituídas por tais instituidores deverão, cumulativamente: terceirizar a gestão dos recursos garantidores das reservas técnicas e provisões mediante a contratação de instituição especializada autorizada a funcionar pelo Banco Central do Brasil ou outro órgão competente; e ofertar exclusivamente planos de benefícios na modalidade contribuição definida em lei. As entidades fechadas organizar-se-ão sob a forma de fundação ou associações, sem fins lucrativos. Dependerão de prévia e expressa autorização do órgão regulador e fiscalizador: a) a constituição e o funcionamento da entidade fechada, bem como a aplicação dos respectivos estatutos, regulamentos dos planos de benefícios e suas alterações; b) as operações de fusão, cisão, incorporação ou qualquer outra forma de reorganização societária, relativas às entidades fechadas; c) as retiradas de patrocinadores; e d) as transferências de patrocínio, de grupo de participantes, de planos e de reservas entre entidades fechadas. As entidades fechadas podem ser qualificadas da seguinte forma, além de outras que possam ser definidas pelo órgão regulador e fiscalizador: 1) de acordo com os planos de benefícios que administram: a) de plano comum, quando administram plano ou conjunto de planos acessíveis ao universo de participantes; e b) de multiplano, quando administram plano ou conjunto de planos de benefícios para diversos grupos de participantes, com independência patrimonial; 2) de acordo com seus patrocinadores ou instituidores: a) singulares, quando estiverem vinculadas a apenas um patrocinador ou instituidor; e b) multipatrocinadas, quando congregarem mais de um patrocinador ou instituidor.

ENTIDADE VINCULADA. *Direito administrativo.* **1.** Aquela criada por lei para racionalizar e dar organicidade à administração pública federal, estando sob o controle e a supervisão do ministro de Estado a que sua atividade estiver enquadrada, como, por exemplo, a autarquia, a empresa pública e a sociedade de economia mista. **2.** É, na lição de Othon Sidou, um órgão de administração pública indireta, com relação à Secretaria de Estado de que recebe as diretrizes funcionais e operacionais.

ENTIGELAMENTO. *Direito agrário.* Ato de aplicar tigelas à seringueira para extrair o látex.

ENTIMEMA. *Lógica jurídica.* **1.** Silogismo em que uma das premissas está subentendida (Goffredo Telles Jr. e Boécio). **2.** Silogismo com duas proposições, em que uma é a antecedente e a outra, a conseqüente (Laudelino Freire). **3.** Silogismo que se funda sobre signos ou semelhanças (Aristóteles).

ENTIMEMÁTICO. *Lógica jurídica.* Relativo a entimema.

ENTIMEMISMO. *Lógica jurídica.* Figura pela qual se pode aproximar, de imediato, dois conceitos, um dos quais é conclusão silogística do outro.

ENTIVADOR. 1. Encarregado de cortar e colocar tábuas de madeira para sustimento nas minas. **2.** *Vide* ESTIVADOR.

ENTLASSUNG. 1. *Termo alemão.* Exoneração. **2.** *Vide RECALL.*

ENTOJO. *Medicina legal.* Nojo ou enjôo que algumas mulheres grávidas sentem durante certo período da gestação.

ENTOMOFAUNA. *Direito agrário* e *direito ambiental.* Fauna constituída de insetos, que deve ser preservada, legalmente, para atender interesses agrários e ecológicos.

ENTOMÓGENO. *Medicina legal.* Diz-se do ferimento oriundo de picadas de insetos.

ENTÓPTICAS. *Psicologia forense.* Imagens ou sensações visuais provocadas por traumatismo, choque etc.

ENTORPECENTE. *Medicina legal.* Medicamento ou substância tóxica, natural ou sintética, que provoca inibição de determinados centros nervosos, causando insensibilidade à dor, entorpecimento intelectual, sonolência, excitação, e cujo uso continuado pode levar ao vício ou à dependência físico-mental, isto é, à toxicomania, como se dá, por exemplo, com o ópio, a cocaína, a morfina e outros.

ENTORSE. *Medicina legal.* Lesão ou traumatismo em área próxima de uma articulação, causada por um movimento brusco ou queda, distendendo as fibras do tecido conjuntivo dos ligamentos, músculos ou tendões, podendo chegar a rompê-las.

ENTRADA. 1. *Direito comercial.* a) Receita; dinheiro ou fundo que se encontra em caixa; b) ato de escriturar mercadoria contabilmente; c) primeiro pagamento da compra e venda a prestações; parte inicial de um pagamento devido em virtude de obrigação assumida; d) admissão de sócio; e) bilhete de ingresso em casa de diversão pública; f) preço de ingresso. **2.** *Direito civil.* a) Primeira parcela de pagamento na compra e venda a prestações; b) jóia paga em uma associação; c) ingresso numa sociedade simples ou empresária. **3.** *História do direito.* Expedição, na

era colonial, que partia do litoral para explorar o sertão, procurar pedras preciosas e aprisionar índios. **4.** *Direito alfandegário.* Importação; ingresso de produto estrangeiro no País, para nele ser usado e consumido. **5.** *Direito processual civil.* Protocolização de petição inicial. **6.** *Direito penal.* Objeto do crime de violação de domicílio, pois a entrada, clandestina ou astuciosa, em casa alheia é punida com detenção ou multa. **7.** *Medicina legal.* É o ingresso do paciente na unidade hospitalar, por internação, incluindo as transferências externas, ou por transferência interna.

ENTRADA DE FAVOR. Ingresso admitido em espetáculo, ou em casa de diversão, gratuitamente. Ingresso gratuito.

ENTRADA DE SERVIÇO. *Direito civil.* Dependência de acesso, nos edifícios de apartamentos, a empregados e fornecedores.

ENTRADA EM VIGOR DO TRATADO. *Direito internacional público.* Qualidade do tratado relativa à sua força vinculante, que decorre de sua vigência, a qual pode ser: a) *contemporânea*, como ocorre no tratado bilateral ou na troca de notas, do consentimento, concluindo-se executivamente sem qualquer intervenção formal do chefe de Estado ou de consulta parlamentar. Com o consenso das partes, que toma a forma de ratificação, o tratado passa a ter vigência imediata; ou b) *diferida*, se, apesar de ter sido dado o consentimento pelos signatários, houver um prazo, mais ou menos longo, de acomodação para sua atuação (Rezek).

ENTRADA FRANCA. *Vide* ENTRADA DE FAVOR.

ENTRADA NOBRE. *Direito civil.* É a entrada social ou principal de um edifício de apartamentos, utilizada pelos proprietários, locatários e visitas.

ENTRADA NO TERRITÓRIO NACIONAL. *Direito internacional privado.* **1.** Ingresso e permanência de estrangeiro no território de um país, que não é o seu, desde que haja apresentação de passaporte e observância dos preceitos legais. **2.** Imigração.

ENTRADA PESSOAL. *Direito administrativo.* Direito intransferível de entrar em lugar aberto ao público.

ENTRADA SOCIAL. *Vide* ENTRADA NOBRE.

ENTRADISTA. *História do direito.* Aquele que participava das entradas do Brasil Colônia.

ENTRÂNCIA. 1. *Direito processual civil* e *direito processual penal.* a) Categoria hierárquica das circunscrições judiciárias, correspondendo a um grau na carreira da magistratura para acesso e efeito de promoção por merecimento ou por antigüidade; b) entrada na função de magistrado. **2.** *Direito administrativo.* Categoria para acesso ou promoção de funcionário público.

ENTRANHADA. *Direito processual.* Diz-se da peça introduzida no auto do processo.

ENTRANHAR. 1. *Direito processual.* Introduzir peça ou documento no auto do processo para que dele seja parte integrante. **2.** *Medicina legal.* Introduzir algo nas entranhas.

ENTRAR. 1. *Direito constitucional* e *direito internacional privado.* a) Imigrar; b) ser importado. **2.** *Direito do trabalho.* Comparecer ao trabalho; ter de estar no local de trabalho ou de serviço. **3.** *Direito comercial.* a) Ser admitido como sócio em sociedade empresária; b) encetar um negócio; c) participar com quota societária. **4.** *Direito civil.* a) Ingressar como membro de uma associação ou sociedade simples; filiar-se; b) assumir posse. **5.** *Direito militar.* Alistar-se. **6.** *Direito administrativo.* Ingressar no funcionalismo público por meio de concurso público de títulos e provas. **7.** *Direito penal.* Penetrar clandestinamente em residência de outrem, perpetrando crime de violação de domicílio alheio. **8.** *Direito processual.* a) Apreciar ou julgar o mérito da causa; b) introduzir petição; c) impetrar recurso. **9.** Na *linguagem jurídica* em geral, pode ter o sentido de: a) ter acesso a; b) ir para dentro de.

ENTRAVE. 1. Impedimento. **2.** Obstáculo. **3.** Ação ou efeito de entravar. **4.** Manobra ardilosa para impedir o exercício de algum direito. **5.** Prática de atos para atrasar algo. **6.** Ato de fazer parar o andamento do processo. **7.** Ação ou efeito de interceptar alguma coisa. **8.** Ato de impedir a entrada de.

ENTRE–AJUDA. *Direito comparado.* Em Portugal, é o auxílio mútuo entre ascendentes, descendentes e irmãos (M. Guimarães).

ENTREATO. *Direito autoral.* Breve representação para preencher o intervalo entre os atos de uma peça teatral ou musical.

ENTRECHO. *Direito autoral.* Enredo de uma peça literária.

ENTRECOBERTA. *Direito marítimo.* Espaço entre as duas cobertas do navio.

ENTRECOSTADO. *Direito marítimo.* Obra do navio, situada entre o costado interno e o externo, para reforçá-lo.

ENTREGA. 1. *Direito agrário.* Quantidade de gado que fica, no Piauí e em Pernambuco, sob a guarda de um vaqueiro. **2.** *Direito civil.* a) Tradição da coisa móvel vendida, transferindo a sua propriedade ao adquirente; b) devolução ou restituição da coisa a quem de direito; c) coisa que se entregou. **3.** *Direito processual penal.* Ato de o criminoso apresentar-se perante a autoridade competente. **4.** *Direito militar.* Rendição. **5.** Na *linguagem comum,* pode ter o sentido de ato de trair alguém. **6.** *Direito comercial.* Ato de transportar mercadoria, remetendo-a ou expedindo-a ao destinatário.

ENTREGA ARBITRÁRIA DE INCAPAZ. *Direito penal.* Crime que consiste em confiar, por qualquer motivo, menor de dezoito anos ou interdito, sem ordem do pai, do tutor ou do curador, a outrem, punido com detenção ou multa.

ENTREGA DE AUTOS. *Direito processual.* Ato pelo qual o funcionário do cartório confia os autos processuais ao advogado, para vista e exame.

ENTREGA DE BENS. 1. *Direito civil.* a) Requisito essencial dos contratos reais, os quais só se ultimam com a entrega efetiva da coisa, feita por um contratante a outro, como, por exemplo, o comodato, o mútuo, o depósito, o penhor e a anticrese. Antes da tradição do objeto do ato negocial, ter-se-á mera promessa de contratar; b) dação em pagamento, ou seja, pagamento mediante a entrega, ao credor, de outra coisa em substituição à prestação assumida. **2.** *Direito comercial.* Pagamento feito em coisas ou mercadorias.

ENTREGA DE DINHEIRO. *Direito civil* e *direito comercial.* Pagamento feito em dinheiro.

ENTREGA DE DOCUMENTO. 1. *Direito civil.* Devolução do título ao devedor, desonerando-o, ante a presunção *juris tantum* de pagamento, a qual pode ser ilidida se o credor comprovar, dentro de sessenta dias, que não houve o adimplemento da prestação. **2.** *Direito registrário.* Ato que confere, ao documento lançado no livro de protocolo, direito de prioridade, se for o primeiro. **3.** *Direito processual* e *direito administrativo.*

Ato que gera o dever dos órgãos públicos de protocolar ou de fornecer recibo.

ENTREGA DE FILHO MENOR A PESSOA INIDÔNEA. *Direito penal.* Crime contra a assistência familiar, o qual consiste em deixar a guarda de filho menor de dezoito anos a pessoa sem qualificação moral ou material, colocando-o em perigo, punido com detenção.

ENTREGA DIRETA. *Direito comercial.* Ato de, em caso de venda por enfiada, entregar a mercadoria somente ao último comprador. Isso se dá por consistir, tal venda, na transferência sucessiva do contrato inicial da venda, na qual a mercadoria fica guardada em armazém, sendo representada por um documento endossável, que será, sucessivamente, negociado. Dessa forma, entrega-se a mercadoria apenas ao último comprador, pois houve vários compradores da mesma coisa, evitando-se, assim, sucessivas entregas.

ENTREGA FRACIONADA. *Direito internacional privado.* É a importação realizada por um único importador que, em razão do seu volume ou peso, não pode ser transportada em apenas um veículo transportador ou que, por razões comerciais ou técnicas, o transporte não pode ser realizado em um único embarque.

ENTREGA VIGIADA. *Direito penal.* É a técnica que consiste em permitir que remessas ilícitas ou suspeitas saiam do território de um ou mais Estados, os atravessem ou neles entrem, com o conhecimento e sob o controle das suas autoridades competentes, com a finalidade de investigar infrações e identificar as pessoas envolvidas na sua prática.

ENTRELINHA. Espaço entre duas linhas de uma escrita ou a emenda nele feita ao texto, não admitida na escrituração empresarial nem nos autos processuais.

ENTRELOPO. 1. *História do direito.* Contrabandista da era colonial que infringia os monopólios de Portugal e Espanha. **2.** *Direito penal.* a) Relativo a contrabando; b) navio mercante que se dedica a contrabando.

ENTREMECHA. *Direito marítimo.* Viga que atravessa o navio de costado a costado para reforçar seu casco.

ENTREPLANO. *Direito aeronáutico.* Distância existente entre as asas da aeronave.

ENTREPOSTO. 1. Na *linguagem jurídica* em geral, é: a) o armazém especial, particular ou público, onde as mercadorias são depositadas, mediante emissão de conhecimento de depósito ou *warrants*, aguardando sua venda, exportação ou reexportação; b) a cidade que apresenta grande movimento comercial; c) depósito de frutas ou barraca. **2.** *Direito aduaneiro.* Armazém externo onde se depositam mercadorias em trânsito que serão reexportadas ou baldeadas (De Plácido e Silva).

ENTREPOSTO ADUANEIRO. *Direito alfandegário.* **1.** Regime alfandegário especial aplicável a importação, a exportação e, em certos casos, a operações internas, pelo qual se obtém a suspensão do pagamento de tributos relativos à mercadoria que esteja depositada em local determinado e sob controle da fiscalização. **2.** Regime aplicado na importação e exportação, que permite a armazenagem de mercadorias, temporariamente, em local determinado (armazéns gerais, *trading companies*, empresas de transporte internacional de carga), com suspensão das obrigações fiscais e sob controle fiscal (Antonio Carlos Rodrigues do Amaral).

ENTREPOSTO COMERCIAL. *Direito comercial.* **1.** Armazém que vende mercadorias aos que trabalham numa empresa, sendo por ela mantido. **2.** Local de depósito e de venda em grande quantidade de mercadorias produzidas na região.

ENTREPOSTO PARTICULAR. *Direito comercial.* Armazém criado por iniciativa privada, que o administra e mantém mediante licença e controle de autoridade competente.

ENTREPOSTO PÚBLICO. *Direito alfandegário.* Armazém mantido pelo Estado e administrado pela alfândega, tendo por escopo guardar mercadorias a serem despachadas.

ENTREPRESA. *Direito penal.* Assalto inopinado ou imprevisto.

ENTREPRISE. *Termo francês.* **1.** Empreendimento. **2.** Empreitada. **3.** Empresa.

ENTRESSAFRA. *Direito agrário.* Período que fica entre o final de uma safra e o início de uma nova, no qual há escassez do produto agrícola a que se referem.

ENTRESSEMEAR. *Direito agrário.* Semear de permeio ou entre outras plantas; colocar entre culturas principais uma secundária, como, por exemplo, feijão entre fileiras de laranjais.

ENTREVERO. *Direito agrário.* Mistura de manadas ou de gados de criadores diversos que estão pastando no campo.

ENTREVISTA. 1. Ação ou efeito de entrevistar. **2.** Encontro previamente combinado de duas ou mais pessoas para tratar de interesses comuns. **3.** Palestra concedida a um jornalista para ser divulgada.

ENTREVISTADOR. Aquele que entrevista outrem.

ENTRE VIVOS. *Direito civil.* Diz-se do contrato ou ato que produz efeito em vida dos contratantes ou do agente.

ENTRINCHEIRAMENTO. *Direito militar.* Ação ou efeito de defender-se com trincheiras.

ENTRONIZAÇÃO. *Direito canônico.* Cerimônia religiosa em que se benze, numa casa de família ou local público, a imagem do Sagrado Coração de Jesus, do Sagrado Coração de Maria ou do crucifixo.

ENTRÓPIO. *Medicina legal.* Reviramento do bordo livre da pálpebra para dentro do globo ocular.

ENTULHAR. *Direito agrário.* Estocar arroz em palha, milho não debulhado, café em coco etc., num celeiro apropriado.

ENTUSIASMO. Na *linguagem filosófica*, é a admiração ou um grande *élan* moral com vistas à realização de uma idéia (Lalande).

ENUCLEAÇÃO. *Medicina legal.* Remoção inteiriça de tumor ou de outro corpo.

ENUMERAÇÃO. 1. *Retórica jurídica.* Parte do discurso na qual o orador faz uma recapitulação dos pontos principais da argumentação. **2.** Nas *linguagens comum* e *jurídica*, é o ato ou efeito de enumerar. **3.** *Lógica jurídica.* Indução por enumeração, que consiste em indicar as várias espécies de um gênero para concluir uma proposição a ele relativa (Lalande). **4.** *Filosofia do direito.* Definição por enumeração, por meio da qual se procura conceituar um termo pela sua extensão, enumerando as espécies que nele se contêm. **5.** *Teoria geral do direito.* Conjunto de previsões legais.

ENUMERAÇÃO EXEMPLIFICATIVA. *Teoria geral do direito.* É a em que a lei se limita a exemplificar, admitindo interpretação extensiva.

ENUMERAÇÃO IMPERFEITA. *Lógica jurídica.* Sofisma que consiste num raciocínio no qual há uma alternativa que, supostamente, esgota todos os casos possíveis, mas um ou vários deles são omitidos (Lalande).

ENUMERAÇÃO TAXATIVA. *Teoria geral do direito.* É aquela que não possibilita qualquer interpretação ampliativa, uma vez que está restrita aos casos previstos em lei.

ENUNCIAÇÃO. *Lógica jurídica.* **1.** Aquilo que pode ser verdadeiro ou falso. **2.** Asserção; proposição. **3.** Conjunto de termos com que se forma a proposição. **4.** Descrição de fatos ou de coisas.

ENUNCIADO. 1. *Teoria geral do direito* e *lógica jurídica.* a) Adágio jurídico; b) expressão escrita, ou verbal, ou argumento que, sem grandes explicações, procura demonstrar o fundamento do direito. **2.** *Direito do trabalho.* Súmula jurisprudencial do Tribunal Superior do Trabalho. **3.** *Direito processual civil.* a) Pronunciamento jurisprudencial do Centro de Estudos do Conselho de Justiça do STJ; b) súmula dos Tribunais Superiores.

ENUNCIADO IDEOLÓGICO. *Filosofia do direito.* É o que tem uma carga ideológica, por emitir um valor, ou seja, um símbolo de preferência para ações indeterminadamente permanentes, uma fórmula integradora e sintética para a representação do consenso social. Manifesta um ponto de vista interno, sendo emitido por um observador que se compromete (Tércio Sampaio Ferraz Jr.).

ENUNCIADO SOBRE A IDEOLOGIA. *Filosofia do direito.* É aquele que fala de uma ideologia; seu objeto é a própria ideologia. Manifesta um ponto de vista externo, sendo emitido por um observador que, em tese, não tem nenhum compromisso com a ideologia que menciona (Tércio Sampaio Ferraz Jr.).

ENUNCIATIVO. 1. O que enuncia. **2.** O que serve para enunciar. **3.** O que relata ou expõe algo. **4.** O demonstrado. **5.** O definido. **6.** O determinado em sua quantidade. **7.** O relatado ou exposto.

ENURESE. *Medicina legal.* Incontinência urinária.

ENVASE. Operação que compreende o enchimento e a vedação com tampa da embalagem com água mineral natural ou com água natural.

ENVENENADO. 1. *Medicina legal.* Aquele que tomou veneno. **2.** Nas *linguagens comum* e *jurídica*, diz-se do motor de rendimento aumentado pelo uso de aditivos no combustível.

ENVENENADOR. *Medicina legal* e *direito penal.* Aquele que envenena outrem.

ENVENENAMENTO. 1. *Medicina legal.* Estado mórbido, acidental ou provocado, produzido por veneno gasoso (monóxido de carbono, gás cianídrico, dióxido de nitrogênio etc.), volátil (clorofórmio, tolueno, benzeno etc.), mineral (arsênio, ácido, mercúrio, chumbo etc.) ou orgânico fixo (barbitúrico, alcalóide, glicosido etc.), ingerido ou aplicado, que pode alterar a saúde ou levar à morte. O envenenamento pode ser acidental, suicida ou homicida. **2.** *Direito penal.* Causa de um homicídio, constituindo circunstância agravante da pena.

ENVENENAMENTO DE ÁGUA POTÁVEL OU DE SUBSTÂNCIA ALIMENTÍCIA OU MEDICINAL. *Direito penal.* Crime contra a saúde pública que consiste em envenenar água potável, de uso comum ou particular, ou substância alimentícia ou medicinal destinada a consumo, punido com reclusão.

ENVENENAMENTO POR SAL. *Medicina legal* e *direito penal.* Modalidade de técnica abortiva direta química, empregada após dezesseis semanas de gestação, que consiste na introdução de uma agulha com solução salina no abdome da gestante, penetrando o saco amniótico e envenenando o feto, depois de uma agonia de uma a três horas, designada "hipernatremia aguda", que causa vasodilatação generalizada, edemas, congestão, hemorragia, choque e óbito, sendo que, às vezes, o efeito corrosivo do concentrado de sal queima tanto, partindo a pele do nascituro, expondo a camada subcutânea e deixando sua cabeça tão vermelha, que os médicos passaram a chamá-lo "maçã do amor".

ENVENENAR. 1. *Direito penal* e *medicina legal.* a) Ministrar, no organismo humano, veneno ou substância suscetível de provocar alterações funcionais ou até mesmo a morte; b) tomar veneno para suicidar-se. **2.** Na *linguagem comum,* pode significar: interpretar algo em mau sentido; deturpar.

ENVERGADURA. 1. *Direito aeronáutico.* Largura existente entre as pontas das asas de um avião. **2.** *Direito marítimo.* Parte mais larga da vela por onde esta se enverga ou curva. **3.** *Medicina legal.* Distância que há entre as extremidades dos dedos médios, direito e esquerdo, estando os braços abertos em cruz, e que é um dos fatores determinantes da etnia, por ser maior nas pessoas pertencentes à raça negra (Croce e Croce Jr.).

ENVERGUES. *Direito marítimo.* Cabos que atam a vela à verga.

ENVIADA. *Direito comercial.* Barca que transporta ao porto os peixes recebidos dos barcos de pesca marítima.

ENVIADEIRO. *Direito comercial.* Tripulante de enviada.

ENVIADO. 1. *Direito internacional público.* Diz-se do delegado ou ministro que é mandado por um governo para, com poder inferior ao do embaixador, desempenhar uma missão, especial ou permanente, junto ao de outro. **2.** Na *linguagem jurídica* em geral, pode ter, ainda, o sentido de: a) expedido, remetido, mandado; b) mensageiro; aquele incumbido de efetuar, pessoalmente, algo perante uma pessoa.

ENVIADO EXTRAORDINÁRIO. 1. *Direito internacional público.* Ministro plenipotenciário, o qual é o agente diplomático que, como chefe de uma legação, representa o governo de seu país junto ao de outro. Tem graduação inferior à do embaixador, estando colocado no segundo grau da hierarquia da carreira diplomática. **2.** *Direito canônico.* Internúncio; representante da Santa Sé num Estado católico e chefe de uma internunciatura.

ENVIANTE. *Direito comercial.* Aquele que expede mercadoria; remetente.

ENVIATURA. *Direito internacional público.* **1.** Cargo de enviado. **2.** Missão diplomática ou legação.

ENVIDE. *Medicina legal.* Parte do cordão umbilical que continua presa à placenta, depois de seccionada a sua comunicação com o recém-nascido.

ENVIDILHA. *Direito agrário.* Processo que consiste em vergar a vara da videira que restou da poda, atando-a à cepa.

ENVIO. 1. *Direito comercial.* Remessa de mercadoria para ser transportada ao seu destinatário. **2.** *Direito cambiário.* Ação ou efeito de encaminhar título ao Cartório de Protesto para obtenção de seu pagamento pelo devedor. **3.** *Direito processual civil.* Ato de expedir autos processuais a outro cartório.

ENVIUVAR. *Direito civil.* Ficar em estado de viuvez, em razão da morte do cônjuge.

ENVIVEIRAR. *Direito agrário.* Cultivar em viveiro.

ENVOLTÓRIO. *Direito comercial.* Embalagem ou invólucro para conservação, inviolabilidade e transporte das mercadorias.

ENXADA. *Direito agrário.* **1.** Instrumento de ferro apropriado para cavar a terra. **2.** Trabalhador rural de certas regiões.

ENXADA ROTATIVA. *Direito agrário.* Enxada mecânica inserida em trator, para efetuar operações mais rápidas.

ENXADEIRO. *Direito agrário.* Trabalhador rural especializado no uso da enxada em plantações.

ENXADINHA. *Direito agrário.* Pequena enxada para retirar mato, nos canteiros de cultura, entre as linhas da plantação.

ENXADRISMO. *Direito desportivo.* Ciência do jogo de xadrez.

ENXADRISTA. *Direito desportivo.* Jogador de xadrez.

ENXAMAGEM. *Direito agrário.* **1.** Emigração de parte das abelhas de uma colméia, acompanhadas da rainha, para formar nova colônia. **2.** Época em que se opera tal emigração.

ENXAME. **1.** *Direito agrário.* Grupo de abelhas constituído de uma ou várias rainhas, algumas dezenas ou centenas de zangões e até doze mil operárias, os quais vivem numa comunidade. **2.** *Direito civil.* Coisa sem dono, se seu proprietário não a reclamar imediatamente; por isso, quem dela se apropriar será seu proprietário.

ENXAMEADOR. *Direito agrário.* **1.** Aquele que, no setor da apicultura, trata das colméias. **2.** Trabalhador rural que efetua funções relativas à fabricação de taipas, para construção de depósitos de cereais, cercas etc. (Fernando P. Sodero).

ENXAQUECA. *Medicina legal.* Intensa dor circunscrita a um lado da cabeça, que, às vezes, pode acarretar distúrbios digestivos e oculares, e febre passageira.

ENXARA. *Direito agrário.* Matagal; charneca.

ENXARAVIA. *História do direito.* Touca vermelha que as meretrizes e alcoviteiras, outrora, usavam obrigatoriamente.

ENXÁRCIA. *Direito marítimo.* **1.** Conjunto de cabos fixos que seguram, de um e de outro lado do navio, os mastros. **2.** Denominação usada, em lancha de prático, para definir a estrutura fixa instalada na proa, com o objetivo de auxiliar o embarque ou desembarque do prático nos navios.

ENXERCA. *Direito agrário.* Operação que consiste em retalhar a carne das reses, colocando-a ao sol ou ao fumeiro.

ENXERTA. *Direito agrário.* **1.** Variedade de azeitona. **2.** Operação de enxertar.

ENXERTADEIRA. *Direito agrário.* Faca apropriada para fazer enxertos.

ENXERTADO. *Direito agrário.* O que se enxertou.

ENXERTADOR. *Direito agrário.* **1.** Instrumento para enxertar. **2.** Trabalhador rural especializado em enxertos.

ENXERTAR. **1.** *Direito agrário.* Unir parte de uma planta ao tronco de outra, para que se desenvolva sobre esta. **2.** *Direito civil.* Admitir, numa associação, pessoa sem qualquer merecimento.

ENXERTÁRIO. **1.** *Direito agrário.* Terreno onde se fazem enxertias. **2.** *Direito marítimo.* Espécie de cabo que atraca, de maneira folgada, as vergas aos seus mastaréus e as conserva horizontalmente, mesmo no ato de içá-las ou arreá-las.

ENXERTIA. *Direito agrário.* **1.** Conjunto de plantas enxertadas. **2.** Processo que consiste em inserir um fragmento vivo de uma planta, provido de uma ou mais gemas, em outra, a qual, então, lhe fornece a seiva necessária para seu desenvolvimento (Fernando P. Sodero).

ENXERTO. **1.** *Direito agrário.* a) Ato ou efeito de enxertar; b) enxertia. **2.** *Medicina legal.* Transplante cuja integração no receptor independe de conexões com a área doadora, mantendo-se as células desta à custa do hospedeiro. Trata-se da implantação de tecido ou órgão vivo, para substituir estruturas do organismo humano danificadas.

ENXERTO CUTÂNEO. *Medicina legal.* Implantação de parte de pele, para formar centros de cicatrização ou reparar defeitos.

ENXERTO DE TECIDOS, ÓRGÃOS OU PARTES DO CORPO HUMANO. *Vide* TRANSPLANTE DE TECIDOS, ÓRGÃOS OU PARTES DO CORPO HUMANO.

ENXERTO HOMOSTÁTICO. *Medicina legal.* Aquele destituído de vitalidade celular, correspondendo ao transplante conservado em meio não vital, como a liofilização, o tratamento com formaldeído e outros. Por exemplo, enxerto de tecido ósseo, de artéria, de lamelas da córnea etc. Esse enxerto serve apenas de substrato para o crescimento e a posterior ocupação por parte dos tecidos adjacentes do receptor.

ENXERTO HOMOVITAL. *Medicina legal.* Transplante recém-obtido, conservado em meios vitais, como o enxerto de rim, pele, cartilagens, córnea total, glândulas endócrinas etc.

ENXERTO VORONOFF. *Medicina legal.* Enxerto de glândulas genitais.

ENXOFRADEIRA. *Direito agrário.* Máquina que aplica enxofre em pó sobre plantas atacadas por parasitas.

ENXOFRADOR. *Direito agrário.* Instrumento para espalhar enxofre sobre as vinhas.

ENXOVAL. *Direito civil.* **1.** Conjunto de roupas pessoais e de cama, banho e mesa, e de adornos que a noiva leva para o casamento. **2.** Conjunto de roupas e de coisas necessárias para o uso de recém-nascido. **3.** Soma de roupas adquiridas para ingresso num internato, convento ou ordem religiosa.

ENXOVALHAR. *Direito penal.* **1.** Caluniar. **2.** Desonrar alguém.

ENXOVIA. *Direito constitucional* e *direito penitenciário.* Cárcere térreo ou subterrâneo, escuro, sujo e insalubre, onde não podem ser os presos colocados, pois a norma constitucional lhes garante respeito à integridade física e moral.

ENXUGO. *Medicina legal.* Elemento de vizinhança que aparece no orifício de entrada de projétil de arma de fogo, qualquer que tenha sido a distância do disparo.

ENXURRADA. *Direito civil.* Corrente de águas pluviais que pode ocasionar enchentes e formar, por aluvião, acréscimos de terrenos.

ENZIMA. *Medicina legal.* Molécula viva que regula a reação química do organismo, formando nova substância e libertando a energia imprescindível ao processo vital. Ao se introduzir no sangue, dá origem ao anticorpo designado "antienzima".

ENZOOTIA. *Direito agrário.* Doença de animais característica de uma determinada região e que requer a tomada de medidas sanitárias.

EOAB. Sigla de Estatuto da Ordem dos Advogados do Brasil.

EODEM LOCO. *Locução latina.* No mesmo lugar.

EODEM MODO. *Locução latina.* Da mesma forma.

EODEM TEMPORE. *Locução latina.* Ao mesmo tempo.

ÉON. Nas *linguagens jurídica* e *filosófica,* pode ter o sentido de: a) período de tempo infinitamente longo; b) duração da vida; c) época ou era; d) eternidade.

EÔNIO. Na *linguagem filosófica* dos estóicos, é o que dura um período de tempo imensurável.

EONISMO. *Vide* TRAVESTISMO.

EPA. Sigla de *Environmental Policy Agency*, ou seja, Agência de Política Ambiental.

EPACMÁSTICO. *Medicina legal.* Diz-se do estado febril que aumenta gradualmente.

EPACMO. *Medicina legal.* Crise ou ponto culminante de uma infecção ou moléstia.

EPAGOGE. *Lógica jurídica.* Indução.

EPAGÓGICO. *Lógica jurídica.* Indutivo.

EPAGOGO. *História do direito.* Magistrado que, na Grécia Antiga, solucionava questões relativas ao direito comercial marítimo.

EPANORTOSE. *Retórica jurídica.* Correção que o orador finge dar a uma frase anteriormente proferida, para substituí-la por outra que dê mais ênfase ao seu pensamento.

EPARCA. *História do direito.* **1.** Chefe de eparquia, no Baixo Império Romano. **2.** Governador de Constantinopla, no Império Grego.

EPARQUIA. *História do direito.* Antiga divisão territorial bizantina, civil e eclesiástica.

EPC. Equipamento de Proteção Coletivo. São constituídos pelo conjunto de: a) cones de sinalização; b) fita zebrada; c) placas de advertência. Tais equipamentos devem ser utilizados da seguinte forma: em toda aplicação devem ser dispostos de modo a garantir o afastamento de pessoal não envolvido diretamente na operação. Os cones e a fita zebrada deverão ser dispostos de forma a delimitar uma área de segurança com o mínimo de cinco metros de afastamento da câmara. As placas de advertência devem ser afixadas em local visível, de maneira a identificar claramente que se trata de área restrita.

EPI. Equipamento de Proteção Individual prescrito no Programa de Controle Médico de Saúde Ocupacional (PCMSO). É obrigatório o uso do EPI nos momentos da aplicação, sucção, aeração e durante a medição/detecção dos gases.

EPIA. *Direito ambiental.* Abreviatura de Estudo Prévio de Impacto Ambiental.

EPÍALO. *Medicina legal.* Diz-se da febre em que o paciente tem sensações alternadas de frio e de calor.

EPICANTO. *Medicina legal.* Deformidade congênita que se caracteriza pela presença, em cada

EPICÔMBIO

381

EPI

lado do nariz, de uma prega vertical da pele, a qual, não raro, vem a cobrir o canto interno do olho.

EPICÔMBIO. *História do direito.* Bolsa com moedas de prata e de ouro que era atirada pelo senador ao povo, sempre que o imperador de Bizâncio saía da igreja.

EPICUREU. Na *linguagem filosófica,* é: a) o relativo ao sistema filosófico de Epicuro; b) o sectário ou seguidor do epicurismo.

EPICURISMO. Na *linguagem filosófica,* significa: a) doutrina de Epicuro que enaltece o prazer; b) característica do epicurista; c) desregramento de costumes.

EPICURISTA. *Vide* EPICUREU.

EPIDEMIA. **1.** *Medicina legal.* Incidência anormal ou surto de uma moléstia num número de pessoas da mesma região e na mesma época. **2.** *Direito penal.* Objeto de crime contra a saúde pública que consiste em propagar, dolosamente, germes patogênicos, punido com reclusão; mas, se tal propagação for culposa, a pena cabível será de detenção.

EPIDÊMICO. *Medicina legal.* Relativo a epidemia.

EPIDEMIOLOGIA. *Medicina legal.* Ciência que estuda as causas ou os fatores das epidemias e os meios para combatê-las.

EPIDEMIOLOGISTA. *Medicina legal.* Especialista em epidemiologia.

EPIDERME. *Medicina legal.* Camada transparente que cobre a derme, formando a pele.

EPIDERMOMA. *Medicina legal.* Verruga.

EPIDERMO-REAÇÃO. *Medicina legal.* Reação cutânea local provocada para fins de diagnóstico, mediante contato de um alérgeno com a epiderme.

EPIDIDIMITE. *Medicina legal.* Inflamação do epidídimo, pequeno corpo oblongo e vermiforme localizado na parte superior do testículo. Tal inflamação pode dar-se, por exemplo, em caso de gonorréia.

EPIDIMORQUITE. *Medicina legal.* Inflamação do epidídimo e do testículo.

EPIDURAL. *Medicina legal.* Anestesia em que o líquido anestésico é colocado no espaço entre o canal vertebral e a medula espinal. Trata-se da anestesia peridural.

EPIECIA. *Medicina legal.* Epidemia limitada a um único local, como, por exemplo, um navio.

EPIFANIA. *Direito canônico.* Manifestação divina.

EPIFENOMENISMO. Na *linguagem psicológica,* é a doutrina pela qual a consciência e os processos mentais não passam de epifenômenos de processos cerebrais, inidôneos de influenciar estes. A consciência é, portanto, incapaz de reagir sobre os processos nervosos (Huxley, Maudsley, Clifford etc.).

EPIFENÔMENO. **1.** *Psicologia forense.* Fenômeno acessório cuja presença ou ausência não influi na produção do fenômeno essencial considerado, pois este é que provoca aquele (Lalande e Ribot). É, portanto, um fenômeno acessório, que vem a acrescentar-se a um outro principal, sem, contudo, exercer sobre este qualquer influência. **2.** *Medicina legal.* Sintoma secundário que advém depois de contraída uma moléstia.

EPÍFISE. *Medicina legal.* **1.** Extremidade dos ossos compridos. **2.** Glândula pineal determinante do desenvolvimento sexual.

EPIFISITE. *Medicina legal.* Inflamação da epífise.

EPIFONEMA. *Retórica jurídica.* Exclamação sentenciosa no término de um discurso.

EPÍFORA. *Medicina legal.* Secreção lacrimal contínua e involuntária, provocada por moléstia que causa obstrução das vias lacrimais.

EPIGAMIA. *História do direito.* Casamento entre os povos das cidades aliadas, comumente feito na antigüidade grega.

EPÍGONO. **1.** *Direito civil.* Descendente; aquele que pertence à geração seguinte. **2.** *Teoria geral do direito.* Discípulo de um grande mestre nas ciências, letras ou artes.

EPÍGRAFE. **1.** Inscrição que se coloca sobre documento ou edifício. **2.** Título de livro ou de capítulo.

EPÍGRAFE DA LEI. *Teoria geral do direito.* **1.** Designação dada à lei relativa ao assunto por ela versado. **2.** Elemento do preâmbulo da lei que indica sua natureza e data.

EPIGRAFIA. Parte da paleografia que visa a interpretação das inscrições arqueológicas.

EPIGRÁFICO. Referente à epigrafia.

EPIGRAFISTA. Especialista em epigrafia.

EPÍGRAFO. *História do direito.* Era o funcionário ateniense encarregado da contabilidade das contribuições.

EPILAÇÃO. *Medicina legal.* Perda ou remoção de cabelos ou pêlos.

EPILEPSIA. *Medicina legal.* Distúrbio crônico, congênito ou adquirido, do sistema nervoso que leva o paciente a ter breves ataques convulsivos ou crises causadoras de alteração passageira do conhecimento, com ou sem convulsão.

EPILEPSIA ALCOÓLICA. *Medicina legal.* Convulsão similar ao ataque epiléptico causada pela ingestão abusiva de bebidas alcoólicas.

EPILEPSIA CRIPTOGENÉTICA. *Vide* EPILEPSIA ESSENCIAL.

EPILEPSIA EMOCIONAL. *Medicina legal.* É a provocada por uma crise de origem emocional.

EPILEPSIA ESSENCIAL. *Medicina legal.* É a transmissível por herança genética, surgindo precoce e progressivamente.

EPILEPSIA GENUÍNA. *Vide* EPILEPSIA ESSENCIAL.

EPILEPSIA IDIOPÁTICA. *Vide* EPILEPSIA ESSENCIAL.

EPILEPSIA JACKSONIANA. *Medicina legal.* É a decorrente de uma lesão encefálica advinda de aparecimento de tumor, traumatismo cranioencefálico, moléstias etc.

EPILEPSIA SECUNDÁRIA. *Vide* EPILEPSIA JACKSONIANA.

EPILEPSIA SINTOMÁTICA. *Medicina legal.* É a causada imediatamente por fator exógeno.

EPILEPSIA TEMPORAL. *Medicina legal.* Modalidade de epilepsia caracterizada pela ausência de convulsões, mas que apresenta períodos depressivos ou de excitação, acompanhados de alucinação auditiva ou visual.

EPILEPSIA TRAUMÁTICA. *Medicina legal.* É aquela que se dá em razão de um traumatismo cranioencefálico.

EPILÉPTICO. *Medicina legal.* **1.** Relativo à epilepsia. **2.** Diz-se daquele que sofre de epilepsia, seja ela congênita ou adquirida.

EPILEPTIFORME. *Medicina legal.* Similar aos sintomas apresentados pelo portador da epilepsia.

EPILEPTÓIDE. *Psicologia forense.* Personalidade explosiva; aquele que tem reações súbitas de cólera cega (Kretschmer).

EPILOGISMO. *Lógica jurídica.* Raciocínio que, de um fato conhecido, leva a um desconhecido.

EPÍLOGO. *Direito autoral.* Conclusão de uma obra literária.

EPIMÊNIDES. Na *linguagem filosófica,* diz-se da data que não se pode determinar.

EPIMERISMO. *Retórica jurídica.* Artifício com que, no discurso, o orador passa a lembrar os pontos já mencionados, anunciando os que vão ser tratados.

EPÍMETRO. *História do direito.* **1.** Parte da carga que era entregue ao piloto da embarcação, a título de salário. **2.** O que era dado além do preço ajustado.

EPÍPLOO. *Medicina legal.* Túnica serosa do peritônio que liga e suporta as vísceras.

EPÍPLOON. *Vide* EPÍPLOO.

EPIPLOSQUEOCELE. *Medicina legal.* Hérnia escrotal que contém epíploo.

EPIPLOSSARCÔNFALO. *Medicina legal.* Hérnia umbilical que apresenta excrescência local, dura e carnosa.

EPIQUÉIA. *Teoria geral do direito.* Eqüidade.

EPIQUEREMA. *Lógica jurídica.* Silogismo em que uma ou outra premissa, ou ambas, são acompanhadas de prova (Goffredo Telles Jr.).

EPIQUEREMÁTICO. *Lógica jurídica.* Relativo a epiquerema.

EPIRB. *Direito marítimo.* Radiobaliza que indica a posição de emergência, instalada em todo navio, na: a) área marítima A1 – uma área, dentro da cobertura radiotelefônica de, pelo menos, uma estação costeira de VHF que disponha de um alerta contínuo DSC, situada a até 30 milhas náuticas de distância da costa; b) área marítima A2 – uma área, excluída a área marítima A1, dentro da cobertura radiotelefônica de pelo menos uma estação costeira de MF que disponha de um alerta contínuo DSC, situada entre 30 e 100 milhas náuticas de distância da costa; c) área marítima A3 – uma área, excluídas as áreas A1 e A2, dentro da cobertura de um satélite INMARSAT que disponha de um alerta contínuo DSC, situada além das 100 milhas náuticas de distância da costa e entre os paralelos 70°N e 70°S; e d) área marítima A4 – uma área fora das áreas A1, A2 e A3.

EPISCOPADO. *Direito canônico.* **1.** Dignidade ou função de bispo. **2.** Jurisdição do bispo; bispado. **3.** Conjunto de bispos e arcebispos que governam os negócios da Igreja.

EPISCOPAL. *Direito canônico.* Concernente a bispo.

EPISCOPALISMO. *Direito canônico.* Autoridade do bispo.

EPÍSCOPO. *História do direito.* **1.** Magistrado romano que era inspetor de uma circunscrição territorial denominada diocese. **2.** Antigo magistrado das colônias gregas.

EPISCOPOCRACIA. *Ciência política.* Influência do episcopado no governo do país.

EPISILOGISMO. *Lógica jurídica.* No polissilogismo, é o silogismo cuja premissa maior é a conclusão do silogismo precedente.

EPISIOCELE. *Medicina legal.* Queda ou saída da vagina; prolapso vaginal.

EPISIOPLASTIA. *Medicina legal.* Restauração cirúrgica da vulva.

EPISIOTOMIA. *Medicina legal.* Incisão feita, pelo obstetra, na vulva durante o parto, para impedir qualquer ruptura do períneo.

EPISPÁDIAS. *Medicina legal.* Conformação defeituosa do pênis, caracterizada pelo fato de o meato uretral ficar localizado no seu dorso.

EPISSILOGISMO. *Lógica jurídica.* Trata-se do silogismo que participa de uma série polissilogística, na qual, das suas premissas, numa cadeia de natureza dedutiva, ele é a conclusão do silogismo precedente.

EPISTAXE. *Medicina legal.* Hemorragia nasal.

EPISTEMOLOGIA. Na *linguagem filosófica,* é: a) a teoria da ciência e da origem, natureza e limites do conhecimento, em sentido amplo; b) filosofia da ciência, na acepção estrita, por ser o estudo crítico dos princípios, das hipóteses e dos resultados das ciências, com o escopo de determinar sua origem lógica, seu valor e sua importância objetiva (Lalande).

EPISTEMOLOGIA JURÍDICA. *Filosofia do direito.* No sentido estrito, é a parte da filosofia do direito que vai tratar dos problemas da ciência jurídica, procurando delimitar o sentido de "ciência", a especificidade e os caracteres do objeto e do método da especulação jurídico-científica; refletindo sobre seu caráter teórico, prático ou crítico; distinguindo a ciência do direito das outras que, igualmente, têm por material de pesquisa os fenômenos jurídicos; indagando acerca da natureza científica do saber jurídico; e verificando suas relações com outras ciências. É, portanto, uma filosofia ou teoria da ciência jurídica.

EPISTEMOLÓGICO. *Filosofia do direito.* Relativo à epistemologia.

EPISTEMÓLOGO. *Filosofia do direito.* Aquele que se ocupa da epistemologia.

EPÍSTOLA. **1.** Nas *linguagens comum* e *jurídica,* significa carta enviada ou remetida; carta missiva. **2.** *Direito romano.* Decisão do imperador no andamento de um processo, ou até mesmo sem este. **3.** *Direito civil* e *direito comercial.* Meio pelo qual se pode firmar contrato entre ausentes. *Vide* CONTRATO POR CORRESPONDÊNCIA EPISTOLAR.

EPÍSTOLA APOSTÓLICA. *Direito canônico.* Cada uma das cartas dos apóstolos que estão no Novo Testamento.

EPISTOLAR. *Direito civil* e *direito comercial.* Relativo a epístola.

EPISTOLÁRIO. *Direito canônico.* Livro que contém as epístolas lidas ou cantadas na missa, antes do Evangelho, conforme o rito tridentino.

EPISTOLÓGRAFO. *Direito autoral.* Autor de cartas literárias ou históricas notáveis.

EPITÁFIO. *Direito civil.* Inscrição num túmulo.

EPITELIOMA. *Medicina legal.* **1.** Tumor epitelial, ou seja, no tecido que reveste superfícies internas ou externas de certos órgãos. **2.** Carcinoma da pele.

EPITETISMO. *Retórica jurídica.* Figura pela qual o orador altera a expressão de uma idéia principal mediante o emprego de outra acessória.

EPÍTETO. *Direito civil.* Alcunha.

EPITOMADOR. *Direito autoral.* Autor de um compêndio.

EPÍTOME. *Direito autoral.* **1.** Resumo, em livro, de uma matéria; síntese de livro. **2.** Compêndio.

EPIZOOTIA. *Direito agrário.* Moléstia, contagiosa ou não, que atinge, concomitantemente e no mesmo local, grande número de animais da mesma espécie e que requer a tomada de determinadas providências sanitárias para ser debelada.

ÉPOCA. **1.** Lapso temporal marcado por algum notável acontecimento histórico, político, social, artístico, literário, científico etc. **2.** Século em que se está vivendo. **3.** Período de tempo; fase. **4.** Momento em que ocorreu algo. **5.** Data da celebração ou efetivação de um ato. **6.** Data do vencimento de uma obrigação.

EPOKHÉ. *Termo grego.* **1.** Suspensão do juízo. **2.** Estado de repouso mental pelo qual nem se afirma nem se nega algo.

EPONIMO. *Termo latino.* Antepassado comum.

EPÔNIMO. *Direito civil.* Antepassado que dá seu nome à sua descendência.

EPP. *Direito comercial.* Abreviatura de empresa de pequeno porte.

E-PROCUREMENT. *Direito virtual.* **1.** Operação *business to business* pela qual empresas efetuam compras na internet. **2.** Modalidade de *business to business* (comércio de atacado ou de fornecimento) voltada para aquisição de suprimentos de informática, material de escritório, copa ou limpeza (Paulo Roberto Gaiger Ferreira).

EQUAÇÃO. *Teoria geral do direito.* Igualdade.

EQUAÇÃO ECONÔMICO-FINANCEIRA DO CONTRATO. *Direito administrativo.* Princípio intangível próprio do contrato administrativo e que consiste na relação de igualdade formada, de um lado, pelas obrigações assumidas pelo contratante no momento da avença e, de outro, pela compensação econômica que lhe corresponderá. O contrato administrativo, por parte da Administração, visa atender as necessidades públicas e, por parte do particular, a obtenção de um lucro, que lhe será assegurado durante a execução do contrato, mesmo que haja alteração da forma da prestação contratual para atender o interesse público. Tal ocorrerá porque o valor pecuniário dos encargos assumidos por um dos contratantes deverá equivaler ao das vantagens prometidas pelo outro. Para garantir a equação econômico-financeira do contrato, têm sido empregadas a teoria da imprevisão e a do fato do príncipe (ato da autoridade pública), para compensar as áleas econômica e administrativa decorrentes de ato do Poder Público que altere a economia contratual, consideradas áleas extraordinárias (Celso Antônio Bandeira de Mello, Sérgio de Andréa Ferreira e Caio Tácito).

EQUACIONAR. Pôr em equação.

EQUANIMIDADE. *Teoria geral do direito.* **1.** Imparcialidade. **2.** Ato de julgar com justiça e eqüidade.

EQÜÍCOLA. *Direito agrário.* Trabalhador rural que cuida de cavalos; tratador de cavalos.

EQÜIDADE. *Teoria geral do direito.* **1.** Disposição do órgão judicante para reconhecer, com imparcialidade, o direito de cada um. **2.** Sentimento seguro e espontâneo do justo e do injusto na apreciação de um caso concreto (Lalande). **3.** Justiça do caso singular (Filomusi Guelfi, Calamandrei e Boláffio). **4.** Ideal de justiça enquanto aplicado na interpretação, na integração ou na adaptação da norma. **5.** Autorização, explícita ou implícita, de apreciar, eqüitativamente, um caso, estabelecendo uma norma individual para o caso concreto e tendo por base as valorações positivas do ordenamento jurídico. É um ato judiciário; um poder conferido ao magistrado para revelar o direito latente.

EQÜIDADE JUDICIAL. *Teoria geral do direito.* Aquela em que a lei, explícita ou implicitamente, incumbe ao órgão jurisdicional a decisão do caso concreto (Agostinho Alvim).

EQÜIDADE LEGAL. *Teoria geral do direito.* Aquela contida no texto normativo, que prevê várias possibilidades de solução (Agostinho Alvim), por conter um *standard* jurídico "onde há um apelo implícito à eqüidade do magistrado, a quem cabe julgar do enquadramento ou não do caso, em face das diretivas jurídicas" (R. Limongi França).

EQÜIDEOCULTURA. *Direito agrário.* Criação de cavalos.

EQÜIDNISMO. *Medicina legal.* Envenenamento provocado pela peçonha da cobra.

EQUILÍBRIO. 1. *Ciência política.* Estado apresentado pelos três Poderes Públicos no qual, apesar de se inter-relacionarem, um não interfere no outro, por serem independentes e harmônicos entre si. **2.** *Direito internacional público.* Estado da política geral no qual os diferentes países convivem de modo que nenhum coloque o outro em perigo. **3.** *Sociologia jurídica.* Equivalência das forças opostas num sistema fechado de inter-relação dinâmica. **4.** *Medicina legal.* Estabilidade física e mental. **5.** *Psicologia forense.* Estado em que nenhuma das inclinações psicológicas é suficiente para dirigir sozinha a atividade; estado de harmonia das faculdades mentais no qual nenhuma predomina em detrimento da outra.

EQUILÍBRIO FINANCEIRO. *Direito administrativo.* É o ajuste feito entre particular e Administração Pública com o escopo de tornar viável o contrato, estipulando remuneração equilibrada e justa.

EQUILÍBRIO FINANCEIRO DO CONTRATO. *Vide* EQUAÇÃO ECONÔMICO-FINANCEIRA DO CONTRATO.

EQUILÍBRIO ORÇAMENTÁRIO. *Direito financeiro.* O que ocorre quando há equilíbrio entre a receita e a despesa.

EQUIMONA. *Medicina legal.* Diz-se da equimose de grande proporção (Croce e Croce Jr.).

EQUIMOSE. *Medicina legal.* **1.** Derramamento de sangue nos tecidos adjacentes, devido à ruptura de um vaso sangüíneo subjacente à pele ou aos órgãos provocada por compressão (soco, pontapé, paulada etc.), tração, sucção e esforço. **2.** Mancha escura que aparece na pele, em razão

EQUIMOSE EMOTIVA

de hemorragia subcutânea provocada por uma contusão, e que se vai tornando avermelhada, esverdeada ou amarelada, até sumir de vez.

EQUIMOSE EMOTIVA. *Medicina legal.* É a causada por hipertensão sangüínea, hemofilia, histeria, epilepsia, escorbuto, esclerose em placas, envenenamento por fósforo, eritema etc.

EQUIMOSE LENTICULAR. *Medicina legal.* Pequena equimose que tem a forma de lentilha (Croce e Croce Jr.).

EQUIMOSE PROFUNDA. *Medicina legal.* Equimose muscular ou visceral, que possui coloração negra e resulta do rompimento de vasos calibrosos dos músculos ou das vísceras.

EQUIMOSE SUBPLEURAL. *Medicina legal.* Derrame hemorrágico causado por ruptura de pequenos vasos da superfície pulmonar, sendo um dos sintomas de asfixia. É também denominada "mancha de Tardieu" (Croce e Croce Jr.).

EQUIMOSE SUPERFICIAL. *Medicina legal.* É a hemorragia local cutânea ou subcutânea, ou, ainda, a que ocorre nas mucosas.

EQUIMÓTICO. *Medicina legal.* **1.** Relativo a equimose. **2.** O que tem os mesmos caracteres de equimose.

EQÜINOCULTOR. *Direito agrário.* Trabalhador rural que exerce atividades ligadas à criação de eqüídeos; peão, tropeiro; eqüícola.

EQUIPADOR. *Direito marítimo.* **1.** Proprietário de navio que cuida sozinho de sua equipagem. **2.** Armador que equipa toda a embarcação, colocando-a em condições de navegar.

EQUIPAGE. *Termo inglês.* **1.** Tripulação. **2.** Equipagem.

EQUIPAGEM. **1.** *Vide* CONTRATO DE EQUIPAGEM. **2.** *Direito militar.* Complexo de objetos necessários a uma operação bélica ou a uma tropa. **3.** *Direito aeronáutico.* a) Conjunto de tripulantes do avião, que prestam serviços a bordo; b) tripulação da aeronave.

EQUIPAMENTO. **1.** *Vide* EQUIPAGEM. **2.** Conjunto de instrumentos e instalações necessário para o exercício de uma atividade ou profissão. **3.** Todo artigo em contato direto com a água mineral natural ou com a água natural, que se utiliza durante a elaboração, fracionamento, armazenamento, comercialização e consumo. Estão incluídos nesta denominação: recipientes, máquinas, correias transportadoras, aparelhagens, acessórios, válvulas e similares.

EQUIPAMENTO CONJUGADO DE PROTEÇÃO INDIVIDUAL. *Direito do trabalho.* É todo aquele composto por vários dispositivos, que o fabricante tenha associado contra um ou mais riscos que possam ocorrer simultaneamente e que sejam suscetíveis de ameaçar a segurança e a saúde no trabalho.

EQUIPAMENTO DE AUTO-AJUDA. *Biodireito.* Qualquer equipamento ou adaptação, utilizado para compensar ou potencializar habilidades funcionais, tais como bengala, andador, óculos, aparelho auditivo e cadeira de rodas, entre outros com função assemelhada.

EQUIPAMENTO DE COMUNICAÇÃO. *Direito marítimo.* Equipamento de radiocomunicação em VHF na modalidade "serviço móvel marítimo" regulamentado por documento normativo do Ministério das Comunicações.

EQUIPAMENTO DE PROTEÇÃO INDIVIDUAL (EPI). *Direito do trabalho.* **1.** Todo vestuário, material ou equipamento destinado a proteger pessoa envolvida na produção, manipulação e uso de agrotóxicos, seus componentes e afins. **2.** Dispositivo de uso individual destinado a proteger a saúde e a integridade física do trabalhador, atendidas as peculiaridades de cada atividade profissional ou funcional. **3.** Produto de uso individual utilizado pelo trabalhador, destinado à proteção de riscos suscetíveis de ameaçar a segurança e a saúde no trabalho. O equipamento de proteção individual, de fabricação nacional ou importado, só poderá ser posto à venda ou utilizado com a indicação do Certificado de Aprovação (CA), expedido pelo órgão nacional competente em matéria de segurança e saúde no trabalho do Ministério do Trabalho e Emprego. A empresa é obrigada a fornecer aos empregados, gratuitamente, EPI adequado ao risco, em perfeito estado de conservação e funcionamento, nas seguintes circunstâncias: a) sempre que as medidas de ordem geral não ofereçam completa proteção contra os riscos de acidentes do trabalho ou de doenças profissionais e do trabalho; b) enquanto as medidas de proteção coletiva estiverem sendo implantadas; e c) para atender a situações de emergência.

EQUIPAMENTO DE RASTREAMENTO. Equipamento formado por um conjunto de componentes, incluindo antena de transmissão e recepção do Sistema de Posicionamento Global-GPS, que opera por intermédio de satélites e, independentemente de marca ou modelo, emite sinais que permitem o acompanhamento do deslocamento de embarcações pesqueiras, enviando as informações nas condições exigidas por Instrução Normativa.

EQUIPAMENTO DE RASTREAMENTO. *Direito marítimo.* Equipamento formado por um conjunto de componentes, incluindo antena de transmissão e recepção de Sistema de Posicionamento Global (GPS), que opera por intermédio de satélites e, independentemente de marca ou modelo, emite sinais que permitem o acompanhamento do deslocamento de embarcações pesqueiras.

EQUIPAMENTO EM USO. *Direito do trabalho.* Conjunto de apetrechos de segurança e proteção individual do trabalhador, como óculos, luvas, calçados, roupas, cinto de segurança etc., fornecido gratuitamente pelo empregador.

EQUIPAMENTO ESPECIFICADO. *Direito ambiental.* Equipamento especialmente projetado ou preparado para o processamento, uso ou produção de material nuclear ou material especificado.

EQUIPAMENTOS COMUNITÁRIOS. *Direito urbanístico.* Bens públicos voltados à saúde, educação, segurança, desporto e lazer, convivência comunitária, assistência à infância e ao idoso e geração de emprego e renda das famílias beneficiadas pela proposta apresentada.

EQUIPAMENTOS DE ARMAZENAGEM. *Direito comercial.* São os utilizados para a armazenagem de materiais em armazéns e centros de distribuição, podendo ser: a) prateleiras – para a armazenagem de caixas, sacarias e unidades pequenas; b) porta-paletes – para a armazenagem de paletes, constando de duas vigas horizontais onde se apóia o palete; c) porta-paletes *drive in* e *drive through* – porta-paletes com vários níveis projetados para armazenagem concentrada de paletes; utilizado para a armazenagem de diversos paletes com um mesmo lote de mercadorias; d) porta-paletes dinâmicos (*flow rack*) – porta-paletes com roletes e com inclinação, que permitem que paletes introduzidos numa extremidade fluam para a outra extremidade por gravidade; e) porta-paletes *push back* – porta-paletes com roletes e inclinados para a frente, no qual podem ser armazenados dois a três paletes na profundidade; os paletes são empurrados pela frente até que as três posições estejam cheias; quando se retira o primeiro palete, os demais correm para a frente por gravidade; f) sistemas para armazenagem dinâmica para caixas (*case flow rack*), que são semelhantes aos porta-paletes dinâmicos, mas adequados a caixas e cestas (James G. Heim).

EQUIPAMENTOS DE SALVATAGEM. *Direito marítimo.* Equipamentos usados para salvamentos, tais como: **1.** Embarcação de sobrevivência – é um meio coletivo de abandono de embarcação em perigo, capaz de preservar a vida de pessoas durante um certo período, enquanto não chegar socorro. **2.** Saco de palamenta (ou de emergência) – é um recipiente flutuante à prova d'água e que deverá conter o seguinte material: a) uma cuia ou balde flutuante para esgotamento; b) dois remos de pás flutuantes; c) três facas flutuantes de segurança (ponta arredondada); d) um apito; e) uma lanterna elétrica estanque, com pilhas sobressalentes; f) embalagem estanque (tipo *tupperware* ou similar) constituindo um estojo de primeiros socorros contendo pelo menos gaze, esparadrapo, antiinfeccioso tipo *merthiolate*, protetor solar e tesoura pequena; g) duas esponjas; h) uma bomba ou fole (somente para embarcações infláveis); e i) um conjunto para reparos (somente para embarcações infláveis). Não é prevista a dotação de rações de abandono para as embarcações de sobrevivência. **3.** Colete salva-vidas – é um meio individual de abandono capaz de manter uma pessoa, mesmo inconsciente, flutuando por no mínimo 24 horas. Os coletes podem ser rígidos ou infláveis e são fabricados em três tamanhos básicos: grande, para adultos com cerca de 75 kg; médio, para pessoas com cerca de 55 kg; e pequeno, para crianças até 35 kg. Os coletes podem ser do tipo "canga" (de vestir pela cabeça) ou tipo "jaleco" (de vestir como paletó). **4.** Bóia salva-vidas – é um equipamento de salvamento destinado, principalmente, a constituir um meio flutuante de apoio para a pessoa que caiu na água, enquanto aguarda salvamento. A bóia salva-vidas possui, fixado em quatro pontos eqüidistantes em sua periferia, um cabo de náilon, formando alças para facilitar o seu lançamento, bem como para apoio da mão do náufrago e, também, uma retenida flutuante de 20 m constituída de cabo de material sintético, capaz de flutuar, devendo ter diâmetro mínimo de 8 mm. **5.** Artefatos pirotécnicos – são dispositivos que se destinam, de dia e à noite, à indicação de que uma embarcação ou pessoa se encontra em perigo, ou que foi entendido o seu sinal de socorro emitido.

EQUIPAMENTOS DE SALVATAGEM INFLÁVEIS. *Direito marítimo.* São as embarcações de salvamento, os botes orgânicos de abandono, as balsas salva-vidas, os coletes salva-vidas e os aparelhos flutuantes.

EQUIPAMENTO URBANO. *Direito urbanístico.* Requisito exigido para aprovação de loteamento, para poder servir a todos que ali vierem a se instalar, que consiste em abastecimento de água, serviço de esgoto, energia elétrica, coleta de águas pluviais, rede telefônica e gás canalizado.

EQUIPAMENTO VITAL. *Direito ambiental.* Equipamento, sistema, dispositivo ou material cuja falha, destruição, remoção ou liberação é capaz de, direta ou indiretamente, provocar uma situação de emergência.

EQUIPAR. 1. *Direito militar.* Prover o exército de tudo que precisa, além de armamento e fardamento. **2.** *Direito marítimo.* Colocar no navio toda a tripulação, víveres, guarnição ou aparelhos necessários para que possa navegar. **3.** *Direito do trabalho.* a) Providenciar todos os utensílios necessários para o desempenho de uma atividade laborativa; b) prover o trabalhador de todo material necessário à sua segurança ou proteção individual.

EQUIPARAÇÃO. 1. Na *linguagem jurídica* em geral, é: a) o ato ou efeito de equiparar, de igualar, comparando, ou de tornar igual; b) igualação. **2.** *Direito administrativo.* Oficialização, ou melhor, ato de conceder a estabelecimento de ensino particular as mesmas prerrogativas dos institutos oficiais de ensino.

EQUIPARAÇÃO DO MENOR AO MAIOR. *Direito civil.* É a que se dá quando a lei nega proteção ao menor púbere em relação às obrigações oriundas de atos ilícitos, equiparando-o a maior, sem, contudo, excluir a responsabilidade solidária do representante legal. O incapaz responde, tendo recursos econômicos, subsidiariamente pelos prejuízos que causar, se as pessoas por ele responsáveis não tiverem obrigação de fazê-lo ou não dispuserem de meios suficientes. Todavia, há mitigação da indenização e até mesmo sua exclusão, se ela vier a privar o incapaz-lesante e os que dele dependerem dos meios necessários à sua sobrevivência.

EQUIPARAÇÃO SALARIAL. *Direito do trabalho.* Princípio do salário igual para o trabalho de igual valor prestado ao mesmo empregador, na mesma localidade. É proibida a diferença de salários, de exercício de funções e de critério de admissão baseada em sexo, idade, cor, estado civil ou discriminação salarial e de critério de admissão aos portadores de deficiência.

EQUIPARADO. O que possui as mesmas prerrogativas, direitos ou vantagens de outro.

EQUIPARADO A TRABALHADOR AUTÔNOMO. *Direito agrário.* **1.** Aquele que, proprietário ou não, explora atividade agropecuária ou pesqueira, em caráter permanente ou temporário, diretamente ou por intermédio de prepostos e com auxílio de empregados, utilizados a qualquer título, ainda que de forma não contínua. **2.** Aquele que, proprietário ou não, explora atividade de extração mineral – garimpo – em caráter permanente ou temporário, diretamente ou por intermédio de prepostos, com ou sem auxílio de empregados, utilizados a qualquer título, ainda que de forma não contínua.

EQUIPARAR. 1. Conferir o mesmo valor. **2.** Igualar, comparando.

EQUIPARÁVEL. Tudo aquilo que se pode equiparar ou suscetível de equiparação.

EQUIPE. 1. *Direito marítimo.* Grupo de embarcações ou de navios pertencentes ao mesmo proprietário e conduzidos concomitantemente. **2.** *Direito desportivo.* Conjunto de dois ou mais atletas ou jogadores que, juntamente, participam de uma competição esportiva. **3.** Na *linguagem jurídica* em geral, significa, ainda: a) grupo organizado de pessoas para executar determinado serviço ou atividade; b) grupo de trabalho; c) comissão; d) turma.

EQUIPE DE AUDITORIA. Compõe-se de: a) todos os profissionais que participam do trabalho de auditoria; b) todas as outras pessoas da entidade de auditoria capazes de influir, diretamente, sobre o resultado do trabalho de auditoria, incluindo as que: recomendam a remuneração do sócio do trabalho de auditoria no âmbito da realização do trabalho de auditoria, ou que são responsáveis diretas pela supervisão ou gerenciamento daquele profissional. Isso inclui todas as pessoas que ocupem cargos superiores ao sócio-líder do trabalho, sucessivamente, até o presidente da entidade de auditoria; dão consultoria de cunho técnico ou setorial sobre questões, transações ou fatos relativos ao trabalho de auditoria; e efetuam o controle de qualidade do trabalho de auditoria; c) todas as pessoas de uma entidade de auditoria por rede capazes de influir, diretamente, sobre o resultado do trabalho de auditoria.

EQUIPE DE COMBATE A INCÊNDIO. *Direito marítimo.* É a habilitada em curso ministrado por órgão competente, com validade do certificado de dois anos. A equipe de combate a incêndio deverá cumprir, nos helipontos das plataformas normalmente habitadas e nos navios mercantes, as seguintes atribuições, durante as operações aéreas: a) guarnecer "a postos" os equipamentos de combate a incêndio; b) conhecer a operação e a localização dos equipamentos; e c) conhecer os pontos de corte e penetração nos helicópteros que atendem.

EQÜIPOLÊNCIA. *Lógica jurídica.* Característica de duas proposições que têm a mesma extensão e o mesmo sentido, apresentando, por isso, uma igualdade lógica.

EQUITABLE LAW. Vide *EQUITY LAW.*

EQÜITATIVO. *Teoria geral do direito.* **1.** Em que há eqüidade. **2.** O que é conforme a eqüidade. **3.** O que é justo.

EQUITY. *Termo inglês.* **1.** Eqüidade. **2.** Patrimônio líquido de uma empresa. **3.** Resultado da soma de bens e direitos menos as obrigações e exigibilidades (Luiz Fernando Rudge).

EQUITY ACCAUTING. *Locução inglesa.* Equivalência patrimonial. Essa locução indica o método de avaliação do investimento, baseado no líquido contábil da sociedade subsidiária (controlada ou coligada).

EQUITY FINANCING. *Locução inglesa.* Financiamento de sociedade empresária mediante emissão de ações.

EQUITY LAW. *Locução inglesa.* Base do sistema jurídico anglo-saxão, reforçando a autoridade do precedente judicial, juntamente com a *common law*, pois o órgão judicante, ao corrigir os *cases*, ou seja, as normas obrigatórias do precedente, cria direito novo mesmo em oposição ao direito comum. Os tribunais aplicam quer o direito comum quer a *equity law*. Embora, atualmente, tenha havido incorporação, no direito comum, de muitas normas elaboradas pela *equity*, não há dúvida de que, nesse sistema, a *equity law* tem um poder criador de norma maior do que o do direito comum.

EQUITY METHOD. Vide *EQUITY ACCAUTING.*

EQUITY OF PARTNER. *Locução inglesa.* Direito do sócio demandado de exigir que sejam excutidos os bens do quinhão social para a satisfação dos credores da sociedade.

EQUITY SHARE. *Locução inglesa.* Cota de participação do capital societário.

EQUIVALÊNCIA. **1.** *Direito civil* e *direito comercial.* a) Qualidade do que é equivalente; b) igualdade de preço ou de valor entre duas coisas diversas; c) equilíbrio das prestações na comutatividade dos contratos. **2.** *Lógica jurídica.* Igualdade lógica existente entre duas proposições ou termos.

EQUIVALÊNCIA PATRIMONIAL. *Direito comercial.* Método que consiste em substituir o custo do investimento devidamente corrigido, no ativo da sociedade anônima que o mantém, pelo *quantum* equivalente à percentagem de participação no patrimônio líquido contábil da sociedade coligada ou controlada (Nilton Latorraca).

EQUIVALÊNCIA TERAPÊUTICA. *Medicina legal.* Dois medicamentos são considerados terapeuticamente equivalentes se forem farmaceuticamente equivalentes e se, após administração na mesma dose molar, seus efeitos em relação à eficácia e segurança forem essencialmente os mesmos, o que se avalia por meio de estudos de bioequivalência apropriados, ensaios farmacodinâmicos, ensaios clínicos ou estudos *in vitro.*

EQUIVALENTES FARMACÊUTICOS. *Medicina legal.* São medicamentos que contêm o mesmo fármaco, isto é, mesmo sal ou éster da mesma molécula terapeuticamente ativa, na mesma quantidade e forma farmacêutica, podendo ou não conter excipientes idênticos. Devem cumprir com as mesmas especificações atualizadas da Farmacopéia Brasileira e, na ausência destas, com as de outros códigos autorizados pela legislação vigente ou, ainda, com outros padrões aplicáveis de qualidade, relacionados à identidade, dosagem, pureza, potência, uniformidade de conteúdo, tempo de desintegração e velocidade de dissolução, quando for o caso.

EQUÍVOCA. *Teoria geral do direito.* Palavra que tem mais de um sentido ou que pode levar a mais de uma interpretação.

EQUIVOCAÇÃO. Ato de cometer engano ou de equivocar-se.

EQUIVOCAR. Cometer equívoco.

EQUIVOCIDADE. *Teoria geral do direito.* **1.** Diz-se do juízo que está fundado em equívocos, gerando insegurança ou injustiça. **2.** Caráter de ser equívoco.

EQUÍVOCO. *Teoria geral do direito.* **1.** Diz-se do termo que tem vários sentidos ou significados. **2.** O que pode ser interpretado de diferentes formas. **3.** Que dá margem a suspeita. **4.** Engano. **5.** Ambíguo.

EQUIVOQUISTA. Aquele que, em regra, comete equívocos.

EQUÓREO. *Direito marítimo.* Referente ao mar.

ERA. **1.** Época fixa que constitui a base de um sistema cronológico. **2.** Período de séculos muito extenso. **3.** Época notável que marca um acontecimento importante.

ERADO. *Direito agrário.* **1.** Gado bovino com idade acima de quatro anos. **2.** Gado adulto próprio para reprodução. **3.** Gado bovino bom para corte.

ERAR. *Direito agrário.* Comprar garrotes para engorda com a finalidade de revendê-los.

ERÁRIO. *Direito administrativo.* **1.** Conjunto de bens que pertencem ao Estado. **2.** Tesouro público.

ERÁRIO RÉGIO. *História do direito.* Regimento tributário que vigorava no Brasil em 1761 e freava os desvios na arrecadação de impostos e a malversação dos fundos públicos (Othon Sidou).

ERA UT RETRO. *Expressão latina.* Indica a data mencionada na página anterior.

ERA UT SUPRA. *Expressão latina.* Equivale a "data supra", "data como acima".

ERBFÄHIGKEIT. *Termo alemão.* Capacidade para ter direito à sucessão.

ERBRECHTLICHE HANDLUNGS FÄHIGKEIT. *Expressão alemã.* Aptidão para exercer direitos do sucessor.

ERBVERTRAG. *Termo alemão.* Contrato de herança, que é bilateral e irrevogável, podendo ser anulado se feito por erro, a pedido do disponente (Hartmann).

EREÇÃO. 1. Na *linguagem jurídica* em geral, pode ter o significado de: a) elevação; ato de conferir um título mais elevado; b) concessão de benefício; c) inauguração; d) instituição de alguma coisa; e) ato ou efeito de erigir. **2.** *Medicina legal.* Endurecimento temporário do órgão sexual masculino, permitindo a cópula.

EREMITA. *Direito comparado.* Diz-se daquele que vive no deserto, em solidão, evitando qualquer convivência social.

EREMOFOBIA. *Medicina legal.* Medo mórbido da solidão.

EREPTÍCIO. 1. *História do direito.* Termo usado para indicar bens da herança que cabiam ao indigno. **2.** *Direito civil.* Diz-se do bem que integra o quinhão hereditário do indigno, devolvido, por representação, àquele que o herdaria como se nunca tivesse sido herdeiro. *Vide* BENS EREPTÍCIOS.

ERGA ALIOS. *Locução latina.* Em relação a terceiro.

ERGA OMNES. *Locução latina.* Contra todos; oponível a todos.

ERGA PLURES. *Locução latina.* Contra vários.

ERGA SINGULUM. *Locução latina.* Relativamente a uma só pessoa.

ERGASIOFOBIA. *Medicina legal.* Horror ao trabalho.

ERGASIOMANIA. *Medicina legal.* Desejo mórbido de trabalhar; neurose do trabalho.

ERGASTENIA. *Medicina legal.* Estado de debilidade provocado por trabalho excessivo.

ERGÁSTULO. 1. *História do direito.* Calabouço onde se confinavam os escravos e os condenados submetidos a pena de trabalhos forçados. **2.** *Direito comparado.* Prisão perpétua.

ERGA TERTIUS. *Locução latina.* Contra terceiros.

ERGODERMATOSE. *Medicina legal.* Dermatose profissional.

ERGONOMIA. *Direito do trabalho.* Conjunto de normas voltadas à orientação da força do trabalho.

ERGOPATIAS. *Direito do trabalho* e *medicina legal.* Doenças profissionais, que abrangem as *tecnopatias*, se advindas de trabalhos especializados, e *mesopatias*, se atingirem os obreiros em virtude das próprias condições mesológicas em que atuam.

ERGOTISMO. 1. *Lógica jurídica.* Uso exagerado de silogismos e sofismas na argumentação. **2.** *Medicina legal.* Envenenamento agudo ou crônico causado por ingestão de cereais infetados pelo fungo da cravagem do centeio e por uso excessivo de remédios que contenham esporão do centeio. Caracteriza-se pela gangrena das pontas dos dedos das mãos e dos pés.

ERGOTIZAR. *Lógica jurídica.* Abusar da argumentação silogística.

ERGUIDA. *Direito agrário.* Ação de erguer e amparar varas novas das videiras.

ERISIPELA. *Medicina legal.* Doença da pele causada por estreptococos hemolíticos, fazendo-a adquirir uma cor avermelhada e provocando no paciente calafrios, dor de cabeça e nas articulações, vômito, febre e prostração.

ERÍSTICA. *Lógica jurídica.* **1.** Arte das discussões lógicas. **2.** Arte dos raciocínios especiosos, das argúcias sofísticas, das controvérsias ou das polêmicas.

ERITEMA. *Medicina legal.* Avermelhamento da pele provocado por agente mecânico ou térmico.

ERITEMA EMOTIVO. *Medicina legal.* Rubor, causado por emoção, que surge no rosto ou na parte alta do tórax.

ERITEMA NODOSO. *Medicina legal.* Conjunto de nódulos avermelhados, que se localizam, em regra, nas pernas e que aparecem no decorrer de infecções ou após injeções de anatoxina, tricofitina etc.

ERITEMA POLIMORFO. *Medicina legal.* Síndrome que se caracteriza por lesões cutâneas polimorfas, as quais comprometem as mucosas.

ERITEMA PUDICO. *Medicina legal.* Enrubescimento emotivo que pode ocorrer durante exame ginecológico.

ERITEMA SOLAR. *Medicina legal.* Inflamação da pele causada por exposição excessiva aos raios solares.

ERITEMATOSA. *Medicina legal.* Estomatite catarral que se caracteriza pelo aparecimento de manchas vermelhas nas bochechas ou na mucosa dos lábios.

ERITRASMA. *Medicina legal.* Dermatite crônica contagiosa, causada por um fungo parasita, que se caracteriza pela presença de placas vermelhas na região ingüinoscrotal.

ERITROBLASTOSE. *Medicina legal.* Doença hemolítica de recém-nascido que destrói os glóbulos vermelhos, devido à incompatibilidade do fator Rh.

ERITRÓCITO. *Medicina legal.* Hemácia, o glóbulo vermelho do sangue.

ERITROFOBIA. *Medicina legal.* **1.** Medo mórbido de ruborizar-se. **2.** Manifestação neurótica devido a ruborização por qualquer motivo, por mais insignificante que seja.

ERKLÄREN. *Termo alemão.* Explicar.

ERMITÃO. *Vide* EREMITA.

ERO. *História do direito.* Denominação que, outrora, se dava à herdade ou propriedade rural dividida por marcos.

EROPATIA. *Medicina legal.* Distúrbio sexual.

EROSÃO. *Direito agrário* e *direito ambiental.* Degradação produzida no solo por agentes externos e por ato predatório do próprio homem.

EROSTRATISMO. *Psicologia forense.* **1.** Distúrbio psíquico que leva a pessoa a praticar ações criminosas para obter a fama. Trata-se da "psicose da fama". **2.** Compulsão mórbida para provocar incêndio.

ERÓTICO. *Medicina legal* e *psicologia forense.* **1.** Relativo ao amor sexual. **2.** O que tende a despertar apetite sexual.

EROTISMO. *Medicina legal* e *psicologia forense.* **1.** Desvio do sexo causado por um aumento exagerado do desejo sexual, fazendo com que a pessoa procure satisfazê-lo de qualquer modo e levando-a, por exemplo, a cometer estupro, atentado violento ao pudor etc. **2.** Paixão sexual anormalmente insistente. **3.** Indução de sentimentos, mediante alusão, sugestão ou simbolismo, por uma obra de arte, fotos eróticas etc.

EROTOFOBIA. *Medicina legal.* Aversão ao amor sexual.

EROTOLOGIA FORENSE. *Medicina legal.* Parte da sexologia forense que se ocupa do estudo das anomalias sexuais, tais como erotismo, frigidez, anafrodisia, lubricidade senil, narcisismo, auto-erotismo, erotomania, sadismo, masoquismo, exibicionismo, bestialismo etc.

EROTOMANIA. *Medicina legal.* Impulso mórbido do sentimento e da reação sexuais; loucura do amor casto (Esquirol); ilusão delirante de ser amado (Clérambault); paixão platônica.

EROTOPATA. *Medicina legal.* Diz-se daquele que sofre desordens dos impulsos sexuais.

EROTOPATIA. *Medicina legal.* Desordem do impulso sexual.

EROTOPSÍQUICO. *Medicina legal.* Aquele que tem perversão do impulso sexual; o que está dominado por impulsos instintivos mórbidos de amor, conducentes a atos atentatórios aos costumes e ao pudor.

ERRADICAÇÃO. **1.** *Direito agrário.* Eliminação de doenças e pragas vegetais de determinada região, exterminando os elementos patogênicos. **2.** Nas *linguagens comum* e *jurídica,* é o ato de desarraigar ou extirpar.

ERRANTIBUS, NON DECIPIENTIBUS, JURA SUBVENIUNT. *Aforismo jurídico.* O erro, aos que nele versarem, sem engano, socorre-se com direito.

ERRARE HUMANUM EST. *Expressão latina.* Errar é humano.

ERRARE HUMANUM EST, PERSEVERARE AUTEM DIABOLICUM. *Expressão latina.* Errar é humano, perseverar no erro é diabólico.

ERRATA. *Direito autoral.* **1.** Erro, numa obra, que, ao ser descoberto após a sua impressão, é indicado, juntamente com a correção, em uma página separada, posta no final ou no início da mencionada obra. **2.** Lista de tais erros ou das páginas que os contêm, com as devidas corrigendas ou emendas.

ERRATA DE LEI. *Teoria geral do direito.* Erro evidente contido na lei, não sanado pelo legislador, que pode ser corrigido pelo juiz *ex auctoritate*, observando os critérios do processo interpretativo, ao aplicar a lei, por consistir em falha ortográfica. Mas se o erro for substancial, de modo que envolva mudança de sentido normativo ou que pretenda eliminar lacuna, por ter havido publicação não integral ou inexata, ou seja, por faltar texto, requer, para sua correção, nova publicação.

ERRO. 1. *Direito administrativo.* Vício da vontade que invalida o ato administrativo (Roger Bonnard). **2.** *Direito civil.* Noção inexata, não verdadeira, sobre alguma coisa, objeto ou pessoa, e que influencia a formação da vontade. Se influi na vontade do declarante, impede que ela se forme em consonância com sua real motivação; tendo sobre um fato ou um preceito noção incompleta, o agente emite sua vontade de modo diverso do que manifestaria se dele tivesse conhecimento exato ou completo (Orlando Gomes). Erro é o estado da mente que, por defeito do conhecimento da verdadeira situação das coisas, impede uma real manifestação da vontade (Fubini), e que pode tornar anulável o negócio se for substancial e escusável. **3.** *Direito penal.* Não-conformidade entre a representação e a realidade (Galdino Siqueira). Pode ser: a) aquele que anula a culpa do agente, mas, ante a consciência da ilicitude, deixa intacto o dolo (erro de proibição), ou b) aquele em que é causa de exclusão o dolo, por anular a previsão do resultado (erro de tipo). **4.** *Lógica jurídica.* Falta de conformidade entre o juízo e o real (Goffredo Telles Jr.). Trata-se da falsidade.

ERRO ACIDENTAL. *Direito civil.* É o concernente às qualidades secundárias ou acessórias da pessoa, ou do objeto, não induzindo anulação do negócio por não incidir sobre a declaração da vontade.

ERRO ACIDENTAL NO CRIME. *Direito penal.* É o que recai sobre circunstâncias acessórias da ação delituosa, de forma que, se não houvesse erro, ela teria o mesmo caráter. Por exemplo, *aberratio ictus*.

ERRO ARITMÉTICO. Falha em um cálculo.

ERRO COGNOSCÍVEL. *Direito civil.* É aquele suscetível de ser detectado pelo destinatário da declaração.

ERRO COMUM. Erro de fato ou de direito cometido por qualquer membro da sociedade ou da coletividade, na falsa idéia de ser verdade. Indica erro geral ou público, de fato ou de direito, pela convicção, de todos, falsa ou infundada sobre algo, sendo por isso desculpável.

ERRO CONCOMITANTE. *Vide* ERRO ACIDENTAL NO CRIME.

ERRO CULPOSO. *Direito civil.* Inexata compreensão de um objeto por imprudência, negligência ou imperícia.

ERRO DA AGULHA. *Direito marítimo.* Desvio da agulha da bússola pelas massas magnéticas a bordo do navio.

ERRO DE APRECIAÇÃO. *Teoria geral do direito.* Falsa interpretação.

ERRO DE CÁLCULO. *Vide* ERRO DE CONTA.

ERRO DE CONTA. *Direito processual civil.* Erro de cálculo do contador, que pode ser corrigido após a publicação da sentença, mesmo já transitada em julgado, a requerimento da parte interessada ou de ofício pelo juiz, mediante simples despacho.

ERRO DE DIREITO. 1. *Direito civil.* É o relativo à existência de uma norma jurídica, supondo-se, exemplificativamente, que ela esteja em vigor, quando, na verdade, foi revogada. Tal erro não é considerado como causa de anulação de ato jurídico porque "ninguém se escusa de cumprir a lei, alegando que não a conhece"; todavia, a jurisprudência, a doutrina e o novo Código Civil têm entendido que o erro de direito e a ignorância da lei não se confundem, sustentando que o *error juris*, desde que afete a manifestação da vontade, na sua essência, vicia o consentimento, por ter sido o motivo determinante do ato negocial, não podendo, contudo, recair sobre norma cogente, mas apenas sobre normas dispositivas, sujeitas ao livre acordo das partes. **2.** *Direito penal.* a) Desconhecimento da lei penal, constituindo circunstância atenuante da pena; b) desconhecimento da norma, em se tratando de contravenção penal ou de crime militar, que pode levar o juiz à não-aplicação da pena.

ERRO DE DIREITO EXTRAPENAL. *Direito penal.* Erro de direito não penal, ou melhor, desconhecimento ou falsa compreensão de uma norma não pertencente à seara do direito penal.

ERRO DE EFICÁCIA. *Direito penal.* Suposição de que o conteúdo da norma penal violada não mais se aplica por contrariar norma superior, sem que tal ocorra. Trata-se de erro de proibição inescusável.

ERRO DE EXECUÇÃO. *Direito penal.* Falso conhecimento de pessoa ou de coisa que leva a ação criminosa a recair sobre o objeto não pretendido, ou sobre o próprio objeto, mas além do resultado querido.

ERRO DE FATO. 1. *Direito civil* e *direito penal.* É o que recai sobre circunstâncias de fato, sobre as qualidades essenciais da pessoa ou da coisa (erro substancial, essencial ou escusável), ou sobre as qualidades secundárias ou acessórias de uma coisa ou pessoa (erro acidental). **2.** Erro contido na decisão, cometido pelo juiz. Implica a falsa percepção dos sentidos, de modo que o órgão judicante supõe a existência de um fato inexistente ou a inexistência de um fato existente. Não se trata de erro de valoração ou de interpretação da prova.

ERRO DE MANDAMENTO. *Direito penal.* Dá-se quando, numa situação de perigo, o agente se omite da ação que tem dever jurídico de desempenhar, por força de norma preceptiva, para impedir o resultado. É erro de proibição escusável.

ERRO DE OFÍCIO. *Direito civil, direito do trabalho* e *direito do consumidor.* Aquele que, por negligência, imperícia ou imprudência, se comete no exercício de uma atividade profissional e que, causando dano a terceiro, gera a responsabilidade civil.

ERRO DE PROIBIÇÃO DIRETO. *Direito penal.* Erro inevitável determinante da ação criminosa do agente, que desconhecia a proibição legal ou não entendia o real significado da norma penal.

ERRO DE PROIBIÇÃO ESCUSÁVEL. *Direito penal.* Aquele que for inevitável, recaindo sobre normas proibitivas, as quais abrangem o erro de proibição direto, o de proibição indireto e o de mandamento.

ERRO DE PROIBIÇÃO INDIRETO. *Direito penal.* Erro inevitável que consiste na suposição errônea e inafastável, ante uma circunstância, de que há uma norma permissiva do ato prevalecente sobre a anterior, levando o agente a perpetrar o ato vedado.

ERRO DE PROIBIÇÃO INESCUSÁVEL. *Direito penal.* É o erro de proibição evitável, recaindo sobre a vigência ou eficácia da norma penal, sobre a punibilidade do ato, ou sobre a subsunção deste ao comando legal.

ERRO DE PUNIBILIDADE. *Direito penal.* Dá-se quando o criminoso tem conhecimento de que está cometendo um delito, ou quando não o sabe, mas deveria sabê-lo, e vem a praticá-lo, na crença de que não há punibilidade. É um erro de proibição inescusável.

ERRO DE SUBSUNÇÃO. *Direito penal.* Aquele em que o agente tem consciência da previsão legal, mas comete o ato por ela proibido, supondo que sua conduta não se ajusta ao tipo delitivo definido como crime. É um erro de proibição inescusável.

ERRO DETERMINADO POR ENGANO DE TERCEIRO. *Direito penal.* Trata-se do erro provocado em que terceiro, por equívoco, induz o agente a praticar o crime.

ERRO DETERMINADO POR MALÍCIA DE TERCEIRO. *Direito penal.* Erro provocado por terceiro, que, dolosamente, leva o agente a perpetrar a ação criminosa.

ERRO DE TIPO. *Direito penal.* Dá-se quando o agente vem a cometer o crime enganando-se sobre elemento ou circunstância integrante do tipo.

ERRO DE TIPO ACIDENTAL. *Direito penal.* É o que recai sobre circunstância alheia ou acessória ao tipo, sem a qual o delito não deixa de existir. Por exemplo, se o agente, pretendendo vingar-se de Pedro, vem a matar, por engano, João, nem por isso deixou de cometer homicídio.

ERRO DE TIPO ESSENCIAL. *Direito penal.* É aquele que recai sobre elemento do tipo objetivo, sem o qual o crime deixa de existir. Por exemplo, o agente, equivocadamente, se apropria de coisa alheia julgando ser sua.

ERRO DE VIGÊNCIA. *Direito penal.* Erro de proibição inescusável em que o agente desconhece a existência da norma penal.

ERRO DO ACIDENTE. *Lógica jurídica.* Ato de, ilogicamente, inferir o essencial do acidente ou vice-versa (Goffredo Telles Jr.).

ERRO ESCUSÁVEL. *Direito civil* e *direito penal.* É aquele justificável, tendo-se em conta as circunstâncias do caso.

ERRO ESSENCIAL. *Vide* ERRO SUBSTANCIAL.

ERRO ESSENCIAL DA PESSOA. *Direito civil.* Causa de anulabilidade do casamento, desde que tenha sido o motivo determinante do ato nupcial, pois se fosse conhecido não teria havido matrimônio. O erro essencial sobre a pessoa do outro cônjuge diz respeito: a) ao erro concernente à identidade física ou civil do outro cônjuge; b) ao erro sobre a honra e a boa fama do outro consorte; c) à ignorância de prática de

ERRO EVITÁVEL

crime anterior ao casamento; d) à ignorância de defeito físico irremediável, capaz de tornar inatingível um dos fins do casamento, que é a satisfação sexual; e) à ignorância de moléstia grave e transmissível por contágio ou herança, preexistente ao matrimônio, capaz de pôr em risco a saúde do outro consorte ou de sua descendência; f) ao desconhecimento de doença mental grave, anterior ao casamento, que torne insuportável a vida em comum

ERRO EVITÁVEL. *Direito penal.* Diz-se daquele em que o agente pratica ação ou omissão delituosa sem ter consciência de sua ilicitude, quando lhe era possível, ante as circunstâncias, ter atingido tal consciência.

ERRO GROSSEIRO. *Direito civil* e *direito penal.* Diz-se daquele engano de tal modo visível ou evidente que impossibilita qualquer justificativa do agente para escusar-se. É o erro crasso, inadmissível e indesculpável.

ERRO INESCUSÁVEL. *Direito civil* e *direito penal.* Aquele que não tem qualquer justificativa legal.

ERRO INSIGNIFICANTE. *Direito civil.* Aquele de tão pouca importância que não afeta a essência do ato negocial nem determina sua anulação.

ERRO INVENCÍVEL. *Direito civil* e *direito penal.* Aquele impossível de ser evitado.

ERRO IRRELEVANTE. *Vide* ERRO INSIGNIFICANTE.

ERRO JUDICIAL. *Vide* ERRO JUDICIÁRIO.

ERRO JUDICIÁRIO. *Direito civil, direito constitucional* e *direito penal.* Erro ocorrido no julgamento, tanto no cível como no criminal, que dá origem à responsabilidade do Estado de reparar economicamente o lesado. Assim, apesar da presunção de verdade que cobre a coisa julgada, não obstante a responsabilidade pessoal, civil ou penal do juiz, é dever do Estado reparar o dano causado à vítima de erro judiciário. Essa responsabilidade estatal funda-se no risco social, baseando-se, obviamente, não só no princípio da igualdade dos encargos públicos perante o Estado, como também no dever estatal de assistência e de solidariedade social. Com a indenização, a vítima poderá reingressar na vida social, mas é preciso deixar bem claro que o Estado deverá fazer o possível para restabelecer a situação anterior ao erro judiciário, dando ao condenado injustamente uma reparação patrimonial proporcional à privação da liberdade e às lesões morais e econômicas que sofreu, visto que foi atingido em sua honra, reputação, liberdade, crédito etc. Se o magistrado que prolatou a sentença impugnada no processo de revisão agiu com dolo ou culpa, o Estado tem o dever de propor contra ele ação regressiva.

ERRO JURÍDICO. *Vide* ERRO DE DIREITO.

ERRO JUSTIFICÁVEL. *Vide* ERRO ESCUSÁVEL.

ERRO MATEMÁTICO. *Vide* ERRO ARITMÉTICO.

ERRO MATERIAL. O que recai em matéria de cálculo positivo ou em matéria de fato, contrapondo-se ao erro de apreciação.

ERRO MÉDICO. *Direito civil.* **1.** Resultado adverso oriundo de ação ou omissão de médico, dando origem à responsabilidade civil (Júlio Cézar Meirelles Gomes). **2.** Falta do médico no exercício da profissão.

ERRO NA EXECUÇÃO. *Direito penal.* Diz-se daquele no qual o agente, por acidente ou erro, na prática da ação criminosa, atinge pessoa diversa da que pretendia. Trata-se da *aberratio ictus.*

ERRO NEGATIVO. Diz-se daquele no qual o agente desconhece o que existe na realidade (Geraldo Magela Alves).

ERRÔNEO. O que contém erro.

ERRO POSITIVO. Diz-se daquele no qual o agente conhece o que não existe na realidade (Geraldo Magela Alves).

ERRO PREORDENADO. *Vide* ERRO PROVOCADO.

ERRO PRINCIPAL. *Vide* ERRO SUBSTANCIAL.

ERRO PROFISSIONAL. *Vide* ERRO DE OFÍCIO.

ERRO PROVOCADO. *Vide* ERRO DETERMINADO POR ENGANO DE TERCEIRO E ERRO DETERMINADO POR MALÍCIA DE TERCEIRO.

ERRO QUANTO AO BEM JURÍDICO. *Direito civil.* Erro quanto à identidade do objeto principal da declaração, ou quanto às suas qualidades essenciais ou acidentais.

ERRO QUANTO AO FIM COLIMADO. *Direito civil.* Trata-se do falso motivo que, em regra, não vicia o negócio jurídico, a não ser quando nele figurar expressamente, integrando-o, como sua razão essencial ou determinante, caso em que o torna anulável.

ERRO QUANTO À PESSOA. *Direito civil.* Aquele que incide sobre as qualidades essenciais ou secundárias da pessoa.

ERROR. *Termo latino.* **1.** Erro. **2.** *Direito marítimo.* Navegação sem rumo certo.

ERROR CALCULI NON FACIT JUS. *Expressão latina.* O erro de cálculo não gera direito.

ERROR COMMUNIS FACIT JUS. *Brocardo latino.* O erro comum faz o direito. O erro constitui praxe, não invalidando o negócio por ele viciado.

ERROR ENNIM LITIGATORUM NON HABET CONSEN-SUM. *Brocardo latino.* O erro dos litigantes não induz consentimento.

ERROR EXCLUDIT CONSENSUM. *Aforismo jurídico.* O erro exclui o consentimento.

ERROR FACTI. *Locução latina.* Erro de fato.

ERROR HESTERNUS SIT TIBI DOCTOR HODIERNUS. *Expressão latina.* O erro de ontem seja mestre de hoje.

ERROR IN BELLO MORS EST. *Expressão latina.* Na guerra o erro é a morte.

ERROR IN ELIGENDO. *Expressão latina.* Negligência na escolha.

ERROR IN FACTO PROPRIO ALLEGARI, NON POTEST, NEC RELEVAT. *Aforismo jurídico.* Erro de fato próprio não se pode alegar, nem relevar.

ERROR IN JUDICANDO. *Expressão latina.* Erro cometido pelo juiz quanto ao direito material ou quanto ao direito processual.

ERROR IN NEGOTIO. *Expressão latina.* Erro quanto ao negócio.

ERROR IN OBJECTO. *Expressão latina.* Erro quanto ao objeto.

ERROR IN PERSONA. *Expressão latina.* Erro quanto à pessoa.

ERROR IN PROCEDENDO. *Expressão latina.* Erro que consiste na inobservância, pelo magistrado, das leis processuais procedimentais.

ERROR IN VIGILANDO. *Expressão latina.* Omissão na vigilância.

ERRORIS FIDEIUSSIO NULLA EST. *Expressão latina.* É nula a fiança dada em erro.

ERROR JURIS. *Locução latina.* Erro de direito.

ERROR JURIS NOCET, FACTI VERUM NON NOCET. *Brocardo latino.* O erro de direito prejudica, mas o de fato não.

ERROR JURIS NON EXCUSAT. *Brocardo latino.* O erro de direito é inescusável.

ERROR JURIS SEMPER NOCET. *Expressão latina.* O erro de direito sempre prejudica.

ERROR JUS FACIT. *Expressão latina.* O erro faz lei.

ERROR LAPSUS. *Locução latina.* Erro por lapso; erro por descuido ou distração.

ERROR VIRGINITATIS. *Locução latina.* Defloramento ignorado pelo marido.

ERROS DE GRAFIA. *Direito civil.* Erros de fato que constituem meros enganos ou equívocos havidos no momento de redigir algo. Mas se for erro substancial, que chegue a afetar a natureza do ato, o objeto principal da declaração, ou alguma de suas qualidades essenciais, poderá acarretar a anulabilidade do ato.

ERRO SOBRE A ANTIJURIDICIDADE. *Direito penal.* Trata-se do erro de proibição caracterizado pela falsa representação do agente relativa à ilicitude do ato praticado.

ERRO SOBRE A PESSOA. *Vide* ERRO QUANTO À PESSOA.

ERRO SOBRE CAUSAS DE JUSTIFICAÇÃO. *Direito penal.* Descriminante putativa que consiste no fato de alguém, por erro plenamente justificado pela circunstância, supor estar numa situação de fato, que, se existisse, na verdade, tornaria sua ação legítima. Por exemplo, legítima defesa putativa.

ERRO SUBSTANCIAL. *Direito civil.* É aquele que recai sobre a natureza do ato, a identidade do objeto principal da declaração, e as qualidades essenciais do objeto e da pessoa. Tal erro vicia a vontade e torna anulável o negócio, pois ele não teria sido levado a efeito pelo agente se este soubesse do equívoco em que ia incidir.

ERRO VENCÍVEL. *Direito civil* e *direito penal.* É aquele suscetível de ser evitado, desde que haja maior atenção ou cuidado por parte do agente (José Náufel).

ERSATZ. *Termo alemão.* Substituto artificial de um produto natural, tal como a sacarina em relação ao açúcar.

ERUDIÇÃO. *Teoria geral do direito.* **1.** Instrução ampla e variada; vasto saber, abrangendo diversas áreas. **2.** Qualidade do que é erudito, ou revela grande sabedoria.

ERUPÇÃO. *Medicina legal.* Aparecimento, na pele, de manchas ou vesículas decorrentes de alergia ou distúrbio digestivo.

ERVAÇAL. *Direito agrário.* Campo ervado, próprio para pastagem.

ERVADO. *Direito agrário.* **1.** Diz-se do campo revestido de erva. **2.** Diz-se do animal que pastou em erva venenosa.

ERVAL. *Direito agrário.* Campo onde há predominância da erva-mate.

ERVATÁRIO. *Direito agrário.* Trabalhador rural que colhe e vende ervas medicinais.

ERVATEIRA. *Direito agrário.* Diz-se da região onde predomina a erva-mate e se exerce a mais importante atividade agrária extrativa desse vegetal, que é o sul do Brasil, principalmente Paraná e Santa Catarina.

ERVATEIRO. *Direito agrário.* Rurícola que se dedica à colheita, preparação e comercialização de erva-mate; negociante de mate.

ERVILHAL. *Direito agrário.* Campo coberto de ervilheiras; plantação de ervilhas.

ESBANDEIRAMENTO. *Direito agrário.* Ato de cortar a inflorescência do milho.

ESBANDEIRAR. *Direito agrário.* Cortar a bandeira do milho, ou melhor, a sua inflorescência.

ESBANJADOR. *Direito civil.* Dissipador, perdulário, que pode ser submetido a processo de interdição para declarar sua prodigalidade.

ESBARRANCADA. *Direito agrário.* Vala ou quebrada no campo devido à erosão oriunda de chuvas.

ESBIRRAR. *Direito marítimo.* Fixar uma verga, com uma talha forte, engatada num estropo.

ESBIRRO. 1. *História do direito.* Aquele que era encarregado de perseguir criminoso, tendo a incumbência de prendê-lo. **2.** *Direito processual.* Empregado menor do tribunal; beleguim. *Vide* BELEGUIM. **3.** *Direito marítimo.* Cada um dos pontaletes aplicados na querena de encontro à amurada da embarcação para ampará-la.

ESBOÇO. *Direito autoral.* **1.** Croqui, delineamento inicial de uma obra artística. **2.** Obra literária sucinta, ou delineada, protegida pelo direito. **3.** Sinopse, resumo. **4.** Projeto ou plano de obra intelectual, seja ela artística, científica ou literária, que será desenvolvida.

ESBOÇO DE DIVISÃO. *Direito civil* e *direito processual civil.* Plano de divisão da coisa comum, consignado num gráfico e assinado pelos peritos, submetido à apreciação judicial antes da sentença homologatória da divisão.

ESBOÇO DE PARTILHA. *Direito civil* e *direito processual civil.* Projeto de partilha feito, no processo de inventário, pelo partidor do juízo, abrangendo as dívidas do espólio, que devem ser deduzidas do monte-mor; a meação do cônjuge, se for o caso; a meação disponível e os quinhões hereditários dos co-herdeiros, baseado, esse partidor do juízo, no despacho de deliberação da partilha, a qual atende, ou não, as partes em suas pretensões e designa os bens que devem constituir o quinhão de cada herdeiro e legatário. Após a elaboração desse esboço, o magistrado ouvirá os interessados no prazo de cinco dias. Resolvidas as reclamações, a partilha será lançada nos autos.

ESBOUÇAR. *Direito agrário.* **1.** Cortar com foice. **2.** Romper a terra para plantar bacelos, ou seja, varas tiradas de uma vide velha para formar uma nova planta (Fernando P. Sodero).

ESBRAVEJAR. *Direito agrário.* **1.** Limpar sumariamente um terreno. **2.** Manejar animal xucro.

ESBRUGADOR. *Direito agrário.* **1.** Trabalhador rural que esbruga. **2.** Máquina apropriada para esbrugar cereais ou frutos.

ESBRUGAR. *Direito agrário.* Remover cascas de cereais ou frutos; descascar.

ESBULHADO. *Direito civil* e *direito processual civil.* Aquele que sofreu esbulho; o que foi despojado ou privado de sua posse.

ESBULHADOR. *Direito civil* e *direito processual civil.* O que pratica esbulho, privando alguém, injustamente, de sua posse.

ESBULHAR. 1. *Direito civil* e *direito processual civil.* Espoliar; privar alguém, injustamente, de sua posse; despojar; praticar esbulho. **2.** *Direito agrário.* Descascar; esbrugar.

ESBULHO. *Direito civil* e *direito processual civil.* Ato pelo qual o possuidor se vê despojado da posse, injustamente, por violência, por clandestinidade e por abuso de confiança. O esbulhado, para recuperar a posse perdida, pode mover ação de reintegração de posse.

ESBULHO JUDICIAL. *Direito processual civil.* Ato praticado pelo órgão judicante, retirando a posse de alguém sem a devida observância da lei ou preterindo medidas processuais obrigatórias. Trata-se da *juris ordo non servata*, que ocorre, por exemplo, quando o juiz ordena arresto de bens pertencentes a terceiro não coobrigado.

ESBULHO POSSESSÓRIO. *Direito penal.* Crime de usurpação que consiste no fato de o agente invadir, com violência a pessoa ou grave ameaça, ou mediante concurso de mais de duas pessoas, terreno ou edifício alheio, com o escopo de espoliar o proprietário, arrendatário, locador etc., do exercício da posse do imóvel, submetendo-o à sua disponibilidade. Esse crime é punido com detenção e multa.

ESBURGADOR. *Direito agrário.* **1.** Aquele que descasca frutos ou cereais. **2.** Máquina para esburgar ou descascar frutos ou cereais.

ESBURGAR. *Vide* ESBRUGAR.

ESCA. *Medicina legal.* Abreviação de esterilidade sem causa aparente.

ESCABINATO. *História do direito.* Órgão judiciário formado por juízes de carreira ou concursados e juízes leigos (vogais do empregado e do empregador), como ocorria com a Junta de Conciliação e Julgamento da justiça trabalhista.

ESCABINO. 1. *História do direito.* Magistrado municipal que havia, antes de 1789, na França. **2.** *Direito comparado.* Título de magistrado adjunto ao burgomestre nos Países Baixos.

ESCABULHAR. *Direito agrário.* Descascar; esburgar.

ESCADA. *Direito civil.* Série de degraus que servem de acesso aos diferentes pavimentos ou andares de um edifício.

ESCADA DE EMERGÊNCIA. *Vide* ESCADA DE SALVAÇÃO.

ESCADA DE SALVAÇÃO. *Direito civil.* É aquela que, em regra, se coloca nos fundos de edifícios com a finalidade de, numa situação emergencial, tornar mais fácil a sua evacuação.

ESCADA DE SERVIÇO. *Direito civil.* Escada interna utilizada pelos empregados e por serviços de entrega de mercadorias.

ESCADA ROLANTE. *Direito empresarial.* Série de degraus dispostos, inclinadamente, como uma correia transportadora e que ficam sob o controle de um motor, de forma que, ao subir, se mantêm na posição horizontal. Tais degraus sobem ou descem contínua e automaticamente.

ESCÁDEA. *Direito agrário.* Esgalho de cacho de uvas.

ESCAFANDRISTA. *Direito do trabalho* e *direito marítimo.* Aquele que, revestido de escafandro, efetua investigações no fundo do mar ou de rios; mergulhador.

ESCAFOCEFALIA. *Medicina legal.* Deformidade congênita do crânio que se caracteriza por abaulamento estreito, alongado, em forma de barco, causado por uma precoce ossificação da sutura sagital.

ESCALA. 1. *Direito marítimo.* a) Parada feita pelo navio, durante a viagem, num porto; b) rota a ser seguida pela embarcação; c) indicação dos portos em que o navio deve arribar para embarque ou desembarque de passageiros, ou para carga ou descarga de mercadorias; d) entrada do navio em porto não previsto, ante circunstância que o obrigou a alterar sua rota; desvio da derrota. **2.** *Direito aeronáutico.* Ponto de arriba de um avião para reabastecer, receber carga ou passageiro. **3.** *Direito do trabalho.* a) Registro indicativo da ordem de serviço de cada empregado; b) turno. **4.** Na *linguagem da engenharia,* é a proporção entre medidas e distâncias de um desenho, planta etc. **5.** Na *linguagem jurídica* em geral, pode indicar, ainda, categoria, graduação. **6.** *Direito comercial* e *direito financeiro.* Representação gráfica de preços de um ativo e sua distribuição no tempo. Será *aritmética*, se o intervalo dos espaços entre os preços for constante e *logarítmica*, se os intervalos se reduzirem na razão inversa de sua evolução, ajustando-se à sua taxa de crescimento (Luiz Fernando Rudge).

ESCALAÇÃO. *Direito desportivo.* Ato de escalar ou designar jogadores de uma equipe para um certame ou jogo.

ESCALADA. 1. *Direito militar.* Incremento de atividades bélicas. **2.** *Direito penal.* a) Assalto mediante uso de escadas, penetrando-se em propriedades alheias; b) entrada forçada em prédio alheio, pulando-se muro ou cercado, subindo-se andares, ou vencendo-se qualquer obstáculo que impeça aquela introdução; c) superação de obstáculos pelo ladrão, ao penetrar, por via não apropriada, em certo local para furtar, constituindo agravante da pena.

ESCALA DE SERVIÇO. *Direito do trabalho* e *direito militar.* Boletim no qual se indicam, a cada indivíduo, o serviço e o horário que lhe competem, em locais de trabalho, indústrias, quartéis etc.

ESCALA DE VÔO. *Direito aeronáutico.* Pouso realizado entre a origem e o destino final de uma aeronave.

ESCALADO. 1. *Direito do trabalho* e *direito militar.* Diz-se daquele que foi designado, por escala, para efetuar certo serviço. **2.** *Direito penal.* O que foi alcançado por meio de escada.

ESCALADOR. 1. *Direito do trabalho* e *direito militar.* Aquele que escala. **2.** *Direito penal.* Aquele que assalta ou furta vencendo obstáculos impeditivos de sua ação para penetrar em propriedade alheia.

ESCALA MÓVEL. *Direito civil.* Cláusula que, segundo Arnoldo Wald, estabelece uma revisão, pré-convencionada pelas partes, dos pagamentos a serem feitos de acordo com as variações do

ESCALÃO | 397 | ESC

preço de determinadas mercadorias ou serviços (cláusula-mercadoria), ou do índice geral do custo de vida (cláusula *index-number*). Isto porque tais elementos, por serem mais estáveis do que a moeda, se atualizam à medida que o valor da moeda diminui. Tal cláusula ampara não só o credor, impedindo que o devedor se aproveite da inflação para exonerar-se da obrigação mediante entrega de soma aparentemente correlata à coisa devida, mas intrinsecamente inferior a ela, como também o devedor, evitando que o credor encareça o valor da prestação como garantia contra a depreciação monetária.

ESCALÃO. 1. *Direito militar.* a) Formação de tropas em grupos dispostos em linhas paralelas, cada uma um pouco para a direita ou para a esquerda da imediatamente anterior, de maneira que o todo tenha aparência de uma série de degraus; b) unidade militar assim disposta; c) modo indicativo de tropas enviadas, sucessivamente, a uma missão. **2.** *Teoria geral do direito.* Degrau de normas, ou seja, disposição de normas em degraus inferiores e superiores; hierarquia de normas. **3.** *Direito administrativo.* Hierarquia de poderes.

ESCALA SOCIAL. *Sociologia jurídica.* Gradação de *status* nos vários grupos que compõem a sociedade, baseada em valores materiais, morais, intelectuais etc. apresentados pelos membros componentes.

ESCALATOR-CLAUSE. *Locução inglesa.* Cláusula de escala móvel.

ESCALDADURA SUPERFICIAL. *Direito agrário* e *direito do consumidor.* Distúrbio fisiológico caracterizado pelo escurecimento da epiderme do fruto, causado por oxidação de um sesquiterpeno (alfa) farneseno, durante o armazenamento refrigerado.

ESCALER. *Direito marítimo.* Pequeno barco destinado a efetuar serviços para navios ou para repartição marítima.

ESCALONADO. *Teoria geral do direito.* Diz-se do que foi disposto em degraus ou escalões conforme a hierarquia.

ESCALONAMENTO. *Teoria geral do direito.* Ação ou efeito de escalonar normas, dispondo-as em escalão inferior e superior.

ESCALPAR. *História do direito.* Arrancar o couro cabeludo do crânio do inimigo, como faziam os índios de certas tribos da América do Norte.

ESCALPO. *História do direito.* Couro cabeludo arrancado do crânio do inimigo que os índios americanos usavam como troféu de guerra.

ESCALVADO. *Direito agrário.* **1.** Na Ilha de Marajó, é a boa pastagem de capim entre dois aningais ou pirizais. **2.** Diz-se do terreno sem vegetação.

ESCAMA. 1. *Direito agrário.* Cada um dos pedacinhos de cera produzidos pelas glândulas ceríferas das abelhas, que ficam sólidos ao entrar em contato com o ar e que, quando não aproveitados por elas para a construção dos favos, caem para o fundo da colméia, constituindo um ótimo fator para o desenvolvimento da traça-da-cera. **2.** *Medicina legal.* Pequena lâmina da epiderme que se solta, por si só, do corpo em certas moléstias da pele.

ESCAMBAR. 1. *Direito civil* e *direito comercial.* Trocar. **2.** *Direito cambiário.* Cambiar moedas.

ESCÂMBIO. 1. *Direito civil.* Troca. **2.** *Direito comercial.* Escambo. **3.** *Direito cambiário.* Câmbio.

ESCAMBO. 1. *Direito comercial. Vide* CONTRATO DE ESCAMBO. **2.** *Direito civil. Vide* TROCA.

ESCAMBO MERCANTIL. *Direito comercial.* Contrato pelo qual uma coisa, móvel ou semovente, é trocada por outra, desde que pelo menos um dos contratantes seja comerciante e uma das coisas, objeto do negócio, seja destinada à revenda ou à locação. *Vide* CONTRATO DE ESCAMBO.

ESCAMOTAÇÃO. *Vide* ESCAMOTAGEM.

ESCAMOTAGEM. *Direito penal.* Ato de furtar com habilidade e destreza, sem praticar qualquer violência.

ESCAMOTEAÇÃO. *Direito penal.* **1.** Furto hábil. **2.** Ação ou efeito de furtar com destreza.

ESCAMOTEADO. *Direito penal.* Aquele que sofreu escamoteação.

ESCAMOTEADOR. *Direito penal.* Quem escamoteia; ladrão hábil.

ESCAMOTEAR. *Direito penal.* Furtar com destreza, ou habilidade, e sem violência.

ESCAMOTEIO. *Vide* ESCAMOTAGEM.

ESCAMPADO. *Direito agrário.* Descampado; campo com vegetação rala.

ESCAMPO. *Vide* ESCAMPADO.

ESCÂNDALO. *Direito civil* e *direito penal.* Ação ofensiva ao decoro das pessoas que pode gerar responsabilidade civil ou penal.

ESCANDINAVISMO. *Ciência política.* Sistema político que tem por fim aproximar dinamarqueses, noruegueses e suecos.

ESCANEAR. *Direito virtual. Vide* DIGITALIZAR.

ESCANGALHO. *Direito agrário.* Parede escarpada construída para suster as terras de um monte, evitando a erosão pela enxurrada ou a queda de barreira, e tendo em vista a conservação do solo.

ESCANGANHADEIRA. *Direito agrário.* Tabuleiro próprio para separar os bagos de uvas do engaço.

ESCANGANHO. *Direito agrário.* Ato de separar os bagos de uvas do engaço.

ESCANTEIO. *Direito desportivo.* Lance futebolístico em que a bola sai do campo pela linha de fundo, impulsionada pelo jogador do quadro incumbido de defender o lado dessa linha.

ESCANTILHÃO. *Direito agrário.* Medida que regula as distâncias em trabalhos agrícolas, ou melhor, as distâncias entre as plantas de uma horta, de bacelo a bacelo etc.

ESCAPAMENTO. Ato ou efeito de escapar.

ESCAPARATE. *Vide* ESCAPAMENTO.

ESCAPATÓRIA. Desculpa, escusa, subterfúgio.

ESCAPE. Ato de escapar.

ESCAPISMO. *Psicologia forense.* Ato de fugir daquilo que pareça ser penoso.

ESCAPULALGIA. *Medicina legal.* Dor na omoplata.

ESCARA. *Medicina legal.* **1.** Crosta de ferida resultante de queimadura de 3º grau, cauterização, gangrena etc.; retalho de pele mortificada. **2.** Ferida formada em pessoa magra, há muito tempo acamada, no ponto em que as saliências ósseas comprimem a pele (Croce e Croce Jr.). **3.** Lesão de necrose da pele, extremamente dolorosa, recoberta ou não por crostas.

ESCARAMUÇA. *Direito militar.* Combate, de proporção reduzida, entre tropas contrárias.

ESCARAMUÇAR. *Direito militar.* Participar de escaramuça.

ESCARCHA. *Direito agrário.* Pequenos cristais de gelo que se formam à noite, quando a temperatura cai a 0º C, e danificam plantas, principalmente os brotos novos.

ESCARÇO. *Direito agrário.* Ato de tirar a cera da colméia.

ESCARDEAR. *Direito agrário.* **1.** Varrer e cortar ervas daninhas em sementeiras. **2.** Limpar a terra de cardos.

ESCARDILHO. *Direito agrário.* Instrumento agrícola apropriado para escardear.

ESCARIFICADOR. *Direito agrário.* Instrumento agrícola que corta o solo sem revolvê-lo.

ESCARIFICAR. *Direito agrário.* **1.** Cortar a terra com o escarificador, revolvendo-a apenas superficialmente. **2.** Retirar casca de semente para facilitar a germinação.

ESCARLATINA. *Medicina legal.* Doença infecciosa, aguda e contagiosa, que se caracteriza por uma erupção cutânea de cor escarlate, causada, em crianças de cinco a doze anos, por estreptococos hemolíticos.

ESCÁRNIO. *Direito penal.* Zombaria, ou menosprezo, que pode chegar a injúria ou desacato.

ESCAROLADO. *Direito agrário.* Diz-se do milho debulhado, ou tirado do sabugo ou carolo.

ESCAROLADOR. *Direito agrário.* Instrumento debulhador de milho.

ESCAROLAR. *Direito agrário.* Debulhar milho; tirar grãos de milho do sabugo.

ESCARPES. *História do direito.* Sapatos de ferro com que, outrora, se torturavam os acusados.

ESCARRO. *Medicina legal.* Matéria viscosa mórbida segregada pelas mucosas das vias respiratórias e expelida pela boca, por meio da expectoração.

ESCARRO HEMOPTÓICO. *Vide* ESCARRO SANGUINOLENTO.

ESCARRO SANGÜÍNEO. *Medicina legal.* Aquele constituído de sangue puro ou quase puro.

ESCARRO SANGUINOLENTO. *Medicina legal.* O que apresenta laivos de sangue.

ESCASSEZ. **1.** Carência, falta. **2.** Qualidade do que é escasso, ou do que existe em pequena quantidade.

ESCATOLOGIA. **1.** *Direito canônico* e *filosofia geral.* a) Teoria relativa ao destino da humanidade e do mundo; b) tratado sobre os fins últimos do ser humano. **2.** Na *linguagem jurídica* em geral, pode indicar, ainda, literatura obscena; interesse por obscenidades.

ESCATOLÓGICO. Relativo à escatologia.

ESCAVAÇÃO. *Direito civil.* Direito do proprietário da terra de removê-la para nivelá-la, a fim de fazer fosso, vala ou valado, desde que não danifique os direitos dos vizinhos e obedeça aos regulamentos administrativos.

ESCHEAT. *Termo inglês.* **1.** Reversão de bens ao Estado ante a ausência de herdeiros. **2.** Confisco de bens.

ESCLARECER. *Teoria geral do direito.* **1.** Elucidar. **2.** Tornar claro. **3.** Dar explicação. **4.** Tornar compreensível.

ESCLARECIMENTO. *Teoria geral do direito.* **1.** Ato ou efeito de esclarecer. **2.** Interpretação. **3.** Comentário. **4.** Informação. **5.** Explicação. **6.** Solução de dúvidas.

ESCLERENCEFALIA. *Medicina legal.* Esclerose cerebral.

ESCLERODERMIA. *Medicina legal.* Moléstia em que todas as camadas da pele se endurecem, tornando-se rijas.

ESCLEROSE. *Medicina legal.* Endurecimento mórbido dos tecidos.

ESCLEROSE LATERAL. *Medicina legal.* Doença que ataca o cérebro e a medula espinal, levando à perda dos músculos das pernas, dos braços, das mãos e da garganta, e causando tremores nos membros e dificuldade para falar e engolir.

ESCLEROSE TUBEROSA. *Vide* DOENÇA DE BOURNEVILLE.

ESCOA. *Direito marítimo.* Peça que serve como reforço das cavernas do navio.

ESCOAÇÃO. *Direito agrário.* Diz-se, na Ilha de Marajó, da apartação do gado em lotes, no curral ou no local onde costumam dormir.

ESCOAMENTO. *Direito empresarial.* Saída; venda; desvio de renda, não a incluindo na escrituração e dando-lhe uma outra destinação.

ESCOAMENTO DA PRODUÇÃO. *Direito agrário.* Modo de transporte pelo qual se leva a safra do produto, decorrente da atividade agrícola, pecuária, extrativista ou agroindustrial, ao mercado consumidor para ser vendida.

ESCOAMENTO DE ÁGUA. *Direito civil.* **1.** Ato ou efeito pelo qual a água escorre de um local a outro, natural ou artificialmente, sem prejudicar os direitos do dono do prédio contíguo. **2.** Condutor por onde escoam as águas. **3.** Ato de conduzir águas, impedindo seu acúmulo.

ESCOAR. **1.** *Direito agrário.* Apartar ou separar o gado, tendo-se em vista sua qualidade ou propriedade. **2.** *Direito civil.* Fazer escorrer a água.

ESCOIMAR. Livrar de pena ou censura.

ESCOL. Diz-se do mais distinto num grupo; elite.

ESCOLA. **1.** *Teoria geral do direito.* a) Doutrina filosófica ou científica formulada por pessoa de notável saber que passou a ter seus adeptos; b) conjunto de filósofos ou cientistas que seguem a mesma doutrina ou acatam uma tese principal. **2.** *Direito civil* e *direito administrativo.* a) Estabelecimento de ensino, particular ou público; b) conjunto de docentes e discentes.

ESCOLA ANALÍTICA. *Filosofia do direito* e *teoria geral do direito.* Doutrina que influenciou os países da *common law* no século XIX, preconizada por Austin e Salmond, e que admitia o fetichismo do texto legal e a função mecânica da atividade do juiz, recomendando a adoção de processos lógico-analíticos na aplicação do direito consuetudinário e do direito oriundo das decisões da corte da Chancelaria. Isto porque o direito, para a *Analytical School,* constituía-se por um conjunto de normas permanentes, as quais só podiam ser modificadas pelo legislador; conseqüentemente, os juízes não podiam alterá-las, mas tão-somente aplicá-las.

ESCOLA CÉTICA. *Direito internacional privado.* Aquela teoria que toma um posicionamento descrente quanto à possibilidade da solução dos conflitos de qualificação (Irineu Strenger).

ESCOLA CLÁSSICA. *Direito penal.* Escola doutrinária cujos precursores foram Beccaria, Filangieri e Romagnosi, tendo como seguidores Carrara, Pessina, Carmignani, Pellegrino e outros, e que propugnava: a) a idéia de que o direito era próprio do homem; a sociedade apenas criava norma para adequá-lo ao direito natural; b) o emprego do método dedutivo na aplicação da lei penal; c) a consideração do crime como uma entidade jurídica, por ser uma relação entre o comportamento humano e a norma; d) a proteção dos homens, contra a tirania de seus semelhantes, pelo direito penal, pois a pena restabeleceria a ordem, impondo um mal ao delinqüente de mesma proporção ao dano por ele causado; e) a responsabilidade penal do criminoso baseada na responsabilidade moral, ou melhor, no livre-arbítrio.

ESCOLA CRÍTICA. *Direito penal.* Teoria italiana, seguida por Alimena, Carnevale e Impallomeni, que aceita o princípio da responsabilidade moral, a distinção entre inimputáveis e imputáveis, a negação do livre-arbítrio, e a concepção do delito como fato natural e social, embora afastando a idéia da criminalidade congênita.

ESCOLA DA EXEGESE. *Teoria geral do direito.* Doutrina do século XIX, seguida, na França, por Proudhon, Melville, Blondeau, Bugnet, Delvincourt, Huc, Aubry e Rau, Laurent, Marcadé, Demolombe, Troplong, Pothier, Baudry-Lacantinerie, Duranton etc., que identificava a totalidade do direito positivo com a lei escrita, entendendo que a função específica do jurista e do julgador era ater-se com rigor absoluto ao texto legal e revelar seu sentido, aplicando-o, mecanicamente, mediante a lógica dedutiva. Essa doutrina ultralegalista proclamou que a lei deve ser a única fonte das decisões jurídicas; logo, toda solução jurídica não podia ser mais do que a conclusão de um silogismo, em que a premissa maior é a lei e a menor, o enunciado de um fato concreto.

ESCOLA DA LIVRE INVESTIGAÇÃO CIENTÍFICA. *Teoria geral do direito.* Doutrina, criada por François Geny, pela qual a lei seria uma expressão da vontade do legislador; por isso, a interpretação jurídica deve buscar a *mens legislatoris*. Como a lei escrita é incapaz de solucionar todos os problemas, porque tal solução depende não só da letra da lei, mas também da ponderação dos fatos sociais concretos, opõe-se Geny à escola da exegese. Na ausência de norma para resolver um caso, o intérprete deverá lançar mão de fontes supletivas: o costume, a autoridade e a tradição, quando consagrados pela doutrina e jurisprudência dos tribunais, e a livre investigação científica. Esclarece-nos Geny, ainda, que a atividade do jurisconsulto se realiza num duplo campo de ação: o do "dado" e o do "construído", que são os dois ingredientes da norma. O "dado" é um conjunto de realidades normativas da sociedade, ou seja, constitui as realidades morais e econômicas, as quais impõem direções aos fatos sociais, e pode ser natural ou real, histórico, racional e ideal. O "dado" precisa ser acionado para produzir efeito prático, e esse acionamento é feito pela "técnica jurídica", que constrói meios e artifícios para a realização dos fins do direito. Esses meios e artifícios são o "construído". Dentre as construções jurídicas temos: as plásticas, as intelectuais, a lei escrita e as necessárias. A interpretação e a elaboração do direito exigem a ciência dos dados e a técnica do "construído". O "construído" é obra do jurista para satisfazer necessidades práticas. O intérprete e o aplicador devem fundar sua interpretação e decisão sobre elementos de natureza objetiva, que são os dados.

ESCOLA DE ADMINISTRAÇÃO FAZENDÁRIA (ESAF). *Direito administrativo.* Órgão específico singular, diretamente subordinado ao Ministério da Fazenda, que tem por objetivo: a) planejar, promover e intensificar programas de treinamento sistemático, progressivo e ajustado às necessidades do ministério nas suas diversas áreas; b) promover o aperfeiçoamento técnico-profissional dos servidores do ministério; c) sistematizar, planejar, supervisionar, orientar e controlar o recrutamento e a seleção de pessoal para preenchimento de cargos do ministério; d) planejar e promover pesquisa básica e aplicada, bem assim desenvolver e manter programas de cooperação técnica com organismos nacionais e internacionais sobre matéria de interesse do ministério; e) planejar cursos não integrados no currículo normal da escola e executar projetos e atividades de recrutamento, seleção e treinamento que venham a ser conveniados com organismos nacionais e internacionais; f) administrar o Fundo Especial de Treinamento e Desenvolvimento, de natureza contábil.

ESCOLA DE AERONÁUTICA. *Direito militar.* Escola especializada na formação de pilotos militares para a Força Aérea Brasileira.

ESCOLA DE ALTOS ESTUDOS. *Direito educacional.* Projeto de cooperação acadêmica internacional em nível de pós-graduação, sob a gestão da Fundação Coordenação de Aperfeiçoamento de Pessoal de Nível Superior – CAPES, com o objetivo de fomentar o intercâmbio internacional de docentes e pesquisadores de alto nível como reforço aos programas de pós-graduação *stricto sensu* ministrados no País. A Escola de Altos Estudos será dirigida por um dos diretores da CAPES, designado pelo Presidente daquela fundação. Compete à CAPES, na gestão da Escola de Altos Estudos: a) patrocinar a vinda de docentes e pesquisadores internacionais de alto nível para o Brasil; b) organizar cursos de pós-graduação *stricto sensu* a serem ministrados pelos docentes e pesquisadores acima referidos; c) articular a associação de cursos e programas de pós-graduação *stricto sensu* de instituições brasileiras de ensino superior à Escola de Altos Estudos; d) selecionar docentes, pesquisadores e alunos de cursos e programas de pós-graduação *stricto sensu* associados à Escola de Altos Estudos para participação nos cursos; e e) patrocinar a participação de docentes, pesquisadores e estudantes de pós-graduação selecionados nos cursos.

ESCOLA DE APRENDIZAGEM DE ARTES GRÁFICAS. *Direito administrativo.* Parte integrante da estrutura da Imprensa Nacional que tem por objetivo formar profissionais em artes gráficas, planejar, promover, coordenar e avaliar o aperfeiçoamento e desenvolvimento de recursos humanos da Imprensa Nacional.

ESCOLA DE BOLONHA. *História do direito.* Universidade italiana que se impôs, no século XIII, com as glosas do Digesto de Justiniano feitas sob a orientação de Irnerius (Othon Sidou).

ESCOLA DE COMANDO E ESTADO-MAIOR DA AERONÁUTICA (ECEMAR). *Direito militar.* É a organização do Comando da Aeronáutica que tem por finalidade ministrar Cursos de Altos Estudos para oficiais da Aeronáutica e está diretamente subordinada ao Comandante da Universidade da Força Aérea Brasileira (UNIFA). Tem por atribuições: a) a realização dos Cursos de Altos Estudos, bem como de outros cursos e estágios que lhe forem atribuídos; b) a elaboração e a execução de planos e programas relativos ao ensino e às atividades a serem desenvolvidas; c) a realização de simpósios, seminários e outros eventos necessários ao desenvolvimento de suas atividades de ensino; d) a realização de estudos e pesquisas sobre assuntos de interesse da Aeronáutica, em particular, e das Forças Armadas, em geral, com a participação, se necessário, de seus oficiais alunos; e) a ligação com os órgãos centrais dos sistemas da Aeronáutica, na condição de elo desses sistemas, para tratar dos assuntos pertinentes às suas atividades, de acordo com as normas, critérios e princípios estabelecidos; e f) o cumprimento das Instruções, emanadas do Departamento de Ensino da Aeronáutica (DEPENS), para os cursos e estágios que lhe forem atribuídos.

ESCOLA DE POLÍTICA CRIMINAL. *Direito penal.* Escola fundada em 1889 por Franz von Liszt, com a colaboração de Van Hamel e de Prins, para a qual a política criminal seria um conjunto de princípios dirigidos à investigação científica das causas do crime e dos efeitos da pena, procurando combater e limitar a criminalidade, mediante uma ação individualizadora de medidas impostas ao delinqüente. Não acata a idéia do criminoso nato, mas admite a influência de fatores endógenos e exógenos na criminalidade, e a distinção entre imputável e inimputável.

ESCOLA DE PRESERVAÇÃO. *Vide* ESCOLA DE REFORMA.

ESCOLA DE REFORMA. *Direito penitenciário.* Reformatório, que é o estabelecimento público com o objetivo de recuperar menores por determinação judicial.

ESCOLA DE SAMBA. *Direito civil.* Agremiação que, durante o ano todo, prepara e ensaia sambistas para os desfiles de carnaval.

ESCOLA DO DIREITO LIVRE. *Teoria geral do direito.* Fundada por Hermann Kantorowicz, o qual, contestando o primado da lei, colocou em plano primordial as normas jurídicas que brotam, espontaneamente, dos grupos sociais. O direito livre não é o direito estatal, mas o que está constituído pelas convicções predominantes reguladoras do comportamento, em um certo lugar e tempo, sobre aquilo que é justo. A interpretação jurídica deve seguir quatro diretrizes: a) se o texto legal for unívoco e sua aplicação não ferir os sentimentos da comunidade, deve-se aplicá-lo; b) se a lei levar a uma solução injusta, o juiz deve ditar a sentença que, segundo sua convicção, o legislador ditaria se tivesse pensado no caso; c) se o juiz não puder formar convicção sobre como o legislador resolveria o caso concreto, então deve inspirar-se no direito livre, isto é, no sentimento da coletividade; d) se, ainda, não encontrar inspiração nesse sentimento, deverá, então, resolver discricionária ou arbitrariamente. Para essa corrente, toda técnica jurídica se rege segundo a vontade do juiz, chegando até mesmo a afirmar que a sentença é uma *lex specialis*. Tal concepção é voluntarista e antilogicista, porque a eleição de um critério que conduza a uma solução justa não é problema de racionalidade, mas de volição.

ESCOLA DOGMÁTICA. 1. *Direito internacional privado.* Aquela que propugna, para a determinação da lei aplicável à solução de conflitos de qualificação, o emprego do critério da *lex fori* ou o da *lex causae*, isto é, da lei estrangeira indicada pela norma de direito internacional privado do país, ou, ainda, a aplicação eclética desses dois critérios (Werner Goldschmidt). **2.** *Vide* ESCOLA DA EXEGESE.

ESCOLA DOS COMENTARISTAS. *História do direito.* Conjunto de jurisconsultos, como Bartolo de Sassoferrato e Baldo de Ubaldis, que, no século XIV, comentaram, com suas glosas, a Escola de Bolonha.

ESCOLA DOS GLOSADORES. *Vide* ESCOLA DE BOLONHA.

ESCOLA DOS PANDECTISTAS. *História do direito.* Versão alemã da Escola da Exegese, que enaltecia a lei e os códigos. *Vide* ESCOLA PANDECTISTA.

ESCOLA DOS PÓS-GLOSADORES. *Vide* ESCOLA DOS COMENTARISTAS.

ESCOLA DOS PROCULIANOS. *História do direito.* Escola encabeçada por Proculus e Labeo, e que era refratária ao desenvolvimento jurídico.

ESCOLA DOS SABINIANOS. *História do direito.* Escola fundada por Sabino e que pregava o desenvolvimento do direito, admitindo inovações.

ESCOLA DO TECNICISMO JURÍDICO. *Direito penal.* Teoria que, tendo como principais expoentes Binding, Rocco e Manzini, arredava qualquer investigação de caráter naturalístico e filosófico da seara do direito penal, defendendo a tese: a) do crime como relação jurídica de conteúdo individual e social; b) da responsabilidade moral; c) da pena expiatória e retributiva para os imputáveis, e das medidas de segurança para os inimputáveis; d) da utilização do método técnico-jurídico no estudo do direito penal (José Lopes Zarzuela).

ESCOLA ECLÉTICA. *Direito penal.* É a que considera o crime um fenômeno natural e a pena, castigo e medida de segurança, admitindo, por isso, o emprego dos métodos dedutivo e indutivo.

ESCOLA ESTATUTÁRIA ALEMÃ. *Direito internacional privado.* Doutrina que se desenvolveu na Alemanha do século XVI até o XIX, por obra de Mynsinger, Gaill, Maevius, Strick, Lauterpach, Cocceji e Hert, pela qual o estatuto pessoal é o do domicílio; o estatuto real é o da situação da coisa; e o estatuto da forma é o do local da celebração do ato.

ESCOLA ESTATUTÁRIA FRANCESA. *Direito internacional privado.* Teoria desenvolvida na França nos séculos XVI a XVIII, tendo como sequazes Bertrand D'Argentré, Boullenois, Froland e Bouhier, que dividiam o estatuto em real e pessoal, considerando o pessoal uma exceção, ante a prevalência do real. Para tal doutrina, o estatuto real era territorial, aplicando-se a todos os bens situados no território, e o estatuto pessoal, extraterritorial, pois aplicava-se às pessoas mesmo fora da jurisdição local (Osiris Rocha).

ESCOLA ESTATUTÁRIA HOLANDESA. *Direito internacional privado.* Doutrina propugnada na Holanda nos séculos XVII a XIX, tendo por seguidores Burgundus, Rodenburgo, Voet, Huber e outros, que admitia, além do estatuto real e do pessoal, o estatuto misto, como o do *locus regit actum*, dando ênfase ao princípio da territorialidade, identificando território e direito comum, e considerando a *comitas* (cortesia internacional) como critério justificador da aplicação do direito estrangeiro. Todavia, a partir do século XIX, com Meijers autorizou-se a aplicabilidade do direito alienígena para atender interesses de justiça.

ESCOLA ESTATUTÁRIA ITALIANA. *Direito internacional privado.* Teoria idealizada por Bartolo e seguida por Révigny, Cino di Pistoia, Baldo de Ubaldis, Saliceto etc., pela qual o estatuto pessoal se referia às pessoas submetidas ao soberano local, e o real, às coisas situadas no território (*lex rei sitae*), mas admitindo que a sucessão se regia pela *lex domicilii* do falecido e que o local do ato determinava sua forma e a lei aplicável (*locus regit actum*).

ESCOLA EXEGÉTICA. *Vide* ESCOLA DA EXEGESE.

ESCOLÁGIO. Quantia que o aluno paga para poder freqüentar a escola.

ESCOLA HISTÓRICA DO DIREITO. *Teoria geral do direito.* Representada por Gustav Hugo, Friedrich Carl von Savigny e Georg Friedrich Puchta, entendia que o conhecimento científico-jurídico só podia basear-se na experiência jurídica histórica, mediante o uso de um método caracterizado pelo empirismo, pela causalidade e pelo determinismo, e pelo irracionalismo e relativismo. Acentua a dimensão histórica da relação jurídica, fazendo com que a ciência do direito apareça, em sua teoria, como uma ciência histórica, ou seja, como história do direito (Hugo). A idéia basilar era a oposição à codificação do direito, por considerá-lo uma manifestação da livre consciência do povo, sob a forma do costume, relegando a segundo plano a sistemática lógico-dedutiva, ao lhe sobrepor a sensação e a intuição imediatas (Savigny). O direito positivo e histórico é direito natural, por ser nascido do espírito popular, e por ser este, necessariamente, reto pelo objeto ou conteúdo (Puchta).

ESCOLA ITALIANA DE JURISPRUDÊNCIA. *Teoria geral do direito.* Teoria encabeçada por Scialoja, reunindo nomes como o de Chiovenda, Orlando, Vivante, Rocco, Coviello, Manzini, que procurava harmonizar o abstrato e o concreto, o valor estrutural das normas com o seu conteúdo histórico-social, o teórico com o prático.

ESCOLA LIVRE. *Direito civil.* Aquela independente do Estado, não havendo freqüência obrigatória aos alunos. *Vide* ENSINO LIVRE.

ESCOLA MILITAR. *Direito militar.* Aquela que cuida da preparação de técnicos e oficiais para o Exército.

ESCOLA NACIONAL DE FORMAÇÃO E APERFEIÇOAMENTO DE MAGISTRADOS. *Direito constitucional.* Órgão que funciona junto ao Superior Tribunal de Justiça, cabendo-lhe, dentre outras funções, regulamentar os cursos oficiais para o ingresso e promoção na carreira.

ESCOLA NAVAL. *Direito comercial* e *direito militar.* Aquela encarregada de formar oficiais para a Marinha Mercante ou de Guerra.

ESCOLA ORGÂNICA. *Teoria geral do Estado.* Corrente proposta por Schelling, que considera o Estado um organismo natural sujeito às próprias leis naturais.

ESCOLA PANDECTISTA. *Teoria geral do direito.* Essa escola, com a incorporação do direito romano à ordenação jurídica alemã, tendo à sua frente os pandectistas do século XIX, dentre eles Windscheid, Brinz e Glück, passou a pregar uma atitude rigorosamente exegética, em relação aos textos do *Corpus Juris.* Tal escola, partindo das fontes romanas, cultivou a história do direito romano e a interpretação dos textos da compilação justiniana, com o escopo de aplicá-los como fonte direta do direito alemão. Os pandectistas desembocaram num sistema rígido de fetichismo pelos textos e de construção sistemática, apregoando o uso do método dedutivo, exigindo a aplicação das leis de acordo com um processo silogístico.

ESCOLA PENAL HUMANISTA. *Direito penal.* Teoria idealizada por Lanzara que visa o reestudo, sob o prisma moral, dos princípios clássicos para aproximar o direito penal ao sentimento do povo.

ESCOLA PENITENCIÁRIA FRANCESA. *Direito penitenciário.* Teoria voltada ao estudo da pena que, averiguando seus caracteres e fins, sua natureza, suas formas, sua cominação, aplicação e execução, veio a influenciar a legislação penal, propiciando uma reforma penitenciária.

ESCOLA PENITENCIÁRIA NACIONAL (ESPEN). *Direito penitenciário.* Criada com os objetivos gerais de:

a) constituir o órgão federal de aplicação das políticas criminal e penitenciária elaboradas pelo Conselho Nacional de Política Criminal e Penitenciária (CNPCP) no campo da formação técnica e profissional, teórica e prática, em todos os níveis da ação penitenciária; b) encarregar-se da formação contínua e permanente das atividades de treinamento de pessoal, em todos os níveis do sistema penitenciário, transmitindo e atualizando conhecimentos e práticas necessários ao desempenho das diversas funções nele abrangidas; c) desenvolver atividades de reflexão, crítica e avaliação permanente do sistema, de modo a conduzir a sua eventual transformação e nele introduzir as necessárias inovações; d) gerar e difundir conhecimentos que visem subsidiar a formulação e aplicação das novas políticas no campo penitenciário; e) incumbir-se, direta ou indiretamente, de atividades docentes, através de cursos, seminários e conferências, bem como de estudos e pesquisas no âmbito da ação penitenciária; f) promover atividades de extensão, diretamente ou mediante convênio com entidades e organismos especializados, públicos e privados, nacionais e internacionais, voltados para atividades criminológicas e jurídico-penais; g) elaborar documentação pertinente, sob a forma de manuais de procedimento, publicar estudos e pesquisas e divulgar trabalhos nacionais e estrangeiros de realce no campo penitenciário e criminológico; h) organizar banco de dados para coletar e atualizar estatísticas criminais e prisionais, bem como todas as informações pertinentes ao sistema penitenciário. São objetivos específicos da ESPEN: a) estabelecer padrões de seleção e desempenho para o pessoal penitenciário em todos os níveis do sistema; b) transmitir, aperfeiçoar e atualizar os conhecimentos necessários ao desempenho das funções de execução penal; c) estimular a aquisição de experiência profissional e a introdução de práticas inovadoras do penitenciarismo, através de estágios supervisionados e do intercâmbio de técnicos e docentes com entidades e organismos nacionais e estrangeiros; d) aplicar e promover, na formação de uma cultura penitenciária, a metodologia de grupo e de trabalho em equipe interdisciplinar, visando à sua aplicação e divulgação nos programas penitenciários.

ESCOLA POSITIVA DO DIREITO PENAL ITALIANO. *Direito penal.* Teoria que, tendo como prosélitos Lombroso, Ferri, Garofalo, Florian e Grispigni, analisava o crime e o delinqüente sob o prisma naturalista e sociológico, mediante o emprego do método experimental e indutivo. Lombroso procurou explicar o crime dentro de uma causalidade rigorosa, apreendendo, na pessoa do delinqüente, estigmas reveladores da criminalidade e concebendo a figura do criminoso nato que, pela presença de anomalias anatômicas e fisiopsicológicas, seria o indivíduo propenso a praticar delitos como o tipo selvagem, transportado por atavismo a tempos muito distantes daqueles em que deveria ter vivido. Assim, o criminoso típico seria uma cópia, na sociedade moderna, do homem primitivo, o qual surge, pelo fenômeno do atavismo, no seio social civilizado, com muitos dos seus caracteres somáticos, com os mesmos instintos bárbaros, com a mesma ferocidade e falta de sensibilidade moral. A herança atávica explicaria a etiologia ou a causa dos delitos. Ferri fundamentou a sociologia criminal, ampliando a causalidade delitual com inúmeros elementos e dando ênfase ao ambiente social entre as concausas do crime. Garofalo se esforçou para conduzir a escola ao ponto de maturidade jurídica, revendo vários problemas penais e dando-lhes uma perspectiva jurídica, embora impregnada de sociologismo, como demonstra sua teoria do delito natural, estabelecida por meio de um método indutivo, baseado nos estudos dos sentimentos altruísticos fundamentais de piedade e probidade, denotando um certo psicologismo. Garofalo começou a construção do sistema jurídico, mas foram Florian e Grispigni que trouxeram a essa escola sua fase verdadeiramente jurídica (Aníbal Bruno e Antônio Moniz Sodré de Aragão).

ESCOLA PRECEPTIVA. *Vide* ESCOLA DA EXEGESE.

ESCOLA PROFISSIONAL. *Direito educacional.* Aquela que tem por finalidade ensinar ofícios. *Vide* ENSINO PROFISSIONALIZANTE.

ESCOLAR. *Direito educacional.* **1.** Aluno, estudante que freqüenta a escola. **2.** Concernente a escola.

ESCOLA REALISTA. *Direito internacional privado.* Doutrina que, tendo como sequazes Lorenzen, Cook, Stumberg, Cheshire e Morris, tem proposto: a) a apreciação dos conflitos de leis no espaço de conformidade com as necessidades e realidades sociais locais; b) a impossibilidade de princípios universais; c) a busca da solução

mais justa e adequada ao caso; d) o início da existência do direito somente após a prolatação da sentença judicial; e) a criação de direito novo pelo juiz local, similar ao direito alienígena (Osiris Rocha).

ESCOLARIDADE. *Direito educacional.* **1.** Tirocínio escolar. **2.** Freqüência. **3.** Aproveitamento escolar comprovado por provas.

ESCOLA RURAL. *Direito agrário.* **1.** Aquela que funciona em fazendas ou sítios. **2.** Escola que, estando estabelecida no campo, tem por escopo ensinar a prática da agricultura.

ESCOLAS INDÍGENAS. *Direito educacional.* Escolas com normas e ordenamento jurídico próprios, com diretrizes curriculares de ensino intercultural e bilíngüe, visando à valorização plena das culturas dos povos indígenas e à afirmação e manutenção de sua diversidade étnica. Constituirão elementos básicos para a organização, a estrutura e o funcionamento da escola indígena: a) sua localização em terras habitadas por comunidades indígenas, ainda que se estendam por territórios de diversos Estados ou Municípios contíguos; b) exclusividade de atendimento a comunidades indígenas; c) o ensino ministrado nas línguas maternas das comunidades atendidas, como uma das formas de preservação da realidade sociolingüística de cada povo; d) a organização escolar própria. A escola indígena será criada em atendimento à reivindicação ou por iniciativa de comunidade interessada, ou com a anuência desta, respeitadas suas formas de representação. Na organização de escola indígena deverá ser considerada a participação da comunidade, na definição do modelo de organização e gestão, bem como suas estruturas sociais; suas práticas socioculturais e religiosas; suas formas de produção de conhecimento, processos próprios e métodos de ensino-aprendizagem; suas atividades econômicas; a necessidade de edificação de escolas que atendam aos interesses das comunidades indígenas; e o uso de materiais didático-pedagógicos produzidos de acordo com o contexto sociocultural de cada povo indígena. As escolas indígenas, respeitados os preceitos constitucionais e legais que fundamentam a sua instituição e normas específicas de funcionamento, editadas pela União e pelos Estados, desenvolverão suas atividades de acordo com o proposto nos respectivos projetos pedagógicos e regimentos escolares com as seguintes prerrogativas: a) organização das atividades escolares, independentes do ano civil, respeitando o fluxo das atividades econômicas, sociais, culturais e religiosas; b) duração diversificada dos períodos escolares, ajustando-a às condições e especificidades próprias de cada comunidade. A formulação do projeto pedagógico próprio, por escola ou por povo indígena, terá por base: as Diretrizes Curriculares Nacionais referentes a cada etapa da educação básica; as características próprias das escolas indígenas, em respeito à especificidade étnico-cultural de cada povo ou comunidade; as realidades sociolinguísticas, em cada situação; os conteúdos curriculares especificamente indígenas e os modos próprios de constituição do saber e da cultura indígena; a participação da respectiva comunidade ou povo indígena. A formação dos professores das escolas indígenas será específica, orientar-se-á pelas Diretrizes Curriculares Nacionais e será desenvolvida no âmbito das instituições formadoras de professores. Será garantida aos professores indígenas a sua formação em serviço e, quando for o caso, concomitantemente com a sua própria escolarização. Os cursos de formação de professores indígenas darão ênfase à constituição de competências referenciadas em conhecimentos, valores, habilidades e atitudes, na elaboração, no desenvolvimento e na avaliação de currículos e programas próprios, na produção de material didático e na utilização de metodologias adequadas de ensino e pesquisa. A atividade docente na escola indígena será exercida prioritariamente por professores indígenas oriundos da respectiva etnia.

ESCOLAS TÉCNICAS FEDERAIS. *Direito administrativo* e *direito educacional.* São autarquias transformadas em Centros Federais de Educação Tecnológica, vinculadas ao Ministério da Educação, que têm por finalidade formar e qualificar profissionais nos vários níveis e modalidades de ensino para os diversos setores da economia, realizar pesquisa e desenvolvimento de novos processos, produtos e serviços, em estreita articulação com os setores produtivos e a sociedade, oferecendo mecanismos para a educação continuada. Têm como características básicas: a) oferta de educação profissional, levando em conta o avanço do conhecimento tecnológico e a incorporação crescente de novos métodos e processos de produção e distribuição de bens e serviços; b) atuação prioritária na área tecnológica nos diversos setores da economia; c) conjugação, no ensino, da teoria com a prática; d)

integração efetiva da educação profissional aos diferentes níveis e modalidades de ensino ao trabalho, à ciência e à tecnologia; e) utilização compartilhada dos laboratórios e dos recursos humanos pelos diferentes níveis e modalidades de ensino; f) oferta de ensino superior tecnológico diferenciando-se das demais formas de ensino superior; g) oferta de formação especializada, levando em consideração as tendências do setor produtivo e do desenvolvimento tecnológico; h) realização de pesquisas aplicadas e prestação de serviços; i) desenvolvimento da atividade docente estruturada, integrando os diferentes níveis e modalidades de ensino, observada a qualificação exigida em cada caso; j) desenvolvimento do processo educacional que favoreça, de modo permanente, a transformação do conhecimento em bens e serviços em benefício da sociedade; k) estrutura organizacional flexível, racional e adequada às suas peculiaridades e objetivos; l) integração das ações educacionais com as expectativas da sociedade e as tendências do setor produtivo.

ESCOLÁSTICA. Na *linguagem filosófica,* é o sistema teológico-filosófico, da era medieval, que coordenava teologia e filosofia, e pregava o uso do método silogístico e o reconhecimento da autoridade de Aristóteles.

ESCOLASTICISMO. *Filosofia do direito.* **1.** Modo de raciocinar peculiar dos escolásticos. **2.** Qualidade de escolástico.

ESCOLÁSTICO. *Filosofia do direito.* **1.** Partidário da escolástica. **2.** Relativo à escolástica.

ESCOLA SUPERIOR DA PROCURADORIA–GERAL DA FAZENDA NACIONAL (ESCOLA SUPERIOR DA PGFN). Instituída por ato do Procurador-Geral da Fazenda Nacional, tem sede na cidade de Brasília, Distrito Federal. A direção, a execução dos serviços e a realização das atividades caberão à Escola Superior da PGFN, a seus órgãos constitutivos e a seus parceiros institucionais, com apoio dos órgãos centrais e descentralizados da Procuradoria-Geral da Fazenda Nacional. Os cargos de direção da Escola Superior da PGFN são privativos de membros da carreira de Procurador da Fazenda Nacional, devendo a escolha recair, preferencialmente, entre Procuradores com comprovada experiência no ensino superior. São fins da Escola Superior da PGFN: a) propiciar meios para atualização, aperfeiçoamento e especialização dos integrantes da carreira de Procurador da Fazenda Nacional; b) criar as condições para o cumprimento do disposto em norma constitucional; c) proporcionar aos servidores da Procuradoria-Geral da Fazenda Nacional o aprimoramento no domínio da ciência da Administração Pública, do Direito e de outros ramos do saber, a fim de melhor contribuir para o exercício das atribuições da instituição; d) concorrer para o aprimoramento cultural e jurídico dos bacharéis em Direito, ainda que não vinculados à Advocacia Pública; e) concorrer para aperfeiçoar princípios e garantias de tutela e respeito à pessoa humana, às instituições democráticas e aos ideais de justiça fiscal; f) incentivar e promover a realização de pesquisas, bem assim o debate de temas relevantes para o desempenho das diversas atribuições da Procuradoria-Geral da Fazenda Nacional.

ESCOLA SUPERIOR DE GUERRA (ESG). *Direito militar.* Instituto de altos estudos que integra militares e civis com o escopo de estudar e analisar os problemas de desenvolvimento e segurança do Brasil, averiguando fatores políticos, econômicos, diplomáticos e militares condicionadores do conceito estratégico (Manoel Gonçalves Ferreira Filho). Encontra-se diretamente subordinado ao ministro de Estado da Defesa, destinado a desenvolver e consolidar os conhecimentos necessários ao exercício de funções de direção e para o planejamento da segurança nacional. No desenvolvimento e consolidação dos conhecimentos necessários ao planejamento da segurança nacional, deverão ser considerados, também, os aspectos relativos à defesa nacional e ao desenvolvimento nacional. A ESG desenvolverá estudos sobre política e estratégia, destinados a contribuir para o desenvolvimento do conhecimento e da metodologia do planejamento e da ação – políticas e estratégicas –, em especial nas áreas da segurança e da defesa. Oferece, anualmente, os seguintes cursos: a) Curso de Altos Estudos de Política e Estratégia (CAEPE); b) Curso de Altos Estudos de Política e Estratégia Militares (CAEPEM); c) Curso Superior de Inteligência Estratégica (CSIE); d) Curso Especial de Altos Estudos de Política e Estratégia (CEAEPE).

ESCOLA SUPERIOR DO MINISTÉRIO PÚBLICO DA UNIÃO. Diretamente vinculada à Procuradoria-geral da República. Tem natureza jurídica de órgão autônomo e a finalidade de: a) iniciar novos integrantes do Ministério Público da União no desempenho de suas funções institucionais; b) aperfeiçoar e atualizar a capacitação técnico-profissional dos membros e servidores do Ministério Público da União; c) desenvolver projetos e programas de pesquisa na área jurídica; d) zelar pelo reconhecimento e pela valorização do Ministério Público como instituição essencial à função jurisdicional do Estado. Para a consecução de seus objetivos, poderá a Escola Superior do Ministério Público da União promover, direta ou indiretamente, cursos, seminários e outras modalidades de estudo e troca de informações, além de celebrar convênios com os Ministérios Públicos dos Estados.

ESCOLHA. 1. *Direito agrário.* Diz-se dos grãos de cereais, café etc., de qualidade inferior, que ficam após a seleção dos melhores. **2.** *Teoria geral do direito.* a) Ato volitivo pelo qual se opta uma das várias soluções possíveis; b) classificação. **3.** *Direito civil.* Opção por uma dentre duas ou mais obrigações. **4.** *Direito comercial.* a) Opção do comprador entre a resilição contratual ou o cumprimento do contrato com danos de mora, se o vendedor não entrega a mercadoria dentro do prazo avençado; b) opção que tem o comandante de navio entre a rescisão do contrato e o empreendimento da viagem sem carga.

ESCOLHEDOR. *Direito agrário.* Instrumento agrícola que seleciona grãos de cereais.

ESCOLHER. 1. Optar. **2.** Classificar. **3.** Selecionar. **4.** Citar. **5.** Dar preferência.

ESCOLHIDO. 1. Selecionado. **2.** O que se escolheu. **3.** O que é de primeira qualidade.

ESCOLIAR. *Direito autoral.* Elaborar escólio.

ESCOLIASTA. *Direito autoral.* Comentador de uma obra; aquele que comenta, interpreta ou explica uma obra.

ESCÓLIO. 1. *Direito autoral.* Comentário de uma obra para que todos possam compreendê-la. **2.** *Teoria geral do direito.* Interpretação de um texto legal.

ESCOLIOSE. *Medicina legal.* Curvatura anômala lateral da coluna vertebral.

ESCOLTA. *Direito militar.* Destacamento de tropas ou de navios para acompanhar e proteger pessoas ou coisas em transporte.

ESCOLTA ARMADA. *Direito administrativo.* É o serviço prestado por empresa autorizada para funcionar pela Coordenação Central de Polícia do DPF, por ser especializada em vigilância e transporte de valores, no auxílio operacional ao transporte de valores ou de cargas valiosas. A escolta armada é executada com veículos comuns, guarnição formada por pessoal adequadamente preparado para esse fim, uniformizado e armado. A guarnição atende às seguintes exigências: a) guarnição mínima de quatro vigilantes, adequadamente preparados para esse fim, já incluído o responsável pela condução do veículo; b) nos casos excepcionais, quando não se tratar de transporte de numerários ou carga de alto valor, a guarnição referida no inciso anterior poderá ser reduzida até a metade; c) os vigilantes empenhados nessa atividade deverão ter, comprovadamente, no mínimo, um ano de experiência na atividade de transporte de valores. Entende-se como vigilante adequadamente preparado o portador do Certificado de Conclusão do Curso de Formação de Vigilantes com extensão para transporte de valores. Os veículos comuns podem ser arrendados ou locados, desde que atendam às seguintes especificações: a) estar em perfeitas condições de uso e ser dotado de quatro portas; b) possuir documentação que comprove a propriedade pela empresa, contrato de locação ou arrendamento; c) possuir documentação que comprove estar com as vistorias do Departamento Estadual de Trânsito atualizadas; d) inscrição externa que permita a fácil identificação do veículo; e) possuir sistema de telecomunicação. A escolta armada pode ser executada interestadualmente, devendo a empresa atender às seguintes condições: 1) estar autorizada a funcionar na Unidade da Federação onde se iniciar o serviço; 2) comunicar, previamente, aos órgãos do DPF e às Secretarias de Segurança Pública das Unidades Federadas onde a escolta armada irá transitar, mencionando os seguintes dados: a) nome e endereço da empresa contratada; b) nome e endereço do contratante; c) número da portaria de autorização para funcionamento; d) qualificação dos vigilantes empenhados no serviço; e) dados de identificação do veículo; f) relação pormenorizada das armas utilizadas. A empresa especializada em transporte de valores pode dotar a cabina do veículo escoltado, quando se tratar de escolta a cargas valiosas, de mais de um vigilante armado.

ESCOLTA DE HONRA. *Direito militar.* É a tropa a cavalo ou motorizada, em princípio constituída de um Esquadrão (Companhia), e no mínimo de um Pelotão, destinada a acompanhar as autoridades civis e militares. No acompanhamento, o Comandante da Escolta a Cavalo se coloca junto à porta direita da viatura, que é precedida por dois batedores, enquadrada lateralmente por duas filas, uma de cada lado da viatura, com cinco cavaleiros cada, e seguida do restante da tropa em coluna por três ou por dois. No caso de escolta motorizada, três viaturas leves antecedem o carro, indo o Comandante da Escolta na primeira delas, sendo seguido das demais; se houver motocicletas, a formação é semelhante à da escolta a cavalo. A Escolta de Honra, sempre que cabível, poderá ser executada também por aeronaves, mediante a interceptação, em vôo, da aeronave que transporta autoridade civil ou militar, obedecendo ao seguinte: a) as aeronaves integrantes da escolta se distribuem, em quantidades iguais, nas alas direita e esquerda da aeronave escoltada; b) caso a escolta seja efetuada por mais de uma Unidade Aérea, caberá àquela comandada por oficial de maior precedência hierárquica ocupar a ala direita.

ESCOLTA FÚNEBRE. *Direito militar.* É a tropa destinada ao acompanhamento dos despojos mortais do presidente da República, de altas autoridades militares e de oficiais das Forças Armadas falecidos quando no serviço ativo. Se o militar falecido exercia funções de comando em Organização Militar, a escolta é composta por militares dessa organização. A Escolta Fúnebre procede, em regra, durante o acompanhamento, como a Escolta de Honra; quando parada, só toma posição de "Sentido" para prestar continência às autoridades de posto superior ao de seu Comandante. A Escolta Fúnebre, destinada a acompanhar os despojos mortais de Oficiais Superiores, Intermediários, Subalternos e Praças Especiais, forma a pé, descoberta, armada de sabre e ladeia o féretro do portão do cemitério ao túmulo. A Escolta Fúnebre é constituída: 1) para o presidente da República – por tropa a cavalo ou motorizada do efetivo equivalente a um Batalhão; 2) para os Ministros Militares – por tropa a cavalo ou motorizada do efetivo equivalente a uma Companhia; 3) para Oficiais-Generais – por tropa a cavalo ou motorizada de efetivo equivalente a um Pelotão; 4) para Oficiais Superiores – por tropa, formada a pé, de efetivo equivalente a um Pelotão; 5) para Oficiais Intermediários – por tropa, formada a pé, de efetivo equivalente a dois Grupos de Combate; 6) para Oficiais Subalternos, guardas-marinha e Aspirante a Oficial – por tropa, formada a pé, de efetivo equivalente a um Grupo de Combate; 7) para Aspirantes, Cadetes e Alunos do Colégio Naval e Escolas Preparatórias – por tropa, formada a pé, composta de Aspirantes, Cadetes e Alunos, correspondentes ao efetivo de um Grupo de Combate. As praças não têm direito a Escolta Fúnebre.

ESCOLTAR. *Direito militar.* **1.** Acompanhar pessoas ou coisas para defendê-las. **2.** Acompanhar navio mercante para protegê-lo de ataques.

ESCOMBROS. 1. Ruínas, destroços. **2.** Entulhos.

ESCONDER. Ocultar pessoa ou coisa.

ESCONDERIJO. 1. *Direito penal.* Local onde se oculta o autor de um crime ou o produto do crime. **2.** *Direito civil.* Lugar onde está oculto um tesouro.

ESCOPELISMO. *História do direito* e *direito penal.* Ato de lançar pedras em terreno alheio que recebia pena especial, correspondendo, atualmente, ao crime de dano que consiste em destruir, inutilizar ou deteriorar coisa alheia.

ESCOPO. *Teoria geral do direito.* Fim, propósito, objetivo, intuito.

ESCOPOFOBIA. *Medicina legal.* Medo mórbido de ser visto.

ESCOPTOFILIA. *Medicina legal.* Auto-erotismo; sexualidade anômala que consiste em obter orgasmo sem parceiro, mediante contemplação de gravuras, retratos, esculturas etc. de pessoa do sexo oposto.

ESCORA. 1. *Direito civil.* Arrimo, amparo. **2.** *Direito penal.* Tocaia.

ESCORAMENTO. 1. *Direito civil* e *direito processual civil.* Conjunto de espeques, peças de madeira ou de metal, para sustentar parede que ameaça ruir, colocadas preventivamente pelo proprietário ou construtor, ou por ordem judicial proferida em ação de nunciação de obra nova. **2.** *Direito agrário.* Arrimo feito em morros para evitar que haja desabamento de terra em plantações ou casas.

ESCORBUTO. *Medicina legal.* Distúrbio de nutrição, provocado pela falta de vitamina C, que se caracteriza por hemorragias diversas, inclusive subcutâneas, hálito fétido, inflamação e sangria das gengivas.

ESCÓRCIA. *Direito agrário.* Espécie de cana-de-açúcar.

ESCORE. *Direito desportivo.* Resultado de um jogo, expresso por números; contagem de pontos obtidos num certame desportivo.

ESCORIAÇÃO. *Medicina legal.* Lesão epidérmica que não chega a rasgar a pele, causada, em regra, por quedas, unhadas, arrastamentos e instrumentos contundentes. Esfoladura.

ESCÓRIA SOCIAL. *Sociologia jurídica.* Ralé.

ESCORINHOTE. *Direito agrário.* Peça de madeira ou metal que reforça as comportas do açude no engenho-de-açúcar.

ESCORJAMENTO. *Direito penal.* Violência, constrangimento.

ESCORNADO. *Medicina legal.* Ferido com os chifres.

ESCORNAR. 1. *Medicina legal.* Ferir com os chifres. **2.** *Direito agrário.* No sul e no centro do País, significa virar a rês até que fique de patas para cima, a fim de castrá-la ou tirar seu couro.

ESCORRALHO. 1. *Direito civil.* a) Resíduo de água que fica depositado após o escoamento de água natural ou artificial; b) local para onde afluem águas paradas oriundas de infiltração. **2.** *Sociologia jurídica.* Ralé.

ESCORREDOR. *Direito agrário.* Termo usado no Rio Grande do Sul para designar o pequeno curral, próximo ao banheiro carrapaticida, onde se coloca o gado para que escorra a água do corpo.

ESCORREDOURO. *Direito civil.* **1.** *Vide* ESCORRALHO. **2.** Local onde escorre a água.

ESCORREDURA. *Direito civil.* **1.** *Vide* ESCORRALHO. **2.** Corrente de água que forma um curso subterrâneo para reaparecer mais longe.

ESCORREITO. Correto, apurado, sem defeito.

ESCORVA. 1. *Direito militar.* a) Cápsula fulminante nos cartuchos de arma de fogo; b) nome genérico de artigos de guerra introduzidos no ouvido de uma boca de fogo para o comunicar à carga. **2.** *Direito agrário.* Designação dada, em Goiás, à batata.

ESCORVADOR. *Direito militar.* **1.** Agulheta de avivar o ouvido da arma para que a escorva, inflamando-se, comunique o fogo à carga. **2.** Instrumento de escorvar peças.

ESCORVAMENTO. *Direito militar.* Ato de colocar cápsulas nos cartuchos de armas de fogo.

ESCOTA. *Direito marítimo.* Cabo com que se mareiam as velas.

ESCOTE. *Direito civil* e *direito comercial.* **1.** Cota-parte. **2.** Parte, na despesa comum, que deve ser paga por cada um dos que a contraíram.

ESCOTEIRISMO. *Direito civil.* Organização mundial fundada por Baden-Powell e que visa desenvolver, em crianças e adolescentes, o dever cívico e o desejo de serem úteis à coletividade.

ESCOTEIRO. 1. *Direito civil.* Membro do escoteirismo. **2.** *Direito marítimo.* Na Bahia, diz-se do tripulante que faz manobras na baleeira.

ESCOTILHA. *Direito marítimo.* Abertura com tampa existente no convés e que desce para o porão do navio, por onde são feitos o embarque e o desembarque de carga.

ESCOTISMO. 1. Na *linguagem filosófica,* diz-se da doutrina de John Duns Scotus que, ao criticar o tomismo, separa a filosofia da revelação. **2.** *Direito civil.* **Vide** ESCOTEIRISMO.

ESCOTISTA. Na *linguagem filosófica,* é o partidário do escotismo.

ESCOTODINIA. *Medicina legal.* Vertigem com obscurecimento da visão e acompanhada de dor de cabeça.

ESCOTOFOBIA. *Medicina legal.* Medo mórbido de locais escuros.

ESCOVADOR. *Direito agrário.* Instrumento agrícola que limpa o pó do trigo.

ESCOVÉM. *Direito marítimo.* Abertura circular situada no costado do navio e por onde passa a amarra.

ESCOVILHÃO. *Direito militar.* Escova usada para limpar o interior do canhão.

ESCRACHADO. Na *gíria policial,* significa: a) a pessoa identificada criminalmente, cuja fotografia fica exposta em quadro na polícia, informando o povo de sua periculosidade; b) fichado na polícia.

ESCRACHO. Na *gíria policial,* é o retrato tirado na polícia.

ESCRAVAGEM. **Vide** ESCRAVATURA.

ESCRAVARIA. *História do direito.* Conjunto de escravos.

ESCRAVATURA. *História do direito.* **1.** Ato ou efeito de reduzir alguém à condição de escravo. **2.** Escravidão com instituição jurídica. **3.** Comércio de escravos.

ESCRAVATURA BRANCA. *Direito penal.* Tráfico de pessoas ou de mulheres para a prostituição.

ESCRAVIDÃO. 1. *História do direito.* a) Estado de escravo; b) cativeiro; c) falta de liberdade; d) regime em que homens ficavam sob o jugo de uma só pessoa, vivendo em completa servidão e efetuando trabalhos sem qualquer remuneração. **2.** *Direito penal.* a) Crime contra a pessoa que consiste em reduzi-la à condição de escravo; b) exercício, relativamente a uma pessoa, de um poder, traduzindo um direito de propriedade sobre ela, incluindo, ainda, o exercício desse poder no âmbito do tráfico de pessoas, em particular de mulheres e crianças.

ESCRAVISMO. *História do direito.* Sistema que propugnava a escravidão.

ESCRAVISTA. *História do direito.* Aquele que era partidário do escravismo.

ESCRAVIZAÇÃO. *História do direito* e *direito penal.* Ato ou efeito de reduzir alguém à condição de escravo.

ESCRAVO. *História do direito.* Aquele que era subjugado a um senhor, vivendo em estado de servidão absoluta.

ESCRAVOCRACIA. *História do direito.* Era o poder dos escravocratas.

ESCRAVOCRATA. *História do direito.* **1.** Aquele que possuía escravos. **2.** O que defendia a escravidão.

ESCREVEDOR. *Direito autoral.* O que escreve documentos.

ESCREVENTE. 1. *Direito registrário* e *direito notarial.* Escriturário. **2.** *Direito do trabalho.* Empregado inferior de escritório que tem por função copiar o que outro escreve ou dita. **3.** *Direito administrativo.* Funcionário subalterno de repartição pública encarregado da escrita dos atos praticados.

ESCREVENTE DE JUSTIÇA. *Direito processual civil* e *direito processual penal.* Funcionário público concursado que exerce serviços auxiliares de justiça.

ESCREVENTE JURAMENTADO. 1. *Direito registrário* e *direito notarial.* Aquele que presta compromissos, sendo qualificado como órgão de fé pública. **2.** *Direito processual civil* e *direito processual penal.* Auxiliar e substituto legal do serventuário da justiça em seus impedimentos.

ESCREVINHADOR. Mau escritor, ou o que escreve obras de pouco valor ou mérito.

ESCRIBA. 1. *Direito registrário* e *direito notarial.* Escrevente ou escrivão. **2.** *História do direito.* a) Era aquele, no direito hebreu, encarregado do ensino e da interpretação das leis da Sagrada Escritura; b) no Egito, aquele que registrava fatos nos papiros; c) na Grécia, aquele que redigia documentos e alegações a serem apresentadas perante os tribunais; d) era aquele encarregado de copiar e lavrar documentos públicos.

ESCRITA. 1. **Vide** ESCRITURAÇÃO MERCANTIL. **2.** Nas *linguagens comum* e *jurídica,* é: a) o que está registrado; b) ato ou efeito de escrever; c) o que se escreve; d) representação de idéias por meio de caracteres convencionais.

ESCRITA CUNEIFORME. *História do direito.* Sistema de escrita fonética, representando cada signo um som que foi, outrora, muito utilizado na Mesopotâmia.

ESCRITA FISCAL. 1. *Direito tributário.* Escrituração fiscal relativa ao registro de operações e situações concernentes a pessoas físicas e/ou jurídicas, e relacionadas aos tributos. **2.** *Direito comercial.* Escrituração de livros pelos empresários e sociedades empresárias, os quais estão sujeitos a determinados impostos para registrar suas vendas e produções.

ESCRITO. 1. Nas *linguagens comum* e *jurídica,* é qualquer representação gráfica que exteriorize a vontade ou o pensamento. **2.** *Direito autoral.* Obra intelectual literária. **3.** *Direito processual.* Documento com valor probante.

ESCRITO DE COMÉRCIO. *História do direito.* Antiga denominação da nota promissória.

ESCRITO EM LÍNGUA ESTRANGEIRA. 1. *Direito processual civil.* Documento redigido em língua estrangeira que, se apresentado em juízo, requer tradução por intérprete oficial ou juramentado. **2.** *Direito internacional privado.* Documento probatório indicado pela lei do local onde ocorreu o fato ou onde o ato foi celebrado (*lex loci actus*), que decidirá se as formalidades extrínsecas foram observadas; mas o modo de produção de tal prova, em juízo, por pertencer à ordem processual, reger-se-á pela *lex fori*, ou seja, pela lei do local onde o caso está sendo julgado.

ESCRITO OU OBJETO OBSCENO. *Direito penal.* Crime que consiste em fazer, importar, exportar, adquirir ou ter sob sua guarda, para fim de comércio, distribuição ou exposição pública, escrito, desenho, pintura ou estampa que contenha perversão sexual ou obscenidades, contrariando a moral e os bons costumes, punido com detenção ou multa, por constituir ultraje público ao pudor.

ESCRITO PARTICULAR. *Direito civil* e *direito processual.* Expressão gráfica de fato feita por um particular, sem intervenção de oficial, órgão ou servidor público, que possa servir como prova documental.

ESCRITOR. *Direito autoral.* Autor de obra literária que exerce habitualmente o ofício das letras, mediante remuneração.

ESCRITOR DE PUNHO. *Direito autoral.* Escritor talentoso.

ESCRITÓRIO. Local em que se escreve, em que se trata de negócios ou em que um profissional atende clientes.

ESCRITÓRIO DA REPRESENTAÇÃO PERMANENTE DO BRASIL JUNTO À ORGANIZAÇÃO MARÍTIMA INTERNACIONAL (ERPBOMI). *Direito marítimo* e *direito militar.* Organização militar sem autonomia administrativa, com sede em Londres (Reino Unido), subordinada ao Estado-Maior da Armada, com o propósito de permitir o exercício integral da representação dos interesses nacionais perante aquele organismo, a cargo da Marinha do Brasil. Esse escritório funcionará no edifício onde está instalada a Comissão Naval Brasileira na Europa (CNBE), que prestará o apoio e proverá os recursos de pessoal, de material e financeiros necessários à execução de suas tarefas.

ESCRITÓRIO DE MELHORIA DA GESTÃO PENITENCIÁRIA. *Direito penitenciário.* Formado pelos titulares da Ouvidoria e das Coordenações-Gerais que integram a estrutura do Departamento, sob a presidência de seu Diretor. O Escritório de Melhoria da Gestão Penitenciária terá a atribuição de acompanhar, avaliar e apoiar as atividades do Projeto "Melhoria na Gestão Penitenciária", visando a assegurar a realização dos objetivos do Memorando de Entendimento firmado entre a Embaixada Britânica, que representa o *Foreign and Commonwealth Office – FCO,* o *British Council* de São Paulo, o *Centre for Comparative Criminology and Criminal Justice,* o *International Centre for Prison Studies,* o Departamento Penitenciário Nacional e a Secretaria da Administração Penitenciária do Estado de São Paulo, para a execução de sua segunda fase. Para o desempenho de suas atividades, o Escritório de Melhoria da Gestão Penitenciária poderá mobilizar servidores e auxiliares administrativos vinculados ao DEPEN, sem prejuízo das tarefas a que já estejam dedicados. O produto das atividades do Escritório de Melhorias da Gestão Penitenciária estará vinculado à ação "Capacitação Profissional do Servidor de Estabelecimentos Penais", a cujo Coordenador deverão ser encaminhados os seus relatórios de execução, para fins de contabilização das metas institucionais.

ESCRITÓRIO DE REFORMA ADMINISTRATIVA. *História do direito.* Órgão público, já extinto, que era ligado ao Ministério do Planejamento e Coordenação Geral, que foi criado para auxiliar a implantação da reforma administrativa.

ESCRITÓRIO DE REPRESENTAÇÃO. *Direito internacional público.* É um organismo consular, instrumento de intermediação do país estrangeiro no território nacional, situado nas principais cidades do país, com o objetivo de zelar pelos interesses dos cidadãos de seus países.

ESCRITÓRIO FINANCEIRO DO MINISTÉRIO DAS RELAÇÕES EXTERIORES EM NOVA YORK. *Direito internacional público.* Órgão que visa atender aos interesses e necessidades do Ministério das Relações Exteriores em face das peculiaridades da execução do orçamento daquele órgão no exterior. É a única fonte gestora do Itamaraty no exterior. É uma unidade autônoma diretamente subordinada à Secretaria de Estado, embora sem ato formal emanado de autoridade competente para sua criação. Suas atividades são basicamente administrativas (repasse de recursos) e executivas (execução do próprio orçamento), além de verificações contábeis das despesas dos demais postos. E tem como atribuição prioritária o pagamento de pessoal no exterior e o repasse das dotações de custeio das Missões no exterior, cumprindo as instruções específicas da Secretaria de Estado. Tal escritório tem as seguintes atividades: a) pagamento do pessoal do Itamaraty no exterior, em missão permanente ou transitória, por meio do processamento de guias cadastro-financeiras; b) pagamento de ajuda de custos, transporte de bagagem e diárias, mediante o processamento de despacho telegráfico ou fac-símile da Secretaria de Estado. Essas operações envolvem o registro de dados da autorização da despesa em terminal de computador, emissão de carta ao Banco do Brasil com a autorização de pagamento, telegrama à Secretaria de Estado e aviso de crédito aos beneficiários, bem como emissão de documento intitulado Relação de Empenho de Despesas; c) pagamentos dos auxiliares administrativos e técnicos brasileiros e estrangeiros no exterior mediante o recebimento mensal, da secretaria de Estado, do boletim nominal de movimentação daqueles contratados e a autorização de despesa global discriminada por nome e posto em que serve; d) pagamento das faturas da Varig ou Transbrasil referentes a movimentações no exterior; e) abertura e encerramento de contas funcionais do Banco do Brasil (N. I.), no cumprimento de instruções da secretaria de Estado; f) preparação e remessa de comprovantes de rendimentos pagos e enviados, para fins de declaração de imposto de renda, de servidores que perceberam, no exercício anterior, remuneração e outras vantagens em dólares no exterior; g) repasse de consignações a outras entidades, após o correspondente desconto na folha de pagamento do pessoal; h) repasse de recursos destinados às contas em dólares de todos os postos da rede de serviço exterior no Banco do Brasil em Nova York; i) processamento dos recolhimentos dos saldos enviados pelos postos mediante a elaboração ou de guia de recolhimento ao Tesouro Nacional ou de guia de recolhimento ao orçamento do próprio MRE conforme se trate de devolução referente a exercício anterior ou ao exercício em curso; j) manutenção de conta no Banco do Brasil em Nova York para depósitos da renda consular; k) atualização da contabilidade dos pagamentos autorizados pela secretaria de Estado, e controle de caixa, com elaboração do documento "movimentação bancária" com base nos pagamentos empenhados, recolhimentos e pagamentos em consignação e o documento "resumo diário da seção de pagamentos" para a preparação do balancete elaborado no setor de contabilidade do próprio escritório; l) recebimento e conferência das prestações de contas periódicas remetidas por todos os postos no exterior; e m) recebimento de cópia dos inventários e variações patrimoniais dos postos no exterior.

ESCRITOS SIGILOSOS. *Direito constitucional.* Documentos pessoais, como diários, memórias etc., que não podem ser violados ou divulgados ante a garantia constitucional ao direito à intimidade.

ESCRITURA. 1. *Direito civil, direito notarial* e *direito registrário.* a) Documento autêntico feito por notário, tabelião ou oficial público, no desempenho de suas funções; b) escrito firmado por um particular, na presença de duas testemunhas, que, para ter efeito perante terceiro, requer seu registro. **2.** *Direito processual civil.* Documento que prova um contrato ou ato jurídico.

ESCRITURA ANTENUPCIAL. *Direito civil.* Pacto antenupcial.

ESCRITURA AUTÊNTICA. *Direito registrário* e *direito notarial.* É a feita no próprio livro do tabelião, sendo subscrita por ele, pelas partes e pelas testemunhas, servindo de modelo às cópias ou certidões dela tiradas.

ESCRITURAÇÃO. 1. Na *linguagem jurídica* em geral, é qualquer processo que visa registrar, em livros próprios e de forma metódica, os fatos ocorridos, ou os atos praticados, num estabelecimento ou numa repartição pública. **2.** *Direito civil* e *direito registrário.* a) Processo pelo qual se inscreve, em livro próprio, o registro civil das pessoas jurídicas, segundo uma ordem cronológica; b) processo metódico pelo qual, cronologicamente, se faz, em livro próprio, a matrícula, o registro e a averbação de títulos ou atos constitutivos alusivos aos direitos reais sobre imóveis, no Registro Imobiliário competente, quer para sua constituição, transferência ou extinção, quer para sua validade *erga omnes*; c) técnica sistemática para registro de títulos e documentos, em livro próprio; d) procedimento metódico e sistemático pelo qual se faz, cronologicamente, o registro civil das pessoas naturais, em livros próprios. **3.** *Direito comercial e direito registrário.* a) Processo pelo qual se faz o registro público de empresas mercantis, para dar garantia, publicidade, autenticidade, segurança e eficácia aos seus atos; para cadastrar as empresas nacionais e estrangeiras em funcionamento no Brasil; e para proceder à matrícula dos agentes auxiliares do comércio, bem como ao seu cancelamento; b) Processo metódico e sistemático pelo qual em livros próprios, obrigatório ou auxiliar, lançam-se cronologicamente as contas e todas as operações de um estabelecimento empresarial, fazendo um balanço geral de seu ativo e passivo, demonstrativo do histórico integral da empresa.

ESCRITURAÇÃO AGRÍCOLA. *Direito agrário.* Sistema de contabilidade rural feito, em livro próprio, pelo proprietário agrícola, que nele registra atos alusivos à gestão da sua empresa, incluindo as despesas que teve, o valor de custo de seus produtos vegetais ou animais, o lucro obtido, de modo a fazer um balanço ativo e passivo de sua atividade agrária.

ESCRITURAÇÃO CONTÁBIL. **1.** Na *linguagem jurídica* em geral, é: a) o procedimento pelo qual se registram metodicamente, em livro próprio, segundo regras de contabilidade, os deveres, direitos e bens, demonstrando a sua variação ao longo do tempo; b) o conjunto de livros contendo registro de contabilidade. **2.** *Direito processual civil.* Meio probatório admissível em juízo relativo à contabilidade de uma empresa ou estabelecimento, sendo que, se contiver alguns fatos favoráveis ao interesse de seu autor e outros que lhe são contrários, ambos, ante a indivisibilidade da escrituração contábil, serão considerados em conjunto como uma unidade.

ESCRITURAÇÃO FISCAL. *Vide* ESCRITA FISCAL.

ESCRITURAÇÃO MERCANTIL. *Direito comercial.* **1.** Escrita de livro comercial. **2.** Processo metódico e sistemático pelo qual, em livros próprios, obrigatório ou auxiliar, se lançam, cronologi-

camente, as contas e todas as operações de um estabelecimento (mercantil ou industrial), fazendo um balanço geral do seu ativo e passivo, demonstrativo do histórico integral da empresa. **3.** Conjunto de papéis alusivos aos negócios de uma firma comercial.

ESCRITURAÇÃO POR PARTIDAS DOBRADAS. *Direito comercial.* Aquela em que, concomitante e simultaneamente, se reconhece um credor e um devedor para cada artigo.

ESCRITURAÇÃO POR PARTIDAS SIMPLES. *Direito comercial.* Diz-se daquela em que há indicação de apenas um credor ou de um devedor para cada artigo.

ESCRITURAÇÃO RURAL. *Vide* ESCRITURAÇÃO AGRÍCOLA.

ESCRITURADO. Diz-se do que foi registrado ou lançado em livros competentes ou próprios.

ESCRITURA HIERÁTICA. *História do direito.* Abreviação dos caracteres hieroglíficos que era utilizada, no Egito, pelos sacerdotes.

ESCRITURA HIEROGLÍFICA. *História do direito.* Aquela escrita, feita pelos antigos egípcios, baseada em hieróglifos.

ESCRITURAL. Relativo a escritura.

ESCRITURAMENTO. *Vide* ESCRITURAÇÃO.

ESCRITURA ORIGINAL. *Vide* ESCRITURA AUTÊNTICA.

ESCRITURA PARTICULAR. *Direito civil.* Instrumento particular firmado pelo interessado na presença de testemunhas, nos casos permitidos legalmente.

ESCRITURA PRIVADA. *Vide* ESCRITURA PARTICULAR.

ESCRITURA PÚBLICA. *Direito civil* e *direito notarial.* Feita pelo oficial público, de acordo com as solenidades legais. Instrumento público.

ESCRITURAR. *Direito civil* e *direito comercial.* **1.** Contratar por escritura pública. **2.** Fazer escrituração. **3.** Registrar, em livros próprios, as contas de uma empresa, estabelecimento comercial ou os documentos de uma repartição pública.

ESCRITURÁRIO. **1.** *Direito canônico.* Relativo à Sagrada Escritura. **2.** *Direito registrário.* Escrevente; aquele que faz a escrituração. **3.** *Direito administrativo.* Encarregado de efetuar a escrita de registros ou expedientes de uma repartição pública.

ESCRITURA SAGRADA. *Direito canônico.* Bíblia, ou melhor, os livros sagrados do Velho e do Novo Testamento.

ESCRITURA SIMBÓLICA. A que representa idéias mediante símbolos.

ESCRIVANIA. *Direito processual civil* e *direito processual penal*. **1.** Cargo ou ofício de justiça exercido pelo escrivão. **2.** Local onde o escrivão exerce seu cargo, praticando atos sob a dependência e direção de um magistrado.

ESCRIVÃO. 1. *Direito processual civil* e *direito processual penal*. Oficial público que, junto a uma autoridade judiciária, escreve ou subscreve as atas, os termos e os autos processuais que correm no seu Cartório. Trata-se do serventuário da justiça que, além de escrever os processos, atos e termos, pratica todas as diligências ordenadas pelo órgão judicante; atende o expediente do juízo; comparece às audiências em que tiver de funcionar com o juiz; fornece certidões; cuida do arquivo da escrivania; faz as citações, intimações e notificações que não forem da incumbência do oficial de justiça; dá informações sobre o andamento do processo etc. **2.** *Direito registrário* e *direito notarial*. Escrevente. **3.** *Direito administrativo*. Aquele que escreve os livros em repartição pública. **4.** *Ciência política*. Secretário da Câmara Municipal.

ESCRIVÃO DA CÂMARA. *História do direito*. Aquele que escrevia na presença do monarca e de altas autoridades.

ESCRIVÃO DE BORDO. 1. *Direito comercial marítimo*. Aquele incumbido do encargo de escrever e de processar atos jurídicos realizados numa embarcação. (Em se tratando de protesto formado a bordo, tal tarefa é atribuída ao piloto.) **2.** *Direito aeronáutico*. Diz-se daquele que, efetiva ou eventualmente, exerce a função de escriturar ou escrever atos jurídicos em aeronaves.

ESCRIVÃO DE COLETORIA. *Direito administrativo*. É o funcionário que faz a escrituração nas Coletorias, na qualidade de auxiliar do coletor, lançando em livros próprios, metódica e sistematicamente, todos os balanços relativos às operações fiscais e os movimentos concernentes aos selos.

ESCRIVÃO DE PROTESTOS. *Direito registrário*. Oficial do Registro de Protesto de Títulos e Documentos que, além do apontamento, deve providenciar o protesto, de conformidade com as normas legais e regulamentares.

ESCRÓFULA. *Medicina legal*. Tuberculose das glândulas linfáticas, em regra, das do pescoço, e, às vezes, dos ossos e articulações, acompanhada de abscessos.

ESCROFULODERME. *Medicina legal*. Afecção cutânea, de origem tuberculosa, que se caracteriza por úlceras superficiais irregulares.

ESCRÓPULO. 1. *História do direito*. Peso que correspondia a vinte e quatro grãos ou a uma terça parte da oitava. **2.** *Direito comercial*. Peso para pedras preciosas correspondente a 1,125 g.

ESCROQUE. *Direito penal*. **1.** Estelionatário. **2.** Aquele que se apropria de bens alheios mediante o emprego de manobras fraudulentas ou ardilosas.

ESCROQUERIA. *Direito penal*. Estelionato.

ESCROTO. *Medicina legal*. Bolsa da pele na qual estão contidos os testículos.

ESCROTOCELE. *Medicina legal*. Hérnia escrotal.

ESCROW AGREEMENT. *Direito virtual*. Contrato de depósito de *software*. Acordo entre depositário, licenciador e licenciado, através do qual o código-fonte e respectivos acessórios (descrição do programa e material de apoio) são mantidos em sigilo pelo depositário independente (Paulo M. R. Brancher). É o contrato celebrado entre empresa de *software* proprietária do programa e o usuário do mesmo, com a concorrência de um terceiro depositário, que assume obrigação de proteger o código-fonte e de entregá-lo ao usuário quando forem cumpridas as condições contratuais. *Vide* CONTRATO DE *ESCROW*.

ESCRÚPULO. 1. Consideração ética e moral que inibe a ação. **2.** Zelo, atenção.

ESCRUPULOSO. 1. Rigoroso, exato. **2.** Cuidadoso. **3.** Aquele que tem escrúpulo. **4.** O que cumpre seu dever e suas funções.

ESCRUTINAÇÃO. *Direito eleitoral*. Contagem de votos.

ESCRUTINADOR. *Direito eleitoral*. **1.** Aquele encarregado de verificar a entrada dos votos numa urna, confrontando o seu número com o de votantes. **2.** Aquele auxiliar da Junta Eleitoral que conta os votos obtidos, numa eleição, por cada candidato.

ESCRUTÍNIO. *Direito eleitoral*. **1.** Urna onde os votos são recolhidos. **2.** Votação, em urna, para eleger candidatos a cargos políticos. **3.** Apuração dos votos contidos na urna.

ESCRUTÍNIO DE LISTA. *Direito eleitoral*. Diz-se daquele em que a lista do votante apresenta os nomes dos candidatos.

ESCRUTÍNIO NOMINAL. *Vide* ESCRUTÍNIO DE LISTA.

ESCRUTÍNIO PÚBLICO. *Direito eleitoral.* É o feito sem qualquer reserva, verbalmente, identificando o votante e aquele em quem votou.

ESCRUTÍNIO SECRETO. *Direito eleitoral.* Aquele em que não há qualquer identificação do votante, o qual apenas deposita seu voto numa urna. Trata-se do voto secreto.

ESCUDEIRO. *História do direito.* **1.** Fidalgo que, algumas vezes, administrava terras, tendo a guarda de castelos. **2.** Soldado armado de lança e escudo que fazia guarda aos monarcas. **3.** Aquele que se iniciava na carreira de armas sob a orientação de um cavaleiro, ao qual servia, levando-lhe o escudo nas viagens por ele empreendidas. **4.** Criado particular. **5.** Criado de graduação superior. **6.** Título honorífico indicativo do grau mais inferior da nobreza.

ESCUDO. 1. *Direito comparado.* a) Moeda portuguesa; b) peça representativa das insígnias de um soberano ou de uma família nobre. **2.** Na *linguagem jurídica* em geral, é a representação das armas de uma nação, de uma cidade, de uma corporação etc. **3.** *Direito penal.* Objeto do crime de concorrência desleal, pois a reprodução, total ou parcial, sem autorização, ou a imitação induzindo em erro ou acarretando confusão, de armas, brasões ou distintivos públicos, nacionais ou estrangeiros, em marca de indústria e comércio, é ato punível. **4.** *História do direito.* Meio de defesa; peça larga de metal, couro ou madeira que se carregava na mão ou sobre o braço, durante o combate, para proteger o corpo contra flechas, lanças e golpes de sabre.

ESCUDO NACIONAL. *Direito administrativo.* Peça representativa das armas ou insígnias da nação e que deve ser usada nos papéis de expediente, convites e publicações oficiais da órbita federal, e nos principais edifícios do governo.

ESCULTOR. *Direito autoral.* Autor de esculturas.

ESCULTURA. *Direito autoral.* **1.** Arte de esculpir, modelando em argila úmida, talhando em madeira, mármore, marfim etc., representações de seres animados ou inanimados. **2.** Obra artística resultante do trabalho do escultor.

ESCUMALHA. *Sociologia jurídica.* Ralé; escória social.

ESCUNA. *Direito marítimo.* Embarcação ligeira de dois mastros e velas latinas com uma ou duas gáveas.

ESCURIAL. *Direito agrário.* Variedade de pêra.

ESCUSA. *Direito civil.* **1.** Dispensa, definitiva ou temporária, de um encargo ou de um múnus público concedida pela lei em determinados casos, por motivos justos. **2.** Justificativa alegada por alguém para desincumbir-se de uma obrigação ou encargo.

ESCUSA ABSOLUTÓRIA. *Direito penal.* Causa excludente da punibilidade, impeditiva da aplicação da pena cominada para o crime perpetrado, em razão da condição pessoal do agente. Por exemplo, está isento de pena quem cometer furto contra ascendente ou descendente, ou contra cônjuge, na constância do matrimônio.

ESCUSABILIDADE DO *ERROR JURIS*. *Teoria geral do direito* e *direito civil.* Invocação do erro de direito relativo a normas dispositivas, desde que tenha sido a causa única ou principal do negócio, para cancelar os efeitos prejudiciais produzidos e anular aquele ato negocial, por ter afetado a manifestação da vontade, na sua essência, viciando o consentimento.

ESCUSAÇÃO. 1. *Vide* ESCUSA. **2.** Ato ou efeito de apresentar escusa.

ESCUSA DA ERRÔNEA INTERPRETAÇÃO DA LEI PENAL. *Direito penal* e *direito militar.* Justificativa, para escapar da pena ou para que ela seja atenuada ou substituída por uma menos grave, de que a contravenção penal ou crime militar se deu ante um falso conhecimento da lei.

ESCUSA DE CONSCIÊNCIA. *Direito constitucional.* Alegação de uma razão baseada em crença religiosa ou convicção filosófico-jurídica, para eximir-se de uma obrigação legal a todos imposta ou do cumprimento de uma prestação alternativa estabelecida em lei. Essa escusa, por estar proibida, acarreta perda ou suspensão dos direitos políticos.

ESCUSA DE DEPOR. 1. *Direito processual civil.* a) Direito que tem a parte de deixar de depor de fatos criminosos ou torpes que lhe forem imputados ou a cujo respeito, por estado ou profissão, deva guardar segredo; b) direito assegurado à testemunha de negar-se a depor de fatos que lhe acarretem grave dano, bem como ao seu cônjuge ou aos seus parentes consangüíneos ou afins, em linha reta ou colateral em segundo grau, ou a cujo respeito, por estado ou profissão deva guardar sigilo. **2.** *Direito processual penal.* Direito outorgado a ascendente, descendente, cônjuge (mesmo se divorciado), irmão ou filho adotivo do acusado de negar-se a depor, salvo quando não for possível, por qualquer outro modo, obter-se ou integrar-se a prova do fato e de suas conseqüências.

ESCUSA DE TUTOR. *Direito civil.* Dispensa do tutor do ofício tutelar, apenas nos casos taxativamente arrolados em lei. Assim, poderão furtar-se, por disposição legal, ao exercício da tutela: as mulheres casadas; os maiores de sessenta anos; os que tiverem em seu poder mais de três filhos; os impossibilitados por enfermidade; os que habitarem longe do local onde se deve exercer a tutela; os que já estiverem no exercício de tutela ou curatela; os militares em serviço; e os que não são parentes do menor, se houver, no lugar, parente idôneo, consangüíneo ou afim, em condições de exercê-la. O pedido de dispensa deverá ser feito no prazo decadencial de dez dias após a designação do nomeado, sob pena de caducidade, entendendo-se que renunciou ao direito de alegá-la. Se o motivo escusatório ocorrer depois da aceitação da tutela, contar-se-á tal prazo a partir do dia em que surgiu a causa da dispensa.

ESCUSADO. *Direito civil* e *direito penal.* **1.** Dispensado. **2.** O que é desnecessário.

ESCUSADOR. Que escusa.

ESCUSATIVO. *Direito penal.* **1.** O que isenta da responsabilidade penal. **2.** O que exclui a punibilidade.

ESCUSATÓRIO. Aquilo que serve para justificar, alegar motivo para dispensa.

ESCUTA. **1.** *Medicina legal.* Estetoscópio. **2.** *Direito militar.* a) Espião; b) galeria subterrânea para descobrir, pelo som, trabalhos dos inimigos. **3.** *História do direito.* Sentinela ou patrulha incumbida de observar os movimentos dos inimigos. **4.** Na *linguagem jurídica* em geral, é também o serviço de recepção de mensagens radiofônicas (Geraldo Magela Alves).

ESCUTA TELEFÔNICA. *Vide* INTERCEPTAÇÃO DE COMUNICAÇÃO TELEFÔNICA.

ESFÁCELO. *Medicina legal.* Gangrena que se espalha por toda a espessura de um membro ou por todos os tecidos de um órgão.

ESFACELODERME. *Medicina legal.* Gangrena da pele.

ESFAGITE. *Medicina legal.* Inflamação da garganta.

ESFALFAMENTO. *Medicina legal.* Perda de forças provocada por trabalho excessivo.

ESFAQUEADO. *Medicina legal.* Diz-se do que foi ferido a faca.

ESFENOCEFALIA. *Medicina legal.* Anormalidade que se caracteriza pelo fato de o feto apresentar cabeça cuneiforme.

ESFERA DE INFLUÊNCIA. *Direito internacional público.* Zona territorial submetida à autoridade de um Estado que a ocupa, localizada em região onde outros países têm, em seu poder, zonas isoladas e delimitadas. É também designada "hinterlândia" ou "zona de influência".

ESFIGMISMO. *Medicina legal.* Estado em que há modificações contínuas da forma e da intensidade do pulso.

ESFIGMOCEFALIA. *Medicina legal.* Sensação de fortes pulsações na cabeça.

ESFÍNCTER. *Medicina legal.* Músculo circular contráctil que serve para abrir ou fechar vários orifícios ou ductos naturais do corpo.

ESFOLADURA. *Medicina legal.* Escoriação.

ESFOLHA. *Direito agrário.* Ato de suprimir folhas das plantas, para diminuir a perda de água por transpiração ou para que o sol amadureça seus frutos.

ESFORÇO. Atividade muscular ou intelectual do ser consciente.

ESFRANÇAR. *Direito agrário.* Limpar árvores, retirando galhos secos.

ESFRIA. Na *gíria carioca,* diz-se daquele que sonega notícias a repórter.

ESFRIAMENTO DE CADÁVER. *Medicina legal.* É causado pela cessação das queimas vitais, sendo que, nas primeiras três horas após a morte, o resfriamento é lento; nas seis horas subseqüentes, é rápido; e, nas últimas horas, volta a ser lento. Como o cadáver coloca-se em equilíbrio térmico com o ambiente, se este tiver 24º C, o esfriamento total termina dentro de vinte e duas horas. Mas, se a temperatura do ambiente for mais alta que a do corpo humano, ter-se-á o aquecimento do cadáver (Antônio Ferreira de Almeida Jr. e João Baptista de Oliveira e Costa Jr.).

ESGALHO. *Direito agrário.* **1.** Cada uma das partes de um cacho de uvas. **2.** Parte da vide que não é cortada pelo podador.

ESGANADURA. *Medicina legal.* Asfixia mecânica que consiste em apertar o pescoço com as mãos ou com o antebraço. A esganadura pode dar-se por acidente, suicídio ou homicídio. Externamente, percebe-se em caso de morte por asfixia: cianose da face; escuma a sair pela boca; equimoses na face, nas conjuntivas e no pescoço; escoriações produzidas por unhas, entre outros sinais. Internamente, poderá ocorrer: congestão do crânio e dos pulmões; equimoses subpleurais; hemorragia nos músculos do pescoço; fraturas na laringe etc. (Antônio Ferreira de Almeida Jr. e João Baptista de Oliveira e Costa Jr.).

ESGARRAR. *Direito marítimo.* **1.** Mudar, a embarcação, de rumo pela força do vento ou das correntes. **2.** Afastar-se da companhia de outros navios.

ESGASTRITE. *Medicina legal.* Inflamação exterior do estômago.

ESGORJAMENTO. *Medicina legal.* Lesão causada por instrumento cortante ou perfurocortante na região anterior ou anterolateral do pescoço, provocando seccionamento dos nervos frênico e pneumogástrico, hemorragia, embolia gasosa e asfixia. A morte por esgorjamento pode dar-se por acidente, suicídio ou homicídio.

ESGOTAMENTO. **1.** *Medicina legal.* Perda da energia vital por fadiga ou doença e que pode levar à prostração nervosa. **2.** *Direito autoral.* Venda, até o último exemplar, de uma obra.

ESGOTAMENTO DO CONTEÚDO. *Direito administrativo.* Forma de extinção natural do ato administrativo que já atendeu a sua utilidade. Por exemplo, licença de construção que se exaure ao se efetivar a obra; inscrição para prestação de concurso público que, uma vez realizado este, extingue o conteúdo do ato (Robin de Andrade e Lúcia Valle Figueiredo).

ESGOTO. **1.** *Direito administrativo.* Condutor ou canal, cuja conservação cabe ao serviço público, por onde escoam as águas servidas ou as pluviais. **2.** *Direito marítimo.* Conjunto de efluentes sanitários, ou seja, de dejetos e demais resíduos de natureza líquida ou semipastosa, resultantes das prestações de serviços em operação nos compartimentos da embarcação, onde a água e produtos empregados nos processos de higienização são alguns dos seus principais constituintes. Esse material é recolhido na embarcação através de sistemas de dutos, devendo ser submetido a tratamento, visando reduzir ou eliminar agentes microbiológicos, antes do seu lançamento no ambiente externo.

ESGRAMINHA. *Direito agrário.* Ato de retirar a grama do terreno lavrado.

ESGRAMINHADOR. *Direito agrário.* Instrumento apropriado para esgraminhar.

ESGRIMA. *Direito desportivo.* Esporte que consiste em manejar armas brancas.

ESGRIMISTA. *Direito desportivo.* Aquele que pratica esgrima.

ESMAGADOR. *Direito agrário.* **1.** Máquina para esmagar uvas no lagar ou no balseiro. **2.** Primeiro terno de moendas no engenho ou usina de açúcar, que quebra ou esmaga as canas-de-açúcar.

ESMECHAR. *Medicina legal.* Ferir a cabeça com um golpe ou pancada.

ESMEGMA. *Medicina legal.* Secreção sebácea esbranquiçada que aparece no prepúcio e ao redor dos pequenos lábios vaginais e do clitóris.

ESMEGMA CUTÂNEO. *Medicina legal.* Substância gordurosa e esbranquiçada que recobre a superfície do corpo do feto, principalmente nas pregas inguinais, axilas e pescoço (José Lopes Zarzuela).

ESMIGALHADOR. *Direito agrário.* Máquina agrícola que tritura ou esmigalha grãos.

ESMOLA. **1.** *Direito canônico.* Contribuição dada à Igreja para auxiliar a paróquia a sustentar o culto e obras de beneficência. **2.** *Direito civil.* a) Aquilo que se dá, por via codicilar, por caridade a certas pessoas ou aos pobres de certo lugar; b) donativo ou doação, de pequena valia, que consiste em móveis ou dinheiro, com o escopo de auxiliar necessitados. **3.** *Direito penal.* Objeto da contravenção penal relativa à polícia de costumes, a qual repreende quem, em via pública, pede esmola, punindo a mendicância.

ESMOLADOR. Pedinte.

ESMOLAR. Pedir esmola.

ESMOLARIA. Local onde se dá esmola.

ESMOLEIRO. **1.** *Direito canônico.* Diz-se do frade que pedia esmolas para a ordem religiosa. **2.** *Direito penal.* Mendigo, que, pela contravenção penal, pode ser punido com prisão simples.

ESMOLER. **1.** Aquele que dá ou distribui esmolas. **2.** Caritativo. **3.** Generoso.

ESOFAGECTASIA. *Medicina legal.* Dilatação do esôfago.

ESOFAGITE. *Medicina legal.* Inflamação do esôfago.

ESÔFAGO. *Medicina legal.* Tubo muscular que conduz os alimentos da faringe ao estômago.

ESOFAGOCELE. *Medicina legal.* Hérnia do esôfago.

ESOFAGORRAGIA. *Medicina legal.* Hemorragia da mucosa esofágica.

ESOGASTRITE. *Medicina legal.* Inflamação da mucosa do estômago.

ESOTÉRICO. Nas *linguagens filosófica* e *jurídica*, diz-se: a) do ensino feito apenas no interior da escola para alunos instruídos (Lalande); b) do oculto, do que se aplica à cabala, à magia etc. (Lalande).

ESOTERISMO. Na *linguagem filosófica*, é a doutrina secreta que alguns filósofos antigos ensinavam apenas a alguns discípulos, escolhidos pela sua moralidade e inteligência (Bacon e Lalande).

ESPAÇAR. 1. Adiar ou prorrogar prazo para a execução de um ato, ou para a realização de alguma diligência. **2.** Suspender a execução de algum ato.

ESPACIAL. Relativo ao espaço.

ESPAÇO. 1. Intervalo de tempo. **2.** Tempo de duração. **3.** Suspensão de um ato para continuá-lo em outra ocasião. **4.** Extensão ou medida de uma coisa. **5.** Superfície ocupada por uma coisa dentro de certos limites, constituindo sua área. **6.** Distância linear entre duas coisas. **7.** Intervalo branco entre linhas impressas.

ESPAÇO AÉREO. 1. *Direito internacional público.* Aquele que se superpõe ao território de um País, considerado sob sua jurisdição. **2.** *Direito civil.* Bem imóvel por sua natureza, pois a propriedade do solo abrange a do que lhe está superior em toda a altura útil do seu exercício.

ESPAÇO ASTRONÁUTICO. *Vide* ESPAÇO ATMOS-FÉRICO.

ESPAÇO ATMOSFÉRICO. *Direito espacial.* Também designado "espaço exterior", "espaço cósmico", "espaço interplanetário", "espaço astronáutico", "espaço sideral", "espaço ultraterrestre", "espaço extraterrestre" e "espaço epi-atmosférico", é aquele que está além do espaço aéreo, ou seja, além do limite vertical da soberania estatal. É o pertencente à camada atmosférica da Terra e à zona acima dela, ambos considerados como um todo quanto à atividade no lançamento, direção e controle de projéteis, balísticos, satélites da Terra, sondas cósmicas etc. Tal espaço e os corpos celestes são insuscetíveis de apropriação ou anexação a qualquer país, e todo estudo ou exploração que neles se fizer deverá reverter em benefício de toda a humanidade.

ESPAÇO CISPLANETÁRIO. *Direito espacial.* Espaço entre a Terra e um planeta.

ESPAÇO CONFINADO. *Direito ambiental* e *direito do trabalho.* É qualquer área não projetada para ocupação humana que possua ventilação deficiente para remover contaminantes, bem como a falta de controle da concentração de oxigênio presente no ambiente. Cabe ao empregador: a) indicar o responsável técnico pelo cumprimento da norma regulamentadora de segurança e saúde nos trabalhos em espaço confinado; b) identificar os espaços confinados existentes no estabelecimento ou de sua responsabilidade; c) identificar os riscos específicos de cada espaço confinado; d) implementar a gestão em segurança e saúde no trabalho de forma a garantir permanentemente ambientes e condições adequadas de trabalho; e) garantir a capacitação permanente dos trabalhadores sobre os riscos, as medidas de controle, de emergência e resgate em espaços confinados; f) garantir que o acesso a espaço confinado somente ocorra após a emissão da Permissão de Entrada; g) fornecer às empresas contratadas informações sobre os riscos potenciais nas áreas onde desenvolverão suas atividades; h) acompanhar a implementação das medidas de segurança e saúde dos trabalhadores das empresas contratadas provendo os meios e condições para que possam atuar em conformidade com a norma; i) interromper todo e qualquer tipo de trabalho nos casos de suspeição de condição de risco grave e iminente, procedendo a imediata evacuação do local; j) garantir informações atualizadas sobre os riscos e medidas de controle antes de cada acesso aos espaços confinados; k) garantir que os trabalhadores possam interromper suas atividades e abandonar o local de trabalho sempre que suspeitarem da existência de risco grave e iminente para sua segurança e saúde ou a de terceiros; l) implementar medidas de proteção necessárias. Cabe aos trabalhadores: a) colaborar com a empresa no cumprimento das normas; b) utilizar adequadamente os meios e equipamentos fornecidos pela empresa; c) comunicar aos responsáveis as situações de risco para sua segurança e saúde ou de terceiros, que sejam do seu conhecimento.

ESPAÇO CÓSMICO. *Vide* ESPAÇO ATMOSFÉRICO.

ESPAÇO DE INTERPRETAÇÃO. *Teoria geral do direito* e *direito constitucional.* Âmbito no qual o programa normativo, ou seja, o componente lingüístico pode ser considerado compatível com o texto da norma constitucional (Canotilho).

ESPAÇO DESTINADO A PUBLICIDADE. *Direito comercial* e *direito civil.* Local que possibilita a propaganda, para difundir mercadorias e serviços, prestando-se à mediação entre produtor e consumidor. A operacionalização da propaganda poderá ser: a) interna, se em veículo já preparado ou organizado para ceder espaço, como canal de televisão, revista, jornal, emissora de rádio; b) externa, se feita em muros, paredes, terraços, telhados, ou em outro local não destinado a fins propagandísticos, sendo preciso colocar, por exemplo, suportes para a sustentação da mensagem. Faz-se necessária para essa operacionalização a celebração de contrato de locação regido pelo Código Civil. Todavia, se se fizer, para exposição de propaganda, locação de espaço em prédio para erguer estrutura ou suporte, imprescindível será saber se existe servidão constituída, por convenção, em favor de prédio mais alto: a chamada "servidão de panorama" ou "servidão de prospecto". Admite-se também a favor da agência de propaganda não só a servidão de luz, pela qual os vizinhos permitem o foco de luz dos anúncios luminosos, como a servidão de travejamento, pelo apoio que prédio contíguo dará à estrutura de sustentação da propaganda, quando, mesmo não havendo acordo escrito, já decorreu ano e dia da instalação e uso diário, sem qualquer oposição. Nessas hipóteses, se em tais servidões danos forem causados, impor-se-á a sua reparação e desmontagem dos suportes propagandísticos (Hely Lopes Meirelles).

ESPAÇO DE UTILIZAÇÃO PÚBLICA. *Direito administrativo.* Parcela do espaço urbano passível de uso e fruição pela população.

ESPAÇO DO SUBSOLO. *Direito civil* e *direito constitucional.* É o que fica abaixo da superfície do solo, considerado bem imóvel por sua natureza de propriedade do dono do solo, mas submetido a um regime jurídico especial no que atina a jazidas e recursos minerais e hidráulicos. Isto é assim porque, pela norma constitucional, os recursos minerais e potenciais da energia hidráulica são considerados como propriedade distinta da do solo, para efeito de exploração e aproveitamento, ficando sob o domínio da União. Todavia, garantida estará ao dono do solo a participação nos resultados da lavra. Conseqüentemente, quanto às demais hipóteses, por exemplo, construções de passagens ou de garagens subterrâneas, adegas, porões etc., o dono do solo também será o do subsolo.

ESPAÇO EPI-ATMOSFÉRICO. *Vide* ESPAÇO ATMOSFÉRICO.

ESPAÇO EXTERIOR. *Vide* ESPAÇO ATMOSFÉRICO.

ESPAÇO EXTRATERRESTRE. *Vide* ESPAÇO ATMOSFÉRICO.

ESPAÇOGRAFIA. *Direito espacial.* Ciência que estuda as regiões de radiação ou magnetismo que circundam a Terra e que trata da descrição do espaço atmosférico, procurando averiguar a localização e os efeitos gravitacionais dos corpos celestes, sob o prisma da técnica dos foguetes ou astronaves, ressaltando as regiões espaciais que podem atravessar.

ESPAÇO INTERPLANETÁRIO. *Vide* ESPAÇO ATMOSFÉRICO.

ESPAÇO LUNAR. *Direito espacial.* Diz-se do espaço dentro da esfera da atividade lunar em relação à Terra.

ESPAÇONAUTA. *Direito espacial.* Tripulante de espaçonave; cosmonauta.

ESPAÇONAVE. *Direito espacial.* Veículo, com tripulantes, destinado à exploração do espaço atmosférico ou extraterrestre.

ESPAÇO PLANETÁRIO. *Direito espacial.* Espaço na vizinhança próxima de um planeta, no mesmo sentido que define o espaço terrestre.

ESPAÇO POLÍTICO. *Ciência política.* Área de conflito que é a base da relação entre eleitores e partidos políticos, num dado sistema político e num determinado momento histórico (D'Alimonte e Stokes).

ESPAÇO SIDERAL. *Direito espacial.* **1.** *Vide* ESPAÇO ATMOSFÉRICO. **2.** Espaço que está fora do limite extremo do nosso sistema solar.

ESPAÇO-TEMPO. Na *linguagem filosófica,* é, segundo a teoria da relatividade, uma realidade fática indissolúvel, uma vez que, onde existe espaço, está ele ligado ao tempo, pois não há espaço sem tempo nem tempo sem espaço, formando um *continuum* existente no mundo objetivo, mas só perceptível pela inteligência humana, de modo que sua união constitui uma individualidade, sendo a matriz do mundo.

ESPAÇO ULTRATERRESTRE. *Vide* ESPAÇO ATMOSFÉRICO.

ESPAÇO VITAL. *Direito internacional público.* Diz-se do território a cuja possessão ou controle um país se julga com direito, para dele extrair a satisfação de suas necessidades econômicas. Trata-se do *lebensraum.*

ESPADELADOURO. *Direito agrário.* Local onde é feita a separação das fibras de uma planta têxtil da celulose.

ESPADELAGEM. *Direito agrário.* Ato ou efeito de separar as fibras de uma planta têxtil da celulose.

ESPALDEIRA. **1.** *Direito agrário.* Fila de árvores frutíferas plantadas contra muros, paredes, cercas de arame, prendendo-se-lhes os ramos

ESPALHADEIRA | 419 | **ESP**

para que cresçam encostados. **2.** *História do direito.* Peça da armadura destinada à proteção dos ombros e costas.

ESPALHADEIRA. *Direito agrário.* Instrumento apropriado para separar os cereais da palha.

ESPALHADO. *Direito agrário.* Diz-se do cereal limpo de palhas.

ESPALHAGAR. *Direito agrário.* Separar o trigo da palha.

ESPALHAR. 1. *Direito agrário.* Separar o cereal das palhas. **2.** Nas *linguagens comum* e *jurídica,* significa divulgar, tornar público.

ESPALMAR. *Direito marítimo.* Limpar e alcatroar o casco da embarcação ou do navio.

ESPANCAMENTO. *Direito penal.* Ato de agredir alguém com pancadas, o qual, se causar dano à integridade corporal, constituirá crime de lesão corporal.

ESPANOMENORRÉIA. *Medicina legal.* Menstruação escassa.

ESPANOPNÉIA. *Medicina legal.* Afecção nervosa caracterizada por respiração lenta e profunda, e sensação subjetiva de dispnéia.

ESPANTALHO. *Direito agrário.* Boneco que se coloca no campo para espantar roedores e aves que atacam as plantações.

ESPARDEQUE. *Direito marítimo.* Pavimento situado acima do convés para passageiros ou mercadorias leves.

ESPARGAL. *Direito agrário.* Área de terra onde aspargos são cultivados.

ESPARRAGUEIRA. *Direito agrário.* Vala especial onde se semeiam e cultivam aspargos.

ESPARRAMADOR DE ADUBOS. *Direito agrário.* Trabalhador rural encarregado da adubação do solo.

ESPARRELA. *Direito agrário.* Leme provisório feito de mastaréu, antena, amarra etc.

ESPARRO. Na *gíria policial,* é aquele que auxilia o punguista, esbarrando na vítima, entretendo-a ou escondendo o objeto furtado.

ESPARTILHAR. *Direito marítimo.* Suspender a âncora de maneira que o cepo fique vertical ao costado do navio e os braços em posição horizontal.

ESPASMO. *Medicina legal.* **1.** Contração muscular súbita e involuntária; cãibra. **2.** Constrição repentina e transitória de um canal ou órgão oco, como, por exemplo, da artéria, do esôfago etc.

ESPASMO CADAVÉRICO. *Medicina legal.* Contração muscular vital e involuntária que se dá no momento da morte súbita, muito comum no suicídio com arma de fogo.

ESPASMO CEREBRAL. *Medicina legal.* Contração súbita, violenta e involuntária de uma artéria do cérebro.

ESPASMODERMIA. *Medicina legal.* Afecção espasmódica da pele.

ESPASMO HEMIFACIAL. *Medicina legal.* É um dos mais comuns distúrbios do movimento craniofacial. Esses espasmos são caracterizados por contrações unilaterais dos músculos da face. Eles podem ocorrer pela combinação do orbicular dos olhos, frontal, risório, zigomático maior e platisma. Espasmo hemifacial não é uma forma de distonia, mas, sim, mais provavelmente, uma irritação do nervo facial por compressão vascular na saída do tronco cerebral.

ESPECIAL. *Teoria geral do direito.* **1.** Relativo a uma espécie, em oposição ao gênero. **2.** O que se aplica exclusivamente a uma categoria particular de pessoas ou coisas; restrito, limitado. **3.** Diz-se da norma que possui em sua definição legal todos os elementos típicos da norma geral e mais alguns de natureza objetiva ou subjetiva, denominados "especializantes". A norma especial acresce um elemento próprio à descrição legal do tipo previsto na norma geral, tendo prevalência sobre esta, afastando-se, assim, o *bis in idem,* pois o comportamento só se enquadrará na norma especial, embora também esteja previsto na geral. A norma geral somente não se aplica ante a maior relevância jurídica dos elementos contidos na norma especial.

ESPECIALIDADE. 1. *Teoria geral do direito.* a) Critério, para solucionar antinomia aparente de norma, que visa a consideração da matéria normada, com o recurso aos meios interpretativos. Por esse critério, a lei especial prevalece sobre a geral. Tal critério é uma decorrência de princípio constitucional da isonomia, para solucionar aparente conflito de normas, tratando desigualmente o que é desigual, fazendo as diferenciações exigidas fática e axiologicamente, apelando, para isso, à *ratio legis.* Deveras, se, em determinadas circunstâncias, uma norma ordena ou permite certo comportamento apenas a algumas pessoas, as demais, em idênticas situações, não são alcançadas por ela, por se tratar de disposição excepcional, que só vale para as situações normadas; b) qualidade própria de uma espécie que se opõe à generalidade;

ESP 420 ESPECIALIDADE FARMACÊUTICA

c) matéria circunscrita a determinados pontos ou artigos de lei; d) qualidade daquilo que é essencial; e) ramo de estudo ou de atividade a que alguém se dedica. **2.** *Direito comercial.* Produto ou mercadoria especial de um estabelecimento empresarial. **3.** *Direito de propriedade industrial.* a) Medicamento que leva o nome do inventor e que apenas ele tem o direito de fabricar; b) princípio que protege marcas, conferindo o direito de sua utilização exclusiva aos produtos a que elas se referem (Tullio Ascarelli); c) princípio que confere a propriedade da marca e o seu uso exclusivo àquele que a registrou. **4.** *Direito administrativo.* Competência conferida pelo Poder Público a uma pessoa jurídica de direito público de administração indireta, para a consecução de certa finalidade específica.

ESPECIALIDADE FARMACÊUTICA. Fórmula farmacêutica ou medicamento preparado e vendido devidamente dosado, pelo farmacêutico ou farmácia de manipulação, trazendo em seu rótulo as indicações terapêuticas, dose e maneira de usar.

ESPECIALISMO. 1. Qualidade daquilo que é especial. **2.** Dedicação exclusiva a um ramo de estudo ou de atividade.

ESPECIALISTA. Aquele que se dedica a um ramo especial do conhecimento científico ou técnico; profissional especializado.

ESPECIALIZAÇÃO. *Direito civil.* **1.** Ato ou efeito de se dedicar, exclusivamente, ao estudo de determinada ciência ou arte. **2.** Particularização; ato de indicar algo de maneira particularizada. **3.** Individuação de bens. **4.** Enumeração pormenorizada dos elementos que caracterizam a obrigação e o bem dado em garantia, indicando: o total da dívida ou sua estimação; o prazo fixado para pagamento do débito; a taxa de juros, se houver; e a especificação da coisa dada em garantia. Se for um penhor, deverá declarar a natureza do objeto, a qualidade, a quantidade, a marca, o número, a procedência etc., a fim de identificá-lo perfeitamente. Se se tratar de hipoteca ou de anticrese, deverá mencionar a situação, a denominação, a superfície e os caracteres do imóvel dado em garantia, individuando-o. A falta de individuação do objeto descaracteriza a garantia real.

ESPECIALIZAÇÃO DA HIPOTECA LEGAL. *Direito civil* e *direito processual civil.* Individuação, feita em juízo, dos bens dados em garantia real, culminando com a decisão discriminativa dos bens gravados. Com a apresentação da especialização ao oficial de registro, ter-se-á o assento hipotecário, no livro próprio, com a observância da ordem numérica. Só, então, é que surgirá o ônus real. Vale esse registro enquanto a obrigação perdurar, mas a especialização, em completando vinte anos, deverá ser renovada.

ESPECIALIZAÇÃO DAS SEGURADORAS EM PLANO PRIVADO DE ASSISTÊNCIA À SAÚDE. *Direito civil* e *direito comercial.* Requisito exigido para que as sociedades seguradoras possam operar em planos privados de assistência à saúde, devendo seu estatuto social vedar a atuação em qualquer outro ramo. Essa especialização deverá ser processada junto à Superintendência de Seguros Privados (SUSEP). E as seguradoras especializadas ficam subordinadas às normas e fiscalização da Agência Nacional de Saúde (ANS).

ESPECIALIZADO. Aquele que é versado num determinado ramo científico ou técnico.

ESPECIALIZAR. *Direito civil.* **1.** Particularizar bens. **2.** Fazer uma especialização, enumerando elementos dos bens dados em garantia real.

ESPECIARIA. *Direito agrário, direito tributário* e *direito comercial.* Substância aromática e condimentícia, como cravo, canela, pimenta-do-reino, mostarda, cominho, páprica etc.

ESPÉCIE. 1. *Filosofia do direito.* a) Complexo de seres que têm a mesma essência, abstraindo de suas diferenças individuais; b) objeto imediato do conhecimento sensível, considerado como uma realidade intermediária entre o conhecer e a realidade conhecida. **2.** *Lógica jurídica.* Classe tida como uma parte da extensão de outra classe, que é o gênero. É a classe que possui menor extensão e maior compreensão do que o gênero. **3.** *Retórica jurídica.* Lugar-comum em que se demonstra que o que é verdade sobre o antecedente também o é sobre o conseqüente. **4.** *Direito civil.* a) Aquilo que tem a mesma qualidade e característica; coisa fungível, que se substitui por outra; b) *numerus apertus,* no direito obrigacional, ou *numerus clausus,* no direito real; c) gênero alimentício que se dá em pagamento. **5.** *Direito processual civil.* a) Caso concreto submetido a apreciação judicial; b) ponto definido da lide. **6.** *Direito econômico.* Moeda metálica ou papel-moeda que tem curso legal.

ESPÉCIE AJUSTADA. *Direito civil.* Coisa certa e individuada, que é o objeto da prestação a ser cumprida pelo devedor.

ESPÉCIE AMEAÇADA DE EXTINÇÃO. *Direito ambiental.* Espécie com alto risco de desaparecimento na natureza em futuro próximo, assim reconhecida pela autoridade competente.

ESPÉCIE ANÁLOGA. 1. *Direito civil.* Coisa semelhante à que foi objeto de um contrato. **2.** *Teoria geral do direito.* a) Caso concreto similar ao previsto na norma; b) caso concreto assemelhado a um já julgado.

ESPÉCIE DOMESTICADA. *Direito ambiental.* Espécie em cujo processo de evolução influiu o ser humano para atender suas necessidades, estando aqui incluídas espécies, variedades e raças em diferentes estágios de domesticação.

ESPECIEIRO. *Direito comercial.* Vendedor de especiarias.

ESPECIEÍSMO. *Filosofia geral.* Atitude segundo a qual a espécie humana é privilegiada, tendo direitos que as demais espécies não têm (Ryder e Feuerbach).

ESPÉCIE NOVA. *Direito civil.* Resultado do trabalho humano sobre a matéria-prima. É a decorrente da transformação definitiva da matéria-prima, feita pela capacidade criadora do homem, ou seja, de suas atividades artesanais e artísticas, ou pelo desenvolvimento de indústria. É o que se dá com a escultura, em relação ao mármore; com a pintura, em relação à tela; com a jóia, em relação ao ouro e à pedra preciosa etc.

ESPÉCIES DE PENAS. *Direito penal.* São as penas privativas de liberdade (reclusão, detenção e prisão simples); penas restritivas de direito (prestação pecuniária, perda de bens e valores, prestação de serviços à comunidade ou a entidades públicas; interdição temporária de direitos e limitação de fim de semana) e pena de multa.

ESPÉCIES DE VENENO. *Medicina legal.* Modalidades de substância venenosa, a qual pode ser, segundo o estado físico, gasosa (óxido de carbono), líquida (ácido cianídrico) ou sólida (anidrido arsenioso), e, quanto à procedência, mineral (sulfato de cobre), vegetal (morfina), animal (ptomaína) ou sintética (Croce e Croce Jr.).

ESPÉCIES DOMÉSTICAS. *Direito ambiental.* Espécies que, por meio de processos tradicionais e sistematizados de manejo ou melhoramento zootécnico, tornaram-se dependentes do homem apresentando características biológicas e comportamentais em estreita relação com ele, podendo apresentar fenótipo variável, diferente da espécie silvestre que as originaram.

ESPÉCIE SONANTE. *Direito econômico.* Moeda metálica.

ESPÉCIES TRIBUTÁRIAS. *Direito tributário.* São as que estão contidas no gênero tributo, como imposto, taxa, contribuição de melhoria, empréstimo compulsório e contribuição parafiscal.

ESPECIFICAÇÃO. 1. *Direito civil.* a) Modo de aquisição de propriedade móvel, mediante transformação de matéria-prima alheia em espécie nova, em razão do trabalho ou da indústria do especificador, desde que seja impossível reduzi-la à sua forma anterior ou que essa redução se apresente como danosa; b) descrição da coisa dada em garantia. Assim, se for um penhor, deverá declarar a natureza do objeto, qualidade, quantidade, marca, número, procedência etc., a fim de identificá-lo perfeitamente. Se se tratar de hipoteca ou de anticrese, deverá mencionar a situação, denominação, superfície, caracteres do imóvel dado em garantia, individuando-o. A falta de individuação do objeto descaracteriza a garantia. **2.** *Lógica jurídica.* a) Operação pela qual se distinguem as espécies do mesmo gênero (Hamelin); b) diz-se da lei ou princípio segundo o qual o entendimento, por mais longe que vá na divisão lógica, concebe, ainda, a possibilidade de subdivisões até o infinito (Kant). **3.** *Filosofia jurídica.* Ação de determinar uma idéia ou um fato, distinguindo-os, mediante uma característica precisa, das noções ou dos objetos com os quais poderiam ser confundidos (Lalande). **4.** *Direito comercial.* Documento descrevendo em detalhes os requisitos a que devem atender os produtos ou materiais usados ou obtidos durante a fabricação. As especificações servem como base da avaliação da qualidade.

ESPECIFICADOR. *Direito civil.* Aquele que cria espécie nova, transformando, pelo seu trabalho, definitivamente a matéria-prima pertencente a outrem.

ESPECIFICAR. *Direito civil.* **1.** Fazer especificação. **2.** Descrever algo minuciosamente.

ESPECIFICIDADE. Na *linguagem filosófica*, é a qualidade do que é específico.

ESPECÍFICO. 1. Na *linguagem filosófica*, significa: a) especial; b) aquilo que caracteriza e distingue uma espécie das demais espécies do mesmo gênero (Aristóteles); c) o que forma uma espécie, a qual não se reduz a nenhuma outra classe já conhecida de seres (Lalande); o que não é genérico; d) o que constitui uma categoria específica; e) relativo a espécie; f) peculiar a um objeto;

g) exclusivo. **2.** *Medicina legal.* a) O que caracteriza um tipo de doença; b) medicamento que age especialmente sobre determinada moléstia.

ESPECIOSO. 1. *Lógica jurídica.* Aquilo que tem aparência de verdade, mas que talvez não o seja (Lalande). **2.** *Direito civil.* O que induz em erro, por aparentar verdade, por ser ilusório, por ter aparência enganadora.

ESPECTADOR. 1. *Direito civil* e *direito autoral.* Aquele que assiste a um espetáculo, a uma representação teatral, a uma execução musical. **2.** *Direito processual civil* e *direito processual penal.* Testemunha de vista.

ESPECTADOR DE AUDIÊNCIA E SESSÃO. *Direito processual civil* e *direito processual penal.* Aquele que assiste a audiência e sessão ou ato processual público sob o poder de polícia do magistrado.

ESPECTRO EQUIMÓTICO. *Medicina legal.* Alteração cromática da equimose superficial, importantíssima para que se possa determinar a data em que se deu o trauma, pois será vermelha até o 2º dia; azul, do 3º ao 6º dia; verde, do 7º ao 12º dia; e amarela, do 13º ao 20º dia, mais ou menos. Tal sucessão de cores possuirá significação se a equimose tiver 3 cm ou mais de diâmetro, porque, se for pequena, poderá desaparecer em quatro ou cinco dias.

ESPECTRO MAGNÉTICO. *Medicina legal.* Conjunto de radiações visíveis e invisíveis, ionizantes e não ionizantes, que permitem a comparação de substâncias; a pesquisa de armas de fogo; a descoberta de pinturas fraudulentas; o exame fluorescente de manchas de procedência seminal, cabelos, unhas, cosméticos, rasuras, correspondência violada, impressões papilares; a leitura de documentos carbonizados etc. (José Lopes Zarzuela).

ESPECTROMETRIA DE RAIOS X. *Medicina legal.* Processo analítico, aplicado em física e em química, baseado na dispersão das radiações que emite uma substância. O espectrômetro de raios X de energia dispersiva pode ser de grande interesse criminalístico, ao ter aplicação na comparação de cabelos, tecidos, papéis, tintas, fragmentos de vidro etc. (José Lopes Zarzuela).

ESPECTROSCOPIA. *Medicina legal.* Análise da composição de feixes de luz, excelente para comprovação de sangue *in natura*, coagulado, hemolisado, sob a forma de mancha, ou diluído em algum líquido, porque a hemoglobina e seus derivados exibem, quando em solução, espectros de absorção da luz branca (José Lopes Zarzuela).

ESPECULAÇÃO. 1. *Filosofia do direito.* a) Investigação teórico-científica; b) pensamento que visa apenas o conhecimento. **2.** *Direito penal.* Crime que consiste em obter, num negócio, lucro acima do normal, usando de meios inescrupulosos e fraudulentos para provocar uma situação no mercado que lhe seja favorável; abusando, em proveito próprio ou alheio, da inexperiência ou inferioridade mental de outrem, induzindo-o à prática de jogo ou aposta, ou à especulação com títulos ou mercadorias, sabendo ou devendo saber que a operação é ruinosa. **3.** *Direito comercial.* a) Empreendimento mercantil que visa o lucro, mediante o emprego de operações lícitas; b) operação comercial que visa não só o lucro ordinário, mas também o das flutuações do preço da mercadoria; c) transação comercial que envolve risco incomum contra a chance de um enorme lucro; d) operação realizada na Bolsa, em que se joga na alta ou na baixa de valores ou mercadorias; e) aplicação de capital na compra de mercadoria cujo preço está sujeito a oscilações mercadológicas; f) compra de ocasião de uma mercadoria, que tende para alta, a fim de obter lucro com sua revenda; g) açambarcamento de mercadorias, ou seja, sua venda por preço excessivo e obtendo lucro exagerado, devido a sua falta no mercado.

ESPECULADOR. *Direito comercial.* Diz-se daquele que especula na Bolsa ou no comércio, para obter proveito ou vantagem.

ESPECULAR. 1. *Filosofia do direito.* Estudar algo sob o prisma teórico, procurando o conhecimento. **2.** *Lógica jurídica.* Raciocinar. **3.** *Direito penal.* Usar de recursos fraudulentos para iludir alguém em proveito próprio ou alheio. **4.** *Direito comercial.* a) Jogar na Bolsa de Valores ou de Mercadorias, na alta ou na baixa; b) negociar no mercado de capitais ou de câmbio para obter lucros, tirando proveito de uma situação temporária daquele mercado; c) empreender negócios para auferir lucro anormal, sujeito a riscos superiores aos dos negócios comuns.

ESPECULATIVO. *Filosofia do direito.* **1.** Relativo à especulação. **2.** O que diz respeito aos objetos inacessíveis à experiência, por ser o campo do *a priori* (Kant). **3.** Teórico.

ESPEITAMENTO. *Direito penal.* **1.** Crime que consiste em constranger alguém, mediante violência ou grave ameaça, com o objetivo de obter, para si ou para outrem, indevida vantagem econô-

ESPELTA

mica, a fazer, tolerar que se faça, ou deixar de fazer alguma coisa, crime esse punível com reclusão e multa. **2.** *Vide* EXTORSÃO.

ESPELTA. *Direito agrário.* Espécie de trigo de qualidade inferior.

ESPEQUE. 1. *Direito agrário.* Máquina rural apropriada para fazer covas estreitas e fundas, a fim de nelas serem colocadas sementes de sorgo. **2.** *Direito marítimo.* No Nordeste, é o torno de madeira da jangada em que são amarradas a corda do tauaçu e a escota da vela. **3.** *Direito militar.* Alavanca utilizada no serviço de marinha e de artilharia para mover fardos, peças etc.

ESPERA. 1. *Direito penal.* Emboscada, cilada. **2.** *Direito civil.* a) Tempo do pagamento da prestação assumida; prazo estipulado, contratualmente, para que o devedor cumpra sua obrigação; b) prorrogação de prazo já vencido. **3.** *Direito processual.* a) Adiamento de prazo; b) dilação processual. **4.** *Direito agrário.* Pequena vara usada pelo podador para impedir o alongamento das vides. **5.** *Direito marítimo.* Local de remanso numa baía onde as embarcações ficam aguardando a maré seguinte para continuar a viagem. **6.** Na *linguagem psicológica,* é a ação que tem papel preponderante em fatos psicológicos, mantendo a tendência na fase do eretismo, inibindo a disposição para a consumação precipitada, e levando a fadigas e neuroses (Janet).

ESPERANTO. Idioma artificial criado por Zamenhof, em 1887, para servir como língua universal, cuja gramática continha apenas dezesseis regras e cujo vocabulário era formado de raízes de palavras comuns aos principais idiomas europeus, eliminando, assim, fonemas peculiares a poucas línguas.

ESPERMA. *Medicina legal.* Líquido seminal segregado pelos testículos e no qual se encontram os espermatozóides; sêmen.

ESPERMATECA. *Medicina legal.* Armazenamento de sêmen a fim de atender vários pedidos de fertilização assistida.

ESPERMÁTICO. *Medicina legal.* **1.** Relativo ao esperma. **2.** Em que há esperma.

ESPERMÁTIDE. *Medicina legal.* **1.** Célula masculina, obtida mediante incisão testicular, usada para fins de fertilização assistida, através da redução artificial de seus 46 cromossomos para 23, antes de injetá-la diretamente no óvulo. **2.** Forma imatura da célula germinativa masculina, ou seja, pré-espermatozóide que é retirado por uma incisão no testículo e, após uma

artificial redução cromossômica, injetado em óvulo, ficando em uma estufa até gerar o embrião, podendo dar origem a alguma aberração genética, pois a seleção natural elimina célula defeituosa e evita a perpetuação de anomalias. Trata-se de uma nova técnica reprodutiva desenvolvida por Simon Fishel, utilizável quando o pai não produz espermatozóides.

ESPERMATITE. *Medicina legal.* Inflamação do canal deferente.

ESPERMATOCISTITE. *Medicina legal.* Inflamação das vesículas seminais.

ESPERMATORRÉIA. *Medicina legal.* Eliminação involuntária de esperma, fora do ato sexual e, às vezes, sem que haja ereção e orgasmo, a qual, em regra, ocorre à noite.

ESPERMATOZÓIDE. *Medicina legal.* Célula sexual fecundante; gameta masculino móvel, produzido nos testículos, responsável pela fecundação do óvulo; elemento germinativo do sêmen.

ESPERMOGRAMA. *Medicina legal.* Contagem percentual de espermatozóides numa ejaculação (Croce e Croce Jr.).

ESPERMÓLITO. *Medicina legal.* Cálculo das vias espermáticas.

ESPETÁCULO. *Direito civil* e *direito autoral.* **1.** Representação teatral, cinematográfica etc. **2.** Execução musical. **3.** Exibição de obras artísticas.

ESPIA. 1. *Direito militar.* a) Sentinela; b) militar encarregado de espreitar ações do inimigo, colhendo informações no campo de batalha ou em marcha. **2.** *Direito marítimo.* a) Cabo com que se amarra navio ou se puxa alguma coisa para a embarcação; b) cabo do cabrestante com que se lança uma embarcação ao mar.

ESPIA DOBRE. Aquele que é pago por duas partes inimigas e vem a enganar uma delas.

ESPIANTADOR. Na *gíria policial,* é o ladrão de pequenas mercadorias expostas em lojas, que corre ao furtar.

ESPIÃO. 1. *Ciência política, direito internacional público* e *direito penal militar.* a) Aquele que, secreta ou clandestinamente, observa atos políticos de um governo ou de agentes diplomáticos, ou atividades militares de um campo inimigo, concernentes a questões sigilosas, em benefício de uma nação estrangeira ou de uma organização subversiva; b) agente secreto que obtém informações sigilosas de uma nação, passando-as ao país a que serve. **2.** *Direito agrário.* Pescador artesanal encarregado de localizar cardumes,

ESP 424 ESPIA PERDIDA

no ato de extração de elementos animais ou vegetais situados em águas interiores ou na faixa litorânea.

ESPIA PERDIDA. *Direito militar.* Sentinela avançada muito próximo do campo inimigo, para vigiar suas atividades.

ESPIGA. *Direito agrário.* Parte do trigo, milho, cevada, arroz etc. que contém grãos.

ESPIGADO. *Direito agrário.* Diz-se da planta gramínea que criou espiga.

ESPIGÃO. 1. *Direito agrário.* Espiga grande. **2.** *Direito marítimo.* a) Ferro pontiagudo cravado no topo dos mastaréus; b) dique que corta e desvia uma corrente. **3.** *Direito civil.* a) Cordilheira que divide os cursos de água; b) quina saliente oblíqua na parte mais alta do telhado; c) construção inclinada para desvio de águas; d) edifício muito alto em desproporção à área onde se situa.

ESPIGAR. 1. *Direito agrário.* Criar, a gramínea, espigas. **2.** *Direito marítimo.* Colocar os mastaréus na pega. **3.** Na *gíria popular*, é causar dano a alguém, levando-o a efetivar um mau negócio.

ESPIGUEIRO. *Direito agrário.* Local onde as espigas de milho ficam guardadas.

ESPINGARDA. *Direito militar.* Fuzil; arma de fogo de cano comprido e com coronha que fica firmada no ombro para atirar.

ESPINHA DORSAL. *Medicina legal.* Coluna vertebral.

ESPINHEIRO. *Direito agrário.* **1.** Variedade de pêra. **2.** Denominação dada a certas plantas leguminosas.

ESPINHEL. *Direito agrário.* Aparelho de pesca, usado pelo pescador artesanal, que contém uma grande corda, da qual pendem linhas providas de anzóis.

ESPINHELEIRO. *Direito agrário.* Pescador artesanal, assemelhado ao trabalhador rural, que usa redes e linhas para apanhar os peixes.

ESPIONAGEM. *Direito penal militar* e *direito internacional público.* **1.** Ato ou efeito de espionar, ou de recolher, secreta ou clandestinamente, informações sobre assuntos sigilosos políticos, econômicos ou diplomáticos, ou sobre recursos militares, de um país, para divulgá-las a outra nação ou a uma organização estrangeira, com o firme propósito de prejudicá-lo. **2.** Encargo de espião. **3.** Conjunto de espiões. **4.** Atividade de espião.

ESPIONAGEM EMPRESARIAL. *Direito penal* e *direito do trabalho.* Crime que consiste em obter informações sobre negócios reservados de uma empresa, passando-as a uma concorrente, com o escopo de tirar proveito. Se perpetrado por um empregado, constitui motivo de despedida por justa causa (Othon Sidou).

ESPIONAGEM INDUSTRIAL. *Direito penal.* Crime pelo qual alguém se apodera de sigilo de fábrica relativo a método de fabricação ou a patente de invenção.

ESPIONAR. *Direito penal militar.* Praticar atos de espião, colhendo, clandestinamente, informações políticas, econômicas, diplomáticas ou militares de um Estado, em benefício de um país estrangeiro ou de uma organização subversiva.

ESPIONÁRIO. *Direito penal militar.* Relativo a espião ou a espionagem.

ESPÍRITA. Na *linguagem filosófica,* significa: a) pessoa adepta do espiritismo; b) relativo ao espiritismo.

ESPIRITISMO. Na *linguagem filosófica,* é a doutrina baseada na crença de que o espírito do morto sobrevive, conservando um corpo material, chamado perispírito, que, apesar de invisível, pode se comunicar com os vivos, pela ação dos médiuns (Allan Kardec).

ESPÍRITO. 1. *Direito canônico.* Alma. **2.** Na *linguagem filosófica,* significa: a) ser pensante; b) inteligência; c) faculdade de conceber e de enunciar algo com rapidez e engenhosidade; d) idéia predominante; e) sentido, nem sempre expresso de modo claro; acepção; f) princípio de uma doutrina.

ESPÍRITO BRILHANTE. Aquele que tem imaginação fecunda e inventiva.

ESPÍRITO DA LEI. *Teoria geral do direito.* Sentido compreendido na lei, nem sempre expresso claramente; exato significado da lei, descoberto por meio de técnicas interpretativas.

ESPÍRITO DE CLASSE. Dedicação aos interesses de uma classe, de um grupo ou de uma corporação, e defesa de tudo o que lhe diz respeito.

ESPÍRITO DE PARTIDO. *Ciência política.* Abnegação de interesses próprios em prol dos do partido, cuja vitória política se pretende.

ESPÍRITO DE UM AUTOR. *Direito autoral.* Pensamento extraído da obra de um autor.

ESPÍRITO DO CONTRATO. *Direito civil.* Vontade dos contratantes manifestada na efetivação do negócio contratual, que lhe dá forma durante a sua execução.

ESPÍRITO DO SÉCULO. Na *linguagem filosófica,* é o conjunto de doutrinas ou opiniões aceitas, em determinado século, pelo mundo civilizado.

ESPÍRITO EMPREENDEDOR. Aquele que, por sua atividade, efetua negócios arrojados.

ESPÍRITO ESTÉRIL. Aquele que nada produz ou nada faz que sirva de exemplo.

ESPÍRITO FIRME. Aquele insuscetível de corrupção, pelo seu caráter reto.

ESPÍRITO FORTE. Na *linguagem filosófica,* significa: a) livre-pensador; b) inteligência superior.

ESPÍRITO FRACO. Na *linguagem filosófica,* diz-se daquele que tem pouca instrução; inseguro, indeciso.

ESPÍRITO MERCANTIL. Aquele que só visa atender seus próprios interesses.

ESPÍRITO NACIONAL. *Ciência política.* Conjunto de idéias, opiniões e crenças que predominam em uma nação.

ESPÍRITO POSITIVO. Aquele que busca a realidade e a utilidade.

ESPÍRITO PRÁTICO. Aquele que não se deixa levar pelas falsas aparências nem pela imaginação.

ESPÍRITO PÚBLICO. Opinião da maioria sobre assuntos de interesse geral.

ESPÍRITO SANTO. *Direito canônico.* Terceira pessoa da Santíssima Trindade.

ESPÍRITO SÓLIDO. Aquele que tem muita cultura e erudição, e de pensamento profundo.

ESPÍRITO VASTO. Aquele que possui grande conhecimento.

ESPIRITUAL. 1. *Direito canônico.* a) Aquilo que pertence a uma idéia religiosa; místico; b) relativo ao espírito; c) de foro eclesiástico que refoge ao poder temporal. **2.** *Direito civil.* Incorpóreo, oposto ao bem corpóreo ou material.

ESPIRITUALIDADE. Na *linguagem filosófica,* é a característica ou qualidade do que é espiritual ou não-material.

ESPIRITUALISMO. 1. Na *linguagem psicológica,* é a operação intelectual e o ato volitivo inexplicáveis por fenômenos fisiológicos. **2.** Na *linguagem sociológica,* é o interesse da vida humana. **3.** Na *linguagem filosófica,* significa: a) doutrina filosófica baseada na existência de Deus e da alma; b) teoria pela qual tudo é espírito (Eisler); c) doutrina que admite duas substâncias: o espírito, que tem como caracteres essenciais o pensamento e a liberdade; e a matéria, cujas características são a extensão e a comunicação mecânica do movimento e da energia (Lalande); d) espiritismo como novo espiritualismo ou como espiritualismo experimental (Fichte e Sidgwick). **4.** *Direito canônico.* Tendência para a vida espiritual.

ESPIRITUALISTA. Nas *linguagens comum, filosófica* e *jurídica,* diz-se: a) daquele que segue a doutrina do espiritualismo; b) do relativo ao espiritualismo.

ESPIRITUALIZAÇÃO. Na *linguagem filosófica,* significa: conversão mental do que é material em espiritual.

ESPIRRADOR. *Direito agrário.* Local onde o gado tem o hábito de irromper às carreiras.

ESPIRRO. *Medicina legal.* Ato reflexo natural, provocado por irritação das mucosas nasais, que consiste numa profunda e ruidosa expiração de ar pelo nariz e pela boca. Sintoma de alergia, febre do feno, resfriado, gripe etc.

ESPLANADA. 1. *Direito comercial.* Terraço ao ar livre, à porta ou junto de bar, café, estação de embarque etc., contendo mesas e cadeiras para os fregueses. **2.** *Direito agrário.* Campo largo e descoberto. **3.** *Direito militar.* Terreno plano à volta de uma praça de armas ou fortificação.

ESPLANADOR. *Direito agrário.* **1.** Trabalhador rural que arrasta árvores ou executa serviços de empilhamento e transporte de madeira. **2.** Trabalhador rural encarregado de transportar toras em jangadas.

ESPLANCNECTOPIA. *Medicina legal.* Deslocamento de vísceras.

ESPLANCNOCELE. *Medicina legal.* Hérnia visceral.

ESPLANCNOPTOSE. *Medicina legal.* Queda ou prolapso das vísceras abdominais.

ESPLENEMIA. *Medicina legal.* **1.** Congestão do baço. **2.** Leucemia esplênica.

ESPLENEPATITE. *Medicina legal.* Inflamação simultânea do baço e do fígado.

ESPLENITE. *Medicina legal.* Inflamação do baço.

ESPLENOCELE. *Medicina legal.* Hérnia do baço.

ESPLENOMA. *Medicina legal.* Tumor do baço.

ESPLENOPTOSE. *Medicina legal.* Queda do baço.

ESPLENORRAGIA. *Medicina legal.* Hemorragia do baço.

ESPOADOR. *Direito agrário.* Instrumento apropriado para peneirar farinha pela segunda vez, tendo-lhe já retirado, na primeira vez, o farelo e as sêmeas.

ESPOJADOURO. *Direito agrário.* Local onde os animais deitam no chão, agitando-se e rolando sobre o lombo, para aliviar coceira, por exemplo.

ESPOJEIRO. *Direito agrário.* No Nordeste, pequena roça ou pequeno cercado em volta de morada que se situa em zona rural.

ESPOLDRA. *Direito agrário.* Segunda poda das vinhas feita no mesmo ano.

ESPOLDRADOR. *Direito agrário.* Instrumento agrícola para efetuar a segunda poda das vinhas.

ESPOLETA. *Direito militar.* Dispositivo determinante da inflamação da carga dos projéteis ocos.

ESPOLETA DE AÇÃO RETARDADA. *Direito militar.* Diz-se daquela que detona algum tempo depois do impacto do projétil.

ESPOLETA DE PERCUSSÃO. *Direito militar.* Dispositivo detonador de projétil, bomba ou torpedo que, pelo impacto, deflagra a carga. É aquele que produz a explosão no momento do choque, pela ação do percussor.

ESPOLETA DE TEMPO. *Direito militar.* É a que provoca a explosão do projétil no fim de um tempo determinado.

ESPOLIAÇÃO. *Direito civil.* Esbulho.

ESPOLIADO. *Direito civil.* Esbulhado, despojado injustamente da posse de um bem.

ESPOLIADOR. *Direito civil.* Aquele que pratica esbulho, privando, de modo ilícito, alguém de sua posse.

ESPOLIANTE. *Vide* ESPOLIADOR.

ESPOLIAR. **1.** *Direito civil.* Tirar, de alguém, a posse sobre uma coisa, usando de fraude, violência, clandestinidade ou abuso de confiança. **2.** *Direito penal.* Roubar.

ESPOLIÁRIO. *História do direito.* **1.** Local anexo à arena onde se retiravam as vestes dos gladiadores mortos em combate e se acabavam de matar os mortalmente feridos. **2.** Sala das termas romanas onde os banhistas se despiam e se vestiam.

ESPOLIATIVO. **1.** *Direito civil.* Relativo a espoliação. **2.** *Medicina legal.* Remédio que faz cair a pele.

ESPÓLIO. **1.** *Direito civil.* Soma dos bens deixados pelo falecido; acervo hereditário administrado e representado, ativa e passivamente, pelo inventariante, até a sua partilha entre os herdeiros e legatários. **2.** *História do direito.* Era o despojo, ou seja, a herança deixada pelo *de cujus*, que não tinha herdeiros usuais. **3.** *Direito militar.* Despojo de guerra. **4.** *Direito tributário.* Universalidade de bens que responde pelos tributos que o *de cujus* devia até a data de abertura da sucessão.

ESPONDILITE. *Medicina legal.* Inflamação vertebral.

ESPONDILITE ANQUILOSANTE. *Medicina legal.* Inadequadamente denominada, nos textos legais, espondiloartrose anquilosante é uma doença inflamatória de etiologia desconhecida, que afeta principalmente as articulações sacroilíacas, interapofisárias e costovertebrais, os discos intervertebrais e o tecido conjuntivo frouxo que circunda os corpos vertebrais, entre estes e os ligamentos da coluna. O processo geralmente se inicia pelas sacroilíacas e, ascensionalmente, atinge a coluna vertebral. Há grande tendência para a ossificação dos tecidos inflamados, resultando rigidez progressiva da coluna. As articulações periféricas também podem ser comprometidas, particularmente as das raízes dos membros (ombros e coxofemorais), daí a designação rizomélica. Entende-se por anquilose ou ancilose a rigidez ou fixação de uma articulação, reservando-se o conceito de anquilose óssea verdadeira à fixação completa de uma articulação em conseqüência da fusão patológica dos ossos que a constituem. Dentre as denominações comumente dadas à espondilite anquilosante podemos destacar as seguintes: espondilite (ou espondilose) rizomélica, doença de Pierre-Marie-Strumpell, espondilite ossificante ligamentar, síndrome (ou doença) de Veu-Bechterew, espondilite reumatóide, espondilite juvenil ou do adolescente, espondilartrite anquilopoética, espondilite deformante, espondilite atrófica ligamentar, pelviespondilite anquilosante e pelviespondilite reumática. As artropatias degenerativas da coluna vertebral, também conhecidas como artroses, osteoartrites ou artrites hipertróficas, acarretam maior ou menor limitação dos movimentos da coluna pelo comprometimento das formações extra-articulares, porém não determinam anquilose.

ESPONDILOLISTESE. *Medicina legal.* Anormalidade da coluna vertebral que afeta a quinta vértebra lombar sobre o sacro, acarretando uma exagerada curvatura lombar.

ESPONSAIS. *Direito civil.* Compromisso de casamento entre duas pessoas desimpedidas, de

ESPONSALÍCIO

sexo diferente, com o escopo de possibilitar que se conheçam melhor, que aquilatem, mutuamente, suas afinidades e seus gostos. É um ato preparatório do matrimônio (Antônio Chaves).

ESPONSALÍCIO. *Direito civil.* Relativo a esponsais.

ESPONTA. *Direito agrário.* **1.** Supressão dos brotos de uma planta. **2.** Queima, pela geada, dos rebentos da vegetação.

ESPONTANEIDADE. Qualidade do que é espontâneo.

ESPONTÂNEO. 1. O que se produz pela iniciativa própria do agente, sem ser provocado por alguma causa ou fator externo aparente. **2.** Voluntário. **3.** Aquilo que é produzido por instinto ou impulso. **4.** Natural; oposto a refletido.

ESPORA. *Direito agrário.* Instrumento de metal, contendo um disco dentado móvel, chamado roseta, colocado na parte posterior do calçado, ou no seu salto, para estimular a montaria.

ESPORADA. *Medicina legal.* Ferimento causado com espora.

ESPORADICIDADE. Qualidade de esporádico.

ESPORÁDICO. 1. Nas *linguagens comum* e *jurídica*, significa: ocasional, raro, isolado. **2.** *Medicina legal.* Mal ou doença não endêmica que atinge, isolada e acidentalmente, uma ou outra pessoa.

ESPORÃO. 1. *Direito agrário.* a) Cravagem de cereais; b) saliência córnea que se encontra na parte posterior do torso no macho das aves galináceas (galo, peru, pavão etc.). **2.** *História do direito.* a) Arma ofensiva e defensiva que era colocada na proa das embarcações, e que consistia em um espigão de ferro e aço; b) parte superior da proa da embarcação na qual se assentava a figura que lhe servia de adorno.

ESPORÃO DE CENTEIO. *Medicina legal.* Fungo parasita do centeio e outros cereais, chamado *Clavicepos purpurea*, usado após o parto para ajudar o útero a contrair-se e evitar perda de sangue.

ESPORAÚDO. *Direito agrário.* Diz-se do cereal afetado de esporão.

ESPOROTRICOSE. *Medicina legal.* Infecção da pele causada pela penetração de fungos em razão de esfoliações cutâneas ou feridas, e que se caracteriza pelo aparecimento de abscesso na zona danificada.

ESPORTE. *Direito desportivo.* Conjunto de exercícios praticados com método, individualmente ou por equipes, os quais muitos concorrem para o adestramento do corpo e o desenvolvimento psíquico.

ESPORTE AQUÁTICO. *Direito desportivo.* Aquele praticado em água como: natação, nado sincronizado, pólo aquático, surfe, *windsurf,* canoagem, remo, mergulho, competição de salto, pesca.

ESPORTE COM BOLA POR EQUIPES. *Direito desportivo.* Aquele como o futebol, o futebol de salão, o vôlei, o basquete, o handebol, o rúgbi etc.

ESPORTE COM INSTRUMENTOS DE GOLPEAR UMA BOLA. *Direito desportivo.* Aquele que abrange: tênis, *squash*, críquete, beisebol, golfe, bilhar, hóquei sobre gelo, *badminton*, pebolim, pólo etc.

ESPORTE DE COMBATE. *Direito desportivo.* Aquele que abrange: esgrima, judô, caratê, boxe, sumô, jiu-jitsu etc.

ESPORTE DE INVERNO. *Direito desportivo.* Abrange: patinação sobre o gelo, *biathlon*, corrida em esqui, trenó clássico ou moderno (*bobsleight*).

ESPORTE DE PISTA COBERTA. *Direito desportivo.* É o que abrange: boliche, bilhar, ginástica, saltos em cama elástica, levantamento de peso etc.

ESPORTE SOBRE RODAS. *Direito desportivo.* Aquele que abrange: automobilismo, *rally*, motocross, motociclismo, patinação sobre rodas, ciclismo, hóquei sobre patins etc.

ESPORTISMO. *Direito desportivo.* **1.** Conjunto de jogos desportivos. **2.** Gosto pelo desporto.

ESPORTISTA. *Direito desportivo.* Aquele que pratica um esporte.

ESPORTIVO. *Direito desportivo.* Relativo a esporte.

ESPÓRTULA. 1. *Direito do trabalho.* a) Gratificação pecuniária, além do salário, que se dá, exprimindo a satisfação pelo serviço prestado; b) gorjeta; c) compensação pela realização de certo trabalho. **2.** *Direito canônico.* Pagamento feito a padres pelos seus serviços religiosos. **3.** *História do direito.* Donativo em gêneros ou em dinheiro que o imperador ou a nobreza de Roma mandava distribuir ao povo em cestas.

ESPOSA. *Direito civil.* Mulher casada em relação ao marido.

ESPOSADA. *Direito civil.* Casada, desposada.

ESPOSADO. *Direito civil.* Casado, desposado.

ESPOSAR. 1. *Direito civil.* Unir-se em matrimônio; desposar; contrair casamento; receber alguém por esposo ou esposa. **2.** *Teoria geral do direito.* a) Adotar uma teoria; b) tomar a seu cuidado; c)

ESPOSO

aprovar; d) defender uma causa, um princípio etc.; e) amparar.

ESPOSO. *Direito civil.* Marido; cônjuge masculino.

ESPOSTEJADO. *Medicina legal.* Esquartejado.

ESPOSTEJAMENTO. *Medicina legal.* **1.** Ato ou efeito de esquartejar. **2.** Seccionamento do corpo humano provocado por ação criminosa, acidentes, explosão ou animais predadores.

ESPOSTEJAMENTO ANTROPOFÁGICO. *Medicina legal.* Mutilação de cadáver pelo criminoso para devorá-lo.

ESPOSTEJAMENTO DEFENSIVO. *Medicina legal.* Lesão *post mortem* na qual o criminoso, para ocultar o crime, esquarteja o cadáver da vítima, para desfigurá-lo ou para acomodá-lo numa mala, facilitando seu transporte para escondê-lo em local distante, livrando-se, assim, do corpo.

ESPOSTEJAMENTO OFENSIVO. *Medicina legal.* Lesão *post mortem* na qual o criminoso, motivado por ira ou sadismo, vem a esquartejar o cadáver da vítima.

ESPOSTEJAR. *Medicina legal.* Esquartejar.

ESPREITA. *Vide* ESPIONAGEM.

ESPRIT DES LOIS. *Direito autoral* e *direito constitucional.* Obra de Montesquieu, publicada em 1748, que propunha a separação dos três poderes.

ESPRU. *Medicina legal.* Doença crônica, sem febre, que provoca distúrbios intestinais por insuficiência nutritiva, caracterizando-se por cólica, diarréia gordurosa, anemia macrocítica, boca e língua chagadas, deficiência do complexo vitamínico B etc.

ESPÚNDIA. *Medicina legal.* Afecção cutânea, muito comum em certas regiões das Américas Central e do Sul, causada por uma espécie de leishmânia.

ESPÚRIO. *Direito civil.* Diz-se, didaticamente, do filho de pessoas impedidas de se casar, como o adulterino e o incestuoso, que, por lei, é considerado não-matrimonial, vedando-se qualquer designação discriminatória, permitindo seu reconhecimento. Assim, a única diferença entre as categorias de filiação seria o ingresso, ou não, no mundo jurídico, por meio do reconhecimento; logo, só se poderia, juridicamente, falar em filho matrimonial ou não-matrimonial, reconhecido ou não-reconhecido.

ESQUADRA. 1. *Direito desportivo.* Equipe de jogadores que defendem um clube ou uma associação. **2.** *Direito militar.* a) Unidade de aviões militares; b) parte de uma armada naval, composta por navios de guerra, sob a direção de um oficial superior; c) armada naval, ou seja, a totalidade de navios de guerra de um país; d) parte da infantaria, comandada por um cabo. **3.** *Direito processual penal.* a) Seção de uma circunscrição policial; b) posto de polícia civil.

ESQUADRA DE EVOLUÇÃO. *Direito militar.* Aquela que visa o adestramento de aspirantes e oficiais de tática naval e a equipagem nas manobras.

ESQUADRA DE OBSERVAÇÃO. *Direito militar.* A que se destina, mesmo em tempo de paz, à observação dos navios estrangeiros.

ESQUADRÃO. 1. *Direito militar.* a) Unidade tática do corpo de cavalaria; b) divisão da armada naval; c) unidade aérea básica da Força Aérea Brasileira, constituída por duas ou mais esquadrilhas de aviões do mesmo tipo. **2.** *Direito processual penal.* Grupo que exerce atividade policial. **3.** *Direito desportivo.* Quadro de jogadores de alto nível técnico.

ESQUADRÃO DE DEMONSTRAÇÃO AÉREA DA FORÇA AÉREA BRASILEIRA (EDA). *Direito militar.* Órgão que tem por finalidade estimular e desenvolver as vocações e a mentalidade aeronáuticas. O EDA é subordinado disciplinar e administrativamente ao Comandante da Academia da Força Aérea (AFA). O Programa de Demonstrações do EDA é elaborado pelo Centro de Comunicação Social da Aeronáutica (CECOMSAER). O EDA tem sede em Pirassununga, Estado de São Paulo, e por atribuições: a) o estímulo e o entrosamento dos meios aeronáuticos militar e civil; b) a contribuição para maior integração entre a Aeronáutica e as demais Forças Singulares; c) o comparecimento nos grandes eventos com o objetivo de marcar a presença da FAB; d) a missão de servir de instrumento de afirmação da qualidade dos produtos da Indústria Aeronáutica Nacional; e e) a demonstração da capacidade e do alto grau de treinamento do piloto militar brasileiro.

ESQUADRAR. *Direito militar.* Dispor a tropa em esquadrão.

ESQUADRILHA. *Direito militar.* **1.** Pequena esquadra de aviões. **2.** Esquadra que se compõe de pequenos navios de guerra.

ESQUADRINHAR. 1. Analisar. **2.** Investigar, pesquisar. **3.** Examinar com atenção e minúcia.

ESQUARTEJADO. *Medicina legal.* Diz-se daquele que teve sua cabeça e seus membros separados do corpo, por acidente ou ação criminosa.

ESQUARTEJAMENTO. 1. *História do direito.* Suplício que consistia em prender um cavalo a cada um dos membros, inferiores e superiores, do condenado, fazendo com que os animais puxassem em direções opostas até os membros se separarem do tronco. **2.** *Medicina legal.* Redução do corpo a várias partes, retalhando-o, ao separarem-se dele a cabeça e os membros, que pode dar-se por ação criminosa ou acidente.

ESQUECIMENTO. *Medicina legal* e *psicologia forense.* **1.** Falha anormal da memória na evocação de uma recordação (Lalande). **2.** Ato de deixar de pensar, temporária ou definitivamente, em alguma coisa.

ESQUELALGIA. *Medicina legal.* Dor na perna.

ESQUELETIZAÇÃO. *Medicina legal.* Última fase da decomposição cadavérica, a qual se dá dois ou três anos após a inumação, que consiste na redução do cadáver à ossatura nua.

ESQUELETO. 1. *Medicina legal.* Conjunto de ossos que servem de sustentáculo aos tecidos moles e de proteção aos órgãos internos. **2.** *Direito autoral.* Esboço de acordo com o qual uma obra literária será desenvolvida.

ESQUEMA. 1. Nas *linguagem jurídica, filosófica* e *comum,* pode ter o sentido de: a) representação gráfica de alguma coisa ou de algum processo; b) figura simplificada contendo traços essenciais de um objeto; c) diagrama que representa relações entre idéias abstratas (Bergson); d) representação intermediária e homogênea, por um lado, ao conceito puro, e, por outro, às percepções, permitindo a subsunção indireta das percepções ou das imagens sob as categorias (Kant); e) esboço, croqui. **2.** *Direito canônico.* Proposta redigida e submetida a deliberação do concílio.

ESQUEMA OPERACIONAL. *Direito administrativo.* Conjunto de fatores característicos da operação de transporte rodoviário interestadual e internacional de passageiros de uma determinada linha, inclusive de sua infra-estrutura de apoio e das rodovias utilizadas em seu percurso.

ESQUEMÁTICO. 1. Na *linguagem filosófica,* é o resultado da aplicação das formas do entendimento puro às da intuição. **2.** Nas *linguagens comum* e *jurídica,* é o relativo a esquema.

ESQUEMATISMO. 1. Na *linguagem filosófica,* é a função intelectual pela qual os conceitos puros do entendimento, inaplicáveis por si mesmos e diretamente a objetos da experiência, são substituídos por esquemas, que permitem essa aplicação (Kant). **2.** Nas *linguagens comum* e *jurídica,* é o emprego freqüente, ou amiúde, de esquemas.

ESQUERDA. *Ciência política.* **1.** Grupo de parlamentares que ficam do lado esquerdo do presidente da Assembléia, da Câmara ou do Senado. **2.** Oposição parlamentar. **3.** Conjunto dos partidos socialistas, comunistas etc.

ESQUERDISMO. *Ciência política.* **1.** Tendência para a esquerda. **2.** Manifestação de opinião ou de ato esquerdista.

ESQUERDISTA. *Ciência política.* **1.** Aquele que, numa Assembléia parlamentar, faz parte da esquerda. **2.** Aquele que adota a opinião dos partidos políticos de esquerda.

ESQUERDIZANTE. *Ciência política.* **1.** Simpatizante da esquerda. **2.** Aquele que tende para a esquerda. **3.** Diz-se da medida proposta pela esquerda.

ESQUETE. *Direito autoral.* Peça de rádio, televisão e teatro com pequena duração e poucos atores.

ESQUIFE. 1. *Direito civil.* Caixão para transporte de cadáver. **2.** *Direito marítimo.* a) Barco a remo; b) veleiro pequeno e leve.

ESQUILA. *Direito agrário.* No Rio Grande do Sul, é a tosquia, o corte de lã dos carneiros.

ESQUILADOR. *Direito agrário.* Trabalhador rural que retira a lã dos carneiros.

ESQUILAR. *Direito agrário.* Tosquiar.

ESQUINEIRO. *Direito agrário.* No Rio Grande do Sul, na zona pecuária, designa palanque de cerca mais resistente.

ESQUIPAÇÃO. 1. *Direito marítimo.* Provisão de mantimentos e de aparelhos para que o navio possa empreender, com segurança, uma viagem. **2.** *Direito agrário.* Conjunto de animais que trabalham na lavoura, nos arados, nas carretas etc.

ESQUÍROLA. *Medicina legal.* Lasca de osso, ou fragmento ósseo minúsculo.

ESQUISTORRAQUE. *Medicina legal.* Espinha bífida ou fendida que se dá quando, no embrião humano, não há um desenvolvimento conjunto de ambos os lados da coluna vertebral, para formar o espaço onde se situará a medula espinal, podendo acarretar a formação, nas costas, de um corpo bulboso, cheio de líquido; hidrocefalia; ausência de uma ou mais vértebras; paralisia das pernas; perda do controle da bexiga e do intestino; ulceração na pele etc.

ESQUISTOSSOMOSE. *Medicina legal.* Afecção grave provocada por parasita (chamado no Japão *Schistosoma japonicum*; no Egito, *Schistosoma haematobium*; e, no Brasil, *Schistosoma mansoni*), o qual penetra na pele de pessoas que se banham em reservatórios de água estagnada, atacando órgãos fundamentais, principalmente o fígado, causando hemorragias.

ESQUIZOFASIA. *Medicina legal.* Fala incompreensível, própria do esquizofrênico.

ESQUIZOFRENIA. 1. *Medicina legal* e *direito penal.* Psicose grave em que o paciente, progressivamente, perde contato com a realidade, vivendo num mundo imaginário por ele mesmo criado, ante a desintegração temporária ou permanente da sua personalidade, a desagregação do seu pensamento, a perda da mobilidade de ideação e as constantes alucinações. Se praticar crime nesse estado, será tido como inimputável. **2.** *Direito civil.* Distúrbio mental, que pode levar à interdição do doente.

ESQUIZOFRENIA PROCESSUAL. *Medicina legal* e *direito processual civil* e *penal.* Moléstia mental, de processo progressivo, transmissível geneticamente, pondo em risco a saúde da descendência e do cônjuge, ensejando a anulação do casamento, se anterior à sua celebração, a declaração da interdição do doente e a sua irresponsabilidade penal, embora este possa ser submetido a medida de segurança.

ESQUIZOFRÊNICO. *Medicina legal.* Doente de esquizofrenia.

ESQUIZÓIDE. *Psicologia forense* e *medicina legal.* **1.** Aquele que apresenta introversão ou insociabilidade sem que haja alteração mental definitiva. **2.** Personalidade psicopata de esquizotímico que chega à psicose (Kretschmer). **3.** *Vide* ESQUIZOTÍMICO. **4.** Esquizofrênico.

ESQUIZOIDIA. *Medicina legal.* Estado daquele que, por ser introvertido, prefere a solidão, apresentando dificuldades para se adaptar à vida social.

ESQUIZOIDISMO. *Vide* ESQUIZOIDIA.

ESQUIZOSSEXUALIDADE. *Vide* TRANSEXUALISMO.

ESQUIZOTIMIA. *Medicina legal.* Temperamento introvertido, levando à falta de contato com o ambiente social, sendo um estágio para a esquizofrenia.

ESQUIZOTÍMICO. *Psicologia forense* e *medicina legal.* **1.** Diz-se daquele que está afetado pela esquizotimia. **2.** Aquele leptossômico que apresenta, psicologicamente, apatia e irritabilidade, por ser introvertido ou ensimesmado (Kretschmer). **3.** *Vide* LEPTOSSÔMICO.

ÉSSEDO. *História do direito.* Era o carro de duas rodas usado em combates pelos bretões, belgas e gálios.

ESSÊNCIA. 1. *Filosofia geral* e *filosofia do direito.* a) Aquilo que nunca pode faltar ao objeto; a oposição ao acidente, por ser duradoura e homogênea; a totalidade apriorística frente ao contingente ou acidental; aquilo pelo qual uma coisa é o que é; o que é fundamental em um ser, constituindo a sua natureza profunda; o universal ou geral em seres do mesmo tipo (Leonardo Van Acker e Goffredo Telles Jr.); b) idéia principal; c) existência, abrangendo o que ela tem de mais constitucional; d) substância. **2.** *Lógica jurídica.* a) No sentido conceptualista, é o conjunto das determinações que definem um objeto do pensamento (Aristóteles, Espinosa e Kant); b) no sentido nominalista, é o conjunto dos caracteres conotados por um termo ou palavra (Locke, Mill e Gilson); c) no sentido lógico, é o racional em oposição à experiência. **3.** *Direito civil.* Elemento indispensável a um ato ou negócio jurídico, para que tenha existência, por formar sua substância. **4.** *Direito agrário.* Espécie vegetal.

ESSÊNCIA HUMANA. Humanidade.

ESSÊNCIA JURÍDICA. *Filosofia do direito.* Objeto da ontologia jurídica, que é a parte da filosofia do direito que se preocupa em responder à questão sobre o que seja o direito.

ESSENCIAL. 1. *Filosofia geral* e *filosofia do direito.* a) Relativo a essência; b) aquilo que constitui a essência; c) aquilo que é indispensável, principal ou importante; d) absolutamente necessário. **2.** *Direito civil.* Diz-se do elemento do negócio jurídico, que é imprescindível à sua existência, por formar sua substância, podendo ser *geral*, se comum à generalidade dos atos negociais, dizendo respeito à capacidade do agente, à licitude e possibilidade do objeto, e ao consentimento dos interessados, ou *particular*, se peculiar a determinados negócios, por ser concernente à sua forma.

ESSENCIALIDADE. *Filosofia do direito.* Qualidade ou estado do que é essencial.

ESSENCIALISMO. Na *linguagem filosófica,* é a teoria que confere à essência uma anterioridade ou valor superior ao da existência (Lalande).

ESSÊNCIA MORAL OU ÉTICA DO DIREITO. *Filosofia do direito.* Problema ontológico da distinção e das relações funcionais entre direito e moral, que envolve análise de normas morais e jurídicas e da conduta moral e jurídica, pois nem tudo o que é juridicamente lícito é moralmente permitido, nem todo dever moral constitui obrigação jurídica, e há casos em que o dever moral constitui uma resistência a certas imposições legais e em que uma obrigação jurídica corresponde a uma obrigação moral (Van Acker).

ESSÊNCIA PRIMA. Causa primeira; a origem.

ESSÊNCIA PSICOLÓGICA E CULTURAL-HISTÓRICA DO DIREITO. *Filosofia do direito.* Fator psicológico essencial à criação das normas jurídicas, que, para uns, como Savigny, seria a consciência comunitária do povo; para outros, a consciência refletida e deliberada do legislador, do magistrado e do particular, ao aceitar normas contratuais; para São Tomás de Aquino, Samuel Clarke e Cudworth, seria a razão, pura ou vital, ou intelecto (a razão pura ou *a priori* é abstrata, lógico-formal e dedutiva; a razão vital, ou histórica, é empírica e leva em conta os fatores culturais e históricos, como o costume, a tradição, a economia, a aspiração social etc.); para Occam, Suarez, Hobbes e Pufendorf, seria a vontade (Van Acker).

ESSÊNCIAS EXÓTICAS. *Direito agrário.* Espécies arbóreas ou vegetais transplantadas de seu hábitat natural para outro (Fernando Pereira Sodero).

ESSÊNCIAS NATIVAS. *Direito agrário.* Espécies arbóreas ou vegetais típicas de uma região, que constitui seu hábitat natural.

ESSÊNCIA SOCIAL E POLÍTICA DO DIREITO. *Filosofia do direito.* É a análise da assertiva "Onde há direito, há sociedade" (*Ubi jus, ibi societas*), pois nem todo direito é social por essência ou de modo imediato (*per se*), por haver direito privado, apenas indireta ou acidentalmente pessoal (*per accidens*), por intermédio do direito público, que tem por objeto imediato a sociedade. Tal análise crítico-filosófica terá como base a comparação entre o bem social e o bem particular. Além disso, mesmo que se suponha que todo direito seja, direta ou indiretamente, social, será preciso averiguar se ele pode ser social, sem ser político, ou se pode existir sociedade jurídica sem dependência da ordem social política. Se a resposta for negativa, não se poderá afirmar sem reservas que, onde há sociedade, há direito, mas tão-somente admitir que, onde há sociedade política, ou politicamente ligada, há direito (*Ubi societas politica, vel politice relata, ibi jus*) (Van Acker).

ESSÊNCIA TOTAL OU INTEGRAL DO DIREITO. *Filosofia do direito.* É a totalidade concreta dos aspectos ôntico-ontológicos do termo equívoco "direito". A equivocidade do termo "direito" é consciente ou intencional (*aequivocum a consilio*), devido à analogia existente entre um direito e a realidade jurídica primordial (analogado principal) e outros direitos ou realidades jurídicas derivadas (analogados secundários) (Georges Kalinowski e Leonardo Van Acker).

ESSENCISMO. *Medicina legal.* Intoxicação causada por essências, ou por bebidas às quais aquelas estejam adicionadas.

ESSENTIALIA DELICTI. *Locução latina.* Elementos essenciais do delito, que são: ação típica, antijuridicidade e culpabilidade.

ESSENTIALIA NEGOTII. *Locução latina.* Elementos essenciais do negócio.

ESTABELECER. 1. Ordenar; prescrever, dispor; fixar; tornar obrigatório; estipular. **2.** Dar estabilidade. **3.** Instituir, fundar; organizar, criar, dar existência a alguma coisa. **4.** Elaborar, formular, constituir. **5.** Abrir um estabelecimento civil, industrial, comercial etc. **6.** Fixar residência ou domicílio; instalar-se. **7.** Averiguar, comprovar, determinar.

ESTABELECIDO. 1. *Direito comercial.* Aquele que tem estabelecimento industrial ou comercial. **2.** Na *linguagem jurídica* em geral, significa: a) prescrito, disposto, estipulado; b) tornado estável; c) instituído, fundado, criado, organizado; d) elaborado, constituído, formulado; e) diz-se do domicílio fixado; f) comprovado, determinado.

ESTABELECIMENTO. 1. Ato ou efeito de estabelecer. **2.** Abertura de uma empresa civil, industrial ou comercial, com economia própria; ato de fundar um negócio. **3.** Ação tendente a se instalar. **4.** Outorga de estabilidade. **5.** Instituição. **6.** Prescrição, estipulação. **7.** Produção, criação. **8.** Averiguação, comprovação. **9.** Local onde se fixa domicílio. **10.** Complexo de bens organizados, para exercício da empresa, por empresário ou por sociedade empresária.

ESTABELECIMENTO AGRÁRIO. *Direito agrário.* Projeção patrimonial da empresa agrária (Fábio Maria De Mattia).

ESTABELECIMENTO AGRÍCOLA. *Direito agrário.* Área em que, sob uma única administração, se processa uma exploração agropecuária. Trata-se da empresa agrícola ou rural onde se cultiva a terra ou se criam animais.

ESTABELECIMENTO ASSISTENCIAL. *Direito penitenciário.* É aquele que tem por escopo prestar assistência aos condenados, aos egressos definitivos de prisão e sua família, e às vítimas e seus familiares.

ESTABELECIMENTO BANCÁRIO. *Direito bancário.* Instituição onde se efetuam operações bancárias, como depósito, redesconto, empréstimo, desconto, abertura de crédito e de conta corrente, financiamento, custódia e guarda de valores etc. Trata-se do banco, ou da instituição financeira ou de crédito.

ESTABELECIMENTO CIVIL. *Direito civil.* Organização de natureza civil, para o exercício de profissões liberais ou de obras de beneficência ou caridade.

ESTABELECIMENTO COM ECONOMIA PRÓPRIA. *Direito civil* e *direito comercial.* Instalação de um negócio, civil ou mercantil, sem o auxílio financeiro de quem quer que seja, empregando dinheiro conseguido com esforço próprio, que constitui motivo para emancipação de menor, o qual, então, passará a ter capacidade plena para realizar atos na vida civil.

ESTABELECIMENTO COMERCIAL. *Direito comercial.* **1.** Complexo de coisas, bens e serviços reunidos e organizados para o exercício do comércio (Alfredo Rocco), ou melhor, de atividade empresarial. **2.** Local onde se realizam operações relativas à prática de atividades econômicas organizadas voltadas à produção e circulação de bens e serviços, servindo uma clientela, com o intuito de obter lucro. **3.** Casa comercial; casa de comércio. **4.** Complexo de bens, materiais e imateriais, que constituem o instrumento utilizado pelo empresário ou pela sociedade empresária para a exploração de determinada atividade mercantil (Oscar Barreto Filho). **5.** Unidade técnica consistente na reunião de duas ou mais pessoas trabalhando em conjun-

to, de modo habitual, em determinado lugar, sob a direção de um ou vários representantes da mesma razão social (Henri Guitton). **6.** Complexo de bens de natureza variada, materiais (mercadorias, máquinas, imóveis, veículos, equipamentos etc.) ou imateriais (marcas, patentes, tecnologia, ponto etc.), reunidos e organizados pelo empresário ou pela sociedade empresária, por serem necessários e úteis ao desenvolvimento e exploração de sua atividade econômica, ou melhor, ao exercício da empresa. É uma universalidade de direito.

ESTABELECIMENTO COMERCIAL DEPENDENTE. *Direito comercial.* Agência ou sucursal.

ESTABELECIMENTO COMERCIAL PRINCIPAL. *Direito comercial.* Local onde o empresário, ou sociedade empresária, tem a sede de sua atividade mercantil, onde dirige seus negócios (Waldemar Ferreira). Trata-se do estabelecimento diretor, que constitui a sede central dos negócios. É aquele onde se dá a administração e a direção de toda atividade empresarial.

ESTABELECIMENTO DE CLASSIFICAÇÃO E TRIAGEM. *Direito penitenciário.* É o destinado ao exame da personalidade dos condenados, para averiguar o grau de sua periculosidade e fazer sua classificação, com fins alusivos à execução penal.

ESTABELECIMENTO DE ENSINO. *Direito educacional.* Instituição pública ou particular encarregada dos ensinos fundamental, médio, e superior.

ESTABELECIMENTO DE MANDATO. *Direito civil.* Contrato pelo qual o mandatário recebe do mandante poderes para, em seu nome, praticar atos ou administrar interesse.

ESTABELECIMENTO DE PREMISSAS. *Lógica jurídica.* Condição básica para o raciocínio correto.

ESTABELECIMENTO DE PROPRIEDADE. *Direito civil.* Aquisição de propriedade mobiliária ou imobiliária.

ESTABELECIMENTO DE SAÚDE. 1. Nome genérico dado a qualquer local destinado à prestação de assistência sanitária à população em regime de internação ou não, bem como os serviços de apoio a esse atendimento, qualquer que seja o nível de complexidade. **2.** Todo estabelecimento ou serviço relacionado com assistência à saúde, incluindo hospitais, clínicas, postos e serviços de saúde, consultórios médicos e ondontológicos.

ESTABELECIMENTO DE SEGURANÇA PÚBLICA 433 | EST

ESTABELECIMENTO DE SEGURANÇA PÚBLICA. É aquele que compreende, dentre outros, postos policiais, secretarias de segurança pública, penitenciárias, unidades do corpo de bombeiros e das polícias civil, militar e federal.

ESTABELECIMENTO DE SERVIÇO PÚBLICO. *Direito administrativo.* Repartição pública federal, estadual ou municipal na qual se executam serviços públicos.

ESTABELECIMENTO DESTINADO À EXPLORAÇÃO DE JOGO DE AZAR. *Direito penal.* Local acessível ao público onde se exploram jogos ou apostas, sendo vedado por lei, constituindo contravenção penal.

ESTABELECIMENTO DISTINTO. Aquele cujo funcionamento se dá em lugar diverso do de outro, pouco importando que entre eles haja, ou não, uma relação de dependência.

ESTABELECIMENTO DO PORTO. *Direito marítimo.* Hora verificada a preamar, em qualquer porto, em dia de novilúnio ou plenilúnio.

ESTABELECIMENTO EDITORIAL. *Direito autoral.* Editora.

ESTABELECIMENTO EMPRESARIAL. O mesmo que ESTABELECIMENTO COMERCIAL.

ESTABELECIMENTO EXCLUSIVO. *Direito comercial.* Diz-se daquele que, numa dada praça ou em todas as praças, é o único vendedor ou adquirente dos produtos de uma fábrica, pouco importando se vende, ou não, mercadorias de outra procedência.

ESTABELECIMENTO FABRICANTE E INDUSTRIALIZADOR DE ALIMENTO. Área que compreende o local e sua circunvizinhança, na qual se efetua um conjunto de operações e processos, com a finalidade de obter um alimento elaborado, assim como o armazenamento ou o transporte de produtos acabados, ingredientes e matérias-primas.

ESTABELECIMENTO HOSPITALAR E PARA-HOSPITALAR. Instituição que tem a finalidade de restabelecer a saúde dos pacientes, como hospital, clínica, ambulatório, dispensário, pronto-socorro etc.

ESTABELECIMENTO INDUSTRIAL. *Direito empresarial.* Indústria.

ESTABELECIMENTO MÉDICO-PENAL. *Direito penitenciário.* Aquele que se destina a abrigar sentenciados em cumprimento de medida de segurança ou de pena, ali recolhidos, para fins de tratamento médico (Armida B. Miotto).

ESTABELECIMENTO MILITAR. *Direito militar.* Organização criada e mantida por militares, destinada ao seu uso, como quartel, hospital, oficina etc.

ESTABELECIMENTO PARTICULAR. *Direito civil* e *direito comercial.* Aquele que visa atender interesses particulares ou privados.

ESTABELECIMENTO PENAL. *Vide* ESTABELECIMENTO PENITENCIÁRIO.

ESTABELECIMENTO PENAL AGRÍCOLA. *Direito penitenciário.* Diz-se de penitenciária localizada na zona rural, onde os condenados realizam atividades agropecuárias, em regime semi-aberto.

ESTABELECIMENTO PENAL INDUSTRIAL. *Direito penitenciário.* Aquele que contém oficinas para o trabalho dos presidiários.

ESTABELECIMENTO PENITENCIÁRIO. *Direito penitenciário.* É o destinado a recolher condenados, para cumprimento da pena que lhes for imposta.

ESTABELECIMENTO PIO. *Direito civil.* Associação beneficente, como asilo, orfanato etc.

ESTABELECIMENTO PRESIDIÁRIO. *Direito penitenciário.* É aquele que recolhe não só os presos provisórios, presumidos inocentes, os quais, por não haver ainda sentença condenatória contra eles, não podem ser submetidos ao regime penitenciário, como também os condenados a prisão simples, que ficam em local separado, e, excepcionalmente e em seção separada, os condenados a pena de reclusão ou detenção de curta duração.

ESTABELECIMENTO PRINCIPAL. *Vide* ESTABELECIMENTO COMERCIAL PRINCIPAL.

ESTABELECIMENTO PRISIONAL. *Direito penitenciário.* Expressão que abrange os estabelecimentos penitenciário, presidiário, assistencial, de classificação e triagem, médico-penal etc.

ESTABELECIMENTO PSIQUIÁTRICO. *Direito penal.* Manicômio judiciário encarregado do tratamento de doentes mentais que perpetraram crimes.

ESTABELECIMENTO PÚBLICO. *Direito administrativo.* 1. Local encarregado da gestão dos serviços públicos. 2. Pessoa jurídica de direito público, com patrimônio afetado à consecução de fins públicos, disciplinada por lei. 3. É o que tem por escopo atender a utilidade e a recreação públicas, como hospital, museu etc.

ESTABELECIMENTO RURAL. *Vide* ESTABELECIMENTO AGRÍCOLA.

ESTABELECIMENTOS FABRICANTES DE VACINAS AUTÓGENAS. *Direito agrário.* São estabelecimentos localizados em território nacional que realizam diagnósticos de rotina em medicina veterinária a partir dos quais produzem vacinas autógenas.

ESTABELECIMENTO TRIBUTÁRIO. *Direito tributário.* Aquele que tem capacidade tributária passiva.

ESTABILIDADE. *Direito do trabalho.* **1.** Qualidade do que é estável. **2.** Permanência. **3.** Efetividade no cargo ou no emprego.

ESTABILIDADE DECENAL. *Direito do trabalho.* Direito adquirido de empregados que a conquistaram antes da nova Constituição, a qual aboliu o regime da estabilidade, pois, pela legislação trabalhista, aquele que completa mais de dez anos de serviço na mesma empresa não pode ser despedido senão por motivo de falta grave ou circunstância de força maior, devidamente comprovadas. Em qualquer caso de rescisão de contrato de trabalho, o texto constitucional requer que haja pagamento de indenização compensatória.

ESTABILIDADE DO FUNCIONÁRIO PÚBLICO. *Direito administrativo.* **1.** Garantia assegurada ao servidor público civil da União, dos Estados, do Distrito Federal, dos Municípios, da administração direta, autárquica e das fundações públicas, em exercício na data da promulgação da nova Constituição há pelo menos cinco anos continuados, de ser considerado estável no serviço público, se nomeado sem concurso. **2.** Garantia assegurada ao funcionário público concursado, após dois anos de exercício, de só poder ser demitido em virtude de sentença judiciária transitada em julgado, ou mediante processo administrativo em que lhe seja assegurada ampla defesa.

ESTABILIDADE POLÍTICA. *Ciência política.* Capacidade previsível de um sistema político de prolongar-se no tempo (Morlino).

ESTABILIDADE PROVISÓRIA. *Direito do trabalho.* São garantidas as estabilidades provisórias da gestante; do dirigente sindical, ainda que suplente; do empregado eleito para cargo de direção de comissões internas de prevenção de acidentes; do empregado acidentado, durante a vigência do contrato por prazo determinado, que não poderá ser rescindido antes do prazo estipulado pelas partes, pois as convenções e os acordos coletivos de trabalho poderão instituir contrato de trabalho por prazo determinado para qualquer atividade desenvolvida pela empresa ou estabelecimento, para admissões que representem acréscimo no número de empregados.

ESTABILIDADE SINDICAL. *Direito do trabalho.* Aquela que possui o empregado eleito para cargo diretivo de sindicato (Geraldo Magela Alves).

ESTABILIDADE SOCIAL. *Sociologia jurídica.* Ausência de crise na estrutura e organização da sociedade, cujas transformações não causam alteração alguma no equilíbrio funcional de suas instituições (José de Ribamar C. Caldeira).

ESTABILISMO. *Ciência política.* Conservação invariável de instituições políticas.

ESTABILISTA. *Ciência política.* **1.** Tudo que for concernente ao estabilismo. **2.** Pessoa partidária do estabilismo.

ESTABILIZAÇÃO. *Economia política.* **1.** Conservação do valor da moeda em nível mais ou menos invariável, que deixa de ser oscilante. **2.** Medida tomada para firmar o valor da moeda nacional relativamente ao da estrangeira e à aquisição de mercadorias ou bens, pondo fim às suas variações.

ESTABILIZAÇÃO MONETÁRIA. *Economia política.* Fixação do poder aquisitivo da moeda (Othon Sidou).

ESTABILIZADOR. **1.** *Direito econômico.* O que estabiliza. **2.** *Direito aeronáutico.* a) Plano fixo horizontal que mantém o equilíbrio do avião; b) cada um dos lemes de altura de um avião.

ESTABILIZANTE. Aquilo ou aquele que estabiliza.

ESTABILIZAR. Tornar estável ou inalterável.

ESTABULAÇÃO. *Direito agrário.* Criação ou alimentação de gado de grande porte (cavalar ou bovino) em estábulo.

ESTABULADOR. *Direito agrário.* Trabalhador rural que tem a incumbência de tratar do estábulo e dos animais.

ESTABULAR. *Direito agrário.* **1.** Colocar o gado no estábulo. **2.** Criar ou engordar gado bovino ou cavalar em estábulo. **3.** Relativo a estábulo.

ESTÁBULO. *Direito agrário.* Prédio onde, na fazenda ou estância, se alojam e alimentam animais, constituído, para tanto, de baias.

ESTACA. *Direito agrário.* **1.** Haste de uma planta introduzida na terra para criar raízes e formar uma nova árvore. **2.** Pau cravado na terra para usos diversos, como, por exemplo, demarcar terra, ou amparar ou suster uma planta.

ESTACADA. **1.** *Direito agrário.* a) Curral ou estábulo para gado cavalar ou bovino; b) tapume de estaca ou paliçada; c) dique construído na área de irrigação e formado por grandes estacas numa ribeira ou canal, para fechar-lhe a entrada ou desviar-lhe o curso, interceptando a água para lhe dar sua destinação. **2.** *Direito militar.* a) Barreira feita, momentaneamente, à entrada de porto para impedir passagem de navio inimigo; b) fileira de estacas fixada na terra à distância de duas polegadas, ordinariamente, no fundo do fosso dos entrincheiramentos ou junto de escarpas, para dificultar o assalto do inimigo; anteparo defensivo das trincheiras.

ESTAÇÃO. **1.** *Direito agrário.* a) Época do ano em que determinados frutos se produzem, podendo ser comercializados; b) hábitat de certos produtos da terra. **2.** *Direito canônico.* a) Parada de procissão, confraria ou irmandade, para rezar ou cantar alguma oração; b) prática feita pelo pároco aos que freqüentam ordinariamente a missa conventual; c) visita de devoção às igrejas; d) jejum de quarta e de sexta-feira feito por muitos devotos. **3.** *Direito comercial.* Local de parada dos meios de transporte de passageiros ou de cargas. **4.** *Direito marítimo.* a) Lugar de permanência de um navio; b) tempo que ali demora a embarcação. **5.** *Direito administrativo.* a) Posto ou repartição pública onde se deve ir para cumprimento de obrigação legal; b) posto policial; c) centro telefônico. **6.** *Direito civil.* Temporada. **7.** *Direito virtual.* Cada um dos computadores interligados em uma rede.

ESTAÇÃO ADUANEIRA. *Direito alfandegário.* Terminal alfandegado de uso público onde se executam serviços aduaneiros.

ESTAÇÃO ADUANEIRA DE FRONTEIRA (EAF). *Direito alfandegário.* Terminal destinado ao estacionamento de veículos de carga em tráfego pelo ponto de fronteira ao qual está vinculado, de onde as mercadorias transportadas deverão ser despachadas para exportação, importação ou trânsito pelo território aduaneiro, facultados a armazenagem, o transbordo ou a baldeação. Fica instalada em imóvel da União e é administrada pela Secretaria da Receita Federal ou por empresa habilitada como permissionária. Terminal situado em zona primária de ponto alfandegado de fronteira, ou em área contígua, assim entendida a área compreendida pelo Município onde se localiza o ponto de fronteira, onde é executado serviço de controle aduaneiro de veículos de carga em tráfego in-ternacional, de verificação de mercadorias em despacho aduaneiro e outras operações de controle determinadas pela autoridade aduaneira. Nela só podem ser realizadas operações com mercadorias submetidas ao regime aduaneiro comum.

ESTAÇÃO ADUANEIRA INTERIOR (EADI). *Direito alfandegário.* Terminal alfandegado de uso público em zona secundária, que pode ser instalado em região de expressiva concentração de carga de importação ou destinada à exportação. Tal estação está autorizada a operar com carga de importação e de exportação, ou apenas de exportação, tendo em vista as necessidades e condições locais, podendo nela ser executados todos os serviços aduaneiros, incluindo-se os de processamento de despachos. Na EADI podem ser realizadas operações de despacho aduaneiro com mercadorias submetidas aos seguintes regimes: **1.** Comum. **2.** Suspensivos: a) entreposto aduaneiro na importação e na exportação; b) admissão temporária; c) trânsito aduaneiro; d) *drawback*; e) exportação temporária; f) depósito alfandegado certificado e depósito especial alfandegado.

ESTAÇÃO AERONÁUTICA. *Direito aeronáutico.* Estação de radiotransmissão, em regra situada no solo, para possibilitar comunicação radiofônica com aviões.

ESTAÇÃO CLIMÁTICA. *Direito civil.* Local à beira-mar, ou nas montanhas, que, devido às condições favoráveis de seu clima, muitas vezes em combinação com hidroterapia e uso terapêutico de águas minerais, produz muitos benefícios à saúde, sendo por isso bastante procurado para cura e repouso.

ESTAÇÃO DE CONTROLE. *Direito marítimo.* Lugar, na embarcação ou navio, onde estão localizados os instrumentos de controle da navegação.

ESTAÇÃO DE CONTROLE DE SATÉLITE. *Direito administrativo, direito espacial* e *direito internacional público.* Estação terrena que compreende um conjunto de instalações, equipamentos e demais meios de telecomunicações destinados ao rastreio, telemetria, controle e monitoragem de satélites de telecomunicações.

ESTAÇÃO DE INSPEÇÃO DE SEGURANÇA VEICULAR. *Direito de trânsito.* Instalação automatizada e informatizada, fixa ou móvel, dotada de equipamentos, pessoal qualificado e sistema que permite a realização de inspeção de segurança veicular. A estação de inspeção de segurança veicular deverá possuir as seguintes características: a) possuir instalação (fixa ou móvel) especialmente equipada para a finalidade de inspeção de segurança veicular; b) possuir grau de automação e de informatização dimensionado de forma a guardar relação com a frota-alvo de veículos a ser inspecionada e garantir a qualidade, a eficiência e a rapidez dos serviços prestados aos usuários; c) resguardar a segurança e a imparcialidade do agente de inspeção, em sua atividade; d) possuir máquinas, equipamentos, instrumentos e ferramentas, submetidos periodicamente à manutenção geral e à aferição, na forma dos procedimentos e critérios estabelecidos pelo Instituto Nacional de Metrologia, Normalização e Qualidade Industrial (INMETRO); e) possuir local adequado para estacionamento de veículos; f) dispor de área administrativa para funcionamento dos serviços de apoio às inspeções e também área de atendimento aos clientes que garanta seu conforto, saúde e segurança; g) apresentar disposição de equipamentos, que dispense manobras para correção do posicionamento dos veículos durante a inspeção; h) garantir que as inspeções sejam realizadas livres de agentes externos como vento, chuva ou outros elementos que possam prejudicar a inspeção; i) possuir local para as inspeções com ventilação adequada, de forma a evitar acúmulo de gases tóxicos; j) possuir linhas de inspeção com piso adequado, de forma a não influir nos resultados das inspeções; k) garantir que os profissionais encarregados da realização das inspeções sejam habilitados e cadastrados conforme exigências, regras e procedimentos estabelecidos pelos respectivos órgãos de trânsito; l) executar exclusivamente atividades pertinentes à inspeção de segurança veicular.

ESTAÇÃO DE MONTA. *Direito agrário.* Fazenda em que são mantidos animais machos reprodutores de boa raça para cobrir fêmeas da mesma raça ou de raça inferior, com o escopo de obter melhoria do rebanho.

ESTAÇÃO DE RADIOAMADOR. *Direito das comunicações.* Conjunto operacional de equipamentos ou aparelhos, dispositivos e demais meios necessários à exploração do serviço de radioamador, seus acessórios e periféricos, e as instalações que os abrigam e complementam, concentrados em locais específicos, ou, alternativamente, em um terminal portátil.

ESTAÇÃO DE RÁDIO BASE. *Direito das comunicações.* Estação fixa de telecomunicações que processa

e encaminha sinais e mensagens de usuários do Serviço de Rádio-Acesso.

ESTAÇÃO DE SEGUIMENTO. *Direito espacial.* Instalação de observação visual, fotográfica ou eletrônica dos foguetes ou dos engenhos por eles lançados, bem como do respectivo seguimento.

ESTAÇÃO DE TELECOMUNICAÇÕES. *Direito das comunicações.* É o conjunto de equipamentos ou aparelhos, dispositivos e demais meios necessários à realização de telecomunicações, seus acessórios e periféricos e, quando for o caso, as instalações que os abrigam e complementam, inclusive terminais portáteis.

ESTAÇÃO DE TRANSFERÊNCIA DE RESÍDUOS DE SERVIÇOS DE SAÚDE. *Direito ambiental.* É uma unidade com instalações exclusivas, com licença ambiental expedida pelo órgão competente, para executar transferência de resíduos gerados nos serviços de saúde, garantindo as características originais de acondicionamento, sem abrir ou transferir conteúdo de uma embalagem para a outra.

ESTAÇÃO DISKLESS. *Direito virtual.* Computador sem disco, em que o armazenamento de dados e programas é feito em um servidor da rede, evitando contaminação por vírus e uso de programas indesejáveis.

ESTAÇÃO DISTRIBUIDORA. Aquela que recebe a corrente de alta tensão de usinas geradoras, transformando-a e distribuindo-a para fins de energia e iluminação.

ESTAÇÃO ESPACIAL. *Direito espacial.* Satélite artificial, sem tripulantes, destinado a ficar girando em órbita fixa, servindo como base para observações e experiências científicas, reabastecimento de combustível de astronaves ou lançamento de mísseis. Trata-se da "plataforma espacial".

ESTAÇÃO FERROVIÁRIA. 1. Na *linguagem jurídica* em geral, é o local onde são feitos o embarque e desembarque de passageiros, e a carga e descarga de mercadorias a serem transportadas por via férrea. **2.** *Direito penal.* Local que, se houver prática de crime de perigo comum o qual consiste em causar incêndio, constitui agravante de pena.

ESTAÇÃO GERADORA DE TELEVISÃO. *Direito das comunicações.* É o conjunto de equipamentos, incluindo os acessórios, que realiza emissões portadoras de programas que têm origem em seus próprios estúdios.

ESTAÇÃO MARÍTIMA. *Direito marítimo.* Porto onde se efetuam o embarque e desembarque de passageiros, e a carga e descarga de mercadorias a serem transportados por navios.

ESTAÇÃO METEOROLÓGICA. Estabelecimento que contém equipamentos para observação e estudo de fenômenos atmosféricos ou meteorológicos, para previsão do tempo.

ESTAÇÃO MÓVEL. *Direito administrativo.* Estação de Serviço Móvel Celular que pode operar quando em movimento ou estacionada em lugar não especificado.

ESTAÇÃO MÓVEL LOCAL. *Direito administrativo.* Estação Móvel de Serviço Móvel Celular que se encontra em sua área de registro.

ESTAÇÃO MÓVEL VISITANTE. *Direito administrativo.* Estação Móvel de Serviço Móvel Celular que se encontra em área de registro diversa daquela à qual pertence.

ESTAÇÃO RÁDIO-BASE. *Direito administrativo.* Estação Fixa de Serviço Móvel Celular usada para radiocomunicação com Estações Móveis.

ESTAÇÃO REPETIDORA DE TELEVISÃO. *Direito das comunicações.* É o conjunto de receptores e transmissores, incluindo equipamentos acessórios, capaz de captar os sinais de sons e imagens oriundos de uma estação geradora ou de outra estação repetidora, de forma a possibilitar seu transporte para outra repetidora, para uma retransmissora ou para outra geradora de televisão.

ESTAÇÃO RETRANSMISSORA DE TELEVISÃO. *Direito das comunicações.* É o conjunto de receptores e transmissores, incluindo equipamentos acessórios, capaz de captar sinais de sons e imagens e retransmiti-los, simultaneamente, para recepção pelo público em geral.

ESTAÇÃO RETRANSMISSORA NÃO-SIMULTÂNEA DE TELEVISÃO. *Direito das comunicações.* É o conjunto de transmissores, incluindo equipamentos acessórios, destinado a retransmitir os sinais de sons e imagens emitidos ou originados em estações geradoras, direta ou previamente gravados, e aqueles inseridos localmente, de modo que possam ser recebidos pelo público em geral.

ESTAÇÃO RETRANSMISSORA SIMULTÂNEA DE TELEVISÃO. *Direito das comunicações.* É o conjunto de transmissores e receptores, incluindo equipamentos acessórios, capaz de captar sinais de sons e imagens e retransmiti-los, diretamente e sem interrupção, para recepção pelo público em geral.

ESTAÇÃO RODOVIÁRIA. *Direito comercial.* Local onde se embarcam e desembarcam passageiros ou cargas que devem ser transportados pela estrada de rodagem.

ESTAÇÃO TERRENA. *Direito administrativo, direito internacional público* e *direito espacial.* Estação localizada sobre a superfície da Terra ou na atmosfera terrestre que se comunica com uma ou mais estações espaciais, ou, ainda, com uma ou mais estações do mesmo tipo, por meio de um ou mais satélites refletores ou outros objetos no espaço.

ESTACAR. *Direito agrário.* Segurar ou amparar algo com estacas.

ESTACARIA. *Vide* ESTACADA.

ESTACIONAL. *Direito agrário.* Sazonal; aquilo que é próprio de uma determinada estação.

ESTACIONAMENTO. 1. *Direito civil.* Área onde veículos podem ser deixados, temporariamente. **2.** *Direito militar.* Permanência de uma tropa no mesmo local. **3.** *Direito comercial.* Local onde se estaciona para embarque e desembarque de passageiros ou cargas a serem transportados; parada. **4.** *Direito de trânsito.* a) ato de estacionar veículo motorizado em local permitido em via pública; b) imobilização de veículos por tempo superior ao necessário para embarque ou desembarque de passageiros.

ESTACIONAR. 1. *Medicina legal.* a) Ficar, um mal estacionário; b) não progredir a moléstia. **2.** *Direito civil.* Deixar veículo motorizado, por tempo determinado, em área destinada a isso ou em estabelecimento que guarda automóveis mediante pagamento. **3.** *Direito de trânsito.* Parar veículo em via ou praça públicas, desde que em local permitido.

ESTACIONÁRIO. 1. *Direito econômico.* Diz-se do valor monetário não sujeito a variação. **2.** *Medicina legal.* a) Diz-se do estado febril persistente e contínuo, em oposição ao intermitente; b) diz-se do mal ou da doença que não avança nem recua, mas estaciona. **3.** *Direito marítimo.* Diz-se da maré, quando no final de seu movimento e por ocasião da sua inércia ao passar do fluxo ao refluxo, ou vice-versa. **4.** Na *linguagem jurídica* em geral, pode indicar: a) aquele que está preso às suas convicções, idéias e costumes, não admitindo qualquer inovação; b) encarregado de uma estação, em determinadas repartições oficiais, como, por exemplo, o da estação meteorológica.

ESTAÇÕES DE MANUTENÇÃO DE EQUIPAMENTOS DE SALVATAGEM INFLÁVEIS. *Direito marítimo.* São oficinas de reparos navais credenciadas pela Diretoria de Portos e Costas para revisar ou reparar equipamentos de salvatagem infláveis e dispositivos hidrostáticos de escape e, ainda, para emitir o correspondente certificado de revisão desses equipamentos.

ESTAÇÕES ECOLÓGICAS. *Direito ambiental.* Áreas representativas de ecossistemas brasileiros, destinadas à realização de pesquisas básicas e aplicadas à Ecologia, à proteção do ambiente natural e ao desenvolvimento da educação conservacionista. Têm como objetivo a preservação da natureza e a realização de pesquisas científicas. Tais estações são de posse e domínio públicos, sendo que as áreas particulares, incluídas em seus limites, serão desapropriadas. É proibida a visitação pública, exceto quando com objetivo educacional, de acordo com o que dispuser o Plano de Manejo da unidade ou regulamento específico. A pesquisa científica depende de autorização prévia do órgão responsável pela administração da unidade e está sujeita às condições e restrições por este estabelecidas, bem como àquelas previstas em regulamento. Nas Estações Ecológicas só podem ser permitidas alterações dos ecossistemas nos casos de: a) medidas que visem a restauração de ecossistemas modificados; b) manejo de espécies com o fim de preservar a diversidade biológica; c) coleta de componentes dos ecossistemas com finalidades científicas; d) pesquisas científicas cujo impacto sobre o ambiente seja maior do que aquele causado pela simples observação ou pela coleta controlada de componentes dos ecossistemas, em uma área correspondente a no máximo 3% da extensão total da unidade e até o limite de um mil e quinhentos hectares.

ESTADA. 1. Demora num local. **2.** Permanência de pessoa ou de coisa, por tempo determinado, em certo lugar. **3.** Presença da parte numa audiência ou em ato ao qual deva comparecer obrigatoriamente. **4.** Diz-se das custas devidas numa diligência judicial. **5.** Ponto do tempo ou do espaço que serve de limite para o movimento (Hamelin). **6.** Lugar onde o preso tem sua cama na cadeia. **7.** Andaime armado numa parede para acabar sua construção.

ESTADELA. *História do direito.* Cadeira alta em que se sentavam os monarcas e magistrados para dar audiências solenes.

ESTADIA. *Direito marítimo.* **1.** Permanência num local. **2.** Demora necessária do comandante do navio fretado para transporte de mercadoria num porto, sem que tenha de receber aumento de frete, para proceder a carga ou a descarga, ou para tomar as providências que forem imprescindíveis. É o tempo habitual que a embarcação fica, no porto em que deu entrada, à disposição do carregador, para carga e descarga, já incluído no frete pago.

ESTADIA CORRENTE. *Direito marítimo.* Também designada *running days*, é aquela em que todos os dias de permanência do navio no porto não computados ininterrupta ou sucessivamente, abrangendo, inclusive, domingos e feriados.

ESTADIA EXTRAORDINÁRIA. *Direito marítimo.* Diz-se daquela em que, sem culpa do comandante ou dos tripulantes, o tempo, ajustado pela partes no contrato de fretamento, se excedeu para completar o carregamento ou a descarga. Tal estadia extraordinária tem natureza compensatória, exigindo um reembolso pelos gastos e prejuízos havidos com o retardamento da viagem.

ESTADIA FRANQUEADA. *Direito marítimo.* Permissão dada a um navio para permanecer no porto livre do pagamento de taxa sobre a carga por ele transportada.

ESTADIA IRREGULAR. *Direito marítimo.* Aquela em que a permanência do navio num porto se dá por força maior ou caso fortuito, não estando prevista no fretamento.

ESTADIA LABORATIVA. *Direito marítimo.* Diz-se daquela em que somente se contam, no tempo de permanência da embarcação no porto, os dias úteis, com exclusão dos domingos, feriados e dos dias em que, por motivo de força maior, não houve carregamento. É também designada *working days*.

ESTADIA ORDINÁRIA. *Direito marítimo.* Tempo de permanência do navio no porto coincidente com o avençado pelas partes na carta de fretamento, cujo pagamento já está incluído no frete, por não ter havido qualquer prorrogação, ou sobreestadia, nem concessão de novo prazo, ou contra-estadia, após a sobreestadia.

ESTADIA REGULAR. *Direito marítimo.* Tempo de permanência da embarcação no porto tido como necessário à carga e descarga de mercadorias, incluindo-se na carta de fretamento tanto a estadia ordinária, cujo preço está inserido no

ESTADIA REVERSÍVEL

frete, como a extraordinária, cujos encargos ficam sob a responsabilidade do carregador ou do fretador.

ESTADIA REVERSÍVEL. *Direito marítimo.* Aquela estabelecida na carta de fretamento como prazo único para a operação de carga e descarga das mercadorias.

ESTADIA ÚTIL. *Direito marítimo.* Diz-se daquela em que são computados tão-somente os dias úteis, descontando-se domingos e feriados.

ESTÁDIO. 1. *Direito desportivo.* Local público onde competições desportivas são realizadas. **2.** *Medicina legal.* Cada período de uma moléstia. **3.** *História do direito.* Arena para jogos públicos. **4.** *Direito agrário.* Fase de desenvolvimento da planta ou do animal. **5.** *Lógica jurídica.* Momento de uma demonstração.

ESTADISMO. *Ciência política.* Doutrina que tende a colocar sob a direção imediata do Estado todas as funções sociais de assistência e as voltadas às minas, ferrovias e bancos.

ESTADISTA. *Ciência política.* **1.** Homem de Estado. **2.** Pessoa versada em assuntos políticos, que participa do governo da nação, por ocupar alto cargo da Administração Pública.

ESTADÍSTICA. *Ciência política.* **1.** Política. **2.** Ciência ou arte de governar. **3.** Soma de princípios a serem seguidos na solução de assuntos de interesse estatal ou ligados à administração do Estado.

ESTADÍSTICO. *Ciência política.* Relativo à estadística.

ESTADIZAÇÃO. *Ciência política.* **1.** Ação ou efeito de converter, com autorização legal, uma atividade industrial privada em indústria pública, passando a União, com isso, a exercer as atividades econômicas. **2.** Administração direta, por parte do Estado, de uma empresa que, outrora, era privada.

ESTADIZAR. *Ciência política.* **1.** Tornar privativo do Estado o exercício de atividades econômicas que eram desempenhadas por particulares. **2.** Colocar algo sob a administração direta do Estado. **3.** Transformar indústria de propriedade e administração particulares em indústria pública. **4.** Passar para o domínio do Estado.

ESTADO. 1. Na *linguagem filosófica,* pode ter o sentido de: a) aquilo que se opõe ao movimento ou à ação; modo de ser momentâneo, ou mais ou menos durável; b) fato psíquico consciente ou fato de consciência (Lalande). **2.** *Sociologia jurídica.* Posição social. **3.** *Ciência política* e *direito constitucional.* a) Organização ou sociedade político-jurídica que resulta do fato de um povo viver em um território delimitado e governado por leis fundadas num poder soberano (Celso Bastos); b) conjunto dos serviços gerais de uma nação (Lalande); c) nação politicamente organizada por leis próprias; d) complexo de poderes políticos de uma nação; e) divisão territorial de certos países, como os Estados Unidos da América do Norte, o Brasil e outros. **4.** *Direito civil.* a) Situação em que se encontra uma pessoa; b) posição da pessoa natural na sociedade política e na família, como indivíduo. **5.** *Medicina legal.* Disposição; condição física ou moral de uma pessoa. **6.** *Direito internacional privado.* Estatuto pessoal.

ESTADO ACREDITADO. *Direito internacional público.* País que recebe agente diplomático de outro.

ESTADO ACREDITANTE. *Direito internacional público.* Estado que envia a outro um agente diplomático.

ESTADO-ADMINISTRAÇÃO. *Direito administrativo.* **1.** Poder Executivo. **2.** Governo.

ESTADO ANSIOSO. *Medicina legal.* Neurose que leva pessoa nervosa e angustiada a alimentar temor extrínseco de estar sendo ameaçada em sua vida, fazendo com que imagine moléstias cardíacas, geniturinárias, respiratórias etc., conduzindo-a à abstinência sexual ou insatisfação erótica.

ESTADO ARISTOCRÁTICO. *Ciência política.* Aquele que mantém a aristocracia, sendo por ela governado. Tal aristocracia pode apresentar-se como: uma nobiliarquia, se formada por nobres de sangue real; uma hierocracia, se se tratar de sociedade de castas; uma timocracia, se a camada militar estiver no primeiro degrau da escala social; uma plutocracia, se a camada dominante for a dos ricos; um mandarinato, se o domínio é dos que possuem preparo intelectual; ou uma tecnocracia, se predominar uma elite de técnicos.

ESTADO AUTORITÁRIO. *Ciência política.* Aquele em que uma minoria, contra a vontade da maioria, exerce o poder político.

ESTADO CENTRAL. Aquele que não é banhado pelo mar.

ESTADO-CIDADE. *História do direito.* Unidade política da antiga Grécia, dotada de um estatuto.

ESTADO CIVIL. *Direito civil.* Soma das qualificações da pessoa natural, permitindo sua apresentação na sociedade numa determinada situação jurídica, para que possa usufruir dos benefícios e das vantagens dela decorrentes e sofrer os ônus e as obrigações que dela emanam. O estado civil da pessoa rege-se por normas de ordem pública e, por constituir um reflexo da personalidade, é indivisível, indisponível, imprescritível e irrenunciável. Como ensina Clóvis Beviláqua, o "estado das pessoas é o seu modo particular de existir", que pode ser encarado sob os aspectos individual, ou físico, familiar e político. O estado individual, ou físico, é a maneira de ser da pessoa quanto à idade, ao sexo e à saúde mental e física, elementos que influenciam sua capacidade civil; o estado familiar indica a sua situação na família; e o estado político, a sua qualidade jurídica, que advém da sua posição na sociedade política, caso em que é nacional, naturalizada ou estrangeira.

ESTADO CIVILIZADO. *Sociologia jurídica.* Diz-se da vida dos homens civilizados numa sociedade.

ESTADO CLIENTE. *Teoria geral do Estado* e *direito internacional público.* Trata-se do quase-protetorado, de um Estado composto por subordinação, ante o fato de ter confiado a um Estado independente a direção de certos negócios seus.

ESTADO–COLETIVIDADE. *Vide* ESTADO-SOCIEDADE.

ESTADO COLETIVO. *Vide* ESTADO COMPOSTO.

ESTADO COM COMPETÊNCIA LIMITADA DE SOBERANIA. *Vide* ESTADO DEPENDENTE.

ESTADO COMPOSTO. *Teoria geral do Estado* e *direito internacional público.* É o formado pela união de dois ou mais Estados, que gozam de certa autonomia, compondo uma unidade política e soberana no âmbito internacional. Se constituído por coordenação, ou seja, pela associação de Estados soberanos, pode-se ter: a) aquele que decorre de união pessoal, ficando sob a autoridade de um só governante; b) o oriundo de união real, por ter firmado um tratado; c) a confederação de Estados; d) a Federação. Se se constituir por subordinação, ter-se-á: a) Estado vassalo; b) protetorado ou Estado protegido; c) Estado cliente ou quase-protetorado; d) país sob tutela.

ESTADO COMPULSIVO. *Medicina legal.* Neurose que se manifesta pela obsessão, no foco da consciência.

ESTADO–COMUNIDADE. *Ciência política.* É a unidade, em razão do poder e da organização, como uma só sociedade política.

ESTADO CONFEDERADO. *Teoria geral do Estado* e *direito internacional público.* Conjunto de Estados soberanos ligados entre si, por um tratado ou convenção, formando uma coletividade jurídica, mas cada qual conservando sua autonomia administrativa, soberania e independência. Exemplo disso ocorreu com os Estados Unidos da América do Norte no período entre 1781 e 1789, que antecedeu sua independência.

ESTADO CONSTITUCIONAL. *Direito constitucional.* Diz-se daquele que apenas pode atuar dentro dos limites das competências que lhe são outorgadas pela Carta Magna (Celso Bastos).

ESTADO CONTEMPLATIVO. *Ciência política.* Estado gendarme.

ESTADO CONTRATANTE. *Direito internacional público.* Signatário de um tratado.

ESTADO CORPORATIVO. Aquele cujo sistema econômico está baseado em corporações ou grupos sociais que visam a consecução de um fim comum (Geraldo Magela Alves).

ESTADO CREPUSCULAR. *Medicina legal.* Perda temporária e parcial do controle consciente de certas áreas psíquicas, que acarreta nulidade dos negócios praticados pelo paciente e sua irresponsabilidade penal pelo crime que nesse estado vier a cometer, uma vez que a apreensão do mundo circundante é imperfeita ou falsa, seguida de amnésia lacunar relativa à evolução do fenômeno.

ESTADO DA CAUSA. *Direito processual civil.* **1.** Fase em que se encontra a demanda ou situação dos autos num processo em curso. **2.** Julgamento antecipado da lide equivalente a um ato decisório conforme o estado da causa (Rogério Lauria Tucci).

ESTADO DA CIDADE DO VATICANO. *Direito canônico.* Território independente onde a Santa Sé tem sua sede, em Roma.

ESTADO DA COISA. 1. *Direito civil.* Situação real em que se encontra uma coisa móvel ou imóvel, abrangendo sua localização, descrição e restrições, ônus ou encargos que sobre ela recaem. **2.** *Direito processual civil.* Demonstração material do último estado em que a coisa se encontrava antes de ter sido objeto da ação de reintegração de posse ou da de nunciação de obra nova.

ESTADO DA NATUREZA. *Sociologia jurídica.* Diz-se da vida de homens selvagens.

ESTADO DA PESSOA NATURAL. *Vide* ESTADO CIVIL.

ESTADO DA QUESTÃO. *Teoria geral do direito.* Exposição do que diz respeito a uma questão.

ESTADO DE ABANDONO. *Direito civil* e *direito penal.* Diz-se da situação do filho menor em que seus pais revelam manifesto desinteresse pela sua pessoa, podendo, com isso, perder o poder familiar ou ser enquadrados nos crimes de abandono material, moral ou intelectual de incapaz.

ESTADO DE AUSÊNCIA. *Direito civil.* Situação em que se encontra uma pessoa declarada como ausente pelo Judiciário, por ter desaparecido de seu domicílio sem dar notícias e sem deixar representante que possa ou queira cuidar de seus negócios e interesses.

ESTADO DE BELIGERÂNCIA. *Direito internacional público.* Estado de guerra.

ESTADO DE CALAMIDADE PÚBLICA. *Direito constitucional.* O reconhecimento pelo poder público de situação anormal, provocada por desastres, causando sérios danos à comunidade afetada, inclusive à incolumidade ou à vida de seus integrantes.

ESTADO DE CASADO. *Direito civil.* Condição ou situação daqueles que, sendo de sexo diverso, vivem, notória e publicamente, como marido e mulher, passando como tal aos olhos da sociedade. Daí exigir, tal situação, os seguintes requisitos: a) *nomen*, ou seja, a mulher deve usar o nome do marido; b) *tractatus*, isto é, ambos devem tratar-se, ostensivamente, como casados; c) *fama*, significando que a sociedade deve reconhecer sua condição de cônjuges. Excepcionalmente, pode constituir uma prova indireta do casamento para: provar matrimônio de pessoas falecidas, em benefício da prole, ante a impossibilidade de se obter prova direta; eliminar dúvidas entre provas a favor ou contra o matrimônio; e sanar eventuais defeitos de forma do casamento.

ESTADO DE CIDADANIA. *Direito civil.* Estado político pelo qual a pessoa natural pode ser nacional, naturalizada ou estrangeira.

ESTADO DE CIDADE. *Vide* ESTADO DE CIDADANIA.

ESTADO DE COMA. *Medicina legal.* Estado mórbido em que há perda completa ou parcial das atividades funcionais do cérebro.

ESTADO DE COMPROMISSO. *Ciência política.* Acordo não declarado entre o governo e um grupo de elite para preservar este último, se as medidas econômicas lhe forem desfavoráveis.

ESTADO DE CONSCIÊNCIA. *Vide* ESTADO PSÍQUICO.

ESTADO DE DEFESA. *Direito constitucional.* Medida excepcional decretada pelo Presidente da República, ouvidos o Conselho da República e o Conselho de Defesa Nacional, de caráter temporário, e prevista na Lei Maior para preservar ou restabelecer a ordem pública ou a paz social, ameaçadas por calamidade, por motivos político-sociais de grandes proporções, ou por grave e iminente instabilidade institucional. O decreto que instituir esse estado determinará o tempo de sua duração, o qual não poderá ser superior a trinta dias, podendo ser prorrogado uma vez, por igual período, se persistirem as razões que justificaram a sua decretação, e indicará as providências tomadas, que podem consistir em restrições aos direitos de reunião, de sigilo de correspondência e de comunicação telegráfica e telefônica, ou na ocupação e no uso temporário de bens e serviços públicos, na hipótese de calamidade pública, respondendo a União pelos danos e custos decorrentes. Os atos praticados pelo governo durante a vigência do estado de defesa serão fiscalizados pelo Congresso Nacional.

ESTADO DE DIREITO. *Direito constitucional.* Situação criada em razão de lei, trazendo limitação do poder e das atividades estatais pelo direito. O estado de direito tem por escopo a garantia dos direitos fundamentais, mediante a redução dos poderes de intervenção estatal, impondo-lhes restrições fundadas em lei.

ESTADO DE EMERGÊNCIA. *Vide* ESTADO DE SÍTIO.

ESTADO DE FALÊNCIA. *Direito falimentar* e *direito comercial.* Situação de insolvência do empresário, impossibilitando-o de quitar os débitos contraídos.

ESTADO DE FAMÍLIA. *Vide* ESTADO FAMILIAR.

ESTADO DE FATO. Aquele que não pode ser ignorado, apesar de, às vezes, contrariar a norma jurídica, designando o estado atual de alguma coisa, ou o estado que gera ou evidencia um fato natural.

ESTADO DE FILHO. *Direito civil.* Locução empregada para indicar aquele que, aos olhos de todos, tem a qualidade de filho do casal, pela ocorrência da *nominatio*, ou seja, do uso do apelido do pai; da *tractatus*, ou da situação de ser tratado pelos pais com a devida atenção, recebendo sustento, alimentação e educação; e da *reputatio*, isto é, do fato de ser considerado pelos familiares, amigos e vizinhos como filho.

ESTADO DE FILIAÇÃO. *Direito civil.* Diz-se do vínculo consangüíneo ou socioafetivo existente entre pais e filhos (matrimoniais, não-matrimoniais reconhecidos ou adotivos).

ESTADO DE GRAVIDEZ. *Medicina legal.* Situação da mulher que perdura desde a fecundação do óvulo até o parto e cujo diagnóstico se impõe para a defesa dos direitos do nascituro; para a validade de casamento, que não poderá ser anulado por defeito de idade, se dele advier gravidez; e para a configuração do crime de aborto.

ESTADO DE GUERRA. *Direito internacional público.* **1.** *Vide* ABERTURA DE HOSTILIDADES. **2.** Aquele que se caracteriza pela real existência de hostilidade armada entre nações, independentemente da declaração formal de guerra. **3.** Estado legal decorrente da declaração formal de guerra, independentemente da ocorrência de hostilidade armada, por atribuir aos Estados em conflito a qualidade de beligerantes, rompendo suas relações diplomáticas; por proibir relação de comércio entre eles; por ser causa de decretação de estado de sítio etc. **4.** Natureza das relações hostis entre dois ou mais países em conflito. **5.** Lapso de tempo durante o qual há hostilidades. **6.** Complexo de atos e medidas tomados por um país, inclusive de emprego ou mobilização geral das Forças Armadas, para combater violências praticadas por uma nação estrangeira, que atentam contra sua soberania, ou para submetê-la à sua vontade.

ESTADO DE LIBERDADE. *Direito civil* e *direito penal.* Condição de a pessoa ser livre, não podendo ser submetida, nem mesmo transitoriamente, ao estado de escravidão.

ESTADO DEMOCRÁTICO. *Ciência política.* Diz-se daquele cujo governo tem como base a democracia, sendo reconhecido pelo consenso geral, o qual é demonstrado nas eleições, fundando-se, portanto, na vontade do povo.

ESTADO DE NATUREZA. Na *linguagem filosófica,* tem o sentido de: a) condição em que vivem aqueles não civilizados; b) estado individual daquele que não recebeu educação; c) estado hipotético do homem antes da organização social (Rousseau, Grotius, Hobbes etc.).

ESTADO DE NECESSIDADE. *Direito civil* e *direito penal.* Caso excepcional, constituindo excludente de ilicitude e de criminalidade, que consiste na ofensa do direito alheio para remover perigo real e iminente, quando as circunstâncias o tornarem absolutamente necessário e quando não exceder os limites do indispensável para a remoção do perigo, resultante de acontecimento fortuito, natural ou acidental. Não se exige que o direito sacrificado seja inferior ao direito salvaguardado nem mesmo se requer a absoluta ausência de outro meio menos prejudicial.

ESTADO DE NECESSIDADE PUTATIVO. *Direito penal.* Erro de fato em que o agente supõe existir um perigo atual que coloca em risco direito próprio ou alheio, sendo uma descriminante putativa, desde que tal erro seja plenamente justificado pelas circunstâncias, pois não haverá isenção de pena se o erro derivar de culpa, e o fato será punido como crime culposo.

ESTADO DE NEGÓCIO. *Direito civil* e *direito comercial.* Demonstração da situação em que determinado negócio se encontra, mediante um relatório pormenorizado.

ESTADO DE PAZ. *Direito internacional público.* Diz-se da situação em que, entre dois ou mais países, não há qualquer relação de hostilidade.

ESTADO DEPENDENTE. *Direito internacional público.* Aquele que se encontra, mais ou menos, na órbita internacional, em relação de dependência política ou de subordinação em face de outro país (o qual, por sua vez, não se subordina a nenhum outro poder político), sendo, por isso, um estado semi-soberano, por não perder completamente a autonomia externa. O Estado dependente pode ser, conforme o grau de dependência: Estado cliente; Estado protegido, ou um protetorado; Estado sob mandato; ou Estado vassalo. É, portanto, o que possui prerrogativas limitadas de soberania, perdendo o livre exercício de certos direitos.

ESTADO DE PERIGO. *Direito civil.* Vício de consentimento que, ante o fato do temor de grave dano moral (direto ou indireto) ou material (patrimonial indireto) à pessoa ou a algum parente seu, compele o declarante a concluir contrato mediante prestação exorbitante. Há um risco pessoal que diminui a capacidade de dispor livre e conscientemente. Por exemplo, o pai que, tendo seu filho seqüestrado, paga vultosa soma de resgate; o doente, em perigo de vida, que paga honorários excessivos para cirurgião atendê-lo; a vítima de acidente automobilístico que assume negócio exagerado para ser logo salva etc. Em todos esses casos, os negócios efetivados poderão ser anulados, desde que a outra parte, aproveitando-se da situação, tenha conhecimento do dano, bastando que o declarante pense que está em perigo, ou que pessoa de sua família o esteja, celebrando contrato desvantajoso. Assim, se houver perigo real e a pessoa o ignorar ou entender que não é grave, não se poderá falar em defeito de consentimento, não podendo, então, o declarante pleitear a anulação negocial. Para anular contrato, alegando estado de perigo, deverá haver nexo de causalidade entre o temor da vítima e a declaração da outra parte contratante, pois pessoa que se vale de terror alheio para assumir negócio excessivamente oneroso não poderá ser tida como contratante de boa-fé. No estado de perigo, o contratante, entre as conseqüências do grave dano que o ameaça e o pagamento de uma quantia exorbitante, será levado a optar pelo último.

ESTADO DE POLÍCIA. *História do direito.* Regime de governo do século XVIII pelo qual a administração se sujeitava a uma regulamentação sem valia jurídica. Tratava-se do despotismo, cujo resquício pode ser encontrado, ainda, em circulares e instruções de serviços, as quais não trazem nenhuma vantagem aos administrados.

ESTADO DEPOSITANTE. *Direito internacional público.* Diz-se do país que deposita em outro, ou num organismo internacional, sua adesão ou ratificação a um tratado ou sua denúncia (Othon Sidou).

ESTADO DEPOSITÁRIO. *Direito internacional público.* É o guardião do original de um tratado, dos atos ratificatórios ou modificativos e dos instrumentos de adesão, acessão ou denúncia (Othon Sidou).

ESTADO DE PRIVILÉGIOS. *Ciência política.* Diz-se da monarquia ou da ditadura, que são formas de governo não igualitárias, no que atina à permanência no poder de classe ou de pessoa que goza de privilégios no uso de bens imateriais ou materiais.

ESTADO DESESPERADOR. *Medicina legal.* Situação em que se encontra um paciente quando não há mais nenhum recurso para sua cura.

ESTADO DE SÍTIO. **1.** *Direito constitucional.* Medida emergencial em que se suspendem, proviso-riamente, as garantias constitucionais, e não os direitos fundamentais, ante a necessidade de autodefesa do Estado, com o escopo de fortalecer o Executivo, para que possa combater, resolver ou reprimir a crise econômico-social, política ou militar, que coloca em risco a existência da sociedade, resguardando, assim, a ordem constituída e a segurança do país. Trata-se do "estado de sítio político". O presidente da República, ouvidos o Conselho da República e o Conselho de Defesa Nacional, e com a autorização da maioria absoluta do Congresso Nacional, pode decretar o estado de sítio nos casos de: a) comoção grave de repercussão nacional, ou ocorrência de fatos que comprovem a ineficácia de medida tomada durante o estado de defesa; b) declaração de estado de guerra ou resposta a agressão armada estrangeira. O estado de sítio não poderá ser decretado por mais de trinta dias nem prorrogado, de cada vez, por prazo superior, mas, se se tratar de guerra, durará enquanto perdurar o conflito armado. Na vigência do estado de sítio, apenas poderão ser tomadas, contra as pessoas, as seguintes medidas: a) obrigação de permanência em localidade determinada; b) detenção em edifício não destinado a acusados ou condenados por crimes comuns; c) restrições relativas à inviolabilidade da correspondência, ao sigilo das comunicações, à prestação de informações e à liberdade de imprensa, radiodifusão e televisão, na forma da lei; d) suspensão da liberdade de reunião; e) busca e apreensão em domicílio; f) intervenção nas empresas de serviços públicos; g) requisição de bens. **2.** *Direito militar.* Situação de uma praça ou povoado cercado pelo inimigo. Trata-se do "estado de sítio real".

ESTADO DEVEDOR. *História do direito.* Princípio criado pelo Conselho de Estado da França, em 1855, pelo qual as causas ou ações de responsabilidade estatal que visavam a condenação pecuniária do Estado só podiam ser decididas na esfera da competência administrativa, não se sujeitando à apreciação do Judiciário.

ESTADO DO BEM-ESTAR. *Ciência política.* É o *Welfare State*, ou seja, o Estado assistencial que garante tipos mínimos de renda, alimentação, saúde, habitação e educação a todo cidadão, como direito político (Wilensky).

ESTADO DO BRASIL. *História do direito.* Divisão administrativa, no início da colonização, que abrangia as capitanias da parte oriental do Brasil.

ESTADO DO MARANHÃO. *História do direito.* Divisão administrativa que, no começo do período colonial, era constituída pelas capitanias do Norte: Maranhão, Ceará e Pará.

ESTADO DO VATICANO. *Direito internacional público.* Sede da Igreja Católica Apostólica Romana; Santa Sé.

ESTADO EMOTIVO. *Medicina legal.* Condição psíquica em que se encontra uma pessoa em certa situação, e que é fator importante para determinar a validade de seu depoimento testemunhal ou de sua confissão, ou a capacidade de imputação.

ESTADO ESTRANGEIRO. *Direito internacional público.* Locução empregada para designar outros países, aeronaves militares e navios de guerra pertencentes a uma nação alienígena, ou embaixadas.

ESTADO EXÍGUO. *Teoria geral do Estado.* Aquele que tem pequena dimensão territorial, como o Vaticano e Mônaco.

ESTADO FAMILIAR. *Direito civil.* É o que indica a situação da pessoa natural na família, podendo ser, em relação ao matrimônio: casada, solteira, viúva, separada ou divorciada; no que concerne ao parentesco consangüíneo: pai, mãe, filho, avô, avó, neto, irmão, tio, sobrinho ou primo; ao parentesco civil, oriundo da adoção, ao parentesco socioafetivo, alusivo ao liame entre pai institucional e filho advindo de inseminação artificial heteróloga; e, quanto à afinidade: sogro, sogra, genro, nora ou cunhado.

ESTADO FEDERADO. *Direito constitucional* e *teoria geral do Estado.* Estado-Membro de uma Federação ou do Estado federal, que goza de capacidade política, poder de auto-organização ou autonomia constitucional, ou seja, administrativa e política interna, perante a União, regendo-se por uma Constituição própria, seguindo, porém, os parâmetros da Constituição Federal, à qual se submete; elegendo os membros dos seus Poderes Executivo e Legislativo, e possuindo um Poder Judiciário, ou melhor, uma justiça estadual. Cada Estado-Membro possui os tríplices poderes, mas, por não ser dotado de soberania, na área internacional está afeto ao governo central. Relaciona-se por vínculos de coordenação com a União e os Municípios.

ESTADO FEDERAL. *Direito constitucional, teoria geral do Estado* e *direito internacional público.* Aquele composto de vários Estados-Membros, os quais, li-

gados entre si, formam uma pessoa jurídica de direito internacional, por haver centralização de poderes e a manifestação de uma só soberania. *Vide* FEDERAÇÃO.

ESTADO FEUDATÁRIO. *Vide* ESTADO VASSALO.

ESTADO FÍSICO. *Vide* ESTADO INDIVIDUAL.

ESTADO FÓBICO. *Medicina legal.* Neurose de ansiedade em que o paciente apresenta fobias.

ESTADO FORTE. *Ciência política.* Estado onde imperam a ditadura e o desrespeito aos direitos individuais.

ESTADO-GARANTE. *Direito internacional público.* Qualidade de um terceiro Estado para quem o tratado cria deveres, que ele, de modo expresso, vem a aceitar. Tal Estado-garante não pode intervir na execução do tratado, salvo se houver requerimento de uma das partes interessadas e quando se realizarem condições sob as quais aquela intervenção foi estipulada. Ao intervir na execução do tratado, só poderá fazer uso de meios permitidos pelo direito internacional e sem outras exigências de maior alcance do que as do próprio Estado garantido.

ESTADO GENDARME. *Ciência política.* Estado liberal que não interfere nas atividades econômico-sociais, tendo por função única zelar pela ordem pública.

ESTADO HISTÉRICO DE CONVERSÃO. *Medicina legal.* Psiconeurose em que há um desvio ou conversão da carga psicológica, por crises convulsivas, ou por desordens motoras, mentais ou sensoriais. Por exemplo, se alguém, odiando um rival, não pode matá-lo, passa a ter espasmos viscerais (Croce e Croce Jr.).

ESTADO HUMILDE. Pobreza, decadência econômica.

ESTADO IMPERIALISTA. *Direito internacional público.* Diz-se daquele que antepõe seus interesses e necessidades aos direitos dos demais países.

ESTADO INDEPENDENTE. *Vide* ESTADO SOBERANO.

ESTADO INDIVIDUAL. *Direito civil.* Também designado "estado físico" por representar a maneira de ser da pessoa quanto à idade (maior ou menor), ao sexo (feminino ou masculino), e à saúde mental e física (são de espírito, alienado, doente, surdo-mudo etc.), elementos que influenciam sua capacidade civil.

ESTADO INTERSEXUAL. *Medicina legal.* Indiferenciação sexual anatômica, funcional ou psíquica, que possibilita o homossexualismo, o hermafroditismo, o pseudo-hermafroditismo, a masculinização de mulheres, a feminização de homens, o missexualismo psíquico ou crítico etc. (Croce e Croce Jr.).

ESTADO–JUIZ. *Ciência política* e *direito processual.* Poder judiciário.

ESTADO–JURISDIÇÃO. *Direito processual.* Poder Judiciário, que é o único com competência para decidir os litígios.

ESTADOLATRIA. *Ciência política.* Culto à onipotência do Estado, em detrimento da liberdade individual.

ESTADO LIBERAL. *Direito constitucional.* Aquele que coloca a individualidade da pessoa como ponto nuclear ou central, assegurando a cada uma todas as liberdades fundamentais e a livre iniciativa, assumindo a defesa dos direitos individuais e procurando atingir o máximo de bem-estar comum com um mínimo de intervenção, inclusive na economia. Visa, portanto, uma sociedade livre de qualquer gestão ou direção do poder estatal.

ESTADO LIBERAL DEMOCRÁTICO. *Teoria geral do Estado.* Organização individualista que funda o poder estatal na vontade popular.

ESTADO–MAIOR DA AERONÁUTICA (EMAER). *Direito aeronáutico* e *direito militar.* Organização do Comando da Aeronáutica que tem por finalidade o planejamento, de mais alto nível, para o cumprimento da missão da Aeronáutica e o assessoramento ao Comandante da Aeronáutica no exercício das atribuições inerentes ao seu cargo. Tem por atribuições: 1) o assessoramento ao Comandante da Aeronáutica na formulação e condução da Política Aeronáutica Nacional; 2) o assessoramento ao Comandante da Aeronáutica na contribuição para a formulação da Política Espacial Nacional; 3) a emissão de Diretrizes Estratégicas e de Planejamento, bem como a supervisão do cumprimento das ações delas decorrentes; 4) a consolidação de Planos Específicos decorrentes das Diretrizes Estratégicas e de Planejamento; 5) a coordenação das ações, quando envolverem mais de um Comando-Geral ou Departamento ou quaisquer destes com a Secretaria de Economia e Finanças da Aeronáutica (SEFA); 6) supervisão das ações de competência da Aeronáutica, para atender às necessidades de órgãos governamentais; 7) a coordenação de assuntos que envolvam o Estado-Maior de Defesa e Secretarias do Ministério da Defesa, os Estados-Maiores da Armada e do Exército, bem como as Forças Armadas dos países estrangeiros; 8) a convocação de representantes dos Comandos-Gerais, Departamentos ou da SEFA, para participação em Grupos de Trabalho e para a prestação de assessoramento técnico especializado; 9) a designação, orientação e controle da participação de representantes da Aeronáutica em atividades externas; 10) o levantamento, análise e processamento de dados relativos às áreas interna e externa do País, com vistas ao Planejamento Militar; 11) as orientações gerais e instruções normativas aplicáveis às visitas de civis e estrangeiros às organizações da Aeronáutica; 12) a orientação, a coordenação e a supervisão dos assuntos internacionais que tenham relacionamento com as atividades da Aeronáutica; 13) a coordenação dos assuntos referentes ao Reaparelhamento da Aeronáutica; 14) a coordenação dos assuntos relativos a Pessoal e Ensino na Aeronáutica, com vistas ao Planejamento Militar; 15) a proposição e a supervisão do cumprimento das Doutrinas da Aeronáutica; 16) a adoção de providências relativas às autorizações de sobrevôo e pouso de aeronaves estrangeiras, conforme estabelecido em legislação específica; 17) a proposição, a coordenação e a supervisão das Políticas de Comando e Controle, de Guerra Eletrônica, de Sensoriamento Remoto e de Telemática da Aeronáutica; 18) a coordenação dos assuntos relativos à Logística, Mobilização, Infra-Estrutura Orgânica da Aeronáutica, Catalogação e Ciência e Tecnologia, com vistas ao Planejamento Militar; 19) a coordenação de assuntos referentes às operações internacionais de manutenção da paz que envolvam a participação da Aeronáutica; 20) a elaboração do Planejamento Plurianual da Aeronáutica; 21) o gerenciamento do Sistema Integrado de Planejamento e Gestão; 22) a emissão de orientação geral e de instruções normativas das atividades de inspeção na Aeronáutica, bem como a supervisão dessas atividades; 23) o estudo da estrutura organizacional da Aeronáutica, bem como a análise das propostas de alterações; 24) o estabelecimento de padrões de eficiência para os setores específicos da Aeronáutica; 25) a coordenação das atividades relativas ao Planejamento Orçamentário; 26) a supervisão e a coordenação dos adidos aeronáuticos brasileiros no exterior; e 27) a ligação com os adidos militares estrangeiros.

ESTADO-MAIOR DAS FORÇAS ARMADAS (EMFA). *Direito administrativo* e *direito militar.* Órgão de cúpula das Forças Armadas, constituídas pela Marinha, Exército e Aeronáutica, que são instituições nacionais permanentes e regulares, organizadas com base na hierarquia e na disciplina, sob a autoridade suprema do presidente da República, e destinam-se à defesa da Pátria, à garantia dos poderes constitucionais e, por iniciativa de qualquer destes, à garantia da lei e da ordem. Ao Estado-Maior das Forças Armadas compete a coordenação de suas atividades e a instrução dos Adidos das Forças Armadas quanto à assistência aos exportadores no exterior, em coordenação com o Ministério das Relações Exteriores. Trata-se, portanto, de uma corporação de oficiais militares especializados, os quais têm ao seu cargo tudo que for relativo a estratégia, responsável pelo assessoramento imediato do presidente da República nos assuntos referentes a estudos para fixação da política, estratégia e doutrina militares, bem como na elaboração e coordenação dos planos e programas daí decorrentes, no estabelecimento de planos para o emprego das forças combinadas ou conjuntas e de forças singulares destacadas para participar de operações militares, levando em consideração não só os estudos e as sugestões dos Ministros Militares, na coordenação das informações estratégicas no campo militar, na coordenação dos planos de pesquisa, de desenvolvimento e de mobilização das Forças Armadas, como também os programas de aplicação dos recursos decorrentes e na coordenação das representações das Forças Armadas no País e no exterior.

ESTADO MARÍTIMO. Aquele banhado pelas águas do mar.

ESTADO-MEMBRO. *Vide* ESTADO FEDERADO.

ESTADO MENTAL DO SUICIDA. *Medicina legal.* Delírio provocado por situações graves e penosas que conduz alguém a atentar contra sua própria vida.

ESTADO MODERNO. *Teoria geral do Estado.* Tipo de Estado oriundo da crise da ordem político-medieval, tendo por base a integração e unificação nacional; a concentração e racionalização do poder político em relação às atividades e funções administrativas e à laicização da cultura, passando a ser um Estado constitucional ou um Estado de Direito.

ESTADO MORAL. Modo de ser, ou situação, de uma pessoa em relação a outras que a cercam.

ESTADO MULTINACIONAL. *Ciência política* e *teoria geral do Estado.* É o que contém população de várias nacionalidades e cuja manutenção depende do reconhecimento, sem renúncia da unidade nacional, de uma forma de autonomia local, evitando uma guerra civil (Celso Bastos).

ESTADO NACIONAL. *Direito internacional público.* Locução que designa o país, em sua unidade política, ou o Estado federal, em sua totalidade territorial, na pessoa da União, abstraindo-se dos Estados-Membros, os quais o compõem, por ser uma entidade soberana e com personalidade reconhecida na seara das relações internacionais.

ESTADO NEUTRAL. *Vide* ESTADO NEUTRO.

ESTADO NEUTRO. *Direito internacional público.* É aquele que, em um conflito ou em uma guerra, não toma partido de qualquer das nações litigantes ou beligerantes, ficando imparcial, não enviando auxílio a qualquer um daqueles países, salvo para obter a paz. Por exemplo, o Vaticano é um Estado neutro.

ESTADO NOBRE. *Direito comparado.* Condição dos membros componentes da nobreza.

ESTADO NORMAL. *Medicina legal.* Situação daquele que apresenta sanidade física e mental, estando plenamente ajustado no meio social.

ESTADO NOVO. *História do direito.* Denominação do regime totalitário, de inspiração fascista, que vigorou no Brasil de 1937 até 1945.

ESTADO PARTE. *Direito internacional público.* Alta parte contratante.

ESTADO PASSIONAL. *Medicina legal.* Condição psicopatológica, excitação, emoção, ou paixão incontrolável que leva o paciente a praticar uma ação criminosa, por alterar sua vontade, causando fortes perturbações vasomotoras, respiratórias e secretórias.

ESTADO PATOLÓGICO. *Medicina legal.* Morbidez que influencia os atos do paciente, afetando, pelo desequilíbrio que causa, sua vontade, suas deliberações e suas relações com o ambiente.

ESTADO PLURIPARTIDÁRIO. *Ciência política.* Aquele que admite a existência de vários partidos políticos.

ESTADO-PODER. *Ciência política.* É o Estado-Governo.

ESTADO-POLÍCIA. *História do direito.* Aquele que procurava subordinar tudo ao princípio finalista, deixando de lado, nas decisões de sua justiça de gabinete, as preocupações da justiça e da segurança (Radbruch).

ESTADO POLÍTICO. *Direito civil* e *direito constitucional.* Qualidade jurídica que advém da posição da pessoa na sociedade política, caso em que é estrangeira, naturalizada ou nacional.

ESTADO PÓS-INFECCIOSO. *Medicina legal.* Desordem psíquica temporária resultante de delírios provocados pela febre.

ESTADO PROTEGIDO. *Direito internacional público.* Trata-se do protetorado, ou seja, daquele Estado que veio a perder sua independência em razão de tratado ou convenção internacional, que submete a sua administração interna e a gestão de seus negócios externos à proteção de um Estado independente, a quem cabe, exclusivamente, o direito de legação.

ESTADO PROVIDÊNCIA. *Ciência política.* **1.** Aquele que intervém no meio socioeconômico, sem suprimir o direito de propriedade, para minimizar os efeitos de força do capital e defender o proletariado, sem buscar a igualdade utópica dos socialistas (José González Llana e Affonso Insuela Pereira). **2.** Organização do Estado de fins ilimitados, onipresente e paternalista, que tende para a autocracia (Othon Sidou).

ESTADO PSÍQUICO. *Medicina legal.* Trata-se do "estado de consciência", relativo às condições funcionais do sistema nervoso, principalmente no que atina à emoção e à vontade, determinadas por hereditariedade, traumatismo, abalo moral, estafa etc., os quais se apresentam na forma de: coma, se houver completa perda de consciência; onirismo, se surgirem delírios e alucinações; sonambulismo, se se apresentar durante o sono atividade consciente; ou estado crepuscular, se ocorrer perda temporária da consciência, acarretando uma falsa ou insuficiente percepção do ambiente, que causa graves distúrbios na conduta. Tal estado psíquico também recebe as denominações de "loucura lúcida", "dipsomania", "neurastenia", "frenastenia", "psicastenia", "síndrome de degeneração mental" etc. (Afrânio Peixoto, Alves Garcia, Croce e Croce Jr., Gilberto de Macedo e Mira y Lopes).

ESTADO PUERPERAL. *Medicina legal.* Perturbação psicopatológica aguda, de caráter transitório, que, em conseqüência do trabalho de parto e de determinados fatores psicológicos, fisiológicos e sociais, leva a parturiente, no período compreendido entre a fase expulsiva do feto e os primeiros minutos seguidos à eliminação da placenta, a cometer infanticídio, por ter sido atingida profunda e parcialmente a sua consciência.

ESTADO RASO. *História do direito.* Condição daqueles que não possuíam qualquer título de nobreza.

ESTADO RIBEIRINHO. *Direito internacional público.* Aquele cuja fronteira se forma por um rio.

ESTADOS. *História do direito.* **1.** Diziam-se das terras ou nações submetidas à mesma soberania política. **2.** Listas dos culpados; apontamentos sumários que eram apresentados pelo escrivão aos magistrados, os quais, por meio daqueles, faziam as autuações; autuações testemunhadas; informações, dadas pelos tabeliães aos carregadores, relativas às malfeitorias, à polícia e a tudo que fosse alusivo ao regimento da terra.

ESTADOS DA IGREJA. *História do direito.* Países sujeitos ao poder temporal do Papa.

ESTADO SEMI-SOBERANO. *Vide* ESTADO DEPENDENTE.

ESTADOS GERAIS. *História do direito.* Cortes que, na França, eram, outrora, formadas pelas três ordens: clero, nobreza e povo.

ESTADO SIMPLES. *Vide* ESTADO UNITÁRIO.

ESTADO SOBERANO. *Teoria geral do Estado* e *direito internacional público.* É o "estado independente", que não se subordina a nenhum outro, conservando sua soberania, interna e externa, em relação aos demais países; não estando sob a proteção ou tutela de outro governo; tendo poder de decisão em última instância em matéria político-jurídica, tanto na órbita interna como na internacional, uma vez que usufrui da exclusividade e autonomia de suas competências, e do livre exercício e gozo de seus direitos; e subordinando-se, tão-somente, à ordem jurídica internacional.

ESTADO SOB MANDATO. *Direito internacional público.* Foi estabelecido em 1919 pelo Pacto da Sociedade das Nações, caracterizando-se pela tutela internacional organizada e controlada por um órgão internacional. O mandante é a Sociedade das Nações e o mandatário, o Estado encarregado de orientar e guiar uma coletividade menor até sua emancipação (José Náufel).

ESTADO SOCIAL. *Teoria geral do Estado.* É aquele que tem poderes de intervenção na liberdade e na propriedade, apenas na medida do que for necessário para garantia da existência do pleno emprego e da força do trabalho (Ernst Rudolf Huber). O Estado social é, portanto, aquele que intervém na seara socioeconômica, previdenciária, educacional etc., regulando-as, criando empresas com tais objetivos, ou, ainda, participando do capital de pessoas jurídicas de direito privado, sem, contudo, retirar a iniciativa e a criatividade das entidades empresariais particulares.

ESTADO SOCIAL DEMOCRÁTICO. *Teoria geral do Estado.* É o que, apesar de conservar traços do liberalismo, contém uma organização socializada, não individualista, da vida econômico-social, baseada numa estrutura social reformulada, com economia dirigida, e caracterizada pelo intervencionismo estatal.

ESTADO SOCIALISTA PARLAMENTAR. *Teoria geral do Estado.* É aquele que, ao aceitar um socialismo moderado de base cooperativista, mantém incólume a liberdade, a legalidade dos partidos políticos, demonstrando a compatibilidade entre o regime socialista e a liberdade (Pinto Ferreira).

ESTADO SOCIALISTA PROLETÁRIO. *Teoria geral do Estado.* É o que possibilita a ascensão das massas populares ao poder político e social, a organização unipartidária ou pluripartidária com a mesma orientação ideológica. Trata-se do socialismo ortodoxo e marxista.

ESTADO-SOCIEDADE. *Direito constitucional* e *teoria geral do Estado.* É o que abrange a organização governamental e a comunidade, de modo que haja uma constante interação entre o governo, que exerce a sua influência conformadora sobre a sociedade, e a sociedade, que possibilita a existência do governo. É aquele em que há uma organização da coletividade e do poder, ou melhor, um poder conformador da comunidade. Tal Estado é comunidade e poder juridicamente organizados, apresentando-se como uma só sociedade política (Celso Bastos).

ESTADO TAMPÃO. *Direito internacional público.* Estado neutralizado por interesses comuns contra a possibilidade de sua anexação a outros, pondo-se sob a proteção dos países que querem sua continuidade.

ESTADO TERRITORIAL. *Teoria geral do Estado.* Estado moderno em que o território funde-se em sua própria essência, de tal sorte que, se ocupado, não terá afetada a sua continuidade na órbita internacional, pois um território não se limita à área ocupada, por estender-se ao espaço aéreo, às águas interiores e ao mar territorial (Francisco Xavier Pinheiro).

ESTADO TOTALITÁRIO. *Teoria geral do Estado.* É aquele caracterizado por um regime político que contém uma ideologia oficial, um sistema policial terrorista, o monopólio da economia, das comunicações e das armas, um partido único, que se confunde com o próprio Estado, personificado no chefe supremo do governo, em cujas mãos estão detidos todos os poderes. Há uma ditadura que controla todos os setores da vida pública (social, econômico, religioso, pedagógico ou cultural), e, às vezes, os da vida particular. Nele, há um intervencionismo absolutista, pois nem o ordenamento jurídico nem o Legislativo e o Judiciário prevalecem sobre a vontade do governante, ante a concentração de poderes (Neumann, Nelson Saldanha, Friedrich e Brzezinski).

ESTADO UNIPARTIDÁRIO. *Teoria geral do Estado.* Aquele em que a representação política se dá apenas por intermédio de um partido único.

ESTADO UNITÁRIO. *Teoria geral do Estado.* Aquele em que há uma unidade político-territorial, pois suas circunscrições administrativas subordinam-se ao poder central sem ter qualquer autonomia (Capitant), sendo dirigidas por delegados do governo central.

ESTADO UNITÁRIO POLITICAMENTE DESCENTRALIZADO. *Teoria geral do Estado.* É aquele em que o órgão central, por disposição de lei ordinária, delega aos Legislativos regionais o poder, para a edição ou execução de leis (Celso Bastos).

ESTADO VASSALO. *Direito internacional público* e *história do direito.* Era aquele que estava submetido a um Estado suserano, a quem pagava um tributo de vassalagem anual pela direção de seus negócios internos, referentes a assuntos financeiros e militares, e externos, e pela prática de atos jurídicos a ele alusivos. O Estado vassalo usava a moeda, a bandeira e as insígnias do Estado suserano; respeitava e executava todos os tratados firmados pelo Estado suserano; e participava das guerras feitas por este último (Hildebrando Accioly, José Náufel e De Plácido e Silva).

ESTADUAL. *Teoria geral do Estado* e *direito constitucional.* Relativo ao Estado-Membro de uma federação.

ESTADUALIZAÇÃO

ESTADUALIZAÇÃO. *Teoria geral do Estado* e *direito constitucional.* **1.** Oficialização; transformação de uma instituição particular em oficial. **2.** Incorporação de estabelecimento privado ao Estado, que passará a dirigi-lo e a mantê-lo; integração ao patrimônio do Estado de algo que a ele não pertencia. **3.** Federalização.

ESTADUALIZAR. *Direito constitucional.* **1.** Oficializar algo como coisa do Estado. **2.** Federalizar. **3.** Integrar ou incorporar ao Estado. **4.** Converter em estadual. **5.** Conferir regalias de coisa pública.

ESTAFA. 1. *Medicina legal.* a) Cansaço físico ou mental; fadiga; b) trabalho desgastante. **2.** *Direito penal.* Estelionato.

ESTAFAR. 1. *Medicina legal.* a) Causar estafa; b) fatigar-se. **2.** *Direito penal.* a) Enganar; b) obter benefício ilícito, mediante o emprego de abuso de confiança, ou de engano; c) praticar estelionato. **3.** Em *gíria*, pode ter o sentido de assassinar.

ESTAFE. 1. *Direito civil.* a) Argamassa, composta de gesso, amassada com estopa, utilizada em construções leves e provisórias; b) equipe, corpo de assistentes. **2.** *Medicina legal.* Cansaço, fadiga, estafa.

ESTAFEIRO. *História do direito.* Criado que acompanhava a pé um cavaleiro, junto ao estribo.

ESTAFETA. 1. *História do direito.* Correio a cavalo, que levava despachos, mensagens ou encomendas de uma estação a outra. **2.** *Direito administrativo.* a) Funcionário do correio que entrega correspondência ou telegramas no domicílio do destinatário; b) encarregado de vigiar as malas postais enviadas de um local a outro.

ESTAFETEIRO. *Direito canônico* e *história do direito.* Frade que era encarregado do correio de sua comunidade ou ordem religiosa.

ESTAFILITE. *Medicina legal.* Inflamação da úvula.

ESTAFILOCOCIA. *Medicina legal.* Infecção provocada por estafilococos, ou seja, por micróbios que vivem na poeira e vegetam nos tegumentos do homem.

ESTAGFLAÇÃO. *Economia política.* Ocorrência simultânea da inflação monetária e recessão econômica.

ESTAGIÁRIO. 1. *Direito administrativo.* Aquele que, após a aprovação num concurso, passa por um estágio probatório, onde demonstra sua habilidade para exercício do cargo, após o qual incorpora-se ao quadro do funcionalismo público. **2.** *Direito do trabalho.* Aquele que passa por um tempo de experiência e prática para o exercício de certo serviço. **3.** Na *linguagem jurídica* em geral, é o aluno de curso superior que faz estágio para adquirir vivência prática. **4.** *História do direito.* Funcionário que era admitido como telegrafista, que constituía a fase inicial da carreira.

ESTAGIÁRIO DE ADVOCACIA. Estudante de Direito que, preenchidos os requisitos legais, se inscreve na OAB, para, em conjunto com advogado e sob a responsabilidade deste, adquirir, dentro de dois anos, a prática da profissão, ao mesmo tempo que recebe ensinamentos, no 4º e 5º anos, do curso jurídico-universitário.

ESTAGIÁRIO DE DIREITO. *Vide* ESTAGIÁRIO DE ADVOCACIA.

ESTÁGIO. 1. *Direito do trabalho.* Tempo de prática em que o empregado aprende o seu ofício, preparando-se para o exercício de determinado serviço. **2.** *Direito penal.* Etapa pela qual passa o condenado, no sistema penitenciário, ao cumprir sua pena, conforme seu comportamento ou grau de periculosidade. **3.** *Direito espacial.* Cada uma das várias seções, dotadas de motor, de um foguete múltiplo, sucessivamente ejetadas em vôo. **4.** Na *linguagem jurídica* em geral, indica a fase por que passa o estudante universitário para adquirir a prática necessária ao exercício de sua profissão. **5.** *Direito administrativo.* Exigência feita para a ocupação efetiva de cargo público, em que o aprovado num concurso público fica em observação, devendo comprovar sua capacidade para assumir aquele cargo.

ESTÁGIO CURRICULAR SUPERVISIONADO. *Direito educacional.* É uma etapa obrigatória dos cursos de Formação de Professores. O Estágio Curricular Supervisionado nos Cursos Superiores de Formação de Professores tem por finalidade: a) complementação do processo ensino-aprendizagem instituído no decorrer do curso; b) estabelecimento da relação teoria-prática de modo a vivenciar situações concretas que favoreçam o aprimoramento da prática profissional; c) conhecimento, integração e atuação na realidade escolar visando à tomada de decisão com vistas à melhoria da educação básica.

ESTÁGIO DE CONVIVÊNCIA. *Direito da criança e do adolescente.* **1.** Período exigido por lei para que o menor possa ser adotado por casal divorciado ou separado judicialmente, desde que tenha iniciado na constância da sociedade conjugal.

2. Período de permanência de casal estrangeiro no território brasileiro, de quinze dias, no mínimo, para adotar criança de até dois anos, ou de trinta dias no mínimo, se o menor tiver mais de dois anos.

ESTÁGIO EMBARCADO. *Direito marítimo.* É aquele incluído no currículo do curso para aquaviários, com o escopo de dar ao aluno as habilidades necessárias ao exercício de função a bordo. Quando houver a necessidade de prática profissional a bordo de embarcação ou navio, isso será feito sempre em parceira com os beneficiados pela formação desse profissional. Para isso, as OM componentes do Sistema de Ensino Profissional Marítimo (SEPM) firmarão convênios com armadores/empresas, buscando integrar o estagiário nos benefícios recebidos pela tripulação, tais como: seguro e assistência médica.

ESTÁGIO ESTUDANTIL NO SERVIÇO PÚBLICO. *Direito educacional.* Aquele feito em órgãos e entidades da administração pública federal direta, autárquica e fundacional que tenham condições de proporcionar experiência prática na linha de formação, podendo aceitar como estagiários, pelo prazo máximo de vinte e quatro meses, alunos regularmente matriculados e que venham freqüentando efetivamente cursos vinculados à estrutura do ensino público e particular, nos níveis superior, profissionalizante de ensino médio e supletivo, oficiais ou reconhecidos. O estágio, sob responsabilidade e coordenação da instituição de ensino e acompanhado pela unidade de recursos humanos do órgão ou entidade solicitante, será planejado, executado, acompanhado e avaliado em conformidade com os currículos e deverá propiciar complementação de ensino e aprendizagem aos estudantes, constituindo-se em instrumento de integração, em termos de treinamento prático de aperfeiçoamento técnico-cultural, científico e de relacionamento humano. Somente poderão ser aceitos estudantes de cursos cujas áreas estejam relacionadas diretamente com as atividades, programas, planos e projetos desenvolvidos pelo órgão ou entidade onde se realizar o estágio. O número de estagiários em cada órgão ou entidade não poderá ser superior a vinte por cento do total da lotação aprovada para as categorias de nível superior e a dez por cento da aprovada para as de nível intermediário. Para a caracterização e definição do estágio curricular é necessária a celebração de convênio com instituições de ensino ou agentes de integração, públicos ou privados sem fins lucrativos, entre o sistema de ensino e os setores de produção, serviços, comunidade e governo. No convênio poderá ser incluída cláusula para custeio das despesas necessárias à realização do seu objeto, mediante prestação de contas. A realização do estágio curricular não acarretará vínculo empregatício de qualquer natureza e dar-se-á mediante Termo de Compromisso celebrado entre o estudante e o órgão ou entidade, com a interveniência obrigatória da instituição de ensino. Ocorrerá o desligamento do estudante do estágio curricular: a) automaticamente, ao término do estágio; b) a qualquer tempo no interesse da Administração; c) após decorrida a terça parte do tempo previsto para a duração do estágio, se comprovada a insuficiência na avaliação de desempenho no órgão ou entidade ou na instituição de ensino; d) a pedido do estagiário; e) em decorrência do descumprimento de qualquer compromisso assumido na oportunidade da assinatura do Termo de Compromisso; f) pelo não-comparecimento, sem motivo justificado, por mais de cinco dias, consecutivos ou não, no período de um mês, ou por trinta dias durante todo o período do estágio; g) pela interrupção do curso na instituição de ensino a que pertença o estagiário. Uma vez atendidas todas as condições específicas de realização e avaliação de desempenho do estágio, o órgão ou entidade encaminhará à instituição de ensino o certificado de estágio, juntamente com os relatórios trimestrais e final apresentados pelo estagiário e avaliados pelo supervisor do estágio. Não será expedido o certificado na hipótese em que o estudante não obtiver aproveitamento satisfatório.

ESTÁGIO PROBATÓRIO. *Direito administrativo.* Período de tempo de dois anos a que se submete um funcionário, nomeado precariamente, por efeito de aprovação em concurso público, para que se apurem sua eficiência profissional e idoneidade moral, possibilitando sua estabilidade e efetiva inclusão no quadro do funcionalismo público.

ESTÁGIO PROFISSIONAL. Período de dois anos em que o estudante de direito se prepara em curso específico ou junto a escritório de advocacia para o ingresso na Ordem dos Advogados do Brasil.

ESTAGNAÇÃO. 1. *Direito comercial.* Falta de movimento no comércio. **2.** *Direito econômico.* Paralisação na circulação de riquezas. **3.** *Direito civil.* Ausência de movimentação nas águas que formam um charco.

ESTAGNAR. 1. *Direito comercial.* Paralisar comércio e indústria. **2.** *Direito econômico.* Fazer cessar a circulação de riquezas. **3.** *Direito civil.* a) Fazer estancar a água, impedindo-a de correr; b) ficar, a água, encharcada ou presa num tanque, poço ou lago. **4.** *Medicina legal.* Ficar, uma moléstia, em estado estacionário.

ESTAI. *Direito marítimo.* Cabo grosso fixo na proa, para firmar a mastreação.

ESTAIAÇÃO. *Direito marítimo.* **1.** Ato de colocar estais. **2.** Conjunto de estais.

ESTALADA. 1. *Direito agrário.* Mutirão feito, no Maranhão, para cobrir casa com folhas de babaçu. **2.** Nas *linguagens jurídica* e *comum,* pode ter o sentido de: contenda, discussão, desordem; pancadaria; bofetada.

ESTALAGEM. *Direito civil.* **1.** Estabelecimento que oferece pousada; hospedaria; albergaria. **2.** Contrato de hospedagem, por meio do qual o hoteleiro oferece, mediante remuneração, ao viajante, pousada, alimentação, depósito de bagagem e serviços de hotelaria.

ESTALAJADEIRO. *Direito civil.* Proprietário ou administrador de uma estalagem.

ESTALÃO. Medida, peso ou padrão.

ESTALÃO MONETÁRIO. *Direito econômico.* Moeda em curso legal.

ESTALEIRAR. *Direito agrário.* Reunir em um local toras de madeira, antes de transportá-las à serraria.

ESTALEIRO. 1. *Direito marítimo.* Lugar apropriado onde os navios são consertados ou submetidos a reparos de partes danificadas ou a reformas de cascos (estaleiro de conserto), ou onde se realiza a construção ou montagem do corpo das embarcações (estaleiro de construção) (Elcir Castello Branco). **2.** *Direito agrário.* No Nordeste, é uma espécie de escora onde são colocados, para secar, a carne, o milho etc. **3.** *Direito autoral.* Estrado onde o escultor assenta a matéria-prima, para dela fazer uma obra.

ESTALEIRO BRASILEIRO. *Direito marítimo.* É a pessoa jurídica constituída segundo as leis brasileiras, com sede no país, que tenha por objeto a indústria de construção e reparo navais.

ESTALIA. *Direito comercial marítimo.* Estadia, ou parada, feita num porto.

ESTALICÍDIO. *Vide* ESTILICÍDIO.

ESTALINISMO. *Ciência política.* Conjunto de princípios socioeconômicos e políticos criados por Stalin. Trata-se da teoria e prática do regime comunista.

ESTALINISTA. *Ciência política.* Partidário do estalinismo.

ESTAMENTO. Condição estável em que uma pessoa pode permanecer ou na qual se encontra uma instituição (Othon Sidou).

ESTAMPA. 1. *Direito autoral.* a) Desenho; b) imagem impressa ou gravada. **2.** *Direito civil.* Imagem de uma pessoa, protegida por ser um dos direitos da personalidade. **3.** *Medicina legal.* a) Vestígio; b) pegada; impressão do pé.

ESTAMPILHA. 1. *Direito administrativo* e *direito tributário.* Selo postal ou do Erário colocado em correspondência, documentos ou produtos tributados, representativo de imposto ou taxa para fins de pagamento, controle e garantia da exação. **2.** *Direito penal.* Objeto do crime de falsidade, pois a falsificação de estampilha e de papel selado, fabricando-os ou alterando-os, é punível com reclusão e multa pela lei penal, com o escopo de assegurar sua autenticidade e evitar burlas.

ESTANCA-RIOS. *Direito agrário.* Engenho com rodas dentadas apropriado para extrair água do poço.

ESTÂNCIA. 1. *Direito agrário.* a) No Rio Grande do Sul, é a fazenda de criação de gado vacum ou cavalar; b) chácara; c) local onde se deposita ou vende madeira, carvão ou lenha. **2.** *Direito civil* e *direito administrativo.* Em Minas Gerais e São Paulo é a estação de águas minerais. **3.** *Direito marítimo.* a) Ancoradouro; b) parte do navio onde os grumetes comem e dormem.

ESTANCIEIRO. *Direito agrário.* **1.** No Rio de Janeiro, é o proprietário de um lenheiro. **2.** Dono da fazenda de criação de gado vacum ou cavalar.

ESTANCIOLA. *Direito agrário.* No Rio Grande do Sul, é uma pequena estância onde se cria gado.

ESTANCO. 1. *Direito comercial.* a) Armazém de gêneros; b) loja que vende tabaco; tabacaria. **2.** *História do direito.* Monopólio ou exclusividade no direito de negociar na era do Brasil-Colônia determinados produtos.

ESTÂNDAR. Padrão, tipo, paradigma.

EST

452

ESTANDARDIZAÇÃO

ESTANDARDIZAÇÃO. Padronização de produtos ou contratos.

ESTANDARDIZAR. Operar a estandardização, ou uniformização, dos elementos da produção ou do contrato, reduzindo-os ao mesmo tipo.

ESTANDARTE. 1. Bandeira. **2.** Bandeira militar da cavalaria. **3.** Insígnia de corporações religiosas.

ESTANDARTE REAL. *Direito comparado.* Bandeira com as armas da realeza içada no topo de um navio, quando nele viaja uma pessoa da família real.

ESTANQUE. 1. *Direito marítimo.* Trabalho de retirada de água de um navio, tapando o rombo por onde ela entra. **2.** *Direito constitucional.* Monopólio ou privilégio exclusivo da União para exploração de minérios. **3.** *Direito comercial.* a) Privilégio outorgado, com exclusividade, a uma empresa para colocação de certos produtos no mercado, por força de contrato de distribuição ou concessão mercantil *lato sensu* celebrado entre industriais e comerciantes; b) local onde são mantidos os produtos que se vendem por monopólio; estanco.

ESTANQUEIRO. *Direito comercial.* **1.** Aquele que tem a propriedade do estanco. **2.** O que tem o monopólio da compra e venda de certa mercadoria em razão de contrato de distribuição ou de concessão mercantil *lato sensu.*

ESTAQUEADOR. *Direito agrário.* No Rio Grande do Sul, trabalhador rural encarregado de estaquear o couro bovino, esticando-o em varas, para secar pendurado à sombra.

ESTAQUEADOURO. *Direito agrário.* No Rio Grande do Sul, é o local onde se faz o estaqueio do couro bovino.

ESTAQUEAMENTO. 1. *Direito agrário.* Ato de estender e esticar o couro bovino em varas, para que seque à sombra. **2.** *História do direito.* Suplício que consistia em colocar uma pessoa em quatro estacas, à altura de dois a quatro palmos do solo, prendendo-a pelos pulsos e tornozelos.

ESTAQUEIO. *Vide* ESTAQUEAMENTO.

ESTAQUIA. *Direito agrário.* Processo que visa a multiplicação vegetativa de determinadas plantas, servindo-se de segmentos de caules, raízes e, às vezes, de folhas.

ESTAR À BEIRA DO ABISMO. Encontrar-se em situação financeira precária.

ESTAR A PAR. Estar bem informado.

ESTAR À ROÇA. *Direito marítimo.* Diz-se da âncora colocada, preventivamente, sobre a barra, para ser lançada, em caso de temporal ou borrasca, evitando que o navio desgarre se as amarras se partirem.

ESTAR À SOMBRA. Estar preso.

ESTAR A TIRO. *Direito militar.* Estar em pontaria.

ESTAR À VENDA. Estar patente para quem quiser comprar.

ESTAR DE ACORDO. Consentir ou anuir em alguma coisa.

ESTAR DE DIA. *Direito do trabalho.* Estar desempenhando serviço, para o qual foi escalado, naquele dia.

ESTAR DE FAXINA. *Direito militar.* Fazer o serviço de limpeza no quartel.

ESTAR DE POSSE DA BOLA. *Direito desportivo.* Estar dominando a bola, procurando realizar a melhor jogada para sua equipe.

ESTAR DE SENTINELA. *Direito militar.* Vigiar ou estar, o soldado, de guarda do edifício ou do acampamento.

ESTAR DE SERVIÇO. *Direito do trabalho.* Executar o serviço que lhe compete.

ESTAR EM DÍVIDA. *Direito civil* e *direito comercial.* Dever; não ter pago, ainda, seu débito.

ESTAR EM JUÍZO. *Direito processual civil.* Litigar, demandar, propor ou contestar ação.

ESTAR EM PERIGO DE VIDA. *Direito civil* e *direito penal.* Correr risco de falecer, em razão de grave doença, acidente ou ação criminosa.

ESTAR FORA. *Direito civil.* Estar longe de seu domicílio ou de seu país.

ESTARIM. Na *gíria policial,* é o calabouço ou cadeia das delegacias de polícia, onde preventivamente se recolhem desordeiros ou delinqüentes.

ESTAR NA SOMBRA. Viver ignorado.

ESTAR NO ESTALEIRO. Na *gíria desportiva,* significa deixar de competir, provisoriamente, por ter sofrido contusão ou ferimento.

ESTAR NO SEU POSTO. Estar onde o dever ordena que se esteja.

ESTAROSTE. *História do direito.* Senhor de estarostia na antiga Polônia.

ESTAROSTIA. *História do direito.* Feudo dos antigos domínios poloneses sob o comando de um fidalgo, que, para tanto, devia auxiliar o rei nas despesas de guerra.

ESTASE. *Medicina legal.* **1.** Paralisação, entorpecimento. **2.** Estagnação do sangue ou de outros humores no corpo humano.

ESTASIMORFIA. *Medicina legal.* Deformidade de um órgão provocada pela cessação de seu desenvolvimento.

ESTASIOFOBIA. *Medicina legal.* Medo mórbido de não conseguir ficar em pé.

ESTASIOLOGIA. *Ciência política.* Teoria que analisa a influência dos partidos políticos na organização estatal.

ESTATAL. *Ciência política* e *direito constitucional.* Relativo ao Estado.

ESTÁTICA. **1.** *Filosofia geral.* a) Parte da mecânica relativa ao equilíbrio de forças que atuam sobre corpos em repouso (Cournot); b) análise de um objeto abstraindo-o de suas transformações, estudando-o em repouso, sem supor qualquer mudança, em oposição à dinâmica, que o considera em movimento (De Blainville). **2.** Na *linguagem radiotécnica,* diz-se do ruído estranho provocado pela eletricidade atmosférica nos aparelhos de rádio.

ESTATICISTA. Aquele que se ocupa da estática.

ESTÁTICO. *Filosofia geral.* Diz-se daquilo que está em estado de repouso.

ESTATISMO. *Ciência política.* Doutrina que coloca as funções ou atividades sociais sob o domínio do Estado.

ESTATISTA. *Ciência política.* Partidário do estatismo.

ESTATÍSTICA. **1.** Ciência dos fatos sociais, expressos numericamente, que, em um dado momento, permite conhecer a população, a força militar, o nível de instrução etc. de certo país, ao analisar e interpretar esses fatos. **2.** Complexo de dados numéricos relativos às diversas atividades exercidas numa nação. **3.** Gráfico representativo da compilação de certos fatos sociais e dos resultados obtidos pela sua observação. **4.** Método para coligar e coordenar fatos, obtendo relações numéricas.

ESTATÍSTICA APLICADA. Ramo da investigação científica que procede, de modo único, por meio da metodologia estatística, compreendendo a econometria, a sociometria, a demografia, a psicometria etc.

ESTATÍSTICA CULTURAL. *Sociologia jurídica.* É a que se ocupa do registro e da análise de dados alusivos à educação e às instituições culturais.

ESTATÍSTICA DEMOGRÁFICA. *Sociologia jurídica.* É a que se encarrega da descrição e do desenvolvimento da população.

ESTATÍSTICA ECONÔMICA. *Direito econômico.* A que tem por escopo fazer o levantamento, o estudo e a apresentação de dados atinentes à produção, à circulação e ao consumo de riquezas.

ESTATÍSTICA ESPECIAL. *Sociologia jurídica.* Diz-se daquela cuja finalidade é a coleta de dados numéricos concernentes a uma ordem especial de fatos sociais, como, por exemplo, a estatística de óbitos e nascimentos, a agrícola, a industrial, a criminal etc.

ESTATÍSTICA GERAL. Aquela que elabora métodos aplicáveis à coleta de dados, e à apresentação e interpretação dos resultados.

ESTATÍSTICA JUDICIÁRIA CRIMINAL. *Direito processual penal.* É a que busca colher dados no "boletim individual", que integra os processos-crimes, alusivo ao crime ou à contravenção praticada, à arma apreendida, às condições pessoais do delinqüente, à reincidência, à pena e à medida de segurança cominadas, ao *habeas corpus* concedido etc., para apuração de problemas judiciários e busca de sua solução pelos órgãos competentes, reunindo-os em mapas apropriados.

ESTATÍSTICA METODOLÓGICA. *Vide* ESTATÍSTICA GERAL.

ESTATÍSTICA MORAL. *Sociologia jurídica.* Trata-se daquela que se ocupa de fatos sociais alusivos à natalidade, à criminalidade e aos cultos religiosos.

ESTATÍSTICO. **1.** Tudo o que diz respeito à estatística. **2.** Aquele que se ocupa da estatística.

ESTATIZAÇÃO. *Direito constitucional, ciência política* e *direito econômico.* Ato de sujeitar atividades econômicas exercidas por particulares e governadas pelas leis de mercado à intervenção estatal.

ESTATIZANTE. *Ciência política.* **1.** Ação dominadora do Estado. **2.** Tendência para estatizar.

ESTATIZAR. *Ciência política.* Trazer à órbita do Estado (Othon Sidou).

ESTATOLATRIA. *Ciência política.* **1.** Doutrina preconizada por aqueles que entendem ser da competência do Estado a solução de todas as dificuldades socioeconômicas. **2.** Culto exagerado ao Estado, em detrimento da liberdade individual, muito comum no fascismo.

ESTATUARIA. *Direito autoral.* Coleção de estátuas.

ESTATUÁRIA. *Direito autoral.* Arte de fazer estátuas.

ESTATUÁRIO. *Direito autoral.* **1.** Escultor de estátuas. **2.** Relativo a estátuas.

ESTATUIÇÃO. *Teoria geral do direito.* Efeito jurídico da *facti species* (Othon Sidou).

ESTATUIR. *Teoria geral do direito.* **1.** Prescrever normas. **2.** Ordenar. **3.** Regulamentar por meio de estatuto. **4.** Apresentar tese ou doutrina. **5.** Deliberar.

ESTATURA. *Medicina legal.* Tamanho de um ser humano que depende do comprimento da coluna vertebral e dos ossos das extremidades inferiores.

ESTATUTÁRIO. *Teoria geral do direito.* **1.** Relativo a estatuto. **2.** O que foi estabelecido ou regulado por um estatuto. **3.** O que está conforme com o estatuto.

ESTATUTO. **1.** *Teoria geral do direito.* a) No Ceará, tem o sentido de costume, uso, hábito; b) regulamento das atividades de um corpo coletivo; c) conjunto de normas que regem determinadas pessoas; d) complexo de normas que, reunidas, disciplinam determinada matéria. **2.** *Direito administrativo.* a) Regulamento que fixa os princípios de uma entidade pública; b) lei orgânica ou regulamento do Estado; c) complexo de princípios reguladores das atividades dos funcionários públicos, civis ou militares. **3.** *Direito civil.* a) Norma reguladora das relações jurídicas incidentes sobre pessoas (estatuto pessoal) ou sobre coisas (estatuto real); b) regulamento de uma associação ou sociedade simples. **4.** *Direito comercial.* Pacto social que rege a sociedade empresária, impondo obrigações e conferindo direitos aos sócios. **5.** *Direito internacional privado.* É a *lex domicilii* ou a lei da nacionalidade (estatuto pessoal), ou a *lex rei sitae* (estatuto real). **6.** *Direito internacional público.* Direito legal internacional. **7.** *História do direito.* Constituição política de cada cidade ou reino do período medieval, que possuía como característica o fato de ser um misto de direito privado e público.

ESTATUTO DA ADVOCACIA E ORDEM DOS ADVOGADOS DO BRASIL. Lei básica da atividade de advocacia, disciplinando os direitos e deveres do advogado, a sociedade de advogados, os honorários advocatícios, as incompatibilidades e os impedimentos ao exercício da advocacia, a ética profissional, o Conselho Federal, o Conselho Seccional, os fins e a organização da OAB, a caixa de assistência dos advogados, o processo disciplinar etc.

ESTATUTO DA CIDADE. *Direito urbanístico.* É o conjunto de normas de ordem pública e interesse social que regulam o uso da propriedade urbana em prol do bem coletivo, da segurança e do bem-estar dos cidadãos, bem como do equilíbrio ambiental.

ESTATUTO DA CRIANÇA E DO ADOLESCENTE. *Direito da criança e do adolescente.* Conjunto de normas que visam a proteção integral da criança até 12 anos de idade e do adolescente entre 12 e 18 anos, e, excepcionalmente, do menor entre 18 e 21 anos, assegurando-lhes todos os direitos fundamentais inerentes à pessoa humana, que deverão ser respeitados, prioritariamente, não só pela família e pela sociedade, como também pelo Estado, sob pena de responderem pelos danos causados.

ESTATUTO DA MAGISTRATURA. *Direito processual.* Complexo de normas constitucionais e ordinárias disciplinadoras da atividade jurisdicional do Estado, e das garantias, direitos, deveres, vencimentos e vantagens dos magistrados.

ESTATUTO DA MICROEMPRESA. *Direito comercial.* Conjunto de normas atinentes à microempresa.

ESTATUTO DA MULHER CASADA. *História do direito.* Norma que veio dispor sobre a situação jurídica da mulher casada, alterando, em 1962, vários artigos do Código Civil de 1916.

ESTATUTO DAS OBRIGAÇÕES EM DIREITO DE AUTOR. *Direito autoral.* Conjunto de normas alusivas ao direito moral do autor, que constitui a base e o limite das obrigações, e definidas pelos seguintes princípios, reconhecidos universalmente pela Convenção de Berna: o da necessidade de normas especiais reguladoras das obrigações assumidas pelo autor; o da instrumentação dos negócios, delimitando, de modo preciso, cada direito; o da impossibilidade da cessão total e absoluta de direitos autorais ou de obras; o da impossibilidade de aproveitamento da obra pelo outro contratante fora dos limites oriundos da natureza da referida obra ou dos termos avençados; o da necessidade de autorização do autor em qualquer forma de utilização econômica da obra; o da interpretação estrita dos negócios celebrados pelo autor; e o da determinação de normas próprias para a execução do contrato firmado pelo autor (Alain de Tarnec, Henri Desbois e Carlos Alberto Bittar).

ESTATUTO DA TERRA. *Direito agrário.* Conjunto de normas reguladoras dos direitos e obrigações concernentes aos imóveis rurais, para fins de execução da reforma agrária e promoção da política agrícola, cuidando dos objetivos e meios de acesso à propriedade rural; da distribuição de terras desapropriadas para fins de reforma agrária; do zoneamento e cadastro dos imóveis rurais; da política de desenvolvimento rural; da colonização; da assistência e proteção à economia rural; do uso e da posse temporária da terra, mediante efetivação de contratos agrários de arrendamento rural e de parceria agrícola, pecuária, agroindustrial, extrativa etc.

ESTATUTO DE CRIMINOSO. *Direito penal.* Princípio da legalidade pelo qual não há crime sem lei que o defina nem pena sem prévia cominação legal.

ESTATUTO DE PARTIDO POLÍTICO. *Ciência política.* Conjunto de normas que fixam os objetivos, a estrutura interna, a organização e o funcionamento do partido político. Devendo conter, entre outras normas, as relativas ao: a) nome, denominação abreviada e o estabelecimento da sede na Capital Federal; b) filiação e desligamento de seus membros; c) direitos e deveres dos filiados; d) modo como se organiza e administra, com a definição de sua estrutura geral e identificação, composição e competências dos órgãos partidários nos níveis municipal, estadual e nacional, duração dos mandatos e processo de eleição dos seus membros; e) fidelidade e disciplina partidárias, processo para apuração das infrações e aplicação das penalidades, assegurado amplo direito de defesa; f) condições e forma de escolha de seus candidatos a cargos e funções eletivas; g) finanças e contabilidade, estabelecendo, inclusive, normas que os habilitem a apurar as quantias que os seus candidatos possam despender com a própria eleição, que fixem os limites das contribuições dos filiados e definam as diversas fontes de receita do partido; h) critérios de distribuição dos recursos do Fundo Partidário entre os órgãos de nível municipal, estadual e nacional que compõem o partido; i) procedimento de reforma do programa e do estatuto.

ESTATUTO DO CONTRIBUINTE. *Direito tributário.* **1.** Conjunto constitucionalizado de direitos do contribuinte, que são tão relevantes quanto os recebidos pela União, Estados, Municípios e Distrito Federal, para instituir impostos, taxas e contribuições de melhoria (Roque Antonio Carrazza). **2.** Conjunto de garantias, princípios e normas constitucionais que definem a esfera mínima de direitos subjetivos públicos do contribuinte, diante da ação tributária do Estado. Constitui o complexo de normas que regem as relações entre fisco-contribuinte.

ESTATUTO DO DELINQÜENTE. *Vide* ESTATUTO DE CRIMINOSO.

ESTATUTO DO ESTRANGEIRO. *Direito internacional privado.* Conjunto de normas que disciplinam a situação e a condição do estrangeiro no Brasil.

ESTATUTO DO IDOSO. *Direito constitucional, direito civil, direito administrativo, direito previdenciário, direito do trabalho, direito educacional* e *direito penal.* Conjunto de normas que não só regem direitos assegurados às pessoas com idade igual ou superior a sessenta anos — para a preservação de sua saúde física e mental; o aperfeiçoamento moral, intelectual, espiritual e social, em condições de liberdade e dignidade; a efetivação do direito à vida, à saúde, à alimentação, à educação, à cultura, ao esporte, ao lazer, ao trabalho, à cidadania, à liberdade, à dignidade, ao respeito e à convivência familiar e comunitária —, como também regulam a Política de atendimento ao idoso que deve ser realizada por ações governamentais e não-governamentais da União, dos Estados, do Distrito Federal e dos municípios.

ESTATUTO DO ÍNDIO. *Direito civil.* Complexo de normas protetivas do indígena e disciplinadoras de seus direitos, interesses e obrigações, no convívio com os brancos e na reserva, colocando o silvícola e sua comunidade, enquanto não integrados à comunhão nacional, sob regime tutelar.

ESTATUTO DOS FUNCIONÁRIOS PÚBLICOS CIVIS. *Direito administrativo.* Complexo de normas que fixam as condições de provimento do cargo público, os direitos, as vantagens, os deveres e as responsabilidades para cada modalidade do agente público, as garantias de sua situação em um dado cargo público, determinando o especial regime jurídico de certa categoria de serviço público. Conseqüentemente, cada pessoa jurídica de direito público pode criar tantos estatutos quantas forem as categorias de servidores.

ESTATUTO DOS MILITARES. *Direito militar.* Conjunto de normas reguladoras dos direitos, dos deveres funcionais, da situação e das vantagens inerentes ao cargo assumido pelos membros das Forças Armadas.

ESTATUTO DO TRABALHADOR RURAL. *Direito agrário* e *direito do trabalho.* Conjunto de normas que regem não só a situação e a condição do trabalhador rural, como também as suas relações de emprego.

ESTATUTO FAVORÁVEL. *Direito internacional privado.* Locução utilizada para excluir a aplicação de norma estrangeira que seja condenável ante a lei local. *Vide* ESTATUTO ODIOSO.

ESTATUTO FORMAL. *Direito internacional privado.* É a lei que rege a forma extrínseca dos atos jurídicos (*locus regit actum*). Deveras, a obrigação convencional (civil ou comercial) e a decorrente de ato unilateral, desde que entre presentes, regem-se, quanto à forma *ad probationem tantum* ou *ad solemnitatem*, pela lei do local de onde se originaram, seguindo a fórmula de Weiss: *locus actus regit instrumentum et jus* ou *locus regit formam*. Esta norma apenas vigorará no fórum que aceitar a realização do ato no exterior, pela forma estabelecida pelo *ius loci actus*. A *locus regit actum* é uma norma de direito internacional privado, aceita pelos juristas, para indicar a lei aplicável à forma extrínseca do ato. O ato, seja ele testamento, procuração, contrato etc., revestido de forma externa prevista pela lei do lugar e do tempo (*tempus regit actum*) onde e no qual foi celebrado, será válido e poderá servir de prova em qualquer outro local em que tiver de produzir efeitos, sendo que os modos de prova serão determinados pela *lex fori.* A lei restringe o domínio da aplicabilidade da *locus regit actum* apenas à forma extrínseca dos atos, ou seja, àquilo que serve para constatar o ato concluído, o que, para Ihering, concerne aos elementos exteriores que o tornam visível ou aparente (por exemplo, a escritura pública). Conseqüentemente, a forma intrínseca referente ao seu conteúdo, à sua substância, às suas condições de fundo relativas à validade do consentimento, à legitimidade de seu objeto e das suas modalidades acessórias, e à prescrição extintiva regular-se-á por outras normas.

ESTATUTO FUNDAMENTAL. *Direito constitucional.* É a Carta Magna, ou a Constituição política, de um país.

ESTATUTO MISTO. *Direito internacional privado.* Princípio *locus regit actum* que rege a forma extrínseca do ato jurídico no qual intervêm pessoas de nacionalidades diversas, cuja capacidade será disciplinada pelo seu estatuto pessoal.

ESTATUTO ODIOSO. *Direito internacional privado.* Diz-se da lei estrangeira restritiva dos direitos de uma pessoa, a qual se encontra em território de outro país, que não será aplicável na solução de caso que envolva aquela pessoa, por atentar contra a *lex fori*, que, então, será a aplicada. Com isso, impede-se a aplicação indiscriminada do direito alienígena, apesar de sua aplicabilidade ter sido ordenada pelas normas de direito internacional privado do país onde o julgamento se dará.

ESTATUTO PESSOAL. *Direito internacional privado.* Conjunto de normas que regem a situação jurídica do estrangeiro pela lei de seu país de origem ou pela lei de seu domicílio. Baseia-se na lei da nacionalidade ou na *lex domicilii*. No Brasil, funda-se na lei do domicílio a questão relativa ao começo e fim da personalidade, ao nome, à capacidade das pessoas, ao direito de família e sucessões, e à competência da autoridade extraterritorial. Há, apesar disso, um limite à extraterritorialidade da lei, pois atos, sentenças e lei de países alienígenas não serão aceitos no Brasil quando ofenderem a soberania nacional, a ordem pública e os bons costumes.

ESTATUTO REAL. *Direito internacional privado. Lex rei sitae* que qualifica bens imóveis e os móveis de situação permanente, rege as relações a eles concernentes e disciplina as ações que os asseguram. A lei da situação da coisa móvel permanente ou imóvel imperará. A *lex rei sitae* regulará tão-somente os bens móveis permanentes e os imóveis considerados individualmente (*uti singuli*), pertencentes a nacionais ou estrangeiros, domiciliados ou não no país. Assim, os bens considerados *uti universitas*, como o espólio, o patrimônio conjugal etc., escapam à aplicação da *lex rei sitae,* passando a se reger pela lei reguladora da sucessão e da sociedade conjugal. Logo, repelido está o princípio *mobilia sequuntur personam*, que somente será aplicável aos bens móveis em estado de mobilidade. Realmente, aplica-se a lei domiciliar do proprietário quanto aos móveis que ele, em viagem, trouxer consigo, para uso pessoal.

ESTATUTOS. *Direito civil* e *direito comercial.* Documento básico que define não só a organização, a administração, os fins, as condições de extinção da sociedade, como também as relações entre os sócios, e as destes para com a sociedade, simples ou empresária, ou para com terceiros etc.

ESTATUTO SOCIAL. *Vide* ESTATUTOS.

ESTAU. *História do direito.* Casa ou estalagem onde se hospedavam, outrora, os membros da Corte e os embaixadores.

ESTAUROFÍLAX. *Direito canônico.* Diz-se do dignatário eclesiástico que tem a função de guardar o lenho santo da verdadeira cruz, na Igreja da Ressurreição, em Jerusalém.

ESTAUROTECA. *Direito canônico.* Relicário que contém uma partícula do real lenho sagrado da verdadeira cruz.

ESTÁVEL. 1. Na *linguagem jurídica* em geral, pode ter o sentido de: a) em repouso; b) não sujeito a mudança; inalterável; c) seguro. **2.** *Direito administrativo.* Diz-se do servidor público que só pode ser demitido em razão de sentença judiciária transitada em julgado, ou mediante processo administrativo, por ter a garantia da estabilidade. *Vide* ESTABILIDADE.

ESTEARODERMIA. *Medicina legal.* Dermatose nas glândulas sebáceas.

ESTEATOCELE. *Medicina legal.* Massa adiposa que se forma no escroto.

ESTEATOMA. *Medicina legal.* Cisto sebáceo.

ESTEGANOGRAFIA. *Direito virtual.* **1.** Modalidade de criptografia onde, ao mesmo tempo que o documento é embaralhado, tornando a mensagem ilegível, é inserida uma espécie de "marca-d'água digital", ou seja, uma espécie de timbre sobreposto, que faz parte do documento, sem que o prejudique. Assim, a falta dessa marca no documento relata uma possível adulteração (Valéria E. de Melo Gregores). **2.** Ciência para dissimulação da mensagem em outro meio.

ESTEIRA. 1. *Direito agrário.* a) No Nordeste, trabalhador rural que conduz o gado, seguindo, ladeando as reses, atrás das cabeceiras; b) no Nordeste, plataforma móvel, utilizada em engenho de açúcar, sobre a qual se ajeitam as canas, para que sejam conduzidas à boca do aparelho de esmagamento; c) na Ilha de Marajó, é o albardão de junco onde se prende a cangalha, após ter sido amoldado à forma do dorso do animal. **2.** *Direito marítimo.* a) Tecido de junco com que se fazem as velas de pequenas dimensões de uma embarcação; b) orla inferior da vela; c) sulco deixado pelo navio na água, quando navega; d) rumo.

ESTEIRAR. *Direito marítimo.* Navegar por algum rumo.

ESTEIRO. *Direito agrário.* **1.** Braço de rio ou de mar que penetra pela terra. **2.** Leito seco de rio (Equador). **3.** Arroio (Chile). **4.** Terreno pantanoso, próximo de rio ou de lago, coberto por planta aquática (fronteira entre Brasil e Argentina, e entre Brasil e Paraguai).

ESTELIONATÁRIO. *Direito penal.* Aquele que pratica estelionato, obtendo, para si ou para outrem, vantagem ilícita, em prejuízo alheio, induzindo ou mantendo alguém em erro, mediante meio ardiloso ou fraudulento.

ESTELIONATO. *Direito penal.* Crime doloso que lesa patrimônio alheio.

ESTELIONATO PRIVILEGIADO. *Direito penal.* Crime contra o patrimônio, mediante o emprego de manobra fraudulenta, para induzir alguém em erro, com o intuito de prejudicá-lo, a fim de obter proveito próprio ou alheio, praticado por criminoso primário. Como é diminuto o prejuízo causado, por não superar um salário mínimo, o magistrado está obrigado a reduzir a pena de um a dois terços, ou a substituí-la pela de detenção, ou a aplicar apenas a sanção pecuniária ou multa.

ESTELIONATO QUALIFICADO. *Direito penal.* Crime contra o patrimônio, por meio fraudulento ou ardiloso, lesando, em proveito próprio ou de terceiro, entidade de direito público, ou instituto de economia popular, de assistência social ou de beneficência, e que conduz ao aumento da pena de um terço.

ESTELIONATO SIMPLES. *Direito penal.* Crime contra o patrimônio que consiste em obter, para si ou para outrem, vantagem ilícita, em prejuízo alheio, induzindo ou mantendo alguém em erro, mediante artifício, ardil ou qualquer outro meio fraudulento, punível com reclusão e multa.

ESTELIONATO SOCIETÁRIO. *Direito penal.* Crime que consiste em fundar uma sociedade anônima ocultando fato ou falsificando algo que lhe diga respeito ou em negociar voto em deliberação da assembléia geral para conseguir alguma vantagem.

ESTEMA. *Direito civil.* **1.** Estirpe, linhagem. **2.** Árvore genealógica.

ESTENDEDOR. *Direito agrário.* Trabalhador rural encarregado da secagem da palha e da extração do pó da carnaúba (Fernando Pereira Sodero).

ESTENIA. *Medicina legal.* Excesso de vitalidade e energia nervosa.

ESTENOCEFALIA. *Medicina legal.* Estreiteza anormal da cabeça.

ESTENOGRAFIA. *Direito processual civil.* Método de escrever, admitido em juízo, por meio de sinais e abreviaturas; taquigrafia.

ESTENOSE. *Medicina legal.* Estreitamento patológico de qualquer canal ou orifício orgânico, como o piloro, a uretra etc.

ESTENOTIPIA. *Direito processual civil.* Taquigrafia ou estenografia mecânica, feita por meio de estenótipo ou máquina de estenografar, similar a uma máquina de escrever, dotada de caracteres convencionais, cujo uso é permitido em qualquer juízo ou tribunal, na redação dos atos e termos processuais.

ESTEPE. *Direito agrário.* Denominação dada a grandes planícies incultas, ou campos, planos e secos, com árvores de pouco crescimento e vegetação herbácea, com predominância das gramíneas.

ESTERADOR. *Direito agrário.* Trabalhador rural encarregado da esteragem.

ESTERAGEM. *Direito agrário.* Medição de lenha em esteres.

ESTERCO. *Direito agrário.* Adubo vegetal para a terra.

ESTEREAGNOSIA. *Medicina legal.* Perda da faculdade de conhecer objetos pelo tato.

ESTEREIRO. *Direito agrário.* Trabalhador rural que executa tarefas alusivas ao beneficiamento do cacau, como a colocação do produto em barcaça para secagem, o armazenamento das amêndoas postas em sacos para transporte e a triagem do cacau, se houver mofo sobre a amêndoa.

ESTÉREO. *Direito agrário.* Medida de volume de lenha equivalente a um metro cúbico.

ESTEREOGNOSIA. *Medicina legal.* Capacidade de percepção da natureza e da forma dos objetos pelo tato.

ESTEREOTIPIA. 1. *Medicina legal.* Repetição anormal de atos, palavras ou frases sem sentido, revelando demência precoce. **2.** *Direito autoral.* Arte ou processo de imprimir com estereótipos.

ESTEREÓTIPO. 1. *Direito autoral.* Modelo; clichê de composição, feita em tipos móveis. **2.** *Sociologia jurídica.* Imagem mental padronizada de um grupo, refletindo uma opinião, um juízo a respeito de um acontecimento, pessoa, raça, classe ou grupo social.

ESTÉRIL. 1. *Medicina legal.* a) Incapaz de procriar; b) livre de micróbios. **2.** *Direito constitucional.* Parte do minério que não compensa as despesas de exploração. **3.** *Direito agrário.* Diz-se da terra árida e infecunda.

ESTERILIDADE. 1. *Medicina legal.* a) Incapacidade feminina ou masculina de ter filhos, causada por diversos fatores, como defeitos de órgãos reprodutores, infecção ou lesão das partes orgânicas relacionadas com a reprodução, deformidades congênitas dos órgãos sexuais, distúrbios mentais etc.; b) falta de gestação após um ano de tentativa, sem utilização de anticoncepcional (Roger Abdelmassih). **2.** *Direito agrário.* a) Aridez, improdutividade ou inação do solo ou das plantas; b) qualidade da terra que não produz.

ESTERILIDADE FISIOLÓGICA FEMININA. *Medicina legal.* Incapacidade *concipiendi*, causada, por exemplo: a) pela hiperacidez dos líquidos vaginais; b) pela ausência congênita ou cirúrgica do útero; c) pelo desenvolvimento incompleto ou defeito de posição do útero; d) pela ausência bilateral das trompas de Falópio; e) pela atrofia dos ovários etc.

ESTERILIDADE FISIOLÓGICA MASCULINA. *Medicina legal.* Impotência *generandi*, provocada por: a) ausência de espermatozóide, causada por defeito nos testículos, infantilismo testicular, criptorquidia bilateral, atrofia dos testículos, tumores testiculares, impedimento ao trânsito das células seminais em razão de vasectomia ou epididimite blenorrágica etc.; b) anomalia na ejaculação; c) oligospermia.

ESTERILIZAÇÃO. 1. *Medicina legal.* a) Pasteurização; b) seção da trompa uterina ou do canal deferente, conservando-se as glândulas genitais; c) ato cirúrgico efetuado para impedir a reprodução; d) desinfecção, ou seja, processo químico ou físico que elimina todas as formas de vida microbiana, incluindo os esporos bacterianos. **2.** *Direito penal.* a) Atestado de seção de trompa uterina exigido pelo empregador para efeito admissional ou de permanência na relação de emprego, que constitui crime por ser prática discriminatória; b) seção de trompa uterina levada a efeito por indução ou instigamento do empregador, para evitar procriação de portador de moléstia hereditária para efeito de acesso ou manutenção no emprego, que é considerada delito penal por ser prática discriminatória.

ESTERILIZAÇÃO COSMETOLÓGICA. *Medicina legal.* Cirurgia feita para impedir gravidez de mulher, sem que haja qualquer fundamento terapêutico, com finalidade estética.

ESTERILIZAÇÃO DE ANORMAIS. *Vide* ESTERILIZAÇÃO EUGÊNICA.

ESTERILIZAÇÃO DE RESÍDUOS. *Direito ambiental.* Tratamento dos resíduos com a neutralização ou eliminação total de todos os microorganismos na forma vegetativa ou esporulada.

ESTERILIZAÇÃO EUGÊNICA. *Medicina legal.* **1.** É a permitida em certos países para impedir a procriação mórbida de portadores de moléstias genéticas, esquizofrenia, epilepsia, idiotia, alcoolismo crônico, degeneração sexual, imbecilidade etc. **2.** Ato cirúrgico que condiciona o organismo à incapacidade de fecundar para evitar transmissão de moléstias hereditárias (Lacerda Panasco).

ESTERILIZAÇÃO GENÉTICA. *Vide* ESTERILIZAÇÃO EUGÊNICA.

ESTERILIZAÇÃO NECESSÁRIA. *Medicina legal.* É a feita em mulheres incapazes de procriar, por motivos patológicos de natureza irreversível.

ESTERILIZAÇÃO NEOMALTHUSIANA. *Medicina legal.* É aquela em que, pelo uso de anticoncepcionais, se pode controlar a natalidade, limitando o número de filhos de um casal.

ESTERILIZAÇÃO PARA LIMITAÇÃO DA NATALIDADE. *Medicina legal.* Cirurgia esterilizadora, comum para atender interesse demográfico, que requer restrição quanto ao número de filhos. É feita no homem por meio de vasectomia, e na mulher mediante laqueadura tubária, histeroscopia, extraperitonealização ovariana e laparoscopia.

ESTERILIZAÇÃO TERAPÊUTICA. *Medicina legal.* É a cirurgia realizada em mulheres, para evitar gravidez, por não terem condições orgânicas para suportá-la. É aconselhável, por exemplo, em caso de tuberculose, câncer, discordância de Rh, surto mental ligado ao puerpério, hipertensão maligna etc. (Antônio Chaves).

ESTERQUEIRA. *Direito agrário.* **1.** Local apropriado, em zona pecuária, para se lançar esterco. *Vide* ESTERCO. **2.** Estrumeira.

ESTERQUEIRO. *Direito agrário.* Trabalhador rural encarregado do preparo do esterco, adicionan-

do adubo nitrogenado, superfosfato e potássio; da curtição do estrume; do fornecimento do esterco curtido para a lavoura; e da construção e conservação da esterqueira.

ESTERTOR. *Medicina legal.* **1.** Agonia. **2.** Som que caracteriza a respiração dos moribundos. **3.** Ruído anormal, provocado pela respiração, quando há obstrução dos brônquios por algum líquido ou muco.

ESTESIOGENIA. *Medicina legal.* Restabelecimento da sensibilidade do histérico, mediante uso de remédios estesiogênicos.

ESTESIOMANIA. *Medicina legal.* Alienação em que há uma perversão dos sentidos.

ESTESIOMETRIA. *Psicologia forense.* Ciência da medição das sensações.

ESTÉTICA. Na *linguagem filosófica,* é a ciência que tem por objeto o juízo de apreciação, determinante do belo nas produções artísticas. Trata-se da ciência do belo ou da filosofia da arte.

ESTÉTICA JURÍDICA. *Teoria geral do direito.* Arte do direito que aparece nos meios materiais de expressão: por exemplo, os trajes (togas, vestes talares, becas), a oratória forense, o estilo lapidar da linguagem legal, os símbolos do direito etc. (Radbruch e André Franco Montoro).

ESTETICISMO. Na *linguagem filosófica,* é a teoria estética em que o sentimento do belo é uma sensação, e a arte é algo independente do raciocínio.

ESTETICISTA. **1.** Adepto do esteticismo. **2.** Profissional que se dedica ao tratamento da pele.

ESTÉTICO. Na *linguagem filosófica,* indica: a) o relativo ao belo; b) o juízo de apreciação referente ao belo.

ESTETOMIITE. *Medicina legal.* Inflamação dos músculos do tórax.

ESTETOSPASMO. *Medicina legal.* Espasmo dos músculos peitorais.

ESTEVA. *Direito agrário.* Cabo ou rabiça do arado no qual o rurícola pega ao lavrar a terra.

ESTIAGEM. *Direito agrário.* **1.** Falta de chuva, seca. **2.** Nível mais baixo das águas fluviais ou lacustres. **3.** Escassez de água nos lagos e rios.

ESTIBORDO. *Direito marítimo.* **1.** Boreste. **2.** Lado direito do navio, olhando da popa para a proa.

ESTICADOR. *Direito agrário.* **1.** Mourão utilizado para manter esticados fios de arame de uma cerca. **2.** Dispositivo ou peça usada para retesar arame das cercas.

ESTIGMA. 1. *História do direito.* a) Marca feita, por meio de ferrete, em escravos e criminosos; b) sinal infamante. **2.** *Direito agrário.* Parte superior do pistilo das flores na qual o pólen é retido e germinado. **3.** *Direito canônico.* Cada uma das cinco chagas de Cristo. **4.** *Medicina legal.* a) Marca indelével causada por uma doença; b) cicatriz de uma ferida.

ESTIGMASIA. *Medicina legal.* Estado dos tegumentos de neuropata em que um traço feito na pele pode perdurar e tomar relevo.

ESTIGMAS PROFISSIONAIS. *Medicina legal.* Marcas físicas ou psíquicas deixadas pelo exercício de determinada profissão nos homens, podendo servir de meio para identificá-los. Por exemplo, os fotógrafos, tintureiros e químicos sofrem mudança na coloração do tegumento; os pedreiros podem apresentar calosidade nas mãos etc. (A. Almeida Jr. e J. B. de Oliveira e Costa Jr.).

ESTIGMATIZADO. *Medicina legal.* Aquele que traz no seu corpo algum estigma ou sinal característico.

ESTIGMATOSE. *Medicina legal.* Dermatose que se caracteriza por partes ulceradas.

ESTILETE. *Medicina legal.* Sonda fina, comprida e delgada com que se perfura ferida penetrante ou profunda.

ESTILICÍDIO. *Direito civil.* Cada fio de água pluvial que cai do beiral do telhado, e que pode constituir-se em servidão.

ESTILINGUE. *Direito agrário.* Pequena forquilha, feita com um ramo de árvore, em forma de "Y", munida de dois elásticos presos pela outra extremidade a um pedaço de couro, sobre o qual são colocadas, servindo de projéteis, pedras, com o escopo de caçar, predatoriamente, aves. É também designado "funda", "atiradeira" ou "bodoque".

ESTILISMO. *Retórica jurídica.* Excessivo apuro na linguagem ou no estilo.

ESTILIZAR. 1. Formar um determinado estilo. **2.** Representar um objeto sob uma forma convencional e esquemática (Lalande).

ESTILO. 1. *Direito autoral.* a) Modo especial de cada autor de escrever, compor, pintar ou esculpir; b) característica de uma produção artística de determinada época. **2.** *História do direito.* Pequeno instrumento metálico com que, outrora, se escrevia em tábuas enceradas. **3.** *Teoria geral do direito.* a) Praxe, uso, costume; b) expressão ad-

mitida consuetudinariamente. **4.** *Direito desportivo.* Modo de praticar um desporto. **5.** *Direito notarial* e *direito registrário.* Forma usual de celebração de escrituras. **6.** *Direito civil.* Formalidade para que um ato produza efeitos jurídicos.

ESTILO COMERCIAL. *Direito comercial.* Maneira peculiar de execução de operações mercantis em certas praças e que vem a estabelecer uma praxe ou prática consuetudinária.

ESTILO DIDÁTICO. *Direito autoral.* É o contido em obra que prima pela clareza e concisão.

ESTILO FORENSE. *Direito processual.* É o que se utiliza na prática do foro. Forma pela qual, costumeiramente, se praticam, verbalmente ou por escrito, atos processuais; se exprimem certas fórmulas judiciárias; e se explicam determinadas posturas, tratamentos de juízes e auxiliares de justiça. Modo de se conduzirem, processarem ou realizarem atos judiciais. É o costume judicial determinante dos modos de procedimento em juízo das formalidades e solenidades a serem observadas nos atos de expediente dos feitos.

ESTILOS DA CORTE. *História do direito.* Decisões normativas que eram tomadas, por assento da Corte de Suplicação de Lisboa, como, por exemplo, o uso sobre a maneira de praticar o que era ordenado pelas leis (Correa Teles).

ESTIMA. 1. *Direito marítimo.* Cálculo aproximado da rota que foi percorrida pela embarcação ou da sua paragem. **2.** *Direito civil* e *direito processual civil.* Aferição, avaliação. **3.** Na *linguagem comum,* significa: a) apreço; b) afeição.

ESTIMAÇÃO. 1. *Direito civil* e *direito processual civil.* a) Apreço de alguma coisa, independentemente de seu valor real. Trata-se do valor afetivo; b) avaliação, aferição de valor econômico. **2.** *Direito comercial.* a) Cômputo, cálculo; b) fixação de preço da mercadoria. **3.** *Direito tributário.* Determinação de valores para exação.

ESTIMAÇÃO *TAXATIONIS CAUSA*. *História do direito.* Avaliação de bens dotais deteriorados, a título de indenização, porque deviam ser devolvidos pelo marido, em razão do término da sociedade conjugal.

ESTIMAÇÃO *VENDITIONIS CAUSA*. *História do direito.* Avaliação de bens dotais para fixar o preço de sua venda ao marido, que, ante a dissolução da sociedade conjugal, devia ser por este pago, por não haver obrigação de restituí-los em espécie.

ESTIMADO. O que foi avaliado.

ESTIMADOR. Avaliador.

ESTIMAR. 1. *Direito marítimo.* Calcular a rota ou a paragem do navio. **2.** *Direito civil, direito comercial* e *direito processual civil.* Avaliar; fixar preço; determinar o valor pecuniário de alguma coisa.

ESTIMATIVA. 1. *Direito civil, direito comercial* e *direito processual civil.* a) Cômputo, cálculo; b) avaliação; c) apreciação. **2.** *Filosofia do direito.* a) Perspectiva da ciência jurídica que, para a teoria egológica de Carlos Cossio, procura compreender o sentido da conduta humana em interferência intersubjetiva, limitada pela materialidade do substrato e fundada em valoração positiva da comunidade. A estimativa jurídica consiste numa valoração positiva que, para a concepção egológica, é o modo atual como o entendimento societário está vivenciando os peculiares valores bilaterais de conduta: a ordem, a segurança, o poder, a paz, a cooperação, a solidariedade e, finalmente, a justiça; b) axiologia jurídica, teoria dos valores, deontologia jurídica; c) parte da jusfilosofia que visa buscar o fundamento do direito e situar os valores jurídicos. **3.** *Filosofia geral.* É o poder instintivo, do homem e do animal, de julgar e escolher algo, no seio da experiência (Lalande). **4.** *Lógica jurídica.* Lógica do concreto.

ESTIMATIVO. 1. Relativo a estima. **2.** Diz-se do valor econômico ou afetivo atribuído a alguma coisa. **3.** Preço. **4.** Valor mercadológico.

ESTIMÁVEL. Aquilo que pode ser avaliado.

ESTIMO. *História do direito.* Renda que o arrendatário devia, anualmente, pagar ao arrendante, de conformidade com a produtividade da terra.

ESTIMULAÇÃO. *Medicina legal.* Ação produzida pelo uso de estimulantes.

ESTIMULANTE. *Medicina legal.* Medicamento tóxico que provoca reações psíquicas, influindo no ânimo da pessoa.

ESTÍMULO. 1. *Economia política.* a) Ato governamental, disposto em lei, concedendo vantagens fiscais, em benefício de investimentos preferenciais; b) benefício econômico, fiscal ou jurídico, em favor daquele que cumpre certa operação correspondente a uma diretiva de política econômica de um Estado que tem por fim precípuo a justiça econômico-social (Álvaro Melo Filho). **2.** *Medicina legal.* a) Incitação à atividade física ou mental; b) aquilo que torna mais ativa a mente humana, ou que aumenta, temporariamente, a atividade fisiológica.

ESTÍMULO AO CRÉDITO E À CAPITALIZAÇÃO. *Direito comercial.* O Poder Executivo federal proporá, sempre que necessário, medidas no sentido de melhorar o acesso das microempresas e empresas de pequeno porte aos mercados de crédito e de capitais, objetivando a redução do custo de transação, a elevação da eficiência alocativa, o incentivo ao ambiente concorrencial e a qualidade do conjunto informacional, em especial o acesso e portabilidade das informações cadastrais relativas ao crédito. Os bancos comerciais públicos e os bancos múltiplos públicos com carteira comercial e a Caixa Econômica Federal manterão linhas de crédito específicas para as microempresas e para as empresas de pequeno porte, devendo o montante disponível e suas condições de acesso ser expressos nos respectivos orçamentos e amplamente divulgadas. Essas instituições deverão publicar, juntamente com os respectivos balanços, relatório circunstanciado dos recursos alocados às linhas de crédito referidas em norma e aqueles efetivamente utilizados, consignando, obrigatoriamente, as justificativas do desempenho alcançado.

ESTÍMULO CREDITÍCIO. *Economia política.* Abertura de linha de crédito especial, para atender às necessidades de aumento de investimento em certos setores de atividade econômica. Por exemplo, o incentivo creditício que cria o sistema de crédito rural, para fornecer recursos financeiros ao produtor rural, aumentando seus investimentos, fortalecendo a economia rural, favorecendo o custeio e a comercialização de produtos agropecuários, e racionalizando a produção com o aumento de produtividade e a melhoria das condições de vida rural e de defesa do solo (Ana Maria Ferraz Augusto).

ESTÍMULO FINANCEIRO. *Direito financeiro* e *Economia política.* Dotação orçamentária especial ou subvenção econômica vinculada ao custeio de certa atividade, distribuída sob a coordenação de órgãos de administração direta e indireta, e admitida, excepcionalmente, mediante autorização legal fundada em interesse público, para atender a determinados fins, como pagamento de bonificação a certos produtores, cobertura de déficits de manutenção de empresa estatal, e de diferença entre o preço de mercado e o de revenda de produtos alimentícios etc. (Ana Maria Ferraz Augusto).

ESTÍMULO FISCAL. *Direito tributário.* Incentivo fiscal, que é a medida especial de ordem tributária determinante de um benefício a certo contribuinte, como a exclusão, total ou parcial, do crédito tributário, com a finalidade precípua de promover a expansão econômica de certo setor ou de uma área.

ESTINGUE. *Direito marítimo.* Cabo fixo localizado nos punhos inferiores das velas ao meio das vergas, apropriado para recolhê-las.

ESTINHADEIRA. *Direito agrário.* Estilete de ferro usado para limpar os favos das colméias, tirando a tinha ou lagarta.

ESTINHAR. *Direito agrário.* Recolher o segundo mel produzido pelas abelhas.

ESTIPENDIAR. *Direito administrativo* e *direito do trabalho.* Assalariar, remunerar, assoldadar.

ESTIPENDIÁRIO. *Direito administrativo* e *direito do trabalho.* **1.** Aquele que recebe estipêndio ou remuneração. **2.** Funcionário público ou empregado do Estado que recebe remuneração na forma estatutária ou na da legislação trabalhista.

ESTIPÊNDIO. 1. *Direito administrativo.* Remuneração pecuniária paga, mensalmente, pelo Estado, *pro labore facto,* aos que lhe prestam serviços, na qualidade de agentes públicos, empregados ou servidores públicos. Compreende o vencimento, a remuneração e a gratificação. **2.** *Direito militar.* Soldo. **3.** *Direito do trabalho.* Salário ou retribuição de serviço prestado. **4.** *História do direito.* Tributo.

ESTIPULAÇÃO. *Teoria geral do direito* e *direito civil.* **1.** Acordo, ajuste, convenção. **2.** Cláusula contratual.

ESTIPULAÇÃO EM FAVOR DE TERCEIRO. *Direito civil.* Contrato estabelecido entre duas pessoas no qual uma (estipulante) convenciona com outra (promitente) certa vantagem patrimonial em proveito de terceiro (beneficiário), alheio à formação do vínculo contratual. *Vide* CONTRATO A FAVOR DE TERCEIRO.

ESTIPULAÇÃO PENAL. *Direito civil.* Cláusula penal.

ESTIPULAÇÕES PRETÓRIAS. *História do direito.* Ajustes que, em Roma, eram assumidos pelas partes na presença do pretor, que os impunha.

ESTIPULADO. *Teoria geral do direito* e *direito civil.* Ajustado, combinado, contratado, avençado.

ESTIPULADOR. *Vide* ESTIPULANTE.

ESTIPULANTE. *Teoria geral do direito* e *direito civil.* **1.** Aquele que faz estipulação. **2.** Aquele que contrata em favor de terceiro.

ESTIPULAR. *Teoria geral do direito* e *direito civil.* **1.** Ajustar, avençar, convencionar, contratar. **2.** Assumir uma obrigação em benefício de terceiro.

ESTIRPE. *Direito civil.* **1.** Tronco de família. **2.** Ascendência, origem, linhagem. **3.** Diz-se da sucessão em que, havendo diversidade de graus, o quinhão dos herdeiros se calcula, por direito de representação, na linha reta descendente ou na transversal, em favor de filhos de irmãos do falecido, quando concorrerem com irmãos deste, dividindo-se o monte-mor pelo número de linhagens do *de cujus.* Na sucessão por estirpe, os herdeiros dividem, igualmente entre si, o quinhão que caberia ao herdeiro do *de cujus,* prémorto, por eles representado. Seja na linha reta, seja na colateral, a representação só beneficia os descendentes do representado. É, portanto, para efeito sucessório, o ramo composto por um parente pré-morto (filho ou irmão) do *auctor successionis* e seus respectivos descendentes.

ESTIVA. 1. *Direito alfandegário.* Seção aduaneira onde são pesadas, conferidas e aferidas as mercadorias a serem embarcadas. **2.** *Direito marítimo.* a) Registro de gêneros alimentícios feito pelos oficiais de bordo; b) acondicionamento, no porão do navio, da mercadoria a ser transportada, sob a responsabilidade do capitão do navio; c) primeira carga de mercadoria, em regra a mais pesada, introduzida na embarcação; d) grade de madeira colocada na primeira porção de carga do navio para evitar que umedeça; e) contrapeso colocado no navio para equilibrálo; f) fundo interno da embarcação, da popa à proa; porão; g) serviço de carga e descarga do navio. **3.** *Direito agrário.* Grade de pau colocada no pavimento da estrebaria para escoamento da urina dos animais. **4.** *Direito comercial.* a) Conjunto de gêneros alimentícios; b) diz-se do comércio de secos e molhados.

ESTIVADO. *Direito marítimo.* Diz-se do navio carregado de carga.

ESTIVADOR. 1. *Direito comercial.* Comerciante de gêneros alimentícios. **2.** *Direito marítimo.* Aquele encarregado do serviço de carga e descarga de navio, sob as ordens do capitão ou comandante.

ESTIVAGEM. *Direito marítimo.* **1.** Estiva. **2.** Carregamento, colocação e arrumação das mercadorias a serem transportadas no porão do navio. **3.** Alojamento da carga no armazém alfandegário. **4.** Ofício do estivador.

ESTIVAR. 1. *Direito marítimo.* Fazer estiva. **2.** *Direito alfandegário.* Despachar na alfândega.

EST MODUS IN REBUS. *Expressão latina.* **1.** Em todas as coisas há um limite. **2.** Há uma medida nas coisas.

ESTO BREVIS ET PLACEBIS. *Expressão latina.* Sê breve e agradarás.

ESTOCAGEM. *Direito comercial.* Ato de formar estoque.

ESTOCAGEM DE GÁS NATURAL. Armazenamento de gás natural em reservatórios próprios, formações naturais ou artificiais.

ESTOCAR. *Direito comercial.* Formar estoque de mercadorias.

ESTOCÁSTICO. Na *linguagem filosófica,* tem o sentido de: a) finalidade a que se pretende; fim visado; b) conjectura; c) sob o prisma da probabilidade; d) o que se diz do processo aleatório (Lalande).

ESTOICISMO. *Filosofia geral.* **1.** Teoria fundada por Zenão, no século III a.C., pela qual o homem é insensível às dores físicas e morais, pela firmeza da alma em relação às adversidades da vida. **2.** Rigidez de princípios morais. **3.** Doutrina caracterizada pela sublimação da moral.

ESTÓICO. Na *linguagem filosófica,* indica: **1.** Partidário do estoicismo. **2.** Relativo ao estoicismo. **3.** Aquele que é impassível perante a desgraça. **4.** Aquele que apresenta austeridade.

ESTOMÁCACE. *Medicina legal.* Estomatite ulcerativa.

ESTOMATITE. *Medicina legal.* Inflamação da mucosa da boca.

ESTOMATOPLASTIA. *Medicina legal.* Cirurgia plástica para restaurar a cavidade bucal deformada ou o orifício externo do colo uterino.

ESTOMATORRAGIA. *Medicina legal.* Hemorragia da mucosa bucal.

ESTOPIM. *Direito militar.* Fios embebidos em substância inflamável para comunicar fogo a bombas.

ESTOPSICOLOGIA. *Direito autoral.* Ciência das obras de arte tidas como documentos psicológicos de seus autores ou do público que as enalteceu (Hennequin).

ESTOQUE. 1. *Direito comercial.* a) Quantidade disponível de mercadoria que se encontra armazenada num depósito; b) controle da quantidade da mercadoria disponível; c) depósito de mercadoria destinada a exportação ou a venda; d) total de ações de uma companhia. **2.** *Medicina legal.* Arma branca e comprida que só fere com a ponta.

ESTOQUISTA. *Direito comercial.* **1.** Empresário que possui estoque de mercadorias. **2.** Depositário de mercadoria armazenada para exportação ou venda. **3.** Encarregado da escrituração do livro de estoque.

ESTORNAR. 1. *Direito comercial.* Lançar em conta de débito ou de crédito uma quantia igual a outra que foi lançada, indevidamente, em crédito ou em débito. **2.** *Direito marítimo.* Dissolver um contrato de seguro marítimo.

ESTORNO. 1. *Direito marítimo.* a) Dissolução do contrato de seguro marítimo, por via de distrato; b) direito do segurado de receber parte do prêmio pago ao segurador, se a rescisão contratual do seguro marítimo se deu por força maior. **2.** *Direito comercial.* Lançamento, na conta de crédito, do que havia sido lançado, indevidamente, na de débito, ou vice-versa, para desfazer o engano havido na escrituração da partida anterior. Trata-se da anulação ou ratificação de lançamento errôneo. **3.** *Direito financeiro.* a) Transferência ou suprimento de verbas; b) verba que se estorna.

ESTORVA. *Direito marítimo.* Costura do costado do navio de alto a baixo.

ESTORVO. 1. Impedimento, obstáculo. **2.** Dificuldade. **3.** Oposição.

ESTOVER. *Termo inglês.* Pensão alimentícia.

ESTRABISMO. *Medicina legal.* Incapacidade de fixar ambos os olhos no mesmo ponto, devido à falta de controle dos músculos oculares externos.

ESTRABOTOMIA. *Medicina legal.* Corte de tendão de músculo do olho para correção do estrabismo.

ESTRADA. 1. *Direito de trânsito* e *direito administrativo.* Qualquer via de trânsito de veículos; via de tráfego. **2.** *Direito marítimo.* Rota. **3.** *Direito agrário.* a) Grupo de cem a cento e vinte seringueiras sangradas ou cortadas no período da safra; b) via de comunicação para transporte; c) escoamento de produtos agropecuários; d) caminho que se abre no interior da floresta, ligando as seringueiras exploradas.

ESTRADA DE FERRO. 1. *Direito ferroviário.* a) Via férrea, a ser percorrida por trens; ferrovia; b) empresa que explora o serviço de transportes ferroviários. **2.** *Direito penal.* Via de comunicação na qual circulam veículos de tração mecânica, em trilhos ou por meio de cabo aéreo, que, sendo destruída ou danificada, pode dar origem ao crime de perigo de desastre ferroviário ou ao crime de desastre ferroviário, puníveis pela lei penal.

ESTRADA DE RODAGEM. *Direito administrativo* e *direito de trânsito.* Rodovia percorrida por veículos automotores.

ESTRADA DE SERINGA. *Direito agrário.* Cada uma das três estradas de forma circular que se inicia próxima à colocação familiar do seringueiro, conduzindo-o aos seringais para a extração do látex, facilitando seu retorno ao ponto de partida.

ESTRADA ESTADUAL. *Direito administrativo.* É a construída pelo governo estadual nos seus limites territoriais.

ESTRADA FEDERAL. *Direito administrativo.* É a construída e conservada pelo governo federal.

ESTRADA MESTRA. *Direito administrativo.* Via principal de uma região.

ESTRADA MILITAR. *Direito militar.* É a construída para atender fins de natureza militar.

ESTRADA MUNICIPAL. *Direito administrativo.* É a construída e conservada pelo governo municipal dentro dos limites de sua jurisdição.

ESTRADA PARTICULAR. 1. *Direito civil* e *direito agrário.* É a construída por iniciativa particular nos limites de sua propriedade, para atender suas necessidades. **2.** *Direito administrativo.* É a construída por particular, mediante concessão da Administração Pública, para uso público. Assim, qualquer pessoa pode nela transitar se pagar uma taxa de passagem ou pedágio.

ESTRADA PAVIMENTADA. *Direito administrativo.* É a coberta de uma camada de concreto e asfalto.

ESTRADA PÚBLICA. *Direito administrativo.* É a construída pela Administração Pública para uso coletivo, podendo ser federal, estadual ou municipal. É um bem público de uso comum.

ESTRADAR. *Direito administrativo.* Abrir estradas.

ESTRADA REAL. 1. *Direito administrativo.* Estrada principal, que liga a capital a alguma cidade importante. **2.** *Vide* ESTRADA MESTRA.

ESTRADIOTO. *História do direito.* Dizia-se do salteador ou ladrão de estrada.

ESTRADISTA. *Direito desportivo.* Ciclista especializado nas provas de resistência em estrada.

ESTRAGADO. *Direito civil.* Deteriorado.

ESTRAGO. 1. *Direito civil* e *direito penal.* a) Deterioração; b) prejuízo ou dano moral ou patrimonial. **2.** *Direito marítimo.* Avaria.

ESTRALHEIRA. *Direito marítimo.* Conjunto de roldanas que suspendem a bordo lanchas, âncoras etc.

ESTRANEIDADE. *Direito internacional privado.* **1.** Situação do que não é natural do país onde se encontra, cujo ordenamento jurídico lhe é estranho. **2.** O que é peculiar do estrangeiro.

ESTRANGEIRO. 1. *Direito internacional privado* e *direito internacional público.* a) Diz-se daquele ou daquilo que não é nacional do país em que se encontra, estando alheio à sua ordenação jurídica; alienígena, forâneo; b) relativo ou pertencente a outra nação; c) cada um dos Estados soberanos, com exceção daquele que se considera ou de que se fala. **2.** *Direito constitucional.* Aquele que, por não ter nacionalidade brasileira, sofre restrições no exercício de certos direitos, sendo-lhe vedadas a exploração de minas e quedas-d'água; as funções de corretor de Bolsa e de leiloeiro público; a propriedade de empresa jornalística e de embarcação; e o direito de voto. Além disso, limita-se, legalmente, seu direito de adquirir propriedade rural; não se lhe concede extradição por crime político ou de opinião; regula-se a sucessão de seus bens situados no Brasil pela lei nacional, em benefício do cônjuge ou dos filhos brasileiros, sempre que não lhes seja mais favorável a lei pessoal do *de cujus*; e o processo e respectivo julgamento de seu crime de ingresso ou de permanência irregular no País serão da competência do juiz federal. **3.** *Direito penal.* a) Sujeito ativo na prática do crime de usar nome que não é o seu, para entrar ou permanecer no território nacional, crime esse punível com detenção e multa; b) aquele a quem se atribui falsa qualidade, para promover sua entrada em território nacional. Esse crime que consiste em atribuir falsa qualidade a estrangeiro é punível com reclusão e multa; c) aquele em benefício do qual alguém figura como testa-de-ferro, aparecendo como proprietário de ações, títulos ou valores a ele pertencentes, apesar de proibição legal. Tal atitude é punível com detenção e multa.

ESTRANGULAÇÃO. *Direito penal* e *medicina legal.* Estrangulamento.

ESTRANGULADO. *Direito penal* e *medicina legal.* Aquele que foi esganado.

ESTRANGULADOR. *Medicina legal* e *direito penal.* Aquele que estrangula.

ESTRANGULAMENTO. **1.** *Medicina legal* e *direito penal.* Asfixia mecânica, por meio de constrição do pescoço, pela mão da vítima ou do agressor, pela roda de um veículo ou máquina em movimento, ou por um peso. O estrangulamento pode se dar por: acidente; execução judicial, onde for admitida; homicídio; infanticídio; ou suicídio. Os sinais gerais da morte por estrangulamento são: cianose na face, escuma na boca; pequenas equimoses na face, na conjuntiva e na parte anterior do tórax; congestão dos tegumentos cranianos e dos pulmões; fluidez do sangue; equimoses nas vias respiratórias e digestivas. Os seus sinais particulares são: sulco no pescoço, hemorragias intramusculares, lesão no esqueleto da laringe (Almeida Jr. e Costa Jr.). **2.** *Direito desportivo.* Técnica, no judô, em que se provoca, no adversário, a compressão das carótidas, pela contrição do pescoço.

ESTRANGULAMENTO DE ALTITUDE. *Medicina legal.* Espécie de moléstia de altitude que se caracteriza por tosse, sensação de queimadura no pulmão e respiração curta.

ESTRANGÚRIA. *Medicina legal.* Dificuldade em urinar, provocada por estreitamento da uretra, que causa dor e ardor, fazendo com que a urina saia gota a gota.

ESTRANHAR. **1.** *História do direito.* Castigar; repreender. **2.** *Teoria geral do direito.* Julgar oposto aos usos e costumes.

ESTRANHO. **1.** *Direito civil.* a) Diz-se daquele que não pertence a uma corporação ou sociedade; b) o que não participou de uma relação jurídica, mas que pode, ou não, sofrer seus efeitos; c) aquele que não é parente nem por consangüinidade nem por adoção nem por afinidade; d) desconhecido. **2.** *Direito internacional privado.* Estrangeiro.

ESTRAPADA. *História do direito.* **1.** Suplício a que era submetido militar delinqüente, deslocando-lhe os braços pela suspensão seguida de queda até perto do solo. **2.** Poste que era usado para tal finalidade.

ESTRAR. *Direito agrário.* Espalhar palha ou mato, no curral de gado vacum ou cavalar, sobre o estrume calcado.

ESTRATAGEMA. **1.** *Direito militar.* Ardil empregado, durante a guerra, para enganar o inimigo. **2.** *Direito penal.* Artifício fraudulento utilizado para levar alguém a praticar ato que lhe prejudica, mas aproveita ao autor da astúcia ou a terceiro. Trata-se do estelionato. **3.** *Direito civil.* Dolo.

ESTRATÉGIA. **1.** *Direito militar.* Arte de idealizar ou organizar planos de operações bélicas. **2.** *Direito civil* e *direito penal.* Estratagema; ardil. **3.** *Economia política.* Conjunto coerente de decisões tomadas por um agente, ao estimar probabilidades de realização das eventualidades que é levado a encarar, tanto por causa das circunstâncias exteriores, como pelas hipóteses que incidem sobre o comportamento de outros agentes interessados em tais decisões (René Roy).

ESTRATÉGIA DOS ARMAMENTOS. *Direito militar* e *direito internacional público.* Técnica usada para alcançar um objetivo bélico (Waltz, Bonanate, Bobbio e Horner).

ESTRATEGO. *História do direito.* Cada um dos dez magistrados da antigüidade grega, que eram eleitos pelo povo e detinham o Poder Executivo para cuidar de assuntos militares.

ESTRATIFICAÇÃO. *Sociologia jurídica.* Formação de classes sociais.

ESTRATIFICAÇÃO SOCIAL. *Sociologia jurídica.* Conjunto de posições diferentes em que se encontram os homens no que atina ao acesso aos bens sociais (Cavalli, Runciman e Parkin).

ESTRATO. *Sociologia jurídica.* Camada social.

ESTRATOCRACIA. *Ciência política.* Governo militar.

ESTRATOLATRIA. *Ciência política.* Culto do militarismo.

ESTRATOLOGIA. *Direito militar.* Tratado sobre exército, guerra e direito da guerra.

ESTRATONOMIA. *Direito militar.* Tratado das leis da guerra.

ESTREANTE. Principiante.

ESTREBARIA. *Direito agrário.* Cocheira; cavalariça; local onde descansam ou se alimentam animais de grande porte.

ESTREFENDOPODIA. *Medicina legal.* Anomalia em que o pé se volta para dentro.

ESTREFEXOPODIA. *Medicina legal.* Anomalia em que o pé se apresenta voltado para fora.

ESTRÉIA. 1. *Direito autoral.* a) Primeiro trabalho científico, literário ou artístico de um autor, apresentado ao público; b) primeira representação de uma peça ou execução de música. **2.** *Direito comercial.* a) Sucesso ou acontecimento numa empresa; b) inauguração de um estabelecimento empresarial; c) primeira venda feita pelo negociante.

ESTREITO. 1. *Teoria geral do direito.* Estrito; limitado. **2.** *Direito agrário.* Casta de uva. **3.** Na *linguagem geográfica,* significa: a) desfiladeiro; b) canal natural que liga dois mares ou duas partes do mesmo mar. **4.** *Direito civil.* Diz-se do parentesco próximo.

ESTRELA-DE-DAVI. É o emblema do povo judaico, que se constitui de dois triângulos eqüiláteros sobrepostos e invertidos, formando uma estrela de seis pontas.

ESTRELA MÓVEL. *Direito militar.* Instrumento com que se pode averiguar a exatidão do calibre de uma peça de artilharia.

ESTRELO. *Direito agrário.* Diz-se do animal que possui uma pinta branca na testa.

ESTRÉM. *Direito marítimo.* Cabo da âncora.

ESTREMA. *Direito civil* e *direito agrário.* Marco divisório de propriedades rústicas contíguas.

ESTREMADO. *Direito civil* e *direito agrário.* Diz-se do imóvel rural que foi demarcado.

ESTREMAR. *Direito civil* e *direito agrário.* Ato de delimitar terras por meio de marcos divisórios.

ESTREMO. *Direito civil* e *direito agrário.* Marco que separa glebas.

ESTREPTOCEMIA. *Medicina legal.* Inflamação do sangue causada por estreptococos.

ESTRIA. 1. *Medicina legal.* a) Sulco fino que surge no osso; b) mancha cutânea alongada, causada pela ruptura da fibra elástica da pele em caso de gravidez, obesidade, tumor abdominal etc. **2.** *Direito militar.* Sulco helicoidal na superfície interior do cano de uma arma de fogo.

ESTRIA GRAVÍDICA. *Medicina legal.* Marca alongada ou vergão que aparece durante o quinto mês da gravidez, na parede abdominal, tendo coloração rósea ou violácea.

ESTRIAMENTO. *Direito militar* e *medicina legal.* Disposição das estrias nos canos das armas de fogo ou nas peças de artilharia.

ESTRIA SANGÜÍNEA. *Medicina legal.* Linha de sangue que, em determinadas doenças, aparece na saliva ou no pus.

ESTRIBEIRA. *Direito agrário.* Correia que segura o estribo ao arreio.

ESTRIBEIRO. *Direito agrário.* Trabalhador rural que cuida dos arreios, da cavalariça etc.

ESTRIBO. 1. *Direito agrário.* Cada peça de metal que pende de ambos os lados da sela, para que, ao cavalgar, o cavaleiro possa apoiar seus pés. **2.** *Direito marítimo.* Cabo que serve de apoio ao marinheiro, quando ferra as velas.

ESTRICNINA. *Medicina legal.* Alcalóide venenoso, usado em forma de sulfato ou fosfato como estimulante do sistema nervoso central.

ESTRICNISMO. *Medicina legal.* Envenenamento crônico por estricnina.

ESTRIPADO. *Medicina legal.* Aquele que tem o ventre rasgado, deixando visíveis as vísceras.

ESTRIPADOR. *Direito penal.* Criminoso sanguinário que abre o ventre da vítima.

ESTRITA LEGALIDADE. 1. *Direito administrativo.* Permissão para fazer só o que é admitido por lei. **2.** *Direito tributário.* Princípio da legalidade tributária, segundo o qual o Legislativo, além de dispor da tributação, deve explicitar o local e o momento em que surge o vínculo obrigacional, apontando os sujeitos da relação jurídica, a matéria tributável e a alíquota, declarando ainda quando e onde se deve pagar o tributo (Eduardo M. Ferreira Jardim; Roque Antonio Carrazza e Eusebio G. Garcia).

ESTRITO. 1. *Teoria geral do direito.* a) Diz-se daquilo que deve ser interpretado em seu sentido literal; b) sentido exato e rigoroso de uma norma; c) o que não admite a interpretação extensiva ou o emprego da analogia; d) dever de justiça; dever exigível; e) diz-se do direito de exigir algo, em razão de disposição legal ou de norma consuetudinária; f) dever cuja aplicação é precisa e determinada. **2.** *Lógica jurídica.* Sentido da implicação formal, na qual a proposição implicante e a proposição implicada contêm uma ou mais variáveis comuns (Lewis).

ESTRITO CUMPRIMENTO DO DEVER LEGAL. *Direito penal.* Causa de exclusão da antijuridicidade se o ato lesivo foi praticado no exercício de um dever imposto por lei.

ESTROCÉFALO. *Medicina legal.* Feto que apresenta partes da cabeça e do rosto deslocadas por torção do pescoço.

ESTROÇO. *Direito agrário.* Enxame de abelhas que foi transferido de um cortiço para outro.

ESTROGÊNIO. *Medicina legal.* Hormônio sexual produzido por um folículo em desenvolvimento, na primeira fase do ciclo ovulatório. É responsável pelo preparo inicial do endométrio para a implantação da gravidez (Roger Abdelmassih). O mesmo que ESTRÓGENO.

ESTRÓGENO. *Medicina legal.* Hormônio sexual feminino produzido pelos ovários e responsável pelas características físicas da mulher.

ESTRÓINA. Pessoa dissipadora ou perdulária.

ESTROUXAR. *Direito agrário.* Colher os favos da colméia.

ESTROVENGA. *Direito agrário.* Na Bahia, é um pequeno instrumento de agricultura, contendo uma diminuta foice de dois gumes.

ESTRUME. *Direito agrário.* **1.** Adubo vegetal ou animal. **2.** Esterco utilizado para fertilizar a terra.

ESTRUMEIRA. *Direito agrário.* Local onde se prepara o esterco, com o qual se adubará o solo.

ESTRUMEIRO. *Vide* ESTERQUEIRO.

ESTRUMITE. *Medicina legal.* Inflamação da tireóide, abrangida pelo bócio.

ESTRUTURA. **1.** *Teoria geral do direito.* a) Textura; b) organização dos elementos que formam um todo. **2.** *Direito civil.* Armação arquitetônica de um prédio. **3.** *Direito autoral.* Distribuição das partes de uma obra literária.

ESTRUTURA AGRÁRIA. *Direito agrário.* Complexo de relações sociais, econômicas e jurídicas, decorrentes da atividade agrária, tendo por objeto os bens, as obras e os serviços indispensáveis para o desenvolvimento da comunidade rural (Vivanco).

ESTRUTURA DA COMISSÃO DE VALORES MOBILIÁRIOS (CVM). *Direito administrativo.* Composição de entidade autárquica vinculada ao Ministério da Fazenda, dotada de personalidade jurídica e patrimônio próprios, que funcionará como órgão de deliberação colegiada, abrangendo: **1.** Órgão colegiado: Colegiado. **2.** Órgãos de assistência direta e imediata ao Presidente: a) Gabinete; b) Assessoria de Comunicação Social; c) Assessoria Econômica. **3.** Órgãos seccionais: a) Auditoria Geral; b) Procuradoria Jurídica; c) Superintendência Administrativo-Financeira. **4.** Órgão específico: Superintendência Geral, que, por sua vez, subdivide-se em Superinten-

dência de Relações com Empresas, Superintendência de Relações com Investidores Institucionais, Superintendência de Relações com o Mercado e Intermediários, Superintendência de Mercados de Derivativos, Superintendência de Fiscalização Externa, Superintendência de Proteção e Orientação aos Investidores, Superintendência de Relações Internacionais, Superintendência de Desenvolvimento de Mercado, Superintendência de Normas Contábeis e de Auditoria, Superintendência de Informática, Superintendência Regional de Brasília e Superintendência Regional de São Paulo.

ESTRUTURA DA NORMA JURÍDICA. *Lógica jurídica.* **1.** Juízo hipotético condicional que enlaça uma conduta humana, estabelecida como devida, com uma conseqüência jurídica que deve ser aplicada pelo órgão da comunidade jurídica (Kelsen). Trata-se da proposição jurídica que tem caráter descritivo. A norma jurídica tem uma estrutura lógica, com a fórmula do "dever ser" lógico, que consiste na imputação de uma conseqüência a um suposto de fato, assim representada na teoria kelseniana: "Se A é, deve ser B", ou seja, "Se houver ilícito, deve ser sanção". **2.** Juízo hipotético disjuntivo que, para Carlos Cossio, assim se enuncia: "Dado um fato temporal deve ser prestação pelo sujeito obrigado face ao sujeito pretensor, ou dada não prestação deve ser sanção pelo funcionário obrigado face à comunidade pretensora". O juízo disjuntivo compõe-se de dois juízos hipotéticos enlaçados pela conjunção disjuntiva "ou", referindo-se à possibilidade de duas situações: prestação e sanção. O enunciado da prestação é a endonorma e o da sanção, a perinorma. **3.** Juízo hipotético conjuntivo, que, para Jorge Millas, tem a seguinte fórmula: "Se A é, B deve ser e se B não é, deve ser S". A norma jurídica em sua estrutura lógica seria uma coordenação conjuntiva de duas proposições hipotéticas. **4.** Juízo hipotético adversativo, pois, para Avelino Quintas, "Não são indiferentes ao direito os dois pólos dessa alternativa lógica. Do caráter axiológico do direito decorre o primeiro membro da alternativa que é o aspecto primordial de qualquer ato jurídico. Enquanto o segundo membro é apenas um substituto contingente da falta de cumprimento do que era devido. Por isso é preferível que a fórmula lógica apresente o segundo membro não como simples alternativa, mas como conseqüência do não cumprimento do enunciado no primeiro membro, para tanto deverá ser adversativa a fórmula que expressar essa situação: 'Dado H deve ser P, mas se não P deve ser S'. Dessa maneira resulta clara a proeminência do primeiro membro, que se refere ao ato devido a outrem, por motivo de sua adequação axiológica, isto é, humana; e nisto consiste o específico e primário no Direito". **5.** Descrição da norma jurídica, apresentando-a, sob o prisma lógico, como um juízo hipotético condicional, disjuntivo, conjuntivo ou adversativo, conforme a teoria jusfilosófica adotada. **6.** Formulação lógica da norma que consiste num objeto ideal, já que não tem existência no tempo nem no espaço e é neutra ao valor, sendo seus termos abstratos e a relação, atemporal e aexistencial, embora se refiram indiretamente à realidade.

ESTRUTURA DE CAPITAL. *Direito comercial.* Conjunto de recursos disponíveis, realizáveis ou imobilizados, para formação do patrimônio de uma empresa (Luiz Fernando Rudge).

ESTRUTURA DO SISTEMA JURÍDICO. *Filosofia do direito.* Conjunto de regras que, variando de concepção a concepção, dão coesão ao sistema, ao relacionar, entre si, os elementos que constituem o seu repertório. Por exemplo, pode-se dizer que o sistema jurídico é o resultado de uma atividade instauradora que congrega normas (*repertório*) especificadas por seus atributos: validade e eficácia, estabelecendo relações entre elas (*estrutura*, que é baseada em regras de infra-supra-ordenação), albergando uma referência à mundividência que animou o elaborador desse sistema, que é a teoria de Kelsen.

ESTRUTURA FUNDIÁRIA. *Direito agrário.* Forma pela qual a propriedade ou posse do imóvel rural é distribuída pelo espaço geográfico (Fernando Pereira Sodero).

ESTRUTURA FUNDIÁRIA DEFEITUOSA. *Direito agrário.* Concentração de terra nas mãos de poucos, formando minifúndio ou latifúndio, o que traz conseqüências danosas à ordem socioeconômica, política e moral (Fernando Pereira Sodero).

ESTRUTURA FUNDIÁRIA EQUILIBRADA. *Direito agrário.* Distribuição homogênea da terra rural em cada área geoeconômica, possibilitando ao seu proprietário ou ocupante uma vida digna (Fernando Pereira Sodero).

ESTRUTURA GERAL DE APOIO. *Direito espacial.* Instalações e equipamentos de um centro de lançamento, destinados a prestar apoio técnico e administrativo aos complexos de lançamento.

ESTRUTURA INSTITUCIONAL DO MERCOSUL. *Direito internacional público.* Conjunto de órgãos que conduzem sua implementação e que são: a) Conselho do Mercado Comum, composto por ministros das Relações Exteriores e ministros da Economia ou equivalentes, dos quatro países signatários do Tratado de Assunção, que tem por escopo a condução política do processo de integração e a tomada das decisões que assegurem o cumprimento dos objetivos e dos prazos estabelecidos naquele tratado; b) Grupo Mercado Comum, órgão executivo composto por quatro membros titulares e quatro substitutos, sob a coordenação dos respectivos Ministérios das Relações Exteriores, com a função de zelar pelo cumprimento do tratado e formular resoluções necessárias à implementação das decisões tomadas pelo Conselho do Mercado Comum; c) Comissão de Comércio do Mercosul, órgão que assiste o Grupo Mercado Comum, zelando pela aplicação dos instrumentos de política comercial comum, acompanhando e revisando as matérias ligadas à política comercial comum, ao comércio intra-Mercosul e aos terceiros países; d) Comissão Parlamentar Conjunta, composta por dezesseis parlamentares de cada Estado Parte do tratado, que atuam como representantes de seus parlamentos, devendo acelerar procedimentos internos de seus respectivos países necessários à implementação dos acordos e normas emanadas dos órgãos decisórios e contribuir para o processo de harmonização das legislações; e) Foro Consultivo Econômico-Social, órgão integrado por igual número de representantes de cada Estado Parte dos setores empresarial, trabalhista e de entidades da sociedade civil, que tem por função formular recomendações ao Grupo Mercado Comum relacionadas às reivindicações desses setores quanto aos reflexos que têm, em suas respectivas áreas de interesse, as políticas ou medidas adotadas em decorrência de processo de implantação do Mercosul; f) Secretaria de Administração do Mercosul, órgão de apoio operacional, responsável pela prestação de serviços aos demais órgãos do Mercosul, com sede permanente na cidade de Montevidéu.

ESTRUTURAL. Relativo a estrutura.

ESTRUTURALISMO. Na *linguagem filosófica*, é o método de pesquisa pelo qual se buscam as estruturas significantes a um dado ramo do conhecimento.

ESTRUTURA ORGANIZACIONAL DO MINISTÉRIO DA CULTURA. *Direito administrativo* e *direito educacional.* Composição do Ministério da Cultura em: a) órgãos de assistência direta e imediata ao Ministro de Estado, que são o Gabinete e a Secretaria-Executiva, que se compõe de Subsecretaria de Assuntos Administrativos e Subsecretaria de Planejamento e Orçamento; b) órgão setorial, que é a Consultoria Jurídica; c) órgãos específicos singulares, que são as secretarias: de Política Cultural, de Intercâmbio e Projetos Especiais; de Apoio à Cultura e para o Desenvolvimento Audiovisual; d) unidades descentralizadas, que são as delegacias regionais; e) órgãos colegiados como: Conselho Nacional de Política Cultural; Comissão Nacional de Política Cultural; Comissão Nacional de Incentivo à Cultura e Comissão de Cinema; e f) entidades vinculadas, como o Instituto do Patrimônio Histórico e Artístico Nacional, que é uma autarquia, e as fundações: Casa de Rui Barbosa, Cultural Palmares, Nacional de Artes, Biblioteca Nacional.

ESTRUTURA PSÍQUICA. Na *linguagem psicológica,* é a psicologia estrutural ou organização da vida anímica de uma cultura, que resolve fenômenos psíquicos por meio de sensações, tendências etc., determinando sua intensidade ou duração.

ESTRUTURA SOCIAL. *Sociologia jurídica.* Totalidade dos *status* que trazem a interdependência de indivíduos ou grupos.

ESTUÁRIO. 1. Baía junto ao rio, próximo do oceano, onde se misturam as águas fluviais e as marítimas. **2.** Local do litoral só coberto de água durante a preamar. **3.** Foz de um rio.

ESTUDANTE. *Direito educacional.* Aquele que freqüenta, estando regularmente matriculado, um estabelecimento de ensino.

ESTUDANTIL. *Direito educacional.* Tudo o que for relativo a estudante.

ESTUDAR. *Direito educacional.* **1.** Aprender. **2.** Cursar aulas. **3.** Aplicar inteligência para adquirir conhecimentos. **4.** Analisar um assunto, uma obra literária, artística ou científica. **5.** Apreciar. **6.** Examinar, com atenção, para compreender o assunto ou o caso.

ESTÚDIO. 1. *Direito autoral.* Oficina onde o escultor, pintor, fotógrafo, elabora seus trabalhos. **2.** Nas *linguagens comum* e *jurídica,* pode designar: a) local onde se prepara e se filma cena cinematográfica; b) aula apropriada para transmissão radiofônica; c) recinto onde se realiza transmissão de televisão.

ESTUDO. 1. Análise ou exame meticuloso de certa matéria ou assunto. **2.** Ciência ou conhecimento científico, literário ou artístico adquirido pela aplicação da inteligência. **3.** Obra em que alguém estuda determinado assunto. **4.** Local onde se estuda. **5.** Investigação.

ESTUDO AMBIENTAL DE SÍSMICA (EAS). *Direito ambiental.* É o documento elaborado pelo empreendedor que apresenta a avaliação dos impactos ambientais não significativos da atividade de aquisição de dados sísmicos nos ecossistemas marinho e costeiro.

ESTUDO DE IMPACTO DE VIZINHANÇA (EIV). *Direito urbanístico.* É o elaborado para que empreendimentos e atividades privados ou públicos em área urbana possam obter licença ou autorização de construção, ampliação ou funcionamento a cargo do Poder Público Municipal. O EIV é executado de modo a contemplar efeitos positivos ou negativos daqueles empreendimentos ou atividades quanto à qualidade de vida da população residente na área e suas proximidades, analisando: adensamento populacional; equipamentos urbanos e comunitários; uso e ocupação do solo; valorização imobiliária; geração de tráfego e demanda por transporte público; ventilação e iluminação; paisagem urbana e patrimônio natural e cultural.

ESTUDO DE MERCADO. *Direito administrativo* e *direito comercial.* Análise dos fatores que influenciam na caracterização da demanda de um determinado mercado, para efeito de dimensionamento e avaliação da viabilidade de ligação de transporte rodoviário interestadual e internacional de passageiros, consistindo no levantamento de dados e informações e aplicação de modelos de estimativa de demanda.

ESTUDO DE PROBLEMAS BRASILEIROS. *Direito educacional.* Matéria ministrada em curso superior para aprimorar a formação política nacional, analisar a realidade brasileira, incentivar uma participação esclarecida no contexto sociopolítico nacional e mundial etc.

ESTUDO DO COLO DO ÚTERO. *Medicina legal.* Exame que se faz para saber se houve parto antigo ou recente, averiguando as lesões apresentadas no colo uterino, como cicatrizes, lacerações, rupturas etc.

ESTUDO PRÉVIO DE IMPACTO AMBIENTAL (EPIA). *Direito ambiental.* Instrumento preventivo pelo qual o Poder Público utiliza de todos os meios legais para evitar que alguma obra ou atividade venha a acarretar poluição ou degradação ao meio ambiente. É, no dizer de Celso Antonio Pacheco Fiorillo, um estudo prévio, a ser elaborado por equipe multidisciplinar constituída por técnicos de variada formação acadêmica, no sentido de estabelecer verdadeiro diagnóstico ambiental da área onde será instalada, na forma da lei, a obra ou atividade que possa, potencialmente, causar significativa degradação ambiental. Continua esse jurista: o EPIA é "exigência constitucional em face não só do meio ambiente natural, mas também do meio ambiente artificial, cultural e do trabalho, o que leva o Estado a assumir uma nova postura enquanto guardião do direito à vida".

ESTUDOS AMBIENTAIS. *Direito ambiental.* São todos e quaisquer estudos relativos aos aspectos ambientais relacionados à localização, instalação, operação e ampliação de uma atividade ou empreendimento, apresentados como subsídio para a análise da licença requerida, tais como: relatório ambiental, plano e projeto de controle ambiental, relatório ambiental preliminar, diagnóstico ambiental, plano de manejo, plano de recuperação de área degradada e análise preliminar de risco.

ESTUFA. 1. *Direito agrário.* Recinto apropriado onde se eleva, artificialmente, a temperatura do ar ambiente, para cultura de certos vegetais. **2.** *Medicina legal.* a) Aparelho que esteriliza material cirúrgico; b) aparelho para manter, no laboratório, cultura microbiana ou líquidos em temperatura constante.

ESTUFEIRO. *Direito agrário.* Trabalhador rural que opera em estufa mecânica elétrica.

ESTUFIM. *Direito agrário.* **1.** Pequena estufa que conserva, artificialmente, sementes e mudas, facilitando sua germinação, pela elevação da temperatura do ar ambiente. **2.** Campânula ou caixilho envidraçado para resguardar plantas.

ESTUMAR. Provocar ou incitar à pratica de um ilícito.

ESTUPEFAÇÃO. *Medicina legal.* Adormecimento de uma parte do corpo, suspendendo sua sensibilidade ou seu movimento.

ESTUPEFACIENTE. *Medicina legal.* Narcótico; entorpecente ou tóxico que provoca estupor ou causa estupefação, por atuar sobre o sistema nervoso central.

ESTUPOR. *Medicina legal.* **1.** Apoplexia. **2.** Diminuição ou entorpecimento das faculdades mentais, sensitivas ou motrizes, por motivos patológicos. **3.** Imobilidade provocada pelo medo ou pela surpresa.

ESTUPRADOR. *Direito penal.* Diz-se do criminoso que comete estupro.

ESTUPRO. *Direito penal.* Conjunção carnal ou cópula vagínica, com ou sem *immissio seminis*, levada a efeito por violência ou grave ameaça, coibindo qualquer reação eficaz da mulher para opor-se ao ato. Crime contra a liberdade sexual punível com reclusão.

ESTUPRO PRESUMIDO. *Direito penal.* Relação sexual mantida com menor de quatorze anos, mesmo com consentimento da vítima.

ESTUQUE. *Direito civil.* Composto de gesso, água e material colante que forma uma argamassa para ser usada em construções na feitura de rebocos, ornatos em alto ou baixo-relevo (Afonso Celso F. de Rezende).

ESVALTEIRO. *Direito marítimo.* Cada um dos paus que prendem as escotas das gáveas.

ESVAZIAMENTO. 1. Nas *linguagens comum* e *jurídica*, é o ato de esvaziar ou de tornar algo vazio. **2.** *Direito espacial.* Ato ou efeito de se ajustar o peso bruto de um foguete, ao encher seus tanques de propulsores.

ESVAZIAMENTO UTERINO. *Medicina legal.* Ato de esvaziar o útero após o abortamento, pela curetagem ou depois do parto, pela expulsão das secundinas.

ESVIDIGAR. *Direito agrário.* Limpar a vinha das vides que se podaram.

E.T.A. *Direito marítimo.* Horário estimado para a chegada de uma embarcação em um porto.

ET AB HIC ET AB HOC. *Expressão latina.* A torto e a direito.

ETABLISSEMENT D'UTILITÉ PUBLIQUE. *Locução francesa.* Estabelecimento de utilidade pública.

ETABLISSEMENT PUBLIC. *Locução francesa.* Estabelecimento público.

ET ALII. *Locução latina.* E outros.

ETAPA. 1. *Medicina legal.* Fase da moléstia. **2.** *Direito militar.* a) Bivaque de tropas quando param durante a marcha; b) acampamento; c) consumo ou ração diária de um soldado em marcha

ETÁRIO

471

ETA

ou acampado. **3.** *Direito comercial.* Distância entre dois locais de parada em qualquer percurso. **4.** *Direito civil.* Situação transitória de um negócio.

ETÁRIO. *Direito civil.* Relativo a idade.

ÉTAT DE SIÈGE. *Expressão francesa.* Estado de sítio.

ET CAETERA. *Locução latina.* E mais outras coisas; e assim por diante; e o mais.

ETERISMO. *Medicina legal.* Estado de insensibilidade provocado pela inalação do éter.

ETERNIDADE. Na *linguagem filosófica,* significa: a) duração indefinida, sem princípio nem fim; b) característica do que está além do tempo (Boécio, Hobbes, Hegel e Lalande).

ETEROMANIA. *Medicina legal.* Hábito mórbido de tomar éter.

ETERÔMANO. *Medicina legal.* Viciado em tomar éter.

ÉTICA. 1. *Filosofia do direito.* a) Estudo filosófico dos valores morais e dos princípios ideais do comportamento humano; b) deontologia; c) ciência dos costumes ou moral descritiva (Ampère); d) conjunto de prescrições admitidas por uma sociedade numa dada época; e) ciência que tem por objeto a conduta humana; etologia; etografia; f) ciência que toma por objeto imediato o juízo de apreciação de atos; juízo de valor relativo à conduta (Lalande); g) ciência do comportamento moral do ser humano no convívio social (Geraldo Magela Alves); teoria ou investigação de uma forma de comportamento humano. **2.** *Medicina legal.* Febre lenta e contínua que surge em moléstias crônicas.

ÉTICA AMBIENTAL. *Direito ambiental.* Estudo da conduta, ou a própria conduta humana em relação à natureza, decorrente da conscientização ambiental e conseqüente compromisso personalíssimo preservacionista, tendo como objetivo a conservação da vida global (Antônio S. Ribeiro dos Santos).

ÉTICA DE GUERRA. *Filosofia do direito.* Juízo de valor sobre a guerra, fundado no modo como ela corresponde ao seu próprio fim, nela averiguando a participação culposa ou não dos indivíduos, pois o *dolus eventualis* da guerra inserido está na atividade diplomática. Trata a ética de guerra da questão da culpabilidade na guerra (Radbruch).

ÉTICA DO ADVOGADO. Preceitos regulamentadores da conduta do advogado, no exercício da profissão.

ÉTICA MÉDICA. *Direito civil.* Conjunto de normas que regem o exercício da medicina; diceologia médica ou deontologia médica.

ÉTICA POLÍTICA. Na *linguagem filosófica,* é a que visa a educação do povo e a cultura da natureza inteligente (Diderot e Lalande).

ÉTICA PROFISSIONAL. *Direito civil.* Complexo de princípios que servem de diretrizes no exercício de uma profissão, estipulando os deveres que devem ser seguidos no desempenho de uma atividade profissional.

ÉTICA SOCIAL. Na *linguagem filosófico-social,* seria o conjunto de normas a que se devem ajustar as relações entre os membros de uma comunidade.

ETICIDADE DA PESQUISA ENVOLVENDO SERES HUMANOS. *Medicina legal* e *biodireito.* Imprescindibilidade ao atendimento às exigências éticas e científicas fundamentais, como: a) consentimento livre e esclarecido dos indivíduos-alvo e proteção a grupos vulneráveis e aos legalmente incapazes (autonomia). Tal pesquisa deverá tratar os seres humanos com a dignidade que merecem, respeitá-los em sua autonomia e defendê-los em sua vulnerabilidade; b) ponderação entre riscos e benefícios atuais ou potenciais, individuais ou coletivos (beneficência), comprometendo-se com o máximo de benefícios e o mínimo de riscos e danos; c) garantia de que danos previsíveis serão evitados (não-maleficência); d) relevância social da pesquisa com vantagens significativas para os sujeitos da pesquisa e minimização do ônus para os sujeitos vulneráveis, o que garante a igual consideração dos interesses envolvidos, não perdendo o sentido de sua destinação sócio-humanitária (justiça e eqüidade).

ÉTICO. Na *linguagem filosófica,* é o relativo à ética ou o que está conforme com a ética.

ETILISMO. *Medicina legal.* Intoxicação provocada pela ingestão de álcool etílico.

ETILISTA. *Medicina legal.* Viciado pelo consumo de bebida alcoólica.

ETIMOLOGIA. Ciência que estuda a origem das palavras.

ETIOLOGIA. 1. *Medicina legal.* a) Investigação das causas de uma moléstia; b) conjunto de fatores que contribuem para o aparecimento de um estado físico ou mental anormal. **2.** Na *linguagem filosófica,* é a ciência que estuda a origem e as causas das coisas, dos fenômenos etc.

ETIOLOGIA CRIMINAL. *Direito penal.* Estudo das causas do crime, apurando os fatores biológicos, psicológicos ou sociológicos que levaram o agente à prática da ação criminosa.

ETIOLOGIA MÉDICO-LEGAL. *Medicina legal.* Averiguação da causa jurídica da morte ou da lesão corporal, apurando se ocorreu por acidente, suicídio, suplício ou homicídio.

ETIOLÓGICO. Relativo à etiologia.

ETIOPATOGENIA. *Medicina legal.* Estudo das causas de uma doença e de seu desenvolvimento ou evolução.

ETIQUETA. 1. *Sociologia jurídica.* a) Normas de boas maneiras; b) cerimonial adotado em festas oficiais, na alta sociedade ou nas cortes. **2.** *Direito comercial* e *direito do consumidor.* Papel colocado no invólucro de uma mercadoria para indicar seu conteúdo, procedência, qualidade, uso, preço; rótulo. **3.** Na *linguagem jurídica* em geral, é qualquer pedaço de papel ou de outro material que se afixa em algo, para descrevê-lo, ou indicar seu proprietário, procedência ou destinatário. **4.** *Direito internacional público.* Conjunto de cerimônias usuais no trato diplomático.

ETIQUETAGEM. *Direito comercial.* Ato de colocar rótulo em mercadorias.

ETISTERONA. *Medicina legal.* Hormônio sexual feminino sintético ministrado em caso de deficiência de progesterona.

ETMOCARDITE. *Medicina legal.* Inflamação do tecido conjuntivo do coração.

ETNARCA. *História do direito.* **1.** Governador das antigas províncias romanas. **2.** Título honorífico dado pelo imperador romano a príncipe judeu que governava uma província sob a proteção de Roma.

ETNARQUIA. *História do direito.* **1.** Província governada por um etnarca. **2.** Dignidade de etnarca, na antiga Roma.

ETNIA. *Sociologia jurídica.* **1.** Mistura de raças caracterizadas pela mesma cultura. **2.** Grupo cultural e biológico homogêneo (Othon Sidou).

ETNICIDA. Aquele que destrói um povo.

ÉTNICO. *Sociologia jurídica.* **1.** Relativo a uma raça. **2.** O que tem vínculos raciais, lingüísticos ou culturais com um determinado grupo. **3.** Que designa os habitantes de uma nação.

ETNOCENTRISMO. *Sociologia jurídica.* Julgamento de povos alienígenas pelos seus padrões culturais e étnicos.

ETNOCRACIA. *Sociologia jurídica.* Domínio de uma raça.

ETNODICÉIA. *Teoria geral do direito.* Direito das gentes.

ETNOGENEALOGIA. *Sociologia jurídica.* Genealogia dos povos.

ETNOGENIA. *Sociologia jurídica.* Ramo da etnologia que estuda a evolução das raças.

ETNOINVERSÃO. *Medicina legal.* Desvio sexual que consiste em ter atração por pessoa de raça diferente da sua.

ETNOLOGIA. *Sociologia geral* e *sociologia jurídica.* **1.** Antropologia social que analisa, comparativamente, as culturas. **2.** Ciência voltada ao fenômeno da divisão da humanidade em raças, averiguando sua origem e suas peculiaridades.

ETNOLOGIA JURÍDICA. *Direito comparado* e *história do direito.* Estudo analítico-comparativo dos direitos dos vários povos em sua evolução histórica.

ETNOPSICOLOGIA. Na *linguagem psicológica,* é o estudo da psicologia das raças e dos fatores que levam à interação cultural entre povos.

ETOCRACIA. *Ciência política.* Forma de governo baseada na moral.

ETOGENIA. *Antropologia jurídica.* Estudo da origem dos costumes e das tendências de cada povo.

ETOGRAFIA. Na *linguagem jusfilosófica,* é a descrição dos costumes dos homens.

E-TOKENS. *Direito virtual.* Pequenas chaves plásticas que contêm um *microchip* interno que funciona como chave de identificação do usuário, impedindo que alguém que não a possua possa operar determinado computador (Aieta).

ETOLOGIA. *Sociologia jurídica.* Estudo dos costumes sociais.

ET QUIDEM IN PRIMIS ILLUD OBSERVARE DEBET JUDEX, NE ALITER JUDICET, QUAM LEGIBUS AUT CONSTITUTIONIBUS AUT MORIBUS PRODITUM EST. *Expressão latina.* Em primeiro lugar, o magistrado deve procurar não julgar, senão de conformidade com a lei, as constituições e os costumes.

ET QUIDEM SI QUIS INDEBITUM IGNORANS SOLVIT, PER HANC ACTIONEM CONDICERE POTEST; SED SI SCIENS SE NON DEBERE SOLVIT, CESSAT REPETITIO. *Expressão latina.* Se uma pessoa pagou por erro o que não era devido, pode pedir a devolução, mas, se pagou consciente de que não devia, cessa a repetição.

ET RELIQUA. *Locução latina.* E o restante.

EU. Na *linguagem filosófica,* significa: a) individualidade da pessoa; b) consciência da individualidade empírica (Condillac); c) consciência individual voltada aos seus próprios interesses; d) realidade permanente e invariável tida como substrato fixo dos acidentes simultâneos e sucessivos que constituem o "eu" empírico (Lalande); e) sujeito pensante; f) ato originário do pensamento; g) "eu" absoluto (Fichte).

EUCARISTIA. *Direito canônico.* Sacramento em que o corpo e o sangue de Cristo estão presentes no pão e no vinho.

EUFEMISMO. *Retórica jurídica.* Figura pela qual se suaviza expressão desagradável, por meio do emprego de outra mais delicada.

EUFORIA. *Medicina legal.* Sentimento de bem-estar, sem causa aparente, que constitui sintoma de determinados estados mórbidos, provocados por intoxicações, drogas, manias etc.

EUFORIMETRIA. *Direito agrário.* Determinação da fertilidade da terra.

EUFORIZANTE. *Medicina legal.* Substância que age sobre o sistema nervoso central e que é suscetível de causar estado de dependência, pelo seu constante uso.

EUGENESIA. *Medicina legal* e *biodireito.* Melhoramento da raça.

EUGENÉSICO. *Medicina legal.* 1. Relativo à eugenia; eugênico. 2. Mestiço que é direta e indefinidamente fecundo (Caldas Aulete).

EUGENIA. *Medicina legal* e *biodireito.* Estudo das condições suscetíveis de melhorar as qualidades físico-morais das futuras gerações.

EUGÊNICO. *Medicina legal.* Que diz respeito a eugenia.

EUGENISMO. *Biodireito.* Forma ideológica e utópica da eugenética, ou melhor, convicção da possibilidade da substituição dos maus genes pelos bons, criando uma nova espécie de humanidade, livre de sofrimento e doenças hereditárias e enaltecendo a terapia genética em células germinais.

EUM, CUI LEGE BONIS INTERDICITUR, INSTITUTUM POSSE ADIRE HEREDITATEM CONSTAT. *Expressão latina.* Aquele que está, legalmente, proibido de administrar seus bens, pode adir herança se for instituído herdeiro.

EUM QUI CERTUS EST, CERTIORARI ULTERIUS NON OPORTET. *Expressão latina.* Quem está certo de uma coisa, não pode exigir novas provas.

EUNÉIA. *Medicina legal* e *psicologia forense.* Vivacidade mental.

EUNOMIA. *Filosofia do direito.* Acordo entre a lei escrita e os princípios gerais do justo (Tércio Sampaio Ferraz Júnior).

EUNUCO. 1. *História do direito.* No Oriente, homem castrado que era guardião de mulheres no harém. 2. *Medicina legal.* Diz-se daquele privado de testículos.

EUNUQUISMO. *Medicina legal.* Desenvolvimento irregular dos órgãos genitais masculinos.

EUPÁTRIDA. *História do direito.* Na antiga Atenas, membro da nobreza que elaborava e executava as leis.

EUPIREXIA. *Medicina legal.* Febre que, no início de uma infecção, indica o esforço do próprio organismo em combater a moléstia.

EUPNÉIA. *Medicina legal.* Respiração normal.

EUPORIA. *Filosofia geral.* Indicação de caminho no próprio problema (Hartmann).

EUR. 1. Sigla de euro. 2. Abreviatura de euro registrada na Organização Internacional de Normalização (ISO) e reconhecida em 15 países da União Européia, exceto no Reino Unido, na Suécia e na Dinamarca, onde aquela moeda não circula.

EURATOM. *Direito internacional público.* Sigla de Comunidade Européia de Energia Atômica.

EUREMA. *Teoria geral do direito.* Cautela que se deve ter para garantir a validade de um ato jurídico, observando as formalidades extrínsecas ou intrínsecas exigidas legalmente.

EUREMÁTICA. *Teoria geral do direito.* 1. Parte da ciência jurídica ou da técnica notarial que trata dos euremas. 2. Diz-se da jurisprudência alusiva aos procedimentos judiciais ou aos formulários que devem ser seguidos para que os atos processuais produzam os pretendidos efeitos jurídicos. É o estabelecimento jurisprudencial de certas precauções que devem ser tomadas para a validade e eficácia de atos processuais ou negociais, no que concerne aos seus requisitos formais.

EUREMÁTICO. *Teoria geral do direito.* Referente a eurema.

EURICÉFALO. *Medicina legal.* Diz-se daquele que possui a cabeça larga, tendo um índice cefálico de 80 a 84.

EURIPO. *História do direito.* No circo romano, fosso que impedia as feras de passarem da arena ao local onde os espectadores se alojavam.

EURO. *Direito internacional público.* Moeda única adotada em 1999 pelos quinze países da União Européia (UE), mediante o Pacto da Estabilidade.

EUROBÔNUS. *Direito financeiro.* Bônus emitido por empresa brasileira, com instituições financeiras como garantidoras, com operação registrada em Londres e distribuído normalmente por um banco internacional (Luiz Fernando Rudge).

EUROCOMUNISMO. *Ciência política.* Processo que levou a uma diferenciação de posições no que atina à política internacional e à estratégia interna entre o partido comunista da União Soviética e alguns dos partidos comunistas da Europa ocidental (Pasquino, Carrillo, Salvadori, Claudin e Timmermann).

EURODÓLAR. *Direito internacional privado.* **1.** Dólar que um estrangeiro saca em banco dos Estados Unidos da América do Norte e deposita em banco europeu, situado fora do território norte-americano (Geraldo Magela Alves). **2.** Dólar pertencente a uma empresa multinacional em poder de banco comercial da Europa, para formar, a curto prazo, um fundo de capital internacional. **3.** Direito em dólares de instituições bancárias não americanas que podem ser repassados a outros bancos.

EUROPEAN CURRENCY UNIT (ECU). *Direito internacional público.* Denominação dada pelo Tratado de Maastricht para a unidade monetária européia, motivado pelo fato de que a moeda única seria um grande passo para a Europa unificada, servindo de desestímulo a conflitos entre países europeus.

EURRITMIA. *Medicina legal.* **1.** Regularidade da pulsação. **2.** Destreza no manejo de instrumentos cirúrgicos.

EUSSEMIA. *Medicina legal.* Complexo de sintomas favoráveis em certa moléstia.

EUSTAQUITE. *Medicina legal.* Inflamação na trompa de Eustáquio.

EUTANÁSIA. *Direito penal.* Crime de homicídio privilegiado em que a pena de reclusão pode ser reduzida de um sexto a um terço, por ter sido, o agente, impelido a fazê-lo, devido a motivo de relevante valor moral, pretendendo, ao eliminar o sofrimento ou abreviar a agonia daquele que não tem nenhuma chance de sobreviver, por ser portador de doença incurável, dar-lhe uma morte rápida, doce ou serena. Ato deliberado de provocar a morte (sem sofrimento) de paciente em fase terminal, por fins misericordiosos. Geralmente, o procedimento é feito com aplicação de substâncias letais. A prática é ilegal no Brasil e em quase todos os países do mundo, exceto na Holanda e na Bélgica. Trata-se do homicídio piedoso, feito a pedido do próprio doente, sob o império da dor ou da angústia.

EUTANÁSIA ATIVA. *Medicina legal.* Antecipação da morte de paciente terminal, por compaixão ante seu sofrimento insuportável e sua incurabilidade.

EUTANÁSIA INDIRETA. *Medicina legal.* Ato médico de minorar o sofrimento, favorecendo a morte pelo uso de certos medicamentos, na sedação do paciente terminal (Daisy Gogliano).

EUTANÁSIA PASSIVA. *Medicina legal.* Supressão de medicamentos ou dos meios artificiais de suporte da vida de paciente terminal em coma irreversível, considerado em "morte encefálica", havendo grave comprometimento na coordenação da vida vegetativa e da vida de relação (Veloso de França).

EUTELEGÊNESE. *Medicina legal* e *biodireito.* Fertilização assistida com propósito eugênico, admitida apenas para tratamento de defeitos genéticos, por ser crime a manipulação genética de células germinais humanas, punível com detenção.

EUTENIA. *Medicina legal* e *direito ambiental.* Ato de promover melhores condições ambientais, para o desenvolvimento e a conservação da saúde.

EUTOCIA. *Medicina legal.* Parto natural.

EUTREPISTIA. *Medicina legal.* Administração de remédio antes de uma intervenção cirúrgica, para diminuir o perigo de infecção.

EVACUAÇÃO. **1.** *Direito militar.* a) Transferência de tropas de um local para outro; b) ato de sair de uma praça que estava ocupada militarmente; c) retirada de tropas de uma cidade ou fortaleza; d) retirada da população, de doentes ou feridos de uma área de combate. **2.** *Medicina legal.* Ato de expelir excrementos.

EVADIDO. *Direito penal* e *direito processual penal.* Diz-se do preso que está fora da prisão por ter perpetrado crime de evasão mediante violência contra a pessoa, crime esse punível com detenção, além da pena correspondente à violência. Sua recaptura independe de prévia ordem judicial e poderá dar-se por qualquer pessoa.

EVASÃO. 1. *Medicina legal.* Impulso que se manifesta em pessoa neurótica, de fugir da realidade por meio da imaginação; escapismo. Saída do paciente do hospital sem autorização médica e sem comunicação da saída ao setor onde se encontrava internado. **2.** *Direito penal.* Fuga de pessoa detida ou presa em cumprimento de pena. **3.** *Direito tributário.* Subtração do contribuinte ao pagamento do tributo, usando meios para evitar a incidência tributária.

EVASÃO DE PRESO. *Direito penal.* Abrange esta expressão três modalidades de crime: a) a de promover ou facilitar a fuga de pessoa legalmente presa ou submetida a medida de segurança detentiva, punível com detenção; mas, se praticada a mão armada, ou por mais de uma pessoa, ou mediante arrombamento, a pena será de reclusão; b) a de fuga de preso ou do submetido a medida de segurança detentiva mediante violência deste contra a pessoa, punível com detenção; c) a de fuga de preso por culpa do funcionário encarregado de sua guarda ou custódia, punível com detenção ou multa.

EVASÃO FISCAL. *Direito tributário.* Ato comissivo ou omissivo, de natureza ilícita, praticado com o escopo de diminuir ou eliminar a obrigação tributária, mediante, por exemplo, fraude fiscal ou adulteração de documentos. Difere de elisão fiscal, por ser esta uma economia tributária de caráter lícito.

EVASÃO MEDIANTE VIOLÊNCIA CONTRA A PESSOA. *Direito penal.* Crime que consiste em evadir-se ou tentar evadir-se o preso ou o submetido a medida de segurança detentiva, usando de violência contra a pessoa, punível com detenção, além da pena correspondente à violência; mas, se ocorrer homicídio ou lesão corporal, haverá concurso material de crimes. Esse crime atenta contra a administração da justiça. Para a configuração desse delito, exige a lei penal que haja violência real empregada contra policial,

carcereiro, detento ou terceiro; logo, a violência contra coisa e grave ameaça não são incriminadas.

EVASÃO TRIBUTÁRIA. O mesmo que EVASÃO FISCAL.

EVASIVA. *Direito processual civil.* Desculpa ardilosa; pretexto para escapar de determinada situação comprometedora.

ÉVÊCHÉ. *Termo francês.* **1.** Palácio episcopal. **2.** Bispado.

EVEMERISMO. *História do direito* e *filosofia geral.* Teoria que sustentava terem sido os deuses mitológicos heróis que realmente viveram e foram divinizados pelos homens após sua morte.

EVEMIA. *Medicina legal.* Boa qualidade do sangue.

EVENCENTE. *Direito processual civil.* Diz-se daquele que, por sentença judicial, se imite na coisa, readquirindo sua posse ou seu domínio.

EVENCER. *Direito processual civil.* **1.** Retirar, mediante ação judicial, a posse ou a propriedade de alguém. **2.** Promover a evicção.

EVENCIMENTO. *Direito processual civil.* Retirada da posse ou do domínio que alguém tem sobre um determinado bem, por meio dos interditos possessórios ou da ação reivindicatória.

ÉVÉNEMENTS DE MER. *Expressão francesa.* Avaria marítima.

EVENTO. 1. Ocorrência natural ou fortuita. **2.** Acontecimento. **3.** Resultado jurídico-penal relevante. **4.** Eventualidade.

EVENTO ADVERSO. *Biodireito.* Qualquer efeito não desejado em humanos decorrente do uso de produto sob vigilância sanitária.

EVENTO DE CUSTÓDIA. *Direito financeiro.* Atos da STN (Secretaria do Tesouro Nacional) relativos ao resgate do principal, juros e amortizações dos títulos por ela emitidos.

EVENTO INVESTITIVO. *Direito civil.* Ato ou fato que implica a criação de um direito eventual (José Náufel).

EVENTOS AGROPECUÁRIOS. *Direito agrário.* São considerados eventos agropecuários os leilões, feiras, exposições ou outras aglomerações de eqüídeos, nos quais os animais deverão ser obrigatoriamente examinados, em local apropriado, na entrada do recinto de realização do evento, e que ofereça condições para a instalação do serviço de Defesa Sanitária Animal possibilitando a recepção, contenção e a realização de exames e colheita de material, assim como a conferência da documentação sanitária pertinente.

EVENTOS CORRELATOS A ATOS DE GUERRA. *Direito internacional público.* São greves, tumultos, comoções civis, distúrbios trabalhistas, ato malicioso, ato de sabotagem, confisco, nacionalização, apreensão, sujeição, detenção, apropriação, seqüestro ou qualquer apreensão ilegal ou exercício indevido de controle da aeronave ou da tripulação em vôo por parte de qualquer pessoa ou pessoas a bordo da aeronave sem consentimento do explorador.

EVENTOS DE DETERIORAÇÃO DE CRÉDITO OU EVENTOS DE CRÉDITO. São aqueles fatos, definidos entre as partes em contrato, relacionados com o ativo subjacente ou seus obrigados que, independentemente da sua motivação, causam o pagamento, por parte da contraparte receptora do risco, da proteção contratada pela contraparte transferidora.

EVENTRAÇÃO. *Medicina legal.* **1.** Ferida abdominal que provoca a saída de uma parte das vísceras. **2.** Hérnia surgida, devido a uma abertura acidental, em qualquer ponto da parede abdominal.

EVENTUAL. *Direito civil.* **1.** Casual; fortuito. **2.** O que depende de um acontecimento incerto. **3.** Diz-se do direito em que há um interesse, ainda que incompleto, pela ausência de um elemento básico protegido por norma jurídica, como, por exemplo, o penhor de um crédito futuro, a hipoteca sobre bens futuros, o pacto de preferência, a promessa de venda etc.

EVENTUALIDADE. *Direito civil.* **1.** Condição do que é eventual. **2.** Acontecimento incerto. **3.** Acaso. **4.** Probabilidade da realização de certo acontecimento.

EVENTUS DAMNI. *Expressão latina.* Usada para designar a redução da insolvabilidade como um dos requisitos da ação pauliana. Trata-se do "evento do dano", o qual é o elemento objetivo na fraude contra credores, que consiste no dano efetivamente causado ao credor por ato fraudulento que provoca o estado de insolvência do devedor.

EVENTUS EST ALICUIUS EXITUS NEGOTII. *Direito romano.* Evento é o resultado do negócio.

EVERGREEN CONTRACT. *Locução inglesa.* Contrato com cláusula de prorrogação automática.

EVERMINAÇÃO. *Medicina legal.* Extirpação de vermes intestinais.

EVERSÃO. 1. *Medicina legal.* a) Exteriorização dos lábios do orifício de saída produzido na pele da vítima, por projétil de arma de fogo (Croce e Croce Jr.); b) mutilação. **2.** *Direito civil.* a) Ruína; desmoronamento; b) esbulho.

EVICÇÃO. *Direito civil* e *direito processual civil.* Perda total ou parcial da propriedade da coisa alienada, por força de decisão judicial, fundada em motivo jurídico anterior, que a confere a outrem, seu verdadeiro dono, com o reconhecimento, em juízo, da existência de ônus sobre a mesma coisa, não denunciado oportunamente no contrato.

EVICÇÃO PARCIAL. *Direito civil* e *direito processual civil.* Perda de uma fração ou de parte material ou ideal do bem, ou de seus acessórios, ou mera limitação do direito de propriedade, que dá ao seu adquirente o direito de optar entre a rescisão do contrato ou o abatimento no preço, proporcionalmente à parte subtraída a seu domínio ou à desvalorização sofrida pela existência de algum ônus real.

EVICÇÃO TOTAL. *Direito civil* e *direito processual civil.* Perda de toda a coisa adquirida, tendo, então, o evicto, o direito de obter a restituição integral do preço, com as indenizações previstas em lei.

EVICTO. *Direito civil* e *direito processual civil.* Adquirente que perde a coisa adquirida ou sofre a evicção, em favor de terceiro (evictor).

EVICTOR. *Direito civil* e *direito processual civil.* Terceiro que move ação judicial, vindo a ganhar, total ou parcialmente, o bem objetivado no ato negocial. É o que reivindica o bem sujeito à evicção, por ser o verdadeiro titular de sua posse ou propriedade.

EVIDÊNCIA. *Filosofia geral.* **1.** Certeza imediata ou não. **2.** Qualidade daquilo que é evidente, ou do que todos podem verificar, não podendo duvidar de sua verdade. **3.** Verdade clara e manifesta por si mesma, que não pode ser negada, contestada ou refutada. **4.** Axioma. **5.** Transparência.

EVIDÊNCIA DE FATO. Na *linguagem filosófica*, é a certeza obtida pela observação.

EVIDÊNCIA DE RAZÃO. Na *linguagem filosófica*, é a adquirida pelo raciocínio.

EVIDÊNCIA DE SENTIMENTO. Na *linguagem filosófica*, é aquilo que parece ser certo ou exato pelo sentimento, sem que seja analisado pela razão.

EVIDÊNCIA DOS AUTOS. *Direito processual penal.* O resultado de uma apreciação conjunta e conjugada da prova (Nilo Batista).

EVIDÊNCIA DOS SENTIDOS. Na *linguagem filosófica,* é a constatação de um fato por meio dos sentidos e das impressões por eles comunicadas, desde que considerados como elemento de convicção.

EVIDÊNCIA EXPERIMENTAL. *Vide* EVIDÊNCIA DOS SENTIDOS.

EVIDENCIAR. *Filosofia geral.* **1.** Provar; demonstrar. **2.** Pôr em evidência. **3.** Patentear-se.

EVIDÊNCIA RACIONAL. *Vide* EVIDÊNCIA DE RAZÃO.

EVIDÊNCIA SENSÍVEL. *Vide* EVIDÊNCIA DOS SENTIDOS.

EVIDENTE. 1. *Lógica jurídica.* a) Diz-se da proposição cujo significado todos têm presente no espírito, não se podendo duvidar de sua verdade; b) diz-se da proposição que não precisa ser demonstrada. **2.** *Filosofia geral.* a) Manifesto; claro; patente; óbvio; b) induvidoso; o que não pode ser contestado; inegável; c) convincente; d) o que não precisa ser demonstrado, por não oferecer dúvidas.

EVIRAÇÃO. *Medicina legal.* **1.** Perda da sexualidade. **2.** Castração.

EVISCERAÇÃO. *Medicina legal.* Exteriorização das vísceras, causada por lesões feitas por instrumento cortante. É o ato ou efeito de estripar.

EVITAÇÃO. Ato pelo qual a pessoa procura escapar à prática de um ato ou retirar a sua eficácia.

EVOCAÇÃO. 1. *Direito administrativo.* Convocação de pessoas para comparecerem perante uma autoridade administrativa. **2.** *Direito processual.* a) Avocamento; transferência de uma causa ou processo de um tribunal para outro; b) convocação de pessoa para comparecer em juízo ou perante o órgão judicante. **3.** *Psicologia forense.* a) Função da memória pela qual se pode deter certas lembranças; b) ato de fazer vir, por associação, ao espírito ou à consciência, algum fato, conduzindo à causa, aos efeitos, à natureza de uma doença, da ação criminosa etc. **4.** *Direito civil* e *direito comercial.* Convocação para uma assembléia.

EVOLUÇÃO. 1. *Filosofia do direito.* a) Desenvolvimento paulatino e contínuo de um princípio até que se torne manifesto; b) transformação lenta, em leves e tênues mudanças sucessivas;

c) transformação que faz passar algo do homogêneo para o heterogêneo (Spencer); d) seqüência de transformações em um mesmo sentido (Renouvier e Giard); e) sucessão de sistemas gerados uns dos outros. **2.** *Lógica jurídica.* Desenvolvimento lógico de uma idéia no tempo. **3.** *Sociologia jurídica.* Progresso social, político e econômico, que se opera lenta e gradualmente. **4.** *Direito militar.* Movimento de tropas, navios ou aviões, para mudar a posição de ataque ou de defesa numa batalha. **5.** *Direito desportivo.* Conjunto de movimentos executados, no jogo de xadrez, por uma peça antes de chegar a ocupar a casa do tabuleiro, necessária para obter uma combinação.

EVOLUÇÃO HISTÓRICA. *Sociologia jurídica.* Desenvolvimento e aperfeiçoamento progressivo de uma sociedade e de sua civilização.

EVOLUCIONISMO. 1. Na *linguagem filosófica,* pode ter o sentido de: a) transformismo (Darwin e Lamarck) pelo qual as espécies se originam uma das outras, mediante uma natural transformação; b) filosofia do devir, fundada na idéia de evolução; c) doutrina baseada na lei da diferenciação, da qual se formam os seres vivos, as instituições sociais e as faculdades intelectuais. **2.** *Sociologia jurídica.* Sistema sociológico que preconiza o desenvolvimento social pelo processo evolutivo.

EVOLUCIONISTA. Na *linguagem filosófica,* é o partidário do evolucionismo, ou tudo o que se relaciona à teoria da evolução.

EVOLUÍDO. Na *linguagem filosófica,* diz-se do que se modificou em razão de um processo evolutivo.

EVOLUIR. Na *linguagem filosófica,* significa passar, progressivamente, por transformações.

EX ABRUPTO. *Locução latina.* Repentinamente, sem preparação, subitamente, sem dar aviso; de pronto; de súbito.

EX ABUNDANTIA. *Locução latina.* **1.** Excesso; com abundância. Logo, decidir *ex abundantia* é prolatar decisão *ultra petita,* ou seja, além dos limites do que se pediu; argumentar *ex abundantia* é argumentar com excesso de argumentos. **2.** O que é justificado plenamente. **3.** Em grande quantidade.

EX ABUNDANTIA CORDIS. *Expressão latina.* Com sinceridade.

EX ABUSU NON ARGUITUR IN USU. *Aforismo jurídico.* Do abuso não se tira argumento contra o uso.

EXAÇÃO. 1. *Direito tributário.* Cobrança ou arrecadação de tributos. **2.** Na *linguagem jurídica* em geral, pode significar: a) exatidão; b) correção e pontualidade no exercício de um cargo; c) imparcialidade num relato.

EXAÇÃO ILEGAL. *Vide* EXCESSO DE EXAÇÃO.

EXACERBAÇÃO. 1. *Medicina legal.* Aumento de intensidade numa moléstia. **2.** *Direito penal.* Aumento de pena em razão da ocorrência de circunstâncias agravantes; agravamento de pena.

EX ACERVO HEREDITATIS. *Locução latina.* Acervo hereditário; totalidade dos bens da herança.

EX ADVERSO. *Locução latina.* Do lado contrário.

EX AEQUO. *Locução latina.* Em pé de igualdade; com igual mérito ou direito; com igual título.

EX AEQUO ET BONO. *Locução latina.* Segundo a eqüidade e o bem.

EXAGGERATED GRAPHICS. *Locução inglesa.* Anúncio publicitário ou propaganda contendo termos ou expressões exageradas. *Vide PUFFING.*

EXAME. 1. *Direito processual civil* e *direito processual penal.* a) Investigação para comprovar um fato; b) interrogatório; c) revista; d) parte dos autos processuais que contém a exposição das provas; e) parecer dado por um perito sobre fato controvertido. **2.** Na *linguagem jurídica* em geral, pode ter o sentido de: a) análise; b) prova oral ou escrita a que se submete uma pessoa, para demonstração de seus conhecimentos; teste. **3.** *Medicina legal.* Inspeção do corpo de um paciente, para poder chegar a um diagnóstico de sua doença. **4.** *Direito autoral.* Crítica de obras literárias, artísticas ou científicas feita por especialistas.

EXAME CADAVÉRICO. *Medicina legal.* Inspeção cadavérica, feita apenas externamente.

EXAME COMPLEMENTAR. *Direito processual penal, direito penal* e *medicina legal.* É o feito, por imposição legal, após trinta dias contados da data em que se deu a lesão corporal, a fim de apurar se houve incapacidade para as ocupações habituais por mais de trinta dias. É uma modalidade de exame de corpo de delito, cuja falta poderá ser suprida pela prova testemunhal. Tal exame pode ser também realizado para suprir erro, omissão ou dúvida que, porventura, haja no laudo de exame de corpo de delito; para exumação, se após o sepultamento surgir dúvida de que a morte não foi natural; para esclarecimento sobre a dinâmica de acidente automo-

bilístico ou para fornecimento de dados não constantes do laudo pericial; para proceder à reconstituição simulada de fatos determinantes do crime etc. No plural, essa expressão, "exames complementares", indica aqueles feitos em clínicas especializadas em ultra-sonografia, raios X, análises laboratoriais, tomografia etc., que auxiliam o exame médico na elaboração do diagnóstico (Croce e Croce Jr.).

EXAME CRIMINOLÓGICO. *Direito penal.* Análise médica, psicológica ou social feita do condenado à pena privativa de liberdade em regime fechado pela Comissão Técnica de Classificação, para elaboração de parecer que opine sobre a sua aptidão físico-mental.

EXAME DA ESCRITA. *Direito processual civil.* Perícia judicial para verificar a improcedência ou procedência dos lançamentos contábeis feitos na escrituração mercantil, mediante a propositura da ação exibitória.

EXAME DAS VESTES. *Medicina legal.* Investigação minuciosa e atenta que se faz nas roupas das vítimas, em caso de morte violenta ou suspeita, para averiguar seu aspecto, sua integridade e a disposição dos botões, com revista dos bolsos à procura de objetos, documentos importantes etc., a fim de encontrar indícios que possam esclarecer o crime ou identificar o criminoso.

EXAME DE CORPO DE DELITO. *Medicina legal* e *direito processual penal.* Exame médico-pericial para averiguar a existência ou não de vestígios materiais que possam elucidar o crime, provar se houve ou não alguma ação criminosa, demonstrando a culpabilidade do agente e influenciando na aplicação da pena, e fornecer subsídios técnico-jurídicos para a tipificação da infração penal. Tal exame pode consistir: na verificação da dosagem alcoólica e possível embriaguez; na elucidação de envenenamento, intoxicações ou asfixias; na exumação de cadáveres; na apuração de gravidez, contágio venéreo ou abortamento; na análise de pêlos, cabelos, sangue, esperma ou ossos; na comparação de projéteis de arma de fogo; na identificação de voz gravada; na investigação de livros contábeis; na realização de exames grafotécnicos; na apuração de alteração de documentos ou de falsificação de assinaturas; na busca de materiais subversivos etc. O exame de corpo de delito é feito por dois peritos oficiais, ou, não os havendo, por duas pessoas idôneas

EXAME DE LIVRO COMERCIAL

com curso superior e habilitação técnica. Os peritos devem elaborar o laudo pericial dentro de dez dias, no máximo, onde descreverão minuciosamente o que examinaram, responderão aos quesitos e registrarão as alterações do estado das coisas.

EXAME DE LIVRO COMERCIAL. *Direito processual civil.* Perícia feita nos livros empresariais, espontaneamente, a pedido do interessado ou por meio judicial.

EXAME DE ORDEM. Conjunto de provas realizadas perante uma comissão da Ordem dos Advogados do Brasil para atestar a habilitação dos candidatos, exigida para a admissão em seu quadro.

EXAME DE SANGUE. *Direito processual civil.* É o adequado para excluir a paternidade se o filho e o pretenso pai pertencerem a diverso grupo sangüíneo; porém, se forem do mesmo grupo, não se poderá proclamar a filiação, mas tãosomente a mera possibilidade da relação biológica da paternidade, devido à circunstância de que os tipos sangüíneos e o fator Rh, embora transmissíveis hereditariamente, podem ser idênticos em milhões de pessoas. Assim, o fato de o sangue ser o mesmo no investigante e no investigado não quer dizer que sejam parentes, porque pode significar mera coincidência. O exame hematológico é, pois, prova negativa, ou seja, só serve para excluir a paternidade. Dentre os exames de sangue, destaca-se o DNA *Fingerprint* (impressão digital do DNA), que, com o advento do sistema HLA (*Human Leukocyte Antigen*), utilizado na identificação de indivíduos, possibilitou a aplicação de teste conclusivo para o estabelecimento da paternidade, tornando viável a visualização virtual do material genético e a comparação com o de uma pessoa diferente. A exclusão da paternidade ocorrerá quando não houver correspondência entre as bandas do filho e do suposto pai.

EXAME DE SANIDADE MENTAL. *Direito processual penal* e *medicina legal.* É o utilizado para verificar o estado da saúde psíquica de uma pessoa, averiguando se está no pleno gozo de suas faculdades mentais ou se é portadora de algum distúrbio psicológico. Tal exame médico, que pode dar-se no curso do inquérito policial ou em qualquer fase da ação penal, é usado para constatar irresponsabilidade do agente ao tempo da perpetração do crime em decorrência de seu estado mental anômalo.

EXAME DESARMADO. *Medicina legal.* Análise feita a olho nu, ou seja, sem a utilização de instrumentos médicos ou aparelhos especializados.

EXAME DE SAÚDE. *Direito administrativo.* É o que visa apurar não só as condições de higidez física e mental do candidato a cargo público, mas também se não possui defeito físico que o incapacite para o exercício de função.

EXAME DO LOCAL. *Direito processual penal* e *medicina legal.* Análise minuciosa do local do crime feita pela perícia criminal para colher indícios que possibilitem a apuração do delito e de sua autoria. A autoridade competente deve ordenar de imediato que não se altere o estado das coisas até a chegada dos peritos, os quais, com percuciência, fixarão todos os detalhes, por menores que sejam, procurando descrever quaisquer pontos em que houver vestígios do crime, a localização do corpo da vítima, os instrumentos provavelmente usados na prática delituosa, as pegadas, as manchas de sangue etc., e instruindo seus laudos com fotografias, desenhos ou esquemas elucidativos.

EXAME DO PEZINHO. *Medicina legal.* Coleta de sangue, com picada na sola do pé do recém-nascido, para averiguar a existência de hipotireoidismo congênito e fenilcetonúria, prevenindo deficiência mental.

EXAME ESPECTROSCÓPICO DO SANGUE. *Medicina legal.* Análise de gotas de sangue colhido do interior das cavidades cardíacas, dos grandes vasos ou das vísceras e diluído em água destilada, para averiguar a existência de carboxiemoglobina, que é forte sinal de morte por intoxicação provocada por monóxido de carbono ou por respiração em foco de incêndio (Croce e Croce Jr.).

EXAME FINAL. *Direito educacional.* Aquele ao qual o aluno se submete para, uma vez aprovado, ser considerado competente na matéria em que foi examinado.

EXAME GRÁFICO. *Vide* EXAME GRAFOTÉCNICO.

EXAME GRAFOTÉCNICO. *Direito processual.* Perícia que, com técnica própria, permite vincular a escrita à pessoa que escreveu ou subscreveu o documento. É, portanto, utilizado para averiguar a autenticidade ou a autoria de documentos.

EXAME HEMATOLÓGICO. *Vide* EXAME DE SANGUE.

EXAME MÉDICO. *Medicina legal.* Qualquer exame efetuado por médicos para constatar o estado de saúde física ou mental de alguém, atendendo a certas imposições legais. Na seara civil, é utilizado para apurar incapacidade mental, doenças venéreas, hereditárias etc., na ordem administrativa, casos de aposentadoria por invalidez; na órbita penal, hipóteses de ofensas físicas, estupro, abortamento etc.

EXAME MÉDICO PRÉ-NUPCIAL. *Direito civil.* Exame a que ambos os nubentes se submetem para averiguar tipo sangüíneo, possível má formação do feto ou a existência de doença hereditária ou contagiosa que possa lesar a futura prole ou até mesmo o cônjuge. Juridicamente, só é exigível esse exame na hipótese de casamento entre colaterais de 3º grau, isto é, entre tio e sobrinha, sendo que tal união só pode ser celebrada após os nubentes serem examinados por dois médicos que atestem a sua sanidade e afirmem não haver inconveniência, sob o ponto de vista da saúde de qualquer deles e da prole, na realização das núpcias. Haverá impedimento matrimonial apenas se a conclusão médica for desfavorável.

EXAME NACIONAL DE CERTIFICAÇÃO DE PROFESSORES. *Direito educacional.* Visa avaliar, por meio dos instrumentos adequados, os conhecimentos, competências e habilidades dos professores e demais educadores em exercício nas redes de ensino, dos concluintes dos cursos normais de nível médio e dos concluintes dos cursos de licenciatura oferecidos pelas instituições de ensino superior.

EXAME NACIONAL DE CURSO DE DIREITO. *Direito educacional.* É o que tem por objetivo: a) contribuir para avaliar a realidade do processo ensino-aprendizagem dos cursos jurídicos no País, visando a estabelecer um diagnóstico e a implementar uma política nacional para a área; b) contribuir para a avaliação das instituições que ministram cursos jurídicos, com o intuito de neles garantir padrões qualitativos, de modo a possibilitar sua elevação; c) contribuir para avaliar a formação e as habilidades técnico-jurídicas, sociopolíticas e práticas proporcionadas pelos cursos jurídicos para o exercício das diversas profissões da área do Direito. Em regra, toma como referência o seguinte perfil delineado para o graduando: a) formação humanística, técnico-jurídica e prática, indispensável à adequada compreensão interdisciplinar do fenômeno jurídico e das transformações sociais; b) senso ético-profissional, associado à responsabilidade social, com a compreensão da causalidade e finalidade das normas jurídicas e da busca constante da libertação do homem e do aprimoramento da sociedade; c) capacidade de apreensão, transmissão crítica e produção criativa do Direito, aliada ao raciocínio lógico a consciência da necessidade de permanente atualização; d) capacidade para equacionar problemas e buscar soluções harmônicas com as exigências sociais; e) capacidade de desenvolver formas extrajudiciais de prevenção e solução de conflitos individuais e coletivos; f) visão atualizada de mundo e, em particular, consciência dos problemas nacionais. Esse exame avalia as seguintes habilidades: a) capacidade de compreensão, interpretação, argumentação e aplicação do Direito; b) capacidade de pesquisa da legislação, da jurisprudência e da doutrina, para aplicação e produção criativa do Direito; c) capacidade de correta utilização da linguagem – com clareza, precisão e propriedade –, fluência verbal e riqueza de vocabulário; d) capacidade de utilização do raciocínio lógico, de persuasão e de reflexão crítica; e) capacidade de julgar e de tomar decisões. Os conteúdos para o Exame Nacional do Curso de Direito abrangem: Introdução ao Direito, Sociologia, Economia, Teoria do Estado, Direito Constitucional, Direito Civil, Direito Penal, Direito Comercial, Direito do Trabalho, Direito Administrativo, Direito Processual Civil e Direito processual penal. A prova, com duração de 4 (quatro) horas, deve constar de duas partes: uma composta de no máximo 40 (quarenta) questões objetivas, destinadas a medir não só o conhecimento, mas principalmente a capacidade de aplicação desse conhecimento; e outra composta de 4 (quatro) casos jurídicos, dentre os quais o formando deverá escolher um sobre o qual elaborará um parecer. O graduando deve entregar obrigatoriamente no dia da prova, devidamente preenchido, o cartão-resposta ao questionário, enviado previamente, contendo informações sobre o seu perfil socioeconômico, seu curso e sua instituição.

EXAME NACIONAL DE CURSOS. *Direito educacional.* É parte integrante de um amplo processo de avaliação das instituições de ensino superior, no que se refere a direito, e tem por objetivos contribuir para avaliar: a) a realidade do processo ensino-aprendizagem dos cursos jurídicos no País, visando a estabelecer um diagnóstico e a implementar uma política nacional para a área; b) as instituições que ministram cursos jurídicos, com o intuito de neles desenvolver padrões qualitativos, de modo a possibilitar sua elevação e a formar profissionais do direito de acordo com o perfil definido para a área; c) a formação e as habilidades técnico-jurídica, sociopolítica e prática proporcionadas pelos cursos jurídicos para o exercício da cidadania e das diversas profissões da área do direito. Em regra, tomará como referência o seguinte perfil delineado para o graduando: a) formação humanística, técnico-jurídica e prática indispensável à adequada compreensão interdisciplinar do fenômeno jurídico e das transformações sociais; b) senso ético-profissional, associado à responsabilidade social, com a compreensão da causalidade e finalidade das normas jurídicas e da busca constante da libertação do homem e do aprimoramento da sociedade; c) apreensão, transmissão crítica e produção criativa do direito, aliadas ao raciocínio lógico e à consciência da necessidade de permanente atualização, não só técnica, mas como processo de educação ao longo da vida; d) visão atualizada de mundo e, em particular, consciência solidária dos problemas de seu tempo e de seu espaço.

EXAME PERICIAL. *Direito processual civil* e *direito processual penal.* Toda e qualquer inspeção ou investigação feita, no curso do processo, por pessoa versada no assunto, de acordo com determinação de autoridade judicial, para esclarecer fato controvertido, cuja comprovação só é possível pela habilidade e pelos conhecimentos técnico-científicos do perito.

EXAME POR PRECATÓRIA. *Direito processual civil* e *direito processual penal.* Modalidade de prova pericial que deve ser levada a efeito em território nacional diverso daquele em que o magistrado exerce a jurisdição, mediante solicitação ao juiz competente, através de carta precatória contendo os quesitos da autoridade deprecante e das partes, nomeando-se perito no juízo deprecado, salvo se houver acordo entre as partes, no caso de ação privada, quando a nomeação poderá ser feita pelo juiz deprecante.

EXAME PROSOPOGRÁFICO. *Direito processual civil.* Consiste na ampliação de fotografias do investigante e do investigado, em ações de investigação de paternidade, e na justaposição de uma foto a outra, por cortes longitudinais e transversais, inserindo-se algumas partes de uma na outra (nariz, olhos, orelhas, raiz do cabelo etc.). Esse exame, porém, ainda que prove semelhança entre duas pessoas, não autoriza afirmar o vínculo jurídico, pois semelhança não induz relação de parentesco (Caio Mário da Silva Pereira).

EXAME PSICOTÉCNICO. *Direito administrativo.* Conjunto de provas aplicadas por psicólogos com o escopo de aferir o controle motor, os dotes intelectuais e a personalidade de uma pessoa, comprovando sua habilitação para um cargo no qual tenha sido aprovada por concurso público. Enfim, é o que avalia, em concurso público, as condições psíquicas do candidato, identificando traços ou distúrbios de personalidade que possam afetar o contrato com a realidade.

EXAMES SUCESSIVOS. *Direito penal* e *direito processual penal.* Exames periódicos a que devem ser submetidos aqueles a quem se impôs medida de segurança, para averiguar se houve cessação de sua periculosidade.

EXAMINADO. 1. Investigado. **2.** Submetido a exame escolar, pericial, médico etc. **3.** Estudado. **4.** O que foi inspecionado.

EXAMINADOR. Aquele que examina ou faz análises, interrogatórios, inspeções etc.

EXAMINADOR DE LIVROS. *Direito administrativo.* Funcionário público encarregado da revisão e seleção de obras literárias ou pedagógicas.

EXAMINADOR DE TRÂNSITO. *Direito de trânsito.* Aquele que examina os candidatos que pretendem obter carteira de habilitação para dirigir veículos automotores.

EXAMINADOR SINODAL. *Direito canônico.* Aquele que é nomeado pelo bispo para examinar ordinandos.

EXAMINANDO. Aquele que está sendo examinado.

EXAMINANTE. Aquele que examina; examinador.

EXAMINAR. 1. *Medicina legal.* Fazer inspeção visual, ou por meio de aparelhos apropriados, no corpo do paciente para diagnosticar moléstia que o acometeu. **2.** Na *linguagem jurídica* em geral, pode ter o sentido de: a) analisar atenta e minuciosamente; b) estudar; c) interrogar candidato; d) averiguar aptidão ou habilidade; e) inquirir testemunha; f) provar, verificar ou apurar.

EXANIA. *Medicina legal.* Saída do intestino reto para fora do ânus.

EXANIMAÇÃO. *Medicina legal.* **1.** Síncope; desmaio. **2.** Morte aparente.

EX ANIMO DICERE. *Expressão latina.* Falar com sinceridade.

EX ANTE. *Locução latina.* De antemão.

EXARAR. 1. Consignar por escrito. **2.** Escrever. **3.** Mencionar. **4.** Lavrar despacho ou sentença.

EXARAR DECISÃO. *Direito processual civil* e *direito processual penal.* Decidir; prolatar sentença; julgar.

EXARCA. *História do direito.* Vice-rei de uma província italiana ou africana sob o comando de imperadores bizantinos, dos quais era delegado.

EXARQUIA. *História do direito.* **1.** Território que era governado pelo exarca. **2.** Dignidade de exarca.

EXARTROSE. *Medicina legal.* Luxação dos ossos articulados causada por diartrose.

EXATIDÃO. 1. Cumprimento à risca de um contrato ou norma. **2.** Perfeição. **3.** Correção; precisão. **4.** Rigor no cálculo. **5.** Determinação exata de peso, medida ou valor. **6.** Verdade na exposição de fatos. **7.** Qualidade do que é exato. **8.** Apreciação rigorosa. **9.** Certeza.

EXATO. 1. Fiel na exposição de um fato. **2.** Correto; preciso. **3.** Rigoroso. **4.** Pontual no cumprimento de um ajuste assumido. **5.** Verdadeiro. **6.** Diz-se do enunciado adequado àquilo que exprime.

EXATOR. *Direito tributário* e *direito administrativo.* **1.** Indivíduo que recebe rendas públicas, cobra e arrecada tributos. **2.** Servidor público que faz a exação.

EXATORIA. *Direito administrativo.* **1.** Repartição fiscal encarregada da cobrança e arrecadação de tributos. **2.** Função ou cargo de exator.

EX AUCTORITATE. *Locução latina.* Em virtude da autoridade.

EX AUCTORITATE JUDICIS. *Expressão latina.* Pela autoridade do juiz.

EX AUCTORITATE JUDICIS DECIDUNTUR CONTROVERSIAE. *Brocardo latino.* As controvérsias são decididas pela autoridade judicial.

EX AUCTORITATE LEGIS. *Expressão latina.* Por força de lei.

EX AUCTORITATE PRINCIPIS. *Expressão latina.* Por autoridade do príncipe.

EX AUCTORITATE PROPRIA. *Expressão latina.* **1.** Pela própria autoridade. **2.** Sem delegação.

EX AUCTORITATE PROPRIA EX CAUSA. *Expressão latina.* Autorização para falar em causa própria.

EX AUCTORITATE SUA. *Vide EX AUCTORITATE PROPRIA.*

EX AUDITU ALIENO. *Expressão latina.* Por ouvir dizer; por ouvido alheio.

EXAURIMENTO. *Direito penal.* Consumação de crime.

EXAURIR. Esgotar totalmente.

EXAUSTÃO. 1. Ato ou efeito de exaurir ou esgotar por completo todos os meios ou recursos. **2.** Diminuição contínua dos meios de produção. **3.** Dissipação de bens. **4.** Empobrecimento. **5.** Princípio de direito de propriedade intelectual, que implica que o direito de exclusividade não confere ao titular o poder de controlar a revenda do produto protegido, uma vez que este tenha sido colocado no mercado por ele ou por seus licenciados (Willy Alexander). **6.** Ocorre quando o titular ou alguém por ele autorizado vende produto protegido por um direito de propriedade industrial (Cláudia Villagra da Silva Marques). **7.** Para Alberto Bercovitz, seria a doutrina do esgotamento de que uma vez que se fez uso de um direito de propriedade industrial, ao introduzir no mercado um produto protegido por ele, esse direito se esgotou com relação a esse produto, isto é, que já não se podem fazer valer as faculdades derivadas desse direito frente àqueles que adquiram, usem ou negociem com o produto em questão. Ou seja, que esse produto pode circular livremente no mercado, sem que possam afetar-lhe as faculdades que a lei confere ao titular do direito de propriedade industrial que o comercializou. **8.** Redução do valor dos recursos minerais e florestais resultante de sua exploração. P. ex., uma mina tem um total de recursos possíveis de serem extraídos, avaliado por engenheiros especialistas em minerologia. Com a extração do minério por vários anos, chegará o momento em que daquela mina nada mais haverá para extrair, por estar exaurida (Láudio Camargo Fabretti).

EXAUSTÃO NACIONAL DOS DIREITOS DE PROPRIEDADE INDUSTRIAL. *Direito de propriedade intelectual.* Sistema pelo qual os bens colocados no mercado externo pelo titular ou com seu consenso só podem entrar no País em situações específicas, concedendo à justiça meios para impedir ou

EXAUTORAÇÃO   483   EXA

permitir a importação paralela nos casos a ela submetidos. A violação de uso exclusivo dos direitos de propriedade industrial pelos importadores paralelos pode gerar indenização das perdas e danos e a cessação dos atos violadores por meio de medidas previstas em lei (Cláudia Villagra da Silva Marques).

EXAUTORAÇÃO. Ação ou efeito de desautorar alguém, negando sua autoridade ou destituindo-o de função, cargo, posição ocupada ou insígnia.

EXAUTORAÇÃO MILITAR. *Direito militar.* Ato público em que um militar, em cumprimento de sentença, vem a ser despojado das insígnias do posto por ele ocupado.

EXAUTORAR. Privar alguém de sua autoridade.

EX BONA FIDE. *Expressão latina.* De boa-fé.

EXCARCERAÇÃO. *Vide* EXCARCERAMENTO.

EXCARCERAMENTO. *Direito penal* e *direito processual penal.* Ato ou efeito de libertar um condenado do cárcere, em caráter definitivo ou provisório.

EXCARCERAR. *Direito penal* e *direito processual penal.* Libertar um condenado da prisão.

EXCARDINAÇÃO. 1. *Direito canônico.* Ato ou efeito de transferir um clérigo para a jurisdição de outra diocese. **2.** *Direito agrário.* Limpeza da cardina do pêlo ou da lã dos animais.

EXCARDINAR. *Direito agrário.* Limpar cardina do pêlo ou da lã dos animais.

EX CATHEDRA. *Locução latina.* De cátedra; com autoridade de quem tem título ou grande conhecimento. Esta locução é empregada para aludir à autoridade daquele que fala da cátedra, cujos ensinamentos devem ser respeitados.

EX CAUSA. *Locução latina.* Pela causa; em razão da causa.

EX CAUSA MUTUA. *Expressão latina.* A título de empréstimo.

EXCEÇÃO. 1. *Teoria geral do direito.* a) Ato pelo qual se opera a exclusão de um caso de uma norma geral, em razão do disposto numa outra norma de caráter especial; b) caso que é excluído do comando da norma geral; c) ato pelo qual se alega uma circunstância particular para retirá-la da égide da norma geral e aplicar-lhe uma especial. **2.** *Direito processual civil.* Defesa processual indireta apresentada pelo réu numa ação contra ele proposta com o intuito de dilatar ou extinguir a ação ou obter uma sentença a ele favorável, sem contudo atacar o direito e os fatos alegados pelo autor, apontando apenas circunstâncias que possam ser argüidas em prol de seu interesse, visando, por exemplo, o afastamento de um juiz considerado suspeito ou impedido. **3.** *Direito civil.* a) Aquilo que se desvia da regra; b) privilégio ou prerrogativa.

EXCEÇÃO A FAVOR DE NACIONAIS. *Direito constitucional* e *direito internacional privado.* Norma que afasta a aplicação de lei estrangeira pelo juiz local nos casos em que ela seja desfavorável a brasileiro, por exemplo, a que estabelece que a sucessão de bens de estrangeiros situados no País deve ser regulada pela lei brasileira em benefício do cônjuge ou dos filhos brasileiros sempre que não lhes seja mais favorável a lei pessoal do *de cujus.*

EXCEÇÃO DA VERDADE. *Direito processual penal.* **1.** Prova na qual o réu acusado do crime de calúnia procura demonstrar a veracidade da imputação considerada falsa, pois, se ela for verdadeira, inexistirá o delito. Admitida será a exceção da verdade salvo se: a) constituir o fato imputado crime de ação privada e o ofendido não for condenado por sentença irrecorrível; b) o fato for imputado a presidente da República ou chefe de governo estrangeiro; c) do crime imputado, embora de ação pública, o ofendido for absolvido por sentença irrecorrível. **2.** Prova excepcionalmente admitida àquele que praticou difamação, para comprovar a verdade de sua imputação, desde que o ofendido seja funcionário público e a ofensa relativa ao exercício de suas funções. **3.** Defesa indireta de que se vale o acusado para, sem negar o que contra ele se argúi, oferecer fato verídico suscetível de neutralizar a acusação.

EXCEÇÃO DE BENEFÍCIO DE EXCUSSÃO. *Vide* BENEFÍCIO DE ORDEM.

EXCEÇÃO DE BENEFÍCIO DE ORDEM. *Vide* BENEFÍCIO DE ORDEM.

EXCEÇÃO DECLINATÓRIA. *Direito processual penal* e *direito processual civil.* Defesa indireta em que o réu impugna o juízo no qual a ação foi contra ele proposta e indica o foro competente (Othon Sidou). Trata-se, portanto, da exceção declinatória do foro e do juízo em que foi ajuizada uma ação, feita pelo litigante para declinar ou afastar a competência do juiz ou do tribunal, suspendendo o curso da ação até que se decida de sua procedência ou não. A exceção declinatória do foro é aquela que alega a incompetência em razão do território no qual o órgão jurisdicional exerce suas funções, enquanto a exceção declinatória do juízo é a alusiva à incompetência em razão do valor da causa (Hélio Tornaghi e Celso Agrícola Barbi). É, portanto, a exceção de incompetência.

EXCEÇÃO DE COISA JULGADA. *Direito processual civil* e *direito processual penal.* Argüição feita pelo réu, antes da discussão do mérito, da ocorrência de coisa julgada, ou seja, alegação de que a ação intentada pelo autor já foi decidida por sentença de que não cabe recurso, impondo-se, por isso, o não-acolhimento da intenção do autor. O magistrado conhecerá de ofício a alegação, em qualquer tempo e grau de jurisdição, enquanto não proferida a sentença de mérito, mas convém lembrar que, se o réu não a alegar na primeira oportunidade em que lhe caiba falar nos autos, responderá pelas custas de retardamento. A coisa julgada poderá ser espontaneamente conhecida pelo órgão judicante, a par de argüida, mediante petição contestatória da inicial, ou autônoma, em qualquer momento, até a prolatação da sentença de mérito. Se for alegada ou objeto de cognição *ex officio* pelo magistrado e por ele reconhecida, ter-se-á a extinção do processo sem julgamento do mérito (Rogério Lauria Tucci).

EXCEÇÃO DE DOMÍNIO. *Direito civil* e *direito processual civil.* Alegação do domínio que não obsta a reintegração da posse. O julgamento da posse não pode ser prejudicado pela invocação da propriedade se aquela é disputada a título de domínio. É possível a exceção de domínio apenas quando as partes não conseguem provar satisfatoriamente sua posse, que disputam a título de domínio. Assim, se o réu esbulhador se defender alegando ser dono da coisa esbulhada, seu argumento não será levado em conta porque não lhe assiste, ainda que sob alegação de propriedade, o direito de molestar posse alheia. Cabe ao proprietário do bem defender seu domínio contra quem, injustamente, o possua, mediante ação de reivindicação. A *exceptio dominii* ou a *exceptio proprietatis,* fundada no princípio de que não se deve julgar a posse a favor daquele a quem, evidentemente, não pertence a propriedade, visa excluir a posse de quem a reclama, por pertencer legalmente àquele que, por título, é seu proprietário. O novo Código Civil não acata a *exceptio proprietatis* como defesa oponível às ações possessórias, separando os juízos possessório e petitório. Observa Donaldo

Armelin que a supressão da *exceptio proprietatis,* além de evitar a "procrastinação da prestação da tutela jurisdicional em tema de posse, resultante de inserção no pleito de matéria a ela alheia", fará com que o litígio possessório fique adstrito ao *ius possessionis,* afastando a questão alusiva ao domínio, dando "maior efetividade à tutela possessória".

EXCEÇÃO DE ILEGITIMIDADE. *Direito processual civil.* Matéria de defesa em que o réu procura, na contestação, excluir o autor, alegando, antes da discussão do mérito, falta de legitimidade deste para estar em juízo, por não ter interesse jurídico, moral ou econômico, ou por ilegitimidade do seu procurador para representá-lo.

EXCEÇÃO DE IMPEDIMENTO. *Direito processual.* Exceção instrumental em que o interessado vem a argüir impedimento do juiz de exercer sua atividade em certo processo, dada a sua relação com o objeto da causa, invalidando os atos por ele praticados. Tal exceção pode ser argüida nas seguintes hipóteses legais: a) se o juiz for parte no processo; b) se o magistrado interveio como mandatário da parte, oficiou como perito, funcionou como representante do Ministério Público ou prestou depoimento como testemunha; c) se o juiz conheceu o processo em primeiro grau de jurisdição, tendo pronunciado a sentença; d) se no processo estiver postulando, como advogado da parte, cônjuge ou parente do juiz, consangüíneo ou afim, em linha reta ou colateral até o segundo grau; e) se o magistrado for cônjuge, parente, consangüíneo ou afim, de alguma das partes, em linha reta ou colateral até o terceiro grau; f) quando ele for órgão de direção ou de administração de pessoa jurídica parte da causa.

EXCEÇÃO DE INADIMPLEMENTO. *Vide EXCEPTIO NON ADIMPLETI CONTRACTUS.*

EXCEÇÃO DE INCOMPETÊNCIA ABSOLUTA E RELATIVA. *Direito processual civil.* Exceção processual instrumental alegada pelo réu na contestação para excepcionar o foro ou o juízo como relativamente incompetente, dentro do prazo legal de quinze dias, contado da citação, sob pena de prorrogação da competência. Na exceção de incompetência relativa, a petição pode ser protocolizada no juízo de domicílio do réu, com requerimento de sua imediata remessa ao juízo que determinou a citação. A incompetência absoluta, por sua vez, deve ser declarada de ofício, podendo ser alegada em qualquer tem-

EXCEÇÃO DE INCOMPETÊNCIA DE JUÍZO

po e grau de jurisdição, independentemente de exceção. Mas, se o juiz não a declarar *ex officio*, só poderá ser argüida na contestação como preliminar, antes do mérito, e não por meio de exceção. A exceção de incompetência relativa é a exceção declinatória de foro e de juízo, ao passo que a absoluta é meio pelo qual o réu pode afastar do juízo a causa, em razão da matéria ou da pessoa.

EXCEÇÃO DE INCOMPETÊNCIA DE JUÍZO. *Direito processual penal.* É a que pode ser oposta, verbalmente ou por escrito, dentro do prazo da defesa. Porém, se em qualquer fase processual o juiz reconhecer o motivo de sua incompetência, deverá declará-lo nos autos, haja ou não alegação da parte, cabendo recurso da decisão, do despacho ou da sentença que concluir pela incompetência do juízo.

EXCEÇÃO DE LITISPENDÊNCIA. *Direito processual.* Argüição feita na contestação, não por meio de exceção instrumental, mas como matéria preliminar, antes da discussão do mérito, na qual se alega repetição de ação em curso, procurando ilidir a pretensão do autor, em razão da duplicidade de causas. Com isso o réu pleiteia que seja demandado por uma delas, excluindo a que for excepcionada. Tal argüição pode ser conhecida espontaneamente pelo magistrado, em qualquer momento do processo, antes da prolatação da decisão de mérito. Se reconhecida tal argüição pelo juiz ou se considerada por ele *ex officio*, ter-se-á a extinção do processo sem julgamento do mérito. É, segundo Othon Sidou, a exceção fundada na existência de duas demandas com identidade de causa, coisa e pessoas, na qual o réu pede para ser demandado apenas por uma delas.

EXCEÇÃO DE PRÉ-EXECUTIVIDADE DO TÍTULO. *Direito processual civil.* Forma de provocar no juiz o reconhecimento da nulidade absoluta do título ou da execução, sem garantia do juízo, por não ter ele existência ou não revelar, em aparência executória, obrigação certa, líquida e exigível (Ernane Fidélis dos Santos). Permissão dada ao executado para submeter ao conhecimento do juiz da execução, sem que haja penhora ou embargos, certa matéria da ação de embargos do devedor. Essa exceção só pode ser relativa à matéria suscetível de conhecimento *ex officio* ou à evidente nulidade do título, independente de contraditório ou de dilação probatória. Observa, contudo, Ernane Fidélis dos Santos que a

exceção de pré-executividade parece ter perdido o sentido, na consideração de que, para embargar, mister não se faz a segurança do juízo.

EXCEÇÃO DE PRESCRIÇÃO. **1.** *Direito civil* e *direito processual civil.* Matéria de defesa argüida pelo réu para que o órgão judicante declare extinta a ação contra ele movida, julgando o autor carecedor ante o fato de, pela sua inércia, ter deixado escoar o lapso prescricional para ingressar em juízo, com o escopo de fazer valer sua pretensão. **2.** *Direito processual penal.* Exceção processual alegada em qualquer fase do processo para livrar o acusado de sanção penal, uma vez que não há *jus puniendi* do Estado, devido ao escoamento do prazo para mover a ação penal.

EXCEÇÃO DE PREVENÇÃO. *Direito processual civil.* Matéria de defesa, similar à exceção de litispendência, em que o réu, antes da discussão do mérito, mostra a duplicidade de causas em juízos diversos, mas igualmente competentes, fundando-se na exceção de incompetência, pela qual a segunda demanda deve ser excepcionada pela incompetência do juiz, já que a primeira firmou a competência pela prevenção. Se se tratar de uma ação acessória, esta será cumulada à principal, para ser julgada juntamente com ela (De Plácido e Silva).

EXCEÇÃO DE SUSPEIÇÃO. **1.** *Direito processual civil.* Exceção processual instrumental cabível quando o magistrado não puder funcionar em certo processo pela dúvida ou suspeita de sua parcialidade. Ocorrerá nos casos em que: a) for amigo íntimo ou inimigo capital de qualquer das partes; b) alguma das partes for credora ou devedora do juiz, de seu cônjuge ou de parentes deste, em linha reta ou colateral até o terceiro grau; c) for herdeiro presuntivo, donatário ou empregador de alguma das partes; d) receber dádivas antes ou depois de iniciado o processo; e) aconselhar alguma das partes acerca do objeto da causa; f) subministrar meios para atender às despesas do litígio; g) for interessado no julgamento da causa em favor de uma das partes. Tal suspeição pode ser declarada de ofício pelo próprio juiz, mas, se este não o fizer, a parte poderá promovê-la, indicando a razão da recusa e demonstrando-a concreta e circunstancialmente. O réu deverá, se já tiver conhecimento do motivo, oferecer a exceção no prazo da contestação; o autor, dentro do prazo de quinze dias, contados da distribuição da causa,

ou na petição inicial, na comarca de um único juiz, se conhecer o motivo. Ambas as partes, se o motivo da suspeição só for conhecido após o início da demanda ou da contestação, deverão oferecer a exceção dentro de quinze dias, contados da ciência do fato, sob pena de ocorrer a preclusão do direito de excepcionar. **2.** *Direito processual penal.* É a argüida por qualquer uma das partes sempre que houver dúvida sobre a imparcialidade do magistrado, perito, funcionário da justiça ou jurado, em petição assinada por ela própria ou por procurador com poderes especiais, aduzindo suas razões, acompanhada de prova documental e rol de testemunhas. Tais motivos podem fundar-se, por exemplo, na existência de amizade ou inimizade com os litigantes; no fato de ter o juiz aconselhado qualquer das partes ou de ser credor, devedor, tutor ou curador de alguma delas; sócio, acionista ou administrador de sociedade interessada no processo etc.

EXCEÇÃO DILATÓRIA. *Direito processual civil.* É a que se relaciona com as causas impedientes, visando apenas adiar ou dilatar o prosseguimento da demanda até que seja julgada, como ocorre com as argüições de incompetência, suspeição e impedimento.

EXCEÇÃO PEREMPTÓRIA. *Direito processual civil.* É a alusiva às causas extintivas, procurando afastar a demanda de modo definitivo ou o encerramento do processo sem julgamento do mérito, o que ocorre quando, por exemplo, o magistrado acolhe a alegação de litispendência ou de coisa julgada.

EXCEÇÃO PERPÉTUA. *Vide* EXCEÇÃO PEREMPTÓRIA.

EXCEÇÃO PESSOAL. *Direito processual civil.* Defesa processual de natureza dilatória em que se alega incompetência de pessoa, em razão de título ou qualidade que lhe é peculiar. Pode ocorrer também quando a ação tiver como parte pessoa jurídica de direito público, que possui, por motivo de interesse público, foro especial, e a demanda for proposta em outro diverso.

EXCEÇÃO PREJUDICIAL. *Direito processual civil.* É a que tem por objeto direitos materiais oriundos do estado das pessoas ou alguma questão preliminar de que dependa a principal (Paula Baptista). É prejudicial por ser alusiva a uma questão preliminar que pode, se resolvida, prejudicar o julgamento da questão principal, alterando-o.

EXCEÇÃO PRESCRITÍVEL. *Direito processual civil.* Matéria de defesa em que se alega que a exceção não pode ser oposta após o decurso de determinado lapso temporal.

EXCEÇÃO REAL. *Direito processual civil.* É a alegação de defesa que se liga à coisa ou à causa inerente a uma relação jurídica, sendo, por isso, transmissível àquele a quem a relação é transferida.

EXCEÇÃO SUBSTANCIAL. *Direito processual civil.* Defesa indireta do réu, mediante alegação de fatos que têm por substância um direito seu que impede a pretensão do autor. Por exemplo, prescrição, compensação e benefício da excussão (Othon Sidou).

EXCEÇÃO TEMPORÁRIA. *Direito processual civil.* Trata-se da exceção dilatória que suspende a ação, por certo tempo, até a solução da dúvida em que se funda.

EXCECIONAR. *Direito processual civil* e *direito processual penal.* **1.** Opor exceção. **2.** Promover contestação indireta. **3.** Opor defesa contra o processo, alegando incompetência relativa, impedimento ou suspeição do magistrado.

EXCEÇÕES AO PRINCÍPIO DA INALTERABILIDADE DO NOME. *Direito civil.* Casos em que o princípio da inalterabilidade do nome, apesar de ser de ordem pública, sofre exceções, como quando: a) o nome expuser o seu portador ao ridículo e a situações vexatórias, desde que se prove o escárnio a que é exposto. Por exemplo, Odete Destemida Correta, Amin Amou Amado, Sebastião Salgado Doce, João Cara de José etc.; b) houver erro gráfico evidente; c) causar embaraços no setor comercial ou em atividade profissional em razão de homonímia; d) houver mudança de sexo, consignando-se, nos documentos da pessoa, que se trata de transexual; e) houver necessidade de proteção de vítima ou testemunha de crime; f) apresentar apelido público notório, se for conveniente, substituindo, por exemplo, o prenome do interessado.

EXCEDENTE. **1.** O que ultrapassa os limites. **2.** O que está em excesso. **3.** Diferença para mais.

EXCEDENTE TÉCNICO. *Direito civil.* Saldo positivo obtido pela sociedade seguradora na apuração do resultado operacional de uma apólice coletiva, em determinado período.

EXCELÊNCIA. **1.** Tratamento cerimonioso ou de etiqueta que deve ser dado àqueles que têm uma elevada situação social, ocupam determinados cargos públicos, pertencem a uma categoria oficial ou devem ser respeitados pela sua notabilidade. **2.** Qualidade do que é excelente.

EXCELENTÍSSIMO. Qualificativo daqueles a quem se dá o tratamento de excelência.

EXCELLENTIAE NATURAE. *Filosofia geral.* Vocação sobre-humana em que o homem, na solidão, passa a atingir os objetivos de sua vida, pois, pela sua perfeição espiritual, completa-se a si próprio (Santo Tomás de Aquino).

EXCELSO. Ilustre; egrégio; magnificente.

EXCENTRICIDADE. 1. *Direito espacial.* Distância existente entre o centro da órbita elíptica de um planeta ou satélite e um dos focos ocupados pelo planeta principal ou pelo Sol. **2.** Na *linguagem jurídica* em geral, significa: a) originalidade; b) qualidade do que é extravagante; c) afastamento de um prédio ou de um local em relação a um ponto mais ou menos central; d) ato fora do comum ou não usual.

EXCEPCIONAL. *Direito constitucional.* Diz-se daquele que, por ser portador de um defeito físico ou mental, não se adapta à sociedade nem ao aprendizado.

EXCEPCIONAR. *Direito processual civil* e *direito processual penal.* **1.** Opor exceção em juízo. **2.** Opor defesa de natureza processual ou de mérito.

EXCEPTIO. *Termo latino.* Exceção.

EXCEPTIO CEDENDARUM ACTIONUM. *Expressão latina.* Exceção de cessão das ações.

EXCEPTIO DECLARAT REGULAM. *Aforismo jurídico.* A exceção tem por finalidade declarar a regra.

EXCEPTIO DECLINATORIA FORI. *Expressão latina.* Exceção declinatória de foro.

EXCEPTIO DILATORIA, MORATORIA. *Expressão latina.* A exceção dilatória é moratória.

EXCEPTIO DIVISIONIS. *Locução latina.* Exceção de divisão; benefício de divisão.

EXCEPTIO DOMINII. *Locução latina.* Exceção de domínio.

EXCEPTIO EST CONDITIO QUAE MODO EXIMIT REUM DAMNATIONE, MODO MINUIT CONDEMNATIONEM. *Direito romano.* A exceção é uma condição que ora exime o réu da condenação, ora diminui esta.

EXCEPTIO EST STRICTISSIMAE INTERPRETATIONIS. *Direito romano.* A exceção é de interpretação restritíssima.

EXCEPTIO FIRMAT REGULAM. *Brocardo latino.* A exceção firma a regra.

EXCEPTIO FIRMAT REGULAM IN CONTRARIUM. *Aforismo jurídico.* A exceção firma a regra em contrário.

EXCEPTIO INEPTI LIBELLI. *Expressão latina.* Excceção de inépcia do libelo.

EXCEPTIO LITIS PER TRANSACTIONEM FINITAE. *Direito processual civil.* Exceção da transação como efeito da coisa julgada. A transação põe fim ao litígio, impedindo que ele renasça por meio de uma exceção idêntica à da *res judicata.*

EXCEPTIO MAIORIS CAUSAE. *Expressão latina.* Exceção de causa maior.

EXCEPTIONEM OBJICIENS NON VIDETUR DE INTENTIONE ADVERSARII CONFITERI. *Expressão latina.* Opondo-se uma exceção, não se confessa o fato sobre o qual o adversário funda sua intenção.

EXCEPTIONES IN PERSONAM CONCEPTAE VEL PERSONAE INHAERENTES. *Expressão latina.* Exceções referentes ou inerentes à pessoa.

EXCEPTIONES IN REM CONCEPTAE SEU REI COHAERENTES. *Expressão latina.* Exceções concebidas na coisa ou coerentes com ela.

EXCEPTIO NON ADIMPLETI CONTRACTUS. 1. *Expressão latina.* Exceção do contrato não cumprido. **2.** *Direito civil* e *direito processual civil.* Defesa oponível pelo contratante demandado contra o co-contratante inadimplente, em que o primeiro se recusa a cumprir sua obrigação, sob a alegação de não ter, aquele que a reclama, cumprido o seu dever, dado que cada contratante está sujeito ao estrito adimplemento do contrato bilateral ou sinalagmático, não podendo nenhum deles exigir o cumprimento da obrigação do outro sem antes cumprir a sua, ante a dependência recíproca das prestações, as quais, por serem simultâneas, são exigíveis ao mesmo tempo. Dessa forma, se um deles não cumprir o contratado, terá o outro o direito de opor-lhe em defesa essa exceção, desde que a lei ou o próprio contrato não determinem a quem competirá efetuar a obrigação em primeiro lugar. A *exceptio non adimpleti contractus* não poderá ser argüida se houver renúncia, impossibilidade da prestação ou se o contrato contiver a cláusula *solve et repete*, ou seja, que torne a exigibilidade da prestação imune a qualquer pretensão contrária ao devedor. **3.** *Vide* CLÁUSULA *SOLVE ET REPETE.* **4.** *Direito administrativo.* Exceção que pode ser invocada, no contrato administrativo, contra o particular contratado faltoso. Este, porém, não pode fazê-la contra a Administração Pública, em decorrência do princípio da continuidade do serviço público. Apesar da inoponibilidade dessa exceção aos contratos de serviço público, é admitida sua invocação nas outras modalidades de contratos administrativos.

EXCEPTIO NON NUMERATAE PECUNIAE. *Expressão latina.* Impugnação ao empréstimo confessado; exceção de dinheiro não contado.

EXCEPTIO NON RITE ADIMPLETI CONTRACTUS. *Expressão latina.* Exceção do contrato não cumprido totalmente, que é admitida quando há cumprimento incompleto, defeituoso ou inexato da prestação por um dos contratantes, caso em que o outro poderá recusar-se a cumprir a sua obrigação até que aquela prestação se complete ou melhore.

EXCEPTIO NON SOLUTAE PECUNIAE. *Expressão latina.* Exceção de dinheiro não pago.

EXCEPTIO ORDINIS. *Locução latina.* Exceção de ordem.

EXCEPTIO PEREMPTORIAE. *Locução latina.* Exceção peremptória.

EXCEPTIO PERSONAE COHAERENTES. *Expressão latina.* Exceção ligada à pessoa.

EXCEPTIO PLURIUM CONCUBENTIUM. *Expressão latina.* Exceção consistente em alegar que, à época da concepção, a mãe do investigante manteve relação sexual com outro homem que não o indigitado pai (Silvio Rodrigues).

EXCEPTIO PRAESCRIPTIONIS. *Locução latina.* Exceção da prescrição.

EXCEPTIO PROPRIETATIS. *Locução latina.* **1.** *Vide* EXCEÇÃO DE DOMÍNIO. **2.** Exceção de propriedade.

EXCEPTIO, QUAE OBSTAT CEDENTI, OBSTAT CESSIONARIO. *Aforismo jurídico.* Exceção que obsta ao cedente também obsta ao cessionário.

EXCEPTIO RATIONE PERSONAE. *Expressão latina.* Exceção pessoal.

EXCEPTIO REDHIBITORIA. *Locução latina.* Exceção redibitória.

EXCEPTIO REGULAM PROBAT. *Aforismo jurídico.* A exceção confirma a regra.

EXCEPTIO REI JUDICATI. *Expressão latina.* Exceção de coisa julgada.

EXCEPTIO SAEVITIAE. *Locução latina.* Exceção de sevícia.

EXCEPTIO STRICTI IURIS. *Expressão latina.* Exceção substancial.

EXCEPTIO VERITATIS. *Locução latina.* **1.** Exceção da verdade. **2.** Prova da veracidade de um fato.

EXCEPTIS EXCIPIENDIS. *Locução latina.* Excetuado o que se deve excetuar.

EXCEPTIVA. Cláusula ou condição que contém exceção, restrição ou reserva para não incluir algo, isentar alguém de uma obrigação ou derrogar uma regra.

EXCEPTIVO. Que encerra exceção.

EXCEPTO. Parte passiva numa exceção.

EX CERTA CONSCIENTIA. *Expressão latina.* De conhecimento certo.

EXCERTO. 1. Na *linguagem jurídica* em geral, tem o sentido de extraído, tirado. **2.** *Direito autoral.* a) Compilação ou reprodução de trechos de obras alheias com indicação da fonte; b) trecho de um escrito.

EX CERTO TEMPORE. *Expressão latina.* A tempo determinado.

EXCESSO. 1. Sobra. **2.** Ação de ultrapassar o limite legal ou convencionalmente admitido. **3.** Desregramento. **4.** Abuso. **5.** Ausência de moderação. **6.** Crueldade. **7.** Injúria grave. **8.** Violência. **9.** Inoficiosidade. **10.** Sevícia. **11.** Ato exorbitante.

EXCESSO CULPOSO. *Direito penal.* **1.** Falta de moderação não intencional no exercício da legítima defesa, exorbitando na reação ou empregando, culposamente, meios desnecessários. **2.** Afastamento dos limites permitidos pela lei penal, desde que não intencional.

EXCESSO DE ARREMATAÇÃO. *Direito processual civil.* Obtenção de valor ou produto da venda de bens, em hasta pública, muito superior ao necessário para o cumprimento da execução.

EXCESSO DE DEFESA. *Vide* ABUSO DE LEGÍTIMA DEFESA.

EXCESSO DE EXAÇÃO. *Direito penal.* Crime contra a Administração Pública cometido por funcionário que exige imposto, taxa ou emolumento que sabe ser indevido ou que emprega na cobrança meio vexatório ou gravoso que a lei não autoriza, sendo punido com detenção ou multa. Se o referido funcionário vier a desviar, em proveito próprio ou de outrem, o que recebeu indevidamente para recolher aos cofres públicos, a pena será de reclusão e multa.

EXCESSO DE EXECUÇÃO. *Direito processual civil.* Afastamento dos limites previstos na sentença exeqüenda que ocorre, por exemplo, quando: a) o credor pede um *quantum* superior ao do título; b) a execução recai sobre bem diferente do declarado no título; c) ela se processa de maneira diversa da determinada na sentença; d) o credor, sem cumprir a prestação que lhe corresponde, exige o adimplemento da do devedor; e) o credor não prova que a condição se realizou.

EXCESSO DE FALSIDADE. *Direito processual civil.* Indicação desnecessária de indícios de falsidade em documentos ou atos jurídicos, ultrapassando os limites determinados.

EXCESSO DE LEGÍTIMA DEFESA. *Vide* ABUSO DE LEGÍTIMA DEFESA.

EXCESSO DE MANDATO. *Direito civil.* Efetivação de negócios pelo mandatário além dos poderes conferidos pelo mandante no mandato. Tais atos negociais só estabelecerão um liame contratual em relação ao mandante se ele os ratificar. Logo, o mandatário que exceder os limites do mandato ao assumir obrigações com terceiros, sem que haja ratificação de mandante, estará obrigado a responder, a qualquer tempo, perante eles, pelo excesso cometido e reputar-se-á mero gestor de negócios.

EXCESSO DE PEDIDO. *Direito processual civil.* Ato do credor de pleitear, além dos limites obrigacionais, pagamento de dívida já paga, no todo ou em parte, ou quantia superior à que lhe é devida ou antes do vencimento da obrigação ou do implemento da condição avençada.

EXCESSO DE PENHORA. *Direito processual civil.* Superioridade do valor dos bens penhorados em relação ao da execução, ou melhor, ao do crédito do exeqüente, acrescido de juros, custos e honorários advocatícios. É, portanto, a apreensão judicial de bens a serem penhorados de valor muito superior ao do crédito do exeqüente.

EXCESSO DE PODER. 1. Abuso de poder. 2. Exorbitância no exercício de um direito, função ou autoridade.

EXCESSO DE PRAZO. *Direito civil* e *direito processual civil.* 1. Concessão de prazo maior do que o necessário para a efetivação de um ato jurídico. 2. Realização de ato após o decurso do prazo para isso estipulado. 3. Exorbitância de prazo pelo magistrado ante a ocorrência de motivo plausível e justo, desde que por igual tempo ao estabelecido legalmente. 4. Prorrogação de prazos peremptórios pelas partes, inadmissível por lei. 5. Atraso ou demora na execução.

EXCESSO DOLOSO. *Direito penal.* Uso imoderado e intencional dos meios empregados para defender, legitimamente, um direito próprio ou de outrem, movido por espírito de vingança ou ódio, excluindo a *defensionis causa.*

EXCESSO ESCUSÁVEL. *Direito penal.* Ato de ultrapassar os limites legais que, devido à interferência de certas causas na mente do agente, como medo ou surpresa diante de uma agressão injusta ou estado de necessidade, retira a sua antijuridicidade.

EXCESS OF LOSS. *Expressão inglesa.* Excesso de danos.

EXCESSO INESCUSÁVEL. *Vide* EXCESSO CULPOSO.

EXCESSO NA EXECUÇÃO. *Direito processual civil.* 1. Pedido excessivo na execução do débito. 2. *Vide* EXCESSO DE EXECUÇÃO.

EXCESSO PUNÍVEL. *Direito penal.* Ato de ultrapassar, culposa ou dolosamente, os limites permitidos por lei para excluir a criminalidade.

EXCESS PROFITS TAX. *Direito comparado.* Imposto sobre lucros extraordinários.

EXCESSUS DEFENSIONIS. *Locução latina.* Excesso de defesa.

EXCESSUS MANDATI. *Locução latina.* Excesso na execução do mandato.

EXCETIVA. *Vide* EXCEPTIVA.

EXCETO. *Direito processual civil* e *direito processual penal.* Diz-se daquele contra quem se argúi, em juízo, uma exceção. É, portanto, aquele contra quem se opõe uma exceção.

EXCETUAR. 1. *Direito processual civil* e *direito processual penal.* Impugnar uma demanda por meio de exceção; opor, em juízo, uma exceção. 2. *Direito civil.* Propor uma exceção à regra geral.

EXCHANGE. *Termo inglês.* 1. Câmbio. 2. Bolsa de operações financeiras. 3. Troca.

EXCIPIENS NON VIDETUR FATERI. *Aforismo jurídico.* O excipiente não confessa o petitório, ou seja, o fato em que o adversário funda sua pretensão.

EXCIPIENTE. *Direito processual civil* e *direito processual penal.* Aquele que, em juízo, opõe uma exceção; aquele que excetua.

EXCITAÇÃO. 1. *Medicina legal.* a) Superatividade mental provocada por loucura, sensação dinamogênica, forte emoção, mania ou intoxicação (Lalande); b) atividade estimulada ou anormal da função de um órgão; c) estado de irritação;

EXC 490 EXCITADO

d) excitamento ou restabelecimento da energia cerebral interrompida por narcótico ou sono. **2.** Na *linguagem jurídica* em geral, pode ter o sentido de: a) ação pela qual se procura estimular alguém à prática de algum ato; b) provocação de ânimos para obter certos resultados; c) incitamento à revolta, rebelião, greve etc.

EXCITADO. 1. Exaltado. **2.** Estimulado. **3.** Encorajado. **4.** Encolerizado.

EXCITADOR. 1. Agitador. **2.** Aquele que excita ou estimula.

EXCITANTE. 1. *Medicina legal.* Estimulante. **2.** Na *linguagem jurídica* em geral, o que excita.

EXCLAVE. *Direito internacional público.* Parcela de uma nação separada da parte principal e circundada por território estrangeiro, sendo considerada um enclave em relação ao país circundante.

EXCLUDENTE. 1. Nas *linguagens comum* e *jurídica*, é o que exclui. **2.** *Direito penal* e *direito civil.* Diz-se da causa que exclui a criminalidade ou a ilicitude.

EXCLUDENTE DA RESPONSABILIDADE CIVIL DO ESTADO. *Direito administrativo* e *direito civil.* Diz-se da causa que libera o Poder Público do dever de indenizar, como, por exemplo, culpa da vítima.

EXCLUDENTE SUBJETIVA DA CRIMINALIDADE. *Direito penal.* **1.** *Vide* EXCLUSÃO DA CULPABILIDADE. **2.** Causa excludente da culpabilidade.

EXCLUSÃO. 1. *Lógica jurídica.* Relação lógica de duas classes que não possuem qualquer elemento comum ou de duas características que não podem pertencer, concomitantemente, ao mesmo sujeito (Lalande). **2.** Na *linguagem jurídica* em geral, pode ter o sentido de: a) impedimento; b) interdição; c) não-inclusão; d) afastamento de coisa ou pessoa de uma determinada situação ou de um local; remoção; e) ato ou efeito de excluir; f) exceção; g) reprovação; h) privação de funções. **3.** *Medicina legal.* Eliminação de agentes patogênicos para interceptar uma moléstia.

EXCLUSÃO DA COAÇÃO. *Direito civil.* Ato em que não se dá a configuração da coação como vício de consentimento suscetível de anular um negócio jurídico, como: a) a ameaça do exercício normal de um direito, porque só caracteriza coação a violência injusta. Se for justa, o autor da ameaça estará exercendo um direito seu. Por exemplo, se um credor de dívida vencida e não paga ameaçar o devedor de protestar o

título e requerer a falência, não se configurará a coação por ser uma ameaça justa que se prende ao exercício normal de um direito, logo, o devedor não poderá reclamar a anulação do protesto; b) o simples temor reverencial, que é, segundo Clóvis Beviláqua, o receio de desgostar pai, mãe ou pessoas a quem se deve obediência e respeito. Esse ato é incapaz de viciar o negócio se não for acompanhado de ameaça ou violência irresistíveis.

EXCLUSÃO DA COMUNHÃO. *Direito civil.* **1.** Incomunicabilidade de bens. **2.** Não-inclusão de determinados bens no regime matrimonial de comunhão parcial ou universal. **3.** Retirada de um ou mais bens do domínio comum dos condôminos.

EXCLUSÃO DA CRIMINALIDADE. *Direito penal.* Circunstância pela qual se exclui a antijuridicidade de uma ação lesiva, como a legítima defesa, o exercício regular de um direito, o cumprimento do dever legal e o estado de necessidade.

EXCLUSÃO DA CULPABILIDADE. *Direito penal.* Causa excludente da culpa, como, por exemplo, coação moral irresistível, obediência a superior hierárquico, inimputabilidade por doença mental, por menoridade penal ou por embriaguez completa em razão de caso fortuito ou força maior.

EXCLUSÃO DA ILICITUDE. *Direito civil.* Ato excepcional que, se praticado, não constitui ilícito nem acarreta o dever de indenizar, apesar de causar lesão a direito de outrem, em razão de motivo legítimo estabelecido em lei que lhe retira a ilicitude, como a legítima defesa, o exercício regular ou normal de um direito e o estado de necessidade.

EXCLUSÃO DA IMPUTABILIDADE. *Direito penal.* Causa que acarreta a inimputabilidade do agente, como doença mental, menoridade penal ou embriaguez completa provocada por força maior ou caso fortuito.

EXCLUSÃO DA POSSE. *Direito civil.* Privação da posse, como ocorre, por exemplo, na sucessão provisória quando o herdeiro do ausente não pode dar garantia da restituição dos bens mediante penhor ou hipoteca equivalente ao respectivo quinhão. Deveras, se não puder dar tal garantia, não entrará na posse dos bens, que ficarão sob a administração de um curador que preste a mencionada garantia ou de outro herdeiro designado pelo juiz.

EXCLUSÃO DA RESPONSABILIDADE CIVIL. *Direito civil.* Motivo que exclui o dever de indenizar do lesante por inexistir nexo de causalidade entre o dano e a ação que o produziu. Não haverá esse nexo se o evento lesivo se der: a) por culpa exclusiva da vítima, caso em que se retirará qualquer responsabilidade do causador do dano, devendo a vítima arcar com todos os prejuízos sofridos; b) por culpa concorrente da vítima e do agente, caso em que cada um responderá pelo dano na proporção em que tiver concorrido para ele, havendo, nessa hipótese, tão-somente uma atenuação da responsabilidade, pois não desaparece o liame de causalidade; c) por culpa comum, ou seja, se a vítima e o ofensor causarem culposa e conjuntamente o mesmo dano, caso em que se terá a compensação de reparações e a neutralização das duas responsabilidades, não havendo qualquer indenização por perdas e danos; d) por culpa de terceiro, isto é, de qualquer pessoa além da vítima ou do agente, de modo que, se alguém for demandado para indenizar um prejuízo que lhe foi imputado pelo autor, poderá pedir a exclusão de sua responsabilidade se a ação que provocou o dano foi devida exclusivamente a terceiro. Por exemplo, se o abalroamento que causou dano ao autor foi causado por um veículo dirigido não pelo réu, mas por terceiro, este será o único responsável pela composição do prejuízo; e) por força maior ou caso fortuito, cessando a responsabilidade, porque tais fatos, ante sua inevitabilidade, eliminam a culpabilidade.

EXCLUSÃO DA SUCESSÃO. *Direito civil.* 1. Não-inclusão de herdeiro ou legatário na herança em virtude de indignidade. 2. Privação do herdeiro necessário da legítima por meio da sua deserdação, prevista expressamente em testamento válido, baseada em causa legal ou em motivo contemplado em lei.

EXCLUSÃO DA TUTELA. *Direito civil.* Escusa, impedimento, exoneração ou destituição do exercício da tutela.

EXCLUSÃO DE ASSOCIADO. *Direito civil.* Expulsão de associado, desde que haja justa causa reconhecida em procedimento que lhe assegurou o amplo direito de defesa ou de recurso, nos termos previstos estatutariamente.

EXCLUSÃO DE HERDEIRO. *Direito civil.* 1. Exclusão da sucessão. 2. Afastamento de herdeiro ou legatário da herança, por ser tido como indigno, em decorrência de fato legalmente determinado. 3. Impedimento do herdeiro necessário deserdado de receber sua legítima, fundado em fato previsto em lei.

EXCLUSÃO DE PUNIBILIDADE. *Direito penal.* Isenção da aplicação de pena a quem comete crime contra o patrimônio lesando cônjuge, na constância do matrimônio, ascendente ou descendente.

EXCLUSÃO DE SÓCIO. 1. *Direito comercial.* a) Retirada de sócio da sociedade empresária por ato espontâneo; b) afastamento de um sócio por imposição da maioria dos demais, ante a sua desobediência às normas legais ou estatutárias; c) privação do exercício de certas funções na sociedade. 2. *Direito civil.* Demissão de membro de uma associação ou de uma sociedade simples.

EXCLUSÃO DO CRÉDITO TRIBUTÁRIO. *Direito tributário.* Extinção da obrigação tributária que se não só opera pela isenção e anistia, sem, contudo, dispensar o cumprimento das obrigações acessórias dependentes da principal cujo crédito seja excluído, mas também por pagamento, compensação, remissão, prescrição, decadência e decisão administrativa ou judicial favorável ao contribuinte.

EXCLUSÃO DO CRIME EM CASO DE INJÚRIA OU DIFAMAÇÃO. *Direito penal.* Causa especial que retira a antijuridicidade da injúria ou difamação, como: ofensa irrogada em juízo, na discussão da causa, pela parte ou por seu procurador; opinião desfavorável da crítica literária, artística ou científica, salvo quando inequívoca a intenção de injuriar ou difamar; conceito desfavorável emitido por funcionário público em apreciação ou informação que preste no cumprimento de dever do ofício.

EXCLUSÃO DO REGIME PREVIDENCIÁRIO. *Direito previdenciário.* Retirada da égide da lei previdenciária de funcionários públicos protegidos por instituições próprias.

EXCLUSÃO DO SIMPLES NACIONAL. *Direito tributário.* A exclusão do Simples Nacional será feita de ofício ou mediante comunicação das empresas optantes. A exclusão de ofício das empresas optantes pelo Simples Nacional dar-se-á quando: a) verificada a falta de comunicação de exclusão obrigatória; b) for oferecido embaraço à fiscalização, caracterizado pela negativa não justificada de exibição de livros e documentos a que estiverem obrigadas, bem como pelo não-fornecimento de informações sobre bens,

movimentação financeira, negócio ou atividade que estiverem intimadas a apresentar, e nas demais hipóteses que autorizam a requisição de auxílio da força pública; c) for oferecida resistência à fiscalização, caracterizada pela negativa de acesso ao estabelecimento, ao domicílio fiscal ou a qualquer outro local onde desenvolvam suas atividades ou se encontrem bens de sua propriedade; d) a sua constituição ocorrer por interpostas pessoas; e) tiver sido constatada prática reiterada de infração ao disposto normativamente; f) a empresa for declarada inapta; g) comercializar mercadorias objeto de contrabando ou descaminho; h) houver falta de escrituração do livro-caixa ou não permitir a identificação da movimentação financeira, inclusive bancária; i) for constatado que durante o ano-calendário o valor das despesas pagas supera em 20% o valor de ingressos de recursos no mesmo período, excluído o ano de início de atividade; j) for constatado que durante o ano-calendário o valor das aquisições de mercadorias para comercialização ou industrialização, ressalvadas hipóteses justificadas de aumento de estoque, for superior a 80% dos ingressos de recursos no mesmo período, excluído o ano de início de atividade.

EXCLUSIVA. *Lógica jurídica.* **1.** Diz-se da proposição enunciativa de um predicado que pertence só a sujeitos da mesma classe. **2.** Proposição limitativa que afirma ou nega o predicado somente de uma parte da extensão do sujeito. **3.** Proposição disjuntiva em que todos os seus membros são incompatíveis entre si. **4.** Proposição condicional que anuncia uma condição *sine qua non*, que é insubstituível (Lalande).

EXCLUSIVIDADE. 1. Nas *linguagens jurídica* e *comum:* a) qualidade daquilo que é exclusivo; b) diz-se da cláusula inserida em certos contratos para vincular as partes entre si e impedir a celebração de outro contrato do mesmo tipo com terceiros ou o exercício em benefício destes de atividade igual ou similar; c) monopólio. **2.** *Direito comercial.* Privilégio dado somente a um comerciante para vender mercadoria de uma empresa.

EXCLUSIVO. 1. O direito de não ter qualquer concorrente numa indústria. **2.** O que é privativo ou restrito. **3.** O que tem força jurídica para excluir. **4.** Ato jurídico que afasta uma situação ou a posição de um sujeito ou objeto de direito. **5.** Aquilo que só pode ser exercido por uma pessoa determinada. **6.** O que é incompatível com outra pessoa. **7.** O que pertence, em razão de privilégio especial, a uma pessoa.

EX–COMBATENTE. *Direito militar.* **1.** Aquele que lutou por seu país em guerra externa ou interna. **2.** É aquele que tenha participado efetivamente de operações bélicas na Segunda Guerra Mundial, nas Forças Armadas ou como tripulante de embarcação da Marinha Mercante Nacional atacada por inimigo, destruída por acidente ou que tenha participado de comboio de transporte de tropas e de abastecimento ou de missão de patrulha. Além disso, consideram-se como ex-combatentes os marítimos da Marinha Mercante possuidores do Diploma da Medalha de Serviços de Guerra com estrelas, acompanhado da citação assinada pelo secretário do Conselho do Mérito de Guerra, contendo a descrição dos motivos da concessão da aludida medalha.

EX COMMODO. *Locução latina.* À vontade.

EXCOMUNGADO. *Direito canônico.* O que sofreu a excomunhão.

EXCOMUNHÃO. *Direito canônico.* Grave pena eclesiástica que exclui uma pessoa da comunhão dos fiéis católicos, privando-a do uso dos sacramentos e da participação de indulgências e sufrágios.

EX CONFESSO. *Locução latina.* Em razão de confissão.

EX CONSENSU. *Locução latina.* Pelo consenso; com o assentimento ou anuência.

EX CONSENSU COMMUNI. *Expressão latina.* Pelo consenso comum.

EX CONSUETUDINE. *Locução latina.* Segundo o costume.

EX CONTRACTU. *Locução latina.* Em razão do contrato; por força contratual.

EX CORDE. *Locução latina.* De coração.

EXCRESCÊNCIA. *Medicina legal.* Tumor saliente sobre a superfície dos órgãos, como o pólipo, a verruga etc.

EXCULPAÇÃO. *Direito processual penal.* Ato pelo qual o acusado de um crime passa a ser isento de pena; sentença penal absolutória.

EXCURSÃO. Jornada ou viagem fora do local de residência, a título de recreação ou instrução.

EXCURSIONISMO. Prática de viagens de estudo ou de recreio.

EXCURSIONISTA. Aquele que participa de uma excursão.

EXCUSATIO NON PETITA FIT ACCUSATIO MANIFESTA. *Expressão latina.* O excusar-se sem ser requerido equivale a uma clara acusação.

EXCUSSÃO. *Direito civil* e *direito processual civil.* **1.** Ato ou efeito de excutir. **2.** Venda judicial em hasta pública de bem gravado de hipoteca ou penhor, quando o débito vencido não for pago, para que com o preço alcançado se pague o credor, pois é vedado ao credor pignoratício, hipotecário ou anticrético ficar com o objeto da garantia. **3.** Benefício de ordem que consiste no direito do fiador de não ser compelido a pagar a dívida enquanto o devedor principal tiver bens para solvê-la. **4.** *Vide* BENEFÍCIO DE ORDEM. **5.** Execução. **6.** Ato de apreensão ou penhora de bens.

EXCUTIR. *Direito civil* e *direito processual civil.* Penhorar bem gravado de ônus real, se o débito garantido estiver vencido e não pago, para que com o produto da venda se satisfaça o credor.

EX DEFECTU SOLEMNITATIS. *Expressão latina.* Em razão da falta de solenidade.

EX DELICTU. *Locução latina.* Por força de delito.

EX DESUETUDINE AMITTUNTUR PRIVILEGIA. *Aforismo jurídico.* Os privilégios se perdem com a falta de uso.

EX DIE. *Locução latina.* *Vide* DIES A QUO e TERMO INICIAL.

EX DIE QUO PROMULGATA EST. *Expressão latina.* Do dia em que a lei foi promulgada.

EX DIGITO GIGAS. *Expressão latina.* **1.** Pelo dedo se conhece o gigante. **2.** A autoridade manifesta-se nas menores ações.

EX-DIREITOS. *Direito comercial.* Diz-se da ação que teve exercidos os direitos aos resultados e subscrições da companhia (Luiz Fernando Rudge).

EX DISPOSITIONE JURIS. *Expressão latina.* Por disposição do direito.

EX DISPOSITIONE LEGE. *Expressão latina.* Em virtude de lei.

EX DIVERSA CAUSA. *Expressão latina.* Em razão de causa diferente.

EX DONO. *Locução latina.* Por doação; proveniente de doação.

EXDRÚXULO. Extravagante; excêntrico.

EXEAT. *Termo latino.* Saia; pode sair.

EXECUÇÃO. **1.** Na *linguagem filosófica,* significa ato voluntário ou resolução em que a ação já se iniciou. **2.** *Direito comparado.* Suplício de um condenado à pena capital. **3.** *Direito processual civil.* **a)** Ato de obrigar o devedor a pagar, judicialmente, um débito, movendo-se contra ele ação de cobrança de dívida; a execução para cobrança de crédito fundar-se-á sempre em título de obrigação certa, líquida e exigível; **b)** seqüestro; **c)** penhora; venda judicial de bens; **d)** cumprimento de sentença judicial transitada em julgado, tratando-se de obrigação por quantia certa, conjunto de meios judiciais de que se vale o interessado para efetivar um direito que se encontra consignado num título judicial ou extrajudicial; **e)** ato para obrigar devedor a satisfazer obrigação certa, líquida e exigível, consubstanciada em título executivo extrajudicial; **f)** ato para cumprir sentença que reconheça obrigação de fazer ou não fazer, de entregar coisa ou pagar quantia certa. **4.** *Direito penal.* **a)** Ato de o agente levar a efeito a ação ou omissão criminosa intentada, consumando-a e obtendo o resultado pretendido; **b)** aplicação da penalidade imposta ao criminoso na sentença condenatória. **5.** *Direito civil.* **a)** Ato, efeito ou modo de executar; **b)** realização ou conclusão de uma obra, contrato ou projeto; **c)** desempenho do mandatário no cumprimento do mandato, efetivando os atos de sua incumbência ordenados pelo mandante; **d)** imposição do adimplemento de um dever legal ou de uma obrigação contratual; **e)** representação ou interpretação de obra artística ou musical; **f)** cumprimento.

EXECUÇÃO CAPITAL. *Direito comparado.* Ato pelo qual, em cumprimento de sentença, se tira a vida do condenado, levando-o à forca, à cadeira elétrica etc., conforme a lei do país que admita esse tipo de pena.

EXECUÇÃO COMPULSÓRIA. *Vide* EXECUÇÃO FORÇADA.

EXECUÇÃO CONTRA A FAZENDA PÚBLICA. *Direito processual civil.* Aquela que, fundada em título executivo judicial ou extrajudicial, manda citar a Fazenda Pública para opor embargos em dez dias, sem possibilidade de qualquer dilação, desde que baseada em pagamento de quantia certa e não para liquidações ulteriores, oriundas de atualização de cálculo.

EXECUÇÃO DA ENTREGA DE COISA CERTA. *Direito processual civil.* Execução que visa, com base em título executivo extrajudicial obrigar o réu a entregar coisa certa, individuada ou infungível e se cumpre pelo levantamento da coisa depositada ou, seguro o juízo, a apresentar embargos.

EXECUÇÃO DA ENTREGA DE COISA INCERTA. *Direito processual civil.* Modalidade de execução para entrega de coisa em que o réu é obrigado, por sentença, a dar ao autor bem fungível, determinado pelo gênero e quantidade, embora possa, pelas circunstâncias, tornar-se infungível, se devidamente individuado pela escolha do devedor ou resolução do credor.

EXECUÇÃO DA INFRAÇÃO PENAL. *Direito penal.* Consumação da ação ou omissão criminosa, atingindo o resultado pretendido.

EXECUÇÃO DA MEDIDA DE SEGURANÇA. *Direito penal* e *direito processual penal.* **1.** Internação do indivíduo a quem foi imposta medida de segurança, por ordem da autoridade judiciária competente, em estabelecimentos apropriados. **2.** Interdição de estabelecimentos. **3.** Confisco de instrumentos e produtos de crime.

EXECUÇÃO DA OBRA. *Direito civil.* Realização da obra pelo empreiteiro de conformidade com o estipulado no contrato de empreitada.

EXECUÇÃO DA OBRIGAÇÃO. *Direito civil.* Modo de adimplemento da obrigação assumida, mediante pagamento direto ou indireto.

EXECUÇÃO DA OBRIGAÇÃO DE DAR. *Direito civil.* Entrega ao credor de coisa certa ou incerta pelo devedor. Meio cabível para obrigar judicialmente o devedor, ante sua recusa, a entregar ao seu credor a coisa devida, seja ela certa ou incerta, cumprindo assim a prestação. Trata-se, portanto, de uma execução específica, embora haja a possibilidade de tal bem ser substituído pelo pagamento do valor da coisa e de uma indenização das perdas e danos. Não constando do título o valor da coisa, ou sendo impossível sua avaliação, o exeqüente far-lhe-á a estimativa, sujeitando-se ao arbitramento judicial. Serão apurados em liquidação o valor do bem e os prejuízos.

EXECUÇÃO DA OBRIGAÇÃO DE FAZER. **1.** *Direito civil.* Prestação de uma atividade lícita pelo devedor ao credor, conforme o avençado contratualmente. **2.** *Direito processual civil.* Processo que visa cumprir uma ação de fazer, em que o autor pede que o réu seja condenado a prestar fato que não pode ser realizado por terceiro, fazendo constar da petição inicial a cominação da pena pecuniária para o caso de descumprimento da sentença. Portanto, o credor pode pedir que o devedor seja condenado a pagar uma pena pecuniária por dia de atraso no cumprimento (*astreinte*), sendo contado o prazo a partir da data estabelecida pelo juiz. A *astreinte* não tem o caráter de indenização pelo inadimplemento da obrigação de fazer, mas de coação do cumprimento da sentença, forçando indiretamente o devedor a fazer o que deve. Se o fato puder ser prestado por terceiro, é lícito ao juiz, a requerimento do exeqüente, decidir que aquele o realize à custa do executado. O exeqüente adiantará as quantias previstas na proposta que, ouvidas as partes, o juiz houver aprovado.

EXECUÇÃO DA OBRIGAÇÃO DE NÃO FAZER. **1.** *Direito civil.* Abstenção da prática de determinado ato, conforme estipulação contratual. **2.** *Direito processual civil.* Processo para exigir a condenação do réu a abster-se da prática de algum ato, após o vencimento da obrigação assumida e a cominação da pena pecuniária por dia de atraso no cumprimento (*astreinte*), com o escopo de forçar, coativamente, a execução da sentença transitada em julgado que a cominou.

EXECUÇÃO DA PENA. *Direito processual penal.* Terceira fase do *jus puniendi* do Estado, pela qual, uma vez prolatada a sentença condenatória e aplicada a pena ao autor do crime, é executada a condenação, após o trânsito em julgado, formalmente pelo magistrado e materialmente pelo órgão administrativo competente, fazendo com que o condenado a cumpra em estabelecimento penal, submetendo-se ao regime adequado conforme a pena privativa ou a medida de segurança que lhe foi imposta ou, então, em caso de pena pecuniária, que a pague ou a resgate. É um procedimento que visa tornar efetivo o cumprimento da sanção criminal.

EXECUÇÃO DA RECEITA. *Direito tributário.* Processo que se efetiva pelo lançamento do tributo, pela arrecadação ou cobrança das contribuições devidas e pelo recolhimento ou efetiva entrada de numerário nos cofres públicos por meio dos órgãos arrecadadores.

EXECUÇÃO DAS AÇÕES RESCISÓRIAS. *Direito processual civil.* Especial processo de execução da competência do Tribunal de Justiça.

EXECUÇÃO DA SENTENÇA. **1.** *Vide* EXECUÇÃO DA PENA. **2.** *Direito processual civil.* a) Ação autônoma movida pelo vencedor, em casos expressos, para obter a efetivação de um direito decorrente de obrigação de fazer ou não fazer, entregar coisa, ou pagar certa quantia, reconhecido em processo de conhecimento, quer em relação à pretensão do direito material discutida, quer em relação aos ônus oriundos do próprio processo (Alcides de Mendonça Lima). Visa, tão-somente, o cumprimento das determinações contidas na sentença. O cumprimento da sentença far-se-á pela execução definitiva ou provisória. Não mais há a execução *ex intervallo*, mas a consagração do processo sincrético, em que conhecimento e execução seguem em um só processo (Dorival Renato Pavan); b) incidente de impugnação para cumprimento de sentença; e c) ação para executar sentença que condena ao pagamento de pensão alimentícia ou que fixa os alimentos provisionais.

EXECUÇÃO DE DESPESA. *Direito financeiro.* Processo que se dá pela observação de quatro etapas: a) empenho ou ato emanado de autoridade competente que cria para o Estado o dever de pagar, verificando a reserva de recursos para o pagamento; b) liquidação ou verificação da legitimidade da despesa empenhada, averiguando-se os documentos que comprovam os créditos e apurando-se o *quantum* a ser pago pelo Poder Público; c) autorização ou ordem de pagamento dada pela autoridade competente; e d) pagamento ao credor, que, então, dará plena quitação ao Estado.

EXECUÇÃO DEFINITIVA. *Direito processual civil.* **1.** Execução fundada em título extrajudicial. **2.** Execução de sentença transitada em julgado condenando devedor ao pagamento de quantia certa, que tem eficácia total, pois nada impede que alcance sua finalidade em prol do credor, embora possa surgir algum incidente em seu trâmite, sem prejuízo de seu desfecho. **3.** Tal execução definitiva vem a ser a possibilidade de o credor, munido de título judicial ou extrajudicial, exigir o que lhe é devido, em razão do não-cumprimento espontâneo pelo devedor da obrigação por quantia certa imposta em sentença transitada em julgado ou reconhecida em título extrajudicial (Alcides de Mendonça Lima). Essa execução, portanto, está fundada em sentença transitada em julgado ou em título extrajudicial.

EXECUÇÃO DE PRESTAÇÃO ALIMENTÍCIA. *Direito civil* e *direito processual civil.* Ação de alimentos usada para reclamar prestação alimentícia em caso de seu não-cumprimento voluntário por parte do devedor, sendo que o cumprimento da pena não o eximirá do dever de prestar alimentos. O juiz decretará a prisão civil do devedor sempre que malogradas as seguintes providências, que visam assegurar o adimplemento da prestação alimentícia: desconto em folha de pagamento da pessoa obrigada; reserva de aluguéis de prédios do alimentante, que serão recebidos diretamente pelo alimentando; penhora de vencimento de magistrados, professores, funcionários públicos, de soldos dos militares, dos salários em geral e dos subsídios de parlamentares, para pagar ex-conjuge, ou ex-companheiro, e os filhos quando o executado houver sido condenado a prestar alimentos; constituição de garantia real ou fidejussória e de usufruto.

EXECUÇÃO DE SENTENÇA ESTRANGEIRA NO BRASIL. *Direito internacional privado, direito processual penal* e *direito processual civil.* Reconhecimento da eficácia de uma sentença estrangeira para ser executada no território nacional ou para atender aos direitos adquiridos dela decorrentes, mediante o juízo de delibação, que constitui um processo de julgamento limitado ao exame de requisitos extrínsecos, quais sejam competência, regularidade da citação e respeito da ordem pública nacional, não havendo, portanto, qualquer exame do mérito. No Brasil, a sentença alienígena passa a ter eficácia na ordem jurídica do País somente a partir da sentença de delibação, que confere valor formal de ato de soberania nacional ao conteúdo de ato jurisdicional alienígena, ordenando sua aplicação e execução. A delibação é uma modalidade mais aceitável de *exequatur*, por constituir um prévio juízo, que, sem apreciar o mérito, apenas toma conhecimento da sentença estrangeira, verificando seus requisitos extrínsecos e se foi prolatada pela autoridade competente, antes de ordenar sua execução. Logo, a executoriedade da sentença estrangeira está submetida aos seguintes requisitos extrínsecos: a) *externos*: ter obedecido às formalidades extrínsecas reclamadas para sua execução, segundo a lei do Estado em que foi proferida, por darem a garantia da sua autenticidade; estar traduzida, em língua portuguesa, por intérprete juramentado; ser autenticada pelo cônsul brasileiro; b) *internos*: haver sido prolatada por juiz competente, conforme a competência internacional, que será averiguada segundo o critério do *forum executionis*; terem sido citadas as partes ou verificada sua revelia, de conformidade com a lei onde foi prolatada a decisão; ter transitado em julgado; não contrariar a ordem pública, a soberania nacional e os bons costumes; ter sido previamente homologada pelo Superior Tribunal de Justiça, por atender a todos os requisitos exigidos para a delibação, não comportando qualquer pronunciamento relativo ao seu conteúdo ou à sua conveniência ou oportunidade. A execução de sentença estrangeira faz-se por carta de sentença extraída dos autos da homologação.

EXECUÇÃO DE SENTENÇA TRABALHISTA. *Direito processual do trabalho.* Processo de execução regido pelo Código de Processo Civil, se se tratar de acidente do trabalho e seguridade social, ou pela Consolidação das Leis do Trabalho, e subsidiariamente pelo Código de Processo Civil, se alusivo a litígios entre empregados e empregadores. Três são as modalidades de título executivo no direito trabalhista: título judicial (sentença condenatória, acordo judicial ou sentença estrangeira homologada pelo STJ); título extrajudicial; sentença coletiva ou proferida em dissídio ou acordo coletivo.

EXECUÇÃO DE TESTAMENTO FEITO NO EXTERIOR. *Direito internacional privado.* Produção de efeitos no Brasil de ato de última vontade celebrado em país estrangeiro, desde que tenha sido lavrado por oficial competente e tenha obedecido à forma legal, ou seja, desde que tenha havido observância de todos os requisitos formais exigidos por lei para aquela modalidade de testamento, aplicando-se a *lex loci actus* vigente ao tempo em que o *de cujus* manifestou seu ato volitivo. Quanto à forma extrínseca, por exemplo, uma modalidade de testamento levada a efeito num país que a admite, valerá ela em outro que a proíba, mesmo que seja a lei pessoal do testador, em obediência ao princípio *locus regit actum*. Todavia, em relação à validade intrínseca do testamento, ou seja, ao seu conteúdo, à admissibilidade de suas cláusulas e aos seus efeitos, aplicar-se-á a lei do domicílio do testador, que rege a sucessão vigente ao tempo de seu falecimento, pouco importando as normas do país onde a disposição testamentária foi feita, podendo até ser considerada nula se a *lex domicilii* do falecido não admitir o que no seu teor textual estiver contido. Assim sendo, se um estrangeiro aqui domiciliado fizer testamento de acordo com a sua lei nacio-

nal, esse ato de última vontade romper-se-á, no que atina à sua validade intrínseca, se não se ajustar às normas brasileiras, pois a sua sucessão sujeita-se ao direito brasileiro, que rege seu domicílio à data do óbito.

EXECUÇÃO DE TÍTULO EXTRAJUDICIAL. *Direito processual civil.* Execução mediante embargos, baseada em título extrajudicial com força executiva, conferida por lei, para exigir do devedor solvente o cumprimento da obrigação pecuniária assumida, desde que certa, líquida e exigível, devendo ele ser citado para, em vinte e quatro horas, pagar ou nomear bens à penhora. Se efetuar o pagamento da dívida, dos juros moratórios, das custas e dos honorários advocatícios, extinguir-se-á a execução. Se não o efetuar, proceder-se-á à penhora. Requer, portanto, exigibilidade do título extrajudicial que autoriza a execução, que se dá com o vencimento do título ou com a verificação da condição a ele vinculada.

EXECUÇÃO DE TÍTULO JUDICIAL. *Direito processual civil.* Dá-se por simples procedimento complementar do processo de conhecimento, onde se proferiu sentença que reconheça a existência de obrigação de fazer ou não fazer, entregar coisa ou pagar quantia certa, para que se a cumpra (Ernane Fidélis dos Santos). A execução do título judicial para cumprimento daquela sentença operar-se-á mediante impugnação. A execução de título judicial ou o cumprimento da sentença efetuar-se-á perante: a) os tribunais superiores, nas causas de sua competência originária; b) o juízo que processou a causa no primeiro grau de jurisdição; c) o juízo cível competente, quando se tratar de sentença penal condenatória ou de sentença arbitral.

EXECUÇÃO DIRETA. 1. *Direito administrativo.* Dá-se quando o Estado executa obra pública construindo-a ou reparando-a sob sua responsabilidade, utilizando-se de seu pessoal e de seus próprios recursos, dispensando a colaboração de particulares. Trata-se da execução por administração. **2.** *Direito processual civil.* É a que recai sobre a coisa objeto da execução.

EXECUÇÃO DO ATO. *Direito civil* e *direito processual civil.* Prática voluntária ou forçada de ato a que se está obrigado em virtude de contrato ou sentença judicial.

EXECUÇÃO DO CONTRATO. *Direito civil* e *direito processual civil.* Adimplemento voluntário ou compulsório de uma obrigação contratual assumida.

EXECUÇÃO DO MANDATO

Será compulsório ou forçado quando o credor exigir a satisfação das cláusulas do contrato por via judicial.

EXECUÇÃO DO MANDATO. *Direito civil.* Desempenho do mandato pelo mandatário efetuando os atos e negócios jurídicos em nome do mandante, dentro dos poderes por ele outorgados.

EXECUÇÃO EM DIREITO ADMINISTRATIVO. *Direito administrativo.* **1.** Auto-executoriedade do ato administrativo. **2.** Instante em que o contrato administrativo impõe deveres aos contratantes, obrigando-os a efetuar o que assumiram.

EXECUÇÃO ESPECÍFICA. *Direito civil* e *direito processual civil.* Trata-se da execução *in natura*, pela qual se procura satisfazer o credor, no sentido de fazer com que venha a receber exatamente o que lhe é devido e não outra coisa em seu lugar nem o seu correspectivo em dinheiro.

EXECUÇÃO ESPECÍFICA DA OBRIGAÇÃO DE EMITIR DECLARAÇÃO DE VONTADE. *Direito civil* e *direito processual civil.* É aquela em que o credor pretende receber a execução *in natura* do que lhe é devido, mediante prolatação de sentença judicial que produza os efeitos da declaração de vontade não emitida. Essa execução é utilizada quando existir contrato preliminar, contrato-promessa ou obrigação anterior de emitir aquela declaração correspondente ao contrato prometido e o obrigado se recusar a cumpri-la (Liebman e Antunes Varela). Logo, se o devedor se comprometeu a concluir um contrato e não o fez, o credor, sendo possível, poderá obter uma sentença que produza o mesmo efeito do contrato que deveria ser firmado e não o foi.

EXECUÇÃO FISCAL. *Direito tributário* e *direito processual civil.* Meio empregado para obter o pagamento de dívida ativa da Fazenda Pública, inscrita na repartição administrativa, quando, depois de vencido o prazo, estiverem esgotadas todas as constrições administrativas e a sua cobrança amigável e não houver satisfação daquele crédito pelo devedor. Tal dívida ativa regularmente inscrita e oriunda do procedimento administrativo de lançamento goza da presunção de certeza e liquidez, tem o efeito de prova pré-constituída e serve de título extrajudicial para a execução fiscal. A Fazenda Pública, que é a credora, devidamente instruída com esse título, pede, judicialmente, a citação do devedor, para que, no prazo de vinte e quatro horas, pague seu débito ou nomeie bens à penhora.

EXECUÇÃO FORÇADA. *Direito processual civil.* É a promovida pelo credor para exigir, judicialmente, que o devedor inadimplente, que já foi instado a saldar a dívida e não o fez espontaneamente, venha a efetuar o pagamento, e pelo Ministério Público, nos casos previstos em lei. Esse processo visa efetivar uma condenação, aplicando concretamente uma sanção ao devedor em proveito do credor. É, portanto, como ensina José Frederico Marques, um conjunto de atos processualmente aglutinados que se destinam a fazer cumprir, coativamente, uma prestação à qual a lei concede pronta e imediata exigibilidade. É a exigência coativa judicial do cumprimento de uma obrigação, pois o credor se vê compelido ou forçado a providenciar medidas judiciais cabíveis para conseguir o pagamento do débito por parte do devedor.

EXECUÇÃO FRAUDULENTA. *Direito processual civil.* Fraude de execução.

EXECUÇÃO GENÉRICA. *Direito processual civil.* Aquela em que o credor se satisfaz com o pagamento da dívida em dinheiro, podendo, para tanto, penhorar bens do devedor e obter com o produto da venda judicial o adimplemento da obrigação assumida pelo seu devedor.

EXECUÇÃO INDIRETA. 1. *Direito processual civil.* É a que versa sobre prestação diferente da avençada, podendo ser resolvida em perdas e danos. **2.** *Direito administrativo.* É a que ocorre quando a obra pública for executada por pessoa alheia à Administração, que celebra com o Estado contrato de empreitada, recebendo uma remuneração pela realização da obra ou proporcional ao trabalho efetivado, respondendo pela execução integral do serviço contratado. É a execução por empreitada.

EXECUÇÃO *IN NATURA*. *Vide* EXECUÇÃO ESPECÍFICA.

EXECUÇÃO JUDICIAL. *Vide* EXECUÇÃO FORÇADA.

EXECUÇÃO MEDIANTE CONCESSÃO. *Direito administrativo.* Aquela em que a Administração entrega a execução da obra a pessoa que ficará com o dever de gerir o serviço público, que decorrerá daquela, recebendo dos futuros usuários uma tarifa como remuneração, em vez de receber do Estado uma retribuição ao término da obra.

EXECUÇÃO NACIONAL. Sistemática de implementação de projetos, cuja direção técnica e coordenação operacional das atividades são de responsabilidade das instituições executoras nacionais, sendo o controle e a gestão administrativa, orçamentária, financeira, contábil e patrimonial realizados pela Unidade Unificada de Administração de Projetos, sob responsabilidade da ABC/MRE.

EXECUÇÃO NULA. *Direito processual civil.* É nula a execução se: a) o título executivo extrajudicial não corresponder a obrigação certa, líquida e exigível; b) o devedor não for regularmente citado; e c) instaurada antes de se verificar a condição de ocorrido o termo.

EXECUÇÃO ORÇAMENTÁRIA. *Direito financeiro.* **1.** Conjunto de medidas políticas, financeiras e administrativas pelas quais se efetiva a arrecadação da receita e se processa a realização da despesa. Inicia-se com o registro pelo Tribunal de Contas, que tem a função de distribuir os créditos às repartições pagadoras (Bernardes C. de Alvarenga e Barbosa de Almeida Filho). **2.** Trata-se de um processo que envolve toda a Administração, abrangendo a execução dos serviços públicos e a realização de obras públicas (J. M. Teixeira Machado Jr.).

EXECUÇÃO PARA ENTREGA DE COISA. *Vide* EXECUÇÃO DA OBRIGAÇÃO DE DAR.

EXECUÇÃO PENAL. *Vide* EXECUÇÃO DA PENA.

EXECUÇÃO PESSOAL. *Direito processual civil.* Meio para obter, por via judicial, a entrega de uma coisa ou para constranger o devedor, mediante penhora, a pagar o que deve.

EXECUÇÃO POR ADMINISTRAÇÃO. *Vide* EXECUÇÃO DIRETA.

EXECUÇÃO POR ARBITRAMENTO. *Direito processual civil.* Apuração do montante da condenação ou indenização, quando as partes o convencionarem ou a natureza do objeto da liquidação o exigir, mediante perito nomeado pelo juiz (Othon Sidou).

EXECUÇÃO POR CARTA. *Direito processual civil.* É a levada a efeito por meio de carta precatória ou rogatória, na hipótese de o devedor não possuir bens no foro da causa, para fins de penhora, avaliação e alienação de bens no foro onde estiverem situados. Na execução por carta precatória, a citação do executado será imediatamente comunicada pelo juiz deprecado ao juiz deprecante, inclusive por meios eletrônicos, contando-se o prazo para embargos a partir da juntada aos autos de tal comunicação.

EXECUÇÃO POR CARTA DE GUIA. *Direito processual penal.* Expedição de guia de recolhimento para a execução de sentença que condenar o réu a pena privativa de liberdade, com o escopo de remetê-la à autoridade administrativa. Tal guia deverá conter: nome do condenado, sua qualificação civil e o número do registro geral no órgão oficial de identificação; conteúdo da denúncia e da sentença condenatória; certidão do trânsito em julgado daquela sentença; informação sobre os antecedentes e o grau de instrução do condenado; data da terminação da pena; peças processuais indispensáveis ao adequado tratamento penitenciário. Ninguém pode ser recolhido, para cumprir pena privativa de liberdade, sem essa guia expedida pela autoridade judiciária, pois ela serve, como diz Espínola Filho, de orientação para os executores da condenação.

EXECUÇÃO POR EMPREITADA. *Direito administrativo.* *Vide* EXECUÇÃO INDIRETA.

EXECUÇÃO POR EQUIVALENTE. *Direito civil* e *direito processual civil.* É a que tem por escopo proporcionar ao credor uma indenização por perdas e danos resultante do não-cumprimento da obrigação, sendo impossível obter a execução específica desta.

EXECUÇÃO POR PRESTAÇÕES SUCESSIVAS. *Direito do trabalho.* Execução peculiar na Justiça Trabalhista, ante o fato de não poder o executado cumprir, desde logo, o acordo ou o julgado (Othon Sidou).

EXECUÇÃO POR QUANTIA CERTA CONTRA DEVEDOR INSOLVENTE. *Direito processual civil.* É a que se dá quando o devedor civil não possui bens em seu patrimônio suscetíveis de quitar os débitos por ele contraídos. Se o devedor for empresário, o credor poderá requerer a declaração de sua falência.

EXECUÇÃO POR QUANTIA CERTA CONTRA DEVEDOR SOLVENTE. *Direito processual.* É a que tem por fim expropriar tantos bens do devedor inadimplente quantos forem suficientes para solver o total do débito e satisfazer seu credor. Tal expropriação consiste na alienação por iniciativa particular ou em hasta pública, na sua adjudicação em favor do credor (exeqüente) ou no usufruto de bem imóvel ou móvel. Urge lembrar, porém, que são impenhoráveis: os bens inalienáveis e os declarados, por ato voluntário, não sujeitos à execução; os móveis, pertences e utilidades domésticas que guarnecem a residência do executado, salvo os de elevado valor ou que ultrapassem as necessidades comuns correspondentes a um médio padrão de vida; os vestuários, bem como os pertences de uso pessoal do executado, salvo se de elevado valor; os vencimentos, subsídios, soldos, salários, remunerações, proventos de aposentadoria, pensões, pecúlios e montepios; as quantias recebidas por liberalidade de terceiro e destinadas ao sustento do devedor e sua família, os ganhos de trabalhador autônomo e os honorários de profissional liberal; os livros, as máquinas, as ferramentas, os utensílios, os instrumentos ou outros bens móveis necessários ou úteis ao exercício de qualquer profissão; o seguro de vida; os materiais necessários para obras em andamento, salvo se essas forem penhoradas; a pequena propriedade rural, assim definida em lei, desde que trabalhada pela família; os recursos públicos recebidos por instituições privadas para aplicação compulsória em educação, saúde ou assistência social; até o limite de quarenta salários mínimos, a quantia depositada em caderneta de poupança. Podem ser penhorados, à falta de outros bens: os frutos e os rendimentos de bens inalienáveis, salvo se destinados a alimentos de incapazes, idosos ou de mulher viúva, solteira ou separada; as imagens religiosas de grande valor.

EXECUÇÃO POR TÍTULO EXTRAJUDICIAL. *Vide* EXECUÇÃO DE TÍTULO EXTRAJUDICIAL.

EXECUÇÃO POR TÍTULO JUDICIAL. *Vide* EXECUÇÃO DE TÍTULO JUDICIAL.

EXECUÇÃO PREVIDENCIÁRIA. *Direito previdenciário.* É a movida contra o INSS para averiguar se o valor do benefício pago por esse instituto ao beneficiário é inferior ou superior aos limites legais, sendo que apenas na primeira hipótese não haverá necessidade de expedição de precatório. Além disso, se o valor for inferior ao limite estabelecido em lei, o devedor deverá ser citado, de conformidade com o disposto no Código de Processo Civil, e, não havendo interposição de embargos à execução, será expedido um ofício à autoridade administrativa para que venha, dentro do prazo de dez dias, a efetuar o pagamento.

EXECUÇÃO PROVISÓRIA. *Direito processual civil.* **1.** É aquela que se promove enquanto pendente apelação da sentença de improcedência dos embargos do executado, quando recebidos com efeito suspensivo. **2.** É a relativa à sentença impugnada mediante recurso ao qual não foi atribuído efeito suspensivo. A execução provisória da sentença far-se-á, no que couber, do mesmo modo que a definitiva, observadas as seguintes normas: corre por iniciativa, conta e responsabilidade do exeqüente, que se obriga, se a sentença for reformada, a reparar os danos que o executado haja sofrido; fica sem efeito sobrevindo acórdão que modifique ou anule a sentença objeto da execução, restituindo-se as partes ao estado anterior e liquidados eventuais prejuízos nos mesmos autos, por arbitramento; o levantamento de depósito em dinheiro e a prática de atos que importem alienação de propriedade ou dos quais possa resultar grave dano ao executado depende de caução suficiente e idônea, arbitrada de plano pelo juiz e prestada nos próprios autos. Se a sentença provisoriamente executada for modificada ou anulada apenas em parte, somente nesta a execução perderá sua eficácia. Para Pontes de Miranda, vem a ser o "adiantamento da execução no juízo da execução, à diferença do adiantamento de execução no juízo à pretensão à sentença, que ocorre com a execução dos títulos extrajudiciais".

EXECUÇÃO REAL. *Direito processual civil.* É a que visa a reintegração de um direito real ou pessoal *in rem scriptae*, efetivando-se, por exemplo, pelo despejo ou imissão na posse (José Náufel).

EXECUÇÃO SIMULADA. *Direito processual civil.* Instauração concertada e dolosa de uma relação jurídico-processual entre exeqüente e executado, fundada em título simulado, com o propósito de subtrair bens do patrimônio do executado, por força judicial, para que ele possa escapar do adimplemento das obrigações realmente existentes. Dessa forma, configura-se uma fraude à execução suscetível de anular o processo, restituindo-se ao *statu quo ante* a situação patrimonial do devedor.

EXECUÇÃO SIMULTÂNEA. *Direito processual civil.* Diz-se daquela que é processada juntamente com outra, fundada na mesma sentença, em razão da pluralidade de obrigações ou de executados.

EXECUÇÃO SUCESSIVA. *Direito processual civil.* Execução forçada de um título executivo que se processa parte por parte, ou em etapas, tendo incidência sobre bens de vários devedores executados e cessando tão-somente quando se atender, integralmente, o direito do credor exeqüente.

EXECUÇÃO TRABALHISTA. *Direito do trabalho.* Cumprimento das sentenças ou decisões da Justiça do Trabalho transitadas em julgado.

EXECUÇÃO VOLUNTÁRIA. 1. *Direito processual civil.* Cumprimento espontâneo de uma prestação pelo devedor vencido em uma decisão judicial. **2.** *Direito civil.* Pagamento voluntário de uma obrigação pelo devedor no tempo, forma e local avençados.

EXECUTADO. 1. *Direito comparado.* Aquele que sofreu pena capital. **2.** *Direito processual civil.* Aquele que figura no pólo passivo de uma execução para cumprir obrigação constante de título executivo extrajudicial. O executado será citado para, no prazo de três dias, efetuar o pagamento da dívida. Não efetuado o pagamento, munido da segunda via do mandado, o oficial de justiça procederá de imediato à penhora de bens e a sua avaliação, lavrando-se o respectivo auto e de tais atos intimando, na mesma oportunidade, o executado. O credor (exeqüente) poderá, na inicial da execução, indicar bens a serem penhorados. O juiz poderá, de ofício ou a requerimento do exeqüente, determinar, a qualquer tempo, a intimação do executado para indicar bens passíveis de penhora. A intimação do executado far-se-á na pessoa de seu advogado; não o tendo, será intimado pessoalmente. Se não localizar o executado para intimá-lo da penhora, o oficial certificará detalhadamente as diligências realizadas, caso em que o juiz poderá dispensar a intimação ou determinar novas diligências. O executado pode, no prazo de dez dias após intimado da penhora, requerer a substituição do bem penhorado, desde que comprove cabalmente que a substituição não trará prejuízo algum ao exeqüente e será menos onerosa para ele devedor. Ao executado incumbe: a) quanto aos bens imóveis, indicar as respectivas matrículas e registros, situá-los e mencionar as divisas e confrontações; b) quanto aos móveis, particularizar o estado e o lugar em que se encontram; c) quanto aos semoventes, especificá-los, indicando o número de cabeças e o imóvel em que se encontram; d) quanto aos créditos, identificar o devedor e qualificá-lo, descrevendo a origem da dívida, o título que a representa e a data do vencimento; e e) atribuir valor aos bens indicados à penhora.

EXECUTANTE. 1. *Direito civil* e *direito autoral.* Aquele que interpreta uma obra artística. **2.** *Direito processual civil.* Autor do processo de execução.

EXECUTAR. 1. *Direito civil* e *direito autoral.* a) Interpretar obra artística; tocar; cantar; b) cumprir de modo espontâneo uma obrigação. **2.** *Direito processual civil.* a) Promover, em juízo, a execução do devedor, para que venha a cumprir a prestação a que se obrigara; b) penhorar. **3.** *Direito penal.* Aplicar a pena ao criminoso.

EXECUTÁVEL. O que pode ser executado.

EXECUTIVE AGREEMENTS. *Direito internacional público.* Ato internacional para cuja vigência dispensam-se a aprovação do Congresso Nacional e a troca de instrumentos de ratificação, por constituir um tratado administrativo.

EXECUTIVO. 1. *Direito comercial.* Aquele que ocupa cargo de responsabilidade administrativa numa empresa, como o de diretor ou gerente. **2.** *Direito processual civil.* a) Relativo a execução; b) ato procedimental no processo de execução forçada. **3.** *Direito constitucional.* Um dos três Poderes do Estado democrático, encarregado do governo ou da Administração Pública, tendo participação no Legislativo ao expedir, por exemplo, medidas provisórias e ao vetar, sancionar e promulgar leis. **4.** *Direito do trabalho.* Alto empregado que exerce atividade intelectual, quase como autônomo, por estar ligeiramente subordinado, uma vez que é membro do órgão diretivo da pessoa jurídica empregadora (Catharino).

EXECUTIVO CAMBIAL. *Direito processual civil.* Processo de execução fundado em título cambiário, como nota promissória, duplicata, cheque ou letra de câmbio.

EXECUTIVO FISCAL. 1. *Vide* EXECUÇÃO FISCAL. **2.** *Direito processual* e *direito tributário.* Ação de execução a que tem direito o Poder Público para cobrar crédito tributário.

EXECUTIVO HIPOTECÁRIO. *Direito processual civil.* Processo fundado em contrato de hipoteca, que é título executivo extrajudicial, devidamente inscrito na circunscrição imobiliária. Deveras, visa proteger a hipoteca convencional, que requer tutela executiva pela inadimplência da obrigação a que se vincula. Pela hipoteca convencional, reserva-se ao credor, na execução concursal, o direito de preferência para ser satisfeita sua dívida em primeiro lugar.

EXECUTOR. 1. *Direito comparado.* Verdugo; aquele que executa a pena capital. **2.** *Direito civil.* a) Aquele que cumpre, espontaneamente, a obrigação; b) o que leva a efeito um mandato, uma ordem ou um plano. **3.** *Direito processual civil.* a) Aquele que promove a execução; exeqüente; b)

EXECUTOR DA OBRA 501 **EXE**

magistrado que dá andamento ao processo judicial; c) o que deve levar a efeito uma ordem judicial de busca e apreensão de menor (Moura Bittencourt).

EXECUTOR DA OBRA. *Direito civil.* **1.** Empreiteiro. **2.** Encarregado de realizar uma obra contratada.

EXECUTOR DO MANDATO. *Direito civil.* Mandatário; aquele que leva a efeito um mandato.

EXECUTORIA. Repartição que tem a função de cobrar e executar os rendimentos e os créditos de uma entidade.

EXECUTÓRIA. *Direito processual civil.* **1.** Precatória que promove uma execução. **2.** Sentença a que o direito confere força de título executivo judicial, possibilitando a execução.

EXECUTORIEDADE. Qualidade do que é executório.

EXECUTORIEDADE DO ATO ADMINISTRATIVO. *Direito administrativo.* Auto-executoriedade, ou seja, qualidade que o ato administrativo possui de concretizar-se por si mesmo, dispensando qualquer título jurídico fornecido por magistrado.

EXECUTÓRIO. **1.** Título a que a lei confere força executória; título executivo judicial ou extrajudicial. **2.** Relativo a execução. **3.** O que é exeqüível ou suscetível de execução. **4.** Que se pode ou há de executar. **5.** Que dá o poder de levar a efeito a execução. **6.** O que deve ser posto em execução.

EXECUTOR TESTAMENTÁRIO. *Direito civil.* Testamenteiro.

EX EDITO. *Locução latina.* Conforme ordem da autoridade.

EXEGESE. *Teoria geral do direito.* **1.** Interpretação filológica ou literal do texto legislativo. **2.** Comentário de norma. **3.** Diz-se de uma escola surgida na França no século XVIII; *Vide* ESCOLA DA EXEGESE. **4.** Função do moderno exegeta jurídico de interpretar as normas, usando de todas as técnicas interpretativas e de recursos lógico-jurídicos; hermenêutica.

EXEGETA. *Teoria geral do direito.* **1.** Aquele que se dedica à exegese. **2.** Adepto da Escola da Exegese. **3.** Jurista moderno que se utiliza, para desvendar o sentido e o alcance das normas, de todo o instrumental lógico-jurídico ou deôntico e de todos os processos interpretativos; hermeneuta.

EXEGÉTICA. *Direito canônico.* Parte da teologia que cuida da exegese da Bíblia Sagrada.

EXEGÉTICO. *Teoria geral do direito.* **1.** Relativo a exegese. **2.** Aquilo que interpreta ou serve para interpretar uma norma.

EXEMPÇÃO. **1.** *Direito tributário.* Isenção fiscal. **2.** *Direito canônico.* Privilégio outorgado a uma pessoa, comunidade ou local para subtrair-se a uma jurisdição do bispo e passar à dependência imediata do Papa. **3.** Na *linguagem jurídica* em geral, é o ato de liberar-se ou eximir-se. **4.** *Direito ambiental.* Circunstância atenuante relativa, por exemplo, aos antecedentes do infrator e ao seu ato de sanar as irregularidades de seu ato lesivo. **5.** *Direito penal.* Causa impeditiva da punibilidade; isenção da pena.

EXEMPLA MAGIS, QUAM VERBA MOVENT. *Aforismo jurídico.* Exemplos movem mais do que as palavras.

EXEMPLA PRAESENTIA FUTURI PERICULI NOS ADMONENT. *Aforismo jurídico.* Os exemplos de hoje nos advertem do perigo futuro.

EXEMPLAR. **1.** *Direito autoral.* Diz-se de cada livro editado ou de cada obra que se multiplica para fins comerciais. **2.** Na *linguagem jurídica* em geral, diz-se do comportamento irrepreensível de alguém que deve ser tomado como exemplo ou modelo. **3.** *Filosofia do direito.* Modelo concebido pelo espírito como um ideal, conforme ao qual a causa eficiente produz seu efeito (Lalande).

EXEMPLAR COMPORTAMENTO. *Direito penal.* Diz-se da conduta de um sentenciado que, durante a vida prisional, não comete faltas disciplinares, podendo, assim, obter, por exemplo, livramento condicional.

EXEMPLARIDADE. Qualidade do que é exemplar.

EXEMPLARISMO. Na *linguagem filosófica*, é a doutrina que estabelece modelos ou arquétipos.

EXEMPLIFICAR. *Teoria geral do direito.* Modo de explicação em que o jurista se utiliza de exemplos.

EXEMPLI GRATIA. *Locução latina.* Por exemplo; para exemplo.

EXEMPLIS NON EST JUDICANDUM SED LEGIBUS. *Aforismo jurídico.* Deve-se julgar por leis e não por exemplos.

EXEMPLO. **1.** O que pode ou serve de modelo. **2.** Aquele que é digno de ser tomado como modelo, pelas suas atitudes irrepreensíveis, pela sua probidade etc. **3.** Aquilo que serve de lição. **4.** Aquilo com que se visa demonstrar uma verdade.

EXEMPLO PARI. *Locução latina.* Da mesma maneira.

EX EMPTO. *Locução latina.* De compra; conforme a compra e venda; relativo a compra.

EXENCEFALIA. *Medicina legal.* Anormalidade em que o encéfalo se encontra, em grande parte, fora da caixa craniana.

EX EODEM FACTO NON DEBET QUIS POENAM ET PREMIUM REPORTADE. *Aforismo jurídico.* A pena e o prêmio não podem ser, concomitantemente, produto do mesmo fato.

EXEQUATUR. **1.** *Locução latina.* Cumpra-se; execute-se. **2.** *Direito processual civil* e *direito internacional privado.* a) Processo para obter autorização necessária à execução de sentença estrangeira no Brasil, eficácia restrita ao fórum, por ser fato ocorrido em jurisdição estranha. É o processo pelo qual se concede no fórum valor de título exeqüendo a uma sentença alienígena, que, então, não será tida como mero meio probatório. Consiste, portanto, num processo homologatório limitado a um exame formal da decisão, sem analisar o mérito, para que a sentença estrangeira possa ser executada. Nesse processo é inadmissível a apresentação de novo pedido não apreciado pelo juiz estrangeiro. O juiz do *exequatur* apenas pode conceder ou recusar a homologação, sem poder alterar o julgamento feito no exterior; b) ato pelo qual o Superior Tribunal de Justiça ordena que se cumpra uma sentença estrangeira devidamente homologada; c) autorização dada pelo STJ para que atos processuais ou cartas rogatórias requisitados por autoridades estrangeiras sejam cumpridos no Brasil. **3.** *Direito diplomático.* Ato pelo qual governo estrangeiro aceita ou reconhece a nomeação de um agente diplomático, autorizando-o a exercer suas funções junto a ele e no seu território.

EXEQUATUR DE LITTERAE REQUISITORIALES. *Direito internacional privado.* Reconhecimento de carta rogatória enviada pelo juiz de um país a outro, solicitando a prática de atos processuais. A rogatória subordina-se à lei do país rogante, no que atina ao conteúdo ou à matéria de que é objeto; quanto ao procedimento, disciplina-se conforme as leis do país rogado. As formalidades da rogatória seguem a *locus regit actum*, sendo que a lei local pode impedir o cumprimento de rogatória ofensiva à ordem pública e aos bons costumes. Isto é assim porque os atos processuais sujeitam-se à *lex fori*, sendo, então, inadmissíveis os que atentem contra as leis brasileiras. Logo, quando os atos judiciais que devem ser realizados no Brasil por solicitação de autoridade judiciária estrangeira dependem de *exequatur*, subordinando-se aos requisitos formais da norma brasileira, impossível é admitir sua prática no território brasileiro segundo a lei alienígena. Conseqüentemente, a forma do *exequatur*, a competência para concedê-lo e o modo de execução das diligências sujeitam-se à lei do Estado da autoridade rogada. A remessa das cartas rogatórias das justiças estrangeiras é feita por via diplomática. O Ministério das Relações Exteriores transmite-as ao presidente do Supremo Tribunal Federal para o *exequatur*. Concedido este, a rogatória é enviada, para cumprimento da diligência, ao juiz da comarca onde deva ser cumprida, segundo as normas gerais de competência e observando-se o direito estrangeiro quanto ao seu objeto. Uma vez cumprida, a rogatória é devolvida à justiça rogante por meio do Ministério da Justiça.

EXEQÜENDA. *Direito processual civil.* Sentença cujo processo de execução está sendo promovido.

EXEQÜENDO. *Direito processual civil.* **1.** Estado do julgado em execução. **2.** Qualidade da sentença ou do título executivo extrajudicial que está em processo de execução (Othon Sidou).

EXEQÜENTE. *Direito processual civil.* **1.** Aquele que promove execução judicial. **2.** Aquele que intenta a execução. **3.** Fazenda Pública no executivo fiscal. **4.** Diz-se do magistrado encarregado de dar andamento ao processo judicial; executor.

EXÉQUIAS. *Direito civil.* **1.** Cortejo fúnebre. **2.** Cerimônia fúnebre.

EXÉQUIAS ECLESIÁSTICAS. *Direito canônico.* São aquelas em que a Igreja, segundo as leis litúrgicas, suplica para os defuntos o auxílio espiritual, honra seus corpos e dá aos vivos o consolo da esperança.

EXEQÜIBILIDADE. *Direito processual civil.* **1.** Qualidade do que é exeqüível ou daquilo que se pode executar. **2.** Possibilidade de a sentença ou de o título executivo judicial ou extrajudicial serem executados. **3.** Exigibilidade judicial, mediante processo de execução, de um crédito.

EXEQÜIBILIDADE DA OBRIGAÇÃO ESTRANGEIRA NO TERRITÓRIO BRASILEIRO. *Direito internacional privado.* Possibilidade de produção de efeito da obrigação contraída no exterior em território brasileiro, desde que observada a forma extrínseca, segundo a *locus regit actum*, mas dependente a sua forma essencial ou *ad solemnitatem* da lei brasileira, e os requisitos intrínsecos, de conformidade com a *lex loci solutionis*, porque a sede da relação jurídica obrigacional é o local de sua execução. A lei do local da constituição da obrigação convencional regula sua validade e a produção de seus efeitos, ficando a *lex loci executionis* com a competência para disciplinar os atos e medidas necessárias para a obtenção da prestação devida ou a exoneração do devedor, tais como: tradição da coisa, forma de pagamento ou de quitação, consignação em pagamento, constituição em mora, meios de purgação desta, indenização em caso de inadimplemento obrigacional etc.

EXEQÜIR. *Direito processual civil.* Executar uma sentença.

EXEQÜÍVEL. *Direito processual civil.* O que pode ser executado.

EXERCER. 1. Desempenhar uma função. **2.** Levar a efeito um direito. **3.** Praticar. **4.** Cumprir uma obrigação ou dever jurídico. **5.** Usar de prerrogativas ou poderes.

EXERCÍCIO. 1. *Direito administrativo.* a) Desempenho de uma função ou cargo público; b) prática efetiva pelo funcionário público de atos atinentes ao cargo no qual foi investido; c) atividade real no âmbito da Administração Pública; d) serviço público ativo; e) período de execução de um orçamento público. **2.** *Direito civil.* a) Uso de alguma coisa; b) gozo de direitos; c) realização de um ato jurídico. **3.** *Direito desportivo.* a) Atividade corporal para desenvolver ou manter a aptidão física do atleta; b) conjunto de ações corporais praticadas regularmente para que o desportista ganhe destreza, habilidade, agilidade, resistência física etc. **4.** *Direito militar.* Movimento regular de qualquer corpo, esquadrão, companhia etc. **5.** *Direito financeiro.* Período temporal entre dois orçamentos da receita e da despesa públicas. **6.** Nas *linguagens comum* e *jurídica*, pode, ainda, ter o sentido de: a) atividade para desenvolver habilidades; b) aquilo com que se exercitam as faculdades intelectuais ou físicas; c) estudo teórico ou prático, oral ou escrito, com que os alunos desenvolvem o conhecimento e a prática de uma matéria; d) passatempo. **7.** *Direito comercial.* Período entre o levantamento de dois balanços de uma empresa (Luiz Fernando Rudge).

EXERCÍCIO ARBITRÁRIO. 1. *Direito administrativo.* a) Prática exorbitante de ato no desempenho de uma função pública; b) desvio de poder. **2.** *Direito civil.* Abuso de direito. **3.** *Direito penal.* a) Execução de medida privativa da liberdade individual sem atendimento das formalidades legais, punida com detenção; b) ato de recolher ilegalmente alguém a prisão ou a estabelecimento destinado à execução de pena privativa de liberdade ou de medida de segurança, punido com detenção; c) prolongamento ilegal de execução de medida privativa da liberdade, deixando de expedir, em tempo oportuno, ou de executar, imediatamente, a ordem de liberdade, punido com detenção; d) ato de submeter aquele que está sob sua guarda ou custódia a vexame ou constrangimento não autorizado em lei, punido com detenção; e) diligência abusiva, punida com detenção. **4.** *Direito constitucional.* Prática abusiva contra os direitos fundamentais do homem.

EXERCÍCIO ARBITRÁRIO DAS PRÓPRIAS RAZÕES. *Direito penal.* Ato de fazer justiça com as próprias mãos para satisfazer uma pretensão que, embora legítima, está fora dos casos permitidos em lei, punido com detenção ou multa, além da pena correspondente à violência. Por exemplo, prática de furto ou roubo para obter pagamento de dívida.

EXERCÍCIO ARBITRÁRIO DO PODER. 1. *Direito administrativo.* Desvio de poder; ato de a autoridade exercer arbitrariamente o poder que lhe foi conferido em razão do cargo público que ocupa, seguindo seus próprios caprichos, preferências, interesses particulares e olvidando o interesse público e o princípio da moralidade administrativa, causando dano à ordem pública. **2.** *Direito canônico.* Emprego ilegal ou imoral do poder de ordem ou de jurisdição, severamente punido pelas leis canônicas. **3.** *Direito penal.* Abuso de autoridade ou de poder ao ordenar e executar ilegalmente as medidas privativas da liberdade individual.

EXERCÍCIO DA FUNÇÃO PÚBLICA. 1. *Direito penal.* Prática de ato delituoso no desempenho da função pública conducente à interdição temporária de direitos, como proibição do exercício de cargo, função ou atividade pública, bem como de mandato eletivo. **2.** *Direito administrativo.* Ato empregado para exercer as atividades inerentes ao cargo público.

EXERCÍCIO DA SERVIDÃO *CIVILITER MODO*. *Direito civil.* Dever do proprietário do prédio dominante de exercer a servidão de modo a evitar qualquer agravo do encargo do prédio serviente.

EXERCÍCIO DA SOBERANIA NACIONAL. *Direito constitucional.* Dá-se por sufrágio universal e pelo voto direto e secreto, com valor igual para todos, nos termos da lei e das normas constitucionais pertinentes, mediante: a) plebiscito; b) referendo; c) iniciativa popular. Plebiscito e referendo são consultas formuladas ao povo para que delibere sobre matéria de acentuada relevância, de natureza constitucional, legislativa ou administrativa. O plebiscito é convocado com anterioridade a ato legislativo ou administrativo, cabendo ao povo, pelo voto, aprovar ou denegar o que lhe tenha sido submetido. O referendo é convocado com posterioridade a ato legislativo ou administrativo, cumprindo ao povo a respectiva ratificação ou rejeição. A iniciativa popular consiste na apresentação de projeto de lei à Câmara dos Deputados, subscrito por, no mínimo, 1% do eleitorado nacional, distribuído pelo menos por cinco Estados, com não menos de 0,3% dos eleitores de cada um deles. O projeto de lei de iniciativa popular deverá circunscrever-se a um só assunto e não poderá ser rejeitado por vício de forma, cabendo à Câmara dos Deputados, por seu órgão competente, providenciar a correção de eventuais impropriedades de técnica legislativa ou de redação.

EXERCÍCIO DE ATIVIDADE COM INFRAÇÃO DE DECISÃO ADMINISTRATIVA. *Direito penal.* Crime que consiste no exercício impedido de atividade por decisão administrativa, punido com detenção ou multa.

EXERCÍCIO DE MARTE. *Direito militar.* Guerra; combate.

EXERCÍCIO DO CARGO. *Direito administrativo.* Decorrência da posse de funcionário público nomeado por ter sido aprovado em concurso público.

EXERCÍCIO DO DIREITO. 1. Uso e gozo normal e regular de um direito. **2.** Utilização das vantagens conferidas por lei a um sujeito.

EXERCÍCIO DO PODER FAMILIAR. *Direito civil.* Conjunto de direitos e obrigações, quanto à pessoa e bens de filho menor não emancipado, exercido, em igualdade de condições, por ambos os pais, para que possam desempenhar os encargos que a norma jurídica lhes impõe, tendo em vista o interesse e a proteção do filho. É, portanto, o poder conferido aos genitores, exercido no proveito, interesse e proteção dos filhos menores não emancipados, que advém de uma necessidade natural, uma vez que todo ser humano, durante sua infância, precisa de alguém que o crie, eduque, ampare, defenda, guarde e cuide de seus interesses, regendo sua pessoa e bens. Com o escopo de evitar o jugo paterno, há, como observa Orlando Gomes, intervenção estatal, que submete o exercício do poder familiar à sua fiscalização e controle, limitando, no tempo, esse poder ou restringindo o seu uso e os direitos dos pais.

EXERCÍCIO FINANCEIRO. *Direito financeiro.* Período temporal limitado por dois balanços sucessivos da Administração Pública, ou seja, o compreendido entre o orçamento da receita e o da despesa públicas. É o lapso de tempo coincidente com o ano civil, que vai de 1º de janeiro a 31 de dezembro, em que se executa o plano financeiro constante num orçamento e se efetuam operações financeiras.

EXERCÍCIO FINDO. *Direito financeiro.* Ano fiscal cujo orçamento foi encerrado.

EXERCÍCIO FUNCIONAL. *Direito administrativo.* **1.** Prática efetiva pelo funcionário das funções inerentes ao cargo público que ocupa, percebendo seus vencimentos e demais vantagens pecuniárias acessórias. **2.** Conjunto de funções, atribuições e responsabilidades pertinentes ao cargo assumido por funcionário aprovado em concurso público e devidamente nomeado.

EXERCÍCIO FUNCIONAL ILEGALMENTE ANTECIPADO OU PROLONGADO. *Direito penal.* Crime contra a Administração Pública que consiste no fato de o funcionário público entrar no exercício de função pública antes de satisfeitas as exigências legais ou de continuar a exercê-la, sem autorização, depois de saber, oficialmente, que foi exonerado, removido, substituído ou suspenso, punido com detenção ou multa. Trata-se, portanto, do exercício ilegal de função pública.

EXERCÍCIO ILEGAL. Prática de qualquer atividade contrária às prescrições legais.

EXERCÍCIO ILEGAL DA ADVOCACIA. *Direito civil.* Prática de atos próprios da profissão, como o patrocínio de causas, sem a devida inscrição na Ordem dos Advogados do Brasil.

EXERCÍCIO ILEGAL DA MEDICINA, ARTE DENTÁRIA OU FARMACÊUTICA. *Direito penal.* Crime contra a saúde pública consistente no exercício, mesmo a título gratuito, da profissão de médico, dentista ou farmacêutico sem a devida autorização legal, por falta, por exemplo, de registro do diploma ou licença em órgão competente, ou excedendo-lhe os limites, punido com detenção. Se, porém, houver intuito lucrativo, além da detenção, aplicar-se-á também uma multa. Por exemplo, protético que exerce a atividade de cirurgião-dentista sem ser formado em odontologia.

EXERCÍCIO ILEGAL DE PROFISSÃO OU ATIVIDADE. *Direito penal.* Ato de exercer atividade econômica ou de anunciar que a exerce sem preencher as condições legais, que constitui contravenção penal.

EXERCÍCIO ILEGAL DO COMÉRCIO DE COISAS ANTIGAS E OBRAS DE ARTE. *Direito penal.* Prática do comércio de antigüidades e obras artísticas ou literárias muito raras sem licença ou observância das disposições legais, que constitui contravenção penal.

EXERCÍCIO IRREGULAR DE DIREITO. *Direito civil* e *direito penal.* Ocorre quando, embora presente o direito da pessoa, esta o exerce de maneira abusiva, excedendo à normalidade, praticando ato ilícito ou crime. Por exemplo, a lei civil proíbe o uso nocivo da propriedade, punindo o abuso de direito; logo, se alguém em sua propriedade produzir ruído que exceda à normalidade, haverá abuso do direito, o qual será reduzido às devidas proporções por meio de ação judicial apropriada.

EXERCÍCIO MILITAR. *Direito militar.* **1.** Manobra feita para instruir e executar as diversas partes de um treinamento militar prático. **2.** Ato de adestrar ou treinar membros das Forças Armadas.

EXERCÍCIO REGULAR. *Direito civil* e *direito penal.* Ato de exercer ou gozar de um direito subjetivo conforme a norma jurídica.

EXERCÍCIO REGULAR DE DIREITO. 1. *Direito civil.* Diz-se do exercício normal de um direito reconhecido que, se vier a lesar direitos alheios, exclui qualquer responsabilidade do agente pelo prejuízo causado, por não ser um procedimento prejudicial ao direito e não constituir, portanto, ato ilícito. **2.** *Direito penal.* Prática de ato no estrito cumprimento do dever legal ou no exercício normal de um direito que, apesar de causar lesões a outrem, não constitui crime.

É causa de exclusão da antijuridicidade ou da criminalidade.

EXERCÍCIO SOCIAL. 1. *Direito comercial* e *direito empresarial.* Período anual dentro do qual se realizam as atividades contábeis e fiscais de uma empresa, cujos resultados são verificados através do balanço anual. **2.** *Direito civil.* Espaço de tempo em que, numa sociedade simples, se apuram os resultados econômicos e os prejuízos ocorridos na execução das finalidades sociais.

EXÉRCITO. *Direito militar.* **1.** Conjunto das Forças Armadas da terra, distinguindo-se da Marinha e da Aeronáutica. **2.** Tropa em combate. **3.** Conjunto de divisões das forças militares do País. **4.** É a instituição nacional permanente e regular, organizada com base na hierarquia e na disciplina, sob a autoridade suprema do Presidente da República, que se destina à defesa da Pátria, à garantia dos poderes constitucionais e, por iniciativa de qualquer destes, da lei e da ordem.

EXÉRCITO DA RESERVA. *Direito militar.* Conjunto de cidadãos que fazem parte das reservas militares, quer na qualidade de reservistas, quer como membros das forças policiais e militares dos Estados federados (De Plácido e Silva).

EXÉRCITO DA SALVAÇÃO. *Direito civil.* Associação de fins filantrópicos e religiosos, com caráter militarizado, que prega o evangelho e a melhoria social dos indigentes.

EXÉRCITO DE OCUPAÇÃO. *Direito militar.* Conjunto de tropas que tem por função a conservação e a defesa de um país conquistado ou invadido.

EXÉRCITO PERMANENTE. *Direito militar.* Conjunto de tropas pertencentes a todas as Armas que, mesmo em tempo de paz, estão prontas para, em caso de agressão, defender o País enquanto as outras Forças não se reúnem.

EXERCITOR. *Direito marítimo.* **1.** Armador. **2.** Aquele que, em nome e por conta do dono do navio, se incumbe, durante um tempo ou numa certa viagem, não só da administração da carga como também da embarcação. Trata-se do capitão do navio.

EXERCITÓRIO. Tudo o que é relativo a exercício.

EXERCITUS LABORE PROFICIT, OTIO CONSENESCIT. *Expressão latina.* O Exército torna-se forte com o trabalho e enfraquece-se com a ociosidade.

EXERDAÇÃO. *Direito civil.* Deserdação.

EXERDAMENTO. *Direito civil.* Deserdação.

EXERDAR. *Direito civil.* Deserdar; privar alguém de certos bens.

EXERGÁSIA. *Retórica jurídica.* Esclarecimento de uma idéia pelo uso de outras que lhe sejam equivalentes.

EXERGO. *Economia política.* Parte inferior de qualquer uma das faces da moeda, que, em regra, contém a data, o local da cunhagem etc.

EX EXPOSITIS. *Locução latina.* Do exposto.

EX FACTO ORITUR JUS. *Aforismo jurídico.* Do fato origina-se o direito.

EXFETAÇÃO. *Medicina legal.* Gravidez extra-uterina.

EX FIDE BONA. *Expressão latina.* De boa-fé; o mesmo que *EX BONA FIDE*.

EX FORMA NON SERVATA RESULTAT NULLITAS ACTUS. *Brocardo latino.* Da não-observância da forma resulta a nulidade do ato.

EX FORMULA. *Locução latina.* Segundo as formalidades legais.

EXHEREDATIO. *Termo latino.* Deserdação.

EXIBENTE. *Direito processual civil.* 1. Diz-se daquele que exibe ou apresenta, em juízo, algo que se encontra em seu poder por ordem judicial. 2. Aquele que procede a uma exibição judicial.

EXIBIÇÃO. 1. *Direito processual civil.* a) Ato ou efeito de exibir, em juízo, documento ou coisa que se ache em seu poder; b) ação judicial em que uma das partes pretende que o outro litigante ou terceiro apresente em juízo coisa ou documento imprescindível para o esclarecimento da causa. 2. *Direito autoral.* a) Representação de peça teatral; b) projeção de filme. 3. *Direito comercial.* a) Exposição ou apresentação de mercadorias ao público; b) demonstração das qualidades de um produto; c) apresentação judicial de livros do empresário ou da sociedade empresária.

EXIBIÇÃO DE DOCUMENTO OU COISA. *Direito processual civil.* 1. Providência destinada à colheita de prova, ordenada pelo magistrado, a requerimento de um dos litigantes, no curso da demanda, à outra parte ou a terceiro que tiver em seu poder coisa ou documento imprescindível à instrução da causa. Trata-se da exibição incidente. 2. Medida cautelar preparatória de ação futura, ou melhor, procedimento preparatório. Trata-se da exibição preparatória, em que a apresentação de documento ou coisa se opera preliminarmente.

EXIBIÇÃO JUDICIAL DE LIVROS COMERCIAIS. *Direito comercial.* Apresentação integral de livros do empresário ou de sociedade empresária, em juízo, à instância da parte interessada e conseqüente ordem do magistrado a favor daquele que tiver interesse na liquidação de sociedade, na sucessão por morte de sócio e nos casos determinados por lei, como um meio probatório de natureza excepcional, pois, em razão da manutenção do segredo dos livros mercantis, que constituem repositório dos negócios empresariais, sua divulgação pode dar subsídios de grande valia para seus concorrentes. Tal exibição pode dar-se *ante litem* ou *lite pendente*.

EXIBIÇÃO PARCIAL DE LIVRO COMERCIAL. *Direito comercial.* Determinação judicial, a requerimento do interessado ou *ex officio*, para que, em juízo, sejam apresentadas algumas partes contidas nos livros ou fichas de escrituração mercantil, a fim de que delas se extraia o que interesse ao esclarecimento do litígio ou se efetue uma reprodução autenticada.

EXIBICIONISMO. *Direito penal* e *medicina legal.* Tendência compulsiva e mórbida de exibir em público os órgãos genitais, com o escopo de obter prazer erótico, revelando perversão sexual.

EXIBICIONISTA. *Direito penal* e *medicina legal.* Aquele que tem tendência ao exibicionismo.

EXIBIR. 1. Mostrar. 2. Apresentar. 3. Representar. 4. Expor. 5. Produzir em juízo.

EXIBITÓRIO. Tudo o que é concernente a exibição.

EXICIAL. *Direito civil.* Referente à morte do ser humano.

EXÍCIO. *Direito civil.* Morte humana.

EXIDO. *Direito agrário.* Terreno inculto ou baldio que serve como pastagem.

EXIGÊNCIA. 1. Na *linguagem filosófica* e na *lógica jurídica*, é o termo utilizado para designar o gênero de ligação cuja implicação é a forma lógica (Bouglé e Le Roy). 2. *Teoria geral do direito.* a) Imposição legal; prescrição legal; b) ato ou efeito de exigir; c) imposição de uma obrigação. 3. *Direito civil.* Requisito indispensável para a validade do ato jurídico. 4. *Direito processual civil.* a) Requerimento; b) ação judicial pela qual o autor faz valer sua pretensão.

EXIGÊNCIA DE ATESTADO DE ESTERILIZAÇÃO. *Direito penal.* Crime punido com reclusão e multa, consistente em exigir, para qualquer fim, o comprovante de esterilização.

EXIGIBILIDADE. **1.** Na *linguagem jurídica* em geral, é: a) a qualidade de exigível; b) aquilo que pode ser exigido em razão de lei ou contrato; c) o que pode ser requerido em juízo; d) exeqüibilidade das obrigações vencidas, líquidas e certas. **2.** *Direito administrativo.* Possibilidade de a Administração Pública exigir de terceiro o cumprimento da obrigação contida num ato administrativo dotado de eficácia, como é o ato de lançamento (Lúcia Valle Figueiredo).

EXIGIBILIDADE ADMINISTRATIVA DO CRÉDITO TRIBU-TÁRIO. *Direito tributário.* Consiste no direito do credor de poder postular o crédito tributário após a tomada das providências necessárias à formalização da dívida, com a lavratura do ato de lançamento tributário, que contém os elementos que possibilitam sua exigência, tais como: a identificação do contribuinte, a apuração da base de cálculo e da alíquota aplicável, determinando a quantia devida em razão de tributo, e a fixação das condições em que o valor deverá ser recolhido. Antes desse lançamento, o crédito, apesar de constituído, não tem possibilidade de ser reclamado (Paulo de Barros Carvalho). Feito o lançamento, notificado o contribuinte e vencido o tempo de pagamento, o crédito tributário passará a ser exigível, podendo ser cobrado administrativamente.

EXIGIR. **1.** *Teoria geral do direito.* Prescrever; ordenar; impor legalmente certo comportamento, obrigação ou dever. **2.** *Direito processual civil.* a) Reclamar judicialmente um direito; b) requerer. **3.** *Direito civil.* Obrigar alguém, juridicamente e em decorrência de contrato, a dar, a fazer ou a não fazer alguma coisa.

EXIGÍVEL. Aquilo que pode ser exigido ou cobrado em virtude de disposição legal ou contratual.

EXIGÜIDADE. Qualidade do que é exíguo.

EXÍGUO. **1.** Escasso; insuficiente. **2.** Pequeno. **3.** Limitado.

EXIGUUM OBOLI PRETIUM. *Expressão latina.* Não vale nada.

EXILADO. Aquele que foi desterrado, expatriado ou se afastou de seu país.

EXILIARCA. *História do direito.* Chefe político dos hebreus durante o cativeiro da Babilônia.

EXÍLIO. **1.** Desterro; imposição legal que leva alguém a sair de certo país para residir em outro, enquanto durar a proibição; banimento; expulsão de uma pessoa do território de um país. **2.** Ato pelo qual uma pessoa voluntariamente abandona o local de sua residência para morar em outro. **3.** Lugar onde mora o exilado.

EXÍLIO LOCAL. *Direito penal, direito penal militar* e *direito processual penal.* Medida de segurança preventiva que consiste na proibição, ordenada pelo juiz, de o condenado permanecer, durante um ano, na localidade onde perpetrou o crime. Para a execução do exílio local, o magistrado comunicará sua decisão à autoridade policial do lugar onde o exilado está proibido de residir.

EX ILLO DIE. *Locução latina.* Desde aquele dia.

EXIMBANK DO JAPÃO. *Direito internacional privado.* É uma instituição financeira oficial cujas operações estão integradas com as diretrizes do governo japonês para o intercâmbio comercial e financeiro com países estrangeiros. Atua em conjunto com bancos comerciais e outras instituições japonesas, promovendo o investimento nipônico no exterior e o financiamento às exportações japonesas, além de exercer atividades relacionadas à cooperação financeira do Japão com países em desenvolvimento. Entre as várias modalidades de operações realizadas pelo Eximbank do Japão estão os empréstimos diretos (*untied direct loans*), concedidos a governos, instituições governamentais e instituições financeiras estrangeiras, inclusive bancos multilaterais direcionados a projetos de desenvolvimento e a programas de reestruturação econômica em países em desenvolvimento.

EXIME. *Direito civil.* Diz-se da pessoa exonerada ou isenta de responsabilidade, de algum dever ou de vínculo contratual.

EXIMENTE. *Direito penal.* Excludente de criminalidade.

EXÍMIO. Hábil; insigne; excelente; muito ilustre.

EX IMPETU. *Locução latina.* Por violento impulso.

EX IMPROVISO. *Locução latina.* De improviso; sem ser esperado.

EX INDUSTRIA. *Locução latina.* De propósito; o que foi preparado artificiosamente.

EX INFORMATA CONSCIENTIA. *Expressão latina.* Pelos ditames da consciência.

EX INOPINATO. *Locução latina.* Inesperadamente; de modo imprevisto.

EX INSIDIIS. *Locução latina.* À traição; por meio de cilada; por engano.

EX INTEGRO. *Locução latina.* Na íntegra; por inteiro.

EXISTÊNCIA. 1. *Lógica jurídica.* É o fato de, sendo dado um conjunto de idéias consideradas, uma não ser vazia, ou seja, nula em extensão (Lalande). **2.** *Filosofia do direito.* a) Fato de ser independente do conhecimento; b) fato de ser apresentado na percepção, na consciência do eu ou concebido como objeto da experiência (Lalande); c) modo de ser real ou realidade viva, em oposição à abstração ou à teoria (Lalande); d) modo de ser próprio do ser humano; e) comunicação ou determinada indicação comunicativa (Heidegger); f) ente existente; ser. **3.** *Teoria geral do Estado.* a) Origem do Estado, sob o prisma jurídico; b) modo de encarar o Estado como um fato, sob o prisma sociológico, sociojurídico ou sócio-ideológico; c) instante em que alguém toma o poder, surgindo o Estado; d) conjunto de instituições combinadas, de cuja especialização nasce o Estado (Maritain); e) processo de surgimento do Estado; f) desenvolvimento do Estado segundo um procedimento de puro fato (Di Ruffia); g) momento inicial do existir do Estado, que é um simples fato subtraído de qualquer qualificação jurídica (Borel, Spiropoulos e Gavallieri); h) constituição do Estado pela união de três elementos: povo, território e poder estatal (Hellfritz); i) nascimento do Estado baseado em fato histórico e não jurídico.

EXISTÊNCIA DA LACUNA JURÍDICA. *Teoria geral do direito.* Determinação da presença da lacuna, que constitui um problema jurídico que só surge, para alguns, no momento da aplicação do direito a um caso concreto, ou, como preferem outros autores, que decorre da concepção do direito como um sistema estático ou dinâmico. O termo "existência" é utilizado aqui não para apontar a possibilidade de um vazio, uma propriedade empiricamente perceptível, mas sim para determinar no ordenamento jurídico a possibilidade ou não de normas que qualifiquem como indiferentes certos comportamentos. É a questão da presença explícita ou implícita na ordem jurídica da regulamentação negativa. A consideração do direito como ordenamento sob o prisma do cânon da plenitude do sistema jurídico e a colocação pragmática da teoria das lacunas ao nível da decisão judicial constituem os parâmetros básicos para desvendar a questão do problema existencial das lacunas do direito. E, uma vez admitida a existência de lacunas, surgem as questões de sua constatação e de seu preenchimento, bem como a da legitimidade de seu uso.

EXISTENCIAL. 1. *Lógica jurídica.* Diz-se do juízo que nega ou afirma a existência de uma classe simples ou composta. **2.** *Filosofia do direito.* a) Relativo à realidade viva, em oposição à abstração ou à teoria; b) diz-se da filosofia que considera a realidade menos como um objeto em face de um sujeito cognoscente do que como existência, cujo contato nos transforma, e, longe de isolar em nós a faculdade de conhecer o resto do nosso ser, ela faz participar na investigação filosófica o indivíduo inteiro, com a suas reações sentimentais e passionais diante das coisas (Bréhier); c) aquilo que é alusivo à experiência concreta da existência vivida (Cuvillier); d) vivencial; e) vital; f) o que concerne à existência individual; g) relativo à existência; h) constitutivo da estrutura da existência humana, enquanto esta manifesta o ser (Heidegger).

EXISTENCIALISMO. *Filosofia geral.* **1.** Modalidade de pensamento ou teoria para a qual o existir é uma dimensão primária e radical, e todas as demais coisas dão-se na existência. Logo, para essa concepção, a existência não deriva do pensar, porque o pensamento já está nela radicado. **2.** Teoria próxima do niilismo, por situar a essência do ser humano na liberdade (Sartre). **3.** Corrente, criada por Kierkegaard, cuja reflexão é a existência concreta do homem, que constrói seu próprio destino.

EXISTENCIALISTA. *Filosofia geral.* **1.** Relativo ao existencialismo. **2.** Prosélito ou adepto do existencialismo.

EXISTENTE. *Filosofia do direito.* **1.** Aquilo que existe ou tem existência. **2.** O que vive.

EXISTIR. 1. Viver. **2.** Ter existência ou realidade. **3.** Permanecer; durar. **4.** Haver. **5.** Ser, num dado momento.

EXIT. *Termo inglês.* **1.** Ação de sair; saída. **2.** Termo muito usado nos textos de peças teatrais para indicar quando uma personagem deve sair de cena.

EX ITINERE. *Locução latina.* De caminho; no caminho.

ÊXITO. 1. Obtenção de resultados favoráveis em um negócio ou empreendimento. **2.** Saída satisfatória. **3.** Término compensador. **4.** Sucesso. **5.** Sorte. **6.** Resultado auspicioso.

EXITUS ACTA PROBAT. *Expressão latina.* **1.** O êxito justifica os atos. **2.** O fim justifica os meios.

EX IURE. *Locução latina.* Segundo o direito ou a justiça.

EX IURE ALIENO. *Expressão latina.* Por direito alheio.

EX JURE. *Vide EX IURE.*

EX JURE ALIENO. *Vide EX IURE ALIENO.*

EX LEGE. *Locução latina.* Por força de lei; de conformidade com a lei; de acordo com a lei; da lei; decorrente de lei.

EX LEGIBUS. *Locução latina.* Segundo as leis.

EX LENITATE JUDICIS CRUDELITAS PLEBIS. *Expressão latina.* Juiz piedoso faz povo cruel.

EX LIBRIS. **1.** *Locução latina.* Da biblioteca; dos livros; o que faz parte dos livros. **2.** *Direito autoral.* Marca que indica, no princípio do livro, a livraria ou a editora a que pertence.

EX LIBRIS CITO DISCITUR QUOD LONGO VITAE USU VIX ASSEQUI QUEAS. *Expressão latina.* Depressa se aprende nos livros o que só se poderia obter com grande prática da vida.

EX LOCATO. *Locução latina.* **1.** Locativo. **2.** Diz-se da relação locatícia.

EX MALA FIDE. *Expressão latina.* De má-fé.

EX MANDATO. *Locução latina.* Por mandato.

EX MORE. *Locução latina.* Segundo o costume.

EX NECESSITATE. *Locução latina.* Por necessidade.

EX NECESSITATE LEGIS. *Expressão latina.* Por necessidade da lei; em razão de lei; por força de lei.

EX NECESSITATE OFFICII. *Expressão latina.* Por dever do cargo; por necessidade do ofício.

EX NIHILO. *Locução latina.* Do nada.

EX NIHILO NIHILIT FIT. *Expressão latina.* **1.** Do nada, nada. **2.** Nada procede do nada.

EX NUNC. *Locução latina.* A partir de agora; desde agora; de agora; do presente momento; que não retroage.

EXOCARDIA. *Medicina legal.* Posição anormal do coração.

EXOCARDITE. *Medicina legal.* Inflamação da membrana que envolve o coração externamente.

EXÓCRINO. *Medicina legal.* Diz-se do sistema de glândulas de secreção externa, como as parótidas, as sublinguais e as sudoríparas, que lançam o seu produto para fora do organismo humano, não permitindo que ele tenha contato com a corrente sangüínea.

ÊXODO. *Direito internacional privado.* Emigração ou saída de grande número de pessoas.

ÊXODO RURAL. *Direito agrário* e *sociologia jurídica.* Saída do rurícola com sua família da zona rural para radicar-se na cidade em busca de maior salário ou melhor trabalho.

EX OFFICIO. *Locução latina.* Em razão do ofício; oficialmente; por dever de incumbência; em cumprimento e desempenho de uma obrigação; por imperativo do cargo.

EX OFFICIO JUDICIS. *Expressão latina.* **1.** Por ofício do juiz; de forma oficial. **2.** Conhecer algo, em juízo, sem que haja iniciativa de qualquer das partes litigantes.

EXOFTALMIA. *Medicina legal.* Projeção dos olhos para fora em decorrência do aumento de pressão.

EXOGAMIA. *Sociologia jurídica.* Regime social que só permite casamento com pessoa de clã diferente, muito comum em tribos selvagens, que, por meio de rapto, procuram mulheres de outras tribos para servir de companheiras a seus homens.

EXOMETRIA. *Medicina legal.* Deslocamento do útero.

EXOMETRITE. *Medicina legal.* Inflamação da superfície peritoneal do útero.

EXOMOLOGESE. *História do direito.* Confissão pública usada nos primórdios da Igreja Católica, cujo castigo estava na humilhação.

EXONERABILIDADE. **1.** Qualidade de exonerável. **2.** Possibilidade de se exonerar.

EXONERAÇÃO. **1.** *Direito administrativo.* a) É o ato administrativo constitutivo que tem por fim a extinção da relação jurídico-funcional entre o funcionário ou servidor e o Estado (Lúcia Valle Figueiredo); b) dispensa do funcionário, a seu pedido ou por conveniência da Administração Pública, no caso de ocupante de cargo em comissão, ou no de o servidor não ter preenchido, por exemplo, no estágio probatório, as condições exigidas para a ocupação do cargo, apresentando inidoneidade, inaptidão etc. **2.** *Direito civil.* Liberação do vínculo obrigacional pelo cumprimento da prestação.

EXONERAR. **1.** *Direito civil.* Retirar o ônus ou encargo relativo à prática de um ato jurídico ou de um negócio. **2.** *Direito processual civil.* Dispensar do ônus da prova. **3.** *Direito administrativo.* Dispensar funcionário do cargo desempenhado na Administração Pública, atendendo a pedido seu ou a conveniências do interesse público, por não ter preenchido, no estágio probatório, os requisitos exigidos para o exercício de sua função.

EXONERATÓRIO. O que é relativo a exoneração ou a acarreta.

EXONERÁVEL. Tudo o que pode ser exonerado ou é suscetível de exoneração.

EXONIROSE. *Medicina legal.* **1.** Perda seminal involuntária. **2.** Poluição noturna.

EXORBITÂNCIA. **1.** *Direito comercial.* Preço ou custo excessivo. **2.** Na *linguagem jurídica* em geral, pode significar: a) qualidade do que exorbita; b) ato de passar além dos justos limites legais; c) ato de extravasar poderes ou a autorização dada para a prática de um ato; d) arbitrariedade; e) demasia; f) excesso. **3.** *Direito administrativo.* Ato em que o funcionário excede ao limite do poder legítimo ou da autoridade.

EXORBITANTE. **1.** O que exorbita, saindo de sua órbita. **2.** Excessivo. **3.** O que ultrapassa os limites legais. **4.** Demasiado. **5.** Ato abusivo ou irregular. **6.** O que vai além dos poderes outorgados ou do autorizado ou permitido.

EXORBITANTIAE IN JURE IN CONSEQUENTIAM TRAHENDAE NON SUNT. *Aforismo jurídico.* A exorbitância em direito não pode ser reconhecida, logo, não se pode considerar as suas conseqüências.

EXORBITAR. **1.** Afastar-se dos limites legais. **2.** Ultrapassar poderes conferidos ou autorização dada. **3.** Exceder-se.

EXORBITÁVEL. O que se pode exorbitar.

EXORCISMO. *Direito canônico.* Oração, rito ou ato cerimonial instituído pela Igreja para afastar pessoa, objeto ou local da influência de maus espíritos. Para a realização de tal cerimonial, é necessário que o padre exorcista receba licença episcopal.

EXORCISTA. *Direito canônico.* Sacerdote autorizado pelo seu superior a efetuar exorcismo.

EXORCISTADO. *Direito canônico.* Terceira das quatro ordens menores da Igreja Católica, abolida em 1972, cuja matéria era o livro dos exorcismos.

EX ORDINE. *Locução latina.* Conforme a ordem estabelecida; por ordem; sucessivamente.

EXÓRDIO. Primeira parte de um discurso; preâmbulo.

EX ORE PARVULORUM VERITAS. *Brocardo latino.* Da boca dos pequenos sai a verdade.

EX ORE TUO TE JUDICO. *Expressão latina.* Eu te julgo pelas tuas palavras.

EXORTAÇÃO. **1.** *Direito processual penal.* Apelo feito pelo magistrado aos jurados para que julguem o caso *sub judice* de acordo com os ditames de sua consciência e da justiça. **2.** Nas *linguagens comum* e *jurídica*, tem o sentido de: a) ato ou efeito de procurar convencer por meio de palavras; b) persuasão; c) conselho; d) ação que procura a reforma de ato, costume ou opinião; e) admoestação; advertência.

EXOSTOSE. *Medicina legal.* Tumor na superfície óssea.

EXOTOXINA. *Medicina legal.* Metabólico tóxico, excretado por microrganismo, em condições artificiais ou no organismo de um hospedeiro, com ação patogênica característica. Por exemplo, toxina tetânica, botulínica, escarlanítica etc.

EXOTROPIA. *Medicina legal.* Estrabismo em que o olho vira para fora.

EX PACTIONE. *Locução latina.* Por pacto; obrigação contraída por contrato.

EX PACTO. *Vide EX PACTIONE.*

EXPANDIDO. **1.** Estendido; dilatado. **2.** O que se expandiu. **3.** Aumentado.

EXPANDIR. **1.** Dilatar; estender. **2.** Aumentar.

EXPANSÃO. **1.** Alargamento. **2.** Ato de estender-se ou difundir-se. **3.** Processo de aumentar em volume, tamanho, superfície, número etc. **4.** Difusão. **5.** Prolongamento.

EXPANSIBILIDADE. Qualidade do que é expansível.

EXPANSIONISMO. *Direito internacional público.* Tendência de um país em ampliar seu território por meio de guerras de conquista contra o domínio de outras potências.

EXPANSIONISTA. *Direito internacional público.* País partidário do expansionismo.

EX PARTE. *Locução latina.* Parcialmente.

EXPATRIAÇÃO. *Ciência política.* **1.** Desterro. **2.** Exílio. **3.** Abandono voluntário ou forçado do país.

EXPATRIAÇÃO INVOLUNTÁRIA. *Ciência política.* Expulsão de uma pessoa de sua pátria, por razões políticas, ordenada pela autoridade competente.

EXPATRIAÇÃO VOLUNTÁRIA. *Ciência política* e *direito penal.* É a que se dá quando uma pessoa, por vontade própria, se ausenta de seu país, por questões políticas, para procurar melhores condições de vida ou para escapar do *jus puniendi* do Estado em decorrência de ação criminosa cometida.

EXPATRIADO. *Ciência política* e *direito penal.* **1.** Aquele que foi para outro país, saindo espontaneamente de sua pátria; aquele que se expatriou. **2.** Exilado. **3.** Condenado a degredo.

EXPATRIAR. *Ciência política* e *direito penal.* **1.** Sair voluntariamente de seu país. **2.** Exilar. **3.** Desterrar. **4.** Expulsar da pátria.

EXPECTAÇÃO. 1. *Vide* EXPECTATIVA. **2.** *Medicina legal.* Terapia que consiste na observação do desenvolvimento da doença, intervindo-se com medicamentos apenas quando surgir sintoma urgente ou perigoso.

EXPECTANTE. 1. *Medicina legal.* Diz-se do tratamento que alivia um sofrimento sem interferir no desenvolvimento do processo patológico da moléstia. **2.** Nas *linguagens comum* e *jurídica,* diz-se daquele que espera pelos acontecimentos ou se encontra na expectativa de um direito.

EXPECTATIVA. 1. Probabilidade. **2.** Estado de quem espera um bem ou uma realização em tempo anunciado, baseado em supostos jurídicos. **3.** Fato constitutivo de um direito de realização simultânea ou sucessiva. **4.** Posição daquele a favor de quem se efetiva algum pressuposto de direito. **5.** Possibilidade de futura aquisição de um direito.

EXPECTATIVA DE DIREITO. *Direito civil.* **1.** Mera possibilidade ou esperança de adquirir um direito. Por exemplo, a situação do herdeiro testamentário que aguarda a abertura da sucessão, não gozando de qualquer proteção jurídica. **2.** *Vide* DIREITO EM EXPECTATIVA.

EXPECTATIVA DE VIDA. *Medicina legal.* Número de anos, com base numa probabilidade estatística, que constitui a média de vida de uma pessoa.

EXPECTATIVA REAL. *Direito civil.* **1.** Direito real de aquisição, para alguns autores. **2.** Aquela que tem, como conseqüência do direito real, a seqüela e a preferência.

EXPECTORAÇÃO. *Medicina legal.* Expulsão de matéria fluida ou semifluida, proveniente do pulmão, que pode conter microrganismo patogênico.

EXPEDIÇÃO. 1. *Direito marítimo.* a) Ato de equipar uma embarcação para seguir viagem; b) empreendimento de viagem marítima de caráter comercial ou não. **2.** *Direito comercial.* a) Qualquer deslocamento ou viagem a título comercial, cultural, científico ou de lazer; b) seção responsável pela preparação de mercadorias a serem despachadas; c) remessa de mercadorias de um lugar a outro; d) ato indispensável para assegurar o transporte de mercadorias e sua entrega ao destinatário. **3.** *Direito militar.* Envio de tropas com um objetivo ou missão determinada. **4.** *Direito cambiário.* Emissão de títulos de crédito. **5.** *Ciência política.* Comissão de pessoas para uma missão política. **6.** *Direito civil.* Diz-se da teoria relativa ao momento da conclusão do contrato, aceita por Serafini, Demolombe, Aubry e Rau, Lyon-Caen, Renault, Girault etc., segundo a qual não basta a formulação da resposta pelo oblato, sendo necessário enviá-la ao proponente, postando-a ou transmitindo-a, presumindo-se, então, que o contratante fez tudo o que podia para externar a aceitação. A conclusão do contrato ocorrerá com a expedição da resposta favorável. Logo, essa corrente não se atém somente à declaração volitiva, mas principalmente ao modo de externá-la, indo ao encontro da oferta, por meio da expedição da aceitação. A legislação civil brasileira acatou-a por considerá-la a mais correta e a que melhor atende às necessidades da vida e à natureza das coisas. **7.** Na *linguagem forense,* é o desembaraço de documentos, pela sua remessa, a fim de que cumpram suas finalidades.

EXPEDICIONÁRIO. 1. *Direito comercial.* a) Aquele a quem se expedem mercadorias; b) o que expede mercadorias por conta alheia; c) transportador; condutor; d) relativo a expedição; e) aquele que promove expedições; f) o que participa de uma expedição. **2.** *Direito militar.* Aquele que faz parte de uma expedição militar.

EXPEDICIONEIRO. *Direito canônico.* Funcionário do Vaticano que solicita a expedição de bulas, breves etc.

EXPEDIDOR. *Direito comercial.* **1.** Empregado de empresa de viação encarregado da fiscalização dos carros. **2.** Aquele que expede mercadorias ou as remete. **3.** O que entrega mercadorias a despacho ou as confia ao transportador para levá-las a seu destino. **4.** Carregador. **5.** A empresa de transporte expresso internacional que promova o despacho aduaneiro de exportação de remessa expressa por ela transportada.

EXPEDIÊNCIA. 1. Despacho. **2.** Desembaraço. **3.** Expedição de negócio.

EXPEDIENTE. 1. *Direito administrativo.* a) Período cotidiano de trabalho ou de atendimento numa repartição pública; b) execução de serviços alusivos à Administração Pública feita dentro do horário regulamentar; c) despacho ou andamento de negócio ou processo pendente numa repartição pública. **2.** *Direito processual civil* e *direito processual penal.* Tempo concedido pelo juiz para atender as partes e os serventuários e despachar o que for submetido à sua apreciação. **3.** Na *linguagem jurídica* em geral, tem o sentido de: a) diligência; b) recurso; c) meio para resolver um embaraço logrando êxito; d) providência para efetivar um negócio. **4.** *Direito civil.* Horário em que um escritório, ou uma pessoa jurídica de direito privado, funciona, isto é, despacha ou resolve seus negócios e atende quem a procura.

EXPEDIR. 1. *Direito civil.* Enviar correspondência. **2.** *Direito administrativo.* Promulgar portaria. **3.** *Direito comercial.* a) Expor; b) despachar mercadoria; c) fazer chegar a carga a seu destino.

EXPENDER. 1. Despender; realizar despesas ou gastos. **2.** Expor minudentemente.

EXPENSA LITIS. *Locução latina.* Despesas da lide, que podem ser computadas na prestação de alimentos.

EXPENSAS. 1. Gastos; despesas; custas. **2.** Ônus para cumprimento de determinado ato.

EXPERIÊNCIA. Na *linguagem filosófica,* pode ser: a) fato de experimentar algo que enriquece o pensar; b) complexo das modificações vantajosas ou progressos que o exercício traz às faculdades mentais e das aquisições feitas pelo espírito (Lalande); c) exercício do intelecto que fornece ao espírito conhecimentos válidos; d) provocação, a partir de certas condições, de observações conducentes ao conhecimento da natureza do fenômeno que se estuda; e) conhecimento adquirido através dos dados fornecidos pela vida; f) ensaio prático ou experimento para a descoberta de um fenômeno ou de uma teoria; g) habilidade adquirida pela prática; h) método experimental; i) meio analítico ou prático para a descoberta da verdade ou para a fundamentação de uma teoria ou aplicação científica.

EXPERIÊNCIA JURÍDICA. *Filosofia do direito.* Compreensão do direito *in acto* como efetiva partici-

pação dos valores comunitários consagrados normativamente; concretude de valoração do direito; complexo de valorações e comportamentos realizados espontaneamente pelo homem em seu viver, suscetíveis de qualificação jurídica, desde que colocados em função dos valores determinantes da conduta; processo de concreção axiológico-normativa que procura extrair da experiência social o sentido normativo do fato (Miguel Reale).

EXPERIÊNCIA JURÍDICA PRÉ-CATEGORIAL. *Filosofia do direito.* É a que surge, de modo espontâneo, nas relações sociais, estabelecendo os pressupostos das normas jurídicas racionalmente esquematizadas. Constitui uma experiência constante e representa a forma de recepção pela "consciência social" daquelas normas (Miguel Reale).

EXPERIENCIAL. *Filosofia do direito.* **1.** Empírico. **2.** Relativo a experiência. **3.** O que deriva da experiência.

EXPERIENCIALISMO. *Filosofia do direito.* **1.** Qualidade de ser experiencial. **2.** Diz-se da teoria para a qual a experiência é a fonte do conhecimento não puramente formal advogando o uso de procedimentos empíricos e de medidas pragmáticas.

EXPERIENTE. Aquele que revela experiência ou prática.

EXPERIENTIA DOCET. *Expressão latina.* A experiência ensina.

EXPERIENTIA PRAESTANTIOR ARTE. *Expressão latina.* Mais vale a experiência do que o saber.

EXPERIENTIA RERUM OMNIUM MATER EST ET MAGISTRA. *Aforismo jurídico.* A experiência é mãe e mestra de todas as coisas.

EXPERIMENTAÇÃO. 1. Na *linguagem filosófica,* pode designar: a) uso sistemático da experiência física e mental; b) ato ou efeito de experimentar; c) ato de representar conhecimento de certa situação ou fato, por experiência própria; d) conjunto de experimentos; e) verificação das hipóteses de uma ciência experimental pela realização de experimentos; f) método experimental que contém processos mentais indutivos ou dedutivos e atividades de caráter material, ligados ao estudo do fato ou fenômeno que se pretende conhecer (Maria Apparecida Pourchet Campos). **2.** *Direito agrário.* Ação de experimentar ou de pôr em prática ou à prova certo imóvel rural, como, por exemplo, a "Fazenda

EXPERIMENTAÇÃO ANIMAL

Experimental do Estado", destinada à cultura de soja, trigo, café ou à criação de determinada raça de gado cavalar ou vacum.

EXPERIMENTAÇÃO ANIMAL. *Direito ambiental.* Prática que usa animais para fins didáticos ou de pesquisa, abrangendo a vivissecção.

EXPERIMENTAL. *Filosofia do direito.* **1.** Diz-se do método que consiste na observação, classificação e verificação de experiências apropriadas (Lalande). **2.** Ciência que se utiliza da experimentação. **3.** Relativo a experimentos. **4.** O que é utilizado como meio de experimentação. **5.** Empírico ou baseado na experiência. **6.** O que deriva da experiência.

EXPERIMENTALISMO. *Vide* EXPERIENCIALISMO.

EXPERIMENTALISTA. *Filosofia do direito.* **1.** Aquele que faz experiências científico-jurídicas. **2.** Aquele que se baseia apenas na experiência. **3.** Pesquisador.

EXPERIMENTO. *Filosofia do direito.* **1.** Experiência. **2.** Experimentação. **3.** Ensaio científico-jurídico para averiguar as relações entre fatos.

EXPERT. *Termo inglês.* **1.** Perito. **2.** Técnico.

EXPERTO. **1.** *Filosofia do direito.* a) Técnico; b) aquele que é especialista numa área jurídica. **2.** *Direito processual civil.* Perito nomeado pelo juiz para, juntamente com os assistentes técnicos indicados pelos litigantes, elucidar algum ponto controvertido da causa.

EXPERTO CONTÁBIL. *Direito comercial.* **1.** Agente auxiliar do comércio que, por ser contador ou perito em contabilidade, é encarregado de averiguar e examinar a escrituração mercantil. **2.** Contabilista, inscrito no Conselho Regional de Contabilidade, que é o preposto encarregado da escrituração contábil, por ser versado em contabilidade, em técnica de escrituração de receita e despesa de estabelecimento empresarial e em organização de livros empresariais, tendo nível inferior ao de contador, embora haja autores que os identifiquem.

EXPERTO CREDE. *Locução latina.* Acredite no que sabe por experiência própria.

EXPERTO CREDITE. *Locução latina.* Confie em quem tem experiência.

EXPIAÇÃO. *Direito penal.* Cumprimento da pena pelo condenado.

EXPIAÇÃO SUPREMA. *Direito comparado.* Pena capital.

EXPIAR. *Direito penal.* Reparar o delito praticado, suportando os efeitos da pena que lhe foi imposta.

EXPILAÇÃO. *Direito civil.* Subtração, total ou parcial, dos bens de uma herança antes de conhecido ou habilitado o herdeiro. Trata-se da espoliação de bens da herança jacente por quem não tem nenhum direito sobre ela.

EXPILAR. *Direito civil.* Subtrair bens de herança jacente antes de conhecido o herdeiro.

EXPIRAÇÃO. **1.** Na *linguagem jurídica* em geral, é o vencimento do prazo. **2.** *Medicina legal.* a) Expulsão pela via respiratória de produto da decomposição e transformação do ar inspirado; b) exalação do último alento; morte.

EXPIRAR. **1.** Na *linguagem jurídica* em geral, quer dizer: a) vencer o prazo; b) caducar. **2.** *Medicina legal.* a) Morrer; b) expelir ar do pulmão.

EXPLICAÇÃO. *Teoria geral do direito.* **1.** Em sentido amplo: a) ato de fazer compreender; b) determinação precisa do que era vago ou ambíguo; c) interpretação; compreensão do sentido; d) esclarecimento. **2.** Em sentido estrito: a) averiguação da causa de um fato e registro de seus efeitos; b) ato de revelar o antecedente do qual decorre um efeito.

EXPLICIT. *Termo latino.* **1.** Terminou. **2.** Fim de uma obra.

EXPLÍCITO. *Teoria geral do direito.* **1.** Aquilo que está expressamente anunciado ou formulado em palavras. **2.** O que é necessário para ser compreendido sem equívoco e indeterminação (Lalande).

EXPLORAÇÃO. **1.** *Medicina legal.* a) Exame atento dos sintomas de uma doença; b) ato de sondar uma úlcera ou chaga. **2.** *Direito administrativo.* Estudo prévio de uma região onde será construída rodovia ou ferrovia. **3.** *Direito constitucional* e *direito civil.* a) É o conjunto de operações ou atividades destinadas a avaliar áreas, objetivando a descoberta e a identificação de jazidas de petróleo ou gás natural; b) mineração ou ato de extrair minérios. **4.** *Direito penal.* a) Abuso da boa-fé ou do prestígio de alguém para auferir vantagem; b) investigação de crime; c) lenocínio; d) rufianismo. **5.** *Direito agrário.* a) Aproveitamento da terra para tirar dela todas as utilidades que produz; b) exercício de atividade pecuária; c) criação de animais de pequeno e médio porte. **6.** *Direito comercial.* a) Aplicação de uma atividade empresarial (mercantil ou industrial); b) ato de tirar proveito ou lucro de um empreendimento. **7.** *Direito civil.* Locupletamento ou enriquecimento indevido. **8.** *Direito militar.* Ato de examinar uma região com fins militares.

EXPLORAÇÃO AGRÍCOLA. *Direito agrário.* Atividade que visa a agricultura.

EXPLORAÇÃO AGROINDUSTRIAL. *Direito agrário.* Atividade que cuida do primeiro tratamento dos produtos agrários, sem que haja qualquer transformação em sua natureza.

EXPLORAÇÃO COMERCIAL. *Direito comercial.* Especulação de um fundo de comércio ou de um estabelecimento empresarial.

EXPLORAÇÃO DA CREDULIDADE PÚBLICA. *Direito penal.* Contravenção penal que consiste em iludir a boa-fé do público, mediante predição do futuro, explicação de sonho, adivinhação, sortilégio etc., punida com prisão simples e multa.

EXPLORAÇÃO DE MENOR. *Direito penal.* Utilização de menor para fins libidinosos, visando com isso obter vantagens.

EXPLORAÇÃO DE MINAS. *Direito constitucional* e *direito civil.* Atividade exercida no subsolo para aproveitar riquezas minerais do domínio da União, garantindo-se ao dono do solo a participação nos resultados da lavra.

EXPLORAÇÃO DE MULHERES. *Direito penal.* Prática de lenocínio, caftinismo, rufianismo, tráfico ou indução a prostituição, visando obter lucro.

EXPLORAÇÃO DE PARQUE TEMÁTICO. *Direito ambiental.* Os serviços de entretenimento, lazer e diversão, com atividade turística, mediante cobrança de ingresso dos visitantes, prestados em local fixo e permanente e ambientados tematicamente.

EXPLORAÇÃO DE PRESTÍGIO. *Direito penal.* Crime contra o prestígio da Administração Pública consistente em obter, para si ou para outrem, vantagem ou promessa de vantagem, a pretexto de influenciar funcionário público no exercício da função, punido com reclusão e multa. A pena deverá ser aumentada de um terço se o agente alegar ou insinuar que a vantagem também será destinada àquele funcionário.

EXPLORAÇÃO DE SEGREDO DE FÁBRICA. *Direito de propriedade industrial* e *direito penal.* Crime de concorrência desleal que consiste em divulgar e explorar, sem autorização, segredo de fábrica que lhe foi confiado ou de que teve conhecimento, punido com detenção ou multa.

EXPLORAÇÃO DE SERVIÇOS DE TELECOMUNICAÇÕES EM BASE COMERCIAL. *Direito administrativo* e *direito das comunicações.* É aquela em que devem ser asseguradas a interconectividade e a interoperabilidade das várias redes, a justa competição entre os respectivos prestadores dos serviços e o uso eqüitativo do competente plano de numeração. O serviço explorado em base comercial dá-se quando o outorgado é remunerado mediante preços ou tarifas pagas por usuários ou por quaisquer outras formas de benefícios compensatórios vinculados, direta ou indiretamente, à exploração ou utilização do serviço por outrem.

EXPLORAÇÃO DIRETA E PESSOAL. *Direito agrário.* Atividade exercida por cultivadores diretos e pessoais (proprietário, arrendatário ou parceiro), que assumem os riscos do empreendimento, arcando com as despesas necessárias.

EXPLORAÇÃO E GESTÃO DO DESPORTO PROFISSIONAL. *Direito desportivo.* Observa, sem prejuízo da legislação desportiva em vigor, os princípios: a) da transparência financeira e administrativa; b) da moralidade na gestão desportiva; c) da responsabilidade social de seus dirigentes; d) do tratamento diferenciado em relação ao desporto não profissional; e e) da participação na organização desportiva do País. A exploração e gestão do desporto profissional constituem exercício profissional de atividade econômica organizada para a produção ou a circulação de bens ou de serviços.

EXPLORAÇÃO EXTRATIVA. *Direito agrário.* Atividade voltada ao extrativismo vegetal ou animal.

EXPLORAÇÃO FLORESTAL. *Direito agrário.* Atividade que compreende a exploração de florestas naturais e cultivadas.

EXPLORAÇÃO INDEVIDA DE MODELO OU DESENHO PRIVILEGIADO. *Direito de propriedade industrial* e *direito penal.* Crime que consiste na exploração, sem autorização, de desenho ou modelo industrial de privilégio alheio, apenado com detenção ou multa.

EXPLORAÇÃO INDUSTRIAL. *Direito empresarial* e *direito comercial.* Criação e aproveitamento econômico de uma fábrica.

EXPLORAÇÃO INDUSTRIAL DE LINHA DEDICADA (EILD). *Direito administrativo, direito das comunicações* e *direito empresarial.* É uma modalidade de exploração industrial de serviço de telecomunicações em que uma concessionária de serviço telefônico público ou a empresa exploradora de troncos interestaduais e internacionais fornece a qualquer exploradora de serviço de telecomunicações, mediante remuneração preestabelecida, linha dedicada com características técnicas definidas, para prestação, por esta última, de serviços a terceiros.

EXPLORAÇÃO INDUSTRIAL DE SERVIÇOS DE TELE-COMUNICAÇÕES. *Direito administrativo, direito das comunicações* e *direito empresarial.* Forma particular de exploração em que uma entidade exploradora de serviços de telecomunicações fornece seus serviços a outra entidade exploradora de serviços de telecomunicações, mediante remuneração preestabelecida, para prestação, por esta última, de serviço a terceiros.

EXPLORAÇÃO PECUÁRIA. *Direito agrário.* **1.** Ato de criar, recriar e cuidar da invernagem e da engorda de animais de grande porte. **2.** Criação de animais de pequeno e médio porte.

EXPLORAÇÃO RURAL. *Direito agrário.* Exercício de atividade agrária que abrange a exploração florestal, extrativa, agrícola, agroindustrial ou pecuária.

EXPLORAÇÃO SUSTENTÁVEL. *Direito ambiental.* Exploração do ambiente de maneira a garantir a perenidade dos recursos ambientais renováveis e dos processos ecológicos, mantendo a biodiversidade e os demais atributos ecológicos, de forma socialmente justa e economicamente viável.

EXPLORADOR. **1.** *Direito militar.* a) Batedor; aquele que espreita os movimentos do inimigo; b) aquele que observa uma região com fins militares. **2.** Na *linguagem jurídica* em geral: a) aquele que busca obter informações científico-jurídicas; b) pesquisador; c) aquele que explora; d) especulador; e) desfrutador de dinheiro alheio. **3.** *Direito penal.* Aquele que explora a boa-fé de alguém ou o prestígio da administração alheia para tirar proveito. **4.** *Direito agrário.* Trabalhador rural que faz o inventário florestal; mateiro; guarda-matas (Fernando Pereira Sodero).

EXPLORADOR DE AERONAVE. *Direito aeronáutico.* **1.** Proprietário do avião que o utiliza diretamente. **2.** Aquele que, por concessão pública, fretamento ou arrendamento, explora uma aeronave, tendo autoridade sobre a tripulação.

EXPLORER. *Direito espacial.* Conjunto de satélites lançados pelo Exército.

EXPLOSÃO. **1.** *Medicina legal.* a) Aparecimento inesperado de uma inflamação violenta em qualquer parte do corpo humano; b) manifestação súbita de violenta paixão ou revolta; c) processo físico-químico que se caracteriza por uma repentina liberação de gases, a elevada temperatura, produzindo efeitos sonoros e mecânicos e constituindo, por isso, um agente contundente provocador de lesões de várias espécies, tais como: queimadura, esmagamento por desabamento de prédios, contusão, hemorragias gástrica, pulmonar, bulbar e meningoencefálica, paraplegia, ruptura cardíaca, estupor, confusão mental, ruptura do tímpano etc. (José Lopes Zarzuela). **2.** *Direito penal.* Crime contra a incolumidade pública que consiste em expor a perigo a vida, a integridade física ou o patrimônio de outrem, mediante explosão, arremesso ou colocação de engenho de dinamite ou de substância de efeitos análogos, punido com reclusão e multa.

EXPLOSÃO CULPOSA. *Direito penal.* Crime culposo que consiste em expor a perigo a vida, a integridade física ou o patrimônio de outrem, mediante explosão de dinamite ou substância de efeitos análogos, punido com detenção. Se a explosão causar lesão corporal, a pena será aumentada de metade; se dela advier morte, aplicar-se-á a pena cominada ao homicídio culposo, aumentada de um terço, configurando-se nestas duas hipóteses crime qualificado.

EXPLOSIVO. **1.** Substância inflamável sob influência de calor ou de ação mecânica. **2.** Relativo a explosão. **3.** O que produz ou causa explosão.

EXPLOTAÇÃO. *Economia política.* **1.** Extração de proveito econômico de alguma área, no que atina a seus recursos naturais. **2.** Conjunto de terras explotadas.

EXPOÊNCIA. Qualidade de expoente.

EXPOENTE. **1.** *Direito processual civil.* Aquele que em requerimento ou petição alega uma pretensão. **2.** *Teoria geral do direito.* a) Indivíduo que é notável no âmbito de suas atividades; b) aquele que expõe algo; expositor; c) maior representante de uma teoria científica.

EXPOLIÇÃO. *Retórica jurídica.* Ato de amplificar um discurso.

EXPONENTE. *Vide* EXPOENTE.

EXPONÍVEL. *Lógica jurídica.* Diz-se da proposição composta que, por não ser a composição visível na sua forma, requer uma explicação (Lalande).

EXPOR. 1. *Direito autoral.* Fazer exposição de produtos literários, artísticos, científicos ou industriais. **2.** *Direito penal.* a) Abandonar criança de tenra idade em local onde possa ser vista e recolhida; b) colocar alguém em perigo. **3.** *Direito comercial.* Apresentar mercadoria. **4.** *Direito processual civil.* a) Apresentar arrazoados em juízo; b) deduzir, em juízo, as razões de fato e de direito. **5.** Na *linguagem jurídica* em geral: a) explicar; b) interpretar; c) relatar; d) pôr à vista; mostrar; e) tornar conhecido; f) colocar em evidência; g) arriscar; desproteger; h) submeter; i) narrar; contar; j) revelar.

EXPORTAÇÃO. *Direito internacional privado.* **1.** Gênero exportado. **2.** Operação de compra e venda de bens ou mercadorias ou ato de sua remessa de um país a outro. **3.** Fluxo de bens e serviços enviados para o exterior. **4.** Ato ou efeito de exportar, vendendo produto ou matéria-prima nacionais a outro país. **5.** Saída de mercadorias para o exterior.

EXPORTAÇÃO DE ARMAS OU MUNIÇÕES. *Direito penal.* **1.** Crime contra a ordem político-social que consiste no contrabando de armas ou munições, punido com reclusão. **2.** Contravenção penal consistente em exportar armas ou munição, sem permissão da autoridade competente, punida com prisão simples ou multa.

EXPORTAÇÃO DE ESCRITO OU OBJETO OBSCENOS. *Direito penal.* Crime contra os costumes ou contra a moralidade sexual pública consistente em exportar escritos ou objetos obscenos para fins de comercialização, distribuição ou exposição pública, apenado com detenção ou multa.

EXPORTAÇÃO DE MULHERES. *Direito penal.* Tráfico de mulheres, facilitando sua saída para o exterior, para que exerçam a prostituição, que constitui crime contra os costumes, punido com reclusão, com o escopo de proteger a honra sexual contra lenões ou alcoviteiros internacionais (Damásio E. de Jesus).

EXPORTAÇÃO DIRETA. *Direito internacional privado.* Operação em que o próprio comerciante ou industrial fabricante remete a mercadoria ao exterior, desde que esteja devidamente cadastrado nos órgãos competentes (SISCOMEX).

EXPORTAÇÃO INDIRETA. *Direito internacional privado.* Aquela em que o remetente da mercadoria não possui registro no órgão competente (SISCOMEX) e deve utilizar-se de um terceiro (*trading company* ou exportadora comercial), havendo emissão de duas notas fiscais (a primeira da remessa com o fim específico da exportação e a segunda, a da efetiva exportação). É, para fins de acesso a linhas de crédito comercial externas, a venda, pelo próprio fabricante, de insumos que integrem o processo produtivo, o de montagem e o de embalagem de mercadorias destinadas à exportação, desde que a empresa exportadora final, adquirente dos referidos insumos, aceite o título representativo da venda e declare no verso deste, juntamente com o fabricante, que os insumos serão utilizados em quaisquer dos processos referidos. A constatação, a qualquer tempo, de falsidade na declaração sujeita o fabricante e a empresa adquirente, a critério do Banco Central do Brasil, ao impedimento de cursarem suas operações como exportação indireta junto às instituições financeiras, sem prejuízo das demais sanções penais e administrativas cabíveis. Na hipótese de intervenção, liquidação extrajudicial ou falência de instituição financeira que tenha concedido crédito com lastro nos títulos emitidos, as importâncias recebidas para liquidação do crédito serão destinadas ao pagamento das linhas comerciais que lhes deram origem, nos termos e condições estabelecidos pelo Banco Central do Brasil. No caso de falência ou recuperação (judicial ou extrajudicial) do emitente do título, a instituição financeira que houver concedido crédito com lastro em tais títulos poderá pedir a restituição das respectivas importâncias.

EXPORTAÇÃO TEMPORÁRIA. *Direito internacional privado.* É a saída, do País, de mercadoria nacional ou nacionalizada, sem cobertura cambial, condicionada à reimportação em prazo determinado, no mesmo estado ou após submetida a processo de conserto, reparo ou restauração. O regime de exportação temporária aplica-se a: a) mercadoria destinada a feiras, competições esportivas ou exposições no exterior; b) produtos manufaturados e acabados, inclusive para conserto, reparo ou restauração para seu uso ou funcionamento; c) animais reprodutores para cobertura, em estação de monta, com retorno cheia, no caso de fêmea, ou com cria ao pé, bem como animais para outras finalidades; d) veículos para uso de seu proprietá-

EXPORTAÇÃO TEMPORÁRIA PARA APERFEIÇOAMENTO PASSIVO

rio ou possuidor; e) filmes cinematográficos e fitas gravadas, contendo material informativo ou de lazer, para fins de dublagem no exterior. O ministro da Fazenda pode estender a concessão do regime a outros casos além dos acima mencionados, assim como estabelecer outros requisitos e condições para a sua aplicação. Contudo, não é permitida a exportação temporária de mercadoria cuja exportação definitiva seja proibida.

EXPORTAÇÃO TEMPORÁRIA PARA APERFEIÇOAMENTO PASSIVO. *Direito internacional privado.* Regime especial que permite a saída do País, por tempo determinado, de mercadoria nacional ou nacionalizada, para ser submetida a operação de transformação, elaboração, beneficiamento ou montagem, no exterior, e a posterior reimportação, sob a forma resultante, com pagamento dos tributos apenas sobre o valor agregado (Antonio Carlos Rodrigues do Amaral).

EXPORTADOR. *Direito internacional privado.* Aquele que promove ou efetua exportação, enviando mercadorias nacionais para o exterior.

EXPORTAR. *Direito internacional privado.* **1.** Vender produto nacional a um país estrangeiro. **2.** Remeter mercadoria, obra de arte ou matéria-prima nacional para outro país.

EXPORTÁVEL. Tudo aquilo que se pode exportar.

EXPORT NOTE. *Locução inglesa* e *direito internacional privado.* **1.** É o documento que identifica operação de compra e venda de direitos de crédito em moeda estrangeira. Trata-se de negociação de nota promissória em moeda estrangeira com um banqueiro no exterior (Hilário de Oliveira). **2.** Notas de exportação. **3.** Contrato de cessão de direitos de crédito em moeda estrangeira, de que sejam titulares exportadores brasileiros, e gerados em seus contratos de vendas de bens e serviços ao exterior, para recebimento e pagamento em moeda nacional pelo valor equivalente (Luiz Fernando Rudge).

EXPOSIÇÃO. 1. *Direito agrário.* Exibição pública de produtos agrícolas, agroindustriais ou pecuários. **2.** *Direito penal.* Abandono de recém-nascido pela mãe ou pelo pai, em via pública ou à porta de outrem, para que seja recolhido, pondo em risco sua vida e saúde, com o escopo de ocultar desonra, apenado com detenção. **3.** *Direito processual civil.* Dedução de razões em juízo, narrando circunstanciadamente os fatos e indicando os fundamentos jurídicos. **4.** *Direito*

comercial. Ato de exibir ao público as mercadorias destinadas à venda. **5.** *Direito administrativo.* Exibição de produtos industriais, comerciais ou artísticos de uma região para divulgar o seu desenvolvimento comercial ou industrial. **6.** *Lógica jurídica.* Operação que consiste em fazer-se conhecer um conceito pela enumeração de casos particulares (Lalande). **7.** *Teoria geral do direito.* a) Maneira de expor um assunto; b) conjunto daquilo que se expõe; c) orientação; d) interpretação.

EXPOSIÇÃO DE MOTIVOS. *Teoria geral do direito.* **1.** Conjunto de considerações de cunho doutrinário que pretendem justificar a orientação seguida pela lei promulgada. **2.** Considerandos que antecedem os textos de projetos de lei. **3.** Demonstração escrita e bem fundamentada que visa comprovar a necessidade da medida tomada para a solução de um interesse particular ou público.

EXPOSIÇÃO DE RECÉM-NASCIDO. *Direito penal.* Abandono de recém-nascido pelos pais.

EXPOSIÇÃO INTERNACIONAL. *Direito internacional privado.* Aquela em que se expõem produtos de vários países ao público.

EXPOSIÇÃO PECUÁRIA. *Direito agrário.* Ato de exibir animais de grande porte, como gado vacum ou cavalar, e seus subprodutos.

EXPOSIÇÃO PÚBLICA. *História do direito.* Pena em que o condenado era amarrado ao pelourinho e exposto, durante certo tempo, ao público.

EXPOSIÇÃO UNIVERSAL. *Vide* EXPOSIÇÃO INTERNACIONAL.

EX POSITIS. *Locução latina.* Isto posto; do exposto; do que se resolve.

EXPOSITIVO. 1. *Lógica jurídica.* Diz-se do silogismo em que o termo médio é um determinado indivíduo, que, por duas vezes, se toma como sujeito (Lalande). **2.** Na *linguagem jurídica* em geral: a) relativo a exposição; b) o que envolve um esclarecimento.

EXPOSITOR. 1. Na *linguagem jurídica* em geral: a) autor de obra que expõe uma teoria; b) quem interpreta ou explica algo; c) aquele que concorre a uma exposição, exibindo suas obras literárias, artísticas ou científicas. **2.** *Direito agrário.* Aquele que exibe seus produtos agropecuários. **3.** *Direito de propriedade industrial.* Participante de uma exposição de produtos industriais. **4.** *Direito penal.* Pessoa que expõe uma criança a perigo de vida, abandonando-a.

EX POST FACTO. *Expressão latina.* Em virtude de fato posterior.

EXPOSTO. 1. Aquilo que foi mostrado. **2.** Enjeitado; abandonado na mais tenra idade. **3.** Bem que se mostra numa exposição ou feira.

EXPOSTULAÇÃO. Súplica ou reclamação apresentada pelo ofendido ao ofensor.

EXPOSURE. *Termo inglês.* Relação entre os montantes das operações de um banco com determinado cliente, ou em certa região, e os valores globais daquelas operações (Luiz Fernando Rudge).

EX POTESTATE LEGIS. *Expressão latina.* Por força de lei.

EX PRAEDICTO. *Locução latina.* Conforme o combinado; segundo o ajustado.

EX PRAETERITIS PRAESENTIA AESTIMANTUR. *Expressão latina.* Pelo passado deve-se julgar o presente.

EXPRESSA. 1. Na *linguagem jurídica* em geral, é a forma de franquia que se caracteriza pela entrega rápida de correspondência ao destinatário. **2.** *Teoria geral do direito.* Declaração claramente enunciada.

EXPRESSÃO. 1. Manifestação verbal ou escrita de pensamento, idéia, vontade ou sentimento. **2.** Ato ou efeito de exprimir. **3.** Forma de exteriorização de sentimentos. **4.** Aspecto da face de uma pessoa indicativo de seu estado emocional ou físico. **5.** Traço característico de um povo. **6.** Qualidade que o talento do artista comunica às suas obras. **7.** Modo como o músico executa um trecho musical.

EXPRESSÃO DE PROPAGANDA. *Direito de propriedade industrial.* Sinal de propaganda; *slogan*; legenda que, por constituir elemento do estabelecimento comercial ou industrial ao lado da marca ou insígnia, é protegida juridicamente. É a legenda, o anúncio ou o reclame, devidamente registrados, destinados a recomendar a atividade comercial, industrial ou agrícola, ressaltando as qualidades dos produtos para atrair o público consumidor.

EXPRESSIONISMO. *Direito autoral.* **1.** Expressão dos sentimentos e impressões pessoais do artista. **2.** Tendência artística do fim do século XIX e início do século XX que se opunha ao impressionismo, ao representar as emoções que o objeto ou fato suscitavam no artista, utilizando a exageração, o simbolismo e a distorção.

EXPRESSIO UNIUS EST EXCLUSIO ALTERIUS. *Aforismo jurídico.* A afirmação de uma coisa é a exclusão de outra.

EXPRESSIS VERBIS. *Locução latina.* Em palavras categóricas; expressamente.

EXPRESSO. 1. *Teoria geral do direito.* a) Aquilo que se manifesta de modo claro, inequívoco e concludente; b) explícito; c) o que não se presume. **2.** *Direito comercial.* Trem ou ônibus que transporta passageiros diretamente ao local de destino, sem parar em todas as estações, tornando mais rápida a viagem.

EXPRESSÕES INJURIOSAS. *Direito civil* e *direito penal.* Manifestações escritas ou orais que ofendem a dignidade, o decoro ou a honra de uma pessoa, dando origem à responsabilidade civil e penal.

EXPRESSUM DICITUR QUOD SUBINTELLIGITUR A JURE. *Aforismo jurídico.* Expresso diz-se o que por direito subentende-se.

EXPRESSUM UBI REQUIRITUR, NON SUFFICIT TACITUM, NEQUE PRAESUMPTUM. *Aforismo jurídico.* Quando se estabelece o expresso, não valem o tácito e o presumido.

EXPRESS WARRANTY. *Locução inglesa.* Garantia expressa.

EXPROBAÇÃO. 1. Reprovação. **2.** Censura. **3.** Repreensão.

EXPROBADOR. Aquele que exproba.

EXPROBANTE. Que censura ou admoesta.

EX PROBATIONE ORITUR FIDES JURIDICA. *Brocardo latino.* Da prova nasce a fé jurídica.

EXPROBATÓRIO. O que envolve exprobação.

EX PROFESSO. *Locução latina.* Claramente; magistralmente; com perfeito conhecimento; com verdadeiro conhecimento da causa.

EXPROMISSÃO. *Direito civil.* **1.** Na cessão de débito, é o negócio jurídico pelo qual uma pessoa assume espontaneamente o débito de outra. Consiste no contrato entre um terceiro (expromitente) e o credor, pois o devedor originário não toma parte nessa convenção. **2.** Na novação subjetiva passiva, é o contrato liberatório pelo qual um terceiro assume a dívida do devedor originário, substituindo-o sem seu assentimento, desde que o credor concorde com tal mudança.

EXPROMISSÃO CUMULATIVA. *Direito civil.* Na cessão de débito, é o contrato pelo qual o expromitente entra na obrigação como novo devedor, ao lado do primitivo, passando a ser devedor soli-

EXPROMISSÃO LIBERATÓRIA

dário, de forma que o credor poderá reclamar o pagamento de qualquer deles (Orlando Gomes e Barbero).

EXPROMISSÃO LIBERATÓRIA. *Direito civil.* Contrato em que, havendo cessão de débito, há perfeita sucessão na dívida com a substituição, na relação obrigacional, do devedor pelo expromitente.

EXPROMISSOR. *Direito civil.* É o terceiro que, na novação subjetiva passiva ou na cessão de débito, substitui o devedor primitivo, assumindo a dívida, sem seu consenso, mas com a anuência do credor.

EX PROPRIA AUCTORITATE. *Expressão latina.* Por autoridade própria.

EXPROPRIAÇÃO. *Vide* DESAPROPRIAÇÃO.

EXPROPRIAÇÃO DE BENS DO DEVEDOR NA EXECUÇÃO POR QUANTIA CERTA. *Direito processual civil.* Ato consistente: a) na adjudicação em favor do: exeqüente; credor com garantia real, credores concorrentes que hajam penhorado o mesmo bem; cônjuge, descendentes ou ascendentes do executado; b) na alienação por iniciativa particular; c) na alienação em hasta pública; d) no usufruto de bem móvel ou imóvel.

EXPROPRIADO. *Direito administrativo.* 1. Aquele que sofreu expropriação. 2. Diz-se do bem que foi desapropriado.

EXPROPRIADOR. *Vide* EXPROPRIANTE.

EXPROPRIANDO. *Direito administrativo.* Aquele que será desapropriado.

EXPROPRIANTE. *Direito administrativo.* Pessoa jurídica de direito público que efetua desapropriações para satisfazer a necessidade e a utilidade públicas ou o interesse social.

EXPROPRIAR. *Direito administrativo.* Desapropriar.

EXPROPRIATIVO. *Vide* EXPROPRIATÓRIO.

EXPROPRIATÓRIO. *Direito administrativo.* 1. Relativo a expropriação. 2. Que expropria. 3. Expropriativo. 4. Que envolve expropriação.

EX-PROPRIETÁRIO. *Direito civil.* Ex-dono; aquele que tinha uma propriedade que foi alienada a outrem ou desapropriada.

EX PROPRIO JURE. *Expressão latina.* Por direito próprio; pelo direito que lhe assiste; independente da vontade de outrem.

EXPUGNAÇÃO. *Direito militar.* Ato ou efeito de tomar algo à força de armas.

EXPUGNATOR PUDICITIAE. *Locução latina* e *história do direito.* Sedutor; aquele que comete crime de sedução.

EXPULSAMENTO. *Vide* EXPULSÃO.

EXPULSANDO. Aquele contra quem se promove processo de expulsão.

EXPULSÃO. 1. Penalidade escolar ou social pela qual se exclui uma pessoa da comunidade escolar ou social, afastando-a do rol do corpo discente ou dos associados. 2. Proibição imposta a uma pessoa de voltar a freqüentar certo local. 3. Ato de fazer, mediante constrangimento ou emprego de força, com que alguém se retire do local onde se encontra. 4. Ação de expulsar estrangeiro de um país.

EXPULSÃO DE ESTRANGEIRO. *Direito internacional privado* e *ciência política.* Saída compulsória do País, depois de processo regular, de estrangeiro tido, pela sua conduta, como nocivo ou perigoso à segurança nacional, às instituições, aos interesses do Estado e à ordem pública. Constitui, portanto, uma medida da alta polícia administrativa que se funda na defesa estatal.

EXPULSIVO. Que implica expulsão.

EXPULSO. Aquele que foi obrigado a sair de determinado local.

EXPULSOR. Quem expulsa.

EXPULSÓRIO. O que envolve mandado de expulsão.

EXPURGAÇÃO. 1. *Direito civil.* a) Pagamento de uma dívida garantida com o próprio bem dado em garantia (De Plácido e Silva); b) convalidação de ato jurídico anulável, sanando seus vícios. 2. *Teoria geral do direito.* Emenda; correção. 3. *Direito autoral.* Supressão, em certos países, de frases ou trechos contidos numa obra literária por serem contrários à moral, à religião ou à política governamental. 4. *Direito agrário.* a) Imunização de frutos, sementes e tubérculos; b) ato de esburgar ou descascar.

EXPURGAÇÃO DE HIPOTECA. *Direito civil.* Formalidade necessária para liberar um imóvel da hipoteca que o grava.

EXPURGATÓRIO. 1. *Teoria geral do direito.* Aquilo que corrige ou emenda. 2. *Direito canônico.* Catálogo de obras literárias cuja leitura somente é permitida pela Igreja se feitos em seu conteúdo os devidos cortes ou emendas, sob a censura eclesiástica.

EXPURGO. 1. *Direito agrário* e *direito marítimo.* Operação que consiste no extermínio de pragas de produtos agropecuários, inclusive os depositados em porões de navios. **2.** *Direito administrativo.* Desinfecção de prédios onde há moléstia contagiosa feita por funcionários de repartição sanitária, em razão de medida de ordem pública. **3.** *Ciência política.* Exclusão de membros de órgão administrativo ou político por ser sua presença prejudicial aos interesses da entidade (De Plácido e Silva). **4.** Na *linguagem jurídica* em geral, pode abranger todos os sentidos do termo "expurgação".

EX QUAY. *Vide* CLÁUSULA *EX QUAY.*

EXQUISA. *História do direito.* Inquirição; devassa.

EX RADICE. *Locução latina.* **1.** Radicalmente. **2.** Integralmente. **3.** Desde a raiz.

EX RATIONE LEGIS. *Expressão latina.* Em razão de lei.

EX RATIONE LOCI. *Expressão latina.* Em virtude do local.

EX RATIONE MATERIAE. *Expressão latina.* Em razão da matéria.

EX RATIONE PERSONAE. *Expressão latina.* Em razão da pessoa.

EX RERUM NATURA REGULA ORITUR. *Expressão latina.* Não só o direito nasce do fato, mas também toda lei ou princípio surge de uma necessidade emergente.

EX RIGORE JURIS. *Expressão latina.* Segundo o rigor da lei.

EXSANGÜINITRANSFUSÃO. *Medicina legal.* Técnica pela qual se substitui o sangue do recém-nascido, portador de doença hemofílica, por sangue de doador, cujas hemácias não reagem com o anticorpo materno causador da moléstia.

EX SENATUS CONSULTIS PLEBISQUE SCITIS SCELERA EXERCENTUR. *Expressão latina.* Há crimes autorizados pelas leis e plebiscitos.

EX SHIP. *Vide* CLÁUSULA *EX SHIP.*

EX SOLUTO ET SOLUTA. *Expressão latina.* Usada para fazer referência ao filho nascido de pais que, ao tempo de sua concepção ou nascimento, não eram impedidos de casar.

EX SUPERABUNDANTI. *Locução latina.* Abundantemente; à saciedade.

ÊXTASE. 1. *Medicina legal.* Estado mórbido em que uma idéia fixa vem a atingir as faculdades físico-intelectuais do paciente, fazendo-o perder a consciência e a sensibilidade a qualquer estímulo externo, interrompendo sua comunicação com o mundo exterior. **2.** Na *linguagem psicológica,* é o estado de espírito conducente ao desprendimento das coisas materiais. **3.** *Direito canônico.* Estado da alma absorvida pela contemplação das coisas sagradas ou sobrenaturais.

EXTEMPORANEIDADE. Qualidade do que é extemporâneo.

EXTEMPORÂNEO. 1. Nas *linguagens comum* e *jurídica:* a) tudo o que é feito de improviso; b) inoportuno; c) o que é fora do tempo ou do prazo juridicamente estabelecido. **2.** *Direito processual.* Diz-se do ato processual praticado fora do lapso legal (Moacyr Amaral Santos).

EX TEMPORE. *Locução latina.* Imediatamente.

EXTENSÃO. 1. *Direito agrário.* a) Fomento; b) área de terra. **2.** *Teoria geral do direito.* a) Alcance da norma; b) aplicação extensiva do sentido de uma lei ou de uma cláusula contratual; c) ampliação do sentido de uma palavra. **3.** Nas *linguagens comum* e *jurídica,* pode significar: a) superfície; b) vastidão; c) desenvolvimento no espaço ou qualidade do corpo de estar situado no espaço, ocupando uma parte dele; d) qualidade do que é extenso; e) pequeno ramal telefônico; f) intensidade do dano; g) medida da amplitude de poderes conferidos a alguém; soma de poderes; h) tamanho de um terreno; i) volume ou proporção de alguma coisa. **4.** *Lógica jurídica.* a) Característica da proposição de ser mais ou menos geral, aplicando-se a um número maior ou menor de objetos ou indivíduos; b) conjunto de objetos ou indivíduos que, numa operação lógica, determina a extensão do atributo na proposição; c) conjunto de sistemas de valores atribuídos a termos gerais que verificam uma relação; d) conjunto de casos em que uma proposição é verdadeira; e) conjunto de objetos concretos ou abstratos designativos do conceito (Lalande). **5.** *Direito desportivo.* Diz-se do salto, numa prova atlética, que é o mais longo possível, executado após o atleta ganhar velocidade com uma pequena corrida. Trata-se, portanto, do salto em extensão. **6.** *Medicina legal.* Intervenção cirúrgica em que se estende a parte inferior de um osso deslocado ou fraturado para que volte ao seu lugar.

EXTENSIVA. *Teoria geral do direito.* **1.** Diz-se da interpretação que admite que a norma abrange, implicitamente, certos fatos-tipos. Com isso, ultrapassa o núcleo do sentido normativo,

EXTENTIO NON HABET LOCUM IN POENALIBUS

avançando até o sentido literal possível da norma. **2.** *Vide* INTERPRETAÇÃO EXTENSIVA.

EXTENTIO NON HABET LOCUM IN POENALIBUS. *Aforismo jurídico.* Extensão não tem lugar em matéria penal.

EXTENUAÇÃO. *Medicina legal.* Esgotamento; debilitação das forças físicas.

EXTENUAÇÃO DE CABEDAIS. Penúria.

EXTERIOR. 1. *Direito internacional público.* a) Estrangeiro; b) relativo aos países estrangeiros. **2.** *Filosofia do direito.* Diz-se do conjunto de objetos sensíveis que não são apresentados pela percepção.

EXTERIORIDADE. Qualidade do que é exterior.

EXTERIORIZAÇÃO. Na *linguagem filosófica*, é: a) a operação pela qual um fenômeno interior toma a aparência de ser "exterior" (Lalande); b) o ato de manifestar-se para o exterior.

EXTERMINAR. 1. Eliminar. **2.** Expulsar dos limites de uma cidade. **3.** Destruir com mortandade. **4.** Aniquilar.

EXTERMÍNIO. 1. Aniquilamento. **2.** Ruína total. **3.** Ato ou efeito de expulsar uma pessoa de uma cidade. **4.** Destruição com mortandade. **5.** Assolação. **6.** Compreende, na seara do direito penal, a sujeição intencional a condições de vida, tais como a privação do acesso a alimentos ou medicamentos, com vista a causar a destruição de uma parte da população.

EXTERNATO. *Direito civil.* Estabelecimento de ensino em que os alunos nele não habitam, permanecendo em seu recinto apenas no período em que as aulas são ministradas.

EXTERRITORIAL. *Direito internacional privado.* **1.** Diz-se daquele que tem o direito de exterritorialidade. **2.** O que está fora de um território.

EXTERRITORIALIDADE. *Direito internacional privado.* **1.** Direito que o representante de um país estrangeiro tem de se reger pelas normas do seu país, não lhe sendo aplicáveis as da nação em que se encontra. **2.** Princípio pelo qual se aplica a norma em território de outro Estado, segundo as convenções e normas internacionais. Classicamente, denomina-se "estatuto pessoal" a situação jurídica que rege o estrangeiro pela lei de seu país de origem. Trata-se da hipótese em que a norma de um Estado acompanha um cidadão no estrangeiro para regular seus direitos. Esse estatuto pessoal baseia-se na lei da nacionalidade ou na lei do domicílio. No Brasil,

funda-se na lei do domicílio, que rege as questões relativas ao começo e fim da personalidade, ao nome, à capacidade das pessoas, ao direito de família e sucessões e à competência da autoridade judiciária. Há, apesar disso, um limite à extraterritorialidade da lei, pois atos, sentenças e leis de países alienígenas não são aceitos no Brasil quando ofendem a soberania nacional, a ordem pública e os bons costumes. Tal exterritorialidade, ou extraterritorialidade, constitui o privilégio de certas pessoas escaparem à jurisdição do Estado em cujo território se encontram, submetendo-se apenas à jurisdição de seu país. Logo, a norma estrangeira passa momentaneamente a integrar o direito nacional, por força da norma de direito internacional privado, mas o órgão judicante a utiliza, tão-somente, para solucionar determinado caso submetido a sua apreciação.

EX TESTAMENTO. *Locução latina.* Em razão de testamento.

EXTINÇÃO. 1. Fim. **2.** Cessação. **3.** Abolição. **4.** Dissolução. **5.** Pagamento integral de débito. **6.** Aniquilamento. **7.** Ruína. **8.** Extermínio de uma raça ou de um povo. **9.** Ato de apagar incêndio. **10.** Término. **11.** Supressão. **12.** Perecimento. **13.** Perda. **14.** Consumo.

EXTINÇÃO DA AÇÃO PENAL PRIVADA. *Direito processual penal.* Perempção da ação penal privada que ocorre quando o querelante, tendo esta já se iniciado, deixa de promover o andamento do processo por mais de trinta dias seguidos, não comparece, sem motivo justificado, a qualquer ato do processo ou deixa de formular o pedido de condenação, dizendo-se nesses casos que a ação morre por falta de alimento (Hélio Tornaghi). A perempção pode dar-se também em conseqüência do desaparecimento de um dos sujeitos da relação processual. A perempção, que é uma forma de extinção da punibilidade, pode ser declarada em qualquer fase do processo pelo magistrado de ofício ou a requerimento do querelado (Magalhães Noronha).

EXTINÇÃO DA CONCESSÃO DE SERVIÇO MÓVEL CELULAR. *Direito administrativo.* Cessação da concessão por: a) advento do termo contratual; b) encampação, ou seja, retomada de SMC pelo Ministério das Comunicações, durante o prazo da concessão, por motivo de interesse público, mediante e na forma de lei autorizativa específica, após prévio pagamento de indenização; c) caducidade da concessão ante o não-cumprimento total ou parcial das obrigações contratuais assumidas pela concessionária de SMC comprovado em processo administrativo; d) rescisão por iniciativa da concessionária de SMC, no caso de descumprimento das cláusulas contratuais pelo Ministério das Comunicações, mediante ação judicial intentada para esse fim; e) anulação; f) falência ou extinção da concessionária de SMC. Extinta a concessão, as freqüências correspondentes tornam-se, imediatamente, disponíveis, podendo o Ministério das Comunicações, se houver interesse público, instaurar procedimento licitatório para escolher nova concessionária de SMC.

EXTINÇÃO DA CONCESSÃO DE SERVIÇO PÚBLICO. *Direito administrativo.* Rompimento do vínculo existente entre o concedente e o concessionário em razão de: a) expiração do prazo contratual, quando se terá a passagem dos bens empregados no serviço, obras ou instalações para o concedente; b) encampação ou resgate, que é o direito do concedente de retirar do concessionário, em virtude de interesse público, o serviço concedido antes do término do prazo contratual, mediante indenização calculada no contrato ou por lei; c) revogação, que ocorrerá se, no curso da concessão, tornar-se obsoleta ou inadequada a técnica de sua efetivação pelo surgimento de modernos processos tecnológicos ou de novas invenções que façam com que a prestação do serviço não mais atenda o interesse público; d) distrato; e) renúncia do concessionário; f) caducidade pela inexecução das obrigações contratuais pelo concessionário; g) anulação por vício imputável ao concessionário; h) morte do concessionário, se pessoa física, desde que no contrato não haja cláusula estabelecendo a sua continuação pelos herdeiros do falecido; i) falência do concessionário; j) rescisão judicial.

EXTINÇÃO DA CONCESSÃO FLORESTAL. *Direito ambiental.* Extingue-se a *concessão florestal* por qualquer das seguintes causas: a) esgotamento do prazo contratual; b) rescisão; c) anulação; d) falência ou extinção do concessionário e falecimento ou incapacidade do titular, no caso de empresa individual; e) desistência e devolução, por opção do concessionário, do objeto da concessão.

EXTINÇÃO DA PESSOA JURÍDICA DE DIREITO PRIVADO. *Direito civil.* Término da pessoa jurídica de direito privado que se opera: a) pelo decurso do prazo de sua duração, se constituída por tempo determinado; b) pela dissolução deliberada unanimemente entre os membros, mediante distrato, salvo direito da minoria e de terceiro; c) por deliberação dos sócios, por maioria absoluta, na sociedade por prazo indeterminado; d) pela falta de pluralidade de sócios, se a sociedade simples não for reconstituída no prazo de cento e oitenta dias; e) por determinação legal; f) por ato governamental que lhe casse a autorização de funcionamento por motivos de desobediência à ordem pública, por ser inconveniente ao interesse geral ou pela prática de atos contrários a seus fins ou nocivos ao bem público; g) pela dissolução judicial; h) por morte de sócio, se os sócios remanescentes optarem pela dissolução da sociedade. Qualquer que seja o seu fator extintivo, ocorrerá o fim da entidade; porém, se houver bens de seu patrimônio e débitos a resgatar, ela continuará em fase de liquidação, durante a qual subsistirá para a realização do ativo e pagamento de débitos, cessando, de uma vez, quando se der ao acervo econômico o destino próprio (De Page, Ruggiero, Maroi e Caio M. S. Pereira).

EXTINÇÃO DA PESSOA JURÍDICA DE DIREITO PÚBLICO. *Direito civil, direito administrativo* e *direito constitucional.* Término da pessoa jurídica de direito público em virtude da ocorrência de fatos históricos ou da imposição de norma constitucional, lei especial ou tratado internacional.

EXTINÇÃO DA PESSOA NATURAL. *Direito civil.* Cessação da personalidade jurídica da pessoa natural que se opera com a morte real, ou presumida fazendo com que ela deixe de ser sujeito de direitos e obrigações, acarretando, por exemplo: a) dissolução de vínculo conjugal e da comunhão de bens; b) extinção do poder familiar e dos contratos personalíssimos; c) cessação da obrigação de alimentos para com o falecido credor, da obrigação de fazer, quando convencionado o cumprimento pessoal do pacto de venda a contento e da obrigação oriunda de ingratidão de donatário; d) término do usufruto, da doação em forma de subvenção periódica, do encargo da testamentaria e do benefício da justiça gratuita. Contudo, o aniquilamento não é completo com a morte. A vontade do *de cujus* sobrevive com o testamento; ao cadáver é devido respeito; o direito moral do autor e o direito à imagem e à honra produzem efeitos após a morte; os militares e os servidores públicos podem ser aquinhoados com medalhas e condecorações; a falência do comerciante morto pode ser decretada; a reabilitação da memória do morto é possível etc.

EXTINÇÃO DA PUNIBILIDADE. *Direito penal.* Cessação da possibilidade de aplicação da pena em razão de fato superveniente à infração penal. Por exemplo: morte do agente; anistia; graça ou indulto; retroatividade de lei que não mais considera o fato como criminoso; prescrição, decadência ou perempção; renúncia do direito de queixa ou perdão aceito, nos crimes de ação privada; retratação do agente, nos casos admitidos por lei; perdão judicial, nos casos previstos legalmente.

EXTINÇÃO DAS OBRIGAÇÕES. *Direito civil.* Desaparecimento das obrigações do cenário jurídico, mediante a ocorrência de: a) pagamento direto ou execução voluntária da prestação pelo devedor que, conforme a natureza da relação obrigacional, entrega um certo bem, pratica uma ação ou se abstém de determinado ato; b) pagamento indireto mediante consignação, sub-rogação, imputação do pagamento, dação em pagamento, novação, compensação, transação, compromisso, confusão, remissão da dívida, que, embora excepcionalmente, produzem efeito liberatório do devedor; c) prescrição; d) impossibilidade de execução sem culpa do devedor; e) implemento de condição; f) termo extintivo; g) execução forçada em virtude de sentença, seja sob força específica, seja pela conversão da coisa devida no seu equivalente.

EXTINÇÃO DAS OBRIGAÇÕES DO FALIDO. *Direito falimentar.* Extingue as obrigações do falido: a) o pagamento de todos os créditos; b) o pagamento, depois de realizado todo ativo, de mais de 50% dos créditos quirografários, sendo facultado ao falido o depósito da quantia necessária para atingir essa porcentagem se para tanto não bastou a integral liquidação do ativo; c) o decurso do prazo de cinco anos, contado do encerramento da falência, se o falido não tiver sido condenado por prática de crime previsto na lei falimentar; d) o decurso do prazo de dez anos, contado do encerramento da falência, se o falido tiver sido condenado por prática de crime previsto na lei de falência.

EXTINÇÃO DAS OBRIGAÇÕES TRIBUTÁRIAS. *Direito tributário.* Desaparecimento das obrigações tributárias que se opera, concomitantemente, com a extinção do crédito por uma das seguintes causas extintivas: pagamento, compensação, transação, remissão, prescrição, decadência, conversão de depósito em renda, pagamento antecipado e homologação do lançamento, consignação em pagamento, decisão administrativa irreformável e sentença judicial transitada em julgado.

EXTINÇÃO DE CONTRATOS. *Direito civil.* Fim da relação contratual que pode dar-se por: a) causa extintiva normal, que é sua execução pelo devedor, com comprovante de quitação dado pelo credor; b) causas de dissolução anteriores ou contemporâneas ao nascimento do liame contratual, visto que, em certos casos, o próprio contrato já se forma com o germe que haverá de extingui-lo, por conter condição resolutiva ou cláusula prevendo direito de arrependimento ou por ter sido celebrado contra preceitos disciplinadores dos pressupostos de validade do negócio jurídico, o que acarreta sua nulidade; c) causas extintivas supervenientes à formação do contrato, pois hipóteses há em que o ato negocial é viável, mas, por fato posterior, é aniquilado, tais como: resolução por inexecução voluntária do contrato, que se opera, por exemplo, pelo inadimplemento culposo do contrato por parte de um dos contratantes; resolução por inexecução contratual involuntária, em razão de força maior ou caso fortuito; resolução por onerosidade excessiva, oriunda de evento extraordinário e imprevisível que dificulte extremamente o adimplemento do contrato comutativo de execução continuada por uma das partes; resilição bilateral ou distrato; resilição unilateral, pela simples declaração de uma das partes, que se opera mediante denúncia notificada ao outro contratante; morte de um dos contratantes, se o contrato for *intuitu personae.*

EXTINÇÃO DE DIREITOS. *Direito civil.* Desaparecimento de direito que pode dar-se: a) pelo perecimento do objeto sobre o qual recai, por exemplo, se ele perder suas qualidades essenciais, seu valor econômico, se se confundir com outro, de modo que não possa ser distinguido, ou se cair em lugar de onde não possa mais ser retirado; b) pela alienação, que é o ato de transferir o objeto de um patrimônio a outro, perdendo o antigo titular o direito; c) pela renúncia, que é o ato jurídico pelo qual o titular de um direito dele se despoja, sem transferi-lo a quem quer que seja, sendo renunciáveis os direitos atinentes ao interesse privado de seu titular, salvo proibição legal; d) pelo abandono, que é a intenção do titular de se desfazer da coisa porque não quer mais continuar sendo seu dono; e) pelo falecimento do titular, sendo o direito personalíssimo e por isso intransmissível; f) pela prescrição, que extingue a pretensão, que gera a ação. Faz com que o direito à pretensão desapareça pela ausência de tutela jurídica, embora possa haver modificação de sujeitos, como sucede no caso de usucapião em que o antigo titular perde a ação (em sentido material) devido a sua inércia, e, conseqüentemente, o possuidor adquire o direito real; g) pela decadência, que atinge o próprio direito potestativo; h) pela abolição de uma instituição jurídica; i) pela confusão, se numa só pessoa se reunirem as qualidades de credor e devedor; j) pelo implemento de condição resolutiva; k) pelo escoamento do prazo, se a relação jurídica for constituída a termo; l) pela perempção da instância ou do processo, ficando ileso o direito de ação; m) pelo aparecimento de direito incompatível com o atualmente existente, sendo este suplantado por aquele.

EXTINÇÃO DO CARGO PÚBLICO. *Direito administrativo.* Abolição de um cargo, através da declaração de sua inexistência pelo Estado, por motivo de conveniência ou oportunidade.

EXTINÇÃO DO CONDOMÍNIO. *Direito civil.* Término do condomínio ordinário, objetivando tornar o bem divisível, que se opera: a) pela divisão amigável ou judicial. A amigável efetua-se por escritura pública, na qual intervêm todos os condôminos, desde que maiores e capazes; a judicial ocorre quando não há acordo entre os condôminos ou um deles é incapaz; b) pela venda, se a coisa for indivisível, os consortes não quiserem adjudicá-la a um só, indenizando os demais, ou, ainda, quando, em decorrência de sua divisão, tornar-se imprópria à sua destinação. Tal venda poderá ser amigável se inexistirem divergências entre os comunheiros; caso contrário, dever-se-á requerer a alienação judicial, sendo o bem vendido em hasta pública, observadas as preferências gradativas: o condômino, em iguais condições de oferta, prefere ao estranho; entre consortes, prevalece o que tiver na coisa benfeitoria de maior valor, ou, não as havendo, o de maior quinhão. Praceado o bem e deduzidas todas as despesas, o preço obtido será repartido entre os condôminos proporcionalmente ao valor de seus quinhões.

EXTINÇÃO DO CONDOMÍNIO EM EDIFÍCIO DE APARTAMENTOS. *Direito civil.* Término do condomínio em edifício de apartamentos que, por ser especial, os condôminos não podem realizar nem por convenção nem por via judicial, operando-se apenas com: a) a desapropriação do edifício; b) a confusão, se todas as unidades autônomas forem adquiridas por uma só pessoa; c) a destruição do imóvel por qualquer motivo; d) a demolição voluntária do prédio, por razões urbanísticas ou arquitetônicas, ou por condenação do edifício pela autoridade pública, por motivo de insegurança ou insalubridade; e) a alienação de todo o prédio, com aprovação dos condôminos que representem 2/3 das unidades autônomas e frações ideais correspondentes a 80% do terreno e partes comuns, em caso de desgaste das unidades habitacionais pela ação do tempo.

EXTINÇÃO DO PODER FAMILIAR. *Direito civil.* Desaparecimento do poder familiar *ipso iure* quando houver: a) morte dos pais ou do filho, pois a morte apenas do pai não extingue o poder familiar, visto que o seu exercício passará à mãe, cessando apenas quando ambos os progenitores falecerem, colocando-se os filhos menores não emancipados sob tutela. Se houver morte do filho, eliminar-se-á a relação jurídica, por não existir mais razão de ser do poder familiar; b) emancipação do filho, ou seja, a aquisição da capacidade civil antes da idade legal, equiparando-se a pessoa maior e deixando, então, de submeter-se ao poder familiar; c) maioridade do filho, o que lhe confere a plenitude dos direitos civis e extingue a dependência paterna, uma vez que há a presunção legal de que o indivíduo, atingindo dezoito anos, não necessita mais de proteção; d) adoção, que extingue o poder familiar do pai carnal, transferindo-o ao adotante; se falecer o pai adotivo, não se restaurará o poder familiar do pai natural, nomeando-se tutor ao menor.

EXTINÇÃO DO PROCESSO. *Direito processual civil.* Fim do processo com ou sem resolução do mérito, isto é, havendo ou não análise da lide ou das situações fático-jurídicas da demanda. Extinguir-se-á o processo sem resolução do mérito se: a) o juiz indeferir a petição inicial; b) o processo ficar parado mais de um ano por negligência das partes litigantes; c) o autor abandonar a causa por mais de trinta dias, não promovendo os atos e diligências que lhe competiam; d) faltarem os pressupostos de constituição e de desenvolvimento válido e regular do processo; e) não concorrer qualquer das condições da ação, ou seja, a possibilidade jurídica do pedido, a legitimidade das partes e o interesse processual; f) houver convenção de arbitragem; g) o autor desistir da ação; h) a ação for considerada intransmissível por disposição legal; i) ocorrer confusão entre autor e réu; j) o juiz acolher a alegação de perempção, litispendência ou de coisa julgada. Em todos esses casos o tribunal poderá julgar desde logo a lide, se a causa versar sobre questão exclusivamente de direito e estiver em condições de imediato julgamento. Extinguir-se-á o processo com resolução do mérito quando: a) o juiz acolher ou rejeitar o pedido do autor; b) o réu reconhecer a procedência do pedido; c) as partes transigirem; d) o juiz pronunciar decadência ou prescrição; e) o autor renunciar ao direito sobre que se funda a ação.

EXTINÇÃO DO TRATADO. *Direito internacional público.* Término do tratado internacional pelos seguintes modos, mais usuais, que são: a) execução integral do tratado, pelo cumprimento exato das obrigações nele estipuladas; b) vencimento do prazo convencionado; c) implemento de condição resolutiva prevista expressamente no tratado, pelo qual os Estados signatários convencionam a extinção do tratado e dos deveres dele decorrentes se ocorrer determinado fato futuro e incerto, hipótese em que a condição será afirmativa, ou se não se verificar certo evento, caso em que a condição avençada será negativa; d) distrato; e) renúncia unilateral do Estado que se beneficiar com o tratado, abrindo mão de seus direitos; f) impossibilidade física ou jurídica de execução do tratado; g) denúncia, total ou parcial, isto é, o ato pelo qual um dos contratantes comunica aos outros a sua intenção de pôr fim ao tratado ou de se desligar dele; h) inexecução do tratado pela violação de uma de suas cláusulas por um dos Estados signatários, desde que o faltoso reconheça seu erro ou o fato seja declarado por alguma autoridade internacional competente; i) guerra sobrevinda dos Estados signatários do tratado; j) prescrição liberatória ou extintiva, se o contratante vier a desprezar seu direito por muito tempo; k) mudança de circunstância, mesmo não prevista, que poderá ser invocada pelas partes como motivo para a extinção ou retirada do tratado, bilateral ou multilateral,

desde que a circunstância tenha sido condição do consenso das partes ou desde que a mudança tenha por efeito a transformação radical da natureza das obrigações pendentes de cumprimento em razão de tratado. A *rebus sic stantibus* não poderá ser invocada como causa extintiva de tratado se ele for atinente a fronteiras ou limites ou se resultar de violação, por aquele que o invoca, de norma ou dever internacional, em relação às outras partes; l) nulidade relativa ou absoluta do tratado. As hipóteses de nulidade relativa são as de erro, dolo, corrupção e violação das disposições de direito interno sobre competência para concluir tratado. A nulidade absoluta ocorre quando há coação ou conflito do tratado com uma norma do *jus cogens*, ou seja, de direito internacional geral.

EXTINGUIR. 1. Desaparecer. 2. Morrer. 3. Aniquilar. 4. Abolir; suprimir. 5. Dissolver. 6. Gastar; dissipar. 7. Consumir. 8. Acabar. 9. Cessar. 10. Apagar incêndio. 11. Esgotar. 12. Deixar de existir. 13. Perder-se. 14. Pagar integralmente um débito. 15. Destruir. 16. Exterminar.

EXTINGUÍVEL. Aquilo que se pode extinguir.

EXTINTIVO. Alusivo a extinção.

EXTINTO. 1. Apagado. 2. Findo. 3. Desaparecido. 4. O que deixou de existir; morto. 5. Abolido. 6. Dissolvido. 7. Suprimido.

EXTINTOR. 1. *Direito agrário.* Aparelho usado para matar formigas saúvas. 2. *Direito civil.* Aparelho próprio para apagar incêndios, mediante jatos de produto químico.

EXTIRPAÇÃO. 1. *Medicina legal.* Extração cirúrgica de órgão enfermo, de cisto etc. 2. Na *linguagem jurídica* em geral, é o ato ou efeito de extinguir.

EXTIRPADOR. *Direito agrário.* Instrumento agrícola próprio para arrancar ervas ou raízes do solo.

EXTORQUIR. *Direito penal.* 1. Adquirir algo ou uma vantagem ilícita com o uso de violência ou grave ameaça. 2. Tirar à força, com o emprego de tortura, para obter vantagem econômica.

EXTORSÃO. *Direito penal.* 1. Crime contra a inviolabilidade do patrimônio que consiste em constranger alguém a fazer, tolerar que se faça ou deixar de fazer algo, mediante violência ou grave ameaça, com o propósito de obter, para si ou para outrem, uma vantagem econômica indevida, apenado com reclusão e multa. 2. *Vide* ESPEITAMENTO.

EXTORSÃO INDIRETA. *Direito penal.* Fato típico penal que consiste em exigir ou receber, como garantia de dívida, abusando da situação de alguém, documento que pode dar causa a procedimento criminal contra a vítima ou contra terceiro, punido com reclusão e multa.

EXTORSÃO MEDIANTE SEQÜESTRO. *Direito penal.* Crime hediondo praticado contra a inviolabilidade do patrimônio e a liberdade pessoal de locomoção, em que o agente vem a seqüestrar pessoa com a finalidade de obter, para si ou para outrem, qualquer vantagem, como condição ou preço do resgate, punido com pena de reclusão. E haverá aumento de pena se o seqüestro durar mais de quinze dias, se o seqüestrado for de: ascendente, descendente, cônjuge ou companheiro do agente; de internado em casa de saúde ou hospital; menor de dezoito ou maior de sessenta anos, ou se o crime for cometido com fins libidinosos; ou, ainda, se causar na vítima grave sofrimento físico ou moral.

EXTORSÃO QUALIFICADA PELA MORTE. *Direito penal.* Crime hediondo, qualificado pelo resultado, em que sobrevém a morte do seqüestrado, resultante do emprego de violência física ou maus-tratos, constituindo uma agravante da pena de reclusão cominada.

EXTORSIONÁRIO. *Direito penal.* Sujeito ativo ou autor do crime de extorsão.

EXTORSIVO. *Direito penal.* 1. Que pratica extorsão. 2. Em que há extorsão.

EXTORSOR. *Vide* EXTORSIONÁRIO.

EXTRA. 1. *Direito romano.* Termo que era usado para indicar as Decretais que não se incluíam no *Corpus Juris.* 2. *Direito autoral.* Diz-se da edição extraordinária ou especial. 3. Na *linguagem teatral,* é o figurante que apenas entra em cena para fazer número, não tendo qualquer contrato como ator. 4. *Direito civil.* Aquele que presta serviços eventual ou acidentalmente. 5. Nas *linguagens jurídica* e *comum,* pode ter o sentido de: a) para fora; b) além do normal.

EXTRA–AUTOS. 1. *Direito processual civil.* Aquilo que está fora dos autos do processo e não pode ser levado em conta pelo magistrado, ante o princípio dispositivo. 2. *Direito processual penal.* É o que não se encontra nos autos, mas pode ser analisado pelo órgão judicante, em virtude da predominância do princípio inquisitivo no processo penal. Logo, o juiz pode, no cur-

so da instrução ou antes de proferir sentença, determinar, de ofício, diligências para dirimir dúvida sobre ponto relevante, uma vez que o interesse público limita e às vezes até exclui o interesse dos particulares.

EXTRACANÔNICO. *Direito canônico.* O que não está inserido nos cânones da Igreja.

EXTRAÇÃO. 1. *Direito constitucional.* Exploração de riquezas minerais do subsolo pela União. 2. *Direito agrário.* Exploração do solo por meio de agricultura. 3. *Direito comercial.* a) Fatura; b) movimento de venda de mercadorias num dado ponto. 4. *Direito cambiário.* a) Saque de letra de câmbio; b) feitura de duplicata. 5. *Direito civil.* Ato de sortear bilhete de loteria. 6. *Direito autoral.* Maior ou menor venda de obras artísticas e literárias. 7. *Medicina legal.* Remoção cirúrgica de parte orgânica ou de corpo estranho que foi introduzido acidental ou criminosamente.

EXTRACIENTÍFICO. *Teoria geral do direito* e *filosofia do direito.* O que está fora da ciência; o que não pertence ao campo científico.

EXTRACÍVICO. *Ciência política.* O que não está relacionado com o civismo.

EXTRACOLONIAL. *Direito internacional público.* O que se encontra fora do estado colonial.

EXTRA COMMERCIUM. *Locução latina.* 1. Fora do comércio. 2. Inalienável.

EXTRACONJUGAL. *Direito civil.* 1. Extramatrimonial. 2. Diz-se de filho havido fora do casamento. 3. Diz-se da relação sexual fora do matrimônio, que constituirá adultério (ilícito civil) se um dos parceiros for casado. 4. Fora do casamento.

EXTRACONTRATUAL. *Direito civil.* 1. Aquilo que independe de contrato. 2. Diz-se da obrigação nascida de fonte acontratual, ou seja, de declaração unilateral de vontade ou de ato ilícito. 3. Diz-se da responsabilidade aquiliana que resulta do inadimplemento normativo, ou melhor, da prática de um ato ilícito por pessoa capaz ou incapaz, visto que não há vínculo anterior entre as partes, por não estarem ligadas por uma relação contratual.

EXTRADIÇÃO. *Direito penal, direito constitucional* e *direito internacional privado.* Ato pelo qual um Estado ou governo estrangeiro vem a solicitar ou a reclamar a outro a entrega de um criminoso para ser processado e julgado perante seus tribunais. Todavia, urge lembrar que nenhum brasileiro será extraditado, exceto se naturalizado, em caso de crime comum perpetrado antes da naturalização, ou de comprovado envolvimento em tráfico ilícito de entorpecentes e drogas afins, na forma da lei. Nem mesmo será concedida a extradição de estrangeiro por crime político ou de opinião.

EXTRADITADO. *Direito constitucional, direito penal* e *direito internacional privado.* Aquele cuja extradição já foi concedida; aquele contra quem já se expediu ordem de extradição.

EXTRADITANDO. *Direito constitucional, direito penal* e *direito internacional privado.* Diz-se daquele contra quem está correndo processo de extradição pedido por país estrangeiro, enquanto a decisão concessiva não for prolatada.

EXTRADITAR. *Direito constitucional, direito penal* e *direito internacional privado.* Entregar a governo alienígena um criminoso por ele solicitado, após a sentença concessiva.

EXTRADITÁVEL. *Direito constitucional, direito penal* e *direito internacional privado.* Aquele que pode ser extraditado.

EXTRADOTAL. *História do direito.* **1.** Dizia-se do bem não pertencente ao dote. **2.** Parafernal.

EXTRA–ESCOLAR. *Direito educacional.* **1.** Aquilo que não está relacionado com o currículo escolar. **2.** O que se desenvolve fora do âmbito da escola.

EXTRAFINO. *Direito comercial.* Diz-se do artigo de comércio de qualidade superior.

EXTRAFISCALIDADE. *Direito tributário.* **1.** Tributação com outros fins que não a obtenção de receita, constituindo um recurso técnico muito usado pelo governo como instrumento de intervenção do Estado no meio social e na economia (Geraldo Ataliba). **2.** Uso de instrumentos tributários para obter fins não arrecadatórios, mas estimulantes, indutores ou coibidores de comportamento, tendo por objetivo alcançar outras finalidades, ou seja, a realização de outros valores constitucionalmente consagrados (Geraldo Ataliba). É, como prefere Paulo de Barros Carvalho, uma fórmula jurídico-tributária de que se vale o Estado para conseguir metas que prevalecem sobre finalidades meramente arrecadatórias de recursos monetários.

EXTRAFORTE. *Direito mercantil.* Diz-se do artigo de comércio de qualidade muito forte.

EXTRAHIT A CAUSA MERX VILIOR AERA CRUMENA. *Expressão latina.* **1.** Mercadoria barata, roubo da bolsa. **2.** O barato sai caro.

EXTRAIR. **1.** Extorquir. **2.** Tirar idéias ou trechos de uma obra literária ou de um documento. **3.** Separar. **4.** Praticar extração. **5.** Arrancar. **6.** Derivar. **7.** Separar minérios da jazida.

EXTRAJUDICIAL. **1.** *Direito processual.* a) Diz-se daquilo que se faz sem formalidade judicial ou sem processo; b) o que não se refere a processo; c) o que se realiza sem a presença do magistrado ou sem a intervenção judiciária; d) ato que se processa fora do juízo. **2.** *Direito civil.* Diz-se do mandato *ad negotia* relativo a negócios ordinários do inventário, da separação consensual e do divórcio levados a efeito em cartório, mediante escritura pública, desde que atendidos os requisitos legais.

EXTRA JUDICIUM. *Locução latina.* **1.** Fora do juízo ou da relação jurídico-processual. **2.** Extrajudicial.

EXTRAJURÍDICO. *Teoria geral do direito.* **1.** Ilegal. **2.** Ilícito. **3.** O que está fora do direito.

EXTRALEGAL. *Teoria geral do direito.* O que está fora da legalidade; ilegal; extra-jurídico.

EXTRA LITIS. *Locução latina.* Fora do litígio.

EXTRAMARITAL. *Direito civil.* Alheio ou estranho ao casamento.

EXTRAMATRIMONIAL. *Vide* EXTRACONJUGAL.

EXTRA MATRIMONIUM. *Locução latina.* Fora do matrimônio.

EXTRAMORAL. *Psicologia forense.* Aquele que, por viver no meio criminal, adquire sentimentos e regras de conduta de uma moral peculiar (A. Almeida Jr. e J. B. de O. e Costa Jr.).

EXTRA MUROS. *Locução latina.* Fora dos limites da cidade.

EXTRANEUS. *Termo latino.* Falta das qualidades especiais de autor ou das circunstâncias de efetivação do crime descritas, às vezes, na lei penal. Logo, *extraneus* é, para certas correntes estrangeiras, aquele que não possui as qualidades típicas, tendo sua punição determinada por norma secundária, por ter concorrido para a ação criminosa praticada pelo sujeito qualificado. No Brasil, porém, é o indivíduo não qualificado que não pode ser punido porque não colaborou, com consciência e vontade, para a conduta típica fundamental (Gérson Pereira dos Santos).

EXTRANUMERÁRIO. *Direito administrativo.* Diz-se daquele que foi admitido a título precário, não pertencendo ao quadro do funcionalismo público.

EXTRA-OFICIAL. **1.** *Direito administrativo.* a) Ato ou negócio alheio que não é oficial; b) aquilo que é alheio ao negócio público; c) o que não advém de autoridade ou de funcionário público. **2.** Na *linguagem jurídica* em geral, tem o sentido de: a) contrato firmado por particulares; b) informação advinda de pessoa natural ou jurídica sem competência para prestá-la.

EXTRAORDINÁRIO. **1.** Nas *linguagens comum* e *jurídica,* significa: a) acontecimento inesperado ou imprevisto; b) o que é fora do normal; c) diz-se do gasto além do ordinário; d) excessivo; e) aquele que se distingue dos que têm a mesma arte ou profissão; f) excepcional; especial; g) insigne. **2.** *Direito internacional público.* Diz-se do embaixador que é enviado pelo governo para tratar de importantes questões junto a país estrangeiro. **3.** *Direito constitucional, direito processual civil* e *direito processual penal.* a) Recurso que deve ser julgado pelo Supremo Tribunal Federal se a decisão recorrida: contrariar dispositivo constitucional, declarar a inconstitucionalidade de tratado ou lei federal, julgar válida lei ou ato de governo local contestado em face da Carta Magna; b) recurso que não apresenta pertinência direta com a matéria recursal do processo ordinário civil ou penal, atendendo a casos especiais.

EXTRA ORDINEM. **1.** *Locução latina.* Fora da ordem judicial. **2.** *Direito romano.* Última fase do procedimento civil romano, quando se fundiam as figuras do pretor, que orientava a *actio*, e do juiz, que a julgava conforme as provas apresentadas pelos demandantes (Othon Sidou).

EXTRAPARLAMENTAR. *Ciência política.* O que não é relativo ao Parlamento.

EXTRAPAROQUIAL. *Direito canônico.* O que não se sujeita à paróquia.

EXTRA PETITA. **1.** *Locução latina.* Além do pedido; fora do pedido. **2.** *Direito processual civil.* Diz-se da sentença que extrapola o pedido, conferindo ao autor coisa diversa do que ele pediu.

EXTRAPROFISSIONAL. O que não é relativo a profissão.

EXTRAPROGRAMA. Aquilo que não pertence ao programa.

EXTRA-REGIMENTAL. Alheio ao regimento.

EXTRA-REGULAMENTAR. Tudo aquilo que é estranho ao regulamento.

EXTRATAR. *Direito autoral.* Fazer resumos de livros, documentos etc.

EXTRA TELORUM ICTUM. *Expressão latina.* Segura está a mercadoria.

EXTRATERRITORIALIDADE. *Vide* EXTERRITORIALIDADE.

EXTRATERRITORIALIDADE CONDICIONADA DA LEI PENAL. *Direito penal.* Exceção ao princípio da territorialidade que se dá em caso de: a) crime que, por tratado ou convenção, o Brasil se obrigou a reprimir; b) crime praticado por brasileiro no estrangeiro; c) delito perpetrado a bordo de avião ou navio brasileiros, mercantes ou de propriedade privada, que estiverem em território alienígena e lá não forem julgados; d) crime praticado por estrangeiro contra brasileiro fora do Brasil. Tal extraterritorialidade é condicionada porque a aplicação da lei penal brasileira está subordinada à ocorrência de certos requisitos, como: a) entrada do agente no território nacional; b) ser o fato punível também no país em que foi praticado; c) estar o crime incluído entre aqueles em que a lei brasileira autoriza a extradição; d) não ter sido o agente absolvido no estrangeiro ou não ter lá cumprido a pena; e) não ter sido o agente perdoado no estrangeiro, ou, por outro motivo, não estar extinta a punibilidade, segundo a lei mais favorável. Quando o crime for cometido por estrangeiro contra brasileiro fora do Brasil, a lei brasileira será aplicada se, além das condições acima apontadas, a extradição não tiver sido pedida, ou tiver sido negada, e houver requisição da justiça.

EXTRATERRITORIALIDADE DA LEI PENAL. *Direito penal.* Aplicabilidade da lei penal brasileira a certos crimes cometidos no exterior ou da lei penal estrangeira a determinados delitos perpetrados, total ou parcialmente, no Brasil, excepcionando o princípio da territorialidade, que é a regra. Com isso, como pondera Damásio E. de Jesus, adotou-se, em nosso País, o princípio da territorialidade moderada.

EXTRATERRITORIALIDADE INCONDICIONADA DA LEI PENAL. *Direito penal.* Exceção ao princípio da territorialidade da lei penal, em que se aplica a lei brasileira mesmo que o agente tenha sido absolvido ou condenado no exterior, na hipótese de crime: a) contra a vida ou a liberdade do presidente da República; b) contra o patrimônio ou a fé pública da União, do Distrito Federal, de Estado, Território ou Município, de empresa pública, sociedade de economia mista, autarquia ou fundação instituída pelo Poder Público; c) contra a Administração Pública praticado por alguém a seu serviço; d) de genocídio, quando o agente for brasileiro ou domiciliado no Brasil. Tal extraterritorialidade é incondicionada porque não requer, para sua configuração, o preenchimento de quaisquer condições, uma vez que os delitos acima enumerados são ofensivos aos interesses do Estado.

EXTRATIVISMO. *Direito ambiental.* Sistema de exploração baseado na coleta e extração, de modo sustentável, de recursos naturais renováveis.

EXTRATIVISMO VEGETAL E ANIMAL. *Direito agrário.* Coleta de frutos, produtos vegetais ou animais do mundo da natureza, sem qualquer participação do rurícola no processo agrobiológico de produção (Fernando Pereira Sodero).

EXTRATIVO. *Direito agrário.* **1.** Relativo à extração de produtos vegetais e animais. **2.** O que envolve extração.

EXTRATO. 1. *Direito autoral.* a) Cópia ou resumo de livros, documentos, trechos literários etc.; b) compilação de textos notáveis de determinado autor ou de certa obra. **2.** *Direito comercial.* Perfume; produto industrial formado por essência aromática. **3.** *Direito agrário.* a) Produto obtido de substância animal ou vegetal; b) diz-se do látex da seringueira, da castanha-do-pará do castanheiro etc.

EXTRATO BANCÁRIO. *Direito bancário.* Relatório de débitos, créditos e saldos em uma conta corrente bancária (Luiz Fernando Rudge).

EXTRATO DE CONTA. Nas *linguagens bancária, contábil* e *comercial,* é: a) o sumário que indica o saldo de uma conta; b) a cópia da conta corrente fornecida pelo correntista para verificação e controle (Othon Sidou).

EXTRATO DE CUSTÓDIA. *Direito financeiro.* Extrato para informar todos os lançamentos que ocorreram na posição de títulos, em certo período, e seu saldo atual (Luiz Fernando Rudge).

EXTRATO DE FATURA. *Direito comparado.* É um título à ordem, similar à letra, que deve, em Portugal, acompanhar a fatura passada, no ato da entrega real ou simbólica da mercadoria, sempre que o contrato de compra e venda mercantil for celebrado a prazo e o preço não for representado por letras (Ana Prata).

EXTRATO PLACENTÁRIO. *Medicina legal.* Extrato de placenta humana que contém solução de globulinas suscetíveis de neutralizar vários vírus.

EXTRATOR. 1. *Direito agrário.* Trabalhador rural que atua no setor do extrativismo vegetal ou animal. Por exemplo, o extrator de látex da seringueira, de resinas, de erva-mate, de piaçava etc. **2.** *Direito comercial.* Aparelho apropriado para retirar a umidade da mercadoria embarcada nos dias de chuva ou para conservar seco o ambiente. **3.** *Direito militar.* Peça usada para extrair cartuchos deflagrados ou explodidos da arma de fogo. **4.** *Medicina legal.* Instrumento próprio para extração de corpo estranho, dente etc.

EXTRA–URBANO. O que se situa fora do perímetro urbano.

EXTRA URBEM. *Locução latina.* Fora da cidade.

EXTRA UTRAQUE PARTE. *Expressão latina.* De ambas as partes.

EXTRAVAGÂNCIA. 1. Dissipação. **2.** Libertinagem. **3.** Ato ou efeito próprio daquilo que é extravagante. **4.** Excentricidade.

EXTRAVAGANTE. 1. *Teoria geral do direito.* Diz-se da lei que não está incorporada numa codificação, por exemplo, a Lei do Divórcio, que deveria estar inserida no Código Civil. **2.** Nas *linguagens jurídica* e *comum,* indica: a) dissipador; estróina; b) libertino; c) excêntrico; d) insensato. **3.** *Direito canônico.* Diz-se de cada constituição pontifícia ulterior às Clementinas incluída no mesmo direito (De Plácido e Silva).

EXTRAVIADO. 1. Pervertido. **2.** Aquilo que foi fraudulentamente subtraído. **3.** Perdido no caminho. **4.** Desencaminhado.

EXTRAVIADOR. Aquele que extravia.

EXTRAVIAR. 1. Dar destino diferente. **2.** Desviar ou subtrair mediante fraude. **3.** Perder. **4.** Desencaminhar. **5.** Fazer desaparecer. **6.** Perverter.

EXTRAVIO. 1. Nas *linguagens jurídica* e *comum,* significa: a) perversão; b) corrupção; c) desvio ou subtração fraudulenta ou dolosa de algo; d) descaminho; e) perda; f) desperdício. **2.** *Direito civil* e *direito comercial.* Falta de detenção ou perda de bem móvel ou título por aquele que o guarda ou transporta em razão da ocorrência de algum fato involuntário que o impeça de entregá-lo a quem de direito (Elcir Castello Branco). **3.** *Direito tributário.* Ato pelo qual não se manifestam bens ou mercadorias para escapar do pagamento dos impostos devidos (De Plácido e Silva).

EXTRAVIO, SONEGAÇÃO OU INUTILIZAÇÃO DE LIVRO OU DOCUMENTO. *Direito penal.* Crime contra a Administração Pública, praticado por funcionário público no exercício de suas funções, que consiste em extraviar, sonegar ou inutilizar, no todo ou em parte, livro oficial ou qualquer documento de que tem a guarda em razão do cargo ocupado. Tal delito é punido com reclusão.

EXTRA VIRES. *Locução latina.* Além das forças.

EXTRA VIRES HEREDITATIS. *Expressão latina.* O que excede os limites do acervo hereditário.

EXTREMA. *Direito desportivo.* Diz-se do jogador de futebol que atua na extrema-direita ou na extrema-esquerda.

EXTREMA-DIREITA. 1. *Direito desportivo.* Futebolista que atua na extremidade direita da linha dianteira. Trata-se do ponta-direita. **2.** *Ciência política.* a) Ala que, numa assembléia política, fica à direita do presidente; b) cada deputado que toma assento nesse local.

EXTREMA-ESQUERDA. 1. *Direito desportivo.* Jogador de futebol que age na extremidade esquerda da linha dianteira; ponta-esquerda. **2.** *Ciência política.* Cada deputado que, na sala de uma assembléia parlamentar, fica à esquerda do presidente.

EXTREMA OMNIA SUNT VITIOSA. *Aforismo jurídico.* Os extremos são viciosos.

EXTREMAR. 1. *Direito agrário.* a) Demarcar topograficamente os domínios fundiários, assinalando-os ou separando-os; b) o mesmo que ESTREMAR. **2.** Nas *linguagens jurídica* e *comum,* pode ter, ainda, o sentido de: a) distinguir; b) resumir.

EXTREMA RATIO. *Locução latina.* Extrema razão.

EXTREMA-UNÇÃO. *Direito canônico.* Sacramento da Igreja ministrado a enfermo, em perigo de vida, para perdoá-lo dos pecados veniais e mortais.

EXTREMIS. 1. *Termo latino.* Designa o estado daquele que se encontra nos últimos instantes de vida. **2.** *Direito civil.* a) Diz-se do casamento nuncupativo, que é uma forma especial de celebração em que, ante a urgência do caso, por estar um dos nubentes em iminente risco de vida, não se cumprem todas as formalidades legais, dispensando-se o edital de proclamas e o processo regular; b) *Vide* CASAMENTO *IN EXTREMIS VITAE MOMENTIS.*

EXTREMISMO. *Ciência política.* **1.** Radicalismo. **2.** Teoria que prega a adoção de meios extremos para a solução de males sociais. **3.** Corrente que, baseada na violência, chama a atenção do público para certas ideologias de extrema-esquerda ou de extrema-direita. **4.** Terrorismo. **5.** Doutrina que preconiza a prática de certos atos para reverter um *status* sociopolítico, menosprezando meios institucionais e exaltando atos rápidos e até mesmo violentos. **6.** Tendência de visualizar, radicalmente, as relações políticas, recusando aceitar não só a gradualidade e parcialidade dos objetivos como também a negociação (Belligni e Bravo).

EXTREMISTA. *Ciência política.* **1.** Relativo ao extremismo. **2.** Partidário do extremismo.

EXTREMO. 1. *Lógica jurídica.* Diz-se dos termos maior e menor, que são os dois termos da conclusão de um silogismo. **2.** Nas *linguagens comum* e *jurídica,* pode significar: a) o que se coloca no limite de uma região do espaço (Lalande); o que está situado no ponto mais distante; longínquo; b) o que apresenta uma qualidade no grau mais elevado (Lalande); c) descomedimento; exagero; d) perfeito; e) último grau; f) lance arriscado.

EXTREMO LABORE. *Locução latina.* Com extrema dedicação.

EXTREMUM. *Termo latino.* Máximo ou mínimo.

EXTREMUM AUXILIUM. *Locução latina.* Último socorro.

EXTRINSECISMO. *Direito canônico.* Tendência doutrinária que apresenta a fé pela imposição da alma unicamente ao exterior e por via autoritária, sem considerar a possível comunicação da alma com Deus (A. Cuvillier).

EXTRÍNSECO. 1. *Economia política.* Diz-se do valor convencional de uma moeda. **2.** *Filosofia geral* e *filosofia do direito.* a) O que não pertence à essência da coisa ou do ser; b) o que não se compreende na definição de uma idéia (Lalande); c) o que é de fora; d) exterior. **3.** *Direito civil.* a) O que é relativo à forma externa de um ato ou negócio jurídico; b) requisito formal ou material que dá autenticidade a um ato, legalizando-o.

EXTROFIA. *Medicina legal.* Deslocação ou reviramento congênito de um órgão oco ou de parte dele.

EXTROSPECÇÃO. *Psicologia forense.* Método de observação psicológica voltado aos fenômenos do mundo exterior.

EXTROVERSÃO. 1. *Vide* EXTROFIA. **2.** *Psicologia forense.* Tipo de personalidade em que os interesses se voltam mais para os fatos externos do que para as experiências íntimas, sentimentos ou idéias.

EXTROVERTIDO. *Psicologia forense.* a) Sociável ou comunicativo; b) aquele cuja atenção se dirige aos valores situados fora do seu "eu".

EXTRUSÃO. Expulsão.

EX TUNC. *Locução latina.* Desde então; a partir de então; que retroage.

EXUBERÂNCIA. 1. Fertilidade. **2.** Intensidade; vigor. **3.** Abundância.

EXUBERANTE. 1. Animado; vigoroso. **2.** Repleto. **3.** Excessivo. **4.** Superabundante na produção.

ÊXUL. Expatriado; desterrado.

EXULAR. 1. Expatriar; desterrar. **2.** Viver fora do país de origem.

ÊXULE. *Vide* ÊXUL.

EXULTAÇÃO. Regozijo; alegria; grande júbilo.

EXUMAÇÃO. 1. *Direito processual penal* e *medicina legal.* a) Remoção do cadáver da sepultura para proceder a investigações médico-legais, mediante solicitação judicial, que pode ser feita a qualquer tempo, havendo suspeita de morte violenta, suicida, acidental ou criminosa; b) ato de retirar restos mortais humanos da sepultura ou desenterramento. A exumação pode ser administrativa, para fins de mudança ou desocupação de sepultura, ou judicial, por determinação de juiz. **2.** *Direito penal.* Ato de desenterrar cadáver sem atender às disposições legais, constituindo contravenção penal apenada com prisão simples ou multa.

EXUMAR. *Direito processual penal.* Desenterrar cadáver para fins legais.

EXUMBILICAÇÃO. *Medicina legal.* Hérnia umbilical.

EX UNGUE LEONEM. *Expressão latina.* Das mãos de um grande mestre só podem sair importantes obras.

EX UNO LATERE. *Expressão latina.* De um lado.

EXUTÓRIO. *Medicina legal.* **1.** Medicamento que provoca supuração. **2.** Ulceração feita e conservada artificialmente, para manter uma supuração permanente.

EXÚVIA. *Medicina legal.* Epiderme desprendida.

EX VANO. *Locução latina.* Inutilmente; em vão; sem resultado.

EX VI. *Locução latina.* Por efeito; por força; por determinação expressa a que não se pode faltar; por via de.

EX VI CONTRACTUS. *Expressão latina.* Por força do contrato.

EX VI LEGIS. *Expressão latina.* Segundo a força da lei; por efeito legal.

EX VISU. *Locução latina.* Pela aparência.

EX VOLUNTATE. *Locução latina.* O que provém da vontade; ao alvedrio.

EX VOTO. *Locução latina.* **1.** Conforme o prometido. **2.** *Direito canônico.* Imagem ou objeto colocado numa Igreja em cumprimento de promessa feita.

EX WAREHOUSE. *Vide* CLÁUSULA *EX WAREHOUSE.*

EX WORKS. *Vide* CLÁUSULA *EX WORKS.*

EYEWITNESS. *Termo inglês.* Testemunha ocular.

FAB. *Direito militar.* Sigla de Força Aérea Brasileira, integrante da Aeronáutica e tem a missão de defender o País durante a paz e encarregando-se, em caso de beligerância, das operações de guerra.

FABER EST SUAE QUISQUE FORTUNAE. *Expressão latina.* Cada um é obreiro da própria sorte.

FABIANISMO. *Ciência política.* Socialismo britânico baseado no sistema fiscal redistributivo, na estatização da economia, na redução da renda fundiária, na legislação social para tutela do trabalho e da infância, na absorção do desemprego através de obras públicas, na emancipação política das mulheres e na aplicação do método científico à reforma social (Cerchio, Cole e McBriar).

FABIANO. *História do direito.* **1.** Relativo a Fábio Cunctatório, da Antiguidade Romana. **2.** Simpatizante da associação socialista inglesa *The Fabian Society,* fundada em 1884, que preconizava um socialismo moderado, que devia ser difundido aos poucos sem tentativa de ações revolucionárias.

FABIAN SOCIETY. *Direito comparado.* Associação privada que, na Grã-Bretanha, visava reconstruir a sociedade de acordo com a moral e defender a causa socialista.

FÁBRICA. **1.** *Direito comercial.* a) Estabelecimento industrial que transforma matéria-prima ou outro insumo em produtos manufaturados para fins mercantis, consumo da coletividade ou atendimento de indústria terminal maior (Paulo Matos Peixoto); b) ação criadora pela qual se manufaturam mercadorias, produtos e gêneros; c) conjunto de operários que executam tarefas de beneficiamento ou transformação de matéria-prima numa nova espécie. **2.** Nas *linguagens jurídica* e *comum,* pode ter o sentido de: a) construção; b) maquinismo engenhoso; c) auxiliar de campeiro, no Piauí; d) estrutura de alguma coisa; e) ato para cuja prática se requer engenhosidade; f) origem. **3.** *Direito agrário.* Cavalo utilizado em serviços do campo. **4.** *Direito canônico.* Órgão administrador do patrimônio da paróquia.

FABRICAÇÃO. **1.** *Direito comercial.* Arte ou modo de fabricar; manufatura; fabrico. **2.** *Direito penal.* Modo de fabricar produtos destinados a consumo com o emprego de qualquer substância vedada em lei, punido com detenção e multa.

FABRICAÇÃO DE APARELHO DESTINADO À FALSIFICAÇÃO DE MOEDA. *Direito penal.* Crime contra a fé pública que consiste em fabricar, adquirir, fornecer, a título oneroso ou gratuito, possuir ou guardar maquinismo, aparelho, instrumento ou qualquer objeto especialmente destinado à falsificação de moeda, apenado com reclusão e multa.

FABRICAÇÃO DE COISA OU SUBSTÂNCIA NOCIVA À SAÚDE. *Direito penal.* Crime contra a saúde pública que consiste em fabricar, vender, expor à venda, ter em depósito para vender ou, de qualquer forma, entregar a consumo coisa ou substância nociva à saúde, ainda que não destinada à alimentação ou a fim medicinal, punido com detenção e multa.

FABRICAÇÃO DE OBJETO DESTINADO À FALSIFICAÇÃO DE TÍTULOS E PAPÉIS PÚBLICOS. *Direito penal.* Crime contra a fé pública que consiste em fabricar, adquirir, fornecer, possuir ou guardar objeto destinado à falsificação de títulos e papéis públicos, como, por exemplo, selo postal, cautela de penhor, caderneta de depósito de caixa econômica ou outro estabelecimento mantido por entidade de direito público, passe de empresa de transporte administrada pela União, Estado ou Município etc., punido com reclusão e multa. Ter-se-á aumento da pena se o agente, prevalecendo-se de sua condição de funcionário público, vier a usufruir vantagem ilícita.

FABRICAÇÃO DE PRODUTO ALIMENTÍCIO. *Direito penal.* Crime contra a incolumidade pública, punido com reclusão e multa, que pode consistir na falsificação de produto alimentício, com sua substituição integral por outro, ou na sofisticação, se sua substituição for parcial, reduzindo seu valor nutritivo ou modificando sua qualidade.

FABRICAÇÃO DESAUTORIZADA DE ARMAS E MUNIÇÕES. *Direito penal.* Fato típico contravencional, punido com prisão simples ou multa, consistente no fabrico de armas e munições sem a devida permissão da autoridade competente.

FABRICAÇÃO EM SÉRIE. *Direito comercial.* Ato de fabricar em grande escala, segundo especificações padronizadas.

FABRICAÇÃO, FORNECIMENTO, AQUISIÇÃO, POSSE OU TRANSPORTE DE EXPLOSIVO, GÁS TÓXICO OU ASFIXIANTE. *Direito penal.* Crime contra a incolumidade pública, apenado com detenção e multa, que consiste em fabricar, fornecer, adquirir, possuir ou transportar, sem licença da autoridade competente, substância ou engenho explosivo, gás tóxico ou asfixiante ou material destinado à sua fabricação.

FÁBRICA INEXISTENTE. *Direito tributário.* Diz-se de estabelecimento industrial clandestino ou não constituído legalmente, o que é tido como infração fiscal.

FABRICANO. *Direito canônico.* O que cobra rendas da fábrica da Igreja.

FABRICANTE. *Direito comercial.* **1.** Pessoa que dirige ou organiza a fabricação. **2.** Aquele que cria produtos fabris ou manufaturados. **3.** Aquele que efetua beneficiamento de produtos para aumentar seu valor e utilidade. **4.** Dono de uma empresa fabril; aquele que explora uma fábrica. **5.** Operário de fábrica.

FÁBRICA PAROQUIAL. *Direito canônico.* Conselho constituído por pessoas que administram, sob a fiscalização da autoridade eclesiástica, bens ou rendas paroquiais destinadas à conservação ou reparação da Igreja e às despesas do culto.

FABRICAR. **1.** *Direito comercial.* a) Produzir algo em fábrica por meios mecânicos; b) transformar matéria-prima em produtos fabris, gêneros ou mercadorias; c) beneficiar produto aumentando as possibilidades de sua utilização e elevando seu valor; d) idear; e) manter uma fábrica. **2.** *Direito civil.* Construir; edificar.

FABRICO. **1.** *Direito comercial.* a) Fabricação; b) produto fabril ou manufaturado; c) arte de fabricar uma mercadoria; d) criação pelo engenho humano. **2.** *Direito marítimo.* Conserto feito, no porto, em um navio. **3.** *Direito agrário.* Preparo da terra.

FÁBRICO. *Direito agrário.* No Amazonas, é a época seca em que se operam a coleta do látex da seringueira e o preparo da borracha.

FABRIL. *Direito empresarial.* Relativo a fábrica ou a fabricante.

FABRIQUEIRO. **1.** *Vide* FABRICANO. **2.** *Direito empresarial.* Administrador de uma fábrica.

FÁBULA. Pequena narrativa de uma ficção alegórica, para sugerir uma reflexão moral que nela se contém.

FABULAÇÃO. **1.** *Medicina legal* e *direito penal.* a) Estado mental pelo qual a pessoa vem a preencher as lacunas da memória com produtos de sua imaginação, muito comum na parafrenia confabulatória, na psicose de Korsakoff etc.

(Croce e Croce Jr.); b) mitomania; c) mentira; d) narrativa fabulosa. **2.** Nas *linguagens comum* e *jurídica,* é a lição moral contida numa fábula.

FABULÁRIO. Coleção ou repositório de fábulas.

FACA. *Medicina legal.* Instrumento cortante que contém uma lâmina com gume e um cabo.

FACA CIBERNÉTICA. *Medicina legal.* Aparelho que, ao enviar raios gama, com a precisão de um bisturi, através de um preciso sistema de orientação, similar ao de um míssil quando focaliza o seu alvo, tem possibilitado a remoção de tumores, inclusive cerebrais.

FACADA. **1.** *Medicina legal.* Golpe de faca que produz lesão corporal ou morte. **2.** Na *gíria,* significa pedido de dinheiro.

FAÇALVO. *Direito agrário.* Cavalo que tem o focinho branco.

FAÇANHA. **1.** Nas *linguagens comum* e *jurídica,* significa: a) ato heróico; b) bravura. **2.** *História do direito.* a) Aresto; b) decisão judicial que, transitada em julgado, servia de modelo para solucionar casos análogos, controvertidos ou duvidosos.

FACÇÃO. **1.** *Ciência política.* Partido político. **2.** *Direito militar.* a) Insigne ou notável feito de armas; b) empreendimento militar. **3.** *Direito civil.* Direito de elaborar testamento. **4.** *Sociologia jurídica.* Grupo de conflito, pouco organizado, que marca a transição de um estado de desorganização para a reorganização da comunidade.

FACCIONAR. Dividir em facções.

FACCIONÁRIO. Membro de uma facção.

FACCIOSISMO. *Ciência política.* Paixão partidária.

FACE. **1.** Situação de um negócio. **2.** Aspecto. **3.** Estado de uma questão ou de uma idéia. **4.** Superfície. **5.** Lado. **6.** Cada um dos lados de um prédio, em relação aos pontos cardeais. **7.** Lado da moeda ou de medalha em que a efígie se encontra. **8.** Parte anterior da cabeça que vai desde a testa até o queixo.

FACE A FACE. Em frente, sem que haja qualquer outra pessoa de permeio.

FACE DORSAL. *Medicina legal.* Parte detrás do corpo humano, em relação aos membros superiores e inferiores (Croce e Croce Jr.).

FACE NEGRÓIDE. *Medicina legal.* Aspecto enegrecido da face do cadáver que se apresenta na fase gasosa da putrefação.

FACERE DICITUR, QUI, CUM POSSIT NON PROHIBET

FACERE DICITUR, QUI, CUM POSSIT NON PROHIBET. *Aforismo jurídico.* Permite quem, podendo, não proíbe.

FACERE NON DEBET QUIS ALTERI, QUOD SIBI FIERI NOLIT. *Aforismo jurídico.* Não se deve fazer a outrem o que não se quer que o outro lhe faça.

FACERE PER SE, VIDETUR, QUI PER ALIUM FACIT. *Aforismo jurídico.* Fazer por si ou por outrem é a mesma coisa.

FACHADA. *Direito civil.* **1.** Frente de um edifício. **2.** Qualquer das faces externas de uma edificação principal ou complementar, tais como torres, caixas d'água, chaminés ou similares.

FACHO. 1. *Direito agrário.* Massa de mato cortado e seco na roçada que garante boa queima, por ser facilmente inflamável. **2.** *Direito marítimo.* Farol.

FACIES. *Termo latino.* **1.** Aspecto. **2.** Forma exterior.

FÁCIES. *Medicina legal.* **1.** Alterações fisionômicas que se apresentam no curso de uma doença. **2.** Conjunto de caracteres exteriores que distinguem uma pessoa de outra.

FÁCIES HIPOCRÁTICA. *Medicina legal.* Expressão peculiar fisionômica do moribundo, que passa a apresentar pele ressecada, olhos encovados, afundamento das têmporas, nariz afilado, lábios secos etc.

FACILE EST OPPRIMERE INNOCENTEM. *Expressão latina.* É fácil oprimir o inocente.

FACILIDADE. 1. Condescendência. **2.** Concessão de prazo de pagamento pelo vendedor ao comprador. **3.** Transigência nas condições de pagamento.

FACILIDADE PORTUÁRIA. *Direito marítimo.* Infraestrutura terrestre e aquaviária, compreendida por ancoradouros, docas, cais, pontes e píeres de atracação e acostagem, terrenos, armazéns, edificações e vias de circulação interna, bem como pelas guias de correntes, quebra-mares, eclusas, canais de acesso, bacias de evolução, áreas de fundeio, e os serviços oferecidos ao usuário decorrentes de melhoramentos e aparelhamento da instalação portuária ou terminal.

FACILITAÇÃO. 1. Nas *linguagens comum* e *jurídica,* quer dizer: a) ação ou efeito de tornar mais fácil; b) ação de facilitar a execução de um ato; c) auxílio; coadjuvação; d) permissão para que parte do pagamento de um débito seja feita em prestações; e) destruição de obstáculos ou impedimentos. **2.** *Direito aeronáutico.* Conjunto de normas e recomendações emitidas pela OACI, com o escopo de aperfeiçoar os serviços de transporte aéreo (Othon Sidou).

FACILITAÇÃO DE CONTRABANDO OU DESCAMINHO. *Direito penal.* Crime contra a Administração Pública, punido com reclusão e multa, perpetrado por funcionário público que viola dever funcional, facilitando a prática de contrabando ou descaminho.

FACILITAÇÃO DE CORRUPÇÃO. *Direito penal.* Crime contra os costumes que consiste em facilitar a corrupção de menor de dezoito e maior de quatorze anos, praticando com ele atos de libidinagem ou induzindo-o a praticá-los ou presenciá-los, agredindo sua moral sexual. Tal delito é apenado com reclusão.

FACILITAÇÃO DE FUGA DE PRESO. *Direito penal.* Crime contra a Administração Pública, punido com detenção, praticado por qualquer pessoa que venha a promover ou a facilitar a fuga de preso ou de quem esteja submetido a medida de segurança preventiva.

FACÍNORA. *Direito penal.* Diz-se daquele que praticou crime com requintes de grande perversidade, revelando sua alta periculosidade.

FACINOROSO. *Direito penal.* Qualidade do que cometeu delito com crueldade.

FACIO UT DES. *Expressão latina.* **1.** Faço se deres; faço para que dês. **2.** *Direito civil.* Obrigação de fazer algo, por uma parte, se a outra der certa coisa.

FACIO UT FACIAS. *Expressão latina.* **1.** Faço se fizeres; faço para que faças. **2.** *Direito civil.* Obrigação de fazer alguma coisa, se a outra parte fizer outra.

FACITE. *Medicina legal.* Inflamação do cristalino.

FACOA. *Direito agrário.* Tipo de facão usado no baixo São Francisco pelos plantadores de arroz.

FACOGLAUCOMA. *Medicina legal.* Alteração do cristalino causada por glaucoma.

FACOMALACIA. *Medicina legal.* Amolecimento do cristalino.

FACOPIOSE. *Medicina legal.* Catarata branca; suposta supuração do cristalino.

FACOSCLEROSE. *Medicina legal.* Endurecimento do cristalino.

FAC-SIMILADO. 1. Relativo a fac-símile. **2.** O que foi impresso em fac-símile.

FAC-SIMILAR. Imprimir em fac-símile.

FAC SIMILE. *Locução latina.* **1.** Fazer coisa semelhante. **2.** Cópia. **3.** Reprodução.

FAC-SÍMILE. 1. Nas *linguagens jurídica* e *comum,* apresenta o significado de: a) reprodução exata ou cópia fiel de escrita, assinatura, gravura, estampa, desenho, documento etc., de conformidade com o original; b) carimbo que reproduz a rubrica de alguém. **2.** *Direito processual civil.* Reprodução exata, por processo de repetição, de documento particular ou público, com valor probante, desde que devidamente autenticada e conferida com o original. **3.** *Direito virtual.* Reprodução do original (Amaro Moraes e Silva Neto).

FACTA CONCLUDENTIA. *Locução latina.* Fatos dos quais se pode tirar alguma conclusão; fatos concludentes.

FACTA CONCLUDENTIA, FACTA EX QUIBUS VOLUNTAS CONCLUDI POTEST. *Expressão latina.* Fatos concludentes são os deduzidos da própria manifestação da vontade negocial.

FACTA FUTURA. *Locução latina.* Fatos futuros.

FACTAGE. *Termo francês.* **1.** Transporte de mercadoria até o domicílio do destinatário. **2.** Empresa transportadora. **3.** Distribuição de cartas e telegramas.

FACTA NON VERBA. *Expressão latina.* Fatos, não palavras!

FACTA PENDENTIA. *Locução latina.* Fatos pendentes.

FACTA POTENTIORA SUNT VERBIS. *Aforismo jurídico.* Fatos têm mais força do que palavras.

FACTA PRAETERITA. *Locução latina.* Fatos passados; fatos pretéritos.

FACTA SPECIE. *Locução latina.* **1.** Fato em espécie. **2.** *Teoria geral do direito.* Previsão da norma estatuindo modelo para um fato.

FACT FINDING BOARD. *Expressão inglesa.* Sindicância.

FACTICIDADE. *Filosofia geral.* **1.** Aquilo que, além de ser característica do fato, o é da existência (Heidegger). **2.** Característica do que é factício (Bachelard) ou daquilo que é um fato. **3.** Condição humana, enquanto o homem está "no mundo", contingente, visto que ele não escolhe existir, é limitado (Husserl).

FACTÍCIO. Na *linguagem filosófica,* diz-se daquilo que foi construído artificialmente.

FACTI NARRATIO NON FACIT JUS. *Aforismo jurídico.* A narração do fato não faz direito.

FACTÍVEL. 1. Exeqüível; realizável. **2.** O que pode ser feito; possível.

FACTOR CHAIN INTERNATIONAL. *Vide* FCI.

FACTORERIE. *Termo francês.* Escritório de uma companhia comercial no exterior.

FACTORING. *Termo inglês.* **1.** Faturização; contrato de fomento mercantil. **2.** *Direito comercial.* Contrato em que um empresário (industrial ou comerciante) ou empresa (faturizado) cede a outro (faturizador), no todo ou em parte, os créditos provenientes de suas vendas mercantis a terceiro, mediante o pagamento de uma remuneração, que consiste no desconto sobre os respectivos valores, ou seja, conforme o montante de tais créditos. Esse contrato, que se liga à emissão e à transferência de faturas, é uma técnica de mobilização do preço oriundo de vendas comerciais. Constitui, na verdade, um financiamento de créditos a curto prazo, ligado à necessidade de reposição de capital de giro. Apresenta-se, portanto, como uma técnica financeira e de gestão comercial, tendo tríplice objetivo: a) a garantia prestada pelo *factor,* que consiste na liquidação dos créditos cedidos pelo menos no vencimento, podendo, ainda, haver antecipação no *conventional factoring*; b) a gestão comercial, ou gestão de créditos, ante a interferência do faturizador (*factor*) nas operações do faturizado, selecionando seus clientes, fornecendo-lhe informações sobre o comércio em geral e prestando serviços que diminuam seus encargos comuns; c) o financiamento da empresa faturizada, na medida em que o faturizador adquire seus créditos, pagando-os ao faturizado, e assume o risco com a cobrança e o não-pagamento das contas, sem ter direito de regresso contra aquele, isto é, em caso de falta de pagamento, deverá arcar sozinho com os prejuízos.

FACTORING COM ANTECIPAÇÃO. *Vide CONVENTIONAL FACTORING.*

FACTORING EXTERNO. *Direito comercial.* Aquele que se relaciona com operações realizadas fora do País, como as de importação e exportação. Trata-se do *factoring* internacional, do *import factoring* e do *export factoring.*

FACTORING INTERNACIONAL. *Direito internacional privado.* **1.** Técnica de garantia e de pagamento no comércio internacional, pela qual o *factor* paga o crédito contra quitação sub-rogatória, de maneira que o exportador é pago na data predeterminada, suportando, então, o *factor* o risco do não-pagamento pelo comprador. Apesar disso, a *factoring* não protegerá o exportador dos riscos de fabricação, assegurando o interesse do comprador, que pode opor ao *factor* as exceções relativas ao crédito, dentre elas a

FACTORING INTERNO   539

de imperfeita execução (W. Bulgarelli). **2.** *Vide* *FACTORING EXTERNO*.

FACTORING INTERNO. *Direito comercial.* Aquele em que as operações se realizam dentro do mesmo país ou, neste, dentro de uma região.

FACTORING NO VENCIMENTO. *Direito comercial.* Também chamado *maturity factoring*, é o contrato celebrado quando as faturas representativas dos créditos do faturizado são remetidas ao faturizador (*factor*) e liquidadas por ele no seu vencimento. Observa Sussfeld que o *factor* compromete-se a pagar, nos respectivos vencimentos, os créditos que lhe forem cedidos, deduzindo uma comissão, que é uma remuneração equivalente aos riscos assumidos em relação aos créditos adquiridos. Não há, portanto, qualquer adiantamento do valor dos créditos cedidos; exclui-se a atividade de financiamento, embora subsistam a gestão e a cobrança das faturas como garantia do pagamento na data do vencimento.

FACTORING OLD LINE. *Direito comercial. Factoring* convencional que se dá quando o cliente recebe o dinheiro da venda de suas "contas a receber" e o compromisso do *factor* de pagar 100% por elas (Burton Abrahams). *Vide CONVENTIONAL FACTORING*.

FACTORING SEM ANTECIPAÇÃO. *Vide* FATURIZAÇÃO NO VENCIMENTO.

FACTORING SEM RECURSO. *Direito comercial.* Faturização em que o faturizador se compromete a pagar pelos créditos adquiridos, assumindo o risco de seu pagamento pelos devedores, sem recurso contra o faturizado, salvo culpa grave ou dolo na transferência do crédito (Venosa).

FACTORING TRADICIONAL. *Direito comercial.* Designado *conventional factoring*, é o que se opera quando as faturas cedidas são liquidadas pelo faturizador (*factor*) antes do vencimento. Os créditos negociados são pagos ao cedente no instante da cessão, ocorrendo, portanto, adiantamento dos valores dos títulos. É, como ensina Luiz Lemos Leite, a compra de direitos creditórios ou ativos representativos de vendas mercantis a prazo, mediante a cessão *pro soluto* notificada pelo vendedor (endossante) ao comprador (sacado vendedor), havendo, pois, assunção de risco.

FACTORING WITH RECOURSE. *Direito comparado. Factoring* usual na Itália, na Austrália e nos países escandinavos. Nesse tipo de *factoring* há noti-

ficação do devedor da conta e os serviços são prestados pelo *factor*, com a ressalva de que, se o freguês não pagar, a empresa de *factoring* pode cobrá-los de seu cliente (Burton Abrahams).

FACTORY PRICE. *Locução inglesa.* Preço de fábrica.

FAC TOTUM. *Locução latina.* Aquele que se propõe a fazer tudo ou a tudo resolver.

FACTS CANNOT LIE. *Locução inglesa.* Os fatos não mentem.

FACTUAL. *Filosofia do direito.* Relativo aos fatos, em oposição às normas.

FACTUM ABIIT, MONUMENTA MANENT. *Expressão latina.* O fato passa, mas ficam os monumentos.

FACTUM ADSEVERANS ONUS SUBIIT PROBATIONE. *Brocardo latino.* Quem assevera um fato suporta o ônus da prova.

FACTUM A MAJORI PARTE AB OMNIBUS FACTUM VIDETUR. *Aforismo jurídico.* Fato da maioria reputa-se fato de todos.

FACTUM CONTRA JUS PRO NON FACTO HABETUR. *Expressão latina.* Fato contra o direito tem-se por não feito.

FACTUM EST ILLUD; FIERI INFECTUM NON POTEST. *Expressão latina.* O fato é este e não se pode evitar que o seja.

FACTUM ET TRANSACTUM. *Expressão latina.* Feito e acabado.

FACTUM HAEREDIS, DEFUNCTI FACTUM JUDICATUR. *Aforismo jurídico.* Fato de herdeiro julga-se fato do defunto.

FACTUM IMPUGNARE NON DEBET, QUI ADVERSUS ALIOS ILLUD DEFENDERE TENETUR. *Aforismo jurídico.* Não deve impugnar o fato quem se obriga a defendê-lo contra outros.

FACTUM LEGITIME RETRACTARI NON DEBET, LICET CASUS POSTE A EVENIAT A QUO NON POTUIT INCHOARI. *Expressão latina.* O que se fez legitimamente não pode ser retratado em seguida, ainda que sobrevenham circunstâncias que teriam permitido começar a fazê-lo, validamente, se existissem antes.

FACTUM NEGANTIS, NULLA PROBATIO EST. *Brocardo latino.* Nenhuma prova é exigida de quem nega o fato.

FACTUM PRAESUMITUR, QUOD FIERI CONSUEVIT. *Aforismo jurídico.* Presume-se o fato pelo costume de seu autor.

FACTUM PRINCIPIS. *Locução latina.* **1.** Fato do príncipe. **2.** *Direito do trabalho.* Ato de autoridade municipal, estadual ou federal que pode causar paralisação definitiva ou temporária do trabalho, gerando, em termos processuais, denunciação da lide, uma vez que a autoridade será responsável pela indenização a que fizer jus o empregado. **3.** *Vide* FATO DO PRÍNCIPE.

FACTUM PROPRIUM NEMO IMPUGNARE POTEST. *Aforismo jurídico.* Ninguém pode impugnar fato próprio.

FACTUM TUTORIS CENSETUR FACTUM PUPILI. *Aforismo jurídico.* Fato do tutor reputa-se fato do pupilo.

FACTUM, UBI OPUS EST, VERBA NON SUFFICIUNT. *Expressão latina.* Quando o fato é necessário, não bastam palavras.

FACULDADE. 1. Na *linguagem filosófica,* é: a) poder de agir ou de fazer algo; qualidade, independente de norma jurídica, inerente ao homem; propriedade da personalidade; qualidade que dispõe, imediatamente, um ser a agir; potência ativa; b) capacidade; poder para efetuar uma ação mental. **2.** *Direito civil* e *direito administrativo.* a) Estabelecimento de ensino superior, particular ou público; b) corporação de professores numa escola superior. **3.** *Medicina legal.* Função física inerente ao corpo humano. **4.** *Direito comercial.* No plural, indica mercadorias carregadas num navio.

FACULDADE ADMINISTRATIVA. *Direito administrativo.* Poder discricionário da Administração Pública de agir ou não agir, conforme a oportunidade ou a conveniência do interesse público.

FACULDADE ALTERNATIVA. *Direito civil.* Designação dada por Lehmann Enneccerus, Kipp e Wolff à obrigação que, não tendo por objeto senão uma só prestação, pode, por lei ou contrato, ser substituída pelo devedor para facilitar-lhe o pagamento.

FACULDADE DE DIREITO. *Direito civil, direito educacional* e *direito administrativo.* Estabelecimento de ensino superior, particular ou público, encarregado de transmitir conhecimentos científico-jurídicos de todos os ramos do direito, em cursos de graduação e pós-graduação, formando bacharéis, futuros advogados, professores, juízes, promotores, procuradores etc.

FACULDADE LIVRE DE DIREITO. *Direito civil.* Estabelecimento de ensino jurídico superior em que o governo não exerce qualquer interferência na sua manutenção ou na concessão de diplomas.

FACULDADES. 1. *Direito civil.* Conjunto de bens, riquezas, posses e recursos que não abrange moedas e jóias. **2.** *Direito comercial.* Mercadorias que constituem a carga de um navio; fazendas carregadas numa embarcação para transporte marítimo ou fluvial.

FACULTAS AGENDI. *Locução latina.* **1.** Faculdade de agir. **2.** *Teoria geral do direito.* Para a maioria dos autores, é o direito subjetivo. Porém, a faculdade de agir não é direito, e sim qualidade própria do ser humano que independe de norma jurídica para sua existência, competindo ao preceito normativo ordená-la. Logo, seu uso é lícito ou ilícito, conforme for permitida ou proibida. Portanto, o direito subjetivo, na lição do insigne Goffredo Telles Jr., é a permissão dada, por meio de norma jurídica válida, para se fazer ou não alguma coisa, ter ou não algo, ou, ainda, a autorização para se exigir, por meio dos órgãos competentes do Poder Público ou através dos processos legais, em caso de prejuízo causado por violação de direito, o cumprimento da norma infringida ou a reparação do mal sofrido. A chamada *facultas agendi* é anterior ao direito subjetivo. Primeiro a faculdade de agir, e, depois, a permissão de usar essa aptidão.

FACULTAS ALTERNATIVA. *Direito civil.* Excepcional possibilidade de o lesado escolher, em caso de concorrência entre responsabilidade contratual e extracontratual, o regime de responsabilidade admitida em caso de delito contratual de natureza penal (Clóvis do Couto e Silva).

FACULTAS BELLANDI. *Locução latina.* Faculdade de declarar guerra.

FACULTAS EXIGENDI. *Locução latina.* Faculdade de exigir.

FACULTAS FACIENDI. *Locução latina.* Faculdade de fazer.

FACULTATIVO. 1. Relativo a uma faculdade. **2.** O que se pode fazer ou não fazer livremente. **3.** O que não é obrigatório. **4.** Diz-se do ato de autoridade pública que admite o não-comparecimento de funcionário à repartição, sem perda de qualquer vantagem pecuniária. Trata-se da declaração de ponto facultativo.

FACÚNDIA. *Retórica jurídica.* Eloqüência na arte de discursar.

FACUNDO. *Retórica jurídica.* Eloqüente; aquele que tem talento oratório.

FADIGA. *Medicina legal.* Cansaço ou esgotamento provocado por excesso de trabalho físico ou mental e conseqüente auto-intoxicação pela liberação de leucomaínas no cérebro, aumento de ácido láctico nos músculos e creatinina no sangue, que traz diminuição de resistência nervosa conducente a acidentes ou à prática de certos crimes (Croce e Croce Jr.).

FAEX URBIS, LEX ORBIS. *Expressão latina.* Ralé da cidade, lei do mundo. O povo é que dita as leis ao mundo.

FAGEDENIA. *Medicina legal.* Bulimia; apetite exagerado.

FAGEDENISMO. *Medicina legal.* Destruição de tecidos por uma úlcera que se alastra.

FAGOCITOSE. *Medicina legal.* Destruição de tecidos, células e bactérias pelos glóbulos brancos, denominados fagócitos.

FAGOMANIA. *Medicina legal.* Mania de comer.

FAGOPIRISMO. *Medicina legal.* Envenenamento com trigo-preto.

FAIDA. *Sociologia jurídica* e *história do direito.* **1.** Denominação dada à *vendetta*, ou vingança, na Itália, na época das comunas. **2.** Reação pessoal do ofendido contra o ofensor, sem que houvesse qualquer limite para reparação do dano (Othon Sidou). **3.** Instituição jurídica da composição monetária entre as antigas tribos germânicas, que vigorou também na Espanha, pela qual o ofensor pagava em dinheiro o dano causado ao ofendido, que, com isso, não podia exercer o direito de vingança privativa.

FAILLITE. *Termo francês.* Falência.

FAINA. *Direito marítimo.* Trabalho náutico feito a bordo de navios.

FAINA DE PRATICAGEM. *Direito marítimo.* Conjunto de ações e manobras realizadas durante a prestação do serviço de praticagem.

FAIR EQUALITY. *Locução inglesa.* Justa igualdade.

FAIRE SOUCHE. *Locução francesa.* Ter descendente.

FAIR GAME. *Locução inglesa.* Jogo em que a expectativa de ganho, em um cassino, acima de um valor pré-definido é nula (Luiz Fernando Rudge).

FAIRNESS HEARING. *Locução inglesa.* Audiência de eqüidade.

FAIR PLAY. *Locução inglesa.* Lealdade na maneira de agir.

FAIR USE. *Locução inglesa.* **1.** *Direito autoral.* Uso moderado e restrito de uma obra, sem autorização do autor, como a citação de um livro em resenha literária (Hélio A. Bellintani Jr.). **2.** *Direito virtual.* Reprodução de parte do código-fonte (descrição de suas linhas de programação) de um programa de computador em outro *software*, desde que haja identificação do programa e do titular dos direitos autorais (Hélio A. Bellintani Jr.).

FAISQUEIRA. **1.** Local ou mina de onde se extraem faíscas de ouro. **2.** Resto do cascalho abandonado em lavras. **3.** Lugar onde corre o ouro à superfície dos leitos de rios ou nas encostas de morros.

FAISQUEIRO. Aquele que lava o cascalho à procura de ouro.

FAIT DES CHOSES. *Expressão francesa.* Fato das coisas.

FAIXA DE FRONTEIRA. *Direito internacional público.* Porção do território nacional, situada ao longo de suas fronteiras, reservada para garantir a segurança do País, através de fortificações militares, estrada de ferro ou qualquer outro meio de comunicação estratégico. Trata-se da zona indispensável à defesa nacional.

FAIXA DE SERVIDÃO. *Direito administrativo.* Faixa de terra à margem dos rios navegáveis destinada à servidão pública.

FAIXA NON AEDIFICANDI. *Direito civil.* Porção de terra onde não se permite a construção de obras.

FAIXAS DE DOMÍNIO. *Direito de trânsito.* Superfície lindeira às vias rurais, delimitada por lei específica e sob responsabilidade do órgão ou entidade de trânsito competente com circunscrição sobre a via.

FAIXAS DE TRÂNSITO. *Direito de trânsito.* Qualquer uma das áreas longitudinais em que a pista pode ser subdividida, sinalizada ou não por marcas viárias longitudinais, que tenham uma largura suficiente para permitir a circulação de veículos automotores.

FALA. **1.** Na *linguagem forense,* designa o que é alegado nos autos. **2.** Nas *linguagens comum* e *jurídica:* a) discurso; b) diálogo; c) ação de falar; d) modo de falar; e) interpelação.

FALACA. *História do direito.* Poste onde se prendiam os condenados a bastonadas.

FALÁCIA. **1.** *Direito penal.* Burla, logro, fraude, trapaça ou ardil que pode levar ao estelionato. **2.** *Lógica jurídica.* a) sofisma; b) asserção aparente; c) aparente silogismo; d) argumento falso para convencer alguém do contrário, depois de uma conclusão dada.

FALÁCIA GENÉTICA. *Lógica jurídica.* Raciocínio que explica algo mediante a descrição do processo que esse algo seguiu para chegar ao estado em que se encontra e que se pretende justamente explicar (José Ferrater Mora).

FALACIOSO. *Direito penal.* Relativo à falácia.

FALACROSE. *Medicina legal.* Calvície; alopecia.

FALA INTERIOR. Na *linguagem psicológica*, é o fato de o pensamento apresentar-se à consciência sob a forma de uma seqüência de imagens auditivo-motrizes, que formam palavras que repetem mais ou menos e parcialmente a fala propriamente dita (Egger).

FALANSTÉRIO. *Sociologia jurídica.* Cidade destinada à habitação da comuna societária, segundo o sistema fundado por Charles Fourier.

FALANSTERISMO. *Sociologia jurídica.* Doutrina que prega a reorganização da sociedade em pequenas comunidades cooperativas para que tenham vida em comum.

FALAR. 1. Aconselhar. **2.** Concordar com negócio. **3.** Tratar de algum assunto. **4.** Ajustar. **5.** Manifestar-se; anunciar. **6.** Exprimir por meio de palavras orais ou escritas; dizer. **7.** Persuadir. **8.** Revelar. **9.** Ordenar. **10.** Fazer compreender. **11.** Demonstrar. **12.** Dialogar; conversar. **13.** Saber exprimir idéias. **14.** Ensinar. **15.** Aludir. **16.** Advogar. **17.** Dirigir-se a alguém.

FALAR ÀS MASSAS. Discursar.

FALAR NOS AUTOS. 1. Pronunciar-se nos autos, durante a pendência do processo, no momento oportuno, por determinação legal ou judicial. **2.** Despachar em juízo.

FALATÓRIO. *Direito penal* e *direito civil.* Boato infundado que pode constituir o crime de difamação, calúnia ou injúria, gerando responsabilidade penal ou civil, ou ambas.

FALAZ. *Direito penal* e *direito civil.* Enganador; fraudulento; ardiloso; que pode praticar estelionato, dolo ou fraude contra credores.

FALCATRUA. 1. *Direito civil.* Artifício malicioso que configura dolo ou fraude contra credores. **2.** *Direito penal.* Ardil que não exclui a possibilidade de estelionato.

FALDISTÓRIO. *Direito canônico.* Cadeira sem espaldar, colocada ao lado do altar-mor, onde se assenta o bispo.

FALECER. 1. Morrer. **2.** Carecer. **3.** Acabar. **4.** Escassear.

FALECIDO. 1. Aquele que morreu. **2.** *De cujus.* **3.** Tudo o que deixa de ter existência. **4.** Falho. **5.** Que carece de alguma coisa.

FALECIMENTO. 1. Ato de morrer. **2.** Óbito. **3.** Término da existência da pessoa natural. **4.** Defeito. **5.** Carência. **6.** Extinção. **7.** Privação.

FALECIMENTO DE DELINQÜENTE. *Direito penal.* Morte do criminoso, que constitui causa extintiva de punibilidade.

FALECIMENTO NOTÓRIO. *Direito civil.* **1.** É o comprovado pelo atestado de óbito. **2.** O que se tornou público e, portanto, conhecido de todos.

FALECIMENTO PRESUMIDO. *Direito civil.* **1.** *Morte presumida, sem decretação de ausência,* em casos excepcionais, para viabilizar o registro do óbito, como: se for extremamente provável a morte de quem estava em perigo de vida ante as circunstâncias em que se deu o acidente e se alguém, desaparecido em campanha ou feito prisioneiro, não foi encontrado até dois anos após o término da guerra. Nessas hipóteses, a declaração da morte presumida apenas poderá ser requerida depois de esgotadas as buscas e averiguações, devendo a sentença fixar a data provável do óbito. O óbito deverá ser, portanto, nestes casos, justificado judicialmente, diante da presunção legal da ocorrência do evento morte. **2.** *Morte presumida, com declaração de ausência.* Ocorre ante a falta de certeza do óbito daquele que, por ter desaparecido sem deixar notícias, foi declarado judicialmente ausente, a pedido de qualquer interessado na sua sucessão ou do Ministério Público. O juiz, após a nomeação de curador, mandará que se publiquem, de dois em dois meses, até perfazer um ano, sete editais chamando o ausente. Não retornando este, poderá ser requerida sua sucessão provisória, assim como o início do processo de inventário e partilha de seus bens, ocasião em que a morte do desaparecido passa a ser considerada presumida, tendo efeito semelhante ao do falecimento real. Feita a partilha, seus herdeiros deverão administrar os bens, prestando caução real e garantindo a restituição no caso de o ausente aparecer. Dez anos após o trânsito em julgado da sentença da abertura da sucessão provisória, ou cinco anos após as últimas notícias do ausente que contar com oitenta anos de idade, se ele não aparecer, será declarada sua morte presumida,

FALÊNCIA   543

a requerimento de qualquer interessado, convertendo-se a sucessão provisória em definitiva. Se o ausente retornar até os dez anos seguintes à abertura da sucessão definitiva, terá direito aos bens no estado em que se encontrarem ou ao preço que os herdeiros houverem recebido com sua venda. Porém, se regressar após esses dez anos, não terá direito a nada.

FALÊNCIA. *Direito comercial* e *direito falimentar.* **1.** Ato ou efeito de falir. **2.** Quebra de um empresário ou sociedade empresária reconhecida, em juízo, por sentença transitada em julgado. **3.** Estado ou situação declarada judicialmente do empresário que não cumpriu suas obrigações líquidas, certas e vencidas. **4.** Trata-se de um processo de jurisdição contenciosa que visa assegurar a execução concursal e a cobrança de interesses particulares e fiscais, sanear economicamente a atividade empresarial (Jaeger) ou, se não houver condições de qualquer recuperação econômica, promover a liquidação falimentar, de modo sumário, sem procrastinação forense (Rubens Requião). **5.** Ato que, ao promover o afastamento do devedor de suas atividades, visa a preservar e otimizar a utilização produtiva dos bens, ativos e recursos produtivos, inclusive os intangíveis, da empresa.

FALÊNCIA CASUAL. *Direito comercial* e *direito falimentar.* É a situação falencial oriunda dos próprios azares ou adversidades do comércio, e não de culpa ou falta do empresário devedor, que sempre foi cumpridor de suas obrigações. Dá-se por fato alheio à vontade do empresário, reduzindo seu capital e impedindo-o de satisfazer, no todo ou em parte, seus débitos.

FALÊNCIA CIVIL. *Direito civil.* Insolvência do devedor.

FALÊNCIA CULPOSA. *Direito comercial* e *direito falimentar.* Aquela que se opera em virtude de negligência do devedor empresário que se omitiu de alguma diligência imprescindível para evitar dano aos seus credores, ou deixou de cumprir exigências legais e de atender, com zelo, às suas obrigações ou aos seus negócios, apesar de não ter tido a *intentio* de causar qualquer prejuízo.

FALÊNCIA DE CONCESSIONÁRIA. *Direito administrativo.* Causa extintiva da concessão de serviço público, desde que a Administração Pública formalize a sua rescisão, mediante revogação, pois nada obsta que venha a admitir que a massa falida continue explorando os serviços públicos concedidos, ante o princípio da continuidade (Bielsa).

FALÊNCIA DE DIREITO. *Direito comercial* e *direito falimentar.* Estado falimentar reconhecido.

FALÊNCIA DE FATO. *Direito falimentar.* Insolvência mercantil, que se caracteriza pela impontualidade nos pagamentos (Othon Sidou).

FALÊNCIA DO ESPÓLIO. 1. *Direito comercial.* Falência decretada até um ano depois da abertura da sucessão do *de cujus* que era comerciante insolvente, caso em que ficará suspenso o processo de inventário, cabendo ao administrador judicial a realização de atos pendentes em relação aos direitos e obrigações da massa falida. **2.** *Vide* FALÊNCIA PÓSTUMA.

FALÊNCIA DOLOSA. *Vide* FALÊNCIA FRAUDULENTA.

FALÊNCIA EXTRAJUDICIAL DE CASA BANCÁRIA. *Direito bancário.* Procedimento concursal administrativo de intervenção, na hipótese de ser transitória a dificuldade, ou de liquidação, em caso de dificuldade definitiva, decretado e efetuado pelo Banco Central do Brasil. Apenas havendo malogro dessas medidas recorre-se ao processo judicial. Isto é assim para que se possa atender ao interesse público, no qual interfere a atividade desenvolvida pelas instituições financeiras.

FALÊNCIA FORTUITA. *Vide* FALÊNCIA CASUAL.

FALÊNCIA FRAUDULENTA. *Direito comercial* e *direito falimentar.* Aquela que ocorre em razão de má-fé ou dolo do empresário que, intencionalmente, através da prática de atos fraudulentos, visa obter vantagens, para si ou para outrem, lesando o patrimônio dos credores. São exemplos de fraude: a ocultação do balanço, de créditos, bens e dinheiro; a antecipação de pagamentos; a omissão na escrituração de livros mercantis, mantendo-os em estado irregular etc.

FALÊNCIA FRUSTRADA. *Direito comercial* e *direito falimentar.* Aquela que ocorre quando não há bens para arrecadação ou quando os arrecadados são insuficientes para atender às despesas processuais e saldar as dívidas do falido.

FALENCIAL. *Direito comercial* e *direito falimentar.* Relativo a falência; falimentar.

FALÊNCIA PÓSTUMA. *Direito comercial* e *direito falimentar.* É a requerida após o falecimento do empresário devedor. Trata-se da falência do espólio do devedor empresário, a requerimento do seu credor, cônjuge sobrevivente, herdeiros ou inventariante.

FALÊNCIA SUMÁRIA. *Direito comercial* e *direito falimentar.* Processo especial de falência que visa simplificar, ante o princípio da economia processual, o procedimento, que terá rito sumário. Tal processo é aplicado quando a falência envolve pequeno valor passivo ou o patrimônio do devedor empresário é insuficiente para atender às despesas processuais.

FALHA. 1. *Direito civil* e *direito processual civil.* a) Ato ou efeito de falhar; b) defeito; c) vício de consentimento, que pode decorrer de erro, dolo, coação, lesão e estado de perigo; d) vício social, isto é, simulação e fraude contra credores; e) parte não preenchida; f) lacuna; g) omissão ou falta que pode haver em alguma coisa ou na execução de um ato, conduzindo-o à nulidade absoluta ou relativa. **2.** *Direito agrário.* Diz-se da égua ou da vaca que não ficou prenhe no tempo próprio.

FALHADÃO. *Direito agrário.* Local do cafezal onde morreram diversos pés.

FALHAR. 1. Não produzir o resultado pretendido. **2.** Não acertar. **3.** Errar. **4.** Ter quebra no peso de moeda ou metal que se lavra. **5.** Pisar em falso. **6.** Faltar a uma obrigação. **7.** Não ficar a égua ou a vaca prenhe. **8.** Não comparecer. **9.** Não chegar a tempo. **10.** Interromper viagem em certo ponto do percurso. **11.** Malograr. **12.** Apresentar deficiências. **13.** Não se realizar.

FALIBILIDADE. Qualidade daquilo que é falível ou passível de erro.

FÁLICO. *Medicina legal.* O que é concernente ao pênis.

FALIDA. *Direito comercial* e *direito falimentar.* Diz-se da massa de bens do empresário falido.

FALIDO. *Direito comercial* e *direito falimentar.* **1.** Aquele que faliu. **2.** Indivíduo contra quem é decretado, por sentença judicial transitada em julgado, o estado de falência. **3.** Quebrado. **4.** Empresário que, sem razão de direito, não paga no vencimento obrigação líquida constante de título que legitime ação executiva.

FALIMENTAR. *Vide* FALENCIAL.

FALIMENTO. 1. *Vide* FALÊNCIA. **2.** *História do direito.* a) Falecimento; b) cessação de pagamento; c) culpa; d) erro; e) diminuição; f) omissão.

FALIR. *Direito comercial* e *direito falimentar.* **1.** Quebrar. **2.** Abrir falência. **3.** Faltar, sem relevante razão jurídica, às obrigações empresariais. **4.** Cair em estado de falência, em razão de sentença judicial.

FALITE. *Medicina legal.* Inflamação do pênis.

FALÍVEL. 1. Que pode enganar-se. **2.** Em que pode haver erro ou engano. **3.** Aquilo ou aquele que falha. **4.** Passível de engano.

FALLACIA. *Termo latino.* Sofisma.

FALLACIA ACCIDENTIS. 1. *Locução latina.* Erro do acidente. **2.** *Lógica jurídica.* a) Sofisma que consiste em confundir as próprias coisas com os seus modos de ser (Aristóteles); b) sofisma que consiste em concluir o geral do particular ou em tratar uma característica acidental como essencial (Lalande).

FALLACIA A DICTO SECUNDUM QUID AD DICTUM SIMPLICITER. *Vide FALLACIA SECUNDUM QUID.*

FALLACIA COMPOSITIONIS. 1. *Locução latina.* Passagem ilógica do composto ao diviso. **2.** *Lógica jurídica.* Inferência de uma conclusão em que um predicado é negado de um termo, porque no antecedente outro predicado, simultaneamente incompatível com aquele, foi afirmado do mesmo termo (Goffredo Telles Jr.).

FALLACIA COMPOSITIONIS ET FALLACIA DIVISIONIS. *Expressão latina.* **1.** Sofisma que confunde a afirmação relativa a um termo composto com a alusiva aos elementos deste, considerados em separado ou vice-versa (Aristóteles). **2.** *Lógica jurídica.* Passagem do sentido composto ao sentido dividido, no qual o atributo altera um dos elementos essenciais que compõem a idéia primitiva do sujeito (Port-Royal e Lalande).

FALLACIA DICTI SIMPLICITER ET SECUNDUM QUID. 1. *Expressão latina.* Passagem ilógica do absoluto ao relativo ou vice-versa. **2.** *Lógica jurídica.* Inferência de uma conclusão em que o predicado vem acompanhado de um complemento inexistente no antecedente, ou inferência de uma conclusão em que o predicado não vem seguido do complemento que o acompanhava no antecedente (Goffredo Telles Jr.).

FALLACIA DIVISIONIS. 1. *Locução latina.* Passagem ilógica do diviso ao composto. **2.** *Lógica jurídica.* Inferência de uma conclusão em que o predicado é afirmado de um termo, porque no antecedente outro predicado, sucessivamente incompatível com aquele, foi afirmado do mesmo termo (Goffredo Telles Jr.).

FALLACIA NON CAUSAE UT CAUSAE. *Expressão latina* e *lógica jurídica.* O que não é causa verdadeira é aceito como causa (Goffredo Telles Jr.).

FALLACIA SECUNDUM QUID. *Lógica jurídica.* Também designado *fallacia a dicto secundum quid ad dictum simpliciter*, é o sofisma que consiste em empregar-se na conclusão, no sentido absoluto, um termo que entra na premissa sob determinadas condições ou em certas relações (Aristóteles, Charles e Lalande).

FALLENDI ARS. *Locução latina.* Simulação; arte de simular, enganando terceiro.

FALLITUS ERGO FRAUDATOR. *Expressão latina.* Falido, logo fraudador.

FALO. *Medicina legal.* Membro viril; pênis.

FALOCRIPSIA. *Medicina legal.* Retração peniana.

FALODINIA. *Medicina legal.* Dor no membro viril.

FALONCOSE. *Medicina legal.* Tumor no pênis.

FALONEOPLASTIA. *Medicina legal.* Intervenção cirúrgica que, em caso de transexualismo masculino, consiste em fazer um novo pênis.

FALOPIOTOMIA. *Medicina legal.* Secção da trompa de Falópio.

FALOPLASTIA. *Medicina legal.* Cirurgia plástica do pênis.

FALORRAGIA. *Medicina legal.* Hemorragia na superfície peniana.

FALSA. 1. Coisa adulterada. **2.** Coisa que foi dissimulada com o propósito de enganar outrem. **3.** Idéia errônea ou não correspondente à verdade. **4.** Diz-se da afirmação maliciosa empregada para fugir à realidade.

FALSA ATRIBUIÇÃO. 1. *Direito civil.* Ato de conferir a algo uma qualidade que não possui, com o intuito de levar alguém à prática de um negócio jurídico que não realizaria se tivesse conhecimento da verdade. Tal procedimento constitui vício de consentimento passível de anular o ato negocial. **2.** *Direito penal.* Alegação, que pode ser punida penalmente, de qualidade da pessoa ou de coisa que não corresponde à realidade ou não existe.

FALSA ATRIBUIÇÃO DE AUTORIDADE PARA CELEBRAÇÃO DE CASAMENTO. 1. *Direito civil.* Causa de nulidade relativa do casamento, em razão de incompetência *ratione loci*, por não ter sido celebrado perante juiz do distrito em que se processou a habilitação matrimonial ou, como preferem alguns autores, por ter sido celebrado por outra autoridade que não o juiz de casamento. Subsistirá o casamento celebrado por aquele que, sem possuir a competência exigida na lei, exercer publicamente as funções de juiz de casamento e, nessa qualidade, tiver registrado o ato no Registro Civil. Se a nulidade não for alegada dentro do prazo decadencial de dois anos, contado da celebração do casamento, o casamento convalescerá do vício. **2.** *Direito penal.* Crime que consiste em atribuir-se falsamente autoridade para celebração do ato

nupcial, apenado com detenção. Trata-se da simulação de autoridade.

FALSA ATRIBUIÇÃO DE DISTINÇÃO OU RECOMPENSA. *Direito de propriedade industrial* e *direito penal.* Crime de concorrência desleal que consiste em atribuir-se, como meio de propaganda de indústria, distinção ou recompensa não obtida.

FALSA ATRIBUIÇÃO DE PRIVILÉGIO. *História do direito.* Crime de concorrência desleal que consistia em exercer, como privilegiada, indústria que não o fosse, ou depois de anulado, suspenso ou caduco o privilégio.

FALSA CAUSA. *Direito civil.* Erro quanto ao fim colimado (falso motivo) que, em regra, não vicia o negócio jurídico, a não ser que nele figure expressamente, integrando-o, como sua razão essencial ou determinante, caso em que o torna anulável.

FALSA CAUSA NON EST CAUSA. *Aforismo jurídico.* Falsa causa não é causa.

FALSA CONDIÇÃO. *Direito civil.* Diz-se daquela que, por ser impossível física ou juridicamente, não pode ser efetivada por contrariar a natureza ou a ordem legal.

FALSA COTAÇÃO DE AÇÕES, TÍTULOS DE SOCIEDADE OU VALORES MOBILIÁRIOS. *Direito comercial.* Causa geradora da responsabilidade civil em negócio efetivado em Bolsa de Valores, por ser contrária à *full disclosure*, que compreende a divulgação correta dos informes de interesse do mercado de capitais, para orientar acionistas, investidores e entidades desse mercado, na busca de capitais. Isto é assim porque a Bolsa de Valores existe, precisamente, para servir de garantia contra ilícitos prejudiciais a terceiros que negociam por seu intermédio, resguardando-os dos riscos das operações realizadas, sendo responsável pela lisura das operações efetuadas sob sua égide.

FALSA DECLARAÇÃO. 1. *Direito civil.* Diz-se da declaração negocial que não corresponde à verdade ou à realidade dos fatos. **2.** *Direito penal.* a) Crime contra a fé pública que consiste em inserir declaração diversa da que devia ser escrita, ou não correspondente à realidade, com o intuito de prejudicar direito, criar obrigação ou alterar a verdade sobre fato juridicamente relevante, apenado com reclusão e multa. Trata-se do crime de falsidade ideológica; b) declaração feita em juízo para fazer crer um fato inverídico ou enganoso. Equipara-se ao falso testemunho, que constitui crime contra a administração da justiça.

FALSA DEMONSTRAÇÃO. *Direito civil.* **1.** *Vide* FALSA INDICAÇÃO. **2.** Erro sobre as qualidades essenciais da pessoa ou da coisa, que anula negócio jurídico.

FALSA DEMONSTRATIO NON NOCET. *Expressão latina.* A impropriedade da demonstração nenhum prejuízo acarreta.

FALSA DENÚNCIA. *Direito processual penal.* Ato que consiste em comunicar à autoridade competente, inveridicamente, a ocorrência da prática de crime por determinada pessoa.

FALSA IDENTIDADE. *Direito penal.* **1.** Crime contra a fé pública que consiste em atribuir-se, ou a terceiro, falsa identidade, para obter vantagem, em proveito próprio ou alheio, ou para causar dano a outrem, punido com detenção ou multa. **2.** Crime, apenado com detenção e multa, que consiste em usar, como próprio, passaporte, título de eleitor, caderneta de reservista ou qualquer outro documento de identidade alheia ou ceder a outrem, para que dele se utilize, documento dessa natureza, próprio ou alheio.

FALSA INDICAÇÃO. **1.** *Direito civil.* Erro na indicação da pessoa ou da coisa, que configura falsa demonstração de suas qualidades essenciais, suscetível de acarretar a nulidade relativa do ato negocial. **2.** *Direito penal.* Crime contra a saúde pública, apenado com detenção ou multa, que consiste em inculcar, em invólucro ou recipiente de produto alimentício ou medicinal, a existência de substância que não se encontra em seu conteúdo ou que nele existe em quantidade menor que a mencionada.

FALSA INDICAÇÃO DE PROCEDÊNCIA DE PRODUTO. *História do direito.* Crime de concorrência desleal, punido com detenção ou multa, praticado por aquele que produzia, importava, exportava, armazenava, vendia ou expunha à venda mercadoria com falsa indicação de procedência. Corresponde hoje aos Crimes Contra Indicações Geográficas e Demais Indicações.

FALSA ORIGEM. *Vide* FALSA PROCEDÊNCIA.

FALSA PARCERIA. *Vide* CONTRATO DE TRABALHO RURAL.

FALSA PERÍCIA. *Direito penal.* **1.** Crime contra a administração da justiça, apenado com reclusão e multa, que consiste em fazer, na condição de perito, em processo policial, administrativo ou judicial, ou em juízo arbitral, afirmação falsa, negando ou calando a verdade. **2.** *Vide* FALSO TESTEMUNHO.

FALSA PROCEDÊNCIA. **1.** *Direito tributário.* Fraude que consiste em inculcar origem não verdadeira em mercadoria ou produto, infringindo regulamentação fiscal. Por exemplo, indicação de mercadoria nacional como sendo estrangeira ou vice-versa. **2.** *Vide* CRIMES CONTRA INDICAÇÕES GEOGRÁFICAS E DEMAIS INDICAÇÕES.

FALSA PROVA. **1.** *Direito penal.* Crime contra a administração da justiça, como o falso testemunho e a falsa perícia. Consiste na falsa afirmação, como testemunha, perito, tradutor ou intérprete, em processo judicial, policial ou administrativo, ou em juízo arbitral, punida com reclusão e multa. **2.** *Direito processual civil.* a) Motivo idôneo para a rescisão de sentença de mérito transitada em julgado, justificando o ajuizamento da ação rescisória; b) em sentido amplo, constitui qualquer supressão, modificação ou alteração intencional da verdade, seja qual for o meio com que se produza e obtenha a prova; c) *Vide* FALSIDADE DE PROVA.

FALSA QUALIDADE. *Direito penal.* Ato de atribuir a certo produto ou mercadoria, para enganar alguém, qualidade que não possui, fazendo-o passar por verdadeiro, quando falso, ou por outro de qualidade superior.

FALSA-QUILHA. *Direito marítimo.* Resguardo de madeira na quilha da embarcação.

FALSAR. **1.** Falsificar. **2.** Enganar com pesos ou medidas, por exemplo. **3.** Frustrar. **4.** Mentir. **5.** Falhar. **6.** Deixar de cumprir. **7.** Faltar a uma promessa.

FALSÁRIO. *Direito penal.* **1.** Aquele que comete crime de falsidade. **2.** Falsificador.

FALSEAR. **1.** Atraiçoar. **2.** Cometer falsidade. **3.** Tornar falso. **4.** Enganar. **5.** Alterar a verdade ou a realidade mediante atitudes dissimuladas. **6.** Fingir. **7.** Produzir prova falsa. **8.** Desvirtuar. **9.** Dar falsa interpretação.

FALSE ARREST. *Locução inglesa.* Prisão ilegal.

FALSE IMPRISONMENT. *Locução inglesa.* Privação da liberdade.

FALSETA. **1.** Não-cumprimento de promessa feita. **2.** Falsidade.

FALSIDADE. **1.** Delito de esconder ou alterar a verdade, com o intuito de prejudicar alguém. **2.** Qualidade do que é falso. **3.** Perfídia. **4.** Mentira. **5.** Fraude. **6.** Calúnia. **7.** Violação da verdade. **8.** Erro intencional. **9.** Alteração de documento.

FALSIDADE CONCEITUAL. *Lógica jurídica.* **1.** Oposição dialética a *veritas.* **2.** Indução falsa de premissas verdadeiras.

FALSIDADE DE ATESTADO MÉDICO. *Direito penal.* Crime de falsidade ideológica, apenado com detenção, que consiste em dar o médico, no exercício da sua profissão, atestado falso, sendo a pena cominada acrescida de multa quando houver intuito lucrativo.

FALSIDADE DE PROVA. *Direito processual civil* e *direito processual penal.* Toda e qualquer violação dolosa da fé pública, ou seja, da certeza jurídica que deve decorrer do pronunciamento judicial. Não importa, sob o prisma jurídico, a distinção entre falsidade ideológica (auto autêntico com declarações mendazes) e material (criação de documento falso simulando o verdadeiro) da prova, que enseja sua apuração tanto na justiça criminal, onde se destaca o crime de falsa perícia, como no procedimento rescisório. A lei processual civil, ao se referir à prova falsa, não se satisfaz com erigir como requisito a simples desconformidade com a verdade, exigindo, além da configuração do dolo específico, que nenhuma dúvida haja quanto à falsidade. Estabelece por isso a condição de que seja apurada em processo criminal ou fique provada na própria ação rescisória de forma inequívoca. Não é preciso que a falsidade tenha sido alegada no acórdão rescindendo, salvo se se tratar de falsidade documental, com decisão nesse processo de autenticidade de documento. A rescisória fundada em falsa prova pericial requer que tal falsidade tenha sido apurada em processo criminal, antes ou depois do acórdão rescindendo, ou provada no próprio processo da ação rescisória, desde que tal prova tenha sido fundamental para a conclusão do órgão judicante. Logo, como se vê, não exclui a rescisória o fato de não ter havido processo criminal para apurar a falsidade de prova nem sentença penal condenatória. Mas, convém lembrar, a exclui o reconhecimento, por decisão criminal, da inexistência do fato ou da ausência de crime.

FALSIDADE DE TÍTULOS OU PAPÉIS PÚBLICOS. *Direito penal.* Crime contra a fé pública, apenado com reclusão e multa, que consiste em falsificar, fabricar ou alterar: a) selo postal, estampilha, papel selado ou qualquer papel de emissão legal, destinado à arrecadação de imposto ou taxa; b) papel de crédito público que não seja moeda de curso legal; c) vale postal; d) cautela

de penhor, caderneta de depósito de caixa econômica ou de outro estabelecimento mantido por entidade de direito público; e) talão, recibo, guia, alvará ou qualquer outro documento relativo à arrecadação de rendas públicas ou a depósito ou caução por que o Poder Público seja responsável; f) bilhete, passe ou conhecimento de empresa de transporte administrada pela União, por Estado ou por Município.

FALSIDADE DOCUMENTAL. 1. *Direito processual civil.* Ato de constituir documento falso ou de alterar um verdadeiro. **2.** *Direito penal.* Crime contra a fé pública que abrange a prática dos seguintes atos punidos pela lei penal: falsificação de selo ou sinal público; falsificação de documento público ou particular; falsidade ideológica; falso reconhecimento de firma ou letra; certidão ou atestado ideologicamente falso; falsidade material de atestado ou certidão; falsidade de atestado médico; reprodução ou adulteração de selo ou peça filatélica; uso de documento falso; supressão de documento.

FALSIDADE EM PREJUÍZO DA NACIONALIZAÇÃO DE SOCIEDADE. *Direito penal.* Crime contra a fé pública que consiste na infração da norma constitucional que veda a proibição imposta ao estrangeiro de ser proprietário de certos bens. Tal delito, que é punido com detenção e multa, traduz-se no ato de brasileiro prestar-se a figurar, na qualidade de testa-de-ferro, como proprietário ou possuidor de ação, título ou valor pertencente a estrangeiro, nos casos em que a este é vedada por lei sua propriedade ou posse.

FALSIDADE IDEOLÓGICA. *Direito penal.* Crime contra a fé pública, apenado com reclusão e multa, que consiste na omissão, em documento público ou particular, de declaração de verdade ou na inserção de declaração falsa ou diversa da que devia ser escrita, com o objetivo de prejudicar direito, criar obrigação ou alterar a verdade sobre fato juridicamente relevante. O documento acima referido, portanto, é verdadeiro, pois não é falso em sua materialidade, mas em seu teor ou conteúdo.

FALSIDADE IDEOLÓGICA DE ATESTADO E CERTIDÃO. *Direito penal.* Modalidade de crime de falsidade ideológica contra a fé pública, punido com detenção, em que funcionário público, no exercício do ofício, atesta ou certifica, falsamente, fato ou circunstância que habilite alguém a obter cargo público, isenção de ônus ou de serviço de caráter público, ou qualquer outra vantagem.

FALSIDADE INTELECTUAL. *Vide* FALSIDADE IDEOLÓGICA.

FALSIDADE MATERIAL. *Direito penal.* Aquela em que há substituição do verdadeiro pelo falso. Dá-se pela elaboração de título ou documento falso que simule o verdadeiro ou pela adulteração ou modificação deste, por meio de acréscimos, cancelamentos etc., para alterar a verdade com o intuito de lesar direitos alheios. Este tipo de delito consiste, portanto, na falsificação de documento ou título.

FALSIDADE MATERIAL DE ATESTADO OU CERTIDÃO. *Direito penal.* Crime perpetrado por qualquer pessoa, seja ela funcionária pública ou não, que venha a falsificar documento, no todo ou em parte, alterando o teor de certidão ou de atestado verdadeiro, para constituir prova de fato ou circunstância que habilite alguém a obter cargo público, isenção de ônus ou de serviço de caráter público, ou qualquer outra vantagem. Tal delito é punido com detenção, mas, se houver intuito lucrativo, além da pena privativa de liberdade, aplicar-se-á a de multa.

FALSIDADE MORAL. Violação da verdade conceitual, material ou ideológica.

FALSIDADE PENAL. *Direito penal.* A que se baseia na fraude, com o firme propósito de causar dano a direito alheio, sendo, por isso, punível pela lei penal.

FALSIDADE TESTEMUNHAL. *Direito penal* e *direito processual penal.* Dá-se quando a testemunha faz, em juízo, afirmação falsa ou cala a verdade, constituindo crime contra a administração da justiça. Se o juiz, ao pronunciar a sentença, reconhecer que alguma testemunha fez afirmação inverídica, calou ou negou a verdade, remeterá cópia do seu depoimento à autoridade policial para que esta providencie a instauração de inquérito.

FALSÍDICO. *Direito penal.* **1.** O que comete falsidade. **2.** Mentiroso.

FALSIFICAÇÃO. 1. *Direito canônico.* Ato punível de falsificar relíquias, letras apostólicas ou documentos eclesiásticos. **2.** *Direito penal.* a) Ato ou efeito de fabricar coisa ou de produzir documento ou título falsos, adulterar ou imitar algo, com propósito ilícito, em proveito próprio ou alheio. É espécie do gênero falsidade; b) ato ou efeito de falsificar; c) alteração fraudulenta de substâncias alimentícias ou medicamentosas.

FALSIFICAÇÃO DE DOCUMENTO PARTICULAR OU PÚBLICO. *Direito penal.* Crime que consiste em falsificar ou alterar, no todo ou em parte, documento particular ou público, apenado com reclusão.

FALSIFICAÇÃO DE MARCA OU SINAL EMPREGADO NO CONTRASTE DE METAL PRECIOSO OU NA FISCALIZAÇÃO ALFANDEGÁRIA. *Direito penal.* Crime contra a fé pública, punido com reclusão e multa, que consiste na vontade consciente de falsificar, fabricando ou alterando, marca ou sinal empregado pelo Poder Público no contraste de metal precioso ou na fiscalização alfandegária, ou no ato de usar marca ou sinal dessa natureza falsificado por outrem.

FALSIFICAÇÃO DE MOEDA. *Direito penal.* Crime contra a fé pública, punido com reclusão e multa, que consiste em falsificar, fabricando ou alterando, moeda metálica ou papel-moeda de curso legal no Brasil ou no exterior.

FALSIFICAÇÃO DE PAPÉIS PÚBLICOS. *Direito penal.* **1.** Crime contra a fé pública que consiste na fabricação ou alteração de papéis públicos. **2.** *Vide* FALSIDADE DE TÍTULOS OU PAPÉIS PÚBLICOS.

FALSIFICAÇÃO DE PEÇA FILATÉLICA. *Direito penal.* Crime contra a fé pública, apenado com detenção e multa, que consiste em reproduzir ou alterar, para fins mercantis ou não, selo ou peça filatélica que tenha valor para coleção, exceto quando tal reprodução ou alteração esteja visivelmente anotada na face ou no verso do selo ou da peça.

FALSIFICAÇÃO DE PRODUTO ALIMENTÍCIO. *Direito penal.* Crime contra a incolumidade pública, punido com reclusão e multa, que pode consistir na falsificação de produto alimentício, com sua substituição integral por outro, ou na sofisticação, se sua substituição for parcial, reduzindo seu valor nutritivo ou modificando sua qualidade.

FALSIFICAÇÃO DE SELO OU SINAL PÚBLICO. *Direito penal.* Crime contra a fé pública, apenado com reclusão e multa, que consiste em fabricar ou alterar: a) selo público destinado a autenticar atos oficiais da União, dos Estados ou Municípios; b) selo ou sinal atribuído por lei a entidade de direito público, ou a autoridade, ou sinal público de tabelião.

FALSIFICAÇÃO DE SUBSTÂNCIA MEDICINAL. *Direito penal.* Crime contra a saúde pública que consiste em falsificar, adulterar ou corromper substância medicinal destinada ao consumo, tornando-a nociva à saúde, modificando sua qualidade, reduzindo seu valor terapêutico, suprimindo ou substituindo, no todo ou em parte, qualquer elemento de sua composição normal. Tal delito é punido com reclusão e multa, mas, se for culposo, isto é, se não houve intenção de causar dano, a pena será de detenção e multa.

FALSIFICADOR. *Direito penal.* **1.** Aquele que falsifica, fabricando ou adulterando alguma coisa. **2.** Falsário.

FALSIFICAR. *Direito penal.* **1.** Adulterar. **2.** Fabricar algo ardilosamente para lesar outrem e obter proveito ilícito próprio ou alheio. **3.** Referir como verdadeiro o que não é. **4.** Dar aparência enganadora. **5.** Contrafazer. **6.** Arremedar com o fim de fraudar; imitar fraudulentamente.

FALSIFICÁVEL. *Direito penal.* O que pode ser falsificado ou adulterado.

FALSITAS, NEMINI NOCIVA, NON PUNITUR. *Aforismo jurídico.* A falsidade que não é nociva a ninguém não deve ser punida.

FALSO. 1. Não verdadeiro. **2.** O que imita algo para iludir. **3.** O que não é real; irreal. **4.** Inexato. **5.** O que aparenta ser real. **6.** Falsificado. **7.** Infundado. **8.** Dissimulado; fingido. **9.** Que não tem peso ou valor real. **10.** O que foi feito à semelhança do verdadeiro para enganar outrem.

FALSO ALARMA. *Direito penal.* Contravenção penal que consiste em anunciar perigo inexistente, provocando tumulto, punida com prisão simples ou multa.

FALSO AVISO. *Direito penal.* Comunicação inverídica feita para lesar alguém ou colocar em perigo a ordem pública, econômica e social, punida pela lei, salvo se a divulgação da notícia falsa deu-se por erro de informação e foi desmentida de imediato.

FALSO HERMAFRODITISMO. *Medicina legal.* **1.** Defeito congênito de órgão sexual externo. **2.** *Vide* PSEUDO-HERMAFRODITISMO.

FALSO JURAMENTO. *Direito processual.* Afirmação falsa feita em juízo. Corresponde ao falso testemunho.

FALSO MANDATÁRIO. *Direito civil.* Aquele que se apresenta com procuração falsa ou com mandato verdadeiro revogado, tendo conhecimento de sua revogação.

FALSO MOTIVO. *Vide* FALSA CAUSA.

FALSO RECONHECIMENTO DE FIRMA OU DE LETRA. *Direito penal.* Modalidade de falsidade ideológica que consiste em reconhecer, como verdadeira, no exercício de função pública, firma ou letra que não o seja, inserida em documento público ou particular, apenada com reclusão, por constituir crime contra a fé pública.

FALSO TESTEMUNHO. *Direito penal.* Trata-se do perjúrio, como era designado outrora, que é crime contra a administração da justiça, no que atina à seriedade que deve haver na coleta de elementos probatórios. Configura-se sempre que alguém presta, em juízo, depoimento falso, fazendo afirmação não verdadeira ou calando a verdade em processo judicial, policial ou administrativo ou, ainda, em juízo arbitral. A pena cominada para essa ação criminosa é de reclusão. Abrange ato de: a) fazer afirmação falsa, ou negar ou calar a verdade como testemunha, perito, contador, tradutor ou intérprete em processo judicial, ou administrativo, inquérito policial, ou em juízo arbitral, punível com reclusão de um a três anos e multa. Tais penas aumentam de um sexto a um terço, se o crime é praticado mediante suborno ou se cometido com o fim de obter prova destinada a produzir efeito em processo penal, ou em processo civil em que for parte entidade da Administração Pública direta ou indireta. O fato deixa de ser punível se, antes da sentença no processo em que ocorreu o ilícito, o agente se retrata ou declara a verdade; b) dar, oferecer ou prometer dinheiro ou qualquer outra vantagem a testemunha, perito, contador, tradutor ou intérprete, para fazer afirmação falsa, negar ou calar a verdade em depoimento, perícia, cálculos, tradução ou interpretação, punível com reclusão, de três a quatro anos, e multa, sendo que essas penas aumentam de um sexto a um terço, se o crime é cometido com o fim de obter prova destinada a produzir efeito em processo penal ou em processo civil em que for parte entidade da Administração Pública direta ou indireta.

FALSUM COMMITIT, QUI VERUM TACET. *Aforismo jurídico.* Falso comete quem cala a verdade.

FALSUM QUOD EST, NIHIL EST. *Expressão latina.* O que é falso nada vale.

FALTA. 1. *Direito desportivo.* Transgressão de norma de jogo. **2.** Na *linguagem jurídica* em geral, pode significar: a) culpa, que se manifesta por negligência, imprudência ou imperícia; b) penúria; c) engano ou erro; d) o fato de não existir; e) ausência; morte; f) não-observância de uma norma legal ou contratual; g) ato ilícito. **3.** *Direito comercial.* a) Desfalque; b) carência de mercadoria na praça ou no estoque. **4.** *Direito do trabalho.* a) Inobservância das obrigações contratuais ou legais pelo empregado ou empregador; b) ato culposo ou doloso suscetível de rescindir o contrato trabalhista ou de gerar reparação de danos. **5.** *Direito administrativo.* a) Não-comparecimento do funcionário público à repartição; b) não-cumprimento dos deveres pelo funcionário no exercício da função; c) não-observância dos preceitos legais ou regulamentares. **6.** *Direito penal.* Ação ou omissão criminosa ou contravencional punida pela lei penal.

FALTA AO SERVIÇO. 1. *Direito administrativo.* a) Ausência justificada do funcionário ao serviço público, suscetível de abono, se devidamente comprovada, em razão, por exemplo, de casamento ou luto; b) ausência injustificada do funcionário, que infringe o dever de assiduidade. Se perdurar por mais de trinta dias consecutivos, configurará abandono de cargo; se a ausência se der por sessenta dias interpoladamente, será caso de sua demissão. **2.** *Direito do trabalho.* a) Dia em que o empregado não comparece ao trabalho por permissão legal, como, por exemplo, em razão de casamento, morte de parente próximo ou de consorte, nascimento de filho, alistamento eleitoral etc.; b) não-comparecimento do empregado ao trabalho por motivo justificado ou não, sendo que apenas na primeira hipótese não haverá desconto de salário.

FALTA CIVIL. *Direito civil.* Ato ilícito que decorre da violação, intencional ou não, de dever legal ou contratual e acarreta responsabilidade civil do agente pelos danos causados.

FALTA COMUM. *Direito civil.* Aquela que advém, simultaneamente, da culpa do autor (lesante) e do lesado. Se as duas partes estiverem em posição igual, ou seja, se tiverem concorrido com o mesmo grau de culpa, haverá compensação de reparação, pois as responsabilidades se neutralizam, não sendo o caso de qualquer indenização por perdas e danos. Entretanto, se estiverem em situação desigual, por haver gradatividade na culpa de cada um, ter-se-á uma condenação das perdas e danos proporcional à medida de culpa que lhes for imputável. Assim sendo, competirá ao juiz decidir, pruden-

temente, a proporção da contribuição de cada um no montante do prejuízo.

FALTA CONTRATUAL. *Direito civil.* Ilícito contratual por inadimplemento ou mora no cumprimento de obrigação oriunda de negócio jurídico bilateral ou unilateral. É infração a um dever especial estabelecido pela vontade dos contratantes.

FALTA DE CUMPRIMENTO DE DEVER. *Direito administrativo.* Inobservância de dever legal ou regulamentar por parte de funcionário público.

FALTA DE HABILITAÇÃO PARA DIRIGIR VEÍCULO. *Direito de trânsito, direito penal* e *direito civil.* Ausência de conhecimentos técnicos de domínio da máquina ou das normas sobre trânsito, de condições para dirigir veículo ou embarcação e de autorização para transitar em vias ou águas públicas. Logo, para dirigir veículo, além de conhecimento, é preciso que o condutor adquira certificado de habilitação, ou seja, obtenha o reconhecimento oficial desta qualidade pela autoridade competente, sob pena de ser enquadrado na Lei de Contravenções Penais e responder penal ou civilmente pelos danos porventura causados.

FALTA DE JURISDIÇÃO. *Direito processual.* Incompetência *ratione materiae* de um juízo para conhecer e decidir um processo.

FALTA DE JUSTA CAUSA. *Direito processual penal.* Qualquer medida não fundada em lei que afaste a possibilidade de ação penal pública ou privada, por não haver legítimo interesse.

FALTA DELITUOSA. Aquela em que há intenção de prejudicar alguém. É, portanto, a falta intencional.

FALTA DE PALAVRA. Não-cumprimento da palavra dada.

FALTA DISCIPLINAR. *Direito administrativo.* Violação pelo funcionário público de norma estatutária, por ato comissivo ou omissivo, perturbando a boa ordem do serviço público, punida com sanção disciplinar.

FALTA DO SERVIÇO. *Direito administrativo.* Diz-se da teoria segundo a qual não é preciso que haja identificação de culpa individual para a configuração da responsabilidade estatal por ato administrativo, que decorrerá da culpa do serviço, ou melhor, da falta de serviço ou daquele que não funciona, funciona mal ou com atraso. Segundo essa teoria, na lição de Celso Antônio Bandeira de Mello, havendo dano por comportamento omissivo, a responsabilidade do Estado é subjetiva, porquanto supõe dolo ou culpa em suas modalidades de negligência, imperícia ou imprudência, embora pudesse tratar-se de uma culpa não individualizável na pessoa de determinado funcionário, mas atribuída ao serviço estatal genericamente. Tratava-se da culpa anônima ou a falta de serviço. Hoje pelo novo Código Civil, segundo alguns autores, a responsabilidade do Estado é objetiva, pouco importando se o dano adveio de ato comissivo ou omissivo de funcionário público. Mas há ainda quem entenda que pode haver responsabilidade civil subjetiva do Estado por danos causados por omissão do agente, interpretando a palavra *ato*, tomando-a no sentido de agir, resultante de uma ação (ato comissivo) e não de uma omissão (ato omissivo).

FALTA FUNCIONAL. *Direito administrativo.* Infração contra dever funcional por parte do funcionário público.

FALTA GRAVE. 1. *Direito do trabalho.* Prática de certos atos que, por sua repetição ou natureza, representam séria violação dos deveres do empregado, levando a sua suspensão, pois sua despedida só se efetivará após inquérito em que se verifique a procedência da acusação. Assim sendo, constituem, dentre outras, justa causa para a rescisão do contrato de trabalho: mau procedimento, desídia no desempenho da função, embriaguez habitual, abandono de emprego, violação de segredo da empresa, indisciplina etc. **2.** *Direito civil.* Negligência extrema do agente, não prevendo o que é previsível ao mais comum dos homens.

FALTA IN ABSTRACTO. Aquela que pode ser evitada quando o agente tem o cuidado de um homem médio ou de um bom pai de família. É também denominada falta objetiva.

FALTA IN CONCRETO. Aquela que ocorre quando uma pessoa não emprega a mesma diligência que tem com seus próprios negócios. Configura-se pela imprudência ou negligência do agente.

FALTA INESCUSÁVEL. Aquela que, pela sua gravidade, não pode ser justificada.

FALTA INJUSTIFICADA. *Direito do trabalho.* Ausência do empregado ao trabalho que não se funda em qualquer motivo jurídico justo, podendo, por isso, ser descontada de seu salário a quantia a ela correspondente.

FALTA INTENCIONAL. *Vide* FALTA DELITUOSA.

FALTA JUSTIFICADA. *Direito do trabalho.* Aquela que se opera por razão juridicamente justa, não acarretando por isso desconto salarial.

FALTA LATA. *Direito civil.* A que pode ser evitada por qualquer pessoa, por menos hábil ou inteligente que seja (José Náufel).

FALTA LEVE. *Direito civil.* Lesão de direito que pode ser evitada com atenção ordinária.

FALTA LEVÍSSIMA. *Direito civil.* Aquela que é evitável por uma atenção extraordinária, por especial habilidade ou conhecimento singular.

FALTA OBJETIVA. *Vide* FALTA *IN ABSTRACTO*.

FALTA QUASE-DELITUAL. Aquela que não é intencional.

FALTAR. 1. Inexistir. **2.** Notar ausência. **3.** Deixar de cumprir ou de fazer algo. **4.** Mentir. **5.** Morrer. **6.** Omitir. **7.** Não comparecer. **8.** Desacatar. **9.** Ser necessário. **10.** Desamparar. **11.** Enganar. **12.** Extinguir. **13.** Falhar. **14.** Infringir; violar.

FALTA RESIDUAL. *Direito administrativo.* Diz-se do mínimo que a autoridade deve apurar para aplicar sanção administrativa ao funcionário público.

FALTA SUBJETIVA. *Vide* FALTA *IN CONCRETO*.

FALTOSO. 1. Falho. **2.** Ausente. **3.** O que falta. **4.** O que não cumpre seus deveres.

FALUA. *Direito marítimo.* Embarcação de velas semelhante ao bote, apesar de ser um pouco maior do que ele.

FALUCA. *Direito comparado.* Embarcação costeira de Marrocos.

FALUCHO. *Direito comparado.* Embarcação usada na costa do Mediterrâneo.

FAMA. 1. *Direito civil.* Um dos três elementos, ao lado de *nomen* e *tractatus*, que, por indicar reconhecimento da sociedade da condição de cônjuges ou de filho, configura, como prova indireta, a posse do estado de casado e de filho. **2.** Na *linguagem jurídica* em geral, designa, ainda: a) reputação; b) qualidade do que é notório; c) nomeada; renome; d) opinião pública; e) glória.

FAMA EST. *Locução latina.* Voz corrente; voz pública.

FAMA VOLAT. *Locução latina.* **1.** A notícia espalha-se rapidamente. **2.** A fama voa.

FAMÉLICO. *Direito penal.* **1.** Diz-se do furto para saciar fome. **2.** *Vide* FURTO FAMÉLICO.

FAMÍLIA. **1.** *Direito civil.* a) No seu sentido amplíssimo, o conceito abrange todos os indivíduos ligados pelo vínculo da consangüinidade ou da afinidade, chegando a incluir estranhos, como as pessoas de serviço doméstico ou as que vivam às suas expensas; b) na acepção ampla, além dos cônjuges e de seus filhos, abrange os parentes da linha reta ou colateral, bem como os afins; c) na significação restrita, alcança não só o conjunto de pessoas unidas pelos laços do matrimônio ou da união estável e pela filiação, ou seja, os cônjuges, os conviventes e a prole, mas também a comunidade formada por qualquer dos pais e descendentes, independentemente de existir o vínculo conjugal que a originou. **2.** *Sociologia jurídica.* Instituição social básica. **3.** *Direito constitucional.* Célula fundamental da sociedade protegida constitucionalmente.

FAMÍLIA ANAPARENTAL. *Direito civil.* **1.** É a formada por descendentes privados de ambos os pais. **2.** Convivência entre parentes ou entre pessoas, mesmo que não sejam parentes entre si.

FAMÍLIA DE ACOLHIMENTO. O mesmo que FAMÍLIA HOSPEDEIRA.

FAMÍLIA DE ANTENAS. *Direito das telecomunicações.* Conjunto de modelos de antenas, de um mesmo fabricante, com a mesma polarização, a mesma faixa de freqüências, e com elementos constitutivos de mesma natureza.

FAMILIAE ERCISCUNDAE. *Locução latina.* Divisão judicial da herança, incluindo-se os bens colacionados.

FAMÍLIA–ESTADO. *Direito romano.* **1.** Monarcado paterno; patriarcado. **2.** Designação dada à família romana, que era estruturada no regime patriarcal e considerada como um pequeno Estado.

FAMÍLIA HOSPEDEIRA. Aquela que abriga o cão na fase de socialização, compreendida entre o desmame e o início do treinamento específico do animal para sua atividade como guia.

FAMÍLIA HUMANA. *Sociologia jurídica.* A humanidade.

FAMÍLIA INCAPACITADA DE PROVER A MANUTENÇÃO DE DEFICIENTE OU IDOSO. *Direito previdenciário.* É aquela cuja renda bruta mensal de seus integrantes, dividida pelo número destes, seja inferior a um quarto (1/4) do salário mínimo.

FAMÍLIA ISOSSEXUAL. *Direito civil.* Designação dada à família homossexual.

FAMILIAL. **1.** *Sociologia jurídica.* Relativo a família ou a um grupo sociológico definido como família. **2.** *Direito civil.* Familiar.

FAMÍLIA MONOGÂMICA. *Direito civil.* Instituição social formada pelo matrimônio entre um homem e uma mulher.

FAMÍLIA MONOPARENTAL. *Direito civil.* É a formada por um dos pais e seus descendentes. A monoparentalidade pode decorrer da vontade unilateral de assumir sozinho a maternidade ou a paternidade; da morte; da separação judicial ou do divórcio.

FAMÍLIA MOSAICO. *Vide* FAMÍLIA RECONSTITUÍDA.

FAMÍLIA NATURAL. *Direito civil* e *direito do menor.* Comunidade formada pelos pais ou por um deles e seus descendentes, mesmo os havidos fora do casamento.

FAMÍLIA PARA CÁLCULO DE RENDA *PER CAPITA*. *Direito civil.* Conjunto de pessoas que vivem sob o mesmo teto, assim entendido o requerente, o cônjuge, a companheira, o companheiro, o filho não emancipado, de qualquer condição, menor de 21 anos ou inválido, os pais, e o irmão não emancipado, de qualquer condição, menor de 21 anos ou inválido.

FAMÍLIA *PATCHWORK*. *Direito civil.* **1.** Família pluriparental. **2.** *Vide* FAMÍLIA RECONSTITUÍDA.

FAMÍLIA PATRIARCAL. *Sociologia jurídica.* Família governada pelo chefe varão mais velho, o patriarca, como ocorria na antiga família-Estado de Roma.

FAMÍLIA PATRIMONIAL. *História do direito.* A formada, na antigüidade romana, pelo *pater familias*, abrangendo sua mulher, seus filhos, as mulheres dos filhos, escravos e outros bens componentes do patrimônio.

FAMÍLIA PLURAL. *Direito civil.* **1.** Família mosaico. **2.** *Vide* FAMÍLIA RECONSTITUÍDA.

FAMÍLIA PLURIPARENTAL. *Direito civil.* **1.** Família mosaico. **2.** *Vide* FAMÍLIA RECONSTITUÍDA.

FAMÍLIA PONTIFÍCIA. *Direito canônico.* Corte do papa, constituída por sacerdotes que são funcionários e membros honoríficos da Santa Sé.

FAMILIAR. 1. *Direito civil.* a) Relativo a família; b) diz-se do membro da família; c) diz-se da entidade advinda da união estável, formada entre companheiros e prole e da comunidade constituída por um dos pais e seus descendentes. **2.** *Direito canônico.* Confrade de congregação religiosa. **3.** *História do direito.* Oficial da Inquisição que efetuava as prisões.

FAMÍLIA RECOMPOSTA. O mesmo que FAMÍLIA RECONSTITUÍDA.

FAMÍLIA RECONSTITUÍDA. *Direito civil.* **1.** Designação dada ao fato de adultos, sem serem pais naturais, assumirem uma criança, por diversas razões, por exemplo, por união de fato (Danielle Richer e Luiz Edson Fachin). **2.** É a recomposta, também chamada *família mosaico*, decorrente de outra, rompida pela separação, divórcio ou dissolução da união estável etc., apresentando como seus componentes, p. ex., o marido da mãe, o irmão por parte de pai, os filhos da mulher do pai etc. **3.** Trata-se da família *pluriparental* ou *plural*, formada por pluralidade de relações parentais, advindas de separação judicial ou extrajudicial, divórcio, rompimento de união estável, recasamento, formação de família não matrimonial etc., e por isso traz problemas como alteração de nome de família, poder familiar, guarda, obrigação alimentar, visita etc. (Jussara S. A. Borges), em virtude da interdependência dos membros de famílias anteriores com os das posteriores.

FAMILIARIDADE. *Direito civil.* Qualidade do que é familiar.

FAMÍLIAS ENSAMBLADAS. *Direito civil.* **1.** Famílias pluriparentais. **2.** *Vide* FAMÍLIA RECONSTITUÍDA.

FAMÍLIAS JURÍDICAS. *Direito comparado.* Conjunto de ordens jurídicas de diversos países que têm caracteres semelhantes.

FAMÍLIA SOCIOAFETIVA. *Direito civil.* É a advinda, por ex., da afinidade, da adoção e da inseminação artificial heteróloga.

FAMÍLIA SUBSTITUTA. *Direito civil* e *direito da criança e do adolescente.* Lar substituto para criança ou adolescente instituído pela guarda, tutela ou adoção.

FAMILIATURA. *História do direito.* Cargo de familiar na Inquisição ou no Santo Ofício.

FAMILISMO. *Direito civil.* **1.** Tudo o que é relativo à organização familiar. **2.** Em *sentido depreciativo,* favoritismo.

FAMILISTÉRIO. *Sociologia jurídica.* É, na teoria de Fourier, a instituição social em que várias famílias vivem em comum.

FAMILLES RECOMPOSÉES. *Locução francesa.* **1.** O mesmo que FAMÍLIA PLURIPARENTAL. **2.** *Vide* FAMÍLIA RECONSTITUÍDA.

FAMILY COURT. *Locução inglesa.* Vara da família.

FAMOSO. 1. Aquele que tem fama, por ser muito conhecido. **2.** O que tem grande reputação, seja boa ou má. **3.** Célebre.

FAMULAGEM. *Direito civil.* Conjunto de fâmulos.

FAMULATÍCIO. *Direito civil.* **1.** Aquele que desempenha o cargo de fâmulo. **2.** Famulatório.

FAMULATO. 1. *Direito penal.* Furto famular, que é o praticado com abuso de confiança por serviçal ou prestador de serviço. **2.** *Direito civil.* Cargo de fâmulo.

FAMULATÓRIO. *Direito civil.* Relativo a fâmulo.

FÂMULO. 1. *Direito civil* e *direito do trabalho.* Prestador de serviços domésticos. **2.** *Direito canônico.* a) Subalterno religioso ou leigo que acompanha prelado e desempenha determinados serviços em seminário ou residência episcopal; b) subalterno que presta serviços em tribunal eclesiástico.

FÂMULO DA POSSE. *Direito civil.* Aquele que, em virtude de sua situação de dependência econômica ou de um vínculo de subordinação em relação a uma outra pessoa (possuidor direto ou indireto), exerce sobre o bem não uma posse própria, mas em nome daquela, em obediência a uma ordem ou instrução. Tem apenas a posse natural, baseada na mera detenção, não lhe assistindo o direito de invocar a proteção possessória, uma vez que, neste caso, afastado está o elemento econômico da posse. Por exemplo, é o que ocorre com o motorista particular, caseiro, empregados em geral, bibliotecário etc. É também denominado "gestor da posse" (Enderman), "detentor dependente" (Strohal) ou "servidor da posse" (Bekker) em relação ao dono.

FANAL. *Direito marítimo.* Farol.

FANÁTICO. Aquele que adere a uma causa, partido, religião ou doutrina, dedicando-se a ela excessivamente.

FANATISMO. 1. Partidarismo. **2.** Dedicação excessiva ou adesão cega a uma teoria, religião ou partido político. **3.** *Ciência política.* Zelo e obediência obstinada a uma idéia que conduz ao emprego da violência para obter sequazes e punir quem não pretender acatá-la (Norberto Bobbio).

FANCA. *Direito comercial.* Conjunto de tecidos ou fazendas para venda.

FANCARIA. *Direito comercial.* **1.** Comércio praticado por fanqueiro. **2.** *Vide* FANQUEIRO.

FÂNEGA. *Direito comercial.* Medida utilizada, nas fronteiras do Rio Grande do Sul, para secos, equivalente a cem quilogramas.

FÂNERO. *Medicina legal.* Diferenciação da camada epidérmica, como pêlos, unhas, verrugas etc.

FANEROMANIA. *Medicina legal.* **1.** Estado mórbido em que o paciente se impressiona com uma verruga (fânero), achando que dela virá alguma moléstia grave. **2.** Impulso habitual e obsessivo de, por exemplo, roer a unha (fânero).

FANGA. 1. *Direito agrário.* Cortadeira. **2.** *História do direito.* Antiga medida de capacidade para secos e molhados.

FANHOSIDADE. *Medicina legal.* Qualidade de fanhoso.

FANHOSO. *Medicina legal.* O que fala como se estivesse com o nariz apertado.

FANQUEIRO. *Direito comercial.* Comerciante de tecidos de linho, algodão, lã etc.

FANTASIA. 1. Fruto da imaginação; devaneio. **2.** Traje que se usa no carnaval.

FANTASMATISMO. Nas *linguagens psicológica* e *gnoseológica,* é a teoria pela qual a percepção é mero fantasma da realidade (Renouvier e Lalande).

FANTIL. *Direito agrário.* Diz-se do cavalo de boa raça.

FAO. *Direito internacional público.* Sigla de *Food and Agriculture Organization,* Organização das Nações Unidas para Alimentação e Agricultura, sediada em Roma, que busca fomentar a reforma agrária e provocar o aumento da produtividade, assegurando aos produtores mercados garantidos, a preços com um mínimo de estabilidade (Henri Guitton).

FAPES. Sigla de Fundação de Assistência e Previdência Social do BNDES.

FAPESP. Sigla de Fundação de Amparo à Pesquisa do Estado de São Paulo.

FAQS. *Direito virtual.* **1.** Abreviação de *Frequently Asked Questions.* **2.** Documentos contendo listas de perguntas sobre certo tema, cujas respostas são dadas por usuários da Internet mais experientes.

FAQUI. *Direito comparado.* Jurisconsulto muçulmano.

FAQUIR. *Sociologia jurídica* e *direito comparado.* Monge hindu ou muçulmano que vive em ascetismo, exibindo publicamente sua capacidade de suportar atos dolorosos, sem dar qualquer sinal de sensibilidade.

FAQUIRISMO. *Sociologia jurídica* e *direito comparado.* Modo de vida do faquir, muito comum na Índia.

FARÂNDULA. *Direito penal.* Grupo de vadios ou vagabundos que pode ser enquadrado, por vadiagem, na Lei das Contravenções Penais.

FARAÓ. *História do direito.* Título dos soberanos do antigo Egito.

FARAUTE. *Direito empresarial* e *direito comercial.* Guia ou intérprete de uma empresa, excursão ou expedição.

FARDA. *Direito militar.* Uniforme militar.

FARDAGEM. 1. *Direito comercial.* Conjunto de fardos, ou seja, de pacotes preparados para transporte. **2.** *História do direito.* Bagagem.

FARDÃO. *Direito civil.* Veste de gala dos membros da Academia Brasileira de Letras.

FARDO. 1. *Direito comercial.* a) Volume de mercadorias devidamente embaladas para transporte; b) carga. **2.** Na *linguagem comum,* designa o que é difícil de suportar.

FARELADA. *Direito agrário.* Água com farelo dada aos porcos.

FARELO. *Direito agrário.* **1.** Resíduo da moagem de cereais ou da extração de óleo de certas sementes. **2.** Sêmea; pericarpo quebrado dos grãos de trigo ou de outros cereais, que se separa da farinha pelo uso da peneira.

FARELO DE TORTA. *Direito agrário.* Subproduto da trituração de sementes oleaginosas, como as do algodoeiro, amendoim etc., adicionado a outros resíduos nutritivos, para servir de alimento aos animais.

FARINGE. *Medicina legal.* Zona da garganta situada entre a boca e o começo do esôfago e da traquéia.

FARINGECTOMIA. *Medicina legal.* Ablação parcial ou total da faringe.

FARINGOCELE. *Medicina legal.* Prolapso hernial da faringe; tumor resultante de uma anormal dilatação da faringe.

FARINGODINIA. *Medicina legal.* Dor na faringe.

FARINGOPARALISIA. *Medicina legal.* Paralisia dos músculos da faringe.

FARINGOPLASTIA. *Medicina legal.* Cirurgia plástica da faringe.

FARINGOSSALPINGITE. *Medicina legal.* Inflamação da faringe e da Trompa de Eustáquio.

FARINGOTOMIA. *Medicina legal.* Incisão na faringe.

FARINHA. *Direito agrário.* Pó que se obtém da trituração de cereais, sementes ou raízes.

FARINHOTA. *Direito agrário.* **1.** Variedade de uva tinta. **2.** Doença da videira causada pelo fungo *Oidium Tuckeri.*

FARISEU. *História do direito.* Membro de uma antiga seita judaica que observava estrita e formalmente os ritos da lei mosaica.

FARMACÊUTICO. Aquele que é diplomado, em curso superior, na arte de conhecer, manipular ou conservar remédios em farmácia.

FARMÁCIA. *Direito comercial.* **1.** Estabelecimento onde os remédios são preparados e vendidos. **2.** Atividade profissional exercida pelos farmacêuticos. **3.** Arte que ensina a conhecer, conservar e preparar medicamentos. **4.** Estabelecimento de manipulação de drogas magistrais e oficinais, de comércio de drogas, medicamentos, insumos farmacêuticos e correlatos, compreendendo o de dispensação e o de atendimento privativo de unidade hospitalar ou de qualquer outra equivalente de assistência médica.

FARMACOFILIA. *Medicina legal.* Tendência mórbida de tomar remédios.

FARMACOPÉIA. Repositório ou livro oficial que contém fórmulas para manipulação de remédios, uma relação das substâncias naturais a serem usadas, a indicação de suas propriedades e a posologia máxima.

FARMER'S LUNG. *Locução inglesa.* Doença provocada pela inalação de poeira de fenos ou forragens embolorados, afetando os tecidos do aparelho respiratório.

FAROL. **1.** *Direito marítimo.* Torre ou qualquer construção elevada com sistema de sinais sonoros e instalações de radiofaróis, para, com um projetor móvel, indicar aos navegantes a paragem, a entrada do porto, um rochedo etc.,

servindo-lhes de rumo. **2.** Na *gíria:* a) aquele que, em casa de jogo ou cassino, fingindo-se freqüentador, aposta com o dinheiro da própria casa; b) o que é pago, em leilão, para fazer lanços e atrair licitantes.

FAROL FLUTUANTE. *Direito marítimo.* Barco que contém uma luz forte no topo do mastro e fica ancorado num ponto de navegação perigosa, para servir de guia às embarcações que por ali passarem, evitando acidentes.

FARPADO. *Direito agrário.* Arame de cercas guarnecido de farpas metálicas, muito usado para separar terras de áreas contíguas.

FARRAFAIADO. *Direito agrário.* Diz-se, na Bahia, do trecho com poucas árvores e grandes claros.

FARRAGEAL. *Direito agrário.* **1.** Campo semeado de cereais. **2.** Terra de melhor qualidade para semeadura, próxima às casas. **3.** Cevada misturada às forragens.

FARRAPO. *História do direito.* Denominação dada ao republicano do Rio Grande do Sul, em 1835; farroupilha.

FÁRREO. *Direito agrário.* Relativo ao caldo da cevada ou farro.

FARRO. *Direito agrário.* **1.** Caldo da cevada. **2.** Trigo candeal.

FARROUPILHA. *Vide* FARRAPO.

FARSA. **1.** Simulacro. **2.** Peça teatral burlesca.

FAS. *Termo latino.* **1.** Justo ou lícito. **2.** Direito natural.

FAS. *Vide* CLÁUSULA FAS.

FASCAL. *Direito agrário.* **1.** Conjunto de feixes de palha ou lenha. **2.** Grupo de feixes de trigo, centeio etc., colocados, no campo, em pé e encostados uns aos outros.

FASCES. *História do direito.* **1.** Feixe de varas com um machado ao meio, que era levado pelos lictores romanos aos cônsules, como insígnia do poder de punir que tinham. Os cônsules executavam a justiça, inclusive as penas capitais. O infrator da lei era açoitado com varas e decapitado com a machadinha. **2.** Inspiração da denominação dada ao partido político italiano fascista, pois a insígnia "fasces" (feixe de varas dos lictores romanos) foi usada como seu emblema.

FASCÍCULO. *Direito autoral.* Folheto que contém capítulo de uma obra ou livro publicado por partes.

FASCISMO. *Ciência política.* Regime político ditatorial e totalitário fundado por Benito Mussolini, em 1919, na Itália, com tendência nacionalista, antiliberal, antidemocrática e imperialista. O fascismo visava formar um governo autocrático, representado por um único partido, chefiado pelo *Duce*, ao qual todos os cidadãos deviam obediência, o que efetivamente aconteceu em 1922. O fascismo permaneceu no poder cerca de vinte e cinco anos.

FASCISTA. *Ciência política.* 1. Pertencente ou relativo ao fascismo. 2. Partidário do fascismo.

FASE. 1. Nas *linguagens comum* e *jurídica:* a) cada uma das mutações sucessivas com que se nota o desenvolvimento de coisas, fenômenos, pessoas etc.; b) lapso temporal entre duas épocas ou acontecimentos. 2. *Medicina legal.* Cada um dos vários aspectos por que pode passar uma moléstia ou o desenvolvimento físico-mental de alguém. 3. *Direito processual civil* e *direito processual penal.* Cada uma das etapas do processo, durante seu curso; cada uma das partes do andamento da causa.

FASE ANAL. *Medicina legal.* Período da vida em que crianças entre um e três anos concentram sua atenção no ânus e áreas adjacentes.

FASE DA PREPONDERÂNCIA DA LEI. *Teoria geral do direito* e *história do direito.* Etapa da evolução do direito que vai dos fins do século XVIII até os dias atuais. Iniciou-se com a Revolução Francesa, que propiciou a consolidação de condições políticas e jurídicas para a configuração do direito como ele é na atualidade. As condições políticas foram as idéias de soberania nacional e de separação de Poderes, e as jurídicas foram a concepção do direito como um sistema autônomo e diferenciado, a proeminência da lei e a neutralização do Judiciário, que passou a ter o controle da legalidade das decisões (Tércio Sampaio Ferraz Jr.).

FASE DE DILATAÇÃO. *Medicina legal.* Fase do trabalho de parto em que o canal cervical se dilata para possibilitar a expulsão do feto.

FASE DE EXECUÇÃO. *Direito processual civil.* A que se inicia depois da decisão final, com o escopo de executar o direito nela declarado.

FASE DE LANÇAMENTO. *Direito espacial.* Segmento da operação de lançamento que se inicia quando o veículo lançador perder o contato físico com o complexo de lançamento, e termina quando o veículo lançador liberar totalmente a carga útil em órbita terrestre ou trajetória interplanetária, quando entrar novamente em contato físico com a superfície terrestre, ou quando for considerado vôo terminado.

FASE DE PRÉ-LANÇAMENTO. *Direito espacial.* Segmento da operação de lançamento que se inicia com a execução de operações de treinamento, preparação, testes e integração do veículo lançador e de sua carga útil no complexo de lançamento, e termina com o início da fase de lançamento.

FASE DO DIREITO CONSUETUDINÁRIO. *Teoria geral do direito* e *história do direito.* Fase da evolução do direito que foi do século XIII ao XV, na qual houve uma busca de certa segurança para a solução dos litígios na preponderância do costume, e uma tentativa de aperfeiçoar o processo organizativo da justiça, criando-se, inclusive, normas procedimentais internas que davam aos *échevins* (juízes locais pouco instruídos) condições de atuação, como as alusivas aos recursos *à chef de sens* e *enquête par turbe* ou *inquisitio per turbam.* O recurso *à chef de sens* consistia em enviar-se a solução da demanda de uma pequena vila a *échevins* mais sábios de cidades maiores, que, talvez, pudessem ter conhecimento de alguma norma costumeira que não havia na vila. A *enquête par turbe* consistia na inquisição, feita pelo juiz local, de testemunhas, para averiguar a existência, ou não, do costume alegado pela parte (Gilissen).

FASE DO SISTEMA IRRACIONAL. *Teoria geral do direito* e *história do direito.* Etapa evolutiva do direito anterior ao século XIII que compreendeu o período dos ordálios, ou melhor, dos julgamentos de Deus. O senhor feudal, que era o juiz, ante a falta de prova de fato e de direito, impossibilitado de saber qual a norma aplicável a um dado caso, recorria ao julgamento divino, submetendo ambas as partes a duras provas, tal como a marcação com ferro em brasa, esperando que Deus beneficiasse o inocente, que sairia ileso (Gilissen).

FASE DOS TEMPOS MODERNOS. *Teoria geral do direito* e *história do direito.* Período da evolução do direito que se estendeu do século XVI até o fim do XVIII, em que surgiu uma coexistência não muito forte de fontes escritas e não escritas, pela edição de leis e pela redação oficial dos costumes. Com a recepção do direito romano, nasceu a idéia de hierarquia de fontes entre lei, costume e direito romano (Gilissen). Havendo dúvida o tribunal remetia o caso ao rei, que deveria emanar sua vontade, solucionando-o através do *arrêt du conseil*, ou mediante o *arrêt de règlement*, em que, sob a condescendência do rei, a Corte Soberana elaborava regulamento alusivo àquela questão (Loyseau).

FASE FÁLICA. *Medicina legal.* Etapa do desenvolvimento psicossexual das crianças entre três e seis anos, na qual concentram sua curiosidade nas zonas erógenas e nos órgãos genitais.

FASE LÚTEA. *Medicina legal.* Período compreendido na segunda metade do ciclo menstrual em que, no lugar da eclosão do óvulo, a membrana granulosa converte-se no corpo amarelo ou lúteo (Croce e Croce Jr.).

FASE ORAL. *Medicina legal.* Etapa do desenvolvimento psicossexual da criança que vai desde o nascimento até dezoito meses, durante a qual ela retira seu prazer do ato de sugar o mamilo materno ao ser alimentada, de chupar o dedo etc.

FASE OVULATÓRIA. *Medicina legal.* Fase da ovulação que vai desde o amadurecimento do folículo de De Graaf, passando pelo seu rompimento na superfície do ovário, até a liberação do óvulo (Croce e Croce Jr.).

FASES DA EVOLUÇÃO JURÍDICA. *Teoria geral do direito* e *história do direito.* Consistem nas quatro etapas da evolução do direito, apresentadas pelas investigações histórico-jurídicas e baseadas no acento colocado nos tipos de fonte de que dispõe o intérprete. São elas: a fase do sistema irracional, anterior ao século XIII, período dos julgamentos divinos; a fase do direito consuetudinário, do século XIII ao XV, em que se funda a solução dos litígios na preponderância do costume; a fase dos tempos modernos, do século XVI ao fim do XVIII, onde há uma hierarquia das fontes, que são a lei, o costume e o direito romano; e o período da preponderância da lei, que vai do final do século XVIII até a atualidade.

FASES DA LICITAÇÃO. *Direito administrativo.* Etapas pelas quais deve passar a licitação na escolha de um contratante para a Administração Pública, que são as seguintes: a) abertura da licitação, que consiste num chamamento público dos particulares, para que apresentem ofertas; b) habilitação de licitantes, que se destina à verificação da idoneidade dos proponentes e à análise de sua capacidade jurídica para assumir obrigações e responsabilidades, de sua capacidade técnica para executar materialmente o conteúdo da obrigação assumida e de sua capacidade financeira para suportar os ônus inerentes à execução da obrigação e às responsabilidades dela oriundas; c) classificação das propostas viáveis formuladas por proponentes idôneos; d) adjudicação, que qualifica uma proposta como aceitável pelos seus caracteres intrínsecos; e) aprovação do procedimento, que confere eficácia à seleção feita, correspondendo a uma aceitação da promessa de contrato formulada pelo adjudicatório, surgindo o vínculo entre a Administração e o particular relativo à promessa de contrato.

FASES DO DIREITO DE PUNIR. *Direito penal* e *direito processual penal.* Etapas consecutivas pelas quais deve passar o *jus puniendi* do Estado, que se dá por meio de órgãos competentes. São elas: a) a da cominação, que consiste na elaboração de leis penais incriminadoras, que, além de definirem os crimes, cominam as penas cabíveis a quem as violar; b) a da aplicação da norma penal ao caso concreto pelo Poder Judiciário, impondo a sanção ao criminoso, ao prolatar sentença condenatória; c) a da execução da pena, que se inicia com o trânsito em julgado daquela sentença, surgindo, então, uma nova relação jurídica entre o condenado e o Estado, pois, enquanto este tem o direito de executar a pena, aquele tem o dever de cumpri-la.

FASTÍGIO. 1. *Medicina legal.* Período em que a doença ou a febre atinge maior intensidade. **2.** Nas *linguagens comum* e *jurídica,* tem o sentido de: a) ponto culminante; b) parte mais alta de um edifício.

FASTIO. *Medicina legal.* **1.** Falta de apetite. **2.** Aversão.

FASTO. *Direito romano.* Dia em que se exerciam certas jurisdições.

FASTOS. 1. *História do direito.* a) Livros em que os romanos registravam fatos ou obras memoráveis que ocorriam; b) registros públicos nos quais se consignavam atos importantes. **2.** Nas *linguagens comum* e *jurídica,* significa, ainda: a) anais; b) história.

FAST-TRACK. *Direito comparado.* **1.** Mecanismo do Congresso dos EUA de aprovação rápida, sem emendas, dos acordos comerciais firmados pelo governo com terceiros países. **2.** *Vide TRADE PROMOTION AUTHORITY.*

FASUBRA SINDICAL. Federação de Sindicatos de Trabalhadores das Universidades Brasileiras.

FAT. *Direito do trabalho.* Abreviatura de Fundo de Amparo ao Trabalhador.

FATAL. **1.** Prazo que não pode ser prorrogado ou dilatado. **2.** Decisivo. **3.** Final. **4.** Inevitável. **5.** O que causa morte; mortal. **6.** Infalível. **7.** Irrevogável. **8.** Desastroso; nocivo.

FATALIDADE. **1.** Desgraça. **2.** Adversidade. **3.** Qualidade do que é fatal. **4.** Acontecimento inevitável ou imprevisível. **5.** Potência natural, ou sobrenatural, pela qual certo acontecimento é fatal; força maior. **6.** Caso fortuito. **7.** Acaso. **8.** Seqüência de coincidências inexplicáveis que manifestam um fim superior e desconhecido; série persistente de desgraças (Lalande).

FATALISMO. Na *linguagem filosófica,* tem a acepção de: a) determinismo; b) teoria pela qual a vontade humana é importante para dirigir o curso dos acontecimentos, uma vez que o destino de cada um já está traçado de antemão por uma causa única e sobrenatural.

FATALISTA. Na *linguagem filosófica:* a) relativo a fatalismo; b) adepto do fatalismo.

FATEIXA. *Direito marítimo.* **1.** Espécie de âncora pequena, sem cepo, com mais de dois braços, própria para fundear barcos pequenos. **2.** Arpão com que se retiram objetos do fundo da água. **3.** Pedra que serve de âncora para as jangadas do Nordeste do Brasil.

FATEUSIM. *História do direito.* Enfiteuse perpétua.

FÁTICAS. *Direito penal.* Diz-se das descriminantes putativas, que podem ocorrer pela má apreciação dos fatos ou pela incorreta apreciação jurídica da situação real (Alcides Munhoz Netto).

FÁTICO. *Filosofia do direito* e *teoria geral do direito.* **1.** Relativo a fato. **2.** Diz-se do aspecto do direito constituído por fatos. **3.** Elemento espácio-temporal do direito, enquanto são inespaciais e intemporais a norma e o valor (Silvio de Macedo). **4.** Aspecto do direito, juntamente com o normativo e o valorativo, no tridimensionalismo jurídico de Miguel Reale.

FATNIORRAGIA. *Medicina legal.* Hemorragia por alvéolo dentário.

FATO. **1.** *Direito agrário.* a) Pequeno rebanho, principalmente de cabras; b) vísceras de gado. **2.** Nas *linguagens jurídica* e *comum,* designa: a) sucesso; b) acontecimento; evento; c) o que é real; realidade; d) aquilo de que se trata; e) ato; f) o que se faz; g) mudança, modificação ou alteração; h) detenção da coisa; posse de fato; i) desempenho. **3.** *Direito processual civil* e *direito processual penal.* a) Questão a ser debatida; b) caso concreto; c) caso *sub judice*; d) fato causador da demanda; e) questão de fato. **4.** *Direito penal.* Ação ou omissão criminosa. **5.** *Direito comercial.* Roupa; vestuário. **6.** *Filosofia do direito.* a) O que pertence, sob o prisma transcendental, ao ser; o que é; b) dado real da experiência sobre o qual o pensamento pode fundar-se (Lalande); c) contingente; d) elemento integrante do direito, para algumas teorias, como, por exemplo, o tridimensionalismo jurídico de Miguel Reale; e) realidade social em que se funda o próprio direito, tal entendem empiristas como Ehrlich, Alf Ross, Olivecrona, Hart etc., e sociologistas, para quem o direito é fato social. **7.** *Lógica jurídica.* Juízo de afirmação sobre a realidade exterior (Seignobos, Langlois e Lalande). **8.** *Direito civil.* a) Ação material humana: ato ilícito, ato jurídico e negócio jurídico; b) acontecimento exterior: fato jurídico *stricto sensu*.

FATO ACESSÓRIO. Acontecimento que está subordinado a um principal, do qual depende para existir.

FATO ADMINISTRATIVO. *Direito administrativo.* **1.** Conseqüência ou efeito do ato administrativo executado pela Administração Pública (Matos de Vasconcelos). **2.** Ação material do Estado, no exercício da administração, tendo por escopo certos efeitos para atender à utilidade ou ao interesse público, como, por exemplo, apreensão de alimentos deteriorados ou dispersão de desordeiros que, numa manifestação, põem em risco a ordem pública (Arnaldo de Vables e José Cretella Jr.).

FATO ALHEIO. *Direito civil.* **1.** Ato resultante do comportamento daquele que, apesar de não participar de uma relação jurídica, nela vem a produzir efeitos; ato de outrem suscetível de gerar conseqüências jurídicas, como a criação, modificação ou extinção de direitos. **2.** Aquilo que é feito entre terceiros. **3.** Dano causado por quem está sob a direção de outrem, o qual, então, responderá pelo evento lesivo.

FATO ANTERIOR. O que antecedeu algum acontecimento.

FATO AQUISITIVO. *Direito civil.* Aquele que gera direito ou estabelece uma relação jurídica.

FATO ARTICULADO. *Direito processual.* Demonstração ou indicação dos fatos, numa peça processual, feita por artigos.

FATO ATUAL. *Direito civil.* Acontecimento presente.

FATO COMPLETO. *Direito civil.* Diz-se do acontecimento perfeito e acabado, uma vez que já se realizou por inteiro.

FATO COMPLEXO. *Direito civil.* Aquele que, para efetivar-se, requer o concurso de vários fatos simples, simultâneos ou sucessivos.

FATO COMPOSTO. *Vide* FATO COMPLEXO.

FATO CONCLUDENTE. Acontecimento unívoco e inequívoco que não levanta qualquer dúvida, por conter em si uma verdade já demonstrada ou provada.

FATO CONSTITUTIVO. *Direito civil.* **1.** Aquele que constitui um direito. **2.** Ato, devidamente registrado, de constituição de pessoa jurídica.

FATO CONSUMADO. *Direito civil.* Aquele cujo efeito não pode mais ser modificado, alterado ou atingido, por já encontrar-se concluído, uma vez que houve concretização de todos os seus elementos.

FATO CONTINUADO. Aquele que se repete por mais de uma vez.

FATO CRIMINOSO. *Direito penal.* Ação ou omissão definida pela lei como crime.

FATO DA ADMINISTRAÇÃO. *Direito administrativo.* Consiste em toda ação ou omissão da Administração que incida direta e especificamente sobre o contrato, retardando, agravando ou impedindo sua execução, como a não-entrega pela Administração do local da obra ou do serviço, ou a não-realização das desapropriações necessárias (Sílvio Luís Ferreira da Rocha).

FATO DA COISA. **1.** *Direito civil.* Diz-se do dano decorrente de coisa animada ou inanimada que deve ser reparado por aquele que detém sua guarda, seja ele proprietário, possuidor ou detentor. **2.** *Direito administrativo.* Prejuízo provocado por objetos materiais, móveis ou imóveis, suscetível de gerar responsabilidade civil estatal, por culpa anônima do serviço.

FATO DA NATUREZA. *Direito civil.* O que advém de fenômeno natural, sem qualquer intervenção humana.

FATO DA NAVEGAÇÃO. *Direito marítimo.* Qualquer circunstância ligada à embarcação, como: desvio de rota; recusa injustificada de socorro a navio em perigo; deficiência de equipagem; má avaliação da carga; evento que coloque em risco a segurança da embarcação, da tripulação, dos passageiros ou das fazendas de bordo etc.

FATO DE EXECUÇÃO IMEDIATA. *Direito civil.* Acontecimento que produz conseqüência jurídica no instante em que ocorre.

FATO DE GUERRA. *Direito internacional público.* Dano causado à população ou ao Estado em decorrência de operações militares.

FATO DE TERCEIRO. *Vide* FATO ALHEIO.

FATO DO HOMEM. *Vide* FATO HUMANO.

FATO DO PRÍNCIPE. **1.** *Direito administrativo.* a) Qualquer medida ou ato da Administração Pública que repercuta no contrato administrativo, tornando mais onerosa a situação daquele que contratou com o Estado. Tal fato rompe o equilíbrio econômico-contratual, podendo gerar para o Poder Público o dever de indenizar; b) norma geral emanada de autoridade pública que incide no âmbito jurídico do co-contratante, causando-lhe dano integralmente ressarcível pelo Estado (Marienhoff); c) caso fortuito decorrente de ordem governamental (Othon Sidou); d) toda determinação estatal, geral, imprevista e imprevisível, positiva ou negativa, que onera substancialmente a execução do contrato administrativo. O que o caracteriza é a generalidade e a coercitividade da medida prejudicial ao contrato, além da sua imprevisibilidade. O agravo é veiculado por lei, regulamento ou qualquer outro ato geral do Poder Público que atinja a execução do contrato. O fundamento da existência da teoria do fato do príncipe é a proibição de a Administração causar prejuízos aos administrados e contratados, devendo indenizá-los quando isso ocorrer (Hely Lopes Meirelles e Silvio Luís Ferreira da Rocha); e e) para Lúcia Valle Figueiredo o fato do príncipe corresponde a uma norma geral emanada de qualquer autoridade pública, que repercuta de tal forma no contrato a ponto de abalar a equação financeira. **2.** *Direito do trabalho.* Ato governamental federal, estadual ou municipal que, imprevisivelmente, paralisa temporária ou definitivamente o trabalho, causando danos ao empregador, que, então, pode pleitear indenização do governo.

FATO EVENTUAL. *Direito civil.* Diz-se daquele que pode ocorrer ou não. Trata-se de um acontecimento ocasional.

FATO EXTINTIVO. 1. *Direito civil.* Aquele cuja ocorrência provoca a extinção de direitos ou deveres. **2.** *Direito processual civil.* Matéria de defesa que pode ser alegada em juízo para, ante a prova de sua existência, elidir a eficácia do direito argüido pelo autor.

FATO FUTURO. *Direito civil.* **1.** Diz-se do evento que está para ocorrer ou do que sobrevém após uma norma, contrato ou declaração de vontade. **2.** Álea ou risco sobre que se funda certo contrato.

FATO GERADOR. *Direito tributário.* Aquele que determina a obrigação jurídica de pagar tributo, abrangendo, para alguns autores, tanto a descrição legal do fato que dá origem à relação jurídico-tributária como o evento fático que se opera, num dado momento, no contexto do mundo físico-social. É, portanto, a situação fática descrita *in abstracto* na norma, cuja ocorrência *in concreto* vem a determinar, num dado momento, o surgimento da obrigação tributária.

FATO GERADOR COMPLEXO. *Direito tributário.* É o que faz o imposto depender da confluência de vários fatores que, entreligados, determinariam, em se tratando, por exemplo, de imposto sobre a renda, o surgimento da renda líquida tributável sobre a qual incidirá a alíquota respectiva. Tais fatores seriam: rendimento bruto, deduções cedulares e abatimentos da renda bruta (Paulo de Barros Carvalho).

FATO GERADOR *IN ABSTRACTO.* *Direito tributário.* Hipótese de incidência (Geraldo Ataliba).

FATO GERADOR *IN CONCRETO.* *Direito tributário.* Fato imponível (Geraldo Ataliba).

FATO GERADOR INSTANTÂNEO. *Direito tributário.* É o que se exaure num único ato. P. ex., na venda do imóvel à vista, o ITBI é devido na data da venda e recolhido antes da lavratura da escritura. Se a venda foi efetuada em janeiro de 2006, a homologação tácita ocorre em janeiro de 2011 (Láudio Camargo Fabretti).

FATO GERADOR PERIÓDICO. *Direito tributário.* É aquele em que a lei fixa determinado período de apuração, geralmente um mês (ICMS, PIS, COFINS p. ex.,) (Láudio Camargo Fabretti).

FATO GERADOR PERSISTENTE. *Direito tributário.* É o que se realiza constantemente, não tendo prazo certo para seu início ou conclusão. P. ex., fato gerador do Imposto sobre Propriedade Territorial Rural; visto que a propriedade é permanente (Láudio Camargo Fabretti).

FATO GERADOR SIMPLES. *Direito tributário.* É o que requer para o nascimento da obrigação tributária um só fator, como ocorre no caso do IPI, pois a mera saída do produto industrializado do estabelecimento já dá ensejo àquele imposto (Paulo de Barros Carvalho).

FATO HUMANO. *Direito civil.* Fato jurídico, em sentido amplo, que depende da vontade humana, abrangendo tanto os atos lícitos como os ilícitos.

FATO HUMANO INVOLUNTÁRIO. *Direito civil.* Fato jurídico, em sentido amplo, que acarreta conseqüências jurídicas alheias à vontade do agente, hipótese em que se configura o ato ilícito, que produz efeitos previstos em norma jurídica, como a sanção, porque viola mandamento normativo.

FATO HUMANO VOLUNTÁRIO. *Direito civil.* Fato jurídico, em sentido amplo, que produz um efeito desejado pelo agente, caso em que se tem o ato jurídico em acepção ampla, que abrange: o ato jurídico em sentido estrito, se objetivar a mera realização da vontade do agente (perdão, ocupação, confissão etc.), e o negócio jurídico, se procurar criar normas para regular interesses das partes, harmonizando vontades que parecem antagônicas (testamento, contrato, adoção etc.) e que se subordinam a algumas disposições comuns.

FATO ILÍCITO. *Direito civil.* **1.** *Vide* FATO HUMANO INVOLUNTÁRIO. **2.** Ato omissivo ou comissivo que, por ser contrário à norma, produz o efeito jurídico nela previsto, como o dever de reparar o dano causado.

FATO IMPEDITIVO. 1. *Direito civil.* Evento que impede o exercício de um direito. **2.** *Direito processual civil.* Aquele que vem a sustar o exercício da pretensão do autor.

FATO IMPONÍVEL. *Direito tributário.* Ocorrência, no mundo dos fenômenos físicos, de fato que satisfaça os pressupostos requeridos na lei, suscetíveis de dar nascimento à obrigação tributária, que é *ex lege.* O fato imponível não cria a obrigação tributária, apenas assinala o momento para que o vínculo legalmente previsto se instaure (Geraldo Ataliba). Trata-se do fato gerador *in concreto* (Geraldo Ataliba). É, portanto, o pressuposto para que se configure a obrigação tributária, assinalando o instante da instauração do vínculo jurídico entre Estado e contribuinte.

FATO IMPUTÁVEL. *Direito penal.* O que pode ser atribuído a alguém para dele exigir-se a responsabilidade pelos efeitos que de sua prática advierem.

FATO JURÍDICO *LATO SENSU*. *Direito civil.* **1.** Acontecimento previsto em norma jurídica, em razão do qual nasce, modifica-se, subsiste e extingue-se uma relação jurídica. Pode ser o fato jurídico, em acepção ampla, natural ou humano. **2.** *Vide* FATO NATURAL E FATO HUMANO.

FATO JURÍDICO *STRICTO SENSU*. *Direito civil.* Acontecimento que não depende da vontade humana para produzir efeitos jurídicos, criando, modificando ou extinguindo direitos.

FATO JURÍDICO *STRICTO SENSU* EXTRAORDINÁRIO. *Direito civil.* **1.** Fato irresistível, como o caso fortuito e a força maior, que se caracterizam pela presença de dois requisitos: o objetivo, que se configura na inevitabilidade do evento, e o subjetivo, que é a ausência de culpa na produção do acontecimento (Orlando Gomes). **2.** *Vide* CASO FORTUITO e FORÇA MAIOR.

FATO JURÍDICO *STRICTO SENSU* ORDINÁRIO. *Direito civil.* Aquele que sobreleva em importância o decurso do tempo ou o ato da natureza, operando-se normal ou paulatinamente. Por exemplo: morte, nascimento, maioridade, menoridade, aluvião, avulsão, álveo abandonado e o decurso do tempo, que juridicamente se apresenta sob a forma de prazo-intervalo entre dois termos (*dies a quo* e *dies ad quem*), o inicial e o final, pois o termo é o momento no qual se produz, se exerce ou se extingue determinado direito, como ocorre com a usucapião, a prescrição e a decadência.

FATO JURÍDICO TRIBUTÁRIO. *Direito tributário.* Projeção factual concreta da hipótese tributária, ou melhor, da descrição normativa do evento que dará origem à relação jurídico-tributária ou à eficácia da instituição do tributo, satisfazendo a todos os critérios identificadores tipificados na hipótese (Paulo de Barros Carvalho).

FATO JURÍGENO. *Filosofia do direito.* Produtor de um direito; o que gera um direito.

FATO JUSTIFICATIVO. *Direito penal.* Circunstância fática que leva à cessação da responsabilidade penal, como, por exemplo, a demência.

FATO NATURAL. *Direito civil.* Acontecimento decorrente de circunstância que produz efeitos jurídicos sem qualquer intervenção da vontade.

Esse evento natural consiste no fato jurídico *stricto sensu*, que se apresenta ora como ordinário (nascimento, maioridade, morte, decurso do tempo, abandono do álveo pelo rio etc.), ora como extraordinário (caso fortuito, por exemplo, incêndio causado por cabo elétrico que se rompe por motivo desconhecido; ou força maior, como, por exemplo, desabamento de prédio em razão de fortes temporais).

FATO NECESSÁRIO. Aquele que não depende da vontade do homem ou cujos efeitos não podem ser impedidos. Trata-se da circunstância inevitável, como, por exemplo, força maior, caso fortuito ou estado de necessidade.

FATO NOTÓRIO. *Direito processual civil.* Aquele que, por ser conhecido de todos, não precisa ser provado, nem pode ser negado. Logo, ante a ampla divulgação havida, não pode ser ignorado pelas pessoas da localidade onde se deu, pois é perceptível por qualquer homem médio. Há quem o considere como máxima de experiência.

FATO NOVO. *Direito processual.* Fato que, apesar de ser idôneo para modificar uma situação, não foi alegado em juízo, seja porque na época era desconhecido, seja por ter ocorrido ulteriormente, constituindo, portanto, matéria nova na causa.

FATO PRINCIPAL. Aquele que não depende, para sua existência, de nenhum outro. É o que existe por si mesmo.

FATO PROBANDO. *Direito processual.* Aquele que está sendo investigado em juízo, mediante emprego dos meios probatórios admissíveis em direito.

FATO PROCESSUAL. *Direito processual.* Aquele que tem como resultado algo já prenunciado em normas de direito processual (Afonso Celso F. de Rezende).

FATO PUNÍVEL. *Direito penal.* Aquele a que a lei comina pena.

FATOR. Na *linguagem filosófica:* a) o que faz algo; b) aquilo que determina alguma coisa; c) o que concorre para a produção de algum efeito; d) o que contribui para um acontecimento.

FATOR COADJUVANTE. *Medicina legal.* Elemento que pode concorrer para o resultado de uma moléstia.

FATOR DE CÁLCULO. *Direito civil.* Resultado numérico, calculado mediante a utilização de taxa de juros e tábua biométrica, quando for o caso, utilizado para obtenção do valor do capital segurado pagável sob a forma de renda.

FATOR DE DIVISIBILIDADE. Menor fração do título admitida para compra ou venda no Tesouro Direto.

FATOR DE RISCO. *Medicina legal.* É a variação associada estatisticamente à aparição de uma doença ou de um fenômeno sanitário, distinguindo-se fatores: endógenos, que são próprios de indivíduo; exógenos, que se ligam ao ambiente; predisponentes, que fazem vulnerabilidade ao sujeito; e principiantes, que iniciam o fenômeno patológico.

FATO REALIZADO. *Direito civil.* O concluído ou completo. Aquele que já se realizou concretamente, produzindo seus efeitos jurídicos.

FATO RELEVANTE. **1.** *Direito financeiro.* Fato que influencia, ponderavelmente, na decisão dos investidores do mercado de vender ou comprar valores mobiliários emitidos pela companhia (Luiz Fernando Rudge). **2.** *Direito processual.* Fato comprovado nos autos que pode influir na decisão judicial.

FATOR G. Na *linguagem psicológica,* designa o fator geral da inteligência, capacidade *sui generis,* necessário ao quadro psicológico de cada pessoa. Por exemplo, a memória, a lógica, a capacidade de abstração, a imaginação etc. (Spearman).

FATOR RH. *Medicina legal.* Antígeno ou aglutinógeno hereditário, presente no eritrócito das pessoas, suscetível de induzir reações antigênicas intensas em circunstâncias apropriadas, como, por exemplo, em transfusão de sangue de pessoa Rh positiva a pessoa Rh negativa.

FATOS DA NAVEGAÇÃO. *Direito marítimo.* São os seguintes casos: a) o mau aparelhamento ou a impropriedade da embarcação para o serviço em que é utilizada e a deficiência da equipagem; b) a alteração da rota; c) a má-estivação da carga, que sujeite a risco a segurança da expedição; d) a recusa injustificada de socorro à embarcação em perigo; e) todos os fatos que prejudiquem ou ponham em risco a incolumidade e segurança da embarcação, as vidas e fazendas de bordo; e f) o emprego da embarcação, no todo ou em parte, na prática de atos ilícitos, previstos em lei como crime ou contravenção penal, ou lesivos à Fazenda Nacional.

FATO SIMPLES. Aquele que se compõe de um só elemento.

FATO SOCIAL. *Filosofia do direito, teoria geral do direito* e *sociologia jurídica.* **1.** Modo de agir suscetível de exercer sobre o indivíduo um constrangimento exterior (Durkheim). **2.** É o constituído pela interação dos indivíduos numa certa sociedade. **3.** Sistema social que abrange vários subsistemas: econômico, jurídico, histórico, político, antropológico, psicológico-social, lingüístico e sociológico (Silvio de Macedo). **4.** É o decorrente da organização social e da cultura. **5.** Diz-se do direito que atua como uma força configuradora de condutas (Recaséns Siches). **6.** Produto de processos sociais. **7.** Efeito causado pelo direito na sociedade.

FATO SOCIOLÓGICO. *Sociologia jurídica.* **1.** Interação humana, que é o fenômeno social básico. **2.** *Vide* INTERAÇÃO.

FATO SUPERVENIENTE. *Direito processual.* Aquele que não foi alegado em juízo por ter surgido depois.

FATO TÉCNICO. *Direito civil* e *teoria geral do direito.* Produto do engenho humano que pode exercer influência na seara jurídica.

FATO TÍPICO. *Filosofia do direito* e *teoria geral do direito.* Fato individual que pode ser enquadrado no conceito abstrato normativo, apesar de por este não ser apreendido em sua totalidade, em razão de apresentar um "geral" determinado, ou seja, uma nota de tipicidade que coincide com o previsto em determinado tipo ou conceito. Conseqüentemente, os demais caracteres desse fato não abrangidos pelo conceito normativo são considerados como indiferentes.

FATO VOLUNTÁRIO. *Direito civil.* O que decorre da vontade, produzindo a aquisição, modificação ou extinção de direito.

FÁTRIA. *Sociologia jurídica.* **1.** Grupo de famílias ou tribos que consolidam um povo. **2.** Tribo formada por comunidade local.

FATTA LA LEGGE, PENSATA LA MALIZIA. *Expressão italiana.* **1.** Feita a lei, pensada a malícia. **2.** Burla-se a lei, interpretando a seu modo a vontade do legislador.

FATTISPECIE. *Teoria geral do direito* e *filosofia do direito.* Situação fática prevista *in abstracto* numa norma, cuja verificação concreta acarreta a produção dos efeitos jurídicos estatuídos naquele comando normativo.

FATUAL. *Lógica jurídica.* Diz-se do sentido contido numa afirmação de fatos.

FATUM. *Termo latino.* **1.** Coisa dita; aquilo que está escrito; fatalidade. **2.** Na *linguagem filosófica,* é o que acontece em razão de uma necessidade cega, pela qual determinados acontecimentos fixam-se em si próprios, independentemente das causas que os produzem (Kant).

FATURA. 1. *Direito comercial.* a) Relação das mercadorias vendidas, contendo sua quantidade, qualidade, marca, peso, preço, condições de pagamento etc., que acompanha sua remessa ao serem expedidas ao comprador. Trata-se da nota de venda; b) documento comprobatório da compra e venda mercantil, pelo qual o vendedor pode exigir o preço do comprador. Na hipótese de venda a crédito, é indispensável para a extração da duplicata mercantil; c) conta por miúdo que se forma a partir do valor de uma mercadoria que servirá, de regra, à venda; d) conta que demonstra os valores devidos por uma pessoa a outra, em relação aos serviços prestados. **2.** *Direito autoral.* a) Obra feita por alguém; b) modo pelo qual uma obra intelectual, seja ela literária ou artística, foi elaborada, constituindo o estilo de seu autor.

FATURA ACEITA. *História do direito.* Antecedente da duplicata, consistia na segunda via da fatura, que, ao ser assinada pelo comerciante, presumia ter sido a conta liquidada (Othon Sidou).

FATURA ASSINADA. *Direito comercial.* **1.** A reconhecida e aceita pelo comprador. **2.** Conta assinada, ou duplicata mercantil, se se tratar de compra a crédito.

FATURA COMERCIAL. 1. *Direito comercial.* a) O documento que se extrai em virtude de uma compra e venda mercantil; b) *Vide* FATURA. **2.** *Direito alfandegário.* Nota de venda que acompanha a mercadoria importada ou exportada.

FATURA CONFIRMADA. *Direito internacional privado.* Duplicata.

FATURA CONSULAR. *Direito internacional privado.* Nota organizada pelo exportador e devidamente visada pelo consulado do país destinatário. Atualmente exige-se, em alguns países, o visto consular na fatura comercial.

FATURA DE VENDA. *Direito comercial.* Diz-se daquela em que há uma discriminação das mercadorias vendidas, com indicação de sua qualidade, quantidade, preço da unidade e total, para diferenciá-la da duplicata mercantil dela extraída. Trata-se da fatura originária, ou geral, resultante da venda mercantil (De Plácido e Silva).

FATURA FISCAL. *Direito comercial.* **1.** Duplicata mercantil ou conta assinada. **2.** Documento que, além de autorizar a circulação da mercadoria, serve de base para a cobrança de imposto; nota fiscal.

FATURA GERAL. 1. *Direito comercial.* Fatura relativa às vendas parciais feitas, em vários dias, pelo comerciante a um só comprador, abrangendo o total das operações. **2.** *Direito marítimo.* Rol de todas as cargas entregues ao navio para transporte. **3.** *Direito fiscal.* Fatura originária que serve de base para a cobrança de imposto e da qual é extraída a duplicata mercantil.

FATURAMENTO. *Direito comercial.* Formação ou extração da fatura comercial relativa às mercadorias vendidas.

FATURA ORIGINÁRIA. *Vide* FATURA GERAL.

FATURA PARCELADA. *Direito comercial.* Aquela que corresponde a uma venda parcial e que, oportunamente, será agrupada a uma outra, para a extração da fatura geral. Trata-se da nota parcial.

FATURA QUITADA. *Direito comercial.* Aquela que contém o recibo de quitação das mercadorias que nela estão arroladas e discriminadas, ou seja, a declaração de que o seu valor foi pago.

FATURAR. 1. *Direito comercial.* a) Fazer a fatura; b) proceder à extração da fatura; c) incluir ou relacionar mercadoria na fatura. **2.** Na *gíria:* obter alguma vantagem financeira.

FATURA RECONHECIDA. *Direito comercial.* Aquela que é reconhecida e aceita pelo comprador, passando, então, a ser um título líquido e certo.

FATURISTA. *Direito comercial.* Encarregado num estabelecimento mercantil de fazer as faturas.

FATURIZAÇÃO. *Vide FACTORING.*

FATURIZAÇÃO AO ESTILO ANTIGO. *Direito comercial.* Aquele em que o faturizador encarrega-se da cobrança das faturas do faturizado, abrangendo a faturização convencional, a faturização de vencimento e a faturização de importação e exportação (Venosa). *Vide OLD LINE FACTORING.*

FATURIZAÇÃO À VISTA. *Direito comercial.* Faturização sem financiamento em que o *factor* se compromete a pagar as faturas na medida em que os devedores do faturizado paguem seus débitos, uma vez que não assume a responsabilidade de sua cobrança, passando a ser mero administrador de cobrança de faturas, pois não corre nenhum risco (Venosa).

FATURIZAÇÃO COM FINANCIAMENTO. *Direito comercial.* Operação com cunho bancário em que o faturizado recebe da empresa *factor* pagamento imediato de faturas, independentemente de seu vencimento (Venosa).

FATURIZAÇÃO DE VENCIMENTO. *Vide* FATURIZAÇÃO COM FINANCIAMENTO.

FATURIZAÇÃO SEM FINANCIAMENTO. *Vide* FATURIZAÇÃO À VISTA.

FAÚLHA. *Direito agrário.* Diz-se da parte mais sutil ou fina da farinha, que se evola na sua peneiração.

FAUNA. *Direito ambiental.* Conjunto de animais de uma região.

FAUNA ACOMPANHANTE. Os recursos pesqueiros, não integrantes das espécies-alvo, capturados involuntariamente na pesca.

FAUNA CADAVÉRICA. *Medicina legal.* Conjunto de animais necrófagos, acarídeos ou insetos, que destroem um cadáver inumado ou não, variando conforme a época do ano, clima etc. A análise médico-legal dessa fauna permite, por tal razão, estipular a data provável da morte.

FAUNA DOMÉSTICA. Conjunto de animais que vivem em cativeiro.

FAUNA EXÓTICA INVASORA. *Direito ambiental.* Animais introduzidos em um ecossistema do qual não fazem parte originalmente, mas onde se adaptam e passam a exercer dominância, prejudicando processos naturais e espécies nativas, além de causar prejuízos de ordem econômica e social.

FAUNA SILVESTRE. *Direito ambiental.* Conjunto de animais que vivem em liberdade.

FAUNA SINANTRÓPICA. *Direito ambiental.* Conjunto ou populações animais de espécies silvestres nativas ou exóticas, que utilizam recursos de áreas antrópicas, de forma transitória em seu deslocamento, como via de passagem ou local de descanso; ou permanentes, utilizando-as como área de vida. E a sinantrópica nociva é a que interage de forma negativa com a população humana, causando-lhe transtornos significativos de ordem econômica ou ambiental, ou que representem riscos à saúde pública. É o conjunto de animais indesejáveis ao homem por lesar sua saúde. Por exemplo, ratos, insetos etc.

FAUTE. *Termo francês.* Culpa; ato lesivo; falta.

FAUTOR. 1. Na *linguagem jurídica* em geral diz-se: a) daquele que favorece, auxilia ou protege

alguém; b) daquele que promove algo. **2.** *Direito penal.* a) O que oculta o produto do crime ou o criminoso; b) o que favorece o agente do crime.

FAVADO. *Direito agrário.* Diz-se, no Piauí, da terra fofa.

FAVAL. *Direito agrário.* Terreno onde há cultura de favas.

FAVELA. *Sociologia jurídica.* Aglomerado de casebres construídos de forma tosca e desprovidos de higiene.

FAVELADO. *Sociologia jurídica.* Morador de favela.

FAVISMO. *Medicina legal.* Reação alérgica provocada pela ingestão de semente de fava ou pela inalação do seu pólen, causando febre, icterícia, diarréia etc.

FAVOR. 1. *Direito comercial.* a) Carta; correspondência mercantil; b) letra de câmbio aceita por quem não é devedor do sacador; c) título formulado para a consecução de numerário e aceito pelo sacado com o escopo de prestar auxílio ao sacador; d) letra sacada sem provisão ou aceite a descoberto (De Plácido e Silva). **2.** Nas *linguagens comum* e *jurídica,* tem o sentido de: a) obséquio; benefício; privilégio; b) proteção; amparo; c) sem pagamento; liberalidade; gratuito; gracioso; d) por atenção pessoal; e) parcialidade; f) ajuda; auxílio.

FAVORÁVEL. 1. A favor de alguém ou de algum ato. **2.** Vantajoso. **3.** O que favorece. **4.** Benéfico. **5.** Propício. **6.** Deferimento de pedido ou requerimento. **7.** Conveniente.

FAVOR DEBITORIS. *Locução latina.* **1.** Benefício do devedor. **2.** *Direito civil.* Diz-se do princípio legal de proteção da situação do devedor, na seara obrigacional, que lhe permite, por exemplo, a escolha da prestação na obrigação alternativa, o pagamento no seu domicílio etc.

FAVORECEDOR. 1. Nas *linguagens comum* e *jurídica,* aquele que favorece outrem. **2.** *Direito penal.* O que presta favorecimento pessoal defeso em lei ou para fins ilícitos.

FAVORECER. 1. *Direito aduaneiro* e *direito internacional público.* Conceder vantagens ou medidas de exceção sobre os direitos a serem pagos pela importação de mercadorias procedentes de países que gozam da qualidade de nação mais favorecida (De Plácido e Silva). **2.** Nas *linguagens comum* e *jurídica,* tem o sentido de: a) obsequiar; b) proteger; c) beneficiar; conceder vantagens ou privilégios; d) dar auxílios; auxiliar.

FAVORECIDO. 1. *Direito penal.* Criminoso que recebeu favorecimento pessoal. **2.** *Direito comercial* e *direito cambiário.* a) Diz-se do sacado da letra de câmbio; b) credor de título de crédito. **3.** Na *linguagem jurídica* em geral, designa: a) aquele a quem se destina o pagamento da prestação assumida numa obrigação; b) o que foi beneficiado por ato de outrem; beneficiário; c) protegido; d) o que recebeu algum auxílio; e) obsequiado.

FAVORECIMENTO. 1. *Direito penal.* a) Incitamento; b) facilitação; c) auxílio prestado a delinqüente para livrá-lo da ação da autoridade competente; d) ocultação de produto de crime; e) qualquer ajuda prestada, excluídas as hipóteses de co-autoria e receptação, com o fim de amparar criminoso, tornando seguro o proveito de um crime praticado por outrem. **2.** Nas *linguagens jurídica* e *comum:* a) ato de favor; b) apoio; c) proteção; d) auxílio.

FAVORECIMENTO CRIMINAL. *Direito penal.* **1.** Crime contra a administração da justiça que consiste em entravar a ação da autoridade pública competente, através da prática do delito de favorecimento pessoal ou real, prestando auxílio a delinqüente, subtraindo-o à ação da justiça ou tornando seguro o proveito do delito. **2.** *Vide* FAVORECIMENTO PESSOAL E FAVORECIMENTO REAL.

FAVORECIMENTO DA PROSTITUIÇÃO. *Direito penal.* Crime que consiste em induzir ou atrair alguém à prostituição, facilitá-la ou impedir seu abandono, apenado com reclusão, haja ou não uso de violência, e acrescido de multa se praticado com fim lucrativo.

FAVORECIMENTO PESSOAL. *Direito penal.* Fato típico penal, punido com detenção, que consiste em auxiliar criminoso a subtrair-se à ação de autoridade policial, judiciária ou administrativa, vindo, por exemplo, a escondê-lo ou a fornecer dinheiro para sua fuga. Se, porém, o delinqüente for ascendente, descendente, cônjuge ou irmão do favorecedor, estará este isento de pena.

FAVORECIMENTO REAL. *Direito penal.* Crime contra a administração da justiça, punido com detenção e multa, que consiste em prestar auxílio, excluídos os casos de co-autoria e receptação, para tornar seguro o proveito do delito, guardando, por exemplo, o produto do crime.

FAVORITA. 1. *Direito comparado.* Sultana ou mulher principal do sultão. **2.** *História do direito.* Principal amante de um soberano.

FAVORITISMO. 1. Nas *linguagens comum* e *jurídica,* designa: a) proteção parcial; b) patronato; c) predileção; d) condição de favorito; e) concessão de vantagem injustificada a certa pessoa, ou a determinado grupo, em prejuízo de outras; f) preferência dada a quem é favorito. **2.** *Ciência política.* a) Regime em que se fazem concessões por influência e não pelo mérito pessoal das pessoas; b) preferência que se dá a alguém por mero favor e não em atenção ao seu merecimento.

FAVORITO. 1. *Direito desportivo.* Atleta ou time que apresenta maiores oportunidades de vitória no certame. **2.** Nas *linguagens comum* e *jurídica,* indica: a) aquele que goza de favor junto a uma autoridade ou a um potentado; b) preferido; c) mais favorecido. **3.** *Direito agrário.* Capim de flor roxa que praguja os campos.

FAVOR LABORIIS. *Direito do trabalho* e *direito internacional privado.* Princípio oriundo da Constituição da Organização Internacional do Trabalho (OIT), segundo o qual, havendo confronto entre normas concorrentes – nacional e estrangeira – e sendo mais favorável ao empregado a do local da contratação do que a do lugar da execução do serviço, deve ser aplicada a que beneficiar o trabalhador, em decorrência do caráter protetivo do direito do trabalho, observando-se, porém, as limitações de ordem pública.

FAVOR NEGOTII. *Locução latina.* Designa o princípio da validade do negócio jurídico em benefício dos que nele participaram de boa-fé, ainda que o ato negocial apresente algum vício.

FAVOR REI. *Locução latina.* Unificação dos delitos, em caso de crime continuado, para mitigar a pena.

FAX. Dispositivo que possibilita transmitir, por via telefônica, imagens.

FAXINA. 1. *Direito agrário.* a) Feixe de gravetos ou lenha miúda; b) feixe de ramos usado na construção de diques ou na fixação das margens dos rios; c) unidade de peso para lenha em achas, com aproximadamente sessenta quilogramas. **2.** *Direito militar.* a) Ramagem usada em fortificação militar de campanha; b) soldado encarregado da limpeza. **3.** *Direito do trabalho.* Serviço de limpeza, em geral feito em indústria, estabelecimento comercial, casa de família etc., executado por empregado, que recai sob a égide da lei trabalhista desde que de natureza contínua.

FAXINAL. *Direito agrário.* **1.** Campo coberto de mato curto. **2.** No Rio Grande do Sul, diz-se do trecho alongado de campo que vem a adentrar a floresta.

FAXINEIRO. *Direito do trabalho.* Encarregado do serviço de faxina.

FAYOLISMO. *Direito empresarial.* Método de organização racional de administração da empresa, desenvolvido por Henry Fayol, que divide suas operações em funções técnicas (produção), comerciais (compra e venda), financeiras (procura e gasto do capital), de segurança (proteção de pessoas e bens), de contabilidade (balanço) e administrativas (previdência, organização, coordenação e fiscalização), tendo, ainda, por princípios básicos a divisão de trabalho, a disciplina, a unidade de comando, a autoridade, a subordinação do interesse privado ao geral, a contabilidade, a união do pessoal etc.

FAZENDA. **1.** *Direito comercial.* a) Mercadoria; b) o que se coloca à venda; objeto da compra e venda mercantil; c) produto manufaturado, com ou sem auxílio de máquina, trazido ao comércio; d) tecido; e) gênero ou produto de origem animal ou agrícola colocado à venda; f) o que é suscetível de operação mercantil. **2.** *Direito agrário.* Estabelecimento ou imóvel rural, de grande extensão, que explora atividade extrativa, agroindustrial, agrícola ou pecuária. **3.** *Direito administrativo* e *direito financeiro.* a) Finança pública; b) rendimento público; c) erário; d) fisco; e) soma dos interesses financeiros do Estado alusivos à gestão de seus bens e negócios; f) órgão administrativo de uma entidade de direito público encarregado de arrecadar rendas. **4.** *Direito civil.* Diz-se do patrimônio ou dos haveres de uma pessoa natural ou jurídica. **5.** *Economia política.* Riqueza; grande número de bens; conjunto de bens.

FAZENDA AVARIADA. *Direito comercial.* Carga ou bagagem com avaria ou deteriorada.

FAZENDA ESTADUAL. *Direito administrativo.* Conjunto de direitos e deveres oriundos do patrimônio de cada Estado-Membro da Federação.

FAZENDA FEDERAL. *Direito administrativo.* Soma de interesses, direitos e obrigações decorrentes do patrimônio da União Federal.

FAZENDA MUNICIPAL. *Direito administrativo.* Organização administrativo-financeira dos Municípios, dentro dos limites normativos.

FAZENDA NACIONAL. *Vide* FAZENDA FEDERAL.

FAZENDA PÚBLICA. **1.** *Direito administrativo.* a) Erário; conjunto de bens e dinheiro públicos; patrimônio do Estado; b) fisco; c) rendimento público; d) conjunto de órgãos ou repartições públicas encarregado da administração do patrimônio estatal, da arrecadação de tributos e da fiscalização do cumprimento das normas tributárias. É o Estado financeiro; e) soma dos interesses financeiros da União, dos Estados e Municípios, abrangendo a Fazenda federal, estadual e municipal. **2.** *Direito processual civil.* a) Complexo de órgãos da Administração Pública responsável pelos seus interesses financeiros e patrimoniais; b) qualquer pessoa jurídica de direito público integrante da Administração Pública, seja ela direta ou indireta.

FAZENDA REAL. *História do direito.* Órgão da administração colonial portuguesa que, além de centralizar a arrecadação, tratava das finanças.

FAZENDÁRIO. *Direito administrativo* e *direito financeiro.* Relativo à Fazenda Pública.

FAZENDAS GERAIS. *Direito comercial.* Totalidade de operações concernentes às mercadorias a serem vendidas pelo comerciante.

FAZENDEIRA. **1.** *Direito agrário.* Proprietária de fazenda ou de imóvel rural agropecuário. **2.** *História do direito.* Espécie de tributo que era pago pelo foreiro ou arrendatário ao proprietário de imóvel destinado à lavoura.

FAZENDEIRO. *Direito agrário.* **1.** Proprietário de fazenda ou produtor rural que arrenda imóvel para pecuária, agricultura, atividade extrativa ou agroindustrial. **2.** Aquele que cultiva sua fazenda ou a pertencente a outrem. **3.** Aquele que administra ou dirige fazenda alheia.

FAZENDISTA. *Direito administrativo* e *direito financeiro.* Pessoa versada em assuntos relativos à Fazenda Pública.

FAZER. **1.** *Direito civil.* Diz-se da obrigação em que o devedor se compromete a prestar um serviço ou ato positivo, material ou imaterial, em benefício do credor ou de terceira pessoa. **2.** Nas *linguagens comum* e *jurídica:* a) fabricar; manufaturar; b) construir; edificar; c) criar; dar existência; produzir; d) escrever; e) pintar; f) esculpir; g) compor; h) pronunciar; proferir; dizer; i) representar; j) ter decorrido algum tempo; k) diligenciar; l) trabalhar; m) obter como ganho; render; n) ajustar; pactuar; o) produzir algum efeito; p) influir para que ocorra algo;

FAZER ÁGUA

q) dispor; r) contribuir; s) destinar para algum cargo ou emprego; nomear; t) dedicar-se a uma profissão; u) avaliar; fixar preço; v) ocupar cargo na falta do seu titular; x) simular; fingir prática de um ato.

FAZER ÁGUA. *Direito marítimo.* **1.** Abastecer o navio de água potável. **2.** Deixar entrar, acidentalmente, água na embarcação por uma de suas aberturas.

FAZER A PRAÇA. *Direito comercial.* Ato de o vendedor ou agenciador visitar os fregueses de um local.

FAZER A VELA. *Direito marítimo.* Sair do porto, iniciando a viagem.

FAZER CERA. *Direito desportivo.* Recurso lícito, embora antiesportivo, que uma equipe pode utilizar no final de uma partida para diminuir o tempo em que o adversário fica com o domínio da bola, com o intuito de assegurar o escore do momento, evitando que venha a fazer ponto.

FAZER CIENTE. Dar pleno conhecimento de um fato; cientificar.

FAZER ESCALA. **1.** *Direito marítimo.* Aportar. **2.** *Direito aeronáutico.* Aterrissar em aeroporto.

FAZER ESCOLA. Assentar doutrinas e princípios ou organizar processos que encontrem seguidores.

FAZER EXECUÇÃO. *Direito processual civil.* Penhorar; obrigar bens à penhora.

FAZER FÉ. *Direito registrário.* **1.** Merecer crédito. **2.** Servir de testemunho autêntico. **3.** Dar autenticidade ao ato.

FAZER GREVE. *Direito do trabalho.* Abandonar, coletivamente, o trabalho até que as reivindicações feitas sejam atendidas.

FAZER JUSTIÇA. **1.** *Teoria geral do direito.* Dar a cada um o que lhe é devido. **2.** *Direito processual.* Impor a sanção ou pena cabível.

FAZER PAREDE. **1.** *Direito agrário.* Ato de o vaqueiro cavalgar emparelhado com a rês persegui-da. **2.** *Direito desportivo.* Embaraçar a ação de um futebolista, colocando-se de costas, parado à sua frente.

FAZER POLÍTICA. *Ciência política.* Considerar apenas as conveniências do partido político, praticando atos voltados a essa finalidade.

FAZER PONTO. Estacionar, o taxista, em certo local, onde habitualmente pega seus usuários.

FAZER SENTINELA. *Direito militar.* Estar o soldado de observação e de guarda a um edifício ou acampamento.

FAZER SOLTAS DE GADOS. *Direito agrário.* Dar largas ao gado para que engorde.

FAZER TÁBULA RASA. Suprimir inteiramente.

FAZER UM FRETE. *Direito comercial.* Transportar algo por preço ajustado.

FAZER UM RECONHECIMENTO. *Direito militar.* Averiguar com uma força de tropa a posição do inimigo.

FB. *Vide* CLÁUSULA FB.

FBL. *Direito internacional privado.* Abreviação de *Fiata Bill of Lading for Combined Transport*, que é o conhecimento de embarque de transporte, *carrier type*, em regra negociável, emitido pelo transitário ou operador do transporte combinado, que se responsabiliza pelo transporte e pela entrega das mercadorias no local de destino. Apenas quem for membro da Federação Internacional de Associações de Transitários e Similares (FIATA) pode emiti-lo, conforme modelo autorizado por ela.

FCI. Sigla de *Factor Chain International*, com sede em Amsterdam e que possui o mais avançado sistema de controle e de comunicações e a mais moderna tecnologia em apoio a seus associados.

FCL. *Direito internacional privado* e *direito comercial.* **1.** Abreviação de *Full Container Load.* **2.** Contrato que avença o carregamento completo de *container.* **3.** Trata-se de transporte por *container* com carga carregada pelo usuário e aceita pelo transportador. O cálculo de taxa de frete baseia-se na carga carregada e transportada. Refere-se, portanto, a *container* carregado com cargas pelo usuário, que foram aceitas pelo transportador, e que são, também, usadas para fins de cálculo de taxa de frete.

FCOC. Sigla de *Frente Continental de Organizaciones Comunales.*

FCR. *Direito internacional privado.* Abreviação de *Forwarder Certificate of Receipt* ou de *FIATA Certificate of Receipt*, documento não negociável, emitido pelo transitário, sob o controle da Federação Internacional de Associações de Transitários e Similares (FIATA), a que pertence, em caso de transporte de carga consolidada, ferroviária e marítima, ou na hipótese de a guia de transporte ferroviário ou do conhecimento de embarque serem emitidos em nome do transitário. Por esse documento o transitário assume o controle das operações de transporte da mercadoria até que chegue a seu destino (Lorenzi e Dutra da Fonseca).

FCT. *Direito internacional privado.* Abreviação de *Certificate of Transport*, ou seja, certificado de transporte do transitário. Emitido por um transitário filiado à Federação Internacional de Associações de Transitários e Similares (FIATA), conforme modelo especial imposto por ela, é um documento negociável por endosso, entregue ao expedidor da mercadoria pelo transitário, em caso de transporte de cargas consolidadas, ferroviárias e marítimas ou quando a guia de transporte ferroviário ou o conhecimento de embarque estiverem em nome de transitário. O FCT visa cobrir todas as operações de transporte das mercadorias (Lorenzi e Dutra da Fonseca).

FCVS. *Direito bancário.* Sigla de Fundo de Compensação de Variações Salariais.

FDD. *Direito do consumidor.* Sigla de Fundo de Defesa de Direitos Difusos.

FDEPM. *Direito marítimo.* Sigla de Fundo de Desenvolvimento do Ensino Profissional Marítimo.

FÉ. 1. *Direito canônico.* a) Conjunto de dogmas do culto católico; b) crença religiosa. **2.** *Direito registrário.* a) Confiança absoluta em um documento; b) testemunho autêntico de certos funcionários; c) autoridade atribuível aos atos notariais. **3.** Na *linguagem jurídica* em geral: a) fidelidade; lealdade; b) fidelidade a promessa e a compromisso feito; c) confiança na autenticidade de um ato; crédito na validade do ato; d) confirmação; prova; e) ato pelo qual se acata como verdadeira uma proposição que não é racionalmente demonstrável, nem evidente (Lalande); f) convicção; g) veracidade; h) credibilidade que se dá a um documento.

FEBEM. *História do direito.* Sigla de Fundação Estadual do Bem-Estar do Menor, hoje denominada Fundação Casa, que atende crianças e adolescentes em situação de risco pessoal e social.

FEBRABAN. *Direito bancário.* Federação Brasileira das Associações de Bancos, que é entidade de classe que opera em âmbito nacional, com a finalidade de representar os bancos e contribuir para o aperfeiçoamento de suas atividades (Luiz Fernando Rudge).

FEBRAC. Sigla de Federação Brasileira de *Factoring.*

FEBRE. 1. *Medicina legal.* a) Estado mórbido em que há aumento anormal da temperatura do corpo e aceleração da pulsação; b) perturbação do espírito. **2.** *Direito comercial.* Grande volume de operações num estabelecimento empresarial ou numa praça. **3.** *Direito econômico.* Moeda que não tem o peso legal.

FEBRE AFTOSA. *Direito agrário.* Moléstia contagiosa que ataca o gado e caracteriza-se pelo aparecimento de bolhas nas patas, na boca e no úbere, provocada por um vírus.

FEBRE AMARELA. *Medicina legal.* Infecção transmitida, nos trópicos, pela picada do mosquito *Stegomia fasciata.*

FEBRE CARBUNCULOSA. *Direito agrário.* Variedade de antraz que ataca o gado.

FEBRE DO FENO. *Medicina legal.* Alergia causada pelo pólen de certas gramíneas.

FEBRE PUERPERAL. *Medicina legal.* É a que pode ocorrer após o parto, provocada por infecção dos órgãos genitais.

FEBRE VITULAR. *Direito agrário.* A que pode ocorrer no pós-parto bovino.

FECALINA. *Direito agrário.* Fertilizante pulverulento oriundo de matéria fecal.

FECHADO. 1. *Direito agrário.* Diz-se do mato cerrado. **2.** *Direito comercial.* a) Diz-se do negócio mercantil concluído ou ultimado; b) palavra com que o corretor pactua em pregão público, após ter apregoado em voz alta a transação de que foi encarregado, havendo acordo entre os representantes do comprador e do vendedor; c) termo usado em pregão de bolsa para confirmar a conclusão de uma operação de compra e venda (Luiz Fernando Rudge). **3.** *Direito civil.* Diz-se do ato negocial já ajustado ou acertado. **4.** *Direito processual.* Termo que exprime a idéia de encerramento de ato processual.

FECHADURA. *Direito penal.* Peça de metal que fecha portas ou gavetas e cuja abertura, quando realizada ilegitimamente por alguém no exercício da profissão de serralheiro ou ofício análogo, a pedido de pessoa de cuja legitimidade não se certificou previamente, constitui prática de contravenção penal punida com prisão simples ou multa.

FECHA-FECHA. Fechamento geral do comércio por ocasião de algum tumulto que venha a causar perturbação na ordem pública.

FECHAMENTO. *Direito comercial.* Última cotação diária de um valor mobiliário dia em bolsa (Luiz Fernando Rudge).

FECHAMENTO DE CAPITAL. *Direito comercial.* Cancelamento do registro de sociedade aberta, na Comissão de Valores Mobiliários (CVM), deliberado pela maioria dos acionistas.

FECHAMENTO DE ESTABELECIMENTO. *Vide* ABANDONO DE ESTABELECIMENTO COMERCIAL.

FECHAMENTO DE POSIÇÃO. *Direito comercial.* Operação no mercado futuro e de opção em que o investidor assume posição oposta àquela detida no momento, ou seja, compra ou vende um ativo, título ou valor mobiliário, com o objetivo de liquidar por compensação a posição aberta (Luiz Fernando Rudge).

FECHAMENTO EM ALTA. *Direito comercial.* Situação mercadológica em que as cotações de fechamento do dia foram mais altas do que as do dia anterior (Luiz Fernando Rudge).

FECHAMENTO EM BAIXA. *Direito comercial.* Situação do mercado em que as cotações de fechamento do dia foram mais baixas do que as do dia anterior (Luiz Fernando Rudge).

FECHAR. 1. Concluir um negócio. **2.** Tornar uma avença ou ajuste definitivo. **3.** Trancar. **4.** Colocar em recinto cerrado. **5.** Impedir acesso. **6.** Fazer cessar o funcionamento de um estabelecimento particular. **7.** Cicatrizar. **8.** Cercar em assédio. **9.** Demarcar. **10.** Dar por findo um serviço.

FECHARIA. *Direito militar.* Conjunto de peças ou mecanismo de disparo de arma de fogo portátil.

FECHO. 1. Palavra ou expressão que conclui uma carta, como, por exemplo, "cordialmente", "sem mais" etc. **2.** Expressão de estilo que arremata um requerimento ou uma petição, por exemplo: "termos em que pede deferimento", "pede e espera deferimento", "por ser de justiça" etc. **3.** Ferrolho de porta. **4.** Sebe, valo, cerca etc. **5.** Remate; conclusão; acabamento.

FECIAL. *História do direito.* Sacerdote, núncio de paz ou de guerra, na antigüidade romana.

FECI MINUS QUAM. *Expressão latina.* Fez menos do que queria.

FECI PLUS QUAM. *Expressão latina.* Fez mais do que queria.

FECI QUOD POTUI, FACIANT MELIORA POTENTES. *Expressão latina.* Fiz o que pude, façam melhor os que o puderem.

FECI, SED JURE FECI. *Brocardo latino.* Fiz, mas fiz com direito.

FÉ CONJUGAL. *Direito civil.* Fidelidade recíproca que se devem os cônjuges.

FÉ CONTRATUAL. *Direito civil.* Cumprimento das obrigações assumidas no contrato.

FECUNDAÇÃO. *Medicina legal.* União entre o espermatozóide e o óvulo, formando a célula-ovo ou zigoto; pode ser natural, por meio da conjunção carnal, ou artificial, sem que haja ato sexual, feita mediante introdução do esperma no colo uterino pelo uso de seringa.

FECUNDAÇÃO ARTIFICIAL. *Vide* INSEMINAÇÃO ARTIFICIAL.

FECUNDAÇÃO EXTRACORPÓREA. *Vide* FECUNDAÇÃO *IN VITRO*.

FECUNDAÇÃO *IN VITRO*. *Medicina legal.* **1.** Também designada "ectogênese", é a que se concretiza pelo método *Zibot Intra Fallopian Transfer* (ZIFT), que consiste na retirada de óvulo da mulher para fecundação em proveta, com sêmen do marido ou de outro homem, e introdução do embrião em seu útero ou no de outra. **2.** *Vide* ECTOGÊNESE.

FECUNDAÇÃO *IN VIVO*. *Medicina legal.* Inseminação artificial que se processa mediante o método *Gametha Intra Fallopian Transfer* (GIFT), ou seja, pela inoculação de sêmen na mulher, sem que haja qualquer manipulação externa de óvulo.

FÉ DE CITAÇÃO. *Direito processual civil.* Certidão feita nos autos processuais pelo oficial de justiça ou escrivão declarando que o réu foi citado na forma da lei ou do mandado judicial.

FÉ DE CONHECIMENTO. *Direito notarial* e *direito registrário.* Manifestação pública dos notários em certos documentos, como, por exemplo, no testamento cerrado.

FÉ DE DEPOIMENTO. *Direito processual civil* e *direito processual penal.* Credibilidade dos testemunhos, em juízo, que pode ser maior ou menor conforme a idoneidade daquele que presta depoimento.

FÉ DE DOCUMENTO. *Direito civil* e *direito processual civil.* Crédito da autenticidade de um documento, ante sua força probante.

FÉ DE LIVRO COMERCIAL. *Direito comercial.* Crédito que merece o lançamento feito na escrituração empresarial, para que o livro possa ser exibido como documento autêntico que faz fé, por estar revestido das formalidades ou requisitos intrínsecos ou extrínsecos exigidos pela lei e por não apresentar vício ou defeito na escrita.

FÉ DE OFÍCIO. 1. *Direito administrativo.* Relatório pormenorizado da vida funcional do funcionário público desde o instante de sua admissão. **2.** *Direito militar.* Folha de serviços do militar.

FEDERAÇÃO. 1. *Direito constitucional* e *teoria geral do Estado.* a) Estado federal, formado por entidades autônomas, que são os Estados-Membros, oriundo da desagregação de um Estado unitário (Brasil) ou da agregação de Estados preexistentes (Estados Unidos da América do Norte); b) associação de Estados, que conservam sua autonomia administrativa dentro dos limites atribuídos, formando um novo Estado soberano com os seguintes caracteres: descentralização político-administrativa; repartição de competências feita constitucionalmente; participação da vontade regional na vontade nacional, que se opera mediante um órgão representativo dos Estados-Membros, no Poder Legislativo, que é o Senado; autonomia administrativa e financeira; existência de Constituições estaduais e de um órgão que controle a constitucionalidade das leis; c) forma de Estado onde há unidade política e descentralização administrativa, mediante distribuição constitucional de competências entre a União e os Estados-Membros, que conservam sua autonomia. **2.** *Direito internacional público.* a) Liga; união política de nações; b) aliança. **3.** *Direito civil.* Associação de entidades para obtenção de fim ou objetivo comum, como, por exemplo, a federação de indústrias. **4.** *Direito do trabalho.* Associação sindical de grau superior, formada pela reunião de pelo menos cinco sindicatos, representando a maioria absoluta de um grupo de atividade ou profissões idênticas, similares ou conexas.

FEDERAÇÃO INTERNACIONAL DE PLANEJAMENTO FAMILIAR (FPPF). *International Planned Parenthood Federation* (IPPF). *Direito comparado.* Com sede em Londres e filiais em 180 países, converteu-se na maior instituição antivida, mais bem financiada e com maior força em nível internacional, existente na atualidade. Suas filiais aglutinam e dirigem toda a atividade privada em torno do planejamento familiar. Para isso abrem clínicas onde se realiza todo tipo de atividade contraceptiva (incluindo abortos e esterilizações, se a legislação local os permite; caso contrário, lutam pela despenalização de ambos) (Jorge Scala). No Brasil, a filial da IPPF chama-se Sociedade Civil Bem-Estar Familiar no Brasil (BEMFAM), fundada em 1965, grande fomentadora da anticoncepção, da esterilização e, atualmente, do aborto. Há também em nosso país o Grupo Parlamentar de Estudos em População e Desenvolvimento (GPEPD) (Jorge Scala).

FEDERAÇÃO PAULISTA DE AUTISMO. *Direito civil.* Entidade pia que presta assistência, inclusive financeira, às associações que atendem os autistas e seus familiares, sendo sua diretoria composta por representantes das associações filiadas, buscando centralizar as ações desenvolvidas para otimizar os resultados comuns.

FEDERADO. 1. Na *linguagem jurídica* em geral, quer dizer: a) aquele que faz parte de uma federação; b) que se federou; c) unido em federação; d) Estado pertencente a uma Federação. **2.** *História do direito.* Soldado da comuna francesa em 1871.

FEDERAL. 1. *História do direito.* Designação que, durante a guerra de secessão norte-americana, foi dada aos Estados do Norte e aos seus soldados. **2.** Na *linguagem jurídica* em geral, designa tudo o que é relativo a federação. **3.** *Direito constitucional.* a) Estado em cuja organização política há coexistência de um poder central soberano e de esferas políticas administrativamente autônomas; b) Estado em que, num território e sobre as mesmas pessoas, simultânea e harmonicamente, existem dois ordenamentos jurídicos e exercem-se duas categorias de governo – o central e os regionais, cujos poderes são distribuídos por uma Constituição rígida (J. H. Meirelles Teixeira).

FEDERALISMO. *Teoria geral do Estado.* **1.** Sistema político que consiste na união de Estados numa Federação, mediante agregação ou desagregação. **2.** Organização política em que há associação de vários Estados, que abandonam certos atributos da soberania em prol do Estado federal. **3.** Forma de Estado assentada na Carta Magna, que mantém reunidas as entidades autônomas numa só nação, tendo-se, então, como salienta J. H. Meirelles Teixeira: soberania do Estado federal e subordinação a este dos Estados-Membros; auto-organização e autogoverno dos Estados-Membros; distribuição de poderes entre o Estado federal e os Estados-Membros; participação destes na formação da vontade do Estado federal; supremacia da Constituição; solução dos conflitos entre Estados-Membros e Estado federal por um órgão judicial.

FEDERALISTA. *Teoria geral do Estado.* **1.** Partidário do federalismo. **2.** Relativo ao federalismo.

FEDERALIZAÇÃO. Ato ou efeito de federalizar, ou seja, de tornar federal.

FEDERALIZAR. 1. Tornar federal. **2.** Descentralizar política e adminstrativamente um país, federalizando-o (Rui Barbosa). **3.** Passar um bem ou serviço à União.

FEDERAR. *Teoria geral do Estado.* **1.** Reunir em Federação. **2.** Confederar.

FEDERATIVO. *Teoria geral do Estado.* Relativo a Federação.

FÉ DE RÉU. *Vide* FÉ DE CITAÇÃO.

FEDÍFRAGO. Aquele que falta a compromisso ou quebra aliança.

FEEDBACK. *Economia política.* Retroação; efeito em retorno; reação de um efeito sobre sua causa que assegura a auto-regulação em economia (Lalande).

FEE SPLITTING. *Locução inglesa.* Modalidade de crime de colarinho branco que consiste no fato de um médico enviar paciente seu a outro, repartindo honorários.

FEIJOAL. *Direito agrário.* Terra destinada ao cultivo de feijão.

FEILA. *Vide* FAÚLHA.

FEIRA. 1. Local público onde, em certos dias da semana, são expostas e vendidas mercadorias, em barracas próprias e desmontáveis, desde que os mercadores estejam licenciados para tanto. **2.** Exposição de produtos nacionais ou estrangeiros para fins de venda e divulgação. **3.** Compra feita no mercado. **4.** Designação complementar dos cinco dias mediais da semana.

FEIRA DE AMOSTRAS. *Direito comercial.* Exposição de produtos industriais para fins propagandísticos ou de venda, proporcionando aos visitantes diversões variadas.

FEIRA DE LIVROS. *Direito autoral* e *direito comercial.* Exposição feita por editoras nacionais ou estrangeiras dos livros por elas editados, tendo por escopo sua venda e divulgação.

FEIRA INTERNACIONAL. *Direito comercial* e *direito internacional privado.* Reunião de produtores, empresários ou comerciantes nacionais e estrangeiros, para expor e vender produtos ou artigos da mesma espécie, mediante autorização do governo e segundo normas estabelecidas em convenção internacional.

FEIRA LIVRE. *Direito comercial.* Comércio precário realizado em local público, em certo dia da semana, no qual os feirantes gozam de certas regalias tributárias, relativas aos gêneros ou produtos vendidos, ante a pequena monta de seu comércio.

FEITICISMO. 1. *Medicina legal.* Trata-se do fetichismo, que é uma perversão ou desvio sexual em que a excitação erótica, acompanhada ou não de orgasmo, é provocada pelo toque de partes do corpo da pessoa, que não as genitais, por exemplo, cabelos, pés, ou por objetos que tenham algum significado sexual, como fitas, peças íntimas etc. **2.** *Direito civil.* Aberração sexual que, por fixar a libido em objetos pertencentes à pessoa amada, pode provocar a anulação de casamento por erro essencial sobre a pessoa.

FEITIO. 1. *Direito comercial.* a) Trabalho de artífice; b) custo da mão-de-obra ou desse trabalho. **2.** Na *linguagem forense,* diz-se do preço de qualquer trabalho executado por serventuário da justiça. **3.** Nas *linguagens comum* e *jurídica,* indica: a) forma; b) modo de ser de uma pessoa; índole; c) obra; trabalho; d) feição; e) maneira de fazer; execução.

FEITO. 1. *Direito processual civil.* a) Conjunto de atos processuais, que incluem a decisão judicial, pelos quais as partes alegam e provam seus direitos; b) ação judicial; lide; demanda; processo. **2.** Nas *linguagens comum* e *jurídica:* a) acontecimento; fato; b) sucesso; ação; empresa; c) realizado; executado; d) completo; acabado; e) acostumado; f) instruído; adestrado; exercitado; g) obra; façanha. **3.** *Medicina legal.* Diz-se do adulto completamente desenvolvido.

FEITO DE ARMAS. *Direito militar.* Façanha militar.

FEITO PENDENTE. *Direito processual civil* e *direito processual penal.* Diz-se do processo que ainda não foi julgado, ou seja, que está em andamento.

FEITOR. 1. *Direito comercial.* a) Fabricante; b) preposto do empresário; gerente do estabelecimento empresarial; auxiliar administrativo de um estabelecimento mercantil; c) administrador de bens alheios. **2.** *Direito agrário.* a) Administrador da fazenda ou da propriedade rural; b) caseiro; c) rendeiro. **3.** *Direito penal.* Diz-se daquele que pratica ação ou omissão criminosa ou ato condenável pela lei. **4.** *Direito marítimo.* Aquele que administra os negócios marítimos. **5.** *História do direito.* Oficial alfandegário que formulava e extraía os bilhetes, após os despachos, em vista dos quais se pagavam os impostos de importação, evitando-se, assim, contrabando e descaminho.

FEITORIA. 1. *Direito comercial.* a) Cargo de feitor; b) estabelecimento empresarial onde se exerce tal cargo; c) administração exercida pelo feitor. **2.** *Direito agrário.* a) Administração de propriedade rural feita pelo feitor; b) na região da Amazônia, pode designar tanto um espaço limpo de mato, onde os empregados pernoitam e arrecadam mantimentos, como o local, à margem do rio ou lago, onde se salgam os peixes; c) processo empregado no fabrico de vinho.

FEITORIZAR. 1. *Direito comercial.* Dirigir um estabelecimento empresarial na qualidade de gerente. **2.** *Direito agrário.* a) Administrar, como feitor, uma propriedade rústica; b) fabricar vinho.

FEITOS DA FAZENDA. *Direito processual civil.* Diz-se dos processos em que a Fazenda Pública é parte.

FEITURA. *Vide* FEITIO.

FEIXE DE LICTOR. *História do direito.* Insígnia do lictor romano, que consistia num machado em um feixe de lenha, que foi usada pelo fascismo italiano.

FELÁ. *Direito comparado.* **1.** Lavrador maometano. **2.** Trabalhador ou artífice da classe baixa entre os egípcios.

FELAÇÃO. *Medicina legal.* Coito bucal ou oral, que consiste na sucção do membro viril por mulher ou por outro homem, que pode configurar crime de atentado ao pudor ou corrupção de menores.

FELANINS. *Direito comparado.* Diz-se dos negros do Sudão, de cor azeitonada, que se apresentam como bons agricultores.

FELDMARECHAL. *Direito comparado.* **1.** Marechal de campo, que é um alto posto do Exército em alguns países europeus. **2.** A mais alta graduação militar da Alemanha.

FELICIDADE. 1. Bom êxito. **2.** Estado de satisfação.

FELIGRÉS. *Termo espanhol.* Freguês, isto é, comprador habitual.

FELINÍASE. *Medicina legal.* Moléstia transmitida ao homem pelos gatos.

FELIX QUI POTUIT RERUM COGNOSCERE CAUSAS. *Expressão latina.* É feliz quem pode conhecer as causas das coisas.

FELLOWSHIP. *Termo inglês.* **1.** Bolsa de estudos. **2.** Sociedade. **3.** Participação nos lucros e nas perdas.

FELON. *Termo inglês.* Criminoso.

FELONIA. 1. *Direito penal.* Traição com requintes de crueldade; perfídia. **2.** *História do direito.* Rebelião do vassalo contra seu suserano.

FELONY. *Termo inglês.* Crime doloso.

FEMALE-TO-MALE (FTM). *Vide DADDY-BOYS.*

FEMENTIDO. Aquele que faltou à fé jurada; perjuro.

FEMINISMO. 1. *Sociologia jurídica.* Movimento que busca equiparar a mulher ao homem, no que atina aos direitos, emancipando-a juridica, econômica e sexualmente. **2.** *Medicina legal.* Presença de algumas características femininas no homem. **3.** *Ciência política.* Movimento e conjunto de doutrinas que almejam a libertação da mulher e sua igualdade jurídica, política e econômica (Odorisio, Wollstonecraft, Arrighi e Mitchell).

FEMINISTA. 1. *Sociologia jurídica.* a) Pessoa partidária do feminismo; b) relativo a feminismo. **2.** *Direito agrário.* Diz-se do cavalo reprodutor de éguas.

FENABAN. *Direito bancário.* Federação Nacional dos Bancos, que é a associação que abrange sindicatos de bancos, contribuindo para modernizar as relações entre capital e trabalho, no setor bancário, e representar sindicatos patronais e empresas nas negociações dos acordos coletivos de âmbito nacional (Luiz Fernando Rudge).

FENAÇÃO. *Direito agrário.* **1.** Colheita do feno. **2.** Preparação do feno. **3.** Processo de conservação das forragens que consiste em secá-las, parcialmente, para que haja concentração do seu valor nutritivo.

FENACOR. Sigla de Federação Nacional dos Corretores de Seguros Privados, de Capitalização e de Previdência Privada.

FENADADOS. Sigla de Federação Nacional dos Empregados em Empresas de Processamento de Dados, Serviços de Informática e Similares.

FENAFISP. Sigla de Federação Nacional dos Auditores Fiscais da Previdência Social.

FENAJUFE. Sigla de Federação Nacional dos Trabalhadores do Judiciário Federal e Ministério Público da União.

FENASPS. Sigla de Federação Nacional dos Sindicatos de Trabalhadores em Saúde, Trabalho, Previdência e Assistência Social.

FENDA. *Medicina legal.* Aspecto da ferida causada por instrumento cortante de dois gumes ou por projétil de arma de fogo deflagrado a distância, perpendicularmente ao alvo (Croce e Croce Jr.).

FENECIMENTO. 1. Morte. **2.** Extinção.

FENEIRO. *Direito agrário.* Local onde se recolhe o feno.

FENERATÍCIO. *Direito civil.* a) Que diz respeito a juros; b) mútuo a juros. Trata-se do mútuo oneroso, permitido por lei, que possibilita, por cláusula expressa, a fixação de juros ao empréstimo de dinheiro ou de outras coisas fungíveis, desde que não ultrapassem a taxa legal, sob pena de serem restituídos por meio da *condictio indebite.*

FENIANISM. *Termo inglês.* Associação irlandesa contrária ao governo inglês.

FENIANISMO. *História do direito.* Organização política secreta fundada em 1861 na Irlanda, para subtraí-la ao jugo inglês.

FENIANO. *História do direito.* **1.** Partidário do fenianismo. **2.** Relativo ao fenianismo.

FENIGMA. *Medicina legal.* Rubefação causada na pele por escalda-pés, urtigas etc.

FENO. *Direito agrário.* Erva ceifada e seca usada para alimentação do gado.

FENOMENALISMO. Na *linguagem filosófica,* é a teoria que preconiza que só se pode levar em conta o que os sentidos percebem.

FENOMENISMO. Na *linguagem filosófica,* é a doutrina que elimina a idéia de substância e a noção da coisa em si e considera apenas a existência dos fenômenos.

FENOMENISTA. Na *linguagem filosófica,* é a pessoa que acata o fenomenismo.

FENÔMENO. **1.** Na *linguagem filosófica,* designa: a) o que pode ser percebido pelos sentidos e pela consciência; b) tudo o que pode ser objeto da experiência possível, por manifestar-se no espaço ou no tempo (Kant); c) fato moral ou social regido por leis especiais. **2.** Na *linguagem comum,* significa: a) raro; b) extraordinário.

FENÔMENO DE TRANSFERÊNCIA. *Psicologia forense.* Ato pelo qual uma pessoa, inconscientemente, transfere a outrem seus sentimentos de aversão ou atração (Croce e Croce Jr.).

FENÔMENO GASTRINTESTINAL. *Medicina legal.* Processo empregado para fazer correlação entre as fases da digestão e a provável data do óbito. Porém, a observação do conteúdo gástrico não merece fé, pois pode ser prejudicada pela digestão *post mortem* (Croce e Croce Jr.).

FENÔMENO JURÍDICO. *Direito civil.* Qualquer acontecimento que gera efeitos jurídicos; fato jurídico.

FENOMENOLOGIA. **1.** Na *linguagem filosófica,* designa: a) o método filosófico que visa a apreensão das essências absolutas das coisas (Husserl).

Para esse autor, todos os fatos, coisas e objetos acham-se submetidos a essências, e estas, por sua vez, são objetos ideais suscetíveis de intuição intelectual. A descoberta fundamental da fenomenologia é o mundo dos objetos ideais, que nos são dados, apesar de não serem físicos, nem psíquicos, de não se apresentarem no espaço, nem estarem sujeitos a processo temporal, mas que, sem embargo, possuem uma consistência objetiva e uma forma peculiar de realidade, por possuírem existência intramental. Não têm os objetos ideais existência por si, e deles somente se pode predicar uma existência na medida em que se os vivenciar intelectivamente; b) o ramo científico que se ocupa da descrição de um conjunto de fenômenos, tal como se manifestam no espaço ou no tempo (Lalande); c) a modalidade de autobiografia do espírito que vai do conhecimento sensível até atingir o verdadeiro saber (Hegel). **2.** *Medicina legal.* Sintomatologia.

FENOMENOLOGIA DA TRIBUTAÇÃO. *Direito tributário.* Ciclo que alberga as fases da tributação, tais como: pressupostos que antecedem o surgimento da obrigação tributária; criação legal do tributo; fato gerador; lançamento ou formalização da cobrança do tributo; ocorrência de fatos acidentais, como inadimplemento ou questionamento, administrativo ou judicial, da obrigação tributária e extinção desta (Eduardo Marcial Ferreira Jardim).

FENOMENOLÓGICO. Na *linguagem filosófica,* o que é relativo a fenomenologia.

FENÔMENOS CADAVÉRICOS. *Medicina legal.* Conjunto de evidências de origem endógena ou exógena que possibilitam o diagnóstico e a data da morte, tais como: desidratação cadavérica, resfriamento do cadáver, rigidez cadavérica, espasmo cadavérico, livor cadavérico, hipóstase, decomposição cadavérica e fauna e flora cadavéricas (José Lopes Zarzuela).

FENÓTIPO. *Medicina legal.* **1.** Aspecto exterior de um indivíduo que se relaciona com as condições do meio ambiente (Croce e Croce Jr.). **2.** Conjunto de caracteres apresentados por um indivíduo, sejam morfológicos, fisiológicos ou comportamentais, que pode ser alterado pela ação de fatores ambientais.

FENOZIGIA. *Medicina legal.* Estado em que o crânio se apresenta mais estreito do que a face, fazendo com que as arcadas zigomáticas tornem-se mais salientes.

FEPA. Abreviatura de Federação Paulista de Autismo.

FÉ PROVISIONAL. *Direito civil* e *direito processual civil.* Aquela que existe até ser destruída por prova em contrário (Silvio de Macedo).

FÉ PÚBLICA. 1. *Direito notarial* e *direito registrário.* a) Autoridade estatal conferida ao notário; b) valor probante de que gozam os documentos lavrados por tabelião ou escrivão e as declarações do oficial de justiça nos autos do processo. **2.** *Direito processual.* Confiança inspirada por qualquer documento emanado do Poder Judiciário. **3.** *Direito administrativo.* Valor probatório que se dá a documentos emitidos por órgãos públicos. **4.** *Direito comercial.* Valor de prova dado a livros mercantis que não apresentam quaisquer vícios e estão devidamente escriturados. **5.** *Direito penal.* Objeto ou bem jurídico tutelado pela lei penal, que pune os atos que o atinjam, considerando-os crimes. Constituem delito contra a fé pública: falsificação de moeda; circulação de moeda falsa; fabricação ou emissão irregular de moeda; falsificação de papéis ou documentos públicos, de selo ou sinal público; falsificação de documento particular; falsidade ideológica; falso reconhecimento de firma ou letra; falsidade material de atestado ou certidão; reprodução ou adulteração de selo ou peça filatélica; uso de documento falso; supressão de documento público ou particular; falsa identidade; falsidade em prejuízo da nacionalização de sociedade etc.

FERENTÁRIO. *História do direito.* Soldado romano que pertencia à tropa ligeira e iniciava a hostilidade lançando dardos.

FÉRETRO. 1. *História do direito.* Andor em que, na marcha triunfal, os romanos transportavam os despojos arrebatados dos vencidos. **2.** Nas *linguagens comum* e *jurídica,* caixão mortuário; esquife.

FÉRIA. 1. *Direito comercial.* a) Total das vendas levadas a efeito, durante um período, por um estabelecimento empresarial; b) apuração diária das vendas de um estabelecimento mercantil. **2.** *Direito do trabalho.* a) Salário do empregado; b) soma dos salários de uma semana; c) rol dos salários.

FERIADO. Dia em que se suspende o trabalho em razão de comemoração de data nacional ou religiosa, festejo público etc.

FERIADO ESTADUAL. *Direito administrativo.* O decretado pelo governo de um Estado-Membro da Federação, vigorando apenas em seu território.

FERIADO MUNICIPAL. *Direito administrativo.* O que suspende as atividades laborativas apenas dentro do Município cujo prefeito o decretou.

FERIADO NACIONAL. *Direito administrativo.* O decretado para vigorar em todo o país, em comemoração de data nacional.

FÉRIAS. 1. *Direito do trabalho.* Trinta dias consecutivos de descanso remunerado concedidos ao trabalhador após um período anual ou semestral de trabalho. **2.** *Direito administrativo.* Direito do funcionário público, civil ou militar, a um período de descanso anual, cessando sua atividade temporariamente. **3.** *História do direito.* Período do ano em que os órgãos do Judiciário não funcionavam, salvo para determinados atos ou em casos de urgência, cuja protelação traria gravames à administração da justiça e aos interessados.

FÉRIAS ANUAIS REMUNERADAS. *Direito constitucional* e *direito do trabalho.* Período anual de descanso remunerado e compulsório a que faz jus o empregado que cumpriu os requisitos legais. Tanto o trabalhador rural como o urbano têm direito, garantido constitucionalmente, ao gozo de férias anuais remuneradas com pelo menos um terço a mais do que o salário normal.

FÉRIAS COLETIVAS. *Direito administrativo* e *direito do trabalho.* As concedidas, simultaneamente, a todos os membros de um estabelecimento público ou particular ou aos empregados de uma empresa, com exceção dos membros da magistratura e do Ministério Público, para os quais permanecerão dois períodos de férias individuais (60 dias). Nesse caso competirá à Lei Orgânica da Magistratura e do Ministério Público estabelecer a quantidade de dias de férias, bem como à respectiva chefia estabelecer as férias individuais e a escala de plantonistas. A atividade jurisdicional será ininterrupta, sendo vedado férias coletivas nos juízos e tribunais de 2º grau, funcionando, nos dias em que não houver expediente forense normal, magistrados em plantão permanente.

FÉRIAS EM DOBRO. *Direito do trabalho.* As devidas quando o empregador não as concede na época própria (Geraldo Magela Alves).

FÉRIAS ESCOLARES. *Direito educacional.* Período em que as aulas e as atividades escolares ficam suspensas.

FÉRIAS FORENSES. *História do direito.* Período em que eram suspensas as atividades dos magistrados e dos auxiliares da justiça, salvo para determinados processos ou casos que requeressem urgência. Tais férias eram coletivas quando todo o foro as gozava no mesmo período, paralisando-se, exceto em hipóteses excepcionais previstas em lei, as instituições judiciárias. Hodiernamente a atividade jurisdicional é ininterrupta, sendo proibidas as férias coletivas dos magistrados e dos membros do Ministério Público.

FÉRIAS INDIVIDUAIS. As gozadas pelo empregado, magistrado ou funcionário, individualmente, enquanto os outros permanecem em atividade.

FÉRIAS JUDICIAIS. *Direito processual.* As usufruídas a cada ano pelos membros do Poder Judiciário, sendo concedidas individualmente ou por turno, de modo que a vida judiciária não se suspenda ou se suspenda quase por completo, para que delas também se aproveitem procuradores e aqueles que vivem em contato com o foro (Pontes de Miranda).

FÉRIAS PARCELADAS. *Direito do trabalho.* As concedidas por ato do empregador, excepcionalmente, em dois períodos, um dos quais não inferior a dez dias corridos.

FÉRIAS PROPORCIONAIS. *Direito do trabalho.* Aquelas a que faz jus o empregado despedido antes de completar o período aquisitivo de um ano para as férias (Geraldo Magela Alves).

FÉRIAS SINGULARES. *Vide* FÉRIAS INDIVIDUAIS.

FÉRIAS UNITÁRIAS. *Direito do trabalho.* As concedidas, obrigatoriamente, de uma só vez pelo empregador ao empregado menor de dezoito e ao maior de cinqüenta anos de idade.

FERIDA. 1. *Medicina legal.* a) Lesão corporal com efração dos tecidos causada por instrumento cortante, arma, projétil etc.; b) resultado do ferimento. **2.** *Direito civil* e *direito penal.* Injúria; ofensa à honra, que gera responsabilidade civil ou penal.

FERIDA BRAVA. *Medicina legal.* **1.** Tumor maligno. **2.** Úlcera fagedênica.

FERIDA CAVITÁRIA. *Vide* FERIDA PENETRANTE.

FERIDA COM RETALHO. *Vide* FERIDA EM BISEL.

FERIDA CONTUSA. *Medicina legal.* Ferimento causado por instrumento contundente (por exemplo, bastão, soco inglês, martelo, pedra, cassetete, garrafa etc.), que age por pressão ou deslizamento, podendo causar escoriação, equimose, luxação, fratura ou ruptura de órgão interno.

FERIDA CORTOCONTUSA. *Medicina legal.* Lesão corporal produzida por instrumento cortocontun-

dente, que possui gume mais ou menos afiado, como machado, enxada, foice etc., agindo também com o peso, dependendo o aspecto da ferida da força com que se o maneja. Tal ferida é muito comum em homicídios e acidentes e raríssima em suicídios. Conforme a região atingida, pode provocar morte, deformidade permanente ou incapacidade para ocupações habituais por mais de trinta dias (João Baptista de Oliveira e Costa Jr.).

FERIDA EM BISEL. *Medicina legal.* Lesão corporal causada pela aplicação oblíqua de instrumento cortante sobre a superfície corporal, deixando uma das bordas da ferida reta e a outra chanfrada, com um pedaço de pele ou de carne pendente preso por uma das extremidades (Croce e Croce Jr., João Baptista de Oliveira e Costa Jr.).

FERIDA INCISA. *Medicina legal.* A causada por instrumento cortante, como faca, canivete, navalha etc., não apresentando sinais de contusão.

FERIDA INCISA MUTILANTE. *Medicina legal.* Lesão corporal provocada por instrumento cortante, que atravessa tecidos de lado a lado, separando certa porção do corpo, por exemplo, parte de um dedo, pavilhão da orelha etc. (João Baptista de Oliveira e Costa Jr.).

FERIDA LACEROCONTUSA. *Medicina legal.* A causada por instrumento contundente mediante: a) compressão, caso em que a pele se esmaga, deixando-se atravessar pelo corpo contundente; b) tração, quando os tecidos são rasgados ou arrancados; c) arrebentamento, que produz uma ferida linear similar à incisa. Tal ferida apresenta os seguintes caracteres: bordas irregulares e anfractuosas; ângulos em número de dois ou mais, tendendo à obtusidade; bridas de tecido ou de vasos sangüíneos, unindo os lábios da ferida; bordas machucadas, equimosadas e com infiltração de sangue (João Baptista de Oliveira e Costa Jr.).

FERIDA MUTILANTE. *Vide* FERIDA INCISA MUTILANTE.

FERIDA PENETRANTE. *Medicina legal.* Lesão em que se atinge uma cavidade natural do corpo. Por exemplo, ferida no tórax, no abdome ou no crânio, atingindo as meninges. Denomina-se também "ferida cavitária".

FERIDA PERFUROCONTUSA. *Medicina legal.* Lesão corporal causada por instrumento perfurocontundente, como estilete ou projétil de arma de fogo, que, por possuir ponta e cilindro, pode, ao penetrar o corpo da vítima, atingir certa profundidade ou mesmo atravessá-lo.

FERIDA PÉRFURO-INCISA. *Medicina legal.* Lesão corporal produzida por instrumento perfurocortante, como canivete, faca, punhal etc., que age por pressão, afastando e seccionando as fibras cutâneas pelo gume.

FERIDA POR PROJÉTIL DE ARMA DE FOGO. *Medicina legal.* Ferida perfurocontusa que apresenta um orifício de entrada circular ou ovalar, aréola equimótica e orla enegrecida, podendo apresentar zona de tatuagem ou grânulos de pólvora incrustados na derme, se o tiro for dado a pouca distância, e, ainda, um orifício de saída se a bala vier a atravessar o corpo da vítima (Paulo Matos Peixoto, João Baptista de Oliveira e Costa Jr.).

FERIDA PUNCTÓRIA. *Medicina legal.* A causada por instrumento perfurante, longo e pontiagudo, como agulha, florete, flecha, prego etc., apresentando grande profundidade, orifício de entrada pequeno e, algumas vezes, uma diminuta orla escoriada.

FERIDA SOLAPADA. *Medicina legal.* Diz-se daquela que, aparentemente, está cicatrizando, mas que contém encoberta uma fístula.

FERIDA TRANSFIXANTE. *Medicina legal.* Lesão corporal em que o instrumento perfurocortante ou perfurante vem a atravessar um órgão ou um segmento do corpo de lado a lado (João Baptista de Oliveira e Costa Jr.).

FERIDO. 1. *Medicina legal.* Aquele que recebeu ferimento. **2.** *Direito civil* e *direito penal.* Ofendido.

FERIDOR. *Direito agrário.* Extremidade do cálice situado acima dos cubos da roda, no engenho de açúcar.

FERIMENTO. *Medicina legal.* **1.** Ação ou efeito de ferir. **2.** Ferida. **3.** Lesão corporal.

FERIR. 1. Causar ferimento. **2.** Magoar; ofender. **3.** Prejudicar. **4.** Tratar ou cuidar de certo assunto.

FERMIERS GÉNÉRAUX. *História do direito.* Novos publicanos que, na França absolutista, eram encarregados da arrecadação dos impostos (Guy Braibant).

FERNET OPUS. *Locução latina.* Ferve o trabalho.

FERRA. *Direito agrário.* Marcação do gado.

FERRÃ. *Direito agrário.* Forragem verde de cevada ou centeio, antes da espigada, que se dá como alimento aos animais.

FERRADO. 1. *Direito agrário.* a) Gado marcado a ferro quente; b) rodeiro de carro de boi; c) vaso para ordenhar; d) provido de ferradura. **2.** *Medicina legal.* Mecônio; primeira evacuação de recém-nascido.

FERRADURA. 1. *Direito agrário.* Peça de ferro forjada, apropriada para ser colocada no casco de cavalos. **2.** *História do direito.* Foro ou pensão que consistia na entrega de certo número de ferraduras pelos colonos estabelecidos em terras alheias às corporações religiosas. As ferras ou ferraduras eram a moeda corrente com que compravam o *jus habitandi* (Viterbo).

FERRAGEM. *Direito agrário.* Ato de colocar ferraduras em cavalos.

FERRAGIAL. *Direito agrário.* Terreno semeado de cereais.

FERRAL. *Direito agrário.* Espécie de uva tinta ou branca cultivada apenas para comer.

FERRAMENTA. *Direito civil* e *direito processual civil.* Instrumento profissional impenhorável e incomunicável.

FERRAMENTAS. Conjunto de equipamentos, programas, procedimentos, normas e demais recursos através dos quais se aplica a Política de Segurança (PS) da Informação das entidades.

FERRAMENTEIRO. *Direito empresarial* e *direito do trabalho.* Operário qualificado encarregado da fabricação, conservação e reparação de ferramentas.

FERRAR. 1. *Direito agrário.* Marcar o gado vacum ou cavalar com ferro quente. **2.** *Direito marítimo.* a) Colher ou amarrar as velas; b) atracar a embarcação.

FERREGIAL. *Vide* FERRAGIAL.

FERRETE. 1. *Direito agrário.* Ferro com letra usado para marcar o gado. **2.** *História do direito.* Ferro com que se marcavam escravos e criminosos condenados às galés, como sinal de ignomínia.

FERRIAGE. *Termo inglês.* Frete de barco.

FERRO. 1. *Direito comercial.* Metal cinza-azulado muito usado na indústria de transformação. **2.** *Direito agrário.* a) Marca de ferrete; b) dente desse metal que, na ponta da aiveca, fica debaixo do arado. **3.** *Direito marítimo.* Âncora de navio. **4.** *Direito penal.* a) Algema; b) cárcere; prisão. **5.** *Medicina legal.* a) Qualquer composto de ferro utilizado como medicamento; b) arma branca cortante ou perfurante; c) ponta de metal com que terminam algumas armas, como, por exemplo, a flecha; d) elemento vital da hemoglobina, necessário para manter a saúde do organismo, por ser responsável pela oxigenação dos tecidos do corpo.

FERROLHO. 1. *Direito civil.* Tranca de ferro corrediça com que se fecham portas e janelas. **2.**

Direito desportivo. Tática de defesa pela qual os futebolistas cerram a retaguarda. **3.** *Direito militar.* Fecho cilíndrico da culatra de arma de retrocarga. **4.** *Direito comparado.* Contribuição direta municipal, paga em Portugal, no conselho da Feira.

FERROR. *Direito agrário.* Instrumento de ferro que, depois de bem aquecido ao fogo, é aplicado no corpo da rês para marcá-la.

FERROVIA. *Direito administrativo* e *direito comercial.* Estrada de ferro; via férrea.

FERROVIÁRIO. 1. *Direito comercial.* a) Relativo a estrada de ferro; b) diz-se do transporte por via férrea. **2.** *Direito administrativo.* Funcionário de estrada de ferro pertencente ao governo, cujas atividades se regem por normas estatutárias. **3.** *Direito do trabalho.* Trabalhador empregado em estrada de ferro pelo regime da CLT, exerça ele função administrativa ou fiscalizadora, exerça atividade na oficina ou no escritório, pertença à turma de conservação da via ou ao pessoal da equipagem do trem, seja vigia ou telegrafista.

FERRUGEM. *Direito agrário.* Doença de planta cultivada, em que a esporulação de fungos dá-lhes um revestimento de pústulas ferruginosas.

FERRY-BOAT. *Termo inglês.* Navio de travessia.

FÉRTIL. *Medicina legal.* Diz-se daquele que pode conceber a prole, por não ser estéril.

FERTILIDADE. 1. Qualidade do que é fértil. **2.** Aptidão para fecundação. **3.** Abundância de frutos. **4.** Fecundidade de espírito.

FERTILIDADE DIFERENCIAL. *Sociologia jurídica.* Variação na taxa de natalidade que se apresenta em grupos sociais, conforme a raça, classe social, religião, profissão, nível econômico e cultural, grau de urbanização etc.

FERTILIZAÇÃO ASSISTIDA. *Medicina legal* e *biodireito.* Técnica conceptiva que, ante a esterilidade do casal, pode dar-lhe um filho, mediante o emprego do: a) método ZIFT, pelo qual se retira o óvulo da mulher para fecundá-lo na proveta, com sêmen do marido ou de outro homem, para depois introduzir o embrião no seu útero ou no de outra; b) método GIFT, através do qual se inocula sêmen do marido ou de outro homem na mulher, sem que haja manipulação externa de óvulo ou embrião. Com isso inúmeros problemas jurídicos podem surgir, diante de situações inusitadas, como, por exemplo: inseminação homóloga praticada na esposa com sêmen de marido já falecido; inseminação heteróloga, durante o matrimô-

nio, feita em mulher casada; fecundação de um óvulo da esposa com esperma do marido, transferindo-se o embrião para o útero de outra mulher; fertilização *in vitro* com sêmen e óvulo de estranhos, por encomenda de um casal estéril, implantando-se o embrião no útero da mulher ou no de outra; fecundação, com sêmen do marido, de um óvulo não pertencente à mulher, mas implantado no seu útero; fertilização, com esperma de terceiro, de um óvulo não pertencente à esposa, com imissão do embrião em seu útero; fecundação na proveta de óvulo da esposa com material fertilizante do marido, colocando-se o embrião no útero da própria esposa; fertilização, com esperma de terceiro, de óvulo da esposa, implantado em útero de outra mulher; fecundação *in vitro* de óvulo da esposa com sêmen do marido, congelando-se embrião, para que, depois do falecimento daquela, seja inserido no útero de outra, ou para que, após a morte do marido, seja implantado no útero da mulher ou no de outra. Essas novas técnicas para "criação de ser humano" em laboratório, mediante manipulação dos componentes genéticos da fecundação, com o escopo de satisfazer o desejo de procriar de certos casais estéreis e a vontade de fazer nascer homens no momento em que se quiser e com os caracteres que se pretender, entusiasmou a embriologia e a engenharia genética, mas constituiu um grande desafio para o direito pelos graves problemas que pode gerar. Em razão disso, a legislação brasileira impôs limites às clínicas médicas que se ocupam da reprodução humana assistida, vedando e punindo: manipulação genética de células germinais humanas; intervenção em material genético humano *in vivo*, exceto para tratamento de defeitos genéticos; produção, armazenamento ou manipulação de embriões humanos destinados a servir como material biológico disponível etc.

FERTILIZAÇÃO HETERÓLOGA. *Medicina legal.* Dá-se quando o material fecundante não é do marido, mas de terceiro, que é o doador.

FERTILIZAÇÃO HOMÓLOGA. *Medicina legal.* Ocorre quando o sêmen inoculado na mulher é do próprio consorte.

FERTILIZAÇÃO *IN VITRO*. *Vide* FECUNDAÇÃO *IN VITRO.*

FERTILIZAÇÃO *IN VIVO*. *Vide* FECUNDAÇÃO *IN VIVO.*

FERTILIZANTE. *Direito agrário.* Substância mineral ou orgânica que, por conter um ou mais nutrientes das plantas, é apropriada para aumentar a fecundidade de terra destinada ao cultivo; adubo.

FERTILIZANTE BINÁRIO. *Direito agrário.* Produto que contém dois macronutrientes primários.

FERTILIZANTE MINERAL. *Direito agrário.* Produto de natureza fundamentalmente mineral, natural ou sintético, obtido por processo físico, químico ou físico-químico, fornecedor de um ou mais nutrientes de plantas.

FERTILIZANTE MONONUTRIENTE. *Direito agrário.* Produto que contém um só dos macronutrientes primários.

FERTILIZANTE ORGÂNICO. *Direito agrário.* Produto de natureza fundamentalmente orgânica, obtido por processo físico, químico, físico-químico ou bioquímico, natural ou controlado, a partir de matérias-primas de origem industrial, urbana ou rural, vegetal ou animal, enriquecido ou não de nutrientes minerais.

FERTILIZANTE TERNÁRIO. *Direito agrário.* Produto que contém os três macronutrientes primários.

FÉRULA. 1. *Medicina legal.* Tala ortopédica usada em caso de luxação ou fratura óssea. **2.** *História do direito.* a) Antigo bastão episcopal; b) palmatória com que se castigavam, outrora, os alunos.

FERVO. 1. Zona de prostituição. **2.** Tumulto.

FESTA. Celebração de uma data ou acontecimento importante, seja ele cívico ou religioso.

FESTA IMÓVEL. Data celebrada todos os anos em dias determinados.

FESTA MÓVEL. *Direito canônico.* Data celebrada todos os anos em dia diferente do calendário religioso, em virtude do fato de sua fixação depender do dia em que se comemora a Páscoa.

FESTINAÇÃO. *Medicina legal.* Andar peculiar à paralisia agitante e a outras doenças nervosas, em que o paciente acelera progressivamente o passo, para evitar a sua queda para frente.

FESTINA LENTE. Locução latina. Apressa-te, mas devagar.

FESTIVAL. *Direito autoral* e *direito civil.* **1.** Espetáculo feito em honra de algum artista. **2.** Competição de obras musicais, cinematográficas etc. **3.** Realização periódica de algum entretenimento.

FESTUCA. *Direito romano.* Vara com que o pretor tocava o escravo, conferindo-lhe a liberdade.

FETAL. *Medicina legal.* Tudo o que concerne ao feto.

FETICHISMO. *Vide* FEITICISMO.

FETICIDA. *Direito penal.* Aquele que, criminosamente, provoca a morte do feto.

FETICÍDIO. *Direito penal.* Aborto criminoso; ato de provocar a morte violenta do feto.

FETO. *Medicina legal.* Indivíduo que se encontra na fase do desenvolvimento intra-uterino subseqüente à embrionária, ou seja, a partir do terceiro mês de gestação.

FETO NASCENTE. *Medicina legal.* Designação dada ao feto que iniciou sua marcha ao longo do canal do parto até o instante em que é completamente expulso do claustro materno, momento em que se pode falar em feto nascido (Croce e Croce Jr.).

FETO PAPIRÁCEO. *Medicina legal.* Feto que veio a sofrer mumificação intra-uterina. Este fenômeno é comum na hipótese de gestação bivitelina ou múltipla, em que um dos fetos morre por problema circulatório placentário, vindo a receber menos sangue do que o outro. Como o feto morto recebe nutrição, evita-se sua maceração, transformando-se em *fetus compressus* ou papiráceo (Croce e Croce Jr.).

FEUDAL. *História do direito.* Relativo a feudo ou a feudalismo.

FEUDALISMO. *História do direito.* Regime sociopolítico e econômico que vigorou na Europa durante a Idade Média, em que os nobres eram investidos pelo soberano de feudo, tendo direito a uma série de privilégios políticos, administrativos, tributários, sociais, militares etc.

FEUDALISTA. *História do direito.* **1.** Referente ao feudalismo. **2.** Sectário do feudalismo.

FEUDATÁRIO. *História do direito.* Vassalo que possuía terras e devia obediência ao suserano.

FEUDISTA. *Teoria geral do direito.* Jurista versado em direito feudal.

FEUDO. *História do direito.* **1.** Terra concedida pelo senhor a um vassalo em troca de pagamento do foro ou tributo ou de prestação de certos serviços. **2.** Vassalagem feudal. **3.** Tributo feudal. **4.** Conjunto de habitantes das terras feudais. **5.** Dignidade feudal.

FFA. *Vide* CLÁUSULA FFA.

FGDLI. *Direito bancário.* Sigla de Fundo de Garantia dos Depósitos e Letras Imobiliárias.

FGTS. *Direito previdenciário.* Sigla de Fundo de Garantia por Tempo de Serviço.

FGV. Sigla de Fundação Getulio Vargas, que promove estudos e pesquisas, realiza cursos em Administração Pública, Economia e Administração de Empresas e sistematiza dados alusivos à economia nacional.

FIAÇÃO. *Direito empresarial.* Indústria que prepara fios para tecelagem.

FIADO. 1. *Direito comercial.* Diz-se do pagamento feito a prazo, na compra de mercadoria; vendido a crédito. **2.** *Direito civil.* Que tem fé ou confiança em alguém; crédito.

FIADOR. 1. *Direito civil* e *direito comercial.* Aquele que tem responsabilidade por débito alheio, por ter-se comprometido a satisfazer a obrigação de um devedor, se este não a cumprir, assegurando ao credor o seu efetivo cumprimento e sub-rogando-se nos direitos creditórios se vier a pagar integralmente o débito. **2.** *Direito agrário.* Peça do buçal que cinge da nuca à garganta do animal; correia do freio do animal. **3.** *Direito militar.* a) Dente de escape do gatilho de espingarda; b) cordão dos copos da espada. **4.** *Direito marítimo.* Pedaço de amarra que sobe do tornel da amarração de ferro e dá a volta na abita.

FIADOR ABONADO. *História do direito.* Dizia-se do fiador que apresentava um terceiro, que era o abonador de sua solvência, para que este pagasse o débito garantido, se se tornasse inadimplente.

FIADOR BASTANTE. *Direito civil* e *direito comercial.* Diz-se daquele que possui bens suficientes para solver a dívida do devedor, caso este não a pague.

FIADOR CIVIL. *Direito civil.* Aquele que assegura o pagamento de uma obrigação civil.

FIADOR COMERCIAL. *Direito comercial.* O garante solidário da obrigação mercantil assumida por um empresário (afiançado). O fiador comercial, que não precisa necessariamente ser empresário, não goza do benefício de ordem ou de excussão.

FIADOR DE REGRESSO. *Direito civil* e *direito comercial.* *Fidejussor succedaneus* que vem a garantir ao fiador constituído o reembolso do *quantum* que pagou ao credor em razão da inadimplência do seu afiançado.

FIADOR DO CONTRATO. *Direito civil.* Aquele que assume uma obrigação contratual caso ela não seja cumprida pelo devedor principal.

FIADOR DO FIADOR. *História do direito.* Abonador.

FIADORIA. 1. *Vide* FIANÇA. **2.** *Direito civil.* Encargo do fiador.

FIADOR *IN SOLIDUM*. *Direito civil* e *direito comercial.* Aquele que, ao prestar fiança conjuntamente com outro, garantindo um só débito, torna-se, por lei, solidário, de tal sorte que a dívida afiançada pode ser exigida de qualquer um dos fiadores.

FIADOR JUDICIAL. *Direito processual civil.* O que presta fiança, ante exigência processual, por determinação de ofício do juiz ou a requerimento das partes.

FIADOR LEGAL. *Direito civil.* O que garante uma obrigação por força de lei, antes que venha a assumir uma função ou a administrar certos bens.

FIADOR PRINCIPAL PAGADOR. *Direito civil.* Diz-se daquele que, mediante cláusula contratual, responde como principal pagador, substituindo o devedor original, de modo que o credor pode exigir dele o pagamento da dívida antes mesmo de cobrá-la do devedor. Logo, o fiador principal pagador não poderá invocar o benefício de ordem, uma vez que, ao aceitar aquela cláusula, o renunciou, passando a ser solidário com o devedor.

FIADOR SUCESSOR. *Vide* FIADOR DE REGRESSO.

FIANÇA. 1. *Direito civil.* a) Ajuste ou contrato acessório que visa dar ao credor uma segurança de pagamento, que se efetiva mediante promessa de terceiro, estranho à relação jurídica, de solver *pro debitore*. A fiança, além de garantir a boa vontade do devedor, completa a sua insuficiência patrimonial com o patrimônio do fiador. Se o devedor não pagar o débito ou se seus haveres forem insuficientes para cumprir a obrigação assumida, o credor poderá voltar-se contra o fiador, reclamando o pagamento da dívida. A fiança ou caução fidejussória é a promessa, feita por uma ou mais pessoas, de satisfazer a obrigação de um devedor, se este não a cumprir, garantindo ao credor o seu efetivo pagamento. Há contrato de fiança sempre que alguém assume, perante o credor, a obrigação de pagar a dívida se o devedor não o fizer. É um negócio entabulado entre credor e fiador que prescinde da presença do devedor, podendo até mesmo ser levado a efeito sem o seu consenso; b) quantia que corresponde a essa obrigação. **2.** *Direito processual penal* e *direito penal.* Garantia prestada pelo réu, ou por alguém em seu nome, perante autoridade policial ou judiciária, para que possa, nos casos admitidos em lei, defender-se em liberdade. **3.** *Direito administrativo.* a) Depósito exigido de funcionário ou contratista de obra pública para garantir sua responsabilidade civil; b) garantia prestada por certos funcionários que têm a guarda de dinheiro, bens ou valores da Fazenda Pública ou a responsabilidade pelo Erário, exigida pelo Poder Público como medida acautelatória.

FIANÇA ABONADA. *História do direito.* A garantida por terceiro, que era o abonador, o qual se obrigava pela solvência do fiador principal. Ainda hoje admitida, por alguns autores, que consideram a subfiança como contrato atípico.

FIANÇA ÀS CUSTAS. *Direito processual civil.* Caução fidejussória prestada em juízo, no curso de um processo, para assegurar o pagamento das custas e despesas processuais oriundas de uma eventual sucumbência.

FIANÇA BANCÁRIA. *Direito bancário.* Aquela em que o banco passa a ser devedor subsidiário, reforçando o crédito do devedor principal (Joaquin Garrigues).

FIANÇA CAMBIÁRIA. *Direito comercial.* Aval.

FIANÇA CIVIL. *Direito civil.* Promessa feita por uma ou mais pessoas ao credor de satisfazer dívida de devedor não comerciante ou débito oriundo de obrigação de natureza não mercantil. Devido ao seu caráter subsidiário, exclui a solidariedade, se não se pactuou o contrário. O fiador terá direito, a menos que haja renunciado, de invocar os benefícios de excussão ou de ordem.

FIANÇA COMERCIAL. *Direito comercial.* Promessa feita por alguém, empresário ou não, ao credor de cumprir dívida de empresário ou decorrente de causa mercantil. O fiador não goza dos benefícios de excussão ou de ordem, porque tal fiança mercantil é sempre solidária.

FIANÇA CONJUNTA. *Direito civil.* A prestada conjuntamente por mais de uma pessoa, em garantia de um só débito, dando origem a três situações: a) responsabilidade solidária dos co-fiadores entre si; b) benefício de divisão, se houver estipulação nesse sentido, pelo qual cada fiador só responde pela parte que, em proporção, lhe cabe no pagamento; c) limitação da responsabilidade de cada um dos fiadores, em razão de pacto pelo qual a responsabilidade de cada fiador deixa de ser fixada em proporção aos demais, ficando limitada a um certo *quantum.*

FIANÇA CONVENCIONAL. *Direito civil.* A que decorre espontaneamente da vontade do devedor ou do credor, mesmo sem a anuência do devedor afiançado, sendo contraída contratualmente por instrumento público ou particular.

FIANÇA CRIMINAL. *Direito penal* e *direito processual penal.* Depósito em dinheiro ou em bens feito pelo acusado ou réu ou, ainda, por terceiro em seu nome, numa *persecutio criminis* em desenvolvimento, como garantia prestada em seu favor para que possa defender-se em liberdade, sem necessidade de recolher-se à prisão, nos casos permitidos por lei. A fiança é quebrada quando o réu, tendo sido legalmente intimado, não comparece, injustificadamente, aos atos processuais ou, estando afiançado, vem a praticar outro crime, caso em que haverá perda da metade do valor da fiança e recolhimento do réu à prisão até o final do julgamento. Se o réu não se apresentar à prisão, perderá o total da fiança prestada.

FIANÇA ENCAPOTADA. *Vide* MANDATO DE CRÉDITO.

FIANÇA EXCESSIVA. *Direito civil.* Aquela que é superior ao débito afiançado, caso em que não valerá senão até o limite da obrigação garantida, pois o fiador não pode ser compelido a pagar soma maior do que a dívida assegurada. A fiança não pode ultrapassar o valor do débito principal, nem ser mais onerosa do que ele, sob pena de ser reduzida ao nível da dívida afiançada, uma vez que, por ser acessória, não pode exceder à principal. Se tal ocorrer, não se terá a anulação da fiança, mas tão-somente a redução do seu montante até o valor da obrigação afiançada.

FIANÇA FIDEJUSSÓRIA. *História do direito.* Fiança que tornava possível a libertação provisória do acusado sob a responsabilidade de pessoas idôneas, ou seja, de honestidade reconhecida e com capacidade para se obrigar (Rogério Lauria Tucci).

FIANÇA GENÉRICA. *Vide* FIANÇA *OMNIBUS.*

FIANÇA GERAL. *Direito civil.* Aquela que garante não só o débito principal, mas também todos os acessórios (juros e multas), as indenizações e as despesas judiciais que sejam devidas pelo seu inadimplemento.

FIANÇA *IN DURIOREM CAUSAM.* *Vide* FIANÇA EXCESSIVA.

FIANÇA *IN LEVIOREM CAUSAM.* *Direito civil.* Aquela em que a garantia apresenta condições mais vantajosas do que as do devedor principal, fa-

FIANÇA JUDICIAL

zendo com que o fiador venha a assumir uma obrigação menos onerosa do que a do afiançado, em razão da diminuição do *quantum*, do local, tempo ou modo de pagamento.

FIANÇA JUDICIAL. *Direito civil* e *direito processual civil.* A proveniente de exigência do processo, ou de imposição judicial, *ex officio* ou por solicitação das partes.

FIANÇA JURATÓRIA. *História do direito.* Era a prestada sob juramento, ficando vinculada à consciência do fiador.

FIANÇA LEGAL. *Direito civil.* A oriunda de lei, como a que pode ser exigida para que o tutor possa exercer sua função, se o patrimônio do tutelado for de valor considerável.

FIANÇA LIMITADA. *Direito civil.* A que satisfaz parte da obrigação principal garantida. O fiador responsabiliza-se apenas até o limite avençado.

FIANÇA LOCATÍCIA. *Direito civil* e *direito comercial.* Caução prestada por uma terceira pessoa perante o locador, para garantir as obrigações assumidas pelo devedor. Consiste na outorga ao credor do direito pessoal contra o devedor subsidiário, isto é, a pessoa que presta caução fidejussória. Através desta, pessoa alheia à relação obrigacional principal (locação) obriga-se a pagar o débito caso o devedor principal (locatário) não o solva. É o contrato pelo qual uma ou mais pessoas prometem satisfazer a obrigação do locatário, se este não a cumprir, assegurando ao locador o seu efetivo cumprimento. Há contrato de fiança sempre que alguém assume, por escrito, para com o locador, a obrigação de pagar o aluguel e demais encargos locativos, se o inquilino não o fizer.

FIANÇA MERCANTIL. *Vide* FIANÇA COMERCIAL.

FIANÇA OMNIBUS. *Direito comparado.* Garantia pessoal na qual o fiador assegura o pagamento de todos os débitos de um devedor. Trata-se da fiança genérica.

FIANÇA QUEBRADA. *Direito processual penal.* Diz-se que a fiança foi quebrada quando o réu, que se encontra em liberdade porque a prestou, deixa de comparecer, sem motivo justo, a algum ato processual, tendo sido intimado legalmente, ou vem a praticar outro delito.

FIANÇA VOLUNTÁRIA. *Direito civil.* **1.** A prestada espontaneamente pelo fiador, por via contratual, sem que tenha havido qualquer imposição legal ou judicial. **2.** *Vide* FIANÇA CONVENCIONAL.

FIAR. 1. Torcer ou reduzir a fio qualquer matéria têxtil. **2.** Confiar; ter confiança em alguém. **3.** Ser fiador. **4.** Vender mercadoria sem receber no momento da venda qualquer pagamento, que se dará posteriormente, conforme o que se ajustar; venda a crédito.

FIAT. *Termo latino.* **1.** Faça-se; que isto seja. **2.** Na *linguagem filosófica,* é o ato de vontade enquanto origem de algo, para realizar um fim já contido como idéia nesse ato volitivo (W. James e Tipps).

FIATA. *Direito internacional privado.* Federação Internacional de Associações de Transitários e Similares, fundada em 1926, em Viena, e sediada em Zurique. Constitui a maior organização privada na seara do transporte internacional e possui *status* consultivo junto ao Conselho Econômico e Social das Nações Unidas e à Comissão das Nações Unidas. Organiza e promove serviços especializados de transitários, por meio de publicações, cria documentos uniformes e condições padronizadas de comércio, realiza treino vocacional em nível internacional e elabora não só pesquisas e trabalhos técnicos em questões jurídicas e de seguros como também a *interface*, ou seja, a captação e a elaboração da informação no computador do transitário, permitindo, com isso, a emissão simultânea da documentação, que se materializa nos terminais de cada interveniente (exportador, armador, importador, segurador, banco etc.) (Lorenzi e Dutra da Fonseca).

FIATA BILL OF LADING. *Vide* FBL.

FIATA CERTIFICATE OF RECEIPT. *Vide* FCR.

FIATA CERTIFICATE OF TRANSPORT. *Vide* FCT.

FIATA WAREHOUSE RECEIPT. *Vide* FWR.

FIAT JUSTITIA NE PEREAT MUNDUS. *Brocardo latino.* Faça-se justiça para que o mundo não acabe.

FIAT JUSTITIA, PEREAT MUNDUS. *Brocardo latino.* Faça-se a justiça, embora pereça o mundo.

FIAT JUSTITIA, RUAT CAELUM. *Expressão latina.* Faça-se justiça, ainda que o céu venha abaixo.

FIBRA. 1. *Direito agrário.* a) Filamento que, reunido em feixes, constitui certas substâncias vegetais, minerais e animais; b) filamento do linho e de outras matérias têxteis. **2.** *Medicina legal.* Cada um dos elementos celulares filamentosos que constituem os tecidos do organismo. **3.** Na *linguagem comum:* a) coragem; força; energia; b) caráter; valor moral. **4.** *Direito industrial.* Espécie de papelão consistente, feito de filamentos, com que se fabricam malas, cestos etc.

FIBRA TÊXTIL. *Direito industrial.* A utilizada na fabricação de tecidos.

FIBRICULTURA. *Direito agrário.* Cultura de plantas cujas fibras são aproveitadas industrialmente.

FIBRILAÇÃO. *Medicina legal.* **1.** Ligeiro tremor ou estremecimento de músculo que aparece em determinadas doenças degenerativas. **2.** Contração rápida e irregular do músculo cardíaco, levando à perda de sincronismo entre as pulsações do coração e as do pulso.

FIBRÍLIA. *Direito agrário.* Matéria têxtil a que se reduzem o linho e o cânhamo, para dar-lhes as propriedades do algodão.

FIBRINA. *Medicina legal.* Proteína fibrosa, pouco elástica e insolúvel, que é parte essencial do coágulo sangüíneo, formando-se pela ação do fibrinofermento sobre o fibrinogênio.

FIBRINA VEGETAL. *Direito agrário.* Glúten.

FIBRINOGÊNIO. *Medicina legal.* Proteína solúvel, existente no sangue, que se transforma em fibrina pela ação do fibrinofermento, causando a coagulação do sangue.

FIBRINOPENIA. *Medicina legal.* Escassez de fibrinogênio produzido pelo fígado, diminuindo a capacidade de coagulação do sangue, em caso de grave transtorno hepático.

FIBRINOSE. *Medicina legal.* Excesso de fibrina no sangue.

FIBROMA. *Medicina legal.* Tumor benigno oriundo do tecido fibroso.

FIBROMIITE. *Medicina legal.* Inflamação e degeneração fibrosa de um músculo.

FIBROSE CÍSTICA. *Medicina legal.* Enfermidade crônica que atinge as glândulas de secreção externa de crianças, afetando vias respiratórias, pâncreas, fígado e glândulas sudoríparas.

FIBROSSARCOMA. *Medicina legal.* Tumor maligno ou canceroso.

FIC. *Termo árabe.* Ciência jurídica muçulmana.

FICA. *Direito agrário.* Documento simplificado que exprime vários contratos, como a compra e venda de gado, o empréstimo, o depósito, a parceria pecuária etc. Consiste num negócio jurídico que se apresenta sob a forma de uma carta-recibo, firmada pela pessoa obrigada, com ou sem testemunhas, e serve de prova de um acordo sinalagmático, oneroso, aleatório, consensual e de execução diferida, significando: parceria regionalizada, compra e venda de gado bovino a entregar e adiantamento ou empréstimo em dinheiro, a ser pago em gado, ao preço corrente, na data do vencimento.

FICÁRIO. *Direito agrário.* Relativo a figo.

FICÇÃO. 1. Na *linguagem filosófica:* a) o que é simulado; b) arte de imaginar; c) construção lógica que não corresponde à realidade (Hume); d) hipótese útil para representar a lei ou o mecanismo de um fenômeno de que se serve, sem, contudo, afirmar sua realidade (Bain); e) não-realidade; aparência; realidade puramente fenomênica. **2.** *Direito autoral.* Diz-se da obra literária cujo enredo é criado pela imaginação do autor, que não se baseia em fatos reais; criatividade do escritor.

FICÇÃO JURÍDICA. *Vide* FICÇÃO LEGAL.

FICÇÃO LEGAL. *Teoria geral do direito.* **1.** Processo técnico-jurídico que consiste em supor uma dada situação, considerada real por artifício de lei, para dela deduzir efeitos jurídicos (Capitant). Por exemplo, a consideração pela lei de determinados grupos sociais como pessoas jurídicas. A pessoa jurídica é, então, uma criação artificial da lei para exercer direitos patrimoniais (Savigny). **2.** Enunciação falsa ou incerta que deve ser, por lei, considerada verdadeira, como a de que não se deve supor que alguém ignore a lei (Lalande). **3.** Utensílio da construção jurídica (Rudolf von Ihering). **4.** Técnica legislativa que considera verdadeiro o que se reconhece ser falso (Zelmo Denari e Ferrara).

FICCIONISMO. *Direito autoral.* Literatura de ficção.

FICCIONISTA. *Direito autoral.* Aquele que faz obras de ficção.

FICHA. 1. Cartão onde se anotam fatos alusivos a pessoas ou coisas para ser eventualmente consultado. **2.** Cadastro feito por bancos com informações sobre clientes e índices dos negócios entabulados. **3.** Cartão em que se anotam documentos arquivados, livros catalogados em bibliotecas etc. **4.** Senha de cartão para identificar o depositante em guarda-volumes de supermercados, por exemplo. **5.** Papel que se recebe pelo pagamento adiantado na caixa de bares, restaurantes etc. **6.** Tento de marcar pontos no jogo. **7.** Peça redonda que substitui dinheiro nas bancas de jogo.

FICHA ANTROPOMÉTRICA. *Direito penal.* Anotação, para fins policiais, dos caracteres de uma pessoa, como impressões digitais e retrato de frente e de perfil, que permitam sua identificação. É também denominada ficha de identidade.

FICHA CADASTRAL. Na *linguagem jurídica* em geral é a que contém não só dados e informações econômicas, financeiras, comerciais, pessoais ou empresariais, como também a qualificação de clientes (Luiz Fernando Rudge).

FICHA DACTILOSCÓPICA. *Direito penal.* Cartão em que se anotam sinais identificadores da pessoa fundados na dactiloscopia, ou seja, nos desenhos papilares das extremidades dos dedos. É também designada ficha individual dactiloscópica (De Plácido e Silva).

FICHA DE CARACTERIZAÇÃO DAS ATIVIDADES (FCA). *Direito ambiental.* Documento apresentado pelo empreendedor, em conformidade com o modelo indicado pelo Instituto Brasileiro do Meio Ambiente e dos Recursos Naturais Renováveis (IBAMA), em que são descritos os principais elementos que caracterizam as atividades e sua área de inserção e são fornecidas informações acerca da justificativa da implantação do projeto, seu porte e a tecnologia empregada, os principais aspectos ambientais envolvidos e a existência ou não de estudos e licenças ambientais emitidas por outras instâncias do governo.

FICHA DE IDENTIDADE. *Vide* FICHA ANTROPOMÉTRICA.

FICHA DE REGISTRO DE EMPREGADO. *Direito do trabalho.* Cartão de identificação do trabalhador que deve obrigatoriamente ser feito pelo empregador, segundo instruções do Ministério do Trabalho e Emprego, e conter as seguintes informações: a) identificação do empregado, com número e série da Carteira de Trabalho e Previdência Social ou número de identificação do trabalhador; b) data de admissão e demissão; c) cargo ou função; d) remuneração e forma de pagamento; e) local e horário de trabalho; f) concessão de férias; g) identificação da conta vinculada do FGTS e do PIS/PASEP; h) acidente do trabalho e doença profissional, se tiverem ocorrido. Esse registro deverá estar sempre atualizado e numerado seqüencialmente por estabelecimento, cabendo ao empregador ou a seu representante legal a responsabilidade pela autenticidade das informações nele contidas.

FICHA INDIVIDUAL DACTILOSCÓPICA. *Vide* FICHA DACTILOSCÓPICA.

FICHA NACIONAL DE REGISTRO DE HÓSPEDE (FNRH). Documento que, em modelo aprovado pela Embratur, deve ser preenchido, para efetivação do contrato de hospedagem, pelo hóspede que, após assiná-lo, o devolve ao hoteleiro.

FICHA REAL. *Vide* FÓLIO.

FICHÁRIO. 1. Coleção de fichas. **2.** Armário onde as fichas estão arrumadas.

FICICULTOR. *Direito agrário.* Agricultor cujas atividades são voltadas à cultura do figo.

FICO. *História do direito.* **1.** Documento de dívida que se iniciava pelas palavras "fico devedor". **2.** Diz-se do dia 9 de janeiro de 1822, em que D. Pedro I, a uma deputação do Senado, da Câmara e do povo do Rio, que lhe pediam que ficasse no Brasil, apesar da ordem da corte portuguesa, respondeu o seguinte: "como é para o bem de todos e felicidade geral da nação, estou pronto; diga ao povo que fico".

FICTA CONFESSIO. *Direito processual civil.* Admissão, como verdadeiros, dos fatos alegados pelo autor que não forem contestados pelo réu.

FICTA POSSESSIO. *Direito civil.* Diz-se da posse da coisa que se encontra em poder de outrem, mas que a lei entende estar em mãos do legítimo possuidor, que a pode defender em juízo.

FICTÍCIO. 1. Simulado. **2.** Aparente. **3.** Imaginário. **4.** Enganoso. **5.** O que apenas existe por convenção.

FICTIO EST FALSITAS PRO VERITATE ACCEPTA. *Brocardo latino.* Ficção é a falsidade aceita como verdade.

FICTIO FINGIT VERA ESSE QUA VERA NON SUNT. *Brocardo latino.* Finge a ficção serem verdadeiras as coisas que não o são.

FICTIO IDEM OPERATUR IN CASU FICTO QUOD VERITAS IN CASU VERO. *Brocardo latino.* A ficção opera no caso ficto a mesma coisa que a verdade no caso verdadeiro.

FICTIO IMPORTANT VERITATEM. *Brocardo latino.* A ficção supõe a verdade.

FICTIO JURIS. *Locução latina.* Ficção jurídica.

FICTIO NON EXTENDITUR DE PERSONA AD PERSONAM, DE CASU AD CASUM. *Brocardo latino.* A ficção não se estende de pessoa a pessoa, de caso a caso.

FICTO. 1. Suposto. **2.** Ilusório. **3.** Fingido. **4.** Aquilo que, dadas as circunstâncias, a lei considera, por hipótese, verdadeiro, como, por exemplo, ocorre com o território ficto. **5.** *Vide* TERRITÓRIO FICTO.

FIDA. *Direito internacional público.* Sigla de Fundo Internacional para o Desenvolvimento Agrícola, que foi criado em 30 de novembro de 1977.

É uma agência especializada das Nações Unidas que tem por objetivos aumentar a produção de alimentos nos países em desenvolvimento, reduzir os níveis de desnutrição e aliviar a pobreza rural. Os recursos destinam-se ao financiamento de projetos de pequenos agricultores da África, Ásia e América Latina, notadamente objetivando insumos e serviços, sistemas de irrigação, armazenagem, estradas vicinais e crédito. O limite do financiamento é de aproximadamente US$ 20 milhões.

FIDALGO. *História do direito* e *direito comparado*. Nobre por descendência ou por mercê régia.

FIDALGUIA. *História do direito* e *direito comparado*. **1.** Classe dos fidalgos. **2.** Qualidade de quem é fidalgo.

FIDEDIGNIDADE. Qualidade do que é fidedigno.

FIDEDIGNO. Aquilo que merece fé ou é digno de crédito ou confiança.

FIDEICOMISSÁRIO. *Direito civil.* O segundo herdeiro ou legatário instituído, e o primeiro e único substituto, que recebe a herança ou legado por morte do fiduciário ou quando se realizar a condição resolutória do direito deste último (Itabaiana de Oliveira). É, pois, um herdeiro ou legatário instituído sob condição suspensiva de receber, tendo direito eventual sobre a liberalidade, de maneira que só se concretizará seu direito de propriedade com o advento do termo ou da condição que extingue o direito do fiduciário. A substituição fideicomissária somente se permite em favor dos não concebidos ao tempo da morte do testador. Se, por ocasião de óbito do autor da herança, já houver nascido o fideicomissário, adquirirá este a nua propriedade dos bens fideicometidos, convertendo-se em usufruto o direito do fiduciário.

FIDEICOMISSO. *Direito civil.* Modalidade de substituição hereditária, cabível em favor de prole eventual da pessoa indicada, que consiste na instituição de herdeiro ou legatário, designado fiduciário, com a obrigação de, por sua morte, a certo tempo ou sob condição preestabelecida, transmitir a outra pessoa, chamada fideicomissário, a herança ou o legado.

FIDEICOMISSO DE RESÍDUO. *Direito civil.* Aquele que, segundo alguns autores, permite ao fiduciário a alienação de bens fideicomitidos, de modo que o fideicomissário, por ocasião da abertura da substituição fideicomissária, só tenha direito de receber o remanescente.

FIDEICOMISSO INTERNACIONAL. *Direito internacional público.* Tutela internacional.

FIDEICOMISSO PARTICULAR. *Direito civil.* Aquele que incide sobre bens determinados, restringindo-se à transmissão de um legado.

FIDEICOMISSÓRIO. *Direito civil.* **1.** Aquilo que resulta de fideicomisso. **2.** Relativo a fideicomisso. **3.** O que encerra fideicomisso. **4.** Bem ou legado gravado de fideicomisso.

FIDEICOMISSO SINGULAR. *Vide* FIDEICOMISSO.

FIDEICOMISSO UNIVERSAL. *Direito civil.* O que assume o aspecto de uma herança, abrangendo a totalidade ou uma quota-parte do espólio.

FIDEICOMITENTE. *Direito civil.* Testador que institui o fideicomisso.

FIDEÍSMO. Na *linguagem filosófica*, é a teoria pela qual as verdades metafísicas, morais e religiosas são acessíveis apenas à fé e não à razão (Renouvier, Pillon e Lapie).

FIDEÍSTA. Na *linguagem filosófica*: a) o que antepõe a fé à razão; b) relativo a fideísmo; c) partidário do fideísmo.

FIDEJUSSÃO. *Direito civil.* Fiança.

FIDEJUSSIO. *Termo latino.* Fidejussão; fiança.

FIDEJUSSIO INDEMNITATIS. *Locução latina.* Fiador por indenização.

FIDEJUSSOR. *Termo latino.* Fiador.

FIDEJUSSOREM INFIDUM CAVE. *Expressão latina.* Guarda-te do fiador infiel.

FIDEJUSSOR FIDEJUSSORIS. *Locução latina.* Abonador, ou melhor, fiador do fiador.

FIDEJUSSÓRIA. *Direito civil.* Caução pessoal; fiança.

FIDEJUSSÓRIO. *Direito civil.* Relativo a fiança ou a caução pessoal ou fidejussória.

FIDEJUSSOR SUCCEDANEUS. *Locução latina.* Fiador de regressão.

FIDELIDADE. 1. *Direito administrativo.* Obrigação do funcionário público de atuar, no exercício do cargo, no interesse da Administração Pública (Sandulli). **2.** Nas *linguagens comum* e *jurídica:* a) probidade; b) lealdade; c) exatidão; d) semelhança entre o original e a cópia; e) observância aos deveres assumidos ou impostos por lei; f) honestidade na guarda de valores alheios; g) qualidade de quem é fiel.

FIDELIDADE CONJUGAL. 1. *Direito civil.* Dever moral e jurídico, decorrente do caráter monogâmico do casamento, que consiste em abster-se cada consorte de praticar relações sexuais com terceiro. Com isso a liberdade sexual dos consortes fica restrita ao casamento. A infração desse dever constitui uma das causas de separação judicial e de indenização por dano moral. **2.** *História do direito.* Exclusividade das prestações sexuais pelos cônjuges que, se violada, configurava o adultério, crime outrora punido pela lei penal.

FIDELIDADE MÚTUA. *Vide* FIDELIDADE CONJUGAL.

FIDELIDADE PARTIDÁRIA. *Direito constitucional* e *ciência política.* **1.** É a garantia da observância do ideário político, respeitando, na atividade legislativa, a liberdade do parlamentar. Representa o dever de observar as normas estatutárias, as diretrizes e o ideário programático de partido político. Os membros do partido devem ter um comportamento plausível em face de sua ideologia. **2.** Lealdade a um partido político. **3.** Observância do programa partidário e das decisões tomadas em suas instâncias deliberativas (convenção, diretório, executivas etc.) pelos filiados em geral e, sobretudo, por seus membros com assento no Parlamento ou na chefia do executivo (Augusto Aras).

FIDELIDADE RECÍPROCA. *Direito civil.* **1.** *Vide* FIDELIDADE CONJUGAL. **2.** Dever jurídico e moral dos conviventes de não praticarem ato sexual com terceiro, sob pena de ruptura de união estável, seguida de indenização por dano moral.

FIDES VERI. *Locução latina.* Exceção da verdade.

FIDÚCIA. 1. *Direito civil.* a) Encargo que pesa sobre a propriedade dada em fideicomisso, enquanto estiver em mãos do fiduciário; b) modalidade contratual própria dos países de *common law*, não regulada no direito brasileiro, mas admitida pela doutrina e jurisprudência. É o contrato pelo qual uma das partes, recebendo da outra bens móveis ou imóveis, assume o encargo de administrá-los em proveito do instituidor ou de terceiro, tendo a sua livre administração, embora sem prejuízo do beneficiário (Caio Mário da Silva Pereira). É o ato pelo qual se realiza a transmissão de uma coisa ou de um direito ao fiduciário para garantir ou resguardar certos direitos, estabelecendo-se a obrigação de o adquirente efetuar sua devolução ao alienante, uma vez atendido aquele fim. São figuras negociais fiduciárias: a venda e compra com fins de garantia; a venda com fins de administração; a venda para recomposição de patrimônio

e a venda e compra com reserva de domínio, sendo esta última regulada pela lei brasileira. **2.** *Direito romano.* Venda fictícia que era feita pelo devedor ao credor, com a condição de desfazer-se do pagamento total do débito.

FIDUCIA CUM AMICO. *Direito romano.* Contrato de confiança e não de garantia, em que o fiduciante alienava seus bens a um amigo, com a condição de lhe serem restituídos quando cessassem as circunstâncias aleatórias, como o risco de perecer na guerra, uma viagem, perdas em razão de acontecimentos políticos etc.

FIDUCIA CUM CREDITORE. *Direito romano.* Garantia dada pelo devedor que vendia seus bens ao credor sob a condição de recuperá-los se, dentro de certo prazo, efetuasse o pagamento do débito.

FIDUCIADO. *Direito civil.* Diz-se do bem dado em fidúcia.

FIDUCIAL. *Direito civil.* **1.** Relativo a fidúcia. **2.** Baseado na confiança.

FIDUCIANTE. *Direito civil.* **1.** Aquele que transfere o bem fiduciado ao credor ou fiduciário para que este o guarde ou administre, restituindo-o por ocasião do adimplemento da obrigação contratual. **2.** Aquele que, na alienação fiduciária em garantia, fica com a posse direta da coisa, em nome do adquirente, conservando-a em seu poder com as obrigações de depositário e o dever de restituí-la em caso de inadimplência da sua obrigação.

FIDUCIÁRIA. *Direito civil.* Diz-se da propriedade resolúvel de coisa móvel infungível que o devedor, com escopo de garantia, transfere ao credor.

FIDUCIÁRIO. *Direito civil.* **1.** Proprietário *pro tempore* da coisa gravada, que lhe é transferida, na alienação fiduciária em garantia, somente com a posse indireta, independentemente da sua tradição, tendo não só a obrigação de devolver o domínio daquele bem assim que o fiduciante pagar integralmente seu crédito, quitando no próprio título para a respectiva baixa, como também o direito de vendê-lo a terceiro, a fim de se pagar, sem necessidade de excussão judicial, se inadimplente o fiduciante. **2.** Aquele em quem o fiduciante confia e transmite a titularidade de um direito para a guarda e administração de bens ou para a garantia de pagamento de uma dívida, que terá, então, com o cumprimento do pactuado, o dever de restituir o bem que lhe foi dado em confiança. **3.** Negócio que tem por finalidade alguma operação fiduciária. **4.** É o primeiro herdeiro ou legatário instituído, e o único substituído, que transmite por sua morte, a certo tempo, ou sob certa condição, a herança ou o legado ao fideicomissário (Itabaiana de Oliveira). É, portanto, um herdeiro ou legatário instituído sob a condição resolutória de transmitir. Tem o dever de conservar a coisa fideicomitida para depois restituí-la ao fideicomissário, pois o fideicomitente deposita nele sua confiança, entregando-lhe bens com o encargo de conservá-los e depois devolvê-los, de modo que, se o testador permitir, expressamente, a alienação da coisa fideicomitida por parte do fiduciário, não haverá fideicomisso. Entretanto, embora o fiduciário tenha que conservar o bem recebido, isso não significa inalienabilidade absoluta, uma vez que a lei lhe autoriza aliená-lo, sob condição resolutiva, só que, com a abertura do fideicomisso, o fideicomissário poderá reivindicar do adquirente a coisa alienada, tornando sem efeito a alienação feita pelo fiduciário.

FIDUCIARY POSITION. *Locução inglesa.* Caráter fiduciário da atividade do administrador.

FIDUZIARISCHE GESCHÄFT. *Locução alemã.* Negócio jurídico fiduciário.

FIE. *Direito civil* e *direito previdenciário.* Fundo de investimento especialmente constituído ou fundo de investimento em cotas de fundos de investimento especialmente constituído, que tenha como únicos cotistas as sociedades seguradoras, de capitalização e entidades abertas de previdência complementar.

FIÉIS. *Direito canônico.* **1.** Aqueles que, incorporados a Cristo pelo batismo, foram constituídos como povo de Deus e assim feitos participantes do múnus sacerdotal, profético e régio de Cristo. **2.** Os que foram chamados para exercer a missão que Deus confiou para a Igreja cumprir no mundo.

FIEL. **1.** Na *linguagem jurídica* em geral: a) exato; b) verídico; c) o que reproduz exatamente o original; d) leal; e) o que guarda fidelidade; f) probo; g) aquele que cumpre o que se obriga; h) diz-se da memória que conserva com exatidão os fatos ou idéias; i) aquele a quem se confia a guarda de valores. **2.** *Direito administrativo.* Aquele a quem se dá uma missão de confiança, como o auxiliar de tesoureiro, o exator, o encarregado de armazéns nas alfândegas ou em locais onde valores alheios são guardados ou depositados. **3.** *História do direito.* Era o louvado ou o arbitrador, que decidia o fato que se pretendia esclarecer. **4.** *Direito canônico.* Sectário do catolicismo.

FIEL DE TESOUREIRO. *Direito administrativo.* Auxiliar de tesoureiro, sujeito a prestação de caução ou fiança.

FIEL DOS FEITOS. *História do direito.* Oficial de justiça que, por ordem do escrivão, levava e ia buscar os autos processuais na casa do advogado.

FIERI NON POTEST. *Expressão latina.* Não é possível.

FIFE. Fundo de Investimento Financeiro Especialmente Constituído.

FIFTY–FIFTY. *Locução inglesa.* Meio a meio, em partes iguais.

FIGADEIRA. *Direito agrário.* Doença do fígado dos animais.

FIGO. *Direito agrário.* **1.** Fruto da figueira. **2.** Fruto de algumas piteiras, palmeiras e opúncias.

FIGO DA RANILHA. *Direito agrário.* Inflamação crônica que ocorre nos tecidos produtores de corno, ranilha e planta dos cascos de cavalos, causando seu amolecimento. É também denominado cancro da ranilha.

FIGUEIRAL. *Direito agrário.* Plantação de figueiras.

FIGURA. **1.** Forma exterior. **2.** Representação simbólica ou fictícia de qualquer coisa, seja ela real ou imaginária. **3.** Imagem. **4.** Aparência. **5.** Importância social. **6.** Pessoa.

FIGURA DO CRIME. *Direito penal.* Exteriorização do delito representada pelas circunstâncias que o individualizam.

FIGURA DO JUÍZO. *Direito processual.* Forma processual conforme a praxe forense e a lei.

FIGURA DO SILOGISMO. *Lógica jurídica.* Cada uma das formas que um silogismo pode tomar, conforme as oposições ocupadas pelo termo médio, como sujeito ou como predicado, na menor e na maior (Lalande).

FIGURA JURÍDICA. *Teoria geral do direito.* **1.** O que é instituído por lei para ser acatado, por ficção legal, como real (De Plácido e Silva). **2.** Conjunto de normas ligadas a uma categoria fundamental ou a várias modalidades dos atos jurídicos (Miguel Reale). **3.** Cada uma das modalidades que um instituto jurídico pode assumir na ordem jurídica, por exemplo, o penhor agrícola, o penhor industrial, o penhor mercantil, o penhor de direito e o penhor legal são figuras em relação ao penhor.

FIGURANTE. *Direito civil.* Aquele que, numa representação teatral ou cinematográfica, participa de uma cena sem nada falar.

FIGURAR. **1.** Estar registrado. **2.** Participar de um evento. **3.** Simular o que não é. **4.** Estar mencionado em alguma parte. **5.** Demonstrar. **6.** Significar. **7.** Fazer parte. **8.** Aparecer em cena; fazer figura. **9.** Expor com alegorias. **10.** Aparentar; ter o aspecto de. **11.** Representar algo por desenho, pintura ou escultura. **12.** Entrar na lista de.

FIGURA RETÓRICA. *Retórica jurídica.* **1.** Modo especial de falar para causar maior efeito de expressão. **2.** Expressão simbólica de um pensamento, substituindo-se uma imagem concreta por uma idéia abstrata.

FIGURATIVISMO. *Direito autoral.* Tendência na arte plástica de tomar como base a figura reduzida à forma exterior de sua representação.

FIGURISMO. *Direito canônico.* Doutrina que considera os fatos do Antigo Testamento como expressões alegóricas dos do Novo Testamento.

FILA. **1.** Nas *linguagens comum* e *jurídica:* a) fileira de pessoas, colocadas umas atrás das outras, por ordem de chegada, formada em pontos de ônibus, bancos, guichês de cinema, campos de futebol, porta de loja em razão de escassez de alguma mercadoria etc.; b) raça brasileira de cão de guarda, notável pelo tamanho, ferocidade e fidelidade. **2.** Na *gíria,* designa o oficial de justiça.

FILAÇA. *Direito agrário.* Fio de cânhamo ou de outra matéria têxtil.

FILAME. *Direito marítimo.* Espaço de amarra entre o anete da âncora e o travessão da abita.

FILANTROPIA. **1.** Beneficência que visa melhorar a sorte dos necessitados através de instituições de caridade. **2.** Caridade. **3.** Colocação da idéia de humanidade acima da de qualquer nacionalidade, religião, classe social etc. **4.** Amor à humanidade.

FILANTRÓPICO. **1.** Relativo a filantropia. **2.** Fundo que se reserva para atender a fins humanitários.

FILANTROPO. **1.** Humanitário. **2.** O que é dotado de filantropia.

FILÃO. **1.** Parte da mina onde se acha o mineral. **2.** Veio de metal. **3.** Pão comprido de tamanho e peso variados.

FILAR. **1.** Nas *linguagens jurídica* e *comum:* a) agarrar à força; capturar; b) açular cão; c) aferrar o cão, com os dentes, a presa; d) segurar-se; e) observar; f) obter algo gratuitamente. **2.** *Direito marítimo.* Pôr o navio na direção do vento.

FILARCO. *História do direito.* **1.** Oficial comandante das tropas auxiliares do império bizantino. **2.** Chefe de tribo na antiga Atenas.

FILARMÔNICA. *Direito autoral.* **1.** Sociedade musical. **2.** Orquestra. **3.** Banda de música.

FILARQUIA. *História do direito.* Governo de um filarco.

FILATELIA. Estudo de selos postais de diversos países, colecionados de forma metódica.

FILATÉLICO. Referente a filatelia.

FILATELISTA. Pessoa que coleciona selos postais.

FILÁUCIA. **1.** Na *linguagem filosófica:* a) egoísmo; amor-próprio, no bom e mau sentidos (Aristóteles); b) amor do razoável em si (Renouvier). **2.** Na *linguagem comum,* jatância; impostura; bazófia.

FILCHER. *Termo inglês.* Ladrão.

FILE ALLOCATION TABLE (FAT). *Expressão inglesa.* Tabela de alocação de arquivos, gravada no disco, que indica quais são os setores disponíveis e quais os que contêm dados de arquivos.

FILEIRA. **1.** *Direito militar.* a) Disposição de soldados, em forma, um ao lado do outro, a qual se distingue da linha apenas por constituir uma unidade desta; b) tropa arregimentada. **2.** Nas *linguagens comum* e *jurídica,* série de pessoas dispostas em linha reta.

FILERETE. *História do direito.* Rede em que se colocava estopa para defender as cordas do navio em combate contra as balas do inimigo.

FILE TRANSFER PROTOCOL (FTP). *Direito virtual.* Protocolo de transferência de arquivos de um computador para outro, possibilitando baixar para a máquina arquivos de computador com imagens, programas, documentos etc., disponibilizados por pessoa física ou jurídica para tal fim.

FILHA. *Direito civil.* Descendente feminina em relação ao pai e à mãe.

FILHAÇÃO. *Vide* FILIAÇÃO.

FILHADA. *Direito processual civil.* Penhora em que há a apreensão efetiva dos bens em poder do devedor condenado.

FILHADOR. *História do direito.* Tomador.

FILHA–FAMÍLIA. 1. *História do direito.* Filha menor, enquanto estivesse sob o pátrio poder (hoje poder familiar). **2.** *Direito romano.* Descendente feminina em primeiro grau do chefe da família, sob cujo poder estava.

FILHAMENTO. *História do direito.* Ato pelo qual o soberano tomava algo dos súditos pela força, inscrevendo-o como seu no livro de filhamentos, sendo equivalente ao atual confisco.

FILHAR. 1. Adotar. **2.** Atribuir a si coisa alheia. **3.** Tomar algo pela força.

FILHA SOLTEIRA. *Direito civil.* Aquela que não se casou, seja maior ou menor e dependente ou não economicamente dos pais.

FILHO. 1. *Direito civil.* Descendente do sexo masculino em linha reta e em primeiro grau, em relação a seus pais. No Brasil, não há mais qualquer diferença entre filhos legítimos, legitimados, adotivos ou ilegítimos (adulterinos, incestuosos ou naturais), sendo vedada qualquer designação discriminatória quanto à filiação. A distinção que se faz é apenas didática, pois juridicamente há somente filho matrimonial e extramatrimonial, reconhecido ou não reconhecido. **2.** Na *linguagem jurídica* em geral: a) aquele que é natural de algum lugar; b) pessoa em relação ao estabelecimento onde foi educada ou à comunidade de que faz parte.

FILHO ADOTIVO. *Vide* FILIAÇÃO ADOTIVA.

FILHO ADULTERINO. *Vide* FILIAÇÃO ADULTERINA.

FILHO BASTARDO. *História do direito.* Expressão que era usada para designar filho ilegítimo, ou seja, não proveniente do casamento dos genitores.

FILHO DE CRIAÇÃO. Aquele que foi criado por outrem sem ter sido adotado; logo, dessa relação não decorre qualquer efeito jurídico.

FILHO ESPÚRIO. *Vide* FILIAÇÃO ESPÚRIA.

FILHO EXPOSTO. *Direito penal.* Aquele que foi abandonado pelos seus pais em tenra idade, para que não assumissem qualquer responsabilidade ou para fugirem da desonra que de seu nascimento pudesse resultar.

FILHO EXTRAMATRIMONIAL. *Vide* FILIAÇÃO EXTRAMATRIMONIAL.

FILHO–FAMÍLIA. *História do direito.* Filho menor que se encontrava sob o pátrio poder (hoje poder familiar).

FILHO HAVIDO FORA DO CASAMENTO. *Vide* FILIAÇÃO EXTRAMATRIMONIAL.

FILHO ILEGÍTIMO. *Vide* FILIAÇÃO ILEGÍTIMA.

FILHO INCESTUOSO. *Vide* FILIAÇÃO INCESTUOSA.

FILHO LEGITIMADO. *Vide* FILIAÇÃO LEGITIMADA.

FILHO LEGÍTIMO. *Vide* FILIAÇÃO LEGÍTIMA.

FILHO MATRIMONIAL. *Vide* FILIAÇÃO MATRIMONIAL.

FILHO MENOR. *Direito civil.* Aquele que ainda não atingiu a maioridade.

FILHO NATURAL. *Vide* FILIAÇÃO NATURAL.

FILHO PÓSTUMO. 1. *Direito civil.* Aquele que foi gerado na constância do casamento, mas nasceu após o falecimento do pai. **2.** *Medicina legal.* Aquele que foi concebido após o falecimento do pai, mediante inoculação do sêmen do falecido no útero da mãe, pelo emprego do método GIFT, na inseminação artificial.

FILHO PUTATIVO. *Direito processual civil* e *direito civil.* Denominação dada ao filho na pendência de ação de investigação de maternidade ou paternidade da pessoa que se presume ser seu genitor.

FILHO RECONHECIDO. *Direito civil.* Aquele cujo parentesco se dá pelo reconhecimento de sua filiação por ambos os pais ou por um deles.

FILHO SACRÍLEGO. *História do direito.* Aquele cujo genitor, ou genitores, pertenciam a uma ordem religiosa que exigia voto de castidade.

FILHOS DA FOLHA. *Direito administrativo.* Funcionários públicos.

FILHOS DA NOITE. *Direito comparado.* Diz-se, em Portugal, dos ladrões que, à noite, em pequenos barcos, roubam mercadorias de navios fundeados no Tejo.

FILHOS DE MARTE. *Direito militar.* Aqueles que seguem a carreira militar.

FILHOTE. 1. *Direito agrário.* Cria de animal. **2.** *Direito administrativo.* Pessoa protegida por alguém que possua cargo público. **3.** *Direito comercial.* Bonificação ou distribuição gratuita de ação de sociedade anônima (Geraldo Magela Alves).

FILHOTISMO. *Direito administrativo.* **1.** Regime administrativo em que se contemplam parentes e protegidos com altos postos. **2.** Apadrinhamento; nepotismo; favoritismo.

FILHO VARÃO. *Direito civil.* Descendente masculino em primeiro grau.

FILHO *VULGO CONCEPTI*. *História do direito.* Filho espúrio.

FILHO *VULGO QUAESITI*. *História do direito.* Filho havido de meretriz.

FILIAÇÃO. 1. *Direito civil.* Vínculo existente entre pais e filhos. Relação de parentesco consangüíneo em linha reta de primeiro grau entre uma pessoa e aqueles que lhe deram a vida. Pode ser classificada, didaticamente, em legítima e ilegítima. Juridicamente, porém, não há que se fazer tal distinção, pois a norma constitucional estabelece que, no Brasil, os filhos havidos ou não do casamento têm os mesmos direitos e qualificações, sendo proibidas quaisquer designações discriminatórias. Há quem ache, como João Baptista Villela, que se poderia falar em filiação matrimonial e não matrimonial, por serem termos axiologicamente indiferentes e não discriminatórios, uma vez que a Carta Magna reconhece como entidade familiar, sob a proteção do Estado, o agrupamento de fato entre homem e mulher. **2.** Na *linguagem jurídica* em geral: a) adoção como filho; b) designação dos pais de alguém; c) origem; d) admissão a uma comunidade ou corporação; e) ato ou efeito de se filiar; f) relação de idéias; conexão.

FILIAÇÃO ADOTIVA. *Direito civil* e *direito do menor.* Laço de parentesco de primeiro grau na linha reta constituído entre adotante e adotado por ficção legal. É um vínculo fictício de filiação estabelecido pela adoção, que é o ato jurídico solene pelo qual alguém traz para sua família, na condição de filho, pessoa que, geralmente, lhe é estranha. Trata-se do parentesco civil. O filho adotivo é o que foi instituído por adoção, que cria uma relação de parentesco civil com o adotante.

FILIAÇÃO ADULTERINA. *História do direito.* Designação que era dada à filiação oriunda de adultério *a matre* ou *a patre*, hoje considerada extramatrimonial. O filho adulterino era o concebido ou nascido de pais que não eram casados entre si, mas com outras pessoas, podendo ser legitimado se, cessado o impedimento decorrente de outro casamento, seus pais viessem a convolar núpcias, o que era impossível se houvesse condenação do adultério.

FILIAÇÃO DECORRENTE DE FALSIDADE IDEOLÓGICA. *Direito penal.* É a advinda do registro de filho alheio como próprio, que, ante o relevante motivo social e humanitário, não tem sido punida. Trata-se da "adoção à brasileira".

FILIAÇÃO ESPÚRIA. *História do direito.* Designação que era dada à oriunda da união entre homem e mulher impedidos de se casarem, podendo ser adulterina ou incestuosa.

FILIAÇÃO EXTRAMATRIMONIAL. *Direito civil.* Designação que vem sendo aceita, por alguns autores, como João Baptista Villela, para indicar a prole gerada por pessoas não ligadas pelo casamento, isto é, advinda de relação não matrimonial, em virtude de a própria norma constitucional reconhecer como entidade familiar, sob a proteção estatal, o agrupamento de fato entre homem e mulher (união estável), vedando qualquer discriminação na filiação.

FILIAÇÃO IGNORADA. *Direito penal.* Aquela em que se desconhecem os genitores, ante o fato de terem abandonado ou enjeitado a prole.

FILIAÇÃO ILEGÍTIMA. *História do direito.* Assim era considerada a que provinha de pessoas que não podiam se casar ou não queriam contrair matrimônio. Podia ser espúria (adulterina ou incestuosa) ou natural.

FILIAÇÃO INCESTUOSA. *História do direito.* Era a decorrente da relação sexual entre pessoas que não podiam casar-se não só em razão de serem parentes muito próximos, consangüíneos em qualquer grau de linha reta ou até o segundo grau da linha colateral, ou afins da linha reta, como também por haver entre elas parentesco civil decorrente de adoção. O filho incestuoso era o nascido de homem e mulher que, ante parentesco natural, civil ou afim, estavam impedidos de convolar núpcias.

FILIAÇÃO LEGÍTIMA. *História do direito.* Era a oriunda da união de pessoas ligadas por matrimônio válido ao tempo da concepção ou resultante de união matrimonial que foi declarada nula ou anulada posteriormente, estando ou não de boa-fé os cônjuges. O filho legítimo era o concebido ou nascido na vigência do casamento válido ou putativo. Hoje, alguns autores utilizam para designá-la a expressão "filiação matrimonial".

FILIAÇÃO LEGITIMADA. *História do direito.* Era a decorrente da união de duas pessoas que, após o nascimento do filho, vinham a convolar núpcias. Assim, filho legitimado era aquele que adquiria o *status* de legítimo pelo subseqüente matrimônio dos pais, por não ter sido concebido ou nascido na constância do casamento.

FILIAÇÃO MATERNA. *Direito civil.* Vínculo de parentesco entre mãe e filho.

FILIAÇÃO MATRIMONIAL. *Direito civil.* A que se origina na constância do casamento dos pais, ainda que anulado ou nulo. Assim, é filho matrimonial o concebido, por fecundação natural, durante o casamento, desde que nascido cento e oitenta dias após o estabelecimento da convivência conjugal ou dentro de trezentos dias após a dissolução da sociedade conjugal, ou o havido por inseminação artificial homóloga ou heteróloga consentida pelo marido ou por fertilização *in vitro* homóloga.

FILIAÇÃO NATURAL. *História do direito.* Era a advinda da união de pessoas que não quiseram contrair matrimônio, apesar de não haver entre elas qualquer impedimento para isso. O filho natural era, portanto, o que descendia de pais entre os quais não havia nenhum impedimento matrimonial no momento em que foi concebido.

FILIAÇÃO PARTIDÁRIA. *Ciência política.* Incorporação, como membro efetivo, a um partido político.

FILIAÇÃO PATERNA. *Direito civil.* Relação de parentesco entre pai e filho.

FILIAL. 1. *Direito civil.* a) Relativo a filho; b) que tem filiação; c) próprio de filho. **2.** *Direito comercial.* a) Estabelecimento empresarial ligado à matriz, da qual depende, com poder de representá-la, sob a direção de um preposto, que exerce atividade econômico-jurídica dentro das instruções dadas; b) sucursal; agência; c) ação decorrente de outra, dada como bonificação pela sociedade por ações, sendo por isso designada "filhote"; d) empresa que deriva de outra, mantendo sua subordinação jurídica ou econômica; e) casa de crédito que depende de outra.

FILIAR. 1. Adotar como filho. **2.** Proceder; provir. **3.** Ingressar em uma associação. **4.** Admitir em partido ou corporação.

FILICIDA. *Direito penal.* Aquele que mata seu próprio filho.

FILICÍDIO. *Direito penal.* Assassinato do próprio filho.

FILIGRANA JURÍDICA. *Teoria geral do direito.* Argumento que pode agradar a quem o faz, mas não beneficia o pragmatismo jurídico (Othon Sidou).

FILIPINO. 1. *História do direito.* Governo dos Filipes em Portugal. **2.** *Na linguagem comum:* a) natural das Ilhas Filipinas; b) relativo às Ilhas Filipinas.

FILIPISMO. *História do direito.* Doutrina política da era dos Filipes da Espanha e de Portugal.

FILIUM EUM DEFINIMUS QUI EX VIRO ET UXORE EIUS NASCITUR. *Direito romano.* Definimos filho o que nasce do marido e de sua mulher.

FILIUS, ERGO HAERES. *Aforismo jurídico.* Filho, logo herdeiro.

FILIUS NULLIUS. *Locução latina.* Filho bastardo.

FILMAGEM. *Direito autoral.* Ato ou efeito de registrar acontecimentos ou cenas representadas em película cinematográfica.

FILMOLOGIA. Filosofia ou ciência social do filme.

FILMOTECA. Local onde os filmes ou microfilmes são arquivados.

FILOCRACIA. *Ciência política.* **1.** Amor ao poder, seja ele exercido democrática ou ditatorialmente. **2.** Qualidade de filocrata.

FILOCRATA. *Ciência política.* Aquele que gosta de mandar ou que ama o poder.

FILOCRÁTICO. *Ciência política.* Relativo a filocracia.

FILODOXIA. Na *linguagem filosófica:* **1.** Extremo apego às próprias opiniões. **2.** Diletantismo intelectual que levanta problemas filosóficos sem atingir soluções científicas (Kant). **3.** Amor à glória e à fama.

FILOGENIA JURÍDICA. *Filosofia do direito.* Análise científica da evolução histórica do direito.

FILOGENITURA. 1. Desejo de ter filhos. **2.** Amor à prole.

FILOGINIA. *Teoria geral do direito.* Teoria que sustenta a igualdade entre o homem e a mulher.

FILOGINISTA. *Teoria geral do direito.* Aquele que defende a igualdade de direitos da mulher.

FILOLOGIA. Estudo da língua e de documentos escritos.

FILÓLOGO. Versado em filologia.

FILOMATIA. Na *linguagem filosófica,* amor às ciências.

FILOMIMESIA. *Medicina legal.* Estado mórbido que leva o paciente à imitação.

FILONEGRO. Aquele que protege ou defende os negros.

FILOPTOSIA. *Direito agrário.* Doença vegetal que provoca queda extemporânea das folhas.

FILOSOFAR. Na *linguagem filosófica:* a) raciocinar ou discorrer sobre temas filosóficos; b) argumentar usando de sutilezas; c) produzir conceitos, fazendo abstrações.

FILOSOFÁRIO. Na *linguagem filosófica,* aquele que discute assuntos científicos e filosóficos.

FILOSOFEMA. Na *linguagem filosófica:* a) raciocínio científico, demonstrativo, oposto ao retórico ou dialético, ao sofístico e ao aporema; é o raciocínio dialético que acaba numa contradição (Aristóteles); b) no plural, designa os ensinamentos filosóficos (Aristóteles); c) tese filosófica (Lalande); d) proposição filosófica.

FILOSOFIA. Na *linguagem filosófica:* a) saber racional (Aristóteles); b) ciência autônoma, por ser independente de qualquer outra, e pantônoma, isto é, aplicável a todas; c) conjunto de estudos que, por ter alto grau de generalidade, reduz a ordem de conhecimento e o saber humano a um pequeno número de princípios diretivos (Lalande); d) estudo relativo ao espírito, enquanto é posto em antítese com a natureza; e) estudo crítico-reflexivo voltado a problemas; f) estudo do espírito enquanto caracterizado por juízos de valor; g) conjunto de doutrinas filosóficas de uma época ou de um país; h) doutrina de um filósofo de determinada escola ou época; i) estudo geral sobre a essência e a natureza das coisas, o conhecimento científico e os valores, o sentido, os fatos e os princípios gerais da existência, assim como sobre a conduta e o destino do homem; j) estudo da psicologia racional, lógica, moral e metafísica; k) elevação de ânimo; resignação que se coloca acima dos acidentes da vida, da riqueza, dos falsos preconceitos e das falsas opiniões públicas; l) ciência geral dos seres, dos princípios e das causas; m) sabedoria; saber totalmente unificado (Spencer); n) saber totalmente unificado sobre o universo, a vida e o homem, retirado da ciência empírica e do conhecimento racional (Pinto Ferreira); o) estudo sistemático de qualquer ramo científico; p) ciência das coisas pelas altíssimas causas (São Tomás de Aquino); q) ciência das finalidades últimas da razão humana (Kant); r) etimologicamente, é a paixão pelo saber; s) conjunto concatenado de concepções gerais sobre o mundo e o homem (Ivan Lins); t) ciência das ciências, a crítica ou a organização de todo o conhecimento, retirada da ciência empírica, do conhecimento racional, da experiência comum ou de outras fontes. Inclui a metafísica, a ontologia, a epistemologia, a lógica, a ética e a estética (Feibgeman). É o conhecimento concomitantemente teórico (lógica, ontologia e teoria do conhecimento) e prático, dirigido para as ações do homem no campo da estética (arte) e da moral (ética).

FILOSOFIA ANALÍTICA DA LINGUAGEM. *Filosofia geral* e *semiótica.* Teoria e lógica da ciência que faz uma análise crítica de sua linguagem, esclarecendo os seus enunciados (Wittgenstein, Capella, Genaro Carrió, Wróblewski, Warat etc.).

FILOSOFIA DA HISTÓRIA. Na *linguagem filosófica,* estudo das leis que regem o desenvolvimento da sociedade e das ilações ou induções tiradas da análise dos fatos comparados e generalizados.

FILOSOFIA DA LINGUAGEM ORDINÁRIA. *Filosofia geral* e *semiótica.* É a que tem por escopo analisar as definições léxicas, partindo da técnica da definição dos domínios, que consiste no exame dos diferentes contextos nos quais um termo pode ser usado (Luis Alberto Warat e Wittgenstein).

FILOSOFIA DA NATUREZA. Na *linguagem filosófica,* ciência que busca as causas e os efeitos dos fenômenos naturais, determinando as leis que presidem suas relações. É também denominada "filosofia natural".

FILOSOFIA DE VIDA. Na *linguagem filosófica,* trata-se da cosmovisão ou mundividência, ou seja, concepção geral, mais ou menos racional, do mundo e da vida que tem uma pessoa ou um grupo.

FILOSOFIA DO DIREITO. 1. Estudo da origem e fins do direito como um todo integrado nas ciências humanas (Geraldo Magela Alves). **2.** Ciência que, ao mesmo tempo que integra as ciências jurídicas na unidade de seus princípios mais gerais, incorpora o direito à ordem universal, em relação à qual explica a formação histórica da sociedade humana e indaga, sob o ponto de vista ético, as exigências racionais (Vanni). **3.** Ciência pantônoma e autônoma que se ocupa de três temas fundamentais: a) o problema da essência do direito, investigando o que vem a ser este, para defini-lo e precisar seu conceito, hipótese em que passa a ser uma ontologia jurídica; b) o problema do conhecimento do direito, sendo, então, uma epistemologia jurídica, que, no sentido estrito, tem a incumbência de estudar os pressupostos, os caracteres do objeto e o método do saber científico-jurídico e de verificar suas relações e seus princípios. A epistemologia jurídica, nesse sentido, é a teoria da ciência jurídica, tendo por objetivo o estudo dos problemas do objeto e método da jurisprudência, sua posição no quadro das ciências e suas relações com as afins. A epistemologia é considerada, em sentido amplo, sinônimo de

FIL 592 FILOSOFIA DOS VALORES

gnoseologia, que é a parte integrante da filosofia que estuda crítica e reflexivamente a origem, a natureza, as condições de possibilidade, os limites e o valor da faculdade humana de conhecimento e os critérios de validade deste. É a teoria do conhecimento em geral, e não apenas do saber científico, e do conhecimento jurídico em todas as suas modalidades: conceitos jurídicos, proposições, raciocínio jurídico etc.; c) o problema dos valores do direito, caso em que será uma axiologia jurídica, indicando as finalidades do direito e cuidando da questão da justiça e dos demais valores que aquele deve perseguir (Machado Neto, Franco Montoro, Hessen, Carlos Mouchet e Zorraquim Becu). **4.** *Vide* CONHECIMENTO FILOSÓFICO DO DIREITO. **5.** Para o tridimensionalismo jurídico de Miguel Reale, abrange: a) uma ontognoseologia jurídica, que tem por fim determinar a fundação cognoscitiva do direito, em sua integralidade, indagando de sua consistência "ôntica" e da correlata estrutura "lógica", isto é, dos pressupostos universais ao mesmo tempo subjetivos e objetivos da realidade jurídica, sendo, portanto, o estudo correlato da realidade jurídica e de sua compreensão conceitual, na unidade integrante de seus elementos constitutivos (fato, valor e norma); b) uma epistemologia jurídica, ou doutrina da ciência do direito, abordando o problema da vigência e da função normativa do direito; c) uma deontologia jurídica, ou doutrina dos valores éticos do direito, atendo-se ao problema do fundamento do direito; d) culturologia jurídica, ou doutrina do sentido da história do direito, tratando do problema da eficácia jurídica.

FILOSOFIA DOS VALORES. *Filosofia do direito.* É a que parte da distinção entre "ser" (realidade) e "dever-ser" (valor), voltando-se aos problemas valorativos da realidade jurídica.

FILOSOFIA ESPECULATIVA. *Filosofia geral.* É a que visa o conhecimento puro, ou seja, o conhecimento do mundo da natureza em si mesmo e da causa primeira do mundo (R. Jolivet).

FILOSOFIA GERAL. Na *linguagem filosófica,* conjunto das questões de filosofia levantadas pela psicologia lógica, moral ou estética, não pertencentes ao seu domínio especial (Comte).

FILOSOFIA HOLÍSTICA. *Direito empresarial.* É a seguida pelas companhias holísticas por sugerir que o todo é maior que a soma das partes, devendo-se buscar o apoio dos consumidores, que,

a longo prazo, darão lucro à empresa ao acatar seus produtos. Por isso, busca: a satisfação do consumidor, a participação de mercado e o apoio aos projetos comunitários. Sustenta tal filosofia a globalização do *marketing* (Olesen).

FILOSOFIA JURÍDICA. *Vide* FILOSOFIA DO DIREITO.

FILOSOFIA JURÍDICA DA GUERRA. *Filosofia do direito.* É a que busca o critério da "guerra justa" na reação contra uma injustiça sofrida ou iminente, na indenização por um dano causado no ato de execução para obtenção do cumprimento de uma obrigação ou na natureza de ato defensivo. A guerra é o meio menos adequado para obter um fim, mas o direito à guerra depende de injustiça sofrida ou a temer. Se assim não fosse, seria a resistência por parte do adversário uma coisa sem sentido e uma nova injustiça. A guerra não é um modo de solucionar questões jurídicas, não sendo uma luta entre dois adversários com iguais direitos, pois sua função é criar um direito novo, ou seja, o direito à vitória, que é uma conseqüência da guerra. O direito só se alcança e se demonstra pela guerra (Radbruch).

FILOSOFIA MORAL. Na *linguagem filosófica,* é a ciência moral.

FILOSOFIA NATURAL. *Vide* FILOSOFIA DA NATUREZA.

FILOSOFIA POLÍTICA. 1. Na *linguagem jusfilosófica,* é a que faz um estudo interpretativo da situação e da ação dos homens, dentro das organizações e instituições, da correlação entre direito e poder e dos valores político-jurídicos. **2.** *Ciência política.* É a descrição do Estado perfeito, que busca seu fundamento na busca do critério da legitimidade do poder e na identificação da categoria do político e da metodologia das ciências políticas (Norberto Bobbio).

FILOSOFIA POPULAR. Na *linguagem filosófica,* conjunto de publicações que pretende continuar, na Alemanha, a obra de emancipação iniciada por Wolff, mas separando-a das formas didáticas e apropriando-a à cultura superficial de um público mais extenso. Os principais representantes da filosofia popular foram Mendelssohn, Engel, Abbt, Sulzer, Garve e Feder (Victor Delbos).

FILOSOFIA POSITIVA. Na *linguagem filosófica,* sistema que não acata as noções *a priori,* admitindo, tão-somente, os princípios conhecidos pela observação e experiência.

FILOSOFIA PRÁTICA. Na *linguagem filosófica,* teoria dos valores ou axiologia.

FILOSOFIA PRIMEIRA. Na *linguagem filosófica*, é a parte da filosofia que cuida das primeiras causas e dos primeiros princípios (Aristóteles e Descartes).

FILOSOFIA RACIONAL. Na *linguagem filosófica*, é a alusiva à lógica e à psicologia, ou melhor, o saber que se funda na razão.

FILOSOFIA SOCIAL. Na *linguagem filosófica*, é a reflexão ontológica, metafísica, epistemológica e ética que se relaciona com a vida social, averiguando sua origem, seu desenvolvimento e seus fins. Trata-se de um pensamento social sistemático não formulado como hipótese, mas comprovado por observações colhidas *ad hoc*.

FILOSOFIA TRANSCENDENTE. Na *linguagem filosófica*, estudo das faculdades humanas sob o prisma mais elevado da metafísica.

FILOSÓFICO. Na *linguagem filosófica*: a) o que é relativo ou próprio da filosofia; b) racional.

FILÓSOFO. Na *linguagem filosófica*: a) pensador que busca a verdade, a compreensão do homem e as soluções para o Estado e a sociedade (Pinto Ferreira); b) versado em filosofia; c) o que segue os ditames da razão, não cedendo ao sentimento e às convenções sociais; d) o que se ocupa do conhecimento das coisas e das origens e causas de todos os fatos (Cícero, Diógenes e Laércio).

FILÓSOFO JURISTA. *Filosofia do direito*. Filósofo que se volta para o estudo da filosofia do direito, analisando as concepções filosóficas, e apontando uma solução para as questões ontológicas, epistemológicas e axiológicas (Bobbio).

FILOSSOVIÉTICO. *Ciência política* e *história do direito*. Partidário dos sovietes e da forma de governo russo-comunista.

FILOTECNIA. Amor às artes e à técnica.

FILOTIMIA. Amor da honra.

FILTRAÇÃO. Operação que consiste na retenção de partículas sólidas em suspensão por meio de material filtrante sem alterar as características químicas, físico-químicas e microbiológicas da água mineral natural e da água natural.

FILTRAGEM ELETRÔNICA. *Direito processual penal*. Técnica que possibilita a identificação de voz gravada em fita magnética.

FILTRO. *Direito virtual*. *Software* que seleciona informações com base em critérios definidos pelo usuário ou por outro programa.

FIM. **1.** Morte. **2.** Conclusão; cessação; termo. **3.** Limite de espaço ou tempo; momento final. **4.** Propósito; objetivo; escopo; finalidade. **5.** Última parte de qualquer coisa. **6.** Causa final ou aquilo em razão do qual se faz algo (Aristóteles). **7.** Aquilo a que tende um ato, consciente e intencionalmente (Scheler). **8.** Resultado obtido na prática de um ato.

FIMA. *Medicina legal*. Tumor; tubérculo cutâneo.

FIM ABSOLUTO. *Vide* FIM EM SI.

FIMBRIATUS. *Medicina legal*. Hímen em que o bordo livre contém vários entalhes.

FIM CERTO. **1.** Escopo determinado; finalidade pretendida. **2.** Aquele que é particularizado, demonstrado ou indicado. **3.** O que não pode ser desviado ou alterado.

FIM DA AÇÃO. *Direito penal*. Resultado pretendido pelo agente ao praticar o crime.

FIM DA APELAÇÃO. Na *linguagem forense*, efeito que advém da apelação.

FIM DA DEMANDA. Na *linguagem forense*, é a intenção do autor formulada na petição inicial.

FIM DA PESSOA JURÍDICA. *Vide* EXTINÇÃO DA PESSOA JURÍDICA DE DIREITO PRIVADO E EXTINÇÃO DA PESSOA JURÍDICA DE DIREITO PÚBLICO.

FIM DO ATO ADMINISTRATIVO. *Direito administrativo*. **1.** Momento da cessação da eficácia do ato administrativo. **2.** Resultado determinante do efeito jurídico produzido pelo ato (Roger Bonnard).

FIM EM SI. Na *linguagem filosófica*: a) fim objetivo e necessário (Kant); b) coisa desejada; finalidade; c) valor absoluto existente como princípio prático supremo (Delbos).

FIM FORMAL. Na *linguagem filosófica*, é a execução do fim.

FIM ILÍCITO. *Direito civil*. Objetivo contrário à lei ou ilegítimo que pode invalidar um ato jurídico.

FIM IMEDIATO. O que se atinge instantaneamente pela prática voluntária de um ato. Trata-se do resultado pretendido ou almejado.

FIM IMORAL. Aquele que atenta contra a moral e os bons costumes.

FIM INDIVIDUAL. *Vide* FIM SUBJETIVO.

FIM INTERMEDIÁRIO. *Vide* FIM RELATIVO.

FIM JURÍDICO. *Direito civil*. Resultado pretendido pelo ato jurídico.

FIM MEDIATO. O que surge indiretamente.

FIM OBJETIVO. *Vide* FIM EM SI.

FIMOSE. *Medicina legal.* Constrição da abertura do prepúcio impeditiva de seu recuo sobre a glande.

FIMOSE VAGINAL. *Medicina legal.* Atresia da vagina.

FIM RELATIVO. Na *linguagem filosófica,* diz-se daquele que retira o seu caráter de fim do fato de ser meio de um outro fim mais elevado. É também designado "fim intermediário".

FIM SOCIAL. *Teoria geral do direito.* **1.** É o fim do direito, pois a ordem jurídica como um todo é um conjunto de normas que visa tornar possível a sociabilidade humana. Logo, deve-se encontrar nas normas o seu fim, que não pode ser anti-social (Tércio Sampaio Ferraz Jr.). **2.** Em filosofia social, seu conceito equipara-se ao de bem comum. **3.** Objetivo de uma sociedade, encerrado na somatória de atos que constituem a razão de sua composição. É, portanto, o bem social, que pode abranger o útil, a necessidade social e o equilíbrio de interesses. Conseqüentemente, a lei não pode ser interpretada fora do meio social presente, sendo imprescindível adaptá-la às necessidades sociais existentes no momento de sua aplicação.

FIM SUBJETIVO. Na *linguagem filosófica,* é o proposto pela vontade a si própria, sem atribuir-lhe valor universal. Denomina-se também "fim individual".

FINADO. *Direito civil.* Morto; falecido; defunto.

FINAL. 1. *Direito civil.* Termo resolutivo, ou *dies ad quem*, que determina a data da cessação dos efeitos do ato negocial, extinguindo as obrigações dele oriundas. **2.** Na *linguagem jurídica* em geral: a) fim; b) terminal; c) último; d) prova decisiva de concursos e de certames desportivos; e) parte musical com que se termina um ato de ópera ou uma sinfonia; f) o que conclui algo; conclusivo.

FINALIDADE. 1. Objetivo; intuito; alvo. **2.** Ato de tender, conscientemente, a um fim. **3.** Adaptação das partes a um todo. **4.** Ponto que converge para alguma coisa. **5.** Explicação intelectual de uma ação ou fenômeno baseada no objetivo ou no fim a que se destina. **6.** Característica do que se acaba. **7.** Sistema filosófico que confere a tudo um determinado fim. **8.** Princípio pelo qual todo ser tem um fim.

FINALIDADE DO ATO ADMINISTRATIVO. *Direito administrativo.* Bem jurídico objetivado pelo ato administrativo, inerente à sua categoria. Por exemplo, a finalidade do ato de interditar uma fábrica que polui a atmosfera é a proteção da salubridade pública (Celso Antônio Bandeira de Mello).

FINALIDADE EXTERNA. Na *linguagem filosófica:* a) a que tem por fim um ser que não é um meio para realizar esse fim (Lalande); b) aquela em que o fim é exterior ao ser considerado; c) adaptação de algo ao fim que lhe é externo (Tania M. S. Jalowski Grau).

FINALIDADE IMANENTE. Na *linguagem filosófica,* é a resultante da natureza e do desenvolvimento do próprio ser que a apresenta (Lalande).

FINALIDADE INTERNA. Na *linguagem filosófica:* a) aquela que tem como fim o próprio ser, cujas partes são tidas como meio (Lalande); b) adaptação das várias partes de um todo a esse todo; c) aquela em que o fim é o próprio ser (Tania M. S. Jalowski Grau).

FINALIDADE TRANSCENDENTE. Na *linguagem filosófica,* é a que se realiza num ser, pela ação de um outro ser exercida sobre ele, com vistas ao fim considerado (Lalande).

FINALISMO. Na *linguagem filosófica:* a) sistema pelo qual tudo foi criado para um determinado fim; b) doutrina das causas finais; c) voluntarismo; superioridade da vontade em relação à mecânica (Lalande).

FINALISTA. 1. Na *linguagem filosófica,* partidário do finalismo. **2.** Nas *linguagens comum* e *jurídica:* a) concorrente que está disputando as provas finais de um concurso, campeonato ou competição esportiva; b) estudante do último ano de um curso. **3.** *Direito penal.* a) Teoria elaborada por Welzel, que distingue a ação do acontecimento causal, por ser aquela sempre dirigida a um fim. Para a teoria finalista, a ação relaciona-se com a antijuridicidade e a tipicidade, contendo em si uma porção de culpabilidade, sob a forma de dolo (Aníbal Bruno); b) *Vide* TEORIA FINALISTA DA AÇÃO.

FINALÍSTICO. Relativo a final.

FINALIZAR. 1. Ter fim; acabar. **2.** Ultimar; pôr fim a.

FINAM. *Direito tributário.* Sigla de Fundo de Investimento da Amazônia, que constitui um complexo sistema de incentivos fiscais para diminuir os acentuados desníveis socioeconômicos entre a região Norte e as demais regiões do País.

FINAME. *Direito bancário.* Sigla de Agência Especial de Financiamento Industrial. Empresa pública subsidiária integral do BNDES que tem como objetivo promover o desenvolvimento, a consolidação e a modernização do parque brasileiro produtor de bens de capital, mediante financiamento à comercialização de máquinas e equipamentos fabricados no País, atuando por meio de repasse de seus recursos a uma extensa rede de instituições financeiras credenciadas. Suas operações caracterizam-se pela capilaridade, simplicidade e agilidade operacional, atendendo os clientes de praticamente todos os segmentos produtivos. A FINAME atende seus mutuários por intermédio de quatro programas operacionais: 1) Automático – apóia a aquisição de máquinas e equipamentos de produção seriada, sendo que micro e pequenas empresas e empreendimentos situados em regiões menos desenvolvidas beneficiam-se de condições de financiamento mais favorecidas; 2) Especial – voltado para os equipamentos de maior valor e para aqueles destinados a projetos de grande porte, destacando-se pelos prazos mais dilatados de amortização, compatíveis com o fato de estarem vinculados, em sua maioria, a bens de capital sob encomenda; 3) Agrícola – implantado em agosto de 1990, tem por finalidade apoiar especificamente a aquisição de máquinas e equipamentos novos voltados para a produção agrícola, e sua forma de atuação busca incentivar a continuidade da mecanização agrícola e o aumento da produtividade no campo; 4) Finamex – o Programa de Financiamento à Exportação de Máquinas e Equipamentos destina-se às indústrias brasileiras exportadoras desses bens, tendo começado a operar em 1990 com o financiamento pré-embarque, que corresponde a um adiantamento de recursos ao fabricante para fazer frente aos custos correntes da produção voltada ao mercado externo, sendo que, a partir de 1991, entrou em operação a modalidade pós-embarque, refinanciando o exportador, mediante desconto de títulos cambiais ou cessão de direitos de cartas de crédito.

FINANÇAS. *Direito econômico* e *direito financeiro.* **1.** Conjunto de atividades relativas à gestão de recursos, créditos, títulos, ações etc. **2.** Ciência que estuda não só as várias formas pelas quais o Estado ou qualquer outro poder local obtém riquezas materiais imprescindíveis ao seu funcionamento, como também a maneira de sua utilização (Nitti). É a ciência que, pela investigação dos fatos, procura explicar os fenômenos ligados à obtenção e ao dispêndio do dinheiro necessário ao funcionamento dos serviços a cargo do Estado, ou de outras pessoas de direito público, assim como os efeitos resultantes dessa atividade governamental (Aliomar Baleeiro). **3.** Complexo de meios ou recursos de que dispõe o Estado para fazer frente a suas necessidades e para cumprir suas funções. **4.** Conjunto de normas técnico-jurídicas indispensáveis à consecução das finalidades estatais ou à atividade econômica das pessoas públicas (Capitant). **5.** Possibilidades monetárias do Estado. **6.** Captação de rendas públicas e sua aplicação nas despesas do Estado (De Plácido e Silva). **7.** Erário. **8.** Fazenda Nacional. **9.** Estado financeiro da entidade pública ou de um particular. **10.** Orçamento preventivo que autoriza as despesas e calcula a receita do Estado.

FINANÇAS DO ESTADO. *Direito financeiro.* Conjunto dos recursos de que dispõe o Estado para atender às suas finalidades.

FINANÇAS PÚBLICAS. *Direito financeiro.* **1.** *Vide* FINANÇAS DO ESTADO. **2.** Estudo de certos aspectos monetários, tais como os alusivos aos meios de pagamento do Poder Público, padrãoouro, inflação, deflação, funcionamento do sistema bancário e financeiro, de mercado de capitais, orçamento, dívida pública e despesas governamentais, podendo ser elas de consumo, subsídios, recursos pagos a aposentados ou pensionistas ou investimentos realizados diretamente pelo setor público (Paulo Matos Peixoto).

FINANCEIRA. *Direito comercial.* Sociedade de crédito, financiamento e investimento, dedicada a operações de financiamento ao consumidor final de bens imóveis ou duráveis, por meio do sistema de aceite cambial.

FINANCEIRISTA. *Direito financeiro.* **1.** Referente a finanças. **2.** Aquele que se dedica a assuntos financeiros.

FINANCEIRO. *Direito financeiro.* **1.** Relativo a finanças. **2.** Aquele que conhece a administração dos recursos estatais.

FINANCIADO. Aquele em prol de quem se efetiva uma operação financeira para custear ou adiantar despesas para a realização de um empreendimento.

FINANCIADOR. Aquele que faz uma operação financeira, fornecendo recursos em dinheiro, adiantando ou custeando as despesas de determinado empreendimento, seja ele mercantil, agrícola ou industrial.

FINANCIADORA DE ESTUDOS E PROJETOS (FINEP). *Direito administrativo.* Empresa pública vinculada ao Ministério da Ciência e Tecnologia, sediada no Distrito Federal, que tem por finalidade apoiar e financiar estudos, projetos e programas de interesse para o desenvolvimento econômico, social, científico e tecnológico do País, tendo em vista as metas e prioridades setoriais estabelecidas nos planos do governo federal. Para atingir a sua finalidade pode a FINEP: a) conceder a pessoas jurídicas brasileiras, de direito público ou privado, financiamento sob a forma de mútuo, de abertura de crédito ou, ainda, de participação no capital social respectivo, observadas as disposições legais vigentes; b) conceder aval ou fiança; c) contratar serviços de consultoria; d) celebrar convênios e contratos com entidades nacionais ou estrangeiras, públicas ou privadas e internacionais; e) realizar as operações financeiras autorizadas pelo Conselho Monetário Nacional; f) captar recursos no País e no exterior; g) conceder subvenções; h) realizar outras operações financeiras sob qualquer modalidade, atendida a legislação em vigor. A FINEP pode, ainda, assumir a responsabilidade de elaborar, direta ou indiretamente, estudos e projetos que considere prioritários e, posteriormente, se for o caso, negociar com entidades ou grupos interessados o aproveitamento dos resultados obtidos, inclusive mediante participação nos empreendimentos que forem organizados para esse fim. Na contratação com entidades financeiras estrangeiras ou internacionais, a FINEP pode aceitar as cláusulas e condições usuais nessas operações, inclusive o compromisso de dirimir por arbitramento todas as dúvidas e litígios. A financiadora exerce: a) as funções de Secretaria-Executiva do Fundo Nacional de Desenvolvimento Científico e Tecnológico (FNDCT) bem como a de Agência Executiva do Programa de Apoio ao Desenvolvimento Científico e Tecnológico (PADCT) e, nas condições que forem estabelecidas mediante ato do Poder Executivo, a administração de outros fundos instituídos pelo governo; b) outras atribuições conexas com suas finalidades, inclusive a de agente financeiro da União; c) a administração de recursos colocados à sua disposição por entidades de direito público ou privado, para fins

gerais ou específicos. Caberá à financiadora praticar todos os atos de natureza técnica e administrativa necessários à gestão dos fundos de que trata o item *a* deste parágrafo. O prazo de duração da FINEP é indeterminado, cabendo ao governo federal regular o destino do seu patrimônio no caso de dissolução.

FINANCIAL. Relativo a finanças.

FINANCIAL LEASING. *Locução inglesa.* Arrendamento mercantil, nos EUA.

FINANCIAMENTO. 1. *Direito bancário.* Operação bancária pela qual o banco antecipa numerário sobre créditos que o cliente (pessoa física ou jurídica) possa ter, com o escopo de emprestar-lhe certa soma e proporcionar-lhe recursos necessários para a realização de certo negócio ou empreendimento, reservando-se o direito de receber de devedores do financiado os créditos em seu nome ou na condição de seu representante, sem prejuízo das ações que contra ele conserva até a liquidação final. Se os devedores não pagarem, o banco voltar-se-á contra o financiado, cobrando-lhe uma taxa, a título de execução do mandato, que não se confunde com o juro incidente sobre as somas adiantadas, nem com a comissão, pela disponibilidade na abertura de crédito. O financiamento da compra contratada diretamente com o consumidor terá como garantia principal a alienação fiduciária do bem objeto da transação, e, se se tratar de financiamento imobiliário, a Caixa Econômica Federal o comandará. **2.** *Direito comercial.* a) Ato de abrir crédito para realizar um empreendimento; b) ato de custear despesas; c) concessão de prazo para pagamento de débitos mercantis; d) apoio financeiro ao comércio ou à indústria. **3.** *Direito administrativo.* Custeio de despesas para realização de um empreendimento público, mediante fornecimento de numerário ou de adiantamento em dinheiro.

FINANCIAMENTO AO EXPORTADOR. *Direito internacional privado.* Modalidade em que o financiamento é concedido mediante desconto de títulos de crédito ou cessão de direitos creditórios, após contratada a venda externa e o embarque das mercadorias/faturamento do serviço. Trata-se do *supplier's credit.*

FINANCIAMENTO AO IMPORTADOR. *Direito internacional privado.* Modalidade em que o financiamento é concedido mediante contrato firmado entre entidades estrangeiras e o governo brasileiro. O financiado, na medida em que recebe o bem ou serviço contratado, autoriza o crédito na conta do exportador. Estamos diante do *buyer's credit*.

FINANCIAMENTO ESTUDANTIL (FIES). *Direito educacional.* Programa do Ministério da Educação (MEC) destinado a financiar a graduação no ensino superior de estudantes que não têm condições de arcar com os custos de sua formação e estejam regularmente matriculados em instituições não gratuitas, cadastradas no Programa e com avaliação positiva nos processos conduzidos pelo MEC. Foi criado para substituir o Programa de Crédito Educativo (PCE/CREDUC).

FINANCIAMENTO IMOBILIÁRIO. *Direito civil* e *direito bancário.* **1.** Custeamento de despesas para construção e aquisição de imóvel, em regra sob garantia hipotecária. **2.** Operação livremente efetuada por entidade autorizada a operar no Sistema de Financiamento Imobiliário (SFI), segundo as condições de mercado, observadas as prescrições legais, empregando-se recursos provenientes da captação nos mercados financeiro e de valores mobiliários.

FINANCIAMENTO INDUSTRIAL. *Direito bancário.* É o concedido por uma instituição financeira a pessoa física ou jurídica por meio de emissão de cédulas de crédito industrial (Othon Sidou).

FINANCIAMENTO PARA CASA PRÓPRIA. *Direito bancário.* Conjunto de recursos financeiros liberados pela Caixa Econômica Federal para custear a aquisição e construção de casa própria.

FINANCIAMENTO RURAL. *Direito agrário.* Suprimento de recursos financeiros por entidades públicas e estabelecimentos de crédito particulares a produtores rurais, ou a suas cooperativas, para aplicação exclusiva em atividades agropecuárias.

FINANCIAR. 1. Custear. **2.** Abonar dinheiro para despesas de algum empreendimento mercantil, industrial ou agrícola.

FINANCIER. *Termo inglês.* Administrar finanças.

FINANCISTA. *Direito financeiro.* **1.** Aquele que se especializou em ciência das finanças. **2.** Versado em finanças.

FINANZIERUNG LEASING. *Locução alemã.* Arrendamento mercantil.

FINAR. 1. Findar. **2.** Consumir-se. **3.** Morrer; falecer. **4.** Dar cabo de.

FINCO. *História do direito.* Contrato feito por escritura.

FINDAR. Acabar; terminar; finalizar.

FINDÁVEL. 1. Contingente; transitório. **2.** O que há de ter um fim.

FINDO. Concluído; acabado.

FINEP. Abreviatura de Financiadora de Estudos e Projetos.

FINEZA. 1. *Direito econômico.* Proporção do metal puro ou fino e a liga usada na fabricação da moeda. Designa a parte pura do metal contida na composição da moeda e a parte correspondente da liga, ou seja, o metal inferior que foi aproveitado nesta especificação (De Plácido e Silva). **2.** Na *linguagem filosófica:* a) obséquio; favor; b) sutileza; c) profundidade; d) astúcia; e) captação de detalhes; f) função estilística numa análise de filosofia da linguagem; g) primor.

FINGER–PRINT. *Locução inglesa.* Impressão digital.

FINGIR. 1. Simular. **2.** Dissimular. **3.** Aparentar. **4.** Encobrir a intenção. **5.** Falsificar.

FINIS CORONAT OPUS. *Expressão latina.* A obra está completa.

FINIS QUI. *Locução latina.* Bem pretendido.

FINITA CAUSA, CESSAT EFFECTUS. *Expressão latina.* Finda a causa, cessa o efeito.

FINITI AD INFINITUM NULLA EST PROPORTIO. *Aforismo jurídico.* Finito e infinito não têm proporção entre si.

FINITISMO. Na *linguagem filosófica:* a) doutrina que sustenta a limitação do universo ou da matéria; b) tese que defende que tanto a realidade como o espaço são finitos (Lalande); c) doutrina pela qual tudo o que existe obedece à lei do número (Renouvier, Evellin e Pillon).

FINITISTA. Na *linguagem filosófica,* partidário do finitismo.

FINITIVO. Na *linguagem filosófica,* relativo a finito.

FINITO. Na *linguagem filosófica:* a) transitório; contingente; b) tudo o que possui um limite; limitado; c) número cujo valor pode ser determinado.

FINITO JURE DANTIS, FINITUR JUS ACCIPIENTIS. *Aforismo jurídico.* Findo o direito de quem dá, termina o direito de quem recebe.

FINITUDE. Na *linguagem filosófica,* é a característica do que é finito.

FINIUM REGUNDORUM. *Locução latina.* Regulando a demarcação. Designa a ação de demarcação de prédios.

FINOR. *Direito tributário.* Sigla de Fundo de Investimento do Nordeste, que dispõe de recursos provenientes das parcelas dedutíveis do Imposto de Renda devido pelas pessoas jurídicas, como incentivos fiscais à iniciativa privada, destinando-se esses recursos à implantação de novos empreendimentos no Nordeste e à reformulação ou ampliação dos projetos existentes.

FINS COMUNS. Comunhão de interesses que une pessoas numa associação, sociedade ou contrato.

FINS DO ESTADO. *Direito administrativo.* Metas perseguidas pelo Poder Público, como: defesa do território nacional, manutenção da segurança nas relações sociais, promoção do bem-estar social, garantia da ordem pública etc.

FINS ECONÔMICOS. 1. *Direito comercial.* Objetivos tendentes à obtenção de lucro. **2.** *Direito econômico.* Objetivos necessários à comunidade para a materialização de certas finalidades sociais e culturais. Tais fins são o progresso econômico, a estabilidade, a justiça e a liberdade econômicas, imprescindíveis ao controle da inflação, ao desenvolvimento econômico do País, à distribuição de renda, ao progresso e ao equilíbrio na balança de pagamentos. São, portanto, fins colocados pelo poder político para a economia, constituindo uma espécie de bens coletivos para compor o ambiente econômico (Fábio Nusdeo).

FINSOCIAL. Abreviatura de Fundo de Investimento Social.

FINTA. 1. *Direito desportivo.* a) Golpe simulado do esgrimista para enganar o adversário, escondendo sua intenção; b) drible, no futebol. **2.** *Direito canônico.* Derrama paroquial. **3.** *Direito civil.* a) Encargo pecuniário; contribuição extraordinária; b) soma que se paga, anualmente, na maçonaria, para atender às despesas da loja. **4.** Na *gíria comercial,* significa o não-cumprimento de uma obrigação assumida; calote. **5.** *História do direito.* Tributo que, na era colonial, recaía sobre os rendimentos da fazenda dos súditos, cobrado pelo soberano para custear festividades públicas ou para efetuar obras e melhoramentos públicos.

FIOS. *Direito internacional privado.* Cláusula *Free In and Out Stowed* inserida no contrato de transporte de mercadorias, pela qual os *tramps vessels,* ou companhias independentes contratadas no sistema *charter party,* calculam seus fretes, estipulando que as despesas de carga e descarga correrão por conta do fretador. O frete não cobre despesas de carga, descarga e arrumação das mercadorias a bordo.

FIRE ESCAPE. *Locução inglesa.* **1.** Saída de emergência. **2.** Escada de incêndio.

FIRE EXTINGUISHER. *Locução inglesa.* Extintor de incêndio.

FIREFIGHTER. *Termo inglês.* Bombeiro.

FIREWALL. *Termo inglês.* **1.** Parede corta-fogo. **2.** Sistema de monitoração de tráfego, que verifica o que entra e sai do servidor de aplicativos. **3.** Associação de *hardware* e *software,* que filtra o trânsito das informações entre redes fechadas (Intranet) e a *Internet.* **4.** Combinação de *softwares* e *hardware,* que identifica usuários não autorizados, impedindo seu ingresso na rede privada e o desvio de dados. **5.** Programa que tem por fim o resguardo da privacidade na Web, evitando acessos ilegais. **6.** Conjunto de dispositivos constituídos pela combinação de *software* e *hardware,* usados para controle do acesso entre redes de computadores, permitindo o registro dos passos do usuário, que só poderá ingressar em áreas autorizadas, tendo checada sua senha (Aieta).

FIRMA. 1. Na *linguagem jurídica* em geral: a) assinatura do nome usual, por extenso ou abreviada, manuscrita ou gravada, aposta num documento. Não se confunde com a rubrica, que é a assinatura de parte do nome para autenticar folhas de papéis, para que se não as substituam (De Plácido e Silva); b) nome da pessoa escrito por ela mesma; c) assinatura a rogo feita a pedido de quem não pode assinar ou não sabe escrever, na presença de testemunhas idôneas, reconhecida por tabelião; d) chancela; e) ponto de apoio para qualquer fim. **2.** *Direito penal.* Assinatura reconhecida pelo tabelião como verdadeira, sem que seja autêntica. Tal reconhecimento é punido pela lei penal como crime contra a fé pública, constituindo um tipo de falsidade ideológica. **3.** *Direito comercial.* a) Nome empresarial, denominação ou razão social adotada por empresário ou sociedade empresária, sob a qual realizam seus negócios ou contraem obrigações. Equipara-se ao nome empresarial a denominação das sociedades simples, associações e fundações; b) nome utilizado pelo empresário, pela sociedade em que houver sócio de responsabilidade ilimitada e, de forma facultativa, pela sociedade limitada.

4. *História do direito.* a) Juramento da calúnia; b) juramento probatório. **5.** *Direito processual.* Testemunho apresentado pelo réu em seu abono.

FIRMA ABONADA. 1. Assinatura reconhecida como autêntica por pessoas idôneas. **2.** Garantia que consiste na declaração de pessoa que merece crédito ou fé da idoneidade da firma, abonando-a. **3.** Boa situação econômico-financeira de um empresário ou sociedade empresária, que se revela pelos seus negócios e prosperidade.

FIRMA A ROGO. *Direito civil* e *direito registrário.* Assinatura feita por alguém em nome daquele que não sabe ou não pode escrever, na presença de pelo menos duas testemunhas idôneas, que também subscrevem o documento, confirmando o ocorrido.

FIRMA AUTENTICADA. *Direito civil, direito notarial* e *direito registrário.* Assinatura reconhecida como verdadeira por tabelião, notário ou oficial.

FIRMA AUTORIZADA. *Direito comercial.* Assinatura autêntica conferida com o autógrafo do órgão encarregado dessa conferência.

FIRMAÇÃO. *Direito civil* e *direito notarial.* **1.** Ato ou efeito de firmar. **2.** Ação de autenticar um documento.

FIRMA COLETIVA. *Vide* FIRMA SOCIAL.

FIRMA COMERCIAL. *Direito comercial.* Nome empresarial, denominação ou razão social adotada e devidamente registrada por um empresário ou sociedade empresária, sob a qual efetivam seus negócios, identificando-a no exercício de suas atividades mercantis ou industriais.

FIRMADO. 1. Assinado. **2.** O que se firmou.

FIRMADOR. Aquele que firma.

FIRMA INDIVIDUAL MERCANTIL. *Direito comercial.* Nome completo ou abreviado com que o empresário, pessoa natural, exerce e assina os atos oriundos do exercício de atividades econômicas organizadas voltadas à produção e circulação de bens e serviços. É retirado de seu nome civil completo ou abreviado, aditando-lhe, se quiser, designação mais precisa de sua pessoa ou do gênero de atividade, e registrado, na forma da lei, na Junta Comercial. O ato da firma individual mercantil, para ser válido, deve ser arquivado no Registro Público de Empresas Mercantis.

FIRMAL. *História do direito.* Sinete com a assinatura de alguém, que era utilizado para firmar, selar ou autenticar papéis e documentos.

FIRMANTE. *Direito cambiário.* Aquele que firma ou emite um título de crédito.

FIRMÃO. *Direito comparado.* Ordem emitida e assinada por um soberano ou autoridade muçulmana.

FIRMAR. 1. Apor assinatura num documento. **2.** Subscrever com o seu nome para os devidos fins e efeitos de direito. **3.** Estabilizar; tornar firme. **4.** Assegurar. **5.** Ajustar; pactuar; contratar. **6.** Abonar. **7.** Aprovar; ratificar; haver por bom. **8.** Autenticar ou tornar válido um documento. **9.** Apoiar-se. **10.** Estribar-se.

FIRMA RECONHECIDA. *Vide* FIRMA AUTENTICADA.

FIRMA SOCIAL. *Direito comercial.* Nome empresarial adotado pela sociedade empresária, com o qual exerce o comércio e assina os atos negociais, devendo, para tanto, registrá-lo na forma da lei e arquivá-lo no registro público de empresas mercantis. Tal firma social incorpora-se ao patrimônio da sociedade até que seja, com a extinção da empresa, cancelada, por constituir um direito de propriedade incorpórea. É também denominada "firma coletiva".

FIRMA SUCESSORA. *Direito comercial.* Firma que vem a continuar, sem qualquer solução, com o mesmo estabelecimento de uma outra, explorando o mesmo ramo negocial, sucedendo-a nos negócios por ela realizados e assumindo todas as suas obrigações fiscais e sociais e responsabilidades (De Plácido e Silva).

FIRMATÁRIO. *Direito civil, direito registrário* e *direito notarial.* Aquele que assina um documento.

FIRME. 1. *Direito comercial.* Mercado em que os valores nele negociados estão em cotação estável, não havendo tendência para baixa ou alta. **2.** Na *linguagem jurídica* em geral: a) seguro; inabalável; fixo; sólido; b) concluído; fechado; perfeito; acabado; c) sem oscilação; estável; sem receio de alta ou baixa; d) bom; certo; valioso; aprovado.

FIRMEZA. 1. Segurança; garantia. **2.** Qualidade do que está firme, perfeito e acabado. **3.** Aprovação. **4.** Força. **5.** Solidez; estabilidade. **6.** Constância. **7.** Decisão; resolução. **8.** Certeza.

FIRMIDÃO. *História do direito.* **1.** Contrato em que se firmava uma obrigação, designando sua estabilidade. **2.** Estabilidade de um contrato. **3.** Contrato sólido ou seguro.

FIRMIDEU. *História do direito.* **1.** Valor de um documento público. **2.** Autenticidade. **3.** *Vide* FIRMIDÃO.

FIRMUM IN VITA NIHIL. *Expressão latina.* Tudo na vida é transitório.

FIRST–AID POST. *Expressão inglesa.* Pronto-socorro.

FIRST–AID WORKER. *Expressão inglesa.* Encarregado dos primeiros socorros.

FIRST–CLASS CAR. *Expressão inglesa.* Vagão de primeira classe.

FIRST–CLASS TICKET. *Expressão inglesa.* Passagem de primeira classe.

FIRST–IN FIRST–OUT (FIFO). *Direito empresarial.* Sistema de controle de estoques em que o material que entra primeiro deve ser primeiramente utilizado (James G. Heim).

FIRST–IN LAST–OUT (FILO). *Direito comercial.* Sistema de controle de estoques em que o material que entra primeiro deve ser utilizado por último (James G. Heim).

FIRST OFFENDER. *Locução inglesa.* Réu primário.

FIRST OFFER. *Direito virtual.* Mecanismo de saída usado nas empresas "Ponto.Com", pelo qual se estabelece que qualquer acionista, que quiser negociar suas ações, deverá primeiro oferecê-las, por meio de notificação escrita, aos demais, informando o preço mínimo que pretende por elas (Fábio Ulhoa Coelho).

FIRST REFUSAL CLAUSE. *Direito internacional privado.* Modalidade de cláusula de adaptação inserida em contrato internacional de execução continuada que visa prefixar parâmetros, de aplicação automática, para cobrir álea de natureza econômica suscetível de afetar a prestação contratual, em caso de alinhamento automático dos preços ao nível das ofertas concorrentes.

FIRST TO EXPIRE FIRST–OUT (FEFO). *Direito comercial.* Sistema de controle de estoques em que o material que vence primeiro deve ser primeiramente utilizado (James G. Heim).

FIRST VIRTUAL HOLDING. *Direito virtual.* Intermediária comercial, não bancária, que garante a segurança, nas negociações efetivadas pela Internet (Liliana M. Paesani).

FISCAL. **1.** Relativo ao Fisco. **2.** Funcionário público que zela não só pelo cumprimento e execução de leis tributárias como também pelo recolhimento de tributos. **3.** Encarregado de fiscalizar atos e serviços. **4.** Guarda de alfândega. **5.** Feito em benefício do Fisco. **6.** Crítico; censor.

FISCAL DA ICP-BRASIL. *Direito virtual.* Servidor vinculado e lotado na Diretoria de Auditoria, Fiscalização e Normalização da AC Raiz, e no exercício das funções de fiscal, conforme indicado no documento TERMO DE FISCALIZAÇÃO (TF).

FISCAL DA LEI. *Direito constitucional* e *direito processual.* É o Ministério Público, que, constitucionalmente, está incumbido da defesa da ordem jurídica, do regime democrático e dos interesses sociais e individuais indisponíveis.

FISCAL DAS SOCIEDADES. *Direito comercial.* Cada um dos integrantes do conselho fiscal de uma sociedade, eleito pelos sócios, que tem a função de controlar as operações dos administradores da sociedade, emitir parecer periódico sobre a gestão administrativa, voltado às questões econômico-financeiras, tomar decisões pelo voto da maioria, examinar arquivos societários etc.

FISCAL DE BANCOS. *Direito bancário.* Agente do governo ligado ao Banco Central que tem o dever de fiscalizar as operações bancárias. Se tal fiscalização se der por empregado do banco, este denominar-se-á inspetor.

FISCAL DE DEFESA AGROPECUÁRIA. *Direito agrário.* **1.** Cargo, no quadro geral de pessoal do Ministério da Agricultura e do Abastecimento, com atribuições voltadas para as atividades de inspeção, fiscalização, certificação e controle de produtos, insumos, materiais de multiplicação, meios tecnológicos e processos produtivos na área de defesa agropecuária. **2.** É o que tem atribuições voltadas para as atividades de inspeção, fiscalização, certificação e controle de produtos, insumos, materiais de multiplicação, meios tecnológicos e processos produtivos na área de defesa agropecuária. Abrange o farmacêutico, o zootecnista, o químico e o engenheiro agrônomo.

FISCAL DE ENSINO. *Direito educacional.* Inspetor de ensino que acompanha os trabalhos dos estabelecimentos educacionais, por delegação de autoridade pública.

FISCAL DO BATALHÃO. *Direito militar.* Oficial auxiliar do comandante que tem o dever de controlar as despesas de um batalhão, como compras, pagamentos e fornecimentos, responsabilizando-se pela observância das normas regulamentares alusivas à administração.

FISCAL DO GOVERNO. *Direito administrativo.* Agente governamental que fiscaliza a execução de atos e de determinadas normas, em empresas que executam serviços de interesse público, na qualidade de representante ou delegado do governo.

FISCAL DO IMPOSTO. *Direito tributário.* Agente fiscal, ou funcionário público credenciado pela Fazenda Pública, que tem a incumbência de fiscalizar o cumprimento das normas tributárias e a arrecadação de impostos.

FISCAL ELEITORAL. *Direito eleitoral.* Representante de um partido político que fica, por delegação dos candidatos ou de grupos partidários que o apóiam, junto à mesa receptora de votos para fiscalizar a apuração ou apresentar impugnações.

FISCAL FEDERAL AGROPECUÁRIO. *Direito agrário.* É o fiscal do Ministério da Agricultura, Pecuária e Abastecimento, com formação em medicina veterinária, que realiza fiscalização e supervisão relativa à Defesa Sanitária Animal; têm também a mesma atribuição o médico veterinário e o zootecnista, que realizam a fiscalização e supervisão da produção animal.

FISCALIDADE. *Direito tributário.* **1.** Exercício da competência tributária voltada à arrecadação de tributos (Eduardo Marcial Ferreira Jardim). **2.** Segundo Paulo de Barros Carvalho, ocorre sempre que a organização jurídica do tributo denunciar que os objetivos disciplinadores de sua instituição ou dos determinados aspectos de sua estrutura estão voltados à finalidade de abastecer o erário, sem qualquer interferência de interesses sociais, políticos ou econômicos no direcionamento da atividade impositiva.

FISCALISMO. *Direito tributário.* **1.** Regime fiscal. **2.** Ação exagerada do Fisco. **3.** Conjunto de providências do Fisco.

FISCALISTA. Tributarista.

FISCALIZAÇÃO. **1.** *Direito tributário.* a) Ação ou efeito de fiscalizar; b) cargo e exercício de fiscal; c) atividade exercida pelo fiscal. **2.** *Direito de trânsito.* Ato de controlar o cumprimento das normas estabelecidas na legislação de trânsito, por meio do poder de polícia administrativa de trânsito, no âmbito de circunscrição dos órgãos e entidades executivos de trânsito e de acordo com as competências definidas neste Código.

FISCALIZAÇÃO ADMINISTRATIVA. *Direito administrativo* e *direito tributário.* Meio de atuação do poder de polícia sobre os serviços, ainda que de particulares, que possam interessar à coletividade, sobre as atividades da Administração Pública e sobre os bens sujeitos ao controle administrativo, para verificar sua regularidade, em face das normas que os regem (Hely Lopes Meirelles).

FISCALIZAÇÃO ADUANEIRA. *Direito alfandegário.* Conjunto de serviços alfandegários que tem por escopo: a) zelar pelo cumprimento de normas fiscais inseridas nas leis aduaneiras, principalmente no que forem referentes à exportação e importação de mercadorias; b) controlar a carga e descarga das mercadorias e os despachos alfandegários, o embarque e desembarque de passageiros procedentes do estrangeiro ou cujo destino seja o exterior, nas faixas internas dos portos e aeroportos, recintos alfandegários ou locais habilitados nas zonas de fronteiras terrestres; c) exercer a polícia fiscal do mar territorial, do espaço aéreo e da zona de fronteira.

FISCALIZAÇÃO ALFANDEGÁRIA. *Vide* FISCALIZAÇÃO ADUANEIRA.

FISCALIZAÇÃO BANCÁRIA. *Direito bancário.* Controle exercido pelo Banco Central do Brasil sobre as operações de estabelecimentos bancários e instituições financeiras, observando regulamentos especiais.

FISCALIZAÇÃO DAS DESPESAS PÚBLICAS. *Direito financeiro.* Controle das despesas públicas efetuado pelo Poder Legislativo, ao elaborar a lei orçamentária, pelo Tribunal de Contas, ao averiguar a legalidade das despesas levadas a efeito durante a gestão administrativa, e pelas autoridades que têm a direção e superintendência de certos serviços.

FISCALIZAÇÃO DAS FUNDAÇÕES. *Direito civil* e *direito processual civil.* Controle exercido pelo Ministério Público sobre as fundações, zelando pelo seu bom funcionamento e pelos negócios por elas efetivados, velando pelo cumprimento de seus fins e pela sua integridade patrimonial e, ainda, promovendo sua extinção se seu objeto tornar-se ilícito, se impossível for sua manutenção ou se o prazo fixado para sua existência se vencer.

FISCALIZAÇÃO DE POLÍCIA. *Direito administrativo.* Forma de atuação do poder de polícia que consiste na verificação pela Administração Pública do modo pelo qual o administrado faz uso de certo bem, pois este deve estar conforme o estabelecido por aquele órgão, sob pena de receber sanção de polícia (R. Reis Friede).

FISCALIZAÇÃO DE ROTINA. *Direito marítimo.* Fiscalização realizada de tempos em tempos, sobre as atividades e procedimentos dos prestadores de serviço, das Autoridades Portuárias ou dos operadores de Terminais Privativos, com a finalidade de verificar o cumprimento das disposições dos instrumentos de outorga, e da legislação pertinente ao transporte aquaviário e à navegação ou à exploração dos portos.

FISCALIZAÇÃO EM LIVROS DE REGISTRO. *Direito registrário.* Supervisão da escrituração de livros de registros públicos, realizada pela autoridade judiciária competente, para averiguar sua regularidade e correção.

FISCALIZAÇÃO ESPECIAL. Fiscalização determinada para apurar fato certo de que se tenha indício ou queixa.

FISCALIZAÇÃO ORÇAMENTÁRIA. *Direito financeiro.* Controle das contas públicas feito, direta ou indiretamente, pelo Tribunal de Contas, garantindo a execução do orçamento de conformidade com a lei e apreciando a legalidade das despesas feitas e dos contratos firmados pelo Executivo, para impedir que este venha a ultrapassar os créditos que lhe foram dados ou deixe de arrecadar as receitas fixadas.

FISCALIZAÇÃO SANITÁRIA. É o conjunto de procedimentos em que se destacam a análise de documentos técnicos e administrativos e a inspeção física de mercadorias importadas, com a finalidade de eliminar ou prevenir riscos à saúde humana, bem como intervir nos problemas sanitários decorrentes do meio ambiente, da produção e da circulação de bens que, direta ou indiretamente, se relacionam com a saúde pública.

FISCALIZAÇÃO TRABALHISTA. *Direito do trabalho.* Conjunto de normas emitidas pelo Ministério do Trabalho e Emprego com o escopo de garantir não só a aplicação dos preceitos legais e regulamentares e das convenções internacionais, devidamente ratificadas pelo Brasil, alusivas à duração e às condições de trabalho, mas também a proteção dos trabalhadores no exercício da atividade profissional (Othon Sidou).

FISCALIZADOR. Aquele que fiscaliza.

FISCALIZAR. 1. Exercer o ofício de fiscal. **2.** Vigiar. **3.** Censurar; sindicar. **4.** Verificar; examinar.

FISCO. 1. *Direito administrativo.* a) Parte da Administração Pública encarregada da cobrança e arrecadação de tributos; b) Fazenda Pública; c) Erário; d) Estado, enquanto sujeito de direitos e deveres privados (Forsthoff). **2.** *História do direito.* Pensão devida à Igreja pela prestação de serviços agrícolas em suas terras.

FISCONIA. *Medicina legal.* Tumefação do abdome.

FISCUS POST OMNES. *Expressão latina.* O Fisco depois de todos.

FISCUS POST OMNES ADMITTENDUS EST QUI AD INTESTATORUM BONA JUS HABENT. *Brocardo latino.* O Fisco deve ser admitido depois de todos os que têm direito aos bens do intestado.

FISGO. *Direito agrário.* Parte do anzol ou do arpão que fisga o peixe.

FISICALISMO. Na *linguagem filosófica:* a) doutrina segundo a qual a linguagem da física é a de todas as ciências, sejam elas naturais ou morais (Carnap); b) teoria pela qual o único critério da verdade é o que advém da verificação empírica e positiva.

FISICISMO. Na *linguagem filosófica:* a) materialismo; doutrina que explica o universo pelas leis físicas; b) mecanicismo; teoria que reduz os fenômenos biológicos a físico-químicos; c) teoria pela qual a realidade é um fato ou acontecimento físico localizado e datado (Ruyer).

FISICISTA. Na *linguagem filosófica:* a) relativo ao fisicismo; b) aquele que é partidário da escola do fisicismo.

FÍSICO. 1. *Direito civil.* a) Bem corpóreo ou material; b) aquele que é formado em física ou versado na ciência que se ocupa do estudo da matéria e da energia. **2.** *Medicina legal.* a) Procedimento terapêutico que atua mecanicamente; b) conjunto das qualidades exteriores ou externas do homem; aspecto; compleição. **3.** *História do direito.* Denominação que outrora se dava ao médico. **4.** Na *linguagem filosófica:* a) relativo à física ou à matéria; b) aquilo que concerne à natureza; c) natural; o que pertence ao mundo dos fenômenos, podendo ser objeto de conhecimento experiencial (Leibniz); d) alusivo a corpos reais e não a abstrações esquemáticas (Lalande).

FÍSICO-MOR. *História do direito.* Oficial do rei que tinha o dever de inspecionar e exercer jurisdição sobre coisas relativas a medicina.

FÍSICO-MOR DO EXÉRCITO. *História do direito.* Médico militar.

FÍSICO-PSÍQUICO

FÍSICO–PSÍQUICO. *Medicina legal.* Relativo simultaneamente ao corpo e à mente.

FÍSICO–TELEOLÓGICO. *Direito canônico.* Argumento a favor da existência de Deus baseado nos caracteres de ordem, finalidade e beleza do mundo e na impossibilidade de se admitir que tais características advenham do acaso (Lalande).

FISINOSE. *Medicina legal.* Moléstia causada por agentes físicos.

FISIOCRACIA. *Direito econômico* e *economia política.* Doutrina econômica, baseada na teoria de Quesnay, que, no século XVIII, atuou como uma reação ao mercantilismo, ao considerar a terra como única fonte de riqueza pública e da prosperidade nacional, combatendo qualquer interferência estatal na esfera econômica, que devia ser regida, livremente, pelas leis da natureza. Com isso nenhum tributo podia recair sobre a indústria e o comércio, mas apenas sobre a agricultura.

FISIOCRATA. *Economia política* e *direito econômico.* Partidário da fisiocracia.

FISIOCRÁTICO. *Economia política* e *direito econômico.* Relativo ou referente à fisiocracia.

FISIOCRATISMO. *Economia política* e *direito econômico.* Aceitação e aplicação dos princípios da fisiocracia.

FISIOGNOMONIA. *Medicina legal.* Arte de conhecer o caráter da pessoa pela observação de seu aspecto físico e de sua fisionomia ou feições do rosto.

FISIOLOGIA. Ciência que estuda as funções dos seres vivos.

FISIOLOGIA PATOLÓGICA. *Medicina legal.* Estudo das funções orgânicas no decorrer de uma moléstia.

FISIOLOGIA SOCIAL. *Sociologia jurídica.* Estudo da sociedade em seu dinamismo, ou seja, no desenvolvimento de suas funções sociais.

FISIOLOGISMO. *Direito administrativo.* Comportamento que, ao buscar interesses pessoais, desvia-se do bem público (Afonso Celso F. de Rezende).

FISIOPATOLOGIA. *Medicina legal.* Estudo das funções fisiológicas durante uma doença ou das alterações nelas provocadas pela moléstia.

FISIOTERAPIA. *Medicina legal.* Aplicação de agentes físicos ou mecânicos no tratamento de uma moléstia, como massagens, exercícios, eletricidade etc.

FISOCELE. *Medicina legal.* Hérnia escrotal distendida por gases.

FISOMETRIA. *Medicina legal.* Formação de gases na cavidade uterina.

FISOTÓRAX. *Medicina legal.* Acúmulo de ar na cavidade pleural.

FISSÃO. *Direito nuclear.* Ruptura de um núcleo atômico pelo bombardeio com nêutrons, acompanhada da liberação de muita energia.

FISSURA ÓSSEA. *Medicina legal.* Fratura ou fenda no osso.

FÍSTULA. *Medicina legal.* Passagem anormal, estreita e alongada que leva um abscesso ou órgão oco à superfície do corpo, permitindo a passagem de fluidos (pus).

FITA. **1.** Insígnia nobiliária ou honorífica. **2.** Película cinematográfica. **3.** Caso preparado para simular ato com o intuito de iludir outrem. **4.** Tira embebida em tinta em que se batem os tipos da máquina de escrever.

FITA DAT. *Direito virtual.* Fita magnética para armazenamento de informações.

FITA MAGNÉTICA. Tira fina de plástico, revestida com óxido de ferro magnético, usada em gravação.

FITA MÉTRICA. Fita dividida em centímetros e metros utilizada em medições na agrimensura, por exemplo.

FITEIRO. **1.** Vitrina; vidraça que protege produtos ou mercadorias à mostra em estabelecimentos comerciais. **2.** Aquele que engana outrem.

FITONOSE. *Medicina legal.* Doença causada por planta.

FITOSE. *Medicina legal.* Estado mórbido provocado por bactérias ou plantas.

FITOSSANITÁRIO. *Direito agrário* e *direito ambiental.* Conjunto de medidas sanitárias adotadas na defesa dos vegetais.

FITOSSANITARISTA. *Direito agrário.* Agrônomo especializado em defesa sanitária vegetal.

FITOTECNIA. *Direito agrário.* Arte de cultivar e reproduzir plantas.

FITOTERAPIA. *Medicina legal.* Tratamento com remédios de origem vegetal.

FITOTOXICIDADE. *Direito agrário.* É qualquer alteração no desenvolvimento normal das plantas cultivadas, provocada por efeitos tóxicos provenientes do uso de produtos químicos.

FIV. *Medicina legal.* Abreviatura de Fecundação *In Vitro.*

FIXAÇÃO. 1. Na *linguagem jurídica* em geral: a) conclusão de um negócio; b) ato de fixar ou estabelecer algo; c) delimitação ou limitação de coisas ou fatos. **2.** Na *linguagem psicológica:* a) função da memória de reter idéias ou imagens; b) permanência da libido presa a um objeto de um estádio antigo; c) cessação, baseada num aspecto, do desenvolvimento da personalidade; d) fenômeno pelo qual a impressão sensorial fixa-se na substância nervosa, passando a ser uma recordação (Croce e Croce Jr.).

FIXAÇÃO DA PENA. *Direito penal.* Individualização da pena pelo órgão judicante, tendo em vista: a) em primeiro lugar, as conseqüências da ação criminosa, a intensidade do dolo ou da culpa do delinqüente, o *curriculum vitae* do criminoso, o grau de periculosidade, os motivos determinantes do crime e o comportamento da vítima; b) em segundo lugar, as circunstâncias agravantes e atenuantes; e c) por fim, as causas de aumento e de diminuição da pena.

FIXAÇÃO DO COMPLEMENTO. *Medicina legal.* Técnica laboratorial para exames feitos com sangue e soro. Por exemplo, a reação de Wassermann usada para diagnóstico da sífilis (Croce e Croce Jr.).

FIXAR. 1. Tornar algo definitivo ou inalterável. **2.** Firmar; assentar; ter algo como certo. **3.** Estabelecer; determinar; prescrever. **4.** Prender; segurar. **5.** Aprazar; marcar prazo. **6.** Reter na memória. **7.** Estabelecer residência ou domicílio. **8.** Aplicar toda a atenção.

FIXISMO. *Direito agrário.* Apicultura praticada por quadros fixos.

FIXISTA. *Direito agrário.* Apicultor que pratica fixismo.

FIXO. 1. Aprazado; em dia certo; determinado. **2.** Imóvel. **3.** Estável; firme; seguro.

FIXO DE BILHETES. *Direito comercial.* O estabelecimento que comercializa as loterias federais de bilhetes e os produtos assemelhados autorizados pela Caixa. Essa categoria pode atuar em um estabelecimento comercial exclusivo para a venda de loterias de bilhetes e de produtos assemelhados, e pode estar conjugada com outro estabelecimento empresarial. O fixo de bilhetes não dispõe de equipamento que permita a captação de apostas e a prestação de serviços.

FLAGELAÇÃO. 1. *História do direito.* a) Pena de açoitamento aplicada a escravos; b) bastonada dada em condenados; c) número de vergastadas aplicadas pelo centurião em soldados castigados; d) penitência voluntária executada pelo devoto para obter o perdão de seus pecados; e) suplício das varas. **2.** *Medicina legal.* Suplício a que uma pessoa se submete aplicando-se golpes para vencer a luxúria da carne ou despertar a excitação sexual.

FLAGELADO. 1. Afligido pela seca. **2.** Vítima de uma calamidade ou de uma tortura. **3.** Açoitado.

FLAGELANTISMO. *Medicina legal.* Perversão sexual pela qual a pessoa atinge o prazer erótico submetendo-se a sofrimentos físicos ou aplicando-os a outrem. Trata-se do sadismo, se ativo, e do masoquismo, se passivo.

FLAGELAR. 1. Torturar; atormentar. **2.** Castigar. **3.** Enfadar; aborrecer. **4.** Mortificar-se. **5.** Açoitar; dar bastonadas.

FLAGELO. 1. Nas *linguagens comum* e *jurídica:* a) azorrague; chicote; b) castigo; c) tortura; suplício; d) calamidade pública. **2.** *Medicina legal.* Cauda do espermatozóide, que possibilita sua locomoção.

FLAGÍCIO. 1. *Direito penal militar.* Ação praticada contra o brio militar, abalando a dignidade ou o crédito das Forças Armadas. **2.** *Direito penal.* a) Infâmia; b) crime vergonhoso; c) desonra; d) ignomínia; e) maus-tratos; f) tortura.

FLAGITII PRINCIPIUM EST, NUDARE INTER CIVES CORPORA. *Expressão latina.* É uma causa de desregramento expor, em público, a nudez.

FLAGITIUM PERFECTUM. *Locução latina.* Tentativa consumada.

FLAGRA. Na *gíria policial,* quer dizer flagrante.

FLAGRÂNCIA. *Direito processual penal.* **1.** Estado do que é flagrante. **2.** Momento em que se verifica um ato flagrante, ou melhor, um delito.

FLAGRANTE. *Direito processual penal.* Ato de surpreender alguém (ou de ser surpreendido) no momento da ação criminosa.

FLAGRANTE BELLO. *Locução latina.* Durante a guerra.

FLAGRANTE COMPULSÓRIO. *Direito processual penal.* Estado de flagrância em que a autoridade policial e seus agentes surpreendem o criminoso na prática delituosa.

FLAGRANTE DELITO. *Direito processual penal.* Crime observado ou surpreendido no instante em que o agente o comete, acaba de praticá-lo, é, logo após perpetrá-lo, perseguido pela autoridade, pelo ofendido, por qualquer pessoa ou por várias, ou é encontrado, logo depois da ação criminosa, com instrumentos, armas, objetos ou papéis que façam presumir ser ele o autor da infração.

FLAGRANTE ESPERADO. *Direito processual penal.* Estado de flagrância em que a autoridade policial, alertada por alguém, deixa o agente agir, sem provocá-lo ou induzi-lo, prendendo-o no instante da realização do delito. A atividade criminosa é espontânea e livre, pois a vontade do agente não é manipulada nem instigada por terceiro. A autoridade policial limita-se a esperar ou frustrar sua consumação (Tales Castelo Branco). Tal flagrante não impede a lavratura do auto de prisão em flagrante (Marcelo Luiz Leano).

FLAGRANTE FACULTATIVO. *Direito processual penal.* Estado de flagrância que se efetiva quando qualquer do povo vem a surpreender o agente cometendo um delito (Tales Castelo Branco).

FLAGRANTE FORJADO. O mesmo que FLAGRANTE PREPARADO.

FLAGRANTE IMPRÓPRIO. *Direito processual penal.* **1.** Estado de flagrância que se dá quando o criminoso vem a ser perseguido, imediatamente e sem solução de continuidade, pela autoridade, pela vítima ou por qualquer pessoa, após a prática do crime, desde que seja preso num razoável espaço de tempo. **2.** Ocorrência simulada de um flagrante delito (E. Vasconcellos de Mattos e E. Ribeiro Pezzato). O agente é induzido à prática do crime (Tales Castelo Branco) o mesmo que FLAGRANTE PROVOCADO. **3.** Aquele que a polícia ou vítima, sabendo que vai ocorrer um crime, prepara-se para prender seu autor em flagrante (Heráclito Antônio Mossin). Em tal hipótese é também designado fragrante esperado.

FLAGRANTE PREPARADO. *Direito processual penal.* **1.** Estado de flagrância delitiva forjado ou provocado em que se procura, insidiosamente, dirigir a conduta do criminoso à prática do delito, tomando ao mesmo tempo providências para que ele não se consume. Tal cooperação emprestada à ação criminosa, ativando-a, desvirtua a atividade do agente, por retirar-lhe a espontaneidade de querer, a exclusividade da ação e a autenticidade dos fatos. As medidas preventivas tomadas tornam, portanto, impossível a consumação do delito. Por exemplo, se o dono de uma loja, desconfiado da honestidade de um empregado, manda-o selecionar sozinho certa mercadoria e coloca policiais de atalaia para que o surpreendam (Nélson Hungria). **2.** Ocorrência simulada de um flagrante delito (E. Vasconcellos de Mattos e E. Ribeiro Pezzato). O agente é induzido à prática do crime (Tales Castelo Branco). O mesmo que FLAGRANTE PROVOCADO. **3.** Aquele em que a polícia ou vítima, sabendo que vai ocorrer um crime, prepara-se para prender seu autor em flagrante (Heráclito Antônio Mossin). Em tal hipótese é também designado FLAGRANTE ESPERADO.

FLAGRANTE PRESUMIDO. *Direito processual penal.* Estado de flagrância que se dá quando o indigitado agente é encontrado, logo após o crime, em situação que faça presumir ser ele o autor do delito, por ter em seu poder instrumentos, armas, objetos ou papéis relacionados, de qualquer forma, com a ação criminosa.

FLAGRANTE PROPRIAMENTE DITO. *Vide* FLAGRANTE REAL.

FLAGRANTE PROVOCADO. *Direito penal.* **1.** Delito de ensaio, delito de experiência ou delito putativo por obra do agente provocador (Fernando Capez). O mesmo que FLAGRANTE PREPARADO, para alguns autores. **2.** Induzimento ardiloso, feito a uma pessoa, suspeita de ser criminosa, para que ela, instigada por outrem (autoridade policial ou agente seu) venha a praticar um crime, para que se efetue a prisão em flagrante (Julio F. Mirabete). *Vide* FLAGRANTE PREPARADO.

FLAGRANTE REAL. *Direito processual penal.* Estado de flagrância relativo à atualidade palpitante do crime que ocorre quando o agente é surpreendido no momento em que está perpetrando o crime ou no instante em que acaba de cometê-lo.

FLAGRANTE VERDADEIRO. *Vide* FLAGRANTE REAL.

FLAMÂNCIA. *Direito penal.* Vadiagem.

FLAMBAGEM. *Medicina legal.* Esterilização de emergência que consiste em submeter um instrumento cirúrgico à ação do fogo.

FLÂMINE. *História do direito.* Antigo sacerdote romano que prestava serviços a um determinado deus.

FLAMINGUISMO. *Ciência política* e *direito comparado.* Teoria que prega a autonomia política e lingüística dos flamengos na Bélgica.

FLAMINGUISTA. *Ciência política* e *direito comparado.* Partidário do flaminguismo.

FLAMÍNIA. *História do direito.* Sacerdotisa que auxiliava o flâmine nos sacrifícios.

FLAMÍNICA. *História do direito.* Mulher do flâmine, que assistia seu marido nas suas funções de sacerdote. A dignidade de flâmine era perdida pelo homem quando sua mulher falecia.

FLAMÍNIO. *História do direito.* Dignidade de flâmine.

FLÂMULA. **1.** Nas *linguagens comum* e *jurídica,* bandeirinha triangular sem haste, contendo divisa de clube ou emblema de escola ou universidade. **2.** *Direito militar.* a) Bandeirola comprida e estreita, com as cores nacionais, usada como distintivo nos navios de guerra; b) pequena bandeira que guarnece as lanças de cavalaria.

FLÂMULA DE COMANDO. *Direito militar.* É a insígnia privativa dos oficiais de marinha quando no exercício do cargo de comando, vedado seu uso em navio não incorporado à Armada.

FLÂMULA DE OFICIAL SUPERIOR. *Direito militar.* É hasteada nas embarcações miúdas que conduzam oficial superior uniformizado, sendo arriada tão logo o oficial desembarque.

FLANCO. **1.** *Direito marítimo.* Costado de navio. **2.** *Direito militar.* Lado direito ou esquerdo de um exército ou esquadra.

FLANELÓGRAFO. Flanela emoldurada em quadro, usada para afixar avisos nas dependências internas de estabelecimentos.

FLASH. **1.** Notícia prévia e resumida. **2.** Lâmpada que possibilita tirar fotografias em locais de iluminação insuficiente.

FLAT. *Termo inglês.* Valor de uma obrigação, sem juros acumulados (Luiz Fernando Rudge).

FLAT BED. *Direito comercial.* Forma de *container* que se apresenta como "cama" apropriada para transporte de certas mercadorias.

FLAT-CONTAINER. *Locução inglesa.* Parte do equipamento de transporte constituída em estrado de aço, dotado de montantes e travessas, que servem de apoio lateral para as mercadorias e possuem articulações para bascular peças laterais sobre o estrado, quando são transportados vazios (Geraldo Bezerra de Moura).

FLAT CURVE YIELD. *Expressão inglesa.* Tendência à estabilidade numa curva de preços ou de juros (Luiz Fernando Rudge).

FLAT SERVICE. *Direito civil.* Grupo de unidades habitacionais pertencentes a mais de um proprietário, em regime condominial, mantendo um sistema de prestação de serviços opcionais ou obrigatórios aos moradores.

FLATULÊNCIA. *Medicina legal.* Excesso de ar ou gás no estômago ou no intestino, que provoca dores e simula funcionamento anormal do coração.

FLATUS VOCIS. *Locução latina.* Palavras vãs; palavras que o vento leva.

FLEA MARKET. *Locução inglesa.* **1.** Feira de artesanato. **2.** Mercado de pulgas.

FLEBANESTESIA. *Medicina legal.* Anestesia por injeção na veia.

FLEBARTÉRIA. *Medicina legal.* Aneurisma arteriovenoso.

FLEBITE. *Medicina legal.* Inflamação da membrana interna de uma veia, acompanhada de edema e dor.

FLECHA. **1.** Nas *linguagens comum* e *jurídica:* a) seta ou haste pontuda, contendo ferro triangular na extremidade, que é arremessada com arco; b) cana dos foguetes; c) sinal utilizado como indicador de direção. **2.** *Direito agrário.* a) Inflorescência das gramíneas e da cana-de-açúcar; b) rebento terminal de certas árvores, principalmente das coníferas.

FLECHEIRO. *História do direito.* Soldado que atirava flechas.

FLEXIBILIZAÇÃO. *Direito do trabalho.* Permissão legal para que as relações entre empregado e empregador possam ser equacionadas de forma diversa do contrato de trabalho, e para que os problemas oriundos do contrato de trabalho possam ensejar soluções diversas das regras tradicionais da CLT (Pedro Paulo Teixeira Manus).

FLIBUSTEIRO. *História do direito.* Pirata americano dos séculos XVII e XVIII.

FLICTENA. *Medicina legal.* Bolha que aparece em queimadura de segundo grau, tendo interesse médico-legal por indicar fenômeno vital.

FLIGHT INFORMATION BOARD. *Expressão inglesa.* Painel de informações de vôo.

FLOAT. *Termo inglês.* **1.** Vantagem. **2.** Soma pecuniária representada por cheque. **3.** Recursos de clientes que permanecem, transitoriamente, nos bancos que podem ser remunerados. **4.** Quantidade de ações em poder do público que, nos EUA, está disponível para negociação em mercados organizados (Luiz Fernando Rudge).

FLOATING. *Termo inglês.* Ganho financeiro do banco, obtido pelos recursos não aplicados (Hilário de Oliveira).

FLOATING DEBT. *Locução inglesa.* Dívida flutuante.

FLOATING RATE NOTE. *Expressão inglesa* e *direito internacional privado.* Nota de crédito de venda e fatura, com ganhos antecedentes, que pode ser negociada pelo exportador e importador no mercado financeiro, após obtenção do aval de um banco internacional. Constitui uma promessa de pagamento (Hilário de Oliveira).

FLOBAFENA. *Direito agrário.* Matéria corante que se extrai da casca de determinadas árvores.

FLOGOSE. *Medicina legal.* Enrubescimento e calor característicos da inflamação.

FLOOR BROKER. *Locução inglesa.* Funcionário de sociedade corretora que é operador de pregão em uma Bolsa (Luiz Fernando Rudge).

FLOOR TRADER. *Locução inglesa.* Negociante de pregão; especulador profissional que procura negociar, na Bolsa, vários tipos de mercadorias num elevado número de contratos.

FLORA. *Direito agrário* e *direito ambiental.* Vegetação de uma região ou de um país que deve ser preservada e protegida juridicamente por constituir bem de interesse comum a todos os habitantes.

FLORA CADAVÉRICA. *Medicina legal.* Vegetação verde-acinzentada que se desenvolve na superfície da pele dos cadáveres entre o 4º e o 6º dia após a inumação ou entre o 10º e o 14º dia se ela se der no inverno.

FLORAÇÃO. *Direito agrário.* **1.** Florescência. **2.** Estado das plantas em flor.

FLORESCÊNCIA. *Direito agrário.* Época em que as flores desabrocham.

FLORESTA. *Direito agrário* e *direito ambiental.* Vasta extensão de terra coberta por árvores de grande porte que, pelo seu grande valor econômico e ecológico, é protegida legalmente.

FLORESTAÇÃO. *Direito agrário.* Formação de florestas.

FLORESTA DE PRESERVAÇÃO PERMANENTE. *Direito agrário* e *direito ambiental.* É a declarada como tal pelo Poder Público ou pela lei, para que se mantenha o equilíbrio ecológico do território nacional, constituindo não só a situada ao longo de rios, ao redor de lagos naturais ou artificiais, nas nascentes, no topo de morros, montanhas e serras, nas encostas, nas restingas e nas bordas das chapadas, mas também a destinada a atenuar a erosão da terra e a fixar dunas, a formar faixas de proteção ao longo das rodovias e ferrovias, a auxiliar a defesa do território nacional, a critério das autoridades militares, a proteger sítios de excepcional beleza ou de valor científico ou histórico, a asilar exemplares da fauna ou da flora ameaçados de extinção, a manter o ambiente necessário à vida das populações silvícolas e a assegurar condições de bem-estar público. Só será permitida a supressão total ou parcial dessa floresta quando for necessária a execução de obras, planos, atividades ou projetos de utilidade pública ou interesse social, desde que haja prévia autorização do Poder Executivo federal.

FLORESTAL. *Direito agrário.* **1.** Relativo a floresta. **2.** Que contém florestas. **3.** Aquele que tem a incumbência de zelar pela floresta. **4.** Fauna própria da floresta.

FLORESTAMENTO. *Direito agrário.* Plantio de novas áreas florestais feito por empresas que consomem grande quantidade de matéria-prima florestal.

FLORESTA NACIONAL DE PAU-ROSA. *Direito ambiental.* É a localizada no Município de Maués, no Estado do Amazonas, com os objetivos de promover o manejo de uso múltiplo dos recursos naturais, a manutenção e a proteção dos recursos hídricos e da biodiversidade, a recuperação de áreas degradadas, a educação ambiental, bem como o apoio ao desenvolvimento sustentável dos recursos naturais das áreas limítrofes.

FLORESTA NACIONAL DE SANTA ROSA DO PURUS. *Direito ambiental.* É a localizada no Município de Santa Rosa do Purus, no Estado do Acre, com os objetivos de promover o manejo de uso múltiplo dos recursos naturais, a manutenção e proteção dos recursos hídricos e da biodiversidade, a recuperação de áreas degradadas, a educação ambiental, bem como o apoio ao desenvolvimento sustentável dos recursos naturais das áreas limítrofes.

FLORESTA NACIONAL DE SÃO FRANCISCO. *Direito ambiental.* É a localizada no Município de Sena Madureira, no Estado do Acre, com os objetivos de promover o manejo de uso múltiplo dos recursos naturais, a manutenção e a proteção dos recursos hídricos e da biodiversidade, a recuperação de áreas degradadas, a educação ambiental, bem como o apoio ao desenvolvimento sustentável dos recursos naturais das áreas limítrofes.

FLORESTA NÃO PRESERVADA. *Direito agrário.* É a plantada, sendo livre a extração de lenha e demais produtos florestais ou a fabricação de carvão. Poderá, porém, ser gravada de perpetuidade se a autoridade florestal verificar a existência de interesse público. Nesse caso, o vínculo constará de termo assinado perante aquela autoridade florestal e será averbado à margem do assento do imóvel no registro imobiliário. Trata-se do "termo de responsabilidade pela preservação de floresta", emitido para fins de legislação florestal, por iniciativa do Instituto Brasileiro de Desenvolvimento Florestal, com o consenso do proprietário.

FLORESTAS NACIONAIS (FLONAS). *Direito ambiental e direito administrativo.* Áreas de domínio público providas de cobertura vegetal nativa ou plantada e estabelecidas com os seguintes objetivos: a) promover o manejo dos recursos naturais, com ênfase na produção de madeira e outros vegetais; b) garantir a proteção dos recursos hídricos, das belezas cênicas e dos sítios históricos e arqueológicos; c) fomentar o desenvolvimento da pesquisa científica básica e aplicada, da educação ambiental e das atividades de recreação, lazer e turismo. Consideram-se Flonas as áreas assim delimitadas pelo governo federal, submetidas à condição de inalienabilidade e indisponibilidade, em parte ou no todo, constituindo-se bens da União, administradas pelo Instituto Brasileiro do Meio Ambiente e dos Recursos Naturais Renováveis (Ibama), sob a supervisão do Ministério do Meio Ambiente. No cumprimento dos objetivos acima referidos as Flonas são administradas visando: a) demonstrar a viabilidade do uso múltiplo e sustentável dos recursos florestais e desenvolver técnicas de produção correspondentes; b) recuperar áreas degradadas e combater a erosão e sedimentação; c) preservar recursos genéticos *in situ* e a diversidade biológica; d) assegurar o controle ambiental nas áreas contíguas. A preservação e o uso racional e sustentável das Flonas devem ser feitos, em cada caso, de acordo com o respectivo Plano de Manejo, que contém, além de programas de ação e de zoneamento ecológico-econômico, diretrizes e metas válidas por um período mínimo de cinco anos, passíveis de revisão a cada dois pelo Ibama. A realização de quaisquer atividades nas dependências das Flonas, especialmente de pesquisa, deve ser precedida de autorização do Ibama ou de licença ambiental. As Flonas têm seus regimentos internos aprovados pelo Ibama, os quais observam as seguintes premissas: a) toda e qualquer infra-estrutura a ser implantada em quaisquer das Flonas deve constar do respectivo Plano de Manejo e limitar-se ao estritamente necessário, com um mínimo impacto sobre a paisagem e os ecossistemas; b) é vedado o armazenamento, ainda que provisório, de lixo, detritos e outros materiais que possam causar degradação ambiental, nas dependências das Flonas; c) os resíduos originários de atividades permitidas nas Flonas devem ser tratados de acordo com normas aprovadas pelo Ibama. A este instituto incumbe ainda a promoção de desapropriações e indenizações indispensáveis à regularização das Flonas. O Ministério do Meio Ambiente regulamenta a forma pela qual pode ser autorizada a permanência, dentro dos limites das Flonas, de populações tradicionais que comprovadamente habitavam a área antes da sua criação. Têm por escopo básico o uso múltiplo sustentável dos recursos florestais e a pesquisa científica, com ênfase em métodos para exploração sustentável de florestas nativas. É de posse e domínio públicos, sendo que as áreas particulares incluídas em seus limites devem ser desapropriadas de acordo com o que dispõe a lei. Nas florestas nacionais admite-se a permanência de populações tradicionais que a habitam quando de sua criação, em conformidade com o disposto em regulamento e no plano de manejo da unidade. A visitação pública é permitida, condicionada às normas estabelecidas para o manejo da unidade pelo órgão responsável por sua administração. A pesquisa é permitida e incentivada, sujeitando-se à prévia autorização do órgão responsável pela administração da unidade, às condições e restrições por este estabelecidas e àquelas previstas em regulamento. A floresta nacional disporá de um conselho consultivo, presidido pelo órgão responsável pela administração e constituído por representantes de órgãos públicos, de organizações da sociedade civil e, quando for o

FLORESTA PÚBLICA A (FPA)

caso, das populações tradicionais residentes. A unidade desta categoria, quando criada pelo Estado ou Município, será denominada, respectivamente, floresta estadual e floresta municipal.

FLORESTA PÚBLICA A (FPA). *Direito ambiental* e *direito administrativo.* Floresta que possui dominialidade pública e uma destinação específica.

FLORESTA PÚBLICA B (FPB). *Direito ambiental* e *direito administrativo.* Indica que a floresta possui dominialidade pública, mas ainda não foi destinada à utilização pela sociedade, por usuários de serviços ou bens públicos ou por beneficiários diretos de atividades públicas.

FLORESTA PÚBLICA C (FPC). *Direito ambiental* e *direito administrativo.* Floresta com definição de propriedade não identificada pelo Serviço Florestal Brasileiro. A inclusão de FPC no CFPU será comunicada, por meio de ofício, ao Instituto Nacional de Colonização e Reforma Agrária (INCRA), à Secretaria do Patrimônio da União (SPU) e aos órgãos de terras estaduais.

FLORESTAS PÚBLICAS. *Direito ambiental* e *direito administrativo.* Florestas, naturais ou plantadas, localizadas nos diversos biomas brasileiros, em bens sob o domínio da União, dos Estados, dos Municípios, do Distrito Federal ou das entidades da administração indireta.

FLORESTA VIRGEM. *Direito agrário* e *direito ambiental.* Floresta primitiva e cerrada que ainda não foi desbravada pelo homem.

FLORETE. *Direito desportivo.* Arma branca usada na esgrima.

FLORIANISMO. *Ciência política.* Apoio à política do Marechal Floriano Peixoto, que, ante a renúncia do Marechal Deodoro da Fonseca, veio a assumir a presidência.

FLORICULTOR. *Direito agrário.* **1.** Aquele que se dedica ao cultivo de flores. **2.** Relativo a floricultura.

FLORICULTURA. **1.** *Direito agrário.* a) Arte de cultivar flores; b) cultivo de flores. **2.** *Direito comercial.* Estabelecimento onde se vendem flores.

FLORÍSTICA. *Direito agrário.* **1.** Inventário de flores locais. **2.** Estudo das espécies vegetais.

FLOS SANCTORUM. *Direito canônico.* Livro que relata a vida dos santos.

FLOTEL. *Direito marítimo.* Plataforma semi-submersível que presta serviços de apoio às atividades das plataformas marítimas (*offshore*), como geração de energia, hotelaria e facilidades de manutenção.

FLOTILHA. *Direito militar.* Pequena esquadra.

FLOUER. *Termo francês.* **1.** Roubar. **2.** Trapacear.

FLUCTUATING CLAUSE. *Locução inglesa.* Cláusula de escala móvel.

FLUÊNCIA DOS JUROS. *Direito comercial, direito bancário* e *direito civil.* **1.** Frutificação de juros; contagem dos juros devidos; anatocismo. **2.** Vencimento dos juros; momento em que os juros são computados.

FLUENTE. **1.** *Medicina legal.* O que apresenta corrimento sangüíneo. **2.** Nas *linguagens comum* e *jurídica*: a) mês corrente; b) o que é natural; fluido.

FLUIDEZ. **1.** *Sociologia jurídica.* Movimento populacional de ordem local que não envolve mudança de residência. **2.** Nas *linguagens comum* e *jurídica*: a) facilidade de linguagem; b) qualidade do que é fluido.

FLUID RECOVERY. *Locução inglesa.* Indenização não reclamada. É típica das *class actions* dos EUA, nas relações de consumo, quando o dano sofrido pessoalmente é de pequena monta, não justificando o comparecimento dos consumidores lesados a juízo para receberem indenização individual (Ada Pellegrini Grinover).

FLUMINA VICEM JUDICUM JUSTINENT, ET DANT, ET AUFERUNT DOMINIUM. *Aforismo jurídico.* Os rios são como juízes, porque podem dar e tirar a propriedade.

FLUORESCÊNCIA. *Direito penal.* Fenômeno luminoso causado pelos raios ultravioleta de rádio ou catódicos, quando incidem sobre determinados corpos, muito usado na criminalística para denunciar suspeitos de delito contra o patrimônio, de sabotagem, de seqüestro etc., pulverizando-se o objeto que por eles será manuseado com sólido fluorescente.

FLUORETAÇÃO DE ÁGUA. *Direito administrativo.* Adição de flúor à água de abastecimento público para prevenir a cárie dentária, seguindo regulamentação do Ministério da Saúde.

FLUTUAÇÃO. **1.** *Direito cambiário.* Variação no valor dos papéis de crédito. **2.** *Direito comercial.* Oscilação ou instabilidade dos preços no mercado. **3.** Na *linguagem comum,* ato ou efeito de conservar-se à superfície de um líquido. **4.** *Direito agrário.* Ação de transportar madeira, fazendo-a deslizar pelas águas de um rio. **5.** *Medicina legal.* Movimento de líquidos dentro de alguma cavidade do corpo.

FLUTUADOR. **1.** *Direito marítimo.* Cais de madeira, flutuante, apropriado à atracação de embarcações pequenas. **2.** *Direito aeronáutico.* Cada um dos corpos ocos que estão sob a fuselagem do hidroavião, sobre os quais ele pousa na água. **3.** Na *linguagem comum,* bóia.

FLUTUANTE. 1. *Direito administrativo.* Dívida pública não consolidada e suscetível de aumento ou diminuição. **2.** *Direito civil* e *direito comercial.* a) O que é transitório ou provisório; b) apólice de seguro em que se prevê a substituição da coisa segurada, fazendo-se o seguro por uma soma global, como se verifica em relação a mercadorias armazenadas (Orlando Gomes); é aquela cujo risco é indeterminado no instante da celebração do seguro, averbando-se à medida que se desenvolve a atividade por ela assegurada (Elcir Castello Branco); c) obrigação que consubstancia uma prestação variável conforme a vontade das partes. **3.** *Direito econômico.* Indeterminação do valor do negócio, refletindo a lei da oferta e da procura, senão a flexibilidade do montante dos débitos e dos créditos (Stonier, Hague e Mathews). **4.** Na *linguagem comum,* objeto que se desloca sobre uma superfície líquida ou gasosa.

FLUTUÁVEL. *Direito civil* e *direito comercial.* **1.** O que flutua ou pode navegar. **2.** Navegável. **3.** O que está sujeito a oscilação no mercado. **4.** Diz-se da cotação dos papéis negociados em Bolsa de Valores que oscila ao sabor do mercado.

FLUVIAL. *Direito civil.* **1.** Relativo a rio. **2.** Produzido pela ação dos rios. **3.** Que vive nos rios.

FLUXO. 1. *Direito marítimo.* Enchente ou vazante das águas do mar. **2.** *Medicina legal.* Corrimento mórbido ou excessivo de sangue ou de líquido dos intestinos ou de qualquer outra parte do corpo.

FMI. *Direito internacional público.* Sigla de Fundo Monetário Internacional. Sediado em Washington, é um órgão vinculado à ONU que visa a promoção da estabilidade cambial e da cooperação monetária internacional (Othon Sidou).

FNAS. *Direito previdenciário.* Abreviatura de Fundo Nacional de Assistência Social.

FNDCT. Abreviatura de Fundo Nacional do Desenvolvimento Científico e Tecnológico.

FNDE. Sigla de Fundo Nacional de Desenvolvimento da Educação. Autarquia do Ministério da Educação, responsável pelo aporte dos recursos de contrapartida do governo brasileiro e gestão dos recursos do acordo de empréstimo.

FOB. *Vide* CLÁUSULA FOB.

FOB *CARS.* *Direito internacional privado.* Entregue em vagão.

FOBIA. *Medicina legal.* Temor mórbido de certas situações, atos ou objetos.

FOBISMO. Na *linguagem psicológica,* estado daquele que padece de fobia.

FOB *NAMED POINT.* *Direito internacional privado.* Pagamento do transporte até o local designado.

FOBOFOBIA. *Medicina legal.* Receio mórbido do próprio medo.

FOBONEUROSE. *Medicina legal.* Neurose do medo.

FOCINHEIRA. *Direito civil* e *direito agrário.* Correia que circunda o focinho do animal.

FOCINHO DE TENÇA. *Medicina legal.* Porção vaginal do colo do útero.

FOCO. 1. *Direito agrário.* Estabelecimento de criação ou qualquer outro local onde foi constatada a presença de um ou mais suídeos acometidos de PSC. **2.** *Medicina legal.* Sede principal de moléstia. **3.** *Direito virtual.* Ponto em que se formam imagens virtuais. **4.** Na *linguagem comum:* a) fonte de luz; b) sede; c) ponto de reunião; d) centro ou ponto de convergência.

FOCO DE INFECÇÃO. *Medicina legal.* **1.** Local onde se forma o pus. **2.** Causa de infecção. **3.** Lugar em que há aglomeração de pessoas. **4.** Local de emanação de substâncias fétidas.

FOCO DE PEDESTRES. *Direito de trânsito.* Indicação luminosa de permissão ou impedimento de locomoção na faixa apropriada.

FOCOMELIA. *Medicina legal.* **1.** Atrofia ou ausência de pernas e braços, ficando pés e mãos inseridos diretamente no tronco. **2.** Síndrome em que a criança pode nascer com mal-formação ou ausência de braços e pernas, alterações cardíacas, visuais, auditivas e do aparelho digestivo.

FOEDERE ET RELIGIONE TENEMUR. *Expressão latina.* Sejamos unidos por força de um pacto e da religião.

FOENUS NAUTICUM. *Locução latina.* Empréstimo a juros que se fazia a armador de embarcação para viagem comercial (Sílvio Meira).

FOENUS UNCIARIUM. *Direito romano.* Empréstimo a juros.

FOGAL. *História do direito.* Imposto que era pago por cada fogo ou casa.

FOG-FEVER. *Locução inglesa.* Doença do gado bovino exposto ao feno embolorado, afetando-lhe os pulmões.

FOGO. 1. *História do direito.* a) Suplício da fogueira; b) tributo cobrado no dia de São Martinho, chamado por isso de martinega. **2.** *Direito civil.* a) Incêndio; b) casa habitada. **3.** *Direito marítimo.* Farol aceso para guiar navegantes. **4.** *Medicina legal.* a) Disparo de arma de fogo; b) combustão acompanhada de luz, calor e chama que pode causar a morte por acidente, suicídio ou homicídio; c) cauterização com ferro em brasa.

FOGO ANTIAÉREO. *Direito militar.* Descarga de canhões contra aviões do inimigo.

FOGO DE BARRAGEM. *Direito militar.* Cortina de fogo feita pela artilharia para facilitar o ataque à infantaria ou para protegê-la contra ataque do inimigo.

FOGO DEITADO. *Direito militar.* Conjunto de disparos executados pelos soldados que ficam deitados.

FOGO DE JOELHOS. *Direito militar.* O executado pelo conjunto de soldados ajoelhados.

FOGO INDIRETO. *Direito militar.* Fogo de artilharia contra um alvo que lhe é invisível, mediante tiro curvo.

FOGO MORTO. 1. *Direito agrário.* Engenho de açúcar que não está mais em atividade. **2.** *Direito empresarial.* Estabelecimento industrial que interrompeu sua atividade fabril.

FOGO POR FILEIRA. *Direito militar.* O executado por cada fila de soldados de cada vez.

FOGO POR PELOTÕES. *Direito militar.* O que se executa por cada pelotão em seguimento a outro.

FOGOS DE ARTIFÍCIO. Peças pirotécnicas queimadas em festas noturnas, muito apreciadas pelo efeito artístico.

FOGO SELVAGEM. *Medicina legal.* Doença caracterizada por uma erupção cutânea muito dolorosa.

FOGUEIRA. 1. *História do direito.* Monte de lenha em chamas em que se queimavam, outrora, os condenados ao suplício do fogo. **2.** *Direito desportivo.* Situação difícil de um grupo, no futebol, para onde se passa a bola ou vai o jogador.

FOGUEIRO. *Direito agrário.* Aquele que, na marcação do gado, cuida do fogo.

FOGUETE. 1. *Direito militar.* Engenho bélico usado para lançar explosivos contra um alvo a grande distância. **2.** *Direito espacial.* Motor a jato para propulsão de astronaves e mísseis.

FOGUETE ANTIAÉREO. *Direito militar.* O usado na defesa contra ataques aéreos.

FOGUETE AR–AR. *Direito militar.* O utilizado por um avião contra outro ou contra mísseis.

FOGUETE DE ATERRAGEM. *Direito espacial.* O usado na descida a um planeta, ficando o veículo principal em órbita.

FOGUETE DE CONGREVE. *Direito militar.* Máquina dirigida a forças contrárias ou a navio, por exemplo, para apressar sua destruição por meio dos explosivos que contém.

FOGUETE DE FATEIXA. *Direito marítimo.* O utilizado para, em caso de naufrágio, arremessar um cabo à costa, procurando salvar a embarcação.

FOGUETE DE FREAGEM. *Direito espacial.* Pequeno foguete que se coloca na cauda do veículo principal, para auxiliar as operações de aterragem suave num planeta desprovido de atmosfera.

FOGUETE LUMINOSO. *Direito militar.* Aquele que contém carga de magnésio, provido de páraquedas para iluminar as posições do inimigo.

FOGUISTA. Aquele que tem a incumbência de alimentar o fogo das caldeiras de máquinas a vapor.

FOIÇAR. *Direito agrário.* Ceifar; cortar com foice.

FOICE. *Direito agrário.* Instrumento agrícola, curvo e com gume, usado para ceifar.

FOICE ROÇADORA. *Direito agrário.* A apropriada para roçar o mato.

FOLÃO. Fulano, ou seja, pessoa cujo nome não se quer citar ou se desconhece.

FOLCLORE. 1. *Sociologia jurídica.* Costume tradicional conservado pelo povo, como superstição, crença, festa, cantiga, lenda, arte, canto, indumentária etc. **2.** *Direito de propriedade intelectual.* Conjunto de tradições, conhecimentos e crenças de caráter popular, expressos em provérbios, contos e canções populares de certa época ou região. É criação intelectual reconhecida pela sociedade e protegida juridicamente para que sua originalidade perdure por estar relacionada com a cultura nacional, apesar de ser de autoria desconhecida (Roberto Senise Lisboa).

FOLDER. *Termo inglês.* **1.** Pasta de arquivo. **2.** Pasta que armazena, no computador, assuntos interessantes. **3.** Prospecto.

FOLGA. *Direito do trabalho* e *direito administrativo.* Dia de descanso em que, sem prejuízo de sua remuneração, o empregado ou o funcionário ficam dispensados do serviço.

FOLHA. 1. *Direito agrário.* Órgão que se desenvolve nos ramos e no caule das plantas, responsável pela fotossíntese. **2.** *Direito autoral* e *direito civil.* a) Papel usado para escrever; b) papel que, ao ser impresso de uma vez, dá certo número de páginas; c) jornal ou periódico; d) relação; rol; e) registro de serviços prestados. **3.** *Direito do trabalho.* Lista de salários. **4.** *Direito comercial.* Folha solta e devidamente autenticada que substitui livro. **5.** *Direito processual civil.* No plural, designa os papéis que compõem os autos processuais. As folhas dos autos devem ser numeradas e rubricadas pelo escrivão, facultando-se a mesma providência às partes nos atos em que participam.

FOLHA CORRIDA. *Direito penal* e *direito processual penal.* Certidão passada pela autoridade policial ou judicial, ou pelo escrivão criminal, acerca de fatos criminosos, ou de sua omissão, em relação a uma determinada pessoa. Trata-se do atestado de conduta de uma pessoa relativo aos fatos antecedentes de sua vida, mencionando o que consta ou que nada consta nos arquivos policiais. Tal atestado é exigido em concursos públicos.

FOLHA DE ALONGAMENTO. *Direito cambiário.* Folha anexa a um título de crédito na qual se lançam as operações que com ele foram levadas a efeito, durante o curso de sua circulação, como aval, endosso etc.

FOLHA DE ANTECEDENTES. *Direito processual penal.* Documento requisitado pela autoridade policial ou judicial para saber da vida pregressa do acusado de um crime ou para averiguar se ele é primário ou reincidente. Tal documento será juntado aos autos do inquérito policial para facilitar a compreensão e o julgamento da conduta do réu.

FOLHA DE ASSENTAMENTO. Documento que contém informação sobre pessoas ou fatos, como, por exemplo, a certidão ou o registro de assentamento de um funcionário, com as alterações havidas durante o exercício de seu cargo.

FOLHA DE DESCARGA. *Direito alfandegário.* Documento em que, nas alfândegas, se relacionam as mercadorias descarregadas nos portos, anotando todos os seus caracteres, como marca, número, volume etc. Tal folha é de grande valia para fixar a responsabilidade na hipótese de desencontro entre as mercadorias adquiridas e vendidas.

FOLHA DE PAGAMENTO. *Direito administrativo* e *direito do trabalho.* Peça de contabilidade em que a fonte pagadora lança os nomes de funcionários ou empregados, os seus respectivos vencimentos e salários, os descontos legais e o líquido a ser pago.

FOLHA DE PAPEL ALMAÇO. Papel, com folha dupla, destinado a requerimentos ou petições.

FOLHA DE PARTILHA. *Direito processual civil.* **1.** Folha de pagamento para cada condômino, lavrada pelo escrivão no auto da divisão, contendo a repartição do imóvel dividendo e conferindo a cada comunheiro a parte que lhe cabe. **2.** Ato que, no inventário, promove a repartição dos bens da herança, atribuindo a cada herdeiro o quinhão hereditário que lhe é cabível, descrevendo-o minudentemente para que fique bem delimitado e identificado. É nesta folha de partilha que se funda o formal de partilha.

FOLHA DE PERMISSÃO DE ENTRADA (FPE). *Direito do trabalho.* Documento escrito contendo o conjunto de medidas de controle, visando a entrada e desenvolvimento de trabalho seguro e medidas de emergência e resgate em espaços confinados.

FOLHAS. 1. Páginas de um processo devidamente rubricadas. **2.** Papéis que substituem o livro mercantil, com as cautelas legais.

FOLHA SECA. Na *gíria desportiva,* chute com a bola parada, aplicando-lhe efeito, de modo que venha a cair quase perpendicularmente.

FOLHEAÇÃO. *Direito agrário.* Época do aparecimento das folhas dos vegetais.

FOLHELHO. *Direito agrário.* **1.** Pele fina que reveste a espiga de milho. **2.** Película que envolve uvas, legumes etc.

FOLHETIM. *Direito autoral.* **1.** Seção literária de um periódico. **2.** Parte de um romance que, diariamente, é publicada em jornal.

FOLHETINISTA. *Direito autoral.* Aquele que escreve folhetins.

FOLHETISTA. *Direito autoral.* Aquele que escreve panfletos.

FOLHINHA. 1. *Direito canônico.* Diretório eclesiástico, para ofícios religiosos e rezas a cada dia do ano, usado pelos sacerdotes. **2.** Nas *linguagens comum* e *jurídica,* calendário com folhas destacáveis. **3.** Na *linguagem forense,* folha em que se assinalam os eventos de um juízo, os prazos para execução de atos, realização de audiências, conclusão de processos etc.

FOLÍCULO DE GRAAF. *Medicina legal.* Diz-se de cada bolsa vesicular embebida no córtex do ovário, que contém o óvulo.

FOLICULOMA. *Medicina legal.* Epitelioma do ovário.

FOLICULOSE. *Medicina legal.* Moléstia caracterizada pelo desenvolvimento anormal dos folículos linfáticos.

FÓLIO. 1. *Direito registrário.* Técnica da ficha real como sistemática de escrituração, substituindo os livros n. 2, 3, 4 e 5, para possibilitar maior celeridade na escrituração no registro imobiliário, proporcionando sua mecanização. O fólio ou ficha real deverá: apresentar o modelo aprovado pelo juiz corregedor permanente; ser escriturado com esmero e arquivado com segurança, de preferência em invólucro plástico transparente; possuir dimensão que permita a extração de cópia reprográfica e facilite o manuseio, a boa compreensão da seqüência lógica dos atos e o arquivamento. **2.** *Direito comercial.* Livro empresarial numerado por folhas e não páginas. Pode ser substituído por folhas devidamente autenticadas.

FOLK. *Sociologia geral.* Parte da população considerada como unidade culturalmente homogênea e simples, especialmente a comunidade campesina.

FOLKWAYS. *Sociologia jurídica.* Costumes tradicionais dos membros de um grupo social. Uso social.

FOMENTAÇÃO. 1. *Medicina legal.* Tratamento externo para aliviar a dor através da aplicação de substâncias úmidas aquecidas. **2.** *Direito tributário.* Incremento de atividades econômicas em certas regiões mediante concessão de incentivos fiscais. **3.** Na *linguagem jurídica* em geral: a) ação ou efeito de promover o desenvolvimento de determinada atividade ou o progresso de certa região; b) o ato de excitar algo; c) a ação de promover o andamento de alguma coisa.

FOMENTADOR. Aquele que fomenta.

FOMENTISTA. Aquele que promove ou incentiva o progresso material.

FOMENTO. 1. *Medicina legal.* Linimento; medicamento para fomentação. **2.** *Direito administrativo* e *economia política.* a) Intervenção estatal que procura combater o subdesenvolvimento traçando planos, programas e concedendo verbas para desenvolvimento etc. (Fiorini); b) ação de promover desenvolvimento de uma atividade econômica.

FOMENTO ADMINISTRATIVO. *Direito administrativo.* É uma ação dirigida a proteger ou promover as atividades e estabelecimentos dos particulares que satisfaçam necessidades públicas ou que sejam consideradas de utilidade geral. O fomento seria uma atividade persuasiva ou de estímulo, cuja finalidade perseguida é sempre a mesma: convencer para que se faça ou omita algo. Mediante o fomento a Administração persegue os fins públicos sem o emprego da coação e sem a realização *per se* de prestações públicas (Roberto Dromi).

FOMENTO ECONÔMICO. *Direito administrativo.* Busca proteger, promover ou acentuar o exercício de certas atividades dos particulares, relativas ao interesse público, mediante determinadas vantagens patrimoniais que são outorgadas em favor daquelas pessoas ou entidades que cumprem ou se propõem a prestar essas atividades (Héctor Jorge Escola).

FOMENTO HONORÍFICO. *Direito administrativo.* É aquele que busca promover ou acentuar o exercício de certas atividades dos particulares, que são de interesse público, mediante a outorga de títulos, distinções, condecorações, que atuam sobre o conceito e o sentimento de honra que existe em toda pessoa (Silvio Luis Ferreira da Rocha). Para Héctor Jorge Escola, os meios de fomento honoríficos são aqueles que consistem em estímulos que atuam sobre o sentimento de honra dos particulares e que se manifestam por meio de distinções, recompensas ou menções que se concedem como reconhecimento público de uma atividade que foi considerada conveniente e louvável. Para Roberto Dromi, pelos meios honoríficos se trata de conseguir que os particulares realizem determinadas atividades utilizando como incentivo a honra. Esses meios concretizam-se em títulos, condecorações, menções especiais e qualificações. Mediante eles se estimula o exercício de atividades premiáveis por razões de interesse público, do qual o estímulo vem a ser a nota essencial.

FOMENTO MERCANTIL. *Vide FACTORING.*

FOMENTO NEGATIVO. *Direito administrativo.* É aquele que objetiva obstaculizar ou desalentar os particulares a que desenvolvam atividades que a Administração deseja diminuir ou fazer cessar, por considerá-las contrárias ao interesse geral, sem chegar a proibi-las, como os impostos que oneram as bebidas alcoólicas e os cigarros (Roberto Dromi).

FOMENTO POSITIVO. *Direito administrativo.* É aquele que objetiva que os particulares iniciem, pros-

FÓMITES

sigam, acentuem ou levem a termo, de maneira determinada, certas atividades, mediante o oferecimento pela Administração de vantagens, prestações ou bens (Sílvio Luis Ferreira da Rocha).

FÓMITES. *Medicina legal.* Objeto de uso clínico que pode estar contaminado. Por exemplo, agulha de injeção, roupas de cama etc.

FONAÇÃO. *Medicina legal.* Processo fisiológico que dá origem ao som vocal articulado.

FONASTENIA. *Medicina legal.* **1.** Debilidade da voz. **2.** Dificuldade na emissão de sons.

FONOAUDIOLOGIA. Técnica para tratamento dos defeitos de linguagem, procurando educar ou reeducar a voz.

FONOFOBIA. *Medicina legal.* Medo mórbido de falar.

FONOGRAMA. 1. *Medicina legal.* Registro gráfico das impressões vocais, que permite a identificação da pessoa suspeita pela voz através do método *Voiceprint*, que faz a comparação aural ou visual de vozes conhecidas com a questionada (José Lopes Zarzuela e Smrkovsky). **2.** *Direito autoral.* Fixação sonora em suporte material. É toda fixação de sons de uma execução ou interpretação, ou de outros sons, ou de uma representação de sons que não seja uma fixação incluída em uma obra audiovisual.

FONOPATIA. *Medicina legal.* Moléstia dos órgãos da fonação.

FONPLATA. Sigla de Fundo Financeiro para o Desenvolvimento da Bacia do Prata, que, com sede em Sucre, na Bolívia, foi criado com a finalidade de fazer cumprir os objetivos enumerados no Tratado da Bacia do Prata, firmado, em julho de 1974, pelos governos da Argentina, Bolívia, Brasil, Paraguai e Uruguai. O apoio financeiro do Fonplata é dirigido a qualquer país-membro ou a quaisquer de suas divisões políticas (União, Estados e Municípios) e órgãos estatais, bem como às entidades autônomas, empresas de economia mista e privadas.

FONTE. 1. Local onde brotam as águas; nascente; manancial de água. **2.** Origem, procedência, princípio, causa. **3.** Forma de tributação em que os rendimentos são onerados no próprio ato do pagamento. **4.** Entidade pagadora, seja ela pessoa jurídica de direito público ou privado. **5.** Texto original de uma obra. **6.** Pessoas físicas e jurídicas que forneçam informações aos bancos de dados.

FONTE ARTIFICIAL. *Direito civil.* É aquela feita por obra humana, por exemplo, poço, bica.

FONTE BATISMAL. *Direito canônico.* Pia batismal.

FONTE CAPTADA. *Direito civil.* **1.** Aquela que se faz artificiosamente. **2.** Aproveitamento de água que segue seu curso natural.

FONTE DA RECEITA. *Direito financeiro.* Procedência da receita que pode advir não só de vendas dominiais ou industriais do Estado, hipótese que caracteriza a fonte de receita estável, mas também de tributos, caso que configura a fonte de receita instável.

FONTE DAS OBRIGAÇÕES. *Direito civil.* Conjunto de fatos jurídicos que dá origem aos vínculos obrigacionais, em conformidade com as normas jurídicas; fatos jurídicos que condicionam o aparecimento das obrigações. Desse conceito infere-se que a lei é a fonte primária ou imediata de todas as obrigações, uma vez que os vínculos obrigacionais são relações jurídicas. Ao lado da fonte imediata (lei), temos as fontes mediatas, ou seja, aqueles fatos constitutivos das relações obrigacionais considerados por lei como suscetíveis de criar relações creditórias. Essas condições determinantes das obrigações nada mais são do que os fatos jurídicos *lato sensu*: atos jurídicos *stricto sensu*, negócios jurídicos bilaterais ou unilaterais e atos ilícitos.

FONTE DE COGNIÇÃO. *Teoria geral do direito.* É a fonte formal que dá forma ao direito, fazendo referência aos modos de manifestação das normas jurídicas, demonstrando quais os meios empregados pelo jurista para conhecer o direito ao indicar os documentos que revelam o direito vigente, possibilitando sua aplicação a casos concretos, apresentando-se, portanto, como fonte de cognição. A fonte formal é o modo de manifestação do direito que permite ao jurista conhecer e descrever o fenômeno jurídico. Logo, quem quiser conhecer o direito deverá buscar a informação desejada nas suas fontes formais, ou seja, na lei, nos arquivos de jurisprudência, nos tratados doutrinários. O órgão aplicador, por sua vez, também recorre a elas, invocando-as como justificação de sua norma individual.

FONTE DE INFECÇÃO. *Medicina legal.* Pessoa ou objeto do qual um agente infeccioso passa diretamente a um hospedeiro.

FONTE DE PRODUÇÃO. *Teoria geral do direito.* Fonte material ou real que aponta a origem do di-

FONTE DE RADIAÇÃO

reito, configurando sua gênese, condicionando seu desenvolvimento e determinando o conteúdo das normas. Fontes materiais ou reais são não só os fatores sociais, que abrangem os históricos, os religiosos, os naturais (clima, solo, raça, natureza geográfica do território e constituição anatômica e psicológica do homem), os demográficos, os higiênicos, os políticos, os econômicos e os morais (honestidade, decoro, decência, fidelidade, respeito ao próximo), mas também os valores de cada época (ordem, segurança, paz social, justiça), dos quais fluem as normas jurídico-positivas. São elementos emergentes da própria realidade social e dos valores que inspiram o ordenamento jurídico. O conjunto desses fatores sociais e axiológicos determina a elaboração do direito através de atos dos legisladores, magistrados etc. Tais fatores decorrem das convicções, das ideologias e das necessidades de cada povo, em certa época. Atuam como fontes de produção do direito positivo, pois condicionam o aparecimento e as transformações das normas jurídicas. As fontes materiais, portanto, não são o direito positivo, mas o conjunto de fatos sociais determinantes do conteúdo do direito e dos valores que o direito procura realizar fundamentalmente sintetizados no conceito amplo de justiça.

FONTE DE RADIAÇÃO. *Direito ambiental.* Aparelho ou material que emite ou é capaz de emitir radiação ionizante.

FONTE DE RIQUEZA. *Economia política.* Empreendimento ou qualquer empresa lucrativa.

FONTE DIRETA. *Vide* FONTE IMEDIATA.

FONTE DO DIREITO. *Teoria geral do direito.* Termo que, por ser empregado metaforicamente, tem mais de um sentido. Para nós, é uma fonte formal-material, já que toda fonte formal contém, implicitamente, a material (fonte de produção), que lhe dá forma, demonstrando quais são os meios empregados para conhecer o direito. Daí ser fonte de cognição; abrange fontes estatais (legislativas, jurisprudenciais e convencionais) e não-estatais (direito consuetudinário, científico e convencional). Assim, a fonte material aponta os fatores éticos, sociológicos, históricos, políticos etc. que condicionam a gênese do direito e determinam seu conteúdo, constituindo uma fonte de produção. A fonte formal lhe dá forma, faz referência a sua manifestação e demonstra os meios empregados pelo jurista para conhecer o direito, ao indicar os documentos que o revelam, daí apresentar-se como fonte de cognição.

FONTE DO RENDIMENTO. *Direito tributário.* **1.** Local onde o imposto é devido. **2.** Pessoa que deve pagar rendimentos sujeitos ao imposto; contribuinte.

FONTE FORMAL. *Vide* FONTE DE COGNIÇÃO.

FONTE FORMAL ESTATAL. *Teoria geral do direito.* Modo de manifestação do direito que pode subdividir-se em legislativo (lei, decreto, regulamento etc.) e jurisprudencial (sentença, súmula etc.). Tal divisão foi feita tendo-se em vista o predomínio das atividades legiferante e jurisdicional. Podemos acrescer a convenção internacional, pela qual dois ou mais Estados estabelecem um tratado, daí o nome fonte formal estatal convencional.

FONTE FORMAL NÃO–ESTATAL. *Teoria geral do direito.* É a que dá forma de expressão ao direito, abrangendo o direito consuetudinário (costume jurídico), o direito científico (doutrina) e a convenção em geral ou negócio jurídico.

FONTE IMEDIATA. *Teoria geral do direito.* Fonte direta que constitui as leis que incidem imediatamente sobre os destinatários, produzindo seus efeitos.

FONTE IMEDIATA DAS OBRIGAÇÕES. *Direito civil.* Lei que é a fonte primária de todas as obrigações.

FONTE INDIRETA. *Vide* FONTE MEDIATA.

FONTE JURÍDICA. *Vide* FONTE DO DIREITO.

FONTE MATERIAL. *Vide* FONTE DE PRODUÇÃO.

FONTE MEDIATA. *Teoria geral do direito.* Fonte indireta que atinge subsidiariamente o destinatário, pois sua eficácia depende de outra norma de obrigatoriedade imediata.

FONTE MEDIATA DAS OBRIGAÇÕES. *Direito civil.* Fato constitutivo das relações obrigacionais que a lei (fonte imediata) considera suscetível para criar relações creditícias, como o fato jurídico *lato sensu*, que abrange o ato jurídico *strictu sensu*, o negócio jurídico unilateral ou bilateral e o ato ilícito.

FONTE MINERAL. *Direito constitucional* e *direito civil.* Nascente de água mineral.

FONTE NÃO CAPTADA. *Direito civil.* Fonte natural que constitui a nascente de um rio e segue, em leito natural, o curso traçado pela natureza. Brota em manancial ou vertente.

FONTE REAL. *Vide* FONTE DE PRODUÇÃO.

FONTES AQUARUM. *Locução latina.* Nascentes; fontes de água.

FONTES DO DIREITO ADMINISTRATIVO. *Direito administrativo.* Normas e fatos que dão origem ao direito administrativo, como lei, regulamento, estatuto, instrução, circular, portaria, doutrina, jurisprudência.

FONTES DO DIREITO DO TRABALHO. *Direito do trabalho.* **1.** Fontes que dão origem às relações jurídicas trabalhistas, tais como: a) costume, convenção coletiva do trabalho, regulamentos empresariais elaborados com a participação de empregados e empregadores, que seriam as fontes autônomas; b) as convenções internacionais do trabalho, os tratados internacionais, a lei, a sentença normativa e o regulamento interno elaborado pelas empresas, que constituíram as fontes heterônomas, sendo, ainda, o direito comum sua fonte subsidiária, no que não for incompatível com os princípios fundamentais deste (Wagner D. Giglio, Marly A. Cardone e Martins Catharino). **2.** São fontes formais do direito do trabalho a Constituição Federal, a lei complementar, a lei delegada, a lei ordinária, a medida provisória, a sentença normativa da Justiça do Trabalho, a convenção coletiva de trabalho, o acordo coletivo de trabalho, o regulamento de empresa, o contrato individual de trabalho e os usos e costumes (Pedro Paulo Teixeira Manus).

FONTES DO DIREITO ECONÔMICO. *Direito econômico.* Instrumentos reveladores do direito econômico, que são: a) formais dinâmicos, como: decretos, regulamentos, instruções, portarias ou qualquer ato normativo emitido do Poder Executivo; costume; b) formais estáticos, que fixam as diretrizes gerais da política econômica, como: a norma constitucional, leis complementares, leis delegadas e leis ordinárias; c) auxiliares, como os dados doutrinários da ciência econômica que oferece o conteúdo de racionalidade da lei; d) concorrentes, não emanadas do poder público, mas de convenções coletivas, acordos, contrato-tipo, condições gerais dos contratos e regulamentações profissionais (Farjat, Washington P. A. de Souza e Ana M. F. Augusto).

FONTES DO DIREITO INTERNACIONAL PÚBLICO. *Direito internacional público.* Fontes que dão origem ao direito internacional público. Tais fontes podem ser: a) materiais, como o tratado-contrato, a doutrina, a jurisprudência, a analogia e a opinião pública; b) formais, como o tratado-lei, o costume e os princípios gerais do direito; c) estatutárias, se vinculadas ao Estatuto da Corte Internacional de Justiça da Organização das Nações Unidas, que as distingue em: principais (convenção internacional, costume internacional, princípios gerais do direito) e secundárias ou auxiliares (doutrina e jurisprudência) (Meira Mattos).

FONTES DO DIREITO TRIBUTÁRIO. *Direito tributário.* **1.** Segundo Paulo de Barros Carvalho, são os instrumentos introdutórios de normas tributárias, que podem ser divididos em: a) primários, que são as leis e estatutos normativos, como: lei constitucional, lei complementar, lei ordinária, lei delegada, medida provisória, decreto-legislativo, resolução; b) secundários ou derivados, que são os atos normativos subordinados à lei, como: decreto regulamentar, instrução ministerial, circular, portaria, ordem de serviço, qualquer outro ato normativo estabelecido pela autoridade administrativa. **2.** Segundo Ruy Barbosa Nogueira, aplicando-se a teoria tridimensional do direito, entende-se que: a) fontes reais seriam os pressupostos de fato da tributação, ou seja, os suportes fáticos das imposições tributárias, isto é, as situações definidas em lei como as necessárias e suficientes à sua ocorrência; b) fontes formais seriam as formas de exteriorização do direito, ou seja, os atos normativos pelos quais o direito tributário cria corpo e nasce para o mundo jurídico, como: norma constitucional, emenda à Constituição, lei complementar, tratado e convenção internacional, lei ordinária, lei delegada, medida provisória, decreto regulamentador, norma complementar (ato normativo expedido pela autoridade administrativa; decisão de órgão singular ou coletivo de jurisdição administrativa, com eficácia normativa; prática reiterada observada pela autoridade administrativa; convênio que entre si celebrem a União, o Estado, o Distrito Federal e o Município). **3.** Jurisprudência; jurisprudência administrativa contendo solução de órgãos fiscais de julgamento, que não tem força de coisa julgada; doutrina.

FONTES MEDICINAIS. **1.** Nascente de água dotada de qualidade medicinal ou terapêutica, seja ela radioativa, mineral, fria ou termal. **2.** Matérias-primas, mesmo não líquidas, utilizadas no fabrico de medicamentos (Pourchet Campos).

FONTES NORMATIVAS DA COMPRA E VENDA INTERNACIONAL. *Direito internacional privado.* Normas disciplinadoras da compra e venda internacional, como: a) convenção de Haia, de 1955, 1958 e 1964; b) convenção de Viena, de 1980; c) regulamento das modalidades usuais na compra e venda internacional, resultante de três fontes: *Inconterms*, publicado pela Câmara de Comércio Internacional (CCI), que são normas interpretativas dos termos comerciais usualmente aceitos; *Revised American Foreign Trade Definitions*, de 1941, publicado pelo comitê conjunto integrado pela *Chamber of Commerce of the USA*, o *National Council of American Importes, Inc.* e o *National Foreign Trade Council, Inc.*, cujas definições encontram-se ajustadas ao *Uniform Commercial Code* (UCC) dos EUA; e condições gerais de venda, regulamentações detalhadas a respeito das particularidades negociais, como preço, entrega de bens, prazo, pagamentos etc., elaboradas pela Comissão Econômica para a Europa da ONU e muito utilizadas pelos países membros do COMECON; d) regras e práticas uniformes em matéria de créditos documentados, de 1962, publicadas pela Câmara de Comércio Internacional; e) regras uniformes para cobrança, de efeitos comerciais, publicadas em 1967 pela CCI; f) contratos-tipos, ou seja, fórmulas de contrato, padronizadas, com numerosos pontos comuns, diferindo entre si apenas quanto às particularidades de ramo do comércio, adaptando-se às necessidades de cada classe de mercadorias.

FONTE SELADA. *Direito ambiental.* Fonte radioativa encerrada hermeticamente em uma cápsula, ou ligada totalmente a material inativo envolvente, de forma que não possa haver dispersão de substância radioativa em condições normais e severas de uso.

FONTE SUBSTANCIAL. *Vide* FONTE MATERIAL e FONTE DE PRODUÇÃO.

FONTE TERMAL. Nascente que verte água quente.

FOOD POISONING. *Locução inglesa.* Intoxicação alimentar.

FOOTBALL FIELD. *Locução inglesa.* Campo de futebol.

FOOTPATH. *Termo inglês.* Pista para pedestres.

FOR. *Direito internacional privado. Vide* CLÁUSULA FOR.

FORA. 1. *Teoria geral do direito.* Termo utilizado para desencadear o raciocínio, segundo aque-les que consideram a analogia como uma relação entre os termos sobre os quais incide a conclusão (Tema), alusivos ao caso omisso, e os termos que servem para desencadear o raciocínio (Fora), relativos a lei que prevê caso similar (Tércio Sampaio Ferraz Jr.). **2.** Nas *linguagens comum* e *jurídica,* tem o sentido de: a) parte exterior; face externa; b) terceiro alheio a uma relação jurídica; c) local diverso do da residência habitual; d) em país estranho; e) além de um certo lugar; f) em exclusão.

FORA-DA-LEI. *Direito penal.* Marginal; criminoso; delinqüente.

FORA DO COMÉRCIO. *Direito civil.* Bem que não pode ser objeto de comércio, sendo insuscetível de apropriação e legalmente inalienável.

FORA DOS AUTOS. *Direito processual.* **1.** O que se processa em autos apartados, embora possa ser apensado nos autos principais, de forma a ser decidido simultaneamente, como ocorre com determinadas medidas cautelares. **2.** O que não se encontra nos autos de certo processo, seja ato, documento, fato, que, por isso, não pode ser considerado pelo órgão judicante ao prolatar a decisão.

FORAGIDO. *Direito penal.* **1.** Aquele que está escondido para escapar da ação da Justiça. **2.** Refugiado em outro país.

FORAIN. *Termo francês.* Estrangeiro.

FORAL. 1. *História do direito.* a) Carta de lei pela qual o monarca regulava a administração das terras conquistadas, lançava tributos e concedia privilégios a indivíduos ou corporações; b) carta de lei que prescrevia a postura municipal de uma cidade, isto é, as normas que deviam ser seguidas pelo Conselho, válidas para todos os seus habitantes; c) carta ou título de aforamento de terras; d) regulamento especial pelo qual se administravam determinadas repartições públicas; e) local junto às igrejas onde se administrava a Justiça. **2.** *Direito comparado.* Lei local empregada em certos países, por exemplo, na Espanha, aplicável de acordo com a *vecindad.*

FORALEIRO. *História do direito.* Concernente a foral.

FORALENGO. *História do direito.* Que inseria privilégios de carta foral.

FORAMONTÃO. *História do direito.* **1.** Povoado que pagava ao seu senhor foro de montaria. **2.** Lugar que pagava o foro imposto sobre casas de prostituição.

FOR 618 FORÂNEO

FORÂNEO. *Direito internacional privado.* Estrangeiro; ádvena; alienígena; o que não é originário do local em que está.

FORBIDDEN. *Termo inglês.* Proibido.

FORCA. 1. *Medicina legal.* Corda com que alguém se enforca. **2.** *História do direito.* a) Instrumento usado na execução da pena de morte por enforcamento; b) cadafalso.

FORÇA. 1. Na *linguagem jurídica* em geral, significa: a) poder; autoridade; b) violência; c) vigor; d) energia; e) potência; f) possibilidade econômica; ativo; g) constrangimento físico; h) princípio de ação; i) imposição legal; j) ato ou efeito de obrigar ou compelir. **2.** *Retórica jurídica.* Qualidade de transmitir intensamente impressões pela vivacidade ou lógica da expressão. **3.** *Direito penal.* Estupro. **4.** *Direito militar.* Tropas; destacamento militar.

FORÇA AÉREA. *Direito militar.* Aviação militar.

FORÇA AÉREA BRASILEIRA. *Vide* FAB.

FORÇA ALCOÓLICA. *Direito alfandegário.* Teor de álcool existente nas bebidas, sendo fator importante para efeito de tributação em certos regimes em que o imposto de importação se baseia na graduação alcoólica.

FORÇA ARMADA. *Direito militar.* **1.** Força militar. **2.** Marinha de Guerra.

FORÇA DA HERANÇA. *Direito civil.* Soma do valor dos bens hereditários; capacidade do espólio; possibilidade econômica da herança.

FORÇA DA LEI. *Teoria geral do direito.* Vigor normativo; é a qualidade do preceito legal relativo à força vinculante, pois não há como subtrair-se ao seu comando. O vigor decorre da vigência da norma, já que sua obrigato-riedade surge com seu nascimento e perdura durante sua existência específica. É preciso não olvidar que uma norma não mais vigente, por ter sido revogada, poderá continuar vinculante, tendo vigor para casos anteriores à sua revogação. Assim continuará produzindo seus efeitos, ante o fato de que se deve respeitar o ato jurídico perfeito, o direito adquirido e a coisa julgada.

FORÇA DE APOIO. *Direito ambiental* e *direito militar.* Organização Militar das Forças Armadas, Organização Policial-Militar ou de Bombeiros Militares, Repartições da Polícia Federal, da Polícia Civil Estadual e de outras Polícias, que tenham jurisdição na área em que a *proteção física* se faça necessária e que sejam capazes de apoiar o Sistema de Proteção ao Programa Nuclear Brasileiro.

FORÇA DE COISA JULGADA. *Direito processual.* **1.** Imutabilidade da sentença; autoridade de coisa julgada, tendo a sentença a força de lei entre as partes. **2.** *Vide* COISA JULGADA.

FORCADO. *Direito agrário.* **1.** Instrumento apropriado para lavoura, contendo uma haste de pau ou de metal terminada em duas ou três pontas, semelhante a um garfo, com que se remexe a palha, por exemplo. **2.** Diz-se do animal que tem o pé fendido. **3.** Quantidade de estrume, feno etc., levantada com o forcado de uma só vez.

FORÇADO. 1. *Teoria geral do direito.* Imposto por lei; obrigatório. **2.** *Direito militar.* Ritmo de marcha acelerada sem descanso. **3.** *Direito agrário.* Animal de serviço que apresenta lesão oriunda de excesso de esforço. **4.** *História do direito.* Condenado a trabalhos públicos ou à galé. **5.** *Direito civil* e *direito penal.* Constrangido.

FORÇA DO EXÉRCITO. *Direito militar.* Contingente da arma de terra.

FORÇA DO MAR. *Direito militar.* Armada; Marinha de Guerra.

FORÇA DO NEGÓCIO. *Direito civil* e *direito comercial.* **1.** Possibilidade econômica do ato negocial. **2.** Capacidade de um negócio obter êxito.

FORÇADOR. *História do direito.* Esbulhador.

FORÇA ELETROMOTRIZ. É a produtora do movimento de eletricidade em forma de corrente elétrica, tendo por unidade o volt. Será positiva se aumentar o potencial, como se dá com a pilha ou dínamo, e negativa se diminuir o potencial, como sucede no motor, por exemplo. Variação de potencial independente da resistência do circuito condutor de eletricidade. Grandeza medida em volts.

FORÇA ESPOLIATIVA. *Direito civil* e *direito processual civil.* Esbulho. A lei confere ao possuidor a possibilidade de recuperar a posse perdida por ação de reintegração dentro do prazo de ano e dia, contado da espoliação sofrida ou ação ordinária após ano e dia.

FORÇA ESTRANGEIRA. *Direito internacional público.* **1.** Contingente militar alienígena. **2.** Constitui o agrupamento ou contingente de Força Armada de outra nação, bem como o navio, a aeronave e a viatura que pertençam ou estejam a serviço dessas forças.

FORÇA ESTRANHA. *Direito civil.* Poder externo, alheio à vontade das partes, que interfere no ato negocial, como a força maior ou o caso fortuito, cujos efeitos são inevitáveis.

FORÇA EXECUTIVA. 1. *Direito processual civil.* Poder ou qualidade de certos títulos em permitir ou possibilitar a execução judicial ou extrajudicial. **2.** *Teoria geral do direito.* Qualidade do direito de poder ser exercido.

FORÇA EXECUTÓRIA. *Vide* FORÇA EXECUTIVA.

FORÇA EXPEDICIONÁRIA. *Direito militar.* Unidade militar, integrante das Forças Armadas, destacada para realizar determinadas missões especiais.

FORÇA IMINENTE. *Direito civil* e *direito processual civil.* Ameaça à posse que dá ao possuidor o direito de neutralizá-la por meio de interdito proibitório.

FORÇA IRRESISTÍVEL. *Direito civil.* Poder que não se consegue contrastar, como a força maior, o caso fortuito e a coação.

FORÇA MAIOR. *Vide* CASO DE FORÇA MAIOR.

FORÇAMENTO. *Direito penal.* Ato de violentar uma mulher.

FORÇA MILITAR. *Direito militar.* É a força de terra do País, que abrange o exército e a força policial.

FORÇA MOTORA. 1. *Direito empresarial.* É a que produz movimento, gerada por um motor, ao acionar uma máquina. **2.** *Direito tributário.* É a potência de energia elétrica ou de vapor usada numa indústria, constituindo importante elemento para o cálculo do imposto devido.

FORÇA NATURAL. *Direito civil.* Fato, violento ou não, advindo da natureza.

FORÇA NOVA. *Direito processual civil* e *direito civil.* **1.** Ação em caso de esbulho que se deu em menos de ano e dia; inicia-se pela expedição do mandado liminar, a fim de reintegrar o possuidor imediatamente na sua posse. **2.** *Vide* AÇÃO DE FORÇA ESPOLIATIVA.

FORÇA NOVA ESPOLIATIVA. *Vide* FORÇA NOVA.

FORÇA POLICIAL. *Direito militar.* **1.** Corporação militar incumbida de manter a ordem e a segurança públicas. **2.** Trata-se da milícia estadual ou do contingente policial do Estado.

FORÇA PRIVADA. *Direito civil.* **1.** Legítima defesa da posse, em que o possuidor turbado pode reagir, sem demora, pessoalmente ou por sua própria força, contra o turbador, desde que o ato turbativo seja real e atual, mediante emprego de meios estritamente necessários para manter-se na posse. **2.** Desforço imediato pelo qual o possuidor esbulhado pode agir pessoalmente, assumindo toda a responsabilidade, ou ser ajudado por amigos e serviçais, empregando todos os meios necessários, inclusive armas, até conseguir recuperar sua posse, reação esta que deverá ser imediata ou assim que lhe for possível agir. **3.** Legítima defesa, estado de necessidade, como defesas de um direito. **4.** Conjunto de forças particulares de um Estado ou de uma empresa. **5.** Iniciativa privada no contexto socioeconômico.

FORÇA PROBANTE. *Direito processual.* Valor de prova de certo ato ou documento público ou particular, ante sua autenticidade, comprovando a veracidade de um fato.

FORÇA PROBATÓRIA. *Vide* FORÇA PROBANTE.

FORÇA PRÓPRIA. *Vide* FORÇA PRIVADA.

FORÇA PÚBLICA. *Direito militar.* **1.** Corporação policial-militar que assegura a ordem pública; trata-se da polícia militar. **2.** *Vide* FORÇA POLICIAL.

FORÇAR. 1. Constranger; obrigar. **2.** Violentar, estuprar. **3.** Obter algo empregando violência moral. **4.** Subjugar; vencer. **5.** Desviar; fazer mudar. **6.** Corromper. **7.** Dar uma interpretação inexata a uma norma.

FORÇAR A PORTA. *Direito penal.* Arrombar a porta.

FORÇAR AS LINHAS. *Direito militar.* Desbaratar as linhas.

FORÇAR AS VENDAS. *Direito comercial.* Incrementar vendas por todos os meios que forem possíveis.

FORÇA RESISTENTE. *Ciência política.* Força que se opõe a um movimento.

FORÇAR OS MASTROS. *Direito marítimo.* Aumentar o número de velas para que o navio navegue mais rapidamente.

FORÇAS. *Direito militar.* Forças Armadas; poderio militar de uma nação: Exército, Marinha e Aeronáutica.

FORÇAS ARMADAS. *Direito militar.* As três armas de um país: Exército, Marinha e Aeronáutica. São instituições nacionais permanentes e organizadas, tendo por base a disciplina e a hierarquia, com o escopo de garantir os poderes constitucionais, a lei, a ordem pública e de defender o país. Cabe às Forças Armadas, como atribuição subsidiária geral, cooperar com o desenvolvimento nacional e a defesa civil, na forma determinada pelo Presidente da República. Tem a Marinha, como atribuições subsidiárias particulares: a) orientar e controlar a Marinha Mercante e suas atividades correlatas, no que interessa à defesa nacional; b) prover a segurança da navegação aquaviária; c) contribuir para a formulação e condução de políticas nacionais que digam respeito ao mar; d) implementar e fiscalizar o cumprimento de leis e regulamentos, no mar e nas águas interiores, em coordenação com outros órgãos do Poder Executivo, federal ou estadual, quando se fizer necessário, em razão de competências específicas. Cabe à Aeronáutica, como atribuições subsidiárias particulares: a) orientar, coordenar e controlar as atividades de Aviação Civil; b) prover a segurança da navegação aérea; c) contribuir para a formulação e condução da Política Aeroespacial Nacional; d) estabelecer, equipar e operar, diretamente ou mediante concessão, a infra-estrutura aeroespacial, aeronáutica e aeroportuária; e) operar o Correio Aéreo Nacional.

FORÇAS MILITARES DE UM ESTADO. São as Forças Armadas de um Estado que forem organizadas, treinadas e equipadas de acordo com sua legislação nacional com o propósito primordial de defesa ou segurança nacional, bem como as pessoas que apóiem essas Forças Armadas e estejam sob seu comando, controle e responsabilidade formal.

FORÇA-TAREFA. 1. *Direito alfandegário.* É a instituída no âmbito do Ministério da Justiça para atuar no Estado do Rio de Janeiro, tendo como objetivo, dentre outros, intensificar naquele Estado: a) o patrulhamento naval na Baía de Guanabara e na costa do Estado, com a participação conjunta da Marinha do Brasil e do Departamento de Polícia Federal do Ministério da Justiça; b) o patrulhamento nas estradas de acesso ao Estado, com a participação conjunta do Departamento de Polícia Federal e do Departamento de Polícia Rodoviária Federal do Ministério da Justiça; e c) o controle da entrada de *containers* em portos, aeroportos e postos de fronteira, com a participação conjunta do Departamento de Polícia Federal e da Secretaria da Receita Federal do Ministério da Fazenda. **2.** *Direito penal* e *direito alfandegário.* Grupo operacio-

nal composto por membros indicados pela Alfândega do Aeroporto Internacional do Rio de Janeiro e pela Delegacia Especial no aeroporto internacional para prevenir e reprimir o tráfico ilícito de entorpecentes e drogas afins, o contrabando e o descaminho, a lavagem de dinheiro e defender os bens e os próprios da União.

FORÇA-TRABALHO. *Direito do trabalho.* Capacidade laborativa ou de produção do empregado ou de um grupo de trabalhadores de certo núcleo da empresa.

FORÇA VELHA. *Direito processual civil.* Ação de reintegração (ação de força velha espoliativa) quando o esbulho é de mais de ano e dia, na qual o magistrado fará citar o réu para que ofereça sua defesa, confrontando as suas provas com as do autor e assim decidindo quem terá a posse.

FORÇA VELHA ESPOLIATIVA. *Vide* FORÇA VELHA.

FORCEJO. 1. Ato ou efeito de fazer esforços, empenhando-se para conseguir algo. **2.** Ato de lutar para resistir ou para vencer.

FÓRCEPS. *Medicina legal.* Instrumento obstétrico usado para facilitar a expulsão da criança que está nascendo.

FÓRCIPE. *Vide* FÓRCEPS.

FORCIPRESSÃO. *Medicina legal.* Compressão cirúrgica de um vaso sangüíneo secionado, utilizando-se uma pinça para evitar hemorragia.

FORCIPRESSÃO FÍSICA DE ICARD. *Medicina legal.* Meio para comprovação de morte que consiste em comprimir com pinça uma dobra da pele e depois soltar; se esta se distender, retomando seu aspecto normal, é sinal que ainda há vida; se a pele permanecer dobrada, apergaminhando-se, está confirmado o óbito.

FORÇOSO. Necessário; fatal; inevitável.

FORDISMO. *Economia política.* Conjunto de teorias relativas à administração industrial proposto por Henry Ford.

FOREHAND RENT. *Locução inglesa.* **1.** Luvas. **2.** Aluguel antecipado.

FOREIGNER. *Termo inglês.* Estrangeiro.

FOREIGN OFFICE. *Locução inglesa.* Designação dada ao Ministério das Relações Exteriores, na Inglaterra.

FOREIGN SOVEREIGN IMMUNITIES ACT. *Direito internacional público.* Lei norte-americana de 1976 que aboliu a imunidade estatal nas ações ou fei-

FOREIRO

tos relacionados com danos (lesões corporais ou morte) causados por Estado estrangeiro no território local, por exemplo, por um veículo da embaixada da França (Rezek).

FOREIRO. *Direito civil.* **1.** Relativo a foro. **2.** Enfiteuta que, tendo o domínio útil, paga foro anual ao senhorio direto.

FORENSE. *Direito processual.* **1.** Referente ao foro judicial. **2.** Relativo aos juízos e tribunais.

FORENSIA NEGOTIA. *Locução latina.* Negócio forense; causa judicial.

FORENSIS PULVIS. *Locução latina.* Questões debatidas ou discutidas no foro.

FOREVER! *Locução inglesa.* Para sempre!

FORFAIT. *Termo francês.* **1.** Contrato aleatório. **2.** Venda de coisa futura. **3.** No turfe, soma que o proprietário de um cavalo inscrito é obrigado a pagar se o retirar do páreo ou se não comparecer à corrida.

FORFAITING. *Direito internacional privado.* Contrato de comércio exterior pelo qual o exportador adquire, com os lucros, títulos vinculados à exportação, resgatáveis num prazo até sete anos, possibilitando isenção da responsabilidade civil dos emissores ou aceitantes dos documentos de crédito. É a compra de instrumentos de crédito, vinculados à exportação a prazos médios por uma instituição bancária internacional, ou *forfaitor*, sem contingências especiais, no futuro, para o exportador. O banco compra, com considerações de um desconto, notas promissórias ou letras de câmbio, vinculadas a um negócio de exportação, assumindo todos os riscos, inclusive pela inadimplência do importador ou devedor principal (Rasmussen).

FORFEIT. *Termo inglês.* **1.** Perda legal de um direito ou propriedade, por crime ou inadimplemento obrigacional. **2.** Multa. **3.** Penalidade.

FORGERY. *Termo inglês.* Falsificação.

FORI CONSUETUDO. *Locução latina.* Praxe forense.

FORJADO. 1. *Direito empresarial.* Fabricado na forja, no forno de fundição etc. **2.** Na *linguagem jurídica* em geral: falsificado, inventado.

FORMA. 1. *Direito civil.* a) Meio pelo qual se externa a manifestação da vontade nos negócios jurídicos, para que possam produzir efeitos jurídicos (R. Limongi França); b) modo de proceder segundo as normas. **2.** Na *linguagem filosófica,* significa: a) que se opõe à matéria, ao conteúdo ou à substância; b) categoria como forma do

entendimento; c) idéia como forma da razão; d) estrutura; e) causa ou princípio; f) o que determina a matéria; aquilo pelo qual uma coisa é o que é; g) tempo e espaço como formas puras; *a priori,* da sensibilidade. **3.** *Lógica jurídica.* a) Diz-se do argumento ou raciocínio que conclui pela força da forma; b) conceito (forma de extensão e de compreensão; c) juízo (forma afirmativa ou negativa). **4.** *Direito processual.* Conjunto de regras que deve ser seguido no processo. **5.** *Direito militar.* Alinhamento de tropas. **6.** *Direito autoral.* Caráter de estilo de uma obra literária ou artística. **7.** *Sociologia jurídica.* Aspecto de um complexo cultural, cujas expressões podem ser observadas e transmitidas de uma sociedade a outra; estrutura social. **8.** *Direito de propriedade industrial.* Modelo industrial; molde etc. **9.** Na *linguagem da mineração,* é a concentração de pedras mais pesadas na peneira em virtude das rotações dadas pelo garimpeiro.

FORMA AD PROBATIONEM TANTUM. *Direito civil* e *teoria geral do direito.* É a necessária para provar certo ato ou negócio jurídico, mostrando sua materialidade ou a forma pela qual a vontade se exteriorizou.

FORMA AD SOLEMNITATEM. *Direito civil* e *teoria geral do direito.* Solenidade que deve ser seguida por imposição de lei, para a celebração de certo ato ou negócio jurídico válido.

FORMA AD SUBSTANTIAM ACTUS. *Vide* FORMA *AD SOLEMNITATEM.*

FORMA ATIVA. *Direito civil.* Negócio em que o agente modifica o mundo exterior, de modo a expressar sua vontade ou praticar atos pelos quais se pode deduzir seu querer (Antônio Junqueira de Azevedo).

FORMAÇÃO. 1. Ato ou efeito de formar. **2.** Constituição. **3.** Maneira pela qual uma coisa se forma. **4.** Instrução; educação. **5.** Disposição ordenada. **6.** Alinhamento de tropas militares; disposição de tropas numa operação. **7.** Disposição de aeronaves de uma esquadrilha em vôo. **8.** Caráter.

FORMAÇÃO DA CULPA. *Direito processual penal.* Fase do processo criminal em que se determinam a existência, natureza e circunstâncias do crime, averiguando judicialmente a culpabilidade do acusado e sua responsabilidade penal.

FORMAÇÃO DA INSTÂNCIA. *História do direito.* Equivalia na técnica processual anterior à atual formação do processo.

FORMAÇÃO DE ILHAS. *Direito civil.* Modalidade de aquisição originária da propriedade imobiliária, que se dá quando alguém adquire um bem, sem que este lhe tenha sido transmitido por alguém por meio da acessão natural. Tal acessão se dá em correntes comuns, em virtude de movimentos sísmicos, depósito paulatino de areia, cascalho ou fragmentos de terra, trazidos pela própria corrente, ou rebaixamento de águas, deixando uma parte do fundo ou do leito descoberto e a seco. Pertencerão essas ilhas ao domínio particular, ou seja, aos proprietários ribeirinhos, desde que se observem as seguintes regras: a) se as ilhas se formam no meio do rio, serão distribuídas aos terrenos ribeirinhos, na proporção de suas testadas, até a linha que dividir o álveo em duas partes iguais; b) se as ilhas surgirem entre a linha mediana do rio e uma das margens, serão tidas como acréscimos dos terrenos ribeirinhos fronteiros desse mesmo lado, nada lucrando os proprietários situados em lado oposto; c) se um braço do rio abrir a terra, a ilha que resultar desse desdobramento continua a pertencer aos proprietários à custa de cujos terrenos se constituiu. Se o rio for público, a ilha formada pelo desdobramento do novo braço pertencerá ao domínio público, mediante prévia indenização ao proprietário que foi prejudicado.

FORMAÇÃO DE PIQUETES. *Direito do trabalho.* Ato de um grupo de operários postar-se na porta do estabelecimento para evitar a entrada dos que não aderiram à greve.

FORMAÇÃO DE QUADRILHA. *Direito penal.* Ato em que dois ou mais indivíduos se associam para perpetrar crimes.

FORMAÇÃO DO JUÍZO. *Vide* FORMAÇÃO DO PROCESSO.

FORMAÇÃO DO PROCESSO. *Direito processual civil.* **1.** Início do processo civil por iniciativa da parte, desenvolvendo-se por impulso oficial. Forma-se com o despacho da petição inicial ou com sua distribuição, onde houver mais de uma vara, produzindo efeitos após a citação válida do réu. **2.** Processo que tende a constituir o convencimento do juiz.

FORMA CONSENSUAL. *Direito civil.* **1.** Qualquer meio de exteriorização da vontade dos negócios jurídicos, desde que não previsto em norma jurídica como obrigatório. O negócio perfaz-se por qualquer meio pelo qual se apure a emissão volitiva. **2.** Palavra escrita ou falada,

gestos e até mesmo o silêncio, que, como declaração tácita da vontade, conforme o caso, tem a mesma validade das manifestações expressas. **3.** *Vide* FORMA LIVRE, FORMA GERAL E FORMA NÃO SOLENE.

FORMA CONTRATUAL. *Direito civil.* É a eleita pelas partes, pois o Código Civil estabelece que os contratantes num contrato podem determinar, mediante uma cláusula, o instrumento público para a validade do negócio.

FORMA DAT ESSE REI. *Expressão latina.* A forma dá o ser à coisa.

FORMA DE GOVERNO. *Teoria geral do Estado.* **1.** Modo pelo qual o Estado é governado. **2.** Modo de formação dos órgãos essenciais do Estado, atribuindo-lhes funções, concentrando ou desconcentrando poderes, autocrática ou democraticamente, absoluta ou controladamente (Nelson Saldanha). Atualmente, são duas as formas de governo consideradas: a Monarquia e a República. **3.** *Vide* MONARQUIA e REPÚBLICA.

FORMA DESCONTÍNUA. *Direito agrário.* É aquele trabalho em que, mesmo havendo períodos de interrupção não superior a três anos, forma-se convicção de que o exercício de atividade rural não ocorreu em caráter eventual.

FORMA DE TRATAMENTO EPISTOLAR. *Direito civil.* Maneira de se dirigir a autoridades em correspondência epistolar. Por exemplo, ao presidente e vice-presidente da República, deve-se subscrever o envelope, sem uso de abreviatura, com o vocativo Excelentíssimo Senhor (nome da pessoa), Digníssimo presidente, ou vice-presidente da República Federativa do Brasil; ao magistrado, com uso de abreviatura, endereça-se assim: Exmo. Sr. Dr. (nome da pessoa); ao bispo, dirige-se com o seguinte vocativo: Reverendíssimo Senhor Dom (nome da pessoa).

FORMA DISTINTIVA. *Direito de propriedade industrial.* Exigência para que o nome possa constituir-se marca registrável. Funda-se no seu aspecto exterior característico essencial, que venha a distingui-la de outras.

FORMADO. **1.** Aquele que colou grau numa escola de ensino superior. **2.** Constituído. **3.** Em ordem; alinhado. **4.** Aquele cujo corpo adquiriu as formas da idade adulta.

FORMA DO ATO ADMINISTRATIVO. *Direito administrativo.* Meio de exteriorização do ato administrativo, sem o qual não pode existir (Celso Antônio Bandeira de Mello).

FORMA DO ATO JURÍDICO. *Vide* FORMA DO NEGÓCIO JURÍDICO.

FORMA DO NEGÓCIO JURÍDICO. *Direito civil.* Meio pelo qual se externa a emissão da vontade. Em princípio, é dotada de poder criador do negócio jurídico, salvo quando a lei requer a observância de certas solenidades para que tenha eficácia jurídica, por integrarem a substância do negócio. Nossa legislação inspira-se pelo princípio da forma livre, o que significa que a validade da declaração volitiva só dependerá de forma especial ou determinada quando a norma jurídica explicitamente o exigir.

FORMA ESPECIAL. *Direito civil.* Também denomina-da forma essencial, forma legal e forma solene. É o conjunto de solenidades que a lei estabelece como requisito para a validade de determinados negócios jurídicos. Tem por escopo garantir a autenticidade dos negócios, assegurar a livre manifestação da vontade das partes, além de chamar a atenção para a seriedade dos negócios que estão praticando e facilitar sua prova. A forma especial pode ser dividida em: única, plural ou genérica.

FORMA ESSENCIAL. *Vide* FORMA ESPECIAL.

FORMA EXPRESSA. *Direito civil.* Meio pelo qual o agente expressa sua vontade por palavras escritas ou verbais.

FORMA EXTERNA. *Direito civil.* Trata-se da forma extrínseca, sendo o modo pelo qual certo ato negocial se apresenta. É a exteriorização do ato.

FORMA EXTRÍNSECA. *Vide* FORMA EXTERNA.

FORMA FARMACÊUTICA. Estado final de apresentação que os princípios ativos farmacêuticos possuem após uma ou mais operações farmacêuticas executadas com a adição de excipientes apropriados ou sem a adição de excipientes, a fim de facilitar a sua utilização e obter o efeito terapêutico desejado, com características apropriadas a uma determinada via de administração.

FORMA GENÉRICA. *Direito civil.* Subdivisão da forma especial, que implica solenidade mais geral, imposta pela norma jurídica (R. Limongi França). Por exemplo, ocorre quando a lei, ao aludir a empreitada, fala na necessidade de instruções escritas, que podem ser apresentadas sob qualquer forma gráfica, desde simples epístola até escritura pública.

FORMA GERAL. *Vide* FORMA CONSENSUAL.

FORMA HABILITANTE. *Direito civil.* **1.** Solenidade necessária para que o interessado incapaz possa exercer direitos. Assim, se sua incapacidade for absoluta, deverá ser representado e, se for relativa, deverá ser assistido pelo representante legal. Logo, a representação e a assistência suprem certas incapacidades, habilitando o incapaz ao exercício de direitos e à prática de atos na vida civil. **2.** Para alguns autores, seria o mesmo que FORMA INTRÍNSECA (De Plácido e Silva).

FORMA INTERNA. *Vide* FORMA INTRÍNSECA.

FORMA INTRÍNSECA. *Direito civil e teoria geral do direito.* Refere-se ao conteúdo, condições e requisitos para a eficácia do ato ou negócio jurídico.

FORMAL. 1. Na *linguagem jurídica* em geral, quer dizer: a) o que se refere à forma; b) o que está adstrito a determinada forma prevista em lei; c) protocolar, cerimonioso; d) residência dentro de propriedade enfitêutica; e) declarado, explícito, peremptório, manifesto; f) textual, preciso; g) carta judicial de partilha; h) aquilo que possui existência atual, segundo os escolásticos. **2.** *Lógica jurídica.* Parte da lógica que tem por objeto as operações do entendimento e as regras que aí se aplicam, enquanto essas operações são consideradas unicamente na sua forma (Lalande).

FORMAL DE PARTILHA. *Direito civil.* Título expedido após o trânsito em julgado da sentença homologatória da partilha, discriminando o quinhão do herdeiro, com a força executiva contra o inventariante, os demais herdeiros ou legatários e seus sucessores, e não contra terceiros, cujos direitos são ressalvados pelo próprio magistrado que preside o inventário. É apenas exeqüível entre os que se habilitaram no processo de inventário. Além disso, urge lembrar que a imutabilidade, representada pela coisa julgada, restringe-se tão-somente a quem foi parte (*res inter alios judicata, aliis non praejudicare*, Digesto, 42. I. 63), não beneficiando e nem lesando terceiros.

FORMA LEGAL. *Vide* FORMA ESPECIAL.

FORMA LEGIS OMISSA, CORRUIT ACTUS. *Aforismo jurídico.* Sendo omitida a forma legal, o ato é nulo.

FORMALIDADE. 1. Requisito formal prescrito em lei para a validade, prova ou oponibilidade contra terceiro de um ato ou negócio jurídico. **2.** Modo de proceder. **3.** Praxe judicial. **4.** Cerimônia; etiqueta. **5.** Procedimento formal na execução de determinados atos civis, empresariais, judiciários etc. **6.** Cumprimento de exigência burocrática sem importância. **7.** Qualidade de ser formal. **8.** Substancialidade.

FORMALIDADE ESSENCIAL. *Vide* FORMALIDADE INTRÍNSECA.

FORMALIDADE EXTRÍNSECA. *Direito civil.* Forma exterior da manifestação da vontade que constitui prova do ato. Indica o elemento material formador de ato ou negócio jurídico.

FORMALIDADE INTRÍNSECA. *Direito civil.* Formalidade cujo cumprimento é indispensável para a eficácia jurídica do ato por aludir ao seu conteúdo, condições ou requisitos exigidos pela lei para tanto. É também denominada formalidade essencial, formalidade substancial e formalidade visceral.

FORMALIDADE SUBSTANCIAL. *Vide* FORMALIDADE INTRÍNSECA.

FORMALIDADE VISCERAL. *Vide* FORMALIDADE INTRÍNSECA.

FORMALISMO. 1. *Direito civil.* Conjunto de formalidades ou solenidades que deve ser obedecido para que um ato ou negócio jurídico seja válido. **2.** Na *linguagem filosófica,* quer dizer: a) observância excessiva à forma; b) teoria que propugna que as verdades científicas são puramente formais, repousando sobre definições de símbolos; c) consideração feita exclusivamente sob o prisma formal, negando a existência ou a importância do elemento material numa ordem do conhecimento; d) sistema que se prende muito às formalidades. **3.** *Sociologia jurídica.* Obediência a regras que não têm mais o significado originariamente atribuído.

FORMALISMO ADMINISTRATIVO. *Direito administrativo.* Conjunto de formalidades que exterioriza a vontade da administração pública e que deve ser observado para que o ato administrativo possa irradiar efeitos jurídicos.

FORMALISMO JURÍDICO. *Filosofia do direito* e *teoria geral do direito.* **1.** Teoria que preconiza a rigorosa e excessiva obediência ao texto legal, como o Exegetismo, a Escola Analítica e o Pandectismo. **2.** Teoria Kelseniana que confina o conhecimento científico-jurídico a uma perspectiva normativista, estabelecendo uma rigorosa atitude metódica que deve manter-se alheia a aspectos axiológicos e sociais, tendo por objeto único a norma jurídica. Trata-se de uma epistemologia jurídica e, enquanto tal, como diz

Legaz y Lacambra, plenamente autorizado está o formalismo Kelseniano. Para Kelsen, a ciência jurídica é que é pura forma e não o direito, pois o que pretendeu construir foi uma teoria geral, conquanto depurada, do direito. **3.** Vício conhecido na teoria jurídica como formalismo ou conceitualismo. Consiste numa atitude que procura encobrir e minimizar a necessidade de eleição de um dos possíveis sentidos da norma, uma vez que a norma geral já foi estabelecida, congelando, assim, o seu significado, de modo que seus termos gerais tenham obrigatoriamente o mesmo significado em todos os casos de sua aplicação, eliminando-se, desse modo, a incerteza (Hart).

FORMALISTA. *Filosofia do direito* e *teoria geral do direito.* **1.** Referente ao formalismo. **2.** Sectário do formalismo. **3.** Aquele que tem excessivo apego às formalidades. **4.** Diz-se da exegese transformada em fetichismo legal.

FORMALÍSTICA. *Filosofia do direito* e *teoria geral do direito.* **1.** Parte da euremática que trata da forma dos atos jurídicos. **2.** Sistema preso às formalidades. **3.** Sistema fechado de normas.

FORMALÍSTICO. *Filosofia do direito* e *teoria geral do direito.* **1.** Relativo ao formalismo. **2.** Prescrito pela formalidade.

FORMA LIVRE. *Vide* FORMA CONSENSUAL.

FORMALIZAÇÃO. *Direito administrativo.* Modo específico de apresentação da forma; solenização requerida para o ato administrativo, constituindo seu pressuposto formalístico (Celso Antônio Bandeira de Mello).

FORMALIZAÇÃO DE CONTRATO PÚBLICO. *Direito administrativo.* Ato formal exigido para efetivação de contrato público, que pode dar-se por termo, em livro próprio da repartição contratante, ou por escritura pública, nos casos exigidos por lei (Hely Lopes Meirelles).

FORMALIZADO. O que se formalizou.

FORMALIZAR. 1. Na *linguagem filosófica:* a) em sentido lato, substituir uma teoria mais ou menos intuitiva por uma simbólica, com elementos destituídos de qualquer sentido intuitivo e submetidos a uma axiomática; b) em sentido estrito, acrescentar, numa teoria, aos axiomas que lhe são próprios aqueles que caracterizam a lógica que ela utiliza (Lalande). **2.** Na *linguagem jurídica* em geral, quer dizer: a) tornar formal; b) dar forma; c) realizar algo segundo as formalidades legais.

FORMALMENTE. De modo formal.

FORMA LÓGICA. *Lógica jurídica.* **1.** Para a lógica formal, são três as formas lógicas: a simples apreensão, o juízo e o raciocínio (Puigarnau). Por serem operações do espírito, resultam respectivamente nos produtos: conceito ou idéia, proposição e argumentação (Goffredo Telles Jr.). **2.** Desconsideração de objetos e de propriedades de objetos específicos substituindo os termos de significação determinada por quaisquer termos sem significação específica, mas referentes ao objeto em geral. A forma lógica é a estrutura reduzida, liberada da linguagem natural, do sujeito que a emite, desvinculada do objeto particular, contendo símbolos de variáveis e símbolos de constantes (Lourival Vilanova).

FORMA NÃO SOLENE. *Vide* FORMA CONSENSUAL.

FORMANDO. **1.** Aquele que está recebendo formatura em algum grau de estudo. **2.** Bacharelando. **3.** Diplomando.

FORMA OMISSIVA. *Direito civil.* Negócio que se consubstancia em inércia, isto é, nele não há alteração do mundo exterior. Essa inércia também pode dirigir-se diretamente a expressar a vontade (Antônio Junqueira de Azevedo).

FORMA ORDINÁRIA. *Direito processual civil.* Trata-se do procedimento ordinário relativo ao processo de conhecimento.

FORMA PLURAL. *Direito civil.* Subdivisão da forma especial. Ocorre quando a norma jurídica permite a formalização do negócio por vários modos, sendo possível que a parte opte por um deles (R. Limongi França). Por exemplo, pela lei, a criação de fundação pode dar-se por escritura pública ou testamento, competindo a escolha ao fundador.

FORMAR. **1.** Colocar em fila, lado a lado, os animais de uma comitiva. **2.** Derivar. **3.** Tirar a forma. **4.** Fabricar; produzir. **5.** Conceber. **6.** Ter a forma de. **7.** Dispor em certa ordem. **8.** Diplomar-se. **9.** Instruir; aperfeiçoar. **10.** Fundar. **11.** Resolver; decidir.

FORMAS DE ESTADO. *Teoria geral do direito.* Modos de organização do poder estatal em termos de centralização, caso em que se têm as estruturas simples ou Estados unitários, ou de descentralização, hipótese em que se configuram as estruturas complexas ou Estados Federais. Organização do Estado moderno em termos de opção entre unitarismo e federalismo (Nelson Saldanha).

FORMAS DE SOLUÇÃO DE CONFLITOS. *Direito processual.* Modos de resolver litígios, que são: a) mediação, como técnica de negociação processualizada, em que se chega ao acordo de vontades mediante o trabalho técnico de dirigi-las a um ponto comum; b) arbitragem, que significa decisão por árbitro eqüidistante entre as partes, mas desprovido de poder estatal e não integrante do quadro dos agentes públicos jurisdicionais; c) sentença judicial, provinda de magistrado inserido entre os agentes públicos da atividade jurisdicional do Estado (Sálvio de Figueiredo Teixeira).

FORMAS DE VIOLÊNCIA DOMÉSTICA E FAMILIAR CONTRA A MULHER. *Direito penal.* Dentre elas: a) a violência física, entendida como qualquer conduta que ofenda sua integridade ou saúde corporal; b) a violência psicológica, entendida como qualquer conduta que lhe cause dano emocional e diminuição da auto-estima ou que lhe prejudique e perturbe o pleno desenvolvimento ou que vise degradar ou controlar suas ações, comportamentos, crenças e decisões, mediante ameaça, constrangimento, humilhação, manipulação, isolamento, vigilância constante, perseguição contumaz, insulto, chantagem, ridicularização, exploração e limitação do direito de ir e vir ou qualquer outro meio que lhe cause prejuízo à saúde psicológica e à autodeterminação; c) a violência sexual, entendida como qualquer conduta que a constranja a presenciar, a manter ou a participar de relação sexual não desejada, mediante intimidação, ameaça, coação ou uso da força; que a induza a comercializar ou a utilizar, de qualquer modo, a sua sexualidade, que a impeça de usar qualquer método contraceptivo ou que a force ao matrimônio, à gravidez, ao aborto ou à prostituição, mediante coação, chantagem, suborno ou manipulação; ou que limite ou anule o exercício de seus direitos sexuais e reprodutivos; d) a violência patrimonial, entendida como qualquer conduta que configure retenção, subtração, destruição parcial ou total de seus objetos, instrumentos de trabalho, documentos pessoais, bens, valores e direitos ou recursos econômicos, incluindo os destinados a satisfazer suas necessidades; e) a violência moral, entendida como qualquer conduta que configure calúnia, difamação ou injúria.

FORMA SOLENE. *Vide* FORMA ESSENCIAL.

FORMAS QUALIFICADAS. *Direito penal.* Infrações à lei penal que apresentam o elemento acidental nela previsto, que tornam o crime qualificado.

FORMA TÁCITA. *Direito civil.* Negócio em que não há expressa declaração da vontade, sendo inferida ou deduzida de atos que a revelam.

FORMATAR. *Informática.* Alterar a aparência de um documento criado em processador de texto.

FORMATURA. **1.** Nas *linguagens comum* e *jurídica,* tem o sentido de: a) colação de grau; b) solenidade relativa ao término de um curso; c) graduação em nível médio ou em curso superior; d) ato ou efeito de formar. **2.** *Direito militar.* Disposição ordenada de tropas militares; alinhamento.

FORMA ÚNICA. *Direito civil.* Subdivisão da forma especial, que se dá quando, por lei, não pode ser preterida por outra no entabulamento do negócio jurídico (R. Limongi França). Por exemplo, aquela em que a lei exige escritura pública para pacto antenupcial ou contratos que versem sobre compra e venda ou doação de imóveis.

FORMES CONTRACTUELLES DE POURPARLERS. *Direito internacional privado.* Modelos jurídicos précontratuais.

FORMICÍDIO. *Direito agrário.* Destruição de formigas predadoras que causam danos às plantações.

FORMIGUEIRO. *Direito agrário.* **1.** Toca de formigas. **2.** Colônia de formigas que vivem em tocas no interior da terra. **3.** Supuração do casco dos cavalos.

FORMOLIZAÇÃO. Método de conservação temporária de restos mortais humanos.

FORMULA. *Direito romano.* Instrumento feito pelo pretor, no decorrer do processo, perante o autor e o réu, apresentando a demanda a ser decidida pelo *index unus* ou *recuperatores.*

FÓRMULA. **1.** *Direito desportivo.* Designação, no automobilismo, de categoria, nos carros que correm em alta velocidade. **2.** *Medicina legal.* a) Receita médica contendo uma composição de substâncias para a preparação de remédio; b) relação quantitativa dos farmoquímicos componentes de um medicamento. **3.** *Teoria geral do direito.* a) Expressão de um princípio ou de um preceito; b) modo já estabelecido, com palavras precisas, para a execução, realização ou resolução de um ato; modelo-padrão que serve para a celebração de certos atos jurídicos ou para a redação de atos públicos ou forenses; c) instrução escrita; d) conjunto de palavras rituais. **4.** Na *linguagem filosófica,* significa: a) enunciado conciso e rigoroso que permite a discussão e a dedução (Lalande); b) enunciado preciso e geral que fornece, sem que haja ambigüidade, a regra a seguir numa operação (Kant). **5.** Na *logística,* é a relação algorítmica que contém termos variáveis e que é verdadeira quaisquer que sejam os valores atribuídos e esses termos (Schröder).

FÓRMULA ARTÍSTICA. *Direito autoral.* Esquema de composição próprio de um artista ou de uma época.

FORMULAÇÃO. **1.** Na *linguagem jurídica* em geral: Ato ou efeito de formular. **2.** *Direito do consumidor.* É a associação de ingredientes ativos, solventes, diluentes, aditivos, coadjuvantes, sinergistas, substâncias inertes e outros componentes complementares para obtenção de um produto final útil e eficiente, segundo seu propósito.

FÓRMULA LIVRE. É a feita conforme os interesses da parte, atendendo tão-somente aos requisitos necessários à formação do ato, sem se ater a um modelo padrão a ser seguido.

FÓRMULA OBRIGATÓRIA. *Vide* FÓRMULA SACRAMENTAL.

FÓRMULA PARAMÉTRICA DE REAJUSTE DE PREÇOS DE MEDICAMENTOS (FPR). É a que define os parâmetros para reajustes de preços de medicamentos, bem como estabelece as condições determinantes do regime regulatório de preços.

FORMULAR. **1.** Manifestar, exprimir. **2.** Pôr em fórmula. **3.** Redigir na forma habitual. **4.** Aviar receita; receitar medicamento. **5.** Apresentar. **6.** Desenvolver uma fórmula.

FORMULÁRIA. *Teoria geral do direito.* Parte da euremática que trata da forma extrínseca dos atos jurídicos.

FORMULÁRIO. **1.** *Direito processual.* a) Coletânea de modelos de atos forenses ou judiciários, consagrados pela praxe; b) livro que contém modelos judiciários ou forenses. **2.** *Medicina legal.* Farmacopéia; coleção de fórmulas de medicamentos; receituário. **3.** *Direito canônico.* Livro de orações. **4.** Na *linguagem jurídica* em geral: a) qualquer modelo impresso para pedir, requerer, declarar etc.; b) qualquer coisa em que são preenchidos tão-somente os dados pessoais.

FORMULARISTA. *Direito processual.* Autor de um formulário forense.

FÓRMULA SACRAMENTAL. 1. *Direito civil.* a) Modelo obrigatório que não pode deixar de ser seguido pelo interessado, sob pena de nulidade, por ser condição necessária para a prática de certos atos jurídicos; b) séric de palavras que devem ser pronunciadas para dar validade ao ato. **2.** *Direito canônico.* Conjunto de palavras que devem ser pronunciadas para celebração de um sacramento, sem o qual este não terá valia.

FÓRMULA SOCIAL. 1. Etiqueta; normas de civilidade ou uso que regem as relações sociais mais ou menos cerimoniosas entre os indivíduos. **2.** Conjunto de princípios políticos que constituem a base de uma determinada sociedade política (Laudelino Freire).

FORMULISMO. 1. Apego às fórmulas. **2.** Sistema que pretende reduzir tudo a fórmulas.

FORMULISTA. 1. Relativo ao formulismo. **2.** Quem prescreve fórmulas. **3.** Prático que segue rigorosamente as fórmulas.

FORNALHA. 1. Forno grande que só pode ser instalado junto à parede-meia com autorização do vizinho. **2.** Parte do fogão em que arde o combustível. **3.** O que dá calor ao forno nas locomotivas ou caldeiras.

FORNECEDOR. 1. *Direito do consumidor.* É a pessoa natural ou jurídica, pública ou privada, nacional ou estrangeira, ou ente despersonalizado, que desenvolve atividade de produção, montagem, criação, construção, transformação, importação, exportação, distribuição ou comercialização de produtos ou prestação de serviços. **2.** *Direito comercial.* Aquele que fornece mercadorias, abastecendo estabelecimento empresarial. **3.** *Direito civil.* Hospedeiro, estalajadeiro ou fornecedor de pousada e alimento aos seus hóspedes.

FORNECER. 1. Abastecer. **2.** Proporcionar. **3.** Produzir. **4.** Fazer provisão. **5.** Dar.

FORNECIMENTO. 1. *Vide* CONTRATO DE FORNECIMENTO. **2.** *Direito comercial.* Abastecimento; provisão.

FORNECIMENTO DE GÁS ASFIXIANTE. *Direito penal.* Crime contra a incolumidade pública consistente na entrega de gás que, ao atuar nas vias respiratórias, provoca intoxicação, apenado com detenção e multa.

FORNECIMENTO DE MEDICAMENTO EM DESACORDO COM RECEITA MÉDICA. *Direito penal.* Crime contra a saúde pública cometido, em regra, por farmacêutico. Prática que consiste em fornecer, gratuita ou onerosamente, substância medicinal desconforme ao prescrito na receita médica, seja na espécie, qualidade ou quantidade, punido com detenção ou multa.

FORNEZINHO. *História do direito.* Expressão usada nas Ordenações Afonsinas para indicar filho adulterino ou espúrio.

FORNICAÇÃO. 1. *Direito canônico.* Adultério. **2.** *Direito civil* e *direito penal.* a) Relação sexual entre pessoas não casadas; b) relação carnal em geral.

FORNICAR. 1. Praticar o coito. **2.** Manter relação sexual ilícita.

FORNICÁRIO. 1. Na *linguagem jurídica* em geral, é cada um dos parceiros que realizam o ato sexual. **2.** *Direito penal.* Devasso; libertino.

FORNÍZIO. *História do direito.* Cópula criminosa entre pessoas não casadas, segundo as Ordenações Afonsinas.

FORNO. 1. Construção abobadada, que conserva o calor que lhe é dado pelo fogo ou brasa para cozer pão, cal, louça, telha etc. **2.** Aparelho apropriado para aquecimento em temperatura elevada. **3.** Parte do fogão em que se fazem assados. **4.** Tacho para torrar massa de mandioca ou milho para fabricar farinha.

FORO. 1. *História do direito.* a) Praça de mercado onde, na antigüidade romana, eram feitas reuniões públicas e se julgavam causas; b) caderno de leis municipais de uma vila, conselho; c) privilégio concedido a cidades ou corporações; d) aforamento. **2.** *Direito civil.* a) Pensão anual paga pelo enfiteuta ao senhorio direto; está isenta do pagamento do foro relativo a imóvel da União, a pessoa carente ou de baixa renda, cuja situação econômica não lhe permita pagar esse encargo sem prejuízo do sustento próprio ou de sua família; b) domínio útil de uma propriedade. **3.** *Direito processual.* a) Espaço de uma divisão territorial onde os magistrados realizam a atividade jurisdicional; b) jurisdição; c) tribunal ou juízo em que se tratam das causas cíveis ou criminais; d) circunscrição do juízo.

FORO CIVIL. *Direito processual civil.* Foro competente para conhecer e decidir questões cíveis.

FORO COMERCIAL. *Direito processual civil.* É o que tem competência para solucionar litígios em que estão envolvidos empresários e sociedades empresárias. São os juízes das varas cíveis que apreciam tais demandas.

FORO COMPETENTE. *Direito processual.* Juízo onde a causa deve ser decidida. A competência pode

FOR 628   FORO COMUM

ser determinada pelo local do bem, situação da pessoa, território, valor da causa ou pela matéria (Geraldo Magela Alves).

FORO COMUM. *Direito processual.* É o que pertence à justiça comum ou aquele onde se ajuízam questões que não têm foro especial ou privilegiado.

FORO CONSULTIVO ECONÔMICO-SOCIAL. *Direito internacional público.* Aquele que tem função consultiva, opinando na seara econômico-social ao emitir recomendações ao Grupo Mercado Comum do Mercosul.

FORO CONTRATUAL. *Direito processual civil.* Aquele estipulado no contrato para decidir as controvérsias que surgirem entre os contratantes. É também denominado foro de eleição ou foro do contrato.

FORO CRIMINAL. *Direito processual penal.* Foro que conhece e julga processos movidos contra autores de crimes e contravenções penais.

FORO DA MULHER CASADA. *Direito processual civil.* Local onde a mulher casada pode ser convocada a juízo. É o domicílio legal ou necessário. É, na verdade, o fixado pelo casal, a não ser que ela tenha o próprio, se lhe competir a administração do casal ou se estiver separada. A mulher tem foro privilegiado para a propositura da ação de nulidade ou de anulação de casamento, podendo tangê-la no foro de sua residência. O juízo do domicílio da mulher é o competente para ação de separação e divórcio. Porém, há quem ache, inclusive a jurisprudência, que, para apreciar os pedidos de homologação de separação, divórcio e conversão de separação em divórcio, desde que consensuais, é competente o foro de residência de qualquer um dos cônjuges.

FORO DA SITUAÇÃO DA COISA. *Direito processual civil.* É o determinado pela localização do imóvel objeto da ação fundada em direito real a ele relativo (*forum rei sitae*) e o competente para o inventário se o autor da herança não possuía domicílio certo.

FORO DE ADMINISTRAÇÃO. *Vide* FORO DO QUA-SE-CONTRATO.

FORO DE ELEIÇÃO. *Vide* FORO CONTRATUAL.

FORO DE PREVENÇÃO. 1. *Direito processual civil.* a) É o estabelecido para certa ação judicial em razão de sua conexão com outra anteriormente despachada, que será considerada preventa; b) diz-se da competência determinada pela prevenção que se estende sobre a totalidade

de imóvel; no caso de este estar localizado em mais de uma comarca, a jurisdição do juiz prorroga-se, então, sobre toda a extensão do imóvel. **2.** *Direito processual penal militar.* a) É o estabelecido quando o réu é civil ou militar da reserva; b) é o competente se houver pluralidade de acusados subordinados funcionalmente a repartições militares sediadas em locais diversos; c) é o que prevalece em caso de concorrência de juízos competentes, se, por exemplo, o crime militar for praticado na divisa de duas ou mais circunscrições ou quando se tratar de delito continuado e permanente, perpetrado em duas ou mais circunscrições.

FORO DO CONTRATO. *Vide* FORO CONTRATUAL.

FORO DO DELITO. *Direito processual penal.* É o determinado pelo local da infração, que terá competência para julgar o crime.

FORO DO DOMICÍLIO. *Direito processual civil.* É o juízo determinado pelo domicílio da parte litigante que, em regra, é o do réu, salvo na hipótese de foro contratual ou na exceção ao foro da mulher casada.

FORO DO INVENTÁRIO. *Direito processual civil.* É o foro competente para o inventário, que será: a) o do último domicílio do autor da herança, pois há presunção que seja a sede principal dos interesses e negócios do *de cujus*, embora o óbito tenha ocorrido em local diverso ou os bens estejam situados em outro lugar; b) o da situação dos bens, se o autor da herança não possuía domicílio; c) o do local onde ocorreu o óbito, se o autor da herança não tinha domicílio certo e possuía bens em locais diferentes.

FORO DO QUASE-CONTRATO. *Direito processual civil.* É o do lugar em que o administrador ou gestor de negócios responde pelos deveres decorrentes de sua função. É também denominado foro de administração.

FORO EM GERAL. *Vide* FORO GERAL.

FORO ESPECIAL. 1. *Direito processual civil.* a) Trata-se de foro privilegiado competente para conhecer e julgar determinadas questões em razão da matéria ou da qualidade da pessoa; b) juízo competente para determinadas situações específicas, desviando-se daquela competência geral, que se assenta no domicílio do réu e na situação da coisa. **2.** *Direito processual trabalhista.* É o da prestação dos serviços ao empregador. **3.** *Direito processual penal.* a) É o da consumação do crime; b) jurisdição de certos tribunais superiores para decidir crime de responsabilidade

FORO EXTRAJUDICIÁRIO   629   **FOR**

ou crime comum perpetrado por alguém no exercício de determinado cargo ou função.

FORO EXTRAJUDICIÁRIO. *Direito notarial.* Atividade oficial dotada de fé pública, não integrante do Poder Judiciário, por ser alheia ao processo.

FORO GERAL. *Direito processual civil* e *direito civil.* Locução usual na procuração *ad judicia* para indicar que se estão conferindo ao procurador poderes para representar o outorgante ou o constituinte, em todas as ações em que for autor, réu ou interveniente. Mais apropriado seria o uso da expressão "foro em geral".

FORO ÍNTIMO. *Direito civil.* Tribunal da consciência, que se opõe ao da lei ou da opinião pública (Lalande). Trata-se, portanto, do juízo da própria consciência.

FORO MILITAR. 1. *Direito processual penal militar.* Foro onde são processados e julgados os membros das classes armadas ou civis por crimes militares. O foro militar pode ser principal, que é o do local da infração (*forum delicti commissi*) ou subsidiário, que é o do lugar da sede da unidade em que o militar serve ou o da repartição militar onde o civil está lotado, desde que não seja possível determinar o local da perpetração do delito. **2.** *Direito processual penal.* Foro especial, salvo nos crimes dolosos contra a vida praticados por militar contra civil, em tempo de paz, pois, então, a justiça militar encaminha os autos do inquérito policial militar à justiça comum.

FORO REGIONAL. *Direito processual.* Atual designação da Vara Distrital, com jurisdição em todo o território da comarca, para praticar atos e diligências nos feitos de sua competência, que é a de julgar e processar: 1) até o valor de cinqüenta vezes o salário mínimo, as causas cíveis e comerciais, inclusive as conexas de qualquer valor; 2) independentemente do valor, as seguintes causas cíveis e comerciais, inclusive as conexas: a) ações de despejo, renovatórias e negatórias de renovação de locação, revisionais e cobrança ou execução de aluguéis e de consignação em pagamento de aluguéis; b) ações e execuções fundadas em títulos executivos extrajudiciais; c) ações sobre danos pessoais e materiais decorrentes de acidentes de veículos; d) ações de alimentos; e) ações de desquite e anulação de casamento; f) inventários, arrolamentos e arrecadações de bens, desde que as pessoas falecidas não tenham deixado testamento, e a conseqüente divisão geodésica dos imóveis partilhados e a demarcação dos qui-

nhões; g) venda, arrendamento, hipoteca, penhor ou outro gravame de bens de incapazes; h) suprimento de idade e consentimento, inclusive outorga marital e uxória; i) nomeação de tutor ou curador a incapazes e interdição; j) os feitos relativos ao registro civil, mesmo que envolvam questão de Estado; k) extinção de usufruto ou fideicomisso, quando em razão de ato entre vivos; l) medidas preparatórias, preventivas e incidentes, relativas às ações de sua competência; 3) as causas criminais seguintes: a) ações por crimes e contravenções sujeitas a pena de multa, prisão simples e detenção; b) pedidos de *habeas corpus* relativos a atos policiais, no âmbito de sua competência; c) os feitos acessórios ou conexos, nos casos de sua competência, inclusive para restituição de coisas apreendidas em inquéritos policiais; d) as questões incidentes relativas à prisão em flagrante, prisão preventiva, liberdade provisória, ou outras vinculadas à sua competência; 4) a execução das sentenças proferidas nas causas de sua competência; 5) o cumprimento de cartas precatórias, rogatórias e de ordem, no âmbito de sua jurisdição, observada a sua competência. Cabe, ainda, às Varas Distritais para isso designadas o serviço de corregedoria das serventias de Registro Civil, delegacias de polícia e cadeias, no âmbito das respectivas jurisdições. Excluem-se, porém, da competência das referidas Varas Distritais: a) as causas de interesse das Fazendas Públicas; b) os feitos da competência do juízo falimentar; c) as ações de acidentes do trabalho.

FORO REI SITAE. *Vide* FORO DA SITUAÇÃO DA COISA.

FOROS. Direitos, privilégios e imunidades.

FORO TRABALHISTA. *Direito processual trabalhista.* É o da localidade da prestação de serviços ao empregador, ainda que o empregado, reclamante ou reclamado, tenha sido contratado em outro local ou no estrangeiro, exceto se: a) tratar-se de empregado agente ou viajante. Assim, será competente para apreciar o litígio a Vara do local onde o empregador tiver o seu domicílio, salvo se o empregado estiver imediatamente subordinado a agência ou filial. Neste caso, será competente a Vara em cuja jurisdição estiver situada a mesma agência ou filial; b) o dissídio tiver ocorrido em agência ou filial no exterior, desde que o empregado seja brasileiro e não haja convenção internacional dispondo em contrário, a competência é da Vara do Trabalho do Brasil; c) tratar-se de empregador que promova realização de atividades fora do local do contrato de trabalho. Assim, é assegurado ao empregado apresentar reclamação no foro da celebração do contrato ou no da prestação dos serviços.

FORQUETA. 1. *Direito marítimo.* a) Peça em forma de forquilha colocada nas bordas das embarcações, na qual os remos são posicionados para realizar a remada; b) haste de madeira bifurcada utilizada na embarcação de pesca para colocar o mastro e a verga, quando as redes são lançadas e suspendidas. **2.** *Direito agrário.* Forquilha.

FORQUILHA. 1. *Direito agrário.* a) Sinal angular feito, no Rio Grande do Sul, na orelha do gado para marcá-lo; no norte do Brasil, indica que a rês é nascida em ano terminado em 8; b) estilingue; c) vara bifurcada que apóia um arbusto flexível; d) forcado. **2.** *Direito canônico.* Vara de extremidade bifurcada na qual descansam os braços dos andores nas procissões. **3.** *Medicina legal.* Um dos pontos característicos da papila, numa impressão digital, quando a crista papilar vem a separar-se em ângulos (Croce e Croce Jr.).

FORRA. *Direito agrário.* Vaca ou ovelha que não está prenhe.

FORRADOR. *História do direito.* Senhor que libertava seu escravo.

FORRAGEAL. *Direito agrário.* Campo de forragem.

FORRAGEAR. *Direito agrário.* **1.** Dar forragem a animal. **2.** Cortar forragem.

FORRAGEIRAS. *Direito agrário.* Plantas que servem de forragem.

FORRAGEIRO. *Direito agrário.* Referente a forragem.

FORRAGEM. *Direito agrário.* Ervas verdes ou secas para alimento do gado.

FORRAR. 1. *História do direito.* a) Alforriar; libertar escravo; b) isentar de pagamento de foro. **2.** Na *linguagem jurídica* em geral, tem a acepção de: a) economizar; b) evitar; c) poupar-se, esquivar-se; d) revestir algo; e) ressarcir-se.

FORRARIA. *História do direito.* Alforria.

FORRECA. *Direito agrário.* Larva que aparece no canavial.

FORREJAR. *Vide* FORRAGEAR.

FORRO. 1. *História do direito.* a) Escravo liberto; b) que teve alforria. **2.** Nas *linguagens comum* e *jurídica,* quer dizer: a) abonado; b) que fez eco-

nomia; c) espaço entre o telhado e o teto das casas; d) revestimento interior ou exterior de paredes, edifícios; e) revestimento exterior do fundo do navio; f) tábua com que se reveste interiormente o teto das casas.

FORTALEZA. 1. *Direito militar.* Forte; praça de guerra; fortificação. **2.** Nas *linguagens comum* e *jurídica,* significa: a) vigor; b) qualidade de ser forte; c) solidez; d) segurança.

FORTALEZA VOADORA. *Direito militar.* Avião de bombardeio.

FORTE. 1. Quem tem força. **2.** Poderoso. **3.** Sólido; seguro. **4.** Entendido, muito instruído. **5.** Aquilo em que uma pessoa mostra mais conhecimento ou aptidão. **6.** O que predomina. **7.** De alto teor alcoólico.

FORTIFICAÇÃO. *Direito militar.* **1.** Defesa de uma praça ou acampamento. **2.** Fortaleza. **3.** Construção apropriada para tornar mais fácil a defesa.

FORTIFICADO. *Direito militar.* Protegido por fortificação.

FORTUITO. *Vide* CASO FORTUITO.

FORTUNA. 1. *Direito civil* e *direito comercial.* Soma de bens ou ativo de uma pessoa. **2.** Nas *linguagens comum* e *jurídica,* tem o sentido de: a) aquilo que ocorre por acaso; b) estado ou condição financeira de uma pessoa; c) infortúnio; d) sucesso imprevisto; e) êxito.

FORTUNA DE GUERRA. *Direito marítimo* e *direito militar.* Risco de guerra.

FORTUNA DE TERRA. Soma de bens localizados em terra.

FORTUNA DO MAR. *Direito comercial marítimo.* **1.** Risco fortuito que o navio ou sua carga pode sofrer e pelo qual responde o armador, que se previne fazendo seguro marítimo. **2.** Perda ou avaria decorrente de acidente provocado por força maior ou caso fortuito. **3.** Soma de bens que o navio teve de abandonar para limitar sua responsabilidade, encontrados no fundo do mar em razão de naufrágio ou acidente.

FORTUNA MALA. *Locução latina.* Má sorte.

FORTUNA NACIONAL. *Economia política.* Conjunto de elementos humanos de cultura e civilização dificilmente mensuráveis (Henri Guitton).

FORTUNA PARTICULAR. *Direito civil* e *direito comercial.* Conjunto de bens que pertencem a uma pessoa natural ou jurídica de direito privado, que pode ser livremente usado por aquele que tem sua propriedade.

FORTUNA PÚBLICA

FORTUNA PÚBLICA. *Direito administrativo.* **1.** Patrimônio estatal; conjunto dos bens públicos. **2.** *Vide* BENS PÚBLICOS. **3.** Erário.

FORUM. *Termo latino.* Foro.

FÓRUM BRASILEIRO DE MUDANÇAS CLIMÁTICAS. *Direito ambiental.* Órgão com o objetivo de conscientizar e mobilizar a sociedade para a discussão e tomada de posição sobre os problemas decorrentes da mudança do clima por gases de efeito estufa, bem como sobre o Mecanismo de Desenvolvimento Limpo (CDM) definido no artigo 12 do Protocolo de Quioto à Convenção-Quadro das Nações Unidas sobre Mudança do Clima, ratificada pelo Congresso Nacional por meio do Decreto Legislativo n. 1, de 3 de fevereiro de 1994.

FORUM CONTINENTIAE CAUSARUM. *Locução latina.* Foro de conexão de causas; foro de prevenção.

FORUM CONTRACTUS. *Locução latina.* Foro contratual.

FÓRUM DE ACOMPANHAMENTO DA AGENDA COMUM PARA MELHORIA DA CIRCULAÇÃO URBANA. *Direito urbanístico.* Constituído por meio de decreto presidencial, tem sede em Brasília e é presidido pela Secretaria Especial de Desenvolvimento Urbano da Presidência da República (SEDU/PR), com prazo de duração indeterminado, tendo as seguintes atribuições: a) acompanhar, avaliar e propor ajustes nas ações relativas à Agenda Comum para Melhoria da Circulação Urbana, cuja proposta está contida no documento "Proposta para uma Política Nacional para o Transporte Urbano"; b) propor às instâncias governamentais competentes a adoção de instrumentos legais e administrativos necessários para implementação e ajustes da Agenda Comum para Melhoria da Circulação Urbana; e c) identificar possíveis fontes de financiamento estáveis para investimentos no transporte urbano e promover a formulação de projetos adequados, tendo como prioridade o transporte coletivo urbano.

FORUM DESTINATAE SOLUTIONIS CAUSATUR AB EXPRESSO CONSENSU PARTIUM. *Direito romano.* O foro do contrato é causado por consentimento expresso das partes.

FÓRUM GOVERNAMENTAL DE PARTICIPAÇÃO SOCIAL (FGPS). Tem as seguintes finalidades: a) propor diretrizes para a formulação de políticas voltadas para a ampliação da participação social no âmbito do governo federal; b) apreciar propostas, inclusive de reformas estruturais, que visem à ampliação da participação social, da prática da democracia, da ética e transparência das ações e da fiscalização dos atos do Poder Público; c) articular e dinamizar as relações do governo federal com a sociedade civil, fortalecendo a participação da sociedade no processo de aperfeiçoamento dos serviços oferecidos pelo Estado; d) estimular as organizações públicas a investir em inovações e na formulação de políticas que ampliem a participação social, observadas as diretrizes estabelecidas; e) propor a adoção de instrumentos de participação e controle social nas fases estratégicas de formulação, implementação, acompanhamento, monitoramento e avaliação de políticas públicas de responsabilidade de cada Ministério e Secretaria Especial.

FÓRUM NACIONAL DA PREVIDÊNCIA SOCIAL (FNPS). *Direito previdenciário.* Tem as seguintes finalidades: a) promover o debate entre os representantes dos trabalhadores, dos aposentados e pensionistas, dos empregadores e do Governo Federal com vistas ao aperfeiçoamento e sustentabilidade dos regimes de previdência social e sua coordenação com as políticas de assistência social; b) subsidiar a elaboração de proposições legislativas e normas infralegais pertinentes; e c) submeter ao Ministro de Estado da Previdência Social os resultados e conclusões sobre os temas discutidos no âmbito do FNPS.

FÓRUM NACIONAL DE ÁREAS PROTEGIDAS. *Direito ambiental.* Colegiado de caráter consultivo, vinculado à Secretaria de Biodiversidade e Florestas, que tem por finalidade assegurar a participação e o apoio social na elaboração e implementação da Política Nacional de Áreas Protegidas, em consonância com o Programa de Trabalho de Áreas Protegidas da Convenção sobre a Diversidade Biológica (CDB).

FÓRUM NACIONAL DE OUVIDORES DE POLÍCIA. Órgão da Secretaria de Estado dos Direitos Humanos do Ministério da Justiça, tendo por finalidade oferecer sugestões voltadas para o aperfeiçoamento institucional dos órgãos policiais, no que diz respeito à promoção e à proteção dos direitos humanos, e estimular a criação de novas ouvidorias de polícia. O Fórum Nacional de Ouvidores de Polícia será composto por ouvidores de polícia das esferas federal, estadual e do Distrito Federal. Consideram-se ouvidores de polícia os dirigentes de órgãos do Poder Executivo, sem subordinação hierárquica com as polícias, encarregados de receber denúncias relativas a atos ou omissões irregulares ou ilegais cometidos por integrantes das polícias. Terá as seguintes atribuições: a) oferecer sugestões voltadas para o aperfeiçoamento institucional dos órgãos policiais, no que diz respeito à promoção e à proteção dos direitos humanos; b) sugerir a criação de instrumentos que qualifiquem a fiscalização e o acompanhamento das denúncias sobre a prática de atos ilegais ou arbitrários imputados aos operadores de segurança pública e da defesa social; c) propor medidas de aperfeiçoamento e fortalecimento das ouvidorias de polícia autônomas e independentes, em cada Estado; e d) estimular a criação de ouvidorias de polícia, onde ainda não existem.

FÓRUM NACIONAL DOS DELEGADOS FEDERAIS DE AGRICULTURA. *Direito agrário.* O Fórum atuará como colegiado consultivo e terá como objetivos: a) a integração e a interlocução das Delegacias Federais de Agricultura; b) a identificação de soluções para promover a harmonização e uniformização de procedimentos finalísticos entre si e com as Unidades Centrais; c) funcionar como instância de intercâmbio de experiências, de informações e de cooperação técnica entre os seus integrantes, o setor privado e órgãos públicos estaduais e municipais; d) propor prioridades quanto à aplicação de recursos destinados aos projetos e programas de execução descentralizada; e) fortalecer e articular o espaço político institucional do Ministério da Agricultura, Pecuária e Abastecimento nas Unidades da Federação, visando melhorar a implementação das ações de sua competência; f) outros temas de interesse comum.

FÓRUM NACIONAL DO TRABALHO (FNT). *Direito do trabalho.* É o instituído com a finalidade de coordenar a negociação entre os representantes dos trabalhadores, empregadores e governo federal sobre a reforma sindical e trabalhista no Brasil. São objetivos do FNT: a) atualizar e reformar as leis sindicais e trabalhistas, assim como as instituições que regulam o trabalho para torná-las compatíveis com a realidade econômica, política e social do País; b) fomentar o diálogo social; c) promover o tripartismo; d) assegurar o primado da justiça social no âmbito das relações de trabalho; e) criar um ambiente ins-

titucional favorável à geração de emprego e à elevação da renda da população brasileira. São finalidades do FNT: a) promover o entendimento entre os representantes dos trabalhadores e empregadores e o governo federal, com vistas a construir consensos sobre temas relativos ao sistema brasileiro de relações de trabalho, em especial sobre a legislação sindical e trabalhista; b) subsidiar a elaboração de projetos legislativos de reforma sindical e trabalhista nas esferas constitucional e infraconstitucional; c) submeter ao Ministro de Estado do Trabalho e Emprego os resultados e conclusões sobre matérias aprovadas no âmbito do FNT.

FÓRUM NACIONAL DOS SUPERINTENDENTES FEDERAIS DE AGRICULTURA, PECUÁRIA E ABASTECIMENTO. *Direito agrário.* Órgão colegiado consultivo do Ministério da Agricultura, Pecuária e Abastecimento que tem como objetivos: a) a integração e a interlocução das Superintendências; b) a identificação de soluções para promover a harmonização e uniformização de procedimentos finalísticos entre si e com as unidades centrais; c) funcionar como instância de intercâmbio de experiências, de informações e de cooperação técnica entre seus integrantes, o setor privado e órgãos públicos; d) propor prioridades quanto à aplicação de recursos destinados aos projetos e programas de execução descentralizada; e) fortalecer e articular o espaço político institucional do Ministério da Agricultura, Pecuária e Abastecimento nas Unidades da Federação, visando melhorar a implementação das ações de sua competência; f) outros temas de interesse comum.

FÓRUM NACIONAL SOCIOAMBIENTAL DO SETOR DE FLORESTAS PLANTADAS. *Direito ambiental.* Tem por objetivo a integração dos princípios e diretrizes das políticas públicas do setor de florestas plantadas, com as ações da iniciativa privada, bem como discutir, avaliar e divulgar ações relativas a: a) estímulo às contribuições socioambientais ao meio rural e a toda sociedade, com a adoção de procedimentos operacionais e projetos que valorizem continuamente os aspectos ambientais, sociais, econômicos e culturais; b) estudos sobre a relação da conservação ambiental com o setor de florestas plantadas; c) conservação da biodiversidade, espécies em extinção, proteção de mananciais; d) estímulo à formação de arranjos produtivos no entorno dos empreendimentos florestais e à agregação de valores a produtos oriundos de florestas plantadas; e) valorização e enriquecimento da diversidade do meio ambiente, com a utilização de espécies nativas e modelos agroecológicos; f) gestão de impactos ambientais e sociais; g) programas de educação ambiental e de formação de educadores e multiplicadores; h) inclusão e participação social na área de atuação dos empreendimentos florestais para produção de alimentos, auxiliando no combate a fome, por meio de atividades relacionadas à agrissilvicultura, piscicultura, apicultura e ecoturismo; i) geração de trabalho e renda e capacitação de mão-de-obra, investimentos em infra-estrutura de transportes, geração de energia elétrica, e recolhimentos de impostos; j) melhoria das condições de vida, quanto à saúde e à educação, em comunidades do entorno das áreas de atuação do setor de florestas plantadas; k) proposição de aprimoramento da legislação aplicável ao setor de florestas plantadas.

FÓRUM PERMANENTE DAS MICROEMPRESAS E EMPRESAS DE PEQUENO PORTE. *Direito comercial.* É o que tem as seguintes atribuições: a) articular e promover, em conjunto com órgãos do governo federal, a regulamentação necessária ao cumprimento dos aspectos não tributários do Estatuto Nacional da Microempresa e da Empresa de Pequeno Porte, bem como acompanhar a sua efetiva implantação, atos e procedimentos dele decorrentes; b) assessorar, formular e acompanhar a implementação das políticas governamentais de apoio e fomento às microempresas e empresas de pequeno porte; c) promover a articulação e a integração entre os diversos órgãos governamentais e as entidades de apoio, de representação e da sociedade civil organizada que atuem no segmento das microempresas e empresas de pequeno porte; d) articular e acompanhar a implementação e o desenvolvimento das ações governamentais voltadas para as microempresas e empresas de pequeno porte, inclusive no campo da legislação, propondo atos e medidas necessárias; e) propor os ajustes e aperfeiçoamentos necessários à efetiva implantação da política de fortalecimento e desenvolvimento deste segmento; e f) promover ações que levem à consolidação e harmonização dos diversos programas de apoio às microempresas e empresas de pequeno porte.

FORUM PRORROGATAE JURISDICTIONIS. *Direito processual civil* e *direito internacional privado.* Critério que envolve o princípio da submissão voluntária, pelo qual, respeitadas certas condições especiais, como a da situação dos bens, uma pessoa domiciliada em determinado Estado poderá sujeitar-se voluntariamente à competência da autoridade judiciária de outro país. Contudo, tal eleição não deve implicar fraude à lei aplicável de conformidade com as normas de direito internacional privado do Brasil, nem afrontar à ordem pública nacional. Será possível a renúncia do foro do domicílio, salvo no caso de ações relativas a imóveis situados no Brasil. Nada obsta a renúncia ao foro assegurado para eleger outro, esteja o réu domiciliado no Brasil ou deva a obrigação ser aqui cumprida.

FORUM REI SITAE. *Locução latina.* Foro da situação da coisa.

FORUM ROMANUM. *Locução latina.* Na antigüidade romana, praça pública (foro) onde o povo se reunia e os pretores julgavam as questões a eles submetidas.

FORUM SHOPPING. *Locução inglesa.* **1.** Nos EUA era o ato de procurar a jurisdição mais favorável para a decidibilidade de um litígio (Heleno Torres). **2.** Técnica usual nos EUA para resolver problema de aplicação da lei, dando ao autor de uma demanda relativa a transporte aéreo a liberdade de escolha do foro que lhe for mais favorável, quando a questão litigiosa se der no espaço aéreo norte-americano, pouco importando o Estado sobrevoado (Janine M. Rollo).

FORWARD. *Termo inglês.* Compromisso de compra de uma moeda contra a entrega de outra em momento futuro. Garante ao comprador e ao vendedor um preço futuro sobre certa quantidade e qualidade de ativo, para uma ou várias datas de entrega predeterminadas (Ran e Villalta).

FORWARDER. *Termo inglês.* **1.** Expedidor. **2.** Agente de transporte.

FORWARDING AGENT. *Locução inglesa.* **1.** Transitário. **2.** Empresa transitária responsável pela movimentação, corretagem e desembaraço de cargas.

FOSFATAR. *Direito agrário.* Adubar a terra com fosfato.

FOSFATASE. *Medicina legal.* Cada uma das duas enzimas existentes no plasma sangüíneo, no plasma seminal e no fígado. Importante na apuração dos delitos sexuais em caso de azoospermia ou vasectomia. É também designada fosfomonoesterase.

FOSFATOSE. *Direito agrário.* Alimento fosfatado para o gado.

FOSFOMONOESTERASE. *Vide* FOSFATOSE.

FOSSA. 1. *Medicina legal.* Cavidade do corpo humano, por exemplo, fossa nasal. **2.** *Direito civil* e *direito agrário.* Poço para o qual se canalizam as dejeções e as águas servidas das habitações nas quais não existem redes de esgoto.

FOSSA ASSÉPTICA. *Direito civil.* **1.** Aparelho sanitário subterrâneo que transforma matéria fecal orgânica em substâncias minerais. **2.** Cavidade subterrânea que recolhe águas servidas e dejeções.

FOSSÁRIO. 1. *Direito canônico.* Serventuário eclesiástico encarregado do enterro dos fiéis. **2.** *História do direito.* Cemitério.

FOSSA SÉPTICA. *Vide* FOSSA ASSÉPTICA.

FOSSO. 1. *História do direito.* Campo anexo a um mosteiro dado em emprazamento ao enfiteuta, para que este o cultivasse. **2.** *Direito militar.* Vala profunda que rodeia entrincheiramento. **3.** *Direito administrativo.* Valeta aberta ao longo da estrada para receber águas pluviais.

FOSTE. 1. *História do direito.* Vara do ministro real, que, como insígnia do poder, lhe indicava a autoridade e jurisdição. **2.** *Direito marítimo.* Peça com que se esteia o mastro do navio.

FOSTERAGE. *Termo inglês.* **1.** Adoção. **2.** Instituto comum nos EUA e Canadá, pelo qual uma criança fica legalmente poucos dias ou semanas, ou até mesmo dois ou três anos, com pais substitutos, enquanto seus pais naturais resolvem problemas familiares que os impedem momentaneamente de criar seus filhos (Márcia M. P. Serra).

FOT. *Vide* CLÁUSULA FOT.

FOTISMO. *Medicina legal.* Imagem visual secundária, em que há uma sensação de cor produzida pelo olfato, audição, paladar ou tato (Bleuler e Lehmann).

FOTOCAUTERIZAÇÃO. *Medicina legal.* Cauterização feita pelo emprego de raios X.

FOTOCHOQUE. *Medicina legal.* Tratamento de psicose que consiste na exposição do paciente sob a influência de uma droga sensibilizadora a uma luz.

FOTOCÓPIA. *Direito autoral.* Reprodução fotográfica de documentos que, se autenticada, tem valor probante, podendo até mesmo violar o direito de autor se houver aproveitamento econômico e se feita sem a sua devida autorização.

FOTODERMATOSE. *Medicina legal.* Lesão cutânea provocada pela luz.

FOTODERMITE. *Medicina legal.* Lesão cutânea causada por substância química ou por vegetal, que, sob a ação do sol, pode dar origem a alergia.

FOTOFOBIA. *Medicina legal.* Intolerância mórbida à luz, que surge em determinadas afecções nervosas.

FOTOGRAFIA. *Direito constitucional, direito autoral* e *direito civil.* Arte protegida como obra intelectual de reprodução de imagens, que dá direito ao seu autor de copiá-la, difundi-la ou vendê-la, respeitadas as restrições constitucionais em caso de retratos, pois não pode ferir o direito à imagem, sob pena de responder civilmente.

FOTOGRAFIA DE MINÚCIAS. *Medicina legal* e *direito processual penal.* Reprodução detalhada do instrumento do crime, de documento, do local do delito, de escrita etc.

FOTOGRAFIA DIGITAL. *Direito processual.* É a obtida por meio de câmera digital, moderno equipamento com aptidão tecnológica para mudar caracteres e excluir coisas ou pessoas, que pode, contudo, ser apresentada para instruir processos, apesar de terem a mesma fragilidade da foto convencional desacompanhada do negativo, podendo ser impugnada pela parte adversa, pelo Ministério Público ou pelo órgão judicante (Carlos Gustavo Rodrigues Reis).

FOTOGRAFIA ESTEREOSCÓPICA. *Medicina legal* e *direito processual penal.* Técnica fotográfica que permite representação do local ou objetos do crime em três dimensões, dando uma concepção real.

FOTOGRAFIA GERAL. *Medicina legal* e *direito processual penal.* Reprodução do local do delito, abrangendo, de modo amplo, a totalidade dos vestígios de interesse criminalístico.

FOTOGRAFIA JUDICIÁRIA. *Medicina legal* e *direito processual penal.* Modalidade de levantamento técnico-pericial do local do crime, da situação do cadáver etc. e forma de reprodução do instrumento relacionado com o delito, que visa documentar e autenticar os vestígios materiais.

Serve como elemento probatório, pois dá uma imagem exata do crime, revelando particularidades valiosíssimas para a apuração do delito e a identificação de seu autor.

FOTOGRAFIA MÉTRICA DE BERTILLON. *Medicina legal* e *direito processual penal.* Reprodução de distâncias e dimensões do objeto ou do local do crime.

FOTOGRAFIA PANORÂMICA. *Medicina legal* e *direito processual penal.* Reprodução integral do local do crime, mediante uma série de fotos gerais dos diversos setores do local, que, reunidas, dá a visão total do lugar.

FOTOGRAFIA SIMÉTRICA DE MOISÉS MARX. *Direito processual penal* e *medicina legal.* Reprodução das dimensões e caracteres dos lugares internos relacionados com o delito.

FOTOGRAFIA SINALÉTICA. *Medicina legal* e *direito processual penal.* Fotografia comum, reduzida de um sétimo, de frente e perfil direito, disciplinada com exata distância focal, que possibilita o cálculo da estatura do fotografado. A superposição com outros elementos e a análise de pormenores fixos da cabeça auxiliam a identificação (Croce e Croce Jr.).

FOTOGRAMA. 1. *Medicina legal.* Registro fotográfico de uma experiência fisiológica. **2.** *Direito autoral.* a) Cada uma das fotos que formam um filme de cinema; b) qualquer reprodução fotográfica.

FOTOGRAMETRIA. Na *linguagem pericial*, consiste no método de levantamento topográfico por meio de fotografia, possibilitando apurar e medir as dimensões dos objetos fotografados.

FOTOGRAMETRIA AÉREA. Na *linguagem pericial*, é o levantamento topográfico mediante uso de aerofotografia.

FOTOMICROGRAFIA. Na *linguagem pericial* é: a) a microfotografia; b) reprodução fotográfica de documentos etc., em escala diminuta; c) reprodução fotográfica ampliada de objetos microscópicos ou muito pequenos.

FOTOMONTAGEM. *Direito civil, direito empresarial* e *direito do consumidor.* Processo de combinar recortes de fotos, colocando-os uns ao lado dos outros, havendo, às vezes, superposição de gráficos e dizeres, de maneira que haja efeito sugestivo para fins propagandísticos ou de valorização estética do material empregado. Se o resultado for ofensivo dará origem à reparação do dano à imagem.

FOTONOSE. *Medicina legal.* Problema visual decorrente de excesso de luz.

FOTOTELEGRAFIA. *Direito das comunicações.* Transmissão de imagens ou fotografias por via telegráfica.

FOU. *Termo francês.* Louco.

FOUDRES DE L'ÉGLISE. *Expressão francesa.* Excomunhões.

FOULE. *Termo francês.* Multidão.

FOURIERISMO. *Sociologia jurídica.* Teoria de organização social de Charles Fourier.

FOURIERISTA. *Sociologia jurídica.* **1.** Tudo que se relacionar ou for referente ao fourierismo. **2.** Adepto do fourierismo.

FOUR IN HAND. *Expressão inglesa.* **1.** Vida luxuosa. **2.** Parelha de quatro cavalos.

FOURSOME. *Direito desportivo.* Jogo de golfe em que uma dupla de jogadores enfrenta outra, cada uma com uma bola.

FOUR-WHEEL DRIVE. *Expressão inglesa.* Carro com tração nas quatro rodas.

FPA. *Vide* CLÁUSULA FPA.

FRA. *Direito financeiro.* Abreviação de *Forward Rate Agreement*, que é a operação estruturada para negociação da taxa de juros em dólar, a partir do mês seguinte ao corrente, livre da interferência da variação cambial com relação ao dia anterior (Luiz Fernando Rudge).

FRAÇÃO. 1. *Direito civil.* a) Divisão de uma coisa em partes; b) parte de um todo. **2.** *Direito penal.* Parte da sanção penal não computável na pena. Assim, se for pena privativa da liberdade, não se considera a fração de dia; se for pena de multa, a fração de centavo.

FRACASSAR. 1. Arruinar. **2.** Ser malsucedido. **3.** Produzir fracasso.

FRACASSO. 1. Ruína. **2.** Mau êxito. **3.** Ruído de coisa que se parte ou da queda de um corpo; baque. **4.** Desastre.

FRACIONAMENTO DE MEDICAMENTOS. *Direito do consumidor.* Procedimento que integra a dispensação de medicamentos na forma fracionada, efetuado sob a supervisão e responsabilidade de profissional farmacêutico habilitado para atender à prescrição ou ao tratamento correspondente nos casos de medicamentos isentos de prescrição, caracterizado pela subdivisão de um medicamento em frações individualizadas, a partir de sua embalagem original, sem o rompimento da embalagem primária, mantendo seus dados de identificação. As farmácias e drogarias poderão fracionar medicamentos, desde que garantidas as características asseguradas no produto original registrado, ficando a cargo do órgão competente do Ministério da Saúde estabelecer, por norma própria, as condições técnicas e operacionais, necessárias à dispensação de medicamentos na forma fracionada.

FRACIONADO. *Direito civil.* O que sofreu fracionamento ou foi dividido em frações.

FRACIONAR. *Direito civil.* Dividir em partes.

FRACO. 1. *Lógica jurídica.* a) Silogismo que conclui apenas uma particular, quando suas premissas autorizam uma universal (Couturat); b) argumento pouco concludente. **2.** Na *linguagem filosófica*, diz-se do princípio da causalidade pelo qual, segundo a física quântica, a causa, apesar de ser condição necessária do efeito, pode dar origem a várias probabilidades (Broglie). **3.** *Direito comercial.* Sem movimento; com poucos negócios mercantis. **4.** Nas *linguagens jurídica* e *comum,* tem a acepção de: a) covarde; b) pouco valor; c) bebida com pouco álcool ou elemento ativo; d) lado moral em que uma pessoa oferece menos resistência; e) sem importância; medíocre; f) sujeito a errar; g) pouco sabedor; sem cultura; h) debilitado pelo trabalho ou doença; i) diz-se da moeda cujo valor nominal é maior do que o intrínseco.

FRAÇÕES. *Ciência política.* Grupos que se organizam num partido para impor sua própria diretriz política (Zincone, Ozbudun, Sartori e Kasswell). São as facções políticas.

FRADARIA. *Direito canônico.* **1.** Classe dos frades. **2.** Grande número de frades.

FRADE. 1. *Direito canônico.* Membro de uma comunidade religiosa, que segue regras próprias, ficando isolada do mundo social. **2.** *Direito administrativo.* Marco de pedra que protege esquinas, veículos, entrada de becos etc.; outrora, era muito usado rodeando praças. **3.** *Direito marítimo.* Coluna à ré do mastro grande. **4.** Na *linguagem tipográfica,* é o defeito de impressão que fica mais clara por falta de tinta.

FRADICÍDIO. *Direito penal.* Assassinato de frade.

FRAGA. *Vide* FLAGRANTE DELITO.

FRAGATA. 1. *História do direito.* Antigo navio de guerra a vela de três mastros; caravela. **2.** *Direito militar.* Navio de guerra de duas cobertas, similar à nau, apesar de menor e menos armado, porém mais veloz e de melhor manobra.

FRÁGIL. 1. O que é fraco. **2.** O que cede a impulsos e a imposições exteriores. **3.** Que tem pouca duração. **4.** O que tem pouco valor probante. **5.** Sujeito a erros.

FRAGMENTISTA. *Direito autoral.* Aquele que escreve fragmentos ou reúne fragmentos artísticos ou literários.

FRAGMENTO. 1. *Direito autoral.* a) Forma literária daquele que escreve obras fragmentárias; b) trecho de obra musical, de livro ou de discurso; c) parte que restou de uma antiga obra literária. **2.** *Direito civil.* a) Cada uma das partes do todo fracionado; b) pequena fração.

FRAGMENTO AVULSO. *Medicina legal.* Pedaço de osso fraturado; estilhaço ósseo.

FRAGUEIRO. 1. *História do direito.* Construtor de caravela. **2.** *Direito marítimo.* Aquele que exerce função de prático de navegação.

FRANÇA EQUINOCIAL. *História do direito.* Designação dada, nos anos de 1612 a 1615, à tentativa de colonização do norte do Brasil por parte dos franceses, que se restringiu à fundação da cidade de São Luís, no Maranhão.

FRANCESIA. Imitação da linguagem e dos hábitos franceses, também chamada francesismo.

FRANCESISMO. *Vide* FRANCESIA.

FRANCHISING. *Direito comercial.* É o contrato pelo qual uma das partes (franqueador ou *franchisor*) concede, por certo tempo, à outra (franqueado ou *franchisee*) o direito de comercializar com exclusividade, em determinada área geográfica, serviços, nome comercial, título de estabelecimento, marca de indústria ou produto que lhe pertence, com assistência técnica permanente, recebendo, em troca, certa remuneração. *Vide* FRANQUIA EMPRESARIAL.

FRANCISCANA. *Direito canônico.* Ordem fundada por São Francisco.

FRANCISCANO. *Direito canônico.* **1.** Relativo à Ordem de São Francisco. **2.** Frade da ordem franciscana. **3.** O que pertence à ordem franciscana.

FRANCO. 1. *Direito comparado.* Unidade monetária de vários países, como, por exemplo, França, Suíça etc. **2.** *Direito alfandegário* e *tributário.* a) Isento de tributos; b) diz-se do porto em que não há imposição tributária para os navios ou cargas por eles transportadas. **3.** Nas *linguagens comum* e *jurídica,* significa: a) livre de responsabilidade ou encargos; b) aberto, sem qualquer restrição; c) relativo à França; d) língua falada no Levante que é uma mescla de francês, italiano, espanhol etc.; e) espontâneo; sincero. **4.** *História do direito.* Povo germânico que habitava a região do Reno e que veio a conquistar, no século V, a Gália.

FRANCO A BORDO. *Direito internacional privado.* Cláusula FOB ou *free on board,* na qual a responsabilidade do vendedor termina com a entrega da mercadoria a bordo.

FRANCO–ATIRADOR. 1. *História do direito.* a) Soldado de determinados corpos irregulares na França, durante as guerras da Revolução Francesa e a guerra com a Alemanha e Prússia, em 1870; b) cada um dos soldados franceses que, no cerco de Sebastopol, atiravam de emboscada sobre o inimigo. **2.** Nas *linguagens comum* e *jurídica,* indica: a) guerrilheiro; b) membro de associação que tenha escola de tiro; c) aquele que luta por uma idéia sem pertencer a qualquer partido, grupo ou organização.

FRANCO DE PORTE. *Direito comercial.* Aquilo cujo transporte é gratuito.

FRANCOFÔNICO. *Sociologia geral.* Povo que tem, como língua materna, a francesa.

FRANCO–MAÇONARIA. *Direito civil.* **1.** Movimento cosmopolita secreto que visa desenvolver a filantropia e a fraternidade. **2.** Maçonaria.

FRANCO POINCARÉ. *História do direito.* Unidade monetária usada em acordos e convenções no mercado internacional, equivalente a 0,065 gramas de ouro, substituída, pelo Protocolo Adicional da Convenção de Varsóvia, em caso de dano em transporte aéreo, havendo morte ou lesão corporal, pelos Direitos Especiais de Saque (DES), que constituem a unidade monetária do Fundo Monetário Internacional (FMI). É a lição de Luiz Fernando Rudgc.

FRANGO. 1. *Direito agrário.* a) Galo novo; b) espiga seca de milho; c) no Rio Grande do Sul, espiga de milho assada. **2.** Na *gíria desportiva,* bola fácil de defender que o goleiro não consegue pegar.

FRANGUEIRO 1. Na *gíria desportiva,* goleiro que deixa passar muitos frangos. **2.** *Vide* FRANGO.

FRANJA. Na *linguagem psicológica,* é o halo subconsciente que envolve determinados fatos de consciência.

FRANKEN. *Direito internacional público.* Nome que foi sugerido pelos alemães para a moeda única européia.

FRANQUEADO. 1. *Direito comercial.* a) Aquele que, em razão de contrato de *franchising,* passa a ter o direito de comercializar com exclusividade, em determinada área, serviços, nome comercial, marca de indústria ou produto do franqueador. Para tal, paga uma certa remuneração, constituída de uma taxa inicial, designada taxa de franquia, e de *royalties* mensais, geralmente correspondentes a um percentual aplicado sobre o faturamento bruto auferido pelo franqueado no mês considerado; b) de porte pago; c) livre, aberto, desembaraçado. **2.** *Direito tributário.* Isento de imposto.

FRANQUEADOR. *Direito comercial.* É aquele que detém a marca e o *know-how* de comercialização de um produto ou serviço. São cedidos por meio de contrato de *franchising* os direitos de revenda e uso, sendo dada assistência técnica na organização, gerenciamento e administração do negócio para o franqueado, recebendo em troca uma remuneração.

FRANQUEAR. 1. *Direito alfandegário.* a) Permitir a entrada livre de navios no porto, nos casos admitidos pela lei; b) isentar do pagamento de direitos os gêneros que entram no porto. **2.** *Direito tributário.* Isentar de pagamento de impostos. **3.** Na *linguagem jurídica* em geral, significa: a) pôr selo postal; b) facilitar entrada; c) colocar à disposição; d) possibilitar; e) autorizar; f) desembaraçar.

FRANQUEIRO. *Direito agrário.* Raça de bois corpulentos e de aspas grandes, oriunda da cidade de Franca, do Estado de São Paulo.

FRANQUEZA. 1. Privilégio. **2.** Liberalidade. **3.** Isenção. **4.** Lisura. **5.** Franquia. **6.** Autorização para passagem.

FRANQUIA. 1. *Vide FRANCHISING.* **2.** *Direito alfandegário.* Permissão para que o navio e suas mercadorias possam entrar livremente no porto, com isenção de impostos aduaneiros. **3.** *Direito tributário.* Isenção, permanente ou temporária, do pagamento de determinados tributos, por concessão legal. **4.** *Direito marítimo.* a) Ato de desembaraçar o navio que preenche todos os requisitos e satisfaz todos os direitos fiscais, permitindo o prosseguimento da viagem; b) local onde fundeiam os navios; ancoradouro de franquia. **5.** Na *linguagem jurídica* em geral, significa: a) imunidade; b) isenção; c) privilégio; d) pagamento do porte postal; e) franqueza; f) liberdade. **6.** *Direito civil.* Valor (simples ou dedutível), previsto na apólice, representativo da participação do segurado nos prejuízos indenizáveis conseqüentes de cada sinistro (Luiz Fernando Rudge).

FRANQUIA ALFANDEGÁRIA. *Direito alfandegário.* Concessão feita para a livre entrada de navio e de suas mercadorias no território nacional, com isenção de impostos aduaneiros.

FRANQUIA DE CANTO. *Direito comercial.* É a que se dá quando um estabelecimento concorda em ceder parte de seu espaço para uma atividade franqueada. P. ex., uma loja de departamentos, que possuir seções, funcionando como lojas autônomas de determinados franqueadores, como, p. ex., de artigos de vestuário e cosméticos. Insere-se aqui, também, o pequeno espaço cedido em *shopping center* (Sílvio de S. Venosa).

FRANQUIA DE COMÉRCIO. *Direito comercial.* Contrato que visa o desenvolvimento de rede de lojas (por exemplo, as lojas Benetton) de aspectos idênticos, sob um mesmo símbolo, aplicado na comercialização ou distribuição de artigos similares de grande consumo. O franqueador reproduzirá lojas, designadas pilotos, onde irá testar fórmulas de comercialização, melhorando-as ou padronizando-as, procurando sempre aperfeiçoá-las.

FRANQUIA DE DESENVOLVIMENTO DE ÁREA. *Direito comercial.* Ocorre quando o franqueador contrata um franqueado, representante de área, para buscar futuros franqueados em certo território. O negócio final é firmado entre o franqueador original e o novo franqueado (Sílvio de S. Venosa).

FRANQUIA DE DISTRIBUIÇÃO. *Vide* FRANQUIA DE COMÉRCIO.

FRANQUIA DE SERVIÇOS. *Direito comercial.* **1.** É aquela em que o franqueado reproduz e vende prestações de serviços inventadas pelo franqueador, configurando-se, neste caso, a franquia propriamente dita. **2.** Franquia do tipo hoteleiro, que abrange escolas (por exemplo, a *Follow Me*), hotéis (por exemplo, o Holiday Inn), restaurantes, lanchonetes (por exemplo, o McDonald's), clubes etc., tendo por escopo oferecer serviços a certo segmento de clientela.

FRANQUIA EMPRESARIAL. *Direito comercial.* Contrato pelo qual um franqueador cede ao franqueado o direito de uso de marca ou patente, associado ao direito de distribuição exclusiva ou semi-exclusiva de produtos ou serviços. Eventualmente, cede também o direito de uso de tecnologia de implantação e administração de negócio ou sistema operacional desenvolvidos ou detidos pelo franqueador, mediante remuneração direta ou indireta, sem que, no entanto, fique caracterizado vínculo empregatício.

FRANQUIA-ESTADIA. *Direito alfandegário.* Trata-se da franquia-permanência, ou seja, da estadia franqueada, nos casos admitidos pela lei alfandegária, em que o navio tem entrada temporária num porto, independentemente do pagamento de estadia. Pode permanecer no ancoradouro pelo tempo necessário para a prática dos atos que motivaram sua entrada naquele porto. Sua carga está livre do pagamento de qualquer tributo.

FRANQUIA IMOBILIÁRIA. *Direito comparado.* Contrato pelo qual o franqueador, mediante remuneração, cede ao franqueado, empresa imobiliária, o direito de usar, em certa área geográfica, o título do estabelecimento, e fornece informação sobre mercado, material, programas de treinamento de pessoal em vendas e administração de imóveis etc.

FRANQUIA INDUSTRIAL. *Direito comercial.* É também denominada *lifreding*, sendo muito usada nas indústrias automobilística (por exemplo, General Motors) e alimentícia (por exemplo, a Coca-Cola), por ser contrato em que o franqueador se compromete a auxiliar na construção de uma unidade industrial para o franqueado, cedendo o uso da marca, transmitindo sua tecnologia, exigindo segredo relativamente aos processos de fabricação e fornecendo assistência técnica. Assim sendo, o franqueado vende os produtos fabricados por ele mesmo, em sua empresa, com a ajuda do franqueador.

FRANQUIA-ISENÇÃO. *Direito alfandegário.* Concessão para o não-pagamento de impostos alfandegários em relação às mercadorias não serem destinadas ao consumo interno, mas a exposições públicas, culturais ou artísticas. É também denominada franquia temporária.

FRANQUIA-MESTRE. *Vide* FRANQUIA-PILOTO.

FRANQUIA-PERMANÊNCIA. *Direito alfandegário.* Permissão concedida ao navio para permanecer no ancoradouro do porto, livre de pagamento de qualquer imposto ou taxa alfandegária, pelo tempo que for necessário à realização da finalidade que o trouxe àquele porto. O mesmo que FRANQUIA-ESTADIA.

FRANQUIA-PILOTO. *Direito comercial.* Também denominada franquia-mestre ou *master franchising.* Dá-se quando o franqueador original pretende difundir internacionalmente sua marca e delega poderes para uma empresa local subfranquear em determinada área. P. ex., McDonald's e Benetton (Sílvio de Salvo Venosa).

FRANQUIA POSTAL. *Direito administrativo.* Direito de expedir, pelo correio, sem efetuar qualquer pagamento, cartas ou objetos.

FRANQUIA TEMPORÁRIA. *Vide* FRANQUIA-ISENÇÃO.

FRANQUISMO. *Ciência política.* Sistema político-fascista totalitário implantado na Espanha, pelo ditador Francisco Franco, em 1938, como um dos efeitos oriundos da guerra civil.

FRANQUISTA. *Ciência política.* **1.** Relativo ao franquismo. **2.** Adepto do franquismo espanhol.

FRAQUEZA. 1. Na *linguagem forense,* prova ou argumento que apresenta fragilidade ou inconsistência. **2.** *Psicologia forense* e *medicina legal.* a) Debilidade física ou mental; b) desânimo; c) lado fraco de um caráter; d) tendência para ceder a sugestões.

FRASCAL. *Direito agrário.* Local onde se guarda lenha seca.

FRATERNIDADE. 1. Parentesco existente entre irmãos. **2.** Harmonia entre os homens. **3.** União de todos os membros da espécie humana. **4.** Relação harmoniosa entre pessoas da mesma classe, profissão etc.

FRATRIA. 1. *História do direito.* Cada um dos grupos em que, na antigüidade grega, se dividiam as tribos atenienses. **2.** *Sociologia geral.* Grupo que, na sociedade primitiva, se formava pela união de famílias.

FRATRICIDA. 1. *Direito penal.* Aquele que assassina seu irmão ou irmã. **2.** *Direito militar.* Que concorre para a guerra civil, vindo a matar ou causar ruína de compatriotas ou de povos da mesma raça.

FRATRICÍDIO. 1. *Direito penal.* Crime de homicídio cometido contra irmão, que constitui agravante da pena. **2.** *Direito militar.* Guerra civil.

FRATURA. *Medicina legal.* Lesão óssea causada pela solução de continuidade dos ossos, seja ela total ou parcial. É a ruptura de ossos e cartilagens.

FRATURA ARTICULAR. *Medicina legal.* É a que se dá na superfície articular de um osso.

FRATURA ATRÓFICA. *Medicina legal.* É a que decorre da atrofia do osso.

FRATURA CAPILAR. *Medicina legal.* Fissura de osso.

FRATURA COM AFUNDAMENTO. *Medicina legal.* É aquela em que os fragmentos ósseos vêm a comprimir e a lesar a massa encefálica (Croce e Croce Jr.).

FRATURA COMINUTIVA. *Medicina legal.* Diz-se daquela em que o osso fica lascado ou esmagado, apresentando fragmentos ósseos.

FRATURA COMPLETA. *Medicina legal.* É aquela em que o osso se separa em dois fragmentos pelo menos, partindo-se por completo.

FRATURA COMPLEXA. *Medicina legal.* A que atinge muitos ossos.

FRATURA COMPLICADA. *Medicina legal.* Aquela que vem a lesar regiões adjacentes, podendo apresentar infecção, necrose avascular etc.

FRATURA COMPOSTA. *Medicina legal.* É aquela que apresenta mais de uma solução de continuidade.

FRATURA DE FADIGA. *Medicina legal.* É a decorrente de pequenos e repetidos traumatismos.

FRATURA DIRETA. *Medicina legal.* É a resultante de um impacto violento no próprio ponto onde foi produzida.

FRATURA DO CRÂNIO. *Medicina legal.* Diz-se da que ocorrer na abóbada ou na base do crânio.

FRATURA DUPLA. *Medicina legal.* Fratura de osso ocorrida em dois lugares.

FRATURA EM GALHO VERDE. *Medicina legal.* Também denominada subperiostal. Ocorre somente em ossos elásticos de crianças, principalmente na clavícula, sem que haja qualquer comprometimento do periósteo.

FRATURA ESPONTÂNEA. *Medicina legal.* É oriunda de fragilidade do osso decorrente de alguma moléstia, produzindo-se até mesmo com uma pancada, sem que haja qualquer violência. Trata-se de fratura patológica ou secundária.

FRATURA EXPOSTA. *Medicina legal.* Fratura de osso associada com lacerações de tecido mole através das quais os fragmentos ósseos se exteriorizam.

FRATURA FECHADA. *Vide* FRATURA SIMPLES.

FRATURA IMPACTADA. *Medicina legal.* Ocorre quando os fragmentos ósseos ficam encaixados, não havendo movimento entre eles.

FRATURA INCOMPLETA. *Medicina legal.* Aquela em que o osso não se encontra completamente separado em fragmentos ou segmentos.

FRATURA INDIRETA. *Medicina legal.* Aquela que surge em ponto diferente do local onde se deu o impacto violento que a provocou.

FRATURA MÚLTIPLA. *Medicina legal.* É a que apresenta mais de duas rupturas, sem comunicação, no mesmo osso.

FRATURA PATOLÓGICA. *Vide* FRATURA ESPONTÂNEA.

FRATURA SECUNDÁRIA. *Vide* FRATURA ESPONTÂNEA.

FRATURA SIMPLES. *Medicina legal.* Fratura não exposta, apresentando apenas uma única solução de continuidade, em que não há, portanto, qualquer comunicação entre o foco da fratura e o ponto onde se deu a violência externa que a provocou.

FRATURA SUBPERIOSTAL. *Vide* FRATURA EM GALHO VERDE.

FRAUDAÇÃO. Burla ou má-fé.

FRAUDADOR. **1.** *Direito civil.* Autor de fraude. **2.** *Direito penal.* Contrabandista.

FRAUDAR. **1.** *Direito tributário.* Burlar o fisco. **2.** *Direito civil.* Cometer fraude contra credores. **3.** *Direito processual civil.* Praticar o devedor ato lesivo na iminência da penhora. **4.** *Direito penal.* a) Alienar, desviar, destruir ou danificar bens, simulando dívidas, havendo iminência de penhora, punível com detenção ou multa; b) roubar por contrabando; c) praticar estelionato. **5.** *Teoria geral do direito.* Tem o sentido de: a) lesar empregando fraude; b) burla à lei; c) ocultar a verdade para enganar outrem; d) frustrar.

FRAUDATÁRIO. *Direito penal.* Acusado de fraude; estelionatário.

FRAUDATÓRIO. **1.** Relativo a fraude. **2.** Resultante de fraude.

FRAUDÁVEL. Suscetível de fraude.

FRAUDE. **1.** *Direito civil.* a) Manobra artificiosa para prejudicar terceiro; b) má-fé; c) engano ou burla; d) ocultação da verdade. **2.** *Direito tributário.* Uso de ardil para fugir do pagamento de algum tributo; sonegação. **3.** *Teoria geral do direito.* Ato de fugir do cumprimento do dever legal. **4.** *Direito penal.* a) Contrabando; b) estelionato; c) falsificação de marcas ou produtos industriais;

d) lesão ao patrimônio de terceiro pelo emprego de meio ardiloso; e) qualquer maquinação que vise enganar outrem para obter vantagem ilícita; f) defraudação; g) fraudulência.

FRAUDE À EXECUÇÃO. **1.** *Direito penal.* Crime contra o patrimônio, punido com detenção ou multa, que consiste na alienação, desvio, destruição, danificação de bens ou simulação de dívidas por parte do devedor que foi acionado para pagamento de débitos, desde que não seja comerciante, de modo a evitar a penhora, fraudando a execução de sentença condenatória. **2.** *Direito processual civil.* Ato de frustrar qualquer providência tomada pelo vencedor de uma demanda para executar a sentença, antes ou após a instauração do processo de execução, no curso de ação fundada em direito real, ou de demanda capaz de reduzi-lo à insolvência. Presume-se em fraude à execução a alienação ou oneração de bens efetuada após a averbação. O vencido visa isentar-se do ressarcimento através da dilapidação, alienação ou oneração do seu patrimônio, de modo a evitar, assim, que este seja utilizado, por ordem judicial, para pagamento dos seus débitos. É, portanto, qualquer ato lesivo que venha a ser praticado pelo devedor para impedir a penhora. **3.** *Direito tributário.* Alienação ou oneração de bens ou rendas, ou seu começo, por sujeito passivo, em débito para com a Fazenda Pública, por crédito tributário regularmente inscrito como dívida ativa em fase de execução.

FRAUDE À LEI. *Teoria geral do direito, direito processual civil* e *direito civil.* Ato de burlar o comando legal usando de procedimento aparentemente lícito. Caracteriza-se pela prática de ato não proibido, em que uma situação fática é alterada para escapar à incidência normativa, livrando-se, assim, de seus efeitos. Por exemplo, venda de bens a descendentes, sem anuência dos demais descendentes, levada a efeito por meio de interposta pessoa, que, depois, passa o bem àquele descendente. Atinge-se, assim, por via oblíqua, o objetivo pretendido, mediante violação disfarçada da lei.

FRAUDE CIVIL. *Direito civil.* É a que se caracteriza pela lesividade individual do ato (De Plácido e Silva).

FRAUDE CONTRA A FAZENDA PÚBLICA. *Direito tributário.* Alienação fraudulenta de bens ou rendas feita por sujeito passivo em débito para com a Fazenda Pública em razão de crédito tributário, regularmente inscrito como dívida ativa, em fase de execução.

FRAUDE CONTRA A TRANSFERÊNCIA DE DIREITOS. *Direito civil.* Dá-se quando o devedor de certa prestação, por força de uma obrigação preexistente, resultante, por exemplo, de uma promessa de compra e venda ou de uma compra e venda cuja escritura ainda não tenha sido registrada, viola tal obrigação em virtude de outro contrato de transferência de domínio anteriormente assentado. A fraude se verifica através da prática de um ato lícito em si mesmo (Alvino Lima).

FRAUDE CONTRA CREDORES. *Direito civil.* Prática maliciosa, pelo devedor, de atos que desfalcam o próprio patrimônio, com o escopo de colocá-lo a salvo de uma execução por dívidas, em detrimento dos direitos creditórios alheios. A fraude contra credores, que vicia o negócio de simples anulabilidade, somente é atacável por ação pauliana, que requer os seguintes pressupostos: a) ser o crédito do autor anterior ao ato fraudulento; b) que o ato que se pretende revogar tenha causado prejuízos; c) que haja intenção de fraudar, presumida pela consciência do estado de insolvência; d) pode ser intentada contra o devedor insolvente, contra a pessoa que com ele celebrou a estipulação fraudulenta ou terceiros adquirentes que hajam procedido de má-fé; e) prova da insolvência do devedor; f) perdem os credores a legitimação ativa para movê-la, se o adquirente dos bens do devedor insolvente que ainda não pagou o preço, que é o corrente, depositá-lo em juízo, com citação em edital de todos os interessados. Essa ação visa revogar o negócio lesivo aos interesses dos credores, através de reposição do bem no patrimônio do devedor, cancelando a garantia real concedida em proveito do acervo sobre que se tenha de efetuar o concurso de credores, possibilitando dessa forma a efetivação do rateio, aproveitando a todos os credores e não apenas ao que a intentou.

FRAUDE DE COMÉRCIO. *Direito penal.* Ato de enganar o freguês por parte do empresário, no exercício de sua atividade mercantil, através do fornecimento de mercadoria falsificada ou deteriorada ou, ainda, da entrega de uma mercadoria por outra.

FRAUDE DE CONCORRÊNCIA PÚBLICA. *Direito penal.* 1. Crime contra o patrimônio da administração pública, punido com detenção ou multa, além de pena correspondente à violência, que consiste na fraude de concorrência pública ou na venda em hasta pública, realizada pela administração federal, estadual ou municipal, ou por entidade paraestatal. 2. Afastar ou procurar afastar concorrente ou licitante, por meio de violência, grave ameaça, fraude ou oferecimento de vantagem.

FRAUDE DE EXECUÇÃO. *Vide* FRAUDE À EXECUÇÃO.

FRAUDE DE LEI SOBRE ESTRANGEIRO. *Direito penal.* 1. Crime contra a fé pública, apenado com detenção e multa, cometido pelo estrangeiro que, para entrar ou permanecer no território nacional, usa nome falso. 2. Crime contra a fé pública, punido com reclusão e multa, praticado por quem atribuir a estrangeiro falsa qualidade para promover-lhe a entrada em território nacional. Trata-se do crime referente à seleção ou triagem de imigrantes, visando atender as condições para sua entrada no território nacional, imputando-lhe qualidade que não possua, por ser condição para que ele possa ingressar no território nacional.

FRAUDE DE ORIGEM. *Direito internacional privado.* Atribuição que se faz, no comércio importador, de origem diversa da mercadoria.

FRAUDE ELEITORAL. *Direito constitucional* e *direito eleitoral.* Qualquer ato ardiloso que venha a desvirtuar a vontade do eleitorado, manifestada no sufrágio, por violação ou adulteração do processo democrático. Por exemplo, substituição de cédulas por outras, distribuição antecipada de cédulas rubricadas pelo mesário para que os candidatos a forneçam já preenchidas aos votantes etc.

FRAUDE EM ARREMATAÇÃO JUDICIAL. *Direito penal.* Crime contra a administração da justiça, punido com detenção ou multa, além da pena correspondente à violência, para tutelar a concorrência pública, que consiste em afastar ou procurar afastar concorrente ou licitante, por meio de violência, grave ameaça, fraude ou oferecimento de vantagem.

FRAUDE EM SUBSTÂNCIA ALIMENTÍCIA OU MEDICINAL. *Direito penal.* Crime contra a saúde pública, punido com reclusão e multa, que consiste em corromper, alterar, falsificar ou adulterar substância alimentícia ou medicinal destinada ao consumo, tornando-a nociva à saúde.

FRAUDE FISCAL. *Direito tributário* e *direito penal.* 1. Violação à norma fiscal pelo contribuinte com a finalidade de escapar do pagamento do imposto devido ou de passar mercadoria de uma qualidade ou procedência por outra. **2.** Fazer contrabando; adulterar gênero alimentício. **3.** Retardar, no todo ou em parte, a ocorrência do fato gerador.

FRAUDE NA ALIENAÇÃO OU ONERAÇÃO DE COISA PRÓPRIA. *Direito penal.* Crime contra o patrimônio do adquirente, punido com reclusão e multa. Consiste em vender, permutar, dar em pagamento ou em garantia coisa própria inalienável, gravada de ônus ou litigiosa, ou imóvel com venda prometida a terceiro, mediante pagamento em prestações, silenciando sobre qualquer dessas circunstâncias.

FRAUDE NA CONSTITUIÇÃO DO PENHOR. *Direito penal.* Crime, punido com reclusão e multa, que consiste em o devedor defraudar o penhor, por meio de alienação, destruição, ocultação etc., do objeto empenhado, não consentida pelo credor pignoratício.

FRAUDE NA EMISSÃO DE DUPLICATA. *Direito penal.* **1.** Modalidade de estelionato, atentando contra o patrimônio do tomador da duplicata, praticado por aquele que, em uma compra e venda mercantil, ou em uma prestação de serviços, vem a expedir ou aceitar duplicata fictícia ou "fria", não correspondente com a compra e venda efetivada ou com a real prestação de serviço, apenada com detenção e multa. Trata-se, portanto, da simulação de duplicata. **2.** Falsificação ou adulteração da escrituração do Livro de Registro de Duplicatas, punida com detenção e multa.

FRAUDE NA ENTREGA DA COISA. *Direito penal.* Crime praticado por quem tem o dever de entregar coisa a alguém contra aquele que tem o direito de recebê-la. Consistente na defraudação de substância, qualidade ou quantidade daquele bem que deve ser entregue. É punido com reclusão e multa.

FRAUDE NA FUNDAÇÃO OU ADMINISTRAÇÃO DA SOCIEDADE ANÔNIMA OU POR AÇÕES. *Direito penal.* Crime contra o patrimônio, punido com reclusão e multa, praticado por aquele que promove a fundação da sociedade por ações. Consiste em fazer, em prospecto ou em comunicação ao público ou à assembléia, afirmação falsa sobre a constituição da sociedade ou ocultar fraudulentamente fato juridicamente relevante a ela relativo.

FRAUDE NO COMÉRCIO. *Direito penal.* **1.** Delito consistente em enganar, no exercício de ati-

vidade empresarial, o adquirente ou o consumidor, através da venda, tida como perfeita ou verdadeira, de mercadoria deteriorada ou falsificada, ou entrega de mercadoria por outra, punido com detenção ou multa. **2.** Fato típico penal, praticado por comerciante, consistente em alterar em obra encomendada a qualidade ou o peso do metal ou substituir pedra verdadeira por falsa ou por outra de menor valor. **3.** Vender pedra falsa por verdadeira. **4.** Vender como precioso metal de outra qualidade, punido com reclusão e multa.

FRAUDE NO PAGAMENTO POR MEIO DE CHEQUE. *Direito penal.* Crime contra o patrimônio e a fé pública, apenado com reclusão e multa, praticado por qualquer pessoa que venha a emitir cheque, sem suficiente provisão de fundos, em poder do sacado (banco), ou lhe frustrar o pagamento.

FRAUDE PARA OBTENÇÃO DE ALIMENTOS, ALOJAMENTO OU TRANSPORTE. *Direito penal.* Crime contra o patrimônio consistente em consumir comestíveis e bebidas em restaurante, alojar-se em hotel ou servir-se de qualquer meio de transporte sem dispor de recursos para solver as despesas feitas, punido com detenção ou multa.

FRAUDE PARA RECEBIMENTO DE INDENIZAÇÃO OU VALOR DE SEGURO. *Direito penal.* Crime punido com reclusão e multa no qual o segurado destrói, total ou parcialmente, ou oculta coisa própria, lesa o próprio corpo ou saúde, agrava as conseqüências da lesão ou doença para pleitear, junto ao segurador, a indenização ou o valor do seguro.

FRAUDE PAULIANA. *Vide* FRAUDE CONTRA CREDORES.

FRAUDE PENAL. *Direito penal.* Ato de má-fé que venha a lesar outrem, afetando a sociedade. Por exemplo, falsificação de mercadorias, defraudando substância alimentícia ou medicinal.

FRAUDE POR DISPOSIÇÃO DE COISA ALHEIA COMO PRÓPRIA. *Direito penal.* Fato típico penal, apenado com reclusão e multa, consistente em vender, trocar, dar em pagamento, locação ou garantia coisa alheia como própria, seja ela móvel ou imóvel.

FRAUDE PROCESSUAL. *Direito penal.* Crime contra a administração da justiça, punido com detenção e multa, consistente em inovar artificiosamente, na pendência de processo civil ou administrativo, o estado de lugar, de coisa ou de

FRAUDE SEXUAL

pessoa, com o fim de induzir o juiz ou o perito a erro. Se tal inovação se destinar a produzir efeito em processo penal, ainda que não iniciado, as penas cominadas pela lei penal aplicam-se em dobro.

FRAUDE SEXUAL. *Medicina legal.* Artifício ou recurso malicioso com o qual se convence alguém, dolosamente, a praticar algum ato libidinoso ou o ato sexual.

FRAUDE SOBRE CONDIÇÕES ECONÔMICAS DA SOCIEDADE POR AÇÕES. *Direito penal.* Crime contra o patrimônio cometido por diretor, gerente ou fiscal de sociedade por ações que, em prospecto, relatório, parecer, balanço ou comunicação ao público ou à assembléia, fizer afirmação falsa sobre as condições econômicas da sociedade, ou ocultar fraudulentamente, total ou parcialmente, fato relativo a elas, desde que seja juridicamente relevante. Tal delito é apenado com reclusão e multa, se o fato não constituir crime contra a economia popular.

FRAUDULÊNCIA. 1. Na *linguagem jurídica* em geral, é: a) o modo de agir com fraude; b) o que tem a qualidade de fraude. **2.** *Direito penal.* Ato ilícito praticado de má-fé, com clandestinidade ou abuso de confiança.

FRAUDULENTO. 1. Em que há fraude. **2.** Ato inquinado de fraude. **3.** Aquele que pratica fraude.

FRAUS EST ACCIPERE QUOD NON POSSIS REDDERE. *Expressão latina.* É fraudulento receber o que não se pode devolver.

FRAUS INTER PROXIMOS FACILE PRAESUMITUR. *Aforismo jurídico.* Facilmente se presume a fraude entre parentes.

FRAUS LEGIS. *Locução latina.* Fraude à lei.

FRAUS OMNIA CORRUMPIT. *Expressão latina.* A fraude tudo corrompe.

FREÁTICO. *Direito civil.* Lençol de água subterrâneo.

FREE. *Termo inglês.* Gratuito.

FREE ALONGSIDE SHIP. *Vide* CLÁUSULA FAS.

FREE ARRIVAL STATION. *Direito internacional privado.* Trata-se da cláusula FAS, quando a mercadoria estiver acondicionada em *containers*, devendo o carregador entregar os mesmos na estação de chegada indicada contratualmente, pronta para o despacho aduaneiro. Tal contrato, que contém essa cláusula, é denominado *arrival contract*.

FREE CARRIER. *Direito internacional privado.* **1.** Termo comercial usado em contrato de compra e venda internacional, pelo qual o comprador, por sua conta, ao efetivar um contrato de transporte de mercadoria, a partir do ponto convencionado, deverá notificar o alienante com antecedência, indicando o nome do transportador e o prazo em que a mercadoria deverá ser entregue. Caso deixe de designar o transportador ou se o transportador escolhido não se encarregar da entrega da mercadoria na data avençada, o comprador assumirá todas as despesas adicionais. O vendedor deverá entregar a mercadoria ao transportador designado, no prazo marcado, no ponto convencionado, porém, se houver vários pontos disponíveis, o vendedor poderá escolher qualquer deles. Enquanto não fizer tal entrega, o comprador deverá arcar com todas as despesas e riscos, inclusive com a obtenção da licença-exportação, embalagem e operações de verificação. O vendedor, ainda, deverá avisar imediatamente o comprador, por via de telecomunicação, da entrega da mercadoria, fornecendo-lhe a fatura comercial, o documento de uso ou atestado de entrega da mercadoria. O comprador, por sua vez, assumirá os gastos e riscos referentes à mercadoria, a partir do instante em que ela for entregue, e pagará ao vendedor o certificado de origem e documentos necessários para a importação da mercadoria, obtidos mediante sua assistência. **2.** *Vide* CLÁUSULA *FREE CARRIER*.

FREE CUT. *Direito internacional privado.* Cláusula inserida em contrato internacional pela qual se está livre de despesa na descarga de mercadoria em transporte marítimo.

FREE FROM ALONGSIDE. *Vide* CLÁUSULA FFA.

FREEHOLD. *Termo inglês.* Propriedade livre e alodial.

FREE IN. *Direito internacional privado.* Cláusula pela qual se está livre de despesa no carregamento de mercadoria em transporte marítimo. As despesas de carga ficam por conta do exportador e as demais serão pagas pelo armador.

FREE IN AND OUT. *Direito internacional privado.* Cláusula que indica que o armador não paga somente as despesas de carga e descarga, ficando as demais a seu cargo.

FREE IN AND OUT STOWED. *Vide* FIOS.

FREE MARTIN. *Locução inglesa.* Designa, em relação ao gado vacum, a fêmea estéril gêmea de um macho.

FREENET. *Termo inglês* e *direito virtual.* Rede livre, que possibilita acesso à Internet para pessoas que militam em determinada área.

FREE OF CAPTURE AND SEIZURE. *Direito internacional privado.* Cláusula pela qual o segurador se exonera de cobrir riscos advindos de captura ou apreensão, oriunda de guerra, rebelião etc. É também designada *warranted free from capture and seizure.*

FREE OF PARTICULAR AVERAGE. 1. *Direito internacional privado.* Condição FPA da apólice de seguro marítimo que, apresentada na venda CIF, deve cobrir o preço CIF mais dez por cento, para que se possa garantir o lucro do comprador. **2.** *Vide* CLÁUSULA CIF.

FREE ON BOARD. *Vide* CLÁUSULA FOB.

FREE ON RAIL. *Vide* CLÁUSULA FOR E FOT.

FREE ON TRUCK. *Vide* CLÁUSULA FOR E FOT.

FREE OUT. *Direito internacional privado.* Cláusula pela qual as despesas de descarga ficam por conta do consignatário e as demais a cargo do armador.

FREEPORT. *Termo inglês.* Porto livre.

FREE SHOP. *Direito tributário* e *direito aduaneiro.* Loja franca situada em aeroporto internacional cujas mercadorias estrangeiras são adquiridas pelos passageiros sem que haja incidência de tributos (Eduardo M. F. Jardim).

FREE TIME. *Locução inglesa.* Tempo livre.

FREE TIME AND DETENTION. *Direito internacional privado.* Tempo de graça e retenção, concedido por cinco dias úteis, para a retirada do *container* do depósito ou terminal do transportador, estufagem e devolução do mesmo ao local de recebimento declarado.

FREE-TRADE. *Locução inglesa.* Livre comércio.

FREE TRADE AREAS. *Expressão inglesa.* Áreas de livre comércio, nas quais as tarifas comerciais são eliminadas para os produtos oriundos dos países signatários dos acordos internacionais.

FREE USE OF. *Expressão inglesa.* Livre acesso.

FREEWARE. *Direito virtual.* **1.** Programa de computador distribuído gratuitamente e que pode ser livremente copiado pelo usuário. **2.** *Software* que, por ser de domínio público, pode ser livremente distribuído, sem ônus (Amaro Moraes e Silva Neto). **3.** Programa de computador distribuído livremente, desde que não se alterem seus dados, nem o aliene. **4.** *Software* gratuito.

5. É o *software* utilizado por programas que permitem a redistribuição, mas não a modificação e cujo código-fonte não é disponibilizado (Silmara B. Nogueira).

FREGOLISMO. Mudança rápida de opinião ou de partido.

FREGUÊS. 1. *Direito comercial.* a) Empresário; b) aquele que tem o hábito de adquirir mercadorias e produtos para revenda de um determinado fabricante; c) aquele que, habitualmente, compra de certo estabelecimento empresarial. **2.** *Direito canônico.* Habitante de uma freguesia ou paróquia; paroquiano. **3.** *Direito do consumidor.* Consumidor que adquire bens para uso próprio.

FREGUESIA. 1. *Direito comercial.* a) Conjunto de pessoas que, com certa freqüência, adquire, de determinado estabelecimento empresarial, bens e serviços; b) sinônimo de clientela, para alguns autores, que faz parte do fundo de comércio (Ripert). **2.** *Direito canônico.* a) Paróquia, que é uma das partes em que o território da diocese se divide; b) igreja paroquial; c) conjunto de paroquianos. **3.** *História do direito* e *direito administrativo.* Divisão administrativa que era baseada na divisão eclesiástica que, ainda, existe em alguns municípios.

FREIES RECHT. *Locução alemã.* Direito livre.

FREIGANG. *Direito comparado.* Modalidade de estabelecimento penal sueco, em que se cumpre pena em regime de liberdade parcial. Os condenados apenas pernoitam, prestando, durante o dia, serviços externos.

FREIGHT COLLECT. *Locução inglesa.* Frete a ser cobrado no destino da mercadoria transportada.

FREIGHT CONTRACTS. *Locução inglesa.* Contratos de frete.

FREIGHT FORWARDER. *Direito comparado.* Nos EUA abrange o transitário e o comissionado de transporte.

FREIGHT OR CARRIAGE PAID TO. *Vide* CLÁUSULA *FREIGHT OR CARRIAGE PAID TO.*

FREIGHT PREPAID. *Direito internacional privado.* Pagamento do frete no porto de embarque. Frete pago antecipadamente.

FREIGHT TO COLLECT. *Direito internacional privado.* Pagamento do frete no porto de desembarque.

FREIO. 1. *Direito agrário.* Peça metálica, presa às rédeas e inserida na boca do animal de montaria ou tração, que serve para governá-lo. **2.**

Direito de trânsito. a) Dispositivo que regula o movimento de qualquer mecanismo, veículo ou máquina; b) breque. **3.** *Direito comercial.* Na ferrovia, vagão em que se coloca aparelho regulador de sua marcha, suscetível de retardar, parar ou travar seu movimento. **4.** Nas *linguagens comum* e *jurídica,* indica: a) norma para evitar abusos e desmandos; b) moderação de manifestações de paixões desmedidas; c) impedimento.

FREIO AERODINÂMICO. *Direito aeronáutico.* Plano móvel que pode ser estendido para dentro da corrente de ar, aumentando a resistência do avião ou diminuindo sua velocidade na aterrissagem.

FREIO DE ALARMA. *Direito comercial.* Dispositivo existente em cada vagão do trem para possibilitar, em caso de perigo, que os passageiros parem o trem.

FREIO DE ESTACIONAMENTO. *Direito de trânsito.* Dispositivo destinado a manter o veículo imóvel na ausência do condutor ou, no caso de um reboque, se este se encontra desengatado.

FREIO DE SEGURANÇA OU MOTOR. *Direito de trânsito.* Dispositivo destinado a diminuir a marcha do veículo no caso de falha do freio de serviço.

FREIO DE SERVIÇO. *Direito de trânsito.* Dispositivo destinado a provocar a diminuição da marcha do veículo ou pará-lo.

FREIO PNEUMÁTICO. *Direito comercial.* Freio de ar utilizado em certos trens ou caminhões, no qual a pressão causada por uma compressa vem a se aplicar, simultaneamente, aos cilindros de freio dos carros do trem ou às rodas do caminhão.

FREIOS E CONTRAPESOS. *Direito constitucional.* Controles exercidos sobre cada um dos três poderes do Estado, para que haja entre eles equilíbrio, sem atingir a sua autonomia, como, por exemplo, veto do Executivo, *impeachment* contra o Executivo, limitação do número de magistrados e de sua jurisdição etc. Trata-se de aplicação da doutrina norte-americana de *checks and balances.*

FREIRA. *Direito canônico.* Religiosa católica, sujeita a celibato, que pode ser monja, se fizer voto solene, ou irmã, se fizer voto simples.

FREIRARIA. *Direito canônico.* **1.** Classe de freiras. **2.** Convento de freiras.

FREIRA SECULAR. *Direito canônico.* A que fez todos os votos, menos o de clausura.

FREIRÁTICO. *Direito canônico.* **1.** Próprio de freiras ou de frades. **2.** Monástico; conventual. **3.** Simpatizante com os costumes monacais ou com a vida dos conventos.

FREIRIA. *Direito canônico.* **1.** Ordem de freiras. **2.** Convento de freiras.

FRELATAGE. *Termo francês.* Adulteração de substâncias.

FRÊMITO. *Medicina legal.* **1.** Sensação espasmódica. **2.** Vibração sonora perceptível pelo tato, nas costas, se o examinado articular pausadamente o número 33.

FRENASTENIA. *Medicina legal.* Idiotia.

FRENESI. *Medicina legal.* Delírio que surge como sintoma de inflamação cerebral.

FRENOBLALIA. *Medicina legal.* Desordem mental.

FRENOCARDIA. *Medicina legal.* Estado mórbido-psíquico que se caracteriza pela presença de dispnéia, arritmia e dor na região cardíaca.

FRENOLOGIA. *Medicina legal.* Teoria de GALL na qual os traços do caráter e as faculdades mentais afetivas e instintivas se manifestam por uma saliência ou ponto determinado do crânio.

FRENOPATIA. *Medicina legal.* Afecção mental.

FRENOPLEGIA. *Medicina legal.* **1.** Súbita desordem mental. **2.** Perda das faculdades mentais.

FRENTE. 1. *Direito militar.* a) Primeira fila ou vanguarda da tropa formada; b) extensão de território contínuo em que se combatem os exércitos. **2.** Nas *linguagens comum* e *jurídica,* significa: a) quarto dianteiro do cavalo; b) local onde começa o cascalho; c) fachada de prédio; d) lado dianteiro de qualquer parte do corpo humano ou de qualquer coisa.

FRENTE INTERNA. *Direito militar.* Atividade civil que auxilia, de modo direto ou indireto, as forças armadas de uma nação em guerra, através da produção e suprimento de material bélico, defesa civil e preservação da ordem e da moral públicas.

FRENTE OU TESTADA. *Direito urbanístico.* É a porção da linha limítrofe do terreno que se situa ao longo do alinhamento da via ou logradouro público, servidão, orla marítima, lacustre ou fluvial, ou ainda costões e canais.

FRENTE PARLAMENTAR PELO DIREITO DA LEGÍTIMA DEFESA. *Ciência política* e *direito parlamentar.* É uma entidade constituída no âmbito do Congresso Nacional e integrada por deputados federais e senadores da República Federativa do Brasil, podendo ter representações nas assembléias legislativas estaduais, na câmara legislativa do Distrito Federal e nas câmaras municipais. São finalidades da Frente Parlamentar pelo Direito da Legítima Defesa: a) acompanhar a política oficial de segurança pública, manifestando-se quanto aos aspectos mais importantes de sua aplicabilidade: o direito penal, processual penal e demais normas que se relacionem com o direito da legítima defesa da sociedade, em especial leis sobre armas e outras formas de proteção individual e/ou coletiva; b) promover debates, simpósios, seminários e eventos pertinentes ao exame de política da segurança pública, com enfoque nos aspectos intrínsecos da legítima defesa, da proteção da vida, da liberdade, da integridade física, da honra e do patrimônio, divulgando seus resultados; c) promover o intercâmbio com entes assemelhados de parlamentos de outros países visando o aperfeiçoamento recíproco das respectivas políticas de bem-estar social, de segurança pública, de atenção à tranqüilidade e paz públicas, de fomento aos valores concernentes à família, à dignidade e ao respeito entre os iguais; d) procurar, de modo contínuo, o aperfeiçoamento da legislação referente à legítima defesa e à segurança pública, influindo no processo legislativo a partir das comissões temáticas nas duas Casas do Congresso Nacional; e) assumir o debate amplo de todos os aspectos sobre a política de armas do nosso País, os seus aspectos éticos, morais, técnicos e científicos, bem como sua relação com o direito e as garantias das pessoas e das minorias; f) participar de discussões, plebiscitos ou referendos, com o objetivo de assegurar os meios necessários ao exercício da legítima defesa, inclusive no que diz respeito ao porte, à posse, uso e comercialização de armas e munições.

FRENTE POPULAR. *História do direito.* Tipo de aliança formada em 1934 e 1935, em alguns países da Europa, pela unidade de ação dos partidos de esquerda, democráticos e antifascistas. Coalização entre partidos políticos da esquerda em torno de objetivos comuns (Belligni).

FRENTISTA. 1. *Direito comercial.* Especialista em acabamentos de fachadas de edifícios comerciais. **2.** *Direito do trabalho.* Funcionário ou empregado que atua em posto de gasolina.

FREQÜÊNCIA. 1. *Direito processual penal.* Ocorrência de fenômenos sociais que orientam a políti-

ca de direito, como o boletim individual que integra o processo penal, cujo preenchimento é obrigatório e serve de base para a estatística judiciária criminal. **2.** Nas *linguagens comum* e *jurídica,* tem o sentido de: a) assiduidade; b) comparecimento às aulas; c) repetição a curtos intervalos de um ato; d) uso. **3.** *Direito aeronáutico.* Número de vôos semanais realizados na mesma rota, por um ou mais aviões da mesma bandeira, que servem o transporte aéreo regular. **4.** *Direito comercial.* Número de viagens em cada sentido, numa linha de transporte rodoviário, em um período de tempo definido.

FRESTA. *Direito civil.* Abertura comprida e estreita em parede para possibilitar a entrada de ar, luz ou claridade, similar à seteira.

FRETADO. *Direito comercial.* O que foi tomado ou cedido a frete.

FRETADOR. *Direito comercial.* **1.** O que dá navio ou aeronave a fretamento, mediante pagamento de frete pelo afretador. **2.** Corretor no fretamento. **3.** Locador do fretamento.

FRETAGEM. 1. *Vide* FRETAMENTO. **2.** *Direito comercial.* Porcentagem a que o corretor no fretamento tem direito.

FRETAMENTO. *Direito comercial.* **1.** Contrato em que o fretador se compromete para com o outro afretador, mediante pagamento de frete, a realizar uma ou mais viagens preestabelecidas ou durante determinado período de tempo, reservando-se o controle sobre a tripulação e a condução técnica da aeronave ou do navio. É um misto de locação, prestação de serviços e transporte. **2.** *Vide* AFRETAMENTO. **3.** Preço por que se toma um frete.

FRETAMENTO A CASCO NU. O mesmo que *BARECOAT CHARTER.* É usual na navegação de apoio portuário ou marítimo.

FRETAMENTO AÉREO. *Direito aeronáutico* e *direito comercial.* Contrato em que o cedente (fretador) conserva o controle e a direção da tripulação e a condução técnica da aeronave, devendo ainda prestar serviço ao afretador seja ele de transporte ou não, pois permite a realização das operações aéreas em geral. Assim, a obrigação do fretador é de executar temporariamente a operação aérea, atendendo aos interesses do afretador e às cláusulas contratuais, mediante pagamento de certo preço. Esse contrato deverá ser efetivado por instrumento público ou particular, podendo ser inscrito no Registro

Aeronáutico Brasileiro. O contrato de fretamento aéreo acarreta ao fretador os seguintes deveres: colocar à disposição do afretador aeronave equipada e tripulada, em estado de navegabilidade, com todos os documentos necessários; realizar as viagens acordadas e manter a aeronave à disposição do afretador, durante o tempo convencionado. O afretador tem, por sua vez, as obrigações de: limitar o emprego da aeronave ao uso para o qual foi contratada, de acordo com as condições do contrato e pagar o frete no lugar, tempo e condições avençados.

FRETAMENTO CONTÍNUO. *Direito comercial.* É o serviço prestado por empresas detentoras do Certificado de Registro para Fretamento (CRF) a pessoas jurídicas para o transporte de seus empregados, bem assim a entidades do poder público e a instituições de ensino ou agremiações estudantis para o transporte de seus alunos, professores ou associados, estas últimas desde que legalmente constituídas, com prazo de duração máxima de doze meses (renovável anualmente) e quantidade de viagens estabelecidas, em contrato escrito entre a transportadora e seu cliente, previamente analisado e autorizado pela Agência Nacional de Transportes Terrestres – ANTT. A empresa interessada em realizar o fretamento contínuo deverá apresentar à ANTT requerimento, assinado pelo representante legal e com identificação do signatário, contendo as seguintes informações: a) usuários a serem entendidos, se para transporte de trabalhadores, de estudantes ou de outros usuários; b) descrição do trajeto da viagem, especificando os locais de origem e destino e o seu itinerário; c) freqüência das viagens, especificando os dias da semana e os horários de saída e chegada nos percursos de ida e volta; d) prazo da prestação do serviço; e e) minuta de contrato entre a empresa transportadora e seu cliente.

FRETAMENTO DE NAVIO. *Direito comercial.* É contrato em que o fretador se compromete com o afretador, mediante pagamento de frete, a efetivar as viagens preestabelecidas, tendo controle sobre sua tripulação e a condução técnica do navio. Tal afretamento poderá ser total, se o navio for utilizado por um único afretador, sendo muito comum no transporte de carvão ou petróleo. O fretamento parcial é o mais usado nas linhas regulares de navegação, ante as grandes dimensões do navio.

FRETAMENTO EVENTUAL. *Direito comercial.* Serviço prestado a um cliente ou a um grupo de pessoas, mediante emissão de nota fiscal, em circuito fechado de programações esportivas, culturais, religiosas ou turísticas, sempre com a relação de passageiros, apólice de seguro etc., com prévia autorização ou licença da Agência Nacional de Transportes Terrestres.

FRETAMENTO TURÍSTICO. *Vide* FRETAMENTO EVENTUAL.

FRETAR. *Direito comercial.* **1.** Alugar ônibus, navio, avião etc. para transporte. **2.** Dar ou tomar de frete. **3.** Carregar por conta própria uma embarcação. **4.** Ajustar por frete.

FRETE. *Direito comercial.* **1.** Remuneração paga ao transportador pelo seu serviço de transporte, cuja tarifa será fixada: por volume, por metro cúbico; por peso, por tonelada etc. Trata-se do preço do transporte. **2.** Coisa transportada. **3.** Carregamento do navio.

FRETE ABERTO. *Direito comercial.* **1.** Aquilo que se cobra para transporte de mercadorias de difícil manipulação, como carvão, enxofre etc., que exigem despesas nas operações de estiva e desestiva. É realizado em *tramp vessels*, que são navios que transportam cargas a granel. **2.** *Vide TRAMP VESSELS.*

FRETE *AD VALOREM*. *Direito comercial.* É aquele cobrado quando a mercadoria transportada possui grande valor comercial, por exemplo, pedras preciosas e peças eletrônicas. Pode ser pago adiantadamente ou no ato da entrega da carga ao consignatário.

FRETE A PAGAR. *Direito comercial.* Aquele que deve ser pago pelo destinatário, assim que receber, no local do destino, os efeitos transportados.

FRETE AQUAVIÁRIO INTERNACIONAL. *Direito marítimo, direito comercial* e *direito internacional privado.* Mercadoria invisível do intercâmbio comercial internacional, produzida por embarcação, que não integra a base de cálculo para tributos incidentes sobre importação e exportação de mercadorias pelo Brasil.

FRETE A VENCER. *Direito comercial.* **1.** Tarifa cobrada no sistema *time charter* na qual as partes estipulam pagá-la, mediante apresentação de fatura, de forma diluída no tempo, por exemplo, a cada três meses (Dutra da Fonseca). **2.** *Vide TIME-CHARTER.*

FRETE BÁSICO. *Direito comercial.* Preço estabelecido pelas conferências, sendo publicado, periodicamente, o valor das tarifas, cujo cálculo levará em conta o tipo da carga, os descontos de praxe etc.

FRETE DE RETORNO. *Direito comercial.* Concedido pelas conferências em caso de fretamento para transporte de mercadoria de volta a sua origem ou ponto de partida. Por exemplo, se enviada para amostra.

FRETE GLOBAL. *Direito comercial.* Frete que inclui todas as despesas de transporte, abrangendo-as com a estiva e desestiva.

FRETEIRO. 1. *Direito comercial.* Aquele que faz frete. **2.** *Direito agrário.* No Ceará, é o vaqueiro que conduz a boiada pela estrada, cavalgando à sua frente.

FRÈTEMENT. *Termo francês.* Fretamento.

FRETE MORTO. *Direito comercial.* Frete combinado, no fretamento, pelos contratantes, que deve ser pago mesmo que a mercadoria não tenha sido entregue pelo afretador dentro do prazo estipulado. Trata-se daquele devido por carga não entregue para embarque (Dutra da Fonseca).

FRETE PAGO. *Direito comercial.* É aquele pago ao fretador, no instante da celebração contratual, ou ao condutor, no momento da entrega dos efeitos a serem transportados.

FRETE *PRO RATA*. *Direito comercial.* Modalidade de frete, no contrato de fretamento, se os consignatários forem vários. O pagamento do frete a pagar se divide por cada um deles, pela tonelagem transportada ou pelo valor da mercadoria.

FRETE REDONDO. *Direito comercial.* **1.** Carregamento completo. **2.** Preço desse carregamento.

FRÉTEUR. *Termo francês.* Fretador.

FRETE VENCIDO. *Direito comercial.* É o decorrente do não-pagamento do frete a vencer, quando, no prazo avençado, for apresentado para cobrança. Assim, vencido e não pago, servirá de título judicial para sua cobrança, incidindo em juros e em outros ônus oriundos da dívida.

FREUDISMO. *Medicina legal* e *psicologia forense.* Técnica psicoterapêutica criada por Freud.

FRIAGEM. *Direito agrário.* Doença de vegetais causada pelo frio ou pelo granizo.

FRICTION. *Termo inglês.* Escoriação.

FRIEZA DE ÂNIMO. *Medicina legal.* Sangue frio.

FRIEZA SEXUAL. *Medicina legal* e *direito civil.* Estado patológico em que há diminuição ou ausência do apetite sexual da mulher, incapacitando-a para obter o orgasmo. É provocada por dispareunia, vaginismo, atresia vaginal, trauma, doença nervosa ou glandular, medo de gravidez, perversão sexual, educação sexual defeituosa. Pode levar à anulação do casamento (João Baptista de Oliveira e Costa Jr., Croce e Croce Jr.).

FRIGIDÁRIO. *História do direito.* Sala de banhos frios nas termas e nos banhos públicos na antigüidade romana.

FRIGIDEZ. *Vide* FRIEZA SEXUAL.

FRIGORÍFICO. 1. *Direito agrário.* Estabelecimento onde se abate o gado vacum para exportar sua carne já congelada. **2.** *Direito empresarial.* a) Indústria de transformação de produtos alimentícios de origem animal; b) empresa especializada na estocagem e comercialização de carne congelada. **3.** Na *linguagem comum,* é o aparelho apropriado para manter frescos e conservados os produtos alimentícios, deixando-os em baixa temperatura; congelador.

FRISÃO. *Direito agrário.* Raça de cavalo originária da Frísia.

FRÍVOLAS. *Lógica jurídica.* Proposições que nada acrescentam ao conhecimento (Locke e Leibniz).

FRÍVOLO. 1. Nas *linguagens comum* e *jurídica,* quer dizer: a) fútil; b) sem valor; c) leviano; d) displicente; e) inútil, desnecessário. **2.** *Direito penal.* Crime praticado por motivo fútil ou banal.

FRÖHLICH. *Medicina legal.* Síndrome caracterizada por distúrbio do sistema glandular, que faz com que os órgãos sexuais permaneçam em estado infantil. O tratamento é possível com a administração de hormônios, como o extrato de pituitária.

FRONDA. *História do direito.* Partido político revolucionário da nobreza da França que combateu o absolutismo do Cardeal Mazarino, durante a menoridade de Luís XIV.

FRONDE. *Direito agrário.* Folhagem; ramo de árvore.

FRONDESCÊNCIA. *Direito agrário.* Período em que se dá a rebentação das folhas.

FRONDISTA. 1. *História do direito.* Partidário da fronda, partido político francês contrário ao Cardeal Mazarino. **2.** *Ciência política.* a) Aquele que se rebela contra os partidos políticos; b) revolucionário.

FRONTA. 1. *História do direito.* Denúncia, protesto, requerimento segundo as Ordenações Afonsinas. **2.** Nas *linguagens comum* e *jurídica,* significa: notícia, apresentação.

FRONTAL. 1. *Direito marítimo.* Parapeito de baluarte. **2.** *Direito agrário.* a) Peça de freio que cinge a cabeça do animal de montaria; b) taipa. **3.** *Direito canônico.* Ornamento que reveste a frente do altar. **4.** *Medicina legal.* Osso ímpar simétrico e mediano, situado na região anterior do crânio e superior da face.

FRONTARIA. *Direito civil.* Fachada de prédio; frontispício.

FRONTEIRA. *Direito internacional público.* Faixa interna do território de cada País, contida na região limítrofe, que delimita a base física do Estado, separando-o do país vizinho. É indispensável para a defesa do território nacional. No Brasil, tal faixa de fronteira possui 150 km de largura. É a linha divisória entre dois ou mais Estados soberanos. Trata-se da divisa.

FRONTEIRA ARTIFICIAL. *Ciência política* e *direito internacional público.* Diz-se daquela feita em linha reta, não atendendo aos acidentes topográficos. É também chamada de fronteira convencional.

FRONTEIRA CONVENCIONAL. *Vide* FRONTEIRA ARTIFICIAL.

FRONTEIRA DE ACUMULAÇÃO. *Ciência política* e *direito internacional público.* **1.** É também denominada de fronteira viva ou fronteira de tensão. Advém de paulatina evolução histórica, sendo fixada através de lutas armadas. **2.** Arcifínio ou fronteira que tem por ponto referencial acidentes geográficos.

FRONTEIRA DE TENSÃO. *Vide* FRONTEIRA ARTIFICIAL.

FRONTEIRA ESBOÇADA. *Ciência política* e *direito internacional público.* É aquela delineada sobre um mapa, sem que seu traçado venha a corresponder a uma gradual adaptação passiva do homem ao meio, nem a uma adaptação ativa do Estado ao qual ela pertence. Trata-se do limite aparente, havendo ausência de delimitação estipulada em tratado internacional.

FRONTEIRA LINEAR. *Ciência política* e *direito internacional público.* Mar territorial.

FRONTEIRA MORTA. *Ciência política* e *direito internacional público.* **1.** Diz-se daquela que, da condição de viva, passou à situação de linha tranqüila, desde que findas as causas que deram origem à tensão. **2.** Zona limítrofe, artificial ou natural, entre países de pouca população, sendo quase nula a atuação do poder central.

FRONTEIRA NATURAL. *Direito internacional público.* É a resultante de um acidente geográfico ou topográfico (rio, montanha etc.). Designa-se arcifínio.

FRONTEIRA VERTICAL. *Ciência política* e *direito internacional público.* Espaço aéreo de um país.

FRONTEIRA VIVA. *Vide* FRONTEIRA DE ACUMULAÇÃO.

FRONTEIRA VOLUME. *Ciência política* e *direito internacional público.* É o limite político do Estado soberano. Abrange o espaço aéreo, o mar territorial e a superfície terrestre.

FRONTEIRIÇO. 1. *Medicina legal.* Aquele que não se adapta ao meio social, sendo levado, mediante premeditação, a atentados ou à perversão sexual. **2.** *Direito civil.* Lindeiro, contíguo. **3.** *Direito internacional público.* a) Aquele que vive ou está na fronteira; b) termo usado no Rio Grande do Sul para indicar aquele que nasce nas fronteiras do Brasil com o Uruguai ou Argentina.

FRONTEIRO. 1. *Direito agrário.* No norte do Brasil, designa o boi ou vaca que tem a testa branca. **2.** *Direito internacional público.* Situado na fronteira. **3.** *Direito civil.* a) Lindeiro, contíguo, vizinho; b) o que está em frente de outra coisa. **4.** *História do direito.* Capitão de uma praça da fronteira.

FRONTEIRO-MOR. *História do direito.* Aquele que governava uma grande parte da fronteira do reino.

FRONTISPÍCIO. 1. *Direito civil.* Fachada de um prédio; frontaria. **2.** *Direito autoral.* a) Primeira página do livro, na qual se colocam o nome do autor, título da obra, editora, ano da edição etc.; b) reprodução dessa página na capa.

FROTA. 1. *Direito militar.* a) Marinha de Guerra; b) armada ou conjunto de navios de guerra; c) grupo de aviões de guerra. **2.** *Direito comercial.* a) Conjunto de navios mercantes; b) total de veículos de uma empresa; c) grupo de unidades náuticas pertencentes a uma empresa; d) conjunto de embarcações permissionadas para atuar em uma mesma modalidade de pesca e respectiva área de ocorrência das espécies-alvo, independente do tamanho da embarcação.

FROTA AÉREA. *Direito militar.* **1.** Aviação militar. **2.** Grupo de aviões de guerra sob um único comando.

FROTA MERCANTE. 1. *História do direito.* Grupo de navios mercantes que eram comboiados por naus de guerra. **2.** *Direito comercial* e *direito marítimo.* Certo número de navios mercantes.

FROTA NAVAL. *Direito militar.* Conjunto de navios de guerra.

FROTA PESQUEIRA. Embarcação ou conjunto de embarcações que atuam na mesma modalidade de pesca, sobre as mesmas espécies-alvo, e na mesma região, independentemente do tamanho da embarcação.

FROTA TOTAL. É aquela constituída pelo conjunto da frota operante, com a de apoio e a reserva.

FROTISTA. *Direito comercial.* **1.** Aquele que tem uma frota de veículos. **2.** O que trabalha em frota.

FRUCTUS PENDENTES PARS FUNDI SUNT. *Aforismo jurídico.* Frutos pendentes fazem parte do imóvel.

FRUCTUS PENDENTES PARS FUNDI VIDENTUR. *Expressão latina.* Os frutos pendentes são considerados parte do imóvel.

FRUIÇÃO. *Direito civil.* **1.** Ato de estar na posse. **2.** Posse. **3.** Gozo, aproveitamento dos frutos e das utilidades da coisa. **4.** Usufruir. **5.** Direito que se exterioriza na percepção dos frutos e na utilização dos produtos; direito de gozar da coisa ou de explorá-la economicamente. **6.** Diz-se do direito real sobre coisa alheia, em que o titular tem apenas a autorização para usá-la e gozá-la ou, tão-somente, usá-la, abrangendo: enfiteuse, servidão predial, usufruto, uso, habitação, concessão de uso especial para fins de moradia, concessão de direito real de uso e superfície.

FRUIR. *Direito civil.* **1.** Perceber frutos e produtos. **2.** Gozar, desfrutar. **3.** Estar na posse. **4.** Explorar economicamente a coisa.

FRUMENTAÇÃO. 1. Ato de forragear. **2.** Provisão de cereais em tempo de guerra.

FRUMENTÁCEO. *Direito agrário.* Similar ao trigo e a outros cereais.

FRUMENTAL. *Direito agrário.* **1.** Relativo a cereais. **2.** Espécie de aveia. **3.** O que é próprio para sementeira de cereais.

FRUMENTATIONES. *Direito romano.* Distribuições de gêneros alimentícios, que eram feitas gratuitamente.

FRUSSERIA. Na *linguagem da mineração* é a pequena porção de ouro ou prata em grão encontrada em minas ou em rios.

FRUSTRAÇÃO. 1. Na *linguagem psicológica,* consiste num estado de insatisfação decorrente da au-

sência de objeto gratificante ou da interferência de algo que vem a impedir que se atinja aquele objeto, privando a obtenção do que se espera (Gilberto de Macedo e Dollard). Trata-se da negação de uma satisfação esperada. **2.** Na *linguagem jurídica* em geral, significa ato de iludir a lei, manifestado na escusa, na tergiversação etc. **3.** *Direito penal.* a) Crime praticado para impedir o cumprimento de lei, mediante emprego de violência ou fraude; b) ato ilícito pelo qual o emitente, sem fundamento legal, contra-ordena o pagamento do cheque que colocou em circulação.

FRUSTRAÇÃO DE ATO ASSEGURADO POR LEI TRABALHISTA. *Direito do trabalho.* Ato praticado com o objetivo de desvirtuar, impedir ou fraudar os preceitos da Consolidação das Leis Trabalhistas, que será por isso considerado nulo de pleno direito.

FRUSTRAÇÃO DE DIREITO ASSEGURADO POR LEI TRABALHISTA. *Direito penal.* Crime apenado com detenção e multa, além da pena correspondente à violência, consistente em impedir, dolosamente, mediante fraude ou violência física, direito assegurado pela legislação trabalhista, lesando empregado. Na mesma pena incorrerá quem: a) obriga ou coage alguém a usar mercadorias de determinado estabelecimento, para impossibilitar o desligamento do serviço em virtude de dívida; b) impede alguém de se desligar de serviços de qualquer natureza, mediante coação ou por meio da retenção de seus documentos pessoais ou contratuais. A pena é aumentada de um sexto a um terço se a vítima é menor de dezoito anos, idosa, gestante, indígena ou portadora de deficiência física ou mental.

FRUSTRAÇÃO DE LEI SOBRE A NACIONALIZAÇÃO DO TRABALHO. 1. *Direito penal.* Crime contra a organização do trabalho, punido com detenção e multa, além da pena correspondente à violência, consistente em frustrar dolosamente obrigação legal relativa à nacionalização do trabalho, mediante fraude ou violência física. **2.** *Direito do trabalho.* Ato que venha a atingir direito pertinente à nacionalização do trabalho, punido com multa. Mas, se a infratora for empresa concessionária de serviço público, ou de sociedade estrangeira autorizada a funcionar no País, se a infratora, depois de multada, não atender afinal ao cumprimento do dever legal imposto, poderá ter cassada a concessão ou autorização.

FRUSTRADO. **1.** Na *linguagem jurídica* em geral, significa: a) malogrado; b) o que não chegou a se desenvolver; incompleto. **2.** Na *linguagem psicológica,* diz-se daquele que sofreu regressão inconsciente, por não ter atingido seu pleno desenvolvimento psicológico ou seus fins.

FRUSTRADOR. **1.** *História do direito.* Mau pagador; aquele que não pagava seus débitos. **2.** Na *linguagem jurídica* em geral, diz-se do que causa frustração. **3.** *Psicologia forense.* É o agente externo ou interno que constitui o impedimento para que se atinja o pretendido.

FRUSTRAR. **1.** Nas *linguagens comum* e *jurídica,* quer dizer: a) fazer falhar; b) malograr; falhar; c) impedir; d) colocar obstáculo; e) bloquear; f) privar; g) iludir; h) não suceder o que se esperava. **2.** *Psicologia forense.* Privar de uma satisfação, em regra afetiva.

FRUSTRA FIT PER PLURA QUOD FIERI PER PANCIORA POTEST. *Expressão latina.* Evitar fazer com mais o que se pode fazer com menos.

FRUSTRA FIT PER PLURA QUOD POTEST FIERI PER UNUM. *Expressão latina.* É vão fazer com vários o que se pode fazer com um.

FRUSTRA SIBI FIDEM QUIS POSTULAT AB EO SERVARI, QUI FIDEM A SE PRAESTITAM SERVARE RECUSAT. *Expressão latina.* Quem se recusa a manter o que prometeu a outra pessoa não deve exigir que essa pessoa execute o que lhe prometeu.

FRUSTRATÓRIO. *História do direito.* Inútil, vão.

FRUSTRÁVEL. Aquilo que se pode frustrar.

FRUTA. *Direito agrário.* Designação genérica de qualquer fruto comestível, em regra adocicado.

FRUTEIRA. *Direito agrário.* **1.** Planta frutífera; árvore do pomar. **2.** Dependência apropriada para recolher frutos após a colheita.

FRUTEIRO. **1.** *Direito agrário.* a) Frutífero; o que dá frutos; b) local onde se guarda e se completa a maturação do fruto. **2.** *Direito comercial.* Aquele que vende frutas.

FRUTESCÊNCIA. *Direito agrário.* **1.** Período em que os frutos se desenvolvem. **2.** Maturação dos frutos.

FRUTÍCOLA. *Direito agrário.* Relativo à fruticultura.

FRUTICULTOR. *Direito agrário.* Aquele que se dedica ao cultivo de árvores frutíferas.

FRUTICULTURA. *Direito agrário.* Cultura de árvores frutíferas.

FRUTIFICAÇÃO. *Direito agrário.* **1.** Época em que as árvores dão frutos. **2.** Produção de frutos.

FRUTIFICAR. **1.** *Direito agrário.* Produzir frutos. **2.** *Direito civil.* a) Auferir; b) fazer algo vantajoso; c) fruir de frutos naturais, industriais ou civis; d) fazer dar resultado.

FRUTOS. **1.** *Direito agrário.* a) Filhotes ou crias de animais; b) partes produtivas dos vegetais que saem da flor. **2.** *Direito civil.* a) Coisas acessórias, ou seja, utilidades que o bem principal produz periodicamente, cuja percepção mantém intacta a substância do bem que as gera; b) prole, filhos; c) renda de capital; rendimento; d) vantagem; resultado. **3.** *Direito comercial.* Lucro.

FRUTOS ÂNUOS. **1.** *Direito agrário.* Diz-se daqueles frutos naturais cuja época de produção e colheita se dá em intervalos anuais. **2.** *Direito civil.* Frutos civis que se produzem em períodos sucessivos de anos (De Plácido e Silva).

FRUTOS CIVIS. *Direito civil.* Rendimentos periódicos oriundos da utilização de coisa frutífera por outrem que não o proprietário, como as rendas, aluguéis, juros, dividendos e foros.

FRUTOS COLHIDOS. *Direito civil.* Frutos naturais já separados da coisa frugífera. O mesmo que FRUTOS PERCEBIDOS ou FRUTOS SEPARADOS.

FRUTOS CONSUMIDOS. *Direito civil.* Os que não mais existem, porque foram utilizados, perdidos, transformados, gastos ou vendidos.

FRUTOS DA ESTAÇÃO. *Direito agrário.* Os próprios da estação do ano.

FRUTOS DA HERANÇA. *Direito civil.* Quaisquer frutos civis, naturais ou industriais, bens ou valores decorrentes da herança, que venham a aumentá-la; como a partir da abertura da sucessão os herdeiros têm a propriedade do acervo hereditário, todos os frutos por ele produzidos pertencem a eles, acrescendo-se portanto, à herança; porém, os frutos ficam livres do imposto de transmissão *causa mortis*, uma vez que advêm após o óbito do *auctor successionis*. Tal imposto só tem incidência sobre transferência de imóveis e de direitos a eles referentes. É preciso observar que não há como excluir desse imposto os frutos pendentes de árvore, ao tempo da abertura da sucessão, uma vez que são considerados como imóveis. O herdeiro excluído da sucessão por indignidade deverá devolver os frutos dos bens da herança que veio a perceber. Em se tratando de sucessão provisória, em caso de ausência, sendo sucessor provisório o descendente, ascendente ou consorte do ausente, fará seus todos os frutos e rendimentos dos bens que lhe couberem. Os demais sucessores provisórios deverão, porém, capitalizar metade desses frutos e rendimentos, de acordo com o representante do Ministério Público, e prestar contas, anualmente, ao juiz competente.

FRUTOS DESASSAZONADOS. *Direito agrário.* Diz-se daqueles que ainda não estão maduros.

FRUTOS ESTANTES. *Direito civil.* São os armazenados em depósito para expedição ou venda.

FRUTOS FABRIS. *Vide* FRUTOS INDUSTRIAIS.

FRUTOS INDUSTRIAIS. *Direito civil* e *direito comercial.* São os decorrentes do engenho humano, como, por exemplo, a produção de uma fábrica. Também denominados *frutos fabris.*

FRUTOS NÃO PENDENTES. *Direito civil.* São os colhidos ou os percebidos.

FRUTOS NATURAIS. *Direito civil* e *direito agrário.* São os que se desenvolvem e se renovam periodicamente pela própria força orgânica da coisa. Contudo, não perdem essa característica mesmo que o homem concorra com processos técnicos para melhorar a qualidade ou aumentar sua produção, como, por exemplo, cria dos animais, ovos, frutos de uma árvore.

FRUTOS PENDENTES. *Direito civil* e *direito agrário.* **1.** Resultados a obter; frutos ainda a recolher. **2.** Aqueles ligados à coisa que os produziu. **3.** Trata-se dos não colhidos, que, se naturais ou vegetais, presos materialmente às árvores que os produziram, constituem bens imóveis. **4.** Aqueles que ligados a coisa frugífera, ao tempo em que cessar a boa-fé do possuidor, devem ser devolvidos por ele ao reivindicante.

FRUTOS PERCEBIDOS. *Direito civil.* **1.** São os frutos já separados da coisa que os produziu. Se forem frutos civis, reputam-se percebidos dia por dia, em função de seu vencimento. **2.** *Vide* FRUTOS COLHIDOS.

FRUTOS PERCIPIENDOS. *Direito civil.* Os que deviam ser, mas não foram, percebidos, apesar de terem todas as condições para sua separação da coisa frugífera.

FRUTOS SEPARADOS. *Vide* FRUTOS COLHIDOS E FRUTOS PERCEBIDOS.

FRUTUÁRIA. *Direito agrário.* Associação de produtores agropecuários que desenvolve industrialização de leite, laticínios, carne e derivados etc.

FRUTUÁRIO. **1.** Aquilo que é relativo a frutos. **2.** O que é produtivo. **3.** Participante da frutuária.

FTIRÍASE. *Medicina legal.* Dermatose causada por *Phthiruis pubis*, que se aderem aos pêlos da região pubiana, e se alimentam da pele próxima ao pêlo. Deixam sinais similares a picadas de alfinetes, provocando prurido.

FTISIÚRIA. *Medicina legal.* Emagrecimento que se dá em diabéticos.

FTP. Abreviatura de *File Transfer Protocol.*

FUÃO. **1.** Fulano; pessoa indeterminada ou cujo nome se desconhece ou não se quer mencionar. **2.** Aquele que faz requerimentos.

FUBLINA. *Direito ambiental* e *direito civil.* Poluição atmosférica pela presença no ar de monóxido de carbono, hidrocarbonetos, óxido de nitrogênio etc., expelidos de veículos motores, pela queima de combustível.

FUEIRO. *Direito agrário.* **1.** Diz-se de cada estaca que se coloca no chadeiro do carro de bois, para servir de amparo à carga. **2.** Parte da barriga do cavalo, entre o umbigo e o escroto.

FUERO DE LAS LEYES. *Vide FUERO JUZGO.*

FUERO JUZGO. *História do direito.* **1.** Código visigodo segundo o qual se julgava. Vigorou na Espanha de fins do século VI até o início do século VIII. Baseava-se no direito romano, embora tenha sofrido influência do Direito canônico. Tal compilação de leis, usos e costumes dos povos hispano-romanos e visigóticos vigorou como norma geral em Portugal até a publicação das Ordenações Afonsinas. **2.** Livro que continha normas para julgamento de causas civis e criminais, resultantes, em regra, de sentenças prolatadas anteriormente.

FUERO REAL. *História do direito.* Corpo de lei que antecedeu o *Fuero Juzgo*, constando de quatro livros sobre política, religião, procedimento, direito civil e penal.

FUEROS. *História do direito.* Na Espanha, foram documentos outorgados por um rei ou entidade senhorial a certa região, cidade ou grupo de pessoas, firmando um pacto de direitos e obrigações, com a promessa de respeito a costumes, privilégios e autonomia locais (João Bernardino Gonzaga).

FUGA. **1.** *Direito penal.* a) Evasão do criminoso da prisão em que se encontrava; b) retirada rápida e furtiva de um fugitivo para escapar

FUGA DE PESSOA PRESA OU SUBMETIDA A MEDIDA DE SEGURANÇA — 653 — FUG

da responsabilidade penal, da perseguição ou da ação da justiça; c) ato de facilitar a evasão daquele que está preso ou submetido a medida de segurança. **2.** Na *linguagem jurídica* em geral, é qualquer subterfúgio para subtrair-se ao cumprimento de um dever legal ou contratual. **3.** *Direito militar.* Retirada precipitada de tropas. **4.** *Medicina legal.* Lapso de consciência; perda momentânea do conhecimento.

FUGA DE PESSOA PRESA OU SUBMETIDA A MEDIDA DE SEGURANÇA. *Direito penal.* Crime contra a administração pública consistente em promover ou facilitar a fuga daquele que estiver legalmente preso ou submetido a medida de segurança detentiva, punido com detenção. Porém, se praticada tal ação criminosa à mão armada, ou por mais de uma pessoa, ou mediante arrombamento, a pena será de reclusão, o mesmo ocorrendo se dolosamente perpetrada por pessoa sob cuja custódia ou guarda está o preso ou o internado. Se houver culpa do funcionário incumbido daquela custódia ou guarda, a pena cabível será a de detenção.

FUGA DE PRESO. 1. *Direito penal.* a) Crime contra a administração da justiça, punido com detenção, além da pena correspondente à violência. Consiste na evasão ou na tentativa de evasão por parte do preso ou do indivíduo submetido a medida de segurança detentiva, usando de violência física contra a pessoa. Todavia, tal evasão não se confunde com a fuga, apesar de ser uma modalidade de fuga. b) *Vide* EVASÃO MEDIANTE VIOLÊNCIA CONTRA A PESSOA. **2.** *Direito processual penal.* a) Ato de o preso, clandestina ou ostensivamente, sair de modo irregular do local onde estava encarcerado, seja prisão, hospital, fórum etc.; b) saída do réu condenado do estabelecimento prisional depois de haver apelado, caso em que será declarada deserta a apelação, ficando sem sentido a pretensão de se apreciar a tempestividade do recurso, e além disso, sua recaptura não tornará sem efeito a deserção. Urge lembrar ainda que a fuga do réu após o deferimento do protesto não significa deserção, já que a lei só se refere a fuga anterior ao julgamento da apelação (Hermínio Alberto Marques Porto).

FUGAR. Pôr em fuga ou afugentar.

FUGIDA. 1. Na *terminologia jurídica* em geral, é o mesmo que FUGA. **2.** Na *linguagem comum,* significa viagem rápida.

FUGIDIÇO. 1. *Direito militar.* Desertor. **2.** *Direito penal.* a) O que está habituado a fugir; propenso a fuga; b) aquele que tenta a fuga sem conseguir seu intento; c) fujão.

FUGIDIO. *Vide* FUGIDIÇO.

FUGIDO. *Direito penal.* Fugitivo.

FUGIR. 1. *Direito militar.* a) Retirar a tropa em debandada; b) desertar. **2.** Nas *linguagens comum* e *jurídica,* significa: a) afastar; b) soltar-se; c) escapar; d) pôr-se em fuga; correr pondo-se em fuga; e) evitar algo por aversão; f) ir embora clandestinamente.

FUGIT IRREPARABILE TEMPUS. *Expressão latina.* O tempo passa rapidamente; não podemos desperdiçá-lo.

FUGITIVÁRIO. *História do direito.* Aquele que tinha a incumbência de ir à procura de escravos fugitivos.

FUGITIVO. 1. *Direito militar.* Aquele que desertou. **2.** *Direito penal.* Aquele que está fugindo da ação da justiça ou o que fugiu. **3.** *Direito canônico.* Religioso que vem a abandonar, sem a devida licença de seu superior, a casa religiosa, com a intenção de regressar logo. Porém, se sua ausência durar por dois dias, será punido com privação do ofício ou suspensão de ordens sacras.

FUJÃO. *Vide* FUGIDIÇO.

FULANO. 1. Designação vaga daquele que não se pode ou não se quer nomear. **2.** Pessoa incerta.

FULCRO. Nas *linguagens jurídica* e *comum,* quer dizer: **1.** Sustentáculo. **2.** Base ou apoio. **3.** Centro de interesses; ponto crucial.

FULDA. *Direito canônico.* Túnica branca pontifical.

FULFILLMENT. *Direito comercial.* **1.** Atender no tempo e no prazo. **2.** É o conjunto de operações e atividades desde o recebimento de um pedido até sua entrega (James G. Heim).

FULGURAÇÃO. *Medicina legal.* **1.** Tratamento que visa destruir tecido canceroso por meio de chispas elétricas, cuja ação é controlada por elétrodo móvel. **2.** Lesão provocada por raio ou descarga elétrica, sem que venha a causar morte.

FULIGEM. *Direito agrário.* Manchas que recobrem a epiderme de frutos dando um aspecto de sujeira na fruta, causadas pelo fungo *Gloeodes pomigena.*

FULIGINOSIDADE. *Medicina legal.* Crosta preta que, em determinadas doenças, aparece nos dentes e na língua.

FULL AGE. *Locução inglesa.* Maioridade.

FULL DISCLOSURE. *Direito comercial.* Sistema aberto de informações ao público mantido pelas grandes empresas. Os informes de interesse do mercado de capitais, ou seja, da Bolsa de Valores, devem ser divulgados para orientar os acionistas e investidores, uma vez que obtêm seus capitais mediante os lançamentos públicos. Deve-se difundir informações na aquisição, por ocasião de uma ou mais operações de volume de ações, relativas ao nome e qualificação do adquirente, finalidade, número de ações, contratos alusivos às ações, com o escopo único de evitar que as operações atinentes a valores mobiliários sejam realizadas sem a devida informação, possibilitando tratamento eqüitativo aos acionistas e maior visibilidade ao mercado. Além disso, impede não só especulações, que podem aparecer em razão de pressões decorrentes do interesse de um grupo na aquisição de um determinado número de ações, sem prévia divulgação, mas também a possibilidade de funcionamento do *raider*, que, nas sociedades de controle pulverizado, poderá apoderar-se, por um certo tempo, de uma posição de comando, utilizando a empresa de modo a contrariar as suas finalidades sociais e os interesses dos acionistas que, desprevenidos, não terão tempo de se defender. Exigir-se-á, portanto, tal divulgação sempre que uma pessoa ou grupo de pessoas venha a obter uma posição relevante no capital social, devido a sucessivas operações, que poderão não constituir *blocktrade*, por não ter cada uma valor substancial em relação ao capital da sociedade. Imprescindível é a *full disclosure* nas operações de Bolsa, moralizando o mercado (Arnoldo Wald e Carlos Alberto Bittar).

FULL PAYOT LEASE. *Expressão inglesa.* *Leasing* financeiro.

FULL TIME. *Locução inglesa.* Tempo integral de trabalho exigido a certos funcionários públicos ou empregados.

FULMINAÇÃO. 1. *Medicina legal.* Ação letal de eletricidade cósmica ou natural sobre o homem. Causa lesões, como queimadura, hemorragia muscular, fraturas ósseas, ruptura de vaso sangüíneo ou do miocárdio etc. Excepcionalmente, pode acarretar perturbação auditiva, visual, motora ou nervosa, histeria etc. A morte, quando não imediata, advém com a paralisia dos centros nervosos, asfixia e, posterior-

mente, parada cardíaca em questão de dias ou horas (Flamínio Fávero e Croce e Croce Jr. e Oswaldo Cataro). **2.** *Direito canônico.* a) Ato pelo qual se dá publicidade a sentença eclesiástica para execução de bula papal, rescrito ou dispensa, emanada do poder eclesiástico; b) pronúncia ou publicação de uma excomunhão (De Plácido e Silva).

FULMINADO. *Medicina legal.* **1.** Diz-se do que morreu por descarga elétrica. **2.** Ferido por raio. **3.** Acometido de moléstia que, de imediato, vem a prostrá-lo. **4.** Aquele que morre subitamente.

FULMINADOR. *Medicina legal.* Aquilo que fulmina.

FULMINANTE. *Medicina legal.* **1.** Cápsula metálica que envolve a escorva de arma de fogo. **2.** O que detona. **3.** O que fulmina. **4.** O que mata instantânea ou repentinamente.

FULMINATO DE MERCÚRIO. *Medicina legal.* Sal do ácido fulmínico integrante da espoleta, que age explosivamente.

FUMAÇA. 1. *Direito agrário.* a) Diz-se do boi com pêlo avermelhado tirante a preto; b) animal que possui cara escura e de cor diversa da do corpo. **2.** *Direito penal.* Contravenção que consiste no ato de provocar, de modo abusivo, emissão de fumaça que possa molestar alguém. **3.** *Direito ambiental* e *direito civil.* Vapor que se desprende de um corpo em combustão. **4.** *Medicina legal.* Quantidade de fumo absorvida pelo fumante, que lhe é prejudicial à saúde.

FUMACEIRA. *Direito agrário.* Na Amazônia, rancho onde se defuma o látex da seringueira.

FUMAGEM. *História do direito.* Imposto que, outrora, incidia nas casas dos vassalos ou colonos, construídas no prédio do senhorio direto, em que houvesse lume no fogão, pouco importando se estivesse aceso ou não.

FUMAL. *Direito agrário.* Plantação de fumo ou de tabaco.

FUMANTE. Diz-se da pessoa que fuma.

FUMICULTOR. *Direito agrário.* O que se dedica à fumicultura.

FUMICULTURA. *Direito agrário.* Cultura de tabaco.

FUMIGAÇÃO. *Medicina legal.* **1.** Desinfecção por meio de vapores ou gases. **2.** Dedetização. **3.** Exposição do corpo ou de órgãos à ação do vapor.

FUMIGADOR. *Direito agrário.* Aparelho utilizado para produzir e dirigir fumo contra abelhas, visando acalmá-las.

FUMIGANTE. *Direito agrário.* Produto químico gasoso utilizado como desinfetante ou exterminador de pragas vegetais ou animais.

FUMÍGENO. *Direito militar.* Produto apropriado para uso em operações militares marítimas, terrestres ou aéreas, capaz de produzir uma cortina ou nuvem de fumaça, que impede o inimigo de visibilizar movimentos.

FUMO. **1.** *Direito agrário.* Tabaco cujas folhas são devidamente preparadas para o fabrico de cigarros, charutos etc. **2.** Na *gíria dos viciados,* designa maconha. **3.** *Direito ambiental.* a) Vapor que se desprende de alguma substância; b) produto gasoso de matéria orgânica em combustão, apresentando partículas de carbono que se precipitam, como fuligem, e poluem o ar. **4.** *Direito empresarial* e *direito industrial.* Fuligem que entra na composição de determinadas tintas. **5.** *História do direito.* Denominação que era dada ao governador na África Oriental Portuguesa.

FUMOSO. *Direito ambiental.* Aquilo que exala fumo ou vapor, poluindo o ar.

FUMOS VENDERE. *Locução latina.* Vender fumaça; enganar.

FUMUS BONI JURIS. *Locução latina.* **1.** Fumaça do bom direito. **2.** *Direito processual civil.* Possibilidade da existência de um direito, por apresentar base jurídica, que constitui um dos pressupostos de admissão de medida cautelar para evitar dano irreparável. **3.** *Direito processual trabalhista.* Indício de direito que leva o magistrado a determinar qualquer diligência necessária ao seu esclarecimento.

FUNAD. Sigla de Fundo Nacional Antidrogas, nova denominação do antigo Fundo de Prevenção, Recuperação e de Combate ao Abuso de Drogas (FUNCAB).

FUNAG. *Direito internacional público* e *direito administrativo.* Sigla da Fundação Alexandre de Gusmão.

FUNAI. Sigla de Fundação Nacional do Índio. Órgão do Ministério da Justiça que executa a política voltada aos indígenas, dando-lhes assistência médico-sanitária, educação básica, protegendo as terras por eles ocupadas, estimulando o desenvolvimento de estudos sobre as tribos.

FUNÂMBULO. **1.** Aquele que constantemente muda de partido político ou de opinião. **2.** Artista de circo que anda e dança na corda bamba.

FUNAPOL. Sigla de Fundo para Aparelhamento e Operacionalização das Atividades-fim da Polícia Federal.

FUNCAFÉ. Abreviação de Fundo de Defesa da Economia Cafeeira.

FUNÇÃO. **1.** Na *linguagem filosófica,* significa: a) operação (Stumpf); b) unidade do ato de ordenar várias representações comuns (Kant); c) papel desempenhado por uma visão conjunta, cujas partes são interdependentes (Lalande); d) finalidade. **2.** *Lógica jurídica.* a) Termo variável da lógica; b) adoção de simbolismo matemático na lógica simbólica; c) consideração especial da lógica das relações, que distingue, na função lógica, as funções sentencial (x é racional) e não-sentencial (quadrado de) (Sílvio de Macedo). **3.** *Medicina legal.* Ação peculiar ou própria de um órgão do corpo humano, por exemplo, a reprodução, a digestão, a respiração etc. **4.** *Psicologia forense.* a) É a que se liga a um sistema de causas centradas nos mesmos objetivos gerais (Burloud); b) característica de qualquer faculdade mental; c) exercício da razão ou do entendimento. **5.** *Sociologia jurídica.* a) Contribuição prestada por um elemento cultural para que uma configuração sociocultural se perpetue; b) conjunto de tarefas, ações e comportamentos que provocam a adaptação e o ajustamento de um dado sistema (Merton); c) profissão que contribui para a vida social. **6.** *Direito administrativo.* a) Exercício de cargo; b) serviço público; c) ato público; d) desempenho de ofício; e) situação jurídica do funcionário público (Capitant); f) direito ou dever de agir conferido por lei a uma ou várias pessoas para que a Administração Pública possa realizar sua missão. Constitui, portanto, uma soma de poder distribuída legalmente àqueles que desempenham cargo público (De Plácido e Silva); g) alteração de condições do contrato de trabalho, sem mútua anuência, vindo a causar, de modo direto ou indireto, gravame ao servidor público. **7.** *Direito do trabalho.* a) Emprego; encargo laboral; b) alteração contratual, sem mútuo consenso, que resulte dano ao empregado. **8.** *Semiótica jurídica.* Papel desempenhado pelo signo que, por exemplo, pode ter função referencial, conativa, fática etc. **9.** *Direito constitucional.* Divisão da atividade jurídico-estatal, podendo apresentar-se como: função executiva, legislativa ou judiciária. **10.** *Direito civil* e *direito comercial.* a) Atribuição dada a empregado ou a preposto para o desempenho de determinada atividade numa sociedade simples ou empresária; b) conjunto de atividades para a consecução de uma finalidade lícita. **11.** *Direito penal.* Crime contra a Administração Pública, consistente no fato de alguém exercer cargo público sem estar devidamente investido ou praticar qualquer ato que venha a exceder a sua atividade funcional.

FUNÇÃO ATIVA. *Direito administrativo.* Atividade deliberativa da Administração Pública.

FUNÇÃO AUXILIAR. *Direito administrativo.* É a que se atribui aos delegados ou aos auxiliares da Administração Pública para que executem os atos necessários à consecução da finalidade estatal (De Plácido e Silva).

FUNÇÃO CONSULTIVA. *Direito administrativo.* Emissão de parecer sobre assuntos relativos à Administração Pública.

FUNÇÃO DE ADMINISTRAÇÃO. *Vide* FUNÇÃO DE GOVERNO.

FUNÇÃO DE FATO. *Direito administrativo.* Situação anômala nos quadros da Administração Pública que abrange o servidor provido de forma irregular e fora de sua competência, ou o particular que se avoca, sem estar obrigado, a responsabilidade e a atribuição de um serviço público (Moacyr de Oliveira, Fernando H. M. de Almeida, Diogo de F. Moreira Neto e Marcel Waline).

FUNÇÃO DE GOVERNO. *Direito administrativo.* É também designada de função de administração ou de função pública. Em sentido amplo, abrange toda situação que venha implicar ao seu titular a gestão da coisa pública (Capitant). É, portanto, toda e qualquer atividade exercida por um órgão público ou por agentes da administração para a consecução das finalidades estatais. Trata-se do conjunto de direitos e deveres daquele que exerce atividade estatal.

FUNÇÃO DIRETA. *Direito administrativo.* Diz-se daquela ligada à substância da Administração Pública, sendo exercida pelo próprio poder público (De Plácido e Silva).

FUNÇÃO DO ESTADO. *Direito constitucional.* Atividade do poder público alusiva ao cumprimento das normas relativas à organização básica do Estado, abrangendo as atribuições e competências dos Poderes Executivo, Legislativo e Judiciário, conferidos constitucionalmente.

FUNÇÃO DO MINISTÉRIO PÚBLICO. *Direito processual.* É a defesa da ordem pública, do regime

democrático, dos interesses sociais e individuais indisponíveis, por ser uma instituição permanente, essencial à função jurisdicional do Estado.

FUNÇÃO DO PODER EXECUTIVO. *Direito constitucional* e *direito administrativo.* É a de administrar, embora possa envolver também a de elaborar normas, através da edição de medidas provisórias e decretos, e a de sancionar ou vetar projeto de lei. A função primordial do Executivo é a Administração Pública e a execução de leis.

FUNÇÃO DO PODER JUDICIÁRIO. *Vide* PODER JURISDICIONAL.

FUNÇÃO DO PODER LEGISLATIVO. *Direito constitucional.* É a de editar normas.

FUNÇÃO DO PRESIDENTE DA REPÚBLICA. *Direito constitucional.* Exercício da direção superior da Administração Federal, com o auxílio dos ministros de Estado.

FUNÇÃO ESPONTÂNEA. *Direito administrativo.* Atividade administrativa executada independentemente de qualquer solicitação (Mário Masagão).

FUNÇÃO ESSENCIAL. *Vide* FUNÇÃO DIRETA.

FUNÇÃO GRATIFICADA. *Direito administrativo.* Encargo de chefia, acometido a um funcionário público sem que haja cargo correspondente, que gera, além da percepção dos vencimentos, uma gratificação de função. Há uma forte tendência em abolir esse instituto jurídico, como ocorreu no Estatuto dos Funcionários Públicos Civis do Estado de São Paulo.

FUNÇÃO INDIRETA. *Vide* FUNÇÃO AUXILIAR.

FUNÇÃO JURISDICIONAL. *Direito constitucional* e *direito processual.* É a atividade pública exercida pelo Poder Judiciário para tutelar direitos subjetivos e aplicar normas gerais ao caso concreto submetido à sua apreciação. É a função estatal que tem por finalidade a atuação da vontade concreta da lei por meio da atividade dos órgãos judicantes.

FUNÇÃO ORGÂNICA. *Direito administrativo.* Função de administração ou função pública peculiar aos órgãos ou poderes públicos (Manoel de Oliveira Franco Sobrinho).

FUNÇÃO PROCESSUAL. *Direito processual.* É a atividade estatal de realizar a atuação do direito objetivo, solucionando conflito de interesse ou uma pretensão, mediante pronunciamento do órgão judiciário, no exercício da função jurisdicional.

FUNÇÃO PROCESSUAL CAUTELAR. *Direito processual civil.* Atividade desenvolvida pelo órgão judicante para acautelar a segurança da prova ou a segurança dos resultados práticos, a que tenda tanto o processo de declaração como o de execução (Celso Neves).

FUNÇÃO PROMOCIONAL DO DIREITO. *Filosofia do direito.* É aquela pela qual o direito promove o bem comum, prevendo não só sanções repressivas à violação de normas jurídicas, mas também conseqüências positivas para estimular o seu cumprimento (Bobbio e André Franco Montoro).

FUNÇÃO PROPOSICIONAL. *Lógica jurídica.* **1.** É uma função de pluralidade de variáveis independentes (Frece). **2.** Expressão lógica que contém uma ou mais variáveis, que, em caso de se substituírem por constantes (dos termos determinados), aquela expressão torna-se uma proposição verdadeira ou falsa, conforme as constantes escolhidas (Russell e Lalande).

FUNÇÃO PROVOCADA. *Direito administrativo.* É aquela exercida pela administração pública em razão de solicitação do interessado (Mário Masagão).

FUNÇÃO PÚBLICA. *Direito administrativo.* **1.** *Vide* FUNÇÃO DE GOVERNO. **2.** É toda atividade, temporária ou permanente, remunerada ou honorária realizada por uma pessoa física em nome do Estado ou a serviço do Estado ou de suas entidades, em qualquer de seus níveis hierárquicos.

FUNÇÃO SINGULAR. *Direito administrativo.* Diz-se da função pública exercida por pessoas físicas, que são funcionárias públicas ou agentes da administração (Manoel de Oliveira Franco Sobrinho).

FUNÇÃO SOCIAL. *Sociologia jurídica.* Atividades e papéis exercidos por indivíduos ou grupos sociais, com o escopo de obter o atendimento de necessidades específicas (Sílvio de Macedo).

FUNÇÃO SOCIAL DA DOGMÁTICA JURÍDICA. *Teoria geral do direito.* Atuação social da dogmática jurídica como dependente da ação dos fatores do meio. Tais fatores exprimem-se em graus diversos de sublimação; produzem nos indivíduos um efeito prático, suscetível de modificar sua conduta e concepção do mundo ou de reforçar-lhes o sentimento dos valores sociais. A dogmática jurídica não explica o fenômeno, mas ensina e diz como deve ser feito, delimitando as possibilidades abertas pela questão da decidibilidade. Exerce função relevante não só para o estudo do direito, mas também para a aplicação *jurídica*. Viabiliza como elemento de controle de comportamento humano, ao permitir a flexibilidade interpretativa das normas e ao propiciar, por suas criações teóricas, a adequação das normas no momento de sua aplicação. A ciência jurídica é um instrumento de viabilização do direito. A dogmática é marcada por uma concepção do direito que conduz a autoridade à tomada de decisão. A dogmática jurídica tem uma função social, ante a relevância do fator social, nos processos de conhecimento. O conhecimento é visto como uma atividade capaz de servir de mediação entre os dados da realidade e a resposta comportamental do indivíduo. Assim, gera expectativas cognitivas, uma vez que as sínteses significativas da ciência garantem a segurança e a certeza de expectativas sociais, pois diminuem os riscos de falha na ação humana. Dessa forma, será possível, com um certo grau de certeza, dizer quem agiu correta ou incorretamente. A ciência é vista como uma agência de socialização, por permitir a integração do homem e da sociedade num universo coerente. A função social da dogmática jurídica está no dever de limitar as possibilidades de variação na aplicação do direito e de controlar a consistência das decisões, tendo por base outras decisões (Tércio Sampaio Ferraz Jr.).

FUNÇÃO SOCIAL DA EMPRESA. *Direito comercial.* Exercício pelo administrador da sociedade por ações das atribuições legais e estatutárias para a consecução dos fins e do interesse da sociedade empresária, usando de seu poder de modo a atingir a satisfação das exigências do bem comum, de forma a prevalecer a livre concorrência, a efetiva defesa dos interesses do consumidor e a redução de desigualdades sociais, mediante o exercício de funções assistenciais a empregados e a realização de projetos de recuperação do meio ambiente.

FUNÇÃO SOCIAL DA PROPRIEDADE. 1. *Direito constitucional.* a) Conjunto de normas e princípios constitucionais que têm por escopo precípuo a harmonização da propriedade particular de terras urbanas ou rurais com fins sociais, dando condições para que sejam economicamente úteis e produtivas de acordo com o desenvolvimento econômico e os reclamos de justiça social; b) desempenho da propriedade urbana, atendendo aos reclamos da organização da cidade expressos num plano, e da propriedade rural, cumprindo não só as exigências legais alusivas ao aproveitamento racional da terra e utilização de recursos naturais, respeitando a preservação ambiental, mas também aos preceitos trabalhistas atinentes às relações empregatícias e à exploração que venha favorecer o bem-estar dos proprietários e dos trabalhadores rurícolas. **2.** *Direito civil.* a) Produtividade do bem, objeto do direito de propriedade; b) exercício do direito de propriedade compatível com a destinação socioeconômica do bem; c) fim perseguido pelo direito de propriedade, no sentido de que a ordem jurídica confere ao seu titular um poder em que estão conjugados os interesses do proprietário e do Estado (ou social). Trata-se da destinação econômico-social do direito subjetivo de propriedade, que, se for exercido sem utilidade, configurará desvio de finalidade ou abuso de direito. **3.** *Direito agrário.* Princípio que constitui o critério para a reforma agrária (Ballarin), baseado na correta utilização econômica da terra e na sua justa distribuição, visando o bem-estar social, mediante o aumento da produtividade e da promoção da justiça social (Telga de Araújo). **4.** *Direito administrativo.* Constitui o principal objetivo da desapropriação para fins de reforma agrária. Tal desapropriação visa condicionar o uso da terra ociosa ou de aproveitamento inadequado à sua função social e à sua exploração racional. **5.** *Direito econômico.* Objetivo a ser alcançado pelo controle estatal do exercício da atividade econômica e da propriedade, mediante emissão de normas relativas à nacionalização, estatização, proteção macrojurídica dos interesses, punição do abuso do poder econômico (Eros Roberto Grau).

FUNÇÃO SOCIAL DA TERRA. *Direito agrário.* **1.** Função social da propriedade rural voltada à política agrícola fundiária. **2.** Produtividade.

FUNÇÃO SOCIAL DO CONTRATO. *Direito civil.* Princípio pelo qual o contrato cria e assegura direitos e deveres como instrumento do interesse dos contratantes e do interesse social, atendendo as restrições trazidas pelo dirigismo contratual. Tal dirigismo contratual é a intervenção estatal na economia do negócio jurídico-contratual, mediante a emissão e aplicação de normas de ordem pública, o atendimento aos bons costumes relativos à moralidade social, a adoção de revisão judicial dos contratos, alterando-os, estabelecendo-lhes condições de execução, ou mesmo exonerando a parte lesada, conforme as circunstâncias, fundando-se

na boa-fé objetiva e na supremacia do interesse coletivo.

FUNÇÃO SOCIAL PRIVADA. *Sociologia jurídica.* Atividade exercida profissionalmente por particulares, contribuindo para a vida em sociedade (Lalande).

FUNÇÃO SOCIAL PÚBLICA. *Sociologia jurídica* e *direito administrativo.* Função do Estado visando contribuir para a vida total da sociedade. Abrange a função social pública: a) de polícia; b) a de autoridade, que implica uma delegação parcial do poder público ao magistrado, prefeito etc.; c) a de gestão, similar à função social do serviço privado, só que exercida por conta do Estado e sob sua direção, como a do engenheiro do estado, por exemplo (Lalande).

FUNÇÃO SOCIOLÓGICA. *Sociologia jurídica.* É a que relaciona uma instituição social com as necessidades de um organismo social (Durkheim).

FUNCHAL. *Direito agrário.* Plantação de erva-doce.

FUNCHO. *Direito agrário.* Planta medicinal conhecida como erva-doce.

FUNCIONAL. **1.** *Direito internacional privado.* Diz-se da nacionalidade que se adquire ou se perde em virtude de função exercida. Por exemplo, no caso do funcionário do Estado do Vaticano. **2.** *Direito administrativo.* a) Relativo a funcionário público; b) o que se refere à função pública. **3.** *Direito comercial.* Aquilo em cuja fabricação se teve em vista atender a um fim prático. **4.** *Medicina legal.* a) O que altera a função, mas não a estrutura; b) o que exerce ou pode exercer regularmente sua função. **5.** Na *linguagem jurídica* em geral, é: a) o que diz respeito a uma função; b) aquilo que constitui uma função.

FUNCIONALISMO. **1.** *Teoria geral do direito.* a) Teoria que acentua os caracteres funcionais do seu objeto, mais do que a sua estrutura ou as suas propriedades estáticas (Lalande); b) doutrina que visa adaptar a forma à função. **2.** *Sociologia jurídica.* Tendência de salientar a função dos elementos culturais em detrimento de sua forma. **3.** Na *linguagem psicológica,* é a teoria que ressalta, como característica principal do processo psicológico, o seu poder de adaptar o organismo ao ambiente. **4.** *Direito administrativo.* a) Classe dos funcionários públicos; b) exercício da função pública.

FUNCIONALISTA. **1.** *Direito administrativo.* Pertencente à classe do funcionalismo público. **2.** *Teoria geral do direito.* Partidário da teoria do funcionalismo.

FUNCIONALIZAR. 1. *Direito administrativo.* Tornar-se funcionário público. **2.** *Direito empresarial.* Tornar algo funcional.

FUNCIONAMENTO. 1. Ação ou efeito de funcionar. **2.** Andamento. **3.** Movimentação de funções de um órgão.

FUNCIONAMENTO DE BOMBAS DE AUTO-SERVIÇO NOS POSTOS DE ABASTECIMENTO DE COMBUSTÍVEIS. Ato de deixar em funcionamento bombas para serem operadas pelo próprio consumidor nos postos de abastecimento de combustíveis, vedado, em todo o País, sob pena de pagamento de multa ao posto de combustível infrator e à distribuidora à qual o posto estiver vinculado. Em caso de reincidência tal *quantum* será devido em dobro, e, havendo constatação da terceira infração, ter-se-á o fechamento do posto.

FUNCIONAMENTO DE ESTABELECIMENTO DE PRODUTOS VETERINÁRIOS. *Direito comercial.* Atendimento regularizado de todo estabelecimento que fabrique, manipule, fracione, comercie, importe ou exporte produtos veterinários para si e/ou para terceiros. Para isso, deve estar registrado no Departamento de Defesa Animal da Secretaria de Defesa Agropecuária do Ministério da Agricultura, Pecuária e Abastecimento. Ao serem considerados aptos a funcionar, os estabelecimentos que fabriquem, manipulem, fracionem ou exportem deverão preencher os seguintes requisitos: a) dispor de instalações e equipamentos adequados, para atender as diversas fases da produção, do acondicionamento e do controle dos produtos; b) observar as condições necessárias para correta produção, dentro da escala projetada, considerando-se a elaboração, o acondicionamento, os controles e a conservação sob condições de armazenagem adequada; c) observar, quanto à produção e ao armazenamento do produto, normas de segurança, a fim de evitar a contaminação do meio ambiente; d) observar, quanto à manipulação dos produtos, normas de segurança biológica para evitar contaminação e escape de patógenos; e) possuir instalações frigoríficas que assegurem a estabilidade e a conservação das matérias-primas e dos produtos fabricados, quando necessário; f) tratando-se de instalações mistas, destinadas à produção de biológicos, farmacêuticos, farmoquímicos, químicos e de nutricionais, deverão ser observados os requisitos *a* a *e*. Os estabelecimentos que comerciem ou importem produtos veterinários deverão atender aos seguintes requisitos: a) prova legal da existência do estabelecimento; b) local aprovado pelas autoridades competentes; c) instalações e depósitos adequados para armazenar e conservar os produtos; d) dispor de médico veterinário, como responsável técnico.

FUNCIONAMENTO PARLAMENTAR. *Ciência política.* Direito que tem o partido político de funcionar nas casas legislativas, por intermédio de uma bancada, que deve constituir suas lideranças de acordo com o estatuto do partido, as disposições regimentais das respectivas Casas e as normas da lei. Tem direito a funcionamento parlamentar, em todas as casas legislativas para as quais tenha elegido representante, o partido que em cada eleição para a Câmara dos Deputados obtenha o apoio de, no mínimo, cinco por cento dos votos apurados, não computados os brancos e os nulos, distribuídos em, pelo menos, um terço dos Estados, com um mínimo de 2% do total de cada um deles.

FUNCIONAR. 1. Estar em atividade. **2.** Exercer funções de um cargo ou emprego. **3.** Executar movimentos.

FUNCIONÁRIO. 1. *Direito administrativo.* Aquele que legalmente exerce funções de cargo público; servidor público civil. **2.** Na *linguagem jurídica* em geral, é: empregado; aquele que, junto a pessoa jurídica de direito privado, exerce uma função mediante pagamento de uma remuneração.

FUNCIONÁRIO DA JUSTIÇA. *Direito processual.* É aquele que integra o quadro do funcionalismo do Poder Judiciário, seja ele federal ou estadual.

FUNCIONÁRIO DE CARREIRA. *Direito administrativo.* Aquele que ocupa cargo de carreira, que compreende um escalonamento de classes, abrangendo a mesma atividade. É o ocupante de cargo sujeito a ascensão profissional no serviço público (Geraldo Magela Alves).

FUNCIONÁRIO DE DIREITO. *Direito administrativo.* Aquele que tem investidura legal, por nomeação ou eleição, em cargo público (Rafael Bielsa e José Cretella Jr.).

FUNCIONÁRIO DE FATO. *Direito administrativo.* Diz-se daquele que não foi legalmente investido em cargo público ou daquele que com título irregular exerce função pública (José Cretella Jr. e Sayagués Laso).

FUNCIONÁRIO DIPLOMÁTICO. *Direito internacional público.* Servidor público civil ou militar que, junto ao governo estrangeiro ou a um organismo internacional, exerce atividade permanente ou extraordinária.

FUNCIONÁRIO EFETIVO. *Direito administrativo.* O que foi nomeado em caráter efetivo para cargo público.

FUNCIONÁRIO ESTÁVEL. *Direito administrativo.* Aquele que ocupa cargo efetivo após dois anos de exercício contados de sua nomeação em razão de concurso, passando a ter estabilidade, não mais podendo ser demitido pela administração pública, a não ser mediante prévio processo administrativo disciplinar.

FUNCIONÁRIO PÚBLICO. 1. *Direito administrativo.* É aquele que está legalmente investido em função ou cargo público, de caráter permanente, criado por lei, recebendo remuneração dos cofres públicos. Pertence, portanto, ao quadro do funcionalismo público. **2.** *Direito penal.* Aquele que, embora transitoriamente, ou sem remuneração, exerce cargo, emprego ou função pública, inclusive em entidade paraestatal e quem trabalha para empresa prestadora de serviço contratada ou conveniada para a execução de atividade típica da Administração Pública.

FUNCIONÁRIO PÚBLICO ESTRANGEIRO. 1. *Direito internacional privado.* Considera-se funcionário público estrangeiro, para os efeitos penais, quem, ainda que transitoriamente ou sem remuneração, exerce cargo legislativo, administrativo ou jurídico, por nomeação ou eleição; emprego ou função pública em entidades estatais ou em representações diplomáticas de país estrangeiro. Equipara-se a funcionário público estrangeiro quem exerce cargo, emprego ou função em empresas controladas, diretamente ou indiretamente, pelo Poder Público de país estrangeiro ou em organizações públicas internacionais. **2.** *Direito penal.* Aquele que, mesmo transitoriamente ou sem remuneração, exerce cargo, emprego ou função pública em entidades estatais ou em representações diplomáticas de país estrangeiro, a ele equiparando-se.

FUNCIONÁRIO PÚBLICO ESTRANGEIRO POR EQUIPARAÇÃO. *Direito administrativo* e *direito penal.* a) Aquele que, transitoriamente ou sem remuneração, exerce cargo, emprego ou função pública em empresas controladas, direta ou indiretamente, pelo Poder Público de país estrangeiro ou em organizações públicas internacionais (ONU, OEA, OCDE etc.) quem exercer cargo ou função

em empresas controladas, direta ou indiretamente, pelo poder público de país estrangeiro ou em organizações públicas internacionais.

FUNCIONÁRIO PÚBLICO POR EQUIPARAÇÃO. *Direito administrativo.* a) É o vinculado de forma indireta a Poder Público, exercendo funções perante a Administração indireta; b) é o ligado a empresa privada e ao Poder Público por contrato ou convênio, exercendo atividades típicas da Administração Pública.

FUNCIONARISMO. *Direito administrativo.* Classe dos funcionários públicos; funcionalismo.

FUNCIONISTA. Aquele que assiste a uma função ou que nela toma parte.

FUNÇÕES DA INTERPRETAÇÃO. *Teoria geral do direito.* São as seguintes funções: a) conferir a aplicabilidade da norma jurídica às relações sociais que lhe deram origem; b) estender o sentido da norma a relações novas, inéditas por ocasião de sua criação; c) temperar o alcance do preceito normativo, para fazê-lo corresponder às necessidades reais e atuais de caráter social (Machado Neto).

FUNÇÕES DE EXPRESSÃO. *Medicina legal.* Modos de ação do organismo com o objetivo de manifestar os sentidos e a volição (Croce e Croce Jr.).

FUNÇÕES DE GOVERNO. *Direito administrativo.* São as funções consistentes na determinação das diretrizes gerais do Estado, visto como um todo, na fixação de meios adequados para colocar em execução aquelas diretivas e na satisfação dos interesses da coletividade (Groppali).

FUNÇÕES EFICACIAIS DA NORMA CONSTITUCIONAL. *Direito constitucional* e *teoria geral do direito.* São as que determinam algo aos poderes públicos, condicionando-os. Podem ser, como ensina Tércio Sampaio Ferraz Jr., de bloqueio, de programa ou de resguardo. A função eficacial de bloqueio de certos preceitos constitucionais paralisa a produção de efeitos de toda disposição normativa divorciada dos princípios e fins por eles preordenados. Resulta, portanto, numa espécie de bloqueio a futura atividade do órgão público competente para produzir normas. A função eficacial de bloqueio confere aos eventuais prejudicados o direito de, primeiro, exigir, perante o Judiciário, a declaração de inconstitucionalidade de quaisquer atos normativos divorciados dos princípios e fins consagrados constitucionalmente, sem que haja lesão a direito individual, e, segundo, de obter decisões judiciais conformes aos preceitos constitucionais. Além disso, possibilita ao intérprete, em certos casos, a utilização do argumento *a contrario*. Exercem função eficacial de programa aquelas normas constitucionais instituidoras de programas de ação, visando a consecução de fins sociais do estado, mas dependentes de integração legislativa. É o caso das normas constitucionais programáticas. Para que possam exercer a função eficacial de programa, as normas constitucionais devem conter mecanismos aptos para permitir, com equilibrada e prudente procedimentalização, a aquisição de sua eficácia ante alterações sociopolíticas, tais como: integração legislativa por iniciativa popular; ação de inconstitucionalidade por omissão; mandado de injunção. Apresentam alguns mandamentos constitucionais a função eficacial de resguardo, nas hipóteses em que o direito, por eles estabelecido, puder ser, em conformidade com o que dispõem, reduzido pelos conceitos neles contidos ou futuramente por lei, que mencione expressamente o direito que está sendo restringido. Para que se manifeste o exercício de tal função eficacial, temos, ao lado da iniciativa legislativa popular, o mandado de injunção.

FUNÇÕES INSTITUCIONAIS DO MINISTÉRIO PÚBLI-CO. *Direito constitucional.* São as previstas na norma constitucional: promover, privativamente a ação penal pública, zelar pelo efetivo respeito dos Poderes Públicos e dos serviços de relevância pública aos direitos assegurados pela Carta Magna, promovendo as medidas necessárias a sua garantia; promover o inquérito civil e a ação civil pública, para a proteção do patrimônio público e social, do meio ambiente e de outros interesses difusos e coletivos; promover a ação de inconstitucionalidade ou representação para fins de intervenção da União e dos Estados, nos casos previstos constitucionalmente; defender judicialmente os direitos e interesses das populações indígenas; expedir notificações nos procedimentos administrativos de sua competência requisitando informações e documentos para instruí-los, na forma da lei complementar; exercer o controle externo da atividade policial, na forma da lei complementar; requisitar diligências investigatórias e a instauração de inquérito policial, indicados os fundamentos jurídicos de suas manifestações processuais; exercer outras funções que lhe forem conferidas, desde que compatíveis com

sua finalidade, sendo-lhe vedada a representação judicial e a consultoria jurídica de entidades públicas.

FUNCTORES APOFÂNTICOS. *Lógica jurídica.* Partículas operatórias que, na lógica apofântica, têm papel de functores veritativos (e, ou, se... então) (Lourival Vilanova).

FUNCTORES DEÔNTICOS. *Lógica jurídica.* Operadores especificados da forma genérica "dever ser", que, na lógica deôntica, indicam o proibido, o obrigado e o permitido (Lourival Vilanova).

FUNDA. *Medicina legal.* **1.** Dispositivo ortopédico usado para conter fraturas. **2.** Suspensório para suportar parte do corpo.

FUNDAÇÃO. 1. *Direito civil* e *direito administrativo.* a) Espécie de pessoa jurídica de direito privado ou de direito público que constitui um patrimônio personalizado, destinado a um fim que lhe dá unidade. Seus órgãos são servientes, pois colimam fins externos e alheios, estabelecidos pelo fundador, desde que sejam religiosos, morais, culturais ou de assistência; b) ato de fiscalização por parte do Ministério Público sobre instituições da espécie. **2.** Na *linguagem técnica da engenharia,* significa: conjunto de obras imprescindíveis para assegurar a estabilidade de uma edificação. Trata-se do alicerce do prédio.

FUNDAÇÃO ALEXANDRE DE GUSMÃO. *Direito internacional público* e *direito administrativo.* É fundação pública, vinculada ao Ministério das Relações Exteriores, sediada em Brasília, com a finalidade de: a) realizar e promover atividades culturais e pedagógicas no campo das relações internacionais e da história diplomática do Brasil; b) realizar e promover estudos e pesquisas sobre problemas atinentes às relações internacionais; c) divulgar a política externa brasileira, em seus aspectos gerais; d) contribuir para formação no País de uma opinião pública nacional sensível aos problemas de convivência internacional; e) desenvolver outras atividades compatíveis com suas finalidades e com o estatuto; f) promover a preservação da memória diplomática do Brasil.

FUNDAÇÃO BIBLIOTECA NACIONAL (BN). *Direito administrativo.* Fundação pública vinculada ao Ministério da Cultura, tem sede e foro na cidade do Rio de Janeiro, e prazo de duração indeterminado. A BN, órgão responsável pela execução da política governamental de recolhimento, guarda e preservação da produção intelectual do País, tem por finalidade: a) adquirir, preservar e difundir os registros da memória bibliográfica e documental nacional; b) promover a difusão do livro, incentivando a criação literária nacional, no País e no exterior, em colaboração com as instituições que a isto se dediquem; c) atuar como centro referencial de informações bibliográficas; d) registrar obras intelectuais e averbar a cessão dos direitos patrimoniais do autor; e) assegurar o cumprimento da legislação relativa ao Depósito Legal; f) coordenar, orientar e apoiar o Programa Nacional de Incentivo à Leitura; g) coordenar o Sistema Nacional de Bibliotecas Públicas; h) elaborar e divulgar a bibliografia nacional; e i) subsidiar a formulação de políticas e diretrizes voltadas para a produção e o amplo acesso ao livro.

FUNDAÇÃO CASA DE RUI BARBOSA (FCRB). *Direito administrativo.* Fundação pública vinculada ao Ministério da Cultura, tem sede e foro na cidade do Rio de Janeiro e prazo de duração indeterminado, que tem por finalidade o desenvolvimento da cultura, por meio da pesquisa, do ensino, da preservação e da difusão, cumprindo-lhe, especialmente: a) promover o conhecimento da vida e da obra de Rui Barbosa, por meio da guarda, preservação e divulgação dos bens que lhe pertenceram — residência, mobiliário, biblioteca e o arquivo pessoal — e de sua produção intelectual, destacando-se a publicação sistemática da obra por ele deixada, sua crítica e interpretação; b) manter, ampliar e preservar os acervos museológicos, bibliográficos, arquivísticos e iconográficos de Rui Barbosa e da cultura brasileira, sob sua guarda, por intermédio de ações exemplares continuadas de conservação, preservação e acesso aos bens culturais; e c) promover, em sua área de atuação, estudos e cursos que visem ao estabelecimento de padrões de eficiência e qualidade na área de conservação, preservação e acesso a bens culturais, assim como na elaboração de normas, tecnologias e procedimentos técnicos relacionados à gestão de seu patrimônio cultural.

FUNDAÇÃO CENTRO BRASILEIRO PARA A INFÂNCIA E ADOLESCÊNCIA (CBIA). *Direito administrativo.* Fundação pública, que tem por finalidade formular, normatizar e coordenar, em todo o território nacional, a política de defesa de direitos da criança e do adolescente, bem assim prestar assistência técnica a órgãos e entidades que executam esta política, e especialmente: a) zelar pelo cumprimento do Estatuto da Criança e do Adolescente; b) promover a produção, a sistematização e a difusão de conhecimentos, dados e informações relativos às questões da criança e do adolescente; c) assessorar, sempre que solicitada, órgãos dos Poderes Executivo, Legislativo e Judiciário, bem como o Ministério Público, nas questões afetas aos direitos da criança e do adolescente; d) promover a formação, a especialização e o aperfeiçoamento de recursos humanos necessários à execução da política de atendimento e garantia dos direitos da criança e do adolescente.

FUNDAÇÃO COORDENAÇÃO DE APERFEIÇOAMENTO DE PESSOAL DE NÍVEL SUPERIOR (CAPES). *Direito administrativo.* Fundação pública vinculada ao Ministério da Educação, com sede e foro em Brasília, Distrito Federal, tem por finalidade subsidiar o Ministério da Educação na formulação de políticas para a área de pós-graduação, coordenar e avaliar os cursos desse nível no País e estimular, mediante bolsas de estudo, auxílios e outros mecanismos, a formação de recursos humanos altamente qualificados para a docência de grau superior, a pesquisa e o atendimento da demanda dos setores público e privado e, especialmente: a) subsidiar a elaboração do Plano Nacional de Educação e elaborar a proposta do Plano Nacional de Pós-Graduação, em articulação com as unidades da Federação, instituições universitárias e entidades envolvidas; b) coordenar e acompanhar a execução do Plano Nacional de Pós-Graduação; c) elaborar programas de atuação setoriais ou regionais; d) promover estudos e avaliações necessários ao desenvolvimento e melhoria do ensino de pós-graduação e ao desempenho de suas atividades; e) fomentar estudos e atividades que direta ou indiretamente contribuam para o desenvolvimento e consolidação das instituições de ensino superior; f) apoiar o processo de desenvolvimento científico e tecnológico nacional; e g) manter intercâmbio com outros órgãos da Administração Pública do País, com organismos internacionais e com entidades privadas nacionais ou estrangeiras, visando promover a cooperação para o desenvolvimento do ensino de pós-graduação, mediante a celebração de convênios, acordos, contratos e ajustes que forem necessários à consecução de seus objetivos.

FUNDAÇÃO CULTURAL PALMARES (FCP). *Direito administrativo.* Fundação pública, vinculada ao Ministério da Cultura, com a finalidade de promover a preservação dos valores culturais, sociais e econômicos decorrentes da influência negra na formação da sociedade brasileira, tem por competências: a) promover e apoiar eventos relacionados com seus objetivos, visando à interação cultural, social, econômica e política do negro no contexto social do País; b) promover e apoiar o intercâmbio com outros países e com entidades internacionais, por intermédio do Ministério das Relações Exteriores, para a realização de pesquisas, estudos e eventos relativos à história e à cultura dos povos negros; c) implementar políticas públicas que visem dinamizar a participação dos afro-brasileiros no processo de desenvolvimento sociocultural brasileiro; e d) subsidiar a execução das atividades relacionadas com a delimitação das terras dos remanescentes dos quilombos, especialmente no que se refere à sustentabilidade econômica dessas comunidades, por meio do desenvolvimento de atividades culturais.

FUNDAÇÃO DE ASSISTÊNCIA E PREVIDÊNCIA SOCIAL DO BNDES (FAPES). *Direito previdenciário.* Entidade fechada de previdência privada, que tem por finalidade precípua complementar os benefícios previdenciários concedidos pelo Instituto Nacional de Seguridade Social (INSS) aos funcionários de seus patrocinadores: BNDES, FINAME, BNDESPAR e a própria FAPES.

FUNDAÇÃO DE DIREITO PRIVADO. *Direito civil.* É a universalidade de bens, criada por escritura pública ou testamento, personalizada pela ordem jurídica, em consideração a um fim estipulado pelo fundador, sendo este objetivo imutável e seus órgãos, servientes. Todas as resoluções estão delimitadas pelo instituidor. É, portanto, um acervo de bens livres, que recebe da lei a capacidade jurídica para realizar as finalidades pretendidas pelo seu instituidor, em atenção aos seus estatutos. Sua natureza consiste na disposição de certos bens em vista de certos fins especiais. Logo, esses bens são inalienáveis, uma vez que asseguram a concretização dos objetivos colimados pelo fundador. Entretanto, em certos casos, comprovada a necessidade de venda, esta pode ser autorizada pelo magistrado, ouvido o Ministério Público, que a tutela, para oportuna aplicação do produto em outros bens destinados ao mesmo fim. Se os bens forem insuficientes para constituir a fundação, os bens doados serão convertidos em títulos de dívida pública, se o instituidor não dispuser de outra coisa, até que os rendimentos sejam aumentados ou novas dotações perfaçam capital bastante. É um patrimônio colocado a serviço de uma finalidade especial, que deve ter sempre em vista o benefício social. Por exemplo, um hospital, um instituto cultural etc.

FUNDAÇÃO DE DIREITO PRIVADO INSTITUÍDA PELO ESTADO. *História do direito.* Pessoa jurídica de direito privado que era criada por lei, tendo patrimônio que contava com a participação da União (Sérgio de Andréa Ferreira).

FUNDAÇÃO DE DIREITO PÚBLICO. *Direito administrativo.* Pessoa jurídica de direito público interno de administração indireta, criada por lei e afetada de um patrimônio. Tem personalidade jurídica própria para o exercício de atividades de interesse público, com autonomia administrativa e com funcionamento custeado, em regra, pela União.

FUNDAÇÃO DE PROTEÇÃO E DEFESA DO CONSUMIDOR (PROCON). *Direito do consumidor* e *direito administrativo.* Pessoa jurídica de direito público, dotada de autonomia administrativa e financeira, com o objetivo de elaborar e executar a política estadual de proteção e defesa do consumidor. Para a consecução de seus objetivos deverá: a) prestar aos consumidores orientação sobre seus direitos; b) planejar, coordenar e executar a política estadual de proteção e defesa do consumidor, atendidas as diretrizes da Política Nacional das Relações de Consumo; c) receber, analisar, encaminhar e acompanhar o andamento das reclamações, consultas, denúncias e sugestões de consumidores ou de entidades que os representem; d) divulgar os direitos do consumidor pelos diferentes meios de comunicação e por publicações próprias, e manter o cadastro de reclamações atualizado e aberto à consulta da população; e) promover as medidas judiciais cabíveis, na defesa e proteção dos interesses coletivos, difusos e individuais homogêneos dos consumidores; f) representar aos poderes competentes e, em especial, ao Ministério Público, sempre que as infrações a interesses individuais ou coletivos dos consumidores assim o justificarem; g) solicitar, quando necessário, à proteção do consumidor, o concurso de órgãos ou entidades da administração direta ou indireta; h) incentivar a criação e o desenvolvimento de entidades civis de defesa do consumidor, comprovadamente sem fins lucrativos; i) incentivar a criação e o desenvolvimento de entidades públicas municipais de defesa do consumidor; j) desenvolver programas educativos, estudos e pesquisas na área da defesa do consumidor; k) fiscalizar a execução das leis de defesa do consumidor e aplicar as respectivas sanções; l) analisar produtos e inspecionar a execução dos serviços, diretamente ou por meio de terceiros contratados, divulgando os resultados; m) prestar serviços de orientação aos fornecedores de produtos e aos prestadores de serviços, quanto ao cumprimento das normas de proteção e defesa do consumidor. A Fundação atuará diretamente ou por intermédio de instituições públicas ou privadas, mediante contratos, convênios ou concessão de auxílios.

FUNDAÇÃO ESCOLA NACIONAL DE ADMINISTRAÇÃO PÚBLICA (ENAP).
Direito administrativo. Órgão vinculado ao Ministério do Planejamento, Orçamento e Gestão, que tem por finalidade promover, elaborar e executar os programas de capacitação de recursos humanos para a Administração Pública Federal, visando o aumento da capacidade de governo na gestão das políticas públicas por meio do desenvolvimento de competências de servidores, ou seja, o desenvolvimento e a aplicação de tecnologias de gestão que aumentem a eficácia, a qualidade e a produtividade permanente dos serviços prestados pelo Estado aos cidadãos. Cabe, em especial, à ENAP: a) elaborar e executar programas de desenvolvimento gerencial para a Administração Pública Federal, orientados para implementar a gestão empreendedora no setor público; b) elaborar e executar programas de formação inicial para carreiras e de capacitação permanente para agentes públicos, visando à melhoria da gestão pública de forma a torná-la ágil, eficiente e com foco no cidadão; c) promover a prospecção e difusão do conhecimento sobre gestão pública por meio de estudos, eventos, atividades editoriais e intercâmbio nacional e internacional; e d) prestar assessoria técnica na elaboração de estratégias e projetos de desenvolvimento, formação, capacitação e atualização de gerentes e servidores.

FUNDAÇÃO HABITACIONAL DO EXÉRCITO (FHE).
Direito militar. Fundação com sede e foro em Brasília, supervisionada pelo Comando do Exército, com atuação em todo o território nacional. Tem personalidade jurídica de direito privado, finalidade social e tempo de duração indeterminado. Além disso, é integrante do Sistema Financeiro de Habitação (SFH). Compete à FHE: a) atuar, sem intermediários, na qualidade de agente integrante do SFH, podendo realizar operações financeiras e tomar empréstimos junto à Associação de Poupança e Empréstimo (APE/Poupex) e a outros agentes financeiros; b) facilitar o acesso à casa própria aos associados da Poupex, prioritariamente aos militares do Exército; c) realizar empreendimentos habitacionais cujo interesse venha a ser manifestado pelo Comandante do Exército; d) contribuir para o bem-estar social da família militar, atuando prioritariamente na área habitacional e de assistência social; e) gerir a APE/Poupex, incentivando a captação de poupança e buscando eficiência, produtividade e solidez econômica e financeira, por forma a assegurar a auto-sustentação do Sistema FHE/Poupex; f) realizar, diretamente ou em cooperação com outras entidades, pesquisas e estudos de natureza técnica na área da construção civil e no campo social, visando principalmente à economia na produção de habitações para os associados da APE/Poupex; g) cooperar com órgãos e entidades integrantes do SFH, naquilo que se relacione com as atividades e objetivos desse Sistema; h) conceder empréstimos aos seus beneficiários, com prioridade para os militares do Exército e, em seguida, das demais forças singulares; i) constituir e administrar grupos de consórcios de bens móveis, imóveis e serviços. A FHE pode, ainda, assumir direta ou indiretamente a responsabilidade pela elaboração e execução de estudos e projetos que considere prioritários nos seus campos de atuação e negociá-los com grupos e entidades interessados, inclusive mediante participação nos empreendimentos habitacionais decorrentes. À FHE é facultado receber doações no País e no exterior, observada a legislação pertinente, podendo, na contratação com entidades estrangeiras, aceitar cláusulas e condições usuais nestas operações.

FUNDAÇÃO INSTITUTO BRASILEIRO DE GEOGRAFIA E ESTATÍSTICA (IBGE).
Direito administrativo. Fundação pública, vinculada ao Ministério do Planejamento, Orçamento e Gestão, com duração indeterminada, e sede e foro na cidade do Rio de Janeiro, tendo como missão retratar o Bra-

sil, com informações necessárias ao conhecimento da sua realidade e ao exercício da cidadania, por meio da produção, análise, pesquisa e disseminação de informações de natureza estatística – demográfica e socioeconômica, geocientífica – geográfica, cartográfica, geodésica e ambiental. Compete à Fundação IBGE, ainda: a) propor a revisão periódica do Plano Geral de Informações Estatísticas e Geográficas, após consulta à sociedade por meio da promoção das Conferências Nacionais de Estatística (CONFEST) e de Geociências (CONFEGE), a serem realizadas em intervalos não superiores a cinco anos; b) atuar nos Planos Geodésico Fundamental e Cartográfico Básico, e no Sistema Estatístico Nacional, mediante a produção de informações e a coordenação das atividades técnicas, em consonância com o Plano Geral de Informações Estatísticas e Geográficas (PGIEG), sob sua responsabilidade; c) acompanhar a elaboração da proposta orçamentária da União referente ao previsto no Plano Geral de Informações Estatísticas e Geográficas. A Fundação IBGE poderá: a) manter cursos de pós-graduação, de graduação e de treinamento profissional, desde que em áreas correspondentes àquelas de competência da Fundação IBGE e afins, observada a legislação educacional vigente; e b) firmar acordos e outros ajustes, em áreas de sua competência e afins à sua missão institucional, a título gratuito ou oneroso, com entidades públicas ou privadas, preservadas, na produção e uso das informações, as concepções básicas estabelecidas, as normas técnicas e operacionais expedidas e o sigilo previsto em lei.

FUNDAÇÃO JOAQUIM NABUCO (FUNDAJ). *Direito educacional.* Fundação pública vinculada ao Ministério da Educação, com sede e foro na cidade do Recife, Estado de Pernambuco, que tem prazo de duração indeterminado. A FUNDAJ, em consonância com sua finalidade de promover estudos e pesquisas no campo das ciências sociais, tem como objetivos: a) estudar os problemas sociais relacionados direta e indiretamente com a melhoria das condições de vida do trabalhador brasileiro, especialmente do trabalhador rural; b) promover estudos e pesquisas destinadas à compreensão da realidade socioeconômica e cultural das regiões que constituem sua área de atuação; c) promover, no campo das ciências sociais, o aperfeiçoamento e a especialização de pessoal para empreendimentos públicos e privados;

d) orientar, promover e difundir o estudo das técnicas de pesquisa social; e) contribuir para a aceleração do processo de desenvolvimento empresarial brasileiro; f) promover, mediante acordos, convênios e contratos com instituições públicas e privadas, a execução de pesquisas, planos e projetos; g) prestar assistência técnica em assuntos relacionados com suas atividades; h) pesquisar e estimular manifestações culturais regionais; i) promover a documentação e a museologia, objetivando preservar os valores histórico-culturais; j) dispensar, em seu campo de atividades e sempre que possível, assistência educacional gratuita a estudantes carentes.

FUNDAÇÃO NACIONAL DE ARTES (FUNARTE). *Direito administrativo.* É uma fundação pública vinculada ao Ministério da Cultura. A FUNARTE tem sede e foro em Brasília, Distrito Federal, e prazo de duração indeterminado e gozará de autonomia técnica, administrativa e financeira, tendo por finalidade promover e incentivar a produção, a prática e o desenvolvimento das atividades artísticas e culturais no território nacional e, especialmente: a) formular, coordenar e executar programas de apoio aos produtores e criadores culturais, isolada ou coletivamente, e às demais manifestações artísticas e tradicionais representativas do povo brasileiro; b) promover ações destinadas à difusão do produto e da produção cultural; c) prestar orientação normativa, consulta e assistência no que diz respeito aos direitos do autor e direitos que lhe são conexos; d) prestar orientação normativa referente à produção e exibição cinematográfica, videográfica e fonográfica. No âmbito de suas competências, a FUNARTE adotará: a) linhas programáticas de ação que atendam às necessidades do teatro, do circo, da ópera, da dança, das artes plásticas, do folclore, da música, das atividades audiovisuais e demais atividades artísticas e culturais; b) mecanismos de coordenação e articulação institucional que lhe assegurem a efetiva integração com o Ministério da Cultura e demais entidades vinculadas; c) descentralização do apoio à produção artística e cultural; d) linhas de apoio e incentivo à produção, pesquisa e conservação da documentação, no campo das atividades artísticas e culturais, visando à identidade cultural do País.

FUNDAÇÃO NACIONAL DE SAÚDE (FUNASA). *Direito administrativo.* É uma fundação pública vinculada ao Ministério da Saúde, tem sede e foro em

Brasília/DF e prazo de duração indeterminado. Entidade voltada às ações e serviços de saúde em rede regionalizada e hierarquizada que compõe o Sistema Único de Saúde (SUS) e com competência em relação ao Programa Nacional de Imunizações (PNI), para: a) realizar a coordenação geral do PNI; b) normatizar, técnica e operacionalmente, o PNI; c) coordenar e implementar as medidas de prevenção e controle de doenças imunopreveníveis, incluindo a vacinação de rotina com as vacinas obrigatórias, as estratégias especiais, tais como campanhas e vacinações de bloqueio, além da notificação e investigação de eventos adversos temporalmente associados à vacinação; d) definir as diretrizes e os imunobiológicos de utilização obrigatória; e) adquirir e prover imunobiológicos do Programa Nacional de Imunizações aos Estados e ao Distrito Federal; f) receber, armazenar, acondicionar, controlar a qualidade dos imunobiológicos em condições adequadas, até a distribuição aos Estados e ao Distrito Federal; g) orientar os Estados, quanto aos aspectos relacionados ao planejamento, armazenagem, acondicionamento, conservação, distribuição e consumo dos imunobiológicos; h) orientar e assistir aos Estados e ao Distrito Federal, no que se refere a outros procedimentos técnicos e operacionais; i) fomentar e executar programas de capacitação de recursos humanos em ações de imunizações; j) supervisionar e acompanhar a utilização dos imunobiológicos nos Estados, no Distrito Federal e, excepcionalmente, nos Municípios; k) realizar auditorias nos Estados, no Distrito Federal e, excepcionalmente, nos Municípios para verificar o cumprimento das diretrizes do PNI; l) consolidar, analisar, retroalimentar e divulgar as informações referentes aos Sistemas de Informações do PNI; m) coordenar e executar as atividades de informação, educação e comunicação, de abrangência nacional das ações de imunizações; n) complementar, quando necessário, a atuação dos Estados e do Distrito Federal (e excepcionalmente, de Municípios) na área de imunizações, suplementando-a quando for superada a capacidade destes de execução das atividades de prevenção e controle de doenças, especialmente nas situações de emergência ou reemergência de doenças. À FUNASA, entidade de promoção e proteção à saúde, compete: a) prevenir e controlar doenças e outros agravos à saúde; b) assegurar a saúde dos povos indíge-

nas; c) promover a prática de hábitos saudáveis que contribuam para a prevenção de doenças e outros agravos à saúde; e d) fomentar soluções de saneamento para prevenção e controle de doenças. Tem como finalidade institucional "prevenir e controlar doenças e outros agravos à saúde, assegurar a saúde dos povos indígenas e fomentar soluções de saneamento para prevenção e controle de doenças". A FUNASA tem como missão "promover a inclusão social por meio de ações de saneamento ambiental e de ações de atenção integral à saúde dos povos indígenas, com excelência na gestão e em consonância com o Sistema Único de Saúde". A FUNASA é uma instituição pública ética e cidadã e considera os princípios éticos na sua cultura como postura de confiabilidade e honestidade irrepreensíveis.

FUNDAÇÃO NACIONAL DO ÍNDIO. *Vide* FUNAI.

FUNDAÇÃO OSÓRIO. *Direito administrativo.* Entidade de direito público vinculada ao Comando do Exército, com o objetivo de instruir, profissionalizar, educar e, em especial, ministrar o ensino de primeiro e segundo grau ou melhor, o fundamental e o médio, aos filhos e dependentes legais de militares do Exército e das demais forças singulares.

FUNDAÇÃO OSWALDO CRUZ (FIOCRUZ). *Direito administrativo.* É dotada de personalidade jurídica de direito público, vinculada ao Ministério da Saúde, com sede na cidade do Rio de Janeiro, com prazo de duração indeterminado, tem por finalidade desenvolver atividades no campo da saúde, da educação e do desenvolvimento científico e tecnológico, devendo, em especial: a) participar da formulação e da execução da Política Nacional de Saúde, da Política Nacional de Ciência e Tecnologia e da Política Nacional de Educação, as duas últimas na área da saúde; b) promover e realizar pesquisas básicas e aplicadas para as finalidades acima mencionadas, assim como propor critérios e mecanismos para o desenvolvimento das atividades de pesquisa e tecnologia para a saúde; c) formar e capacitar recursos humanos para a saúde e ciência e tecnologia; d) desenvolver tecnologias de produção, produtos e processos e outras tecnologias de interesse para a saúde; e) desenvolver atividades de referência para a vigilância e o controle da qualidade em saúde; f) fabricar produtos biológicos, profiláticos, medicamentos, fármacos e outros produtos de interesse para a saúde; g) desenvolver atividades assistenciais de referência, em apoio ao Sistema Único de Saúde, ao desenvolvimento científico e tecnológico e aos projetos de pesquisa; h) desenvolver atividades de produção, captação e armazenamento, análise e difusão da informação para a Saúde, Ciência e Tecnologia; i) desenvolver atividades de prestação de serviços e cooperação técnica no campo da saúde, ciência e tecnologia; j) preservar, valorizar e divulgar o patrimônio histórico, cultural e científico da FIOCRUZ e contribuir para a preservação da memória da saúde e das ciências biomédicas; e k) promover atividades de pesquisa, ensino, desenvolvimento tecnológico e cooperação técnica voltada para preservação do meio ambiente e da biodiversidade.

FUNDAÇÃO PARTICULAR. *Vide* FUNDAÇÃO DE DIREITO PRIVADO.

FUNDAÇÃO PÚBLICA. *Vide* FUNDAÇÃO DE DIREITO PÚBLICO.

FUNDACENTRO. *Direito do trabalho* e *medicina do trabalho.* Fundação Jorge Duprat Figueiredo, de Segurança e Medicina do Trabalho, vinculada ao Ministério do Trabalho e Emprego, com sede e foro na cidade de São Paulo – SP, tendo prazo de duração indeterminado, com a finalidade de realizar estudos e pesquisas relativas aos problemas de segurança, higiene e medicina do trabalho, e, especialmente: a) pesquisar e analisar o meio ambiente do trabalho e do trabalhador, para a identificação das causas dos acidentes e das doenças no trabalho; b) realizar estudos, testes e pesquisas relacionados com a avaliação e o controle de medidas, métodos e de equipamentos de proteção coletiva e individual do trabalhador; c) desenvolver e executar programas de formação, aperfeiçoamento e especialização de mão-de-obra profissional, relacionados com as condições de trabalho nos aspectos de saúde, segurança, higiene e meio ambiente do trabalho e do trabalhador; d) prestar apoio técnico aos órgãos responsáveis pela política nacional de segurança, higiene e medicina do trabalho, bem como prestar orientação a órgãos públicos, entidades privadas e sindicais, tendo em vista o estabelecimento e a implantação de medidas preventivas e corretivas de segurança, higiene e medicina do trabalho; e) promover estudos que visem ao estabelecimento de padrões de eficiência e qualidade referentes às condições de saúde, segurança, higiene e meio ambiente do trabalho do trabalhador. A FUNDACENTRO poderá, para o atendimento de sua finalidade, celebrar convênios, contratos, acordos ou ajustes com os Governos da União, Estados, Distrito Federal e Municípios, com universidades e estabelecimentos de ensino superior, bem como com outras entidades públicas ou privadas, nacionais, estrangeiras ou internacionais, para o fim de obter ou prestar colaboração e assistência em atividades destinadas à promoção e ao desenvolvimento de programas nas áreas de sua competência.

FUNDAÇÕES DE APOIO. *Direito civil.* Fundações de direito privado, sem fins lucrativos, que visam apoiar atividades de instituições de ensino superior ou da área da saúde, principalmente dando suporte à pesquisa, à divulgação de seus resultados, à concessão de bolsas de estudos, à manutenção de laboratórios, ao desenvolvimento cultural e tecnológico etc. (Norberto Pasquatti).

FUNDAÇÕES PIAS. *Direito canônico.* Universalidades de bens destinadas às obras de piedade, de apostolado ou de caridade espiritual ou temporal, que podem ser: a) autônomas, que são erigidas como pessoas jurídicas pela autoridade eclesiástica competente; b) não autônomas, se unidas a uma pessoa jurídica pública, que as administram, com o ônus de, com as rendas, celebrar missas ou realizar outras funções eclesiásticas ou conseguir os fins almejados, acima enumerados.

FUNDADOR. 1. *Direito civil* e *direito administrativo.* Aquele que, por testamento ou instrumento público, institui um patrimônio com o escopo de criar uma fundação, declarando sua finalidade. **2.** *Direito comercial.* Aquele que organiza e funda uma sociedade anônima, que vem a constituir-se para atender ao projeto por ele elaborado.

FUNDAMENTA (AUTEM) EST JUSTITIAE FIDES, ID EST, DICTORUM CONVENTO-RUMQUE CONSTANTIA ET VERITAS. *Expressão latina.* Fundamento da justiça é a fé, isto é, a constância e a sinceridade em se manterem as coisas ditas e convencionadas.

FUNDAMENTABILIDADE. Qualidade do que é fundamentável.

FUNDAMENTAÇÃO. *Teoria geral do direito.* Ato de apresentar asserções fundamentadas em provas ou em alicerces convincentes.

FUNDAMENTAÇÃO DA METAFÍSICA DOS COSTUMES.

Filosofia geral. Constituição de um fundamento para a moralidade; estudo que visa estabelecer o princípio supremo da moralidade (Kant).

FUNDAMENTAÇÃO DA SENTENÇA. *Direito processual.* Motivação do convencimento do magistrado no que concerne às questões de fato ou de direito, em relação ao caso *sub judice*. Constitui, portanto, a base da parte decisória da sentença.

FUNDAMENTADO. 1. *Direito processual civil.* a) Juízo ou sentença com base num dispositivo legal; b) pedido que tem fundamento. **2.** *Teoria geral do direito.* O que tem fundamento ou base.

FUNDAMENTAL. 1. *Medicina legal.* Impressão do polegar direito na individual dactiloscópica (Croce e Croce Jr.). **2.** Na *linguagem jurídica* em geral, significa: a) essencial; b) aquilo que serve de base; c) necessário; d) base ou alicerce de algo.

FUNDAMENTAR. 1. Assentar em alicerce ou em base sólida. **2.** Justificar com provas; documentar. **3.** Estar fundado. **4.** Dar fundamento a alguma asserção.

FUNDAMENTÁVEL. O que se pode fundamentar.

FUNDAMENTO. 1. *Filosofia geral* e *filosofia do direito.* a) O que dá a algo sua razão de ser ou existência (Delbos); b) base. **2.** *Lógica jurídica.* a) Proposição mais geral e mais simples da qual se deduz um conjunto de conhecimentos; b) sistema formado por idéias e proposições mais gerais e menos numerosas (Lalande). **3.** *Direito processual.* Motivo que formou o convencimento do juiz.

FUNDAMENTO APRIORÍSTICO DO DIREITO. *Filosofia do direito.* Conjunto de proposições da doutrina apriorística do direito de significado puramente teórico e que se distingue das construções pluriformes dos juristas (Adolf Reinach).

FUNDAMENTO DA INDUÇÃO. *Lógica jurídica.* Princípio do qual se pode deduzir formalmente o direito de passar dos fatos às leis e concluir do passado o futuro (Lalande).

FUNDAMENTO DA MORAL. *Ética.* Conjunto de princípios dos quais se podem deduzir as verdades morais particulares num dado sistema ético (Kant).

FUNDAMENTO DO DIREITO. *Vide* FUNDAMENTO JURÍDICO.

FUNDAMENTO DO DIREITO ECONÔMICO. *Economia política* e *direito econômico.* É a razão científica do direito econômico, pois este, ao regulamen-

tar atividades econômicas estatais e privadas, deve condicioná-las à consecução da política econômica definida pela Carta Magna, com base, por exemplo, nos princípios da valorização do trabalho humano, da livre iniciativa, do livre exercício de qualquer atividade econômica etc.

FUNDAMENTO JURÍDICO. 1. *Direito processual civil.* Motivo determinante do pedido ou da sentença. É baseado na lei e nos fatos que colocam em evidência uma relação jurídica ameaçada ou violada, requerendo tutela jurisdicional. **2.** *Filosofia jurídica.* a) É o objeto de indagação da Axiologia Jurídica que estuda valores jurídicos dos quais resultam fins, cuja atualização implica relações intersubjetivas. É o valor ou complexo de valores que legitima uma ordem jurídica, justificando sua obrigatoriedade. Assim, uma norma terá fundamento quando tutelar um valor reconhecido como necessário à coletividade (Miguel Reale); b) base do direito: Deus, o homem e a sociedade; c) fonte do direito: lei, costumes, jurisprudência, doutrina etc.; d) norma hipotética fundamental que serve de fundamento de validade do sistema jurídico (Kelsen).

FUNDAMENTO LEGAL. *Teoria geral do direito.* Texto de lei que se ajusta a um determinado fato.

FUNDAMENTOS JURÍDICOS DO PEDIDO. *Direito processual civil.* Requisito obrigatório da petição inicial, que solicita a indicação do fato, revelando ausência de conflito entre a pretensão do autor e a ordem *jurídica*. Para tanto, deve-se instruí-la com todos os documentos indispensáveis para comprovar que o pedido está amparado pelo ordenamento jurídico. Os fundamentos jurídicos do pedido consistem, portanto, tão-somente na declaração da natureza jurídica da pretensão ou do direito alegado.

FUNDAMENTOS LEGAIS DO PEDIDO. *Direito processual civil.* Argüição dos dispositivos de lei que regem a matéria relativa ao pedido do autor. Se houver equívoco na invocação de um artigo legal, isto não prejudicará a apreciação do caso pelo órgão judicante, pois cabe a este conhecer a lei (Marcus Cláudio Acquaviva).

FUNDAMENTUM AGENDI. *Locução latina.* Causa de pedir; motivo jurídico para agir; fundamento para agir; direito de propor uma demanda; direito de agir.

FUNDAR. 1. *Teoria geral do direito* e *filosofia do direito.* a) Basear-se; b) firmar com razões ou sobre

FUNDAR EM RAZÃO   669

princípios; c) apoiar uma asserção em algo que a justifique; d) ser o fundamento do qual alguma coisa retira sua existência ou o seu valor (Lalande e Renan). **2.** *Direito civil.* a) Construir desde os alicerces; b) consolidar dívidas.

FUNDAR EM RAZÃO. *Filosofia geral.* Justificar e fazer compreender, através de razões certas, aquilo que primeiramente era um conhecimento empírico ou uma opinião discutível (Lalande e Malebranche).

FUNDAR LOGICAMENTE. *Lógica jurídica.* **1.** Ligar através de raciocínios uma conclusão aos princípios (Lalande). **2.** Deduzir.

FUNDEADO. *Direito marítimo.* Navio que está ancorado.

FUNDEADOURO. *Direito marítimo.* Ancoradouro; local onde os navios fundeiam para carga e descarga.

FUNDEADOURO DE INSPEÇÃO. *Direito marítimo.* Ponto a ser definido na carta náutica local pelo Comando da Marinha em conjunto com a Autoridade Sanitária local.

FUNDEAMENTO DE EMPRESAS DE *FACTORING.* **1.** *Direito comercial.* Fundeamento que se forma com recursos das próprias empresas de fomento mercantil, linhas de crédito bancário e recursos de empresas coligadas e de sócios (Luiz Lemos Leite). **2.** *Direito comparado.* Fundeamento que se realiza, em vários países, com recursos próprios, *commercial papers*, linhas de crédito bancário, debêntures, lucros operacionais, recursos externos e empréstimos de longo prazo contratados em fundos de pensão (Luiz Lemos Leite).

FUNDEAR. *Direito marítimo.* **1.** Lançar âncora; ancorar. **2.** Ir ao fundo.

FUNDEIO OU PARADA DE MÁQUINAS NO MAR TERRITORIAL BRASILEIRO. *Direito marítimo.* Ato de, por qualquer motivo, a embarcação nacional ou estrangeira parar as máquinas ou fundear no mar territorial brasileiro. O fato deverá ser comunicado de imediato ao Comando do Distrito Naval e à Capitania. A comunicação deverá informar a posição da embarcação, o motivo da parada ou fundeio, a hora estimada de partida e o porto de destino. A partida efetiva também deverá ser informada à Capitania tão logo ocorra. O Comando do Distrito Naval e a Capitania poderão determinar outro local de parada ou fundeio, a seu critério, quando a posição escolhida não for conveniente aos interesses

da segurança da navegação, da salvaguarda das vidas humanas no mar e à prevenção da poluição ambiental por parte de embarcações, plataformas fixas ou suas instalações de apoio ou áreas de interesse da Marinha do Brasil.

FUNDIÁRIO. *Direito agrário.* **1.** Imóvel rústico ou rural. **2.** O que se refere à terra rural; agrário.

FUNDIDOR. *Direito comercial.* Pessoa (física ou jurídica) que refina ouro em bruto, removendo impurezas, e funde o ouro em estado puro (Luiz Fernando Rudge).

FUNDIEIRO. *Direito civil* e *direito administrativo.* Proprietário concedente (dono do solo), que permite ao superficiário a exploração da superfície do solo, onde poderá construir ou plantar, tendo direito de perceber uma quantia, se a concessão for onerosa, e de adquirir a obra, por ocasião do término da concessão.

FUNDING. *Termo inglês.* **1.** Empréstimo consolidado. **2.** Operação para consolidar vários empréstimos numa só dívida. Concessão de um novo empréstimo com o escopo de unificar os anteriores em um só. Trata-se da consolidação do débito (De Plácido e Silva). **3.** Fundeamento de empresas de *factoring.* **4.** Substituição de uma dívida de curto prazo por outra de prazo mais longo (Luiz Fernando Rudge).

FUNDING* DAS SOCIEDADES DE *FACTORING. *Vide* FUNDEAMENTO DE EMPRESAS DE *FACTORING.*

FUNDING LOAN. *Locução inglesa.* **1.** Instituição organizada para realizar o *funding* (De Plácido e Silva). **2.** *Vide* FUNDING.

FUNDISTA. *Direito desportivo.* Corredor especializado em provas de longa distância.

FUNDO. 1. *Filosofia do direito* e *teoria geral do direito.* a) Aquilo que for relativo à essência ou à natureza intrínseca do direito ou do ato jurídico, opondo-se à forma; b) doutrina; c) profundidade; d) fundamento; e) o essencial; f) lastro de conhecimento. **2.** *Direito civil.* Requisito substancial do negócio jurídico alusivo às suas formalidades intrínsecas. **3.** Nas *linguagens comum* e *jurídica,* indica parte sólida que fica debaixo da água. **4.** *Direito autoral.* a) Decoração cênica que fica mais afastada da boca do palco; b) parte ou plano do quadro que permanece mais distante relativamente aos objetos em destaque; c) acompanhamento rítmico ou harmônico a uma melodia, tocada ou cantada. **5.** *Direito comercial, direito bancário* e *direito civil.* Capital; haveres; saldo bancário.

6. *Direito desportivo.* a) Longa distância em prova de corrida, atletismo ou de natação; b) em *gíria esportiva,* jogador destreinado ou de baixo valor técnico. **7.** *Direito agrário.* Campo; bem fundiário. **8.** *Direito marítimo.* Parte interior do navio desde a cinta do grosso até a quilha.

FUNDO AGROINDUSTRIAL DE RECONVERSÃO (FUNAR). *Direito agrário.* Tem por fim assistir financeiramente o proprietário rural que teve seu imóvel desapropriado contra pagamento por meio de títulos da dívida agrária, amparando projetos de desenvolvimento agropecuário ou industrial, que permitam: a) incrementar não só a produtividade no setor agrícola da economia nacional, mediante operações financeiras de fomento agropecuário ou industrial, mas também os níveis de renda real dos agentes econômicos ligados à produção agrícola; b) concorrer para a racional evolução da estrutura agrária do país e para o aperfeiçoamento das relações de trabalho e produção no campo; c) melhorar as condições gerais de abastecimento interno e ampliar as possibilidades de exportação de produtos agropecuários; d) estimular o uso de terras inaproveitadas ou de baixo aproveitamento além da exploração industrial ou comercial de recursos agrícolas naturais.

FUNDO CONSOLIDADO. *Direito administrativo* e *direito financeiro.* **1.** Parte fixa do orçamento. **2.** Soma de várias parcelas de despesas ou de receitas que permanecem inalteráveis. **3.** Dívida pública perpétua que não pode ser resgatada. **4.** Soma de parcelas de despesas, transformada, mediante *funding,* em um só fundo, originando um débito consolidado a longo prazo (De Plácido e Silva).

FUNDO CONSTITUCIONAL DO DISTRITO FEDERAL (FCDF). *Direito administrativo* e *direito financeiro.* Fundo de natureza contábil, com a finalidade de prover os recursos necessários à organização e manutenção da polícia civil, da polícia militar e do corpo de bombeiros militar do Distrito Federal, bem como assistência financeira para execução de serviços públicos de saúde e educação.

FUNDO DA MARINHA MERCANTE (FMM). *Direito financeiro* e *direito comercial marítimo.* O BNDES é seu agente financeiro. Esse Fundo tem o objetivo de apoiar financeiramente as atividades de fomento à renovação, ampliação e recuperação da frota da Marinha Mercante Nacional.

FUNDO DE AMORTIZAÇÃO. 1. *Direito administrativo.* Reserva de valores utilizada para amortizar débitos e juros ou para cobrir prejuízos que recaiam sobre bens imóveis ou móveis. Capital formado de quantias depositadas a intervalos fixos, com o objetivo de liquidar a dívida e os juros. **2.** *Direito comercial.* Reserva destinada pelo empresário que não quer fazer, nos bens móveis ou máquinas etc., amortização direta, com a intenção de ter sempre visível o valor de seus bens. Tais bens ficam naturalmente depreciados em razão daquela reserva.

FUNDO DE AMPARO AO TRABALHADOR (FAT). *Direito do trabalho.* Contribuição para o Programa de Integração Social (PIS) e para o Programa de Formação do Patrimônio do Servidor Público (PASEP), repassada ao Banco Nacional de Desenvolvimento Econômico e Social (BNDES) que cobre integralmente as necessidades do Fundo de Amparo ao Trabalhador. Também fazem parte da composição dos recursos do FAT os juros pagos semestralmente pelo BNDES, como remuneração dos repasses de recursos para financiamentos de projetos de desenvolvimento econômico, bem como as receitas financeiras provenientes de alocação das disponibilidades financeiras do Fundo em depósitos especiais e no extramercado. Adicione-se a essas fontes a arrecadação da cota-parte da contribuição sindical, algumas multas trabalhistas, remuneração sobre saldo disponível nas instituições financeiras pagadoras dos benefícios e outros recursos que sejam destinados ao Fundo. Uma de suas parcelas de disponibilidade financeira constitui a reserva mínima de liquidez, destinada a garantir, em tempo hábil, os recursos necessários ao pagamento das despesas relativas ao Programa do Seguro-Desemprego e do abono salarial. Destinam-se também seus recursos para o financiamento de programas de desenvolvimento econômico. O FAT é um fundo contábil de natureza financeira vinculado ao Ministério do Trabalho e Emprego.

FUNDO DE APOSENTADORIA PROGRAMADA INDIVIDUAL (FAPI). *Direito do trabalho* e *direito previdenciário.* É o constituído com recursos do trabalhador ou de empregador detentor de Plano de Incentivo à Aposentadoria Programada Individual, destinado a seus empregados e administradores. Tais recursos serão aplicados conforme as determinações do Conselho Monetário Nacional e administrados por instituições financeiras ou por sociedades seguradoras autorizadas a funcionar pela Superintendência de Seguros Privados (SUSEP). É uma comunhão de recursos destinados à aplicação em carteira diversificada de títulos, valores mobiliários e demais ativos financceiros e modalidades operacionais.

FUNDO DE AVAL PARA A GERAÇÃO DE EMPREGO E RENDA (FUNPROGER). *Direito do trabalho* e *direito bancário.* Fundo de natureza contábil, vinculado ao Ministério do Trabalho e Emprego, gerido pelo Banco do Brasil SA, com a finalidade de garantir parte do risco dos financiamentos concedidos pelas instituições financeiras oficiais federais, diretamente ou por intermédio de outras instituições financeiras, no âmbito do Programa de Geração de Emprego e Renda (PROGER), Setor Urbano.

FUNDO DE COMBATE E ERRADICAÇÃO DA POBREZA. *Direito administrativo* e *direito financeiro.* Tem como objetivo viabilizar a todos os brasileiros o acesso a níveis dignos de subsistência, e seus recursos serão aplicados em ações suplementares de nutrição, habitação, saúde, educação, reforço de renda familiar e outros programas de relevante interesse social voltados para a melhoria da qualidade de vida. Os recursos do Fundo serão direcionados a ações que tenham como alvo: a) famílias cuja renda *per capita* seja inferior à linha da pobreza, assim como indivíduos em igual situação de renda. O atendimento às famílias e indivíduos será feito, prioritariamente, por meio de programas de reforço de renda, nas modalidades "Bolsa Escola", para as famílias que têm filhos com idade entre seis e quinze anos, e "Bolsa Alimentação", àquelas com filhos em idade de zero a seis anos e indivíduos que perderam os vínculos familiares; b) as populações de Municípios e localidades urbanas ou rurais, isoladas ou integrantes de regiões metropolitanas, que apresentem condições de vida desfavoráveis.

FUNDO DE COMÉRCIO. *Direito comercial.* **1.** Conjunto patrimonial organicamente agrupado para a produção, constituído de bens e serviços (René Savatier). Trata-se do ponto de estabelecimento empresarial. **2.** É uma propriedade incorpórea, consistente no direito à clientela que é vinculado ao imóvel pelos elementos destinados à sua exploração (Ripert). **3.** Conjunto de direitos e de bens mobiliários (clientela, nome empresarial, insígnia, patente de invenção, marca de fábrica, mercadorias etc.) pertencentes ao empresário e à sociedade empresária, que lhe possibilita realizar suas atividades econômicas organizadas voltadas à produção ou circulação de bens e serviços (Capitant). **4.** Patrimônio que se cria e se incorpora ao estabelecimento com fins lucrativos, pela influência de múltiplos fatores, tais como a criatividade no atendimento da clientela, de forma a ampliá-la ou selecioná-la, já que é o elemento preponderante no sucesso do ramo explorado.

FUNDO DE *COMMODITIES.* *Direito financeiro.* Fundo de investimento que concentra aplicações em operações com *commodities*, ativos financeiros e operações em mercados futuros organizados (Luiz Fernando Rudge).

FUNDO DE COMPENSAÇÃO DE VARIAÇÕES SALARIAIS (FCVS). *Direito bancário.* Fundo de natureza contábil criado por resolução do Conselho de Administração do Banco Nacional da Habitação (BNH), transferido sucessivamente para a Caixa Econômica Federal, Banco Central do Brasil, que tem por fim: a) garantir o limite de prazo para amortização dos financiamentos habitacionais, contraídos pelos mutuários no Sistema Financeiro da Habitação (SFH); b) assumir, em nome do mutuário, os descontos concedidos nas liquidações antecipadas e nas transferências de contratos de financiamento habitacional, observada a legislação de regência; c) garantir o equilíbrio da Apólice de Seguro Habitacional do SFH-SH; d) liquidar as operações remanescentes do extinto Seguro de Crédito. O FCVS é responsável pelo pagamento de saldos devedores residuais de contratos de financiamento habitacional, firmados com mutuários finais no âmbito do Sistema Financeiro da Habitação, para os quais é dada sua garantia, bem como pela diferença a menor entre a receita de prêmios e as indenizações pagas, do Seguro Habitacional do Sistema Financeiro da Habitação, em conformidade com as disposições legais e regulamentares aplicáveis.

FUNDO DE DEFESA DE DIREITOS DIFUSOS (FDD). *Direito ambiental* e *direito do consumidor.* Órgão que tem por fim reparar danos causados ao meio ambiente, ao consumidor, a bens e direitos de valor artístico, estético, histórico, turístico, paisagístico, por infração à ordem econômica e a outros interesses difusos e coletivos.

FUNDO DE DESENVOLVIMENTO DA AMAZÔNIA. *Direito ambiental.* Órgão de natureza contábil, gerido pela Agência de Desenvolvimento da Amazônia, com o escopo de assegurar recursos para a realização de investimentos na área de atuação da Agência de Desenvolvimento da Amazônia (ADA). Constituem recursos do Fundo: a) dotações orçamentárias à conta de recursos do Tesouro Nacional; b) produto da alienação de valores mobiliários e quaisquer outros rendimentos a eles vinculados; c) eventuais resultados de aplicações financeiras, exceto aqueles relativos aos recursos a que se refere o inciso I; d) retorno de operações, juros e demais encargos financeiros, bem assim o ressarcimento de operações inadimplidas, baixadas por impossibilidade de recuperação administrativa ou judicial; e) produto de multas, nos termos deste Regulamento; f) eventual produto de aplicação de recursos liberados até a data do efetivo depósito na conta corrente do beneficiário; g) outros recursos previstos em lei.

FUNDO DE DESENVOLVIMENTO DO NORDESTE. *Direito financeiro.* Tem por finalidade assegurar recursos para a realização de investimentos na área de atuação da Agência de Desenvolvimento do Nordeste (ADENE). Constituem recursos do Fundo: a) dotações orçamentárias à conta de recursos do Tesouro Nacional; b) produto da alienação de valores mobiliários e quaisquer outros rendimentos a eles vinculados; c) eventuais resultados de aplicações financeiras, exceto aqueles relativos aos recursos a que se refere o item *a*; d) retorno de operações, juros e demais encargos financeiros, bem assim o ressarcimento de operações inadimplidas, baixadas por impossibilidade de recuperação administrativa ou judicial; e) produto de multas; f) eventual produto de aplicação de recursos liberados até a data do efetivo depósito na conta corrente do beneficiário; g) outros recursos previstos em lei.

FUNDO DE DIVIDENDOS. *Direito financeiro.* Fundo de investimento que concentra aplicações em ações de companhias, que se destacam pelo valor dos dividendos que distribuem (Luiz Fernando Rudge).

FUNDO DE ESTABILIDADE DO SEGURO RURAL. *Direito agrário.* Órgão que tem por fim garantir a estabilidade das operações de seguro e resseguro rural e atender à cobertura suplementar dos riscos de catástrofe.

FUNDO DE ESTABILIZAÇÃO FISCAL (FEF). 1. *Direito financeiro.* É o que tem por fim o saneamento das finanças da Fazenda Pública federal e a estabilização econômica, cujos recursos são aplicados no custeio das ações dos sistemas de saúde e educação, benefícios previdenciários e auxílios assistenciais de prestação continuada, inclusive liquidação de passivo previdenciário e despesas orçamentárias associadas a programas de relevante interesse econômico-social. **2.** *Vide* FUNDO SOCIAL DE EMERGÊNCIA.

FUNDO DE FINANCIAMENTO AO ESTUDANTE DO ENSINO SUPERIOR (FIES). *Direito financeiro* e *direito educacional.* Fundo de natureza contábil, destinado à concessão de financiamento a estudantes regularmente matriculados em cursos superiores não gratuitos e com avaliação positiva, de acordo com regulamentação própria, nos processos conduzidos pelo Ministério da Educação.

FUNDO DE FISCALIZAÇÃO DAS TELECOMUNICAÇÕES (FISTEL). *Direito administrativo* e *direito das comunicações.* É um fundo de natureza contábil, destinado a prover recursos para cobrir as despesas feitas pelo Governo Federal na execução da fiscalização dos serviços de telecomunicações, desenvolver os meios e aperfeiçoar a técnica necessária a essa execução. É o administrado pela Agência Nacional de Telecomunicações, constituindo-se das seguintes fontes: a) dotações consignadas no Orçamento Geral da União, créditos especiais, transferências e repasses que lhe forem conferidos; b) o produto das operações de crédito que contratar, no País e no exterior, e rendimentos de operações financeiras que realizar; c) relativas ao exercício do poder concedente dos serviços de telecomunicações, no regime público, inclusive pagamentos pela outorga, multas e indenizações; d) relativas ao exercício da atividade ordenadora da exploração de serviços de telecomunicações, no regime privado, inclusive pagamentos pela expedição de autorização de serviços, multas e indenizações; e) relativas ao exercício do poder de outorga do direito de uso de radiofreqüência para qualquer fim, inclusive multas e indenizações; f) taxas de fiscalização; g) recursos provenientes de convênios, acordos e contratos celebrados com entidades, organismos e empresas, públicas ou privadas, nacionais ou estrangeiras; h) doações, legados, subvenções e outros recursos que lhe forem destinados; i) o produto dos emolumentos, preços ou multas, os valores apurados na venda ou locações de bens, bem assim os decorrentes

FUNDO DE GARANTIA À EXPORTAÇÃO (FGE)

de publicações, dados e informações técnicas, inclusive para fins de licitação; j) decorrentes de quantias recebidas pela aprovação de laudos de ensaio de produtos e pela prestação de serviços técnicos por órgãos da Agência Nacional de Telecomunicações; k) rendas eventuais.

FUNDO DE GARANTIA À EXPORTAÇÃO (FGE). *Direito financeiro* e *direito internacional privado.* Órgão de natureza contábil, vinculado ao Ministério da Fazenda, com a finalidade de dar cobertura às garantias prestadas pela União em operações de seguro de crédito à exportação: a) contra risco político e extraordinário, pelo prazo total da operação; b) contra risco comercial, pelo prazo que exceder a dois anos. Os recursos do FGE poderão ser utilizados, ainda, para a cobertura de garantias prestadas pela União: a) excepcionalmente, contra risco comercial pelo prazo total da operação de financiamento de exportações brasileiras de bens e serviços, desde que o prazo da operação não seja inferior a dois anos; b) contra riscos de obrigações contratuais sob a forma de garantia de execução, garantia de reembolso de adiantamento de recursos e garantia de termos e condições de oferta, para operações de exportação de bens de capital ou de serviços.

FUNDO DE GARANTIA DAS BOLSAS. *Direito comercial.* 1. Fundo constituído com recursos cobrados dos associados das bolsas, para ressarcimento de clientes de seus associados havendo dano provocado por ato culposo ou doloso das sociedades-membro. 2. Fundo constituído pela BM&F e pelas corretoras de mercadoria e corretoras de mercadorias agrícolas, cujo objetivo é assegurar aos comitentes a devolução de diferenças de preços resultantes da execução infiel de ordens, ou do uso inadequado de importâncias depositadas para aplicação nos mercados BM&F (Luiz Fernando Rudge).

FUNDO DE GARANTIA DOS DEPÓSITOS E LETRAS IMOBILIÁRIAS (FGDLI). *Direito bancário.* Fundo que tem por finalidade garantir os depósitos de poupança (exceto poupança rural) e letras imobiliárias nas modalidades, condições e valores fixados pelo Conselho Monetário Nacional, contra riscos de insolvência das instituições contribuintes captadoras de depósitos de poupança e letras imobiliárias.

FUNDO DE GARANTIA DO TEMPO DE SERVIÇO (FGTS). *Direito do trabalho.* Recurso que pode ser aplicado diretamente pela Caixa Econômica Federal, pelos demais órgãos integrantes do Sistema Financeiro da Habitação (SFH) e pelas entidades para esse fim credenciadas pelo Banco Central do Brasil como agentes financeiros, exclusivamente segundo critérios fixados pelo Conselho Curador do FGTS, em operações que preencham os seguintes requisitos: 1. garantias: a) hipotecária; b) caução de créditos hipotecários próprios, relativos a financiamentos concedidos com recursos do agente financeiro; c) caução dos créditos hipotecários vinculados aos imóveis objeto de financiamento; d) hipoteca sobre outros imóveis de propriedade do agente financeiro, desde que livres e desembaraçados de quaisquer ônus; e) cessão de créditos do agente financeiro, derivados de financiamentos concedidos com recursos próprios, garantidos por penhor ou hipoteca; f) hipoteca sobre imóvel de propriedade de terceiros; g) seguro de crédito; h) garantia real ou vinculação de receitas, inclusive tarifárias, nas aplicações contratadas com pessoa jurídica de direito público ou de direito privado a ela vinculada; i) aval em nota promissória; j) fiança pessoal; k) alienação fiduciária de bens móveis em garantia; l) fiança bancária; m) outras, a critério do Conselho Curador do FGTS. Compete à Procuradoria-Geral da Fazenda Nacional a inscrição em dívida ativa dos débitos para com o Fundo de Garantia do Tempo de Serviço (FGTS), bem como, diretamente ou por intermédio da Caixa Econômica Federal, mediante convênio, a representação judicial e extrajudicial do FGTS, para a correspondente cobrança, relativamente à contribuição e às multas e demais encargos previstos na legislação respectiva. O Fundo de Garantia do Tempo de Serviço fica isento de custas nos processos judiciais de cobrança de seus créditos. As despesas, inclusive as de sucumbência, que vierem a ser incorridas pela Procuradoria-Geral da Fazenda Nacional e pela Caixa Econômica Federal, para a realização da inscrição em dívida ativa, do ajuizamento e do controle e acompanhamento dos processos judiciais, serão efetuadas a débito do Fundo de Garantia do Tempo de Serviço. Os créditos relativos ao FGTS gozam dos mesmos privilégios atribuídos aos créditos trabalhistas. Na cobrança judicial dos créditos do FGTS, incidirá um encargo de vinte por cento, que reverterá para o Fundo, para ressarcimento dos custos por ele incorridos, o qual será reduzido para dez por cento, se o pagamento se der antes do ajuizamento da cobrança. **2.** Fundo de reserva, formado por contribuições mensais e obrigatórias realizadas pelo empregador, que são depositadas em banco autorizado pelo Banco Central. Serve para garantir o tempo de serviço do trabalhador, que, então, com a rescisão do contrato de trabalho, passa a ter direito de receber vantagens pecuniárias. Trata-se do pecúlio do empregado, que se forma com o depósito compulsório, feito pelo empregador, do percentual de 8% da sua remuneração mensal. Esse pecúlio serve como uma garantia do empregado, pois, na hipótese de demissão sem justa causa, permite levantar aquele depósito. Além disso, serve de captação de recurso para adquirir moradia (Marcus Cláudio Acquaviva). Será permitida a movimentação da conta vinculada do *Fundo de Garantia do Tempo de Serviço (FGTS)*, por motivo de necessidade pessoal, cuja urgência e gravidade decorram de desastre natural causado, p. ex., por chuvas, precipitações de granizo, enchentes, tempestades, vendavais, ciclones, furacões ou inundações que tenham atingido a sua área de residência, após o reconhecimento de situação de emergência ou de estado de calamidade pública, pelo Governo Federal. Urge lembrar que: a) a solicitação de movimentação da conta vinculada será admitida até noventa dias após a publicação do ato de reconhecimento, pelo Governo Federal, da situação de emergência ou de estado de calamidade pública; e b) o valor máximo do saque da conta vinculada será definido na forma prevista em regulamento. **3.** É facultada a inclusão do empregado doméstico no Fundo de Garantia do Tempo de Serviço (FGTS), mediante requerimento do empregador. Contribuição social devida pelos empregadores em caso de despedida do empregado sem justa causa, à alíquota de 10% sobre o montante de todos os depósitos devidos, referentes ao Fundo de Garantia do Tempo de Serviço (FGTS), durante a vigência de contrato de trabalho, acrescido das remunerações aplicáveis às contas vinculadas. Fica instituída contribuição social devida pelos empregadores, à alíquota de 0,5% sobre a remuneração devida, no mês anterior, a cada trabalhador. **4.** O titular de conta vinculada do FGTS, com idade igual ou superior a sessenta anos ou que vier a completar essa idade a qualquer tempo, fará jus ao crédito do complemento de atualização monetária em parcela única, desde que tenha sido firmado pelo beneficiário ou pelo próprio titular o termo de adesão exigido por lei. As aplicações com recursos do FGTS poderão ser realizadas diretamente pela Caixa Econômica Federal e pelos demais órgãos integrantes do Sistema Financeiro da Habitação (SFH), exclusivamente segundo critérios fixados pelo Conselho Curador do FGTS, em operações que preencham os requisitos exigidos por lei.

FUNDO DE GARANTIA PARA PROMOÇÃO DA COMPETITIVIDADE (FGPC). *Direito financeiro.* Fundo de natureza contábil, gerido pelo Banco Nacional de Desenvolvimento Econômico e Social (BNDES), com a finalidade de prover recursos para garantir o risco das operações de financiamento realizadas pelo BNDES e pela Agência Especial de Financiamento Industrial (FINAME), diretamente ou por intermédio de instituições financeiras repassadoras, destinadas a microempresas e empresas de pequeno porte, assim como médias empresas que sejam exportadoras ou fabricantes de insumos que integrem o processo produtivo ou de montagem e de embalagem de mercadorias destinadas à exportação. Constituem recursos do FGPC: a) as comissões por ele cobradas por conta da garantia de provimento de seus recursos; b) o resultado das aplicações financeiras dos recursos; c) a recuperação de crédito de operações honradas com recursos por ele providos; d) a reversão de saldos não aplicados; e) outros recursos destinados pelo Poder Público.

FUNDO DE IGUALIZAÇÃO. *Direito cambiário.* Quantidade de moeda reservada para ser empregada em operações destinadas à normalização das flutuações cambiárias, igualando-as.

FUNDO DE INVESTIMENTO. *Direito bancário.* **1.** Patrimônio comum cuja administração está a cargo de uma instituição financeira. **2.** Complexo de recursos para aplicação em carteira diversificada de títulos ou valores mobiliários. **3.** É uma comunhão de recursos, constituída sob a forma de condomínio, destinado, à aplicação em títulos e valores mobiliários ou em ativos financeiros, bem como em quaisquer outros ativos disponíveis no mercado financeiro e de capitais. Consideram-se ativos financeiros: a) títulos da dívida pública; b) contratos derivativos; c) ações, debêntures, bônus de subscrição, seus cupons, direitos, recibos de subscrição e certificados de desdobramento, certificados de depósito de valores mobiliários, cédulas de debêntures, cotas de fundos de investimento, notas promissórias, e quaisquer outros valores mobiliários, que não os referidos na letra *d*, cuja emissão ou negociação tenha sido objeto de registro ou de autorização pela CVM; d) títulos ou contratos de investimento coletivo, registrados na CVM e ofertados publicamente, que gerem direito de participação, de parceria ou de remuneração, inclusive resultante de prestação de serviços, cujos rendimentos advêm do esforço do empreendedor ou de terceiros; e) certificados ou recibos de depósitos emitidos no exterior com lastro em valores mobiliários de emissão de companhia aberta brasileira; f) o ouro, ativo financeiro, desde que negociado em padrão internacionalmente aceito; g) quaisquer títulos, contratos e modalidades operacionais de obrigação ou co-obrigação de instituição financeira; e h) *warrants*, contratos mercantis de compra e venda de produtos, mercadorias ou serviços para entrega ou prestação futura, títulos ou certificados representativos desses contratos e quaisquer outros créditos, títulos, contratos e modalidades operacionais desde que expressamente previstos no regulamento.

FUNDO DE INVESTIMENTO DESTINADO À GARANTIA DE LOCAÇÃO IMOBILIÁRIA. *Direito civil.* É o que tem a finalidade de permitir a cessão fiduciária de cotas em garantia de locação imobiliária. Esse fundo será constituído como fundo de investimento ou fundos de investimento em cotas de fundos de investimento, sob a forma de condomínio aberto, sendo vedado o resgate das cotas, objeto de cessão fiduciária. Nesse fundo, o regulamento, o prospecto e o material de divulgação utilizado pelo administrador ou pela instituição responsável pela distribuição de cotas do fundo devem conter advertência de que o fundo se destina a permitir a cessão fiduciária de cotas.

FUNDO DE INVESTIMENTO DO FUNDO DE GARANTIA DO TEMPO DE SERVIÇO (FI-FGTS). *Direito do trabalho.* Caracterizado pela aplicação de recursos do FGTS, destinado a investimentos em empreendimentos dos setores de energia, rodovia, ferrovia, porto e saneamento, de acordo com as diretrizes, critérios e condições que dispuser o Conselho Curador do FGTS. O FI-FGTS terá patrimônio próprio, segregado do patrimônio do FGTS, será disciplinado por instrução da Comissão de Valores Mobiliários (CVM) e seus investimentos não têm a cobertura de risco de crédito. A administração e a gestão do FI-FGTS será da Caixa Econômica Federal, na qualidade de agente operador do FGTS, cabendo ao Comitê de Investimento (CI), a ser constituído pelo Conselho Curador do FGTS, a aprovação dos investimentos.

FUNDO DE INVESTIMENTO EM QUOTAS DO FUNDO MÚTUO DE INVESTIMENTO EM AÇÕES (FIQFMIA). *Direito bancário* e *direito internacional privado.* Comunhão de recursos destinados à aplicação, no mínimo de 95%, em sua carteira de quotas de Fundo Mútuo de Investimento em Ações (FMIA) e Fundo Mútuo de Investimento em Ações – Carteira Livre (FMIA-CL), constituída sob forma de condomínio aberto. O saldo dos recursos poderá ser aplicado em quotas de fundos de renda fixa ou títulos de renda fixa, de livre escolha do administrador.

FUNDO DE INVESTIMENTO FINANCEIRO. *Direito financeiro.* Constituído sob a forma de condomínio aberto, é uma comunhão de recursos destinados à aplicação em carteira diversificada de ativos financeiros e demais modalidades operacionais disponíveis no âmbito do mercado financeiro, observadas as limitações previstas na regulamentação em vigor.

FUNDO DE INVESTIMENTO IMOBILIÁRIO. *Direito financeiro.* É uma comunhão de recursos captados através do sistema de distribuição de valores mobiliários destinados à aplicação em empreendimentos imobiliários, constituído sob a forma de condomínio fechado, cujo resgate de quotas não é permitido. Destina-se ao desenvolvimento de empreendimentos imobiliários, como construção de imóveis, aquisição de imóveis prontos ou investimentos em projetos visando viabilizar o acesso à habitação e serviços urbanos, inclusive em áreas rurais, para posterior alienação, locação ou arrendamento. O empreendimento imobiliário, objeto do fundo, não poderá ser explorado comercialmente pelo mesmo, salvo através de locação ou arrendamento.

FUNDO DE INVESTIMENTO NO EXTERIOR. *Direito bancário* e *direito internacional privado.* Constituído no País sob a forma de condomínio aberto, do qual participam pessoas físicas e jurídicas, fundos e outras entidades de investimento coletivo residentes, domiciliadas ou com sede no Brasil, é uma comunhão de recursos destinados à realização de investimentos em títulos representativos de dívida negociáveis no mercado internacional.

FUNDO DE INVESTIMENTO SOCIAL (FINSOCIAL). *Direito previdenciário.* Contribuição social destinada a custear investimentos, programas e projetos de caráter assistencial relativos à alimentação, habitação popular, saúde, educação e amparo ao pequeno agricultor. Tal contribuição de 0,5% incidirá sobre a receita das empresas públicas e privadas que realizam venda de mercadorias, bem como das instituições financeiras e das sociedades seguradoras. Para as empresas públicas e privadas que realizam exclusivamente venda de serviços, a contribuição será de 5% e incidirá sobre o valor devido do imposto sobre a renda. Essa contribuição não incidirá sobre a venda das mercadorias ou serviços destinados ao exterior.

FUNDO DE MANUTENÇÃO E DESENVOLVIMENTO DA EDUCAÇÃO BÁSICA E DE VALORIZAÇÃO DOS PROFISSIONAIS DA EDUCAÇÃO (FUNDEB). Fundo de natureza contábil que não isenta os Estados, o Distrito Federal e os Municípios da obrigatoriedade da aplicação na manutenção e no desenvolvimento do ensino de: a) pelo menos 5% do montante dos impostos e transferências que compõem a cesta de recursos do FUNDEB de modo que os recursos garantam a aplicação do mínimo de 25% desses impostos e transferências em favor da manutenção e desenvolvimento do ensino; b) pelo menos 25% dos demais impostos e transferências. Esse Fundo destina-se à manutenção e ao desenvolvimento da educação básica pública e à valorização dos trabalhadores em educação, incluindo sua condigna remuneração.

FUNDO DE MANUTENÇÃO E DESENVOLVIMENTO DO ENSINO FUNDAMENTAL E DE VALORIZAÇÃO DO MAGISTÉRIO. *Direito financeiro* e *direito tributário.* É o instituído em cada Estado e no Distrito Federal, e tem natureza contábil, compondo-se de 15% dos seguintes recursos, que serão aplicados na manutenção e desenvolvimento do ensino fundamental público e na valorização de seu magistério: a) da parcela do imposto sobre operações relativas à circulação de mercadorias e sobre prestações de serviços de transporte interestadual e intermunicipal e de comunicação (ICMS), devida ao Distrito Federal, aos Estados e aos Municípios; inclui-se na base de cálculo do valor o montante de recursos financeiros

transferidos, em moeda, pela União aos Estados, Distrito Federal e Municípios a título de compensação financeira pela perda de receitas decorrentes da desoneração das exportações, bem como de outras compensações da mesma natureza que vierem a ser instituídas; b) do Fundo de Participação dos Estados e do Distrito Federal (FPE) e dos Municípios (FPM); c) da parcela do Imposto sobre Produtos Industrializados (IPI) devida aos Estados e ao Distrito Federal.

FUNDO DE NAVIO. *Direito marítimo.* Parte inferior do navio que vai da cinta de seu bojo até a quilha. Trata-se do suporte sobre o qual as vigas, que sustentam as chapas do costado, se assentam (Elcir Castello Branco).

FUNDO DE NEGÓCIO. *Direito comercial.* **1.** Conjunto de mercadorias, móveis, utensílios etc. que constituem o remanescente de um estabelecimento empresarial em fase de liquidação. **2.** Fundo de comércio.

FUNDO DE PENSÃO. *Direito financeiro* e *direito previdenciário.* É o que administra a carteira de investimentos dos planos de previdência privada (Luiz Fernando Rudge).

FUNDO DE PROMOÇÃO DAS LOTERIAS. *Direito bancário.* Fundo administrado pela Caixa Econômica Federal que tem o objetivo de arrecadar recursos para otimizar a divulgação, a promoção e as campanhas de venda das loterias federais e, ainda, da prestação dos serviços oferecidos à comunidade pela rede de casas lotéricas. Composto por contribuições da Caixa Econômica Federal e dos empresários lotéricos, o Fundo de Promoção das Loterias será utilizado para a realização de ações em nível nacional ou regional, subdividindo-se, para tanto, no Fundo de Promoção Nacional e no Fundo de Promoção Regional. Do montante arrecadado, noventa por cento será destinado ao Fundo de Promoção Nacional, nove por cento ao Fundo Regional e um por cento à Fenal – Federação Nacional dos Empresários Lotéricos. Os recursos oriundos da Caixa Econômica Federal serão exclusivamente destinados ao Fundo de Promoção Nacional. A participação do empresário lotérico no Fundo de Promoção dar-se-á pela contribuição para propaganda, correspondente a vinte e cinco centésimos por cento de sua arrecadação com a comercialização dos produtos lotéricos federais. O pagamento da contribuição para propaganda dar-se-á a cada prestação de contas das loterias de prognósticos e no ato do pagamento das loterias de bilhetes, com o conseqüente repasse à conta específica do Fundo de Promoção.

FUNDO DE RENDA FIXA. *Direito financeiro* e *direito bancário.* Fundo que busca retorno através de investimentos em ativos de renda fixa (sendo aceitos títulos sintetizados mediante uso de derivativos), excluindo-se estratégias que impliquem em risco de índices de preço, de moeda estrangeira ou de renda variável (ações, etc.). Entre outros, nesta categoria são vedados quaisquer investimentos que impliquem risco de renda variável (ações), de índice de preço (IGP-M etc.) e de dólar. Incluem-se nesta categoria os fundos de renda fixa com risco de taxa de juros (prefixados), com ativos de baixo risco de crédito (Luiz Fernando Rudge).

FUNDO DE RENDA FIXA – CURTO PRAZO. *Direito bancário.* É uma comunhão de recursos, constituída sob a forma de condomínio aberto, destinada à aplicação em carteira de ativos financeiros de renda fixa. Sua administração é feita por uma instituição financeira credenciada no Sistema de Informações Banco Central (SISBACEN).

FUNDO DE RESERVA. 1. *Direito comercial.* Parte dos lucros de uma empresa que não é distribuída, para obter um capital de reserva. É usada para prevenir-se em casos eventuais ou futuros danos e para integrar as deficiências de balanço, na hipótese de perda de capital ante crises negociais, consolidando a potência econômica da sociedade. Constitui-se, portanto, dos lucros líquidos obtidos por uma empresa que não serão distribuídos, mas lançados em conta especial, para prevenção de situações financeiras que eventualmente possam surgir. **2.** Nas *linguagens comum* e *jurídica,* significa dinheiro ou coisa de valor guardados para as eventualidades da vida.

FUNDO DE RESGATE. *Direito comercial.* Dedução feita nos lucros anuais para constituir uma reserva destinada à amortização de débito ou à reaquisição de títulos ou ações da sociedade.

FUNDO DE SACO VAGINAL. *Medicina legal.* Canal circular, chamado abóbada da vagina, localizado no contorno do focinho de tenca, que se forma com a aderência da vagina no colo do útero (Croce e Croce Jr.).

FUNDO DE TERRAS E DA REFORMA AGRÁRIA (FTRA). *Direito agrário* e *direito bancário.* É o que tem a finalidade de financiar programas de reor-denação fundiária e de assentamento rural tendo o BNDES como gestor financeiro. São beneficiários do Fundo: a) trabalhadores rurais não-proprietários, preferencialmente os assalariados, parceiros, posseiros e arrendatários, que comprovem, no mínimo, cinco anos de experiência na atividade agropecuária; b) agricultores proprietários de imóveis cuja área não alcance a dimensão da propriedade familiar, e seja, comprovadamente, insuficiente para gerar renda capaz de lhe propiciar o próprio sustento e o de sua família. Compete ao órgão gestor do Fundo de Terras e da Reforma Agrária: a) promover e coordenar as atividades financiadas pelo Fundo, de forma a garantir a efetiva participação descentralizada dos Estados e Municípios; b) estabelecer normas gerais para a concessão de financiamento, apuração e fiscalização dos projetos; c) aprovar o plano de aplicação anual e das metas a serem atingidas no exercício seguinte; d) fiscalizar e controlar internamente o correto desenvolvimento financeiro e contábil do Fundo; e) deliberar sobre o montante de recursos destinados à aquisição de terras e sobre o montante destinado à infra-estrutura; f) deliberar sobre medidas a adotar, nos casos de comprovada frustração de safras, e sobre a obrigatoriedade do seguro agrícola; g) fiscalizar e controlar as atividades técnicas delegadas aos Estados e aos Municípios; h) adotar medidas complementares e eventualmente necessárias para atingir os objetivos do Fundo. O Fundo de Terras e da Reforma Agrária financiará a compra de imóveis rurais com o prazo de amortização de até vinte anos, incluída a carência de até trinta e seis meses. Os financiamentos concedidos pelo Fundo terão juros limitados a até doze por cento ao ano, podendo ter redutores percentuais de até cinqüenta por cento sobre as parcelas da amortização do principal e sobre os encargos financeiros durante todo o prazo de vigência da operação, observado teto anual de rebate por beneficiário, a ser fixado pelo Poder Executivo.

FUNDO DE UNIVERSALIZAÇÃO DOS SERVIÇOS DE TELECOMUNICAÇÕES (FUST). *Direito financeiro, direito administrativo* e *direito das comunicações.* Tem por finalidade proporcionar recursos destinados a cobrir a parcela de custo exclusivamente atribuível ao cumprimento das obrigações de universalização de serviços de telecomunicações, que não possa ser recuperada com a exploração eficiente do serviço. Os recursos do FUST não poderão ser destinados à cobertura de custos com universalização dos serviços que, nos termos dos contratos de concessão, a própria prestadora deva suportar. Caberá ao Ministério das Comunicações formular as políticas, as diretrizes gerais e as prioridades que orientarão as aplicações do FUST, bem como definir os programas, projetos e atividades financiados com recursos do Fundo. Competirá à ANATEL: a) implementar, acompanhar e fiscalizar os programas, projetos e atividades que aplicarem recursos do FUST; b) elaborar e submeter, anualmente, ao Ministério das Comunicações a proposta orçamentária do FUST, para inclusão no projeto de lei orçamentária anual, levando em consideração o estabelecido em lei, o atendimento do interesse público e as desigualdades regionais, bem como as metas periódicas para a progressiva universalização dos serviços de telecomunicações; c) prestar contas na execução orçamentária e financeira do FUST. Os recursos do FUST serão aplicados em programas, projetos e atividades que estejam em consonância com o plano geral de metas para universalização de serviço de telecomunicações ou suas ampliações, que contemplarão, entre outros, os seguintes objetivos: a) atendimento a localidades com menos de cem habitantes; b) complementação de metas estabelecidas no plano geral de metas de universalização para atendimento de comunidades de baixo poder aquisitivo; c) implantação de acessos individuais para prestação do serviço telefônico, em condições favorecidas, a estabelecimentos de ensino, bibliotecas e instituições de saúde; d) implantação de acessos para utilização de serviços de redes digitais de informação destinadas ao acesso público, inclusive da Internet, em condições favorecidas, a instituições de saúde; e) implantação de acessos para utilização de serviços de redes digitais de informação destinadas ao acesso público, inclusive da Internet, em condições favorecidas, a estabelecimentos de ensino e bibliotecas, incluindo os equipamentos terminais para operação pelos usuários; f) redução das contas de serviços de telecomunicações de estabelecimentos de ensino e bibliotecas referentes à utilização de serviços de redes digitais de informação destinadas ao acesso do público, inclusive da Internet, de forma a beneficiar em percentuais maiores os estabelecimentos freqüentados por população carente, de acordo com a regulamentação do Poder Executivo; g) instalação de redes de alta velocidade, destinadas ao intercâmbio de sinais e à implantação de serviços de teleconferência entre estabelecimentos de ensino e bibliotecas; h) atendimento a áreas remotas e de fronteira de interesse estratégico; i) implantação de acessos individuais para órgãos de segurança pública; j) implantação de serviços de telecomunicações em unidades do serviço público, civis ou militares, situados em pontos remotos do território nacional; k) fornecimento de acessos individuais e equipamentos de interface a instituições de assistência a deficientes; l) fornecimento de acessos individuais e equipamentos de interface a deficientes carentes; m) implantação da telefonia rural.

FUNDO DO LOTE. *Direito civil.* Lado que fica para trás, em regra limitado com lote de outro proprietário, com frente para outra rua (De Plácido e Silva).

FUNDO DO MAR. *Direito marítimo* e *direito internacional público.* Leito sólido onde se assentam as águas do mar, fixa-se a flora submarina e repousam as embarcações naufragadas. Tem importância para a pesca, pesquisa e exploração mineral, salvamento e recuperação de navios naufragados (Elcir Castello Branco).

FUNDO DO RIO. *Direito civil.* Leito onde correm as águas fluviais.

FUNDO DO SERVIÇO MILITAR (FSM). *Direito militar.* É o que visa permitir a melhoria das instalações e o provimento de material de instruções para os Órgãos de Formação de Reserva das Forças Armadas que não disponham de verbas próprias suficientes.

FUNDO ESPECIAL DE ASSISTÊNCIA FINANCEIRA AOS PARTIDOS POLÍTICOS. *Ciência política* e *direito eleitoral.* Trata-se do fundo partidário, que é um patrimônio destinado a financiar partidos políticos, constituído: a) pela aplicação de multas e penalidades pecuniárias previstas no Código Eleitoral; b) pelos recursos financeiros que lhe forem destinados por lei; c) pelas doações de pessoa física ou jurídica, efetuadas por meio de depósitos bancários diretamente na conta do Fundo Partidário; d) dotações orçamentárias da União em valor nunca inferior, cada ano, ao número de eleitores inscritos em 31 de dezembro do ano anterior ao da proposta orçamentária, multiplicado por trinta e cinco centavos.

FUNDO ESPECIAL DE FORMAÇÃO, QUALIFICAÇÃO, TREINAMENTO E DESENVOLVIMENTO DO SERVIDOR PÚBLICO (FUNDASE). *Direito administrativo.* Fundo de natureza contábil que tem por objetivo promover ações voltadas para a qualificação e a profissionalização dos servidores da Administração Pública federal direta, autárquica e fundacional, bem como promover a melhoria da gestão do setor público federal.

FUNDO ESPECIAL PARA CALAMIDADES PÚBLICAS (FUNCAP). *Direito financeiro* e *direito administrativo.* Instrumento financeiro previsto para o atendimento emergencial. É, portanto, aquele que visa financiar ações de socorro, de assistência à população e de reabilitação de áreas atingidas. Assim, é desejável que os Estados e Municípios instituam fundos semelhantes, inclusive para a captação de recursos.

FUNDO GARANTIA-SAFRA. *Direito agrário.* **1.** Fundo de natureza financeira vinculado ao Ministério da Agricultura, Pecuária e Abastecimento. **2.** É o que tem natureza financeira e destina-se a proporcionar recursos para o pagamento do benefício Garantia-Safra, que visa garantir renda mínima ou condição mínima de sobrevivência aos agricultores familiares de Municípios sistematicamente sujeitos a situação de emergência ou estado de calamidade pública em razão do fenômeno da estiagem, situados na área de atuação da Agência de Desenvolvimento do Nordeste (ADENE). O benefício Garantia-Safra é restrito aos agricultores familiares das regiões acima definidas que, tendo feito sua adesão, vierem a perder, no mínimo, cinqüenta por cento da produção das culturas de milho, feijão, arroz, mandioca ou algodão, em razão de estiagem, nos Municípios sob decreto de situação de emergência ou estado de calamidade pública, reconhecido pelo governo federal. É vedada a concessão do Garantia-Safra aos agricultores familiares que participem de programas similares de transferência de renda relacionados com a ocorrência de estiagem, custeados, ainda que parcialmente, com recursos da União. O valor do benefício Garantia-Safra, a ser pago pela instituição financeira diretamente a cada família é de até R$ 700,00 (setecentos reais), e deverá ser realizado, no máximo, em até seis parcelas mensais, iguais e consecutivas.

FUNDO GARANTIDOR DE CRÉDITOS (FGC). *Direito bancário* e *direito civil.* É uma associação civil sem fins lucrativos, com personalidade jurídica de direito privado, regida por estatuto próprio pelas disposições legais e regulamentos aplicá-

veis. Não exerce qualquer função pública, inclusive por delegação. O fundo tem por objeto prestar garantia de créditos contra instituições dele participantes, nas hipóteses de: a) decretação da intervenção, liquidação extrajudicial ou falência de instituição; b) reconhecimento, pelo Banco Central do Brasil, do estado de insolvência de instituição associada que não estiver sujeita à decretação da intervenção, liquidação extrajudicial ou falência.

FUNDO GARANTIDOR DE PARCERIAS PÚBLICO-PRIVADAS (FGP). *Direito administrativo.* Que tem por finalidade prestar garantia de pagamento de obrigações pecuniárias assumidas pelos parceiros públicos federais em virtude das parcerias.

FUNDO GARANTIDOR PROGRAMA CRÉDITO SOLIDÁRIO RECURSOS DO FUNDO DE DESENVOLVIMENTO SOCIAL (FDS). *Direito financeiro.* Esse Fundo é uma reserva garantidora constituída para viabilizar alternativa de garantia de financiamento concedido às famílias de baixa renda em condições especiais e subsidiadas, no âmbito do Programa Crédito Solidário, criado por Resolução do Conselho Curador do Fundo de Desenvolvimento Social. Esse Fundo tem por finalidade garantir aos agentes financeiros parte do risco das operações no âmbito do Programa Crédito Solidário, constituindo-se pela concessão de crédito, exclusivamente nas operações de financiamento em que não for possível a constituição de garantia real, em razão de o imóvel não apresentar condição fundiária regular.

FUNDO GERAL DE TURISMO (FUNGETUR). É aquele gerido pelo Instituto Brasileiro de Turismo e cujos recursos poderão ser utilizados em operações de financiamento de estudos e projetos de interesse turístico, podendo a aplicação desses recursos ser feita por intermédio de agentes financeiros, mediante convênio ou contrato celebrado com a Embratur.

FUNDO MONETÁRIO INTERNACIONAL (FMI). *Direito internacional público.* Organismo ligado às Nações Unidas, criado em 1945 para auxiliar monetariamente os países-membros, tendo por escopo: a) promover a cooperação monetária internacional; b) garantir a estabilidade do câmbio, diminuindo o desequilíbrio das balanças internacionais de pagamento, evitando depreciações competitivas; c) expandir e desenvolver o comércio internacional; d) auxiliar não só no estabelecimento do sistema multilateral de pagamentos de transações correntes entre seus membros, mas também na eliminação de restrições cambiais que dificultam o desenvolvimento do comércio mundial; e) colocar recursos à disposição de seus membros, facultando-lhes corrigir desajustes no balanço de pagamentos, sem utilização de medidas comprometedoras de sua prosperidade nacional ou internacional; f) reduzir o grau de desequilíbrio nos balanços internacionais de pagamentos de seus membros. Portanto é o que tem por fim facilitar os pagamentos internacionais e estabilizar os câmbios, possibilitando a cada Estado-Membro adquirir com sua moeda nacional, sob certas condições, moedas (divisas) dos demais países-membros (Mossé; Henri Guitton). Os países devedores, para a liberação de crédito, devem cumprir os planos de metas.

FUNDO MÚTUO. *Direito comercial.* Conjugação de poupança de diferentes investidores com fins de obter rendimentos, por meio de aplicação diversificada, mas sem vínculo de associação. Consiste em reuniões de verbas para aplicação no mercado de capitais, especialmente em ações (Carlos Alberto Bittar).

FUNDO MÚTUO DE INVESTIMENTO EM AÇÕES (FMIA). *Direito financeiro* e *direito internacional privado.* Comunhão de recursos destinados à aplicação em carteira de títulos e valores mobiliários, sob a forma de condomínio aberto, mantendo, do total de suas aplicações, no mínimo, 51% em ações de emissão de companhias abertas. O saldo de recursos poderá ser aplicado em: outros valores mobiliários emitidos por companhias abertas; certificados de depósito de ações emitidos por companhias com sede em países signatários do Tratado de Assunção (MERCOSUL), admitidos à negociação pública no país; quotas de fundos de renda fixa e títulos de renda fixa, de livre escolha do administrador. As suas aplicações deverão ser oriundas de aquisições em bolsas de valores, bolsas de mercadorias e futuros, ou em mercado de balcão organizado por instituição autorizada a funcionar pela Comissão de Valores Mobiliários.

FUNDO MÚTUO DE INVESTIMENTO EM AÇÕES – CARTEIRA LIVRE (FMIA – CL). *Direito financeiro, direito comercial* e *direito internacional privado.* Comunhão de recursos destinados à aplicação de carteira de títulos e valores mobiliários, sob a forma de condomínio aberto, mantendo, no mínimo, 51% de suas aplicações em ações, bônus

de subscrição e debêntures conversíveis em ações, de emissão de companhias abertas, ou em ações ou certificados de depósito de ações admitidos à negociação pública no país, emitidas por companhias com sede em países signatários do Tratado de Assunção (MERCOSUL). O saldo de recursos poderá ser aplicado em: a) outros valores mobiliários de emissão de companhias abertas, adquiridos em bolsas de valores ou mercado de balcão organizado por entidade autorizada pela Comissão de Valores Mobiliários ou durante período de distribuição pública; b) quotas de fundos de renda fixa e títulos de renda fixa, de livre escolha do administrador; c) quotas de FMIAs e FMIAs – CL, fechadas, que detenham, por disposição de seus regulamentos, no mínimo, 90% de suas aplicações em ações.

FUNDO MÚTUO DE INVESTIMENTO EM EMPRESAS EMERGENTES. *Direito comercial.* É uma comunhão de recursos destinados à aplicação em carteira diversificada de valores mobiliários de emissão de empresas emergentes, ou seja, companhias que tenham faturamento líquido anual inferior a trinta milhões de reais, apurado no balanço de encerramento do exercício anterior à aquisição dos valores mobiliários de sua emissão. Tal fundo está constituído sob a forma de condomínio fechado e terá o prazo máximo de duração de dez anos, prorrogável uma única vez por mais cinco, por aprovação de dois terços da totalidade das quotas emitidas em assembléia geral especialmente convocada com esta finalidade. Sua administração competirá à pessoa física ou jurídica autorizada pela Comissão de Valores Mobiliários.

FUNDO NACIONAL ANTIDROGAS (FUNAD). *Direito financeiro.* Recurso para prevenir, recuperar e combater drogas, cuja gestão compete à Secretaria Nacional Antidrogas do Gabinete de Segurança Institucional da Presidência da República.

FUNDO NACIONAL DA CULTURA (FNC). *Direito administrativo.* Órgão que visa apoiar projetos destinados a: a) valorizar a produção cultural de caráter regional; b) estimular a expressão cultural dos diferentes grupos formadores da sociedade brasileira e responsáveis por sua pluralidade cultural; c) desenvolver a preparação e o aperfeiçoamento dos recursos humanos para a cultura; d) promover a preservação do patrimônio cultural brasileiro, enfatizando ações de identificação, documentação, promoção, proteção, restauração e devolução de bens culturais; e) incentivar projetos comunitários que tenham caráter exemplar e multiplicador e contribuam para facilitar o acesso aos bens culturais por parte de populações de baixa e média rendas; f) fomentar atividades culturais e artísticas de caráter inovador ou experimental; g) promover a difusão cultural, no exterior, em cooperação com o Ministério das Relações Exteriores. O FNC adotará as seguintes formas operacionais: a) a fundo perdido, em favor de projetos culturais de pessoas físicas ou de entidades públicas ou privadas sem fins lucrativos, exigida a comprovação de seu bom e regular emprego, bem como dos resultados alcançados. A transferência financeira a fundo perdido do FNC para entidades públicas ou privadas sem fins lucrativos, responsáveis pela execução de projetos culturais aprovados, dar-se-á sob a forma de subvenções, auxílios ou contribuições; b) por meio de empréstimos reembolsáveis em favor de projetos culturais de pessoas físicas, e de entidades privadas com ou sem fins lucrativos. Na operacionalização do financiamento reembolsável o agente financeiro será qualquer instituição financeira, de caráter oficial, devidamente credenciada pelo Ministério da Cultura. Para o financiamento, pelo FNC, reembolsável, o Ministério da Cultura estudará, com o agente financeiro, a taxa de administração, prazos de carência, juros, limites, aval e formas de pagamento, atendendo à especificidade de cada segmento cultural, os quais serão fixados em instrução específica. O FNC poderá apoiar pessoas físicas ou jurídicas de natureza cultural, públicas ou privadas, que apresentem projetos culturais para análise e aprovação. O apoio financeiro, a fundo perdido, a projetos culturais de iniciativa de pessoas físicas restringir-se-á à concessão de bolsas, passagens e ajudas de custo. No caso de projetos culturais relativos a eventos, somente serão aprovados aqueles que explicitarem o processo de continuidade e desdobramento, bem como prevejam a participação da comunidade local, sob a forma de conferências, cursos, oficinas, debates e outras. O FNC não financiará exclusivamente a contratação de serviços para a elaboração de projetos culturais, ressalvados aqueles necessários a viabilizar as doações com destinação especificada pelo doador. Os beneficiários poderão executar mais de um projeto concomitantemente, con-

siderada a respectiva capacidade operacional e as disponibilidades orçamentárias e financeiras do FNC. O percentual de financiamento do FNC para cada projeto e a contrapartida a ser oferecida pelo beneficiário obedecerão aos limites estabelecidos na legislação pertinente. Mas tal contrapartida fica dispensada no caso de doações ao FNC com destinação especificada pelo incentivador. Para integralizar a contrapartida, podem os proponentes comprometer-se a assumir as despesas de manutenção administrativa e de pessoal vinculadas à execução do projeto, desde que devidamente especificadas na planilha de custo. Caberá à entidade supervisionada competente avaliar, por ocasião do parecer que emitir, a contrapartida oferecida na forma mencionada acima, objetivando determinar se os respectivos montantes completam a co-participação exigida. Os projetos culturais que contiverem pedido de utilização dos recursos do FNC, após parecer da entidade supervisionada competente na respectiva área, serão submetidos ao Comitê Assessor para fins de compatibilização e integração na programação global do Ministério da Cultura.

FUNDO NACIONAL DE ASSISTÊNCIA SOCIAL. *Direito previdenciário.* É o que tem por escopo proporcionar recursos e meios para financiar o benefício de prestação continuada e apoiar serviços, programas e projetos de assistência social. Constituirão receitas do Fundo Nacional de Assistência Social: a) dotações orçamentárias da União; b) doações, contribuições em dinheiro, valores, bens móveis e imóveis, que venha a receber de organismos e entidades nacionais e internacionais ou estrangeiras, bem como de pessoas físicas e jurídicas, nacionais ou estrangeiras; c) contribuição social dos empregadores, incidentes sobre o faturamento e o lucro; d) recursos provenientes dos concursos de prognósticos, sorteios e loterias, no âmbito do governo federal; e) receitas de aplicações financeiras de recursos do Fundo, realizadas na forma da lei; f) receitas provenientes da alienação de bens móveis da União, no âmbito da assistência social; g) transferência de outros fundos. A prestação de conta da aplicação dos recursos financeiros oriundos do Fundo Nacional de Assistência Social será feita pelo beneficiário diretamente ao Tribunal de Contas do Estado ou do Distrito Federal, no caso desses entes federados, e à Câmara Municipal, auxiliada pelos Tribunais de Contas dos Estados ou Tribunais de Contas dos Municípios ou Conselhos de Contas dos Municípios, quando o beneficiário for o Município, e também ao Tribunal de Contas da União, quando por este determinado. É assegurado ao Tribunal de Contas da União e ao Sistema de Controle Interno do Poder Executivo da União o acesso, a qualquer tempo, à documentação e a comprobatória da execução da despesa, aos registros dos programas e a toda documentação pertinente à assistência social custeada com recursos do Fundo Nacional de Assistência Social. Os recursos poderão ser repassados automaticamente para o fundo estadual, do Distrito Federal ou municipal, independentemente de celebração de convênio, ajuste, acordo ou contrato, desde que atendidas as respectivas exigências pelo respectivo Estado, Distrito Federal ou Município. Os recursos do Fundo Nacional de Assistência Social recebidos pelos fundos estaduais, municipais ou do Distrito Federal serão aplicados segundo as prioridades estabelecidas nos planos de assistência social aprovados, pelos respectivos conselhos, buscando, no caso de transferência aos fundos municipais, a compatibilização no plano estadual e respeito ao princípio de eqüidade.

FUNDO NACIONAL DE DESENVOLVIMENTO CIENTÍFICO E TECNOLÓGICO (FNDCT). *Direito administrativo* e *direito financeiro.* É o destinado a financiamentos de projetos de implantação e recuperação de infra-estrutura de pesquisa nas instituições públicas de ensino superior e de pesquisa. Tais recursos advêm de: a) contribuição de intervenção do domínio econômico; b) compensação financeira sobre o uso de recursos naturais; c) percentual sobre receita ou lucro de empresas concessionárias, permissionárias e autorizatárias de serviços públicos; e d) contratos firmados pela União, suas autarquias e fundações. Na utilização desses recursos observar-se-ão: a) a programação orçamentária em categoria de programação específica no FNDCT; b) os critérios de administração previstos na forma do regulamento do FNDCT; e c) a desnecessidade de vinculação entre os projetos financiados e o setor de origem dos recursos. No mínimo 30% dos recursos serão aplicados em instituições sediadas nas regiões Norte, Nordeste e Centro-Oeste.

FUNDO NACIONAL DE DESENVOLVIMENTO DA EDUCAÇÃO (FNDE). *Direito administrativo* e *direito educa-*

cional. Autarquia federal que tem por escopo captar recursos financeiros e canalizá-los para o financiamento de projetos educacionais, notadamente nas áreas de ensino, pesquisa, alimentação, material escolar e bolsas de estudo, observadas as diretrizes do planejamento estabelecidas pelo Ministério da Educação. É o que tem competência para: a) informar à entidade responsável pela editoração a quantidade de alunos portadores de cegueira total, bem como sua localização; b) receber, analisar e aprovar o Projeto proposto pela entidade; c) celebrar o instrumento jurídico específico com a instituição pública ou privada, estabelecendo as competências das partes diretamente envolvidas, no processo de editoração no sistema Braille (adaptação, revisão e transcrição); d) supervisionar, acompanhar, avaliar e orientar o desenvolvimento das ações necessárias à editoração no sistema Braille, em conformidade com o disposto em cláusulas específicas no instrumento jurídico celebrado; e) fiscalizar a execução das ações, diretamente ou por delegação de competência, de modo a assegurar a continuidade do processo; f) exercer função gerencial fiscalizadora, ficando assegurado aos seus agentes qualificados o poder de reorientar ações e de acatar, ou não, justificativas quanto às eventuais disfunções havidas na execução das ações; g) entregar as obras à instituição responsável pela editoração do sistema Braille; e h) monitorar, supervisionar a reprodução das obras transcritas, bem como sua utilização em sala de aula.

FUNDO NACIONAL DE DESENVOLVIMENTO DESPORTIVO (FUNDESP). *Direito desportivo.* Órgão responsável pelo financiamento de programas desportivos. Dá assistência ao atleta profissional e ao em formação e fomenta o desporto amador.

FUNDO NACIONAL DE DESENVOLVIMENTO FLORESTAL (FNDF). *Direito ambiental.* Fundo de natureza contábil, gerido pelo órgão gestor federal, destinado a fomentar o desenvolvimento de atividades sustentáveis de base florestal no Brasil e a promover a inovação tecnológica do setor. Os recursos do FNDF serão aplicados prioritariamente em projetos nas seguintes áreas: a) pesquisa e desenvolvimento tecnológico em manejo florestal; b) assistência técnica e extensão florestal; c) recuperação de áreas degradadas com espécies nativas; d) aproveitamento econômico racional e sustentável dos recursos florestais; e) controle e monitoramento das atividades florestais e desmatamentos; f) capacitação em manejo florestal e formação de agentes multiplicadores em atividades florestais; g) educação ambiental; h) proteção ao meio ambiente e conservação dos recursos naturais.

FUNDO NACIONAL DE DESESTATIZAÇÃO. *Direito administrativo.* Administrado pelo Banco Nacional de Desenvolvimento Econômico e Social (BNDES), que será seu gestor, com as tarefas de: a) fornecer apoio administrativo e operacional, necessário ao funcionamento do Conselho Nacional de Desestatização, aí se incluindo os serviços de secretaria; b) divulgar os processos de desestatização, bem como prestar todas as informações que vierem a ser solicitadas pelos poderes competentes; c) constituir grupos de trabalho, integrados por funcionários do BNDES e suas subsidiárias e por servidores da Administração direta ou indireta requisitados para o fim de prover apoio técnico à implementação das desestatizações; d) promover a contratação de consultoria, auditoria e outros serviços especializados necessários à execução das desestatizações; e) submeter ao presidente do Conselho Nacional de Desestatização as matérias de sua competência; f) promover a articulação com o sistema de distribuição de valores mobiliários e as Bolsas de Valores; g) selecionar e cadastrar empresas de reconhecida reputação e tradicional atuação na negociação de capital, transferência de controle acionário, venda e arrendamento de ativos; h) preparar a documentação dos processos de desestatização, para apreciação do Tribunal de Contas da União; i) submeter ao presidente do Conselho outras matérias de interesse do Programa Nacional de Desestatização.

FUNDO NACIONAL DE HABITAÇÃO DE INTERESSE SOCIAL (FNHIS). *Direito financeiro* e *direito administrativo.* De natureza contábil, tem como objetivo centralizar e gerenciar recursos orçamentários para os programas estruturados no âmbito do Sistema Nacional de Habitação de Interesse Social (SNHIS), destinados a implementar políticas habitacionais direcionadas à população de menor renda. Os recursos do FNHIS serão aplicados de forma descentralizada, por intermédio dos Estados, Municípios e Distrito Federal, em ações vinculadas aos programas de habitação de interesse social que contemplem: a) aquisição, construção, conclusão, melhoria, reforma, locação social e arrendamento de unidades habitacionais em áreas urbanas e rurais; b) produção de lotes urbanizados para fins habitacionais; c) urbanização, produção de equipamentos comunitários, regularização fundiária e urbanística de áreas caracterizadas de interesse social; d) implantação de saneamento básico, infra-estrutura e equipamentos urbanos, complementares aos programas habitacionais de interesse social; e) aquisição de materiais para construção, ampliação e reforma de moradias; f) recuperação ou produção de imóveis em áreas encortiçadas ou deterioradas, centrais ou periféricas, para fins habitacionais de interesse social; g) aquisição de terrenos, vinculada à implantação de projetos habitacionais; e h) outros programas e intervenções na forma aprovada pelo Conselho Gestor do FNHIS.

FUNDO NACIONAL DE INFRA-ESTRUTURA DE TRANSPORTES (FNIT). *Direito administrativo* e *direito financeiro.* Vinculado ao Ministério dos Transportes, destinado a financiar programas de investimento em infra-estrutura de transportes. O FNIT é um fundo contábil, de natureza financeira, e observará, em suas programações orçamentárias, diretrizes aprovadas pelo Conselho Nacional de Integração das Políticas de Transportes (CONIT).

FUNDO NACIONAL DE SEGURANÇA E EDUCAÇÃO DE TRÂNSITO (FUNSET). *Direito de trânsito.* É o destinado a custear as despesas do Departamento Nacional de Trânsito (DENATRAN) relativas à operacionalização da segurança e educação de trânsito.

FUNDO NACIONAL DE SEGURANÇA PÚBLICA (FNSP). *Direito administrativo.* Instituído, no âmbito do Ministério da Justiça, com o objetivo de apoiar projetos na área de segurança pública e de prevenção à violência, enquadrados nas diretrizes do plano de segurança pública do Governo Federal. O FNSP apoiará projetos na área de segurança pública destinados, dentre outros, a: a) reequipamento, treinamento e qualificação das polícias civis e militares, corpos de bombeiros militares e guardas municipais; b) sistemas de informações, de inteligência e investigação, bem como de estatísticas policiais; c) estruturação e modernização da polícia técnica e científica; d) programas de polícia comunitária; e) programas de prevenção ao delito e à violência.

FUNDO NACIONAL DO MEIO AMBIENTE (FNMA). *Direito ambiental.* É o que tem por finalidade o desenvolvimento de projetos que visem o uso racional e sustentável de recursos naturais, incluindo a manutenção, melhoria ou recuperação de qualidade ambiental, no sentido de elevar a qualidade de vida da população brasileira.

FUNDO NACIONAL PARA A CRIANÇA E O ADOLESCENTE (FNCA). *Direito da criança e do adolescente.* É o que tem por fim proporcionar recursos para a implantação e implementação da política nacional de atendimento dos direitos da criança e do adolescente.

FUNDO *OFFSHORE*. *Direito financeiro.* Fundo de investimento com sede no exterior, que aplica recursos disponíveis no exterior em ativos brasileiros (Luiz Fernando Rudge).

FUNDO PARA APARELHAMENTO E OPERACIONALIZAÇÃO DAS ATIVIDADES-FIM DA POLÍCIA FEDERAL (FUNAPOL). É o instituído no âmbito do Departamento de Polícia Federal e cuja administração dos recursos fica a cargo de um Conselho Gestor, composto pelo diretor do Departamento de Polícia Federal, que o presidirá, e pelos dirigentes dos órgãos centrais responsáveis pelas atividades-fim do Departamento de Polícia Federal. É o que tem por finalidade proporcionar recursos e meios destinados a aparelhar o Departamento de Polícia Federal e a manter suas atividades essenciais e competências típicas. Constituem, por exemplo, receita do FUNAPOL: a) taxas e multas cobradas pelos serviços de migração, prestados pelo Departamento de Polícia Federal; b) rendimentos de aplicação do próprio fundo; c) doações de organismos ou entidades nacionais e estrangeiras; d) recursos advindos da alienação dos bens móveis e imóveis do acervo patrimonial do FUNAPOL; e) receita proveniente da inscrição em concurso público para o ingresso na carreira policial federal; f) recursos decorrentes de contratos e convênios celebrados pela Polícia Federal etc.

FUNDO PARA INDENIZAÇÕES ESPECIAIS DO SEGURO OBRIGATÓRIO DE DANOS PESSOAIS CAUSADOS POR EMBARCAÇÕES (FIE-DPEM). *Direito marítimo.* Tem a finalidade de cobrir os sinistros ocorridos com embarcações não identificadas e eventos catastróficos.

FUNDO PARA O DESENVOLVIMENTO DE LOTERIAS. *Direito financeiro.* É o que tem por objeto fazer face a investimentos necessários à modernização das loterias e a dispêndios com sua divulgação e publicidade, nos termos da legislação específica, vedada sua aplicação no custeio de despesas correntes. A CEF deverá contabilizar em separado todas as operações relativas aos serviços de administração de loterias, não podendo os resultados financeiros decorrentes dessa administração ser considerados, sob forma alguma, para o cálculo de gratificações e de quaisquer outras vantagens devidas a empregados e administradores. O limite máximo para as despesas efetivas de custeio e manutenção dos serviços lotéricos para remuneração da CEF será estabelecido pelo Ministro de Estado da Fazenda. Os prêmios de loterias prescritos, excetuando-se aqueles que tenham, por disposição legal, destinação específica, serão contabilizados à renda líquida respectiva, na forma da legislação em vigor, após deduzidas as quantias pagas em razão de reclamações administrativas admitidas e julgadas procedentes.

FUNDO PARA O DESENVOLVIMENTO REGIONAL COM RECURSOS DA DESESTATIZAÇÃO (FRD). *Direito financeiro.* É um fundo de natureza contábil destinado a prestar colaboração financeira, em projetos de desenvolvimento regional e social, a Municípios situados nas áreas geográficas de influência da Companhia Vale do Rio Doce.

FUNDO PARA O DESENVOLVIMENTO TECNOLÓGICO DAS TELECOMUNICAÇÕES (FUNTTEL). *Direito financeiro* e *direito das comunicações.* Tem natureza contábil, com o objetivo de estimular o processo de inovação tecnológica, incentivar a capacitação de recursos humanos, fomentar a geração de empregos e promover o acesso de pequenas e médias empresas a recursos de capital, de modo a ampliar a competitividade da indústria brasileira de telecomunicações. Será administrado por um Conselho Gestor e terá como agentes financeiros o Banco Nacional de Desenvolvimento Econômico e Social (BNDES) e a Empresa Financiadora de Estudos e Projetos (Finep). Os recursos do Fundo serão aplicados exclusivamente no interesse do setor de telecomunicações.

FUNDO PENITENCIÁRIO NACIONAL (FUNPEN). *Direito penitenciário.* É aquele que tem por fim proporcionar recursos e meios destinados a financiar e apoiar as atividades e os programas de modernização e aprimoramento do Sistema Penitenciário Brasileiro. Seus recursos serão aplicados, por exemplo, na reforma e ampliação de instalações e serviços de penitenciárias, na formação educacional do preso, na elaboração de projetos destinados à reinserção social do preso, na execução de programas destinados a dar assistência às vítimas de crime e aos dependentes do preso, na manutenção de casas de abrigo destinadas a acolher vítimas de violência doméstica etc.

FUNDO PIS/PASEP. *Direito previdenciário.* Fundo do Programa de Integração Social e do Programa de Formação do Patrimônio dos Servidores Públicos. É o instrumento da política que visa a redistribuição de riquezas, constituído por recursos de origem pública e privada.

FUNDOS. 1. *Economia política.* a) Haveres, recursos financeiros de que se pode dispor; b) conjunto de bens de uma pessoa ou entidade quando tem finalidade e contas especiais (Cesarino Jr.); c) massa patrimonial separada, material ou contabilisticamente, do restante do patrimônio de uma entidade e destinada a uma finalidade especial. Em regra, os fundos não são separados do complexo patrimonial de que fazem parte, mas se reduzem a uma simples divisão interna, que tem um valor puramente contábil, de interesse técnico-administrativo. Embora às vezes possam ficar, materialmente, em apartado, numa caixa própria, com gestão e balanço separados, mas sem assurgir a autonomia jurídica (Francisco Ferrara); d) ativo exigível de uma empresa. **2.** Na *linguagem comum,* local afastado ou remoto. **3.** *Direito bancário.* a) Saldo que o correntista do banco mantém em sua conta para movimentá-lo por meio de cheque; b) provisões suficientes em dinheiro existente em poder do sacado para cobrir saques emitidos por alguém.

FUNDOS CONSTITUCIONAIS DE FINANCIAMENTO DO NORTE, DO NORDESTE E DO CENTRO-OESTE. *Direito agrário* e *direito empresarial.* Recursos destinados a: **1.** operações rurais: a) agricultores familiares enquadrados no Programa Nacional de Fortalecimento da Agricultura Familiar (PRONAF): os definidos na legislação e regulamento daquele Programa; b) miniprodutores, suas cooperativas e associações: 6% ao ano; c) pequenos e médios produtores, suas cooperativas e associações: 8,75% ao ano; d) grandes produtores, suas cooperativas e associações: 10,75% ao ano; **2.** operações industriais,

agroindustriais e de turismo: a) microempresa: 8,75% ao ano; b) empresa de pequeno porte: 10% ao ano; c) empresa de médio porte: 12% ao ano; d) empresa de grande porte: 14% ao ano; **3.** operações comerciais e de serviços: a) microempresa: 8,75% ao ano; b) empresa de pequeno porte: 10% ao ano; c) empresa de médio porte: 12% ao ano; d) empresa de grande porte: 14% ao ano.

FUNDOS DE GARANTIA. *Direito comercial.* **1.** Aqueles que se constituem para o cumprimento das obrigações legais e contratuais assumidas pelo comerciante. **2.** Os constituídos pela sociedade de seguro ou de previdência para atender às responsabilidades relativas aos seus fins sociais. **3.** Fundos de segurança para o próprio funcionamento de determinadas sociedades anônimas (De Plácido e Silva).

FUNDOS DE INVESTIMENTOS CULTURAIS E ARTÍSTICOS (FICART). *Direito autoral.* Órgão cuja constituição, funcionamento e administração se submetem à instrução da Comissão de Valores Mobiliários (CVM). Os projetos culturais previstos para a aplicação dos recursos dos FICART destinar-se-ão: **1.** à produção comercial de: a) instrumentos musicais, discos, fitas, vídeos, filmes e outras formas de reprodução fonovideográficas; b) espetáculos teatrais, de dança, de música, de canto, de circo e demais atividades congêneres; c) obras relativas às ciências, letras e artes, bem como obras de referência, e outras de cunho cultural; **2.** à construção, restauração, reforma ou equipamento de espaços destinados a atividades com objetivos culturais, de propriedade de entidades com fins lucrativos; **3.** a outras atividades comerciais de interesse cultural, assim consideradas pelo Ministério da Cultura, ouvida a CNIC. A aplicação dos recursos dos FICART em projetos culturais far-se-á, exclusivamente, por meio de: **1.** contratação de pessoas jurídicas de natureza cultural, com sede no território brasileiro, que tenham por objeto a execução dos mencionados projetos culturais; **2.** participação em projetos culturais realizados por pessoas jurídicas de natureza cultural, com sede no território brasileiro; **3.** aquisição de direitos patrimoniais para exploração comercial de obras literárias, audiovisuais, fonovideográficas, de artes cênicas e de artes plásticas e visuais.

FUNDOS DE PARTICIPAÇÃO. *Direito constitucional.* Recursos compensatórios em favor dos Estados, Municípios e Distrito Federal por sua participação na arrecadação de tributos federais (Afonso Celso F. de Rezende).

FUNDOS DISPONÍVEIS. 1. Na *linguagem jurídica* em geral, são recursos pecuniários que podem ser utilizados de imediato. **2.** *Direito bancário.* a) Todo e qualquer fundo de que a pessoa pode dispor de um banco, por ter nele depositado dinheiro ou efetuado contrato de crédito. Abrange, portanto, as importâncias constantes de conta corrente bancária, o saldo exigível de conta corrente contratual e a soma decorrente de abertura de crédito; b) disponibilidade; provisões.

FUNDOS DOMINANTES. *Direito civil.* Prédios dominantes, numa servidão.

FUNDO SEGURO-SAFRA. *Direito agrário* e *direito financeiro.* Tem natureza financeira e se destina a proporcionar recursos para o pagamento do benefício Seguro-Safra, com o objetivo de garantir renda mínima para os agricultores familiares da Região Nordeste e do norte do Estado de Minas Gerais que registrarem frustração de safra em decorrência do fenômeno da estiagem, nos Municípios em que tenha sido declarada calamidade pública ou situação de emergência, reconhecidos em ato do Governo Federal.

FUNDOS LÍQUIDOS. 1. *Direito comercial.* Somas pecuniárias de uma sociedade que estão à disposição de seus sócios, oriundas dos lucros havidos ou das quotas a que têm direito e que foram apuradas por ocasião de sua liquidação ou partilha. **2.** *Direito processual civil.* Bens penhoráveis.

FUNDOS LIVRES. 1. *Direito financeiro* e *direito administrativo.* Qualquer soma da receita que é recolhida aos cofres públicos, se não tiver aplicação imediata. **2.** Na *linguagem jurídica* em geral, são os recursos que não têm destinação certa nem servem como garantia, podendo ser usados sem quaisquer restrições.

FUNDOS MARINHOS. *Direito internacional público.* Áreas que ficam além dos limites da jurisdição nacional, isto é, das diversas plataformas continentais. Sobre elas assentam as águas do alto-mar e o respectivo espaço aéreo. Tal área e seus recursos minerais, especialmente os nódulos polimetálicos, constituem patrimônio comum da humanidade (Rezek).

FUNDOS MÚTUOS DE PRIVATIZAÇÃO (FMP-FGTS). *Direito previdenciário.* Constituídos sob a forma de condomínio aberto, de que participam exclu-

sivamente pessoas físicas detentoras de contas vinculadas do Fundo de Garantia do Tempo de Serviço (FGTS), são a comunhão de recursos destinados à aquisição de valores mobiliários no âmbito do Programa Nacional de Desestatização e/ou similares estaduais, aprovados pelo Conselho Nacional de Desestatização (CND). A participação do trabalhador nos FMP-FGTS poderá ocorrer de forma individual ou por intermédio de Clube de Investimento (CI-FGTS), que é a reunião, em condomínio, de pessoas físicas detentoras de contas vinculadas do FGTS para aquisição de quotas do FMP-FGTS. O trabalhador titular de conta vinculada do FGTS poderá utilizar até 50% do saldo desta no Programa Nacional de Desestatização e/ou similares estaduais, aprovados pelo Conselho Nacional de Desestatização (CND). A utilização se dará por meio de um único FMP-FGTS a cada oferta pública. A limitação de 50% deverá ser observada a cada aplicação, tendo como base o saldo da conta vinculada, e consideradas as utilizações anteriores no FMP-FGTS, devidamente atualizadas. A atualização acima citada será efetuada nos mesmos moldes da conta vinculada do FGTS. Cada aplicação em FMP-FGTS estará vinculada à conta correspondente do trabalhador no FGTS. Dessa forma, a Administradora deverá estruturar o seu cadastro de modo a preservar a correlação entre cada valor aplicado e sua respectiva conta vinculada no FGTS. Os FMP-FGTS e CI-FGTS serão administrados, necessariamente, por instituição autorizada pela CVM.

FUNDO SOCIAL. *Direito civil* e *direito comercial.* Conjunto de bens que pertencem a uma sociedade simples ou empresária; capital social; ativo da pessoa jurídica de direito privado.

FUNDO SOCIAL DE EMERGÊNCIA. *Direito financeiro.* Aquele que tem por objetivo o saneamento financeiro da Fazenda Pública Federal e a estabilização econômica, cujos recursos são aplicados prioritariamente no custeio das ações dos sistemas de saúde e educação, incluindo benefícios previdenciários e auxílios assistenciais de prestação continuada, inclusive liquidação de passivo previdenciário e despesas orçamentárias associadas a programas de relevante interesse econômico e social.

FUNDOS PARTICULARES. 1. *Direito civil.* Somas de dinheiro ou recursos de que dispõem os particulares para satisfação de suas próprias neces-

FUNDOS-PENSÕES

sidades. **2.** *Direito administrativo.* a) Trata-se das dívidas públicas, classificadas como dívidas flutuantes; b) são depósitos particulares efetuados no Tesouro, que estão sujeitos a devolução por não integrarem a receita pública (De Plácido e Silva).

FUNDOS-PENSÕES. *Direito administrativo* e *direito previdenciário.* Subsídios instituídos por montepios, caixas de poupança ou de previdência etc., que têm por finalidade prover o futuro de funcionários de uma entidade e de sua famílias. Têm administração e contabilidade separadas, sem que haja uma separação jurídica do restante do patrimônio da entidade. Tais fundos-pensões são repartições administrativas daquela entidade (Francisco Ferrara).

FUNDOS PÚBLICOS. *Direito financeiro.* **1.** Obrigações contraídas pelo Estado, representadas por títulos de dívida pública e outros papéis de crédito (José Náufel). **2.** Títulos públicos, apólices, ou dinheiro público; papéis de crédito emitidos e garantidos pelo governo. É, portanto, o patrimônio constituído de dinheiro, ações ou bens, afetado pelo Estado a certo fim (José Cretella Jr.).

FUNDOS SECRETOS. *Direito financeiro.* Fundos cuja verba foi fixada, mas cuja destinação ainda não se tornou pública.

FUNDOS SERVIENTES. *Direito civil.* Prédios servientes ou sobre os quais pesa o encargo da servidão.

FÚNEBRE. *Direito civil.* **1.** Relativo à morte de uma pessoa ou ao seu funeral. **2.** Enterro.

FÚNERA. *Direito romano.* Parenta mais próxima do falecido, que dirigia as carpideiras.

FUNERAL. 1. *Direito civil.* a) Solenidade fúnebre; b) despesa com o enterramento, incluindo adornos, flores, coroas, caixão, encomendação eclesiástica, covagem etc., que deve ser paga com os bens da herança. É um encargo do inventário a ser cumprido pelo inventariante. **2.** *Direito administrativo* e *direito do trabalho.* Auxílio que o poder público ou o empregador concede em benefício do consorte sobrevivente e dos filhos do funcionário ou do trabalhador.

FUNERÁRIO. *Direito civil.* **1.** Relativo a funeral. **2.** Fúnebre. **3.** Em que repousam os restos mortais.

FUNGIBILIDADE. *Direito civil.* **1.** Qualidade da coisa móvel que pode ser substituída por outra da mesma espécie, qualidade e quantidade. É o resultado da comparação entre duas coisas equivalentes. **2.** Propriedade do que é substituível em virtude de sua qualidade material, função, natureza etc.

FUNGICIDA. *Direito agrário.* Substância tóxica que destrói fungos parasitas das plantas cultivadas.

FUNGÍVEL. *Direito civil.* **1.** Tudo que é suscetível de substituição. **2.** Bem móvel que pode ser substituído por outros da mesma espécie, qualidade e quantidade.

FUNGOS. 1. *Medicina legal.* Seres vegetais macroscópicos ou microscópicos. Estes últimos, quando parasitam em animais ou no homem, provocam micoses. Alguns são utilizados na preparação de antibióticos, como é o caso do *Penicillium notatum* e do *Penicillium chrysogenum* que são usados na obtenção da penicilina. **2.** *Direito agrário.* Seres vegetais perigosos que podem atingir safras inteiras de plantas alimentícias.

FUNGOSIDADE. 1. *Medicina legal.* Excrescência vascular que aparece na superfície das feridas. **2.** *Direito agrário.* Doença das vinhas oriunda da decomposição das raízes e da formação de filamentos brancos ao redor delas.

FUNICULITE. *Medicina legal.* Espermatite; inflamação do cordão espermático.

FUNKTIONELLE RICHTGKEIT. *Locução alemã.* Correção ou exatidão funcional.

FUNRURAL. *Direito agrário.* O Fundo de Assistência do Trabalhador Rural é uma contribuição anual obrigatória, devida pelo empregador, para assegurar aos empregados rurais e a seus dependentes os benefícios da previdência e assistência social, incluindo serviços de saúde, readaptação profissional e serviço social.

FURACÃO. *Direito civil.* Vento com velocidade superior a 105 km por hora, que causa destruição e danos.

FURACIDADE. *Direito penal.* Tendência para roubo ou costume de roubar.

FURADO. *Direito civil.* **1.** Canal natural ou artificial que une rios. **2.** Trecho retilíneo de um rio. **3.** Descontinuidade de chuvas.

FURAGEM. *Direito agrário.* Abertura de poço.

FURAR. 1. Estabelecer furo jornalístico. **2.** Romper; fazer alguma abertura. **3.** Frustrar. **4.** Vencer dificuldades. **5.** Abrir caminho. **6.** Na *gíria desportiva:* não atingir a bola, no chute ou na interceptação.

FURGÃO. *Direito comercial.* **1.** Pequeno caminhão fechado para transportar mercadorias. **2.** Carro coberto que, nas rodovias e ferrovias, é usado para transporte de víveres e bagagens.

FURIOSO. *Direito civil* e *direito penal.* **1.** O que apresenta irritação excessiva. **2.** Impetuoso. **3.** Louco com acesso de furor.

FURIOSUM NULLUM NEGOTIUM CONTRAHERE POTEST. *Expressão latina.* O louco não pode contrair negócio.

FÜR JEMAND SEIENDES. *Expressão alemã.* Algo existente para alguém.

FURNITURE SHOW. *Locução inglesa.* Feira de móveis.

FURO. 1. Notícia que é dada em primeira mão no jornal, rádio ou televisão. **2.** Canal de comunicação entre o rio e seu afluente. **3.** Abertura feita em algo. **4.** Espaço navegável entre plantas aquáticas. **5.** Toque que o artista dá em certos lugares de seu quadro para criar melhor efeito visual.

FUROR. *Medicina legal.* **1.** Impetuosidade; violência. **2.** Ira exaltada.

FUROR EPILÉTICO. *Medicina legal.* Crise violenta de excitação psicomotora que se apresenta em alguns epiléticos tornando-os coléricos e perigosos. Pode levá-los a praticar homicídio, suicídio, automutilação etc. (Croce e Croce Jr.).

FUROR UTERINO. *Medicina legal.* Ninfomania; apetite sexual exagerado em mulher.

FURRIEL. *História do direito.* Porte militar entre cabo e sargento que havia no Brasil, nas épocas colonial e imperial, na hierarquia militar.

FÜR-SICH UND INNE-SEIN. *Expressão alemã.* O existir para si e em si.

FURTAR. 1. *Direito penal.* a) Praticar furto; b) apoderar-se de objeto alheio, sem violência; c) falsificar algo. **2.** *Direito autoral.* Apresentar como sua obra alheia.

FURTIVE REI AETERNA AUCTORITAS EST. *Expressão latina.* Seja perpétuo o direito sobre a coisa furtiva.

FURTIVO. 1. *Direito civil.* Clandestino, oculto. **2.** *Direito penal.* Praticado a furto, às ocultas.

FURTO. *Direito penal.* **1.** Crime contra o patrimônio consistente na subtração, para si ou para outrem, de coisa alheia móvel, sem violência, feita às escondidas. É punido com reclusão e multa. **2.** Coisa furtada.

FURTO ATENUADO. *Direito penal.* Dá-se quando o autor do furto é réu primário, sendo de pequeno valor o bem furtado. Nesta hipótese, o magistrado pode substituir a pena de reclusão pela de detenção, diminuí-la de um a dois terços ou aplicar apenas a pena de multa.

FURTO DE COISA COMUM. *Direito penal.* Crime contra o patrimônio consistente no fato de o condômino, co-herdeiro ou sócio, subtrair, para si ou para outrem, coisa comum de quem a detenha legitimamente, punido com detenção ou multa. Porém, não será punível a subtração de coisa comum fungível, cujo valor não exceda a quota a que tem direito o agente.

FURTO DE ENERGIA. *Direito penal.* Subtração de eletricidade, pois a energia elétrica é considerada coisa móvel.

FURTO DE PEQUENO VALOR. *Direito penal.* Crime contra o patrimônio consistente na subtração de bem alheio de pequeno valor. Neste caso, o juiz pode, desde que o réu seja primário, diminuir a pena de um a dois terços, substituí-la pela de detenção ou aplicar somente a multa. É também chamado de furto mínimo ou privilegiado.

FURTO DE USO. *Direito penal* e *direito comparado.* Crime em que o agente subtrai algo para satisfazer uma necessidade temporária, sem intenção de apropriação, e depois o devolve. Se o agente apenas pretende usar a coisa alheia, restituindo-a a quem de direito, imediatamente, uma vez utilizada, no estado e nas mesmas condições em que estava quando a pegou, não há crime. Porém, se não a devolve no mesmo local da subtração nem no mesmo estado em que a subtraiu, existe crime. Na Itália, é punido com pena atenuada.

FURTO DE VEÍCULO AUTOMOTOR. *Direito penal.* Ato de subtrair, para si ou para outrem, veículo automotor alheio, que venha a ser transportado para outro Estado ou para o exterior. Tal crime é punido com reclusão de três a oito anos.

FURTO FAMÉLICO. *Direito penal.* Subtração de alimento para saciar fome do agente ou de outrem, fato que exclui sua criminalidade por estar caracterizado o estado de necessidade.

FURTO FAMULAR. *Direito penal.* Furto praticado por empregado que se apodera de coisa que esteja na sua esfera de disponibilidade. Há, portanto, abuso de confiança. Para alguns autores, é considerado "furto qualificado", aumentando-se a pena de reclusão e multa. Para outros, é tido como furto simples, com a agravante genérica das relações domésticas, de coabitação ou de hospitalidade, porque a qualificadora exige um vínculo especial de lealdade ou de fidelidade entre o empregado e o patrão, sendo irrelevante, por si só, a relação empregatícia (Damásio E. de Jesus).

FURTO MÍNIMO. *Vide* FURTO DE PEQUENO VALOR.

FURTO NOTURNO. *Direito penal.* Crime contra o patrimônio que consiste em subtrair coisa móvel alheia, sem violência, durante o repouso noturno, caso em que a pena será aumentada de um terço.

FURTO PRIVILEGIADO. *Vide* FURTO DE PEQUENO VALOR.

FURTO QUALIFICADO. *Direito penal.* Crime contra o patrimônio. Há aumento da pena e multa se houver destruição ou rompimento de obstáculo à subtração da coisa, abuso de confiança, fraude, escalada ou destreza, emprego de chave falsa ou executado mediante concurso de duas ou mais pessoas. Tais atos revelam o caráter corrompido e a periculosidade do agente. Mas sua pena será aumentada se houver subtração de veículo automotor, transportando-o para outro Estado ou país.

FURTO SIMPLES. *Direito penal.* Subtração de coisa alheia móvel, para si ou para outrem, sem a ocorrência de quaisquer das circunstâncias legais que agravam a pena por indicar a temibilidade do agente.

FURTUM. *Termo latino.* Furto.

FURTUM COMMITTIT, QUI DE ALIENO ELARGITUR. *Aforismo jurídico.* Furto comete quem dá o alheio.

FURTUM EST CONTRACTIO REI FRAUDULOSA VEL IPSIUS REI VEL ETIAM USUS EIUS POSSESSIONISQUE: QUOD LEGE NATURALI PROHIBITUM EST ADMITTERE. *Direito romano.* O furto é a tomada fraudulenta de uma coisa, ou em si mesma, ou do seu uso ou posse: o que é proibido admitir-se, pela lei natural.

FURTUM IMPROPRIUM. *Locução latina.* Furto impróprio.

FURTUM PROPRIUM. *Locução latina.* Furto próprio.

FURTUM SINE AFFECTU FURANDI NON COMMITTITUR. *Expressão latina.* Não se comete furto sem a intenção de furtar.

FURÚNCULO. *Medicina legal.* Nódulo duro e doloroso que aparece na pele em razão de inflamação do cório e do tecido conjuntivo subcutâneo.

FURUNCULOSE. *Medicina legal.* Infecção cutânea dolorosa que se caracteriza pelo aparecimento de muitos furúnculos.

FUSÃO. 1. *Ciência política.* Aliança partidária; coalizão. **2.** *Direito comercial.* Reunião de duas ou mais sociedades, para a formação de outra nova, que lhes sucede *ope legis* nos direitos e deveres, sob denominação diversa, com a mesma ou com diferente finalidade e organização. **3.** *Direito civil* e *direito autoral.* Início de uma cena cinematográfica ou de televisão que se sobrepõe imediatamente à que termina. **4.** *Medicina legal.* a) Adesão anormal de partes adjacentes; b) coordenação de imagens separadas do mesmo objeto em um só, na visão binocular. **5.** *Economia política.* Recurso pelo qual duas empresas econômicas fracas, sem qualquer auto-suficiência, se fundem para consolidar negócios e para influir positivamente sobre a economia interna do país.

FUSÃO DE EMPRESAS. *Vide* FUSÃO DE SOCIEDADES.

FUSÃO DE ESTADOS. *Vide* AGREGAÇÃO DE ESTADOS.

FUSÃO DE SOCIEDADES. 1. *Direito comercial.* Operação pela qual se cria, juridicamente, uma nova sociedade para substituição daquelas sociedades que vieram a fundir-se e a desaparecer. **2.** *Direito penal.* Forma de abuso do poder econômico, punida como crime, se tiver por objetivo eliminar a concorrência em matéria de produção, transporte ou comércio.

FUSÃO POR ABSORÇÃO. *Direito comercial.* Transferência negocial do patrimônio de uma sociedade a outra, pela aquisição da qualidade de sócio desta, pelos sócios da sociedade transferente, que é admitida como instrumento de aumento do capital (Wieland).

FUSELAGEM. *Direito aeronáutico.* Corpo da aeronave no qual ficam acomodados os tripulantes, os passageiros e a carga.

FUSIBILIDADE. *Sociologia geral.* Freqüência de cruzamentos entre duas ou mais raças ou entre dois grupos culturalmente diversos.

FUSIONISTA. *Ciência política.* **1.** Partidário de fusão política. **2.** Aquele que promove coalizão política.

FUSTA. 1. *História do direito.* Castigo público, que era imposto aos criminosos, consistente em vergastadas ou açoites por meio de varas. **2.** *Direito marítimo.* Embarcação comprida, de fundo chato, com um ou dois mastros, vela latina e remo.

FUSTÃO. *História do direito.* Castigo que era dado aos criminosos, de menor rigor que a flagelação.

FUSTE. 1. *Direito marítimo.* Peça com que se esteiam os mastros de um navio. **2.** *História do direito.* Ramo ou pedaço de palha que o juiz entregava ao porteiro do auditório forense, para indicar, simbolicamente, que estava investido do poder de fazer citações, execuções ou de dar posse em arrematações (De Plácido e Silva).

FUSTIGAÇÃO. *História do direito.* Pena capital que se aplicava aos soldados, denominada também de suplício do arrocho, que se cumpria pelo apaleamento. Os centuriões e oficiais, quando condenados à execução, eram decapitados.

FUTEBOL. *Direito desportivo.* Jogo entre dois grupos de onze jogadores, que procuram fazer com que a bola entre no gol do adversário, sem tocá-la com a mão, tantas vezes quantas forem possíveis durante noventa minutos.

FUTEBOLISMO. *Direito desportivo.* **1.** Prática de futebol. **2.** Assunto relacionado com futebol.

FUTEBOLISTA. *Direito desportivo.* Aquele que joga futebol.

FUTEBOLÍSTICO. *Direito desportivo.* O que se refere ao futebol.

FÚTIL. O que tem pouca ou nenhuma importância.

FUTILIDADE. Qualidade do que é fútil.

FUTILIDADE MÉDICA. *Vide* DISTANÁSIA.

FUTURES CONTRACT. *Locução inglesa.* Contrato para entrega futura de compra ou venda de ativo, instrumento financeiro, *commodity* ou moeda estrangeira, a um preço determinado, que pode ser liquidado por entrega física, financeira ou por compensação (Luiz Fernando Rudge).

FUTURIDADE. *Direito civil.* **1.** Qualidade do que é futuro. **2.** Acontecimento futuro.

FUTURISMO. 1. *Filosofia geral.* Doutrina estética que comporta aplicações morais e políticas (Marinetti). **2.** *Direito autoral.* Movimento modernista em arte, música e literatura, caracterizado pela violenta rejeição do que é tradicional ou convencional.

FUTURISMO JURÍDICO. *Teoria geral do direito.* Ruptura do direito com o passado, prescindindo-se da experiência jurídica acumulada pela humanidade no decorrer dos séculos e abandonando os princípios clássicos (Puigarnau).

FUTURIS NEGOTIIS. *Locução latina.* Negócios futuros.

FUTURISTA. 1. *Filosofia geral.* Aquele que é partidário do futurismo. **2.** Artista que tem tendência para o movimento modernista que rejeita a tradição e a convenção.

FUTURO. *Direito civil.* O que está para acontecer.

FUYARD. *Termo francês.* **1.** Fugitivo. **2.** Desertor.

FUZIL. *Direito militar.* Arma de fogo de cano longo utilizada pela infantaria.

FUZILAÇÃO. *Vide* FUZILAMENTO.

FUZILAMENTO. *Direito militar.* **1.** Ação ou efeito de fuzilar. **2.** Em tempo de guerra é execução de pena de morte contra militar condenado, proferida por corte marcial, com arma de fogo.

FUZILARIA. *Direito militar.* Descargas simultâneas de fuzis.

FUZILEIRO. *Direito militar.* Soldado armado de fuzil.

FUZIL METRALHADORA. *Direito militar.* Fuzil que atira por rajadas, como metralhadora.

FUZZY LOGIC. *Locução inglesa.* Lógica nebulosa.

FWR. *Direito internacional privado.* Abreviatura de *Fiata Warehouse Receipt.* É o recibo de armazenagem de mercadoria emitido pelo transitário, estabelecendo condições uniformes para armazenagem e entrega de mercadorias ao seu destinatário. O FWR é um *recepaissé-warrant*, ou seja, um certificado de recibo e quantia de manutenção da mercadoria no armazém, contendo detalhadamente os direitos dos portadores por endosso do documento, transferência de propriedade e acordo de que a apresentação do recibo de armazenagem implica a boa entrega da mercadoria (Lorenzi e Dutra Fonseca).

GAÂNCIA. *História do direito.* **1.** Termo empregado nas Ordenações Afonsinas no sentido de ganância. **2.** Dizia-se do filho de prostituta ou de concubina teúda e manteúda.

GABARITADO. *Direito do trabalho* e *direito administrativo.* Aquele que está apto para o desempenho de determinado cargo ou função, por apresentar condições intelectuais ou profissionais para tanto.

GABARITO. 1. *Direito administrativo.* Medida padrão adotada pela postura municipal relativamente à altura ou número de andares de construção ou edificação a ser executada em certos bairros, zonas, vias públicas etc. **2.** *Direito marítimo.* a) Modelo que serve de base para a construção de um navio; b) padrão de madeira recortada que dá contorno a uma peça do vigamento da embarcação. **3.** Na *linguagem jurídica* em geral, significa: categoria, nível, classe. **4.** *Direito educacional.* Tabela contendo respostas corretas às questões elaboradas numa prova de múltipla escolha. **5.** *Direito aeronáutico.* Consiste, para efeitos da zona de proteção do aeródromo, no conjunto de superfícies imaginárias que delimita a altura das construções ou edificações situadas dentro daquela zona.

GABAROTE. *Direito marítimo.* Pequena gabarra sem coberta.

GABARRA. 1. *História do direito.* Antiga embarcação que servia para transporte de passageiros e de carga. **2.** *Direito marítimo.* Canoa de grandes dimensões, de fundo chato, contendo remos, dois mastros e velas latinas quadrangulares, muito usada para transportar gado, por exemplo, no Pará, Piauí, Goiás.

GABARRO. *Direito agrário.* Úlcera que surge nas patas de cavalos e bois. Caracteriza-se por inflamações decorrentes da febre aftosa.

GABELA. *História do direito.* **1.** Imposto pago ao Estado. **2.** Tributo que pagava o agravante de uma sentença proferida por um tribunal. **3.** Imposto pago pela transferência dos imóveis, chamado sisa. **4.** Prestação devida pelo vassalo ao senhor feudal, que consistia no pagamento de certos direitos ou na entrega de determinados frutos. **5.** Tributo incidente sobre o sal, que era pago na era feudal.

GABIAGEM. *Direito marítimo.* Serviço de marinheiro que vigia o mastro e observa da gávea as embarcações ou a terra.

GABIÃO. *Direito agrário.* **1.** Grande cesto utilizado para transportar estrumes, terras, adubos etc. **2.** Cestão de vindimar.

GABINETE. 1. *Ciência política* e *direito comparado.* Conselho de Ministros que, no parlamentarismo, governa o país sob a presidência do primeiro-ministro. **2.** *Direito administrativo* e *direito constitucional.* Conjunto de auxiliares diretos dos ministros de Estado, que preparam os expedientes e despachos ou cuidam de negócios públicos de um chefe de Estado, governador, prefeito etc., incluindo o chefe de gabinete, o secretário e os oficiais. **3.** *Direito administrativo.* Sala reservada a funcionários superiores ou que exercem certas funções. **4.** Na *linguagem jurídica* em geral: a) escritório; b) aposento destinado a certo trabalho; c) dependência de estabelecimento onde diretor ou gerente exerce suas atividades. **5.** *História do direito.* Aposento particular de príncipe ou autoridade pública.

GABINETE CIVIL. *Direito administrativo.* Órgão que dá assessoria ao presidente da República, relativamente à administração civil, atos do governo, tramitação de projetos de lei no Congresso até a sanção presidencial, além de coordenar os trabalhos dos ministérios (Geraldo Magela Alves).

GABINETE DA PRESIDÊNCIA DA CVM. *Direito administrativo.* Órgão a quem compete: a) representar o presidente, em seu relacionamento administrativo, político e social; b) coordenar o planejamento e a elaboração da pauta de despachos e audiências do presidente, bem como exercer outras atribuições que lhe forem cometidas pelo presidente da CVM.

GABINETE DE ASSESSORIA JURÍDICA ÀS ORGANIZAÇÕES POPULARES (GAJOP). *Direito civil.* Entidade civil sediada em Olinda, Pernambuco, com o fim de questionar problemas críticos, auxiliar os menos favorecidos e publicar boletim contendo informações alusivas à proposta social do grupo (Wolkmer).

GABINETE DE SEGURANÇA INSTITUCIONAL DA PRESIDÊNCIA DA REPÚBLICA. *Direito administrativo.* Órgão que assiste direta e imediatamente o presidente da República no desempenho de suas atribuições, previne a ocorrência e articula o gerenciamento de crises, em caso de grave e iminente ameaça à estabilidade institucional, realiza o assessoramento pessoal em assuntos militares e de segurança, coordena as atividades de inteligência federal e de segurança da informação, zela, assegurado o exercício do poder de polícia, pela segurança pessoal do chefe do Estado, do vice-presidente da República e respectivos familiares, dos titulares dos órgãos essenciais da Presidência da República e de outras autoridades ou personalidades quando determinado pelo presidente da República, bem como pela segurança dos palácios presidenciais e das residências do presidente e vice-presidente da República, tendo como estrutura básica o Conselho Nacional Antidrogas, a Agência Brasileira de Inteligência (ABIN), a Secretaria Nacional Antidrogas, o Gabinete, uma Secretaria, uma Subchefia e até duas secretarias. Cabe-lhe, ainda, coordenar e integrar as ações do governo nos aspectos relacionados com as atividades de prevenção do uso indevido de substâncias entorpecentes e drogas que causem dependência física ou psíquica, bem como aquelas relacionadas com o tratamento, recuperação e reinserção social de dependentes. Supervisiona, coordena e executa as atividades do Sistema Nacional Antidrogas (SISNAD), executa as atividades permanentes, técnicas e de apoio administrativo necessárias ao exercício da competência do Conselho de Defesa Nacional (CDN), e exerce as atividades de Secretaria-Executiva da Câmara de Relações Exteriores e Defesa Nacional, do Conselho de Governo, de conformidade com regulamentação específica.

GABINETE DO COMANDANTE DA AERONÁUTICA (GABAER). *Direito aeronáutico.* É a Organização do Comando da Aeronáutica, que tem por finalidade auxiliar e assessorar o Comandante da Aeronáutica nos estudos dos assuntos submetidos à sua decisão, preparar os documentos relativos às decisões do Comandante e assegurar as ligações com o Ministério da Defesa e demais Órgãos da Administração Pública. O GABAER tem por atribuições: a) o assessoramento ao Comandante da Aeronáutica nos assuntos submetidos à sua apreciação; b) o preparo dos documentos relativos às decisões e diretrizes do Comandante da Aeronáutica; c) a ligação do Comandante da Aeronáutica com as Organizações da Aeronáutica; d) a ligação do Comando da Aeronáutica com Órgãos dos Poderes da República e da Administração Federal, como determinado; e) o trato das atividades de relações públicas e cerimonial militar do Comandante da Aeronáutica; f) o controle e o emprego dos meios aéreos colocados à disposição do Comandante da Aeronáutica; g) o acompanhamento ou a representação do Comandante da Aeronáutica em cerimônias e atos oficiais.

GABINETE DO MINISTRO DA CULTURA. Órgão de assistência direta com competência para: a) assistir ao ministro de Estado em sua representação política e social, ocupar-se das relações públicas e do preparo e despacho do seu expediente pessoal; b) acompanhar o andamento dos projetos de interesse do ministério, em tramitação no Congresso Nacional; c) providenciar o atendimento às consultas e aos requerimentos formulados pelo Congresso Nacional; d) providenciar a publicação oficial e a divulgação das matérias relacionadas com a área de atuação do Ministério; e) exercer outras atribuições que lhe forem cometidas pelo ministro de Estado.

GABINETE DO MINISTRO DA FAZENDA. *Direito administrativo.* É o órgão de assistência direta e imediata ao ministro, a ele diretamente subordinado, que tem por finalidade: a) assistir o ministro de Estado em sua representação política e social, ocupar-se das relações públicas e do preparo do despacho do seu expediente pessoal; b) acompanhar o andamento dos projetos de interesse do Ministério, em tramitação no Congresso Nacional; c) providenciar o atendimento às consultas e aos requerimentos formulados pelo Congresso Nacional; d) providenciar a publicação oficial e a divulgação das matérias relacionadas com a área de atuação do Ministério; e) exercer outras atribuições que lhe forem cometidas pelo ministro de Estado.

GABINETE DO MINISTRO DE ESTADO EXTRAORDINÁRIO DE SEGURANÇA ALIMENTAR E COMBATE À FOME. *História do direito.* Órgão vinculado à Presidência da República, que tinha como área de atuação a gestão do Fundo de Combate e Erradicação da Pobreza, bem como a assistência e apoio ao Ministro de Estado Extraordinário de Segurança Alimentar e Combate à Fome no exercício das seguintes competências, dentre outras: a) formulava e coordenava a implementação da Política Nacional de Segurança Alimentar e Nutricional, com o objetivo de garantir o direito humano à alimentação no território nacional; b) articulava a participação da sociedade civil no estabelecimento de diretrizes para a Política Nacional de Segurança Alimentar e Nutricional; c) promovia a articulação entre as políticas e programas dos governos federal, estaduais, do Distrito Federal e municipais, e as ações da sociedade civil ligadas à produção alimentar, alimentação e nutrição; d) estabelecia as diretrizes e supervisionava e acompanhava a implementação de programas no âmbito da Política Nacional de Segurança Alimentar e Nutricional.

GABINETE DO PRESIDENTE DA REPÚBLICA. *Direito administrativo.* Órgão de assessoramento imediato ao presidente da República, ao qual compete: a) assistir direta e imediatamente ao presidente da República no desempenho de suas atribuições; b) incumbir-se de atividades de organização da agenda, ajudância-de-ordens, secretaria particular e organização do acervo documental privado do presidente da República; c) coordenar as ações do Cerimonial, da Assessoria Especial e da Secretaria de Imprensa e Divulgação; d) definir a programação das viagens e visitas do presidente da República, no território nacional, bem como a organização da agenda relacionada com as viagens ao exterior, de acordo com a programação aprovada, transmitindo aos órgãos envolvidos nos eventos as orientações necessárias para a sua preparação e execução.

GABINETE MILITAR. *Direito administrativo.* Órgão encarregado de assessorar o presidente da República no que atina a assuntos de segurança nacional e do próprio presidente e administração militar (Geraldo Magela Alves).

GABORDO. *Direito marítimo.* Prancha ou chapa no costado de um navio, adjacente à quilha.

GACHA. *Direito marítimo.* Rede que forra os lados do corpo de embarcação de pesca.

GADANHA. *Direito agrário.* Foice de cabo comprido, de lâmina pouco curva, utilizada para ceifar erva.

GADANHAR. *Direito agrário.* Cortar feno com a gadanha.

GADANHEIRA. *Direito agrário.* Máquina para cortar gramíneas ou para ceifar.

GADANHO. *Direito agrário.* Ancinho com grandes dentes de ferro, utilizado para arrastar estrume ou em outros serviços agrícolas.

GADÃO. *Direito agrário.* **1.** Gado de boa raça. **2.** Grande quantidade de gado.

GADARIA. *Direito agrário.* **1.** Boiada. **2.** Reses de uma estância.

GADÉIA. *História do direito.* Gádio ou testamento nuncupativo.

GADEIRA. *Direito agrário.* Cabra que acompanha ovelhas, para fornecer leite ao pastor.

GADEIRO. *Direito agrário.* Aquele que guarda o gado.

GADO. *Direito agrário.* **1.** Rebanho. **2.** Conjunto de animais criados no campo, para atender ao serviço agrícola e ao consumo doméstico ou destinado a fins comerciais ou industriais. Por exemplo, bois, carneiros, cabras etc.

GADO AO VENTO. *Direito agrário.* Gado que está perdido, cujo proprietário se desconhece.

GADO ASININO. *Direito agrário.* O que diz respeito a asnos.

GADO BOVINO. *Direito agrário.* Gado vacum que compreende vacas, bois e novilhos.

GADO BRAVO. *Direito agrário.* Bois não domesticados, criados em liberdade, e que muito dificilmente prestam serviços agrícolas, sendo, em regra, abatidos no matadouro.

GADO CALOMBO. *Direito agrário.* Touros de pescoço curto, com saliência na parte anterior.

GADO CAPRINO. *Direito agrário.* O que compreende as cabras.

GADO CAVALAR. *Direito agrário.* Gado eqüino; conjunto de cavalos.

GADO DE ARRIBADA. *Direito agrário.* O que fica para trás de uma boiada em trânsito.

GADO DE BICO. *Direito agrário.* Aves domésticas.

GADO DE CABECEIRA. *Direito agrário.* **1.** Reses escolhidas e de boa raça. **2.** Melhores reses que o rebanho contém.

GADO DE CORTE. *Direito agrário.* Aquele destinado ao abate.

GADO DE CRIA. *Direito agrário.* Rebanho reservado para reprodução ou procriação.

GADO DE CURRAL. *Direito agrário.* Compreende as vacas leiteiras e os seus bezerros.

GADO DE ENGORDA. *Vide* GADO DE SOLTA.

GADO DE SOLTA. *Direito agrário.* Bois, novilhos, vacas etc. que vivem nos pastos para engorda, sendo destinados ao abate.

GADO EQÜINO. *Vide* GADO CAVALAR.

GADO GROSSO. *Direito agrário.* Aquele que compreende bois, cavalos e muares.

GADO MIÚDO. *Direito agrário.* O que compreende carneiros, cabras e porcos.

GADO MUAR. *Direito agrário.* O que abrange os muares.

GADO OVINO. *Direito agrário.* Carneiros e ovelhas.

GADO SAPATEIRO. *Direito agrário.* Cabras próprias para o corte.

GADO SOLTO. *Direito agrário.* Gado que está no campo ou que não tem cria.

GADO TEATINO. *Direito agrário.* Aquele que não pára em nenhum lugar, ou aquele cujo dono é desconhecido.

GADO VACUM. *Vide* GADO BOVINO.

GAFA. *Direito agrário.* 1. Sarna leprosa que aparece em determinados animais. 2. Doença que surge em certos frutos, principalmente em azeitonas, que as engelha e faz cair.

GAFAR. 1. *Direito agrário.* Ser o fruto atacado de gafa. 2. *História do direito.* Pequeno tributo que era pago aos turcos pelos cristãos e judeus que viviam sob seu jugo. 3. Nas *linguagens jurídica* e *comum* indicam: a) cometer gafe; b) contaminar-se, corromper-se.

GAFARIA. *História do direito.* Leprosário.

GAFE. 1. Palavra indiscreta ou contrária às conveniências. 2. Rata. 3. Mancada.

GAFEIRA. *Direito agrário.* 1. Sarna. 2. Doença dos olhos dos bois, provocando inchaço das pálpebras.

GAGE. 1. *Termo francês.* Penhor. 2. *História do direito.* Salário de empregado doméstico e trabalhador agrícola (De Plácido e Silva).

GAGEURE. *Termo francês.* Aposta.

GAGNE-DENIER. *Locução francesa.* Trabalhador diarista.

GAIANO. *Direito romano.* Relativo às obras do jurisconsulto Gaio.

GAIN SHARING. *Locução inglesa.* Participação nos lucros.

GAIO. *Direito marítimo.* 1. Espécie de guindaste que sobressai do costado do navio sendo utilizado para içar escaleres, âncora ou carga. 2. Braço de uma antena usada para amarrar a embarcação.

GAIOLA. 1. *Direito agrário.* Casinha gradeada onde se colocam animais ou aves para evitar sua fuga. 2. *Direito penitenciário.* Cárcere ou prisão estreita. 3. *Direito civil.* Esqueleto de uma casa ou edificação. 4. *Direito comercial.* a) Vagão destinado a transportar, em ferrovias, o gado em pé; b) armação de madeira apropriada para transporte de móveis; c) embarcação fluvial de pequeno porte, movida a vapor, que, no Norte e Nordeste é usada para transportar cargas e passageiros.

GAIOLA TORÁCICA. *Medicina legal.* Tórax.

GAIOSA. *História do direito.* Presente que o enfiteuta costumava dar, em determinados dias festivos, ao senhorio.

GAITEIRO. *Direito agrário.* Local na embocadura do rio, periodicamente alagado, onde vegetam mangues, cujas raízes têm o nome de gaitas.

GAIÚTA. 1. *Direito marítimo.* a) Caixa envidraçada colocada em escotilhas para resguardá-las de chuvas, sem escurecer os compartimentos da embarcação; b) armação colocada à ré de algumas embarcações, para abrigar a engrenagem do leme e a latrina. 2. *Direito civil.* Parte acessória e externa de prédio, que abriga mictórios.

GAJÃO. *Direito comparado.* Título respeitoso com que os ciganos, no Brasil, tratam pessoas não pertencentes à sua raça.

GAJEIRO. *Direito marítimo.* Marinheiro que, da gávea, toma conta do mastro e observa navios, embarcações e a terra, dando informações úteis à navegação.

GALA. 1. *Direito administrativo.* a) Período de oito dias de descanso remunerado incorporado ao tempo de serviço público efetivamente prestado, em razão de casamento do funcionário; b) festividade de caráter oficial; festa nacional. 2. *Direito agrário.* a) Fecundação dos ovos das aves; b) germe sólido e esbranquiçado que aparece na clara do ovo. 3. *Medicina legal.* Sêmen. 4. Nas *linguagens comum* e *jurídica:* a) veste ou uniforme que deve ser usado em solenidade; b) pompa; c) festa particular ou religiosa com grande aparato.

GALÃ. *Direito autoral* e *direito civil.* Ator que faz papel decisivo na intriga amorosa, que representa o herói da peça etc.

GALACTAGOGO. *Medicina legal.* O que aumenta a secreção do leite.

GALACTEMIA. *Medicina legal.* Presença de leite no sangue.

GALACTOCELE. *Medicina legal.* Ingurgitamento cístico da glândula mamária provocado pelo leite.

GALACTOTERAPIA. *Medicina legal.* Tratamento de lactentes pela ministração de remédios à mãe.

GALACTOTOXIA. *Medicina legal.* Envenenamento pelo leite.

GALADO. *Direito agrário.* Ovo de galinha fecundado.

GALADURA. *Direito agrário.* Ponto branco que, na gema do ovo, indica a fecundação.

GALANTE. *Direito agrário.* Raça bovina do Mato Grosso.

GALÃO. **1.** *Direito militar.* Tira dourada utilizada como distintivo nas mangas da farda de certas categorias de militares. **2.** *Direito comparado.* Medida de capacidade. Por exemplo, o galão americano dos EUA equivale a 3,785 litros e o galão imperial da Inglaterra, cerca de 4,546 litros. **3.** *Direito civil.* No turfe, é a medida da passada do cavalo a galope.

GALÃO-LARGO. *Direito militar.* Militar de alta graduação, no Rio Grande do Sul.

GALARDÃO. **1.** *História do direito.* Despacho. **2.** Na *linguagem jurídica* em geral, tem o sentido de prêmio, recompensa de valiosos ou importantes serviços, remuneração etc.

GALDRANA. *Direito agrário.* Trabalhadora rural que guarda o gado.

GALDROPE. *Direito marítimo.* **1.** Cabo que auxilia a governar o leme. **2.** Cabo com que se puxa a bordo a picota da bomba.

GALEANTROPIA. *Medicina legal.* Doença mental em que o doente se imagina transformado em gato.

GALEÃO. **1.** *História do direito.* Antigo navio, de alto bordo, mercante ou de guerra, com quatro mastros. **2.** *Direito comercial marítimo.* a) Aparelho de cerco que é usado na pesca costeira da sardinha; b) barco auxiliar de pesca.

GALEGA. *Direito agrário.* Variedade de azeitona ou de couve.

GALEGO. *Direito agrário.* Espécie de limão, centeio, feijão etc.

GALENISMO. *Medicina legal.* Doutrina proposta por Galeno, que subordinava a saúde e a doença à ação de quatro humores: sangue, bílis, fleuma e atrabílis.

GALENISTA. *Medicina legal.* Adepto do galenismo.

GALEOFOBIA. *Medicina legal.* Pavor de gatos.

GALEONETE. *Direito comercial marítimo.* Pequena embarcação que acompanha o galeão durante a pesca.

GALEOTE. **1.** *História do direito.* Condenado às galés. **2.** Nas *linguagens jurídica* e *comum*, é a carroça usada em trabalhos de terraplenagem manual.

GALERA. **1.** *História do direito.* a) Barco de guerra a remos e a vela, movido por condenados às galés; b) embarcação mercante de três mastros. **2.** Nas *linguagens jurídica* e *comum*, significa: a) forno de fundição; b) carroça para transportar bombeiros em caso de incêndio.

GALERIA. **1.** *Direito agrário.* a) A mó superior de um moinho; b) vegetação arbórea da margem do rio. **2.** *Direito administrativo.* Corredor subterrâneo aberto para exploração de minas. **3.** *Direito autoral.* a) Estabelecimento onde ocorre exposição e venda de obras de arte; b) local onde em um teatro estão os lugares cujos ingressos são mais baratos. **4.** *Direito civil.* a) Corredor de um edifício, largo e extenso, usado para passagem; b) conjunto de tubos que conduzem águas pluviais. **5.** *Direito marítimo.* Varanda na parte posterior do navio ao nível do sobrado dos galhardos da popa.

GALERIA DE MINERAÇÃO. *Direito penal.* Corredor subterrâneo destinado à extração de minérios, cuja explosão e incêndio constitui crime de perigo comum, em que a pena de reclusão e multa se aumenta de um terço.

GALERIANO. *História do direito.* Remador condenado às galés.

GALÉS. *História do direito.* **1.** Embarcações a vela e a remo, cujos remadores eram condenados a trabalhos forçados, também chamados grilhetas, por terem em seus pés um grande anel de ferro que os prendia. **2.** Indivíduos condenados a trabalho forçado; grilhetas. **3.** Penas daqueles que eram condenados a remar com corrente nos pés.

GALICISMO. **1.** Francesismo. **2.** Uso de termos de origem francesa.

GALILÉ. **1.** *História do direito.* Cemitério destinado ao enterro de pessoas nobres em certos conventos. **2.** *Direito canônico.* a) Galeria situada entre a parede do frontispício e a porta da nave em determinadas igrejas; b) dependência alpendrada de claustro, onde são feitas assembléias dos paroquianos.

GALILEÍSMO. *Direito canônico.* Nome que os pagãos davam ao cristianismo nas polêmicas dos primeiros séculos.

GALINHEIRO. **1.** *Direito agrário.* Local onde se guardam galinhas. **2.** Negociante de galinhas. **3.** Na *gíria:* a) prisão; b) carro de presos.

GALINICULTOR. *Direito agrário.* Aquele que se dedica à criação de galinhas ou galináceos.

GALINICULTURA. *Direito agrário.* Criação de galinhas ou galináceos.

GALIPOTE. *Direito comercial marítimo.* Resina com que se barra o fundo de determinados navios mercantes.

GALISTA. *Direito civil.* **1.** Aquele que cria e prepara galos de brigas, vivendo das apostas feitas sobre eles. **2.** Freqüentador de brigas de galos, nelas apostando.

GALIZABRA. *Direito comparado.* Embarcação de vela usual no Mediterrâneo.

GALLEY. *Direito aeronáutico.* Compartimento de uma aeronave onde são acondicionados, armazenados e manipulados os alimentos que serão servidos a bordo, bem como os equipamentos e utensílios necessários para tal fim, e onde ocorre a segregação, o acondicionamento e/ou o armazenamento dos resíduos resultantes das operações de alimentação a bordo.

GALOMANIA. Admiração excessiva pela França.

GALPÃO. *Direito agrário.* **1.** Prédio rural usado para depósito de utensílios de campo. **2.** Construção rural que serve de residência dos peões da estância. **3.** Cobertura simples, aberta de todos os lados, construída à margem das estradas, por onde passa o gado, para servir de pouso em viagem. **4.** É a unidade física de produção avícola, caracterizada como unidade de um núcleo, que aloja um grupo de reprodutores, aves de corte ou poedeiras comerciais da mesma idade (exceção das linhas puras de seleção genética) e da mesma espécie.

GALPONEAR. *Direito agrário.* Recolher regularmente animais ao galpão, para acostumá-los ao trato de rotina.

GALVANOCÁUSTICA. *Medicina legal.* Aplicação de eletricidade contínua em operações cirúrgicas.

GALVANOCAUTÉRIO. *Medicina legal.* Aparelho elétrico para cauterizar, de imediato, feridas, pólipos nasais, cervicites etc.

GALVETA. *Direito comparado.* Pequena embarcação ligeira utilizada na Índia.

GAMACISMO. *Medicina legal.* **1.** Vício de pronúncia que leva seu portador a ter dificuldade de articular as letras g, k e x. **2.** Dificuldade de articular a letra g.

GAMAGLOBULINA. *Medicina legal.* Fração das globulinas do plasma sangüíneo, empregada para obter imunidade passiva e temporária contra determinadas infecções.

GAMBARRA. *Direito comercial.* Embarcação de dois mastros, usada no Amazonas, para transporte de gado.

GAMBOA. **1.** *Direito agrário.* a) Fruto do gamboeiro; b) espécie de curral que serve de cercado para pesca; c) local do rio onde as águas remansam, dando aparência de um tranqüilo lago. **2.** *Direito marítimo.* Igarapé; pequeno esteiro que se enche com o fluxo da maré, ficando seco com o refluxo.

GAMBOEIRO. *Direito agrário.* Espécie de marmeleiro.

GAMEIRO. *Direito agrário.* Variedade de milho amarelo.

GAMEROOM. *Termo inglês.* Sala de jogos.

GAMEZ. *Direito virtual.* **1.** O mesmo que WAREZ. **2.** Cópia de *software* distribuída ilegalmente na Internet (Amaro Moraes e Silva Neto).

GAMOFOBIA. *Medicina legal.* Medo psíquico de casar.

GAMOMANIA. *Medicina legal.* Desejo mórbido de contrair casamento.

GANÂNCIA. **1.** *Direito comercial.* Lucro que se tem em um negócio. **2.** *Direito penal.* Ganho ilícito; usura. **3.** *Direito civil.* Juros pagos pelo mutuário. **4.** Nas *linguagens jurídica* e *comum:* ambição exagerada de lucro.

GANCHA. *Direito penal.* Maconha.

GANCHO. **1.** *Direito desportivo.* No boxe, golpe em que o braço, semi-flexionado, descreve um arco de circunferência. **2.** Nas *linguagens comum* e *jurídica,* significa: a) peça de metal ou de madeira que serve para suspender algo; b) anzol; c) variedade de rede de pescaria; d) cavalo ruim e magro; e) suporte para o fone em aparelho telefônico; f) lucro em negócio ilícito. **3.** *Direito do trabalho.* a) Biscate, gratificação dada em serviço extraordinário; b) trabalho de caráter eventual realizado por alguém sem que haja qualquer vínculo empregatício. **4.** Na *gíria,* quer dizer: a) furto de coisa adquirida de modo fraudulento; b) casa de penhor; prego.

GANCHOSO. **1.** *Medicina legal.* Um dos aspectos dos verticilos encontrados nos subtipos dos quatro tipos fundamentais do sistema decadactilar de Vucetich (Croce e Croce Jr.). **2.** Na *linguagem comum,* é aquilo que tem a forma de gancho.

GÂNDARA. *Direito agrário.* **1.** Charneca. **2.** Terra arenosa pouco produtiva ou estéril.

GANDHISMO. *Ciência política* e *direito comparado.* **1.** Doutrina política de Gandhi que constitui: a) uma crítica ao industrialismo; b) a *satyagraha* como modalidade de luta política sem violência; c) uma concepção de um Estado não violento; d) uma relação entre ética e política etc. (Pontara, Bose, Yver, Naess e Vecchiotti). **2.** Ideário que constitui a doutrina de Gandhi.

GANDIA. *Direito penal.* Vadiagem, que constitui contravenção penal.

GANDULA. *Direito desportivo.* Aquele que pega as bolas que saem do campo ou da quadra de competição.

GANERBIATO. *História do direito.* No direito feudal, era a sucessão recíproca, estabelecida em razão de convenção entre várias famílias que se uniam. A direção ficava a cargo de uma pessoa eleita por elas, denominada "burgrave".

GANG. *Termo inglês.* Expressão de gíria norte-americana que tem o sentido de quadrilha de malfeitores; grupo de criminosos; bando de malfeitores que agem com violência nos grandes centros urbanos.

GANGLIECTOMIA. *Medicina legal.* Extirpação de gânglio.

GÂNGLIO. *Medicina legal.* Massa de substância nervosa, contendo células e fibras, situada no vaso linfático ou no trajeto de um nervo.

GÂNGLIO BASAL. *Medicina legal.* Conjunto de células nervosas localizadas no interior da substância cerebral, regulador das emoções e inibidor de determinados movimentos musculares que adviriam em caso de lesão dessa zona do cérebro.

GÂNGLIO LINFÁTICO. *Medicina legal.* Órgão nodoso de tecido linfóide, situado em várias partes do corpo no trajeto dos vasos linfáticos, que serve de defesa contra as infecções.

GANGLIOMA. *Medicina legal.* Tumor dos gânglios linfáticos.

GANGLIONITE. *Medicina legal.* Inflamação de um gânglio.

GANGRENA. *Medicina legal.* Necrose de tecido provocada pela interrupção da circulação, seguida de decomposição e apodrecimento. Resulta de congelação, contusão, inflamação violenta, queimadura etc.

GANGRENA GASOSA. *Medicina legal.* Moléstia do tecido celular subcutâneo com produção de gases. É causada por bactéria do gênero *Clostridium*, que produz uma necrose progressiva dos músculos, acompanhada de edema e de formação de gás, que fica acumulado debaixo da pele.

GANGRENA ÓSSEA. *Medicina legal.* Necrose do tecido de um osso.

GANGRENA SECA. *Medicina legal.* Encolhimento do tecido, que se torna seco, encarquilhado e escuro, como, em regra, ocorre nos velhos.

GANGRENA ÚMIDA. *Medicina legal.* Aquela em que a parte necrosada cobre-se de bolhas que contêm líquidos.

GANGSTER. *Termo inglês.* Aquele que faz parte de uma quadrilha ou de um grupo de malfeitores; aquele que comete assaltos a mão armada.

GANHA–DINHEIRO. *História do direito.* Nas Ordenações Afonsinas, obreiro ou jornaleiro.

GANHADOR. 1. *História do direito.* a) Carregador; b) jornaleiro. **2.** Em *gíria comercial,* aquele indivíduo inescrupuloso nos seus negócios, almejando apenas lucros. **3.** *Direito civil.* Sorteado, acertador de apostas etc.

GANHAR. 1. Obter algo mediante esforço ou trabalho. **2.** Lucrar. **3.** Adquirir. **4.** Dar como lucro. **5.** Recuperar. **6.** Vencer. **7.** Tirar proveito. **8.** Merecer. **9.** Dominar.

GANHO. 1. *Direito comercial.* a) Lucro auferido num negócio; b) resultado obtido com aplicação de capitais. **2.** *Direito do trabalho.* Salário.

GANHO DE CAPITAL. *Direito comercial.* Lucro que se obtém num negócio empresarial.

GANHO DE CAUSA. *Direito processual.* Vitória na demanda ou lide forense ou no pleito judicial, por um dos litigantes, ante o fato de o órgão judicante, por sentença judicial, ter reconhecido do direito invocado, ao julgar o mérito da causa.

GANHO ILÍCITO. *Direito civil.* Vantagem obtida por meios ilegais.

GANHO LÍCITO. *Direito civil.* Qualquer proveito oriundo de ato legal.

GANHO LÍQUIDO. *Direito civil* e *direito comercial.* É o resultado positivo que se obtém na operação ou contrato liquidado mensalmente, deduzidos os custos e despesas e compensadas as perdas.

GANHOS. Recursos ou bens.

GANHOS E PERDAS. *Direito comercial.* Lucros e perdas.

GANHOS EVENTUAIS. Vantagens incertas ou variáveis.

GAOLBIRD. *Termo inglês.* Presidiário.

GAPA. Sigla de Grupo de Apoio à Prevenção da AIDS do Rio Grande do Sul.

GARAGE. *Vide* GARAGEM.

GARAGE KEEPER. *Locução inglesa.* Garagista.

GARAGEM. *Direito civil* e *direito comercial.* **1.** Local coberto onde se guarda automóvel. **2.** Estabelecimento que aluga automóvel por hora. **3.** Espaço privativo ou coletivo reservado para estacionamento de veículo. **4.** Oficina para limpeza e conserto de veículos. **5.** Contrato de estacionamento que tem por objetivo a guarda de veículo em espaço que estiver vago.

GARAGISTA. *Direito civil* e *direito comercial.* Proprietário, gerente ou encarregado de garagem.

GARANHÃO. *Direito agrário.* Cavalo destinado à reprodução.

GARANTE. *Direito civil, direito cambiário* e *direito comercial.* **1.** Aquele que afiança ou se responsabiliza por algum ato, prestação ou coisa. **2.** Fiador. **3.** Avalista. **4.** Garantidor. **5.** Endossador.

GARANTIA. *Direito constitucional, direito civil, direito comercial, direito do consumidor, direito cambiário* e *direito bancário.* **1.** Ação ou efeito de garantir. **2.** Segurança dada ao titular de um direito para que possa exercê-lo. **3.** Ato assecuratório de uma obrigação. **4.** Documento que vem a assegurar a autenticidade de um ato ou negócio jurídico, a boa qualidade de um produto ou serviço. **5.** Documento em que o fornecedor assume perante o comprador o compromisso de ressarci-lo em caso de vício ou fraude. **6.** Período em que vigora uma garantia. **7.** Obrigação assumida por alguém de assegurar a uma pessoa o gozo de uma coisa ou direito, ou de proteger contra um dano ao qual esteja exposta, ou de a indenizar quando sofreu efetivamente o dano (Dalloz). **8.** Cláusula contratual que visa assegurar ao credor, pela concessão, por exemplo, de um financiamento, que o devedor cumprirá o assumido. Com isso, obriga-se o devedor a cumprir a prestação devida ao credor. **9.** Caução. **10.** Proteção concedida ao credor, aumentando a possibilidade de receber aquilo que lhe é devido. **11.** É o reforço jurídico, de caráter pessoal ou real, de que se vale o credor acessoriamente, para aumentar a possibilidade de cumprimento, pelo devedor, do negócio principal (Tucci e Villaça Azevedo).

GARANTIA À EXECUÇÃO FISCAL. *Direito tributário.* Depósito em dinheiro, fiança bancária ou nomeação de bens à penhora, que assegura a execução fiscal do contribuinte-devedor (Eduardo Marcial Ferreira Jardim).

GARANTIA BANCÁRIA. *Direito bancário.* Ato de o banco assegurar o pagamento de uma obrigação que deve ser cumprida pelo garantido.

GARANTIA BONITAS. *Direito cambiário.* É aquela advinda do endosso em que o endossante responde, integralmente, perante o portador do título se o endossatário não vier a cumprir a obrigação assumida.

GARANTIA CAMBIÁRIA. *Direito cambiário.* Aval que garante o pagamento da letra, mediante simples aposição de assinatura do responsável pelo mesmo.

GARANTIA CONVENCIONAL. *Direito civil.* É a decorrente de um acordo de vontade, que tem por objeto garantir a execução de uma obrigação.

GARANTIA DA ATIVIDADE AGROPECUÁRIA. *Direito agrário.* Trata-se do PROAGRO, que é o programa que visa a exoneração do produtor rural de deveres financeiros alusivos às operações de crédito cuja liquidação seja dificultada pela ocorrência de pragas ou doenças que venham a atingir bens, plantações ou rebanhos.

GARANTIA DA EVICÇÃO. *Direito civil.* Dever que tem o alienante, em contrato oneroso, de assumir perante o adquirente a responsabilidade da alienação, resguardando-o contra pretensão de terceiro sobre o bem alienado, indenizando-o se, em virtude de decisão judicial, houver reconhecimento que ele pertencia a outrem.

GARANTIA DA QUALIDADE. *Direito do consumidor.* **1.** Ato necessário para prover segurança de que um produto ou serviço irá satisfazer os requerimentos de qualidade estabelecidos. **2.** Esforço organizado e documentado dentro de uma empresa no sentido de assegurar as características do produto, de modo que cada unidade do mesmo esteja de acordo com suas especificações.

GARANTIA DA TUTELA. *Direito civil.* Medida assecuratória da boa administração dos bens do tutelado e da devolução da renda e desses bens ao término do ofício tutelar. O tutor poderá ser obrigado a prestar caução real ou fidejussória, determinada pelo Juiz, se o patrimônio do menor for de valor considerável, para acautelar os haveres que serão confiados a sua administração. A caução legal só é essencial se o tutelado tiver bens ou rendimentos, sujeitos a gestão do tutor; se não tiver patrimônio algum, será essa garantia dispensável. Só será dispensado desse

GARANTIA DE DIREITO

dever se for de reconhecida idoneidade moral e econômica. Como providência complementar, há responsabilidade subsidiária do juiz pelos danos que ao menor possam advir ante a insolvência do tutor, por não lhe ter exigido a garantia legal ou por não o ter removido, tanto que, por tais razões, se tornou suspeito. Tem-se ainda a responsabilidade pessoal e direta do magistrado quando não nomeou tutor ou quando a nomeação foi inoportuna.

GARANTIA DE DIREITO. *Direito civil* e *direito comercial.* É a decorrente de imposição legal em favor de determinadas pessoas.

GARANTIA DE EXECUÇÃO DE TRATADO. *Direito internacional público.* **1.** Medida que garante efeitos do tratado sobre terceiros que dele não são signatários exortando-os ao seu reconhecimento, conferindo-lhes direitos e impondo obrigações, gerando-lhes conseqüências diretas. **2.** Obrigação que surge, para um terceiro Estado, em virtude de uma disposição de um tratado. Tal se dá se as partes signatárias do acordo internacional tiverem a *intentio* de impor aquela obrigação por meio dessa disposição, e o terceiro Estado, expressamente e por escrito, a aceitar. **3.** Cláusula expressa ou convênio especial que põe a execução, total ou parcial, do tratado sob a garantia de um ou mais Estados. O Estado-garante não pode intervir na execução do tratado senão em virtude de requerimento de uma das partes interessadas e quando se derem as condições sob as quais se estipulou tal intervenção, e, ao fazê-lo, só lhe será lícito o emprego de meios autorizados pelo direito internacional e sem outras exigências de maior alcance do que as do próprio Estado garantido.

GARANTIA DE FABRICAÇÃO. *Direito do consumidor.* Segurança da qualidade dos produtos fabricados. Protege o consumidor contra os vícios ou defeitos que porventura apresentarem, garantido-lhe o uso ou consumo satisfatório do produto.

GARANTIA DE FATO. *Vide* GARANTIA CONVENCIONAL.

GARANTIA DE JUROS. **1.** *Direito comercial.* a) Responsabilidade assumida pelo garante relativamente aos lucros ou dividendos de uma sociedade. A garantia será paga de conformidade com a taxa firmada, mesmo que não se tenha auferido lucro no negócio efetivado. Se os resultados obtidos pela empresa não alcançarem

a taxa preestabelecida na obrigação, o garante deverá efetuar o pagamento da importância que falta, para que os juros ou lucros se perfaçam; b) garantia contida nas ações preferenciais de sociedades anônimas. Nesse caso, os juros são devidos ainda que não se obtenha resultado suscetível de satisfazer o pagamento de dividendos aos demais acionistas (De Plácido e Silva). **2.** *Direito administrativo.* É a garantia prestada pelos poderes públicos aos concessionários de serviços públicos, cujas empresas, assim, se instituem na base dessa garantia (De Plácido e Silva).

GARANTIA DE SOLVÊNCIA. *Direito civil.* É a exigida pelo contratante incumbido de executar a prestação em primeiro lugar se, após o contrato, o outro contratante sofrer diminuição do patrimônio suscetível de comprometer o adimplemento da prestação a que se obrigou.

GARANTIA DIRETA. *Direito civil* e *direito comercial.* Dá-se quando o garante é o principal obrigado (José Náufel).

GARANTIA DO DIREITO. *Direito civil.* Proteção jurídica. A todo direito corresponde uma ação que o assegura.

GARANTIA DO EMPREGO. *Direito do trabalho.* É a que visa a segurança do emprego, continuidade da remuneração e manutenção do seguro-desemprego. Envolve idéia de coletivização de cobertura do risco, com base nos princípios: a) de proteção ao trabalho; b) de despersonalização do empregador, continuidade e manutenção da relação de emprego em caso de sucessão de empregadores; c) de suspensão total ou parcial do contrato de trabalho, mantendo inalterável o conjunto das situações jurídicas decorrentes daquele contrato. A garantia do emprego acarreta uma série de medidas dentro de uma política econômico-social como PIS, PASEP, FGTS etc. (Messias P. Donato).

GARANTIA ENFRAQUECIDA. *Direito civil.* Garantia que não mais assegura a obrigação ante o fato da coisa em que recai ter sido depreciada ou sofrido deterioração.

GARANTIA FIDEJUSSÓRIA. *Direito civil.* Promessa ou caução de terceiro, estranho à relação jurídica, de solver *pro debitore*, hipótese em que se configurará a fiança que, além de garantir a boa vontade do devedor, completará a sua insuficiência patrimonial com o patrimônio do fiador. Consiste na outorga ao credor do direito pessoal contra devedor subsidiário, isto é, a pessoa que presta caução. Pela caução fidejussória, pessoa alheia à relação obrigacional principal obriga-se a pagar o débito caso o devedor principal não o solva. Tal garantia pessoal é firmada na confiança e na idoneidade da pessoa.

GARANTIA FIDUCIÁRIA. *Direito civil.* **1.** Garantia de débito, mediante alienação fiduciária. **2.** Garantia baseada no crédito ou na confiança pública (Luiz Fernando Rudge).

GARANTIA FLUTUANTE. *Direito cambiário.* Classe de debênture em que seu privilégio geral sobre o ativo da sociedade anônima não obsta que se negociem bens componentes daquele ativo.

GARANTIA FORMAL. *Vide* GARANTIA DA EVICÇÃO.

GARANTIA INDIRETA. *Direito civil* e *direito comercial.* É aquela em que o garante é o obrigado subsidiário.

GARANTIA LEGAL. *Vide* GARANTIA DE DIREITO.

GARANTIA NATURAL. *Vide* GARANTIA DE DIREITO.

GARANTIA *ON FIRST DEMAND*. *Direito comparado.* Promessa de pagamento à primeira solicitação, em que o garante, ao ser interpelado pelo credor, paga o *quantum* garantido sem qualquer discussão (Bonelli; Pedro Romano Martinez; Pedro Fuzeta da Ponte).

GARANTIA PARCIAL. *Direito civil* e *direito comercial.* Aquela que não abrange a totalidade da obrigação, alcançando tão-somente parte desta.

GARANTIA PESSOAL. *Vide* GARANTIA FIDEJUSSÓRIA.

GARANTIA POR CAUÇÃO. *Direito civil* e *direito comercial.* É a garantia fidejussória ou real que assegura o adimplemento da obrigação pelo devedor.

GARANTIA POR CAUÇÃO DE TÍTULOS. *Direito civil* e *direito comercial.* É a que se dá pelo penhor de títulos ou efeitos comerciais (De Plácido e Silva).

GARANTIA POR CAUÇÃO JUDICIAL. *Direito civil, direito comercial* e *direito processual civil.* É a promovida em juízo, no curso da ação ou em sua propositura (De Plácido e Silva).

GARANTIA PRINCIPAL. *Direito civil* e *direito comercial.* É a que se destaca entre aquelas que recaem sobre a mesma obrigação, por ser a de maior valor ou a mais idônea (José Náufel).

GARANTIA REAL. 1. *Direito civil* e *direito comercial.* Caução real que garante o exato adimplemento dos deveres oriundos da relação obrigacional, recaindo direta e imediatamente sobre os bens móveis ou imóveis especificados ou determinados que reforçam a obrigação. Visa, portanto, assegurar a solvabilidade do devedor, que oferecerá para tanto, penhor, hipoteca ou anticrese. **2.** *Direito processual civil.* É a que dá ao credor direito de preferência quanto ao preço alcançado na execução, em detrimento dos demais credores quirografários. **3.** *Direito comercial.* O mesmo que GARANTIA FLUTUANTE, por tratar-se de classe de debênture que tem privilégio geral sobre o ativo de uma sociedade anônima.

GARANTIAS BANCÁRIAS À PRIMEIRA DEMANDA. *Direito internacional privado.* Aquelas que contêm uma obrigação abstrata, pois o beneficiário pode, dentro do prazo de validade da garantia, dirigir-se ao garantidor para reclamar o pagamento desta, mesmo que não haja descumprimento por parte do ordenante (Maristela Basso).

GARANTIAS BANCÁRIAS CONDICIONAIS. *Direito internacional privado.* São as que pressupõem, para sua execução, o inadimplemento da obrigação assumida pelo ordenante em relação ao beneficiário, dando a este o direito de obter a indenização do prejuízo sofrido (Maristela Basso).

GARANTIAS BANCÁRIAS DOCUMENTÁRIAS. *Vide* GARANTIAS BANCÁRIAS CONDICIONAIS.

GARANTIAS BANCÁRIAS *ON DEFAULT*. *Vide* GARANTIAS BANCÁRIAS CONDICIONAIS.

GARANTIAS BANCÁRIAS *ON DEMAND*. *Vide* GARANTIAS BANCÁRIAS À PRIMEIRA DEMANDA.

GARANTIAS CONSTITUCIONAIS. *Direito constitucional.* Instrumentos ou remédios previstos na Constituição Federal destinados a preservar e a dar efetividade aos direitos fundamentais, tais como: o *habeas corpus*, o *habeas data*, o mandado de injunção, o mandado de segurança, a ação popular.

GARANTIAS CONSTITUCIONAIS DA MAGISTRATURA. *Vide* GARANTIAS DA MAGISTRATURA.

GARANTIAS DA INDENIZAÇÃO DO DANO. *Direito civil.* Meios para assegurar ao lesado o ressarcimento do prejuízo sofrido, como: a) a hipoteca legal sobre os bens do lesante, que, em razão de lei, cobre dano extracontratual; b) o seguro obrigatório de responsabilidade civil que alivia o lesante dos riscos inerentes ao exercício de certas atividades lícitas e assegura a indenização ao lesado, nas hipóteses em que o ressarcimento do dano poderia perigar, por insolvência ou falência do responsável. Tal seguro transfere para a seguradora a obrigação de pagar as perdas e danos decorrentes de ato lesivo de segurado, liberando-o, assim, do risco de ser responsável pelo ressarcimento dos prejuízos que causou, mantendo a integridade de seu patrimônio. O seguro de responsabilidade civil constitui uma forma de socialização do risco. O encargo da indenização, em vez de incidir somente sobre o responsável, abrange todos os segurados. Eles encontram na distribuição eqüitativa do risco, operada pelo segurador, a compensação para a contraprestação certa, mas moderada, a que se obrigam por força do contrato. São aplicações dessa garantia o seguro de fidelidade funcional, o seguro contra acidentes do trabalho, o seguro obrigatório para proprietários de veículos automotores para cobrir riscos oriundos de acidentes terrestres, fluviais, lacustres, marítimos e aéreos.

GARANTIAS DA MAGISTRATURA. *Direito constitucional.* Direitos constitucionalmente assegurados ao magistrado, tais como: a) vitaliciedade, que, no primeiro grau, só será adquirida após dois anos de exercício. Nesse período, a perda do cargo depende de deliberação do tribunal a que o juiz está vinculado, e, nos demais casos, de sentença judicial transitada em julgado; b) inamovibilidade, salvo por motivo de interesse público, fundado em decisão por voto de maioria absoluta do respectivo tribunal, assegurada ampla defesa; c) irredutibilidade de subsídio.

GARANTIAS DE BOA EXECUÇÃO. *Direito internacional privado.* São as que têm por escopo assegurar ao beneficiário a correta execução da obrigação contratual, quanto à qualidade dos bens ou do serviço, tendo 10% do valor do contrato definitivo (Draetta e Maristela Basso). Tratam-se das *performance bonds*.

GARANTIAS DE DEFESA. *Direito constitucional.* Meios jurídicos que visam assegurar não só o princípio da legalidade, que constitui a base do estado de direito, mas também o de que não se pode excluir do Poder Judiciário qualquer lesão de direito individual.

GARANTIAS DE MANUTENÇÃO. *Direito internacional privado.* Também chamados de *maintenance bonds*, são as oferecidas pelo ordenante que se obriga a fornecer serviços de manutenção, uma vez feito o serviço, que é objeto do contrato definitivo (Maristela Basso).

GARANTIAS DE OFERTA. *Direito internacional privado.* São as concedidas quando se apresenta uma oferta, garantindo sua seriedade, tendo o valor de 5% da oferta, representando o compromisso de não revogar a oferta antes da aceitação do beneficiário ou da conclusão do contrato, se a oferta for aceita. São designadas de *bid-bonds* ou *tender-bonds* (Maristela Basso e Draetta).

GARANTIAS DE PAGAMENTO ANTECIPADO. *Direito internacional privado.* São as *advance payment bonds* oferecidas quando se pagar antecipadamente a execução de obra ou prestação de serviço, para assegurar a devolução do que se antecipou se aqueles trabalhos não se cumprirem (Maristela Basso).

GARANTIAS DO PODER JUDICIÁRIO. *Vide* GARANTIAS DA MAGISTRATURA.

GARANTIAS E PRIVILÉGIOS DO CRÉDITO TRIBUTÁRIO. *Direito tributário.* São medidas previstas em lei, sobre determinados bens, em função da natureza ou das características do tributo a que se referem, que vêm a assegurar o pagamento do crédito tributário. Esses privilégios resultam da posição superior ocupada pelo crédito tributário relativamente aos demais, por isso responde pelo pagamento do tributo como garantia a totalidade dos bens e das rendas, de qualquer origem ou natureza, do sujeito passivo, seu espólio ou sua massa falida, inclusive os gravados por ônus real ou cláusula de inalienabilidade ou impenhorabilidade, seja qual for a data da constituição do ônus ou da cláusula, excetuados unicamente os bens e rendas que a lei declare absolutamente impenhoráveis. Além disso, há presunção de ser fraudulenta a alienação ou oneração de bens ou rendas, ou seu começo, por sujeito passivo em débito para com a Fazenda Pública por crédito tributário regularmente inscrito como dívida ativa em fase de execução. Trata-se de medida protetiva do crédito tributário líquido e certo, instrumentalizado em título extrajudicial e exeqüendo contra a fraude. Com isso protege-se a Fazenda e os demais contribuintes, evitando fraude na execução fiscal judiciária. O privilégio, ante a chamada supremacia do executivo fiscal (Aliomar Baleeiro), vem a ser não só o direito de preferência do crédito tributário perante qualquer outro, ressalvados os créditos decorrentes da legislação trabalhista, como também a exclusão da cobrança judicial do crédito tributário do concurso creditório ou da necessidade de habilitação em recuperação judicial ou extrajudicial, falência, arrolamento e inventário, e a instituição do concurso de preferência apenas entre pessoas jurídicas de direito público, ficando em primeiro lugar o crédito tributário da União; em segundo, o dos Estados, Distrito Federal e Territórios conjuntamente e *pro rata*, com rateio ou cálculo proporcional e, em terceiro, o dos Municípios, conjuntamente e *pro rata parte*, ou seja, em proporção.

GARANTIAS FUNDAMENTAIS. *Vide* GARANTIAS CONSTITUCIONAIS.

GARANTIA SIMPLES. 1. *Direito civil.* É a fundada exclusivamente na obrigação pessoal ou direito alusivo ao simples devedor ou ao simples credor. **2.** *Direito comercial.* É a que dá origem a uma obrigação solidária entre vários garantes, cabendo, então, a cada um deles o direito de reaver do outro o que lhe compete por ter sido compelido ao pagamento do débito. Dá-se, em regra, entre endossantes, tornando-se efetiva pelo uso do direito regressivo por parte do endossante que se encontra como seu titular, para exigir a totalidade do valor do título que pagou. Pode, ainda, ocorrer entre co-fiadores para haver dos demais a parte com que devem contribuir para o adimplemento obrigacional ou contra o devedor afiançado para que cumpra a si o pagamento feito (De Plácido e Silva).

GARANTIAS INDIVIDUAIS. *Direito constitucional.* Direitos assegurados aos cidadãos, que limitam a ação dos três Poderes Públicos.

GARANTIAS LOCATÍCIAS. *Direito civil* e *direito comercial.* Ajustes que podem ser inseridos nos contratos de locação, visando dar ao locador segurança quanto ao pagamento do aluguel e dos demais encargos locativos. Sua efetivação se dará mediante a entrega de dinheiro, um bem móvel ou imóvel, pertencente, em regra, ao inquilino, o qual responde, preferencialmente, pelo resgate da dívida, caso em que se terá garantia real; ou então mediante promessa de terceiro, estranho à relação jurídica de solver *pro debitore*, hipótese em que se configurará a garantia pessoal ou fidejussória, ou melhor, a fiança, que, além de garantir a boa vontade do locatário, completará a sua insuficiência patrimonial com o patrimônio do fiador. Logo, no contrato de locação predial urbana, pode o locador exigir do locatário uma das seguintes modalidades de garantia: 1) *caução*, que pode ser: a) caução real, que poderá ser em bens móveis ou imóveis, abrangendo tão-somente o penhor e a hipoteca, embora nada impeça que se inclua a anticrese, constituindo uma inovação da atual norma inquilinal. Tal caução em móvel ou imóvel terá por escopo garantir ao locador o adimplemento das obrigações decorrentes da locação, por vincular determinado bem pertencente ao inquilino. Se a locação for assegurada pela caução real, o locador terá preferência sobre o preço que se apurar na venda judicial do bem gravado, devendo ser pago prioritariamente; b) caução em dinheiro, feita em papel-moeda, não muito comum nos contratos de locação, será efetuada mediante depósito de quantia não excedente a três meses de aluguel, em conta especial em caderneta de poupança, autorizada pelo Poder Público e por ele regulamentada, com a especificação de sua finalidade. Na caução em dinheiro, o inquilino que cumprir todas as suas obrigações terá a devolução do valor, depositado com todas as remunerações proporcionadas pela caderneta de poupança, por ocasião da restituição do prédio locado. Na hipótese de o locador não respeitar a caução em dinheiro, pagará multa equivalente àquelas vantagens que o inquilino poderá cobrar por via executiva; c) caução em títulos e ações, trata do penhor de direito incorporado a títulos, consistindo na entrega de títulos de crédito (títulos de dívida pública ou particular), de ações de sociedade anônima, de ações de companhia de seguro, de ações de companhias aeronáuticas e de ações ou quotas de capital de bancos de depósito. A caução de títulos e ações, havendo recuperação judicial ou extrajudicial, falência ou liquidação das sociedades emissoras, deverá ser substituída dentro de trinta dias para garantia do locador, que optou por ela. 2) *Fiança* ou garantia fidejussória, que é a caução prestada por uma terceira pessoa perante o locador, para garantir as obrigações locativas assumidas pelo devedor ou locatário, caso ele não as solva. É o negócio entabulado entre locador e fiador, prescindindo da presença do inquilino, podendo até mesmo ser levado a efeito sem o seu consentimento. O locador só poderá exigir a fiança no termo fixado para a obrigação principal, e não poderá escolher entre o locatário e o fiador, exigindo o pagamento de qualquer deles, porque a fiança só produzirá efeitos a partir do momento em que o afiançado deixar de realizar a prestação. Logo, o locador deverá dirigir-se contra o de-

GARANTIAS SOLIDÁRIAS

vedor principal, e somente se este não puder cumprir a obrigação assumida é que poderá procurar o fiador, em seu domicílio, para receber a prestação, tal como estipulado no contrato de locação. 3) *Seguro de fiança locatícia*, que é o pagamento de uma taxa, correspondente a um prêmio mensal ou anual que se ajustar, tendo por fim garantir o pagamento de certa soma ao locador. Garante-se, portanto, mediante o prêmio, o pagamento do aluguel. Pelo seguro de fiança locatícia o inquilino pagará mensalmente uma quantia à companhia seguradora, para que ela pague indenização, cobrindo possíveis e eventuais prejuízos do locador. Com tal seguro, ensina Daibert, haverá despersonificação da garantia; a entidade seguradora, a quem o Poder Público conceder a exploração dessa atividade, terá o dever de indenizar o locador pelos aluguéis não pagos pelo inquilino segurado. 4) *Cessão fiduciária de quotas de fundo de investimento* é uma modalidade de garantia locatícia em que o locatário (devedor) cede, até que se dê a liquidação total da dívida do *ex locato*, ao locador (credor) os seus direitos creditórios, representados em quotas (títulos de investimento) emitidas por entidade financeira, originárias de operações nos segmentos financeiro, comercial, industrial, de arrendamento mercantil, prestação de serviços e sistema de distribuição de valores mobiliários destinados à aplicação em empreendimentos imobiliários (construção de imóveis, aquisição de imóveis prontos ou investimentos em projetos, visando viabilizar o acesso à habitação e serviços, inclusive em áreas rurais para posterior alienação, locação ou arrendamento), objeto do fundo, que não poderá ser explorado comercialmente pelo mesmo, salvo através de locação ou arrendamento, ou em carteira diversificada de títulos e valores mobiliários. E, salvo disposição em contrário, a posse direta e indireta das quotas é atribuída ao credor (locador) que, em caso de inadimplemento ou mora da obrigação locatícia garantida, poderá vender a terceiro o bem objeto da propriedade fiduciária, independentemente de leilão, hasta pública ou qualquer outra medida judicial ou extrajudicial, devendo aplicar o preço da venda no pagamento do seu crédito e das despesas decorrentes da realização da garantia, entregando ao devedor (locatário) o saldo, se houver, acompanhado do demonstrativo da operação realizada.

GARANTIA SOLIDÁRIA. *Direito comercial* e *direito civil.* Trata-se da responsabilidade solidária exis-

tente entre os vários endossantes de um título para com o seu portador ou a resultante da solidariedade da obrigação em que o credor, por lei ou por contrato, pode exigir de qualquer um dos devedores co-obrigados o cumprimento da obrigação toda. Assim, quando um dos devedores solidários paga a dívida toda ao credor comum, os demais estão liberados.

GARANTIAS PECUNIÁRIAS. *Direito internacional privado.* São as garantias bancárias ou contratuais que constituem defesa contra o inadimplemento (Frignani, Giardina, Betto, Poullet, Draetta etc.), além de cobertura do tempo e das despesas das partes no curso do processo licitatório, assegurando a seriedade das negociações. Têm origem costumeira e são prestadas por um banco garantidor no interesse e mediante pedido de uma das partes, que é o garantido, a favor da contraparte, designada beneficiário (Kleckner). Por exemplo: o comprador da mercadoria "x" (garantido) solicita a garantia e a abertura do crédito do banco ou agente assegurador (garantidor), que, então, abre o crédito, fornecendo a garantia, em caso de inadimplemento, que será paga ao vendedor daquela mercadoria (beneficiário). Se o pagamento das garantias tiver de ser feito na praça do beneficiário, não possuindo o banco garantidor agência naquele país, deverá envolver outro banco, o que exigirá uma contra-garantia. São comuns tais garantias e podem ser: de oferta, de boa execução, de pagamento antecipado, ou de manutenção em contratos de compra e venda internacional, na prestação de serviços ou de licitação (Maristela Basso).

GARANTIA SUBSIDIÁRIA. 1. *História do direito.* Abonação. **2.** *Direito comercial.* É a responsabilidade pela qual o sócio vem a responder com o seu patrimônio pessoal ou com seus haveres particulares pelos compromissos societários, se os bens sociais forem insuficientes para cobrir as obrigações assumidas pela sociedade de responsabilidade ilimitada, como a sociedade em nome coletivo.

GARANTIDO. *Direito civil* e *direito comercial.* **1.** Aquilo que está sob garantia. **2.** Bem vendido cuja boa qualidade é assegurada. **3.** Afiançado; avalizado. **4.** Aquele que oferece uma garantia. **5.** Que se garantiu.

GARANTIDOR. *Direito civil* e *direito comercial.* **1.** Aquele que garante, afiança, avaliza ou abona outra pessoa. **2.** *Vide* GARANTE.

GARANTIEVERTRAG. *Termo alemão.* Contrato de garantia.

GARANTIR. *Direito civil* e *direito comercial.* **1.** Assegurar. **2.** Afiançar; avalizar. **3.** Abonar. **4.** Indenizar. **5.** Comprometer-se a pagar um débito. **6.** Tornar seguro. **7.** Acautelar.

GARANTISMO. *Economia política.* Uma das fases do progresso econômico-social, baseado, no sistema Fourier, na prática do mutualismo e do cooperativismo.

GARANTISTA. *Economia política.* Relativo ao garantismo.

GARAPA. *Direito agrário.* Caldo de cana destinado à fabricação de açúcar, cachaça ou rapadura.

GARAPEIRA. *Direito agrário.* Em Pernambuco, rancho situado à margem dos caminhos, onde o viandante pode adquirir garapa, milho ou capim para seu animal.

GARAPEIRO. *Direito agrário* e *direito comercial.* O que prepara ou vende garapa.

GARATÉIA. *Direito comercial marítimo.* **1.** Pequena âncora de pedra muito usada em barcos de pesca no sul da Bahia. **2.** Aparelho de pesca formado de três ou mais anzóis na extremidade da mesma linha.

GARAVANÇO. *Direito agrário.* Forcado apropriado para limpar o trigo nas eiras.

GARAVATO. *Direito agrário.* Pau contendo um gancho na extremidade para apanhar frutos de árvores.

GARAVETAR. *Direito agrário.* Colher lenha miúda ou gravetos.

GARÇÃO. *Vide* GARÇOM.

GARÇOM. *Direito comercial* e *direito do trabalho.* Empregado de bar, lanchonete ou restaurante, que serve a clientela.

GARÇON. *Termo francês.* **1.** Garçom. **2.** Moço.

GARÇONETE. *Direito comercial* e *direito do trabalho.* Empregada que serve clientes nas mesas em lanchonete, bar, restaurante, café etc.

GARÇONNIÈRE. *Termo francês.* Casa ou apartamento particular utilizado para encontros amorosos clandestinos.

GARDINGO. *História do direito.* Nobre que ocupava alto cargo na corte real dos visigodos.

GARDNERELLA VAGINALIS. *Medicina legal.* Vaginose bacteriana que se caracteriza pela presença de corrimento vaginal logo após a relação sexual ou ao final da menstruação, causada por alteração da flora vaginal ou pela tricomoníase.

GARE. *Termo francês.* Embarcadouro ou desembarcadouro de estação de estrada de ferro; plataforma onde embarcam ou desembarcam passageiros ou se carregam ou descarregam cargas transportadas em ferrovias.

GARENA. *História do direito.* Vedação da prática de certos atos, reservados ao senhor feudal, inclusive da caça e pesca em sua propriedade.

GARFAGEM. *Direito agrário.* Enxerto de galho.

GARFILHA. *Economia política.* Orla de moeda.

GARFO. **1.** *História do direito.* Instrumento de tortura com o qual se rasgavam, outrora, as entranhas dos supliciados. **2.** *Direito agrário.* a) Forquilha usada para separar, nas eiras, a palha do grão; b) ramo que se destaca de uma planta que, no enxerto de galho, representa o cavaleiro, constituído por um fragmento de ramo com duas gemas, retirado da planta que se quer multiplicar; c) forcado; d) enxame pequeno que emigra da colméia, em virtude de excesso de abelhas. **3.** Na *linguagem comum*, talher com três ou quatro dentes, utilizado para tirar do prato a comida, segurar no prato o alimento que se corta e levar à boca alimentação sólida.

GARGALEIRO. *Direito agrário.* Carro para transporte de uvas vindimadas.

GARGALHEIRA. **1.** *História do direito.* Coleira em que os escravos eram presos. **2.** *Direito agrário.* Coleira de pregos para cães de gado. **3.** Em *sentido figurado*, algemas.

GARGANTILHO. *Direito agrário.* Diz-se do animal que apresenta mancha branca na garganta.

GARI. *Direito administrativo.* Aquele que varre as vias públicas.

GARIBALDE. *Direito comparado.* Guindaste, com uma longa corrente, utilizado nas alfândegas de Lisboa e do Porto.

GARIBALDINO. *História do direito.* Relativo a Giuseppe Garibaldi, italiano que, no Brasil, participou da Guerra dos Farrapos.

GARIMPAGEM. *Direito constitucional.* **1.** Ação ou prática de garimpo. **2.** Trabalho manual de extração de pedras preciosas ou semipreciosas, ouro etc., em minas, encostas de montanha ou nas margens de rio, desde que haja autorização do governo federal e matrícula do garimpeiro. **3.** Ofício de garimpeiro. **4.** Forma rudimentar de mineração. **5.** Organização da atividade ga-

GARIMPAR

rimpeira em cooperativa, que tem prioridade na concessão ou autorização para pesquisa e lavra dos recursos minerais, levando em conta a proteção do meio ambiente e a promoção econômico-social dos garimpeiros.

GARIMPAR. *Direito constitucional* e *direito do trabalho.* Exercer o ofício de garimpeiro.

GARIMPEIRO. 1. *Direito constitucional* e *direito do trabalho.* a) Aquele que procura pedras preciosas ou semipreciosas, minerais metálicos ou não-metálicos; b) aquele que trabalha no garimpo, exercendo o ofício de garimpagem. **2.** *História do direito.* Contrabandista que, outrora, catava clandestinamente diamantes em locais proibidos à entrada de pessoas alheias ao serviço de mineração.

GARIMPO. *Direito constitucional.* **1.** Local onde se dá a extração ou exploração de pedras ou metais preciosos. **2.** Povoado fundado e habitado por garimpeiros.

GARIROBA. *Direito agrário.* **1.** Qualidade de palmito. **2.** Palmeira produtora de um tipo de palmito amargo.

GARLINDÉU. *Direito marítimo.* Peça de ferro situada no topo do mastro, por onde passam os cadernais das adriças.

GARNACHA. *História do direito.* Veste talar que era usada pelos magistrados e por certos sacerdotes ou monges, correspondendo hoje à toga dos juízes, à beca dos professores e à batina dos padres.

GAROTIL. *Direito marítimo.* **1.** Parte superior da vela da embarcação. **2.** Envergamento de vergas.

GAROUPEIRA. *Direito comercial marítimo.* Barco usado na pesca da garoupa, que contém um mastro no meio e outro pequeno à popa, no qual uma vela, denominada burriquete, é içada.

GARRAFA. *Direito comercial.* Vasilhame onde se coloca substância líquida, acondicionando-a para ser comercializada.

GARRAFEIRO. *Direito comercial.* **1.** Fabricante de garrafas. **2.** Comprador e vendedor de garrafas.

GARRAIADA. *Direito agrário.* Manada de bois pequenos, chamados garraios, de péssima qualidade.

GARRAMA. *História do direito.* **1.** Era a derrama, o tributo local repartido na proporção dos rendimentos de cada contribuinte. **2.** Cobrança dos quintos em atraso ou de um imposto extraor-

dinário, muito comum no século XVIII na região das minas (Aurélio Buarque de Holanda Ferreira e Cândido Figueiredo).

GARRANA. *Direito agrário.* Égua pequena e forte.

GARRANO. *Direito agrário.* Cavalo pequeno, mas forte.

GARRAR. *Direito comercial marítimo.* **1.** Ser o navio ancorado levado pela força da onda, por não estar fixa ou bem firmada sua âncora, ou pelo fato de suas amarras terem sido arrebentadas. **2.** Desprender amarras de embarcação. **3.** Passar além do local onde devia aportar.

GARREADO. *Direito agrário.* Tosqueado.

GARREAR. *Direito agrário.* Tosquiar.

GARROTE. 1. *Direito agrário.* Bezerro de dois a quatro anos de idade. **2.** *História do direito.* Instrumento de tortura usado na Espanha para execução da pena capital, consistente numa golinha de ferro afixada a um poste e apertada por um parafuso até provocar o estrangulamento do condenado. No regime franquista era utilizado para executar terroristas. **3.** *Direito penal.* Assassinato por estrangulação, mediante uso de meio similar ao garrote. **4.** *Medicina legal.* a) Tira com que se impede a passagem do sangue, estancando-o; b) elástico com que se comprime veia para aplicar injeção endovenosa.

GARROTILHO. 1. *Direito agrário.* Adenite eqüínea. **2.** *Medicina legal.* Crupe; laringite acompanhada de sufocação.

GARRUCHA. 1. *Direito marítimo.* Argola de ferro pregada no garotil da vela latina. **2.** *História do direito.* Pau curto com que se armava a besta, composto de garras e roldanas para retesar a corda.

GARRUNCHO. *Direito marítimo.* **1.** Argola de ferro pela qual se passa um cabo de navio. **2.** Anel de metal que se segura nos estais para pear velas latinas, envergando-as.

GARUPEIRA. *Direito agrário.* Tira de sola usada para forrar a garupa do animal, impedindo que o suor passe ao que transporta em sua anca.

GÁS. 1. Na *linguagem física,* fluido similar ao ar em suas propriedades físicas, não podendo ser liquefeito apenas pelo aumento de pressão, pois só passa ao estado líquido, simultaneamente, por abaixamento de temperatura e aumento de pressão. **2.** Na *gíria,* força ou resistência para continuar um empreendimento. **3.** *Direito comparado.* Medida de extensão usada na Índia.

GASALHADO. 1. Hospedagem. **2.** Bom acolhimento. **3.** Conforto. **4.** Agasalho.

GASALHOSO. O que dá hospitalidade.

GÁS ASFIXIANTE. 1. *Direito militar.* Gás usado em ações militares ou policiais, para, momentânea ou definitivamente, reprimir manifestações públicas organizadas. Quando aspirado, por sua ação fisiológica de considerável poder tóxico, conduz à asfixia. **2.** *Direito do trabalho* e *medicina legal.* Fonte de intoxicação química profissional em indústrias como: monóxido de carbono, cloro, hidrocarboneto, dióxido de nitrogênio, hidreto de arsênio, dióxido de enxofre, solvente industrial, gás sulfídrico, gás cianídrico, vapor de ácido etc. Tais gases, por serem irritantes, causam sufocação respiratória, edema pulmonar agudo, se agirem sobre o organismo humano, atuando em tecidos, sangue e sistema nervoso.

GÁS DE ÁGUA. *Direito empresarial.* Gás industrial obtido pela reação química do vapor d'água sobre coque ou autracito ao rubro, acima de 1.000 ºC, constituindo uma mistura combustível e tóxica de monóxido de carbono e hidrogênio, empregada como matéria-prima para a fabricação do álcool metílico e do formol, e para aquecimento e iluminação (José Lopes Zarzuela).

GÁS DE COMBATE. *Direito militar.* Agente químico utilizado em ações bélicas sob forma de névoa. Tal gás de combate pode ser: a) agressivo sufocante, provoca asfixia, por exemplo: fosfogênio, cloroformiato de metila, trifosgênio, cloro, tetraclorossulfeto de carbono, sulfato de dimetila etc.; b) agressivo lacrimogênio, causa lacrimejação intensa, tais como: cloreto de benzila, brometo de benzila, cloreto de ortonitrobenzila, alfa-bromocianeto de benzila, cloroacetona, bromoacetona, bromoacetato de etila, iodeto de cianogênio, óxido de metilabiclorado, acroleína etc.; c) agressivo vesicante, provoca lesão cutânea e ataca os olhos e vias respiratórias, como: sulfeto de diiododietila, clorovinildicloroarsina, iperita etc.; d) agressivo irritante, como: metildicloroarsina, etildicloroarsina, fenildicloroarsina, difenillaminocloroarsina etc. (José Lopes Zarzuela).

GÁS DE GASOGÊNIO. *Vide* GÁS POBRE.

GÁS DE GOELA. *Direito empresarial.* Mistura de gases que saem dos altos-fornos, contendo monóxido de carbono, dióxido de carbono, metano,

hidrogênio e nitrogênio. Muito usado como combustível para motores de explosão e como gás de iluminação etc. (José Lopes Zarzuela).

GÁS DE ILUMINAÇÃO. *Direito administrativo.* Empregado na iluminação pública ou como combustível doméstico. Consiste em carboneto de hidrogênio, provindo de destilação da hulha, extraído do carvão-de-pedra. Hoje, substituído pelo gás liquefeito de petróleo.

GÁS DE ÓLEO. Gás de iluminação obtido pela destilação de óleos pesados.

GÁS DE PETRÓLEO. *Vide* GÁS NATURAL.

GÁS DE PUTREFAÇÃO. *Medicina legal.* Gerado pelos germes que invadem a pele e as vísceras do cadáver, dando-lhe aspecto descomunal e cheiro nauseabundo (Croce e Croce Jr.).

GÁS DE RESINA. Carboreto de hidrogênio que se extrai pela destilação da madeira.

GÁS DE RUA. *Direito administrativo.* Gás de iluminação distribuído por meio de encanamento, usado como combustível de fogão de cozinha e aquecedor de água.

GÁS DETONANTE. Mistura de hidrogênio e oxigênio, que explode pela simples exposição à luz, provocando vapor d'água.

GASEIFICAÇÃO. Adição artificial de gás carbônico (dióxido de carbono) durante o processo de envase da água mineral natural ou da água natural.

GÁS ENGARRAFADO. *Vide* GÁS LIQUEFEITO.

GÁS FÉTIDO. Hidrogênio sulfurado.

GÁS FORTE. Também denominado gás misto; mistura de gás pobre com gás d'água obtido por condução simultânea de ar e de vapor d'água pelo carvão rubro. Consiste em um volume de hidrogênio e dois de monóxido de nitrogênio, muito empregado em motores de explosão (José Lopes Zarzuela).

GÁS HILARIANTE. Protóxido de azoto que ao ser aspirado provoca sensação de alegria, acompanhada de riso.

GÁS INERTE. 1. Hidrogênio ou bióxido de carbono quimicamente inativo que não suporta combustão. **2.** Gás nobre do grupo dos hélios. **3.** Gás que compreende hélio, neônio, argônio, criptônio, xenônio e radônio.

GÁS INFLAMÁVEL. Hidrogênio.

GÁS LACRIMOGÊNEO. Substância que, ao ser lançada na atmosfera, provoca cegueira e lágri-

GÁS LIQUEFEITO

mas sem causar lesão aos olhos, sendo muito usada para dispersar aglomerações de pessoas que perturbam a ordem pública.

GÁS LIQUEFEITO. Gás comprimido consistente em hidrocarboneto leve, inflamável, como propano e butano, obtido especialmente como subproduto na refinação do petróleo ou fabricação de gasolina natural; utilizado como combustível industrial ou doméstico e como matéria-prima para síntese química. É designado também gás engarrafado.

GÁS-MIL. Essência de petróleo que era usada em candeeiro de esponja para iluminação doméstica.

GÁS MISTO. *Vide* GÁS FORTE.

GÁS-MOSTARDA. Gás asfixiante que causa inflamação purulenta na pele e hemorragia pulmonar.

GÁS NATURAL. Hidrocarboneto gasoso constituído de metano, etano, butano e propano, existente em zona petrolífera, podendo ser liquefeito e comercializado. O gás natural sai da crosta terrestre através de orifícios naturais ou de poços perfurados; usado como combustível, quer por recuperação da gasolina, quer por conversão em outro combustível líquido, ou como matéria-prima de negro-de-carvão, nitroparafina e muitos outros produtos.

GÁS NOBRE. *Vide* GÁS INERTE.

GASOLINA. 1. Mistura líquida inflamável ou de hidrocarbonetos usada como combustível em motores e obtida de petróleo, gás natural etc. 2. Éter líquido do petróleo.

GASÔMETRO. 1. Aparelho que mede gás. 2. Fábrica de gás. 3. Reservatório de gás para iluminação. 4. Aparelho que recolhe o gás que se vai formando.

GASOSCÓPIO. Instrumento que detecta a presença de gás inflamável ou que verifica a fermentação alcoólica do vinho.

GÁS PERMANENTE. Diz-se daquele que não se pode liquefazer pelos meios ordinários.

GASPILLAGE. *Termo francês.* Dissipação de bens.

GASPILLER. *Termo francês.* Perdulário.

GÁS POBRE. Gás de gasogênio, que possui poder calorífico menor do que o gás de iluminação.

GÁS PORTÁTIL. *Vide* GÁS LIQUEFEITO.

GÁS RARO. *Vide* GÁS INERTE.

GÁS RESPIRATÓRIO. *Medicina legal.* Mistura composta de gases compatíveis com a respiração, por exemplo o oxigênio, nitrogênio, gás carbônico etc. (José Lopes Zarzuela).

GÁS RICO. *Vide* GÁS DE ÓLEO.

GÁS SULFÍDRICO. *Medicina legal.* Gás incolor e fétido, formado por dois átomos de hidrogênio e um de enxofre.

GASTALDO. *História do direito.* Título de nobreza lombarda, inferior ao de duque.

GASTAR. 1. Despender dinheiro. 2. Consumir. 3. Deteriorar-se pelo uso. 4. Usar. 5. Malbaratar, desperdiçar. 6. Extinguir, acabar. 7. Perder força. 8. Danificar.

GASTERANGIENFRAXE. *Medicina legal.* Obstrução dos vasos sangüíneos do estômago.

GASTEROFILOSE. *Direito agrário.* Doença provocada em cavalos por larvas de moscas *Gasterophylus hoemorrhoidalis* e *Gasterophylus intestinalis*, que causa emagrecimento, fraqueza, anemia, cólica e hemorragia.

GASTO. *Direito civil* e *economia política.* 1. Dispêndio. 2. Despesa. 3. Consumo; consumido. 4. Deteriorado pelo uso ou ação do tempo; danificado. 5. O que se gastou. 6. Aquilo que se consome.

GASTO DE FUNDO PÚBLICO. *Vide* GASTO PÚBLICO.

GASTO PÚBLICO. *Direito administrativo.* Gasto de fundo público por conta de um patrimônio administrativo e com o fim de utilidade pública (Capitant).

GASTOS. *Direito comercial* e *direito civil.* 1. Toda e qualquer despesa com manutenção de negócios ou coisas, e que atenda fim de utilidade deles. Não entra no ativo por não resultar aumento de patrimônio. 2. Despesas para satisfazer a fruição de algo útil (De Plácido e Silva).

GASTOS DE INSTALAÇÃO. *Direito comercial.* Despesas com publicação no início da empresa ou as levadas ao débito da conta "gasto de instalação" e ao crédito de "caixa", se feitas em dinheiro, ou a quem tenha de receber a importância, se a prazo (Carlos de Carvalho).

GASTOS DOMÉSTICOS. 1. *Direito civil.* Despesas necessárias à manutenção e ao custeio da família (De Plácido e Silva). 2. *Direito tributário.* Despesas com a saúde da família, abatidas no Imposto de Renda.

GASTOS EXTRAORDINÁRIOS. 1. *Direito civil* e *direito comercial.* Despesas extraordinárias eventuais e inesperadas devendo, ante as circunstâncias, ser atendidas. **2.** *Direito comercial marítimo.* Aqueles feitos por capitão do navio em defesa e garantia da massa comum, constituindo avaria grossa (De Plácido e Silva).

GASTOS GERAIS. *Direito comercial.* Despesas de uma empresa ou empresário lançadas no livro de contabilidade, efetivadas para custear seus negócios, pagamento de aluguéis, impostos, ordenados de empregados, fornecimento de luz, água e telefone, retirada de sócios *pro labore* etc.

GASTOS INJUSTOS. *Direito civil* e *direito comercial.* Despesas supérfluas ou inúteis, como as alheias ao negócio ou à finalidade por ele pretendida; as não comprovadas, podendo, por isso, ser impugnadas por aquele que deverá suportar os ônus ou encargos delas oriundos etc. Enfim, são aqueles gastos que não deveriam, pela sua inutilidade, ser feitos.

GASTOS NECESSÁRIOS. *Direito civil* e *direito comercial.* Aqueles que atendem a uma finalidade útil ou ao cumprimento de obrigação decorrente de um negócio, sendo, por isso, imprescindíveis.

GASTOS ORDINÁRIOS. *Direito civil* e *direito comercial.* Despesas normais, comuns e previsíveis para atender às necessidades do negócio entabulado e da pessoa ou a uma imposição legal ou natural.

GASTOS ÚTEIS. *Direito civil* e *direito comercial.* Aqueles efetivados que, pela sua utilidade, resultam vantagens ou benefícios.

GÁS TÓXICO. *Vide* GÁS ASFIXIANTE.

GASTRADENITE. *Medicina legal.* Inflamação das glândulas estomacais.

GASTRALGIA. *Medicina legal.* Dor no estômago.

GASTRASTENIA. *Medicina legal.* Debilidade nas funções do estômago.

GASTRATROFIA. *Medicina legal.* Atrofia que se apresenta nas paredes do estômago.

GASTRECTOMIA. *Medicina legal.* Excisão total ou parcial do estômago.

GASTRELCOSE. *Medicina legal.* Ulceração do estômago.

GASTRENTERITE. *Medicina legal.* Inflamação simultânea das mucosas do estômago e do intestino cujos sintomas são vômitos, náuseas e diarréia, acompanhados de cólica. Pode ser causada por intoxicação alimentar por estafilococos.

GASTREPATITE. *Medicina legal.* Inflamação do estômago e do fígado.

GÁSTRICO. *Medicina legal.* Relativo a estômago.

GASTRISTERECTOMIA. *Medicina legal.* Extirpação do útero, abrindo-se o abdome.

GASTRITE. *Medicina legal.* Inflamação aguda ou crônica da mucosa estomacal.

GASTROBROSIA. *Medicina legal.* Perfuração da parede do estômago, causada por processo ulcerativo.

GASTROCELE. *Medicina legal.* Hérnia do estômago.

GASTROCOLPOTOMIA. *Medicina legal.* Incisão da vagina, com abertura do abdome.

GASTROMENIA. *Medicina legal.* Eliminação de sangue menstrual pelo estômago.

GASTROMETRITE. *Medicina legal.* Inflamação simultânea do estômago e do útero.

GASTROPLASTIA. *Medicina legal.* Cirurgia bariátrica que visa a redução do estômago em cerca de vinte centímetros cúbicos, como solução para a obesidade mórbida.

GASTROPTOSE. *Medicina legal.* Queda ou deslocamento do estômago para baixo, detectada por raios X.

GASTRORRAGIA. *Medicina legal.* Hemorragia gástrica acompanhada de vômitos e evacuações sanguinolentas.

GASTRORREXE. *Medicina legal.* Ruptura do estômago.

GASTROSQUISE. *Medicina legal.* Deformidade congênita em que o ventre permanece aberto.

GASTROTOMIA. *Medicina legal.* Incisão estomacal para retirar corpo estranho.

GASTROTUBOTOMIA. *Medicina legal.* Incisão da trompa de Falópio pelo ventre.

GÁSTRULA. *Medicina legal.* Forma embrionária consistente numa invaginação da blástula, originando as duas primeiras camadas de células que entram na constituição de todos os metazoários.

GASTRULAÇÃO. *Medicina legal.* **1.** Transformação do embrião da fase de blástula para a da gástrula. **2.** Formação da gástrula.

GATEADOR. Na *gíria,* gatuno; ladrão.

GATEIRA. 1. *Direito civil.* a) Fresta sobre o telhado para entrar ar e luz; b) buraco na porta para entrada e saída de gato. **2.** *Direito militar.* Postigo no anteparo do paiol da pólvora para passagem de cartuchos, durante o combate.

GATILHO. 1. *Direito militar.* Peça da arma de fogo que se puxa para dispará-la. **2.** *Direito do trabalho.* Cláusula de reajuste automático de salário prevista em choque monetário (p. ex. plano cruzado), sempre que a inflação ultrapassar certo percentual (Luiz Fernando Rudge).

GATINA. *Direito agrário.* Moléstia peculiar ao bicho-da-seda.

GATISMO. *Medicina legal.* **1.** Estado terminal da demência senil, de alienados e paralíticos, que, ao sobrevir a perda da tonicidade dos esfíncteres e a diminuição progressiva da força muscular, faz com que o doente satisfaça suas necessidades fisiológicas no leito, vivendo, quase sempre, em plena imundície. **2.** Incontinência de fezes e urina.

GATO. 1. *Direito agrário.* a) Animal doméstico do tipo felino; b) falso empreiteiro de mão-de-obra rural, que alicia ou arregimenta trabalhadores ou bóias-frias moradores na periferia da cidade para serviços em imóvel rústico, deles descontando a comissão pelo serviço arrumado e o pagamento pelo transporte por ele feito em seu caminhão, da cidade ao local do trabalho (Fernando P. Sodero); c) peão arrebanhado para efetuar serviço na área amazônica limítrofe com o Brasil Central. **2.** Na *gíria policial,* larápio; ladrão ou gatuno. **3.** *Direito marítimo.* Gancho de ferro colocado na extremidade de um cabo, usado para suspender algum volume. **4.** *Direito autoral.* Erro tipográfico ou omissão de revisor.

GATO DE LUZ. 1. Na *gíria policial,* significa qualquer vício propositalmente feito no registro de luz elétrica com o escopo de furtar energia elétrica (De Plácido e Silva). **2.** *Direito penal.* Furto, desvio ou uso fraudulento de energia elétrica, punido pela lei penal como crime.

GATOFOBIA. *Medicina legal.* Aversão mórbida por gato.

GATT. *História do direito.* Sigla de *General Agreement on Tariffs and Trade* (Acordo Geral de Tarifas e Comércio), sistema de institucionalização e multilateralização das relações econômicas internacionais. Foi assinado em 1947, em Genebra (Suíça), para prover um fórum internacional de negociações multilaterais, encorajando o livre comércio entre os países signatários, mediante regulamentação e redução de tarifas de bens e fornecimento de mecanismo único para a solução de controvérsias comerciais (Antonio Carlos Rodrigues do Amaral). Com ele, houve a multilateralização da cláusula de nação mais favorecida, que funciona como um mecanismo automático de auto-adaptação dos tratados para os fins de uniformização e liberalização do comércio internacional. O GATT incorporou a maior parte da política comercial incluída na Convenção de Havana. Apesar de ter alguma coordenação institucional com o FMI, o GATT não tinha jurisdição relativa a questões monetárias de comércio internacional nem comércio de fretes, navegação, seguros etc. Além disso, o GATT não abrangia acordos sobre produtos primários como café, trigo, açúcar etc., porque eles requeriam um dirigismo econômico incompatível com o livre comércio inerente à cláusula de nação mais favorecida. O GATT, portanto, era uma organização internacional cuja vocação universal era, em parte, cerceada pelo escopo de sua jurisdição. A função multilateral positiva da cláusula, na extensão automática e incondicional das reduções tarifárias negociadas no GATT, interligava-se aos seguintes princípios: a) o da não-discriminação, que obstava a que um país obtivesse isoladamente, em vez de multilateralmente, tratamento mais favorável; b) o do tratamento nacional, que tinha por fim a equiparação entre nacionais e estrangeiros, principalmente no que atinava aos efeitos da tributação interna sobre o comércio internacional; c) o da reciprocidade (Celso Lafer).

GATS. *Direito internacional público.* Sigla de *General Agreement on Trade in Services* (Acordo Geral sobre Comércio de Serviços).

GATUNAGEM. 1. *Direito penal.* a) Ato de furtar; b) bando de ladrões; c) crime contra a economia popular; d) estelionato. **2.** Na *gíria comercial,* venda de mercadorias a preço exorbitante, sem que haja qualquer explicação para seu repentino aumento.

GATUNAR. *Direito penal.* Furtar.

GATUNICE. *Direito penal.* Ação própria de larápios.

GATUNISMO. *Direito penal.* **1.** Hábito de furtar. **2.** Vida de gatuno.

GATUNO. *Direito penal.* Ladrão; aquele que furta.

GAÚCHO. 1. *Direito civil.* a) Coisa ou animal sem dono; b) designação dada aos habitantes e naturais do Rio Grande do Sul. **2.** *Direito agrário.* a) Campeiro de origem indígena, portuguesa ou espanhola, que se dedica à criação de gado cavalar e vacum no sul do Brasil; b) peão de estância. **3.** *Direito comparado.* Natural do interior da Argentina e do Uruguai.

GAULEITER. *Termo alemão.* Chefe de distrito alemão, na época do nazismo.

GAULLISMO. *Ciência política* e *história do direito.* Sistema político do general De Gaulle, que vigorou na França.

GAULLISTA. *Ciência política* e *história do direito.* **1.** Adepto do gaullismo. **2.** Relativo ao sistema político do general De Gaulle.

GAULO. *História do direito.* Embarcação quase redonda muito usada pelos antigos fenícios.

GAURO. *Direito comparado.* Boi selvagem da Índia, similar ao bisonte.

GÁVEA. *Direito marítimo.* **1.** Diz-se da vela que ocupa local imediatamente superior à grande. **2.** Plataforma, cesto ou guarita colocada a certa altura do mastro e por ele atravessada; utilizada para avistamento a longa distância, ainda usual em embarcação de pesca para avistar a distância os cardumes.

GAVETA. 1. Na *gíria policial*, prisão. **2.** *Direito agrário.* a) Cavalo arisco ou bravio; b) caixa de madeira utilizada para acondicionar frutas, como pêssego, figo etc., ou ovos.

GAVETA DE LAVRAR. *Direito comercial.* Aquela em que cai a limalha do ouro, quando os ourives com ele trabalham.

GAVIETE. *Direito marítimo.* **1.** Peça situada à proa do navio, usada para suspender objetos pesados que estejam no fundo do mar. **2.** Modalidade de alavanca que suspende a âncora.

GAVINHA. *Direito agrário.* Órgão proveniente dos ramos, que fixa determinadas plantas, prendendo-as em estacas.

GAZE. *Medicina legal.* Tecido de algodão, leve e transparente, usado em curativos ou cirurgias.

GAZEAR. *Direito educacional* e *direito do trabalho.* Aquele que por vadiagem não freqüenta a escola e o local de trabalho.

GAZETA. *Direito autoral.* **1.** Publicação periódica sobre assuntos políticos, literários, artísticos, esportivos etc. **2.** Qualquer meio informativo feito por escrito e sujeito a registro e controle.

GAZETAL. *Direito autoral.* Relativo a gazeta.

GAZETÁRIO. *Vide* GAZETAL.

GAZETEIRO. 1. Na *linguagem jurídica* em geral, aquele que tem o hábito de gazear, faltando às aulas e ao serviço. **2.** *Direito autoral.* Aquele

que publica gazeta ou é responsável pela sua redação. **3.** *Direito administrativo* e *direito comercial.* Aquele que vende jornal; jornaleiro.

GAZETILHA. *Direito autoral.* **1.** Folhetim inserido em jornal. **2.** Seção satírica de um periódico. **3.** Seção noticiosa de uma publicação periódica (Laudelino Freire).

GAZETILHISTA. *Direito autoral.* Encarregado de elaborar gazetilha.

GAZETISMO. *Direito autoral* e *ciência política.* Influência exercida pela imprensa jornalística ou pela gazeta.

GAZIVA. *Direito comparado.* Expedição de árabes contra uma tribo inimiga, em regra convocando tropas para uma guerra santa.

GAZUA. *Direito penal.* Chave falsa ou ferro curvo ou torto com que se abre fechadura na prática de crime contra patrimônio, que, então, torna-se uma espécie de furto qualificado.

GÁZUA. *História do direito.* **1.** Suplício a que os mouros submetiam aqueles que renegavam a sua fé. **2.** Gaziva.

GEFA. Sigla de Gratificação de Estímulo à Fiscalização e Arrecadação.

GEFÄHRDUNGSHAFTUNG. *Termo alemão.* Sistema da responsabilidade objetiva.

GEFIROFOBIA. *Medicina legal.* Medo mórbido de atravessar pontes.

GEIA. *Direito administrativo.* Sigla de Grupo Executivo Interministerial de Abastecimento.

GEISTESWISSENSCHAFTEN. *Termo alemão.* Ciência do espírito.

GELADA. *Direito agrário.* Verdura coberta de geada.

GELADEIRA. 1. Na *gíria policial*, prisão; solitária; cela acimentada ou ladrilhada onde o preso cumpre pena disciplinar ou castigo. **2.** Nas *linguagens comum* e *jurídica*, refrigerador ou aparelho que, no seu interior, mantém baixa temperatura; usado para fazer gelo ou conservar produtos alimentícios.

GELADURA. *Direito agrário.* Queima que a geada produz nas plantas.

GELBA. *Direito comparado.* Embarcação do Mar Vermelho.

GELÉIA REAL. *Direito agrário.* Alimento preparado pelas abelhas para suprir a criação de larvas em certas condições. A obtenção dessa geléia é muito importante na produção industrial de rainhas.

GELEIRA. **1.** No Pará é a embarcação de vela destinada ao transporte de peixes. **2.** Local onde se tem gelo permanente. **3.** Montanha flutuante de gelo, formada na região circumpolar, levada pela correnteza a lugares mais temperados, podendo provocar até naufrágio. **4.** Máquina apropriada para fazer gelo, sorvete ou para gelar bebidas.

GELEIRO. *Direito comercial.* **1.** Atravessador do Amazonas e Pará que transporta, em geleira, peixes adquiridos em centros de pesca para os centros consumidores. **2.** Vendedor, entregador ou fabricante de gelo.

GELEQUIÍDEO. *Direito agrário.* Inseto que constitui praga de plantas úteis, chegando a destruir algodoais.

GELHA. *Direito agrário.* **1.** Grão de cereal que ainda não se desenvolveu completamente, apresentando tegumento enrugado. **2.** Ruga que aparece na película de grãos ou frutos.

GELOSIA. *Direito civil.* Conjunto de ripas colocadas em janelas para impedir que se possa ver o interior de uma casa (Acquaviva).

GELTEN. *Termo alemão.* Valer.

GEMA. **1.** *Direito constitucional.* Pedra preciosa. **2.** *Direito agrário.* a) Pez ou resina primitiva extraída do pinheiro; b) parte do vegetal que o reproduz, como o gomo ou botão; c) parte amarela do ovo das aves.

GEMAÇÃO. *Direito agrário.* **1.** Época em que se desenvolvem os rebentos nas plantas. **2.** Disposição dos rebentos de um vegetal.

GEMADO. *Direito agrário.* Enxertado de gema.

GEMAR. *Direito agrário.* Enxertar com rebento.

GEMEINNUTZ GEHT VOR EIGENNUTZ. *Expressão alemã.* Razão de Estado.

GEMEINSAMES VOLKSBEWUSSTSEIN. *Locução alemã.* Consciência comunitária do povo.

GEMEINSCHAFT. *Termo alemão.* Comunidade.

GEMEINSCHAFTLICHES TESTAMENT. *Locução alemã.* Testamento conjuntivo.

GEMELÍPARA. *Medicina legal.* Mulher que dá à luz filhos gêmeos.

GÊMEO. **1.** *Medicina legal.* Cada um dos dois irmãos que nasceram do mesmo parto. **2.** *Direito agrário.* Fruto que nasceu unido a outro.

GÊMEOS BIVITELINOS. *Medicina legal.* Irmãos que nasceram do mesmo parto, advindos de óvulos diversos, fecundados por dois espermatozóides, podendo ter sexos iguais ou diferentes.

Também denominados "gêmeos dizigóticos" ou "gêmeos fraternos".

GÊMEOS DIZIGÓTICOS. *Vide* GÊMEOS BIVITELINOS.

GÊMEOS FRATERNOS. *Vide* GÊMEOS BIVITELINOS.

GÊMEOS IDÊNTICOS. *Medicina legal.* Irmãos iguais e do mesmo sexo, por apresentarem os mesmos caracteres genéticos e o mesmo grupo sangüíneo e fator Rh, nascidos do mesmo parto, provenientes da divisão do mesmo óvulo fecundado em processo de segmentação. Também designados "gêmeos monozigóticos" ou "gêmeos univitelinos".

GÊMEOS MONOZIGÓTICOS. *Vide* GÊMEOS IDÊNTICOS.

GÊMEOS UNIVITELINOS. *Vide* GÊMEOS IDÊNTICOS.

GEMINADO. *Direito civil.* **1.** Cada prédio contíguo, em parede-meia, tendo, em regra, as mesmas divisões. **2.** Cada uma das janelas que tem dois caixilhos, abrindo-se para os lados.

GEMÔNIAS. *História do direito.* Escadaria onde, na antiga Roma, se expunham cadáveres de criminosos executados, para atirá-los ao Tibre.

GEMPO. *Direito marítimo.* Abreviatura de Grupo Executivo para Modernização dos Portos.

GEN. *Medicina legal.* Determinante genético, encontrado nos cromossomos, responsável pelos caracteres hereditários como cor da pele, dos olhos, do cabelo. O mesmo que GENE.

GENDARMARIA. *Direito comparado.* Corpo de soldados que, na França ou em outros países europeus, tem a incumbência de zelar pela segurança pública.

GENDARME. *Direito comparado.* Soldado que, na Europa, tem o dever de velar pela ordem pública, pertencendo à gendarmaria.

GENE. *Vide* GEN.

GENEALOGIA. **1.** *Direito civil.* a) Estirpe; linhagem; b) estudo da ascendência da pessoa; c) sistema de gerações. **2.** Na *linguagem jurídica* em geral, procedência, derivação, origem, fonte etc.

GENEALÓGICO. *Direito civil.* Relativo à genealogia.

GENEARCA. *Direito civil.* **1.** Fundador de uma família ou linhagem. **2.** Progenitor comum de uma família.

GENEHMIGUNG. *Termo alemão.* Aprovação do tratado pelo chefe de Estado, ou por qualquer pessoa física ou jurídica.

GENERAL. *Direito militar.* **1.** Oficial de graduação imediatamente superior a coronel. **2.** Diz-se do quartel ocupado pelos oficiais-generais e seu estado-maior. **3.** Designação comum aos postos de general-de-brigada, general-de-divisão e general-de-exército.

GENERALA. *Direito militar.* Determinado toque de trombeta ou de tambor para chamar as tropas a postos ou às armas.

GENERAL AGREEMENT ON TARIFFS AND TRADE. *Vide* ACORDO INTERNACIONAL SOBRE TARIFAS E COMÉRCIO.

GENERALATO. 1. *Direito militar.* Posto de general. **2.** *Direito canônico.* Dignidade do geral de uma ordem religiosa.

GENERAL AVERAGE. *Locução inglesa.* Avaria marítima.

GENERAL-CAFÉ. *Direito agrário* e *economia política.* Locução empregada para indicar a grande importância que era exercida pela produção cafeeira brasileira na economia mundial.

GENERAL CARGO RATES. *Direito internacional privado.* Tipo de tarifas comuns de carga elaborado pela *International Air Transport Association* (IATA).

GENERAL-CHEFE. *Direito militar.* Comandante de todo o exército.

GENERAL-DE-BRIGADA. *Direito militar.* Posto hierárquico do Exército imediatamente superior ao de coronel e imediatamente inferior ao de general-de-divisão.

GENERAL-DE-DIVISÃO. *Direito militar.* Posto de hierarquia do Exército imediatamente superior do de general-de-brigada e imediatamente inferior ao de general-de-exército.

GENERAL-DE-EXÉRCITO. *Direito militar.* Posto hierárquico do Exército imediatamente superior ao de general-de-divisão.

GENERALÍCIO. *Direito militar.* Referente a general.

GENERALIDADE. *Filosofia geral* e *filosofia jurídica.* **1.** Caráter do que é geral. **2.** Diz-se de uma afirmação feita superficialmente, sem dados que possam comprová-la. **3.** Princípio elementar ou fundamental.

GENERALÍSSIMO. *Direito militar.* Chefe supremo de um Exército.

GENERALITAS OBSCURITATEM PARIT. *Aforismo jurídico.* A generalidade traz obscuridade.

GENERALIZAÇÃO. 1. *Medicina legal.* Processo de evolução da moléstia que de local passou a ser geral. **2.** *Filosofia geral* e *filosofia jurídica.* a) Operação pela qual se reconhecem os caracteres comuns entre os diferentes objetos singulares, reunindo-os sob um só conceito, visto que aquelas características constituem a compreensão; b) ato de se estender a uma classe tudo que a ela pertencer ou o que se reconhecer como verdadeiro para uma outra classe, que com ela é similar (Lalande); c) extensão de um conceito ou princípio a todos os casos a que se pode aplicar; d) operação de generalizar; e) ato ou efeito de tornar geral ou de difundir algo.

GENERAL LAW. *Locução inglesa.* Lei comum a todos.

GENERAL PRACTITIONER. *Locução inglesa.* Clínico-geral.

GENERAL RULE OF NON-LIABILITY. *Expressão inglesa.* Regra geral da não-responsabilidade perante terceiros.

GENERAL SHIP. *Locução inglesa.* Navio que opera em linha regular de navegação, com transporte de mercadorias heterogêneas que pertencem a vários embarcadores (Geraldo Bezerra de Moura).

GENERAL WELFARE. *Locução inglesa.* Bem-estar geral.

GENERA NON PEREUNT. *Expressão latina.* O gênero não perece.

GENERA PER SPECIEM DEROGANTUR. *Expressão latina.* O particular derroga o geral.

GENERA SPECIALIBUS NON DEROGANT. *Expressão latina.* As normas gerais não derrogam as especiais.

GENERATERAPIA. *Biodireito.* Terapia gênica.

GENERATRIX DELICTI. *Locução latina.* Genetriz do delito.

GENERATRIX JUS. *Locução latina.* Genetriz do direito.

GENÉRICO. 1. *Lógica jurídica.* a) Tudo que pertencer ao gênero; b) juízo ou proposição que enuncia uma característica própria ao conceito (Lalande). **2.** *Filosofia geral* e *filosofia jurídica.* a) Aquilo que pertence à compreensão do gênero; b) relativo ao gênero; c) geral; d) o que apresenta caráter de generalidade; e) tratado na generalidade.

GÊNERO. 1. *Lógica jurídica.* a) Classe que tem maior extensão e menor compreensão que a espécie; b) idéia imediatamente superior quanto à extensão, à idéia de norma de direito etc.; logo, quando duas classes estão numa relação tal

GÊNERO ALIMENTÍCIO

que a extensão de uma é uma das partes entre as quais pode ser dividida a extensão da outra, a primeira é designada "espécie" da segunda, que é o "gênero" a que pertence a primeira (Lalande); c) classe que se distingue das outras não só devido a algumas propriedades definidas, mas também por um conjunto desconhecido de propriedades, em número indefinido, de que as primeiras são índice (J. S. Mill). **2.** *Filosofia geral, filosofia jurídica* e *teoria geral do direito.* a) Conjunto de espécies que se relacionam entre si devido a uma causa comum ou princípio; b) conjunto de espécies que têm determinadas características comuns, sendo por tal razão agrupadas sob uma designação geral, constituindo uma classe e não um grupo de seres individualizados. O gênero é comum a várias espécies, sendo, portanto, o geral; c) complexo de seres semelhantes, denominados espécies (Clóvis Beviláqua); d) o que se predica na categoria de essência de várias coisas que apresentam diferenças específicas (Aristóteles). **3.** *Direito civil.* Aquilo que pode, por não ser individualizado, ser substituído por outro da mesma quantidade ou qualidade, sendo fungível. Deveras, a fungibilidade, fundada na substituição, está na relação da entrega das coisas, umas pelas outras, encaradas *in genere.* **4.** *Direito autoral.* a) Natureza ou assunto comum a diversas produções literárias ou científicas; b) categoria pela qual se classifica uma obra, segundo sua técnica ou estilo; c) característica de expressão que distingue a obra de um determinado autor ou dos autores de uma certa época. **5.** *Retórica jurídica.* Classificação dos discursos conforme seus fins e os meios empregados. **6.** *Economia política.* O que representa valor monetário, por oposição à moeda. **7.** *Direito romano.* Determinação da coisa pelo número, caso em que se tem a *quantitas* dos romanos (De Plácido e Silva).

GÊNERO ALIMENTÍCIO. 1. Na *linguagem jurídica* em geral, substância, sólida ou líquida, empregada na alimentação humana (frutas, legumes, ovos, cereais, verduras, produtos industrializados etc.). **2.** *Direito penal.* Substância alimentícia que, se alterada ou falsificada, torna-se nociva à saúde, e, por conseguinte, objeto de crime contra a saúde pública, punido pela lei penal.

GÊNERO DELIBERATIVO. *Retórica jurídica.* Discurso que visa persuadir ou dissuadir uma assembléia sobre assuntos a serem por ela deliberados.

GÊNERO DIDÁTICO. *Direito autoral.* Diz-se da obra que tem por escopo primordial a instrução.

GÊNERO FILOSÓFICO. *Filosofia geral.* O que objetiva atingir a verdade em todos os ramos do pensamento.

GÊNERO HUMANO. A humanidade.

GÊNERO NARRATIVO. *Direito autoral.* Característica da obra que contém as descrições históricas, os contos, os anais, as memórias etc.

GÊNEROS. 1. *Direito comercial.* a) Coisas suscetíveis de comércio; b) mercadorias; fazendas; efeitos comerciais; c) víveres. **2.** *Direito agrário.* Produtos agrícolas; produtos da terra.

GÊNEROS DE EMBARQUE. *Direito comercial.* Gêneros alimentícios convenientemente preparados e embalados para suportar a viagem marítima.

GÊNEROS DE ESTIVA. *Direito comercial.* **1.** Em Pernambuco, os do comércio de secos e molhados em grosso. **2.** São os produtos mais pesados colocados sobre a estiva no porão do navio.

GÊNEROS DE EXPORTAÇÃO. *Direito internacional privado.* Produtos industriais ou agrícolas que são exportados.

GÊNEROS DE SACARIA. *Direito comercial.* Aqueles que, por não se deteriorarem com facilidade, podem suportar o peso de cargas ou mercadorias mais leves, como o milho, feijão etc.

GÊNEROS DE TORNA-VIAGEM. *História do direito.* **1.** Aqueles preparados para ficar em bom estado de conservação durante uma grande e longa viagem, retornando sem qualquer avaria. **2.** Aqueles que, por não terem consumo no porto a que se destinavam, voltavam para aquele de onde partiram.

GENEROSIDADE. 1. *Direito civil.* a) Concessão de dádivas; b) liberalidade. **2.** Nas *linguagens jurídica* e *comum:* a) auxílio pecuniário; b) superioridade de sentimentos; c) desprendimento em prol de alguém ou de alguma causa.

GÊNEROS MOLHADOS. *Direito comercial.* Mercadorias líquidas.

GENEROSO. *Direito agrário.* **1.** Diz-se do terreno ou campo fértil. **2.** Cavalo brioso.

GÊNEROS SECOS. *Direito comercial.* Mercadorias não líquidas ou sólidas.

GÊNESE. 1. *Filosofia geral* e *filosofia do direito.* a) Modo pelo qual o objeto se tornou o que é no momento considerado (Lalande); b) formação de algo, desde sua origem; c) origem das coisas ou dos seres; d) princípio; e) causa próxima;

GEN 716 GÊNESIS

f) desenvolvimento gradual de uma instituição jurídica, de uma idéia, de um ser etc. **2.** *Direito canônico.* Primeiro livro do Antigo Testamento, escrito por Moisés, sobre a criação do mundo.

GÊNESIS. *Vide* GÊNESE.

GENÉTICA. 1. *Medicina legal* e *biodireito.* a) Ramo da biologia que estuda a hereditariedade; b) teoria da transformação dos seres vivos. **2.** *Teoria geral do direito.* a) Classificação de objetos conforme a ordem de sua produção ou as diferentes causas que os produzem (Lalande); b) teoria que sustenta que a idéia pode ser engendrada por síntese, partindo-se de elementos que, ainda, não a contêm (Lalande). **3.** *Lógica jurídica.* Definição por geração (Wolff).

GENÉTICO. 1. Na *linguagem jurídica* em geral, tudo o que se refere a genética. **2.** *Teoria geral do direito, filosofia do direito* e *filosofia geral.* Diz-se do método que estuda o objeto de uma ciência, verificando sua gênese (Lalande).

GENETRIZ. 1. *Filosofia geral.* Causa eficiente de um fato. **2.** *Filosofia do direito.* Causa de um fato juridicamente qualificado; circunstância que dá origem ao direito. **3.** *Direito civil.* a) Fato jurídico; b) mãe.

GÊNIO. 1. Índole ou caráter da pessoa. **2.** Dom natural; talento inato. **3.** Vocação; aptidão. **4.** Alto grau de potência intelectual; grande poder de inteligência que alguém possui.

GENIOPLASTIA. *Medicina legal.* Restauração do queixo.

GENITÁLIA EXTERNA. *Medicina legal.* Conjunto dos órgãos sexuais externos.

GENITOR. *Direito civil.* Pai.

GENITURA. Raça; origem; geração.

GENITURINÁRIO. *Medicina legal.* Referente aos órgãos genitais e urinários.

GENOCIDA. *Direito penal.* Aquele que cometeu genocídio.

GENOCÍDIO. *Direito penal* e *direito internacional.* **1.** Crime contra a humanidade consistente no extermínio, total ou parcial, mediante uso de violência, de grupos humanos por motivos étnicos, raciais, religiosos, políticos etc. **2.** Destruição em massa de um grupo étnico e projeto sistemático que tem por fim eliminar aspecto fundamental da cultura de um povo (Lemkin).

GENOFOBIA. *Medicina legal.* Medo mórbido de praticar o ato sexual.

GENOMA. *Biodireito.* Material genético contido nos cromossomos de cada organismo. O genoma humano possui cerca de três bilhões de pares de base, que formam o DNA.

GENOPLASTIA. *Medicina legal.* Cirurgia plástica facial.

GENOQUILOPLASTIA. *Medicina legal.* Cirurgia plástica feita nos lábios e bochechas.

GENOTIPAGEM. *Direito ambiental.* Processo que possibilita identificar a seqüência de nucleotídeos na composição do DNA dos animais e relacionar os resultados à característica de susceptibilidade ou resistência ao aparecimento dos sintomas clínicos de Scrapie, de acordo com padrões estabelecidos pelo DDA (Departamento de Defesa Animal).

GENÓTIPO. *Medicina legal* e *biodireito.* **1.** Constituição hereditária. **2.** Constituição genética determinante do fenótipo.

GENRO. *Direito civil.* Marido ou companheiro da filha relativamente aos pais dela, sendo considerado parente por afinidade, em linha reta.

GENS. *Direito romano.* Conjunto de pessoas ligadas a um antepassado comum, por serem dele descendentes.

GENS HUMANA RUIT PER VETITUM NEFAS. *Expressão latina.* A raça humana se precipita no crime.

GENTE. 1. *Direito romano.* a) Termo que designa os descendentes de um tronco comum; b) *gens,* no sentido de decúria, que se constituía pela reunião de dez famílias, sendo que trezentas davam origem ao *populus romanus quiritium.* Nesta acepção, grupo cuja afinidade político-religiosa é a mesma; c) povo. **2.** Na *linguagem jurídica* em geral: a) multidão; b) grupo de habitantes de um país; povo; c) grupo de pessoas que têm a mesma profissão; d) pessoa natural; ser humano. **3.** *Direito militar.* Força armada empenhada numa empresa. **4.** *Ciência política.* Conjunto de partidários de uma facção política. **5.** *Sociologia jurídica.* a) Grupo de pessoas que têm os mesmos costumes; b) classe de pessoas; c) gênero humano; humanidade; d) conjunto de pessoas cujos caracteres antropológicos são comuns; e) quantidade maior ou menor de pessoas consideradas de modo indeterminado; f) família. **6.** Na *linguagem comum,* pessoa sensível, humana e compreensiva.

GENTE À-TOA. *Sociologia jurídica.* Ralé; meretrício.

GENTE DA CASA. *Direito civil* e *direito do trabalho.* Locução empregada para aquele que mora numa casa, mesmo na condição de empregado.

GENTE DA EQUIPAGEM. *Direito marítimo.* Conjunto de marinheiros engajados num navio mercante.

GENTE DE BAIXO. *História do direito.* Denominação que, outrora, o povo de Cuiabá dava aos portugueses.

GENTE DE BORDO. *Direito marítimo.* Marinhagem.

GENTE DE NAÇÃO. *Sociologia jurídica.* Descendente de judeus.

GENTE DE SERVIÇO. *Direito do trabalho.* Grupo de pessoas admitidas para serviços domésticos, mediante pagamento de salário.

GENTE DE TRATO. *Direito comercial.* Negociante.

GENTE DO CAMPO. *Direito agrário.* Trabalhador rural autônomo ou que trabalha para um fazendeiro.

GENTE DO MAR. *Direito marítimo.* Diz-se daquele que é hábil em serviços marítimos, engajado em navio ou embarcação.

GENTE DO POVO. *Sociologia jurídica.* **1.** Aquele que pertence à massa. **2.** Plebe. **3.** Pessoa humilde.

GENTIAGA. **1.** *Sociologia jurídica.* Ralé. **2.** Na *linguagem comum,* reunião contendo muita gente.

GENTÍLICO. *Direito canônico.* Relativo aos gentios.

GENTILIDADE. **1.** *Direito romano.* Grupo de pessoas que pertenciam à mesma família. **2.** *Direito canônico.* Paganismo; religião dos gentios.

GENTIO. *Direito canônico.* Pagão; aquele que professa o paganismo.

GENTLEMAN. *Termo inglês.* Homem bem-educado.

GENTLEMEN'S AGREEMENT. *Direito internacional público.* Acordo entre cavalheiros, sem vínculo jurídico, apesar de ter o moral, visto constituir compromisso de honra, decorrente de declarações de vontade de órgãos de relações exteriores de dois ou mais países, indicativas da atitude que se pretende seguir, sem ter o perfil de uma obrigação jurídico-negocial, mas sim uma mera declaração de intenção. Por exemplo, a Carta do Atlântico firmada por Roosevelt e Churchill em 1941. Não é, portanto, um tratado, visto que os contratantes não são Estados soberanos, mas pessoas físicas investidas em altos cargos de chefia (ministros de relações exteriores, estadistas, chefes de Estado e de governo), que assumem compromisso moral de cumprir o acordo enquanto detiverem o poder governamental. *Vide* ACORDO ENTRE CAVALHEIROS.

GENUS PERIRE NON CENSETUR. *Expressão latina.* Admite-se que o gênero não perece.

GENUS VITAE. *Locução latina.* Modo de viver.

GENUS VIVENDI. *Locução latina.* **1.** Em acepção estrita, o mesmo que *GENUS VITAE.* **2.** Em *sentido amplo* pode significar padrões habituais de comportamento setoriais ou globais, de uma dada comunidade.

GEODÉSIA. *Direito civil* e *direito processual civil.* **1.** Arte de dividir e de medir terras; agrimensura. **2.** Arte de traçar limites (Othon Sidou).

GEODÉSICO. *Direito civil* e *direito processual civil.* **1.** Relativo a geodésia. **2.** Linha limítrofe artificial.

GEOFAGIA. *Medicina legal.* Hábito de comer terra e argila.

GEOLOGIA. Ciência que estuda a origem e a constituição da Terra, a disposição das rochas e das jazidas minerais.

GEOLOGIA MÉDICA. *Medicina legal.* Ciência que trata das relações do solo com a higiene.

GEÓLOGO. Diz-se daquele que é versado em geologia.

GEÓLOGO DE PETRÓLEO. Aquele que identifica a estratificação pela análise de dados fornecidos pelo registro elétrico ou radioativo das sondagens, averiguando se existe ou não algum campo petrolífero na região.

GEOMAGNETÍFERO. *Direito agrário.* Aparelho utilizado para aplicar eletricidade atmosférica em solos cultivados, com o escopo de acelerar o crescimento das plantas.

GEOMETRIA. **1.** *História do direito.* Agrimensura. **2.** Na *linguagem moderna:* a) ciência de todas as espécies possíveis de espaço (Kant); b) ciência dos conjuntos ordenados de várias dimensões (Russell).

GEOPOLÍTICA. *Ciência política.* **1.** Ramo da antropogeografia que procura interpretar a evolução política das nações por meio de fatores geográficos. **2.** É a ciência que estuda os liames que ligam os acontecimentos políticos à Terra indicando as diretrizes da política estatal, deduzindo-as da análise geográfico-histórica dos fatos sociais, políticos e econômicos (Attinà, Ratzel, Kjellen, Haushofer e Spykman).

GEOPONIA. *Direito agrário.* Cultura da terra.

GEORGISMO. *História do direito* e *economia política.* Sistema tributário preconizado, no século XIX, pelo economista norte-americano Henry George, baseado na idéia de um imposto único incidente sobre a renda da terra.

GERAÇÃO

GERAÇÃO. 1. *Direito civil.* Grau de descendência em linha reta. **2.** Na *linguagem comum:* a) ato de gerar algo; b) grupo de pessoas que têm mais ou menos a mesma idade. **3.** *Filosofia do direito.* Causa eficiente que é a geradora da coisa; aquilo de onde algo provém.

GERADORES. *Direito ambiental.* São pessoas, físicas ou jurídicas, públicas ou privadas, responsáveis por atividades ou empreendimentos que gerem os resíduos.

GERAL. 1. *Lógica jurídica.* a) Termo ou conceito que convém à maior parte dos indivíduos de uma mesma classe; b) proposição que contém um ou mais termos variáveis ou indeterminados. **2.** *Direito canônico.* Chefe supremo de uma ordem religiosa, principalmente da dos jesuítas. **3.** Nas *linguagens jurídica* e *comum* pode ter a acepção de: a) o que convém à maior parte das pessoas de uma certa classe; b) o comum; o normal; c) local, nos teatros, estádios, circos, onde se cobram preços mais baixos; d) aquilo que compreende um todo; total; relativo à totalidade; e) que é de hierarquia superior.

GERÊNCIA. *Direito comercial.* **1.** Ação de dirigir ou administrar negócios de uma empresa; administração ou direção de negócios de um estabelecimento. **2.** Função de gerente.

GERÊNCIA DE INFRA-ESTRUTURA EM SERVIÇOS DE SAÚDE. *Medicina legal.* A ela compete: a) regulamentar e racionalizar o uso da infra-estrutura física e seus insumos utilizados em serviços de interesse para saúde, bem como a tecnologia aplicada; b) elaborar, coordenar e promover a aplicação de normas, regulamentos e orientações na área da infra-estrutura dos serviços de interesse para saúde; c) promover, em cooperação com os órgãos competentes, ações de estímulo e incentivo ao desenvolvimento científico e tecnológico de serviços de interesse para saúde na área de infra-estrutura; d) participar da elaboração de roteiros e programas de avaliação, inspeção e monitoramento de serviços de interesse para a saúde na área de infra-estrutura; e) promover, em cooperação com órgãos, ações para a formação, capacitação e treinamento de recursos humanos na área de infra-estrutura de serviços de interesse para saúde; f) assessorar outras áreas técnicas da ANVISA em aspectos relacionados à infra-estrutura física.

GERÊNCIA DE INVESTIGAÇÃO E PREVENÇÃO DAS INFECÇÕES E DOS EVENTOS ADVERSOS. *Biodireito* e *medicina legal.* É a que tem competência para: a) promover e propor normas de procedimentos para o controle de infecções e eventos adversos em serviços de saúde, visando orientar e disciplinar o funcionamento das instituições da rede pública e privada em todo o território nacional; b) divulgar e disseminar informações e publicações relativas ao controle de infecções e iatrogenias em serviços de saúde; c) elaborar, padronizar indicadores e monitorar as infecções e os eventos adversos em serviços de saúde; d) investigar a ocorrência de eventos adversos em serviços de saúde; e) desenvolver atividades com os órgãos afins de administração federal, estadual, distrital e municipal, inclusive os de defesa do consumidor, com o objetivo de exercer o efetivo cumprimento da legislação.

GERÊNCIA DE MEDICAMENTOS GENÉRICOS. *Direito do consumidor.* Órgão com competência para: a) planejar, coordenar e supervisionar as atividades técnicas e normativas relativas a registro de medicamentos genéricos; b) articular-se com órgãos congêneres das administrações federal, estadual, municipal e do Distrito Federal, visando o exercício pleno das funções decorrentes de sua competência; c) analisar e emitir parecer circunstanciado e conclusivo nos processos referentes a registro de medicamentos genéricos, tendo em vista a identidade, qualidade, finalidade, atividade, eficácia, segurança, risco, preservação e estabilidade dos produtos sob o regime de vigilância sanitária; d) coordenar e orientar os trabalhos técnicos relativos à elaboração de normas e padrões na área de registro de produtos genéricos; e) implantar sistemática operacional referente ao controle de riscos, qualidade e custos no que diz respeito às questões de medicamentos genéricos; f) analisar estudos de biodisponibilidade relativa para fins de registro de medicamentos.

GERÊNCIA DE MEDICAMENTOS ISENTOS, FITOTERÁPICOS, HOMEOPÁTICOS E OPOTERÁPICOS. *Direito do consumidor.* É a que visa: a) planejar, coordenar e orientar as atividades técnicas e normativas relativas a registro de medicamentos isentos, fitoterápicos, homeopáticos e opoterápicos; b) analisar e emitir parecer circunstanciado e conclusivo nos processos referentes a registro de medicamentos isentos, fitoterápicos, homeopáticos e opoterápicos e suas alterações, tendo em vista a identidade, qualidade, finalidade, atividade, eficácia, segurança, risco, preservação e estabilidade dos produtos sob o regime de vigilância sanitária; c) coordenar e orientar a participação das áreas técnicas na elaboração de normas e padrões relativos ao registro de produtos isentos, fitoterápicos, homeopáticos e opoterápicos; d) articular-se com órgãos congêneres das administrações federal, estadual, municipal e do Distrito Federal, visando o exercício pleno das funções decorrentes de sua competência; e) definir e implantar sistemática operacional referente ao controle de riscos, qualidade e custos no que diz respeito às questões de medicamentos isentos, fitoterápicos, homeopáticos e opoterápicos.

GERÊNCIA DE MEDICAMENTOS SIMILARES. *Direito do consumidor.* Tem competência para: a) planejar, coordenar e orientar as atividades técnicas e normativas relativas a registro de medicamentos similares; b) analisar e emitir parecer circunstanciado e conclusivo nos processos referentes a registro de medicamentos similares e suas alterações, tendo em vista a identidade, qualidade, finalidade, atividade, eficácia, segurança, risco, preservação e estabilidade dos produtos sob o regime de vigilância sanitária; c) coordenar e orientar a participação das áreas técnicas na elaboração de normas e padrões relativos ao registro de produtos similares; d) articular-se com órgãos congêneres das administrações federal, estadual, municipal e do Distrito Federal, visando o exercício pleno das funções decorrentes de sua competência; e) definir e implantar sistemática operacional referente ao controle de riscos, qualidade e custos no que diz respeito às questões de medicamentos similares.

GERÊNCIA DE REJEITOS RADIOATIVOS (GRR). *Direito ambiental.* É o conjunto de atividades administrativas e técnicas envolvidas na coleta, segregação, manuseio, tratamento, acondicionamento, transporte, armazenamento, controle e deposição de rejeitos radioativos.

GERÊNCIA DE TECNOLOGIA DA ORGANIZAÇÃO EM SERVIÇOS DE SAÚDE. *Direito do consumidor.* É incumbida de: a) coordenar e supervisionar as atividades de vigilância sanitária no âmbito dos serviços de saúde, visando controlar e prevenir os riscos físicos, químicos, biológicos e as iatrogenias e assegurar o exercício de boas práticas na atenção à saúde; b) normalizar procedimentos para o funcionamento de serviços de saúde; c) divulgar e promover a aplicação de normas, regulamentos e orientações técni-

cas relativas aos serviços de saúde; d) analisar e emitir parecer circunstanciado e conclusivo referente à ação de fiscalização junto aos serviços de saúde no cumprimento às normas sanitárias vigentes; e) monitorar a situação sanitária dos serviços de saúde; f) realizar estudos e diagnósticos visando a identificação de fatores de risco em serviços de saúde; g) desenvolver atividades com os órgãos afins de administração federal, estadual, distrital e municipal, inclusive os de defesa do consumidor, com o objetivo de exercer o efetivo cumprimento da legislação.

GERÊNCIA DE VIGILÂNCIA EM SERVIÇOS DE SAÚDE. *Direito do consumidor.* Órgão a quem compete: a) propor, organizar, orientar, coordenar e executar as atividades do programa de vigilância sanitária nos hospitais sentinelas, a partir das diretrizes estabelecidas pelo Comitê de Organização da Vigilância Sanitária Hospitalar; b) propor e celebrar convênios e contratos com os serviços sentinelas para a transferência de recursos na implantação e manutenção do programa de vigilância sanitária; c) monitorar, supervisionar e fornecer suporte técnico aos profissionais dos serviços sentinelas, denominados de gerentes de risco, nas atividades do programa de vigilância sanitária; d) avaliar, participar da formação e atualizar os gerentes de risco; e) consolidar e analisar as informações coletadas nos relatórios periódicos enviados pelos gerentes de risco e propor melhorias no programa de serviços sentinelas; f) promover a continuidade das ações na sua área de competência; g) desenvolver atividades com os órgãos afins de administração federal, estadual, do Distrito Federal e municipal, inclusive o de defesa do consumidor, com o objetivo de dar suporte ao Sistema Nacional de Vigilância Sanitária.

GERÊNCIA-GERAL DE TECNOLOGIA EM SERVIÇOS DE SAÚDE. *Direito do consumidor.* Órgão com competência para: a) coordenar e avaliar, no âmbito nacional, as ações de vigilância sanitária de serviços de saúde executadas por estados, municípios e Distrito Federal; b) elaborar normas de procedimentos para o funcionamento dos serviços de saúde; c) desenvolver atividades com os órgãos afins de administração federal, estadual, municipal e do Distrito Federal, inclusive os de defesa do consumidor, com o objetivo de exercer o efetivo cumprimento da legislação; d) fomentar e realizar estudos, investigações, pesquisas e treinamentos no âmbito das atividades de vigilância de serviços de saúde; e) estabelecer mecanismos de controle e avaliação de riscos e eventos adversos pertinentes à prestação de serviços de saúde; f) promover a elaboração de instrumentos técnicos para aplicação nos serviços de saúde do país visando a melhoria contínua da qualidade dos serviços de saúde; g) coordenar a atualização do cadastro nacional de serviços de saúde.

GERENCIAMENTO DE MEMÓRIA. *Direito virtual.* Forma como o programa desenvolvido em uma certa linguagem organiza dados na memória do computador, evitando conflitos.

GERENCIAMENTO DE RESÍDUOS. *Direito ambiental.* É o sistema de gestão que visa reduzir, reutilizar ou reciclar resíduos, incluindo planejamento, responsabilidades, práticas, procedimentos e recursos para desenvolver e implementar as ações necessárias ao cumprimento das etapas previstas em programas e planos.

GERENTE. **1.** *Direito comercial.* a) Aquele que administra negócios, serviços ou bens de uma firma ou empresa; b) preposto do empresário; mandatário da empresa; c) preposto permanente que, por vínculo empregatício, administra e exerce atividade econômica da empresa, sob subordinação do administrador ou empresário; d) sócio comanditado. **2.** *Direito administrativo.* Servidor público ativo, responsável pelo planejamento, condução administrativa e supervisão técnica das atividades do projeto e, por delegação do Diretor Nacional de Projeto, pela ordenação das despesas.

GERENTE BANCÁRIO. *Direito bancário.* O que ocupa cargo de confiança e de chefia, tendo sob suas ordens, em razão de hierarquia funcional, os demais empregados da agência bancária.

GERENTE COMERCIAL. *Direito comercial* e *direito do trabalho.* Preposto que age em nome do empresário, por ser seu empregado mais categorizado, tendo poderes similares ao do mandatário geral, necessários à direção dos negócios, dos serviços e dos bens de uma empresa. As relações entre o gerente e o empresário regem-se pelo direito do trabalho. O empresário é responsável pelo ato de seu preposto praticado dentro do estabelecimento.

GERENTE DE BANCO. *Vide* GERENTE BANCÁRIO.

GERENTE PREPOSTO. *Direito comercial.* O representante da firma, na qualidade de mandatário, exercendo a gerência e assinando pela firma. Para tanto, será preciso que o mandato contenha a outorga de poderes de direção ou de administração do estabelecimento empresarial (comercial ou industrial). É, portanto, aquele que exerce a administração da sociedade por delegação dos sócios, vinculando-se a ela por contrato de trabalho.

GERENTE SÓCIO. *Direito comercial.* Órgão representativo da pessoa jurídica que assina pela firma, obrigando, por seus atos, a sociedade a terceiros com que veio a contratar em nome dela.

GERIR. **1.** Administrar. **2.** Ter gerência. **3.** Governar. **4.** Dirigir. **5.** Reger. **6.** Regular.

GERMÂNICO. *Sociologia geral.* Pertencente ao povo da Germânia, posteriormente Alemanha.

GERMANISMO. *Sociologia jurídica.* Imitação de costumes germânicos ou alemães.

GERMANO. **1.** *Direito civil.* Diz-se daquele irmão que procede do mesmo pai e da mesma mãe; irmão bilateral. **2.** *Sociologia geral* e *sociologia jurídica.* Relativo aos habitantes da Alemanha.

GÉRMEN. Em sentido figurado: a) causa; b) origem.

GERME PATOGÊNICO. *Medicina legal.* Micróbio causador de epidemia.

GERMINADOR. *Direito agrário.* Instrumento provido de aquecimento artificial apropriado para averiguar o poder germinativo das sementes.

GERMINAMENTO. *História do direito.* Protesto marítimo ou ata de junta deliberativa na qual se justificavam as despesas extraordinárias, a arribada forçada, os alijamentos.

GERMINAR. *Direito agrário.* **1.** Começar a semente a desenvolver-se. **2.** Deitar rebentos.

GERODERMIA. *Medicina legal.* Afecção cutânea distrófica que produz aparência de velhice ou que resulta envelhecimento precoce.

GEROMORFISMO. *Medicina legal.* **1.** Velhice precoce advinda de perturbação nutritiva. **2.** Endurecimento ou enrugamento de órgão, dando aspecto de senilidade.

GERONTE. *História do direito.* **1.** Membro do senado de algumas das antigas cidades gregas como Creta, Lacedemônia, que devia contar com mais de sessenta anos. **2.** Juiz dos cristãos gregos.

GERONTOCRACIA. *Ciência política.* Governo em que a soberania é exercida pelos velhos.

GERONTOFILIA. *Medicina legal.* Cronoinversão sexual que se manifesta pelo amor por pessoa do sexo oposto bem mais velha.

GEROTERAPIA. *Medicina legal.* Tratamento que visa o retardamento da velhice.

GERÚSIA. *História do direito.* Senado ou conselho permanente, composto de trinta gerontes, que existia em algumas cidades da Grécia Antiga.

GESAMT. *Termo alemão.* **1.** Totalidade. **2.** Solidariedade.

GESAMTAKT. *Termo alemão.* **1.** Subespécie de contrato de trabalho, contendo uma soma de declarações nascidas de um acordo pactuado ou de uma atividade conjunta (Guenter Drosdowski & Paul Grebe). **2.** Ato coletivo (Michel Doucet). **3.** Contrato social.

GESAMTARBEITSVERTRAG. *Termo alemão.* Contrato coletivo de trabalho.

GESAMTGLAUBIGER. *Termo alemão.* Credor solidário.

GESAMTSCHULDNER. *Termo alemão.* **1.** Devedor insolvente. **2.** Devedor solidário.

GESAMTVERWEISUNG. *Termo alemão.* Teoria do reenvio.

GESCHÄFT. *Termo alemão.* Negócio.

GESCHÄFTSFÄHIGKEIT. *Termo alemão.* Capacidade de exercício.

GESELLSCHAFT. *Termo alemão.* Sociedade.

GESELLSCHAFT MIT BESCHRÄNKTER HAFTUNG. *Expressão alemã.* Sociedade por quotas de responsabilidade limitada que, atualmente, no Brasil é a sociedade limitada.

GESETZGEBUNGSLEHRE. *Termo alemão.* Teoria da legislação.

GESTAÇÃO. *Medicina legal.* Período do desenvolvimento do produto da fecundação, abrangendo a fase ovular, embrionária e fetal até o nascimento.

GESTAÇÃO DE SUBSTITUIÇÃO. *Medicina legal.* Doação ou cessão gratuita temporária de útero.

GESTALT. *Termo alemão.* **1.** Padrão, forma ou estrutura. **2.** Produto de uma organização. **3.** Forma de que o direito se reveste.

GESTALTISMO. *Psicologia forense.* Teoria pela qual a percepção se realiza sobre o todo e não como apreensão cumulativa das suas partes componentes.

GESTANTE. *Medicina legal.* Mulher em período de gravidez; que está em gestação.

GESTÃO. **1.** *Direito administrativo.* Ato pelo qual o Estado gere seu patrimônio ou negócios. Ato praticado pela Administração Pública sem o uso de poderes comandantes, como a venda de bens, que é, hodiernamente, considerado ato de direito privado praticado pela Administração (Celso Antônio Bandeira de Mello). **2.** *Direito civil* e *direito comercial.* a) Administração; b) gerência de bens ou de interesses alheios; c) ato de gerir.

GESTÃO ADMINISTRATIVA. *Direito administrativo.* Cooperação *sui generis* que se estabelece entre administrado e Administração Pública no que atina ao serviço público (Maurice Hauriou).

GESTÃO DE DOCUMENTOS. Conjunto de procedimentos e operações técnicas referentes à produção, à tramitação, à avaliação, ao uso e ao arquivamento de documentos.

GESTÃO DE DOCUMENTOS E INFORMAÇÕES. *Direito administrativo.* No Ministério da Fazenda, é o planejamento, o controle e a avaliação de documentos e informações, por meio de um conjunto de normas, procedimentos e técnicas operacionais referentes à produção, registro, tramitação, uso, reprodução, organização e arquivamento, em fase corrente e intermediária, visando à eliminação ou guarda temporária para posterior recolhimento ao Arquivo Nacional.

GESTÃO DE FLORESTAS PÚBLICAS PARA PRODUÇÃO SUSTENTÁVEL. *Direito ambiental.* É a que compreende: a) a criação de florestas nacionais, estaduais e municipais, e sua gestão direta; b) a destinação de florestas públicas às comunidades locais; c) a concessão florestal, incluindo florestas naturais ou plantadas e as unidades de manejo das áreas protegidas.

GESTÃO DE NEGÓCIO. **1.** *Direito civil.* Intervenção, não autorizada, de uma pessoa (gestor de negócio) na direção dos negócios de uma outra (dono do negócio), feita segundo o interesse, a vontade presumível e por conta desta última. Ou como prefere Clóvis Beviláqua é a administração oficiosa de interesses alheios, feita sem procuração. **2.** *Direito administrativo.* Execução de ato por uma pessoa de acordo com o interesse de outra sem que tenha recebido delegação especial para tanto. A iniciativa de tal gestão é: a) do particular em favor da administração; b) de agente administrativo em benefício do particular; c) de pessoa jurídica de direito público em prol de outra entidade pública (Cretella Jr., Vedel, Ducombeau e Michoud).

GESTÃO DO DESEMPENHO E ADMINISTRAÇÃO DOS RESULTADOS DO BANCO CENTRAL. *Direito bancário.* É um processo de contínua avaliação do resultado do desempenho dos servidores e da instituição, tendo por finalidade: a) verificar se a missão institucional está sendo cumprida e se os objetivos da instituição/unidades estão sendo alcançados; b) estimular a melhoria da qualidade e o aperfeiçoamento dos processos de trabalho, com vistas ao aumento da produtividade dentro das unidades e nos serviços prestados pela instituição; c) desenvolver a capacitação profissional e maximizar o aproveitamento do potencial dos servidores; d) estimular o trabalho em equipe; e) subsidiar as decisões gerenciais; f) subsidiar as decisões da área de Recursos Humanos (lotação, mobilidade, processo seletivo, planejamento de ações de treinamento e desenvolvimento, administração de carreira e sucessões); g) subsidiar o processo de promoção entre classes; h) subsidiar o processo de progressão funcional dos servidores; i) subsidiar o processo de avaliação de servidores em estágio probatório.

GESTÃO DOS SISTEMAS DE SEGURANÇA SOCIAL. *Direito internacional privado.* Colaboração paritária e permanente entre poder público e organizações de empregados e empregadores para obter o desenvolvimento da economia, a elevação da qualidade de vida e melhoria das condições de trabalho e do bem-estar social no seio da empresa.

GESTÃO ECONÔMICO-FINANCEIRA. *Direito comercial.* Ato de dirigir empresa, ou melhor, sociedade anônima, patrimonial, econômica e financeiramente proba e sem "desvio de poder".

GESTÃO FINANCEIRA. *Direito administrativo.* Período de doze meses em que são registradas as despesas e receitas dentro dos limites preestabelecidos no orçamento.

GESTÃO PATRIMONIAL. *Direito comercial.* Demonstração contábil que, na sociedade anônima, deve ser apresentada pela diretoria, ao final do exercício social, baseada na escrituração mercantil, contendo: balanço patrimonial, lucros e prejuízos acumulados, indicação do resultado do exercício, das origens e aplicações de recursos (Sampaio de Lacerda). Tal demonstração diz respeito à integralidade do patrimônio social.

GESTÃO PRIVADA. *Direito administrativo.* Processo de gestão em que, excepcionalmente, a administração se submete, abandonando o regime de direito público, dispensando a licitação; por ex., ao locar prédios para instalação de repartição pública, ao adquirir alimentos para suprir as Forças Armadas etc. (Vedel, Cretella Jr.).

GESTÃO SOCIAL. *Direito comercial.* Ato do administrador da sociedade anônima de conduzir os negócios sociais, devendo para tanto prestar caução, por penhor de ações ou outra forma de garantia e atuar com probidade.

GESTAPO. *História do direito.* Sigla de *Geheime Staatspolizei*, que era a polícia secreta do nazismo, criada por Hitler e chefiada por Himmler, comandante das tropas de elite. A Gestapo tinha por missão eliminar qualquer oposição ao nacional-socialismo alemão.

GESTOR. *Direito administrativo.* **1.** Usuário que gerou a informação e que responde pelo seu conteúdo. **2.** Aquele que foi formalmente designado para definir ou alterar a classificação da informação nos graus de sigilo, criticidade e perfil de acesso dos demais usuários e processos.

GESTOR DE NEGÓCIOS. 1. *Direito civil.* Aquele que, agindo sem mandato, trata de interesse alheio segundo a vontade presumível de seu dono, ficando responsável perante este e as pessoas com quem tratar. Realmente, em certos casos, há necessidade de tomar providências, em lugar do titular do direito, para prevenir graves prejuízos, como no caso, por exemplo, de este estar afastado de seu domicílio por viagem, doença etc., e, portanto, impossibilitado de praticar atos urgentes para defender, conservar ou adquirir bens, em face do cumprimento de determinadas obrigações ou do exercício de seus direitos. **2.** *Direito administrativo.* Aquele que executa atos de acordo com o interesse do gerido, sem ter recebido qualquer delegação especial, principalmente se tais atos forem de iniciativa de entidade pública. *Vide* GESTÃO DE NEGÓCIOS.

GESTOR PROCESSUAL. *Direito processual civil.* Assistente do assistido-réu que, ante sua inércia, passa a agir evitando os efeitos da revelia, praticando atos em benefício daquele (réu revel).

GESTOS. Movimentos do corpo que exprimem uma idéia ou pensamento, que podem ter repercussão, na seara jurídica, como ocorre com os obscenos.

GESTOS DE AGENTES. *Direito de trânsito.* Movimentos convencionais de braço, adotados exclusi-

GESTOS DE CONDUTORES

vamente pelos agentes de autoridades de trânsito nas vias, para orientar, indicar o direito de passagem dos veículos ou pedestres ou emitir ordens, sobrepondo-se ou completando outra sinalização ou norma constante deste Código.

GESTOS DE CONDUTORES. *Direito de trânsito.* Movimentos convencionais de braço, adotados exclusivamente pelos condutores, para orientar ou indicar que vão efetuar uma manobra de mudança de direção, redução brusca de velocidade ou parada.

GESTOSE. *Medicina legal.* Manifestação toxêmica ocorrida durante a gravidez.

GESTUM PER AES ET LIBRAM. *Expressão latina.* Realizado com dinheiro e balança.

GETULINHO. *História do direito.* Moeda de dez centavos emitida, no Brasil, em 1943.

GETULISMO. *Ciência política.* Conjunto de idéias políticas propugnadas por Getúlio Vargas.

GETULISTA. *História do direito.* Adepto do getulismo.

GEWÄHE. *Termo alemão.* Antiga garantia da posse dos direitos reais e pessoais.

GEWALT. *Termo alemão.* Violência.

GFIP. *Direito previdenciário.* Sigla de Guia de Recolhimento ao Fundo de Garantia do Tempo de Serviço e Informações à Previdência Social.

GHOST–WRITER. *Locução inglesa.* **1.** Escritor fantasma. **2.** Denominação dada ao ato de governante ou autoridade pública ler ou publicar, como sendo sua, obra de seus assessores. **3.** Escritor que publica, ou escreve, obra, em nome de outro. **4.** Aquele que, mediante encomenda, escreve obra para outro, que a compra e a assina (Aurélio).

GIAS. *Direito tributário.* Sigla de Guias de Informação e Apuração de Imposto, preenchidas pelo sujeito passivo e que contêm o cálculo do tributo devido.

GIBA. *Direito marítimo.* Última vela da proa.

GIBELINO. *História do direito.* Partidário do imperador que, na era medieval, na Itália, era contrário aos adeptos do Papa, denominados "guelfos".

GIFT. *Medicina legal.* Técnica de fertilização assistida consistente na transferência de gametas para a trompa de Falópio (Roger Abdelmassih).

GIFT IN CONTEMPLATION OF DEATH. *Expressão inglesa.* Doação *causa mortis*.

GIGABYTE (GB). *Direito virtual.* Um bilhão de dígitos.

GIGANTIL. *Direito agrário.* Espécie de milho amarelo.

GIGANTISMO. *Medicina legal.* Crescimento anormal da pessoa.

GIGO. *Direito agrário.* Ramo de árvore, contendo frutos.

GIGOLÔ. 1. *Direito penal.* Aquele que tira proveito de prostituta, participando de seus ganhos ou fazendo-se sustentar, no todo ou em parte, por quem exerça prostituição, praticando, portanto, o crime de rufianismo. **2.** Na *linguagem comum,* aquele sustentado por alguma mulher, em regra, mantida por outro homem, por ser seu amante de coração.

GILDED CHAMBER. *Locução inglesa.* Câmara dos Lordes, da Inglaterra.

GILVAZ. *Medicina legal.* **1.** Golpe no rosto. **2.** Cicatriz oriunda de ferimento no rosto.

GIMNOFOBIA. *Medicina legal.* Aversão a vista do corpo nu.

GINANDRIA. *Medicina legal.* Pseudo-hermafroditismo parcial da mulher cuja genitália externa simula a do homem.

GINANDRISMO. *Medicina legal.* Hermafroditismo.

GINANDRÓIDE. *Medicina legal.* Mulher que apresenta ginandria, tendo aparência masculina.

GINANDROMORFO. *Medicina legal.* Diz-se daquele que apresenta características femininas e masculinas.

GINANTROPO. *Medicina legal.* Diz-se daquele que apresenta mais qualidades físicas femininas do que masculinas.

GINÁSIO. 1. *Direito desportivo.* Local onde se pratica exercício de ginástica. **2.** *História do direito.* Antiga designação ao curso que correspondia às quatro últimas séries do atual primeiro grau. **3.** Na *linguagem jurídica* em geral, estabelecimento de ensino secundário.

GINASTA. *Direito desportivo.* Aquele que pratica ginástica.

GINÁSTICA. *Direito desportivo.* Conjunto de exercícios corporais para desenvolvimento e fortalecimento do corpo.

GINÁSTICA CALISTÊNICA. *Direito desportivo.* Conjunto de exercícios corporais com precisão de movimentos.

GINÁSTICA RÍTMICA. *Direito desportivo.* Conjunto de exercícios corporais, acompanhados de música, que têm por escopo a obtenção da harmonia dos movimentos.

GINATRESIA. *Medicina legal.* Estreitamento da vagina ou do colo uterino.

GINCANA. *Direito desportivo.* Competição feita em local público, consistente em corrida a pé ou em veículos, em que os competidores deverão realizar provas predeterminadas num curto espaço de tempo.

GINECEU. *História do direito.* **1.** Na antigüidade grega, a parte da habitação destinada às mulheres. **2.** Na era medieval, a manufatura em que as mulheres teciam em lã ou seda por ordem do senhor feudal.

GINECOCRACIA. *Sociologia jurídica* e *ciência política.* **1.** Preponderância das mulheres no governo do Estado. **2.** Governo de mulheres. **3.** Nação governada por uma mulher.

GINECOCRATA. *Sociologia jurídica* e *ciência política.* Adepto da ginecocracia.

GINECOCRÁTICO. *Sociologia jurídica* e *ciência política.* Relativo à ginecocracia.

GINECOFOBIA. *Medicina legal.* Medo mórbido de mulheres.

GINECOGRAFIA. *Medicina legal.* Visão radiológica dos órgãos sexuais femininos internos.

GINECOLOGIA. *Medicina legal.* Terapêutica de moléstias privativas das mulheres.

GINECOLOGISTA. *Medicina legal.* Médico especialista em ginecologia.

GINECOMANIA. *Medicina legal.* Paixão mórbida por mulheres, conducente a uma doentia exaltação do instinto sexual masculino.

GINECOMASTIA. *Medicina legal.* Aumento excessivo da glândula mamária do homem.

GINECÔNOMO. *História do direito.* Cada um dos magistrados que, em Atenas antiga, zelava pela boa conduta das mulheres, multando as que usavam adornos excessivos.

GINECOPATIA. *Medicina legal.* Moléstia dos órgãos genitais femininos.

GINECOPLASTIA. *Medicina legal.* Cirurgia restauradora dos órgãos genitais femininos.

GINJA. *Direito agrário.* Cereja saborosa de cor vermelha bem mais escura que a comum.

GIR. *Direito agrário.* Raça de gado indiano, introduzida no Brasil.

GIRAR. 1. *Economia política.* Colocar a moeda ou o dinheiro em circulação, aplicando-o em negócios para obter riquezas e produzir lucros sociais ou particulares. **2.** *Direito comercial.* a) Negociar; b) gerir; c) funcionar sob um nome empresarial, razão social ou firma. **3.** *Direito cambiário.* Sacar letra, pondo-a em circulação. **4.** *Direito bancário.* Movimentar fundos mediante saques. **5.** Na *linguagem comum:* a) ficar maluco; b) rodar; c) circular; d) andar sem rumo certo; e) andar de um lado para outro.

GÍRIA. *Sociologia geral* e *sociologia jurídica.* **1.** Linguagem particular utilizada por determinados grupos etários diferenciados ou sociais pertencentes a uma profissão ou classe. **2.** Linguagem especial, comum entre criminosos e malandros, para não serem entendidos por outras pessoas. **3.** Intérprete de dialetos indígenas, na região amazônica.

GIRIAFASIA. *Medicina legal.* Perturbação de linguagem.

GIRIGOTO. Diz-se daquele que usa gíria.

GÍRIO. *Vide* GIRIGOTO.

GIRO. 1. *Direito comercial.* a) Movimento mercantil; curso de operações comerciais seguido pelo administrador; b) saque ou emissão de títulos para movimento ou circulação de fundos; c) capital ou recurso econômico empregado num negócio empresarial. **2.** *Direito cambiário.* Circulação de títulos de crédito. **3.** *Economia política.* Circulação da moeda. **4.** *Direito do trabalho.* Serviço por turnos ou escalas. **5.** Na *linguagem comum:* a) pequena excursão ou passeio; b) movimento ao redor de um centro; c) jogo de quatro parceiros ao bilhar. **6.** Na *gíria,* conjunto de sensações provocadas pelo consumo de drogas.

GIRO–AVAL. *História do direito.* Instituto cambiário do século XVII em que se usava o aval como meio de transmissão garantida, confundindo-o, então, com o endosso.

GIROCOMPASSO. *Direito espacial.* Compasso mecânico insensível a distúrbios magnéticos, empregado na indicação das direções na superfície da Terra.

GIRONDINO. *História do direito.* Membro da Gironda, o partido republicano moderado da França em 1791.

GIROSCÓPIO. *Direito marítimo* e *direito aeronáutico.* Instrumento de orientação a navios e aviões, utilizado para estabilizar e evitar movimentos laterais.

GIROSE. *Medicina legal.* Vertigem ocasionada por um distúrbio estomacal, provocando no doente a impressão de que os objetos giram ao seu redor.

GITAGISMO. *Direito agrário.* Envenenamento de animais por sementes do gitago, quando abundantes nos grãos oferecidos como alimento.

GITANO. *Direito internacional privado.* Cigano da Espanha.

GIZ. 1. *Direito agrário.* a) Diz-se, no Nordeste, do traço retilíneo, a ferro quente, com que se marca o gado vacum, por ocasião do inventário, com o escopo de indicar que já foi contado; b) contramarca colocada num animal, quando se transfere sua propriedade a outrem. **2.** Na *linguagem comum*, bastonete de sulfato de cálcio ou carbonato utilizado para escrever no quadro-negro de estabelecimentos de ensino ou para riscar tecidos.

GIZAR. 1. *Direito agrário.* Assinalar, a ferro quente, o gado vacum com um traço. Tal ato é muito comum no Nordeste. **2.** Na *linguagem comum,* indica: a) escrever ou riscar com giz; b) conjecturar; c) imaginar.

GLADIADOR. *História do direito.* Aquele que, na era dos romanos, com o intuito de divertir o público, lutava nos circos contra animais ou outros homens.

GLADIATURA. *História do direito.* Combate de gladiadores nos circos da antiga Roma.

GLANDE. *Medicina legal.* **1.** Extremidade do clitóris. **2.** Cabeça do pênis.

GLÂNDULA. *Medicina legal.* Órgão que, constituído de tecido epitelial, tem função secretora de líquidos ou de elementos celulares.

GLASNOST. *Termo russo.* **1.** Abertura política que procurou a liberalização político-econômica da antiga União Soviética, aproximando-a do Ocidente (Acquaviva). **2.** Transparência; qualidade do que tem voz.

GLAUCOMA. *Medicina legal.* Moléstia que pode provocar perda da visão por pressão exercida no interior do globo ocular, tornando-o duro e avermelhado.

GLEBA. 1. *Direito agrário.* Terreno apropriado para agricultura. **2.** *História do direito.* a) Diz-se dos servos que, na era romana, por guerra de conquista, ficavam vinculados a uma porção de terra que deviam cultivar em benefício de seu senhor; b) cada uma das partes em que se dividia o terreno aforado, para outorgar o domínio útil a cada novo foreiro, que assumia os encargos do aforamento; c) forte, ou seja, imóvel rural do Brasil, no período colonial e no Império; d) terreno feudal a que os servos estavam adstritos. **3.** *Direito constitucional* e *direito civil.* Terreno que contém mineral.

GLEBA MANET STERILIS, QUAM NON LACERAVIT ARATRUM. *Expressão latina.* A terra que não é cultivada nada produz.

GLEBÁRIO. *Direito agrário.* Proprietário da gleba ou do imóvel rústico destinado à agricultura.

GLEBA URBANA. *Direito urbanístico.* É o terreno situado em zona urbana ou de expansão urbana, em princípio com área superior a 10.000 m², cujo aproveitamento eficiente não depende de parcelamento, em geral sendo potencial ou efetivamente utilizado como terreno industrial.

GLEBA URBANIZÁVEL. *Direito urbanístico.* É o terreno situado em zona urbana ou de expansão urbana, cujo aproveitamento eficiente depende de parcelamento e urbanização, tendo, em princípio, uma área superior a 10.000 m². Esse limite no tamanho da área deve ser considerado meramente indicativo, não devendo ser tomado como fator decisório no enquadramento da gleba como urbanizável.

GLICOSE. 1. *Medicina legal.* Açúcar contido no sangue; dextrose. **2.** *Direito agrário.* a) Açúcar de uvas ou de amido; b) açúcar existente no mel.

GLIOMA. *Medicina legal.* Tumor do tecido nervoso que se forma no cérebro ou na medula espinhal.

GLOBALIZAÇÃO. 1. Associações múltiplas sobre um tema comum, integrando economias, aprofundando a competitividade e as inovações tecnológicas. **2.** Movimento complexo de abertura de fronteiras econômicas e de desregulamentação, que possibilita às atividades econômicas capitalistas estenderem seu campo de ação em vários países (Jean Luc Ferrandérry). Exemplos desses grupos são a Comunidade Européia e o Mercosul, que visam à integração dos participantes, mediante citação de benefícios para seus integrantes e sistemas de atuação conjunta, de modo a privilegiar o seu relacionamento e traçar uma ação conjunta em relação aos terceiros. A Comunidade Européia constitui um verdadeiro bloco constituído por Estados-membros. O Mercosul, ainda em estágio inicial de formação, é apenas um núcleo de tratados de cooperação entre os países integrantes, sem as características da Comunidade Européia (Pedro Paulo Teixeira Manus).

GLOBALIZAR. Efetuar associação múltipla em torno de um determinado assunto.

GLOBE-TROTTER. *Locução inglesa.* Diz-se daquele que tem o hábito de viajar pelo mundo.

GLÓBULO. *Medicina legal.* Corpúsculo unicelular encontrado no sangue.

GLÓBULOS BRANCOS. *Medicina legal.* Leucócitos.

GLÓBULOS VERMELHOS. *Medicina legal.* Hemácias.

GLOMERULONEFRITE. *Medicina legal.* Inflamação nos glomérulos dos rins, acompanhada de hipertensão, hematúria e insuficiência renal.

GLORIAE ET VIRTUTIS INVIDIA EST COMES. *Expressão latina.* A inveja procura destruir a virtude e o mérito alheio.

GLOSA. **1.** *Teoria geral do direito.* a) Interpretação breve de um texto cujo entendimento é difícil, devido a sua obscuridade; b) explicação de expressões pouco usuais ou antigas; c) censura ou crítica; d) anotação. **2.** *Direito canônico.* Comentário feito à margem do *Corpus Iuris Canonici*. **3.** *História do direito.* a) Na época das Ordenações Filipinas, constituía o parecer contrário ou a desaprovação colocada pela autoridade ou chanceler à margem do documento que continha algum pedido ou deliberação, por não concordar com ela; b) corrigenda feita às leis do Digesto de Justiniano pelos jurisconsultos, designados glosadores da Escola de Bolonha, nos séculos XIII a XV. **4.** Na *linguagem jurídica* em geral, rejeição ou supressão, total ou parcial, de uma quantia ou verba indicada numa conta, orçamento ou documento, cancelando-a. **5.** *Direito tributário.* a) Ato de cancelar; b) ato de proceder à correção, na fiscalização tributária, suprindo ou anulando itens da declaração do contribuinte, lesivos ao interesse do Fisco e contrários às normas.

GLOSADOR. *Teoria geral do direito.* **1.** Aquele que faz glosa ou comenta textos legais obscuros. **2.** Intérprete ou comentador da lei; exegeta de textos jurídicos.

GLOSAR. *Teoria geral do direito.* **1.** Interpretar texto obscuro. **2.** Criticar; censurar. **3.** Rejeitar ou não aprovar, parcial ou totalmente, uma conta. **4.** Comentar. **5.** Anotar. **6.** Dar parecer contrário.

GLOSÁRIO. *Vide* GLOSSÁRIO.

GLOSSALGIA. *Medicina legal.* Dor ou moléstia na língua.

GLOSSÁRIO. *Direito autoral.* **1.** Vocabulário ou dicionário contendo a explicação de palavras obscuras ou desusadas. **2.** Dicionário de termos técnicos usados por uma ciência ou arte. **3.** Vocabulário que figura como apêndice de uma obra, esclarecendo termos pouco usuais ou regionais.

GLOSSÁRIO JURÍDICO. *Direito autoral.* Pequeno dicionário jurídico onde se encontram definições de palavras de difícil compreensão.

GLOSSARISTA. *Direito autoral.* Autor de glossário.

GLOSSECTOMIA. *Medicina legal.* Extirpação da língua.

GLOSSITE. *Medicina legal.* Inflamação da língua, provocada por deficiência de vitaminas, como a "A" e o Complexo "B".

GLOSSÔMETRO. *Direito agrário.* Instrumento usado na apicultura para medir o comprimento do sugadouro das abelhas, verificando suas aptidões para produzir o mel.

GLOSSOPLEGIA. *Medicina legal.* Paralisia da língua.

GLOSSOPTOSE. *Medicina legal.* Queda ou retração da língua.

GLOSSORRAFIA. *Medicina legal.* Sutura da língua.

GLOSSOTOMIA. *Medicina legal.* Amputação ou incisão da língua.

GLOTE. *Medicina legal.* Abertura existente na laringe entre as cordas vocais, protegida pela epiglote.

GLOTITE. *Medicina legal.* Inflamação da glote.

GLUTE. *Direito agrário.* Substância proteínica, contida na parte interna da semente do cereal, que se desprende quando a sua farinha se separa do amido.

GLUTEÍNA. *Direito agrário.* Uma das proteínas do glúten.

GLÚTEN. *Vide* GLUTE.

GMC. *Direito internacional público.* Abreviatura de Grupo do Mercado Comum.

GMDSS. Sigla de *Global Maritime Distress and Safety Systems*, isto é, Sistema Marítimo Global de Socorro e Segurança, que visa alertar as autoridades marítimas de busca e salvamento em terra, bem como o tráfego marítimo nas vizinhanças de uma embarcação em perigo, com a maior brevidade possível, a fim de que sejam tomadas as providências que as circunstâncias exigirem. Além disso, o GMDSS deverá atender às necessidades de comunicações de urgência e segurança e a disseminação das mensagens tanto de terra para bordo como de bordo para terra.

GNATALGIA. *Medicina legal.* Dor no queixo.

GNATICÍDIO. *Direito penal.* Filicídio.

GNATOCEFALIA. *Medicina legal.* Anomalia do feto caracterizada pela má-formação dos maxilares e ausência das demais partes da cabeça.

GNATOPLASTIA. *Medicina legal.* Operação plástica das maxilas, bochechas ou mandíbulas.

GNATORRAFIA. *Medicina legal.* Sutura dos ferimentos maxilares.

GNATORRAGIA. *Medicina legal.* Hemorragia maxilar.

GNATÓSQUISE. *Medicina legal.* Fenda congênita do maxilar superior.

GNOME. Provérbio; adágio; sentença moral.

GNÔMICO. **1.** O que se exprime por meio de sentenças morais. **2.** Relativo a gnome.

GNOMISMO. Uso abusivo de gnomes.

GNOMOLOGIA. Filosofia que se baseia em gnomes.

GNOSE. *Filosofia do direito.* **1.** Ciência. **2.** Saber. **3.** Conhecimento.

GNOSEOLOGIA JURÍDICA. *Vide* GNOSIOLOGIA JURÍDICA.

GNOSIA. Atividade específica e bem definida de conhecimento (Lalande).

GNOSIOLOGIA JURÍDICA. *Filosofia do direito.* **1.** Teoria do conhecimento jurídico. **2.** Análise reflexiva do ato de conhecer. **3.** Epistemologia em sentido amplo, que é a parte integrante da Filosofia que estuda crítica e reflexivamente a origem, a natureza, os limites, o valor da faculdade humana do conhecimento, os critérios de validade e as condições de possibilidade do conhecimento jurídico. É a teoria do conhecimento jurídico.

GNOSTICISMO. *Direito canônico.* Movimento religioso-filosófico que, nos séculos II e III, visava a salvação do homem por um conhecimento especial, absorvendo doutrinas do cristianismo, formando várias seitas heréticas.

GNÓSTICOS. *Direito canônico.* Grupos filosófico-religiosos que nos dois primeiros séculos do cristianismo o combateram; adeptos do gnosticismo.

GNOTOBIÓTICA. *Direito agrário.* Técnica de criação de animais sãos, isentos de micróbios.

GNV. Sigla de Gás Natural Veicular.

GO-AROUND. *Locução inglesa.* Contato entre as mesas de operações do Banco Central e as mesas de *dealers*, para obter cotações de compra e venda de títulos públicos federais (Luiz Fernando Rudge).

GOBINISMO. *Sociologia jurídica.* Sistema sociológico criado por Gobineau, relativo à desigualdade das raças humanas.

GOD SAVE THE KING (OU THE QUEEN). *Expressão inglesa.* Deus salve o rei (ou a rainha).

GOL. *Direito desportivo.* Ponto no futebol, que se dá quando a bola transpõe as balizas do time adversário.

GOLD. *Termo inglês.* **1.** Ouro. **2.** Câmbio. **3.** Moeda.

GOLD BULLION STANDARD. *Expressão inglesa.* Papel-moeda em circulação cuja emissão está garantida por quantidade igual de ouro em barra.

GOLDEN SHARE. *Locução inglesa.* **1.** Ação dourada. **2.** Parcela do capital de uma companhia, em fase de alienação de controle ou privatização, que permanecerá em poder do antigo controlador, para eventual negociação futura. **3.** Quantidade de ações que permanecem como propriedade do governo, que lhe permitem votar matérias de interesse estratégico (Luiz Fernando Rudge).

GOLD EXCHANGE STANDARD. *Expressão inglesa.* Papel-moeda não conversível em ouro, por ser esse próprio metal necessário a cobri-la, constituindo-se em símbolo do ouro.

GOLDMUNKLAUSEL. *Termo alemão.* Cláusula-curso ouro.

GOLD-POINT. *Locução inglesa.* Situação cambial equilibrada, nas nações de moeda-ouro.

GOLD POINTS. *Locução inglesa.* Pontos de ouro.

GOLD POINT STANDARD. *Expressão inglesa.* Padrão de câmbio monetário baseado no ouro. Expressão utilizada para indicar a variação de câmbio, entre moedas de dois Estados que adotem o monometalismo ouro. Tal oscilação não deve ser maior do que o custo efetivo do transporte do ouro entre um país e outro; logo, é essa despesa que, subtraída ou acrescida ao valor paritário da moeda, determina o *gold point* de entrada e o *gold point* de saída (De Plácido e Silva).

GOLD SPECIE STANDARD. *Expressão inglesa.* Livre circulação do ouro, em forma de moeda.

GOLD STANDARD. *Locução inglesa.* **1.** Circulação de papel-moeda que pode ser convertido em "dinheiro-ouro" ou "moeda de ouro". **2.** Padrão ouro. **3.** Sistema monetário com um preço fixo para o ouro, com moedas de ouro originando a circulação da moeda em um país, ou com notas lastreadas em ouro, que podem ser trocadas por ouro, a qualquer momento, naquele preço fixo (Luiz Fernando Rudge).

GOLDWERTKLAUSEL. *Termo alemão.* Cláusula-valor ouro.

GOLEADA. *Direito desportivo.* Grande número de gols, numa só partida de futebol, marcados por uma equipe contra poucos ou nenhum da adversária.

GOLEIRO. *Direito desportivo.* Jogador que, no futebol, defende o gol ou arco com a mão.

GOLF COURSE. *Locução inglesa.* Campo de golfe.

GOLFE. *Direito desportivo.* Jogo oriundo da Escócia, consistente em tocar uma pequena e maciça bola com o taco, fazendo com que entre em buracos, numa série de nove ou dezoito, abertos no terreno.

GOLFISTA. *Direito desportivo.* Jogador de golfe.

GOLFO. 1. Na *linguagem comum,* braço de mar que entra na terra, tendo uma larga abertura. **2.** *Direito marítimo.* Peça de ferro, na parte exterior do navio, na qual giram as missagras das portinholas. **3.** *Direito civil* e *direito constitucional.* Em Mato Grosso, é o depósito diamantífero no leito profundo do rio.

GÓLGOTA. *Direito canônico.* Calvário.

GOLPE. 1. *Medicina legal.* a) Ferimento com instrumento contundente ou cortante; b) corte, incisão; c) contusão; d) comoção moral. **2.** *Direito agrário.* Talho feito na seringueira para obter o látex. **3.** *Direito comercial.* Disposição decisiva tomada num negócio, tendo em vista tirar, indevidamente, grande proveito. **4.** Na *gíria,* manobra desonesta e traiçoeira. **5.** Na *linguagem comum:* a) crise; b) acontecimento inesperado; c) desgraça; d) esperteza.

GOLPEADO. *Medicina legal.* Aquele que foi ferido por um ou mais golpes.

GOLPEANTE. *Medicina legal* e *direito penal.* Aquele que golpeia.

GOLPEAR. Dar golpes.

GOLPE DE ESTADO. *Ciência política* e *teoria geral do Estado.* **1.** Ato pelo qual o chefe de Governo usa de manobra política ou de violência para sustentar-se no poder ou assenhorear-se de todos os poderes, contando, em regra, com o apoio das forças armadas, subvertendo o regime legal, alterando as instituições políticas e estabelecendo a ditadura. Trata-se, portanto, da subversão da ordem constitucional. **2.** Violação das formas constitucionais realizada pelo próprio governo, pelas forças armadas do Estado ou pelo detentor da autoridade para alcançar um intento (Barbé, Luttwak e Rapport).

GOLPE DE MORTE. *Medicina legal.* Pancada ou ferida que causa morte rápida ou instantânea.

GOLPE DO BAÚ. Casamento realizado para atender a interesses financeiros.

GOLPISTA. *Direito penal.* **1.** Aquele que dá golpes. **2.** O que se aproveita do descuido de outrem ou do ajuntamento de pessoas para subtrair objetos.

GOLQUÍPER. *Direito desportivo.* Goleiro.

GOMORRÉIA. *Medicina legal.* Diz-se da mulher que se satisfaz sexualmente com outra.

GOMOSE. *Direito agrário.* Moléstia que atinge plantas cítricas.

GÔNADA. *Medicina legal.* Glândula que produz gametas, como o ovário e o testículo.

GONADECTOMIA. *Medicina legal.* Remoção dos testículos ou do ovário.

GONAGRA. *Medicina legal.* Doença da gota, situada no joelho.

GONARTRITE. *Medicina legal.* Inflamação da articulação do joelho.

GONARTRÓCACE. *Medicina legal.* Tumor branco no joelho.

GÔNDOLA. *Direito comparado* e *direito comercial.* **1.** Ônibus, em certas localidades. **2.** Embarcação comprida e ligeira, com extremidades um pouco levantadas, impelida a remos, muito peculiar nos canais de Veneza. **3.** Vagão metálico destinado a transportar combustível ou material explosivo. **4.** No Brasil, vagão de estrada de ferro, sem teto, contendo paredes laterais baixas e fixas, próprio para transporte de pedras, minérios, carvão etc. **5.** Estante apropriada para exibir produtos em promoção de vendas. **6.** Acessório especial para transporte de carga indivisível.

GONDOLEIRO. *Direito comparado.* Tripulante de gôndola.

GONECISTITE. *Medicina legal.* Inflamação da vesícula seminal.

GONECISTO. *Medicina legal.* Vesícula seminal.

GONECISTÓLITO. *Medicina legal.* Cálculo no gonecisto.

GONFALÃO. *História do direito.* Bandeira de guerra com três ou quatro pontas pendentes.

GONFALONEIRO. *História do direito.* **1.** Porta-gonfalão. **2.** Magistrado municipal de determinadas repúblicas italianas na era medieval.

GONGAR. Na *gíria,* advertir de desclassificação com o soar de gongo, ou objeto similar, cantor que, na televisão ou no rádio, não está se apresentando bem, eliminando-o da competição.

GONIALGIA. *Medicina legal.* Dor no joelho.

GONIÔMETRO. *Direito processual civil.* Instrumento para medir ângulos, usado nos levantamentos geodésicos de terras e na formação de planta pelos agrimensores e engenheiros, servindo de base na sua demarcação ou divisão.

GONOCOCO. *Medicina legal.* Bactéria esférica que provoca gonorréia.

GONORRÉIA. *Medicina legal.* Infecção gonocócica que provoca corrimento mucoso ou mucopurulento no canal da uretra ou nos órgãos genitais masculinos ou femininos. Trata-se de uma doença venérea contagiosa; blenorragia.

GOOD FOR DELIVERY. *Locução inglesa.* **1.** Bom para entrega. **2.** Entrega de recursos ou ativos, por ocasião da liquidação. Alguns mercados têm exigências especiais para essa entrega. Exemplo: as barras de ouro consideradas boas para entrega, no mercado britânico, são reguladas pela LMBA-*London Metal Bullion Association* (LMBA) (Luiz Fernando Rudge).

GOODPASTURE. *Medicina legal.* Síndrome que se caracteriza por hemorragia pulmonar difusa, associada a glomerulonefrite.

GOODS TRAIN. *Locução inglesa.* Trem de carga.

GOOD TIME LAWS. *Expressão inglesa.* Instituto norte-americano que torna possível a dedução da pena a ser cumprida pelo condenado, tantos dias quantos a justiça entender, pelo seu bom comportamento.

GOOD WILL OF A TRADE. *Locução inglesa.* **1.** Benevolência, boa vontade. **2.** Aviamento. **3.** Capacidade do estabelecimento de produzir lucros (Vera Helena de Mello Franco). **4.** Qualidade do fundo do comércio, oriundo de condições objetivas, ou seja, do local ou instalação, como das subjetivas, ligadas às qualidades pessoais do titular ou do seu pessoal (Vera Helena de Mello Franco e Oscar Barreto Filho). **5.** Verba trabalhista referente à participação nos resultados obtidos pelo estabelecimento empresarial. **6.** Valor agregado ao estabelecimento empresarial, em razão do exercício de atividade econômica, técnica e organizada. **7.** Fun-

do de comércio ou fundo de empresa. **8.** Valor a maior do ativo, além do que está expresso na contabilidade, originado de valores intangíveis, como marcas, patentes, pontos comerciais, clientela etc. (Láudio de Camargo Fabretti). **9.** É, no direito virtual, segundo o mercado financeiro, a comunidade de internautas, ou seja, a quantidade diária média de pessoas que transitam pelo *website* e que podem ser consumidores potenciais de produtos e serviços nele anunciados (Fábio Ulhoa Coelho).

GOOLS. *Termo inglês.* Estabelecimento que, nos séculos XVI e XVII, abrigava, na Inglaterra, os condenados sem, contudo, tentar recuperá-los.

GORJA. *Direito marítimo.* Parte mais estreita da quilha do navio.

GORJETA. 1. *Direito civil.* Gratificação de pequeno serviço, paga além do preço estipulado, que constitui obrigação natural. **2.** *Direito administrativo.* Propina que contraria o princípio da moralidade administrativa. **3.** *Direito do trabalho.* Gratificação computada na remuneração do empregado, correspondente a uma pequena percentagem que lhe é paga espontaneamente pelo usuário ou cliente, ou como adicional cobrado pela empresa em razão do serviço prestado pelo empregado. **4.** *Direito do consumidor.* Valor acrescido à nota de despesa de clientes de restaurantes, churrascarias, bares e similares para ser distribuído a seus empregados, se previsto, e no percentual estabelecido por convenção coletiva de trabalho, acordo coletivo de trabalho ou dissídio coletivo de trabalho.

GOROTIL. *Direito marítimo.* **1.** Envergamento das vergas. **2.** Lado mais alto das velas de uma embarcação.

GOSTO. 1. Faculdade de julgar valores estéticos. **2.** Sabor. **3.** Paladar. **4.** Critério.

GOTA. 1. Na *linguagem comum,* porção mínima de líquido; pingo de água. **2.** *História do direito.* Avião usado pela Alemanha na Primeira Guerra Mundial para bombardeios. **3.** *Medicina legal.* a) Moléstia, em regra hereditária, que se caracteriza por excesso de ácido úrico e por ataques de artrite aguda; b) medida de líquido medicamentoso empregado em pequenas doses.

GOTA CORAL. *Medicina legal.* Epilepsia.

GOTA MATUTINA. *Vide* GOTA MILITAR.

GOTA MILITAR. *Medicina legal.* **1.** Blenorragia crônica. **2.** Secreção uretral do meato, antes da primeira micção, provocada por uretrite crônica.

GOTEIRA. 1. *Direito civil.* a) Fenda por onde cai água dentro de casa quando chove; b) cano receptor de água pluvial que cai do telhado; c) telha de beiral por onde escoa a água da chuva. **2.** *Medicina legal.* a) Aparelho de arame colocado, provisoriamente, em fraturas de pernas ou braços; b) falha na integridade mental.

GOVERNAÇÃO. *Ciência política.* Ato, efeito ou modo de governar.

GOVERNADO. 1. *Direito administrativo.* Administrado. **2.** *Medicina legal.* Aquele que tem autocontrole.

GOVERNADOR. *Ciência política, direito constitucional* e *direito administrativo.* Aquele que governa e administra política e financeiramente um Estado; aquele a quem se confia o governo de um Estado membro da Federação, de uma província, de um distrito. Exerce mandato político, pois é eleito pelos habitantes de um Estado Federado. É o chefe do Poder Executivo estadual.

GOVERNADOR DE UM BISPADO. *Direito canônico.* Vigário-geral.

GOVERNADOR-GERAL. *História do direito.* Delegado do governo que administrava, no tempo colonial, uma grande região ultramarina.

GOVERNAMENTAL. *Ciência política.* **1.** Relativo ao governo. **2.** O que emana do governo. **3.** Ministerial. **4.** Partidário de um governo ou Ministério.

GOVERNAMENTALISMO. *Ciência política.* Sistema político em que o Estado tem a incumbência de tudo.

GOVERNAMENTALISTA. *Ciência política.* Partidário ou adepto do governamentalismo.

GOVERNANÇA. *Ciência política.* Governo; administração.

GOVERNANÇA CORPORATIVA. *Direito comercial.* **1.** Sistema pelo qual a empresa e seus órgãos sociais aderem a um conjunto de regras procedimentais, com cunho ético-moral (Adalberto Simão Filho). **2.** Sistema pelo qual as companhias são dirigidas e controladas (Cadbury). **3.** Conjunto de práticas e relacionamentos entre acionistas/cotistas, conselho de administração, diretoria, auditoria independente e conselho fiscal, com a finalidade de otimizar o desempenho da empresa e facilitar o acesso ao capital. Abrange os assuntos relativos ao poder de controle e direção de uma empresa, bem como as diferentes formas e esferas de seu exercício, e os diversos interesses que, de alguma forma, estão ligados à vida das sociedades empresárias (Luiz Fernando Rudge).

GOVERNANTA. *Direito do trabalho.* Mulher empregada para administrar a casa alheia.

GOVERNANTE. *Ciência política* e *direito administrativo.* Aquele que governa; governador.

GOVERNAR. 1. *Ciência política.* a) Exercer o governo; b) dirigir uma nação; c) ter autoridade; d) administrar; e) tomar decisões essenciais para o futuro do país. **2.** *Direito marítimo.* Obedecer à ação do leme. **3.** *Direito civil* e *direito comercial.* Dirigir interesses ou negócios próprios ou alheios; administrar bens ou empresas.

GOVERNATIVO. *Ciência política.* **1.** Do governo. **2.** Relativo ao governo.

GOVERNATÓRIO. *Ciência política.* Aquilo concernente a governador.

GOVERNÁVEL. *Ciência política.* Aquilo que pode ser governado ou dirigido.

GOVERNISMO. *Ciência política.* **1.** Sujeição ao governo. **2.** Sistema autoritário de governo. **3.** Governo ditatorial. **4.** Atitude acrítica no que atina a ato levado a efeito pelo poder dominante, apesar das falhas ou das ilegalidades existentes.

GOVERNISTA. *Ciência política.* **1.** Partidário do governo constituído. **2.** O que está relacionado com o governo. **3.** Adepto do governismo.

GOVERNMENT TAKE CLAUSE. *Direito internacional privado.* Cláusula de adaptação inserida em contrato internacional de execução continuada, em regra no de fornecimento de petróleo, que permite o repasse automático nos preços das majorações efetuadas pelos países produtores. Procura prefixar parâmetros de aplicação automática, cobrindo álea de natureza econômica suscetível de afetar a prestação contratual, possibilitando que o contrato se afeiçoe às circunstâncias fáticas supervenientes.

GOVERNO. *Ciência política.* **1.** Poder Executivo. **2.** Ministério. **3.** Ato ou efeito de governar. **4.** Poder supremo da nação; órgão político encarregado do exercício do poder supremo. **5.** Autoridade administrativa. **6.** Administração. **7.** Sistema pelo qual se organiza a administração de um país. **8.** Território da jurisdição de algum governador. **9.** Tempo de duração de uma administração pública, ou decurso do tempo em que alguém governou. **10.** Gestão. **11.** Direção. **12.** Grupo de pessoas ou de órgãos

GOVERNO ABSOLUTO — 731 — GOV

que dirigem um Estado; corporificação pessoal do Estado. **13.** Ação de dirigir um país politicamente. **14.** Conjunto de agentes que regem uma nação, abrangendo os três Poderes: o Executivo, o Legislativo e o Judiciário. **15.** Órgão supremo das hierarquias da administração do Estado, que rege toda a vida administrativa do país (Marcello Caetano). **16.** Regência. **17.** Modo pelo qual se exerce a administração de um Estado. **18.** Regime político como o republicano, o monárquico e o despótico. **19.** Método adotado para conduzir os negócios de um país, salientando a função do Executivo (presidencialismo) ou a preponderância do Legislativo (parlamentarismo). **20.** Conjunto de pessoas que exercem o poder político e que determinam a orientação política de uma certa sociedade (Lucio Levi).

GOVERNO ABSOLUTO. *Ciência política.* Aquele em que todos os poderes se concentram em mãos de uma só autoridade, gerando a ditadura, uma vez que há exercício ilegítimo e arbitrário do poder, sem que haja quaisquer limitações.

GOVERNO CENTRAL. *Direito financeiro.* Somatória das contas do Tesouro Nacional, Banco Central e Previdência Social, para fins de apuração dos resultados do setor público (Luiz Fernando Rudge).

GOVERNO COLEGIADO. *Ciência política.* Aquele em que, como ocorre na Suíça, a chefia de Estado e do Poder Executivo é exercida por um só órgão coletivo, constituindo, apesar do número de pessoas governantes, um sistema monocrático.

GOVERNO CONSTITUCIONAL. *Direito constitucional.* Diz-se do governo em que os três Poderes (Executivo, Legislativo e Judiciário) se submetem aos princípios e normas constitucionais, que traçam seus limites, direitos e deveres.

GOVERNO CONVENCIONAL. *Ciência política.* Aquele formado por um Conselho Executivo designado pelo Poder Legislativo.

GOVERNO DE FATO. *Direito internacional público.* Governo formado de modo ilegal.

GOVERNO DE GABINETE. *Ciência política.* Parlamentarismo.

GOVERNO DEMOCRÁTICO. *Ciência política.* Regime político que visa a proteção da liberdade, sendo a expressão da vontade livre do povo. Governo do povo, pelo povo e para o povo (Lincoln).

GOVERNO DE REPRESSÃO. *Ciência política.* Diz-se daquele que emprega leis de repressão.

GOVERNO DISTRITAL. *Ciência política.* Administração do Distrito Federal.

GOVERNO ESPIRITUAL. *Direito canônico.* **1.** É o que se detém em negócios religiosos de um Estado. **2.** Regime da Igreja.

GOVERNO ESTADUAL. *Ciência política.* Relativo à administração do Estado-membro da Federação.

GOVERNO ESTRANGEIRO. *Direito internacional público.* Órgão responsável pela direção de uma nação soberana, em relação ao de outra.

GOVERNO FEDERAL. *Ciência política.* Conjunto de órgãos ou autoridades do Poder Executivo responsáveis pela Federação ou pela direção da União.

GOVERNO-GERAL. *História do direito.* Regime político no Brasil, entre os anos de 1549 até 1714, tendo o governardor-geral a mais alta autoridade.

GOVERNO IMPURO. *Ciência política.* Aquele que assume o poder, procurando atender aos seus interesses, em desproveito do povo, como, por exemplo, se dá com a tirania, que é o governo de uma só pessoa em benefício próprio; a oligarquia, governo de uma classe contra os interesses populares; a demagogia, em que há tirania da opinião pública ou ditadura da maioria (Pinto Ferreira).

GOVERNO MISTO. *Ciência política.* Aquele que resulta da combinação, integração ou fusão de formas de governo, obedecendo ao critério de uma justa distribuição do poder entre as várias forças sociais, permitindo o controle recíproco dos poderes, impedindo o abuso do poder (Norberto Bobbio, D'Avack e Fritz).

GOVERNO MUNICIPAL. *Ciência política.* Conjunto de órgãos e de autoridades responsáveis pela direção e administração do município, como o prefeito e a Câmara Municipal.

GOVERNO POPULAR. *Ciência política.* Diz-se da autoridade ou poder concentrado nas mãos do povo.

GOVERNO PROVISÓRIO. *Ciência política.* Exercício temporário e interino do poder por uma autoridade após uma crise política, revolução ou golpe de Estado até constituir-se um outro governo definitivo.

GOVERNO PURO. *Ciência política.* Aquele cujo governante se propõe a realizar atos atingindo fins legítimos, para a consecução do bem comum.

GOVERNO REPRESENTATIVO. *Ciência política.* Aquele oriundo de delegação de poderes pelo povo a uma pessoa por ele eleita, através de sufrágio universal, para exercer em seu nome o mandato político-governamental. Povo que governa por meio de agentes políticos por ele escolhidos. Os regimes convencional, presidencialista e parlamentarista são as principais formas do governo representativo.

GOVERNO TEMPORAL. *Ciência política.* Relativo a negócios civis do Estado.

GOVERNO TERRITORIAL. *Direito constitucional.* Conjunto de órgãos incumbidos de administrar um território federal.

GOVERNO TOTALITÁRIO. *Ciência política.* Aquele em que a autoridade governante domina os cidadãos pela imposição de uma só diretriz política que sobrepõe os interesses do Estado aos individuais, de maneira que haja perda de grande parte dos direitos individuais, ante a absorção do homem pelo organismo político.

GOZAR. 1. *Direito civil.* a) Ter posse; b) fruir, retirar vantagens da coisa. **2.** *Medicina legal.* Atingir orgasmo durante a relação sexual.

GOZO. 1. *Direito civil.* Posse, uso ou fruição de algum bem advindo de vantagem. **2.** *Ciência política.* Desfrute de direitos políticos. **3.** Na *linguagem jurídica* em geral: a) fruição de situações, utilidades ou vantagens; b) titularidade de um direito. **4.** Na *linguagem comum,* pode ter o sentido de: a) motivo de alegria; b) hilaridade; c) satisfação intelectual, moral ou material; d) prazer; e) em Goiás, caçador inexperiente; f) cão pequeno e comum. **5.** *Medicina legal.* Orgasmo na relação sexual.

GPL. *Direito virtual.* Abreviação de *General Public License* (Licença Pública Geral), mediante a qual ter-se-á a disposição de alguns direitos autorais sobre o *software*, pelo seu titular, que estipulará os termos em que o programa será usado, copiado, modificado ou distribuído, competindo ao usuário a escolha de aderir a tais termos ou não. O programa que se aproveitar do código-fonte do *software* livre somente poderá ser copiado e distribuído conforme os termos da GPL (Silmara R. Nogueira).

GRAÇA. 1. *Direito canônico.* a) Participação do homem na vida divina antes do pecado; b) dom sobrenatural; c) socorro espiritual concedido por Deus para levar o homem à salvação, execução do bem e santificação; d) milagre; favor concedido por Deus a alguém; e) rescrito pontifical, concedendo um benefício, fazendo uma dispensa, dando um mandato de provimento ou admitindo uma reabilitação. **2.** *Direito processual penal.* Ato de clemência do Poder Executivo, favorecendo um condenado por crime comum ou por contravenção, extinguindo ou diminuindo-lhe a pena imposta. Ter-se-á perdão, se a graça for individual, e o indulto, se coletiva. É o perdão concedido pelo presidente da República, em relevação da pena. **3.** Nas *linguagens jurídica* e *comum:* a) privilégio; b) favor; c) benevolência; d) indulgência; e) aparência agradável; beleza; f) benefício; g) pensão outorgada a alguém; h) nome de uma pessoa; i) elegância de estilo; j) boa vontade; k) dito espirituoso; l) gracejo; pilhéria; chiste; m) dádiva. **4.** *Direito comparado.* Tratamento honorífico na Inglaterra.

GRACEJO. Dito zombeteiro, mas inofensivo; pilhéria.

GRACIOSA. 1. Na *linguagem comum:* a) que tem graça e simpatia; b) delicada; c) elegante; d) polida. **2.** *Direito processual.* Jurisdição voluntária. **3.** *História do direito.* Prática processual que, outrora, era comum na Galícia, na qual os devedores executados, após trinta anos, teriam direito à devolução dos bens vendidos em hasta pública, indenizadas as custas (Sílvio de Macedo). **4.** *Direito romano.* Sentença obtida por favor.

GRACIOSO. 1. *Direito civil.* O que envolve liberalidade; gratuito; dado de graça. **2.** *Direito processual.* Processo de jurisdição voluntária em que não há demanda nem litígio.

GRÃ-CRUZ. *Direito administrativo.* **1.** Cruz pendente de uma fita com que o governo condecora civis e militares por relevantes serviços prestados ao país. **2.** Indivíduo condecorado com a insígnia "grã-cruz".

GRADAÇÃO. Aumento ou diminuição gradual ou sucessiva de alguma coisa, como, por exemplo, da pena imposta em razão de circunstâncias agravantes ou atenuantes. Trata-se da quantidade relativa a fatos ou a bens.

GRADADOR. *Direito agrário.* Aquele que grada a terra.

GRADAR. *Direito agrário.* **1.** Aplanar terra lavrada com grade. **2.** Passar a grade sobre o campo arado para cobrir sementes; remover ervas daninhas ou afofar a terra plantada de gramíneas.

GRADATIVO. O que está disposto em graus.

GRADE. 1. *Direito agrário.* a) Máquina com que se risca e destorroa o campo lavrado, para que as sementes possam germinar melhor; b) parte da manjedoura onde se coloca feno cercado por ripas; c) aparelho de ferro usado para cauterizar feridas de animais; d) pente para limpar cavalos. **2.** *Direito penitenciário.* Armação de barras de ferro, para impedir fuga dos condenados à prisão. **3.** Na *linguagem policial,* prisão.

GRADE CURRICULAR. *Direito educacional.* Planejamento das disciplinas a serem ministradas num estabelecimento de ensino.

GRADE DE DISCOS. *Direito agrário.* Instrumento agrícola com discos cortantes, dispostos num eixo comum, para destorroar terrenos arados ou lavrados.

GRADO. 1. *Direito internacional público.* Diz-se, na linguagem consular e diplomática, daquele que, por razões políticas ou por qualquer outro motivo, é agradável ao governo ou é importante por ter elevada posição. **2.** *Direito civil* e *direito comercial.* a) Grato; b) satisfação.

GRADUAÇÃO. 1. Na *linguagem jurídica* em geral, indica: a) classificação ou qualificação; b) coordenação; c) grau ou categoria ocupada por alguém em razão de seu cargo, sua posição social ou profissional; d) dignidade. **2.** *Direito militar.* Classificação de cargos determinada pelo posto na hierarquia militar. **3.** *Direito administrativo.* Classe do funcionário público. **4.** *Direito comercial.* Preferência de cada credor, no concurso creditório, em face dos títulos nos quais se fundam seus créditos. **5.** *Direito penal.* Medida de tempo estabelecida para a pena, ante elementos que influenciam em sua determinação. **6.** Na *linguagem educacional,* diz-se: a) do curso de ensino superior anterior ao do pós-graduação, ou seja, de mestrado ou doutorado; b) do ato de conferir grau ou diploma ao aluno que concluiu curso; c) do ato ou efeito de receber o grau pelo estudante após a conclusão do curso; trata-se da colação de grau. **7.** *Direito civil.* a) Grau de parentesco; b) ordem de vocação hereditária. **8.** Na *linguagem comum,* pode significar proporção de álcool contido numa bebida.

GRADUAÇÃO DA INFRAÇÃO. *Direito penal.* Classificação da conduta lesiva conforme sua gravidade em crimes e contravenções.

GRADUAÇÃO DA JURISDIÇÃO. *Direito processual.* Traduz-se em dois graus: o inferior, que corresponde à primeira instância, constituído por juízes; e o superior, constituído pelos desembargadores do Tribunal de Justiça, correspondendo à segunda instância.

GRADUAÇÃO DA MODALIDADE DE PENA PRIVATIVA DA LIBERDADE. *Direito penal.* Classificação das penas privativas da liberdade, de acordo com sua severidade em: reclusão, detenção e prisão simples.

GRADUAÇÃO DA PENA. *Direito penal.* Ato ou efeito de graduar a pena, considerando a conduta social, os limites legais, a quantidade da pena aplicável, as circunstâncias legais agravantes ou atenuantes, os antecedentes e a personalidade do autor, grau de culpabilidade ou intensidade do dolo, as causas especiais inerentes ao autor e ao fato, o comportamento da vítima, os motivos e as conseqüências do delito, operando individualização da pena na aplicação ao caso concreto *sub judice.*

GRADUAÇÃO DA VOCAÇÃO HEREDITÁRIA. *Direito civil.* Ordem legal estabelecida pela lei, indicando a classe preferencial das pessoas que são chamadas a suceder ao *de cujus.* Assim, a sucessão legítima defere-se na seguinte ordem: descendentes, em concorrência com o cônjuge sobrevivente, salvo se casado este com o falecido no regime de comunhão universal, ou no de separação obrigatória de bens, ou se, no de comunhão parcial, o autor da herança não houver deixado bens particulares; ascendentes, em concorrência com o cônjuge; consorte sobrevivente; colaterais até o 4º grau e Município, Distrito Federal ou a União (na qualidade de *sucessor irregular*), sendo que uma classe só será chamada quando faltar herdeiro das classes precedentes.

GRADUAÇÃO DE NORMAS. *Teoria geral do direito.* Classificação das normas quanto à hierarquia em: a) normas constitucionais; b) leis complementares; c) leis ordinárias, leis delegadas, medidas provisórias, decretos, decretos legislativos e resoluções; d) decretos regulamentares; e) normas internas (despachos, estatutos, portarias, regimentos etc.); f) normas individuais (contratos, testamentos, sentenças, atos administrativos etc.).

GRADUAÇÃO DE PENHORA. *Direito processual civil.* Ordem a ser respeitada na penhora, determinada pela seqüência dos bens que devem ser preferentemente filhados (De Plácido e Silva). Trata-se da ordem que deve ser obedecida relativamente aos bens nomeados pelo devedor, facilitando e agilizando a execução, concilian-do interesses do devedor e do credor. O devedor tem a incumbência, ao fazer a nomeação de bens, atribuindo-lhes um valor, de observar a seguinte ordem: a) dinheiro; b) pedras e metais preciosos; c) títulos de dívida pública da União ou dos Estados; d) títulos de crédito, que te-nham cotação em bolsa; e) móveis; f) veículos; g) semoventes; h) imóveis; i) navios e aerona-ves; j) direitos e ações.

GRADUAÇÃO DO PARENTESCO. *Direito civil.* Indica-ção de geração, pois cada uma constitui um grau. O parentesco, portanto, conta-se por graus que constituem a distância que vai de uma geração a outra. Para se saber o grau de parentesco existente entre um parente em re-lação a outro, basta averiguar as gerações que os separam. Na linha reta, o grau de paren-tesco é contado pelo número de gerações, ou seja, de relações existentes entre o genitor e o gerado. Tantos serão os graus quantas forem as gerações: de pai a filho, um grau; de avô a neto, dois graus; de bisavô a bisneto, três graus etc. Os graus de parentesco em linha colate-ral também se contam pelo número de gera-ções, subindo, porém, de um dos parentes até o ascendente comum, e descendo, depois, até encontrar o outro parente. Por exemplo, para contar o grau de parentesco entre A e seu tio B, sobe-se de A a seu pai C; a seguir a seu avô D e depois se desce a B, tendo-se então, três graus, correspondendo cada geração a um grau.

GRADUAÇÃO DO TRIBUTO. *Direito tributário.* É a fei-ta de acordo com a capacidade econômica do contribuinte, pois, quanto maior ela for, mais intensa será a tributação (Geraldo Ataliba).

GRADUADO. 1. *Direito militar.* a) Aquele que tem apenas as honras de determinado posto, sem que perceba as vantagens pecuniárias dele de-correntes; b) militar que ocupa posto inferior a oficial, como o suboficial, sargento, cabo; c) o que foi promovido de posto. **2.** Na *linguagem ju-rídica* em geral: a) diplomado, por ter concluído curso universitário; b) conceituado; eminente; c) douto; culto; d) classificado; e) dividido em graus; f) aquele que ocupa posição de destaque numa empresa ou na Administração Pública.

GRADUALISMO EFICACIAL DAS NORMAS CONSTI-TUCIONAIS. *Direito constitucional* e *teoria geral do di-reito.* Classificação das normas constitucionais quanto a sua eficácia, por não serem idênticas quanto à produção de seus efeitos e a sua intan-

gibilidade ou emendabilidade. Certos manda-mentos constitucionais são completos e plenos, por não exigirem normação subconstitucional posterior, independendo de leis complementa-res ou de leis ordinárias que permitam a sua aplicação imediata; outros não têm essa exe-cução imediata, devendo ser completados por leis ulteriores. Nestes últimos, os efeitos pre-tendidos pelo poder constituinte só ocorrerão se houver a requerida emissão de norma jurí-dica ordinária ou complementar. Há um escalo-namento na intangibilidade e nos efeitos dos preceitos constitucionais, pois a Constituição contém normas: a) de eficácia absoluta, se ina-tingíveis, insuscetíveis de emenda, daí conte-rem força paralisante total de toda legislação que vier a contrariá-las; b) de eficácia plena ou plenamente eficazes, quando suficientes para disciplinar as relações jurídicas ou o processo da sua efetivação, por apresentarem todos os requisitos necessários para produzir os efeitos previstos imediatamente (por exemplo, quan-do uma norma revoga outra, o efeito extin-tivo é imediato), já que, apesar de suscetíveis de emenda, não requerem normação ulterior; c) de eficácia relativa restringível, por serem de aplicabilidade imediata, embora sua eficá-cia possa ser reduzida nos casos e na forma que a lei estabelecer; têm, portanto, seu alcan-ce reduzido pela atividade legislativa. Nelas, a possibilidade de produzir os efeitos é imediata, embora sujeita a restrições que elas mesmas prevêem (por exemplo, normas que prescrevem regulamentação delimitadora); são normas de-pendentes de complementação por elas mes-mas previstas ou resultantes inequivocamente do sentido da disposição normativa. Assim, se apenas uma parte da lei depender de regula-mento, somente essa parte deixará de ser auto-aplicável; d) de eficácia relativa complemen-tável, se a possibilidade de produzir efeitos é mediata, dependendo de norma posterior, por exemplo, as normas programáticas. Todas essas normas têm juridicidade, mas seria uma utopia considerar que têm a mesma eficácia, pois o seu grau eficacial é variável. Logo, não há norma constitucional destituída de eficácia. Todas as disposições constitucionais têm a possibilidade de produzir, a sua maneira, concretamente, os efeitos jurídicos por elas visados.

GRADUAR. 1. Tomar ou conferir grau universitá-rio. **2.** Classificar. **3.** Ordenar em categorias. **4.** Conferir posto militar ou honorífico a alguém.

GRAECA FIDES. *Locução latina.* Fé grega; deslealdade.

GRAFIA. 1. Emprego de sinais escritos para exprimir idéias. **2.** Comunicação escrita, por meio de letras. **3.** Ortografia.

GRÁFICA. 1. Oficina de artes gráficas. **2.** Arte de grafar vocábulos.

GRÁFICO. 1. Referente à grafia. **2.** Representação de fatos ou coisas mediante desenhos, composições numéricas ou dados. **3.** Tipógrafo; aquele que trabalha na gráfica. **4.** Documento contendo desenhos, esquemas ou dados que comprovam comparativa ou aritmeticamente algo. **5.** Quadro demonstrativo de fato. **6.** Método consistente em representar certas relações, pelo emprego de figuras geométricas. **7.** Cálculo gráfico ou nomográfico, isto é, método que substitui o cálculo numérico por construções de figuras (Lalande).

GRAFILA. *Economia política.* Orla em que, na moeda, se situa a inscrição.

GRAFISMO. 1. Conjunto de caracteres da escrita que exprimem o temperamento, o hábito ou estado momentâneo daquele que escreve (Crépieux-Jamin). **2.** Maneira de escrever própria de cada pessoa. **3.** Técnica de efetuar traçados sem qualquer significação; preparatórios para a escrita. **4.** Modo ou capacidade de desenhar. **5.** Forma de representação de palavras. **6.** Estado da língua de uma pessoa, que, pelos sinais apresentados como, por exemplo, sotaque, constitui a língua geográfica.

GRAFISTA. Na *gíria,* aquele que desenha projetos sem qualquer preparo especializado.

GRAFITAGEM. *Direito penal.* Pichação; ato de escrever ou desenhar em propriedade alheia, causando dano estético, punido por lei penal com detenção e multa.

GRAFITE. *Direito penal.* Desenho ou frase, de caráter jocoso ou obsceno, em parede de local público ou de propriedade particular.

GRAFOCINÉTICO. *Medicina legal.* Tipo de amnésia que provoca o esquecimento dos movimentos necessários para a escrita.

GRAFOCRIMINOLOGIA. *Direito processual penal.* Técnica baseada no estudo de escritos do acusado, para esclarecer os indícios que recaem sobre ele quanto à autoria de um delito.

GRAFOGNOSIA. Arte de reconhecer numa escrita o seu autor.

GRAFOLOGIA. Técnica de analisar a personalidade e o caráter de uma pessoa, estudando os traços de sua escrita, bem como velocidade, forma, dimensão, ordem, pressão, direção, continuidade. Trata-se da ciência de identidade da escrita.

GRAFÓLOGO. Técnico em grafologia.

GRAFOMANIA. *Medicina legal.* Período em que o paciente, acometido de psicose maníaco-depressiva, escreve longas cartas a conhecidos, grifando frases inteiras; muito comum em criminosos reiterados, que nelas comentam os crimes praticados, deles vangloriando-se.

GRAFOMETRIA. 1. Processo pelo qual se revelam as características quantitativas proporcionais de um escrito que não foi alterado por falsificador, mas por imitação. **2.** Técnica de identificação do autor de uma escrita, analisando seus caracteres, como separação entre palavras, inclinação das letras etc.

GRAFÔMETRO. Aparelho medidor de ângulos em terreno.

GRAFONOMIA. Estudo das várias formas de grafia de uma pessoa.

GRAFOPATOLOGIA. *Medicina legal.* Análise das modificações da escrita como diagnóstico de desordem ou perturbação mental ou física.

GRAFORRÉIA. *Medicina legal.* Estado mórbido que leva o paciente a escrever de forma desconexa e desmedida.

GRAFOSCOPIA. Reconhecimento de uma grafia pela análise comparativa de talhes de letra, averiguando a autenticidade de sua autoria. É o conjunto de recursos técnicos para estudar uma escrita ou documentos gráficos. Trata-se da grafotécnica.

GRAFOSPASMO. *Medicina legal.* Cãibra dos escritores.

GRAFOTECNIA. *Direito processual penal.* Perícia criminal que, através de comparação de letras e de impressões digitais, verifica a autenticidade ou a falsidade de documento manuscrito.

GRAFOTÉCNICA. *Vide* GRAFOSCOPIA.

GRAFOTERAPIA. *Medicina legal.* **1.** Técnica destinada à cura pela escrita. **2.** Psicoterapia de escrita (Geraldo Magela Alves).

GRAFOTIPOLOGIA. Tipologia da escrita.

GRAFT. 1. *Medicina legal.* Enxerto de pele e osso. **2.** *Direito penal.* a) Prevaricação; b) corrupção.

GRAINHA. *Direito agrário.* Semente de uva, tomates etc.

GRAMA. 1. *Direito agrário.* Planta gramínea. **2.** Nas *linguagens jurídica* e *comum:* a) idéia de letra, figura, sinal, gravação, traçado de aparelho registrador, daí dizer-se fotograma, cronograma etc.; b) unidade de peso que constitui a milésima parte do quilograma.

GRAMADEIRA. *Direito agrário.* **1.** Gancho próprio em que se puxa palha para a manjedoura, nas cavalariças. **2.** Peça de madeira para trilhar o linho antes de se o espadelar.

GRAMADO. 1. *Direito desportivo.* Campo de futebol. **2.** *Direito agrário.* a) Local onde cresce grama; relva; b) aquilo que foi trilhado com gramadeira.

GRAMMATICA FALSA NON VITIAT INSTRUMENTUM. *Expressão latina.* Erros gramaticais não viciam o instrumento.

GRAMMATOPLILACIO. *História do direito.* Local público, na Grécia antiga, onde funcionava uma modalidade de Bolsa de Valores ou o comércio de títulos de crédito.

GRAMPEAR. 1. Na *gíria:* a) assaltar, usando de violência; b) roubar; c) furtar; d) prender ou deter; e) imobilizar uma pessoa para que outra a roube. **2.** Nas *linguagens jurídica* e *comum,* prender com grampo, que é um prego em forma de "u" no qual se firmam fios telefônicos ou elétricos. **3.** *Direito agrário.* Prender arames de cerca com pregos em forma de "u".

GRANADA. *Direito militar.* **1.** Projétil explosivo lançado com a mão ou com peça de artilharia nos conflitos a curta distância. **2.** Distintivo em forma de romã, usado pelos artilheiros. **3.** Dispositivo que ejeta gás lacrimogênio, utilizado para dispersar multidões em caso de grave perturbação da ordem pública.

GRANADEIRO. *Direito militar.* **1.** Soldado cuja missão é de lançar granadas de mão. **2.** Soldado da companhia que segue à frente de cada regimento.

GRANDE EMPRESA. *Direito comercial.* É aquela com receita bruta anual acima de R$ 35.000.000,00 (trinta e cinco milhões de reais).

GRANDE ESCALA. *Direito ambiental.* Trabalho com organismo geneticamente modificado (OGM) em laboratório ou linha de produção, usando volumes superiores a dez litros.

GRANDE NACIONALIZAÇÃO. *Vide* GRANDE NATURALIZAÇÃO.

GRANDE NATURALIZAÇÃO. *História do direito.* **1.** Ato de Caracala que concedeu cidadania romana aos povos livres das províncias do Império. **2.** Efeito de norma constitucional que concedeu, em 1891, a cidadania brasileira aos estrangeiros aqui residentes, por ocasião da proclamação da República, desde que não tivessem declarado, até 24 de agosto de 1891, a vontade de conservar a nacionalidade de origem.

GRANDE-ORIENTE. *Direito civil.* Loja principal da sede ou ordem nos países onde os maçons têm um grão-mestre.

GRANDES LÁBIOS. *Medicina legal.* Bordas da vulva.

GRANDEZA. 1. Qualidade do que pode tornarse maior e menor. **2.** Qualidade daquilo que é grande. **3.** Título honorífico de grande de um reino. **4.** Nobreza.

GRAND-PRIX. *Locução francesa.* Grande prêmio que se concede em corridas, concursos, exposições etc.

GRANEL. 1. *Direito agrário.* a) Tulha, celeiro; b) carga de cereal transportada em qualquer embalagem. **2.** Nas *linguagens jurídica* e *comum:* a) grande quantidade; b) carga de líquidos, minérios etc., transportada sem acondicionamento; c) mercadoria embarcada, sem embalagem, em seu estado natural; d) mercadoria embarcada sem acondicionamento, diretamente nos compartimentos da embarcação ou em caminhõestanque sobre a embarcação.

GRANELEIRO. *Direito comercial.* Veículo apropriado para transportar cargas a granel.

GRANEL MÓVEL. *Direito agrário.* Depósito de cereais ao qual se imprime, de vez em quando, movimento de rotação para remexer e ventilar os grãos.

GRANGE. *Termo inglês.* **1.** Granja. **2.** Sítio. **3.** Associação de lavradores, nos EUA.

GRANJA. *Direito agrário.* **1.** Propriedade rural especializada em criação de aves de terreiro, contendo pequena indústria agrícola e vacas leiteiras. **2.** Prédio onde são recolhidos os frutos de uma quinta.

GRANJA LEITEIRA. *Direito agrário.* É o estabelecimento destinado à produção, pasteurização e envase de leite pasteurizado tipo A para o consumo humano, podendo, ainda, elaborar derivados lácteos a partir de leite de sua própria produção. Localizada fora da área urbana, a granja deve dispor de terreno para as pastagens, manejo do gado e construção das dependências e anexos, com disponibilidade para futura expansão das edificações e aumento do plantel. Deve estar situada distante de fontes poluidoras e oferecer facilidades para o fornecimento de água de abastecimento, bem como para a eliminação de resíduos e águas servidas. A localização da granja e o tratamento e eliminação de águas residuais devem sempre atender as prescrições das autoridades e órgãos competentes. Deve estar afastada no mínimo 50 m das vias públicas de tráfego de veículos estranhos às suas atividades, bem como possuir perfeita circulação interna de veículos. Os acessos nas proximidades de instalações e os locais de estacionamento e manobra devem estar devidamente pavimentados de modo a não permitir a formação de poeira e lama. As demais áreas devem ser tratadas e/ou drenadas visando facilitar o escoamento das águas, para evitar estagnação. A área das instalações industriais deve ser delimitada através de cercas que impeçam a entrada de pequenos animais, sendo que as residências, quando existentes, devem situar-se fora dessa delimitação. É vedada a residência nas construções destinadas às instalações da granja, como também a criação de outros animais (aves, suínos, p. ex.) nas proximidades das instalações.

GRANJEIO. *Direito agrário.* **1.** Colheita de produtos agrícolas. **2.** Lavoura. **3.** Trabalho na cultura de hortas, pomares, vinhas etc.

GRANJEIRO. *Direito agrário.* Aquele que se dedica ao cultivo de uma granja.

GRANT. *Termo inglês.* **1.** Transferência. **2.** Concessão. **3.** Outorga. **4.** Dotação. **5.** Subvenção. **6.** Subsídio. **7.** Permissão. **8.** Privilégio.

GRANT-IN-AID. *Locução inglesa.* Subvenção.

GRANTING CLAUSE. *Locução inglesa.* Cláusula inserida em documento suscetível de trasladar o domínio da coisa.

GRANT OF PERSONAL PROPERTY. *Locução inglesa.* Cessão de bens.

GRANULÓCITO. *Medicina legal.* Célula que contém grânulos (basófilos, eosinófilos e neutrófilos) em seu citoplasma.

GRANULOMA INGUINAL. *Medicina legal.* Doença venérea que provoca inflamação na virilha e aparecimento de ulcerações profundas nos órgãos genitais e zonas adjacentes.

GRÃO. *Direito agrário.* Fruto ou semente de alguns vegetais e legumes.

GRÃO-DUCADO. *Direito internacional público.* País governado por um grão-duque.

GRÃO-DUQUE. 1. *Direito comparado.* Título de príncipe reinante. **2.** *História do direito.* Príncipe de famílias imperiais austríaca e russa.

GRÃO-MESTRE. *Direito civil.* Principal dignitário da maçonaria de uma região.

GRÃO-MOGOL. *História do direito.* Antigo imperador dos mongóis.

GRAPROHAB. Sigla de Grupo de Análise e Aprovação de Projetos Habitacionais, que agiliza o trâmite desses projetos em condomínios e loteamentos urbanos.

GRASPA. *Direito agrário.* Aguardente feita de bagaço de uvas.

GRASS. *Termo inglês.* Maconha; erva.

GRATIA ARGUMENTANDI. *Locução latina.* Apenas para argumentar.

GRATIA GRATIAM PARIT. *Expressão latina.* Um favor gera outro.

GRATIDÃO. *Direito civil.* **1.** Qualidade daquele que é grato. **2.** Reconhecimento de um benefício recebido, pronunciando palavras de agradecimento e estima ou retribuindo o favor que, em ato de liberalidade, constitui um dever moral e civil do beneficiário.

GRATIFICAÇÃO. 1. *Direito administrativo.* Retribuição de serviços extraordinários ou pelo exercício de cargos em comissão ou de certas funções desempenhadas por agente público. **2.** *Direito civil.* Gorjeta tida como obrigação natural. **3.** *Direito comercial.* Bonificação espontânea dada ao empregado pelo empresário-empregador.

GRATIFICAÇÃO ADICIONAL. *Direito administrativo.* Acréscimo, definitivo ou provisório, ao vencimento de funcionário público em decorrência de tempo de serviço, pelo desempenho de funções especiais ou de suas condições pessoais.

GRATIFICAÇÃO DE CONDIÇÃO ESPECIAL DE TRABALHO (GCET). *Direito militar.* É a devida mensal e regularmente aos servidores militares federais das Forças Armadas ocupantes de cargo militar, com exceção das praças prestadoras de serviço militar inicial. Tal gratificação será calculada obedecendo a hierarquização entre os diversos postos e graduações, passando a integrar a estrutura remuneratória dos militares da ativa, inativos e pensionistas.

GRATIFICAÇÃO DE DESEMPENHO DA ATIVIDADE DE FISCALIZAÇÃO (GDAF). *Direito agrário.* É a devida aos ocupantes dos cargos efetivos de engenheiro agrônomo, zootecnista, químico e farmacêutico do Ministério da Agricultura, Pecuária e do Abastecimento, em exercício das atividades de fiscalização e controle de produtos de origem animal ou vegetal. A GDAF será concedida aos servidores com carga horária de quarenta horas semanais. A GDAF é calculada com base em 75% do limite máximo de pontos fixados para a avaliação de desempenho no primeiro período de avaliação após a nomeação.

GRATIFICAÇÃO DE DESEMPENHO DE ATIVIDADE DE CHANCELARIA (GDC). *Direito internacional público.* É a devida aos ocupantes de cargos efetivos da carreira de Oficial de Chancelaria em exercício de atividades inerentes às atribuições da carreira no Ministério das Relações Exteriores. A GDC terá como limite máximo 2.238 pontos por servidor, correspondendo cada ponto aos percentuais incidentes sobre o maior vencimento básico do nível superior. É calculada obedecendo a critérios de desempenho individual dos servidores e institucional do Ministério das Relações Exteriores.

GRATIFICAÇÃO DE DESEMPENHO DE ATIVIDADE DE CIÊNCIA E TECNOLOGIA (GDCT). É a devida aos ocupantes dos cargos efetivos de nível superior das carreiras de Pesquisa em Ciência e Tecnologia, de Desenvolvimento Tecnológico e de Gestão, Planejamento e Infra-Estrutura em Ciência e Tecnologia; aos ocupantes dos cargos efetivos de nível intermediário da carreira de Desenvolvimento Tecnológico e da carreira de Gestão, Planejamento e Infra-Estrutura em Ciência e Tecnologia. Essa gratificação terá como limite máximo 2.238 pontos para o servidor e será paga em conjunto, de forma não cumulativa com a gratificação de atividades em Ciência e Tecnologia.

GRATIFICAÇÃO DE DESEMPENHO DE ATIVIDADE DE DEFESA AGROPECUÁRIA (GDA). *Direito agrário.* Concedida aos ocupantes de certos cargos quando em exercício de atividades inerentes às atribuições da respectiva carreira no Ministério da Agricultura, Pecuária e Abastecimento. É calculada pela multiplicação dos seguintes fatores: a) número de pontos resultante da avaliação de desempenho; b) valor do maior vencimento da Tabela de Vencimento dos servidores públicos civis da União; c) percentuais específicos por carreira. O resultado da avaliação de desempenho poderá atingir no máximo

2.238 pontos por servidor, divididos em duas parcelas de 1.119 pontos, uma referente ao desempenho individual do servidor e outra referente ao desempenho institucional do órgão ou entidade. A GDA é calculada com base em 75% do limite máximo de pontos fixados para a avaliação de desempenho no primeiro período de avaliação após a nomeação.

GRATIFICAÇÃO DE DESEMPENHO DE ATIVIDADE DE INFORMAÇÕES ESTRATÉGICAS (GDI). *Direito militar.* É a outorgada aos ocupantes de cargos efetivos de nível superior e de nível intermediário do Grupo de Informações, quando no desempenho de atividades de inteligência na Casa Militar da Presidência da República. É calculada pela multiplicação dos seguintes fatores: a) número de pontos resultante da avaliação de desempenho; b) valor do maior vencimento básico do nível correspondente ao da carreira ou da Tabela de Vencimentos dos servidores públicos civis da União; c) percentuais específicos por carreira ou cargo, correspondentes ao posicionamento do servidor na respectiva Tabela de Vencimentos. O resultado da avaliação de desempenho poderá atingir no máximo 2.238 pontos por servidor, divididos em duas parcelas de 1.119 pontos, uma referente ao desempenho individual do servidor e outra referente ao desempenho institucional do órgão ou entidade.

GRATIFICAÇÃO DE DESEMPENHO DE ATIVIDADE DE PROTEÇÃO AO VÔO (GDACTA). *Direito aéreo.* É a devida aos ocupantes dos cargos efetivos de níveis superior e intermediário do Grupo-Defesa Aérea e Controle de Tráfego Aéreo (DACTA). É concedida aos servidores com carga horária de quarenta horas semanais. As gratificações serão calculadas obedecidos critérios de desempenho individual dos servidores e institucional dos órgãos e entidades, conforme dispuser ato conjunto dos ministros de Estado das respectivas áreas e da Administração Federal e reforma do Estado.

GRATIFICAÇÃO DE DESEMPENHO DE ATIVIDADE DE TECNOLOGIA MILITAR (GDATM). *Direito militar.* É a devida aos ocupantes dos cargos efetivos da carreira de Tecnologia Militar, quando no exercício de atividades inerentes às atribuições da carreira nas organizações militares e com carga horária de quarenta horas semanais. É calculada pela multiplicação dos seguintes fatores: a) número de pontos resultante da avaliação de desempenho; b) valor do maior vencimento básico do nível correspondente ao da carreira ou cargo da Tabela de Vencimentos dos servidores públicos civis da União; c) percentuais específicos para o cargo, correspondentes ao posicionamento do servidor na respectiva Tabela de Vencimentos. O resultado da avaliação de desempenho poderá atingir no máximo 2.238 pontos por servidor, divididos em duas parcelas de 1.119 pontos, uma referente ao desempenho individual do servidor e outra referente ao desempenho institucional da organização militar.

GRATIFICAÇÃO DE DESEMPENHO DE ATIVIDADE FUNDIÁRIA (GAF). *Direito agrário.* É a instituída em favor dos ocupantes dos seguintes cargos efetivos, quando lotados no Instituto Nacional de Colonização e Reforma Agrária (INCRA) e no desempenho de atividades voltadas para a colonização e reforma agrária, especialmente as relativas à fiscalização e cadastro do zoneamento agrário, a projetos de assentamento e ao planejamento da organização rural nos aspectos fundiários, de comercialização e de associativismo rural: a) de Fiscal de Cadastro e Tributação Rural; b) de Orientador de Projeto de Assentamento; c) de Engenheiro Agrônomo. A GAF será calculada pela multiplicação dos seguintes fatores: a) número de pontos resultante da avaliação do desempenho; b) valor do maior vencimento básico do nível correspondente ao da carreira ou cargo da Tabela de Vencimentos dos servidores públicos civis da União; c) percentuais específicos por carreira ou cargo, correspondentes ao posicionamento do servidor na respectiva Tabela de Vencimentos. O resultado da avaliação de desempenho poderá atingir no máximo 2.238 pontos por servidor, divididos em duas parcelas de 1.119 pontos, uma referente ao desempenho individual do servidor e outra referente ao desempenho institucional do órgão ou entidade.

GRATIFICAÇÃO DE DESEMPENHO DE ATIVIDADE JURÍDICA (GDAJ). *Direito administrativo.* É devida aos ocupantes dos cargos efetivos das Carreiras de Advogado da União, Procurador Federal, Procurador do Banco Central do Brasil e Defensor Público da União, no percentual de até onze por cento, incidente sobre o vencimento básico do servidor, em decorrência do resultado institucional do respectivo órgão, em âmbito nacional, com base em metas institucionais de desempenho previamente fixadas.

GRATIFICAÇÃO DE DESEMPENHO DE ATIVIDADE MÉDICO-PERICIAL (GDAMP). *Direito previdenciário.* É devida aos ocupantes dos cargos de Perito Médico da Previdência Social da Carreira de Perícia Médica da Previdência Social e de Supervisor Médico-Pericial da Carreira de Supervisor Médico-Pericial. A GDAMP tem por finalidade incentivar o aprimoramento das ações médico-periciais no âmbito do Instituto Nacional do Seguro Social (INSS) e será concedida de acordo com o resultado das avaliações de desempenho individual e institucional. A avaliação de desempenho institucional visa a aferir o alcance das metas institucionais, podendo considerar projetos e atividades prioritárias e condições especiais de trabalho, além de outras características específicas do INSS. A avaliação de desempenho individual visa a aferir o desempenho do servidor no exercício das atribuições do cargo, com foco na contribuição individual para o alcance dos objetivos organizacionais.

GRATIFICAÇÃO DE DESEMPENHO DE ATIVIDADES DE INFORMAÇÃO (GDAI). *Direito administrativo.* É devida aos ocupantes dos cargos efetivos de nível superior e de nível intermediário do Grupo Informações, integrantes do Plano Especial de Cargos da Agência Brasileira de Inteligência (ABIN), quando em exercício de atividades inerentes às atribuições do respectivo cargo nas unidades da Agência. A GDAI tem por finalidade incentivar o aprimoramento das ações da ABIN em suas áreas de atividade e será concedida de acordo com o resultado das avaliações de desempenho institucional e individual. A avaliação de desempenho institucional visa a aferir a atuação do órgão no alcance dos objetivos organizacionais, podendo considerar projetos e atividades prioritárias e características específicas compatíveis com as atividades da ABIN. A avaliação de desempenho individual visa a aferir o desempenho do servidor no exercício das atribuições do cargo, com foco na contribuição individual para o alcance dos objetivos organizacionais. A GDAI será atribuída em função do desempenho individual do servidor e do desempenho institucional da ABIN, com observância dos seguintes percentuais e limites: a) até trinta por cento incidente sobre o vencimento básico do servidor, em decorrência dos resultados da avaliação de desempenho individual; e b) até vinte e cinco por cento incidente sobre o maior vencimento básico do cargo, em decorrência dos resultados da avaliação institucional.

GRATIFICAÇÃO DE DESEMPENHO DE FUNÇÃO ESSENCIAL À JUSTIÇA (GFJ).

Direito administrativo. É a concedida aos ocupantes dos seguintes cargos efetivos, quando no desempenho de atividades jurídicas: a) das carreiras de Advogado da União e de Assistente Jurídico da Advocacia-Geral da União, quando em exercício na Advocacia-Geral da União e nos seus órgãos vinculados; b) de Procurador e Advogado de autarquias e fundações públicas federais, quando em exercício na Advocacia-Geral da União e nos seus órgãos vinculados; c) de Assistente Jurídico, quando em exercício na Advocacia-Geral da União e nos seus órgãos vinculados; d) da carreira de Defensor Público da União, quando em exercício na Defensoria Pública da União. A GFJ é calculada pela multiplicação dos seguintes fatores: a) número de pontos resultante da avaliação de desempenho; b) valor do maior vencimento básico do nível correspondente ao da carreira ou cargo da Tabela de Vencimentos dos servidores públicos civis da União; c) percentuais específicos por carreira ou cargo, correspondentes ao posicionamento do servidor na respectiva Tabela de Vencimentos. O resultado da avaliação de desempenho poderá atingir no máximo 2.238 pontos por servidor, divididos em duas parcelas de 1.119 pontos, uma referente ao desempenho individual do servidor e outra referente ao desempenho institucional do órgão ou entidade.

GRATIFICAÇÃO DE DESEMPENHO DIPLOMÁTICO (GDD).

Direito internacional público. É a devida aos ocupantes de cargos efetivos da carreira de diplomata em exercício de atividades inerentes às atribuições da carreira no Ministério das Relações Exteriores. Tem por finalidade incentivar o aprimoramento das ações da Administração Pública federal no campo do planejamento, da formulação e da execução da política externa e é concedida de acordo com o desempenho individual dos servidores e institucional de unidades administrativas do Ministério das Relações Exteriores, mediante avaliação, tendo como limite máximo 2.238 pontos por servidor.

GRATIFICAÇÃO DE DESEMPENHO E PRODUTIVIDADE (GDP).

É a devida aos ocupantes dos seguintes cargos efetivos: a) da carreira de Finanças e Controle, quando em exercício no Ministério da Fazenda ou nos órgãos do Sistema de Controle Interno e de Planejamento e de Orçamento do Poder Executivo federal; b) da carreira de Planejamento e Orçamento e do cargo de Técnico de Planejamento P-1501 do Grupo TP-1500, quando em exercício no Ministério do Planejamento, Orçamento e Gestão ou nos órgãos dos Sistemas de Planejamento e de Orçamento e de Controle Interno do Poder Executivo federal; c) da carreira de Especialista em Políticas Públicas e Gestão Governamental, quando em exercício em órgãos ou entidades do Poder Executivo federal nos quais haja previsão de lotação, em decorrência da distribuição do quantitativo global nos cargos da carreira por órgão ou entidade do Poder Executivo federal, definida em ato do presidente da República no desempenho de atividades inerentes às atribuições da carreira; d) de Técnico de Planejamento e Pesquisa do Instituto de Pesquisa Econômica Aplicada (IPEA), quando em exercício no IPEA, no Ministério do Planejamento, Orçamento e Gestão ou nos Sistemas de Planejamento e Orçamento e de Controle Interno do Poder Executivo federal; e) de nível superior do IPEA, não referidos na alínea anterior, quando em exercício no Ministério do Planejamento, Orçamento e Gestão no IPEA ou nos Sistemas de Planejamento e Orçamento e de Controle Interno do Poder Executivo federal, no desempenho de atividades de elaboração de planos e orçamentos públicos; f) de nível intermediário do IPEA, quando em exercício no Ministério do Planejamento, Orçamento e Gestão ou no IPEA no desempenho de atividades de apoio direto à elaboração de planos e orçamentos públicos, em quantitativo fixado em lei. A GDP será concedida aos servidores com carga horária de quarenta horas semanais, tendo como limite máximo 2.238 pontos por servidor, correspondendo cada ponto a 0,2124% e 0,0936% do maior vencimento básico, respectivamente, do nível superior e do nível intermediário.

GRATIFICAÇÃO DE DESEMPENHO E PRODUTIVIDADE DEVIDA A INTEGRANTES DA CARREIRA DE ESPECIALISTA EM POLÍTICAS PÚBLICAS E GESTÃO GOVERNAMENTAL.

Direito administrativo. Pagamento de uma quantia que tem por finalidade incentivar o aprimoramento das ações da Administração Pública Federal, nos campos de finanças, controle, orçamento e planejamento, como instrumentos para a formulação, gestão, coordenação, implementação e avaliação de políticas públicas, a direção e o assessoramento nos escalões superiores da Administração direta, autárquica e fundacional. A gratificação é concedida de acordo com o desempenho in-

GRATIFICAÇÃO DE DESEMPENHO PROVISÓRIO (GP)

dividual dos servidores e institucional dos órgãos e entidades. A avaliação de desempenho individual, destinada a aferir o desempenho do servidor nas atribuições do respectivo cargo, é aferida trimestralmente e processada semestralmente, utilizando-se a ficha de avaliação de desempenho individual.

GRATIFICAÇÃO DE DESEMPENHO PROVISÓRIO (GP).
Direito administrativo. É a devida aos ocupantes de cargos efetivos de procurador e advogado de autarquias ou fundações públicas federais e de assistente jurídico não transpostos para a carreira da Advocacia-Geral da União e da carreira de defensor público da União. A GP será paga em valor correspondente a 85% do maior valor do vencimento básico de nível superior fixado na Tabela de Vencimentos dos servidores públicos civis da União, e não será paga cumulativamente com a gratificação temporária. A GP, compatível com as demais vantagens atribuídas ao cargo efetivo, não se incorpora ao vencimento nem aos proventos de aposentadoria ou pensão, e não servirá de base de cálculo para quaisquer outros benefícios, vantagens ou contribuições previdenciárias ou de seguridade. Não farão jus à GP os ocupantes de cargo ou função de confiança ou titular de gratificação de representação de gabinete. A GP não é devida aos ocupantes dos cargos de procurador da Fazenda Nacional, procurador do Banco Central do Brasil, procurador do Instituto Nacional do Seguro Social e aos servidores que percebem a Retribuição Variável da Comissão de Valores Mobiliários (RVCVM) e a Retribuição Variável da Superintendência de Seguros Privados (RVSUSEP). A Gratificação de Desempenho de Função Essencial da Justiça (GFJ) será paga em conjunto com o respectivo vencimento básico fixado para a carreira ou cargo.

GRATIFICAÇÃO DE ESTÍMULO À DOCÊNCIA NO MAGISTÉRIO SUPERIOR.
Direito educacional. É a devida aos ocupantes dos cargos efetivos de professor de 3º grau, lotados e em exercício nas instituições federais de ensino superior, vinculadas ao Ministério da Educação. Os valores a serem atribuídos à gratificação corresponderão à pontuação atribuída ao servidor, até o máximo de cento e setenta e cinco pontos, sendo cada ponto equivalente ao valor estabelecido legalmente. O limite global de pontuação mensal de que disporá cada instituição federal de ensino

para atribuir a título da gratificação corresponderá a cento e quarenta vezes o número de professores do magistério superior, ativos, lotados e em exercício na instituição. Tais servidores, regularmente afastados para qualificação em programas de mestrado ou doutorado ou estágio de pós-doutorado, e os servidores ocupantes de função gratificada FG 1 e FG 2, na própria instituição, poderão perceber a gratificação calculada com base em pontuação superior a noventa e um pontos, desde que tenham as suas atividades avaliadas. Na impossibilidade do cálculo da média acima referida, a gratificação será paga ao docente servidor cedido para exercício de cargo de natureza especial ou DAS 6, 5 ou 4, ou cargo equivalente na administração pública, no valor correspondente a noventa e um pontos. Na impossibilidade do cálculo dessa média, a gratificação será paga aos aposentados e aos beneficiários de pensão no valor correspondente a noventa e um pontos. A pontuação será atribuída a cada servidor em função da avaliação de suas atividades na docência, na pesquisa e na extensão, observado o seguinte: a) dez pontos por hora-aula semanal, até o máximo de cento e vinte pontos; b) um máximo de sessenta pontos pelo resultado da avaliação qualitativa das atividades acima referidas. Uma comissão nacional a ser designada pelo Ministério da Educação regulará e divulgará as formas e fatores de avaliação qualitativa do desempenho docente, bem como os critérios de atribuição de pontuação por natureza das suas atividades. A avaliação terá periodicidade anual, e será realizada por uma comissão composta de docentes internos e externos à instituição federal de ensino superior.

GRATIFICAÇÃO DE FÉRIAS.
Direito do trabalho. Parcela de natureza salarial que tem por objetivo tornar mais tranquilo o gozo das férias.

GRATIFICAÇÃO DE FUNÇÃO.
Direito do trabalho e *direito administrativo.* **1.** Remuneração dada, por disposição de lei, ao empregado no exercício de chefia ou de outra função, como a de assessoramento. Incorpora-se à sua remuneração e integra provento da aposentadoria. **2.** Verba devida a empregado que exerce função de confiança.

GRATIFICAÇÃO DE INCENTIVO À DOCÊNCIA.
Direito educacional. É devida aos ocupantes dos cargos efetivos de professor de 1º e 2º graus nas instituições federais de ensino. Tem como limite

máximo oitenta pontos por servidor. O limite global de pontuação mensal corresponderá, em cada instituição, a setenta e três vezes o número de professores de 1º e 2º graus ativos, e a pontuação atribuída a cada professor observará regulamento por ela estabelecido, que incluirá, obrigatoriamente, a carga horária semanal em sala de aula, o número de alunos sob sua responsabilidade, a avaliação qualitativa de suas aulas e a participação em programas e projetos de interesse da instituição. É condição obrigatória para a atribuição de pontuação ao professor de que trata a lei a prestação de, no mínimo, oito horas semanais de aulas, admitindo-se a redução desse limite à metade. As instituições federais de ensino darão conhecimento prévio aos respectivos Ministérios a que se vinculem dos regulamentos, e os publicarão no *Diário Oficial da União*, com vigência a partir de trinta dias da referida publicação. A periodicidade da revisão da pontuação dos professores não poderá ser superior a um ano. Para fins de cálculo da gratificação nos meses de férias do servidor ou dos alunos, será considerada a pontuação média alcançada nos doze meses imediatamente anteriores à competência do efetivo pagamento.

GRATIFICAÇÃO DE INCENTIVO À PRESTAÇÃO DE ASSISTÊNCIA INTEGRAL À SAÚDE (GIPAS).

Direito administrativo. Devida aos ocupantes dos cargos de provimento efetivo, em exercício nas unidades hospitalares do Ministério da Saúde, observado o quantitativo máximo fixado em regulamento, enquanto permanecerem nessa condição. A GIPAS será paga aos servidores que a ela fazem jus, em função da superação das metas de assistência integral à saúde, prestada no âmbito do Hospital Geral de Bonsucesso (HGB), Instituto Nacional de Traumato-Ortopedia (INTO), Instituto Nacional de Cardiologia de Laranjeiras (INCL) e Hospital dos Servidores do Estado (HSE), de acordo com os valores máximos estabelecidos em lei, observados o respectivo nível e a carga horária de trabalho semanal dos respectivos cargos, de vinte ou quarenta horas.

GRATIFICAÇÃO DE INCREMENTO DA FISCALIZAÇÃO E DA ARRECADAÇÃO (GIFA).

Direito previdenciário. 1. É a devida aos ocupantes dos cargos efetivos da Carreira de Auditoria Fiscal da Previdência Social. A GIFA será paga aos Auditores Fiscais da Previdência Social, no percentual de até quarenta e cinco por cento, incidente sobre o maior vencimento básico do cargo, de acordo com os seguintes parâmetros: a) até quinze pontos percentuais, em decorrência dos resultados da avaliação de desempenho e da contribuição individual para o cumprimento de metas de arrecadação; b) até trinta pontos percentuais, em decorrência da avaliação do resultado institucional do conjunto das unidades do Instituto Nacional do Seguro Social (INSS), no cumprimento de metas de arrecadação, computadas em âmbito nacional. A GIFA será apurada: a) em sua parcela individual, trimestralmente, e processada no mês subseqüente, com efeitos financeiros mensais, a partir do mês seguinte ao do processamento; b) em sua parcela institucional, mensalmente, com base na arrecadação, acumulada de janeiro até o segundo mês anterior àquele em que serão devidos os efeitos financeiros da gratificação. 2. É a devida aos ocupantes dos cargos efetivos da Carreira de Auditoria Fiscal do Trabalho. A GIFA será paga aos Auditores Fiscais do Trabalho, no percentual de até quarenta e cinco por cento, incidente sobre o maior vencimento básico do cargo, de acordo com os seguintes parâmetros: a) até quinze pontos percentuais, em decorrência dos resultados da avaliação de desempenho e da contribuição individual para o cumprimento de metas de arrecadação, fiscalização do trabalho e verificação do recolhimento do Fundo de Garantia do Tempo de Serviço (FGTS); b) até trinta pontos percentuais, em decorrência da avaliação do resultado institucional do conjunto das nulidades do Ministério do Trabalho e Emprego, no cumprimento de metas de arrecadação, fiscalização do trabalho e verificação do recolhimento do FGTS. A GIFA será apurada: a) em sua parcela individual, trimestralmente, e processada no mês subseqüente, com efeitos financeiros mensais, a partir do mês seguinte ao do processamento; b) em sua parcela institucional, mensalmente, com base no atingimento de metas de fiscalização do trabalho, de arrecadação e de verificação do recolhimento do FGTS, acumuladas de janeiro até o segundo mês anterior àquele em que serão devidos os efeitos financeiros da gratificação.

GRATIFICAÇÃO DE LOCALIDADE ESPECIAL.

Direito militar. Parcela remuneratória mensal devida ao militar, quando servindo em regiões inóspitas.

GRATIFICAÇÃO DE OPERAÇÕES BOMBEIRO-MILITAR.

Direito militar. É a outorgada ao bombeiro militar em serviço ativo e no efetivo desempenho da função bombeiro-militar.

GRATIFICAÇÃO DE OPERAÇÕES POLICIAIS MILITARES | 743 | **GRA**

GRATIFICAÇÃO DE OPERAÇÕES POLICIAIS MILITARES. *Direito militar.* É a atribuída ao policial militar pelo efetivo desempenho de operações policiais militares. É devida a policial militar em serviço ativo e no efetivo desempenho de função policial militar.

GRATIFICAÇÃO DE QUALIFICAÇÃO (GQ). *Direito bancário.* É a vantagem pecuniária concedida ao servidor integrante do quadro de pessoal do Banco Central do Brasil em retribuição a um conjunto de fatores técnico-funcionais, acadêmicos e organizacionais necessários ao exercício de atividades de supervisão, gestão ou assessoramento no Banco Central do Brasil.

GRATIFICAÇÃO NATALINA. 1. *Direito do trabalho.* Décimo terceiro salário. **2.** *Direito administrativo.* Quantia correspondente a 1/12 da remuneração a que o servidor público tiver direito, no mês de dezembro, por mês de exercício no respectivo ano.

GRATIFICAÇÃO POR ENCARGO DE CURSO OU CONCURSO. *Direito administrativo.* É devida ao servidor que, em caráter eventual: a) atuar como instrutor em curso de formação, de desenvolvimento ou de treinamento regularmente instituído no âmbito da administração pública federal; b) participar de banca examinadora ou de comissão para exames orais, para análise curricular, para correção de provas discursivas, para elaboração de questões de provas ou para julgamento de recursos intentados por candidatos; c) participar da logística de preparação e de realização de concurso público envolvendo atividades de planejamento, coordenação, supervisão, execução e avaliação de resultado, quando tais atividades não estiverem incluídas entre as suas atribuições permanentes; d) participar da aplicação, fiscalizar ou avaliar provas de exame vestibular ou de concurso público ou supervisionar essas atividades.

GRATIFICAÇÕES TEMPORÁRIAS SIPAM (GTS). *Direito administrativo.* Criadas por lei e devidas a servidores requisitados ou designados pela Casa Civil da Presidência da República para desempenho de atividades no âmbito do Sistema de Proteção da Amazônia (SIPAM), sem prejuízo da remuneração integral relativa ao seu cargo efetivo ou emprego. A GTS não será paga cumulativamente com: a) as indenizações relativas a localidade, auxílio-moradia e ajuda de custo; e b) a remuneração dos cargos comissionados ou função de confiança.

GRATIFICADO. 1. Diz-se daquele que recebeu gratificação. **2.** Aquele contemplado com um benefício.

GRATIFICAR. 1. *Direito administrativo* e *direito do trabalho.* Dar gratificação a empregado ou a servidor pelo serviço extraordinário prestado ou pelo exercício de função de direção, chefia ou assessoramento. **2.** *Direito civil.* a) Dar gorjeta; b) manifestar gratidão.

GRÁTIS. *Direito civil.* Gratuito; o que não tem qualquer contraprestação; de graça.

GRATO. *Direito civil.* Agradecido; aquele que tem gratidão; reconhecido.

GRATUIDADE. 1. *Direito civil.* Qualidade do que é gratuito. **2.** *Direito comparado.* Qualidade do serviço público em alguns países, em que o funcionário o presta sem receber qualquer remuneração.

GRATUIDADE DA JUSTIÇA. *Direito processual.* Benefício de assistência judiciária gratuita, isentando o beneficiado do pagamento das custas judiciais e honorários advocatícios.

GRATUIDADE DE ATOS NECESSÁRIOS AO EXERCÍCIO DA CIDADANIA. *Direito constitucional.* Não cobrança de atos imprescindíveis ao exercício da cidadania. Logo, são gratuitos os atos: a) que capacitam o cidadão ao exercício da soberania popular; b) referentes ao alistamento militar; c) relativos aos pedidos de informações ao poder público, em todos os seus âmbitos, objetivando a instrução de defesa ou denúncia de irregularidades administrativas na órbita pública; d) alusivos às ações de impugnação de mandato eletivo por abuso de poder econômico, corrupção ou fraude; e) atinentes a requerimentos ou petições que visem as garantias individuais e a defesa do interesse público.

GRATUIDADE DE HABITAÇÃO. *Direito civil.* Conseqüência do direito real de habitação, que permite ao seu titular a ocupação de um imóvel, com sua família, para fins de moradia, sem cobrança de aluguel.

GRATUITIDADE. *Vide* GRATUIDADE.

GRATUITO. *Direito civil.* **1.** O que é feito sem paga material; aquilo que não exige retribuição ou contraprestação. **2.** O que não gera encargo ou ônus a pessoa a favor de quem se executa certo ato. **3.** Diz-se do ato jurídico que gera, por ser benéfico, vantagens, tornando alguém beneficiário. **4.** Sem interesse pecuniário.

GRATUITUM ENIM DEBE ESSE COMMODATUM. *Expressão latina.* O comodato deve ser gratuito.

GRATUITY. *Termo inglês.* **1.** Propina. **2.** Gratificação.

GRATUS DEBET ESSE, QUI ACCEPIT BENEFICIUM. *Expressão latina.* Quem recebe um benefício deve agradecer.

GRAU. 1. Na *linguagem filosófica,* a quantidade das qualidades (Wolff). **2.** Na *linguagem jurídica* em geral: a) hierarquia; b) instância; c) cada uma das divisões do ensino; d) categoria; e) título obtido ao término de um curso universitário; f) linha reta ou colateral ou distância entre gerações; g) quantidade; h) estágio; i) nível; j) classe, ordem, posição; k) gradação; l) intensidade; m) estado do feito a que se opôs recurso. **3.** *Medicina legal.* A maior ou menor intensidade de uma moléstia.

GRAU DA PENA. *Direito penal.* Medida da pena que deve ser aplicada ao criminoso; dosimetria da pena.

GRAU DE CULPA. *Direito penal* e *direito civil.* Índice de participação da vontade do agente na sua conduta delituosa ou ilícita.

GRAU DE DEPENDÊNCIA DO IDOSO. *Direito civil* e *direito do idoso.* Pode-se ter: a) Grau de Dependência I – idosos independentes, mesmo que requeiram uso de equipamentos de auto-ajuda; b) Grau de Dependência II – idosos com dependência em até três atividades de autocuidado para a vida diária, tais como: alimentação, mobilidade, higiene; sem comprometimento cognitivo ou com alteração cognitiva controlada; c) Grau de Dependência III – idosos com dependência que requeiram assistência em todas as atividades de autocuidado para a vida diária e/ou com comprometimento cognitivo.

GRAU DE JURISDIÇÃO. *Direito processual.* **1.** Instância; ordem hierárquica dos órgãos do Judiciário no processo para atender a fins de recurso, dando maior segurança na aplicação do direito. No primeiro grau ter-se-á o juízo singular e no segundo o coletivo ou tribunal. **2.** Cada um dos graus do processo.

GRAU DE NOBREZA. *Direito civil* e *direito comparado.* Distância entre uma geração e outra, desde que a primeira tenha sido enobrecida. A contagem desse grau só alcança os parentes de linha reta (De Plácido e Silva).

GRAU DE PARENTESCO. *Direito civil.* Medida da distância, ou do número de gerações, existente entre aqueles que descendem de um mesmo tronco comum.

GRAU DE RECURSO. *Direito processual.* Expressão usada para indicar que a causa, após o trâmite em primeiro grau, passou, a título de recurso, à instância superior.

GRAU DE SIGILO. Gradação atribuída à classificação de um documento sigiloso, de acordo com a natureza de seu conteúdo e tendo em vista a conveniência de limitar sua divulgação às pessoas que têm necessidade de conhecê-lo.

GRAU DE UTILIZAÇÃO DA TERRA (GUT). *Direito agrário.* É o fixado mediante divisão da área efetivamente utilizada pela área aproveitável do imóvel, multiplicando-se o resultado por cem para obtenção do valor em percentuais. Consideram-se áreas efetivamente utilizadas para esses fins: 1) as áreas plantadas com produtos vegetais; 2) as áreas de pastagens nativas e plantadas, observado o índice de lotação por zona de pecuária; 3) as áreas de exploração extrativa vegetal ou florestal, observados os índices de rendimento constantes, respeitada a legislação ambiental; 4) as áreas de exploração florestal nativa, observadas as condições estabelecidas no plano de exploração devidamente aprovado pelo órgão federal competente; 5) as áreas sob processo técnico de formação e/ou recuperação de pastagens e de culturas permanentes, tecnicamente conduzidas e devidamente comprovadas mediante apresentação da documentação pertinente e do respectivo termo de Anotação de Responsabilidade Técnica (ART), desde que satisfeitas as seguintes condições: a) no caso de processo técnico da formação de pastagens, que as áreas tenham sido submetidas a tratos culturais adequados, com o plantio ou semeadura de forrageiras; b) no caso de processo técnico de formação de culturas permanentes, que as áreas tenham sido submetidas a tratos culturais adequados, com plantio ou semeadura de culturas consideradas permanentes, ou seja, aquelas com ciclo vegetativo superior a 12 meses; c) no caso de processo técnico de recuperação de pastagens, que as áreas tenham sido submetidas a tratos culturais adequados, visando restaurar a capacidade de suporte do pasto ou a produção de massa verde; d) no caso de processo técnico de recuperação de culturas permanentes, que as áreas tenham sido submetidas a tratos culturais adequados, que possibilitem restabelecer os níveis de rendimento econômico aceitáveis.

GRAU DOS DEVERES. Ordem a ser observada no cumprimento das várias funções.

GRAUS DE GENERALIZAÇÃO NORMATIVA. *Teoria geral do direito.* São, na lição de Diogo de Figueiredo Neto: o generalíssimo, das normas-princípios; o geral, propriamente dito, das normas gerais; e o subgeral, das normas particularizantes.

GRAU UNIVERSITÁRIO. *Direito educacional* e *direito do trabalho.* Título obtido ao se concluir curso superior, que possibilita ao titular exercer a profissão.

GRAVAÇÃO. *Direito civil.* **1.** Ato de gravar. **2.** Processo de fixação e reprodução de som ou imagem por meio de fita magnética. **3.** Disco ou fita. **4.** Arte de produzir obra artística, protegida legalmente. **5.** Incidência de ônus sobre bens. **6.** Sujeição a encargos. **7.** Ofensa.

GRAVADO. *Direito civil.* **1.** O que foi objeto de gravação. **2.** Diz-se do bem vinculado ou onerado. **3.** Sujeito a encargo. **4.** Esculpido com cinzel. **5.** Vexado; ofendido.

GRAVADOR. *Direito civil.* **1.** Negócio que restringe os direitos do proprietário. **2.** Estabelecimento comercial destinado a fazer gravações. **3.** Artista que grava. **4.** Aparelho que grava e reproduz som ou imagem por processos magnéticos.

GRAVAME. *Direito civil.* **1.** Encargo; ônus. **2.** Ofensa; prejuízo. **3.** Ação que causa dano moral ou patrimonial.

GRAVAR. **1.** *Direito civil.* a) Onerar; b) sujeitar a encargos; c) esculpir com cinzel; d) entalhar em madeira; e) impor gravame; f) vexar; ofender; g) fazer gravação; h) assinalar; perpetuar; i) fixar; imprimir; j) marcar com selo. **2.** *Direito tributário.* Sobrecarregar com tributos.

GRAVATA. **1.** *Direito desportivo.* Golpe no pescoço em várias lutas desportivas. **2.** Na *gíria*, golpe de passar o braço ao redor do pescoço da vítima, a fim de que o companheiro possa revistar seus bolsos para roubá-lo.

GRAVATEIRO. **1.** *Direito comercial.* Fabricante ou vendedor de gravatas. **2.** Na *gíria*, ladrão que passa a gravata para que seu cúmplice possa saquear os bolsos da vítima.

GRAVE. **1.** Na *linguagem jurídica* em geral: a) tudo que tem relevância ou importância jurídica; sério; b) suscetível de gerar séria conseqüência; c) perigoso; d) que tem gravidade. **2.** *Direito militar.* Voz de comando para que a marcha se dê em passo grave. **3.** *História do direito.* Moeda portuguesa de prata, do século XIV, usada na época de D. Fernando I cujo valor era equivalente a vinte e um réis.

GRAVE AMEAÇA. *Direito civil* e *direito penal.* Constrangimento ilegal consistente em obrigar alguém a efetuar certo ato sob pena de, não o fazendo, vir a sofrer dano considerável e iminente, suscetível de atingir sua pessoa, sua família ou seus bens.

GRAVE EST FIDEM FALLERE. *Expressão latina.* É grave faltar à confiança ou à lealdade.

GRAVELA. **1.** *Direito agrário.* Resíduo ou bagaço da uva espremida. **2.** *Medicina legal.* Estado mórbido provocado por pequenas concreções calculosas na bexiga ou nos rins.

GRAVE PERTURBAÇÃO DA ORDEM. Estado de comoção interna oriundo, por exemplo, de greve ou revolução, impedindo o desenvolvimento normal das atividades essenciais à população.

GRAVIDADE. **1.** Qualidade do que é grave. **2.** Circunstância perigosa; estado de perigo. **3.** Intensidade.

GRAVIDADE DA DOENÇA. *Medicina legal.* Agravamento perigoso de uma moléstia.

GRAVIDADE DO CRIME. *Direito penal.* Intensidade maior ou menor do dano causado pelo agente ao bem juridicamente tutelado, com sua conduta criminosa.

GRAVIDEZ. *Medicina legal.* **1.** Estado da mulher que vai desde a fecundação do óvulo até o parto. **2.** Período de gestação. **3.** Prenhez; gestação.

GRAVIDEZ À FORÇA. *Direito penal.* Privação ilegal de liberdade de uma mulher que foi engravidada à força, com o propósito de alterar a composição étnica de uma população ou de cometer outras violações graves do direito internacional. Essa definição não pode, de modo algum, ser interpretada como afetando as disposições de direito interno relativas à gravidez.

GRAVIDEZ DUPLA. *Vide* GRAVIDEZ GEMELAR.

GRAVIDEZ ECTÓPICA. *Medicina legal.* Nidação do ovo que se dá fora da cavidade uterina (Croce e Croce Jr.).

GRAVIDEZ GEMELAR. *Medicina legal.* Aquela em que nascem gêmeos bivitelinos ou univitelinos.

GRAVIDEZ IGNORADA. *Medicina legal.* Aquela em que a mulher, por falta de informação, por ser alienada ou menor ou por estar em fase do climatério, não sabe ter sido fecundada.

GRAVIDEZ MOLAR. *Medicina legal.* Aquela em que há degeneração vascular ou hidática do ovo (Croce e Croce Jr.).

GRAVÍDICO. *Medicina legal.* **1.** O que ocorre durante a gravidez. **2.** O que depende da gravidez.

GRAVIOR POENA. *Locução latina.* Pena mais grave.

GRAVIS EST SEMPER IRA REGUM. *Expressão latina.* A cólera dos reis é sempre perigosa.

GRAVIS TESTIS. *Locução latina.* **1.** Testemunha digna de fé. **2.** Testemunha de peso.

GRAVITER FACERE. *Locução latina.* Agir prudentemente.

GRAVOSO. 1. *Direito civil.* a) O que ofende ou vexa. b) Aquilo que produz gravame. c) O que grava ou onera. **2.** *Direito internacional privado.* Bem exportável que, devido ao alto custo de sua produção, não pode concorrer ou competir no mercado internacional com os similares do exterior, ficando, por isso, na dependência de medidas protecionistas governamentais.

GRAVURA. *Direito civil.* **1.** Arte ou efeito de gravar. **2.** Obra artística resultante de gravação, protegida pelo direito autoral.

GRAZIER. *Termo inglês.* Criador de gado.

GRECÓSTASE. *História do direito.* Local situado à direita do comício romano, onde ficavam os deputados enviados ao senado pelas nações estrangeiras.

GREENBACK. *Termo inglês.* **1.** Nota de banco. **2.** Papel-moeda em circulação nos Estados Unidos.

GREFFE. *Termo francês.* Cartório.

GREFFIER. *Termo francês.* Escrivão.

GREGÁRIO. *Sociologia jurídica.* **1.** Relativo a grei. **2.** O que pertence ao grupo. **3.** Aquele que vive em grupo.

GREGARISMO. *Sociologia jurídica.* Forte tendência do ser humano a formar e viver em grupos sociais.

GREGOGE. *História do direito.* Suplício que outrora se usava na costa do Malabar, consistente em atravessar mãos, pés, pescoço e peito do condenado com ferros.

GREI. 1. *Direito canônico.* Conjunto de paroquianos. **2.** *Ciência política.* Partido político. **3.** *Sociologia jurídica* e *direito civil.* Sociedade; grupo social; povo; bando. **4.** *Direito agrário.* Rebanho de gado miúdo.

GRÊMIO. 1. *Direito civil.* Associação de pessoas sujeitas a um estatuto para obtenção de fins culturais, recreativos e esportivos. **2.** *Direito canônico.* Comunhão dos fiéis. **3.** *História do direito.* Classe formada pela diferença existente en-

tre os vassalos, tendo em vista suas riquezas, comportamentos e virtudes.

GREMISTA. Referente a grêmio.

GREVE. *Direito constitucional, direito administrativo* e *direito do trabalho.* Acordo de operários e funcionários públicos que se recusam a comparecer ao trabalho, paralisando-o parcial ou totalmente, enquanto suas pretensões não forem atendidas. Trata-se de um projeto para obter a aprovação de suas reivindicações pelo empregador.

GREVE BRANCA. *Direito do trabalho.* **1.** Redução de trabalho pelos operários, que operam lentamente. **2.** Ato de empregados ficarem sem trabalhar diante das máquinas da empresa.

GREVE DE FOME. Ato de uma pessoa recusar alimento a título de protesto contra deliberação patronal, política etc. Recusa voluntária de alimentos é geralmente usada para conseguir um objetivo político ou outro de manipulação social. Na última década, a greve de fome foi usada por prisioneiros de todo o mundo com os mais variados fins, melhoria das condições de prisão, denúncia de abusos de direitos humanos, entre outros. A greve de fome não é utilizada somente por prisioneiros. Como instrumento de publicidade negativa em relação aos indivíduos ou instituições de poder, vem ocorrendo cada vez mais entre os ativistas políticos, ecologistas, trabalhadores, profissionais liberais e estudantes. A tática da greve de fome consiste em sensibilizar a opinião pública, pessoas e instituições, responsabilizando-as pelos danos físicos e mesmo pela morte do grevista, caso suas demandas não sejam aceitas.

GREVE DE OCUPAÇÃO. *Direito do trabalho.* Invasão de estabelecimento por empregados, paralisando suas atividades.

GREVE DE RODÍZIO. *Direito do trabalho.* Paralisação de setores-chaves da empresa, para fazer com que outros deixem de exercer suas atividades.

GREVE DE SOLIDARIEDADE. *Direito do trabalho.* Paralisação do trabalho para impedir demissão de algum empregado.

GREVE DE ZELO. *Direito do trabalho.* Aquela em que os operários buscam perfeição exagerada em suas tarefas, vindo, então, a emperrar o serviço (José J. Bezerra Diniz).

GREVE DO FUNCIONÁRIO PÚBLICO. *Direito administrativo* e *direito constitucional.* Paralisação de serviço público por funcionário, permitida por norma constitucional, desde que haja regulamentação por lei. Com isso, além da lacuna técnica, está

GREVE DOS BRAÇOS CAÍDOS   747   **GRE**

presente a lacuna axiológica. A institucionalização constitucional da greve do funcionário público, dependente de regulamentação de seu exercício, é um recurso anti-social, incompatível com o princípio da obediência hierárquica, da continuidade dos serviços públicos e com o regime estatutário a que se subordinam os agentes públicos, assim como contrário ao fim e à sobrevivência do Estado, por paralisar serviço público de interesse coletivo indispensável ao bem-estar da sociedade, visto que não há como suprir sua ausência. Ante as desordens e os graves prejuízos que acarretam à sociedade e à população, e a injustiça ou situação indesejável que desencadeia, poderá instaurar no sistema jurídico uma lacuna axiológica.

GREVE DOS BRAÇOS CAÍDOS. *Direito administrativo.* Paralisação do trabalho de funcionários do Estado, empregados etc., até que suas pretensões sejam acatadas. *Vide* GREVE DO FUNCIONÁRIO PÚBLICO.

GREVE INTERMITENTE. *Direito do trabalho.* Paralisação da atividade pelos operários por um breve período, para lesar a produção da empresa.

GREVE PATRONAL. *Direito penal* e *direito do trabalho.* Trata-se do *lock out*, ação coletiva contrária dos empregadores, ordenando suspensão coletiva do trabalho, encerrando suas atividades empresariais, a fim de forçar a satisfação de suas reivindicações. *Vide LOCAUTE.*

GREVE PERIÓDICA. *Vide* GREVE INTERMITENTE.

GREVE-TAMPÃO. *Vide* GREVE DE RODÍZIO.

GREVICULTOR. O que fomenta greves.

GREVICULTURA. Ação de grevicultor.

GREVISTA. 1. Aquele que promove uma greve ou dela participa. **2.** Relativo a greve.

GRILAGEM. 1. Ato de grilar terras rurais. **2.** Organização de grileiros.

GRILAR. Fazer títulos falsos de propriedade imobiliária, praticando ato ilícito.

GRILEIRO. 1. Aquele que procura, fazendo uso de escrituras públicas falsas, apropriar-se de terras pertencentes a outrem. **2.** Agente que legaliza propriedade imobiliária com títulos falsos. **3.** Autor do grilo, de falsificação material ou ideológica de escritura pública, vendendo áreas de que não é dono.

GRILHÃO. *História do direito.* **1.** Cadeia; prisão. **2.** Corrente de ferro terminada por duas grandes argolas na qual se prendiam os condenados pelas pernas. **3.** Algema.

GRILHETA. *História do direito.* **1.** Anel de ferro, unido a uma corrente, a que se prendiam os condenados a galés ou trabalhos forçados. **2.** Condenado a trabalhos forçados.

GRILO. 1. *História do direito.* Nome dado pelos escravos àquele que os vigiava. **2.** Na *linguagem jurídica* em geral: a) propriedade territorial legalizada com título falso; b) o que se procura e não se encontra; c) ato fraudulento de apoderar-se de terras; d) venda de terras por quem não é seu legítimo proprietário, mediante apresentação de escritura falsa; e) negócio desonesto do qual se procura obter proveito indevido; f) em São Paulo pode significar: apito policial; guarda ou vigilante; inspetor de tráfego ou guarda de trânsito; g) ruído de peças mal ajustadas da carroçaria de automóvel. **3.** Na *gíria:* a) confusão; problema; complicação; enrosco; b) preocupação; c) pessoa maçante; d) relógio ou corrente que o segura; e) bolsinho da calça, onde se traz o relógio.

GRIPE. *Medicina legal.* Doença infecciosa acompanhada de febre e provocada por vírus.

GRIPE ESPANHOLA. *História do direito.* Gripe epidêmica que, em 1918, atingiu várias partes do mundo.

GRITARIA. *Direito civil* e *direito penal.* Barulho provocado por gritos ou berreiro, perturbando o trabalho ou o sossego alheios, gerando responsabilidade civil e penal, por constituir uso nocivo da propriedade, com ofensa ao sossego, e contravenção penal.

GRIVÈLERIE. *Termo francês.* Ganho ilícito.

GRIVOISERIE. *Termo francês.* Licenciosidade.

GROOVING. *Termo inglês* e *direito aéreo.* Modalidade especial de ranhura que, feita na pista dos aeroportos, ameniza a descida e o pouso de aviões e facilita a drenagem ou o escoamento de água em dias de chuva. *Vide* RANHURA.

GROSSA. *Direito marítimo.* Avaria comum que consiste no dano voluntário provocado à embarcação e à sua carga, com o intuito de beneficiar ambos.

GROSSA AVENTURA. *Direito comercial marítimo.* Câmbio marítimo ou empréstimo a risco marítimo.

GROSSE. *Termo francês.* **1.** Pública-forma. **2.** Certidão de contrato.

GROSSISTA. *Direito comercial.* **1.** Atacadista. **2.** Relativo ao comércio em grosso.

GROSS NEGLIGENCE. *Direito marítimo* e *direito internacional privado.* Culpa grave do armador que requer prova de fato doloso.

GROSSO. 1. *Direito comercial.* Comércio em que se vendem grandes porções de mercadoria a um empresário, o qual depois revende ao consumidor. Trata-se do comércio por atacado. **2.** *História do direito.* Moeda de prata que teve curso até 1489. **3.** *Direito marítimo.* Mar agitado. **4.** Na *linguagem comum:* a) espesso; b) aquilo que apresenta grande diâmetro; c) áspero; d) impolido ou grosseiro.

GROSSO MODO. *Locução latina.* **1.** Sumariamente. **2.** Impreciso. **3.** Feito sem rigor ou detalhes. **4.** De modo descuidado ou rudimentar.

GROSSOS. *Direito canônico.* Porção principal da renda de um benefício (De Plácido e Silva).

GROSS TONNAGE. *Locução inglesa.* Arqueação bruta.

GROUP TRIP. *Locução inglesa.* Viagem em grupo.

GRUMETAGEM. *Direito militar.* Grumetes de navio de guerra.

GRUMETE. *Direito militar.* Marinheiro principiante na armada.

GRUNDAKT. *Termo alemão.* Fato fundamental.

GRUNDNORM. *Termo alemão.* Norma hipotética fundamental (Kelsen).

GRUNDZÜGE. *Termo alemão.* Fundamentos.

GRUPAL. *Sociologia jurídica.* **1.** Tribal. **2.** Referente a grupo.

GRUPAMENTO. *Direito militar.* Conjunto dos pontos de impactos de uma série de tiros.

GRUPO. 1. *Direito civil.* Pequena associação. **2.** *Sociologia jurídica.* Pessoas que têm comportamentos, sentimentos e idéias similares. **3.** Na *linguagem jurídica:* a) reunião de pessoas para obter um fim comum; b) conjunto de salas num prédio comercial; c) reunião de objetos formando um todo distinto. **4.** Na *gíria:* a) mentira; b) cúmplice no conto do vigário; c) plano para praticar um roubo.

GRUPO ALHEIO. *Sociologia jurídica.* Grupo hostil em relação a outro, em que a amizade e a união prevalecem sobre os conflitos internos para que estes não o enfraqueçam nem o prejudiquem na luta ou disputa externa.

GRUPO CONSANGÜÍNEO. *Medicina legal.* Aquele em que as relações consangüíneas constituem o fator primordial da associação.

GRUPO CRIMINOSO ORGANIZADO. *Direito internacional público.* Grupo estruturado de três ou mais pessoas, existente há algum tempo e atuando, concertadamente, com o propósito de cometer uma ou mais infrações graves ou enunciadas na Convenção das Nações Unidas contra o crime organizado transnacional, com a intenção de obter, direta ou indiretamente, um benefício econômico ou outro benefício material.

GRUPO DAS UNIDADES DE PROTEÇÃO INTEGRAL. *Direito ambiental.* É o composto pelas seguintes categorias de unidade de conservação: a) estação ecológica; b) reserva biológica; c) parque nacional; d) monumento natural; e) refúgio de vida silvestre.

GRUPO DAS UNIDADES DE USO SUSTENTÁVEL. *Direito ambiental.* São as seguintes categorias de unidade de conservação: a) área de proteção ambiental; b) área de relevante interesse ecológico; c) floresta nacional; d) reserva extrativista; e) reserva de fauna; f) reserva de desenvolvimento sustentável; e g) reserva particular do patrimônio natural.

GRUPO DE ANÁLISE E PESQUISA (GAP). *Direito administrativo.* Órgão que tem, no âmbito da Secretaria-Geral da Presidência da República, o objetivo de atuar como fórum de estudos para as questões nacionais e internacionais, especialmente nas áreas econômica, social e política. O Grupo de Análise e Pesquisa é composto de um Conselho Consultivo e de uma Coordenadoria-Geral. Compete ao grupo desenvolver estudos e pesquisas, com vistas a: a) identificar problemas que possam afetar, a médio e longo prazos, o desenvolvimento da sociedade brasileira; b) antecipar situações que possam apresentar, no plano interno ou externo, riscos aos interesses nacionais ou novas oportunidades para a realização desses interesses; c) sugerir providências de ação do governo, no que se relacione aos objetivos do grupo. O Conselho Consultivo do Grupo de Análise e Pesquisa é composto de até doze representantes das áreas governamental, acadêmica e da iniciativa privada, designados pelo Presidente da República, e tem as seguintes atribuições: a) propor ao Coordenador-Geral temas de estudos e pesquisas a serem desenvolvidos pelo Grupo de Análise e Pesquisa; b) discutir os planos de organização e de trabalho elaborados pela Coordenadoria-Geral, a serem submetidos à aprovação do Presidente da República; c) opinar sobre os resultados e conclusões dos estudos e pesquisas realizados pelo grupo e auxiliar o Presidente da República, por sua solicitação, na implementação de propostas de ação recomendadas. O Conselho Consultivo reunir-se-á duas vezes ao ano ou sempre que necessário, mediante convocação da Coordenadoria-Geral. A participação no conselho será considerada serviço relevante e não ensejará remuneração de qualquer espécie. Para desenvolver as atividades executivas do Grupo de Análise e Pesquisa, será designado pelo Presidente da República um coordenador-geral, entre os assessores especiais da Presidência da República, com as seguintes atribuições: a) coordenar as ações do grupo e elaborar plano anual de trabalho, a ser submetido ao Conselho Consultivo; b) manter contatos com dirigentes de órgãos ou entidades da Administração Pública federal, com vistas à consecução dos objetivos do grupo; c) propor ao Presidente da República ou realizar, por sua solicitação, projetos adicionais de estudos e pesquisas não previstos no plano anual; d) orientar a formulação dos estudos e pesquisas a serem empreendidos pelo Grupo de Análise e Pesquisa e supervisionar sua evolução; e) manter contatos com instituições nacionais e internacionais, com vistas à consecução dos objetivos do grupo; f) apresentar relatório ao Presidente da República sobre os resultados dos estudos e pesquisas empreendidos pelo grupo.

GRUPO DE ATENDIMENTO E TRATAMENTO DE INCIDENTES DE SEGURANÇA DA INFORMAÇÃO (GATI).

Direito virtual e *direito administrativo.* Com o objetivo de implantar e operacionalizar o tratamento da Segurança da Informação, no âmbito do Ministério da Justiça. Ao Grupo de Atendimento e Tratamento de Incidentes de Segurança da Informação compete: a) registrar, analisar e tratar incidentes de Segurança da Informação através da coleta de evidências, da investigação do ataque, do provimento de assistência local ou remota e da intermediação da comunicação entre as partes envolvidas; b) coordenar, analisar e sugerir ações apropriadas para remoção de qualquer arquivo, objeto ou vulnerabilidade que possa sondar ou atacar sistemas e redes de computadores ou que possa ser utilizado para a quebra dos controles de segurança; c) coordenar a elaboração de procedimentos para a área de Segurança da Informação; d) disseminar no âmbito do Ministério da Justiça alertas de vulnerabilidades, de intrusão ou qualquer assunto relacionado à Segurança da Informação; e) assessorar tecnicamente os órgãos e unidades do Ministério da Justiça; f) monitorar e acompanhar a evolução de técnicas de Segurança da Informação e atividades de intrusão; g) realizar, por solicitação do Comitê Gestor, análises

de Segurança da Informação, de forma a assegurar o estrito cumprimento da PSI/MJ; h) avaliar ou desenvolver ferramentas de Segurança da Informação; i) analisar Registros de Eventos gerados por sistemas de informação; j) avaliar e analisar riscos atuais ou eminentes, bem como propor ações para mitigação de riscos; k) desenvolver atividades de consultoria em Segurança da Informação ao MJ; l) promover seminários, discussões, cursos e tutoriais relativos à Segurança da Informação; m) realizar testes para homologação dos Sistemas de Segurança da Informação do Ministério da Justiça; n) o GATI será coordenado pelo Gerente de Segurança.

GRUPO DE AVALIAÇÃO AMBIENTAL (GAAM). *Direito*

ambiental. É o que tem o dever de: a) avaliar os impactos sobre o meio ambiente antártico, os ecossistemas dependentes e associados das atividades de pesquisa científica, operacionais, de apoio logístico, de turismo e quaisquer outras, governamentais ou não, inclusive as mudanças ocorridas nas atividades já em desenvolvimento; b) elaborar os relatórios de avaliação preliminar, inicial e abrangente de impacto ambiental das atividades a serem desenvolvidas na Antártica; c) apontar os meios para prevenir, minimizar ou evitar o impacto das atividades no meio ambiente antártico; d) sugerir a modificação, a suspensão ou o cancelamento de atividades que provoquem ou ameacem provocar alterações no meio ambiente antártico e em seus ecossistemas dependentes e associados; e) estabelecer sistemática de monitoramento ambiental para o meio ambiente antártico e seus ecossistemas dependentes e associados; f) sugerir a aplicação de procedimentos necessários a situações que requeiram uma resposta urgente, incluindo as ações preventivas ou emergenciais quanto à proteção do meio ambiente; g) identificar a necessidade de desenvolvimento de estudos e pesquisas para conhecimento do meio ambiente antártico; h) articular-se com outras instituições nacionais e estrangeiras que tratem de assuntos correlatos ao meio ambiente antártico e seus ecossistemas dependentes e associados e com os responsáveis pela avaliação de impacto ambiental de programas antárticos estrangeiros; i) subsidiar a Subcomissão para o Programa Antártico Brasileiro da Comissão Interministerial para os Recursos do Mar nos assuntos pertinentes ao meio ambiente Antártico e seus ecossistemas dependentes e associados.

GRUPO DE COMUNICAÇÕES E CONTROLE (GCC). *Direito aeronáutico.* É a organização do Comando da Aeronáutica que tem por finalidade planejar a instalação, a operação e a manutenção dos meios transportáveis de comunicações, controle e alarme aerotáticos. O GCC é diretamente subordinado ao diretor de Eletrônica e Proteção ao Vôo. O GCC tem por atribuições: a) o planejamento da instalação, operação e manutenção dos meios transportáveis de comunicações, controle e alarme aerotáticos nos locais desprovidos destes recursos ou naqueles em que os equipamentos fixos ou o pessoal existente sejam insuficientes para atender às necessidades das operações aéreas; b) o apoio aos comandos operacionais nos assuntos de sua competência quando em manobras ou exercícios; e c) o planejamento e controle da instrução e do treinamento dos efetivos dos esquadrões subordinados. Ao Comandante do GCC compete: a) dirigir, coordenar e controlar as atividades dos órgãos subordinados; b) assessorar o diretor da DEPV e os comandantes operacionais em todos os assuntos relativos às comunicações e ao controle do espaço aéreo, no âmbito das operações aerotáticas; c) propor às autoridades competentes as necessidades de meios indispensáveis ao cumprimento da sua missão; e d) zelar pelo cumprimento das diretrizes, normas, critérios, princípios, planos e programas oriundos dos órgãos superiores e dos órgãos centrais dos sistemas do Comando da Aeronáutica.

GRUPO DE GERENCIAMENTO DO PROGRAMA DE CRÉDITO ORIENTADO: PROGER-JOVEM EMPREENDEDOR (GGPCO). *Direito do trabalho.* É um órgão colegiado que tem como objetivo coordenar, orientar, acompanhar e avaliar as ações do programa, com vistas a promover seu aperfeiçoamento enquanto política pública voltada ao atendimento das necessidades dos jovens no mundo do trabalho. Compete ao GGPCO: a) coordenar as atividades de qualificação e assistência técnica integradas ao crédito, desenvolvidas pela ação conjunta das instituições parceiras no programa; b) aprovar as metodologias, materiais de apoio e planos de execução das instituições parceiras no programa; c) promover o nivelamento de informações nas instituições parceiras no programa, incluindo as unidades regionais do SEBRAE nos Estados, a rede das instituições financeiras e demais entidades conveniadas de qualificação e assistência técnica orientadas para o crédito; d) zelar pela transparência na gestão do programa que deverá resultar em qualificação e assistência técnica associadas ao crédito objetivando a geração de trabalho, emprego e renda via apoio creditício e técnico aos empreendimentos de forma mais justa, priorizando-se os grupos mais vulneráveis de beneficiários; e) aprovar planos de divulgação para o programa a serem executados pelas instituições parceiras, segundo normas básicas previstas em Resolução do CODEFAT; f) especificar e determinar procedimentos de inscrição e critérios de seleção dos candidatos à qualificação integrada ao crédito e assistência técnica para elaboração de planos de negócio; g) especificar e determinar plano de monitoramento e avaliação relacionados ao programa; h) estabelecer procedimentos complementares para a efetiva implementação do programa; i) prestar os devidos esclarecimentos e encaminhamentos sobre assuntos e resolução de situações relacionadas ao programa, mas não previstos nos atos de suas constituições e normativos já existentes; j) homologar a instalação dos Comitês de Aprovação de Crédito, que serão responsáveis pela análise técnica dos projetos a serem financiados no âmbito do Programa. Os Comitês serão compostos por representantes do Ministério do Trabalho e Emprego (através das Delegacias Regionais do Trabalho), do FUNPROGER, do SEBRAE e das instituições financeiras parceiras; k) orientar e acompanhar as atividades desenvolvidas pelos Comitês de Aprovação de Crédito, bem como aprovar seus respectivos regulamentos operacionais; l) aprovar seu Regulamento Operacional e suas alterações posteriores.

GRUPO DE INSTRUÇÃO TÁTICA E ESPECIALIZADA (GITE). *Direito aeronáutico.* É o grupo que, diretamente subordinado ao Comandante do Comando Aéreo de Treinamento, tem por finalidade o planejamento, a execução e o controle do Curso de Tática Aérea e do Curso de Preparação de Instrutores de Vôo, bem como de outros cursos que lhe forem atribuídos. O GITE tem por atribuições: a) o planejamento, a execução e o controle do Curso de Tática Aérea (CTATAE), do Curso de Preparação de Instrutores de Vôo (CPIV) e dos cursos suplementares que lhe forem atribuídos; b) a elaboração, a distribuição e o controle de todos os documentos referentes aos cursos a serem ministrados; c) a pesquisa, o desenvolvimento, a experimentação e/ou a avaliação de novos métodos e técnicas de ensino; d) a seleção, bem como a permanente atualização do seu corpo docente; e e) a previsão e a solicitação dos meios, pessoal e material, para o cumprimento de suas atribuições.

GRUPO DE PESQUISA SOBRE DIFUSÃO DO DIREITO ROMANO. *Direito comparado.* Associação sediada em Roma, composta pelos professores de disciplinas romanísticas das Universidades de Nápoles, Pisa, Sassari, admitindo como sócios especialistas italianos ou estrangeiros, aprovados pela assembléia, com voto unânime dos sócios promotores. Essa associação visa promover pesquisas e estudos sobre a difusão do direito romano, com especial atenção aos países da Europa oriental e extra-europeus; reforçar a colaboração entre os especialistas desses países e os italianos e intensificar a relação entre a ciência romanística e as ciências políticas e sociais (Sandro Schipani).

GRUPO DE PRESSÃO. Conjunto de pessoas (industriais, comerciantes, profissionais liberais, agricultores etc.) ou entidades que, influenciando o Legislativo ou o Executivo, visam a obtenção de normas ou medidas favoráveis aos seus interesses ou fins. Trata-se do *lobby* (Fabio Nusdeo).

GRUPO DE SOCIEDADES. *Direito comercial.* Conjunto de empresas controladas, ligadas a um grupo detentor do comando, que constitui a sociedade *holding* ou "sociedade matriz", para obter a consecução de objetivos comuns. O grupo de sociedades requer convenção para sua formação, ficando sob o controle da empresa de comando. Na convenção obrigam-se as empresas a conjugar esforços para a realização de seus objetivos e participação de atividades ou empreendimentos comuns, mas podem prestar serviços umas às outras, estabelecer regime de colaboração mútua, promover intercâmbio de serviços, porque cada uma delas mantém sua personalidade, apesar de se submeterem às normas convencionais estabelecidas (Carlos Alberto Bittar). Urge lembrar, ainda, que a concentração de empresas ou associação de empresas pode dar-se pela: a) interligação não-institucionalizada de sociedade pela participação acionária, mas sem a constituição de personalidade jurídica supra-societária; b) constituição de grupo de sociedades, dotado de personalidade jurídica, tendo uma disciplina jurídica própria; c) formação de consórcio de empresas, sem participação acionária e sem personalidade jurídica, para a consecução de certo empreendimento, sendo que cada sociedade responde por suas obrigações.

GRUPO DE TRABALHO. *Vide* GRUPO-TAREFA.

GRUPO DE TRABALHO DO LIVRO E LEITURA. *Direito educacional.* Órgão com as seguintes competências: a) oferecer subsídios para a formulação da Política Nacional do Livro, Leitura e Bibliotecas; b) definir diretrizes e critérios para implantação de ações integrantes do Projeto Fome de Livro e programas, projetos e ações que tenham interface com a área do livro, leitura e bibliotecas; c) coordenar o processo de elaboração de atos normativos na área do livro, leitura e bibliotecas; d) coordenar e articular a realização das diversas ações na área do livro e da leitura, garantindo sua sinergia.

GRUPO DE TRABALHO INTERDISCIPLINAR (GTI). *Direito administrativo* e *direito ambiental.* Órgão permanente instituído para integrar a Comissão Nacional de Energia Nuclear (CNEN), com o escopo de: a) elaborar e consolidar uma proposta para a implantação do Programa Institucional de Informação Pública em Energia Nuclear; b) coordenar e acompanhar a execução desse Programa, após a sua implantação. O GTI terá as seguintes atribuições: **1.** pesquisar as necessidades para a área de educação e comunicação social, destinadas a subsidiar as ações de conscientização e informação pública aos diversos segmentos da sociedade, quanto às aplicações da energia nuclear e ao papel da CNEN; **2.** analisar as iniciativas existentes para a área de educação, comunicação social e informação pública, dentro da CNEN, objetivando complementar as ações de conscientização e informação pública, bem como uniformizar e padronizar a linguagem institucional; **3.** propor e orientar iniciativas que visem: a) a reestruturação do Projeto "CNEN Vai às Escolas", adequando-o às peculiaridades e ao perfil socioeconômico de cada região do País; b) a realização de cursos de treinamento e estágios para a formação e capacitação de recursos humanos, específicos para o educador, no âmbito da informação pública para a área nuclear; c) a divulgação de artigos técnico-científicos em espaços editoriais especializados, motivando, inclusive, pautas sobre questões de energia nuclear junto a todos os seguimentos da imprensa; d) ao apoio para a produção de material gráfico, audiovisual e/ou versão multimídia, objetivando a conscientização e informação pública, junto à sociedade brasileira; e) a realização de eventos, tais como conferências, seminários, simpósios, palestras e encontros para organizações governamentais, não governamentais e profissionais diretamente ligados às áreas de informação pública, comunicação social e educação, entre outras, além de estudantes; f) a apresentação de diretrizes, para a instituição de um prêmio nacional destinado a estudantes, bem como um prêmio interno para servidores dessa autarquia.

GRUPO DE TRABALHO INTERINSTITUCIONAL. *Direito administrativo.* Órgão criado para a avaliação da posição brasileira junto aos órgãos do sistema interamericano de promoção e proteção dos direitos humanos, com os seguintes objetivos: a) identificar as dificuldades de implementação das medidas reparatórias determinadas pelos órgãos desse sistema; b) apresentar proposta de soluções de superação dessas dificuldades; c) fixar procedimentos de representação do Estado brasileiro junto aos órgãos desse sistema.

GRUPO DE TRABALHO INTERMINISTERIAL (GTI). *Direito administrativo.* Aquele que tem por fim a elaboração e apresentação de uma proposta de política nacional de segurança e privacidade das comunicações para o País.

GRUPO DE TRABALHO PARA A ELIMINAÇÃO DA DISCRIMINAÇÃO NO EMPREGO E NA OCUPAÇÃO (GTEDEO). *Direito do trabalho.* Órgão que, no âmbito do Ministério do Trabalho e Emprego, tem por finalidade definir programa de ações que visem o combate à discriminação no emprego e na ocupação. Compete ao GTEDEO: **1.** definir ações de combate à discriminação e estabelecer o cronograma para sua execução. **2.** Propor estratégias de implementação de ações de combate à discriminação no emprego e na ocupação. **3.** Sugerir entidades ou órgãos para a execução das diferentes ações programadas. **4.** Propor atos normativos que se fizerem necessários à implantação das ações programadas.

GRUPO ECONÔMICO. *Direito comercial.* Dá-se quando duas ou mais empresas estiverem sob a direção, o controle ou a administração de uma delas, compondo grupo industrial, comercial ou de qualquer outra atividade econômica. No momento do lançamento de crédito previdenciário de responsabilidade de empresa integrante de grupo econômico, as demais empresas do grupo, responsáveis solidárias entre si pelo cumprimento das obrigações previdenciárias, serão cientificadas da ocorrência. Na cientificação constará a identificação da empresa do grupo e do responsável, ou representante legal,

que recebeu a cópia dos documentos constitutivos do crédito, bem como a relação dos créditos constituídos. É assegurada vista do processo administrativo fiscal às empresas do grupo econômico que foram cientificadas.

GRUPO ESCOLAR. *Direito educacional.* Estabelecimento de ensino primário.

GRUPO ESPECIAL DE TRABALHO IDENTIFICADOR DE TERRAS PARA ESTOQUE DE REFERÊNCIA DA REFORMA AGRÁRIA (GETTERRA). Serão incumbências do GETTERRA: **1.** Levantar, dentre as vocacionadas à reforma agrária, as áreas de terras titularizadas direta ou indiretamente pela União, e que ainda não estejam destinadas regularmente a essa finalidade, aí incluídas: a) as discriminadas ou arrecadadas com fundamento legal; b) as devolutas ainda não discriminadas ou arrecadadas, incluindo as objeto de convênios nesse sentido com os Estados, e as que nessa condição estejam *sub judice* a qualquer título; c) as desapropriadas pela forma da lei salvo as em processo de criação de projeto de assentamento; d) as recebidas em compra e venda, doação, permuta, cessão ou qualquer outra forma de aquisição derivada; e) as em processo de desapropriação, esteja ou não a União imitida na posse; f) as já recuperadas em processo de cancelamento de título registral, as em processo de recuperação e as suscetíveis de recuperação; g) as já recuperadas em processo negativo de ratificação, as em processo de recuperação a esse título, e as suscetíveis de recuperação; h) as ocupadas a título irregular em qualquer das situações anteriores, inclusive nos assentamentos oficiais de reforma agrária e nos remanescentes de núcleos de colonização, sejam ou não objeto de ações reivindicatórias ou possessórias. **2.** Identificar, dentre as vocacionadas à reforma agrária, as áreas de terras: a) de que Estados e Municípios informem serem titulares, e que estejam nas condições das alíneas *a*, *b*, *d* e *h* do item anterior, ou em situação análoga à prevista na alínea *f* desse item; b) de que Estados e Municípios informem serem titulares, e que ainda estejam na posse de terceiros, embora inadimplentes ou já vencidos e não renovados os respectivos contratos de arrendamento ou similares; c) sob constrição judicial em fase final de processos executivos promovidos por entidades financeiras públicas ou privadas, ou em execuções fiscais promovidas pela União e seus entes descentralizados, Estados, Municípios e entidades parafiscais em geral; d) seqüestradas em processos criminais; e) em que haja notícia de autuação policial ou do Ministério do Trabalho e Emprego devida à ocorrência de trabalho escravo. **3.** Indicar, dentre as áreas de terras rurais encontradas, as que não sejam ou não estejam vocacionadas à reforma agrária, enunciando o fundamento legal, administrativo ou jurídico da restrição. **4.** Propor encaminhamentos administrativos, jurídicos ou judiciais para incorporação à reforma agrária das terras que não se incluam nas hipóteses do item anterior. Para a realização de sua missão, o GETTERRA poderá aproveitar parcial ou integralmente os dados coligidos por anteriores grupos de trabalho ou comissões cujo objeto tenha sido correlato, requisitando-os a quem de direito e atualizando-os no que couber. O GETTERRA atentará – no que couber – ao Relatório da CPI da Grilagem de Terras Públicas na Região Amazônica.

GRUPO ESTRUTURADO. *Direito penal.* É o grupo formado de maneira não fortuita para a prática imediata de uma infração penal, ainda que os seus membros não tenham funções formalmente definidas, que não haja continuidade na sua composição e que não disponha de uma estrutura elaborada.

GRUPO ÉTNICO. Famílias de mesma tradição e descendência.

GRUPO EXECUTIVO DE IRRIGAÇÃO PARA O DESENVOLVIMENTO AGRÍCOLA (GEIDA). *Direito agrário.* Aquele que visa o planejamento, a orientação e supervisão da atuação dos órgãos federais no setor de agricultura, crédito e engenharia, no que atina à irrigação (Cid Tomanik Pompeu).

GRUPO EXECUTIVO DE REPRESSÃO AO TRABALHO FORÇADO (GERTRAF). *Direito do trabalho.* Órgão sediado no Ministério do Trabalho e Emprego, em Brasília, tendo por finalidade coordenar e implementar as providências e ações necessárias à repressão ao trabalho forçado. Compete ao GERTRAF: a) elaborar, implementar e supervisionar programa integrado de repressão ao trabalho forçado; b) coordenar e supervisionar a ação dos órgãos competentes para a repressão ao trabalho forçado, indicando as medidas cabíveis; c) articular-se com a Organização Internacional do Trabalho (OIT) e com os Ministérios Públicos da União e dos Estados, com o objetivo de promover o cumprimento da legislação pertinente; d) propor os atos normativos que se fi-

zerem necessários à implantação do programa integrado de repressão ao trabalho forçado.

GRUPO EXECUTIVO DO SETOR PESQUEIRO (GESPE). *Direito ambiental* e *direito administrativo.* Órgão subordinado à Câmara de Políticas dos Recursos Naturais com o fim de promover o desenvolvimento sustentável do setor pesqueiro nacional. Compete ao GESPE: a) propor à Câmara de Políticas dos Recursos Naturais a Política Nacional de Pesca e Aqüicultura e coordenar, a nível nacional, a implementação de suas ações; b) propor a atualização da legislação do setor de pesca e da aqüicultura; c) implementar as diretrizes estabelecidas pela Câmara de Políticas dos Recursos Naturais relacionadas com o setor pesqueiro.

GRUPO EXECUTIVO INTERMINISTERIAL DE ABASTECIMENTO (GEIA). *História do direito.* Órgão composto pela Presidência da República, pelos Ministérios da Fazenda, da Agricultura, do Abastecimento e da Reforma Agrária, da Indústria, do Comércio e do Turismo, que tinha por fim o acompanhamento da conjuntura econômica, definindo e coordenando políticas que viabilizassem a oferta e o abastecimento de bens e serviços, destinados ao segmento agroindustrial e aqueles por este produzidos. Competia ao GEIA: a) estudar as informações sobre a produção agropecuária e agroindustrial, com o objetivo de analisar as possibilidades de exportação ou as necessidades de importação, com vistas ao abastecimento equilibrado com a demanda; b) analisar as informações do mercado e sobre os estoques públicos e privados de produtos agropecuários e agroindustriais, de maneira a promover a regulação do mercado, de acordo com as necessidades regionais de abastecimento; c) analisar o comportamento das importações de produtos agropecuários, agroindustriais, equipamentos e insumos para os setores rural e agroindustrial, visando propor eventuais ajustes; d) estabelecer critérios ou requisitos mínimos para a habilitação, credenciamento ou contratação de empresas ou entidades interessadas em intermediar as operações de venda, compra ou permuta de estoques públicos de produtos agropecuários destinados à regularização do abastecimento, bem como para permitir a execução de operações de compra, venda e transferência de titularidade dos contratos de opção de venda lançados pelo Governo; e) exercer outras atribuições conferidas pelo Poder Público Federal.

GRUPO EXECUTIVO PARA MODERNIZAÇÃO DOS PORTOS (GEMPO). *Direito administrativo* e *direito marítimo.* Órgão que tem a finalidade de coordenar as providências necessárias à modernização do Sistema Portuário Brasileiro. Compete ao GEMPO: a) elaborar, implementar e monitorar o Programa Integrado de Modernização Portuária; b) acelerar a implementação de medidas no sentido de descentralizar a execução dos serviços portuários prestados pela União, na modalidade de concessão e arrendamento, inclusive à iniciativa privada; c) adotar providências que estabeleçam o novo ordenamento das relações entre os trabalhadores e os usuários dos serviços portuários; d) adotar medidas visando o efetivo funcionamento dos órgãos gestores de mão-de-obra e dos Conselhos de Autoridade Portuária, bem assim a racionalização das estruturas e procedimentos das administrações portuárias; e e) propor os atos normativos que se fizerem necessários à implantação do Programa Integrado de Modernização Portuária. Deve propor alterações ao Plano de Ação Governamental para o Subsetor Portuário, quando couber, com base na avaliação dos resultados das atividades desenvolvidas e de novos projetos apresentados.

GRUPO EXECUTIVO PARA REDUÇÃO DE ACIDENTES DE TRÂNSITO (GERAT). *Direito de trânsito.* É o que tem por finalidade coordenar as providências necessárias à redução de acidentes de trânsito nas vias urbanas e rodovias de todo o País. Compete ao GERAT: a) analisar, implantar e coordenar medidas que contribuam para redução substancial do número e da gravidade dos acidentes ocorridos no trânsito; b) adotar medidas visando à ação integrada dos órgãos de fiscalização do trânsito, de educação, saúde e trabalho, buscando a efetiva implantação do Código Brasileiro de Trânsito; c) propor os atos normativos que se fizerem necessários à implementação das medidas previstas em lei; d) integrar suas ações com as do Programa de Redução de Acidentes nas Estradas (PARE), do Ministério dos Transportes, para dar suporte e apoio ao GERAT.

GRUPO FINANCEIRO. Reunião de capital com intuito de obter lucros.

GRUPO GENÉTICO. *Sociologia geral.* Conjunto organizado de pessoas, formado pela própria taxa de natalidade.

GRUPO INTERMINISTERIAL. *Direito administrativo.* Órgão que foi criado para propor medidas ne-cessárias à execução do Programa de Artesanato Brasileiro (PAB), tendo competência para: a) conceituar adequadamente o setor artesanal, de modo a preservar sua identidade como atividade econômica peculiar, e caracterizar profissionalmente o artesão e a empresa artesanal; b) definir as diretrizes do PAB; c) definir o modelo operacional do PAB, estabelecendo estratégias, metodologia, formas de execução e responsabilidades institucionais; d) estabelecer os critérios e procedimentos básicos para a classificação, cadastramento e identificação do artesão, das atividades e das peças artesanais, das formas associativas de artesãos e da empresa artesanal; e) identificar, analisar, indicar alternativas e propor instrumentos jurídicos relativos ao setor artesanal, nos aspectos da regulamentação da profissão, benefícios previdenciários, fiscais e creditícios; f) identificar junto a organismos internacionais aporte financeiro com vistas a ampliar as ações do PAB.

GRUPO INTERMINISTERIAL COORDENADOR DE CÂMARAS SETORIAIS (GICS). *Direito do consumidor.* Órgão que tem por escopo: a) definir critérios para criação e instalação de câmaras setoriais, que devem não só constituir fórum de debates e de formulação de políticas relativas à produção de bens e serviços, harmonizando as partes atuantes, representando instrumento relevante de reestruturação produtiva do País e conduzindo à sua maior competitividade, como também ser representativas dos principais segmentos atuantes nas cadeias produtivas quanto dos consumidores; b) acompanhar o funcionamento e o desempenho dos programas de reestruturação por elas desenvolvidos; c) enunciar roteiro para apresentação dos programas acima mencionados; d) monitorar metas e indicadores acordados nas câmaras setoriais e efetuar eventuais ações corretivas; e) coordenar a ação governamental no âmbito das câmaras setoriais, assegurando coerência com as diretrizes de política econômica e, em particular, com as diretrizes da política industrial e de comércio exterior; f) zelar pela defesa dos interesses dos consumidores, garantindo, para o conjunto da sociedade, os benefícios oriundos do aumento de eficiência e ganhos de produtividade.

GRUPO INTERMINISTERIAL DE IMPLEMENTAÇÃO DAS DECISÕES DA CÚPULA DAS AMÉRICAS (GICA). *Direito administrativo* e *direito internacional público.* Órgão com competência para tratar da coordenação em âmbito nacional, da implementação

GRUPO INTERMINISTERIAL DE PROPRIEDADE INTELECTUAL (GIPI)

das decisões emanadas da cúpula das Américas, realizada na cidade de Miami em dezembro de 1994. Esse órgão é presidido pelo secretário-geral das Relações Exteriores. O GICA pode convidar, para participar de seus trabalhos, representantes de outros ministérios e de órgãos da Administração Pública federal, bem como de entidades da sociedade civil. As tarefas de secretariado do GICA são exercidas pelo Gabinete do Secretário-Geral das Relações Exteriores. Ao GICA incumbe definir seu programa de trabalho e a periodicidade de suas reuniões, podendo, sempre que necessário, criar subgrupos, para o tratamento de temas específicos. A participação no GICA é tida como serviço relevante e não remunerado.

GRUPO INTERMINISTERIAL DE PROPRIEDADE INTELECTUAL (GIPI). *Direito internacional privado.* Órgão criado no âmbito da Câmara do Comércio Exterior, com a atribuição de propor a ação governamental no sentido de conciliar as políticas interna e externa visando o comércio exterior de bens e serviços relativos a propriedade intelectual e, especialmente: a) aportar subsídios para a definição de diretrizes da política de propriedade intelectual; b) propor o planejamento da ação coordenada dos órgãos responsáveis pela implementação dessa política; c) manifestar-se previamente sobre as normas e a legislação de propriedade intelectual e temas correlatos; d) indicar os parâmetros técnicos para as negociações bilaterais e multilaterais em matéria de propriedade intelectual; e) aportar subsídios em matéria de propriedade intelectual para a formulação e implementação de outras políticas governamentais; f) promover a coordenação interministerial nos assuntos que serão tratados pelo GIPI; g) realizar consultas junto ao setor privado em matéria de propriedade intelectual; h) instruir e reportar matérias relativas à propriedade intelectual.

GRUPO MERCADO COMUM. *Direito internacional público.* Órgão executivo do Mercosul que: propõe projetos de decisões do Conselho do Mercado Comum; fixa programas para assegurar o estabelecimento do Mercado Comum; manifesta-se por resoluções sobre propostas financeiras enviadas pelos outros órgãos do Mercosul; aprova o orçamento e a prestação de contas anuais; elege o diretor da secretaria administrativa do Mercosul; organiza as reuniões do Conselho do Mercado Comum e negocia acordos em nome do Mercosul (Ani Caprara).

GRUPO NACIONAL. Conjunto de pessoas pertencentes à mesma nação.

GRUPO PERMANENTE DE TRABALHO INTERMINISTERIAL. *Direito ambiental.* Órgão com finalidade de propor medidas e coordenar ações que visem a redução dos índices de desmatamento na Amazônia Legal, por meio dos seguintes instrumentos: a) ordenamento fundiário nos Municípios que compõem o Arco de Desmatamento; b) incentivos fiscais e creditícios com o objetivo de aumentar a eficiência econômica e a sustentabilidade de áreas já desmatadas; c) procedimentos para a implantação de obras de infra-estrutura ambientalmente sustentáveis; d) geração de emprego e renda em atividades de recuperação de áreas alteradas; e) incorporação ao processo produtivo de áreas abertas e abandonadas e manejo das áreas florestais; f) atuação integrada dos órgãos federais responsáveis pelo monitoramento e a fiscalização de atividades ilegais no Arco de Desmatamento; e g) outros que julgar pertinentes.

GRUPO POLÍTICO. *Ciência política* e *direito civil.* Partido político com pessoas de mesma ideologia política.

GRUPO PROFISSIONAL. *Direito civil.* Reunião de pessoas de mesma profissão que almejam objetivos e interesses comuns.

GRUPO RELIGIOSO. Aquelas pessoas que professam o mesmo credo, tendo a mesma religião.

GRUPO SANGÜÍNEO. *Medicina legal.* Conjunto de caracteres individuais hereditários, que possibilitam a classificação do sangue, baseada na compatibilidade de seus corpúsculos e soro com os de outras pessoas.

GRUPOS CIVIS DO TRIBUNAL DE JUSTIÇA. *Direito processual civil.* Compete aos grupos civis: 1. processar e julgar: a) os mandados de segurança e *habeas corpus* impetrados contra atos das respectivas câmaras e de seus juízes, inclusive do vice-presidente, como juiz preparador de câmaras do mesmo grupo; b) as ações rescisórias de acórdãos das respectivas câmaras. 2. julgar: a) os embargos declaratórios ou infringentes opostos aos seus acórdãos; b) os agravos regimentais das decisões de seus relatores ou do vice-presidente preparador.

GRUPO SEGURADO. *Direito civil.* É a totalidade do grupo segurável efetivamente aceita e incluída na apólice coletiva.

GRUPO SEGURÁVEL. *Direito civil.* É a totalidade das pessoas físicas vinculadas ao estipulante que reúne as condições para inclusão na apólice coletiva.

GRUPOS DE INTERESSE. *Vide* GRUPO DE PRESSÃO.

GRUPOS DE RISCO. *Medicina legal* e *biodireito.* Subgrupo da população que apresenta características comuns, tais como: lactentes, diabéticos, alérgicos a um ou mais componentes de formulação farmacêutica, cardiopatas, renais crônicos, que necessitam atenção médica especial ao utilizar um medicamento.

GRUPOS DESPERSONALIZADOS. *Direito civil.* Entidades que não podem ser subsumidas ao regime legal das pessoas jurídicas do Código Civil, por lhes faltar requisitos imprescindíveis à subjetivação, embora possam agir ativa ou passivamente. Trata-se de grupos com personificação anômala que constituem um conjunto de direitos e obrigações, de pessoas e de bens sem personalidade jurídica e com capacidade processual, mediante representação. Dentre eles: a família, as sociedades não personificadas ou de fato, a massa falida, a herança jacente e vacante, o espólio e o condomínio, segundo alguns autores, pois no nosso entender nele há uma *affectio societatis*, com aptidão à titularidade de direitos, deveres e pretensões.

GRUPO SOCIAL. *Sociologia jurídica.* Conjunto de pessoas unidas e inter-relacionadas para a consecução de um objetivo comum e específico.

GRUPO SOCIETÁRIO. *Direito comercial.* Reunião de duas ou mais empresas que, apesar de manter cada uma delas a sua personalidade jurídica, ficam sob a direção de uma sociedade dominante.

GRUPO-TAREFA. Grupo de trabalho, ou seja, reunião de pessoas com o intuito especial de solucionar questões ou de apresentar propostas para resolvê-las, muito comum em escola, empresa, repartições públicas etc.

GRUPO TÉCNICO NO ÂMBITO DA CÂMARA DE POLÍTICA DE DESENVOLVIMENTO ECONÔMICO, DO CONSELHO DE GOVERNO. *Direito administrativo.* Tem a finalidade de desenvolver e implementar as ações propostas no Projeto Simplificação e Racionalização do Registro e da Legalização de Empresas, voltadas a aumentar a eficiência e reduzir a burocracia para a abertura e fechamento de empresas, em especial das micro e pequenas, com vistas a fomentar o empreendedorismo.

GUADEMÃO. *Direito agrário.* Boi mestiço de zebu e caracu.

GUALTEIRA. *História do direito.* Capuz ou barrete que terminava em bico, feito de couro de anta, usado pelos bandeirantes. Era uma espécie de carapuça.

GUARANAZEIRO. *Direito agrário.* Aquele que se dedica à extração de guaraná.

GUARDA. 1. Na *linguagem jurídica* em geral: a) ação ou efeito de guardar; b) vigilância em relação a uma coisa ou pessoa; c) proteção; d) vigia; sentinela; e) administração; f) depósito. **2.** *Direito desportivo.* Posição defensiva, em esgrima. **3.** *Direito militar.* a) Corpo de tropa encarregado do policiamento de um edifício público; b) cada militar pertencente à tropa de proteção ou policiamento; c) tropa especial cuja missão é defender o chefe da nação. **4.** *Direito da criança e do adolescente.* Instituto que visa prestar assistência material, moral e educacional ao menor, dando ao seu detentor o direito de opor-se a terceiros, inclusive aos pais, regularizando posse de fato. Trata-se de um meio de colocar o menor em família substituta ou em associação, independentemente de sua situação jurídica, até que se resolva, definitivamente, o seu destino. **5.** *Direito civil.* a) Direito do genitor-guardião, que, em razão de separação ou divórcio, por ter melhores condições, exercerá o poder familiar, deliberando sobre sua educação, ficando o genitor-visitante apenas com o direito de fiscalizar aquela educação dada à prole; b) poder-dever de assistência educacional, material e moral a ser cumprido no interesse e em proveito do filho menor.

GUARDA ADUANEIRA. *Direito alfandegário.* Força policial de fiscalização e proteção às atividades alfandegárias.

GUARDA ALTERNADA. *Direito civil.* É a deferida a ambos os genitores, ficando o filho ora sob a custódia da mãe, com ela residindo, ora sob a do pai, passando a viver com ele.

GUARDA ASCENDENTE. *Direito militar.* Aquela que substitui outra em um posto.

GUARDA AVANÇADA. *Direito militar.* Corpo destacado à frente de uma tropa para observação, prevenção e segurança da marcha do exército.

GUARDA–BARREIRA. 1. *Direito alfandegário.* Funcionário aduaneiro incumbido da fiscalização da entrada de gêneros de consumo. **2.** Na *linguagem comum,* aquele empregado encarregado de vigiar barreiras nas passagens de nível das vias férreas.

GUARDA–CANCELA. Indivíduo preposto à guarda de uma barreira na passagem de nível das vias férreas.

GUARDA–CHAVES. Empregado que vigia e manobra as chaves nos desvios ou entroncamentos dos trechos das estradas de ferro.

GUARDA CIVIL. *Direito administrativo.* Polícia fardada não pertencente às forças militares, que zela pela ordem pública.

GUARDA COMPARTILHADA. *Direito civil.* Guarda da prole deferida a ambos os genitores, separados ou divorciados, que terão o exercício do poder familiar, deliberando em conjunto sobre a criação e educação dos filhos. Há presença física da criança no lar de um deles, tendo o outro o direito de visitá-la periodicamente, mas a responsabilidade sobre ela e sua educação é bilateral, ou seja, do pai e da mãe. Não é, na verdade, guarda, mas exercício comum do poder familiar pelo casal parental, como diz Eduardo Oliveira Leite.

GUARDA–COSTAS. 1. *Direito marítimo.* Navio da Marinha de Guerra cuja missão é vigiar o litoral do País e evitar contrabando de mercadorias. **2.** Na *linguagem jurídica* em geral, aquele que é remunerado para pessoalmente proteger alguém de alguma agressão; capanga.

GUARDA DE FILHO. *Direito civil.* Direito-dever dos pais de ter seu filho em sua companhia, ou de protegê-lo, por serem detentores do poder familiar.

GUARDA DE HONRA. *Direito militar.* Tropa armada, especialmente postada para prestar honras militares: a presidente e vice-presidente da República; ao Congresso Nacional e Supremo Tribunal Federal, nas sessões de abertura e encerramento de seus trabalhos; a Chefe de Estado Estrangeiro, quando de sua chegada à Capital Federal, e aos Embaixadores, quando da entrega de suas credenciais; aos Ministros de Estado e, quando incorporado, ao Superior Tribunal Militar; aos Ministros Plenipotenciários de Nações Estrangeiras e aos Enviados Especiais; aos Almirantes-de-Esquadra, Generais-de-Exército e Tenentes-Brigadeiros, nas visitas ou inspeções programadas, feitas à Organização Militar que lhes for subordinada, ou quando, por motivo de serviço, desembarcarem em uma guarnição militar e forem hierarquicamente superiores ao seu Comandante; aos Governadores de Estados, Territórios Federais e do Distrito Federal, quando em visita oficial a uma organização militar. A Guarda de Honra conduz Bandeira, Banda de Música, Corneteiros ou Clarins e Tambores; forma em linha, dando a direita para o lado de onde vem a autoridade que se homenageia. As Guardas de Honra podem ser integradas por militares de mais de uma Força Armada ou Auxiliar, desde que haja conveniência e assentimento entre os Comandantes. A Guarda de Honra só faz continência à Bandeira, ao Hino Nacional e às autoridades hierarquicamente superiores ao homenageado; para as autoridades de posto superior ao do seu Comandante ou à passagem de tropa com efetivo igual ou superior a um pelotão, toma a posição de "Sentido". A autoridade que é recebida por Guarda de Honra, após lhe ser prestada a continência, passa revista à tropa formada, acompanhada do Comandante da Guarda de Honra. A autoridade homenageada pode dispensar o desfile da Guarda de Honra.

GUARDA DE MENORES. *Direito civil.* Aquela que o magistrado defere a pessoa idônea da família, mas só nos casos em que ambos os cônjuges forem considerados inidôneos por não terem condições de educar o menor; como também nas hipóteses em que se tem a suspensão ou a perda do poder familiar do pai e da mãe do menor.

GUARDA DE NIDAÇÃO. *Direito comparado.* Trata-se da *birds nest theory* dos Estados Unidos, pela qual os pais se revezam mudando-se para a casa onde vivem os filhos menores em períodos alternados de tempo. É também designada aninhamento (Sílvio de S. Venosa).

GUARDA DE PESSOA. *Direito civil.* Aquele que, por lei ou ordem judicial, tem o dever de vigilância de uma pessoa, cuidando de sua manutenção, educação, custódia etc.

GUARDA DE POLÍCIA FEDERAL. É a que tem a atribuição de: a) realizar o policiamento ostensivo e preventivo, inclusive nas áreas de fronteira, aeroportuárias e marítimas; b) garantir a segurança em ações operacionais decorrentes do exercício de competências da União, especialmente as de inspeção, fiscalização e auditoria; c) apoiar, nos aspectos relativos à segurança, os demais cargos da Carreira da Polícia Federal no cumprimento de suas atribuições.

GUARDA DE PRESÍDIO. *Direito penitenciário.* Funcionário de estabelecimento prisional.

GUARDA DESCENDENTE. *Direito militar.* Aquela que cede o serviço de um posto à guarda ascendente.

GUARDA DE TRÂNSITO. *Direito de trânsito.* Aquele que dirige o trânsito nas ruas.

GUARDADO. **1.** Objeto em depósito. **2.** Reserva em dinheiro; economia.

GUARDADOR. Aquele que vigia ou guarda algo, em troca de remuneração ou gorjeta.

GUARDADOR DE GADO. *Direito agrário.* Aquele que conduz o gado ao pasto.

GUARDA E AGENTE PRISIONAL. *Direito penitenciário.* Aquele que presta serviços em presídio ou em estabelecimento médico-penal para tratamento de sentenciados, cuidando de sua segurança.

GUARDA-FIO. *Direito administrativo.* Encarregado de vigiar e reparar linhas telefônicas e telegráficas e cabos de luz elétrica.

GUARDA FLORESTAL. *Direito administrativo* e *direito ambiental.* Funcionário público que tem a função de vigilância de florestas, evitando sua derrubada ilegal, incêndio e caça em época proibida etc.

GUARDA-FOGO. *Direito civil.* **1.** Parede construída entre prédios contíguos para impedir comunicação em caso de incêndio. **2.** Peça metálica colocada diante da lareira, ou chaminé, para evitar incêndio.

GUARDA-FREIOS. **1.** Empregado que, estando sob as instruções do maquinista, é o encarregado da vigilância e manobra dos freios dos vagões. **2.** Aquele que guia carros elétricos nas linhas férreas.

GUARDA FÚNEBRE. *Direito militar.* É a tropa armada especialmente postada para render honras aos despojos mortais de militares da ativa e de altas autoridades civis. A Guarda Fúnebre toma apenas a posição de "Sentido" para a continência às autoridades de posto superior ao do seu Comandante e posta-se no trajeto a ser percorrido pelo féretro, de preferência na vizinhança da casa mortuária ou da necrópole, com a sua direita voltada para o lado de onde virá o cortejo e, em local que, prestando-se à formatura e à execução das salvas, não interrompa o trânsito público. Essa Guarda, quando tiver a sua direita alcançada pelo féretro, dá três descargas, executando em seguida "Apresentar Arma"; durante a continência, os corneteiros ou clarins e tambores tocam uma composição grave, ou se houver Banda de Música, esta executa uma marcha fúnebre. A Guarda Fúnebre é assim constituída: 1) para o presidente da República: a) por toda a tropa disponível das Forças Armadas, que forma em alas, exceto a destinada a fazer as descargas fúnebres; b) a Guarda da Câmara Ardente é formada por Aspirantes da Marinha e Cadetes do Exército e da Aeronáutica, os quais constituem, para cada Escola, um posto de sentinela dupla junto à urna funerária; 2) para os Ministros Militares: a) por um destacamento composto de um ou mais Batalhões ou equivalentes de cada Força Armada, cabendo o comando à Força a que pertencia o Ministro falecido; b) a Guarda da Câmara Ardente é formada pelos Aspirantes ou Cadetes pertencentes à Força Singular da qual fazia parte o extinto; 3) para os Oficiais-Generais – por tropa com o efetivo de valor de um Batalhão de Infantaria, ou equivalente, de sua Força; 4) para os Oficiais Superiores – por tropa com o efetivo de duas Companhias de Infantaria, ou equivalente, de sua Força; 5) para os Oficiais Intermediários – por tropa com o efetivo de uma Companhia de Infantaria, ou equivalente, de sua Força; 6) para Oficiais Subalternos – por tropa com o efetivo de um Pelotão de fuzileiros, ou equivalente, de sua Força; 7) para Aspirantes, Cadetes e alunos do Colégio Naval e Escolas Preparatórias ou equivalentes – por tropa com o efetivo de dois Grupos de Combate, ou equivalente, da respectiva Força; 8) para Subtenentes, Suboficiais e Sargentos – por tropa com o efetivo de um Grupo de Combate, ou equivalente, da respectiva Força; 9) para Cabos, Marinheiros e Soldados – por tropa com o efetivo de uma Esquadra de Fuzileiros de Grupo de Combate, ou equivalente, da respectiva Força.

GUARDA INDISTINTA. *Direito civil.* Guarda que permite a qualquer dos genitores a prática de atos válidos em relação à prole (Caetano Lagrasta Neto).

GUARDA-JÓIAS. **1.** Nas *linguagens comum* e *jurídica* é a caixa ou cofre onde se guardam jóias. **2.** *História do direito.* Cargo da corte imperial do Brasil.

GUARDA JUDICIAL. *Direito civil.* É aquela em que o juiz, em certa situação grave defere a guarda ao genitor que tiver melhores condições, ou a terceira pessoa.

GUARDA LEGAL. *Direito do menor.* Maneira pela qual é possível colocar menor em família substituta ou em associação, independentemente de sua situação jurídica, até que se resolva, definitivamente, o seu destino. É um instituto que visa prestar assistência material, moral e educacional ao menor, dando ao seu detentor o direito de opor-se a terceiros, inclusive aos pais, regularizando assim a posse de fato. Trata-se da guarda legal concedida judicialmente.

GUARDA-LINHA. Empregado de estrada de ferro incumbido da vigilância de certos trechos da linha férrea e da remoção de qualquer obstáculo que nela haja.

GUARDA-LIVROS. *Direito comercial.* O encarregado de efetuar a escrituração de um estabelecimento empresarial através do registro de seu movimento comercial.

GUARDA-MANCEBOS. *Direito marítimo.* Cabos que servem de corrimão aos marinheiros no extremo da proa.

GUARDA-MARINHA. *Direito militar.* Aluno da Escola Naval durante o estágio de adaptação pelo qual deve passar antes de sua promoção a segundo-tenente. Posto inferior ao de segundo-tenente e superior ao de aspirante. É o primeiro degrau entre oficiais, correspondente ao aspirante a oficial do Exército ou da Aeronáutica.

GUARDA-MOR. 1. *História do direito.* Oficial que comandava vinte archeiros da casa real. **2.** *Direito alfandegário.* a) Representante do fisco a bordo de navios; b) chefe da polícia aduaneira nos portos o qual fiscaliza e dirige todo o serviço executado nas dependências exteriores da alfândega, como, por exemplo, o de carga e descarga de mercadorias, o de fornecimento de pessoal para policiar costas territoriais etc.

GUARDAMORIA. *Direito alfandegário.* **1.** Cargo de guarda-mor. **2.** Repartição aduaneira sob a direção do guarda-mor, encarregada de fiscalizar portos e embarcações neles ancoradas.

GUARDA-MÓVEIS. *Direito comercial.* Estabelecimento onde se guardam móveis mediante pagamento de uma mensalidade.

GUARDA MUNICIPAL. *Direito administrativo.* Corpo policial organizado e mantido pelo Município, para manter a ordem pública.

GUARDA NACIONAL. *História do direito.* Conjunto de oficiais honorários que, gratuitamente, servia de auxílio ao exército no tempo do império, estando subordinado ao Ministério da Justiça.

GUARDA NOTURNA. Corporação não-militarizada incumbida do policiamento noturno de uma localidade.

GUARDA-NOTURNO. Aquele que, mediante remuneração paga pelos moradores ou comerciantes de uma rua ou bairro, faz ronda noturna e vigilância de casas, bancos, estabelecimentos empresariais etc.

GUARDA-PATRÃO. *Direito marítimo.* **1.** Local à popa onde em embarcação se guardam os pertences dos tripulantes. **2.** Encosto que, em botes ou escaleres etc., separa o resto do barco do lugar reservado ao homem do leme.

GUARDA-PORTÃO. Porteiro.

GUARDA PROVISÓRIA. *Direito processual civil.* É a que tem caráter cautelar ou incidental, sendo deferida temporariamente, pois ante a situação litigiosa, será preciso amparar o menor, até que a questão seja solucionada.

GUARDA-QUEDAS. *Direito aeronáutico.* Pára-quedas.

GUARDA-ROUPA. 1. Nas *linguagens comum* e *jurídica:* a) armário onde as roupas são guardadas; b) conjunto de roupas usadas por alguém ou por membros de um grupo ou instituição; c) encarregado em instituição ou teatro de guardar roupas e alfaias; d) depósito de roupas num teatro; e) vestuário de uma peça teatral. **2.** *História do direito.* a) Cargo da corte imperial brasileira; b) ocupante desse cargo.

GUARDA-RURAL. *Direito administrativo.* Funcionário público que tem a função de fazer cumprir, na zona rural, as posturas municipais.

GUARDA-SANITÁRIO. *Direito administrativo.* Encarregado do departamento de saúde que tem, dentre outras, a função de desinfetar domicílios.

GUARDA-SELOS. *História do direito.* Magistrado incumbido da guarda do selo real; chanceler.

GUARDA SUÍÇA. *Direito canônico.* Corpo armado do Vaticano cujos componentes são originários da Suíça e têm por missão guardar pessoalmente o papa.

GUARDA UNIPESSOAL. *Direito civil.* Guarda de filho concedida a um dos genitores, que terá o exercício do poder familiar.

GUARDA-VOLANTE. *Direito militar.* Corpo militar que faz guarda em movimento, a pé, sem estacionar, em várias direções.

GUARDIÃO. 1. *Direito canônico.* Superior de determinadas comunidades religiosas. **2.** Nas *linguagens comum* e *jurídica:* a) guarda-costas; b) aquele que vigia ou guarda algo. **3.** *Direito desportivo.* Goleiro, no futebol. **4.** *Direito civil.* Diz-se do genitor detentor da guarda de filho.

GUARDIM. *Direito marítimo.* Espia; cabo que mantém o mastro a prumo, permitindo manobrá-lo lateralmente.

GUARNIÇÃO. 1. *Direito militar.* a) Equipagem de avião militar; b) grupo de soldados que guardam ou defendem uma praça. **2.** *Direito marítimo.* Tripulação de navio mercante. **3.** *Direito civil.* a) Tudo que pode ser aplicado a um objeto, servindo-lhe de adorno; b) material para revestir paredes; c) partes de metal de janelas, portas etc.

GUARNIÇÃO ESPECIAL. *Direito militar.* É a situada em área inóspita, assim considerada por suas condições precárias de vida ou por sua insalubridade.

GUBERNARE EX TERRA. *Locução latina.* Governar sem deixar a terra, ao abrigo do perigo.

GUEIXA. *Direito comparado.* Jovem japonesa que, em local público, dança, canta e serve chá para distrair clientela.

GUELFO. *História do direito.* Membro de partido político italiano da era medieval que, além de adversário dos gibelinos, era apologista do papa.

GUERRA. 1. *Direito internacional público* e *direito militar.* a) Luta armada entre países por razões políticas, sociais, econômicas ou territoriais, que termina com armistício, tratado de paz, rendição ou ocupação total ou local do território conquistado; b) reivindicação de direitos através de força militar. **2.** *Direito administrativo.* Dano resultante das operações militares durante conflito armado entre dois ou mais Estados, que deve ser reparado ante o princípio da solidariedade. **3.** Na *linguagem comum,* qualquer conflito ou luta.

GUERRA ABERTA. *Direito internacional público.* Guerra declarada.

GUERRA AÉREA. *Direito militar* e *direito internacional público.* Operação bélica de aviões militares abrangendo o espaço aéreo, com exceção do dos Estados neutros.

GUERRA ATÔMICA. *Direito internacional público.* Guerra nuclear em que se utilizam armas baseadas na fissão de átomos de substâncias pesadas, como o urânio e o plutônio, ou fusão de átomos de substâncias leves, como o hidrogênio etc. Aquela em que se usam bombas que, ao explodirem, acarretam efeitos térmicos, mecânicos e radioativos.

GUERRA BIOLÓGICA. *Direito internacional público.* Operação bélica que emprega microorganismos, como vírus, bactérias, toxinas etc.

GUERRA CIVIL. *Ciência política* e *sociologia jurídica.* Luta armada entre forças fronteiriças do mesmo Estado, na qual grupos nacionais pretendem estabelecer um novo governo ou restabelecer o anterior. Trata-se da guerra intestina entre grupos ou partidos do mesmo povo ou país, da comoção intestina ou revolução.

GUERRA CONTINENTAL. *Direito internacional público.* Operação bélica desenvolvida em terra pelas forças armadas do exército com o auxílio de aeronaves.

GUERRA DAS PENAS. Polêmica entre escritores.

GUERRA DE AGRESSÃO. *Direito internacional público.* É a desencadeada sem motivo justo, não tendo, portanto, qualquer legitimidade, uma vez que não repele quaisquer ofensas à soberania nacional ou a algum direito.

GUERRA DE CONQUISTA. *Direito internacional público.* Operação bélica cujo escopo é a obtenção de territórios pertencentes a um país por outro.

GUERRA DE EXTERMÍNIO. *Direito internacional público.* Aquela em que cada um dos lados beligerantes visa aniquilar o inimigo.

GUERRA DE MORTE. *Vide* GUERRA DE EXTERMÍNIO.

GUERRA DE NERVOS. 1. Na *linguagem comum,* uso de meios para provocar tão-somente irritação de outra pessoa. **2.** *Direito militar* e *ciência política.* Estratégia política e militar para causar preocupação relativa à segurança e estabilidade de uma nação.

GUERRA ECONÔMICA. *Direito internacional público.* Uso de meios econômicos por um país para pressionar outro.

GUERRA ESTRANGEIRA. *Direito internacional público.* Guerra entre duas nações.

GUERRA FRIA. *Direito internacional público.* **1.** Emprego de medidas secretas por um país contra seu adversário para evitar-lhe qualquer fornecimento de matéria-prima, de crédito ou transporte etc., acarretando um estado conflitivo permanente e uma interferência na política interna das nações antagônicas. Pode manifestar-se por ações de ordem econômica, por espionagem, por exibição de forças militares, por ameaças etc., não recorrendo, portanto, a operações bélicas nem a ruptura de relações diplomáticas. **2.** Situação em que certos países, por serem prováveis beligerantes, procuram, mediante certos atos que não implicam declaração de guerra, prejudicar-se mutuamente.

GUERRA INTESTINA. *Vide* GUERRA CIVIL.

GUERRA MARÍTIMA. *Direito internacional público.* Aquela em que os beligerantes são as Forças Armadas Navais dos países litigantes, tendo por palco o alto-mar e as águas territoriais dos Estados conflitantes, onde os navios de guerra, integrantes da Marinha e os navios mercantes, usados para fins bélicos, se defrontam com o escopo de destruir a frota inimiga.

GUERRA NAVAL. *Direito internacional público.* Guerra no mar.

GUERRA NUCLEAR. *Vide* GUERRA ATÔMICA.

GUERRA PRIVADA. *História do direito.* Duelo; justiça particular em reparação de alguma ofensa.

GUERRA PSICOLÓGICA. *Direito internacional público.* Uso de propaganda, de contrapropaganda, de técnicas para fins bélicos e de ações nos campos político, econômico, psicossocial e militar para influenciar alguma opinião, provocar emoção ou atos de grupo alienígena ou das Forças Armadas do adversário.

GUERRA QUÍMICA. *Direito internacional público.* Uso por Estado beligerante de gás ou produto químico nocivo que age direta ou indiretamente sobre a área, o meio ambiente e os combatentes.

GUERRA-RELÂMPAGO. *Direito militar.* Aquela que se desenvolve rapidamente, empregando enorme quantidade de meios de ação combinados, especialmente aviação e carros blindados.

GUERRA RELIGIOSA. Diz-se daquela motivada por diferença de opiniões ou crenças em matéria religiosa.

GUERRA REVOLUCIONÁRIA. *Ciência política* e *direito internacional público.* Luta armada ou conflito interno, imbuído de ideologia, visando conquistar o poder, subversivamente. Apresenta-se como: a) convulsão no interior de um território nacional; b) guerra conduzida por uma minoria da população; c) ação subterrânea violenta contra a ordem no momento instituída; d) luta travada no interior de determinado território

com a proteção de recursos estranhos (Manoel de Oliveira Franco Sobrinho).

GUERRA SANTA. Aquela que se propõe conquistar os lugares santos, combatendo infiéis.

GUERRA SEM QUARTEL. 1. Guerra sem tréguas. **2.** Perseguição sem clemência.

GUERRA SUBVERSIVA. *Vide* GUERRA REVOLUCIONÁRIA.

GUERRA TERRESTRE. *Direito militar.* Dá-se no território de um Estado, criando direitos e deveres dos beligerantes, relativamente ao inimigo, não só no que atina aos militares e prisioneiros de guerra, à honra e liberdade dos habitantes, como também ao território ocupado.

GUERREAR. *Direito militar.* **1.** Combater. **2.** Fazer guerra. **3.** Lutar belicosamente.

GUERRE OUVERTE. *Locução francesa.* Guerra declarada.

GUERRILHA. *Ciência política* e *direito militar.* **1.** Modalidade de luta armada de combatentes irregulares, não sujeitos a uma disciplina militar, contra forças regulares, caracterizada não só por operações bélicas descontínuas, como sabotagens, ataques de surpresa, emboscadas etc., com o escopo de enfraquecer a autoridade constituída ou de impedir que força estrangeira exerça seu domínio, mas também por não haver observância às normas estabelecidas em convenções internacionais. **2.** Tipo não-convencional de guerra, que pode apresentar-se como: a) uma rebelião do povo contra um governo; b) uma guerra empreendida por forças irregulares, em coordenação com tropas regulares, como fase de uma guerra convencional declarada; c) uma guerra realizada por forças irregulares, apoiada por uma potência estrangeira, com o objetivo de provocar uma alteração na ordem político-institucional de um país, sem declaração formal de guerra; d) uma operação de curta duração e com objetivos limitados, executada por um pequeno grupo de soldados regulares, lançados nas zonas de retaguarda do inimigo. A guerrilha tem como fins estratégicos: desgastar e causar baixas ao inimigo; danificar suprimentos e instalações inimigos; baixar o moral e o prestígio do inimigo; retardar as operações inimigas; desorganizar a vida política, econômica e social da região ocupada pelo inimigo; destruir ou manter a vontade de resistência das populações civis (Enrique Ricardo Lewandowski). **3.** Ação militar executada por bando

GUE 762 GUERRILHEIRO

armado de voluntários. **4.** Facção política, sem caráter de partido político disciplinado. **5.** Tropa indisciplinada. **6.** Choque entre formações irregulares de combatentes e um exército regular (Attinà, Halhweg e Asprey).

GUERRILHEIRO. *Ciência política.* Aquele combatente pertencente a uma guerrilha.

GUETE. 1. *Direito comparado.* Documento em que se consigna o divórcio entre judeus. **2.** *História do direito.* Instrumento público pelo qual havia desquite do judeu converso se sua mulher permanecesse no judaísmo, por um ano, sem querer converter-se ao cristianismo como o fez seu marido.

GUETO. *Direito comparado.* Bairro onde, em certas cidades européias, residem os judeus.

GUIA. 1. *Direito administrativo.* a) Documento oficial padronizado, utilizado nas repartições públicas arrecadadoras, como comprovante de recolhimento em dinheiro ou depósito de valores; b) renque ou fileira de pedra que limita e indica a direção de uma calçada; meio-fio; c) documento que acompanha correspondência oficial. **2.** *Direito militar.* a) Aquele que ensina o caminho a ser seguido nas marchas do corpo do exército; b) sargento que dirige a marcha do pelotão. **3.** *Direito agrário.* a) Vara na empa das vinhas; b) vaqueiro que encabeça a boiada. **4.** *Direito marítimo.* Cabo que serve de direção aos objetos. **5.** Nas *linguagens jurídica* em geral e *comum:* a) roteiro; b) aquele que conduz viajantes ou excursionistas; c) caderno que contém indicações úteis sobre uma cidade. **6.** *Direito comercial.* a) Documento com que se recebem encomendas ou mercadorias enviadas por via férrea. Trata-se de guia da estrada de ferro; b) documento para processar um recolhimento em caixa, caso em que se tem guia de recolhimento. **7.** *Direito processual.* Documento expedido pelo escrivão do feito a uma repartição arrecadadora, para habilitar o interessado a efetuar pagamento de taxas, impostos relativos a determinados atos judiciais, que ali devem ser pagos.

GUIA DE ALFÂNDEGA. *Direito alfandegário.* Documento, contendo informações fiscais, que acompanha mercadorias destinadas ao comércio exterior, para que tenham livre trânsito. É o manifesto da alfândega.

GUIA DE ARRECADAÇÃO DE RECEITAS DO FUNDO NACIONAL ANTIDROGAS (GAR/FUNAD). *Direito tributário.* É a utilizada, obrigatoriamente, em recolhimento de receitas provenientes de taxas de controle e fiscalização de produtos químicos, de aplicação de multas e de alienação de produtos químicos.

GUIA DE DESPACHO. *Direito internacional privado.* Nota de importação pela qual o consignatário de mercadorias alienígenas autoriza ao despachante habilitado promover o seu desembaraço.

GUIA DE EXPORTAÇÃO. *Direito internacional privado* e *direito alfandegário.* Contém informações detalhadas de interesse fiscal e aduaneiro relativas à mercadoria exportada, sendo imprescindível para a permissão de seu embarque.

GUIA DE IMPORTAÇÃO. *Direito internacional privado* e *direito alfandegário.* Documento alusivo a mercadorias importadas, contendo dados informativos de natureza aduaneira e fiscal.

GUIA DE RECOLHIMENTO AO FUNDO DE GARANTIA DO TEMPO DE SERVIÇO E INFORMAÇÕES À PREVIDÊNCIA SOCIAL (GFIP). *Direito previdenciário.* Documento a ser preenchido pela empresa obrigada a informar ao INSS dados cadastrais de todos os fatos geradores de contribuições previdenciárias ou de interesse daquele instituto. É o instrumento que o Governo Federal instituiu para montar um cadastro eficiente de vínculos e remunerações dos segurados da Previdência Social. Quanto ao sistema em comento, a Diretoria de Arrecadação do INSS limitou-se a encaminhar ofício no qual autoriza a utilização do sistema da Dataprev no batimento dos valores declarados na GFIP com aqueles efetivamente recolhidos ou levantados, disponibilizando essa informação por meio do sistema AGUIA. Esse batimento, em suma, é o encontro de contas entre o valor devido, apurado de acordo com as informações da GFIP, e os valores de créditos já levantados, de deduções, de compensações e de recolhimentos efetuados em GRPS e/ou em GPS.

GUIA DE RECOLHIMENTO DE CUSTAS E EMOLUMENTOS. *Direito processual.* Formulário para recolhimento de custas e emolumentos cujo pagamento efetua-se em agências bancárias ou caixa econômica estadual, antes da distribuição do feito, pois deve estar anexado à petição inicial, juntamente com a procuração *ad judicia.*

GUIA DE SOCORRIMENTO. *Direito militar.* Papéis de soldados em trânsito de um local para outro.

GUIA DE TRANSFERÊNCIA. 1. *Direito bancário.* Documento que acompanha transferência de depósito bancário de uma agência para outra. **2.** *Direito administrativo* e *direito do trabalho.* Comunicação feita por repartição a uma outra em que o empregado ou funcionário passará a servir, para que se anote o crédito alusivo ao pagamento de seus vencimentos. Com isso a repartição avisante se exonera desse encargo que, então, passa a ser da repartição avisada. **3.** Na *linguagem escolar,* documento onde se fazem anotações relativas à vida escolar do estudante transferido de um estabelecimento para outro (De Plácido e Silva).

GUIA DE TRÂNSITO ANIMAL (GTA). *Direito comercial.* É o documento obrigatório para trânsito de animais, inclusive aquáticos, ratitas e ovos férteis de ratitas para qualquer movimentação e finalidade.

GUIADOR. 1. *Direito agrário.* Guia do rebanho. **2.** *Direito desportivo.* Ciclista que vai à frente de uma equipe para guiá-la. **3.** *Direito comercial.* Livro que serve de índice para livros de escrituração. **4.** Na *linguagem comum,* aquele que guia ou dirige.

GUIA ENXERTO. *Direito agrário.* Máquina apropriada para efetuar enxertos.

GUIAGEM. 1. *Direito tributário.* Imposto sobre transportes. **2.** *Direito espacial.* Processo de controle da trajetória de um míssil por um mecanismo embutido que pode ser comandado por computador interno.

GUIA PROBATÓRIA. *Direito alfandegário.* Documento expedido para provar pagamento de determinados impostos ou de direitos aduaneiros pelo contribuinte.

GUIAR. 1. Navegar. **2.** Dirigir veículo. **3.** Governar ou conduzir animal. **4.** Encaminhar. **5.** Servir de guia. **6.** Proteger, amparar. **7.** Orientar; aconselhar.

GUICHÊ. Portinhola pela qual os funcionários de repartições, caixas de banco, ou empregado de uma bilheteria de teatro ou cinema atendem ao público e recebem valores, documentos, dinheiro etc.

GUIDÃO. Volante de automóvel ou barra de direção de qualquer veículo, como bicicletas, motocicletas etc.

GUIDE-ÂNE. *Locução francesa.* Folheto de instruções; manual.

GUIDELINES. *Direito internacional privado.* Normas próprias do Banco Mundial, inseridas, sob pena de rescisão, nos contratos de empréstimo ou de

concessão de financiamento para aquisição de bens e contratação de obras e serviços e para efetivação de contrato de consultoria (Rosolea M. Folgosi).

GUIDON DE LA MER. *História do direito.* Estatuto mercantil que continha princípios e normas alusivas ao direito marítimo e, em especial, ao seguro marítimo.

GUIEIRO. *Direito agrário.* **1.** Animal que vai à frente de um rebanho, guiando-o. **2.** Menino que guia os bois de carro.

GUILDA. *História do direito.* Associação de mutualidade que, no período medieval, era formada entre corporações de negociantes, artistas ou operários.

GUILDHALL. *Termo inglês.* Casa da Câmara Municipal.

GUILE. *Termo inglês.* **1.** Fraude. **2.** Ardil. **3.** Trapaça.

GUILHOTINA. *História do direito.* Instrumento cortante de decapitação, consistente em duas traves verticais, entre as quais se movimenta uma lâmina bem afiada, que, ao se desprender do alto das traves, vem a cair sobre a nuca do condenado à pena de morte.

GUILHOTINADO. *História do direito.* Diz-se do condenado a pena capital que foi decapitado por meio de guilhotina.

GUILHOTINAR. *História do direito.* Decapitar condenado à pena de morte com guilhotina.

GUILT. *Termo inglês.* **1.** Culpa. **2.** Crime.

GUILTINESS. *Termo inglês.* **1.** Criminalidade. **2.** Culpabilidade.

GUINADA. 1. *Direito aeronáutico.* Movimento de aeronave em torno ou para um dos lados de um eixo longitudinal, pelo qual se desvia repentinamente. **2.** *Direito marítimo.* Desvio da proa de um navio que o afasta de seu rumo.

GUINCHO. *Direito comercial.* **1.** Automóvel com guindaste para rebocar ou puxar carros avariados ou punidos por infração de certas leis de trânsito. **2.** Máquina a bordo de navio para manobra de cabos ou amarras.

GUINDASTE. 1. Nas *linguagens comum* e *jurídica,* aparelho apropriado para levantar pesos, transportando-os por uma distância horizontal, enquanto os mantém suspensos. **2.** Na *gíria,* escada de corda com um gancho em uma das extremidades que, quando lançada, se engan-

GUI 764 GUINDASTEIRO

cha em sacadas ou parapeitos de casas a serem assaltadas.

GUINDASTEIRO. Aquele que manobra um guindaste.

GUINDOLA. *Direito marítimo.* **1.** Antena e utensílios providenciados para substituir, provisoriamente, mastro partido por força maior. **2.** Andaime.

GUIRLANDA. *Direito marítimo.* **1.** Anel de corda nos cabos das vergas. **2.** Conjunto de peças de madeira forte, para encruzar peças verticais e interiores da carcaça de uma embarcação.

GUISA. 1. *História do direito.* Ordem dos cavaleiros denominados guisados, por estarem sempre preparados e armados para o serviço do rei. **2.** Na *linguagem comum,* maneira ou modo por que se faz algo.

GUNDU. *Medicina legal.* **1.** Periostite da raiz do nariz, caracterizada por dor de cabeça, excreção nasal purulenta e formação de inchações indolores nos lados do nariz. **2.** Doença africana que foi trazida pelos escravos.

GURI. 1. Menino. **2.** Namorado, no Sul do país. **3.** Garoto que se entrega a atos de pederastia, no Nordeste.

GUROPÉ. Embarcação utilizada na região amazônica.

GURU. Professor particular de religião e guia espiritual no hinduísmo.

GURUPÉS. *Direito marítimo.* Mastro de embarcação situado na extremidade da proa para a frente, no plano longitudinal, tendo inclinação de cerca de 35º acima do plano horizontal.

GURUPI. 1. Alcoviteiro. **2.** Aquele que, de acordo com o leiloeiro, faz, no leilão, lance fictício.

GUSTAÇÃO. Ato de provar ou sentir o sabor de alguma coisa.

GÜTTEN GLAUBEN. *Locução alemã.* Boa-fé, crença. Estado de consciência em que a pessoa faz uma avaliação equivocada da realidade. Trata-se de boa-fé subjetiva.

GUZERÁ. *Direito agrário.* Raça de gado zebu oriundo de Guzerate, na Índia, muito desenvolvida no Brasil.

HABEAS CORPUS. *Vide* AÇÃO DE *HABEAS CORPUS.*

HABEAS CORPUS AD FACIENDUM ET RECIPIENDUM. *História do direito.* Instituto usado contra o arbítrio de um juiz inferior para apresentar o acusado a tribunal superior (Othon Sidou).

HABEAS CORPUS AD PROSEQUENDUM. *História do direito.* Instituto próprio para remover preso para que este fosse julgado no foro onde perpetrou o crime.

HABEAS CORPUS AD RESPONDENDUM. *História do direito.* Instituto admitido para transferência de preso de uma prisão para outra, em cuja jurisdição seria julgado.

HABEAS CORPUS AD SATISFACIENDUM. *História do direito.* Instituto admitido para caso de transferência de preso já julgado de prisão de uma jurisdição à de outra, onde a sentença seria executada.

HABEAS CORPUS PREVENTIVO. *Direito processual penal.* Ação impetrada com o escopo de impedir a consumação da violência ou coação iminente.

HABEAS CORPUS REMEDIATIVO. *Direito processual penal.* Ação que tem por fim a cessação de uma violência ou coação ilegal exercida contra alguém.

HABEAS CORPUS SUSPENSIVO. *Direito processual penal.* Visa suspender a concretização de certos efeitos, oriundos de ato de autoridade, que cerceiam a liberdade de locomoção de uma pessoa.

HABEAS DATA. 1. *Vide* AÇÃO DE *HABEAS DATA.* **2.** *Direito constitucional* e *direito processual civil.* É concedido para: a) assegurar o conhecimento de informações relativas à pessoa do impetrante, constantes de registro ou banco de dados de entidades governamentais ou de caráter público; b) retificação de dados, quando não se prefira fazê-lo por processo sigiloso, judicial ou administrativo; c) anotação nos assentamentos do interessado, de contestação ou explicação sobre dado verdadeiro mas justificável e que esteja sob pendência judicial ou amigável.

HABEMUS CONFITENTEM REUM. *Expressão latina.* Temos um réu confesso.

HABEMUS PONTIFICEM. *Expressão latina.* "Temos Papa". Com essa expressão é anunciada a eleição de um novo pontífice.

HABETUR PRO VERITATE. *Expressão latina.* Aquilo que se considera verdadeiro.

HÁBIL. *Direito civil.* **1.** O que está conforme a lei por preencher os requisitos por ela exigidos.

2. O que tem capacidade para praticar atos na vida civil, adquirindo direitos e contraindo obrigações. **3.** Apto.

HABILIDADE. 1. Qualidade de hábil. **2.** Aptidão legal.

HABILITAÇÃO. 1. *Direito civil.* a) Aptidão; capacidade; b) ato ou efeito de habilitar-se; c) documento ou título que habilita uma pessoa para algo; d) conjunto de formalidades necessárias para poder adquirir ou exercer um direito ou para praticar atos jurídicos; e) autorização dada a alguém, por ter preenchido as formalidades exigidas, para a prática de atos imprescindíveis concernentes à garantia de seu direito; f) ato preliminar essencial para que determinado ato solene possa ser executado validamente. **2.** *Direito administrativo.* a) Cumprimento de exigências previstas em lei para que alguém possa ocupar cargo ou função pública, por ter demonstrado seus conhecimentos científicos através de provas ou apresentando documentos (títulos) num concurso público; b) conjunto de documentos exigidos do licitante, para comprovar sua capacidade técnico-jurídica, idoneidade e regularidade fiscal. **3.** *Direito processual.* a) Conjunto de documentos necessários para requerer ou provar alguma coisa; b) maneira pela qual se prova em juízo a capacidade ou qualidade legal de uma pessoa para atingir certo fim ou obter o reconhecimento de seu direito; c) ato ou sentença que julga ou reconhece alguém como herdeiro legítimo do *de cujus*; d) procedimento especial imprescindível quando, ante o óbito de um dos litigantes, os interessados o sucedem no processo.

HABILITAÇÃO DE CRÉDITO. 1. *Direito comercial* e *direito falimentar.* a) Medida judicial convocatória dos credores do falido para apresentação de seus créditos ao administrador judicial, devidamente comprovados por meio de títulos competentes, dentro do prazo de quinze dias, sob pena de ser recebida como retardatária, perdendo direito a rateios eventualmente realizados. Mas se apresentada a habilitação de crédito retardatária, antes da homologação do quadro geral de credores, será recebida como impugnação. A habilitação de crédito realizada pelo credor deverá conter: o nome, o endereço do credor e o endereço em que receberá comunicação de qualquer ato do processo; o valor do crédito, atualizado até a data da decretação da falência ou do pedido de recuperação judicial, sua origem e classificação; os documentos comprobatórios do crédito e a indicação das demais provas a serem produzidas; a indicação da garantia prestada pelo devedor, se houver, e o respectivo instrumento; e a especificação do objeto da garantia que estiver na posse do credor; b) admissão de credores quirografários sujeitos aos efeitos da recuperação judicial ou extrajudicial, pelo reconhecimento judicial de seus créditos, mediante despacho do magistrado. **2.** *Direito processual civil.* a) Ato judicial que convoca, no processo de insolvência civil, os credores para que, dentro de vinte dias, apresentem a comprovação de seus créditos; b) pedido feito pelos credores, no inventário, para obter pagamento dos débitos vencidos e exigíveis pelo espólio.

HABILITAÇÃO DE HERDEIROS. *Direito processual civil.* a) Ato pelo qual se demonstra a qualidade de herdeiros preteridos no inventário, para que possam adquirir seus direitos à herança do *de cujus*; b) ato que visa averiguar a omissão do nome de algum herdeiro pelo inventariante, incluindo-o no rol dos demais, para que seja contemplado na partilha; c) expedição de edital, em caso de herança jacente, por três vezes em órgão oficial ou imprensa, com intervalo de trinta dias para cada um, para que os sucessores, dentro de seis meses contados da primeira convocação, venham a habilitar-se como herdeiros. Se não houver herdeiros habilitados dentro de um ano da primeira publicação do edital nem habilitação pendente, declarar-se-á vacante a herança.

HABILITAÇÃO DE LICITANTES. *Direito administrativo.* Fase da licitação destinada à verificação da idoneidade dos proponentes, em que se analisa sua capacidade jurídica para assumir obrigações e responsabilidades, sua capacidade técnica de execução material do conteúdo da obrigação assumida e sua capacidade financeira para suportar os ônus inerentes à execução da obrigação e às responsabilidades dela oriundas.

HABILITAÇÃO DE PRÁTICO. *Direito marítimo.* Nível mínimo de capacitação técnica exigida de um prático na sua Zona de Praticagem. A manutenção de habilitação exigirá uma freqüência mínima de manobras na Zona de Praticagem para a qual o prático foi habilitado, estabelecida de acordo com as peculiaridades do próprio serviço de praticagem.

HABILITAÇÃO EM CONCURSO. *Direito administrativo.* Reconhecimento, pela Administração Pública, de que certa pessoa foi aprovada em concurso público de títulos e provas, preenchendo todos os requisitos exigidos, estando habilitada para ocupar cargo público, apesar de não conferir o direito à nomeação, uma vez que lhe dá tãosomente a expectativa de direito àquela nomeação.

HABILITAÇÃO INCIDENTE. *Direito processual civil.* Sucessão processual de um dos litigantes por aquele que vier a comprovar sua qualidade de legítimo continuador, ante a ocorrência de determinado fato, como, por exemplo, o falecimento de uma das partes.

HABILITAÇÃO LEGAL. *Direito civil.* **1.** Aptidão de determinadas pessoas para o exercício de certa profissão, por deterem diploma expedido ou reconhecido por estabelecimento de ensino oficial. **2.** Conjunto de formalidades prescritas por lei para a prática de atos válidos.

HABILITAÇÃO MATRIMONIAL. *Direito civil.* Preenchimento de certas formalidades legais que precedem o casamento, com o escopo de verificar a inexistência de impedimentos e de demonstrar que os nubentes estão em condições de convolar núpcias, evitando assim a realização de matrimônio com infração às normas jurídicas vigentes ou com inobservância de requisitos essenciais à sua celebração. Na habilitação matrimonial, os nubentes deverão demonstrar que estão legalmente habilitados para o ato nupcial, por meio de processo que corre perante o oficial de Registro Civil do domicílio dos noivos; se domiciliados em distritos diferentes, processar-se-á no Cartório do Registro Civil de qualquer deles, sob pena de nulidade do ato. Para tanto, deverão apresentar requerimento acompanhado dos seguintes documentos: a) certidão de nascimento ou documento equivalente; b) declaração do estado civil, do domicílio e da residência atual dos contraentes e de seus pais; c) autorização das pessoas sob cuja dependência legal estiverem ou ato judicial que a supra; d) declaração de duas testemunhas maiores, parentes ou estranhos, que atestem conhecer os nubentes e afirmem não existir impedimento que os iniba de casar; e) certidão de óbito do cônjuge falecido, da anulação do casamento anterior ou do registro da sentença ou da escritura pública de divórcio; f) certidão da sentença de divórcio

GRUPO ESTRUTURADO 753

HABILITAÇÃO PARA DIRIGIR VEÍCULOS

proferida no estrangeiro, com a devida homologação pelo STF; g) certificado do exame pré-nupcial se se tratar de casamento de colaterais do 3º grau, ou seja, de tio com sobrinha ou de tia com sobrinho.

HABILITAÇÃO PARA DIRIGIR VEÍCULOS. *Direito penal* e *direito de trânsito.* Conhecimento técnico de condução de veículos em vias públicas, aquáticas ou aéreas, movimentando-os sem pôr em risco sua incolumidade física e a de outrem, desde que tenha idade suficiente, idoneidade moral e sanidade física e mental. Condutor não habilitado que dirigir veículo em via pública ou embarcação em águas públicas ou aeronave em espaço aéreo comete delito de contravenção penal.

HABILITAÇÃO PROFISSIONAL. *Direito civil, direito penal* e *direito do trabalho.* Preenchimento de requisitos preestabelecidos em lei para o exercício de uma profissão ou atividade econômica, sob pena de cometer delito de contravenção penal ou de sofrer a sanção cominada pelo Código Penal pelo fato de exercer ilegalmente, ainda que gratuitamente, profissão de dentista, farmacêutico e médico.

HABILITAÇÃO RETARDATÁRIA. *Direito falimentar.* Assiste ao credor do falido, mesmo após o decurso do prazo imposto pelo magistrado.

HABILITAÇÃO TÉCNICA. *Direito administrativo, direito do trabalho, direito civil, direito comercial* e *direito do consumidor.* Conjunto de aptidões técnicas de certas pessoas físicas ou jurídicas, adquiridas no desempenho de suas funções, na concretização de projetos, obras ou serviços etc.

HABILITADO. **1.** Apto. **2.** O que tem habilitação. **3.** O que atingiu capacidade plena. **4.** Aprovado em provas. **5.** Aquele que possui recursos financeiros para dirigir um negócio.

HABILITADOR. Aquele que habilita.

HABILITANÇO. *Direito civil.* O *quantum* que é, no jogo de azar, emprestado por um parceiro a outro.

HABILITANDO. Aquele que, em cumprimento da lei, procura habilitar-se para a obtenção de determinado fim jurídico, a prática de certo ato ou exercício de determinada atividade.

HABILITANTE. *Vide* HABILITANDO.

HABILITAR. **1.** Tornar-se hábil. **2.** Justificar, mediante aprovação em concurso de títulos ou de provas, ou apresentação de documentos, sua habilitação. **3.** Adquirir conhecimentos para se

submeter a concursos ou a exames. **4.** Comprar bilhetes de loteria para poder concorrer aos prêmios.

HABITAÇÃO. **1.** *Direito civil.* Direito real temporário de ocupar gratuitamente casa alheia para morada do titular e de sua família. Para tanto tal direito deverá estar inscrito no registro imobiliário. O titular desse direito real sobre coisa alheia de fruição não pode alugar nem emprestar esse imóvel. Se o direito real de habitação for conferido a mais de uma pessoa, qualquer delas, que habite sozinha a casa, não terá de pagar aluguel à outra ou às outras, mas não as pode inibir se exercerem, querendo, o direito, que também lhes compete, de habitá-la. **2.** Nas *linguagens jurídica* e *comum:* a) residência; local onde se habita; b) hábitat; c) local onde animais se recolhem; d) ato ou efeito de habitar; e) local onde a pessoa acidentalmente permanece; f) exercício efetivo da moradia.

HABITAÇÃO COLETIVA MULTIFAMILIAR. **1.** *Direito civil.* a) Cortiço; pensão; república; casa de cômodos; b) casa, apartamento ou prédio que serve de residência a várias pessoas, sem que entre elas haja relação de parentesco, podendo, ainda, designar o local em que, mesmo acidentalmente, vivem várias pessoas. Para José da Silva Pacheco "são consideradas habitações coletivas, os prédios ou pavimentos de prédios em que residam, de modo permanente ou transitório, diversas famílias ou muitas pessoas, sem a unidade econômica e sem a organização privada das habitações particulares". Essa miscigenação de pessoas, residindo de forma desorganizada e com alta rotatividade de forma a sequer permitir, na maioria das vezes, a identificação do locatário é enfatizada por Gildo dos Santos como causa da proteção legal para considerá-los a todos como locatários ou sublocatários. Para Alcides Tomasetti Jr., são "casas ou edifícios, pavimentos de casas ou de edifícios, ou partes deles, nos quais se alojam as pessoas, sem que exista uma separação precisa entre aqueles que ali residem e os espaços de que conjunta ou separadamente usam (sublocatários) ou de que usam e desfrutam (sublocadores)". **2.** *Direito penal.* Local acessível ao público, proporcionando aos seus moradores jogo de azar, estando por isso suscetível aos efeitos decorrentes da Lei de Contravenções Penais.

HABITAÇÃO CONJUGAL. *Direito civil.* Domicílio conjugal ou sede da sociedade conjugal.

HABITAÇÃO SIMULTÂNEA. *Direito civil.* É aquela conferida a mais de uma pessoa, caso em que os co-titulares do direito real podem habitar o imóvel conjunta ou separadamente. Na hipótese de um deles vir a residir sozinho na casa, não terá de pagar aluguel ao outro, mas não o poderá inibir de exercer, querendo, o direito, que também lhe compete, de habitá-la.

HABITACIONÁRIO. *Direito civil.* Titular do direito real de habitação.

HABITADOR. 1. *Direito civil.* O mesmo que HABITACIONÁRIO. **2.** Na *linguagem comum,* aquele que, habitualmente, reside ou mora em certo lugar.

HABITANTE. 1. *Direito civil.* Aquele que reside numa casa. **2.** *Sociologia jurídica.* Conjunto de moradores de um local, que constitui sua população.

HABITAT. 1. *Sociologia geral.* a) Área que pode ser habitada; b) meio geográfico no qual a sociedade pode sobreviver. **2.** *Direito ambiental.* a) Conjunto dos caracteres ecológicos do local especificamente habitado por uma população; b) lugar onde naturalmente cresce e vive qualquer ser organizado; ambiente natural.

HABITE-SE. *Direito administrativo.* Autorização da Prefeitura, segundo a finalidade específica a que se destina, para que um imóvel recém-edificado ou reformado possa ser ocupado. A concessão desse direito dá-se mediante vistoria de regularidade, por ter sido executada sua construção de conformidade com o projeto devidamente aprovado, tendo sido satisfeitas as condições estabelecidas pela lei.

HÁBITO. 1. *Medicina legal.* Aparência da pessoa; compleição. **2.** *Direito militar.* Insígnia de cavaleiro oficial de alguma ordem militar. **3.** *Psicologia forense.* Resultado terminal da aprendizagem. **4.** *Sociologia geral.* Modo inconsciente padronizado de pensar ou agir. **5.** *Direito canônico.* Traje usado por certas congregações eclesiásticas. **6.** *Direito civil* e *direito penal.* Costume, maneira constante de agir, adquirida pela freqüente repetição de um certo ato.

HÁBITO EXTERNO. *Medicina legal.* Aspecto exterior do cadáver.

HÁBITO PROFISSIONAL. *Medicina legal.* Elemento que interessa à infortunística, por constituir marca deixada em operários que exercem certos trabalhos. Por exemplo, resíduo que perdura ante a pigmentação cutânea, espessamento caloso da epiderme, desgaste nos dentes, descalcificados pela perda de sais calcáreos, que se manifestam naqueles que trabalham com ácido clorídrico, sulfúrico e crômico.

HABITUAÇÃO. Ato ou efeito de acostumar-se.

HABITUADO. 1. Aquele que se habituou. **2.** Freqüentador certo e assíduo de um local.

HABITUAL. 1. Usual. **2.** Que se faz por hábito ou costume.

HABITUALIDADE. 1. *Direito penal.* a) Incidência repetitiva de uma conduta delituosa; reincidência; b) elemento integrante na tipificação do crime de lenocínio e rufianismo. **2.** *Direito bancário.* Um dos caracteres da prática de operações bancárias, ao lado do volume de empréstimos. **3.** *Medicina legal.* Vício ou hábito arraigado. **4.** *Direito civil.* Sucessividade ou constância no exercício de um ato ou na prática de atos que tornam a pessoa profissionalmente hábil na sua execução.

HABITUALISMO. *Vide* HABITUALIDADE.

HABITUDE. *Sociologia geral.* Maneira de ser de um povo, peculiar a certa geração.

HABITUDINÁRIO. Aquele que por hábito incide nos mesmos erros.

HABITUÉ. *Termo francês.* Freqüentador certo ou assíduo de clubes, casa etc.

HABITUS CORPORIS. *Locução latina.* Desenvolvimento físico de alguém, do qual dependeria a puberdade.

HABITUS NON FACIT MONACHUM, SED PROFESSIO REGULARIS. *Aforismo jurídico.* O hábito não faz o monge, mas sim a profissão regular.

HACHURA. Raiado que produz efeito de sombra, usado em determinados formulários para evitar que tal espaço seja utilizado por quem vier a preenchê-los.

HACKEADOR. O mesmo que *HACKER.*

HACKEAR. O mesmo que *HACKING.*

HACKER. *Termo inglês* e *direito virtual.* **1.** Pessoa que desenvolve programa pirata com o escopo de interceptar mensagem, decodificar segredo ou penetrar em algum sistema protegido. **2.** Aquele que, via Internet, pratica delitos digitais, descobrindo senhas ou códigos de computadores alheios, para, p. ex., ganhar algum dinheiro extra e gastar exageradamente com novos equipamentos de informática, ferindo o patrimônio de empresas e de cidadãos. Contra ele tem sido usada a *criptografia,* que é um sistema capaz de transformar mensagens em códigos indecifráveis e impedir o roubo de dados, e o *software* "pote de mel", para atraí-lo para um local onde possa ser barrado e identificado. **3.** Aquele que entende o funcionamento de um computador e de redes de computadores. **4.** O mesmo que *CRACKER,* como alguns erroneamente entendem. **5.** Perito em informática, solucionando problemas. **6.** Aquele que, tendo conhecimento profundo sobre computador, dedica-se à descoberta de vulnerabilidades do sistema de dados (Amaro Moraes e Silva Neto).

HACKERS ÉTICOS. *Direito virtual.* Especialistas que usam o conhecimento para solucionar os problemas criados pelo *hacker* não-ético, ou seja, agem *contra o invasor destrutivo,* que tenta invadir à surdina os portões de entrada dos servidores da Internet. Sendo que a maior preocupação do *hacker* ético é a implantação de sistemas de segurança e sua tarefa é tentar *invadir os sistemas* das companhias com o objetivo de detectar os pontos *vulneráveis à ação de outros "hackers", não-éticos* (Liliana M. Paesani).

HACKING. *Direito virtual.* **1.** Ato de invadir sistema para averiguar suas falhas ou vulnerabilidades (Amaro Moraes e Silva Neto). **2.** Manifestação da intrusão informática (Esther Morón). **3.** Uso não autorizado de computador e de seus recursos de rede.

HACKTIVISMO. *Direito virtual.* Prática de atos contumazes, voltados à invasão de um sistema de dados para descobrir suas falhas.

HÁ-DE-HAVER. *Direito comercial.* Expressão que indica o crédito de qualquer casa comercial na página direita do livro chamado "razão".

HAEC IN AMICITIA LEX SANCIATUR, UT NEC ROGEMUS RES TURPES, NEC FACIAMUS ROGATI. *Expressão latina.* Esta lei da amizade se estabeleça e observe: petição do que não é honesto, nem a façamos nem a despachemos.

HAEREDITAS EST SUCCESSIO IN UNIVERSUM JUS, QUOD DEFUNCTUS HABUIT. *Aforismo jurídico.* Herança é a sucessão universal deixada pelo defunto.

HAEREDITAS, PRO PARTE ACCEPTARI, ET PRO PARTE REPUDIARI, NON POTEST. *Aforismo jurídico.* Herança não se pode aceitar em parte nem repudiar em parte.

HAERES HAEREDIS PRIMI TESTATORIS DICITUR HAERES. *Aforismo jurídico.* Herdeiro do herdeiro do testador se diz herdeiro.

HAERES SEMEL, NON POTEST DESINERE ESSE HAERES. *Aforismo jurídico.* Herdeiro uma vez, não pode deixar de ser herdeiro.

HAFEFOBIA. *Medicina legal.* Pavor de ser tocado.

HAFTUNG. *Termo alemão.* **1.** Prestação. **2.** Responsabilidade.

HAGIOGRAFIA. *Direito canônico.* Biografia dos santos.

HÁJIBE. *História do direito.* Primeiro-ministro nas antigas cortes dos califas da Espanha.

HALF–BLOOD. *Locução inglesa.* Irmão consangüíneo.

HALF HEIGHT-BULK. *Locução inglesa.* Forma de *container* que, dependendo da mercadoria transportada, a armazena até metade de sua capacidade.

HALIFAX LAW. *Locução inglesa.* Linchamento.

HALITOSE. *Medicina legal.* Mau hálito.

HALL. *Termo inglês.* Vestíbulo; sala de entrada de um prédio; saguão.

HALO DE ENXUGO. *Medicina legal.* Orla de enxugo que se apresenta no orifício de entrada, provocado por projétil de arma de fogo que, ao penetrar na pele, se limpa de impurezas, como o "sarro" da pólvora, ferrugem etc., nas bordas da ferida, indicativa da direção em que o disparo foi feito.

HALTER. *Direito desportivo.* Instrumento de ginástica que consiste numa peça única formada por duas esferas de ferro ligadas por uma haste de metal que serve de pegadouro.

HALTERE. *Vide* HALTER.

HALTEROFILISMO. *Direito desportivo.* Prática de esporte com halteres.

HALTEROFILISTA. *Direito desportivo.* Aquele que pratica halterofilismo.

HAMBURGUÊS. 1. *Direito internacional público.* Natural de Hamburgo (Alemanha). **2.** *Direito bancário.* Método pelo qual se contam os juros em conta corrente dos bancos, consistente em multiplicar os saldos, devedores e credores, pelo número de dias, para obter os números devedores ou credores cujos saldos são divididos pelo divisor fixo.

HAMUM VORAT. *Locução latina.* Cai na armadilha, morde a isca.

HANDICAP. *Termo inglês.* **1.** Prova a que, no turfe, se admitem cavalos de todas as classes, igualando-se as possibilidades de vitória pela diferença de peso. **2.** Situação desvantajosa.

HANDWERK. *Termo alemão.* Artesanato.

HANGAR. 1. *Direito comercial.* Abrigo aberto para mercadorias. **2.** Nas *linguagens comum* e *jurídica,* abrigo para barcos, aviões etc.; pode ser usado mediante pagamento de taxas fixas ou variá-

HAN 772 HANSA

veis, conforme a categoria do hangar, o tempo de hangaragem, extensão da área ocupada, classe da embarcação ou da aeronave.

HANSA. *História do direito.* **1.** Corporação privilegiada do comércio exterior alemão, existente desde meados do século XIV até o século XVII. **2.** Liga das cidades da baixa Alemanha que, na era medieval, possuíam corporações para atender a fins comerciais. **3.** Liga de sociedades comerciais alemãs lideradas por Hamburgo e Lübeck.

HANSENIANO. *Medicina legal.* Leproso.

HANSENÍASE. *Medicina legal.* Lepra ou doença crônica produzida pelo bacilo de Hansen que atinge as mucosas, a pele e os nervos.

HAPPY END. *Locução inglesa.* Final feliz.

HARAQUIRI. *Direito comparado.* Modalidade de suicídio de honra existente no Japão, que consiste em abrir o próprio ventre com faca ou sabre.

HARAS. *Direito agrário.* **1.** Coudelaria. **2.** Fazenda produtora de cavalos.

HARD–CASH. *Locução inglesa.* Dinheiro em moeda.

HARD DRIVE. *Vide* DISCO RÍGIDO.

HARDIESSE. *Termo francês.* **1.** Atrevimento. **2.** Audácia.

HARD LABOUR. *Locução inglesa.* Trabalho forçado.

HARDSHIP CLAUSE. *Locução inglesa.* Cláusula de renegociação utilizada para garantir a entrega de bens (Hilário de Oliveira).

HARDWARE. *Termo inglês* e *direito virtual.* **1.** Aparato de computação, máquina que processa e armazena os dados recebidos, tendo fins utilitários protegidos pelo direito de propriedade industrial. **2.** Máquina e componentes individuais, como os discos do computador. **3.** Componente mecânico, eletrônico e magnético de um computador, como o monitor, os periféricos etc. **4.** Equipamento usado no suporte ao acesso, armazenamento, processamento, movimentação, recuperação e transformação das informações (Paulo M. R. Brancher).

HARÉM. *Direito comparado.* Conjunto de mulheres legítimas, concubinas, parentas ou serviçais de uma casa muçulmana.

HARICOCELE. *Medicina legal.* Atrofia testicular congênita, causada por sífilis hereditária.

HARMFULNESS. *Termo inglês.* Dano.

HARMLESS ERROR. *Locução inglesa.* Erro escusável.

HARMONIA. **1.** *Direito constitucional.* Cooperação entre os Poderes Executivo, Legislativo e Judiciário para assegurar a consecução dos objetivos do Estado, visando atender a interesses comuns. **2.** Nas *linguagens filosófica* e *sociológica,* estado social no qual reina a concórdia. **3.** *Medicina legal.* Articulação fixa na qual os ossos se ligam por endentações imperceptíveis. **4.** Nas *linguagens comum* e *jurídica:* a) conveniência; b) acordo; união de vontade; c) paz; d) arte que ensina a formar acordes; e) conjunto de qualidades que tornam os sons agradáveis ao ouvido; f) disposição bem ordenada entre as partes que compõem o todo; g) ordem; h) conciliação; i) equilíbrio entre coisas.

HARMONÍSTICA. *Direito canônico.* Conciliação crítica das diversas passagens do Novo Testamento que parecem ser contraditórias.

HARMONIZAÇÃO LEGISLATIVA. *Direito internacional público.* Consiste em incluir, alterar ou eliminar na legislação dos Estados-Partes tudo que possa produzir efeitos diferentes em cada um deles, individualmente, ou, em outras palavras, consiste em proporcionar resultados semelhantes para situações jurídicas semelhantes, em todos os países integrantes do Mercosul, porquanto os mesmos geralmente possuem normas diferentes que controlam e regulamentam a produção, distribuição e comercialização de bens e serviços, tais como requisitos de qualidade, normas de pesos e medidas, Código de Defesa do Consumidor etc. No caso do Código de Defesa do Consumidor, no Brasil, por exemplo, o detalhamento da composição do produto deve constar de sua embalagem, enquanto o mesmo Código, na Argentina, não faz tal exigência.

HARMONIZAR. **1.** *Direito processual civil.* a) Conciliar partes litigantes; b) solucionar amigavelmente uma pendência; c) enquadrar o pedido na norma que o protege. **2.** *Direito autoral.* a) Compor harmonia; b) tornar um som harmônico.

HARVEST. *Termo inglês.* Colheita.

HASCHICH. *Vide* HAXIXE.

HASTA. *Direito civil.* Leilão.

HASTA PÚBLICA. *Direito processual civil.* Venda judicial de bens penhorados depositados em juízo ou cuja alienação deve ser feita, por lei, mediante praça efetuada por leiloeiro público, ou pelo porteiro dos auditórios forenses, ou por oficial de justiça indicado para esse fim, a quem der maior lanço, que não pode ser inferior ao preço estipulado judicial e previamente.

HASTAPURA. *Direito romano.* Lança sem ferro que era entregue como prêmio aos mancebos que se sobressaíam em primeiro combate.

HASTEAR. 1. Desfraldar bandeira. **2.** Prender a bandeira ao tope de uma haste.

HAÚÇA. *Direito comparado.* **1.** Povo negróide do Sudão. **2.** Língua do grupo nígero-tchadiano, falada em grande parte da África Central, de importância comercial.

HAUD SEMPER ERRAT FAMA: ALIQUANDO ET ELEGIT. *Expressão latina.* A voz pública nem sempre se engana: às vezes acerta.

HAVER. 1. *Direito civil.* a) Ter; possuir; b) conseguir; c) acontecer; d) bem; propriedade; riqueza. **2.** *Direito comercial.* Parte do crédito na escrituração comercial. No livro de contabilidade a coluna de "haver" registra os lançamentos relativos aos créditos.

HAVERES. *Direito civil.* Bens, propriedades ou riquezas de uma pessoa que compõem seu patrimônio.

HAXIXE. *Medicina legal.* Erva que provoca efeito psíquico consistente em euforia ou alegria, por agir sobre o sistema nervoso central. Trata-se da maconha, que é uma droga psicotrópica.

HAXIXINOS. *Medicina legal.* Viciados em maconha.

HAXIXISMO. *Medicina legal.* Intoxicação crônica resultante do hábito de usar haxixe.

HAXIXOMANIA. *Medicina legal.* Vício de mascar ou fumar haxixe ou maconha.

H.D. *Vide* DISCO RÍGIDO.

HEADS OF AGREEMENT. *Locução inglesa.* Contrato preliminar.

HEADWAY. *Termo inglês.* Velocidade de navio.

HEALTH. *Termo inglês.* Saúde.

HEALTH INSURANCE. *Locução inglesa.* Convênio médico.

HEARING. *Termo inglês.* Audiência.

HEAUTOSCOPIA. *Psicologia forense.* Sensação anormal de ver-se fora do próprio corpo.

HEBDÔMADA. Semana.

HEBDOMADÁRIO. 1. Nas *linguagens comum* e *jurídica:* a) publicação semanal; b) o que é feito semanalmente. **2.** *Direito canônico.* Aquele que num convento ou igreja está incumbido de presidir ao ofício numa semana.

HEBEFRENIA. *Medicina legal.* Perturbação esquizofrênica, comum na puberdade, caracterizada por delírios, abobamento, alucinações, enfra-

quecimento intelecutal, perda do senso estético ou ético etc.

HÉBERGE. *Termo francês.* Limite da propriedade de parede pertencente a dois prédios contíguos e de alturas diferentes.

HEBETISMO. *Medicina legal.* **1.** Imbecilidade. **2.** Inércia das faculdades mentais, sem perda de sensibilidade.

HECATOMBE. *História do direito.* **1.** Sacrifício de cem bois em honra de Júpiter, no primeiro mês do ano ático. **2.** Sacrifício de várias vidas humanas, provocado por uma fatalidade ou por ato criminoso.

HECATONTARCA. *História do direito.* Chefe de uma hecatontarquia.

HECATONTARQUIA. *História do direito.* Subdivisão do antigo exército grego, que continha 128 soldados de infantaria ligeira.

HECTARE. *Direito agrário.* Medida agrária correspondente a dez mil metros quadrados.

HÉCTICA. *Medicina legal.* **1.** Caquexia lenta e progressiva conducente ao marasmo. **2.** Tuberculose em que se apresenta caquexia, ou seja, magreza e fraqueza extremas.

HEDGE A DESCONTO. *Vide HEDGE* DE VENDA.

HEDGE CAMBIAL. *Vide HEDGE* DE VALOR.

HEDGE CONTRA CONTRATO A TEMPO. *Direito comercial.* Operação pela qual uma empresa vende produto com entrega futura, não tendo matéria-prima para sua produção, recorrendo, por isso, ao mercado futuro para adquiri-la a um preço inferior ao da venda.

HEDGE DE COMPRA. *Direito comercial.* Visa proteger aquele que se compromete a adquirir, no futuro, alguma mercadoria, contra o aumento do preço à vista.

HEDGE DE ESTOQUE. *Direito comercial.* Operação pela qual o armazém adquire mercadoria para armazená-la, com o intuito de vendê-la no mercado futuro.

HEDGE DE FLUXO DE CAIXA. *Direito comercial.* A parcela efetiva de *hedge* dos ativos e passivos financeiros, bem como os respectivos instrumentos financeiros relacionados, é ajustada pelo valor de mercado com os ganhos e as perdas realizados e não realizados, deduzidos, quando aplicável, dos efeitos tributários, reconhecidos em conta específica do patrimônio líquido. A parcela não efetiva do *hedge* é reconhecida diretamente no resultado.

HEDGE DE MERCADORIA. *Vide HEDGING.*

HEDGE DE MOEDA. *Vide HEDGE* DE VALOR.

HEDGE DE PRODUÇÃO. *Direito comercial.* Operação pela qual uma processadora compra a termo, p. ex., soja em grão para vender a termo óleo ou farelo de soja. Com isso se assegura o preço da matéria-prima e o de seus produtos, prevendo o lucro, sem ocorrência de prejuízo, se houver oscilação do preço da soja.

HEDGE DE RISCO DE MERCADO. *Direito comercial.* Os ativos e passivos financeiros, bem como os respectivos Instrumentos Financeiros Derivativos relacionados, são ajustados ao valor de mercado com os ganhos e as perdas realizados e não realizados, reconhecidos diretamente no resultado.

HEDGE DE TAXAS DE JUROS. *Direito internacional privado* e *direito comercial.* É o conjunto de operações de *hedge*, na seara internacional, como: a) *swap* de taxas de juros, operações em que as partes trocam, por um lapso de tempo, os pagamentos de juros baseados em taxas referenciais de diversas naturezas sobre o montante do principal, no que os juros têm incidência. Caso em que se terá a troca de taxas fixas por variáveis; b) opção de compra de taxas de juros (*cap.*), em que uma das partes se compromete a efetuar pagamentos à outra, em certos períodos, calculado sobre um montante do principal, sempre que determinada taxa referencial exceder um nível máximo predefinido; c) opção de venda de taxas de juros (*floor*), em que uma das partes efetua pagamentos à outra, em certos períodos, calculados sobre um montante do principal, sempre que uma determinada taxa referencial estiver abaixo de um nível mínimo predefinido; d) *collar* de taxa de juros, que é a compensação simultânea da opção de compra e da opção de venda. As partes comprometem-se a efetuar pagamentos uma à outra, em certos períodos, calculados sobre um montante do principal sempre que determinada taxa referencial exceder um nível máximo ou ficar abaixo de um nível mínimo predefinido (Walter Douglas Stuber).

HEDGE DE VALOR. *Direito internacional privado.* Espécie de venda a termo responsável pelo aumento do valor das obrigações do contratante, em que a moeda é o bem objeto do negócio. Tal procedimento visa neutralizar os efeitos da desvalorização. No caso de uma moeda, o real por exemplo, observa-se que sofre variação frente a outras, em virtude da oscilação do câmbio, causando, em alguns casos de contratos internacionais firmados em moeda estrangeira, aumento do valor das obrigações, uma vez que a moeda real pode desvalorizar-se rapidamente frente a outras moedas fortes. Pode-se apontar como uma espécie do gênero venda a termo, o *hedge* cambial, no qual o vendedor oferece "x" reais, equivalentes ao valor de suas obrigações em moeda "y", em troca de receber, no futuro, "x" reais equivalentes à mesma quantidade de moeda "y", que poderia adquirir à época do contrato com a quantia de "x" reais que possuía.

HEDGE DE VENDA. *Direito comercial.* Trata-se do *short hedge* ou *hedge* a desconto, que é a operação pela qual o armazém vende a mercadoria para entrega futura, fixando o preço a ser pago, apesar de ainda não possuir aquela mercadoria. Para tanto compra, na Bolsa, a mercadoria que vendeu a preço inferior ao já vendido, calculando um pequeno lucro.

HEDGE FUND. *Direito financeiro.* **1.** Fundo *hedge*. **2.** Realiza operações para proteção de ativos da carteira, nos quais o fundo investiu, ante possíveis variações de preço. Procura tirar lucro mediante operações altamente alavancadas em mercados que se encontram com preços desalinhados (Luiz Fernando Rudge).

HEDGER. *Termo inglês.* Aquele que visa proteger-se contra o risco de variação de preço das *commodities*. O *hedger* vende no mercado a termo ou no mercado futuro, garantindo-se contra possíveis prejuízos oriundos do aumento de valor de suas obrigações ou da diminuição do valor de seus bens, em razão da oscilação do preço ou do câmbio, transferindo o risco a terceiros.

HEDGING. *Direito internacional privado.* Cobertura contra riscos, variações e oscilações dos preços. É uma modalidade de operação de Bolsa, feita por empresa exportadora nacional, com caráter aleatório, tendo por escopo a comercialização de mercadorias a termo. Será, portanto, uma modalidade negocial a termo nas Bolsas de Mercadorias (*commodities future market*), com liquidação pela diferença. O *hedge* é o ato de tomar posição equivalente e oposta no mercado à vista e a termo na expectativa de que o resultado líquido impeça um prejuízo decorrente de oscilações dos preços, sob a fiscalização do Banco Central. Esta modalidade de operação poderá ser estendida aos empréstimos externos, hipótese em que se terá o *hedging* de juros.

HEDIONDO. 1. *Direito penal.* *Vide* CRIME HE-DIONDO. **2.** Nas *linguagens comum* e *jurídica:* a) repugnante; b) repulsivo; c) sórdido; d) horrível.

HEDONISMO. 1. Na *linguagem filosófica*, doutrina ensinada por Epicuro e Cirene e modernos utilitaristas, propugnando que o prazer é o único bem que traz a felicidade. **2.** *Economia política.* Lei do menor esforço, em que se obtêm maiores resultados pelo aperfeiçoamento do trabalho.

HEDONISTA. Partidário do hedonismo.

HEDROCELE. *Medicina legal.* Hérnia intestinal através do ânus.

HEED. *Termo inglês.* **1.** Cautela. **2.** Precaução.

HEFESTIORRAFIA. *Medicina legal.* Cauterização das beiras de uma ferida para produzir aderências.

HEGEMONIA. 1. *História do direito.* Supremacia de um povo nas antigas federações gregas. **2.** Nas *linguagens comum* e *jurídica:* a) preponderância; b) supremacia de um povo ou cidade sobre outro. **3.** *Ciência política.* a) Poder absoluto conferido aos chefes dos exércitos; domínio fundado na força das armas (Ranke); b) forte influência baseada na tradição e na força armada (Gioberti).

HEIMATHLOS. *Termo alemão.* Pessoa sem pátria, que perdeu sua nacionalidade, sem que tenha obtido outra. Trata-se do apátrida.

HEIMATHLOSAT. *Termo alemão.* Situação jurídica do apátrida, ante a ausência de princípio que a rege.

HEIR. *Termo inglês.* **1.** Sucessor. **2.** Herdeiro.

HEIRDOM. *Termo inglês.* **1.** Direito de herança. **2.** Estado de herdeiro. **3.** Herança.

HEIRLESS. *Termo inglês.* Sem herdeiro.

HELCOPLASTIA. *Medicina legal.* Operação plástica dos sítios das úlceras.

HELCÓPODE. *Medicina legal.* O andar do hemiplégico, que arrasta a perna.

HELD COVERED. *Direito internacional privado.* Cláusula de cobertura adicional de transporte aéreo que protege o segurado pela falha de informação ocorrida na ocasião da efetivação do contrato do seguro, porque, apesar da obrigatoriedade de as informações sobre o seguro serem as mais completas possíveis, às vezes ocorrerão problemas de omissões involuntárias. Havendo omissão involuntária, dever-se-á optar pelo pagamento de prêmio adicional.

HELIASTA. *História do direito.* Magistrado do tribunal de Atenas que participava de reuniões ao ar livre, ao nascer do sol, para interpretar leis e manter as que porventura pudessem ser infringidas. Tal tribunal compunha-se de mil a mil e quinhentos juízes.

HÉLICE. *Direito marítimo* e *direito aeronáutico.* Peça contendo um cubo rotativo com várias pás, funcionando segundo o princípio do parafuso, para a propulsão de navios, aeronaves etc.

HELICÓPTERO. *Direito aeronáutico.* Pequena aeronave que, por meio de hélices, se desloca no sentido horizontal ou vertical.

HELIOFOBIA. *Medicina legal.* Medo mórbido da luz do sol.

HELIOPATIA. *Medicina legal.* Distúrbio patológico provocado pela luz solar.

HELIOTERAPIA. *Medicina legal.* Uso de luz solar ou de raios ultravioleta ou de radiação infravermelha para finalidades terapêuticas.

HELIPONTO. *Direito aeronáutico.* *Vide* HELIPORTO.

HELIPONTOS DE PLATAFORMAS MARÍTIMAS HABITADAS E DE NAVIOS MERCANTES. *Direito marítimo.* São os que devem ter: 1) Um tripulante habilitado a operar um radiotransmissor/radiorreceptor. 2) Um homem de segurança habilitado em curso ministrado por órgão competente, cujo certificado terá a validade de dois anos. Deverá trajar colete de cores contrastantes (laranja e branco) a fim de ser facilmente identificado. Deverá estar munido de um transceptor VHF portátil, capaz de sintonizar as freqüências aeronáuticas, para comunicação com a aeronave e com a estação de rádio da plataforma ou do navio. É de sua responsabilidade assegurar-se antes do pouso e decolagem de qualquer helicóptero que: a) o heliponto esteja pronto para o recebimento da aeronave (inexistência de objetos soltos – patrulha do Danos por Objetos Estranhos (DOE), gases, líquidos inflamáveis etc.); b) as lanças de guindastes nas imediações do heliponto estejam paradas e na posição mais segura para as operações aéreas; c) somente pessoas diretamente ligadas à segurança da operação do helicóptero estejam presentes no heliponto ou acesso; d) o equipamento de combate a incêndio esteja guarnecido por pessoal habilitado; e) tenha havido comunicação antecipada, via rádio, entre o helicóptero, a plataforma e a embarcação de prontidão; f) a carga e a bagagem a serem embarcadas este-

HELIPORTO

jam pesadas, embaladas e etiquetadas (Manifesto de Carga e Passageiros); e g) os passageiros estejam cientes dos procedimentos normais e de emergência. 3) Dois bombeiros.

HELIPORTO. *Direito aeronáutico.* Aeródromo apropriado para movimentação de helicópteros, embarque e desembarque de cargas e de pessoas.

HELMINTÍASE. *Medicina legal.* Estado mórbido do organismo causado por vermes.

HELMINTOFOBIA. *Medicina legal.* Pavor de ser infestado por vermes.

HELÓIDES. *Medicina legal.* Tumores que se formam em cicatrizes antigas.

HELÓPIRA. *Medicina legal.* Febre palustre.

HELP. *Termo inglês.* Socorro.

HEMALOPIA. *Medicina legal.* Hemorragia no globo ocular.

HEMANGIOMA. *Medicina legal.* Tumor composto de vasos sangüíneos, provocado por vasos capilares superficiais, que pode aparecer por ocasião do nascimento ou logo depois.

HEMARTROSE. *Medicina legal.* Acúmulo de sangue numa articulação.

HEMATAPORIA. *Medicina legal.* Caquexia provocada pela má qualidade do sangue.

HEMATAPOSTEMA. *Medicina legal.* Abscesso contendo sangue.

HEMATÊMESE. *Medicina legal.* Hemorragia do esôfago ou do estômago, sendo o sangue expelido pelo vômito ou fezes.

HEMATOCÉFALO. *Medicina legal.* Feto que apresenta cabeça distendida por derrame sangüíneo.

HEMATOCELE. *Medicina legal.* Tumor sangüíneo ou hemorragia dos órgãos genitais masculinos ou femininos.

HEMATOCOLPIA. *Medicina legal.* Retenção do sangue menstrual na vagina, por oclusão do hímen, que requer sua incisão para drenagem.

HEMATODERMITE. *Medicina legal.* Dermatose causada por alteração do sangue.

HEMATOFOBIA. *Medicina legal.* Pavor provocado à vista de sangue.

HEMATOMA. *Medicina legal.* Acúmulo de sangue em bolsas resultante de uma contusão ou ruptura de vasos sangüíneos de grosso calibre.

HEMATOMETRIA. *Medicina legal.* Acumulação de sangue menstrual no útero, devido à estreiteza do canal do colo uterino.

HEMATOQUEZIA. *Medicina legal.* Evacuação intestinal acompanhada de sangue.

HEMATOSE. *Medicina legal.* Oxigenação do sangue nos alvéolos pulmonares.

HEMATOTRÁQUELO. *Medicina legal.* Distensão do colo do útero por acúmulo de sangue, causada por atresia da vagina.

HEMATÚRIA. *Medicina legal.* Presença anormal de sangue na urina.

HEMELITROMETRIA. *Medicina legal.* Acúmulo de sangue menstrual numa bolsa formada pela metade rudimentar de uma vagina dupla.

HEMERALOPIA. *Medicina legal.* Incapacidade de enxergar à noite provocada pela dilatação excessiva e imobilidade da pupila (Croce e Croce Jr.).

HEMERECOLOGIA. *Direito ambiental.* Ecologia de campos, jardins e parques cultivados.

HEMERÓDROMO. *História do direito.* **1.** Batedor que espreitava durante o dia o campo inimigo. **2.** Correio de juízes e chefes militares na antiguidade grega, que com rapidez entregava a correspondência oficial.

HEMEROTECA. Local onde são arquivados os jornais e demais publicações periódicas.

HEMIACÁRDIO. *Medicina legal.* Feto gêmeo em que parte da circulação é efetuada pelo próprio coração.

HEMIFONIA. *Medicina legal.* Capacidade de falar apenas à meia voz.

HEMILESÃO. *Medicina legal.* Lesão da medula espinal que não ultrapassa a linha mediana.

HEMÍMELO. *Medicina legal.* Feto ou pessoa cujos membros terminam em coto.

HEMINA. 1. *Medicina legal.* Cloridrato de hematina que forma compostos cristalizados de cor castanha, que possibilita confirmar, ou não, a presença de sangue humano. **2.** *História do direito.* Medida de vinha usada pelos romanos correspondente a 2,5 decilitros do atual sistema de medidas e que na era medieval variou de nação a nação.

HEMIOPIA. *Medicina legal.* Ausência de visão em metade da retina, fazendo com que o portador dessa moléstia só veja uma parte dos objetos.

HEMIOPSIA. *Vide* HEMIOPIA.

HEMÍPAGO. *Medicina legal.* Feto gêmeo unido pelo tórax.

HEMIPARAPLEGIA. *Medicina legal.* Paralisia da metade inferior de um lado do corpo.

HEMIPLEGIA. *Medicina legal.* Paralisia de um dos lados do corpo, provocada por lesão no lado oposto do cérebro.

HEMOCENTRO. Estrutura de âmbito central, localizada preferencialmente na capital, com a finalidade de prestar assistência e apoio hemoterápico e hematológico à rede de serviços de saúde, inclusive os serviços de maior complexidade e tecnologia. Deverá prestar serviços de ensino e pesquisa, de controle de qualidade, de suporte técnico, de formação de recursos humanos e de integração das instituições públicas e filantrópicas; definir juntamente com as Secretarias Estaduais de Saúde (SES), o Sistema Estadual de Sangue e sua descentralização; desenvolver junto às SES, através da Vigilância Sanitária, mecanismos que permitam desenvolver as ações de coleta de sangue, sua utilização e a distribuição de componentes sangüíneos e, ainda, promover a irradiação de normas técnicas adequadas e seguras.

HEMOCROMOGÊNIO. *Medicina legal.* Substância produtora do pigmento respiratório do sangue.

HEMODERIVADOS. *Medicina legal.* São produtos oriundos do sangue total ou do plasma, obtidos por meio de processamento físico-químico ou biotecnológico.

HEMODIARTROSE. *Medicina legal.* Derrame sangüíneo numa articulação.

HEMOFILIA. *Medicina legal.* Doença hereditária do sangue, em que a coagulação é lenta, havendo uma constante ameaça de falecimento por hemorragia. Manifesta-se tão-somente no sexo masculino, não afetando as mulheres, que, contudo, podem transmiti-la a seus filhos.

HEMOGLOBINA. *Medicina legal.* Pigmento vermelho proteínico dos glóbulos do sangue, primordial no transporte do oxigênio dos pulmões para os tecidos do corpo.

HEMÓLISE. *Medicina legal.* Dissolução dos corpúsculos vermelhos do sangue, libertando sua hemoglobina.

HEMOPERICÁRDIO. *Medicina legal.* Efusão de sangue na cavidade pericárdica provocada por instrumento perfurante ou perfurocortante, conduzindo à morte rápida.

HEMOPROCTIA. *Medicina legal.* Hemorragia pelo reto ou ânus.

HEMOPTISE. *Medicina legal.* Hemorragia das vias respiratórias, caracterizando-se pela expulsão de sangue, com tosse ou expectoração, sendo muito comum na tuberculose pulmonar.

HEMORRAGIA. *Medicina legal.* Fluxo de sangue quando há ruptura do vaso sangüíneo.

HEMORRAGIA BRANCA. *Medicina legal.* Similar ao estado de choque, não havendo sangramento.

HEMORRAGIA CEREBRAL. *Medicina legal.* Apoplexia cerebral provocada por lesões vasculares oriundas de infecção, intoxicação alcoólica, gota, hipertensão arterial, esforço físico etc. Trata-se da encefalorragia.

HEMORRAGIA CUTÂNEA. *Medicina legal.* Fluxo de sangue decorrente de traumatismo da pele ou advinda de hemofilia, leucemia, escorbuto, tétano etc.

HEMORRAGIA DE SUPRESSÃO. *Medicina legal.* Fluxo de sangue que, na menopausa, advém da ingestão de estrógenos e progesterona, que produz a proliferação do endométrio.

HEMORRAGIA ENDOMETRIAL. *Vide* HEMORRAGIA DE SUPRESSÃO.

HEMORRAGIA ESPONTÂNEA. *Medicina legal.* É a que se dá na hemofilia.

HEMORRAGIA EXTERNA. *Medicina legal.* Derramamento de sangue para fora do vaso sangüíneo, indo ao exterior do organismo humano.

HEMORRAGIA GÁSTRICA. *Medicina legal.* Gastrorragia. É, portanto, aquela proveniente do estômago.

HEMORRAGIA HORMONIOPRIVA. *Vide* HEMORRAGIA DE SUPRESSÃO.

HEMORRAGIA INTERNA. *Medicina legal.* Diz-se daquela em que o sangue extravasado fica dentro do corpo.

HEMORRAGIA INTESTINAL. *Medicina legal.* É a decorrente dos intestinos, também designada enterorragia.

HEMORRAGIA NASAL. *Medicina legal.* Hemorrinia ou epistaxe, ou seja, perda de sangue pelo nariz, provocada pela ruptura de pequenos vasos sangüíneos, pressão arterial elevada, pólipos, falta de vitaminas, alergia a certos alimentos, leucemia etc.

HEMORRAGIA PRIMÁRIA. *Medicina legal.* Fluxo de sangue provocado por ferida.

HEMORRAGIA PULMONAR. *Medicina legal.* Oriunda dos pulmões, também denominada pneumorragia.

HEMORRAGIA RENAL. *Medicina legal.* Aquela provinda dos rins. Trata-se de nefrorragia.

HEMORRAGIA SECUNDÁRIA. *Medicina legal.* Aquela que sobrevém a uma ferida ou acidente, após um certo intervalo de tempo.

HEMORRAGIA UMBILICAL. *Medicina legal.* Ocorre em recém-nascido quando a ligadura do cordão é mal realizada ou não recebe os necessários cuidados, podendo levar o bebê à morte, caso perca 60 ml de sangue.

HEMORRAGIA UTERINA. *Medicina legal.* Trata-se da metrorragia, isto é, derramamento de sangue proveniente do útero.

HEMORRELCOSE. *Medicina legal.* Ulceração de hemorróidas.

HEMORRINIA. *Vide* HEMORRAGIA NASAL.

HEMORRÓIDAS. *Medicina legal.* Tumores vasculares que surgem na extremidade inferior do intestino, nas bordas do ânus, com ou sem fluxo sangüíneo.

HEMOSPERMIA. *Medicina legal.* Emissão de esperma sangüíneo.

HEMOSTASIA. *Medicina legal.* **1.** Estagnação de sangue em um vaso ou parte do corpo. **2.** Estancamento de uma hemorragia através de cirurgia.

HEMOTERAPIA. *Medicina legal.* É uma especialidade médica, estruturada e subsidiária de diversas ações médico-sanitárias corretivas e preventivas de agravo ao bem-estar individual e coletivo, integrando, indissoluvelmente, o processo de assistência à saúde.

HEMOTIMIA. *Medicina legal.* Inclinação mórbida para o assassínio ou idéias sanguinárias.

HEMOTÓRAX. *Medicina legal.* Acúmulo de sangue no tórax, decorrente de tumor maligno, traumatismo, tuberculose aguda, lesões causadas por instrumentos perfurocortantes ou perfurantes etc., que, ao comprimir os pulmões, provoca asfixia.

HEMOTOXIA. *Medicina legal.* Envenenamento do sangue.

HEMURESE. *Medicina legal.* Emissão de sangue pela uretra.

HENOTEÍSMO. Forma de religião que cultua um só Deus, sem excluir a existência de outros (Max Müller).

HENÓTICO. *História do direito.* Edito com que o imperador Zenão, o Isauriano, do Império Romano do Oriente, estabeleceu em 482 a unidade da crença religiosa.

HEPARINA. *Medicina legal.* Substância química muito importante na coagulação sangüínea, impedindo a formação de fibrina, encontrada no fígado, no pulmão e em outros tecidos, e usada na cirurgia vascular, no tratamento de trombose e embolismo pós-operatório.

HEPATITE. *Medicina legal.* Doença infecciosa do fígado, aguda ou crônica, causada por vírus.

HEPATIZAÇÃO. *Medicina legal.* Transformação de um tecido ou de órgão, provocada por processo inflamatório, em uma substância de aspecto similar ao do fígado, como, por exemplo, a que ocorre com o pulmão na pneumonia fibrinosa. Confirma, pela docimasia visual de Bouchut, a inexistência de vida extra-uterina do feto, pois o pulmão que não respirou apresenta caracteres semelhantes aos do fígado.

HEPATOFIMA. *Medicina legal.* Tumor do fígado.

HEPATÓLISE. *Medicina legal.* Moléstia caracterizada pela destruição de células hepáticas.

HEPATOPATIAS GRAVES. *Medicina legal.* As hepatopatias graves compreendem um grupo de doenças que atingem o fígado, de forma primária ou secundária, com evolução aguda ou crônica, ocasionando alteração estrutural extensa e intensa, progressiva e grave deficiência funcional, além de incapacidade para atividades laborativas e risco de vida. Constituem características das hepatopatias graves: a) emagrecimento; b) icterícia; c) ascite; d) edemas periféricos; e) fenômenos hemorrágicos; f) alterações cutaneomucosas sugestivas: aranhas vasculares, eritema palmar, queda dos pêlos, sufusões hemorrágicas, mucosas hipocoradas; e g) alterações neuropsiquiátricas de encefalopatia hepática.

HEPATORREXE. *Medicina legal.* Ruptura do fígado causada, por exemplo, por instrumento contundente.

HEPTARCA. *História do direito.* Cada um dos membros de uma heptarquia.

HEPTARQUIA. *História do direito.* **1.** Reunião de sete monarquias, sendo cada uma regida pela sua própria Constituição. **2.** Governo constituído por sete pessoas. **3.** Conjunto de sete reinos fundados pelos anglo-saxões na Bretanha.

HEPTÁRQUICO. *História do direito.* Relativo à heptarquia.

HERÁLDICA. *Direito comparado.* **1.** Conjunto dos emblemas de brasão. **2.** Ciência das figuras e cores do escudo de armas.

HERÁLDICO. *Direito comparado.* **1.** Relativo a brasões. **2.** Aristocrático; nobre. **3.** Versado em heráldica.

HERANÇA. 1. *Direito civil.* Objeto da sucessão *causa mortis*, testamentária ou legítima, dado que, com a abertura da sucessão, ocorre a mutação subjetiva do patrimônio do *de cujus*, que se transmite aos seus herdeiros, os quais se subrogam nas relações jurídicas do defunto, tanto no ativo como no passivo, até os limites da herança. A herança é, portanto, o patrimônio do falecido, ou seja, o conjunto de direitos e obrigações que se transmitem aos herdeiros legítimos ou testamentários. Entretanto, não há transmissão de todos os direitos e de todas as obrigações do autor da herança visto que: a) há direitos personalíssimos que se extinguem com a morte, como o poder familiar, a tutela, a curatela e os direitos políticos; b) há direitos e deveres patrimoniais que não passam aos herdeiros por serem inerentes à pessoa do *de cujus*, como o uso, o usufruto, as obrigações alimentares. O herdeiro não é o representante do *de cujus*, pois sucede nos bens e não na pessoa do autor da herança; assume, pois, apenas a titularidade das relações jurídicas patrimoniais do falecido. **2.** *Medicina legal.* Transmissão hereditária de pais a filhos de caracteres e tendências. **3.** *História do direito.* Sistema de arregimentação de funcionário público, comum na Idade Média, que preconizava o preenchimento de cargos públicos por meio de hereditariedade. Esse sistema era inconveniente, pois nem sempre os herdeiros tinham capacidade para assumir a função de seu antepassado.

HERANÇA DO ADOTADO. *Direito civil.* A que se defere ao adotado, que herda como se fosse descendente do autor da herança. É preciso lembrar que, outrora, o parentesco resultante da adoção simples, apesar de restrito ao adotante e adotado, não excluía da sucessão os descendentes do filho adotivo, por representação, embora não houvesse direito sucessório entre o adotado e os parentes do adotante. Na adoção plena, o adotado tinha os mesmos direitos e deveres, inclusive sucessórios, desligando-se de qualquer liame com pais e parentes, salvo impedimentos matrimoniais; logo, não sofria nenhuma restrição no direito sucessório do adotante e dos parentes do adotante. Hoje, com o novo Código Civil não mais se distingue a adoção em simples e plena. O adotado herda do

adotante, como se fosse seu descendente, não sofrendo qualquer discriminação nos direitos sucessórios.

HERANÇA DO ADOTANTE. 1. *História do direito.* Era a deferida ao adotante em caso de morte do adotado, plenamente, mas em se tratando de filho adotivo simples, se ele falecesse sem descendência, tendo pais naturais e pai adotivo, aqueles ficavam com sua herança; na falta dos pais, embora haja outros ascendentes (avós, por exemplo), cônjuge sobrevivente e colateral, devolvia-se a herança ao adotante. **2.** *Direito civil.* Hoje, com o novo Código Civil, é a que se defere ao adotante, que herda como se ascendente fosse do adotado.

HERANÇA DO ASCENDENTE. *Direito civil.* É a deferida, na sucessão legítima, ao ascendente do *de cujus*, não havendo herdeiros da classe dos descendentes, sendo que o grau mais próximo exclui o mais remoto, não se devendo atender à distinção de linhas, ou seja, à diversidade entre parentes pelo lado paterno (linha paterna) ou pelo materno (linha materna), porque entre os ascendentes não há direito de representação, de modo que o ascendente falecido não pode ser representado por outros parentes. Assim, se o autor da herança deixou pai e mãe, a herança ser-lhes-á deferida diretamente em partes iguais. Se só um dos genitores for vivo, a ele devolver-se-á a totalidade do acervo hereditário. Apenas na falta de ambos os pais do *auctor successionis*, herdarão os avós da linha materna e paterna. Se o *de cujus* possui somente três avós (igualdade de graus) dois maternos e um paterno (diversidade em linha), todos receberão a herança, que será repartida entre as duas linhas meio a meio, metade será devolvida aos dois avós maternos, e metade ao único avô paterno. Mas, se houver cônjuge sobrevivente do *de cujus*, os ascendentes deste concorrerão com aquele. Concorrendo com ascendentes em primeiro grau, ao cônjuge tocará um terço da herança; caber-lhe-á a metade desta se houver um só ascendente ou se maior for aquele grau. Assim sendo, se concorrer com um dos pais ou com avós do falecido, fará jus à metade da herança. E, havendo convivente supérstite (sucessor regular ou herdeiro *sui generis*), terá o ascendente direito a 2/3 da herança, apenas quanto aos bens adquiridos onerosamente na vigência da união estável do *de cujus*.

HERANÇA DO AUSENTE. *Direito civil.* Aquela deferida, provisoriamente, aos herdeiros, cessando a curatela, passado um ano da arrecadação dos bens do ausente, ou se ele deixou representante ou procurador em se passando três anos. Tais herdeiros, por serem sucessores provisórios e condicionais, devem guardar os bens, para serem devolvidos quando reclamados pelo desaparecido, por ocasião de sua volta, caso em que cessarão para os sucessores provisórios todas as vantagens. A sucessão definitiva poderá ser requerida dez anos depois de passada em julgado a sentença que concedeu abertura da sucessão provisória ou se se provar que o ausente conta oitenta anos de nascido e que de cinco anos datam as últimas notícias suas, hipótese em que seus sucessores deixarão de ser provisórios, adquirindo, então, o domínio e a disposição dos bens recebidos. Porém, sua propriedade será resolúvel se o ausente regressar nos dez anos seguintes à abertura da sucessão definitiva, caso em que só poderá requerer ao juiz a entrega dos bens existentes no estado em que se encontrarem, os sub-rogados em seu lugar ou o preço que os herdeiros houverem recebido pelos alienados depois daquele tempo, respeitando-se, assim, direitos de terceiros, uma vez que não se desfazem aquisições por eles realizadas. Daí afirmar-se que tal sucessão é quase-definitiva. Se o ausente regressar depois de passados os dez anos de abertura da sucessão definitiva, não terá direito a nada, não mais podendo recuperar seus bens.

HERANÇA DO COLATERAL. *Direito civil.* A que se defere ao colateral até o quarto grau, na falta de descendente, ascendente e de cônjuge sobrevivente do autor da herança, atendendo-se ao princípio de que os mais próximos excluem os mais remotos, apesar de se ressalvar o direito de representação, concedido estritamente a filhos de irmãos, aos quais assegura-se a sucessão por estirpe quando estes concorrerem com o irmão do falecido, aproximando-se, por ficção, aos parentes mais afastados. Urge lembrar que a lei distingue o irmão bilateral do unilateral, pois o último só herda metade do que aquele receber. Igualmente se dará com os filhos de irmãos bilaterais e unilaterais. Depois dos sobrinhos chamam-se os tios do *de cujus*, depois os sobrinhos-netos, os tios-avós e os primos-irmãos do autor da herança, que se encontram no quarto grau de parentesco para com este; caso não haja representação, os herdeiros colaterais sucedem por direito próprio, partilhando-se a herança por cabeça, sem que se faça qualquer distinção entre os que o são por linha simples e por linha duplicada, herdando todos igualmente. Mas, se o *de cujus* apenas deixou convivente (herdeiro *sui generis* ou sucessor regular), este poderá concorrer com os colaterais daquele, até o quarto grau, tendo direito a um terço da herança, quanto aos bens adquiridos onerosamente na vigência da união estável.

HERANÇA DO COMPANHEIRO. *Direito civil.* Aquela conferida ao companheiro, sendo o concubinato puro (união estável), do *de cujus*, por não haver descendente nem ascendente nem colateral até o 4º grau sucessível do falecido, caso em que terá direito à totalidade da herança. Mas, se houver filho comum, terá direito a uma quota equivalente à que por lei for atribuída ao filho. E, se concorrer com descendentes só do autor da herança, tocar-lhe-á a metade do que couber a cada um daqueles. Se, inexistindo descendentes, houver ascendentes ou parente colateral até o 4º grau do *de cujus*, o companheiro concorrerá com eles, tendo direito a um terço da herança. O companheiro só participa, nos casos acima indicados, da sucessão do outro quanto aos bens adquiridos onerosamente na vigência da união estável, daí ser sucessor regular ou herdeiro *sui generis*. Enquanto não constituir nova união, terá direito real de habitação do único imóvel residencial a inventariar.

HERANÇA DO CÔNJUGE. *Direito civil.* A que se defere ao consorte sobrevivente, se, ao tempo da morte do outro, não estava dissolvida a sociedade conjugal, não havendo descendentes ou ascendentes, recebendo a totalidade da herança. O cônjuge sobrevivente concorrerá com os descendentes do autor da herança, salvo se casado no regime de comunhão universal ou de separação obrigatória de bens ou no de comunhão parcial, se ele não deixou bens particulares. Terá direito a quinhão igual ao dos que sucederem por cabeça, não podendo sua quota ser inferior à quarta parte da herança, se for ascendente dos herdeiros com que concorrer. Havendo apenas ascendentes do falecido, o cônjuge sobrevivente, independentemente do regime matrimonial, com eles concorrerá, cabendo-lhe um terço da herança se aqueles ascendentes forem de primeiro grau, e metade se houver apenas um ascendente, ou se maior for aquele grau. Somente lhe será reconhecido o direito sucessório se, ao tempo da morte do outro, não estavam separados judicialmente, nem de fato há mais de dois anos, salvo prova, neste caso, de que essa convivência se tornou impossível sem culpa do sobrevivente. Tem direito, ainda, à sucessão no direito real de habitação do imóvel destinado a residência, se este for o único do gênero a inventariar, qualquer que seja o regime de bens.

HERANÇA DO DESCENDENTE. *Direito civil.* É aquela a que, com a abertura da sucessão legítima, têm direito os descendentes do *de cujus*, que são chamados em primeiro lugar, adquirindo os bens por direito próprio. Além disso, são herdeiros necessários, de maneira que o autor da herança não poderá dispor, em testamento ou doação, de mais da metade de seus bens, sob pena de se reduzirem as disposições de última vontade e de se obrigar o donatário a trazer à colação os bens doados. Ante o princípio de que, dentro da mesma classe, os mais próximos excluem os mais remotos, os filhos serão chamados à sucessão *ab intestato* do pai, recebendo cada um quota igual da herança (sucessão por cabeça), excluindo-se os demais descendentes, embora não obste a convocação dos filhos de filho falecido do *de cujus* (sucessão por estirpe) por direito de representação, hipótese em que os quinhões dos herdeiros se calculam dividindo-se o monte-mor pelo número de linhagens do autor da herança. Por exemplo, se o finado tinha dois filhos vivos e três netos, filhos do filho pré-morto, a herança dividir-se-á em três partes. As duas primeiras cabem aos filhos vivos do falecido, que herdam por cabeça, e a terceira, aos três netos, que dividem o quinhão entre si e sucedem representando o finado pai. Se o *de cujus* não deixa filhos, mas apenas netos, a herança será por cabeça, dividindo-se em partes iguais, sendo que cada qual será deferida a cada um dos netos. Na falta de filhos, a herança passa aos netos; não os havendo, aos bisnetos, e, assim, sucessivamente, são convocados a suceder os descendentes em linha reta, *ad infinitum*, sem qualquer limitação de grau, observando-se sempre o princípio da exclusão do grau mais remoto, com exceção do direito de representação. Mas, se o *de cujus* deixou cônjuge sobrevivente, este concorrerá com os descendentes, tendo quinhão igual ao dos que sucederem por cabeça, não podendo sua quota ser inferior à quarta parte da herança, se for ascendente dos herdeiros com que concorrer ou companheiro; este quanto aos bens adquiridos onerosamente na vigência da união estável, concorrerá com filho comum a uma quota igual à que por lei aquele receber, e com filho exclusivo do *de cujus*, terá direito à metade do que couber àquele.

HERANÇA DO MUNICÍPIO, DO DISTRITO FEDERAL OU DA UNIÃO. *Direito civil.* Trata-se, na verdade, da sucessão irregular. É a transmitida ao Município ou ao Distrito Federal, quando localizada nas respectivas circunscrições, ou à União, quando situada em território federal, se não houver parentes sucessíveis até o quarto grau do *de cujus*, cônjuge ou companheiro sobrevivente, ou se eles renunciaram à herança, desde que haja sentença que declare a vacância dos bens, que só passarão ao seu domínio após 5 anos da abertura da sucessão, porque nesse lapso de tempo o herdeiro pode, ainda, reclamar judicialmente a herança. Recolhendo a herança, o poder público obrigado estará a aplicá-la em fundações destinadas a desenvolver o ensino universitário.

HERANÇA JACENTE. *Direito civil.* É aquela quando não houver herdeiro legítimo ou testamentário notoriamente conhecido, ou quando for repudiada pelos herdeiros sucessíveis. A herança jacente não representa a pessoa do *auctor successionis* e muito menos os herdeiros, nem tampouco é pessoa jurídica. Constitui, apenas, um acervo de bens arrecadado por morte do *de cujus* sujeito à administração e representação do curador, a quem incumbem os atos conservatórios, sob fiscalização judicial durante um período transitório.

HERANÇA LEGAL. *Direito civil.* Decorrente de lei, constituindo-se a sucessão legítima, desde que não haja testamento, ou o existente caducar ou for declarado nulo. Todavia, podem coexistir simultaneamente a sucessão legítima e a testamentária, desde que, em testamento, o *de cujus* haja disposto de metade de seus bens, destinando a outra aos seus herdeiros necessários ou legitimários.

HERANÇA LEGITIMÁRIA. *Direito civil.* É a dos herdeiros necessários, ou seja, dos descendentes, ascendentes e cônjuge sobrevivente.

HERANÇA LÍQUIDA. *Direito civil.* Patrimônio transmitido aos herdeiros do *auctor successionis*, que constitui o saldo entre o seu ativo e passivo, obtido mediante deduções legais como os débitos do falecido, as despesas do seu funeral, o valor dos encargos que somente recaiam sobre seus bens, despesas do inventário e da administração do espólio, e as oriundas do pagamento dos impostos etc. Logo, a herança líquida é a resultante das deduções legais feitas no acervo hereditário.

HERANÇA SOCIAL. *Sociologia geral.* Cultura que as gerações passadas transmitiram às vivas.

HERANÇA TESTAMENTÁRIA. *Direito civil.* Deferida por força de testamento feito pelo *de cujus*, respeitando a legítima dos herdeiros necessários, se houver, ou dispondo sobre a totalidade de seus bens, na ausência de descendentes ou ascendentes ou cônjuge.

HERANÇA VACANTE. *Direito civil.* Designação à herança jacente se, praticadas todas as diligências legais, não surgirem herdeiros sucessíveis do finado. Será declarada como tal apenas um ano depois da primeira publicação do edital convocatório dos interessados, desde que não haja herdeiro habilitado e habilitação pendente. É o resultado da jacência, porém, a devolução dos bens ao Município ou Distrito Federal, se localizados nas respectivas circunscrições, ou à União, se situados em território federal, com a declaração da vacância, não tem o poder de incorporar a herança definitivamente e *ipso facto* ao patrimônio público, o que só ocorre após 5 anos da abertura da sucessão. Logo, a sentença que declara a herança vacante transfere ao poder público a propriedade resolúvel, pois mesmo vaga a herança, permanecerá algum tempo aguardando o aparecimento de herdeiro sucessível.

HERANÇA VAGA. *Vide* HERANÇA VACANTE.

HERBICIDA. *Direito agrário.* Preparado químico inofensivo às plantas cultivadas, usado para destruir ervas daninhas.

HERBORIZAR. *Direito agrário.* Colher plantas para aplicações medicinais.

HERCOTETÔNICA. *Direito militar.* Arte de construir fortificações militares.

HERCTO NON SITO. *Locução latina.* Herança não permitida.

HERDADE. 1. *História do direito.* Herança. **2.** *Direito comparado.* Propriedade rústica portuguesa, composta de terras de semeadura, gado e moradia, destinada, portanto, à agricultura e agropecuária.

HERDAMENTO. 1. *História do direito.* a) Propriedade avoenga ou de avós; b) campo de herança, que abrangia herdades ou imóveis. **2.** *Direito civil.* a) Herança compreendida por bens móveis ou imóveis; b) imóvel herdado por sucessão *causa mortis*.

HERDAR. 1. *Direito civil.* a) Receber bens por transmissão *causa mortis*; b) ter direito a receber por herança ou legado. **2.** *Medicina legal.* Adquirir características por hereditariedade.

HERDEIRO. 1. *Medicina legal.* O que herda por consangüinidade determinados caracteres físicos ou morais. **2.** *Direito civil.* a) Sucessor legítimo, legitimário ou testamentário do *de cujus*; b) legatário; c) aquele que tem direito de suceder bens, no todo ou em parte, após a morte de seu proprietário; d) aquele que sucede na totalidade da herança, ou, em parte dela, sem determinação do valor e do objeto, parte que apenas será individualizada com a partilha.

HERDEIRO ALCORÂNICO. *Direito comparado.* Herdeiro cuja participação é fixada pelo Corão no acervo hereditário, tendo como privilegiados as filhas, os pais, o cônjuge supérstite e as irmãs.

HERDEIRO APARENTE. *Direito civil.* Aquele que, por ser possuidor de bens hereditários, faz supor que seja o seu legítimo titular, quando, na verdade, não o é, pois a herança passará a terceiro, que é o real herdeiro. O herdeiro aparente nunca foi herdeiro nem titular legítimo dos direitos sucessórios, apesar de ser tido como tal em razão de algum erro de fato ou de direito, invencível e comum, aceito como verdade, pela maioria das pessoas. Enfim, é aquele que pode ser herdeiro mas que não o é, por não poder suceder, ao *de cujus*, como o que foi declarado incapaz para suceder, indigno ou deserdado, o contemplado em testamento nulo ou anulável, caduco ou revogado.

HERDEIRO BENEFICIÁRIO. *História do direito.* Era o que aceitava a herança a benefício do inventário, ou seja, sob a condição de que seus encargos apenas atingissem os bens que a compunham. Atualmente, não há mais necessidade dessa declaração, pois de acordo com a lei a responsabilidade do herdeiro está adstrita às forças da herança.

HERDEIRO DESERDADO. *Direito civil.* Herdeiro necessário privado de sua legítima, sendo excluído da herança por ato do testador, por ter praticado um dos atos previstos em lei. O testador deverá indicar o motivo pelo qual se operou tal

HERDEIRO DIRETO   783   **HER**

exclusão, cabendo ao herdeiro instituído provar a veracidade da causa alegada pelo testador, mediante ação ordinária. A deserdação só se opera na seara da sucessão testamentária.

HERDEIRO DIRETO. *Direito civil.* O que se encontra imediatamente ligado ao *auctor successionis.*

HERDEIRO EM BENS DE ESTRANGEIRO. *Direito internacional privado.* Aquele que recebe bens do *de cujus* segundo a lei do domicílio deste, mas a sucessão de bens de estrangeiros situados no País será regulada pela lei brasileira em benefício do cônjuge ou dos filhos brasileiros, ou de quem os represente, sempre que não lhes seja mais favorável a lei pessoal do *de cujus.* Há um concurso cumulativo de elementos de conexão, pois a aplicação da lei brasileira subordinar-se-á: à situação do bem no Brasil; à existência de cônjuge ou de filhos brasileiros ou de quem os represente; à lei nacional do *de cujus,* que não lhes poderá ser mais favorável.

HERDEIRO EXCLUÍDO. *Direito civil.* **1.** Aquele privado da herança por indignidade, por deserdação, ou ainda, por ter sido contestada a sua qualidade de herdeiro no processo de inventário. **2.** Consorte ou colateral até o 4º grau, ante o fato de o testador, sem descendente, ascendente ou cônjuge, não os contemplar em seu testamento.

HERDEIRO FIDEICOMISSÁRIO. *Direito civil.* O que recebe do fiduciário a porção hereditária deixada pelo *de cujus* como objeto do fideicomisso. O fiduciário tem o dever de, por sua morte, ou após o transcurso de certo lapso de tempo ou pelo implemento de alguma condição, transferir ao fideicomissário a herança ou legado. Trata-se da substituição fideicomissária somente permitida em favor dos não concebidos ao tempo da morte do testador, ou seja, em favor de prole eventual da pessoa por ele indicada. Se, ao tempo da morte do testador, já houver nascido o fideicomissário, adquirirá este a propriedade dos bens fideicometidos, convertendo-se em usufruto o direito do fiduciário.

HERDEIRO FIDUCIÁRIO. *Direito civil.* Aquele que, em caso de fideicomisso, recebe o bem da herança com a obrigação de entregá-lo a outro.

HERDEIRO FORÇADO. *Vide* HERDEIRO NECESSÁRIO.

HERDEIRO FUTURO. *Vide* HERDEIRO PÓSTUMO.

HERDEIRO INDIGNO. *Direito civil.* Aquele excluído da sucessão por ter atentado contra a vida, honra ou liberdade do *de cujus.* A exclusão do

herdeiro por indignidade não é arbitrária nem se dá *ipso jure.* É imprescindível o pronunciamento de indignidade por sentença proferida em ação ordinária, movida contra o herdeiro faltoso por quem tenha legítimo interesse na sucessão. A indignidade é própria da sucessão legítima, embora alcance o legatário.

HERDEIRO INSTITUÍDO POR LEI. *Direito civil. Vide* HERDEIRO LEGÍTIMO.

HERDEIRO LEGATÁRIO. *Direito civil.* **1.** Aquele contemplado num testamento com coisa certa e singular. **2.** O que recebe do fiduciário o legado que constitui o objeto do fideicomisso.

HERDEIRO LEGITIMÁRIO. *Vide* HERDEIRO NECESSÁRIO.

HERDEIRO LEGÍTIMO. *Direito civil.* Aquele instituído por lei, pois sua qualidade de sucessor advém de concessão legal, não sendo necessária nenhuma manifestação da vontade do *auctor successionis* por ato de última vontade. Seguindo a ordem de vocação hereditária, a própria lei inclui como sucessor legítimo o descendente, o ascendente, o cônjuge ou companheiro sobrevivente, os colaterais até o 4º grau. O Poder Público (Município, o Distrito Federal ou a União) não é herdeiro, mas *sucessor irregular* daquele que faleceu sem deixar herdeiro legítimo ou testamenteiro.

HERDEIRO MOBILIÁRIO. *Direito civil.* Aquele que só herda bens móveis por lei ou por testamento.

HERDEIRO NECESSÁRIO. *Direito civil.* Descendente, ascendente ou cônjuge do *auctor successionis,* desde que não seja excluído da sucessão por ato do testador, deserdando-o por prática de ação atentatória à sua pessoa, prevista em lei. O herdeiro necessário não pode ser preterido da sucessão, tendo resguardada sua legítima, uma vez que o *de cujus* só poderá dispor por via testamentária tão-somente da metade de seus bens.

HERDEIRO PORCIONÁRIO. *Direito civil.* Aquele nomeado pelo *auctor successionis* em testamento juntamente com outros, o qual recebe apenas uma quota da herança, que será igual à dos demais, somente se o testador não discriminar a parte cabível de sua porção disponível entre a de cada um dos herdeiros instituídos.

HERDEIRO PÓS-MORTO. *Direito civil.* É o que sobrevive ao *de cujus,* vindo a falecer logo em seguida a ele.

HERDEIRO PÓSTUMO. *Direito civil.* Aquele nascido após a morte do *de cujus,* mas cujos direitos são assegurados por lei.

HERDEIRO PRÉ-MORTO. *Direito civil.* Aquele que não sobrevive ao *auctor successionis.*

HERDEIRO PRESUNTIVO. 1. *Direito civil.* O herdeiro provável de uma certa pessoa, se a ela sobreviver, por ser, por exemplo, seu parente mais próximo. **2.** *Direito comparado.* O príncipe que viria a ocupar, por direito hereditário, o trono, na monarquia decaída.

HERDEIRO PROVÁVEL. *Vide* HERDEIRO PRESUNTIVO.

HERDEIRO PURO E SIMPLES. *História do direito.* Aquele que simplesmente aceitava a herança, sem reservar a si o benefício de inventário.

HERDEIRO REPRESENTANTE. *Direito civil.* Aquele da linha reta descendente e, excepcionalmente, o sobrinho do falecido, na linha colateral, chamado a suceder em todos os direitos do representado, como se ele ainda vivo fosse.

HERDEIRO RESERVATÁRIO. *Vide* HERDEIRO NECESSÁRIO.

HERDEIRO SINGULAR. *Direito civil.* Legatário, ou o que herda fração do patrimônio devidamente individuada ou coisa certa, determinada ou individuada e especificada no testamento. Tal herdeiro sub-roga-se de modo concreto, na titularidade jurídica de certa relação jurídica, sem representar o falecido, pois não responde pelos débitos e encargos da herança, já que sucede apenas *in rem aliquam singularem.* Portanto, se o testador contemplar alguém com coisa concreta, definida e singularizada, ter-se-á a nomeação de legatário.

HERDEIRO SUBSTITUTO. *Direito civil.* Instituído pelo testador para substituir o nomeado, quando este não puder ou não quiser receber a herança.

HERDEIRO TESTAMENTÁRIO. *Direito civil.* Aquele instituído pelo testador, no ato de última vontade, para receber a totalidade ou fração ideal da herança por ele deixada.

HERDEIRO UNIVERSAL. *Direito civil.* O que recolhe a totalidade da herança em razão de lei ou de testamento. Trata-se do sucessor único.

HEREDES SUT. Locução latina. Sucessores do *pater familias,* que eram: filho consangüíneo e sua mulher no casamento *cum manu;* os descendentes desses, cujo pai houvesse falecido; os agnados, por efeito de adoção ou manumissão. Trata-se do atual herdeiro legitimário ou necessário.

HEREDITAMENT. Termo inglês. O que pode ser transmitido por herança.

HEREDITANDO. *Direito civil. De cujus* ou autor da herança, ou seja, aquele cujo óbito provoca a abertura da sucessão.

HEREDITÁRIA. *Medicina legal.* Moléstia transmissível por hereditariedade dos ascendentes aos descendentes.

HEREDITARIEDADE. 1. *Medicina legal.* Fenômeno biológico pelo qual se opera a transmissão de caracteres físicos e morais dos pais aos filhos. **2.** *Direito civil.* Qualidade de alguém de, em caso de sucessão *causa mortis,* participar como herdeiro universal ou singular, fundada no parentesco por consangüinidade.

HEREDITARIEDADE CUMULATIVA. *Medicina legal.* Transmissão hereditária advinda de muitas gerações de ascendentes.

HEREDITARIEDADE IMEDIATA. *Medicina legal.* Transmissão biológica de características físico-psíquicas normais ou patológicas, de pais para filhos.

HEREDITARIEDADE SOCIAL. *Sociologia geral.* Aperfeiçoamento ético e intelectual de uma geração, devido à educação da geração que precedeu (De Chambre).

HEREDITÁRIO. 1. *Direito civil.* a) Referente à herança como acervo hereditário, quinhão hereditário; b) o que se transmite de pais para filhos por herança ou sucessão *causa mortis;* c) relativo à hereditariedade. **2.** *Medicina legal.* a) Tudo o que se transmite do ascendente ao descendente por hereditariedade natural; b) aquilo que revele a hereditariedade.

HEREDITARISMO. *Medicina legal.* Teoria que propugna serem as características físico-psíquicas transmitidas por herança genética.

HEREDITAS VIVENTIS NON DATUR. Expressão latina. Não há herança de pessoa viva.

HEREDIUM. Direito romano. Lote de terras de duas jeiras que, por ocasião da fundação de Roma, foi distribuído a cada *pater familias* para que nele se instalasse (Sílvio Meira).

HEREDOATAXIA. *Medicina legal.* Ataxia hereditária.

HEREDOSSÍFILIS. *Medicina legal.* Sífilis herdada.

HEREGE. *Direito canônico.* Aquele que professa idéias contrárias à fé cristã.

HEREL. *História do direito.* Herdeiro, que, também, era chamado de heréu.

HÉREO. *História do direito.* Proprietário de um dado imóvel relativamente ao dono do prédio rústi-

HERES. 785 **HER**

co contíguo. Também chamado de heréu confinante.

HERES. *Termo latino.* Herdeiro.

HERESIA. *Direito canônico.* **1.** Doutrina contrária aos dogmas da Igreja. **2.** Ato ou palavra ofensiva à religião.

HERESIA JURÍDICA. *Direito processual* e *teoria geral do direito.* **1.** Engano involuntário contra a verdade aceita. **2.** Em sentido estrito, erro voluntário, que desvia a interpretação da finalidade da norma, discrepando do seu conceito, contendo uma infidelidade lógica. Trata-se da escolha de uma solução contrária ao real e verdadeiro sentido normativo, ensejando ação rescisória ou revisão.

HERESIARCA. *Direito canônico.* **1.** Autor de uma heresia. **2.** Fundador de uma seita herética.

HERÉTICO. *Direito canônico.* Relativo à heresia.

HERÉU. *Vide* HEREL e HÉREO.

HERMAFRODISMO. *Vide* HERMAFRODITISMO.

HERMAFRODITA. *Medicina legal.* Aquele que apresenta caracteres e órgãos reprodutores dos dois sexos, tendo características intersexuais não perfeitamente diferenciadas em um ou outro sexo.

HERMAFRODITA ANDRÓGINO. *Medicina legal.* Macho que tem caracteres e formas femininas, apesar dos testículos. Trata-se do androginóide ou pseudo-hermafrodita masculino.

HERMAFRODITA GINANDRO. *Medicina legal.* Ginandróide possuidor de glândulas femininas, com conformação masculina, apresentando ovários.

HERMAFRODITA PSÍQUICO. *Medicina legal.* Transexual.

HERMAFRODITISMO. **1.** *Medicina legal.* Qualidade ou condição fisiológica de hermafrodita, devida a uma anomalia dos cromossomos, que faz com que o seu portador apresente órgãos reprodutores internos ou externos peculiares aos dois sexos. Fenômeno também designado como "hermafrodismo". **2.** *Direito civil.* Erro essencial contra a pessoa, que constitui motivo para declaração de anulação do casamento.

HERMAFRODITISMO PSÍQUICO. *Vide* TRANSEXUALISMO.

HERMAFRODITO. *Vide* HERMAFRODITA.

HERMENEUTA. *Teoria geral do direito.* **1.** Versado em hermenêutica. **2.** Intérprete de normas jurídicas. **3.** Exegeta.

HERMENÊUTICA JURÍDICA. *Teoria geral do direito.* Ciência jurídica auxiliar que tem a tarefa de: a) interpretar normas, buscando seu sentido e alcance, tendo em vista uma finalidade prática, criando condições para uma decisão possível, ou melhor, condições de aplicabilidade da norma com um mínimo de perturbação social, empregando, para tanto, as várias técnicas interpretativas; b) verificar a existência da lacuna jurídica, contatando-a e indicando os instrumentos integradores que levem a uma decisão possível mais favorável; c) afastar contradições ou antinomias jurídicas, indicando os critérios idôneos para solucioná-las.

HERMENÊUTICO. *Teoria geral do direito.* Relativo à hermenêutica.

HERMETICIDADE. Qualidade daquilo que está fechado.

HERMÉTICO. **1.** O que está completamente fechado, de modo que não deixe o ar penetrar ou escapar. **2.** Aquilo cujo sentido é impossível de compreender.

HERMETISMO. **1.** Obscuro. **2.** Qualidade de hermético.

HERMISMO. *História do direito.* Política do marechal Hermes da Fonseca, que foi nosso Presidente da República de 1910 a 1914.

HERMISTA. *História do direito.* **1.** Relativo ao hermismo. **2.** Partidário do hermismo.

HÉRNIA. **1.** *Medicina legal.* Deslocação total ou parcial de um órgão através de abertura anormal, natural ou adquirida, na parede da cavidade que o contém. **2.** *Direito agrário.* Doença da raiz da couve.

HÉRNIA ACIDENTE-TIPO. *Vide* HÉRNIA DE ESFORÇO.

HÉRNIA DE ESFORÇO. *Medicina legal.* Causada por um esforço muscular súbito, único e violento. Tal expressão é muito usual na Infortunística.

HÉRNIA DO DISCO. *Medicina legal.* Deslocação do disco da coluna vertebral por choques violentos em acidentes automobilísticos, em atividades normais da vida diária, no encontro com o solo durante saltos em pára-quedismo, nos exercícios atléticos e desportivos etc.

HÉRNIA-DOENÇA DE TRABALHO. *Medicina legal* e *direito do trabalho.* Decorrente do exercício de trabalho longo e pesado.

HÉRNIA–ENFERMIDADE. *Medicina legal.* Oriunda de predisposição constitucional preexistente à atividade laborativa, que com ela não se relaciona.

HÉRNIA ESTRANGULADA. *Medicina legal.* Aquela em que há constrição à entrada do saco herniário, podendo vir a necrosar-se, se não se tratar a tempo do comprometimento circulatório.

HERÓI. 1. *Direito militar.* Aquele que se distingue durante a guerra pela sua coragem. **2.** Na *linguagem comum,* aquele que suporta infortúnio ou sofrimento, para aliviar outras pessoas, arriscando sua própria vida.

HERÓI DO TRABALHO. *Direito comparado.* Título, acompanhado de condecoração e prêmio em dinheiro conferido pelos países comunistas aos trabalhadores que apresentassem produção extraordinariamente acima da normal.

HEROÍNA. 1. Na *linguagem comum,* mulher de valor e talento extraordinários. **2.** *Medicina legal.* Narcótico cristalino, branco e amargo, superior à morfina em sua ação analgésica. É uma substância psicotrópica que, além da dependência, pode provocar no usuário irritação conducente à prática da violência.

HEROINOMANIA. *Medicina legal.* Vício mórbido por substância tóxica designada heroína, de natureza entorpecente e analgésica.

HEROINÔMANO. *Medicina legal.* Viciado em heroína.

HERPES. *Medicina legal.* Afecção da pele e das mucosas, caracterizada pelo aparecimento de vesículas sobre uma base inflamada, alternando com intervalos de pele sã.

HERPES CÓRNEA. *Medicina legal.* Inflamação da córnea, provocada pelo vírus do herpes simples, formando vesículas que podem ulcerar-se.

HERPES FEBRIL. *Vide* HERPES SIMPLES.

HERPES GENITAL. *Vide* HERPES SIMPLES.

HERPES LABIAL. *Vide* HERPES SIMPLES.

HERPES SIMPLES. *Medicina legal.* Moléstia aguda, originada por vírus, na qual se apresentam várias vesículas aquosas na pele, nas membranas mucosas dos lábios e narinas (herpes labial) ou da superfície mucosa dos genitais (herpes genital). Podendo, ainda, causar febre (herpes febril), se ligada a perturbações digestivas, reações alérgicas, irregularidades menstruais, alterações psíquicas etc.

HERPES TONSURANTE. *Medicina legal.* Micose do couro cabeludo, caracterizada pela formação de áreas cinzentas, elevadas e cobertas de escamas amarelas e com cabelos frágeis e secos.

HERPES-ZOSTER. *Medicina legal.* Doença inflamatória aguda provocada por vírus, principalmente em adultos, caracterizada pelo aparecimento de bolhas dolorosas em gânglios e nervos medulares. Tal moléstia é precedida por uma forte coceira na zona afeta e por uma sensação de indisposição e, possivelmente, por transtornos respiratórios ou digestivos.

HERPÉTICO. *Medicina legal.* O que sofre de herpes.

HERPETISMO. *Medicina legal.* Predisposição para doenças herpéticas.

HERTZ. Unidade de freqüência, igual a um ciclo por segundo.

HERTZÓGRAFO. Aparelho telegráfico que funciona por meio de ondas hertzianas.

HÉRULO. *História do direito.* Antigo povo germano que invadiu a Itália no século V, o qual pôs fim ao Império Romano do Ocidente.

HERVOEIRA. 1. *História do direito.* Prostituta. **2.** Prole de meretriz.

HESITAR. 1. Duvidar. **2.** Vacilar; titubear. **3.** Não se pronunciar com precisão ou clareza.

HETERA. *História do direito.* Cortesã.

HETERIA. *História do direito.* **1.** Sociedade política, às vezes secreta, da antigüidade grega. **2.** Organização político-secreta fundada em 1814, com o objetivo de libertar a Grécia do jugo dos turcos.

HETERIARCA. *História do direito.* Oficial que comandava uma heteria.

HETERISMO. *História do direito.* Cortesania, ou seja, amor livre ou concubinato.

HETEROCOMPOSIÇÃO. *Direito do trabalho.* Solução do conflito trabalhista por um terceiro que nele não esteja envolvido, que se exterioriza pela arbitragem facultativa ou arbitragem compulsória em matéria de conflito coletivo do trabalho (Pedro Paulo Teixeira Manus).

HETEROCROMIA. *Medicina legal.* Coloração diversa de partes que devem ter cor idênticas, como, por exemplo, a íris dos dois olhos.

HETEROFASIA. *Medicina legal.* Afasia parcial, causada por lesão cerebral, consistente na troca habitual de palavras, prejudicando a comunicação.

HETEROFONIA. *Medicina legal.* Qualquer anormalidade da voz.

HETEROFTALMIA. *Medicina legal.* Diferença na cor ou na direção de ambos os olhos.

HETEROGAMIA. *Sociologia jurídica.* Preferência de determinados grupos pelo matrimônio com pessoas de profissão, raça, religião, classe, nacionalidade etc. diversa.

HETEROGENEIDADE. 1. *Sociologia geral.* Qualidade de uma população cujos membros têm acentuados caracteres dissímiles sob o ângulo cultural e biológico. **2.** Nas *linguagens comum* e *jurídica,* qualidade do que é dissimilar ou diverso dos demais componentes do grupo ou da categoria a que pertence.

HETEROGÊNEO. 1. Oposto ao homogêneo. **2.** Aquilo que apresenta diferenças funcionais ou estruturais.

HETEROGENISMO. Estado ou qualidade do que é heterogêneo.

HETEROGONIA. *Psicologia forense* e *sociologia geral.* Desenvolvimento, no decorrer de uma ação individual ou social, de alguma novel atividade ou motivação.

HETEROGONIA DOS FINS. Finalidade dos seres de se modificarem à medida que sua transformação se opera (Wundt).

HETEROGRAFIA. *Medicina legal.* Escrita de palavras diferentes da que se pretende escrever.

HETEROIMPLANTAÇÃO OVULAR. *Medicina legal.* Implantação do ovo, originário de fecundação *in vitro* do óvulo de uma mulher, com espermatozóide de seu marido ou de outro homem, em útero de mulher que não é a doadora.

HETEROINTEGRAÇÃO. *Teoria geral do direito.* Técnica para conseguir uma solução plausível em caso de lacunas (normativa, ontológica ou axiológica), mediante o emprego do costume, princípios gerais do direito e eqüidade. É, portanto, a técnica pela qual a ordem jurídica se completa, lançando mão de fontes diversas da dominante, uma vez que a auto-integração é a analogia, já que recorre à fonte jurídica dominante, que é a lei. É difícil distinguir a auto-integração da heterointegração, porque os princípios gerais de direito podem ser interpretados como auto-integração ou como heterointegração, porém nos inclinamos a considerá-los como instrumentos heterointegrativos.

HETEROLOGIA. 1. Nas *linguagens comum* e *jurídica,* o estado do que é heterólogo. **2.** *Filosofia do direito.* Modo pragmático do discurso em que orador e ouvinte discutem um contra o outro, caso em que se tem a *persuasão,* sentimento fundado no interesse que se liga a procedimentos de opi-

nião. Tanto a ação e reação de orador e ouvinte são partidárias porque ambos defendem suas opiniões. Por isso, o objeto do discurso aparece sob a forma de conflito, que é a questão em que a relação entre as partes é não-simétrica, constituída de alternativas incompatíveis, que pedem uma decisão, embora não sejam excludentes. Tal decisão soluciona a questão, sem contudo eliminá-la, o que a torna decidível (Tércio Sampaio Ferraz Jr.).

HETEROLÓGICA. *Lógica jurídica.* Expressão que não se refere a si mesma.

HETERÓLOGO. 1. Na *linguagem jurídica* em geral, aquilo que não corresponde a algo, por conter elementos diferentes ou elementos iguais em proporções diversas. **2.** *Medicina legal.* Tecido mórbido do organismo.

HETEROMAQUIA. Luta entre dois homens.

HETEROMETRIA. *Medicina legal.* Desenvolvimento anormal de um tecido, provocado por influência mórbida, como ocorre com a formação neoplástica cancerígena.

HETEROMORFIA. 1. Nas *linguagens comum* e *jurídica,* a qualidade do que é heteromorfo. **2.** *Medicina legal.* Afecção originária de elementos mórbidos diferentes.

HETEROMORFO. O que apresenta estrutura diversa ou anormal do tipo.

HETERONIMATO. *Direito autoral.* Uso de pseudônimo.

HETERÔNIMO. *Direito autoral.* **1.** Autor que assina sua obra com nome falso ou suposto. **2.** Livro publicado sob o nome de outra pessoa, que não é o seu autor.

HETERONOMIA JURÍDICA. *Filosofia do direito.* Sujeição do destinatário da norma ao seu comando, independentemente de sua vontade. Ou, como prefere Lalande, a condição de uma pessoa ou de uma coletividade receber do exterior a lei à qual se submete.

HETERÔNOMO. *Filosofia do direito.* Sujeito à vontade da lei.

HETEROPATIA. *Medicinal legal.* Sensibilidade anormal a estímulos.

HETEROPLASTIA. *Medicina legal.* Enxerto plástico em que o material humano usado em transplante é retirado de outrem.

HETEROPSIA. *Medicina legal.* Visão desigual em cada um dos olhos.

HETEROSSEXUAL. *Medicina legal.* Relativo ao sexo oposto.

HETEROSSEXUALIDADE. *Medicina legal.* Atração sexual, normal ou pervertida, por pessoa do sexo oposto.

HETEROSSEXUALISMO. *Vide* HETEROSSEXUALIDADE.

HETEROSSOCIABILIDADE. *Sociologia jurídica.* Relação social entre pessoas pertencentes a sexos diferentes.

HETEROTOPIA. Aquilo que está mal colocado, ou seja, situado fora do local compatível. Por exemplo, uma lei, ou parte dela, cujo lugar está fora de sua seqüência lógica (Pontes de Miranda).

HETEROTRANSPLANTE. *Medicina legal.* Enxerto de órgãos e tecidos de seres vivos pertencentes a gênero diferente do receptor. Por exemplo, do macaco ao homem.

HETEROZIGOTO. *Medicina legal.* Gameta bastardo em que um ou mais gens são desiguais, conforme os caracteres específicos, daí o porquê de não procriar (Croce e Croce Jr.). Segundo José Lopes Zarzuela, denominação dada àquele que apresenta um par de gens alelos condicionantes das formas alternativas de uma mesma característica. Tais gens são importantes na investigação da paternidade ou maternidade para afirmar ou afastar o vínculo genético.

HEUREMA. *Direito civil* e *teoria geral do direito.* Ato preventivo ou acautelatório da validade ou eficácia de um negócio jurídico.

HEUREMÁTICA. Conjunto de preceitos para aplicação de heuremas.

HEUREMÁTICO. Relativo a heurema.

HEURÉTICO. Nas *linguagens comum* e *jurídica.* **1.** Aquilo que for referente à heurística. **2.** Método conducente à descoberta, por si só, das verdades que devem ser aprendidas.

HEURÍSTICA. **1.** Ciência auxiliar da História que pesquisa documentos antigos e achados arqueológicos (Langlois e Seignobs). **2.** Técnica pedagógica que leva o educando à verdade por seus próprios meios. **3.** Arte do procedimento heurístico conducente à invenção, à descoberta e à solução de problemas. **4.** Parte da ciência que visa descobrir fatos.

HEURÍSTICO. **1.** Referente à heurística. **2.** O que serve para a descoberta da verdade ou falsidade de uma hipótese. **3.** Método cujo objetivo é fazer com que o aluno venha a desvendar, por si só, aquilo que se pretende transmitir-lhe.

HEUROTEMÁTICO. **1.** *Lógica jurídica.* Argumento mais persuasivo do que logicamente convincente. **2.** Na *linguagem comum:* a) aquilo que é utilizado para a descoberta de algo; b) ensino em que o professor interrompe a prelação para interrogar o seu aluno.

HEVEICULTURA. *Direito agrário.* Cultura de héveas, ou seja, de plantas, como a seringueira, produtoras de látex, usado na manufatura da borracha.

HEXÁPOLE. *História do direito.* Confederação que, na antigüidade grega, era composta de seis cidades dóricas e das ilhas de Cós e Rodes.

HEXARQUIA. *Ciência política.* **1.** Grupo de seis países aliados, cada qual com seu governo autônomo. **2.** Poder exercido por seis pessoas.

HEXATLO. *História do direito.* Conjunto de seis exercícios entre os antigos gregos: luta, corrida, salto, disco, dardo e pugilato.

HEXERE. *História do direito.* Galera com seis filas de remeiros.

HIALOFAGIA. *Medicina legal.* Psicopatia que leva o portador a comer vidro.

HIALOFOBIA. *Medicina legal.* Temor mórbido de cacos de vidro.

HIALURGIA. Arte de fabricar vidro.

HIBERNIANISMO. *Sociologia geral.* Conjunto de características étnico-culturais peculiares aos habitantes da Irlanda.

HÍBRIDO. *Direito agrário.* Resultado do cruzamento de dois genitores de raças ou variedades diferentes.

HIC EGO PORTO BELLUM PACEMQUE: UTRUM PLACET, SUMITE. *Expressão latina.* Aqui vos trago a paz ou a guerra: escolhei.

HIC EST MUCRO DEFENSIONIS TUAE. *Expressão latina.* Esta é a arma de tua defesa.

HIC ET NUNC. *Locução latina.* Aqui e agora; imediatamente; sem demora; momento presente.

HIC ET UBIQUE. *Locução latina.* Aqui e em toda parte.

HIC JACET LEPUS. *Expressão latina.* Esta é a dificuldade.

HIC OPUS, HIC LABOR EST. *Expressão latina.* Aí é que se encontra a dificuldade.

HIDATÓIDE. *Medicina legal.* Humor aquoso do olho.

HIDDEN DEFECT. *Locução inglesa.* Vício redibitório.

HIDDEN TAXES. *Locução inglesa.* Taxas que não figuram claramente no contrato, como as bancárias, as de expediente, as de remessa etc.

HIDRAMILO. *Medicina legal.* Hidrocarboneto líquido, originário do petróleo, utilizado como anestésico.

HIDRÂMNIO. *Medicina legal.* Excesso de líquido amniótico.

HIDRARGIRIA. *Medicina legal.* Erupção cutânea provocada por intoxicação pelo mercúrio.

HIDRARGIRISMO. *Medicina legal.* Intoxicação crônica pelo mercúrio.

HIDRARGIROSE. *Vide* HIDRARGIRISMO.

HIDRÁULICA. Arte de construções com o escopo de fazer fluir a água através de canais, canos etc.

HIDRÁULICO–AGRÍCOLA. *Direito agrário.* Referente à hidráulica aplicada à agricultura.

HIDRAVIÃO. *Direito aeronáutico.* Aeroplano que, por conter flutuadores, pode decolar e pousar sobre a água.

HIDROÁRIO. *Medicina legal.* Hidropisia do ovário, onde ocorre acúmulo anormal de líquido seroso.

HIDROAVIÃO. Aeronave projetada para manobra sobre a água. *Vide* HIDRAVIÃO.

HIDROBASE. *Direito aeronáutico.* Base para hidraviões.

HIDROCEFALIA. *Medicina legal.* Doença caracterizada pela presença de enorme quantidade de líquido cérebro-espinal no interior do cérebro e pela dilatação dos ventrículos do crânio, causada por obstrução do canal de drenagem devido a um tumor ou a uma malformação congênita.

HIDROCELE. *Medicina legal.* Acúmulo de líquido ao longo do cordão espermático ou na túnica vaginal do testículo.

HIDROCOLPOSE. *Medicina legal.* Acumulação de líquido seroso na vagina em razão de sua imperfuração ou da do hímen.

HIDROFIMOSE. *Medicina legal.* Fimose edematosa.

HIDROFOBIA. *Medicinal legal.* **1.** Pavor anormal de líquidos. **2.** Doença provocada por vírus rábico inoculado por meio de mordida de animal raivoso; raiva.

HIDROFTALMO. *Medicina legal.* Glaucoma infantil; dilatação anormal do globo ocular na criança causada por uma deficiência congênita das vias de escoamento do humor aquoso.

HIDROLABIRINTO. *Medicina legal.* Acúmulo anormal de endolinfa no ouvido interno.

HIDROMANIA. *Medicina legal.* **1.** Alienação mental que leva o paciente a se suicidar por afogamento. **2.** Ânsia mórbida de beber água.

HIDROPERICÁRDIO. *Medicinal legal.* Acúmulo excessivo de líquido seroso no pericárdio.

HIDROPNEUMONIA. *Medicina legal.* Pneumonia acompanhada de acumulação excessiva de líquido seroso nos pulmões.

HIDROPNEUMOTÓRAX. *Medicina legal.* Acúmulo anormal de líquido seroso e gás na cavidade pleural.

HIDROPORTO. *Direito aeronáutico.* Aeroporto marítimo, lacustre ou fluvial.

HIDRORRÉIA. *Medicina legal.* **1.** Corrimento lento e crônico de líquido aquoso causado por inflamação na mucosa ou secreção excessiva das glândulas uterinas durante a gravidez. **2.** Transpiração abundante.

HIDROTECNIA. Técnica do fornecimento de água; engenharia hidráulica especializada em distribuição de água.

HIEMAL. *Direito agrário.* Planta que cresce no inverno.

HIERÂMICO. *História do direito.* Vencedor dos antigos jogos sagrados da Grécia, como os olímpicos, ístmicos etc.

HIERARCA. O que ocupa um dos graus de uma hierarquia.

HIERARQUIA. **1.** *Direito canônico.* Totalidade do clero e sua graduação; diversidade de graus da dignidade eclesiástica. **2.** *Direito militar.* Graduação existente nas forças armadas. **3.** *Direito administrativo.* Graduação do poder relativa às várias categorias de funcionários públicos; relação de subordinação aos poderes disciplinares dos órgãos do Poder Executivo. **4.** *Teoria geral do direito.* Subordinação serial de fatos ou idéias, de sorte que cada termo da série seja superior ao precedente por uma característica de natureza normativa (Lalande, Comte e Durand de Gros). **5.** *Direito civil* e *comercial.* Subordinação de funções. **6.** *História do direito.* Suprema autoridade exercida na Grécia antiga pelo grande sacerdote. **7.** *Direito processual.* Ordem existente entre magistrados e membros do Ministério Público, na medida em que exercem atividade administrativa.

HIERARQUIA DAS NORMAS. *Teoria geral do direito.* Ordem de graduação das normas, segundo uma escala decrescente: normas constitucionais; leis complementares; leis ordinárias; leis delegadas; medidas provisórias; decretos legislativos e resoluções; decretos regulamentares; normas internas (despachos, estatutos, regimentos, portarias etc.); normas individuais (contratos, testamentos, sentenças etc.).

HIERARQUIA DOS VALORES. *Filosofia do direito.* Escala de graduação axiológica. Scheler aponta cinco critérios para determinar a estrutura hierárquica dos valores: o de sua duração, sendo mais baixos os valores mais transitórios ou de menor durabilidade; o da divisibilidade, pelo qual os valores são tanto mais altos quanto menos divisíveis forem; o do fundamento, de maneira que o valor que servir de base a outros é mais alto que os que nele se fundam; o da satisfação que proporcionam, logo os valores são tanto mais altos quanto mais profundo é o prazer que sua realização vier a produzir; e o do grau da sua relatividade. Para Hessen, dever-se-ão seguir os seguintes princípios gerais sobre a escala valorativa: a) os valores espirituais prevalecem sobre os sensíveis; b) na classe dos valores espirituais, o primado pertence aos éticos, tanto em face dos lógicos como dos estéticos; c) os mais altos de todos os valores são os religiosos, porquanto todos os outros neles se fundam. E conclui Hessen que a altura de um valor na escala axiológica depende da preferência daquele que o toma por objeto.

HIERARQUIA FORMAL. *Teoria geral do direito.* É aquela em que a norma superior indica os pressupostos, de forma que a inferior deve seguir os processos de sua elaboração, desde a propositura até a sanção, os esquemas de sua modificação por outra e os meios de revogação parcial ou total (Paulo de Barros Carvalho).

HIERARQUIA JUDICIAL. *Direito processual.* Ordem judicial formada por juízes, desembargadores e ministros, existente não na atividade jurisdicional, mas no exercício, ainda que em caráter secundário, de funções administrativas imprescindíveis para a organização, fiscalização e controle de seus serviços. Não há, portanto, hierarquia jurisdicional no que atina à distribuição da justiça ou à prestação jurisdicional de composição da lide, mas tão-somente hierarquia judicial na seara disciplinar e administrativa do Poder Judiciário.

HIERARQUIA JURISDICIONAL. *Direito processual.* Diz-se da existência da primeira e segunda instâncias.

HIERARQUIA MATERIAL. *Teoria geral do direito.* É aquela em que a norma superior preceitua os conteúdos de significação da norma inferior (Paulo de Barros Carvalho).

HIERARQUIA MILITAR. *Direito militar.* Graduação de autoridades militares em escala decrescente de subordinação e obediência. No Exército a ordem é a seguinte: general de exército; general de divisão; general de brigada; coronel; tenente-coronel; major; capitão; 1º e 2º tenentes; aspirante a oficial; subtenente; 1º, 2º e 3º sargentos; cabo e soldado. Na Marinha: almirante; almirante-de-esquadra; vice-almirante; contra-almirante; capitão-de-mar-e-guerra; capitão de fragata; capitão de corveta; capitão-tenente; 1º e 2º tenentes; guarda-marinha; subtenente; 1º, 2º e 3º sargentos; cabo e marinheiro. E na Aeronáutica: tenente-brigadeiro; major-brigadeiro; brigadeiro; coronel-aviador; tenente-coronel aviador; major; capitão; 1º e 2º tenentes; aspirante-a-oficial-aviador; suboficial; 1º, 2º e 3º sargentos; cabo e soldado. O posto de marechal é o mais alto das Três Armas, mas apenas em casos excepcionais é ocupado.

HIERARQUIA SEMÂNTICA. *Teoria geral do direito.* É a que abrange a hierarquia formal e a material (Paulo de Barros Carvalho).

HIERÁRQUICO. 1. Na *linguagem jurídica* em geral: relativo à hierarquia. **2.** *Teoria geral do direito.* Critério para solucionar conflito de normas baseado na superioridade de uma fonte de produção jurídica sobre a outra. O princípio *lex superior derogat legi inferiori* quer dizer que num conflito entre normas de diferentes níveis, a de nível mais alto, qualquer que seja a ordem cronológica, terá preferência em relação à de nível mais baixo, por exemplo, a norma constitucional prevalece sobre uma lei ordinária.

HIERARQUISMO. Respeito excessivo à hierarquia.

HIERARQUIZAÇÃO. Ato ou efeito de hierarquizar.

HIERARQUIZAR. Organizar algo de conformidade com uma escala decrescente.

HIERÁTICO. 1. *Direito comparado.* Sistema de escrita egípcia empregado nas escritas hieroglíficas. **2.** *Direito canônico:* a) religioso; b) referente aos objetos sagrados.

HIEROCRACIA. 1. *Ciência política.* Governo exercido pelo clero. **2.** *Sociologia geral.* Modalidade de organização social mantida pela força de coerção psíquica e exercida pelas concepções religiosas.

HIERODULIA. *História do direito.* Qualidade do escravo, ou escrava, que prestava serviços nos antigos templos gregos e romanos, sendo, por isso, considerado como propriedade dos deuses.

HIEROFANTE. *História do direito.* Grão-pontífice da antigüidade romana.

HIERÓGLIFO. *História do direito.* Sinal da escrita pictográfica dos antigos povos, como maias e egípcios.

HIEROMANIA. *Medicina legal.* Frenesi religioso que pode levar à loucura.

HIEROMNÊMONE. *História do direito.* **1.** Secretário ou escrivão que era enviado à assembléia dos representantes dos Estados da Grécia antiga, juntamente com o deputado. **2.** Cada deputado mandado à assembléia para desempenhar o cargo de escrivão sacro. **3.** Magistrado que cuidava das questões religiosas.

HIERÔNICO. *Vide* HIERÂMICO.

HIEROPEU. *História do direito.* Magistrado religioso, fiscal de sacrifícios ou de cerimônias sagradas, na Grécia antiga.

HIFEMA. *Medicina legal.* Hemorragia na câmara anterior do olho.

HIFEPATIA. *Medicina legal.* Deficiência funcional do fígado.

HIGH FIDELITY. *Locução inglesa.* **1.** Alta qualidade de som. **2.** Alta fidelidade.

HIGHWAY REGULATIONS. *Locução inglesa.* Regulamento de Trânsito.

HIGIENE. *Medicina legal.* **1.** Ciência sanitária que se ocupa das normas de saúde pública e privada. **2.** Conjunto de cuidados para evitar doenças e conservar a saúde.

HIGIENE DO TRABALHO. *Direito do trabalho.* Conjunto de medidas e normas para prevenção de doenças profissionais e acidentes de trabalho.

HIGIENE INDIVIDUAL. Asseio do corpo e do ambiente propício à saúde.

HIGIENE INDUSTRIAL. *Medicina legal* e *direito do trabalho.* Complexo de medidas tomadas para conservar a saúde dos operários, prevenir moléstias ocupacionais ou profissionais e acidentes de trabalho nas indústrias.

HIGIENE MENTAL. *Medicina legal.* Prática de hábitos saudáveis, de recreações etc., para conservação da boa saúde da mente.

HIGIENE PROFISSIONAL. *Medicina legal.* Ramo da medicina profiláctica que aponta os meios para a preservação do homem contra possíveis afecções ou acidentes advindos de sua profissão.

HIGIENE PÚBLICA. *Medicina legal* e *direito administrativo.* Sanitarismo ou conjunto de conhecimentos e de práticas que visam preservar e promover a saúde da coletividade, levados a efeito por órgãos públicos.

HIGIENE SOCIAL. *Sociologia jurídica.* A que visa o controle da prostituição, através da eliminação ou prevenção das doenças venéreas.

HIGIENIZAÇÃO. Operação que se divide em duas etapas: limpeza e desinfecção.

HIGIOCÔMIO. Casa de saúde.

HIGIOLOGIA. *Medicina legal.* Ciência que visa a preservação da saúde.

HILARIANTE. O que provoca riso.

HILÁRQUICO. O que governa a matéria (More).

HILOMORFISMO. Teoria aristotélica que explica a essência do corpo como resultado da matéria e da forma.

HILOTA. *História do direito.* Membro da classe social mais baixa que, em Esparta, servia como meeiro na lavoura e soldado na guerra.

HILOZOÍSMO. Doutrina filosófica pela qual a matéria e a vida são inseparáveis (Aedworth e Eucken).

HÍMEN. *Medicina legal.* Membrana mucosa que recobre a abertura da vagina, fechando-a parcialmente. Em geral, rompe-se com a primeira relação sexual.

HÍMEN ACOMISSURADO. *Medicina legal.* Aquele sem comissura, que pode ser: a) imperfurado; b) anular, com um orifício ovalar; c) semilunar, que possui a forma de um crescente mais ou menos regular; d) helicóide, se aparenta a uma curva em hélice; e) septado, em que o septo, completo ou incompleto, longitudinal ou transversal, dá à abertura vários aspectos, ou delimita dois orifícios; f) cibriforme (Almeida Jr. e Costa Jr.).

HÍMEN ATÍPICO. *Medicina legal.* O que se apresenta fenestrado (com um orifício maior e outro menor); com apêndice saliente ou pendente (Afrânio Peixoto).

HÍMEN AUSENTE. *Medicina legal.* Agenesia himenial ou ausência congênita de hímen.

HÍMEN CIBRIFORME. *Medicina legal.* O que apresenta várias e irregulares aberturas, aparentando um crivo (Almeida Jr. e Costa Jr.).

HÍMEN COMISSURADO. *Medicina legal.* Aquele que contém lábios, podendo ser: bilabiado, trilabiado, quadrilabiado ou multilabiado.

HÍMEN COMPLACENTE. *Medicina legal.* Característica congênita da membrana que cobre parte da abertura vaginal, de tolerar, sem se romper, a penetração do membro viril. É o que possibilita a cópula vagínica sem romper-se.

HÍMEN COROLIFORME. *Medicina legal.* Hímen comissurado, multilabiado, com o aspecto de uma flor.

HIMENEOLOGIA. *Medicina legal.* Análise ou estudo de problemas alusivos ao matrimônio.

HIMENEU. Casamento consumado.

HÍMEN *FIMBRIATUS.* *Medicina legal.* Membrana mucosa que apresenta vários entalhes ou filamentos no bordo livre da orla himenial.

HÍMEN IMPERFURADO. *Medicina legal.* Aquele desprovido de abertura ou óstio himenal, podendo acarretar acumulação do sangue menstrual na vagina, exigindo uma pequena incisão para sua drenagem.

HIMENITE. *Medicina legal.* Inflamação do hímen.

HIMENOLOGIA. *Medicina legal.* Estudo de temas concernentes ao hímen.

HIMENOPLASTIA. *Medicina legal.* Reparação ou reconstrução cirúrgica do hímen para que a mulher voltasse ao estado virginal, que podia dar, no direito anterior, causa, se descoberta pelo marido enganado, à anulação do casamento por erro essencial quanto à pessoa.

HIMENORRAFIA. *Vide* HIMENOPLASTIA.

HIMENOTOMIA. *Medicina legal.* Pequena incisão em hímen imperfurado para possibilitar a drenagem do sangue menstrual ou no resistente à introdução do membro viril, por ocasião do ato sexual.

HÍMEN TOLERANTE. *Vide* HÍMEN COMPLACENTE.

HINDUÍSMO. *Direito comparado* e *sociologia jurídica.* Religião e sistema social da maioria da população da Índia.

HINDUIZAÇÃO. Avanço da civilização indiana em áreas de menor cultura.

HINO. 1. *Direito canônico.* Canto sacro; cântico de adoração, exprimindo o fervor dos fiéis durante as cerimônias e ofícios religiosos. **2.** *Ciência política.* a) Música que exprime o sentimento patriótico da nação; b) canto musicado em exaltação de um partido político. **3.** Nas *linguagens comum* e *jurídica:* a) expressão lírica entoada na celebração de acontecimentos militares, sociais, estudantis, desportivos, políticos etc.; b) canto musical que exalta uma instituição ou agremiação.

HINO NACIONAL. *Ciência política.* **1.** Música que, contendo um sentido histórico-político, revela a alma patriótica de um povo, cuja interpretação é de ensino obrigatório nos estabelecimentos de ensino público ou particular de primeiro e segundo graus. **2.** Símbolo sonoro de um país.

HINTERLAND. 1. *Direito internacional público.* a) *Vide* ESFERA DE INFLUÊNCIA; b) região de uma nação localizada no interior que fica afastada da orla marítima e dos centros comerciais ou industriais. **2.** *Sociologia jurídica.* Área que constitui fonte de matérias-primas para uma metrópole industrial e de mercado para suas manufaturas.

HIPACUSIA. *Medicina legal.* Diminuição da audição.

HIPALGESIA. *Medicina legal.* Perda paulatina da sensibilidade à dor.

HIPÂMNIO. *Medicina legal.* Deficiência de líquido amniótico.

HIPARQUIA. *História do direito.* **1.** Corpo de cavalaria que continha, na Antiga Roma, 512 homens. **2.** Comando desse corpo militar.

HIPERACUSIA. *Medicina legal.* **1.** Exaltação da acuidade auditiva. **2.** Sensibilidade dolorosa a sons agudos.

HIPERAFRODISIA. *Medicina legal.* Excitação sexual em excesso.

HIPÉRBOLE. *Retórica jurídica.* Figura que engrandece ou diminui, de modo exagerado, a realidade, para impressionar.

HIPERBÓLICA. *Filosofia do direito.* Dúvida metódica radical, que é teórica e provisória (Lalande).

HIPERBÓREOS. 1. *Sociologia jurídica.* Povos árticos, como os esquimós. **2.** *Direito agrário.* Vegetais que se desenvolvem apenas em locais frios.

HIPERBULIA. *Medicina legal.* Sofreguidão excessiva pela atividade.

HIPERCINESIA. *Medicina legal.* Aumento exagerado de movimentos involuntários; convulsão.

HIPERDACTILIA. *Medicina legal.* Anomalia congênita em que seu portador apresenta dedos em número superior ao normal, podendo ter na mesma mão de 6 a 11 dedos.

HIPERÊMESE. *Medicina legal.* Vômito excessivo.

HIPEREMIA. *Medicina legal.* Excesso de sangue em qualquer parte superficial do corpo.

HIPEREMOTIVIDADE. *Medicina legal.* Exagero de reações emocionais de cólera, alegria, pânico etc.

HIPERESTESIA. *Medicina legal.* Aumento anormal da sensibilidade de um órgão ou sentido.

HIPERFRASIA. *Medicina legal.* Loquacidade exagerada, sem coerência de idéias.

HIPERGAMIA. *Sociologia jurídica.* Preferência que, em determinados grupos, se dá a casamento com pessoas de *status* social superior.

HIPERGENESIA. *Medicina legal.* Desenvolvimento exagerado de um tecido ou órgão ante a excessiva multiplicação de elementos celulares.

HIPERINFLAÇÃO. *Economia política.* **1.** Subida vertiginosa e galopante da inflação. **2.** *Vide* INFLAÇÃO GALOPANTE.

HIPERLÓGICO. *Lógica jurídica.* Modo de pensar intuitivo, que prescinde das leis da lógica.

HIPERMETAFÍSICA. *Filosofia jurídica.* Doutrina que ultrapassa os limites da razão humana e que vagueia no mundo conjetural (Kant).

HIPERMETRIAS. *Medicina legal.* Dismetrias, isto é, transtornos da coordenação, caracterizados pela imprecisão do movimento.

HIPERMETROPIA. *Medicina legal.* Desordem visual consistente na impossibilidade de seu portador enxergar, com nitidez, os objetos próximos dele.

HIPERMÍDIA. *Direito virtual.* Aplicação de multimídia ligada a hipertexto, contendo gráficos, ilustrações, vídeos, sons, textos, fornecendo ao usuário resposta imediata a um simples comando.

HIPERMNÉSIA. *Medicina legal.* Excitação anormal da memória, provocada por moléstias, fazendo com que o paciente tenha recordações que deveriam ter desaparecido de sua memória. É também designado de criptomnésia.

HIPERNATREMIA. *Medicina legal.* Presença de quantidade excessiva ou anormal de sódio no sangue.

HIPERNEFROMA. *Medicina legal.* Tumor maligno no rim.

HIPERNEURIA. *Medicina legal.* Sensibilidade nervosa anormal ou excessiva.

HIPERORGÂNICO. Relativo a hiperorganismo.

HIPERORGANISMO. 1. *Sociologia geral.* Nome dado pelos sociólogos aos corpos sociais para distingui-los dos organismos biológicos. **2.** Na *linguagem filosófica:* a) superior ao organismo; espírito que apresenta caracteres irredutíveis aos do corpo (Maine De Biran); b) superior aos organismos mais elevados, perceptíveis intuitivamente pelas suas características gerais. Aplica-se esse termo à sociedade e às funções sociais (Lalande).

HIPEROSMIA. *Medicina legal.* Acuidade olfativa exagerada, provocada por razão patológica ou congênita.

HIPERPLASIA PENIANA. *Medicina legal.* Defeito físico irremediável caracterizado pela grande dimensão do pênis, que pode gerar impotência *coeundi* e, conseqüentemente, a anulação do matrimônio.

HIPERPOSITIVISMO. *Filosofia geral.* Designação dada por De Roberts à sua teoria filosófico-sociológica para diferenciá-la da de Augusto Comte.

HIPERPRAXIA. *Medicina legal.* Atividade exagerada.

HIPERPROSEXIA. *Medicina legal.* Ocupação mórbida da mente numa única idéia.

HIPERSARCOMA. *Medicina legal.* Granulação carnosa das feridas.

HIPERSEMIA. *Medicina legal.* Exagero, observado em determinados maníacos, de linguagem mímica.

HIPERSEXUALISMO. *Medicina legal.* Propensão exagerada para as práticas sexuais.

HIPERSUFICIENTE. *Economia política.* Auto-suficiente; em posição econômica forte e superior.

HIPERTENSÃO ARTERIAL. *Medicina legal.* Pressão sangüínea arterial anormalmente alta; hiperpiese.

HIPERTEXTO. *Direito virtual.* Conjunto de informações no computador, em que os temas são correspondentes, apesar de apresentados em documentos diversos.

HIPERTIREOIDISMO. *Medicina legal.* Funcionamento exagerado da glândula tireóide.

HIPERTRICOSE. *Medicina legal.* Excesso de pêlos em áreas, em regra, não pelosas; hirsutismo.

HIPERTROFIA. *Medicina legal.* Crescimento desproporcionado de qualquer órgão ou tecido.

HIPERVITAMINOSE. *Medicina legal.* Perturbação patológica causada por excesso de vitaminas.

HIPESTESIA. *Medicina legal.* Diminuição da sensibilidade, em geral, inclusive ao tato.

HIPISMO. *Direito desportivo.* Conjunto de esportes praticados a cavalo como, por exemplo, corrida com obstáculos, pólo etc.

HIPNANÁLISE. *Medicina legal.* Análise psíquica feita sob hipnose.

HIPNOBLEPSIA. *Medicina legal.* Sonambulismo lúcido.

HIPNOFOBIA. *Medicina legal.* **1.** Medo mórbido durante o sono. **2.** Horror ao sono.

HIPNOFONE. *Medicina legal.* Aquele que fala durante o sono, principalmente se estiver sob hipnose.

HIPNÓGENO. *Medicina legal.* O que causa sono.

HIPNOLEPSIA. *Medicina legal.* Sonolência anormal.

HIPNOLOGIA. *Medicina legal.* Ciência que trata do sono hipnótico.

HIPNONARCANÁLISE. *Medicina legal.* Psicanálise que se efetiva com paciente que esteja sob hipnose e narcose leve.

HIPNOSE. *Medicina legal.* Estado similar ao sono induzido por sugestões verbais do hipnotizador ou por concentração em algum objeto. A pessoa hipnotizada não chega a perder o controle moral, permanecendo intactas, embora em vigília, as percepções sensoriais, a concentração da atenção e o ritmo bioelétrico do cérebro. Muito usada para investigação de distúrbios comportamentais, e no tratamento terapêutico de doenças psicossomáticas ou de neuroses histéricas.

HIPNOSSEDATIVO. *Medicina legal.* Substância que, em doses altas, induz o sono e, em doses moderadas, age como calmante.

HIPNOTISMO. *Medicina legal.* Processo pelo qual se produz a hipnose, levando o paciente ao sono artificial.

HIPOACUSIA. *Medicina legal.* Diminuição da capacidade de audição.

HIPOALGESIA. *Medicina legal.* Redução da sensibilidade para a dor.

HIPOBULIA. *Psicologia forense* e *medicina legal.* Diminuição da atividade voluntária causada por insuficiência hormonal, fadiga física ou mental, velhice etc.

HIPOCINESIA. *Medicina legal.* Diminuição da sensibilidade motora (Croce e Croce Jr.).

HIPOCINÉTICO. *Medicina legal.* Medicamento que altera a ação nervosa.

HIPOCOFOSE. *Medicina legal.* Surdez parcial.

HIPOCOLESTEROLEMIA. *Medicina legal.* Redução anormal do colesterol sangüíneo, que se dá, por exemplo, no hipertireoidismo.

HIPOCONDRIA. *Medicina legal.* Receio mórbido pela saúde, associado, às vezes, a uma melancolia pronunciada ou doença imaginária.

HIPOCONDRÍACO. *Medicina legal.* O que sofre de hipocondria.

HIPOCORÍSTICO. *Direito civil.* **1.** Diminutivo carinhoso de um nome próprio, considerado apelido, formado por duplicação de sílaba como Zezé, Gigi etc. **2.** É o nome dado a alguém para expressar carinho ao utilizar as duas últimas sílabas do nome, por exemplo, Nando (Fernando), Tião (Sebastião).

HIPOCRISIA. **1.** Manifestação de fingida virtude; sentimento bom; compaixão etc. **2.** Falsidade.

HIPÓCRITA. Pessoa que tem hipocrisia.

HIPOCROMATOPSIA. *Medicina legal.* Redução funcional da sensibilidade às cores.

HIPODERME. *Medicina legal.* Zona imediatamente situada sob a derme.

HIPODROMIA. *Direito desportivo.* Arte de correr a cavalo em hipódromo.

HIPÓDROMO. *Direito desportivo.* a) Pista apropriada para corrida de cavalos, onde há arquibancadas para os espectadores; b) o local de realização das competições turfísticas, com exploração de apostas, de conformidade com o Plano Geral de Apostas, com o Código Nacional de Corridas e com as normas estabelecidas em regulamento próprio.

HIPOEMA. *Medicina legal.* Equimose localizada na parte inferior e anterior do globo ocular, provocada por derramamento sangüíneo na câmara do olho.

HIPOEMIA. *Medicina legal.* Redução quantitativa dos elementos que compõem o sangue.

HIPOEPINEFRIA. *Medicina legal.* Insuficiência supra-renal.

HIPOESTESIA. *Vide* HIPESTESIA.

HIPÓFISE. *Medicina legal.* Glândula pituitária mais importante do sistema endócrino que secreta substâncias ou hormônios reguladores do crescimento, desenvolvimento sexual, processo metabólico etc.

HIPOFRENIA. *Medicina legal.* Debilidade mental.

HIPOGÁSTRIO. *Medicina legal.* Parte inferior do ventre, localizada pouco acima do Monte de Vênus da mulher ou do púbis do homem.

HIPOGENESIA. *Medicina legal.* Desenvolvimento deficiente de qualquer parte do corpo.

HIPOGENITALISMO. *Medicina legal.* Insuficiência de desenvolvimento dos órgãos genitais.

HIPOGEUSIA. *Medicina legal.* Deficiência congênita ou patológica do paladar.

HIPOMANIA. *Medicina legal.* **1.** Excitação de grau médio que surge na psicose maníaco-depressiva, fazendo com que o seu portador se apresente alegre, otimista, loquaz e ocupado com vários afazeres (Croce e Croce Jr.). **2.** Mania mórbida por cavalos e por equitação.

HIPOMANÍACO VAGABUNDO. *Medicina legal.* Portador de psicose maníaco-depressiva o qual se torna ébrio e vadio, levando vida errante (Croce e Croce Jr.).

HIPOMNÉSIA. *Medicina legal.* Fraqueza de memória.

HIPOPARATIREOIDISMO. *Medicina legal.* Insuficiência das glândulas paratireóides, que acarreta baixo nível de cálcio no soro do sangue e tendência a tétano crônico.

HIPOSFAGMA. *Medicina legal.* Equimose ocular.

HIPOSMIA. *Medicina legal.* Deficiência do sentido do olfato.

HIPOSPADIA. *Medicina legal.* Abertura congênita e anormal da uretra, na face inferior do pênis.

HIPOSPERMIA. *Medicina legal.* Redução do volume de esperma.

HIPOSSUFICIÊNCIA. *Direito do consumidor.* Qualidade de vulnerabilidade de certas categorias especiais de consumidores, oriunda de condições físico-psíquicas, econômicas ou circunstanciais, fazendo com que mereçam maior cuidado nas práticas comerciais e publicitárias.

HIPOSSUFICIENTE. *Economia política.* Pessoa economicamente dependente de outrem.

HIPÓSTASE. 1. *Filosofia do direito.* a) Indivíduo (S. Tomás de Aquino); b) substância considerada como realidade ontológica (Lalande); c) entidade fictícia; abstração falsa tida como realidade (Lalande); d) transformação de uma realidade lógica numa substância (H. Bergson). **2.** *Medicina legal.* a) Sedimento de um líquido, especialmente, da urina; b) hiperemia por depósito, causada por fraca circulação sangüínea, como ocorre nas partes dorsais do pulmão de paciente acamado ou num braço ou perna pendente. **3.** *Direito canônico.* Cada uma das pessoas da Santíssima Trindade.

HIPÓSTASES CADAVÉRICAS. *Medicina legal.* Manchas que aparecem nas partes declives dos órgãos do cadáver, em virtude de acúmulo de sangue que deixou de circular. O livor cadavérico é uma conseqüência da ação da gravidade sobre o sangue (Divergie).

HIPOSTASIAR. *Filosofia do direito.* Constituir substância.

HIPOSTÁTICA. *Direito canônico.* União das naturezas divina e humana na pessoa de Jesus Cristo.

HIPOSTENIA. *Medicina legal.* Debilidade; fraqueza.

HIPOTECA. *Direito civil.* Direito real de garantia de natureza civil, que grava coisa imóvel ou bem que a lei entende por hipotecável, pertencente ao devedor ou a terceiro, sem transmissão de posse ao credor, o que confere aos primeiros o direito de promover a sua venda judicial para pagamento, preferentemente, em caso de inadimplência. É, portanto, um direito sobre o valor da coisa onerada e não sobre sua substância. Podem ser objeto de hipoteca: os imóveis e seus acessórios; o domínio direto e o útil; as estradas de ferro; os recursos naturais; os navios; as aeronaves; o gasoduto; o direito de uso especial para fins de moradia; o direito real de uso resolúvel de terreno público ou particular e a propriedade superficiária.

HIPOTECA CEDULAR. *Direito civil.* Aquela em que se constitui a cédula hipotecária, consistente num título representativo de crédito com este ônus real, sempre nominativo, mas transferível por endosso e emitido pelo credor.

HIPOTECA COM LIMITE MÁXIMO. *Vide* HIPOTECA GENÉRICA.

HIPOTECA CONVENCIONAL. *Direito civil.* Aquela constituída por meio de um acordo de vontade do credor e do devedor da obrigação principal, pois são suscetíveis de ônus real todas as obrigações de caráter econômico, sejam elas de dar (onde a hipoteca assegurará a entrega do objeto da prestação), de fazer, ou de não fazer (podendo garantir o pagamento de indenização por perdas e danos em conseqüência de sua inexecução).

HIPOTECA DE AERONAVE. *Direito civil.* Direito real de garantia de dívida que recai sobre avião que, apesar de não ser imóvel, é hipotecável por ser individualizável pela marca, prefixo e matrícula.

HIPOTECA DE FERROVIA. *Direito civil* e *direito registrário.* Direito real de garantia do débito que recai sobre estrada de ferro, que é imóvel que se adere ao solo, compreendendo trilhos assentados, oficinas, estações, linhas telegráficas, locomotivas e carros, devendo o ônus real ser levado a assento na comarca da estação inicial da respectiva linha.

HIPOTECA DE GASODUTO. *Direito civil* e *direito registrário.* Ônus real de garantia que adere à área do solo e ao espaço aéreo, às estações de compressão e aos dutos (partes integrantes), às máquinas e equipamentos (pertenças). Por ser o gasoduto um bem imóvel composto, as suas partes integrantes e pertenças somente poderão ser hipotecadas se for feita uma hipoteca conjunta, que recairá sobre o valor do gasoduto, que ficará sujeito à solução do débito. Para tanto precisará a hipoteca ser inscrita no Cartório correspondente à primeira estação de compressão e averbada nos Cartórios Imobiliários onde se localizarem as demais estações.

HIPOTECADO. *Direito civil.* Onerado com hipoteca.

HIPOTECA GENÉRICA. *Direito comparado.* Aquela que é também designada de hipoteca com limite máximo e que requer, para sua constituição, como forma de garantia de débitos futuros, um critério objetivo para a determinação da prestação garantida (Pedro Romano Martinez e Pedro Fuzeta da Ponte).

HIPOTECA JUDICIAL. *Direito civil* e *direito processual civil.* Hipoteca geral que a lei empresta a todo julgamento que condena um devedor a executar sua obrigação (Planiol e Ripert). A sentença que condenar o réu no pagamento de uma prestação, consistente em dinheiro ou em coisa, valerá como título constitutivo de *hipoteca judiciária,* cuja inscrição será ordenada pelo juiz na forma prescrita na Lei de Registros Públicos. A sentença condenatória produz a hipoteca judiciária: a) embora a condenação seja genérica; b) pendente arresto de bens do devedor; c) ainda quando o credor possa promover a execução provisória da sentença. Quando a sentença judicial condenar o réu a entregar determinada quantia ou a pagar indenização de perdas e danos, o autor tem direito de garantia sobre os bens do devedor que forem bastantes para cobrir o montante da condenação imposta pelo magistrado. Tais bens serão vendidos para obtenção do *quantum* necessário para satisfação da obrigação. Só que o exeqüente não terá direito de preferência, se, com a insolvência do devedor, instaurar-se concurso creditório, por isso alguns autores dizem tratar-se de uma hipoteca anômala ou "meia hipoteca", como prefere Teixeira de Freitas.

HIPOTECA JUDICIÁRIA. *Direito processual civil. Vide* HIPOTECA JUDICIAL.

HIPOTECA LEGAL. *Direito civil.* Aquela que a lei confere a certos credores, que, por se encontrarem em determinada situação e pelo fato de que seus bens são confiados à administração alheia, devem ter uma proteção especial. Por exemplo, a lei confere hipoteca às pessoas de direito público interno, sobre os bens imóveis pertencentes aos encarregados da cobrança, guarda ou administração dos respectivos fundos e rendas; ao ofendido, ou aos seus herdeiros, sobre os imóveis do delinqüente, para satisfação do dano causado pelo delito e pagamento das despesas judiciárias; ao co-herdeiro, para garantia do seu quinhão ou torna da partilha, sobre o imóvel adjudicado ao herdeiro reponente; ao credor, sobre o imóvel arrematado, para garantia do pagamento do restante do preço da arrematação; aos filhos sobre os imóveis do pai ou mãe, que convolar novas núpcias, antes de fazer o inventário e partilha dos bens do casal anterior. A hipoteca legal pode ser substituída por caução de títulos da dívida pública federal ou estadual, recebidos pelo valor de sua cotação mínima no ano corrente; ou por outra garantia, a critério do juiz, a requerimento do devedor.

HIPOTECA MARÍTIMA. *Direito civil* e *direito marítimo.* Direito real de garantia da obrigação assumida, que tem por objeto um navio ou embarcação apropriada ao transporte marítimo ou fluvial, destinada à navegação de longo curso, de pequena ou grande cabotagem, mesmo que esteja em fase de construção. Constitui-se por escritura pública após a apresentação do título de propriedade naval, inscrevendo-se no Tribunal Marítimo. O navio pode ser hipotecado por estar vinculado pelo registro a um porto e por ser conveniente assegurar o direito de quem financia o construtor e o do seu proprietário, garantindo assim o pagamento do débito pela seqüela e preferência.

HIPOTECA NAVAL. *Vide* HIPOTECA MARÍTIMA.

HIPOTECANTE. *Direito civil.* Aquele que dá bens a hipoteca.

HIPOTECAR. *Direito civil.* **1.** Sujeitar imóvel a hipoteca; onerar com hipoteca. **2.** Garantir débito com hipoteca.

HIPOTECÁRIO. *Direito civil.* Referente a hipoteca.

HIPOTECÁVEL. *Direito civil.* Bem que pode ser hipotecado.

HIPOTECA VOLUNTÁRIA. *Vide* HIPOTECA CONVENCIONAL.

HIPOTECNIA. *Direito agrário.* Arte de criar e treinar cavalo.

HIPOTENSÃO ARTERIAL. *Medicina legal.* Pressão arterial baixa.

HIPOTERMIA. *Medicina legal.* Temperatura do corpo abaixo do normal.

HIPÓTESE. 1. *Lógica jurídica.* a) Proposição admitida como princípio do qual se podem deduzir as demais; b) reposição antecedente que serve de fundamento às conseqüentes; c) proposição que constitui o ponto de partida para o desenvolvimento do raciocínio; d) teoria provável, porém não demonstrada. **2.** *Filosofia do direito.* Conjetura duvidosa, mas verossímil, pela qual a idéia se antecipa ao conhecimento e será posteriormente verificada por meio de uma observação direta ou pelo acordo de todas as suas conseqüências com a observação (Augusto Comte).

HIPÓTESE DE INCIDÊNCIA. *Direito tributário.* Descrição abstrata contida na lei tributária (Geraldo Ataliba).

HIPÓTESE DE INCIDÊNCIA COMPLEXA. *Direito tributário.* É a que se configura pela combinação de vários elementos concorrentes (Geraldo Ataliba).

HIPÓTESE DE INCIDÊNCIA CONTINUADA. *Vide* HIPÓTESE DE INCIDÊNCIA PERIÓDICA.

HIPÓTESE DE INCIDÊNCIA INSTANTÂNEA. *Direito tributário.* Aquele fato qualificado por lei como apto para gerar a obrigação tributária que se consuma em um dado momento, exaurindo-se no tempo (Geraldo Ataliba).

HIPÓTESE DE INCIDÊNCIA PERIÓDICA. *Direito tributário.* Situação de fato idôneo para estabelecer tributo que não tem duração determinada, prolongando-se no tempo, pela própria natureza (Geraldo Ataliba).

HIPÓTESE DE INCIDÊNCIA REALIZADA. *Direito tributário.* Fato jurídico suscetível de tributação, ou seja, fato imponível (Alfredo Augusto Becker).

HIPÓTESE DE INCIDÊNCIA SIMPLES. *Direito tributário.* Aquela constituída por um só elemento (Geraldo Ataliba).

HIPÓTESE DE INCIDÊNCIA TRIBUTÁRIA. *Direito tributário.* Descrição hipotético-legislativa de um fato a cuja ocorrência *in concreto* a lei atribui força jurídica de determinar o nascimento da obrigação tributária (Geraldo Ataliba).

HIPÓTESE LEGAL. *Teoria geral do direito.* Parte constitutiva da norma, designada por Engisch de "prótase", que constitui o conceito jurídico a que se ligam as conseqüências jurídicas positivas ou negativas que, por sua vez, constituem a outra parte da norma, denominada por aquele autor de "apódose".

HIPÓTESE TRIBUTÁRIA. *Direito tributário.* Construção da linguagem prescritiva ligada à instituição do tributo. Trata-se da hipótese ou suposto da norma jurídica tributária que representa a descrição de um fato (Paulo de Barros Carvalho). É, portanto, uma proposição descritiva da situação objetiva real, construída pela vontade do legislador, que recolhe os dados de um fato da realidade que deseja disciplinar, qualificando-os, normativamente, como fatos jurídicos (Lourival Vilanova).

HIPOTÉTICO. 1. *Lógica jurídica.* a) Oposto a categórico; b) juízo que enuncia uma relação de implicação entre duas proposições; c) silogismo formado, total ou parcialmente, por proposições hipotéticas (Lalande). **2.** *Filosofia do direito.* a) O que se supõe ou imagina; b) relativo à hipótese; c) o que é objeto de suposição, precisando, por isso, ser comprovado.

HIPOTÉTICO-DEDUTIVO. *Lógica jurídica.* Método pelo qual se desenvolve o raciocínio a partir de princípio posto a título de *lexis*, cuja verdade será averiguada *a posteriori*, como a da hipótese-conjetura, ou seja, conforme sua aptidão ou insuficiência para produzir um conjunto de proposições como conseqüências lógicas (Lalande).

HIPOTIMIA. *Medicina legal.* Redução patológica da afetividade.

HIPOTIREOIDISMO. *Medicina legal.* Atividade deficiente da glândula tireóide, levando o paciente a uma letargia físico-mental.

HIPOTONIA. *Medicina legal.* Diminuição anormal de pressão.

HIPOVITAMINOSE. *Medicina legal.* Deficiência de vitaminas no organismo.

HIPPIES. *Termo inglês.* Jovens da classe média, que, para se esquivar da ordem social materialista, passam a usar roupas não convencionais e entorpecentes, e deixam seus cabelos crescerem, tendo por símbolo a flor.

HIPSOFOBIA. *Medicina legal.* Medo mórbido de grandes alturas.

HIRE–PURCHASE. *Locução inglesa.* Arrendamento mercantil, na Inglaterra.

HIRSUTISMO. *Vide* HIPERTRICOSE.

HIS AUTEM POTESTATEM FACIT LEX PACTIONEM QUAM VELINT SIBI FERRE, DUM NE QUID EX PUBLICA LEGE CORRUMPANT. *Expressão latina.* A lei permite que se faça o pacto que se quiser, desde que não haja infração à lei pública.

HISPANIDADE. *Sociologia geral.* Complexo de tradições e sentimentos nacionais do povo espanhol.

HISPANO–AMERICANO. Relativo à Espanha e à América.

HISTERALGIA. *Medicina legal.* Dor nevrálgica no útero.

HISTERATRESIA. *Medicina legal.* Atresia do útero.

HISTERECTOMIA. *Medicinal legal.* Remoção cirúrgica do útero, ante a existência de algum tumor ou infecção grave.

HISTEREPILEPSIA. *Medicina legal.* Histerismo acompanhado de acessos epilépticos.

HISTERIA. *Medicina legal.* Psiconeurose que atinge, em regra, as mulheres, caracterizando-se pela falta de controle de atos e emoções, levando à ansiedade, à tendência ao exagero e à simulação de doenças orgânicas, causando perturbações intelectuais, instabilidade emocional etc.

HISTÉRICA. *Medicina legal.* Aquela que padece de histeria.

HISTÉRICO. *Medicina legal.* Relativo à histeria.

HISTEROCARCINOMA. *Medicina legal.* Carcinoma do útero.

HISTEROCATALEPSIA. *Medicina legal.* Ataque histérico acompanhado de fenômenos de catalepsia.

HISTEROCELE. *Medicina legal.* Hérnia do útero.

HISTEROMA. *Medicina legal.* Tumor do útero.

HISTERÔMANA. *Medicina legal.* Ninfômana.

HISTEROMANIA. *Medicina legal.* Ninfomania.

HISTEROMETRIA. *Medicina legal.* Medida interna ou externa do útero.

HISTEROMIOMA. *Medicina legal.* Mioma uterino.

HISTEROPATIA. *Medicina legal.* Moléstia uterina.

HISTEROSCOPIA. *Medicina legal.* Exame que possibilita a análise interna do útero e de seu colo.

HISTEROSSALPINGOGRAFIA. *Medicina legal.* Exame radiológico feito para visualizar a cavidade uterina, trompas etc.

HISTEROTOCOTOMIA. *Medicina legal.* Operação cesariana.

HISTEROTOMIA. *Medicina legal.* **1.** Incisão do útero. **2.** *Vide* MICROCESÁRIA.

HISTÓRIA. Ciência que possibilita o registro cronológico, a apreciação metódica e a explicação de fatos do passado da humanidade.

HISTÓRIA DO DIREITO. Ciência que estuda, cronologicamente, o direito como fato empírico e social resultante da interação humana, salientando os seus caracteres peculiares, as causas ou motivos de suas mutações ou transformações. Procura individualizar os fatos e integrá-los num sentido geral ao se ater à evolução das fontes do direito, ao desenvolvimento jurídico de certo povo, à evolução de ramo específico do direito (história do direito civil, penal etc.) ou de uma instituição jurídica (história da propriedade, do casamento etc.), mostrando a sua projeção temporal em conexão com as teorias em que se baseiam.

HISTORICISMO JURÍDICO. *Teoria geral do direito.* Escola histórica do direito representada por Gustav Hugo, Friedrich Carl von Savigny e Georg Friedrich Puchta, que pretendeu a valorização do costume e a manifestação espontânea do espírito nacional. A experiência jurídica para essa escola era histórica, e o conhecimento científico do direito só podia basear-se nessa experiência.

HISTÓRICO. **1.** Relativo à história. **2.** O que se liga ao fato da história. **3.** O que merece, pela sua importância, ser conservado pela história.

HITLERIANO. *História do direito.* Partidário do hitlerismo.

HITLERISMO. *História do direito.* Regime nacional-socialista introduzido por Adolfo Hitler (1889-1945), na Alemanha; nazismo.

HITLERISTA. *História do direito.* Nazista.

HLA. *Medicina legal.* Sigla do sistema *Human Leukocyte Antigen* utilizado na identificação de indivíduos. Essa técnica possibilitou a aplicação de teste conclusivo para o estabelecimento da paternidade, tornando possível visualizar virtualmente o material genético e compará-lo com o de pessoas diferentes, visando a identificação do DNA (ácido desoxirribonucléico) do indivíduo.

HOAXES. *Direito virtual.* *E-mails* com conteúdos falsos.

HOC IPSUM EST. *Locução latina.* Eis o caso.

HOC IPSUM ITA JUSTUM EST, QUOD RECTE FIT, SI EST VOLUNTARIUM. *Expressão latina.* A ação mais justa só o será se for voluntária.

HOC LICET IMPUNE FACERE HUIC, ILLI NON LICET. *Expressão latina.* O que este pode fazer impunemente não é lícito àquele outro.

HOC OPUS, HIC LABOR EST. *Expressão latina.* Eis a dificuldade.

HODIERNIDADE. Atualidade.

HODIERNO. 1. Referente ao dia de hoje. **2.** Moderno. **3.** Do tempo atual.

HOLANDESA. *Direito agrário.* Raça de gado bovino, oriunda da Holanda, considerada como a melhor produtora de leite do mundo.

HOLDING. *Direito comercial.* **1.** Processo em que as sociedades anônimas, agrupadas em truste, conservam a individualidade jurídica e a aparente independência econômica, mas a maioria das ações de cada uma delas é detida por uma sociedade (*Holding Company*) cujos diretores têm o poder decisório nas assembléias de acionistas de cada uma daquelas sociedades, por terem a maioria dos votos (Henri Guitton). **2.** Concentração do poder de decisão de muitas empresas agrupadas naquela que for a detentora do controle acionário das outras. A empresa *mater* controla as subsidiárias, inclusive financeiramente.

HOLDING COMPANY. *Direito comercial.* Empresa *mater* que, por possuir grande número de ações de outras sociedades anônimas, tem o poder decisório e o controle das habilitações comerciais das demais. É a empresa controladora de um grupo econômico.

HOLDOVER TENANT. *Locução inglesa.* Locatário que permanece no imóvel findo o contrato.

HOLERITE. *Direito do trabalho.* Comprovante de pagamento emitido pela entidade empregadora.

HOLISMO. *Filosofia geral.* Concepção que considera a totalidade do grupo social maior que a soma de todos os indivíduos ou de suas relações (Fernando Herren Aguillar).

HOLISMO NORMATIVO. *Filosofia do direito.* Fenômeno pelo qual há lei para quase tudo (Miguel Reale e Glênio Sabbad Guedes).

HOLÍSTICA. *Direito comercial.* É a administração que procura ver o empregado da empresa dentro do contexto organizacional como ser humano e não como peça da engrenagem da produção empresarial.

HOLOCAUSTO. 1. *História do direito.* Sacrifício a que o povo judeu e outros povos foram submetidos, sofrendo suplícios que os levaram à morte. **2.** Na *linguagem comum:* a) imolação, sacrifício; b) abstenção de uma vontade própria para satisfação da de outrem.

HOLÓGRAFO. *Direito civil.* Testamento escrito e assinado pelo próprio testador.

HOLOMORFOSE. *Medicina legal.* Regeneração total dos tecidos orgânicos.

HOLOTONIA. *Medicina legal.* **1.** Espasmo muscular no corpo todo. **2.** Tétano.

HOMALOCEFALIA. *Medicina legal.* Característica consistente em ter a pessoa a cabeça chata.

HOMALOIDAL. Meio espacial indefinido que não apresenta curvas, onde se podem traçar figuras similares em qualquer escala.

HOMBRIDADE. Nobreza de caráter.

HOME BANKING. *Locução inglesa.* **1.** Operação financeira feita no escritório, pelo usuário de computador (Hilário de Oliveira). **2.** Serviço bancário em meio eletrônico, acessível por telefone ou computador por meio da Internet (Luiz Fernando Rudge).

HOME BROKER. *Direito virtual.* **1.** Sistema eletrônico que possibilita a compra e venda de ações por meio de rede e que é realizado por corretoras de valores virtuais cadastradas e interligadas ao sistema da Bovespa (Ilene Patrícia de Noronha). **2.** *Sites* acessáveis por nomes de domínio específicos, que tornam possível ao internauta algum investimento virtual com reflexo no mundo real (Liliane M. Paesani).

HOME FLEET. *Locução inglesa.* Armada inglesa.

HOMEM. *Direito civil.* **1.** Ser humano, independentemente de sexo, que é sujeito de direito; pessoa natural. **2.** Pessoa adulta do sexo masculino. **3.** Marido. **4.** Companheiro. **5.** Concubino. **6.** Amante; amásio.

HOMEM APAGADO. Aquele que possui pouca inteligência.

HOMEM-BASE. *Direito militar.* Sargento, cabo ou soldado pelo qual a tropa regula a própria marcha ou alinhamento.

HOMEM DA LEI. Magistrado, advogado, jurisconsulto etc.

HOMEM DE AÇÃO. 1. Homem ativo ou empreendedor. 2. Homem de pensamento (Bergson).

HOMEM DE ARMAS. *História do direito.* Cavaleiro que servia na guerra o senhor feudal ou o monarca.

HOMEM DE BEM. Homem honesto ou de reto proceder.

HOMEM DE CONTA, PESO E MEDIDA. Aquele que, além de ser honesto, é muito meticuloso em seus negócios e atos.

HOMEM DE COR. O que pertence à raça negra.

HOMEM DE DUAS CARAS. Aquele que é falso, sem palavra ou que apresenta atitudes ambíguas.

HOMEM DE ESPÍRITO. Homem inteligente.

HOMEM DE ESTADO. Estadista.

HOMEM DE EXPEDIENTE. Homem diligente, que logo resolve as dificuldades.

HOMEM DE FERRO. Homem de muita força.

HOMEM DE FIBRA. Aquele que enfrenta, com coragem, as adversidades da vida.

HOMEM DE GRANDE EXEMPLO. Aquele cujas atitudes e qualidades são dignas de serem imitadas.

HOMEM DE LETRAS. Aquele que se dedica à literatura e às ciências.

HOMEM DEL-REI. *História do direito.* Aquele a quem o rei dispensava proteção ou que pertencia à casa real.

HOMEM DE NEGÓCIOS. Negociante.

HOMEM DE PALAVRA. Aquele que cumpre o que promete.

HOMEM-DE-PALHA. *Direito civil.* Testa-de-ferro, isto é, aquele que faz as vezes de outro, ocupando, aparentemente, uma posição para encobrir a verdadeira responsabilidade de outrem. Trata-se do presta-nome.

HOMEM DE PULSO. Homem enérgico, que sabe impor sua autoridade.

HOMEM DO MAR. Aquele que está habituado às fainas do mar.

HOMEM DO MUNDO. Aquele que freqüenta a alta sociedade.

HOMEM DO PODER. *Ciência política.* Aquele que apóia o governo que dirige o país.

HOMEM DO POVO. Aquele que pertence às classes populares.

HOMEM-EXPOENTE. Gênio.

HOMEM-FEITO. Homem adulto, que atingiu a idade da razão.

HOMEM FERA. *Sociologia geral.* Ser humano que, pelo isolamento, foi privado, durante os primeiros anos de vida, da interação com outros homens e que, por isso, não adquiriu cultura e personalidade, recebendo apenas uma formação rudimentar (Pierson).

HOMEM MARGINAL. *Sociologia geral.* O que vive em duas culturas conflitantes, ou que, ao se desprender de uma cultura, não veio a se integrar em outra, ficando à margem de ambas (Stone – Quist). Por exemplo, o imigrante, que, ao perder parte de sua cultura originária, ao assimilar outra, vem a sofrer, no contato social, conflitos de ordem psicológica.

HOMEM-MORTO. *Direito ferroviário.* Dispositivo de segurança em locomotiva elétrica, que a detém automaticamente.

HOMEM NATURAL. Homem não civilizado.

HOMEM PERDIDO. Homem de maus costumes.

HOMEM POSITIVO. Aquele que considera as coisas pelo lado prático, por encarar a realidade tal como ela é.

HOMEM PRÁTICO. Aquele que encara as coisas com sensatez e praticidade.

HOMEM PRIMITIVO. Aquele que viveu nos primórdios da civilização.

HOMEM PÚBLICO. *Ciência política.* Aquele que ocupa algum alto cargo estatal.

HOMEM-RÃ. Mergulhador devidamente equipado e adestrado para efetuar trabalhos submarinos.

HOMEM RAZOÁVEL. Trata-se do *bonus pater familias.*

HOMEM RETO. Homem honesto.

HOMEM-SANDUÍCHE. Aquele que ganha a vida andando pelas ruas com dois cartazes de anúncio, um pendente no peito e o outro nas costas.

HOMEM TESO. Homem inflexível.

HOMENAGEADO. Aquele que recebe homenagem.

HOMENAGEADOR. Quem presta homenagem.

HOMENAGEM. 1. *História do direito.* Antiga promessa de fidelidade feita pelo vassalo ao soberano de quem recebeu um feudo. **2.** Nas *linguagens comum* e *jurídica,* demonstração de respeito e de admiração. **3.** *Direito militar.* Permissão a preso militar de andar sob sua palavra por certo local, sem dele sair.

HOMENS JURADOS. *História do direito.* Homens colocados, pelas Câmaras locais, como guardas dos campos e pastos, para prestarem serviços de polícia em rondas ou diligências efetuadas pelo alcaide, cuidando da segurança do povoado, vila ou cidade.

HOME–OFFICE. *Locução inglesa.* Designação dada ao ministro do Interior, na Inglaterra.

HOMEOPATIA. *Medicina legal.* Sistema de tratamento de moléstia por meio de agentes, aplicados em pequenas doses, que em pessoa sã produzem efeitos similares aos sintomas da doença que se procura debelar.

HOMEPAGE. *Direito virtual.* **1.** Página pessoal. **2.** Primeira página de um *website* (Amaro Moraes e Silva Neto). **3.** Página principal de um endereço eletrônico, na qual se apresenta uma pessoa física ou jurídica.

HOMEPAGE NA INTERNET. *Direito virtual* e *direito administrativo.* Criada pelo Tribunal de Contas da União, na rede de computadores, com o título de contas públicas, para divulgação dos seguintes dados e informações: a) o montante de cada um dos tributos arrecadados pela União, pelos Estados, pelo Distrito Federal e pelos Municípios, os recursos por eles recebidos, os valores de origem tributária entregues e a entregar e a expressão numérica dos critérios de rateio; b) os relatórios resumidos da execução orçamentária da União, dos Estados, do Distrito Federal e dos Municípios; c) o balanço consolidado das contas da União, dos Estados, do Distrito Federal e dos Municípios, suas autarquias e outras entidades, bem como um quadro estruturalmente idêntico, baseado em dados orçamentários; d) os orçamentos do exercício da União, dos Estados, do Distrito Federal e dos Municípios e os respectivos balanços do exercício anterior; e) os resumos dos instrumentos de contrato ou de seus aditivos e as comunicações ratificadas pela autoridade superior; f) as relações mensais de todas as compras feitas pela Administração direta ou indireta.

HOME RULE. *Locução inglesa.* **1.** Governo próprio. **2.** Autonomia moderada concedida pela Inglaterra aos territórios da Comunidade Britânica.

HOME RULER. *Locução inglesa.* Adepto do *home rule.*

HOMESTEAD. *Termo inglês.* Bem de família.

HOMICIDA. *Direito penal.* **1.** Aquele que comete homicídio. **2.** Aquilo que causa a morte de alguém. **3.** Referente a homicídio.

HOMICÍDIO. *Direito penal.* Ação culposa ou dolosa, voluntária ou involuntária, de matar alguém.

HOMICÍDIO CASUAL. *Direito penal.* Homicídio involuntário, advindo de fato ocasional, que não podia ter sido previsto pelo agente, no instante da prática do ato que veio a retirar a vida alheia. Logo, não havendo culpa ou dolo, nem nexo de causalidade entre o fato casual que provocou a morte e o ato que a gerou, o agente não deverá ser punido.

HOMICÍDIO COMPASSIVO. *Direito penal.* Homicídio eutanásico ou piedoso, determinado por motivo de relevante valor social ou moral, sob o domínio de violenta emoção, em seguida a uma injusta provocação da vítima, levando o magistrado a reduzir a pena. Trata-se, portanto, daquele ato que, por intenso sentimento de piedade, alguém se vê impelido a facilitar a morte de um doente em estado terminal, daí ser um homicídio privilegiado.

HOMICÍDIO CONSENSUAL. *Direito penal.* O levado a efeito pelo agente, a pedido da própria vítima ou com a anuência desta, como ocorre na eutanásia.

HOMICÍDIO CONSUMADO. *Direito penal.* Ato omissivo ou comissivo que atinge o resultado pretendido pelo agente, destruindo a vida da vítima.

HOMICÍDIO CULPOSO. *Direito penal.* Ação ou omissão oriunda de negligência, imperícia ou imprudência do agente, que acarreta o resultado morte, sem que tenha havido qualquer intenção de matar. A morte não era o resultado pretendido, mas previsível.

HOMICÍDIO DOLOSO. *Direito penal.* Morte de alguém provocada pelo agente que quis o resultado ou assumiu o risco de produzi-lo. Prática deliberada do ato pelo agente, empregando meios suscetíveis de obter o resultado por ele querido.

HOMICÍDIO EUTANÁSICO. *Vide* HOMICÍDIO COMPASSIVO.

HOMICÍDIO INVOLUNTÁRIO. *Direito penal.* Aquele em que a morte da vítima não foi intencional, sendo resultante de caso fortuito, culpa do agente ou da lesão. Se advindo de fato ocasional ou fortuito será o casual; se de culpabilidade do agente, será culposo; e se da lesão, será preterintencional.

HOMICÍDIO NECESSÁRIO. *Direito penal.* Aquele decorrente de legítima defesa ou de estado de necessidade, excluindo por isso sua criminalidade.

HOMICÍDIO PIEDOSO. *Vide* HOMICÍDIO COMPASSIVO.

HOMICÍDIO POR PIEDADE. *Vide* HOMICÍDIO COMPASSIVO.

HOMICÍDIO PRETERINTENCIONAL. *Direito penal.* O que resulta de uma lesão corporal causada à vítima pelo agente. Há, portanto, intenção de ofender a vítima, faltando, porém, o *animus necandi.* Apesar de inexistir vontade de matar, tal delito é indiretamente doloso, porque o resultado "morte" adveio do ato da lesão corporal grave. Para que haja homicídio preterintencional será imprescindível a configuração de dois requisitos: lesão corporal dolosa que cause a morte da vítima e nexo de causalidade entre a lesão corporal e a morte.

HOMICÍDIO PRIVILEGIADO. *Direito penal.* Morte provocada pelo agente por motivo de relevante valor social ou moral, ou sob o domínio de violenta emoção, em seguida a injusta provocação da vítima. Como, por exemplo, o assassinato de um traidor da pátria, por ato de patriotismo, ou a eutanásia.

HOMICÍDIO QUALIFICADO. *Direito penal.* **1.** *Vide* CRIME HEDIONDO. **2.** Aquele em que se configuram circunstâncias agravantes da pena como motivo torpe ou fútil; emprego de veneno ou de meio incidioso ou cruel; emboscada; execução, ocultação, impunidade ou vantagem de outro crime. Tais motivos revelam a maior periculosidade do agente e a menor possibilidade de a vítima se defender.

HOMICÍDIO SIMPLES. *Direito penal.* Morte voluntária de alguém provocada pelo agente sem que haja qualquer circunstância agravante de pena.

HOMICÍDIO TENTADO. *Direito penal.* Aquele que, apesar de iniciada sua execução, não se consumou, em razão de certos fatos alheios à vontade do agente.

HOMICÍDIO VOLUNTÁRIO. *Vide* HOMICÍDIO DOLOSO.

HOMILÉTICA. *Retórica jurídica.* Eloqüência própria do professor titular.

HOMILIA. *Direito canônico.* Prática religiosa relativa aos dogmas da Igreja.

HOMINES, PLUS IN ALIENIS NEGOTIIS, VIDENT. *Expressão latina.* Os homens vêem melhor nos negócios alheios.

HOMINES SUNT FACILES AD DISSENTIONEM. *Expressão latina.* Homens são fáceis em discordar.

HOMINIBUS APPELLATIONE TAM FOEMINAM QUAM MASCULUM CONTINERI. *Expressão latina.* Com a palavra "homem" compreende-se tanto a mulher como o varão.

HOMINÍDEO. *Sociologia geral.* Primata que deu origem ao *homo sapiens.*

HOMÍNIDO. *Vide* HOMINÍDEO.

HOMIZIADO. *Direito penal.* Fugitivo; aquele que para fugir da ação da justiça se oculta em algum local.

HOMIZIADOURO. *Direito penal.* Sítio de homizio.

HOMIZIAR. *Direito penal.* **1.** Dar guarida a fugitivo da justiça. **2.** Fugir à justiça. **3.** Esconder ou ocultar alguém à ação da justiça.

HOMIZIO. **1.** *Direito penal.* a) Fuga de criminoso; b) esconderijo para fugir à ação da justiça; c) ato ou efeito de homiziar. **2.** *História do direito.* a) Inimizade resultante de morte causada a alguém; b) pena pecuniária imposta ao assassino em favor dos parentes da vítima.

HOMO DEBET SEQUI AEQUITATEM LEGIS, NON PROPRII CAPITIS. *Expressão latina.* O homem deve acatar a eqüidade legal e não sua cabeça.

HOMOEROTISMO. *Medicina legal.* União erótico-afetiva entre homossexuais.

HOMO EST ANIMAS SOCIABILE. *Expressão latina.* O homem é um animal sociável.

HOMOETNIA. Semelhança de raça.

HOMO FABER. *Locução latina.* **1.** Aquele que, sendo responsável pela tecnologia, fabrica instrumentos ou artefatos não-organizados. **2.** Homem primitivo que tinha de fabricar tudo que lhe era necessário (Henri Bergson). **3.** Aquele que faz o indispensável à sua sobrevivência. **4.** Homem artífice.

HOMOFILIA. *Psicologia forense.* Atração por pessoa do mesmo sexo, sem que haja obrigatoriedade de relação sexual.

HOMOFOBIA. **1.** *Medicina legal.* Pavor mórbido de tornar-se homossexual. **2.** *Direito penal.* Prática discriminatória, prevista em projeto de lei, em razão de orientação sexual das pessoas, apenando como criminoso quem criticar o homossexualismo, com reclusão.

HOMO FORENSIS. *Locução latina.* Advogado.

HOMOGENEIDADE. **1.** Nas *linguagens comum* e *jurídica,* o que é homogêneo. **2.** *Sociologia geral.* População cujos membros apresentam semelhanças biológicas ou culturais.

HOMOGÊNEO. **1.** O que tem a mesma natureza ou pertence ao mesmo gênero de outro objeto. **2.** O que contém elementos da mesma natureza, sem apresentar diferença qualitativa. **3.** Aquilo que, no seu todo, é idêntico.

HOMO HOMINI LUPUS. *Expressão latina.* O homem é um lobo para outro homem. Estado de natureza em que os homens se encontravam em luta, entredevorando-se como lobos (Hobbes).

HOMO INSIPIENS. *Locução latina.* Homem ignorante.

HOMO JURIDICUS. *Locução latina.* O que se consagra à defesa do direito (Del Vecchio).

HOMOLOGABILIDADE. *Direito processual* e *direito administrativo.* Aquilo que é homologável.

HOMOLOGAÇÃO. **1.** *Direito processual civil.* Decisão pela qual o magistrado aprova um acordo ou ato processual, levado a efeito, para que irradie conseqüências jurídicas. **2.** *Direito administrativo.* Ato confirmatório emanado da autoridade pública competente, dando eficácia ou força executória a um outro anterior.

HOMOLOGAÇÃO DE PROVAS. *Direito militar* e *direito aeronáutico.* Ato administrativo que ratifica a realização de provas aéreas ou de provas de salto em pára-quedas do militar que tenha atingido, no período de provas considerado, os requisitos estabelecidos para o seu posto ou graduação, ou determinada atividade especial.

HOMOLOGAÇÃO DE SENTENÇA ESTRANGEIRA. *Direito processual civil, direito processual penal* e *direito internacional privado.* Ato processual confirmatório do Superior Tribunal de Justiça imprescindível para dar eficácia jurídica e força executiva à sentença prolatada por tribunal estrangeiro. Atendendo ao critério do juízo de delibação, o qual submete aquela decisão estrangeira a um processo e julgamento limitados ao exame de requisitos extrínsecos, ou seja, da competência, da regularidade da citação e do respeito da ordem pública nacional, em que não há, por-

tanto, qualquer exame do mérito. A homologação tem por escopo acautelar interesses de ordem patrimonial, tornando efetiva a relação jurídica dessa natureza, sendo exigida para as sentenças estrangeiras que têm de ser executadas no Brasil. Dispensa-se de tal homologação a sentença meramente declaratória de estado e capacidade da pessoa, que não requer o juízo de delibação, salvo se tiver de produzir efeito patrimonial ou for passível de execução no território brasileiro.

HOMOLOGANDA. *Direito processual.* Sentença pendente de homologação.

HOMOLOGANDO. *Direito administrativo* e *direito processual.* Ato que se encontra sujeito à apreciação da autoridade pública ou judicial para ser confirmado ou aprovado.

HOMOLOGAR. *Direito administrativo* e *direito processual.* Confirmar por ato ou por sentença.

HOMOLOGATIVO. *Direito administrativo* e *direito processual.* O que produz homologação.

HOMOLOGATÓRIO. *Vide* HOMOLOGATIVO.

HOMOLOGÁVEL. *Direito administrativo* e *direito processual.* Aquilo que se pode homologar.

HOMOLOGIA. *Filosofia do direito.* Modo pragmático do discurso que se dá quando orador e ouvinte discutem um "com" o outro, uma vez que ambos têm qualidades para discutir e para verificar interpessoalmente o que é enunciado. Domina aqui a mútua confiança e respeito que conduzem à cooperação e que se fundam na "competência comunicativa" das partes. A relação é simétrica, no que atina aos atos de falar. Quanto à fundamentação, o "discurso-com" ou homológico atende à estratégia de convencimento. Convicção entenda-se como um sentimento fundado na verdade (Tércio Sampaio Ferraz Jr.).

HOMOLÓGICO. Relativo à homologia.

HOMÓLOGO. **1.** Nas *linguagens comum* e *jurídica:* a) o que representa homologia; b) o que tem a mesma posição, relativa proporção, valor ou estrutura. **2.** *Direito administrativo.* Local ocupado por servidor público, civil ou militar, no quadro de cargos equivalentes ao de outro, apesar de haver alguma diversidade.

HOMO LOQUAX. *Locução latina.* Aquele que coloca ênfase nas palavras pronunciadas, usando sofismas brilhantes para justificar uma verdade aparente (Bergson).

HOMO MEDIUS. *Locução latina.* Homem comum cujo comportamento é o normal na média dos membros da sociedade.

HOMO MENSURA. *Locução latina.* Homem como medida de todas as coisas, das que são enquanto são e das que não são enquanto não são (Protágoras).

HOMONÍMIA. *Direito civil.* **1.** Igualdade de nomes. **2.** Circunstância em que duas ou mais pessoas apresentam os mesmos nomes e prenomes, dos quais a lei permite alteração, caso haja embaraços no setor empresarial ou em atividade profissional. **3.** Qualidade do que é homônimo.

HOMONÍMICO. *Direito civil.* Em que há homonímia.

HOMÔNIMO. *Direito civil.* Aquele que tem o mesmo nome de outro.

HOMO NOBILIS. *Locução latina.* Homem nobre, tendo caráter, por ser superior, moral e psiquicamente perfeito (Pedro Nunes e Benedickt).

HOMO NON SIBI SOLI NATUS, SED PATRIAE. *Expressão latina.* O homem não nasceu somente para si, mas para sua pátria.

HOMO NOOUMENON. *Filosofia geral.* Eu racional.

HOMO OECONOMICUS. *Locução latina.* Aquele que apenas conhece duas leis: a do interesse pessoal e a econômica das forças de produção. Aquele que só raciocina baseado na produtividade de seu capital, desumanizando-se.

HOMO PHAENOMENON. *Filosofia geral.* Indivíduo empírico.

HOMO POLITICUS. *Locução latina.* Aquele ligado ao jogo do poder político da burocracia administrativo-estatal, atuando com habilidade e astúcia.

HOMO RELIGIOSUS. *Locução latina.* **1.** Homem interior. **2.** Homem de Deus. **3.** Homem criado à semelhança de Deus, tendo um poder espiritual. **4.** Uma das expressões do homem integral.

HOMO SAPIENS. *Locução latina.* **1.** Ser biológico dotado de razão (Lineu); ser racional. **2.** O homem como único animal racional (Henri Bergson).

HOMOSE. *Retórica jurídica.* Figura consistente na comparação de um objeto com outro.

HOMOSSEXUAL. *Medicina legal.* Aquele que tem atração sexual por pessoa do mesmo sexo.

HOMOSSEXUALIDADE. *Medicina legal.* Qualidade daquele que tem atração sexual por indivíduo do mesmo sexo.

HOMOSSEXUALISMO. *Medicina legal.* **1.** Atração erótica ou sexual que alguém sente por pessoa de seu sexo. **2.** Prática de ato sexual entre pessoas do mesmo sexo, constituindo uma perversão ou inversão sexual.

HOMOSSEXUALISMO COMERCIAL. *Medicina legal.* Perversão sexual, masculina ou feminina, representada pelos prostitutos e prostitutas (Croce e Croce Jr.).

HOMOSSEXUALISMO FEMININO. *Medicina legal.* Perversão sexual caracterizada pela inclinação de uma mulher para outra, realizando-se por três formas, que possam provocar o orgasmo: a) safismo ou lesbianismo, consistente no coito bucal ou cunilíngua, sucção do clitóris por uma mulher em outra; b) tribadismo, que é o atrito das partes sexuais externas realizado por duas mulheres; c) clitorismo ou introdução do clitóris na vagina da outra, o que requer existência de clitóris de dimensão anormal, sendo por isso mais rara.

HOMOSSEXUALISMO INCONSCIENTE. *Medicina legal e psicologia forense.* Situação daquele que não se conscientizou de sua atração pelo mesmo sexo, o que se manifesta por donjuanismo, ciúme doentio, paranóia etc.

HOMOSSEXUALISMO MASCULINO. *Medicina legal.* Inversão sexual caracterizada pela inclinação erótica de um homem para outro homem, praticando masturbação simples ou recíproca, felação, coito interfemural, sodomia, coito axilar etc. Apresenta-se sob duas formas: a) o uranismo, em que a inversão é congênita, fazendo com que o indivíduo passe a se vestir como mulher (travestismo) e a exercer atividades femininas; b) a pederastia, em que a perversão sexual é adquirida na busca de novas sensações eróticas, na privação da companhia feminina ou por razões patológicas ou de distúrbios de caráter.

HOMOSSEXUALISMO OCASIONAL. *Medicina legal e psicologia forense.* Atração sexual pelo mesmo sexo apresentada por psicótico do tipo esquizofrênico, por toxicômano e por aquele que se encontra em situação especial, ou melhor, em penitenciária.

HOMOSSEXUALISMO PROFISSIONAL. *Vide* HOMOSSEXUALISMO COMERCIAL.

HOMO SUI JURIS. *Locução latina.* O homem no gozo de seus direitos.

HOMO SUM ET NIHIL HUMANI A ME ALIENUM. *Expressão latina.* Sou homem, logo nada que é humano me é alheio.

HOMOTRANSPLANTE. *Vide* ALOTRANSPLANTE.

HOMO TYPICUS. *Locução latina.* Homem padrão.

HOMO VILIS. *Locução latina.* Homem vil; marginal; criminoso; indivíduo canalha (Pedro Nunes).

HOMOZIGOTO. *Medicina legal.* Indivíduo que apresenta um par de genes alelos idênticos em um determinado *locus* de um par de cromossomos homólogos (José Lopes Zarzuela).

HONESTA FAMA EST ALTERUM PATRIMONIUM. *Expressão latina.* Uma boa reputação é um segundo patrimônio.

HONESTA MORS TURPI VITA POTIOR. *Expressão latina.* Uma morte honesta é melhor do que uma vida vergonhosa.

HONESTA NON SUNT OMNIA QUAE LICENT. *Expressão latina.* Nem tudo que é lícito é honesto.

HONESTA QUAEDAM SCELERA SUCCESSUS FACIT. *Expressão latina.* Certos delitos, com o sucesso, tornam-se feitos honrosos.

HONESTATEM ACQUIRE. *Expressão latina.* Adquire reputação.

HONESTE QUAEDAM ACCIPITUR, QUAE NON HONESTE PETITUR. *Aforismo jurídico.* Algumas vezes aceita-se honestamente o que honestamente não pode ser pedido.

HONESTE VIVERE. *Expressão latina.* Viver honestamente.

HONESTE VIVERE, NEMINEM LAEDERE, SUUM CUIQUE TRIBUERE. *Expressão latina.* Viver honestamente, ninguém ofender e dar a cada um o que é seu.

HONESTIDADE. 1. Qualidade do que é honesto. **2.** Probidade. **3.** Castidade; virgindade. **4.** Decoro ou recato.

HONESTIDADE PÚBLICA. *História do Direito canônico.* Impedimento dirimente matrimonial que tinha origem no casamento inválido, consumado ou não, e no concubinato público ou notório, dirimindo o casamento em primeiro e em segundo graus da linha reta entre o varão e as consangüíneas da mulher e vice-versa.

HONESTO. 1. Consciencioso; sério; digno de confiança; honrado; probo. **2.** Imparcial. **3.** Justo. **4.** Decoroso. **5.** Recatado. **6.** Aquele que age respeitando as normas jurídicas e morais. **7.** Razoável, conveniente. **8.** O que é moralmente bom.

HONESTY IS THE BEST POLICY. *Expressão inglesa.* A honradez é a melhor política.

HONOR. *Termo latino.* Honra.

HONORABILIDADE. 1. Probidade; respeitabilidade. **2.** Digno de receber honras.

HONOR ALIT ARTES. *Expressão latina.* A honra alimenta as artes.

HONORÁRIO. *Direito civil.* Sócio, ou membro, de honra, eleito pela sua respeitabilidade por uma instituição, que lhe concede um título honorífico, sem lhe impor qualquer retribuição pecuniária.

HONORÁRIOS. 1. *Direito civil.* Quantia paga em retribuição a certos serviços prestados por profissionais liberais, como dentistas, médicos, engenheiros, advogados etc. **2.** *História do direito.* Dinheiro que era pago, na antigüidade romana, pelo magistrado municipal como reconhecimento da honra por sua nomeação para o cargo.

HONORÁRIOS ADVOCATÍCIOS. Estipêndio a que tem direito o advogado por patrocinar a causa e por ter sido vencedor na demanda. A parte vencida no processo, pelo princípio processual da sucumbência, tem o dever de pagá-los à vencedora. A prestação de serviço profissional assegura ao inscrito na Ordem dos Advogados do Brasil o direito aos honorários convencionados, aos fixados por arbitramento judicial e aos de sucumbência. O advogado, quando indicado para o patrocínio de causa de juridicamente necessitado, no caso de impossibilidade da Defensoria Pública no local da prestação de serviço, faz jus aos honorários fixados pelo magistrado, segundo tabela organizada pelo Conselho Seccional da OAB, que serão pagos pelo Estado. Os honorários advocatícios e sua eventual correção, bem como sua majoração decorrente do aumento dos atos judiciais que advierem como necessários, devem ser previstos em contrato escrito, qualquer que seja o objeto e o meio da prestação do serviço profissional, contendo todas as especificações e forma de pagamento, inclusive no caso de acordo. Os honorários da sucumbência não excluem os contratados, porém devem ser levados em conta no acerto final com o cliente ou constituinte, tendo sempre presente o que foi ajustado na aceitação da causa. A compensação ou o desconto dos honorários contratados e de valores que devam ser entregues ao constituinte ou cliente só podem ocorrer se houver prévia autorização ou previsão contratual. A forma e as condições de resgate dos encargos gerais, judiciais e extrajudiciais, inclusive eventual remuneração de outro profissional, advogado ou não, para desempenho de serviço auxiliar ou complementar técnico e especializado, ou com incumbência pertinente fora da Comarca, devem integrar as condições gerais do contrato. Os honorários profissionais devem ser fixados com moderação, atendidos os elementos seguintes: a) a relevância, o vulto, a complexidade e a dificuldade das questões versadas; b) o trabalho e o tempo necessário; c) a possibilidade de ficar o advogado impedido de intervir em outros casos, ou de se desavir com outros clientes ou terceiros; d) o valor da causa, a condição econômica do cliente e o proveito para ele resultante do serviço profissional; e) o caráter da intervenção, conforme se trate de serviço a cliente avulso, habitual ou permanente; f) o lugar da prestação dos serviços, fora ou não do domicílio do advogado; g) a competência e o renome do profissional; h) a praxe do foro sobre trabalhos análogos. Em face da imprevisibilidade do prazo de tramitação da demanda, devem ser delimitados os serviços profissionais a se prestarem nos procedimentos preliminares, judiciais ou conciliatórios, a fim de que outras medidas, solicitadas ou necessárias, incidentais ou não, diretas ou indiretas, decorrentes da causa, possam ter novos honorários estimados, e da mesma forma receber do constituinte ou cliente a concordância hábil. Na hipótese da adoção de cláusula *quota litis*, os honorários devem ser necessariamente representados por pecúnia e, quando acrescidos dos de honorários da sucumbência, não podem ser superiores às vantagens advindas em favor do constituinte ou do cliente. A participação do advogado em bens particulares de cliente, comprovadamente sem condições pecuniárias, só é tolerada em caráter excepcional, e desde que contratada por escrito. A celebração de convênios para prestação de serviços jurídicos com redução dos valores estabelecidos na Tabela de Honorários implica captação de clientes ou causa, salvo se as condições peculiares da necessidade e dos carentes puderem ser demonstradas com a devida antecedência ao respectivo Tribunal de Ética e Disciplina, que deve analisar a sua oportunidade. Os honorários advocatícios devidos ou fixados em tabelas no regime da assistência judiciária não podem ser alterados no *quantum* estabelecido; mas a verba honorária, decorrente da sucumbência, pertence ao advogado. O advogado deve evitar o aviltamento de valores dos serviços profissionais, não os fixando de forma irrisória ou inferior ao mínimo fixado pela Tabela de Honorários, salvo motivo plenamente justificável. O crédito por honorários advocatícios, seja do advogado autônomo, seja de sociedade de advogados, não autoriza o saque de duplicatas ou qualquer outro título de crédito de natureza mercantil, exceto a emissão de fatura, desde que constitua exigência do constituinte ou assistido, decorrente de contrato escrito, vedada a tiragem de protesto. Havendo necessidade de arbitramento e cobrança judicial dos honorários advocatícios, deve o advogado renunciar ao patrocínio da causa, fazendo-se representar por um colega.

HONORÁRIOS ADVOCATÍCIOS EM MOEDA ESTRANGEIRA. Retribuição a que tem direito o advogado por serviço jurídico prestado, avençada em contrato com constituinte domiciliado no exterior e estipulada em moeda estrangeira.

HONORÁRIOS MÉDICOS. Retribuição pecuniária dos serviços médicos prestados ao paciente.

HONORÁVEL. Benemérito; digno de receber honras.

HONORES MUTANT MORES: SED RARO IN MELIORES. *Expressão latina.* As honras transformam os hábitos: mas raramente para melhores.

HONOR EST MAXIMUM BONORUM EXTERIORUM. *Aforismo jurídico.* A honra é o máximo dos bens exteriores.

HONOR ET PATRIA. *Locução latina.* Honra e pátria.

HONOR HABET ONUS. *Expressão latina.* A honra traz responsabilidades ou encargos.

HONORIFICAR. Dar honras a alguém; honrar; agraciar.

HONORIFICIÊNCIA. O que constitui honra.

HONORÍFICO. 1. Honroso. **2.** Honorário. **3.** Que dá honras.

HONORIS CAUSA. 1. *Locução latina.* A título de honra. **2.** *Direito educacional.* Maior título honorífico concedido por uma universidade a jurista insigne, sem que este preste concurso para avaliação de seus conhecimentos. **3.** *Direito penal.* Motivo que leva alguém a cometer um crime, para ocultar uma desonra ou preservar sua honra, alegado, com freqüência, como justificativa da exposição de recém-nascido a perigo de vida.

HONORIS CAUSA ET VITA AEQUIPARANTUR. *Aforismo jurídico.* Honra e vida equiparam-se.

HONOR MALIS EXHIBITUS, IN EORUM COMMUTATUR RUINAM. *Expressão latina.* Honras não merecidas são opróbios.

HONOS PRAEMIUM VIRTUTIS. *Expressão latina.* A honra é o prêmio da virtude.

HONRA. 1. *Direito civil* e *direito penal.* Bem jurídico que apresenta dois aspectos: a) um subjetivo, o qual designa o sentimento da própria dignidade moral, nascido da consciência de nossas virtudes ou de nosso valor moral, isto é, a honra em sentido estrito; e b) um objetivo, representado pela estimação que outrem faz de nossas qualidades morais e de nosso valor social, indicando a boa reputação moral e profissional que pode ser afetada pela injúria, calúnia ou difamação (Eugenio Cuello Calón). **2.** Nas *linguagens jurídica* e *comum:* a) crédito oriundo da probidade ou do bom procedimento; b) manifestação de consideração e estima tributada a alguém (Aristóteles); c) valor social reconhecido pelo grupo a alguém que se destaque na arte, ciência etc.; d) sentimento que leva o homem a procurar merecer e manter a consideração pública; e) homenagem ao talento, à virtude e às boas qualidades da pessoa; f) fama; g) probidade; h) celebridade; i) virgindade; castidade; j) manifestação exterior de respeito; k) pessoa que pelo seu talento ou mérito dignifica a classe, a instituição ou o país a que pertence; l) dignidade daquele que age de conformidade com a moral; m) valor moral da pessoa. **3.** *História do direito.* Terra onde os senhores estabeleciam casas, as quais eram governadas por juízes nomeados por eles mesmos, de cujas decisões havia apelação para chancelaria. Por extensão abrangia: A) o páramo ou paranho, que era: a) honra feita em prol do casal, do marido da ama dos filhos ou do fidalgo; ou b) lugar, povo, herdade com privilégio de honra, por nele ter sido amamentado por alguma mulher casada o filho legítimo de um fidalgo (Laudelino Freire); e B) amádigo, que era a que se comunicava ao casal ou a herdade da ama de algum filho legítimo de fidalgo. A honra era, portanto, o local privilegiado.

HONRADEZ. Integridade de caráter.

HONRADO. 1. Aquele que tem honra, por ser honesto. **2.** Aquele em prol de quem terceiro paga ou aceita letra de câmbio para evitar o protesto do seu título.

HONRADOR. 1. O que atribui honra à pessoa. **2.** Aquele que paga ou aceita letra de câmbio, que não foi aceita nem paga pelo sacado. É o interveniente da letra de câmbio.

HONRA E BOA FAMA. *Direito civil.* Elemento que, se inexistir num cônjuge e for desconhecido pelo outro, constitui erro essencial sobre a pessoa, que pode anular o casamento. Assim, se um dos consortes for dado, por exemplo, ao proxenetismo, à prostituição, ao sadismo e ao homossexualismo, o enganado poderá pleitear anulação do matrimônio. A honra é a dignidade da pessoa que vive honestamente, pautando seu proceder pelos ditames da moral. A boa fama é a estima social de que a pessoa goza, por conduzir-se segundo os bons costumes (Washington de Barros Monteiro). São requisitos para a caracterização do erro essencial sobre a honra e a boa fama do outro cônjuge, com o escopo de anular o casamento: comportamento inqualificável do outro consorte, anterior ao casamento; desconhecimento da conduta desonrosa pelo cônjuge enganado, antes das núpcias; continuação da conduta após o matrimônio; insuportabilidade da vida em comum; sensibilidade moral do consorte enganado.

HONRAR. 1. Conferir honra. **2.** Dignificar. **3.** Exaltar. **4.** Tratar com respeito. **5.** Reverenciar. **6.** Valorizar. **7.** Premiar conforme o mérito.

HONRAR A FIRMA. *Direito cambiário.* Aceitar ou pagar uma letra de câmbio que outro não aceita ou não paga.

HONRAR A MEMÓRIA. 1. Celebrar algo, com solenidade, em memória de alguém. **2.** Rememorar. **3.** Citar com louvor os méritos de alguém.

HONRARIA. 1. Dignidade de um cargo. **2.** Título ou cargo honorífico. **3.** Distinção. **4.** Concessão de mercês honoríficas.

HONRAS. 1. Privilégios ou prerrogativas concedidas, especialmente, a determinada pessoa, em razão de seu cargo ou função. **2.** Homenagens prestadas a alguém pelos seus méritos.

HONRAS ÀS NAÇÕES E AUTORIDADES ESTRANGEIRAS. *Direito militar.* São as prestadas à nação, seus representantes e autoridades cujo governo foi reconhecido pelo Brasil e com a qual se mantenha relações diplomáticas.

HONRAS CIVIS. Homenagens que se prestam em certas ocasiões às autoridades constituídas ou a representantes do governo.

HONRAS DE GALA. *Direito militar.* Homenagens prestadas, diretamente pela tropa, a uma alta autoridade civil ou militar, de acordo com a sua hierarquia. Consistem de: Guarda de Honra, Escolta de Honra e Salvas de Gala.

HONRAS DE PASSAGEM. *Direito marítimo.* Honras, que não as de salva, prestadas quando os navios e embarcações, arvorando bandeira – insígnia, passam, ou são ultrapassados, a distância de reconhecimento, que é de aproximadamente três amarras para navios e duas amarras para embarcações miúdas.

HONRAS DE PORTALÓ. *Direito marítimo.* Honras de guarda, *boys* e toques de corneta e apito, devidas na recepção ou despedida da autoridade, prestadas junto à escada do portaló ou prancha do navio ou, ainda, no local designado pela autoridade competente.

HONRAS DE RECEPÇÃO E DESPEDIDA. *Direito militar.* Honras prestadas às autoridades, ao chegarem ou saírem de navio ou outra organização militar, e por ocasião de visitas e inspeções.

HONRAS FÚNEBRES. 1. Homenagens à memória de um falecido. **2.** *Direito militar.* São homenagens póstumas prestadas diretamente pela tropa aos despojos mortais de uma alta autoridade ou de um militar da ativa, de acordo com a posição hierárquica que ocupava. Consistem de: a) Guarda Fúnebre; b) Escolta Fúnebre; c) Salvas Fúnebres. As Honras Fúnebres são prestadas aos restos mortais: a) do presidente da República; b) dos Ministros Militares; c) dos Militares das Forças Armadas. Excepcionalmente, o presidente da República, os Ministros Militares e outras autoridades militares podem determinar que sejam prestadas Honras Fúnebres aos despojos mortais de Chefes de Missão Diplomática estrangeira falecidos no Brasil ou de insigne personalidade, assim como o seu transporte, em viatura especial, acompanhada por tropa.

HONRAS MILITARES. *Direito militar.* **1.** Cerimônias militares, com salvas e guardas de honra, em que se presta homenagem a cidadão militar ou civil que ocupa alto posto, seguindo rituais regulamentares. **2.** São homenagens coletivas que se tributam aos militares das Forças Armadas, de acordo com sua hierarquia, e às altas autoridades civis, traduzidas por meio de Honras de Recepção e Despedida, Comissão de Cumprimentos e de Pêsames e Preito da Tropa. Têm direito a honras militares: a) o presidente da República; b) o vice-presidente da República; c) o Congresso Nacional e o Supremo Tribunal Federal, quando incorporados; d) os ministros de Estado; e) o Superior Tribunal Militar, quando incorporado; f) os militares das Forças Armadas; g) os governadores de Estados, Territórios Federais e Distrito Federal; h) os Chefes de Missão Diplomática. Excepcionalmente, o presidente da República ou os ministros militares podem determinar que sejam prestadas honras militares a outras autoridades não especificadas acima.

HONRAS SUPREMAS. *Vide* HONRAS FÚNEBRES.

HOPLITA. *História do direito.* Infante de armadura pesada da antiguidade grega.

HOPLÔMACO. *História do direito.* Gladiador completamente armado.

HOPLOMAQUIA. *História do direito.* Combate simulado de hoplômacos.

HÓQUEI. *Direito desportivo.* Jogo disputado por quadros, contendo cada um onze jogadores, tendo por fim introduzir em gols opostos uma pequena bola, batendo-a com um bastão recurvado (*stick*).

HORA. 1. Vigésima quarta parte do dia civil, que dura sessenta minutos. **2.** Número do mostrador do relógio. **3.** Tempo em que se deve fazer algo. **4.** Momento oportuno. **5.** Ocasião.

HORA AVANÇADA. Alta hora do dia ou da noite.

HORA CERTA. *Direito processual civil.* Modalidade de citação ficta ou presumida, harmonizando o direito de ação e o de defesa quando o réu evita recebê-la por três vezes. A partir de então, nomeia-se curador à lide, após proceder à intimação da família ou vizinho do citando para estar presente no mesmo local, no dia seguinte, e em hora desde logo determinada, a fim de assistir à complementação da diligência citatória.

HORA DE RECREIO. Intervalo das aulas.

HORA DE TERÇA. *História do direito.* Nove horas da manhã.

HORAE SUBSICIVAE. *Locução latina.* Horas vagas.

HORA EXTREMA. Hora da morte.

HORA *H*. Hora decisiva.

HORA LEGAL. 1. Aquela determinada por lei, sendo instituída pela autoridade competente, como a hora de verão ou hora de inverno, pela qual os relógios são atrasados ou adiantados, durante determinado período, para atender a algum interesse público (De Plácido e Silva). **2.** Sistema convencional de medida de tempo adotado para possibilitar a comunicação entre os países, tendo-se por parâmetro o meridiano que passa pela cidade de Greenwich (zero hora). É o adotado nas regiões que estão dentro do mesmo fuso horário, isto é, a hora solar do seu meridiano central, salvo onde forem necessárias variações para manter a uniformidade local ou nacional.

HORA OFICIAL. Hora legal.

HORÁRIO. 1. Relativo a horas. **2.** Quantidade e distribuição de horas para a execução de certo serviço público ou particular. **3.** Tabela de horas para aulas, partida ou chegada de aviões, trens, ônibus etc. **4.** Duração em horas do funcionamento de uma repartição pública ou estabelecimento mercantil.

HORÁRIO DE TRANSPORTE (HOTRAN). *Direito comercial* e *direito aeronáutico.* Documento emitido pelo DAC, que formaliza concessões para exploração de linhas aéreas regulares domésticas e internacionais.

HORAS CANÔNICAS. *Direito canônico.* **1.** Orações que os sacerdotes devem rezar, diariamente, a certas horas. **2.** Horas regulares ou horas certas.

HORAS DE DESCANSO. *Vide* HORAS DE LAZER.

HORAS DE LAZER. Horas vagas ou sem ocupação; horas de ócio.

HORAS DE PRIMA. A primeira vigília da noite, das 21 às 23 horas, nos arraiais e navios.

HORAS DE SILÊNCIO. Alta noite, quando tudo está sossegado.

HORAS DE TRABALHO. *Direito do trabalho.* Número de horas exigido por lei ou pelo contrato em que se exerce normalmente o trabalho. São as horas ordinárias que devem ser cumpridas pelo trabalhador.

HORAS E HORAS. Durante muito tempo.

HORAS EXTRAORDINÁRIAS. *Direito do trabalho.* Tempo de trabalho que ultrapassa o horário estabelecido para a jornada diária normal de serviço. Tal prorrogação, que não pode exceder duas horas, pode ser habitual ou eventual, sendo paga com acréscimo de 50% a mais que a hora normal. O valor das taxas extraordinárias habituais integra o aviso prévio indenizado. O reajustamento salarial coletivo, determinado no curso do aviso prévio, beneficia o empregado pré-avisado da despedida, mesmo que tenha recebido antecipadamente os salários correspondentes ao período do aviso, que integra seu tempo de serviço para todos os efeitos legais.

HORAS EXTRAS. *Vide* HORAS EXTRAORDINÁRIAS.

HORAS INCOMPATÍVEIS. Aquelas em que não se pode realizar algo por terem de ser empregadas em outras atividades.

HORAS *IN ITINERE*. *Direito do trabalho.* Período considerado como de trabalho efetivo, concernente ao tempo despendido pelo empregado para chegar até o recinto de sua atividade laborativa e para regressar.

HORAS INTEIRAS. *Vide* HORAS E HORAS.

HORAS MORTAS. Alta noite.

HORAS ORDINÁRIAS. *Vide* HORAS DE TRABALHO.

HORAS SUPLEMENTARES. *Direito do trabalho.* *Vide* HORAS EXTRAORDINÁRIAS.

HORA SUPREMA. Instante supremo.

HORAS VAGAS. *Vide* HORAS DE LAZER.

HORDA. *Sociologia jurídica.* **1.** Bando indisciplinado, malfeitor e sexualmente promíscuo. **2.** Tribo nômade que vive nas florestas; povo errante. **3.** Divisão de tribo entre os índios tupis. **4.** Multidão desordenada.

HORDÉOLO. *Medicina legal.* Terçol; inflamação palpebral.

HORIS OMNIBUS NEMO SAPIT. *Expressão latina.* Ninguém acerta sempre.

HORISTA. *Direito do trabalho.* Empregado que trabalha por hora, percebendo o salário-hora.

HORIZONTAL. *Direito penal.* Meretriz.

HORIZONTALISMO. *Direito penal.* Meretrício.

HORIZONTE POLÍTICO. Aquilo que se prepara na vida política da nação.

HORME. Impulso instintivo.

HORMÔNIOS. *Medicina legal.* Substâncias produzidas pelas glândulas endócrinas (ovários, testículos, hipófise, tireóide, supra-renais etc.), que, passando para os vasos sangüíneos, exercem efeitos específicos sobre as atividades funcionais de outros órgãos.

HORRIBILE DICTU. *Locução latina.* O que é difícil de se dizer.

HORRIPILAÇÃO. *Medicina legal.* **1.** Calafrio que antecede a febre, fazendo arrepiar os pêlos do corpo. **2.** Contração dos músculos eretores dos pêlos, provocada por medo, sensação desagradável, repulsão, frio etc.

HORROR. 1. Pavor. **2.** Aversão. **3.** Objeto repelente. **4.** Delito bárbaro; crime hediondo. **5.** Padecimento insuportável.

HORSA. *Direito agrário.* Cavalo ou égua da raça inglesa, de tamanho descomunalmente grande.

HORS-CONCOURS. *Locução francesa.* Fora de concurso; o que é apresentado, sem concorrer a prêmio.

HORSE POWER (HP). *Locução inglesa.* **1.** Unidade inglesa de potência equivalente a 735,5 watts ou 75 quilogrâmetros por segundo. **2.** Força motora de máquina empregada na indústria ou em qualquer outro fim. **3.** Cavalo-vapor.

HORS LIGNE. *Locução francesa.* Fora de linha.

HORTA. *Direito agrário.* Terreno onde plantas alimentares, como verduras, legumes, são cultivadas.

HORTALIÇA. *Direito agrário.* Nome genérico de vegetal alimentar, cultivado em horta, como couve, alface, agrião, espinafre, ou cujo tubérculo é aproveitado, como cenoura, nabo, ou, ainda, frutos imaturos (vagem de feijão verde etc.).

HORTALICEIRO. *Direito agrário.* Vendedor de hortaliças.

HORTAR. *Direito agrário.* Cultivar terreno para plantação de hortaliças.

HORTELÃO. *Direito agrário.* **1.** O que cultiva horta. **2.** Trabalhador rural especializado na cultura de hortaliças.

HORTENSE. *Direito agrário.* **1.** Referente a horta. **2.** Produzido em horta.

HORTÍCOLA. *Direito agrário.* Relativo a horta ou horticultura.

HORTICULTOR. *Direito agrário.* **1.** O que é versado em horticultura. **2.** Aquele que se dedica ao cultivo da horta.

HORTICULTURA. *Direito agrário.* **1.** Cultivo de horta. **2.** Ramo da agricultura relativo ao cultivo de verduras, legumes, flores, frutas e plantas ornamentais.

HORTO FLORESTAL. *Direito administrativo.* Terreno de propriedade do Estado, com viveiros de essências florestais, para venda ou distribuição gratuita de mudas e para estudos de silvicultura.

HOSPEDAGEM. *Vide* CONTRATO DE HOSPEDAGEM.

HOSPEDAR. *Direito civil.* **1.** Dar hospedagem. **2.** Receber alguém por hóspede. **3.** Acolher pessoa em hospedaria ou hotel mediante pagamento.

HOSPEDARIA. *Direito civil.* **1.** Casa ou estabelecimento onde se recebem hóspedes mediante retribuição pelo alojamento e serviços de hotelaria executados. **2.** Albergaria.

HÓSPEDE. 1. *Direito civil.* a) Aquele que é recebido mediante pagamento em hospedaria; b) aquele a quem se dá pousada em casa particular sem qualquer retribuição. **2.** *Medicina legal.* Parasita relativamente ao organismo que o hospeda.

HOSPEDEIRO. 1. *Medicina legal.* Aquele que oferece subsistência ou alojamento a um agente infeccioso. **2.** *Direito civil.* a) Aquele que tem uma hospedaria; b) aquele que dá hospedagem; c) relativo a hóspede.

HOSPES HOSTIS. *Locução latina.* **1.** Inimigo. **2.** Estrangeiro inimigo.

HOSPICE. *Termo inglês* e *biodireito.* **1.** Cuidado paliativo, que procura controlar a dor do paciente terminal, melhorando sua qualidade de vida. **2.** Movimento que, desde 1974, vem crescendo nos EUA, e enfatiza o controle da dor, procurando melhorar a qualidade de vida do paciente terminal, antes de estendê-la, ao encarar o "estar morrendo" como um processo normal, permitindo que ele e sua família vivam cada dia o mais plenamente possível, ao dar tratamento digno, atendendo às suas necessidades físicas, emocionais, espirituais e sociais (Léo Pessini).

HOSPÍCIO. 1. *História do direito.* a) Casa de caridade onde religiosos hospedavam pessoas desvalidas, como órfãos, velhos e loucos; b) asilo; c) parte do convento ou mosteiro onde se recebiam os hóspedes ou religiosos que por lá passavam para cumprir alguma missão. **2.** *Medicina legal.* Estabelecimento psiquiátrico, especializado no tratamento de pessoas com problemas psíquicos ou com deficiência mental. **3.** *Direito penal.* Manicômio judiciário.

HOSPITAL. 1. *Direito civil.* Local onde se recebem e se trata de pessoas doentes. **2.** *História do direito.* a) Prédio público onde viajantes estrangeiros recebiam socorros de hospitalidade (De Plácido e Silva); b) casa apropriada para hospedagem.

HOSPITALAR. Relativo a hospital.

HOSPITAL DE CUSTÓDIA E TRATAMENTO PSIQUIÁ-TRICO. *Direito penal.* **1.** Prédio destinado a receber e a tratar de inimputáveis e semi-imputáveis (débeis mentais) (Geraldo M. Alves). **2.** *Vide* MANICÔMIO JUDICIÁRIO.

HOSPITAL DE SANGUE. *Direito militar.* O que recebe os feridos em campanha.

HOSPITAL-DIA. Unidade hospitalar onde os pacientes recebem cuidados de saúde de forma programada, permanecendo durante o dia sob cuidados médicos e não requerendo estadia durante a noite.

HOSPITALEIRO. **1.** *Direito do trabalho.* Aquele que trabalha em hospital. **2.** *Direito civil.* Aquele que por generosidade hospeda alguém.

HOSPITALIDADE. **1.** Qualidade de hospitaleiro. **2.** Ato de hospedar.

HOSPITALIDADE DIPLOMÁTICA. *Direito internacional público.* Asilo diplomático em navios e aeronaves de guerra, acampamentos militares, legações, àqueles perseguidos por razões ou crimes políticos.

HOSPITALIZAÇÃO. *Direito civil.* **1.** Ato de hospitalizar um paciente. **2.** Conversão em hospital.

HOSPITALIZADO. Internado em hospital.

HOSPODAR. *História do direito.* Título outrora outorgado a príncipes da Moldávia e Valáquia.

HOST. *Termo inglês* e *direito virtual.* **1.** Computador servidor que fornece arquivos para a rede mundial. **2.** Rede de computadores em geral e em particular é, na Internet, qualquer computador que pode funcionar como o ponto de partida e de chegada nas transferências de dados (Bryan Pfaffenberger). **3.** Computador pessoal de uma pessoa que esteja ligado à Internet. **4.** Local em que reside um *web site* (Marcos Rolim Fernandes Fontes).

HOSTE. **1.** *Direito militar.* Tropa armada; corpo beligerante do exército. **2.** *História do direito.* a) Inimigo; b) recrutamento de soldados.

HOSTELAGEM. *História do direito.* Casa aberta ao público, destinada a alojar viandantes.

HOSTELS. *Termo inglês.* Sistema de execução da pena que permite ao condenado sair da prisão para trabalhar, retornando para repouso noturno.

HÓSTIA. *Direito canônico.* Pão eucarístico que o sacerdote consagra e oferece a Deus na missa, destinando-o à comunhão dos fiéis.

HOSTIÁRIO. *Direito canônico.* Caixa de hóstias ainda não consagradas.

HOSTIL. **1.** Inimigo. **2.** Parte adversa; adversário.

HOSTILIDADE. *Direito internacional público* e *direito militar.* **1.** Ação de hostilizar. **2.** Qualidade de hostil. **3.** Ação bélica de um país contra outro. **4.** Ataque de inimigo. **5.** Início do estado de guerra entre duas ou mais nações mediante declaração formal ou por meio de um *ultimatum*, pelo qual se notifica a resolução de romper as relações diplomáticas.

HOSTING. *Direito virtual.* **1.** Parte do *server* disponível para distribuir conteúdo e serviço pela Rede (Liliana M. Paesani). **2.** Contrato pelo qual o prestador de serviço concede ao outro contratante, onerosa ou gratuitamente, o direito ao alojamento de arquivos informáticos em um servidor que fica à disposição do público.

HOTEL. *Vide* CONTRATO DE HOTEL.

HOTELEIRO. *Direito civil.* **1.** Relativo a hotel. **2.** Dono ou administrador do hotel.

HOTEL-RESIDÊNCIA. *Vide* CONTRATO DE HOTEL RESIDENCIAL.

HOTENTOTISMO. *Medicina legal.* Gagueira exagerada.

HOT MONEY. *Locução inglesa.* **1.** Moeda queimante. **2.** Operação financeira de curto prazo destinada a atender empresário em situação crítica. **3.** Fundo que transita regularmente no mercado financeiro à procura de resultados elevados em prazos curtos (Luiz Fernando Rudge). **4.** Financiamento de curto prazo, que vem acompanhado de juros elevados (Hilário de Oliveira).

HOT PURSUIT. *Locução inglesa.* Direito de perseguição contínua, em alto-mar, das naus de guerra de um país costeiro a navios mercantes estrangeiros que violaram normas relativas ao seu mar territorial ou zona contígua. Tal perseguição terminará quando aqueles navios penetrarem em águas territoriais de seu país ou de terceiro (Rezek).

HOUSEBREAKER. *Termo inglês.* **1.** Ladrão noturno. **2.** Arrombador.

HOUSE COUNSEL. *Locução inglesa.* Advogado de empresa.

HOUSEKEEPING. *Termo inglês* e *direito comercial.* Técnica para iniciar e manter os processos de qualidade e produtividade total em uma empresa (James G. Heim).

HOUSE OF COMMONS. *Expressão inglesa.* Câmara dos Comuns.

HOUSE OF LORDS. *Expressão inglesa.* Câmara dos Lordes ou dos Pares.

HOUSE OF REPRESENTATIVES. *Expressão inglesa.* Câmara dos deputados.

HOUSE-ORGAN. *Locução inglesa.* Jornal interno da empresa, alusivo às suas atividades e a matérias diversas.

HOVERCRAFT. *Termo inglês.* **1.** Veículo terrestre ou anfíbio-flutuante de fundo plano, que paira sobre um colchão de ar, propulsionado por turboélices. **2.** Aerobarco, aeroflutuante.

HP. *Vide HORSE POWER.*

HTLV. *Medicina legal.* Vírus transmissível por meio de relações sexuais, aleitamento materno e contato com sangue infectado. Esse vírus aumenta o número de células protetoras do organismo, provocando leucemia, paralisia ou moléstia neurológica. Sua presença tem sido constatada em índios da Amazônia.

HTML. Abreviatura de *Hypertext Markup Language.*

HTTP. Abreviatura de *Hypertext Transfer Protocol.*

HULHA BRANCA. Queda d'água, com potencial para produzir energia elétrica.

HUMANAR. **1.** Tornar humano. **2.** Civilizar.

HUMAN GENOME ORGANIZATION (HUGO). *Biodireito.* Grupo que estuda e faz o mapeamento e seqüenciamento de todo o genoma humano.

HUMANIDADE. **1.** Gênero humano; conjunto de homens de todas as regiões do mundo; espécie humana. **2.** Natureza humana. **3.** Benevolência; sentimento de solidariedade. **4.** Complexo de caracteres comuns a todos os homens. **5.** Racionalidade (Kant).

HUMANIDADES. **1.** Disciplinas destinadas ao estudo de letras clássicas. **2.** Matérias relativas às belas-artes.

HUMANISMO. **1.** Estudo de atividades relacionadas com as humanidades. **2.** Movimento espiritual, surgido na época do Renascimento, voltado ao estudo do homem e do desenvolvimento de sua personalidade, das suas faculdades criadoras, exaltando a sensibilidade e o uso dos recursos naturais (Petrarca, De Hutten e Poggio). **3.** Teoria pela qual, sob o prisma moral, o homem deve ligar-se ao que pertence à ordem humana (De Rougemont). **4.** Doutrina que acentua a oposição, no homem, entre os fins da sua natureza humana e as finalidades da sua natureza animal entre a "vontade superior" e a "vontade inferior" (Mercier, Barbitt e Richard).

HUMANISMO SOCIAL. *Teoria geral do direito.* Doutrina que visa integrar o homem ao Estado, afirmando que entre o indivíduo e o poder político há grupos naturais como a família, o município, o sindicato etc., que têm autonomia, servindo de intermediários entre o indivíduo e o Estado (Acquaviva).

HUMANITÁRIO. **1.** O que diz respeito à humanidade. **2.** O que interessa à humanidade. **3.** Aquilo que conduz ao bem geral da humanidade. **4.** O que tem bons sentimentos relativamente à humanidade. **5.** Filantropo.

HUMANITARISMO. **1.** Filantropia. **2.** Sistema filosófico daqueles que colocam acima de tudo o amor à humanidade.

HUMANIZAÇÃO. Ato ou efeito de humanizar.

HUMAN LEUKOCYTE ANTIGEN. *Vide* HLA.

HUMANO. **1.** Justo. **2.** Compassivo. **3.** Humanitário. **4.** Que pertence, ou se refere ao homem; o que é próprio do homem.

HUMILHAÇÃO. **1.** Ato ou efeito de rebaixar ou vexar alguém. **2.** Aquilo que afronta. **3.** Ato de referir-se com desdém a uma pessoa, ou de tratá-la com menosprezo.

HUMILHADO. **1.** Aquele que sofreu humilhação. **2.** Vexado; rebaixado.

HUMILHANTE. Vexatório; aviltante.

HUMO. *Direito agrário.* Matéria orgânica em decomposição que empresta fertilidade à terra.

HUMOR. *Medicina legal.* **1.** Líquido orgânico como bílis, linfa, sangue etc. **2.** Substância líquida mórbida; pus. **3.** Porção líquida do globo ocular. **4.** Disposição de ânimo.

HUMOR AQUOSO. *Medicina legal.* Líquido existente na câmara frontal do olho, entre a córnea e o cristalino.

HUMORISMO. **1.** *Direito autoral.* a) Qualidade dos escritos humorísticos; b) feição espirituosa e irônica na expressão. **2.** *Medicina legal.* Sistema obsoleto que atribuía a origem das moléstias à alteração dos humores.

HUMORISTA. **1.** *Direito autoral.* Aquele que fala ou escreve com humorismo, ou seja, irônica e espirituosamente. **2.** *Medicina legal.* Partidário do humorismo, entendendo que todas as doenças são oriundas de alteração dos humores.

HUMORÍSTICO. *Direito autoral.* **1.** Aquilo que apresenta estilo espirituoso e levemente irônico. **2.** Relativo a humor ou a espirituoso.

HUSSARDO. *História do direito.* **1.** Cavaleiro húngaro. **2.** Soldado da cavalaria ligeira, da França e Alemanha, antes da Primeira Guerra Mundial, que usava o uniforme similar ao da cavalaria húngara. **3.** Soldado montado das levas recrutadas nas aldeias da Hungria, para combater turcos.

HYBRIS. *Psicologia forense.* Entre os gregos, é tudo o que ultrapassa a medida (*démesure*), excesso, descomedimento, sendo considerada por Hesíodo a maior inimiga da Justiça (*diké*). Na psicologia analítica, o termo é associado, muitas vezes, à inflação da *persona* (Lídia Reis de Almeida Prado).

HYLÉ. *Filosofia do direito.* Matéria.

HYPERLINKS. *Direito virtual.* Palavras-chave representativas de tema desenvolvido em outro documento, chamado hipertexto.

HYPERTEXT MARKUP LANGUAGE. *Direito virtual.* **1.** Linguagem de marcação de hipertexto, que possibilita a inserção de *hyperlinks* e imagens num arquivo de texto. **2.** Linguagem popular usada para escrever páginas na Internet (Amaro Moraes e Silva). **3.** *Vide* LINGUAGEM HTML.

HYPERTEXT TRANSFER PROTOCOL. *Direito virtual.* Protocolo de transferência de hipertexto que viabiliza o tráfego de documentos HTML na Internet.

HYPOTHEKENPFANDBRIEF. *Termo alemão.* Obrigações de crédito fundiário.

IAA. *História do direito.* Sigla do Instituto do Açúcar e do Álcool.

IAD. *Medicina legal.* Abreviatura de Inseminação Artificial por Terceiro (doador estranho).

IALÊ. *Direito comparado.* Mulher favorita entre os negros poligâmicos, na África.

IAMÉM. 1. *História do direito.* Residência do mandarim na China. **2.** *Direito comparado.* Repartição pública chinesa.

IANQUE. *Sociologia jurídica.* Norte-americano.

IAPAS. *História do direito.* Sigla do antigo Instituto de Administração Financeira da Previdência e Assistência Social. Entidade autárquica integrante do Sistema Nacional da Seguridade Social, que tem por escopo a gestão financeira e patrimonial da previdência e assistência social, competindo-lhe, dentre outras funções: a) promover a arrecadação, fiscalização e cobrança das contribuições e demais recursos destinados à previdência e assistência social; b) realizar as aplicações patrimoniais e financeiras aprovadas pelo órgão competente; c) distribuir às entidades do Sistema Nacional de Previdência e Assistência Social (SINPAS) os recursos que lhes forem destinados; d) acompanhar a execução orçamentária e o fluxo de caixa das demais entidades do SINPAS; e) promover a execução e fiscalização das obras e serviços, objeto de programas aprovados pelas entidades do SINPAS; f) gerir o Fundo de Previdência e Assistência Social (FPAS); g) administrar o patrimônio que lhe foi transferido pelas demais entidades do SINPAS.

IASE. *Medicina legal.* Doença.

IATA. *Direito internacional privado* e *direito internacional público.* Sigla da *International Air Transport Association*, sediada em Genebra (Suíça), fundada em 1945, congregando inúmeras companhias de navegação aérea. É uma associação transnacional de empresas aéreas, situada à margem do direito das gentes, que coordena a política de tarifas e serviços de suas associadas (Rezek), permitindo a emissão de conhecimento de embarque específico, designado *airway bill,* que possibilita o envio de mercadorias com o mesmo conhecimento para mais de quatro mil lugares do mundo ou o transporte de passageiros com o mesmo bilhete (Dutra da Fonseca).

IATE. *Direito marítimo.* Navio de pequena lotação, com dois mastros, sem vergas e com pano latino.

IATE DE RECREIO. Pequena embarcação ligeira, movida a vela ou a motor, usada para excursões.

IATRIO. *História do direito.* Local onde outrora o médico dava consultas e fazia operações cirúrgicas.

IATRO. Médico.

IATROGENIA. *Medicina legal.* Deficiência física causada por médico para salvar a vida do paciente. Por exemplo: a) amputação de perna para tratar gangrena (Irany N. Moraes); b) alteração patológica provocada no paciente por tratamento médico (Rui Stoco).

IAV. *Direito de trânsito.* Sigla de Identificação Automática de Veículos, que visa aumentar a segurança, a otimização da gestão do tráfego e a melhoria da fiscalização. Opera-se por meio de implantação de *chip* no carro, que traz inclusive a vantagem da segurança.

IBAMA. *Direito ambiental.* Sigla de Instituto Brasileiro do Meio Ambiente e dos Recursos Naturais Renováveis.

IBC. *História do direito.* Sigla de Instituto Brasileiro do Café.

IBEIDF. *Direito civil.* Sigla de Instituto Brasileiro de Estudos Interdisciplinares de Direito de Família.

IBERISMO. *História do direito.* Partido que propugnava a união política de Portugal e Espanha.

IBERISTA. *História do direito.* Partidário do iberismo.

IBGE. Abreviatura de Instituto Brasileiro de Geografia e Estatística.

IBI. *Termo latino.* Aí; nesse lugar.

IBIDEM. *Termo latino.* **1.** No mesmo lugar. **2.** Na mesma obra, no mesmo autor citado.

IBI SIT POENA, UBI ET NOXIA SINT. *Expressão latina.* Esteja a pena onde estiverem os danos.

IBI UBI. *Locução latina.* Onde quer que esteja.

IBI VEL UBI. *Locução latina.* Aí ou onde.

ICC. *Direito internacional privado.* Abreviatura de *Institute Cargo Clauses.*

ICEBERG. *Termo inglês.* Grande bloco de gelo que, ao se desprender da geleira polar, vem a flutuar, podendo acarretar naufrágio.

ICHIBI. *Direito comparado.* Planta que, no Japão, simboliza o luto, sendo usada em cerimônias fúnebres.

ICMS. 1. *Direito tributário.* *Vide* IMPOSTO SOBRE CIRCULAÇÃO. **2.** Imposto cobrado dos comerciantes varejistas pelas suas atividades mercantis, no qual o fisco paulista vem adotando o regime da "substituição tributária", antecipando, assim, o recolhimento da exação. Tal imposto é pago antes da ocorrência do fato gerador, sendo inconstitucional. Por exemplo, pela substituição tributária, a companhia distribuidora de combustível é substituta do posto de venda, cabendo-lhe a retenção e recolhimento do ICMS devido por aquele posto, no momento da efetiva revenda ao consumidor final.

ICOGLÃ. *História do direito.* Pajem dos antigos sultões da Turquia, escolhido entre os cristãos prisioneiros.

ÍCONE. *Filosofia geral* e *semiótica.* Signo que se refere aos caracteres próprios do objeto por ele denotado (Peirce).

ICÔNICO. *Filosofia geral* e *semiótica.* Signo que apresenta uma relação de semelhança com o objeto que representa.

ICONOCLASTA. 1. *Direito penal.* Aquele que destrói imagens religiosas ou que não respeita obras de arte ou monumentos, devendo ser punido com detenção ou multa. **2.** *Ciência política.* Aquele que se insurge contra os postulados políticos ou bases de uma boa administração.

ICONOCLASTIA. *Direito penal.* Procedimento de iconoclasta.

ICONOCLÁSTICO. Que pertence ou se refere à iconoclastia.

ICONOMANIA. Paixão por quadros, estátuas e imagens.

ICOR. *Medicina legal.* Líquido purulento e fétido que sai de determinadas úlceras.

ICOREMIA. *Medicina legal.* Presença de icor no sangue.

ICP BRASIL. *Direito virtual.* Sigla de Infra-estrutura de Chaves Públicas Brasileira. Conjunto de técnicas, práticas e procedimentos, implementado pelas organizações governamentais e privadas brasileiras, com o objetivo de estabelecer os fundamentos técnicos e metodológicos de um sistema de certificação digital, baseado em chave pública. Funciona como agência reguladora de certificação digital, define padrões e procedimentos de empresas de certificação digital, que se habilitam para emitir certificados, e garante sua autenticidade, integridade e efeito jurídico (Luiz Fernando Rudge).

ICQ. *Direito virtual.* Programa que permite a entrada em um *chat* particular, onde a conversa fica armazenada por dois dias ou dois meses (Marilene Silveira Guimarães).

ICS. *Direito internacional privado.* Trata-se do *Standard Bill of Lading*, conhecimento de embarque marítimo padrão da Câmara Internacional da Marinha Mercante, adotado por várias companhias de navegação.

ICSC. Sigla de *International Council of Shopping Centers*.

ICSI. *Medicina legal* e *biodireito.* **1.** Abreviação de *Intra Cytoplasmatic Sperm Injection*, que é a técnica consistente em injetar um único espermatozóide diretamente no citoplasma do óvulo, onde se rompe e dá início à fertilização. **2.** *Vide* INTRA CYTOPLASMATIC SPERM INJECTION.

ICSU. Abreviação de Conselho Internacional de Uniões Científicas.

ICTERODE. *Medicina legal.* Espécie de tifo ou febre, considerada por alguns como febre amarela.

ICTEROEPATITE. *Medicina legal.* Hepatite com icterícia.

ICTIOFOBIA. *Medicina legal.* Medo mórbido de peixes.

ICTIOSE. *Medicina legal.* Doença da pele, que a faz ficar densa e coberta de escamas.

ICTO. *Medicina legal.* Afecção súbita que fere como um golpe.

ICTU OCULI. Locução latina. Em um golpe de vista.

ICTUS FUSTIUM INFAMIAM NON IMPORTAT, SED CAUSA PROPTER QUAM ID PATI MERUIT. Expressão latina. A pena por si só não traz infâmia, mas sim a causa pela qual ela foi imposta.

ID. 1. *Psicologia forense.* Aspecto da personalidade que se relaciona com o instinto. **2.** *Direito virtual.* Identificação (nome ou número) utilizada ao se conectar a uma rede ou à Internet.

IDA. 1. Ação de ir de um local para outro. **2.** Partida.

IDADE. 1. *Direito civil.* Período de vida da pessoa natural, computado desde o instante de seu nascimento até a morte, sendo regulado por anos. A idade assume enorme importância na seara jurídica por atuar como elemento determinante da capacidade e da responsabilidade. **2.** *Direito administrativo.* Requisito exigido como presunção de capacidade físico-mental para o bom desempenho da função pública (José Cretella Jr., Gascón y Marín e Ruiz y Gómez). **3.** *Direito penal.* Fator determinante da responsabilidade ou irresponsabilidade penal.

IDADE APARENTE. *Direito processual civil.* Aquela que é percebida pelo avaliador como a de existência da benfeitoria. Naturalmente, havendo uma indicação precisa da data de construção, deve ele indicar a idade real, fazendo menção ao fato.

IDADE CRÍTICA. *Medicina legal.* Menopausa ou época em que cessa a menstruação.

IDADE CRONOLÓGICA. Aquela na qual se contam os anos vividos.

IDADE DA EMBARCAÇÃO. *Direito marítimo.* Tempo de construção, de acordo com a data constante no Certificado de Registro da Embarcação. O mesmo que idade de batimento de quilha.

IDADE DA RAZÃO. Aquela em que a pessoa apresenta completo desenvolvimento das faculdades intelectuais.

IDADE ELEITORAL. *Direito eleitoral.* Aquela em que a pessoa passa a ter o direito de votar e de ser votada. Poderá adquirir esse direito, se quiser, aos dezesseis anos, mas obrigatoriamente aos dezoito anos.

IDADE ESCOLAR. *Direito educacional.* Período de anos de escolaridade obrigatória.

IDADE LEGAL. Idade estabelecida em lei para exercício de determinados direitos na área civil, penal, política ou trabalhista e para assumir deveres ou encargos.

IDADE NA VIDA INTRA-UTERINA. *Medicina legal.* Período de vida do embrião ou do feto determinado pelo seu aspecto morfológico, conforme a Tabela de Told, segundo a qual do primeiro ao terceiro mês o seu desenvolvimento atinge 6 cm por mês, e do quarto mês em diante 5,5 cm em cada mês (Croce e Croce Jr.).

IDADE NÚBIL. *Direito civil.* Idade mínima fixada por lei em que a pessoa, por ter atingido certo grau de maturidade biopsicológica, está apta para convolar núpcias. Tal idade legal é de dezesseis anos para a mulher e para o homem.

IDADE NUPCIAL. *Vide* IDADE NÚBIL.

IDADE PUPILAR. *Direito civil.* Idade do menor sujeito a tutela.

IDADE REMANESCENTE ESTIMADA. *Direito processual civil.* Corresponde ao número de anos que o avaliador supõe que a benfeitoria poderá ainda ter de vida útil. Observa-se que, com sucessivos reparos, um imóvel poderá ter dilatada a sua vida útil.

IDADES HUMANAS. *Sociologia jurídica.* As quatro divisões políticas da história da humanidade: Idade Antiga, que vai dos tempos imemoriais até a queda do Império Romano do Ocidente; Idade Média, período decorrido da queda do Império Romano até o Renascimento; Idade Moderna, que surgiu com a criação dos Estados-nações até o final do século XVIII; Idade Contemporânea, da Revolução Francesa até os dias atuais (Othon Sidou).

IDADE VARONIL. *Vide* IDADE VIRIL.

IDADE VIRIL. Idade que no homem vai da adolescência até a velhice.

ID AUTEM QUOD IN DIEM STIPULAMUR, STATIM QUIDEM DEBETUR, SED PETI PRIUS QUAM DIAS VENIAT NON POTEST. *Expressão latina.* Aquilo que se estipulou a termo é devido desde o instante da estipulação, mas o pagamento não pode ser reclamado antes do vencimento do termo.

IDEAÇÃO. *Filosofia geral.* **1.** Ato mental de formação e encadeamento de idéias. **2.** Ato ou efeito de idear. **3.** Visão da essência.

IDEACIONAL. *Filosofia geral.* Relativo à idéia.

IDEADOR. *Filosofia geral.* Aquele que imagina ou forma uma idéia.

IDEAL. **1.** *Filosofia geral.* a) Que constitui uma idéia; b) aquilo que apresenta certo caráter de elevação estética, moral ou intelectual; c) perfeito; d) aquilo que é construído ou imaginado pelo espírito, em oposição do que existe verdadeiramente; o que tem existência apenas na idéia; e) o que satisfaz a inteligência e o sentimento humanos; f) modelo idealizado por um artista; g) sublimidade; h) projeção de uma idéia; i) padrão; j) objeto irreal porque não tem existência no espaço nem no tempo, mas apenas intramental; não está na experiência sensível, por ser somente inteligível; e é neutro ao valor (Husserl; Carlos Cossio). **2.** *Direito civil.* Fracionamento projetado imaginosamente de uma coisa em estado de indivisão ou em condomínio, atribuindo-se quotas aos condôminos. Assim, cada um deles terá parte ideal do todo. De maneira abstrata, tal parte é somente representada pela quota ou quinhão cujo índice é, por exemplo, o valor de um terço, um quinto etc., segundo a proporção tirada entre o todo e a parte imaginária de cada um, conforme seja quatro, cinco ou dez o número divisor ou pessoas a favor de quem deve ser feita a divisão ou partilha (De Plácido e Silva).

IDEAL DE JUSTIÇA. *Filosofia jurídica.* Valor, que a ordem jurídica deve atingir para atender à convivência social, que varia conforme a época e o lugar.

IDEALES SOLLEN. *Locução alemã.* Dever-ser ideal.

IDEALIDADE. *Filosofia geral.* **1.** O que é ideal. **2.** Propensão do espírito para o ideal.

IDEALISMO. *Filosofia geral.* **1.** Tendência filosófica consistente na redução da existência ao pensamento, opondo-se ao realismo ontológico, que admite a existência independente do pensamento (Descartes). **2.** Doutrina das idéias, considerando-as como princípios do conhecimento ou do conhecimento e do ser. **3.** Doutrina que considera ser o objetivo da arte a representação de uma natureza fictícia mais satisfatória para o espírito (Séailles). **4.** Teoria que, ao admitir como certas as idéias do "eu", supõe ser aparente a existência do mundo corpóreo. **5.** Doutrina que dá ao pensamento um privilégio sobre as coisas e que considera o sujeito (o espírito) como privilegiado em relação ao mundo, ao objeto (Boisse). **6.** Corrente também chamada relativismo subjetivo, por afirmar que o sujeito só pode conhecer suas próprias idéias.

IDEALISMO CRÍTICO. *Filosofia geral.* Corrente que estabelece a autonomia do sujeito, a liberdade absoluta do espírito, considerando o "ser" como algo puramente relativo ao espírito e não mais como uma realidade independente, possuindo uma existência em si e para si (Fichte).

IDEALISMO CRÍTICO-TRANSCENDENTAL. *Filosofia geral.* Doutrina de Kant, designada idealismo transcendental dos fenômenos, que considera os fenômenos, sem exceção, como simples representações, não coisas em si. O tempo e espaço são como formas sensíveis da intuição e não como determinações dadas em si próprias ou condições dos objetos enquanto coisas em si. Husserl, continuando as idéias de Kant, ultrapassou-o ao recusar-se a afirmar a existência de qualquer realidade extramental para as intuições da consciência, ou seja, ao colocar tal existência "entre parêntesis" pela suspensão de todo o juízo a esse respeito e ao admitir que os *a priori* da consciência não são tão puramente formais, por estarem repletos de conteúdo e significação apreensíveis pela intuição eidética (Cabral de Moncada).

IDEALISMO DA LIBERDADE. *Filosofia geral.* O que acentua a liberdade individual do ser humano.

IDEALISMO DOGMÁTICO. *Filosofia geral.* Teoria, propugnada por Berkeley, que encara o espaço, com tudo aquilo de que é condição, como

qualquer coisa impossível, e, por conseguinte, rejeita igualmente a existência das coisas materiais que aí estão contidas.

IDEALISMO EMPÍRICO. *Filosofia geral.* Doutrina que considera a existência dos objetos no espaço, fora de nós, quer duvidosa e indemonstrável, quer falsa e impossível (Kant).

IDEALISMO ÉTICO DOS VALORES. *Filosofia geral.* Doutrina que reduz o conhecimento dos valores a um ato de puro sentimento (Max Scheler e Hartmann).

IDEALISMO METAFÍSICO PLATÔNICO. *Filosofia do Estado.* Teoria pela qual o elemento ôntico mais importante é a idéia de Estado, não sua população ou território. Trata-se da idéia do "porquê", do "como" e do "para quê" do fato da convivência social. É, portanto, o conjunto de idéias que os cidadãos de um Estado fazem da realidade humana social por eles constituída. Essas idéias são relativas à natureza dos interesses, fins e valores que os mantêm agrupados. Tendo, portanto, o termo "idéia" um sentido vital e existencial e não intelectual (Hegel).

IDEALISMO OBJETIVO. *Filosofia geral.* Concepção de que tudo se reduz a um espírito absoluto (Schelling).

IDEALISMO ONTOLÓGICO ABSOLUTO. *Filosofia do direito e filosofia geral.* Teoria em que compreender o direito positivo é o mesmo que dar-lhe real existência, na sua respectiva região ôntica, para a inteligência humana.

IDEALISMO PROBLEMÁTICO. *Filosofia geral.* O que admite como indubitável apenas uma asserção empírica, o "eu sou" (Descartes).

IDEALISMO RACIONAL. *Filosofia geral.* Doutrina pela qual o mundo exterior resulta do desenvolvimento, quer do sujeito pensante, quer da razão consciente universal ou, ainda, de um sistema de idéias independente das consciências, inconsciente pelo menos para as consciências humanas, e que é como um objeto relativamente a elas (Schelling; Fichte; Hegel).

IDEALISMO SOCIAL. *Filosofia geral.* **1.** Conjunto de idéias de melhoramento e progresso social. **2.** Representa tal locução para Fournière: a) a evolução social manifesta certa lógica; b) a humanidade, cada vez mais consciente, se torna a obreira de seus destinos e substitui por um mundo de razão e de liberdade o estado atual, mecânico e amoral dos fenômenos econômicos.

IDEALISMO SUBJETIVO

IDEALISMO SUBJETIVO. *Filosofia geral.* Teoria que faz do ideal o princípio de toda existência, colocando-o no sujeito moral considerado como absoluto (Fichte).

IDEALISMO TRANSCENDENTAL DOS FENÔMENOS. *Vide* IDEALISMO CRÍTICO-TRANSCENDENTAL.

IDEALISTA. *Filosofia geral.* **1.** Partidário do idealismo. **2.** Aquele que tende para o ideal. **3.** Relativo ao idealismo. **4.** Aquele que tem uma visão da vida calcada num ideal almejado e não na realidade.

IDEALÍSTICO. *Filosofia geral.* Que se refere ao idealismo.

IDEALIZAÇÃO. *Sociologia geral.* Criação imaginária de normas de ação consideradas perfeitas e apresentadas como finalidade a ser obtida na realidade.

IDEAL JURÍDICO. *Filosofia jurídica.* Valor objetivo que deve ser perseguido numa dada sociedade. O ideal jurídico depende da valoração vigente na sociedade atual, pois devido a sua historicidade é valorizável de modo diferente conforme a época e o lugar.

IDEALVEREIN. *Termo alemão.* Associação em que um número de pessoas, ao se congregar, visa a consecução de determinado fim não econômico.

IDEAR. 1. Planejar. **2.** Projetar. **3.** Imaginar.

IDEATIVO. Referente a idéia.

IDEATO. *Filosofia geral.* **1.** Objeto produzido de conformidade com uma idéia preconcebida. **2.** Obra de arte ou indústria. **3.** Objeto correspondente a uma idéia. **4.** O que é produzido pelo poder da idéia.

IDEC. *Direito do consumidor.* Sigla de Instituto Brasileiro de Defesa do Consumidor (SP). Entidade civil sem fins lucrativos que tem por escopo a melhoria das relações de consumo, por meio da informação e da conscientização de indivíduos e grupos sociais, e também da repressão ao abuso do poder econômico (Afonso Celso F. de Rezende).

IDÉIA. *Filosofia geral.* **1.** Pré-concepção no espírito de uma coisa que se pretende realizar; de um projeto etc. **2.** Objeto de pensamento enquanto pensamento, em oposição ao sentimento e à ação. **3.** Opinião. **4.** Aquilo que apresenta ao entendimento a verdade do objeto entendido (Egger). **5.** Objeto imediato, ou o mais próximo do espírito, quando este apercebe o objeto (Ma-

lebranche). **6.** Criação ou operação do espírito (Rauh). **7.** Representação mental de uma coisa abstrata ou concreta. **8.** Imagem. **9.** Modelo do que existe. **10.** Talento inventivo. **11.** Concepção que dá origem a uma obra artística ou literária. **12.** Conhecimento. **13.** Experiência mental relacionada ao conhecimento. **14.** Produto da abstração. **15.** É o abstrato do individual sensível, sem elementos individuais sensíveis (Van Acker). **16.** É a apreensão de uma essência (Goffredo Telles Jr.).

IDÉIA ABSTRATA. *Filosofia geral.* É a que representa uma essência ou propriedade, considerada separadamente do sujeito (Sinibaldi).

IDÉIA CONCRETA. *Filosofia geral.* É a que representa um sujeito com sua forma ou propriedade, como existe na realidade (Sinibaldi).

IDÉIA CONSERVADORA. *Sociologia geral.* Forma de mentalidade utópica que encara o ambiente como algo que faz parte da ordenação natural do mundo, não apresentando nenhum problema (Mannheim).

IDÉIA FIXA. *Medicina legal.* **1.** Obsessão. **2.** Permanência mórbida de um estado de consciência predominante ou de uma representação mental que o curso normal do pensamento e da vontade não conseguem fazer desaparecer. **3.** Forma de monomania intelectual, associada à psicose alcoólica, à epilepsia etc.

IDÉIA–FORÇA. *Psicologia forense.* Aquela que encerra, além do elemento representativo, uma força de realização (Fouillée), por envolver concomitantemente um discernimento e uma preferência acompanhada de impulsos.

IDÉIA GERAL. *Filosofia geral.* **1.** Aquela considerada não só nos seus caracteres, mas também em sua extensão. **2.** É a construída por comparação e por generalização (Lalande).

IDÉIA LIBERAL–HUMANITÁRIA. *Sociologia geral.* Forma de mentalidade utópica, que é o objetivo formal projetado no futuro, com a função de regular negócios mundanos, aceitando a cultura e a consciência moral, e atribuindo uma tonalidade ética aos assuntos humanos (Mannheim e Freyer).

IDÉIA NOVA. *Sociologia geral.* Opinião que tende a alterar a organização da sociedade, num sentido avançado em liberdades (Laudelino Freire).

IDÉIAS DA RAZÃO PURA. *Filosofia geral.* As que derivam, no pensamento, dos sentidos, ultrapassando os conceitos do entendimento, já que nada se pode encontrar na experiência que delas forneça uma ilustração. Tais idéias são as da unidade absoluta do sujeito, de sistematização completa dos fenômenos, enfim, de redução à unidade de todas as existências (Kant).

IDÉIAS DELIRANTES. *Medicina legal.* Perturbações que se apresentam em doentes mentais, fazendo com que as associações de idéias sejam condicionadas pelo estado de ânimo e por percepções falsas da realidade, motivadas pela necessidade de transformá-la para atender à satisfação anormal (Croce e Croce Jr.).

IDÉIAS DELIRANTES DE GRANDEZA. *Medicina legal.* São aquelas que aparecem após a demência como compensação do sentimento de inferioridade físico-social, deformando a realidade para ajustar-se à vaidade do paciente.

IDÉIAS DELIRANTES MELANCÓLICAS. *Medicina legal.* Aquelas que surgem como conseqüência do sentimento de culpa, de inferioridade ou demérito social (Croce e Croce Jr.).

IDÉIAS-IMAGENS. *Filosofia geral.* Representações materiais; imagens reduzidas enviadas pelos objetos aos sentidos, provocando a percepção.

IDÉIAS INATAS. *Filosofia geral.* Aquelas presentes no indivíduo antes de qualquer experiência, por serem inerentes à sua inteligência.

IDÉIAS INCOMPLETAS. *Filosofia geral.* Aquelas que representam apenas uma parte do que deveriam exprimir (Laudelino Freire).

IDÉIAS REPRESENTATIVAS. *Filosofia geral.* Teoria de Descartes, Locke etc., segundo a qual entre o espírito que conhece e o objeto que é conhecido há uma relação mediata através de um *tertium quid*, a idéia, que é, concomitantemente, ato de espírito e representação do objeto conhecido (Arnauld e Malebranche).

IDÉIAS TRANSCENDENTAIS. *Filosofia geral.* *Vide* IDÉIAS DA RAZÃO PURA.

IDÉIAS TRANSCENDENTES. *Filosofia geral.* São as que emanam, de imediato, da razão.

IDEM. *Termo latino.* O mesmo.

IDEM PER IDEM. *Locução latina.* O mesmo pelo mesmo.

IDÊNTICA. *Lógica jurídica.* Proposição cujo sujeito e predicado representam um mesmo conceito, quer através do mesmo termo, quer através de termos sinônimos.

IDÊNTICO. *Filosofia geral.* **1.** O que é perfeitamente igual a outro, por apresentar as mesmas propriedades. **2.** Aquilo que é único, mesmo que seja concebido de modos diferentes. **3.** Termo aplicável a um indivíduo quando se diz que ele é o "mesmo" ou "idêntico a si próprio" nos diversos momentos de sua existência, apesar das mudanças que nele possam ocorrer (Lalande).

IDENTIDADE. 1. *Lógica jurídica.* a) Lei lógica que assim se enuncia: "os pensamentos são idênticos a si mesmos se possuem a mesma extensão" (Meyerson); b) relação que dois termos idênticos mantêm entre si. **2.** *Direito civil.* a) Carteira que contém os principais dados de uma pessoa, como data de nascimento, filiação, nacionalidade, identificando-a no seio da coletividade; b) identificação; c) conjunto de sinais particulares caracterizadores de uma coisa ou pessoa, individualizando-a física ou juridicamente e distinguindo-a das demais; d) configuração somático-psíquica de cada indivíduo (Capelo de Souza) que abrange a imagem física, gestos, voz, escrita, retrato-moral, nome, estado civil, naturalidade, domicílio. **3.** *Filosofia geral.* a) Qualidade de ser a mesma coisa; b) o que é idêntico; que tem algo de ser perfeitamente igual a outro; c) paridade absoluta; d) princípio que assim se enuncia: "aquilo que é, é; aquilo que não é, não é"; e) doutrina filosófica de Schelling que se funda na identidade original da natureza e do espírito, do ideal e do real; f) característica de dois objetos de pensamento, distintos no tempo e no espaço, mas que apresentam as mesmas qualidades. **4.** *Medicina legal.* Soma de sinais e caracteres psico-físico-morfológicos que individualizam cada ser humano, distinguindo-o dos outros (Croce e Croce Jr.).

IDENTIDADE ALHEIA. *Direito penal.* **1.** Crime consistente no fato de usar, como próprio, passaporte, título de eleitor, certidão de reservista ou qualquer documento pertencente a outra pessoa ou de ceder a outrem, para que dele se utilize, documento próprio ou de terceiro. Tal ação delituosa é punida com detenção ou multa. **2.** Uso indevido de identidade de outra pessoa como própria com o intuito de enganar alguém para tirar algum proveito ou beneficiar a terceiro, ou causar dano a outrem apenado com detenção ou multa.

IDENTIDADE CIVIL. *Direito civil.* Conjunto de qualidades essenciais identificadoras da pessoa na

IDENTIDADE DA CAUSA

sociedade, como nome, nacionalidade, filiação, estado civil, profissão, domicílio etc. (Clóvis Beviláqua).

IDENTIDADE DA CAUSA. *Direito processual civil.* Conjunto de caracteres próprios da causa que a identificam. Ela se torna inconfundível pelo título ou pelo fato jurídico em que se funda a pessoa para pedir a tutela jurisdicional de seu direito.

IDENTIDADE DE CAUSA. *Direito processual civil.* Repetição da causa de pedir, que é um dos elementos de certa ação, constituindo o seu fundamento fático e jurídico (Liebman), em outra já ajuizada ou decidida, por fundar-se no mesmo direito ou fato.

IDENTIDADE DE COISA. 1. *Direito civil.* Individuação de coisa, pela qual se pode demonstrar que ela não se confunde com outra, mesmo que seja semelhante ou pertença à mesma espécie. **2.** *Direito processual civil.* Dá-se quando se averiguar no cotejo de duas ações que o objeto de ambas é o mesmo. Trata-se, portanto, da identidade jurídica e não da material ou real.

IDENTIDADE DE PESSOAS. 1. *Direito civil.* a) Qualidade de ser a mesma pessoa que tem a titularidade de certa relação jurídica; b) qualidade de uma pessoa estar sendo representada legalmente por outra. Na identidade representativa, a pessoa representada é a mesma pessoa do seu representante. **2.** *Direito processual civil.* Aquela em que, em duas demandas, a relação de direito debatida e julgada na primeira é idêntica para as pessoas que figuram na segunda (Rogério Lauria Tucci).

IDENTIDADE DO IMÓVEL. *Direito civil.* Conjunto de caracteres individualizadores da propriedade imobiliária, como localização, confrontação, metragem etc. Trata-se da descrição do bem de raiz.

IDENTIDADE DOS INDISCERNÍVEIS. *Filosofia geral.* Princípio de Leibniz pelo qual dois objetos reais não podem ser idênticos, ou distintos no tempo e no espaço, sem serem considerados como único, mesmo que percebidos ou concebidos de formas diversas, quer dizer, sem se confundirem rigorosamente.

IDENTIDADE ESPECÍFICA. *Vide* IDENTIDADE QUALITATIVA.

IDENTIDADE FÍSICA. 1. *Direito civil.* Conjunto de elementos estáveis que definem a pessoa física de alguém (Nascimento Silva). **2.** *Medicina legal.*

Conjunto de características somáticas que individualizam a pessoa, como impressão digital, estatura, cor, peso etc.

IDENTIDADE FÍSICA DO JUIZ. *Direito processual civil.* Princípio processual pelo qual o magistrado que iniciar a audiência deve concluir a instrução do processo, julgando a lide, exceto se for transferido, promovido ou aposentado. Neste caso, os autos processuais passarão ao seu sucessor, que ao recebê-los prosseguirá na audiência, mandando repetir, se necessário, as provas já produzidas.

IDENTIDADE GENÉTICA. *Biodireito.* Conjunto de dados reveladores da história da saúde de parentes consangüíneos.

IDENTIDADE MÉDICO-LEGAL FÍSICA. *Medicina legal.* Conjunto de dados somáticos, fisiológicos e psíquicos determinantes da identificação de pessoa viva ou morta.

IDENTIDADE MÉDICO-LEGAL FUNCIONAL. *Medicina legal.* Conjunto de elementos como atitude, mímica ou tiques nervosos, gestos, andar, voz, escrita que possibilitam a identificação de certas pessoas.

IDENTIDADE PARCIAL. *Filosofia geral.* Identidade de uma parte dos elementos componentes do todo concreto, material ou psicológico (Laromiguière e Egger).

IDENTIDADE PESSOAL. 1. *Direito civil.* Indicação da pessoa, devidamente comprovada por documentos, testemunhas etc. **2.** *Medicina legal* e *psicologia forense.* Consciência pessoal de si mesmo.

IDENTIDADE QUALITATIVA. *Filosofia geral.* Característica de dois objetos de pensamento, distintos no tempo e no espaço, mas que apresentam as mesmas qualidades (Lalande).

IDENTIFICAÇÃO. 1. Ação ou efeito de identificar ou de reconhecer algo como idêntico ou como pertencente a uma determinada classe. **2.** Ato pelo qual dois seres, em pensamento ou de fato, se tornam idênticos. **3.** Absorção de uma coisa pela outra, fazendo com que se apresentem como uma só, integrando-se. **4.** Processo de comparação para que se possa concluir que algo é o mesmo ou se ele se iguala ou assemelha. **5.** Reconhecimento científico e preciso de pessoas ou coisas, averiguando se são as mesmas ou não. **6.** Indicação individualizada sobre o que se pretende distinguir. **7.** Emprego de meios adequados para a determinação da identidade. **8.** Ato de verificação da identidade de alguém mediante dactiloscopia, antropometria, fotografia etc. **9.** Determinação de identidade de pessoas ou de coisas pelo emprego de métodos e processos técnicos.

IDENTIFICAÇÃO CIVIL. *Direito civil.* Ato de qualificação da pessoa procedido por órgão oficial dotado de fé pública.

IDENTIFICAÇÃO CRIMINAL. *Direito processual penal.* Parte do inquérito policial que se obtém mediante dactiloscopia, da qual se isenta aquele acusado que possuir identificação civil. O preso em flagrante delito, o indiciado em inquérito policial, aquele que pratica infração penal de menor gravidade assim como aqueles contra os quais tenha sido expedido mandado de prisão judicial, desde que não identificados civilmente, serão submetidos à identificação criminal, inclusive pelo processo dactiloscópico e fotográfico. Sendo identificado criminalmente, a autoridade policial providenciará a juntada dos materiais dactiloscópico e fotográfico nos autos da comunicação da prisão em flagrante ou nos do inquérito policial. A prova de identificação civil far-se-á mediante apresentação de documento de identidade reconhecido pela legislação. O civilmente identificado por documento original não será submetido à identificação criminal, exceto quando: a) estiver indiciado ou acusado pela prática de homicídio doloso, crimes contra o patrimônio praticados mediante violência ou grave ameaça, crime de receptação qualificada, crimes contra a liberdade sexual ou crime de falsificação de documento público; b) houver fundada suspeita de falsificação ou adulteração do documento de identidade; c) o estado de conservação ou a distância temporal da expedição de documento apresentado impossibilite a completa identificação dos caracteres essenciais; d) constar de registros policiais o uso de outros nomes ou diferentes qualificações; e) houver registro de extravio do documento de identidade; f) o indiciado ou acusado não comprovar, em quarenta e oito horas, sua identificação civil. Cópia do documento de identificação civil apresentada deverá ser mantida nos autos de prisão em flagrante, quando houver, e no inquérito policial, em quantidade de vias necessárias.

IDENTIFICAÇÃO DA ARMA PELO PROJÉTIL. *Medicina legal.* Perícia que visa averiguar se um projétil proveio do disparo de certa arma e demonstrar qual arma disparou. O perito, para

tanto, deverá observar a forma, o comprimento, o calibre, as deformações, o raiamento e as estrias laterais finas, que consistem nas impressões da arma (Croce e Croce Jr.).

IDENTIFICAÇÃO DACTILOSCÓPICA. *Medicina legal.* Processo técnico de identificação da pessoa mediante análise de suas impressões digitais, que são inalteráveis, mesmo após o falecimento, vindo a desaparecer apenas com a putrefação do cadáver.

IDENTIFICAÇÃO FLEBOGRÁFICA. *Medicina legal.* Registro fotográfico dos desenhos formados pelas veias do dorso das mãos que permitem identificar pessoas (Tamasia).

IDENTIFICAÇÃO JUDICIÁRIA. *Medicina legal.* Processo técnico para identificar não só pessoas, provando sua individualidade, tendo por fim, por exemplo, a identificação de reincidentes, mas também elementos de interesse técnico-pericial, alusivo a uma ocorrência, como, por exemplo, armas de fogo, manchas de sangue etc. (Lopez Gomes). Dentre tais processos poder-se-ão citar a antropometria, a fotografia sinalética, o retrato falado, a papiloscopia, a dactiloscopia (impressão digital), a quiroscopia (impressão da palma da mão) e a podoscopia (impressão da palma dos pés); assinalamento de particulares como tatuagens, cicatrizes, verrugas etc.

IDENTIFICAÇÃO MÉDICO-LEGAL. *Medicina legal.* Determinação de um conjunto de características distintivas da pessoa viva ou morta, esteja seu cadáver inteiro ou fragmentado. A técnica destina-se, por exemplo, a identificar raça, sexo, idade, estatura, peso, sinais individuais como cicatrizes, estigmas profissionais, tatuagens, malformações congênitas ou vícios de conformação, temperamento, caráter etc.

IDENTIFICAÇÃO OFTALMOGRÁFICA. *Medicina legal.* Fotografia do fundo do olho que permite identificar pessoas, pois os desenhos variam de indivíduo para indivíduo (Levinsohn).

IDENTIFICAÇÃO PELOS DENTES. *Medicina legal.* Técnica que possibilita: a) a determinação da idade; b) a identificação do criminoso pela sua impressão dentária em objetos; c) o estabelecimento da identidade da pessoa carbonizada ou do cadáver em adiantado estado de putrefação pela forma da arcada dentária e disposição dos dentes.

IDENTIFICAÇÃO POLICIAL. *Direito processual penal.* Identificação do indiciado pelo processo dactiloscópico ou antropométrico, ordenada pela autoridade policial, juntando-se aos autos sua folha de antecedentes, que servirá de critério para individualização da pena, verificação da reincidência e da periculosidade etc.

IDENTIFICAÇÃO POR SUPERPOSIÇÃO FOTOGRÁFICA. *Medicina legal.* Técnica de identificação da pessoa mediante superposição de fotos tiradas em vida, sobre o esqueleto do crânio; prosopografia (Croce e Croce Jr.).

IDENTIFICAÇÃO PROFISSIONAL. *Direito do trabalho.* Meio de comprovar a identidade do trabalhador, que requer: livro de registro de empregado ou fichas, contendo dados sobre a qualificação pessoal e profissional do trabalhador e ocorrências havidas durante a vigência do contrato trabalhista; carteira de trabalho e previdência social, em que se provam a data da admissão, a existência da relação empregatícia, a duração da permanência do trabalhador em uma ou várias atividades profissionais a serviço do mesmo empregador, as condições do contrato de trabalho, a remuneração etc.

IDENTIFICADOR. O que identifica.

IDENTIFICAR. 1. Reconhecer algo. 2. Considerar duas coisas como idênticas. 3. Estabelecer a identidade de alguém.

IDENTIFICÁVEL. O que pode ser identificado.

IDEOFRENIA. *Medicina legal.* Confusão de idéias, provocada por distúrbio psíquico, gerando a incapacidade de levar o raciocínio a uma conclusão.

IDEOFRÊNICO. *Medicina legal.* Relativo à ideofrenia.

IDEOLOGIA. 1. *Teoria geral do direito* e *filosofia do direito.* a) Termo equívoco, significando ora falsa consciência, ora tomada de posição filosófica, política, pessoal etc., ora instrumento de análise crítica, ora instrumento de justificação (Tércio S. Ferraz Jr.); b) conceito axiológico que tem por objeto os próprios valores, atuando no sentido de função seletiva do valor, sendo utilizada para valorar outros valores. A ideologia possui um papel neutralizador do valor. A valoração ideológica é uma metacomunicação que estima as estimativas, valora as próprias valorações, seleciona as seleções ao dizer ao endereçado como este deve vê-las. A ideologia atua como um elemento estabilizador, valorando os próprios valores, organizando-os e possibilitando sua sistematização. A valoração ideológica torna rígida a flexibilidade do

momento valorativo. Com a ideologia, o valor subjetivo passa a ser objetivo, correspondendo ao valor vigente e predominante na sociedade atual, positivado pela ordem jurídica (Tércio S. Ferraz Jr.); c) ciência que visa o estudo das idéias como fatos de consciência (Destutt de Tracy); d) análise das idéias em abstrato, que não correspondem aos fatos reais; e) sistema que considera a sensação como a única fonte do conhecimento; f) pensamento teórico que, ao desenvolver abstratamente seus próprios dados, exprime inconscientemente fatos socioeconômicos; g) modo de pensar peculiar de um grupo de pessoas ou de um indivíduo. 2. *Ciência política.* Doutrina norteadora de um partido político ou do governo.

IDEOLOGIA EXÓTICA. *Ciência política.* A que ressalta a preponderância de um partido único que não admite dissidência nem intervenção na organização governamental de qualquer pessoa que não seja adepta às suas idéias político-partidárias, enaltecendo a imposição de uma feição administrativa ditatorial. Própria dos regimes totalitários como nazismo, bolchevismo, fascismo.

IDEOLOGIA POLÍTICA. 1. *Ciência política.* Conjunto de princípios que regem uma ordem político-administrativa. 2. *Direito comparado.* a) Requisito, em determinados países de regime totalitário, para o provimento de cargos públicos, que só podem ser preenchidos por militantes do partido político dominante; b) prestação de juramento de neutralidade exigida na Inglaterra aos que vão exercer cargos públicos, os quais poderão ter a sua opinião política desde que não a deixem transparecer ou influir na gestão administrativa (Bielsa e J. Cretella Jr.).

IDEOLOGIA POLÍTICO-SOCIAL. *Teoria geral do direito* e *filosofia do direito.* Avaliação da política jurisdicional dos valores reconhecidos, os quais se ligam à consciência jurídica popular e ao espírito do povo, determinando as finalidades da ordem jurídica, de maneira a permitir o controle da *mens legis* e sua interpretação. A ideologia político-social é a correspondente aos valores vigentes da sociedade atual, positivados pela ordem jurídica.

IDEOLÓGICO. *Teoria geral do direito* e *filosofia do direito.* 1. Relativo à ideologia. 2. Pertencente à ideologia. 3. O que se opõe a fatos econômicos como crenças, sistemas filosóficos ou religiosos (K. Marx).

IDEOPLASTIA. *Medicina legal.* Sugestionabilidade da pessoa hipnotizada às ordens dadas pelo hipnotizador.

ID EST. *Locução latina.* Isto é.

IDIOHIPNOTISMO. *Medicina legal.* Hipnotismo autoprovocado (Croce e Croce Jr.).

IDIOMA. *Direito internacional público.* Língua oficial falada pelo povo de uma nação.

IDIOMA ESTRANGEIRO. *Direito processual* e *direito internacional privado.* Língua falada em outro país. Se usada em documento, para que este possa produzir efeito jurídico em outro Estado, deve ser traduzido por tradutor juramentado.

IDIOMA INTERNACIONAL. Linguagem comercial, como o inglês, ou diplomática, como o francês.

IDIOMA MORTO. Língua não mais falada, conservada apenas em antigos documentos.

IDIOMA NACIONAL. Língua nacional e oficial de um País, na qual os documentos jurídicos devem ser redigidos.

IDIOMÁTICO. 1. Próprio de um idioma. 2. Referente a idioma.

IDIOMA UNIVERSAL. Sistema artificial de comunicação, como, por exemplo, o esperanto.

IDIOMA VIVO. Língua usada como meio de comunicação de uma nação.

IDIOMERITE. *Medicina legal.* Inflamação do parênquima uterino.

IDIOPATIA. *Medicina legal.* Afecção cuja causa se desconhece.

IDIOSSINCRASIA. *Medicina legal.* 1. Sensibilidade especial a determinadas substâncias (Croce e Croce Jr.). 2. Particularidade psicológica saliente num indivíduo (Lalande) determinante de uma conduta peculiar. 3. Conjunto de elementos que combinados vêm a constituir o temperamento e o caráter individuais (Lalande).

IDIOSSINCRÁSICO. *Medicina legal.* Relativo à idiossincrasia.

IDIOTA. 1. *Medicina legal.* a) Oligofrênico com idade mental de 3 anos; b) aquele que tem nível mental de um quinto a menos do nível normal do grupo de idade cronológica a que pertence; c) aquele que, embora tenha pouca inteligência, ou seja desatento, inerte, sedentário, é capaz de se relacionar; d) ignorante; tolo. 2. *Direito civil.* Absolutamente incapaz para exercer, pessoalmente, atos na vida civil, por estar incluído entre os que não têm o necessário discernimento para a prática dos atos da vida civil. 3. *Direito penal.* Irresponsável penalmente, por não ter discernimento, sendo-lhe aplicável apenas medida de segurança.

IDIOTIA. *Medicina legal.* 1. Grave deficiência mental. 2. Oligofrenia que afeta a inteligência, por conduzir seu portador a um atraso mental comparável a três anos de idade e a um quociente de inteligência de zero a vinte. 3. Parvoíce devida à obtusão intelectual.

IDIOTISMO MORAL. *Medicina legal.* Ausência total ou atrofia dos impulsos altruístas, sociais, estéticos (Guyau).

IDOLA FORI. *Locução latina.* 1. Erros que têm como causa a origem popular da linguagem. 2. Idéias confusas e contraditórias. 3. Existência de palavras que dão uma aparência de realidade a quimeras (Bacon).

IDOLA SPECUS. *Locução latina.* Conjunto de erros que têm como causa o temperamento, a educação, o meio, a autoridade, o espírito de análise, o estado de repouso ou de agitação prévia dos sentimentos (Bacon).

IDOLA THEATRI. *Locução latina.* Filosofia sofística que explica o real por abstrações (Bacon).

IDOLATRIA. Adoração de ídolos.

IDOLA TRIBUS. *Locução latina.* Tendência de considerar somente casos favoráveis, ou de acreditar que o mundo é mais simples e uniforme do que o é na realidade (Bacon).

ÍDOLO. 1. Imagem que representa uma divindade, sendo objeto de adoração. 2. Objeto de extraordinário respeito.

ÍDOLOS. *Filosofia geral.* Classes de erros mais gerais e mais profundamente inveteradas contra a resistência ou a influência dos quais é necessário precaver-se, antecipadamente, se se pretende terminar a obra de instauração das ciências (Bacon).

IDONEIDADE. 1. Aptidão. 2. Competência. 3. Capacidade. 4. Qualidade de idôneo. 5. Conjunto de qualificações que torna alguém apto para desempenhar alguma atividade. 6. Qualidade profissional ou técnica. 7. Probidade. 8. Honestidade. 9. Reputação; boa fama. 10. Lisura no adimplemento obrigacional. 11. Aquele que se encontra em boa situação econômico-financeira.

IDONEIDADE ECONÔMICA. Soma de valores que se atribui aos bens de uma pessoa (De Plácido e Silva).

IDONEIDADE FINANCEIRA. Pessoa física ou jurídica que desfruta de crédito na praça, por estar em situação econômico-financeira que a possibilita dispor prontamente de bens patrimoniais próprios para cumprir, com pontualidade, as obrigações assumidas.

IDONEIDADE FUNCIONAL. *Direito administrativo.* Pressuposto pessoal e essencial para o eficiente exercício de funções públicas, exigido do agente público.

IDONEIDADE MORAL. Complexo de qualidades morais que distinguem a pessoa, a ponto de dignificá-la no conceito da comunidade, em razão da sua honestidade no cumprimento dos deveres assumidos e dos seus bons costumes.

IDONEIDADE NA LICITAÇÃO. *Direito administrativo.* Conjunto de requisitos de ordem técnica, financeira e moral que devem ser preenchidos por aquele que vier a contratar a Administração Pública.

IDONEÍSMO. *Filosofia geral.* **1.** Concepção neodialética que se apresenta como sistema aberto, no qual as noções se sujeitam a aperfeiçoamento imanente. **2.** Doutrina pela qual o critério da verdade é a adaptação da teoria à ação e à experiência (Gonseth; Lalande).

IDÔNEO. 1. Aquele cujo respaldo econômico é suficiente para responder por seus débitos. **2.** Aquele que goza de crédito na praça pela sua retidão no cumprimento das obrigações assumidas. **3.** Meio adequado ou eficiente. **4.** Apto. **5.** Capaz. **6.** Competente. **7.** Adequado. **8.** Honesto. **9.** Próprio para alguma coisa. **10.** Suficiente.

IDONEUM TEMPUS. *Locução latina.* Tempo idôneo, apropriado ou adequado.

IDOSO. 1. *Direito constitucional* e *direito administrativo.* Aquele que já entrou na velhice. Apresenta declínio nas funções físicas, emocionais e intelectuais, daí a necessidade de ser amparado pela família, pela sociedade e pelo Estado. Tem garantida, se maior de sessenta e cinco anos, a gratuidade nos transportes coletivos públicos urbanos e semi-urbanos. **2.** *Direito previdenciário* e *direito constitucional.* a) Aquele que, por força da velhice, tem direito à aposentadoria; b) aquele que goza de todos os direitos fundamentais inerentes à pessoa humana, assegurando-se-lhe, por lei ou por outros meios, todas as oportunidades e facilidades, para preservação de sua saúde física e mental e seu aperfeiçoamento moral, intelectual, espiritual e social, em condições de liberdade e dignidade. É obrigação da família, da comunidade, da sociedade e do Poder Público assegurar ao idoso, com absoluta prioridade, a efetivação do direito à vida, à saúde, à alimentação, à educação, à cultura, ao esporte, ao lazer, ao trabalho, à cidadania, à liberdade, à dignidade, ao respeito e à convivência familiar e comunitária. A garantia de prioridade compreende: atendimento preferencial imediato e individualizado junto aos órgãos públicos e privados prestadores de serviços à população; preferência na formulação e na execução de políticas sociais públicas específicas; destinação privilegiada de recursos públicos nas áreas relacionadas com a proteção ao idoso; viabilização de formas alternativas de participação, ocupação e convívio do idoso com as demais gerações; priorização do atendimento do idoso por sua própria família, em detrimento do atendimento asilar, exceto dos que não a possuam ou careçam de condições de manutenção da própria sobrevivência; capacitação e reciclagem dos recursos humanos nas áreas de geriatria e gerontologia e na prestação de serviços aos idosos; estabelecimento de mecanismos que favoreçam a divulgação de informações de caráter educativo sobre os aspectos biopsicossociais de envelhecimento; garantia de acesso à rede de serviços de saúde e de assistência social locais. Nenhum idoso será objeto de qualquer tipo de negligência, discriminação, violência, crueldade ou opressão, e todo atentado aos seus direitos, por ação ou omissão, será punido na forma da lei. É dever de todos prevenir a ameaça ou violação aos direitos do idoso. Todo cidadão tem o dever de comunicar à autoridade competente qualquer forma de violação a direito de idoso que tenha testemunhado ou de que tenha conhecimento. **3.** *Direito penal.* Aquele que, por ter idade acima de setenta anos, recebe uma atenuante da pena a ser aplicada em razão do delito perpetrado. **4.** *Direito processual civil.* Aquele que, tendo idade igual ou superior a sessenta anos, tem prioridade na tramitação dos processos e procedimentos e na execução dos atos e diligências judiciais em que figure como parte ou interveniente.

ID QUOD INTEREST. *Locução latina.* O equivalente na indenização dos danos sofridos por alguém.

ID QUOD NULLIUS SIT, OCCUPANTIS FIT. *Expressão latina.* O que não é de ninguém, será do ocupante.

IEMAL. 1. Hibernal. **2.** Próprio do inverno. **3.** Relativo a inverno. **4.** As águas formadas no inverno.

IGARAPÉ. 1. Riacho; ribeirão ou pequeno curso d'água que corta a floresta amazônica. **2.** Canal estreito que permite passagem apenas a pequenos barcos ou canoas.

IGLU. *Direito comparado.* Choça construída com blocos de gelo usada como residência pelos esquimós.

IGNARO. Ignorante; aquele que não possui instrução.

IGNÁVIA. 1. Negligência. **2.** Covardia.

IGNAVO. Negligente.

IGNÍFUGO. 1. O que não é inflamável. **2.** Que evita incêndio.

IGNIPUNCTURA. *Medicina legal.* Operação que consiste em embeber em vários pontos dos tecidos mórbidos a agulha em brasa de um pequeno cautério.

IGNIS SEMEL ACCENSUS FACILE SERVATUR; EXTINCTUS HAUD FACILE REACCENDITUR: ITA FAMAM TUERI FACILE EST; EXTINCTAM NON FACILE EST RESTITUERE. *Expressão latina.* A boa reputação é como o fogo, uma vez aceso se conserva facilmente; mas se se apagar, não se torna a acender com facilidade.

IGNÓBIL. 1. Torpe. **2.** Vil. **3.** Que não tem honra.

IGNOMÍNIA. 1. Nas *linguagens comum* e *jurídica:* a) afronta pública; b) desonra; c) infâmia; d) opróbio. **2.** *Direito romano.* a) Desonra resultante, para um civil, de repreensão infligida pelo censor; b) cassação do posto ou rebaixamento que era, para o militar, uma desonra.

IGNORABIMUS. *Filosofia geral.* Termo usado por Dubois-Reymond, no sentido de "nunca saberemos", para opor ao *ignoramus* do cientista, sempre provisório no que atina aos problemas de ordem material, à ignorância definitiva do metafísico sobre a natureza da matéria e da força e sobre sua relação com o pensamento (Lalande).

IGNORÂNCIA. *Direito civil.* Ausência completa de conhecimento sobre alguma pessoa ou coisa e que não se confunde com o erro da falsa noção sobre algum objeto.

IGNORÂNCIA DA GRAVIDEZ. *Medicina legal.* Estado em que a mulher de boa-fé, menor ou alienada, ignora ter praticado ato que a fecundou, ou, por estar no período climatério, supõe ser incapaz de gerar (Croce e Croce Jr.).

IGNORÂNCIA DA LEI. *Teoria geral do direito.* Desconhecimento da lei vigente, muito comum, por exemplo, quando se invoca norma já revogada. Tal ignorância não impede os efeitos da norma nem livra da responsabilidade o seu infrator. Conseqüentemente, o magistrado não poderá eximir-se de sentenciar, pela alegação de desconhecimento da lei. O ato da publicação oficial visa apenas neutralizar a ignorância, sem contudo eliminá-la. Neutralizar a ignorância, ensina Tércio Sampaio Ferraz Jr., é "fazer com que ela não seja levada em conta, não obstante possa existir". A publicação tornará a lei conhecida, obrigatória e apta a produzir efeitos jurídicos concretos, de modo a imunizar a autoridade contra a desagregação que a ignorância possa lhe trazer, pois uma autoridade ignorada é como se não existisse. Esse é o real sentido do princípio da irrelevância do desconhecimento da lei, que repele a *exceptio ignorantiae juris.*

IGNORÂNCIA DO DIREITO. *Teoria geral do direito.* Ausência de conhecimento do previsto na lei sobre o fato de que se trata.

IGNORÂNCIA INESCUSÁVEL. *Teoria geral do direito.* Aquela que não tem desculpa ou justificativa por parte daquele que deve conhecer e aplicar o direito, podendo dar origem à prevaricação. Com a publicação da lei há a presunção de que seus destinatários terão ciência de seu conteúdo e nem poderão alegar desconhecimento para escusar-se aos seus efeitos. Escusa é a alegação aduzida por alguém para esquivar-se à obediência da lei ou às conseqüências da desobediência por omissão ou comissão, quer como defesa contra pretensão legítima de outrem, quer como fundamento para se obter de outrem uma pretensão ilegítima.

IGNORÂNCIA INVENCÍVEL. 1. *Teoria geral do direito.* Aquela sobre a qual não se pode argüir motivo de dúvida (Silvio de Macedo). **2.** *Medicina legal.* É a inevitável, da qual não se pode sair exceto se houver intervenção de meios extraordinários (De Plácido e Silva). **3.** É a promovida inconscientemente pelo agente quando lhe era possível, nas circunstâncias, atingir essa consciência, sem exceder as suas faculdades (Croce e Croce Jr.).

IGNORÂNCIA VENCÍVEL. 1. *Medicina legal.* É aquela da qual se pode sair com a diligência que não venha a exceder as faculdades (De Plácido e Silva). **2.** *Teoria geral do direito.* Aquela que pode ser superada ou justificada ou que supõe dúvida.

IGNORANTE. 1. Aquele que não tem instrução. **2.** Aquele que não tem conhecimento de alguma coisa.

IGNORANTIA FACTI ET JURIS. *Locução latina.* Ignorância de fato e de direito.

IGNORANTIA FACTI NON JURIS EXCUSAT. *Aforismo jurídico.* A ignorância do fato escusa, mas não a ignorância do direito ou da lei.

IGNORANTIA JURIS CONTROVERSI IGNORANTEM EXCUSAT. *Brocardo latino.* A ignorância do direito controvertido escusa o ignorante.

IGNORANTIA JURIS NEMINEM EXCUSAT. *Aforismo jurídico.* A ignorância da lei não escusa ninguém.

IGNORANTI QUEM PORTUM PETAT NULLUS SUUS VENTUS. *Expressão latina.* Não há vento favorável para quem não sabe a que porto se dirige.

IGNORANTIS DOMINI CONDITIO DETERIOR PER PROCURATOREM FIERI NON DEBET. *Expressão latina.* Um procurador não pode piorar a situação do mandante sem que este o saiba.

IGNORANTISMO. 1. Estado de ignorância. **2.** Doutrina defensora da ignorância, por alegar que a instrução e a ciência são fatores de desmoralização e ruína das sociedades.

IGNORANTISTA. Partidário do ignorantismo.

IGNORAR. 1. Não ter conhecimento de alguma coisa. **2.** Não tomar conhecimento de algo por indiferença ou desprezo.

IGNORATIO ELENCHI. *Locução latina.* **1.** Ignorância de como redargüir. **2.** *Lógica jurídica.* Ignorância de que a refutação feita não é autêntica, por ser demonstração de verdade diversa daquela em discussão (Goffredo Telles Jr.).

IGNOTI NULLA CUPIDO. *Brocardo latino.* Não se pode desejar o que não se conhece.

IGREJA. 1. *Direito civil.* Associação religiosa. **2.** *Direito canônico.* a) Congregação de fiéis que reconhece o Papa como seu pastor; b) prédio ou templo sagrado onde o culto divino é exercido, ao qual os fiéis têm o direito de ir para praticá-lo, especialmente o público; c) catolicismo; d) autoridade eclesiástica; e) clerezia.

IGREJA CATÓLICA APOSTÓLICA ROMANA. *Direito canônico.* Aquela chefiada pelo Papa e fundada por Cristo. Sua doutrina é a que foi pregada pelos apóstolos.

IGREJA MATRIZ. *Direito canônico.* Aquela que tem jurisdição sobre outras de uma determinada circunscrição.

IGREJA MILITANTE. *Direito canônico.* Congregação dos fiéis que se empenham na milícia da fé.

IGREJA PRIMITIVA. *Direito canônico.* Aquela dos primórdios do cristianismo.

IGREJA PROTESTANTE. A que só reconhece a autoridade da Bíblia.

IGREJA REFORMADA. Protestantismo ou calvinismo.

IGREJAS SUBURBICÁRIAS. *Direito canônico.* As que compõem a diocese de Roma, sujeitando-se ao domínio do Papa.

IGUAL. 1. Que tem o mesmo valor ou quantidade. **2.** O que tem a mesma natureza ou categoria. **3.** O que está no mesmo nível. **4.** Idêntico. **5.** Uniforme. **6.** O que não se altera.

IGUALAÇÃO. Ato ou efeito de igualar.

IGUALAR. 1. Tornar-se igual. **2.** Ser igual. **3.** Estar no mesmo nível.

IGUALDADE. *Filosofia geral.* **1.** Qualidade do que é igual. **2.** Equivalência de dois objetos do pensamento que não diferem em nada em sua grandeza. **3.** Relação entre coisas iguais. **4.** Paridade. **5.** Uniformidade. **6.** Eqüidade; justiça.

IGUALDADE ABSOLUTA. *Filosofia do direito.* Aquela consistente na equivalência entre dois objetos, sem levar em conta a condição das pessoas.

IGUALDADE CIVIL. *Direito civil* e *direito constitucional.* Princípio que consagra a igualdade de nacionais e estrangeiros perante a lei, mas que, por razões de ordem pública e de interesse nacional, sem criar distinções entre brasileiros e estrangeiros, admite restrições ao exercício de certos direitos aos estrangeiros. Por exemplo, lhes é vedada a exploração de minas e quedas d'água; a função de corretor de Bolsa e leiloeiro público; a propriedade de empresas jornalísticas e de embarcações etc.

IGUALDADE FORMAL. *Vide* IGUALDADE LÓGICA.

IGUALDADE JURÍDICA. *Direito constitucional.* **1.** Princípio constitucional da igualdade de todos perante a lei, sem qualquer distinção de sexo, classe social, raça, religião, convicção política etc. A todos são aplicadas as normas jurídicas, sem que se façam quaisquer distinções na legislação, administração ou na função jurisdicional. Trata-se da isonomia, pela qual as obrigações, as permissões e as proibições legais são as mesmas para todos os cidadãos. **2.** Princípio constitucional que consiste em tratar igualmente os iguais e desigualmente os desiguais, abarcando o princípio da especialidade.

IGUALDADE LÓGICA. *Lógica jurídica.* **1.** O fato de duas proposições se implicarem mutuamente. **2.** O fato de duas classes se conterem mutuamente por serem idênticas. **3.** O fato de dois conceitos terem a mesma extensão (Lalande).

IGUALDADE MATERIAL. *Filosofia geral.* Quando dois ou mais homens têm a mesma instrução, riqueza, inteligência, saúde etc. (Lalande). É também designada igualdade real.

IGUALDADE PERANTE A LEI. *Vide* IGUALDADE JURÍDICA.

IGUALDADE POLÍTICA. *Ciência política.* **1.** Identidade de condições entre os membros da mesma sociedade. **2.** Princípio pelo qual os direitos políticos e, na medida das suas capacidades, o acesso às funções, hierarquia e dignidades públicas pertencem a todos os cidadãos, sem distinção de classe ou riqueza (Lalande). **3.** Reserva do direito de voto e de ser votado aos brasileiros natos ou naturalizados. Logo, os estrangeiros não podem ocupar cargos públicos eletivos.

IGUALDADE PROPORCIONAL. *Filosofia do direito.* Aquela realizada na distribuição dos benefícios e dos encargos entre os membros de uma comunidade, considerando-se a situação das pessoas, ou seja, a posição por elas ocupada como membro do grupo social, tendo em vista o seu mérito, a natureza do serviço prestado, a sua condição econômica, o seu tempo de serviço etc.

IGUALDADE REAL. *Vide* IGUALDADE MATERIAL.

IGUALDADE SIMPLES. *Vide* IGUALDADE ABSOLUTA.

IGUALISMO. *Vide* IGUALITARISMO.

IGUALISTA. Partidário do igualitarismo.

IGUALITARISMO. Doutrina que defende e proclama a igualdade social.

IÍDICHE. Conjunto de dialetos judaico-alemães ou judaico-poloneses.

IKEBANA. Arte de arranjar flores, muito tradicional no Japão.

ILAÇÃO. 1. *Lógica jurídica.* a) Dedução; inferência; conclusão; b) aquilo que se infere de certas premissas. **2.** *Teoria geral do direito* e *direito civil.* a) Presunção, que é o meio probatório admissível juridicamente, pela qual a partir de um fato conhecido se demonstra o desconhecido. É a conseqüência que a lei ou o magistrado tiram, tendo como ponto de partida o fato conhecido para se chegar ao fato ignorado; b) conclusão a que se chega com base em indícios. **3.** *História do direito.* a) Pagamento de impostos; b) tributo.

ILAM. *Direito internacional público.* Sigla de Instituto Latino-Americano.

ILANUD. *Direito penal.* Sigla de Instituto Latino-Americano das Nações Unidas para Prevenção do Delito e Tratamento de Delinqüente, com sede em San José (Costa Rica), que visa difundir informações nas áreas da justiça criminal, com o escopo de prevenir e controlar crimes e promover os direitos humanos (Afonso Celso F. de Rezende).

ILAQUEAÇÃO. Ação ou efeito de ilaquear.

ILAQUEAR. 1. *Direito civil.* Enganar uma pessoa de boa-fé, induzindo-a em erro para tirar proveito próprio ou alheio. **2.** *Direito processual civil.* Desfazer influência ou o bom conceito do adversário.

ILATIVO. *Lógica jurídica.* Conclusivo; dedutivo.

ILEADELFO. *Medicina legal.* Diz-se daquele ser que está unido a outro pelo osso ilíaco sendo, portanto, duplo da bacia para baixo.

ILEAL. 1. *Medicina legal.* Relativo a íleo. **2.** Nas *linguagens jurídica* e *comum:* desleal.

ILEALISMO. Qualidade do que é desleal.

ILECTOMIA. *Medicina legal.* Extirpação total ou parcial do íleo.

ILEGAL. *Teoria geral do direito.* **1.** Ilícito. **2.** O que é contrário à lei. **3.** Aquilo a que falta legalidade. **4.** Vedado por lei.

ILEGALIDADE. *Teoria geral do direito.* **1.** Ato ilegal. **2.** Condição ou qualidade do que é ilegal. **3.** Ilicitude. **4.** O que é contra a legalidade; o que está em oposição à lei.

ILEGIBILIDADE. Qualidade do que não se pode ler.

ILEGÍTIMA. *Direito processual civil.* Pessoa ou parte que, por não ter competência de ação ou por não preencher determinadas condições jurídicas, não pode figurar em juízo como autor ou réu.

ILEGITIMIDADE. 1. *Teoria geral do direito.* a) Não verdadeiro juridicamente; falsidade; ausência de

ILEGITIMIDADE DA FILIAÇÃO

831

verdade jurídica; b) inautenticidade; c) injuridicidade; d) qualidade do que é ilegítimo; e) estado do que não dispõe de requisitos legais para ser juridicamente válido ou reconhecido ou para produzir efeitos jurídicos. **2.** *Direito processual civil.* a) Incompetência de ação; falta de capacidade processual da parte; b) falta de pressuposto processual relativo à capacidade de estar em juízo ou à ausência de uma das condições da ação, concernente à legitimidade de partes (Rogério Lauria Tucci).

ILEGITIMIDADE DA FILIAÇÃO. *História do direito.* Situação jurídica em que se encontrava a prole havida de união não legalizada. Atualmente, não há mais que se fazer tal discriminação, pois para todos os efeitos legais o filho será simplesmente filho, seja qual for o tipo de relacionamento de seus genitores. Há quem ache, como João Baptista Villela, que se poderia falar em filiação matrimonial e não-matrimonial, por serem termos axiologicamente indiferentes e não discriminatórios, uma vez que a norma constitucional reconhece como entidade familiar, sob a proteção do Estado, o agrupamento de fato entre homem e mulher.

ILEGITIMIDADE DE PARTE. *Direito processual civil.* **1.** Falta de titularidade ativa ou passiva, do direito material a ser apreciado em juízo ou, ainda, de direito à substituição, em pleito judicial, do titular de um dos interesses em conflito. **2.** Ausência de aptidão ou competência para estar em juízo, pleiteando algo em seu próprio nome ou como representante de outrem.

ILEGITIMIDADE DE PARTE *AD CAUSAM.* *Direito processual civil.* Falta de legitimação para agir; situação em que autor ou réu, ou ambos, se apresentam em juízo sem ter a titularidade do interesse em conflito, quer ativa, quer passivamente (Rogério Lauria Tucci).

ILEGITIMIDADE DE PARTE *AD PROCESSUM.* *Direito processual civil.* Falta de pressuposto processual atinente à capacidade do réu ou do autor de estar em juízo. Trata-se da ilegitimidade para atuar em certo processo em nome próprio ou por conta de outrem.

ILEGITIMIDADE DE PROCURADOR. *Direito processual civil.* Incapacidade legal do mandatário, que se apresenta em juízo sem estar munido de poderes para tanto.

ILEGITIMIDADE DE REPRESENTAÇÃO. *Vide* ILEGITIMIDADE DE PROCURADOR.

ILEGÍTIMO. *Teoria geral do direito.* **1.** O que não é legítimo. **2.** Aquilo ou aquele que não dispõe dos requisitos exigidos por lei para que possa ser reconhecido juridicamente ou produzir efeitos jurídicos. **3.** O que não é legítimo. **4.** O que não se funda na justiça; injusto. **5.** O que é incompatível com os padrões aceitos pela sociedade. **6.** Não-verdadeiro; falso. **7.** Improcedente. **8.** Impróprio. **9.** Ilícito; ilegal; contrário à lei. **10.** Incompetente. **11.** Ato, fato, coisa ou pessoa que se apresenta fora dos parâmetros legais, não podendo, por isso, ser amparado. **12.** O que não é conforme ao direito.

ILEGÍVEL. O que não se pode ler.

ILEÍTE. *Medicina legal.* Inflamação crônica do íleo, que provoca obstrução intestinal parcial.

ÍLEO. *Medicina legal.* Última parte do intestino delgado.

ILEOSE. *Medicina legal.* Doença do íleo.

ILEOSTOMIA. *Medicina legal.* Tipo de ostomia intestinal que comunica o íleo, parte final e mais larga do intestino delgado, com o exterior. A ileostomia pode ser permanente ou temporária, e localiza-se sempre no lado inferior direito do abdômen.

ILEOTIFO. *Medicina legal.* Modalidade de febre tifóide.

ILESO. **1.** Não ofendido. **2.** São e salvo. **3.** Que ficou incólume.

ILETRADO. Analfabeto.

ILETRISMO. Falta de instrução.

ILHA. **1.** *Direito civil.* Porção de terra cercada de água por todos os lados a qual surge em correntes comuns, em virtude de movimentos sísmicos, de depósito paulatino de areia, cascalho ou fragmentos de terra, trazidos pela própria correnteza, ou de rebaixamento de águas, deixando descoberta e a seco uma parte do fundo ou do leito. Pertencerá ao domínio particular, ou seja, aos proprietários ribeirinhos, desde que se observem as seguintes regras: a) se a ilha se forma no meio do rio será distribuída aos terrenos ribeirinhos, na proporção de suas testadas, até a linha que dividir o álveo em duas partes iguais; b) se a ilha surgir entre a linha mediana do rio e uma das margens, será tida como acréscimo dos terrenos ribeirinhos fronteiros desse mesmo lado, nada lucrando os proprietários situados em lado oposto; c) se um braço do rio abrir a terra, a ilha que resultar desse desdobramento continua a pertencer aos proprietários à custa de cujos terrenos se constituiu. Se o rio for público, a ilha formada pelo desdobramento do novo braço pertencerá ao domínio público, mediante prévia indenização ao proprietário que foi prejudicado. **2.** *Direito administrativo*. Bem público dominical se formado no álveo de corrente pública ou no oceano, exceto se estiver destinado ao uso comum. **3.** *Direito agrário*. Grupo espesso de árvores altas situado no meio dos campos (Marajó, Maranhão e Mato Grosso). **4.** *Direito de trânsito*. É o obstáculo físico, colocado na pista de rolamento, destinado à ordenação dos fluxos de trânsito em uma interseção.

ILHA ARTIFICIAL. *Direito administrativo*. A resultante de obra pública, na qual se aproveitam, mediante recursos da técnica moderna, os elementos da própria natureza, como pedras, terras etc. (José Cretella Jr.).

ILHA CULTURAL. *Sociologia geral*. Cultura local que difere da mais ampla que a rodeia.

ILHA DE CASAS. *Direito urbanístico*. Quarteirão de casas que não confina com outras, por estar compreendido entre várias ruas que as isolam das outras quadras (De Plácido e Silva).

ILHADO. 1. Isolado; tornado incomunicável. **2.** Transformado em ilha.

ILHA FLUVIAL. *Direito civil* e *direito administrativo*. A que se forma no curso de um rio navegável ou não-navegável.

ILHA LACUSTRE. *Direito civil* e *direito administrativo*. Situada no lago ou lagoa.

ILHA MARÍTIMA. *Direito administrativo*. Aquela que está localizada no mar ou no oceano a distância da costa e considerada um bem público.

ILHA OCEÂNICA. *Vide* ILHA MARÍTIMA.

ILHAR. 1. Insular; isolar; separar. **2.** Tornar-se ilha.

ILHOTA. 1. *Direito civil* e *direito administrativo*. Pequena ilha. **2.** *Medicina legal*. Ponto característico na impressão digital, representado por um ponto ou fragmento de papila (Croce e Croce Jr.).

ILHOTAS DE LANGERHANS. *Medicina legal*. Pequenas células endócrinas espalhadas pelo pâncreas, secretoras do hormônio insulina, que controla o nível de açúcar do sangue.

ILIBAÇÃO. 1. Ato ou efeito de ilibar. **2.** Reabilitação. **3.** Isenção de culpa.

ILIBADO. Sem mancha ou culpa.

ILIBAR. 1. Isentar de culpa. **2.** Reabilitar.

ILIBERAL. *Ciência política*. **1.** Aquele que não é liberal. **2.** Adversário da liberdade.

ILIBERALIDADE. *Ciência política*. **1.** Opinião oposta ao liberalismo. **2.** Qualidade de iliberal.

ILIBERALISMO. *Ciência política*. Sistema que se opõe ao liberalismo político.

ILIBIDEZ. Diz-se da vida ilibada e sem mancha.

ILIÇAR. *História do direito*. Vender ou onerar bens que não lhe pertencem, enganando alguém, fazendo-o crer que aqueles objetos são seus, livres e desembargados, quando, na verdade, não o são.

ILÍCITO. *Teoria geral do direito*. **1.** O que é contrário à lei, à moral e aos bons costumes. **2.** O que é vedado, defeso ou proibido por lei. **3.** Ato praticado em desacordo com a ordem jurídica, a ponto de violar direito subjetivo individual.

ILÍCITO ADMINISTRATIVO. *Direito administrativo*. Ação ou omissão de agente público que infringe norma estatutária e viola seus deveres funcionais, acarretando-lhe sanções disciplinares de advertência, suspensão, demissão, cassação de aposentadoria ou disponibilidade, destituição de cargo em comissão ou de função comissionada. Tais sanções são impostas ao faltoso por colegiados ou autoridades do setor administrativo, diretamente ou após processo administrativo regular.

ILÍCITO CIVIL. *Direito civil*. Ação ou omissão voluntária contrária à lei, que, ao atingir direito subjetivo individual, causa dano patrimonial ou moral a outrem, criando o dever de reparar o prejuízo. É todo fato antijurídico danoso, imputável ao seu autor, que gera a obrigação de indenizar o prejuízo sofrido pela vítima, por ser um atentado contra o interesse privado do ofendido.

ILÍCITO PENAL. *Direito penal*. **1.** Ofensa à sociedade pela violação de norma imprescindível à sua existência. Opõe-se o autor do delito à sociedade, por colocar em jogo o interesse público, estando sujeito a aplicação de pena, mesmo sem a concretização do dano. **2.** Crime.

ILÍCITO PENAL ADMINISTRATIVO. *Direito penal*. Ato praticado por servidor público que compromete a administração pública ou a sociedade, que o atinge cumulativamente na sua vinculação funcional e no comprometimento à sua liberdade pessoal (Othon Sidou).

ILÍCITO TRIBUTÁRIO

833

ILI

ILÍCITO TRIBUTÁRIO. *Direito tributário.* Infração à lei tributária.

ILICITUDE. *Direito civil* e *direito penal.* **1.** Ilegalidade; qualidade do que não é lícito; contrariedade ao direito. **2.** Improbidade. **3.** Ofensa à moral e aos bons costumes.

ILÍDIMO. 1. Ilegítimo. **2.** O que não atende aos requisitos exigidos por lei.

ILIDIR. 1. Refutar. **2.** Desfazer; destruir. **3.** Contestar o que foi argumentado, apresentando provas de sua improcedência.

ILIDÍVEL. Aquilo que pode ser refutado, desfeito, destruído ou contestado.

ILIMITABILIDADE. Qualidade de ilimitável.

ILIMITADO. 1. O que não tem limites. **2.** Indeterminado. **3.** Irrestrito. **4.** Sem reservas.

ILIMITÁVEL. 1. Que não se pode limitar. **2.** Aquilo que é insuscetível de restrições.

ILIOTORACÓPAGO. *Medicina legal.* Gêmeos unidos um ao outro pelas ilhargas.

ILÍQUIDA. 1. *Direito civil.* Obrigação incerta quanto à sua existência e indeterminada quanto ao seu objeto. **2.** *Direito processual civil.* Sentença que não exprime o *quantum* da condenação, devendo proceder-se à sua liquidação, para que possa ser executada.

ILIQUIDEZ. *Direito civil.* **1.** Característica das obrigações ou dívidas incertas quanto à sua existência e indeterminadas quanto ao seu objeto. **2.** Falta de medida exata da coisa. **3.** Falta de amparo legal. **4.** Improcedência de um direito, por ser incerto, indeterminado ou por não ter sido devidamente provado.

ILÍQUIDO. *Direito civil.* **1.** Aquilo que é incerto ou indeterminado. **2.** O que não tem seu valor apurado. **3.** O que não está provado.

ILL-ADVISED. *Locução inglesa.* Imprudente.

ILLIBERALIS ET SORDIDI. *Locução latina.* Usada para designar as tarefas ou profissões que eram tidas como indignas de serem exercidas pelos cidadãos romanos.

ILOGIA. *Lógica jurídica.* Falta de lógica.

ILÓGICO. *Lógica jurídica.* **1.** Raciocínio cuja conclusão não se contém nas premissas. **2.** Contraditório. **3.** Incoerente. **4.** O que não é lógico.

ILOGISMO. *Lógica jurídica.* **1.** Qualidade de tudo que é contraditório. **2.** Construção que, apesar de aparentemente ser lógica, não contém coerência. **3.** Falta de lógica. **4.** Caráter do que é ilógico.

ILUDIDO. 1. Enganado. **2.** Logrado. **3.** Frustrado.

ILUDIR. 1. Enganar; ludibriar. **2.** Lograr. **3.** Dissimular. **4.** Cair em erro. **5.** Frustrar. **6.** Buscar subterfúgios para não acatar ordens ou obedecer ou cumprir normas.

ILUDÍVEL. 1. Que pode ser induzido em erro. **2.** Que se pode enganar ou ludibriar. **3.** Passível de ilusão.

ILUMINAÇÃO. 1. *Direito civil.* Técnica que, através de meios naturais ou artificiais, traz claridade às edificações. **2.** *Filosofia geral.* Luz intelectual; inspiração. **3.** *Filosofia do direito.* Intuição jurídica.

ILUMINAÇÃO DO LOCAL DE TRABALHO. *Direito do trabalho.* Distribuição de luz no local de execução do trabalho, de conformidade com sua natureza e que atenda às necessidades de segurança do empregado.

ILUMINAÇÃO PÚBLICA. *Direito administrativo.* Serviço de fornecimento de luz aos particulares, nas ruas de uma cidade.

ILUMINADO. 1. *Filosofia geral.* a) Partidário do Iluminismo; b) espírito que segue suas inspirações (Voltaire). **2.** *Direito civil.* Membro de determinadas lojas maçônicas.

ILUMINISMO. *Filosofia geral.* **1.** Doutrina que visava combater, no século XVIII, a ignorância, tendo como *organum* a intuição intelectual ou da razão enquanto conhecimento imediato. **2.** Filosofia das luzes ou movimento dos "Iluminados da Baviera", sociedade secreta fundada em 1776 por Weisshaupt, que se filiou à franco-maçonaria (Lalande).

ILUMINISTA. Sectário ou prosélito do Iluminismo.

ILUSÃO. 1. *Medicina legal.* Percepção sensorial distorcida da realidade exterior, decorrente de traumas, demência, depressão, choque emocional etc. **2.** *Direito civil.* a) Dolo; b) fraude; c) interpretação errônea de um fato.

ILUSÓRIO. 1. Falso. **2.** Que tende a iludir. **3.** O que causa ou provoca ilusão.

ILUSTRAÇÃO. 1. *Direito autoral.* a) Esclarecimento; b) breve narrativa em que se realça algum ensinamento; c) imagem que acompanha texto de jornal, livros, revistas etc.; d) publicação periódica com estampas. **2.** *Retórica jurídica.* É o argumento voltado ao reforço da adesão de uma regra conhecida e aceita, fornecendo casos particulares, esclarecedores de um enunciado geral (Perelman e Olbrechts-Tyteca).

ILUSTRE. 1. Notável por suas qualidades. **2.** Esclarecido; preclaro. **3.** Termo de cortesia, quando se quer exprimir consideração.

IMAGEM. 1. *Filosofia geral.* a) Reprodução mental do que foi percebido pela visão; b) representação concreta que ilustra uma idéia abstrata; c) é a representação de um objeto ao espírito. Símbolo pelo qual e no qual a consciência atinge um objeto sensível ausente (Goffredo Telles Jr.). **2.** *Direito civil.* Reprodução de uma pessoa ou coisa obtida pela fotografia, escultura, desenho etc., que gera responsabilidade civil quando não autorizada pelo titular. Está proibida a exibição e divulgação pública de retrato sem o consenso do fotografado, salvo se tal publicação se relacionar com fins científicos, didáticos, isto é, culturais, ou com eventos de interesse público ou que aconteceram publicamente. **3.** *Direito penal.* a) Objeto de culto cujo vilipêndio público constitui crime contra o sentimento religioso; b) objeto obsceno cuja fabricação, distribuição, venda, importação, exportação ou exposição configura crime contra os costumes; c) reprodução de cena de sexo explícito envolvendo menor; exibição de fotografia de menor envolvido em ato infracional, sendo punida com reclusão e multa, que será duplicada em caso de reincidência. **4.** *Psicologia forense.* Reprodução, no espírito, de uma sensação, na ausência da causa que a produziu.

IMAGEM ARQUETÍPICA. *Psicologia forense.* Segundo Jung, o arquétipo, enquanto tal, não é passível de ser conhecido; apenas podemos entrar em contato com ele por intermédio de suas manifestações. Por esse motivo, os teóricos junguianos mais modernos desconsideram, em suas reflexões, o arquétipo não apresentado (Lídia Reis de Almeida Prado).

IMAGEM-ATRIBUTO. *Direito civil.* É a imagem social, ou seja, o conjunto de caracteres que uma pessoa apresenta em seu conceito social como profissional, como político, como pai de família etc. (Luiz Alberto David Araujo).

IMAGEM CIENTÍFICA. *Biodireito.* DNA de cada pessoa.

IMAGEM DO ÍNDIO. *Direito civil.* Representação de sua imagem, para fins de comercialização, em cartões postais, filmes etc., que só é permitida se houver autorização e remuneração do índio, sob a fiscalização da FUNAI, que zela pelos seus interesses.

IMAGEM EDÉTICA. *Psicologia forense.* Imagem visual subjetiva de percepções passadas, lembrada, com nitidez, por crianças ou por determinadas pessoas.

IMAGEM ÉTICA. *Sociologia geral.* A que mostra os costumes e a índole das pessoas.

IMAGEM-RETRATO. *Direito civil.* Conjunto de caracteres físicos da pessoa (Luiz Alberto David Araujo).

IMAGEM SOCIAL. *Direito civil.* Atributo da pessoa no grupo social a que pertence (Luiz Alberto David Araujo). *Vide* IMAGEM-ATRIBUTO.

IMAGEM VISUAL. *Filosofia geral.* Percepção mental correspondente a um objeto visto.

IMAGINAÇÃO. 1. *Filosofia geral.* a) Faculdade de formar imagens (imaginação reprodutora); b) faculdade de combinar imagens que imitam fatos da natureza, mas que não representam nada de real ou existente, como ocorre nas obras de arte (imaginação criadora) (Lalande); c) coisa imaginada. **2.** *Psicologia forense.* Utilização construtiva de experiências perceptivas anteriores.

IMAGINAÇÃO ATIVA. *Psicologia forense.* Termo usado por Jung para descrever um processo de sonhar com os olhos abertos, por intermédio do qual o *ego* é levado a reagir mais diretamente do que no caso dos sonhos, pois os conteúdos inconscientes surgem no estado de vigília (Lídia Reis de Almeida Prado).

IMAGINAÇÃO CRIADORA. *Filosofia geral.* Faculdade de combinar imagens para formar novas imagens (Goffredo Telles Jr.). Trata-se da fantasia.

IMAGINAÇÃO REPRODUTORA. *Filosofia geral.* Faculdade de conservar e reproduzir imagens (Goffredo Telles Jr.).

IMAGO. *Psicologia forense.* Modelo de pessoa amada que se forma na infância e se conserva até a idade adulta, sem sofrer quaisquer modificações.

IMANÊNCIA. *Filosofia geral.* **1.** Qualidade de imanente. **2.** Princípio cuja realidade não se constitui por peças justapostas, pois no menor pormenor da natureza ou da ciência a análise encontra toda a ciência e toda a natureza (Le Roy). **3.** O que reside estática e permanentemente no sujeito, e de maneira dinâmica procede de um ser como expressão do que ele traz essencialmente em si, sendo, concomitantemente, o que só incorpora neste ser, como a satisfação de uma necessidade, a resposta esperada etc. É, portanto, o oposto daquilo que é acidental, extrínseco ou transitório (Maurice Blondel). **4.** Princípio pelo qual nada pode entrar no homem que não corresponda de algum modo a uma necessidade de expansão (Santo Tomás de Aquino).

IMANENTE. *Filosofia geral.* **1.** Aquilo que se compreende na essência do todo. **2.** Aquilo que não resulta de uma ação exterior. **3.** Tudo aquilo de que o ser participa ou para o qual tende. **4.** Princípio cuja aplicação se circunscreve aos limites da experiência possível (Kant). **5.** Privativo do sujeito ou do objeto, sendo dele inseparável.

IMANENTISMO. *Filosofia geral.* Doutrina negadora da existência de influências transcendentais sobre o mundo.

IMAP. *Direito virtual.* Sigla de *Interactive Mail Access Protocol.*

IMATERIAL. *Direito civil.* **1.** Incorpóreo. **2.** Aquilo que não é matéria. **3.** O que não tem forma material. **4.** Diz-se do direito real ou do pessoal, por ser incorpóreo.

IMATERIALIDADE. **1.** *Direito civil.* Qualidade de imaterial. **2.** *Filosofia geral.* Intelectualidade.

IMATERIALISMO. *Filosofia geral.* Doutrina metafísica que nega a existência da matéria (Berkeley).

IMATURIDADE. *Medicina legal.* Qualidade do que é imaturo, por não ter atingido o desenvolvimento.

IMATURO. *Medicina legal.* **1.** O que não alcançou a maturidade. **2.** Feto cujo desenvolvimento não se completou. **3.** Prematuro. **4.** Precoce.

IMBECIL. *Psicologia forense* e *medicina legal.* **1.** Fraco de espírito e de corpo. **2.** Tolo. **3.** Aquele que coordena mal suas idéias, comete erros de percepção, tem dificuldades no convívio social, na aprendizagem etc., por possuir quociente de inteligência entre um quarto e metade do nível normal do grupo de idade cronológica a que pertence. **4.** Oligofrênico cujo desenvolvimento psíquico pode ser comparado ao de uma criança de três a sete anos (Croce e Croce Jr. e Gilberto Macedo).

IMBECIL-ALCOOLISTA. *Medicina legal.* Oligofrênico que, ao se entregar ao alcoolismo, se torna agressivo ou violento, podendo, por isso, chegar a cometer assassinato (Croce e Croce Jr.).

IMBECILIDADE. *Medicina legal* e *psicologia forense.* **1.** Qualidade de imbecil. **2.** Condição ou estado de quem é imbecil. **3.** Oligofrenia apresentada por pessoas de idade mental entre três a sete anos e de quociente de inteligência de vinte e cinco a cinqüenta. **4.** Estado de fraqueza ou debilidade corporal ou espiritual devida a fatores hereditários, incompatibilidade materno-fetal (fator Rh), desnutrição, doenças embrionárias, toxoplasmose, traumatismos obstétricos, mongolismo, insuficiência tireoideana, hipofisária ou fenilpirúvica (Gilberto Macedo). **5.** Ato ou dito imbecil. **6.** Primeiro grau do idiotismo. **7.** Tolice.

IMBECILIDADE CRETINÓIDE. *Medicina legal.* Forma mais atenuada do que a idiotia cretinóide. Neste caso são freqüentes tipos com microcefalia, hidrocefalia etc. (J. B. de O. e Costa Jr.).

IMBECILIDADE FENILPIRÚVICA. *Medicina legal.* É a do doente oligofrênico que excreta ácido fenilpirúvico em grande quantidade pela urina (J. B. de O. e Costa Jr.).

IMBECILIDADE NATIVA. **1.** *Medicina legal.* Deficiência mental caracterizada por fraqueza ou falta de desenvolvimento, que torna seu portador incapaz de elevar-se ao conhecimento e à razão próprios das pessoas de sua faixa etária. **2.** *Direito civil.* Fraqueza, falta de desenvolvimento físico-psíquico ou perturbação mental que torna alguém incapaz de reger sua pessoa e seus bens, que o enquadra na categoria dos que não têm discernimento, sendo considerado "absolutamente incapaz" para os atos da vida civil, mas se o seu estado patológico não for muito grave, pode ser tido como relativamente incapaz. **3.** *Direito penal.* Desenvolvimento mental incompleto ou retardado que torna o criminoso inimputável penalmente, sendo irresponsável sob o prisma criminal.

IMBECILISMO. *Vide* IMBECILIDADE.

IMBELE. **1.** Que não é belicoso. **2.** Incapaz ou impróprio para a guerra. **3.** Covarde. **4.** Débil; fraco.

IMEDIAÇÃO. **1.** *Direito civil.* Vizinhança. **2.** Nas *linguagens comum* e *jurídica:* a) fato de ser imediato; b) proximidade. **3.** *Filosofia geral.* a) O que é imediato; aquilo que constitui um dado imediato (Blondel); b) característica do que é imediato (Leibniz).

IMEDIAR. *Direito marítimo.* Exercer o ofício de imediato.

IMEDIATA. *Lógica jurídica.* a) Proposição que enuncia uma relação imediatamente conhecida entre os termos que a compõem, não resultando de nenhuma outra (Aristóteles); b) inferência que não exige termo médio, conversão, subalternidade, contraposição (Lachelier).

IMEDIATAMENTE. Logo em seguida.

IMEDIATAR. **1.** *Direito marítimo.* Servir num navio como imediato. **2.** *Direito administrativo.* Substituir chefe, em sua falta ou impedimento.

IMEDIATIDADE. **1.** *Direito processual civil.* Princípio processual que determina o contato direto do magistrado com as provas, o qual indica o juiz instrutor do processo como seu julgador por ter pleno conhecimento do litígio. **2.** *Filosofia geral.* Qualidade do conhecimento intuitivo; intuição intelectual.

IMEDIATISMO. Modo direto de proceder, sem fazer rodeios ou que dispensa mediações ou intervenções.

IMEDIATO. **1.** *Direito administrativo.* Funcionário público que está abaixo do chefe, que vem a substituí-lo em seus impedimentos ou faltas. **2.** *Direito marítimo.* Oficial abaixo do comandante do navio, que o substitui em seus impedimentos. **3.** *Filosofia geral.* a) Conhecimento em que não há intermediário entre o sujeito cognoscente e o objeto conhecido (Descartes); b) conhecimento em que inexiste intermediário entre dois objetos de pensamento de que o espírito capta a legação; c) objeto de conhecimento que constitui um dado imediato em relação ao espírito que o conhece (Lalande); d) direto; e) evidente. **4.** Nas *linguagens comum* e *jurídica:* a) graduação, no posto ou no poder; b) seguido, efeito que se segue após o ato; c) instantâneo; d) aquilo que logo ocorre, sem intervenção de algo; e) contíguo; f) consecutivo; g) chegado em tempo.

IMEDIATO DE NAVIO. *Direito marítimo.* Oficial de bordo que, na Marinha Mercante, pertence à guarnição do navio de longo curso, e substitui o comandante, legal e eventualmente, em seus impedimentos. É a segunda autoridade de bordo, responsável pela manutenção da ordem, disciplina, limpeza e conservação do navio. Averigua a eficiência dos aparelhos de navegação e salvamento; inspeciona diariamente os locais designados para o estivamento das cargas inflamáveis, explosivas ou corrosivas; dirige o preparo dos conveses, para recebimento de carga; dirige o serviço de abastecimento; fiscaliza a escrituração dos livros da seção de convés; procede a sindicâncias relativas às causas de acidentes do trabalho; auxilia o comandante ou capitão do navio etc.

IMEMORIAL. **1.** De que não se tem notícia ou memória, ante o fato de não se conhecer sua origem, por ser muito remota. **2.** O que escapa ao conhecimento, por ser antiqüíssimo.

IMENSO. **1.** O que não tem limites; ilimitado. **2.** Numeroso. **3.** Desmedido.

IMERSÃO. **1.** *História do direito.* Ato de lançar na água o cadáver do que falecia em alto-mar, após o cumprimento das formalidades legais. Com esse método, evita-se a putrefação do corpo e o constrangimento de passageiros e tripulantes. **2.** *Medicina legal.* a) Mergulhar em líquido; b) introdução de sólido num líquido (Croce e Croce Jr.).

IMETÓDICO. Que carece de método.

IMIGRAÇÃO. *Direito internacional público* e *direito internacional privado.* **1.** Ato ou efeito de imigrar. **2.** Ato de entrar num país estrangeiro, com o escopo de nele se estabelecer e fixar residência. **3.** Introdução de pessoas de outra nacionalidade em certo país, que as receberá, por estar, por exemplo, carente de mão-de-obra em determinado setor de atividade, oferecendo-lhes salários atraentes para que cooperem ao seu engrandecimento econômico.

IMIGRACIONISMO. *Direito internacional público* e *direito internacional privado.* **1.** Costumes de imigrantes. **2.** Conjunto de imigrantes (Laudelino Freire).

IMIGRACIONISTA. *Direito internacional público* e *direito internacional privado.* **1.** Partidário da imigração. **2.** Referente à imigração.

IMIGRADO. *Direito internacional privado.* Aquele que imigrou.

IMIGRANTE. *Direito internacional privado.* Aquele que imigra, que sai de seu país de origem para estabelecer-se e viver em nação estranha.

IMIGRANTISTA. *Direito internacional público.* Aquele que faz propaganda da imigração.

IMIGRAR. *Direito internacional público* e *direito internacional privado.* Entrar num país estrangeiro, para nele estabelecer-se e fixar residência.

IMIGRATÓRIO. *Direito internacional público* e *direito internacional privado.* Relativo à imigração ou aos imigrantes.

IMINÊNCIA. Qualidade do que está iminente, ou prestes a acontecer.

IMINENTE. **1.** O que está próximo. **2.** O que ameaça realizar-se em breve. **3.** O que está prestes a ocorrer ou a verificar-se.

IMISCUIÇÃO. Ato ou efeito de se intrometer ou imiscuir; intromissão.

IMISCUIR. 1. Misturar-se. 2. Interferir. 3. Intrometer-se. 4. Tomar parte. 5. Confundir-se.

IMISSÃO. 1. Introdução. 2. Colocação de algo dentro de outra coisa. 3. Ato ou efeito de imitir. 4. Ato de investir alguém num cargo ou dar posse a alguém. 5. Ato de entrar na posse.

IMISSÃO NA POSSE. *Direito processual civil.* Ato pelo qual, mediante mandado judicial, o proprietário visa obter a posse direta do imóvel, da qual foi injustamente alijado. É o meio de aquisição de posse a que se tem direito.

IMISSÃO SEMINAL. *Medicina legal.* Entrada de esperma na vagina.

IMISTÃO. *Direito civil.* Ato do herdeiro de aceitar herança.

IMITAÇÃO. 1. *Direito penal.* Falsificação. 2. *Direito autoral.* a) Contrafação ou reprodução de obra literária, artística ou científica; b) plágio. 3. Nas *linguagens comum* e *jurídica:* a) ato de reproduzir algo à semelhança de um modelo; b) reprodução falsa e dolosa; c) arremedo. 4. *Psicologia forense.* Ato consciente ou inconsciente de reproduzir um fenômeno psíquico anterior. 5. *Direito fiscal.* Falsificação da procedência de produtos industriais ou de mercadorias. 6. *Sociologia geral.* Ação de copiar intencionalmente determinado comportamento. 7. *Filosofia geral.* É, para Aristóteles, a vocação paradoxal a que se atiram as formas inferiores em face das superiores, executando ação que representam, num nível mais modesto, a realização e a negação do modelo (Aubenque, Tércio Sampaio Ferraz Jr.).

IMITAÇÃO DE ASSINATURA. *Direito penal.* Falsificação de assinatura alheia fazendo passá-la por legítima.

IMITAÇÃO DE MARCA. *Direito penal* e *direito de propriedade industrial.* Contrafação de marca de indústria e comércio, registrada ou não, que se insere na seara da concorrência desleal, induzindo o comprador em erro. Para Waldemar Ferreira, "imitar a marca de outrem não é, portanto, simples e fielmente reproduzi-la, nos pormenores e no conjunto. É arremedá-la. É desfigurá-la, criando outra que, posto seja dela diferente, mantenha com ela tal semelhança ou contenha tantos de seus elementos característicos que facilmente se confunda uma com a outra".

IMITAÇÃO DE MEMÓRIA. *Direito penal.* Falsificação consistente na reprodução de memória, sem qualquer exercício, de uma escrita conhecida do falsificador.

IMITAÇÃO DE MOEDA PARA PROPAGANDA. *Direito penal.* Ato, que constitui contravenção penal, de usar, para fins de propaganda, impresso ou objeto que uma pessoa ignorante ou sem experiência possa confundir com moeda ou papel-moeda.

IMITAÇÃO GRÁFICA. *Direito penal.* Reprodução de uma escrita.

IMITAÇÃO LIVRE. Reprodução gráfica executada sem a presença do modelo, após reiterados exercícios.

IMITAÇÃO SERVIL. *Direito de propriedade industrial.* Falsificação em que se copia modelo colocado à frente. Constitui, portanto, ato de concorrência desleal por criar confusão entre produtos e artigos postos no comércio e entre estabelecimentos industriais e comerciais, a ponto de prejudicar a reputação e os negócios alheios.

IMITANTE. Aquele que imita.

IMITATÓRIO. Que procura reproduzir.

IMITIR. 1. Fazer entrar. 2. Investir em. 3. Meter-se em.

IMO. *Direito internacional público.* Sigla de Organização Marítima Internacional.

IMOBILIÁRIA. *Direito civil.* 1. Firma especializada em vender, locar e administrar imóveis. 2. Diz-se da propriedade como direito que a pessoa física ou jurídica tem, dentro dos limites legais, de usar, de gozar e dispor de um bem imóvel por natureza, por acessão física artificial ou intelectual e por determinação de lei, e pode ser reivindicada a quem injustamente o detenha.

IMOBILIÁRIO. 1. *Direito civil.* a) Referente a imóvel; b) bem imóvel por natureza ou por disposição de lei. 2. *Direito comercial.* Numerário ou capital aplicado num negócio, que ficou sem giro (De Plácido e Silva).

IMOBILIDADE. Estado do que não se move.

IMOBILIDADE SOCIAL. *Sociologia geral.* A relativa impermeabilidade dos vários estratos que constituem uma estrutura social.

IMOBILISMO. Aversão ao progresso.

IMOBILISTA. Partidário do imobilismo.

IMOBILIZAÇÃO. 1. *Direito civil.* a) Ato ou efeito de imobilizar; transformação de coisa móvel em imóvel; b) atribuição da qualidade de imóvel, feita pela lei, a determinados bens móveis ou direitos, para certos efeitos legais; c) incorporação de móvel no imóvel, para assim ser usado, sem que dele possa ser retirado sem que haja sua destruição. **2.** *Direito comercial.* a) Elemento do ativo fixo de uma empresa que atende permanentemente a sua exploração; b) aplicação ou empate de capital em certo negócio mercantil, ou melhor, empresarial. **3.** *Economia política.* Designação de algumas riquezas que apenas com dificuldade podem ser convertidas, pela troca, em meio de pagamento.

IMOBILIZAÇÃO DE FUNDOS. Consolidação ou aplicação de fundos, os quais são empregados em títulos de dívida pública, por exemplo.

IMOBILIZAR. 1. Tornar algo imóvel. **2.** Dar, ficticiamente, a bem móvel qualidade de imóvel, para certos efeitos legais. **3.** Não progredir; impedir o progresso. **4.** Estabilizar. **5.** Estacionar. **6.** Consolidar fundos.

IMOBILIZAR CAPITAL. *Direito comercial.* **1.** Comprar imóvel. **2.** Aplicar capital num negócio ou em coisa que não se encontra no movimento comercial ou industrial do estabelecimento ou firma.

IMODERAÇÃO. *Direito civil* e *direito penal.* **1.** Descomedimento, excesso. **2.** Falta de moderação.

IMODERADAMENTE. *Direito civil* e *direito penal.* Desmedidamente; de modo imoderado.

IMODERADO. *Direito civil* e *direito penal.* **1.** Descomedido. **2.** Modo de agir contrário aos limites legais. **3.** Revide desmedido a uma agressão, no exercício da defesa, não atendendo ao limite razoável da necessidade. **4.** O que vem em excesso; excessivo. **5.** O que não é moderado. **6.** Exagerado.

IMODICIDADE. 1. Exorbitância. **2.** Qualidade do que não é módico.

IMÓDICO. 1. Elevado; excessivo. **2.** O que não é módico.

IMODIFICÁVEL. O que não se pode modificar.

IMOLAÇÃO. *Direito penal.* **1.** Carnificina. **2.** Ato ou efeito de matar vítima para oferecê-la em sacrifício cruento.

IMORAL. 1. *Direito civil.* O que é contrário à moral ou aos bons costumes. **2.** *Direito penal.* a) Atentado ao decoro ou ao pudor; b) obsceno ou pornográfico; c) ato libidinoso. **3.** *Direito administrativo.* Ato de improbidade administrativa ou atentatório à decência pública. **4.** Na *linguagem comum:* a) pessoa indecente ou sem moral; b) indivíduo devasso ou libertino. **5.** *Sociologia geral.* Aquilo que é atentatório ao padrão cultural dominante num dado contexto social, numa época. **6.**

Psicologia forense. Aquele que tem sensibilidade moral, mas que viola os preceitos da moral, em razão de possuir uma vontade fraca.

IMORALIDADE. 1. Indecência; devassidão. **2.** Falta de moralidade. **3.** Desonestidade. **4.** Prática de maus costumes. **5.** Qualidade de imoral. **6.** Desregramento.

IMORALISMO. *Filosofia geral.* Teoria ética negadora do valor das doutrinas morais (Nietzsche). Observa Lalande que para Nietzsche a moral deve ser substituída por uma escala de valores completamente diferente, inversa, mesmo na maior parte dos pontos.

IMORALISTA. *Filosofia geral.* **1.** Qualificativo atribuído por Nietzsche à sua doutrina. **2.** Relativo ao imoralismo. **3.** Adepto do imoralismo.

IMORIGERADO. Devasso; libertino.

IMORTAL. 1. Atribuição a cada membro da academia literária. **2.** Aquele que não será esquecido. **3.** Perene.

IMORTALIDADE. 1. Condição de imortal. **2.** Vida eterna.

IMORTALIDADE DA ALMA. *Filosofia geral.* **1.** Postulado da razão pura e prática, relativo à possibilidade de um ser finito realizar a perfeição moral, sob a forma de um progresso indefinido, em direção à santidade (Kant). **2.** Doutrina que afirma a sobrevivência da alma indefinidamente à morte, com os caracteres que constituem sua individualidade. **3.** Vida intemporal que não se submete às leis da duração (Goblot); eternidade.

IMORTALISMO. *Filosofia geral.* Sistema que tem por princípio basilar a imortalidade do indivíduo, livre da metafísica espiritualista.

IMORTALISTA. Adepto do imortalismo.

IMORTALIZAÇÃO. Ato ou efeito de imortalizar.

IMORTALIZAR. 1. Tornar-se imortal. **2.** Ficar famoso ou célebre por obras ou feitos.

IMORTALIZÁVEL. 1. Aquele que é digno de se imortalizar. **2.** Célebre para sempre (Laudelino Freire).

IMÓVEL. 1. Na *linguagem comum:* a) aquilo que não se move; b) inabalável: c) inalterável. **2.** *Direito civil.* a) Bem que não pode ser transportado ou deslocado de um local a outro sem destruição de sua substância; bem de raiz; b) aquele bem móvel, imobilizado pela ação do homem, por acessão física artificial ou por acessão física intelectual; c) bem ou direito considerado pela lei como imóvel.

IMÓVEL EDIFICADO. *Direito civil.* Aquele ocupado total ou parcialmente com edificação permanente.

IMÓVEL FUNCIONAL. *Direito administrativo.* Imóvel residencial de propriedade de empresa estatal federal, passível de permissão de uso a empregado ou dirigente.

IMÓVEL NÃO-EDIFICADO. *Direito civil.* Aquele não ocupado ou ocupado com edificação transitória, em que não se exerçam atividades nos termos da legislação de uso e ocupação do solo.

IMÓVEL POR DETERMINAÇÃO LEGAL. *Vide* BEM IMÓVEL POR DETERMINAÇÃO LEGAL.

IMÓVEL RURAL. *Direito civil* e *direito agrário.* **1.** Pelo critério da localização do imóvel, o situado fora dos limites do perímetro urbano, estabelecido pelas leis municipais (Clóvis Beviláqua, Espínola e Dionísio da Gama). **2.** Pelo critério da destinação econômica, aquele que, qualquer que seja a situação, tiver por finalidade a exploração agrícola, pecuária, extrativa vegetal, florestal ou agroindustrial (Silva Pacheco, Campos Batalha e Teixeira de Freitas).

IMÓVEL URBANO. *Direito civil.* **1.** Aquele que, segundo o critério da localização do imóvel, está localizado dentro das demarcações impostas administrativamente pela lei (Clóvis Beviláqua, Dionísio da Gama, Espínola, Sabino Jr. e Favorino Mércio). **2.** Aquele que, segundo o critério da destinação econômica do imóvel, qualquer que seja sua localização, se destina à moradia, ao comércio e indústria e não à exploração agrária. Adotam essa idéia Borges Carneiro, Agostinho Alvim, Silva Pacheco, Pereira e Souza, Teixeira de Freitas, Ivan de Hugo e Silva etc.

IMPACTO. **1.** *Direito espacial.* Ponto terminal da trajetória de um míssil. **2.** *Psicologia forense.* Choque emocional. **3.** *Medicina legal.* a) Ponto de penetração de um projétil de arma de fogo; b) choque de um corpo contra outro; empurrão. **4.** Na *linguagem comum:* a) impelido contra; b) metido à força.

IMPACTO AMBIENTAL DE AGENTE DE CONTROLE BIOLÓGICO (ACB). *Direito ambiental.* Efeito positivo ou negativo no ambiente advindo do uso de agentes de controle biológico.

IMPACTO AMBIENTAL REGIONAL. *Direito ambiental.* É todo e qualquer impacto ambiental que afete diretamente (área de influência direta do projeto), no todo ou em parte, o território de dois ou mais Estados.

IMPAGÁVEL. **1.** Que não é pagável. **2.** O que não se deve pagar. **3.** Inestimável.

IMPALUDAR. *Medicina legal.* Infectar com malária.

IMPALUDISMO. *Medicina legal.* Malária.

IMPARCIAL. **1.** Aquele que não é parcial. **2.** O que não se deixa corromper. **3.** Aquele que, ao julgar, não sacrifica a justiça, fazendo considerações particulares ou que atendam aos interesses privados.

IMPARCIALIDADE. **1.** Justiça. **2.** Retidão. **3.** Qualidade de imparcial. **4.** Neutralidade.

IMPAR PUGNA. *Locução latina.* Luta desigual.

IMPARTÍVEL. O que não admite divisão nem partilha; indivisível.

IMPASSE. Situação embaraçosa da qual é difícil sair bem.

IMPASSÍVEL. **1.** Insensível. **2.** Indiferente. **3.** Imperturbável.

IMPATRIOTA. Aquele que não tem patriotismo.

IMPATRIOTISMO. Falta de patriotismo.

IMPEACHMENT. *Direito constitucional.* Instituto de origem inglesa, consistente no processo político-criminal, instaurado contra o presidente da República para apurar crime de responsabilidade, resultante de má gestão dos negócios públicos, de violação de deveres funcionais e de falta de decoro. Tem por escopo impor-lhe pena de destituição do cargo e suspensão dos direitos políticos. Trata-se de competência do Legislativo.

IMPECÁVEL. **1.** Irrepreensível. **2.** Sem defeito.

IMPEDIDO. **1.** *Direito desportivo.* Jogador de futebol que está no impedimento. **2.** Em *gíria militar,* o soldado que não pode ausentar-se do quartel. **3.** *Direito militar.* a) Soldado que está a serviço particular de um oficial; b) soldado encarregado de serviço diverso do que lhe compete. **4.** Nas *linguagens comum* e *jurídica:* a) que sofreu impedimento; b) que se impediu; c) impossibilitado; d) condição daquele que não pode exercer determinada função ou de quem não pode agir juridicamente. **5.** *Direito de trânsito.* Proibido ao trânsito.

IMPEDIENTE. **1.** O que impede. **2.** Causa ou motivo do impedimento. **3.** Circunstância que impede o matrimônio, cuja desobediência não o anula, mas acarreta apenas a aplicação de uma sanção. **4.** Causa suspensiva da celebração do casamento.

IMPEDIMENTA. *Direito militar.* Conjunto de bagagens que retardam a marcha de um exército.

IMPEDIMENTI CAUSA CESSANTE, CESSATA IMPEDIMENTUM. *Aforismo jurídico.* Cessada a causa, cessa o impedimento.

IMPEDIMENTO. 1. Na *linguagem jurídica* em geral, significa: a) limitação à liberdade de agir no início ou no desenvolvimento de alguma atividade funcional (Bento de Faria e Paulo Matos Peixoto); b) aquilo que impede ou proíbe a prática de certos atos jurídicos; c) obstáculo; d) oposição legal, moral ou física que venha a tolher a execução de um ato. **2.** *Direito processual.* a) O que impossibilita a realização de certos atos ou diligências dentro dos prazos regulamentados; b) suspeição do juiz que o impede e invalida seus atos, mesmo que não haja oposição da parte. **3.** *Direito administrativo.* a) Impossibilidade material ou jurídica que impede o funcionário público de exercer suas funções; b) afastamento de funcionário público do cargo por licença, férias, moléstia, incompetência, suspeição etc. **4.** *Direito penal.* Estorvo à execução de ato ou ao funcionamento de um serviço, garantido por lei, por ser de interesse coletivo. Tal embaraço é punido como crime pela lei penal (De Plácido e Silva). **5.** *Direito desportivo.* Posição irregular de um jogador de futebol ao receber a bola de um de seus companheiros, quando se acha na mesma linha ou além da linha de seu último oponente.

IMPEDIMENTO DA PRESCRIÇÃO. *Direito civil* e *direito processual civil.* Obstáculo ao escoamento do prazo prescricional, antes de seu início (R. Limongi França). Causa que impede a prescrição fundada no *status* da pessoa, individual ou familiar, a qual atende razões de confiança, amizade e motivos de ordem moral. Assim, por exemplo, não corre a prescrição entre cônjuges, na constância do matrimônio; entre ascendentes e descendentes, durante o poder familiar; entre tutelado ou curatelado e seu tutor ou curador, durante a tutela ou curatela, e contra os absolutamente incapazes; em favor do credor.

IMPEDIMENTO DA TESTEMUNHA. *Direito processual.* Inadmissibilidade de uma pessoa como testemunha, fundada em razão de ordem moral ou jurídica.

IMPEDIMENTO DA TUTELA. *Direito civil.* Falta de legitimação para o exercício da tutela daqueles que: não tiverem a livre administração de seus bens; se acharem constituídos em obrigação para com o menor ou tiverem que fazer valer direitos contra este; aqueles cujos pais, filhos ou cônjuge tiverem demanda com o menor devido a oposição de interesses; forem inimigos do menor ou de seus pais ou que tiverem sido por estes expressamente excluídos da tutela; forem condenados por crime de furto, roubo, estelionato ou falsidade contra a família ou os costumes, tendo ou não cumprido pena; têm mau procedimento ou falhas em probidade e culpados de abuso em tutorias anteriores; exercerem função pública incompatível com a boa administração da tutela.

IMPEDIMENTO DE CERIMÔNIA FUNERÁRIA. *Direito penal.* Delito de perturbar ou impedir enterro, punido com detenção ou multa.

IMPEDIMENTO DE CULTO RELIGIOSO. *Direito penal.* Crime consistente em impedir ou perturbar cerimônia de culto religioso, punido com detenção ou multa.

IMPEDIMENTO DIRIMENTE EM ESPECIAL. *Direito canônico.* Aquele que impossibilita contrair casamento válido, como: ausência de idade núbil, que é de dezesseis anos para o homem e quatorze para a mulher; impotência para copular; bigamia; rapto e coação, enquanto a raptada não estiver fora do alcance do raptor; ausência de batismo na Igreja Católica, mesmo por um dos nubentes; parentesco na linha reta e na linha colateral até o quarto grau; afinidade em linha reta; concubinato público e notório; parentesco legal advindo de adoção, em linha reta ou no segundo grau da linha colateral.

IMPEDIMENTO DIRIMENTE EM GERAL. *Direito canônico.* Aquele que torna a pessoa inábil para contrair casamento válido, tal como: consangüinidade entre os nubentes; voto público e perpétuo de castidade de um deles; homicídio provocado por um dos nubentes ao cônjuge do outro etc.

IMPEDIMENTO DO JUIZ. *Direito processual.* **1.** Proibição, dirigida ao magistrado, de funcionar na causa. **2.** Circunstância enumerada em lei que impossibilita o juiz de exercer regular e legalmente sua jurisdição em determinado momento, como, por exemplo, moléstia, acúmulo de serviço etc. **3.** Causa que priva o magistrado do exercício de suas funções num certo caso, em razão de sua relação com o objeto de causa. Por exemplo: será defeso ao juiz exercer sua função: a) no processo contencioso ou voluntário de que for parte; b) quando interveio no processo como mandatário da parte, funcionando como órgão do Ministério Público ou prestando depoimento como testemunha; c) quando conheceu do processo em primeiro grau de jurisdição, tendo-lhe proferido sentença ou decisão; d) quando na causa estiver postulando, como advogado da parte, o seu cônjuge ou qualquer parente seu em linha reta ou na linha colateral até o segundo grau; e) quando, ao atuar, estiver envolvido cônjuge, parente de alguma parte em linha reta ou na colateral até o terceiro grau; f) quando for órgão de direção ou de administração de pessoa jurídica, parte na causa. **4.** Qualquer fato que venha a privar o magistrado da prática de atos funcionais.

IMPEDIMENTO DO PRESIDENTE DA REPÚBLICA. *Direito constitucional.* **Vide** *IMPEACHMENT.*

IMPEDIMENTO FUNCIONAL-ADMINISTRATIVO DO OFICIAL DO REGISTRO PÚBLICO. *Direito registrário.* Proibição ao notário, no serviço de que é titular, de praticar, pessoalmente, qualquer ato de seu interesse, ou do de seu cônjuge, parente na linha reta ou colateral, consangüíneos ou afins até o terceiro grau.

IMPEDIMENTO IMPEDIENTE. *História do direito.* Corresponde, hoje, à causa suspensiva de casamento.

IMPEDIMENTO INJUSTO. Aquele que não tem amparo legal para justificar a falta da prática do ato ou a inexecução de uma obrigação.

IMPEDIMENTO INVENCÍVEL. Circunstância alheia e superior à vontade humana que a impede de cumprir seu dever, como ocorre com o obstáculo advindo do caso fortuito ou da força maior.

IMPEDIMENTO JUDICIAL. *Vide* IMPEDIMENTO DO JUIZ.

IMPEDIMENTO JUSTO. Aquele justificável em caso de inadimplemento obrigacional ou de falta de prática de um ato, por ser invencível, como a força maior, ou de foro íntimo, como o segredo profissional.

IMPEDIMENTO LEGAL. Obstáculo imposto por lei à prática de um certo ato ou à execução de determinado ato.

IMPEDIMENTO MATRIMONIAL. *Direito civil.* **1.** Falta de legitimação para casar. É a condição positiva ou negativa, de fato ou de direito, física ou jurídica, expressamente especificada pela lei, que, permanente ou temporariamente, proíbe o casamento ou um novo casamento ou um determinado casamento (Carlo Tributtati). **2.** Os impedimentos matrimoniais, por razões éticas, baseadas no interesse público, envolvem causas atinentes à instituição da família e à estabilidade social. Podem ser levantados por qualquer interessado e pelo Ministério Público, na qualidade de representante da sociedade, acarretando a nulidade do matrimônio realizado com a inobservância da proibição. Esses impedimentos distribuem-se em três categorias: 1) *Impedimentos resultantes de parentesco*, que se subdividem em: a) impedimento de consangüinidade, fundado em razões morais (visando impedir núpcias incestuosas e a concupiscência no ambiente familiar) e biológicas ou eugênicas (para preservar a prole de taras fisiológicas, malformações somáticas, disfunções psíquicas). Logo, não podem casar, sob pena de nulidade do casamento, os ascendentes com os descendentes, seja o parentesco natural ou civil; os irmãos germanos ou não; e os colaterais de terceiro grau (tios e sobrinhas), desde que sua insanidade seja atestada por dois médicos, em exame pré-nupcial; b) impedimento de afinidade, em que não podem casar os afins em linha reta. Não podem convolar núpcias sogra e genro, sogro e nora, padrasto e enteada, madrasta e enteado ou qualquer outro descendente do marido (neto, bisneto) nascido de outra união, quer legítima, quer ilegítima, embora tenha sido dissolvido o casamento que originou a afinidade; c) impedimento de adoção para velar pela moral do lar, evitando-se que na comunidade haja surto de paixões. Logo, não podem casar os ascendentes com os descendentes de vínculo civil. Assim, o adotante não pode contrair casamento com a adotada nem o adotante com o cônjuge-viúvo do adotado e o adotado com o cônjuge-viúvo do adotante; nem mesmo o adotado com o filho superveniente, ou não, ao pai ou mãe adotiva, que terá, na família, a posição de irmão do adotado, preservando-se, assim, a moralidade familiar. 2) *Impedimento de vínculo* que decorre da proibição da bigamia, assim sendo, subsistindo o primeiro casamento válido, não se pode contrair um segundo, que estará eivado de nulidade. 3) *Impedimento de crime*, pois não podem casar o consorte sobrevivente com o condenado como delinqüente no homicídio ou tentativa de homicídio contra o seu consorte. Qualifica-se como impedimento a condenação em crime de homicídio doloso ou pela sua tentativa. Se o réu for absolvido ou se o delito prescreveu, não há qualquer impedimento matrimonial.

IMPEDIMENTO, PERTURBAÇÃO OU FRAUDE DE CONCORRÊNCIA. *Direito penal.* Crime punido com detenção ou multa, consistente em impedir, perturbar ou fraudar concorrência pública ou venda em hasta pública, promovida pela administração federal, estadual ou municipal ou por entidade paraestatal. Também consiste em afastar ou procurar afastar concorrente ou licitante por meio de violência, grave ameaça, fraude ou oferecimento de vantagem; abster-se de concorrer ou licitar, em razão da vantagem oferecida.

IMPEDIMENTO PROIBITIVO. *História do direito.* Impedimento impediente, que atualmente é causa suspensiva de casamento.

IMPEDIMENTOS DIRIMENTES PRIVADOS OU RELATIVOS. *História do direito.* Impedimentos matrimoniais estatuídos sob interesse de um dos nubentes, que procuravam preservar tão-somente a incolumidade do consentimento livre, no pressuposto da capacidade do nubente para prestá-lo validamente (Cahali). Podiam ser oponíveis pelo cônjuge prejudicado ou ascendente, e, uma vez infringidos, ensejavam a anulação do vínculo matrimonial. Mas, se as partes preferissem silenciar ou se manter inertes, o casamento convalidava o vício existente. Dentre os impedimentos dirimentes privados ou relativos tínhamos: a coação, a incapacidade de consentir o rapto, a ausência de consentimento do pai, tutor ou curador, quando exigido, e falta de idade nupcial. Pelo novo Código Civil são *causas de anulação do casamento. Vide* ANULABILIDADE DE CASAMENTO.

IMPEDIMENTOS DIRIMENTES PÚBLICOS OU ABSOLUTOS. *História do direito.* Denominação dada aos atuais impedimentos matrimoniais.

IMPEDIMENTOS DOS PERITOS E DOS ASSISTENTES TÉCNICOS. *Direito processual.* Aqueles que impossibilitam a atuação de peritos e assistentes técnicos num dado processo, em razão, por exemplo, de incompatibilidade com um dos litigantes, por serem parentes do outro ou por terem participado de perícia anterior relativa ao assunto em tela (Croce e Croce Jr.).

IMPEDIMENTO VENCÍVEL. Obstáculo removível, que não pode ser alegado para liberar-se do cumprimento de um dever obrigacional ou da prática do ato que deve ser executado.

IMPEDIMENTUM NON PRAESTAT EXCUSATIONEM QUANDO POTUIT FACILE REMOVERI. *Aforismo jurídico.* O impedimento não escusa, quando puder ser facilmente removido.

IMPEDITIVO. Aquilo que impede; impediente.

IMPEDIT OMNE FORUM DEFECTUS DENARIORUM. *Expressão latina.* A falta de dinheiro impede que se recorra a qualquer tribunal.

IMPEDITO NON CURRIT TEMPUS. *Aforismo jurídico.* Contra o impedido não corre o tempo.

IMPELENTE. 1. O que impele. **2.** Impulsivo.

IMPELIDOR. Que impele.

IMPELIR. 1. Impulsionar. **2.** Induzir; instigar; incitar. **3.** Constranger; coagir.

IMPELLERE FATO. *Locução latina.* Por força do destino.

IMPELLERE IN FRAUDEM. *Locução latina.* **1.** Induzir ao erro. **2.** Fraudar.

IMPELLERE IN FUGAM. *Locução latina.* Incentivar a fuga.

IMPENETRABILIDADE. 1. Qualidade do que é impenetrável. **2.** Estado do que não pode ser penetrado.

IMPENETRÁVEL. 1. O que não se pode penetrar. **2.** Aquilo que não pode ser explicado. **3.** Incognoscível.

IMPENHORABILIDADE. 1. *Direito processual civil.* Garantia prevista em cláusula testamentária ou contratual ou conferida por lei, segundo a qual determinados bens patrimoniais não podem ser objeto de penhora. Tal ato processual executório tem o escopo de satisfazer o direito do exeqüente (credor) consignado no contrato ou no título executável. **2.** *Direito civil.* Inalienabilidade que impossibilita a saída de determinada coisa do patrimônio do devedor, passando ao de outrem, em virtude de execução judicial.

IMPENHORABILIDADE ABSOLUTA. *Direito processual civil.* Qualidade dos bens insuscetíveis de penhora, por expressa disposição legal. Assim, pela lei processual são absolutamente impenhoráveis: a) os bens inalienáveis e os declarados, por ato voluntário, não sujeitos à execução; b) os móveis, pertences e utilidades domésticas que guarnecem a residência do executado, salvo os

IMPENHORABILIDADE DE MORADIA DA FAMÍLIA

de elevado valor ou que ultrapassem as necessidades comuns correspondentes a um médio padrão de vida; c) os vestuários, bem como os pertences de uso pessoal do executado, salvo se de elevado valor; d) os vencimentos, subsídios, soldos, salários, remunerações, proventos de aposentadoria, pensões, pecúlios e montepios; as quantias recebidas por liberalidade de terceiro e destinadas ao sustento do devedor e sua família, os ganhos de trabalhador autônomo e os honorários de profissional liberal; isso não se aplica, entretanto, ao caso de penhora para pagamento de prestação alimentícia; e) os livros, as máquinas, as ferramentas, os utensílios, os instrumentos ou outros bens móveis necessários ou úteis ao exercício de qualquer profissão; f) o seguro de vida; g) os materiais necessários para obras em andamento, salvo se essas forem penhoradas; h) a pequena propriedade rural, assim definida em lei, desde que trabalhada pela família; i) os recursos públicos recebidos por instituições privadas para aplicação compulsória em educação, saúde ou assistência social; j) até o limite de quarenta salários mínimos, a quantia depositada em caderneta de poupança. A impenhorabilidade não é oponível à cobrança do crédito concedido para a aquisição do próprio bem.

IMPENHORABILIDADE DE MORADIA DA FAMÍLIA. *Direito processual civil.* Garantia especial pela qual o único imóvel residencial próprio do casal ou da entidade familiar (bem de família legal) não responderá por qualquer tipo de dívida civil, comercial, fiscal, previdenciária, trabalhista ou de qualquer natureza, contraída pelos cônjuges ou pelos pais ou filhos, sejam eles proprietários e nele residam, salvo se a execução for movida: a) em razão dos créditos de trabalhadores da própria residência e das respectivas contribuições previdenciárias; b) pelo titular do crédito decorrente do financiamento destinado à construção ou à aquisição do imóvel, no limite dos créditos e acréscimos constituídos em função do respectivo contrato; c) pelo credor de pensão alimentícia; d) pela cobrança de impostos, predial ou territorial, taxas e contribuições devidas em função do imóvel familiar; e) para execução de hipoteca sobre o imóvel oferecido como garantia real pelo casal ou pela entidade familiar; f) por ter sido adquirido como produto de crime ou para execução de sentença penal condenatória a ressarcimento, indeniza-

ção ou perdimento de bens; g) por obrigação decorrente de fiança concedida em contrato de locação.

IMPENHORABILIDADE RELATIVA. *Direito processual civil.* Diz respeito aos bens que, à falta de outros, podem ser penhorados, como: os frutos e os rendimentos dos bens inalienáveis, salvo se destinados a alimentos de incapazes, bem como de mulher viúva, solteira, separada judicialmente, ou de pessoas idosas e as imagens ou objetos de culto religioso de grande valor.

IMPENHORÁVEL. *Direito processual civil.* O que não pode ser penhorado.

IMPENITENTE. *Direito penal.* Aquele que persiste no crime ou na contravenção, por não se arrepender de seus erros ou faltas.

IMPENSADO. 1. Não premeditado. **2.** Inopinado; imprevisto.

IMPERADOR. 1. *Ciência política.* Titular do império (Othon Sidou); soberano governante de um império. **2.** *Direito romano.* a) General do exército que, por ter vencido as batalhas, era aclamado *imperator* pelos seus soldados; b) chefe político que ficava à testa do governo do Estado romano (De Plácido e Silva).

IMPERANTE. O que impera.

IMPERAR. 1. Governar. **2.** Exercer influência. **3.** Dar ordens.

IMPERAT AUT SERVIT COLLECTA PECUNIA CUIQUE. *Expressão latina.* Dinheiro acumulado ou comanda ou serve.

IMPERATIVIDADE DA NORMA. *Teoria geral do direito.* Nota reveladora do gênero próximo da norma jurídica, incluindo-a no grupo das normas que regem o comportamento humano. É característica essencial genérica da norma jurídica. Todas as normas éticas, sejam elas morais, religiosas, sociais ou jurídicas são mandamentos imperativos, porque prescrevem, explícita ou implicitamente, o que "deve ser" a conduta dos indivíduos, autoridades e instituições. São normas de "dever ser" dirigidas a uma conduta. A norma jurídica é um imperativo, em virtude da significação de seu conteúdo. Ao sentido de um "querer" desligado da sua base psicológica, chamamos "dever ser", e ao conteúdo do processo psíquico do ato de mandar, designamos "norma". A norma jurídica é imperativa, simplesmente porque é prescritiva, porque impõe um dever, regulamentando a conduta social.

IMPERATIVO. 1. *Lógica jurídica.* Juízo ou proposição que exprime uma ordem. **2.** Na *linguagem jurídica* em geral: a) o que é obrigatório; b) aquilo cuja obediência se impõe; c) o que ordena; d) tudo aquilo que não pode deixar de ser cumprido ou observado nem desobedecido; e) ordem; f) autoritário.

IMPERATIVO ABSOLUTO. *Lógica jurídica.* Imperativo categórico.

IMPERATIVO–ATRIBUTIVO. *Teoria geral do direito.* Definição da norma jurídica segundo León Petrazycki, para o qual a norma impõe deveres e correlativamente faculdades. A norma jurídica caracteriza-se pela duplicidade formal imperativa-atributiva: o *jus* não se precisaria só com o *imperare*, mas também com o *attribueri*. Tal bipolaridade inexiste na norma moral. A norma jurídica é bilateral por contrapor uma pessoa a outra, atribuir-lhes pretensões e deveres correlatos, estabelecendo entre elas uma relação e um limite. *Vide* ATRIBUTIVIDADE.

IMPERATIVO–AUTORIZANTE. *Teoria geral do direito.* Definição de norma jurídica segundo Goffredo Telles Jr., conceito esse que é, realmente, essencial, uma vez que é síntese dos elementos necessários que fixam a essência da norma jurídica. A norma jurídica, sem a imperatividade e o autorizamento, afigura-se incompreensível, uma vez que tirar qualquer desses elementos integrantes de sua unidade essencial equivale a destruí-la. Deveras, uma norma jurídica que careça do autorizamento será uma norma moral, e sem a nota da imperatividade será apenas uma lei física. Ensina-nos Goffredo Telles Jr. que a norma jurídica não é uma atribuição de faculdade especial, a quem tenha sido lesado pela violação de reagir contra quem o lesou. Não tem a norma jurídica nenhuma possibilidade de fazer essa atribuição, porque não possui nenhuma faculdade de reagir contra quem quer que seja. Ela não pode exigir por si mesma que os seus violadores a cumpram. Se a faculdade é uma qualidade inerente ao homem que o dispõe a agir, a norma jurídica só pode autorizar, ou não, o uso da faculdade humana. O autorizamento é condição para o uso lícito do exercício da coação sobre o violador da norma, para que a cumpra ou repare o dano causado. A norma é imperativa porque prescreve as condutas devidas e os comportamentos proibidos e, por outro lado, procura assegurar de modo efetivo o fato de que se hão de realizar as condutas obrigadas e o de que não se produzirão os comportamentos vedados, pois é autorizante, uma vez que autoriza o lesado, pela sua violação, a exigir o seu cumprimento, a reparação do dano causado ou, ainda, a exigir a reposição das coisas ao estado anterior. Logo, todas as normas são mandamentos ou imperativos, por fixarem as diretrizes da conduta humana, mas só a jurídica é autorizante, porque só ela autoriza o lesado, pela sua violação, a exigir seu cumprimento ou a reparação do mal sofrido.

IMPERATIVO CATEGÓRICO. *Lógica jurídica.* Juízo que ordena sem impor condição, exprimindo-se do seguinte modo: "Deve ser 'A'". É o que considera a ação como sendo objetivamente necessária, não submetendo-se a nenhuma condição.

IMPERATIVO CONDICIONAL. *Vide* IMPERATIVO-HIPOTÉTICO.

IMPERATIVO DE CONSCIÊNCIA. *Ciência política.* Restrição mental oriunda de convicção política ou filosófica ou de crença religiosa que impõe a abstenção de atividades militares (Othon Sidou). Origina grave problema político, a desobediência civil, que é a possibilidade de um grupo social, ou de um cidadão, agindo conforme sua consciência e protegido pela Constituição, opor-se a um princípio constitucional, como, por exemplo, o ocorrido nos Estados Unidos por ocasião da guerra do Vietnã, pois apesar de a Constituição determinar o serviço militar obrigatório, houve grupos que se recusaram a combater. *Vide* DESOBEDIÊNCIA CIVIL.

IMPERATIVO–HIPOTÉTICO. *Lógica jurídica.* Juízo que possui a forma de uma ordem subordinada, como meio, a algum fim que se pretenda atingir (Lalande). Mandamento subordinado a uma hipótese, que, assim, se expressa: Se for "A", deve ser "B" (Kant). Trata-se, no exemplo, do imperativo condicional cuja realização depende de condição.

IMPERATIVO–SANCIONADOR. *Teoria geral do direito.* Tipo de norma que prescreve "deve-se punir tal comportamento, se ele ocorrer, com determinada pena". A norma não proíbe, por exemplo, o homicídio, mas prescreve apenas qual órgão competente deve aplicar sanção ao que matar outrem. É um comando dirigido ao poder competente para que aplique a sanção. Para Kelsen, como observa Hart, o que é concebido como

IMPERATOR

845

IMP

conteúdo do direito, destinado a guiar a conduta dos cidadãos, não é mais do que antecedente ou "cláusula condicionante" de uma norma que não está prescrevendo algo a eles, mas aos funcionários ou órgãos competentes, aos quais ordena aplicar certas sanções se ocorrerem certas condições. Segundo o Kelsenismo, é só mediante a averiguação do fato por um órgão competente e por um processo determinado pela ordem jurídica, que ele se transforma em jurídico. Se uma norma geral liga uma determinada pena ao crime de homicídio, esse fato não é corretamente descrito, se se apresenta a circunstância de alguém ter matado outrem como pressuposto da sanção. Não é o fato em si, de alguém ter cometido homicídio, que constitui o pressuposto estatuído pela ordem jurídica, mas o fato de um órgão, considerado competente pelo ordenamento jurídico, ter verificado, num processo determinado pela mesma ordenação jurídica, que um indivíduo praticou homicídio. A proposição jurídica que descrever a norma "matar alguém, pena de reclusão de seis a vinte anos" deverá, portanto, enunciar: "Se o tribunal competente, num processo determinado pela ordem jurídica, verificou, com força de caso julgado, que determinado indivíduo praticou um homicídio, o tribunal deve mandar aplicar a esse indivíduo uma determinada pena de reclusão de 'x' anos". Kelsen fala em normas não autônomas que não estatuem sanções, mas salienta que só valem quando se ligam a uma norma estatuidora de sanção, reduzindo assim todas as normas a um só tipo, "imperativo-sancionador".

IMPERATOR. *Termo latino.* Título outorgado pelo senado de Roma e pelos soldados ao general que vencesse uma batalha, destruindo mais de dez mil inimigos.

IMPERATORIAM MAJESTATEM, NON SOLUM ARMIS DECORATAM SED ETIAM LEGIBUS OPORTET ESSE ARMATAM. *Expressão latina.* A majestade imperial importa não só em estar armada com armas, mas também armada com leis.

IMPERATÓRIO. 1. Relativo a imperador. **2.** Imperial. **3.** Imperativo.

IMPERATRIZ. *Ciência política.* **1.** Esposa do imperador. **2.** Soberana que governa o império.

IMPERCEPTÍVEL. 1. O que não pode ser percebido. **2.** Aquilo que escapa à atenção.

IMPERFEIÇÃO. 1. Defeito. **2.** Vício extrínseco ou intrínseco. **3.** O que é imperfeito. **4.** Falta de perfeição.

IMPERFEITO. *Direito civil.* **1.** O ato ou negócio jurídico que apresenta algum vício. **2.** Aquilo que carece de elementos ou requisitos para sua conclusão. **3.** O que está inquinado de irregularidade. **4.** Inacabado. **5.** Defeituoso.

IMPERFURAÇÃO. *Medicina legal.* Oclusão congênita de orifício que deve se comunicar ao exterior. Daí dizer-se, por exemplo, imperfuração do hímen ou do ânus.

IMPERFURADO. *Medicina legal.* **1.** Diz-se do hímen que não apresenta óstio. **2.** Em que há imperfuração.

IMPERIAL. *Ciência política.* Relativo a império ou imperador.

IMPERIALISMO. 1. *Ciência política.* Forma de governo em que a nação é um império. **2.** *Economia política.* Tendência que visa a expansão do poder político-econômico de uma nação sobre outra mais fraca.

IMPERIALISMO ECONÔMICO. *Economia política.* **1.** Sistema político-econômico que visa a hegemonia de um país sobre nações mais fracas. **2.** Domínio do mercado mundial por meio de monopólio e oligopólio de produtos, tecnologia e serviços (Geraldo Magela Alves).

IMPERIALISTA. 1. Partidário do imperialismo. **2.** Aquilo que se refere ao imperialismo.

IMPERÍCIA. 1. *Direito civil* e *direito penal.* a) Falta de perícia, de prática, de competência ou de conhecimento; b) ignorância do que se deve saber na profissão; c) inexperiência no desempenho de uma função, inabilidade; incapacidade técnica para o exercício de uma certa atividade, função, profissão ou arte (Mosset Iturraspe); d) qualidade de quem é imperito; e) falta de destreza no exercício da profissão; f) inobservância de regra técnica de profissão, arte ou ofício, em razão de despreparo técnico ou de insuficiência de conhecimento. **2.** *Direito do trabalho.* Falta de cuidados técnicos no desempenho de alguma tarefa.

IMPÉRIO. 1. *Ciência política.* a) Monarquia cujo chefe tem o título de imperador ou imperatriz; b) poder de um imperador ou imperatriz; c) Estado monárquico governado por imperador ou imperatriz; d) confederação de Estados submetidos à soberania de um imperador. **2.** Nas *linguagens comum* e *jurídica:* a) dominação; b) predomínio; c) ordem de autoridade a que se deve obedecer; d) suprema autoridade de certas pessoas ou instituições. **3.** *Direito romano.* Poder dos magistrados outorgado por lei curial. **4.** *Direito canônico.* Conjunto de ornamentos em determinadas festas religiosas. **5.** *Direito administrativo.* Ato baixado pela Administração estatal na condição de poder público. *Vide* ATO DE IMPÉRIO.

IMPÉRIO COLONIAL. *Ciência política.* Aquele formado pela união de colônias, sob o governo central de um mesmo soberano, como ocorre, por exemplo, com o império britânico.

IMPÉRIO DA LEI. 1. *Teoria geral do direito.* a) Preponderância da lei como fonte do direito; b) respeito à lei. **2.** *Ciência política.* Ação estatal de ater-se à estrita observância da lei, emanada dos representantes do povo e ao respeito à coisa julgada.

IMPÉRIO DA MORTE. Cemitério.

IMPÉRIO DO MEIO. *História do direito.* China antiga.

IMPÉRIO DO SOL NASCENTE. *Direito comparado.* Japão.

IMPERITO. 1. Inábil. **2.** Aquele que não tem experiência em sua arte ou profissão. **3.** Que não é perito.

IMPERIUM. 1. *Direito romano.* a) Poder supremo recebido do rei pelos magistrados, em razão de uma lei curial. O *imperium* estava nas mãos de um colégio, cuja mais alta autoridade era o *praetor* (Dulckeit e Schwarz); b) poder absoluto do rei; c) poder consular na república romana; d) poder de César no Império. **2.** *Ciência política.* a) Poder absoluto; b) poder da soberania; c) poder geral de mando (Kunkel); d) direito de exprimir a vontade do Estado ou de comandar em nome da comunidade (Mommsen); e) poder que o Estado exerce sobre as pessoas e sobre seu território (Othon Sidou). **3.** *Direito militar.* Comando militar (Kunkel). **4.** *Direito administrativo.* Aquilo em que há predominância do interesse público sobre o do particular.

IMPERIUM ET LIBERTAS. *Locução latina.* Ordem e liberdade.

IMPERIUM IN IMPERIO. *Expressão latina.* **1.** Usurpação por uma autoridade da função de outra. **2.** Um Estado no Estado.

IMPERIUM MAGISTRATUS. *Locução latina.* Poder do magistrado; autoridade judicial.

IMPERIUM MERUM. *Locução latina.* Império do magistrado.

IMPERIUM POPULARE MELIUS EST TYRANNIDE. *Expressão latina.* O governo do povo é melhor que o de um só homem.

IMPERMUTABILIDADE. Qualidade de impermutável.

IMPERMUTÁVEL. *Direito civil* e *direito comercial.* O que não pode ser trocado ou permutado por outra coisa.

IMPERSCRUTÁVEL. O que não se pode examinar.

IMPERSISTÊNCIA. Falta de persistência ou de constância.

IMPERSPICAZ. Aquele que não é perspicaz.

IMPERTINÊNCIA. 1. Inoportunidade. **2.** O que não é pertinente. **3.** Caráter do que não está relacionado com o tema. **4.** Irreverência.

IMPERTINENTE. 1. Inoportuno. **2.** Molesto. **3.** Insolente. **4.** Alheio ao assunto; irrelevante. **5.** Despropositado.

IMPERTURBABILIDADE. 1. Serenidade; tranqüilidade. **2.** Qualidade de imperturbável. **3.** Impassibilidade.

IMPESSOAL. 1. Que não é pessoal. **2.** O que não se aplica a pessoa determinada. **3.** O que não existe como pessoa. **4.** Que não pertence a uma pessoa em particular.

IMPESSOALIDADE. 1. Caráter de generalidade. **2.** Qualidade de impessoal.

IMPESSOALIZAR. Tornar impessoal.

IMPETIGEM. *Medicina legal.* Impigem; afecção cutânea contagiosa caracterizada pela formação de vesículas purulentas. Muito comum em crianças, pode, ainda, ser acometida por infestação de piolhos ou ácaros, caso em que um problema vem a agravar o outro.

IMPETIGO. *Vide* IMPETIGEM.

ÍMPETO. *Direito penal.* **1.** Violência provocada por sentimento. **2.** Impulso violento e inesperado. **3.** Movimento súbito. **4.** Arrebatamento. **5.** Crime em que o agente vem a perpetrar o ato lesivo movido por um impulso, ou violenta emoção, sem que haja qualquer premeditação, o que poderá constituir uma circunstância atenuante de pena.

IMPETRA. 1. Nas *linguagens comum* e *jurídica* significa súplica. **2.** *Direito canônico.* Consecução de um benefício eclesiástico outorgado pelo Sumo Pontífice.

IMPETRAÇÃO. *Direito processual.* **1.** Ato de impetrar *habeas corpus* ou "mandado de segurança".

2. Qualquer pedido dirigido a órgão do Poder Judiciário. **3.** Ato de ingressar com recurso (Othon Sidou).

IMPETRADO. *Direito processual.* **1.** Aquele contra o qual se requer *habeas corpus* ou "mandado de segurança". **2.** Requerido; suplicado; pedido. **3.** Parte adversa do recurso.

IMPETRANTE. *Direito processual.* **1.** Requerente; suplicante. **2.** Aquele que impetra *habeas corpus* ou "mandado de segurança". **3.** Aquele que recorre ou interpõe recurso. **4.** O que pede uma providência judicial.

IMPETRAR. *Direito processual.* **1.** Interpor recurso. **2.** Requerer a decretação de determinada medida judicial. **3.** Requerer perante autoridade competente *habeas corpus* ou "mandado de segurança".

IMPETRATIVO. *Direito processual.* Próprio para impetrar.

IMPETRATÓRIO. *Vide* IMPETRATIVO.

IMPETRÁVEL. Que se pode impetrar.

IMPETUOSIDADE. **1.** Qualidade daquele que age com ímpeto. **2.** Violência.

IMPIEDADE. **1.** Desumanidade. **2.** Falta de piedade. **3.** Insensibilidade.

IMPIGEM. *Vide* IMPETIGEM.

IMPINGIR. **1.** *Direito civil.* Praticar ato que, viciando a vontade alheia, torna-o anulável por erro, dolo ou coação. **2.** *Direito comercial.* a) Fazer aceitar ou receber mercadoria contra a vontade; b) fazer passar uma coisa por outra; c) vender por preço mais elevado do que o do mercado. **3.** *Direito penal.* Fazer acreditar numa coisa falsa, como no conto-do-vigário, para tirar proveito.

ÍMPIO. **1.** *Direito canônico.* a) Ateu; b) herege. **2.** Nas *linguagens comum* e *jurídica:* a) cruel; desumano; b) o que ofende a moral ou a pátria.

IMPLACÁVEL. **1.** Que não perdoa. **2.** Inexorável. **3.** Aquele cuja violência não se abranda.

IMPLANTAÇÃO. **1.** *Direito romano.* a) Plantação de vinhas ou árvores em terreno alheio; b) plantio de árvores pertencentes a outrem em terreno próprio. **2.** *Direito civil.* Plantação como acessão artificial de coisa móvel em imóvel. **3.** *Direito agrário.* Plantação de mudas originárias de um local em outro. **4.** Na *linguagem jurídica* em geral, significa: a) aplicação de um projeto ou plano, transferindo-o para a realidade; b) complexo de atos praticados com o escopo de impor, fixar ou estabelecer alguma coisa; c) ato de introduzir algo.

IMPLANTAÇÃO DA REFORMA ADMINISTRATIVA. *Direito administrativo.* Conjunto de medidas que visam reformar a administração pública.

IMPLAUSÍVEL. O que não é plausível.

IMPLEMENTO. *Direito civil.* **1.** Aquilo que é necessário para a execução ou realização de um ato. **2.** O que completa algo. **3.** Complemento. **4.** Cumprimento de obrigação. **5.** Evento futuro e incerto cuja ocorrência torna um ato ou negócio perfeito e acabado porque atende a condição a que estavam subordinados seus efeitos.

IMPLEXO. **1.** *Filosofia geral.* Característica de um conceito que não pode ser reduzido a um esquema, mas é formado por relações implicadas em imagens particulares muito diversas, como, por exemplo, as que sugerem as palavras (Burloud). **2.** Na *linguagem comum,* significa: a) complicado; b) emaranhado; c) envolvido.

IMPLICAÇÃO. **1.** *Direito processual.* Envolvimento em relação a um processo ou caso. **2.** *Lógica jurídica.* a) Relação lógica consistente em uma coisa implicar outra; b) contradição; c) fórmula geral $a > b$ que significa: se a e b são classes em que a compreensão de b está condicionada ao entendimento de a e vice-versa; e se a e b são proposições, em que se a for verdadeira, b também o será e se a for falsa b também o será, a fórmula é válida. **3.** Nas *linguagens comum* e *jurídica:* a) ato ou efeito de implicar; b) complicação. **4.** *Direito comercial.* Envolvimento; embaraço, dificuldade. **5.** *Filosofia geral.* a) Uma idéia que implica outra se a primeira não puder ser pensada sem a segunda; b) ocorre quando um objeto de conhecimento implica um outro se o segundo resulta necessariamente do primeiro; c) fato que implica outro se a experiência mostrar o segundo ligado ao primeiro.

IMPLICAÇÃO FORMAL. *Lógica jurídica.* Relação existente quando uma proposição ou enunciado está incluído em outro, de tal modo que sua verdade garante a do anterior. Na implicação, é logicamente necessário que o conseqüente seja verdadeiro se o antecedente o for, por ser logicamente impossível que o antecedente seja verdadeiro se o conseqüente não o for (Echave, Urquizo e Guibourg).

IMPLICAÇÃO MATERIAL. *Lógica jurídica.* Se na relação de duas proposições, uma for verdadeira, a outra o é; se uma for falsa, a outra o será (B. Russell).

IMPLICADO. **1.** Comprometido. **2.** Envolvido em processo. **3.** Indiciado.

IMPLICÂNCIA. 1. Implicação. **2.** Repugnância. **3.** Importunação.

IMPLICAR. 1. Vincular-se a um processo. **2.** Envolver-se. **3.** Comprometer-se. **4.** Confundir o entendimento. **5.** Divergir; incompatibilizar-se. **6.** Tornar necessário. **7.** Fazer supor; dar a entender. **8.** Produzir como conseqüência. **9.** Mostrar má-disposição para com alguém.

IMPLICATIVO. 1. Que implica. **2.** Que produz implicação.

IMPLICATÓRIO. *Vide* IMPLICATIVO.

IMPLÍCITO. 1. Tácito. **2.** O que não está expresso por palavras. **3.** Subentendido. **4.** O que é implicado pelo que se enuncia, mas que não é ele próprio expressamente enunciado (Lalande). **5.** Obscuro. **6.** Deduzido.

IMPLIED POWER. 1. *Locução inglesa.* Competência implícita. **2.** *Direito internacional público.* Doutrina elaborada pela jurisprudência americana que admite que as organizações internacionais tenham, além das competências previstas nos tratados institutivos, todas as que forem necessárias para o desempenho de suas funções (Rudriejo).

IMPLIED WARRANTY. *Locução inglesa.* Garantia implícita.

IMPLIED WARRANTY OF FITNESS FOR A PARTICULAR PURPOSE. *Expressão inglesa.* Garantia da prestabilidade da coisa para o uso específico para que foi adquirida.

IMPLIED WARRANTY OF MERCHANTABILITY. *Expressão inglesa.* Garantias implícitas de comerciabilidade.

IMPLORAÇÃO. Ato de implorar ou de pedir.

IMPLORADOR. Aquele que implora.

IMPLORANTE. *Vide* IMPLORADOR.

IMPLORAR. 1. Suplicar com humildade. **2.** Solicitar com empenho. **3.** Pedir algo, com o intuito de comover aquele a quem se suplica algo.

IMPLOSÃO. Estouro para dentro.

IMPLOSIVO. Referente à implosão.

IMPOLÍTICA. *Ciência política.* **1.** Falta de política. **2.** Caráter do que não é político.

IMPOLÍTICO. *Ciência política.* **1.** Contrário à política. **2.** Aquele que não é político.

IMPOLUÍVEL. *Direito ambiental.* Insuscetível de ser poluído.

IMPOLUTO. *Direito ambiental.* Aquilo que não está poluído.

IMPONDERAÇÃO. Falta de ponderação.

IMPONDERADO. 1. O que é feito sem reflexão. **2.** Que não tem ponderação.

IMPONÊNCIA. 1. Qualidade de imponente. **2.** Altivez. **3.** Arrogância.

IMPONENTE. 1. Altivo. **2.** Arrogante. **3.** O que procura impor sua importância. **4.** Considerável.

IMPONÍVEL. *Direito tributário.* **1.** Fato gerador do imposto. **2.** Tributável.

IMPONTUAL. 1. Aquele que não cumpre sua obrigação dentro do prazo. **2.** O que não é pontual.

IMPONTUALIDADE. 1. Qualidade daquele que é impontual. **2.** Falta de pontualidade. **3.** O não-cumprimento de obrigações no prazo. **4.** O não-comparecimento no horário estipulado.

IMPOPULAR. 1. Aquele que não tem popularidade. **2.** O que não atende aos anseios do povo.

IMPOPULARIDADE. 1. Falta de popularidade. **2.** Qualidade de impopular.

IMPOR. 1. Tornar obrigatório. **2.** Determinar. **3.** Estabelecer. **4.** Condenar. **5.** Fazer-se aceitar. **6.** Imputar.

IMPORTAÇÃO. 1. *Direito internacional privado.* a) Ato de trazer para um País produtos ou mercadorias originárias de outro; b) aquilo que se importou. **2.** *Medicina legal.* Introdução de uma epidemia trazida de país estranho.

IMPORTAÇÃO DE AVESTRUZES DE UM DIA. *Direito comercial* e *direito internacional privado.* É a permitida somente de países habilitados pelo Ministério da Agricultura, Pecuária e Abastecimento do Brasil (MAPA) e de estabelecimentos criadores e incubatórios habilitados pelo Serviço Veterinário Oficial do país exportador e reconhecidos pelo MAPA. Avestruzes de um dia são aves que, após o seu nascimento, não foram alimentadas nem beberam água. Para habilitar estabelecimentos criadores e incubatórios para exportação de avestruzes de um dia para o Brasil, o Serviço Veterinário Oficial do país exportador observará as medidas de higiene e segurança sanitária nas explorações avícolas, bem como nos estabelecimentos de incubação, descritas no Código Zoossanitário Internacional do OIE.

IMPORTAÇÃO E EXPORTAÇÃO DE RESÍDUOS. *Direito ambiental.* Ato de alguns países industrializados transferirem resíduos perigosos ou inde-

IMPORTAÇÃO PARALELA   849   **IMP**

sejáveis a um outro em troca de amortização de juros externos, empréstimo, financiamento de obras etc. (Celso A. P. Fiorillo e Marcelo A. Rodrigues).

IMPORTAÇÃO PARALELA. 1. *Direito internacional privado.* Importação, por uma terceira parte, de um bem de um mercado, que foi colocado diretamente pelo titular ou com seu consentimento, para outro, onde aquele terceiro não está autorizado a atuar (Claudia Villagra da Silva Marques; T. Hiebert; Elisabeth Fekete; Valesca R. Borges). **2.** Ingresso num dado país de mercadoria proveniente de outro e produzida pelo próprio titular do direito ou por alguém por ele autorizado através de uma terceira parte (Claudia Villagra da Silva Marques).

IMPORTADO. *Direito internacional privado.* O que se importou de outro país.

IMPORTADOR. *Direito internacional privado.* Aquele que se dedica ao comércio exterior, trazendo mercadorias de outros Estados.

IMPORTÂNCIA. 1. Grande valor. **2.** Quantia pecuniária. **3.** Influência. **4.** Importante. **5.** Alto conceito de que goza alguém. **6.** Autoridade. **7.** Relevância. **8.** Indicação do valor de uma compra e venda, de uma obrigação, de um débito ou crédito.

IMPORTANTE. 1. Que tem importância. **2.** Digno de apreço ou de consideração. **3.** Necessário. **4.** Que tem crédito. **5.** Que exerce influência. **6.** O que é útil. **7.** Essencial. **8.** O que é relevante.

IMPORTAR. 1. *Direito internacional privado.* a) Introduzir mercadorias estrangeiras no país; b) mandar vir ou trazer produtos de país estranho. **2.** Na *linguagem jurídica* em geral, significa: a) ser necessário; b) dar importância, ter em consideração; c) convir; d) ter como conseqüência; causar; produzir; e) atingir a tal preço; f) ser conveniente; g) valer.

IMPORTÁVEL. *Direito internacional privado.* **1.** O que pode ser importado ou trazido do exterior. **2.** Que se pode importar livremente.

IMPORTE. 1. Custo. **2.** Preço da compra. **3.** Montante. **4.** Importância em dinheiro; quantia pecuniária.

IMPORT-EXPORT FACTORING. *Direito comercial* e *direito internacional privado.* Faturização externa ou internacional, relacionada com operações realizadas fora do país, como as de importação e exportação.

IMPORTUNAÇÃO. 1. *Direito penal.* Ato de molestar alguém, a ponto de causar-lhe transtorno em local público, de maneira ofensiva ao pudor. Constitui contravenção penal. **2.** Nas *linguagens comum* e *jurídica,* significa: impertinência; aborrecimento.

IMPORTUNAR. 1. Causar transtorno. **2.** Ser importuno. **3.** Incomodar.

IMPORTUNIDADE. 1. Qualidade de importuno. **2.** Ato importuno.

IMPORTUNO. 1. Que não é oportuno. **2.** Impertinente. **3.** O que incomoda.

IMPOSIÇÃO. 1. *Teoria geral do direito.* a) Ato ou efeito de impor; b) ordem; determinação; c) medida com que o poder faz valer sua autoridade. **2.** *Direito processual.* Aplicação da pena pelo magistrado ao réu.

IMPOSIÇÃO DAS MÃOS. *Direito canônico.* **1.** Ato pelo qual o prelado coloca as mãos sobre a cabeça do ordinando ao conferir-lhe as ordens. **2.** Cerimônia usada na crisma.

IMPOSIÇÃO DE DESCONTO SALARIAL. *Direito do trabalho.* **1.** Permissibilidade de desconto no salário do empregado, se resultante de adiantamento, de lei ou de contrato coletivo. **2.** Prerrogativa do sindicato de exigir desconto da contribuição sindical daquele que participa das categorias econômicas ou profissionais ou das profissões liberais representadas.

IMPOSIÇÃO DE SELOS. Ato de pôr selos.

IMPOSIÇÃO DO NOME. Ato de colocar nome em pessoa ou coisa.

IMPOSITIVIDADE INEXORÁVEL. *Filosofia do direito.* Essência da norma jurídica que tem uma pretensão de império inexorável ou de imposição coercitiva irresistível. A norma é jurídica porque pode impor-se de modo inexorável a todos os sujeitos com, sem ou contra a vontade destes (Recaséns Siches).

IMPOSITIVO. Que impõe.

IMPOSSIBILE ALLEGATUM NON AUDITUR. *Aforismo jurídico.* O impossível alegado não tem valia.

IMPOSSIBILIDADE. *Direito civil.* **1.** Qualidade de impossível. **2.** Falta de possibilidade. **3.** Inexecutabilidade; o que não pode ser executado ou realizado.

IMPOSSIBILIDADE ABSOLUTA. 1. Aquela em que o impossível está na própria natureza da coisa. **2.** Caráter de que nenhuma alteração de substância pode tornar-se possível. **3.** Impraticabilidade da prestação por ser física ou juridicamente irrealizável.

IMPOSSIBILIDADE CIRCUNSTANCIAL. Aquela em que a causa impeditiva pode desaparecer (Othon Sidou).

IMPOSSIBILIDADE DA EXECUÇÃO DO TRATADO. *Direito internacional público.* Falta de possibilidade de cumprimento do tratado pelas seguintes razões: a) sua execução se impossibilita em razão da extinção do objeto, caso em que pela Convenção de Viena o Estado-pactuante tem o direito de liberar-se do compromisso assumido; b) a mudança fundamental e imprevisível de circunstâncias que autorize invocar o princípio *rebus sic stantibus* para que haja um acordo entre as partes ou, na falta desse acordo, uma decisão arbitral ou judiciária (Rousseau e Rezek).

IMPOSSIBILIDADE EXECUTÓRIA. *Direito civil.* A que advém após se ter assumido a obrigação e cujo adimplemento se impossibilitou. Tal impossibilidade pode ser material.

IMPOSSIBILIDADE FÍSICA. *Direito civil.* **1.** Caráter do que é impossível, segundo a ordem da natureza. **2.** Impraticabilidade da prestação por ser esta contrária à natureza das coisas.

IMPOSSIBILIDADE JURÍDICA. *Direito civil.* Aquela em que a prestação não é possível, quando sua realização contrariar a lei.

IMPOSSIBILIDADE JURÍDICA DO PEDIDO. *Direito processual civil.* Situação em que a petição inicial é inepta, por não ter fundamento legal, devendo ser, por isso, indeferida.

IMPOSSIBILIDADE MATERIAL. *Direito civil.* Dá-se quando o motivo, que deu origem ao impossível, veio a suprimir os meios de que o devedor poderia dispor para cumprir a obrigação assumida.

IMPOSSIBILIDADE METAFÍSICA. A que implica uma contradição.

IMPOSSIBILIDADE MORAL. **1.** Quando a causa do impossível se funda na consciência do devedor, impedindo-o de realizar a prestação prometida. **2.** Dá-se quando determinadas razões indicam a extrema probabilidade de que uma coisa não será possível.

IMPOSSIBILIDADE ORIGINÁRIA. A alusiva às condições ou prestações física ou juridicamente impossíveis.

IMPOSSIBILIDADE PEREMPTÓRIA. Aquela decisiva ou terminante (Othon Sidou).

IMPOSSIBILIDADE RELATIVA. Aquela resultante de certas condições, vindo a cessar assim que tais condições desaparecerem.

IMPOSSIBILIDADE *TOUT COURT*. *Vide* IMPOSSIBILIDADE ABSOLUTA.

IMPOSSIBILIS CONDITIO PRO NON SCRIPTA HABETUR. *Expressão latina.* Condição impossível de se satisfazer, tida como não escrita.

IMPOSSIBILITAR. **1.** Tornar impossível. **2.** Perder a aptidão ou o exercício das funções. **3.** Fazer perder as forças ou o uso das faculdades.

IMPOSSIBILIUM NULLA OBLIGATIO EST. *Expressão latina.* Não subsiste obrigação diante do impossível.

IMPOSSÍVEL. **1.** Que não é realizável. **2.** Inadmissível. **3.** Aquilo que não é possível.

IMPOSSÍVEL MORAL. Aquilo que não tem nenhuma possibilidade de ocorrer.

IMPOSSUÍVEL. O que não se pode possuir.

IMPOSTERGÁVEL. **1.** O que não se pode adiar. **2.** Impreterível. **3.** Necessário.

IMPOSTO. **1.** *Direito tributário.* Tributo cobrado pela autoridade e destinado a atender as despesas alusivas às necessidades gerais da Administração Pública, sem, contudo, assegurar ao contribuinte qualquer vantagem direta em contraprestação ao *quantum* que pagou. Pode ser instituído pela União, Estados, municípios e Distrito Federal, levando em conta a capacidade econômica do contribuinte. É, portanto, uma das formas de receita pública. **2.** Nas *linguagens comum* e *jurídica:* a) o que se impôs; b) imputado falsamente; c) aquilo que se obrigou a aceitar.

IMPOSTO ADICIONAL DE RENDA. *Direito tributário.* Acréscimo de até 5% do que for pago à União por pessoas naturais e jurídicas, a título de imposto de renda, de competência tributária de cada Estado e em seu favor (Othon Sidou). É um percentual a ser acrescido sobre o imposto de renda.

IMPOSTO ADUANEIRO. *Direito tributário.* Aquele incidente sobre operações realizadas com interferência das aduanas ou alfândegas. Por exemplo, o cobrado pelas aduanas pela entrada de mercadoria alienígena ou produto estrangeiro no território nacional, que será incorporado ao comércio interno e destinado ao consumo público.

IMPOSTO AD VALOREM. *Direito tributário.* Tributo que deve ser pago pelo contribuinte, em razão do valor conferido à coisa sobre a qual incide.

IMPOSTO ALFANDEGÁRIO. *Vide* IMPOSTO ADUANEIRO.

IMPOSTO DE CAPITAL. *Direito comparado.* Tributo que toma o capital como base de cálculo.

IMPOSTO DE COMÉRCIO. *História do direito.* Tributo que constituía a receita dos municípios e passou a ser denominado imposto de indústrias e profissões. *Vide* IMPOSTO DE INDÚSTRIA E PROFISSÃO.

IMPOSTO DE CONSUMO. 1. *História do direito.* Tributo instituído na era colonial, que recaía sobre açúcar, nabo, tabaco, carne verde e aguardente. **2.** *Direito tributário.* Equivale ao imposto sobre produtos industrializados.

IMPOSTO DE COTIDADE. *Direito comparado.* Tributo fixo que obedece à divisão do montante pelo número de contribuintes (Othon Sidou). Também chamado de imposto de repartição.

IMPOSTO DE ENTRADA. *História do direito.* Sisa que incidia por cabeça de índio escravizado.

IMPOSTO DE EXPORTAÇÃO. *Direito tributário.* Tributo incidente sobre mercadoria nacional ou nacionalizada vendida e enviada para o exterior. Para efeito de determinação da base de cálculo do imposto, o preço de venda das mercadorias exportadas não poderá ser inferior ao custo da aquisição ou produção, acrescido dos impostos e das contribuições incidentes e de margem de lucro de 15% sobre a soma dos custos, mais impostos e contribuições. A alíquota do imposto é de 30%, facultado ao Poder Executivo reduzi-la ou aumentá-la, para atender aos objetivos da política cambial e do comércio exterior. Em caso de elevação, a alíquota do imposto não poderá ser superior a cinco vezes o percentual acima fixado. Poderá ser dispensada a cobrança do imposto em função do destino da mercadoria exportada, observadas normas editadas pelo Ministro de Estado da Fazenda. Na hipótese em que a saída do produto industrializado for beneficiada com isenção em virtude de incentivo fiscal, o crédito do IPI poderá ser: a) utilizado para compensação com o incidente na saída de outros produtos industrializados pela mesma pessoa jurídica; b) objeto de pedido de restituição, em espécie, ou para compensação com outros tributos e contribuições administrados pela Secretaria da Receita Federal, observadas as normas por esta editadas.

IMPOSTO DE IMPORTAÇÃO SOBRE PRODUTO ESTRANGEIRO. *Direito tributário* e *direito alfandegário.* Tributo de competência da União que tem como fato gerador a entrada de mercadoria ou produto estrangeiros no território nacional (Acquaviva).

IMPOSTO DE INDÚSTRIA E PROFISSÃO. *História do direito.* Tributo que, outrora, era pago por estabelecimentos comerciais, indústrias e escritórios pelo seu funcionamento, sendo hoje substituído pelo imposto sobre serviços (ISS).

IMPOSTO DE LICENÇA. *História do direito.* Imposto que era pago por estabelecimento mercantil, industrial ou profissional antes do início de seu funcionamento. Hoje constitui a taxa de licença cobrada pelo município ao conceder autorização para funcionamento daqueles estabelecimentos.

IMPOSTO DE PATENTE. *História do direito.* Tributo pago por comerciante ou industrial pela autorização anual para vender suas mercadorias ou exercer suas atividades, hoje substituído pelo CGC.

IMPOSTO DE RENDA. *Vide* IMPOSTO SOBRE RENDAS E PROVENTOS DE QUALQUER NATUREZA.

IMPOSTO DE REPARTIÇÃO. *Vide* IMPOSTO DE COTIDADE.

IMPOSTO DE SANGUE. *Direito militar.* Prestação de serviço militar obrigatório em caso de guerra ou conflito armado.

IMPOSTO DE SELO. *História do direito.* Era o arrecadado pela União, Estados e municípios, sob a forma de aplicação de estampilhas, tendo duas bases de cálculo: a) a fixa, se cobrado em decorrência da simples emissão do documento; e b) a proporcional, se cobrado pela aplicação de um percentual relativamente ao valor constante em letra de câmbio, contrato mercantil, nota promissória, escritura etc. Recaía sobre atos, contratos e documentos relativos a uma obrigação civil ou comercial. A falta do selo devido no documento não retirava a sua validade, mas fazia com que as pessoas que intervieram no ato fossem consideradas infratoras da lei do selo, devendo, por isso, pagar multas fiscais.

IMPOSTO DE SOLTEIRO. *História do direito.* Tributo que complementava o imposto de renda e incidia sobre contribuintes solteiros e sem filhos.

IMPOSTO DE TRANSMISSÃO. *Direito tributário.* Tributo sobre transmissão de bens e de direitos que sobre eles recaem.

IMPOSTO DE TRANSMISSÃO *CAUSA MORTIS* E DOAÇÃO.

Direito tributário. Imposto instituído pelo Estado ou pelo Distrito Federal, que recai sobre transmissão *causa mortis* e doação de quaisquer bens ou direitos. Se se tratar de bens imóveis e respectivos direitos, compete tal imposto ao Estado da situação dos bens, ou ao Distrito Federal; se relativamente a bens móveis, títulos e créditos, compete ao Estado onde se processar o inventário ou arrolamento ou tiver domicílio o doador, ou ao Distrito Federal. Há competência para sua instituição, regulada por lei complementar: a) se o doador tiver domicílio ou residência no exterior; b) se o *de cujus* possuía bens, era residente ou domiciliado ou teve seu inventário processado no exterior. As alíquotas máximas desse imposto serão fixadas pelo Senado Federal. *Vide* IMPOSTO SOBRE TRANSMISSÃO *CAUSA MORTIS*.

IMPOSTO DE TRANSMISSÃO *INTER VIVOS.*

Direito tributário. Imposto instituído pelo município da situação dos bens, incidente sobre transmissão *inter vivos*, a qualquer título, por ato oneroso, de bens imóveis, por natureza ou acessão física, e de direitos reais sobre imóveis, exceto os de garantia, bem como cessão de direitos a sua aquisição. Esse imposto não incide sobre a transmissão de bens ou direitos incorporados ao patrimônio de pessoa jurídica em realização de capital nem sobre a transmissão de bens ou direitos decorrente de fusão, incorporação, cisão ou extinção de pessoa jurídica, salvo se, nesses casos, a atividade preponderante do adquirente for a compra e venda desses bens ou direitos, locação de bens imóveis ou arrendamento mercantil.

IMPOSTO DE VIAÇÃO.

Direito tributário. Taxa cobrada para conservação de estradas públicas.

IMPOSTO DIRETO.

Direito tributário. O que recai sobre a propriedade ou capital ou rendimento do contribuinte, sendo arrecadado por meio de cadastro, por exemplo, imposto sobre a propriedade e imposto sobre a renda. O imposto direto é suportado pelo titular do patrimônio ou renda e a medida tributária é sempre proporcionada ao valor do bem ou à renda (Giannini). Afere a dívida do contribuinte para com o fisco, levando em consideração a sua capacidade contributiva (Tavares Paes).

IMPOSTO DOS ESTADOS E DO DISTRITO FEDERAL SOBRE OPERAÇÕES RELATIVAS À CIRCULAÇÃO DE MERCADORIAS E SOBRE PRESTAÇÕES DE SERVIÇOS DE TRANSPORTE INTERESTADUAL E INTERMUNICIPAL E DE COMUNICAÇÃO.

Direito tributário. Imposto instituído pelos Estados e pelo Distrito Federal, ainda que as operações e as prestações tenham início no exterior. O imposto incide sobre: a) operações relativas à circulação de mercadorias, inclusive o fornecimento de alimentação e bebidas em bares, restaurantes e estabelecimentos similares; b) prestações de serviços de transporte interestadual e intermunicipal, por qualquer via, de pessoas, bens, mercadorias ou valores; c) prestações onerosas de serviços de comunicação, por qualquer meio, inclusive a geração, a emissão, a recepção, a transmissão, a retransmissão, a repetição e a ampliação de comunicação de qualquer natureza; d) fornecimento de mercadorias com prestação de serviços não compreendidos na competência tributária dos Municípios; e) fornecimento de mercadorias com prestação de serviços sujeitos ao imposto sobre serviços, de competência dos Municípios, quando lei complementar aplicável expressamente o sujeite à incidência do imposto estadual; f) entrada de mercadoria importada do exterior, por pessoa física ou jurídica, ainda quando se trate de bem destinado a consumo ou ativo permanente do estabelecimento; g) serviço prestado no exterior ou cuja prestação se tenha iniciado no exterior; h) entrada, no território do Estado destinário, de petróleo, inclusive lubrificantes e combustíveis líquidos e gasosos dele derivados, e de energia elétrica, quando não destinados à comercialização ou à industrialização, decorrentes de operações interestaduais, cabendo o imposto ao Estado onde esteja localizado o adquirente. A caracterização do fato gerador independe da natureza jurídica da operação que o constitua. O imposto não incide sobre: a) operações com livros, jornais, periódicos e o papel destinado a sua impressão; b) operações e prestações que destinem ao exterior mercadorias, inclusive produtos primários e produtos industrializados semi-elaborados, ou serviços, equiparando-se a tais operações a saída de mercadoria realizada com o fim específico de exportação para o exterior, destinada a empresa comercial exportadora, inclusive *tradings* ou outro estabelecimento da mesma empresa, ou armazém alfandegado ou entreposto aduaneiro; c) operações interestaduais relativas a energia elétrica e petróleo, inclusive lubrificantes e combustíveis líquidos e gasosos dele derivados, quando

IMPOSTO ECOLÓGICO 853 **IMP**

destinados à industrialização ou comercialização; d) operações com ouro, quando definido em lei como ativo financeiro ou instrumento cambial; e) operações relativas a mercadorias que tenham sido ou que se destinem a ser utilizadas na prestação, pelo próprio autor da saída, de serviço de qualquer natureza definido em lei complementar como sujeito ao imposto sobre serviços, de competência dos Municípios, ressalvadas as hipóteses previstas na mesma lei complementar; f) operações de qualquer natureza de que decorra a transferência de propriedade de estabelecimento industrial, comercial ou de outra espécie; g) operações decorrentes de alienação fiduciária em garantia, inclusive a operação efetuada pelo credor em decorrência do inadimplemento do devedor; h) operações de arrendamento mercantil, não compreendida a venda do bem arrendado ao arrendatário; i) operações de qualquer natureza de que decorra a transferência de bens móveis salvados de sinistro para companhias seguradoras.

IMPOSTO ECOLÓGICO. *Direito comparado.* Tributo que, em alguns países, recai sobre produtos e atividades poluidoras. O que se arrecada é revertido para projetos ambientais (Celso A. P. Fiorillo e Marcelo A. Rodrigues).

IMPOSTO ESTADUAL. *Direito tributário.* Aquele instituído pelo Estado-Membro, que tem competência tributária para baixar impostos sobre: a) transmissão *causa mortis* e doação de quaisquer bens e direitos; b) operações relativas à circulação de mercadorias e sobre prestações de serviços de transporte interestadual e intermunicipal e de comunicação, ainda que as operações e prestações se iniciem no exterior; c) propriedade de veículos automotores.

IMPOSTO EXTRAORDINÁRIO DE GUERRA. *Direito tributário.* Aquele instituído temporariamente, pela União, na iminência ou no caso de guerra externa, e que deve ser suprimido gradativamente, cessada a causa de sua criação ou dentro do prazo máximo de cinco anos, contado da celebração da paz.

IMPOSTO FEDERAL. *Direito tributário.* Aquele cuja competência tributária foi outorgada, privativamente, à União, como o imposto sobre: a) importação de produtos estrangeiros; b) exportação, para o exterior, de produtos nacionais ou nacionalizados; c) renda e proventos de qualquer natureza; d) produtos industrializados; e) operações de crédito, câmbio e seguro

ou relativas a títulos ou valores mobiliários; f) propriedade territorial rural; g) grandes fortunas. Pode, ainda, instituir impostos extraordinários na iminência ou no caso de guerra externa e outros impostos, mediante lei complementar, desde que sejam não-cumulativos e não tenham fato gerador ou base de cálculo próprios dos discriminados pela Constituição Federal.

IMPOSTO FIXO. *Direito tributário.* Aquele em que a alíquota é fixa.

IMPOSTO GLOBAL. *Direito tributário.* Aquele que, como o imposto sobre a renda, recai sobre o rendimento integral do contribuinte, sem considerar sua natureza e fonte.

IMPOSTO IMPESSOAL. *Direito tributário.* É aquele em que o contribuinte é anônimo, por levar em conta apenas os caracteres objetivos da matéria tributável, daí ser considerado "imposto real". Este tipo de imposto atém-se aos dados objetivos da coisa tributada, considerando seus caracteres com abstração da pessoa e das condições pessoais ou peculiares do contribuinte, como ocorre com o imposto predial, que se liga ao bem mesmo quando há mudança de seu titular (Geraldo Ataliba).

IMPOSTO INDIRETO. *Direito tributário.* É o que recai sobre mercadorias ou produtos consumidos ou sobre serviços prestados, exigível mediante aplicação de tarifa, sem determinação individual do contribuinte. Neste tipo de imposto, é desconsiderada a capacidade contributiva, ou seja, todos que adquirem a mercadoria ou o serviço pagam, indiretamente, a mesma quantia devida a título de imposto, pois ela é incorporada em seu preço de custo. O ônus, portanto, recai sobre o consumidor final do objeto ou ato tributado.

IMPOSTO LANÇADO. *Direito tributário.* Aquele que já foi objeto do procedimento administrativo denominado "lançamento".

IMPOSTO MUNICIPAL. *Direito tributário.* Aquele em que a competência tributária foi outorgada aos Municípios, como o imposto sobre: a) propriedade predial e territorial urbana; b) transmissão *inter vivos*, a qualquer título, por ato oneroso, de bens imóveis, por natureza ou acessão física, e de direitos reais sobre imóveis, exceto os de garantia, bem como cessão de direitos a sua aquisição; c) serviços de qualquer natureza, não compreendidos os de transporte interestadual e intermunicipal e os de comunicação, que são da alçada estadual.

IMPOSTO NÃO LANÇADO. *Direito tributário.* Aquele que dispensa a existência de lançamento, sendo, por isso, inadmissível no direito brasileiro, apesar de essa expressão ter sido impropriamente utilizada para designar repartição fazendária arrecadadora ou fiscalizadora de tributos indiretos, cuja modalidade de lançamento se compreende no chamado "autolançamento" (Ylves José de Miranda Guimarães).

IMPOSTO ORDINÁRIO. *Direito tributário.* Aquele que consta, permanentemente, do quadro de impostos estabelecido pelo sistema tributário nacional.

IMPOSTO PERMANENTE. *Vide* IMPOSTO ORDINÁRIO.

IMPOSTO PESSOAL. *Direito tributário.* É o instituído com base nos caracteres pessoais do contribuinte e na sua capacidade contributiva, como, por exemplo, o imposto sobre a renda.

IMPOSTO PREDIAL. *Direito tributário.* É o que incide sobre o valor da propriedade imobiliária urbana.

IMPOSTO PROGRESSIVO. *Direito tributário.* **1.** Aquele para cujo cálculo é adotada a fórmula da progressividade, em que a relação matemática entre o *quantum* do imposto e o total da matéria tributável é variável, sendo que, se subir o valor calculado, o imposto passará a representar uma parcela maior do resultado. Como prefere Othon Sidou, é o tributo no qual se aplicam de forma gradativa alíquotas cada vez mais elevadas sobre o fato gerador mais elevado, como ocorre com o imposto sobre a renda. **2.** Aquele em que sua alíquota é fixada em percentagem variável ascendente, segundo o valor da matéria tributável (Geraldo Ataliba).

IMPOSTO PROPORCIONAL. *Direito tributário.* **1.** Aquele para cujo cálculo se usa a fórmula de proporcionalidade, pela qual a relação matemática entre o montante do tributo e o total tributado fica invariável. **2.** Aquele em que a fixação da alíquota é uma percentagem constante, seja qual for o valor da propriedade (Geraldo Ataliba).

IMPOSTOR. *Direito penal.* **1.** Falsário. **2.** O que usa meios artificiosos para enganar alguém.

IMPOSTO REAL. *Vide* IMPOSTO IMPESSOAL.

IMPOSTO REGRESSIVO. *Direito tributário.* É aquele cuja alíquota é fixada em percentagem variável descendente, conforme o valor da matéria tributada (Geraldo Ataliba).

IMPOSTO RESIDUAL. *Direito tributário.* Aquele que não consta no rol do sistema tributário nacional, não pode ser cumulativo e é privativo da União. Sua instituição depende de lei complementar e 20% do produto de sua arrecadação destina-se ao Distrito Federal e aos Estados (Eduardo M. Ferreira Jardim).

IMPOSTO SEMIPESSOAL. *Direito tributário.* É, no dizer de Geraldo Magela Alves, aquele que leva em conta a capacidade contributiva e a riqueza aparente do contribuinte (por exemplo, imposto predial).

IMPOSTO SINDICAL. *História do direito.* Era a denominação da atual "contribuição sindical", quantia devida ao sindicato pelo participante da categoria econômica.

IMPOSTO SOBRE BESTAS E CAVALOS. *História do direito.* Imposto sobre transportes adotado no Rio de Janeiro na época da Regência do Império.

IMPOSTO SOBRE EXPORTAÇÃO. *Direito tributário.* O que tem por hipótese de incidência a exportação de produtos nacionais ou nacionalizados (Eduardo M. Ferreira Jardim).

IMPOSTO SOBRE GRANDES FORTUNAS. *Direito tributário.* É o instituído pela Constituição Federal de 1988 para tributar grandes riquezas nacionais, dependendo sua incidência de lei complementar.

IMPOSTO SOBRE IMPORTAÇÃO. *Direito tributário.* É o que recai sobre os produtos estrangeiros que entram no território nacional por meio de repartições aduaneiras (Américo M. Lacombe).

IMPOSTO SOBRE LUBRIFICANTES. *Direito tributário.* Imposto que incide sobre derivados de petróleo relativo à sua circulação, à prestação de serviços de transportes interestadual e intermunicipal, à importação e exportação.

IMPOSTO SOBRE MINERAIS. *Direito tributário.* É o que incide sobre minerais do país, no que atina à sua circulação, aos transportes interestadual e intermunicipal, à importação e exportação.

IMPOSTO SOBRE OPERAÇÕES DE CÂMBIO (IOC). *Direito tributário.* É o incidente sobre negócios jurídicos relativos a câmbio e à compra e venda de moeda estrangeira. Seus contribuintes são os compradores e vendedores de moeda estran-

IMPOSTO SOBRE OPERAÇÕES DE CRÉDITO, CÂMBIO E SEGURO OU RELATIVAS... 855   IMP

geira nas operações para liquidação de contratos de câmbio nas importações e exportações.

IMPOSTO SOBRE OPERAÇÕES DE CRÉDITO, CÂMBIO E SEGURO OU RELATIVAS A TÍTULOS E VALORES MOBILIÁRIOS (IOF). *Direito tributário.* Imposto sobre operações financeiras de competência da União que incide: a) quanto às operações de crédito, na sua efetivação pela entrega parcial ou total do montante ou do valor que constitua o objeto da obrigação, ou na sua colocação à disposição do interessado; b) quanto às operações cambiárias, na sua efetivação pela entrega de moeda nacional ou estrangeira, ou de documento que a represente, ou na sua colocação à disposição do interessado, em montante equivalente à moeda estrangeira ou nacional entregue ou posta à disposição por este; c) quanto às operações de seguro, na sua efetivação pela emissão da apólice ou do documento equivalente, ou recebimento do prêmio, na forma da lei aplicável; d) quanto às operações alusivas a títulos e valores mobiliários, na emissão, transmissão, pagamento ou resgate, na forma da lei aplicável. O fato gerador do IOF é a entrega do montante ou do valor que constitua o objeto da obrigação, ou sua colocação à disposição do interessado. Entende-se ocorrido o fato gerador e devido o IOF sobre operação de crédito: a) na data da efetiva entrega, total ou parcial, do valor que constitua o objeto da obrigação ou sua colocação à disposição do interessado; b) no momento da liberação de cada uma das parcelas, nas hipóteses de crédito sujeito, contratualmente, a liberação parcelada; c) na data do adiantamento a depositante, assim considerado o saldo a descoberto em conta de depósito; d) na data do registro efetuado em conta devedora por crédito liquidado no exterior; e) na data em que se verificar excesso de limite, assim entendido o saldo a descoberto ocorrido em operação de empréstimo ou financiamento, inclusive sob a forma de abertura de crédito; f) na data da novação, composição, consolidação, confissão de dívida e dos negócios assemelhados; g) na data do lançamento contábil, em relação às operações e às transferências internas que não tenham classificação específica, mas que, pela sua natureza, se enquadrem como operações de crédito.

IMPOSTO SOBRE OPERAÇÕES RELATIVAS À CIRCULAÇÃO DE MERCADORIAS E SOBRE PRESTAÇÕES DE SERVIÇOS DE TRANSPORTES INTERESTADUAL E INTERMUNICIPAL E DE COMUNICAÇÃO (ICMS). *Direito tributário.* Imposto de competência tributária dos Estados e Distrito Federal que incide sobre a circulação de mercadorias e a prestação de serviços de transportes interestadual e intermunicipal e de comunicações, mesmo que as operações tenham início no exterior, englobando o imposto sobre serviços de transporte rodoviário.

IMPOSTO SOBRE O VALOR AGREGADO (IVA). *Direito internacional público* e *direito tributário.* É o imposto sobre artigos de comércio interno que recai nas mercadorias e serviços de vários países, principalmente dos membros da Comunidade Européia.

IMPOSTO SOBRE PRODUTOS INDUSTRIALIZADOS (IPI). *Direito tributário.* Imposto indireto de competência da União incidente sobre produto que sofreu atuação de técnicas industriais que lhe alteraram a natureza ou finalidade ou que o transformaram, beneficiaram ou aperfeiçoaram para o consumo. Tal imposto é seletivo, em função da essencialidade do produto, e não cumulativo, compensando-se o que é devido em cada operação com o montante cobrado nas anteriores. Pelo princípio da seletividade conforme a essencialidade dos produtos, estes são divididos em categorias ou classes, conforme sua importância ou utilidade, aumentando-se ou reduzindo-se suas alíquotas ou o prazo para seu recolhimento, dificultando a sua aquisição ou permitindo maior acúmulo de capital de giro pelas indústrias. Por exemplo, produtos alimentícios têm, em regra, alíquotas baixas, o que já não ocorre com bebidas e cigarros. Pelo princípio da não-cumulatividade, tributa-se a importância correspondente a bens, trabalho e capital empregados em acréscimo ao produto, cada vez que for industrializado. Com isso o valor que o industrial paga pela matéria-prima do produto não se inclui na base de cálculo do novo produto industrializado (Prado Zarzana). O IPI não incide sobre os produtos industrializados destinados ao exterior e recai sobre o consumidor do produto.

IMPOSTO SOBRE PROPRIEDADE DE VEÍCULOS AUTOMOTORES (IPVA). *Direito tributário.* Imposto de competência tributária dos Estados e Distrito Federal que incide sobre a propriedade de veículos e refere-se ao acréscimo patrimonial do contribuinte.

IMPOSTO SOBRE PROPRIEDADE PREDIAL E TERRITORIAL URBANA (IPTU). *Direito tributário.* Imposto de competência dos Municípios que incide sobre a propriedade, o domínio útil ou a posse de imóvel urbano, visando assegurar o cumprimento da função social da propriedade. A base de cálculo deste imposto, que pode ser progressivo, é o valor venal do imóvel.

IMPOSTO SOBRE PROPRIEDADE TERRITORIAL RURAL (ITR). *Direito constitucional* e *direito tributário*. Imposto de apuração anual, em 1º de janeiro de cada ano, de competência da União, que tem como fato gerador a propriedade, o domínio útil ou a posse de imóvel por natureza, localizado fora da zona urbana do município. O ITR incide inclusive sobre o imóvel rural declarado de utilidade ou necessidade pública ou interesse social para fins de reforma agrária: a) até a data da perda da posse pela emissão prévia do Poder Público na posse; b) até a data da perda do direito de propriedade pela transferência ou pela incorporação do imóvel ao patrimônio do Poder Público. A desapropriação promovida por pessoa jurídica de direito privado delegatária ou concessionária de serviço público não exclui a incidência do ITR sobre o imóvel rural expropriado. Considera-se imóvel rural a área contínua, formada de uma ou mais parcelas de terras, localizada na zona rural do município. Sua alíquota é fixada de forma a desestimular a manutenção de propriedades improdutivas e não incide sobre pequenas glebas rurais, quando as explore, só ou com sua família, o proprietário que não possua outro imóvel. Pequenas glebas rurais são os imóveis com área igual ou inferior a: a) 100ha, se localizados em município compreendido na Amazônia Ocidental ou no Pantanal Mato-Grossense e Sul-Mato-Grossense; b) 50ha, se localizado em município compreendido no Polígono das Secas ou na Amazônia Oriental; c) 30ha, se localizado em qualquer outro município. São imunes do imposto: a) a pequena gleba rural, desde que o seu proprietário a explore só ou com sua família, e não possua outro imóvel; b) os imóveis rurais da União, dos Estados, do Distrito Federal e dos Municípios; c) os imóveis rurais de autarquias e fundações instituídas e mantidas pelo Poder Público, desde que vinculados às suas finalidades essenciais ou às delas decorrentes; d) os imóveis rurais de instituições de educação e de assistência social, sem fins lucrativos, relacionados às suas finalidades essenciais. Contribuinte do ITR é o proprietário de imóvel rural, o titular de seu domínio útil ou o seu possuidor a qualquer título. O domicílio tributário do contribuinte é o município de localização do imóvel, vedada a eleição de qualquer outro. E, além disso, é responsável pelo crédito tributário o sucessor, a qualquer título.

IMPOSTO SOBRE RENDAS E PROVENTOS DE QUALQUER NATUREZA. *Direito tributário.* Imposto de renda de competência da União que incide sobre a renda e proventos de qualquer natureza, com exceção dos oriundos de aposentadoria e pensão, pagos pela previdência social da União, dos Estados, do Distrito Federal e dos Municípios por qualquer pessoa jurídica de direito público interno ou por entidade de previdência complementar a pessoa com idade superior a sessenta e cinco anos, cuja renda total seja constituída exclusivamente de rendimentos do trabalho. Este tipo de tributo é informado pelos critérios da generalidade, da universalidade e da progressividade, na forma da lei. O imposto de renda anual devido incidente sobre os rendimentos de pessoa física será calculado de acordo com tabela progressiva anual correspondente à soma das tabelas progressivas mensais vigentes nos meses de cada ano-calendário. Tem, portanto, como fato gerador a aquisição da disponibilidade econômica ou jurídica de renda, assim entendido o produto do capital, do trabalho ou da combinação de ambos e os proventos de qualquer natureza que venham a acrescer-se ao patrimônio do contribuinte.

IMPOSTO SOBRE SERVIÇOS DE QUALQUER NATUREZA (ISS). *Direito tributário.* Imposto de competência municipal cujo fato gerador é a prestação de serviços por empresas ou profissionais autônomos, tendo por base de cálculo o preço do serviço prestado. Depende de lei complementar e exclui de sua incidência as exportações de serviços para o exterior e as prestações de serviços de transporte interestadual e intermunicipal e de comunicação.

IMPOSTO SOBRE TRANSMISSÃO *CAUSA MORTIS*. *Direito tributário.* Imposto de competência dos Estados e do Distrito Federal que incide sobre os bens do espólio.

IMPOSTO SOBRE TRANSMISSÃO *INTER VIVOS*. *Direito tributário.* Imposto municipal que recai sobre transmissão onerosa de: bens imóveis, por natureza ou acessão física, direitos reais sobre

IMPOSTO SOBRE VENDAS A VAREJO DE COMBUSTÍVEIS LÍQUIDOS E GASOSOS...

imóveis, exceto os de garantia, e cessão de direitos à aquisição de imóveis. *Vide* IMPOSTO DE TRANSMISSÃO *INTER VIVOS*.

IMPOSTO SOBRE VENDAS A VAREJO DE COMBUSTÍVEIS LÍQUIDOS E GASOSOS (IVVC). *História do direito.* Imposto de competência dos Municípios que incidia sobre vendas a varejo de combustíveis líquidos e gasosos, com exceção do óleo diesel, tendo por base de cálculo o preço daquelas vendas. Nada obstava sua coexistência com o ICMS cobrado pelos Estados.

IMPOSTO SOBRE VENDAS MERCANTIS. *Direito tributário.* É o que recai sobre venda mercantil a prazo ou a vista.

IMPOSTO SUNTUÁRIO. É o que incide sobre o luxo dos cidadãos, procurando limitar gastos com supérfluos.

IMPOSTO ÚNICO. *Direito comparado.* Imposto de natureza monista que tem como fato gerador um certo elemento da economia estatal. Sua instituição tem sido tentada por vários países, mas nenhum o adotou ainda, apesar das vantagens que apresenta, alegando ser sua avaliação discutível (Othon Sidou).

IMPOSTURA. 1. *Direito penal.* a) Artifício empregado para enganar alguém com o escopo de obter vantagem ilícita; b) embuste; trapaça. **2.** Na *linguagem comum:* a) hipocrisia; b) afetação de superioridade daquele que alardeia posses, poder ou qualidades que não tem.

IMPOTÁVEL. Água que não serve para beber.

IMPOTÊNCIA. *Medicina legal.* **1.** Qualidade de impotente. **2.** Impossibilidade masculina para a procriação ou a prática do ato sexual, em razão de defeito congênito, lesões, doenças ou falta de ereção. **3.** Incapacidade para a cópula ou para a procriação por parte da mulher.

IMPOTÊNCIA ABSOLUTA. *Direito civil* e *medicina legal.* Impotência *coeundi* instrumental, física ou psíquica, suscetível de anular o casamento, uma vez que impede a prática do ato sexual com qualquer mulher.

IMPOTÊNCIA COEUNDI. *Direito civil* e *medicina legal.* Inaptidão para realizar o ato sexual, o que autoriza a anulação do matrimônio.

IMPOTÊNCIA COEUNDI FUNCIONAL. *Medicina legal.* **1.** Incapacidade masculina de ereção, que é imprescindível para o ato sexual, decorrente de: idade (impúbere ou senil); doenças (como diabete, câncer, sífilis, tuberculose ou leuce-

mia); perturbações do equilíbrio endocrínico que suprimem a virilidade (insuficiência testicular ou secretora da hipófise ou da tiróide); perversões sexuais (homossexualismo, masturbação ou feiticismo); impotência psíquica, pois certas inibições reduzem o apetite sexual; afecções do sistema nervoso central (Almeida Jr. e Costa Jr.). **2.** Incapacidade feminina para o ato sexual em razão de vaginismo, perversão sexual, coitofobia ou dispareunia (desacerto conjugal relacionado, às vezes, com a frieza sexual e a falta de lubrificação natural da mucosa vaginal).

IMPOTÊNCIA COEUNDI INSTRUMENTAL. *Medicina legal.* **1.** Incapacidade do homem para a prática do ato sexual em virtude de: graves defeitos na conformação do membro viril ou do escroto; ausência congênita ou não de pênis ou testículos; anomalias de volume do órgão copulador, que pode ser exíguo ou gigante; cicatrizes ou infiltrações patológicas do membro viril; tumor no escroto (elefantíase ou hérnia escrotal) (Almeida Jr. e Costa Jr.). **2.** Incapacidade feminina para a cópula por causas vulvares ou vaginais, em decorrência de defeito físico ou malformações, como, por exemplo, estreitamento da vagina ou obliteração vulvar.

IMPOTÊNCIA COEUNDI ORGÂNICA. *Medicina legal.* Incapacidade masculina para a cópula em razão de moléstias como diabete, arteriosclerose, sífilis etc.

IMPOTÊNCIA CONCIPIENDI. *Medicina legal.* Incapacidade da mulher para conceber em razão, por exemplo, de idade (impúbere e crítica), lactação, malformações genitais internas congênitas (atrofia de ovário, hiperacidez do líquido vaginal) ou adquiridas por infecções, ou de ligadura de trompas.

IMPOTÊNCIA ERIGENDI. *Vide* IMPOTÊNCIA COEUNDI.

IMPOTÊNCIA FISIOLÓGICA. *Medicina legal.* Incapacidade para o coito advinda da senilidade ou da idade impúbere (Croce e Croce Jr.).

IMPOTÊNCIA FISIOPÁTICA. *Medicina legal.* Inaptidão do homem para a cópula provocada por causas neuroglandulares ou por malformações, como ocorre, por exemplo, no hipogenitalismo, no pseudo-hermafroditismo, na hipospadia etc. (Croce e Croce Jr.).

IMPOTÊNCIA GENERANDI. *Medicina legal.* Incapacidade masculina para a fecundação por falta ou deficiência de sêmen decorrente de azoospermia, aspermatismo, dispermatismo, orquite, anorquidia, oligospermia, eunuquismo, criptorquidia, hipoplasia testicular, epididimite etc.

IMPOTÊNCIA IMMITTENDI. *Vide* IMPOTÊNCIA COEUNDI.

IMPOTÊNCIA PSÍQUICA. *Medicina legal.* Neurose baseada num complexo de castração, que dá à experiência sexual conotação de culpa, impedindo a prática do coito (Gilberto Macedo). É a inaptidão para o ato sexual por inibição sexual inconsciente.

IMPOTÊNCIA RELATIVA. *Medicina legal.* Impotência *coeundi*, física ou psíquica, que pode ocorrer apenas com relação ao consorte e não com outras pessoas do sexo oposto. Trata-se da impossibilidade parcial para o coito.

IMPOTÊNCIA SEXUAL. *Vide* IMPOTÊNCIA.

IMPOTENTE. *Medicina legal.* Aquele que sofre de impotência.

IMPOTENTIA EXCUSAT LEGEM. *Aforismo jurídico.* A impossibilidade dispensa a observância da lei.

IMPOTENTIAM HOC LOCO VOCAMUS INHABILITATEM VEL EX PARTE VIRI, VEL EX PARTE FOEMINAE, AD MATRIMONIUM CONSUMMANDUM PERFECTAMQUE COPULAM HABENDAM. *Expressão latina.* Impotência é a inabilidade por parte do homem ou da mulher para a consumação do matrimônio e a realização da cópula perfeita.

IMPRATICABILIDADE. 1. Na *linguagem comum:* qualidade de impraticável. **2.** *Direito marítimo.* Configura-se quando as condições meteorológicas ou outras, provocadas por acidentes ou deficiências técnicas, possam implicar em inaceitável risco à segurança da navegação, desaconselhem a realização da manobra, o tráfego de navios e/ou embarque/desembarque de Prático.

IMPRATICADO. O que está em desuso.

IMPRATICÁVEL. *Direito civil.* **1.** Inexeqüível. **2.** O que não pode ser realizado ou executado em razão de impossibilidade física ou jurídica.

IMPRECAÇÃO. 1. *Retórica jurídica.* Figura com que se exprime o desejo de infortúnios a uma pessoa. **2.** Na *linguagem comum:* praga; maldição. **3.** *Direito processual civil.* Impetração; ação de requerer algo; pedido.

IMPRECATADO. Desprevenido; desacautelado.

IMPRECAUÇÃO. Falta de precaução.

IMPRECISÃO. Falta de rigor ou exatidão.

IMPRECISÁVEL. Inexato; indeterminado; o que não é preciso.

IMPREENCHÍVEL. 1. Que não se pode preencher. **2.** Insuscetível de preenchimento.

IMPREMEDITAÇÃO. Falta de premeditação.

IMPREMEDITADO. 1. Impensado. **2.** Em que não há premeditação.

IMPRENSA. 1. *Direito autoral.* a) Conjunto de jornalistas; b) profissão do jornalismo; c) jornal ou periódico que tem por escopo a divulgação de fatos ao público; d) meio escrito de comunicação de massa (Othon Sidou); e) qualquer impresso (edital, boletim, cartaz, livro, revista, jornal) destinado à divulgação pública (Magalhães Noronha); f) máquina com que se imprime; g) tipografia; h) arte de imprimir. **2.** *Vide* CRIME DE IMPRENSA.

IMPRENSA NACIONAL. *Direito administrativo.* É o órgão específico singular, com autonomia administrativa, financeira e técnica, integrante da estrutura regimental do Ministério da Justiça, diretamente subordinado ao ministro de Estado que tem por finalidade publicar e divulgar os atos oficiais e executar trabalhos gráficos para a Administração Pública Federal.

IMPRENSA PERIÓDICA. Jornal.

IMPRESCRITIBILIDADE. *Direito civil* e *direito processual civil.* **1.** Qualidade de imprescritível. **2.** Caráter da pretensão não suscetível de incorrer em prescrição.

IMPRESCRITÍVEL. 1. *Direito civil* e *direito processual civil.* a) Insuscetível de prescrição; b) pretensão que não prescreve, como a que versa sobre: direito da personalidade; estado da pessoa; bem público; bem confiado à guarda de outrem a título de depósito, penhor ou mandato; pretensão do condômino de, a qualquer tempo, exigir a divisão da coisa comum, de pedir-lhe a venda ou a meação de muro divisório; a exceção de nulidade. A imprescritibilidade é uma exceção. **2.** *Direito penal.* Diz-se da pena acessória imposta em sentença ou oriunda de contravenção.

IMPRESSÃO. 1. *Filosofia geral.* a) Conjunto de ações fisiológicas que provocam na consciência o aparecimento de uma sensação, opondo-se ao juízo fundado na reflexão ou numa análise; b) idéia recebida. **2.** *Direito autoral.* a) Ato ou efeito de imprimir obra literária, artística ou científica, que é direito do seu autor ou de seus herdeiros; b) oficina onde se imprimem jornais, livros, folhetos etc.; c) escrito literário contendo crítica de algo. **3.** *Medicina legal.* a) Marca, sinal ou vestígio produzido pelo contato de mãos, pés, patas de animal, dentes, unhas, instrumentos de crime, pneus de veículo etc. sobre certa superfície (Zarzuela); b) efeito produzido sobre o organismo por uma causa ativa morbífica.

IMPRESSÃO COLORIDA. *Medicina legal.* Vestígio deixado por dedos sujos de sangue, tinta, carvão etc., que, por apresentar-se borrado, dificilmente serve para fins de identificação (Almeida Jr. e Costa Jr.).

IMPRESSÃO DAS MÃOS. *Vide* IMPRESSÃO PALMAR.

IMPRESSÃO DE ANIMAIS. *Medicina legal.* Marca deixada por garras, dentes, cascos ou patas de animais que pode determinar se o criminoso estava acompanhado deles ou se deles fez uso.

IMPRESSÃO DE INSTRUMENTO DE CRIME. *Medicina legal.* Sinal produzido por agente mecânico usado na remoção de obstáculo ou na prática de lesão.

IMPRESSÃO DENTÁRIA. *Medicina legal.* Marca deixada por dentes no corpo humano ou em alimentos.

IMPRESSÃO DE PEGADAS. *Medicina legal.* Sinal produzido pelos pés, calçados ou não.

IMPRESSÃO DE VEÍCULOS. *Medicina legal.* Marca produzida pelos pneus dos veículos em casos de colisão, atropelamento, fuga do delinquente etc.

IMPRESSÃO DIGITAL. *Medicina legal.* Reprodução do desenho papilar das dobras cutâneas dos dedos que, seguramente, identifica o indivíduo.

IMPRESSÃO DIGITAL COLORIDA. *Medicina legal.* É aquela deixada por dedo sujo de sangue, tinta etc.

IMPRESSÃO DIGITAL DO DNA. *Medicina legal.* Técnica de identificação da pessoa que consiste na visualização virtual de seu material genético e na comparação deste com o de pessoas diferentes, visando a determinação do DNA, que é o componente mais íntimo da bagagem genética recebida dos genitores, conservado por toda a vida e que está presente em todas as células do organismo. O exame para verificação da impressão digital do DNA, muito usado na aplicação de teste conclusivo para o estabelecimento da paternidade ou da maternidade, é feito pela utilização de uma pequena quantia de sangue colhida de qualquer veia periférica.

IMPRESSÃO DIGITAL LATENTE. *Medicina legal.* É a que se forma pela deposição do suor das cristas digitais (A. Almeida Jr. e J. B. de Oliveira e Costa Jr.).

IMPRESSÃO DIGITAL MOLDADA. *Medicina legal.* É a produzida em substância plástica como cera, manteiga, sabão, goma etc. (A. Almeida Jr. e J. B. de Oliveira e Costa Jr.).

IMPRESSÃO GENÔMICA. *Biodireito.* Fenômeno pelo qual cada um dos genitores imprime o gene de acordo com o sexo; o mesmo gene herdado do pai ou da mãe pode ter um efeito diverso em relação aos descendentes (Ian Wilmut).

IMPRESSÃO LATENTE. *Medicina legal.* É a marca causada pela deposição do suor das cristas digitais, não sendo, por isso, visível.

IMPRESSÃO MOLDADA. *Medicina legal.* Sinal deixado em substância plástica, como cera, gordura, sabão etc.

IMPRESSÃO MORAL. Influência exercida em alguém por causas externas.

IMPRESSÃO PALMAR. *Medicina legal.* Marca deixada pela palma da mão que, quando não reproduz as cristas papilares, apresenta o contorno da mão e dos dedos.

IMPRESSÃO PAPILAR. *Medicina legal.* Sinal deixado pelas extremidades digitais, palmas das mãos e plantas dos pés (Zarzuela).

IMPRESSÃO PLANTAR. *Medicina legal.* Marca das plantas dos pés.

IMPRESSÃO UNGUEAL. *Medicina legal.* Marca produzida pelas unhas no corpo da vítima ou do autor do crime.

IMPRESSENTIDO. Imprevisto.

IMPRESSO. *Direito autoral.* **1.** O que foi editado. **2.** Publicado ou divulgado pela imprensa. **3.** Aquilo que exterioriza obra intelectual.

IMPRESSOR. *Direito autoral.* **1.** Editor. **2.** Responsável pela impressão, edição ou divulgação de obras intelectuais. **3.** Operário gráfico que trabalha na impressora. **4.** Aquele que trabalha com o prelo.

IMPRESSORA. Máquina de imprimir.

IMPRESTABILIDADE. 1. Qualidade do que é imprestável. **2.** Inutilidade.

IMPRESTÁVEL. 1. Inútil. **2.** Que não presta.

IMPRESUMIDO. O que não é presumido; que não se presumiu.

IMPRESUMÍVEL. Que não se pode presumir.

IMPRETERÍVEL. Aquilo que não pode ser adiado; improrrogável.

IMPREVIDÊNCIA. 1. Descuido; negligência. **2.** Falta de previdência.

IMPREVIDENTE. 1. Negligente; incauto. **2.** Que não é previdente.

IMPREVISÃO. 1. *Direito civil* e *direito administrativo.* Teoria que admite a possibilidade de revisão dos contratos, em casos graves, quando a superveniência de acontecimentos extraordinários e imprevisíveis, por ocasião da formação dos pactos, torna sumamente onerosas as relações contratuais assumidas, gerando a impossibilidade subjetiva de execução desses contratos. Tal doutrina, acatada pela jurisprudência, tempera o princípio absoluto da imutabilidade contratual, aditando à regra *pacta sunt servanda* a cláusula *rebus sic stantibus*, que se inspira na eqüidade e no princípio do justo equilíbrio entre os contratantes, como ensinam Nicola e Francesco Stolfi. Atualmente, no nosso entender, essa teoria deixa de ser norma consuetudinária, passando a ser, pelo novo Código Civil, norma legal que admite a revisão judicial e contratual e a resolução do contrato havendo desigualdade superveniente das obrigações. **2.** Nas *linguagens comum* e *jurídica:* a) negligência; b) falta de previsão; c) falta de análise prévia dos efeitos decorrentes de certo ato.

IMPREVISIBILIDADE. Qualidade de imprevisível.

IMPREVISÍVEL. O que não se pode prever.

IMPREVISTO. 1. Inopinado. **2.** Que surpreende. **3.** Aquilo que não se prevê. **4.** Inesperado.

IMPRIMATUR. *Termo latino.* **1.** Imprima-se. **2.** *Direito canônico.* Permissão de Bispo para publicação de livro relativo à Sagrada Escritura ou a matéria teológica.

IMPRIMIR. 1. *Direito autoral.* Publicar. **2.** *Medicina legal.* Deixar vestígio.

IMPRIMOR ET VALEO. *Locução latina.* O cunho dá o valor.

IMPROBABILIDADE. 1. Falta de probabilidade. **2.** Qualidade de improvável.

IMPROBAÇÃO. Desaprovação.

IMPROBIDADE. 1. *Direito do trabalho.* Ato de desonestidade que possibilita a rescisão do contrato por justa causa. **2.** Na *linguagem jurídica* em geral, ato contrário às normas, à moral e aos bons costumes, com propósito desonesto.

IMPROBIDADE ADMINISTRATIVA. *Direito administrativo* e *direito constitucional.* Falta de probidade do servidor público no exercício de suas funções ou de governante no desempenho das atividades próprias de seu cargo. Os atos de improbidade administrativa importam a suspensão dos direitos políticos, a perda da função pública, a indisponibilidade dos bens e o ressarcimento do Erário, na forma e gradação previstas em lei, sem prejuízo da ação penal cabível.

ÍMPROBO. 1. *Direito do trabalho.* Diz-se do empregado desonesto, que pode ter rescindido seu contrato de trabalho com justa causa. **2.** Na *linguagem jurídica* em geral: a) corrupto; b) enganador; c) privado de idoneidade.

IMPROBUS. *Termo latino.* Desonesto.

IMPROBUS ADMINISTRATOR. *Locução latina.* Administrador sem escrúpulo ou desonesto.

IMPROBUS ANIMUS. *Locução latina.* Intenção dolosa de praticar crime.

IMPROBUS LITIGATOR. *Locução latina.* Litigante de má-fé.

IMPROCEDÊNCIA. Qualidade de improcedente.

IMPROCEDÊNCIA DA AÇÃO. *Direito processual civil.* Carência do direito de ação por falta de fundamento de fato ou de direito.

IMPROCEDENTE. *Direito processual civil.* O que não é procedente por não se justificar fática ou juridicamente.

IMPROCRASTINÁVEL. 1. Inadiável. **2.** O que não se pode retardar. **3.** Improrrogável.

IMPRODUÇÃO. Falta de produção.

IMPRODUTÍVEL. Que não é produtível.

IMPRODUTIVO. 1. O que não produz renda. **2.** Aquilo que não apresenta produção. **3.** Aquilo que não produz lucro. **4.** Que não dá frutos. **5.** Inútil.

IMPROFICIENTE. 1. Que não é proficiente. **2.** Que não traz vantagens.

IMPROFÍCUO. Que não produz o resultado almejado.

IMPROGRESSIVO. Que não progride ou não se desenvolve.

IMPRONÚNCIA. *Direito processual penal.* **1.** Ato de impronunciar ou de julgar improcedente alguma denúncia ou queixa contra indiciado em crime de competência do Tribunal do Júri. **2.** Improcedência da denúncia ou queixa que ocorre quando o magistrado não se convence da existência do delito, ou quando não há indício suficiente de que o réu é o autor da infração penal.

IMPROPÉRIO. 1. Ultraje. **2.** Palavra afrontosa.

IMPROPORCIONALIDADE. Falta de proporção.

IMPROPRIAÇÃO. 1. *História do direito.* Renda de benefício eclesiástico que se encontrava em mãos de leigo, quando devia estar em poder de um clérigo. **2.** Nas *linguagens comum* e *jurídica,* caráter do que é impróprio.

IMPROPRIEDADE. 1. Qualidade do que é impróprio. **2.** Inconveniência. **3.** Inexatidão.

IMPROPRIEDADE DA AÇÃO. *Direito processual civil.* Ato de mover ação inadequada ao caso ou de ingressar em juízo com ação diferente da que deveria ser usada em razão do rito ou das formalidades.

IMPROPRIEDADE DE NOME. *Direito processual civil.* Engano na denominação da ação.

IMPROPRIEDADE DO OBJETO. *Direito penal.* Falta de qualidade de uma pessoa ou coisa para que haja configuração do resultado de uma infração penal.

IMPRÓPRIO. 1. Inadequado. **2.** Oposto ao costume. **3.** O que não preenche as condições ou requisitos exigidos por lei. **4.** Inconveniente.

IMPRORROGABILIDADE. Qualidade de improrrogável.

IMPRORROGÁVEL. 1. Aquilo que não pode ser protelado ou adiado. **2.** Prazo fatal, ou seja, aquele que se extingue assim que ocorre seu vencimento, sem possibilidade de prorrogação.

IMPROTELÁVEL. *Vide* IMPRORROGÁVEL.

IMPROTRAÍVEL. Que não se pode protrair.

IMPROVÁVEL. 1. Que não é provável. **2.** Duvidoso. **3.** Que carece de provas.

IMPROVIDÊNCIA. 1. Incúria. **2.** Dissipação.

IMPROVISO. Produto intelectual feito repentinamente ou sem preparo.

IMPRUDÊNCIA. *Direito civil* e *direito penal.* **1.** Falta de prudência. **2.** Forma de culpa que se caracteriza pela falta de atenção ou de observância de medidas de precaução necessárias para evitar um dano. **3.** Desatenção culpável na prática de um ato. **4.** Descautela.

IMPRUDENTE. *Direito civil* e *direito penal.* Aquele que age com imprudência, não tomando, na prática de um ato, as cautelas necessárias para evitar danos.

IMPUBERDADE. Estado de impúbere; impubescência.

IMPÚBERE. *Direito civil.* **1.** Aquele que ainda não atingiu a puberdade. **2.** O que não atingiu a idade de núbil, que é de dezesseis anos para o homem e para a mulher. **3.** Impubescente.

IMPUBESCÊNCIA. *Vide* IMPUBERDADE.

IMPUBESCENTE. *Vide* IMPÚBERE.

IMPUDÊNCIA. *Direito penal.* **1.** Falta de pudor. **2.** Prática de atos atentatórios do pudor. **3.** Lascívia.

IMPUDENTE. *Direito penal.* Aquele que não tem pudor e pratica atos obscenos e atentatórios dos costumes.

IMPUDICÍCIA. *Direito penal.* **1.** Caráter do impudente. **2.** Impudência.

IMPUDICO. *Direito penal.* **1.** Obsceno. **2.** Que não tem pudor. **3.** Lascivo.

IMPUGNABILIDADE. *Direito processual civil.* Qualidade de impugnável.

IMPUGNAÇÃO. 1. *Direito processual civil.* a) Ato ou efeito de impugnar a título judicial; b) contestação; c) arrazoado que combate recurso, decisão, ato judicial ou avaliação com o escopo de invalidá-los; d) não-reconhecimento de pretensão, ato ou fato; e) ato de refutar algo; f) oposição; g) incidente que, apresentado por condenado ao pagamento de quantia certa ou já fixada em liquidação, só poderá versar sobre: falta ou nulidade da citação se o processo correu à revelia; inexigibilidade do título; penhora incorreta ou avaliação errônea; ilegitimidade das partes; excesso de execução; qualquer causa impeditiva, modificativa ou extintiva da obrigação, como pagamento, novação, compensação, transação ou prescrição, desde que superveniente à sentença; não é ação, é meio de defesa do devedor, que não mais será feita por embargos (Dorival Renato Pavan); h) fase procedimental de conhecimento relacionada com o cumprimento do título judicial (Ernane Fidélis dos Santos). A impugnação do cumprimento da sentença ou título judicial não tem efeito suspensivo, embora o magistrado possa atribuir-lhe tal efeito desde que sejam relevantes os fundamentos da defesa, e o prosseguimento da execução seja suscetível de causar ao executado grave dano de difícil ou incerta reparação. **2.** *Direito falimentar.* Ato pelo qual não se acata a habilitação de créditos. A *impugnação* será dirigida ao juiz por meio de petição, instruída com os documentos que tiver o impugnante, o qual indicará as provas consideradas necessárias. Cada *impugnação* será autuada em separado, com os documentos a ela relativos, mas terão uma só autuação as diversas impugnações versando sobre o mesmo crédito. Os credores cujos créditos forem impugnados serão intimados para contestar a *impugnação*, no prazo de cinco dias, juntando os documentos que tiverem e indicando outras provas que reputem necessárias. Transcorrido tal prazo, o devedor e o Comitê, se houver, serão intimados pelo juiz para se manifestar sobre ela no prazo comum de cinco dias. Findo esse prazo, o administrador judicial será intimado pelo juiz para emitir parecer no prazo de cinco dias, devendo juntar à sua manifestação o laudo elaborado pelo profissional ou empresa especializada, se for o caso, e todas as informações existentes nos livros fiscais e demais documentos do devedor acerca do crédito, constante ou não da relação de credores, objeto da impugnação.

IMPUGNAÇÃO PAULIANA. *Vide* AÇÃO PAULIANA.

IMPUGNADOR. *Direito processual civil.* O que impugna; impugnante.

IMPUGNÂNCIA. *Vide* IMPUGNAÇÃO.

IMPUGNANTE. *Vide* IMPUGNADOR.

IMPUGNAR. *Direito processual civil.* **1.** Contestar. **2.** Refutar. **3.** Contrariar.

IMPUGNATIVO. *Direito processual civil.* Que impugna; impugnatório.

IMPUGNATÓRIO. *Vide* IMPUGNATIVO.

IMPUGNÁVEL. *Direito processual civil.* Aquilo que pode ser impugnado ou contestado.

IMPUISSANCE. *Termo francês.* Impotência.

IMPULSÃO. *Psicologia forense.* Tendência ou instinto que leva o homem a agir sem controle da vontade.

IMPULSÃO DA PARTE. *Direito processual civil.* Iniciativa da parte litigante no que atina aos atos alusivos ao andamento do processo.

IMPULSÃO NECESSÁRIA. *Direito processual civil.* Atividade judicial no decorrer do processo, após a

propositura da ação, que não depende de provocação dos litigantes.

IMPULSÃO OFICIAL. *Vide* IMPULSÃO NECESSÁRIA.

IMPULSIONAL. Em que há impulsão.

IMPULSIONAMENTO. *Vide* IMPULSO.

IMPULSIONANTE. O que impulsiona.

IMPULSIONAR. **1.** Impelir. **2.** Estimular. **3.** Dar impulso a algo.

IMPULSIVIDADE. *Psicologia forense.* **1.** Qualidade do que é impulsivo. **2.** Qualidade do que dá impulsão; intensa e rápida reação volitiva, em desproporção com o estímulo exterior.

IMPULSIVISMO. **1.** Tendência para atos impulsivos ou impetuosos. **2.** Qualidade de impulsivo.

IMPULSIVO. *Medicina legal.* **1.** Aquele que age pelo impulso do momento ou por arrebatamento, apresentando reação volitiva intensa, rápida, violenta e em flagrante desproporção com o estímulo exterior (João B. de Oliveira e Costa Jr.). **2.** Aquele que se encoleriza com facilidade. **3.** Que reage sem refletir. **4.** Impetuoso.

IMPULSO. **1.** *Direito comercial.* Prosperidade negocial. **2.** *Medicina legal.* a) Ato instintivo e repentino que leva a pessoa a perder o controle da vontade e a agir irrefletidamente, por resultar de uma explosão de cólera, ciúme etc.; b) manifestação patológica que leva o paciente a agir criminosa e impetuosamente, de modo repetitivo, por exemplo: cleptomania, que é o impulso para furtar; exibicionismo, impulso para exibir, publicamente, as partes pudendas; piromania, impulso para atear fogo; clastomania, impulso para quebrar objetos etc. (João B. de Oliveira e Costa Jr.). **3.** Nas *linguagens comum* e *jurídica:* a) força que atua como motivo; b) ímpeto; c) estímulo. **4.** *Direito espacial.* Produto da intensidade de uma força impulsora pelo tempo de funcionamento do motor.

IMPULSO NATURAL. *Medicina legal.* Instinto.

IMPULSO NERVOSO. *Medicina legal.* Excitação propagada pelo nervo a partir de qualquer ponto de seu trajeto (Croce e Croce Jr.).

IMPULSO OFICIAL. *Direito processual civil.* Desenvolvimento do processo, após a iniciativa do autor, pelo magistrado, que deve determinar a realização de todas as fases processuais, sem que haja qualquer provocação dos litigantes.

IMPULSOR. **1.** Nas *linguagens comum* e *jurídica:* a) aquilo que impele; b) o que estimula. **2.** *Direito* *espacial.* Foguete ou motor usado para dar o impulso inicial, durante um curto lapso temporal, sendo largado assim que deixa de funcionar.

IMPULSO SOCIAL. *Sociologia geral.* Fonte de ação humana que se manifesta no desenrolar da interação social, como o interesse, o hábito, o sentimento etc.

IMPULSO SOCIALIZADO. *Sociologia geral.* É o condicionado pela experiência social, que vem a contribuir para a adaptação de seu portador na sociedade.

IMPUNE. *Direito penal.* **1.** Aquele que não recebeu a punição. **2.** Que não foi reprimido. **3.** Impunido.

IMPUNIBILIDADE. *Direito penal.* **1.** Condição ou qualidade do que não é punível. **2.** Inimputabilidade.

IMPUNIDADE. *Direito penal.* **1.** Situação daquele que não foi punido. **2.** Falta do castigo devido. **3.** Estado do criminoso que não recebeu a pena prevista legalmente pelo delito cometido.

IMPUNIDADE DE DIREITO. *Direito penal.* Falta do castigo devido em virtude, por exemplo, de prescrição da ação penal ou de escusas absolutórias que excluem a aplicação da pena.

IMPUNIDADE DE FATO. *Direito penal.* Não-aplicação da sanção prevista na norma penal em razão de fuga do criminoso ou da ausência de prova da autoria do crime.

IMPUNIDO. *Direito penal.* **1.** Aquele que não sofreu punição. **2.** Impune.

IMPUNIR. *Direito penal.* **1.** Deixar impune. **2.** Não aplicar a sanção cabível.

IMPUNITAS PECCANDI ILLECEBRA. *Expressão latina.* A impunidade atrai o vício.

IMPUNÍVEL. *Direito penal.* Que não se pode ou não se deve punir.

IMPURO. **1.** Que contém mistura. **2.** Contaminado. **3.** Obsceno; indecente. **4.** Sensual.

IMPUTABILIDADE. **1.** *Direito penal.* a) Qualidade de imputável; b) indicação do responsável por um ato no cível ou no crime. **2.** *Filosofia do direito.* Maneira de ordenar-se o fenômeno do universo, ligando-se um fato condicionante a um condicionado. Tal modo de conhecer corresponde à categoria transcendental "dever ser" (Kelsen).

IMPUTABILIDADE PENAL. *Direito penal.* **1.** Possibilidade de atribuir-se a alguém a autoria de um crime e a conseqüente responsabilidade. **2.** Conjunto de condições pessoais que conferem ao agente a capacidade para ser-lhe juridicamente imputada a prática do crime (Aníbal Bruno).

IMPUTAÇÃO. **1.** *Filosofia do direito.* Princípio metodológico aplicado no domínio da liberdade que estabelece a conexão existente entre o ilícito e a sanção. É a operação lógica que atribui uma conseqüência em virtude da prática de um certo ato. É por meio dela que o jurista kelseniano vai estabelecendo relações entre as normas integrantes de um ordenamento jurídico-positivo, mediante um procedimento finito, que torna possível referir os comandos vigentes a um só centro unificador: a norma hipotética fundamental. O nexo de imputação está na norma e na proposição jurídica, sendo que na primeira o "dever ser" tem sentido de prescrição e na segunda o de descrição. O emprego do "dever ser" copulativo remete necessariamente a um postulado da liberdade: o homem é um ser essencialmente livre. Essa liberdade postulada pelo "dever ser" é, para Kelsen, o fundamento do direito. Realmente, diz Kelsen: "não se imputa algo ao homem porque ele é livre, mas, ao contrário, o homem é livre porque se lhe imputa algo. Imputação e liberdade estão ligadas entre si". Essa liberdade, porém, segundo o kelsenismo, não pode excluir a causalidade. Não é a liberdade, isto é, a determinação causal da vontade, mas a determinação causal da vontade humana que torna possível a imputação. Kelsen, ao consagrar o princípio metódico da imputação, construiu a lógica do "dever ser", contrapondo-a à lógica do "ser", que é a da natureza, que tem como pressuposto a constância causal e como cópula de seus juízos o verbo "ser". Reclama, o mestre da Escola de Viena, que se empregue, na esfera jurídica, a imputação, que vem a ser a ligação de pressuposto e conseqüência expressa na proposição jurídica com a locução "deve ser", por ser mais adequada ao objeto de estudo da ciência jurídica e por justificar plenamente a exigência da pureza metódica de sua doutrina. Logo, ao descrever a norma, o jurista tem que enunciar a seguinte proposição, que deve ter a estrutura de um juízo hipotético condicional: "se A é, deve ser B". O "dever ser", como cópula lógica, não exprime nenhum juízo de valor moral ou político, não se referindo, portanto, ao valor intrínseco do que deve ser, como deveria ser, precisamente,

IMP 864 IMPUTAÇÃO DO PAGAMENTO

por seu valor, mas à imputação neutra de um fato (ilícito) a outro (sanção), de modo que o segundo "deve ser" porque o primeiro "é". **2.** *Direito penal.* a) Atribuição da autoria de um crime a certa pessoa; b) acusação de alguém, por meio de denúncia ou queixa-crime, pela prática de um ato delituoso punido pela lei penal; c) declaração de que alguém deve responder pela ação criminosa por ele perpetrada.

IMPUTAÇÃO DO PAGAMENTO. *Direito civil.* Operação pela qual o devedor de dois ou mais débitos da mesma natureza a um só credor, o próprio credor em seu lugar ou a lei indicam qual das dívidas o pagamento extinguirá, por ser este insuficiente para solver todas. Para que se dê, serão imprescindíveis os seguintes requisitos: a) existência de dualidade ou pluralidade de dívidas; b) identidade de credor e devedor; c) igual natureza dos débitos, ou melhor, as dívidas, além de serem líquidas e vencidas, devem apresentar fungibilidade recíproca, de tal modo que ao credor seja indiferente receber uma ou outra; d) suficiência do pagamento para resgatar qualquer das dívidas, pois, se a prestação oferecida não puder extinguir pelo menos uma delas, não se terá imputação, uma vez que isso constrangeria o credor a receber o pagamento em parcelas, o que só estaria permitido se ajustado entre as partes.

IMPUTADO. 1. *Direito penal.* a) Acusado; b) aquele sobre quem recai a imputação de um delito. **2.** *Direito civil.* Que se imputou.

IMPUTADOR. 1. O que imputa. **2.** Quem acusa.

IMPUTAR. 1. *Direito penal.* a) Atribuir a alguém autoria e responsabilidade criminal; b) acusar. **2.** *Direito civil.* Determinar ou indicar, entre outros, o débito que deve ser satisfeito pelo pagamento oferecido, quando for insuficiente para cobrir todos.

IMPUTÁVEL. 1. Que se pode imputar. **2.** Que deve ser imputado.

IMUNE. 1. Que tem imunidade. **2.** Livre de ônus ou encargos. **3.** Isento. **4.** Livre de moléstia.

IMUNEGLOBULINA. *Medicina legal.* Globulina do sangue de uma pessoa imune para determinada doença. Trata-se de uma proteína com atividade anticórpica.

IMUNIDADE. 1. *Medicina legal.* Estado permanente ou temporário da capacidade de resistência a uma infecção ou à ação de germes. Processo de defesa do organismo vivo pelo qual os anticor-

pos combatem a doença. **2.** *Direito constitucional.* Conjunto de isenções, vantagens, prerrogativas ou privilégios outorgados por lei a alguém em razão do cargo ou função que exerce. **3.** *Direito penal.* Privilégio obstativo de diligências ante a situação do autor do crime. **4.** *Direito tributário.* Incompetência da União, Estado, Município ou Distrito Federal para legislar sobre tributos (Paulo de Barros Carvalho).

IMUNIDADE ATIVA. *Medicina legal.* Resistência a moléstia devida à produção de antitoxinas ou anticorpos pelas células do organismo vivo, mediante o estímulo de antígenos existentes nos tecidos.

IMUNIDADE DE EXECUÇÃO. *Direito internacional privado.* Diz respeito à natureza e à finalidade dos bens de Estado estrangeiro, objetos de atos expropriatórios (Carvalho Tess e Lara Leite), ou seja, à possibilidade de expropriação forçada dos bens do Estado objeto da execução.

IMUNIDADE DE JURISDIÇÃO. *Direito internacional privado.* Possibilidade ou não de um Estado ser parte em um processo judicial perante o Judiciário local. Relaciona-se à possibilidade jurídica da demanda, na medida em que não se admite discussão judicial envolvendo sujeito que tenha a qualidade de Estado estrangeiro soberano (Eduardo Carvalho Tess e Clarisse F. Lara Leite). Envolve a questão de se saber se o Estado estrangeiro pode ser parte no processo que contra ele se intenta no foro local.

IMUNIDADE DE JURISDIÇÃO TRABALHISTA DE EMPREGADOS DE EMBAIXADA. *Direito internacional público.* Não-sujeição dos empregados e funcionários de embaixada e consulado à jurisdição trabalhista das autoridades judiciárias do Estado acreditado pelos atos praticados no exercício de sua funções oficiais.

IMUNIDADE DIPLOMÁTICA. *Direito internacional público.* **1.** Prerrogativa dos agentes diplomáticos que visa garantir a inviolabilidade quanto a sua pessoa e a de seus auxiliares e familiares, a sua residência e bens, a seus papéis, arquivos e correspondência (Othon Sidou). **2.** Privilégio ou imunidade de jurisdição administrativa civil e criminal do agente diplomático que lhe assegura a independência necessária ao exercício de suas funções no país onde está acreditado.

IMUNIDADE ECLESIÁSTICA. *Direito canônico.* Privilégio outorgado a pessoas, locais e bens eclesiás-

IMUNIDADE FISCAL. *Direito tributário.* Imunidade tributária que constitui uma exceção ao princípio jurídico da tributação, isentando de impostos alguns bens e serviços nos casos previstos em norma constitucional.

IMUNIDADE FUNCIONAL. *Direito penal.* Causa especial de exclusão da antijuridicidade de conceito desfavorável emitido por funcionário público, em apreciação ou informação prestada no exercício do dever de ofício. Por exemplo, não constitui injúria ou difamação punível a péssima informação dada por um delegado sobre o indiciado.

IMUNIDADE JUDICIAL. *Direito processual.* Prerrogativa de advogados e litigantes de não se considerar injúria, calúnia ou difamação qualquer afirmação, relacionada com o fato *sub judice*, apensa aos autos ou irrogada em juízo.

IMUNIDADE JUDICIÁRIA. *Direito penal.* Excludente da antijuridicidade de ofensa oral ou escrita irrogada em juízo, na discussão da causa, pela parte (autor, réu, chamado à autoria, assistente, litisconsorte, terceiro prejudicado) ou por seu procurador.

IMUNIDADE LITERÁRIA. *Direito penal* e *direito civil.* Causa especial de exclusão da antijuridicidade de opinião desfavorável da crítica literária, artística ou científica, a não ser quando haja inequívoca intenção de injuriar ou difamar o autor da obra.

IMUNIDADE PARLAMENTAR. *Direito constitucional.* Privilégio que assegura aos parlamentares a liberdade de voto e opinião no exercício de suas funções e proteção contra ações judiciais, abusos e violências por parte de outros Poderes.

IMUNIDADE PARLAMENTAR ABSOLUTA. *Direito constitucional.* Prerrogativa da inviolabilidade dos membros do Congresso Nacional e das Assembléias Legislativas por suas palavras e votos, no exercício do mandato, não podendo ser processados nem mesmo com licença de sua Câmara.

IMUNIDADE PARLAMENTAR FORMAL. *Vide* IMUNIDADE PARLAMENTAR RELATIVA.

IMUNIDADE PARLAMENTAR MATERIAL. *Vide* IMUNIDADE PARLAMENTAR ABSOLUTA.

IMUNIDADE PARLAMENTAR PROCESSUAL. *Vide* IMUNIDADE PARLAMENTAR RELATIVA.

IMUNIDADE PARLAMENTAR RELATIVA. *Direito constitucional.* Privilégio que cobre o senador ou o deputado por ato praticado fora do exercício do mandato, mas durante este, fazendo com que só possa ser processado criminalmente com licença de sua Câmara, salvo em caso de prisão em flagrante por crime inafiançável.

IMUNIDADE PENAL DO DIPLOMATA. *Direito internacional público.* Prerrogativa de diplomata e do pessoal administrativo e técnico da missão diplomática de isentar-se de processo local, embora não esteja livre da jurisdição de seu Estado, onde será responsabilizado pelo delito praticado. Tal imunidade não obsta a que a polícia local venha a investigar o crime, preparando informações com base nas quais se presume que a justiça do Estado de origem abra o processo contra o agente diplomático (Rezek).

IMUNIDADE PENAL DOS CÔNSULES. *Direito internacional público.* Prerrogativa do cônsul de não ser punido pelo Estado local por crimes relacionados com a função consular, como, por exemplo, outorga, mediante fraude, de passaporte ou falsidade na lavratura de guias de exportação. Não terá, portanto, imunidade pelos crimes comuns que vier a perpetrar, pelos quais será processado e punido *in loco* (Rezek).

IMUNIDADE PENAL JUDICIÁRIA DO ADVOGADO. *Direito penal* e *direito constitucional.* Isenção de pena por ato e manifestação no exercício da advocacia, nos limites legais.

IMUNIDADE TRIBUTÁRIA. *Vide* IMUNIDADE FISCAL.

IMUNIDADE TRIBUTÁRIA OBJETIVA. *Direito tributário.* Subtração de uma coisa da tributação. Por exemplo, a imunidade tributária do tráfego, com exceção da taxa de pedágio (Geraldo Ataliba).

IMUNIDADE TRIBUTÁRIA SUBJETIVA. *Direito tributário.* Exclusão de uma pessoa da tributação. Por exemplo, a imunidade de certas instituições assistenciais ou das pessoas jurídicas de direito público (Geraldo Ataliba).

IMUNIZAÇÃO. 1. *Filosofia do direito.* É, segundo a pragmática jurídica, o processo racional (fundamentante) que capacita o editor a controlar as reações do endereçado, eximindo-se de crítica, ou seja, a capacidade de garantir a sustentabilidade (no sentido pragmático de prontidão para apresentar razões e fundamentos do agir) da sua ação lingüística. Uma norma é válida quando o seu cometimento está imune a críticas através de outra norma. Logo, a validade é uma relação entre o cometimento de uma norma com o relato de outra que a imuniza (Tércio Sampaio Ferraz Jr.). **2.** *Medicina legal.* Processo do organismo vivo de imunizar alguém contra doença. **3.** Nas *linguagens jurídica* e *comum,* ato ou efeito de imunizar ou tornar imune a algo.

IMUNOGENÉTICA. *Medicina legal.* Estudo genético dos caracteres imunológicos.

IMUNOGÊNICO. *Medicina legal.* Que produz imunidade.

IMUNÓGENO. *Vide* VACINA.

IMUNO–HEMATOLOGIA. *Medicina legal.* Estudo dos fenômenos imunológicos relacionados com antígenos sangüíneos (Zarzuela).

IMUNOLOGIA. *Medicina legal.* Ciência que se ocupa dos fenômenos e causas da imunidade. Estudo das reações do organismo vivo contra tudo o que venha a perturbar seu funcionamento.

IMUNOPROFILAXIA. *Medicina legal.* Prevenção de doenças pela administração de vacinas.

IMUNOTERAPIA. *Medicina legal.* Tratamento de moléstias por meio de antígenos.

IMUNOTRANSFUSÃO. *Medicina legal.* Transfusão de sangue imunizado.

IMUTABILIDADE. 1. Qualidade de imutável. **2.** Condição do que não se pode alterar ou modificar. **3.** Caráter de determinados atos ou situações insuscetíveis de modificação em razão de imposição legal.

IMUTABILIDADE DE SENTENÇA. *Direito processual.* **1.** Qualidade da decisão que transitou em julgado. **2.** *Vide* COISA JULGADA.

IMUTABILIDADE DO PRENOME. *Direito civil.* Inalterabilidade do prenome, por ser o próprio da pessoa e constar do seu registro civil. Constitui um princípio de ordem pública, que, contudo, sofre exceções quando: a) expuser o seu portador ao ridículo e a situações vexatórias, desde que se prove o escárnio a que é exposto. Por exemplo, Dezêncio Feverêncio de Oitenta e Cinco; Casou de Calças Curtas; Luciferino Barrabás; b) houver erro gráfico evidente, por exemplo, "Osvardo", quando o certo seria Osvaldo; c) causar embaraços no setor comercial ou em atividade profissional a fim de evitar, por exemplo, homonímia; d) houver mudança de sexo; e) houver necessidade de proteger testemunha de crime.

IMUTABILIDADE DO REGIME MATRIMONIAL DE BENS. *História do direito.* Princípio fundamental do regime de bens entre marido e mulher pelo qual toda e qualquer modificação do regime matrimonial, após a celebração do ato nupcial, estava proibida, para dar segurança aos consortes e a terceiros. Até a dissolução da sociedade conjugal, inalterável era o regime adotado. Havia exceções a essa regra, pois, por exemplo, a jurisprudência tinha admitido a comunicação de bens adquiridos na constância do casamento pelo esforço comum de ambos os consortes, mesmo se casados no estrangeiro pelo regime de separação de bens, pois justo não seria que esse patrimônio, fruto do mútuo labor, só pertencesse ao marido apenas porque em seu nome foi feita a aquisição. Além disso, o Supremo Tribunal Federal já entendia que o princípio da inalterabilidade do regime matrimonial de bens não era ofendido por pacto antenupcial que estipulasse que, na hipótese de superveniência de filhos, o casamento com separação convertia-se em casamento com comunhão. Igualmente, não violava a imutabilidade do regime adotado a circunstância de um dos consortes, casado pela separação, constituir o outro procurador para administrar e dispor de seus bens.

IMUTABILIZAR. 1. Tornar imutável. **2.** Imobilizar; fixar.

IN. *Termo latino.* Em.

INABALÁVEL. 1. Firme. **2.** Inalterável. **3.** Inexorável. **4.** O que não pode ser abalado.

INABDICÁVEL. Que não se pode abdicar.

INÁBIL. 1. Incapaz. **2.** Incompetente. **3.** Inapto. **4.** O que não é hábil. **5.** Aquilo que não é adequado. **6.** Imperito. **7.** O que não possui as qualidades para a consecução de determinado fim.

INABILIDADE. 1. Qualidade de inábil. **2.** Falta de capacidade, perícia ou habilidade.

INABILITAÇÃO. 1. Na *linguagem jurídica* em geral: a) ato ou efeito de inabilitar; b) falta de habilitação ou de capacidade para desempenhar certa atividade ou profissão ou para praticar determinado ato jurídico; c) não-satisfação de certas exigências ou requisitos legais. **2.** *Direito canônico.* Incapacidade para obter graças eclesiásticas ou cargos na Igreja.

INABILITAÇÃO EMPRESARIAL. *Direito falimentar.* É decorrência da falência. O falido fica inabilitado para exercer qualquer atividade empresarial a partir da decretação da falência e

INABILITADO

até a sentença que extingue suas obrigações. Findo o período de inabilitação, o falido poderá requerer ao juiz da falência que proceda à respectiva anotação em seu registro. Desde a decretação da falência ou do seqüestro, o devedor perde o direito de administrar os seus bens ou deles dispor. O falido poderá, contudo, fiscalizar a administração da falência, requerer as providências necessárias para a conservação de seus direitos ou dos bens arrecadados e intervir nos processos em que a massa falida seja parte ou interessada, requerendo o que for de direito e interpondo os recursos cabíveis.

INABILITADO. 1. Que não é habilitado. **2.** Reprovado em exame de seleção. **3.** Incapaz. **4.** Incompetente.

INABILITAR. 1. Tornar-se inábil física, intelectual, jurídica, legal ou moralmente para o desempenho de alguma função ou profissão ou para a prática de determinado ato jurídico. **2.** Reprovar em concurso ou exame.

INABITABILIDADE. Qualidade de inabitável.

INABITADO. Que não é habitado.

INABITÁVEL. 1. Que não é habitável. **2.** Que não pode ser habitado por não apresentar as condições necessárias para tanto.

IN ABSENTIA. *Locução latina.* **1.** Na ausência. **2.** *Direito processual penal.* Julgamento realizado sem a presença do réu.

IN ABSTRACTO. *Locução latina.* **1.** Em si mesmo. **2.** Em tese. **3.** De modo abstrato; em abstrato. **4.** O que não se refere a um objeto específico. **5.** Teoricamente.

INAÇÃO. Inércia.

INACEITABILIDADE. 1. Na *linguagem jurídica* em geral, qualidade de inaceitável. **2.** *Direito processual civil.* Vício que afeta a pretensão da parte, permitindo sua rejeição sem exame do mérito.

INACEITÁVEL. 1. O que não é aceitável. **2.** Inadmissível.

INACESSIBILIDADE. Qualidade de inacessível.

INACESSÍVEL. 1. Que não é atingível. **2.** O que não é suscetível de acesso. **3.** O que não pode ser alcançado normalmente. **4.** Lugar a que não se pode chegar.

INÁCIA. *Gíria militar.* Rotina; praxe.

INACIANO. *Direito canônico.* Aquele que pertence à ordem dos jesuítas fundada por Santo Inácio de Loyola.

IN ACQUA SCRIBERE. *Expressão latina.* Não manter a palavra.

IN ACTU. *Locução latina.* No ato.

INACUMULAÇÃO. Falta de acumulação.

INACUSÁVEL. Que não se deve ou não se pode acusar.

INADAPTABILIDADE. Qualidade de inadaptável.

INADAPTAÇÃO. Falta de adaptação.

INADAPTADO. 1. Inconforme. **2.** Que não se adaptou.

INADAPTÁVEL. Que não se pode adaptar.

INADEQUAÇÃO AFETIVA. *Medicina legal.* Fenômeno que surge em caso de esquizofrenia, caracterizado pela indiferença do paciente diante de graves problemas e pela sua preocupação com banalidades.

INADEQUADO. Que não é adequado.

INADIÁVEL. 1. Que não se pode adiar. **2.** Impreterível.

INADIMPLEMENTO. *Direito civil.* **1.** Não-cumprimento de dever legal, obrigação, contrato ou cláusula contratual assumidos. **2.** Inexecução de uma obrigação.

INADIMPLEMENTO CONTRATUAL ANTECIPADO. *Direito civil.* **1.** Instituto próximo ao *anticipatory breach* dos países de *common law*, pelo qual se, após a conclusão do contrato, advier a uma das partes contratantes diminuição patrimonial suscetível de comprometer a prestação pela qual se obrigou, pode a parte a quem incumbe fazê-la em primeiro lugar recusar-se até que a outra satisfaça a que lhe compete ou dê garantia bastante de satisfazê-la. Trata-se da pré-inadimplência por diminuição patrimonial involuntária (João Baptista Villela). **2.** *Vide ANTICIPATORY BREACH.*

INADIMPLEMENTO DA OBRIGAÇÃO. *Direito civil.* Consiste na falta da prestação devida ou no descumprimento, voluntário ou não, da obrigação por parte do devedor.

INADIMPLEMENTO DO DEVER DE COABITAÇÃO. *Direito civil.* Não-cumprimento da prestação coabitacional por um dos cônjuges, deixando de existir vida em comum no domicílio conjugal e a satisfação do débito conjugal. A infração do dever de coabitação pela recusa injustificada à satisfação do débito conjugal constitui injúria grave, implicando ofensa à honra e à dignidade do outro consorte, podendo levar à separação judicial. Da mesma forma, o abandono do lar sem justo motivo e por tempo indefinido reveste-se de caráter injurioso, autorizando, por isso, o pedido de separação judicial, pois não se pode recorrer à força policial para coagir o cônjuge faltoso a retornar à habitação conjugal e a cumprir o dever de coabitação, que contém dois aspectos fundamentais: o imperativo de viverem juntos os consortes e o de praticarem o ato sexual. Mas, se o inadimplemento do dever de coabitação se der por defeito físico irremediável de um dos cônjuges, desconhecido pelo outro e já existente antes das núpcias, constituirá motivo de anulação de casamento.

INADIMPLEMENTO NORMATIVO. Não-cumprimento de um dever legal.

INADIMPLEMENTO OBRIGACIONAL VOLUNTÁRIO. *Direito civil.* É o que ocorre quando o obrigado deixa de cumprir, dolosa ou culposamente, a prestação devida, sem a dirimente do caso fortuito ou força maior.

INADIMPLEMENTO PARCIAL. *Direito civil.* Aquele em que a obrigação não se cumpriu sob um ou vários dos seus aspectos (tempo, lugar e modo), ou, ainda, em que, havendo vários objetos, omitiu-se algum deles (Limongi França).

INADIMPLEMENTO TOTAL. *Direito civil.* Aquele em que a obrigação não foi cumprida sob todos os seus aspectos. Por exemplo, por perecimento do objeto, por impossibilidade da prestação etc. (Limongi França).

INADIMPLEMENTO VOLUNTÁRIO ABSOLUTO DA OBRIGAÇÃO. *Direito civil.* Dá-se quando a obrigação não foi nem poderá ser cumprida, total ou parcialmente, de modo que o credor não tem mais possibilidade de receber aquilo a que o devedor se obrigou, como, por exemplo, no caso de ter havido perecimento do objeto devido por culpa do devedor. O inadimplemento absoluto é total quando a obrigação deixa de ser cumprida em sua totalidade, e, parcial, quando a obrigação compreende, por exemplo, vários objetos, sendo apenas um deles entregue, porque os demais pereceram por culpa do devedor.

INADIMPLEMENTO VOLUNTÁRIO RELATIVO DA OBRIGAÇÃO. *Direito civil.* É o que ocorre quando a obrigação não foi cumprida no tempo, lugar e forma devidos, porém poderá sê-lo com proveito para o credor, hipótese em que se terá a mora.

INADIMPLÊNCIA. 1. *Direito processual penal.* Descumprimento de obrigação alimentar ou de restituir coisa depositada, o que leva o devedor à prisão civil. **2.** *Vide* INADIMPLEMENTO.

INADIMPLENTE. *Direito civil.* Devedor ou contratante que não cumpriu a prestação assumida ou o contrato firmado dentro do prazo ou nas condições preestabelecidas.

INADIMPLIR. *Direito civil.* Descumprir obrigação ou contrato no termo convencionado ou nas condições estabelecidas.

IN ADJECTO. *Lógica jurídica.* Diz-se da contradição entre dois termos reunidos.

INADMISSÃO. 1. Ato ou efeito de não admitir. **2.** Exclusão. **3.** Ato de não se aceitar.

INADMISSIBILIDADE. 1. Qualidade de inadmissível. **2.** Caráter daquilo que não pode ser admitido por não atender os requisitos legais.

INADMISSÍVEL. 1. Que não é admissível. **2.** Que não pode ser aceito ou permitido por não estar conforme a lei.

INADMITIDO. 1. Excluído. **2.** Proibido. **3.** O que não foi aceito. **4.** Que não se admitiu.

INADQUIRÍVEL. 1. O que não é adquirível. **2.** Insuscetível de aquisição.

INADVERTÊNCIA. 1. Distração. **2.** Descuido. **3.** Falta de advertência. **4.** Irreflexão.

INADVERTIDO. Feito sem reflexão.

IN AEQUALI JURE MELIOR EST CONDITIO POSSIDENTIS. *Aforismo jurídico.* Sendo igual o direito, melhor é a condição do possuidor.

IN AETERNUM. *Locução latina.* Para sempre.

INAFIANÇABILIDADE. Qualidade de inafiançável.

INAFIANÇÁVEL. 1. *Direito processual penal.* Crime que não pode ser afiançado, ou seja, aquele em que não se pode pagar fiança. **2.** *Direito civil.* a) Incaucionável; b) que não pode ser sujeito a fiança.

INALAÇÃO. *Medicina legal.* Absorção de vapores pelas vias respiratórias para fins anestésicos ou terapêuticos.

IN ALBIS. *Locução latina.* **1.** Em branco. **2.** *Direito processual.* Decurso do prazo processual para a prática de um ato, sem que a parte o realize, deixando-o escoar com sua inércia.

INALIÁVEL. Que não se pode aliar.

INALIENABILIDADE. *Direito civil* e *direito administrativo.* **1.** Qualidade de inalienável. **2.** Impossibilidade

INALIENAÇÃO   869   INA

de se transferir, onerosa ou gratuitamente, um bem de um patrimônio a outro, tornando-o, além de inalienável, também impenhorável e incomunicável. **3.** Caráter do bem que, por sua natureza, por convenção ou por lei, não pode ser alienado.

INALIENAÇÃO. *Direito civil.* Estado daquilo que não foi alienado.

INALIENADO. *Direito civil.* Que não se alienou.

INALIENADOR. *Direito civil.* Que torna inalienável.

INALIENÁVEL. *Direito civil.* **1.** Que não se pode alienar, ou seja, vender, ceder etc., em virtude de convenção ou imposição legal. **2.** Aquilo que não pode passar de um patrimônio a outro.

IN ALIENO CHORO NE PEDEM PONAS. *Expressão latina.* Não se deve meter-se em seara alheia.

INALTERABILIDADE. Qualidade de inalterável.

INALTERADO. **1.** Constante. **2.** Que não sofreu alteração.

INALTERÁVEL. **1.** Que não se altera. **2.** Que não pode ser modificado. **3.** Impassível. **4.** Imutável.

IN ALTERNATIVIS DEBITORIS EST ELECTIO, ET SUFFICIT ALTERUM ADIMPLERI. *Expressão latina.* Nas obrigações alternativas, a escolha depende do devedor, e basta prestar uma das coisas que são propostas.

INALVEAÇÃO. *Direito civil.* Formação de álveo, dessecando-o mediante artifício para alterar o curso das águas do rio. É a construção artificial do álveo para mudança do curso das águas.

INAMA. **1.** *Direito comparado.* Terra ocupada pelos oficiais nas comunidades indianas. **2.** *Direito civil, direito comercial, direito internacional privado.* Sigla de Instituto Nacional de Mediação e Arbitragem, sociedade privada sem fins lucrativos que tem por finalidade treinar e desenvolver profissionais para atuar como mediadores ou árbitros nas áreas trabalhista, cível, comercial e internacional, solucionando conflitos de interesse.

IN AMBIGUA. *Locução latina.* Na dúvida.

IN AMBIGUIS REBUS HUMANIOREM SENTENTIAM SEQUI OPORTET. *Expressão latina.* Nos casos ambíguos, deve-se aceitar a disposição mais humana.

INAMOVIBILIDADE. **1.** *Direito administrativo.* a) Qualidade de inamovível; b) impossibilidade de remoção de servidor público da posição ocupada sem seu consenso ou sem observância das normas legais. **2.** *Direito constitucional.* Direito do magistrado de permanecer no seu cargo, não podendo ser removido ou transferido contra sua vontade, salvo se houver decisão tomada por dois terços de seu tribunal, para atender a interesse público, dando-se ampla defesa a ele.

INAMOVÍVEL. **1.** Permanente; fixo. **2.** Que não pode ser removido ou transferido. **3.** Que não pode ser demitido arbitrariamente.

INAMPS. *História do direito.* Instituto Nacional de Assistência Médica da Previdência Social.

INAN. *História do direito.* Sigla do extinto Instituto Nacional de Alimentação e Nutrição, absorvido pelo Ministério da Saúde, que assumiu sua competência, seus direitos e obrigações, dando continuidade aos seus serviços.

INANE. **1.** Sem fundamento. **2.** Fútil.

INANIA VERBA. *Locução latina.* Palavras sem valor, pela sua frivolidade.

INANIÇÃO. *Medicina legal.* Fraqueza por falta de alimentação adequada.

INANIMADO. **1.** O que não tem vida. **2.** Na gíria, ladrão que age com medo de ser surpreendido a qualquer momento.

IN ANIMA NOBILI. *Expressão latina.* Em alma nobre.

IN ANIMA VILI. *Expressão latina.* Em alma vil.

INANISTIÁVEL. *Direito processual penal.* Que não pode ser anistiado.

INANUÊNCIA. Falta de anuência ou consentimento.

INAPELABILIDADE. *Direito processual.* Qualidade de inapelável.

INAPELÁVEL. *Direito processual.* **1.** De que não se pode apelar ou recorrer. **2.** Decisão da qual não cabe apelação ou por ser impróprio tal recurso, ou por ter escoado o prazo para sua interposição. **3.** O que está decidido em definitivo, não admitindo qualquer recurso.

INAPETÊNCIA. *Medicina legal.* Falta de apetite; anorexia.

IN APICIBUS JURIS. *Expressão latina.* Nas sutilezas do direito.

INAPLICÁVEL. Que não tem aplicação.

INAPRECIÁVEL. **1.** Que não se pode apreciar. **2.** Aquilo cujo valor é incalculável.

INAPROVEITÁVEL. Aquilo de que não se tira proveito.

INAPTIDÃO. 1. Incapacidade. **2.** Falta de habilitação ou aptidão. **3.** Falta de legitimação. **4.** Qualidade de inepto.

INAPTO. 1. Sem aptidão. **2.** Incapacitado.

INARBITRÁVEL. Que não se pode arbitrar.

IN ARDUA VIRTUS. *Expressão latina.* O valor consiste em opor-se aos obstáculos ou dificuldades.

IN ARENA SCRIBERE. *Expressão latina.* Escrever na areia; trabalhar debalde.

IN ARGUMENTUM TRAHI NEQUEUNT, QUAE PROPTER NECESSITATEM ALIQUANDO SUNT CONCESSA. *Expressão latina.* Não se deve considerar como precedente o que, às vezes, se concede por necessidade.

INARRECADÁVEL. Que não se pode arrecadar.

INARRESTABILIDADE. *Direito processual civil.* Qualidade do bem que não pode ser objeto de arresto.

IN ARTICULO MORTIS. *Expressão latina.* Na hora extrema; no instante da morte; em caso de morte iminente.

INASSIDUIDADE. *Direito administrativo.* Falta habitual ao serviço, sem causa justificada, por sessenta dias, interpoladamente, durante o período de doze meses, que acarreta demissão do funcionário público (Othon Sidou).

INASSINÁVEL. Que não se pode assinar.

INATACÁVEL. 1. Incontestável. **2.** Que não se pode atacar.

INATINGIBILIDADE. Qualidade do que não pode ser atingido.

INATINGÍVEL. Que não se atinge.

INATISMO. *Filosofia geral.* Sistema que preconiza a existência de idéias inatas.

INATIVIDADE. 1. *Direito administrativo.* Situação de funcionário público, civil ou militar, que, em razão de lei, aposentadoria, determinação da Administração Pública ou por ordem superior, encontra-se afastado do cargo ou do serviço ativo. **2.** *Direito processual civil.* a) Preclusão; omissão na atuação processual, descumprindo a parte quaisquer ônus impostos por lei; b) contumácia; revelia; c) situação processual que decorre da inatuação da parte; d) não-comparecimento; e) ausência ou abandono do processo em andamento pelo litigante.

INATIVO. 1. *Direito administrativo.* Servidor público, civil ou militar, aposentado, reformado ou posto em disponibilidade, que se encontra afastado do exercício do cargo que ocupava ou da função que lhe era atribuída (De Plácido e Silva). **2.** *Direito do trabalho* e *direito previdenciário.* Aquele que, por ser doente ou aposentado, recebe meio de subsistência por direito legal.

INATO. 1. O que pertence à própria natureza do ser. **2.** Que é inerente à coisa, por ser parte integrante de sua substância.

IN ATROCISSIMUS LEVIORES CONJECTURAE SUFFICIUNT, ET LICET JUDICI JURA TRANSGREDI. *Expressão latina.* Nos crimes atrozes, difíceis de serem apurados devido ao cuidado que tomam seus autores, o juiz fica livre das normas sobre as provas necessárias para condenar com base em elementos precários. Esse princípio vigorou na época da Inquisição.

INAUDIATUR ET ALTERA PARS. *Expressão latina.* Usada quando, encerrados os períodos, a petição é concluída com uma oração final completa e independente, significando "que a parte contrária não seja ouvida". Observe-se que a ação verbal emprega o modo subjuntivo em seu sentido exortativo (Antônio Oniswaldo Tilelli).

INAUDITA ALTERA PARTE. *Expressão latina.* **1.** Característica de medidas liminares concedidas pelo magistrado sem prévia audiência do demandado. **2.** Diligência judicial requerida por um dos litigantes pleiteando concessão de liminar, sem que a parte contrária seja ouvida.

INAUDITISMO. 1. Qualidade de inaudito. **2.** Incredibilidade.

INAUDITO. 1. Extraordinário. **2.** De que não há exemplo.

INAUFERÍVEL. 1. De que não se pode privar alguém. **2.** Inerente.

INAUGURAÇÃO. 1. Nas *linguagens comum* e *jurídica:* a) ato ou efeito de inaugurar; b) abertura solene ou festiva de um estabelecimento, ou instituição, entregando-o ao uso do público; c) estréia; d) ato que dá início a algo; ato institucional; fundação ou implantação de algo. **2.** *Direito romano.* Prognóstico ou presságio que era feito pelos sacerdotes romanos (Augures) com base nos vôos dos pássaros, durante uma cerimônia religiosa. **3.** *História do direito.* Sagração de soberanos.

INAUGURADOR. O que inaugura.

INAUGURAL. 1. Relativo a inauguração. 2. Inicial.

INAUGURAR. 1. Expor algo pela primeira vez à vista ou ao uso do público. 2. Iniciar.

INAUGURATIVO. 1. Referente a inauguração. 2. Próprio para inaugurar.

INAUTENTICIDADE. Falta de autenticidade.

INAUTÊNTICO. 1. Aquilo que não é autêntico. 2. Inverídico. 3. Falso.

INAVEGABILIDADE. *Direito civil, direito comercial* e *direito marítimo.* 1. Impropriedade para a navegação. 2. Estado da embarcação que não tem condições de navegar por não preencher requisitos de segurança ou por precisar de consertos. 3. Impossibilidade de estabelecer em rios, lagos ou braços de mar um sistema de navegação permanente, em razão de fatores naturais que a impeçam ou de pouca profundidade das águas. Tais águas, por não serem navegáveis, são particulares.

INAVEGÁVEL. 1. Que não se pode navegar; que não é navegável. 2. Impróprio para navegação.

INAVERIGUÁVEL. Que não se pode averiguar ou examinar.

IN BELLO AUT VINCENDUM AUT FORTITER OCCUM-BENDUM. *Expressão latina.* Na guerra é preciso vencer ou morrer com coragem.

INBOAR. *Termo inglês.* Dentro da amurada do navio.

IN BONAE FIDEI CONTRACTIBUS, EX MORA USURAE DEBENTUR. *Expressão latina.* Nos contratos feitos de boa-fé, contam-se os juros da mora.

IN BOND. *Direito internacional privado.* Cláusula que requer que a tradição da mercadoria se dê na alfândega, hipótese em que competirá ao comprador pagar as despesas aduaneiras.

IN BONIS. *Locução latina.* Sócio que, em caso de falência do outro, obriga-se, mediante cláusula contratual, a entregar à massa os haveres do falido, sem que se opere a liquidação da sociedade.

INBOUND LOGISTICS. *Locução inglesa.* Administração de materiais. Segmento da logística empresarial, também chamada logística de entrada, que corresponde ao conjunto de operações relativas ao fluxo de materiais e informações desde a fonte das matérias-primas até a entrada da fábrica. É, portanto, a logística dos insumos de uma empresa (James G. Heim).

IN BREVI. *Locução latina.* Em breve.

INCA. *História do direito.* 1. Indígena da raça dos Incas. 2. Relativo aos Incas, que dominavam o Peru por ocasião da conquista dos espanhóis. 3. Título dos soberanos do Peru, cuja dinastia foi destruída pela Espanha.

INCABI. *Direito agrário.* Espécie de seringueira da região do Rio Negro.

INCABÍVEL. Inaceitável.

INCALCULÁVEL. O que não se pode calcular.

INCALUNIÁVEL. Que não se pode caluniar.

INCAMERAÇÃO. *Direito canônico.* Incorporação de bens ao patrimônio da Santa Sé.

INCAMERAR. *Direito canônico.* Reunir bens aos haveres da Igreja.

INCANSÁVEL. 1. Aquele que é laborioso, não poupando trabalho para alcançar certa finalidade. 2. Que não se cansa.

INCAPACIDADE. 1. Falta de preenchimento de condições para o exercício de determinada função ou atividade ou para a prática de certo ato. 2. Inaptidão legal ou ausência de qualificação natural. 3. Condição daquele que, por lei ou por falta de condições físicas, encontra-se impossibilitado de exercer certo direito. 4. Ausência de requisitos exigidos para o exercício do direito. 5. Impossibilidade material para a realização de certo serviço. 6. Redução efetiva e acentuada da capacidade de integração social, com necessidade de equipamentos, adaptações, meios ou recursos especiais para que a pessoa portadora de deficiência possa receber ou transmitir informações necessárias a seu bem-estar pessoal e ao desempenho de função ou atividade a ser exercida. 7. Fenômeno multidimensional que abrange limitação do desempenho de atividade e restrição da participação, com redução efetiva e acentuada da capacidade de inclusão social, em correspondência à interação entre a pessoa com deficiência e seu ambiente físico e social.

INCAPACIDADE ABSOLUTA. *Direito civil.* Proibição total do exercício do direito ou da prática pessoal dos atos da vida civil pelo menor de dezesseis anos, enfermo ou deficiente mental, que não tenha o necessário discernimento; aquele que, por causa transitória, não puder exprimir sua vontade, sob pena de nulidade do ato, a não ser que esteja devidamente representado pelo pai, tutor ou curador.

INCAPACIDADE CIVIL. *Direito civil.* Restrição legal ao exercício dos atos da vida civil, devendo ser sempre encarada estritamente, considerando-se o princípio de que a capacidade é a regra, e a incapacidade, a exceção. Como toda incapacidade advém de lei, conseqüentemente não a constituem quaisquer limitações ao exercício dos direitos provenientes de ato jurídico *inter vivos* ou *causa mortis*. O instituto da incapacidade visa proteger os portadores de uma deficiência apreciável, graduando a forma de proteção, que, para os absolutamente incapazes, assume a feição de representação, uma vez que estão completamente privados de agir juridicamente, e, para os relativamente incapazes, o aspecto de assistência, já que têm o poder de atuar na vida civil, desde que autorizados. Por meio da representação e da assistência, supre-se a incapacidade, e os negócios jurídicos realizam-se regularmente.

INCAPACIDADE CIVIL ABSOLUTA. *Vide* INCAPACIDADE ABSOLUTA.

INCAPACIDADE CIVIL RELATIVA. *Direito civil.* É aquela em que a pessoa pode praticar por si os atos da vida civil, desde que assistida por quem o direito positivo encarrega deste ofício, em razão de parentesco, de relação de ordem civil ou de designação judicial. Se relativamente incapaz praticar ato sem assistência, ter-se-á a sua anulabilidade, dependendo esta de iniciativa do lesado, havendo até hipóteses em que poderá ser confirmado ou ratificado. Enquadram-se nesta categoria o maior de dezesseis e menor de dezoito anos, ébrio habitual, toxicômano, deficiente mental com discernimento reduzido, excepcional, sem desenvolvimento mental completo e o pródigo.

INCAPACIDADE COMERCIAL. *Direito comercial.* É a que priva alguém de ser empresário ou do exercício de atividade econômica organizada, voltada à produção e circulação de bens e serviços.

INCAPACIDADE *CONCIPIENDI*. *Medicina legal.* Impossibilidade feminina de conceber; esterilidade da mulher.

INCAPACIDADE DE CONSENTIR. Inaptidão para exprimir a vontade em razão de menoridade, doença ou atraso mental que lhe retire o discernimento.

INCAPACIDADE DE SER PARTE. *Direito processual civil.* Incapacidade de, ativa ou passivamente, ser sujeito da relação jurídico-processual (Pontes de Miranda e José Frederico Marques).

INCAPACIDADE DO MENOR. *Direito civil.* Proibição ao exercício de direitos e à prática de atos na vida civil do menor de dezesseis, sem estar representado, e do maior de dezesseis e menor de dezoito anos, sem a devida assistência.

INCAPACIDADE DO PERITO. *Direito processual.* **1.** Incompetência técnica ou profissional daquele que deve efetuar uma perícia. **2.** Inabilidade do perito no desempenho de sua função. **3.** Falta de eficiência técnica para levar a efeito uma perícia. **4.** Inabilitação legal para exercer a perícia em certos casos. **5.** Impugnação de perito nomeado pelo juiz.

INCAPACIDADE EMPRESARIAL. *Vide* INCAPACIDADE COMERCIAL.

INCAPACIDADE FÍSICA. *Direito do trabalho.* Impossibilidade de trabalhar ou de exercer atividade profissional em razão de doença ou de acidente de trabalho. É também denominada "incapacidade material".

INCAPACIDADE FÍSICA ABSOLUTA. *Direito do trabalho.* Impossibilidade de exercer qualquer tipo de trabalho remunerado.

INCAPACIDADE FÍSICA PARCIAL. *Direito do trabalho.* Privação do acidentado de exercer sua profissão, sem, porém, ficar impedido de desempenhar outra que exija menor esforço físico.

INCAPACIDADE FÍSICA PERMANENTE. *Direito do trabalho.* Impossibilidade de continuar exercendo uma profissão, em virtude de defeito resultante de acidente de trabalho.

INCAPACIDADE FÍSICA TEMPORÁRIA. *Direito do trabalho.* Impossibilidade de exercer atividade profissional durante o tratamento a que se está submetendo, após o qual poderá a ela retornar.

INCAPACIDADE *GENERANDI*. *Medicina legal.* **1.** Esterilidade masculina. **2.** Incapacidade de fecundar o óvulo por azoospermia.

INCAPACIDADE JURÍDICA. *Teoria geral do direito.* Inaptidão para o exercício de direitos ou para a prática de atos ou negócios jurídicos. Abarca tanto a incapacidade civil como a comercial e natural.

INCAPACIDADE LEGAL. Falta de capacidade jurídica resultante de previsão de lei.

INCAPACIDADE MATERIAL. *Vide* INCAPACIDADE FÍSICA.

INCAPACIDADE MATRIMONIAL. *Direito civil.* **1.** Impedimento matrimonial que torna nulo o casamento. **2.** *Vide* IMPEDIMENTO MATRIMONIAL. **3.** Falta de idade núbil salvo se para evitar imposição de pena criminal ou em caso de gravidez.

INCAPACIDADE NATURAL. *Direito civil.* Inaptidão para exercer direitos ou praticar atos, fundada em condição física ou psíquica que venha a diminuir o entendimento ou a retirar o discernimento. Assim, uma pessoa, em razão de idade, enfermidade ou insanidade mental, torna-se incapaz por falta de discernimento e compreensão, que a impedem de manifestar sua vontade livre e conscientemente.

INCAPACIDADE PARA AS OCUPAÇÕES HABITUAIS POR MAIS DE TRINTA DIAS. *Direito penal.* Inaptidão que resulta de lesão corporal grave e impossibilita o exercício de qualquer atividade por mais de trinta dias.

INCAPACIDADE PARA CONTRAIR MATRIMÔNIO. *Direito canônico.* É aquela característica que torna uma pessoa incapaz para convolar núpcias, como: a) insuficiência de uso da razão, como ocorre com criança, doente ou retardado mental, alcoólatra, toxicômano; b) falta de discrição de juízo a respeito dos direitos e obrigações essenciais do matrimônio, que se devem mutualmente dar e receber; c) incapacidade para assumir obrigações essenciais do matrimônio, por causas psíquicas como: ninfomania, satiríase, homossexualismo, sadismo, masoquismo etc.; d) falta de idade núbil.

INCAPACIDADE PENAL. *Direito penal.* É a decorrente da aplicação da sanção penal, como, por exemplo, a incapacidade permanente ou temporária para o exercício do poder familiar, da tutela ou curatela, a incapacidade temporária para uma profissão cujo exercício depende de licença do Poder Público etc.

INCAPACIDADE PERMANENTE PARA O TRABALHO. *Direito penal.* Perda de qualquer aptidão para o trabalho decorrente de lesão corporal gravíssima.

INCAPACIDADE POLÍTICA. *Ciência política.* **1.** Privação dos direitos políticos, principalmente o de votar e ser votado para cargos eletivos. **2.** Inelegibilidade. **3.** Perda ou suspensão de direitos políticos em razão de cancelamento da naturalização por sentença transitada em julgado; incapacidade civil absoluta; condenação criminal transitada em julgado, enquanto durarem seus efeitos; recusa de cumprir obrigação a todos imposta ou prestação alternativa; improbidade administrativa.

INCAPACIDADE PROCESSUAL. *Direito processual.* **1.** Inaptidão para ser parte no processo. **2.** Privação de comparecimento em juízo; impossibilidade de estar em juízo sem representação ou assistência paterna, do tutor ou do curador.

INCAPACIDADE RELATIVA. *Vide* INCAPACIDADE CIVIL RELATIVA.

INCAPACIDADE SUCESSÓRIA. *Direito civil.* **1.** Inaptidão da pessoa para receber os bens deixados pelo *de cujus*. Tal incapacidade impede que surja o direito à sucessão. É um fato oriundo do enfraquecimento da personalidade do herdeiro, de modo que o incapaz não adquire a herança em momento algum. **2.** Impedimento legal para adir a herança (Caio Mário da Silva Pereira).

INCAPACIDADE TESTAMENTÁRIA. *Direito civil.* Falta de condições necessárias para que alguém possa, juridicamente, dispor de seu patrimônio por meio de testamento ou ser por ele beneficiado.

INCAPACIDADE TESTAMENTÁRIA ATIVA. *Direito civil.* Inaptidão legal para fazer testamento, dispondo de bens para além de sua morte. Por lei são incapazes para testar os menores de dezesseis anos, por faltar-lhes poder de deliberação e discernimento; enfermos ou deficientes mentais, por estarem impossibilitados de emitir vontade livre; aqueles que, ao efetuar o ato de última vontade, não estejam em seu perfeito juízo, em razão de hipnotismo, delírios persecutórios, espasmo cerebral seguido de hemiplegia, arteriosclerose, embriaguez, sonambulismo, intoxicações provocadas por drogas etc.; aqueles que não puderem, como, p. ex., os surdos-mudos, manifestar sua vontade por não terem recebido educação apropriada.

INCAPACIDADE TESTAMENTÁRIA PASSIVA. *Direito civil.* Inaptidão para adquirir por testamento.

INCAPACIDADE TESTAMENTÁRIA PASSIVA ABSOLUTA. *Direito civil.* É aquela que impossibilita a aquisição por via de testamento a qualquer pessoa, sem discriminação, que se enquadre no seguinte rol previsto em lei: a) os não concebidos até a morte do testador, salvo se a disposição testamentária referir-se à prole eventual de pessoas designadas pelo testador, existentes ao abrir-se a sucessão; b) as pessoas jurídicas de direito público externo, quanto aos bens imóveis no Brasil e aos suscetíveis de desapropriação, exceto os prédios necessários ao estabelecimento das legações e consulados.

INCAPACIDADE TESTAMENTÁRIA PASSIVA RELATIVA. *Direito civil.* Inaptidão para adquirir bens por testamento que atinge determinadas pessoas, por razões especiais. Não podem ser herdeiros ou legatários: a) a pessoa que, a rogo, escreveu o testamento, seu cônjuge, seus ascendentes, descendentes e irmãos; b) as testemunhas testamentárias; c) o concubino do testador casado, salvo se este sem culpa sua estiver separado de fato do cônjuge há mais de cinco anos; d) tabelião civil ou militar, o comandante ou o escrivão perante quem se fizer, assim como o que fizer ou aprovar testamento, porque não se acham isentos de suspeição.

INCAPACITADO. *Direito civil.* **1.** Pessoa natural ou jurídica destituída de capacidade. **2.** Aquele que, por condição física ou psíquica, não tem possibilidade de exercer, por si, certos direitos ou de praticar atos ou negócios jurídicos.

INCAPACITAR. **1.** Tornar-se incapaz para o exercício de direitos, para o desempenho de certas funções ou para a prática de atos jurídicos. **2.** Privar alguém de sua capacidade jurídica. **3.** Mostrar-se inábil para a execução de qualquer ato. **4.** Inabilitar-se.

INCAPACITÁVEL. Que não se pode capacitar.

INCAPAZ. **1.** Aquele que não tem capacidade. **2.** Privado, pela lei, de certas funções. **3.** Inábil. **4.** Inapto. **5.** Aquele a quem a lei priva do exercício de direitos.

IN CAPITA. *Locução latina.* Por cabeça.

INCAPTURÁVEL. Que não se pode capturar.

INÇAR. **1.** Propagar-se em grande quantidade. **2.** Desenvolver-se em demasia. **3.** Encher copiosamente.

INCARDINAÇÃO. *Direito canônico.* **1.** Aceitação por uma diocese de clérigo de outra. **2.** Transferência de um clérigo de uma para outra diocese. **3.** Ato legítimo do superior pelo qual um clérigo é incorporado permanentemente numa diocese, ficando sujeito ao seu Ordinário.

INCÁSICO. *História do direito.* Referente à dinastia dos incas.

IN CASU. *Locução latina.* No caso em exame; no caso em discussão; no caso vertente.

IN CASU CONSIMILI. *Expressão latina.* Em caso similar ou análogo.

IN CAUDA VENENUM. *Locução latina.* **1.** O veneno está na cauda, referindo-se ao escorpião. **2.** Final de discursos onde se excede na linguagem.

INCAUTO. **1.** Imprudente. **2.** Aquele que age sem cautela.

INCEDIBILIDADE. **1.** Qualidade do que não pode ser cedido. **2.** Incessibilidade de direitos creditórios.

INCENDIADO. Que se incendiou.

INCENDIAR. **1.** Pôr fogo em algo. **2.** Estimular; excitar.

INCENDIÁRIO. **1.** *Direito penal.* Aquele que, dolosa ou culposamente, provoca incêndio, expondo a perigo a vida, a integridade física ou o patrimônio de outrem. **2.** Em *sentido figurado:* a) aquele que excita ânimos; b) revolucionário.

INCENDIATO. *História do direito.* Incêndio criminoso.

INCENDIÁVEL. Que se pode incendiar.

INCÊNDIO. **1.** *Direito penal.* Perigo para a incolumidade pública decorrente de fato típico penal consistente em atear fogo, expondo a perigo a vida, a integridade física ou o patrimônio de outrem. **2.** Nas *linguagens comum* e *jurídica,* alastramento de chamas suscetível de causar dano a pessoas, animais, lavouras, florestas, prédios e objetos combustíveis que se encontrarem no seu raio de ação, destruindo-os total ou parcialmente.

INCÊNDIO ACIDENTAL. *Direito civil.* **1.** É o que decorre de fato alheio à vontade humana, advindo de força maior ou caso fortuito. **2.** Toda e qualquer combustão fora do controle do homem, tanto no espaço quanto no tempo, que destrói ou danifica algo.

INCÊNDIO CASUAL. *Vide* INCÊNDIO ACIDENTAL.

INCÊNDIO CRIMINOSO. *Vide* INCÊNDIO DOLOSO e INCÊNDIO CULPOSO.

INCÊNDIO CULPOSO. *Direito civil* e *direito penal.* Ação ou efeito do fogo que, embora não intencional, adveio de imperícia, imprudência ou negligência de alguém, dando origem à responsabilidade civil ou penal do agente.

INCÊNDIO DOLOSO. *Direito civil* e *direito penal.* Propagação de fogo produzida voluntariamente com o propósito de causar dano a outrem ou para obter proveito próprio ou alheio, em detrimento do patrimônio de terceiro.

INCÊNDIO FLORESTAL. *Direito ambiental.* Fogo incontrolável em qualquer espécie de vegetação.

INCÊNDIO INVOLUNTÁRIO. *Vide* INCÊNDIO CULPOSO.

INCÊNDIO MALICIOSO. *Vide* INCÊNDIO DOLOSO.

INCENDIOSO. 1. Relativo a incêndio. **2.** Tomado de grande paixão.

INCÊNDIO VOLUNTÁRIO. *Vide* INCÊNDIO DOLOSO.

INCENSURÁVEL. Que não é censurável.

INCENSUS. *Direito romano.* Aquela pessoa que não foi incluída no censo. Não recenseado.

INCENTIVADOR. Que incentiva.

INCENTIVAR. Dar incentivos a.

INCENTIVO. 1. *Psicologia forense.* Estímulo conducente a uma atividade ou ação. **2.** Nas *linguagens comum* e *jurídica:* a) o que estimula; b) que incentiva; c) quantia adicional paga ao contratado, se determinados parâmetros de desempenho forem satisfeitos ou excedidos.

INCENTIVOS CREDITÍCIOS. *Economia política.* Aberturas de linhas de créditos especiais para atender à necessidade de aumentar os investimentos em determinados setores.

INCENTIVOS FISCAIS. *Economia política* e *direito tributário.* Fatores de promoção do desenvolvimento econômico. Consistem em isenções ou vantagens tributárias concedidas por lei pela Administração Pública federal, com o escopo de estimular certas atividades culturais, econômicas, sociais etc., para a obtenção do equilíbrio do desenvolvimento socioeconômico entre as várias regiões do Brasil.

INCENTIVOS FLORESTAIS. *Direito ambiental* e *direito tributário.* Estímulos ou vantagens tributárias concedidas pelo Estado aos que se ocupam do florestamento ou do reflorestamento. Manifestam-se pela dedução ou desconto, nas declarações de rendimentos, das importâncias ou despesas empregadas com aquelas atividades.

INCENTIVOS REGIONAIS. *Direito constitucional.* Estímulos para a redução das desigualdades regionais, compreendendo, na forma da lei: a) igualdade de tarifas, fretes, seguros, custos e preços de responsabilidade do Poder Público; b) juros favorecidos para financiamento de atividades prioritárias; c) isenções, reduções ou diferimento temporário de tributos federais devidos por pessoas físicas ou jurídicas; d) prioridade para o aproveitamento econômico e social dos rios e das massas de água represadas ou represáveis nas regiões de baixa renda, sujeitas a secas periódicas, com o objetivo de incentivar a recuperação de terras áridas e de cooperar com os pequenos e médios proprietários rurais para o estabelecimento, em suas glebas, de fontes de água e de pequena irrigação.

INCENTOR. O que estimula.

INCEPTIVA. *Lógica jurídica.* Proposição composta que enuncia que uma coisa começou a ser. Contém, portanto, dois juízos diferentes, que podem ser contestados separadamente (Port-Royal).

INCEPTIVO. 1. Incipiente. **2.** Inicial.

INCERTA PRO NULLIS HABENTUR. *Aforismo jurídico.* As coisas incertas são tidas como inexistentes.

INCERTAR. 1. Tornar incerto. **2.** Duvidar.

INCERTEZA. 1. Dúvida. **2.** Falta de certeza. **3.** Insegurança. **4.** Estado do que não é certo. **5.** Contingência. **6.** Qualidade do que oferece risco; aleatoriedade. **7.** Falta de persuasão. **8.** Variabilidade. **9.** Hesitação. **10.** Indecisão.

INCERTITUTO VITIAT ACTUM. *Aforismo jurídico.* A incerteza vicia o ato.

INCERTO. 1. Contingente. **2.** O que não é certo. **3.** Arriscado. **4.** Variável. **5.** Que apresenta dúvida. **6.** Hesitante. **7.** Indeterminado. **8.** Indeciso. **9.** Contraditório.

INCERTUS EST BELLI EXITUS. *Expressão latina.* É incerta a sorte da guerra.

INCESSANTE. 1. Contínuo. **2.** Que não cessa. **3.** Constante.

INCESSIBILIDADE. 1. Qualidade de incessível. **2.** Impossibilidade de ser objeto de cessão. **3.** Incedibilidade.

INCESSÍVEL. 1. Aquilo que não pode ser cedido. **2.** Que não se pode ceder ou transferir a outrem.

INCESTAR. *Direito civil.* Cometer incesto.

INCESTO. *Direito civil* e *direito penal.* Conjunção carnal ilícita entre parentes consangüíneos em linha reta ou colateral até o segundo grau ou entre afins ou adotivos, para os quais o casamento é proibido, podendo ainda constituir agravante de pena nos crimes contra os costumes.

INCESTUOSO. *Direito civil* e *direito penal.* **1.** Em que há incesto. **2.** Referente a incesto. **3.** Aquele que cometeu incesto. **4.** O que tem origem no incesto; que provém do incesto. **5.** Designação didática do filho nascido de pais impedidos de se casar por restrição de parentesco ou afinidade.

INCICATRIZÁVEL. *Medicina legal.* Que não pode cicatrizar-se.

INCIDÊNCIA. 1. *Direito penal.* Ação ou omissão que dá causa ao delito. **2.** *Direito tributário.* Verificação do fato gerador. É a situação em que o tributo passa a ser devido em razão da ocorrência do respectivo fato gerador (Geraldo Ataliba). Fato pelo qual o contribuinte sujeita-se ao pagamento do tributo em virtude de lei. **3.** *Teoria geral do direito.* Encontro da norma jurídica com o fato por ela previsto, para poder ser invocada. **4.** Nas *linguagens comum* e *jurídica:* a) ação de incidir ou de verificar-se num determinado caso concreto; b) efeito de recair sobre ou de ir contra alguma coisa; c) gravação; ação que recai sobre um bem para modificar-lhe algo ou impor um ônus ou encargo; d) superveniência de fato; e) qualidade de incidente. **5.** *Medicina legal.* Número de casos de uma moléstia ocorridos dentro de um certo período de tempo em relação à unidade de população na qual se verifica.

INCIDÊNCIA NORMATIVA. *Teoria geral do direito.* Teoria dogmática pela qual a incidência da norma jurídica consiste na configuração atual de situações subjetivas e na produção de efeitos em sucessão (Tércio Sampaio Ferraz Jr.). A norma vigente pode ter eficácia, isto é, possibilidade de produção de efeitos. Quando ocorre a produção de efeitos, configurando uma situação subjetiva, tem-se a incidência normativa, sendo que esta diz respeito aos efeitos já produzidos. Uma norma revogada por outra não mais produz efeitos, mas sua incidência, isto é, a configuração de situação subjetiva efetuada permanece. A norma precedente não se mantém viva, porém perde sua eficácia apenas *ex nunc*, porque persistem as relações já constituídas sob seu império.

INCIDENTADO. *Direito processual civil.* **1.** Aquele que provoca um incidente no curso da ação principal (Pedro Nunes). **2.** Processo marcado por incidente (Othon Sidou).

INCIDENTAL. 1. Na *linguagem jurídica:* a) relativo a incidente; b) superveniente; c) que tem caráter de incidente. **2.** *Direito processual civil.* a) Ação que se propõe no curso de um processo, por estar com ele relacionada; b) referente a um incidente, no decurso de um processo.

INCIDENTAR. *Direito processual civil.* **1.** Provocar ou suscitar um incidente no decorrer de uma demanda. **2.** Converter em incidente.

INCIDENTE. 1. Nas *linguagens comum* e *jurídica:* a) superveniente; b) o que recai sobre ou contra algo; c) circunstância acidental; d) dificuldade que alguém suscita numa questão; e) episódio. **2.** *Direito processual civil.* a) Contestação acessória que surge no andamento de um processo; b) acontecimento no curso da ação principal que, apesar de ser questão acessória, deve ser solucionado pelo magistrado em primeiro lugar, em razão de dele depender a lide. Relaciona-se o incidente com: processo cautelar, ação declaratória incidental, incidente de falsidade, uniformização da jurisprudência, declaração de inconstitucionalidade de lei ou de ato normativo do Poder Público.

INCIDENTE DA EXECUÇÃO. *Direito processual civil.* Questão, oposição ou contestação advinda no decorrer da execução de uma sentença transitada em julgado.

INCIDENTE DE DÚVIDA NO PROTESTO DE TÍTULO DE CRÉDITO. *Direito processual civil.* É o relativo a dúvida sobre a legitimidade do protesto, levado ao conhecimento do magistrado pelo oficial de protesto.

INCIDENTE DE EXECUÇÃO PENAL. *Direito processual penal.* Circunstância que, por surgir na execução penal, vem a alterá-la, como a conversão, a anistia, o indulto.

INCIDENTE DE FALSIDADE. *Direito processual civil* e *direito processual penal.* Impugnação escrita da falsidade de documento constante dos autos, que, sendo autuada em separado, suspende o processo principal até a solução da questão suscitada.

INCIDENTE DE INSANIDADE MENTAL. *Direito processual penal.* Circunstância que pode determinar a exclusão da culpabilidade por inimputabilidade decorrente de doença mental. Tal incidente corre em auto apartado e somente depois da apresentação do laudo deve ser apenso ao processo principal. Mas se a insanidade sobrevier: a) à infração, suspende-se o processo até que o acusado se restabeleça, podendo o juiz ordenar sua internação em manicômio judiciário ou em estabelecimento adequado; b) à execução da pena, o sentenciado será internado em um manicômio judiciário ou similar.

INCIDENTE DE POLUIÇÃO POR ÓLEO. *Direito ambiental.* **1.** Qualquer descarga de óleo, decorrente de fato ou ação intencional ou acidental que ocasione dano ou risco de dano ao meio ambiente ou à saúde humana. **2.** Ocorrência ou série de ocorrências da mesma origem que resulte ou possa resultar em derramamento de óleo e que represente ou possa representar ameaça para o meio ambiente, para as águas jurisdicionais brasileiras ou para interesses correlatos de um ou mais estados e que exija ação de emergência ou outra forma de resposta imediata.

INCIDENTE DE SEGURANÇA. *Direito virtual.* É qualquer evento ou ocorrência que promova uma ou mais ações que comprometa ou que seja uma ameaça à integridade, autenticidade, ou disponibilidade de qualquer ativo das entidades integrantes da ICP-Brasil.

INCIDENTER MULTA FIERI PERMITTUNTUR, QUAE PRINCIPALITER DENEGANTUR. *Aforismo jurídico.* Incidentemente, muitas coisas que em regra se negam são permitidas.

INCIDIR. 1. Recair; suportar. **2.** Incorrer; infringir. **3.** Sobrevir. **4.** Separar; dividir.

INCINERAÇÃO. 1. Ação ou efeito de incinerar algo, reduzindo-o a cinzas. **2.** Destruição da coisa pela combustão. **3.** Cremação. **4.** Tratamento que consiste na queima de resíduos sólidos ou líquidos químicos, até a redução a cinzas, utilizando equipamentos que produzem altas temperaturas, com padrões de emissões atmosféricas controlados.

INCINERADO. Reduzido a cinzas.

INCINERADOR. 1. O que incinera. **2.** Forno para queimar lixo.

INCINERATÓRIO. Referente a incineração.

INCINERÁVEL. Que pode ou deve ser incinerado.

INCIPIENTE. 1. Principiante. **2.** O que inicia.

INCIRCUNCISÃO. Estado daquele que não foi circuncidado.

INCIRCUNSCRITO. 1. Ilimitado. **2.** O que não está circunscrito.

INCISÃO. *Medicina legal.* **1.** Seção da pele ou das partes moles. **2.** Ferida incisa produzida por cirurgião (Croce e Croce Jr.). **3.** Corte com instrumento cortante.

INCISÃO BIMASTÓIDE. *Medicina legal.* Corte no couro cabeludo que vai de uma apófise mastóide à outra (Croce e Croce Jr.).

INCISÃO MEDIANA INFRA-UMBILICAL. *Medicina legal.* Corte mediano feito em cirurgias do baixo ventre, que se estende desde, aproximadamente, dois dedos transversos da cicatriz umbilical até a margem superior do arco pubiano (Croce e Croce Jr.).

INCISIVO. 1. Que corta. **2.** Eficaz.

INCISO. 1. *Teoria geral do direito.* a) Divisão ou subdivisão de um artigo legal; b) item. **2.** *Medicina legal.* Ferido com instrumento cortante.

INCISOR. 1. *Medicina legal.* Que corta. **2.** *Direito agrário.* Utensílio de arboricultura utilizado para fazer incisão anular da casca, ou seja, em forma de anel, para que a seiva nutritiva ali se acumule, beneficiando a frutificação.

INCISÓRIO. *Medicina legal.* Que corta.

INCITABILIDADE. 1. *Medicina legal.* Disposição própria para receber a ação de um estimulante. **2.** Na *linguagem jurídica* em geral, qualidade de incitável.

INCITAÇÃO. 1. *Direito penal.* a) Instigação ao crime; b) ato ou efeito de incitar; c) delito autônomo que consiste em impelir alguém à prática de uma ação ou omissão criminosa. **2.** Na *linguagem jurídica* em geral: a) provocação; b) persuasão ardilosa de alguém para que venha a realizar algo; c) induzimento. **3.** *Medicina legal.* Excitação.

INCITAÇÃO AO CRIME. *Direito penal.* Crime contra a paz pública que consiste no ato de, publicamente, instigar à prática de atos lesivos ou delituosos, cuja pena é de detenção ou multa.

INCITAÇÃO MOTRIZ. *Medicina legal.* Ação determinante da contração muscular por meio dos nervos motores.

INCITADO. 1. Excitado. **2.** Instigado. **3.** Estimulado.

INCITADOR. O que incita.

INCITAMENTO. *Vide* INCITAÇÃO.

INCITANTE. 1. O que é próprio para instigar. **2.** Que incita.

INCITAR. 1. Instigar. **2.** Provocar. **3.** Açular. **4.** Estimular.

INCITATIVO. *Vide* INCITANTE.

INCITÁVEL. Que pode ser incitado.

INCIVIL. Que não tem cortesia.

INCIVILE EST, NISI TOTA LEGE PROSPECTA, UNA ALIQUA PARTICULA E JUS PROPOSITA, JUDICARE, VEL RESPONDERE. *Expressão latina.* Não se deve interpor juízo sobre uma lei da qual se conhece apenas uma parte, antes de lê-la até o fim.

INCIVILIDADE. Descortesia.

INCIVILIZABILIDADE. Qualidade de incivilizável.

INCIVILIZADO. 1. Inculto. **2.** Selvagem. **3.** Descortês. **4.** Que não é civilizado.

INCIVILIZÁVEL. Que não é suscetível de ser civilizado.

INCIVISMO. Falta de patriotismo.

IN CLARIS NON ADMITTITUR VOLUNTATIS QUAESTIO. *Brocardo latino.* Não se deve indagar a vontade no que estiver claro.

IN CLARIS NON FIT INTERPRETATIO. *Brocardo latino.* Não cabe interpretação quando a lei ou o contrato forem claros.

INCLASSIFICADO. Que não é classificado.

INCLASSIFICÁVEL. 1. Que não se pode classificar. **2.** Digno de reprovação. **3.** Inqualificável. **4.** Único. **5.** Confuso.

INCLEMÊNCIA. 1. Falta de clemência. **2.** Rigor.

INCLEMENTE. 1. Rigoroso. **2.** Que não é clemente.

INCLINAÇÃO. 1. Tendência psíquica para alguma coisa. **2.** Simpatia. **3.** Afeição.

INCLUIR. 1. Inserir. **2.** Compreender; abranger. **3.** Implicar.

INCLUSA. 1. *História do direito.* Antiga moeda holandesa. **2.** Nas *linguagens comum* e *jurídica,* esclusa; comporta.

INCLUSÃO. 1. *Lógica jurídica.* Relação existente entre duas classes que estão na relação de gênero para espécie. **2.** Nas *linguagens comum* e *jurídica:* a) abrangência de uma coisa dentro de outra; b) admissão; c) ato ou efeito de incluir.

INCLUSIO UNIUS FIT EXCLUSIO ALTERIUS. *Aforismo jurídico.* A inclusão de um é a exclusão de outro.

INCLUSIVA. *Direito canônico.* Ação de admitir um cardeal no conclave apesar de ter chegado após o final do prazo.

INCLUSIVE. 1. Termo usado em negócios jurídicos ou em lei para indicar tudo o que neles deva ser compreendido, desde que haja referência ou menção a várias coisas. **2.** De modo inclusivo.

INCLUSIVO. Que abrange.

INCLUSO. 1. Fechado. **2.** Incluído. **3.** Que se inclui.

INÇO. *Direito agrário.* Erva daninha que medra entre plantas cultivadas.

INCOAÇÃO. Começo; iniciativa; princípio de algo.

INCOAÇÃO DA PARTE. *Direito processual civil.* Princípio de iniciativa da parte, que caracteriza o sistema processual privatista, uma vez que cabe a ela provocar a máquina judiciária e praticar atos concernentes ao desenvolvimento do processo.

INCOADO. Iniciado; começado; o que teve princípio.

INCOADUNABILIDADE. Qualidade de incoadunável.

INCOADUNÁVEL. Inconciliável.

INCOATIVO. 1. Inicial. **2.** Que começa.

INCOBRÁVEL. *Direito civil.* Débito que não pode ser cobrado, por exemplo, por já estar prescrito ou por ser o devedor insolvente.

INCOERÇÃO. *Teoria geral do direito.* Ausência de coerção.

INCOERCIBILIDADE. *Teoria geral do direito.* Qualidade de incoercível.

INCOERCÍVEL. *Teoria geral do direito.* Que não pode ser coagido.

INCOERÊNCIA. *Lógica jurídica* e *teoria geral do direito.* **1.** Falta de coerência. **2.** Qualidade de incoerente. **3.** Ilogicidade.

INCOERENTE. *Teoria geral do direito* e *lógica jurídica.* **1.** Ilógico. **2.** Contraditório. **3.** Inconseqüente. **4.** Sem coerência. **5.** Em que não há sistematização.

INCOESÃO. Falta de coesão.

INCOESÍVEL. O que não se pode ligar.

INCOGITADO. Impensado; que não é previsto.

INCÓGNITA. O que é desconhecido, mas se procura conhecer.

INCÓGNITO. 1. Estado daquele que não quer dar-se a conhecer, para não ser tratado conforme sua condição. **2.** Situação do que não revela sua identidade. **3.** Oculto. **4.** Ainda não descoberto. **5.** Aquilo que é secreto. **6.** Desconhecido.

INCOGNOSCIBILIDADE. Qualidade do que é incognoscível.

INCOGNOSCÍVEL. *Filosofia geral.* O que, sendo real, não pode ser conhecido (Spencer).

INCÓLUME. 1. São e salvo. **2.** Ileso. **3.** Que escapou de um perigo.

INCOLUMIDADE. **1.** Estado ou qualidade de incólume. **2.** Isenção de perigo. **3.** Segurança.

INCOLUMIDADE PÚBLICA. *Direito penal.* **1.** Complexo de bens jurídicos e interesses correlatos de proteção penal à vida, à integridade física das pessoas, à segurança e à saúde comuns ou públicas (Geraldo Magela Alves). **2.** Preservação de bens jurídicos pertencentes a pessoas indeterminadas. **3.** Objeto jurídico de alguns crimes, que são divididos em três classes pela lei penal: a) crimes de perigo comum; b) crimes contra a segurança dos meios de comunicação e transporte e outros serviços públicos; c) crimes contra a saúde pública.

INCOMBATÍVEL. Que não se pode combater.

INCOMBUSTÍVEL. Aquilo que não se queima.

INCOMBUSTO. **1.** Que escapou ao fogo. **2.** O que não foi queimado.

INCOME. *Termo inglês.* **1.** Renda. **2.** Resultado. **3.** Receita.

INCOMENSURABILIDADE. Qualidade de incomensurável.

INCOMENSURÁVEL. **1.** O que não tem medida comum. **2.** Imenso.

INCOME PROPERTY. *Locução inglesa.* Bem de produção.

INCOMERCIABILIDADE. Qualidade de incomerciável; incomercialidade.

INCOMERCIALIDADE. *Vide* INCOMERCIABILIDADE.

INCOMERCIÁVEL. **1.** O que não se pode comerciar. **2.** O que se encontra fora do comércio.

INCOME SHEET. *Locução inglesa.* Demonstração de perdas e lucros.

INCOME TAX. *Locução inglesa.* Imposto de renda.

INCOME TAX RETURN. *Expressão inglesa.* Declaração de imposto de renda.

IN COMMITTENDO. *Locução latina.* Em agir.

INCOMMODA EUM SEQUI DEBENT, QUEM COMMODA, ET UTILITATES SEQUUNTUR. *Aforismo jurídico.* Deve suportar o incômodo quem tiver o cômodo e a utilidade.

IN COMMUNIONE VEL SOCIETATE NEMO COMPELLITUR INVITUS DETINERI. *Expressão latina.* Nenhum dos condôminos de coisa comum é obrigado a manter a indivisão, salvo se assim estiver convencionado.

INCOMODADO. **1.** Molestado. **2.** Importunado.

INCOMODADOR. Aquele que incomoda ou perturba outrem.

INCOMODANTE. Que incomoda.

INCOMODAR. **1.** Importunar. **2.** Molestar. **3.** Irritar. **4.** Dar-se ao incômodo de fazer algo.

INCOMODATIVO. Que causa incômodo.

INCOMODIDADE. Falta de comodidade.

INCÔMODO. **1.** Desvantagem. **2.** Inconveniente. **3.** Importuno. **4.** Estorvo. **5.** O que não é cômodo. **6.** Desagradável.

INCOMPARÁVEL. **1.** Extraordinário. **2.** Que não admite comparação.

INCOMPARTÍVEL. Que não se pode compartir.

INCOMPASSÍVEL. Que não sente compaixão.

INCOMPATIBILIDADE. **1.** Nas *linguagens comum* e *jurídica:* a) oposição; b) qualidade de incompatível; c) situação de coisas que não podem unir-se ou ser tratadas juntamente, ante a contrariedade existente entre elas (De Plácido e Silva); d) heterogeneidade; e) impossibilidade de duas ou mais funções serem exercidas por uma só pessoa, em razão do cargo por ela ocupado. **2.** *Ciência política.* Impedimento do parlamentar de acumular o mandato legislativo com certas situações assumidas por ele antes da eleição (Laferrière). **3.** *Direito processual civil* e *direito processual penal.* Circunstância prevista legalmente que impede o magistrado, os serventuários, os peritos, os intérpretes ou os árbitros de servirem no processo, podendo ser argüida por eles próprios ou pelas partes (Othon Sidou).

INCOMPATIBILIZAR. Tornar incompatível.

INCOMPATÍVEL. **1.** Nas *linguagens comum* e *jurídica:* a) aquilo que exclui outra coisa; b) que não pode harmonizar-se; c) cargo que não pode ser desempenhado juntamente com outro pela mesma pessoa; d) benefício que não pode ser simultaneamente usufruído com outro pela mesma pessoa. **2.** *Lógica jurídica.* No plural, diz-se de duas ou mais proposições que não podem simultaneamente ser admitidas, em razão de uma excluir a outra.

INCOMPENSAÇÃO. Ausência de compensação.

INCOMPENSADO. Que não é compensado.

INCOMPENSÁVEL. Insuscetível de compensação; impagável.

INCOMPETÊNCIA. **1.** *Direito civil.* a) Inabilidade; b) falta de poder para a prática de um ato jurídico; incapacidade. **2.** *Direito processual.* a) Ausência de poder jurisdicional do magistrado para conhecer e julgar causas submetidas à sua apreciação; b) impossibilidade de executar o decidido; c) falta de competência; d) qualidade de juiz ou tribunal que não tem jurisdição para conhecer de um processo.

INCOMPETÊNCIA ABSOLUTA. *Direito processual civil.* Falta de competência do magistrado em razão da matéria (*ratione materiae*) e da hierarquia. Pode ser declarada *ex officio* pelo juiz, argüida pelo réu como preliminar da contestação ou como exceção. A competência absoluta é inalterável, não sofrendo modificação nem por vontade das partes, nem pela conexão e continência.

INCOMPETÊNCIA DO AGENTE. *Direito administrativo.* Vício do ato administrativo, suscetível de invalidá-lo, que ocorre quando o agente que o emitiu não se encontrava investido legalmente na função pública ou veio a ultrapassar o limite de suas atribuições conferidas por lei.

INCOMPETÊNCIA DO JUÍZO. 1. *Direito processual civil.* Dá-se quando a ação é proposta perante órgão judiciário que não pode conhecê-la nem decidi-la em razão da matéria, da hierarquia, do território ou do valor da causa. **2.** *Direito processual penal.* Exceção argüida pelo réu, verbalmente ou por escrito, no prazo de defesa, impugnando o juízo no qual corre a ação, para que ela seja remetida ao juízo competente.

INCOMPETÊNCIA RELATIVA. *Direito processual civil.* Falta de jurisdição em razão do território ou do valor da causa, segundo a lei ou o contrato, que se convalesce se o réu não opuser a exceção. A competência em relação ao valor da causa e ao território pode ser alterada em razão de conexidade ou continência de causas ou de convenção das partes.

INCOMPETENTE. 1. Aquele que não tem competência. **2.** Inidôneo. **3.** O que não preenche as condições exigidas por lei para determinados fins.

INCOMPLACÊNCIA. 1. Severidade. **2.** Falta de complacência.

INCOMPLACENTE. 1. Que não é complacente. **2.** Severo; austero.

INCOMPLETO. *Teoria geral do direito.* **1.** Imperfeito. **2.** O que não é completo. **3.** Inacabado.

INCOMPLETUDE. *Teoria geral do direito.* **1.** Imperfeição. **2.** Insuficiência. **3.** Qualidade do que está incompleto.

INCOMPLETUDE DO SISTEMA. *Teoria geral do direito.* **1.** Ausência da propriedade formal do sistema de ser completo, fazendo com que ele não possa proporcionar uma explicação para todos os fenômenos que recaem em seu âmbito, por apresentar lacuna. **2.** Lacuna.

INCOMPLETUDE INSATISFATÓRIA. *Teoria geral do direito.* Lacuna, que, para Karl Engisch, é a imperfeição insatisfatória dentro da totalidade jurídica, apresentando-se como uma "deficiência" do sistema jurídico. A lacuna é uma falta ou insuficiência que pode, mas não deve ocorrer dentro de um certo limite, representado pela qualificação jurídica, de forma que o sistema é uma ordem capaz de perfeição satisfatória que pode apresentar uma desordem, uma lacuna ou imperfeição insatisfatória. A questão de se saber se a incompletude é insatisfatória ou não é um problema valorativo, o que pressupõe que Engisch recorreu a um critério valorativo para definir a lacuna.

INCOMPLEXO. *Lógica jurídica.* Termo, proposição ou silogismo que é simples.

INCOMPREENDIDO. 1. Que não é compreendido. **2.** Que não é avaliado ou julgado.

INCOMPREENSÃO. Falta de compreensão.

INCOMPREENSIBILIDADE. Qualidade de incompreensível.

INCOMPREENSÍVEL. *Filosofia geral.* **1.** Enigmático. **2.** O que é admitido, porém não explicado. **3.** Que é muito difícil de explicar ou perceber. **4.** O que não pode ser compreendido.

INCOMPREENSIVO. Que não sabe compreender.

INCOMPROVADO. O que não se demonstrou.

INCOMPUTÁVEL. Que não se pode computar.

INCOMUM. 1. Extraordinário. **2.** O que é fora do comum. **3.** Anormal.

INCOMUNICABILIDADE. 1. *Direito civil.* a) Cláusula que exclui bens doados ou herdados da comunhão, impedindo-os de passar, na constância do casamento, do patrimônio de um cônjuge ao do outro; b) condição dos bens que, por lei ou em razão de cláusula inserida em contrato de doação ou de testamento, estão excluídos da comunhão universal, não se comunicando ao outro cônjuge. **2.** *Direito processual penal.* Medida de precaução que, no interesse da sociedade, impede o indiciado, os jurados e as testemunhas, no julgamento pelo júri, de manterem qualquer comunicação com o mundo exterior (Othon Sidou).

INCOMUNICABILIDADE DO PRESO. *Direito processual penal.* Situação do preso que, por medida de segurança pública, não pode ter qualquer contato com o mundo exterior, exceto com a autoridade e com seu advogado. Tal incomunicabilidade é temporária e depende de despacho fundamentado do magistrado.

INCOMUNICAÇÃO. Falta de comunicação.

INCOMUNICANTE. Que não é comunicante.

INCOMUNICAR. Interromper a comunicação.

INCOMUNICÁVEL. **1.** *Direito civil.* Bem que pertence a um dos cônjuges e não entra na comunhão, em virtude de proibição legal ou disposição de vontade, não podendo, assim, passar do patrimônio de um para o do outro. Designa, portanto, a coisa de propriedade exclusiva de um dos consortes que não entra na comunhão. **2.** *Direito processual penal.* a) Indiciado, testemunha ou jurado que, no Tribunal do Júri, não pode comunicar-se com o mundo exterior; b) aquele que, estando preso, só pode comunicar-se com alguma autoridade ou com seu advogado, por estar proibido de ter contato com o meio exterior.

INCOMUTABILIDADE. *Direito processual penal.* **1.** Qualidade de incomutável. **2.** Qualidade da pena que não pode ser substituída por outra mais branda ou menor.

INCOMUTÁVEL. *Direito processual penal.* **1.** Irredutível. **2.** Pena que não pode ser reduzida ou substituída por outra mais leve. **3.** O que não se pode comutar.

INCONCEBÍVEL. *Lógica jurídica.* **1.** Aquilo de que não se pode formar qualquer representação, porque os termos que o designam envolvem contradição ou impossibilidade. **2.** O que não pode ser apresentado como real. **3.** Que não pode ser subsumido por um outro conceito. **4.** Proposição que não pode ser deduzida da anterior (Lalande).

INCONCESSIBILIDADE. Qualidade de inconcessível.

INCONCESSÍVEL. O que não se pode conceder.

INCONCESSO. **1.** Que não é concedido. **2.** Proibido.

INCONCILIAÇÃO. **1.** Qualidade ou estado de inconciliável. **2.** Impossibilidade de conciliação.

INCONCILIANTE. Que não concilia.

INCONCILIÁVEL. **1.** Incompatível. **2.** Que não se pode conciliar ou harmonizar. **3.** Inadaptável.

INCONCLUDÊNCIA. Qualidade de inconcludente.

INCONCLUDENTE. **1.** Que não é concludente. **2.** O que não apresenta solução razoável. **3.** O que nada prova.

INCONCLUSIVO. *Vide* INCONCLUDENTE.

INCONCLUSO. **1.** Que não está concluído. **2.** Inacabado.

IN CONCRETO. *Locução latina.* Em concreto.

INCONCUSSO. **1.** Incontestável; insuscetível de contestação; irrefutável. **2.** Incorruptível. **3.** Firme; seguro; sólido.

INCONDICIONADO. *Direito civil.* Que não está sujeito a condições ou restrições.

INCONDICIONAL. *Direito civil.* **1.** Que não é condicional; que não depende de condição. **2.** Sem condição.

INCONDICIONALIDADE. Qualidade de incondicional.

INCONDICIONALISMO. Submissão incondicional a alguém.

INCONFESSO. *Direito processual penal.* Réu que não confessa o crime de que é acusado.

INCONFIDÊNCIA. **1.** *Direito penal.* Crime contra o Estado que consiste em conjurar ou conspirar contra o governo constituído, com o escopo de derrubá-lo. **2.** *Direito civil.* Revelação de segredo confiado.

INCONFIDENTE. **1.** *Direito penal.* Aquele que participa de conspiração contra o governo. **2.** *História do direito.* Aquele que tomou parte da Inconfidência Mineira (1788-1789), que pretendia proclamar a independência do Brasil. **3.** *Direito civil.* Que revela segredo que lhe foi confiado.

INCONFORME. Que não está conforme.

INCONFUNDÍVEL. **1.** Distinto. **2.** Que não se confunde com outro.

INCONGÊNERE. **1.** Que não é do mesmo gênero. **2.** Que não é idêntico.

INCONGRUÊNCIA. **1.** Inconveniência. **2.** Falta de coerência. **3.** Impropriedade.

INCONGRUENTE. **1.** Inconveniente; impróprio. **2.** Incoerente. **3.** Incôngruo.

INCÔNGRUO. *Vide* INCONGRUENTE.

INCONHECÍVEL. Aquilo de que não se pode tomar conhecimento.

INCONIVENTE. 1. Que não é conivente. **2.** Que não teve conivência.

INCONQUISTÁVEL. Que não se pode conquistar.

INCONSCIÊNCIA. *Medicina legal.* **1.** Falta de discernimento. **2.** Privação da consciência. **3.** Estado de inconsciente.

INCONSCIÊNCIA PATOLÓGICA. *Medicina legal.* Falta de consciência que ocorre em pessoas nervosas, débeis mentais ou intoxicadas, podendo ser acompanhada de amnésia.

INCONSCIENTE. *Medicina legal.* **1.** Estado de atividade psíquica desprovida de consciência (Croce e Croce Jr.); subconsciente. **2.** Que não é consciente. **3.** Aquele que não tem conhecimento claro do que faz. **4.** Irresponsável.

INCÔNSCIO. *Vide* INCONSCIENTE.

INCONSEQÜÊNCIA. *Lógica jurídica.* **1.** Contradição. **2.** Incoerência. **3.** Ilação que não está contida nas premissas. **4.** Falta de lógica no pensamento. **5.** Característica de duas proposições, das quais a segunda é apresentada como resultante da primeira, sem ser na verdade sua conseqüência (Lalande).

INCONSEQÜENTE. *Lógica jurídica.* **1.** Incoerente. **2.** Contraditório.

INCONSIDERAÇÃO. 1. Leviandade. **2.** Imprudência. **3.** Precipitação.

IN CONSIMILI CASU. *Expressão latina.* Em casos similares.

INCONSISTÊNCIA. *Lógica jurídica* e *teoria geral do direito.* **1.** Antinomia. **2.** Falta de consistência ou de coerência. **3.** Qualidade de inconsistente.

INCONSISTENTE. *Lógica jurídica* e *teoria geral do direito.* **1.** Antinômico. **2.** Incoerente. **3.** O que não tem consistência.

INCONSTÂNCIA. 1. Falta de constância. **2.** Volubilidade; instabilidade. **3.** Variabilidade.

INCONSTITUCIONAL. *Direito constitucional.* **1.** O que não é conforme a Constituição do País. **2.** Qualquer norma jurídica, geral ou individual, que venha a contrariar preceitos e princípios inseridos na Constituição Federal.

INCONSTITUCIONALIDADE. 1. *Direito constitucional.* Caráter do que é inconstitucional. **2.** *Direito processual.* Pronunciamento do Supremo Tribunal Federal declarando tratado, norma ou ato contrário à Constituição, pela maioria absoluta de seus membros.

INCONSTITUCIONALIDADE EXTRÍNSECA. *Vide* INCONSTITUCIONALIDADE FORMAL.

INCONSTITUCIONALIDADE FORMAL. *Direito constitucional.* Vício apresentado pela norma, cuja elaboração não seguiu os trâmites regulares previstos no processo legislativo.

INCONSTITUCIONALIDADE INTRÍNSECA. *Vide* INCONSTITUCIONALIDADE SUBSTANCIAL.

INCONSTITUCIONALIDADE POR AÇÃO. *Direito constitucional.* Violação de preceito constitucional por ação positiva, emitindo atos normativos em nível federal, estadual ou municipal.

INCONSTITUCIONALIDADE POR OMISSÃO. *Direito constitucional.* Descumprimento de dispositivo constitucional pelo Poder competente que deixar de praticar ato imprescindível para tornar exeqüível a Constituição, por negligência ou falta de interesse. Assim sendo, se a Constituição determinar que a lei ordinária deverá estabelecer determinadas prescrições, e o legislador ordinário não as prescrever, qualquer cidadão ou entidade arrolada no texto constitucional poderá pleitear do Supremo Tribunal Federal uma declaração de inconstitucionalidade, em razão dessa omissão ou falha do legislador infraconstitucional.

INCONSTITUCIONALIDADE SUBSTANCIAL. *Direito constitucional.* Vício em que incorrem as leis, os tratados ou os atos normativos que apresentam incompatibilidade com qualquer dispositivo constitucional.

INCONSTITUCIONALIZAR. Tornar inconstitucional.

INCONSUMÍVEL. *Direito civil.* Bem que não pode ser consumido; inconsuntível.

INCONSUNTÍVEL. *Vide* INCONSUMÍVEL.

INCONSUNTO. Que não foi consumido ou destruído.

INCONTAMINAÇÃO. Ausência de contaminação.

INCONTAMINADO. Que não está contaminado.

INCONTÁVEL. Que não se pode contar.

INCONTESTABILIDADE. Qualidade de incontestável.

INCONTESTADO. Que não é contestado; inconteste.

INCONTESTÁVEL. Que não se pode contestar.

INCONTESTE. *Vide* INCONTESTADO.

INCONTIDO. 1. Que não está contido. **2.** Sem freios.

INCONTINÊNCIA. 1. *Medicina legal.* Incapacidade de reter produtos de excreção. **2.** Na *linguagem jurídica* em geral: a) abuso; imoderação; b) o que se faz sem medida ou de modo excessivo.

INCONTINÊNCIA DE CONDUTA. *Direito do trabalho* e *direito administrativo.* Conduta imoderada de empregado ou servidor público, mesmo em sua vida particular, lesiva à empresa empregadora ou à Administração Pública, constituindo motivo justo para a sua despedida ou para a tomada de alguma providência contra ele.

INCONTINÊNCIA DE LÍNGUA. Imoderação no falar.

INCONTINÊNCIA EMOTIVA. *Medicina legal.* Estado emocional de alguns arterioscleróticos, provocado por insuficiência de inibição, que faz com que se apresentem ora angustiados, ora alegres, levando-os ao descontrole (Croce e Croce Jr.).

INCONTINENTE. 1. Que não tem continência. **2.** Imoderado.

IN CONTINENTI. *Locução latina.* Sem demora; imediatamente; sem perda de tempo.

INCONTINGÊNCIA. Qualidade de incontingente.

INCONTINGENTE. Que não é contingente.

INCONTINUIDADE. 1. Interrupção. **2.** Falta de continuidade.

INCONTÍNUO. 1. Interrompido. **2.** Que não é contínuo.

IN CONTRACTIBUS REI VERITAS POTIUS, QUAM SCRIPTURA PERSPICI DEBET. *Expressão latina.* Deve-se, nos contratos, buscar mais a verdade da coisa do que atentar à própria escrita.

IN CONTRACTIS TACITE INSUNT QUAE SUNT MORIS ET CONSUETUDINIS. *Aforismo jurídico.* Nos contratos estão tacitamente incluídos usos e costumes.

INCONTRADITÁVEL. Que não se pode contraditar.

IN CONTRAHENDO QUOD AGITUR PRO CAUTO HABENDUM EST. *Aforismo jurídico.* Deve-se, nas estipulações contratuais, reparar bem no que se conveniona.

INCONTRARIÁVEL. Que não se pode contrariar.

INCONTRASTADO. Que não tem oposição.

INCONTRASTÁVEL. 1. Irrevogável. **2.** Irrespondível.

INCONTROLÁVEL. Que não se pode controlar.

INCONTROVERSO. 1. Incontestado. **2.** Incontrovertido. **3.** Fora de dúvida. **4.** Certo. **5.** Que não admite discussão. **6.** O que não depende de prova.

INCONTROVERTIDO. *Vide* INCONTROVERSO.

INCONTROVERTÍVEL. 1. Inquestionável; indiscutível. **2.** Que não se pode controverter.

INCONVENCIONAL. 1. Informal. **2.** Não convencional. **3.** O que não está limitado por uma convenção.

INCONVENIÊNCIA. 1. Incompetência. **2.** Incapacidade. **3.** Estado de inconveniente. **4.** Falta de conveniência. **5.** Descortesia; incivilidade.

INCONVENIENTE. 1. Impróprio; que não convém. **2.** Desvantagem; prejuízo. **3.** Incômodo; transtorno. **4.** Grosseiro.

INCONVERTÍVEL. Que não se pode converter.

INCONVICTO. Sem convicção; que não está convicto.

INCONVINCENTE. *Direito processual civil.* Fato ou prova insuscetível de convencer o juiz quanto à veracidade ou falsidade da alegação.

INCOORDENAÇÃO. Falta de coordenação.

INCOORDENAÇÃO DE MOVIMENTOS. *Medicina legal.* Desigualdade de certos movimentos voluntários devida a uma alteração dos centros nervosos.

INCOORDENADO. Que não é coordenado.

INCOORDENÁVEL. *Filosofia geral.* O que se eleva, no pensamento ou na ação, acima das normas comuns, como o sublime, a inspiração, o sacrifício etc. (Gourd e Lalande).

INCORPORAÇÃO. 1. *Direito militar.* a) Inclusão dos selecionados para o serviço militar nas unidades a que se destinam; b) admissão ao serviço militar. **2.** *Direito cambiário.* Cartularidade. **3.** *Direito comercial.* Operação pela qual uma ou mais sociedades (de tipos iguais ou diferentes) são absorvidas por outra, que lhes sucede em todos os direitos e obrigações (Othon Sidou) e agregando seus patrimônios aos direitos e deveres, sem que, com isso, venha a surgir nova sociedade. **4.** *Direito administrativo.* Ato pelo qual bens imóveis do patrimônio público passam a contribuir para a formação ou integralização do capital de sociedade de economia mista ou empresa pública. **5.** *Direito civil.* Agregação que visa a construção e a venda de edifícios de apartamentos.

INCORPORAÇÃO DE RESERVAS. *Direito financeiro.* Forma de aumento de capital das empresas em que reservas livres são incorporadas ao capital social da empresa (Luiz Fernando Rudge).

INCORPORAÇÃO DE SOCIEDADE. *Direito comercial.*
Operação pela qual uma sociedade vem a absorver outras, sucedendo-as em todos os seus direitos e obrigações e agregando seus patrimônios aos direitos e deveres, sem que com isso surja uma nova sociedade. É uma forma de reorganização societária.

INCORPORAÇÃO IMOBILIÁRIA. *Direito civil* e *direito comercial.*
Contrato pelo qual alguém vende, ou se compromete a vender, fração ideal de terreno com vinculação a unidade autônoma de edificação, por construir sob regime condominial, na forma de projeto de construção aprovado pela autoridade administrativa e de memorial que o descreva, e arquivado no registro de imóveis (Cotrim Neto). É um instituto jurídico ligado ao direito civil e relacionado com a aglutinação de interesses, visando a edificação de imóveis em regime condominial, embora a incorporação de edifício seja uma atividade mercantil por natureza, e o incorporador constitua uma empresa comercial imobiliária. Economicamente, é um empreendimento que visa obter, pela venda antecipada dos apartamentos, o capital necessário para a construção do prédio.

INCORPORAÇÃO IMOBILIÁRIA SUBMETIDA AO REGIME ESPECIAL DE TRIBUTAÇÃO. *Direito civil* e *direito tributário.*
Pode haver regime especial de tributação aplicável às *incorporações imobiliárias*, em caráter opcional e irretratável, enquanto perdurarem direitos de crédito ou obrigações do incorporador junto aos adquirentes dos imóveis que compõem a incorporação. A opção pelo regime especial de tributação será efetivada quando atendidos os seguintes requisitos: a) entrega do termo de opção ao regime especial de tributação na unidade competente da Secretaria da Receita Federal, conforme regulamentação a ser estabelecida; e b) afetação do terreno e das acessões objeto da incorporação imobiliária. O terreno e as acessões objeto da incorporação imobiliária sujeitas ao regime especial de tributação, bem como os demais bens e direitos a ela vinculados, não responderão por dívidas tributárias da incorporadora relativas ao Imposto de Renda das Pessoas Jurídicas (IRPJ), à Contribuição Social sobre o Lucro Líquido (CSLL), à Contribuição para o Financiamento da Seguridade Social (COFINS) e à Contribuição para os Programas de Integração Social e de Formação do Patrimônio do Servidor Público (PIS/PASEP), exceto aquelas calculadas na forma legal sobre as receitas auferidas no âmbito da respectiva incorporação. O patrimônio da incorporadora responderá pelas dívidas tributárias da incorporação afetada. Para cada incorporação submetida ao regime especial de tributação, a incorporadora ficará sujeita ao pagamento equivalente a sete por cento da receita mensal recebida, o qual corresponderá ao pagamento mensal unificado dos seguintes impostos e contribuições: a) Imposto de Renda das Pessoas Jurídicas (IRPJ); b) Contribuição para os Programas de Integração Social e de Formação do Patrimônio do Servidor Público (PIS/PASEP); c) Contribuição Social sobre o Lucro Líquido (CSLL); e d) Contribuição para Financiamento da Seguridade Social (COFINS). Considera-se receita mensal a totalidade das receitas auferidas pela incorporadora na venda das unidades imobiliárias que compõem a incorporação, bem como as receitas financeiras e variações monetárias decorrentes dessa operação. O pagamento dos tributos e contribuições somente poderá ser compensado, por espécie, com o montante devido pela incorporadora no mesmo período de apuração, até o limite desse montante. A parcela dos tributos que não puderem ser compensados será considerada definitiva, não gerando, em qualquer hipótese, direito a restituição ou ressarcimento, bem assim a compensação com o devido em relação a outros tributos da própria ou de outras incorporações ou pela incorporadora em outros períodos de apuração. A opção pelo regime especial de tributação obriga o contribuinte a fazer o recolhimento dos tributos a partir do mês da opção. O pagamento unificado de impostos e contribuições deverá ser feito até o décimo dia do mês subseqüente àquele em que houver sido auferida a receita. A incorporadora deverá utilizar, no Documento de Arrecadação de Receitas Federais (DARF), o número específico de inscrição da incorporação no Cadastro Nacional das Pessoas Jurídicas (CNPJ) e código de arrecadação próprio. Os créditos tributários devidos pela incorporadora não poderão ser objeto de parcelamento. O incorporador fica obrigado a manter escrituração contábil segregada para cada incorporação submetida ao regime especial de tributação. Para fins de repartição de receita tributária o percentual de sete por cento acima mencionado será considerado: a) 3% (três por cento)

como COFINS; b) 0,65% (zero vírgula sessenta e cinco por cento) como Contribuição para o PIS/PASEP; c) 2,2% (dois vírgula dois por cento) como IRPJ; e d) 1,15% (um vírgula quinze por cento) como CSLL. Perdem eficácia a deliberação pela continuação da obra, bem como os efeitos do regime de afetação instituídos por esta Lei, caso não se verifique o pagamento das obrigações tributárias, previdenciárias e trabalhistas, vinculadas ao respectivo patrimônio de afetação, cujos fatos geradores tenham ocorrido até a data da decretação da falência, ou insolvência do incorporador, as quais deverão ser pagas pelos adquirentes em até um ano daquela deliberação, ou até a data da concessão do habite-se, se esta ocorrer em prazo inferior.

INCORPORADA. *Direito comercial.* Sociedade que é absorvida por outra numa incorporação.

INCORPORADO. O que foi objeto de incorporação.

INCORPORADOR. *Direito comercial, direito tributário* e *direito civil.* **1.** Cada um dos fundadores de uma sociedade anônima, que idealizam sua constituição, fazem a redação de seu estatuto, abrem a subscrição, convocam a assembléia geral e praticam todos os demais atos preliminares e constitutivos daquela sociedade. **2.** Aquele que incorpora. **3.** Aquele que organiza uma incorporação imobiliária para construir e vender edifício de apartamentos. O incorporador é a pessoa física ou jurídica, empresária ou não, que se compromete a construir o edifício e a entregar, a cada adquirente, a sua respectiva unidade, dentro de certo prazo e determinadas condições. Só podem ser incorporadores: a) o proprietário do terreno; b) o promitente comprador; c) o cessionário deste ou o promitente cessionário, desde que ele esteja autorizado a demolir a construção existente e a construir o edifício e não haja no título de aquisição do terreno, que deve ser irretratável e estar devidamente registrado, cláusula impeditiva de alienação das frações ideais a serem atribuídas às unidades autônomas; d) o construtor ou corretor do imóvel, se estiver no exercício regular de sua profissão e investido, pelo proprietário do terreno, promitente comprador, promitente cessionário dos direitos à sua aquisição, ou pelo promitente permutante, de mandato por instrumento público que contenha menção expressa para concluir negócios relativos às frações ideais do terreno. O incorporador não precisa ser o construtor, visto que pode cumprir sua obrigação de construir por meio de terceiros, sob o regime de empreitada ou administração, porque seu dever é, na verdade, promover a construção e não construir. O incorporador, além de planejar o empreendimento, deve dar-lhe forma legal, por meio de inscrição da incorporação no registro imobiliário competente. Incumbe ao incorporador, havendo regime especial de tributação aplicável à incorporação imobiliária: a) promover todos os atos necessários à boa administração e à preservação do patrimônio de afetação, inclusive mediante adoção de medidas judiciais; b) manter apartados os bens e direitos objeto de cada incorporação; c) diligenciar a captação dos recursos necessários à incorporação e aplicá-los na forma legal, cuidando de preservar os recursos necessários à conclusão da obra; d) entregar à Comissão de Representantes, no mínimo a cada três meses, demonstrativo do estado da obra e de sua correspondência com o prazo pactuado ou com os recursos financeiros que integrem o patrimônio de afetação recebidos no período, firmados por profissionais habilitados, ressalvadas eventuais modificações sugeridas pelo incorporador e aprovadas pela Comissão de Representantes; e) manter e movimentar os recursos financeiros do patrimônio de afetação em conta de depósito aberta especificamente para tal fim; f) entregar à Comissão de Representantes balancetes coincidentes com o trimestre civil, relativos a cada patrimônio de afetação; g) assegurar à pessoa nomeada o livre acesso à obra, bem como aos livros, contratos, movimentação da conta de depósito exclusiva e quaisquer outros documentos relativos ao patrimônio de afetação; e h) manter escrituração contábil completa, ainda que esteja desobrigado pela legislação tributária.

INCORPORAL. *Vide* INCORPÓREO.

INCORPORALIA NON POSSIDENTUR, SED QUASI. *Aforismo jurídico.* Do incorpóreo não se tem posse, mas quase-posse.

INCORPORANTE. *Direito civil* e *direito comercial.* **1.** Que incorpora. **2.** Empresa que incorpora outra, ou outras, substituindo-a nos direitos e obrigações.

INCORPORAR. 1. Unir sociedades em uma só empresa. **2.** Reunir.

INCORPORATIVO. Que incorpora.

INCORPOREIDADE. Qualidade de incorpóreo.

INCORPÓREO. *Direito civil.* **1.** Bem que não é materialmente tangível (Matos Peixoto). **2.** Imaterial. **3.** O que não tem existência tangível, por ser relativo ao direito que a pessoa física ou jurídica tem sobre as coisas, sobre os produtos de seu intelecto ou contra outra pessoa, apresentando valor econômico, tal como o direito real, obrigacional ou autoral.

INCORREÇÃO. **1.** Qualidade de incorreto. **2.** Vício, erro ou defeito.

INCORRER. **1.** Incidir. **2.** Ficar sujeito à aplicação de algo. **3.** Ficar incluído ou implicado. **4.** Infringir.

INCORRETO. Que não é correto.

INCORRIGIBILIDADE. Perseverança no erro ou na culpa.

INCORRIGÍVEL. **1.** *Direito militar.* Praça de pré que, dentro do prazo de três meses, cometeu mais de três faltas disciplinares. **2.** Nas *linguagens comum* e *jurídica:* a) reincidente; b) não suscetível de emenda ou correção.

INCORRUPÇÃO. Estado ou qualidade de ser incorrupto.

INCORRUPTIBILIDADE. **1.** Integridade. **2.** Austeridade. **3.** Qualidade de incorruptível.

INCORRUPTÍVEL. **1.** Insuscetível de corrupção. **2.** Íntegro. **3.** Que não se deixa subornar.

INCORRUPTO. **1.** Que não se deixou subornar. **2.** Que não se corrompeu.

INCOTERMS. *Direito internacional privado.* Abreviação de *International Commercial Terms*, que constituem uma modalidade de súmula dos costumes internacionais atinentes à compra e venda, contendo definições de termos comerciais correspondentes às vendas, reduzidos a siglas, que encerram os deveres do vendedor e do comprador. Os *incoterms*, criados em 1936, revistos em 1953, 1967, 1976, 1980, 1990 e 2000, e publicados pela Câmara de Comércio Internacional (CCI), são normas interpretativas dos termos comerciais, usualmente aceitas no que atina às obrigações principais do comprador e do vendedor, designando as várias modalidades de venda internacional por siglas, que identificam o tipo de contrato, e pelas cláusulas e obrigações aceitas pelos comerciantes, para indicar a mercadoria transacionada e facilitar o câmbio internacional. As normas dos *incoterms*

subordinam-se à vontade dos contraentes, que têm permissão de optar pelo termo que mais lhes convém para ampliar ou restringir seus deveres, desde que expressamente acrescentados no contrato; logo, sua finalidade é orientar os comerciantes no que diz respeito à entrega de mercadorias, transferência de responsabilidade, repartição de despesas, providências relativas a documentos necessários à passagem de fronteira e composição do preço da mercadoria. Tais normas, em pleno uso na seara mercantil, não são inalteráveis; novos termos e cláusulas podem ser criados de acordo com as necessidades do mundo moderno. Pelos *incoterms*, a compra e venda internacional agrupa-se em: a) contrato de partida (*ex works*); b) contrato de transporte principal não pago (FCA, FAS e FOB); c) contrato de transporte principal pago (C&F, CIF, CPT e CIP); d) contrato de chegada (DAF, DES, DEQ, DDU e DDP) (Maria Luiza M. Granziera, Eisemann e Bellot).

INCRA. *Direito administrativo.* Abreviação do Instituto Nacional de Colonização e Reforma Agrária, que é uma autarquia federal com a finalidade de promover e executar a reforma agrária, a colonização e o desenvolvimento rural.

IN CRASTINUM DIFFERO RES SERIAS. Expressão latina. Para amanhã, os negócios sérios.

INCREDIBILE DICTU. Locução latina. Incrível de dizer.

INCREDIBILIDADE. Qualidade de incrível ou do que não se pode ou não se deve acreditar, por não merecer fé.

INCREDULIDADE. **1.** Falta de credulidade. **2.** Qualidade de quem é incrédulo.

INCREMENTAÇÃO. Ato ou efeito de incrementar.

INCREMENTAR. Dar incremento a algo.

INCREMENTO. Desenvolvimento; progresso.

INCREPAÇÃO. **1.** Acusação. **2.** Repreensão. **3.** Censura.

INCREPAR. **1.** Acusar. **2.** Censurar. **3.** Repreender com severidade.

INCRIMINAÇÃO. *Direito processual penal.* **1.** Ato ou efeito de incriminar. **2.** Acusação. **3.** Imputação de crime. **4.** Denunciação de ato criminoso a uma pessoa.

INCRIMINADO. *Direito processual penal.* **1.** Documento que se suspeita ter sido produzido criminalmente. **2.** Aquilo que é objeto de incriminação. **3.** A quem é imputado um crime; acusado de crime; que é reputado criminoso; sujeito de incriminação.

INCRIMINADOR. *Direito processual penal.* Aquele que incrimina.

INCRIMINANTE. *Direito processual penal.* Que incrimina.

INCRIMINAR. *Direito processual penal.* **1.** Acusar. **2.** Imputar crime a alguém.

INCRITERIOSO. Que não tem critério.

INCRITICÁVEL. Que não pode ser criticado; insuscetível de crítica.

INCRÍVEL. 1. Que não se pode acreditar. **2.** Inexplicável. **3.** Que não merece fé.

INCRUENTO. Em que não se derramou sangue.

INCUBAÇÃO. *Medicina legal.* Período de tempo que compreende desde o instante em que os germes penetram no organismo até o momento em que surgem os sintomas da moléstia por eles causada (Croce e Croce Jr.).

INCUBAÇÃO ARTIFICIAL. *Direito agrário.* Técnica apropriada para chocar ovos artificialmente.

INCUBADORA. 1. *Medicina legal.* Aparelho com temperatura controlável usado para manter vivo recém-nascido prematuro. **2.** *Direito agrário.* Aparelho para incubação artificial; chocadeira.

INCUBADORA DE EMPRESAS DE BASE TECNOLÓGICA EM TECNOLOGIAS DA INFORMAÇÃO. *Direito empresarial.* É a entendida como uma estrutura de suporte gerencial que estimula a criação e apóia o desenvolvimento de micro e pequenas empresas onde a tecnologia dos produtos, processos ou serviços representa alto valor agregado, disponibilizando um conjunto de atividades de formação complementar para os empreendedores, bem como outros serviços especializados nas áreas de gestão tecnológica e empresarial. A incubadora poderá ter personalidade jurídica própria ou fazer parte de uma instituição, que será responsável legal pela incubadora. Para o credenciamento, a incubadora deverá atender os seguintes requisitos: a) possuir um Sistema de Incubação com caracterização detalhada das atividades de prospecção, seleção, suporte, avaliação e graduação de empresas de tecnologia da informação e, quando couber, Sistemas de Pré-incubação e de Pós-incubação com a mesma caracterização (empresa de base tecnológica em tecnologia de informação; empresas vinculadas; empresas pré-incubadas; empresas incubadas e empresas pós-incubadas); b) ter recursos humanos para gestão da incuba-

dora e prover permanentemente, direta ou indiretamente, serviços e capacitação em gestão empresarial, gestão da inovação tecnológica, e comercialização de produtos e serviços; c) dispor de espaço físico e infra-estrutura compatível com a execução de atividades de desenvolvimento de produtos, processos e serviços em tecnologia da informação para abrigar individualmente as empresas e, também, para uso compartilhado com, pelo menos, uma sala de reunião, secretaria e serviços administrativos; d) utilizar um conjunto de indicadores de desempenho, preferencialmente os sugeridos pelo Programa Nacional de Apoio às Incubadoras de Empresas (PNI) (http://www.mct.gov.br/prog/empresa/pni), que permita avaliar de forma contínua e efetiva a incubadora e as empresas vinculadas, demonstrando os resultados alcançados; e) estar operando há mais de 2 (dois) anos e haver realizado pelo menos dois processos de seleção de empresas de base tecnológica em tecnologia da informação (considerando-se que o tempo de operação se inicia a partir da entrada da primeira empresa vinculada); f) demonstrar a existência de um número mínimo de 2 (duas) empresas de base tecnológica em tecnologia da informação incubadas há pelo menos 1 (um) ano. A incubadora é responsável pela indicação de todas as empresas de base tecnológica em tecnologia da informação a ela vinculadas que poderão receber os recursos provenientes das aplicações previstas legalmente.

INCUBADORAS DE EMPRESAS. 1. *Vide* INCUBADORAS DE PROJETOS. **2.** *Direito comercial.* Visam facilitar novos empreendimentos no mercado competitivo, por fornecer-lhes assessoria na gestão técnico-empresarial de uma empresa, infra-estrutura e serviços (como espaço físico, fax, telefone, suporte em informática). São geridas por órgãos governamentais, universidades, empresas e fundações (Norberto Pasquatti).

INCUBADORAS DE PROJETOS. *Direito civil* e *direito comercial.* Iniciativas acadêmicas que visam atrair empresas para a universidade e criar parque que permita a transferência da tecnologia universitária para a indústria. Trata-se das incubadoras de empresas que facilitam o surgimento e o crescimento de novos empreendimentos, prestam assessoria na gestão técnica–empresarial e oferecem a infra-estrutura e serviços compartilhados necessários para o desenvolvimento do novo negócio, como: espaço físico, acesso à Internet, suporte em informática, telefone, fax etc... Tais incubadoras, geridas por órgãos governamentais, universidades, sociedades empresárias e fundações, constituem um fator de coordenação de empresas com fins lucrativos, visto que são catalisadoras do processo de desenvolvimento e consolidação de empreendimentos inovadores no mercado competitivo (Norberto Pasquatti).

INCUBO. *Medicina legal.* Pederasta ativo.

INCULCAÇÃO. **1.** *Direito tributário* e *direito do consumidor.* Rotulagem dolosa de mercadoria, ou seja, inscrição de falsa procedência em sua embalagem ou de dados inverídicos quanto à qualidade do produto. **2.** Nas *linguagens jurídica* e *comum:* a) ato de prestar informação; b) falsa demonstração da qualidade de algum bem ou de alguma pessoa.

INCULPABILIDADE. **1.** Ausência de culpabilidade. **2.** Situação daquele a quem se reconheceu a improcedência da imputação. **3.** Irresponsabilidade. **4.** Exclusão da culpabilidade.

INCULPAÇÃO. *Direito processual penal.* **1.** Imputação. **2.** Atribuição da culpa de um crime ou contravenção a alguém. Calúnia; denunciação caluniosa de crime, ou seja, imputação de delito a alguém que se sabe ser inocente.

INCULPADO. *Direito processual penal.* **1.** Inocente. **2.** Aquele que não teve culpa. **3.** Livre de culpa.

INCULPAR. *Direito processual penal.* **1.** Incriminar. **2.** Acusar. **3.** Atribuir culpa a alguém. **4.** Imputar a alguém um crime.

INCULPATAE TUTELAE MODERATIO. *Expressão latina.* A escusa inocente da defesa é a que não provocou o ataque injusto.

INCULPÁVEL. Que não é culpável.

INCULPE. **1.** Inocente. **2.** Que não tem culpa no crime.

INCULPOSO. Em que não há culpa.

INCULTISMO. **1.** Falta de cultura. **2.** Estado do que é inculto ou do que se apresenta sem instrução.

INCULTIVABILIDADE. *Direito agrário.* Qualidade de incultivável.

INCULTIVÁVEL. *Direito agrário.* **1.** Improdutivo. **2.** Que não é suscetível de cultivo.

INCULTO. **1.** *Direito agrário.* a) Que não é cultivado; b) árido. **2.** Nas *linguagens comum* e *jurídica,* sem instrução; o que não é culto.

INCULTURA. Falta de cultura e civilização.

INCUMBÊNCIA. **1.** Ato ou efeito de incumbir alguém de uma missão ou encargo. **2.** Encargo ou missão. **3.** Imposição de uma obrigação que deve ser cumprida em virtude de lei ou contrato.

INCUMBENTE. Que incumbe; o que foi imposto como obrigação.

INCUMBIR. **1.** Encarregar. **2.** Competir. **3.** Estar a cargo; ser do dever.

INCUMPLICIDADE. *Direito penal.* **1.** Qualidade de quem não é cúmplice. **2.** Ausência de cumplicidade.

INCUNÁBULO. *História do direito.* Nome dado às obras impressas no período anterior ao século XVI.

INCURÁVEL. *Medicina legal.* Que não tem cura.

INCÚRIA. *Direito civil.* **1.** Negligência. **2.** Inércia; desídia. **3.** Falta de cuidado ou diligência.

INCURSÃO. **1.** *Direito internacional público* e *direito militar.* a) Penetração súbita em território inimigo; b) invasão militar. **2.** *Teoria geral do direito.* Violação ou infringência à lei, em conseqüência do que se pode vir a sofrer uma sanção.

INCURSO. *Teoria geral do direito.* **1.** O que é passível de certa penalidade. **2.** O que está sujeito a uma sanção legal. **3.** Abrangido por norma. **4.** Que incide ou recai. **5.** Que está implicado.

INCUSA. **1.** *História do direito.* Antiga moeda que apresentava o mesmo tipo nas duas faces, sendo apenas uma delas cunhada em relevo. **2.** *Economia política.* Moeda que só tem cunho de um lado.

INCUSO. Cunhado de um só lado.

IN CUSTODIENDO. *Locução latina.* Em guardar.

INCUTIR. **1.** Sugerir. **2.** Suscitar. **3.** Infundir. **4.** Fazer penetrar no espírito.

INDAGAÇÃO. **1.** Inquirição. **2.** Ato ou efeito de investigar ou de procurar saber algo. **3.** Pesquisa. **4.** Devassa. **5.** Sindicância.

INDAGADOR. **1.** Aquele que indaga. **2.** Pesquisador. **3.** Investigador.

INDAGAR. **1.** Perscrutar. **2.** Investigar. **3.** Pesquisar. **4.** Explorar. **5.** Proceder a investigações.

INDAGATÓRIO. Próprio para a verificação de um fato.

INDAGÁVEL. Que se pode indagar.

INDÉBITO. *Direito civil.* **1.** Pagamento recebido sem ser devido. **2.** Que não é devido. **3.** O que é pago indevidamente, porque não se devia o *quantum* ou porque a obrigação não era legalmente exigível.

INDECÊNCIA. *Direito penal.* **1.** Falta de decência. **2.** Ato obsceno. **3.** Ato contrário aos bons costumes e à moral. **4.** Qualidade de indecente.

INDECENTE. *Direito penal.* **1.** Que não é decente. **2.** Inconveniente. **3.** Indecoroso.

INDECIDIDO. Que não é decidido ou resolvido.

INDECIFRÁVEL. **1.** De difícil interpretação. **2.** Inexplicável.

INDECISÃO. **1.** Irresolução. **2.** Ausência de decisão. **3.** Estado ou qualidade de indeciso. **4.** Imprecisão. **5.** Hesitação.

INDECISO. **1.** Que não está decidido ou resolvido. **2.** Hesitante. **3.** Incerto; duvidoso.

INDECLARÁVEL. Que não se pode declarar.

INDECLINABILIDADE. Qualidade de indeclinável.

INDECLINÁVEL. **1.** Inevitável. **2.** Que não se pode recusar; irrecusável.

INDECORO. Falta de decoro.

INDECOROSO. **1.** Obsceno. **2.** Vergonhoso. **3.** Infame.

INDEFECTÍVEL. **1.** Que não falha. **2.** Imperecível.

INDEFENSÁVEL. Que não tem defesa; indefensível.

INDEFENSÍVEL. *Vide* INDEFENSÁVEL.

INDEFENSO. **1.** Que não é ou não foi defendido. **2.** Desarmado. **3.** Que está sem defesa.

INDEFERIDO. **1.** Que não obteve despacho. **2.** Que recebeu despacho contrário do requerido. **3.** Desatendido.

INDEFERIMENTO. **1.** Ato ou efeito de indeferir. **2.** Despacho que indefere. **3.** Não-atendimento a um pedido.

INDEFERIMENTO DA PETIÇÃO INICIAL. *Direito processual civil.* Ato pelo qual o magistrado põe fim ao processo sem resolução do mérito, ante a ocorrência de decadência ou prescrição, inépcia da petição inicial, ilegitimidade da parte ou falta de interesse processual do autor.

INDEFERIMENTO LIMINAR. *Direito processual civil.* Ato judicial não acolhendo a inicial, quando não se acomodar às normas procedimentais, e a petição de exceção, quando for improcedente (Othon Sidou).

INDEFERIR. **1.** Despachar desfavoravelmente. **2.** Desatender a uma pretensão solicitada.

INDEFERÍVEL. Que não pode ser deferido.

INDEFESO. *Vide* INDEFENSO.

INDEFINIDO. **1.** Incerto. **2.** Genérico. **3.** Indeterminado. **4.** O que não tem limites certos.

INDEFRAUDÁVEL. Que não se pode defraudar.

INDE IRAE. *Locução latina.* Origem da discórdia.

INDELEGABILIDADE. Intransmissibilidade.

INDELEGABILIDADE DA COMPETÊNCIA TRIBUTÁRIA. *Direito tributário.* Impossibilidade de a competência para legislar sobre matéria tributária, que é constitucionalmente conferida a uma pessoa jurídica de direito público da Administração direta, ser delegada ou transferida a outra.

INDELEGÁVEL. **1.** O que não pode ser delegado ou transferido por delegação. **2.** Poder ou função que não podem ser transmitidos a outrem por serem personalíssimos.

INDELIBERAÇÃO. **1.** Hesitação. **2.** Irresolução.

INDEMISSÍVEL. Que não se pode demitir.

INDEMONSTRADO. Que não é demonstrado ou provado.

INDEMONSTRÁVEL. Aquilo que não pode ser demonstrado.

INDENE. **1.** Ileso. **2.** Que não sofreu dano. **3.** O que se mostra íntegro ou incólume.

INDENEGÁVEL. Que não se pode denegar.

INDENIDADE. **1.** Qualidade de indene. **2.** Isenção de prejuízo. **3.** Perdão de culpa ou relevamento da prática de ato ilícito. **4.** Reparação de despesa.

INDENIZAÇÃO. **1.** Ato ou efeito de indenizar. **2.** Reembolso de despesa feita. **3.** Recompensa por serviço prestado. **4.** Reparação pecuniária de danos morais e/ou patrimoniais causados ao lesado; equivalente pecuniário do dever de ressarcir o prejuízo. **5.** Vantagem pecuniária que se dá a servidor público sob a forma de ajuda de custo, diária ou transporte (Othon Sidou). **6.** Ressarcimento de dano oriundo de acidente de trabalho ou de rescisão unilateral do contrato trabalhista sem justa causa. **7.** Importância a ser paga pela companhia de seguros ao segurado, ocorrendo o risco coberto pela apólice. **8.** Quantia pecuniária justa paga ao expropriado pelo expropriante.

INDENIZAÇÃO AMBIENTAL. *Direito ambiental.* Consiste na execução de projetos técnicos aprovados pelo IBAMA, que tenham como finalidade a melhoria da qualidade do meio ambiente e realizado em local diverso da ocorrência do dano ou do ambiente degradado.

INDENIZAÇÃO CONTRATUAL. *Direito civil.* **1.** É a que resulta de violação de contrato, estando nele prevista como cláusula penal. **2.** *Vide* CLÁUSULA PENAL.

INDENIZAÇÃO DE GUERRA. *Direito internacional público.* Reparação de guerra exigida do Estado vencido para pagar os danos causados às pessoas e aos bens dos habitantes do país vencedor.

INDENIZAÇÃO DE TRANSPORTE. *Direito administrativo.* É a concedida ao servidor público para pagamento das despesas que teve na execução de serviços externos, se, para tanto, utilizou seu próprio meio de locomoção.

INDENIZAÇÃO DO EXPROPRIADO. *Direito administrativo.* Plena recomposição do patrimônio do expropriado pelo pagamento de uma quantia pecuniária justa. O expropriado tem direito a uma retribuição que permita a reparação integral, ou seja, a uma quantia que, naquele momento do mercado em que a indenização lhe é paga, possibilite a aquisição de coisa similar à que lhe foi retirada coativamente pelo Poder Público. Devem ser considerados no cômputo da indenização, para que seja justa: a) o valor vigente no mercado do bem expropriado; b) as benfeitorias úteis e necessárias; c) os juros moratórios, devidos pela demora do pagamento da indenização, computados a partir do trânsito em julgado da sentença condenatória; d) os juros compensatórios devidos pelo expropriante a título de compensação pela tomada autorizada da posse; e) a correção monetária; f) o fundo de comércio; g) as despesas acarretadas ao expropriado, inclusive danos emergentes e lucros cessantes; h) as despesas processuais e honorários advocatícios. O expropriado, portanto, tem direito à compensação indenizatória integral pela perda da propriedade de seu bem.

INDENIZAÇÃO EXTRACONTRATUAL. *Direito civil.* É aquela que o lesado tem direito pelos danos que lhe foram causados pelo ato ilícito praticado pelo lesante.

INDENIZAÇÃO IMEDIATA. *Direito civil.* É o ressarcimento do prejuízo pago de uma só vez.

INDENIZAÇÃO INTEGRAL. *Direito civil.* Reparação que cobre todos os prejuízos.

INDENIZAÇÃO LEGAL. Ressarcimento previsto em lei, como o devido, por exemplo, pela rescisão de contrato trabalhista.

INDENIZAÇÃO PARCIAL. É a devida quando remanescerem parcelas a serem cobradas pelo lesado.

INDENIZAÇÃO PECUNIÁRIA. *Direito civil.* É a que ocorre quando é impossível a reparação *in natura*, consistindo no pagamento de uma soma em dinheiro.

INDENIZAÇÃO PELA RUPTURA DE CONCUBINATO IMPURO. *Direito civil.* **1.** Remuneração a que faz jus a concubina pelos serviços rurais ou domésticos prestados durante o tempo em que viveu com o amante, a fim de que este não se locuplete. **2.** Participação no patrimônio conseguido pelo esforço comum, por existir entre os concubinos uma sociedade de fato.

INDENIZAÇÃO PERIÓDICA. Aquela que é paga sob a forma de pensões.

INDENIZAÇÃO POR ANTIGÜIDADE. *Direito do trabalho.* É a contada em função do tempo de serviço do empregado na empresa, paga em caso de rescisão unilateral pelo empregador do contrato individual por prazo indeterminado, sem que haja justa causa.

INDENIZAÇÃO POR ATO ILÍCITO. *Direito civil.* **1.** Reparação do dano moral ou patrimonial causado ao lesado por ação ou omissão voluntária, negligência ou imprudência do lesante, fazendo com que as coisas voltem ao estado que teriam se não houvesse ocorrido o evento danoso, ou, se isso for impossível, pagando o equivalente em dinheiro. **2.** Reparação paga pelo lesante à vítima, ou aos seus herdeiros, por homicídio, lesão corporal, ofensa à honra ou à imagem, ultraje ao pudor etc.

INDENIZAÇÃO POR DESPEDIDA INJUSTA. *Vide* INDENIZAÇÃO POR ANTIGÜIDADE.

INDENIZAÇÃO POR TEMPO DE SERVIÇO. *Direito do trabalho.* Pagamento de um *quantum* ao empregado, a título de ressarcimento pela injusta rescisão de seu contrato de trabalho.

INDENIZAÇÃO PRÉVIA. *Direito administrativo.* *Quantum* indenizatório que deve ser pago pelo expropriante ao expropriado antes da transferência do bem ao patrimônio público.

INDENIZADOR. Aquele que indeniza.

INDENIZAR. 1. Ressarcir. **2.** Reparar prejuízo.

INDENIZÁVEL. Que pode ser indenizado.

INDENIZOFILIA. *Medicina legal.* Psiconeurose causada por acidente de trabalho ou doença profissional (Croce e Croce Jr.).

INDEPENDÊNCIA. 1. *Direito internacional público.* Condição do país que rege com autonomia seus negócios internos e suas relações externas. **2.** *Direito processual.* Faculdade de os magistrados, ao ditarem suas decisões, seguirem apenas as normas jurídicas e os ditames de sua convicção pessoal, não se sujeitando a qualquer autoridade. **3.** Nas *linguagens comum* e *jurídica:* a) estado de quem está livre de qualquer subordinação; b) condição daquele que tem autonomia e liberdade ou do que rejeita qualquer sujeição; c) restituição ao estado livre; d) autonomia; e) libertação; f) caráter do que possui bens suficientes para viver independentemente ou do que tem a direção de sua pessoa, podendo praticar atos, gerir seus negócios e tratar de seus interesses.

INDEPENDÊNCIA DO JUDICIÁRIO. *Direito constitucional* e *direito processual.* Garantia constitucional pela qual o magistrado, na área de sua jurisdição, tem plena autonomia decisória, não se subordinando a nenhuma autoridade para prolatar sua decisão, que deve ser baseada nas normas e no seu convencimento. Desse modo, no ato de julgar todo magistrado é independente.

INDEPENDÊNCIA ECONÔMICA. Situação de prosperidade que assegura a alguém a possibilidade de viver livre de qualquer sujeição econômica a outrem, suprindo, por si mesmo, suas próprias necessidades.

INDEPENDÊNCIA JURÍDICA. Estado que coloca uma pessoa fora da autoridade de outra, por estar no pleno gozo de sua capacidade jurídica, podendo praticar por si os atos da vida civil e reger sua pessoa e bens.

INDEPENDÊNCIA POLÍTICA. *Ciência política.* Ruptura de uma nação com outra da qual era dependente, passando a ser um Estado autônomo e soberano.

INDEPENDENTE. 1. Que é ou está livre. **2.** Autônomo. **3.** Que não depende de ninguém. **4.** País que não está sujeito, politicamente, a outro. **5.** O que existe por si. **6.** Desprovido de subordinação a um superior. **7.** Aquele que, por ter atingido a maioridade e possuir plena capaci-

dade jurídica, pode praticar atos da vida civil sem necessitar de anuência de outrem. **8.** O que age com independência. **9.** Que não depende de qualquer acontecimento ou condição. **10.** Que decide sem seguir ordem ou opinião alheia.

INDEPENDENTISMO. Qualidade de ser independente na política, nas artes, na literatura etc.

INDEPENDENTIZAR. 1. Tornar-se independente. **2.** Libertar-se.

INDEPENDER. Não depender.

INDERROTÁVEL. Que não se pode derrotar.

IN DER WELT SEIN. *Expressão alemã.* Ser no mundo.

INDESEJÁVEL. 1. *Direito penal.* a) Pessoa estrangeira cuja entrada ou permanência no País é considerada inconveniente; b) aquele que é passível de pena de expulsão. **2.** Nas *linguagens comum* e *jurídica:* a) aquele que não é desejado; b) o que não convém; c) grupo social ou estabelecimento repelido por ser nocivo à coletividade, por prejudicar seus interesses ou por violar os bons costumes.

INDESFRUTÁVEL. Que não se pode aproveitar.

INDESP. *Direito desportivo.* Sigla do Instituto Nacional de Desenvolvimento do Desporto.

INDESTRUTIBILIDADE. Qualidade de indestrutível.

INDESTRUTÍVEL. 1. Que não se pode destruir. **2.** Inalterável.

INDESTRUTO. O que não foi destruído ou eliminado.

INDESVENDÁVEL. Que não se pode desvendar ou descobrir.

INDETERMINABILIDADE. Qualidade de indeterminável.

INDETERMINAÇÃO. 1. *Direito civil.* a) Situação de um objeto que o impede de integrar a relação jurídica, por impossibilitar o adimplemento da prestação a que o devedor se obrigara; b) qualidade de indeterminado por falta de liquidez e certeza; c) falta de individuação; d) falta de indicação da espécie ou da quantidade; e) ausência de peso, medida ou quantidade que determinem a exatidão do objeto; f) qualidade do que é indeterminado; característica daquilo que não é determinado. **2.** *Filosofia geral.* a) Problema cujos dados são insuficientes, conduzindo a várias soluções; b) indecisão; estado do espírito que hesita entre várias resoluções (Lalande); c) perplexidade; d) irresolução.

INDETERMINADO. 1. *Direito civil.* a) Incerto; b) bem que não pode integrar uma relação jurídica, por inviabilizar o cumprimento da prestação de que faz parte; c) bem em que não se mencionam a espécie ou a quantidade; d) o que não está especificado; e) aquilo que não tem limites certos; f) indefinido. **2.** *Filosofia geral.* a) Indeciso; b) vago.

INDETERMINATE CONDITIONAL RELEASE. *Expressão inglesa.* Livramento condicional.

INDETERMINATIVO. Que não determina; que não restringe.

INDETERMINÁVEL. Que não se pode determinar.

INDETERMINISMO. *Filosofia geral.* **1.** Teoria pela qual o homem possui livre arbítrio, tendo poder para escolher ou não um ato. **2.** Doutrina que afasta o determinismo, mesmo sem admitir atos temporais de livre arbítrio (Eisler).

INDETERMINISTA. 1. Relativo ao indeterminismo. **2.** Adepto do indeterminismo.

INDEVASSÁVEL. Que não pode ser devassado.

INDEVIDAMENTE. *Direito civil.* O que se faz sem qualquer obrigação; o que cumpre o indevido.

INDEVIDO. *Direito civil.* **1.** Que não é devido. **2.** Impróprio. **3.** Inconveniente.

ÍNDEX. 1. Índice. **2.** Catálogo.

INDEXAÇÃO. *Economia política.* Técnica que, ao utilizar um índice que corrige a defasagem da moeda, vem a garantir o seu poder aquisitivo.

INDEXADOR. *Economia política.* Índice fixado para correção monetária.

INDIANISMO. Costume dos indianos ou dos índios.

INDICAÇÃO. 1. Imputação do pagamento. **2.** Designação para função ou cargo. **3.** Determinação. **4.** Concentração. **5.** Avaliação. **6.** Fixação. **7.** Menção de alguma pessoa ou bem, apontando sinais que os individualizam. **8.** Esclarecimento. **9.** Sinal indicativo. **10.** Ato ou efeito de indicar.

INDICAÇÃO DE PROCEDÊNCIA. *Direito do consumidor.* Nome geográfico de país, cidade, região ou localidade de seu território, que se tenha tornado conhecido como centro de extração, produção ou fabricação de determinado produto ou de prestação de determinado serviço.

INDICAÇÃO GEOGRÁFICA. 1. *Direito penal. Vide* CRIMES CONTRA INDICAÇÕES GEOGRÁFICAS. **2.** *Direito de propriedade industrial.* Indicação de procedência ou a denominação de origem.

INDICAÇÃO VISUAL DA EMBARCAÇÃO. *Direito marítimo.* Obrigação de se marcar a embarcação de modo visível e durável com letras e algarismos não menores que 10 cm de altura. O tamanho deverá ser apropriado às dimensões da embarcação e a cor deverá contrastar com a da embarcação, do seguinte modo: a) nome da embarcação na popa juntamente com o porto de inscrição; b) nome da embarcação na metade de vante do costado em ambos os bordos; c) linha d'água e escala de calado, nos dois lados do cadaste, em medidas métricas (apenas para embarcação com comprimento superior a 24 m; d) classificação da embarcação, isto é, classe, divisão e subdivisão, embaixo do nome da embarcação constante na metade de vante do costado em ambos os bordos; e) lotação máxima permitida no interior da embarcação, em local visível. As embarcações poderão ter na popa indicações da sigla do Iate Clube ou Marina a que estiverem filiadas, ou mesmo do logotipo da organização. A embarcação a vela, além das marcações obrigatórias, poderá usar nas velas, ou no costado, um logotipo, emblema, símbolo de sua classe, indicativo de registro da sua flotilha, ou mesmo frases e logotipos publicitários. É vedado o uso de nomes iguais entre embarcações. Em caso de duplicidade de nomes, o proprietário será notificado para tomar a iniciativa da alteração, com o objetivo de evitar equívocos de identificação que possam prejudicá-lo. Os nomes serão homologados juntamente com o processo do Título de Inscrição da Embarcação (TIE), e não será efetuada reserva de nome. Para a concessão de nomes às embarcações classificadas para a navegação de alto-mar ou costeira, o nome somente poderá ser autorizado pela Diretoria de Portos e Costas (DPC) mediante solicitação encaminhada através das Capitanias dos Portos, delegacias ou agências. A Diretoria de Portos e Costas (DPC), as Capitanias dos Portos, as delegacias e as agências reservam-se o direito de não autorizar nomes que possam causar constrangimento, tais como nomes obscenos e outros não adequados. Quando as embarcações pertencerem a pessoas jurídicas, poderão receber nomes adicionais de controle da propriedade.

INDICADO. 1. *Direito cambiário.* Aquele que foi designado subsidiariamente pelo coobrigado (sacador) de um título cambial, para sua aceitação ou pagamento, na falta do sacado ou aceitante.

É o mesmo que INDICATÁRIO. **2.** *Direito civil.* a) O que se indicou ou apontou; b) apropriado.

INDICADOR. 1. Que serve de indicação. **2.** Guia ou folheto que dá indicações práticas. **3.** Aparelho que indica a tensão dos vapores de máquinas, o trabalho efetuado etc. **4.** Seção de anúncios em jornais.

INDICADOR DE LEGISLAÇÃO MILITAR. *Direito militar.* Boletim destinado à catalogação de dispositivos legais que regem assuntos de interesse do Comando da Aeronáutica, indicando, remissivamente, os atos ou publicações oficiais e onde encontrá-los.

INDICADOR PESSOAL. *Direito registrário.* Livro n. 5 que é o repositório básico, no registro de imóveis, dos nomes de todas as pessoas que figurarem nos demais livros fazendo-se referência aos respectivos números de ordem, sendo para isso dividido alfabeticamente. Se não for usado o sistema de fichas, esse livro deverá conter, ainda, o número de ordem em cada letra do alfabeto, que seguirá indefinidamente, nos livros da mesma espécie. E os oficiais cartorários poderão, para auxílio das buscas, adotar, se quiserem, um livro-índice ou fichas em ordem alfabética. Será, ainda, recomendável, para facilitar as buscas, que nas indicações do livro n. 5 figure, ao lado do nome do interessado, o número de inscrição no Cadastro de Pessoas Físicas ou do Registro Geral da cédula de identidade, ou a filiação respectiva, quando se tratar de pessoa física; ou o número de inscrição no Cadastro Geral de Contribuintes, quando pessoa jurídica. Neste livro deverá ser aberta, se for o caso, a indicação do nome adotado pela mulher, após a averbação de casamento, com remissão ao nome antigo, cuja indicação deverá ser mantida.

INDICADOR REAL. *Direito registrário.* Livro n. 4 do registro de imóveis que constitui o repositório fundamental das indicações dos imóveis constantes nos demais livros, devendo conter sua identificação, referência ao número de ordem dos outros livros e as anotações que forem necessárias. Se se utilizar o sistema de fichas, em lugar do indicador real, o cartório deverá possuir, obrigatoriamente, para auxiliar a consulta, um livro-índice ou fichas, pelas ruas, quando se tratar de prédios urbanos, e pelos nomes e situações, quando rurais. Tais fichas deverão ser arquivadas de acordo com os municípios, distritos, subdistritos e logradouros em que se localizem os imóveis a que correspondem. Se não se usar o sistema de "fólio" real, o livro n. 4 conterá numeração especial, ou seja, o número de ordem, que seguirá indefinitivamente nos livros da mesma espécie, correspondendo cada número a um imóvel, arquivando-se o livro, especialmente para a divisão de suas folhas, conforme os municípios, distritos, subdistritos e logradouros onde estão situados os bens de raiz a que correspondem. Devem-se observar na escrituração do livro n. 4 critérios uniformes, evitando-se que imóveis assemelhados tenham indicações discrepantes. Se se tratar de bem de raiz situado em esquina, deverão ser abertas indicações para todas as ruas confluentes. Sempre que se averbar a mudança de denominação do logradouro para o qual o imóvel fizer frente, a construção de prédio ou a mudança de sua numeração, dever-se-á fazer nova indicação no livro n. 4. Se se utilizarem fichas, será aberta outra e conservada a anterior, com remissões recíprocas. Os imóveis rurais deverão ser indicados no livro n. 4, não só por sua denominação, como também pelos elementos disponíveis para possibilitar sua exata localização, inclusive os referentes a acidentes geográficos conhecidos e mencionados nas respectivas matrículas. De grande utilidade será a menção do número de inscrição no cadastro do INCRA, para evitar confusão, no caso de imóveis com indicações similares.

INDICANTE. Que indica.

INDICAR. 1. Dar a conhecer. **2.** Apontar. **3.** Designar. **4.** Enunciar. **5.** Orientar. **6.** Determinar.

INDICATÁRIO. *Direito cambiário.* Aquele que, em uma letra de câmbio, é indicado, subsidiariamente, pelo sacador ou endossante, para aceitar ou pagar o saque, na falta do sacado.

INDICATIVO. 1. Sinal. **2.** Que indica.

INDICATIVO DE CHAMADA DE ESTAÇÃO DE RADIO-AMADOR. *Direito da comunicação.* É a característica que identifica uma estação e que será usada pelo radioamador no início, durante e no término de suas emissões ou comunicados.

INDICATÓRIO. Que serve para indicar.

INDICÇÃO. *Direito canônico.* **1.** Período ou ciclo de quinze anos que é usado na contagem do tempo, nas bulas pontificiais (Laudelino Freire). **2.** Convocação de assembléia eclesiástica para determinada data.

INDICÇÃO ROMANA. *Direito romano.* Período de quinze anos que, desde Constantino, separava dois lançamentos extraordinários de impostos (Laudelino Freire).

ÍNDICE. 1. *Direito comercial.* Lista negra ou *black-list*, que é a relação de pessoas com quem não se devem efetuar negócios mercantis. **2.** *Direito autoral.* Relação de assuntos, com indicação de páginas, colocada no início ou no final de obra impressa. **3.** *Economia política.* Valor numérico abstrato que retrata a oscilação do mercado mobiliário, com base na média das cotações das ações que o representa, referido a uma data determinada. **4.** *Filosofia geral* e *semiótica.* Signo referente ao objeto denotado pelo fato de ser por ele afetado (Peirce).

ÍNDICE ALFABÉTICO. Aquele que dispõe os artigos em ordem alfabética.

ÍNDICE ANALÍTICO. 1. Relação, em ordem alfabética, colocada no fecho da obra, seguida do número de página, dos vários assuntos, autores etc., para facilitar ao leitor a localização do tema que lhe interessa. **2.** *Direito virtual.* Organização de assuntos em tópicos e subtópicos.

ÍNDICE DE DISPONIBILIDADE. *Direito bancário.* Índice que expressa percentualmente o grau de disponibilidade do sistema para os participantes, calculado como segue: id=(hf/hp)x100, onde: id = índice de disponibilidade; hf = número de horas de efetivo funcionamento de determinado sistema, ao longo dos últimos doze meses, desconsideradas eventuais prorrogações do horário normal de funcionamento; hp = número de horas em que o sistema deveria estar aberto para o uso pelos participantes, ao longo dos últimos doze meses, segundo seu horário normal de funcionamento.

ÍNDICE DE INTERDIÇÃO. *Direito do trabalho* e *direito comercial.* Rol daqueles que não podem exercer atividades profissionais ou efetuar transações comerciais.

ÍNDICE ONOMÁSTICO. *Direito autoral.* Relação em ordem alfabética dos autores citados em uma obra para tornar mais fácil a consulta.

ÍNDICE PROFISSIONAL. *Medicina legal.* Em infortunística, é o número constituído por dois algarismos usado para indicar as qualidades físicas e técnicas imprescindíveis ao desempenho de uma dada profissão. O primeiro algarismo elucida habilitação ou preparo técnico, indo de um a cinco, sendo que o número um corresponde ao trabalhador sem especialização e cinco ao que tem nível universitário. O segundo algarismo aplica-se às qualidades físicas necessárias e vai de um a seis, em que o número um indica trabalho que requer esforço físico; dois, necessidade de robustez; três, acentuada robustez; quatro, cinco e seis, necessidade de boa acuidade visual, auditiva etc. (Croce e Croce Jr.).

ÍNDICE REMISSIVO. 1. O que faz referência aos pontos ou às acepções das rubricas tratadas em várias partes do livro. **2.** *Direito virtual.* É organização de palavras-chave em ordem alfabética.

ÍNDICE SISTEMÁTICO. *Direito autoral.* O que engloba os diversos artigos em grupos subordinados e epígrafes mais gerais.

INDICIAÇÃO. *Direito processual penal.* **1.** Acusação. **2.** Ato ou efeito de indiciar.

INDICIADO. 1. *Direito processual penal.* a) Acusado; b) aquele que, num processo criminal, é tido como criminoso, devendo ser pronunciado e julgado; c) aquele de quem se apura, no inquérito policial, a prática de um crime ou contravenção; d) notado por indícios; e) aquele sobre o qual recaem os indícios de autoria do delito que se lhe imputa; f) identificado no inquérito policial. **2.** *Direito administrativo.* Funcionário público que deve responder a um processo administrativo por ter atentado contra a hierarquia, violado dever funcional ou praticado crime contra a Administração Pública (José Cretella Jr.).

INDICIADOR. *Direito processual penal.* O que acusa baseado em indícios; indiciante.

INDICIAMENTO. *Direito processual penal.* Ato de apontar uma pessoa, diante de certos indícios, como relacionada a um fato criminoso, servindo de base à articulação da denúncia do Ministério Público (Othon Sidou).

INDICIANTE. *Vide* INDICIADOR.

INDICIAR. 1. *Direito processual penal.* a) Dar indícios; b) identificar o suposto autor do crime; c) declarar alguém capaz de ser pronunciado em processo criminal; d) proceder ao registro para ulterior instauração do processo criminal. **2.** *Direito administrativo.* Declarar, em processo administrativo instaurado contra funcionário público, a existência de indícios que possam inculpá-lo ou acarretar a sua responsabilidade administrativa.

INDICIÁRIO. *Direito processual penal.* **1.** Relativo a indício. **2.** Que envolve indício. **3.** Qualidade do elemento probatório baseado em indícios.

INDÍCIAS. *História do direito.* Antigo tributo cobrado de malfeitores, assassinos e daqueles que injuriavam alguém, também denominado "pena de sangue".

INDICIATIVO. *Direito processual penal.* Que dá indícios.

INDÍCIO. 1. *Direito administrativo.* O que se relaciona com o início da prova de desvio de poder. **2.** *Direito processual penal.* Vestígio que constitui princípio de prova, necessário para chegar-se ao conhecimento do fato delituoso, esclarecendo a verdade. Trata-se, portanto, de prova indireta ou relativa, por ser uma circunstância conhecida e provada que, relacionada com o fato, vem a autorizar por indução que se conclua a existência de outra, ou seja, da consumação do crime por certa pessoa.

INDÍCIO CONCORDANTE. *Direito processual penal.* Prova circunstancial que, procedendo ou não da mesma fonte, consiste numa circunstância coerente que se orienta no sentido do fato que se está investigando.

INDÍCIO GRAVE. *Direito processual penal.* É o que resulta da conexão íntima existente entre o fato conhecido e o desconhecido, levando, por indução, ao conhecimento deste, pelo qual se pode concluir a investigação.

INDICIOSO. *Direito administrativo* e *direito processual penal.* Em que há indícios.

INDÍCIO VEEMENTE DE AUTORIA. *Direito processual penal.* Aquele que se apresenta irrefutável e coincidente com o fato controverso, fazendo presumir de maneira clara que ele se deu e foi praticado por determinada pessoa.

IN DIEM. *Locução latina.* **1.** Para um dia futuro e não determinado. **2.** Termo final em que cessa a produção de efeitos do negócio jurídico.

INDIFERENÇA. 1. Qualidade de indiferente. **2.** Estado mental que não contém prazer ou ódio. **3.** Indeterminação. **4.** Apatia. **5.** Frieza. **6.** Desinteresse.

INDIFERENTE. 1. Aquele que manifesta indiferença. **2.** Que não tem amizade nem ódio. **3.** O que não tem interesse em qualquer sistema político. **4.** O que quebrou relações de amizade com outrem.

INDIFERENTISMO. Sistema dos que são indiferentes em política, filosofia e religião.

INDIFERENTISTA. Adepto do indiferentismo.

INDÍGENA. *Direito civil* e *sociologia geral.* **1.** Aborígene. **2.** Silvícola ou índio. **3.** Originário do país em que habita.

INDIGENATO. *Sociologia geral.* **1.** Conjunto de indígenas de um país. **2.** Estado ou qualidade de indígena.

INDIGÊNCIA. 1. Falta do necessário para viver. **2.** Penúria; miséria. **3.** Mendicância.

INDIGENTE. 1. Condição daquele que não tem o necessário para prover sua subsistência, dependendo da beneficência ou de instituições de caridade. **2.** Hipossuficiente. **3.** Aquele que, não tendo emprego fixo, possui renda inferior ao salário mínimo, não podendo manter a si e a sua família. **4.** Mendigo. **5.** O que vive em extrema miséria.

INDIGESTÃO. *Medicina legal.* Perturbação digestiva que se segue à ingestão de alimentos.

INDIGITAÇÃO. Ato de indigitar; indigitamento.

INDIGITADO. *Direito processual penal.* **1.** Aquele que foi apontado como autor de crime. **2.** Indiciado.

INDIGITAMENTO. *Vide* INDIGITAÇÃO.

INDIGITAR. *Direito processual penal.* **1.** Apontar. **2.** Indiciar. **3.** Considerar. **4.** Atribuir a alguém a responsabilidade pelo delito.

INDIGNAÇÃO. 1. Aversão. **2.** Estado de desprezo pelo que é indigno.

INDIGNARE, SI QUID IN TE INIQUE PROPRIE CONSTITUTUM EST. *Expressão latina.* Queixa-te se só a ti for imposta uma lei injusta.

INDIGNIDADE. *Direito civil.* **1.** Qualidade de indigno. **2.** Pena civil que priva do direito à herança tanto o herdeiro como o legatário que cometerem atos criminosos ou reprováveis, taxativamente enumerados em lei, contra a vida, a honra e a liberdade do *de cujus*.

INDIGNO. *Direito civil.* Herdeiro ou legatário que foi excluído da sucessão por ter: a) sido autor ou cúmplice em crime de homicídio voluntário, ou em sua tentativa, contra a pessoa de cuja sucessão se tratar, seu cônjuge, companheiro, descendente ou ascendente; b) acusado o *de cujus* caluniosamente em juízo ou incorrido em crime contra a sua honra ou de seu cônjuge ou companheiro; c) inibido, mediante violência ou fraude, o *de cujus* de livremente dispor de seus bens em testamento ou codicilo ou de executar atos de última vontade.

INDIGNUS POTEST CAPERE SED NON POTEST RETINERE. *Expressão latina.* Indigno pode receber, mas não pode reter.

INDILIGÊNCIA. 1. Negligência. **2.** Inércia. **3.** Descuido.

INDILIGENTE. 1. Negligente. **2.** Inerte. **3.** Desleixado.

ÍNDIO. *Direito civil* e *sociologia geral.* **1.** Silvícola, cuja capacidade se rege por norma especial. **2.** Habitante de um país em estádio primitivo de civilização. **3.** Aborígene da América.

ÍNDIOS EM VIAS DE INTEGRAÇÃO. *Direito civil.* Aqueles que não podem exercer, diretamente, seus direitos, devendo ser tutelados pela Fundação Nacional do Índio (Funai), tendo sua capacidade regulada por lei especial.

ÍNDIOS INTEGRADOS. *Direito civil.* Aqueles que foram reconhecidos no pleno exercício dos direitos civis, ainda que conservem usos, costumes e tradições característicos de sua cultura. Estes devem obedecer às regras aplicáveis aos demais beneficiários.

INDIRECT ALTRUISM. *Locução inglesa.* Forma indireta de altruísmo, como o é o *rewarded donors* (Dossetor). *Vide REWARDED DONORS.*

INDIRETA. 1. *Retórica jurídica.* Alusão implícita que se faz por censura, malícia ou escárnio. **2.** *Direito administrativo.* Administração Pública que é constituída pelos serviços de autarquias, fundações públicas, associações públicas, agências reguladoras e agências executivas. **3.** *Direito civil.* a) Linha de parentesco colateral, em que os parentes provêm do mesmo tronco, embora não descendam uns dos outros; b) posse daquele que cede o uso do bem, conservando apenas a substância da coisa.

INDIRETO. 1. Colateral. **2.** Que não é direto. **3.** Dissimulado. **4.** Qualidade do que não se processa de modo imediato. **5.** Aquilo que se utiliza de desvios para alcançar o pretendido. **6.** Meio empregado para ocultar a real finalidade. **7.** Ardiloso.

INDISCEPTÁVEL. Incontestável.

INDISCERNÍVEL. Que não se pode discernir por nenhuma característica intrínseca.

INDISCIPLINA. 1. Falta de disciplina. **2.** Insubordinação. **3.** Ação ou omissão contrárias a uma ordem. **4.** Descumprimento de um dever. **5.** Procedimento irregular no desempenho de um serviço ou trabalho. **6.** Desobediência às normas regulamentares de uma entidade. **7.** Rebelião.

INDISCIPLINADO. 1. Que não tem disciplina. **2.** Desobediente. **3.** Rebelde. **4.** Dissidente. **5.** Insubordinado.

INDISCRETO. 1. Que não tem discrição. **2.** Leviano. **3.** Inconfidente.

INDISCRIÇÃO. 1. Inconfidência. **2.** Deslealdade. **3.** Falta de reserva. **4.** Revelação de segredo. **5.** Qualidade de indiscreto. **6.** Postura daquele que age sem reserva.

INDISCRIMINADO. Que não é discriminado.

INDISCRIMINÁVEL. Que não se pode discriminar.

INDISCUTÍVEL. 1. Que é incontestável. **2.** Que não merece discussão.

INDISFARÇÁVEL. Que não pode ser dissimulado.

INDISPENSÁVEL. Aquilo que não pode ser dispensado, omitido ou desprezado, por ser absolutamente necessário.

INDISPONIBILIDADE. *Direito civil.* Qualidade do direito ou do bem de que não se pode dispor, ou seja, alienar ou transferir de um patrimônio a outro.

INDISPONIBILIDADE DE BENS *ON-LINE* NA EXECUÇÃO FISCAL. *Direito tributário.* A decretação da indisponibilidade de bens *on-line* requer existência de um processo de execução fiscal, realização de citação válida, decurso *in albis* do prazo legal para pagamento ou oferta de bens a serem penhorados e insucesso na tentativa de localização de bens pelo exeqüente e pelo órgão judiciário, desde que não implique medida desproporcional lesiva à liberdade econômica e à livre iniciativa (Hugo de Brito Machado Segundo).

INDISPONIBILIDADE DO INTERESSE PÚBLICO. *Direito administrativo.* Qualidade de não estar o interesse público à disposição do administrador público.

INDISPONÍVEL. *Direito civil.* Inalienável.

INDISPOSIÇÃO. 1. *Medicina legal.* Ligeira perturbação das funções orgânicas. **2.** Nas *linguagens comum* e *jurídica:* a) incômodo; b) inimizade; c) conflito.

INDISPUTADO. 1. Que não é disputado. **2.** Incontroverso. **3.** Inconcusso.

INDISPUTÁVEL. 1. Inquestionável. **2.** Incontestável.

INDISSIMULABILIDADE. Qualidade de indissimulável.

INDISSIMULÁVEL. Que não se pode dissimular.

INDISSOLUBILIDADE. 1. Qualidade de indissolúvel. **2.** Indestrutibilidade.

INDISSOLÚVEL. 1. O que não se pode separar ou desunir. **2.** O que não pode ser desfeito. **3.** O que não se pode dissolver.

INDISTINÇÃO. 1. Qualidade de indistinto. **2.** Incerteza.

INDISTINGUÍVEL. Que não se pode distinguir.

INDISTINTO. 1. Indeciso. **2.** Vago. **3.** Mal determinado. **4.** O que não se distingue.

INDIVIDUAÇÃO. 1. *Direito civil.* a) Individualização. b) Identificação. c) Caracterização de coisas, apontando suas peculiaridades e tornando-as certas ou distintas de outras. d) Ato ou efeito de individuar. e) Ato de particularizar uma pessoa, qualificando-a. **2.** *Psicologia forense.* O processo de individuação é um conceito importante não só para a Psicologia Analítica, mas também para teorias do desenvolvimento da personalidade de outras abordagens teóricas. O termo, já antes usado por Schoppenhauer, foi empregado por Jung para designar a tendência que tem o homem em realizar plenamente as suas potencialidades inatas, diferenciando-se do coletivo. Trata-se de um percurso dificílimo, pois pressupõe a aceitação do ônus de agüentar tendências opostas. Individuação não significa egoísmo, pois geralmente leva em consideração os elementos coletivos da psique, o que pode trazer como resultado um melhor funcionamento do indivíduo na coletividade. É que, durante o trabalho da individuação, a pessoa tem condições de perceber que a estrutura básica de sua vida psíquica é igual à da psique de toda a humanidade, ao mesmo tempo em que se torna, cada vez mais, ela mesma (Lídia Reis de Almeida Prado).

INDIVIDUADOR. Aquele que individua.

INDIVIDUAL. 1. *Direito desportivo.* Treino ou ensaio de exercícios ginásticos. **2.** Nas *linguagens comum* e *jurídica:* a) referente a indivíduo; b) feito por uma só pessoa; c) particular.

INDIVIDUALIDADE. 1. Característica do que é individual. **2.** Conjunto de qualidades caracterizadoras do indivíduo. **3.** Aquilo que constitui o indivíduo.

INDIVIDUALIDADE JURÍDICA. *Direito civil* e *direito processual civil.* Capacidade para exercer e adquirir direitos, representar ou ser representado em juízo.

INDIVIDUALISMO. 1. Teoria que explica os fenômenos histórico-sociais baseada na psicologia individual e nos efeitos resultantes da atividade consciente e interessada dos indivíduos (Tarde). **2.** Doutrina segundo a qual o ideal político é o desenvolvimento da iniciativa pri-

vada e a redução ou supressão das funções do Estado. **3.** Teoria pela qual a sociedade não é um fim em si própria nem o instrumento de uma finalidade superior aos membros que a compõem, devendo fazer com que as instituições sociais alcancem a felicidade e a perfeição dos indivíduos (Lalande). **4.** Teoria pela qual o Estado tem por único objetivo a realização do bem dos indivíduos. **5.** Estado de fato que consiste no julgamento feito pelos indivíduos, numa sociedade, das instituições, não as acatando sem crítica. **6.** Tendência para libertar-se de qualquer obrigação de solidariedade e pensar somente em si mesmo, favorecida pela absorção de todas as funções pelo Estado. **7.** Supremacia dos interesses individuais sobre os gerais, fazendo deles o ponto de partida para a solução de questões jurídicas, sociais e econômicas. **8.** Prevalência do indivíduo sobre a sociedade. **9.** Doutrina que se opõe àquela que coloca o Estado acima de qualquer outro valor, preconizando a importância da pessoa e diminuindo o papel da autoridade como fator determinante do pensamento e da ação.

INDIVIDUALISTA. 1. Partidário do individualismo. **2.** Relativo ao individualismo.

INDIVIDUALITÄTSRECHTE. *Termo alemão.* Direitos da individualidade.

INDIVIDUALIZAÇÃO. 1. *Sociologia geral.* Desaparecimento de relações sociais que ligam, tradicionalmente, o indivíduo a certos grupos sociais. **2.** Nas *linguagens comum* e *jurídica:* a) ação de tornar individual; b) ato de individualizar; c) especialização da coisa.

INDIVIDUALIZAÇÃO DA PENA. *Direito penal* e *direito processual penal.* Aplicação da pena em função da personalidade do agente, de seus antecedentes, da intensidade do dolo ou do grau da culpa etc.

INDIVIDUALIZAÇÃO DA PESSOA JURÍDICA. *Direito civil.* Ato de caracterizar uma pessoa jurídica, distinguindo-a de outra pela discriminação de sua razão social, nome particular da sociedade empresária, associação ou sociedade simples, sua sede, natureza ou ramo de atividades, domicílio e representante.

INDIVIDUALIZAÇÃO DA PESSOA NATURAL. *Direito civil.* Ato de caracterizar, distintamente, uma pessoa natural, qualificando-a pelo nome, prenome, nacionalidade, naturalidade, estado civil, profissão, filiação (nem sempre exigida), residência e domicílio.

INDIVIDUALIZAR. 1. Considerar individualmente. **2.** Caracterizar. **3.** Qualificar. **4.** Tornar individual.

INDIVIDUALRECHTE. *Termo alemão.* Direitos individuais.

INDIVIDUAL TRIP. *Locução inglesa.* Viagem por conta própria.

INDIVIDUANTE. Que individua; individuativo.

INDIVIDUAR. 1. Especificar. **2.** Qualificar. **3.** Expor com individuação. **4.** Individualizar.

INDIVIDUATIVO. *Vide* INDIVIDUANTE.

INDIVÍDUO. 1. *Sociologia geral.* a) Ser humano, tido como átomo do grupo social; b) homem indeterminado; c) pessoa considerada isoladamente do grupo a que pertence ou da coletividade. **2.** *Direito civil.* Bem indivisível. **3.** *Lógica jurídica.* a) Ser representado pelo termo inferior de uma série de termos disposta numa hierarquia de gêneros e espécies subordinadas. Tal ser não designa um conceito geral nem comporta divisão lógica (Lalande); b) sujeito lógico que não admite predicados (Leibniz).

INDIVISA. *Lógica jurídica.* Proposição cujo predicado se refere ao sujeito como um todo indiviso, não podendo, por isso, ser afirmado ou negado separadamente dos elementos que constituem a extensão do sujeito (Lalande).

INDIVISÃO. *Direito civil.* **1.** Qualidade de indiviso. **2.** Falta de divisão. **3.** Imposição feita pelo testador ou pelo doador ao legatário, ao herdeiro instituído ou ao donatário de não dividirem o bem recebido. **4.** Situação jurídica daqueles que têm a propriedade em comum de um bem sem divisão material de suas partes.

INDIVISÁRIO. *Direito civil.* **1.** Condômino. **2.** Coproprietário; aquele que, juntamente com outros, tem a propriedade de bem não dividido.

INDIVISIBILIDADE. *Direito civil.* **1.** Qualidade de indivisível. **2.** Caráter do bem que não pode ser dividido sem alteração de sua substância.

INDIVISIBILIDADE CONVENCIONAL. *Direito civil.* Caráter da coisa ou obrigação que, apesar de divisível, torna-se indivisível por vontade das partes, que ajustam conservar a indivisibilidade por tempo determinado ou não ou, então, acordam dividir em partes ideais coisa indivisível, como sucede no condomínio.

INDIVISIBILIDADE DA HERANÇA. *Direito civil.* Caráter da herança, que permanece como uma universalidade *juris* indivisível até a partilha, de modo que, se houver mais de um herdeiro, o direito de cada um, relativo à posse e ao domínio do acervo hereditário, permanecerá indivisível até que se ultime a partilha. Assim, cada herdeiro, antes da partilha, tem o direito de reclamar, mediante ação reivindicatória, a totalidade dos bens da herança, e não apenas uma parte dela, de um terceiro que indevidamente a detenha em seu poder, não podendo este opor-lhe, em exceção, o caráter parcial do seu direito nos bens da sucessão hereditária, devido ao princípio da indivisibilidade do direito dos herdeiros sobre a herança. Como pondera Hermenegildo de Barros, o co-herdeiro não pretende haver a coisa do patrimônio do *de cujus* ou a própria herança para si, mas para a comunhão, visto que, na qualidade de condômino, é ele um mandatário tácito que defende o acervo hereditário no interesse de todos. Tal mandato cessa após a partilha, hipótese em que ele só poderá reivindicar a parte que lhe foi dada em quinhão. Portanto, antes da partilha cada co-herdeiro encontra-se num regime de condomínio forçado, possuindo uma parte ideal da herança, motivo pelo qual não pode vender ou hipotecar parte determinada de coisa comum do espólio, mas tão-somente ceder direitos hereditários concernentes à sua parte ideal, não havendo acordo doutrinário ou jurisprudencial a respeito da necessidade de anuência dos demais herdeiros.

INDIVISIBILIDADE DA PROVA. *Direito processual.* Inadmissibilidade de aceitação parcial de uma confissão do réu, acolhendo apenas a parte que vem a beneficiar o autor e rejeitando a que lhe for desfavorável.

INDIVISIBILIDADE DO IMÓVEL RURAL. *Direito agrário.* Caráter do imóvel rural de não poder ser dividido em quinhões inferiores ao módulo rural.

INDIVISIBILIDADE LEGAL. *Direito civil.* É a que decorre de determinação da lei, por exemplo, a que estabelece que as servidões prediais são indivisíveis em relação ao prédio serviente ou a que dispõe que a hipoteca é indivisível, pois, ainda que o devedor cumpra uma parte do débito, o bem gravado continua integralmente onerado para garantir o saldo devedor.

INDIVISIBILIDADE NATURAL. *Direito civil.* Caráter da coisa que não pode ser partida sem alteração de sua substância ou valor. Por exemplo, um cavalo vivo dividido ao meio deixa de ser semovente; um quadro de Portinari partido ao

INDIVISÍVEL   899   **IND**

meio perde sua integridade e valor. Em todas essa hipóteses, as partes fracionadas perdem a possibilidade de prestar os serviços e utilidades que o todo anteriormente oferecia.

INDIVISÍVEL. *Direito civil.* Que não pode ser dividido; indivisivo.

INDIVISO. *Direito civil.* **1.** Que não é dividido. **2.** Estado do bem que é objeto de condomínio. **3.** O que ainda não foi partilhado. **4.** *Vide* INDIVISÍVEL.

INDOCUMENTADO. Que não é acompanhado de documentos comprobatórios.

ÍNDOLE. 1. Caráter. **2.** Tendência. **3.** Temperamento.

INDOLÊNCIA. Negligência; inércia.

INDOMESTICADO. *Direito civil.* Animal selvagem ou bravio.

INDORSE. *Termo inglês.* **1.** Endossar. **2.** Sancionar. **3.** Aprovar.

INDORSEE. *Termo inglês.* **1.** Endossatário. **2.** Endossado.

INDORSEMENT. *Termo inglês.* Endosso.

INDORSER. *Termo inglês.* Endossante.

INDOTADO. *História do direito.* **1.** O que não recebeu dote. **2.** Não contemplado.

INDU. *Termo francês.* **1.** Indevido. **2.** Irregular.

ÍNDUA. *Medicina legal.* Veneno feito com a casca de determinada planta africana.

IN DUBIIS ABSTINE. *Expressão latina.* Na dúvida, abstém-te.

IN DUBIO. *Locução latina.* Em caso de dúvida.

IN DUBIO, A TEXTU ET REGULIS NON RECEDAS. *Expressão latina.* Na dúvida, não te separes do texto legal nem das normas de direito.

IN DUBIO CONTRA FISCUM. *Brocardo latino.* Na dúvida, decide-se contra o Fisco e aplica-se a lei a favor do contribuinte.

IN DUBIO ID QUOD MINIMUM EST, SEQUIMUR. *Expressão latina.* Em caso de dúvida, sempre o mínimo deve ser seguido.

IN DUBIO PRO FISCO. *Expressão latina.* Em caso de dúvida, a favor do Fisco.

IN DUBIO PRO LIBERTATE. *Expressão latina.* Em caso de dúvida, prevalece a liberdade da pessoa.

IN DUBIO PRO MATRIMONIO. *Expressão latina.* Em caso de dúvida, decide-se pelo matrimônio.

IN DUBIO PRO MISERO. *Expressão latina.* Em caso de dúvida, favorece-se o pobre.

IN DUBIO PRO POSSESSORE. *Expressão latina.* Na dúvida, decide-se a favor do possuidor.

IN DUBIO PRO REO. *Aforismo jurídico.* Na dúvida, deve-se decidir a favor do réu.

INDUÇÃO. *Lógica jurídica.* **1.** Operação mental que consiste em remontar, a partir de uma proposição singular ou especial (indutora), uma mais geral (induzida). **2.** Inferência conjectural. **3.** Raciocínio pelo qual se tira uma conclusão genérica a partir de fatos particulares. **4.** Ato de estender a todos os seres da mesma espécie observações feitas sobre alguns deles (Kant). **5.** Modalidade de raciocínio cuja inferência vai do particular para o geral.

INDUÇÃO AMPLIFICADORA. *Lógica jurídica.* É a operação lógica que, a partir de casos singulares, atinge princípios mais gerais, dos quais retorna de modo dedutivo. Constitui um misto de indução e dedução. É um raciocínio indutivo para descobrir a razão que justificaria a aplicação do preceito a caso não estabelecido, e dedutivo para, a partir desse princípio, chegar à elaboração de uma norma individualizada ao caso em tela.

INDUÇÃO AMPLIFICANTE. *Vide* INDUÇÃO AMPLIFICADORA.

INDUÇÃO ANALÓGICA. *Lógica jurídica.* Operação lógico-formal conclusiva mediata que abrange uma conclusão que pressupõe, pelo menos, duas premissas, caracterizadas pela passagem de um particular para outro. A indução analógica é a que infere do particular ao particular, levando em consideração as semelhanças que concorrem nos termos em que se produz essa inferência, estendendo o que é válido para certo caso a um outro que lhe seja similar. É, portanto, o argumento que vai de um caso particular a outro.

INDUÇÃO GENERALIZADORA. *Lógica jurídica.* Argumentação que, a partir de dados particulares suficientemente enumerados, chega a uma conclusão geral (Maritain).

INDUÇÃO ILEGÍTIMA. *Lógica jurídica.* É a operação que vai do particular ao geral, apresentando uma enumeração insuficiente não conducente a uma conclusão verdadeira.

INDUÇÃO IMPRÓPRIA. *Lógica jurídica.* Raciocínio que vai das partes à coleção delas ou do particular ao coletivo (Silvio de Macedo).

INDUÇÃO LEGÍTIMA. *Lógica jurídica.* Argumentação que procede a uma enumeração das partes do

IND 900 INDUÇÃO PRÓPRIA

conceito universal suficiente para uma conclusão (Silvio de Macedo).

INDUÇÃO PRÓPRIA. *Lógica jurídica.* É a que se revela como o verdadeiro raciocínio indutivo na conclusão implicativa da universalização (Silvio de Macedo).

INDÚCIAS. *História do direito.* Dilação de prazo que o credor concedia ao devedor mediante concordata, ou melhor, na pendência da lide.

INDULGÊNCIA. 1. Nas *linguagens comum* e *jurídica:* a) tolerância; b) clemência; c) perdão; d) benevolência. **2.** *Direito canônico.* Remissão total ou parcial das penas alusivas aos pecados. Se total, ter-se-á indulgência plenária; se parcial, a absolvição de uma parte daquelas penas temporais.

INDULGÊNCIA PRESIDENCIAL. *Direito penal.* Clemência presidencial concedendo perdão ou diminuindo a pena aplicada.

INDULGENTE. 1. Aquele que perdoa. **2.** Tolerante. **3.** Clemente.

INDULGENTIA PRINCIPIS. 1. *Locução latina.* Clemência do Poder Público. **2.** *Direito penal.* Instituto que abrange a graça, gênero das espécies, anistia, graça em sentido estrito, indulto e comutação.

INDULTADO. *Direito penal.* Condenado que recebeu indulto.

INDULTAR. *Direito penal.* Conceder indulto.

INDULTÁRIO. *Direito penal.* **1.** Quem goza de indulto, por ter sido indultado. **2.** Beneficiado pelo indulto.

INDULTO. 1. *Direito processual penal* e *direito administrativo.* Ato de clemência do Poder Executivo, ou melhor, do presidente da República em favor de sentenciados em condições de merecer perdão da pena privativa de liberdade aplicada no juízo criminal, por preencherem os requisitos legais. É concedido, em regra, ao condenado que demonstra bom comportamento e condições pessoais favoráveis à sua permanência na comunidade e à sua reinserção social. Não beneficia, porém, aquele que: a) deixou de reparar o dano causado pelo crime; b) cometeu homicídio doloso qualificado, mediante paga ou promessa de recompensa; c) praticou tráfico ilícito de entorpecentes ou drogas afins, quando reconhecida na sentença a condição de traficante; d) praticou crime hediondo ou delito relacionado com a prática de tortura ou

de terrorismo. O indulto pode ser concedido a condenado à pena privativa de liberdade que seja: a) paraplégico, tetraplégico ou portador de cegueira total, desde que tais condições não sejam anteriores à prática do ato e comprovadas por laudo médico oficial ou, na falta deste, por dois médicos, designados pelo Juízo da Execução; b) acometido, cumulativamente, de doença grave, permanente, apresentando incapacidade severa, com grave limitação de atividade e restrição de participação, exigindo cuidados contínuos, comprovada por laudo médico oficial ou, na falta deste, por dois médicos, designados pelo Juízo da Execução, constando o histórico da doença, desde que não haja oposição do beneficiado, mantido o direito de assistência.

INDULTUM A JURE BENEFICIUM NON EST ALICUI AUFERENDUM. *Expressão latina.* Não se deve privar ninguém do privilégio que lhe foi concedido por lei.

INDURAÇÃO. *Medicina legal.* Endurecimento de um tecido orgânico.

INDÚSTRIA. 1. *Direito comercial.* a) Atividade econômica voltada à produção de bens e serviços; b) emprego de capital e trabalho para transformação de matéria-prima em bens de produção e consumo; c) organização que atua no setor industrial. **2.** *Direito de propriedade industrial.* Invenção. **3.** *Direito civil.* Engenho humano; criação de algo por obra do homem.

INDÚSTRIA AERONÁUTICA. *Direito aeronáutico.* Atividade que visa construir aeronaves civis ou militares.

INDÚSTRIA AGRÍCOLA. *Direito agrário.* Trabalho voltado à agricultura.

INDÚSTRIA ANIMAL. *Direito agrário.* É a aplicada à caça e à pesca.

INDÚSTRIA AUTOMOBILÍSTICA. *Direito comercial.* É a especializada na fabricação de veículos automotores, como automóveis, caminhões, tratores, jipes etc.

INDÚSTRIA COMERCIAL. *Direito comercial.* Atividade econômica que, com intuito de lucro, abrange todos os atos de introdução e circulação de riquezas para utilização ou consumo (De Plácido e Silva).

INDÚSTRIA DE BASE. *Direito comercial.* Produtora de insumos, como, por exemplo, aço, energia elétrica, e de equipamentos para indústria de bens de consumo.

INDÚSTRIA DE MATERIAL BÉLICO DO BRASIL (IMBEL).

INDÚSTRIA DE MATERIAL BÉLICO DO BRASIL (IMBEL). *Direito administrativo.* Empresa pública, dotada de personalidade jurídica de direito privado, com patrimônio próprio e autonomia administrativa e financeira, vinculada ao Ministério da Defesa, por intermédio do Comando do Exército, que se rege por estatuto e pelas normas legais aplicáveis. A IMBEL, que desenvolve suas atividades no setor de produtos de defesa, com estrita observância das políticas, planos e programas do Governo Federal, bem como das diretrizes para ela fixadas pelo Comando do Exército, tem por objetivo: a) colaborar no planejamento e fabricação de produtos de defesa pela transferência de tecnologia, incentivo à implantação de novas indústrias e prestação de assistência técnica e financeira; b) promover, com base na iniciativa privada, a implantação e desenvolvimento da indústria militar de defesa brasileira de interesse do Exército; c) administrar, industrial e comercialmente, seu próprio parque de produtos de defesa e bens outros cuja tecnologia derive do desenvolvimento de equipamentos de aplicação militar, por força de contingência de pioneirismo, conveniência administrativa ou no interesse da segurança nacional; e d) promover o desenvolvimento e a execução de outras atividades relacionadas com a sua finalidade. Constituem atividades relacionadas com a finalidade da IMBEL: a) promover a indústria militar de defesa brasileira e atividades correlatas, abrangendo a construção e a manutenção da infra-estrutura de defesa, bem como a logística, a pesquisa e o desenvolvimento; b) gerenciar projetos de interesse do Exército brasileiro; c) promover ou executar atividades vinculadas à obtenção e manutenção de produtos de defesa; d) promover e executar atividades ligadas à obtenção, manutenção, proteção ou expansão dos conhecimentos e competências essenciais para cumprimento tanto dos seus objetivos quanto das exigências de mobilização do País; e e) promover e executar atividades que permitam manter infra-estrutura dimensionada para as exigências de mobilização do País.

INDÚSTRIA DE TRANSPORTES. *Direito comercial.* É a encarregada da prestação de serviços de transporte de pessoas ou de mercadorias de um local a outro.

INDÚSTRIA DOMÉSTICA. *Direito comercial.* É a totalidade dos produtores nacionais do produto similar ou aqueles, dentre eles, cuja produção conjunta constitua parcela significativa da produção nacional total do produto salvo se: a) os produtores estiverem vinculados aos exportadores ou aos importadores, ou forem eles próprios, importadores do produto alegadamente importado a preços de *dumping*, situação em que a expressão "indústria doméstica" poderá ser interpretada como alusiva ao restante dos produtores; b) em circunstâncias excepcionais, o território brasileiro puder ser dividido em dois ou mais mercados competidores, quando então o termo "indústria doméstica" será interpretado como o conjunto de produtores de um daqueles mercados. Os produtores em cada um dos mercados poderão ser considerados como indústria doméstica distinta se: a) os produtores, em atividade nesse mercado, venderem toda ou quase toda sua produção do produto similar em questão neste mesmo mercado; e b) a demanda nesse mercado não é suprida, em proporção substancial, por produtores do produto similar estabelecidos em outro ponto do território. O dano pode ser encontrado, mesmo quando parcela significativa da produção nacional não esteja sendo prejudicada, desde que haja concentração naquele mercado das importações objeto de *dumping* e que estas estejam causando dano aos produtores de toda ou quase toda produção daquele mercado. Os produtores são considerados vinculados aos exportadores ou aos importadores somente no caso de: a) um deles controlar, direta ou indiretamente, o outro; b) ambos serem controlados, direta ou indiretamente, por um terceiro; c) juntos controlarem, direta ou indiretamente, um terceiro. Tais hipóteses só são consideradas se há motivos para crer ou suspeitar que essas relações podem levar o produtor em causa a agir diferentemente dos não integrantes de tal tipo de relação. Considera-se controle, quando o primeiro está em condições legais ou operacionais de restringir ou influir nas decisões do segundo.

INDÚSTRIA DO PETRÓLEO. Conjunto de atividades econômicas relacionadas com a exploração, desenvolvimento, produção, refino, processamento, transporte, importação e exportação de petróleo, gás natural e outros hidrocarbonetos fluidos e seus derivados.

INDÚSTRIA EXTRATIVA. *Direito agrário.* É a que tem por fim extrair produtos da natureza, agrícolas, animais, minerais ou florestais, que podem ser aproveitados pelo homem.

INDUSTRIAL. *Direito comercial.* **1.** Relativo à indústria. **2.** Procedente da indústria. **3.** Aquele que tem ou exerce uma indústria. **4.** O que se ocupa da indústria. **5.** Chefe de empresa industrial. **6.** Empresário que se dedica à atividade econômica organizada dirigida à produção e circulação de bens.

INDUSTRIALIDADE. *Direito comercial.* Vantagem retirada de invenção industrial.

INDUSTRIALISMO. *Economia política.* **1.** Sistema que considera a economia na atividade industrial, vista esta como o fim primordial da sociedade. **2.** Nomenclatura dada às condições necessárias para a industrialização, que são matéria-prima, capital e mão-de-obra.

INDUSTRIALISTA. *Economia política.* **1.** Referente ao industrialismo. **2.** Partidário do industrialismo.

INDUSTRIALIZAÇÃO. 1. *Direito comercial.* a) Ato ou efeito de industrializar; b) transformação da matéria-prima em espécie nova; c) conjunto de operações e processos efetuados na matéria-prima, tais como captação, condução, armazenamento, envase, fechamento, rotulagem, estocagem e expedição de produtos, para fins de comercialização. **2.** *Sociologia jurídica.* Processo que consiste na difusão da maquinofatura, na produção em grande escala, baseada na racionalização e divisão técnica do trabalho, no proletariado urbano e na intensificação das divergências entre classes sociais.

INDUSTRIALIZAÇÃO RUDIMENTAR. *Direito agrário.* Processo de transformação do produto rural, realizado pelo produtor rural, pessoa física, alterando-lhe as características originais, como, por exemplo, a farinha, o queijo, a manteiga, o iogurte, o carvão vegetal, o café moído ou torrado, o suco, o vinho, a aguardente, o doce caseiro, a lingüiça, a erva-mate, a castanha de caju torrada, o açúcar mascavo, a rapadura etc. Caracteriza, também, industrialização rudimentar, aquela realizada por produtor rural, pessoa jurídica, quando os trabalhadores empregados na atividade econômica atuam de forma não segmentada desde a produção até a elaboração final do produto.

INDUSTRIALIZADOR. *Direito comercial.* Que industrializa.

INDUSTRIALIZAR. *Direito comercial.* **1.** Fabricar. **2.** Produzir. **3.** Tornar lucrativo por meio da indústria.

INDUSTRIALIZÁVEL. *Direito comercial.* O que pode ser industrializado.

INDÚSTRIA MANUFATUREIRA. *Direito comercial.* Atividade que modifica os produtos naturais pelo trabalho manufatureiro ou mecânico, transformando-os em utilidades.

INDÚSTRIA MINERAL. *Direito constitucional.* É a que tem por escopo a exploração de jazidas, minas etc.

INDÚSTRIA NAVAL. *Direito marítimo.* Atividade econômica especializada não só na construção e armação de navios mercantes ou de guerra como também na feitura e promoção de seu aparelhamento e no engajamento da tripulação, tornando-os aptos à navegação.

INDÚSTRIA PASTORIL. *Direito agrário.* Atividade voltada à criação de animais, destinando-os ao corte ou deles retirando matéria-prima para certos produtos fabris.

INDÚSTRIA PECUÁRIA. *Vide* INDÚSTRIA PASTORIL.

INDÚSTRIA PETROQUÍMICA. *Direito comercial.* Atividade industrial que visa o aproveitamento do gás natural, do petróleo e do óleo de xisto, para deles obter e industrializar produtos petroquímicos.

INDUSTRIAR. *Direito comercial.* Obter lucro por meio de indústria.

INDUSTRIÁRIO. 1. *Direito do trabalho.* Empregado de indústria. **2.** Na *linguagem jurídica* em geral, tudo o que se refere à indústria.

INDÚSTRIA RURAL. *Direito agrário.* **1.** Atividade industrial exercida em estabelecimento rural, transformando a matéria-prima agrícola ou rural em produtos. **2.** É a atividade que compreende o primeiro tratamento dos produtos agro-silvo-pastoris realizado em estabelecimento rural ou prédio rústico. O primeiro tratamento dos produtos *in natura* consiste, também, no aproveitamento dos subprodutos oriundos de suas operações de preparo e modificação.

INDÚSTRIA SIDERÚRGICA. *Direito comercial.* Atividade econômica que visa a produção de aço e derivados de ferro.

INDÚSTRIA VEGETAL. *Direito agrário.* Atividade voltada à exploração do campo e à colheita de seus frutos.

INDUSTRIOSO. 1. Que exerce indústria. **2.** Executado com arte. **3.** Hábil.

INDUTIVO

INDUTIVO. *Lógica jurídica.* **1.** O que procede por indução. **2.** O que resulta de uma indução.

INDUTOR. 1. *Psicologia forense.* Termo que, numa associação de idéias, serve de ponto de partida. **2.** *Direito civil* e *direito penal.* a) Aquele que instiga ou induz alguém a praticar ato ilícito ou crime; b) aquele que induz a erro essencial. **3.** *Lógica jurídica.* Aquele que, pelo raciocínio, extrái uma conclusão.

INDUTO SEBÁCEO. *Medicina legal.* Camada de gordura que encobre o feto, protegendo-o da maceração na vida intra-uterina (Croce e Croce Jr.).

INDUZIDO. 1. *Direito civil* e *direito penal.* O que foi persuadido ou levado a fazer ou não fazer algo. **2.** *Lógica jurídica.* Tirado como conclusão.

INDUZIDOR. Que induz.

INDUZIMENTO. *Direito penal* e *direito civil.* **1.** Ação ou efeito de induzir. **2.** Instigação. **3.** Persuasão. **4.** Ato de instigar alguém à prática de crime ou ato ilícito. **5.** Ardil que dá motivação a vício de consentimento na efetivação de um negócio jurídico.

INDUZIMENTO A ERRO ESSENCIAL, OCULTAÇÃO E CONHECIMENTO PRÉVIO DE IMPEDIMENTO MATRIMONIAL. *Direito penal.* Crime punido com detenção que consiste no fato de alguém convolar núpcias, induzindo em erro essencial o outro cônjuge, ou ocultando-lhe impedimento que não seja casamento anterior, hipótese esta que configuraria o delito de bigamia.

INDUZIMENTO A ERRO MEDIANTE ARDIL. *Direito penal.* Estelionato, isto é, crime punido com reclusão e multa que consiste em obter, para si ou para outrem, vantagem ilícita, em prejuízo alheio, induzindo alguém em erro, mediante artifício, ardil ou outro meio fraudulento.

INDUZIMENTO À ESPECULAÇÃO. *Direito penal.* Crime que consiste em abusar, em proveito próprio ou alheio, da inexperiência da menoridade, da simplicidade ou da inferioridade psíquica ou mental de outrem, induzindo-o à prática de jogo ou aposta, ou à especulação com títulos ou mercadorias, sabendo que a operação é ruinosa, comprometendo seu patrimônio ou o de terceiro.

INDUZIMENTO À FUGA, ENTREGA ARBITRÁRIA OU SONEGAÇÃO DE INCAPAZES. *Direito penal.* Crime apenado com detenção ou multa que consiste em: a) induzir menor de dezoito anos, ou interdito, a fugir do lugar onde se encontra por determinação de quem sobre ele exerce autoridade, em virtude de lei ou de ordem judicial; b)

confiar a outrem, sem ordem do pai, tutor ou curador, menor de dezoito anos ou interdito; c) deixar, sem justa causa, de entregá-lo a quem legitimamente o reclame.

INDUZIMENTO, INSTIGAÇÃO OU AUXÍLIO A SUICÍDIO. *Direito penal.* Crime punido com reclusão que consiste em induzir, instigar ou auxiliar moral ou materialmente um suicida a tirar sua própria vida.

INDUZIR. 1. *Direito civil* e *direito penal.* a) Instigar; b) persuadir; c) aconselhar. **2.** *Lógica jurídica.* a) Inferir; b) concluir.

INDUZÍVEL. Aquilo que pode ser induzido.

INECESSÁRIO. Que não é necessário.

INEDITISMO. Qualidade de original ou de inédito.

INÉDITO. *Direito autoral.* **1.** Que não foi publicado. **2.** Escrito original. **3.** Não editado. **4.** Não divulgado.

INEDITORIAL. Diz-se da publicação, em diário oficial, sem autoria definida.

INEFFECTUAL. *Termo inglês.* Ineficaz.

INEFICÁCIA. *Teoria geral do direito.* **1.** Falta de eficácia. **2.** Qualidade do que é ineficaz. **3.** Qualidade daquilo que não produz efeitos jurídicos.

INEFICÁCIA DA ARREMATAÇÃO. *Direito processual civil.* A arrematação poderá ser tornada sem efeito: a) por vício de nulidade; b) se não for pago o preço ou se não for prestada a caução; c) quando o arrematante provar, nos cinco dias seguintes, a existência de ônus real ou de gravame não mencionado no edital; d) a requerimento do arrematante, na hipótese de embargos à arrematação; e) quando realizada por preço vil; f) nos casos legalmente previstos.

INEFICÁCIA DO ATO ADMINISTRATIVO. *Direito administrativo.* Improdutividade dos efeitos jurídicos ante a inexistência de algum elemento exterior do ato administrativo, que, então, se torna inexeqüível (José Cretella Jr.). Por exemplo, nomeação de alguém sem ratificação ou aprovação do órgão competente.

INEFICÁCIA DO ATO E NEGÓCIO JURÍDICO. *Direito civil.* Não-produção de efeitos jurídicos pelo ato ou negócio jurídico em razão da falta de uma circunstância fática a ele extrínseca.

INEFICÁCIA SUPERVENIENTE DO NEGÓCIO JURÍDICO. *Direito civil.* Cessação da produção de efeitos jurídicos do negócio em razão de causa superveniente, como onerosidade excessiva, implemento de condição resolutiva, renúncia etc. (Antônio Junqueira de Azevedo).

INEFICAZ. 1. Que não é eficaz. **2.** Ato ou negócio jurídico que não produz efeitos jurídicos.

INEFICIÊNCIA. Falta de eficiência.

INEFICIÊNCIA DE PROVA. *Direito processual.* Deficiência de prova pela ausência de qualquer elemento que possa estar relacionado com o fato que se pretende demonstrar.

INEFICIENTE. 1. Ineficaz. **2.** Que não é eficiente.

INEGOCIÁVEL. 1. Que não está no comércio. **2.** Que não se pode negociar.

INELEGIBILIDADE. *Ciência política* e *direito eleitoral.* **1.** Qualidade do que não pode ser eleito para cargos públicos eletivos por não preencher os requisitos legais. **2.** Incompatibilidade para o exercício de função eletiva, por ocupar cargo que impede a inscrição à eleição. **3.** Incapacidade especial inerente à função ou ao cargo eletivo (De Plácido e Silva). **4.** Impossibilidade legal para pleitear registro como postulante a cargo eletivo (Cruz Swenson).

INELEGÍVEL. *Direito eleitoral* e *ciência política.* Aquele que não é elegível.

INELIDÍVEL. Que não pode ser suprimido ou eliminado.

IN ELIGENDO. *Locução latina.* Em escolher.

INELUTÁVEL. 1. Inevitável. **2.** Aquilo contra o qual não se pode lutar. **3.** Irresistível.

INEMENDÁVEL. *Direito constitucional.* Que não pode ser emendado.

INÉPCIA. 1. Inabilidade. **2.** Falta de aptidão.

INÉPCIA DA PETIÇÃO INICIAL. *Direito processual civil.* Qualidade da petição inicial que, por conter vício, não pode produzir efeitos, ensejando a preclusão e fazendo com que haja extinção da ação sem julgamento do mérito. A petição inicial será indeferida por inépcia quando: a) faltar-lhe o pedido ou a causa de pedir; b) da narração dos fatos não decorrer logicamente a conclusão; c) o pedido for juridicamente impossível ou contiver pedidos incompatíveis entre si.

INEPTIDÃO. 1. Inépcia. **2.** Falta de aptidão. **3.** Incapacidade. **4.** Ilegitimidade.

INEPTO. 1. Que não é apto. **2.** Incapaz. **3.** Não habilitado para profissão ou atividade. **4.** O que não se apresenta revestido das formalidades legais. **5.** Inconcludente; desconexo. **6.** O

que não atende aos requisitos essenciais para a produção de efeitos jurídicos.

INEQUIVOCÁVEL. Que não se pode equivocar.

INEQUÍVOCO. 1. Claro. **2.** Evidente. **3.** Que não apresenta dúvida. **4.** Em que não há equívoco. **5.** Exato; certo.

INÉRCIA. 1. Ausência de iniciativa. **2.** Indolência.

INÉRCIA CULTURAL. *Sociologia geral.* Capacidade de resistência a qualquer mudança por determinados grupos culturais, perpetuando-se num meio a que não se ajustam.

INÉRCIA INFLACIONÁRIA. *Direito financeiro* e *economia política.* Processo de reajuste de preços com base na inflação passada (Luiz Fernando Rudge).

INÉRCIA UTERINA. *Medicina legal.* Incapacidade de contração do útero, durante o trabalho de parto ou logo após, provocando hemorragia.

INERÊNCIA. *Filosofia geral.* **1.** Determinação que é afirmada de um sujeito e só tem existência por ele (Kant e Leibniz). **2.** Qualidade de inerente. **3.** Determinação ou característica, constante ou não, que constitui o modo de ser intrínseco de um dado sujeito (Lachelier). **4.** Aquilo que é essencial ao sujeito; característica ou determinação que não pode ser retirada da coisa ou do sujeito (Lalande).

INERENTE. 1. Aquilo que por natureza se liga a determinada coisa. **2.** Próprio. **3.** Inseparável. **4.** Ligado estruturalmente. **5.** Inato.

INERIGÍVEL. Que não se pode erigir.

INERIR. 1. Ser inerente. **2.** Estar intimamente ligado.

INERME. 1. Sem meios de defesa. **2.** Não armado.

INERTE. 1. Aquele que tem inércia. **2.** Que não é dotado de atividade. **3.** Sem ação.

INESCRITO. Que não é escrito.

INESCRUPULOSO. 1. Que não tem escrúpulos. **2.** Desleal; desonesto.

INESCRUTABILIDADE. Qualidade de inescrutável.

INESCRUTÁVEL. 1. Impenetrável. **2.** Que não se pode averiguar ou investigar. **3.** Que não se pode indagar.

INESCUSÁVEL. 1. O que não pode ser dispensado. **2.** Insuscetível de escusa ou desculpa.

INESGOTABILIDADE. Qualidade de inesgotável.

INESGOTÁVEL. Que não se pode esgotar.

INESPERADO. 1. Inopinado; repentino. **2.** Imprevisto. **3.** Aquilo que não se espera.

INESQUECÍVEL. Que não se pode esquecer.

INESTIMABILIDADE. Qualidade de inapreciável ou inestimável.

INESTIMÁVEL. 1. Aquilo que não se pode avaliar. **2.** Incalculável. **3.** Que tem valor enorme. **4.** Inapreciável. **5.** Aquilo que possui um valor insuscetível de estimação ou de apreciação econômica.

INEVITABILIDADE. Qualidade de inevitável.

INEVITÁVEL. 1. O que não se pode evitar, como, por exemplo, a força maior ou o caso fortuito. **2.** Fatal. **3.** Necessário.

INEXATIDÃO. 1. Falta de exatidão. **2.** Qualidade de inexato.

INEXATO. 1. Errôneo. **2.** Que não é exato.

INEXAURÍVEL. Inesgotável.

INEXCEDÍVEL. 1. Que não pode ser excedido. **2.** Enorme.

INEXCUTÍVEL. *Direito processual civil.* O que não pode ser excutido.

INEXECUÇÃO. *Direito civil.* **1.** Falta de execução. **2.** Inadimplemento. **3.** Falta de cumprimento.

INEXECUÇÃO DA OBRIGAÇÃO. *Direito civil.* **1.** Não-cumprimento da obrigação pelo devedor, no tempo e modo convencionados, o que implica sua responsabilidade civil pelo pagamento dos juros moratórios, das perdas e danos e da cláusula penal, se estipulada. **2.** *Vide* INADIMPLEMENTO DA OBRIGAÇÃO.

INEXECUÇÃO INVOLUNTÁRIA DO CONTRATO. *Direito civil.* **1.** Inadimplemento total do contrato por fato alheio à vontade dos contratantes que impossibilita o cumprimento da obrigação, operando-se de pleno direito, então, a resolução do contrato, sem ressarcimento das perdas e danos, por ser este uma sanção aplicada a quem agiu culposamente, e sem intervenção judicial, exonerando-se o devedor do liame obrigacional. Entretanto, caberá intervenção judicial apenas para compelir o contratante a restituir o que recebeu. Isto é assim por se tratar de impossibilidade superveniente, total, objetiva e definitiva, proveniente de caso fortuito ou força maior. Apesar disso, o credor pode responsabilizar o devedor pelos danos resultantes de força maior ou caso fortuito se ele estava

em mora. **2.** Impossibilidade temporária, sem culpa do devedor, de cumprir contrato de execução continuada, que não se resolverá, mas será suspenso, exceto se tal impossibilidade persistir por largo espaço de tempo, a ponto de o credor desinteressar-se da obrigação. **3.** Inadimplemento parcial sem culpa do devedor, que não resolve o contrato, pois o credor poderá ter interesse em que o contrato se execute assim mesmo.

INEXECUÇÃO JUDICIAL. *Direito processual civil.* Ato de o devedor inadimplente não satisfazer espontaneamente direito reconhecido por sentença ou obrigação à qual a lei confere eficácia de título executivo.

INEXECUÇÃO VOLUNTÁRIA DO CONTRATO. *Direito civil.* Inadimplemento do contrato por culpa de um dos contratantes, acarretando resolução contratual. Tal resolução produz os seguintes efeitos: a) extingue o contrato retroativamente, visto que se opera *ex tunc*, se ele for de execução única, apagando todas as conseqüências jurídicas produzidas e restituindo-se as prestações cumpridas, ou *ex nunc*, se o contrato for de execução continuada, caso em que não se restituirão as prestações já efetivadas, pois a resolução não terá efeito relativamente ao passado. Serão, porém, nulas, nas relações de consumo, as cláusulas que estabelecerem a perda total das prestações pagas em benefício do credor que, em razão do inadimplemento, pleitear a resolução contratual e a retomada da coisa alienada; b) atinge os direitos creditórios de terceiros, desde que adquiridos *medio temporis*, ou seja, entre a conclusão e a resolução do ajuste; c) sujeita o inadimplente ao ressarcimento das perdas e danos, abrangendo o dano emergente e o lucro cessante.

INEXECUTÁVEL. 1. Que não se pode executar. **2.** Crédito que não admite execução. **3.** O que não pode ser cumprido.

IN EXEMPLIS. *Locução latina.* Por exemplo.

INEXEQÜIBILIDADE. Qualidade de inexeqüível.

INEXEQÜÍVEL. *Vide* INEXECUTÁVEL.

INEXIGIBILIDADE. Qualidade de inexigível.

INEXIGIBILIDADE DO TÍTULO. *Direito processual civil.* Qualidade do título judicial ou extrajudicial que não tem força executiva, devido a um impedimento para o exercício do direito do credor, no momento em que a ação é ajuizada, como, por exemplo, pendência de condição suspensiva ou de termo. É claro que, antes da ocorrência da condição ou do termo, o título não poderá ser exigido, por não estar vencido.

INEXIGÍVEL. 1. *Direito processual civil.* Que não é exigível; que não pode ser reclamado ou exigido judicialmente. **2.** Na *linguagem contábil,* título de balanço em que se concentram os valores do passivo representados por obrigações não exigíveis em certos prazos ou conforme determinado por sua natureza. Por exemplo, capital e reservas (Othon Sidou).

INEXISTÊNCIA. 1. Falta de existência. **2.** Carência. **3.** Ausência de formalidades substanciais suscetíveis de retirar do ato a possibilidade de gerar direitos e estabelecer obrigações. **4.** Falta de um dos elementos próprios a qualquer ato.

INEXISTÊNCIA DO ATO ADMINISTRATIVO. *Direito administrativo.* **1.** Qualidade do ato administrativo inválido, insuscetível de conversão, por ser absolutamente insanável, consistindo numa conduta delituosa, fora do possível jurídico e radicalmente proibida pelo direito. Por exemplo, autorização para saquear casas de devedores do Fisco (Celso Antônio Bandeira de Mello). **2.** Ausência de um dos elementos essenciais do ato administrativo, que não pode ser sanado, como, por exemplo, se emanado de funcionário incompetente. **3.** Irregularidade do ato administrativo, que o torna sem nenhum valor jurídico (Bonnard).

INEXISTÊNCIA DO FATO. 1. *Direito processual.* Qualidade do fato que não foi provado, sendo improcedente juridicamente a alegação que nele se funda. **2.** *Direito administrativo.* Qualidade do fato que não foi demonstrado em juízo criminal, dando origem a uma sentença absolutória penal que influirá sobre a decisão administrativa, anulando-a e permitindo, pois, a reintegração do funcionário público. Liga-se, portanto, à questão da comunicabilidade de instâncias no caso de o funcionário ter sido submetido a duplo julgamento (administrativo e judicial).

INEXISTÊNCIA JURÍDICA. Qualidade de qualquer ato que venha a contrariar as normas jurídicas, não obedecendo aos requisitos essenciais para sua formação.

INEXISTENTE. 1. Ato que não tem existência jurídica, por conter vício insanável. **2.** Que não existe.

INEXORÁVEL. 1. Implacável. **2.** Que não cede.

INEXPERIÊNCIA. 1. Falta de experiência. **2.** Qualidade de inexperiente.

INEXPERIENTE. 1. Que não é experiente. **2.** Ingênuo. **3.** Inexperto.

INEXPERIMENTADO. 1. Que não é provado. **2.** Que não é experimentado. **3.** Aquilo de que ainda não se fez experiência.

INEXPERTO. *Vide* INEXPERIENTE.

INEXPLICÁVEL. 1. Obscuro. **2.** Incompreensível. **3.** Insuscetível de explicação. **4.** Extraordinário.

INEXPLORÁVEL. Que não se pode explorar.

INEXPUGNÁVEL. 1. Invencível. **2.** Que não pode ser conquistado.

IN EXTENSO. *Locução latina.* Por extenso; por inteiro; sem abreviatura; sem omissão.

INEXTERMINÁVEL. Que não se pode exterminar.

INEXTINGUÍVEL. Que não se pode extinguir.

INEXTINTO. 1. Que ainda subsiste. **2.** Que não está extinto.

IN EXTREMIS. *Locução latina.* No último momento; à hora da morte.

IN EXTREMIS VITAE MOMENTIS. *Expressão latina.* **1.** No último momento da vida. **2.** *Vide IN ARTICULO MORTIS.*

INFACTÍVEL. 1. Que não se pode fazer. **2.** Irrealizável; inexeqüível.

IN FACTUM. *Locução latina.* De fato.

INFALIBILIDADE. Qualidade de infalível.

INFALIBILISMO. *Direito canônico.* Teoria que propugna a infalibilidade do Papa em matéria de fé e moral.

INFALIBILISTA. *Direito canônico.* Partidário do infalibilismo.

INFALÍVEL. 1. Que não pode falhar. **2.** Que não se engana. **3.** Habitual.

INFALSIFICÁVEL. Que não se pode falsificar.

INFAMAÇÃO. *Direito penal* e *direito civil.* **1.** Difamação. **2.** Ato ou efeito de infamar.

INFAMADOR. *Direito penal* e *direito civil.* Aquele que infama.

INFAMANTE. *Direito penal* e *direito civil.* **1.** Que infama. **2.** Que envolve infâmia. **3.** O que provoca a infâmia.

INFAMAR. *Direito penal* e *direito civil.* **1.** Difamar. **2.** Desacreditar. **3.** Manchar a reputação de alguém. **4.** Desfazer a fama de uma pessoa.

INFAMATÓRIO. *Vide* INFAMANTE.

INFAME. *Direito penal* e *direito civil.* **1.** Aquele que pratica atos abjetos. **2.** Vil. **3.** Torpe. **4.** Que tem má fama. **5.** Desacreditado. **6.** Ato vergonhoso ou que a lei ou a opinião pública estigmatizam.

INFÂMIA. *Direito civil* e *direito penal.* **1.** Difamação. **2.** Dano moral à reputação de alguém. **3.** Perda da fama ou da honra em razão de ato torpe. **4.** Caráter do que é infame. **5.** Ação vil. **6.** Dito contra o crédito, fama ou reputação alheia. **7.** Ato ou efeito de irrogar a alguém algo atentatório de sua honra, o que gera não só responsabilidade civil do lesante, que deverá ressarcir o dano ao lesado, mas também responsabilidade penal, por constituir crime contra a honra.

INFÂMIA DE DIREITO. *Direito penal.* É a decorrente de condenação por crime infame, como, por exemplo, homicídio doloso, lenocínio etc.

INFÂMIA DE FATO. *Direito penal* e *direito civil.* É a resultante de ação torpe ou conduta desonesta, ocasionando o descrédito e a perda da reputação.

INFAMIBUS NON PATEANT PORTAE DIGNITATUM. *Expressão latina.* Não podem os infames conduzir dignidade.

INFANÇÃO. *História do direito.* Antigo título de nobreza inferior ao de fidalgo e superior ao de cavalheiro.

INFÂNCIA. *Medicina legal.* Período de crescimento do ser humano que vai do nascimento à puberdade.

INFÂNCIA NEUTRA. *Medicina legal.* Período de vida que vai desde o nascimento até a idade de oito anos, em que os caracteres sexuais secundários permanecem em estado rudimentar e o aparelho genital em repouso absoluto (Croce e Croce Jr.).

INFÂNCIA SEXUADA. *Medicina legal.* Pré-puberdade, que vai dos oito aos doze anos e caracteriza-se pelo funcionamento do ovário e pela existência de estrogênio na urina (Croce e Croce Jr.).

INFANDO. 1. Cruel. **2.** Abominável.

INFANS CONCEPTUS PRO NATO HABETUR QUOTIES DE COMMODIS EIUS AGITUR. *Expressão latina.* O nascituro é considerado nascido sempre que isso possa trazer-lhe qualquer vantagem.

INFANTA. *Direito comparado.* **1.** Filha de rei da Espanha que não é herdeira da coroa. **2.** Esposa de um infante. **3.** Irmã de príncipe herdeiro ou de rei.

INFANTADO. *Direito comparado.* **1.** Conjunto de terras ou rendas pertencente a um infante. **2.** Estado de um infante.

INFANTARIA. *Direito militar.* Parte do exército que executa serviços a pé.

INFANTE. 1. *Direito comparado.* a) Filho de rei da Espanha que não é herdeiro da coroa; b) irmão do príncipe herdeiro; c) irmão de rei. **2.** *Direito militar.* Soldado de infantaria ou aquele que executa seus serviços a pé. **3.** *Medicina legal.* Aquele que está na infância.

INFANTE EXPOSTO. *Direito do menor.* Criança de até sete anos de idade que se encontra abandonada.

INFANTE NASCIDO. *Medicina legal.* Recém-nascido que foi completamente expulso do ventre materno, mas ainda não recebeu nenhuma assistência quanto à sua higiene e tratamento do cordão umbilical (Croce e Croce Jr.).

INFANTICIDA. *Direito penal.* Aquele que praticou infanticídio.

INFANTICÍDIO. *Direito penal.* **1.** Crime que consiste em matar, durante o parto ou logo após, o próprio filho, sob a influência do estado puerperal, cuja pena é de detenção. **2.** Ação de matar feto nascente ou neonato.

INFANTILISMO. *Medicina legal.* Desenvolvimento anormal, devido à insuficiência de certas glândulas, fazendo com que a pessoa, apesar de adulta, tenha alguns caracteres infantis, por afetar glândulas sexuais, ossos etc.

INFANTILISMO SEXUAL. *Medicina legal.* Atração sexual por criança (Geraldo Magela Alves).

INFAVORÁVEL. Desfavorável.

INFECÇÃO. *Medicina legal.* Ação exercida no organismo por germes patogênicos, como vírus, protozoários, bactérias, fungos etc.

INFECÇÃO HOSPITALAR. *Medicina legal.* É a adquirida após a internação de paciente em hospital, manifestando-se durante o tempo em que nele estiver ou após a alta, se relacionada com a hospitalização.

INFECÇÃO INSTITUCIONAL. *Vide* INFECÇÃO HOSPITALAR.

INFECÇÃO NOSOCOMIAL. *Vide* INFECÇÃO HOSPITALAR.

INFECCIONADO. *Medicina legal.* **1.** Contaminado; contagiado. **2.** Que sofreu infecção.

INFECCIONAR. 1. Contaminar. **2.** Causar ou provocar infecção em alguém.

INFECTÓRIO. *Biodireito.* Local de manutenção e manipulação de organismos experimentalmente infectados.

INFECUNDAR. *Medicina legal.* **1.** Esterilizar. **2.** Tornar infecundo.

INFECUNDIDADE. *Medicina legal.* **1.** Estado ou qualidade de infecundo. **2.** Incapacidade, por causas funcionais ou orgânicas, de gerar filho. **3.** Esterilidade.

INFECUNDO. *Medicina legal.* Estéril.

INFELICITAR. *Direito civil* e *direito penal.* Deflorar; desvirginar.

INFENSO. 1. Adverso. **2.** Inimigo. **3.** Irritado; irado.

INFERÊNCIA. *Lógica jurídica.* **1.** Operação pela qual se admite uma proposição cuja verdade não é conhecida diretamente, em razão de sua ligação com outras tidas como verdadeiras (Lalande e John S. Mill). **2.** Operação lógica pela qual se pode tirar conclusão de uma ou várias proposições consideradas verídicas. **3.** Raciocínio pelo qual se pode chegar a uma conclusão, partindo do que se reputa certo. **4.** Indução. **5.** Dedução; ato de deduzir por meio de raciocínio ou de extrair conclusão.

INFERÊNCIAS IMEDIATAS. *Lógica jurídica.* Argumentos com duas proposições categóricas concernentes às mesmas classes (Fábio Ulhoa Coelho).

INFERIDO. *Lógica jurídica.* **1.** Deduzido. **2.** Que se inferiu. **3.** Induzido.

INFERIOR. 1. *Direito administrativo.* a) Subalterno; b) aquele que está em categoria subordinada a outro, dentro do quadro do funcionalismo público civil ou militar. **2.** *Direito processual.* Juízo de cuja sentença se pode apelar. **3.** *Lógica jurídica.* Termo menos geral que outro. **4.** *Filosofia geral.* Aquilo que, comparado a outro objeto de pensamento da mesma natureza, é estimado menos favoravelmente (Lalande, Comte e Ravaisson). **5.** *Direito civil.* Prédio situado em nível mais baixo do que outro, devendo, por isso, suportar as águas que correm de cima para baixo. **6.** Nas *linguagens comum* e *jurídica:* a) que tem pouco valor; b) que está abaixo; c) que ocupa local mais baixo numa escala hierárquica.

INFERIORIDADE. 1. Desvantagem. **2.** Qualidade de inferior.

INFERIORIZAÇÃO. Ato ou efeito de tornar inferior, abaixar de categoria ou colocar em posição subalterna.

INFERIOR LEGEM SUPERIORIS TOLLERE NON POTEST. *Aforismo jurídico.* Órgão inferior não pode impedir lei de um superior.

INFERTILIDADE. *Medicina legal.* **1.** Incapacidade de levar a gestação até o seu termo (Roger Abdelmassih). **2.** Improdutividade. **3.** Qualidade de infértil.

INFERTILIZÁVEL. Que não se pode fertilizar.

INFESTAÇÃO. 1. *Medicina legal.* Penetração de parasitos macroscópicos no organismo humano. **2.** Nas *linguagens comum* e *jurídica,* ato ou efeito de devastar algo ou de causar grandes estragos.

INFESTO. 1. Nocivo. **2.** Prejudicial. **3.** Hostil.

INFETO. 1. Contrário à moral. **2.** Repugnante. **3.** Que tem infecção. **4.** O que exala mau cheiro.

INFIATIO. *Termo latino.* **1.** Recusa. **2.** Degeneração.

INFIDELIDADE. 1. Traição. **2.** Falta de fidelidade; deslealdade. **3.** Falta de verdade. **4.** Falta de exatidão ou defeito de alguma coisa.

INFIDELIDADE CONJUGAL. 1. *Direito civil.* Transgressão por qualquer dos cônjuges do dever recíproco de fidelidade, decorrente do caráter monogâmico do casamento. Prática por um dos consortes de relação sexual com terceiro. **2.** *História do direito.* Adultério.

INFIDELIDADE PARTIDÁRIA. *Ciência política.* **1.** Desrespeito à ideologia de um partido político por um de seus membros. **2.** Abandono injustificado do partido político por um de seus filiados. **3.** Desligamento do partido político sob cuja legenda foi o candidato eleito.

IN FIDEM CAPERE. *Expressão latina.* Tomar sob a guarda.

ÍNFIDO. *Vide* INFIEL.

INFIEL. 1. Traidor. **2.** Desleal. **3.** Aquele que não é fiel. **4.** Inexato. **5.** Inverídico. **6.** Adúltero. **7.** O que falta à fé devida; idólatra.

IN FIERI. *Locução latina.* **1.** Em via de transformação; aquilo que envolve alteração contínua. **2.** Prestes a nascer.

INFILOSÓFICO. *Filosofia geral.* **1.** Oposto à filosofia. **2.** O que não é filosófico.

INFILTRAÇÃO. 1. Nas *linguagens comum* e *jurídica:* a) difusão de idéias; b) penetração; c) implantação. **2.** *Medicina legal.* Derramamento anormal de líquido entre os elementos anatômicos do tecido.

INFIMIDADE. Estado daquele que está em último lugar.

ÍNFIMO. 1. Aquele que ocupa o último lugar. **2.** Inferior.

INFINDÁVEL. 1. Que não acaba. **2.** Permanente.

INFINDO. Ilimitado.

IN FINE. *Locução latina.* **1.** No fim. **2.** Últimas linhas de um parágrafo.

INFINIDADE. 1. Característica ou qualidade do que é infinito. **2.** Grande quantidade.

INFINITAMENTE GRANDE. 1. Maior do que qualquer quantidade dada. **2.** Número que aumenta indefinidamente.

INFINITAMENTE PEQUENO. 1. Grandeza cujo limite é zero (Duhamel). **2.** Aquilo que é muito pequeno, como, por exemplo, o microrganismo.

INFINITESIMAL. *Vide* INFINITAMENTE PEQUENO.

INFINITISMO. *Filosofia geral.* Teoria que propugna a infinidade da matéria.

INFINITISTA. *Filosofia geral.* Partidário do infinitismo.

INFINITO. 1. Sem limites. **2.** O que não tem fim. **3.** Aquilo que é enorme em sua extensão, intensidade ou duração. **4.** Interminável.

INFIRMAÇÃO. *Teoria geral do direito, direito civil* e *direito processual.* **1.** Invalidação; anulação. **2.** Perda da força de um ato jurídico. **3.** Revogação.

INFIRMAR. *Teoria geral do direito, direito civil* e *direito processual.* **1.** Invalidar; anular. **2.** Revogar. **3.** Retirar força ou autoridade de algo.

INFIRMATIVO. *Teoria geral do direito, direito civil* e *direito processual.* Que tem o poder de infirmar ou invalidar.

INFITIATIO. *Termo latino.* **1.** Denegação; recusa. **2.** *Direito romano.* Obstinação do réu em não reconhecer a pretensão do autor, que acarretava a sua condenação ao dobro da dívida pleiteada (Othon Sidou).

INFIXÁVEL. Que não se pode fixar.

INFIXIDEZ. 1. Inconstância. **2.** Falta de fixidez.

INFIXO. Que não é fixo.

INFLAÇÃO. *Economia política.* **1.** Processo de alta geral dos preços, redução do poder aquisitivo da moeda e atualização diária desta, fazendo com que a oferta seja menor do que a procura e haja um desequilíbrio em todo o sistema monetário e na economia do país. **2.** Emissão excessiva ou superabundante de papel-moeda, reduzindo seu valor em relação ao ouro ou ao padrão monetário estável. **3.** Carestia.

INFLAÇÃO ABERTA. *Economia política.* Emissão de valores mobiliários para atender a débitos estatais.

INFLAÇÃO DE CRÉDITO. *Economia política.* É a que se dá na medida em que o aumento das disponibilidades monetárias se fizer por empréstimos, abertura de créditos e criação de depósitos fictícios, antecipando a emissão da moeda (Henri Guitton).

INFLAÇÃO DE NOTAS. *Economia política.* Qualidade de poderem as notas inconversíveis ser aumentadas.

INFLAÇÃO DO CRÉDITO. *Direito bancário.* Aumento desproporcionado do crédito bancário em relação ao número de negócios, sem ter por base valores reais de poupança monetária.

INFLAÇÃO GALOPANTE. *Economia política.* Hiperinflação que faz com que os preços atinjam altas insuportáveis.

INFLAÇÃO INERCIAL. *Economia política.* Alta nos preços causada pela expectativa advinda de aumentos anteriores.

INFLAÇÃO LIGEIRA. *Economia política.* Aquela em que a alta de preços vai de 20 a 30% (Henri Guitton).

INFLAÇÃO METÁLICA. *Economia política.* Dá-se quando o metal precioso deixa de ser raro.

INFLAÇÃO MODERADA. *Economia política.* Inflação ordinária pela qual os preços submetem-se a uma pressão de alta que vai aumentando (Henri Guitton).

INFLAÇÃO ORÇAMENTÁRIA. *Economia política* e *direito financeiro.* Ocorre quando o orçamento do país cresce mais rápida e intensamente do que a renda nacional (Henri Guitton).

INFLAÇÃO ORDINÁRIA. *Vide* INFLAÇÃO MODERADA.

INFLAÇÃO-OURO. *Vide* INFLAÇÃO METÁLICA.

INFLAÇÃO SALARIAL. *Direito do trabalho.* É aquela em que o montante dos salários pagos é maior do que o dos bens produzidos (Henri Guitton).

INFLAÇÃO ZERO. *Economia política.* Inexistência de inflação.

INFLACIONAR. *Economia política.* **1.** Provocar ou promover inflação. **2.** Emitir grande quantidade de papel-moeda, causando sua desvalorização.

INFLACIONÁRIO. *Economia política.* **1.** O que promove a inflação. **2.** Referente a inflação.

INFLACIONÁVEL. *Economia política.* Que se pode inflacionar.

INFLACIONISMO. *Economia política.* **1.** Doutrina econômico-financeira que exalta as vantagens da inflação. **2.** Prática da inflação. **3.** Técnica financeira que preconiza, para atender às necessidades estatais, a emissão contínua e em grande quantidade de papel-moeda, provocando sua desvalorização.

INFLACIONISTA. *Economia política.* **1.** Relativo a inflacionismo. **2.** Adepto do inflacionismo.

INFLACIOSO. *Economia política.* Que produz inflação.

IN FLAGRANTI. *Locução latina.* Em flagrante.

IN FLAGRANTI CRIMINE COMPREHENDI. *Expressão latina.* Presos em flagrante delito.

INFLAMABILIDADE. Qualidade de inflamável.

INFLAMAÇÃO. *Medicina legal.* Estado mórbido que se caracteriza por rubor, dor, infiltração leucocítica, tumefação e calor, como mecanismo de controle dos agentes nocivos e de eliminação do tecido atingido ou danificado, em reação a uma infecção.

INFLAMATÓRIO. *Medicina legal.* **1.** Que provoca inflamação. **2.** Referente a inflamação.

INFLAMÁVEL. Substância de fácil combustão e suscetível de causar incêndio.

INFLATION TARGETING. *Locução inglesa.* **1.** Meta da inflação. **2.** Administração da moeda em que o governo define metas para o índice de inflação em um determinado período (Luiz Fernando Rudge).

INFLATÓRIO. *Vide* INFLACIOSO.

INFLEXIBILIDADE. Qualidade de inflexível.

INFLEXÍVEL. **1.** Inexorável. **2.** Impassível. **3.** O que não se dobra.

INFLIÇÃO. **1.** *Direito processual penal* e *direito processual civil.* a) Ato ou efeito de aplicar ou cominar pena, castigo ou repreensão; b) imposição de sanção. **2.** *Direito civil.* Castigo; ato de maltratar alguém.

INFLIGIDOR. **1.** *Direito processual civil* e *direito processual penal.* Aquele que inflige ou aplica uma sanção. **2.** *Direito civil.* Aquele que castiga imoderadamente quem está sob sua guarda.

INFLIGIR. **1.** *Direito processual civil* e *direito processual penal.* Aplicar sanção. **2.** *Direito civil.* Causar dano com maus-tratos.

INFLUÊNCIA. **1.** Dependência. **2.** Interferência, atuação ou ação de uma coisa, fato ou pessoa sobre alguém ou algo. **3.** Preponderância. **4.** Prestígio. **5.** Poder que alguém exerce sobre algo. **6.** Ato ou efeito de influir. **7.** Autoridade moral sobre a vontade de alguém. **8.** Local onde, na Bahia, Goiás e Mato Grosso, são descobertas minas de diamantes e carbonados, que determinam serviço intenso e produtivo.

INFLUÊNCIA DO MEIO. *Direito ambiental.* Poder exercido pelo meio ambiente ou pelo mundo exterior nas funções dos vegetais e animais e no comportamento do homem.

INFLUENCIADOR. O que influencia.

INFLUÊNCIA ELEITORAL. *Ciência política.* **1.** É o poder do candidato que pode contar com o voto de grande número de eleitores. **2.** Fato que leva muitos votantes a escolher certo candidato.

INFLUENCIAL. Que exerce influência; influenciário.

INFLUENCIAR. Ter ou exercer influência sobre algo.

INFLUENCIÁRIO. *Vide* INFLUENCIAL.

INFLUENCIÁVEL. Que se pode influenciar.

INFLUENTE. Que influi ou exerce influência.

INFLUIR. **1.** Incutir. **2.** Inspirar. **3.** Exercer influência. **4.** Concorrer.

INFLUXO. Ato ou efeito de influir.

IN FOLIO. *Locução latina.* **1.** Folha dobrada ao meio, tendo quatro páginas. **2.** Livro composto de folhas dobradas, próprio para registro e controle de operações levadas a efeito.

INFORMAÇÃO. **1.** *Direito administrativo.* a) Despacho relativo a um processo a ter seguimento; b) esclarecimento prestado por funcionário público, em processo administrativo, fornecendo dados sobre a matéria ou sobre o interessado; c) parecer técnico de funcionário público. **2.** *Direito processual civil* e *direito processual penal.* a) Prestação de informações relativas a processo judicial, principalmente os de *habeas corpus* e mandado de segurança, para o desenvolvimento do caso; b) ato judicial contendo depoimento testemunhal que esclareça o fato. **3.** *Direito comercial.* a) Fase preliminar do processo falimentar, para apuração do ativo e passivo; b) corolário do sistema *full disclosure* das companhias abertas, pelo qual o administrador de sociedade por ações tem a obrigação de revelar aos investidores os principais acontecimentos suscetíveis de influir nas negociações de seus papéis, tais como o número de ações, bônus de subscrição, opções de compra de ações e debêntures conversíveis em ações, de emissão da companhia e de sociedades controladas etc. Trata-se da divulgação pelas empresas dos informes de interesse do mercado de capitais, ou seja, da Bolsa de Valores, para orientar acionistas, investidores e entidades desse mercado na busca de capitais; c) parecer ou opinião dada por uma pessoa sobre a conduta ou crédito de outra. **4.** *Direito penal.* a) Formação da culpa; b) sindicância; inquérito; investigação. **5.** *Direito constitucional.* Direito de obter e difundir idéias, opiniões e fatos noticiáveis (Manuel F. Areal). **6.** Nas *linguagens comum* e *jurídica:* a) transmissão de notícia; b) comunicação; c) ato ou efeito de informar; d) instrução. **7.** *Direito virtual.* Conjunto de dados organizados conforme os procedimentos executados por meios eletrônicos, ou não, que possibilitam a realização de atividades específicas e/ou tomada de decisão.

INFORMAÇÃO CONFIDENCIAL. *Direito administrativo.* Aquela cuja divulgação possa ser prejudicial ao interesse do País.

INFORMAÇÃO GRATUITA DOS SERVIÇOS DA TELESP CELULAR. *História do direito.* Era a obtida por todo usuário de celular que discasse o número 1404, para ter rápido e eficiente atendimento, sem congestionamento e gratuitamente, vinte e quatro horas por dia em todos os dias do ano, garantindo uma resposta do Centro de Atendimento do Serviço Celular (CASC) logo na primeira tentativa, solucionando as situações críticas ou de emergência em que se encontrasse. Atualmente, cada operadora de celular possui um serviço de atendimento ao cliente e há um número diferente para cada uma das operadoras.

INFORMAÇÃO OSTENSIVA. *Vide* INFORMAÇÃO PÚBLICA.

INFORMAÇÃO PÚBLICA. *Direito administrativo.* Aquela cujo acesso é irrestrito, disponível para divulgação pública através de canais autorizados pela entidade gestora.

INFORMAÇÃO RESERVADA. *Direito administrativo.* Aquela que não deve, imediatamente, ser do conhecimento do público em geral.

INFORMAÇÕES AO PACIENTE. *Medicina legal* e *biodireito.* As informações ao paciente são obrigatórias e devem ser escritas em linguagem acessível, de acordo com as terminologias preconizadas pela Classificação Internacional de Doenças (CID-10) ao referir sinais, sintomas e doenças. O texto deve ser de fácil compreensão para o paciente, podendo ser na forma de perguntas e respostas.

INFORMADOR. *Vide* INFORMANTE.

INFORMAL. Que não observa qualquer formalidade legal.

INFORMALIDADE. Qualidade do que é informal.

INFORMANTE. 1. Na *linguagem jurídica* em geral, aquele que informa ou presta informação. **2.** *Direito processual.* Testemunha que, por ser inidônea, não pode depor sob compromisso legal, logo, seu depoimento é tomado apenas a título de informação.

IN FORMA PAUPERIS. *Expressão latina.* Na qualidade de pobre; sem recurso financeiro.

INFORMAR. 1. Dar notícia. **2.** Prestar informação. **3.** Comunicar; dar a conhecer alguma coisa a alguém. **4.** Dar parecer sobre algo. **5.** Instruir um processo criminal. **6.** Participar. **7.** Tomar conhecimento de alguma coisa. **8.** Depor em juízo a título de mera informação, em razão, por exemplo, de menoridade, incapacidade ou parentesco com o interessado.

INFORMÁTICA. *Direito virtual.* **1.** Ciência do tratamento lógico e automático da informação, compreendendo as técnicas e os meios relativos à coleta, tratamento e difusão de informações (García Marques). **2.** Parte da cibernética que trata dos sistemas dinâmicos determinísticos, com vistas a sua execução em um computador eletrônico, estudando também o modo pelo qual é possível seu processamento por ele (Antônio S. Limongi França). **3.** Ramo da ciência voltado ao tratamento automático da informação, baseando-se em processamento de dados e empregando computador eletrônico para sua coleta, processamento, conservação, recuperação e disseminação. **4.** Ciência do uso da informação ligada a um computador (Liliana M. Paesani). **5.** É, segundo João Carlos Kanaan, a ciência do tratamento racional e automático da informação, considerada como suporte dos conhecimentos e comunicações, principalmente por meio de sistemas eletrônicos denominados computadores.

INFORMÁTICA JURÍDICA. *Direito virtual.* Parte da informática relativa ao sistema de informações jurídicas, como, por exemplo, referências bibliográficas, legislativas, jurisprudenciais, controle de andamento de processos etc.

INFORMATIO DELICTI. *Locução latina.* Investigação criminal; diligência policial para esclarecer delito mediante inquérito.

INFORMATION GAP. *Locução inglesa* e *direito virtual.* Linguagem técnico-lingüística adotada pelos profissionais na elaboração de contratos *standard* (Liliana M. Paesani).

INFORMATION LANDSCAPES. *Locução inglesa* e *direito virtual.* Paisagens informativas contínuas, mostradas por *software*, constituídas de palavras em diferentes símbolos que, por meio do movimento do *mouse*, concedem a informação desejada.

INFORMATIVO. Destinado a informar.

INFORME. **1.** Parecer sobre algo. **2.** O que se efetivou sem observância das solenidades legais. **3.** Averiguação. **4.** Disforme.

INFORMED CONSENT. *Locução inglesa.* Consentimento informado.

INFORMIDADE. Falta de formalidade prescrita em lei.

IN FORO. *Locução latina.* Perante o juízo ou tribunal competente.

IN FORO CONSCIENTIAE. *Expressão latina.* No foro da consciência.

INFORTIATUM. *Termo latino.* Designação dada à segunda parte do Digesto, que se inicia no Título III do Livro XXIV e termina com o Livro XXXVIII.

INFORTUNA. Desventura.

INFORTUNADO. Desventurado; infeliz; infausto.

INFORTÚNIO. **1.** Calamidade. **2.** Desgraça.

INFORTÚNIO DO TRABALHO. *Direito do trabalho.* Acidente do trabalho.

INFORTUNÍSTICA. *Medicina legal* e *medicina do trabalho.* Parte da medicina legal e da legislação trabalhista atinente aos riscos industriais, acidentes do trabalho e moléstias profissionais, abordando suas conseqüências e as medidas para sua prevenção e reparação.

INFORTUNOSO. Aquele que sofre infortúnio.

INFOVIA. *Direito virtual* e *direito das comunicações.* **1.** Super-rede de transmissão eletrônica de infor-

mação. É uma rede de comunicação similar à telefônica, formada por cabos de fibra ótica e conectada a supercomputadores, sendo capaz, por isso, de transmitir imagens, sons e dados em altíssima velocidade. Trata-se da fusão progressiva e contínua de sistemas de telecomunicações, computadores, bancos de dados, satélites, emissoras de rádio e TV a cabo. **2.** *Vide* SUPER-RODOVIA DA INFORMAÇÃO. **3.** Rodovia eletrônica do conhecimento ou telecomunicação em multimídia. **4.** Rede de telecomunicações que se dá por meio de satélites artificiais e de fibra ótica que possibilitam a circulação instantânea de qualquer tipo de informação entre os países. Trata-se das rodovias de informações.

INFRA. *Termo latino.* Abaixo; a seguir.

INFRA-ASSINADO. Aquele que assina abaixo.

INFRAÇÃO. **1.** *Teoria geral do direito* e *direito civil.* a) Violação; b) ato de infringir; c) desrespeito; d) transgressão a uma norma; e) prática de ato ilícito. **2.** *Direito penal.* Crime ou contravenção penal. **3.** *Direito de trânsito.* É a inobservância a qualquer preceito da legislação de trânsito, às normas emanadas do Código de Trânsito, do Conselho Nacional de Trânsito e a regulamentação estabelecida pelo órgão ou entidade executiva do trânsito.

INFRAÇÃO ADMINISTRATIVA. *Direito da criança e do adolescente.* Violação às normas de proteção à criança e ao adolescente cuja apuração, para imposição de penalidade administrativa, tem início por representação do Ministério Público, ou do Conselho Tutelar, ou por auto de infração elaborado por servidor efetivo ou voluntário credenciado, e assinado por duas testemunhas, se possível. Dentre suas tipificações legais, podemos citar, por exemplo: a) deixar o médico, professor ou responsável por estabelecimento de atenção à saúde e de ensino fundamental, pré-escola ou creche, de comunicar à autoridade competente os casos de que tenha conhecimento, envolvendo suspeita ou confirmação de maus-tratos contra criança ou adolescente; b) divulgar, total ou parcialmente, sem autorização devida, por qualquer meio de comunicação, nome, ato ou documento de procedimento policial, administrativo ou judicial relativo a criança ou adolescente a que se atribua ato infracional; c) descumprir, dolosa ou culposamente, os deveres inerentes ao poder familiar ou decorrentes de tutela ou guarda, assim como determinação da autoridade judiciária ou Conselho Tutelar; d) hospedar criança ou adolescente, desacompanhado dos pais ou responsável ou sem autorização escrita destes, ou da autoridade judiciária, em hotel, pensão, motel ou congênere; e) anunciar peças teatrais, filmes ou quaisquer representações ou espetáculos sem indicar os limites de idade a que não se recomendem; f) vender ou locar a menor fita de programação em vídeo em desacordo com a classificação atribuída pelo órgão competente etc.

INFRAÇÃO ADMINISTRATIVA AMBIENTAL. *Direito ambiental.* Toda ação ou omissão que viole as regras jurídicas de uso, gozo, promoção, proteção e recuperação do meio ambiente. São autoridades competentes para lavrar auto de infração ambiental e instaurar processo administrativo os funcionários de órgãos ambientais integrantes do Sistema Nacional do Meio Ambiente (SISNAMA), designados para as atividades de fiscalização, bem como os agentes das Capitanias dos Portos. Qualquer pessoa, constatando infração ambiental, poderá dirigir representação às autoridades relacionadas acima, para efeito do exercício do seu poder de polícia. A autoridade ambiental, que tiver conhecimento de infração ambiental, é obrigada a promover a sua apuração imediata, mediante processo administrativo próprio, sob pena de co-responsabilidade, assegurado o direito de ampla defesa e o contraditório. O processo administrativo para apuração de infração ambiental deve observar os seguintes prazos máximos: a) vinte dias para o infrator oferecer defesa ou impugnação contra o auto de infração, contados da data da ciência da autuação; b) trinta dias para a autoridade competente julgar o auto de infração, contados da data da sua lavratura, apresentada ou não a defesa ou impugnação; c) vinte dias para o infrator recorrer da decisão condenatória à instância superior do Sistema Nacional do Meio Ambiente (SISNAMA), ou à Diretoria de Portos e Costas, de acordo com o tipo de autuação; d) cinco dias para o pagamento de multa, contados da data do recebimento da notificação. As infrações administrativas são punidas com as seguintes sanções: a) advertência; b) multa simples; c) multa diária; d) apreensão dos animais, produtos e subprodutos da fauna e flora, instrumentos, petrechos, equipamentos ou veículos de qualquer natureza utilizados na infração;

e) destruição ou inutilização do produto; f) suspensão de venda e fabricação do produto; g) embargo de obra ou atividade; h) demolição de obra; i) suspensão parcial ou total de atividades; j) restritiva de direitos. Se o infrator cometer, simultaneamente, duas ou mais infrações, ser-lhe-ão aplicadas, cumulativamente, as sanções a elas cominadas. A advertência será aplicada pela inobservância das disposições da legislação em vigor, ou de preceitos regulamentares, sem prejuízo das demais sanções previstas. A multa simples será aplicada sempre que o agente, por negligência ou dolo: a) advertido por irregularidades que tenham sido praticadas, deixar de saná-las, no prazo assinalado por órgão competente do SISNAMA ou pela Capitania dos Portos; b) opuser embaraço à fiscalização dos órgãos do SISNAMA ou da Capitania dos Portos. A multa simples pode ser convertida em serviços de preservação, melhoria e recuperação da qualidade do meio ambiente. A multa diária será aplicada sempre que o cometimento da infração se prolongar no tempo. As sanções restritivas de direito são: a) suspensão de registro, licença ou autorização; b) cancelamento de registro, licença ou autorização; c) perda ou restrição de incentivos e benefícios fiscais; d) perda ou suspensão da participação em linhas de financiamento em estabelecimentos oficiais de crédito; proibição de contratar com a Administração Pública, pelo período de até três anos. Os valores arrecadados em pagamento de multas por infração ambiental serão revertidos ao Fundo Nacional do Meio Ambiente, fundos estaduais ou municipais de meio ambiente, ou correlatos, conforme dispuser o órgão arrecadador. A multa terá por base a unidade, hectare, metro cúbico, quilograma ou outra medida pertinente, de acordo com o objeto jurídico lesado.

INFRAÇÃO COMUM. *Direito penal.* Crime comum.

INFRAÇÃO CONTINUADA. *Direito tributário.* Infração fiscal simultânea ou falta que se repete ou se registra antes da lavratura do auto da infração contra o contribuinte. Os autos se juntam para um só julgamento (De Plácido e Silva).

INFRAÇÃO DA LEGISLAÇÃO TRIBUTÁRIA. *Direito tributário.* Violação das leis tributárias por atos comissivos ou omissivos. Trata-se da infração fiscal.

INFRAÇÃO DA ORDEM ECONÔMICA. *Economia política.* Prática de ato, independentemente de culpa, que tem por escopo a produção dos seguintes efeitos, mesmo que não sejam alcançados: a) limitar, falsear, ou de qualquer forma prejudicar a livre concorrência ou livre iniciativa; b) dominar mercado relevante de bens ou serviços; c) aumentar arbitrariamente os lucros; d) exercer de forma abusiva posição dominante.

INFRAÇÃO DE MEDIDA SANITÁRIA PREVENTIVA. *Direito penal.* Violação de determinação do Poder Público destinada a impedir a introdução ou propagação de doença contagiosa, punida com detenção e multa por ser crime contra a saúde pública.

INFRAÇÃO DISCIPLINAR. *Direito administrativo.* É a que ocorre quando o agente viola, voluntariamente, os deveres oriundos da função pública por ele exercida.

INFRAÇÃO FISCAL. *Vide* INFRAÇÃO DA LEGISLAÇÃO TRIBUTÁRIA.

INFRAÇÃO MILITAR. *Direito militar.* Infringência às leis penais militares.

INFRAÇÃO PENAL. *Direito penal.* **1.** Crime a que se comina pena de reclusão ou de detenção, seja isolada, alternativa ou cumulativamente com a pena de multa. O crime consiste na violação culposa ou dolosa à lei penal que lesa a segurança da pessoa e da sociedade e as condições sociais e permanentes da vida social, sendo altamente reprovável por ofender direito inatos, colocando-os em risco. **2.** Contravenção penal a que a lei comina, isoladamente, pena de prisão simples ou de multa, ou ambas alternativa ou cumulativamente. Isto é assim por ser uma violação à lei penal menos grave que o crime. A contravenção penal viola lei destinada à promoção do bem público, ofendendo direitos de criação política, condições sociais secundárias e transitórias e condições ambientais de bens jurídicos (Zarzuela).

INFRAÇÃO PERMANENTE. *Direito penal.* Crime permanente, cujo momento consumativo prolonga-se por certo período de tempo. Por exemplo, seqüestro.

INFRAÇÃO POR DOPAGEM. *Direito desportivo.* É o uso de substância proibida, ou a presença de seus metabólitos ou marcadores na urina ou sangue do atleta, o uso ou a tentativa de uso de substância ou método proibido, a adulteração ou tentativa de adulterar qualquer parte do controle de dopagem, a posse ilegal e o tráfico ilícito de qualquer substância ou método proibido.

INFRAÇÃO REINCIDENTE. *Direito tributário.* Infração fiscal que se repete quando o auto já foi lavrado e o contribuinte é intimado de outra que ocorre logo a seguir. Cada uma das violações à lei tributária é julgada em separado.

INFRACITADO. Abaixo citado.

INFRAÇÕES AO CONHECIMENTO TRADICIONAL ASSOCIADO. *Biodireito.* Consistem nos atos de: a) acessar conhecimento tradicional associado para fins de pesquisa científica sem a autorização do órgão competente ou em desacordo com a obtida. Caso em que se terá multa mínima de R$ 20.000,00 e máxima de R$ 500.000,00, quando se tratar de pessoa jurídica, e multa mínima de R$ 1.000,00 e máxima de R$ 50.000,00, quando se tratar de pessoa física; b) acessar conhecimento tradicional associado para fins de bioprospecção ou desenvolvimento tecnológico sem a autorização do órgão competente ou em desacordo com a obtida, sob pena de multa mínima de R$ 50.000,00 e máxima de R$ 15.000.000,00, quando se tratar de pessoa jurídica, e multa mínima de R$ 10.000,00 e máxima de R$ 100.000,00, quando se tratar de pessoa física. Tal pena será aumentada de: um terço, caso haja reivindicação de direito de propriedade industrial de qualquer natureza relacionada a produto ou processo obtido a partir do acesso ilícito junto a órgão nacional ou estrangeiro competente; metade, se houver exploração econômica de produto ou processo obtido a partir de acesso ilícito ao conhecimento tradicional associado; c) divulgar, transmitir ou retransmitir dados ou informações que integram ou constituem conhecimento tradicional associado, sem autorização do órgão competente ou em desacordo com a autorização obtida, hipótese em que se aplicará multa mínima de R$ 20.000,00 e máxima de R$ 500.000,00, quando se tratar de pessoa jurídica, e multa mínima de R$ 1.000,00 e máxima de R$ 50.000,00, quando se tratar de pessoa física; d) omitir a origem de conhecimento tradicional associado em publicação, registro, inventário, utilização, exploração, transmissão ou qualquer forma de divulgação em que este conhecimento seja direta ou indiretamente mencionado, sob pena de multa mínima de R$ 10.000,00 e máxima de R$ 200.000,00, quando se tratar de pessoa jurídica, e multa mínima de R$ 5.000,00 e máxima de R$ 20.000,00, quando se tratar de pessoa física; e) omitir ao

Poder Político informação essencial sobre atividade de acesso a conhecimento tradicional associado, por ocasião de auditoria, fiscalização ou requerimento de autorização de acesso ou remessa, apenado de multa mínima de R$ 10.000,00 e máxima de R$ 100.000,00, quando se tratar de pessoa jurídica, e multa mínima de R$ 200,00 e máxima de R$ 5.000,00, quando se tratar de pessoa física.

INFRAÇÕES CONTRA O PATRIMÔNIO GENÉTICO. *Biodireito.* Atos consistentes em: a) acessar componente do patrimônio genético para fim de pesquisa científica sem autorização do órgão competente ou em desacordo com a obtida, sob pena de multa mínima de R$ 10.000,00 e máxima de R$ 100.000,00, quando se tratar de pessoa jurídica, e multa mínima de R$ 200,00 e máxima de R$ 5.000,00, quando se tratar de pessoa física. Essa pena será aplicada em dobro se o acesso ao patrimônio genético for realizado para práticas nocivas ao meio ambiente ou práticas nocivas à saúde humana. Se o acesso ao patrimônio genético for realizado para o desenvolvimento de armas biológicas e químicas, aquela pena será triplicada e deverá ser aplicada a sanção de interdição parcial ou total do estabelecimento, atividade ou empreendimento; b) acessar componente do patrimônio genético para fins de bioprospecção ou desenvolvimento tecnológico, sem autorização do órgão competente ou em desacordo com a obtida, punido com multa mínima de R$ 15.000,00 e máxima de R$ 10.000.000,00, quando se tratar de pessoa jurídica, e multa mínima de R$ 5.000,00 e máxima de R$ 50.000,00, quando se tratar de pessoa física. Incorre nas mesmas penas quem acessa componente do patrimônio genético a fim de constituir ou integrar coleção *ex situ* para bioprospecção ou desenvolvimento tecnológico, sem autorização do órgão competente ou em desacordo com a autorização obtida. Tal pena será aumentada: de um terço quando o acesso envolver reivindicação de direito de propriedade industrial relacionado a produto ou processo obtido a partir do acesso ilícito junto ao órgão competente; da metade se houver exploração econômica de produto ou processo obtidos a partir de acesso ilícito ao patrimônio genético. Essa pena será aplicada em dobro se o acesso ao patrimônio genético for realizado para práticas nocivas ao meio ambiente ou à saúde humana. Se o acesso ao patrimônio genético for realizado para o de-

senvolvimento de armas biológicas e químicas, aquela pena será triplicada e deverá ser aplicada a sanção de interdição parcial ou total do estabelecimento, atividade ou empreendimento; c) remeter para o exterior amostra de componente do patrimônio genético sem autorização do órgão competente ou em desacordo com a autorização obtida, caso em que será passível de aplicação da multa mínima de R$ 10.000,00 e máxima de R$ 5.000.000,00, quando se tratar de pessoa jurídica, e multa mínima de R$ 5.000,00 e máxima de R$ 50.000,00, quando se tratar de pessoa física. Pune-se a tentativa do cometimento da referida infração com a multa correspondente à infração consumada, diminuída de um terço. Diz-se tentada uma infração, quando, iniciada a sua execução, não se consuma por circunstâncias alheias à vontade do agente. Tal pena será aumentada da metade se a amostra for obtida a partir de espécie constante da lista oficial da fauna brasileira ameaçada de extinção e do Anexo I da Convenção sobre o Comércio Internacional das Espécies da Flora e Fauna Selvagens em Perigo de Extinção – CITES. E, ainda, será aplicada em dobro: se a amostra for obtida a partir de espécie constante da lista oficial de fauna brasileira ameaçada de extinção; se a amostra for obtida a partir de espécie constante da lista oficial da flora brasileira ameaçada de extinção; d) deixar de repartir, quando existentes, os benefícios resultantes da exploração econômica de produto ou processo desenvolvido a partir do acesso a amostra do patrimônio genético ou do conhecimento tradicional associado com quem de direito, de acordo com a lei, ou com o Contrato de Utilização do Patrimônio Genético e de Repartição de Benefícios anuído pelo Conselho de Gestão do Patrimônio Genético, sob pena de multa mínima de R$ 50.000,00 e máxima de R$ 50.000.000,00, quando se tratar de pessoa jurídica, e multa mínima de R$ 20.000,00 e máxima de R$ 100.000,00, quando se tratar de pessoa física; e) prestar falsa informação ou omitir ao Poder Público informação essencial sobre atividade de pesquisa, bioprospecção ou desenvolvimento tecnológico relacionada ao patrimônio genético, por ocasião de auditoria, fiscalização ou requerimento de autorização de acesso ou remessas. Caso em que a pena será: multa mínima de R$ 10.000,00 e máxima de R$ 100.000,00, quando se tratar de pessoa jurídica, e multa mínima de R$ 200,00 e máxima de R$ 5.000,00, quando se tratar de pessoa física.

INFRAÇÕES PENAIS DE MENOR POTENCIAL OFENSI-VO. *Direito processual penal.* São as contravenções penais e os crimes a que a lei comina pena máxima não superior a um ano. A conciliação, o julgamento e a execução dessas infrações são da competência do Juizado Especial Criminal.

INFRAÇÕES TRIBUTÁRIAS. *Direito tributário.* Ações ou omissões que, direta ou indiretamente, representem o descumprimento dos deveres jurídicos estatuídos em leis fiscais. Por exemplo, sonegação, fraude e conluio (Paulo de Barros Carvalho). **2.** Atos conducentes ao desatendimento das obrigações tributárias principais ou acessórias (Ruy Barbosa Nogueira). **3.** Ilícitos tributários previstos em normas tributárias que arrolam e sancionam as condutas que não observam os deveres jurídico-tributários. Essas infrações podem ser: a) *subjetivas*, se o autor do ilícito agir com culpa ou dolo, por exemplo, se ao prestar sua declaração de rendimentos, no imposto sobre a renda, omitir, propositadamente, algumas receitas, para recolher quantia menor do que a devida. A lei sobre o IPI prevê, p. ex., três ilícitos tributários dolosos, que são a sonegação, a fraude e o conluio; b) *objetivas*, em que basta o resultado previsto na descrição normativa para a sua configuração, pouco importando a intenção do agente. Por exemplo, se o contribuinte não pagar o imposto predial e territorial urbano no prazo fixado na notificação de lançamento, haverá incidência de multa moratória (sanção), qualquer que tenha sido o ânimo daquele devedor (Paulo de Barros Carvalho).

INFRA-ESCRITO. Escrito abaixo do que se está tratando.

INFRA-ESTRUTURA. 1. *Sociologia jurídica.* Divisão marxista da sociedade em forças produtivas (homem e material necessário à produção) e relações de produção (classes, instituições etc.). **2.** *Economia política.* a) Base econômica da sociedade; b) conjunto do que é indispensável para a existência da produção e distribuição, como redes ferroviárias e rodoviárias, fontes de energia, mão-de-obra especializada etc. **3.** *Direito administrativo.* Conjunto de obras e serviços que objetivem, conjunta ou alternativamente, a execução de rede de abastecimento de água e/ou esgotamento sanitário, rede de energia elétrica e/ou iluminação pública, sistema de drenagem, obras de execução das vias de acesso e internas da área sob intervenção e obras de proteção, contenção e estabilização do solo. A pavimentação das vias de acesso e internas será admitida de forma conjugada às soluções de abastecimento de água, esgotamento sanitário e drenagem pluvial ou mediante a existência prévia dos referidos serviços no local a ser pavimentado.

INFRA-ESTRUTURA AERONÁUTICA. *Direito aeronáutico.* Conjunto de órgãos, instalações ou estruturas terrestres de apoio à navegação aérea para promover-lhe segurança, regularidade e eficiência, compreendendo: o sistema aeroportuário; o sistema de proteção ao vôo; o sistema de segurança de vôo; o sistema de Registro Aeronáutico Brasileiro; o sistema de investigação e prevenção de acidentes aeronáuticos; o sistema de facilitação, segurança e coordenação do transporte aéreo; o sistema de formação e adestramento de pessoal destinado à navegação aérea e à infra-estrutura aeronáutica; o sistema de indústria aeronáutica; o sistema de serviços auxiliares; e o sistema de coordenação da infra-estrutura aeronáutica.

INFRA-ESTRUTURA DE APOIO. *Direito administrativo.* Instalações físicas de apoio logístico, tais como acessos aquaviários e terrestres, aeroportos, heliportos, helipontos, hospitais, pronto-socorros e corpo de bombeiros.

INFRA-ESTRUTURA DE CHAVES PÚBLICAS BRASILEIRA (ICP – BRASIL). *Direito virtual.* Órgão que reconhece a legitimidade do documento eletrônico, estabelece a exigência de certificação digital para sua validade e regula empresas, licenciando-as como autoridades certificadoras. Criada para garantir a autenticidade, a integridade e a validade jurídica de documentos em forma eletrônica, das aplicações de suporte e das aplicações habilitadas que utilizam certificados digitais, bem como a realização de transações eletrônicas seguras.

INFRA-ESTRUTURA ESPACIAL. *Direito aeronáutico* e *direito espacial.* É o conjunto de instalações, sistemas ou equipamentos de superfície, bem como serviços associados, que proporcionam o apoio necessário à efetiva operação e utilização dos sistemas espaciais. Incluem-se nesta categoria os centros de lançamento de foguetes, de veículos lançadores de satélites e de balões estratosféricos; os laboratórios especializados de fabricação, testes e integração; as estações e centros de rastreio e controle, bem como os de recepção, tratamento e disseminação de dados de satélites etc., incluindo os laboratórios de calibração, laboratórios de verificação metrológica e os organismos de inspeção e de certificação.

INFRA-ESTRUTURA PORTUÁRIA. *Direito marítimo.* O conjunto de instalações portuárias, de uso comum, colocadas à disposição dos usuários, operadores, portuários e arrendatárias de um porto organizado, compreendendo: a estrutura de proteção e acesso aquaviário, as vias de circulação interna, rodoviária e ferroviária, bem como dutos e instalações de suprimento do porto organizado.

INFRA PETITA. *Locução latina.* **1.** Aquém do pedido. **2.** Decisão que, por não apreciar o pedido conforme a pretensão, resulta em julgamento nulo.

INFRA-SEGURO. *Direito civil.* É o realizado por valor inferior ao interesse que se pretende preservar (Adrianna de Alencar Setubal Santos).

INFRATOR. *Teoria geral do direito.* **1.** Aquele que viola norma jurídica. **2.** O que pratica uma infração. **3.** Transgressor. **4.** Lesante. **5.** Criminoso; delinqüente.

IN FRAUDEM LEGIS. *Expressão latina.* Em fraude contra a lei.

IN FRAUDEM LEGIS AGERE. *Expressão latina.* Agir em fraude contra a lei.

IN FRAUDEM VERO, QUI SALVIS VERBIS LEGIS, SENTENTIAM EIUS CIRCUMVENIT. *Brocardo latino.* Age com fraude quem, salvas as palavras da lei, faz algo contra o sentido delas.

INFRINGÊNCIA. *Teoria geral do direito.* **1.** Ato ou efeito de infringir. **2.** Descumprimento ou violação de norma jurídica.

INFRINGENTE. **1.** Aquele que viola norma jurídica. **2.** Quem comete infração da norma jurídica. **3.** Que refuta sentença, pleiteando sua reforma.

INFRINGIDO. O que se transgrediu ou violou.

INFRINGIR. **1.** Violar norma jurídica. **2.** Transgredir. **3.** Descumprir. **4.** Desobedecer. **5.** Praticar delito ou contravenção penal.

INFRINGÍVEL. O que se pode transgredir ou infringir.

INFRUTESCER. *Direito agrário.* Produzir fruto; frutificar.

INFUMÍGENO. *Medicina legal.* Pólvora que arde sem fazer fumo.

INFUNDADO. *Direito processual civil.* **1.** Sem fundamento. **2.** Que não é fundado. **3.** Que não tem razão de ser.

INFUNDIR. **1.** Introduzir. **2.** Incutir. **3.** Inspirar. **4.** Insuflar.

INFUNGIBILIDADE. *Direito civil.* Qualidade de infungível.

INFUNGÍVEL. *Direito civil.* Que não é fungível.

INFUSAÇÃO. Estado daquele que se endividou muito ou empobreceu.

INFUSADO. **1.** Endividado. **2.** Empobrecido. **3.** Na Bahia, garimpeiro que não teve sorte em suas pesquisas.

INFUSAR. **1.** Endividar. **2.** Empobrecer.

IN FUTURUM. *Locução latina.* Para o futuro.

INGANJAR. Fazer questão de coisas insignificantes ou de pouco valor.

INGANJENTO. Aquele que reclama coisas de valor mínimo ou insignificante.

IN GENERE. *Locução latina.* No gênero.

INGÊNITO. Inato; congênito.

INGENIUM SUPERAT VIRES. *Expressão latina.* A astúcia pode mais do que a força.

INGENUIDADE. **1.** Simplicidade. **2.** Qualidade de ingênuo.

INGÊNUO. **1.** Nas *linguagens comum* e *jurídica:* a) inocente; b) em que não há malícia; c) simples; d) sincero. **2.** *Direito romano.* a) Filho de escravo nascido após a lei da emancipação; b) filho de pais livres.

INGERÊNCIA. **1.** Influência. **2.** Ato ou efeito de intervir em algum negócio para dele participar.

INGERIR. **1.** *Medicina legal.* Engolir. **2.** Na *linguagem jurídica* em geral, intervir ou intrometer-se em negócio.

INGERMINÁVEL. *Direito agrário.* Semente que não tem poder germinativo.

INGESTÃO DE OCITÓCITOS. *Medicina legal.* Técnica abortiva direta pelo uso de medicamentos ou produtos que contraem o útero, expelindo o feto.

IN GLOBO. *Locução latina.* Em massa; sem distinção das partes.

INGOVERNABILIDADE. Qualidade de ingovernável.

INGOVERNÁVEL. **1.** Que não se pode governar. **2.** Insubmisso.

INGRATIDÃO. *Direito civil.* Falta de gratidão, que é causa extintiva de doação pura e simples por meio da revogação.

INGRATO. *Direito civil.* **1.** O que comete ingratidão. **2.** Que se esquece dos benefícios recebidos. **3.** Mal-agradecido.

INGREDIENTE. *Direito do consumidor.* É qualquer substância, incluídos os aditivos alimentares, empregada na fabricação ou preparação de um alimento e que permanece no produto final, ainda que de forma modificada.

INGREDIENTE ATIVO. *Direito do consumidor.* Substância presente na formulação para conferir eficácia ao produto, segundo sua destinação.

ÍNGREME. Difícil; árduo.

INGRESSO. 1. Admissão. **2.** Entrada. **3.** Ato de entrar. **4.** Bilhete de entrada em casa de diversão e espetáculos públicos.

INGRESSO CLANDESTINO. *Direito militar.* Crime que consiste em penetrar em estabelecimento militar ou local sujeito à administração militar, iludindo a vigilância da sentinela ou usando passagem não regular ou proibida.

INGRESSO DE BOVINOS, BUBALINOS, OVINOS E CAPRINOS. *Direito agrário.* Entrada de animais suscetíveis de febre aftosa, permitida mediante autorização, desde que os bovinos, bubalinos, ovinos e caprinos atendam aos seguintes requisitos de natureza zoossanitária: a) tenham permanecido pelo menos nos dois anos anteriores à data de expedição da autorização ou desde o seu nascimento, no caso de animais com menos de dois anos de idade, em estado classificado segundo o risco por febre aftosa como risco desprezível (livre de febre aftosa sem vacinação) ou risco mínimo (livre de febre aftosa que pratica a vacinação). Os animais devem ser procedentes diretamente desse estado; b) tenham permanecido pelo menos nos dois anos anteriores à data de expedição da autorização ou desde o seu nascimento, no caso de animais com menos de dois anos de idade, em estado ou região de estado classificado segundo o risco por febre aftosa como baixo risco ou médio risco, onde a vacinação de bovinos e bubalinos contra febre aftosa é regularmente praticada e oficialmente controlada e onde o serviço estadual de defesa sanitária animal está estruturado e possui os dispositivos legais necessários para aplicar ou fiscalizar a aplicação da vacina, fiscalizar o trânsito de animais, exercer a vigilância epidemiológica e sanitária e a interdição de focos da doença, bem como para aplicar as demais medidas de defesa sanitária animal. Os animais devem ser procedentes diretamente desses estados; c) sejam procedentes de estabelecimento de criação onde a febre aftosa não foi oficialmente registrada nos vinte e quatro meses anteriores à data do embarque, situado em região onde, no raio de 25 km do estabelecimento, a doença não foi registrada nos seis meses anteriores. Os bovinos, bubalinos, ovinos ou caprinos deverão ser isolados por um período mínimo de trinta dias antes do embarque, em local oficialmente aprovado e sob supervisão veterinária oficial, sendo submetidos aos testes laboratoriais para febre aftosa definidos pelo Departamento de Defesa Animal, entre outros testes requeridos. Após a chegada ao destino os bovinos, bubalinos, ovinos ou caprinos serão mantidos isolados por um período não inferior a quinze dias, em local oficialmente aprovado e sob supervisão veterinária oficial, quando serão repetidos os testes para febre aftosa e outros oficialmente requeridos.

INHACA. 1. Na *gíria,* falta de sorte no jogo. **2.** *História do direito.* Rei na África Oriental portuguesa.

IN HANC DIEM. *Expressão latina.* Até o presente; até hoje.

IN HOC SIGNO VINCES. *Expressão latina.* Com este sinal vencerás.

IN HOC TEMPORE. *Expressão latina.* Agora; nesta ocasião; presentemente.

INI. Sigla de Instituto Nacional de Identificação, órgão técnico do Departamento de Polícia Federal que tem por objetivo planejar, coordenar, executar e controlar atividades voltadas à identificação criminal e de estrangeiros no País (Afonso Celso F. de Rezende).

INIBIÇÃO. 1. Na *linguagem jurídica* em geral: a) proibição legal ou judicial para fazer algo; b) impedimento; c) processo usado em refinaria que consiste na introdução de um inibidor a um produto petrolífero. **2.** *Psicologia forense.* Resistência íntima a certos sentimentos; estado mental que impede certas formas de expressão. **3.** *Medicina legal.* Supressão parcial ou total da atividade de uma parte do organismo humano por excitação nervosa (Croce e Croce Jr., João B. de Oliveira e Costa Jr.).

INIBIÇÃO CARDÍACA. *Medicina legal.* Retardamento do ritmo cardíaco; síncope cardíaca provocada por excitação do centro nervoso do bulbo raquiano.

INIBIÇÃO DO FALIDO. *Direito comparado* e *direito falimentar.* Impedimento do falido, assim que for declarada a sua falência, de administrar e dispor de seus bens ou dos que futuramente lhe advenham, embora lhe seja permitido trabalhar e adquirir meios para sua subsistência. Devido à inibição, o falido passa a ser representado pelo administrador judicial, salvo no que atinar a direitos personalíssimos ou alheios à falência.

INIBIÇÃO MORTAL. *Medicina legal.* Excitação em região periférica do corpo que provoca a morte, como: a) choque nas partes laterais do pescoço, onde se localizam os seios carotideanos; b) golpe no abdome ou nos órgãos genitais; c) aplicação de clisteres; punções; d) água fria sobre a pele ou no estômago de pessoa com o corpo aquecido por exercício etc.

INIBIDOR. **1.** *Direito espacial.* Material que envolve a massa do propulsante sólido dos foguetes e que limita a combustão, salvo em superfície escolhida. **2.** Nas *linguagens comum* e *jurídica:* a) antioxidante; b) substância que retarda a formação de goma em gasolina; c) o que reduz a corrosão; d) aquilo que inibe.

INIBIR. **1.** Proibir. **2.** Impedir.

INIBITIVO. *Vide* INIBITÓRIO.

INIBITÓRIA. *História do direito.* **1.** Sentença na qual um juiz superior ordenava a um inferior que se abstivesse de conhecer a causa e remetesse os autos à autoridade competente. **2.** Escrito de juiz eclesiástico dirigido ao secular, proibindo-o de conhecer de certa causa, sob pena de excomunhão.

INIBITÓRIO. **1.** Que constitui uma inibição. **2.** Sentimento ou aquilo que provoca inibição. **3.** Que proíbe.

INICIAÇÃO. **1.** *Direito civil.* Admissão de alguém numa ordem maçônica. **2.** Nas *linguagens jurídica* e *comum:* a) ação de começar; b) ato ou efeito de iniciar; c) cerimônia pela qual alguém se inicia em alguma doutrina.

INICIADO. **1.** O que foi admitido à iniciação. **2.** Neófito de uma seita esotérica. **3.** Começado.

INICIADOR. O que principia ou inicia.

INICIAL. **1.** *Direito processual civil.* Petição escrita, endereçada ao juiz competente, propondo uma ação e instaurando, com a citação do réu, o processo civil. A inicial deve, obrigatoriamente, conter: o nome e a qualificação das partes, o fato e o fundamento do direito, o pedido, o valor da causa e o requerimento para citação do réu. A petição inicial equivale à denúncia, promovida pelo Ministério Público, na ação penal, e à reclamação, no direito processual do trabalho. **2.** Nas *linguagens comum* e *jurídica:* a) o que inicia; b) do começo ou princípio; c) primitivo.

INICIAMENTO. **1.** Ação ou efeito de iniciar. **2.** Ação de admitir em uma associação.

INICIANDO. Aquele que está sendo admitido numa associação, ordem, seita ou doutrina esotérica.

INICIAR. **1.** Começar. **2.** Sujeitar-se a uma iniciação.

INICIÁTICO. Referente a iniciação.

INICIATIVA. **1.** Qualidade do que concebe ou executa algo em primeiro lugar. **2.** Prerrogativa de propor alguma coisa. **3.** Ação ou efeito de ser o primeiro a colocar em prática uma idéia, propagando-a. **4.** Forma de atividade que dá início a uma ação criadora. **5.** Diligência.

INICIATIVA DA LEI. *Direito constitucional.* **1.** Poder atribuído por norma constitucional aos membros do Congresso Nacional e das Assembléias Legislativas, ao presidente da República etc., para propor leis complementares ou ordinárias. **2.** Ato inaugural do processo legislativo.

INICIATIVA LEGISLATIVA POPULAR. *Direito constitucional.* Mecanismo de integração legislativa previsto em norma constitucional consistente na apresentação de projeto de lei pelo povo. Deveras, estão autorizados constitucionalmente não só os projetos de lei federal, apresentados ao Legislativo por populares, subscritos por um por cento do eleitorado nacional, distribuído por pelo menos cinco Estados, com não menos de três décimos por cento de eleitores de cada um deles, mas também projetos de lei municipal, pela manifestação de pelo menos cinco por cento do eleitorado. No que atina à iniciativa popular no processo legislativo estadual, a lei deverá fixar a percentagem do eleitorado.

INICIATIVO. Que tem o caráter de iniciativa.

INICIATÓRIO. Referente a iniciação.

INÍCIO. **1.** Exórdio. **2.** Começo; princípio. **3.** Inauguração; estréia.

INÍCIO DE OPERAÇÃO COMERCIAL DE SERVIÇO MÓVEL CELULAR. *Direito administrativo.* Mês e ano em que as contas de serviço de assinante começam a ser, regularmente, faturadas pela concessionária de Serviço Móvel Celular.

INIDENTIFICÁVEL. Que não se pode identificar.

INIDONEIDADE. Falta de idoneidade.

INIDÔNEO. 1. Na *linguagem jurídica* em geral: a) que não é idôneo; b) incapaz; c) incompetente; d) ineficaz; e) o que não preenche certas condições ou requisitos; f) contra-indicado. **2.** *Direito cambiário.* Correntista cujo nome é lançado no Cadastro de Emitentes de Cheques sem Fundos, ao qual se deve ater o banco sacado para determinar a continuidade, ou não, do contrato de cheque (Othon Sidou). **3.** *Direito civil.* Fiador que atende aos requisitos mínimos para assegurar o cumprimento da obrigação do devedor.

INIGUALDADE. Desigualdade.

INILIDÍVEL. 1. O que não se pode ilidir. **2.** O que não pode ser contestado. **3.** Irrefutável. **4.** Indestrutível.

IN ILLIQUIDIS NON FIT MORA. *Expressão latina.* O devedor não se constitui em mora enquanto a obrigação for ilíquida.

IN ILLO TEMPORE. *Expressão latina.* Em época remota.

INILUDÍVEL. 1. Evidente. **2.** Que não admite dúvidas.

INIMIGO. 1. *Direito internacional público.* a) País que está em guerra com outro; b) o que pertence ao Estado beligerante contrário. **2.** Nas *linguagens comum* e *jurídica:* a) adversário; b) aquele que nutre rancor por outrem; c) desafeto; d) aquele que visa prejudicar alguém.

INIMIGO ALUGADO. *Direito penal.* Aquele a quem se mata por ordem de outrem.

INIMIGO CAPITAL. *Direito processual.* Aquele que, movido por sentimento de ódio, deseja o mal de seu desafeto, sendo suspeito para depor em juízo como testemunha sobre questão que envolva interesse de seu adversário.

INIMIGO JURADO. Inimigo declarado.

INIMIGO PÚBLICO. *Direito penal.* Aquele que, pela prática de ações criminosas, torna-se perigoso à coletividade.

INIMIZADE. 1. Aversão. **2.** Falta de amizade. **3.** Estado entre pessoas adversárias. **4.** Desinteligência.

INIMIZAR. 1. Tornar-se inimigo. **2.** Romper relações de amizade com alguém.

INIMPUTABILIDADE. *Direito penal.* Qualidade de inimputável.

INIMPUTÁVEL. *Direito penal.* **1.** Irresponsável perante a lei penal. **2.** A quem não se pode imputar crime. **3.** Inacusável.

IN INITIO LITIS. *Expressão latina.* No início da lide.

IN INTEGRUM. *Locução latina.* Por inteiro.

IN INTEGRUM RESTITUERE. *Expressão latina.* **1.** Restituir a coisa intacta, repondo-a ao estado anterior. **2.** Devolver integralmente.

ININTELIGÍVEL. 1. Obscuro. **2.** O que é difícil de compreender. **3.** Desprovido de sentido.

ININTERRUPÇÃO. 1. Continuidade. **2.** Ausência de interrupção.

ININTERRUPTAMENTE. Forma adverbial usada para indicar ininterrupção, principalmente de prazo, que não deixa de correr, nem se suspende, ou de situação que deve ser contínua.

ININTERRUPTÍVEL. Insuscetível de ser interrompido.

ININTERRUPTO. 1. Sem interrupção. **2.** Constante. **3.** Sem solução de continuidade.

ININVALIDÁVEL. Que não se pode invalidar.

ININVESTIGÁVEL. Que não pode ser investigado.

INIQUA NUMQUAM REGNA PERPETUO MANENT. *Expressão latina.* Reinados iníquos são transitórios.

INIQÜIDADE. 1. Ato ou dito contrário à eqüidade. **2.** Qualidade de iníquo. **3.** Rigor excessivo ou arbitrário na aplicação da norma. **4.** Injustiça. **5.** Parcialidade.

INIQUISSIMA HAEC BELLORUM CONDITIO EST, PROSPERA OMNES SIBI VINDICANT, ADVERSA UNI IMPUTANTUR. *Expressão latina.* Coisas injustíssimas verificam-se na guerra, pois que todos se arrogam o mérito dos sucessos prósperos, e os desastres são imputados a uma só pessoa.

INÍQUO. 1. Injusto. **2.** Que ofende a retidão. **3.** Aquilo que envolve iniqüidade. **4.** Parcial.

INIQUO ANIMO. *Locução latina.* Com ânimo iníquo.

INITE. *Medicina legal.* Inflamação de qualquer fibra, principalmente da muscular.

INITIATION FEE. *Locução inglesa.* Jóia a ser paga para ser admitido em clube.

IN ITINERE. *Locução latina.* No itinerário; no caminho; diz-se do acidente ocorrido no trajeto de ida e volta do empregado ao local de trabalho.

INITIO LITIS. *Locução latina.* No começo da lide.

IN IUDICIO. *Locução latina.* Em juízo.

IN IURE CESSIO. *Direito romano.* Modo de transferência da propriedade por meio de cessão judicial.

INIURIA NON FIT VOLENTI. *Expressão latina.* Não há ofensa a quem consente.

IN IUS VOCATIO. *Expressão latina.* Chamamento a juízo.

INJONCTION DE PAYER. *Expressão francesa.* **1.** Procedimento injuntivo. **2.** Procedimento monitório.

INJUDICIOSO. Insensato.

INJULGADO. Que não é julgado.

INJUNÇÃO. **1.** O que se impõe; imposição. **2.** Ordem imperativa. **3.** Pressão das circunstâncias. **4.** Obrigação imposta a alguém. **5.** *Vide* MANDADO DE INJUNÇÃO.

INJUNGIR. **1.** Impor obrigação. **2.** Ordenar.

INJUNTIVO. **1.** Obrigatório. **2.** Imperativo.

IN JURE. *Locução latina.* Em juízo.

IN JURE ET IN FACTO. *Expressão latina.* No direito e no fato.

INJÚRIA. **1.** *Vide* CRIME DE INJÚRIA. **2.** *Direito civil.* a) Insulto; b) afronta; c) ofensa; d) agravo ao decoro ou à dignidade de alguém; e) ultraje; f) desconsideração que ofende a pessoa em sua honra, dignidade ou decoro; g) atribuição ou divulgação de defeitos físicos ou intelectuais, de enfermidades, vícios ou incompetência; h) ataque à honra consistente em meras palavras ou gestos destinados a ferir alguém.

INJÚRIA CIVIL. *Vide* INJÚRIA GRAVE.

INJÚRIA DIRETA. *Direito civil* e *direito penal.* É a que fere a pessoa a quem imediatamente se causa a ofensa à honra.

INJURIADO. *Direito civil* e *direito penal.* **1.** Aquele que sofreu injúria. **2.** Vítima da injúria; que teve sua honra, dignidade ou decoro atingidos. **3.** Vexado. **4.** Ofendido em sua dignidade e conceito social.

INJURIADOR. *Direito civil* e *direito penal.* **1.** Aquele que injuria. **2.** Autor da injúria verbal ou real.

INJÚRIA EQUÍVOCA. Aquela que gera dúvida quanto à pessoa em quem recai a ofensa, por não ter sido feita de modo claro, autorizando o suposto ofendido a pedir explicações por via judicial.

INJURIA FACTA CADAVERI DICENDUM EST HEREDI FACTA. *Expressão latina.* A ofensa aos mortos atinge, por via reflexa, parentes e herdeiros.

INJÚRIA FÍSICA. Traumatismo.

INJÚRIA GRAVE. **1.** *Direito civil.* a) Agressão a alguém por meio de atos ou palavras, insultando e ferindo sua respeitabilidade e dignidade, o que pode ensejar pedido de indenização ou responsabilidade civil por dano moral ou patrimonial que tenha sido causado; b) ato real ou verbal ofensivo à integridade moral do outro cônjuge, que constitui causa de separação judicial. A injúria real deriva de gesto ultrajante que diminui a honra e a dignidade do outro consorte ou põe em perigo seu patrimônio. Por exemplo, expulsão do leito conjugal, transmissão de moléstia venérea, ciúme infundado, práticas homossexuais, atentados ao pudor, negação de tratamento urbano e cortês. A injúria verbal consiste em palavras que ofendam a respeitabilidade do outro consorte, como imputação de adultério (ilícito civil), contumélia, confidências depreciativas, comparações desprimorosas etc. **2.** *Direito penal.* Violência ou via de fato que seja tida como aviltante à honra, ao decoro ou à dignidade da vítima.

INJÚRIA INDIRETA. *Direito civil.* Ofensa à reputação, dignidade e ao decoro de parentes daquele a quem se dirige.

INJURIANTE. *Vide* INJURIADOR.

INJURIAR. *Direito civil* e *direito penal.* **1.** Ofender, por ações ou ditos, a dignidade ou o decoro de alguém, causando dano moral ou patrimonial. **2.** Vexar. **3.** Insultar. **4.** Fazer injúria. **5.** Desonrar.

INJÚRIA REAL. *Direito civil* e *direito penal.* É a decorrente de violência ou ofensa físicas que venham a aviltar a vítima, humilhando-a e diminuindo-a no conceito social.

INJÚRIA VERBAL. *Direito civil* e *direito penal.* Ofensa insultuosa à dignidade pessoal, feita por meio de palavras, expondo a vítima à desconsideração social.

INJURIDICIDADE. *Teoria geral do direito.* **1.** Qualidade de injurídico. **2.** Caráter do ato carecedor de fundamento de direito.

INJURÍDICO. *Teoria geral do direito.* **1.** Contrário à lei. **2.** Ato de aplicação do direito que viole preceito normativo. **3.** Ilegal. **4.** Que não é jurídico. **5.** O que não está conforme às normas jurídicas. **6.** Aquilo que não tem juridicidade. **7.** Ilícito.

INJURIOSO. *Direito civil* e *direito penal.* **1.** Ofensivo. **2.** Em que há injúria.

INJUSTA POSSESSIO. *Locução latina.* Posse injusta; posse daquele que não tem direito de possuir a coisa.

INJUSTIÇA. *Teoria geral do direito* e *filosofia do direito.* **1.** Ação injusta. **2.** Falta de justiça. **3.** Iniqüidade. **4.** Erro jurídico na aplicação da norma.

INJUSTIÇADO. 1. Vítima de injustiça. **2.** Que não teve justiça.

INJUSTIÇA DO ATO ADMINISTRATIVO. *Direito administrativo.* Aspecto que integra o mérito, alusivo à oportunidade ou conveniência do ato e que é insuscetível de apreciação pelo Judiciário, por decorrer do poder discricionário do administrador (José Cretella Jr.).

INJUSTIÇOSO. 1. Aquele que despreza a justiça. **2.** Que comete injustiça.

INJUSTIFICABILIDADE. Qualidade de injustificável.

INJUSTIFICADO. Que não é justificado.

INJUSTIFICÁVEL. Que não se pode justificar.

INJUSTO. 1. O que é contrário à justiça. **2.** Iníquo. **3.** Sem fundamento. **4.** Que não é justo.

INJUSTO PENAL. *Direito penal.* Delito.

IN JUS VOCATIO. *Expressão latina.* Chamamento a juízo.

INKOGNITOADOPTION. *Termo alemão.* Ato pelo qual mãe e/ou pai biológicos disponibilizam filho à adoção, ficando a escolha do adotante e da pessoa que os representará no procedimento adotivo delegada a um terceiro (pessoa física ou jurídica), podendo estar condicionada à prévia verificação da idoneidade e da conveniência. Não há indicação de um adotante em especial, garantindo o sigilo da adoção e a preservação da identidade do adotante. Com isso, o direito alemão confere validade ao consentimento dado sem o conhecimento da identidade dos adotantes, apesar de a jurisprudência alemã não admitir o consentimento em branco (*Blankozustimmung*) ou abstrato, efetuado de modo geral e independentemente da escolha do adotante. O consentimento em branco requer que os pais biológicos renunciem ao conhecimento do nome e domicílio do adotante e aceitem o destino do filho, pouco lhes importando quem terá a incumbência de dele cuidar, tornando mais ágil a colocação do menor em família substituta (Michèle Florsch, Wilfried Schlüter e Suely Mitie Kusano).

INLIÇADOR. *História do direito.* Era aquele que hipotecava ou obrigava por fiança uma coisa a dois, não a tendo desobrigada do primeiro cre-

dor, não sendo a coisa bastante para satisfazer a ambos os credores. Tratava-se daquele que praticava fraude contra credores.

IN LIMINE. *Locução latina.* Desde logo; sem hesitação; no princípio; no limiar; sem preceder qualquer apreciação; preliminarmente; antes que se inicie qualquer discussão ou se entre no conhecimento da matéria.

IN LIMINE LITIS. *Expressão latina.* No limiar do processo; no momento em que se inicia o processo; no começo da lide; no início da ação; no momento em que se abre a instância.

IN LITEM. *Locução latina.* Na lide; na demanda; dentro da causa.

IN LOCO. *Locução latina.* No lugar; no próprio local.

IN LOCO CITATO. *Expressão latina.* No lugar citado.

IN LOCO PARENTIS. *Direito comparado.* No Canadá, tal expressão indica aquele que, sem ser pai natural da criança, a assume em razão de união de fato, tomando o lugar do pai jurídico. Trata-se da "adoção de fato" (Danielle Richer e Luiz Edson Fachin).

IN MALEFICIIS VOLUNTAS SPECTATUR, NON EXITUS. *Aforismo jurídico.* Nos malefícios se observa a intenção e não o resultado.

INMARSAT. 1. *Direito internacional público.* Sigla da Organização Internacional de Telecomunicações Marítimas por Satélites. **2.** *Direito marítimo.* Organização Internacional de Satélite Marítimo.

INMATE. *Termo inglês.* **1.** Inquilino. **2.** Hóspede. **3.** Interno de hospital.

IN MEDIO STAT VIRTUS. *Expressão latina.* A virtude está no meio-termo.

IN MEMORIAM. *Locução latina.* Em memória; para lembrança.

IN MENTE. *Locução latina.* Na intenção; em mente; em pensamento; no espírito.

INMETRO. Sigla de Instituto Nacional de Metrologia, Normalização e Qualidade Industrial, que é uma autarquia federal.

IN MOREM. *Locução latina.* Conforme o costume local.

IN NATURA. *Locução latina.* A coisa em si.

IN NATURALIBUS. *Locução latina.* Em nudez.

INNOCENTIA CONSILII. *Medicina legal.* Fundamento da presunção de violência, no caso de menor de catorze anos (Croce e Croce Jr.).

IN NOMINE. *Locução latina.* Em nome.

INOBEDIÊNCIA. **1.** Desobediência. **2.** Falta de obediência.

INOBJETÁVEL. **1.** Aquilo que não se pode objetar. **2.** Incontestável.

IN OBSCURIS, MINIMUM EST SEQUENDUM. *Expressão latina.* Nas coisas obscuras deve-se seguir aquilo que o for menos.

INOBSERVÂNCIA. **1.** Falta de cumprimento. **2.** Desobediência. **3.** Violação de lei ou de cláusula contratual.

INOBSERVANTE. Que não cumpre.

INOBSERVÁVEL. Que não se pode observar ou cumprir.

INOCÊNCIA. **1.** Qualidade de inofensivo. **2.** Ingenuidade. **3.** Ausência de culpa. **4.** Simplicidade. **5.** Exculpação, por não ser objeto de punibilidade.

INOCENTAÇÃO. Ato de declarar alguém inocente.

INOCENTADOR. Que declara inocente.

INOCENTAR. **1.** Desculpar. **2.** Tornar-se inocente.

INOCENTE. **1.** Ingênuo. **2.** Que não é culpado. **3.** Isento de malícia. **4.** Inofensivo. **5.** Aquele que não é o autor do delito.

INOCIOSO. Que não é ocioso.

INOCISTOMA. *Medicina legal.* Tumor fibroso, com degeneração cística.

INOCUIDADE. **1.** Qualidade do que é inócuo. **2.** Inocência. **3.** Inofensividade.

INOCULAÇÃO. *Medicina legal.* Ato de introduzir vírus no organismo humano para atender a fins terapêuticos.

INOCULANTE. *Direito agrário.* Material, contendo microrganismo fixador de nitrogênio, que atua, favoravelmente, no desenvolvimento das plantas.

INOCULTÁVEL. Que não se pode ocultar.

INÓCUO. **1.** Inofensivo. **2.** Que não causa dano. **3.** Que não é nocivo.

INOCUPAÇÃO. Falta de ocupação.

INOCUPADO. **1.** *Direito internacional público.* Diz-se do território ou país que não foi ocupado por forças de outra nação. **2.** Na *linguagem jurídica* em geral, pode significar: a) o que não foi ocupado; b) o que não foi habitado; c) ocioso; d) aquele que está sem ocupação.

IN ODIUM AUCTORIS. *Expressão latina.* Por ódio ao autor.

INOFENSIBILIDADE. Qualidade de inofensivo.

INOFENSIVO. **1.** Que não ofende. **2.** Inocente.

INOFICIOSIDADE. *Direito civil.* Caráter de um ato inofìcioso.

INOFICIOSO. *Direito civil.* Diz-se do ato de liberalidade *causa mortis* ou *inter vivos* que excede a legítima do herdeiro necessário. É o excesso na disposição de bens por testamento ou doação, feita por quem tem herdeiro necessário, atingindo mais da metade disponível, lesando a legítima.

INOLVIDANDO. Que não se deve esquecer.

INOLVIDÁVEL. Aquilo que deve ser lembrado.

INOMA. *Medicina legal.* Fibroma.

INOMINADO. *Direito civil.* Diz-se do contrato que não tem denominação especificada por lei nem está por ela regulado, mas que é permitido juridicamente, desde que não contrarie a lei e os bons costumes, ante o princípio da autonomia da vontade e a doutrina do *numerus apertus*, em que se desenvolvem as relações contratuais. Trata-se do contrato atípico que se afasta do modelo legal e não possui *nomen juris*, por carecer de disciplina jurídico-normativa.

INOMINATIVO. *Direito cambiário.* Diz-se do título de crédito que não contém o nome do beneficiário.

INOMINÁVEL. **1.** A que não se pode dar nome. **2.** Vil, revoltante.

IN OMITTENDO. *Locução latina.* Omitir-se.

IN OMNES PARTES. *Locução latina.* De todos os pontos de vista.

IN OMNE TEMPUS. *Expressão latina.* Para sempre; a todo tempo.

INOPERABILIDADE. *Medicina legal.* Estado de moléstia ou de paciente que não possibilita a realização de uma cirurgia necessária.

INOPERANTE. **1.** Que não produz efeitos jurídicos; ineficaz. **2.** O que não concorre para a produção de algum resultado. **3.** Que não é abonatório. **4.** Sem valia.

INOPERÁVEL. *Medicina legal.* Que não adianta submeter a uma intervenção cirúrgica.

INOPEXIA. **1.** Nas *linguagens comum* e *jurídica* significa: a) penúria; b) indigência. **2.** *Medicina legal.* Coagulação espontânea do sangue.

INÓPIA. **1.** Carência. **2.** Falta de riqueza; penúria.

INOPINADO. **1.** Repentino. **2.** Imprevisto.

INOPINÁVEL. **1.** Que não se pode prever. **2.** Inconcebível.

INOPINO. *Vide* INOPINADO.

INOPIOSO. 1. Indigente. **2.** Pobre.

INOPONIBILIDADE. 1. Ineficácia dos meios utilizados para fundamentar juridicamente uma pretensão, um direito ou uma defesa. **2.** Qualidade daquilo que não surte efeitos jurídicos.

INOPONIBILIDADE DE EXCEÇÃO. *Direito processual.* Circunstância contra a qual não prevalece a exceção.

INOPORTUNIDADE. 1. Qualidade do que é inoportuno. **2.** Falta de oportunidade. **3.** Intempestividade.

INOPORTUNO. 1. Inconveniente. **2.** Diz-se do momento que não é próprio. **3.** O que atenta contra a regularidade de alguma coisa, vindo quando não era para vir; intempestivo; fora de propósito.

IN OPPORTUNO TEMPORE. *Expressão latina.* Em tempo oportuno; feito tempestivamente; a seu tempo.

INOPRIMIDO. Que não é oprimido.

INOPS, POTENTEM DUM VULT IMITARE, PERIT. *Expressão latina.* O pobre, quando imita o poderoso, perece.

IN ORDINE. *Locução latina.* Sucessivamente; feito pela ordem.

INORGANIZAÇÃO. Falta de organização.

INOSCLEROSE. *Medicina legal.* Endurecimento de fibra.

INOSPITALEIRO. 1. Que é desfavorável a estrangeiros, não os recebendo. **2.** Aquele que não é hospitaleiro.

INOSPITALIDADE. Falta de hospitalidade.

INÓSPITO. 1. Que não recebe com hospitalidade. **2.** Local não hospitaleiro. **3.** Bravio. **4.** O que não serve para moradia.

INOTROPISMO. *Medicina legal.* Interferência na contractilidade da fibra muscular.

INOUÏ. *Termo francês.* Inaudito.

INOVAÇÃO. 1. Ato ou efeito de inovar. **2.** Produção de coisa nova. **3.** Alteração ou substituição do que existia por um fato novo. **4.** Renovação. **5.** Introdução de conceito novo em lei (Othon Sidou). **6.** Reforma de decisão prolatada. **7.** Modificação fática ou jurídica que interesse à instrução e ao julgamento da causa. **8.** Introdução de novidade ou aperfeiçoamento no ambiente produtivo ou social que resulte em novos produtos, processos ou serviços. **9.** Concepção de um novo produto ou processo de fabricação, bem como a agregação de novas funcionalidades ou características ao produto ou processo que implique melhorias incrementais e efetivo ganho de qualidade ou produtividade, resultando em maior competitividade no mercado.

INOVAÇÃO DE BENEFÍCIO ECLESIÁSTICO. *Direito canônico.* Modificação sofrida pelo benefício eclesiástico no que concerne aos seus direitos, obrigações etc.

INOVADOR. 1. Aquele que inova. **2.** O que faz ou propõe uma inovação.

INOVANTE. *Vide* INOVADOR.

INOVAR. 1. Introduzir algo novo. **2.** Renovar. **3.** Fazer inovação. **4.** Encontrar novo processo. **5.** Produzir algo novo.

IN OVO. *Locução latina.* Ainda por nascer.

IN PACE. *Locução latina.* **1.** Em paz. **2.** *Direito canônico.* Cárcere subterrâneo no convento, onde se prendiam os culpados por faltas graves.

IN PARI CASU MELIOR EST CONDITIO POSSIDENTIS. *Expressão latina.* Em igualdade de condições, melhor situação de possuidor (Marcus Cláudio Acquaviva).

IN PARI CAUSA. *Expressão latina.* Em caso semelhante.

IN PARI DELICTO ET CAUSA POTIOR EST CONDITIO POSSIDENTIS. *Expressão latina.* Quando tudo é igual no delito e na causa, é melhor a condição do que está de posse.

IN PARI MATERIA. *Expressão latina.* Em matéria similar; em assunto semelhante.

IN PARTIBUS INFIDELIUM. *Expressão latina.* **1.** Nas regiões dos infiéis. **2.** Padre que, designado aos países de missão, não possui residência fixa.

IN PAUCIS DICAM. *Expressão latina.* Direi em poucas palavras.

INPE. *Direito administrativo.* Sigla de Instituto Nacional de Estudos e Pesquisas Educacionais.

IN PECTORE. *Locução latina.* Intimamente; secretamente.

IN PERPETUAM REI MEMORIAM. *Expressão latina.* Para recordação perpétua.

IN PERPETUUM. *Locução latina.* Em caráter definitivo; para sempre.

INPI. Sigla de Instituto Nacional de Propriedade Industrial.

IN PLANO. *Locução latina.* **1.** Em plano. **2.** Folha impressa que forma duas páginas.

IN POENIS BENIGNIOR EST INTERPRETATIO FACIEN-DA. *Expressão latina.* Nas penas deve ser seguida a interpretação mais benigna.

IN POSTERUM. *Locução latina.* No futuro.

IN PRAESENTI. *Locução latina.* No tempo presente; agora.

IN PRIMIS. *Locução latina.* Antes de tudo; em primeiro lugar.

IN PRIMIS ET ANTE OMNIA. *Expressão latina.* Primeiramente e antes de tudo.

IN PROBATIONIBUS TOTA VIS JUDICII EST. *Expressão latina.* A força do juízo está nas provas.

IN PROPRIO SENSU. *Expressão latina.* Em sentido próprio.

IN PROXIMO DECOCTIONIS OMNIA GESTA PRAE-SUMUNTUR PLENA FRAUDIBUS. *Expressão latina.* Tudo se presume fraudulento na iminência da falência.

INPS. *História do direito.* Abreviação de Instituto Nacional de Previdência Social, que foi extinto, pois o Instituto Nacional do Seguro Social (INSS) adveio da sua fusão com o Instituto de Administração da Previdência e Assistência Social (IAPAS).

IN PURIS NATURALIBUS. *Locução latina.* Em estado de natureza.

INPUT. *Termo inglês.* Insumo.

INQUALIFICÁVEL. 1. Indigno. **2.** Vil. **3.** Sem qualificação. **4.** Que não pode ser qualificado.

INQUEBRANTÁVEL. 1. Sólido. **2.** Que não se pode quebrar. **3.** Inflexível.

INQUÉRITO. 1. Conjunto de diligências para apurar alguma irregularidade. **2.** Sindicância. **3.** Interrogatório. **4.** Devassa. **5.** Investigação da verdade sobre determinado fato. **6.** Processo para averiguar a existência de um fato, obtendo informações exatas, que culmina com um relatório, onde se anotam as conclusões sobre o fato sindicado.

INQUÉRITO ADMINISTRATIVO. *Direito administrativo.* Fase do processo administrativo designada "instrução" e realizada pela autoridade pública competente, para apuração da verdade do fato lesivo à coisa pública, coletando elementos probatórios sobre a falta, sobre o responsável pela irregularidade no serviço público e sobre a procedência do atentado às normas de administração.

INQUÉRITO CIVIL. *Direito do consumidor* e *direito processual.* Investigação feita pelo órgão do Ministé-

rio Público para apuração de lesão a interesses de consumidores ou a interesses coletivos, em certos casos, com o escopo de dar início à ação civil pública, para assegurar aqueles interesses e obter indenização pelos danos causados. Ou melhor, é a investigação administrativa a cargo do Ministério Público, destinada a colher elementos de convicção para que o próprio órgão ministerial possa identificar se há circunstância que justifique a propositura de ação civil pública (Hugo Nigro Mazzilli).

INQUÉRITO CIVIL PÚBLICO. É o procedimento investigatório de natureza inquisitorial e público, que deve concluir-se no prazo de seis meses. Será instaurado: a) de ofício; b) em face de representação; c) por determinação das câmaras de coordenação e revisão. O inquérito civil será instaurado mediante portaria, que deverá ser numerada por ordem crescente, autuada e registrada em livro próprio, ou em sistema informatizado de controle. A portaria que determina a instauração do inquérito civil poderá ser publicada no *Diário da Justiça da União* e encaminhada à câmara de coordenação e revisão competente, para fins de conhecimento.

INQUÉRITO JUDICIAL. *Direito falimentar.* Conjunto de medidas tomadas, tendo por base o relatório apresentado pelo administrador judicial em cartório, dentro do prazo legal, não só para que os credores declarem seus créditos, expondo os motivos da falência e dos possíveis crimes falimentares, mas também para apuração dos fatos, servindo de fundamentação à ação penal.

INQUÉRITO JUDICIAL PARA DISPENSA DE EMPRE-GADO ESTÁVEL. *Direito do trabalho.* Investigação realizada perante o juízo para apuração de falta grave de empregado não optante e estável, e sua conseqüente dispensa.

INQUÉRITO PARLAMENTAR. *Direito constitucional.* É o processo instalado no Parlamento, para que a comissão parlamentar de inquérito possa apurar ato ilícito, investigando o fato.

INQUÉRITO POLICIAL. *Direito processual penal.* **1.** Peça inicial para o procedimento da ação penal. **2.** Conjunto de diligências efetuadas pela autoridade policial, imprescindíveis para descobrir a verdade sobre o fato criminoso, suas circunstâncias e seu autor, e para apurar a responsabilidade do indiciado. É no inquérito policial que se podem colher dados que seriam difíceis de obter na instrução judiciária.

INQUÉRITO POLICIAL MILITAR. *Direito militar.* Complexo de atos para a apuração sumária de fato que configure crime militar e de sua autoria.

INQUÉRITO TRABALHISTA. *Vide* INQUÉRITO JUDICIAL PARA DISPENSA DE EMPREGADO ESTÁVEL.

INQUESTIONÁVEL. 1. Inconcusso. **2.** Indiscutível. **3.** O que não se pode questionar.

INQUIETAÇÃO. 1. Perturbação afetiva ou intelectual comum naqueles que apresentam alguma obsessão (Pierre Janet). **2.** Estado de desassossego determinante da volição (Leibniz). **3.** Disposição espontânea que consiste em não se contentar com o que existe e em procurar algo mais (Renan e Bergson). **4.** Instabilidade geral do comportamento.

INQUIETAÇÃO SOCIAL. *Sociologia geral.* Atividade coletiva descoordenada, acompanhada de distorções de imaginação e mesmo de percepções, que ocorre em situações de desconforto, ações frustradas, incertezas, impulsos reprimidos etc., por não mais servirem, os hábitos anteriores, para enfrentar as novas condições de vida que surgiram.

INQUILINAR. *Direito civil* e *direito comercial.* Ser inquilino.

INQUILINATO. *Direito civil* e *direito comercial.* **1.** Situação ou estado daquele que ocupa prédio alheio, mediante contrato de locação. **2.** Diz-se da lei sob cuja égide estão as locações de prédios urbanos para fins residenciais ou não residenciais. **3.** Direito de locação. **4.** Conjunto de inquilinos.

INQUILINO. *Direito civil* e *direito comercial.* **1.** Aquele que ocupa prédio alugado para fins residenciais ou comerciais, mediante pagamento de aluguel. **2.** Locatário. **3.** Quem recebe coisa alheia para uso e gozo mediante pagamento do valor locativo, a título de remuneração, ao locador.

INQUINAÇÃO. Ato ou efeito de inquinar ou manchar.

INQUINADO. 1. O que contém vício ou nulidade. **2.** Manchado. **3.** Corrompido.

INQUINADOR. O que mancha.

INQUINAMENTO. *Vide* INQUINAÇÃO.

INQUINAR. 1. Corromper. **2.** Manchar. **3.** Concorrer para a nulidade de algo. **4.** Requerer a nulidade de um feito. **5.** Acusar, imputar.

INQUIRIÇÃO. *Direito processual civil* e *direito processual penal.* **1.** Interrogatório judicial. **2.** Inquérito. **3.** Investigação. **4.** Processo para esclarecer fato, mediante formulação de perguntas dirigidas àquele que se supõe ter conhecimento dele. **5.** Ato pelo qual a autoridade competente toma o depoimento testemunhal, para apurar o fato *sub judice.* **6.** Ato pelo qual se revela o depoimento de testemunhas.

INQUIRIÇÃO TRIANGULAR. *Direito processual penal.* Sistema de tomada de depoimento pelo qual só o magistrado interroga o depoente, deferindo ou não as questões formuladas pelos advogados do autor e do réu, e dita ao escrevente as respostas, reduzindo-as a termo.

INQUIRIDOR. Que inquire.

INQUIRIDORIA. *História do direito.* Cargo de inquiridor, ou seja, do oficial de justiça que inquiria testemunhas.

INQUIRIMENTO. *Vide* INQUIRIÇÃO.

INQUIRIR. 1. Pedir informação sobre algo. **2.** Perguntar. **3.** Interrogar testemunhas, em juízo, para obter esclarecimento sobre o caso em julgamento.

INQUISIÇÃO. 1. *História do direito.* Antigo tribunal eclesiástico que julgava e punia crimes contra a fé católica, ou seja, as heresias, chegando, para tanto, a cometer atrocidades, ao infligir tortura moral e corporal, a qual levava à morte ou à incapacidade físico-mental o suposto herege. **2.** *Direito processual. Vide* INQUIRIÇÃO.

INQUISIDOR. *História do direito.* Juiz do tribunal da Inquisição, também conhecido por "Santo Ofício".

INQUISIDOR-MOR. *História do direito.* Presidente do Santo Ofício.

INQUISITIO PER TURBAM. *Vide ENQUÊTE PAR TURBE.*

INQUISITIVO. 1. Relativo à Inquisição. **2.** Interrogativo.

INQUISITORIAL. 1. *História do direito.* Referente à Inquisição ou aos inquisidores. **2.** *Direito processual.* Que envolve inquérito.

INQUISITÓRIO. *Direito processual penal.* a) Diz-se da inquirição rigorosa e vexatória; b) procedimento penal que se caracteriza pela concentração, numa só pessoa, o magistrado, das funções de acusar, julgar e defender (José Frederico Marques); c) caráter do inquérito policial que faz com que a autoridade policial goze de discrição (Magalhães Noronha).

IN QUOVIS. *Locução latina.* **1.** a) Por qualquer meio; b) no qual queiras. **2.** *História do direito.* Era a permissão que se dava ao segurado de, depois de firmado o contrato, designar o navio que quisesse. **3.** *Direito marítimo.* Cláusula comum no seguro de transporte marítimo de mercadoria importada, que contém uma obrigação facultativa restrita ao segurado, concedendo-lhe a possibilidade de identificar o navio transportador, definindo o risco e o instante em que se inicia (Elcir Castello Branco).

IN RE. *Locução latina.* Na coisa; real; sobre a coisa.

IN REATUS. *Locução latina.* Estado de acusação; estado daquele a quem se imputa um delito.

IN RE COMMUNI NEMO DOMINORUM JURE FACERE QUICQUAM INVITO ALTERO POTEST. *Aforismo jurídico.* Na coisa comum nenhum dos condôminos pode legalmente fazer coisa contra a vontade do outro.

IN RE COMMUNI POTIOR EST CONDITIO PROHIBENTIS. *Expressão latina.* Na coisa comum melhor é a condição de quem proíbe.

IN RE DUBIA. *Expressão latina.* Na dúvida.

IN RE DUBIA BENIGNIOREM INTERPRETATIONEM SEQUI NON MINUS JUSTIUS EST QUAM TUTIUS. *Expressão latina.* Na dúvida é justo e seguro seguir a interpretação mais benigna.

IN RE DUBIA MELIUS EST VERBIS EDICTI SERVIRE. *Aforismo jurídico.* Na dúvida é melhor atender a letra da lei.

IN REM PROPRIAM. *Expressão latina.* No interesse próprio; em causa própria.

IN REM SUAM. *Expressão latina.* *Vide IN REM PROPRIAM.*

IN REM VERSO. *Expressão latina.* **1.** Em proveito de outrem. **2.** *Direito processual civil.* Diz-se da ação de enriquecimento ilícito ou sem causa, movida pelo lesado por ato de terceiro que enriqueceu a sua custa, sem justa causa.

IN RE OBSCURA MELIUS FAVERE REPETITIONE QUAM ADVENTIO LUCRO. *Brocardo latino.* Em coisa duvidosa ou obscura é não só mais justo como também mais seguro seguir a mais benigna.

IN RE POTESTAS PLENA. *Expressão latina.* No pleno poder da coisa.

IN RERUM NATURA. *Expressão latina.* Na natureza das coisas; na realidade.

INRESTAURÁVEL. Que não é restaurável.

INROAD. *Termo inglês.* **1.** Usurpação. **2.** Invasão. **3.** Correria hostil.

INSACIÁVEL. **1.** Ávido. **2.** Ambicioso. **3.** Que não se satisfaz plenamente.

IN SACRIS. *Locução latina.* Nas coisas sagradas.

INSALUBRE. *Direito do trabalho.* **1.** Que não é saudável. **2.** Diz-se do trabalho realizado em local ou condições prejudiciais à saúde.

INSALUBRIDADE. *Direito do trabalho.* **1.** Qualidade de insalubre. **2.** Defeito prejudicial correspondente a trabalho que expõe o empregado a agente nocivo à saúde, acima dos limites de tolerância fixados em razão da natureza e da intensidade do agente e do tempo de exposição dos seus efeitos. Tal insalubridade pode ser neutralizada com a adoção de medidas que conservem o local de trabalho dentro dos limites de tolerância. **3.** Diz-se do adicional que se paga sobre o salário mínimo na hipótese de o empregado exercer sua função em local considerado prejudicial à saúde.

INSALUTÍFERO. *Vide* INSALUBRE.

INSANABILIDADE. **1.** Qualidade de insanável. **2.** Qualidade do defeito de um ato, que o torna nulo.

INSANÁVEL. **1.** Insuprível. **2.** Irremediável. **3.** O que não se pode emendar ou corrigir. **4.** Irrecorrível. **5.** Intransponível.

INSÂNIA. *Medicina legal.* **1.** Demência. **2.** Loucura. **3.** Falta de saúde mental. **4.** Distúrbio mental.

INSANIDADE. *Vide* INSÂNIA.

INSANIDADE MENTAL. *Vide* INSÂNIA.

INSANO. *Medicina legal.* **1.** Alienado. **2.** Portador de insanidade ou distúrbio mental que o impossibilite de participar da vida social, por não ter juízo crítico. **3.** Louco. **4.** Demente. **5.** Doente mental.

INSATISFAÇÃO. **1.** Estado de insatisfeito. **2.** Falta de satisfação.

INSATISFATÓRIO. Que não satisfaz.

INSCÍCIA. Ignorância.

INSCIÊNCIA. **1.** Imperícia. **2.** Inaptidão. **3.** Falta de saber.

INSCREVENDO. Aquele que pede inscrição para algo.

INSCREVER. **1.** Matricular-se. **2.** Registrar. **3.** Assentar. **4.** Arrolar. **5.** Inserir em lista. **6.** Lançar em cadastro.

INSCRIÇÃO. **1.** Na *linguagem jurídica* em geral, pode ter o sentido de: a) ato ou efeito de inscrever; b) o que está inscrito; o que se grava ou se escreve sobre algo, para dele ter memória; c) matrícula em estabelecimento de ensino; d) anotação; e) registro; f) inclusão de candidato a concurso público; g) apólice de dívida pública. **2.** *História do direito.* a) Era a trasladação do extrato ou sumário do negócio imobiliário; b) destinava-se aos atos constitutivos de ônus real, atualmente na designação genérica de "registro", consideravam-se englobadas a transcrição e a inscrição a que se referem as leis civis. **3.** *Direito registrário.* Registro em livro próprio de certos atos, para que possam produzir efeitos.

INSCRIÇÃO DA DÍVIDA ATIVA. *Direito administrativo* e *direito tributário.* Ato imprescindível para a constituição de crédito da Fazenda Pública exigível, líquido e certo, que se dá após o esgotamento do prazo fixado para seu pagamento, perante o órgão da repartição competente para inscrevê-la, que verificará a legalidade do lançamento. Dessa inscrição depende o sucesso da cobrança dessa dívida. Trata-se, portanto, de providência administrativa que consiste no assento do crédito fazendário feito, por termo, pelo servidor público em livro próprio, ou em ficha ou microfilme. Com a inscrição ter-se-á a presunção de liquidez e certeza dessa dívida, e a outorga do caráter de prova pré-constituída, passando a certidão de inscrição a ser título hábil para que a Fazenda Pública possa reclamar seu crédito.

INSCRIÇÃO DA DÍVIDA TRIBUTÁRIA. *Direito administrativo* e *direito tributário.* Ato administrativo que constitui uma formalidade inicial da execução fiscal, apurando a legalidade e constitucionalidade do lançamento.

INSCRIÇÃO DA EMBARCAÇÃO. *Direito marítimo.* Cadastramento na autoridade marítima, com atribuição do nome e do número de inscrição e expedição do respectivo documento de inscrição.

INSCRIÇÃO DA OCUPAÇÃO. *Direito registrário.* A inscrição de ocupação, a cargo da Secretaria do Patrimônio da União, é ato administrativo precário, resolúvel a qualquer tempo, que pressupõe o efetivo aproveitamento do terreno pelo ocupante, nos termos do regulamento, outorgada pela administração depois de analisada a conveniência e oportunidade, e gera obrigação de pagamento anual da taxa de ocupação. É vedada a inscrição de ocupação sem a comprovação do efetivo aproveitamento. A comprovação do efetivo aproveitamento será dispensada nos casos de assentamentos informais definidos pelo Município como área ou zona especial de interesse social, nos termos do seu plano diretor ou outro instrumento legal que garanta a função social da área, exceto na faixa de fronteira ou quando se tratar de imóveis que estejam sob a administração do Ministério da Defesa e dos Comandos da Marinha, do Exército e da Aeronáutica. A inscrição de ocupação de imóvel dominial da União, a pedido ou de ofício, será formalizada por meio de ato da autoridade local da Secretaria do Patrimônio da União em processo administrativo específico. Será inscrito o ocupante do imóvel, tornando-se este o responsável no cadastro dos bens dominiais da União, para efeito de administração e cobrança de receitas patrimoniais.

INSCRIÇÃO DOS DIREITOS REAIS DE GARANTIA. **1.** *História do direito.* *Vide* INSCRIÇÃO. **2.** *Direito civil* e *direito registrário.* Trata-se do registro do direito real de garantia no órgão competente para que tenha eficácia *erga omnes.* Requisito formal para que o penhor, a hipoteca e a anticrese possam valer contra terceiro, que se opera pela especialização e publicidade. A especialização vem a ser a pormenorizada enumeração dos elementos que caracterizam a obrigação e o bem dado em garantia. A publicidade do contrato é dada pelo registro e pela tradição se se tratar de bem móvel. A hipoteca e a anticrese só se constituem por meio do registro imobiliário, e o penhor só se aperfeiçoará se houver tradição, mas somente terá eficácia perante terceiros com a transcrição do contrato no Registro de Títulos e Documentos. Tanto a especialização como a publicidade são requisitos imprescindíveis para que o ônus real possa valer contra terceiros.

INSCRIÇÃO ELEITORAL. *Direito eleitoral.* Ato de alistamento eleitoral, subseqüente à qualificação, pelo qual o cidadão passará a ser eleitor.

INSCRITIBILIDADE. Qualidade do que pode ser inscrito.

INSCRITÍVEL. Que pode inscrever-se.

INSCRITO. **1.** Arrolado em lista. **2.** Que se inscreveu em registro. **3.** Cadastrado. **4.** Matriculado.

INSEGURANÇA. Falta de segurança.

INSEMINAÇÃO. *Medicina legal.* Fecundação do óvulo, em razão de relação sexual normal.

INSEMINAÇÃO ARTIFICIAL. *Medicina legal.* Fecundação anômala do óvulo, mediante introdução do sêmen no útero, por meio de processo diverso da conjunção carnal ou pela junção do sêmen ao óvulo em proveta. É um processo mecânico de fecundação assexual mediante o uso de técnicas médicas.

INSEMINAÇÃO ARTIFICIAL DE MISTURA BISSEMINAL. *Medicina legal.* Inseminação artificial com dois doadores, ante a insuficiência de espermatozóides apresentada pelo marido na ejaculação, que conduz à necessidade de se fazer mistura bisseminal, diluindo parte do esperma do marido e parte do doador.

INSEMINAÇÃO ARTIFICIAL HETERÓLOGA. *Medicina legal.* Processo de fecundação assexual em que o material fecundante não é o do marido ou companheiro, mas o de terceiro, que passa a ser o doador.

INSEMINAÇÃO ARTIFICIAL HOMÓLOGA. *Medicina legal.* Fecundação anômala em que o sêmen inoculado na mulher é o do próprio marido ou companheiro.

INSEMINAÇÃO ARTIFICIAL *POST MORTEM*. *Medicina legal.* Fecundação do óvulo com esperma congelado do falecido marido. A criança, filha genética do marido de sua mãe, também o será juridicamente por presunção legal e poderá ser registrada, como filha matrimonial em nome do doador. Mas como foi concebida após o óbito daquele que a gerou, será preciso não olvidar que o morto não mais exerce direitos. Não haveria, entendemos, como aplicar a presunção de paternidade do novo Código Civil, uma vez que o casamento se extingue com a morte, nem como conferir direitos sucessórios ao que nascer por inseminação *post mortem*, já que não estava gerado por ocasião da morte de seu pai genético. Sem embargo disso, do ponto de vista institucional, a paternidade dependerá da presunção legal, logo *de lege lata* será filha matrimonial.

INSEMINAR. *Medicina legal.* Fecundar.

INSENSATEZ. Qualidade de insensato.

INSENSATO. **1.** Contrário ao bom senso e à razão. **2.** Falta de senso.

INSENSIBILIDADE. **1.** Frieza. **2.** Apatia, inação. **3.** Impassibilidade. **4.** Falta de sensibilidade.

INSEPARABILIDADE. Qualidade de inseparável.

INSEPARÁVEL. **1.** Que não é separável. **2.** Propriedade dos fenômenos psíquicos de se combinarem tão estreitamente que se torna impossível apartá-los (Mill, Hume e Hartley).

INSERÇÃO. **1.** *Medicina legal.* a) Local onde os músculos e ligamentos se fixam nos ossos; b) aderência. **2.** Nas *linguagens jurídica* e *comum,* pode significar: a) inclusão; b) ato ou efeito de inserir; c) introdução; d) incorporação; e) transcrição; enxertia de trechos de obras em outra; f) publicação; g) divulgação; h) intercalação.

INSERÇÃO DO COURO CABELUDO. *Medicina legal.* Linha em que se inicia a implantação dos cabelos na testa e na nuca (Croce e Croce Jr.).

INSERÇÃO PUBLICITÁRIA LOCAL. *Direito das comunicações.* É a veiculação de publicidade comercial de interesse da comunidade servida por estações de Serviço de Retransmissão de Televisão (RTV).

INSERÇÃO SOCIOAMBIENTAL. *Direito civil.* Diz respeito: a) à imagem da vida social, que se refere à vivência comunitária, resultante das ações externas, das circunstâncias e do sentido da vida de alguém; b) à história pessoal, ou seja, à identidade da narração dos acontecimentos descritivos do curso total ou parcial da vida de alguém, enquadrados nas circunstâncias reais e objetos das exatas motivações pessoais; c) ao decoro, isto é, ao comportamento da pessoa, de acordo com certos padrões de conduta social; d) à reputação ou ao prestígio da pessoa no plano intelectual, profissional ou político e o bom conceito que tenha no meio social em que vive ou exerce sua atividade; e) ao crédito ou prestígio econômico da pessoa, à sua disponibilidade e qualidade de exatidão, prudência e diligência que interessam à confiança financeira; f) à identidade sexual ou direito ao exato reconhecimento do próprio sexo real, na documentação contida no registro civil; g) à identidade familiar, racial, lingüística, política, religiosa e cultural (Capelo de Sousa, Carlos Alberto Bittar).

INSERIDO. **1.** Que se inseriu. **2.** Divulgado. **3.** Publicado. **4.** Introduzido.

INSERIR. **1.** Fazer entrar. **2.** Introduzir. **3.** Publicar. **4.** Divulgar. **5.** Intercalar.

INSERÍVEL. Que se pode inserir.

INSERTAÇÃO. Ato de inserir.

INSERTO. **1.** *Direito ambiental.* Seqüência de DNA/RNA inserida no organismo receptor por meio de engenharia genética. **2.** *Vide* INSERIDO.

INSERVÍVEL. Que não tem utilidade ou não presta serviço.

INSEXUAL. *Medicina legal.* Alheio às tendências naturais do sexo.

INSIDE INFORMATION. *Locução inglesa.* **1.** Informação privilegiada. **2.** Informação sigilosa privilegiada sobre empresas e instituições com ações negociadas nas Bolsas de Valores, antes de sua divulgação ao mercado. Quem obtém essas informações incorre em prática ilegal, porque visa a obter lucros ao manipulá-las (Luiz Fernando Rudge).

INSIDER. *Termo inglês.* Investidor com acesso a *inside information.* Podem ser consideradas como *insiders*, as seguintes pessoas: controladores, conselheiros, diretores, advogados, auditores, contadores, familiares e similares (Luis Fernando Rudge).

INSIDER TRADING. *Locução inglesa.* **1.** Rotina de trabalho empresarial que não pode vir a público, por razões de sigilo, que deve ser preservado (Othon Sidou). **2.** Utilização, por administrador de sociedade anônima de natureza aberta, de informações conseguidas em razão de suas funções, em proveito próprio ou de terceiro, consistindo tal manipulação numa prática condenável (Carlos Alberto Bittar). **3.** Ato de o administrador de companhia aberta deixar de guardar segredo das operações suscetíveis de influenciar na conduta dos investidores e de usar informação privilegiada com o escopo de obter vantagem para si ou para outrem (L. G. Paes de Barros Leães). **4.** Prática não eqüitativa de negociação com ações, vedada pela legislação em vigor, para impedir que pessoas, que possuam informação privilegiada sobre as companhias, realizem negócios prejudiciais aos investidores em geral (Luiz Fernando Rudge). **5.** Uso de informação sobre companhia aberta por aqueles que, por ocuparem altos postos, efetivam negócios com valores mobiliários de emissão da companhia antes que aquele informe seja divulgado ao mercado.

INSÍDIA. *Direito penal.* **1.** Cilada. **2.** Intriga. **3.** Emboscada. **4.** Perfídia. **5.** Ardil.

INSIDIAÇÃO. *Direito penal.* Ato ou efeito de insidiar.

INSIDIADOR. *Direito penal.* Aquele que prepara armadilha ou usa de estratagema.

INSIDIAR. *Direito penal.* Cometer insídia.

INSIDIOSO. *Direito penal.* **1.** Traiçoeiro. **2.** Pérfido. **3.** Enganoso. **4.** Aleivoso. **5.** Que constitui uma cilada.

INSIGHT. *Termo inglês.* Intuição; visão súbita.

INSIGNE. **1.** Célebre, famoso. **2.** Muito distinto. **3.** Eminente.

INSÍGNIA. **1.** *Direito comercial* e *direito de propriedade industrial.* Emblema, designação simbólica ou sinal utilizado para distinguir um estabelecimento comercial, industrial ou agrícola, assegurado mediante registro no Instituto de Propriedade Industrial. **2.** Nas *linguagens comum* e *jurídica,* pode significar: a) sinal distintivo; b) medalha de irmandade; c) estandarte, bandeira; d) divisa.

INSÍGNIAS REAIS. *Direito comparado.* Adornos emblemáticos da realeza.

INSIGNIFICÂNCIA. **1.** Quantidade sem valor. **2.** Coisa inútil. **3.** Qualidade do que nada significa.

INSIMULAÇÃO. *Direito penal.* **1.** Ato de denunciar alguém. **2.** Atribuição injusta da prática de um crime a certa pessoa. **3.** Acusação falsa.

INSIMULADOR. *Direito penal.* Acusador falso.

INSIMULANTE. *Direito penal.* O que envolve insimulação.

INSIMULAR. *Direito processual penal.* Denunciar.

INSINDICÁVEL. Que não está sujeito a sindicância.

INSINUAÇÃO. **1.** *História do direito.* a) Ato de registrar escritura de doação nas notas de um tabelião, mediante prévia autorização judicial, a requerimento do interessado, desde que atendidas as exigências legais; b) confirmação de doação. **2.** *Sociologia geral.* Fase inicial, à maneira de ensaio, que precede uma associação, preparando-a, depois de haver estabelecido um contrato social. **3.** Na *linguagem jurídica* em geral, pode ter o sentido de: a) advertência; b) admoestação; c) ação de dar a entender algo a alguém; d) censura; e) acusação disfarçada; f) sugestão.

INSINUADOR. Que insinua.

INSINUANTE. **1.** Persuasivo. **2.** Que se insinua.

INSINUAR. **1.** Incutir. **2.** Dar a entender indiretamente. **3.** Introduzir-se sutilmente.

INSINUATIO. *Direito romano.* Procedimento legal que consistia em registar atos notariais nos *ata publica*, ou *publica monumenta*, dando-lhes executividade e validade.

INSINULATIVO. *Vide* INSINUANTE.

INSIPIÊNCIA. 1. Imprudência. **2.** Insensatez. **3.** Falta de senso. **4.** Ignorância.

INSISTÊNCIA. 1. Contumácia. **2.** Ato de insistir.

ÍNSITO. 1. Inserido. **2.** Inerente.

IN SITU. *Vide IN LOCO.*

INSOBREPUJÁVEL. Que não pode ser excedido.

INSOBRIEDADE. Falta de sobriedade.

INSOCIÁVEL. 1. Que não é sociável. **2.** Que não é tratável.

INSOFISMÁVEL. 1. Que não se pode negar por meio de sofisma. **2.** Claro.

INSOFREÁVEL. Que não se pode reprimir ou sofrear.

INSOLAÇÃO. *Medicina legal.* Mal provocado por intensa e demorada exposição à luz solar.

INSOLENTE. 1. Atrevido. **2.** Injurioso.

INSOLIDARIEDADE. Falta de solidariedade.

IN SOLIDUM. *Locução latina.* De modo solidário; solidariamente; conjuntamente.

INSÓLITO. 1. Que é contrário ao uso ou aos hábitos. **2.** Estranho. **3.** Que não é habitual. **4.** Desusado. **5.** Incomum. **6.** Extraordinário. **7.** Incrível. **8.** Fora do normal.

INSOLUBILIDADE. Qualidade de insolúvel.

IN SOLUTO. *Locução latina.* Em pagamento.

IN SOLUTUM. *Vide IN SOLUTO.*

INSOLÚVEL. 1. Que não se pode resolver. **2.** Indissolúvel. **3.** Que não se pode pagar ou cobrar. **4.** Que não se pode anular.

INSOLVABILIDADE. *Direito civil.* **1.** Insolvência. **2.** Situação do devedor que não tem meios para satisfazer sua dívida. **3.** Qualidade de insolvente. **4.** Estado daquele que não paga seu débito.

INSOLVÁVEL. *Direito civil.* Insolvente.

INSOLVÊNCIA. *Direito civil.* Insolvabilidade.

INSOLVÊNCIA CIVIL. *Direito civil.* Estado em que se encontra pessoa, que não exerce atividade empresarial, de não poder pagar a seus credores as obrigações assumidas, ante o fato de seu ativo ser inferior ao passivo, ou seja, suas dívidas excedem ao montante de seus bens. Havendo declaração da insolvência, ter-se-á: o vencimento antecipado dos débitos; a arrecadação dos bens que podem ser penhorados; a nomeação de um administrador da massa; a convocação dos credores para que apresentem a declaração de seus créditos; e a execução.

INSOLVÊNCIA COMERCIAL. *Direito falimentar.* Falência.

INSOLVÊNCIA DO DEVEDOR COMERCIANTE. *Direito falimentar.* Falência.

INSOLVÊNCIA NOTÓRIA. *Direito civil.* Aquela em que a precária situação econômica da pessoa é de conhecimento geral. Por exemplo, se ela tiver seus títulos protestados ou ações judiciais que impliquem a vinculação de seus bens.

INSOLVÊNCIA PRESUMIDA. *Direito processual civil.* Diz-se daquela que dá causa ao arresto, uma vez que, devido ao fato de o devedor não possuir bens suficientes para saldar suas dívidas, se a presume.

INSOLVENTE. *Direito civil.* **1.** Aquele que está em estado de insolvência. **2.** Designação que se dá ao que não dispõe de bens para honrar as obrigações assumidas. **3.** Aquele que não pode pagar o que deve, por falta de recurso.

INSOLVÍVEL. Débito que não pode ser pago.

INSONDÁVEL. 1. Inexplicável. **2.** Incompreensível.

INSONTE. 1. Inócuo. **2.** Inocente. **3.** Aquele que não tem culpa.

INSPEÇÃO. 1. *Direito militar.* Exame de recrutas. **2.** *Direito administrativo.* a) Repartição pública encarregada de inspecionar; b) procedimento administrativo destinado a obter diretamente informações e documentos, bem como verificar o cumprimento de recomendações ou determinações de instaurações de sindicância, inclusive patrimonial, e processos administrativos disciplinares, a fim de aferir a regularidade, a eficiência e a eficácia dos trabalhos. **3.** Na *linguagem jurídica* em geral, significa: a) fiscalização; b) vigilância; c) direção; d) sindicância; e) ato de fiscalizar algo, para orientar o que deve ser feito ou para corrigir o que está contrário à lei; f) exame; g) vistoria; h) observação; i) cargo de inspetor; j) superintendência. **4.** *Direito do consumidor.* Atividades tais como mediação, exame e teste, no qual se julga uma ou várias características de um produto mediante uma especificação recebida.

INSPEÇÃO DE SAÚDE. *Medicina legal.* Exame médico para observar e averiguar o estado das funções orgânicas.

INSPEÇÃO DE SEGURANÇA VEICULAR. *Direito de trânsito.* Serviço indispensável à manutenção das características técnicas dos veículos em circulação, verificando-lhes a segurança ativa e passiva e conferindo maior proteção ao meio ambiente através do controle da poluição do ar e da aferição do nível de emissão de ruído. Tal inspeção é feita pelos Departamentos de Trânsito, suas Circunscrições Regionais ou entidades por eles devidamente credenciadas, examinando as condições de: a) emissões de gases e de ruídos; b) sistema elétrico, de iluminação e de sinalização; c) sistema de frenagem; d) sistema de direção; e) sistema de suspensão; f) rodas e pneus; g) fechamento das portas, acionamento dos vidros e visibilidade de todas as áreas envidraçadas; h) estado geral da carroçaria e da estrutura, quanto à existência de avarias e corrosões. É o processo de avaliação destinado a atestar as reais condições de eficiência e de segurança dos sistemas funcionais dos veículos.

INSPEÇÃO DO TRABALHO. *Direito do trabalho.* **1.** Fiscalização do cumprimento dos deveres impostos ao empregador. **2.** Vigilância administrativa da execução das leis trabalhistas. **3.** Sistema de controle da execução das leis de proteção ao trabalho.

INSPEÇÃO EXTERNA. *Medicina legal.* **1.** Exame com a finalidade de diagnosticar doenças. **2.** Exame externo feito em cadáver na autópsia anatomopatológica e forense (Croce e Croce Jr.).

INSPEÇÃO FÍSICA. *Direito ambiental.* É um dos instrumentos de fiscalização sanitária utilizado para verificar o cumprimento das exigências previstas na legislação sanitária vigente.

INSPEÇÃO GERAL. *Medicina legal.* Exame feito para observar as modificações na superfície do corpo ou de uma parte dele.

INSPEÇÃO INSTRUMENTAL. *Medicina legal.* Exame visual feito por meio de instrumentos. Por exemplo: o exame do colo do útero se realiza com o auxílio do espéculo (Croce e Croce Jr.).

INSPEÇÃO INTERNA. *Medicina legal.* Exame interno feito no paciente, durante a cirurgia, ou no cadáver na autópsia anatomopatológica e forense (Croce e Croce Jr.).

INSPEÇÃO JUDICIAL. *Direito processual civil.* **1.** Investigação feita em juízo a pedido das partes, do Ministério Público e do magistrado. **2.** Percepção sensorial direta do juiz para esclarecer o fato, as qualidades da pessoa ou da coisa (Moacyr Amaral Santos). Trata-se de inspeção direta, ou seja, feita pessoalmente pelo magistrado, que pode ser assistido por um ou mais peritos, que lavram laudo relativo às conclusões do juiz. O juiz é que deve observar diretamente o fato, as pessoas e os bens que constituem objeto de prova em juízo, para formar seu convencimento. É um meio probatório que consiste na observação própria e direta do órgão judicante sobre coisas e pessoas, para esclarecimento da causa.

INSPEÇÃO MÉDICA. *Medicina legal.* Exame de uma pessoa para averiguar suas condições físicas e mentais, com fins terapêuticos ou preventivos.

INSPEÇÃO NAVAL. *Direito marítimo.* É a atividade de cunho administrativo, que consiste na fiscalização do cumprimento, das normas, regulamentos e dos atos e resoluções internacionais ratificados pelo Brasil, no que se refere exclusivamente à salvaguarda da vida humana e à segurança da navegação, no mar aberto e em hidrovias interiores, e à prevenção da poluição ambiental por parte de embarcações, plataformas fixas ou suas instalações de apoio. Constitui-se em uma ação de fiscalização e será realizada por determinação dos Representantes da Autoridade Marítima, ou pelos Agentes da Autoridade Marítima com a finalidade de efetuar uma verificação inopinada das condições de segurança de uma embarcação.

INSPEÇÃO OCULAR. *Direito processual civil.* Diz-se daquela levada a efeito, pessoalmente, pelo magistrado.

INSPEÇÃO SANITÁRIA. *Direito ambiental.* É a investigação no local da existência, ou não, de fatores de risco sanitário, que poderão produzir agravo à saúde individual ou coletiva, incluindo-se nesta a verificação de documentos.

INSPEÇÃO SANITÁRIA INSATISFATÓRIA. *Direito ambiental.* Aquela na qual, ao seu término, tenha sido verificado fator de risco sanitário que poderá produzir agravo à saúde individual ou coletiva e/ou ao meio ambiente.

INSPEÇÃO SANITÁRIA SATISFATÓRIA. *Direito ambiental.* Aquela na qual, ao seu término, não tenha sido verificado fator de risco sanitário que possa produzir agravo à saúde individual ou coletiva e/ou ao meio ambiente.

IN SPECIE. *Locução latina.* Em espécie; em particular; em si mesmo.

IN SPECIEM. *Locução latina.* Pela aparência.

INSPECIONADOR. Que inspeciona.

INSPECIONAMENTO. Ato ou efeito de inspecionar.

INSPECIONAR. 1. Examinar. **2.** Investigar. **3.** Fazer inspeção. **4.** Fiscalizar. **5.** Vistoriar. **6.** Observar. **7.** Sujeitar a exame médico.

INSPECTIO CORPORIS. *Locução latina.* Exame do corpo.

INSPETOR. 1. *Direito administrativo.* Aquele que, por dever oficial, inspeciona os serviços públicos, fornecendo informações às autoridades. É o servidor público que tem o dever de fiscalizar. **2.** *História do direito.* Chefe de repartição fazendária, como o inspetor fiscal, o inspetor de alfândega etc. **3.** Na *linguagem jurídica* em geral, designa: a) o que inspeciona, observa ou fiscaliza; b) fiscal que deve examinar tudo o que esteja sob sua vigilância, orientando e corrigindo atos; c) aquele que fiscaliza estabelecimento.

INSPETORADO. Área de ação de um inspetor.

INSPETOR DE ENSINO. *Direito educacional.* O que orienta e fiscaliza os trabalhos escolares de um estabelecimento de ensino.

INSPETORES DE AVIAÇÃO CIVIL. *Direito aeronáutico.* O pessoal credenciado pela autoridade aeronáutica, para o desempenho da missão de fiscalização das atividades da aviação civil.

INSPETORIA. 1. Repartição pública que deve efetuar fiscalizações. **2.** Cargo de inspetor. **3.** Função exercida pelo inspetor.

INSPETORIA GERAL DA PREVIDÊNCIA SOCIAL. *Direito previdenciário* e *direito administrativo.* Órgão específico singular da estrutura do Ministério da Previdência Social ao qual compete acompanhar e fiscalizar a fiel observância dos preceitos legais e regulamentares relativos à Previdência Social, junto aos órgãos e entidades vinculadas ao ministério, em todo o território nacional, e especificamente: a) assistir ao Ministro de Estado na formulação da política de inspeção, controle e saneamento das falhas e irregularidades nas áreas do Ministério e entidades vinculadas; b) propor as diretrizes básicas para desenvolvimento e aperfeiçoamento das atividades de inspeção no âmbito previdenciário e assistencial; c) elaborar e promover, em articulação com órgãos e entidades envolvidas, a implantação, atualização e a revisão de métodos e planos de inspeção; d) planejar, orientar, normatizar, acompanhar e supervisionar as ações de inspeção previdenciária e assistencial; e) prestar apoio técnico aos órgãos do Ministério e entidades vinculadas.

INSPETÓRIO. Que se refere a inspeção.

INSPICIMUS IN OBSCURIS QUOD EST VERISSIMILIUS, VEL QUOD PLERUMQUE CONSUEVIT. *Expressão latina.* Nas coisas obscuras examina-se o que é mais verossímil, ou o que se faz mais comumente.

IN SPIRITUALIBUS. *Locução latina.* Nas coisas espirituais.

INSS. *Direito previdenciário.* Sigla de Instituto Nacional do Seguro Social.

INSTABILIDADE. 1. Falta de estabilidade. **2.** Mobilidade de preços. **3.** Falta de firmeza no mercado. **4.** Qualidade do que não é firme.

INSTABILIDADE MENTAL. *Psicologia forense.* Anomalia psíquica que se caracteriza pela falta de unidade e de continuidade nos pensamentos e nas ações, provocando rápida variação das disposições afetivas e intelectuais do paciente (Ribot, Boulanger e Duprat).

INSTABILIDADE SOCIAL. *Sociologia geral.* Fase de transição entre desorganização e reorganização social.

INSTALAÇÃO. 1. Ato ou efeito de instalar. **2.** Montagem de fábrica, escritório etc. **3.** Conjunto de atos pelos quais se promove a inauguração do funcionamento de uma entidade pública ou particular. **4.** Conjunto de objetos, utensílios e móveis que integram um estabelecimento ou uma empresa. **5.** Disposição de objetos no local apropriado. **6.** Formalidade preliminar para a investidura de alguém num cargo ou numa função, ou para a formação de um órgão. **7.** Imposição de uma investidura. **8.** Início da função. **9.** Inauguração. **10.** Qualquer estrutura, conjunto de estrutura ou equipamentos de apoio explorados por pessoa jurídica de direito público ou privado, dentro ou fora da área do porto organizado, licenciados para o desenvolvimento de uma ou mais atividades envolvendo óleo, tais como exploração, perfuração, produção, estocagem, manuseio, transferência e procedimento ou movimentação. **11.** Espaço físico delimitado acrescido das máquinas, aparelhos, equipamentos e sistemas auxiliares utilizados para executar os processos. **12.** Porto organizado, instalação portuária ou terminal, dutos, plataforma e suas respectivas instalações de apoio.

INSTALAÇÃO DE APOIO. *Direito marítimo.* **1.** É a instalação portuária ou equipamento, localizado nas águas, de apoio à execução das atividades nas plataformas ou terminais de movimentação de cargas. **2.** Qualquer instalação ou equipamento de apoio à execução das atividades das plataformas ou instalações portuárias de movimentação de cargas a granel, tais como dutos, monobóias, quadro de bóias para amarração de navios e outras.

INSTALAÇÃO DE INFRA-ESTRUTURA. *Direito administrativo.* É qualquer instalação, de propriedade pública ou privada, que forneça ou distribua serviços ao público, como os de abastecimento de água, esgotos, energia, combustível ou comunicações.

INSTALAÇÃO ELÉTRICA. Conjunto de equipamentos e aparelhos para fornecimento de energia elétrica.

INSTALAÇÃO ESTATAL OU GOVERNAMENTAL. *Direito administrativo.* Inclui toda instalação ou veículo permanente ou provisório utilizada ou ocupada por representantes de um Estado, membros do governo, dos Poderes Legislativo ou Judiciário, ou por funcionários ou empregados de um Estado ou qualquer outra autoridade ou entidade pública, ou por empregados ou funcionários de uma organização intergovernamental no desempenho de duas funções oficiais.

INSTALAÇÃO EXPOSTA A RISCOS DE ACIDENTES MAIORES. Designa aquela que produz, transforma, manipula, utiliza, descarta ou armazena, de maneira permanente ou transitória, uma ou várias substâncias ou categorias de substâncias perigosas, em quantidades que ultrapassem a quantidade-limite.

INSTALAÇÃO HIDRÁULICA. Conjunto de peças e aparelhos para recebimento, reserva e distribuição de água em certo prédio.

INSTALAÇÃO NUCLEAR. *Direito ambiental.* Instalação na qual o material nuclear é produzido, processado, reprocessado, utilizado, manuseado ou estocado em quantidades relevantes, assim compreendidos: a) o reator nuclear, salvo o utilizado como fonte de energia em meio de transporte; b) usina que utilize combustível nuclear para a produção de energia térmica ou elétrica para fins industriais; c) fábrica ou usina para a produção ou tratamento de materiais nucleares, integrante do ciclo do combustível nuclear; d) usina de reprocessamento de combustível nuclear irradiado; e) depósito de materiais nucleares, não incluindo local de armazenamento temporário usado durante os transportes.

INSTALAÇÃO PORTUÁRIA. *Direito marítimo.* É a de uso privativo, explorada por pessoa jurídica de direito público ou privado, dentro ou fora da área do porto, utilizada na movimentação de passageiros ou na movimentação e/ou armazenagem de mercadorias, destinadas ou provenientes de transporte aquaviário. Abrange os ancouradouros, as docas, os cais, as pontes e os píeres de atracação, os terrenos, os armazéns, as edificações e as vias de circulação interna, podendo ser: a) de uso público, quando restrita à área do porto organizado, sob a responsabilidade da administração do porto; b) de uso privativo, quando explorada por pessoa jurídica de direito público ou privado, podendo ser de uso exclusivo para movimentação de carga própria ou misto para movimentação de carga própria e de terceiros.

INSTALAÇÃO RADIOATIVA. *Direito ambiental.* Local onde se produzem, utilizam, transportam ou armazenam fontes de radiação; excetuam-se dessa definição: a) as instalações nucleares; b) os veículos transportadores de fontes de radiação quando essas não são parte integrante deles.

INSTALAÇÃO SANITÁRIA. Conjunto de peças e aparelhos para fins higiênicos, como recolhimento e afastamento de dejetos (Cid Tomanik Pompeu).

INSTALADOR. Que instala.

INSTALAR. 1. Inaugurar. **2.** Estabelecer-se. **3.** Alojar-se. **4.** Organizar estabelecimento. **5.** Dar posse de um cargo. **6.** Tomar posse.

INSTÂNCIA. 1. *Direito processual civil.* a) Relação processual instante, *in fieri*, a desenvolver-se (Pontes de Miranda); b) litispendência; situação processual da pendência da causa perante o juiz, enquanto não recebe a decisão final (Eliézer Rosa); c) ação em movimento; curso legal da causa; andamento; d) é o próprio juízo enquanto se propõe e se decide a causa (Costa Carvalho); e) grau de jurisdição; f) competência quanto aos juízes e tribunais. **2.** *Filosofia geral.* a) Novo argumento que se segue a uma objeção (Descartes); b) refutação da réplica; c) fato típico que serve de exemplo (Bacon); d) questionamento. **3.** Nas *linguagens comum* e *jurídica,* pode ter o sentido de: a) ato ou efeito de pedir, rogar ou insistir; b) pedido urgente e repetido; c) insistência; pertinácia; d) perseverança; e) repetição de ordens ou recomendações; f) veemência.

INSTÂNCIA ADMINISTRATIVA. *Direito administrativo.* **1.** Solicitação à Administração Pública para que tome as providências necessárias a fim de atender os interesses dos administrados. **2.** Conjunto de autoridades competentes para acatar um pedido, seguindo uma ordem escalonada, sendo que, conforme a hierarquia, uma procede ao reexame do despacho administrativo anterior, decidindo pela sua manutenção ou reforma. **3.** Relação processual administrativa.

INSTÂNCIAS ADMINISTRATIVAS TRIBUTÁRIAS. *Direito processual.* Órgãos com competência para julgar e decidir processos administrativos tributários. Por exemplo: na área de tributos federais, a decisão de 1º grau compete à Delegacia da Receita Federal de Julgamentos, e em 2º grau, ao Conselho de Contribuintes (Eduardo Marcial Ferreira Jardim).

INSTANTÂNEO. 1. Súbito. **2.** Rápido. **3.** Repentino.

INSTANTE. 1. Que está iminente. **2.** Veemente. **3.** Urgente. **4.** Ocasião. **5.** Espaço de tempo muito breve. **6.** Pertinaz. **7.** Duração muito curta.

INSTAR. 1. Pedir. **2.** Solicitar com instância. **3.** Questionar. **4.** Insistir com. **5.** Estar iminente.

INSTAR OMNIUM. *Locução latina.* Como todo mundo; segundo o costume de todos.

IN STATU QUO ANTE. *Expressão latina.* Na mesma situação anterior.

INSTAURAÇÃO. 1. Inauguração. **2.** Prosseguimento. **3.** Formação ou organização de um estabelecimento. **4.** Abertura. **5.** Início. **6.** Ato ou efeito de instaurar. **7.** Fundação.

INSTAURAÇÃO DA INSTÂNCIA. *Direito processual civil.* **1.** Abertura da instância. **2.** Início da eficácia da relação processual, que se dá com a citação inicial válida, momento em que se tem a propositura da ação.

INSTAURADOR. Que instaura.

INSTAURAR. 1. Inaugurar. **2.** Organizar. **3.** Fundar. **4.** Estabelecer. **5.** Formar. **6.** Renovar. **7.** Dar início. **8.** Promover. **9.** Abrir. **10.** Constituir.

INSTAURATIVO. 1. Que envolve instauração. **2.** Aquilo que é próprio para instaurar.

INSTÁVEL. 1. Inconstante. **2.** Que não tem segurança. **3.** Variável. **4.** Sem firmeza. **5.** Que não tem condições de permanência.

INSTIGAÇÃO. 1. Ato ou efeito de instigar. **2.** Sugestão. **3.** Incitamento. **4.** Estímulo. **5.** Persuasão. **6.** Convencimento.

INSTIGAÇÃO À ESTERILIZAÇÃO CIRÚRGICA. *Direito penal.* Crime apenado com reclusão consistente em induzir, dolosamente, alguém a fazer esterilização cirúrgica.

INSTIGAÇÃO AO CRIME. *Direito penal.* Ação dolosa que consiste em induzir uma pessoa a praticar um delito. Tal induzimento constitui fato típico penal.

INSTIGAÇÃO, INDUZIMENTO OU AUXÍLIO A SUICÍDIO. *Direito penal.* Fato típico penal que consiste na ação dolosa de terceiro de persuadir ou auxiliar alguém a retirar sua própria vida.

INSTIGADO. 1. Açulado. **2.** Induzido. **3.** Persuadido.

INSTIGADOR. Aquele que instiga.

INSTIGAR. 1. Estimular. **2.** Incitar. **3.** Induzir. **4.** Persuadir. **5.** Convencer. **6.** Animar.

INSTIGATÓRIO. Que estimula ou incita.

INSTINTIVO. *Medicina legal.* **1.** Impensado. **2.** O que resulta do instinto. **3.** Diz-se da personalidade psicopática que age levada pelo primeiro impulso.

INSTINTO. *Medicina legal.* **1.** Impulso congênito provocado pela emoção. **2.** Estímulo natural ou involuntário pelo qual o ser humano realiza certos atos. **3.** Aptidão inata. **4.** Conjunto de reações exteriores comuns a todos os seres humanos, adaptadas a uma finalidade da qual não se tem consciência. **5.** Atividade mental adaptada a um fim, desde que ela não resulte da consciência, educação ou reflexão.

INSTINTO SEXUAL. *Medicina legal.* **1.** Psicossexualidade. **2.** Ação orgânica reflexa neuropsíquica desencadeada por automatismos profundos filogenéticos que visa a perpetuação da espécie e a satisfação carnal (Croce e Croce Jr.).

INSTINTUAL. *Medicina legal.* Relativo ao instinto.

IN STIRPES. *Locução latina.* Por estirpe.

INSTITOR. *Direito comercial.* Administrador de empresa ou de estabelecimento empresarial que, como preposto, efetua negócios e contrai obrigações, na qualidade de representante do proprietário da firma.

INSTITÓRIO. *Direito comercial.* Referente a institor.

INSTITUCIONAL. 1. *Teoria geral do direito.* Relativo a uma instituição. **2.** *Direito constitucional.* Diz-se do ato que é manifestação típica do poder constituinte originário que gera a ordem jurídica. É base de nova ordem jurídica, sendo que a anterior prevalece na medida em que o próprio ato institucional estabelece. É um instrumento especial para enfrentar situações anormais e para defender a ordem constitucional.

INSTITUCIONALISMO. *Economia política.* Escola segundo a qual a ciência econômica visa o estudo descritivo e genérico das instituições econômico-sociais (Veblen Cooley, Mitchell, Clarck e Anderson).

INSTITUCIONALIZAÇÃO. Ato ou efeito de institucionalizar.

INSTITUCIONALIZAÇÃO DA AUTONOMIA DA VONTADE DO PACIENTE TERMINAL. *Direito comparado.* Reconhecimento da manifestação volitiva do paciente terminal sobre o tipo de tratamento por ele preferido, feito nos Estados Unidos por *The Patient Self-Determination Act* (PSDA), de 1991. O PSDA reconhece o direito das pessoas à tomada de decisões referentes aos cuidados com a saúde, incluindo os direitos de aceitação e recusa do tratamento, e ao registro por escrito, mediante documento, das mesmas opções, prevendo uma eventual incapacidade para o livre exercício da própria vontade. Permite o PSDA antecipar o exercício da autonomia individual àquelas situações nas quais ela não poderia dar-se. A pessoa em estado de lucidez pode manifestar-se, decidindo sobre si própria quanto a uma possível situação de doença terminal, tendo certeza de que vai ser tratada conforme sua vontade, manifestada anteriormente (Clotet).

INSTITUCIONALIZAÇÃO INTERNACIONAL DO TRABALHO. *Direito internacional.* Grau de maior igualdade entre empregados e empregadores, que veio a concretizar-se com a Organização Internacional do Trabalho (OIT), sediada em Genebra, a qual é o órgão técnico da ONU que visa a proteção e a estruturação do trabalho, procurando amenizar o contrato de trabalho, aproximando-o do contrato de sociedade, integrando o trabalhador na empresa, mediante participação nos lucros e na sua administração, salvaguardando o direito social.

INSTITUCIONALIZAR. **1.** Dar instituição a. **2.** Dar forma institucional.

INSTITUIÇÃO. **1.** *Direito civil.* a) Teoria que admite que a personalidade de agrupamentos de pessoas ou de bens que tenham por escopo a realização de interesses humanos deriva do direito (Hauriou). A personalidade jurídica é, portanto, para essa doutrina, um atributo que a ordem jurídica estatal outorga a entes que o merecerem; b) idéia de trabalho ou empreendimento que se realiza e se mantém juridicamente no meio social (Maurice Hauriou); c) associação ou organização com fins beneficentes, religiosos, culturais, científicos etc.; instituto; d) estabelecimento de alguma coisa; e) nomeação de herdeiro; f) imposição de ônus ou encargos. **2.** *Teoria geral do direito.* a) Conjunto de leis de uma sociedade política; b) complexo de órgãos que administram o Estado; c) constituição política de uma nação. **3.** *Sociologia jurídica.* a) Entrelaçamento de práticas sociais articuladas num complexo de relações, costumes e sentimentos, mediante o qual se exercem controles sociais e se satisfazem as necessidades das pessoas conviventes (Hermes Lima). As principais instituições da vida social são a família, a propriedade e o Estado; b) conjunto de usos que regem as relações grupais (Maier e Rumney); c) aquilo que é estabelecido socialmente (Agramonte); d) conjunto de idéias, atos e crenças que os indivíduos se impõem numa dada sociedade (Fauconnet e Mauss).

INSTITUIÇÃO CIENTÍFICA E TECNOLÓGICA (ICT). *Direito administrativo.* Órgão ou entidade da administração pública que tenha por missão institucional, dentre outras, executar atividades de pesquisa básica ou aplicada de caráter científico ou tecnológico.

INSTITUIÇÃO DE APOIO. Tem a finalidade de dar apoio a projetos de pesquisa, ensino e extensão e de desenvolvimento institucional, científico e tecnológico.

INSTITUIÇÃO DE ASSISTÊNCIA SOCIAL. *Direito civil.* Associação como hospital beneficente, hospício, creche, asilo, dispensário, orfanato, que, sem fins lucrativos, atende pessoas enfermas, carentes, abandonadas, marginalizadas, portadoras de doenças mentais etc., objetivando socorrê-las, auxiliá-las ou integrá-las na vida econômico-social, uma vez que procura ampará-las, orientá-las, higiênica ou sanitariamente, e reeducá-las, a fim de que, premidas pelas necessidades, não se tornem anti-sociais, enveredando pelo caminho da criminalidade e da improdutividade.

INSTITUIÇÃO DE CONFISSÃO RELIGIOSA. *Direito civil* e *direito canônico.* É aquela caracterizada por uma comunidade de pessoas unidas no corpo de doutrina, obrigadas a cumprir um conjunto de normas expressas de conduta, para consigo mesmas e para com os outros, exercidas por forma de cultos, traduzidas em ritos, práticas e deveres para com o Ser Superior.

INSTITUIÇÃO DE DIREITO PÚBLICO. *Direito administrativo.* É aquela constituída para atender o interesse público, podendo ser de administração direta (União, Estados, Distrito Federal e Municípios) e de administração indireta (órgão descentralizado, criado por lei como autarquia e fundação pública).

INSTITUIÇÃO DE HERDEIRO. *Direito civil.* Nomeação de herdeiro testamentário.

INSTITUIÇÃO DE LONGA PERMANÊNCIA PARA IDOSOS (ILPI). *Direito do idoso.* Instituições governamentais ou não governamentais, de caráter residencial, destinadas a domicílio coletivo de pessoas com idade igual ou superior a sessenta anos, com ou sem suporte familiar, em condição de liberdade e dignidade e cidadania. A ILPI é responsável pela atenção ao idoso conforme definido em regulamento técnico. A instituição deve propiciar o exercício dos direitos humanos (civis, políticos, econômicos, sociais, culturais e individuais) de seus residentes. Deve atender, dentre outras, às seguintes premissas: observar os direitos e garantias dos idosos, inclusive o respeito à liberdade de credo e à liberdade de ir e vir, desde que não exista restrição determinada no Plano de Atenção à Saúde; preservar a identidade e a privacidade do idoso, assegurando um ambiente de respeito e dignidade; promover ambiência acolhedora, a convivência mista entre os residentes de diversos graus de dependência e a integração dos idosos nas atividades desenvolvidas pela comunidade local; favorecer o desenvolvimento de atividades conjuntas com pessoas de outras gerações; incentivar e promover a participação da família e da comunidade na atenção ao idoso residente; desenvolver atividades que estimulem a autonomia dos idosos; promover condições de lazer para os idosos, tais como: atividades físicas, recreativas e culturais; e desenvolver atividades e rotinas para prevenir e coibir qualquer tipo de violência e discriminação contra pessoas nela residentes.

INSTITUIÇÃO DE PREVIDÊNCIA SOCIAL. *Direito previdenciário.* É a regida por normas gerais sobre seguro e previdência social, que visam a proteção securitária da população, devendo administrar o plano de prestações (benefícios e seguros) e tomar medidas a cargo do Poder Público destinadas a proteger os assalariados e a população contra circunstâncias que afetem sua capacidade econômica.

INSTITUIÇÃO DE SAÚDE. É toda instituição, pública ou privada, que preste, no mínimo, assistência ambulatorial e seja atendida por, pelo menos, um profissional de saúde de nível superior.

INSTITUIÇÃO DO TRIBUTO. *Direito tributário.* Criação de tributo pela União, pelos Estados, pelo Distrito Federal e pelos Municípios conforme a competência prevista na Constituição Federal, dentro da mais estrita legalidade.

INSTITUIÇÃO EXECUTORA NACIONAL. Órgão ou entidade brasileira proponente e beneficiária do projeto, responsável pela direção técnica e coordenação operacional de suas atividades.

INSTITUIÇÃO FILANTRÓPICA. *Direito civil.* Associação que visa a caridade, proporcionando o bem aos doentes, necessitados etc.

INSTITUIÇÃO FINANCEIRA. *Direito comercial* e *direito bancário.* 1. Empresa que realiza operações no mercado, efetuando contratos em que as prestações se cumprem em moeda ou direitos de crédito, viabilizando-os, visando não só a coleta, a intermediação e a aplicação de recursos financeiros, próprios ou de terceiros, mas também a custódia de valores alheios. 2. É a pessoa jurídica, pública ou privada, que tenha como atividade principal ou acessória a intermediação ou a aplicação de recursos financeiros próprios ou de terceiros, em moeda nacional ou estrangeira, autorizada pelo Banco Central do Brasil, ou por decreto do Poder Executivo, a funcionar no território nacional.

INSTITUIÇÃO FINANCEIRA DE INCENTIVO À EXPORTAÇÃO. *Direito internacional privado.* É a que tem por função o financiamento do comércio exterior do respectivo país. Por exemplo, o *Kreditanstalt Für Wiederaufbau* (KFW); o *Eximbank* etc.

INSTITUIÇÃO JURÍDICA DESCONHECIDA. *Direito internacional privado.* Instituição ignorada pela *lex fori.* Por exemplo: a condição jurídica discriminatória da classe baixa na categoria "pária" é desconhecida no Ocidente, caso em que se aplicará a lei substantiva do foro. Porém, se a instituição estrangeira for desconhecida pela *lex fori*, mas não contrária à ordem pública interna, poderá ser, excepcionalmente, admitida se condições técnicas o permitirem, embora não deva sê-lo se vier a reconhecer a alienígena mais direitos que aos nacionais (Oscar Tenório e Joaquín Garde Castillo).

INSTITUIÇÃO MILITAR. *Direito militar.* É a incorporada, em tempo de paz ou de guerra, às Forças Armadas.

INSTITUIÇÃO PARA MENORES. *Direito da criança e do adolescente.* É aquela que tem por escopo a integração ou reintegração da criança e do adolescente na vida comunitária.

INSTITUIÇÃO POLÍTICA. *Teoria geral do direito.* **1.** Conjunto de normas fundamentais à sociedade política. **2.** Constituição de um país; Carta Magna. **3.** Complexo de leis políticas fundamentais.

INSTITUIÇÃO SOCIAL. *Sociologia geral.* **1.** Complexo de idéias, padrões de conduta, relações inter-humanas. **2.** Equipamento material organizado em torno de um interesse socialmente reconhecido.

INSTITUÍDO. *Direito civil.* Diz-se do herdeiro em favor de quem o testador instituiu benefício ou direito.

INSTITUIDOR. **1.** Aquele que institui. **2.** O que promove uma instituição. **3.** O que nomeia herdeiro ou legatário em ato de última vontade. **4.** O que cria uma fundação por meio de testamento ou escritura pública para alcançar determinado fim.

INSTITUIR. **1.** *Direito administrativo.* Criar fundação pública. **2.** *Direito civil.* a) Nomear sucessor; b) fundar uma instituição; c) estabelecer uma fundação particular.

INSTITUTÁRIO. *História do direito.* Aquele que explicava as instituições de Justiniano.

INSTITUTAS. *Direito romano.* Obra preparada por Justiniano, baseada nas Institutas de Gaio, relativa ao direito privado, que faz parte do *Corpus Juris Civilis.*

INSTITUTE CARGO CLAUSES. *Direito internacional privado.* Cláusulas padronizadas do contrato de seguro, elaboradas pelo *Institute of London Underwriters*, como: a) *free from particular average* (FPA), que visa excluir da cobertura prejuízos oriundos de avaria particular; b) *with particu-*

lar average (WA), que cobre danos decorrentes de avaria particular, desde que acima de certa importância; c) *all risks*, em que o seguro não cobre os prejuízos arrolados na apólice; d) *war clause*, que garante danos advindos de operações bélicas; e) *strikes, riots and civil commotions clause*, que cobre danos oriundos de greves, comoção civil etc. (Fábio Ulhoa Coelho).

INSTITUTE FOR EDUCATIONAL PLANNING (IIEP). *Direito internacional público.* Instituto autônomo, vinculado à UNESCO, que tem três objetivos: a) levar a cabo pesquisas científicas sobre o planejamento e a reforma educacional; b) iniciar cursos de treinamento para pessoas responsáveis pelo planejamento educacional, tornando-se, assim, multiplicador de inovações; c) propagar novos conceitos, métodos e técnicas na área de educação (Herkelmann).

INSTITUTO. **1.** Regulamentação. **2.** Conjunto de normas que regem determinadas entidades ou situações jurídicas. **3.** Regime. **4.** Associação literária, artística ou científica. **5.** Corporação de ensino; título dado a alguns estabelecimentos de ensino. **6.** O que foi instituído. **7.** Órgão estatal que supervisiona certos setores.

INSTITUTO BENJAMIN CONSTANT (IBC). *Direito administrativo* e *direito educacional.* Órgão, criado em 1854 por decreto imperial, dotado de autonomia limitada, sendo centro de referência nacional na área da deficiência visual, que tem competência para: a) subsidiar a formulação da Política Nacional de Educação Especial na área da deficiência visual; b) promover a educação de deficientes visuais, por meio da manutenção de escola especializada para a educação pré-escolar e fundamental, com vistas a garantir o atendimento educacional e a preparação para o trabalho da pessoa cega e de visão reduzida, bem como desenvolver experiências no campo pedagógico, na área da deficiência visual; c) promover e realizar programas de capacitação de recursos humanos na área da deficiência visual; d) promover, realizar e divulgar estudos e pesquisas nos campos pedagógico, psicossocial e oftalmológico, prevenção das causas da cegueira, integração e reintegração da pessoa cega e de visão reduzida na comunidade; e) promover programas de divulgação e intercâmbio de experiências, conhecimentos e inovações na área do atendimento da pessoa cega e de visão reduzida; f) elaborar e produzir material didático-pedagógico e especializado para a vida diária da pessoa cega e de visão reduzida; g) prestar assistência técnica e financeira aos sistemas de ensino e instituições que atuem na área da deficiência visual, em articulação com a Secretaria de Educação Especial (SEESP); h) atualizar e aprimorar, mediante estudos e pesquisas, métodos e recursos didático-pedagógicos; i) desenvolver programas de reabilitação, pesquisa de mercado de trabalho e promover encaminhamento profissional com vistas a possibilitar à pessoa cega e de visão reduzida o pleno exercício de sua cidadania; j) promover ação permanente junto à sociedade, mediante os meios de comunicação de massa e de todos os recursos disponíveis que visem à valorização da imagem social da pessoa cega e de visão reduzida. O Educandário do Instituto Benjamin Constant funciona em regime de externato, e, considerando-se a realidade socioeconômica e a localidade de residência do educando, em regime de semi-internato e internato. O Instituto Benjamin Constant é tecnicamente subordinado à Secretaria de Educação Especial.

INSTITUTO BRASILEIRO DE GEOGRAFIA E ESTATÍSTICA (IBGE). *Direito administrativo.* Pessoa jurídica que coordena as atividades do sistema estatístico do País e as de natureza geográfica e cartográfica, efetuando estudos e levantamentos. A Fundação IBGE tem como missão retratar o Brasil, com informações necessárias ao conhecimento da sua realidade e ao exercício da cidadania, por meio da produção, análise, pesquisa e disseminação de informações de natureza estatística – demográfica e socioeconômica, e geocientífica – geográfica, cartográfica, geodésica e ambiental. Compete à Fundação IBGE, ainda: a) propor a revisão periódica do Plano Geral de Informações Estatísticas e Geográficas, após consulta à sociedade por meio da promoção das Conferências Nacionais de Estatística (CONFEST) e de Geociências (CONFEGE), a serem realizadas em intervalos não superiores a cinco anos; b) atuar nos Planos Geodésico Fundamental e Cartográfico Básico, e no Sistema Estatístico Nacional, mediante a produção de informações e a coordenação das atividades técnicas, em consonância com o Plano Geral de Informações Estatísticas e Geográficas (PGIEG), sob sua responsabilidade; c) acompanhar a elaboração da proposta orçamentária da União referente ao previsto no Plano Geral de Informações Estatísticas e Geográficas.

INSTITUTO BRASILEIRO DE INFORMAÇÃO EM CIÊNCIA E TECNOLOGIA (IBICT). *Direito administrativo.* É unidade de pesquisa integrante da estrutura do Ministério da Ciência e Tecnologia (MCT). O IBICT, como um centro nacional de pesquisa, de intercâmbio científico, de formação, treinamento e aperfeiçoamento de pessoal científico, tem por finalidade contribuir para o avanço da ciência, da tecnologia e da inovação tecnológica do País, por intermédio do desenvolvimento da comunicação e informação nessas áreas. Ao IBICT compete: a) propor ao MCT políticas para orientação do setor, colaborando com a sua implementação; b) apoiar, induzir, coordenar e executar programas, projetos, atividades e serviços na sua área de competência; c) estabelecer e manter cooperação e intercâmbio com entidades públicas e privadas, nacionais e internacionais; d) apoiar e promover a formação e capacitação de recursos humanos, com perfis profissionais que respondam a demandas da área de informação em ciência, tecnologia e inovação tecnológica no País; e) apoiar e promover a geração, difusão e absorção de conhecimento e tecnologia para a informação em ciência, tecnologia e inovação tecnológica; f) criar mecanismos de produção e capacitação de novos recursos financeiros e ampliar as receitas próprias.

INSTITUTO BRASILEIRO DO MEIO AMBIENTE (IBAMA). *Direito ambiental.* Autarquia em regime especial, com autonomia administrativa e financeira, vinculada ao Ministério do Meio Ambiente, que tem por finalidade assessorá-lo na formulação, execução e coordenação da Política Nacional de Recursos Hídricos e da Política Nacional do Meio Ambiente e da preservação, conservação e uso racional, fiscalização, controle e fomento dos recursos naturais. Compete-lhe fiscalizar as estações ecológicas e áreas de proteção ambiental. Na sua função de executor da política nacional do meio ambiente e em face da legislação aplicável à espécie, que estabelece competências e atribuições aos diferentes níveis do Poder Público, o IBAMA atua apenas, via de regra, em caráter supletivo, ou seja, a sua ação somente é exercida para suprir omissões dos órgãos ambientais dos Estados e Municípios ou para ajudar-lhes no cumprimento das missões conferidas por lei. Tem como finalidades: a) executar as políticas nacionais de meio ambiente, referentes às atribuições federais permanentes, relativas à preservação, à conservação e ao uso sustentável dos recursos ambientais e sua fiscalização, monitoramento e controle, observadas as diretrizes emanadas do Ministério do Meio Ambiente; b) executar as ações supletivas da União, de conformidade com a legislação ambiental vigente; e c) exercer o poder de polícia ambiental de âmbito federal. Desta forma, a expedição de licenças ambientais, a fiscalização do cumprimento da legislação e a aplicação das penalidades são de competência dos órgãos estaduais e municipais competentes, e do IBAMA, em caráter supletivo. No cumprimento de suas finalidades e, ressalvadas as competências das demais entidades que integram o Sistema Nacional do Meio Ambiente (SISNAMA), cabe ao IBAMA, de acordo com as diretrizes fixadas pelo Ministério do Meio Ambiente, desenvolver as seguintes ações federais: a) proposição de normas e padrões de qualidade ambiental; b) zoneamento ambiental; c) avaliação de impactos ambientais; d) licenciamento ambiental de atividades, empreendimentos, produtos e processos considerados efetiva ou potencialmente poluidores, bem como daqueles capazes de causar degradação ambiental, nos termos da legislação em vigor; e) proposição da criação e gestão das Unidades de Conservação Federais, bem como o apoio à implementação do Sistema Nacional de Unidades de Conservação da Natureza (SNUC); f) implementação dos Cadastros Técnicos Federais de Atividades e Instrumentos de Defesa Ambiental e de Atividades Potencialmente Poluidoras e/ou Utilizadoras dos Recursos Ambientais; g) fiscalização e aplicação de penalidades disciplinares ou compensatórias ao não cumprimento das medidas necessárias à preservação ou correção da degradação ambiental, nos termos da legislação em vigor; h) geração, integração e disseminação sistemática de informações e conhecimentos relativos ao meio ambiente; i) proteção e manejo integrado de ecossistemas, de espécies, do patrimônio natural e genético de representatividade ecológica em escala regional e nacional; j) disciplinamento, cadastramento, licenciamento, monitoramento e fiscalização dos usos e acessos aos recursos ambientais florísticos e faunísticos; k) análise, registro e controle de substâncias químicas, agrotóxicos e de seus componentes e afins, conforme legislação em vigor; l) assistência e apoio operacional às instituições públicas e à sociedade, em questões de acidentes e emergências ambientais e de relevante interesse ambiental; m) execução de programas de educação ambiental; n) execução, direta ou indireta, da exploração econômica dos recursos naturais em unidades do IBAMA, obedecidas as exigências legais e de sustentabilidade do meio ambiente e restrita a: uso público, publicidade, ecoturismo e outros serviços similares; e produtos e subprodutos da flora e da fauna, gerados na execução das ações de caráter permanente; o) fiscalização e controle da coleta e transporte de material biológico; p) recuperação de áreas degradadas; q) implementação do Sistema Nacional de Informações sobre o Meio Ambiente (SISNAMA); r) uso sustentável dos recursos naturais renováveis, apoio ao extrativismo e às populações tradicionais; s) aplicação, no âmbito de sua competência, dos dispositivos e acordos internacionais relativos à gestão ambiental; t) monitoramento, prevenção e controle a desmatamentos e queimadas e incêndios florestais; u) geração do conhecimento para a gestão do uso dos recursos faunísticos, pesqueiros e florestais e de metodologias e tecnologias de gestão ambiental; v) elaboração do sistema de informação para a gestão do uso dos recursos faunísticos, pesqueiros e florestais; w) elaboração e estabelecimento de critérios, padrões e proposição de normas ambientais para a gestão do uso dos recursos pesqueiros, faunísticos e florestais; x) propor normas, fiscalizar e controlar o uso do patrimônio espeleológico brasileiro, bem como fomentar levantamentos, estudos e pesquisas que possibilitem ampliar o conhecimento sobre as cavidades naturais subterrâneas existentes; e y) elaboração do Relatório de Qualidade do Meio Ambiente.

INSTITUTO CAMBIAL. *Direito cambiário.* Conjunto de normas relativas à letra de câmbio, disciplinadoras de sua função e circulação.

INSTITUTO CHICO MENDES DE CONSERVAÇÃO DA BIODIVERSIDADE – INSTITUTO CHICO MENDES. *Direito ambiental.* Autarquia federal dotada de personalidade jurídica de direito público, autonomia administrativa e financeira, vinculada ao Ministério do Meio Ambiente, com a finalidade de: a) executar ações da política nacional de unidades de conservação da natureza, referentes às atribuições federais relativas à proposição, implantação, gestão, proteção, fiscalização e monitoramento das unidades de conservação instituídas pela União; b) executar as políticas relativas ao uso sustentável dos recursos naturais renováveis e ao apoio ao extrativismo e às populações tradicionais nas unidades de conservação de uso sustentável instituídas pela União; c) fomentar e executar programas de pesquisa, proteção, preservação e conservação da biodiversidade e de educação ambiental; d) exercer o poder de polícia ambiental para a proteção das unidades de conservação instituídas pela União, não excluindo o exercício supletivo do poder de polícia ambiental pelo Instituto Brasileiro do Meio Ambiente e dos Recursos Naturais Renováveis (IBAMA); e) promover e executar, em articulação com os demais órgãos e entidades envolvidos, programas recreacionais, de uso público e de ecoturismo nas unidades de conservação, onde estas atividades sejam permitidas.

INSTITUTO DE ADMINISTRAÇÃO FINANCEIRA DA PREVIDÊNCIA E ASSISTÊNCIA SOCIAL (IAPAS). *História do direito.* Entidade autárquica federal com função de arrecadar, fiscalizar e cobrar contribuições destinadas à previdência e assistência social etc., tendo sido extinta e que, posteriormente, se fundiu com o INPS para formar o INSS.

INSTITUTO DE APOIO JURÍDICO POPULAR (AJUP). *Direito civil.* Sediado no Rio de Janeiro, tem por finalidade editar publicações, promover conferências e assessorar sindicatos e movimentos populares. Esse instituto, além de dar informações sobre culturas jurídicas informais, tem intercâmbio com grupos de Serviços Legais Alternativos da América Latina (Wolkmer).

INSTITUTO DE CRIMINALÍSTICA. *Direito processual penal.* Órgão que efetua serviços de pesquisa no campo da criminalística e perícias técnico-científicas.

INSTITUTO DE DIREITO ALTERNATIVO. *Direito civil.* Criado em 1991, com sede em Florianópolis, tem por escopo a organização de congressos e palestras, e a divulgação, por meio de publicações, de práticas jurídicas alternativas (Wolkmer).

INSTITUTO DE MEDIAÇÃO. *Direito civil.* Entidade que visa não só formar mediadores especializados na solução consensual de conflitos atuais ou potenciais entre pessoas físicas ou jurídicas de direito privado ou de direito público, como também divulgar técnicas de mediação não adversarial de conflitos.

INSTITUTO DE PESQUISA ECONÔMICA APLICADA (IPEA). *Direito administrativo.* Fundação pública, que tem por finalidade auxiliar na elaboração e no acompanhamento da política econômica, e promover atividade de pesquisa econômica aplicada nas áreas fiscal, financeira, externa e de desenvolvimento econômico, social e institucional, e, em especial: a) subsidiar o ministro do Planejamento, Orçamento e Gestão na formulação, acompanhamento e avaliação de políticas públicas de médio e longo prazos, e de planos, programas e projetos de desenvolvimento econômico e social; b) contribuir para o fortalecimento das condições de governabilidade e de governança necessárias à eficácia, à estabilidade e à legitimidade das instituições democráticas nos planos econômico, social e político; c) realizar atividades de pesquisa aplicada necessárias ao aperfeiçoamento dos processos de gestão e de planejamento econômico e social, integrando as relações do Governo Federal com os Estados, Distrito Federal e Municípios; d) desenvolver projetos que contribuam para o planejamento descentralizado e participativo, mediante associação com as universidades e instituições de ensino e pesquisa vinculadas a entidades representativas da sociedade civil, através da REDE-IPEA; e) promover debates sobre temas de interesse da sociedade brasileira e divulgar estudos, pesquisas ou outros trabalhos de interesse especial para o processo de planejamento e formulação de políticas públicas; f) executar atividades de treinamento, aperfeiçoamento e capacitação de pessoal para pesquisa, planejamento econômico e social, e gestão estratégica de políticas públicas. O IPEA pode manter intercâmbio com órgãos e entidades de planejamento, de ensino e pesquisa, públicos ou privados, nacionais ou internacionais, no campo da política e do planejamento econômico e social. O IPEA tem, portanto, por finalidade realizar pesquisas e estudos sociais e econômicos; disseminar o conhecimento resultante; dar apoio técnico e institucional ao governo na avaliação, formulação e acompanhamento de políticas públicas, planos e programas de desenvolvimento, e oferecer à sociedade elementos para o conhecimento e solução dos problemas e dos desafios do desenvolvimento brasileiro, consubstanciados nos seguintes tópicos: a) pesquisas destinadas ao conhecimento dos processos econômicos e sociais brasileiros; b) análise e diagnóstico dos problemas estruturais e conjunturais da economia e da sociedade brasileira; c) estudos prospectivos de médio e longo prazo; d) fornecimento de subsídios técnicos para a formulação de políticas públicas e para a preparação de planos e programas de governo; e) análise e avaliação de políticas públicas, programas e ações governamentais; f) capacitação técnica e institucional para o aperfeiçoamento das atividades de planejamento, avaliação e gestão; g) disponibilização de sistemas de informação e disseminação de conhecimentos atinentes às suas áreas de competência.

INSTITUTO DE PESQUISAS JARDIM BOTÂNICO DO RIO DE JANEIRO (JBRJ). Autarquia federal vinculada ao Ministério do Meio Ambiente, dotada de personalidade jurídica de direito público, com autonomia administrativa e financeira, com sede e foro na cidade do Rio de Janeiro, tem como finalidade promover, realizar e divulgar o ensino e as pesquisas técnico-científicas sobre os recursos florísticos do Brasil, visando o conhecimento e a conservação da biodiversidade, bem como manter as coleções científicas sob sua responsabilidade, competindo-lhe, em especial, em consonância com as diretrizes das políticas nacionais de meio ambiente fixadas pelo Ministério do Meio Ambiente: a) subsidiar o Ministério do Meio Ambiente na elaboração da Política Nacional de Biodiversidade e de Acesso a Recursos Genéticos; b) criar e manter programas de apoio à implantação, estruturação e desenvolvimento de jardins botânicos, nos âmbitos federal, estadual e municipal; c) manter a operacionalização e o controle do Sistema Nacional de Registro de Jardins Botânicos; d) desenvolver e difundir programas de pesquisa científica, visando a conservação da flora nacional, e estimular o desenvolvimento tecnológico das atividades de interesse da botânica e de áreas correlatas; e) manter e ampliar coleções nacionais de referência, representativas da flora nativa e exótica, em estruturas adequadas, carpoteca, xiloteca, herbário e coleção de plantas vivas; f) manter e ampliar o acervo bibliográfico, especializado na área da botânica, meio ambiente e áreas afins; g) estimular e manter programas de formação e capacitação de recursos humanos nos campos da botânica, ecologia, educação ambiental e gestão de jardins botânicos; h) manter banco de germoplasma e promover a divulgação anual do *index seminum* no *Diário Oficial da União*; i) manter unidades associadas representativas dos diversos ecossistemas brasileiros; e j) analisar propostas e firmar acordos e convênios internacionais, objetivando a cooperação no campo das atividades de pesquisa e acompanhar a sua execução, ouvido o Ministério do Meio Ambiente.

INSTITUTO DE PREVIDÊNCIA DOS CONGRESSISTAS (IPC). *História do direito.* Era o alusivo ao sistema previdenciário de políticos aposentados. Foi substituído pelo atual Plano de Seguridade Social dos Congressistas, que alterou as normas de aposentação de políticos quanto aos valores a serem percebidos na inatividade, passando à União o dever de pagar direitos e obrigações com os recursos orçamentários próprios, inclusive as pensões já concedidas.

INSTITUTO DE TUTELA INTERNACIONAL. *Direito internacional público.* Instituto criado pela Carta da ONU que consiste na entrega de um território para ser administrado por um Estado até tornar-se apto para conquistar sua independência (Othon Sidou).

INSTITUTO DE VIDA CONSAGRADA. *Direito civil* e *direito canônico.* É a sociedade aprovada por legítima autoridade religiosa, na qual seus membros emitem votos públicos ou assumem vínculos estáveis para servir à confissão religiosa adotada, além do compromisso comunitário, independentemente de convivência sob o mesmo teto.

INSTITUTO DO PATRIMÔNIO HISTÓRICO E ARTÍSTICO NACIONAL (IPHAN). *Direito administrativo.* Autarquia federal que tem por finalidade pesquisar, promover, fiscalizar e proteger o patrimônio cultural brasileiro, nos termos da Constituição e, especialmente: a) formular e coordenar a execução da política de preservação, promoção e proteção do patrimônio cultural, em consonância com as diretrizes do Ministério da Cultura; b) desenvolver estudos e pesquisas, visando à geração e incorporação de metodologias, normas e procedimentos para conservação e preservação do patrimônio cultural e c) promover a identificação, o inventário, a documentação, o registro, a difusão, a vigilância, o tombamento, a conservação, a preservação, a devolução, o uso e a revitalização do patrimônio cultural; exercendo o poder de polícia administrativa para proteção do patrimônio cultural brasileiro.

INSTITUTO DOS ADVOGADOS BRASILEIROS (IAB).
Instituição, fundada em 1843, que visa o estímulo da cultura jurídica, o aprimoramento da legislação, e a seleção, defesa e disciplina dos advogados, zelando pela nobreza da classe e pela sua dignidade.

INSTITUTO DOS ADVOGADOS DE SÃO PAULO (IASP).
Sociedade civil de fins não econômicos, fundada em 1874, que presta relevantes serviços na área jurídica, constituindo uma entidade de classe e importante centro de cultura jurídica. Tem por finalidade: a) o estudo do direito, a difusão dos conhecimentos jurídicos e o culto à justiça; b) a sustentação do primado do direito e da justiça; c) a defesa dos direitos, da dignidade e do prestígio dos advogados e dos juristas em geral; d) a colaboração com o Poder Público no aperfeiçoamento da ordem jurídica e das práticas jurídico-administrativas, especialmente no tocante à organização e à administração da justiça, e aos direitos e interesses de seus órgãos; e) a guarda e a estrita observância das normas da ética profissional, não apenas entre seus sócios, como entre a classe dos advogados e demais classes que atuam no âmbito da atividade jurídica; f) a cooperação com a Ordem dos Advogados do Brasil e outras entidades de classe; g) a promoção de cursos e conferências sobre temas jurídicos e de interesse público; h) a promoção da defesa do meio ambiente, do consumidor e do patrimônio artístico, ético, histórico, turístico e paisagístico; i) a prestação de serviços à comunidade em áreas de cunho jurídico e cultural, inclusive ligadas à divulgação da legislação e da jurisprudência; j) o aperfeiçoamento do exercício profissional das carreiras jurídicas.

INSTITUTO JURÍDICO. *Teoria geral do direito.* **1.** *Vide* INSTITUIÇÃO. **2.** Conjunto de normas reguladoras de certa matéria. **3.** Figura jurídica criada para a consecução de determinado fim e para atender interesses privados ou públicos.

INSTITUTO MÉDICO-LEGAL (IML). *Direito penal.* Órgão técnico-científico da polícia estadual que procede a perícias médico-legais e realiza trabalhos de pesquisa na seara da medicina legal.

INSTITUTO NACIONAL DA PROPRIEDADE INDUSTRIAL (INPI). *Direito administrativo.* Autarquia federal vinculada ao Ministério do Desenvolvimento, Indústria e Comércio Exterior, que tem por fim executar as normas reguladoras da propriedade industrial, tendo em vista a sua função social, econômica, jurídica e técnica, bem como pronunciar-se quanto à conveniência de assinatura, ratificação e denúncia de convenções, tratados, convênios e acordos sobre propriedade industrial e tomar medidas idôneas para regular a transferência de tecnologia e para estabelecer melhores condições de negociação e utilização de patentes. Tem por escopo: a) registrar os contratos que impliquem transferência de tecnologia, contratos de franquia e similares para produzirem efeitos em relação a terceiros; b) registrar os programas de computador de acordo com a legislação em vigor; c) desenvolver ações objetivando promover a disseminação da cultura da propriedade industrial; e d) fazer o cadastramento dos agentes da propriedade industrial, para fins de regular essa atividade, no que concerne à representatividade junto ao INPI.

INSTITUTO NACIONAL DE ASSISTÊNCIA MÉDICA DA PREVIDÊNCIA SOCIAL (INAMPS). Autarquia federal que visa a prestação de programas de assistência médico-hospitalar a trabalhadores urbanos e rurais, e a servidores federais.

INSTITUTO NACIONAL DE COLONIZAÇÃO E REFORMA AGRÁRIA (INCRA). *Direito agrário.* Autarquia federal, com autonomia administrativa e financeira, que tem por escopo promover, coordenar e executar a colonização, a reforma agrária, visando o desenvolvimento rural do País, adequando-o aos interesses do desenvolvimento econômico-social, assegurando a função social da propriedade. Para tanto, deverá, por exemplo, elaborar o zoneamento do País; definir as zonas típicas para fins de fixação do módulo rural, os valores da terra nua; programar e executar o cadastramento de imóveis rurais, dos proprietários, parceiros e arrendatários; estimular a expansão de empresas rurais etc. Tem como finalidades: a) promover e executar a reforma agrária, visando a melhor distribuição da terra, mediante modificações no regime de sua posse e uso, a fim de atender aos princípios de justiça social por meio de projetos de assentamento sustentáveis; b) promover, coordenar, controlar e executar a colonização; c) promover as medidas necessárias à discriminação e arrecadação das terras devolutas federais e a sua destinação, visando incorporá-las ao sistema produtivo; e d) gerenciar a estrutura fundiária do País. O INCRA tem como atividades principais: 1. quanto ao zoneamen-

to e cadastro rural: a) realizar estudos para o zoneamento do País em regiões homogêneas do ponto de vista socioeconômico e das características da estrutura agrária; b) identificar as regiões especificadas em lei; c) definir zonas típicas para fins de fixação do módulo rural; d) organizar e manter atualizado o cadastro de imóveis rurais, de proprietários e detentores de imóveis rurais, de terras públicas, de arrendatários e parceiros rurais, bem como quaisquer outros que visem proporcionar elementos para conhecimento da estrutura socioeconômica do meio rural; e) identificar a propriedade produtiva, a pequena e média propriedade, de acordo com a lei; 2. quanto à obtenção e destinação de terras, e assentamento dos beneficiários da reforma agrária e colonização: a) criar, implantar e consolidar projetos de assentamento de reforma agrária; b) promover as desapropriações, por interesse social para fins de reforma agrária, e realizar outras de aquisição de terras necessárias às suas finalidades; c) incorporar bens ao seu patrimônio; d) promover o acesso à propriedade rural, mediante a distribuição e redistribuição de terras; e) regularizar as ocupações das terras; f) promover a concessão, remição, transferência e extinção de aforamento de terras públicas; g) controlar a aquisição e o arrendamento de imóveis rurais por estrangeiros; h) promover a discriminação de terras devolutas da União, incorporando-as ao patrimônio público; i) assegurar aos beneficiários da reforma agrária os serviços indispensáveis de assistência à produção, educação e saúde, mediante integração com instituições governamentais e não-governamentais; j) fixar a metodologia a ser adotada nos projetos de colonização oficial e particular, aprovando os projetos e acompanhando sua execução até a consolidação; 3. quanto à implantação dos assentamentos de reforma agrária: a) garantir a efetiva participação dos assentamentos nas atividades de planejamento e execução das ações relativas ao desenvolvimento territorial; b) aportar os recursos orçamentários e financeiros preferencialmente de forma global e não fragmentada; c) garantir a Assessoria Técnica, Social e Ambiental desde o início da Implantação do Assentamento, de forma a definir o modelo de exploração da área, organização espacial, moradia, infra-estrutura básica, licenciamento ambiental e serviços sociais; d) qualificar e adequar as normas ambientais como

ação e condição necessárias à implantação do Plano de Desenvolvimento do Assentamento (PDA), promovendo a exploração racional e sustentável da área e a melhoria de qualidade de vida dos assentados; e) fortalecer o processo de constituição da capacidade organizativa, com base na cooperação e no associativismo das famílias assentadas; f) articular e integrar as políticas públicas de assistência técnica, extensão rural, educação, saúde, cultura, eletrificação rural, saneamento básico, necessárias ao desenvolvimento do projeto de assentamento; g) possibilitar que as áreas reformadas sejam indutoras do Desenvolvimento Territorial combatendo as causas da fome e da pobreza.

INSTITUTO NACIONAL DE CRIMINALÍSTICA. *Direito penal.* Órgão com incumbência de: a) planejar, coordenar, supervisionar, orientar, controlar e executar as atividades técnico-científicas de apreciação de vestígios em procedimentos pré-processuais e judiciários, quando solicitado por autoridade competente; b) propor e participar da elaboração de convênios e contratos com órgãos e entidades congêneres; c) pesquisar e difundir estudos técnico-científicos no campo da criminalística; d) promover a publicação de informativos relacionados com sua área de atuação.

INSTITUTO NACIONAL DE EDUCAÇÃO DE SURDOS (INES). *Direito administrativo* e *direito educacional.* Criado em 1857, é, atualmente, órgão específico e singular, dotado de autonomia limitada e centro de referência nacional na área da surdez, subordinado diretamente ao ministro de Estado da Educação, competindo-lhe: a) subsidiar a formulação da Política Nacional de Educação Especial na área de deficiência auditiva; b) promover e realizar programas de capacitação de recursos humanos na área de deficiência auditiva; c) assistir, tecnicamente, os sistemas de ensino, visando ao atendimento educacional de deficientes auditivos, em articulação com a Secretaria de Educação Especial; d) promover intercâmbio com as associações e organizações educacionais do País, visando a incentivar a integração de deficientes auditivos; e) promover a educação de deficientes auditivos, por meio da manutenção do órgão de educação fundamental e educação média, visando a garantir o atendimento educacional e a preparação para o trabalho de pessoas surdas, bem como desenvolver experiências no campo pedagógico na área de deficiência au-

INSTITUTO NACIONAL DE ESTUDOS E PESQUISAS EDUCACIONAIS (INEP) 945

ditiva; f) promover, realizar e divulgar estudos e pesquisas nas áreas de prevenção da surdez, avaliação dos métodos e técnicas utilizados e desenvolvimento de recursos didáticos, visando à melhoria da qualidade do atendimento aos deficientes auditivos; g) promover programas de intercâmbio de experiências, conhecimentos e inovações na área de educação de deficientes auditivos; h) elaborar e produzir material didático-pedagógico para o ensino de deficientes auditivos; i) promover ação constante junto à sociedade, mediante os meios de comunicação de massa e de outros recursos, visando ao resgate da imagem social dos deficientes auditivos; j) desenvolver programas de reabilitação, pesquisa de mercado de trabalho e promoção de encaminhamento profissional, com a finalidade de possibilitar às pessoas surdas o pleno exercício da cidadania. O Instituto Nacional de Educação de Surdos é tecnicamente vinculado à Secretaria de Educação Especial.

INSTITUTO NACIONAL DE ESTUDOS E PESQUISAS EDUCACIONAIS (INEP). *Direito educacional.* É o órgão integrante da estrutura do Ministério da Educação, transformado em autarquia federal vinculada àquele ministério, com sede e foro na cidade de Brasília, tendo como finalidades: a) organizar e manter o sistema de informações e estatísticas educacionais; b) planejar, orientar e coordenar o desenvolvimento de sistemas e projetos de avaliação educacional, visando o estabelecimento de indicadores de desempenho das atividades de ensino no País; c) apoiar não só os Estados, o Distrito Federal e os Municípios no desenvolvimento de sistemas e projetos de avaliação educacional, como também o desenvolvimento e a capacitação de recursos humanos necessários ao fortalecimento de competências na área de avaliação e informação educacional no País; d) desenvolver e implementar, na área educacional, sistemas de informação e documentação que abranjam estatísticas, avaliações educacionais, práticas pedagógicas e de gestão das políticas educacionais; e) subsidiar a formulação de políticas na área de educação, mediante a elaboração de diagnósticos e recomendações decorrentes da avaliação da educação básica e superior; f) coordenar o processo de avaliação dos cursos de graduação, em conformidade com a legislação vigente, e o processo de realização de exame nacional de ensino médio; g) definir e propor parâmetros, critérios e mecanismos para a rea-

lização de exames de acesso ao ensino superior; h) promover a disseminação de informações sobre avaliação da educação básica e superior; i) articular-se, em sua área de atuação, com instituições nacionais, estrangeiras e internacionais, mediante ações de cooperação institucional, técnica e financeira bilateral e multilateral; j) promover e coordenar a articulação e cooperação de caráter técnico-científico com os demais órgãos do Ministério da Educação, secretarias de educação dos Estados e do Distrito Federal, instituições de ensino e pesquisa, centros de referência e entidades privadas, nacionais, estrangeiras e internacionais, visando ampliar e qualificar a disseminação e a produção de conhecimentos e informações educacionais. Para o desempenho de suas atividades, o INEP utilizar-se-á de serviços de terceiros e de pareceres de consultores externos, contratados para fins específicos, além dos recursos próprios estabelecidos pela lei de instituição e decreto de estrutura regimental. Compete, ainda, ao INEP: a) realizar, anualmente, o Censo Escolar, para fins de repartição dos recursos alocados ao Fundo de Manutenção e Desenvolvimento do Ensino Fundamental e de Valorização do Magistério (FUNDEF), bem como apreciar eventuais recursos quanto aos seus resultados; b) organizar e executar a avaliação de cursos e instituições de ensino superior; c) coordenar a realização do Exame Nacional do Ensino Médio (ENEM); d) promover a disseminação das informações educacionais dos estudos, da documentação e dos produtos dos seus sistemas de informação.

INSTITUTO NACIONAL DE IDENTIFICAÇÃO. *Direito penal.* Órgão incumbido de: a) planejar, coordenar, dirigir, orientar, controlar e executar as atividades de identificação humana relevantes para procedimentos pré-processuais e judiciários, quando solicitado por autoridade competente; b) centralizar informações e impressões digitais de pessoas indiciadas em inquéritos policiais ou acusadas em processos criminais no território nacional e de estrangeiros sujeitos a registro no Brasil; c) coordenar e promover o intercâmbio dos serviços de identificação civil e criminal no âmbito nacional; d) analisar os resultados das atividades de identificação, propondo, quando necessário, medidas para o seu aperfeiçoamento; e) colaborar com os Institutos de Identificação dos Estados e do Distrito Federal para aprimorar e uniformizar as atividades de identificação do País; f) desenvolver projetos e programas de estudo e pesquisa no campo da identificação; g) emitir passaportes em conformidade com a normatização específica da Diretoria de Polícia Judiciária.

INSTITUTO NACIONAL DE METEOROLOGIA. *Direito administrativo.* Órgão, ao qual compete: a) promover a execução de estudos e levantamentos meteorológicos e climatológicos aplicados à agricultura e a outras atividades; b) coordenar, elaborar e executar programas e projetos de pesquisas agrometeorológicas e de acompanhamento das modificações climáticas e ambientais; c) elaborar e divulgar, diariamente, em nível nacional, a previsão do tempo, avisos e boletins meteorológicos especiais; d) estabelecer, coordenar e operar as redes de observações meteorológicas e de transmissão de dados meteorológicos, inclusive aquelas integradas à rede internacional.

INSTITUTO NACIONAL DE METROLOGIA, NORMALIZAÇÃO E QUALIDADE INDUSTRIAL (INMETRO). Órgão executivo central do Sistema Nacional de Metrologia, Normalização e Qualidade Industrial (SINMETRO), identificado como Secretaria Executiva do CONMETRO e foro de compatibilização dos interesses governamentais. É órgão vinculado ao Ministério do Desenvolvimento, Indústria e Comércio Exterior, que tem por atribuições: a) credenciar os organismos de certificação de acordo com os procedimentos e critérios aprovados pelo Comitê Brasileiro de Certificação; b) coordenar e articular o reconhecimento internacional do Sistema Brasileiro de Qualificação, Certificação e Registro de Auditores de Sistemas da Qualidade; c) manter e publicar periodicamente lista atualizada dos auditores registrados e entidades reconhecidas para ministrar treinamento; d) buscar com entidades estrangeiras o reconhecimento mútuo do Sistema Brasileiro de Qualificação, Certificação e Registro de Auditores de Sistemas da Qualidade; e) reconhecer após processo de avaliação de sua capacidade entidades para ministrar cursos para treinamento e qualificação de auditores. Tem por finalidades: a) executar as políticas nacionais de metrologia e da qualidade; b) verificar a observância das normas técnicas e legais, no que se refere às unidades de medida, métodos de medição, medidas materializadas, instrumentos de medição e produtos pré-medidos; c)

manter e conservar os padrões das unidades de medida, assim como implantar e manter a cadeia de rastreabilidade dos padrões das unidades de medida no País, de forma a torná-las harmônicas, internamente, e compatíveis, no plano internacional, visando, em nível primário, à sua aceitação universal e, em nível secundário, à sua utilização como suporte ao setor produtivo, com vistas à qualidade de bens e serviços; d) fortalecer a participação do País nas atividades internacionais relacionadas com metrologia e qualidade, além de promover o intercâmbio com entidades e organismos estrangeiros e internacionais; e) prestar suporte técnico e administrativo ao Conselho Nacional de Metrologia, Normalização e Qualidade Industrial (CONMETRO), bem assim aos seus comitês de assessoramento, atuando como sua Secretaria-Executiva; f) fomentar a utilização da técnica de gestão da qualidade nas empresas brasileiras; g) planejar e executar as atividades de credenciamento de laboratórios de calibração e de ensaios, de provedores de ensaio de proficiência, de organismos de certificação, de inspeção, de treinamento e de outros necessários ao desenvolvimento da infra-estrutura de serviços tecnológicos no País; h) coordenar, no âmbito do SINMETRO, a certificação compulsória e voluntária de produtos, de processos, de serviços e a certificação voluntária de pessoal.

INSTITUTO NACIONAL DE PESQUISAS DA AMAZÔNIA (INPA). *Direito ambiental.* É unidade de pesquisa integrante da estrutura do Ministério da Ciência e Tecnologia (MCT) e tem por finalidade promover e realizar atividades de pesquisas científicas e de desenvolvimento tecnológico relacionados com o meio ambiente e com os sistemas socioeconômico-culturais da Região Amazônica, assim como gerar e disseminar conhecimentos e tecnologias e realizar ações de capacitação de recursos humanos e de extensão, com vista à aplicação do conhecimento no seu desenvolvimento sustentável. Ao INPA compete: a) promover e realizar estudos e pesquisas aplicados ao meio ambiente; b) propor diretrizes para formulação de políticas públicas e para execução de programas para a Região; c) criar e manter programas de pós-graduação nas suas áreas de atuação; d) estabelecer intercâmbio científico e técnico com instituições nacionais, estrangeiras e internacionais; e) prestar serviços técnicos, emitir certificados, relatórios e laudos técnicos, bem como desenvolver e comercializar produtos, serviços e tecnologias nas suas áreas de atuação; f) exercer a função de órgão pericial técnico independente e de Organismo de Certificação Credenciado (OCC) nas suas áreas de competência; g) promover e patrocinar conferências, nacionais e internacionais, simpósios e outros tipos de eventos técnico-científicos.

INSTITUTO NACIONAL DE PESQUISAS ESPACIAIS (INPE). *Direito espacial.* É órgão singular do Ministério da Ciência e Tecnologia, sediado em São José dos Campos, Estado de São Paulo, com a finalidade de promover e executar estudos, pesquisas científicas, desenvolvimento tecnológico e capacitação de recursos humanos, nos campos da ciência espacial e da atmosfera, das aplicações espaciais, da meteorologia e da engenharia e tecnologia espacial, bem assim em domínios correlatos, consoante política definida pelo Ministério, e especificamente: a) executar atividades, programas e projetos de pesquisa e desenvolvimento, bem como manter relacionamento de cooperação e intercâmbio técnico-científico com entidades nacionais, estrangeiras e internacionais, mediante convênios, contratos e demais acordos pertinentes; b) instalar, manter e operar agências, escritórios, laboratórios, equipamentos, estações terrenas, centros de aquisição, de análise, de processamento e tratamento de dados e de disseminação de informações e centros de coordenação regional, direta ou indiretamente através de terceiros; c) prestar serviços a terceiros, produzir e comercializar produtos derivados de suas pesquisas ou de seus desenvolvimentos tecnológicos, em escala compatível com a sua estrutura, resguardados os direitos, privilégios e patentes de suas propriedades intelectuais; d) buscar a disseminação dos resultados das suas pesquisas e desenvolvimentos tecnológicos, repassando a terceiros a exploração econômica das atividades que, por limitação intrínseca ao seu escopo, não teria condições de comercializá-las, observada a legislação pertinente; e) fomentar a industrialização de sistemas, equipamentos, peças e componentes, objetivando a capacitação e qualificação da indústria espacial brasileira, bem como a prestação de serviços especializados por empresas nacionais, no campo espacial; f) promover ou patrocinar a formação e especialização de recursos humanos nas áreas de sua finalidade; g) promover ou patrocinar eventos nacionais e internacionais, tais como seminários, congressos, conferências e outros conclaves de caráter técnico-científico, de interesse direto ou correlato para o instituto; h) realizar no País, observado o âmbito de sua competência, a coordenação e o controle técnico de atividades, programas e projetos de pesquisa espacial das instituições nacionais, estrangeiras ou internacionais, civis, de pesquisa e de ensino; i) emitir pareceres, laudos técnicos e sugestões relativas aos assuntos de atividades espaciais e correlatas; j) editar publicações técnico-científicas pertinentes às matérias de sua competência; k) sediar instituições de âmbito internacional afins ao escopo de sua competência, conforme determinação governamental.

INSTITUTO NACIONAL DE TECNOLOGIA (INT). *Direito administrativo.* É unidade de pesquisa integrante da estrutura do Ministério da Ciência e Tecnologia (MCT), com a missão de participar ativamente do desenvolvimento e modernização do País, com a incorporação de soluções tecnológicas e criativas às atividades de produção e gestão de bens e serviços, contribuindo para a melhoria da qualidade de vida da sociedade. O INT tem por finalidade promover e executar pesquisa, desenvolver e transferir tecnologia, prestar serviços técnicos especializados e capacitar recursos humanos, com ênfase em novas tecnologias, competindo-lhe em especial: a) executar atividades, programas e projetos de pesquisa e desenvolvimento; b) prestar serviços técnicos especializados no âmbito de sua competência; c) desenvolver estudos e propor diretrizes para a formulação de políticas ou para a execução de programas no campo da tecnologia industrial; d) estabelecer e manter, com instituições de pesquisa e ensino, o intercâmbio de informações científicas e tecnológicas e a transferência de tecnologia entre entidades públicas e privadas, nacionais, estrangeiras ou internacionais; e) capacitar recursos humanos em suas áreas de competência; f) exercer a função de órgão pericial técnico independente, na sua área de competência; g) emitir certificados, relatórios e pareceres técnicos em conformidade com normas técnicas nacionais e internacionais reconhecidas; h) exercer a função de Organismo de Certificação Credenciado (OCC), em conformidade com o Sistema Brasileiro de Avaliação da Conformidade; i) transferir para a sociedade serviços e produtos singulares, resultantes de suas atividades de pesquisa e desenvolvimento, mediante o cumprimento de dispositivos legais aplicáveis; j) gerir e desenvolver as atividades da incubadora de empresas de base tecnológica; e k) manter e operar, direta ou indiretamente, escritórios, laboratórios e centros regionais.

INSTITUTO NACIONAL DE TECNOLOGIA DA INFORMAÇÃO (ITI). *Direito virtual.* Autarquia federal vinculada à Casa Civil da Presidência da República, com a finalidade de ser a Autoridade Certificadora Raiz-AC Raiz, da Infra-Estrutura de Chaves Públicas Brasileira (ICP) Brasil, tem as seguintes competências: a) executar as políticas de certificação e as normas técnicas e operacionais aprovadas pelo Comitê Gestor da ICP-Brasil; b) propor a revisão e a atualização das normas técnicas e operacionais aprovadas pelo Comitê Gestor da ICP-Brasil; c) gerenciar os certificados das Autoridades Certificadoras de nível imediatamente subseqüente ao seu, incluindo emissão, expedição, distribuição e revogação desses documentos; d) gerenciar a lista de certificados emitidos, revogados e vencidos; e) executar as atividades de fiscalização e de auditoria das Autoridades Certificadoras (AC), Autoridades de Registro (AR) e dos prestadores de serviços habilitados na ICP-Brasil, em conformidade com as diretrizes e normas técnicas estabelecidas pelo Comitê Gestor da ICP-Brasil; f) aplicar sanções e penalidades, na forma da lei; g) emitir certificado para o funcionamento das AC, das AR e dos prestadores de serviço de suporte da ICP-Brasil; h) promover o relacionamento com instituições congêneres no País e no exterior; i) celebrar e acompanhar a execução de convênios e acordos internacionais de cooperação, no campo das atividades de infra-estrutura de chaves públicas e áreas afins, ouvido o Comitê Gestor da ICP-Brasil; j) estimular a participação de universidades, instituições de ensino e iniciativa privada em pesquisa e desenvolvimento, nas atividades de interesse da área da segurança da informação e da infra-estrutura de chaves públicas; k) estimular e articular projetos de pesquisa científica e de desenvolvimento tecnológico voltados à ampliação da cidadania digital, por meio da utilização de certificação e assinatura digitais ou de outras tecnologias que garantam a privacidade, autenticidade e integridade de informações eletrônicas; e l) executar outras atribuições que lhe forem cometidas pelo Comitê Gestor da ICP-Brasil.

INSTITUTO NACIONAL DO DESENVOLVIMENTO DO DESPORTO (INDESP). *Direito desportivo* e *direito administrativo.* É uma autarquia federal com a finalidade de promover e desenvolver a prática do desporto e exercer outras competências específicas que lhe foram por lei conferidas, como: a) propor, ouvido o Conselho de Desenvolvimento do Desporto Brasileiro (CDDB), o Plano Nacional de Desporto; b) implantar as decisões relativas ao Plano e aos programas de desenvolvimento do esporte; c) realizar estudos, planejar, coordenar e supervisionar o desenvolvimento do esporte; d) captar recursos financeiros para o financiamento de programas e projetos esportivos; e) zelar pelo cumprimento da legislação esportiva; f) prestar cooperação técnica e assistência financeira supletiva a outros órgãos da Administração Pública Federal, aos Estados, ao Distrito Federal e aos Municípios; g) manter intercâmbio com organismos públicos e privados, nacionais, internacionais e governos estrangeiros; h) articular-se com os demais segmentos da Administração Pública Federal, tendo em vista a execução de ações integradas na área do esporte; i) prestar apoio técnico e administrativo ao CDDB; j) elaborar projeto de fornecimento de prática desportiva para pessoas portadoras de deficiência; k) atestar a viabilidade e autonomia financeiras.

INSTITUTO NACIONAL DO SEGURO SOCIAL (INSS). *Direito previdenciário.* Autarquia federal, vinculada ao Ministério da Previdência Social, instituída mediante fusão do Instituto de Administração da Previdência e Assistência Social (IAPAS) com o Instituto Nacional de Previdência Social (INPS). O Instituto Nacional do Seguro Social (INSS) pode ter até 7 (sete) Superintendências Regionais, com localização definida em decreto, de acordo com a atual divisão do Território Nacional em macrorregiões econômicas, adotada pela Fundação Instituto Brasileiro de Geografia e Estatística (IBGE), para fins estatísticos, as quais serão dirigidas por Superintendentes nomeados pelo Presidente da República. Visa promover o reconhecimento, pela Previdência Social, de direito ao recebimento de benefícios por ela administrados, assegurando agilidade, comodidade aos seus usuários e ampliação do controle social. Tem por finalidade: a) promover a arrecadação, a fiscalização e a cobrança das contribuições sociais destinadas ao financiamento da Previdência Social na forma da legislação em vigor; b) promover o reconhecimento, pela Previdência Social, de direito ao recebimento de benefícios por ela administrados, assegurando agilidade, comodidade aos seus usuários e ampliação do controle social. Tem competência para: a) administrar contribuições sociais e receitas alusivas à previdência social; b) gerir recursos do fundo de Previdência e Assistência Social; c) conceder e manter benefícios previdenciários; d) executar programas e atividades relacionadas com emprego, apoio ao desempregado, identificação profissional, segurança e saúde do trabalhador (Eduardo Marcial Ferreira Jardim).

INSTITUTO NACIONAL DO SEMI-ÁRIDO (INSA). *Direito administrativo* e *direito ambiental.* Unidade de pesquisa, que tem por finalidade promover o desenvolvimento científico e tecnológico e a integração dos pólos socioeconômicos e ecossistemas estratégicos da região do semi-árido brasileiro, bem como realizar, executar e divulgar estudos e pesquisas na área do desenvolvimento científico e tecnológico para o fortalecimento do desenvolvimento sustentável da região.

INSTITUTO NACIONAL DO SEMI-ÁRIDO CELSO FURTADO (INSA-CF). *Direito administrativo* e *direito ambiental.* Unidade de pesquisa integrante da estrutura do Ministério da Ciência e Tecnologia (MCT). O INSA-CF tem por finalidade promover o desenvolvimento científico e tecnológico e a integração dos pólos socioeconômicos e ecossistemas estratégicos da região do semi-árido brasileiro, bem como realizar, executar e divulgar estudos e pesquisas na área de desenvolvimento científico e tecnológico para o fortalecimento do desenvolvimento sustentável da região. Ao INSA-CF compete: a) promover, coordenar e realizar estudos, programas, projetos e atividades de pesquisa científica e de desenvolvimento tecnológico, no âmbito de suas finalidades; b) realizar atividades relacionadas com o desenvolvimento e a aplicação de tecnologias apropriadas em áreas e programas estratégicos e de interesse regional e nacional; c) promover e realizar estudos e pesquisas aplicados ao meio ambiente, especialmente, aqueles voltados para o uso de recursos hídricos, para a preservação e recuperação de ecossistemas e

sua sustentabilidade, na região do semi-árido; d) propor diretrizes para formulação de políticas públicas e para execução de programas regionais, inclusive, para elaboração de planos de aplicação dos Fundos constitucionais; e) difundir conhecimentos científicos e tecnológicos, já disponíveis ou resultantes de sua atividade de pesquisa; f) promover e patrocinar a formação e a especialização de recursos humanos na sua área de competência; g) estabelecer intercâmbio científico e técnico com instituições nacionais, estrangeiras e internacionais; h) prestar serviços técnicos, emitir relatórios e laudos técnicos, quando solicitados, bem como desenvolver produtos, serviços e tecnologias nas suas áreas de atuação; i) promover e patrocinar conferências, nacionais e internacionais, simpósios e outros tipos de eventos técnico-científicos; j) dar apoio científico e tecnológico a atividades produtivas regionais compatíveis com as peculiaridades físicas da região do semi-árido e a integração socioeconômica; k) propor mecanismos de captação de recursos financeiros para pesquisa e ampliar as receitas próprias; e l) interagir com as instituições de ensino e de pesquisa da região do semi-árido, promovendo a integração de estudos, projetos e programas de caráter científico e tecnológico em desenvolvimento.

INSTITUTO PAULISTA DE ADVOCACIA PÚBLICA. *Direito civil.* Associação civil sem intuito lucrativo, cujos componentes são os advogados e defensores públicos da União, procuradores da Fazenda Nacional, procuradores do Estado e de autarquias, procuradores do município, procuradores da Assembléia Legislativa, de universidades, fundações, empresas públicas e sociedades de economia mista.

INSTITUTO PÚBLICO. *Direito administrativo.* Pessoa jurídica de direito público que garante a gestão de um serviço administrativo (Marcello Caetano).

INSTITUTO RIO BRANCO. *Direito internacional público.* Órgão do Ministério das Relações Exteriores que tem por fim: a) o recrutamento, a seleção, a formação e o treinamento do pessoal da Carreira de Diplomata; b) a execução de programas especiais de aperfeiçoamento dos funcionários de carreiras de nível de formação superior do Ministério das Relações Exteriores e de áreas afins; c) o cumprimento das demais tarefas de que lhe incumbir o Secretário-Geral das Relações Exteriores.

INSTITUTO SECULAR. *Direito canônico.* É aquele de vida consagrada, no qual os fiéis tendem à perfeição da caridade e procuram cooperar para a santificação do mundo.

INSTRUÇÃO. 1. *Direito administrativo.* Ato administrativo de ordem interna pelo qual o superior hierárquico, dirigindo-se aos seus funcionários ou subordinados, procura aumentar o rendimento do trabalho, indicando a maneira de proceder, e disciplinar o funcionamento do serviço público. **2.** *Direito processual civil.* Fase probatória do procedimento na qual o magistrado fixa os pontos duvidosos sobre os quais incide a prova e dá ordem ao processo para efeito de prolatação da sentença. Ou melhor, nesta fase processual praticam-se atos imprescindíveis para elucidar a controvérsia, como apresentação de elementos probatórios, realização de diligências, fornecendo dados para que o juiz forme sua convicção e possa julgar a causa. Conjunto de atos processuais necessários para esclarecer uma demanda, pondo-a em condições de ser decidida, por elucidarem fatos que constituem seu objeto. **3.** *Direito internacional público.* Ordem e informação que se dá a um embaixador. **4.** Na *linguagem jurídica* em geral, pode significar: a) ação de instruir; ensino; b) educação intelectual; c) saber, conhecimento adquirido pelo estudo ou pelo ensino; d) conjunto de informações fornecidas com certa finalidade.

INSTRUÇÃO CRIMINAL. *Direito processual penal.* Fase processual destinada à apuração da existência do crime, e à averiguação de suas circunstâncias e autoria, preparando o órgão judicante para julgar, no que diz respeito às provas.

INSTRUÇÃO DO PROCESSO ADMINISTRATIVO. *Direito administrativo.* Inquérito administrativo, ou seja, parte do processo em que a comissão procura coligir elementos probatórios relativos à falta cometida.

INSTRUÇÃO MILITAR. *Direito militar.* É o ensino do manejo de armas e de táticas de guerra.

INSTRUÇÃO NORMATIVA. *Direito administrativo.* **1.** Preceito obrigatório emanado por autoridade superior, instruindo a maneira pela qual se deve agir quanto às questões que dependem de resolução na sua área. **2.** Documento emitido por autoridade competente, complementando ou detalhando critérios estabelecidos em regulamento.

INSTRUÇÃO PRIMÁRIA. Conjunto de noções rudimentares ou mínimas.

INSTRUÇÃO PRIVADA. *Direito educacional.* É a ministrada em estabelecimentos de ensino privado, fiscalizados e oficializados pelo governo.

INSTRUÇÃO PROCESSUAL PENAL. *Vide* INSTRUÇÃO CRIMINAL.

INSTRUÇÃO PROFISSIONAL. *Direito educacional.* É a que visa preparar técnicos ou peritos em certas ciências ou artes.

INSTRUÇÃO PÚBLICA. *Direito administrativo* e *direito educacional.* Diz-se daquela ministrada em estabelecimentos de ensino público.

INSTRUÇÃO SUPERIOR. *Direito educacional.* É a ministrada em faculdades ou universidades.

INSTRUÇÃO UNIVERSITÁRIA. *Direito educacional.* É aquela dada em universidades, compreendendo-se na classe de "instrução superior".

INSTRUÇÕES DE FABRICAÇÃO. *Direito do consumidor.* Documento que descreve em detalhes as operações relacionadas a um produto específico.

INSTRUÇÕES MINISTERIAIS. *Direito constitucional.* São as expedidas pelos ministros de Estado para promover a execução de leis, decretos e regulamentos atinentes às atividades de sua pasta.

INSTRUENDO. Aquele que está recebendo instrução.

INSTRUÍDO. 1. Culto. **2.** Bem informado. **3.** Aquele que tem instrução. **4.** O que está acompanhado de provas ou documentos.

INSTRUIR. 1. Dar instrução. **2.** Ensinar. **3.** Prestar informação. **4.** Comprovar com documentos, testemunhas etc. **5.** Adquirir conhecimentos. **6.** Adestrar. **7.** Participar ativamente da prova e da audiência de instrução e julgamento.

INSTRUKTIONSFEHLER. *Termo alemão.* Vícios nas instruções que acompanham o produto.

INSTRUMENTAL. 1. *Medicina legal.* Conjunto de instrumentos necessários para uma cirurgia. **2.** *Filosofia geral.* O que serve de meio para a produção de efeitos.

INSTRUMENTALISMO. *Filosofia geral.* Variedade do pragmatismo que consiste em admitir o conhecimento como mero instrumento para a ação, consecução de fins e transformação da experiência (Dewey).

INSTRUMENTALISTA. *Filosofia geral.* **1.** Relativo ao instrumentalismo. **2.** Partidário do instrumentalismo.

INSTRUMENTAR. Preparar um instrumento.

INSTRUMENTÁRIA. **1.** *Direito processual.* Diz-se da testemunha que participa na efetivação dos instrumentos particulares e das escrituras públicas, a tudo presenciando. **2.** Nas *linguagens comum* e *jurídica,* pode ter o sentido de conjunto de instrumentos.

INSTRUMENTÁRIO. **1.** Referente a documento ou a instrumento. **2.** O que serve para comprovar.

INSTRUMENTA SCELERIS. *Locução latina.* Instrumentos usados na prática do crime.

INSTRUMENTO. **1.** *Direito civil.* Documento escrito que comprova algum direito lavrado por tabelião (instrumento público) ou elaborado pelas partes interessadas (instrumento particular) (Paulo Matos Peixoto). Trata-se da materialização do ato ou do negócio jurídico. **2.** *Direito processual.* O que serve para instruir o processo. **3.** *Medicina legal.* Arma do crime. **4.** Nas *linguagens comum* e *jurídica,* tem o significado de: a) objeto, aparelho, máquina ou utensílio utilizado para execução de algum trabalho ou obra; b) ferramenta de trabalho; c) aparelho que produz sons musicais. **5.** Em *gíria,* é a ferramenta para roubo.

INSTRUMENTO BÉLICO. *Direito militar.* Máquina de guerra.

INSTRUMENTO CONTUNDENTE. *Medicina legal.* Aquele que, por sua consistência e atuação violenta, pode provocar traumatismo no organismo humano, como, por exemplo, cassetete, pedra, cuja pancada contunde por não apresentar ponta ou gume, agindo por pressão.

INSTRUMENTO CORTANTE. *Medicina legal.* Aquele que, pelo gume afiado, causa ferida incisa, como ocorre, por exemplo, com a faca, o canivete, a navalha etc., que agem por pressão e deslizamento.

INSTRUMENTO CORTO-CONTUNDENTE. *Medicina legal.* Aquele que, por ser pesado, ao atingir o corpo humano pelo gume mais ou menos afiado, causa ferida corto-contundente, como se dá, por exemplo, com enxada, foice, machado etc. É aquele que, além de cortar, provoca contusão, uma vez que age por corte, pressão e pelo próprio peso.

INSTRUMENTO DE COOPERAÇÃO TÉCNICA INTERNACIONAL. *Direito internacional público.* Ajuste acessório, de natureza complementar, firmado entre o Governo brasileiro e um organismo internacional, sob a égide de um acordo, tratado ou um ato internacional referendado pelo Congresso Nacional, visando à implementação de produtos e atividades de cooperação técnica.

INSTRUMENTO DE MEDIDA. Aparelho destinado à mensuração, seja ela acústica, geométrica, térmica etc.

INSTRUMENTO DE POLÍTICA MONETÁRIA. *Direito financeiro.* Instrumento utilizado pela autoridade monetária para cumprir objetivos estratégicos do governo federal, entre os quais a estabilidade da moeda e o pleno emprego. Os instrumentos mais consagrados são: a) recolhimento compulsório de reservas bancárias; b) redesconto bancário; c) mercado aberto (Luiz Fernando Rudge).

INSTRUMENTO DO CONTRATO. *Direito civil.* Documento que materializa o acordo volitivo entre as partes, exteriorizando-o.

INSTRUMENTO DO CRIME. *Direito penal.* Objeto usado na execução do crime, tentado ou consumado, como arma, chave falsa, pé-de-cabra, gazua etc.

INSTRUMENTO DO MANDATO. *Direito civil.* Procuração.

INSTRUMENTO FORMADO. *Direito processual civil.* Designação dada aos autos do agravo.

INSTRUMENTO FORMAL. *Direito civil.* Diz-se do documento escrito segundo a forma exigida por lei, para a validade do ato.

INSTRUMENTO NATURAL DA INDÚSTRIA. *Economia política.* Diz-se de qualquer matéria-prima ou força fornecida, gratuitamente, ao homem pela natureza.

INSTRUMENTO ORIGINAL. *Direito civil.* **1.** É aquele em que o ato jurídico foi instituído, não constituindo uma cópia, ainda que autenticada. **2.** É o idôneo para provar um ato ou negócio jurídico. **3.** É o que foi lavrado no livro próprio do tabelião, mas vale, em juízo, a certidão do ato expedida pelo notário. **4.** Primeira cópia extraída dos livros do tabelião em que foi lavrado.

INSTRUMENTO PARTICULAR. Aquele feito pelas partes interessadas, sem intervenção notarial. É também designado "instrumento privado". Pode consistir em *cédula* representativa de testamento, de apólice, de ação de sociedade anônima; *síngrafo,* se instrumento de contrato assinado pelas partes; *quirógrafo,* se instrumento de dívida, feito e assinado apenas pelo devedor; *conta*, se representar parcelas de débito e de crédito; *recibo*, se declarar recebimento de algo; *carta*, se dirigido a ausente; *livro*, se destinado à escrituração de operações mercantis ou ao registro. Pode ser: escrito e assinado pela parte (testamento cerrado); escrito por outrem e assinado pela parte (escritura particular, datilografada por terceiro, assinada pela parte); escrito pela parte, mas por ela não assinado (papel, registro doméstico, anotação em documento); nem escrito nem assinado pela parte (livro empresarial, escriturado por empregado da empresa) (Moacyr Amaral Santos).

INSTRUMENTO PERFURANTE. *Medicina legal.* Aquele que perfura o corpo humano, por ser puntiforme, tendo comprimento maior do que a espessura, e por agir por pressão. Causa ferida punctória, por ser fino e alongado, como, por exemplo, prego, agulha, espinho etc.

INSTRUMENTO PÉRFURO-CONTUNDENTE. *Medicina legal.* Aquele que, além de causar contusão, perfura o corpo humano, traumatizando-o, dando origem a uma ferida pérfuro-contusa, como a provocada pelo projétil de uma arma de fogo, que age impelido por uma grande força desenvolvida pela queima da pólvora.

INSTRUMENTO PÉRFURO-CORTANTE. *Medicina legal.* É o que causa ferida pérfuro-incisa, por ser dotado de ponta e gume, e por agir por pressão e secção, como o punhal, por exemplo, que, concomitantemente, perfura e corta.

INSTRUMENTO PRIVADO. *Vide* INSTRUMENTO PARTICULAR.

INSTRUMENTO PÚBLICO. *Direito registrário.* É aquele escrito e lavrado por oficial público, tabelião, notário, ou serventuário da justiça no exercício de suas funções, segundo as formalidades legais, para criar, modificar ou extinguir relações jurídicas.

INSTRUMENTO PÚBLICO ADMINISTRATIVO. *Direito administrativo.* É o formado por funcionário público, como nomeação, certidão etc.

INSTRUMENTO PÚBLICO CIVIL. *Vide* INSTRUMENTO PÚBLICO EXTRAJUDICIAL.

INSTRUMENTO PÚBLICO EXTRAJUDICIAL. *Direito civil.* É o relativo ao contrato e declarações de vontade, formado por tabelião, como escritura pública, traslado autêntico, certidão extraída de livro de notas etc.

INSTRUMENTO PÚBLICO JUDICIAL. *Direito processual civil.* É o processado em juízo, como sentença, auto de penhora, certidão passada por escrivão ou serventuário da justiça etc.

INSTRUMENTOS DA POLÍTICA URBANA. *Direito urbanístico.* São os próprios para regular o uso da propriedade urbana em benefício da coletividade e do equilíbrio ambiental, tais como: 1. Planos nacionais, regionais e estaduais de ordenação de território e de desenvolvimento econômico e social; 2. Planejamento das regiões metropolitanas, aglomerações urbanas e microrregiões; 3. Planejamento municipal, em especial: a) plano diretor; b) disciplina do parcelamento, do uso e da ocupação do solo; c) zoneamento ambiental; d) plano plurianual; e) diretrizes orçamentárias e orçamento anual; f) gestão orçamentária participativa; g) planos, programas e projetos setoriais; h) planos de desenvolvimento econômico e social; 4. Institutos tributários e financeiros: a) Imposto sobre a Propriedade Predial e Territorial Urbana (IPTU); b) contribuição de melhoria; c) incentivos e benefícios fiscais e financeiros; 5. Institutos jurídicos e políticos: a) desapropriação; b) servidão administrativa; c) limitações administrativas; d) tombamento de imóveis ou de mobiliário urbano; e) instituição de unidades de conservação; f) instituição de zonas especiais de interesse social; g) concessão de direito real de uso; h) concessão de uso especial para fins de moradia; i) parcelamento, edificação ou utilização compulsórios; j) usucapião especial de imóvel urbano; k) direito de superfície; l) direito de preempção; m) outorga onerosa do direito de construir e de alteração de uso; n) transferência do direito de construir; o) operações urbanas consorciadas; p) regularização fundiária; q) assistência técnica e jurídica gratuita para as comunidades e grupos sociais menos favorecidos; r) referendo popular e plebiscito; 6. Estudo prévio de impacto ambiental (EIA) e estudo prévio de impacto de vizinhança (EIV). Tais instrumentos regem-se pela legislação que lhes é própria. Nos casos de programas e projetos habitacionais de interesse social, desenvolvidos por órgãos ou entidades de Administração Pública com atuação específica nessa área, a concessão de direito real de uso de imóveis públicos poderá ser contratada coletivamente. Os instrumentos que demandam dispêndio de recursos por parte do Poder Público municipal devem ser objeto de controle social, garantida a participação de comunidades, movimentos e entidades da sociedade civil.

INSTRUMENTOS DE ESCRITURAÇÃO DE EMPRESAS MERCANTIS.

Direito comercial. São aqueles que devem ser autenticados pelas juntas comerciais, ou pela autoridade pública a quem elas delegarem competência para tanto, que não se responsabilizam pelos fatos ou atos neles escriturados. Os instrumentos de escrituração das empresas mercantis, exceto as microfichas, deverão ter suas folhas seqüencialmente numeradas, tipograficamente, em se tratando de livros e conjunto de fichas ou folhas soltas, mecânica ou tipograficamente no caso de folhas contínuas e conterão termo de abertura e encerramento apostos, respectivamente, no anverso da primeira e no verso da última ficha ou folha numerada. São eles: livros, conjunto de fichas ou folhas soltas, conjunto de folhas contínuas e microfichas geradas através de microfilmagem de saída direta do computador (COM). O termo de abertura deverá indicar: a) o nome empresarial; b) o Número de Identificação do Registro de Empresas (NIRE) e a data do arquivamento dos atos constitutivos; c) o local da sede ou filial; d) a finalidade a que se destina o instrumento de escrituração mercantil; e) o número de ordem do instrumento de escrituração e a quantidade de folhas; f) o número da inscrição no Cadastro Geral de Contribuintes do Ministério da Fazenda. O termo de encerramento indicará: a) o nome empresarial; b) o fim a que se destinou o instrumento escriturado; c) o número de ordem do instrumento de escrituração e a quantidade de folhas escrituradas. Os termos de abertura e encerramento serão datados e assinados pelo titular de firma individual, administrador de sociedade empresária ou representante legal e por contabilista legalmente habilitado, com indicação do número de sua inscrição no Conselho Regional de Contabilidade (CRC), uma vez que na ausência deste último, na localidade onde se situa a sede da empresa, os termos de abertura e de encerramento serão assinados, apenas, pelo titular de firma individual, administrador de sociedade empresária ou representante legal. Lavrados os termos de abertura e de encerramento, os instrumentos de escrituração serão autenticados pela Junta Comercial: 1. antes ou após efetuada a escrituração, quando se tratar de livros, conjuntos de fichas ou de folhas soltas ou conjunto de folhas contínuas; 2. após efetuada a escrituração, quando se tratar de microfichas geradas através de microfilmagem de saída direta do computador (COM). A autenticação dos instrumentos de escrituração será efetuada, por termo, na página onde se localizar o termo de abertura e conterá declaração expressa da exatidão dos termos de abertura e de encerramento, bem como o número e a data da autenticação. No caso de conjunto de fichas ou folhas soltas, além do termo de autenticação, serão obrigatoriamente autenticadas todas as demais fichas ou folhas soltas com o sinete da Junta Comercial. Em qualquer das hipóteses, o autenticador deverá ser expressamente identificado, com indicação do seu nome completo, em letra de forma legível, ou com a aposição de carimbo. Com o objetivo de resguardar a segurança e a inviolabilidade dos instrumentos de escrituração mercantil, recomenda-se a autenticação destes por meio de etiqueta adesiva, atendidos os procedimentos quanto a posição, conteúdo e identificação. A microficha, como instrumento de escrituração mercantil, poderá ser utilizada pelas companhias e em relação aos livros sociais especificados em lei. No caso das companhias abertas, aplicar-se-ão, ainda, as normas expedidas pela Comissão de Valores Mobiliários. No caso de escrituração descentralizada, a empresa que possuir filial em outra unidade federativa deverá requerer a autenticação dos instrumentos de escrituração respectivos à Junta Comercial onde a filial estiver situada. Os instrumentos de escrituração de uma sociedade empresária poderão ser transferidos para outra que a suceda, para tanto deverá ser aposto, após o último lançamento, termo de transferência, datado e assinado pelo representante legal da empresa e por contabilista legalmente habilitado, quando houver, a ser autenticado pela Junta Comercial. Do termo de transferência deverão constar os requisitos exigidos para o termo de abertura, bem como a indicação do nome empresarial da sucessora e o número e data do arquivamento do instrumento de sucessão na Junta Comercial. Ocorrendo extravio, deterioração ou destruição de qualquer dos instrumentos de escrituração mercantil, a empresa fará publicar, em jornal de grande circulação do local de seu estabelecimento, aviso concernente ao fato e deste fará minuciosa informação, dentro de quarenta e oito horas à Junta Comercial de sua jurisdição. Recomposta a escrituração, o novo instrumento receberá o mesmo número de ordem do substituído, devendo o termo de autenticação ressalvar, expressamente, a ocorrência comunicada. Cabe às Juntas Comerciais manter o controle dos instrumentos de escrituração empresarial autenticados, através de sistemas de registro próprios, devendo conter os seguintes dados: a) nome empresarial; b) NIRE; c) número de ordem, finalidade e data de autenticação do instrumento de escrituração mercantil; d) assinaturas dos autenticadores, para eventuais averiguações ou confrontos. A autenticação de instrumentos de escrituração independe da apresentação de outros anteriormente autenticados.

INSTRUMENTOS DE GARANTIA DA GESTÃO DEMOCRÁTICA DA CIDADE. *Direito urbanístico.* Para garantir a gestão democrática da cidade, deverão ser utilizados, entre outros, os seguintes instrumentos: a) órgãos colegiados de política urbana, nos níveis nacional, estadual e municipal; b) debates, audiências e consultas públicas; c) conferências sobre assuntos de interesse urbano, nos níveis nacional, estadual e municipal; d) iniciativa popular de projeto de lei e de planos, programas e projetos de desenvolvimento urbano.

INSTRUMENTOS JURÍDICOS EM BENEFÍCIO DA FAZENDA PÚBLICA. *Direito tributário.* Meios de cobrança do crédito tributário, que: a) por via administrativa, são: notificação de lançamento, auto de infração e cobrança amigável do crédito; e b) por via judicial, abrangem as ações como a cautelar fiscal, a execução fiscal etc. (Eduardo Marcial Ferreira Jardim).

INSTRUMENTOS JURÍDICOS EM PROL DO CONTRIBUINTE. *Direito tributário.* Mecanismos previstos em normas que protegem o direito subjetivo do contribuinte na aplicação da lei tributária, como: recurso administrativo; ação anulatória de débito fiscal; ação declaratória de inexigibilidade de tributo; mandado de segurança; ação cautelar inominada etc. (Eduardo Marcial Ferreira Jardim).

INSTRUMENTO VULNERANTE. *Direito penal.* Arma ou qualquer objeto utilizado para causar ferimento em alguém.

INSTRUTIVO. 1. Que contém algum ensinamento. **2.** Adequado para instruir.

INSTRUTO. 1. Instruído. **2.** Provido de alegações e provas. **3.** Documentado.

INSTRUTOR. 1. Aquele que ensina; professor. **2.** O que adestra. **3.** Diz-se do juiz que dirige a prova no processo. **4.** Aquele que exercita os soldados.

IN SUBJECTA MATERIA. *Expressão latina.* Na matéria em exame; na matéria em julgamento.

INSUBMISSÃO. 1. *Direito militar.* Ato de não atender à convocação para o serviço militar, não se apresentando, injustificadamente, no prazo e local designados, simulando incapacidade física ou fazendo-se substituir por outrem na apresentação ou na inspeção de saúde. Trata-se da subtração dolosa ao serviço militar. **2.** *Direito do trabalho.* Não sujeição do empregado ao empregador. **3.** *Direito administrativo.* Desobediência do funcionário público relativamente a seu superior hierárquico. **4.** Nas *linguagens jurídica* e *comum,* pode ter, ainda, o sentido de: a) falta de submissão; b) desobediência; c) insujeição; d) qualidade de insubmisso.

INSUBMISSO. *Direito militar.* **1.** Diz-se do cidadão convocado ao serviço militar que não se apresenta dentro do prazo fixado, ou, se se apresenta, ausenta-se antes do ato oficial da incorporação, ou, ainda, se dispensado temporariamente, deixa de apresentar-se após o prazo da dispensa. **2.** Aquele que simula incapacidade física para escapar do serviço militar. **3.** O que se faz substituir por outra pessoa na apresentação ou inspeção de saúde, para isentar-se do serviço militar.

INSUBORDINAÇÃO. 1. *Direito militar.* a) Prática de ato contra a autoridade militar, desprestigiando-a, pela oposição ou recusa de obediência a ordem sobre matéria de serviço; b) ação contrária a um dever legal, regulamento ou instrução militar. **2.** Nas *linguagens comum* e *jurídica,* indica: a) rebeldia; revolta; b) desrespeito acintoso a alguma ordem ou a algum dever a ser cumprido; c) infração à disciplina por ato comissivo; d) tentativa de subversão. **3.** *Direito do trabalho.* Rebeldia do empregado contra o empregador, o que constitui justa causa para sua despedida e rescisão do contrato trabalhista.

INSUBORDINADO. 1. Aquele que faltou à subordinação. **2.** Rebelde.

INSUBORDINADOR. Que provoca a insubordinação.

INSUBORDINAR. 1. Cometer insubordinação. **2.** Tornar insubordinado. **3.** Promover ou causar insubordinação.

INSUBORDINÁVEL. Que não se pode subordinar.

INSUBORNÁVEL. 1. Incorruptível. **2.** Que não se pode subornar. **3.** Íntegro.

INSUBSISTÊNCIA. 1. Falta de fundamento. **2.** Improcedência.

INSUBSISTENTE. 1. Sem fundamento. **2.** Que não tem valia. **3.** Que não prevalece.

INSUBSTANCIAL. 1. Secundário. **2.** Contingente. **3.** Acidental. **4.** Que não é substancial.

INSUBSTITUÍVEL. Que não pode ser substituído.

INSUBVERSIVO. Que não é subversivo.

INSUCESSÍVEL. *Direito civil.* Incapaz de suceder.

INSUCESSO. 1. Ineficácia. **2.** Falta de êxito.

INSUETO. Desusado.

INSUFICIÊNCIA. 1. Incompetência. **2.** Inaptidão. **3.** Incapacidade. **4.** Qualidade de insuficiente. **5.** Falta de força. **6.** Falta de talento para realizar alguma obra, executar algum serviço.

INSUFICIÊNCIA CARDÍACA. *Medicina legal.* Estado das válvulas do coração que impede seu funcionamento regular.

INSUFICIÊNCIA MENTAL. *Medicina legal.* Estado mental equivalente à loucura ou à debilidade mental.

INSUFICIENTE. 1. Incompetente. **2.** Incapaz. **3.** Inepto. **4.** Que não é suficiente. **5.** O que não basta. **6.** Aquilo que falta para a validade do ato.

INSULAMENTO. *Sociologia geral.* Segregação de grupos devido a fatores socioculturais, como preconceitos de nacionalidade, de classe ou de raça.

INSULARISMO. *Ciência política.* Política inglesa de desinteresse pelos assuntos relativos ao continente.

INSULINA. *Medicina legal.* Hormônio pancreático proteínico, essencial para o metabolismo dos carboidratos, usado no tratamento do diabetes açucarado.

INSULTADO. *Direito penal* e *direito civil.* **1.** Injuriado. **2.** Aquele que recebeu um insulto.

INSULTADOR. *Direito penal* e *direito civil.* **1.** Aquele que insulta. **2.** O que envolve injúria. **3.** Autor do insulto ou do crime de injúria.

INSULTANTE. *Vide* INSULTADOR.

INSULTAR. *Direito penal* e *direito civil.* **1.** Injuriar. **2.** Afrontar. **3.** Dirigir insultos. **4.** Ultrajar.

INSULTO. *Direito civil* e *direito penal.* **1.** Injúria. **2.** Ultraje. **3.** Afronta. **4.** Ofensa por atos ou palavras.

INSULTUOSO. *Vide* INSULTANTE.

IN SUMMA. *Locução latina.* **1.** Em resumo. **2.** Numa palavra.

IN SUMMO DISCRIMINE ESSE. *Expressão latina.* Estar na mais crítica situação.

INSUMO. *Economia política.* **1.** Despesas e investimentos que contribuem para um resultado, ou para obtenção de uma mercadoria ou produto até o consumo final. **2.** É tudo aquilo que entra (*input*), em contraposição ao produto (*output*), que é o que sai. **3.** Trata-se da combinação de fatos de produção, diretos (matéria-prima) e indiretos (mão-de-obra, energia, tributos), que entram na elaboração de certa quantidade de bens ou serviços (Antônio Geraldo da Cunha e Othon Sidou). **4.** Conjunto de elementos utilizados na industrialização da água mineral natural ou da água natural, tais como matérias-primas, ingredientes e embalagens.

INSUPERÁVEL. Que não se pode exceder ou vencer.

INSUPORTÁVEL. 1. Intolerável. **2.** Aquilo que não se pode suportar.

INSUPRIMÍVEL. Que não se pode suprimir.

INSUPRÍVEL. 1. Que não pode ser suprido. **2.** Insuscetível de remédio.

INSURE. *Termo inglês.* Pôr no seguro.

INSURED. *Termo inglês.* Segurado.

INSURER. *Termo inglês.* Segurador.

INSURGÊNCIA. Estado daquele que se insurge.

INSURGENTE. *Ciência política.* **1.** Aquele que se insurge. **2.** Revolucionário. **3.** Homem amotinado. **4.** Sublevado. **5.** Insurrecionado; aquele que se encontra em insurreição.

INSURGIR. 1. Revoltar-se. **2.** Sublevar-se. **3.** Amotinar-se. **4.** Reagir. **5.** Opor-se. **6.** Insurrecionar. **7.** Rebelar-se.

INSURRECIONADO. 1. Insurgido. **2.** Revoltado. **3.** Amotinado. **4.** Insurgente.

INSURRECIONAL. 1. Referente a insurreição. **2.** Que tem o caráter de insurreição.

INSURRECIONAR. *Vide* INSURGIR.

INSURRECIONÁRIO. Que se insurge ou se revolta.

INSURRECIONISMO. Estado de insurreição.

INSURRECIONISTA. *Vide* INSURRECIONÁRIO.

INSURREIÇÃO. *Ciência política.* **1.** Rebelião. **2.** Oposição violenta. **3.** Revolta. **4.** Ato ou efei-

INS 956 INSURRETO

to de se insurgir. **5.** Revolução para derrubar governo, constituindo golpe de Estado. **6.** Pronunciamento violento em relação a alguma coisa. **7.** Guerra civil. **8.** Movimento pelo qual um grupo de pessoas, mediante violência física ou moral, vai contra o poder governamental ou a classe dirigente (Gian Mario Bravo).

INSURRETO. 1. *Ciência política.* a) Aquele que se rebelou ou se insurgiu; b) rebelde; c) o que participa de uma insurreição. **2.** *Direito internacional público.* Diz-se do navio que se investe contra outro da mesma marinha, em razão de sua recusa a acatar uma revolta (De Plácido e Silva).

INSUSPEIÇÃO. Falta de suspeição.

INSUSPEITÁVEL. De que não se pode desconfiar ou suspeitar.

INSUSPEITO. 1. Imparcial. **2.** Que merece confiança. **3.** Que não é suspeito.

INSUSPENSIBILIDADE. Impossibilidade de ser suspenso.

INSUSTENTABILIDADE. Qualidade do que não tem fundamento ou do que não se pode sustentar.

INSUSTENTÁVEL. 1. Que não pode subsistir. **2.** Que não tem fundamento.

INTANGENDO. Inatacável.

INTANGIDO. Ileso.

INTANGÍVEL. 1. Que não se pode tocar. **2.** Insuscetível de ser definido ou determinado com precisão.

INTATO. 1. Íntegro. **2.** Ileso. **3.** Inteiro; completo.

INTEGÉRRIMO. 1. Muito íntegro. **2.** Diz-se daquele que é muito justo. **3.** Rigoroso na aplicação da lei.

ÍNTEGRA. 1. Totalidade. **2.** Diz-se do contexto completo da norma jurídica.

INTEGRAÇÃO. 1. *Filosofia geral.* a) Operação que visa a determinação de uma grandeza, considerando-a como limite de uma soma de quantidades; b) concepção intelectual que considera, de modo sintético, um grande número de termos ou ações (Lalande); c) passagem de um estado difuso ao concentrado (Spencer). **2.** *Medicina legal.* a) Função de coordenação nervosa do cérebro etc.; b) ação pela qual substâncias alheias passam a fazer parte do organismo humano, por absorção ou assimilação. **3.** *Sociologia geral.* Processo social que harmoniza unidades antagônicas, sejam elas elementos das personalidades dos indivíduos ou dos grupos etc.

4. Nas *linguagens comum* e *jurídica,* designa: a) complemento; b) ato de integrar; c) restabelecimento, restauração; d) ato ou processo pelo qual se completa algo; e) ato pelo qual se conclui a totalidade de alguma coisa; f) integralização, ou seja, pagamento de toda a obrigação ou de todo o capital. **5.** *Ciência política.* Superação de divisões e união orgânica entre membros do Estado-nação (Pasquino, Weiner, Kehoane e Nye).

INTEGRAÇÃO DA LACUNA. *Teoria geral do direito.* **1.** Desenvolvimento aberto do direito dirigido metodicamente, que se dá quando, ao solucionar um caso, o magistrado não encontra norma que lhe seja aplicável, não podendo subsumir o fato a nenhum preceito, porque há falta de conhecimento sobre um *status* jurídico de certo comportamento, devido a um defeito do sistema, que é a lacuna, que pode consistir numa ausência de norma, ou na presença de disposição legal injusta ou em desuso. A integração é um método supletivo pelo qual a analogia, o costume ou o princípio geral de direito é invocado para a solução da lacuna. **2.** Preenchimento de lacuna normativa, ontológica ou axiológica.

INTEGRAÇÃO DA LEI. *Vide* INTEGRAÇÃO DA LACUNA.

INTEGRAÇÃO DE CONTRATO. *Teoria geral do direito.* Processo lógico-sistemático que possibilita preencher lacuna encontrada no contrato, complementando-o por meio de normas supletivas, emitidas pelo poder competente. A integração contratual desvenda os efeitos do contrato, nas hipóteses em que se apresentarem falhas ou lacunas, em decorrência de ausência de previsão ou conhecimento das partes contratantes, ou de não-correspondência do contrato a fatos ou valores não supridos pela via interpretativa. A integração contratual seria, portanto, um modo de aplicação jurídica, feita pelo órgão judicante, empregando a analogia, os costumes, os princípios gerais de direito ou a eqüidade, criando norma supletiva, que completará, então, o contrato, que é uma norma jurídica individual.

INTEGRAÇÃO DE TRANSPORTE. *Direito administrativo* e *direito comercial.* Complexo de medidas técnicas ou jurídico-econômicas, tomadas pela administração pública, pela empresa ou pelos órgãos de classe, para coordenação ou complementação funcional dos meios de transporte,

INTEGRAÇÃO DO DIREITO

normalizando a concorrência, com o mínimo de custo para a coletividade (Miguel P. Correia).

INTEGRAÇÃO DO DIREITO. *Vide* INTEGRAÇÃO DA LACUNA.

INTEGRAÇÃO ECONÔMICA. *Direito internacional público.* União de diversas nações com o escopo de eliminar barreiras alfandegárias e formar um mercado único, admitindo uma livre transferência de produtos, serviços, capitais, mão-de-obra etc.

INTEGRAÇÃO GRUPAL. *Sociologia geral.* Ajustamento recíproco dos componentes de um grupo, por se identificarem com seus interesses.

INTEGRAÇÃO MUNDIAL. *Direito internacional público.* É a plenitude da cooperação internacional, mediante a mera realização coletiva de aspectos específicos, como determinadas legislações comuns, órgãos de prestação da tutela jurisdicional e forças policiais e militares com fins previamente estabelecidos (R. Reis Friede).

INTEGRAÇÃO NACIONAL. 1. *Direito administrativo.* Conjunto de medidas jurídicas e governamentais com o escopo de integrar as diferentes regiões do País. **2.** *Ciência política.* Processo pelo qual se cria uma identidade comum a todos os grupos étnicos, lingüísticos, religiosos e regionais, para que sejam partes integrantes da mesma comunidade política (Pasquino e D'Azeglio).

INTEGRAÇÃO SOCIAL. 1. *Sociologia geral* e *sociologia jurídica.* a) Processo pelo qual se acata como sua a cultura predominante numa sociedade; b) ajustamento de grupos para formar uma sociedade organizada. **2.** *Ciência política.* Superação da distância entre governantes e governados, elite e massa (Pasquino).

INTEGRAÇÃO TERRITORIAL. *Ciência política.* Processo pelo qual o controle do poder de um grupo se entende pela totalidade de um território que, antes, era fracionado (Pasquino).

INTEGRADO. 1. Adaptado. **2.** Incorporado. **3.** Assimilado.

INTEGRADOR. O que integra.

INTEGRAL. Total.

INTEGRALISMO. 1. *História do direito.* Partido político brasileiro, extinto em 1937, que professava ideologia totalitária, de tipo fascista e corporativista, pregando o nacionalismo e um regime unitário, hierarquizado sob o comando do Chefe da Nação. **2.** *Filosofia geral.* Teoria segundo a qual a pessoa e a sociedade são consideradas como dois aspectos de uma mesma realidade.

INTEGRALISTA. Partidário do integralismo.

INTEGRALIZAÇÃO. *Direito comercial.* **1.** Ato de concluir pagamento de um título. **2.** Pagamento para a constituição do capital social. **3.** Ato ou efeito de completar ou integralizar.

INTEGRALIZAÇÃO DA AÇÃO. *Direito comercial.* Ato do acionista que, ao subscrever a ação, paga o seu valor total, *quantum* este que formará o capital social.

INTEGRALIZAÇÃO DO CAPITAL SOCIAL. *Direito comercial.* Pagamento total da soma do capital social, que representa as contribuições dos sócios.

INTEGRANTE. 1. Que integra. **2.** Que completa. **3.** O que compõe o todo. **4.** Aquilo que entra na formação do todo para completá-lo.

INTEGRAR. 1. Inteirar. **2.** Completar.

INTEGRATED SERVICES DIGITAL BROADCASTING TERRESTRIAL (ISDB–T). *Direito virtual.* Serviços integrados de radiodifusão digital terrestre.

INTEGRATIVO. O que promove a integração.

INTEGRIDADE. 1. Imparcialidade. **2.** Qualidade do que é íntegro. **3.** Retidão; honestidade. **4.** Castidade, pureza. **5.** Inocência. **6.** Inteireza. **7.** Salvaguarda da exatidão da informação e dos métodos de processamento.

INTEGRIDADE DE JUIZ. *Direito processual.* Princípio ético que considera o magistrado imparcial para o julgamento de certa causa.

ÍNTEGRO. 1. Incorruptível. **2.** Reto. **3.** Inteiro. **4.** Completo. **5.** Perfeito. **6.** Digno. **7.** Não danificado. **8.** Ileso. **9.** Idôneo.

INTEIRAÇÃO. Ato de completar.

INTEIRAR. 1. Completar. **2.** Informar bem. **3.** Certificar. **4.** Ficar ciente.

INTEIREZA. 1. Probidade. **2.** Integridade física e moral.

INTEIRO. 1. Que possui todas as suas partes. **2.** Completo. **3.** Que não foi alterado. **4.** Ileso.

INTELECABLE. *Direito virtual.* *Software* específico de TV por assinatura, desenvolvido para gerenciar uma série de serviços de comunicação e transmissão, os quais incluem não só integração de dados e cobrança de serviços de TV por assinatura, como também fornecimento, aos assinantes, de programação e de introdução de canais diferenciados, habilitando-os a receber sinais decodificados do programa adquirido por eles. A função desse *software* é gerenciar as relações da operadora de TV via cabo com os assinantes, otimizando a prestação de serviços, controlando as programações, emitindo contas etc.

INTELECÇÃO. *Filosofia geral.* **1.** Ato do intelecto. **2.** Ato de entender.

INTELECCIONAR. *Filosofia geral.* **1.** Entender. **2.** Praticar intelecção.

INTELECTÍVEL. *Filosofia geral.* Relativo à inteligência.

INTELECTIVO. *Filosofia geral.* Dotado de inteligência.

INTELECTO. *Filosofia geral.* **1.** Entendimento. **2.** Faculdade de entender. **3.** Conjunto das faculdades intelectuais.

INTELECTUAL. *Filosofia geral.* **1.** a) Referente ao intelecto; b) relativo ao entendimento ou à inteligência. **2.** Aquele que é voltado ao estudo, sendo dotado de grande cultura. **3.** Aquele que, por ter instrução e competência, exerce profissão especializada.

INTELECTUALISMO. *Filosofia geral.* **1.** Teoria que reduz os entes existentes a idéias, identificando-os com o pensamento. **2.** Doutrina segundo a qual a inteligência fornece a imagem exata e completa do ser, apreendendo sua substância. **3.** Concepção que considera que os fenômenos ativos e afetivos, por terem valor secundário, subordinam-se aos intelectuais. **4.** Doutrina segundo a qual todo o universo, inclusive a vontade e o sentimento, pode ser reduzido a elementos intelectuais. **5.** Corrente pela qual o conhecimento resulta dos sentidos e da razão. É também designada de "conceitualismo".

INTELECTUALISTA. Adepto do intelectualismo.

INTELIGÊNCIA. **1.** *Teoria geral do direito.* Diz-se da interpretação exata da norma jurídica. **2.** *Filosofia geral.* a) Princípio abstrato que é tido como a fonte da intelectualidade; b) faculdade de raciocinar; c) entendimento; compreensão; d) diz-se daquele dotado de grande intelectualidade; e) conjunto de funções voltadas ao conhecimento. **3.** *Psicologia forense.* a) Capacidade de solucionar uma nova situação com rapidez; b) desenvolvimento mental normal ou superior à média; c) diz-se do número de pontos obtido em testes especiais para apurar a inteligência da pessoa. Trata-se do quociente de inteligência (QI). **4.** *Ciência política.*

Serviço secreto de informações pertencente ao governo. **5.** Nas *linguagens comum* e *jurídica*, pode significar: a) ajuste; b) conluio. **6.** *Direito ambiental.* Conjunto de atividades que versem sobre a produção e a proteção dos conhecimentos acerca da energia nuclear considerados de interesse do Estado, particularmente os que envolvam projeto, atividade ou instalação nuclear. **7.** *Direito alfandegário.* Informação que tenha sido processada e/ou analisada no sentido de fornecer indicação relevante para uma infração aduaneira.

INTELIGÊNCIA ARTIFICIAL. *Direito virtual.* **1.** Ramo da informática voltado à máquina projetada e programada, imitando habilidades humanas em vários campos, como, por exemplo, o computador. Aplica-se em sistemas especialistas, sistemas de linguagens naturais e de visão artificial. **2.** Capacidade de um computador ou máquina de exibir comportamento semelhante ao do homem frente a certo problema.

INTELIGENCIAR. **1.** Informar circunstanciadamente. **2.** Combinar; ajustar; pôr-se de acordo.

INTELIGIBILIDADE. Qualidade de inteligível.

INTELIGÍVEL. *Filosofia geral.* **1.** Relativo à inteligência. **2.** Compreensível. **3.** O que pode ser entendido. **4.** O que pertence ao âmbito da inteligência. **5.** Aquilo que só pode ser conhecido pela inteligência, e não pelos sentidos.

INTELLECTUS ABSURDUS EST VITANDUS. *Aforismo jurídico.* Deve-se evitar inteligência absurda.

INTELLIGENCE SERVICE. *Locução inglesa.* Serviço de Inteligência; serviço secreto inglês.

INTELLIGENTI PAUCA. *Locução latina.* A quem sabe compreender poucas palavras bastam.

INTELLIGENTSIA. *História do direito.* Movimento russo que, iniciando-se em 1840, buscava a substituição do absolutismo do czar por um sistema político-constitucional e a proibição do sistema de servidão e defesa dos direitos humanos fundamentais.

INTEMENTE. **1.** Que não teme nada. **2.** Corajoso.

INTEMERATEZ. Incorrupção.

INTEMERATO. **1.** Íntegro. **2.** Incorruptível.

INTEMPERANÇA. Imoderação.

INTEMPÉRIE. *Direito civil.* **1.** Caso fortuito. **2.** Força maior. **3.** Mau tempo. **4.** Irregularidade no clima.

INTEMPERIZAÇÃO. Alteração, por processos naturais, das propriedades físico-químicas do óleo derramado exposto à ação do tempo.

INTEMPESTIVIDADE. *Direito processual civil* e *direito processual penal.* **1.** Qualidade de intempestivo ou do que se faz fora do prazo. **2.** Realização de qualquer ato após o decurso do prazo legal. **3.** Decorrência *in albis* do prazo para recorrer. **4.** Interposição de recurso após o prazo legal. **5.** Qualidade da ação ajuizada após o transcurso do prazo decadencial ou prescricional.

INTEMPESTIVO. **1.** Inopinado. **2.** Inoportuno. **3.** Aquilo que não é feito dentro do prazo. **4.** Inconveniente. **5.** Fora do prazo legal.

INTEMPORAL. *Filosofia geral.* **1.** Que não é temporal. **2.** Aquilo que não tem duração. **3.** Invariável.

IN TEMPORALIBUS. *Locução latina.* Nas coisas temporais.

IN TEMPORE OPPORTUNO. *Expressão latina.* Em tempo oportuno; a tempo; em ocasião conveniente.

INTENÇÃO. **1.** *Filosofia geral.* a) Aplicação do espírito a um objeto de conhecimento; b) conteúdo do pensamento; c) razão de um ato; d) vontade dirigida à realização de algo; e) objetivo; f) intento; desígnio. **2.** *Direito penal.* Dolo; vontade deliberada do criminoso de alcançar o resultado. **3.** *Direito civil.* Finalidade visada pelas partes na efetivação de um ato ou negócio jurídico.

INTENÇÃO FENOMENOLÓGICA. *Filosofia do direito.* Pensamento do direito que tende para o dever-ser que constitui o seu objeto intencional (Cabral de Moncada).

INTENCIONADO. Em que há certa intenção.

INTENCIONAL. **1.** Referente a intenção. **2.** Doloso. **3.** Propositado. **4.** Feito com intenção.

INTENCIONALIDADE. Qualidade de intencional.

INTENCIONALIDADE DA CONSCIÊNCIA. *Filosofia geral.* Ato de dirigir o pensamento a algo, pois a tomada de consciência projeta-se, intencionalmente, em direção a um objeto externo ao sujeito (Husserl).

INTENCIONALISMO. *Psicologia forense.* Teoria que sustenta ser a intenção a característica primordial dos atos psíquicos.

INTENCIONAR. Ter intenção de fazer algo.

INTENCIONISMO. Teoria pela qual não há ato válido se este não for praticado intencionalmente.

INTENDÊNCIA. **1.** *História do direito.* a) Prefeitura; b) municipalidade. **2.** *Direito administrativo.* a) Cargo de intendente; b) repartição ou prédio onde se exercem as funções de intendente; c) direção ou administração de negócios. **3.** *Direito militar.* Serviço de suprimento de materiais à tropa.

INTENDENTE. **1.** *História do direito.* Prefeito. **2.** *Direito administrativo.* a) Aquele que dirige ou administra algo; b) diretor. **3.** *Direito militar.* O que tem o encargo de suprir a tropa, materialmente.

INTENDER. Superintender.

INTENSÃO. **1.** *Lógica jurídica.* Conjunto de caracteres representados por um termo geral (Keynes). **2.** *Filosofia geral.* Compreensão (Aristóteles e Leibniz). **3.** Nas *linguagens comum* e *jurídica*, significa intensidade.

INTENSIDADE. **1.** Qualidade do que é intenso. **2.** Grau elevado.

INTENSIFICAR. Tornar intensivo.

INTENSIVO. **1.** Que tem uma intensidade. **2.** Que acumula esforços.

INTENSO. **1.** Forte. **2.** Em que há muita tensão. **3.** Aquilo que se manifesta em alto grau.

INTENTADO. *Direito processual civil.* **1.** Que se intentou. **2.** Formulado em juízo.

INTENTA ORATIO. *Locução latina.* Discurso veemente.

INTENTAR. *Direito processual civil.* Propor uma ação em juízo.

INTENTIO. *Termo latino.* Intenção.

INTENTIO LEGIS. *Locução latina.* Intenção da lei; fim da lei; propósito legal.

INTENTIO LITIS. *Locução latina.* Objetivo da lide.

INTENTIO MALI. *Locução latina.* Intenção criminosa ou desonesta.

INTENTIONALES FÜHLEN. *Locução alemã.* Sentir intencional.

INTENTIONAL TORTS. *Locução inglesa.* Ilícitos dolosos.

INTENTIONEM SUAM QUIS NON PROBAT DICITUR CARERE JURE. *Aforismo jurídico.* Diz-se que carece de direito quem não prova a sua intenção.

INTENTO. **1.** Intenção; propósito. **2.** Desígnio. **3.** Finalidade. **4.** Vontade deliberada.

INTENTONA. **1.** Revolta. **2.** Ataque imprevisto. **3.** Conluio de motim.

INTER ABSENTES. *Locução latina.* Entre ausentes.

INTERACADÊMICO. 1. Que se pratica entre instituições acadêmicas. **2.** O que é de interesse de duas academias.

INTERAÇÃO. *Filosofia do direito.* Ação recíproca de uma conduta sobre outra, ante o fato de o homem ser eminentemente social. Como o homem é um ser gregário por natureza, é levado a interagir. É a correlação entre o fazer de um e o impedir de outro. *Vide* INTERSUBJETIVIDADE.

INTERAÇÃO MEDICAMENTOSA. *Medicina legal.* É uma resposta farmacológica ou clínica, causada pela conbinação de medicamentos, diferente dos efeitos de dois medicamentos dados individualmente. O resultado final pode aumentar ou diminuir os efeitos desejados e/ou os eventos adversos. Podem ocorrer entre medicamento – medicamento, medicamento – alimentos, medicamento – exames laboratoriais e medicamento – substâncias químicas. Os resultados de exames laboratoriais podem ter sua confiabilidade afetada por sua interação com medicamentos.

INTERAÇÃO SOCIAL. *Sociologia jurídica.* Ação e relação entre os membros de um grupo social ou entre grupos de uma dada sociedade.

INTERACIONISMO. *Filosofia geral.* Doutrina que propugna a distinção entre o corpo e o espírito, apesar de um influir no outro.

INTERACTIVE MAIL ACCESS PROTOCOL. *Expressão inglesa* e *direito virtual.* Protocolo para acesso interativo a correspondência.

INTER ALIA. *Locução latina.* Entre outras coisas; entre outros.

INTERALIADO. Referente às relações entre aliados.

INTER ALIOS ACTA. *Expressão latina.* Coisa feita entre outros.

INTERAMERICANISMO. *Ciência política.* União dos países da América pela prática de certos princípios liberais.

INTERAMERICANO. Relativo às nações americanas ou ao interamericanismo.

INTER AMICOS NON ESTO JUDEX. *Expressão latina.* Entre amigos não sejas juiz.

INTER ARMA CHARITAS. *Expressão latina.* Caridade no meio das armas (divisa da Cruz Vermelha).

INTER ARMA SILENT LEGES. *Expressão latina.* Entre armas, a lei é muda.

INTERATRAÇÃO. Atração recíproca.

INTERCADÊNCIA. *Medicina legal.* Enfraquecimento intermitente do pulso arterial.

INTERCALAÇÃO. 1. Interposição. **2.** Ato ou efeito de intercalar.

INTERCALAR. 1. O que se intercala. **2.** Aquilo que se coloca entre algo. **3.** Suplementar. **4.** Interpor. **5.** Inserir. **6.** Meter de permeio. **7.** Introduzir. **8.** Incluir algo no meio de outra coisa.

INTERCAMBIALIDADE. Qualidade de intercambiável.

INTERCAMBIAR. Praticar intercâmbio.

INTERCAMBIÁVEL. Que se pode intercambiar.

INTERCÂMBIO. 1. *Direito internacional público.* Relação de Estado para Estado. **2.** Na *linguagem jurídica* em geral, significa: a) troca ou permuta recíproca; b) relações de câmbio entre praças diferentes; c) relações comerciais, bancárias, culturais ou desportivas de povo a povo.

INTERCÂMBIO COMERCIAL. 1. *Direito internacional privado.* Movimento recíproco de importação e exportação de mercadorias entre diversos países, permutando seus produtos. **2.** *Direito comercial.* Reciprocidade de relações mercantis.

INTERCÂMBIO ELETRÔNICO DE DADOS (*EDI – ELECTRONIC DATA INTERCHANGE***).** *Direito virtual.* É a troca de documentos padronizados entre parceiros de uma cadeia de abastecimento ou entre unidades fisicamente separadas de uma mesma empresa. Associado ao uso do código de barras, leitoras óticas e sistemas de informação, constitui a base sobre a qual são implantadas as ferramentas que viabilizam o ECR (James G. Heim).

INTERCEDÊNCIA. *Medicina legal.* Perturbação na pulsação arterial, em que intervêm, a espaços, pulsações extraordinárias.

INTERCEDENTE. Aquele que intercede.

INTERCEDER. 1. Rogar por alguém. **2.** Pedir. **3.** Intervir.

INTERCEPTAÇÃO. 1. Interrupção. **2.** Ato ou efeito de deter ou interceptar.

INTERCEPTAÇÃO DE COMUNICAÇÃO TELEFÔNICA. 1. *Direito processual penal.* Gravação de comunicação telefônica ou transcrição do fluxo de comunicação em sistemas de informática e telemática, para prova em investigação criminal e em instrução processual penal, sob segredo de justiça, desde que haja ordem judicial. Tal interceptação não será permitida se: a) não houver indício razoável da autoria ou participação em infração penal; b) a prova puder ser feita

INTERCEPTADO 961 INT

por outros meios disponíveis; c) o fato investigado constituir infração penal punível, no máximo, com pena de detenção. **2.** *Direito penal.* Crime punível com reclusão e multa que consiste em gravar comunicação telefônica alheia, ou transcrever a decorrente de informática ou telemática, ou quebrar segredo de justiça, sem autorização judicial ou com objetivos não autorizados em lei.

INTERCEPTADO. Que se interceptou.

INTERCEPTADOR. 1. Nas *linguagens comum* e *jurídica,* é aquele que intercepta. **2.** *Direito militar.* Tipo de avião de caça que ataca aeronave inimiga que incursionar em sua área.

INTERCEPTAR. 1. Colocar obstáculo. **2.** Interromper. **3.** Cortar passagem. **4.** Fazer parar. **5.** Deter.

INTERCEPTIVO. 1. Relativo a intercepção. **2.** Que tem tendência para interceptar.

INTERCEPTO. 1. Interrompido. **2.** Interceptado.

INTERCEPTOR. Que intercepta.

INTERCEPTÓRIO. Próprio para interceptar.

INTERCESSÃO. 1. Ação de interceder em prol de alguém. **2.** Ato de intervir em favor de alguém, afiançando-o ou prestando caução em seu favor. **3.** Abono. **4.** Fiança. **5.** Intervenção. **6.** Caução. **7.** Garantia dada por alguém em favor de obrigação alheia.

INTERCESSIO. *Direito romano.* **1.** Faculdade do pretor, decorrente de seu poder de *imperium,* de paralisar decisão judicial de outro, quando com ela não concordasse. **2.** Poder de veto.

INTERCESSOR. 1. Medianeiro. **2.** Aquele que intercede.

INTERCHANGE. *Termo inglês.* **1.** Intercâmbio. **2.** Permuta. **3.** Comércio. **4.** Reciprocação.

INTERCLASSISMO. *Sociologia geral.* Forma de ação, organização, ideologia ou situação que envolve pessoas ou grupos pertencentes a diversas classes sociais (Alessandro Cavalli).

INTERCOMUNICAÇÃO. 1. Comunicação recíproca. **2.** Passagem entre dois vagões ferroviários. **3.** Ato de dar e receber informação.

INTERCONEXÃO. *Direito administrativo* e *direito das comunicações.* Ligação entre redes de concessionárias de Serviço Móvel Celular, de concessionárias de Serviço Telefônico Público e de empresa exploradora de troncos interestaduais e internacionais, com o escopo de permitir o

tráfego das comunicações entre suas redes. Tal contrato de interconexão deve ser homologado pelo Ministério das Comunicações. Se este se manifestar pela modificação do contrato, as partes terão trinta dias para alterá-lo, encaminhando-o àquele Ministério para a devida homologação.

INTERCONTINENTAL. *Direito internacional público.* **1.** Relativo a dois ou mais continentes. **2.** Localizado entre continentes. **3.** Que é feito de continente a continente.

INTERCORRÊNCIA. 1. Ação de se meter em permeio. **2.** Ação ou efeito de sobrevir. **3.** Ocorrência que interrompe.

INTERCORRENTE. 1. *Medicina legal.* a) Diz-se da moléstia que surge no decurso de outra; b) diz-se do pulso que, em intervalos certos, se torna mais freqüente. **2.** Nas *linguagens comum* e *jurídica,* é: a) aquilo que corre nos intervalos; b) metido de permeio.

INTER-CREDIT. *Direito comercial.* **1.** Serviço que, desenvolvido pela Heller, abrange financiamento de contas a receber e *factoring.* O *factor* estabelece linhas de crédito para os devedores-compradores (*customers*), aceitando o risco do crédito, cabendo ao cliente todos os encargos da cobrança, que só recorrerá ao *factor* havendo maus pagadores (Burton A. Abrahams). **2.** Contrato em que a empresa de *factoring* garante o pagamento das faturas e realiza a cobrança de títulos não recebidos pelo cliente para ressarcir-se dos adiantamentos feitos.

INTERCULTURA. Troca de cultura.

INTERCURSO SOCIAL. *Sociologia geral.* Relação entre pessoas que se baseia na reciprocidade social.

INTERDEPENDÊNCIA. 1. Estado de interdependente. **2.** Relação de dependência mútua entre duas coisas ou pessoas. **3.** Subordinação recíproca. **4.** Ligação de pessoas entre si para alcançar um objetivo comum, mediante auxílio mútuo.

INTERDEPENDENTE. Diz-se de cada objeto ou pessoa que esteja em relação de dependência recíproca.

INTERDEPENDER. Depender mutuamente.

INTERDIÇÃO. 1. *Direito civil* e *direito processual civil.* a) Ato pelo qual o órgão judicante retira do alienado, enfermo ou deficiente mental, que não tiver o necessário discernimento para os atos da vida civil; do surdo-mudo ou daquele que, por outra causa duradoura, não puder exprimir a sua vontade; do ébrio habitual, do toxicômano, do pródigo, do excepcional sem completo desenvolvimento mental ou do enfermo ou portador de deficiência física a livre disposição e a administração de bens (Clóvis Beviláqua); b) processo que visa apurar os fatos que justificam a nomeação de curador, verificando não só se é necessária a interdição e se ela aproveitaria ao argüido da incapacidade, bem como a razão legal da curatela, ou seja, se o indivíduo é, ou não, incapaz de dirigir sua pessoa e seu patrimônio; c) perda da capacidade em razão de sentença judicial. **2.** Nas *linguagens comum* e *jurídica,* significa proibição de praticar ou de gozar direitos em seu favor ou em defesa da coletividade. **3.** *Direito penal.* Caráter da pena criminal acessória que priva o condenado de praticar certos atos, ou de gozar determinados direitos civis ou políticos. **4.** *Direito agrário.* Proibição do ingresso e egresso de suídeos, p. ex., num estabelecimento de criação, para qualquer finalidade, bem como de produtos ou subprodutos suídeos ou materiais que possam constituir fonte de transmissão de doença, a critério do serviço veterinário oficial.

INTERDIÇÃO DE ASSOCIAÇÃO OU DE SOCIEDADE. *Direito penal.* Proibição de funcionamento de atividades em associação ou sociedade utilizada para a prática de delito.

INTERDIÇÃO DE COMÉRCIO. *Direito internacional público.* Proibição do comércio entre nações em guerra.

INTERDIÇÃO DE DIREITO. *Direito penal.* Caráter da pena criminal acessória que veda, temporariamente, o exercício de determinados direitos, funções etc., pelo condenado. Trata-se da privação do exercício de determinados direitos, poderes, profissão, funções etc., decorrente de uma condenação criminal, constituindo uma pena acessória.

INTERDIÇÃO DE EMPRESA. *Direito do trabalho.* Cessação do funcionamento de máquinas, de setores ou do estabelecimento, se houver, para a atividade laborativa, grave e iminente risco, conducente a acidente de trabalho ou a doença profissional.

INTERDIÇÃO DE ESTABELECIMENTO INDUSTRIAL POR POLUIÇÃO. *Direito ambiental.* Proibição de funcionamento de indústria por emissão de poluentes lesivos à saúde da coletividade, à flora e à fauna.

INTERDIÇÃO DE EXERCÍCIO DE PROFISSÃO. *Direito penal.* **1.** Proibição de exercer uma determinada profissão sem antes obter licença da autoridade competente. **2.** Incapacidade temporária para profissão cujo exercício dependa de autorização do Poder Público, imposta ao condenado como pena acessória em sentença criminal.

INTERDIÇÃO DE PRÉDIO. *Direito administrativo.* Proibição de utilização de prédio sem condições de habitabilidade ou segurança, por falta de observância das normas legais e regulamentares.

INTERDIÇÃO JUDICIAL. *Vide* INTERDIÇÃO JUDICIÁRIA.

INTERDIÇÃO JUDICIÁRIA. *Direito processual civil.* É a dirigida a pessoa maior, decretada em processo judicial pelo órgão judicante, para restringir sua capacidade, privando-a, em razão de demência, surdo-mudez (não havendo educação apropriada) ou prodigalidade, da livre disposição de seus bens e da administração de seu patrimônio.

INTERDIÇÃO LEGAL. *Vide* INTERDIÇÃO DE DIREITO.

INTERDIÇÃO PARA O EXERCÍCIO DO COMÉRCIO. *Direito falimentar.* Efeito da condenação por crime falimentar, proibindo o falido de praticar atividades econômicas organizadas, dirigidas à produção ou circulação de bens e serviços durante um certo período de tempo.

INTERDIÇÃO PENAL. *Vide* INTERDIÇÃO DE DIREITO.

INTERDIÇÃO PROFISSIONAL. *Vide* INTERDIÇÃO DE EXERCÍCIO DE PROFISSÃO.

INTERDIÇÃO TEMPORÁRIA DE DIREITOS. *Direito penal.* Pena restritiva de direito que consiste: a) na proibição temporária do exercício de cargo, função ou atividade pública, de mandato eletivo, ou de profissão ou ofício dependente de habilitação especial, licença ou autorização do Poder Público; b) na suspensão de autorização para dirigir veículo automotor (Othon Sidou).

INTERDICENDO. Interditando.

INTERDICTA. *Termo latino.* Interditos.

INTERDICTA ADIPISCENDAE POSSESSIONIS. *Expressão latina.* Ações de imissão de posse.

INTERDICTA QUOD VI AUT CLAM. *Expressão latina.* **1.** Ações de nunciação de obra nova. **2.** Eram os interditos concedidos a qualquer interessado contra aquele que executasse obra sem sua

INTERDICTA RECUPERANDAE POSSESSIONIS

permissão, que viesse a alterar o aspecto do prédio ou da gleba de terra, com o escopo de repor as coisas no estado anterior.

INTERDICTA RECUPERANDAE POSSESSIONIS. *Vide INTERDICTA UNDE VI.*

INTERDICTA RETINENDAE POSSESSIONIS. *Expressão latina.* Ações de manutenção de posse.

INTERDICTA UNDE VI. *Expressão latina.* Ações de força espoliativa.

INTERDICTUM. *Direito romano.* **1.** Ordem, de caráter administrativo, expedida pelo magistrado (pretor ou procônsul), autorizado pelo seu poder de *imperium*, para restabelecer o direito do postulante, se comprovado o fato por ele alegado, em se tratando de litígio sobre posse ou quase-posse, mandando ou proibindo que se fizesse algo. Era um remédio provisório que protegia situações fáticas, mediante uma rápida decisão. **2.** Decisão provisória.

INTERDICTUM DE CLANDESTINA POSSESSIONE. *Direito romano.* Concedido a quem tinha perdido a posse de um imóvel pela entrada clandestina de outrem.

INTERDICTUM DE PRECARIO. *Direito romano.* Aplicava-se, inicialmente, aos imóveis, visando reaver a posse das coisas cujo uso fora concedido precariamente, se estendendo aos móveis apenas posteriormente.

INTERDICTUM MOMENTARIAE POSSESSIONIS. *Direito romano.* Era o usado para obter a simples restituição e posse de coisa imóvel ou móvel, nos casos de inaplicabilidade de outras ações possessórias, qualquer que fosse a causa de sua perda.

INTERDISTRITAL. **1.** Localização entre distritos. **2.** Realizado entre distritos.

INTERDITADO. Que sofreu interdição.

INTERDITANDO. **1.** Aquele contra quem se está processando um pedido de interdição. **2.** Quem está para ser interditado. **3.** Interdicendo. **4.** Quem se encontra em processo de interdição.

INTERDITAR. **1.** Impedir. **2.** Tornar interdito. **3.** Pronunciar interdito contra alguém.

INTERDITO. **1.** *Direito canônico.* a) Diz-se do padre proibido de exercer seu ministério; b) pena que priva fiéis de certos bens espirituais, como a admissão aos sacramentos, a sepultura eclesiástica, o exercício de determinados direitos na Igreja etc. **2.** *Direito penal.* Privado do exercício de certos direitos ou certas funções em virtude de sentença criminal. **3.** *Direito civil* e *direito processual*

civil. a) Aquele que, juridicamente, foi declarado incapaz para administrar seus bens e para dispor livremente de seu patrimônio; curatelado; b) ação destinada a proteger a posse.

INTERDITO EXIBITÓRIO. *Direito romano.* Aquele pelo qual o pretor ordenava exibir a pessoa cuja liberdade se questionava: o liberto, a quem o patrono queria impor serviços ou os descendentes sob o poder do ascendente.

INTERDITO GERAL. Aquele que se estende a todos os lugares de certo território ou a todos os membros de uma corporação.

INTERDITO LOCAL. Proibição que só diz respeito a determinado lugar.

INTERDITO MISTO. Interdito local e pessoal ao mesmo tempo.

INTERDITO PESSOAL. É o que incide diretamente sobre certa pessoa.

INTERDITO POSSESSÓRIO. *Direito processual civil.* Ação possessória proposta por quem for ameaçado, molestado ou esbulhado em sua posse, para repelir tais agressões e continuar na posse. Para Ihering, três são os fundamentos desse interdito: a) proteção da posse por ser ela a exteriorização do domínio; b) proteção da posse por meio de ações especiais, para facilitar a defesa da propriedade, dispensando o proprietário de ter de provar seu direito em cada caso; c) a proteção da posse, concebida desse modo, favorece o não-proprietário; porém, trata-se de um inconveniente inevitável, não se podendo abrir mão dele, ante as muitas vantagens resultantes da instituição e por ser, aquela situação, excepcional, pois o normal é estar, a posse, a serviço do legítimo proprietário. Logo, protege-se a posse e, por via oblíqua, a propriedade.

INTERDITO PROIBITÓRIO. *Direito processual civil.* **1.** Proteção preventiva da posse ante a ameaça de turbação ou esbulho. **2.** Ordem ou mandado judicial provocado pelo possuidor direto ou indireto ameaçado de sofrer turbação ou esbulho, para resguardar-se de violência iminente, que visa proibir o réu de praticar o ato, sob pena de pagar multa pecuniária, inclusive perdas e danos, em favor do autor ou de terceiro.

INTERDITO RECUPERATÓRIO. *Vide INTERDICTA RECUPERANDAE POSSESSIONIS.*

INTERDIZER. **1.** Interditar. **2.** Proibir. **3.** Impedir. **4.** Privar alguém da administração de sua pessoa e de seus bens, e da livre disposição de seu patrimônio.

INTERESCOLAR. Relativo a várias escolas.

INTERESSADO. 1. Nas *linguagens comum* e *jurídica,* indica: a) aquele que tem interesse; b) que espera vantagem; c) que participa de lucros ou de algum empreendimento; d) pretendente a uma compra; e) aquele que procura efetuar um negócio. **2.** *Direito marítimo.* Comparte ou co-proprietário de um navio. **3.** *Direito processual civil.* O que tem legítimo interesse como parte num litígio.

INTERESSADO NA DIVISÃO. *Direito civil.* Cada um dos condôminos.

INTERESSADO NO INVENTÁRIO. *Direito civil.* Herdeiro, credor do espólio etc.

INTERESSAL. Relativo a interesses legítimos.

INTERESSANTE. 1. Que interessa. **2.** Importante.

INTERESSAR. 1. Ser interessante. **2.** Obter lucro ou vantagem. **3.** Ter interesse. **4.** Associar-se a alguém num dado negócio. **5.** Provocar interesse.

INTERESSE. 1. *Psicologia forense.* a) Relação entre um motivo e certo incentivo; b) sentimento que acompanha a atenção. **2.** *Direito administrativo.* Pretensão do particular fundada em norma jurídica. **3.** *Filosofia geral.* a) Aquilo que importa ao agente; b) o que provoca atividade mental ou atenção; c) simpatia. **4.** Nas *linguagens comum* e *jurídica,* significa: a) diligência; empenho em favor de alguém; b) importância; c) desejo de proveito pessoal que sacrifica tudo aos ganhos pecuniários; d) ganho, vantagem, proveito; e) juro; f) conveniência; g) lucro; h) utilidade econômica; i) vantagem de ordem moral; j) posição favorável para satisfação de uma necessidade (Carnelutti). **5.** *Direito comercial.* Participação nos lucros. **6.** *Direito bancário.* a) Juro de capital empregado no mercado financeiro; b) ganho numa operação financeira.

INTERESSE ALHEIO. Interesse de outrem.

INTERESSE COLETIVO. 1. *Direito administrativo.* Interesse de um grupo de indivíduos, que será considerado interesse público apenas se o Estado o assumir, colocando-o entre seus fins. **2.** *Direito constitucional, direito do menor* e *direito processual.* É o que apenas pode ser exercido comunitariamente, ante a existência de um vínculo jurídico que une as pessoas do grupo entre si (Ada Pellegrini Grinover).

INTERESSE DA COMPANHIA. *Vide* INTERESSE DA EMPRESA.

INTERESSE DA EMPRESA. *Direito comercial.* É aquele que se sobrepõe ao interesse social e ao dos acionistas, visando a destinação dos lucros, não para distribuição como dividendos aos acionistas, mas para as reservas, com o escopo de expandir a empresa (Waldirio Bulgarelli).

INTERESSE DE AÇÃO. *Vide* INTERESSE DE AGIR.

INTERESSE DE AGIR. *Direito processual civil.* **1.** Existência de pretensão objetivamente razoável, que é uma das condições da ação (José Frederico Marques). **2.** Legitimidade do autor para pleitear, judicialmente, seu direito; capacidade para estar em juízo na defesa de um direito, por ter legítimo interesse econômico ou moral. **3.** Proveito que se colhe do fato de propor ou contestar uma ação, para assegurar ou restabelecer uma relação jurídica (Espínola). **4.** Necessidade de invocar o órgão jurisdicional para o reconhecimento de um direito. **5.** Condição da ação ou situação em que se encontra o autor para propô-la, ou o réu para contestá-la, excepcionar ou reconvir.

INTERESSE DIFUSO. *Direito constitucional, direito do consumidor* e *direito processual.* **1.** Aquele que, por ser metaindividual, não repousa numa relação-base ou num vínculo jurídico bem definido, mas se prende a dados de fato, pois o conjunto apresenta contorno tão móvel ou impreciso que torna impossível individualizar seus componentes (Ada Pellegrini Grinover). **2.** É o de uma categoria de indivíduos, não ligados por qualquer vínculo jurídico, mas sim por haver uma identidade de situação fática (Celso Bastos). É, portanto, o interesse de que sejam titulares pessoas indeterminadas e ligadas por circunstâncias de fato.

INTERESSE ECONÔMICO. *Direito civil.* É o suscetível de aferição patrimonial, isto é, é o apreciável em dinheiro.

INTERESSE EVENTUAL. Aquele que, apesar de ocorrer acidentalmente, autoriza a pessoa a defendê-lo, para não se privar da vantagem que lhe possa dele advir.

INTERESSE GERAL. É o de toda coletividade.

INTERESSEIRO. Aquele que age com a finalidade de atender um interesse próprio.

INTERESSE LEGÍTIMO. 1. *Direito administrativo.* Pretensão, assegurada legalmente, estabelecida em favor de todos os jurisdicionados; logo, qualquer um deles poderá pleitear o atendi-

INTERESSE MORAL

mento administrativo e, em sua falta, a tutela judicial (Othon Sidou). **2.** *Direito processual civil.* a) Interesse econômico ou moral que justifica movimentar a máquina judiciária, para obter intervenção do órgão judicante, sem o que o autor sofreria um dano ou prejuízo; b) aquele conforme ao direito; que está em causa.

INTERESSE MORAL. *Direito civil* e *direito processual civil.* Pretensão não material ou patrimonialmente vantajosa, baseada em direito, cujo exercício de ação só é autorizado se disser respeito diretamente ao titular ou à sua família, sendo, portanto, concernente à honra, à liberdade, ao decoro, ao estado da pessoa, e à profissão do autor ou de sua família.

INTERESSE PARTICULAR. Interesse próprio de uma pessoa, afetando diretamente seus bens e direitos.

INTERESSE PROCESSUAL. *Vide* INTERESSE DE AGIR.

INTERESSE PÚBLICO. *Direito administrativo.* **1.** Aquele que se impõe por uma necessidade coletiva, devendo ser perseguido pelo Estado, em benefício dos administrados. **2.** Relativo a toda sociedade personificada no Estado. É o interesse geral da sociedade, ou seja, do Estado enquanto comunidade política e juridicamente organizada (Milton Sanseverino). **3.** Finalidade da administração pública. **4.** Interesse coletivo colocado pelo Estado entre seus próprios interesses, ao assumi-lo sob regime jurídico de direito público (José Cretella Jr.).

INTERESSE QUALIFICADO. *Direito administrativo.* Pretensão legal em que apenas seu titular pode pleiteá-la administrativa ou judicialmente, excluindo qualquer pessoa que não se encontre em posição idêntica.

INTERESSES COLETIVOS. São os afetos a vários sujeitos considerados em sua qualidade de membros de comunidades menores, em razão da *affectio societatis*, situados entre eles e o Estado (Celso Bastos).

INTERESSE SIMPLES. *Direito administrativo.* Pretensão não fundada em lei específica, que, por isso, priva o postulante de meios para compelir a Administração a atendê-la. Logo, a Administração Pública poderá acatar ou não seu pedido.

INTERESSES METAINDIVIDUAIS. *Direito civil, direito comercial* e *direito do trabalho.* São os alusivos a um grupo de pessoas, como os condôminos de um edifício; os empregados vinculados a um mesmo empregador; os sócios de uma empresa (Hugo Nigro Mazzilli).

INTERESSE SOCIAL. **1.** *Direito comercial.* É o dos acionistas como um todo, sem inclinações preferenciais, voltado à mantença da sociedade, superando os interesses individuais de cada um dos sócios. **2.** *Direito ambiental.* Diz respeito: a) às atividades imprescindíveis à proteção da integridade da vegetação nativa, tais como: prevenção, combate e controle do fogo, controle da erosão, erradicação de invasoras e proteção de plantios com espécies nativas, conforme resolução do CONAMA; b) às atividades de manejo agroflorestal sustentável praticadas na pequena propriedade ou posse rural familiar, que não descaracterizem a cobertura vegetal e não prejudiquem a função ambiental da área; e c) às demais obras, planos, atividades ou projetos definidos em resolução do CONAMA.

INTERESSISMO. **1.** Procedimento ou comportamento interesseiro. **2.** Conjunto de pessoas que buscam, tão-somente, retirar proveito próprio.

INTERESTADUAL. *Ciência política* e *direito administrativo.* **1.** O que se realiza de Estado para Estado. **2.** Relativo às relações entre os Estados-Membros da Federação. **3.** Qualidade do ato ou fato que venha a envolver dois ou mais Estados-Membros de uma Federação.

INTEREST RATE SWAP. *Vide HEDGE* DE TAXA DE JUROS.

INTEREUROPEU. *Direito internacional público.* **1.** O que se realiza entre dois ou mais países da Europa. **2.** Dentro da Europa.

INTEREXISTENCIAL. *Filosofia geral.* Que liga existências.

INTERFACE. *Direito virtual.* Conexão entre o computador e seus dispositivos auxiliares como CD-Rom, impressora e *scanner* (Amaro Moraes e Silva Neto).

INTERFERÊNCIA. Intervenção.

INTERFERENCIAL. Referente a interferência.

INTERFERÊNCIAS IMPREVISTAS. *Direito administrativo.* São dificuldades materiais absolutamente anormais, razoavelmente imprevisíveis no momento da conclusão do contrato, e que tornam mais onerosa sua execução (André de Laubadère).

INTERFERENTE. Que interfere.

INTERFERIR. Intervir.

INTERFONE. Aparelho especial para intercomunicação, formado por um ou mais conjuntos de microfone e alto-falante.

INTERGOVERNAMENTAL. *Direito administrativo.* O que se efetiva entre órgãos do governo.

INTÉRIM. *Termo francês.* Interinidade.

INTÉRIMAIRE. *Termo francês.* Interino.

INTERINADO. *Direito administrativo.* Exercício temporário de um cargo público.

INTERINAMENTE. *Direito administrativo.* Diz-se do cargo, função ou emprego público exercido temporariamente, sem efetividade, por alguém.

INTERINAR. *Direito administrativo.* Exercer um cargo interinamente.

INTERINATO. *Vide* INTERINADO.

INTERINDEPENDÊNCIA. Estado de interindependente.

INTERINDEPENDENTE. Independente, com reciprocidade.

INTERINFLUÊNCIA. Influência recíproca.

INTERINIDADE. *Direito administrativo.* **1.** Qualidade de interino. **2.** Condição do funcionário público que exerce, temporariamente, uma função, em razão de impedimento ou afastamento do exercente efetivo. **3.** Exercício provisório, sem efetividade, de um cargo, função ou emprego público. **4.** Estado do funcionário que não é efetivo. **5.** Ocupação provisória de cargo público. **6.** Situação de cargo desempenhado em caráter de comissão.

INTERINO. *Direito administrativo.* **1.** Servidor público que exerce, temporariamente, uma função. **2.** Funcionário público que está ocupando, sem efetividade, cargo de outrem ou lugar vago, devendo deixá-lo assim que for provido em outro ou desimpedido aquele por quem serve (Pontes de Miranda e Antonio de Moraes Silva).

INTER INVITOS. *Locução latina.* Entre obrigados ou constrangidos.

INTERIOR. **1.** Nas *linguagens comum* e *jurídica,* significa: a) interno; b) o que se encontra na parte de dentro de alguma coisa; c) relativo à moral; d) parte interna de um país, em oposição ao litoral ou à costa; e) instalação interna de uma casa ou prédio. **2.** *Direito internacional público.* a) O próprio país, em relação aos Estados estrangeiros; b) parte central de um país, em oposição às fronteiras com outras nações; c) dentro de

um país; d) tudo o que for relativo a uma nação, distinguindo o que pertence a países estrangeiros.

INTERIORANO. **1.** Concernente ao interior de um país. **2.** O que procede do interior.

INTERIORIDADE. Qualidade do que é interior.

INTERIORISMO. *Filosofia geral.* Doutrina em que todas as idéias e verdades se contêm no homem, que não as recebe do mundo exterior.

INTERIORISTA. *Filosofia geral.* **1.** Referente ao interiorismo. **2.** Partidário do interiorismo.

INTERIORIZAÇÃO. Ato ou efeito de interiorizar.

INTERIORIZAR. **1.** Manifestar-se interiormente. **2.** Tornar interior.

INTERITO. **1.** Destruição da coisa. **2.** Transformação de um bem, de tal sorte que não possa ser usado aos fins a que se destina, extinguindo, por isso, os direitos a ele alusivos.

INTERLINEAR. **1.** Que está entre linhas. **2.** Relativo a entrelinhas.

INTERLOCUÇÃO. **1.** Interrupção do discurso pela fala de novos interlocutores. **2.** Diálogo. **3.** Conversação.

INTERLOCUTIO. *Direito romano.* **1.** Decisão tomada no curso do processo, em contraposição àquela que se dava no final da ação, que era a *sententia.* **2.** Decisão interlocutória.

INTERLOCUTOR. **1.** Aquele que fala com outro. **2.** O que tem a incumbência de falar em nome de todos.

INTERLOCUTÓRIA. *Direito processual civil.* Decisão pela qual o juiz, no curso do processo, resolve questão incidente. Trata-se da decisão interlocutória.

INTERLOCUTÓRIO. *Direito processual civil.* Diz-se do despacho proferido no decorrer de uma demanda ou de um processo, que não decide a lide definitivamente.

INTERLÚCIDO. *Medicina legal.* Que revela intervalo lúcido.

INTERMEDIAÇÃO. *Direito civil* e *direito comercial.* **1.** É a que se processa por meio de contrato de corretagem, pelo qual alguém, que é o corretor, se obriga a obter, para outrem, um negócio, conforme as instruções recebidas. **2.** Ato de intermediário.

INTERMEDIAÇÃO DE *SWAP.* *Direito comercial.* As operações de *swap* realizadas no âmbito das Bolsas de Valores ou de Mercadorias e de Futuros

INTERMEDIAL

que atendam, cumulativamente, aos seguintes requisitos: a) a instituição intermediadora figure como um dos titulares, em cada uma das operações; b) sejam realizadas no mesmo dia, através de uma mesma instituição, membro de Bolsa de Valores ou de Bolsa de Mercadorias e de Futuros, e de um mesmo membro de compensação, e registradas simultaneamente; c) tenham como referência os mesmos ativos objeto, com a instituição intermediadora assumindo posições inversas nas negociações; d) sejam realizadas por meio de contratos com garantia da Bolsa de Valores ou da Bolsa de Mercadorias e de Futuros; e) possuam, à exceção das taxas negociadas e das posições inversas nos ativos objeto, características idênticas; f) as liquidações antecipadas abranjam a totalidade das posições assumidas na operação; g) o resultado líquido das negociações seja positivo para a instituição intermediadora.

INTERMEDIAL. *Vide* INTERMEDIÁRIO.

INTERMEDIÁRIO. 1. *Direito civil* e *direito comercial.* a) Corretor; b) mediador; c) agenciador; d) aquele que aproxima os interessados na realização de um negócio; e) diz-se daquele por intermédio de quem se efetiva um dado negócio jurídico; f) interposta pessoa; g) negociante que adquire produtos para distribuí-los ao varejista; atacadista; h) aquele que compra para revender; comerciante que fica entre o produtor e o consumidor. **2.** *Lógica jurídica.* a) Colocado entre dois termos; b) o que liga dois termos.

INTERMEDIARISMO. *Direito civil* e *direito comercial.* Ação de intermediário na realização de um negócio.

INTERMÉDIO. 1. Intervenção. **2.** Mediação. **3.** Interposto. **4.** O que está no meio. **5.** Aquilo que estabelece comunicação entre duas coisas ou pessoas.

INTERMENSTRUAÇÃO. *Medicina legal.* Intervalo entre um ciclo menstrual e o seguinte.

INTERMINÁVEL. 1. Infindo. **2.** Extenso. **3.** Que se prolonga.

IN TERMINIS. *Locução latina.* **1.** Em último lugar; no fim. **2.** *Direito processual.* Diz-se da decisão que é dada num processo julgado em última instância, pondo termo à demanda. Trata-se da decisão final.

INTERMINISTERIAL. *Direito administrativo.* Que se realiza entre ministérios ou ministros.

INTERMISSÃO. 1. Intervalo. **2.** Interrupção.

INTERMITÊNCIA. 1. Nas *linguagens comum* e *jurídica*, significa: a) interrupção momentânea; b) intervalo em fenômenos periódicos. **2.** *Medicina legal.* a) Manifestação que se dá, em certas febres ou moléstias, por acessos intervalados; b) arritmia.

INTERMITENTE. 1. Nas *linguagens comum* e *jurídica*, quer dizer: a) não contínuo; b) interrompido a espaços; c) o que pára por intervalos. **2.** *Medicina legal.* a) Febre ou doença que se manifesta por acessos intervalados; b) pulso que apresenta pulsações com intervalos desiguais.

INTERMITIR. 1. Interromper por algum tempo. **2.** Manifestar-se por acessos irregulares e intervalados.

INTERMODAL. *Direito comercial.* Diz-se do transporte de mercadoria que se opera por dois ou mais meios de transporte, como, por exemplo, trem e navio.

INTERMUNDIAL. Situado entre dois continentes ou mundos.

INTERMUNDOS. *Filosofia geral.* Espaços que separam os mundos e que estão ao abrigo dos movimentos produzidos (Lalande).

INTERMUNICIPAL. *Direito administrativo.* **1.** Que se realiza entre municípios. **2.** Relativo às relações entre municípios.

INTERNAÇÃO. 1. Recolhimento de alguém num estabelecimento, onde se submeterá a determinado regime. **2.** Ato de obrigar alguém a permanecer em certo local. **3.** Ato ou efeito de internar.

INTERNAÇÃO CORRECIONAL. *Direito da criança e do adolescente.* É a determinada pela autoridade competente para corrigir alguém, principalmente se menor.

INTERNAÇÃO DE ADOLESCENTE. *Direito da criança e do adolescente.* Medida socioeducativa aplicada a adolescente em razão de ato infracional que consiste em reconhecê-lo em estabelecimento apropriado para educá-lo.

INTERNAÇÃO DE MENOR. *Direito da criança e do adolescente.* Recolhimento de criança ou adolescente, ordenado por autoridade competente, em estabelecimentos de ensino, de educação profissional etc., como medida socioeducativa, em razão de infração por ele cometida.

INTERNAÇÃO DE SUSPEITOS. *Direito penal* e *direito civil.* Recolhimento em estabelecimento psiquiátrico para observação ou tratamento de pessoa suspeita, que atentar contra a própria vida ou a de outrem, ou perturbar a ordem e a moral pública.

INTERNAÇÃO EDUCACIONAL. *Direito educacional.* Permanência da pessoa em estabelecimento de ensino, por deliberação dos pais.

INTERNAÇÃO HOSPITALAR. Pacientes que são admitidos para ocupar um leito hospitalar por um período igual ou maior a 24 horas. Todos os casos de óbito ocorridos dentro do hospital devem ser considerados internações hospitalares, mesmo que a duração da internação tenha sido menor do que 24 horas. Os pacientes que têm grandes chances de permanecerem dentro do hospital por menos de 24 horas devem ocupar leitos de observação, de forma a evitar a contabilização indevida de pacientes-dia no censo hospitalar diário.

INTERNAÇÃO ILEGÍTIMA. *Direito penal.* **1.** Constrangimento ilegal. **2.** Seqüestro. **3.** Cárcere privado. **4.** Ato de obrigar, ilegalmente, alguém a ficar num recinto, com a proibição de sair dali.

INTERNAÇÃO OU ADMISSÃO HOSPITALAR. Pacientes que são admitidos para ocupar um leito hospitalar por um período igual ou maior a 24 horas. Todos os casos de óbito ocorridos dentro do hospital devem ser considerados internações hospitalares, mesmo que a duração da internação tenha sido menor do que 24 horas.

INTERNAÇÃO PUNITIVA. *Direito penal.* Recolhimento de sentenciado em local próprio para cumprir medida de segurança em estabelecimento médico-penal ou em estabelecimento prisional para cumprimento da pena de prisão que lhe foi imposta.

INTERNAÇÃO SANITÁRIA. Recolhimento da pessoa em casa de saúde ou em hospício, para tratamento de doença contagiosa ou mental.

INTERNACIONAL. 1. *Direito internacional público.* a) Referente às relações entre nações; b) que se estabelece de nação para nação; c) diz-se do ato que envolve duas ou mais nações; d) aquilo que interessa a representantes de todos os Estados soberanos; e) diz-se do acordo ou convenção ajustada entre dois ou mais países. **2.** *Direito internacional privado.* a) Associação de operários de diversas nações para a defesa de seus interesses e suas reivindicações; b) diz-se do comércio que, sendo síntese das importações e exportações, tem três faixas fundamentais: livre comércio, união aduaneira e mercado comum (Meira Mattos); c) diz-se da relação comercial entre os vários países. **3.** *Direito desportivo.* Competição entre representações de diferentes países.

INTERNACIONALIDADE. Qualidade de internacional.

INTERNACIONALISMO. *Direito internacional público.* **1.** Estado das relações internacionais. **2.** Teoria ou idéia que visa suprimir fronteiras, destruindo a noção de pátria. **3.** Doutrina que propugna a codificação de normas internacionais, universalizando-as e, conseqüentemente, fazendo o mesmo com os direitos humanos e com os recursos pacíficos, para solucionar questões entre os países. **4.** Teoria que coloca a humanidade acima dos interesses nacionais, que devem ser resolvidos conforme as necessidades internacionais, formando, assim, uma sociedade universal. **5.** Sistema socialista que visa uma associação internacional dos trabalhadores, para alcançar determinadas reivindicações. **6.** Sistema de política internacional. **7.** Teoria econômico-política que exalta a identidade de interesses de todos os homens, para atingir a fraternidade universal, sem distinção de credo, raça, nacionalidade, preconizando, para tanto, a criação de normas e instituições que solucionem, pacificamente, todas as controvérsias ou litígios entre os Estados. **8.** Movimento de idéias ou fenômenos políticos diversos nos quais há uma preponderância atribuída à comunidade de interesses das nações, à solidariedade político-econômica de todos os povos e à cooperação mútua sobre os interesses estatais (Aldo Agosti, Lorwin e Molnar).

INTERNACIONALISTA. *Direito internacional público.* **1.** Partidário do internacionalismo. **2.** Referente ao internacionalismo. **3.** Pessoa versada em direito internacional.

INTERNACIONALIZAÇÃO. *Direito internacional público.* Ato ou efeito de internacionalizar.

INTERNACIONALIZAR. *Direito internacional público.* **1.** Tornar internacional. **2.** Tornar algo comum a vários países.

INTERNA CORPORIS. *Locução latina.* No âmbito interno de um órgão de pessoa jurídica de direito público ou de direito privado.

INTERNADO. 1. Aquele que é recolhido em hospital, escola etc. **2.** O que foi submetido a uma internação.

INTERNAL BREAKDOWN. *Locução inglesa.* Degenerescência interna.

INTERNALIZAÇÃO. *Direito agrário.* Ato de autorizar o ingresso, no País, de semente ou de muda, obedecida a legislação vigente.

INTERNAMENTO. 1. Na *linguagem jurídica* em geral, é: a) internação; b) ato ou efeito de internar. **2.** *Ciência política.* a) Medida punitiva que obriga uma pessoa, por razões políticas, a residir em um país, sem dele poder sair; b) confinamento. **3.** *Direito internacional público.* Ato pelo qual um país neutro obriga os súditos da nação beligerante a se retirarem para o interior de seu território, onde, forçosamente, deverão fixar residência, com o escopo de impedir qualquer ação bélica por parte deles (Othon Sidou).

INTERNAR. 1. Obrigar alguém a se recolher num estabelecimento de ensino ou hospitalar. **2.** Forçar alguém a fixar residência no interior de um país, sem dele poder ausentar-se.

INTERNATIONAL ORGANIZATION OF CONSUMERS UNION (IOCU). *Direito internacional privado.* Entidade que congrega várias associações de defesa do consumidor de inúmeros países.

INTERNATO. *Direito civil* e *direito educacional.* **1.** Estabelecimento de educação onde moram e estudam alunos internados. **2.** Conjunto de alunos internos.

INTERNAUTA. *Direito virtual.* Usuário da Internet.

INTERNET. *Direito virtual.* **1.** A maior e mais diversificada comunidade mundial de cibernética. Trata-se do conjunto de redes livres que contém recursos de um *campus,* integrando pessoas físicas, escolas públicas ou particulares, escritórios governamentais, empresas etc., constituindo-se em uma cidade eletrônica e possibilitando que se carregue um arquivo ou se envie uma mensagem, acionando a operação internacional de computadores interligados. É uma rede de teleconferência onde milhares de usuários se comunicam em diferentes países, munidos apenas de um microcomputador, linha telefônica e *modem.* Conjunto de meios de transmissão e comutação, roteadores, equipamentos e protocolos necessários à comunicação entre computadores, bem como o *software* e os dados contidos nesses computadores. **2.** Rede mundial de computadores que se conectam por meio de um protocolo específico, o IP. **3.** Conjunto de serviços de troca de informações como a World Wide Web (ou www ou web) e o *e-mail* (Amaro Moraes e Silva Neto). **4.** Sociedade virtual. **5.** Associação da comunicação com a informática. **6.** Integração de computadores com conexão internacional, aberta ao acesso de todos por meio de linhas telefônicas, digitais, satélites etc.

INTERNET CORPORATION OF ASSIGNED NAMES AND NUMBERS (ICANN). *Direito virtual.* Entidade privada internacional, sem fins econômicos, sediada na Califórnia (EUA), que tem como atribuição principal administrar e regular o sistema de endereços IP e nomes de domínio, que são a base de conectividade da Internet. Credencia as entidades responsáveis pelos registros dos nomes de domínio genéricos (.com; .org, p. ex.) e firma convênios com entidades representantes de países para os nomes de domínio de caráter regional (.br-Brasil; .it-Italia etc.) (Marcos Rolim Fernandes Fontes).

INTERNET PROTOCOL. *Direito virtual.* **1.** IP. **2.** Método de endereçamento que controla as comunicações na Internet (Amaro Moraes e Silva Neto).

INTERNET SERVICE PROVIDER. *Vide* PROVEDOR DE ACESSO.

INTERNO. 1. Aluno que mora no colégio. **2.** O que está dentro. **3.** Aquele que está recolhido em hospital ou estabelecimento correcional. **4.** Preso.

INTER NOLENTES. *Locução latina.* Entre os que não querem; entre litigantes ou adversários.

INTER NOS. *Locução latina.* Entre nós.

INTERNUNCIATURA. *Direito internacional público* e *direito canônico.* Cargo de internúncio.

INTERNÚNCIO. *Direito canônico* e *direito internacional público.* Agente diplomático da Cúria romana ou Santa Sé, junto ao governo, nos países em que ela não tem núncio apostólico. O internúncio equipara-se ao ministro plenipotenciário de primeira classe.

INTERPARLAMENTAR. *Ciência política.* **1.** Alusivo a fatos em que há intervenção de vários parlamentos. **2.** O que é feito no intervalo das sessões parlamentares.

INTER PARTES. *Locução latina.* Diz-se do que tem efeito apenas entre as partes.

INTERPARTIDÁRIO. *Ciência política.* Que se efetua entre partidos.

INTERPELAÇÃO. 1. *Direito processual civil.* a) Intimação judicial para responder sobre dado fato; b) medida cautelar pela qual alguém argúi sobre fato que lhe possa prejudicar, para ressalvar seus direitos. **2.** *Ciência política* e *direito comparado.* É, no regime parlamentarista de governo, o ato pelo qual um parlamentar intima um ministro de Estado a efetuar explicações sobre a política que está sendo seguida por ele. **3.** *Direito civil.* Ato pelo qual o credor reclama do devedor o adimplemento da obrigação, sob pena de constituí-lo em mora ou de imposição de outras cominações.

INTERPELAÇÃO AO GOVERNO. Solicitação de esclarecimento feita por um membro do Congresso Nacional ao governo, a respeito de alguma atividade governamental ou de um negócio público já levado a efeito ou a ser efetivado.

INTERPELAÇÃO EXTRAJUDICIAL. É a feita por qualquer meio hábil que não seja o judicial.

INTERPELAÇÃO JUDICIAL. *Direito processual civil.* É a feita em juízo, por petição, ou notificação formal, na qual se requer que seja intimado a quem de direito o teor da medida proposta, para vir a juízo, dentro do prazo legal, para cumprir sua prestação ou apresentar justificativa para o inadimplemento. Trata-se de uma medida cautelar que visa argüir alguém a respeito de certo fato ou declaração prejudicial ao requerente, para que, conforme os esclarecimentos que forem prestados, judicialmente, se ajuíze a ação reparatória (Othon Sidou).

INTERPELADO. Aquele que recebeu interpelação judicial ou extrajudicial.

INTERPELANTE. Aquele que interpela em juízo ou fora dele.

INTERPELAR. **1.** Pedir, no Parlamento, esclarecimentos ao ministro ou ao governo. **2.** Intimar. **3.** Perguntar alguma coisa. **4.** Dirigir-se, formalmente, a alguém pedindo o cumprimento de um dever ou alguma explicação.

INTERPOL. *Direito comparado.* Sigla de *Organization Internationale de Police Criminelle*, sediada em Paris, é a polícia internacional; o organismo policial que age em vários países, sob uma direção central.

INTERPOLAÇÃO. **1.** *Medicina legal.* Transplantação de um tecido. **2.** *História do direito.* Modificação feita no *Digesto* e nas *Institutas* por jurisconsultos ou glosadores, também denominada "tribonianismo", com o intuito de completá-los ou esclarecê-los. Trata-se, portanto, de alteração textual, pela inserção de palavras ou frases.

INTERPOLAR. **1.** Intercalar ou introduzir frases ou palavras num texto. **2.** Completar ou esclarecer um texto, nele introduzindo termos ou expressões.

INTERPOR. **1.** Colocar ou introduzir algo de permeio. **2.** Propor recurso processual; recorrer. **3.** Fazer intervir. **4.** Opor; contrapor.

INTERPOR AGRAVO. *Direito processual civil.* Agravar.

INTERPORTO. Diz-se do porto que fica entre o de procedência e o de destino. Trata-se do porto de escala. É o situado entre aquele no qual se embarca e o de chegada.

INTERPOSIÇÃO. **1.** Ato ou efeito de interpor. **2.** O que se interpôs. **3.** Intervenção em negócio alheio. **4.** Oferecimento de recurso.

INTERPOSIÇÃO DE PESSOA. *Direito civil.* Ato simulatório que consiste em substituir o verdadeiro interessado num negócio jurídico, com o intuito de ocultá-lo. A interposta pessoa é o presta-nome ou testa-de-ferro, por intervir em nome próprio, mas falsamente e no interesse de terceiro, que fica encoberto no ato negocial.

INTERPOSIÇÃO DE RECURSO. *Direito processual civil.* Ato de apresentar recurso. O recurso pode ser interposto pela parte vencida, pelo terceiro prejudicado ou pelo Ministério Público.

INTERPOSIÇÃO REAL. *Direito civil.* Mandato sem representação que tem como causa a realização de um ato negocial por interposta pessoa (Fernando de Sandy Lopes Pessoa).

INTERPOSTA PERSONA. *Locução latina.* Interposta pessoa; pessoa que age por outra.

INTERPOSTA PESSOA. *Direito civil.* Diz-se daquele que comparece num dado negócio jurídico em nome próprio, mas no interesse de outrem, substituindo-o e encobrindo-o. Trata-se do presta-nome ou testa-de-ferro. Age em lugar do verdadeiro interessado, que, por motivos não de todo lícitos, deseja ocultar sua participação num ato negocial.

INTER PRAESENTES. *Locução latina.* Entre presentes.

INTERPRES. **1.** *Direito romano.* a) Mediador; b) conciliador, durante os comícios, que procurava harmonizar interesses políticos conflitantes; c) sacerdote que atuava como mediador entre os deuses e os homens; d) tradutor dos discursos feitos por embaixadores estrangeiros no Senado; e) aquele que comunicava ao povo as determinações dos magistrados; f) alcoviteiro, que servia de intermediário entre o freguês e a prostituta. **2.** *Teoria geral do direito.* Termo latino que significa intérprete da lei ou de obras intelectuais.

INTERPRETAÇÃO. **1.** *Direito autoral.* a) Maneira como atores ou músicos desempenham sua arte;

INTERPRETAÇÃO AB-ROGANTE

b) tradução. **2.** *Teoria geral do direito.* Descoberta do sentido e alcance da norma jurídica, procurando a significação dos conceitos jurídicos.

INTERPRETAÇÃO AB-ROGANTE. *Teoria geral do direito.* A que conclui a presença de contradição insanável no texto legal, que impede sua aplicação, a não ser que se faça uma interpretação corretiva.

INTERPRETAÇÃO ADMINISTRATIVA. *Direito administrativo.* É a feita por autoridade administrativa em seus atos administrativos.

INTERPRETAÇÃO AMPLA. *Vide* INTERPRETAÇÃO EXTENSIVA.

INTERPRETAÇÃO AUTÊNTICA. *Teoria geral do direito.* É a do órgão aplicador do direito que, mediante norma geral, que lhe está dirigida, escolhe uma entre as várias possibilidades interpretativas que lhe oferece aquela norma. Na aplicação do direito por um órgão jurídico competente, a interpretação cognoscitiva da norma geral a aplicar combina-se com um ato de vontade pelo qual aquele órgão efetua uma escolha entre as múltiplas possibilidades reveladas, produzindo uma norma individual ou inferior. Só esta interpretação da autoridade competente é autêntica, porque cria direito (Kelsen). É também chamada "interpretação pública".

INTERPRETAÇÃO CIENTÍFICA. *Vide* INTERPRETAÇÃO NÃO AUTÊNTICA.

INTERPRETAÇÃO CONSTATATIVA. *Vide* INTERPRETAÇÃO DECLARATIVA.

INTERPRETAÇÃO CONSTITUCIONAL. *Teoria geral do direito* e *direito constitucional.* Ato de desvendar o sentido dos símbolos lingüísticos contidos na Constituição para obtenção de uma decisão de problema prático (Canotilho).

INTERPRETAÇÃO CONTEXTUAL. *Teoria geral do direito.* É a resultante de definição contida no próprio teor da lei.

INTERPRETAÇÃO CORRETIVA. *Teoria geral do direito.* É aquela que soluciona, eqüitativamente, a antinomia real (lacuna de conflito), que ocorre quando houver incompletude ou inconsistência de critérios normativos para sua resolução, aplicando-se, se for o caso, analogia, costume ou princípio geral de direito, corrigindo o conflito normativo, adaptando a norma que for mais razoável ou justa à solução do caso concreto.

INTERPRETAÇÃO DA LEI. *Teoria geral do direito.* Ato de esclarecer a lei, descobrindo seu sentido e alcance, extraindo tudo o que nela se contém, revelando sua significação apropriada para a vida real e conducente a uma decisão.

INTERPRETAÇÃO DECLARATIVA. *Teoria geral do direito.* Dá-se quando houver correspondência entre a expressão lingüístico-legal e a *voluntas legis*, sem que haja necessidade de dar ao comando normativo um alcance ou sentido mais amplo ou mais restrito. Tal ocorre porque o sentido da norma condiz com a sua letra, de modo que o intérprete e o aplicador tão-somente declaram que o enunciado normativo contém apenas aqueles parâmetros que se depreendem de sua letra. É também designada "interpretação constativa".

INTERPRETAÇÃO DO CONTRATO. *Direito civil* e *teoria geral do direito.* É a que exerce função objetiva e subjetiva, pois, além de analisar o ato negocial e suas cláusulas, deve examinar a intenção comum das partes contratantes. Situa-se na seara do conteúdo da declaração volitiva, fixando-se em normas empíricas, mais de lógica prática do que de normação legal. A interpretação contratual poderá ser *declaratória*, se tiver por único móvel a descoberta da intenção das partes interessadas no momento da realização do contrato, ou *construtiva*, se objetivar a reconstrução do ato negocial, possibilitando, assim, a produção de seus efeitos.

INTERPRETAÇÃO DO NEGÓCIO JURÍDICO. *Direito civil* e *teoria geral do direito.* Descoberta do sentido da declaração volitiva, ante o fato de a possibilidade do negócio jurídico conter cláusula duvidosa, ou qualquer ponto obscuro ou controvertido. A interpretação do negócio jurídico pode ser: a) *declaratória*, se tiver por escopo expressar a intenção dos interessados; b) *integrativa*, se pretender preencher lacunas contidas no negócio, por meio de normas supletivas, costumes etc.; c) *construtiva*, se objetivar reconstruir o ato negocial com o intuito de salvá-lo.

INTERPRETAÇÃO DO TESTAMENTO. *Direito civil.* Descoberta do verdadeiro sentido ou alcance de cláusulas testamentárias obscuras, duvidosas ou ambíguas, com o auxílio de regras interpretativas, como, por exemplo, as de que: a) na interpretação da disposição testamentária, se deve buscar a intenção do testador; b) se deve procurar o sentido mais cômodo ao objeto de que se trata e à natureza do ato; c) se deve preferir a inteligência que faz valer o ato à que o torna insubsistente; d) se houver dúvidas quanto à intenção de beneficiar certas pessoas, as quotas deverão ser igualadas, não se invalidando o testamento; e) o gênero masculino abrange o feminino, porém este não compreende aquele etc.

INTERPRETAÇÃO DO TRATADO. *Direito internacional público.* Determinação do significado exato do texto obscuro, ambíguo, impreciso ou contraditório do tratado, pelos próprios países signatários, caso em que é autêntica, por um dos pactuantes e dá a conhecer aos demais pelo conduto diplomático, hipótese que é não autêntica, ou pelo organismo revestido do poder de jurisdição, ao examinar o litígio, caso em que é jurisdicional (Rezek).

INTERPRETAÇÃO DOUTRINAL. *Vide* INTERPRETAÇÃO DOUTRINÁRIA.

INTERPRETAÇÃO DOUTRINÁRIA. *Teoria geral do direito.* *Vide* INTERPRETAÇÃO NÃO AUTÊNTICA.

INTERPRETAÇÃO ECONÔMICA. *Direito tributário.* Identificação do *substractum* econômico subjacente ao ato, ao se interpretar uma lei tributária, para definir a hipótese de incidência, pois importa ao direito tributário o conteúdo patrimonial daquele ato e a circulação de riqueza que revela, uma vez que é simples critério de determinação objetiva de índices de capacidade contributiva. A interpretação econômica deve ser uma decorrência da correta aplicação da lei fiscal, e, por ser oriunda da teoria da fraude legal, só pode ser admitida, em cada caso, na hipótese de anormalidade da forma jurídica (manipulação pelo contribuinte), para fugir do tributo. Logo, se o ato praticado pelo contribuinte, ou as formas e procedimentos por ele escolhidos são normais, o intérprete não pode fazer considerações econômicas para alterar seu conceito, ou ainda para restringi-lo ou modificá-lo (Geraldo Ataliba).

INTERPRETAÇÃO ENUNCIATIVA. *Teoria geral do direito.* É a baseada numa proposição predeterminada, sem destinação específica, por meio da qual se podem desvendar as normas adaptáveis ao caso concreto, mediante processo lógico (Othon Sidou).

INTERPRETAÇÃO ESPECIFICADORA. *Vide* INTERPRETAÇÃO DECLARATIVA.

INTERPRETAÇÃO ESTRITA. *Vide* INTERPRETAÇÃO RESTRITIVA.

INTERPRETAÇÃO EXTENSIVA. *Teoria geral do direito.* É aquela na qual, ao completar uma norma, se

admite que ela abrange certos fatos-tipos, implicitamente. Com isso, ultrapassa-se o núcleo do sentido normativo, avançando até o sentido literal possível da norma. Tal interpretação desenvolve-se em torno da norma, para nela compreender casos que não estão expressos em sua letra, mas que nela se encontram, virtualmente, incluídos, conferindo, assim, à norma o mais amplo raio de ação possível, todavia, sempre dentro de seu sentido literal, concluindo que o seu alcance é mais amplo do que indicam seus termos.

INTERPRETAÇÃO FAVORÁVEL. *Teoria geral do direito.* É aquela em que, ante circunstâncias autorizadas por lei, se deve inclinar em favor de uma das partes da relação jurídica (Othon Sidou).

INTERPRETAÇÃO FILOLÓGICA. *Vide* INTERPRETAÇÃO GRAMATICAL.

INTERPRETAÇÃO FINALÍSTICA. *Vide* INTERPRETAÇÃO TELEOLÓGICA.

INTERPRETAÇÃO GRAMATICAL. *Teoria geral do direito.* É a técnica também chamada literal, semântica ou filológica, pela qual o hermeneuta busca o sentido literal do texto normativo, tendo por primeira tarefa estabelecer uma definição, ante a indeterminação semântica dos vocábulos normativos, que são, em regra, vagos ou ambíguos, quase nunca apresentando um sentido unívoco. Procura-se o significado da norma pela sua própria construção textual.

INTERPRETAÇÃO HISTÓRICA. *Teoria geral do direito.* É a que se baseia na averiguação dos antecedentes da norma, referindo-se ao histórico do processo legislativo, desde o projeto de lei, sua justificativa ou exposição de motivos, emendas, até sua aprovação e promulgação, ou às circunstâncias fáticas que a precederam e que lhe deram origem, às causas ou necessidades que induziram o órgão a elaborá-la, ou seja, às condições culturais ou psicológicas sob as quais o preceito normativo surgiu (*occasio legis*). Como a maior parte das normas constitui a continuidade ou modificação das precedentes, é útil que o aplicador investigue o histórico das instituições jurídicas, para captar o exato sentido da norma, tendo em vista a razão dela (*ratio legis*), isto é, o resultado a que pretende.

INTERPRETAÇÃO IDEOLÓGICA. *Teoria geral do direito.* É aquela que resulta do emprego da analogia, em busca da *mens legis* (Fiori).

INTERPRETAÇÃO JUDICIÁRIA. *Teoria geral do direito.* É a feita pelo órgão revestido do poder jurisdicional ao aplicar a lei ao caso *sub judice,* criando uma norma individual, sendo, por isso, autêntica.

INTERPRETAÇÃO LEGISLATIVA. *Teoria geral do direito.* É a interpretação autêntica levada a efeito pelo Legislativo, ao criar uma norma geral, aplicando a Constituição ou Carta Magna.

INTERPRETAÇÃO LITERAL. *Vide* INTERPRETAÇÃO GRAMATICAL.

INTERPRETAÇÃO LÓGICA. *Teoria geral do direito.* É a técnica que desvenda o sentido e o alcance da norma, estudando-a por meio de raciocínios lógicos, analisando os períodos da lei e combinando-os entre si, com o escopo de atingir perfeita compatibilidade. Os procedimentos desta técnica são, segundo Tércio Sampaio Ferraz Jr.: a) atitude formal, que procura solucionar eventuais incompatibilidades pelo estabelecimento de regras gerais atinentes à simultaneidade de aplicação de normas, que introduzem os critérios de sucessividade, de especialidade, de irretroatividade ou retroatividade, e de regras alusivas ao problema da especialidade, tendo em vista a aplicação de normas válidas em territórios diversos, mas que, por certas razões, se cruzam nos seus âmbitos, que introduzem os critérios da *lex loci* e da *lex persona*; b) atitude prática, que visa evitar incompatibilidades à medida que elas se forem apresentando, repensando as disposições normativas, atendo-se à situação; c) atitude diplomática, que recomenda ao intérprete, tentando evitar incompatibilidade em certo momento e em determinadas circunstâncias, inventar uma saída que solucione, mesmo que provisoriamente, apenas aquele conflito. Tais regras lógicas possibilitam adotar uma solução mais precisa ou justa.

INTERPRETAÇÃO NÃO AUTÊNTICA. *Teoria geral do direito.* É a interpretação científica, também designada "privada" ou "doutrinária", feita pelo jurista, que nada mais pode fazer senão estabelecer as possíveis significações da norma jurídica, não podendo optar por qualquer delas, pois sua tarefa consiste apenas em criar condições para uma decisão possível do órgão que é competente para aplicar o direito. Por tal motivo, é considerada "não autêntica", pois ao jurista compete tão-somente determinar o quadro das significações possíveis da norma geral, emitindo proposições jurídicas que, por não serem normas, não são vinculantes (Kelsen).

INTERPRETAÇÃO OBJETIVA. *Teoria geral do direito.* Investigação da *mens legis* ou da vontade da lei, que independe do querer subjetivo do legislador, porque após o ato legislativo a lei desliga-se do seu elaborador, adquirindo existência objetiva. A norma seria uma "vontade" transformada em palavras, uma força objetivada independente do seu autor; por isso, deve-se procurar o sentido imanente no texto, e não o que seu prolator teve em mira. Deve-se interpretar a norma, tendo em vista a situação atual em que a norma interpretada se aplica (Köhler, Wach, Binding, Schreier, Larenz e Binder).

INTERPRETAÇÃO PARALELA. *Teoria geral do direito.* É a interpretação histórica que busca desvendar o sentido da lei na exposição de motivos.

INTERPRETAÇÃO POSTERIOR. *Teoria geral do direito.* É a que busca esclarecer uma norma jurídica com base numa novel lei, que foi editada, por exemplo, para regulamentá-la.

INTERPRETAÇÃO PRIVADA. *Vide* INTERPRETAÇÃO NÃO AUTÊNTICA.

INTERPRETAÇÃO PROGRESSIVA. *Teoria geral do direito.* Técnica que consiste na adaptação do texto legal às transformações sociais, ao progresso científico e à evolução da moral social.

INTERPRETAÇÃO PÚBLICA. *Teoria geral do direito.* É também denominada "interpretação autêntica", uma vez que se efetiva pelos órgãos que têm competência normativa, como o Judiciário, o Legislativo e o Executivo.

INTERPRETAÇÃO RESTRITIVA. *Teoria geral do direito.* Aquela em que o intérprete e aplicador da norma limita a incidência de seu comando, impedindo que produza efeitos injustos ou danosos, porque suas palavras abrangem hipóteses que nelas, na realidade, não se contêm. Esse ato interpretativo não reduz o campo normativo, mas determina tão-somente os limites ou as fronteiras exatas da norma, com o auxílio de elementos lógicos e de fatores jurídico-sociais, possibilitando a aplicação razoável e justa da norma, de modo que corresponda à sua conexão de sentido.

INTERPRETAÇÃO SEMÂNTICA. *Vide* INTERPRETAÇÃO GRAMATICAL.

INTERPRETAÇÃO SISTEMÁTICA. *Teoria geral do direito.* É a técnica que considera o sistema no qual se insere a norma, relacionando-a com outras normas concernentes ao mesmo objeto. É uma técnica de apresentação de atos normativos, em que o hermeneuta relaciona umas normas a outras até vislumbrar-lhes o sentido e o alcance. É preciso lembrar que uma das tarefas da ciência jurídica consiste em, exatamente, estabelecer as conexões sistemáticas entre as normas.

INTERPRETAÇÃO SOCIOLÓGICA. *Vide* INTERPRETAÇÃO TELEOLÓGICA.

INTERPRETAÇÃO SUBJETIVA. *Teoria geral do direito.* É a que busca a *mens legislatoris*, ou seja, é a que tem por meta o estudo da vontade histórico-psicológica do legislador expressa na norma (Savigny, Windscheid, Regelsberger, Stammler, Enneccerus etc.).

INTERPRETAÇÃO TELEOLÓGICA. *Teoria geral do direito.* É a técnica que objetiva adaptar a finalidade da norma às novas exigências sociais, sendo, por isso, também denominada "sociológica". A técnica teleológica procura o fim, a *ratio* do preceito normativo, para, a partir dela, determinar seu sentido. O sentido normativo requer a captação dos fins para os quais se elaborou a norma, exigindo, para tanto, a concepção do direito como um sistema, o apelo às regras da técnica lógica válidas para séries definidas de casos e a presença de certos princípios que se aplicam para séries indefinidas de casos, como o de boa-fé, o da exigência da justiça, o da igualdade perante a lei etc. Isto é assim porque se coordenam todas as técnicas interpretativas em função da teleologia que controla o sistema jurídico, visto que a percepção dos fins exige a análise da norma no ordenamento jurídico como um todo.

INTERPRETAÇÃO TENDENCIAL. *Vide* INTERPRETAÇÃO FAVORÁVEL.

INTERPRETAÇÃO VINCULATIVA. *Teoria geral do direito.* Diz-se da "autêntica", porque vincula as partes, uma vez que emana de autoridade com competência normativa.

INTERPRETANTE. 1. *Teoria geral do direito.* a) Intérprete; b) aquele que interpreta norma. 2. *Direito autoral.* Aquele que faz representação teatral ou executa uma composição musical.

INTERPRETAR. 1. *Teoria geral do direito.* a) Determinar o sentido e o alcance da norma; b) explicar. 2. *Direito autoral.* a) Traduzir; b) reproduzir pensamento de alguém.

INTERPRETARE EJUS EST, CUJUS EST CONDERE LEGEM. *Aforismo jurídico.* Interpretar pertence a quem compete estatuir.

INTERPRETATIO AEQUIOR ET BENIGNIOR SUMENDA EST. *Aforismo jurídico.* Prefira-se a interpretação mais eqüitativa e mais benigna.

INTERPRETATIO CESSAT IN CLARIS. *Aforismo jurídico.* Quando a lei é clara não há necessidade de sua interpretação.

INTERPRETATIO CONTRA STIPULATOREM. *Expressão latina.* Interpretação contra quem estipula.

INTERPRETATIO FACIENDA EST UT NE SEQUATUR ABSURDUM. *Aforismo jurídico.* Interpretação deve ser feita para que não resulte absurdo.

INTERPRETATIO IN DUBIO EA SEMPER SERVANDA EST, QUAE VALITATEM ACTUS INDUCAT. *Aforismo jurídico.* Na dúvida, prefira-se a interpretação que conduz à validade do ato.

INTERPRETATIO SERVANDA EST CUI VERBA RESPONDEANT. *Expressão latina.* Deve-se aceitar a interpretação que estiver mais conforme às palavras da lei.

INTERPRETATIVO. *Teoria geral do direito.* 1. Relativo à interpretação. 2. Que contém interpretação.

INTERPRETÁVEL. Que pode ser interpretado.

INTÉRPRETE. 1. *Teoria geral do direito.* Aquele que, sendo jurista ou órgão com competência normativa, busca o sentido e o alcance da norma jurídica. 2. *Direito autoral.* a) Tradutor; b) aquele que interpreta uma obra de arte; c) o que executa obra musical. 3. Nas *linguagens comum* e *jurídica*, pode significar aquele que serve de mediador ou intermediário entre pessoas que falam idiomas diversos, procurando fazer com que elas se entendam. 4. *Direito processual.* Pessoa habilitada e juramentada que verte documentos estrangeiros para o idioma nacional.

INTÉRPRETE COMERCIAL. *Direito comercial.* Aquele que, inscrito no órgão competente para o ofício de tradutor público, transfere para a língua nacional escritos societários em idioma estrangeiro.

INTERPROFISSIONAL. Que se realiza entre duas ou mais profissões.

INTERPROFISSIONALISMO. Atividade que congrega profissionais de diferentes áreas, que exercem trabalho em conjunto, visando a consecução de um único objetivo (Afonso Celso F. de Rezende).

INTERPROVINCIAL. *Direito comparado.* Relativo a duas ou mais províncias.

INTERPSICOLOGIA. *Psicologia forense.* Estudo das reações psicológicas, conscientes ou inconscientes, exercidas por uns indivíduos relativamente aos outros (Tarde e Dumas).

INTER-RACIAL. Que se dá entre raças.

INTER-REGIONAL. Que se verifica entre regiões.

INTERREGNO. 1. *Direito comparado.* Tempo que medeia entre dois reinados. **2.** Nas *linguagens comum* e *jurídica,* pode indicar: a) intervalo entre dois atos ou fatos; b) interrupção do exercício de autoridade.

INTERREGNUM. *Direito romano.* **1.** Tempo em que, na Monarquia, o trono ficava vacante e a suprema magistratura era exercida pelo senador, indicado pelo Senado. **2.** Vacância, na era republicana, de uma magistratura. **3.** Tempo, na República, da ausência dos cônsules de Roma.

INTER-REI. *Direito romano.* **1.** Dizia-se do senador que exercia, provisoriamente, o poder, entre a morte de um rei e a proclamação de outro. **2.** Era, na República, aquele que desempenhava a magistratura vacante até a nomeação do magistrado efetivo.

INTER-RELAÇÃO. 1. Correlação. **2.** Relação mútua entre pessoas ou coisas.

INTER-RELACIONAR. 1. Ter relação mútua. **2.** Correlacionar.

INTERROGAÇÃO. *Vide* INTERROGATÓRIO.

INTERROGADO. *Direito processual.* **1.** Aquele que sofreu interrogatório num processo por ter sido arrolado como testemunha ou por ser uma das partes. **2.** Que foi inquirido. **3.** Que se interrogou. **4.** Aquele a quem se faz perguntas.

INTERROGADOR. 1. Que interroga. **2.** Que faz sindicância. **3.** O que indaga. **4.** Autoridade que enuncia perguntas.

INTERROGAMENTO. *Vide* INTERROGATÓRIO.

INTERROGANDO. *Direito processual.* **1.** Aquele que está sendo, em inquérito ou processo, interrogado. **2.** O que está sendo submetido a interrogatório.

INTERROGANTE. *Vide* INTERROGADOR.

INTERROGAR. 1. Fazer perguntas. **2.** Indagar. **3.** Proceder a interrogatório. **4.** Questionar.

INTERROGATIVO. 1. Que interroga. **2.** O que indica interrogação. **3.** Próprio para interrogar.

INTERROGATÓRIO. *Direito processual.* **1.** Ato de interrogar. **2.** Complexo de perguntas dirigidas pelo órgão judicante ao réu e as respostas dadas por este. **3.** Auto onde são registradas as perguntas feitas ao autor ou ao réu. **4.** Meio de prova e de defesa, útil para a apuração da verdade dos fatos. **5.** Declaração do réu e das testemunhas em resposta às questões formuladas.

INTERROGATÓRIO ON-LINE. *Direito processual penal* e *direito virtual.* Interrogatório judicial feito por meio de tela de computador conectado a uma linha telefônica que tem, na outra ponta, o acusado preso em estabelecimento penal (René Ariel Dotti).

INTERROGATÓRIO POLICIAL. *Direito processual penal.* Fase do inquérito policial em que a autoridade policial interroga o acusado sobre o delito que lhe foi imputado.

INTERROGATUS, NON RESPONDENS, PRO CONFESSO HABETUR. *Aforismo jurídico.* O interrogado, não respondendo, tem-se por confesso.

INTERROMPER. 1. Fazer cessar por algum tempo. **2.** Deixar de fazer algo temporariamente. **3.** Romper a continuidade. **4.** Parar momentaneamente.

INTERRUPÇÃO. 1. Ato ou efeito de interromper. **2.** Aquilo que interrompe. **3.** Local onde se interrompeu. **4.** Descontinuação entre o que antecedeu a parada e o que lhe sucedeu. Logo, na interrupção de prazo, por exemplo, o tempo anterior não se soma ao posterior, devendo-se, portanto, proceder a uma nova contagem.

INTERRUPÇÃO DA PRESCRIÇÃO. *Direito civil* e *direito processual civil.* Inutilização da prescrição iniciada, de modo que o seu prazo começa a correr da data do ato que a interrompeu ou do último ato do processo que a interromper. Provoca, portanto, a descontinuidade da prescrição já iniciada, eliminando do cálculo o tempo decorrido anteriormente, para que se comece de novo a sua contagem (De Plácido e Silva). É, portanto, a parada do curso da prescrição e conseqüente perda do prazo transcorrido.

INTERRUPÇÃO DA SUSTENTAÇÃO VITAL POR MEIOS MECÂNICOS. *Medicina legal* e *biodireito.* Suspensão de tratamento fútil que apenas prolonga artificialmente a vida, retirando-se ou desligando-se instrumentos mecânicos, que preservavam a vida do paciente terminal.

INTERRUPÇÃO DE CONTRATO DE TRABALHO. *Direito do trabalho.* Permanência do empregado sem trabalho, com percepção do salário, durante um certo prazo, que será computado como tempo de serviço para todos os efeitos legais, desde que tal se dê por motivo previsto em lei, como, por exemplo: a) ausência por dois dias consecutivos em caso de óbito do cônjuge, ascendente, descendente, irmão ou pessoa que viva sob sua dependência econômica, ou para alistamento eleitoral; b) não-comparecimento por três dias consecutivos em razão de seu casamento; c) afastamento da gestante durante o licenciamento compulsório por motivo de maternidade ou aborto, observados os requisitos para percepção do salário-maternidade, custeado pela Previdência Social; d) ausência por motivo de acidente do trabalho ou enfermidade atestada pelo INSS; e) período de suspensão preventiva para responder a inquérito administrativo ou de prisão preventiva, quando for impronunciado ou absolvido etc.

INTERRUPÇÃO DE MARCHA. *Direito de trânsito.* É a imobilização do veículo para atender circunstância momentânea do trânsito.

INTERRUPÇÃO DE SERVIÇO TELEGRÁFICO OU TELEFÔNICO. *Direito penal.* Crime de interromper ou impedir o restabelecimento de serviço telegráfico ou telefônico, punível pela lei penal com detenção e multa.

INTERRUPÇÃO DE SINGRADURA. *Direito marítimo.* É a retirada da embarcação do tráfego. Além da multa aos proprietários, as embarcações terão sua singradura interrompida e regressarão ao ponto de embarque para sanar as seguintes irregularidades: a) excesso de lotação; b) condutor sem habilitação específica para a área que está navegando; c) se possuir cartão de tripulação de segurança, ausência de condutor da embarcação e/ou motorista na categoria estabelecida; d) falta de extintores de incêndio ou extintores fora do prazo de validade; e) ausência de coletes salva-vidas suficientes para a tripulação e passageiros que estejam no momento a bordo; f) ausência de equipamento de rádio obrigatório ou presença com avarias; g) sem sinais sonoros previstos no RIPEAM; h) poluição; i) porões com excesso de óleo; j) sistema elétrico inoperante; k) inexistência de aparelho de fundeio; l) inexistência de embarcações de sobrevivência/balsas salva-vidas ou com o prazo de validade de revisão vencido;

m) agulha magnética/giroscópica inoperante. Dependendo das circunstâncias, as embarcações serão lacradas somente pelo período necessário a sanar as irregularidades que foram constatadas.

INTERRUPTIVO. Que interrompe.

INTERRUPTOR. O que causa interrupção.

INTERSEÇÃO. 1. Corte. **2.** *Direito de trânsito.* É todo cruzamento em nível, entroncamento ou bifurcação, incluindo as áreas formadas por tais cruzamentos, entroncamentos ou bifurcações.

INTERSEXUAL. *Medicina legal.* **1.** Hermafrodita. **2.** Aquele que apresenta caracteres de um e de outro sexo.

INTERSEXUALISMO. *Medicina legal.* Condição daquele que apresenta caracteres sexuais primários e secundários intermediários aos dos dois sexos.

INTERSIDERAL. *Direito espacial.* Que se situa ou se realiza entre astros a uma distância considerável entre eles.

INTERSINDICAL. *Direito do trabalho.* Que se verifica entre sindicatos.

INTERSOCIAL. *Sociologia geral.* Que se dá entre sociedades ou camadas sociais.

INTERSTÍCIO. 1. *Direito administrativo.* Lapso temporal que deve ser percorrido, numa dada categoria, para que o agente público possa ser promovido, passando para outra classe de grau superior. Trata-se da permanência obrigatória numa categoria por certo tempo, para passar a outra imediatamente superior. **2.** Nas *linguagens comum* e *jurídica,* pode ter o sentido de: a) intervalo de tempo ou espaço do tempo que se deve anotar antes da realização de determinado fato; b) percurso de um tempo considerado pela lei como indispensável para algum ato; c) lapso temporal que deve ser observado para a prática de um ato. **3.** *Direito canônico.* Tempo durante o qual aquele que vai ordenar-se deve exercitar-se, na forma prescrita pelo bispo.

INTERSTÍCIO PROBATÓRIO. Estágio probatório.

INTERSUBJETIVIDADE. *Filosofia geral* e *filosofia do direito.* É um fazer compartido; a conduta de um, quando impedida ou permitida por outros. Carlos Cóssio refere-se à conduta em sua intersubjetividade, ou melhor, relacionada com as possíveis ações dos demais membros. A conduta individual passa a ser conjunta ou comum a todos, de modo que o que cada membro da

INTERTRIGEM

sociedade faz é o que os demais permitem que ele faça. A intersubjetividade introduz a referência a outras pessoas. Há nela uma alteridade. É, em suma, a correlação entre o fazer de um e o impedir de outro.

INTERTRIGEM. *Medicina legal.* Assadura; irritação cutânea causada por umidade, calor ou atrito, que ocorre, em regra, na face interna das coxas, entre os glúteos, debaixo dos braços etc.

INTERUNIVERSITÁRIO. Que se realiza entre universidades.

INTERURBANO. 1. Que se dá ou ocorre entre cidades. **2.** Diz-se do meio de comunicação entre duas ou mais cidades.

INTERUSURIUM. *Termo latino.* Empregado para indicar o juro que se vence no período compreendido entre o instante do adimplemento de uma obrigação pecuniária e o momento do seu vencimento, desde que haja antecipação do cumprimento.

INTERVALADO. 1. Em que há intervalos. **2.** Alternado.

INTERVALAR. 1. Abrir intervalos. **2.** Alternar. **3.** Separar com intervalos. **4.** Dispor com intervalos.

INTERVALEIRO. *Direito comparado.* Aquele que, numa tourada, excita a hilaridade pública.

INTERVALO. 1. *Filosofia geral.* a) O que distingue a causa do efeito; b) desvio temporal entre a causa e o efeito (Dupréel). **2.** Nas *linguagens comum* e *jurídica,* significa: a) interstício; b) espaço de tempo ou de lugar; c) aquilo que medeia uma coisa a outra, marcando a distância entre elas; d) distância em tempo ou espaço; e) espaço de tempo entre duas épocas, entre partes de um espetáculo etc. **3.** *Medicina legal.* Intermitência de lucidez dos loucos. **4.** *Direito militar.* Espaço entre dois homens consecutivos da mesma fileira.

INTERVALO DE CLASSE. *Sociologia geral.* Espaço que intermedeia os limites superiores e inferiores de uma classe.

INTERVALO LÚCIDO. *Medicina legal.* Espaço de tempo em que os loucos apresentam alguma lucidez, retornando à normalidade das funções psíquicas, findo o qual voltam ao estado de inconsciência. É muito comum na psicose maníaco-depressiva.

INTERVALO OBRIGATÓRIO. *Direito civil.* Espaço temporal que deve mediar, forçosamente, entre um fato e outro, entre duas datas ou fatos.

INTERVALOS NÃO REMUNERADOS. *Direito do trabalho.* Intervalos previstos legalmente dentro da jornada, que não são pagos. Em qualquer trabalho contínuo, cuja duração exceda seis horas, é obrigatória a concessão de um intervalo para repouso ou alimentação, o qual será, no mínimo, de uma hora e, salvo acordo escrito ou contrato coletivo em contrário, não poderá exceder de duas horas. Não excedendo de seis horas o trabalho, será, entretanto, obrigatório um intervalo de quinze minutos quando a duração ultrapassar quatro horas. Os intervalos de descanso não serão computados na duração do trabalho. O limite mínimo de uma hora para repouso ou refeição poderá ser reduzido por ato do Ministro do Trabalho quando, ouvida a Secretaria de Segurança e Medicina do Trabalho, se verificar que o estabelecimento atende integralmente às exigências concernentes à organização dos refeitórios e quando os respectivos empregados não estiverem sob regime de trabalho prorrogado a horas suplementares. Quando o intervalo para repouso e alimentação não for concedido pelo empregador, este ficará obrigado a remunerar o período correspondente, com um acréscimo de no mínimo cinqüenta por cento sobre o valor da remuneração da hora normal de trabalho.

INTERVALOS REMUNERADOS. *Direito do trabalho.* Intervalos no curso do contrato de trabalho que devem ser pagos; p. ex., nos serviços permanentes de mecanografia (datilografia, escrituração ou cálculo), a cada período de noventa minutos consecutivos, corresponderá um repouso de dez minutos não deduzidos da duração normal do trabalho. Trata-se, pois, como ensina Pedro Paulo Teixeira Manus, de intervalo remunerado, dentro da jornada e de curta duração, o que se explica dada a peculiaridade do trabalho, que exige repetidas paralisações por ser bastante desgastante. Dado o avanço da tecnologia, outras atividades vão surgindo, que se assemelham ao trabalho do mecanógrafo, postulando o mesmo tratamento, como, hoje, o caso dos digitadores. De outro lado, surge como fundamento para o tratamento diverso dos intervalos a circunstância de que obrigar o empregado a permanecer por período considerável sem trabalhar, mas igualmente sem nada receber, é impor-lhe situação prejudicial que, em vez de premiar seu trabalho realizado até então, traz-lhe um ônus difícil de suportar. As-

INT 978 INTERVALO TÁTICO

sim o empregador deve remunerar o descanso semanal e as férias, consistindo estas no descanso anual do trabalhador.

INTERVALO TÁTICO. *Direito militar.* Espaço que isola uns soldados de um grupo dos de outro de uma linha de batalha.

INTERVENÇÃO. 1. *Medicina legal.* Cirurgia. **2.** *Direito processual civil.* Assistência. **3.** *Direito comercial.* Interferência de terceiro no protesto de título cambiário. **4.** *Direito civil.* Interferência de interessado ao pagar débito alheio. **5.** *Direito constitucional.* Ação direta do governo federal num Estado-Membro da Federação. **6.** *Direito administrativo.* a) Ação do governo, numa associação ou empresa, em defesa do interesse público; b) investidura da autoridade governamental nas instituições financeiras e nas cooperativas de crédito até que se eliminem as irregularidades que a motivaram (Othon Sidou). **7.** *Direito internacional público.* Ato de um país interpor, indevidamente, sua autoridade sobre outro Estado soberano, violando a independência das nações ao efetuar sua intromissão nos negócios internos e externos de outro, ou ao constranger outro Estado a adotar certa medida ou a cumprir certo ato. **8.** *Direito do trabalho.* Interferência do ministro do Trabalho e Emprego, por meio de delegado ou junta interventora, havendo circunstâncias perturbadoras do funcionamento de entidade sindical (Othon Sidou).

INTERVENÇÃO *AD EXCLUDENDUM.* *Direito processual civil.* É a intervenção de terceiro no processo visando excluir autor e réu, sob o fundamento de ter direito, no todo ou em parte, sobre o objeto do litígio (Gabriel José de Rezende Filho). Trata-se da oposição.

INTERVENÇÃO DE TERCEIRO. 1. *Direito civil.* Ato daquele que, não sendo parte na relação jurídica entre credor e devedor, vem a pagar a dívida, exonerando o devedor da obrigação. **2.** *Direito processual civil.* Ingresso de alguém numa causa alheia, em razão do interesse próprio que nela tem, nos casos legais como oposição; nomeação à autoria, denunciação da lide e chamamento ao processo em caráter voluntário ou coacto (Othon Sidou). Atuação de terceiro no processo, que nele ingressa espontaneamente, ou por determinação legal, ou convocação de um dos litigantes ou do juiz.

INTERVENÇÃO DE TERCEIRO PROVOCADA OU CO-ACTA. *Direito processual civil.* É aquela que pode as-sumir uma das seguintes figuras: nomeação à autoria, denunciação da lide e chamamento ao processo. Constitui-se na presença de terceiro em relação processual, por provocação das partes litigantes para assegurar seu direito.

INTERVENÇÃO DE TERCEIRO VOLUNTÁRIA OU ESPONTÂNEA. *Direito processual civil.* É aquela que se apresenta por diversos institutos, como: assistência, oposição, embargos de terceiro, recurso do terceiro prejudicado e intervenção de credores na execução, ante o fato de, além das partes litigantes, existir pessoa com interesse direto ou indireto ligado à solução da lide.

INTERVENÇÃO DO ESTADO-MEMBRO NO MUNICÍPIO. *Direito constitucional* e *direito administrativo.* Interferência direta do Estado-Membro no Município: a) que deixar de pagar, sem motivo de força maior, por dois anos consecutivos, a dívida fundada; b) que não prestar as contas devidas na forma da lei; c) que não tiver aplicado o mínimo exigido da receita municipal na manutenção e desenvolvimento do ensino; d) quando houver caso em que o Tribunal de Justiça der provimento a representação para assegurar a observância de princípios indicados na Constituição estadual, ou para prover a execução de lei, de ordem ou decisão judicial.

INTERVENÇÃO DO ESTADO NA ORDEM ECONÔMICA. *Direito administrativo* e *direito constitucional.* Participação estatal no fluir do processo econômico, seja na produção da riqueza, seja na sua distribuição (Marco Aurélio Greco), objetivando a correção de distorções que possam surgir no regime de liberalismo econômico e visando a realização dos fins do Estado, baseando-se na liberdade de iniciativa, na valorização do trabalho, na função social da propriedade etc.

INTERVENÇÃO FEDERAL. *Direito constitucional.* Interferência, em caráter excepcional, dentro dos limites impostos pela Carta Magna, da União nos Estados-Membros, afastando, temporariamente, as prerrogativas próprias da autonomia estadual, com o escopo de: defender a Federação e proteger as unidades federadas de situações que coloquem em perigo a integridade nacional e a ordem pública; repelir invasão estrangeira ou de um Estado em outro; assegurar o livre exercício de qualquer dos poderes estaduais; reorganizar as finanças do Estado; prover a execução de lei federal ou exigir a observância dos princípios constitucionais.

INTERVENÇÃO OU LIQUIDAÇÃO EXTRAJUDICIAL DE INSTITUIÇÕES FINANCEIRAS. *Direito bancário.* Interferência do Banco Central do Brasil em instituições financeiras públicas não federais e nas privadas, que também estão sujeitas à liquidação extrajudicial, não podendo impetrar concordata. A administração da instituição financeira pode ser *ex officio* se promovida pelo Banco Central ou a pedido dos seus administradores, desde que tenham poderes estatutários para isso e aleguem os motivos para tanto.

INTERVENCIONISMO. *Ciência política.* Doutrina política de intervenção.

INTERVENCIONISTA. *Ciência política.* **1.** Referente ao intervencionismo. **2.** Partidário do intervencionismo.

INTERVENIÊNCIA. **1.** Qualidade do que é interveniente. **2.** Intervenção. **3.** Interferência.

INTERVENIENTE. **1.** *Direito processual civil.* Aquele que ingressa na causa à qual é, originariamente, alheio. **2.** *Direito constitucional.* a) União que intervém nos Estados-Membros da Federação; b) o Estado-Membro que intervém nos Municípios; c) órgão da administração pública direta e indireta de qualquer esfera de governo, ou entidade privada que participa do convênio para manifestar consentimento ou assumir obrigações em nome próprio.

INTERVENIENTE CAMBIÁRIO. *Direito cambiário.* Terceiro que intervém no pagamento ou no ato do protesto de um título cambiário, por falta ou recusa de aceite, ou por falta de pagamento, para aceitá-lo ou pagá-lo.

INTERVENIENTE POR HONRA. *Direito civil.* Terceiro que paga débito alheio, sub-rogando-se nos direitos creditórios.

INTERVENTIONAL VENTILATION. *Medicina legal.* Técnica desenvolvida, em alguns hospitais, em doentes cuja morte é inevitável, visando a preservação de seus órgãos para a sua posterior utilização em transplantes (Robert A. Sells).

INTERVENTIVO. Que diz respeito a intervenção.

INTERVENTOR. **1.** *Direito constitucional.* a) Aquele que promove uma intervenção; b) o que fica, provisoriamente, à testa da administração ou do governo do Estado que sofreu intervenção, como representante do presidente da República. **2.** *Direito cambiário.* O que intervém no pagamento de uma letra de câmbio. **3.** *Direito processual civil.* Pessoa que intervém na ação judicial em curso.

INTERVENTORIA. Cargo ou função de interventor.

INTERVERSÃO. **1.** *Direito civil.* Transformação do título de possuidor em título de proprietário, em razão de usucapião. **2.** *História do direito.* a) Prevaricação; b) concussão. **3.** Nas *linguagens comum* e *jurídica,* pode ter o sentido de: a) ato de interverter ou inverter; b) ato de dar direção diversa.

INTERVIEW. *Termo inglês.* Entrevista.

INTERVIR. **1.** *Direito processual civil.* Interferir, espontânea ou coativamente, numa causa em curso. **2.** *Direito constitucional.* Decretar intervenção da União nos Estados-Membros. **3.** *Ciência política.* Fazer entrar tropas num país estrangeiro. **4.** *Direito cambiário.* Entrar como interveniente no aceite ou pagamento de uma letra de câmbio.

INTER VIVOS. *Locução latina.* Entre vivos.

INTERVIZINHOS. *Direito civil.* O que se dá entre vizinhos.

INTER VOLENTES. *Locução latina.* Entre os que querem.

INTESTADO. *Direito civil.* **1.** Aquele que não fez testamento. **2.** Aquele cujo testamento é nulo ou ilegal. **3.** Herdeiro que herda sem testamento.

IN TESTAMENTIS PLENIUS VOLUNTATES TESTAMENTUM INTERPRETANTUR. *Expressão latina.* Interpretam-se nos testamentos, de preferência e em toda a sua plenitude, as vontades dos testadores.

INTESTATO. *Vide* INTESTADO.

INTESTÁVEL. *Direito civil.* **1.** Que não pode fazer testamento por impedimento legal. **2.** Aquele que não pode ser testemunha. **3.** Que não tem capacidade testamentária ativa ou passiva.

IN THESI. *Locução latina.* Em tese.

INTIMAÇÃO. *Direito processual.* Ato pelo qual se cientificam as partes, os seus procuradores ou terceiros, para que façam ou deixem de fazer algo dentro ou fora do processo, ou para que conheçam de algum despacho judicial ou de atos e termos processuais. Conhecimento dado a alguém, em juízo, de qualquer ato processual. Presume-se válida a intimação dirigida ao endereço residencial ou profissional declinado na inicial, contestação ou embargos, cumprindo às partes atualizar o respectivo endereço sempre que houver modificação temporária ou definitiva.

ÍNTIMA CONVICÇÃO. *Direito processual.* Persuasão do órgão judicante sobre os fatos alegados em juízo, após a apreciação das provas apresentadas. Trata-se do livre convencimento do magistrado.

INTIMADO. *Direito processual.* Aquele a quem se dirige a intimação.

INTIMANTE. *Direito processual.* O que promove a intimação.

INTIMAR. *Direito processual.* Dar ciência a alguém para que faça ou deixe de fazer algo, ou para que tenha conhecimento de atos praticados num processo em curso ou de um despacho judicial.

INTIMATIVO. *Direito processual.* Próprio para intimar.

INTIMATÓRIO. Que intima.

INTIMIDAÇÃO. *Direito civil.* **1.** Ato ou efeito de intimidar alguém. **2.** Coação que incuta na vítima fundado temor de dano à sua pessoa, à sua família ou a seus bens, iminente e igual, pelo menos, ao receável do ato extorquido.

INTIMIDADE. *Direito civil.* **1.** Amizade íntima. **2.** Qualidade de íntimo. **3.** Familiaridade. **4.** Vida particular da pessoa; privacidade.

INTIMIDADOR. Aquele que intimida.

INTIMIDANTE. *Vide* INTIMIDADOR.

INTIMIDAR. *Direito civil.* Ato de causar temor mediante ameaça ou coação.

INTIMIDATIVO. Relativo a intimidação.

ÍNTIMO. *Filosofia geral.* **1.** Interior ou o que se refere à essência do ser. **2.** Aquilo que é individual, conhecido apenas do sujeito (Lalande). **3.** Consciência (Maine de Biran).

INTINÇÃO. *Direito canônico.* Ato de colocar no vinho consagrado parte da hóstia grande consagrada na missa.

INTITULAÇÃO. **1.** Ato de intitular ou de dar título. **2.** Designação de um título.

INTITULAR. **1.** Dar título. **2.** Denominar. **3.** Ter por título.

INTOLERÂNCIA. Falta de tolerância.

INTOLERANTISMO. Sistema dos que não admitem opiniões opostas às suas.

INTOLERÁVEL. Insuportável.

IN TOTO PARTEM NON EST DUBIUM CONTINERI. *Aforismo jurídico.* É fora de dúvida que a parte se contém no todo.

IN TOTUM. *Locução latina.* No todo; em geral; na totalidade.

IN TOTUM ET PARS CONTINETUR. *Brocardo jurídico.* A parte está compreendida no todo.

INTOXICAÇÃO. *Medicina legal.* **1.** Introdução, no organismo, de substância capaz de produzir efeito maligno ou mortal. **2.** Absorção de tóxico pelo organismo.

INTOXICAÇÃO ALCOÓLICA. *Medicina legal.* Estado de embriaguez aguda.

INTOXICAÇÃO ALIMENTAR. *Medicina legal.* Afecção gastrintestinal aguda, provocada por ingestão de alimentos venenosos ou contaminados por bactérias.

INTOXICAÇÃO PELO MONÓXIDO DE CARBONO. *Medicina legal.* Inalação de monóxido de carbono que, ao reagir com a hemoglobina, origina a carboxiemoglobina, a qual, impedindo o processamento normal da hematose, provoca a asfixia (Croce e Croce Jr.).

INTOXICAÇÃO SATURNINA. *Medicina legal.* Envenenamento causado pela introdução de chumbo no organismo, caracterizando-se por anemia, dores espasmódicas agudas, linha azul de sangue nas bordas das gengivas e paralisia muscular local. O saturnismo é comum nos trabalhadores de indústrias de pintura de mineração de chumbo.

INTOXICANTE. *Medicina legal.* Que intoxica.

INTOXICAR. *Medicina legal.* **1.** Ingerir substância tóxica. **2.** Envenenar.

INTRA CYTOPLASMATIC SPERM INJECTION (ICSI). *Medicina legal* e *biodireito.* Técnica de reprodução humana assistida por meio da micromanipulação de gametas, que consiste em injetar um só espermatozóide diretamente no óvulo extraído da mulher, o qual é, então, após a fecundação e formado o embrião, colocado no útero.

INTRADAY PRICE RANGE. *Expressão inglesa.* Variação da cotação de um ativo durante um dia de negociação (Luiz Fernando Rudge).

INTRADUZÍVEL. **1.** Que não se pode traduzir. **2.** Que é de difícil interpretação.

INTRAFEGÁVEL. Que não é trafegável.

INTRA LEGEM. *Locução latina.* **1.** Estar previsto em lei. **2.** Dentro da lei.

INTRA MUROS. *Locução latina.* Dentro dos muros; dentro da cidade; dentro dos limites.

INTRANACIONAL. *Direito internacional público.* Relativo ao interior de uma nação.

INTRANDUM EST IN RERUM NATURAM, ET PENITUS, QUID EA POSTULET, PREVIDENDUM. *Expressão latina.* É preciso penetrar-se a natureza das coisas e ver, exatamente, o que ela exige.

INTRANET. *Direito virtual.* Rede corporativa interna que se utiliza da tecnologia e infra-estrutura de comunicação de dados da Internet. É usada na comunicação interna da própria empresa ou em comunicação com outras, permitindo troca de mensagens, atualização de cadastros, busca de informações etc. (Afonso Celso F. de Rezende).

INTRANQÜILIDADE. Falta de tranqüilidade.

INTRANSCRITO. *Direito registrário.* Diz-se do título que deveria ter sido registrado e não o foi.

INTRANSFERÊNCIA. *Direito civil.* **1.** Inalienabilidade. **2.** Qualidade de intransferível.

INTRANSFERIBILIDADE. *Direito civil.* Qualidade de intransferível.

INTRANSFERÍVEL. *Direito civil.* **1.** Que não se pode transferir. **2.** Inalienável. **3.** Intransmissível.

INTRANSGREDÍVEL. Que não se pode infringir.

INTRANSIGÊNCIA. **1.** Austeridade. **2.** Rigor na observância de normas e princípios jurídicos. **3.** Falta de transigência.

INTRANSIGENTE. **1.** Austero. **2.** Rigoroso. **3.** Aquele que não transige, permanecendo numa determinada posição.

INTRANSIGENTISMO CATÓLICO. *Ciência política.* Movimento que se organizou para defender a Igreja contra o Estado-liberal, opondo-se à sociedade nascida da Revolução Francesa (Fonzi, Camillo Brezzi, Suardo e Spadolini).

INTRANSIGÍVEL. *Direito civil.* Que não pode ser objeto de transação.

INTRANSITABILIDADE. Qualidade de intransitável.

INTRANSITADO. Diz-se do caminho que não é transitado.

INTRANSITÁVEL. **1.** Que não é transitável. **2.** Diz-se da via cujo trânsito não é permitido. **3.** Local por onde não se pode passar ou por onde dificilmente se passa.

IN TRANSITU. *Locução latina.* Na passagem.

INTRANSMISSIBILIDADE. *Direito civil.* Qualidade do que é intransmissível.

INTRANSMISSÍVEL. *Direito civil.* **1.** O que não pode ser transmitido a outrem. **2.** Inalienável. **3.** Intransferível.

INTRANSPORTÁVEL. *Direito comercial.* O que não pode ser transportado.

INTRA OFFICIUM. *Locução latina.* Em razão do ofício.

INTRATÁVEL. **1.** Insociável. **2.** Intransitável. **3.** Que não é tratável; que não se pode tratar.

INTRA-UTERINO. *Medicina legal.* Relativo ao interior do útero.

INTRAVAGINAL. *Medicina legal.* O que se dá no interior da vagina.

INTRA VIRES HEREDITATIS. *Locução latina.* **1.** Com a força da própria herança. **2.** *Direito civil.* Encargo da herança a que o herdeiro deve responder, desde que não ultrapasse seu montante.

IN TRIBUS VERBIS. *Expressão latina.* Em poucas palavras.

INTRIBUTÁVEL. *Direito tributário.* Que não se pode tributar.

INTRICADO. **1.** Obscuro. **2.** Confuso. **3.** Complicado.

INTRIGA. *Direito penal.* **1.** Cilada. **2.** Traição. **3.** Maquinação para obter vantagem ou lesar alguém.

INTRIGADO. **1.** Desafeto. **2.** Em que há intriga.

INTRIGANTE. Pessoa que intriga.

INTRINSECAMENTE SEGURO. Situação em que o equipamento não é capaz de liberar energia elétrica ou térmica suficientes, para, em condições normais ou anormais, causar a ignição de uma dada atmosfera explosiva, conforme expresso no certificado de conformidade do equipamento.

INTRÍNSECO. **1.** *Filosofia geral.* a) Aquilo que pertence a um objeto de pensamento considerado em si mesmo; b) diz-se do valor que a coisa possui pela sua própria natureza (Lalande). **2.** *Direito civil.* a) Inerente a algo; b) essencial ao ato; c) substancial; d) o que está dentro de um ato, coisa ou pessoa, por ser de sua própria natureza; e) o que é indispensável; f) diz-se do valor real, que se opõe ao declarado ou afetivo.

INTRODUÇÃO. **1.** *Direito autoral.* a) Preâmbulo ou prólogo de um livro, onde se expõem os objetivos da obra, o método de abordagem do tema etc.; b) pequeno trecho que se antepõe à exposição temática de obra musical. **2.** *Direito internacional privado.* Importação. **3.** *Direito ambiental.* Soltura intencional ou acidental de um organismo vivo, em área distinta da distribuição geográfica da espécie.

INTRODUÇÃO À CIÊNCIA DO DIREITO. *Teoria geral do direito.* É uma matéria, ou um sistema de conhecimentos, que tem por escopo fornecer uma noção global ou panorâmica da ciência que trata do fenômeno jurídico, propiciando uma compreensão de conceitos jurídicos comuns a todas as disciplinas do currículo do curso de direito, e introduzindo o estudante e o jurista na terminologia técnico-jurídica. É uma enciclopédia, por conter, além dos conhecimentos filosóficos, os conhecimentos de ordem científica – sem, contudo, resumir os diversos ramos ou especializações do direito – e por abranger não só os aspectos jurídicos, mas também os sociológicos e históricos. Tal matéria já foi rotulada de: introdução geral ao direito, enciclopédia jurídica, introdução às ciências jurídicas e sociais, prolegômenos do direito, introdução ao estudo do direito e, atualmente, introdução ao direito. Contudo, a designação "introdução à ciência do direito" possui rigor técnico inquestionável.

INTRODUÇÃO AO DIREITO. *Vide* INTRODUÇÃO À CIÊNCIA DO DIREITO.

INTRODUÇÃO AO ESTUDO DO DIREITO. *Vide* INTRODUÇÃO À CIÊNCIA DO DIREITO.

INTRODUÇÃO DE ANIMAL EM PROPRIEDADE ALHEIA. *Direito penal.* Crime, punível com detenção ou multa, que consiste em fazer penetrar animal em propriedade alheia, sem o consenso de quem de direito, desde que desse fato advenha prejuízo ao dono ou possuidor do imóvel.

INTRODUÇÃO EM MEIO LÍQUIDO. *Medicina legal.* Afogamento por permanência da vítima, totalmente imersa, no meio líquido (Croce e Croce Jr.).

INTRODUTOR. **1.** Que introduz. **2.** O primeiro que vem a introduzir algo num país.

INTRÓITO VAGINAL. *Medicina legal.* Início da vagina.

INTROJECÇÃO. *Filosofia geral.* Operação pela qual se representa a consciência de cada indivíduo como sendo interior ao seu organismo, e a representação dos objetos exteriores, como uma objetivação de estados internos, considerados, ilusoriamente, como independentes (Avenarius).

INTROMISSIO PENIS IN VAGINAM. *Expressão latina.* Introdução do membro viril ereto na vagina; conjunção carnal.

INTROMISSIO SEMINIS. *Locução latina.* Penetração de espermatozóide na vagina.

INTROPATIA. *Filosofia geral.* Projeção dos próprios sentimentos num outro ser, com o qual se identifica (Flournoy).

INTROSPECÇÃO. *Psicologia forense.* **1.** Observação dos próprios processos mentais. **2.** Exame de consciência.

INTROVERSÃO. *Psicologia forense.* Atitude em que os interesses se dirigem para as experiências íntimas da pessoa, suas idéias e seus sentimentos.

INTRUJÃO. *Direito penal.* **1.** Diz-se daquele que visa enganar outras pessoas. **2.** Estelionatário. **3.** Aproveitador ardiloso. **4.** Receptador de coisas roubadas ou furtadas.

INTRUSÃO. **1.** *Direito canônico.* Posse de ofício eclesiástico sem título expedido pela autoridade canônica. **2.** *Direito civil.* a) Entrada ilegal em propriedade alheia; b) posse ilegal; c) ação de se introduzir, por violência, clandestinidade ou precariedade, numa propriedade; d) ato de apossar-se, à força, de um benefício; e) usurpação; f) ato de introduzir-se, sem direito, numa associação ou sociedade.

INTRUSIVO. *Direito civil.* **1.** Que resulta de intrusão. **2.** Em que há intrusão.

INTRUSO. *Direito civil.* **1.** Aquele que se introduz, sem ter qualquer direito, numa propriedade. **2.** O que toma posse, por violência, precariedade ou clandestinidade. **3.** Aquele que detém um benefício, cargo ou função, sem ter título ou direito para tanto. **4.** Aquele que, sem direito, se introduz numa associação ou sociedade.

INTUIÇÃO. *Filosofia geral.* **1.** Conhecimento claro, direto ou imediato da verdade. **2.** Método em que a apreensão do objeto se efetua de modo direto e imediato. Consiste numa operação total, única e indivisa do espírito, que se projeta sobre o objeto e o domina, abrangendo-o com uma só visão, sem que nada se interponha entre o sujeito que se conhece e o objeto que se procura conhecer. **3.** Conhecimento de uma verdade evidente, que serve de fundamento ao raciocínio. **4.** Visão direta e imediata de um objeto de pensamento. **5.** Conhecimento dado de uma só vez e sem conceitos (Schopenhauer). **6.** Conhecimento *sui generis* similar ao instinto, que revela o que o ser é em si.

INTUIÇÃO CONSPECTIVA. *Filosofia geral.* É a que se situa no sistema de relações as quais se estendem e, portanto, se tornam abstratas. Busca o ser ideal ou relacional (Werner Goldschmidt).

INTUIÇÃO DA DESCOBERTA. *Vide* INTUIÇÃO HEURÍSTICA.

INTUIÇÃO DAS EVIDÊNCIAS. *Filosofia geral.* É a que capta a clareza de uma idéia, ou a veracidade de um fato ou relação. Por ela, o sujeito cognoscente atinge os axiomas ou princípios indemonstráveis, diversos dos obtidos por indução ou dedução (Franco Montoro).

INTUIÇÃO DE ESSÊNCIA. *Filosofia geral.* É a intuição racional, fundada na inteligência, pois o órgão cognoscente é a razão, que busca apreender imediatamente a essência do ser (Hessen).

INTUIÇÃO DE EXISTÊNCIA. *Filosofia geral.* É a intuição volitiva, cujo órgão cognoscente é a vontade, que visa a apreensão imediata da existência do ser (Hessen).

INTUIÇÃO DE VALOR. *Vide* INTUIÇÃO EMOCIONAL.

INTUIÇÃO EIDÉTICA. *Filosofia geral* e *filosofia do direito.* Método pelo qual o pensamento apreende, imediatamente, a essência do direito (Cóssio). A atividade intelectual para captar a essência é a abstração ideatória. A intuição essencial do direito é uma intuição intelectual, mediante a qual o sujeito cognoscente, colocado ante a realidade, vai depurando-a, objetivamente, através de fases sucessivas de eliminação ou, por outras palavras, vai "colocando entre parênteses" o objeto, com o escopo de separá-lo de seus caracteres empíricos e variáveis, que são contingentes, atingindo, assim, sua essência, que é permanente e necessária. A intuição eidética é uma intuição existencial, abrangendo tanto a intuição sensível como a intelectual (ou espiritual emocional), pois o intelecto humano necessita da matéria, não podendo prescindir, na sua atividade cognoscitiva, da realidade sensível. É sobre os dados do sentido que se realiza a intelecção.

INTUIÇÃO EMOCIONAL. *Filosofia geral.* É a que advém do sentimento, apreendendo, imediatamente, o objeto. O órgão cognoscente é o sentimento, e tal intuição é uma "intuição de valor" (Hessen).

INTUIÇÃO ESPIRITUAL. *Filosofia geral.* É o método que se baseia na mente, consistindo na imediata projeção do espírito sobre o objeto (Hessen).

INTUIÇÃO ESPIRITUAL FORMAL. *Filosofia geral.* É a que apreende relações (Hessen).

INTUIÇÃO ESPIRITUAL MATERIAL. *Filosofia geral.* Conhecimento de uma realidade material, de um objeto ou de um fato supra-sensível (Hessen).

INTUIÇÃO ESSENCIAL. *Vide* INTUIÇÃO EIDÉTICA.

INTUIÇÃO ESTIGMÁTICA. *Filosofia geral.* Vivência do caso e solução concreta do problema (Werner Goldschmidt).

INTUIÇÃO HEURÍSTICA. *Filosofia geral.* É a que vai diretamente ao objeto em questão, abrindo acesso ao conhecimento do problema, buscando a descoberta da verdade. É o conhecimento direto, que faz o sujeito cognoscente pressentir a verdade, adivinhar a solução do problema ou descobrir algo novo.

INTUIÇÃO IDEATÓRIA. *Filosofia geral.* É aquela que olha uma representação qualquer, prescindindo de suas particularidades e de seu caráter sociológico, psicológico etc., não considerando a existência singular da coisa, para atingir aquilo que tem de geral, ou seja, isolando do objeto tudo o que lhe for acidental, até alcançar a idéia. O sujeito cognoscente, mediante a atividade intelectual designada "ideação" ou "abstração ideatória", vai depurando a realidade, objetivamente, através de fases sucessivas de eliminação, até captá-la em toda sua pureza, superando o contingente e o acessório, captando sua essência. Tal intuição, portanto, é a visão direta da essência.

INTUIÇÃO INTELECTUAL. *Vide* INTUIÇÃO DE ESSÊNCIA.

INTUIÇÃO JURÍDICA. *Filosofia do direito.* Captação da realidade jurídica, de modo direto, sem o emprego de raciocínios ou de métodos discursivos.

INTUIÇÃO RACIONAL. *Vide* INTUIÇÃO DE ESSÊNCIA.

INTUIÇÃO SENSÍVEL. *Filosofia geral.* Apreensão direta do objeto através dos sentidos. O sujeito cognoscente capta, imediatamente, os dados da experiência, externa ou interna, representando os objetos dentro de si, individualmente, por meio de sensações (Hessen).

INTUIÇÃO VOLITIVA. *Vide* INTUIÇÃO DE EXISTÊNCIA.

INTUICIONISMO. *Filosofia geral.* **1.** Doutrina segundo a qual todos os conhecimentos existem por

INT 984 INTUICIONISTA

intuição. **2.** Teoria que privilegia a intuição no conhecimento.

INTUICIONISTA. *Filosofia geral.* **1.** Referente ao intuicionismo. **2.** Adepto do intuicionismo.

INTUIR. *Filosofia geral.* Ter intuição.

INTUITIVISMO. *Filosofia geral.* **1.** Prática da intuição. **2.** Tendência de espírito daquele que é intuitivo ou dotado de intuição.

INTUITIVISTA. *Filosofia geral.* **1.** Relativo ao intuitivismo. **2.** Partidário da corrente filosófica que confere à intuição um lugar de primeira ordem no conhecimento.

INTUITIVO. *Filosofia geral.* **1.** Que se refere à intuição. **2.** Aquele dotado de intuição. **3.** Evidente. **4.** Acompanhado de intuição.

INTUITO. 1. Fim. **2.** Objetivo. **3.** Propósito. **4.** Aquilo que se tem em mente. **5.** Intenção.

INTUITU FAMILIAE. *Locução latina.* Em atenção à família.

INTUITU PECUNIAE. *Locução latina.* Com o objetivo de lucro.

INTUITU PERSONAE. *Locução latina.* Em consideração à pessoa.

INTUSPECÇÃO. 1. Conhecimento de si mesmo. **2.** Introspecção.

INUBA. *Direito civil.* Solteira.

INÚBIL. *Direito civil.* **1.** Que não se encontra em estado de poder casar. **2.** Aquele que não tem idade para casar.

INUBILIDADE. *Direito civil.* **1.** Impuberdade. **2.** Estado ou condição daquele que não pode casar por não ter atingido a idade legal para o casamento.

INUBO. *Direito civil.* **1.** Celibatário. **2.** Solteiro; aquele que não é casado.

INULTO. 1. O que ficou sem vingança. **2.** Impune. **3.** Aquele que não obteve desforra de uma afronta.

INUMAÇÃO. Sepultamento que está sujeito ao preenchimento de formalidades legais.

INUMAÇÃO DE CADÁVER. *Direito penal.* Contravenção penal que diz respeito à Administração Pública, segundo a qual é proibido enterrar cadáver com infringência das disposições legais, sob pena de prisão simples ou multa.

INUMAR. Enterrar cadáver; sepultar.

INUMATÓRIO. 1. Próprio para inumar. **2.** Em que se sepulta.

INUNDAÇÃO. 1. *Direito civil* e *direito administrativo.* Grande cheia de águas, que transbordam de rio, lago etc., alagando terras, o que pode gerar responsabilidade civil do Estado. **2.** *Direito penal.* Enchente provocada que, expondo a perigo a vida, a integridade física ou o patrimônio de alguém, constitui crime, punível com reclusão e multa.

INUNDADO. 1. Alagado por inundação. **2.** O que sofreu inundação. **3.** Aquele que foi prejudicado por inundação.

INUNDANTE. Que inunda ou alaga.

INUNDÁVEL. Que pode inundar.

INUPTA. *Vide* INUBA.

INUPTO. *Vide* INUBO.

INURBANIDADE. Falta de urbanidade.

INUSITADO. 1. Extraordinário. **2.** Que não é usual.

INUSUCAPIÃO DE TERRAS PÚBLICAS. *Direito constitucional.* Proibição contida em norma constitucional de aquisição de bens imóveis públicos por meio de usucapião.

INÚTIL. 1. Que não tem utilidade. **2.** Desnecessário. **3.** Impróprio à sua destinação. **4.** Ineficaz. **5.** Imprestável. **6.** Incapaz.

INUTILIA TRUNCAT. *Locução latina.* Eliminar o inútil.

INUTILIDADE. 1. Falta de utilidade. **2.** Qualidade de inútil.

INUTILIZAÇÃO. 1. *Direito civil.* Ato ou efeito de tornar a coisa, alheia ou própria, sem utilidade ou sem proveito, para que não possa atingir o seu fim. **2.** *Direito penal.* Ato de inadequar coisa alheia, ainda que temporariamente, ao fim a que se destina, punível com detenção ou multa. **3.** *Direito do trabalho.* a) Invalidez; b) inaptidão para o serviço. **4.** *Direito comercial.* a) Ação de riscar páginas em branco de um livro ou documento, para que nelas nada seja lançado; b) cancelamento de endosso, pela aposição de carimbo com a palavra "cancelado" ou "sem efeito", seguida de data e assinatura do endossante.

INUTILIZAÇÃO DE DOCUMENTO PÚBLICO. *Direito penal.* Crime, punível com reclusão, que consiste em inutilizar, no todo ou em parte, livro oficial ou documento confiado à custódia de funcionário, em razão de ofício, ou de particular em serviço público. E, se se tratar de inutilização

INUTILIZAÇÃO DE EDITAL OU DE SINAL

de autos judiciais ou de documento probatório levada a efeito por advogado, será crime contra a administração da justiça.

INUTILIZAÇÃO DE EDITAL OU DE SINAL. *Direito penal.* Crime, punível com detenção ou multa, que consiste em inutilizar edital afixado por ordem de funcionário público ou sinal de origem pública, isto é, empregado por determinação legal, ou por ordem de servidor público, para identificação de qualquer objeto.

INUTILIZAÇÃO DE ENDOSSO. *Direito cambiário.* Cancelamento do endosso, em título transferível por esse modo, por meio de riscos passados nas próprias palavras ou pela aposição de carimbos com a palavra "sem efeito" ou "cancelado", seguida da data e da assinatura do endossante.

INUTILIZAÇÃO DE MATERIAL DE SALVAMENTO. *Direito penal.* Crime, punível com reclusão e multa, que consiste em inutilizar, por ocasião de incêndio, inundação, naufrágio ou outra calamidade, aparelho, material ou qualquer meio destinado ao serviço de combate ao perigo, de socorro ou de salvamento.

INUTILIZAÇÃO DE SELOS. *Direito penal.* Atentado contra a Administração Pública, infringindo a inviolabilidade de selos que asseguram a identidade, o encerramento ou a indenidade de coisas.

INUTILIZAR. **1.** Danificar coisa, tornando-a insuscetível de ser usada para o fim a que se destina. **2.** Destruir. **3.** Tornar imprestável. **4.** Frustrar. **5.** Tornar inútil.

INUTILIZÁVEL. Que não se pode utilizar.

IN UTROQUE JURE. *Expressão latina.* Num e noutro direito; em ambos os direitos: o civil e o canônico.

IN UTROQUE PARTEM. *Expressão latina.* De parte a parte; em ambas as partes.

INVADIR. **1.** *Direito penal.* Entrar ou ocupar à força ou com violência determinado local, para embaraçar o curso normal do trabalho ou danificar o estabelecimento ou os objetos nele existentes. **2.** *Direito militar* e *direito internacional público.* a) Entrar em um país com o emprego de força; b) dominar, avassalar.

INVAGINAÇÃO. *Medicina legal.* Obstrução intestinal, que se dá quando uma parte do intestino se introduz em outra, em razão de tumor, de presença de material indigerível endurecido, de esforço excessivo para evacuar etc.

INVALIDAÇÃO. *Teoria geral do direito.* **1.** Ato ou efeito de invalidar. **2.** Tornar sem efeito algum ato, por ser contrário à lei. **3.** Declaração da nulidade do ato jurídico.

INVALIDAÇÃO DO ATO ADMINISTRATIVO. *Direito administrativo.* **1.** Retirada do ato administrativo praticado em desconformidade com a lei (Celso Antônio Bandeira de Mello). **2.** Qualificação do ato administrativo insuscetível de produzir efeitos jurídicos, por faltar-lhe elemento que o direito declarou essencial para tanto.

INVALIDADE. *Direito civil* e *teoria geral do direito.* **1.** Falta de validade. **2.** Qualidade do ato jurídico em cuja constituição não houve observância das formalidades legais.

INVALIDAR. **1.** Tornar inválido. **2.** Declarar nulo um ato jurídico. **3.** Tornar ineficaz. **4.** Tirar o crédito.

INVALIDÁVEL. Aquilo que se pode invalidar.

INVALIDEZ. **1.** Na *linguagem jurídica* em geral, significa: a) estado de inválido; b) invalidade. **2.** *Direito previdenciário.* Incapacidade para o trabalho e insuscetibilidade de reabilitação para o exercício de atividade que assegure a subsistência, dando origem à aposentadoria. **3.** *Direito penal.* Perda permanente da capacidade para o trabalho, decorrente de lesão corporal. **4.** *Direito administrativo.* Incapacidade física ou mental permanente de servidor público para o exercício de seu cargo ou função, conducente ao seu desligamento do quadro do funcionalismo público, por meio de aposentadoria.

INVÁLIDO. **1.** *Direito militar.* Aquele que não tem condições físicas para prestar serviço militar. **2.** *Direito previdenciário.* Aquele que, por incapacidade física ou mental, doença ou velhice, é incapaz para o trabalho. **3.** *Direito administrativo.* Diz-se do ato administrativo não conforme às normas jurídicas (Alessio). **4.** *Direito civil.* Diz-se do ato jurídico declarado nulo por não apresentar os requisitos de validade.

INVASÃO. **1.** *Medicina legal.* a) Início de uma moléstia; b) irrupção de uma epidemia. **2.** *Direito internacional público.* a) Ato de penetrar, belicosa ou violentamente, num país; b) incursão das Forças Armadas de um país no território de outro. **3.** *Direito civil.* Apossamento violento de terras alheias; esbulho. **4.** *Direito administrativo.* Ação daquele que executa funções outorgadas a outrem. **5.** *Direito penal.* a) Ato de entrar à força em local particular ou público; b) crime contra

INV 986 INVASÃO DE DOMICÍLIO

a organização do trabalho que consiste em entrar em estabelecimento industrial, comercial ou agrícola, para danificá-lo ou impedir o curso do trabalho; c) desrespeito à inviolabilidade domiciliar.

INVASÃO DE DOMICÍLIO. *Direito constitucional* e *direito penal.* Ato de penetrar, sem o consenso do morador, em sua casa, salvo em caso de flagrante delito ou desastre, ou para prestar socorro, ou, durante o dia, por determinação judicial. Trata-se de crime contra a inviolabilidade do domicílio, punível com detenção ou multa.

INVASÃO DE ESTABELECIMENTO INDUSTRIAL, COMERCIAL OU AGRÍCOLA. *Direito penal.* Crime, punível com reclusão e multa, que consiste em invadir ou ocupar estabelecimento industrial, comercial ou agrícola, com o firme propósito de impedir ou embaraçar o curso normal do trabalho, ou com o fim de danificar o estabelecimento ou as coisas nele existentes ou delas dispor. É um atentado contra a organização do trabalho.

INVASÃO DE FUNÇÃO. *Direito administrativo.* Ação de funcionário público que exorbita de suas funções, praticando atos de competência de outro.

INVASÃO ECOLÓGICA. *Sociologia geral* e *direito ambiental.* Entrada, em certa área, de um novo tipo de habitante que procura deslocar os habitantes anteriores ou com eles fundir-se.

INVASÃO ESTRANGEIRA. *Direito internacional público* e *direito militar.* Penetração belicosa das Forças Armadas de uma nação no território de outra.

INVASIVO. 1. Relativo a invasão. **2.** Hostil.

INVASOR. Aquele que invade.

INVECTIVA. *Direito civil* e *direito penal.* Ataque injurioso.

INVECTIVAR. *Direito civil* e *direito penal.* Injuriar.

INVECTIVO. *Direito civil* e *direito penal.* Injurioso.

INVEDÁVEL. *Teoria geral do direito.* Aquilo que não se pode proibir ou vedar.

INVENAL. Aquele que não é venal.

INVENÇÃO. 1. *Direito civil.* Achado de coisa móvel perdida pelo proprietário, com a obrigação de restituí-la a seu dono ou legítimo possuidor. Trata-se da descoberta. **2.** *Direito de propriedade industrial.* Invento; coisa criada, no âmbito industrial, pelo engenho humano protegido por título denominado certificado de autoria de invenção, que dá ao inventor direito a uma remuneração, cujo montante depende da soma economizada anualmente pela aplicação da invenção. O autor de invenção, que atenda aos requisitos de novidade, atividade inventiva e aplicação industrial, tem direito de obter a patente que lhe garanta a propriedade para estabelecer: a) o reconhecimento da invenção; b) a prioridade e a paternidade do invento; c) o direito exclusivo do titular da patente. Não se considera invenção: descoberta, teoria científica, método matemático, concepção puramente abstrata, esquema, plano, princípio ou método comercial, contábil, financeiro, educativo, publicitário, de sorteio e de fiscalização, obra literária, arquitetônica, artística e científica, programa de computador, apresentação de informações, regra de jogo, técnica cirúrgica, método terapêutico etc. **3.** Na *linguagem comum,* pode, ainda, ter o sentido de: a) mentira inventada para enganar outrem; b) engano; c) sugestão de suposta realidade. **4.** *Sociologia geral.* Combinação de elementos culturais existentes de modo a constituir um elemento novo. **5.** *Filosofia geral.* Produção de uma nova síntese de idéias e combinação nova de meios para a consecução de uma finalidade (Paulhan).

INVENCIBILIDADE. Qualidade de invencível.

INVENCÍVEL. 1. Inconquistável. **2.** Insuperável. **3.** O que não pode ser vencido. **4.** Irremediável.

INVENDÁVEL. 1. *Direito civil.* a) Aquilo que está fora do comércio; b) gravado com cláusula de inalienabilidade; c) inalienável; o que não pode ser vendido. **2.** *Direito comercial.* O que não tem a saída esperada no mercado.

INVENDÍVEL. *Vide* INVENDÁVEL.

INVENTA LEGE, INVENTA FRAUDE. *Expressão latina.* Criada a lei, surge a fraude.

INVENTARIAÇÃO. *Direito civil.* Ato de inventariar.

INVENTARIADO. *Direito civil.* **1.** Autor da herança, ou seja, aquele cujos bens são arrolados no inventário. **2.** Que é objeto de inventário. **3.** Conjunto de bens trazidos ao inventário para partilha e distribuição a herdeiros ou legatários.

INVENTARIADOR. *Vide* INVENTARIANTE.

INVENTARIANÇA. *Direito civil.* Múnus público, submetido ao controle ou à fiscalização judicial, que consiste no cargo e na função do inventariante.

INVENTARIANTE. *Direito civil.* Pessoa designada pelo juiz, segundo a ordem estabelecida em lei, que tem a posse direta dos bens da herança, com o objetivo de administrá-los, inventariá-los e, oportunamente, partilhá-los entre os herdeiros do *auctor successionis.* Cabe a ela representar a herança em juízo, ativa e passivamente. Isso é assim por ser a inventariança uma função auxiliar da justiça. O inventariante, além dos poderes de guarda, administração e assistência dos bens do espólio, possui fé pública, de modo que sua palavra deve ser ouvida em juízo até prova em contrário.

INVENTARIANTE DATIVO. *Direito civil.* Pessoa estranha idônea, nomeada pelo juiz para administrar bens do espólio, onde não houver inventariante judicial. O inventariante dativo exerce, mediante remuneração, todas as funções da inventariança, com exceção da representação ativa e passiva da herança. Isso é assim para evitar que indivíduo estranho à sucessão torne litigiosos bens ou direitos que não lhe pertencem.

INVENTARIANTE JUDICIAL. *Direito civil.* É aquele que funciona em todos os inventários em que é necessária a nomeação de inventariante estranho à sucessão, de modo que apenas no local onde inexistir é que o magistrado nomeará o inventariante dativo.

INVENTARIAR. *Direito civil.* **1.** Fazer inventário, descrevendo bens minuciosamente. **2.** Arrolar bens.

INVENTARIÁVEL. *Direito civil.* Que pode ser inventariado.

INVENTÁRIO. 1. *Direito civil* e *direito processual civil.* a) Rol dos bens deixados pelo *auctor successionis*; b) documento onde estão arrolados e descritos os bens do espólio. **2.** *Direito comercial.* a) Balanço; b) avaliação de mercadorias; c) arrolamento do ativo e do passivo de uma sociedade; d) peça indispensável do balanço, por ser operação que efetua o levantamento das contas ativas ou passivas do estabelecimento, para averiguar os lucros e as perdas e também das mercadorias, títulos existentes, imóveis, móveis, utensílios etc. **3.** *Direito falimentar.* Relação, em processo falimentar, de todos os bens do falido.

INVENTÁRIO AMOSTRAL. *Direito ambiental.* Levantamento de informações qualitativas e quantitativas sobre determinada floresta, utilizando-se processo de amostragem.

INVENTÁRIO COMERCIAL. *Direito comercial.* Peça indispensável ao balanço, por ser operação que efetua o levantamento das contas ativas ou passivas do estabelecimento ou sociedade empresária, para averiguar os lucros e as perdas.

INVENTÁRIO COMERCIAL CONTÁBIL. *Direito comercial.* É um inventário de regularização das contas, compreendendo seu encerramento, por meio de lançamentos na escrituração.

INVENTÁRIO COMERCIAL EXTRACONTÁBIL. *Direito comercial.* Trata-se do inventário-rol de mercadorias, títulos existentes (letras, notas promissórias, duplicatas etc.), móveis e utensílios etc.

INVENTÁRIO CONJUNTO. *Vide* INVENTÁRIO CUMULATIVO.

INVENTÁRIO CUMULATIVO. *Direito processual civil.* Reunião de duas heranças para efeito de inventário e partilha, em caso de óbito do cônjuge meeiro supérstite antes da partilha dos bens do consorte pré-morto, desde que os herdeiros de ambos sejam os mesmos.

INVENTÁRIO DE BENS. *Vide* INVENTÁRIO.

INVENTÁRIO DE ESPECIFICAÇÕES. *Direito do consumidor.* Coleção de especificações concernentes a um produto, peça ou equipamento, entregues pelo cliente para orientação do fornecedor.

INVENTÁRIO EXTRAJUDICIAL. *Direito civil.* Rol e avaliação dos bens a serem partilhados, não havendo testamento nem herdeiros incapazes, feitos por escritura pública, se todos os interessados anuírem e estiverem assistidos por advogado comum ou advogados de cada um deles. Essa escritura pública constituirá título hábil para o registro imobiliário.

INVENTÁRIO FAUNÍSTICO. *Direito ambiental.* Etapa primária para o desenvolvimento de estudos ambientais, visando diagnosticar as espécies de vertebrados e invertebrados presentes na área antes da implantação do projeto, destacando as espécies indicadoras de qualidade ambiental, de valor científico e econômico, raras e/ou ameaçadas de extinção.

INVENTÁRIO FLORESTAL. *Direito ambiental.* Atividade que visa obter informações quantitativas e qualitativas dos recursos florestais existentes em uma área pré-especificada.

INVENTÁRIO FLORÍSTICO. *Direito ambiental.* Atividade que visa obter informações quantitativas e qualitativas de todos os recursos vegetais existentes em uma área pré-especificada, englobando os extratos arbóreo, arbustivo e herbáceo.

INVENTÁRIO JUDICIAL. *Direito processual civil.* Processo judicial, obrigatório se houver testamento ou herdeiro incapaz, que deve ser aberto dentro de 60 dias da abertura da sucessão, tendente à relação, descrição, avaliação e liquidação de todos os bens pertencentes ao *de cujus* ao tempo de sua morte, para distribuí-los entre seus sucessores.

INVENTÁRIO NEGATIVO. *Direito civil* e *direito processual civil.* **1.** Modo judicial de se provar, para determinado fim, a inexistência de bens do extinto casal (Itabaiana de Oliveira). **2.** Inventário sem bens que apenas tem por escopo obter a declaração negativa, para se atender a determinação de lei ou evitar impedimento matrimonial (Sebastião Amorim e Euclides de Oliveira).

INVENTÁRIO POR ARROLAMENTO. *Direito processual civil.* Processo de inventário simplificado, caracterizado pela redução de atos formais ou de solenidades quando: a) aos herdeiros maiores e capazes convier fazer a partilha amigável dos bens do espólio, que será de plano homologada pelo juiz, mediante prova da quitação dos tributos relativos aos bens do espólio e às suas rendas; b) o valor dos bens do espólio for igual ou inferior a 2.000 OTN (hoje TR), caso em que o inventariante nomeado, independentemente da assinatura de termo de compromisso, deverá apresentar, com suas declarações, a atribuição do valor dos bens do espólio e o plano da partilha.

INVENTIVA. *Direito de propriedade industrial.* **1.** Invento. **2.** Faculdade de inventar alguma novidade no âmbito industrial.

INVENTIVO. *Direito de propriedade industrial.* **1.** Relativo a invenção. **2.** Dotado de invenção.

INVENTO. *Direito de propriedade industrial.* **1.** Modelo ou desenho patenteável cujo titular tem direito à exclusividade. **2.** Invenção. **3.** Objeto criado pelo engenho humano, destinado à produção empresarial.

INVENTOR. 1. *Direito civil.* É o achador ou descobridor de coisa perdida, que deve restituí-la a quem de direito, tendo apenas direito de receber um prêmio ou recompensa, denominada achádego, acrescida da indenização a que faz jus pelas despesas efetuadas com a conservação e o transporte da coisa. **2.** *Direito de propriedade industrial.* a) Aquele que idealiza coisa nova, aproveitável na indústria; b) o que tem talento para inventar; c) autor de uma invenção suscetível de utilização industrial.

INVENTOR INDEPENDENTE. *Direito civil.* Pessoa física, não ocupante de cargo efetivo, cargo militar ou emprego público, que seja inventor, obtentor ou autor de criação.

INVERAZ. Inverídico.

IN VERBA MAGISTRI. *Expressão latina.* Conforme a palavra do mestre.

IN VERBIS. *Locução latina.* Textualmente; com as mesmas palavras; nestes termos.

INVERDADE. Falsidade.

INVERIDICIDADE. Falta de veridicidade.

INVERÍDICO. Que não é verdadeiro.

INVERNAÇÃO. *Direito agrário.* Ato ou efeito de invernar o gado.

INVERNADA. *Direito agrário.* **1.** Local onde o gado é colocado para descansar e recuperar forças. **2.** Pastagem cercada onde o gado fica solto para descanso, reprodução e engorda, principalmente no inverno.

INVERNADOR. *Direito agrário.* Fazendeiro que inverna gado.

INVERNADOURO. *Direito agrário.* Estufa para ter plantas no inverno.

INVERNAGEM. *Direito agrário.* Ato de invernar animais.

INVERNAR. *Direito agrário.* Recolher gado em uma invernada, para descanso e engorda.

INVERNISTA. *Direito agrário.* **1.** Invernador. **2.** Proprietário da invernada. **3.** Aquele que prepara o campo para o gado invernar.

INVERSA. *Lógica jurídica.* Diz-se da proposição que apresenta termos invertidos.

INVERSÃO. 1. *Medicina legal.* Desvio patológico conducente ao homossexualismo. **2.** *Direito civil.* Ação de inverter ou mudar uma coisa em outra, como, por exemplo, transmutação do título de posse, que passa de precário a título legal. **3.** *Direito comercial.* Ato de empregar capital em determinado negócio para auferir lucros. **4.** *Economia política.* a) Aplicação de capitais em certo empreendimento econômico; b) investimento. **5.** *Direito militar.* Mudança da frente para a retaguarda.

INVERSÃO DE CAPITAIS. *Direito comercial.* Aplicação de capitais de risco, fixos e particulares, numa empresa, com intuito especulativo.

INVERSÃO DO ÔNUS DA PROVA. *Direito do consumidor.* Técnica defensiva do consumidor, pela qual o

INVERSÃO MONETÁRIA   989   INV

fabricante deverá responder pelo prejuízo causado por produto defeituoso, ou pela utilização de produto por deficiência de informação quanto ao seu uso ou quanto aos riscos que tal uso poderia ocasionar, independentemente de ter o consumidor de demonstrar essa sua culpa. Não haverá responsabilidade do fabricante se ele conseguir provar que não foi o produto por ele elaborado o causador do dano, mas que este teve como fato gerador a força maior ou caso fortuito, a má utilização do consumidor, a falha de conservação em poder do intermediário (distribuidor do produto, comerciante atacadista, vendedor varejista). Com a inversão do ônus da prova, competirá ao fornecedor ou fabricante, diante da reclamação do consumidor, demonstrar a ausência de fraude e que o consumidor não foi lesado na compra de seu produto.

INVERSÃO MONETÁRIA. *Direito bancário* e *direito internacional privado.* **1.** Troca de moedas ou valores conversíveis por moeda de curso forçado. **2.** Câmbio de moedas de curso nacional ou internacional.

INVERSÃO SEXUAL. *Medicina legal.* Homossexualismo.

INVERSIONISTA. 1. *Direito comercial.* Aquele que inverte capitais numa empresa. **2.** *Economia política.* a) Aquele que faz a inversão; b) inversor; c) investidor. **3.** *Direito financeiro.* a) Pessoa física, cliente de um agente de custódia, habilitada a acessar a área exclusiva do Tesouro Direto para realizar compras, vendas ou consultas de títulos; b) aquele que aplica recursos no mercado financeiro, no de capitais, no de *commodities*, no de arte etc., com a expectativa de ganhos financeiros (aluguéis, juros etc. ...). É a lição de Luiz Fernando Rudge.

INVERSOR. *Vide* INVERSIONISTA.

INVERTIDO. *Medicina legal.* **1.** Homossexual. **2.** Pederasta passivo.

INVESTIDOR. *Vide* INVERSIONISTA.

INVESTIDOR INSTITUCIONAL. *Direito financeiro.* Profissional da aplicação de recursos de terceiros. Entidade que merece atenção especial da autoridade monetária, quando se trata de manter a liquidez dos mercados financeiros. Os principais investidores institucionais são: a) fundos de pensão e entidades de previdência privada; b) montepios; c) fundações de seguridade social; d) fundos de investimentos;

e) companhias de seguros e capitalização; f) companhias de investimentos (Luiz Fernando Rudge).

INVESTIDURA. *Direito constitucional* e *direito administrativo.* **1.** Ato de dar ou tomar posse em um cargo ou uma função. **2.** Cerimônia em que alguém recebe a posse de um cargo para desempenhá-lo. **3.** Incorporação de terreno pertencente a logradouro público a uma propriedade particular adjacente, para execução de projeto de alinhamento ou modificação de alinhamento aprovado pela Prefeitura (Brandão Cavalcanti). **4.** Alienação aos proprietários de imóveis lindeiros, por preço nunca inferior ao da avaliação, de área remanescente de obra pública que não possa ser aproveitada isoladamente (Geraldo Magela Alves). **5.** Título que se atribui ao novo proprietário a cuja propriedade se incorporou terreno de logradouro público.

INVESTIDURA PLAUSÍVEL. *Direito administrativo.* Teoria que visa explicar a validade de atos do funcionário de fato, fundando-se em razões de ordem pública, protegendo os administrados de possíveis danos que possam advir-lhes dessa situação (Gaston Jèze).

INVESTIGAÇÃO. 1. Pesquisa. **2.** Indagação sobre fatos. **3.** Ato ou efeito de inquirir. **4.** Inquirição para esclarecimento de fatos ou para descoberta de alguma coisa. **5.** Inquérito. **6.** Busca. **7.** Conjunto de diligências, perícias ou exames para apuração de um fato ou situação jurídica.

INVESTIGAÇÃO CIENTÍFICA. *Filosofia geral, filosofia do direito* e *teoria geral do direito.* **1.** Pesquisa científica. **2.** Processo de busca de conhecimento científico. **3.** Complexo de recursos e atividades científicas e tecnológicas visando a descoberta e a promoção da aplicação de novos conhecimentos (Hemptine).

INVESTIGAÇÃO CRIMINAL. *Direito penal* e *direito processual penal.* **1.** Devassa. **2.** Conjunto de atos praticados sob a direção dos agentes estatais da persecução penal, para colheita de dados e elementos de convicção indispensáveis à preparação da ação penal, quer, desde logo, instruindo a denúncia ou a queixa, quer, ainda, ofertando ao julgador a base provisória dos fundamentos da sentença a ser, oportunamente, proferida (José Frederico Marques). **3.** Complexo de atos e diligências executados pela autoridade policial para elucidação do crime e para descoberta do criminoso. **4.** Inquérito policial. **5.** Procedimento preparatório da ação penal, que assume caráter meramente informativo, revelando o objeto do processo criminal ainda sem contornos definidos (Eberhard Schmidt).

INVESTIGAÇÃO DE INFRAÇÕES PENAIS DE REPERCUSSÃO INTERESTADUAL OU INTERNACIONAL. *Direito penal.* Quando houver repercussão interestadual ou internacional que exija repressão uniforme, poderá o Departamento de Polícia Federal do Ministério da Justiça, sem prejuízo da responsabilidade dos órgãos de segurança pública, em especial das Polícias Militares e Civis dos Estados, proceder à investigação, dentre outras, das seguintes infrações penais: a) seqüestro, cárcere privado e extorsão mediante seqüestro, se o agente foi impelido por motivação política ou quando o ato foi praticado em razão da função pública exercida pela vítima; b) formação de cartel; c) relativas à violação a direitos humanos, que a República Federativa do Brasil se comprometeu a reprimir em decorrência de tratados internacionais de que seja parte; d) furto, roubo ou receptação de cargas, inclusive bens e valores, transportados em operação interestadual ou internacional, quando houver indícios da atuação de quadrilha ou bando em mais de um Estado da Federação. Atendidos os pressupostos legais, o Departamento de Polícia Federal procederá à apuração de outros casos, desde que tal providência seja autorizada ou determinada pelo Ministro de Estado da Justiça.

INVESTIGAÇÃO DE MATERNIDADE. *Direito civil* e *direito processual civil.* Ação intentada contra a suposta mãe ou, se já tiver falecido, contra seus herdeiros, pelo próprio filho, se capaz, ou por seu representante legal, se incapaz. Tal ação é raríssima, devido à parêmia *mater semper certa est*, sendo, outrora, vedada quando tinha por fim atribuir prole ilegítima a mulher casada ou conferir prole incestuosa a mulher solteira, uma vez que não se permitia reconhecimento de filhos oriundos de incesto. Se o filho falecer antes de movê-la, seus herdeiros não têm legitimação para fazê-lo, mas, se morrer após intentá-la, eles terão direito assegurado de continuá-la.

INVESTIGAÇÃO DE PATERNIDADE. *Direito civil* e *direito processual civil.* Ação ordinária promovida pelo filho, ou seu representante legal, se incapaz, contra o genitor ou seus herdeiros ou legatá-

rios, podendo ser cumulada com a de petição de herança, para obter a declaração judicial de seu respectivo *status familiae* e de sua condição de filho. Se o suposto pai não atender, no prazo legal, a notificação judicial ou negar a alegada paternidade, o juiz remeterá os autos ao representante do Ministério Público para que intente, havendo elementos suficientes, a ação de investigação de paternidade.

INVESTIGAÇÃO PARA CREDENCIAMENTO. É a investigação prévia com objetivo de verificar os requisitos indispensáveis para que uma pessoa receba credencial de segurança.

INVESTIGAÇÃO PRELIMINAR. *Direito administrativo.* Procedimento sigiloso, instaurado pelo órgão central e pelas unidades setoriais, com objetivo de coletar elementos para verificar o cabimento da instauração de sindicância ou processo administrativo disciplinar.

INVESTIGADO. 1. Submetido a investigação. **2.** Que é objeto de investigação. **3.** Pessoa contra quem se intenta uma investigação.

INVESTIGADOR. 1. Aquele que investiga ou efetua uma investigação. **2.** Agente de polícia encarregado de desvendar o crime e de descobrir ou localizar o criminoso.

INVESTIGANDO. 1. Investigado. **2.** Pai ou mãe cuja paternidade ou maternidade está sendo objeto de ação de investigação.

INVESTIGANTE. 1. Que investiga. **2.** Aquele que promove uma investigação. **3.** Autor na ação de investigação de maternidade ou paternidade.

INVESTIGAR. 1. Pesquisar. **2.** Inquirir. **3.** Fazer investigação. **4.** Devassar. **5.** Seguir vestígios.

INVESTIGÁVEL. Que pode ser investigado.

INVESTMENT GRADE. *Locução inglesa.* **1.** Grau de investimento. **2.** Nota de avaliação de crédito para aplicações de baixo risco. **3.** Investimento saudável. **4.** Classificação de nível de risco, para empresas ou países avaliados como capazes de honrar seus compromissos (Luiz Fernando Rudge).

INVESTIMENTO. 1. *Economia política.* a) Aplicação de capitais em títulos mobiliários ou em qualquer empreendimento fabril ou comercial, para obtenção de lucro; b) inversão de capitais. **2.** *Direito administrativo.* Investidura ou ato de dar posse a alguém no cargo para o qual foi nomeado ou eleito. **3.** *Biodireito.* Ato de promover ações de fomento utilizando os diver-

INVESTIMENTO EXTERNO DIRETO
991
INV

sos mecanismos de apoio disponíveis, de modo a prover fontes adequadas de financiamento, inclusive de natureza não reembolsável, bem como fortalecimento do aporte de capital de risco, para a formação de empresas ou rede de empresas inovadoras de base biotecnológica; avaliar a utilização de instrumentos de desoneração tributária para a modernização industrial, inovação e exportação no segmento de biotecnologia.

INVESTIMENTO EXTERNO DIRETO. *Direito bancário.* São as participações, no capital social de empresas no País, pertencentes a pessoas físicas ou jurídicas residentes, domiciliadas ou com sede no exterior, integralizadas ou adquiridas na forma da legislação em vigor, bem como o capital destacado de empresas estrangeiras autorizadas a operar no País.

INVESTIMENTO SOCIAL COMUNITÁRIO (ISC). Fundo de natureza filantrópica que destina recursos para instituições beneficentes. Entre esses recursos destaca-se parte da taxa de administração, aplicada em projetos sociais (Luiz Fernando Rudge).

INVESTIR. 1. Dar posse de um cargo. **2.** Entrar na posse de alguma coisa; empossar-se. **3.** Revestir de autoridade. **4.** Atacar. **5.** Aplicar capital em negócio que possa apresentar lucro; inverter capital. **6.** Conferir poder. **7.** Atirar-se contra algo ou alguém.

INVESTMENTZERTIFIKATE. *Termo alemão.* Títulos de fundos comuns de investimento.

INVETERADO. 1. Muito antigo. **2.** Arraigado por força do tempo ou do hábito. **3.** Enraizado.

INVIABILIDADE. Qualidade de inviável.

INVIABILIDADE FETAL. *Medicina legal.* Falta de condições físicas e fisiológicas para que o feto possa se desenvolver na vida extra-uterina.

INVIÁVEL. 1. *Medicina legal.* Diz-se do feto que não apresenta condições para sobreviver fora do útero. **2.** Na *linguagem comum,* designa o que não é viável.

INVICTO. 1. *Direito desportivo.* a) Que ainda não foi vencido; b) diz-se da equipe ou do atleta que venceu um campeonato sem sofrer derrota em nenhuma etapa do certame. **2.** Nas *linguagens comum* e *jurídica,* tem o sentido de: a) invencível; b) que nunca foi vencido.

INVIGILÂNCIA. Falta de vigilância.

IN VIGILANDO. *Locução latina.* Em vigiar.

INVIOLABILIDADE. 1. *Direito constitucional.* a) Prerrogativa que faz com que certas pessoas tenham imunidade, ficando a coberto da ação da justiça comum; b) prerrogativa do indivíduo quanto à disposição dos direitos fundamentais como intimidade, vida, honra, imagem, domicílio, sigilo de correspondência etc. **2.** *Direito internacional público.* a) Garantia assegurada a agente diplomático de não poder sofrer restrição à sua liberdade pessoal, estando imune, não podendo ser processado, civil ou penalmente, pela justiça do país onde exerce sua função; b) imunidade do agente necessária ao desempenho de suas funções, a qual alcança sua residência, seus carros, seus papéis, sua correspondência e seus familiares que com ele residam no mesmo teto. **3.** Nas *linguagens comum* e *jurídica,* tem o sentido de: a) qualidade de inviolável; b) prerrogativa legal que coloca a pessoa ao abrigo da ação da justiça; c) qualidade conferida a coisas ou pessoas de não poderem ser violadas ou molestadas.

INVIOLABILIDADE DAS REPARTIÇÕES. *Direito administrativo.* Prerrogativa outorgada às repartições públicas, em razão da qual nelas não estão permitidas quaisquer investigações, buscas, apreensões, a não ser que sejam autorizadas pela autoridade administrativa competente, a que estejam subordinadas, ou por mandado judicial.

INVIOLABILIDADE DE CORRESPONDÊNCIA. *Direito constitucional* e *direito penal.* Garantia pela qual se respeita o sigilo de correspondência, sob pena de detenção ou multa àquele que, sem autorização, vier a devassar o conteúdo de carta ou telegrama.

INVIOLABILIDADE DE DOMICÍLIO. *Direito constitucional.* Garantia constitucional da não-permissão para que se penetre em casa particular sem o consenso de seu morador, exceto em caso de flagrante delito ou desastre, ou para prestar socorro, ou, durante o dia, por determinação judicial.

INVIOLABILIDADE DE LIBERDADE RELIGIOSA. *Direito constitucional.* Garantia constitucional que assegura a todos o direito à liberdade de crença e de culto ou ao livre exercício da religião, segundo os ditames de sua consciência.

INVIOLABILIDADE DE SEGREDO. *Direito constitucional.* Não-permissão para que uma pessoa, conhecedora de sigilo alheio por força de confidência ou de sua função profissional, venha a revelá-lo, sem justa causa, a outrem, pois dessa divulgação pode advir dano.

INVIOLABILIDADE PARLAMENTAR. *Vide* IMUNIDADE PARLAMENTAR.

INVIOLADO. Que não é violado.

INVIOLÁVEL. 1. Que não pode ser violado. **2.** Privilegiado.

INVISA NUNQUAM IMPERIA RETINENTUR DIU. Expressão latina. Os governos impopulares não podem manter-se por muito tempo.

INVITADOR. *Direito romano.* Servo que, na antiga Roma, era encarregado da distribuição dos convites para os banquetes.

INVITAL. Que não é vital.

INVITAMENTO. 1. Convocação. **2.** Ato ou efeito de invitar ou de convidar.

INVITATION À POURPARLERS. Direito internacional privado. Convite para negociar.

INVITATION TO DEAL. Expressão inglesa. Convite a fazer uma oferta.

INVITATÓRIO. 1. Que encerra convite. **2.** Próprio para convidar.

INVITE. Convite.

INVITO. 1. Aquele que age contra sua vontade. **2.** Coagido. **3.** Constrangido. **4.** Forçado.

INVITO NON DATUR BENEFICIUM. Aforismo jurídico. Não se faz benefício contra a vontade.

IN VITRO. Locução latina. No vidro, em tubo de ensaio.

IN VIVO. Locução latina. No ser vivo.

INVOCAÇÃO. 1. Pedido de socorro ou auxílio. **2.** Ato ou efeito de invocar. **3.** Alegação. **4.** Exposição de fatos e argumentos. **5.** Indicação de testemunha ou fato que possa demonstrar o que se afirma. **6.** Apresentação de texto normativo.

INVOCAÇÃO DE PRESCRIÇÃO. *Direito processual civil.* Alegação do decurso do prazo prescricional em qualquer instância ou fase do processo, pela parte a quem aproveite.

INVOCATIVO. Que encerra invocação.

INVOCÁVEL. Que pode ser invocado.

IN VOCE. Locução latina. De viva voz.

INVOICE. *Direito internacional privado.* Documento comercial que formaliza uma operação de compra e venda feita com o exterior, contendo

quantidade, preço e condições de pagamento de mercadorias ou serviços prestados.

INVOLUÇÃO. *Medicina legal.* Alteração regressiva do corpo que se dá no processo de envelhecimento.

INVOLUÇÃO UTERINA. *Medicina legal.* Retorno do útero ao tamanho normal após o parto ou o abortamento (Croce e Croce Jr.).

INVOLUCRADO. Colocado em invólucro.

INVÓLUCRO. *Direito comercial.* **1.** Revestimento. **2.** Envoltório. **3.** Embrulho. **4.** O que envolve.

INVÓLUCRO COM FALSA INDICAÇÃO DO PRODUTO. *Direito penal.* Crime que consiste em inculcar em invólucro de produto alimentício ou medicinal a existência de substância que não se encontra em seu conteúdo ou que nele existe em quantidade inferior à mencionada. Tal fato típico penal é punível com detenção ou multa, por lesar a saúde pública.

INVULGAR. Raro.

INVULNERÁVEL. 1. Inatacável. **2.** Que não pode sofrer gravame em sua probidade ou reputação.

IOCU. *Direito internacional privado.* Sigla de *International Organization of Consumers Union.*

IODISMO. *Medicina legal.* Intoxicação crônica provocada pelo iodo.

IODOFOBIA. *Medicina legal.* Pavor de medicamentos preparados com iodo.

IODOMETIA. *Medicina legal.* Embriaguez que se observa no iodismo.

IOF. *Direito tributário.* Abreviatura de Imposto sobre Operações de Crédito, Câmbio e Seguro, ou relativas a Títulos e Valores Mobiliários.

IOFOBIA. *Medicina legal.* Receio mórbido ao veneno.

IOGA. *Filosofia geral.* Sistema místico-filosófico, oriundo da Índia, que busca o domínio do espírito sobre a matéria através de exercícios respiratórios, mentais etc.

IOGUE. Aquele que pratica ioga.

IOIÔ. *História do direito.* Tratamento dado pelos escravos ao seu senhor.

IOLE. *Direito desportivo.* Canoa estreita, leve e rápida muito usada no desporto aquático.

IP. *Vide INTERNET PROTOCOL.*

IPC. *Direito do consumidor.* Índice de Preços ao Consumidor.

IPEA. Abreviatura de Instituto de Pesquisa Econômica Aplicada.

IPHAN. Abreviatura de Instituto do Patrimônio Histórico e Artístico Nacional, hoje substituído pelo Instituto Brasileiro de Patrimônio Cultural.

IPI. *Vide* IMPOSTO SOBRE PRODUTOS INDUSTRIALIZADOS.

IPSIS LITTERIS. *Locução latina.* Pelas mesmas letras, sem alteração do que foi escrito.

IPSIS VERBIS. *Locução latina.* Pelas mesmas palavras, sem alteração do que foi dito; literalmente.

IPSO FACTO. *Locução latina.* Pelo mesmo fato; pelo próprio fato; por si mesmo.

IPSO FACTO ATQUE JURE. *Expressão latina.* Pelo fato e pelo direito.

IPSO JURE. *Locução latina.* Pelo próprio direito; de acordo com a lei.

IPTU. *Vide* IMPOSTO SOBRE PROPRIEDADE PREDIAL E TERRITORIAL URBANA.

IPTU PROGRESSIVO NO TEMPO. *Direito tributário.* Tributo cobrado pelo Município a quem não cumprir, nas condições e nos prazos legais, parcelamento, edificação ou utilização de imóvel, mediante majoração da alíquota pelo prazo de cinco anos consecutivos. O valor de tal alíquota aplicado a cada ano não excederá a duas vezes o valor referente ao ano anterior, respeitada a alíquota máxima de 15%. Caso a obrigação de parcelar, edificar ou utilizar não esteja atendida em cinco anos, o Município manterá a cobrança pela alíquota máxima, até que se cumpra a referida obrigação, garantida a prerrogativa da desapropriação com pagamento em títulos. É vedada a concessão de isenções ou de anistia relativas à tributação progressiva.

IRA. 1. Cólera. 2. Raiva. 3. Indignação.

IRACÚNDIA. 1. Disposição habitual para encolerizar-se. 2. Raiva excessiva.

IRADE. *Direito comparado.* Decreto do sultão da Turquia.

IRADO. 1. Enraivecido. 2. Colérico.

IRA FUROR BREVIS EST. *Expressão latina.* A ira é uma breve loucura.

IRANIANO. 1. Relativo ao Irã. 2. Natural do Irã.

IRA NON EXCUSAT DELICTUM. *Expressão latina.* A ira não desculpa o crime.

IRAQUIANO. 1. Referente ao Iraque. 2. Habitante do Iraque.

IR A ROL. *História do direito.* Era a inclusão do nome de empregado na relação de pagamento, para percepção do salário a que fazia jus.

IRASCIBILIDADE. Estado de irritação.

IRASCÍVEL. Que se irrita com facilidade.

IRB BRASIL RESSEGUROS. *Direito civil.* Sociedade de economia mista, com personalidade jurídica própria de direito privado e gozando de autonomia para regular o co-seguro, o resseguro e a retrocessão, bem como promover o desenvolvimento das operações de seguro no País, segundo as diretrizes do CNSP — Conselho Nacional de Seguros Privados (Luiz Fernando Rudge).

IRC. *Direito virtual.* Abreviação de *Intern Relay Chat.* Processo pelo qual os internautas conversam virtualmente ou transferem arquivos entre si.

IRENARCA. *História do direito.* Oficial que devia manter a paz nas províncias do Império Romano do Oriente.

IRENARQUIA. *História do direito.* Dignidade de irenarca.

ÍRENE. *História do direito.* 1. Dizia-se do espartano que, se tivesse mais de vinte anos, podia falar nas assembléias. 2. Chefe dos espartanos nos exercícios militares e ginásticos.

IRÊNICO. *História do direito.* Livro que apaziguava discórdias entre os cristãos dos primeiros séculos.

IRENISTA. Partidário da paz universal.

IR E VIR. *Direito constitucional.* Liberdade de locomoção e de permanência assegurada constitucionalmente, e amparada pelo *habeas corpus.*

IRIDALGIA. *Medicina legal.* Dor na íris.

IRIDAREOSE. *Medicina legal.* Atrofia na íris.

IRIDAUXESE. *Medicina legal.* Hipertrofia da íris.

IRIDELCOSE. *Medicina legal.* Ulceração da íris.

IRIDEMIA. *Medicina legal.* Congestão da íris.

IRIDOCELE. *Medicina legal.* Hérnia da íris através da córnea.

IRISOPSIA. *Medicina legal.* Perturbação na vista, na qual os objetos se apresentam circundados de anéis coloridos.

IRIZ. *Direito agrário.* Doença do cafeeiro.

IRMÃ. 1. *Direito canônico.* Freira; religiosa. **2.** *Direito civil.* Pessoa do sexo feminino cuja relação de parentesco com outra decorre do fato de serem ambas filhas dos mesmos pais, ou só do mesmo pai ou da mesma mãe.

IRMÃ DE CARIDADE. Aquela que, pertencendo a uma ordem religiosa, se dedica ao tratamento dos enfermos.

IRMANDADE. *Vide* CONFRARIA.

IRMÃO. 1. *Direito civil.* a) Aquele que, relativamente a outro, é filho do mesmo pai e da mesma mãe, ou só da mesma mãe ou do mesmo pai; b) cada um dos membros de uma confraria; c) membro da maçonaria. **2.** *Direito canônico.* a) Frade que não exerce cargos superiores; b) membro de uma confraria.

IRMÃO BILATERAL. *Direito civil.* Filho do mesmo pai e da mesma mãe.

IRMÃO CONSANGÜÍNEO. *Direito civil.* Filho só do mesmo pai.

IRMÃO DE ARMAS. *Direito militar.* Camarada de guerra.

IRMÃO DE LEITE. Amamentado pela mesma mulher, sendo filho de pai e mãe diferentes.

IRMÃO DE SANGUE. *Vide* IRMÃO CONSANGÜÍNEO.

IRMÃO EM ARMAS. *História do direito.* Dizia-se do rei que tinha com outro liga ofensiva e defensiva.

IRMÃO GÊMEO. Nascido no mesmo parto.

IRMÃO GERMANO. *Vide* IRMÃO BILATERAL.

IRMÃO MATERNO. *Vide* IRMÃO UTERINO.

IRMÃO PATERNO. *Vide* IRMÃO CONSANGÜÍNEO.

IRMÃO UNILATERAL. *Direito civil.* Aquele que, em relação a outro, advém só da mesma mãe ou apenas do mesmo pai. É também designado "meio-irmão".

IRMÃO UTERINO. *Direito civil.* O que é filho apenas da mesma mãe, mas de pai diferente.

IRONIA. 1. *Retórica jurídica.* Ato de fazer entender aquilo que se pretende dizendo exatamente o contrário, com o intuito de censurar ou zombar (Lalande). **2.** *Filosofia geral.* Ação de interrogar simulando ignorância (Platão e Sócrates). É também denominada "ironia socrática". **3.** Na *linguagem comum,* significa sarcasmo, zombaria insultuosa.

IRONISMO. *Retórica jurídica.* Tendência para o emprego da ironia.

IRONISTA. *Retórica jurídica.* Aquele que usa de ironia com freqüência.

IRONIZAR. 1. Usar de ironia. **2.** Tornar irônico.

IROSO. 1. Raivoso. **2.** Propenso a ira.

IRRACIONADO. Que não é racionado.

IRRACIONAL. *Filosofia geral* e *lógica jurídica.* **1.** Contrário à razão. **2.** Que não raciocina. **3.** Diz-se, em oposição ao homem, dos demais animais que são guiados pelo instinto.

IRRACIONALIDADE. *Filosofia geral.* **1.** Qualidade de irracional. **2.** Falta de raciocínio.

IRRACIONALISMO. *Filosofia geral.* Doutrina que nega à razão humana a preponderância que o racionalismo lhe dá.

IRRACIONÁVEL. *Filosofia geral.* **1.** Oposto à razão. **2.** Aquilo de que não se pode descobrir seu fundamento ou sua causa.

IRRADIAÇÃO. *Medicina legal.* **1.** Contágio. **2.** Aplicação de raios X, raios de rádio etc., com fins terapêuticos.

IRREAL. *Filosofia geral.* O que não tem existência real.

IRREALIZÁVEL. Que não se pode realizar.

IRRECIPROCIDADE. Falta de reciprocidade.

IRRECÍPROCO. *Sociologia geral.* **1.** Diz-se da colônia em que nem todos os membros contribuem para o bem-estar de todos. **2.** Grupo em que o valor social se limita aos jovens.

IRRECLAMÁVEL. O que não pode ser reclamado.

IRRECOBRÁVEL. O que não se pode recuperar.

IRRECONCILIABILIDADE. Qualidade de irreconciliável.

IRRECONCILIADO. Que não é reconciliado.

IRRECONCILIÁVEL. Que não se pode reconciliar.

IRRECONHECÍVEL. 1. Alterado pelo uso. **2.** Que não é reconhecível.

IRRECORRIBILIDADE. *Direito processual.* **1.** Circunstância ou estado da decisão que não admite recurso. **2.** Qualidade de irrecorrível.

IRRECORRÍVEL. *Direito processual.* Diz-se da decisão, definitiva ou incidente, da qual não se pode recorrer.

IRRECUPERÁVEL. Que não pode ser recuperado.

IRRECUSABILIDADE. Qualidade de irrecusável.

IRRECUSÁVEL. 1. Incontestável. **2.** Que não pode ser negado.

IRREDARGÜÍVEL. 1. Irrespondível. **2.** Aquilo que não se pode redargüir.

IRREDENTISMO. *História do direito.* Movimento nacional italiano que visava recuperar os territórios anteriormente possuídos.

IRREDENTISTA. *História do direito.* Partidário do irredentismo.

IRREDENTO. Não resgatado.

IRREDIMÍVEL. Que não se pode redimir.

IRREDUTIBILIDADE. *Direito do trabalho.* **1.** Qualidade de irredutível. **2.** Prerrogativa do assalariado de não sofrer redução salarial.

IRREDUTIBILIDADE DE VENCIMENTOS DE MAGISTRADO. *Direito constitucional.* Garantia constitucional de que gozam os magistrados de receber sua remuneração integral sem quaisquer abatimentos ou reduções.

IRREDUTÍVEL. 1. Irreduzível. **2.** Perseverante. **3.** Aquilo que não pode ser reduzido. **4.** Invencível.

IRREDUZÍVEL. Que não pode ser reduzido ou diminuído.

IRREELEGIBILIDADE. *Direito eleitoral.* Qualidade do que é irreelegível para o mesmo mandato que vem logo depois.

IRREELEGÍVEL. *Direito eleitoral.* **1.** Que não pode ser reeleito. **2.** Aquele que não pode ser eleito uma segunda vez para o mesmo cargo no mandato imediatamente subseqüente.

IRREFLETIDO. 1. O que revela falta de reflexão. **2.** Impensado.

IRREFLEXÃO. Falta de prudência ou de reflexão.

IRREFORMÁVEL. Que não se pode emendar ou reformar.

IRREFRAGÁVEL. 1. Incontestável. **2.** Irrecusável.

IRREFREÁVEL. 1. Irreprimível. **2.** Que não se pode refrear.

IRREFUTABILIDADE. Qualidade de irrefutável.

IRREFUTADO. 1. Incontestado. **2.** Que não é refutado.

IRREFUTÁVEL. 1. Evidente. **2.** Aquilo que não se pode refutar.

IRREGENERÁVEL. Incorrigível.

IRREGISTRÁVEL. Aquilo que não se pode registrar.

IRREGÍVEL. 1. Indomável. **2.** Incorrigível.

IRREGRESSÍVEL. 1. Nas *linguagens comum* e *jurídica,* é o que não pode regressar. **2.** *Medicina legal.* Diz-se da moléstia incurável.

IRREGULAR. 1. Que não é regular. **2.** Que incorreu numa irregularidade. **3.** Contrário à lei, à moral e aos bons costumes. **4.** Arbitrário. **5.** Oposto à justiça.

IRREGULARIDADE. 1. Na *linguagem jurídica* em geral, é: a) falta; erro; b) qualidade de irregular; c) situação ou procedimento infenso à lei ou a regulamento; d) ato irregular. **2.** *Direito canônico.* Impedimento para receber as ordens sacras decorrente de defeito físico ou moral ou da prática de ato delituoso. **3.** *Direito comercial.* Condição da sociedade em razão da falta de registro de seus estatutos.

IRREITERAL. Que não se pode reiterar.

IRREIVINDICÁVEL. Que não se pode reivindicar.

IRRELEVÂNCIA. 1. Qualidade do que não tem importância ou valor. **2.** Falta de relevância ou de conveniência. **3.** Inadmissibilidade. **4.** Inaplicabilidade.

IRRELEVANTE. 1. Sem importância. **2.** Sem merecimento. **3.** Sem relevo. **4.** Inoportuno. **5.** Que não tem base legal. **6.** Inadequado. **7.** Impertinente.

IRRELIGIOSISMO. Mania de combater qualquer religião.

IRRELIGIOSO. 1. Ateu. **2.** Ímpio.

IRREMEDIABILIDADE. Qualidade daquilo para que não há remédio.

IRREMEDIÁVEL. 1. Insuprível. **2.** Irrecuperável. **3.** O que é incurável. **4.** Inevitável.

IRREMICÍVEL. 1. Sem resgate. **2.** Insuscetível de remição.

IRREMISSIBILIDADE. Estado de irremissível.

IRREMISSÍVEL. 1. Que não se pode remitir ou perdoar. **2.** Inevitável. **3.** Irremediável. **4.** O que não comporta remissão.

IRREMÍVEL. 1. Irresgatável. **2.** Que não se pode livrar de ônus. **3.** Irremicível.

IRREMOVIBILIDADE. Qualidade de irremovível.

IRREMOVÍVEL. 1. Inevitável. **2.** Que não pode ser removido. **3.** Irremediável.

IRREMUNERADO. Que não tem remuneração.

IRREMUNERÁVEL. Que não pode ser remunerado.

IRRENUNCIABILIDADE. Qualidade de irrenunciável.

IRRENUNCIÁVEL. Que não se pode renunciar.

IRREPARABILIDADE. *Direito processual civil.* Qualidade do que não pode ser objeto de reparação ou de ressarcimento.

IRREPARÁVEL. 1. Irremediável. **2.** Insuscetível de recuperação. **3.** O que não é ressarcível. **4.** Que não se pode reparar. **5.** Irrestaurável.

IRREPARTÍVEL. *Direito civil.* **1.** Indivisível. **2.** Que não pode ser dividido.

IRREPLICÁVEL. Que não admite réplica.

IRREPREENSÍVEL. 1. Que não pode ser repreendido. **2.** Perfeito.

IRREPRESENTÁVEL. *Direito civil.* **1.** Que não pode ser representado. **2.** Que não pode ter representante.

IRREPRESSIBILIDADE. Qualidade do que não pode ser coibido ou sustado.

IRREPRESSÍVEL. Irreprimível.

IRREPRIMÍVEL. Que não se pode reprimir.

IRREPROCHÁVEL. 1. Que não merece censura. **2.** Imaculável.

IRREPRODUZÍVEL. Que não pode ser reproduzido.

IRREQUIETAÇÃO. Inquietação.

IRRESCINDIBILIDADE. Qualidade de irrescindível.

IRRESCINDÍVEL. 1. *Direito civil.* O que não se pode rescindir. **2.** *Direito processual civil.* O que não se pode desconstituir por meio de ação rescisória.

IRRESGATABILIDADE. Qualidade de irresgatável.

IRRESGATÁVEL. Que não pode ser resgatado.

IRRESIGNÁVEL. 1. Que não pode ser renunciado. **2.** Que não tem resignação. **3.** Que não se conforma.

IRRESILIBILIDADE. 1. Irrescindibilidade. **2.** Qualidade de irresilível.

IRRESILÍVEL. Que não pode ser rescindido.

IRRESISTÍVEL. 1. A que não se pode resistir. **2.** O que não se pode evitar por ser fatal. **3.** Convincente. **4.** Invencível.

IRRESOLUÇÃO. 1. Indecisão. **2.** Hesitação.

IRRESOLUTO. 1. O que não foi resolvido. **2.** Indeciso.

IRRESOLÚVEL. 1. Insolúvel. **2.** Que não se resolve. **3.** Irredutível.

IRRESOLVIDO. Que ainda não foi solucionado ou resolvido.

IRRESPEITÁVEL. Que não merece respeito.

IRRESPEITO. 1. Desacatamento. **2.** Falta de respeito. **3.** Irreverência.

IRRESPEITOSO. Em que há falta de respeito.

IRRESPONDÍVEL. 1. Irrefutável. **2.** Irreplicável.

IRRESPONSABILIDADE. *Direito civil* e *direito penal.* **1.** Qualidade de irresponsável. **2.** Estado daquele que não pode ser responsabilizado civil ou penalmente. **3.** Isenção de pena ou de obrigação de reparar o dano. **4.** Falta de responsabilidade. **5.** Ausência de capacidade de entendimento do caráter criminoso do fato ou da ilicitude da conduta.

IRRESPONSÁVEL. 1. *Direito penal.* a) Diz-se do menor que não responde penalmente, ficando sujeito a norma especial; b) aquele que perpetrou delito, mas que, por doença mental ou desenvolvimento psíquico incompleto, o que o torna incapaz de entender o ato praticado, isenta-se da pena, embora possa sofrer medida de segurança. **2.** *Direito civil.* a) Aquele que não responde civilmente pelo ilícito; b) o que não pode ser responsabilizado civilmente; c) o que não tem obrigação de reparar o dano.

IRRESTRINGÍVEL. Que não se pode restringir.

IRRESTRITO. 1. Que não tem limites; ilimitado. **2.** Que não sofre reduções. **3.** Amplo. **4.** Não restrito.

IRRETARDÁVEL. Que não se pode retardar.

IRRETENIBILIDADE. *Direito processual civil* e *direito civil.* Qualidade do que não é suscetível de retenção legal.

IRRETIRÁVEL. Que não se pode retirar.

IRRETORQUÍVEL. Que não se pode refutar.

IRRETRATABILIDADE. *Direito civil.* **1.** Qualidade do ato jurídico que não pode ser desfeito pela vontade das partes, por não apresentar qualquer vício. **2.** Irrevogabilidade. **3.** Imutabilidade. **4.** Caráter do que não pode ser desfeito por ato posterior.

IRRETRATABILIDADE DA REPRESENTAÇÃO. *Direito processual penal.* Caráter de irretratável da representação do ofendido nos crimes de ação pública, depois de oferecida a denúncia do Ministério Público.

IRRETRIBUÍVEL. Que não se pode retribuir.

IRRETROATIVIDADE. *Teoria geral do direito.* **1.** Qualidade do que não é retroativo. **2.** Caráter do que não atinge o passado. **3.** Condição do fato novo que não alcança coisa que se fez sob o domínio de um fato anterior.

IRRETROATIVIDADE DA LEI. *Teoria geral do direito* e *direito constitucional.* Princípio constitucional pelo qual a nova norma em vigor tem efeito imediato e geral, respeitando sempre o ato jurídico perfeito, o direito adquirido e a coisa julgada. É um princípio de utilidade social; daí não ser absoluto, por sofrer exceções, pois uma lei nova pode atingir, em certos casos, situações passadas ou efeitos de determinados atos. Esse princípio veda a aplicação da lei nova a fatos ocorridos na vigência da lei anterior, ante a intangibilidade do ato jurídico perfeito, do direito adquirido e da coisa julgada consagrada constitucionalmente.

IRRETROATIVIDADE DE NORMAS INCRIMINADORAS. *Direito penal* e *direito constitucional.* Direito subjetivo consagrado constitucionalmente pelo qual as leis penais não retroagirão, salvo para beneficiar o réu. Ter-se-á, então, irretroatividade da lei mais severa e retroatividade da lei mais benigna. A lei posterior que incriminar novos fatos é irretroativa; logo, não alcança fatos praticados antes de sua entrada em vigor ante o princípio *nullum crimen sine praevia lege.*

IRRETROATIVO. *Teoria geral do direito.* Diz-se do ato ou da lei que não atinge os fatos anteriormente consumados.

IRREVELADO. Que não é divulgado.

IRREVELÁVEL. Que não se pode divulgar ou revelar.

IRREVERÊNCIA. **1.** Falta de reverência. **2.** Qualidade de irreverente.

IRREVERENCIAR. Cometer irreverência contra.

IRREVERENTE. **1.** Irrespeitoso. **2.** Incivil.

IRREVERSIBILIDADE. Qualidade do que é irreversível.

IRREVERSÍVEL. Que não é reversível.

IRREVISÍVEL. Que não se pode rever.

IRREVOCABILIDADE. *Vide* IRREVOGABILIDADE.

IRREVOGABILIDADE. *Teoria geral do direito.* **1.** Qualidade de irrevogável. **2.** Caráter do ato insuscetível de mudança.

IRREVOGABILIDADE DA ACEITAÇÃO OU DA RENÚNCIA DA HERANÇA. *Direito civil.* Uma vez aceita ou repudiada uma herança ao herdeiro, não é permitida a retratação.

IRREVOGÁVEL. *Teoria geral do direito.* **1.** O que não é suscetível de revogação. **2.** O que não pode ser desfeito. **3.** Diz-se daquilo cuja obrigatoriedade não pode ser retirada. **4.** O que não permite alteração.

IRRIGAÇÃO. **1.** *Direito agrário.* Rega artificial de plantas ou de terras. **2.** *Medicina legal.* Aplicação terapêutica que consiste em introduzir um líquido sob pressão nas cavidades do organismo.

IRRIGADOR. **1.** *Direito agrário.* a) Que irriga; b) dispositivo automático de irrigação a jato, em regra giratório. **2.** *Medicina legal.* Aparelho próprio para fazer irrigação.

IRRIGAR. **1.** *Direito agrário.* Regar por meios artificiais. **2.** *Medicina legal.* Aplicar irrigação.

IRRITABILIDADE. Qualidade de irritável.

IRRITAÇÃO. *Medicina legal.* **1.** Enfado. **2.** Ato ou efeito de irritar-se. **3.** Aumento anômalo do calor, da sensibilidade e da atividade de um órgão. **4.** Reação da matéria viva contra influência exterior.

IRRITANTE. **1.** *Teoria geral do direito.* Que anula. **2.** *Medicina legal.* Agente que produz irritação.

IRRITAR. **1.** *Teoria geral do direito.* Tornar írrito ou nulo. **2.** *Medicina legal.* a) Produzir irritação; b) tornar irado; encolerizar.

IRRITÁVEL. **1.** *Medicina legal.* Que se encoleriza com facilidade. **2.** *Teoria geral do direito.* Que pode ser declarado nulo.

ÍRRITO. *Teoria geral do direito.* **1.** Nulo. **2.** Que foi declarado inválido. **3.** Que não produz efeito; desprovido de eficácia; ineficaz.

IRRIVAL. Sem rival.

IRRIVALIZÁVEL. **1.** Inigualável. **2.** Impossível de rivalizar.

IRROGAÇÃO. Ato ou efeito de irrogar.

IRROGAR. **1.** Imputar fato a alguém. **2.** Infamar. **3.** Atribuir algo.

IRRUPÇÃO. **1.** Invasão repentina das águas do rio ou do mar. **2.** Aparecimento inesperado (Afonso Celso F. de Rezende).

IRVINGIANISMO. *História do direito.* Doutrina que visava fundir os rituais católico e protestante.

ISABELISMO. *História do direito.* Partido da Rainha Isabel II na Espanha, contra o pretendente D. Carlos.

ISAGOGE. *Termo latino.* **1.** Estudo introdutório. **2.** Início de uma obra.

ISCA. *Direito do consumidor.* É a forma de apresentação de um produto, geralmente associada a um atraente, destinada a induzir o contato ou consumo pela praga alvo.

ISCNOFONIA. *Medicina legal.* Debilidade da voz que dificulta a pronúncia de determinados fonemas.

ISCOCOLIA. *Medicina legal.* Deficiência na secreção da bílis.

ISCOGALACTIA. *Medicina legal.* Suspensão da secreção láctea.

ISCOMENIA. *Medicina legal.* Suspensão do mênstruo.

ISCÚRIA. *Medicina legal.* Retenção da urina.

IS DE CUIUS SUCCESSIONE AGITUR. *Expressão latina.* Aquele de cuja sucessão se trata; autor da sucessão.

ISDN. *Direito virtual.* Sigla de *Integrated Services Digital Network*, ou seja, Rede Digital de Serviços Integrados, que é um tipo especial de linha telefônica projetada para transmissão de voz e dados digitais em alta velocidade, mediante emprego de fios de cobre.

ISENÇÃO. **1.** Ato ou efeito de eximir. **2.** Dispensa de uma obrigação ou encargo. **3.** Ato de liberar alguém de alguma responsabilidade. **4.** Estado ou condição do que é isento. **5.** Dispensa.

ISENÇÃO DE ÂNIMO. **1.** Imparcialidade. **2.** Serenidade quanto ao modo de agir.

ISENÇÃO DE CULPA. Ausência de culpa.

ISENÇÃO DE IMPOSTO. *Vide* ISENÇÃO FISCAL.

ISENÇÃO DE PENA. **1.** Dispensa da aplicação da pena, fazendo com que alguém dela fique desonerado ou livre, em razão de fato que impeça sua imposição. **2.** Irresponsabilidade penal daquele que cometeu o crime por motivos de política criminal previstos em lei.

ISENÇÃO DE RESPONSABILIDADE. Ausência de responsabilidade.

ISENÇÃO ELEITORAL. *Direito eleitoral.* Documento fornecido pela Justiça Eleitoral àqueles que não podem se alistar, isentando-os das sanções legais, declarando que não estão em débito para com ela.

ISENÇÃO FISCAL. *Direito tributário.* **1.** Dispensa legal do cumprimento de um tributo (Rubens Gomes de Sousa e Amilcar de Araújo Falcão). **2.** Exoneração tributária qualitativa ou quantitativa (Sacha Calmon Navarro Coelho).

ISENÇÃO TRIBUTÁRIA. *Vide* ISENÇÃO FISCAL.

ISENTO. **1.** Dispensado. **2.** Incorruptível. **3.** Imparcial.

IS EST PATER QUEM JUSTAE NUPTIAE DEMONSTRANT. *Expressão latina.* O pai é aquele que o matrimônio legítimo indica como tal.

IS FECIT CUI PRODEST. *Expressão latina.* **1.** Fez aquele a quem aproveitou. **2.** Quase sempre comete delito quem dele tira proveito.

ISGOTT. Guia Internacional de Segurança para Navios Tanques Petroleiros e Terminais (*International Safety Guide for Oil Tankers and Terminals*).

ISLAMISMO. Religião muçulmana.

ISNÁQUIA. *Direito comparado.* Barco de fundo chato utilizado pelos povos do norte da Europa para transportar veículos.

ISO. Abreviação de *International Organization for Standardization*. Organização que cria padrões internacionais para várias áreas, incluindo computadores (Afonso Celso F. de Rezende).

ISOFILIA. *Medicina legal.* Afeto assexuado por alguém pertencente ao mesmo sexo.

ISOGORIA. *Ciência política.* **1.** Igual liberdade de manifestação da palavra e da ação política. **2.** Igualdade de participação na vida pública.

ISOGRAFIA. **1.** Reprodução exata da escrita manual. **2.** Ato de manuscrever (Afonso Celso F. de Rezende).

ISOLACIONISMO. *Ciência política.* **1.** Doutrina de não-ingerência, com relação à política de outras nações. **2.** Política externa em que um Estado procura, voluntariamente, evitar compromisso político externo (Bonazzi, Adler e Graebner).

ISOLACIONISTA. *Ciência política.* Partidário do isolacionismo.

ISOLAMENTO. **1.** *Direito penal.* Privação do condenado à pena de reclusão do contato com seus companheiros. **2.** *Medicina legal.* Local, no hospital, onde se colocam os portadores de doença contagiosa. **3.** *Sociologia geral.* Segregação espacial de indivíduos ou grupos em razão de fatores geofísicos, como falta de meios de comunicação, distância, barreiras naturais etc.

ISOLAMENTO CELULAR. *Direito penitenciário.* Segregação do condenado em cela individual.

ISOLAMENTO ESTRUTURAL. *Sociologia geral.* Falta de comunicação devido a defeitos físicos, que proporcionam experiências diferentes.

ISOLAMENTO HABITUDINAL. *Sociologia geral.* Falta de comunicação devido à participação de hábitos e costumes diferentes.

ISOLAMENTO NOTURNO. *Direito penitenciário.* Recolhimento do condenado, durante as horas de repouso noturno, em cela, pois durante o dia exerce atividades em comum com os demais presos.

ISOLAMENTO PSÍQUICO. *Sociologia geral.* Falta de comunicação devido à participação em experiências de um grupo limitado, mesmo que os costumes desse grupo sejam iguais ou quase idênticos aos dos outros grupos da mesma cultura.

ISOMORFIA. *Teoria geral do direito.* **1.** Igualdade estrutural (Ulrich Klug). **2.** *Vide* ISOMORFISMO.

ISOMORFISMO. *Filosofia geral.* **1.** Identidade de forma ou de estrutura. **2.** Igualdade estrutural.

ISOMORFO. *Filosofia geral.* Com a mesma forma.

ISONOMIA. *Direito constitucional.* **1.** Igualdade de todos perante a lei. **2.** Tratamento igual aos iguais e desigual aos desiguais.

ISONOMIA DAS PESSOAS CONSTITUCIONAIS. *Direito constitucional.* Igualdade jurídica da União, dos Estados, do Distrito Federal e dos Municípios, detentores de competência própria como pessoas jurídicas de direito público.

ISONOMIA EMPREGATÍCIA. *Direito do trabalho.* Igualdade que proíbe diferença de salário, de exercício de funções e de critérios de admissão, por motivo de sexo, idade, raça ou estado civil (Othon Sidou).

ISÔNOMO. Que cristaliza segundo a mesma lei (Cândido de Figueiredo).

ISOPIA. *Medicina legal.* Igualdade de visão em ambos os olhos.

ISÓTELE. *História do direito.* Estrangeiro que, na Grécia antiga, conseguia o direito de propriedade e foros de cidadania.

ISOTIMIA. **1.** *Direito administrativo.* Igualdade de acesso aos cargos públicos, que requer a implantação do critério do merecimento, mediante concurso para selecionar os que se candidatem àqueles cargos (Othon Sidou). **2.** Na *linguagem*

jurídica em geral, pode significar igualdade de respeito por todos.

ISOTRANSPLANTE. *Medicina legal.* *Vide* TRANSPLANTE ISOGÊNICO.

ISÓTROPO. Que apresenta as mesmas propriedades.

ISP. *Vide* PROVEDOR DE ACESSO.

IS PATER EST QUEM NUPTIAE DEMONSTRANT. *Expressão latina.* É pai aquele que as núpcias demonstram.

ISQUEMIA. *Medicina legal.* Deficiência de circulação do sangue que irriga um órgão.

ISQUIAGRA. *Medicina legal.* Dor fixa no trajeto do nervo ciático.

IS QUIS TACET NON FATETUR, SED NEC UTIQUE NEGARE VIDETUR. *Expressão latina.* Quem se cala nem confessa nem nega.

ISS. *Vide* IMPOSTO SOBRE SERVIÇO DE QUALQUER NATUREZA (ISS).

ISSUING BANK. *Locução inglesa.* Banco emitente.

IT. *Termo inglês.* Magnetismo pessoal.

ITA EST. *Locução latina.* É assim; está conforme.

ITA FIT UT. *Expressão latina.* Donde se conclui; donde se segue.

ITA IUS EST. *Expressão latina.* Assim é o direito.

ITA JUSTITIA SPERAT. *Expressão latina.* Assim a justiça espera.

ITA LEX DICIT. *Expressão latina.* Assim diz a lei.

ITA LEX SCRIPTA EST. *Expressão latina.* Assim está escrita a lei.

ITALIANISMO. **1.** Imitação da língua e dos costumes italianos. **2.** Modo de falar próprio da língua italiana. **3.** Afeição exagerada às coisas italianas.

ITAMARATI. Denominação da sede do Ministério das Relações Exteriores no Distrito Federal.

ITA SPERATUR. *Locução latina.* Assim se espera.

ITA SPERATUR JUSTITIA. *Expressão latina.* Assim se espera justiça.

ITA UT. *Locução latina.* Sou do parecer.

ITEM. *Termo latino.* **1.** Igualmente; da mesma forma. **2.** Cada um dos artigos de lei, contrato etc., especificados por números, indicando a seqüência de disposições em que pode dividir-se. **3.** Tudo que possa ser individualmente descrito e considerado como uma atividade, uma operação, um processo, um procedimento, um produto (bem ou serviço), um sistema, subsistema ou componente, uma organização ou pessoa, ou qualquer combinação dessas.

ITER. *Termo latino.* Caminho; meio para se obter um fim.

ITERAÇÃO. **1.** Ato de repetir. **2.** Provocação feita ao mesmo órgão para que haja reexame do decidido.

ITERATIVO. **1.** Repetido muitas vezes. **2.** Próprio para repetir. **3.** Renovado.

ITER CRIMINIS. *Direito penal.* **1.** Conjunto de atos levados a efeito pelo criminoso, para consumar o delito. **2.** Percurso completo do crime, para que atinja o resultado ou *meta optata.* **3.** Caminho do delito. **4.** Complexo de atos preparatórios à prática da ação criminosa. **5.** Fases pelas quais passa o delito, que são: idéia de cometer o crime, deliberação, atos preparatórios e atos executórios (Zarzuela).

ITER IURIS. *Locução latina.* Caminho do direito; diretriz a ser seguida para obtenção de um fim jurídico.

ITINERANTE. **1.** Que percorre itinerários. **2.** Aquele que jornadeia de local para local.

ITINERÁRIO. **1.** Referente ao caminho ou à rota que se segue. **2.** Indicação de um caminho que liga um local a outro. **3.** Percurso ou roteiro a seguir, podendo ser definido por códigos de rodovias, nomes de localidades ou pontos geográficos conhecidos. **4.** Guia de turistas; livro com informações úteis para viajantes.

ITO. *Direito internacional privado.* Sigla de *International Trade Organization*, que devia regulamentar o comércio internacional. Ante o seu insucesso, o *General Agreement on Tariffs and Trade* (GATT) acabou por assumir suas funções.

ITR. *Direito tributário.* Sigla de Imposto sobre Propriedade Territorial Rural.

IUDEX DAMNATUR UBI NOCENS ABSOLVITUR. *Expressão latina.* O juiz é condenado quando absolve o culpado.

IUDEX ESTO. *Locução latina.* Sê juiz.

IUDEX PRIVATUS. *Direito romano.* Juiz, na fase das ações da lei e do procedimento formulário escrito, nomeado pelo pretor entre os cidadãos romanos arrolados num álbum específico, para conhecer das provas e prolatar a sentença (Othon Sidou).

IUDICATUM SOLVI. *Locução latina.* Seja pago o que está julgado.

IUDICIS SENTENTIAM OPORTET SEQUI CLEMENTIAM. *Expressão latina.* A sentença do juiz deve ser marcada pela clemência.

IURA. *Termo latino.* Direitos.

IURA IN RE ALIENA. *Expressão latina.* Direitos sobre coisas alheias.

IURA NOVIT CURIA. **1.** *Expressão latina.* Juízes conhecem o direito. **2.** *Direito processual.* Princípio que apresenta duas faces: o dever do magistrado de conhecer e aplicar, de ofício, a norma, e o poder do juiz de procurar e aplicar a lei, ainda que não alegada e provada pelas partes.

IURE ET FACTO. *Expressão latina.* De direito e de fato.

IURE NATURAE AEQUUM EST, NEMINEM CUM ALTERIUS DETRIMENTO ET INIURIA FIERI LOCUPLETIOREM. *Expressão latina.* É justo por direito natural que ninguém enriqueça em prejuízo de outrem.

IURE PROPRIO. *Locução latina.* Por direito próprio.

IURIS ET DE IURE. *Expressão latina.* **1.** De direito e a respeito ao direito. **2.** De direito e por direito.

IURIS PRAECEPTA. *Locução latina.* Preceitos jurídicos.

IURIS TANTUM. *Locução latina.* Resultante somente do direito; que pertence só ao direito.

IURIS UTAIUSQUE DOCTOR. *Expressão latina.* Doutor em ambas as leis, ou seja, em direito canônico e em direito civil.

IURTA. *Direito comparado.* Abrigo subterrâneo usado pelos nômades do centro da Ásia e das regiões árticas.

IUS. *Termo latino.* Direito.

IUS ABSTINENDI. *Locução latina.* Direito de renunciar ou de abster-se.

IUS ABUTENDI. *Locução latina.* **1.** Direito de dispor da coisa. **2.** Direito de abusar.

IUS ACTIONIS. *Locução latina.* Direito de ação.

IUS AD REM. *Expressão latina.* Direito a uma coisa.

IUS AGENDI. *Locução latina.* Direito de agir em juízo.

IUS ALBINAGII. *Locução latina.* **1.** Nascido em outro lugar. **2.** *História do direito.* Na Idade Média, direito que se dava ao suserano de adquirir bens que pertenciam a estrangeiro que viesse a falecer em seu feudo.

IUS AMBULANDI. *Locução latina.* Direito de locomoção; direito de ir e vir.

IUS APPLICATIONIS. *Direito romano.* Direito que o *pater familias* tinha de herdar bens da pessoa que estava sob sua proteção e que morreu sem testamento.

IUS AVOCANDI. *Direito internacional público.* Direito que tem o país de repatriar seus cidadãos residentes em outra nação, para cumprir seus deveres de cidadão ou para resguardar sua situação agravada no Estado em que se encontrem, desde que, para tanto, haja colaboração desse país (Othon Sidou).

IUS BELLI AC PACIS. *Direito internacional público.* Tratado de Hugo van Groot, editado em 1625, que constitui fundamento do direito internacional público.

IUS BENIGNUM. *Locução latina.* Direito benigno.

IUS CIRCA SACRA. *Vide* JURISDICIONALISMO.

IUS CIVILE. *Locução latina.* Direito civil.

IUS COMMENTICIUM. *Locução latina.* Direito falso.

IUS COMMERCIUM. *Direito romano.* **1.** Direito oriundo do *status civitatis*, que conferia ao *pater familias* a capacidade para estipular e obrigar-se. **2.** Direito do comércio.

IUS COMMUNE. *Locução latina.* Direito comum.

IUS CONDENDUM. *Locução latina.* Direito futuro ou direito por constituir.

IUS CONDITUM. *Locução latina.* Direito já constituído ou direito vigente.

IUS CONNATUS. *Locução latina.* Direito natural; direito congênito.

IUS CONNUBIUM. *Direito romano.* Direito inerente ao *status familiae* reservado ao cidadão romano para contrair justas núpcias.

IUS CORRIGENDI. *Direito romano.* Poder dado ao pretor para interpretar as Doze Tábuas.

IUS DISPONENDI. *Locução latina.* Direito de disposição daquilo de que se é dono.

IUS EDICENDI. *Direito romano.* **1.** Direito reservado ao cônsul ou ao pretor de expedir normas para suprir o direito civil. **2.** Direito de publicar.

IUS EST. *Locução latina.* É permitido.

IUS EST ARS BONI ET AEQUI. *Expressão latina.* O direito é a arte do bem e do justo.

IUS ET OBLIGATIO SUNT CORRELATA. *Expressão latina.* A todo direito corresponde uma obrigação.

IUS EX FACTO ORITUR. *Expressão latina.* O direito nasce do fato.

IUS FRUENDI. *Locução latina.* **1.** Direito de perceber os frutos e de utilizar os produtos da coisa. **2.** Direito de gozar da coisa ou de explorá-la economicamente.

IUS GENERALI. *Locução latina.* Direito geral.

IUS GENTIUM. *Direito romano.* Direito das gentes, aplicado aos estrangeiros.

IUS GESTIONIS. *Locução latina.* **1.** Direito de gestão. **2.** *Direito administrativo.* Direito exercido pelo Estado ao empreender uma atividade privada.

IUS GLADII. *Locução latina.* Direito da força ou da espada.

IUS HONORARIUM. *Direito romano.* Direito honorário, elaborado pelos pretores para corrigir o *direito civil.* Trata-se do direito pretório.

IUS HONORUM. *Direito romano.* Direito de cidadania de aspirar às magistraturas, o qual era reservado apenas aos civis.

IUS IMPERII. *Direito administrativo.* Direito exercido pelo Estado em razão de sua função político-social.

IUS IN CORPUS. *Expressão latina.* Direito ao corpo em relação a marido e mulher na sociedade conjugal.

IUS IN RE. *Expressão latina.* Direito sobre a coisa; direito real.

IUS IN RE ALIENA. *Expressão latina.* Direito sobre coisa alheia.

IUS IN RE PROPRIA. *Expressão latina.* Direito sobre bem próprio.

IUS MANENDI EUNDI VENIENDI. *Expressão latina.* Direito de permanecer em algum lugar, e de ir e vir.

IUS MULTITUDINIS. *Ciência política.* Direito das multidões; aquele que pertence ao povo do Estado e do qual provém a soberania nacional (Othon Sidou).

IUS NATURALE. *Locução latina.* Direito natural.

IUS NON SCRIPTUM. *Expressão latina.* Direito não escrito ou não legislado.

IUS NOVUM. *Locução latina.* Direito novo.

IUS PAENITENDI. *Locução latina.* Direito de arrependimento.

IUS PERSEQUENDI. *Locução latina.* Direito de perseguir a coisa.

IUS POSSESSIONIS. *Locução latina.* Direito de posse.

IUS POSSIDENDI. *Locução latina.* Direito de possuir.

IUS POSTULANDI. *Locução latina.* Direito de postular.

IUS PRIMAE NOCTIS. *Locução latina.* **1.** Direito à primeira noite. **2.** *História do direito.* Maritágio, ou seja, privilégio concedido ao suserano, na Idade Média, de passar a noite de núpcias com a mulher do vassalo.

IUS PRIVATUM. *Locução latina.* Direito privado.

IUS PROTECTIONIS. *Direito internacional público.* Direito que todo país se reserva de defender e proteger seus cidadãos diante do Estado onde residirem.

IUS PUBLICUM. *Locução latina.* Direito público.

IUS PUNIENDI. *Locução latina.* Direito de punir pertencente ao Estado.

IUS QUAESITUM. *Locução latina.* Direito adquirido.

IUS QUIRITARIUM. *Direito romano.* Direito que emana das Doze Tábuas.

IUS RESISTENTIAE. *Locução latina.* Direito de resistência.

IUS RETENTIONIS. *Locução latina.* Direito de retenção.

IUS SANGUINIS. *Locução latina.* **1.** Direito de sangue, decorrente da hereditariedade. **2.** *Direito internacional privado.* Princípio pelo qual a pessoa terá a nacionalidade de seus pais, embora tenha nascido em território estrangeiro.

IUS SCRIPTUM. *Locução latina.* Direito escrito ou legislado.

IUS SINGULARE. *Locução latina.* Direito singular; o direito de caráter excepcional.

IUS SOLI. *Locução latina.* **1.** Direito ao solo. **2.** *Direito internacional privado.* Princípio pelo qual a pessoa tem a nacionalidade do país em cujo território nasceu.

IUS SUFFRAGII. *Direito romano.* Direito político, reservado aos civis, de participar dos comícios para votar as *leges rogatae*, para eleger os magistrados ou para julgar a *provocatio ad populum.*

IUSSUM. *Direito romano.* Mandado acautelatório emanado de magistrado judicante.

IUSTAE NUPTIAE. *Direito romano.* Casamento legalmente constituído entre cidadãos romanos, que se contrapunha ao *connubium*, que era o casamento de plebeus, e ao *contubernium*, que era o casamento entre escravos.

IUS TRACTUM. *Direito internacional público.* Direito que tem todo país de efetuar tratados, de ratificá-los, de aderir a eles ou de denunciá-los.

IUSTUM ET TENACEM PROPOSITI VIRUM. *Expressão latina.* Homem justo e tenaz em seus propósitos.

IUS UTENDI. *Locução latina.* Direito de gozar da coisa, tirando dela todos os serviços que pode prestar, sem que haja modificação em sua substância.

IUS VARIANDI. *Locução latina.* **1.** Direito de mudar. **2.** *Direito do trabalho.* Direito do empregador de alterar, quando a lei permitir, unilateralmente, o contrato trabalhista, desde que não lese, direta ou indiretamente, o empregado.

IUS VICINITATIS. *Locução latina.* Direito de vizinhança.

IVA. *Direito tributário* e *direito internacional público.* Abreviação de Imposto sobre o Valor Agregado.

IVROGNERIE. *Termo francês.* Embriaguez.

IXOMIELITE. *Medicina legal.* Inflamação da porção lombar da medula espinhal.

RR Donnelley

IMPRESSÃO E ACABAMENTO
Av Tucunaré 299 - Tamboré
Cep. 06460.020 - Barueri - SP - Brasil
Tel.: (55-11) 2148 3500 (55-21) 2286 8644
Fax: (55-11) 2148 3701 (55-21) 2286 8844

IMPRESSO EM SISTEMA CTP